本书为国家文物局 2024 年度全国考古人才振兴计划

"西周王朝核心地区国家形态的考古学研究"项目成果

陕西省考古研究院田野考古报告 第 100 号

岐山孔头沟

一

陕西省考古研究院
北京大学考古文博学院　编著

上海古籍出版社

内容简介

2006年至2008年,陕西省考古研究院与北京大学考古文博学院对陕西岐山县孔头沟遗址进行了聚落结构调查、重点区域钻探和针对性发掘,发掘了先周至西周时期的一般居址区、西周铸铜作坊与墓地等遗存,确认了该遗址是商周时期周原地区一处大型聚落,可能为非姬姓高级贵族的采邑。本报告系孔头沟遗址2006年至2008年田野考古工作报告,包括前言、画图寺铸铜作坊发掘、赵家台与独山居址发掘、宋家墓地钻探与发掘、遗址聚落结构调查、孔头沟商周聚落性质采邑说共六章。这批资料初步揭示了西周王畿地区高级贵族采邑的文化、聚落与社会特征。

本报告适合考古、先秦史研究人员及大专院校相关专业师生阅读。

图书在版编目(CIP)数据

岐山孔头沟 / 陕西省考古研究院,北京大学考古文
博学院编著 . -- 上海 : 上海古籍出版社,2024. 11.
ISBN 978-7-5732-1425-6
Ⅰ. K878.02
中国国家版本馆CIP数据核字第202478HP71号

责任编辑:吴长青 宋 佳 刘 婷
装帧设计:严克勤
技术编辑:耿莹祎

岐山孔头沟
(全四册)
陕西省考古研究院、北京大学考古文博学院 编著
上海古籍出版社出版发行
(上海市闵行区号景路 159 弄 1-5 号 A 座 5F 邮政编码 201101)
(1)网址:www.guji.com.cn
(2)E-mail:guji1 @ guji.com.cn
(3)易文网网址:www.ewen.co
上海雅昌艺术印刷有限公司印刷
开本 889×1194 1/16 印张 100.25 插页 26 字数 1688,000
2024 年 11 月第 1 版 2024 年 11 月第 1 次印刷
ISBN 978-7-5732-1425-6
K·3751 定价:1180.00 元
如有质量问题,请与承印公司联系

目　录

表 格 目 录

第二章　画图寺铸铜作坊发掘

第三章　赵家台与独山居址发掘

第四章　宋家墓地钻探与发掘

第五章　遗址聚落结构调查

插 图 目 录

第一章　前　言

第二章　画图寺铸铜作坊发掘

第三章　赵家台与独山居址发掘

第四章　宋家墓地钻探与发掘

第五章　遗址聚落结构调查

彩 版 目 录

第一章　前　言

2006年3月至2008年5月，为配合关中环线建设，根据"大周原考古"计划，陕西省考古研究院与北京大学考古文博学院，对陕西省岐山县孔头沟遗址进行了大范围详细调查、重点区域钻探和针对性发掘。这是继岐山周公庙遗址考古之后，对周原地区大型商周时期聚落的又一次大规模田野考古工作。

本报告为孔头沟遗址2006～2008年度田野考古工作报告，主要包括画图寺铸铜作坊、赵家台居址区、独山居址区的发掘，宋家墓地的钻探与发掘，孔头沟遗址的考古调查等收获及研究认识，以及有关遗存的实验室检测分析结果。

本章在介绍孔头沟遗址位置与遗址命名、工作背景的基础上，全面介绍工作目标、工作理念与方法、工作历程，以及本报告编写体例。

1.1　遗址位置与命名

孔头沟遗址位于陕西省宝鸡市岐山县蒲村镇与故郡镇交界处，西距周公庙遗址约8.5千米，东距周原遗址约11千米，正处周原地区腹心区域（图1-1）。遗址中心地理坐标为东经107°42′094″，北纬34°27′320″。

孔头沟乃漳水支流，源于岐山之阳，流于横水之东。20世纪80年代全国文物大普查时，将孔头沟两岸的文化遗存分别定为赵家台、张家村、宋家、画东、沟底和前庄等六个遗址[①]。2006年，周公庙考古队在一系列田野工作与初步研究后认为，上述六个遗址应为同一遗址，主要文化内涵皆为商周时期遗存，实属同一聚落。由于孔头沟南北纵贯遗址中部，遂以"孔头沟遗址"名之。遗址范围北至阎家道、南庄桥村北，西至独山、画图寺村西，东至东沟，南至前庄，面积约

---

① 国家文物局主编：《中国文物地图集·陕西分册》上册，西安地图出版社，1998年，第180页。

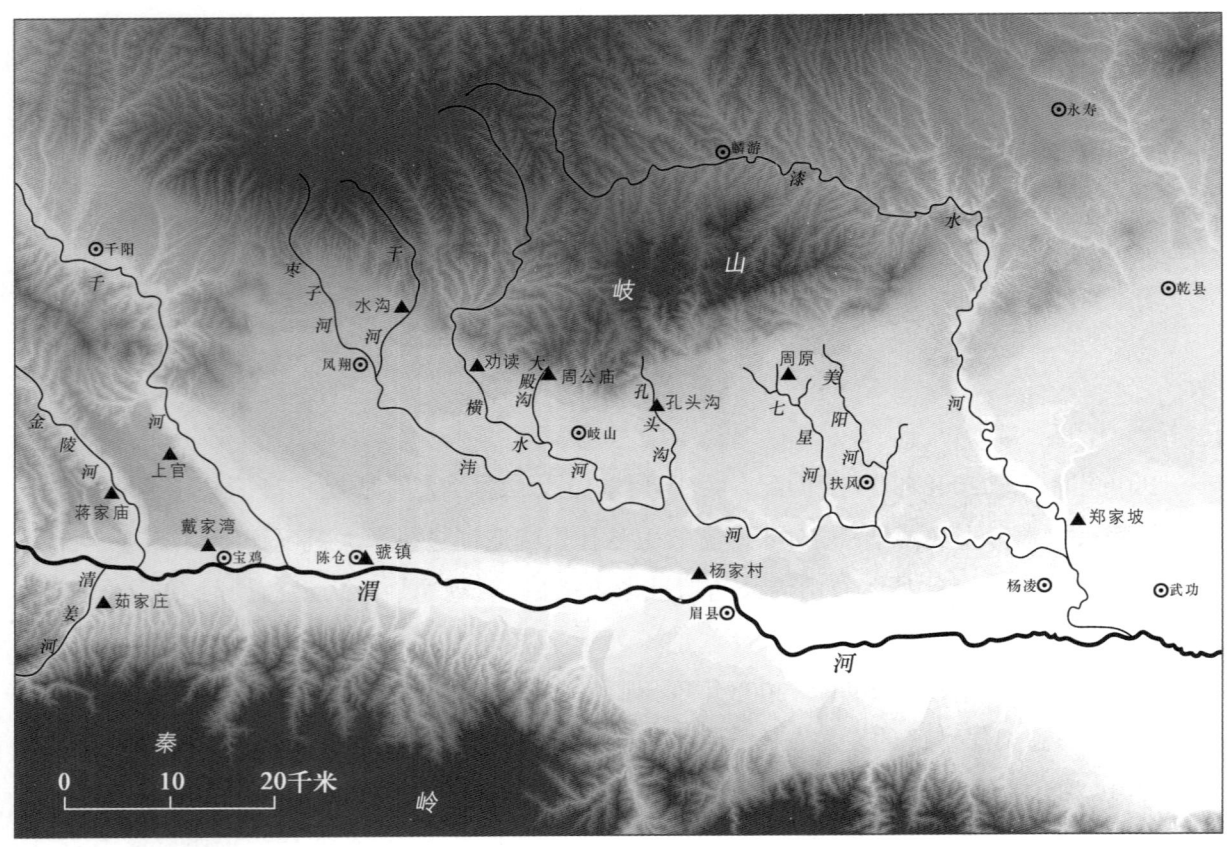

图1-1　孔头沟遗址位置示意图

4.1平方千米（图1-2；彩版一、二）。

　　孔头沟遗址地处岐山以南的山前洪积扇平原，北距岐山仅3千米，地势整体西北高东南低，缓向东南倾斜，原面坡度3～10°[①]，海拔654～815米。遗址所在区域的孔头沟河谷宽阔陡深，现宽300～680、深20～40米，北部略窄，南部略宽，两侧由沟底向上依次呈阶梯状，将遗址分割为交通不便的两部分，但商周时期并非如此。以往研究表明，周原地区的主要河谷在商周时期已形成，但尚未受到过多侵蚀，谷地尚浅，不似如今深邃[②]。孔头沟河谷两岸边缘的多个区域密集分布西周遗存，宋家墓地的西界甚至已至沟边，说明沟两岸原遗址区域已被大量侵蚀。

1.2　工作背景与工作缘起

　　2006年3月开始的孔头沟遗址考古，工作背景主要是"大周原考古"计划，该工作也是配

---

① 岐山县志编纂委员会：《岐山县志》，陕西人民出版社，1992年，第47～50页。
② 史念海：《周原的变迁》，《陕西师范大学学报（哲学社会科学版）》1976年第3期。

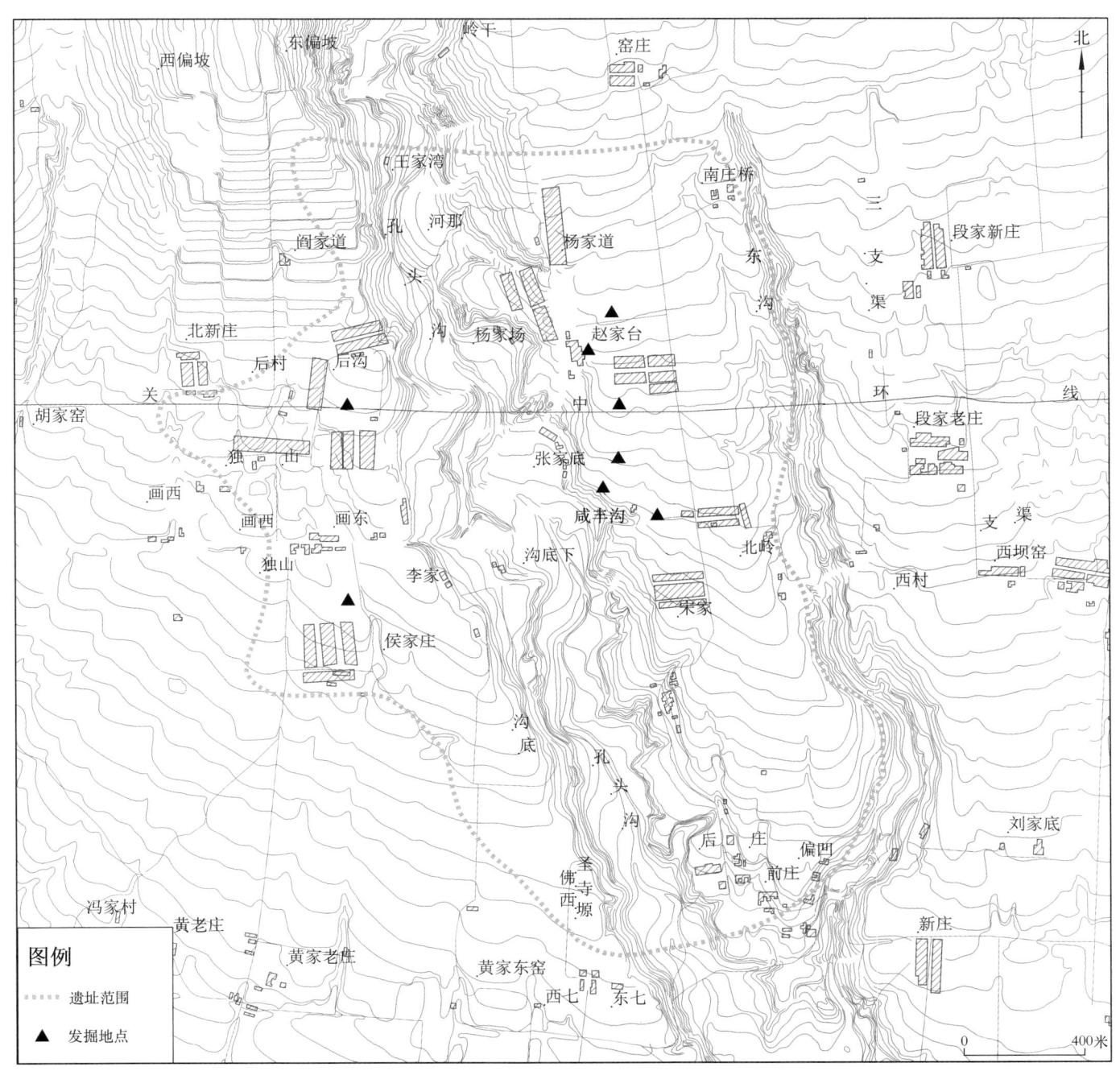

图例

⋯⋯⋯ 遗址范围

▲ 发掘地点

图 1-2　孔头沟遗址范围图

合关中环线建设田野考古的延续,重要遗物的偶然发现最终促成了此次大规模田野考古工作(图1-3)。

1.2.1 "大周原考古"计划的提出

"大周原考古"计划的提出,始于1999年周原遗址大规模田野考古工作重启之后。1999~2004年,由陕西省考古研究所、北京大学考古文博学院、中国社会科学院考古研究所联合组成的周原考古队在周原遗址考古期间,课题组成员普遍意识到,如果仅把田野工作局限在周原遗址,不仅无法更加深入准确地判断周原遗址商周时期聚落的性质,更无法根本解决先周文化探索等重大学术问题,遂开始考虑在"广义的周原"[①]地区展开田野考古工作,并提出了"大周原"概念以替代原来"广义的周原"概念。

"大周原"这一概念提出之后,周原考古队开始了在"大周原"地区的考古调查工作。如:2001年对眉县、岐山和扶风三县内的13处遗址进行了地面踏查[②];2002年对七星河流域的区域系统调查[③]。不过此时尚未明确提出"大周原考古"并将其作为一个有计划的课题予以实施,田野工作计划整体性不强,尚处在探索阶段,既未明确界定"大周原"的范围及提出这一概念的缘由,更未明确阐述"大周原考古"的工作对象、工作目标和工作理念方法。

2004年初,周原遗址的考古工作暂告一段落。由陕西省考古研究所和北京大学考古文博学院联合组成的周公庙考古队,开始对岐山周公庙遗址进行大规模的考古工作[④]。2002年与2005年,中国社会科学院考古研究所等单位继续对周原地区的美阳河流域展开了区域系统调查[⑤]。由于一系列重大考古成果的发现,相关学术问题的提出,使考古工作者更加深入地思考该如何开展周原地区的考古工作,并明确提出了"大周原考古"这一概念。我们在综合诸位研究者思想的基础上,简要阐述"大周原考古"如下。

首先,"大周原考古"是作为一个区域聚落考古课题提出来的,其空间范围基本上等同于"广义周原",但比后者略大,其东界包括漆水东岸的部分区域,西边可达宝鸡市区附近,北抵岐

---

① 根据史念海先生的意见,"周原"有广义和狭义两个概念(史念海:《周原的变迁》,《陕西师范大学学报(哲学社会科学版)》1976年第3期)。广义周原的范围大致是岐山以南,渭河以北,漆水以西,千河以东区域,包括凤翔、岐山、扶风、武功四县的大部分,兼有宝鸡、眉县、乾县三县的小部分,东西70余千米,南北20余千米,是一个相对独立的自然地理单元。狭义的周原即考古学上的周原遗址,包括扶风、岐山两县交界处的20余个自然村,其范围北到岐山脚下,南到扶风县的刘家、庄白一线,东到扶风县的樊村,西到岐山县的岐阳堡一带,东西宽约6千米,南北长约5千米,总面积30多平方千米。广义的周原范围内包括众多的商周遗址,其中规模最大者即周原遗址。

② 周原考古队:《2001年度周原遗址调查报告》,《古代文明》第2卷,文物出版社,2003年。

③ 周原考古队:《陕西周原七星河流域2002年考古调查报告》,《考古学报》2005年第4期。

④ 种建荣、雷兴山:《周公庙遗址田野考古工作的理念与方法》,《考古与文物》2010年第2期。

⑤ 周原考古队:《2005年陕西扶风美阳河流域考古调查》,《考古学报》2010年第2期。

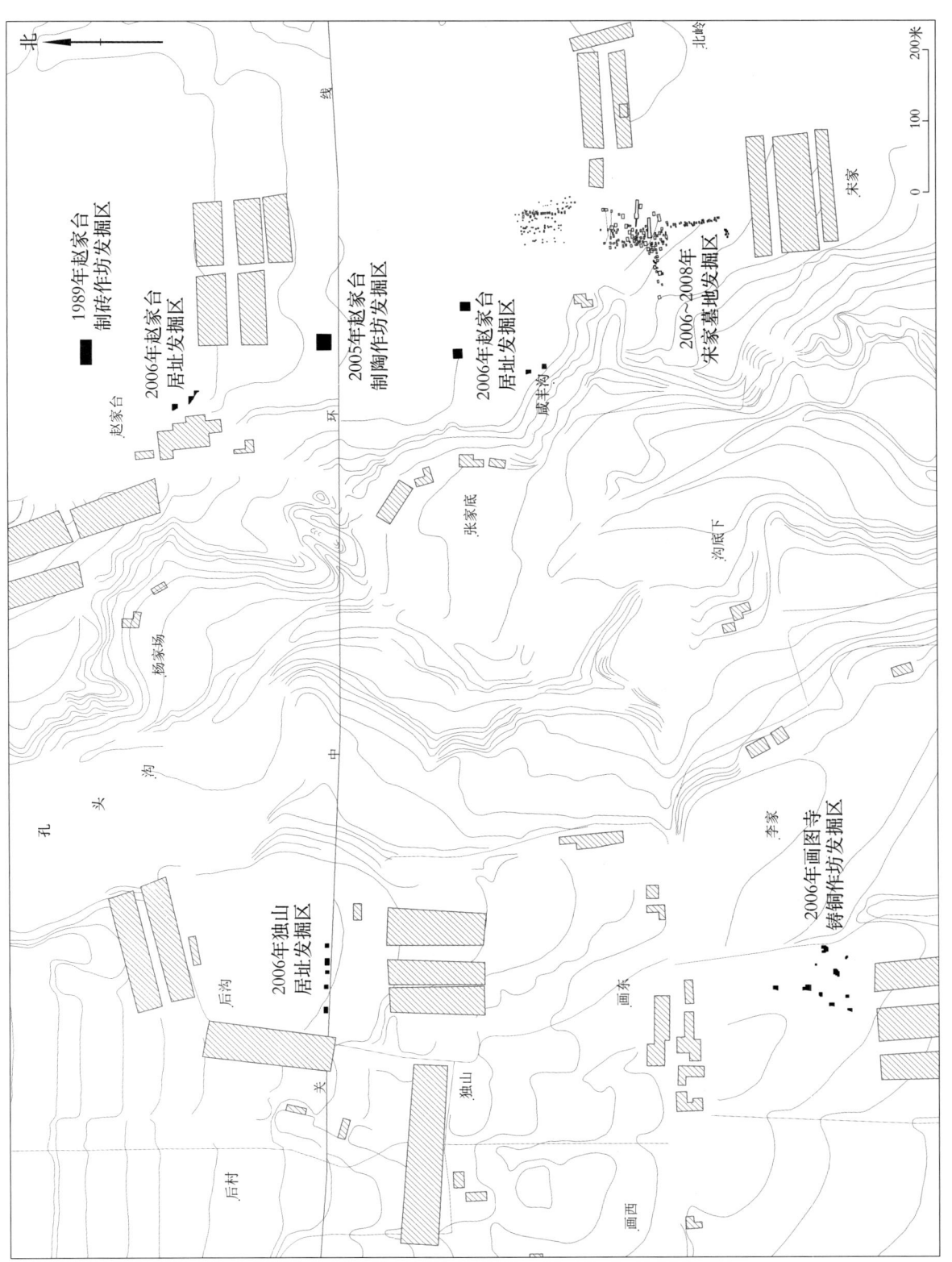

图1-3　孔头沟遗址历年发掘区位置图

山,南界为渭河南岸邻近区域。

这一范围不仅根据自然地理特点与"界标"来划分,也根据考古发现而确定。根据文献记载,这一区域正是晚商时期周人迁居"岐下"的主要活动区域,很可能就是文献中"小邦周"的核心区。考古资料显示,该区域内商周时期遗存分布相对集中,遗址密度大,相比之下,同时期该区域外的周邻区遗址却较为稀疏。该区域是与先周文化探索关系密切的郑家坡文化和碾子坡类遗存的主要分布区。该区域分布着不少商周时期都邑级的大型聚落,是西周青铜器集中出土的主要区域。凡此皆表明,"大周原"在商周时期是一个独立的政治地理单元,是探讨西周王朝及其早期发展形态的关键区域。

其次,"大周原考古"的研究对象,与以往一般区域聚落考古的研究对象有所不同。通常的区域聚落考古,研究对象的年代时段较长,一般包括了上自史前下迄秦汉,甚至更晚的各不同时期遗存。但"大周原考古"的研究对象仅仅是指这一区域内的商周时期遗存。之所以如此,主要理由有两点:

(1)目前所知,非商周时期的考古学文化遗存,无论在自然地理还是历史地理上,都不是以"大周原"为中心的一个独立区域,而"大周原"却是商周时期以周人为主的社会群体的活动区域。换言之,"大周原"作为一个历史专用"舞台",是独与周人集团密切相关的。

(2)以往区域考古长时段考察一个区域内不同时期的考古学文化,主要是这些早晚不同的文化有紧密的联系。但就目前考古资料而言,"大周原"范围内新石器时代之后至晚商以前,这里的考古学文化遗存几近空白。西周灭亡后,这里沦为戎人之地或秦戎交战区,人烟稀少,近于荒芜。换言之,该区域商周时期遗存与其前、后的考古学文化遗存,在时间上皆有明显断裂,从而使我们可以暂时不顾前后,仅单独研究商周时期遗存。

最后,"大周原考古"作为一个区域聚落考古课题,采取的是聚落考古工作的理念与方法,其核心是判断"大周原"商周时期区域聚落形态及聚落性质,进而勾画出该区域商周时期的政治地理结构,并借此最终达到探讨西周王朝形成过程及其早期社会形态这一总体学术目标。必须说明的是,"大周原考古"是一个长期课题计划,并非一朝一夕可达成。因此我们认为,应以厘清区域内大型聚落的结构、进而判断其性质为首要目标。

1.2.2 "大周原考古"的主要收获

大周原考古的提出,推动了周原地区商周时期的考古工作,并取得了重要收获。截至2006年孔头沟遗址发掘前,大周原考古的收获主要有以下几项:

1. 周原遗址考古新收获

1999～2004年间,周原考古队对该遗址进行了持续大规模的调查与发掘,主要收获是:

(1)建立了周原遗址商周时期较为详细的考古学文化分期体系与文化谱系。其中2001

年秋在王家嘴地点①、2002年秋在礼村北地点和齐家北地点②获取了丰富的商时期文化遗存。这些遗存分属商文化京当型与碾子坡类文化遗存，可分为二期六段③。1999年在齐家东④、2003～2004年在李家⑤获得了丰富的西周时期考古学文化遗存，可分为三期六段⑥。

（2）获取了大量有关周原遗址商周时期聚落结构的资料。如：1999～2002年，在云塘、齐镇间发掘了三组大型夯土建筑基址⑦。2003～2004年，在李家地点大面积发掘了一处铸铜作坊，这是迄今为止，发掘面积最大、收获最丰富的西周铸铜作坊遗存⑧。另外，2005年夏，在召陈建筑基址附近清理了一座西周炼铜遗迹⑨。2002年，在齐家北发掘了目前唯一的西周时期制石玦作坊⑩。

2. 岐山周公庙遗址的考古收获

周公庙遗址位于岐山县城北约7千米的凤凰山南麓，东距周原遗址约27千米，包括了20世纪80年代文物大普查发现的"樊村遗址""庙王村遗址"和"祝家巷遗址"等。2003年底，周原考古队在周公庙遗址调查时，发现了两片周人卜甲，共有刻辞55字，另还发现数量较多的砖和瓦，以及数块夯土基址⑪。2004～2009年，由陕西省考古研究所与北京大学考古文博学院联合组成的周公庙考古队，对遗址进行了全覆盖式的考古钻探，利用聚落结构调查方法进行了全面调查，对30多个重点区域进行了发掘。主要发现有：（1）发现了7处商周时期墓地共900多座墓葬。其中陵坡墓地是迄今为止西周时期等级最高的墓地，环绕该墓地周围的1 700多米夯土墙，是目前所知最早的先秦时期陵墙。（2）发现了40多座大型夯土建筑基址，首次发掘到先周文化大型夯土建筑。（3）发掘了制陶、铸铜作坊，首次确认了先周文化铸铜遗存。（4）发现了大量卜甲与卜骨，并初步辨识出甲骨文2 500多字，是全国其他遗址已见西周甲骨文总数的2.5倍。根据这些收获，建立了该遗址商周时期较为详细的考古学文化分期体系与文化谱系，大致

① 周原考古队：《2001年度周原遗址（王家嘴、贺家地点）发掘简报》，《古代文明》第2卷，文物出版社，2003年。
② 陕西省考古研究院、北京大学考古文博学院、中国社会科学院考古研究所：《周原——2002年度齐家制玦作坊和礼村遗址考古发掘报告》，科学出版社，2010年。
③ 雷兴山：《周原遗址商时期考古学文化分期研究》，《古代文明》第6卷，文物出版社，2007年。
④ 周原考古队：《1999年度周原遗址ⅠA1区及ⅣA1区发掘简报》，《古代文明》第2卷，文物出版社，2003年。
⑤ 周原考古队：《2003年秋周原遗址（ⅣB2区与ⅣB3区）的发掘》，《古代文明》第3卷，文物出版社，2004年。
⑥ 黄曲：《周原遗址西周陶器谱系与编年研究》，北京大学硕士学位论文，2003年。
⑦ 周原考古队：《陕西扶风县云塘、齐镇西周建筑基址1999～2000年度发掘简报》，《考古》2002年第9期。
⑧ 周原考古队：《2003年秋周原遗址（ⅣB2区与ⅣB3区）的发掘》，《古代文明》第3卷，文物出版社，2004年。周原考古队：《陕西周原遗址发现西周墓葬与铸铜遗址》，《考古》2004年第1期。周原考古队：《2003年秋周原遗址（ⅣB2区与ⅣB3区）的发掘》，《古代文明》第3卷，文物出版社，2004年。周原考古队：《周原庄李西周铸铜遗址2003年与2004年春季发掘报告》，《考古学报》2011年第2期。
⑨ 魏兴兴、李亚龙：《陕西扶风齐镇发现西周炼炉》，《考古与文物》2007年第1期。
⑩ 陕西省考古研究院、北京大学考古文博学院、中国社会科学院考古研究所：《周原——2002年度齐家制玦作坊和礼村遗址考古发掘报告》，科学出版社，2010年。
⑪ 周原考古队：《2003年度陕西岐山周公庙遗址调查报告》，《古代文明》第5卷，文物出版社，2006年。

厘清了该遗址商周时期的聚落结构,初步判断聚落性质为周公家族之采邑[1]。

3. 凤翔劝读遗址的考古收获

劝读遗址位于周公庙遗址以西约9千米、凤翔县城东约10千米之处,紧邻横水河分布,包括了20世纪80年代文物普查时所确定的"西劝读遗址"和"玉祥遗址"。以往该遗址曾出土过西周时期青铜器[2]。2004年底,周公庙考古队在此进行了数次踏查,并清理了一座先周时期的灰坑与陶窑,出土一件与铸铜有关的工具[3]。2007年,考古队对该遗址进行了详细的调查,发现一处墓地和一处夯土遗迹及大量的商周时期灰坑,获取大量陶器标本,确认其为一处商周时期的大型聚落,面积约2平方千米。同时,基本搞清了该遗址商周时期聚落的形成过程,并对其聚落结构与聚落性质有了初步了解。

4. 凤翔水沟遗址的考古收获

水沟遗址位于劝读遗址西北约8千米处,是一处商周时期的城址。1984年曾在该遗址发掘了4座西周时期的小型墓葬[4]。2004~2005年,周公庙考古队对该遗址进行了详细调查,主要收获有:(1)发现了周长4 000余米的夯土城墙,城内面积约100万平方米,城内外散布着大量的商周时期遗存,面积接近周公庙遗址规模。(2)在城内发现了商周时期的夯土基址、空心砖及排水管道、卜骨等高等级遗存。另据村民讲,以前曾发现由排水管组成的长达60米的排水沟。通过此次工作,初步搞清了该遗址商周时期聚落的形成过程。

5. 眉县杨家村遗址的考古收获

杨家村遗址位于眉县县城西北约4千米的渭河北岸二级阶地上。2003年1月19日,发现一座西周铜器窖藏,内有青铜重器27件,铜器铭文记录了单氏家族8代人的历史和12代周王的世系[5]。之后,由陕西省考古研究所与宝鸡市考古队联合组成考古队,于2003~2004年对该遗址进行了调查、钻探及发掘,清理了商周时期的墓葬11座[6]。

6. 宝鸡蒋家庙遗址的考古收获

2005年冬,由北京大学考古文博学院与宝鸡市考古队等单位联合组成的调查队,在宝鸡市附近调查发现了若干商周时期遗存,最重要的收获是蒋家庙周城遗址的发现。蒋家庙遗址位于宝鸡市区以北约5千米的金陵河西岸。商周时期残城墙总长2 190米,遗址总面积250万平方米。同时还发现了多处夯土基址及瓦、水管等大型建筑材料。遗址以先周和西周早期遗存

① 种建荣:《周公庙遗址商周时期聚落与社会》,西北大学博士学位论文,2010年。
② 曹明檀、尚志儒:《陕西凤翔出土的西周青铜器》,《考古与文物》1984年第1期。
③ 周公庙考古队:《陕西凤翔劝读遗址2004年调查与试掘简报》,《文博》2018年第3期。
④ 雍城考古队:《陕西凤翔水沟周墓清理报告》,《考古与文物》1987年第4期。
⑤ 陕西省考古研究院、宝鸡市考古工作队、眉县文化馆杨家村联合考古队:《陕西眉县杨家村西周青铜器窖藏发掘简报》,《文物》2003年第6期。
⑥ 陕西省考古研究院资料,待刊。

为主①。

7. 其他考古调查收获

周原考古队于2002年、2005年对七星河与美阳河流域进行了调查,获取了商周时期不同阶段的重要遗存②。

周公庙考古队在开展上述重要遗址考古工作的同时,还对"大周原"的其他地区进行广泛的调查,主要有四项:(1)完成了对周公庙遗址周邻商周时期遗址的调查,发现了数处规模不大的遗址;(2)对横水河流域进行了系统的调查,了解到这一区域商周遗址的分布状况;(3)在漆水河中下游调查了商周时期的遗址40余处,其中新发现了10余处;(4)对扶风召公附近区域、北吕及其周围区域进行了调查,新确认了几个大型商周时期聚落。

另外,2006年10月,在扶风上宋红卫村发现了一座墓葬,出土铜器18件③,该地点距离北吕遗址不足5千米。2006年11月,扶风五郡发现一座青铜器窖藏,内有铜器27件,乃"琱生"家族铜器④。

1.2.3　孔头沟遗址以往考古概况

1976年,在孔头沟遗址内的宋家村出土一件乳丁纹铜簋⑤。此后有关单位曾多次对该遗址进行考古调查和小规模发掘,具体如下:

1. 20世纪80年代全国文物大普查时,在岐山县蒲村镇与故郡镇交界处的孔头沟两岸发现了多处新石器时代与西周时期遗存,分别定名为赵家台、张家村、宋家、画东、沟底和前庄等六个遗址⑥。1988年秋,宝鸡市文物普查队在赵家台村进行调查时发现了空心砖、条形砖等重要遗物。

2. 1989年4月,为进一步明确赵家台所见空心砖与条形砖的年代,陕西省考古研究所宝鸡工作站和宝鸡市考古工作队,在赵家台进行了试掘⑦。发掘面积40余平方米,清理西周早期灰坑3座、陶窑1座,西周中期灰坑1座,出土了较为丰富的空心砖、条形砖及日常生活用陶等遗物,其中保存完整的空心砖长达1米,是现知唯一的保存完整的西周空心砖。这次发掘证实了赵家

---

① 北京大学中国考古学研究中心、宝鸡市考古研究所:《宝鸡市蒋家庙遗址考古调查报告》,《古代文明》第9卷,文物出版社,2013年。

② 周原考古队:《陕西周原七星河流域2002年考古调查报告》,《考古学报》2005年第4期。

③ 扶风县博物馆:《陕西扶风县新发现一批商周青铜器》,《考古与文物》2007年第3期。

④ 宝鸡市考古队等:《陕西扶风县新发现一批西周青铜器》,《考古与文物》2007年第4期。

⑤ 国家文物局主编:《中国文物地图集·陕西分册》下册,西安地图出版社,1998年,第296页。

⑥ 国家文物局主编:《中国文物地图集·陕西分册》,西安地图出版社,1998年,上册,第180、181页,下册,第275~279、284页。

⑦ 陕西省考古研究所宝鸡工作站、宝鸡市考古工作队:《陕西岐山赵家台遗址试掘简报》,《考古与文物》1994年第2期。

台一带存在西周制砖作坊。

3. 2001年12月，周原考古队在1989年赵家台发掘区附近再次调查，在取土壕的断坎上发现多处分布较为密集的窑址、灰坑等遗迹，根据地表采集陶器判断，遗址年代可早至先周时期[①]。

4. 2005年夏，为配合关中环线建设，陕西省考古研究所对赵家台村南关中环线建设区域进行了发掘，清理分布相对集中的数座陶窑。窑内废弃堆积的年代为西周初期。

1.2.4　工作缘起

上举数次考古发掘，特别是空心砖、制砖窑的发现，使学界逐渐认识到赵家台地点是一处重要的西周遗址。2004年周公庙遗址空心砖发现后，还有研究者将两遗址联系起来，认为周公庙遗址的空心砖很有可能产自赵家台遗址，这也使得周公庙考古队非常重视该遗址。

2006年3月，孔头沟遗址范围内的画图寺现代砖厂，在制砖取土时挖出了一些西周时期文物。岐山县周公庙管理处于冠军同志向周公庙考古队报告了这一消息，并带来了两块西周时期陶范，引起了考古队的高度重视，意识到该遗址应存在西周铸铜作坊。当时在全国范围内发掘的西周铸铜作坊，仅有洛阳北窑、周原李家和周公庙三处。一般遗址甚至是西周诸侯国都邑遗址内，尚未发现铸铜作坊。画图寺地点发现西周陶范，表明该遗址应是一处高等级的西周聚落。

2005年配合关中环线建设进行考古工作时，我们根据当时要加强基建工地课题意识的工作要求，再根据"大周原考古"工作理念，就曾动议继续在孔头沟遗址做考古工作。在得知于冠军报告消息后，种建荣等人立即前往遗址调查，发现砖厂内推土机仍在挖土不止，遗址遭受严重破坏，形势刻不容缓，遂在报告上级后，周公庙考古队决定立即开展抢救性清理。孔头沟遗址本次田野考古工作由此拉开了帷幕。

1.3　工作理念与工作方法

基于"大周原考古"总体学术目标与聚落考古理念方法，在确定孔头沟遗址此次考古工作目标的基础上，根据孔头沟遗址保存状况，考虑到周公庙考古队当时的经费、人员等实际力量，我们在田野考古、室内整理研究过程中，提出并实践了一些新理念与新方法。

需特别说明的是，由陕西省考古研究院和北京大学考古文博学院联合组成的周公庙考古队，自2004年年初在周公庙遗址持续开展大规模田野工作，积极探索了大遗址田野工作理念与

---

① 周原考古队：《2001年度周原遗址调查报告》，《古代文明》第2卷，文物出版社，2003年。

方法,这也成为孔头沟遗址考古理念与方法的基础。

1.3.1 工作理念

孔头沟遗址本次工作的主要目标有四:(1)建立孔头沟遗址商周时期较为详细的陶器分期年代体系与考古学文化谱系;(2)大致厘清孔头沟遗址商周时期的形成过程与聚落结构;(3)解剖性发掘重点功能区,了解功能区特征,判断功能区性质;(4)判断孔头沟遗址商周时期聚落性质,研究相关社会结构与社会形态。需强调说明的是:

"大周原考古"这一区域聚落形态研究构思的首要工作,是逐个判断区域内商周时期重要聚落的性质。因此,孔头沟遗址本次田野考古工作的主要目标,是确定该遗址商周时期聚落的性质。

我们所谓的商周时期聚落性质包括三方面的含义:一是指其在区域聚落形态中的等级位置;二是指该聚落的功用,如采邑等;三是聚落最高统治者的身份和族属。以往判断聚落性质的有些方法尚有不尽如意之处,主要表现在:

其一,多依据面积判断聚落等级。但是,一个遗址的面积可能是不同聚落面积之叠加,某一时期聚落的面积并非遗址的总面积。各遗址保存状况有异,有些高等级聚落可能被破坏严重,致使现存面积近同于一般聚落。以往研究表明,有些聚落虽面积相若,但内涵却相差较大,它们应分属不同等级。

其二,古文献与出土文字资料,是判定商周时期聚落功用与聚落统治者身份最直接的证据,在缺失这些信息的情况下,聚落性质的判定一直是中国青铜时代考古中的难题。即使有少许这方面的信息,有关认识有时仍分歧较大。

我们认为,"聚落结构"研究是判断聚落性质的必要前提,可完善上述研究方法,弥补以往的不足。这是因为:

(1)一般认为,单个聚落功能区的种类、特征与性质,是判断聚落性质的决定性指标。而我们所谓的"聚落结构",是指单个聚落内不同种类功能区之间的一系列关系。聚落结构研究,需首先分析遗址的形成过程,利用遗迹和特殊遗物划分聚落功能区,综合所有信息总结各功能区的特征与性质,最终确定各功能区之间的相互关系。

(2)在以往单个聚落研究中,相关遗存"共时性"和"历时性"的判断一直是一个难题,直接影响了某一时期聚落特征的判断。一般而言,聚落功能区的空间位置较为稳定,延续时间相对较长,较之单个遗迹间的"共时性"和"历时性"特征更易把握。聚落结构研究把"功能区"作为分析、对比和联系的对象,不仅利于考察单个聚落某一时期的特征,而且更利于不同聚落"共时性"特征的对比。

(3)判断相关遗存是否为同一个聚落,不仅要看它们在空间分布上的紧密程度,更要考察它们之间的关联性。聚落结构对不同功能遗存关系的研究,可避免把同一聚落割裂成不同遗址或聚落的错误,亦可避免把某一功能区的性质等同于整个聚落性质的错误。

基于上述理念,我们确定了孔头沟遗址考古的目标,即:年代分期体系与文化谱系是基础,功能区划分与聚落结构研究是判断聚落性质不可或缺的前提。

室内整理是田野考古的有机组成部分。本报告是一本资料介绍与研究成果相结合的专著。在室内整理阶段,除常规的整理内容外[①],我们更强调进行研究性整理。本报告尤为注重以下研究理念:

(1)强调"主位分类"原则

主位分类是指从古人的视角出发,考察古人对遗存的分类方式,避免完全以研究者的客位视角进行分类。比如对陶器的分类,是以考古学文化因素为标准,将鬲分为高领袋足鬲、横绳纹鬲、联裆鬲等几个器类。再如对陶范的分类,以往大多重视陶范本身的形状,分类也以陶范的形制结构为标准,而本次陶范的整理和研究都强调"器范并重"的理念。在整理过程中,除关注陶范本身的范料、形制、结构等信息外,同时关注铸器的形制和纹饰特征。在报告编写中,首先按陶范本身的功能,即陶模、外范和内芯分类介绍,然后以陶范所铸铜器的种类,即容器、乐器、车马器、兵器和工具等进行描述。

(2)强调"考古背景"分析

本报告强调由器物本位转向背景本位。考古背景理念是为弥补以往的器物本位研究而提出的。器物本位注重对遗物本身的研究,但事实上,遗存所处的考古背景和遗存本身同样重要,有时甚至可能比遗存本身更为重要。考古背景并不具有固定的范畴,凡是与研究对象有关但又不是研究对象本身特征的信息,均属于该研究对象的考古背景。如对陶范的整理,需详细记录陶范的出土单位及有共存关系的遗物,同时强调关注不同单位的陶范是否能够拼合,为陶范的分析和铸铜作坊的相关研究打下基础。

(3)强调"形、名、位、用"的器物研究范式

"形",指器物形制。在以分期为目的的类型学研究中,注重辨识与年代相关的类、型、式特征;在器用制度研究中,注重辨识能反映古人主位分类的形制特征,开展主位分类。

"名",指器类的辨识与名物。如宋家墓地出土随葬品中,包含不少首次发现的新器形,通过对器物形制与功用的研究,我们命名了"牌形鞁饰"(包括"鞁中饰""鞁侧饰")、"舆围板饰"(包括"舆侧板饰""舆后板饰")等新的器类名称,提出了这些器类的辨识标准,进而对以

---

① 常规的整理内容包括:(1)田野图文影像资料的核对与整理。图文资料包括发掘区遗迹总平面图,单个遗迹平、剖面图,探方四壁剖面图,层位关系表等。(2)实物资料的清洗、标注、统计、拼对、标本挑选及类型学分析。(3)实物资料的绘图、照相。绘图以传统手绘方法为主。(4)多学科信息提取与实验室分析。将人骨、动物遗存、金属等检测信息与遗存的文化信息相结合,获取遗存的多学科信息。(5)遗迹与遗物描述。

往考古发现的同类器进行全面辨识。并比对金文与文献资料，考证名物，如舆围板饰可能就是西周金文中的"金簟弼"。

"位"，既指器物在遗迹中的陈器位置与陈器方式，也指器物在墓区、墓地、功能区、聚落等空间单元中的区位特征。如通过对墓内葬车与车马器的陈器位置与陈器方式的分析，讨论西周拆车葬、随葬车器等级制度等问题。

"用"，指器物使用者的身份。根据随葬某类器物的墓主等级、族属、性别等社会身份，可判断该器类的器用制度。如随葬1鬲或1鬲1罐者为西土族群，这种陶器组合可作为判断墓主族属的依据。随葬兵器者为男性，兵器可作为判断墓主性别的依据。

（4）强调遗迹分布形态研究

遗迹分布形态，是指遗迹有规律性的、常见的分布形态，是古人有意识安排遗迹位置的结果，可反映遗迹之间的内在联系，可作为聚落考古的分析单位。

对于墓葬遗存，关注"墓位形态""墓地形态"及其反映的墓地结构。所谓"墓位形态"，是指墓葬排列分布的形式，尤其是在墓地中规律性存在的形态。所谓"墓地形态"，是指墓地内各墓区之间或墓葬与墓区间的排列分布形式。这些形态是墓地结构的表现，是社会结构的反映。

对于居址遗存，关注各类遗迹的分布形态，如"遗迹组合""鱼鳞状灰坑群"等。所谓遗迹组合，是指以某个遗迹为核心，几种不同类型的遗迹在一定时间、一定空间范围内，经常相邻分布及呈现出的共存关系。相较于单个遗迹和堆积类型单元，遗迹组合占地面积更大、历时更长、遗迹种类更丰富，可作为聚落的一个层级单位，有助于判断遗迹间的共时性与历时性。

1.3.2　工作方法

考古调查、钻探和发掘，是田野考古工作的三种基本方法，它们在获取聚落结构研究所需信息时，有着各自的优缺点。如何根据研究目标和工作对象的特点，有机地将这些基本手段组成一个有效的技术方法体系，从而以最小的工作量获取最大的信息量，却是需要精心设计的。鉴于上述工作目标与研究现状、孔头沟遗址保存状况等，我们制定了"聚落结构调查、重点区域钻探、针对性发掘"的田野考古工作思路[①]。

1. 聚落结构调查

调查在判断遗址范围、全面了解聚落形成过程、划分聚落功能区等方面，有着钻探和发掘不可替代的优势。我们在认真分析以往中国传统考古调查方法与国外"区域系统调查方法"在实践中的优缺得失后，认为单独采取其中任何一种方法都不能完全满足我们课题研究的需要。

---

① 田野调查、钻探与发掘的理念方法，参见种建荣、雷兴山：《岐山孔头沟遗址田野考古工作的理念与方法》，《文博》2008年第5期。

　　中国传统调查方法是以发现遗址、了解遗址文化面貌、为进一步发掘做准备的调查方法，不能充分收集研究聚落结构所需的材料。在第二次全国文物大普查中，孔头沟遗址被人为地割裂成赵家台、张家底、宋家、画东、沟底和前庄等六个遗址，如此结果自然不能对孔头沟遗址的性质做出准确判断。而以研究区域聚落形态为目的"区域系统调查方法"，其关注的重点是聚落与聚落间的关系，分析的基本单位是聚落（或遗址），而不是单个聚落内部的功能区。其对遗物的采集范围不能真正全部覆盖整个遗址，因此尚不能较为全面地揭示遗址的形成过程，同时亦不能很好地解决遗址面积与某一时期聚落面积的关系等问题。

　　鉴此，我们在充分借鉴以往两种调查方法优点的基础上，设计了以揭示聚落结构为目的的详细调查方法：

　　（1）调查对象只是孔头沟遗址，调查范围大于孔头沟遗址，以此确保能划定遗址的边界。调查范围北到四方山底，南至北干渠，东到东沟，西至724电台南北公路。东西宽2 500米，南北长5 000米，调查面积约12 500 000平方米。

　　（2）地表调查以20米×20米的范围作为一个采集点，全部采集所有古代遗物，在采集范围的中部用GPS测定位置，若无遗物，则不必记录。铲刮所有断崖剖面，发现遗迹时，要大致判断遗迹的形制、性质及层位关系，把每个遗迹单位作为一个采集点，按单位采集遗物并用GPS测定遗迹位置。

　　（3）填写每个采集点的调查登记表。在调查现场，除填写采集点的GPS位置数据外，还需填写采集点属性（如地表、灰坑、墓葬、夯土、陶窑等）、采集遗物的种类与数量等。对遗迹单位，除有详细的文字记录外，尚需照相并绘制遗迹形制示意图等。调查现场特别重视诸如陶范、砖和瓦等特殊遗物及墓葬、夯土和陶窑等特殊遗迹现象。若有此类发现，需现场寻找相关遗迹，并初步判断发现区域的功能属性。调查人员需详细记录当日的踏查经过和发现情况。调查负责人需每天查看当日的调查结果，适时安排第二天的工作。

　　（4）经室内整理后，建立"孔头沟遗址田野调查GIS系统"。首先依据关中西部地区业已建立的新石器时代与商周时期比较详细的考古学文化分期体系与文化谱系，判断调查品的分期年代与考古学文化性质，再经进一步的分析统计后，继续填写调查表格。其次，建立"孔头沟遗址田野调查数据库"，将调查与室内整理的所有信息录入数据库中，尤其对能指示聚落功能区的特殊遗迹与遗物，设置特定的字段。再次，将调查区域1：10 000的地图矢量化，建立相应的三维地模。最后，整合矢量化地图与调查数据库，初步建立"孔头沟遗址田野考古调查GIS系统"。

　　（5）依据"孔头沟遗址田野考古调查GIS系统"，整合钻探和发掘资料。借助于GIS系统强大的查询和分析功能，进行聚落结构相关问题分析。

　　由上可以看出，我们的调查方法，无论是在调查与研究目的，还是在调查范围、采集方法、记录方法、分析对象以及技术手段等方面,皆与中国传统调查方法和"区域系统调查方法"有所差别,因此我们暂称这种调查方法为"聚落结构调查方法"。应指出的是,单凭该种方法的调查,尚不能完全达到揭示聚落结构的研究目的。但不可否认的是,这种方法的调查,是研究聚落结构必不可少的工作内容。

2. 重点区域钻探

通过详细调查,我们在大致了解孔头沟遗址文化遗存分布总体特点的同时,又根据遗迹与特殊遗物的分布,初步划分了商周时期聚落的不同功能区。由于调查工作本身的局限性,调查有时仅能获得有关聚落结构的一些线索,如由空心砖、瓦的发现可推测该聚落极可能存在着大型夯土建筑基址,却无法了解诸如数量、规模等其他更多的具体特征。我们认为,一些对研究聚落结构极其重要、不易大规模或全部发掘的遗迹,应用钻探的方法来获取相关信息。在商周时期关中西部地区的大型聚落中,符合上述标准的遗迹就是大型夯土建筑基址与墓葬,以及城墙、环壕等大体量的遗迹。

大型夯土建筑基址是一个大型聚落最为核心的内涵之一,对判定聚落性质及其在区域聚落系统中的等级位置至关重要。墓葬特征与墓地特征不仅是判断聚落性质之必需,更是研究当时社会组织结构的上佳材料。一般情况下,建筑基址与墓葬皆深埋于地下,调查时不易发现,即使它们有时偶露一角,其形制亦不可推测。但是,由于它们的土质甚为特殊,且这些区域的堆积一般相对单纯,从而极利于钻探。

根据上述认识,我们在孔头沟遗址的钻探工作主要有两项:

(1)在发现砖、瓦地点附近进行钻探,以期发现大型夯土建筑基址,进而了解夯土建筑基址的位置、数量与形制等。

钻探按照1.5米间隔的"梅花"布孔法,钻探了近20 000平方米,虽有些许发现,但并未发现大型夯土建筑基址。后由于经费紧张,没有再进一步扩大钻探范围。虽然工作的结果令人遗憾,但我们仍然认为,以发现与高等级建筑关系密切的遗存为线索,使用钻探的办法寻找这一聚落核心内涵的工作思路是可以肯定的。

(2)在调查发现墓葬密集分布、有可能为墓地的区域进行钻探。钻探目的是想搞清墓地的范围,了解墓葬的形制、规模、数量以及墓地特征等。由于受经费的限制,我们采用的钻探方法是:

① 在孔头沟沟边所见暴露墓葬区域的中部,划定了一条宽10米左右的东西向钻探带进行钻探,最终确定墓地的东、西边界。之后,在这条东西向钻探带中部划出一条与之垂直的、宽约10米的南北向钻探带进行钻探,以此确认墓地的南、北边界。这样便大致划定了墓地的范围。

② 以1米间隔的"梅花"布孔法钻探,要求所有钻探发现的墓葬必须"卡边",确认墓口平面形制。这样不仅可以了解墓葬的形制与规模,亦可大致了解墓葬布局等信息。

③所有钻探区域与钻探出的墓葬,均用电子全站仪测绘。这样可精确计算钻探面积,并借此大致推算墓葬的分布密度,为进行墓葬数量与聚落人口规模的估算提供较为准确的依据。

需要指出的是,虽然用上述钻探方法获取了大量信息,但在我们结束田野工作并重新审视墓地钻探工作时认为,应该对墓地进行全部钻探。这是因为,目前在全国范围内商周时期的墓地多未经过全面钻探,墓地范围确定、墓葬数量明确的墓地微乎其微,这种状况严重影响了人口规模估算及相关社会组织结构等问题的深入研究。另外,我们认为,还需在调查所划定的遗址边界区域进行勘探,以此确认遗址的边界。

3. 针对性发掘

聚落结构调查与重点区域钻探,虽可在短时间内宏观了解聚落结构的总体概况,但对一些重要功能区如作坊、墓地特征的深入了解,以及对一些关键问题的解决,则必须有赖于发掘。为此,我们结合基建项目,重点进行了两个方面的发掘。

(1)铸铜作坊的发掘

以往在孔头沟遗址曾发掘过制砖作坊和制陶作坊遗存,已对这些功能区的特征有了一定的了解,故本次工作并未继续发掘这类作坊遗存。据此次调查所见陶范等铸铜遗存判断,该聚落应有西周时期的铸铜作坊。在本次工作以前,经发掘的西周时期铸铜作坊遗址数量甚少,对西周时期铸铜业的情况所知不多。因此,对孔头沟遗址铸铜作坊的发掘,不仅可判断聚落内这一重要功能区的特征,还可深入了解西周时期的铸铜业。

鉴此,我们在发现陶范的地点,发掘了近300平方米,清理出许多与铸铜有关的遗存,从而对铸铜作坊的年代、产品种类等特征有了更为深入的了解。

(2)墓葬的发掘

钻探仅能大致了解墓地的特征,但无法了解墓葬的具体特征,只有通过发掘才能了解不同等级墓葬的年代、形制和葬俗等,才有可能判断墓地特征、社会结构,甚至是聚落性质。

长期以来,中国青铜时代聚落性质的判定,需回答聚落最高统治者与某一个具体的家族政治集团的对应关系。以往解决此问题的方法有两种:一是依靠古文献记载,二是根据地下出土文字资料。目前尚未发现直接与孔头沟遗址商周时期聚落性质有关的古文献记载,因此我们只能寻找地下出土文字资料。西周时期聚落内带墓道大墓的墓主,应是聚落的最高统治者,大墓内出土的有关铜器铭文,是解决聚落性质的关键性文字材料,比如天马—曲村遗址乃西周时期燮父迁晋后的晋国都城这一认识的最终确定,主要就得益于晋侯墓地中晋侯铜器铭文的发现。

因此,我们在墓地的不同地点发掘了大、中、小型墓葬22座。在不同地点发掘,是想了解墓地的年代及不同区域的葬俗特征是否相同。发掘大、中、小型不同规模的墓葬,是欲了解不同等级墓葬的特征差异,并以此揭示聚落的社会等级结构。工作的重点是对一座"中"字形大墓和一座"甲"字形大墓的发掘,以期获得证明墓主人身份的直接文字证据。幸运的是,墓葬发掘收获基本达到了我们的预期目标。

孔头沟遗址的考古工作理念与方法,为"大周原考古"中同类工作积累了经验,还可为其他地区的同类田野工作提供一定的借鉴。

1.4 工作历程与参加人员

自2006年3月孔头沟遗址考古开始,至2024年8月最终完成发掘报告,这项工作历时18年。其中田野调查与发掘工作结束于2008年5月,中间无间断;而报告编写工作于2006年年底开始,时断时续。本节简要介绍各阶段主要工作内容与参加人员。

1.4.1 田野调查、钻探与发掘工作

孔头沟遗址考古的领队是陕西省考古研究院王占奎,现场负责人为陕西省考古研究院种建荣。

长期参加田野工作的技师、技术工人有:史浩善、李宏斌、任涛、史高峰、吕少龙、吕强、高小龙、李兆勋、杨小峰、赵晓辉、张钊等。上述人员也参加了室内整理工作。在孔头沟遗址考古期间,周公庙考古队在周公庙遗址的考古工作亦在持续进行中,故上述人员会根据工作需要,不时在两个遗址间转换工作。他们是孔头沟遗址考古的主力军。负责考古队后勤工作的冯文丽、魏进合也参与了一些孔头沟考古工作。虽每人分工不同,工作时长不同,但都作出了积极贡献。

北京大学考古文博学院教师雷兴山参加了部分田野工作,徐天进曾到工地指导发掘,刘绪对孔头沟发掘与整理工作给予过指导。短期参加发掘的实习学生有:北京大学进修生角道亮介(日)、研究生刘静,湖南大学研究生罗炯炯,安徽大学研究生郭光、胡小伟、姚洁。发掘期间,陕西省宝鸡市、岐山县文物部门,以及当地村民对本项工作给予了极大帮助。

孔头沟田野调查、钻探、发掘工作持续进行了2年2个月,大致可分为四个阶段。

第一阶段,画图寺铸铜作坊的抢救性发掘,自2006年3月初开始,于5月26日结束。

2006年3月初,周公庙管理处的于冠军同志告知画图寺砖厂出土西周文物后,种建荣与史浩善等前往遗址调查,于3月11日向有关单位汇报,联系抢救性发掘事宜。3月23日开始正式发掘,至5月26日结束,历时63天。

在画图寺铸铜作坊发掘期间,在独山村关中环线边对暴露的灰坑进行了清理。发掘自4月24日开始,至5月14日结束。

第二阶段,孔头沟遗址的大规模全面调查,自2006年6月中旬开始,至8月1日结束。

在画图寺铸铜作坊发掘期间，考古队亦做过零星调查。对遗址的大规模全面调查始于6月中旬。

自6月14日至7月1日，调查主要集中在孔头沟以西区域。在全面调查中，重点调查以往命名的遗址点。由于孔头沟以东也曾发现大量商周时期遗存，故调查中一直关心孔头沟东西两侧商周时期遗存的关系问题。遂于7月1日开始对孔头沟以东区域进行调查，至8月1日结束，最大收获之一是发现了宋家墓地。

第三阶段，宋家墓地钻探与赵家台灰坑的清理，自2006年8月1日开始，至11月下旬结束。

自8月1日至11月20日，对宋家墓地进行抽样性钻探，确定了墓地范围，对钻探带上的墓葬进行"卡边"钻探。

前期调查时，在断坎暴露的灰坑中发现有商末周初遗存。地处周原地区腹地的孔头沟遗址，其商末周初遗存是探索先周文化这一重大学术问题的关键资料，基于此，我们于9月至11月间，在赵家台不同地点清理了10多座灰坑。

第四阶段，宋家墓地发掘，自2006年12月中旬开始，至2008年5月结束。

宋家墓地的发掘是孔头沟考古的重点。墓地的发掘过程大致为：

2006年12月18日至12月25日，在宋家村北的墓地边缘发掘8座小墓。2007年3月30日至2008年5月，对M11～M26进行了发掘。

其中M9、M10这两座带墓道大墓的发掘最为艰辛，是考古队全体队员齐心协力、共同努力完成的。M9于2007年3月30日开始发掘，至2008年3月21日结束。因雨雪天气、墓壁裂垮等原因，其间停工87天，实际发掘205天，大约用工2 500个。M10于2007年3月30日开始发掘，至2008年5月8日结束，历时1年零1个月8天。2008年5月12日汶川大地震，岐山有感，所幸孔头沟发掘已结束。

孔头沟遗址田野考古，虽不是风餐露宿、青灯黄卷，但生活条件与工作条件依然非常艰苦。田野历程，不仅仅是上述简单的日期记录，也应包括发现、判断、决策等心路历程，这些可能也是宝贵的学科史资料。除纯学术外，工作协调、思想动员、矛盾化解、处理突发事件等等诸事，也是田野考古的有机组成部分，若细细道来亦可成书。凡此只能待将来寻机再述。

1.4.2　室内整理与报告编写工作

种建荣、雷兴山全面主持并全程参与了室内整理与报告编写工作。

孔头沟遗址发掘资料室内整理与报告编写工作，大致可分为三个阶段：

第一阶段，2006年至2008年夏，初步集中整理与撰写报告初稿阶段。

1. 发掘期间，参加田野工作的同志已开始撰写发掘记录与图文资料整理。一个地点的发掘结束后，对出土文物的清洗、拼对、修复等工作，随即在位于岐山凤凰山下的周公庙考古队工作站全面展开。参加整理的技工除发掘人员外，还有冯文丽、魏进合等。宋家墓地小墓发掘结束后，李宏斌、赵国峰、张喜文、冯文丽等，陆续完成小墓出土器物的拼对、修复及图文资料整理工作。

2. 2006年寒假期间，开始全面整理当年孔头沟遗址发掘资料，并编写发掘报告初稿。参加实习的同学有安徽大学硕士研究生胡小伟、郭光、姚洁[①]，西北大学硕士研究生王静、李志芳、蔡亚红。这些同学和周公庙考古队员一起，进行核对图文资料、分类统计、制作表格、排制遗迹和遗物图版、描述遗迹与遗物标本等工作。至春节前，已完成前言草稿、画图寺（除陶范外）、赵家台、独山等地点居址遗存，以及M1～M8等8座小墓的发掘报告初稿。

另外，北京大学考古文博学院本科生张敏在中国国家博物馆曹大志指导下，开始着手孔头沟遗址考古GIS构建工作。北京大学考古文博学院研究生林永昌也参与了一些整理工作。

3. 2007年上半年，北京大学考古文博学院研究生林永昌，首次整理孔头沟铸铜作坊出土陶范等铸铜遗物，初步分类、挑选标本并描述。2008年北京大学留学生近藤晴香（日）、角道亮介（日）亦参与整理过该铸铜作坊材料，继续挑选陶范标本，归类装盒。

4. 2007年暑假期间，开始全面整理孔头沟调查资料。北京大学研究生张敏等，建立了"孔头沟遗址田野考古调查数据库"，制作了各类调查报告用图，协助完成调查报告初稿。

5. 2008年暑假期间，整理并编写了宋家墓地发掘墓葬报告草稿。参加工作的实习生有中央民族大学历史系研究生任昳霏、刘晓杰、富宝财，北京大学考古文博学院研究生白文亮、张敏，陕西师范大学历史文化学院研究生王宏、付健、张叶亭、刘鑫、李慧奉。

6. 线图由董红卫、刘军幸绘制。拓片由张喜文、冯文丽制作。器物照相为陕西省文物保护研究院王保平完成。另外，王保平还用氢气球为遗址做了航拍图。

7. 北京大学考古文博学院教师何嘉宁，鉴定了宋家墓地的人骨。河南省文物考古研究院侯彦峰，鉴定了居址出土的动物骨骼。

8. 对孔头沟遗址田野考古工作的理念与方法、商末周初遗存与先周文化探索、聚落性质等问题进行研究并撰写论文[②]。

第二阶段，2009年至2018年间，零星整理研究阶段。

本阶段，孔头沟遗址发掘报告的编写基本处于停滞状态，重要的整理与研究事项可举以下数端：

1. 2013～2015年，"中研院"史语所研究员李永迪多次来周公庙基地系统整理画图寺铸铜

---

① 姚洁：《岐山孔头沟遗址商周时期考古学文化分析》，安徽大学硕士学位论文，2008年。该成果未吸纳入本报告。

② 种建荣、张敏、雷兴山：《岐山孔头沟遗址商周时期聚落性质初探》，《文博》2007年第5期。种建荣、雷兴山：《岐山孔头沟遗址田野考古工作的理念与方法》，《文博》2008年第5期。种建荣、雷兴山：《孔头沟遗址商末周初遗存与先周文化探索》，《考古与文物》2009年第3期。

遗物,主要工作为统计熔炉、陶范等各类铸铜遗物的数量、重量,核对铸铜遗物的实物资料与线图,对单个铸铜遗物,尤其是陶范逐一进行观察和描述,并初步完成熔炉、鼓风管、陶范等铸铜遗物的综述。李永迪的学生林宜琳2013年也协助了部分整理工作。

2. 2008～2017年,北京大学考古文博学院教师陈建立多次来指导、采样,指导研究生刘思然对宋家墓地铜器进行实验室检测分析①,指导研究生周文丽对孔头沟铸铜作坊出土铸铜遗物进行实验室检测分析,完成硕士论文《周原地区西周时期铸铜遗物初步研究》。

第三阶段,2019年1月至2024年8月,全面集中整理研究与完成报告阶段。

2019年1月开始重启孔头沟遗址发掘报告编写工作,主要参与人员有:武汉大学历史学院教师王洋、北京大学博士研究生郭士嘉。其他参与人员有:陕西省考古研究院杨磊、赵海晨、张雅雅、王昱霖,武汉大学历史学院教师刘一婷,国家文物局考古研究中心李楠等。

全程参与工作的实习学生有:武汉大学本科生(后为硕士研究生)王昱霖。短期参与工作的实习学生有:武汉大学硕士研究生郭璐琳、谢紫晨、王嘉乐、杨晓晗、艾倩、本科生付梦寒、易俊龙,北京大学博士研究生李金鑫、陈珂尧、陆敏慎、硕士研究生陈东阳、谷煜农。

1. 2019年1月,孔头沟报告的编写工作重启,王洋、郭士嘉分别加入了墓地与铸铜作坊的报告编写。2019年度的工作内容主要有三个方面:

(1)宋家墓地出土车马器的整理与研究。由于宋家墓地出土了大量以往西周考古中未曾发现的车马器新器形,所以重启墓地报告编写工作之初,要解决的首要问题,就是对这些器物的准确辨识与描述。2019年1月,王洋对墓地出土车马器进行初步分类后,随即展开了对车马器的一系列研究工作。至同年8月,完成墓葬出土千余件器物的描述,王昱霖协助核对实物与图文资料,测量器物尺寸、重量。撰写关于西周随葬车器等级制度、铜牌形羁饰的两篇论文②。

(2)完成画图寺铸铜作坊报告初稿。2019年1月拟定铸铜作坊报告编写大纲,郭士嘉等制作图版后,将已有图文资料按综述、分述置入铸铜作坊报告中,核对器物编号、线图与实物。2019年4月,参照李永迪、林永昌陶范整理资料,重新对陶范标本逐个开展核对与描述、尺寸测量等工作,陈东阳负责铸铜作坊出土陶器的核对工作。2019年5～6月,完成铸铜作坊部分报告初稿,撰写铸铜作坊发掘简报③和论文《孔头沟遗址铭文芯与西周铭文制作方法》④。

---

① 陈建立、张周喻、种建荣、雷兴山:《西周时期周原地区的镀锡技术及文化意义》,《南方文物》2016年第1期。刘思然、陈建立、种建荣、雷兴山:《周原孔头沟遗址宋家墓地铜器的科学分析与研究》,《南方文物》2017年第2期。

② 王洋:《西周随葬车器等级制度研究》,《考古》2020年第12期。王洋、种建荣、雷兴山:《西周铜牌形羁饰新说》,《文物》2023年第3期。

③ 陕西省考古研究院、北京大学考古文博学院:《陕西岐山孔头沟遗址铸铜作坊发掘简报》,《南方文物》2019年第3期。

④ 郭士嘉、种建荣、雷兴山:《孔头沟遗址铭文芯与西周铭文制作方法》,《江汉考古》2020年第3期。

（3）对宋家墓地马坑出土马骨的鉴定与研究。2019年7～10月，刘一婷、谢紫晨对墓地马坑出土的马骨进行了鉴定，并针对马坑所反映出的学术问题，对孔头沟居址出土部分动物骨骼、周原遗址姚家墓地马坑出土马骨进行了再次鉴定分析。随后撰写论文《岐山孔头沟遗址马坑出土马骨的鉴定与研究》[①]。刘一婷指导谢紫晨完成硕士学位论文《岐山孔头沟遗址宋家墓地出土马骨研究》[②]。

此外，陈东阳核对赵家台、独山、画图寺出土陶器的描述，赵海晨核对孔头沟调查陶器的描述。

2. 2020年的工作重点是完成墓地报告分述部分初稿，撰写墓地发掘简报。

2020年春，王保平再次对出土器物进行拍照，张喜文、冯文丽制作了器物拓片。6～8月，种建荣、王洋、雷兴山、王占奎完成撰写M10、M9、中小型墓葬与马坑的三篇发掘简报[③]，王昱霖协助核对图文资料。易俊龙、王昱霖对残碎锈蚀严重的逾千件铜片进行拼对，这些铜片无一件为完整器，拼对难度极大，但最终还是复原出车舆围板铜饰、马胄、翣等多类器。至2020年末，基本完成墓地出土各类器物的整理工作。

重新确定了报告提纲，撰写考古报告编写理念与方法的论文[④]。

3. 2021年的工作重点是完成墓地报告综述部分初稿，总结对墓地遗存的相关认识，撰写关于墓地结构、车舆围板饰、軜、銮铃等车马器、珊瑚化石器的多篇论文[⑤]。上半年，完成了墓葬综述部分初稿，王昱霖、付梦寒协助统计各项数据。下半年，董红卫补绘和改绘器物线图。

4. 2022年的工作重点是完成报告初稿。7月2日，考古队搬入了位于岐山县贺家村的新基地——周原田野考古中心，更好的工作条件使我们干劲十足，希望一鼓作气于暑期7～9月完成孔头沟报告的初稿。王洋汇总编写报告前言。张雅雅、杨磊、王昱霖、郭璐琳、陈珂尧、李金鑫、谷煜农完成墓葬与调查遗物排图，修改墓葬平、剖面图。陈珂尧、陆敏慎完成了图名与图注的校对、插入。李金鑫核对修改了调查报告部分，修订了孔头沟GIS系统。李楠、何嘉宁等完成墓

① 刘一婷、谢紫晨、王洋、种建荣、雷兴山：《陕西岐山孔头沟遗址马坑出土马骨的鉴定与研究》，《南方文物》2022年第6期。
② 谢紫晨：《岐山孔头沟遗址宋家墓地出土马骨研究》，武汉大学硕士学位论文，2020年。
③ 陕西省考古研究院、北京大学考古文博学院：《陕西岐山县孔头沟遗址西周墓葬M10的发掘》，《考古》2021年第9期。陕西省考古研究院、北京大学考古文博学院：《陕西岐山县孔头沟遗址西周墓葬M9的发掘》，《考古》2022年第4期。陕西省考古研究院、北京大学考古文博学院：《陕西岐山孔头沟遗址西周中小型墓葬及马坑发掘简报》，《文物》2023年第3期。
④ 雷兴山、王洋：《田野发掘报告的编写理念与方法》，《中国考古学理论与方法 I》，科学出版社，2020年。
⑤ 种建荣、王洋、雷兴山：《孔头沟遗址西周墓地结构管窥》，《古代文明》第16卷，上海古籍出版社，2022年。王洋、种建荣、雷兴山：《岐山孔头沟出土车舆围板铜饰与金文中的"金簟弼"》，《文物》2023年第8期。王洋、王昱霖：《论中山成公墓銮铃的古物新用》，《北方文物》2022年第6期。王昱霖、王洋：《商至西周时期铜軜研究》，《文博》2022年第5期。王洋、种建荣、付梦寒、刘一婷：《孔头沟珊瑚化石器与西周权杖头》，《考古与文物》2025年第5期。

地出土人骨鉴定报告。国家文物局考古研究中心闫欣等，完成墓地人骨碳十四年测年。至此，孔头沟报告初稿完成。

5. 2023年的报告编写工作开展较少，主要内容是对报告初稿查漏补缺。5月，张雅雅替换插入画图寺、赵家台、独山部分的临时图号。6月，国家文物局考古研究中心杨凡、孔子博物馆贾茵，完成墓地出土木材鉴定。7～8月，王洋、王嘉乐挑选遗迹遗物照片，排定报告彩版。种建荣、雷兴山、王洋撰写赵家台与独山居址发掘简报[①]。

6. 2024年7～8月，在报告初稿的基础上，进一步修改文字，撰写报告结语。雷兴山改定报告前言与遗址调查部分，种建荣修改画图寺铸铜作坊、赵家台与独山居址部分，王洋修改宋家墓地部分，种建荣、雷兴山、王洋完成报告结语。王昱霖整合全书附录与附表，杨晓晗核对、插入全书图号，王嘉乐调整彩版排版。侯彦峰、艾倩、刘一婷完成居址出土动物骨骼鉴定报告。种建荣、雷兴山审定全书，修改了关键认识的表述，形成报告定稿。

1.5　报告编写体例

本节介绍本报告编写体例理念，并重点说明报告各类编号的含义，以及有关图、文、表的凡例。

1.5.1　报告体例理念[②]

本报告的编写体例，有五点说明。

1. 摒弃"举例体"

所谓"举例体"，是指在介绍遗迹和遗物时，经过类型学分析，挑选典型遗迹、器物标本进行描述。虽然有时会有遗迹登记表、标本型式数量统计表，但是对遗迹、遗物的介绍还是只举典型例子。举例体的最大缺陷是资料发表不全。另外，该体例不按单位编写，将遗迹与遗物分开，将同单位的不同类型遗物分开，使读者研究时非常不便。举例体已为越来越多的学者所摒弃。本报告不采用"举例体"。

2. 采用"综分体"

所谓"综分体"，是指以《天马—曲村》为代表[③]，分"综述"与"分述"的编写体例。这种

---

① 陕西省考古研究院、北京大学考古文博学院：《陕西岐山孔头沟遗址赵家台与独山居址区发掘简报》，《文博》2024年第5期。

② 详见雷兴山、王洋：《田野发掘报告的编写理念与方法》，《中国考古学理论与方法Ⅰ》，科学出版社，2020年。

③ 北京大学考古系商周组、山西省考古研究所：《天马—曲村（1980～1989）》，科学出版社，2000年。该报告对不同时代遗存的发表体例不尽相同，本报告所说的"综分体"是指报告第贰部分"西周、春秋时代——晋文化（上）"采用的编写体例。

体例对每一时期、每一类遗存，都分综述与分述两部分介绍。综分体的综述部分，相当于举例体报告，而分述部分是按单位尽量发表全部资料。这种体例已逐渐为学界普遍接受和模仿。本报告各章采用"综分体"编写。

3. 主张"区位体"

"区位"指遗存的位置以及与其他遗存的位置关系，也就是各种分区。所谓"区位体"，就是按分区编写发掘报告。分区可以有多种含义，有时是指工区，如某遗址第 1 发掘区，最好是指一个聚落内的"功能区"，如一般居址区、铸铜作坊区、墓地等。本报告即采用这种体例，将铸铜作坊、居址区、墓地三个功能区独立成章。

关于本报告使用的区位体，还有几点需要说明：（1）区位体报告仍要坚持综分体，在每个区内使用综分体。如铸铜作坊一章中分综述与分述，墓地一章中也分综述与分述。（2）尽可能发表所有遗存，不出遗物、遗物残碎、遗迹被打破严重的单位都要发表，没有标本的单位本身就是一种特殊的堆积类型。（3）在各功能区中增加介绍更为细致的区位特征。如居址遗存可细到"遗迹组合"，墓地遗存可细到"墓位形态"。但由于这些内容多带有一定主观性，故仅将其放在各章最后的认识部分进行讨论。

4. 尝试描述与研究结合体

长期以来学界普遍认为，发掘报告只以详尽描述考古遗存本身为上，尽量少要甚至不要编写者的个人认识。我们认为，发掘报告既可以是资料描述报告，也可以是资料描述与研究相结合的一种著作。原因在于：不存在纯粹的、不加任何研究的资料描述报告。即使报告中加入研究的部分，也不会影响读者对发掘资料的阅读检索。报告编写者是考古资料的第一整理者，编写者的相关研究，会使读者尽快了解到作者对资料的初步认识。报告编写的好坏，最根本的基础是编写者对资料的研究深度。因此，本报告加入了大量研究认识。

5. 探索多学科信息"形散神聚"体

多学科信息是现代发掘报告中的必备内容，但如何在报告中安排传统人文信息与多学科信息却做法不一。本报告的理念是"形散神聚"。由于考古发掘报告的根本属性是资料汇编，这就要求考古报告满足读者便于检索的需要。因此本报告将传统的人文信息集中在一起，作为正文，将多学科的专题检测研究放在一起，以独立成文的形式做附录。同时，提炼一些多学科检测的关键结论放入正文分述中。如介绍墓主人时，将性别、年龄、病理等关键信息放在墓葬分述中，而将人骨的测量数据及详细分析放在附录的专题研究中。

1.5.2　各类编号说明

1. 遗址名称与发掘区编号

本次工作之初，我们对整个遗址的概况不十分了解，所以基本沿用过去的遗址名称，如岐山画图寺遗址与岐山赵家台遗址,而将过去未发现的遗存以所在村庄命名,如岐山独山遗址。本次工作之后,我们认为上述各遗址实为同一个遗址,遂统称为孔头沟遗址。本次工作过程中的各类编号,均未涉及孔头沟这个名称,建议以后工作可将该遗址名称以"QK"编号(岐山孔头沟遗址)。

鉴于上述原因,本次发掘未对孔头沟遗址进行统一区划,亦未建立统一的三维坐标测绘体系,本报告在调查报告部分,按 500 米 × 500 米将孔头沟遗址分为 30 个分区,南北向轴用英文字母 A、B、C、D、E、F 表示,东西向轴用阿拉伯数字 1、2、3、4、5 表示,每个分区的编号为英文字母和阿拉伯数字的结合,比如 A1 区、A2 区、B1 区……。建议以后在孔头沟遗址工作时可使用如此统一分区体系。

本次发掘共分 4 个发掘区,画图寺发掘区编号为 06QH,赵家台发掘区编号为 06QZ,独山发掘区编号为 06QD,宋家发掘区编号为 06QS、07QS。

2. 探方和遗迹编号

探方、遗迹均以发掘区为单位,按阿拉伯数字顺序统一编号。探方、各类遗迹的编号用其汉语拼音的第一个字的大写声母来表示[1],具体如下:

T—探方(沟);M—墓葬(D—盗洞,填土为"t");Y—窑;H—灰坑;G—沟;L—路;Z—灶;DK—断坎等。此外,马坑使用了墓葬 M 的编号。

每个探方的完整表述应为:发掘年度 +Q("岐山孔头沟"的简称)+ 发掘区简称 + 探方编号,如画图寺发掘区第 1 号探方编号为 06QHT1,赵家台发掘区第 2 号探方编号为 06QZT2 等。为了行文方便,直观明了,将编号简写为:发掘区简称 + 探方号,如 HT1、ZT2 等。

遗迹编号的表述与探方基本相同,遗迹单位前不加探方号。如画图寺第 1 号灰坑的完整表述为 06QHH1,简写为 HH1。

3. 地层编号

以探方或遗迹为单位,各层按打破关系和时间早晚关系、自上而下分别独立编号。

探方地层,如 06QZT5①、②、③……可简写为 ZT5①、②、③……;遗迹内地层如 06QZH9①、②、③……可简写为 ZH9①、②、③……。

4. 遗物编号

(1)居址遗物编号

各发掘区器物编号的对象是可用于发表的标本。本报告中,探方地层中遗物以每层独立按阿拉伯数字顺序编号,如 T1①中的遗物,遗物编号为 T1①：1、2、3……;遗迹层位中遗物的编号,以遗迹单位为整体,按照阿拉伯数字顺序编号,不区分遗迹中的层位,如 ZH1：1、

---

① 国家文物局:《田野考古工作规程》,文物出版社,2009 年,第 16 页。

ZH1：2……。

当晚期单位中出土早期遗物时，为特殊注明，在标本编号前加"0"以示区别，如独山 DH4：01。有些标本不能确定其为早期遗物抑或为该遗物的早期形态，编号前不加"0"，但在文中会加以说明。此外，赵家台ZH9发掘前已被部分破坏，其周围采集到了大量陶器标本，可能原出土于该坑，这些标本编号前冠以"0"以示区别，如：ZH9：01、02、03……。个别骨器、骨器半成品与骨料是室内整理时的动物骨骼鉴定过程中发现的，故在编号前加"#"以示区别。

（2）墓葬遗物编号

墓葬出土遗物有三种编号情况。一是棺椁内、棺椁盖板上及二层台上出土器物，按阿拉伯数字顺序编号，如SM7：1、2、3……。二是墓室填土内出土遗物，在阿拉伯数字前加"t"进行编号，如SM15：t1、SM15：t2……。三是盗洞内所出器物，墓号后不加盗洞号，在阿拉伯数字前加"0"以示区别，如SM6：01、02……。但是有一座墓M25例外，该墓有两个盗洞，盗洞内出土遗物丰富且归属明确，故将两盗洞内出土器物分别编号，于墓号后加"D1""D2"进行区分，如SM25D1：01,M25D2：01……。

发掘过程中墓葬出土的随葬品未做到一器一号，如毛蚶、海贝等，共用一个编号，整理时挑出标本添加"-1""-2"……。个别遗物虽然已有编号，但在整理环节可拼对为同一器物的，则保留其中一号，故而会出现空号。一些由于认识不清将不同器类或器物给同一个号的，在整理阶段进行重新编号。

5. 调查编号

（1）调查采集点编号

本次调查使用GPS测点，每点独立编号。每个调查点的编号由调查日期、GPS号等组成，如06Q0706A001表示2006年在岐山县（Q）某遗址（本次工作中省略）7月6日（0706）使用第A台GPS（亦有B、C、D台GPS编号）测绘的第1号（001）采集点。如此编号方法可以在大规模、长时间调查中减少或避免混淆情况，但是在GPS数字化地图上该点号极不易表示，所以本报告在整理与发表中将原点号统一使用阿拉伯数字代替：C1、C2、C3、C4……。

调查所知各类遗迹的编号按统一采集点编号，不再以H、M等区别。

（2）调查遗物编号

按原来的设计，采集遗物的编号可分为两种方式。其一，以点号为单位顺编，如C1：1、2、3……，C2：1、2、3……，此编号方法可使读者明了每一采集点所有标本数量。第二种，亦即本报告的方法，是将全遗址所有采集遗物统一编号，而不考虑采集点，如采集编号全称为C35：358，表示第35个采集点所出的全遗址遗物编号的第358号。之所以如此，是因为各采集点的标本均很少，若使用第一种方法，大量采集遗物的编号都为1号，极易造成混乱。同时，在电子地图上将特殊遗物标出时，也极为不易。使用第二种方法可避免上述情况，但缺点是不知每个采集点标本的数量。为弥补第二种编号方法的缺憾，我们会在统计表每个采集点栏全部列出遗物数量和标本数量。

6. 钻探编号

本次工作仅在宋家墓地有钻探编号，编号遗迹均为墓葬，采用阿拉伯数字顺编。钻探编号的完整表述格式为：发掘年度＋钻探区简称＋遗迹编号，如06QSM27，简写为钻探区简称＋遗迹编号，如SM27。

宋家墓地在钻探结束后随即展开发掘，已发掘墓葬的编号完全采用了钻探编号，因此已发掘墓葬的编号和钻探墓葬的编号没有区别。已发掘墓葬的编号为SM1～SM16、SM18～SM26，钻探墓葬编号在已发掘墓葬号后顺编，编号为SM27～SM167。

1.5.3　关于图、文、表的说明

1. 关于图版的说明

（1）本报告插图时，遵循"图随文走"的原则。介绍遗迹单位时，均发表遗迹平、剖面图。发表探方遗迹总平面图和四壁剖面图。区域调查图上，标示每一个调查点的空间位置，这在以往调查报告中是较为少见的。

（2）关于遗迹、遗物图比例的说明

本报告提倡遗迹、遗物图"全图比例统一，全报告比例统一"的发表方式。如此不仅全图、全书遗迹、遗物尺寸大小一目了然，且便于对比研究。如果全书比例不统一，随意变换，则不易对全书遗迹、遗物形制有直观的认识，容易造成错误印象。各类图的比例具体如下：

① 居址遗迹图，一般采用两种比例，灰坑规模较小者为1∶20，较大者为1∶40。个别特殊的灰坑，如规模特大者，采用灵活比例。

② 墓葬遗迹图一般采用两种比例，小型墓为1∶20，中型墓为1∶50。个别特殊墓葬采用灵活比例。M9、M10等大型墓葬的形制复杂、随葬品多样，因此绘制有总平、剖面图、局部细节图、随葬品位置分层图等多种线图。为适应不同的图幅，采用不同的比例。需要强调的是，即使是为了展示大墓细节而采用多种比例，报告也尽量追求统一比例的原则。在同一座墓中的同一类图，比例是完全统一的，比如M10棺椁间第1～4、6层遗物分布图的比例是完全一致的，可以进行对比研究。

③ 遗物图一般采用两种比例，陶容器为1∶4，小件为1∶2。部分器形较大的陶器，如陶瓦等，采用1∶8的比例。其他个别特殊的遗物采用灵活比例。

（3）关于墓葬遗迹图的特殊说明

本次发掘墓葬多被盗扰，有些墓不止有一个盗洞，且多数对墓室破坏严重。本报告除遵循绘制墓葬平、剖图一般方法外，另考虑到清晰程度，特约定如下画法：

① 墓葬平面图上不绘制盗洞口,只绘盗洞底部范围,盗洞数量及其形制仅用文字详细描述。

② 本报告墓葬剖视图中盗洞一律用实线表示,平面图、剖视图上位于盗洞范围内的葬具、二层台等遗存现象用虚线表示。

③ 本报告葬具的绘法为复原性画法,如棺椁底板发掘时已不知其厚度,本报告为表现葬具结构,采用推测复原一定厚度的方法。

④ 由于棺椁制度是墓葬制度的重要内容,故本报告选择发表若干保存较好的棺椁底板,在平面图上仅绘墓底边圹,不画墓口线。由于椁盖板均保存较差,故本报告平面图上不绘椁盖板,仅在剖视图上复原其厚度和相对位置,具体情况在文中详细说明。

2. 关于文字的说明

（1）在遗迹的分述中,各遗迹单位写其全称,如06QHH1,其他部分为行文方便,省去"06Q"字样,仅注明发掘区简称和单位号,如HH1。居址、铸铜作坊发掘区均有灰坑类遗迹,为避免混淆,在各章下介绍遗迹和器物标本时均不省略发掘区简称,如HH1、ZH1、DH1。因仅在墓地发掘区中有墓葬这类遗迹,故第四章在行文中省略发掘区简称,如M1。

（2）在介绍各类器物标本时,一般按图号顺序行文。

（3）器物描述时,一般不写制法,但较为特殊器物的制法例外。陶器前不加质地,其他遗物要加质地。特别是在描述特殊遗物时,若知其完整的生产流程和工艺,要详细地描述各阶段废品的名称及其特征,如画图寺铸铜作坊中对铸铜遗物的介绍。将主要器类描述置前,将性质相同的器类放在一起。

3. 关于表格的说明

本报告中各类表格内百分比均保留小数点后2位。

"陶系、纹饰统计表"仅包括出土遗物200片及以上的遗迹单位,相关内容在正文中简略描述。对小于200片陶片的遗迹单位不再附表,在正文中对相关内容详细介绍。

4. 其他说明

以往发表的简报、报道等资料,若与本报告有出入,皆以本报告为准。

第二章 画图寺铸铜作坊发掘

本章分综述与分述两部分介绍画图寺铸铜作坊的发掘收获,最后总结对作坊遗存的相关认识。

2.1 综 述

2.1.1 发掘区位置与面积

画图寺发掘区位于孔头沟西侧,在画东村南、南星村北,与孔头沟遗址宋家墓地隔沟相望。发掘区布设探方为正磁北方向,共布设大小不同的探方13个(图2-1),发掘总面积约294.08平方米,于2006年3月22日至5月25日进行了抢救性清理,历时63天。

2.1.2 堆积状况

1. 堆积状况概述

画图寺发掘区内各探方文化层与单位堆积情况大体相似。因过去的土地平整,发掘区内文化层比较薄,且基本上是较晚期近现代堆积。该区域是支离破碎的台地,发掘区所在小台地四周为断崖,台地高出周围2~3米,台地上较为平整。探方主要位于台地的西部中间区域,台地西侧为一现代砖厂取土壕,遗存已被破坏殆尽。

以发掘区西北部的HT6(图2-7)为例,介绍整个发掘区的堆积状况。

第①层 耕土层,厚0.23~0.34米,遍布全方。

第②层 近现代地层,厚0.26~0.5米,遍布全方。

HT6共发现四个遗迹单位,均开口于HT6②层下。第①层和第②层均包含近现代瓷片,说明近现代活动对遗址破坏很重,画图寺发掘区未见房址、地面、路面等遗迹,灰坑自深普遍在0.6米以下,尤其是与口径相比灰坑深度明显偏浅。因此,画图寺铸铜作坊的地面类遗迹很可能在历次土地平整过程中破坏殆尽,只留下灰坑、窑址等地下遗迹。另外,在部分探方地层内出土少量陶片、烧土块、陶范等遗物,推测土地平整活动也打破和扰动了部分西周时期的堆积单位。

总体而言,画图寺发掘区内的灰坑均属于西周中晚期的铸铜作坊生产生活废弃遗存的堆积,这些堆积绝大多数属于较规整的圆形或椭圆形的灰坑。目前仅发现2座应该与陶范生产相关的陶窑,其他冶炼熔炉、房屋遗迹等并未发现。绝大多数灰坑较浅,坑内堆积多为一次性堆积,应为较短时间内形成的堆积。这些灰坑中基本未见有修整痕迹,大多数灰坑中陶片、骨头等生活垃圾与陶范、炉壁等铸铜生产垃圾共存,以HH1、HH11和HH38最为典型,各类遗物均有发现。两座陶窑窑壁均有红烧土,尤其是HY1窑壁烧土厚度达0.16米,明显经受较多次烧火活动,两座窑内废弃堆积包括陶片、骨头、烧土块、陶范等,未见与陶器烧制有关的遗存,且画图寺发掘区也未发现任何陶器生产遗存,故推测两座陶窑应当与铸铜生产相关。

2. 层位关系表

(1) HT1(图2-2)

$$① \longrightarrow ② \longrightarrow HH1$$

(2) HT2、HT3及扩方部分(图2-4、图2-3)

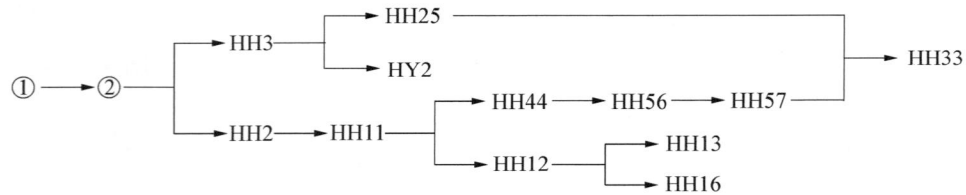

(3) HT4(图2-5)

$$① \longrightarrow ② \longrightarrow HY1 \longrightarrow HH4 \longrightarrow HH5 \longrightarrow HH8$$

(4) HT5(图2-6)

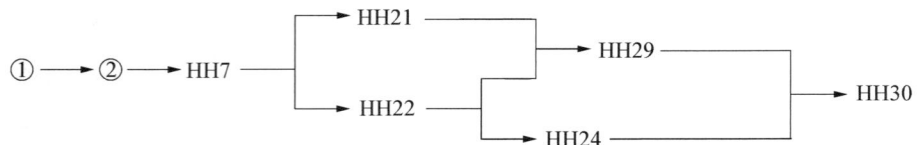

(5) HT6(图2-7)

（6）HT7（图2-8）

①　→　②　→　HH19　→　HH23　→　HH26

（7）HT8（图2-9）

①　→　②　→　HH43　→　HH42　→　HH20　→　HH28　→　HH31　→　HH32

（8）HT9、HT11及扩方部分（图2-10）

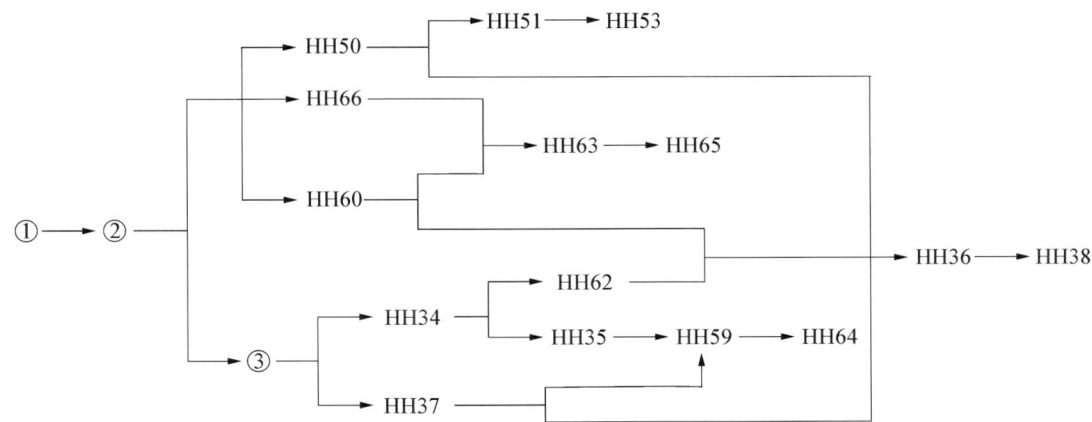

（9）HT10（图2-17）

（10）HT12（图2-19）

（11）HT13（图2-20）

①　→　②　→　HH58　→　HH61

2.1.3　遗迹

1. 遗迹单位形制分析

画图寺发掘区共清理西周时期灰坑64座，各灰坑之间打破关系较为复杂。按口部形制可分为四型（表2-1）：

A型　圆形口或近圆形口，共20座，约占总数的31.25%。按壁的形制分二亚型：

Aa型　直壁或壁较直，共5座。如HH65（图2-173）。

Ab型　坡壁,共15座。如HH39(图2-128)。

B型　椭圆形口或近椭圆形口,共21座,约占总数的32.81%。按壁的形制可分为三亚型:

Ba型　壁较直,共2座。如HH15(图2-60)。

Bb型　坡壁,共17座。如HH1(图2-21)。

Bc型　不规则形壁,共2座。如HH37(图2-106)。

表2-1　画图寺发掘区灰坑分类统计表

型	亚型	遗 迹 单 位
A	Aa	HH4、HH14、HH17、HH18、HH65
	Ab	HH3、HH12、HH13、HH20、HH26、HH36、HH39、HH41、HH42、HH48、HH49、HH50、HH51、HH53、HH58
B	Ba	HH15、HH32
	Bb	HH1、HH2、HH8、HH10、HH16、HH19、HH22、HH28、HH44、HH45、HH46、HH47、HH54、HH55、HH59、HH62、HH63
	Bc	HH9、HH37
C	Ca	HH29、HH56、HH57、HH60
	Cb	HH7、HH23、HH25、HH35、HH38、HH40、HH61、HH64、HH66
	Cc	HH30
D	Da	HH24
	Db	HH5、HH11、HH21、HH31、HH33、HH34、HH43
	Dc	HH6

C型　长方形口或近长方形口,共14座,约占总数的21.88%。按壁的形制可分为三亚型:

Ca型　直壁,共4座。如HH57(图2-155)。

Cb型　坡壁,共9座。如HH35(图2-100)。

Cc型　袋状壁,共1座。如HH30(图2-86)。

D型　不规则形口,共9座,约占总数的14.06%。按壁的形制可分为三亚型:

Da型　直壁,共1座。如HH24(图2-78)。

Db型　坡壁,共7座。如HH43(图2-135)。

Dc型　袋状壁,共1座。如HH6(图2-39)。

画图寺发掘区64座灰坑出土大量铸铜相关遗物,包括陶范、炉壁、陶管、铜渣、砺石等。按照铸铜作坊一般生产工序,范料、未经烘烤的陶范等代表的是制范环节;炉壁、铜渣和陶管均是熔铜环节的遗物；而经过烘烤和浇铸的碎范，代表的是浇铸环节；砺石[1]则是铜器浇铸好之后打磨环节的工具。画图寺铸铜作坊所发现陶范绝大多数经过烘烤和浇铸，没有发现明确的未经烘烤或未经浇铸的陶范。另外，画图寺发掘区还发现9件铜锥和骨锥，而一般认为铜锥和骨锥可以用作制范工具，但是画图寺铸铜作坊内未发现其他明确的制范遗存，铜锥与骨锥数量又太少，且画图寺出土大量其他生活遗存，因此本报告暂不将铜锥与骨锥当作制范工具。画图寺64座灰坑按是否包含铸铜遗物可分为二型（表2-2）：

A型　不含铸铜遗物，共14座，约占总数的21.88%。按是否包含陶片等遗物又可分为二亚型：

Aa型　包含陶片、骨器、石器等其他类别器物，共10座。如HH7。

Ab型　不含其他类别遗物，共4座。如HH53。

B型　包含陶范、炉壁、铜渣、陶管、砺石等铸铜遗物，共50座，约占总数的78.13%。按包含的铸铜遗物所反映的铸铜生产工序可分为三亚型：

Ba型　仅包含代表浇铸工序的碎陶范，共17座。如HH32。

Bb型　包含代表浇铸工序的碎陶范和代表熔铜工序的炉壁、铜渣、陶管等，共28座。如HH1、HH11。

Bc型　包含熔铜、浇铸和打磨等工序各种铸铜遗物，共5座。如HH38。

表2-2　画图寺发掘区灰坑分类统计表

型	亚型	遗　迹　单　位
A	Aa	HH7、HH16、HH21、HH24、HH29、HH41、HH44、HH47、HH50、HH66
	Ab	HH9、HH15、HH18、HH53
B	Ba	HH4、HH17、HH23、HH26、HH32、HH33、HH34、HH40、HH43、HH45、HH46、HH49、HH51、HH54、HH56、HH58、HH62
	Bb	HH1、HH2、HH3、HH5、HH6、HH8、HH10、HH11、HH12、HH13、HH14、HH19、HH22、HH25、HH28、HH31、HH35、HH37、HH42、HH48、HH55、HH57、HH59、HH60、HH61、HH63、HH64、HH65
	Bc	HH20、HH30、HH36、HH38、HH39

画图寺发掘区还清理2座陶窑，HY1仅残存部分窑室，HY2保存较好，还有操作坑、火门、窑室和烟囱等组成部分。两座陶窑的窑壁均为红烧土，明显经火烧形成。两座陶窑的窑壁均

---

[1] 必须说明的是，砺石也可以是其他生产生活中的工具，但其与陶范、炉壁等共出，本报告将其视为铸铜工具的一种，但并不排除其他功用的可能。

可见多处宽约4厘米的工具痕迹,长短不一。复原后可知两座陶窑的窑室部分均为圆形或近圆形,口小底大,且HY1的窑室部分要明显大于HY2。

　　以HY2(图2-179)为例,南北方向,从南到北依次为操作坑、火门、窑室和烟囱等。操作坑位于窑的火门前,呈不规则椭圆形,底部残留一层被踩踏过的活动面;火门为敞口,外大内小,上小底大,壁呈弧形,底部北高南低;窑室平面呈圆形,口小底大,壁外斜,底部西南高东北低;烟囱位于窑的北端,与窑室相距约0.38米,中间有一通道相连,烟囱平面呈椭圆形,口小底大,四壁略呈弧形,东壁较直,底部北高南低。

2.1.4　铸铜遗物

　　画图寺铸铜作坊出土的铸铜遗物包括外范、模、泥芯、炉壁、陶管、残铜片、铜渣等。其中以外范出土最多,炉壁残片次之,其他遗物所占比例小。各类陶范总计出土8 057余块,重约182.595千克,分别出土于56个遗迹单位,集中出土于HH11(2272块/47.7千克)、HH1(1 856块/45.55千克)和HH38(1 291块/26.58千克),占总数量的67.33%及总重量的65.63%。炉壁总计出土5 925余块,重约195.78千克,分别出土于32个遗迹单位,以HH11(2 928块/97.75千克)、HH1(1 374块/26.8千克)出土最多,HH38(360块/8.65千克)、HY2(335块/17.5千克)出土较多,四个单位出土炉壁占总数量的84.34%及总重量的76.97%。各遗迹出土陶范、炉壁统计数量及重量参见附表三。

　　1. 陶范

　　陶范一词通称青铜铸造过程中用以制作铜器的陶制载体,种类包括模、外范、泥芯等。铸铜遗址出土的遗物一般以外范最多,其他多为零星发现。画图寺出土陶范亦是外范数量最多,有少量内芯及芯头,陶模仅有零星发现。

　　综合各类陶范所见,器物种类计有:容器类的鼎、簋、觯、盨、簠;乐器类的钟;车马器类的车軎、镳、泡、小腰、铃;工具兵器类的环首刀、镞等。发现的纹饰种类有:窃曲纹、瓦纹、波带纹、重环纹、垂鳞纹、勾连雷纹、勾连云纹、阴线纹等。

　　(1)本报告涉及陶范的相关名词界定

　　陶范　本报告所指陶范,是模、外范、泥芯等的统称。

　　模　是铸造过程中使用的原型,用以翻制外范,又分为泥模和陶模。其中泥模指以处理过的泥料,经过塑形、雕刻等方法制成器物的模样,还未经过加热焙烧的器物模;陶模则是以处理过的泥料,经过塑形、雕刻等方法制成器物的模样,经过焙烧后具有较高的强度、硬度等性能的器物模。

　　外范　是指依照模型的形状和纹饰翻制出来用于铸造青铜器的铸型,由于浇注金属液后其位于青铜器的外侧,故称为外范。

泥芯　用黏土、砂、草木灰和熟料等材料制成，放置在铸型型腔内部，以形成青铜器的空腔或通孔的铸型组元。可分形成器物空腔的内芯以及浇铸后、包覆在铜器内的盲芯。

芯头　指内芯上与外范以榫卯相接合的部位，位于浇铸组合的最外端，已在铸造型腔之外。

铸型　用外范和泥芯制成的带有待铸造青铜器形状的空腔和浇冒口系统的组合体，浇入金属液后即形成一定形状的青铜器。

型腔　铸型中外范与泥芯之间所包围的器物形状的空腔部分，浇注金属液后形成青铜器。

浇道　为承接并引导熔融金属填充型腔而开设于铸型中的通道。

榫卯　范与范、范与芯之间的连接设置，凸出者为榫，凹下者为卯。

合范符号　为了便于范与范之间的对合和避免错位的记号，在范的外侧壁上划出简单的、可供辨认的符号。

浇铸面　外范、内芯等与铜液有直接接触的表面。

内面　外范的内侧表面，包括接触铜液的型腔浇铸面，以及和浇铸面同一平面、与其他外范及内芯接触的分范面。

背面　与内表面相对，是外范的外表面，不与铜液直接接触。

面层　位于外范的内表面，一般由不含粗颗粒砂的细泥料组成，以获得光洁、清晰、准确的型腔面。所用材料即称为面料。

背层　位于面层之外，一般由较粗颗粒砂并掺入较多植物灰和熟料的粗泥料组成，可以减少陶范处理的精细程度，并可以改善陶范的退让性。所用材料称为背料。

分范面　范与范之间的接合面。

（2）模

模为青铜成品的原型，用以翻制浇铸用的外范。画图寺铸铜遗址出土基本都是陶模，经过烘烤，但数量很少。依部位及使用方式，可分为制作小型铜器如车马器等的器形模、青铜容器附件的附件模、翻制局部纹饰的纹饰模等。

器形模　此类陶模用以制作铜器器形，可能带纹饰，但亦可能仅有铜器的形状，纹饰以另外的方式在外范制作。画图寺出土的器形模，主要是车马器等小件器物的母模，没有容器。

车軎模　标本HH31：51（图2-90，1），灰褐色。仅存实心圆柱体部分，表面可见一周凸棱，另有数道阴线，刻划出安装车辖的长方孔，为凸棱至安辖长方孔部位。

十字节约模　标本HH39：33（图2-121，5），青灰色。十字形，断面为圆形，在器形的横剖面上刻划有一道阴线，将整个器物对分，应为用以翻制对分双合范的基线。

三叉形器模　标本HH20：56（图2-63，7），灰红色。"Y"形实心管状器，但"V"形的两管与另一管有一角度，不在同一平面，可能为节约一类马具。虢国墓地M2011出有一件类似但较大的三通形构件（M2011：150）①。

附件模　此类陶模用以制作铜器上的耳、兽首等附件。画图寺出土的附件模，主要是鼎耳、兽首等附件，还有一些器形难辨的不明器模。

鼎耳模　标本HT9③：16（图2-11，7），砖红色。范块小，从形制看为小鼎鼎耳模。

兽首模　标本HH11：72（图2-49，4），表面呈青灰色。为铜器兽首附件的模，仅余兽首的下半部。左侧可见兽首的耳、眼、吻部，正面无存，右侧仅存耳及吻部。兽首的后侧可见两圆弧，可能为兽角。兽首吻部的下方另有一长方块。

纹饰模　此类陶模是仅有铜器局部纹饰的母模，可能以盖印的方式在外范上压制纹饰，亦可能是用来翻制纹饰泥片以进一步制作外范。纹饰模在安阳殷墟即有出土，模的背面往往有捉手的设置，方便持拿，应是在外范以盖印方式施加纹饰。东周侯马铸铜作坊则应用带状的纹饰模板，以复制的方式制作纹饰泥片，再与外范结合。周原李家铸铜遗址已见类似侯马纹饰模板的纹饰母模，为侯马纹饰制作技术的前身。画图寺这类纹饰模亦应与单独翻制纹饰技术有关。画图寺出土的纹饰模，主要是龙纹模、顾首龙纹模、垂鳞纹模、垂鳞绚索纹模等。

龙纹模　标本HH59：19（图2-143，7），青灰色。仅存一角，正面可见隆起的龙身，龙身上施有鳞纹，可见刻划痕迹。背面残，底面有一完整边，后端略向上折，侧边有一指窝。

顾首龙纹模　标本HH36：21（图2-103，4），青灰色。仅余一近方形角，背面磨损，不平整，存有一指窝。正面有一隆起的阳纹纹饰，可能为顾首龙纹的眼、吻部及尾。纹饰为刻划制成，而隆起部位与整个模块为一体，加上仅部分隆起部位边缘有刻划痕迹，推测是先翻模同时制出分范面，然后再对龙纹细节部分刻划加工。

垂鳞纹模　标本HH38：96（图2-110，5），各面均呈砖红色。为一方块，上端残，正面、背面、左右面及底面基本完整。正面带凸起的高低两层垂鳞纹，每层各有三片垂鳞，纹饰为刻划制成，范面非常平整，推测是用减地法制作纹饰。纹饰面以外的左右面及底面可见一阴线，横穿模块，应与纹饰及外范制作工序有关。左右侧面近背面各设置有凹窝，可为捉手。可能以盖印方式制作纹饰用。

垂鳞绚索纹模　标本HH36：22（图2-103，5），青灰色。为一方块，保存立方体的四个面。正面有凸起的垂鳞纹及绚索纹，上、右及背面为素面。上面和右面均有一阴线横穿，应与纹饰及外范制作有关。

（3）外范

外范为青铜成品的载体，自模上翻制加工，搭配芯头、内芯组合以后，用以浇铸青铜器，浇铸完成的外范组合必须破碎方能取出青铜成品。

---

① 河南省文物考古研究所、三门峡市文物工作队：《三门峡虢国墓》，文物出版社，1999年，第352页。

　　容器面层为外范的内面，泥料质地较细，没有明显掺和物，应经过淘洗。面层直接与模接触，并形成外范的外框。纹饰的制作，不论模制或范制纹饰，均是在面层上进行。面层制作的外框背面四边高，中部内凹，将泥料填入，增加厚度、重量，即形成背层。在安置榫卯的分范面上，有时可发现面层背层的分界，为不规则的细线，有时穿过榫卯，这是因泥料施加时间不同，泥料干湿不一所形成。画图寺这类现象远比殷墟少见。

　　大型器物外范的面层与背层泥料不同，与殷墟陶范相比，面料背料差异较大。外范面层经焙烧，一般为青灰色，夹杂砖红色。面料质地细致均匀，细粉砂含量高，没有肉眼可见的掺和物。外范制作时应是自母模翻制，进行纹饰加工，设置榫卯，再经焙烧。从背层脱落的外范观察，面层背面四边较高，形成外框，中部内凹，表面有许多经手指挤压形成的凹窝（HH11∶70），与殷墟外范外观相似。亦有面层背面较为平整的，其与所浇铸器物的关联有待进一步观察。

　　从少数保存的例子看，背层烧结度低，可能只有在铸范浇铸前经过预热，仍为泥料原本的土色，其孔隙度较面层大，且使用的泥料往往掺有粗砂颗粒，甚至小石子颗粒。岩相鉴定结果表明，大部分陶范质地类似于粗粉砂岩，碎屑分选性较好，主要由粒径为0.03～0.06毫米的粗粉砂组成，还有少量细砂、细粉砂和泥质。构成细砂和粉砂的主要矿物为石英、长石、云母，有的还存在磁铁矿、褐铁矿等。大部分陶范的碎屑磨圆度较差，多为棱角状、次棱角状[1]。从掺和物较少的背层观察，背层的泥料仍有可能经过处理（如淘洗）。值得注意的是，由于面层四边高起，背层似乎不超出面层的分型面，若此，在浇铸时，背层没有起到固定外范的作用，应另有其他方式固定。外范的背层保存较少，大多脱落，与烧成温度低有关。

　　外层为堆附于背层之外的另一层泥料，通常掺有石子或其他掺和物，如少量草拌泥。外层经低温烘烤，但未达烧结程度，呈暗褐红色，拨之即分离，部分遇水溶解。由于容易脱落，仅极少部分外范背面保存有外层。外层是外范内芯组合好以后，在进行浇铸前，用以固定外范组合之用。背层位于面层与外层之间，是面层完成后、在面层未干时添加，因干湿度的差异，形成面层背层分界。

　　双合范的制作与容器外范不同。双合范背面修治平整，没有容器外范填泥的凹凸不平，不见明显面层、背层的差异，也没有外层。

　　外范是铸铜遗址数量最多的遗物，画图寺遗址也不例外，出土的陶范绝大多数为外范，其中大部分没有纹饰，或因磨损破损，纹饰无法辨认。能辨认纹饰或器形的外范仅占小部分。与殷墟及周原、周公庙出土陶范相比，范块小而碎，纹饰不清晰，在判别器物上较为困难。从触感与保存状况看，烧成温度应低于殷墟外范。画图寺陶范的另一特点是堆积土往往粘黏于陶范表面，不易清除，此一现象反映烧成温度或埋藏条件，则有待进一步查证。

---

① 周文丽：《周原地区西周时期铸铜遗物初步研究》，北京大学硕士学位论文，2008年。

　　外范大部分为青灰色，亦有砖红色，有的则浇铸面为青灰色，背面为砖红色。外范可分为分范面较多的容器、乐器等较大型器物的外范，以及用以浇铸小型器物如工具、兵器、车马器、小附件等的双合范。容器外范可分面层、背层及外层。双合范则没有面层、背层的差异。以下分容器、乐器、车马器、工具兵器、不明器类分别概述。已知的容器器类有鼎、簋、盨、簠等；乐器有钟；车马器类有车軎、镳、泡、小腰、铃等；工具兵器类的环首刀、镞等。除此之外，还发现一些部件纹饰复合外范，可能为铜器转角、凸出位置，或器耳、捉手侧面位置的纹饰外范。仅见局部纹饰，不与器身相连，型腔亦不反映器形，范边可见与其他外范扣合的榫卯设置，具体浇铸的器物不可判断。

　　鼎外范　画图寺遗址出土陶范因范块细小，能确定是鼎的外范不多，基本按鼎足形状、铜器纹饰等确定，另外还有较多带弧度的容器外范，很可能也是鼎腹部外范。标本HH11：67（图2-49，7），从残存形制看面层外框外侧高，中间内凹，背层已脱落殆尽。浇铸面呈青灰色，背面呈砖红色，可见指窝。有一水平方向合范面，榫卯未保存，合范面宽度大，反映原范块大，所铸器物亦大。浇铸面素面，无纹饰，带圆弧，应是器腹位置，水平分范位置应也在器腹。标本HH38：124（图2-113，8），未见面层与背层之分，内面为青灰色，背面稍残，不平整，为灰黑色。浇铸面可见鼎足上端兽面的耳、眼、吻部，未见刻划痕迹。有一水平方向分范面，为鼎腹、鼎足交界处，略倾斜。另有一垂直方向分范面，沿足部兽面中线，并带有一扉棱，远离浇铸面一端残存一椭圆形卯。标本HH36：29（图2-104，12），未见面层与背层之分，范块保存较大，浇铸面呈青灰色，背面砖红色。可见所铸器器腹上的一道勾连雷纹及其下的素面器腹，分范面上可见一扉棱及扉棱上的勾连纹。器腹勾连雷纹以下的浇铸面已不存，不能判断确切器形。从扉棱不见兽首及无水平分范看，可能为容器腹部下段及带扉棱圈足上部位置的外范。

　　簋外范　画图寺出土陶范中辨识出的簋外范亦不多，主要依据瓦纹、窃曲纹等铜簋纹饰特征、陶范浇铸面弧度反映的铜器形制等标准判断。标本HH38：104（图2-115，10），未见面层与背层之分，浇铸面呈青灰色，背面呈砖红色。残留一小片垂直方向分范面，上刻有一道阴线，可能是合范符号。为簋盖顶部包括捉手位置的外范，保存有两道瓦纹，瓦纹以内有与纹饰面垂直相交的捉手型腔及器盖与捉手之间的一环素面带。背面凹凸不平，残留数处指窝按压痕迹。标本HH60：23（图2-160，11），断面可见面层与背层之分，分界线不规则，背料夹杂粗砂和小石子。浇铸面呈青灰色，背面呈砖红色。浇铸面残留两道瓦纹，并有一不带凹弧的立边，已至盖口缘位置。背面凹凸不平。标本HH20：44（图2-56，8），断面可见面层与背层，背层残留不多。面料精细，浇铸面呈青灰色间带橙色，分范面呈青灰色。背料夹粗砂和小石子，呈灰褐色。分范面平整，无榫卯结构。浇铸面形制为簋圈足位置外范，足底部外撇并带台，可见一道残断的窃曲纹。背面凹凸不平。标本HH60：17（图2-160，9；彩版一三，2），从残存形制看面层外框外侧高，中间内凹，背层已脱落殆尽。浇铸面与分范面呈青灰色，面层背面呈砖红色，无粗砂。

为一方形器外范,仅余一角。有一垂直方向分范面,外侧有一长方形卯。浇铸面平直,有一长方形窃曲纹,稍残;其上另有一道与之垂直的纹饰带,但大部分不存,仅见纹饰边缘的线条。范面另可见两道垂直相交的阴线,沿窃曲纹及纹饰带的边缘分布。纹饰为凸起的阳线,但与范面平齐,可见刻划痕迹,可能是采用减地法刻划而成。应为簠方形器座的外范。背面凹凸不平,残留指窝按压痕迹。

盨外范 能确认为盨外范者极少。标本HH54:7(图2-111,3;彩版一三,1),未见面层与背层之分,浇铸面呈青灰色,部分露出棕黄色,背面呈灰褐色。有两个浇铸面,斜角相交,一面为瓦纹,一面为窃曲纹。带瓦纹面略带弧度,窃曲纹面则接近直边。窃曲纹凸出范面,大部分已经脱离。但脱落部分仍可见纹饰轮廓和刻划痕迹,推测纹饰制作是先刻底稿线,然后再沿底稿线堆塑泥条。背面凹凸不平,残存指窝按压痕迹。从浇铸面弧度及纹饰看,应为盨一类圆角长方形器外范。

簠外范 能确认为簠外范的也极少。标本HH61:16(图2-162,1),未见面层与背层之分,浇铸面呈青灰色,背面呈深灰色。浇铸面平整,无弧度,一侧有一个135°转折,其上可见上下两层纹饰,保存不好,似为窃曲纹卷尾。可能为簠类器物。背面凹凸不平,残留指窝按压痕迹。标本HH37:20(图2-103,1),断面可见面层与背层,背层所剩不多。浇铸面呈青灰色,背面带砖红色,背料呈灰褐色。浇铸面几无弧度,所铸器物接近方器,从器形及纹饰看,可能为簠一类的器物。纹饰与范块为一体,边缘隐约可见刻划痕迹,推测是先翻制后修整。

钟外范 画图寺出土钟外范较多,辨识出的钟外范大多数为钲部外范,主要依据陶范浇铸面形制及其上阴刻线条。此外,还发现少量钟篆部、鼓部外范。标本HH11:70(图2-51,3),从残存形制看面层外框外侧高,中间内凹,背层已脱落殆尽。浇铸面与分范面呈青灰色,背面呈砖红色。范块大而厚,保存浇铸面、范底部及一侧的分范面。浇铸面平直无弧度,仅见一小段水平方向阴刻线,应已在浇铸范围以外。分范面上可见一垂直方向的长方形大榫。范底部深刻有一拼合外范用的对准线。背面凹凸不平,残留数个指窝按压痕迹。可能为钟鼓部下缘以下位置范。标本HH20:33(图2-69,7),断面可见面层与背层,背层保留不多。面料精细,浇铸面呈青灰色。背料夹粗砂,呈青灰或砖红色。浇铸面向内微弧,残留有篆部的勾连云纹,纹饰上下各残留一个上大下小的孔洞,应是与浇铸面垂直、深入范内的钟枚型腔。背面凹凸不平。标本HH38:202(图2-112,8),未见面层与背层之分。浇铸面及背面皆砖红色,为钲部位置范,可见篆及与浇铸面垂直、深入范内的钟枚型腔,在钲部有刻划的框线,标示篆与枚的范围。背面凹凸不平,残留指窝按压痕迹。

车马器外范 画图寺出土车马器外范不如容器类及乐器类多,主要包括管形器外范、铜泡外范、节约外范和小腰外范等,在此一并介绍。标本HH11:58(图2-51,4;彩版一一,5),长方体,裂为数块,但范身大致完整,保存范的各面。范一端窄,一端较宽,无明显背层与面层区别，浇铸面呈青灰色，背面呈砖红色，内面可见波带纹及卷云纹。为双合范，在合范的两个分范面上各有一细长榫，较宽一端的型腔内面顶端尚残存一三角形榫。浇铸面剖面呈"U"形，范的两端应另安芯头及内芯，背面凹凸不平。器形不明，可能为车马器。标本HH38：88（图2-117，8），未见面层与背层之分，各面均呈砖红色，仅存与芯头相接部位及一小部分勾连云纹纹饰。范上可见三组卯：型腔内面有一沟状卯及两道三角形卯，后两者并列，间距很小，均为安装芯头用；分范面上有一方形卯，以与其他扇的范相接。范背面平整，刻有两道短阴线，应该是合范符号。型腔弧度较大，推测所铸器物较大，或为害范。标本HH38：80（图2-112，3；彩版一二，5），未见面层与背层之分。浇铸面与分范面呈青灰色，背面呈砖红色。长方形双合范，背面修治平整，各范边完整，仅背面有残损。一端封闭，另一端开口，为安置芯头位置，浇铸面两侧的分范面上各有一个三角形小卯，位于近浇铸面一端，以固定芯头。施有三道上下相叠的垂鳞纹，纹饰周边未见刻划痕迹。标本HH38：136（图2-116，9；彩版一二，4），内面呈青灰色，背面呈砖红色，为双合范，范身大致完整。范内面可见两个带梁铜泡的型腔及浇道，浇铸面一侧有长榫。范背面不平整，布满指窝，为填入背层或外层、以指尖挤压的制作痕迹。

兵器工具外范　画图寺出土兵器及工具类外范数量较少，能确认者仅镞范和环首刀范，在此一并介绍。标本HH38：216（图2-117，1），未见明显的面层与背层之分，但范料明显不如容器外范面层精细。范块小、残，除浇铸面外，不见完整范边。浇铸面呈青灰色，背面呈砖红色。双合范，浇铸面可见两镞铤部型腔，背面凹凸不平。标本HH38：108（图2-113，3；图2-122，3），未见面层与背层之分，内面呈青灰色，背面及侧面为砖红色，长方形双合范。仅存环首位置，除刀身位置残断外，范的其余各边完整，背面修治平整。两侧长边各刻有一道及五道阴线，可能是合范符号。

（4）泥芯及芯头

泥芯，或称内范，可分形成器物空腔的内芯以及浇铸后、包覆在铜器内的盲芯。泥芯因需有退让性，铜器冷却收缩时不致将铜器撑破，是以一般烧成温度较低，质地较疏松。内芯在铸铜遗址发现较少，可能因制作工序与不易保存有关。又因内芯少有纹饰，除与铜液接触的表面呈暗灰色可以辨认外，出土的内芯碎块无法与一般红烧土或范块区分，不易统计且所铸器形很难辨识。内芯用于形成容器的内壁，铜器内壁铭文一般即在内芯上施作。目前已知的带铭文内芯不多，画图寺出土一件（标本HH48：6）。

盲芯因包含在铜器内，一般不见于铸铜遗址，但在回收金属、铜器回炉的过程，则会被释出，成为铸铜作坊的废弃物。画图寺铸铜遗址出土了几件可能为铜器回炉后剩余的泥芯。从形状来看，这些泥芯是铜器内的盲芯，沾有残余金属，但与其他铸铜遗址出土的回炉泥芯不同的是，表面不见接触高温后的龟裂与烧流。可能接触高温的时间不长，亦可能是铜器回炉前已经破碎，在金属入炉前，先行将泥芯取出。标本HH1：60（图2-25，5；彩版一三，5），銮铃柄部内芯,长方块,芯各面均呈砖红色,未经过浇铸。芯料未见粗砂,孔隙较外范面层多。较长的两面各有一方形凸起,为内芯的自带泥芯撑。其中一面泥芯撑周边残留刻划痕迹,推测此泥芯撑为制好泥芯后再刻划出芯撑的范围,然后削去芯撑外的泥料。另外,从断面看,芯表面泥料精细,内部泥料似稍粗。标本HH20∶52(图2-69,4),鼎足盲芯,表面呈砖红色,残,整体呈圆柱形,表面可见焙烧前的刮削痕迹,鼎足上半部位置盲芯,有一斜面,为与鼎身相接位置。此可以为内芯或模。如为内芯,烧成温度似乎较高,较硬。如为模,则应有与鼎身模相接的榫卯设置。因考虑西周中晚期仍为浑铸,不见侯马器足分铸铸接的工艺,将其定为泥芯。标本HH36∶27(图2-104,9),鼎足盲芯,灰褐色,烧结度与外范接近,表面可见焙烧前、沿垂直方向进行刮削塑型的痕迹,应属鼎足上半部位置的盲芯,有一斜面,为与鼎身相接位置。标本HH39∶34(图2-121,1),钟旋部泥芯,灰褐色,一面残,一面保存旋部及一小段甬部位置,为旋部的盲芯。表面不见接触高温迹象,有墨绿色金属附着,粗糙不平整。

芯头指将内芯上与外范以榫卯相接合的部位,位于浇铸组合的最外端,已在铸造型腔之外。芯头多为实心,上有较多的榫卯设置,以与外范组合,固定内芯,如位于浇铸端,则有浇道的设置。由于芯头是由型腔向外延伸,芯头的形状即代表器物或器物柄部的形状,可以借此推测所浇铸器物的种类。

画图寺出土的芯头数量较多,呈砖红色,依形状可分为圆形、长方形、橄榄形等。芯头因需与外范结合,在合范的位置上常设置有多重榫头,在背面可见指窝按压痕迹。这类较小的芯头应是用以制作车马器、工具、兵器。小型芯头上有时可见合范的范线,范线为凸起的阳线,一般位于芯头对分位置,如有榫卯则对分榫卯穿过。这类范线显示小型芯头是用翻制的方法制作。由于芯头已在型腔之外,不需预留铜器器壁厚度,可以直接在组合好的外范内翻制。标本HH11∶36(图2-47,1;彩版一三,3),带浇道长方形芯头,表面呈青灰色,内部呈砖红色。带双浇道,芯头外侧有一垂直方向榫。浇道以下有一断面为方形的芯头。应与双合范组合,用以浇铸带长方柄的兵器、工具或车器等小器物。标本HH36∶26(图2-104,3),容器芯头,整体呈青灰色,内部芯料不如表面芯料精细。范块较大,表面烧结度较高,内部较低,原应为圆柱形,在与型腔扣合位置有一细长榫,并保存一部分底端,且底部平面平整残留一小处凸起,可能为榫的残存。从大小及弧度看,应为容器类芯头上段。标本HH39∶32(图2-121,2),圆形芯头,表面呈青灰色,内部呈砖红色,原为圆柱形,保存较完整。顶面(或底面)平整,无纹饰。背面中央位置有一指窝。圆弧的侧面可见两个并列的水平方向细长榫及一个菱形榫。

2. 炉壁

炉壁残片出土近6 000块,但多破碎,无法复原熔炉全貌,部分炉壁通过测量残块的弦长和弦高,可估算出炉壁的内径约为40～50厘米,为小型炉。还有少部分炉壁残块内壁弧度很小,几乎近直,可能是大中型炉,但很难复原出原先的内径。

　　画图寺出土炉壁绝大多数是草拌泥质炉，未见安置鼓风管的孔洞设置。其制作方式与安阳殷墟出土熔炉极为相似[①]，以条筑式炉为主，基本不见堆筑式炉，仅少数不见泥条盘筑迹象的炉壁可能是堆筑式炉，由炉衬层和其外的草拌泥组成。而条筑式炉的炉壁从内到外为炉衬层、基体层和加固层。熔炉内壁接触高温，多有一层厚约1厘米的烧结层，有大量孔洞，多烧流隆起或起泡变形，颜色斑斓，呈黑、暗蓝、酒红、绿、黄等色，这层应就是在炉壁内部涂抹的泥质炉衬。炉衬层间或有木炭留下的印痕，有的炉壁上沾有铜渣，有的不沾，烧结情况不一，且未见有多层炉衬的现象。

　　基体层为草拌泥捏成的泥条盘筑而成，泥条粗2～4厘米不等，从断落的泥条观察，是以草本植物茎秆和泥滚成圆条，其外再包覆一层泥，形成内带草拌泥、外为泥片的夹心泥条。

　　基体层外为加固层，大部分已脱落，可能与其形成温度较低、不易保存有关，加固层按材质分两种：一种是基体层外糊草拌泥，形成外层以做支撑，如标本HH11：79；另一种是基体层外直接糊不含植物茎秆的泥料以做支撑，数量相对较少，如标本HH11：80。

　　熔炉外侧的加固层为砖红及浅灰色，基体层多灰黑色和浅灰色，断裂的草拌泥条内部为黑色炭化的植物纤维，纤维走向大致沿泥条长轴方向。从断面来看，无论是堆筑式炉的草拌泥层还是条筑式炉基体层的草拌泥条，其中所夹杂的植物茎秆有多有少，少者仅一两个植物茎秆所留孔洞，接近泥质；多者密密麻麻的数十个植物茎秆孔洞。甚至一块炉壁上不同草拌泥条所夹杂植物茎秆都有明显不同，如标本HH11：76。

　　另一类是夹砂炉，出土数量极少，由炉衬层与其外的炉壁胎体组成。炉衬层厚约1厘米，部分炉壁衬面沾有铜液，如标本HH28：22，但大多数未沾有铜液，烧结程度亦不严重。炉壁胎体内含大颗粒粗砂，不见草拌泥，呈浅灰色或灰褐色。这类炉壁均为很小的残片，无法复原。炉壁均内凹，与草拌泥质炉壁相比明显偏小偏薄，可能是坩埚残片，衬面均仅1层，无多次使用的现象。

　　除此之外，画图寺还出土了很多块红烧土块，表面未见与高温接触的痕迹，亦无草拌泥材质，但部分烧土块较大且有一定明确外型，可能是与熔炉有关。

　　条筑式炉　　标本HH11：76，保留有炉衬层与基体层。衬面呈青灰色，局部发亮，已烧流变形，表面凹凸不平，局部开裂，部分断面呈蜂窝状，有较多孔洞。基体层用夹杂植物茎秆的泥条盘筑而成，呈灰黑色或红色，残块可见4块泥条，宽约2～3厘米，其中一块泥条夹杂植物茎秆较少而其他泥条夹杂较多。残块微弧，推测其直径约60～80厘米。弦长11.7、弦高11.5、厚3厘米，重546.4克。标本HH11：80，保留有炉衬层、基体层与部分加固层。衬面呈浅灰色，局部开裂，烧结不甚严重，断面无烧结所成孔洞。基体层用夹杂大量植物茎秆的泥条盘筑而成，呈灰

① 中国社会科学院考古研究所安阳工作队：《2000～2001年安阳孝民屯东南地殷代铸铜遗址发掘报告》，《考古学报》2006年第3期。殷墟孝民屯考古队：《河南安阳市孝民屯商代铸铜遗址2003～2004年的发掘》，《考古》2007年第1期。

黑色,残块可见2块泥条,宽约3～3.5厘米。基体层外残存部分加固层,不含植物茎秆,呈红色。推测其直径约40～50厘米。弦长11.2、弦高6.1、厚4.6厘米,重309.1克。标本HH65:1,保留炉衬层、基体层与少量加固层。炉衬沾有大量铜渣,表面烧结严重,凹凸不平,断面呈蜂窝状,有较多孔洞,断面从内到外分别为深褐色、黄绿色和绿色。基体层由含较多植物茎秆的泥条盘筑而成,呈灰褐色,残存5块泥条,宽约2厘米。加固层残留不多,亦有草拌泥组成,呈红色。复原内径约44～50厘米。弦长11.6、弦高10.8、厚4.8厘米,重535.9克。标本HY2:9,保留有炉衬层、基体层与部分加固层。衬面呈青灰色,局部发亮,已烧流变形,表面凹凸不平,部分断面呈蜂窝状,有较多孔洞。基体层用夹杂较多植物茎秆的泥条盘筑而成,呈灰黑色,背面残留指窝按压痕迹,残块可见4块泥条,宽约2～3.5厘米。基体层外残存少量由草拌泥组成的加固层,呈红色。推测其直径约90～100厘米。弦长16.2、弦高11.2、厚5.6厘米,重949.6克。

堆筑式炉　标本HH5:8,保留有炉衬层与其外的草拌泥层。衬面呈青灰色,已烧流变形,开裂,表面凹凸不平,未粘附铜液,断面基本不见烧结形成的孔洞。其外为含少量植物茎秆的草拌泥层,接近泥质,呈红色。已烧流变形,直径不详。弦长14.3、弦高10.6、厚4.8厘米,重603.4克。

砂质炉　标本HH1:71,保留有炉衬层与基体层。衬面呈浅灰色,烧结不严重,未粘附铜液,厚约0.7厘米。炉壁基体由含大颗粒砂粒的细砂组成,呈灰色。应属坩埚一类遗物,残块过小,直径不详。弦长3、弦高2.7、厚2.3厘米,重18.3克。标本HH63:30,保留有炉衬层与部分基体层。衬面呈青灰色,已烧流变形,表面凹凸不平,部分粘附有铜液,背面凹凸不平,呈砖红色。基体层残留不多,夹杂较多小石子,呈灰黑色。应属坩埚一类遗物,残块过小,直径不详。弦长7.7、弦高7.2、厚2.3厘米,重149.3克。

3. 陶管

14件,又被称为鼓风嘴或吹嘴。这类陶管往往仅在铸铜遗址出土,但因一般没有接触高温或粘附铜渣的现象,使用时可能离火源较远。或解释为安装于皮囊或竹等有机材质风管的吹嘴,不直接接触高温。

画图寺出土的陶管大多残断,泥质含细砂,黄褐色或红褐色,依形状可分为圆锥体形及伞状,器表可见修刮痕迹,均有小孔沿长轴贯穿。圆锥体形共六件,三件较完整,作短尖锥状,断面呈三角形,两端宽窄变化较大,粗端底部修治平整,标本HH28:21、HH20:30、HH5:4、HH11:16。伞状共四件,仅一件较完整,另三件仅存帽部。略作圆柱形,管身一端粗一端稍细,粗细变化较小,断面接近方形;粗端底部修治平整,但向管身外延伸,形成如钉帽一般的圆饼,当与安置及固定陶管有关,标本HH63:16。另有两件仅存管身,不能判断类型。这两类陶管的安装或使用方式应有不同。尚有一件较大、形状不规整的残陶管(HH38:78),形体及孔径均较前述两者大,用途不明。

另外,画图寺铸铜作坊还发现一件俗称为"窝窝头"[①]的陶器残片,夹砂褐陶,外部依稀有绳纹,从残破特征分析,应是铸铜工具"圆锥体中空器"(俗称"窝窝头")的上部残片,标本HH1∶10(图2-27,7)。

4. 其他

(1)铜器及铜块

画图寺铸铜作坊灰坑内发现十余件铜器,包括铜锥、铜镞、铜鱼、铜刀、铜泡等器类,均为兵器、工具或装饰之类的小件铜器。需要说明的是,虽然在作坊内已发现镞外范、环首刀外范、铜泡外范等陶范,证明画图寺铸铜作坊有生产这些小件铜器的能力,但这并不能直接说明发现的这些小件铜器就是画图寺铸铜作坊的产品。

铜锥　3件。按照锥身的剖面,可以将出土的铜锥分为二型:

A型　锥身剖面为三角形。标本HH6∶1(图2-34,7)。

B型　锥身剖面为圆形。标本HH32∶5(图2-34,6)。

铜镞　4件。按照两翼是否伸出关部,把铜镞分为二型:

A型　两翼较短,没有伸出关部。标本HH36∶1(图2-34,3)。

B型　两翼和关部平齐。标本HH65∶4(图2-34,1)、标本HH20∶12(图2-34,2;彩版一七,1)。

铜鱼　1件(HH3∶1)。窄长条状,两端有凸出的鱼翅(图2-34,4;彩版一六,5)。

铜刀　1件(HH31∶7)。刃部锋利,刀背较平,柄端为尖锥状(图2-34,5)。

铜泡　1件(HH31∶8),圆饼形,背面有一横梁(图2-34,8)。

除这些小件铜器外,画图寺铸铜作坊还出土了一些小块的、锈蚀比较严重的残铜片或铜块,有些小铜片还是粘附在炉壁上的。对这些残铜片、铜块及部分小件铜器的成分和金相组织进行检测(表2-3;附录一,表4),结果证明[②]:分析的10件铜块样品大部分为Cu-Sn合金,只有样品HH7∶4和HH34∶1为纯铜。铜锡合金样品都为铸造组织,树枝晶有的细小,有的粗大,表明冷却速度不一。部分样品α固溶体树枝晶偏析不明显,晶粒与等轴晶体是铸后受热形成的组织。铅较少,有的存在晶间呈不规则状,有的是细小铅颗粒散布基体。铜块的夹杂物有Cu_2S和Cu-Fe-S夹杂物两种,Cu_2S夹杂物较多,形态有颗粒状和菊花状。

纯铜样品HH7∶4和HH31∶56含铁较多:HH34∶1含铁1.5%,铁以Cu-Fe-S夹杂物存在(彩版二九九,2、3);而HH7∶4的铁含量高达6.8%,除较多Cu-Fe-S夹杂物存在外,还存在较多富铁相(彩版二九八,1、2)。

---

① 雷兴山:《论新识的一种周系铸铜工具》,《中原文物》2008年第6期。
② 周文丽:《周原地区西周时期铸铜遗物初步研究》,北京大学硕士学位论文,2008年。

表2-3　画图寺铜器及铜块的平均成分和合金类型　　　　　　　　　　（%）

检测编号	样品编号	Cu	Sn	Pb	Fe	S	O	合金类型
ZJT10	HH7：4	89.8	0.8		6.8	0.8	1.7	Cu富铁相
ZJT11	HH11：75	80.1	12.8		0.8	0.2	5.3	Cu-Sn
ZJT14-1	HH20：61	80.3	8		0.7	0.6	8.1	Cu-Sn
ZJT14-2	HH20：62	71.5	16.5		0.5	0.4	10.5	Cu-Sn
ZJT16-2	HH31：56	59.9	14.6	1.8	0.7		21.7	Cu-Sn
ZJT17	HH34：1	96.4			1.5	1	1.1	Cu
ZJT19-1	HH38：230	82.6	13.9	0.4		0.2	2.9	Cu-Sn
ZJT21-2	HH59：27	85.2	9.2		0.6	0.6	4	Cu-Sn
ZJT23-1	HH65：35	88	10.4				1.6	Cu-Sn
ZJT24	HH28：1	88.5	8.9			0.3	2.3	Cu-Sn

注：有的样品腐蚀严重，铜流失，锡富集，造成铁含量偏低，锡含量偏高。

古代铜器的元素组成中，铁与冶铜过程关系最为密切。铜器中的铁杂质大部分是冶铜时引入的，从铅、锡引入的量很小。冶铜技术产生早期所开采的高品位氧化铜矿中含铁矿石较少，在相对低的温度和较差的还原条件下，铁矿石被还原成金属铁的可能性很小。当开采的铜矿逐渐进入到富含铁矿石的硫化矿带，或在成熟的造渣过程中加入铁矿石造渣，在较高的冶炼温度和较强的还原条件下，这些铁矿石被还原成金属铁并溶入铜中的可能性就很大，冶炼得到的是含铁较多的粗铜。从铜铁二元相图看，冶炼温度在1 100℃时，溶入铜中的铁含量可达到3%～4%，冶炼温度在1 300℃时达到10%。湖北大冶铜绿山古矿冶遗址出土的粗铜锭含铁在5%左右。皖南铜陵、南陵、贵池、繁昌等地出土的周代菱形铜锭含铁量较高，特别是安徽贵池徽家冲出土的菱形铜锭铁含量高达30%。孔头沟的HH7：4可能就是粗铜锭残块。

总体来看，这些铜块中有些是小件铜器（铜镞HH28：1），有的是铜器残块（薄铜片HH20：62、HH59：27、HH65：35），有的是不规则铜块（HH20：61、HH34：1）。这些在铸铜遗址所发现的铜块可能是用于重熔的原料，或者是边角料。

（2）铜渣

10件。画图寺铸铜作坊部分灰坑中与陶范、炉壁共出的还有极少量铜渣，有的铜渣或铜渣局部呈灰色，有的发黄或发绿，有较多大小不一的孔洞，玻璃化程度不高。参考以往的研究经验[①]，

[①] Miller, D, and Killick, David (2004). "Slag Identification at Southern African Archaeological Sites". *Journal of African Archaeology* 2(1): 23-49.

铜渣依据外观形态的不同可至少分为三大类：排出渣、炉内渣以及炉内未完全燃烧的遗存。其中排出渣一般表面带有明显的流动态纹理，炉内渣则无明显的流动态纹理。画图寺出土的铜渣都是非常小的残块，无明显的流动态纹理，且与其他粘附在炉壁衬面的铜渣有很强的一致性，因此这些应当都是炉内渣，并未发现明确的排出渣。

周文丽对其中9件铜渣样品进行了检测分析（表2-4）[①]：共5件铜-锡青铜熔炼渣，1件铜-锡-铅青铜熔炼渣，3件高铁渣，含铅物相较少。画图寺熔炼渣中的锡青铜颗粒较多，有的铜渣中锡青铜颗粒含锡较高。而铜渣中夹杂的金属从形状上可以分为两类，一类是形状不规则的较大金属块；另一类是圆形的铜颗粒。

高铁渣HH22∶4和HH60∶28类似还原渣，存在少量红铜颗粒（含少量铁），后者还附着高铁锡青铜，两者从成分和物相上看都近似冶炼渣，但考虑到遗址及附近未见大量冶炼渣；本遗址乃至周原地区尚未发现西周时期与炼铜有关的遗迹、遗物，如铜矿石、焙烧炉、炼炉、冰铜锭等；画图寺曾发现粗铜样品HH7∶4就含铁6.8%，因此，推测这两件样品是高铁铜块重熔产生的，而高铁铜块应该是存在富铁相的粗铜锭。另一件高铁渣HH42∶12为典型的冰铜渣，存在较大的冰铜颗粒，有的冰铜颗粒还存在硫化亚铁相。但在周原地区铸铜作坊存在冶炼活动是值得怀疑的，也许冰铜是与粗铜一起带到铸铜作坊的。

2.1.5 非铸铜遗物

1. 陶器

联裆鬲　104件。多夹砂灰陶，均为手制。腹部多施绳纹，弧裆。标本HH13∶12（图2-57，18）、HH38∶65（图2-127，1）、HH63∶5（图2-170，7）、HH65∶19（图2-174，12）。

联裆甗　107件。多夹砂，灰陶居多，红褐陶占一定比例。侈口，厚方唇，唇面多施绳纹。残存腰部，腰内多数有隔，腰外多施附加泥条或指甲痕迹的附加堆纹，裆底施坑窝纹。依其口沿及形制特征分为三型：

A型　夹砂褐陶。卷沿，厚方唇。标本HH66∶2（图2-177，8）。

B型　夹砂灰陶。侈口，方唇。标本HH65∶26（图2-174，2）。

C型　泥质灰陶。平折沿，方唇，束颈。标本HH13∶10（图2-57，1）。

仿铜鬲　1件。夹砂灰陶。折沿，侈口，尖圆唇，腹部有扉棱。标本HH58∶15（图2-157，17）。

敛口簋　2件。泥质，黑皮褐胎陶。敛口，方唇，器表较光滑，器身施瓦纹。因陶片较少，难以分型分式。标本HH38∶72（图2-125，21）。

高领罐　53件。绝大部分为泥质灰陶。小口，尖圆唇，沿面较宽，高领，沿下及领部素面。

---

① 周文丽：《周原地区西周时期铸铜遗物初步研究》，北京大学硕士学位论文，2008年。

表2-4 画图寺铸铜作坊出土铜渣分析结果总结表

检测编号	样品编号	外　　貌	铜	锡	铅	硅酸盐基体	其他物相	性　　质
ZJT6	HH22：4	黑色铜渣	含少量铁的红铜颗粒	—	—	高铁	浮氏体，含少量镁和钙的铁橄榄石	高铁渣
ZJT7	HH65：34	炉壁附着渣，渣相玻璃化，呈绿、红、蓝色	红铜颗粒（局部氧化）；树枝状雏晶；铜氧化物小圆颗粒	长条形SnO$_2$	—		未熔融的SiO$_2$针状晶	铜-锡熔化渣
ZJT12	HH11：74	炉壁烧结层，夹杂有2毫米的大铜颗粒（A处），局部附有黑色渣（B处）	A处夹杂大铜颗粒为低锡青铜，周围有小铜颗粒及氧化亚铜；B处有高锡青铜颗粒	少量长条SnO$_2$	—	B处高钙，铁	B处大量浮氏体和少量铁钙橄榄石	铜-锡熔化渣
ZJT16-1	HH31：55	附有铜块的铜渣	红铜块	条状SnO$_2$	铅氧化物			铜-锡-铅熔化渣
ZJT19-2	HH38：231	红黑色，有纹理	基体为铜氧化物	大量细小SnO$_2$	—	铜氧化物		铜-锡熔化渣
ZJT20	HH42：12	黑色铜渣，玻璃化	冰铜颗粒	—	—	高铁	大量铁橄榄石少量浮氏体	高铁渣
ZJT22	HH60：28	黑色铜渣	较多细小的红铜颗粒和含少量铁的Cu$_2$S颗粒	—	—	高铁	较多石英和铁橄榄石	高铁渣
ZJT23-2	HH65：36	砖红色，局部绿色，有层状结构	红铜颗粒、高锡青铜颗粒	较多针状、骸晶状SnO$_2$	—	锈蚀的锡青铜		铜-锡熔化渣
ZJT34	HH65：1	炉壁附着渣，局部红色	红铜块、红铜颗粒；铜氧化物小圆颗粒	较多SnO$_2$	—			铜-锡熔化渣

标本HH38：33（图2-125,2）、HH63：1（图2-170,12）。

小口罐　5件。泥质灰陶。小口，圆唇或尖圆唇。标本HH57：12（图2-154,5）。

方唇直口罐　2件。多夹砂灰陶。直口较矮，方唇较平，肩部施绳纹。因所获陶片太少，难以分型分式。标本HH38：45（图2-126,11）。

盆　51件。多为泥质灰陶。折沿，平底。按纹饰可分为三型：

A型　肩部或上腹部有一道或多道旋纹。标本HH20：21（图2-71,1）。

B型　腹部施绳纹。标本HH58：34（图2-157,4）。

C型　素面。标本HH1：3（图2-27,2）。

瓮　6件。因所获陶片皆残破过甚，无法细辨，归入该类器中的陶片可能包含多种器类。但这些陶片有着共同特征：多泥质，有灰陶和红褐陶，体量较大，厚重，磨光。难以分型分式。标本HH1：13（图2-27,15）。

三足瓮　12件。又名"蛋形瓮"，多泥质灰陶。宽平折沿，方唇较厚。依足部形制可分二型：

A型　宽扁状实足。标本HH65：17（图2-174,4）。

B型　乳状空足。标本HH3：12（图2-35,17）。

矮直领瓮　多为泥质灰陶。平沿，沿面较窄，往往有一圈沟槽，矮领。据以往出土完整器可知此型瓮应为圆肩，直腹，圜底，器身施绳纹，并间以旋纹。因陶片过少，不能分型。标本HH11：1（图2-53,1）。

豆　55件。均泥质，以灰陶为主，偶见灰褐陶者。本次发掘所见之豆柄中部均有一圈明显的凸棱。标本HH38：64（图2-125,20）、HH65：28（图2-174,9）。

大口尊　2件。数量很少，非典型器。均为泥质灰陶。侈口，尖圆唇，深腹。因所获陶片较少，难以分型。标本HH58：13（图2-157,11）。

敛口钵　2件。均泥质灰陶。敛口，圆唇，鼓腹，平底，体型小。标本HH58：18（图2-158,11）。

器盖　6件。泥质灰陶。穹隆状。根据形态不同分为二型：

A型　子母口，唇部出榫。标本HH44：4（图2-134,9）。

B型　平沿，唇部不出榫。标本HH11：5（图2-53,13）。

2. 其他

（1）陶质小件

陶纺轮　7件。均泥质灰陶。平面呈圆形，中间穿孔，边缘磨光。根据形状分二型：

A型　饼状，钻孔大小不一，素面。标本HH38：74（图2-28,3）、HH58：2（图2-36,7）。

B型　半球状，底部平整，上部隆起，施数周旋纹。标本HH38：75（图2-28,4）、HH64：1（图2-36,9）。

圆陶片　13件。均泥质灰陶。平面较圆，呈扁平状。应为废旧陶片二次加工而成，表面施有绳纹。按其周边是否经过磨制分二型：

A型 周边有打制痕迹，未经磨制，较不规整。标本HH48∶1（图2-15，1）、HH36∶4（图2-15，6）。

B型 周边有打磨痕迹，较规整、光滑。标本HH44∶1（图2-36，4）。

陶匕 1件（HH38∶20）。泥质灰陶。表面较光滑，刃部经过磨制（图2-28，6）。

陶垫形器 1件（HH45∶1）。泥质灰陶。圆饼形，背面有钮但残缺（图2-36，8）。

带孔陶片 1件（HH38∶21）。泥质灰陶。陶片中部有三个圆孔（图2-15，2）。

不知名器 1件（HH37∶31）。泥质，似未经过烧制。一长方体底座上有一只乌龟立体塑像。

（2）骨器及骨料

骨铲 共6件，其中包含1件半成品。均长条形，用肩胛骨或长骨骨干制成，内侧经过修整，一端有刃，铲面依骨的自然走势而内凹。标本HH2∶1（图2-32，8）、HH55∶1（图2-32，9）。

骨匕 1件（HH36∶7）。窄长条形，表里均粗糙，斜刃单面加工（图2-32，2）。

骨镞 3件。依锋部形状分为二型：

A型 2件。尖锥状。HH32∶3（图2-73，9）、HH14∶#5。

B型 1件（HH37∶1）。圆钝形（图2-73，5）。

骨锥 6件，其中包含2件半成品。依粗细程度分三型，亦可能是代表功用的不同：

A型 直径大于0.8厘米。标本HH35∶7（图2-73，1）。

B型 直径大于0.5厘米，小于0.8厘米。标本HH38∶1（图2-73，11）。

C型 直径小于0.5厘米。标本HH31∶6（图2-73，8）。

骨笄 8件。小圆柱状，一端尖细，一端稍粗有笄帽。多残断，保存较好、形制大略清楚的依笄帽的形状分为二型：

A型 扁叶掌形。标本HH31∶5（图2-73，12）。

B型 圆突形。标本HH20∶4（图2-73，2）。

其余均残断，余一小段笄身。标本HH20∶7（图2-73，4）。

卜骨 1件（HH65∶6）。兽骨制成，有一圆角方凿，内有一小深坑（图2-32，10）。

卜甲 1件（HH66∶6）。龟甲制成，甚残（图2-32，5）。

骨扣 1件（HH3∶4）。节约状，中间较细短（图2-32，4）。

骨料 画图寺发掘区还发现23件骨料，形状、大小很不规则，由兽骨肢骨、兽角（鹿角）制成，表面可见明显的切割痕迹，部分骨料表面打磨光滑，似骨器半成品。标本HH31∶3、HH32∶2、HH38∶12。

（3）石器

石刀 19件。薄长方形，单面刃或双面刃，一般为板岩制成，多有孔，孔多为两面对钻而成。依孔的有无可分为二型：

A型　　无孔。标本HH39：2（图2-58,7）。

B型　　有孔。依孔的多少可分为二亚型：

Ba型　　单孔。标本HH50：1（图2-58,4）。

Bb型　　双孔。标本HH38：18（图2-58,8；彩版一六,4）。

砺石　　9件。大小、厚薄、形状不一，质料有粗、细砂岩两种，表面常见有磨痕。标本HHT9③：1（图2-16,4）、HH38：2（图2-18,2）、HH38：15（图2-18,1）。

石铲　　1件（HH38：4）。器身扁平，双面刃（图2-84,5）。

石锤　　3件。形体较大，略呈椭圆形，均磨制。标本HH38：9（图2-84,7）。

带孔石锤　　2件。形似现在的榔头，两头细中间粗，中部有孔，装柄使用，所见均无完整器，但据其他资料可知总体形状应如是。标本HH28：2（图2-84,4）。

石镰　　1件（HH38：7）。刃部较直，背部弧，刃部有使用痕迹（图2-84,6；彩版一七,4）。

石斧　　1件（HH60：3）。器身呈窄长方体，体厚重，刃部呈弧形（图2-84,1）。

石玦　　3件。半圆形，边缘薄，中间厚。标本HH38：5（图2-32,3）。

不明器　　1件（HH65：2）。呈五棱柱体，推测可能是石料（图2-16,3）。

（4）蚌器

蚌泡　　1件（HH38：24）。穹隆状，底部平滑，泡上部有一圆孔（图2-28,1）。

蚌刀　　12件。均系蚌壳制成，大多残破，可辨者多数都有一小圆孔。标本HH12：1（图2-28,8）、HH17：1（图2-66,3）。偶见器身有两孔者，标本HH20：3（图2-66,8）。有的刃部有刻划浅痕，标本HH38：23（图2-66,9）。

2.1.6　分期年代

1. 陶器分期

参照以往对周原地区商周时期陶器分期体系的研究成果，将画图寺发掘区出土陶器分为两期4段。这是通过典型器类及其型式组合关系、式别特征分析，另从陶系、器类和纹饰诸方面加以考察得出的结果。

第1段包括联裆鬲、联裆甗、高领罐、旋纹盆、豆等器类。联裆鬲多为夹砂灰陶，卷沿弧裆，沿下角较大，体近方形或扁方形，缘部尚未出现沟槽，绳纹印痕较深，条理清晰，触之有扎手感；联裆甗多为夹砂陶，有红陶和灰陶两类，夹砂红陶者均卷沿方唇，沿下角较大，夹砂灰陶者均侈口方唇，施较粗绳纹；高领罐均泥质灰陶，多卷沿外翻，细长颈；豆均泥质灰陶，浅盘，盘柄分界不甚明显。

第2段仍以联裆鬲、联裆甗、罐、盆等器类为主。联裆鬲沿下角仍较大，但较第1段小，体近扁方形，沿面出现两道凹槽；联裆甗仍分夹砂红陶和夹砂灰陶两大类，沿下角较大；盆卷沿近平,肩部开始出现折棱;高领罐沿下角略小于第1段,口外翻较第1段更甚;豆形制变化不大。

第3段开始豆数量变多,器类以联裆鬲、联裆甗、罐、盆、瓮、豆等为主。联裆鬲多为折沿鬲,扁方体,裆部近平,沿面有两道凹槽;联裆甗仍以夹砂灰陶和夹砂红陶为主,其中夹砂红陶甗口沿变窄,近似附加堆纹;盆、罐口沿亦以平折沿为主;豆多细柄,柄中部多有一周凸棱,开始出现尖圆唇。

第4段器类与第3段一致,各种器类均以平折沿为主。联裆鬲沿下角小于或近90°,器呈扁长方体,绳纹细碎凌乱;夹砂红陶甗沿下角更小,近90°,沿部变短;夹砂灰陶甗口沿外侈度更大,沿下角更小;高领罐沿下角较第3段更小,沿面有小平台;豆均尖唇且口向内敛;三足瓮口沿向下撇。

相对而言,第1段与第2段比较接近,两组器物的形态差别比较小,器类组合和陶器型式相类。灰陶为主,纹饰仍以绳纹为主,素面陶次之,偏晚阶段出现暗纹。以联裆鬲为主,联裆甗、罐、盆次之,并有少量的簋、豆等器。联裆鬲,沿下角较大,沿外绳纹被抹,沿面未出现沟槽,绳纹印痕清楚。联裆甗,多夹砂灰陶,少部分为夹砂红陶,卷沿方唇。罐,侈口,口沿外撇较甚,器形较扁宽,肩部多施旋纹,出现杯形口罐。豆、簋数量相对较少,豆均方圆唇,折壁,柄中部开始出现凸棱。

第2段与第3段在器物型式、数量、陶器组合和纹饰等方面有较大变化,如第2段以卷沿鬲占绝大多数,第3段之后折沿鬲明显增多;第3段较多出现束颈、扁方体、矮柱足的陶鬲形态。C型甗在此阶段出现较多;新出现B型绳纹盆、B型三足瓮,陶豆数量增多,B型豆是此阶段新出现的器物。

第3段与第4段较为接近,整体而言,多折沿器,器身所施绳纹较细,器物特征较为一致。灰陶为主,夹砂灰陶减少,泥质灰陶较多。纹饰以绳纹为主,素面陶增加。仍以联裆鬲为主,联裆甗、罐、盆次之,并有少量的豆、瓮等。联裆鬲,沿下角甚小,平折沿,沿面一般有两道沟槽,多为圆唇;联裆甗,多方唇,卷沿,鼓腹;高领罐外撇,有的较甚且外侧有小平台;盆,平折沿,沿面出现两道沟槽;豆,尖圆唇,浅盘,细矮柄,柄中部凸棱明显。

综上,将第1、2段合并为第一期;第3、4段合并为第二期,其分别对应西周中期偏早、西周中期偏晚、西周晚期偏早和西周晚期偏晚。

2. 陶范铸器分期

商周时期分期与年代研究主要包括陶器和铜器两大方面,其中分期是指按照器物的型式演变规律及各类器物型式的组合关系以确定器物(群)的逻辑发展序列;此处的年代主要指绝对年代的判断,将器物(群)与重大历史事件、王世等历史年代相对应。

目前的情况是,陶器的分期较好,墓葬与居址均已建立较完善的分期体系;而对陶器年代的分析必须依靠共存铜器,但一般而言墓葬随葬铜器的年代要早于陶器,灰坑中又几乎不见铜器,因而陶器年代研究尚存在缺陷。

对于铜器研究而言,其擅长于断代,甚至可以精确到某一王世。但铜器分期长期不受重视,在无纪年铭文的情况下很难进行分期研究;且铜器分期存在很多争议,仅就西周铜器分期而言,就存在"两期说"①和"三期说"②两种差异巨大的分期体系;铜器具体纹饰的分期更缺乏关注和研究。其根本原因在于,铜器多出土于墓葬或窖藏中,缺乏复杂的地层关系和大量的共存关系。

总体而言,陶器分期与年代研究缺乏共存铜器;铜器分期与年代研究缺乏地层关系的验证。要想解决这个问题,最好的材料就是铸铜作坊,陶范与铜器互为镜像,可以将陶范视为铜器。这样,铸铜作坊中具有复杂层位关系的单位中出土大量陶范(可视为铜器),解决了铜器分期中的地层关系问题;大量的陶范(可视为铜器)与大量的陶器共存,又为解决陶器年代缺乏共存关系的问题提供了材料。因此,商周时期铸铜作坊遗存是解决陶器/铜器分期与年代问题的最佳材料。

基于此,我们以孔头沟铸铜作坊为契机进行陶范铸器分期研究,尝试推进商周时期陶器/铜器分期与年代研究。当然,必须承认的是,画图寺发掘区出土陶范均为碎小的废弃陶范,可辨识器形者相对较少,残留有纹饰的陶范寥寥无几,以瓦纹、垂鳞纹、重环纹、窃曲纹等为主,暂难以得出类似陶器那样较为完善的分期体系。但通过与共存陶器的比较、周原遗址出土铜器的纹饰比较等,为今后商周时期铸铜作坊分期研究提供参考。以本遗址发掘最多的瓦纹为例:西周时期铜器上瓦纹布局由稀疏变得细密。

由于出土陶范破碎程度严重,纹饰保存状况极差,以下出土典型瓦纹的单位缺乏层位关系。鉴于周原地区已建立较为完善的陶器分期体系,可以通过与陶范共存的陶器来确定遗迹单位的期别。经观察,西周中期时,铜簋上的瓦纹仍显稀疏,且隆起较凸出,标本HH31∶58(图2-87,9)、HH61∶26(图2-162,2);进入西周晚期,铜簋上的瓦纹变得细密,较前一阶段凸起不明显,标本HH38∶107(图2-117,9)、HH38∶142(图2-116,4)。另一方面,通过观察周原遗址出土瓦纹铜簋,可以发现西周中期铜簋上的瓦纹较为稀疏,有少部分铜簋上瓦纹变得细密;西周晚期铜簋上的瓦纹均细密均匀,不见较为稀疏的瓦纹。此规律与陶范上的瓦纹变化趋势一致,证明这应当是西周时期铜器上瓦纹的发展规律。

另外,关于陶范纹饰的共存关系,由已发掘的材料可知,西周中期的单位中见有瓦纹、重环纹、窃曲纹等,不见垂鳞纹;而西周晚期的单位中瓦纹、重环纹、垂鳞纹、窃曲纹等大多有共存关系。鉴于西周中期铜器上发现有垂鳞纹者,如十三年兴壶③,此尚不能成为铜器纹饰的期别特征,经进一步研究后或可为垂鳞纹的演变提供参考,如西周中期到晚期垂鳞纹比例逐渐增多。

---

① 郭宝钧:《商周铜器群综合研究》,文物出版社,1981年,第62页。杜廼松:《青铜器的分期与断代》,《故宫博物院院刊》1982年第4期。
② 陈梦家:《西周铜器断代(一)》,《考古学报》第九册。北京大学考古系商周组:《商周考古》,文物出版社,1979年。
③ 曹玮:《周原出土青铜器》,巴蜀书社,2005年,第687页。

2.2　分　述

2.2.1　探方

1. 06QHT1

HT1位于发掘区西部中间位置，北部为HT2，东南部为HT7，西南部为HT5。布方面积为11.172平方米，实际发掘面积为8.29平方米。

本方的地层堆积共分为两层。第①层为耕土层，厚0.12米，分布全方。土质疏松，土色呈褐色，包含瓷片、陶片、植物根茎等。第②层为近现代地层，厚0.35米，分布全方。土质较致密，土色呈黄褐色泛青，包含陶片等。本方只有1个遗迹单位HH1，开口于②层下（图2-2）。

2. 06QHT2

HT2位于整个发掘区的中部偏北，北部为HT3，南部为HT1，东南部为HT7。HT2布方面积为4.83平方米，整体近梯形，实际发掘面积为12.6平方米（图2-3）。

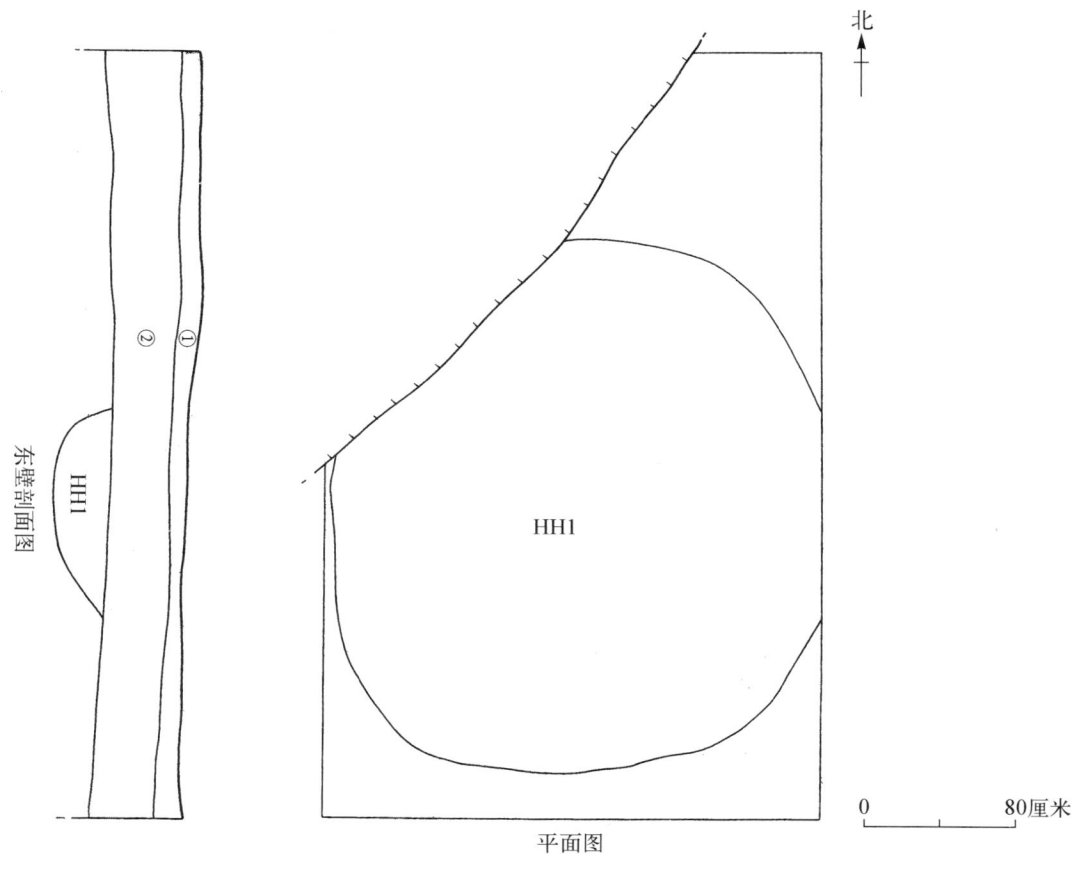

图2-2　06QHT1平、剖面图

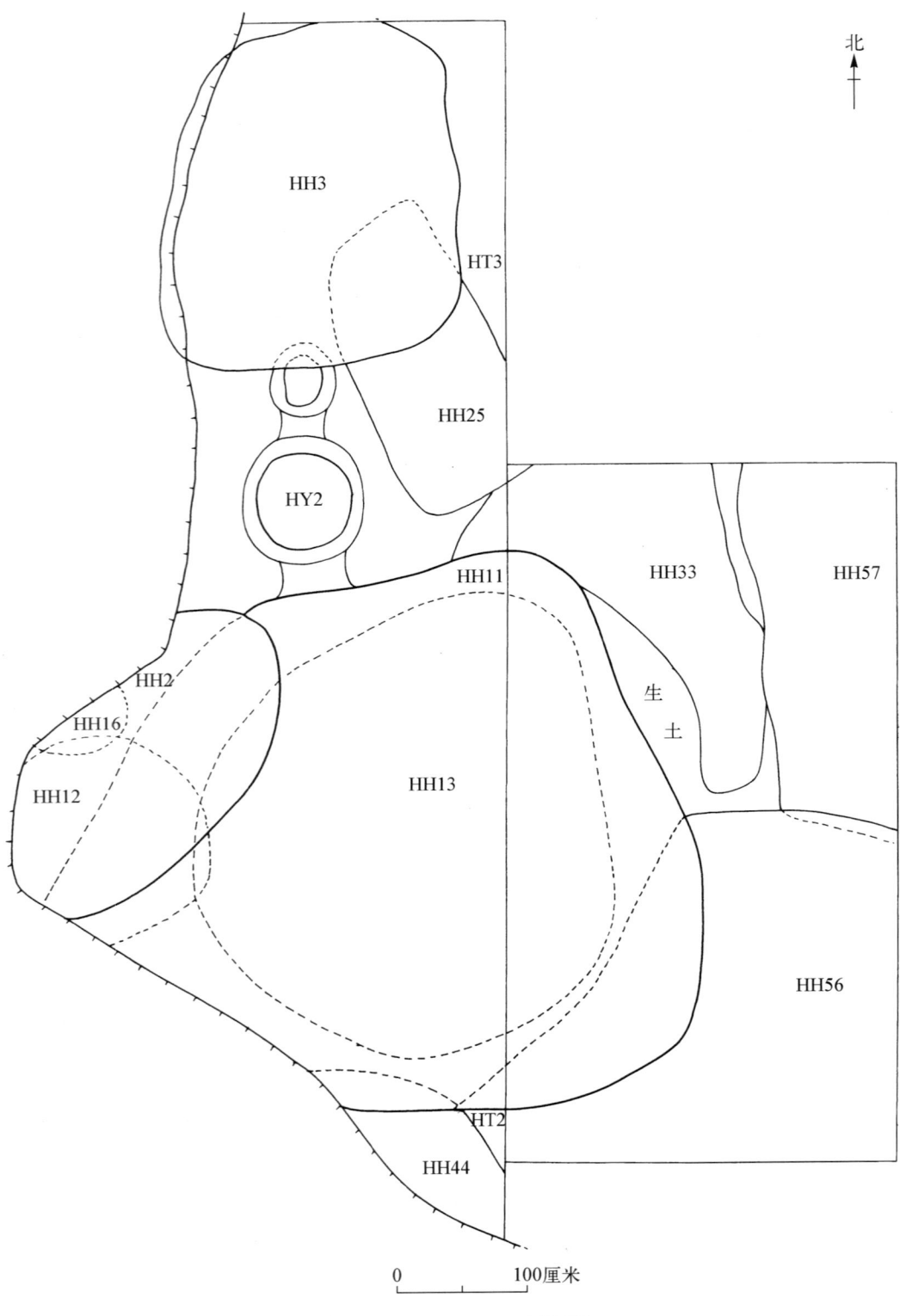

图2-3　06QHT2、HT3平面图

　　本探方地层堆积共分为两层，第①层为耕土层，厚0.06～0.09米，分布全方。土质疏松，土色呈黄色，包含现代瓦片、瓷片、植物根系、礓石等。第②层为近现代地层，厚0.46～0.59米，分布全方。土质疏松，土色呈黄褐色，包含现代瓦片、木炭星、植物根系等。开口于②层下的遗迹单位有HH2、HH11、HH12、HH13、HH16（图2-4）。

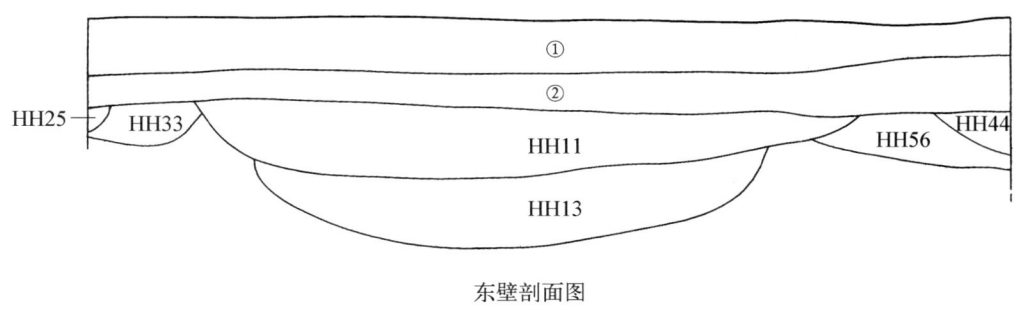

东壁剖面图

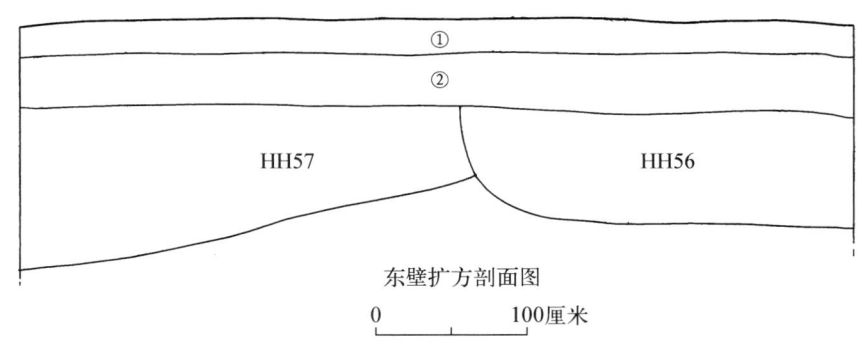

东壁扩方剖面图

0　　　　　　100厘米

图2-4　06QHT2东壁剖面图、东壁扩方剖面图

3. 06QHT3

　　HT3位于整个发掘区的西侧中部，南邻HT2，北距HT6约12米。HT3布方面积为12.22平方米，后向南扩方3.36平方米，实际发掘面积为33.72平方米（图2-3）。

　　本探方地层堆积共分为两层。第①层为耕土层，厚0.33～0.36米，分布全方。土质疏松，土色呈黄褐色，包含近代陶片、瓷片、兽骨等。第②层为近现代地层，厚0.33～0.52米，分布全方。土质较致密，土色呈黄褐色，包含陶片、兽骨等。开口于②层下的遗迹单位有HY2、HH3、HH11、HH13、HH25、HH33。

4. 06QHT4

　　HT4位于整个发掘区的南部，北部为HT5，东部为HT13。HT4布方面积为11.2平方米，实际发掘面积为13.45平方米。

　　本探方地层堆积共分为两层。第①层为耕土层，厚0.2米，分布全方。土质疏松，土色呈黄褐色,包含陶片、瓷片、兽骨等。第②层为近现代地层,厚0.36～0.4米,分布全方。土质较致密,土色呈黄褐色泛青,包含陶片、兽骨等。开口于②层下的遗迹单位有HY1、HH4、HH5、HH8(图2-5)。

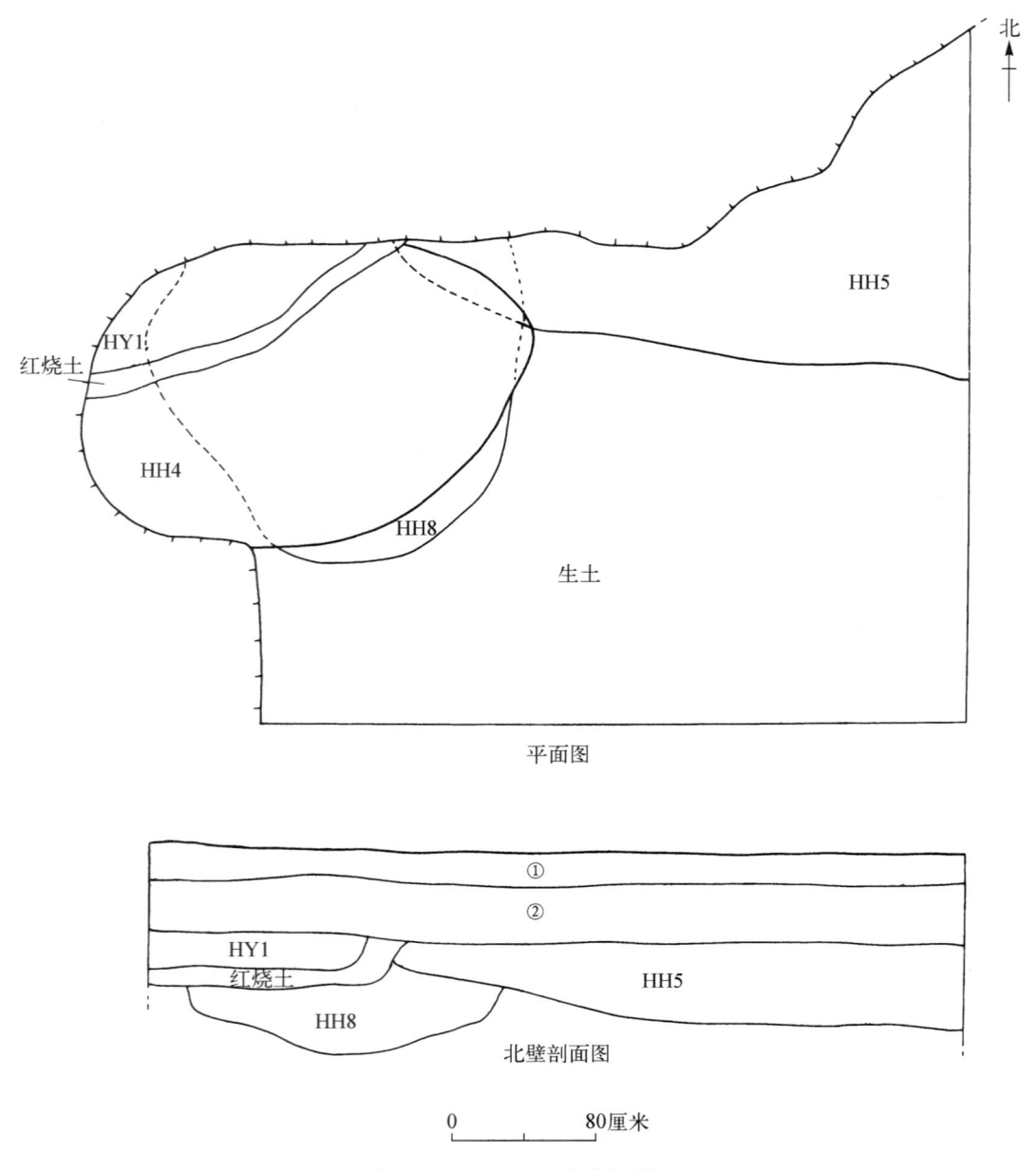

图2-5　06QHT4平、剖面图

5. 06QHT5

　　HT5位于整个发掘区的北部,南邻HT4,北邻HT1,东边未开方,西部为断崖。HT5布方面积为10平方米,后扩方3.36平方米,总布方面积为13.36平方米,实际发掘面积为10.36平方米。

　　本探方地层堆积共分为两层。第①层为耕土层，厚0.2米，分布全方。土质较疏松，土色呈灰褐色，包含植物根茎等。第②层为近现代地层，厚0.4米，分布全方。土质较致密，土色泛黄，包含近现代陶片、礓石等。开口于②层下的遗迹单位有HH6、HH9、HH10、HH14、HH15、HH17、HH18（图2-6）。

　　（1）陶范

　　HT5共出土陶范5块，总重量计有0.25千克，无可辨识器形的陶范。

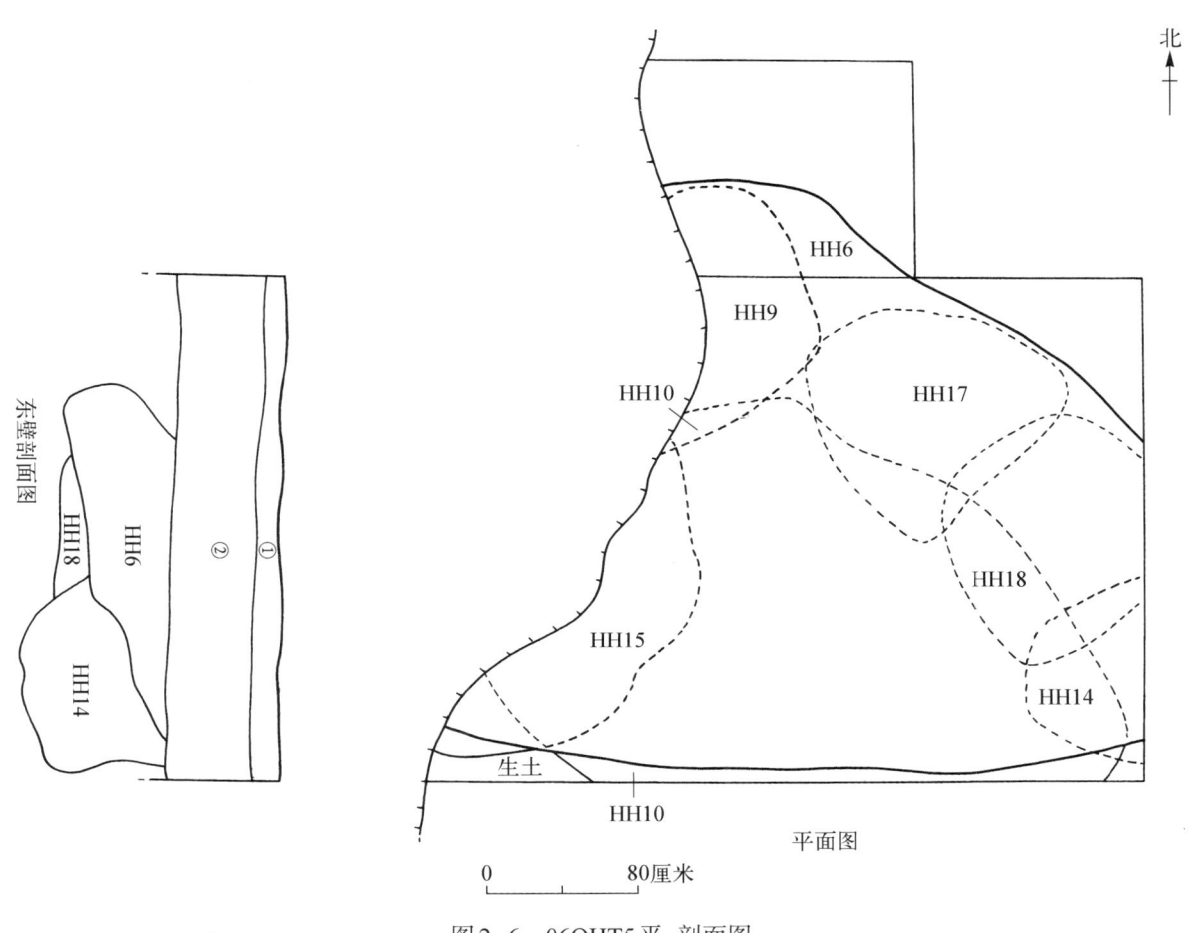

图2-6　06QHT5平、剖面图

　　（2）陶容器

　　HT5第②层共出土陶片85片。陶质分为泥质和夹砂两类，泥质陶（45.89%）少于夹砂陶（54.12%）。陶色分为灰色及灰褐色，无褐陶，以灰色为主，约占总数的88.24%。纹饰有细、中、粗绳纹和素面、旋纹；以绳纹为主，约占总数的76.48%；其次为旋纹，约占总数的12.94%；素面约占总数的10.59%。无可辨识器形者。

6. 06QHT6

HT6位于整个发掘区的最北部,南部为HT3,东南部为HT7。HT6布方面积为10平方米,实际发掘面积约10平方米。

本探方地层堆积共分为两层。第①层为耕土层,厚0.23～0.34米,分布全方。土质疏松,土色呈黄色,包含现代瓦片、瓷片、植物根系、礓石等。第②层为近现代地层,厚0.26～0.5米,分布全方。土质疏松,土色呈黄褐色,包含现代瓦片、木炭星、植物根系等。开口于②层下的遗迹单位有HH7、HH21、HH22、HH29(图2-7)。

7. 06QHT7

HT7位于整个发掘区的中部,西北为HT1、HT2,东南紧邻HT8,东部为HT9。HT7布方面积为16平方米,实际发掘面积为9平方米。

本探方地层堆积共分为两层。第①层为耕土层,厚0.2米,土质疏松,土色呈黄褐色,包含已看不清的老陶片、现代瓦片、植物根茎等。第②层为近现代地层,厚0.4米,土质致密,土色呈灰褐色,包含陶片、兽骨、红烧土块及陶范等。开口于②层下的遗迹单位有HH19、HH23、HH26(图2-8)。

(1)陶范

HT7共出土陶范15块,总重量计有0.3千克,无可辨识器形的陶范。

(2)炉壁

HT7共出土炉壁1块,总重量计有0.03千克。

(3)铜器及铜块

铜管　1件(HT7②:1)。中空的铜管。残长1.5、外径1、内径0.8厘米。

(4)铜渣

HT7第②层仅出土1小块断面呈蜂窝状的绿色小铜渣,质量很轻,应是从炉壁衬面上剥落的。长、宽仅1厘米,厚约0.6厘米,重约1.3克。

(5)陶容器

HT7第②层共出土陶片105片。陶质分为泥质和夹砂两类,泥质陶(92.38%)远多于夹砂陶(7.61%)。陶色分为灰色、灰褐色及褐色,以灰色为主,约占总数的86.66%。纹饰有中、粗绳纹、素面、旋纹和暗纹;以绳纹为主,约占总数的62.86%;其次为素面,约占总数的33.33%;旋纹约占总数的2.86%;暗纹仅1片。无可辨识器形者。

8. 06QHT8

HT8位于整个发掘区的中部,西北邻HT7,东北部为HT9,南部为HT12,西南部为HT10。HT8布方面积为16平方米,实际发掘面积为28.56平方米。

本探方地层堆积共分为两层。第①层为耕土层,厚0.2米,土质疏松,土色呈黄褐色,包含

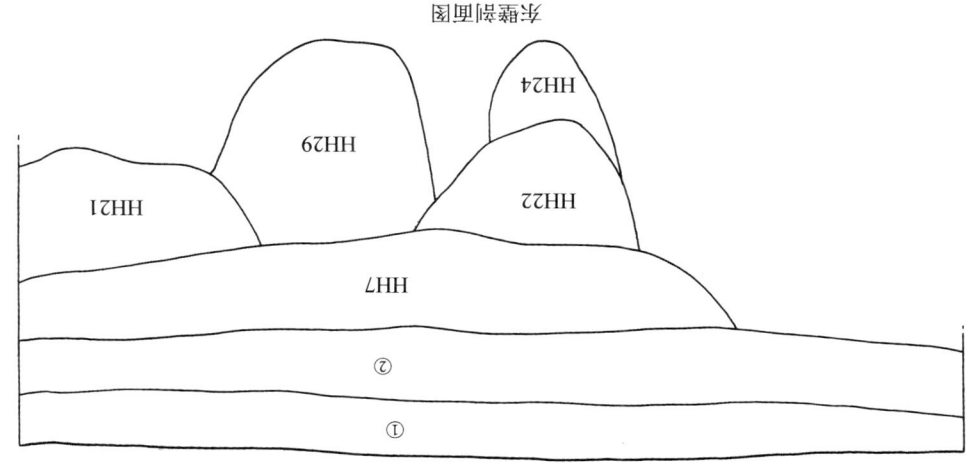

北剖面图

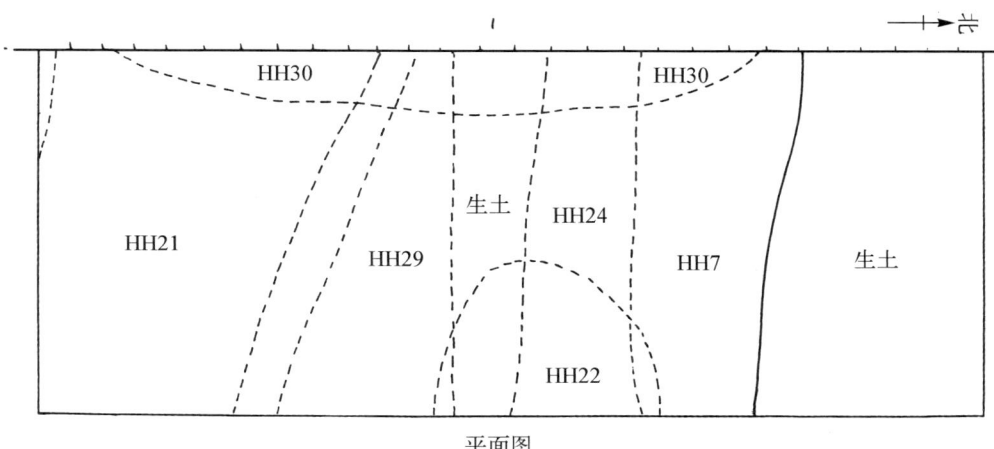

平面图

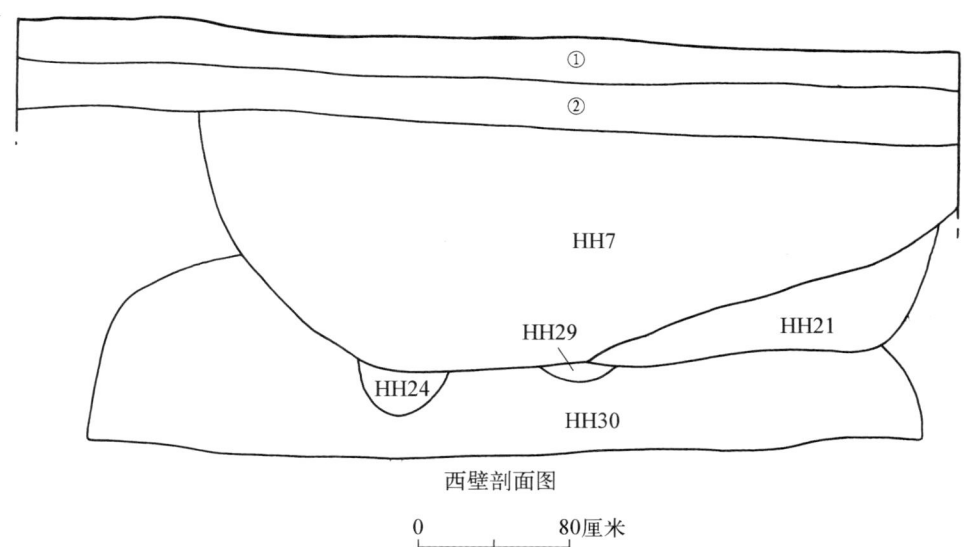

西壁剖面图

0　　　　　80厘米

图2-7　06QHT6平、剖面图

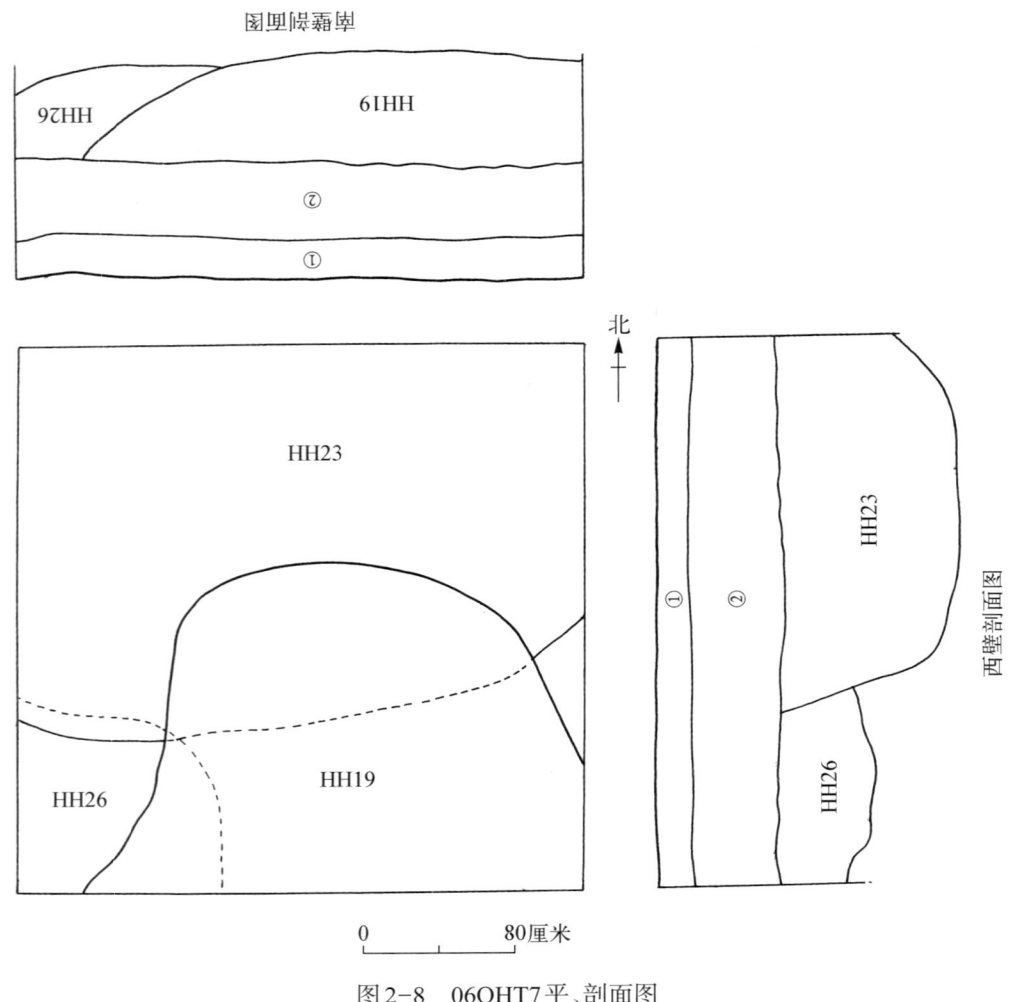

图2-8　06QHT7平、剖面图

已看不清的老陶片、现代瓦片、植物根茎等。第②层为近现代地层，厚0.4米，土质致密，土色呈灰褐色，包含陶片、兽骨、红烧土块及陶范等。开口于②层下的遗迹单位有HH20、HH28、HH31、HH32、HH42、HH43（图2-9）。

9. 06QHT9

HT9位于整个发掘区的东部，东部为HT11，南部为HT13，西南部为HT7和HT8。HT9布方面积为42平方米，实际发掘面积为45.29平方米。

本探方地层堆积共分为三层。第①层为耕土层，厚0.18米，土质疏松，土色呈黄褐色，夹杂乱草、麦秸秆等。第②层为近现代地层，厚0.36米，土质致密，土色呈土黄色，包含植物根茎、礓石颗粒、陶片等。第③层为文化层，厚0.24米，土质坚硬，土色呈红褐色，包含陶片、骨头、红烧土块、少量陶范等。开口于②层下的遗迹单位有HH60、HH63、HH65、HH66。开口于③层下的遗迹单位有HH34、HH35、HH36、HH37、HH38、HH59、HH62、HH64。

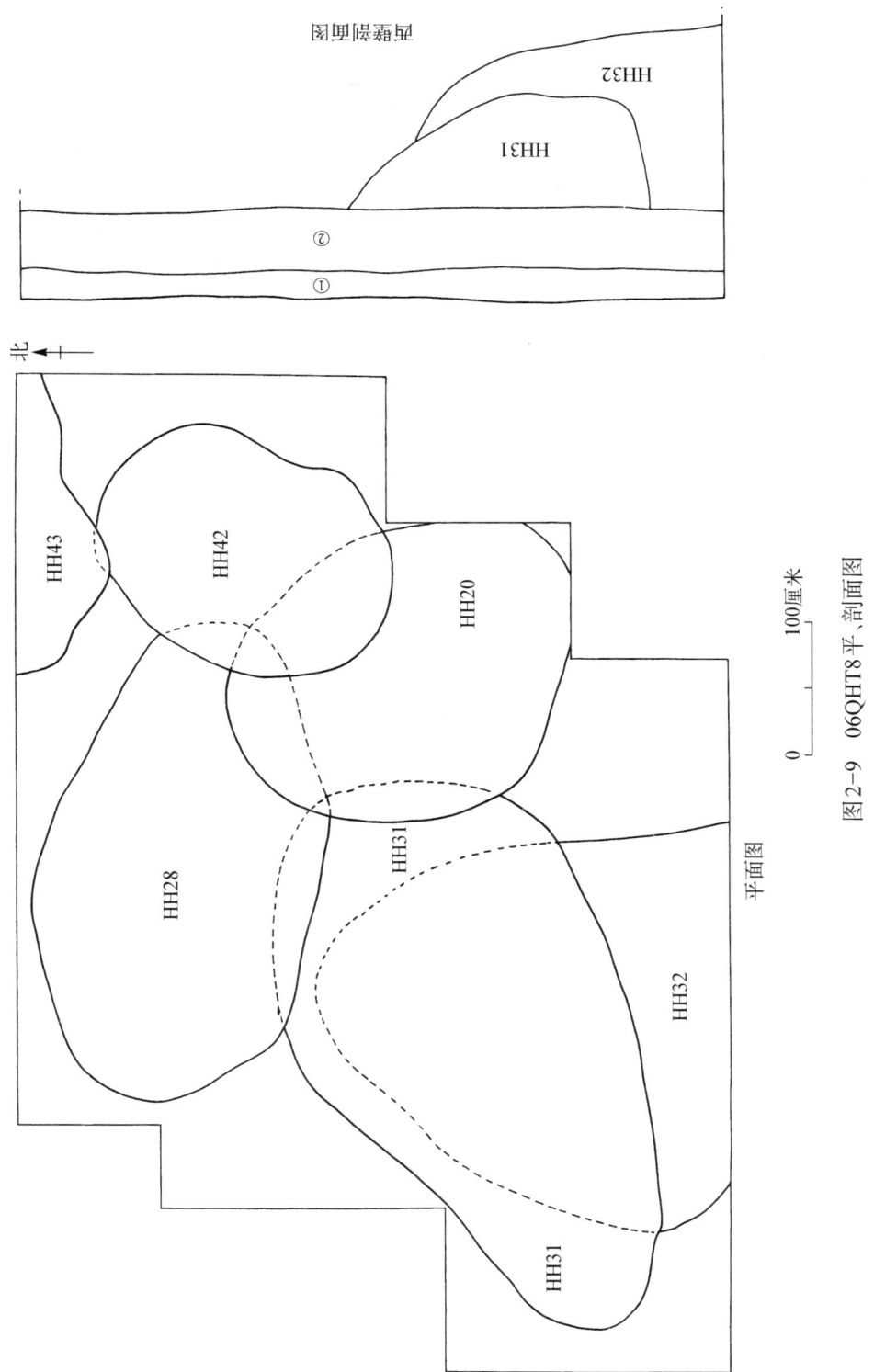

图2-9　06QHT8平、剖面图

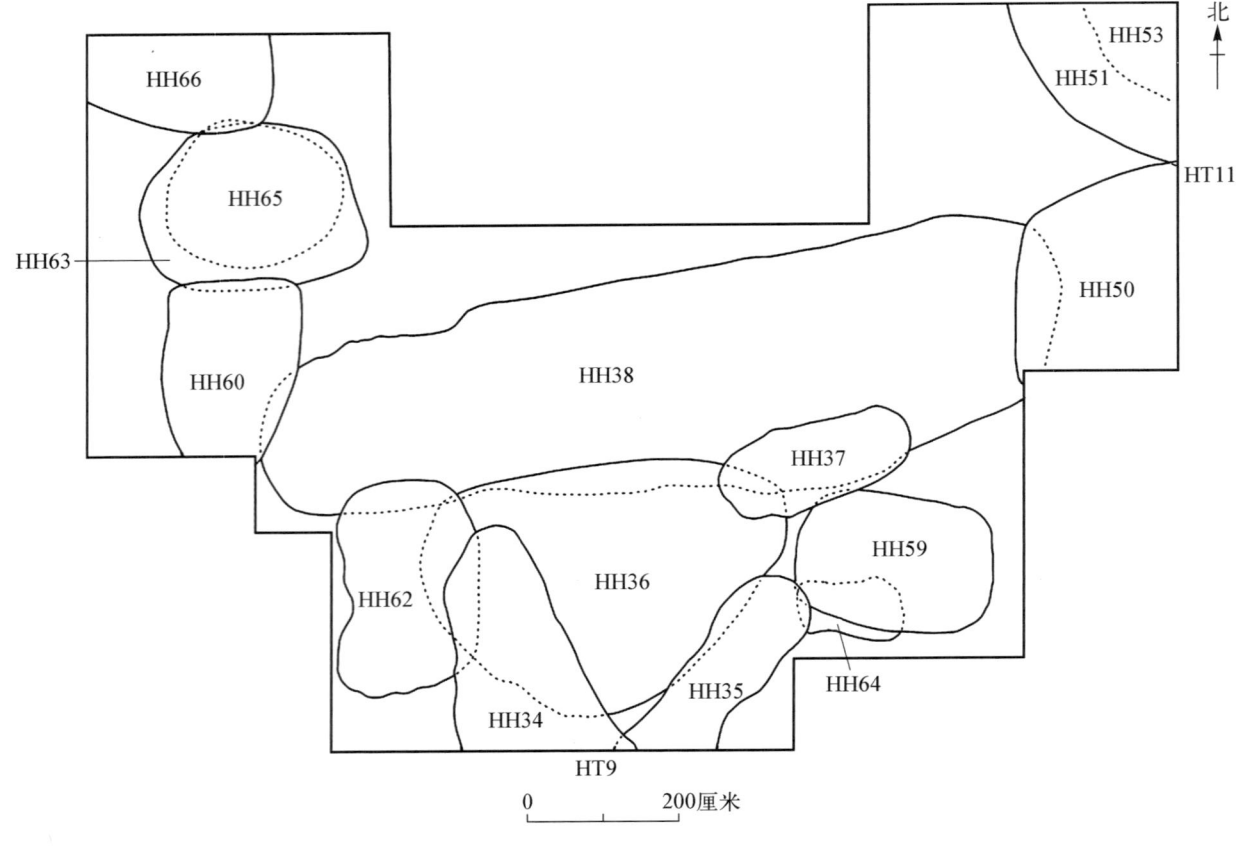

图2-10　06QHT9、HT11平面图

（1）陶范

HT9共出土陶范182块，总重量计有3.1千克。可辨识陶范所铸器形的有鼎耳模1件、勾连雷纹外范1件、不明容器外范1件、钟外范1件，另有范块稍大，有榫卯、分范面等特征，但不辨器形者5件，不明内芯1件。

鼎耳模　1件（HT9③：16）。残，砖红色。范块小，从形制看为小鼎鼎耳模。范块残长3.3、残宽2.8、厚1.5厘米（图2-11，7）。

勾连雷纹外范　1件（HT9③：18）。未见面层与背层之分，浇铸面与分范面呈青灰色；背面磨损，带砖红色，局部为青灰色。范块小，浇铸面几无弧度，施有勾连雷纹，纹饰边缘可见刻划痕迹。残存部分垂直方向分范面。范块残高2.7、残宽4.6、厚2.8厘米（图2-11，4）。

不明容器外范　1件（HT9③：13）。背层基本脱落殆尽，范块背面残留小部分夹杂粗砂和小石子的背料。浇铸面与分范面呈青灰色，背面呈砖红色。水平分范面平整，未见榫卯结构；垂直分范面平整，远离浇铸面的一侧有一长方形卯，剖面呈上宽下窄的梯形，底部残留刻划痕迹。卯长2.9、宽1.6、深约0.6厘米。内面下部稍外鼓，上部下凹，近顶部残存部分椭圆形卯。卯残长2.2、残宽1.8、深约0.5厘米。范块背面部分保存较好，未经修治，其余凹凸不平。应为容器

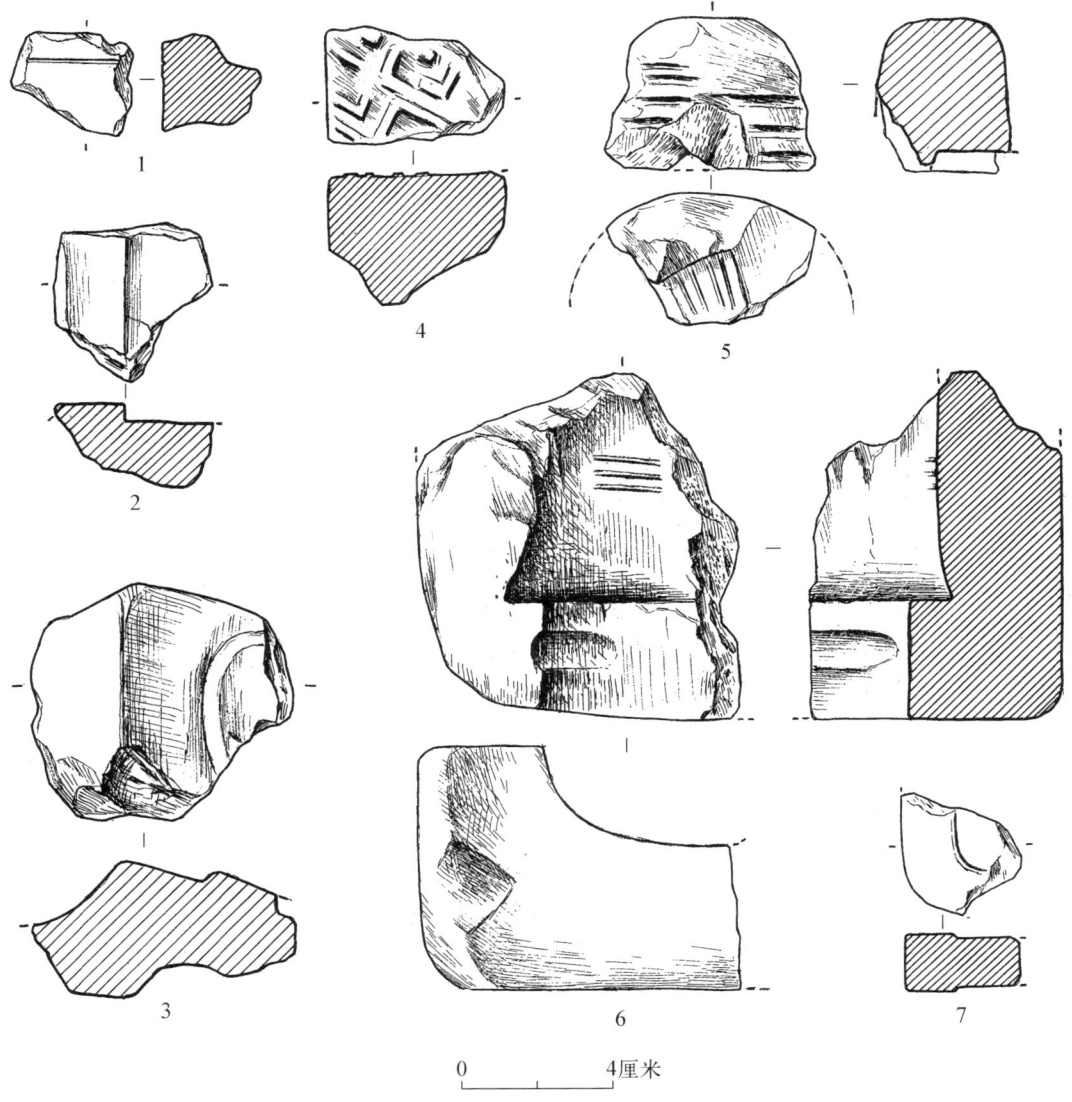

图2-11　06QHH63、HH64、HY2、HT9出土陶范

1.钟外范（HT9③：23）　2.不明工具外范（HY2：6）　3.不明外范（HH64：16）　4.勾连雷纹外范（HT9③：18）
5.垂鳞纹外范（HH63：23）　6.弦纹外范（HY2：5）　7.鼎耳模（HT9③：16）

口沿部分外范及其上与芯头接触的合范部分。范块残高7.7、残宽6.6、厚4.8厘米（图2-12，7）。

钟外范　1件（HT9③：23）。未见面层与背层之分，浇铸面呈青灰色，背面呈灰褐色。浇铸面几无弧度，其上有刻划的框线，可见与浇铸面垂直、深入范内的钟枚型腔。背面凹凸不平，残存一处指窝按压痕迹。范块残长2.9、残宽2.1、厚2.5厘米（图2-11，1）。

不明器范　共5件。HT9③：12，未见面层与背层之分，浇铸面呈青灰色，背面呈棕黄色。范块小、薄，磨损较多，不能辨识部位或器形，浇铸面带三道浅刻阴线。背面凹凸不平。范块残高4、残宽3.2、厚1.7厘米（图2-12，6）。HT9③：14，未见明显面层与背层之分，范面呈青灰

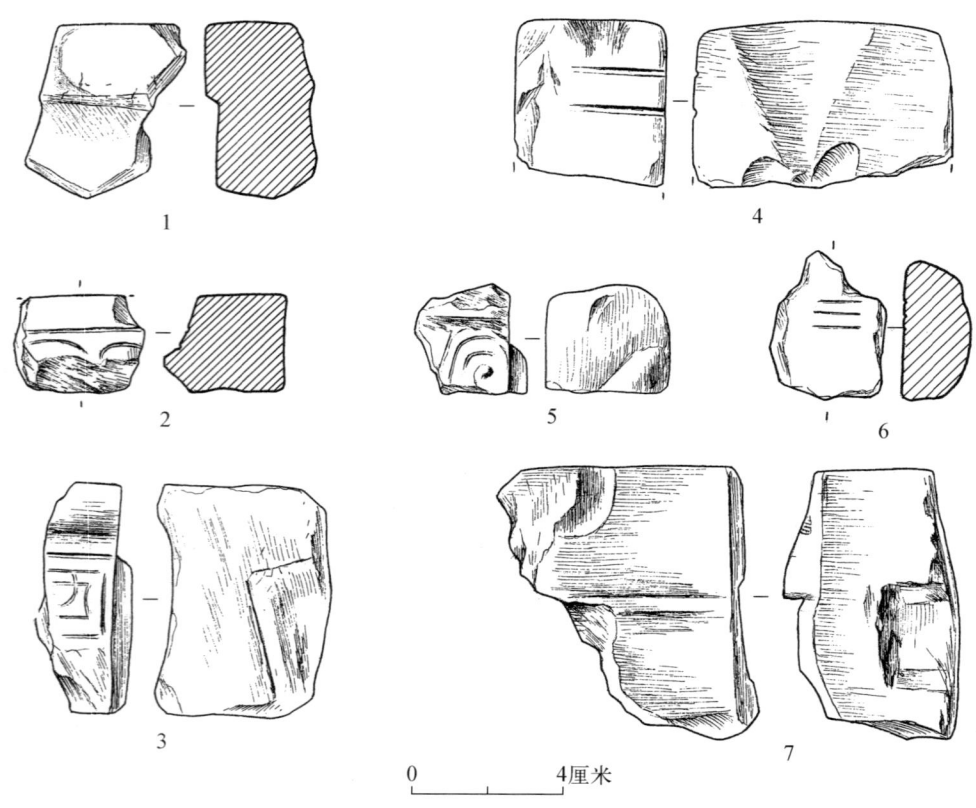

0　　　　　4厘米

图2-12　06QHH57、HH61、HHT9出土陶范

1、2、4～6. 不明器范（HH57：24、HH61：15、HT9③：14、HH61：21、HT9③：12）　3. 重环纹外范（HH61：27）
7. 不明容器外范（HT9③：13）

色，背面呈砖红色，无粗砂。内面有一楔形凹坑，剖面近半圆形，由于底部已残，未发现浇道，推测其可能为浇道。内面两侧比较平整的范面，其中一面有两道平行的刻槽，推测为合范符号或与合范有关。背面凹凸不平。范块残长6.8、宽4.3、厚3.8厘米（图2-12，4）。HT9③：17，未见面层与背层之分，各面均呈青灰色，范面带楔形榫。榫长2.7、残宽1.7、高0.6厘米。背面凹凸不平，残留指窝按压痕迹。范块残长4.4、残宽3.9、厚2.7厘米。HT9③：19，未见面层与背层之分，各面均呈青灰色，部分露出砖红色。器甚残，已无法推断其原器。保存较好的范面有三面，其中两面互相垂直，平整，应当是水平分范面与垂直分范面。水平分范面残存部分较大，其上有一道阴刻细线，长3.6厘米，或许与合范符号相关。垂直分范面残存很小部分，未见榫卯结构。浇铸面呈内凹的弧形，稍倾斜，与水平分范面呈80°角相接，与垂直分范面呈近120°角相接。背面凹凸不平，残留数处指窝按压痕迹。范块残长5.7、残宽4.5、厚2.4厘米（图2-13，1）。HT9③：22，从残存形制看，面层外框外侧高，中间内凹，背层已脱落殆尽。浇铸面与分范面呈青灰色，背面呈灰褐色。分范面平整，末端位置下凹，应为合范之卯。浇铸面呈内凹的弧形，上带凹槽，可能是鼎足外范。型腔残高3.7、残宽2.7厘米，范块残高4.1、残宽5、厚2.5～3.1厘米。

不明内芯　1件(HT9③：15)。表面部分呈青灰色,部分呈砖红色,背面皆呈砖红色。底部已残,表面外鼓,残留一道刻槽,有一处侧面较平整,基本垂直于表面。背面凹凸不平,残留两处指窝按压痕迹。芯残长4、残宽3、厚1.9厘米(图2-13,2)。

1　　　　　　　　　　　　　　　　　　　　　　　　　　2

图2-13　06QHT9出土陶范

1.不明器范(HT9③：19)　2.不明内芯(HT9③：15)

(2)炉壁

HT9共出土炉壁5块,总重量计有0.35千克。

(3)陶容器

HT9第③层出土陶片数量近800片。陶质分夹砂与泥质两类,以泥质者为主,超过80%。陶色以灰陶为主,占92%稍强,灰褐陶所占比例近5%,褐陶所占比例约3%。HT9第③层无可辨器形者(表2-5)。

表2-5　HT9③出土陶片陶系、纹饰统计表

陶质\\陶色\\纹饰与器类	夹　砂			泥　质			合计	百分比(%)
	灰	褐	灰褐	灰	褐	灰褐		
纹饰　粗绳纹	51			122			173	22.53
中绳纹	57	7	35	225	15		339	44.14
素面				146		1	147	19.14
旋纹				101			101	13.15
旋纹加暗纹				1		3	4	0.52
旋纹加篦纹				4			4	0.52
合　计	108	7	35	599	15	4	768	100.00
百分比(%)	14.06	0.91	4.56	78.00	1.95	0.52	100.00	
	19.53			80.47				

联裆鬲　1件（HT9：7）。夹砂灰陶。侈口，方唇，沿外侧绳纹被抹，沿下角较小，腹施直行绳纹，印痕较浅。残长7.9、残高6.1厘米（图2-14，6）。

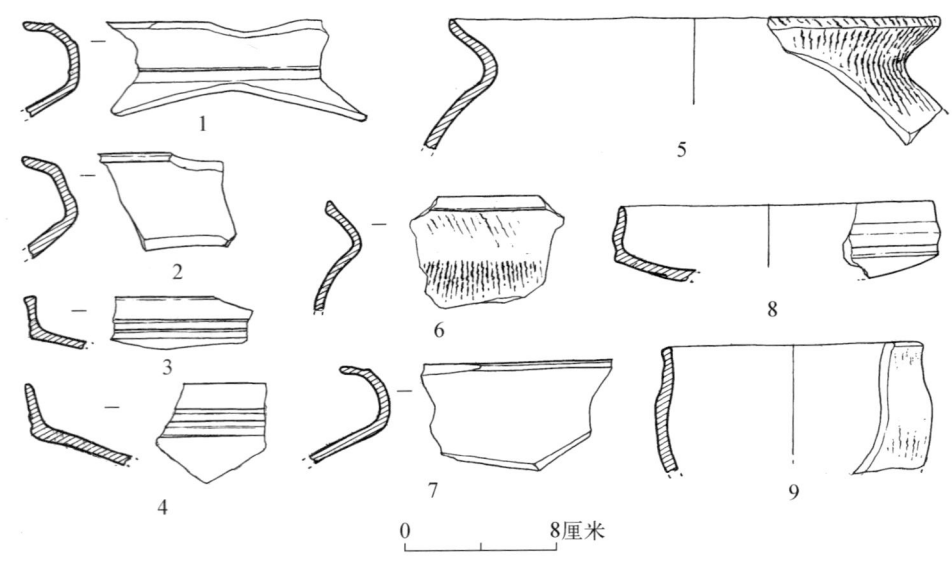

图2-14　06QHT9出土陶器

1、2、7. 高领罐（HT9：6、4、8）　3、4、8. 豆（HT9：11、9、10）　5. 联裆甗（HT9：5）
6. 联裆鬲（HT9：7）　9. 不明器（HT9：3）

联裆甗　1件（HT9：5）。夹砂灰陶。侈口，斜方唇，唇面及沿外侧、腹部施直行绳纹，印痕较深，纹理清晰。口径26、残高7厘米（图2-14，5）。

高领罐　共3件。均泥质灰陶。侈口。HT9：4，高领，平折沿，圆唇，器表光滑。残长6.3、残高5.3厘米（图2-14，2）。HT9：6，直领，平折沿，小方唇，沿面内缘有一道凹槽，口领内侧交界处有一道明显凸棱，器面光滑。残长13.4、残高5厘米（图2-14，1）。HT9：8，平折沿，小方唇，沿面内缘有一道凹槽，口领交界处内侧有一道明显凹槽，器面光滑。残长10、残高6厘米（图2-14，7）。

豆　共3件。均泥质灰陶。直壁，浅腹，折盘。HT9：9，尖圆唇，盘壁下半部有两道凸棱。残长5.6、残高5.4厘米（图2-14，4）。HT9：10，尖圆唇，盘壁下半部有一道凸棱，器表光滑。口径16.5、残高4.2厘米（图2-14，8）。HT9：11，方唇，盘壁下部施两道旋纹。残长7.1、残高3厘米（图2-14，3）。

不明器　1件（HT9：3）。泥质褐陶。敛口，方唇，唇面及口外侧施斜行绳纹，腹部外弧，施绳纹，绳纹印痕较浅，纹理不清。口径13.8、残高7.2厘米（图2-14，9）。

（4）陶质小件

圆陶片　1件（HT9③：2）。泥质灰陶。上部有一道凸棱，边缘未经打磨修治。直径5.2、厚0.7厘米（图2-15，4）。

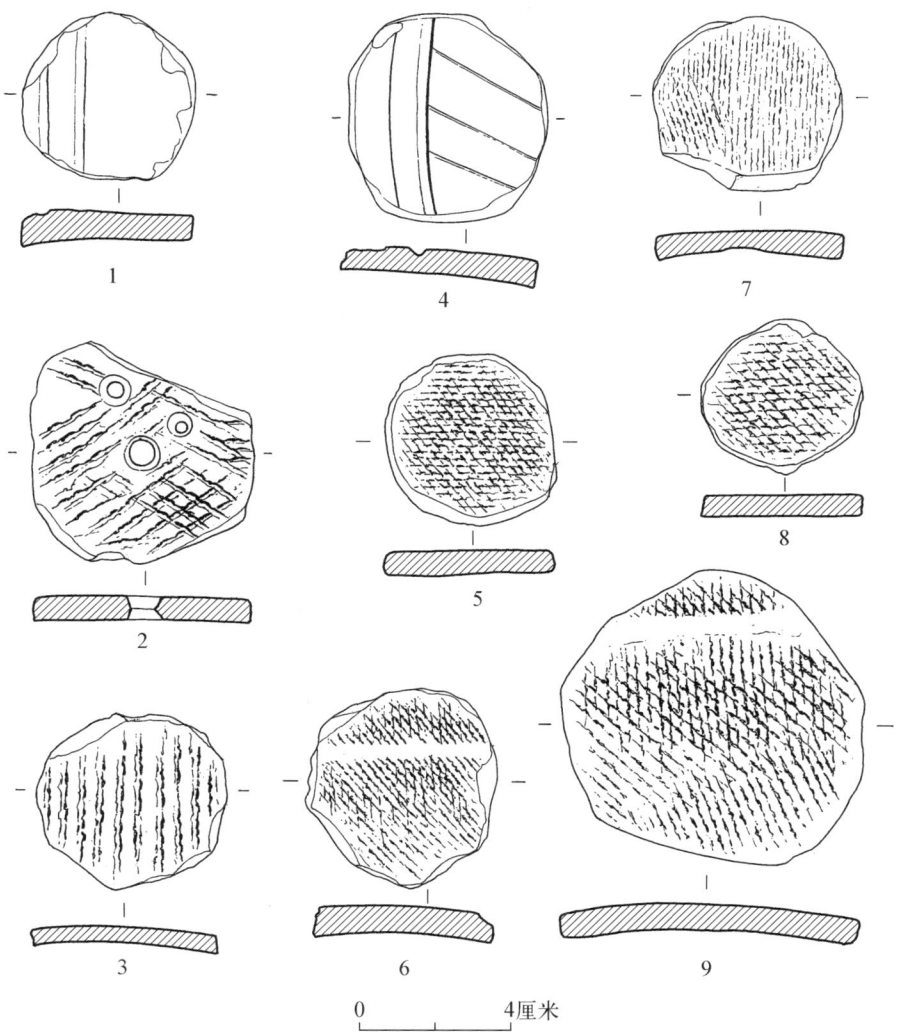

图2-15　06QHT9、HH3、HH36、HH38、HH48、HH60出土陶片
1、3～9.圆陶片（HH48∶1、HH38∶240、HT9③∶2、HH38∶19、HH36∶4、HH3∶2、HH60∶2、HH36∶3）
2.带孔陶片（HH38∶21）

（5）石器（含砺石）

砺石　1件（HT9③∶1）。青色，砂质较细。块状，各面均有磨痕。残长7.3、宽6.1、高4.6～5厘米（图2-16，4）。

10. 06QHT10

HT10位于整个发掘区的南部，西距HT4约30米，西北部为HT5，东北部为HT7和HT8，东部为HT12，南距断崖约7米。HT10布方面积为16平方米，实际发掘面积约15.62平方米。

本探方地层堆积共分为两层。第①层为耕土层，厚0.2米，分布全方。土质疏松，土色呈黄褐色，包含陶片、瓷片、兽骨等。第②层为近现代地层，厚0.36～0.4米，分布全方。土质较致

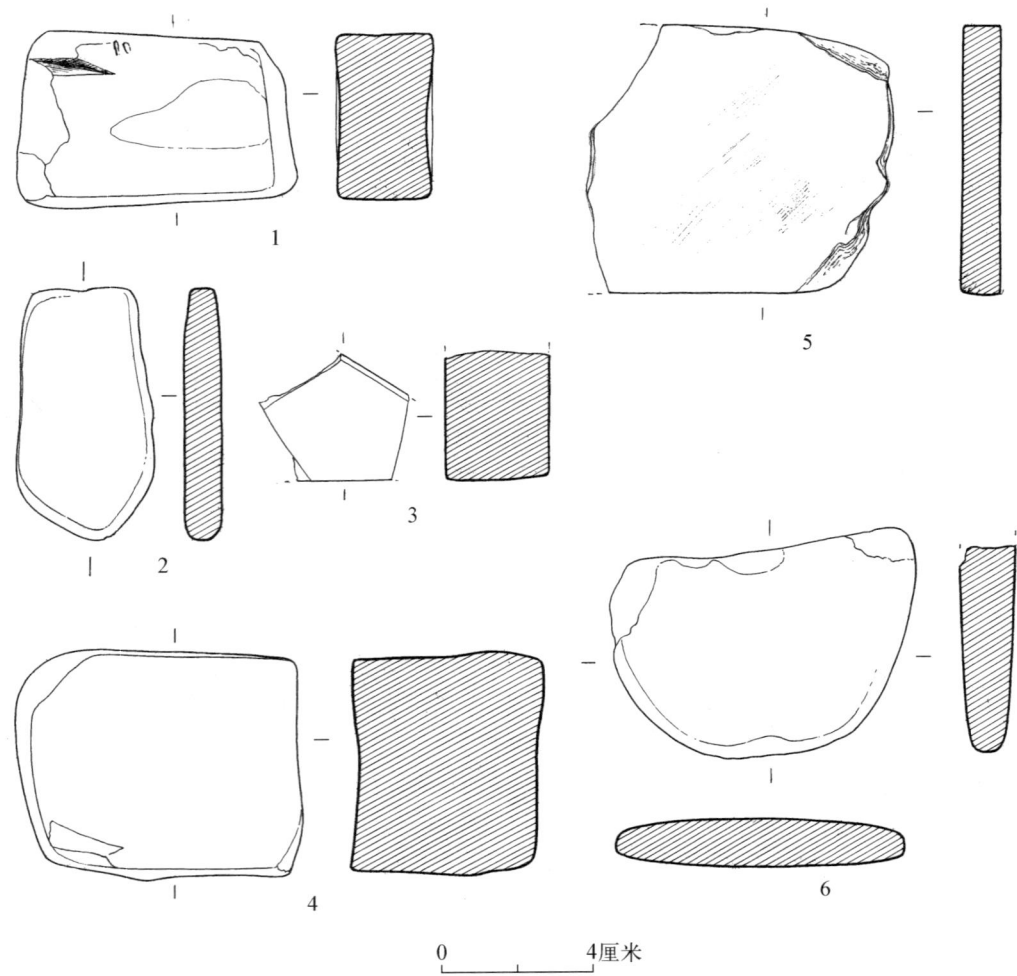

0   4厘米

图2-16　06QHT9、HH20、HH30、HH36、HH39、HH65出土石器

1、2、4～6.砺石（HH20∶11、HH36∶8、HT9③∶1、HH30∶1、HH39∶5）　3.石料（HH65∶2）

密，土色呈黄褐色泛青，包含陶片、兽骨等。开口于②层下的遗迹单位有HH39、HH40、HH41
（图2-17）。

11. 06QHT11

HT11位于整个发掘区的最东部，西南邻HT9，南部为HT13。HT11布方面积为16平方米，
实际发掘面积为16平方米。

本探方地层堆积共分为两层。第①层为耕土层，厚0.15～0.2米，土质松散，土色呈黄褐
色，包含近代瓦片等。第②层为近现代地层，厚0.4～0.5米，土质坚硬，土色呈黄褐色泛灰，包
含石头、红烧土、陶片等。开口于②层下的遗迹单位有HH50、HH51、HH52、HH53。

（1）陶范

HT11共出土陶范10块，总重量计有0.1千克，无可辨识器形的陶范。

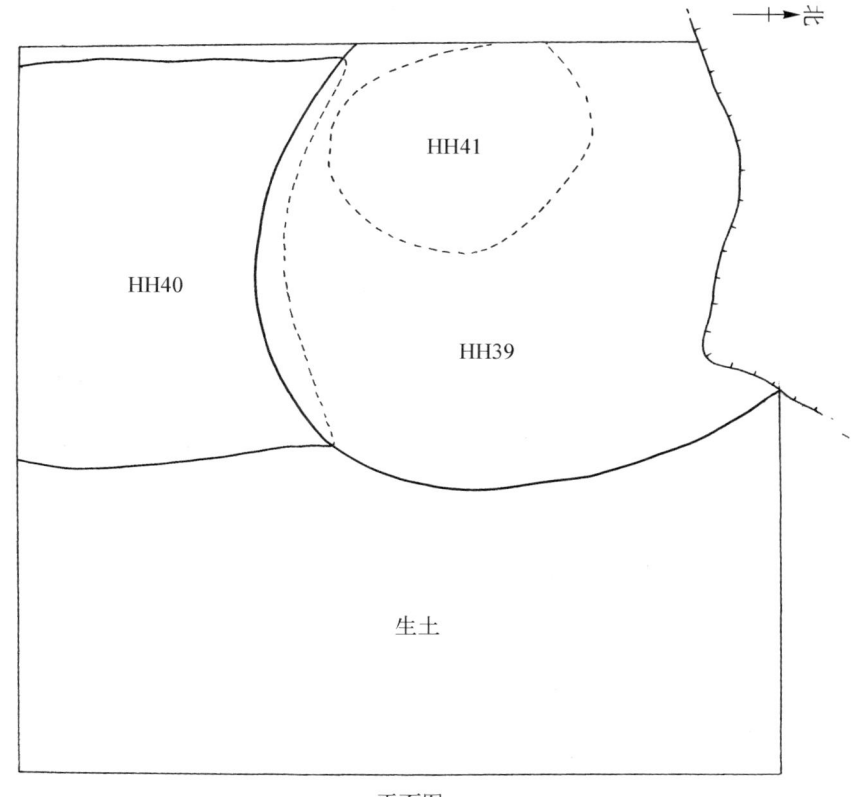

平面图

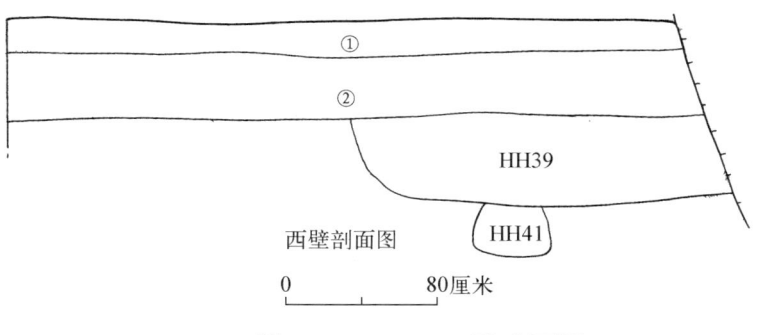

西壁剖面图

0　　　　　80厘米

图2-17　06QHT10平、剖面图

（2）陶容器

HT11第②层共出土陶片43片。陶质分为泥质和夹砂两类，泥质陶（62.79%）稍多于夹砂陶（37.21%）。陶色分为灰色、灰褐色及褐色，以灰色为主，约占总数的81.39%。纹饰有中、粗绳纹、素面、旋纹、旋纹加绳纹、旋纹加篦纹；以绳纹为主，约占总数的60.47%；其次为旋纹加篦纹，约占总数的16.28%；素面约占总数的13.95%；旋纹、旋纹加绳纹均仅2片。无可辨器形者。

（3）石器（含砺石）

砺石　1件（HT11②：1）。砂质较细。较薄，一面及侧面磨光。残长7.3、残宽6.4、厚0.8厘米（图2-18,6）。

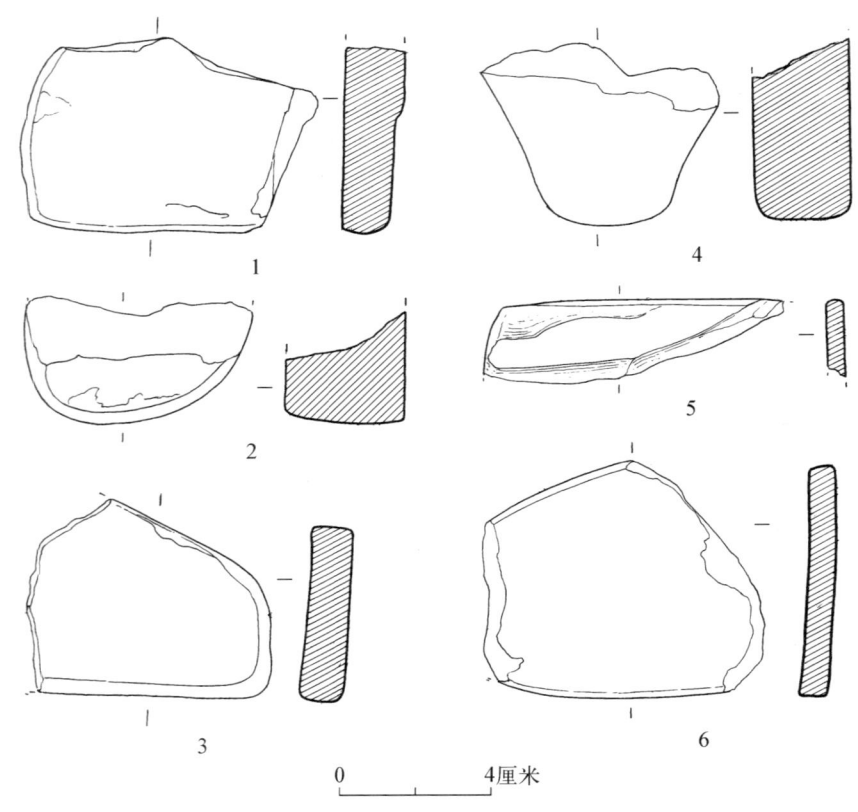

图2-18　06QHT11、HH38、HH39、HH57出土石器

1～3、6.砺石（HH38：15、HH38：2、HH39：4、HT11②：1）　4.带孔石锤（HH57：3）　5.石刀（HH38：8）

12. 06QHT12

HT12位于整个发掘区的南部中间位置，东部为HT13，西部为HT10，北部为HT8。HT12布方面积为20平方米，实际发掘面积为25.19平方米。

本探方地层堆积共分为两层。第①层为耕土层，厚0.16～0.36米，分布全方，土质疏松，土色呈黄色，包含近代瓦片、瓷片、植物根茎、礓石等。第②层为近现代地层，厚0.5米，分布全方，土质坚硬，土色呈黄褐色，包含现代瓦片、植物根茎、炭屑等。开口于②层下的遗迹单位有HH45、HH46、HH47、HH48、HH49、HH55（图2-19）。

13. 06QHT13

HT13位于整个发掘区的东南角，西部为HT12，西北部为HT8，北部为HT9和HT11。HT13布方面积为9平方米，实际发掘面积为9平方米（图2-20）。

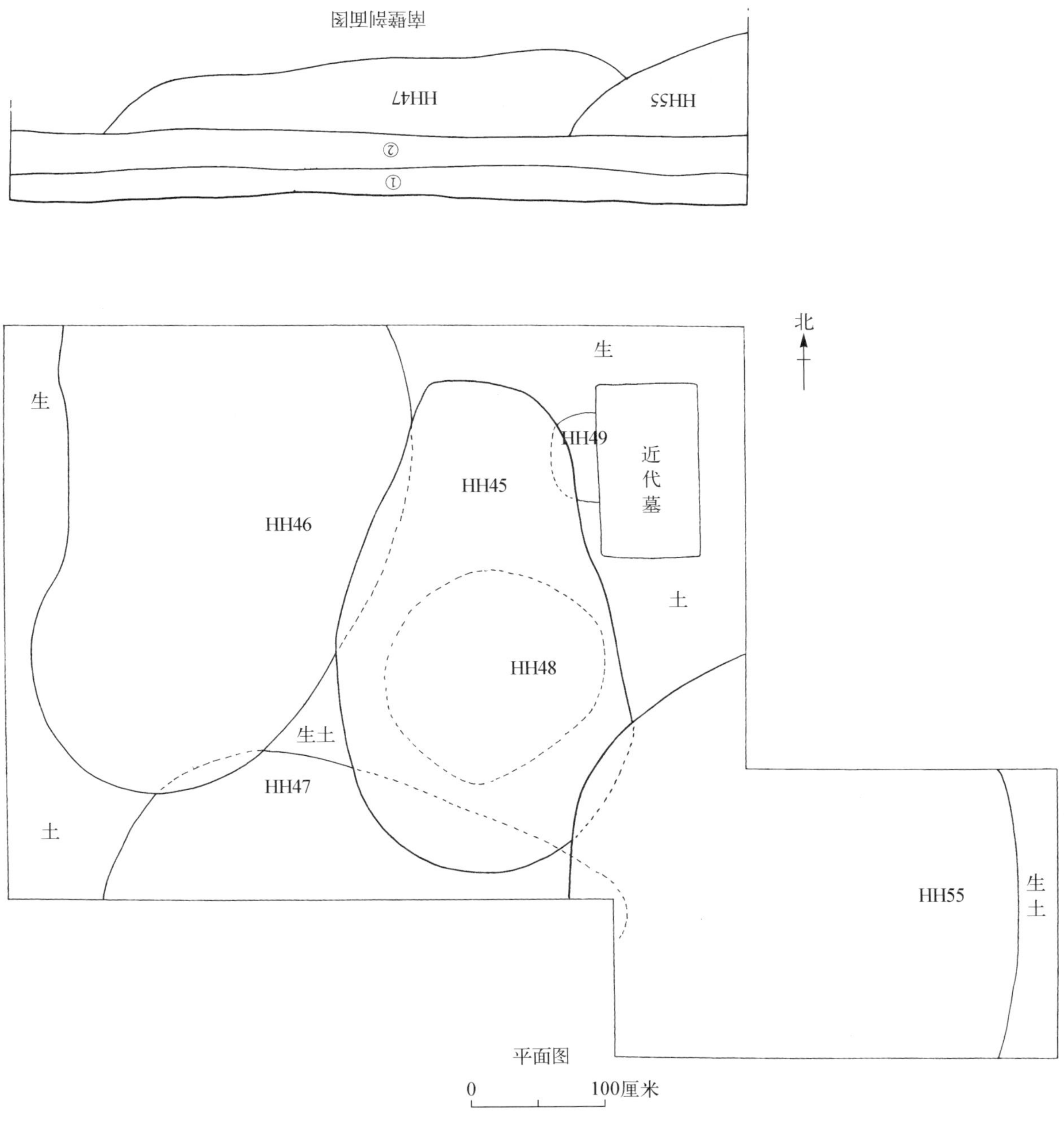

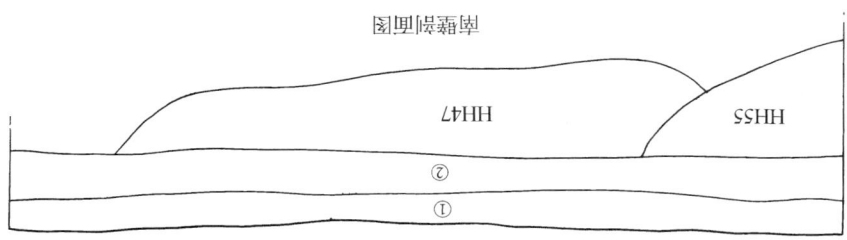

图2-19　06QHT12平、剖面图

　　本探方地层堆积共分为两层。第①层为耕土层，厚0.24～0.36米，分布全方，土质疏松，土色呈黄色，包含近代瓦片、瓷片、植物根茎、礓石等。第②层为近现代地层，厚0.45米，分布全方，土质坚硬，土色呈黄褐色，包含现代瓦片、植物根茎、炭屑等。开口于②层下的遗迹单位有HH58、HH61。

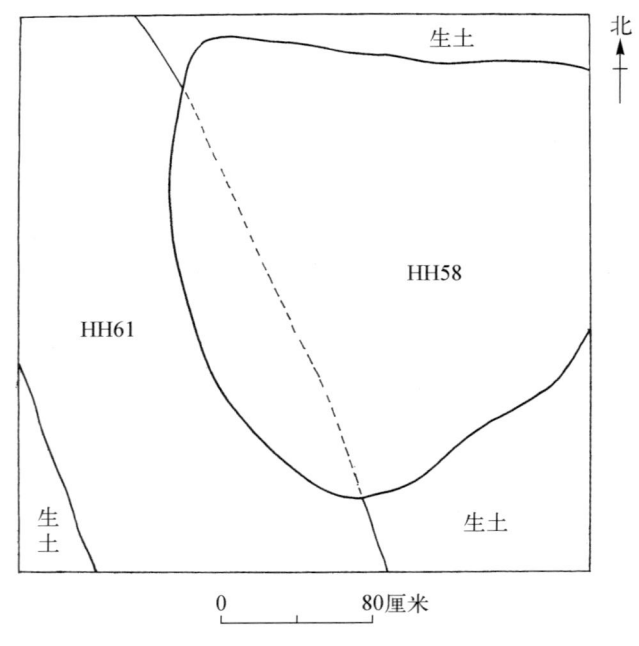

图2-20　06QHT13平面图

2.2.2　遗迹单位

1. 06QHH1

（1）形制与堆积

HH1位于HT1内，开口于②层下，与其他灰坑无打破关系。坑口呈椭圆形，弧壁，底呈锅底状，无加工痕迹。东西残长2.59、南北宽2.93、坑口距地表0.5、自深0.8米（图2-21）。

坑内为一次性堆积，北高南低，土质疏松，土色呈灰褐色，夹杂少量草木灰、炭屑和红烧土粒，内含兽骨、陶范、陶片、烧土块、铜渣以及烧过的草拌泥等。

（2）陶范

HH1共出土陶范1856块，总重量计有45.55千克。可辨识陶范所铸器形的有鼎足外范5件、大型鼎类器腹外范2件、不明容器外范5件、钟外范3件，另有范块稍

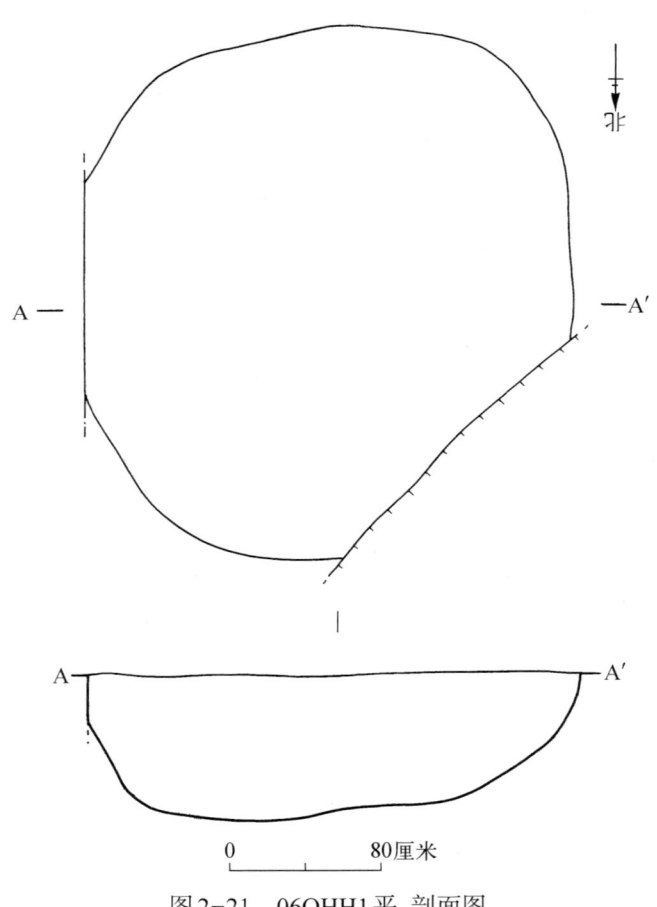

图2-21　06QHH1平、剖面图

大,有榫卯、分范面等特征,但不辨器形者19件。銮铃柄内芯1件、圆形内芯3件、不明内芯3件。

　　鼎足外范　共5件。HH1:1,范身厚重,范块大,剖面可见面层与背层,分界线不规则。面层土质较细,浇铸面与分范面为青灰色,内层外面为浅砖红色,面层制作的外框背面三边高,中部内凹。面层背侧凹凸不平。背层为灰褐色,大部分脱落,可见粗颗粒石子,并掺有植物灰烬。无纹饰,为器足上部及器足与器身相接位置范,仅存上部,下端残。可见三个分范面,一为水平方向,为器足与器身相接处,分范面呈斜角;其余两面为垂直方向分范,均带长条形榫,位于分范面外侧,榫与范为一体制成。应另有其他扇范形成器足合范。应为大型鼎的器足,铸腔残高12.5、宽5.8~7.8厘米。范块高12.5、宽13.1、厚4.2厘米,浇铸面右侧榫残长3.8、宽1.5、厚约0.7厘米,浇铸面左侧榫残长3.6、宽1.6、厚约0.5厘米(图2-22,4;彩版一一,2)。HH1:34,剖面可见面层与背层,分界线不明显。面料精细,浇铸面与分范面呈青灰色。背料不及面料精细,孔隙更大,呈砖红色,未见明显粗砂颗粒。分范面平整,带长方形榫,位于远离浇铸面的一侧,从断面看榫与范块为一体。浇铸面呈圆弧形,可能是鼎足外范。范块背面凹凸不平,在榫处背面有一小坑窝,可能是木棍一类工具留下的痕迹。范块残高5.4、残宽3.6、厚约1.5~2.9厘米,榫长约3.9、宽约1.2、厚约0.8厘米。HH1:39,断面可见面层与背层,分界线不规则。面料精细,

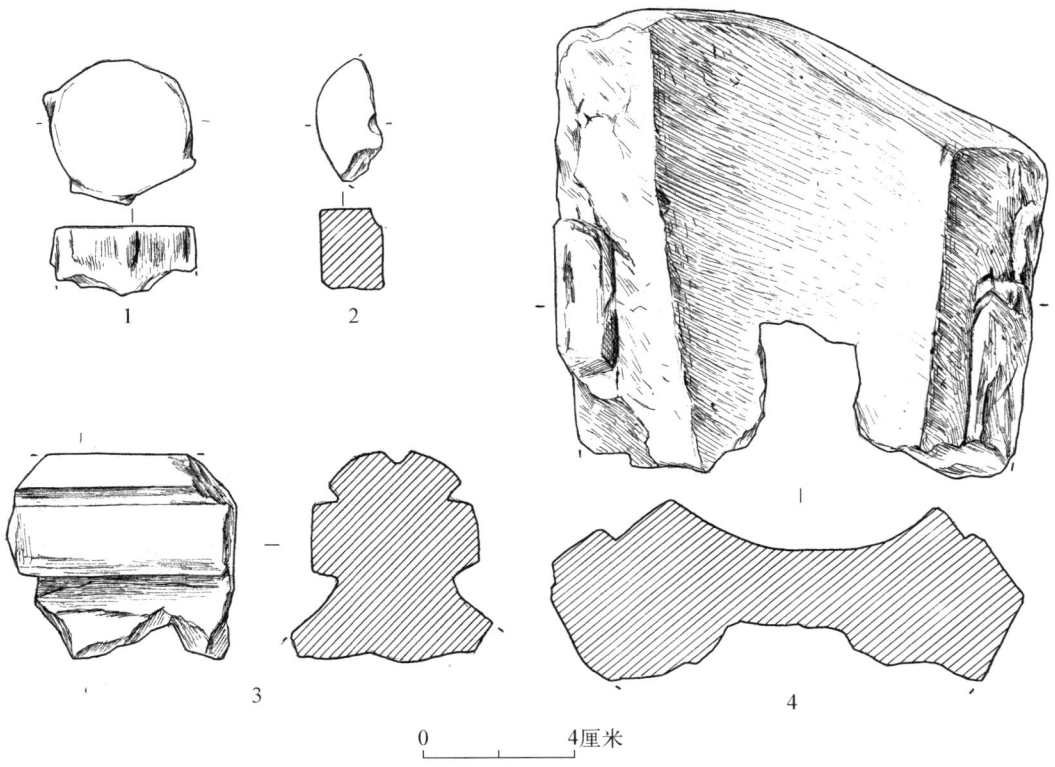

图2-22　06QHH1、HH3、HH10出土陶范

1. 圆形芯头(HH10:16)　2. 不明内芯(HH3:30)　3. 不明器范(HH1:46)　4. 鼎足外范(HH1:1)

浇铸面与分范面呈青灰色,背层呈棕黄色,无粗砂。分范面平整,浇铸面为圆弧形,亦不排除钟钲部外范的可能,范块背面凹凸不平。范块残高3.1、残宽2.9～3.8、厚约3.1厘米。HH1:63,断面可见面层与背层,分界不明显。面料精细,浇铸面与分范面为青灰色,内层外面呈砖红色,面层外框外侧高,中部内凹。背层为砖红色,大部分脱落,可见粗颗粒石子,并掺有植物灰烬。分范面平整,浇铸面呈内凹的圆弧,背面凹凸不平。范块残高3.9、残宽4.9、厚约2.7～3.8厘米(图2-24,1)。HH1:64,范块较薄,背层已脱落。浇铸面与分范面呈青灰色,背面局部可见砖

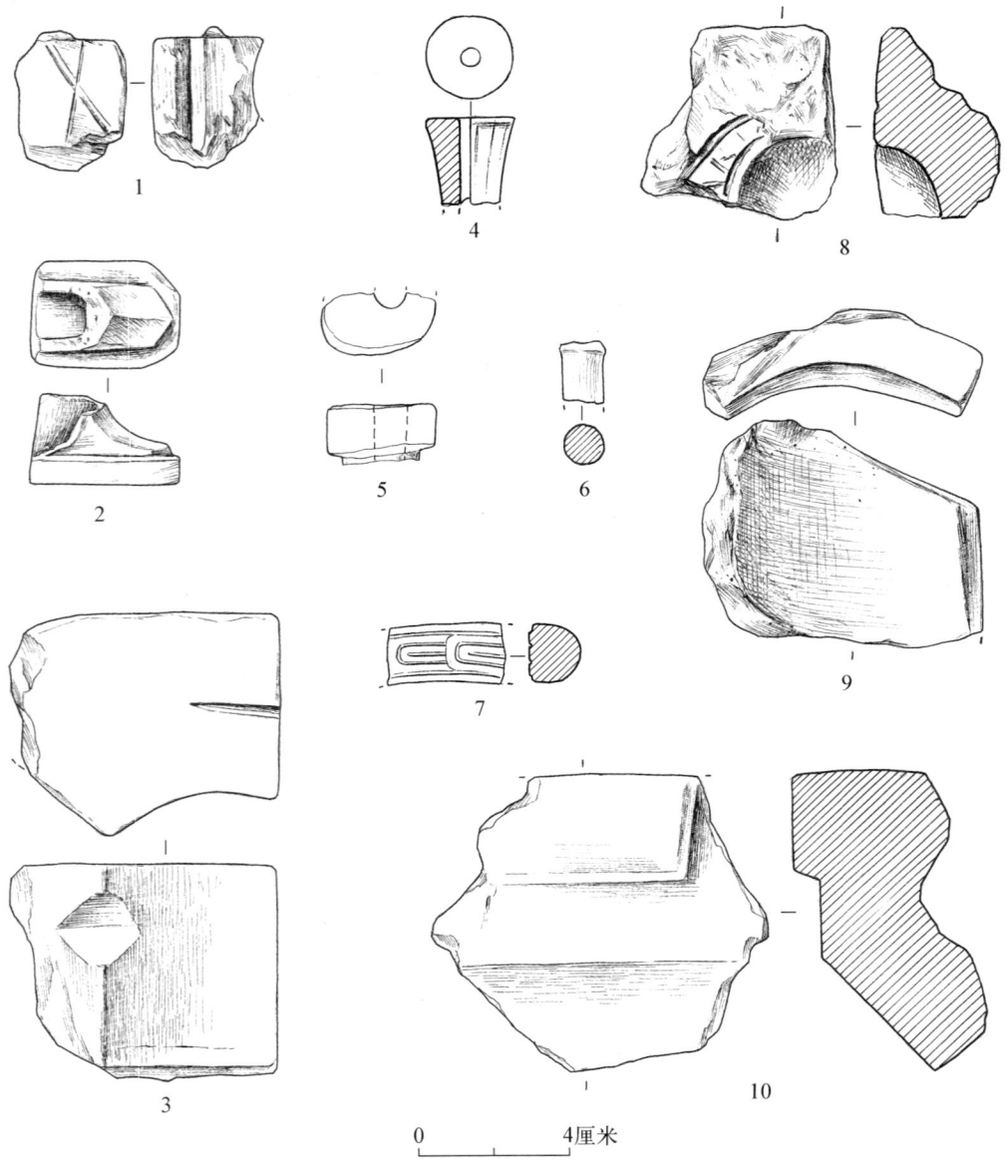

0　　　　　　　4厘米

图2-23　06QHH1、HH5、HH6、HH10、HH11、HH20出土陶范及陶管

1. 不明器范(HH20:59)　2. 车辖模(HH6:21)　3、10. 不明容器外范(HH10:17、HH11:33)　4、5. 陶管(HH5:4、HH6:15)
6. 回炉泥芯(HH6:20)　7. 垂鳞纹模(HH11:73)　8. 兽面纹眼部外范(HH11:69)　9. 鼎足外范(HH1:64)

红色。浇铸面呈内凹的圆弧，弧度较大，有两个平整的分范面，一为水平方向分范面，分范面倾斜，应为器足与器身相接处，另一为垂直方向分范面。背面凹凸不平，有数个指窝按压痕迹。范块残高3.6～6、残宽7.4、厚约1.7厘米（图2-23，9）。

图2-24　06QHH1出土陶范
1.鼎足外范（HH1：63）　2.不明容器外范（HH1：48）　3.钟外范（HH1：37）　4～6.不明器范（HH1：25、27、53）

大型鼎类器腹外范 共2件。HH1：49，从残存范块形制看，面层外框外侧高，中间内凹，背层无残留。浇铸面与分范面呈青灰色，分范面部分还可见原来的砖红色，面层背面呈砖红色。浇铸面微弧，水平分范面上设有一个长方形大榫，其上中间位置还有一个近正方形小榫，两个榫剖面均呈梯形，范块背面凹凸不平，残留两处指窝按压痕迹，一大一小，经实验刚好是拇指与食指一起下压留下的痕迹。范块残高4.8、残宽7.9、厚约6.7厘米，大榫长7.1、残宽2.9、高0.6厘米，小榫边长约2、高0.3厘米（图2-25，2）。HH1：67，从残存形制看面层外框外侧高，中间内凹，背层已脱落殆尽。分范面和浇铸面呈青灰色，背面呈砖红色。分范面平整，仅残留小部分，浇铸面素面，微弧，应是器腹位置，背面凹凸不平，残留几处指窝按压痕迹。范块残长8.6、残宽7、厚约2～3厘米。

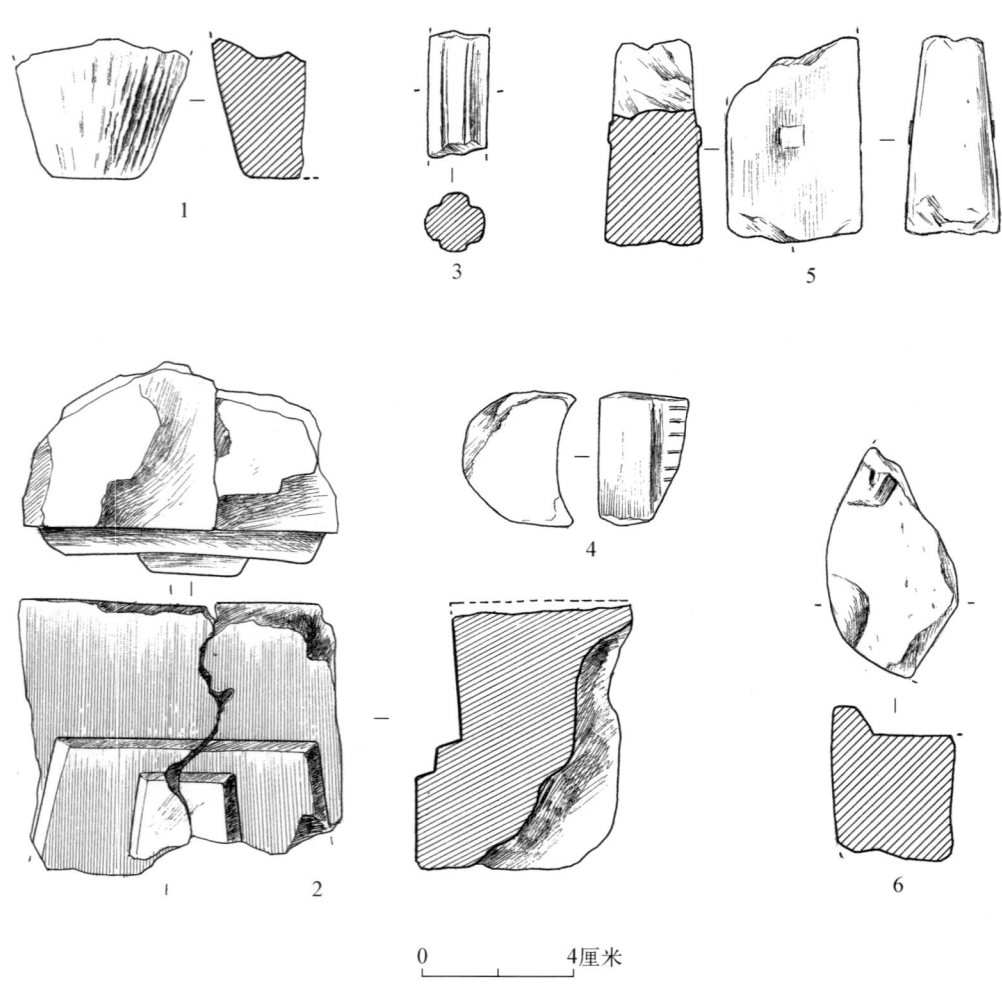

图2-25 06QHH1、HH3、HH5、HH11出土陶范

1. 鼎足泥芯（HH5：7） 2. 大型鼎类器腹外范（HH1：49） 3. 不明附件模（HH3：29） 4. 不明容器外范（HH11：63）
5. 銮铃柄内芯（HH1：60） 6. 圆形内芯（HH1：41）

不明容器外范　共5件。HH1：29，断面可见面层与背层，分界线较明显。面料精细，浇铸面呈青灰色，面层背面呈砖红色。背料呈棕黄色，无粗砂，孔隙较面层多，隐约可见植物质残留。浇铸面呈圆弧形，顶端甚残缺，浇铸面一侧较平整，表面隐约可见三角纹，三角纹一侧残留有一处下凹，可能为卯或者是部分型腔。范块残长6.3、残宽0.9～6.1、厚约1.5～5.7厘米。HH1：30，断面可见面层与背层之分，分界明显，但分界线不甚规则。面层呈青灰色，面料精细，背层呈砖红色，背料明显无面料精细，未见粗砂颗粒，似掺杂植物质。范块四周已残，内面圆弧，背面凹凸不平，不排除为鬲、甗之类裆部的外范。范块残长8.6、残宽6、厚约0.8～3.3厘米。HH1：31，未见背层与面层之分，浇铸面和分范面呈青灰色，未见粗砂颗粒，范块背面呈砖红色。分范面平整，未见榫卯，浇铸面呈圆弧形，背面凹凸不平，不排除为鬲、甗之类裆部的外范。范块残长6.6、残宽3.9、厚约1.1厘米。HH1：33，无背层，分范面与浇铸面呈青灰色，背面呈砖红色，未见粗砂颗粒。分范面平整，带长方形榫，截面略呈梯形，上窄下宽。从断面看榫与范块之间有不规则分界线，推测是翻范时用泥片先贴榫，然后在其外侧用泥片贴外范。浇铸面略呈斜坡状，微弧。范块背面凹凸不平，有两处较明显的指窝按压痕迹。范块残长8.6、残宽7、厚约2～3.1厘米，榫残长5.3、残宽2.4、厚约0.6厘米。HH1：48，断面可见面层与背层，分界很不明显。面料精细，浇铸面与分范面呈青灰色，背层呈砖红色，无粗砂，孔隙较面层多。范面一面较平，从其他外范榫位于分范面远离浇铸面一侧的现象来看，此处较平整的范面带下凹的小台面，而非榫，下凹者可能为卯；另一面斜坡状，范面弧形，为浇铸面。范块背面凹凸不平，残留有指窝按压痕迹。范块残长6.2、残宽4.3、厚约5.6厘米（图2-24，2）。

钟外范　共3件。HH1：28，未见背层，从残存形状可知面层外层边框四周高中间内凹。浇铸面与分范面呈青灰色，背面呈砖红色，未见粗砂颗粒。有两处分范面，均平整，一处与浇铸面垂直，上带残缺的方形卯，卯上大下小，壁面向内倾斜，应为翻范时制成。另一处为斜坡状，较残破。范面微弧，可能为钟之钲部。范块残高4.6、残宽3.2、厚约1.2～3.4厘米。HH1：37，断面可见面层与背层之分，分界线不规则。面料精细，浇铸面与分范面呈青灰色，从断面看面层背面呈砖红色，面层制作的外框背面外侧高，中部内凹。背层呈砖红色，夹粗砂。分范面较平，上带长方形榫，与范块一体制成。浇铸面圆弧，可能为钟之钲部，亦可能是鼎足外范。范块残高3.1、残宽2.8～5.1、厚约4.3厘米，榫残长1.5、宽1.2、厚约0.5厘米（图2-24，3）。HH1：40，断面可见面层与背层之分，分界线不规则。面料精细，浇铸面与分范面呈青灰色，从断面看面层背面呈砖红色，面层制作的外框背面外侧高，中部内凹。背层呈砖红色，夹粗砂，可见部分小石子和植物质。分范面平整，无榫卯结构，浇铸面圆弧，推测为钟之外范。范块背面凹凸不平，残留一处可能为指窝按压的痕迹。范块残长5.2、残宽2.2～3.4、厚约4.3厘米。

　　不明器范　共19件。HH1：25，无面层与背层的明显区分。范料为砖红色，夹细砂，未见粗砂颗粒，内面有一凹槽，断面呈半圆形，一侧孔径较大，另一侧孔径较小。内面近平无弧度，背面凹凸不平，未见分范面和榫卯结构。范块残长5.9、残宽5.1、厚约2.1厘米（图2-24，4；彩版一一，3）。HH1：26，断面可见面层与背层，分界线不明显。面料较细，分范面呈青灰色，面层背面呈砖红色。背料较粗，含大颗粒小石子，呈灰褐色。分范面共两面，一面有卯，或为型腔部分，另一面为斜坡状。范块残长5.6、残宽4.6、厚约2.5～4厘米。HH1：27，未见背层，从残存形状可知面层外层边框四周高中间内凹。分范面与浇铸面呈青灰色，背面呈砖红色，未见粗砂颗粒。一半已残，范面正中位置为凹下的台面，应为型腔所在，在正中位置，残存一三角形凹坑。两处分范面均平整，一与型腔浇铸面水平，另一与第一处分范面垂直。背面凹凸不平，可见两三处指窝按压痕迹。范块残长12.4、残宽6.3、厚约2～3厘米，型腔长6、残宽3.2、深约0.9厘米（图2-24，5）。HH1：32，剖面可见面料与背料，但分界很不明显。面料精细，残存两个分范面呈青灰色，背料近砖红色，未见粗砂颗粒。范面上保留有长方形榫。范块残长7.6、残宽4.4、厚约3.5厘米，榫长3.9、残宽2.4、厚约0.8厘米。HH1：35，未见明显的面层与背层之分，浇铸面和分范面呈青灰色，范块背面呈砖红色。未见粗砂颗粒，共四面比较平整的范面，当中或倾斜或垂直于水平面。范块背面不平整，孔隙较多，可能为背层。范块残长5.1、残宽3.2～4.1、厚约3.2厘米。HH1：36，未见背层与面层之分，浇铸面与分范面呈青灰色，范块背面呈棕黄色，无粗砂，范面一面较平，应为分范面，另一面呈斜坡状，面圆弧，应为浇铸面，范块背面凹凸不平，残留有一处指窝按压痕迹。范块残长4.8、残宽4、厚约2.3厘米。HH1：42，未见背层与面层之分，分范面呈青灰色，范背面为棕黄色，无粗砂，分范面仅存带榫的部分，榫为长方形，剖面呈梯形，榫与范块一体，长方形榫中间位置还附加一三角形榫。范块背面凹凸不平，残留有两处指窝按压痕迹，应为拇指依次按压形成。范块残长9.1、残宽4.5、厚约3.5厘米。HH1：44，断面可见面层与背层，背层残存不多，分界线不明显，面料精细，浇铸面与分范面呈青灰色，面层背面呈砖红色，从残存形状可知面层外层边框四周高中间内凹，面层背面残留有指窝按压痕迹。背料呈砖红色，无粗砂。从背面指窝按压痕迹来看，分范面平整，无榫卯结构，浇铸面则残留一凸起部分，平面近长方形，剖面呈梯形。浇铸面平整，背面凹凸不平。范块残长6.1、残宽3.1、厚约2.3厘米。HH1：45，未见背层，浇铸面与分范面呈青灰色，分范面部分露出原砖红色。浇铸面呈外凸的圆弧形，底面和侧面皆有平直的分范面，背面凹凸不平，可看出面层外框外侧高中间内凹。范块残长6.2、残宽4.2、厚约2.4厘米。HH1：46，近柱形，未见背层与面层之分，浇铸面呈青灰色，范块较大，形状不规整，带有五道深沟槽，最外侧的两道沟槽较深较宽。烧成温度低，近似泥芯，但形状不规整。不见接触高温迹象。残损过甚，无法判断器形。范块残宽5.8、残高5.3、厚约4.2厘米（图2-22，3）。HH1：47，从残存形制看面层外框外侧高，中间内凹，背层已脱落殆尽，浇铸面和分范面呈青灰色，部分分范面露出原砖红色，面层背面呈砖红色。分范面较平整，隐约可见一近三角形凸起，可能为榫。浇铸面略带弧度，从上下、左右向中间内凹，内侧背面凹凸不平，残留几处指窝按压痕迹。范块残长6.1、残宽5.5、厚约1.6～3.3厘米。HH1：51，从残存形制看面层外框外侧高，中间内凹，背层已脱落殆尽。浇铸面与分范面呈青灰色，面层背面呈砖红色。分范面平整，略倾斜，浇铸面内弧，背面凹凸不平，残留有指窝按压痕迹。范块残长5.2、残宽3.6、分范面处厚约2.4、面层内凹处厚约1.7厘米。HH1：53，未见背层与面层之分，分范面呈青灰色，背面呈砖红色，无粗砂。分范面共两面，均十分平整，相交成直角，其中一面上有窄沟槽状卯，断面为U形，另一面有两道浅凹槽，边缘处残留一处长方形榫，形制与前述卯接近。范块残长4.7、残宽2.9、厚约1.1～2.3厘米（图2-24，6）。HH1：55，断面可见面层与背层，背层残留不多。面料精细，浇铸面呈青灰色，面层背面呈砖红色。面层背面凹凸不平，未见按压痕迹。背料为棕黄色，未见粗砂颗粒，孔隙较多。浇铸面不平整，呈略外凸的微弧形。范块残长8.3、残宽5.4、厚约1.9厘米。HH1：57，从残存形制看面层外框外侧高，中间内凹，背层已脱落殆尽。浇铸面与分范面呈青灰色，面层背面呈砖红色，无粗砂。分范面平整，无榫卯结构，浇铸面呈内凹的圆弧，背面凹凸不平。范块残长3.5、残宽2.9、分范面处厚约2.3、面层内凹处厚约1.7厘米。HH1：59，整体为板块状，从残存形制看面层外框外侧高，中间内凹，背层已脱落殆尽。浇铸面与分范面呈青灰色，面层背面呈砖红色。分范面平整，无榫卯结构，浇铸面近直，两面垂直，面层背面凹凸不平，见两处指窝按压痕迹。范块残长7.4、残宽6.8、分范面处厚约3.7、面层内凹处厚约1.3厘米（图2-26，1）。HH1：61，断面可见面层与背层，分界线不规则。面料精细，分范面呈青灰色，内层背面呈砖红色。背料未见粗砂，孔隙较面层多，夹杂有蚌壳碎片，背层呈砖红色。仅残存一个分范面，仅残存长方形榫部分，剖面呈梯形，与范块面层为一体，其上再有三角形榫，剖面亦为三角形。范块残长6.7、残宽4.9、厚约2.5厘米，长方形榫长5.7、宽3.5、高0.5厘米，三角形榫边长2.3、高0.9厘米（图2-26，2）。HH1：62，背层几无保留，分范面与浇铸面呈青灰色，面层背面呈砖红色。浇铸面仅残留一小部分，分范面较平整，其上残存一方形榫，剖面呈梯形，榫处分范面微折，榫与面层为一体。范块残长6.8、残宽4.1、厚约2.3～3.3厘米，榫残长2.5、宽2.2、高0.7厘米。HH1：66，未见背层与面层之分，浇铸面呈青灰色，背面呈灰褐色，浇铸面微弧近直，侧面似为一微内凹的分范面，其上远离浇铸面处残留一三角形榫。背面凹凸不平，保留8处指窝按压痕迹。范块残长7.5、残宽6.5、厚约2.6厘米（图2-26，3）。

銮铃柄内芯　1件（HH1：60）。长方块，芯各面均呈砖红色，未经过浇铸。芯料未见粗砂，孔隙较外范面层多。较长的两面各有一方形凸起，为内芯的自带泥芯撑。其中一面泥芯撑周边残留刻划痕迹，推测此泥芯撑为制好泥芯后，再刻划出芯撑的范围，然后削去芯撑外的泥料。

图2-26　06QHH1出土陶范

1、2、3. 不明器范（HH1：59、61、66）

　　另外，从断面看，芯表面泥料精细，内部泥料似稍粗。芯残长5.5、宽3.6、厚约2.4厘米，芯撑边长约0.5、高约0.1厘米（图2-25，5；彩版一三，5）。

　　圆形内芯　共3件。HH1：41，圆柱形的一部分，各面均呈青灰色，芯内部呈砖红色，水平的芯面外围有两个凸起的小泥钉，推测应是一周均带凸起的小泥钉，其中一个平面近三角形，另一个残破，残余部分近长方形。芯面平整，凸起小圆钉亦很规整，未见手制痕迹。残长3、残宽6.1、小泥钉高约0.4厘米（图2-25，6）。HH1：43，圆柱形，浇铸面呈青灰色。芯形制较规整，未见明显手制痕迹。残长3.3、直径约4.5厘米。HH1：50，原应为圆柱形，大部分已残，各面均呈青灰色。芯料较精细，未见粗砂，夹杂植物质。残长3.4、残宽2.6、厚约0.4～2厘米。

　　不明内芯　共3件。HH1：52，原器应为圆角方形，一半已残。芯未见粗砂，孔隙比外范面层稍多，未见掺杂植物质。各面均呈青灰色，现存3个较平整的芯面，另有一个芯面带一道凹槽和一个下凹的方角小坑。芯形制规整，表面未见手制痕迹。芯残长2.7、残宽1.9、厚约1.9厘米。HH1∶54，大部分已残，底面较平，侧面圆弧，两面构成一较尖的夹角。芯表面为青灰色，内部为砖红色。芯料中未见粗砂，包含些许植物质，芯形制规整，表面平整，未见手制痕迹。芯残长3.8、残宽5.5、夹角处厚约0.2、残存最厚处厚约2.6厘米。HH1∶58，与HH1∶54近似，大部分已残，底面较平，侧面圆弧，两面构成一较尖的夹角。芯表面呈青灰色，内部为砖红色。芯料似有分层现象，表面芯料精细，内部芯料较粗，偶见粗砂颗粒。芯的夹角角度比HH1∶54稍大，亦形制规整，表面平整，未见手制痕迹。芯残长5.7、残宽3.2、夹角处厚约0.2、残存最厚处厚约3.4厘米。

（3）炉壁

HH1共出土炉壁1374块，总重量计有26.8千克。标本HH1∶68，条筑式炉，保留有炉衬层与基体层。衬面呈青灰色，已烧流变形，表面凹凸不平，未粘附铜液，断面呈蜂窝状，有较多孔洞。基体层用含大量植物茎秆的泥条盘筑而成，呈灰黑色，残块可见3块泥条，宽约2厘米。残块已烧流变形，几无弧度，整体近平直，直径不详。弦长8.6、弦高6.5、厚3.7厘米，重139.8克。标本HH1∶69，条筑式炉，保留有炉衬层、基体层与部分加固层。衬面呈青灰色，发白，已烧流变形，表面凹凸不平，未粘附铜液，部分断面呈蜂窝状，有较多孔洞。基体层用夹杂植物茎秆的泥条盘筑而成，呈灰黑色，残块可见2块泥条，宽约2～3厘米，其中一块泥条夹杂植物茎秆较少，而另一块含较多植物茎秆。基体层外残存少量由草拌泥组成的加固层，呈红色，已烧流变形，推测其直径约40～50厘米。弦长8.5、弦高4.9、厚3.2厘米，重87克。标本HH1∶70，条筑式炉，保留有炉衬层与基体层。衬面呈灰黑色，局部微发亮，已烧流变形，表面凹凸不平，未粘附铜液，断面无孔洞。基体层用含少量植物茎秆的泥条盘筑而成，呈红色，残块可见2块泥条，宽约2～2.5厘米。残块已烧流变形，几无弧度，整体近平直，直径不详。弦长5.8、弦高5、厚2.5厘米，重91.4克。标本HH1∶71，砂质炉，保留有炉衬层与基体层。衬面呈浅灰色，烧结不严重，未粘附铜液，厚约0.7厘米。炉壁基体由含大颗粒砂粒的细砂组成，呈灰色。应属坩埚一类遗物，残块过小，直径不详。弦长3、弦高2.7、厚2.3厘米，重18.3克。

（4）圆锥体中空器

圆锥体中空器　1件（HH1∶10）。夹砂褐陶。个体较小，直腹，外部依稀有绳纹，从残破特征分析，应是铸铜工具"窝窝头"残片。残长2.4、残高3.9厘米（图2-27,7）。

（5）陶容器

HH1出土陶器较丰富，陶片数量近800片。陶质分夹砂和泥质两类，泥质者占优，近57%。陶色以灰陶为主，超过95%，其余为灰褐陶。器类以联裆鬲、联裆甗和罐类为主，三者总比例超过70%（表2-6）。

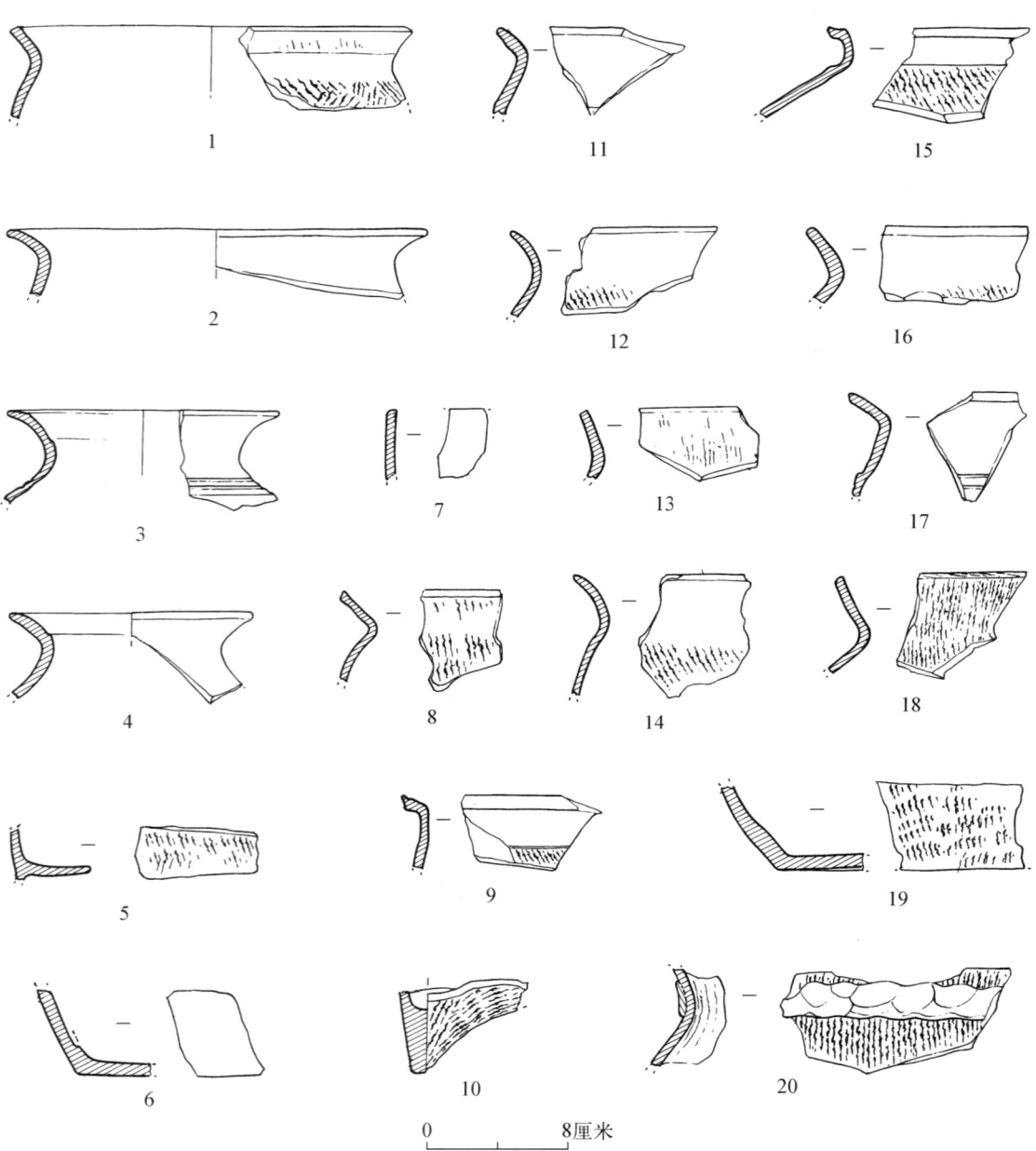

图 2-27　06QHH1 出土陶器

1、8、12、14、16. 联裆鬲（HH1：17、22、2、19、18）　2、11、17. 盆（HH1：3、23、9）　3、4. 高领罐（HH1：7、4）

5、9、13、20. 联裆甗（HH1：5、6、20、15）　6、19. 罐底（HH1：14、8）　7. 圆锥体中空器（HH1：10）

10. 足根（HH1：16）　15. 瓮（HH1：13）　18. 方唇直口罐（HH1：21）

表2-6　06QHH1出土陶片陶系、纹饰及器类统计表

陶质	夹　砂			泥　质			合计	百分比(%)
陶色 纹饰与器类	灰	褐	灰褐	灰	褐	灰褐		
纹饰　粗绳纹			24	79			103	12.92
中绳纹	320			197			517	64.87
细绳纹				44			44	5.52
素面				88			88	11.04
旋纹				34		9	43	5.40
圆圈纹				1			1	0.13
暗纹				1			1	0.13
合　计	320	24		444	9		797	100.01
百分比(%)	40.15	3.01		55.71	1.13		100.00	
	43.16			56.84				
器类　联裆鬲	10						10	31.25
联裆甗	4			1			5	15.63
方唇直口罐				4			4	12.50
矮直领瓮				1			1	3.13
瓮罐类				4			4	12.50
盆类				3			3	9.38
杯形器	1						1	3.13
罐类				4			4	12.50
合计	15			17			32	100.02
百分比(%)	46.88			53.13			100.01	

联裆鬲　共5件。均夹砂。HH1∶17,褐陶。卷沿,方唇,微束颈,唇面有一道凹槽,腹部施交错粗绳纹,沿外侧绳纹被抹,抹痕依稀可见。口径22.6、残高4.8厘米(图2-27,1)。HH1∶22,红褐陶。折沿微卷,方唇,沿面微内凹,腹微鼓,沿外侧施印痕较深粗绳纹,被抹,印痕可见,腹部施印痕较深粗绳纹。残长4.5、残高5.8厘米(图2-27,8)。HH1∶2,褐陶。卷沿,圆唇,微鼓腹,施印痕较深粗绳纹。残长7.6、残高4.9厘米(图2-27,12)。HH1∶19,褐陶。卷沿,圆唇,腹部施印痕较深粗绳纹。残长6.1、残高6.9厘米(图2-27,14)。HH1∶18,黑皮褐胎,较

厚重。侈口近直,卷沿,圆唇,腹部施粗绳纹。残长8.1、残高4.4厘米(图2-27,16)。

联裆甗　共4件。HH1:5,泥质灰陶。残存甗腰,算托较宽,腹部施模糊中绳纹。残长6.8、残高3厘米(图2-27,5)。HH1:6,泥质灰陶。折沿近平,沿面外缘有一道凹槽,直腹,腹部施绳纹。残长7.8、残高4.4厘米(图2-27,9)。HH1:20,夹砂灰陶。侈口,方唇,沿外侧绳纹模糊。残长6.5、残高4.4厘米(图2-27,13)。HH1:15,夹砂褐陶。腹部施印痕较深粗绳纹,腰外附加泥条,施指窝纹。残长12.4、残高5.8厘米(图2-27,20)。

高领罐　共2件。均为泥质灰黑陶。圆唇。HH1:7,直口,沿面有小平台,高颈鼓腹,腹部可见一道旋纹。口径15.3、残高5.8厘米(图2-27,3)。HH1:4,卷沿,沿下角较小,高颈,鼓腹。口径13.7、残高5.4厘米(图2-27,4)。

方唇直口罐　1件(HH1:21)。夹砂褐陶。直口微侈,方唇,沿面微内弧,沿外侧及腹部施细绳纹。残长5.9、残高6厘米(图2-27,18)。

罐底　共2件。HH1:14,夹细砂黑皮褐陶。底施交错细绳纹。残长3.6、残高4.8厘米(图2-27,6)。HH1:8,泥质灰陶。腹部分段按压印痕较深,似麦粒状绳纹。残长8、残高5厘米(图2-27,19)。

盆　共3件。均为泥质灰陶。HH1:3,卷沿微折,圆唇,沿下角较小,直腹,素面。口径23.6、残高4厘米(图2-27,2)。HH1:23,胎较厚。折沿,圆唇,素面。残长7.3、残高5厘米(图2-27,11)。HH1:9,折沿近平,方唇,直腹,腹部可见旋纹。残长5.4、残高6.3厘米(图2-27,17)。

瓮　1件(HH1:13)。夹砂褐陶。折沿,斜方唇,沿面较窄,直领微侈,鼓腹,腹部施粗绳纹。残长6.4、残高5.3厘米(图2-27,15)。

足根　1件(HH1:16)。夹砂褐陶。圆锥状足,实足根较高,足根内侧起脊,横截面呈椭圆三角形,施粗绳纹。残高5厘米(图2-27,10)。

(6)陶质小件

陶纺轮　1件(HH1:24)。泥质灰陶。残,纵截面近长方形,中间有一圆孔。直径5.6、厚2.4厘米(图2-28,7)。

(7)年代

根据HH1出土陶器标本的式别特征,判断其年代为西周中期偏晚。

2.06QHH2

(1)形制与堆积

HH2位于HT2内,开口于②层下,打破HH11、HH12、HH16。坑口近椭圆形,其北壁向南倾斜,东壁向里倾斜,西侧北部向东部倾斜,有一定弧度,即中部内凹,无加工痕迹,底呈锅底状。南北残长2.45、东西残宽2.06、坑口距地表深1.1、自深0.4米(图2-29)。

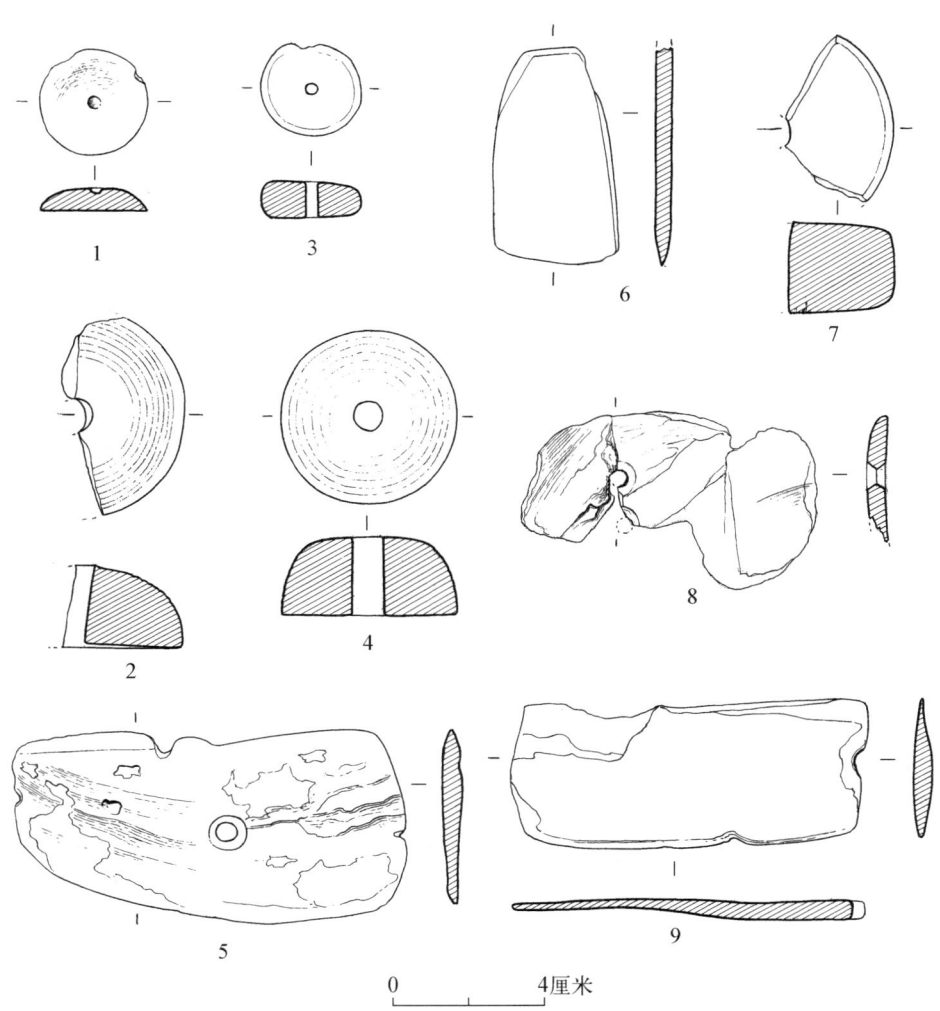

图2-28　06QHH1、HH12、HH20、HH38、HH51、HH63出土蚌器及陶器

1.蚌泡（HH38：24）　2～4、7.陶纺轮（HH63：15、HH38：74、HH38：75、HH1：24）

5、8、9.蚌刀（HH20：1、HH12：1、HH51：2）　6.陶匕（HH38：20）

　　坑内为一次性堆积，土质疏松，土色呈灰色，夹杂红色斑点，内含骨头、陶范、陶片、炭粒等。

（2）陶范

　　HH2共出土陶范87块，总重量计有1.525千克，无可辨识器形的陶范。

　　不明器范　共2件。HH2：11，断面未见背层与面层之分，浇铸面与分范面呈青灰色，面层背面亦呈青灰色。浇铸面残留很小部分，分范面与之垂直相交，分范面平整，在远离浇铸面的一侧残留一个方角的卯，上大下小，剖面呈梯形。从卯处残留刻划痕迹来看，卯应是在外范制好后刻划制成。范块背面凹凸不平，残留指窝按压痕迹。范块残长4.2、残宽1.9、厚约2.7厘米，卯深约0.3厘米。HH2：12，断面可见面层与背层，分界不明显。面料精细，浇铸面与分范面呈

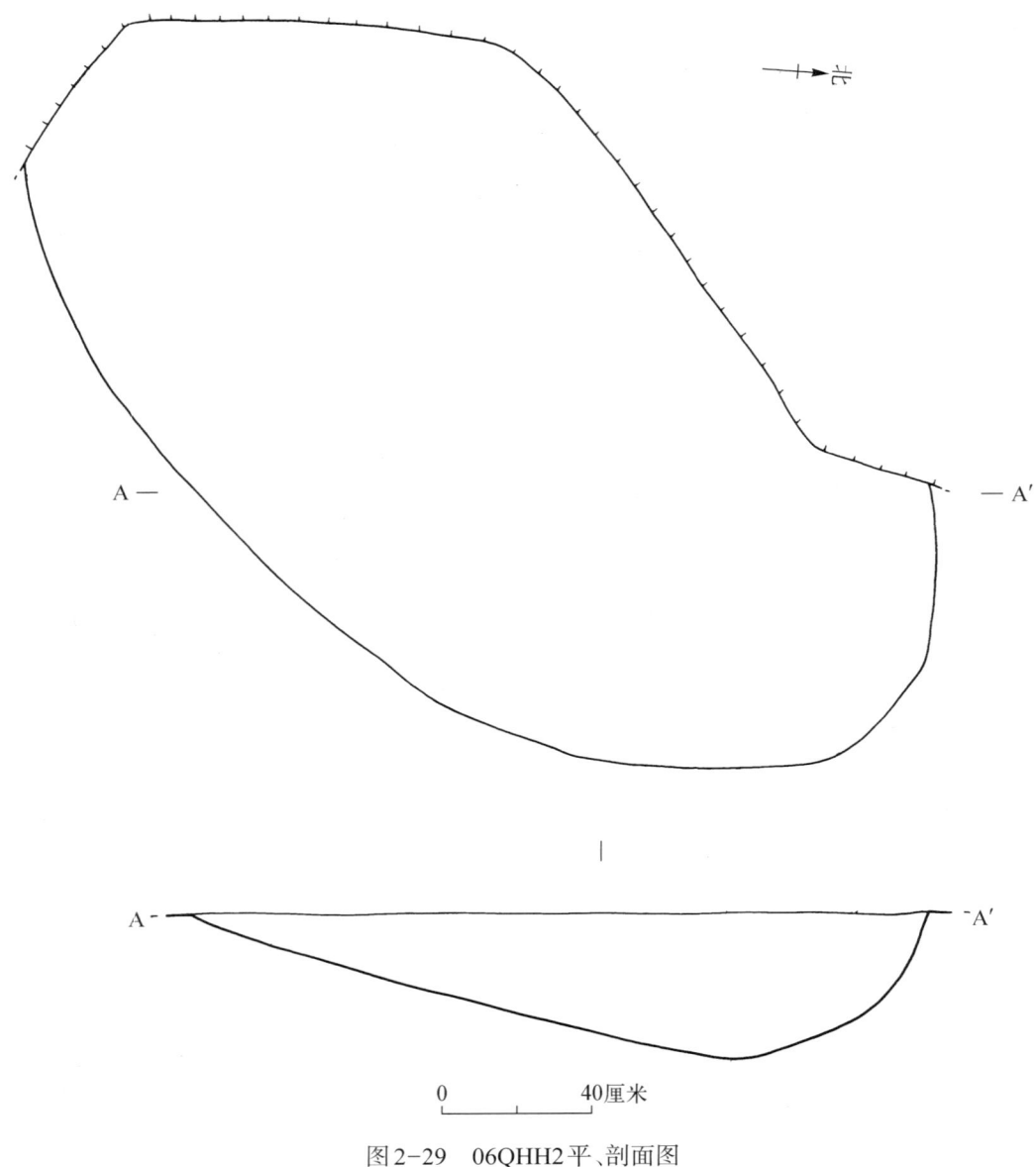

图2-29　06QHH2平、剖面图

青灰色，面层背面与背层呈砖红色，背料稍粗，未见粗砂颗粒，孔隙较面层多。浇铸面呈内凹的圆弧形，分范面平整，无榫卯结构，背面不平整。范块残长2、残宽2.4、厚约2.9厘米。

　　不明内芯　1件（HH2∶13）。原形状不明，现存各面均呈砖红色，应未经过浇铸。芯料无粗砂，孔隙较外范面层多。共三个较平整的芯面，一面有凸起的小支钉和一周细凹槽，凹槽打断小支钉。还有两个芯面与其垂直，且另两个芯面也互相垂直，均较平整，其中一处芯面还残留一处卯，平面形状近圆角长方形，口大底小，未见刻划痕迹，推测是翻范时制成。亦可能是芯头部分。芯残长4.2、残宽3.1、厚约2.3厘米（图2-30，1）。

1　　　　　　　　　　　　　　2

3　　　　　　　　　　　　　　4

5　　　　　　　　　　　　　　6

图2-30　06QHH2、HH4、HH5出土陶范及陶管

1. 不明内芯（HH2∶13）　2. 不明工具范（HH4∶1）　3. 不明器范（HH4∶4）　4. 不明内芯（HH4∶2）

5. 不明容器范（HH5∶6）　6. 陶管（HH5∶4）

（3）炉壁

HH2共出土炉壁133块，总重量计有5.4千克。

（4）陶容器

HH2出土陶片近300片。陶质分夹砂和泥质两类，泥质者占大多数，超过七成。陶色以灰陶为主，超过97%，余为灰褐陶。器类以联裆鬲、联裆甗为大宗，占比近六成（表2-7）。

表2-7　06QHH2出土陶片陶系、纹饰及器类统计表

陶质 纹饰与器类		夹　砂			泥　质			合计	百分比(%)
陶色		灰	褐	灰褐	灰	褐	灰褐		
纹饰	粗绳纹				24			24	8.48
	中绳纹	78			116		8	202	71.38
	细绳纹				4			4	1.41
	素面				40			40	14.13
	旋纹				12			12	4.24
	暗纹				1			1	0.35
合计		78			197		8	283	99.99
百分比(%)		27.56			69.61		2.83	100.00	
		27.56			72.44				
器类	豆				2			2	14.29
	联裆甗	2			2			4	28.57
	联裆鬲	4						4	28.57
	罐				2			2	14.29
	瓮	1						1	7.14
	钵				1			1	7.14
合计		7			7			14	100.00
百分比(%)		50.00			50.00			100.00	

联裆鬲　1件（HH2：09）。夹砂褐陶。卷沿，圆唇，沿外侧绳纹被抹，残留绳纹印痕较深。残长6.3、残高2.8厘米（图2-31，4）。

联裆甗　共4件。HH2：06，夹砂黑皮褐红胎。折沿，方唇，沿下角较大，唇面微内凹，唇面按压绳纹，沿外侧施粗绳纹。残长9.4、残高4.8厘米（图2-31，1）。HH2：07，夹砂红陶。折

沿,方唇,沿面施绳纹。残长7.8、残高2.5厘米(图2-31,3)。HH2:8,泥质灰陶。腰部施模糊粗绳纹,算托较窄。残长7、残高3.1厘米(图2-31,8)。HH2:10,泥质灰陶。平折沿,方唇,直腹微鼓,腹部施条理清楚的绳纹。残长8.1、残高8.8厘米(图2-31,9)。

　　罐　1件(HH2:2)。泥质灰陶。卷沿,圆唇,沿面有小平台。残长9.8、残高3.1厘米(图2-31,2)。

　　豆　共2件。HH2:3,泥质灰陶。方唇,折盘,盘腹较浅,唇面有一道凹槽。残长5、残高3.1厘米(图2-31,6)。HH2:4,泥质灰黑陶。敛口,圆唇,腹部施数周旋纹。残长7.2、残高3厘米(图2-31,7)。

　　足根　1件(HH2:5)。夹砂红陶。实足根较高,足尖钝平,施印痕较深粗绳纹。残高7.5厘米(图2-31,5)。

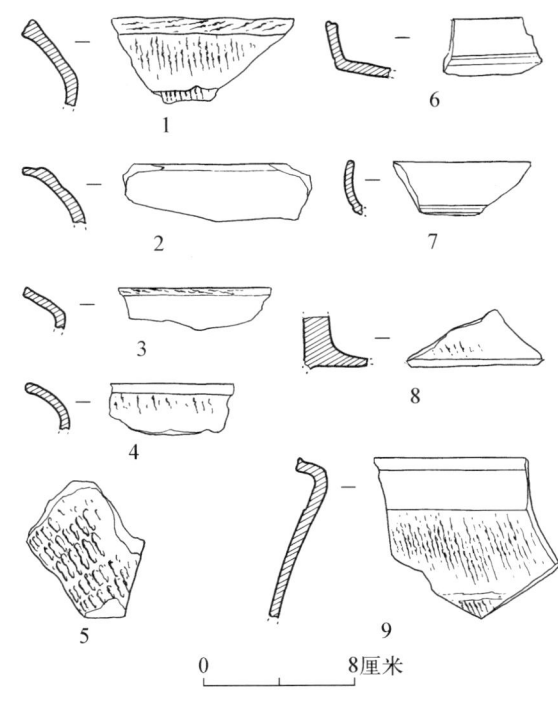

图2-31　06QHH2出土陶器

1、3、8、9.联裆甗(HH2:06、07、8、10)　2.罐(HH2:2)
4.联裆鬲(HH2:09)　5.足根(HH2:5)
6、7.豆(HH2:3、4)

　　(5)骨器与骨料

　　骨铲　1件(HH2:1)。牛左肩胛骨内侧,长条形,内侧经过修整,一端有刃,铲面依骨的自然走势而内凹。残长7.9、残宽6.8厘米,重35.58克(图2-32,8)。

　　(6)年代

　　根据HH2出土陶器标本的式别特征,判断其年代为西周晚期偏晚。

　　3.06QHH3

　　(1)形制与堆积

　　HH3位于HT2内,开口于②层下,打破HY2、HH25。坑口呈不规则半圆形,壁呈斜坡状,底呈锅底状。南北残长2.73、东西残宽2.26、坑口距地表0.44、自深0.5~0.73米(图2-33)。

　　坑内为一次性堆积,土质疏松呈颗粒状,土色呈灰褐色,夹杂草木灰和烧土块,内含兽骨、陶范、陶片、小石块和残铜片等。

　　(2)陶范

　　HH3共出土陶范78块,总重量计有2.175千克,无可辨识器形的陶范。

　　不明附件模　1件(HH3:29)。青灰色。为一稍带弧度的圆柱体,带有四道沟槽,沟槽近似"U"形,未见刻划痕迹,应是翻制而成。残长3.6、直径约1.6厘米(图2-25,3)。

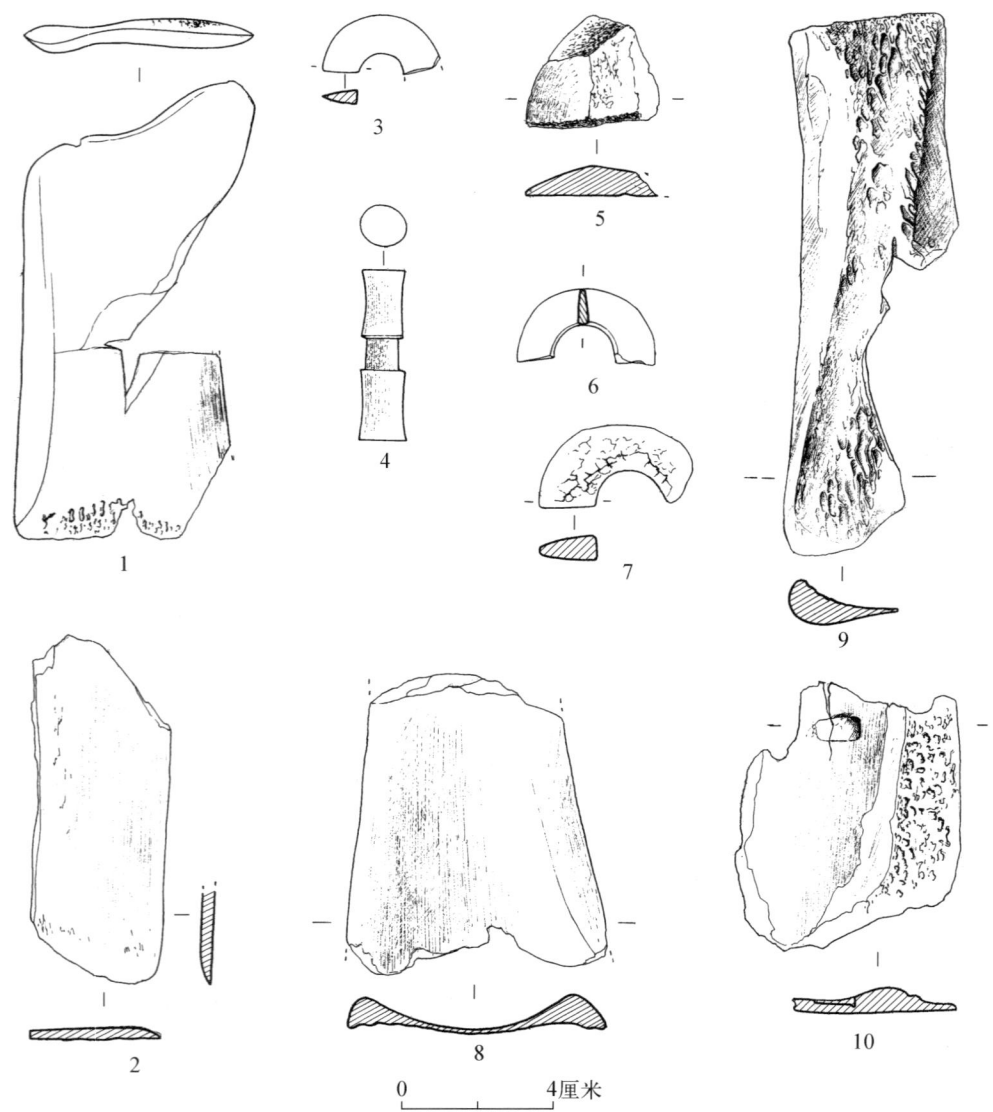

图 2-32　06QHH2、HH3、HH13、HH36、HH38、HH55、HH61、HH65、HH66 出土骨器、石器

1、8、9. 骨铲（HH61：2、HH2：1、HH55：1）　2. 骨匕（HH36：7）　3、6、7. 石块（HH38：5、HH13：2、HH65：3）

4. 骨扣（HH3：4）　5. 卜甲（HH66：6）　10. 卜骨（HH65：6）

　　不明内芯　1件（HH3：30）。青灰色。残存圆柱形的一小部分，底面正中位置有穿孔，但未贯穿整个芯块。芯块形制规整，未见手制痕迹。残长3.2、残宽1.7、厚约2.1厘米（图2-22，2）。

　　（3）炉壁

　　HH3共出土炉壁152块，总重量计有3.75千克。

　　（4）铜器及铜块

　　铜鱼　1件（HH3：1）。通体布满了铜锈，窄长条状，两端有凸出的鱼翅。残长10.5、残宽2.1厘米（图2-34，4；彩版一六，5）。

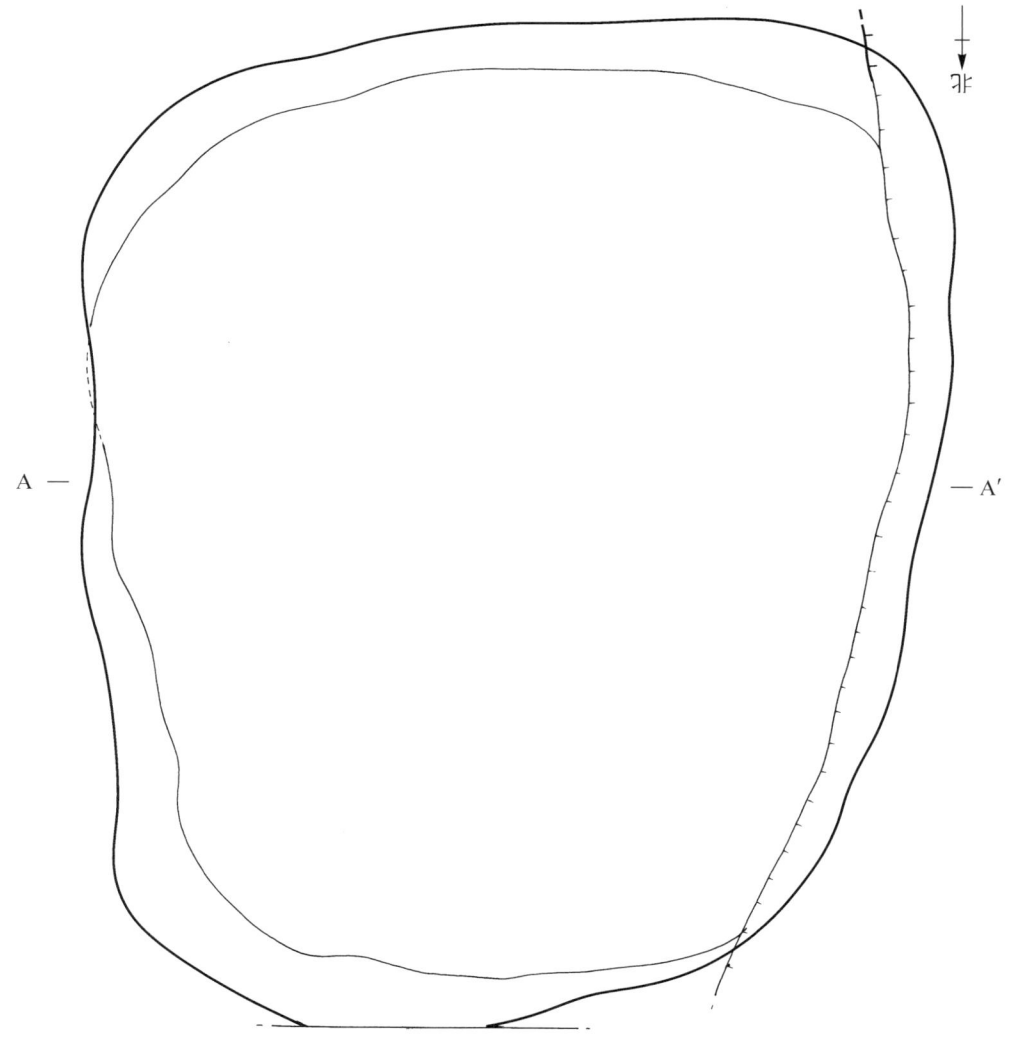

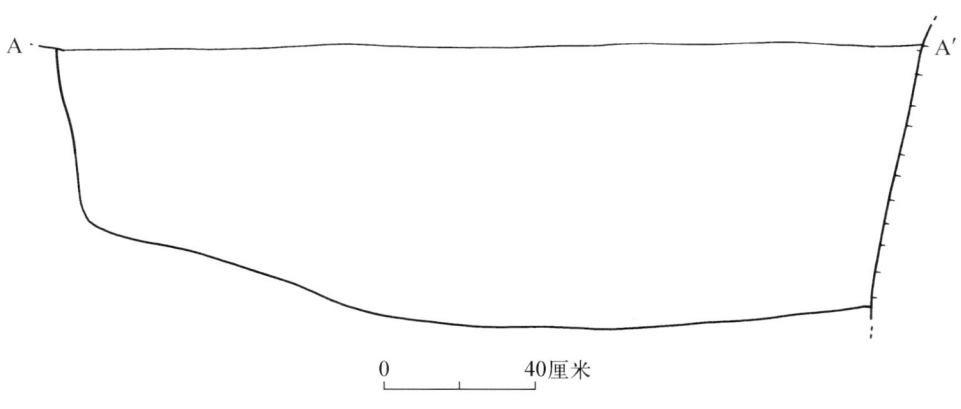

图2-33　06QHH3平、剖面图

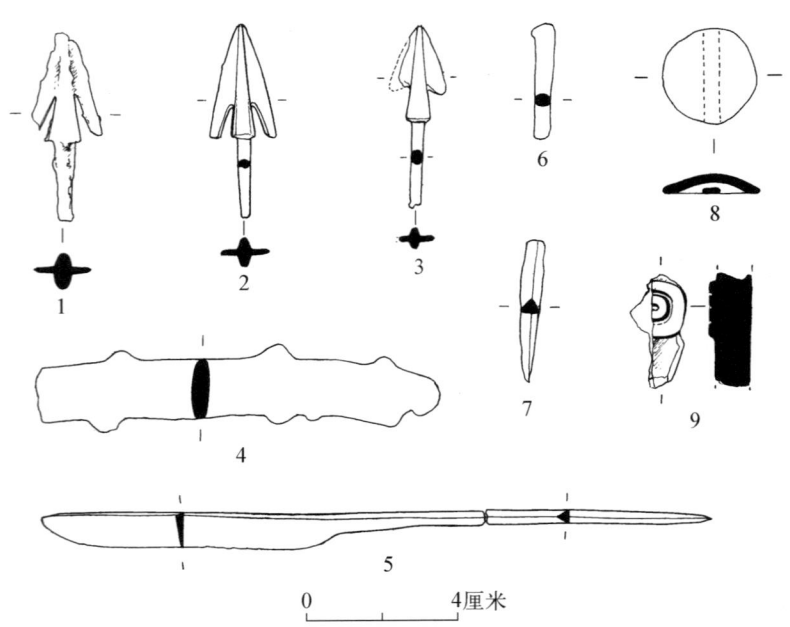

0　　　　　　4厘米

图2-34　06QHH3、HH6、HH20、HH31、HH32、HH36、HH65、HY2出土铜器

1～3.镞（HH65：4、HH20：12、HH36：1）　4.鱼（HH3：1）　5.刀（HH31：7）
6、7.锥（HH32：5、HH6：1）　8.泡（HH31：8）　9.残块（HY2：1）

（5）陶容器

HH3出土陶器丰富，陶片数量超过900片。陶质分夹砂和泥质两类，泥质者占多数，超过55%。陶色以灰陶为主，近90%，褐陶不足2%，余为灰褐陶。器类以联裆鬲为大宗，超过四成（表2-8）。

表2-8　06QHH3出土陶片陶系、纹饰及器类统计表

陶质		夹　　砂			泥　　质			合计	百分比（%）
纹饰与器类	陶色	灰	褐	灰褐	灰	褐	灰褐		
纹饰	粗绳纹	21		15	30			66	7.12
	中绳纹	289	16	62	300		2	669	72.17
	细绳纹	7						7	0.76
	素面	1			96			97	10.46
	旋纹				49			49	5.29
	旋纹加暗纹				14			14	1.51
	旋纹加篦纹				2			2	0.22
	旋纹加细绳纹				23			23	2.48

续　表

陶质 / 纹饰与器类		夹　砂			泥　质			合计	百分比(%)
		灰	褐	灰褐	灰	褐	灰褐		
合计		318	16	77	514		2	927	100.01
百分比(%)		34.30	1.73	8.31	55.45		0.22	100.01	
		44.34			55.67				
器类	联裆鬲	4						4	16.67
	联裆甗	10						10	41.67
	豆				1			1	4.17
	旋纹盆				3			3	12.50
	三足瓮				1			1	4.17
	高领罐				1			1	4.17
	罐				2			2	8.33
	小口罐				1			1	4.17
	不知名器				1			1	4.17
合计		14			10			24	100.02
百分比(%)		58.33			41.67			100.00	

联裆鬲　共3件。均为夹砂灰陶。沿下角较大。HH3：21，侈口，方唇，唇面施绳纹。残长6.1、残高5.2厘米（图2-35，4）。HH3：25，侈口，尖圆唇。口径18、残高4.2厘米（图2-35，2）。HH3：27，卷沿，方唇。残长7.6、残高4.3厘米（图2-35，8）。

联裆甗　共7件。均夹砂。HH3：8，灰陶。侈口，方唇，唇面施绳纹。残长6、残高5.2厘米（图2-35，11）。HH3：17，红陶。侈口，方唇，领部近直，唇面施绳纹。残长5.1、残高5厘米（图2-35，12）。HH3：18，灰褐陶。侈口，方唇，沿下角较大，唇面施压印的绳纹。残长11.4、残高9.5厘米（图2-35，24）。HH3：19，灰褐陶。侈口，方唇，沿下角较大，唇面施绳纹。残长6.2、残高7.3厘米（图2-35，5）。HH3：22，灰陶。腰部有一周厚泥条，上有指窝纹。残长4.2、残高3.4厘米（图2-35，15）。HH3：23，灰陶。侈口，方唇，沿下角较大，唇面施绳纹，上有压印痕。残长8.6、残高5.5厘米（图2-35，6）。HH3：26，灰陶。窄平折沿，领部较直。残长5.7、残高5.3厘米（图2-35，13）。

小口罐　1件（HH3：24）。泥质灰陶。折沿近平，沿面有小平台，方唇，折肩。口径10.3、残高5.6厘米（图2-35，3）。

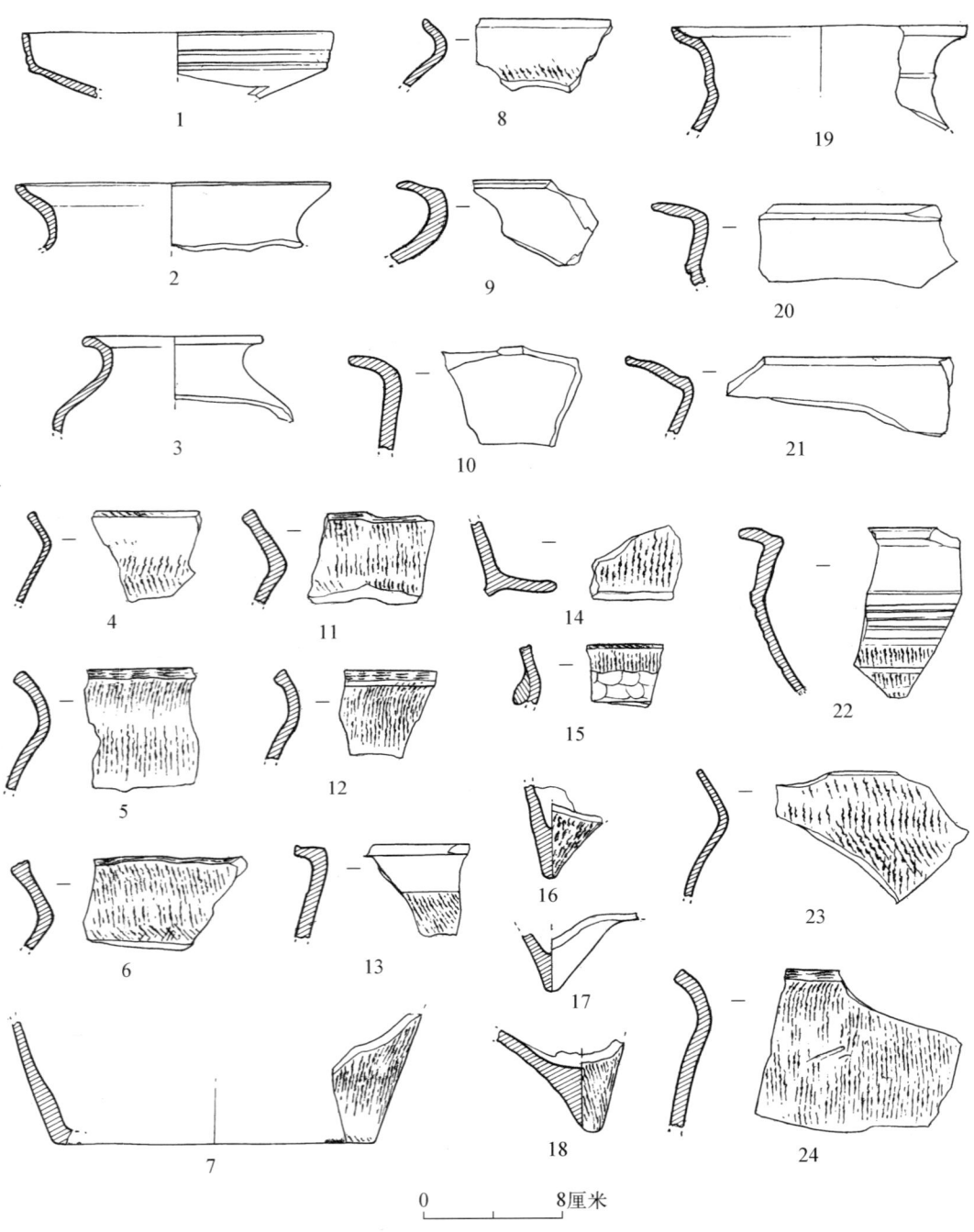

图 2-35　06QHH3、HH5 出土陶器

1. 豆（HH3∶7）　　2、4、8、23. 联裆鬲（HH3∶25、HH3∶21、HH3∶27、HH5∶1）　　3. 小口罐（HH3∶24）
5、6、11～15、24. 联裆甗（HH3∶19、HH3∶23、HH3∶8、HH3∶17、HH3∶26、HH5∶3、HH3∶22、HH3∶18）
7、9. 罐（HH3∶11、HH3∶13）　　10、20、22. 旋纹盆（HH3∶14、HH3∶9、HH3∶6）　　16、18. 足根（HH5∶2、HH3∶28）
17. 三足瓮足根（HH3∶12）　　19. 高领罐（HH3∶5）　　21. 不明器（HH3∶15）

高领罐　1件（HH3：5）。泥质灰陶。卷沿，沿面有小平台，肩上部有一道凸棱，罐内部对应的地方有一道凹槽。口径17.1、残高6.3厘米（图2-35，19）。

罐　共2件。均灰陶。HH3：11，夹砂。平底，腹下部绳纹被抹。底径18.3、残高7.6厘米（图2-35，7）。HH3：13，泥质。折沿，尖圆唇。残长5.3、残高5厘米（图2-35，9）。

旋纹盆　共3件。均泥质灰陶。HH3：6，窄平折沿，圆唇，沿面内缘有一道凹槽，腹部施绳纹间以旋纹。残长5.3、残高10.2厘米（图2-35，22）。HH3：9，折沿近平，圆唇，肩部有一道凸棱，凸棱上绳纹被抹。残长11.1、残高5厘米（图2-35，20）。HH3：14，侈口，方唇，腹部较直，沿面施一周旋纹。残长7.6、残高6厘米（图2-35，10）。

豆　1件（HH3：7）。泥质灰陶。方唇，盘壁较直，盘腹较浅，盘壁施两周旋纹。口径17.8、残高4厘米（图2-35，1）。

三足瓮足根　1件（HH3：12）。泥质灰陶。空袋足。残高4.5厘米（图2-35，17）。

足根　1件（HH3：28）。夹砂灰陶。实足根呈圆锥状。残高6厘米（图2-35，18）。

不知名器　1件（HH3：15）。泥质灰陶。侈口，圆唇，束颈，沿面有两道凹槽。残长12.8、残高4.7厘米（图2-35，21）。

（6）陶质小件

圆陶片　共2件。均为泥质灰陶。HH3：2，施纹理清楚的细绳纹，边缘经过打磨修治。直径5、厚0.6厘米（图2-15，7）。HH3：3，上施纹理清楚的竖行绳纹，边缘未经打磨。直径6.2、厚0.7厘米（图2-36，6）。

（7）骨器与骨料

骨扣　1件（HH3：4）。大型动物长骨，节约状，三段，中间一段较短、细。长4.6、直径1.2厘米，重6.89克（图2-32，4）。

（8）年代

根据HH3出土陶器标本的式别特征，判断其年代为西周晚期偏晚。

4. 06QHH4

（1）形制与堆积

HH4位于HT4内，开口于②层下，被位于其北的HY1打破，打破HH5、HH8。残存平面呈半圆形，壁较直，平底。东西残长2.51、南北残宽1.77、坑口距地表0.53、自深0.26米（图2-37）。

坑内为一次性堆积，土质疏松呈粉状，土色呈黄褐色，略泛灰，夹杂少量木灰，内含陶范、小石块等。

（2）陶范

HH4共出土陶范25块，总重量计有1千克。无可辨识器形的陶范。

不明工具范　1件（HH4：1）。断面可见面层与背层，背层残留不多。面料精细，范面呈

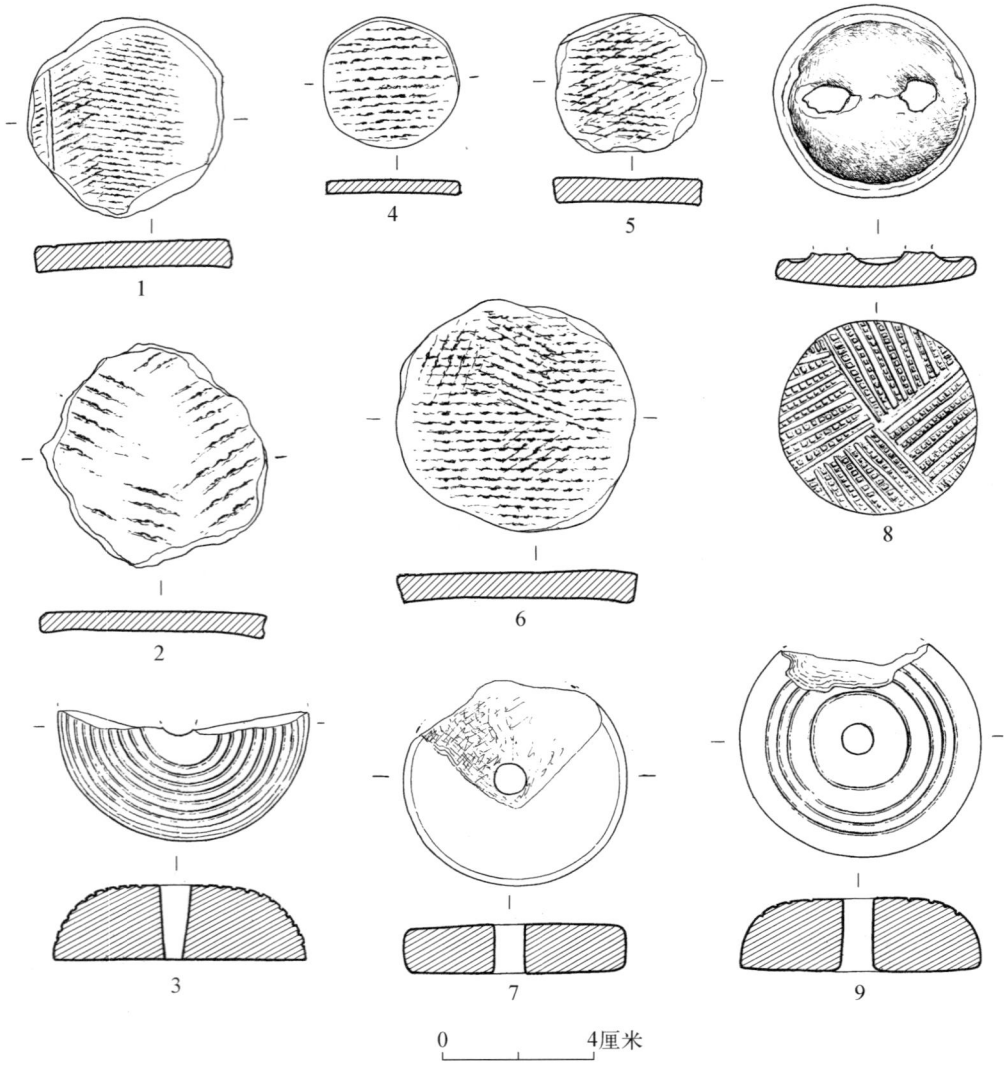

图2-36　06QHH3、HH28、HH36、HH38、HH44、HH45、HH58、HH60、HH64出土陶器

1、2、4~6.圆陶片（HH36：2、HH28：3、HH44：1、HH60：1、HH3：3）　3、7、9.纺轮（HH38：6、HH58：2、HH64：1）

8.陶垫形器（HH45：1）

青灰色。背料呈砖红色，无粗砂。共两个范面，均平整，其中一个残留不多，另一个与之垂直相交，范面上有一椭圆形坑窝，口大底小，为铸腔或卯。背面凹凸不平。范块残长6.2、残宽4.6、厚约2.5厘米，坑窝长3.1、宽1~1.7、深约0.7厘米（图2-30，2）。

　　不明器范　共2件。HH4：3，断面可见面层与背层，分界线不规则。面料精细，浇铸面与分范面呈青灰色。背料含粗砂、小石子颗粒，呈砖红色。分范面平整，带方形卯，直壁，卯底部一侧有明显刻划痕迹。浇铸面呈斜坡状，弧面，弧面到陶范末端时消失，可能是钲范。背面凹凸不平。范块残长6.2、残宽5.2、厚约4.7厘米，卯残长2.9、残宽2、深约0.6厘米。HH4：4，未见背层与面层之分，浇铸面近青灰色，背面呈砖红色，未见粗砂。范面保存不好，不甚平整，还保

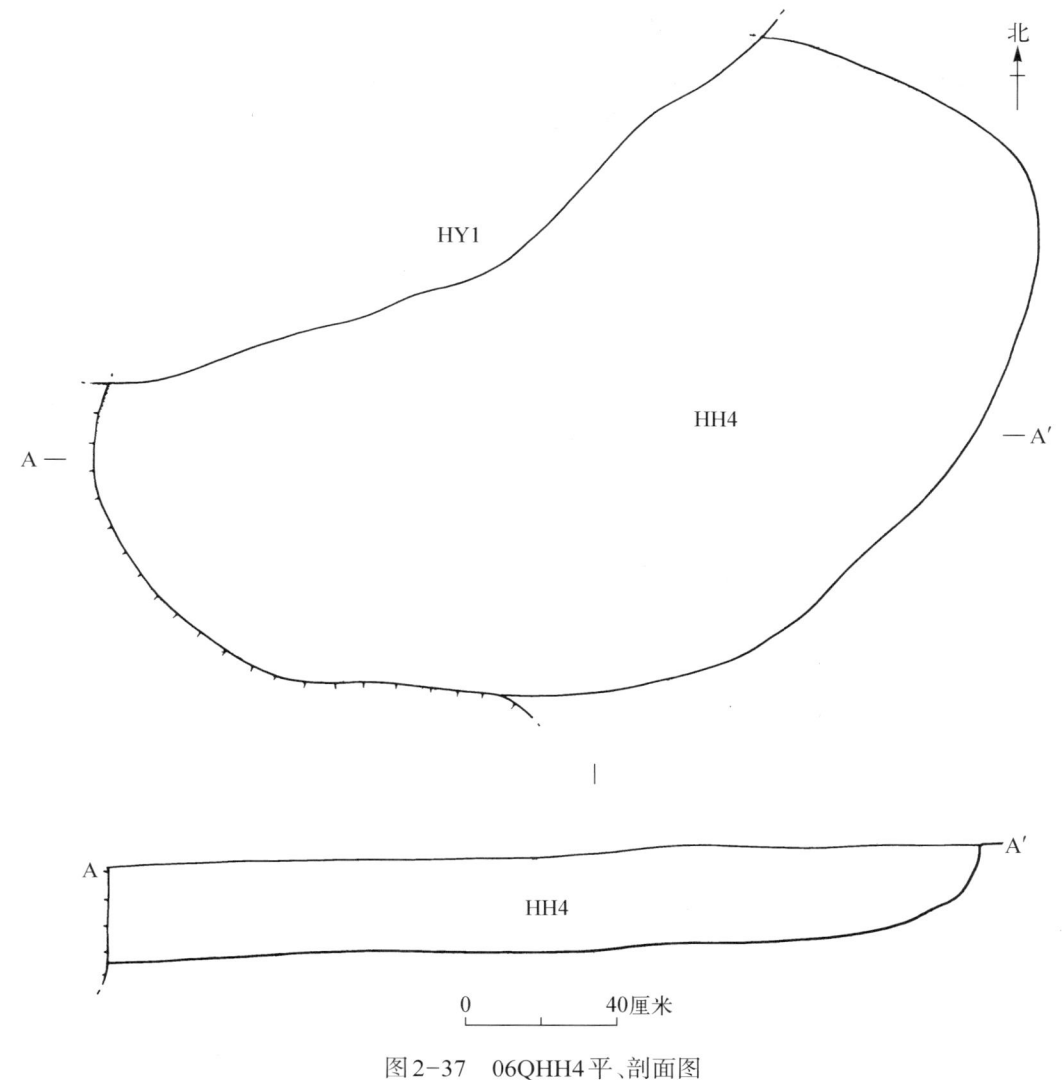

图2-37　06QHH4平、剖面图

留有若干道断续的直线纹,直线不甚规整。残长6.8、残宽3.4、厚约3.5厘米(图2-30,3)。

不明内芯　1件(HH4:2)。芯料有内外分层,表面精细而内部芯料较粗。芯面呈青灰色,内部呈砖红色。芯面共两面,一面向外微弧,上有近椭圆形凸起,可能为榫,与芯为一体制成。另一面较平,与其垂直。芯残长4.5、残宽3.9、厚约2.5厘米,榫残长3.7、宽1.6、高约0.5厘米(图2-30,4)。

(3)年代

HH4无陶器标本,但被西周晚期偏晚的HY1打破,打破HH5,而HH5又打破西周晚期的HH8,故判断其年代为西周晚期。

5.06QHH5

(1)形制与堆积

HH5位于HT4内,开口于②层下,被HY1、HH4打破,打破HH8。HH5北部由于取土破坏严重,故整体形状不明。探方以内部分坑口形状不规则,壁呈斜坡状,坑底凹凸不平。东西残长3.24、南北残宽2、坑口距地表0.78、自深0.42米(图2-38)。

坑内为一次性堆积,土质疏松,土色呈灰褐色,含灰量大,夹杂灰黑斑点,内含铜渣、陶范、陶片、兽骨、烧土等。

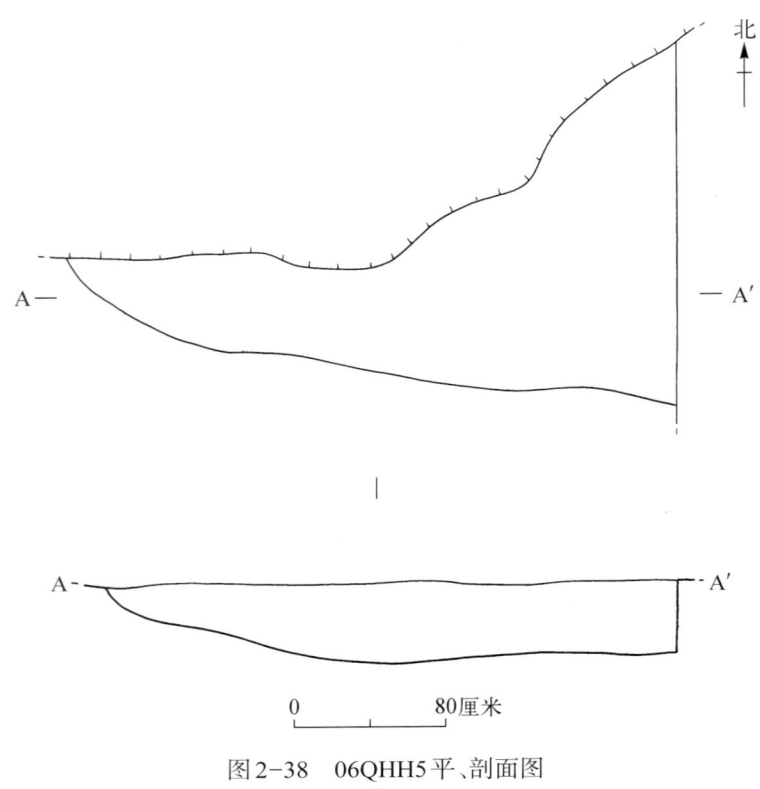

图2-38　06QHH5平、剖面图

(2)陶范

HH5共出土陶范22块,总重量计有2.175千克,仅辨识出1件鼎足泥芯,余者过于碎小,无法辨识器形。

不明容器范　1件(HH5:6)。从残存形制看面层外框外侧高,中间内凹,背层基本脱落殆尽。浇铸面与分范面呈青灰色,部分露出原砖红色,面层背面和背层为砖红色,背料夹粗砂。浇铸面呈内凹的圆弧,带一较深的凹槽,有一水平方向的分范面和垂直方向的分范面,均与浇铸面垂直相接,分范面平整,无榫卯结构。背面凹凸不平,未见指窝按压痕迹。范块残长5、残宽4.5、分范面处厚约3.7厘米(图2-30,5)。

不明器范　1件(HH5:5)。未见背层与面层之分,浇铸面与分范面呈青灰色,面层背面呈砖红色,无粗砂。分范面平整,无榫卯结构,浇铸面微内凹,其上有一道凹槽,不排除其为分范面、凹槽为卯的可能。背面凹凸不平。范块残长4、残宽3.7、厚约2.7厘米。

鼎足泥芯[①]　1件（HH5：7）。表面均呈青灰色，烧结度与外范接近，芯料内外看不出差别，表面可见焙烧前、沿垂直方向进行刮削塑型的痕迹，应属鼎足上半部位置的盲芯，有一斜面，为与鼎身相接位置。高3.8、宽4.4、厚2.4厘米（图2-25，1；彩版一三，4）。

（3）炉壁

HH5共出土炉壁25块，总重量计有2.15千克。标本HH5：8，堆筑式炉，保留有炉衬层与其外的草拌泥层。衬面呈青灰色，已烧流变形，已开裂，表面凹凸不平，未粘附铜液，断面基本不见烧结形成的孔洞。其外为含少量植物茎秆的草拌泥层，接近泥质，呈红色。已烧流变形，直径不详。弦长14.3、弦高10.6、厚4.8厘米，重603.4克。

（4）陶管

标本HH5：4，泥质含细砂，黄褐色。圆锥体形，有小孔沿长轴贯穿，仅存近粗端的部分，横截面呈圆形，两端宽窄变化较大，粗端底部修治平整，从残存部分可见细端孔径要比粗端稍大，表面可见修刮痕迹，但无经受高温的痕迹。残长2.3、粗端直径约2.3、粗端孔径约0.6厘米（图2-23，4；图2-30，6）。

（5）陶容器

HH5共出土陶片108片。陶质分为泥质和夹砂两类，泥质陶（58.34%）稍多于夹砂陶（41.66%）。陶色分为灰色、灰褐色及褐色，以灰色为主，约占总数的49.07%。纹饰有中、粗绳纹和素面、旋纹；以绳纹为主，约占总数的69.44%；其次为素面，约占总数的20.37%；旋纹约占总数的10.19%。所出器类有联裆鬲3、联裆甗2、罐4、旋纹盆1件。

联裆鬲　1件（HH5：1）。夹砂灰陶。侈口，圆唇，沿下角较大。残长10.9、残高7.8厘米（图2-35，23）。

联裆甗　1件（HH5：3）。夹砂灰褐陶。残存甗腰，箅托较宽。残长4.6、残高4.5厘米（图2-35，14）。

足根　1件（HH5：2）。夹砂灰陶。空足根呈尖锥状。残高5.3厘米（图2-35，16）。

（6）年代

HH5被西周晚期的HH4打破，又打破西周晚期的HH8，故判断其年代为西周晚期。需说明的是，HH5三件标本（HH5：1、2、3）皆具先周文化特征，可能为先周时期遗物，其余大部分器物属于西周时期。

6. 06QHH6

（1）形制与堆积

HH6位于HT5内，开口于②层下，打破HH10、HH14、HH15。该灰坑东边压在探方以外，西

---

① 可能为内芯或模。如为内芯，烧成温度似乎较高，较硬；如为模，则应有与鼎身模相接的榫卯设置。考虑到西周中晚期仍为浑铸，不见侯马器足分铸铸接的工艺，故将其定为泥芯。

部被断崖打破,现存平面呈不规则形状,北壁为袋状,坑底凹凸不平,南边底斜至开口线,坑壁无加工痕迹。南北长3.29、东西残宽0.86～3.72、坑口距地表0.46、自深0.65米(图2-39)。

坑内为一次性堆积,土质疏松,土色呈灰褐色,内含陶范、陶片、动物骨骼等。

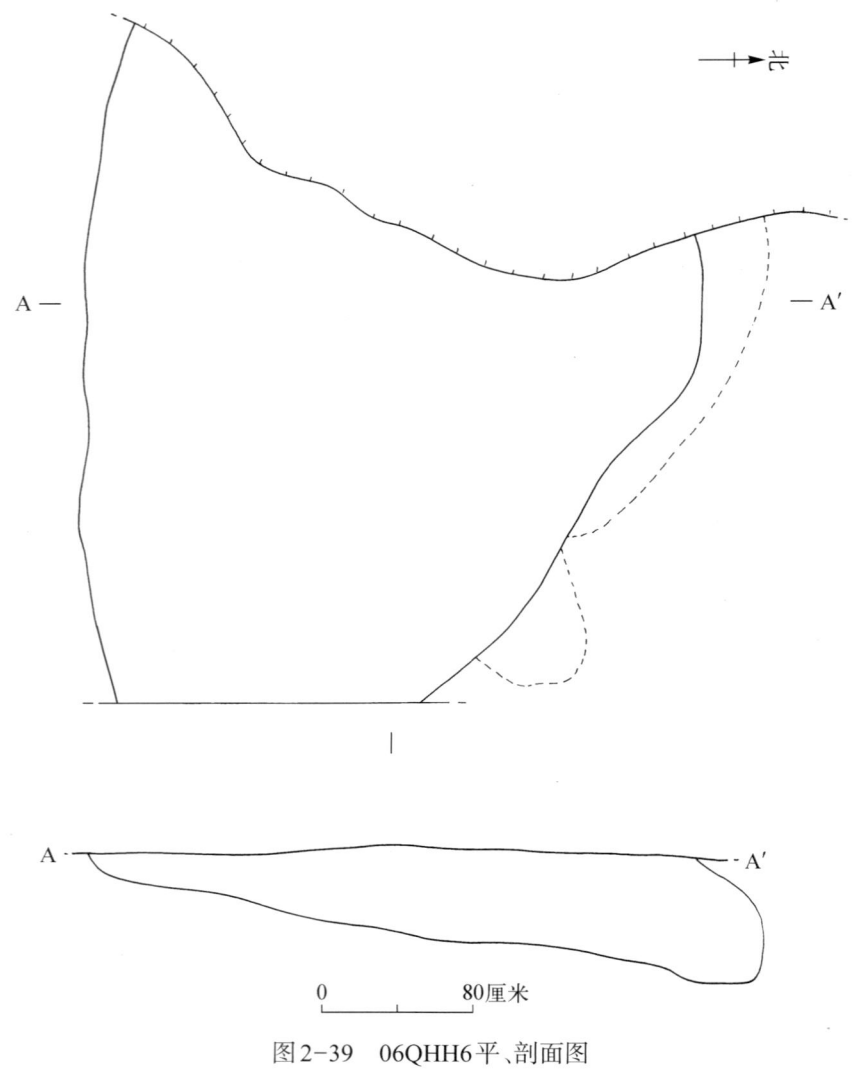

图2-39　06QHH6平、剖面图

（2）陶范

HH6共出土陶范27块,总重量计有0.725千克。出土车辖模1件,不明容器外范1件,另有1件可能与回炉重熔相关的泥芯。

车辖模　1件(HH6：21)。青灰色,残。车辖辖首部分,整体近靴形,靴形筒部上端残,中空,有一长方形底座。靴形部位中间可见一道折线,可能是翻模时留下的披缝。长方形底座长3.8、宽2.8、厚0.4厘米,靴形辖首长3.3、宽1.5、高1.5厘米(图2-23,2；彩版九,3)。

不明容器外范　1件（HH6：16）。未见面层与背层之分，浇铸面呈青灰色，部分露出原砖红色。背面呈灰色，应为埋藏过程中形成的，未见粗砂。浇铸面微内凹，与浇铸面垂直相接的有一水平方向的分范面，应是容器口沿部分的外范。背面凹凸不平，残留三个小坑窝，似是指窝按压痕迹残余较深部分。范块残高2.9、残宽3.8、厚约1.6厘米。

不明器范　共2件。HH6：17，未见面层与背层之分，范面呈青灰色，背面呈砖红色。范面左右两侧皆有凹面，一为方角，应是方形卯；另一近椭圆形，且较前者深。背面凹凸不平。范块残长3.5、残宽2.7、厚约2.4厘米，方角凹坑深0.6、椭圆形凹坑深约1.3厘米（图2-40，1）。HH6：22，未见面层与背层之分，浇铸面呈青灰色，背面呈砖红色。浇铸面平整，其上粘附有铜锈，背面不平整。范块残长3.4、残宽2.5、厚约2.6厘米。

回炉泥芯　1件（HH6：20）。表面呈灰色。圆柱形，顶部一周凸出，范块小，表面无金属附着，但边缘可见小细孔，可能接触高温，器形不明。长1.5、直径约0.9厘米（图2-23，6）。

1

2

3

4

图2-40　06QHH6、HH8、HH10出土陶范

1、4. 不明器范（HH6：17，HH10：15）　2. 不明内芯（HH8：6）　3. 不明容器外范（HH10：11）

（3）炉壁

HH6共出土炉壁28块，总重量计有5千克。标本HH6：23，条筑式炉，保留有炉衬层与基体层。衬面呈青灰色，局部微发亮，烧结程度严重，表面凹凸不平，未粘附铜液，部分断面呈蜂窝状，有较多孔洞。基体层用含大量植物茎秆的泥条盘筑而成，呈灰黑色，残块可见2块泥条，宽约3厘米。已烧流变形，推测其直径约50厘米。弦长9.8、弦高6.5、厚3厘米，重145.2克。

（4）铜器及铜块

铜锥　1件（HH6：1）。截面呈三角形。残长3.9、宽约0.5厘米（图2-34，7）。

（5）陶管

标本HH6：15，泥质含细砂，黄褐色。残存接近粗端部分，从断面看可能是伞状陶管的钉帽部分，略呈半圆形，粗端底部修治平整。残长1.2、复原粗端直径约2.8、粗端孔径约0.7厘米（图2-23，5）。

（6）陶容器

HH6出土陶片数量超过300片。陶质分泥质和夹砂两类，泥质数量较多，比例近55%。陶色以灰陶为主，超过85%，灰褐陶近10%，余为褐陶。器类有联裆瓹、联裆鬲、豆、瓮罐类，数量均不多（表2-9）。

表2-9　06QHH6出土陶片陶系、纹饰及器类统计表

陶质 纹饰与器类	陶色	夹　砂			泥　质			合计	百分比（%）
		灰	褐	灰褐	灰	褐	灰褐		
纹饰	粗绳纹	74			23	13		110	33.03
	中绳纹	66		10	75			151	45.35
	素面				28		20	48	14.41
	旋纹				24			24	7.21
合计		140		10	150	13	20	333	100.00
百分比（%）		42.04		3.00	45.05	3.90	6.01	100.00	
		45.04			54.96				
器类	联裆瓹	2						2	12.50
	联裆鬲	3						3	18.75
	豆				5			5	31.25
	瓮罐类				6			6	37.50
合计		5			11			16	100.00
百分比（%）		31.25			68.75			100.00	

联裆鬲 共2件,均夹砂灰陶。折沿,方唇,唇面有一道凹槽,施绳纹,印痕清晰。HH6:9,沿面较宽,腹施斜行绳纹,右倾。残长8.8、残高5.2厘米(图2-41,4)。HH6:10,残长6.8、残高3.7厘米(图2-41,12)。

联裆甗 1件(HH6:5)。夹砂灰陶。残存甗腰,箅托较宽,施绳纹。残长7.5、残高7厘米(图2-41,5)。

罐底 1件(HH6:3)。泥质灰陶。腹上部施绳纹,下部绳纹被抹,底部施绳纹。底径12.2、残高7.1厘米(图2-41,15)。

豆 共4件,均泥质灰陶。直壁,折盘,尖圆唇。HH6:6,柄部,中有一周凸棱。残高5.7厘米(图2-41,14)。HH6:8,盘壁施两周弦纹。残长11.2、残高3厘米(图2-41,3)。HH6:11,残长4.8、残高3.2厘米(图2-41,6)。HH6:14,盘壁施两周弦纹。残长6.6、残高3.6厘米(图2-41,2)。

矮直领瓮 共2件。均灰陶。方唇。HH6:4,泥质。侈口,沿内侧有一道凹槽。残长7.6、残高3.7厘米(图2-41,9)。HH6:12,夹砂。折沿,沿面有两道凹槽。残长5.9、残高2.8厘米(图2-41,13)。

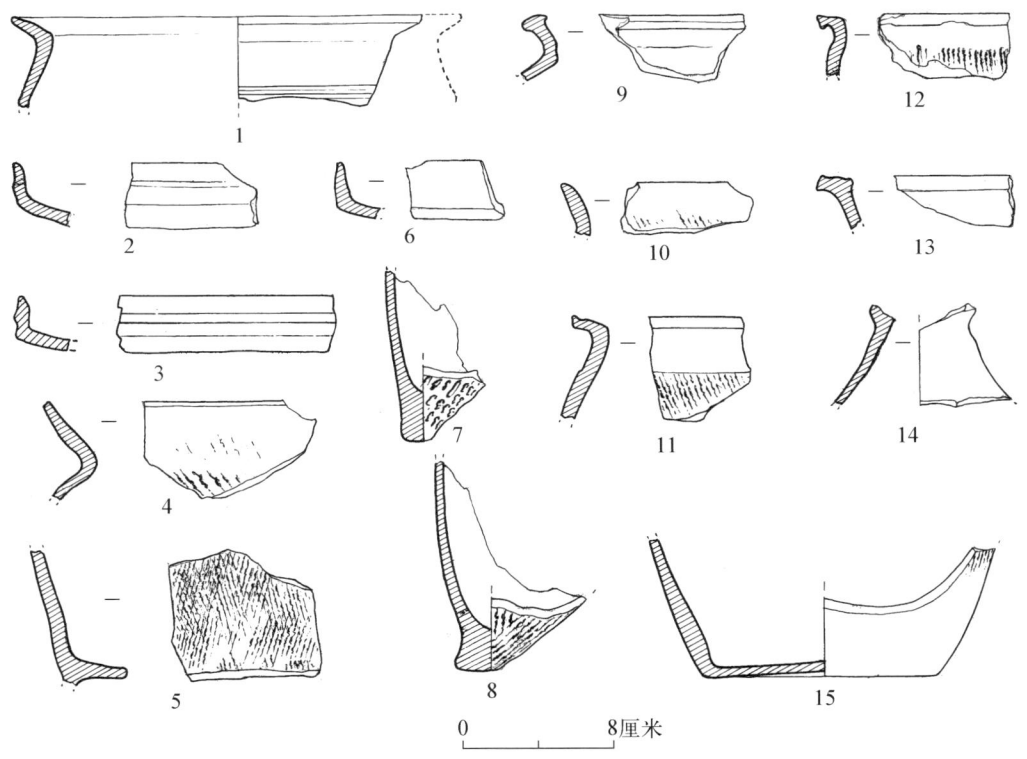

图2-41 06QHH6、HH7出土陶器

1. 旋纹盆(HH7:1) 2、3、6、14. 豆(HH6:14、HH6:8、HH6:11、HH6:6) 4、10、12. 联裆鬲(HH6:9、HH7:3、HH6:10)
5、11. 联裆甗(HH6:5、HH7:2) 7、8. 足根(HH6:7、HH6:2) 9、13. 矮直领瓮(HH6:4、HH6:12) 15. 罐底(HH6:3)

足根 共2件。HH6：2，夹砂灰陶，施交错绳纹。残高11.2厘米（图2-41，8）。HH6：7，夹砂灰陶，空锥足，直行绳纹，印痕较深，几呈麦粒状。残高9厘米（图2-41，7）。

（7）年代

根据HH6出土陶器标本的式别特征，判断其年代为西周晚期偏晚。

7. 06QHH7

（1）形制与堆积

HH7位于HT6内，开口于②层下，打破HH21、HH22、HH29。因HH7西部为断崖，故残存开口近似长条形，坑东部及南部未发掘，北壁呈缓坡，底呈锅底状，略有起伏。南北长4.04、东西残宽2、坑口距地表0.68、自深0.54米（图2-42）。

坑内为一次性堆积，土质疏松，土色呈黄褐色，内含铜渣、陶片等。

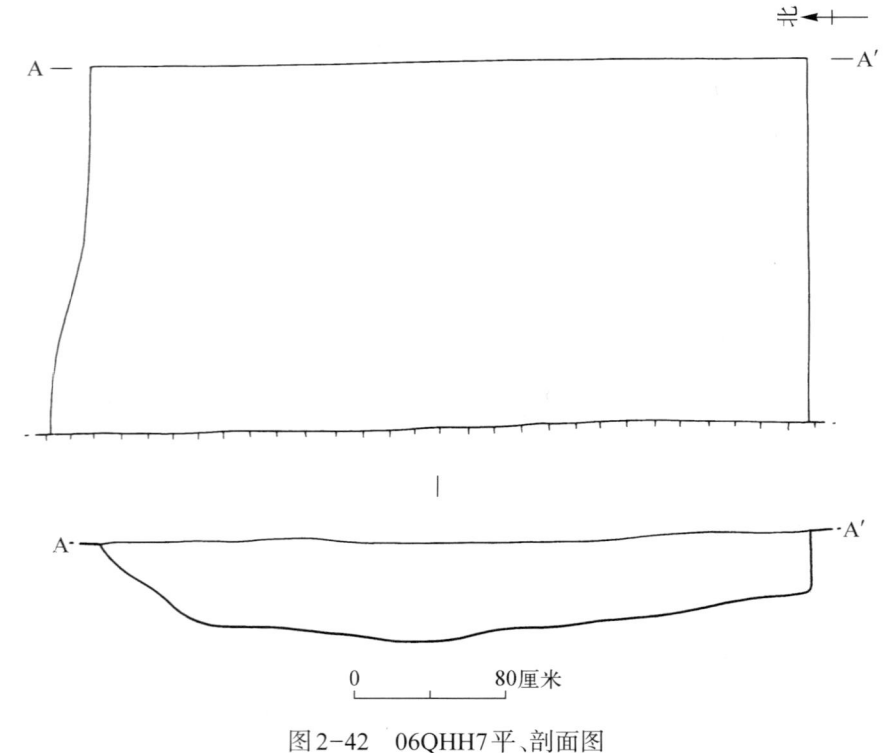

图2-42 06QHH7平、剖面图

（2）铜器及铜块

HH7：4，残铜块，断面较多孔洞，α固溶体等轴晶，有淡蓝色富铁相，硫化物夹杂物，侵蚀时产生气泡，变成黑色孔洞。铜含量80.8%、锡含量0.8%，为红铜铸造组织。厚约0.8厘米（检测编号ZJT10；彩版二九八，1、2；彩版三〇一，4、6；彩版三〇二，6）。

（3）陶容器

HH7共出土陶片118片。陶质分为泥质和夹砂两类，泥质陶（75.42%）远多于夹砂陶

（24.57%）。陶色分为灰色、灰褐色，无褐陶，以灰色为主，约占总数的94.06%。纹饰有细、中、粗绳纹和素面、旋纹；以绳纹为主，约占总数的64.41%；其次为素面，约占总数的25.42%；旋纹约占总数的10.17%。所出器类有联裆鬲1、联裆甗1、旋纹盆2件。

联裆鬲　1件（HH7∶3）。夹砂灰陶，侈口，尖圆唇，沿外部素面，腹部施绳纹，印痕模糊。残长6.8、残高2.7厘米（图2-41，10）。

联裆甗　1件（HH7∶2）。泥质灰陶。平折沿，方唇，沿面缘部有一道沟槽，领部素面，腹部施绳纹，印痕模糊。残长5、残高5.7厘米（图2-41，11）。

旋纹盆　1件（HH7∶1）。泥质灰陶。卷沿，圆唇，沿内侧有一道沟槽，肩部有一道凸棱。口径23.6、残高5厘米（图2-41，1）。

（4）年代

根据HH7出土陶器标本的式别特征，判断其年代为西周中期偏晚。

8. 06QHH8

（1）形制与堆积

HH8位于HT4内，开口于②层下，被HH4、HH5打破，并被砖厂取土破坏了一部分。残存平面呈半椭圆形，壁呈斜坡状，底呈锅底状。南北残长1.88、东西宽2.16、坑口距地表0.6～0.83、自深0.63米（图2-43）。

坑内为一次性堆积，土质疏松呈粉状，土色呈灰褐色，夹杂草木灰，内含兽骨、陶范、陶片、礓石等。

（2）陶范

HH8共出土陶范37块，总重量计有0.525千克。无可辨识器形的陶范。

不明内芯　1件（HH8∶6）。各面均呈青灰色，芯料未见内外之分。共残存三处芯面，其中一处芯面平整，与其一侧垂直相接的芯面微外弧，表面光滑；与其另一侧相接的芯面呈斜坡状，与微外弧的芯面垂直相接，其上有一个椭圆形卯，剖面呈“U”形，卯处未见任何加工痕迹，应是翻制内芯时制作。芯残长2.9、残宽2.1、厚约2.5厘米，卯残长1.5、宽1、深约0.4厘米（图2-40，2）。

（3）炉壁

HH8共出土炉壁10块，总重量计有0.45千克。

（4）陶容器

HH8共出土陶片57片。陶质分为泥质和夹砂两类，泥质陶（28.07%）少于夹砂陶（71.93%）。陶色分为灰色、灰褐色及褐色，以灰色为主，约占总数的59.65%。纹饰有中、粗绳纹和素面、间断绳纹；以绳纹为主，约占总数的91.23%；其次为素面和间断绳纹，分别为2片和3片。器类有联裆鬲1、联裆甗3件。

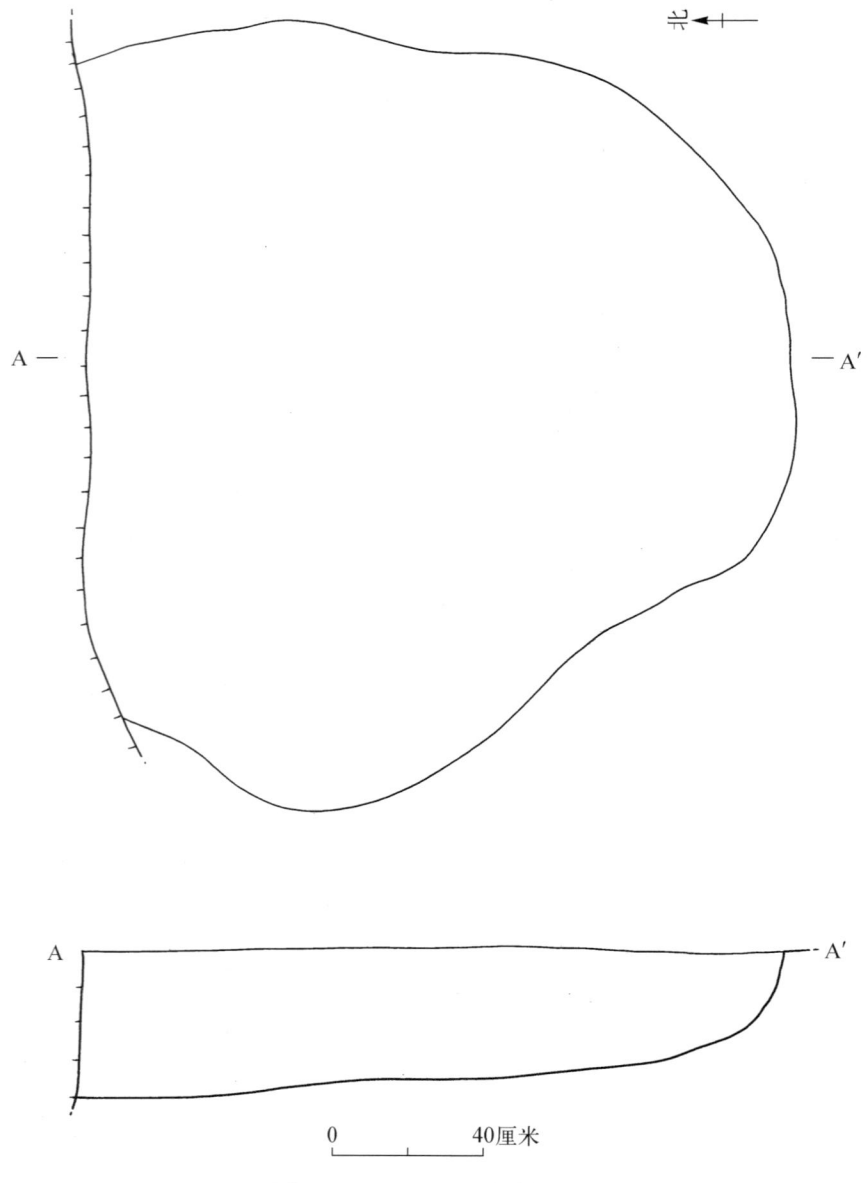

图2-43　06QHH8平、剖面图

联裆鬲　1件（HH8∶01）。夹砂褐陶。侈口，折沿，缘、沿外测及腹上部绳纹被抹。残长8.2、残高9.7厘米（图2-44,4）。

联裆甗　共2件。均夹砂褐陶。侈口，方唇，器身施斜行绳纹，领腹交界处绳纹被抹。HH8∶3，残长5.2、残高7.5厘米（图2-44,2）。HH8∶5，平折沿。残长7.7、残高5.6厘米（图2-44,10）。

足根　共2件。均夹砂褐陶。空足。HH8∶2，圆柱状，施交错绳纹。残高6.4厘米（图2-44,13）。HH8∶04,尖锥状，施旋转绳纹。残高4.8厘米（图2-44,6）。

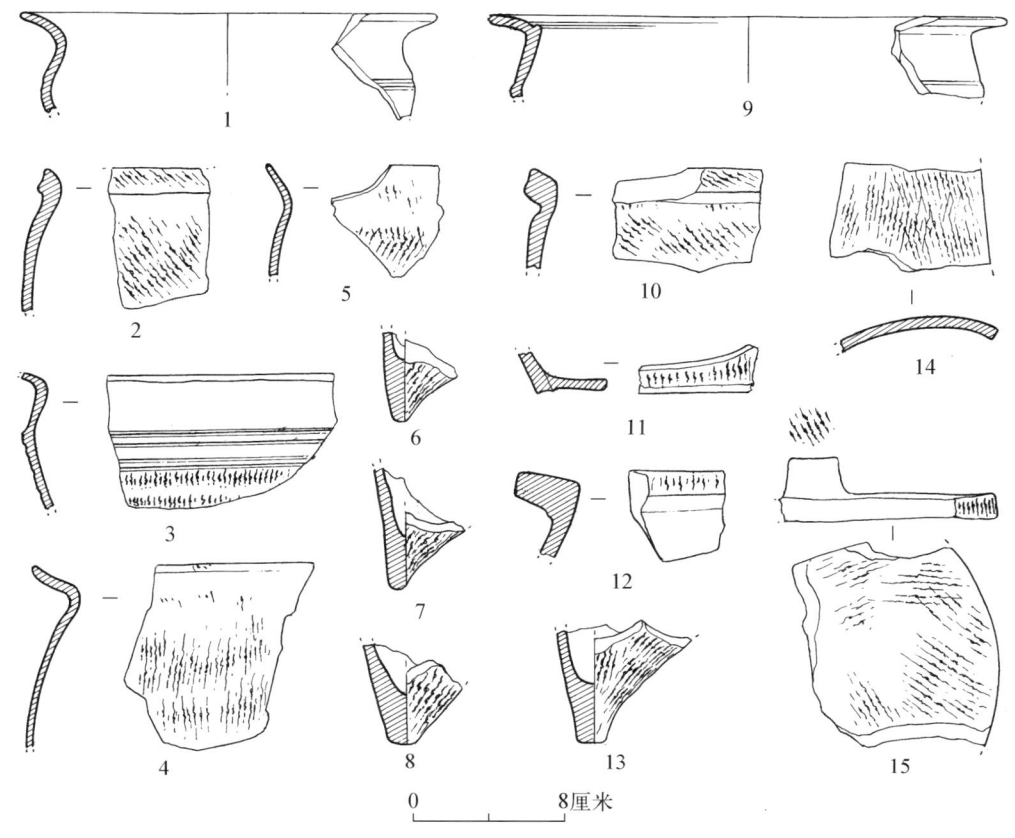

图2-44　06QHH8、HH10出土陶器

1、3、9. 旋纹盆（HH10：4、HH10：10、HH10：9）　2、10、11. 联裆甗（HH8：3、HH8：5、HH10：6）
4、5. 联裆鬲（HH8：01、HH10：2）　6～8、13 足根（HH8：04、HH10：8、HH10：3、HH8：2）
12. 三足瓮（HH10：1）　14. 瓦（HH10：5）　15. 器盖（HH10：7）

（5）年代

根据HH8出土陶器标本的式别特征，判断其年代为西周晚期。依据标本形制特征分析，HH8：01、HH8：04应是早期遗物。

9. 06QHH9

（1）形制与堆积

HH9位于HT5内，开口于②层下，被HH6、HH10、HH15打破，打破HH17。因HH9西部为断崖，残存坑口平面呈半椭圆形，南壁较直，北壁呈缓坡状，坑底凹凸不平。南北长1.44、东西残宽0.77、坑口距地表0.9、自深0.35米（图2-45）。

坑内为一次性堆积，土质较疏松，土色呈黄褐色，夹杂红烧土颗粒，无包含物。

（2）骨器

骨铲1件（HH9①：#19）。疑似用大型哺乳动物的长骨骨干制成，骨壁外侧打磨光滑，内侧松质部分局部打磨。一侧打磨光滑，一端打磨成刃，另一端和一侧断裂。残长5.4、残宽2.7、

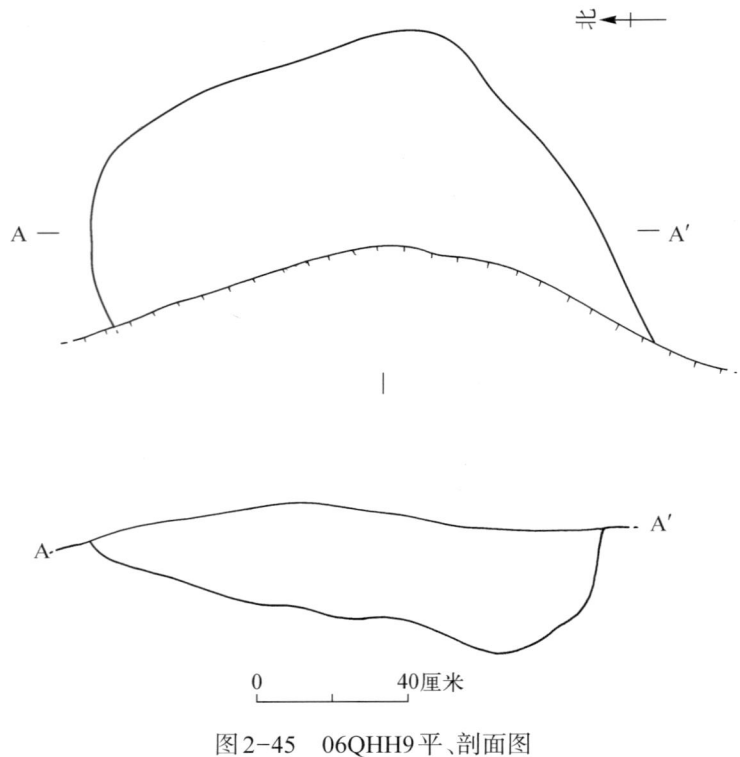

图2-45　06QHH9平、剖面图

厚0.7厘米。

（3）年代

HH9无陶器标本，但HH9打破西周晚期偏早的HH17，并被HH15打破，而HH15又被西周晚期偏早的HH10打破，故年代应为西周晚期偏早。

10. 06QHH10

（1）形制与堆积

HH10位于HT5内，开口于②层下，被HH6打破，打破HH14、HH15、HH17、HH18。因HH10南部未清理，故整体形状不明。从已暴露的坑口看大致呈椭圆形，坑壁呈斜坡状，底呈锅底状。东西残长3.36、南北残宽2.14、坑口距地表0.4、自深0.54米（图2-46）。

坑内堆积可分为三层：第①层厚约0～0.26米，土质较致密，土色呈红褐色，夹杂少量灰土与礓石。第②层厚约0～0.2米，比上层疏松，但比下层致密，土色呈灰褐色，内含陶范、烧土。第③层厚约0～0.28米，土质较疏松，土色呈黑褐色，内含陶范、陶片、瓦、烧土等。

（2）陶范

HH10共出土陶范64块，总重量计有1.755千克。可辨识陶范所铸器形的有不明容器外范3、钟外范1件，另有范块稍大，有榫卯、分范面等特征，但不辨器形者2件，圆形芯头1件。

不明容器外范　共3件。HH10∶11，断面可见面层与背层，分界不明显。面料精细，浇铸

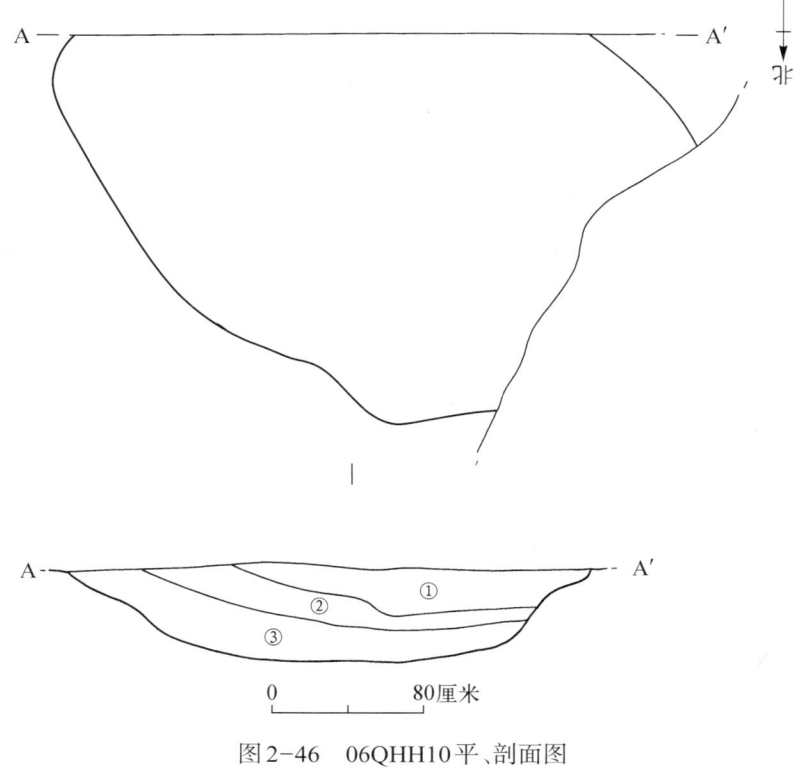

图2-46　06QHH10平、剖面图

面呈青灰色。背料含粗砂，有肉眼可见的小石子。浇铸面向内圆弧，其上残存两道直线纹，已不规整。背面凹凸不平。范块残长4.3、残宽3.8、厚约2厘米（图2-40，3）。HH10：12，各面均呈砖红色，无粗砂。分范面平整，浇铸面上方有一道横置的弧面，似对应瓦棱纹，其下浇铸面内凹。背面不平整。范块残高3.6、残宽3.1、厚约0.5～1.9厘米（图2-47，2）。HH10：17，未见明显的面层与背层之分，内面与分范面呈青灰色，背面呈砖红色，无粗砂。内面向内圆弧，其上有一菱形卯，卯长2.3、宽2.2、深约0.3厘米。顶部平整，应为水平分范面，其上有一道刻槽，可能是合范符号。背面比较完整，应是陶范的外表面。范块残高6.3、残宽7.7、厚6.5厘米（图2-23，3）。

钟外范　1件（HH10：18）。断面可见面层与背层，从残存形制看面层外框外侧高，中间内凹。面料精细，浇铸面与分范面呈青灰色。背料夹粗砂，有肉眼可见的小石子。分范面平整，残存长方形榫的一部分，剖面近梯形，从断面看榫与面层为一体。浇铸面向内微弧，推测为钟的钲部。背面凹凸不平。范块残长3.9、残宽3、分范面厚约4.7厘米，榫残长1.3、宽1.8、高约0.5厘米。

不明器范　共2件。HH10：13，从残存形制看面层外框外侧高，中间内凹，背层已脱落殆尽。浇铸面与分范面呈青灰色，背面呈棕色，无粗砂。范面共三面，浇铸面由上下两部分弧度不一的弧面组成，其侧面垂直相接的分范面平整，在远离浇铸面的一侧残留小部分榫，榫与范块为一体。浇铸面顶部分范面平整，带有一道浅凹槽，亦在远离浇铸面的一端。范块残高4.9、

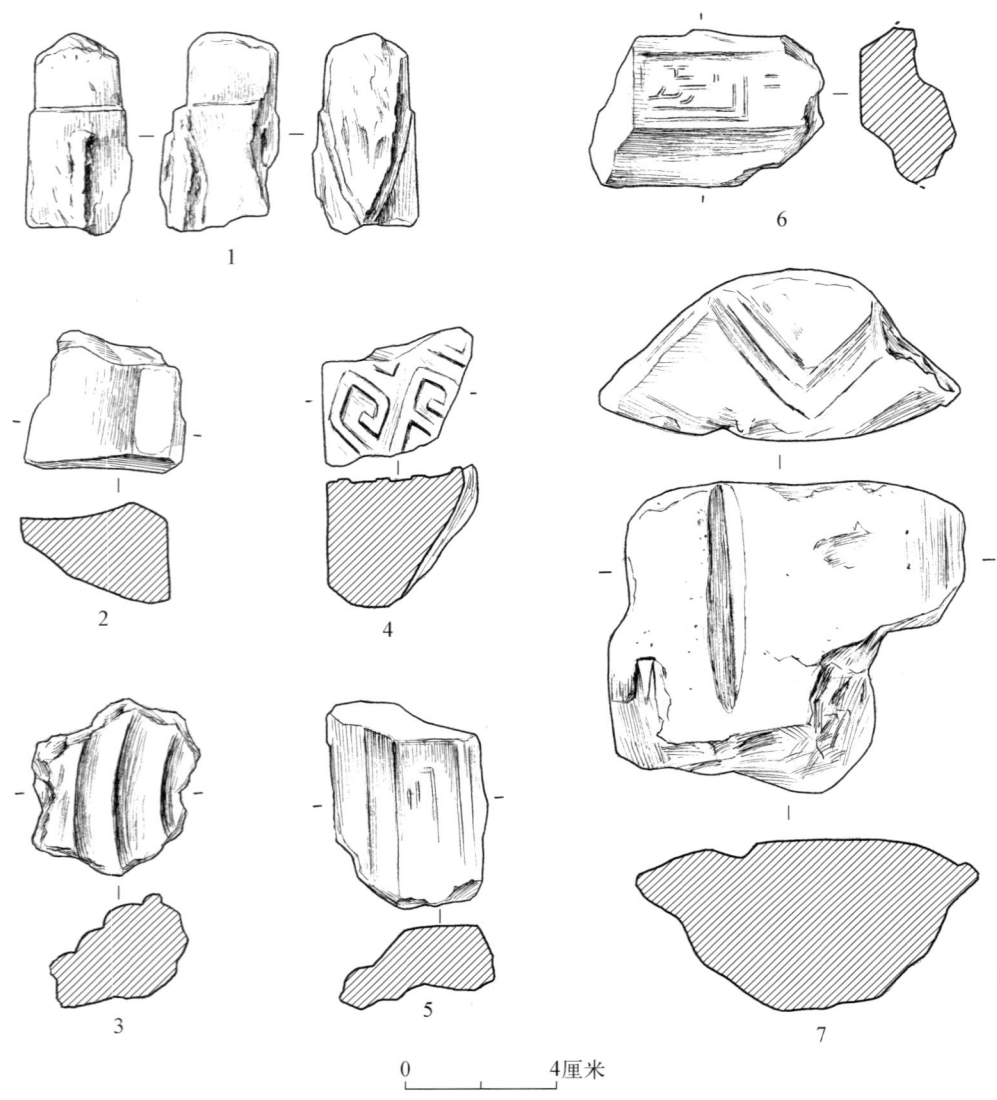

0　　　　　　　4厘米

图2-47　06QHH10、HH11出土陶范
1. 带浇道长方形芯头（HH11：36）　2、6. 不明容器外范（HH10：12、HH11：71）　3. 瓦纹外范（HH11：62）
4. 勾连雷纹外范（HH11：68）　5. 簋圈足外范（HH11：7）　7. 不明器范（HH11：52）

分范面厚约3.6、面层内凹处厚约2厘米。HH10：15，未见面层与背层之分，浇铸面与分范面呈青呈灰色，背面呈砖红色，无粗砂。分范面平整，仅残存一小部分。浇铸面呈内凹的圆弧形，其上有一较宽的凹槽，剖面呈U形，可能是浇道。背面凹凸不平，在其中一侧有间隔较近的两道浅槽，可能与合范或阴干时捆绑陶范有关。范块残高5.7、残存最宽5.4、厚约3.2厘米（图2-40，4）。

　　圆形芯头　1件（HH10：16）。砖红色，圆饼形，保存完整正面，但背面残，圆周侧面有三个小榫，对称的二榫平面近三角形，榫旁可见范线，其中一范线稍有错位。两者之间有一平面形状呈长方形的榫。可能为车害一类圆柱形器的芯头。直径3.5、厚1.7厘米（图2-22，1）。

（3）炉壁

HH10共出土炉壁13块，总重量计有0.45千克。

（4）陶容器

HH10共出土陶片71片。陶质分为泥质和夹砂两类，泥质陶（74.64%）稍多于夹砂陶（25.35%）。陶色分为灰色、灰褐色及褐色，以灰色为主，约占总数的70.42%。纹饰有中绳纹、素面、旋纹和篦纹；以绳纹为主，约占总数的67.61%；其次为素面，约占总数的16.90%；旋纹约占总数的14.08%；篦纹仅1片。器类丰富，有联裆鬲2、联裆甗1、旋纹盆3、三足瓮1、器盖1、圈足器1、罐类1件。

联裆鬲　1件（HH10∶2）。夹砂灰陶。侈口，尖圆唇，沿外绳纹被抹。残长5.8、残高5.8厘米（图2-44，5）。

联裆甗　1件（HH10∶6）。夹砂褐陶。残存甗腰，箅托较宽，腰施绳纹，纹理不清。残长6.1、残高2.6厘米（图2-44，11）。

旋纹盆　共3件。均泥质灰陶。HH10∶4，折沿，圆唇，肩部施旋纹。口径21.8、残高5.8厘米（图2-44，1）。HH10∶9，平折沿，圆唇，沿内侧有一道凹槽。口径27、残高4.3厘米（图2-44，9）。HH10∶10，折肩，肩部施数周旋纹，腹部施竖行绳纹，间有一周抹痕。残长11.8、残高7.1厘米（图2-44，3）。

三足瓮　1件（HH10∶1）。泥质灰陶。平折沿，厚方唇，唇面施绳纹，沿外绳纹被抹。残长5、残高4.7厘米（图2-44，12）。

器盖　1件（HH10∶7）。夹砂灰陶。圆盘状，器表素面，边缘及圆柱状捉手施绳纹，背面绳纹凌乱。残长10.8、残宽9.8、厚1.1厘米，捉手高2.2厘米（图2-44，15；彩版一六，2）。

足根　共2件。均夹砂。空足，施交错绳纹。HH10∶3，灰褐陶。圆锥状，足尖钝平，内侧微起脊。残高5.4厘米（图2-44，8）。HH10∶8，灰陶。近圆柱状。残高6.5厘米（图2-44，7）。

（5）其他

瓦　1件（HH10∶5）。泥质灰陶。边及背施绳纹，条理清晰。残长5.4、残宽8.2、厚0.6厘米（图2-44，14）。

（6）年代

根据HH10出土陶器标本的式别特征，判断其年代为西周晚期偏早。

11.06QHH11

（1）形制与堆积

HH11位于HT2内，开口于②层下，被HH2打破，打破HH12、HH13、HH33、HH44、HH56，并打破HY2的操作坑。从暴露部分判断其平面呈不规则圆形，在探方内，该坑的东、南、北部未发掘完毕，其形制结构不得而知。从现有发掘部分看，西侧倾斜，中部向东凸出，壁面较好，无加工痕迹,底呈锅底状。南北长4.42、东西残宽5.09、坑口距地表0.61、自深0.54米(图2-48)。

　　坑内为一次性堆积,土质致密,土色呈褐色,夹杂黑斑点,有薄层,层厚约2厘米,内含陶范、铜渣、陶片、动物骨骼、礓石等。

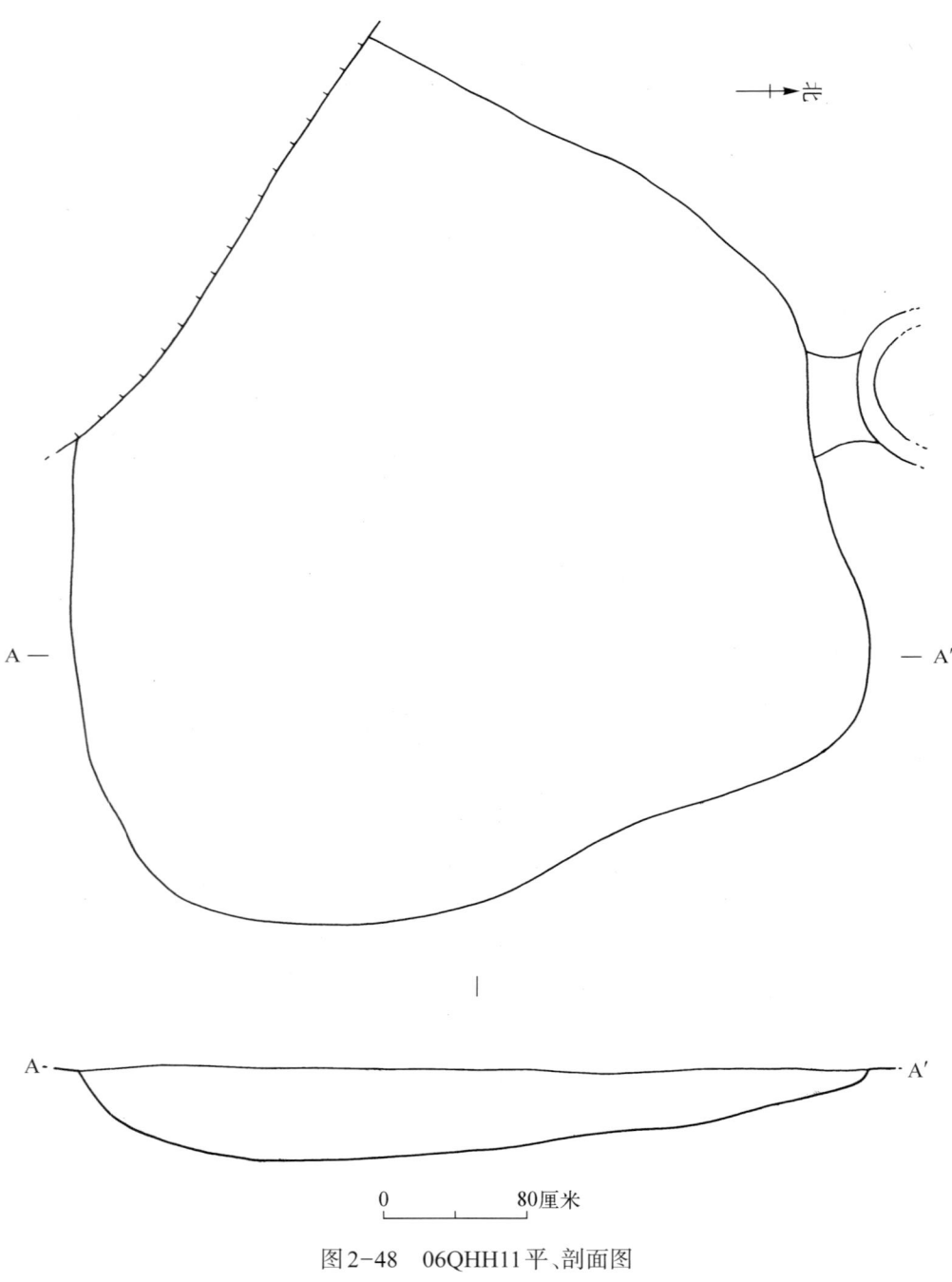

图2-48　06QHH11平、剖面图

（2）陶范

HH11共出土陶范2272块，总重量计有47.7千克。可辨识陶范所铸器形的有垂鳞纹模1、兽首模1、大型鼎类器腹外范1、鼎足外范2、簋圈足外范1、兽面纹眼部外范1、勾连雷纹外范1、直线纹外范1、弦纹外范1、瓦纹外范2、不明容器外范8、钟外范7、波带云纹管形器外范3、管形器外范2件，另有范块稍大，有榫卯、分范面等特征，但不辨器形者15件。带浇道长方形芯头1、不明内芯4件。

垂鳞纹模　1件（HH11：73）。各面均呈青灰色，弧形长条，一面平，施有垂鳞纹，另一面带弧度，素面，应为马镳模，亦可能为纹饰模。形制规整，转角圆润，未见明显的刻划痕迹。长3、宽1.6、厚1.4厘米（图2-23，7；彩版一○，5）。

兽首模　1件（HH11：72）。未见面层与背层之分，表面呈青灰色，为铜器兽首附件的模，残，仅余兽首的下半部。左侧可见兽首的耳、眼、吻部，正面无存，右侧仅存耳及吻部。兽首的后侧可见两圆弧，可能为兽角。兽首吻部的下方另有一长方块。模长4.9、宽4.2、厚2.9厘米（图2-49，4）。

大型鼎类器腹外范　1件（HH11：67）。从残存形制看面层外框外侧高，中间内凹，背层已脱落殆尽。浇铸面呈青灰色，背面呈砖红色，可见指窝。有一水平方向合范面，榫卯未保存，合范面宽度大，反映原范块大，所铸器物亦大。浇铸面素面，无纹饰，带圆弧，应是器腹位置，水平分范位置应也在器腹。范块残高5.7、残宽6.1、分范面处厚5.7、面层内凹处厚1.2厘米（图2-49，7）。

鼎足外范　共2件。HH11：28，未见面层与背层之分，浇铸面与分范面呈青灰色，背面呈砖红色，无粗砂。分范面平整，残存方形卯的一部分，从卯底部可见刻划痕迹。浇铸面呈内凹的圆弧形，靠下处又向下凹，可能是鼎足浮雕兽首部分。背面凹凸不平。范块残高4、残宽4.6、厚2.7厘米，卯残长1.7、残宽1.2、深约0.5厘米（图2-50，1）。HH11：54，未见面层与背层之分，浇铸面与分范面呈青灰色，背面呈砖红色，无粗砂。分范面平整，无榫卯结构，浇铸面呈内凹的圆弧形，弧度较大，应是组成柱状的铸腔，推测是鼎足外范。背面凹凸不平。范块残高3.2、残宽3.8、厚约3.6厘米。

簋圈足外范　1件（HH11：7）。未见背层，浇铸面、分范面、背面均呈青灰色，背面可见指窝按压痕迹。垂直方向分范面平整，略倾斜。上部水平方向分范面残留小部分。浇铸面向内圆弧，纹饰已磨损，范面凹凸不平，不可辨识。为簋圈足位置外范，足底部外撇并带台。范块残高4.3、残宽4.9、厚约1.5厘米（图2-47，5）。

兽面纹眼部外范　1件（HH11：69）。未见面层与背层之分，浇铸面呈青灰色，背面呈褐色，稍带砖红色。为一大型兽面或兽首的眼部外范，可见凸出的眼球及其上的眉部，应是翻制而成，从凸出眼球的大小看，所铸铜器应当较大。背面凹凸不平，有一道凹槽，功用不明。范块

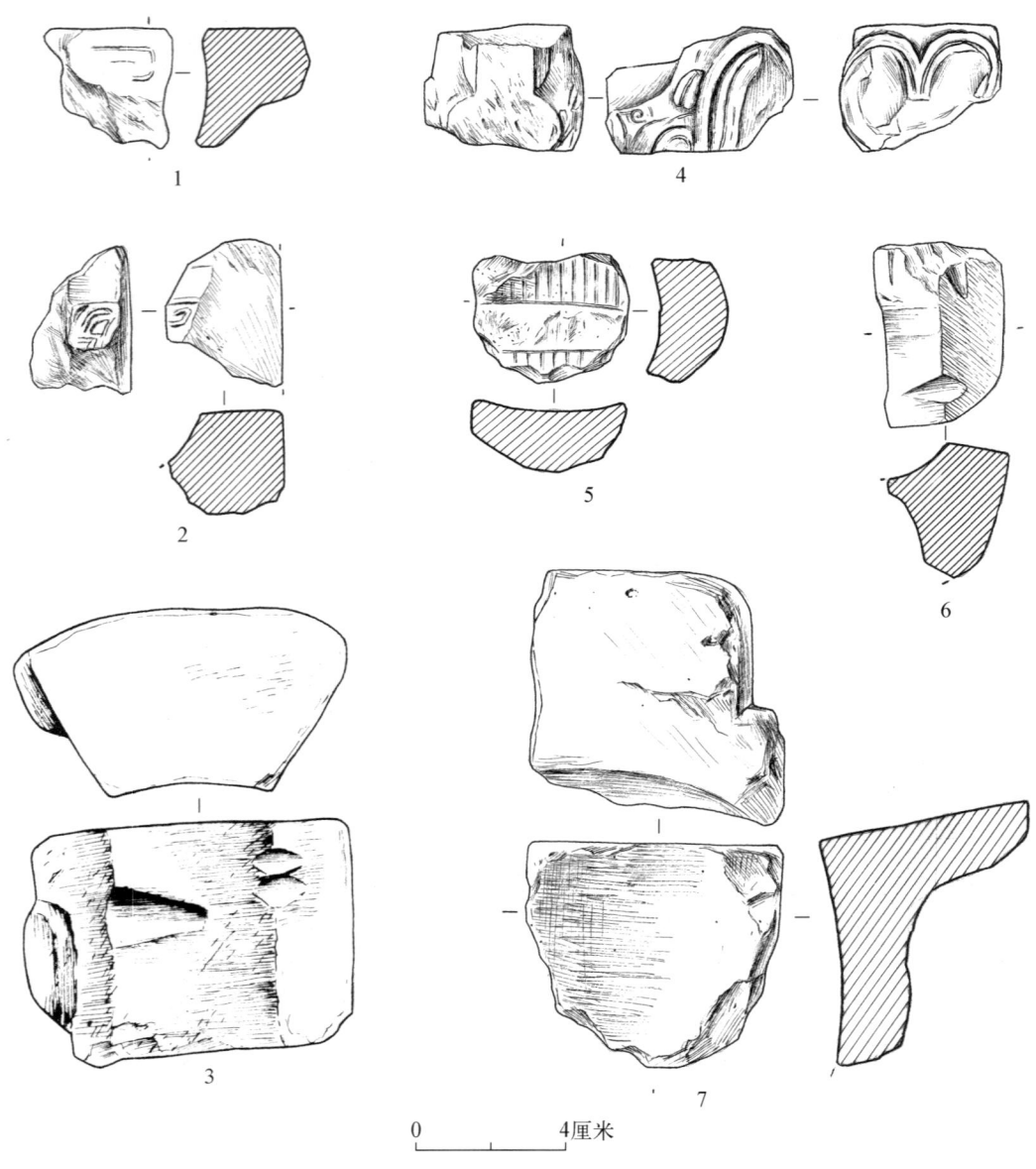

图2-49　06QHH11出土陶范

1. 不明容器外范（HH11∶65）　2. 波带云纹管形器外范（HH11∶60）　3、6. 管形器外范（HH11∶42、47）
4. 兽首模（HH11∶72）　5. 直线纹外范（HH11∶59）　7. 大型鼎类器腹外范（HH11∶67）

残高5、残宽5.5、厚约2.7厘米（图2-23，8）。

　　勾连雷纹外范　1件（HH11∶68）。未见面层与背层之分，浇铸面和分范面为青灰色，背面磨损，呈砖红色。浇铸面带弧度，施有勾连雷纹，纹饰明显是用减地法刻制，有一垂直方向分范面。背面凹凸不平。应为鼎或簋一类器的外范，范块残高2.5、残宽3.8、厚3.2厘米（图2-47，4；彩版一〇，4）。

图 2-50 06QHH11 出土陶范

1. 鼎足外范（HH11：28） 2. 弦纹外范（HH11：30） 3、4. 不明容器外范（HH11：33、57） 5、6. 钟外范（HH11：17、39）
7、8. 不明器范（HH11：18、22）

直线纹外范 1件（HH11：59）。范块较小，未见面层与背层之分。浇铸面呈青灰色，背面局部呈砖红色。浇铸面可见一弦纹横穿，一侧为垂直方向的细直线纹，另一侧纹饰已不辨。从浇铸面弧度判断，可能为高一类较小铜容器的外范。背面凹凸不平。范块残高3.2、残宽3.8、厚约1.6厘米（图2-49，5）。

弦纹外范 1件（HH11：30）。断面见面层与背层，分界线不规则。面料精细，浇铸面呈弧形。背料夹粗砂和小石子，呈砖红色。浇铸面仅存少部分，上有两道凹槽，应是弦纹外范。背面凹凸不平。范块残高5.1、残宽4.2、厚约2.6厘米（图2-50，2）。

瓦纹外范 共2件。HH11：61，未见面层与背层之分，范块很小，浇铸面呈砖红色，背面呈灰褐色，浇铸面残留有两道瓦棱纹，背面凹凸不平。范块残高2.2、残宽2.1、厚约1.3厘米。HH11：62，未见面层与背层之分，范块较小，浇铸面呈青灰色，背面呈砖红色。浇铸面呈内凹的圆弧形，其上残留三道瓦纹，背面凹凸不平。范块残高4.4、残宽4.8、厚约2.5厘米（图2-47，3）。

不明容器外范 共8件。HH11：33，未见明显的面层与背层之分，浇铸面与分范面呈青灰色，背面呈砖红色，无粗砂。范面共三面，两面较平，相交成直角，其中一面带长方形榫，应为分范面。第三面倾斜，微弧，应为浇铸面。范块长9.1、宽8.3、厚2.6～4.2厘米（图2-23，10；图2-50，3）。HH11：50，未见面层与背层之分，无粗砂，范面呈青灰色，背面呈砖红色。范块扁平，范面有互相垂直的边框两边，宽约1.7厘米。边框内为下凹的范面，上大下小，剖面呈梯形，底部边缘还可见刻划痕迹，此凹槽比较宽大，比一般所见的卯大，应为型腔以外的合范位置，不能判断器形。范边不规则，背面平，但经滚磨。范块残长9.6、残宽7.2、厚3.2～4.9厘米（图2-51，2）。HH11：51，未见面层与背层之分，浇铸面与分范面呈青灰色，背面呈砖红色。分范面有两处，一水平一垂直，均平整，浇铸面向内微弧，背面凹凸不平，有指窝按压痕迹。范块残长4.7、残宽4.3、厚约3.1厘米。HH11：57，从残存形制看面层外框外侧高，中间内凹，背层基本无存。面料精细，浇铸面呈青灰色，分范面与背面呈砖红色，背料夹粗砂。分范面较平整，残存一长方形卯，上大下小。浇铸面保存不多，略向内弧，其顶部有一不规则形凸起，应是榫，榫与面层为一体。范块残长7.8、残宽5.4、厚约5.5厘米，榫残长5.7、残宽1.7、深约1厘米（图2-50，4）。HH11：63，未见面层与背层之分，浇铸面呈青灰色，背面呈棕黄色，无粗砂。两侧和底部已残，浇铸面向内微弧，其上残留有直线纹。背面凹凸不平。范块残高2.4、残宽3.7、厚约2.5厘米（图2-25，4）。HH11：64，断面可见面层与背层，背面残留不多。浇铸面呈青灰色，背面呈砖红色，背料夹粗砂和小石子。浇铸面向内圆弧，表面残留有三道直道，中间者凹下，两侧的凸起，分别对应铜器上的弦纹和旋纹。其中保存较好的凸起的直道两侧边缘均可见刻划痕迹，推测是外范制好后用刀削去多余部分制成凸起的直道。下凹的直道看不出有刻划痕迹。背面凹凸不平。范块残高3.6、残宽3.7、厚约2.6厘米。HH11：65，从残存形制看面层外框外侧高，中间内凹,背层基本脱落殆尽。浇铸面呈青灰色,面层背面呈砖红色。背料夹粗砂,呈棕黄色。左右两侧已残,仅残存浇铸面部分,呈内凹的弧形,表面残留一些纹饰,可能是龙纹或窃曲纹的一部分。从残存纹饰来看,同一道纹饰有凹下的浅槽又有凸起的线条,推测纹饰制作应是先刻底稿线,然后在其上贴塑泥条,凹槽形制规整,残存部分呈"L"形,可见"L"形短线条部分的凹槽要比长线条部分稍深,可能是刻划时经过转角后力道发生了变化。残存泥条保存不好,隐约可见断面近圆形。范块残长2.9、残宽2.4、厚约2.7厘米(图2-49,1)。HH11:71,未见面层与背层之分,浇铸面呈青灰色,背面呈砖红色,无粗砂。浇铸面向内微弧,残存部分可能为与顶范合范部分,其上残存部分纹饰,该器敛口,可能为簋之外范。背面凹凸不平。范块残高4.3、残宽6.2、厚2.5厘米(图2-47,6)。

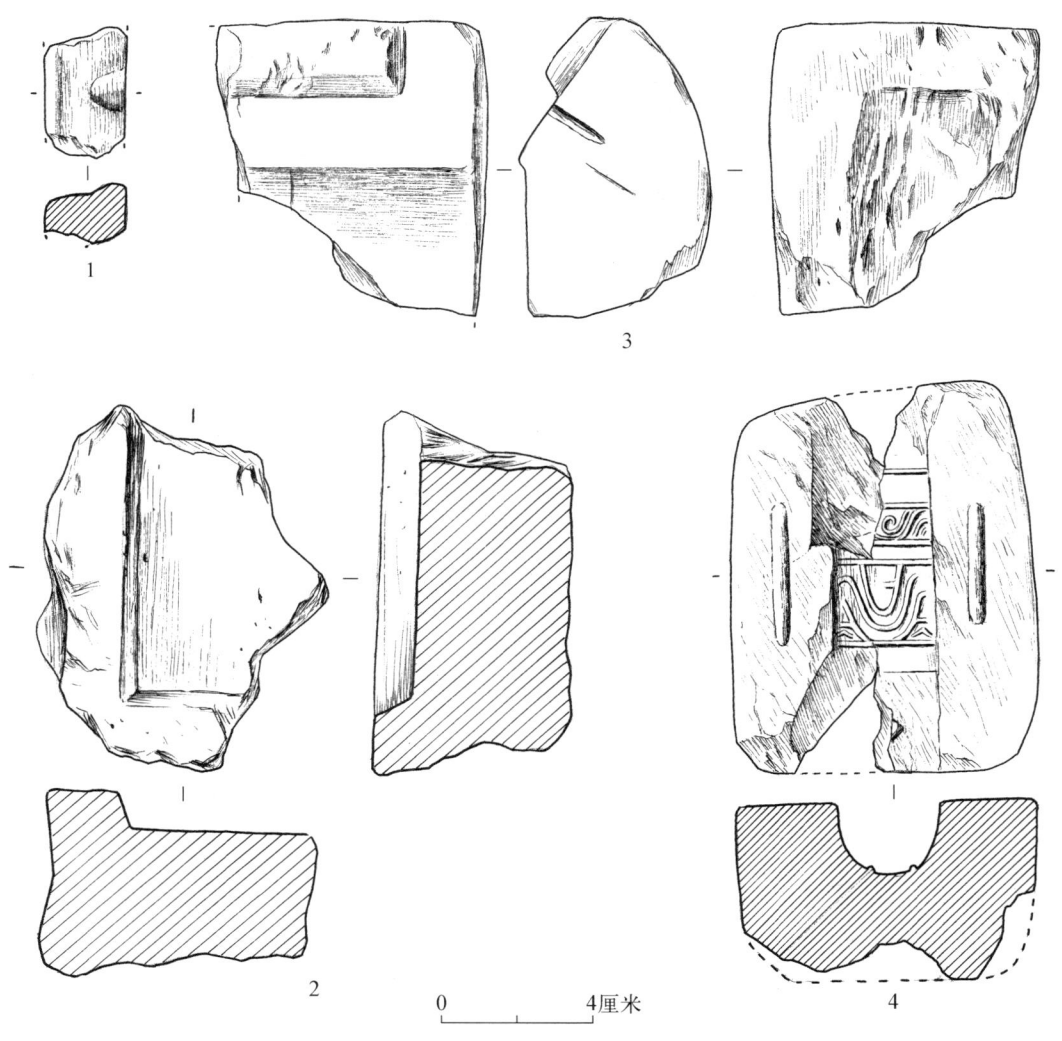

图2-51　06QHH11、HH13出土陶范

1.回炉泥芯(HH13:26)　2.不明容器外范(HH11:50)　3.钟外范(HH11:70)　4.波带云纹管形器外范(HH11:58)

　　钟外范　共7件。HH11：17，断面可见面层与背层，背层残留不多。面料精细，浇铸面与分范面呈砖红色。背料夹粗砂和小石子，呈棕黄色。残存一处平整的范面，应是分范面，浇铸面向内微弧，在浇铸面与分范面交界处有两个菱形卯，卯底部可见刻划痕迹，应当是范制好后新制作的卯。背面凹凸不平。可能为钟甬部一类的外范。范块残高3、残宽2.2、厚约1.7厘米，较大菱形卯长0.8、宽0.6、深约0.3厘米，较小菱形卯长0.7、宽0.5、深约0.2厘米（图2-50，5）。HH11：25，未见面层与背层之分，浇铸面与分范面呈青灰色，背面呈灰褐色，无粗砂。分范面平整，浇铸面向内微弧，其上还粘附些许铜锈，可能为钟之钲部。范块残高5.5、残宽3.4、厚约2.1厘米。HH11：38，从残存形制看面层外框外侧高，中间内凹，背层残留不多。浇铸面与分范面呈青灰色，面层背面呈砖红色。背料夹粗砂，有肉眼可见的小石子。分范面平整，有长方形榫，位于远离浇铸面的一端，剖面呈梯形，上小下大，从断面看榫与面层为一体，但分范面与榫交界处有裂隙，可能与埋藏过程有关，也可能是榫翻制好后经过加工。浇铸面保留不多，向内微弧。背面凹凸不平，有两处指窝按压痕迹，另有一形制规整的小圆孔，未贯穿面层，功用不明。推测是钟的钲部外范。范块残长5、残宽2.5、分范面厚约7.8厘米，榫残长4.5、残宽3～3.5、高约1.1厘米。HH11：39，可见面层与背层之分。面料精细，浇铸面与分范面呈青灰色，面层背面呈砖红色。背料夹粗砂和小石子，呈灰褐色。分范面平整，带长方形榫，上小下大，剖面为梯形，从断面看榫与面层为一体。分范面近榫处有三道间隔很近的浅凹槽，中间的凹槽内隐约可见有绳子痕迹。浇铸面倾斜，向内微弧，可能为钟之钲部。背面凹凸不平。范块残长8、残宽3.8、厚约7.2厘米，榫长3.2～4.5、宽2～2.8、高约1厘米（图2-50，6）。HH11：40，未见面层与背层之分，浇铸面与分范面呈青灰色，背面为棕黄色，无粗砂。分范面平整，在远离浇铸面的一端残留一向下的平面，可能是长方形卯的残余。浇铸面倾斜，向内微弧，应为钲部的铸腔。背面不平整。范块残长3.6、残宽2.8、厚约3.2厘米。HH11：41，从残存形制看面层外框外侧高，中间内凹，背层基本脱落殆尽。浇铸面与分范面呈青灰色，面层背面呈砖红色，无粗砂。分范面平整，有一长方形卯，剖面呈上大下小的梯形。浇铸面向内微弧，应为钲部的铸腔，铸腔面在近末端处内收，至末端消失，可能为钟之铣部。背面凹凸不平。范块残高7.9、残宽3.5、厚约4.4厘米，卯残长3.4、残宽2.8、深约0.5厘米。HH11：70，从残存形制看面层外框外侧高，中间内凹，背层已脱落殆尽。浇铸面与分范面呈青灰色，背面呈砖红色。范块大而厚，保存浇铸面、范底部及一侧的分范面。浇铸面平直无弧度，仅见一小段水平方向阴刻线，应已在浇铸范围以外。分范面上可见一垂直方向的长方形大榫。范底部深刻有一拼合外范用的对准线。背面凹凸不平，残留数个指窝按压痕迹。可能为钟鼓部下缘以下位置范。范块残高7.1、残宽8、厚4.8厘米，榫残长4.9、宽2.1、高约0.8厘米（图2-51，3）。

　　波带云纹管形器外范　共3件。HH11：58，长方体，裂为数块，但范身大致完整，保存范的各面。范一端窄，一端较宽，无明显背层与面层区别，浇铸面呈青灰色，背面呈砖红色，内面可见波带纹及卷云纹。为双合范，在合范的两个分范面上各有一细长榫，较宽一端的型腔内面顶端尚残存一三角形榫。浇铸面剖面呈"U"形，范的两端应另安芯头及内芯，背面凹凸不平。器形不明，可能为车马器。范块长约10.5、宽6.7～7.5、窄端厚约3.5、宽端厚约4.7厘米，型腔长10.5、宽2.7、深约1.8厘米，较长的榫长3.4、宽0.3厘米，较短的榫残长2.8、宽约0.2厘米（图2-51，4；彩版一一，5）。HH11：60，未见面层与背层之分，浇铸面呈青灰色，背面呈灰褐色，无粗砂。浇铸面保留有少量纹饰，从纹饰和残存形制看与HH11：58是同一种器形。范块残长3.8、宽2.6、厚2.6厘米（图2-49，2）。HH11：66，未见面层与背层之分，浇铸面呈青灰色，背面为棕黄色，无粗砂，浇铸面圆弧，范面保留有卷云纹，应与H11：58为同一类器。范块残长3.1、残宽3.2、厚2.3厘米。

管形器外范　共2件。HH11：42，断面可见面层与背层，分界线不规则。从残存形制看面层外框外侧高，中间内凹。面料精细，分范面呈青灰色，面层背面呈砖红色。背层夹杂小石子，呈砖红色。与HH61：25为相同位置范，但仅存左右两侧分范面、范顶面及与芯头相接部位，浇铸面无存。一侧分范面带圆角长方形大榫，榫远离与芯头相接部位的范面，从剖面看榫似是外范制好后另接上的。另一侧带二水平方向卯，平面近菱形，靠近与芯头相接部分范面。另在与芯头相接部位的范面上还有一个长椭圆形卯，未见加工痕迹。范顶面比较平整，背面不平整。范块残高6、宽4.9～7.7、厚约4.2厘米，长方形榫残长2.7、宽1.7、高约0.4厘米，椭圆形卯长2.9、宽0.8～1.5、深约0.3厘米，菱形卯长约1.7、最宽约1.5、深约0.5厘米（图2-49，3；彩版一一，4）。HH11：47，未见面层与背层之区分，浇铸面呈青灰色，背面呈砖红色和灰褐色。分范面平整，残存卯的一小部分。浇铸面向内圆弧，范面有一个平面近菱形的卯，纹饰磨损，仅见器缘上的窄边。范块残长4.8、残宽3、厚3厘米，菱形卯长1.6、最宽约0.7、深约0.4厘米（图2-49，6）。

不明器范　共15件。HH11：18，断面可见面层与背层，分界线不明显。面料精细，分范面呈青灰色。背料无粗砂，呈棕黄色。有两处平整的范面，从卯的位置看应当是两处分范面，一水平一垂直方向。卯剖面呈"U"形，位于两个分范面交界处，卯底部还残存刻划痕迹，观察卯其他部位未见刻划痕迹，都比较平滑，推测卯应当是翻制好之后又经过修整。背面凹凸不平，残留有指窝按压痕迹。范块残长4.1、残宽4.3、厚约2.5厘米，卯残长2.2、最宽1.9、深约0.6厘米（图2-50，7）。HH11：19，未见面层与背层之分，仅残存分范面。分范面呈青灰色，背面呈棕黄色，不含粗砂。浇铸面有一水平一垂直两个榫。长方形者较大；近圆角长方形者较小，均上小下大。从断面看榫与范块为一体。背面凹凸不平。范块残长7、残宽2.8、厚约2.6厘米。HH11：20，未见面层与背层之分，浇铸面与分范面呈青灰色，背面亦呈青灰色，表面土锈较多。共四处范面，浇铸面向内微弧，分范面与浇铸面垂直，带一平面近三角形的榫，剖面近直角三角形。顶面与浇铸面和分范面垂直，比较平整。与浇铸面相对的还有一处平整的范面，与分范面和顶面垂直。背面凹凸不平。推测顶面是水平分范面，带榫的是垂直分范面，与浇铸面相对的是外范的背面。范块残高 5.5、残宽 3.4、厚约 4.5 厘米，榫长 4、三角形底部宽 1.1、底部高约 0.8 厘米。HH11：21，未见面层与背层之分。浇铸面和分范面呈青灰色，背面呈砖红色。浇铸面残留小部分，比较平整。分范面平整，残留长方形榫的一部分，榫位于远离浇铸面的一端，与范块为一体。背面凹凸不平，残留一处指窝按压痕迹。范块残长 7.3、残宽 3.5、厚约 2.4～3.2 厘米，榫残长 3.2、宽 2.8～3.5、高 0.8 厘米。HH11：22，从残存形制看面层外框外侧高，中间内凹，背层已脱落殆尽。各面均呈青灰色。共三面较平整的范面。顶端较平，边缘处不甚规整，有一小段浅窄凹槽。侧面的范面与顶范面相交几成直角，有一凸起的小台面，从残存形状看为长方形，可能为榫，与范块为一体。第三处范面向外微弧，此面凹凸不平，且与顶面相接处不平整，不似浇铸面，可能是顶范或底范的外表面。范块残长 5、残宽 4.2、厚约 1.2～4.1 厘米，榫残长 3、宽 2.3、高约 0.5 厘米（图 2-50，8）。HH11：26，未见面层与背层之分。浇铸面与分范面呈青灰色，背面呈砖红色，无粗砂。水平方向和垂直方向各有一分范面，均较平整，垂直分范面有一枣核形榫，位于远离浇铸面的一端，平面近梯形，剖面呈半椭圆形，榫与范块为一体。浇铸面为弧形铸腔，断面呈圆角方形。范块残长 4.8、残宽 3.6、厚约 2.5 厘米，榫长 1.9～2.6、宽 0.9、最高处高约 0.8 厘米（图 2-52，1）。HH11：29，断面见面层与背层，分界线不规则。面料精细，分范面呈青灰色，面层背面呈砖红色。背料夹粗砂和小石子，为灰褐色。共两处范面均较平整，其中一面带长方形榫，榫与面层为一体制成，应是垂直方向分范面。另一处范面平整无榫卯结构，范面与榫的一侧面连在一起，应是水平方向的分范面。范块残高 6.1、残宽 5.6、厚约 4.4 厘米，榫长 5.6、宽 2.2、高约 1 厘米。HH11：31，未见面层与背层之分，无粗砂，各范面呈青灰色，背面为砖红色，无粗砂。范面共保留三面，顶端范面较平，第二面向外圆弧，第三面较平，与顶端范面相交成直角。三处范面组成一个 1/4 圆形。背面残留两处指窝按压痕迹。呈圆弧形的范面仅在靠近两处平整范面处有明显青灰色，其他各处与背面颜色一致，因此推测此弧面为外范的外表面。范块残高 4、半径约 4.5 厘米。HH11：32，从残存形制看面层外框外侧高，中间内凹，背层已脱落殆尽。浇铸面与分范面呈青灰色，背面亦呈青灰色。共两处互相垂直的范面，均平整。其中较大的一处范面有一菱形卯，卯远离另一处范面，卯底部可见刻划痕迹，推测此面应是分范面，而另一范面是浇铸面，或可能也是分范面。背面凹凸不平，有指窝按压痕迹。范块残长 5.2、残宽 2.4、分范面处厚约 5、面层内凹处厚约 1.6 厘米，卯残长 2.9、深约 0.5 厘米。HH11：37，断面见面层与背层，分界线不明显。面料精细，浇铸面与分范面呈青灰色，部分露出原砖红色。背料无粗砂，偶见小石子，呈砖红色。分范面平整，带一楔形榫，平面近三角形，剖面呈直角三角形，远离浇铸面的一端，与面层为一体制成。浇铸面向内圆弧，断面近圆角方形，浇铸面上隐约见有一道凸起的直线纹。范块残长 5、残宽 3.2、厚约 3.4 厘米，榫残长 1.2、残宽 1.2、高约 0.5 厘米（图 2-52，2）。HH11：44，未见面层与背层之分，无粗砂，浇铸面、分范面、背面多为砖红色，仅浇铸面部分为青灰色。有两处分范面，一水平方向一垂直方向。一处面积较大，平整，带

图2-52　06QHH11出土陶范及陶管

1～3. 不明器范（HH11：26、37、46）　4. 陶管（HH11：16）　5. 不明内芯（HH11：27）

方形卯,卯一侧底部见刻划痕迹。另一处残存小部分。浇铸面倾斜,无弧度。背面凹凸不平,残留指窝按压痕迹。范块残长6.9、残宽2.4、厚约3.5厘米,卯残长3、残宽1.2、深约0.4厘米。HH11：46,未见面层与背层之分,范面呈青灰色,背面呈灰褐色,无粗砂。有上下两层范面,下层范面一侧带椭圆形卯,卯剖面呈"U"形,卯残存部分端部窄浅,中间宽深。因下层范面平面近梯形,画图寺所见榫上有榫的结构无此形制,可能是外范与芯头相扣合之处。范块残长4、残宽7、厚约3.7厘米,卯残长2.5、最深处深约0.9厘米(图2-52,3)。HH11：52,未见面层与背层之分,内面呈青灰色,背面呈砖红色,背面经滚磨。范块厚、大,内面外鼓,因无明显型腔,不能判断器形或外范部位。范顶面保存一完整范边,范边不呈水平,向背面低下,其上有一"V"形沟槽,可能是卯,剖面呈"U"形。内面靠外侧上有一垂直方向刻槽,可能为型腔分界,外缘有一"L"形沟槽,有刻划痕迹。范块残长9.1、残宽8.6、厚约4.2厘米(图2-47,7)。HH11：55,从残存形制看面层外框外侧高,中间内凹,背层基本无存。浇铸面呈青灰色,背面呈棕黄色。背料夹粗砂,呈棕黄色。浇铸面甚残,范面正中位置下凹,下凹位置还残存有一枣核形卯,应是外范与芯头合范的部位。范块残长7.7、残宽5.2、厚约3.8厘米。HH11：56,未见面层与背层之分,浇铸面呈青灰色,背面呈砖红色,无粗砂。仅保存浇铸面部分,浇铸面为带弧形的铸腔,背面凹凸不平,有指窝按压痕迹。范块残长13.2、残宽5.4、厚约5.1厘米。

带浇道长方形芯头　1件(HH11：36)。表面呈青灰色,内部呈砖红色。带双浇道,芯头外侧有一垂直方向榫。浇道以下有一断面为方形的芯头。应与双合范组合,用以浇铸带长方柄的兵器、工具或车器等小器物。长5.3、宽3、厚2.8厘米(图2-47,1;彩版一三,3)。

不明内芯　共4件。HH11：24,大部分已残,表面为橙红色,底部较平,表面圆弧,表面与底面形成一个较尖的夹角,底面近夹角处有一小凸起,芯料未见内外之别,形制规整,未见手制痕迹。平面形状近三角形。三角形底边长3.5、高2.4、芯厚0.1～2厘米。HH11：27,大部分已残,表面为橙红色,底部较平,表面圆弧,表面与底面形成一个较尖的夹角,底面有一小凸起,芯料未见内外之别,形制规整,未见手制痕迹。器同标本HH11：24,平面形状近三角形。三角形底边长4、高2.8、芯厚0.2～2.4厘米(图2-52,5)。HH11：35,大部分已残,原应为圆柱形,各面均呈青灰色。芯料无内外之分,未见手制痕迹。残高2、直径约3.7厘米。HH11：45,圆柱形的一部分,各面均呈青灰色,芯料无内外之分,未见手制痕迹。残高2.1、直径约1.8厘米。

(3)炉壁

HH11共出土炉壁2 928块,总重量计有97.75千克,可辨识的大块炉壁基本都是条筑式炉,未见堆筑式炉和砂质炉。标本HH11：76,条筑式炉,保留有炉衬层与基体层。衬面呈青灰色,局部发亮,已烧流变形,表面凹凸不平,局部开裂,部分断面呈蜂窝状,有较多孔洞。基体层用夹杂植物茎秆的泥条盘筑而成,呈灰黑色或红色,残块可见4块泥条,宽约2～3厘米,其中一块泥条夹杂植物茎秆较少,而其他泥条夹杂较多植物茎秆。推测其直径约60～80厘米。弦长

11.7、弦高11.5、厚3厘米，重546.4克。标本HH11：77，条筑式炉，保留有炉衬层与基体层。衬面呈青灰色，已烧流，不甚严重，表面开裂，断面无孔洞。基体层用夹杂植物茎秆的泥条盘筑而成，呈灰黑色，残块可见3块泥条，宽约2.5～4厘米，中间一块泥条夹杂植物茎秆较多，而其他泥条夹杂较多植物茎秆。推测其直径约100厘米。弦长15.5、弦高8.4、厚4厘米，重603.2克。标本HH11：78，条筑式炉，保留有炉衬层与基体层。衬面呈浅灰色，已烧流变形，表面凹凸不平，部分断面呈蜂窝状，有较多孔洞，未粘附铜液。基体层用夹杂大量植物茎秆的泥条盘筑而成，呈灰黑色，背面还残留数处指窝按压痕迹，残块可见4块泥条，宽约2～3.5厘米。推测其直径约40～50厘米。弦长16、弦高12、厚3.5厘米，重700.3克。标本HH11：79，条筑式炉，保留有炉衬层、基体层与部分加固层。衬面呈青灰色，发亮，已烧流变形，表面凹凸不平，部分断面呈蜂窝状，有较多孔洞。基体层用夹杂大量植物茎秆的泥条盘筑而成，呈灰黑色，残块可见3块泥条，中间较完整者宽约3厘米。基体层外残存有草拌泥组成的加固层，呈红色。推测其直径约40～50厘米。弦长11、弦高8.3、厚6厘米，重501.2克。标本HH11：80，条筑式炉，保留有炉衬层、基体层与部分加固层。衬面呈浅灰色，局部开裂，烧结不甚严重，断面无烧结所成孔洞。基体层用夹杂大量植物茎秆的泥条盘筑而成，呈灰黑色，残块可见2块泥条，宽约3～3.5厘米。基体层外残存部分加固层，不含植物茎秆，呈红色。推测其直径约40～50厘米。弦长11.2、弦高6.1、厚4.6厘米，重309.1克。

（4）铜器及铜块

铜块　1件（HH11：75）。扁平状铜块，α固溶体树枝晶偏析，晶间腐蚀，大部分晶粒趋于等轴晶体，局部晶间存在锈蚀的共析体，较多细小的Cu_2S夹杂物，铜含量80.1%，锡含量12.8%，为铜锡铸造后受热组织（检测编号ZJT11；彩版二九八，3、4）。

（5）铜渣

铜渣　1块（HH11：74）。夹有铜粒的大块灰色浮渣，铜粒为Cu-Sn合金颗粒，还有SnO_2、FeO、$FeCaSiO_4$等物相，为铜锡合金熔炼渣（检测号ZJT12；彩版三○○，4）。

（6）陶管

标本HH11：16，泥质含微量细砂，红褐色。残存部分近半圆锥体形，仍可见小孔沿长轴贯穿，横截面呈半圆形，两端宽窄变化较大，粗端底部修治平整，从残存部分可见细端孔径要比粗端稍大，且粗端到器身中部的孔径基本不变，细端孔径接近细端时有突然变大的趋势，表面可见修刮痕迹，但无经受高温的痕迹。残长3.4、粗端直径约2.6、粗端孔径约0.6厘米（图2-52，4）。

（7）陶容器

HH11出土陶片数量超过400片。陶质分为夹砂和泥质两类，以泥质者为主，超过75%。陶色以灰陶占绝对多数，比例超过95%，褐陶约占4%，灰褐陶不足0.5%。器类丰富，达十种之多，其中联裆鬲、瓮罐盆类均超过20%（表2-10）。

表2-10　06QHH11出土陶片陶系、纹饰及器类统计表

陶质		夹　砂			泥　质			合计	百分比(%)
纹饰与器类	陶色	灰	褐	灰褐	灰	褐	灰褐		
纹饰	粗绳纹	1			94	18		113	26.84
	中绳纹	98			76		2	176	41.81
	细绳纹				33			33	7.84
	旋纹				13			13	3.09
	素面				86			86	20.43
合计		99			302	18	2	421	100.01
百分比(%)		23.52			71.73	4.28	0.48		100.01
		23.52			76.49				
器类	联裆鬲	5						5	20.00
	矮直领瓮				3			3	12.00
	三足瓮				1			1	4.00
	甗	1						1	4.00
	联裆甗	2						2	8.00
	豆	2						2	8.00
	器盖(？)				1			1	4.00
	圈足器				3			3	12.00
	瓮罐盆类				5			5	20.00
	高领罐				2			2	8.00
合计		10			15			25	100.00
百分比(%)		40.00			60.00			100.00	

联裆鬲　共3件。均夹砂灰陶。HH11：2，侈口，尖圆唇，沿下角较大。残长7、残高4.2厘米（图2-53，4）。HH11：11，侈口，尖圆唇。残长5.9、残高5.2厘米（图2-53，5）。HH11：12，卷沿，方唇，沿面内缘有一道依稀可见的凸棱。残长6.2、残高5.6厘米（图2-53，6）。

联裆甗　1件（HH11：15）。泥质灰陶。平折沿，方唇，领部较直。残长7.5、残高3.9厘米（图2-53，2）。

联裆甗足根　1件（HH11：8）。夹砂褐陶。实足根，足根内侧微起脊。残高5.9厘米（图2-53，8）。

小口罐　1件（HH11：4）。泥质灰陶。窄平折沿，矮领，沿面内缘有一道凹槽，肩部施三周旋纹。残长11.8、残高5.8厘米（图2-53,19）。

大口罐　1件（HH11：03）。泥质灰褐陶。侈口，尖圆唇，肩部较直。残长10、残高5.9厘米。其有可能是先周时期的大口罐（图2-53,18）。

高领罐　共2件。均泥质灰陶。侈口，圆唇。HH11：6，沿面有小平台。口径14.6、残高4.7厘米（图2-53,15）。HH11：14，沿下角较大。残长7.4、残高6.1厘米（图2-53,16）。

豆　1件（HH11：13）。泥质灰陶。方唇，盘壁较直，盘腹较浅，唇面有一道凹槽，盘壁施两周旋纹。残长8.2、残高3.1厘米（图2-53,11）。

矮直领瓮　共2件。均泥质灰陶。窄平沿，圆唇，直领。HH11：1，沿面有一道凹槽。口径17.2、残高2.1厘米（图2-53,1）。HH11：9，残长9.9、残高4厘米（图2-53,17）。

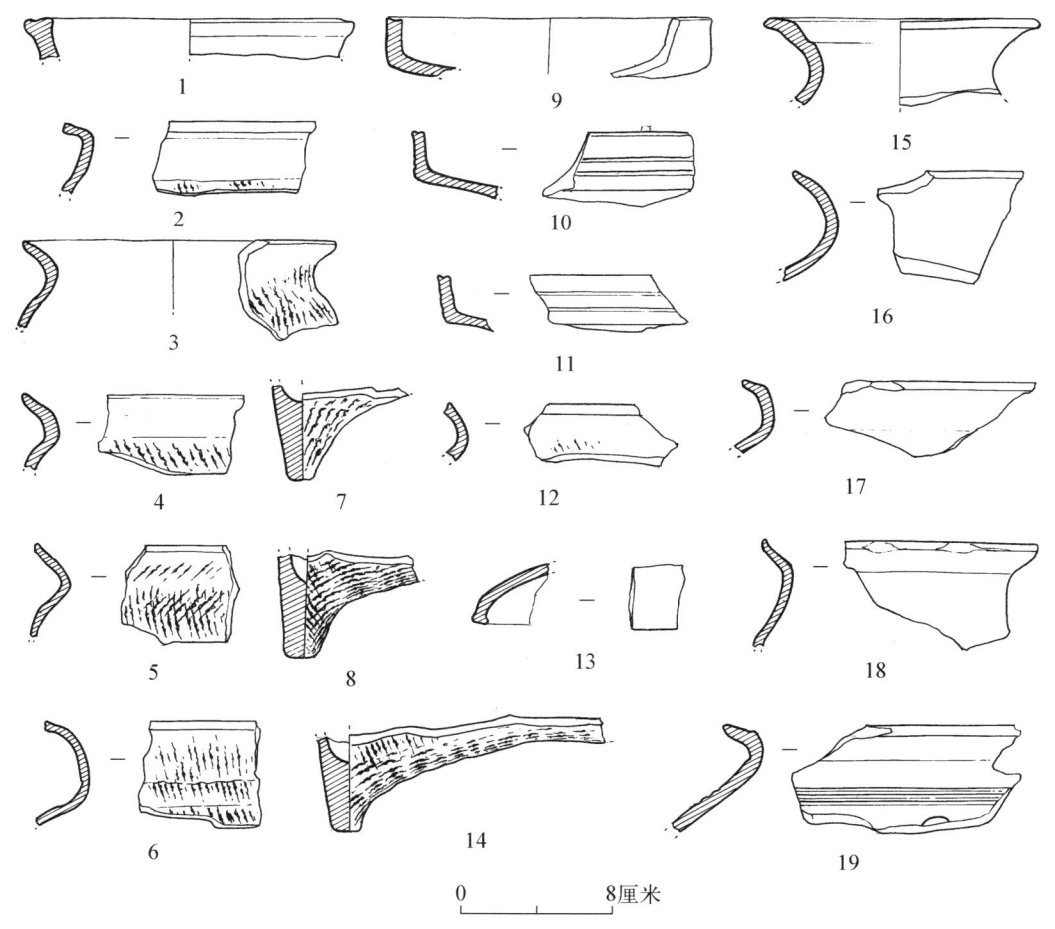

0　　　　　8厘米

图2-53　06QHH11、HH12出土陶器

1、17.矮直领瓮（HH11：1、HH11：9）　2.联裆甗（HH11：15）　3～6、12.联裆鬲（HH12：5、HH11：2、HH11：11、HH11：12、HH12：6）　7、8、14.足根（HH12：3、HH11：8、HH11：10）　9～11.豆（HH12：2、HH12：4、HH11：13）　13.器盖（HH11：5）　15、16.高领罐（HH11：6、HH11：14）　18.大口罐（HH11：03）　19.小口罐（HH11：4）

器盖（？）　1件（HH11：5）。泥质灰陶。弧壁。残长2.6、残高3.2厘米。其形制和豆盘相似，可能为先周时期的浅盘豆（图2-53，13）。

足根　1件（HH11：10）。夹砂灰陶。圆柱状足根。残高5.7厘米（图2-53，14）。

（8）年代

根据HH11出土陶器标本的式别特征，判断其年代为西周晚期偏晚。

12. 06QHH12

（1）形制与堆积

HH12位于HT2内，开口于②层下，被HH2、HH11打破，打破HH13、HH16。因HH12西部及南部为断崖，故坑口呈不规则圆形，残留的北、东壁均呈缓坡状，坑底近平。南北残长1.63、东西残宽1.57、坑口距地表1、自深0.19米（图2-54）。

坑内为一次性堆积，土质较致密，土色呈灰色，内含烧土块、兽骨、蚌片、陶范、陶片、炭粒等。

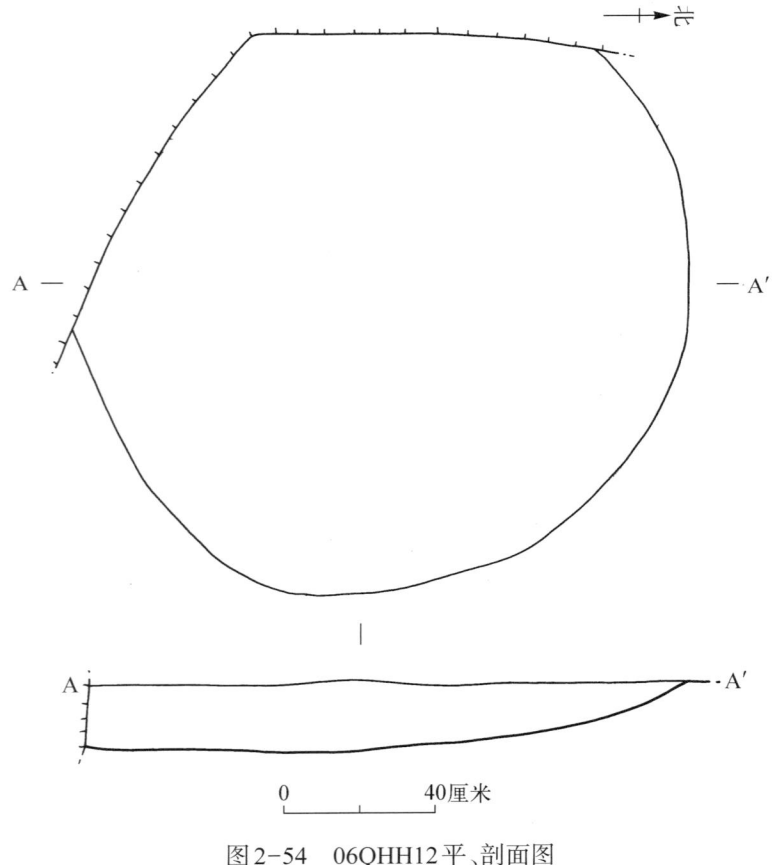

图2-54　06QHH12平、剖面图

（2）陶范

HH12共出土陶范24块，总重量计有0.5千克，无可辨识器形的陶范。

（3）炉壁

HH12共出土炉壁86块，总重量计有3.85千克。标本HH12∶7，条筑式炉，保留有炉衬层与基体层。衬面呈青灰色，局部发亮，已烧流起泡变形，表面凹凸不平，断面有少量烧结形成的孔洞。基体层用夹杂少量植物茎秆的泥条盘筑而成，呈灰褐色，残块可见3块泥条，宽约3厘米。背面残留指窝按压痕迹。推测其直径约50厘米。弦长11.2、弦高9.1、厚3.8厘米，重370.1克。标本HH12∶8，条筑式炉，保留有炉衬层与基体层。衬面呈青灰色，发亮，已烧流起泡变形，表面凹凸不平，部分断面呈蜂窝状，有较多孔洞。基体层用夹杂大量植物茎秆的泥条盘筑而成，呈灰黑色，残块可见3块泥条，宽约2.5～3厘米。已烧流变形，推测其直径约40厘米。弦长7.6、弦高8.9、厚2.8厘米，重200.2克。

（4）陶容器

HH12共出土陶片25片。陶质分为泥质和夹砂两类，泥质陶（80%）多于夹砂陶（20%）。陶色分为灰色、灰褐色，以灰色为主，占总数的80%。纹饰有细、中绳纹和素面、旋纹；以绳纹为主，占总数的60%；其次为素面和旋纹，各占总数的20%。所出器类有联裆鬲2、豆2、盂1、罐1件。

联裆鬲 共2件。均夹砂灰陶。侈口。HH12∶5，尖圆唇，鼓腹。口径16.4、残高5.2厘米（图2-53，3）。HH12∶6，方唇，沿下角较大，沿外有依稀可见的绳纹。残长8、残高3.2厘米（图2-53，12）。

豆 共2件。均泥质灰陶。方唇，盘腹较浅。HH12∶2，盘壁微敛，唇面有一道凹槽。口径17、残高3.3厘米（图2-53，9）。HH12∶4，盘壁较直，盘腹施两周旋纹。残长7.8、残高4.1厘米（图2-53，10）。

足根 1件（HH12∶3）。夹砂红褐陶，陶色斑驳不均。实足根呈扁圆锥状，内侧起脊。残高5厘米。依其特征判断年代不晚于西周早期偏早（图2-53，7）。

（5）蚌器

蚌刀 1件（HH12∶1）。系蚌壳制成，有一小圆孔。残长7.6、残宽4.6、内小圆径0.4～0.7、厚0.5厘米（图2-28，8）。

（6）年代

根据HH12出土陶器标本的式别特征，判断其年代为西周中期偏晚。

13. 06QHH13

（1）形制与堆积

HH13位于HT2内，开口于②层下，被HH11、HH12打破。HH13坑口呈不规则圆形，壁呈斜坡状，底呈锅底状。南北长3.66、东西宽3.25、坑口距地表0.73、自深0.57米（图2-55）。

坑内为一次性堆积，土质较坚硬，类似于踩踏面，土色呈灰褐色，内含陶范、陶片、石器、红烧土块等。

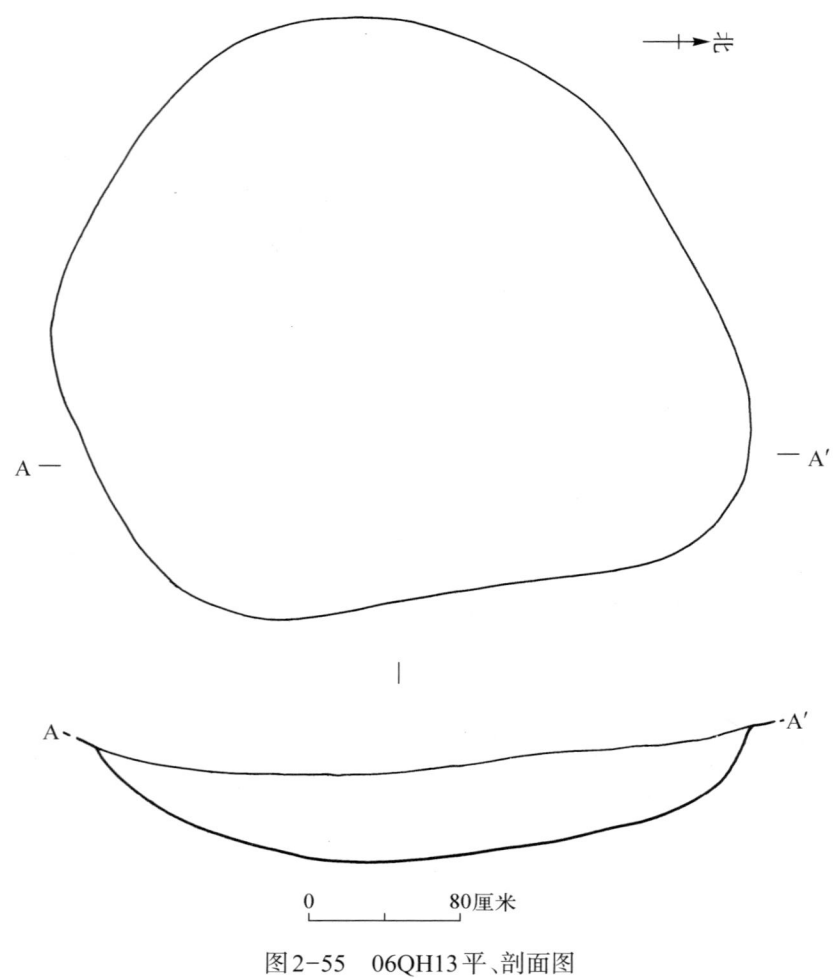

图2-55　06QH13平、剖面图

（2）陶范

HH13共出土陶范91块，总重量计有2.175千克。可辨识陶范所铸器形的有柱足外范1、器足外范2件，另有范块稍大，有榫卯、分范面等特征，但不辨器形者1件。回炉泥芯2、不明内芯3件。

柱足外范　1件（HH13：24）。未见面层与背层之分，各面均呈砖红色，范块作圆弧形，有一水平分范面，浇铸面呈内凹的弧形，弧度较大，应为柱足或柱状部位外范。范块残高2.5、残宽4.5、厚约2厘米。

器足外范　共2件。HH13：27，未见面层与背层之分，浇铸面呈青灰色，分范面及背面为砖红色。型腔同一平面左右两侧均有分范面，一侧保存很小部分，向背面方向倾斜；另一侧分范面平整，带一枣核形卯，卯底部残留刻划痕迹，应是先翻制后修整。背面凹凸不平，残存一指窝按压痕迹。型腔反映足部外撇，应为鼎或鬲足部位置外范。范块残高4.5、残宽6.3、厚约2.4厘米，卯残长2.5、最宽处宽1.5、深0.6厘米（图2-56，9）。HH13：30，未见面层与背层之分，浇

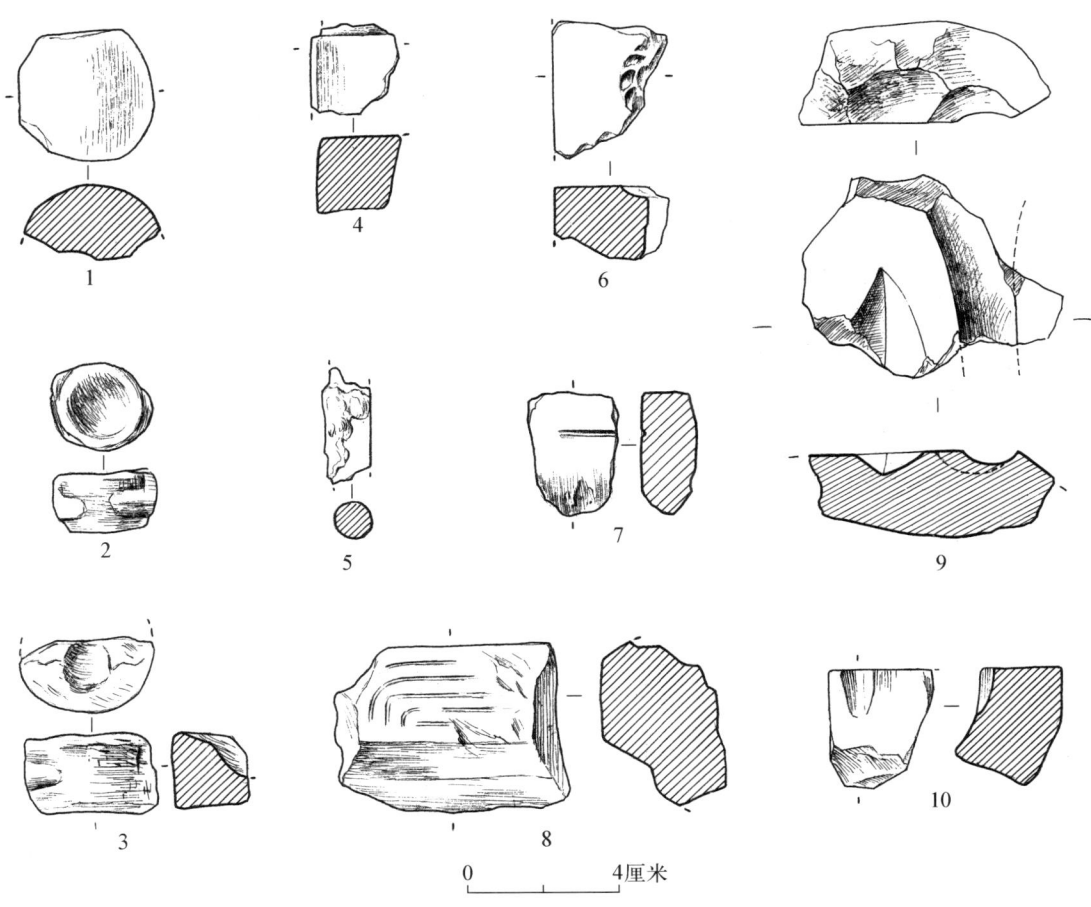

0   4厘米

图2-56　06QHH13、HH14、HH20出土陶范

1、4、10. 不明内芯（HH13∶25、HH13∶31、HH13∶29）　2、3. 圆形内芯（HH20∶46、HH20∶41）　5. 回炉泥芯（HH13∶33）
6、7. 不明器范（HH13∶28、HH14∶3）　8. 窃曲纹簋圈足外范（HH20∶44）　9. 器足外范（HH13∶27）

铸面和分范面呈青灰色，部分已露出原砖红色，背面呈棕黄色。分范面平整，垂直方向有一道
浅槽，长3.5厘米。与其垂直的还有一道水平的浅刻槽，长0.9厘米，末端接近浇铸面。前者保
存不好，不排除是埋藏过程中受外力形成的，后者形制规整，可能是合范符号。浇铸面为内凹
的圆弧面，可能为鼎足一类部分的范。范块残高4.2、残宽3.2、厚1.8厘米。

不明器范　1件（HH13∶28）。未见面层与背层之分，浇铸面呈青灰色，分范面与背面呈砖
红色，部分为棕色，无粗砂。分范面平整，其上有一处不规则形小榫，长约0.8、宽0.3、高约0.1厘
米。浇铸面平整，中部内凹，内凹部分带纹饰，未见刻划痕迹，应当是翻制而成。范块残长3.3、
残宽2.8、厚1.5厘米（图2-56，6）。

回炉泥芯　共2件。HH13∶26，表面呈青灰色，无粗砂。整体呈圆柱形，表面粘有铜渣，但
未见接触高温迹象。残长3.6、直径约2厘米（图2-51，1）。HH13∶33，表面呈灰色。圆柱形，
表面附着有一薄层不平整的墨绿色金属，芯块表面不见接触高温迹象。残长3、直径约1厘米

（图2-56,5；彩版一五,1）。

不明内芯　共3件。HH13：25,表面呈青灰色,内部为砖红色。残存部分近似圆饼状,当是圆球形的一部分。形制规整,未见手制痕迹。直径约3.7、厚约2厘米（图2-56,1）。HH13：29,表面呈青灰色,无粗砂。共三处芯面,顶端芯面平整但不水平,向下倾斜,应当是分范面；垂直方向有分范面和浇铸面,分范面呈内凹的弧形,在与顶端分范面交界处有一枣核形的卯。浇铸面向外微鼓,表面保存不好,接近垂直分范面处有一近三角形的凸起,应当是自带泥芯撑。芯残长3.5、残宽2.6、厚约2.4厘米,卯长1.5、最宽处宽0.8、深约0.5厘米（图2-56,10；彩版一五,2）。HH13：31,表面呈砖红色,无粗砂。原应为圆角方形,在末端向内收缩,形成一个稍小的圆角方形,转折部分似有绳索纹,但保存很差。应是自带芯头的内芯。芯残长2.1、残宽1.7、厚1.5厘米（图2-56,4）。

（3）炉壁

HH13共出土炉壁5块,总重量计有0.65千克。

（4）陶容器

HH13出土陶片近300片。陶质分夹砂与泥质两类,以泥质者为主,占67%稍强。陶色以灰陶占绝对多数,比例超过90%。器类丰富,达十种之多,其中联裆甗超过30%,联裆鬲近20%（表2-11）。

表2-11　06QHH13出土陶片陶系、纹饰及器类统计表

陶质 纹饰与器类 陶色		夹 砂			泥 质			合计	百分比（%）
		灰	褐	灰褐	灰	褐	灰褐		
纹饰	粗绳纹	69	3		51		1	124	41.75
	中绳纹	12		11	60	7		90	30.30
	细绳纹	3			15			18	6.06
	旋纹				15			15	5.05
	素面				50			50	16.84
合计		84	3	11	191	7	1	297	100.00
百分比（%）		28.28	1.01	3.70	64.31	2.36	0.34	100.00	
		32.99			67.01				
器类	联裆甗	8						8	30.77
	联裆鬲	5						5	19.23
	豆					2		2	7.70

陶质		夹　砂			泥　质			合计	百分比(%)
纹饰与器类 陶色		灰	褐	灰褐	灰	褐	灰褐		
器类	器盖					1		1	3.85
	盂					1		1	3.85
	盆					1		1	3.85
	三足瓮					1		1	3.85
	簋圈足					1		1	3.85
	罐					3		3	11.54
	不明器					3		3	11.54
合计		13			13			26	100.03
百分比(%)		50.00			50.00			100.00	

联裆鬲　共2件。均夹砂。折沿，圆唇。HH13：8，灰黑陶。沿外侧绳纹被抹，抹痕依稀可见。残长6.5、残高2.9厘米(图2-57,3)。HH13：9，褐陶。残长3.9、残高3.3厘米(图2-57,8)。

联裆甗　共8件。HH13：3，夹砂红陶。直口，方唇，直腹微鼓，唇面及腹部施印痕较深粗绳纹。残长4.5、残高7厘米(图2-57,11)。HH13：4，夹砂褐陶。折沿，方唇，沿下角较大，鼓腹，唇面施按压绳纹，沿外侧及腹部施绳纹。残长6.9、残高5.4厘米(图2-57,12)。HH13：5，夹砂褐陶。腹施交错绳纹，箅托较宽。残长9.4、残高5.6厘米(图2-57,20)。HH13：10，泥质灰陶。平折沿，方唇，直腹微鼓，沿面有两道凹槽，腹部施条理清楚中绳纹。口径25.7、残高7厘米(图2-57,1)。HH13：12，夹砂红陶，胎稍薄。折沿，方唇，沿下角较小，直腹微鼓，唇面无绳纹，沿外侧绳纹被抹，腹施印痕较深粗绳纹。残长7、残高7.6厘米(图2-57,18)。HH13：16，夹砂红陶。折沿，方唇，腹微鼓，唇面绳纹被抹，沿外侧绳纹模糊，腹部施交错绳纹。残长9.9、残高6厘米(图2-57,16)。HH13：19，夹砂红褐陶。卷沿，斜方唇，唇面无绳纹，沿外侧绳纹被抹，抹痕依稀可见。残长4.6、残高4.4厘米(图2-57,9)。HH13：22，泥质褐陶。折沿，方唇，腹部微鼓，唇面施绳纹，沿外侧及腹部绳纹稍模糊。残长6.9、残高6.1厘米(图2-57,17)。

罐　共2件。均泥质。HH13：11，灰陶。侈口，子母口。残长9.1、残高3.9厘米(图2-57,13)。HH13：17，褐陶。小口，卷沿，尖圆唇，沿面有小平台，肩部有一道旋纹。残长5.1、残高4.8厘米(图2-57,7)。

盆　1件(HH13：6)。泥质黑陶。折沿，圆唇，沿下角较小。残长8.6、残高5.6厘米(图2-57,2)。

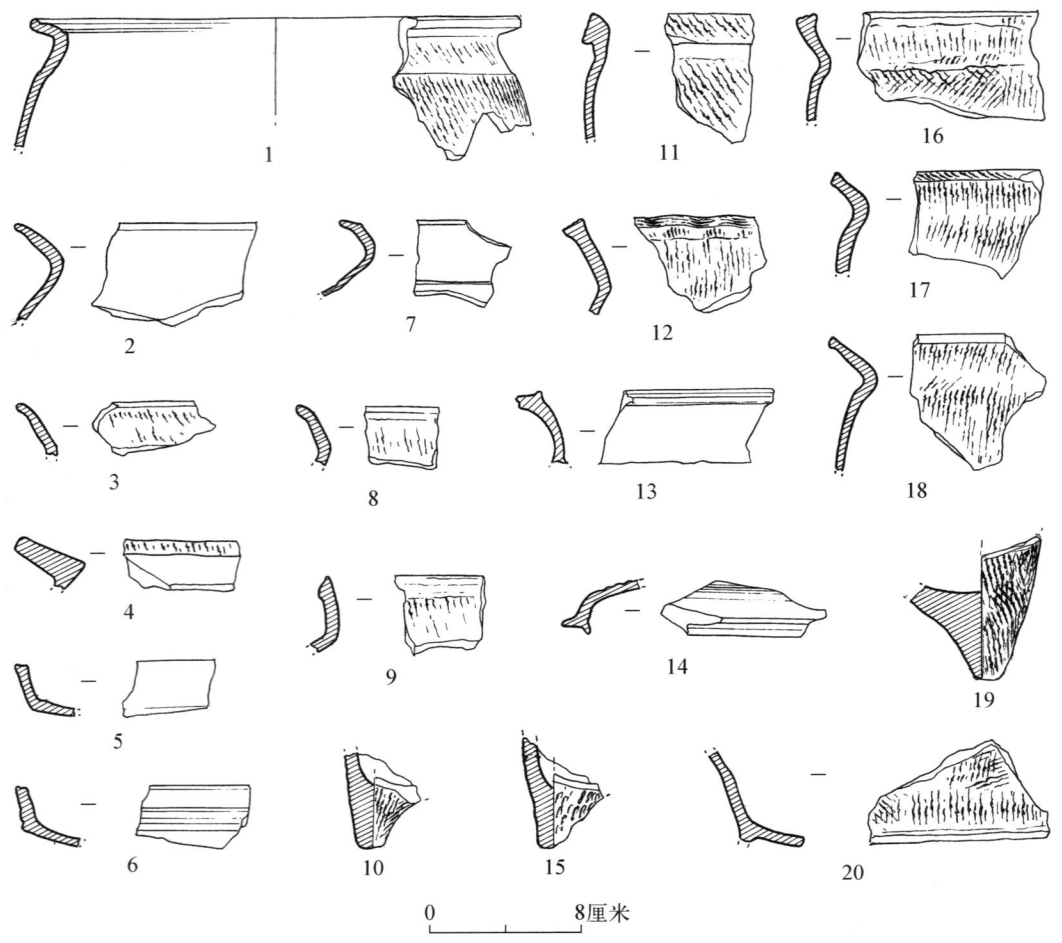

图 2-57　06QHH13 出土陶器

1、9、11、12、16～18、20. 联裆甗(HH13：10、19、3、4、16、22、12、5)　2. 盆(HH13：6)　3、8. 联裆鬲(HH13：8、9)　4. 三足瓮(HH13：7)
5、6. 豆(HH13：23、20)　7、13. 罐(HH13：17、11)　10、15、19. 足根(HH13：14、21、15)　14. 器盖(HH13：18)

　　豆　共 2 件。均泥质。方唇，折壁，浅腹，唇面有一道凹槽。HH13：20，灰黑陶。腹部有两道凹槽。残长 5.9、残高 3.3 厘米(图 2-57，6)。HH13：23，灰陶。残长 4.8、残高 2.9 厘米(图2-57，5)。

　　三足瓮　1 件(HH13：7)。泥质灰陶。折沿，方唇，沿面较宽，唇面施模糊绳纹。残长 6.1、残高 2.8 厘米(图 2-57，4)。

　　器盖　1 件(HH13：18)。泥质灰黑陶。子母口，盖上施数周旋纹。残长 8.6、残高 3 厘米(图 2-57，14)。

　　足根　共 3 件。均夹砂。HH13：14，褐陶。尖锥状足，足根内侧起脊，横截面呈椭圆三角形，施粗绳纹。残高 5.2 厘米(图 2-57，10)。HH13：15，褐陶。施交错绳纹。残高 8 厘米(图2-57，19)。HH13：21，黑褐陶。尖锥状足，实足根较矮，足根内侧起脊，施印痕较深粗绳纹。

残高6.1厘米（图2-57,15）。

（5）石器（含砺石）

石刀　1件（HH13∶1）。青灰色，磨制。双面刃，可见一对钻而成的孔。残长2.6～4.4、宽5.4、厚0.6～1厘米（图2-58,9）。

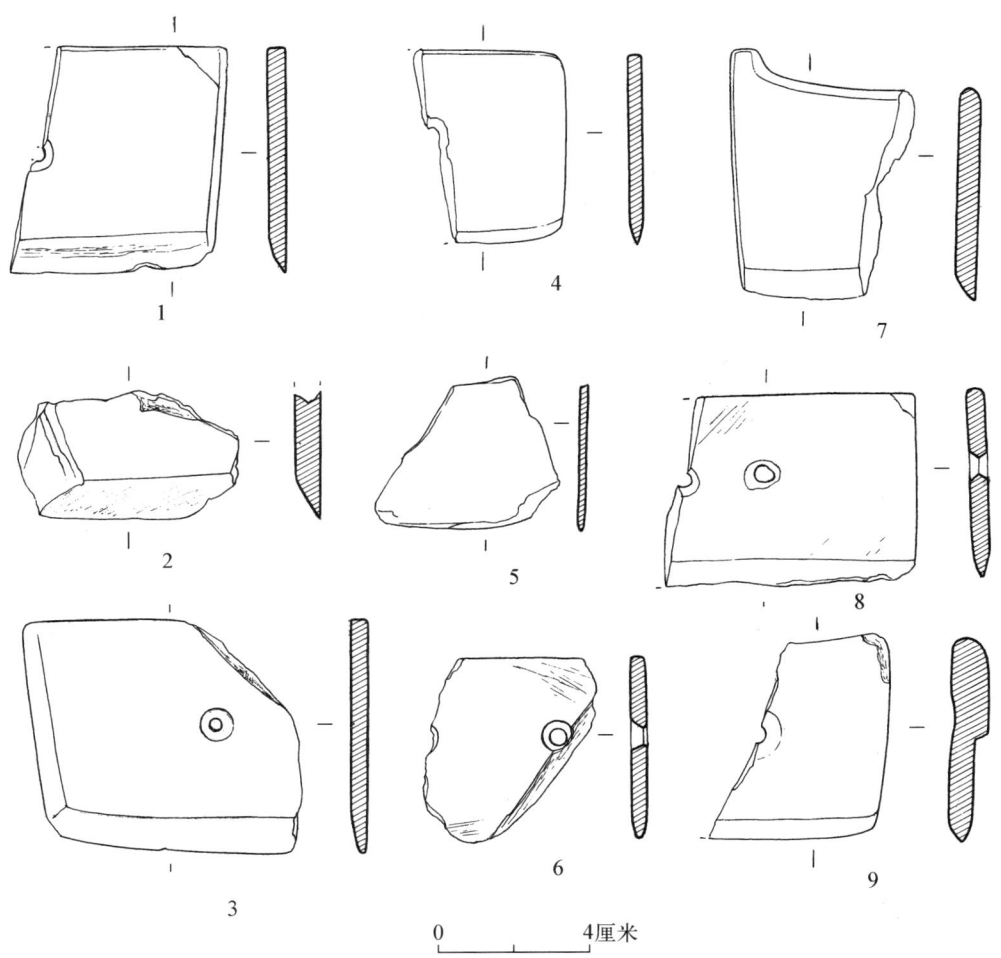

图2-58　06QHH13、HH36、HH38、HH39、HH50、HH57、HH58、HH59出土石刀

1. HH59∶1　2. HH58∶1　3. HH36∶5　4. HH50∶1　5. HH39∶3　6. HH57∶1　7. HH39∶2　8. HH38∶18　9. HH13∶1

石玦　1件（HH13∶2）。内径1.6、外径3.6、厚0.3厘米（图2-32,6）。

（6）骨器

骨料　1件（HH13∶#15）。部位为牛桡骨近端，关节面以下约1.5厘米处被锯断，断口齐整，推测为取骨干部位为坯料后丢弃。残长4.3、宽4.3厘米。

（7）年代

根据HH13出土陶器标本的式别特征，判断其年代为西周中期偏早。

14. 06QHH14

（1）形制与堆积

HH14位于HT5内，开口于②层下，被HH6、HH10打破，打破HH18。因东部在探方外未清理，故已暴露的坑口呈半圆形，壁较直，底呈锅底状。南北残长1.11、东西残宽0.64、坑口距地表0.6～1、自深0.69米（图2-59）。

坑内为一次性堆积，土质较疏松呈粉状，土色呈灰褐色，内含红烧土块、兽骨、陶范、陶片、礓石等。

（2）陶范

HH14共出土陶范12块，总重量计有0.22千克。无可辨识器形的陶范。

不明器范　1件（HH14∶3）。无面层与背层之分，范面呈砖红色，背面褐色。范块小、薄，磨损多，不能辨识部位或器形。范面

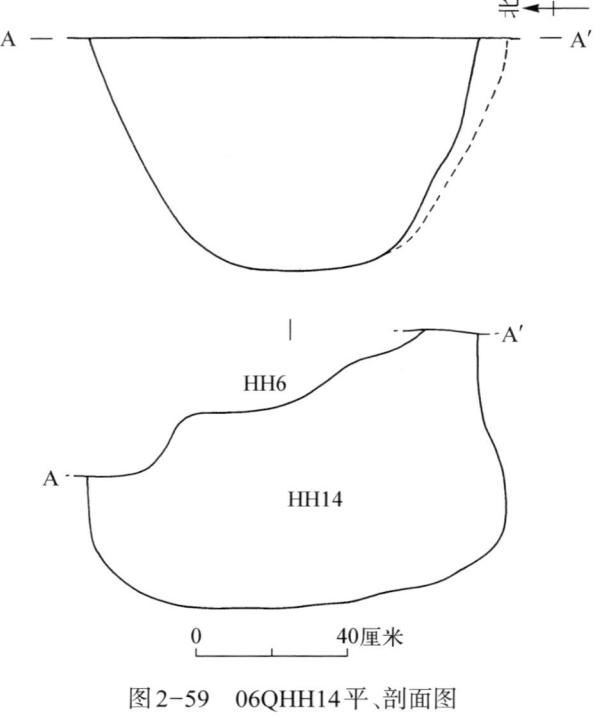

图2-59　06QHH14平、剖面图

有一道深刻阴线，剖面呈"V"形，可能是合范符号。范块残长3.1、残宽2.3、厚约0.9厘米（图2-56，7）。

（3）炉壁

HH14共出土炉壁10块，总重量计有0.45千克。标本HH14∶4，条筑式炉，保留有炉衬层与基体层。衬面呈青灰色，表面开裂，未粘附铜液，断面无孔洞。基体层用夹杂少量植物茎秆的泥条盘筑而成，呈灰褐色，残块可见3块泥条，中间较完整者宽约2.8厘米。残块较小，直径不详。弦长9、弦高7.6、厚3.3厘米，重192.3克。

（4）陶容器

HH14共出土陶片43片。陶质分为泥质和夹砂两类，泥质陶（74.42%）多于夹砂陶（25.58%）。陶色分为灰色、灰褐色，无褐陶，以灰色为主，约占总数的86.05%。纹饰有细、中、粗绳纹、素面、旋纹、箅纹加旋纹；以绳纹为主，约占总数的60.47%；其次为素面，约占总数的32.56%；旋纹者2片；箅纹加旋纹者1片。器类仅有泥质豆3件。

（5）骨器

骨镞　1件（HH14∶#5）。可能用鹿角制作而成，圆体，铤与身分界不明显，身部与铤部均有削痕，铤末渐细，镞前端未打磨，表面沾染铜锈。长4.3、直径0.8厘米（彩版三〇七，5）。

（6）年代

HH14无陶器标本,但HH14被西周晚期偏早的HH10打破,故年代应不晚于西周晚期偏早。

15. 06QHH15

（1）形制与堆积

HH15位于HT5内,开口于②层下,被HH6、HH10打破,打破HH9。因HH15西部为断崖,故残存坑口呈不规则椭圆形,南壁较北壁陡,底呈锅底状。南北长1.78、东西残宽1.4、坑口距地表0.46、自深1.21米（图2-60）。

坑内为一次性堆积,土质较疏松,土色呈灰褐色,夹杂兽骨、礓石,无包含物。

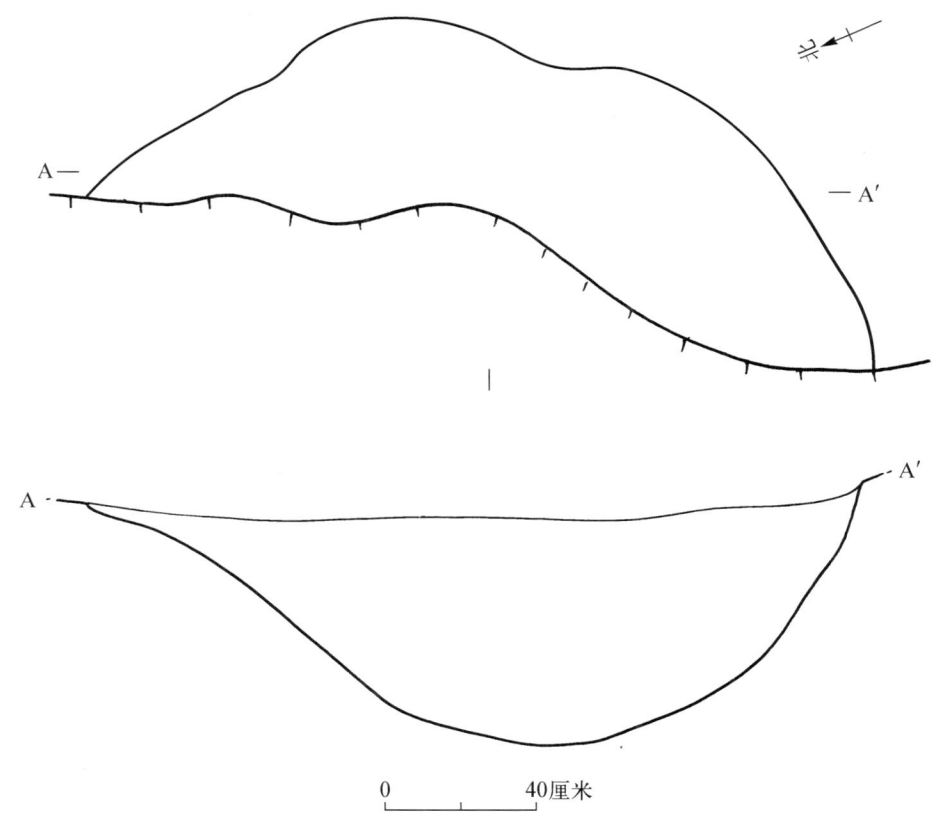

图2-60　06QHH15平、剖面图

（2）年代

HH15无陶器标本,但HH15被西周晚期偏早的HH10打破,打破HH9,而HH9又被西周晚期偏早的HH17打破,故年代应为西周晚期偏早。

16. 06QHH16

（1）形制与堆积

HH16位于HT2内,开口于②层下,被HH12打破。因西北部一半被断崖严重破坏,故残存

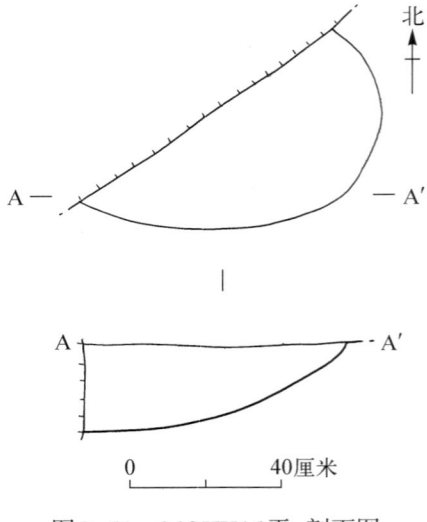

图 2-61　06QHH16 平、剖面图

坑口近半椭圆形,壁呈缓坡状,底呈锅底状。东西残长 0.77、南北残宽 0.56、坑口距地表 1.21、自深 0.23 米(图 2-61)。

坑内为一次性堆积,土质较疏松,土色呈灰色,夹杂灰土,内含陶片、兽骨等。

(2)陶容器

HH16 出土陶片 11 片。泥质者 2 片,夹砂者 9 片。均为灰陶。粗绳纹者 3 片,中绳纹者 8 片。无可辨识器形。

(3)年代

HH16 无陶器标本,但其被西周中期偏晚的 HH12 打破,故年代应不晚于西周中期偏晚。

17. 06QHH17

(1)形制与堆积

HH17 位于 HT5 内,开口于②层下,被 HH6、HH9、HH10 打破,打破 HH18。坑口呈不规则圆形,坑壁较直,底呈锅底状,凹凸不平。东西长 1.23、南北宽 1.13、坑口距地表 0.47、自深 0.54 米(图 2-62)。

坑内为一次性堆积,疏松的灰褐色土与紧密的红褐色土混杂,内含陶范、铜渣、陶片、蚌器等。

(2)陶范

HH17 共出土陶范 14 块,总重量计有 0.4 千克,无可辨识器形的陶范。

不明器范　共 3 件。HH17:5,断面可见面层与背层,背层残留不多。面料精细,浇铸面与分范面呈青灰色,面层背面呈砖红色。背料无粗砂,孔隙较面层多,呈棕黄色。范面共两面,一面较平,微弧,上带凸棱,保存不好,原应近枣核形,此面应该是带榫的分范面。另一面倾斜,与之相接,残留不多,呈内凹的弧形,应当是浇铸面。范块残长 8.1、残宽 6.2、厚约 2.7 厘米,榫残长 4.7、残宽 1.8、高约 0.7 厘米。HH17:7,未见面层与背

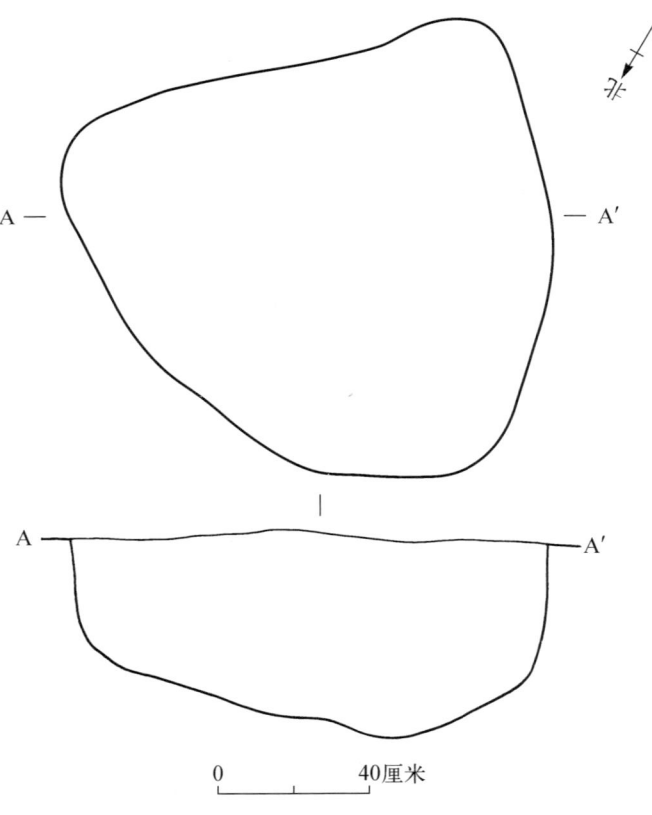

图 2-62　06QHH17 平、剖面图

层之分，无粗砂，各面均呈砖红色。范面共三面，顶部范面带一小凹面，应当是方形卯，上大下小，未见刻划痕迹，此面应当是水平分范面。侧面范面平整，带长方形榫，上小下大，与范块一体制成，此面应当是垂直分范面。第三面为倾斜面，与顶面垂直，与侧面范面相接，微外鼓，不甚平整，与其相对的一面隐约见有残断的弧形范面，且此面与垂直范面的榫的一侧面相连，此面应当是外范的外表面。范块残高4.9、残宽2.9、厚约2厘米，卯残长1.3、残宽1.1、深约0.5厘米，榫长2.7、宽0.9、高0.5厘米（图2-63，4）。HH17：8，断面可见面层与背层，背层残留不多。面料精细，浇铸面与分范面呈青灰色，背面亦呈青灰色。背料夹粗砂和小石子，呈黄褐色。分范面平整，仅残留一小部分，应为垂直方向的分范面。浇铸面破坏严重，纹饰所剩无几，从形制看可能是圈足外范，圈足外撇且出阶。范块残高4.6、残宽4.6、厚约2.4厘米（图2-64，4）。

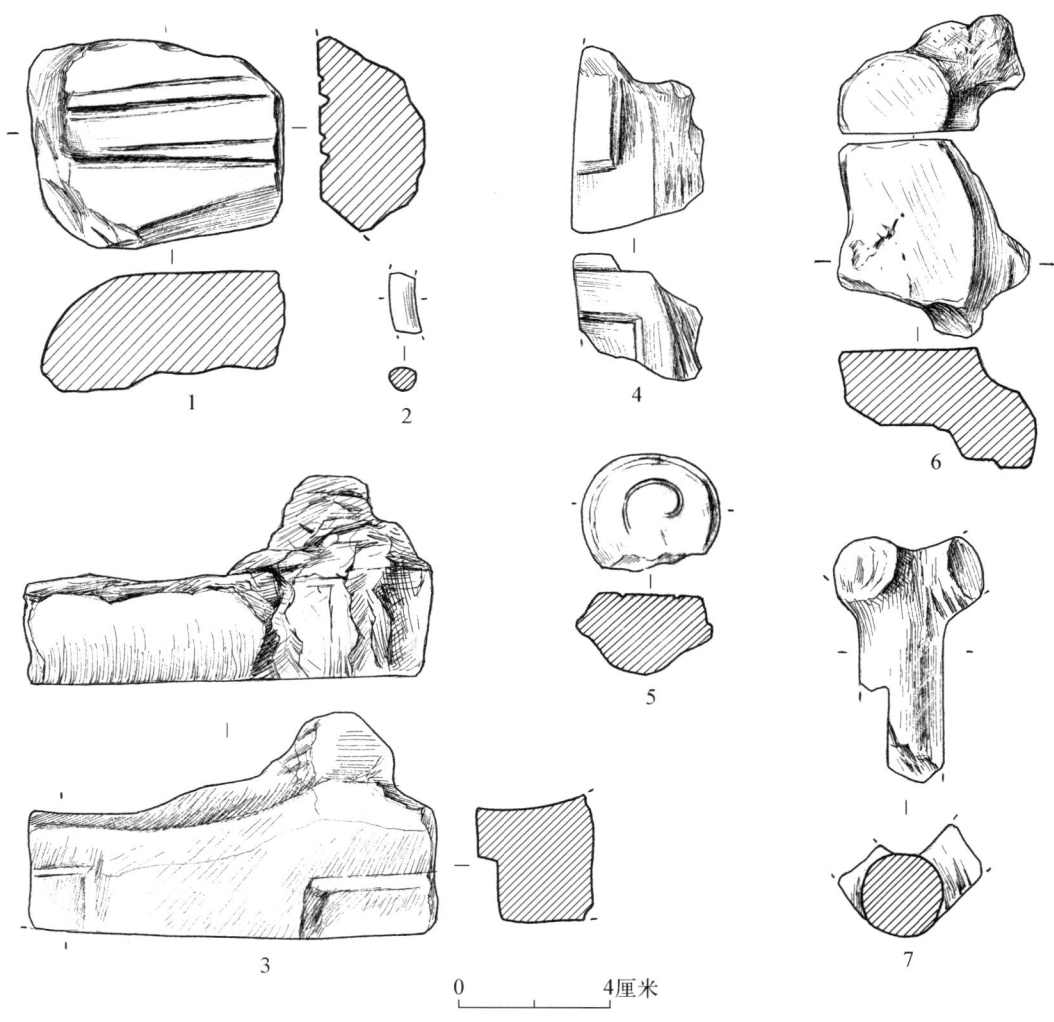

0   4厘米

图2-63　06QHH17、HH19、HH20出土陶范

1. 斗柄外范（HH20：50）　2. 圆形内芯（HH20：57）　3. 不明容器外范（HH19：13）　4、5. 不明器范（HH17：7、HH20：39）
6. 器把外范（HH20：54）　7. 三叉形器模（HH20：56）

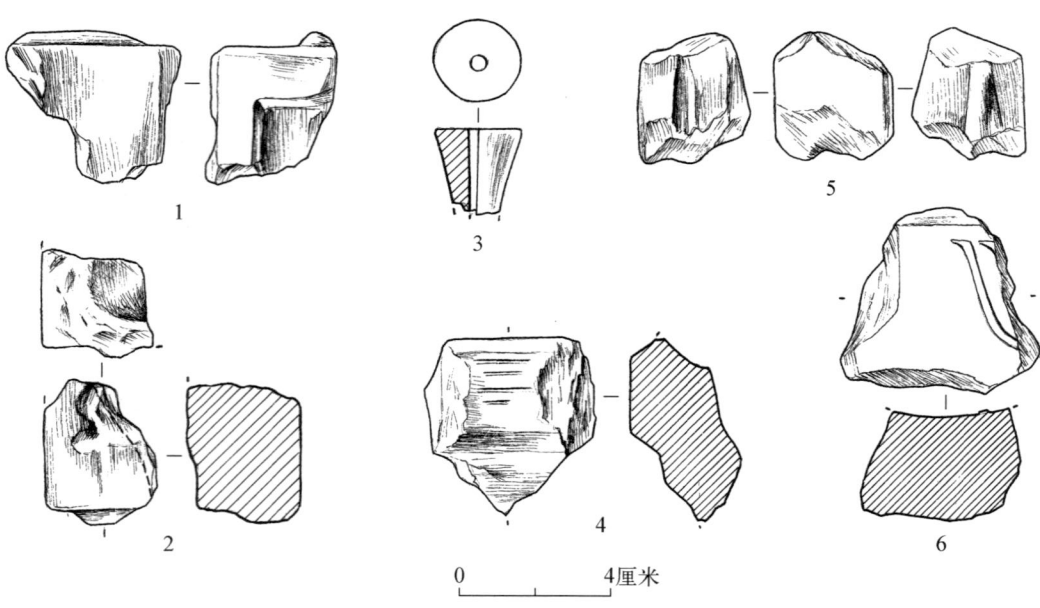

图2-64　06QHH17、HH19、HH20出土陶范及陶管

1、4. 不明器范（HH19：11、HH17：8）　2. 长方形芯头（HH20：58）　3. 陶管（HH20：30）　5. 不明内芯（HH19：12）
6. 不明容器外范（HH19：10）

（3）铜渣

　　HH17出土一小块表面呈灰绿色的不规则形铜渣，未见流动态纹理，应是炉内渣。长约2.3、宽1.5、厚1.3厘米，重12.1克。

（4）陶容器

　　HH17共出土陶片52片。陶质分为泥质和夹砂两类，泥质陶（63.46%）多于夹砂陶（36.54%）。陶色分为灰色和灰褐色，无褐陶，以灰色为主，约占总数的88.46%。纹饰有细、中、粗绳纹、素面、旋纹和暗纹；以绳纹为主，约占总数的84.61%；其次为素面，约占总数的9.62%；旋纹者2片；暗纹者仅1片。器类有联裆甗1、小口罐1、高领罐1件。

　　联裆甗　1件（HH17：3）。泥质灰陶。卷沿，方唇，唇面施坑窝纹，通体施麦粒状绳纹。残长8、残高5.2厘米（图2-65，5）。

　　小口罐　1件（HH17：04）。泥质褐陶。敛

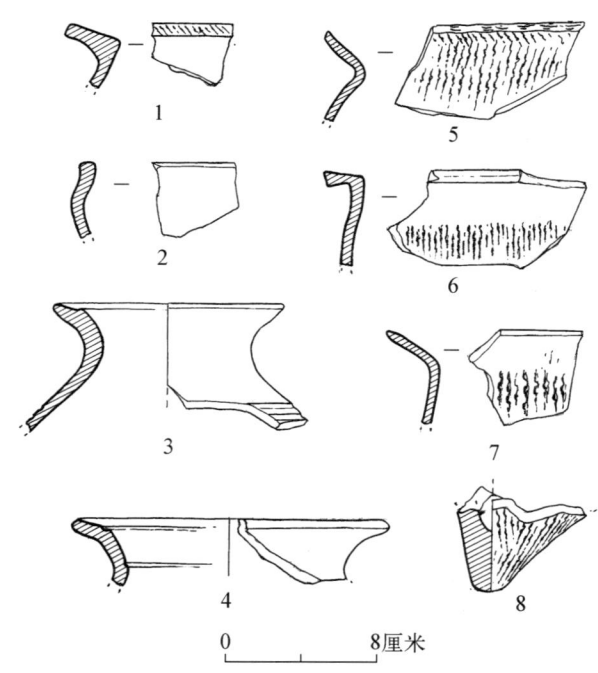

图2-65　06QHH17、HH19出土陶器

1. 三足瓮（HH19：5）　2. 小口罐（HH17：04）　3、4. 高领罐
（HH17：2、HH19：2）　5、6. 联裆甗（HH17：3、HH19：1）
7. 联裆鬲（HH19：4）　8. 足根（HH19：3）

口，方唇，矮领接近肩部，素面。为早期遗物混入。残长4.2、残高4.4厘米（图2-65,2）。

高领罐　1件（HH17:2）。泥质灰陶。卷沿，尖圆唇，沿面有一凹槽，束颈，颈粗直，肩部施有两道旋纹。口径12、残高6.8厘米（图2-65,3）。

（5）蚌器

蚌刀　1件（HH17:1）。系蚌壳制成，有一小圆孔。残长7、残宽3.5、厚0.5厘米（图2-66,3）。

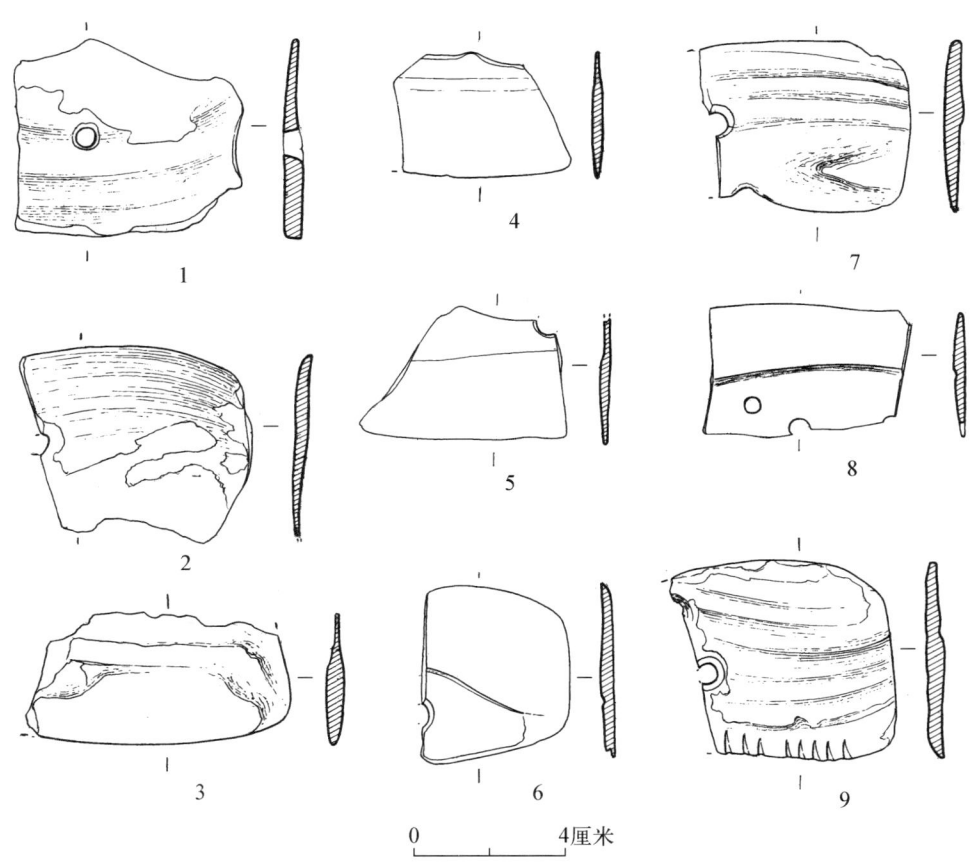

图2-66　06QHH17、HH20、HH22、HH35、HH38、HH61出土蚌刀

1. HH22:2　2. HH61:4　3. HH17:1　4. HH38:22　5. HH35:2　6. HH20:2　7. HH38:25　8. HH20:3　9. HH38:23

（6）年代

根据HH17出土陶器标本的式别特征，判断其年代为西周晚期偏早。其中HH17:04应是混入的早期遗物。

18. 06QHH18

（1）形制与堆积

HH18位于HT5内，开口于②层下，被HH6、HH10、HH14、HH17打破。因HH18东部未清

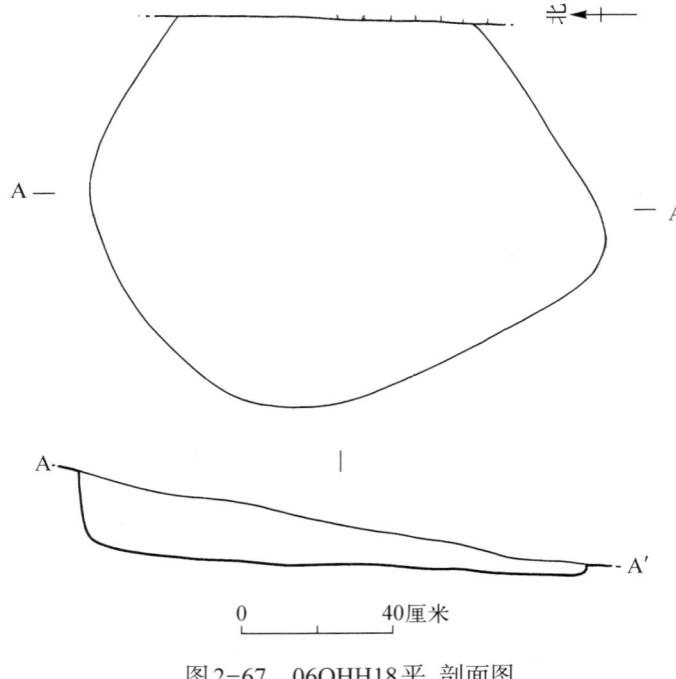

图 2-67 06QHH18 平、剖面图

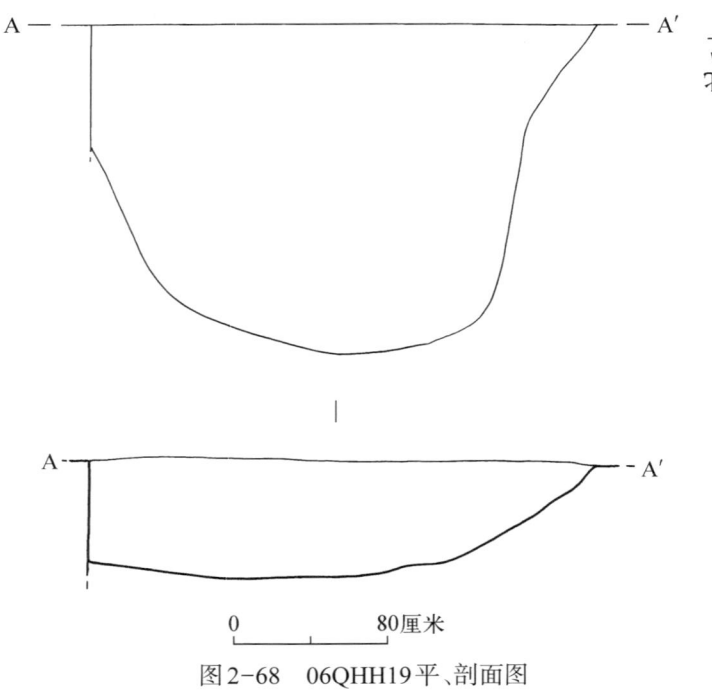

图 2-68 06QHH19 平、剖面图

理,故整体形状不明。探方内部分坑口呈不规则圆形,壁较直,坑底较平。南北长1.37、东西残宽1.07、坑口距地表0.98、自深0.17米(图2-67)。

坑内为一次性堆积,土质较致密,土色呈黄色泛灰,无包含物。

(2)年代

HH18无陶器标本,但其被HH14打破,HH14又被西周晚期偏早的HH10打破,故年代应不晚于西周晚期偏早。

19. 06QHH19

(1)形制与堆积

HH19位于HT7内,开口于②层下,打破HH23、HH26。因HH19南部和东南部在探方外未清理,故整体形状不明。探方内部分坑口呈不规则椭圆形,壁呈缓坡状,底呈锅底状。东西残长2.63、南北残宽1.8、坑口距地表0.66、自深0.62米(图2-68)。

坑内为一次性堆积,土质较致密,土色呈灰褐色,内含红烧土块、陶范、陶片、蚌片、兽骨等。

(2)陶范

HH19共出土陶范75块,总重量计有2千克。可辨识陶范所铸器形的有不明器模1、大型鼎类器腹外范1、鼎足外范1、不明容器外范2件。另有范块稍大,有榫卯、分范面等特征,但不辨器形者2件。不明内芯3件。

不明器模　1件(HH19∶16)。各面均呈青灰色,右侧已残,正中位置内凹,质地触感与外范或芯明显不同,推测是翻模盒,但已无法判断所翻制之模为何物。残高3.4、残宽3.3、厚1.4～1.7厘米(图2-69,2)。

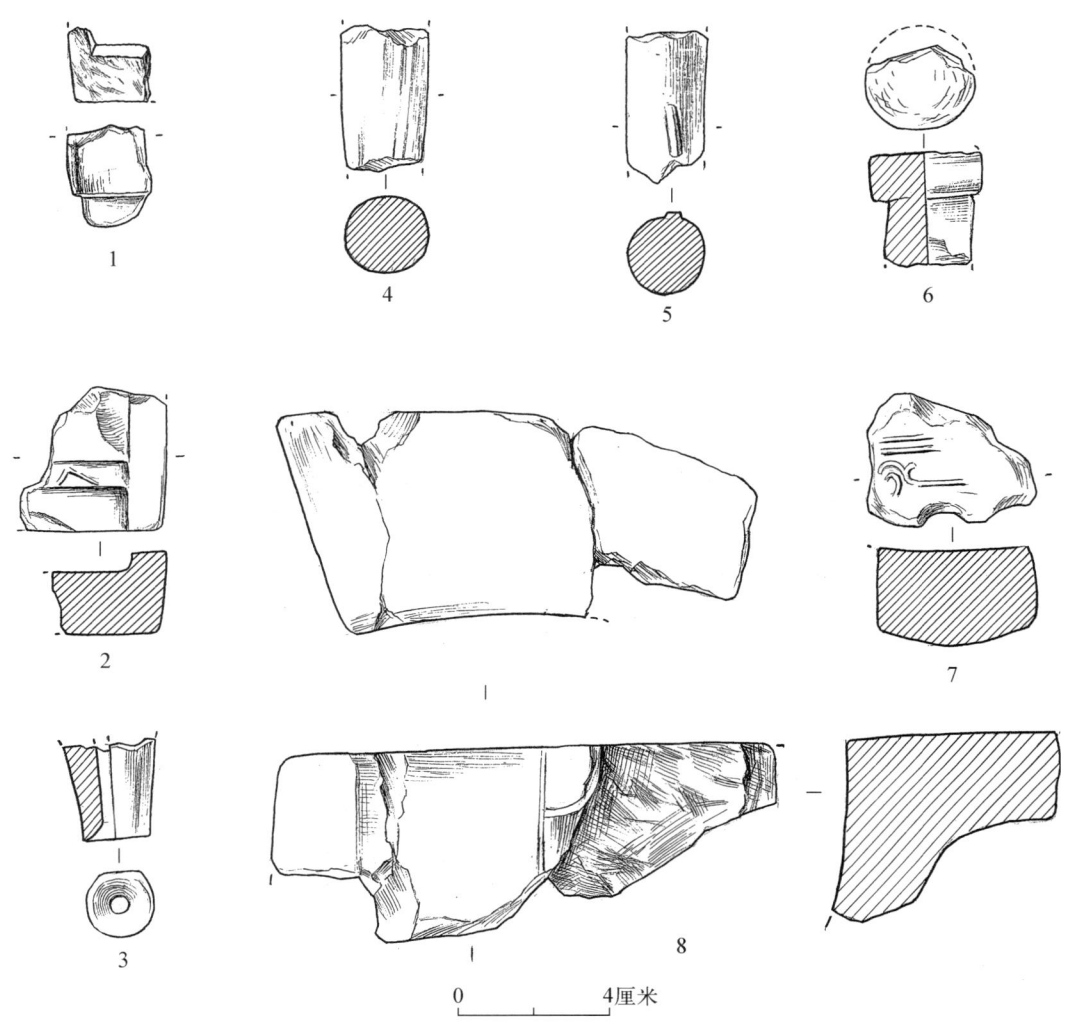

图2-69　06QHH19、HH20出土陶范及陶管
1. 长方形芯头（HH20：60）　2. 不明器模（HH19：16）　3. 陶管（HH20：29）　4、5. 柱足内芯（HH20：52、HH20：40）
6. 不明器范（HH20：31）　7. 钟外范（HH20：33）　8. 大型鼎类器腹外范（HH19：7）

大型鼎类器腹外范　1件（HH19：7）。从残存形制看面层外框外侧高，中间内凹，背层已脱落殆尽。浇铸面呈青灰色，背面亦呈青灰色。浇铸面向内微弧，无纹饰。水平垂直方向各有一分范面，水平分范面平整，无榫卯结构；垂直分范面平整，在靠近水平分范面相接处有一枣核形卯，不排除是合范符号。背面凹凸不平，残留指窝按压痕迹。范块残高4.8、残宽12.5、厚5.5厘米，卯长1.9、宽0.4、深0.2厘米（图2-69，8）。

鼎足外范　1件（HH19：8）。未见面层与背层之分，浇铸面呈青灰色，面层背面呈灰褐色和砖红色，无粗砂。分范面平整且向浇铸面一侧倾斜，残留方形卯的一小部分，卯底部残留刻划痕迹。浇铸面为向内的圆弧形，铸腔面一端较宽，另一端较窄，推测为鼎足外范。背面凹凸不平。范块残高2.7、残宽4、厚1.6厘米。

不明容器外范　共2件。HH19：10，未见面层与背层之分，浇铸面呈青灰色，背面呈砖红色，无粗砂。浇铸面呈向内的圆弧形，可能为容器腹部，上残留有两道纹饰。从纹饰剖面上小下大、转角圆润来看应当是翻制而成，而残存纹饰边缘还可见刻划痕迹，应当是翻范后又经过加工修整。背面凹凸不平，残存有指窝按压痕迹。范块残长4.5、残宽4.4、厚2.9厘米（图2-64，6）。HH19：13，断面可见面层与背层，背层残存不多。面料精细，浇铸面与分范面呈青灰色，面层背面呈浅褐色。背料夹粗砂和小石子，呈砖红色。有一垂直方向分范面，上带二长方形卯，卯均位于远离浇铸面的一端，两处卯底面均见有刻划痕迹，下端带有转折，可能为容器下腹部及足部位置外范。背面凹凸不平。浇铸面弧度较大。范块残高10、残宽4.7、厚2.7～5.6厘米，较大的卯残长3、残宽1.3、深约0.7厘米，较小的卯残长1.2、残宽1.3、深约0.5厘米（图2-63，3）。

不明器范　共2件。HH19：11，未见面层与背层之分，浇铸面呈青灰色，分范面呈砖红色，背面近黑色，无粗砂。顶端为水平分范面，带方形卯，上大下小，未见刻划痕迹。侧面为垂直分范面，带一长条形榫，远离浇铸面一端。浇铸面向内微弧，形制不明。范块残高4.17、残宽2.3～4.6、厚3.3厘米，卯残长1.1、残宽0.9、深0.7厘米，榫长3、宽0.4、高0.3厘米（图2-64，1）。HH19：15，未见面层与背层之分，范面呈青灰色，背面为棕色，无粗砂。范面四周已残，范面保留有长方形榫的一部分，榫与范块一体制成。背面凹凸不平，残留数个指窝按压痕迹。范块残长5.2、残宽5.3、厚2～3厘米。

不明内芯　共3件。HH19：9，各面均呈砖红色。残损较多，原器可能为圆柱形，中部带穿孔，但没贯穿整器。在顶面还有一小坑洞。芯残长3.7、残宽2.8、厚2.7厘米。HH19：12，各面均呈青灰色，芯表面保存不好，原应是圆柱体，侧面分别带枣核形榫和枣核形卯，榫与卯相对。榫与芯块一体制成，卯底部残留刻划痕迹。芯残长3.5、残宽3.1厘米，榫残长1.9、宽0.3～0.7、高0.1～0.4厘米，卯长2、宽0.6、深约0.6厘米（图2-64，5）。HH19：14，表面均呈青灰色。仅残存带圆弧面的一小部分，表面保存不好，圆弧面有两道浅凹槽，可能是卯，推测为壶盖一类器物的芯。芯残长6.8、残宽3.5、厚1.6厘米。

（3）炉壁

HH19共出土炉壁39块，总重量计有0.75千克。

（4）陶容器

HH19出土陶片数量超过350片。陶质分为夹砂和泥质两类，以泥质者为主，超过65%。陶色以灰陶占绝对多数，比例超过70%，褐陶占近20%，灰褐陶不足10%。器类有联裆鬲、联裆甗、高领罐、三足瓮、豆等，数量均不多（表2-12）。

联裆鬲　1件（HH19：4）。夹砂红褐陶。卷沿，尖圆唇，沿下角较大，施粗绳纹，沿外侧粗绳纹被抹，但残痕依稀可见。长残5.8、施高5.2厘米（图2-65，7）。

表2-12　06QHH19出土陶片陶系、纹饰及器类统计表

陶质 纹饰与器类 ＼ 陶色	夹　砂			泥　质			合计	百分比（%）
	灰	褐	灰褐	灰	褐	灰褐		
纹饰　粗绳纹	47	19		48	50		164	45.43
中绳纹	38		12	24		12	86	23.82
细绳纹	3			9			12	3.32
素面			6	56	2	6	70	19.39
旋纹				28			28	7.76
篦纹				1			1	0.28
合计	88	19	18	166	52	18	361	100.00
百分比（%）	24.38	5.26	4.99	45.98	14.40	4.99	100.00	
	34.63			65.37				
器类　联裆甗	3						3	27.27
联裆鬲	4						4	36.36
三足瓮				1			1	9.09
豆				1			1	9.09
高领罐				2			2	18.18
合计	7			4			11	99.99
百分比（%）	63.64			36.36			100.00	

联裆甗　1件（HH19：1）。泥质灰陶。平折沿，方唇，施绳纹，沿下绳纹被抹。残长10.4、残高5.4厘米（图2-65，6）。

高领罐　1件（HH19：2）。泥质黑陶褐胎。高领外侈，平折沿，沿面内侧有一小沟槽，尖圆唇，素面。口径16.6、残高3.6厘米（图2-65，4）。

三足瓮　1件（HH19：5）。泥质灰陶。方唇，平折沿，唇面施绳纹，沿外侧素面。残长4.1、残高3.4厘米（图2-65，1）。

足根　1件（HH19：3）。夹砂灰陶。扁圆锥状实足根，施粗绳纹。残高5.6厘米（图2-65，8）。

（5）年代

根据HH19出土陶器标本的式别特征，判断其年代为西周晚期。

20. 06QHH20

（1）形制与堆积

HH20位于HT8内，被HH42打破，打破HH28。HH20东部与南部的探方外部分未清理，坑口呈不规则圆形，壁呈斜坡状，底呈锅底状。南北长2.44、东西残宽2.2、坑口距地表0.6、自深0.47米（图2-70）。

坑内为一次性堆积，土质较致密，土色呈黄褐色，夹杂灰黑斑点，内含兽骨、炭屑、石块、石器、骨器、铜渣、陶范、陶片、蚌器、红烧土块等。

（2）陶范

HH20共出土陶范278块，总重量计有5.525千克。可辨识陶范所铸器形的有三叉形器模1、窃曲纹簋圈足外范

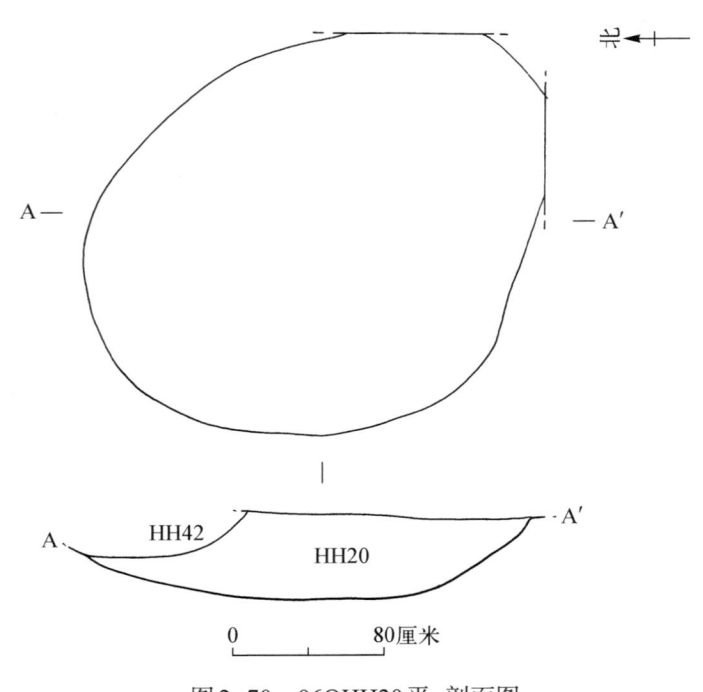

图2-70　06QHH20平、剖面图

1、簋外范2、器把外范1、斗柄外范1、不明容器外范1、钟外范7件。另有范块稍大，有榫卯、分范面等特征，但不辨器形者4件。柱足内芯2、圆形内芯5、长方形内芯2、不明内芯1件。

三叉形器模　1件（HH20：56）。灰红色。"Y"形实心管状器，但"V"形的两管与另一管有一角度，不在同一平面，可能为节约一类马具。长6.7、宽3.7、厚2.3厘米（图2-63，7）。虢国墓地M2011出有一件类似但较大的三通形构件（M2011：150）。

窃曲纹簋圈足外范　1件（HH20：44）。断面可见面层与背层，背层残留不多。面料精细，浇铸面呈青灰色间带橙色，分范面呈青灰色。背料夹粗砂和小石子，呈灰褐色。分范面平整，无榫卯结构。浇铸面形制为簋圈足位置外范，足底部外撇并带台，可见一道残断的窃曲纹。背面凹凸不平。范块残高4.1、残宽5.9、厚2.5厘米（图2-56，8）。

簋外范　共2件。HH20：38，未见面层与背层之分，浇铸面呈青灰色，部分已露出原砖红色，背面棕黄色，无粗砂，浇铸面形制和HH20：44底部十分相似，故推测为簋之外范。范块残高2.4、残宽5、厚1.6厘米。HH20：47，未见面层与背层之分，浇铸面呈青灰色，背面呈棕黄色，无粗砂。浇铸面为弧形，表面保存不好，隐约见有纹饰。背面凹凸不平，残留指窝按压痕迹。以其弧度推测，应为簋口沿部分之范。范块残高3.3、残宽2.7、厚约2.5厘米。

器把外范　1件（HH20：54）。未见面层与背层之分，分范面及浇铸面呈青灰色，背面局部可见砖红色。为簋或盉一类器物的圆弧把手外范。把手型腔一端残，另一端平削中止，带一分

范面，可能另接把手上端的兽首范。背面凹凸不平，残留指窝按压痕迹。范块残高5、残宽4.9、厚1.1～3厘米（图2-63，6）。

斗柄外范　1件（HH20：50）。未见面层与背层之分，浇铸面呈青灰色，背面呈灰黑色。浇铸面可见阴刻线，形成一端宽一端窄的型腔，窄端向下曲折，两阴刻线之间另有一道偏离中线的阴线。应为上下方向双合范，不见榫卯。背面凹凸不平，残留指窝按压痕迹。可能为斗柄位置外范。范块残长6.5、残宽5.6、厚2.2厘米，斗柄残长5.7、宽1.7～2厘米（图2-63，1）。

不明容器外范　1件（HH20：35）。断面可见面层与背层之分，从残存形制看面层外框外侧高，中间内凹，背层残留甚少。面料精细，分范面呈青灰色，部分露出原砖红色，面层背面呈砖红色。背料夹粗砂和小石子。范面共两面，顶端范面较平，但表面保存不好。垂直方向的范面微弧，上有长方形榫。背面凹凸不平，残留几处指窝按压痕迹。从榫的位置来看，这两处范面都应该是分范面，浇铸面未保留下来。范块残高5.6、残宽4.7、厚1.7～3.7厘米，榫长4.6、宽2.5～3、高0.5厘米。

钟外范　共7件。HH20：32，断面可见面层与背层之分，背层残留甚少。面料精细，浇铸面与分范面呈青灰色，部分露出原砖红色。背料夹粗砂，呈棕黄色。浇铸面较平整，向内微弧，保存状况不佳。分范面与其相交成直角，上有方形卯，上大下小。背面凹凸不平，残留指窝按压痕迹，范块边缘有一处小圆孔，未穿透范块，直径约0.6厘米。从浇铸面弧度推测为钟之外范。范块残高8.7、残宽3.2、厚4.3厘米，卯残长3.1、残宽1.7、深约0.8厘米。HH20：33，断面可见面层与背层，背层保留不多。面料精细，浇铸面呈青灰色。背料夹粗砂，呈青灰或砖红色。浇铸面向内微弧，残留有篆部的勾连云纹，纹饰上下各残留一个上大下小的孔洞，应是与浇铸面垂直、深入范内的钟枚型腔。背面凹凸不平。范块残高3、残宽4.2、厚约2.5厘米，钟枚型腔深约1.6厘米（图2-69，7）。HH20：37，断面未见明显的面层与背层之分，浇铸面呈砖红色，分范面部分呈青灰色，背面亦呈砖红色，无粗砂。范面共两处，分范面平整，其上残留部分方形卯，卯远离另一处范面。另一范面比较平整，下部面微弧，推测是钟之钲部的浇铸面。背面凹凸不平。范块残高6.2、残宽3.8、厚4.2厘米，卯残长2.1、残宽1.7、深约0.7厘米。HH20：42，断面可见面层与背层，从残存形制看面层外框外侧高，中间内凹，背层残存不多。面料精细，浇铸面与分范面呈青灰色，浇铸面大部已露出原砖红色。背料夹粗砂和小石子，呈砖红色。范面共三面，浇铸面向内微弧，分范面与浇铸面垂直相接，其上带长方形榫，榫位于远离浇铸面的一端，与面层为一体制成。第三面范面与浇铸面相对，并与榫的一侧面相连，微外鼓，应当是范的外表面。背面凹凸不平，残留一处指窝按压痕迹。推测此范为钟之钲部。范块残高5.9、残宽2.7、厚2.9厘米，榫长3.4、宽1.6、高0.9厘米。HH20：43，从残存形制看面层外框外侧高，中间内凹，背层已脱落殆尽。浇铸面呈砖红色，分范面呈青灰色，背面呈棕黄色，无粗砂。分范面较平整，带方形卯，上大下小，远离浇铸面的一端，底部见刻划痕迹。浇铸面向内微弧，推测为钟之钲部。背面凹凸不平，残留指窝按压痕迹。范块残长4.9、残宽4、厚3.7厘米，卯残长2.6、残宽2、深0.6厘米。HH20：49，未见面层与背层之分，浇铸面与分范面呈青灰色，背面呈砖红色，无粗砂。分范面较平，向内微弧，上有方形卯，上大下小，远离浇铸面的一端。浇铸面仅残存小部分，向内微弧，推测为钟之钲部。背面凹凸不平，残留指窝按压痕迹。范块残长5.9、残宽4.1、厚3.4厘米，卯残长1.5、残宽1.2、深0.4～0.7厘米。HH20：51，未见面层与背层之分，浇铸面与分范面呈青灰色，背面为砖红色。范面共二面，侧面较平，正中位置的范面上有一道水平方向的枣核形卯，铸腔孔径上端较窄，下端较粗，推测是钟甬部顶端外范。范块残高4、残宽3.1、厚2.6厘米，卯长1.2、宽0.5、深0.3厘米。

不明器范　共4件。HH20：31，表面呈砖红色。整体呈实心圆柱形，一端作钉帽形，与伞状陶管形制很相似，但中间为实心，无小孔贯穿器身，器形用途不明。范块残高3.1、顶端直径3、残存最下部直径2.3厘米（图2-69，6）。HH20：39，砖红色。作圆饼形，背面带一凸起，正面可见一勾连阴线，范块外侧下缘略凸出。可能为一带捉手的纹饰模，但因范块滚磨较多，不能判断原貌。范块直径约3、残高1.9厘米（图2-63，5）。HH20：53，从残存形制看面层外框外侧高，中间内凹，背层已脱落殆尽。浇铸面呈青灰色，背面为砖红色，无粗砂。表面保存不好，分范面上有一三角形凸起的台面，台面顶部有一个枣核形榫，可能是榫上加榫的设置。范块残长12.6、残宽6.2、厚约2.3～4.4、三角形台面高0.6厘米，枣核形榫长3.1、宽1.3、高约0.5厘米。HH20：59，表面呈青灰色，未见面层与背层之分。共四处范面，浇铸面呈内凹的弧形，残留一小部分。水平方向和垂直方向各有一处分范，在远离浇铸面的一端分别有长方形小榫和长条形卯，卯底部有刻划痕迹。与浇铸面相对的是范的外表面，其上刻有两道交叉的刻槽，残长分别是2.2、2.4厘米，可能是合范符号，应是外范制好后刻划的。范块残长3.4、残宽2.8、厚2.6厘米，榫长1、宽0.5、高0.3厘米，卯长2.2、宽0.6、深约0.5厘米（图2-23，1）。

柱足内芯　共2件。HH20：40，表面呈青灰色，内部呈砖红色，圆柱形。表面有一个垂直方向的细长榫，有可能是自带泥芯撑。从断面看，芯料内部要比表面孔隙稍多。芯残高3.9、直径约1.8厘米，榫长1.3、宽0.3、高约0.1～0.2厘米（图2-69，5）。HH20：52，表面呈砖红色，残，整体呈圆柱形。表面可见焙烧前的刮削痕迹，鼎足上半部位置盲芯，有一斜面，为与鼎身相接位置。芯残高3.9、直径2～2.3厘米（图2-69，4）。

圆形内芯　共5件。HH20：41，砖红色，原为圆饼形，范较小，表面有一水平方向的三角形榫，芯内部中间部位残存一个小圆窝的部分，上大下小。芯残高2.1、直径约3厘米，榫底边长0.8、高1.1厘米，圆窝残宽1、深约1.1厘米（图2-56，3）。HH20：45，原为圆饼形，范较小，底部和另一侧已残，表面呈青灰色，内部呈砖红色，表面刻有一道凹槽，可能为铜泡之芯。芯残高1.1、残宽2.3厘米。HH20：46，砖红色，原为圆饼形，范较小，除正面残外，各面完整，背面中央见一指窝，侧面有两个水平方向长条形榫，榫一端变大为三角形，可见披缝。芯直径约2.1、残高

1.4厘米，榫均长1.6、宽约0.5、高约0.4厘米（图2-56，2）。HH20：48，原为圆柱形，一侧已残。表面均呈砖红色，保存不甚完整，可见一道阴刻细线，在细线一端有一垂直方向的阴刻短线，可能是定位线之类的设施。芯表面还隐约有一个小凸起，可能是芯撑。芯残高2.3、残宽1.8厘米。HH20：57，表面呈青灰色，略弯曲的圆柱形。芯直径约0.8、长1.6厘米（图2-63，2）。

长方形芯头　共2件。HH20：58，表面呈青灰色，内部呈砖红色，为方形或长方形器柄的芯头，各面平整，侧面有一不规则形状榫，榫旁边还残存披缝。从断面看，芯料内部不如表面的精细。与HH38：207为相同位置芯头，但浇道未保存，应为车马器兵器工具类器物的芯头。残高3.9、宽2.7、厚2.6厘米（图2-64，2）。HH20：60，表面呈砖红色，形体小，所浇铸的器物较小，仅存浇道部分及伸入型腔的一段泥芯。浇道上窄下宽，平面近梯形。残高2.2、残宽1.7、厚1.5厘米（图2-69，1）。

不明内芯　1件（HH20：55）。表面呈青灰色，内部呈砖红色，底部和右侧已残，芯底面呈三角形，整体呈多棱柱体。残高2.9、残宽3.2厘米。

（3）炉壁

HH20共出土炉壁143块，总重量计有6.7千克。标本HH20：63，条筑式炉，保留有炉衬层与基体层。衬面呈青灰色，表面局部开裂，未粘附铜液，断面无孔洞。基体层用夹杂少量植物茎秆的泥条盘筑而成，呈灰褐色，残块可见3块泥条，宽约2.5厘米。背面残留指窝按压痕迹。已烧流变形，直径不详。弦长8.7、弦高8.3、厚4.2厘米，重290.8克。标本HH20：64，条筑式炉，保留有炉衬层与基体层。衬面呈青灰色，局部发亮，烧结严重，表面凹凸不平，粘附有铜液，断面无孔洞。基体层用夹杂少量植物茎秆的泥条盘筑而成，呈灰色或红色，残块可见3块泥条，宽约2～2.5厘米。已烧流变形，直径不详。弦长8.3、弦高9.7、厚2.8厘米，重214.3克。标本HH20：65，保留有炉衬层与其外的草拌泥层。衬面呈浅灰色，烧结不甚严重，表面凹凸不平，部分开裂，断面无孔洞。其外为夹杂较多植物茎秆的草拌泥层，未见明显的泥条盘筑痕迹，呈灰褐色。残块较小，整体近直，直径不详。弦长7、弦高6.8、厚3.2厘米，重206.2克。

（4）铜器及铜块

铜镞　1件（HH20：12）。两翼基本和关部平齐。残长5.4厘米（图2-34，2；彩版一七，1）。

铜块　共2件。H20：61，不规则铜块，α固溶体树枝晶偏析，树枝晶粗大，晶间锈蚀，Cu_2S夹杂物聚集，铜含量80.3%，锡含量8%，为铜锡铸造组织（检测编号ZJT14-1；彩版二九八，5）。HH20：62，铜片，厚0.1～0.2厘米，锈蚀较严重。α固溶体树枝晶偏析，晶间锈蚀，局部晶间分布有铅，较多细小的硫化物夹杂物，铜含量71.5%，锡含量16.5%，为铜锡铸造组织（检测编号ZJT14-2；彩版二九八，6）。

（5）陶管

共2件。HH20：29，残存管身部分，近圆柱体，泥质含细砂，细端为灰色，管身为黄褐色，细端孔径稍大而管身部分孔径较小，由此推测其可能更接近圆锥体形陶管，表面无经受高温的痕迹。残长2.6、细端直径约1.5、细端孔径约1.2、管身孔径约0.6厘米（图2-69，3）。HH20：30，圆锥体形，泥质含细砂，黄褐色，有小孔沿长轴贯穿，仅存近粗端的部分，横截面呈圆形，两端宽窄变化较大，粗端底部修治平整，表面隐约可见修刮痕迹，但无经受高温的痕迹。残长2.2、粗端直径约2.1、粗端孔径约0.5厘米（图2-64，3；彩版一五，3）。

（6）陶容器

HH20出土陶片数量近350片。陶质有夹砂和泥质两种，以泥质为主，超过65%。陶色以灰陶占绝对多数，比例超过70%，余为灰褐陶。器类有联裆鬲、联裆甗、瓮、旋纹盆、高领罐、矮直领瓮、豆等（表2-13）。

表2-13　06QHH20出土陶片陶系、纹饰及器类统计表

陶质		夹　砂			泥　质			合计	百分比(%)
纹饰与器类	陶色	灰	褐	灰褐	灰	褐	灰褐		
纹饰	粗绳纹	32			14			46	13.77
	中绳纹	46		47	92		14	199	59.58
	细绳纹	5			9			14	4.19
	素面				30		10	40	11.98
	旋纹				24		11	35	10.48
合计		83		47	169		35	334	100.00
百分比(%)		24.85		14.07	50.60		10.48	100.00	
		38.92			61.08				
器类	联裆鬲	6						6	27.27
	瓮				3			3	13.64
	联裆甗	5						5	22.73
	旋纹盆				3			3	13.64
	高领罐				1			1	4.55
	矮直领瓮				1			1	4.55
	豆				1			1	4.55
	不明器				2			2	9.09
合计		11			11			22	100.02
百分比(%)		50.00			50.00			100.00	

联裆鬲　共4件。均夹砂。HH20：13，灰陶。折沿，圆唇，施交错绳纹，沿外侧绳纹被抹。残长11、残高8.1厘米（图2-71，3）。HH20：18，灰褐陶。侈口，方唇，卷沿微折，沿下侧绳纹抹光，绳纹印痕粗深。口径19.8、残高7.1厘米（图2-71，10）。HH20：19，灰褐陶。侈口，方唇，卷沿，施粗绳纹，颈部绳纹被抹光。残长10.9、残高7.8厘米（图2-71，12）。HH20：27，灰陶。平折沿，沿下角近90°，尖圆唇，颈部素面，其下施绳纹，且有一周弦纹。疑为仿铜鬲。残高5.9厘米（图2-71，7）。

联裆甗　共4件。均夹砂灰褐陶。HH20：14，侈口，圆唇，宽卷沿，施斜绳纹，沿外侧绳纹被抹。口径27.3、残高8.4厘米（图2-71，15）。HH20：20，侈口，方唇，折沿，唇面及沿外侧施绳

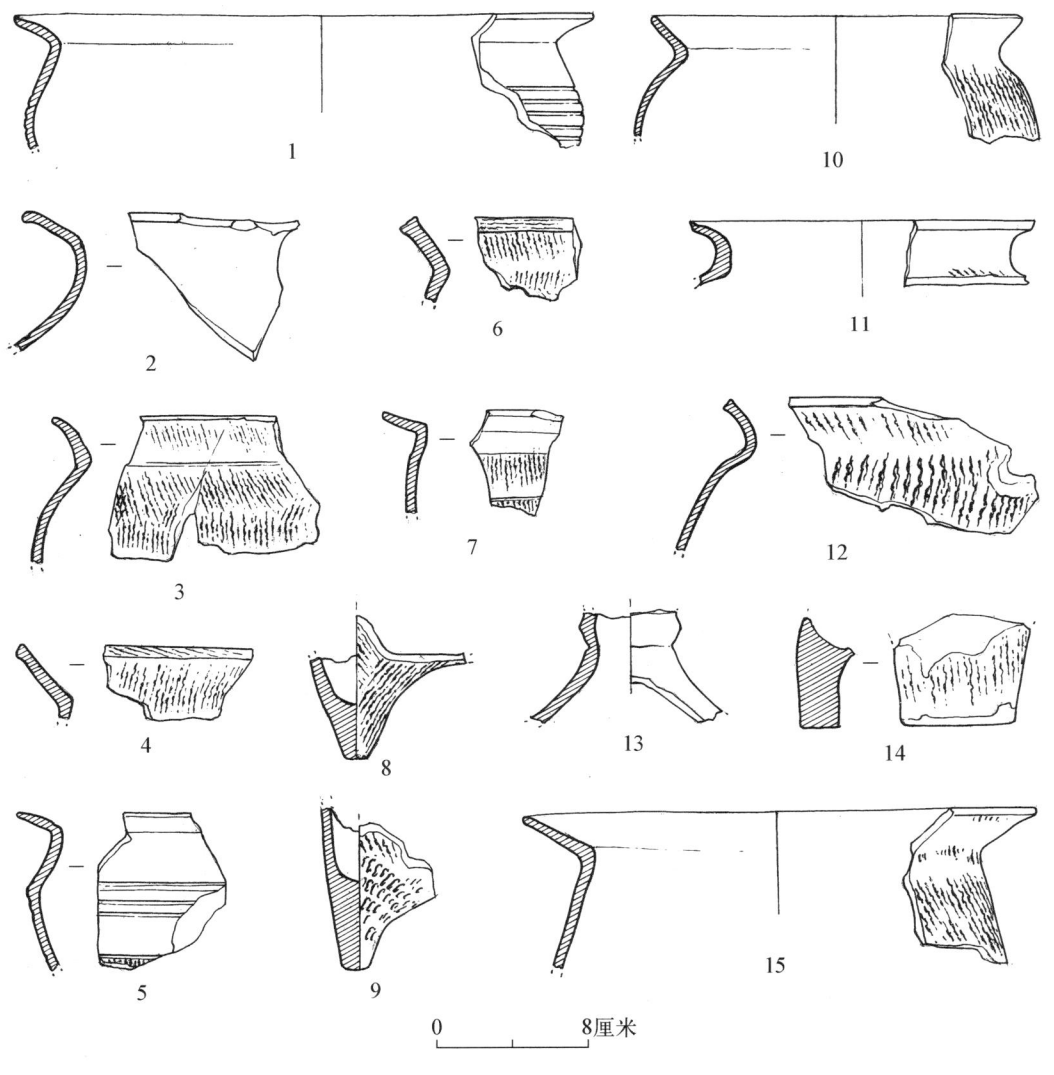

图2-71　06QHH20出土陶器

1、5. 旋纹盆（HH20：21、23）　2. 高领罐（HH20：15）　3、7、10、12. 联裆鬲（HH20：13、27、18、19）　4、6、15. 联裆甗（HH20：20、24、14）　8、9. 足根（HH20：22、16）　11、14. 瓮（HH20：25、17）　13. 豆（HH20：26）

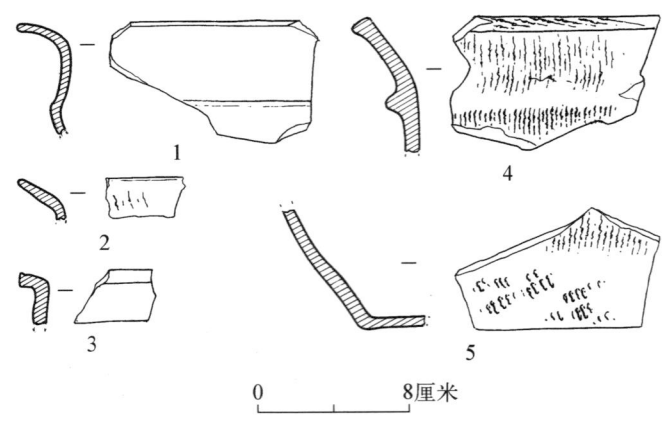

图2-72　06QHH20、HH21出土陶器

1.盂(HH21：3)　2.联裆鬲(HH21：4)　3、4.联裆甗(HH20：28、
HH21：1)　5.罐底(HH21：2)

纹。残长7.6、残高4.1厘米(图2-71,4)。

HH20：24,侈口,方唇,折沿,唇面及沿外侧施绳纹。残长5.1、残高4.5厘米(图2-71,6)。HH20：28,方唇,平折沿,沿面施一周旋纹。残长4.1、残高2.8厘米(图2-72,3)。

高领罐　1件(HH20：15)。泥质灰陶。口部微敞,折领较高,沿面较平,素面,泥条盘制,腹部内侧有泥条挤压凸出痕迹。残长8.8、残高7.8厘米(图2-71,2)。

旋纹盆　共2件。均为泥质灰陶。折沿。HH20：21,沿下角较大,尖圆唇,腹施五周旋纹。口径30.7、残高7.4厘米(图2-71,1)。HH20：23,沿下角较小,鼓腹,腹施四周旋纹,腹下施绳纹。残长6.6、残高8.6厘米(图2-71,5)。

豆　1件(HH20：26)。泥质灰陶。柄较细高,柄中央施一周凸棱。残高6.2厘米(图2-71,13)。

瓮　共2件。均为泥质。HH20：17,灰褐陶。扁圆形矮足,施粗绳纹。残长6.6、残高6.1厘米(图2-71,14)。HH20：25,灰陶。方唇,矮直领,小口广肩,颈部以下施绳纹。口径18、残高3.5厘米(图2-71,11)。

足根　共2件,均为夹砂灰褐陶。HH20：16,宽扁锥状实足根。残高9厘米(图2-71,9)。HH20：22,圆锥状实足根,施绳纹。残高7.9厘米(图2-71,8)。

（7）骨器与骨料

骨笄　共4件。HH20：4,系动物长骨制成,帽身一体,形体似一枚圆钉,呈"T"形,通体磨光,断面圆形。残长4.4、直径0.4厘米,重1.23克(图2-73,2)。HH20：5,系动物长骨制成,仅存笄身,断面呈圆形,磨制光滑,颜色微绿,可能是沾染铜锈。残长4.3、直径0.4厘米,重0.64克(图2-73,6)。HH20：6,系动物长骨制成,仅存笄身,断面呈圆形,磨制光滑,颜色微绿,可能是沾染铜锈。残长4.1、直径0.5厘米,重1.59克(图2-73,7)。HH20：7,系动物长骨制成,仅存笄身,断面呈圆形,磨制光滑,颜色微黑。残长4.5、直径0.7厘米,重6.68克(图2-73,4)。

骨料　共2件。HH20：8,鹿角,圆柱形,一端稍粗一端稍细,中空,但中间的孔洞并非人工加工而成,而是骨头自然生成,断面平整光滑,隐约可见切割痕迹,锯面平齐。残长3.4、直径1.7～2.1厘米,重8.97克。HH20：9,小肢骨,形状不规则,推测原为圆柱形,与HH20：8近似,中空,但孔洞非加工形成,断面亦平整光滑,锯面平齐。残长3.6、直径约1.2厘米,重1.83克。

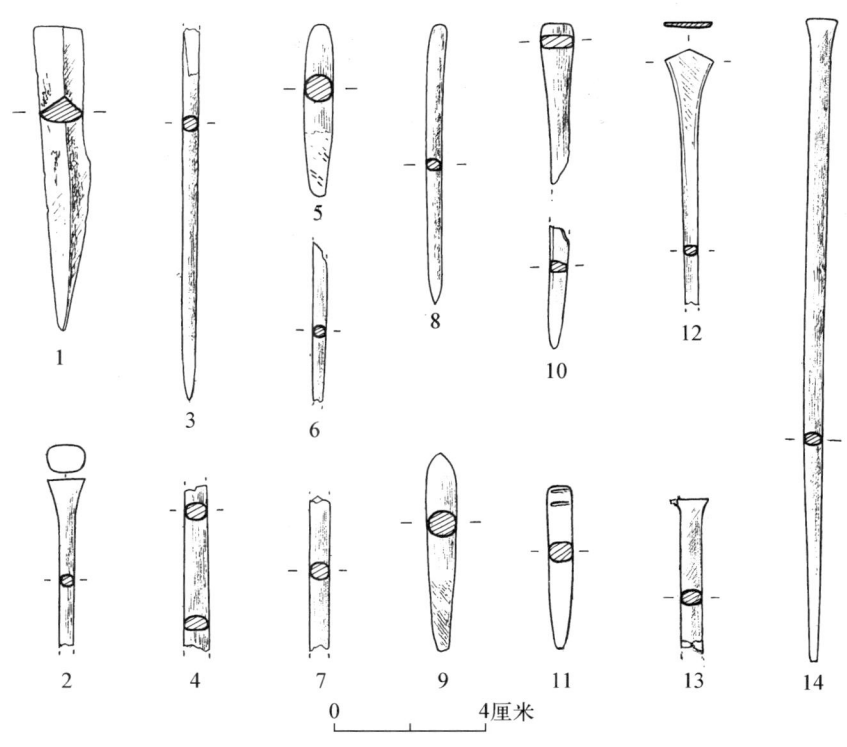

图2-73　06QHH出土骨器

1、8、10、11. 锥（HH35：7、HH31：6、HH65：5、HH38：1）　2～4、6、7、12～14. 笄（HH20：4、HH31：4、
HH20：7、HH20：5、HH20：6、HH31：5、HH39：1、HH40：1）　5、9. 镞（HH37：1、HH32：3）

（8）石器（含砺石）

砺石　1件（HH20：11）。青灰色，砂质较细。长条状，两面磨痕明显，下凹，侧面均光。残长7.3、残宽4.5、厚2.6厘米（图2-16，1）。

（9）蚌器

蚌刀　共3件。均蚌壳制成。HH20：1，刀身中间有一圆孔，刃部锋利经过磨制，有使用痕迹。残长10.3、残宽2.6～5、厚0.2～0.5厘米（图2-28，5；彩版一七，5）。HH20：2，上有一单面钻孔。残长3.9、残宽4.8、残孔径0.7、厚0.4厘米（图2-66，6）。HH20：3，上有两个单面钻孔，相距1厘米，孔径分别为0.8、1厘米。残长5.2、残宽3.6、厚0.3厘米（图2-66，8）。

（10）年代

根据HH20出土陶器标本的式别特征，判断其年代为西周中期偏晚。

21. 06QHH21

（1）形制与堆积

HH21位于HT6内，开口于②层下，被HH7打破，打破HH29、HH30。因HH21东部在探方外未清理，故整体形状不明。探方内坑口呈不规则方形，南壁向里倾斜，无加工痕迹，底呈锅底状。南北残长2.01、东西残宽2.01、坑口距地表0.72、自深0.67米（图2-74）。

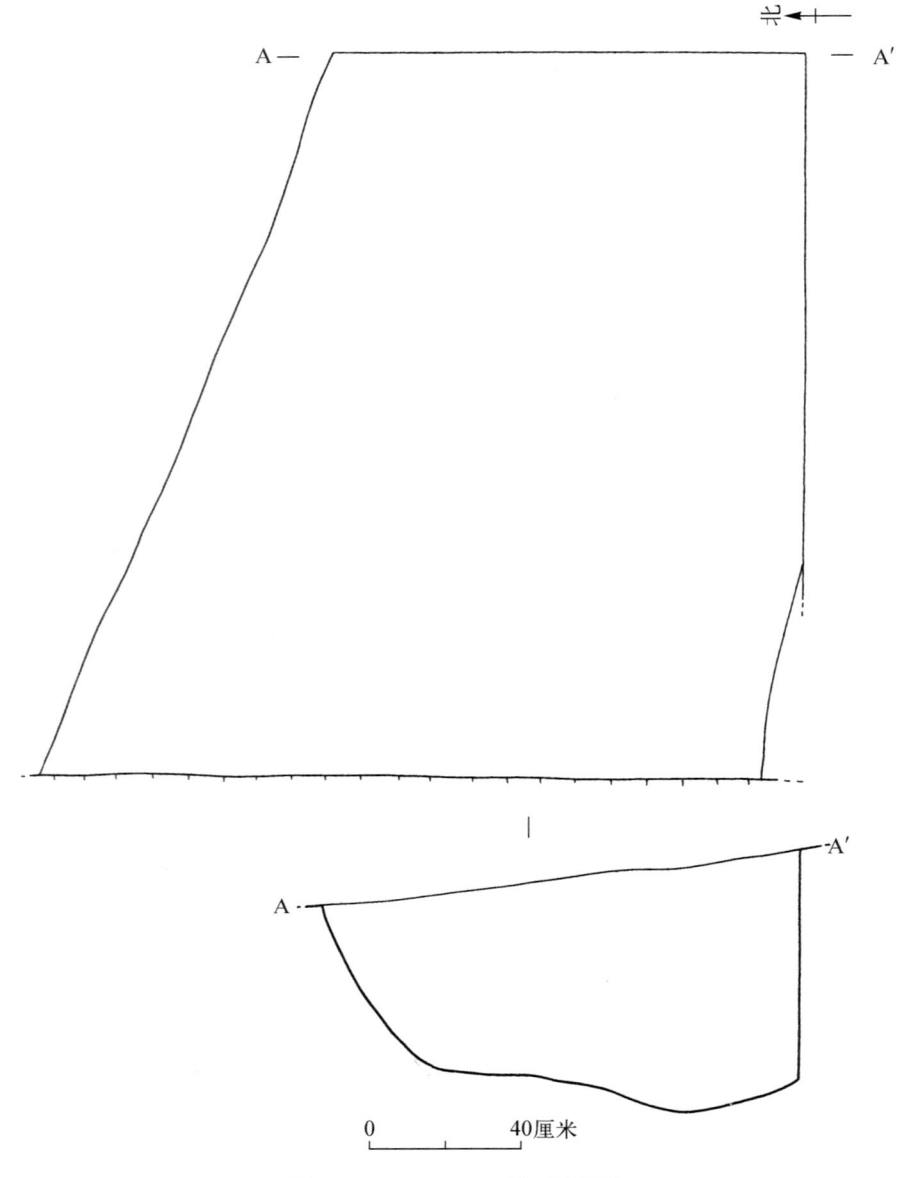

图2-74　06QHH21平、剖面图

坑内为一次性堆积,土质疏松,土色呈黄褐色,夹杂红色斑点,内含陶片等。

（2）陶容器

HH21共出土陶片53片。陶质分为泥质和夹砂两类,泥质陶（62.27%）多于夹砂陶（37.73%）。陶色分为灰色和灰褐色,无褐陶,以灰色为主,约占总数的86.79%。纹饰有细、中、粗绳纹和素面、旋纹;以绳纹为主,约占总数的79.24%;其次为旋纹,约占总数的15.09%。器类有联裆鬲1、联裆甗2、罐2、盂1、三足瓮1、盆1、不明器1件。

联裆鬲　1件（HH21∶4）。夹砂褐陶。敞口,尖圆唇,卷沿,沿外侧绳纹被抹。残长4、残高2.2厘米（图2-72,2）。

联裆鬲　1件（HH21：1）。夹砂褐陶。侈口，方唇，沿下施凸棱一周，唇面及沿外侧施绳纹。残长10.8、残高7.3厘米（图2-72，4）。

罐底　1件（HH21：2）。夹砂红褐陶。平底，腹部施绳纹，腹下部与底之间施不规则指甲纹。残长10、残高6.5厘米（图2-72，5）。

盂　1件（HH21：3）。泥质灰陶。敞口，圆唇，卷沿，折肩，素面。残长11、残高6.8厘米（图2-72，1）。

（3）年代

根据HH21出土陶器标本的式别特征，判断其年代为西周中期偏晚。

22. 06QHH22

（1）形制与堆积

HH22位于HT6内，开口于②层下，被HH7打破，打破HH24、HH29。因HH22东部在探方外未清理，故整体形状不明。探方内部分坑口呈半个椭圆形，壁呈斜坡状，底呈锅底状。东西残长0.85、南北残宽1.19、坑口距地表1.93、自深0.67米（图2-75）。

坑内为一次性堆积，土质较致密，土色呈红褐色，内含陶范、铜渣、陶片、蚌器等。

（2）陶范

HH22共出土陶范1块，总重量计有0.05千克。

不明容器范　1件（HH22：3）。未见面层与背层之分，浇铸面与分范面呈青灰色，背面呈砖红色。无粗砂。分范面平整，残存一个近椭圆形的卯，剖面呈"U"形，位于远离浇铸面的一端。浇铸面与分范面垂直相接，向内微弧。背面滚磨程度严重。范块残长2.9、残宽2.7、厚3厘米，卯残长2.2、宽1、深约0.3厘米。

（3）铜渣

铜渣　1件（HH22：4）。断面漆黑，平均含铁约52%，存在大量块状铁橄榄石和浮氏体，有少量红铜颗粒。推测是由高铁铜块，即存在富铁相的粗铜锭重熔产生的。

（4）陶容器

HH22出土陶片10片。泥质者6片，均为灰陶；夹砂者4片，灰陶1、褐陶3片。旋纹

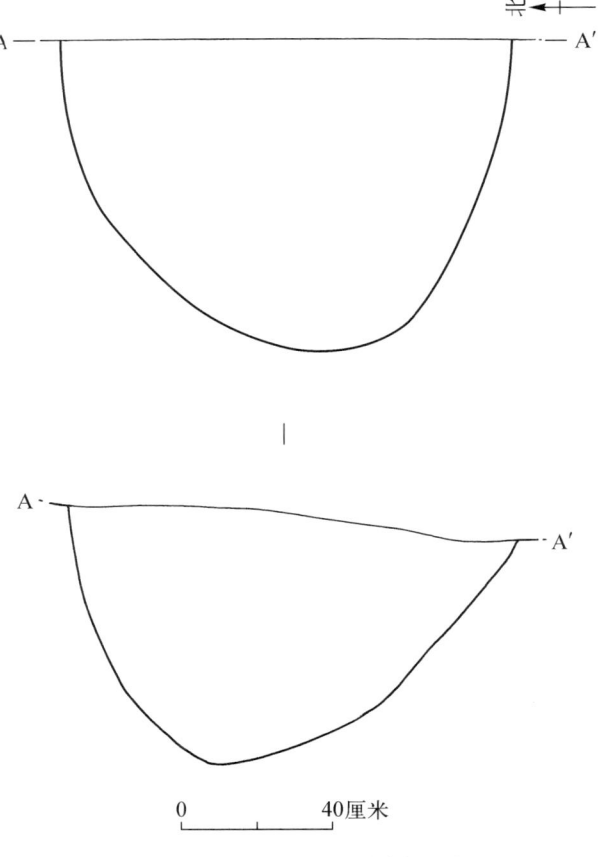

图2-75　06QHH22平、剖面图

者5、粗绳纹者1、中绳纹者3、素面者1片。

（5）蚌器

蚌刀　1件（HH22：2）。系蚌壳制成，有一单面钻孔。残长5.9、孔径0.6～1、残宽5.5、厚0.3～1厘米（图2-66，1）。

（6）年代

HH22无陶器标本，但其被西周中期偏晚的HH7打破，又打破了西周中期偏早的HH24，故年代为西周中期。

23. 06QHH23

（1）形制与堆积

HH23位于HT7内，开口于②层下，被HH19打破，打破HH26。因HH23东部、西部与北部在探方外未清理，故整体形状不明。探方内部分为不规则条形，直壁，坑底凹凸不平。东西残长3、南北残宽2.14、坑口距地表0.52、自深0.61米（图2-76）。

坑内为一次性堆积，土质较疏松，土色呈灰褐色，内含陶范、陶片、瓦、兽骨、红烧土块等。

（2）陶范

HH23共出土陶范12块，总重量计有0.33千克，无可辨识器形的陶范。

不明器范　1件（HH23：20）。从残存形制看面层外框外侧高，中间内凹，背层已脱落殆

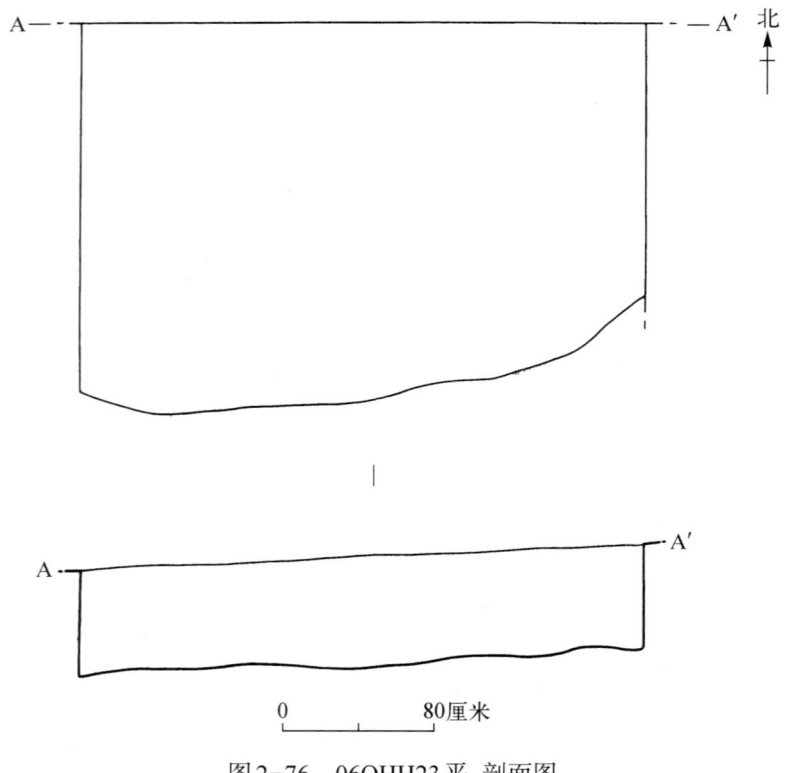

图2-76　06QHH23平、剖面图

尽。分范面呈青褐色，背面呈灰褐色。仅残存分范面小部分，残留一枣核形卯，剖面近"V"形，底部隐约见有刻划痕迹，背面凹凸不平，残留指窝按压痕迹。范块残长5.5、残宽5.3、厚0.8～2.5厘米，卯长3.2、宽1.2、深约0.6厘米。

（3）陶容器

HH23出土陶片数量近400片。陶质有夹砂和泥质两类，以泥质者为主，超过60%。陶色以灰陶占绝对多数，比例超过60%，褐陶近5%，灰褐陶不足35%。器类有联裆鬲、联裆甗、旋纹盆、豆、三足瓮、圈足器、瓮罐类等（表2-14）。

表2-14　06QHH23出土陶片陶系、纹饰及器类统计表

陶质		夹　砂			泥　质			合计	百分比(%)
纹饰与器类	陶色	灰	褐	灰褐	灰	褐	灰褐		
纹饰	粗绳纹	9	11	14	56		28	118	30.33
	中绳纹	40		72	34			146	37.53
	细绳纹		6		52		4	62	15.94
	旋纹				20		8	28	7.20
	素面		1		31			32	8.23
	乳钉纹				1			1	0.26
	箆纹				2			2	0.51
合计		49	18	86	196		40	389	100.00
百分比(%)		12.60	4.63	22.11	50.39		10.28	100.01	
		39.34			60.67				
器类	联裆鬲	10						10	35.71
	联裆甗	4						4	14.29
	瓦				2			2	7.14
	三足瓮				1			1	3.57
	豆				3			3	10.71
	旋纹盆				3			3	10.71
	圈足器				1			1	3.57
	瓮罐类				4			4	14.29
合计		14			14			28	99.99
百分比(%)		50.00			50.00			100.00	

　　联裆鬲　共4件。均夹砂灰陶。沿外侧素面,腹部施绳纹。HH23:2,卷沿,尖圆唇,沿外侧有小平台,沿下角较大,腹部施交错绳纹,绳纹印迹较深。残长5、残高5.9厘米(图2-77,5)。HH23:6,侈口,方唇,竖行绳纹中偶间以横绳纹压痕。口径26、残高7.5厘米(图2-77,1)。

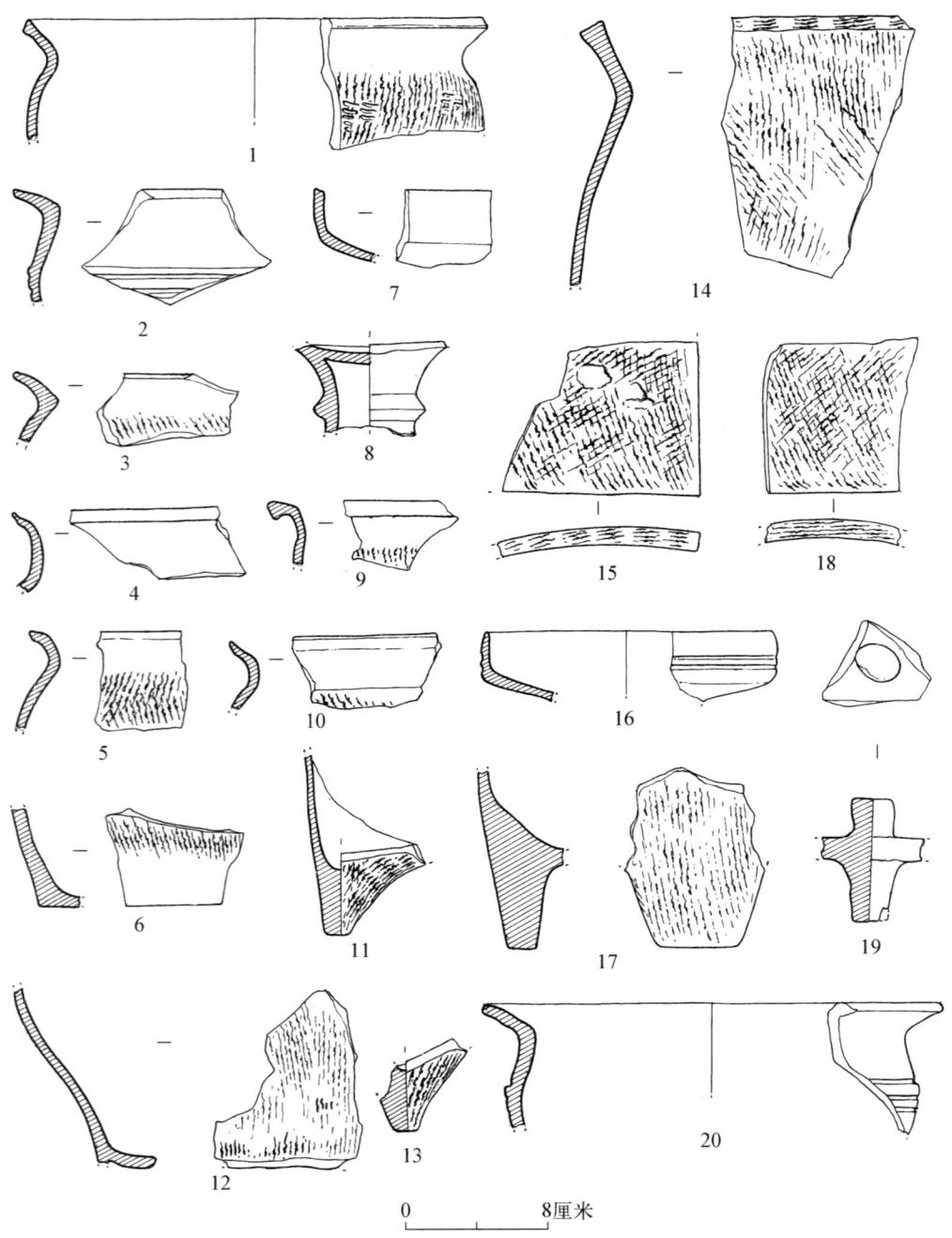

图2-77　06QHH23、HH24出土陶器

1、3、5、10. 联裆鬲(HH23:6、HH23:19、HH23:2、HH23:15)　2、20. 旋纹盆(HH23:8、HH23:18)　4、6. 罐(HH23:14、HH24:2)
7、8、16. 豆(HH23:5、HH23:7、HH23:1)　9、12、14. 联裆甗(HH23:13、HH23:11、HH23:3)　11、13. 足根(HH23:12、HH23:16)
15、18. 瓦(HH23:10、HH23:9)　17. 三足瓮(HH23:4)　19. 瓦钉(HH23:17)

HH23：15，卷沿，尖圆唇。残长8.2、残高4.1厘米（图2-77，10）。HH23：19，折沿，圆唇，施斜行绳纹。残长7.8、残高4.1厘米（图2-77，3）。

联裆鬲　共3件。均褐陶。HH23：3，夹砂。侈口，方唇，唇面施横绳纹，沿外施直行绳纹，腹部施交错绳纹。残长10.1、残高15厘米（图2-77，14）。HH23：11，夹砂。鬲腰，腹部施竖行绳纹，算托较宽。残长8.1、残高10.1厘米（图2-77，12）。HH23：13，泥质。平折沿，方唇。残长6.3、残高4厘米（图2-77，9）。

罐　1件（HH23：14）。泥质灰陶。变形高领罐，侈口，斜方唇。残长8.2、残高4.1厘米（图2-77，4）。

旋纹盆　共2件。均泥质灰陶，圆唇，肩部施旋纹。HH23：8，折沿。残长10.6、残高6.7厘米（图2-77，2）。HH23：18，卷沿，肩部有一道凸棱。口径26、残高7.5厘米（图2-77，20）。

豆　共3件。均泥质灰陶。折沿，浅盘，直壁。HH23：1，尖圆唇，外壁施两道弦纹。口径16.9、残高4.2厘米（图2-77，16）。HH23：5，方唇，唇部有一道凹槽。残长5.2、残高4.5厘米（图2-77，7）。HH23：7，豆柄，中部有一周凸棱。残高5.5厘米（图2-77，8）。

三足瓮　1件（HH23：4）。夹砂褐陶。宽扁状足根，施竖行绳纹。残高10.1厘米（图2-77，17）。

足根　共2件。夹砂灰陶。圆锥状空足，内侧微起脊。HH23：12，施交错绳纹。残高10.4厘米（图2-77，11）。HH23：16，施竖行绳纹。残高5.3厘米（图2-77，13）。

（4）其他

瓦　共2件。均泥质灰陶。背施交错绳纹，瓦头施横绳纹。HH23：9，残长8.4、残宽8.6、厚1.2厘米（图2-77，18）。HH23：10，有切割痕。残长10.9、残宽8.8、厚1.1厘米（图2-77，15）。

瓦钉　1件（HH23：17）。泥质灰陶。上粗下细。残高7.2厘米（图2-77，19）。

（5）年代

根据HH23出土陶器标本的式别特征，判断其年代为西周晚期偏早。其中HH23：6应是早期混入的遗物。

24. 06QHH24

（1）形制与堆积

HH24位于HT6内，开口于②层下，被HH7、HH22打破，打破HH30。因东部在探方外未清理、西部为断崖所破坏，故整体形状不明。探方内部分坑口呈长条形，壁较陡直，底呈锅底状。东西残长2.01、南北宽0.71、坑口距地表1.7、自深0.43米（图2-78）。

坑内为一次性堆积，土质较疏松，土色呈灰褐色，夹杂有淤积层，内含陶片等。

（2）陶容器

HH24出土陶片21片。均为灰陶，泥质者19、夹砂者2片。绳纹者13、素面者5、旋纹者3

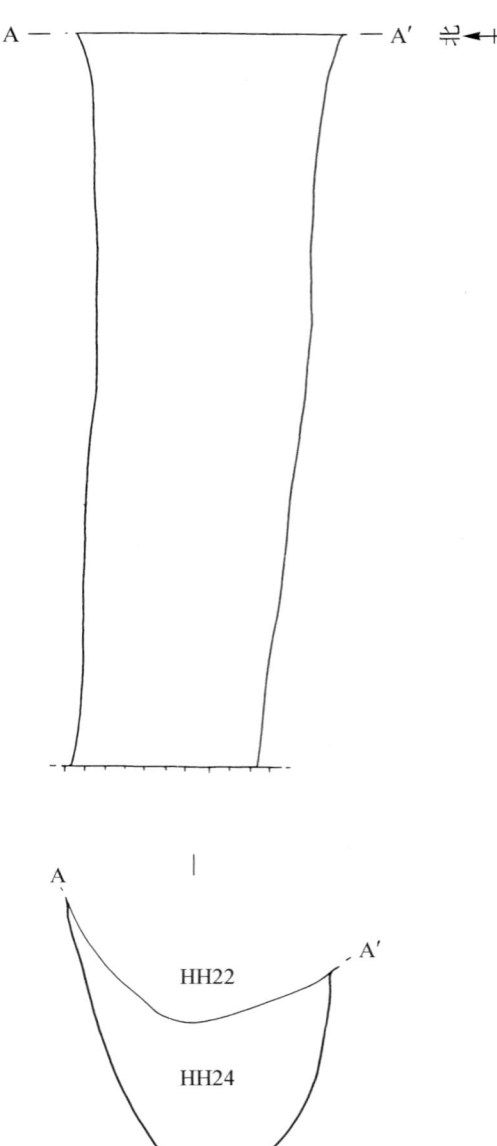

图2-78　06QHH24平、剖面图

片。器类仅有罐1件。

罐　1件（HH24：2）。泥质灰陶。腹部施绳纹，近底部绳纹被抹。残长7.4、残高5.7厘米（图2-77,6）。

（3）年代

根据HH24出土陶器标本的式别特征，判断其年代为西周中期偏早。

25. 06QHH25

（1）形制与堆积

HH25位于HT3南扩方的东部，有一部分压在探方壁下。开口于②层下，被HH3打破，打破HH33。坑口呈不规则长方形，壁略内斜，底部南高北低。南北长2.47、东西宽1.32、坑口距地表0.52、自深0.64米（图2-79）。

坑内为一次性堆积，土质较致密，土色呈灰褐色，内含陶范、陶片等。

（2）陶范

HH25共出土陶范11块，总重量计有0.25千克，无可辨识器形的陶范。

不明器模　1件（HH25：3）。青灰色。长方块，保存两侧及上下面，两端残，原长度不明。保存面平整，一面带有两道凹槽，宽约0.3厘米，剖面呈"U"形，深约0.1厘米，两道凹槽与其所在平面过渡圆滑，也未见刻划痕迹，应当是翻制而成。范块残长2.3、宽2.4、厚1.5厘米（图2-80,2）。

不明器范　1件（HH25：2）。未见面层与背层之分，范面呈青灰色，背面呈砖红色，无粗砂。范面正中位置有一椭圆形圆坑，端部浅，中间深，剖面呈"U"形，可能是卯，亦可能为铸腔。圆坑一侧凸起一个台面，形制不明，可能是榫，高约0.6厘米。背面凹凸不平，残留指窝按压痕迹。范块残长5.5、残宽4.5、厚1.6厘米，圆坑残长2.6、宽1～1.2、深约0.5厘米。

（3）炉壁

HH25共出土炉壁9块，总重量计有0.3千克。

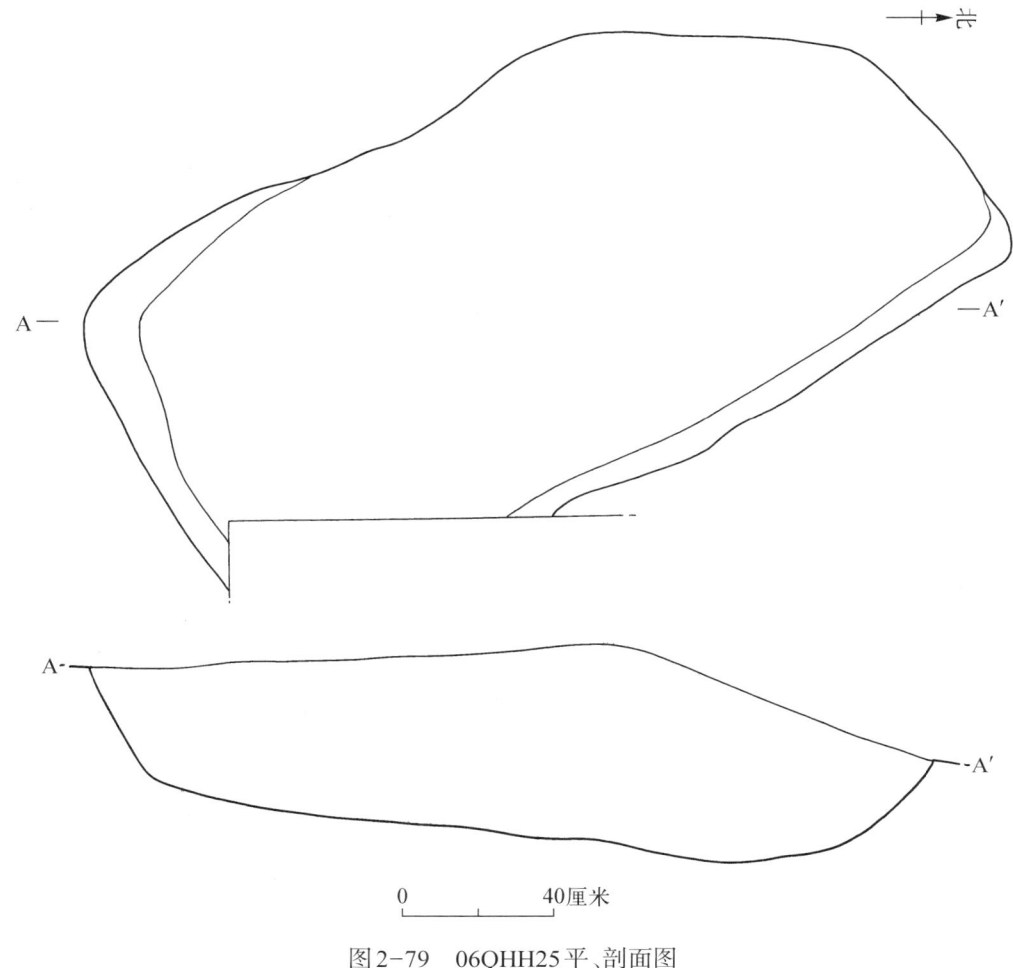

图2-79　06QHH25平、剖面图

（4）陶容器

HH25出土陶片31片。陶质分夹砂与泥质两类，以泥质者为主，有27片，均为灰陶。绳纹者15、素面者9、旋纹者7件。器类有联裆鬲1、鬲1件。

联裆鬲　1件（HH25：1）。夹砂褐陶。卷沿，方唇，唇面施绳纹。残长6.1、残高2.2厘米（图2-81，9）。

（5）年代

根据HH25出土陶器标本的式别特征，判断其年代为西周晚期。

26. 06QHH26

（1）形制与堆积

HH26位于HT7内，开口于②层下，被HH23打破。因HH26西部与南部在探方外未清理，故整体形状不明。探方内部分坑口呈四分之一扇形，壁呈斜坡状，底呈锅底状。南北残长1.09、东西残宽1.09、坑口距地表1.4、自深0.51米（图2-82）。

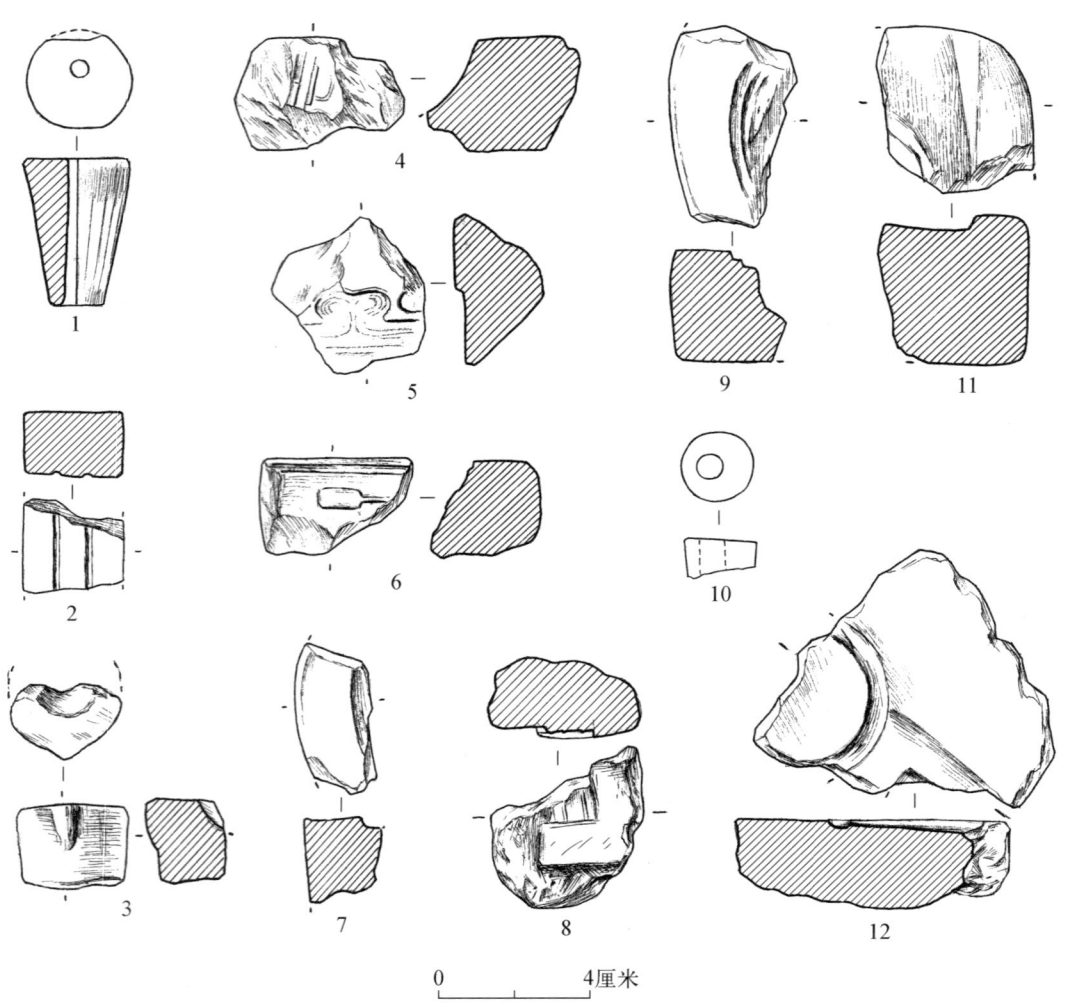

图 2-80 06QHH25、HH28、HH30、HH31 出土陶范及陶管

1、10. 陶管（HH28：21、HH28：14） 2. 不明器模（HH25：3） 3. 圆形芯头（HH28：17） 4. 不明容器外范（HH31：43）
5. 扉棱外范（HH31：28） 6. 窃曲纹器盖外范（HH31：36） 7～9. 不明器范（HH30：12、HH28：19、HH30：13）
11. 不明内芯（HH30：11） 12. 环外范（HH30：16）

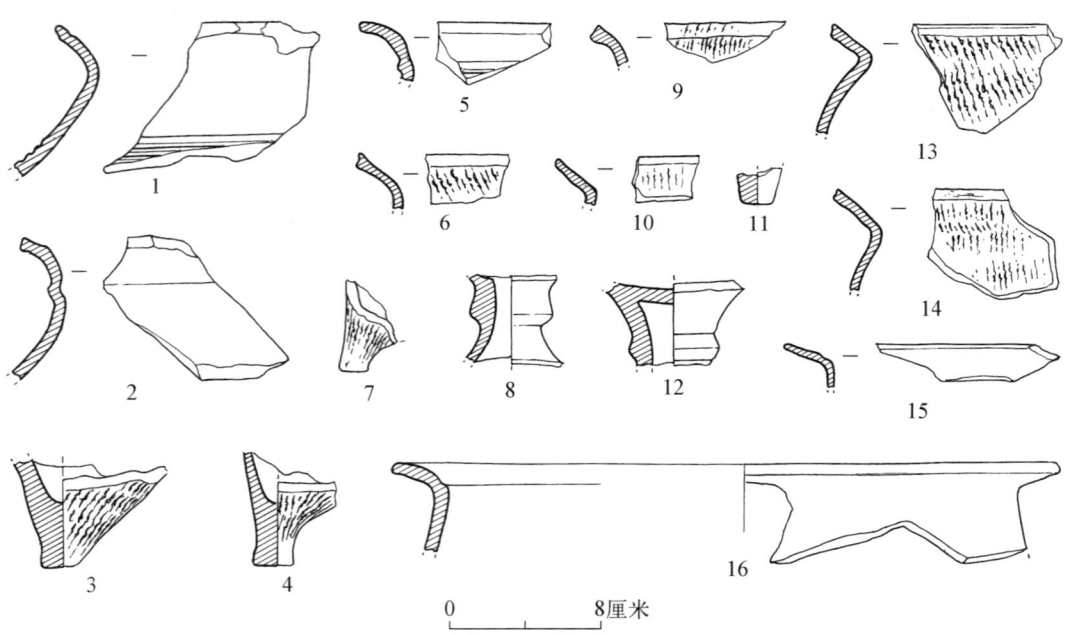

图 2-81 06QHH25、HH28、HH34、HH35 出土陶器

1、2. 高领罐（HH28：11、HH28：6） 3、4、7、11. 足根（HH28：7、HH28：8、HH34：3、HH28：13） 5. 罐（HH35：12）
6、9、14. 联裆甗（HH34：4、HH25：1、HH35：13） 8、12. 豆（HH35：9、HH34：2） 10、13. 联裆鬲（HH35：11、HH28：12）
15、16. 盆（HH34：5、HH28：10）

坑内为一次性堆积,土质较致密,土色呈紫红色,内含少量陶范、红烧土块等。

（2）陶范

HH26共出土陶范6块,总重量计有0.25千克,无可辨识器形的陶范。

（3）年代

HH26无陶器标本,但其被西周晚期偏早的HH23打破,故年代应不晚于西周晚期偏早。

27. 06QHH28

（1）形制与堆积

HH28位于HT8内,开口于②层下,被HH20打破,打破HH31。坑口呈不规则椭圆形,壁呈斜坡状,底呈锅底状。东西长3.58、南北宽2.06、坑口距地表0.6、自深0.5米（图2-83）。

坑内为一次性堆积,土质致密,土色近灰褐色,内含骨头、陶范、陶片、石器等。

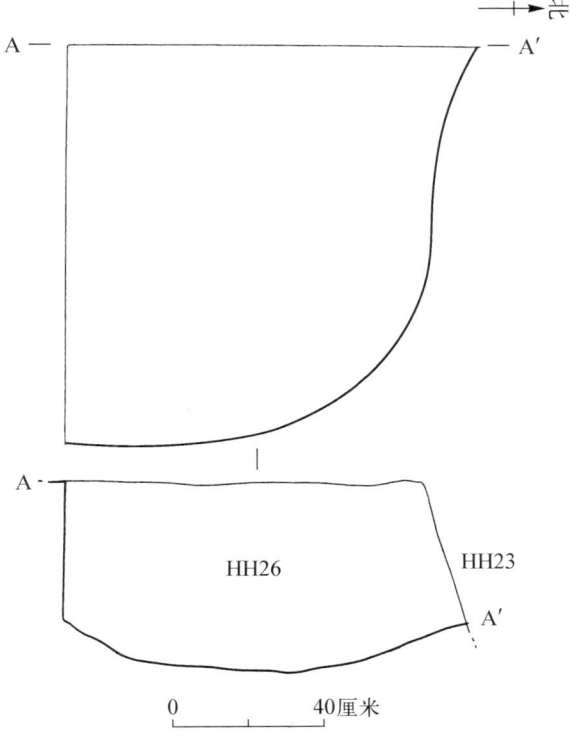

图2-82　06QHH26平、剖面图

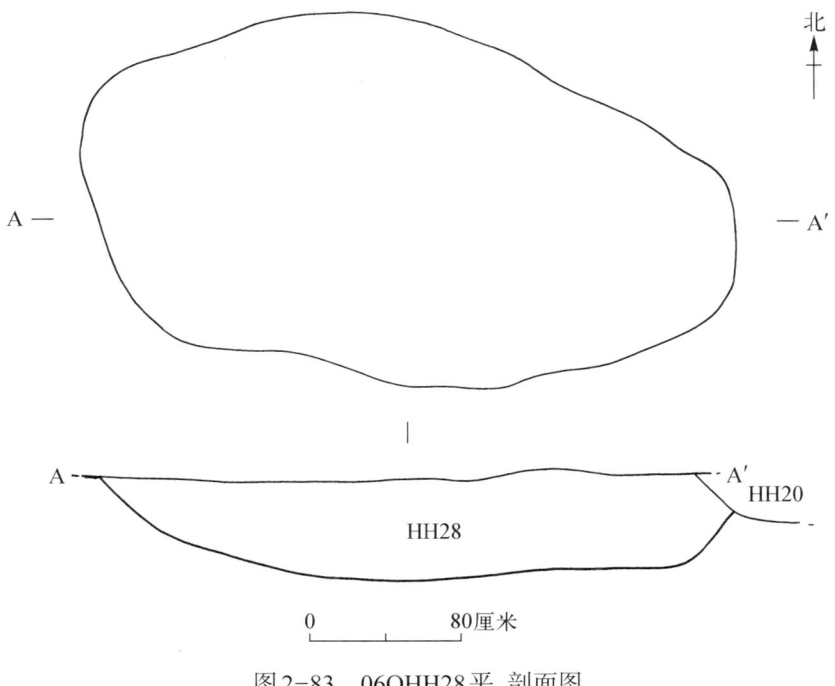

图2-83　06QHH28平、剖面图

（2）陶范

HH28共出土陶范116块，总重量计有2.28千克。可辨识陶范所铸器形的有不明容器外范1件，另有范块稍大，有榫卯、分范面等特征，但不辨器形者2件，圆形芯头1件。

不明容器外范　1件（HH28：18）。断面见面层与背层，分界线不规则。从残存形制看面层外框外侧高，中间内凹。面料精细，浇铸面与分范面呈青灰色，内层背面呈砖红色。背料夹粗砂和小石子，呈灰褐色。有一水平分范面和垂直分范面，均很平整，未见榫卯结构。垂直分范面呈斜坡状，其上有一个小凸起，可能是榫；在分范面外侧还有两道近乎平行的刻痕，也许是合范符号。浇铸面向内圆弧，上有凹槽，残长1.4厘米，可能是卯。背面凹凸不平，可能是外范与芯头相连接的部位。范块残高4.9、残宽4.4、厚约3.2厘米。

不明器范　共2件。HH28：19，未见面层与背层之分，各面均呈青灰色，浇铸面残破，残存部分纹饰，可能是垂鳞纹的一部分。从浇铸面带外鼓弧度来看，可能为器物附件外侧的纹饰范。范块残长4.1、残宽3.8、厚约1.9厘米（图2-80，8）。HH28：20，未见面层与背层之分，范面呈青灰色，背面为砖红色，无粗砂。范面四周已残，近边缘处微向下凹。范块残长3.9、残宽2.5、厚约1.7厘米。

圆形芯头　1件（HH28：17）。表面呈青灰色，内部为砖红色，原为圆角方形，范较小，有一垂直方向三角形榫，榫与芯为一体制成，器形不明。残高2、残长2.9、残宽1.9厘米（图2-80，3）。

（3）炉壁

HH28仅出土炉壁12块，总重0.12千克。标本HH28：22，砂质炉，保留有炉衬层与基体层。衬面呈深绿色，表面粘附一层铜渣，未分层。炉壁基体保留不多，含大颗粒砂粒，呈灰褐色。应属坩埚一类遗物，残块过小，直径不详。弦长3.4、弦高2.8、厚1.3厘米，重17.1克。

（4）铜器及铜块

铜镞　1件（HH28：1）。铜镞的铤部，铜含量88.5%，锡含量8.9%，α固溶体树枝晶晶内偏析，晶间锈蚀较严重（黄红），细小灰色Cu_2S夹杂物。为铜锡合金（检测编号ZJT24；彩版三〇〇，3）。

（5）陶管

共3件。标本HH28：14，残存部分近圆台形，应为接近陶管粗端的部分管身，泥质含细砂，黄褐色，仍可见小孔沿长轴贯穿，横截面呈圆形，表面可见修刮痕迹，但无经受高温的痕迹。残长约0.9、残存粗端直径约1.8、残存粗端孔径约0.7、残存细端孔径约0.6厘米（图2-80，10）。标本HH28：21，圆锥体形，泥质，灰褐色，有小孔沿长轴贯穿，保存基本完整，横截面呈圆形，两端宽窄变化较大，粗端底部修治平整，粗端孔径较小而细端孔径较大，表面可见修刮痕迹，但无经受高温的痕迹。长3.9、细端直径1.2、粗端直径约2.5、细端孔径约0.8、粗端孔径约0.6厘米（图2-80，1；彩版一五，5）。

（6）陶容器

HH28出土陶片数量超过360片。陶质分夹砂与泥质两类，二者数量大致相当。陶色以灰陶为主，占72%稍强，灰褐陶所占比例近25%，褐陶比例不足3%。器类有联裆鬲3、联裆甗3、罐4、盆4件（表2-15）。

表2-15　06QHH28出土陶片陶系、纹饰及器类统计表

陶质		夹　　砂			泥　　质			合计	百分比（%）
纹饰与器类	陶色	灰	褐	灰褐	灰	褐	灰褐		
纹饰	粗绳纹	20	10		2			32	8.77
	中绳纹	56		86	128			270	73.97
	素面	7		3	42			52	14.25
	旋纹				11			11	3.01
合计		83	10	89	183			365	100.00
百分比（%）		22.74	2.74	24.38	50.14			100.00	
		49.86			50.14				
器类	联裆鬲	3						3	21.43
	联裆甗	3						3	21.43
	罐				4			4	28.57
	盆				4			4	28.57
合计		6			8			14	100.00
百分比（%）		42.86			57.14			100.00	

联裆鬲　1件（HH28：12）。夹砂灰黑陶。折沿近平，腹微鼓，唇面有一道凹槽，沿外侧及腹部施印痕较深粗绳纹。残长7.8、残高5.9厘米（图2-81，13）。

高领罐　共2件。均泥质灰陶。高颈。HH28：6，折沿近平，广肩，颈腹交界处有一道隆起。残长9.7、残高7.6厘米（图2-81，2）。HH28：11，卷沿较甚，广肩隆起，肩部施数周弦纹。残长10.7、残高8.1厘米（图2-81，1）。

盆　1件（HH28：10）。泥质灰陶。卷沿，圆唇，沿下角较小，素面。口径35.4、残高5.4厘米（图2-81，16）。

足根　共3件。HH28：7，夹砂褐陶，陶色斑驳。圆锥状足，施印痕较深粗绳纹。残高5.8厘米（图2-81，3）。HH28：8，夹砂褐陶。圆柱状足，足尖钝平，呈圆角长方形，施粗绳纹。残高6.1厘米（图2-81，4）。HH28：13，泥质灰陶。柱状，足根未施绳纹。残高2厘米（图2-81，11）。

（7）陶质小件

圆陶片　1件（HH28：3）。泥质灰陶。上部施纹理模糊的绳纹，边缘未经打磨。直径6、厚0.6厘米（图2-36，2）。

（8）石器（含砺石）

带孔石锤　1件（HH28：2）。青色。近似现在的榔头，形制较小，近残存一半，据以往资料以及本次出土资料可知应为石锤。残径2.5、宽5、高4.3厘米（图2-84，4）。

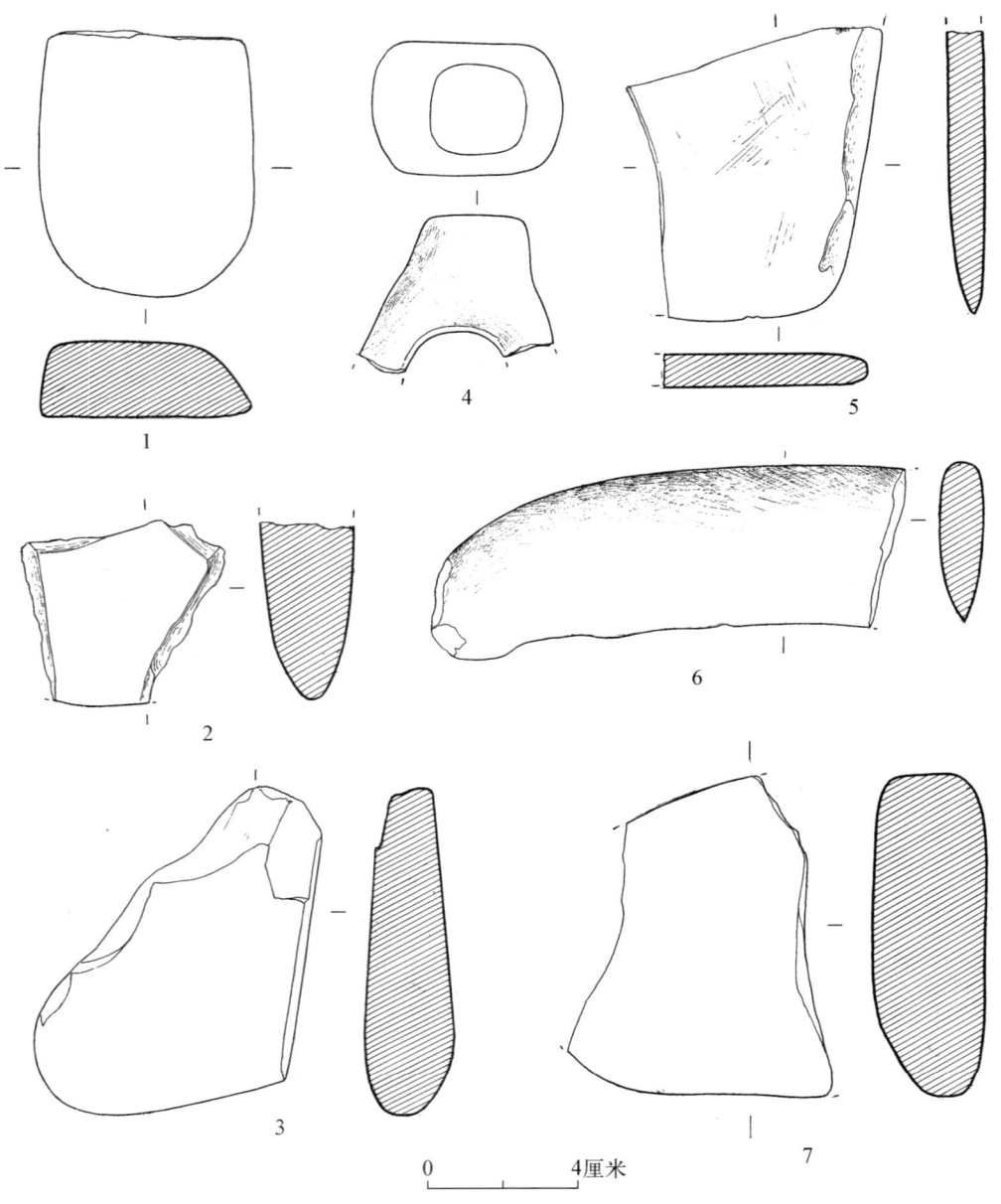

0　　　　　4厘米

图2-84　06QHH28、HH38、HH60出土石器

1. 斧（HH60：3）　2、3、7. 锤（HH38：3、HH38：241、HH38：9）　4. 带孔锤（HH28：2）　5. 铲（HH38：4）　6. 镰（HH38：7）

（9）年代

根据HH28出土陶器标本的式别特征，判断其年代为西周中期偏晚。

28. 06QHH29

（1）形制与堆积

HH29位于HT6内，开口于②层下，被HH7、HH21、HH22打破，打破HH30。因HH29东部未清理、西部为断崖所破坏，故整体形状不明。探方内部分坑口呈不规则条形，壁较陡直，底呈锅底状。东西残长2.01、南北残宽0.4～1.18、坑口距地表1.15、自深1.11米（图2-85）。

坑内为一次性堆积，土质较疏松，土色呈灰褐色，内含陶片、兽骨、红烧土块等。

（2）陶容器

HH29出土陶片9片。泥质者6片，其中灰陶5、褐陶1片；夹砂者3片，其中灰陶1、灰褐陶2片。素面者5、绳纹者4片。无可辨器形者。

（3）年代

HH29无陶器标本，但H29被西周中期偏晚的H21打破，又打破了西周中期偏早的H30，故年代为西周中期。

29. 06QHH30

（1）形制与堆积

HH30位于HT6内，开口于②层下，被HH21、HH24、HH29打破。因HH30西部为断崖破坏，故整体形状不明。探方内部分坑口呈不规则长条形，从西断崖面可看出HH30应为袋状坑，底较平。口部南北残长3.05、东西残宽0.35米，底部南北残长4.05、东西残宽0.69米，坑口距地表1.39、自深1米（图2-86）。

坑内为一次性堆积，土质较疏松，土色

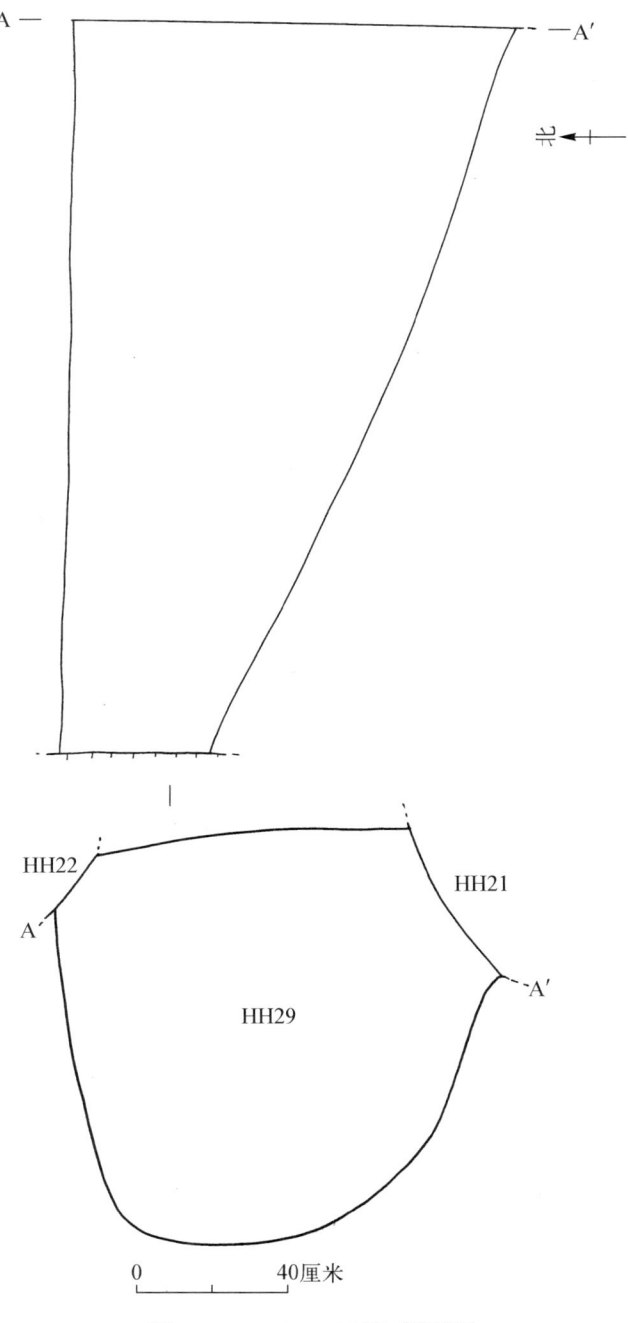

图2-85　06QHH29平、剖面图

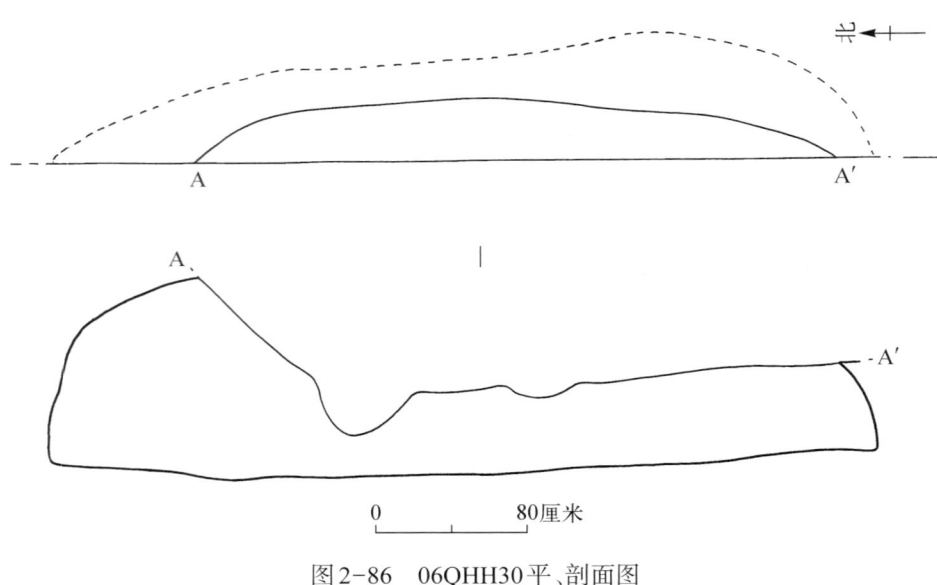

图2-86　06QHH30平、剖面图

呈灰褐色,夹杂大量灰土,内含陶范、铜渣、陶片、蚌片、骨头、红烧土块等。

（2）陶范

HH30共出土陶范53块,总重量计有1.45千克。可辨识陶范所铸器形的有环外范1件,另有范块稍大,有榫卯、分范面等特征,但不辨器形者4件,不明内芯1件。

环外范　1件（HH30：16）。未见面层与背层之分,浇铸面呈青灰色,背面呈砖红色,无粗砂。浇铸面可见环的型腔及一浇道,环的型腔断面为"U"形,应为双合范。范块残长6.9、残宽6.5、厚2.2、环型腔宽0.5厘米（图2-80,12）。

不明器范　共4件。HH30：12,未见面层与背层之分,范面呈青灰色,背面呈棕黄色,侧面圆弧,原应当是圆形器物,范面正中有圆形的内凹,内凹处残留一道凸起的直线,可能是浇铸面。背面凹凸不平。范块残长3.6、残宽1.7、厚1.8厘米（图2-80,7）。HH30：13,未见面层与背层之分,范面呈青灰色,背面呈棕黄色,近长方形。范面正中有圆形的内凹,内凹处有两三道旋纹,翻制而成。背面磨损严重,比较平整。范块残长4.9、残宽3.2、厚约2.6厘米（图2-80,9）。HH30：14,未见面层与背层之分,范面呈青灰色,器物原为圆形,范面正中有圆形的内凹,内凹处残留一道凸起。范块残长4.7、残宽1.4、厚2.8厘米（图2-87,1）。HH30：15,未见面层与背层之分,浇铸面和分范面呈青灰色,背面呈砖红色,为带纹饰范,分范面平整,为水平分范面。浇铸面内凹,范面上保留有数道竖棱纹,应当是翻制而成。范块残长4.6、残宽2.2、厚2.6厘米（图2-87,6）。

不明内芯　1件（HH30：11）。底部已残,原应为圆角方形,各面均呈砖红色,其中一面带近长方形榫。芯残高3.7、残长4、残宽3.5厘米,榫长3.5、最宽处宽1.5、高0.2～0.5厘米（图2-80,11）。

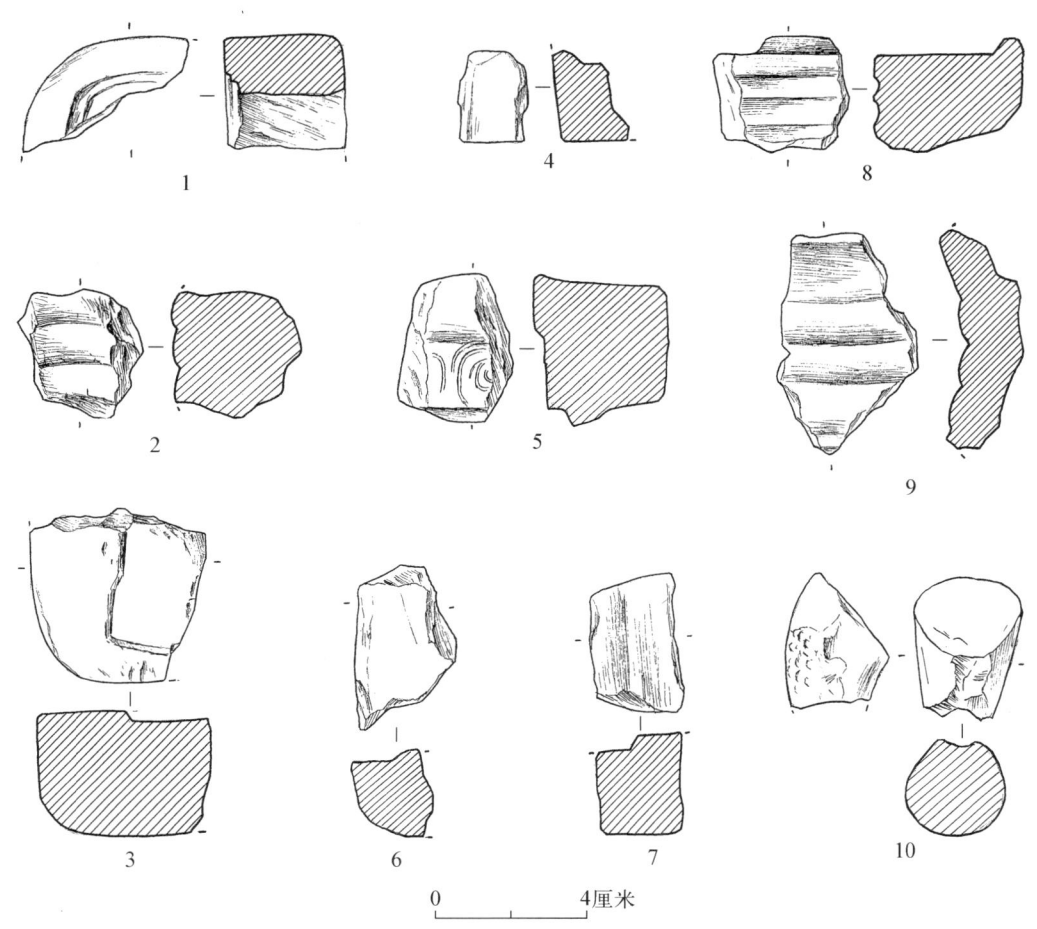

图2-87　06QHH30、HH31、HH36、HH38出土陶范

1、3、5～7.不明器范（HH30：14、HH31：61、HH31：60、HH30：15、HH38：220）　2、8.瓦纹外范（HH31：59、HH31：57）
4.不明内芯（HH31：62）　9.瓦纹簋外范（HH31：58）　10.鼎足泥芯（H36：24）

（3）炉壁

HH30共出土炉壁11块，总重量计有0.7千克。

（4）铜渣

铜渣　1件（HH30：18）。夹有小铜片、石子的大块渣，夹杂小铜片α固溶体树枝晶偏析不明显，少量（α+δ）共析体，铜含量81.6%，锡含量10.8%，为铜锡铸造组织。渣里有铁橄榄石、钙镁橄榄石和钠钙黄长石晶体、小铜颗粒，为铜锡合金熔炼渣。

（5）陶容器

HH30共出土陶片188片。陶质分为泥质和夹砂两类，泥质陶（62.77%）多于夹砂陶（36.24%）。陶色分为灰色和灰褐色，无褐陶，以灰色为主，约占总数的86.71%。纹饰有细、中、粗绳纹和素面、旋纹；以绳纹为主，约占总数的73.41%；其次为旋纹，约占总数的17.02%；素面约占总数的9.57%。器类丰富，联裆鬲6、联裆甗2、罐2、盂1、瓮1件。

联裆鬲　共2件。均为夹砂。侈口。HH30：8，灰褐陶。尖圆唇，沿下角较大。残长7、残高8.4厘米（图2-88，6）。HH30：10，灰陶。圆唇。残长6.2、残高3.2厘米（图2-88，5）。

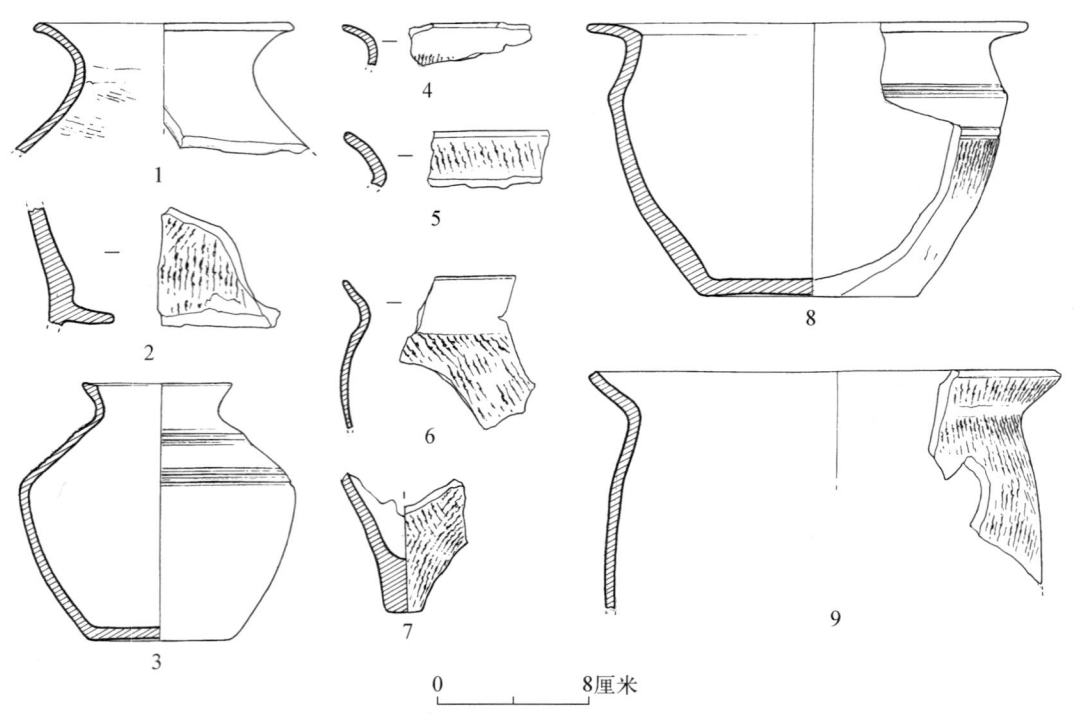

0　　　　　　　8厘米

图2-88　06QHH30、HH31出土陶器

1. 高领罐（HH30：7）　2、9. 联裆甗（HH30：9、HH30：5）　3. 小口罐（HH30：2）
4～6. 联裆鬲（HH31：24、HH30：10、HH30：8）　7. 足根（HH31：25）　8. 盂（HH30：3）

联裆甗　共2件。均为夹砂。HH30：5，灰陶。侈口，方唇，唇面有依稀可见的绳纹，领部绳纹被抹。口径24.6、残高13厘米（图2-88，9）。HH30：9，褐陶。残存甗腰，箅托较宽。残长6.2、残高6.2厘米（图2-88，2）。

小口罐　1件（HH30：2）。泥质灰陶。方唇，束颈，折肩，平底，肩部施数周旋纹。口径7.8、底径7.6、残高13.8厘米（图2-88，3；彩版一六，1）。

高领罐　1件（HH30：7）。泥质灰陶。卷沿，尖圆唇。口径13.6、残高7厘米（图2-88，1）。此器物肩部施暗纹，时代作风晚于其他标本。

盂　1件（HH30：3）。泥质灰陶。宽折沿近平，圆唇，微折肩，腹部下收，沿面内缘有一道凹槽，肩部施两周旋纹，上腹部施竖行细绳纹。口径23、底径11.6、残高14.6厘米（图2-88，8）。

（6）石器（含砺石）

砺石　1件（HH30：1）。青色，砂质较细，各面均光。残长7.9、残宽7.2、厚1厘米（图2-16，5）。

（7）年代

根据HH30出土陶器标本的式别特征，判断其年代为西周中期偏早。

30. 06QHH31

（1）形制与堆积

HH31位于HT8内，开口于②层下，被HH28打破，打破HH32。坑口呈不规则形状，壁呈斜坡状，底呈锅底状。东西长4.09、南北宽2.5、坑口距地表0.6、自深0.84米（图2-89）。

坑内为一次性堆积，土质疏松，土色呈黄褐色，夹杂淤层，内含陶范、陶片、骨头等。

（2）陶范

HH31发现陶范共计207块，总重4.875千克。可辨识陶范所铸器形的有车軎模2、鼎足外范2、瓦纹簋外范1、器顶外范1、窃曲纹器盖外范1、勾连雷纹外范1、瓦纹外范2、扉棱外范1、不明容器外范4、波带纹管形器外范1件，另有范块稍大，有榫卯、分范面等特征，但不辨器形者12件，不明内芯3件。

车軎模　共2件。HH31：51，残，仅存实心圆柱体一部分，顶面不存，灰褐色，可见一周凸棱，另有数道阴线，刻划出安装车辖的长方孔，为凸棱至安辖长方孔部位。残长4.2、宽3.7、厚2.2厘米（图2-90，1；彩版一〇，1）。HH31：53，保存较完整（两块粘合），残存实心圆柱体一部分，可见顶面及大部分圆柱，灰褐色，顶面中心有一凹入的小圆点，下端可见车軎中段的一周凸棱，为车軎封闭端至中段凸棱部位。残长4.5、残宽4.1、厚3厘米（图2-90，10）。

鼎足外范　共2件。HH31：34，未见面层与背层之分，浇铸面与分范面呈青灰色，背面呈砖红色，无粗砂。分范面较平，残留不多，浇铸面圆弧形，两面相交近150°，浇铸面上部残存一道凸起，可能是纹饰的一部分，隐约可见刻划痕迹。背面磨损严重，较平整。范块残长3.7、残宽3、厚约1.5厘米（图2-91，1）。HH31：42，未见面层与背层之分，浇铸面与分范面呈青灰色，背

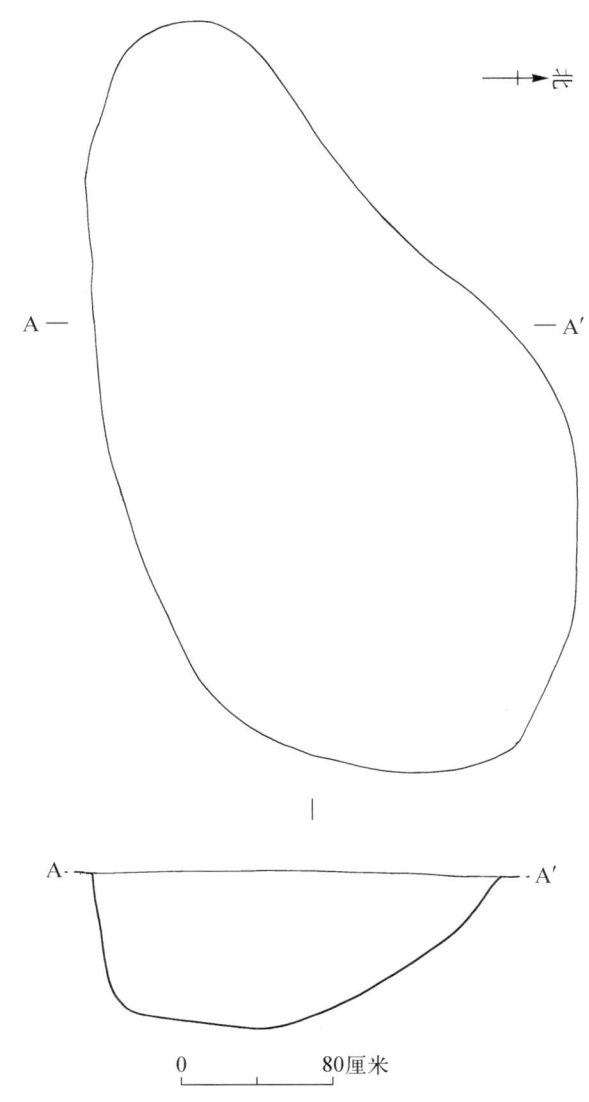

图2-89　06QHH31平、剖面图

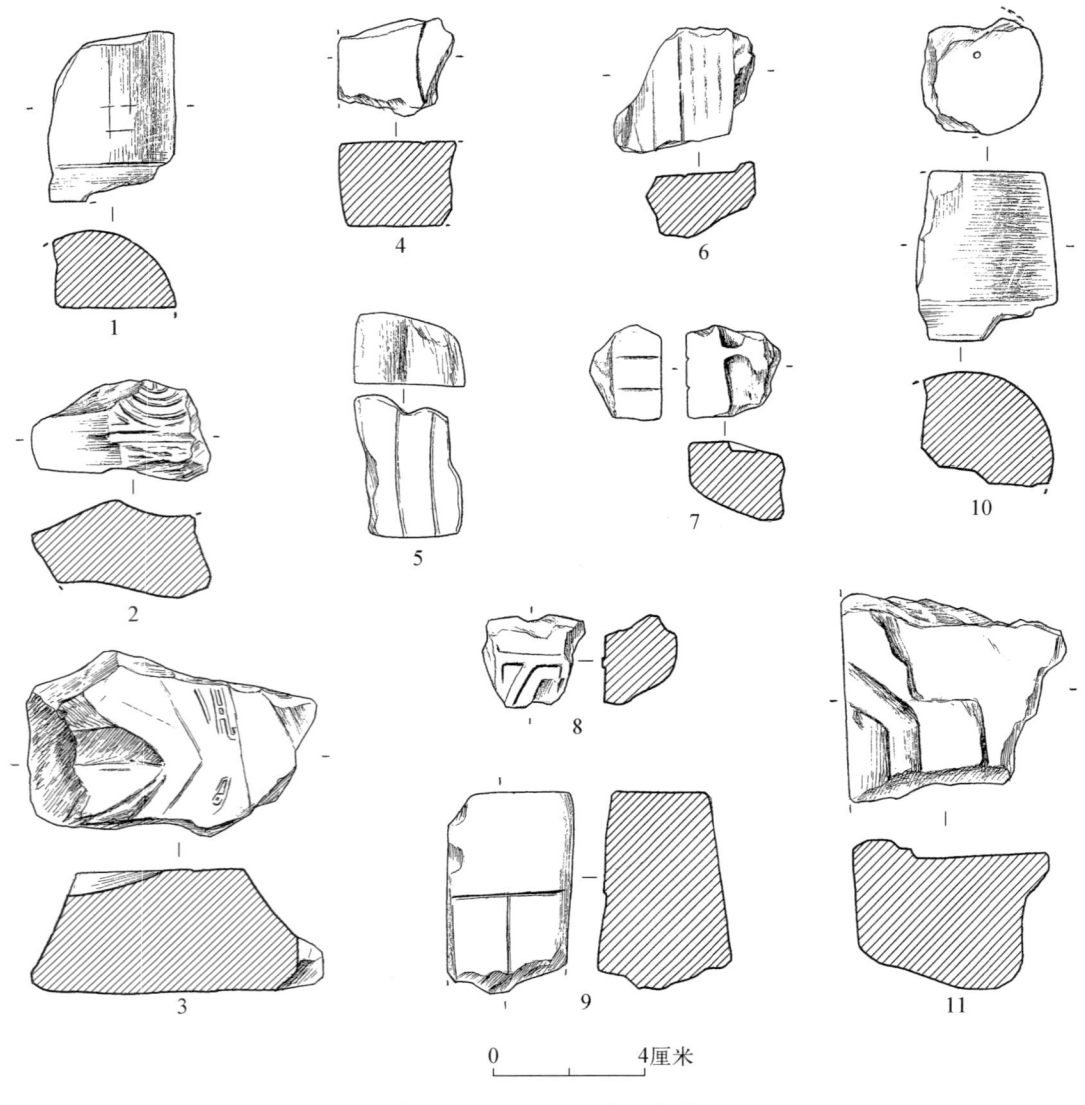

图2-90　06QHH31出土陶范

1、10. 车軎模（HH31：51、53）　2. 波带纹管形器外范（HH31：52）　3. 器顶外范（HH31：47）　4、11. 不明器范（HH31：31、33）
5、9. 不明内芯（HH31：50、54）　6、7. 不明容器外范（HH31：39、37）　8. 勾连雷纹外范（HH31：32）

面近灰褐色，无粗砂。顶端为水平分范面，侧面为垂直方向分范面，均平整未见榫卯。浇铸面为内凹的圆弧形，从弧度看可能为鼎足一类构件之范。背面凹凸不平，残留指窝按压痕迹。范块残高4、残宽5.2、厚3.9厘米（图2-91，2）。

　　瓦纹簋外范　1件（HH31：58）。未见面层与背层之分，浇铸面呈青灰色，背面近灰褐色。浇铸面呈内凹的弧形，其上有两道凹槽，对应铜器上的瓦纹，翻制而成，底部见刻划痕迹。背面凹凸不平，残留指窝按压痕迹。从弧度看应当是瓦纹簋腹部外范。范块残高5.7、残宽3.6、厚1.2厘米（图2-87，9）。

图2-91　06QHH31出土陶范

1、2.鼎足外范（HH31：34、42）　3.器顶外范（HH31：47）　4.不明容器外范（HH31：46）　5、6.不明器范（HH31：44、49）

器顶外范　1件（HH31：47）。从残存形制看面层外框外侧高，中间内凹，背层已脱落殆尽。浇铸面与分范面呈青灰色，背面呈砖红色。有两处浇铸面，成120°夹角。其中一面可见残存的勾连纹及重环纹，应当是翻制而成，此面作分叉燕尾形，浇铸面以外部分略凸起，并残存一个较大的枣核形卯的一部分，卯底部见刻划痕迹。另一面不见纹饰。可能为铜容器顶部转角位置范。范块残长7.5、残宽4.7、厚3厘米，卯残长2.2、残宽2、深约0.8厘米（图2-90，3；图2-91，3）。

窃曲纹器盖外范　1件（HH31：36）。未见面层与背层之分，浇铸面与分范面呈青灰色，背面近砖红色。范块滚磨较多，已无棱角。分范面平整，浇铸面呈内凹的弧形，并向上倾斜，且倾斜较多，纹饰仅存一长椭圆形状，翻制而成，相当于铜器窃曲纹顾首或卷尾内、减地无纹饰的位置。可能是圆口容器器盖外范。范块残高2.3、残宽3.6、厚2厘米（图2-80，6）。

勾连雷纹外范　1件（HH31：32）。未见面层与背层之分，浇铸面为青灰色，背面呈棕黄色，范块较小较薄。可见勾连雷纹加接近上部的三角纹，纹饰刻划而成，可能为小鼎一类器物。范块残长2.6、残宽2.1、厚1.8厘米（图2-90，8）。

瓦纹外范　共2件。HH31：57，未见面层与背层之分，浇铸面与分范面呈青灰色，背面近灰褐色。顶端为水平分范面，远离浇铸面的一端残留一近枣核形的榫。浇铸面向内微弧，残留两道瓦纹，翻制而成。背面凹凸不平，残留指窝按压痕迹。范块残高2.8、残宽3.2、厚3.5厘米，榫残长1.8、残宽0.8、高约0.6厘米（图2-87，8）。HH31：59，可见面层与背层，分界不明显。面料精细，浇铸面呈砖红色，背料夹粗砂，呈砖红色。浇铸面比较平直，残存两道瓦纹对应的凹槽，翻制而成，未见刻划痕迹。背面凹凸不平。范块残高3.4、残宽2.7、厚3.1厘米（图2-87，2）。

扉棱外范　1件（HH31：28）。未见面层与背层之分，浇铸面呈青灰色，背面呈砖红色。范块小，仅存浇铸型腔的一部分。为铜器扉棱的顶端位置范，可见刻划的阴线。浇铸面一旁有凸起的范面，应当是与另一面扉棱外范相连的部位。范块残高3.8、残宽4、厚1.9厘米（图2-80，5）。

不明容器外范　共4件。HH31：37，未见面层与背层之分，范块较小。浇铸面呈青灰色，背面呈棕黄色。侧面带两道浅凹槽，可能是合范符号。范面有两坑窝，可能为纹饰。范块残长2.3、残宽2.3、厚1.5厘米（图2-90，7）。HH31：39，未见面层与背层之分，浇铸面呈青灰色，背面呈砖红色。四周已残，浇铸面残存部分的底部带凹槽，可能是卯，其底部见刻划痕迹。浇铸面其余部分残存数道刻划阴线。范块残高3.8、残宽3.2、厚1.4厘米（图2-90，6）。HH31：43，断面可见面层与背层，背层残存不多。范面呈青灰色，背面呈棕黄色，背料夹粗砂和小石子。范面仅保存侧面与铸腔面的少部分，分别是分范面与浇铸面，其中浇铸面上仍有少量纹饰，从残存痕迹可明显看出应当是先刻划了底稿线，然后在其上用泥条贴塑。范块残高3、残宽4.2、厚2.5厘米（图2-80，4）。HH31：46，未见面层与背层之分，浇铸面与分范面呈青灰色，大部分已露出原砖红色，背面呈砖红色，无粗砂。范面共有两面，浇铸面底端向内圆弧，顶部呈斜坡状,两者相交处凸起,形成一近90°的角。顶端还有一平整的水平分范面。可能是侈口容器口部外范。范块残高3.5、残宽5.4、厚3.2厘米(图2-91,4)。

波带纹管形器外范　1件(HH31∶52)。未见面层与背层之分,浇铸面与分范面呈青灰色,背面呈砖红色,范块较小,较薄。浇铸面可见波带纹及弦纹,纹饰转角圆润,另在部分纹饰底部有明显的刻划痕迹。分范面平整,与浇铸面成150°相接。范块残长4.6、残宽2.4、厚2.2厘米(图2-90,2)。

不明器范　共12件。HH31∶30,未见面层与背层之分,范面呈青灰色,背面呈砖红色,无粗砂,范面共两面,其中一面仅残存枣核形卵。另一面与其成150°相接,平整无纹饰,可能是浇铸面。范块残长5.3、残宽2.6、厚2.8厘米,卵残长2.7、最宽处宽1.4、深约0.5厘米。HH31∶31,未见面层与背层之分,器甚残,仅剩一小角。残存各面均十分平整,背面夹杂小石子颗粒,不排除可能为芯或模。表面带一圆弧形凹槽。范块残长3.1、残宽2.4、厚1.9厘米(图2-90,4)。HH31∶33,断面可见面层与背层之分,分界不明显。面料精细,内面呈砖红色,背料含粗砂,呈灰褐色。正中位置的范面铸腔已残,上带"L"形榫,应当是外范与芯头合范的部位。顶面与背面比较平整,两者相接处为圆弧过渡,应当都是外范的外表面。范块残长5.6、残宽约5.2、厚3.3厘米(图2-90,11)。HH31∶35,未见面层与背层之分,分范面呈青灰色,背面呈棕黄色。分范面共两面,其中一面带长方形榫,榫与范块一体制成,未见刻划痕迹。另一面平整,略内凹,与榫一侧面相连。范块残长4.7、残宽4.5、厚2.4厘米,榫长4.4、宽2.3、高0.8厘米。HH31∶40,未见面层与背层之分,浇铸面与分范面呈青灰色,背面呈砖红色,无粗砂。浇铸面向内微弧,分范面与其垂直相接,平整无榫卵。背面凹凸不平,残留指窝按压痕迹。范块残长3.8、残宽3.2、厚2.4厘米。HH31∶41,未见面层与背层之分,各面均呈砖红色,无粗砂。范面共三面,顶端和侧面较平,应当是分范面,正中位置的范面向内微弧,表面残留一刻划凹槽,可能是纹饰的组成部分,亦可能是榫卵残存部分。范块残高3.9、残宽5.4、厚3.4厘米。HH31∶44,未见面层与背层之分,范面呈青灰色,部分已露出原砖红色,背面呈砖红色,无粗砂。范左右两侧已残,范面共两面,一面较平,另一面中部有较宽凹槽,剖面近"V"形,底部残留刻划痕迹,可能是卵。背面凹凸不平。范块残长4.3、残宽3.1、厚3.2厘米,凹槽残长2.8、宽0.9、深约0.6厘米(图2-91,5)。HH31∶45,未见面层与背层之分,浇铸面与分范面呈青灰色,背面近砖红色,无粗砂。分范面平整,浇铸面铸腔呈圆角方形。背面凹凸不平。范块残长3.9、残宽2.8、厚1.7厘米。HH31∶48,未见面层与背层之分,浇铸面呈青灰色,部分露出原砖红色,背面为棕黄色,无粗砂。范面共三面,均较平整。最大的一面残存长方形榫的一部分,另两面相对,均与此面垂直相交。从榫的位置来看,远离榫的一面应当是浇铸面,与榫一侧面相连的应当是另一处分范面或范的外表面。范块残长4.7、残宽3.9、厚3.5厘米,榫残长2、宽1.9、高0.5厘米。HH31∶49,未见面层与背层,分范面呈青灰色,背面呈砖红色,无粗砂。分范面共两面,一面平整,另一面与其垂直相接,有长方形卯，上大下小，底部可见刻划痕迹，卯的一侧未闭合，直接与前述分范面相连。未见浇铸面，背面凹凸不平，残留指窝按压痕迹。范块残长6.7、残宽4、厚2.5厘米，卯残长3.8、宽1.5、深约0.6厘米（图2-91,6）。HH31：60，未见面层与背层之分，内面呈青灰色，背面呈砖红色。浇铸面残留部分纹饰，可能是龙纹的眼部或窃曲纹的部分，纹饰转角圆润，未见刻划痕迹，应当是翻制而成。范块残长3.5、残宽2.5、厚3.4厘米（图2-87,5）。HH31：61，未见面层与背层之分，范料不如容器外范面料精细，夹粗砂，各面均呈砖红色。范块原形状是圆角方形，范块顶面、侧面和背面均较完整，内面较平整，内面处型腔略下凹，但形制不规整，应当是双合范。范块残长4.5、残宽4.3、厚3.2厘米（图2-87,3）。

不明内芯　共3件。HH31：50，表面均呈青灰色，背面已残，残留较平整的一个面及相对的两个侧面。表面带两道刻划的直线纹，一侧面较平，另一侧面中部带凹槽，可能是卯。背面残存一个指窝按压痕迹。芯残长4.1、残宽2.6、厚1.9厘米（图2-90,5）。HH31：54，长方体，一端已残，一端小，残断的一端稍大。表面为砖红色，其中一面近残断处部分稍下凹，下凹部分有刻划的直线纹，与芯长轴方向平行。该芯可能为铸造有銎器时所用的芯。芯残长5、宽3、厚2.5～3.2厘米（图2-90,9）。HH31：62，表面呈砖红色，甚残，原应为圆角方形，表面平整，未见手制痕迹。残长2.3、残宽1.7、厚1.5厘米（图2-87,4）。

（3）炉壁

HH31共出土炉壁13块，总重量计有0.5千克。

（4）铜器及铜块

铜刀　1件（HH31：7）。残，通体布满了铜锈，刃部锋利，经过磨制，刀背较平，柄端为尖锥状，和通常所见的柄端为圆环形不同，此种铜刀可能同时起两种作用。残长17.6厘米（图2-34,5）。

铜泡　1件（HH31：8）。圆饼形，通体布满了铜锈，背面有一横梁。直径2.6、厚0.5厘米（图2-34,8）。

铜块　1件（HH31：56）。完全锈蚀，锈蚀里残存α固溶体树枝晶和共析体形状，少量Cu_2S夹杂物（检测编号ZJT16-2；彩版二九九,1）。

（5）铜渣

铜渣　1件（HH31：55）。为炉壁上的粘结渣，外面有烧结的黏土，铜渣层夹杂有铜颗粒。有大量孔洞的铜块和等轴晶的Cu_2O（检测号ZJT16-1；彩版三〇〇,5、6）。

（6）陶容器

HH31出土陶片数量超过400片。陶质分夹砂与泥质两类，以泥质者为主，超过60%。陶色以灰陶为主，占66%稍强，灰褐陶所占比例约22%，褐陶比例不足3%。器类有联裆鬲7、联裆甗6、高领罐7、旋纹盆2、盆1、豆1、圈足器2件（表2-16）。

表2-16 06QHH31出土陶片陶系、纹饰及器类统计表

陶质	夹 砂			泥 质			合计	百分比(%)
陶色 纹饰与器类	灰	褐	灰褐	灰	褐	灰褐		
纹饰 粗绳纹	43		3	16		10	72	16.59
中绳纹	26	12	79	96			213	49.08
细绳纹				51			51	11.75
暗纹				1			1	0.23
篦纹				3			3	0.69
素面				54		4	58	13.36
旋纹				36			36	8.29
合计	69	12	82	257		14	434	99.99
百分比(%)	15.90	2.76	18.89	59.22		3.23	100.00	
	37.55			62.45				
器类 联裆鬲		3			3		6	23.08
联裆鬲		7					7	26.92
高领罐					7		7	26.92
旋纹盆					2		2	7.69
盆					1		1	3.85
圈足器					2		2	7.69
豆					1		1	3.85
合计	10			16			26	100.00
百分比(%)	38.46			61.54			100.00	

联裆鬲 共4件。均为夹砂灰陶。HH31：12，折沿近平，方唇，领部绳纹被抹，器表施印痕较深的斜行绳纹。口径18.8、残高8.6厘米（图2-92，15）。HH31：15，宽折沿，尖圆唇，沿面内缘有一道凹槽，器表施印痕较深的交错绳纹。口径26、残高12.8厘米（图2-92，17）。HH31：22，侈口，方唇，唇面有一道依稀可见的绳纹。残长7.8、残高5.9厘米（图2-92，10）。HH31：24，侈口，圆唇。残长6.3、残高2.4厘米（图2-88，4）。

联裆鬲 共5件。侈口，方唇。HH31：10，泥质灰陶。施印痕较深的竖行绳纹。残长13.8、残高9.4厘米（图2-92，16）。标本HH31：17，夹砂红褐陶。唇面施压印的绳纹，领腹交界

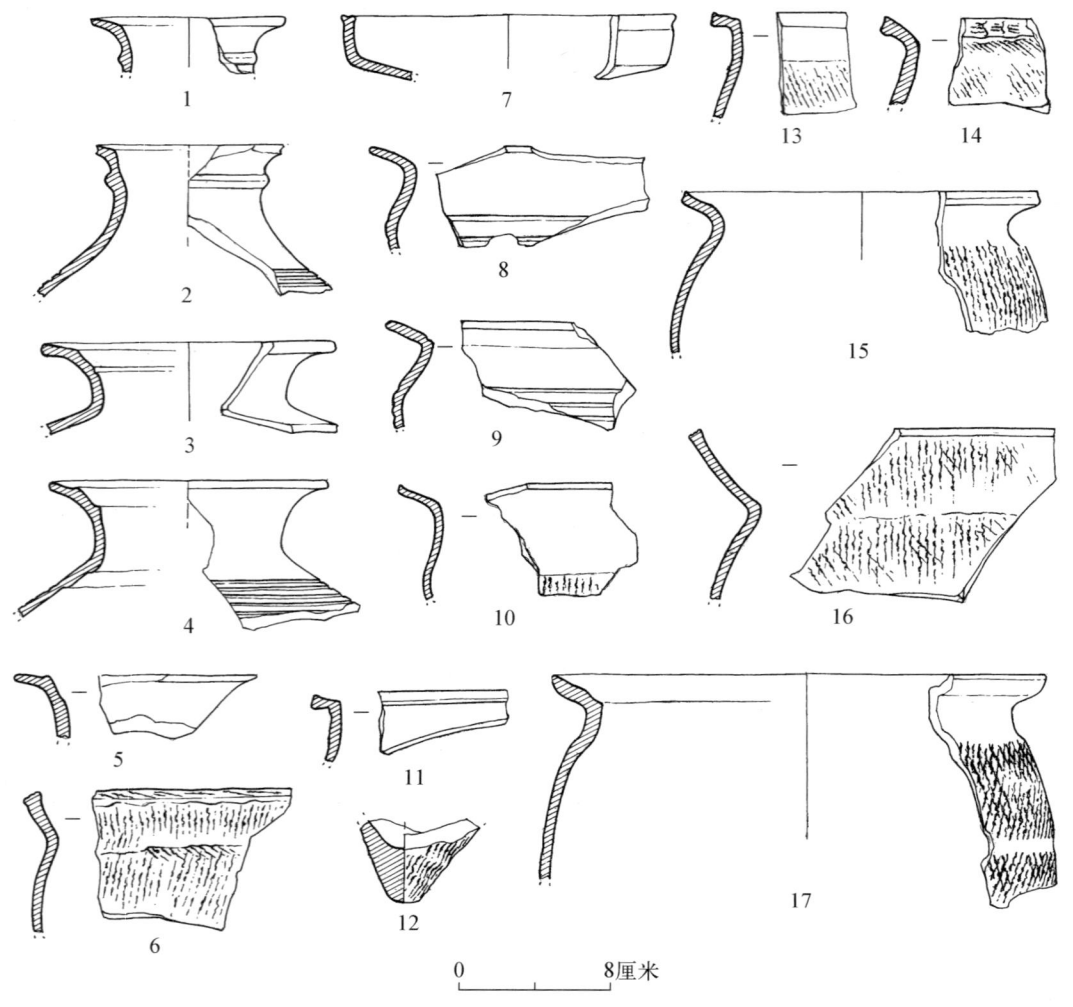

图2-92　06QHH31出土陶器

1～5.高领罐（HH31：26、9、13、11、21）　6、13、14、16.联裆瓶（HH31：18、20、17、10）　7.豆（HH31：27）
8、9.旋纹盆（HH31：19、23）　10、15、17.联裆鬲（HH31：22、12、15）　11.盆（HH31：16）　12.足根（HH31：14）

处绳纹被抹。残长5.2、残高5.2厘米（图2-92，14）。HH31：18，夹砂红褐陶。沿下角较大，唇面施绳纹。残长10.5、残高7.6厘米（图2-92，6）。HH31：20，泥质灰陶。窄平折沿，沿面外缘有一道凹槽，器身施印痕较浅的斜行绳纹。残长3.9、残高5.6厘米（图2-92，13）。

　　高领罐　共5件。均为泥质灰陶。HH31：9，窄平折沿，领部有一道凸棱，肩部施数周旋纹。口径9.8、残高8厘米（图2-92，2）。HH31：11，平折沿，圆唇，肩部施数周旋纹。口径14.6、残高8厘米（图2-92，4）。HH31：13，平折沿，圆唇，沿面内缘有一道凹槽。口径15.6、残高5厘米（图2-92，3）。HH31：21，平折沿，尖圆唇，沿下角较大，沿面内缘及沿内侧有凹槽。残长8.1、残高3.4厘米（图2-92，5）。HH31：26，窄平折沿，圆唇，领部有一道凸棱。口径10.3、残高2.8厘米（图2-92，1）。

旋纹盆　共2件。均为泥质灰陶。HH31：19,平折沿,圆唇,肩部施数周旋纹。残长11、残高5.4厘米(图2-92,8)。HH31：23,宽平折沿,尖圆唇,沿面内缘有一道凹槽,肩部施数周旋纹。残长8.8、残高5.7厘米(图2-92,9)。

盆　1件(HH31：16)。泥质灰褐陶。窄平折沿,方唇,沿下角近90°。残长6.6、残高3.5厘米(图2-92,11)。

豆　1件(HH31：27)。泥质灰陶。方唇,盘壁近直,盘腹较浅,唇面有一道凹槽。口径17.4、残高3.4厘米(图2-92,7)。

足根　共2件。均为夹砂灰陶。HH31：14,圆锥状实足根,施纹理模糊的绳纹。残高4.6厘米(图2-92,12)。HH31：25,圆锥状空足根,绳纹模糊不清。残高7.6厘米(图2-88,7)。

（7）骨器与骨料

骨锥　1件(HH31：6)。中型长骨制成,圆棱四方体,断面为长方形。长7.6、直径0.4厘米,重1.38克(图2-73,8)。

骨笄　共2件。HH31：4,断面呈圆形,顶端呈不规则菱形,表面磨制光滑,磨制斜纹明显平行排列。残长10.1、直径0.4厘米,重1.39克(图2-73,3)。HH31：5,系大型长骨制成,扁锥状,帽端为等腰三角形,尖端断面呈圆形。残长6.8、直径0.3厘米,重2.39克(图2-73,12)。

骨料　共3件。HH31：1,鹿跖骨,形状不规则,近似马蹄形,断面平整光滑,隐约可见切割痕迹。残长2.5、宽约1.1、厚约0.6厘米,重2.72克。HH31：2,中型肢骨,两个小碎块,长度相等,表面光滑,断面平整光滑。长2.2、宽分别为0.9、1.5厘米,重2.44克。HH31：3,长骨制成,可能是骨锥的半成品,断面平整光滑,经过打磨。残长7.4、最宽处宽1.6厘米,重4.34克。

（8）年代

根据HH31出土陶器标本的式别特征,判断其年代为西周中期偏晚。

31.06QHH32

（1）形制与堆积

HH32位于HT8内,开口于②层下,被HH20、HH31打破。因HH32南部在探方外未清理,故整体形状不明。探方内部分坑口呈不规则的半椭圆形,壁较陡直。坑底较平。东西长2.98、南北残宽2.91、坑口距地表0.68、自深1.47米(图2-93)。

坑内为一次性堆积,土质较疏松,土色呈灰褐色,内含陶范、铜块、陶片、骨头等。

（2）陶范

HH32共出土陶范3块,总重量计有0.1千克。无可辨识器形的陶范。

（3）铜器及铜块

铜锥　1件(HH32：5)。残,通体布满铜锈,截面为圆形。残长3.1、直径约0.5厘米(图2-34,6)。

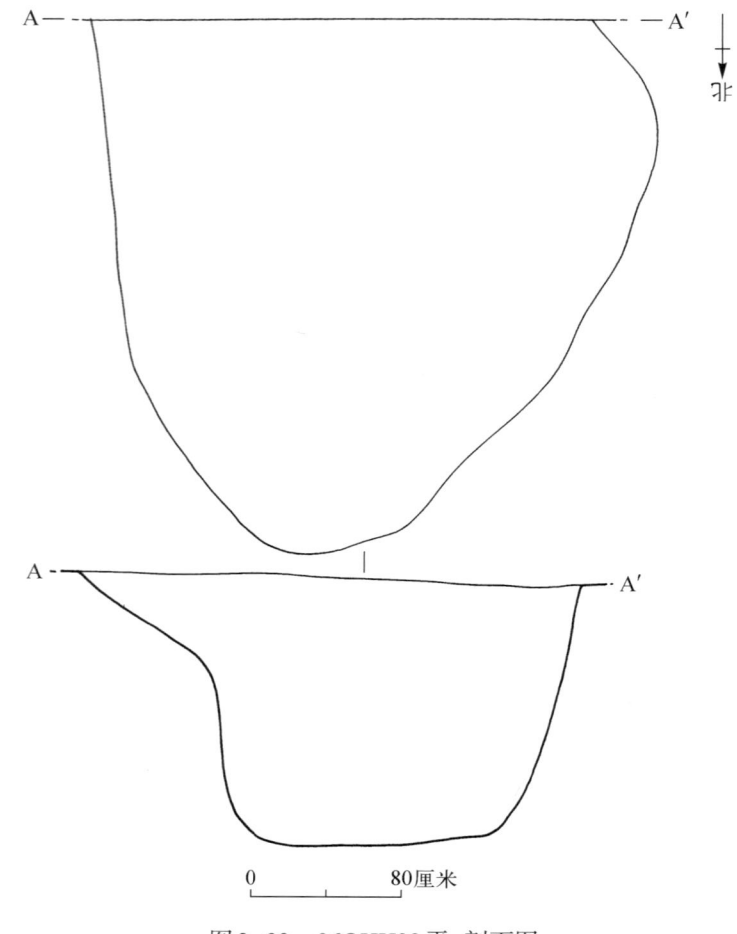

0   80厘米

图2-93　06QHH32平、剖面图

（4）陶容器

HH32出土陶片数量近350片。陶质分为夹砂和泥质两类，两者数量相若，夹砂者稍多。陶色以灰陶占绝对多数，比例超过60%，灰褐陶不足32%，褐陶6%稍强。器类有联裆鬲、联裆甗、商式鬲、三足瓮、盆、罐等，其中联裆鬲最多，超过30%（表2-17）。

表2-17　06QHH32出土陶片陶系、纹饰及器类统计表

陶质		夹　　砂			泥　　质			合计	百分比（%）
纹饰与器类	陶色	灰	褐	灰褐	灰	褐	灰褐		
纹饰	粗绳纹	81	21	52			52	206	62.61
	细绳纹	1						1	0.30
	中绳纹	21			63			84	25.53

续　表

陶质 / 陶色 / 纹饰与器类		夹　砂			泥　质			合计	百分比(%)
		灰	褐	灰褐	灰	褐	灰褐		
纹饰	旋纹				16			16	4.86
	素面				21			21	6.38
	暗纹加乳钉加旋纹				1			1	0.30
合计		103	21	52	101		52	329	99.98
百分比(%)		31.31	6.38	15.81	30.70		15.81	100.01	
		53.50			46.51				
器类	商式鬲	1						1	5.00
	联裆鬲	6						6	30.00
	类甗鬲	1						1	5.00
	联裆甗	3						3	15.00
	罐				4			4	20.00
	盆				1			1	5.00
	不明器				4			4	20.00
合计		11			9			20	100.00
百分比(%)		55.00			45.00			100.00	

联裆鬲　共4件。均夹砂灰陶。侈口。HH32：010，圆唇，沿外绳纹被抹。残长3.4、残高3.7厘米（图2-95，1）。HH32：13，卷沿，圆唇，沿面稍宽，沿外绳纹被抹，腹部施左斜行绳纹。残长5.8、残高4.6厘米（图2-95，8）。HH32：17，斜方唇，沿面内凹，沿外绳纹被抹。残长5、残高3.7厘米（图2-95，3）。HH32：18，折沿，缘部起榫。残长9.2、残高3.4厘米（图2-94，3）。

类甗鬲　1件（HH32：15）。夹砂灰陶。侈口，方唇，折沿，沿面宽且内凹，通体施绳纹。残长6.8、残高6厘米（图2-95，9）。

联裆甗　共2件。均夹砂灰陶。HH32：9，残存甗腰，箅托较宽。残长10.8、残高7.3厘米（图2-95，10）。HH32：12，折沿，方唇，唇面施斜绳纹，沿外绳纹被抹，残痕依稀可见。残长8.4、残高2.8厘米（图2-95，7）。

罐　共3件。均为灰陶。HH32：6，泥质。卷沿，圆唇，广肩，肩部施弦纹，颈部有一道凹槽，其下施多周旋纹，中间填以交叉暗格纹，间以圆点小泥饼，上施交叉纹。口径17.6、残高

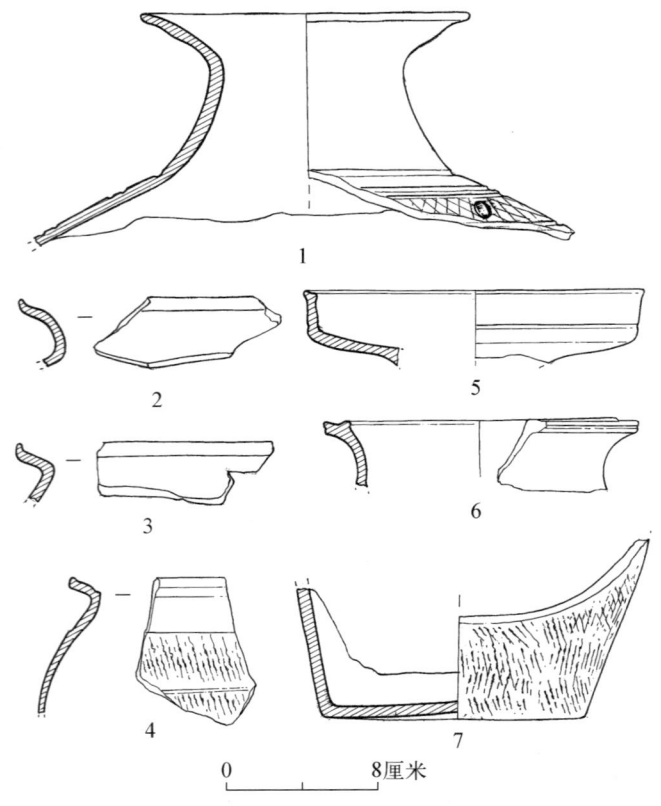

图 2-94　06QHH32、HH33 出土陶器

1、2、6、7. 罐（HH32：6、HH32：16、HH33：4、HH32：7）　3. 联裆鬲（HH32：18）
4. 联裆甗（HH33：3）　5. 豆（HH33：2）

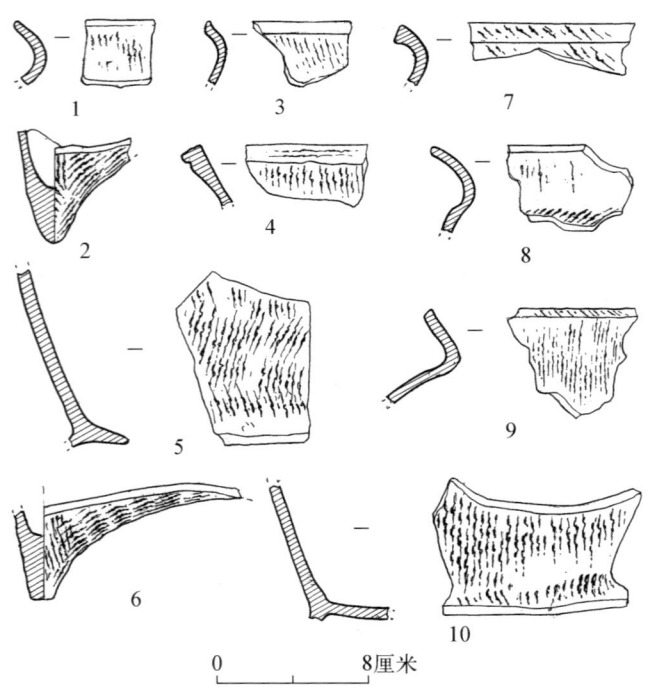

图 2-95　06QHH32、HH33 出土陶器

1、3、8. 联裆鬲（HH32：010、HH32：17、HH32：13）　2、6. 足根（HH32：14、HH32：8）
4、5、7、10. 联裆甗（HH33：5、HH33：1、HH32：12、HH32：9）　9. 类甗鬲（HH32：15）

12.6厘米（图2-94,1）。HH32∶7,夹砂。罐底,腹部施交错绳纹。底径14、残高9.7厘米（图2-94,7）。HH32∶16,泥质。变形高领罐,卷沿,圆唇,缘部起榫。残长9.6、残高4厘米（图2-94,2）。

足根 共2件。均为夹砂灰陶。空足。HH32∶8,近圆柱状,施麦粒状绳纹。残高6.1厘米（图2-95,6）。HH32∶14,圆锥状,施交错绳纹。残高6.1厘米（图2-95,2）。

（5）骨器与骨料

骨镞 1件（HH32∶3）。长骨制成,圆体,铤与身分界不明显,身部磨光,铤部未磨,铤末渐细,镞前端圆头。残长5.4、直径0.8厘米,重3.36克（图2-73,9）。

骨料 共3件。HH32∶1,鹿角根（左）,鹿角底部梅枝和主枝交叉处被锯断,锯面平齐。角环长6.1、宽6.3、高9.5厘米,重152.2克。HH32∶2,鹿角,圆柱状,截面呈椭圆形,锯面平齐,两面皆两次锯,有交叉痕。残长2.8、截面长轴长3.1、短轴长2.6厘米,重18.96克。HH32∶4,牛左肩胛岗,断面明显经过切割形成,锯面平齐,沿肩胛岗底部锯,锯痕宽1.3厘米。残长22.3、残宽1.5~3.7厘米,重77.86克。

骨铲 1件（HH32∶#30）。骨铲半成品,疑似用长骨骨干制成,整体扁薄,边缘断裂形状规整。骨壁内外均仅有局部打磨,加工未完成。长3.8、宽6.7、厚0.4厘米（彩版三〇七,1）。

（6）年代

根据HH32出土陶器标本的式别特征,判断其年代为西周中期偏晚。

32. 06QHH33

（1）形制与堆积

HH33位于HT2内,开口于②层下,被HH11、HH25、HH57打破。从现发掘区看,坑口呈不规则形,壁呈斜坡状,壁面较好,无加工痕迹,平底。南北残长2.63、东西残宽2.4、坑口距地表约0.58、自深约0.49米（图2-96）。

坑内为一次性堆积,土质疏松,土色呈浅灰色,内含陶范、陶片、骨头等。

（2）陶范

HH33共出土陶范5块,总重量计有0.25千克,无可辨识器形的陶范。

（3）陶容器

HH33共出土陶片75片。陶质分为泥质和夹砂两类,泥质陶（72%）多于夹砂陶（28%）。陶色分为灰色、灰褐色及褐色,以灰色为主,约占总数的84.94%。纹饰有细、中、粗绳纹和素面、旋纹;以绳纹为主,约占总数的74.66%;其次为素面,约占总数的18.67%;旋纹约占总数的6.67%。器类有联裆鬲3、豆1、圈足器2、方唇瓮1、盆1件。

联裆鬲 共3件。均灰陶。HH33∶1,夹砂。残存鬲腰,算托窄。残长6.8、残高9.3厘米（图2-95,5）。HH33∶3,泥质。折沿,圆唇,沿面有两道沟槽,沿外素面,腹部施斜行绳纹,间以

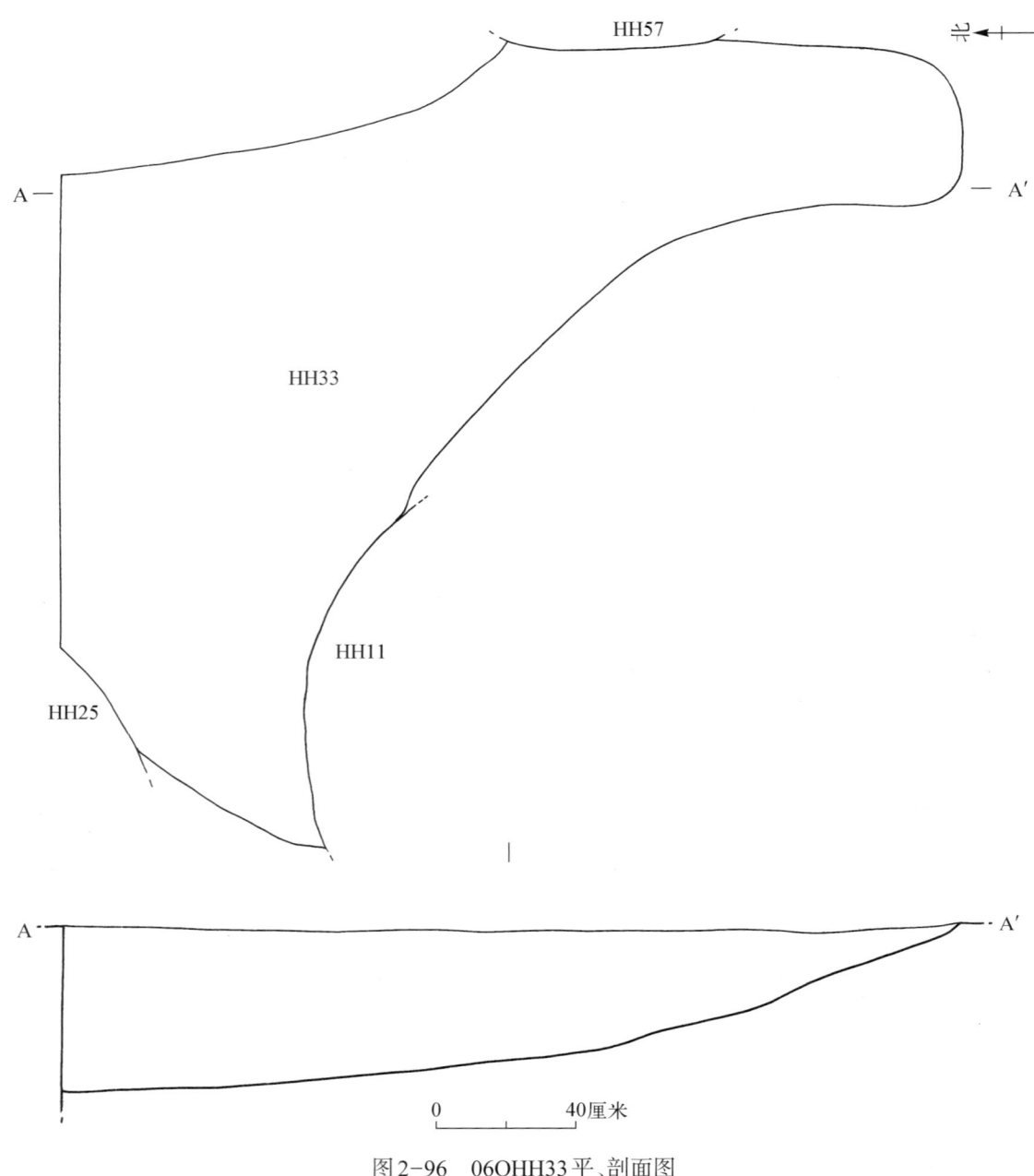

图2-96 06QHH33平、剖面图

一周抹痕。残长6.2、残高8.1厘米（图2-94,4）。HH33:5,夹砂。直口，方唇，唇面施横绳纹，器身施竖行绳纹。残长6.2、残高3.3厘米（图2-95,4）。

罐 1件（HH33:4）。泥质灰陶。侈口，方唇，唇面有一道沟槽，沿内侧有一道凸棱。口径16.9、残高4厘米（图2-94,6）。

豆 1件（HH33:2）。泥质灰陶。直壁，折盘，方唇，唇面有一道凹槽，壁外施两道弦纹。口径18、残高4.1厘米（图2-94,5）。

（4）年代

根据HH33出土陶器标本的式别特征，判断其年代为西周晚期偏早。

33. 06QHH34

（1）形制与堆积

HH34位于HT9内，开口于③层下，打破HH35与HH62。因其南部在探方外未清理，故整体形状不明。探方内部分坑口呈不规则形，壁呈斜坡状，坑底近似锅底状。南北残长3.05、东西宽2.3、坑口距地表0.88、自深0.51米（图2-97）。

坑内为一次性堆积，土质疏松，土色呈灰褐色，内含陶范、铜块、陶片等。

（2）陶范

HH34共出土陶范11块，总重量计有0.35千克，可辨识陶范所铸器形的有窃曲纹弦纹鼎外范1、瓦纹器盖外范1、不明器范2件。

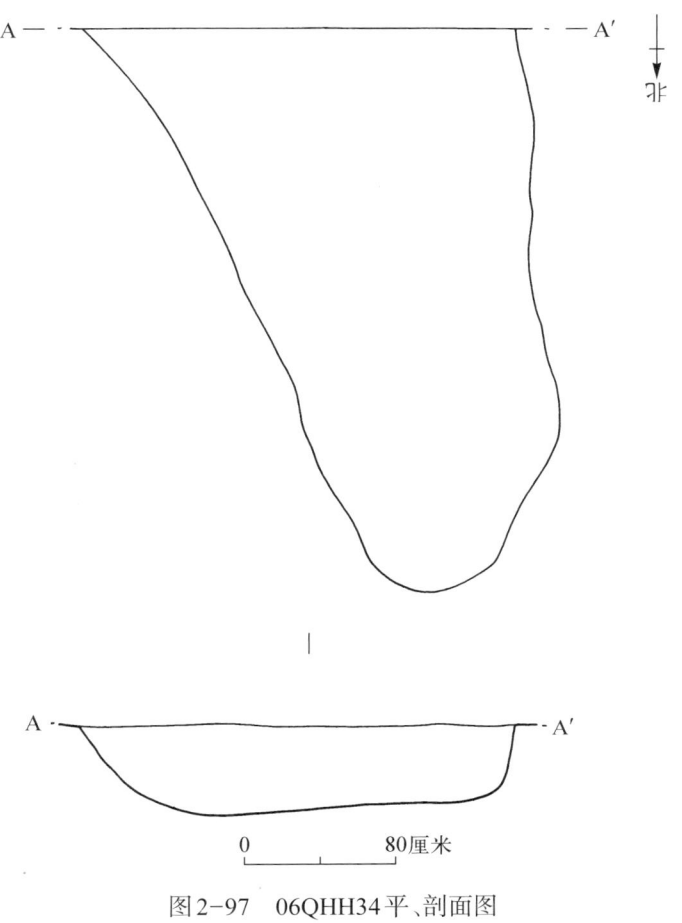

图2-97　06QHH34平、剖面图

窃曲纹弦纹鼎外范　1件（HH34∶24）。未见面层与背层之分，浇铸面呈青灰色，背面呈砖红色。范块滚磨程度较大，背面无完整范边。顶端可见器物口部唇沿。口沿下位置可见三道阴线，阴线为刻划而成。阴线以下纹饰磨损，仅存较深部位，可能为窃曲纹的卷尾，其轮廓为翻制而成。从口沿形制看，应为鼎外范。范块残高4.6、残宽4、厚3厘米（图2-98，4）。

瓦纹器盖外范　1件（HH34∶23）。断面可见面层与背层，背层残存不多。浇铸面为青灰色，背面呈砖红色，背料含粗砂和小石子。浇铸面较平，上带有两道瓦棱纹，另一面稍外鼓，由其弧度推测，可能为器盖之外范。范块残长3.8、残宽3、厚2.2厘米（图2-98，2）。

不明器范　共2件。HH34∶25，未见面层与背层之分，浇铸面与分范面呈青灰色，背面砖红色，无粗砂。范面共三面，两面较平，相交成90°，其中一面上带长方形榫，远离浇铸面的一端，上小下大，剖面近直角梯形，外侧高而内侧低，此面应当是分范面；另一面与浇铸面相对，应当是范的外表面。第三面微弧，残留很少，应当是浇铸面，其与分范面相交约成110°，其一侧有一小坑窝，剖面近椭圆形，长1.5、宽0.8、深约0.4厘米，可能是卯，也可能是埋藏过程中受到的破坏。范块残长6.1、残宽3.1、厚3.5厘米，榫长3.6、宽1.5、高0.6～1厘米（图2-99，1）。

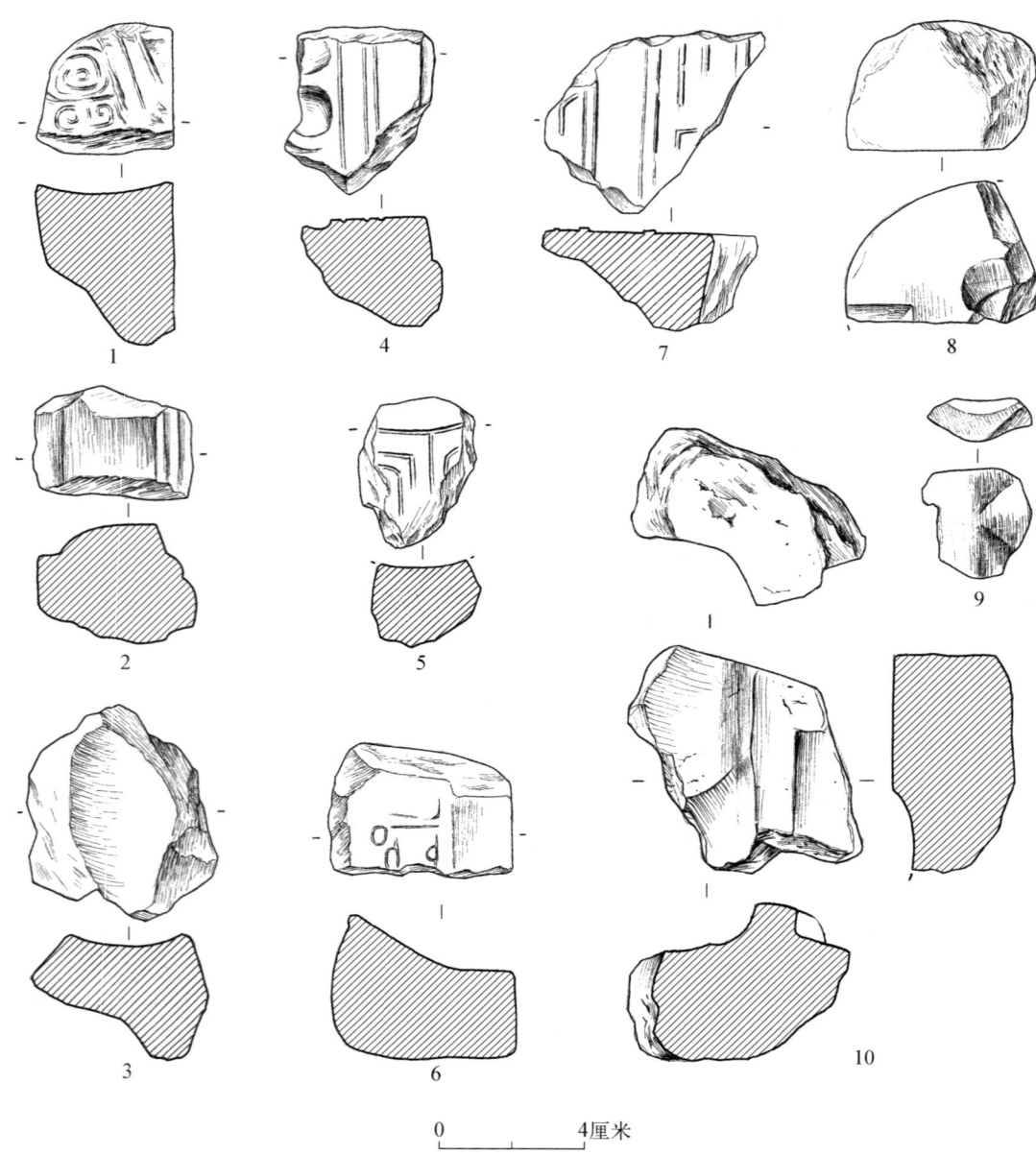

0 _____ 4厘米

图2-98　06QHH34、HH35、HH36出土陶范

1. 不明容器外范（HH36：35）　2. 瓦纹器盖外范（HH34：23）　3、8. 不明器范（HH34：26、HH35：16）
4. 窃曲纹弦纹鼎外范（HH34：24）　5. 铃范（HH36：25）　6. 窃曲纹器盖外范（HH36：28）
7. 重环纹外范（HH35：14）　9. 不明内芯（HH36：23）　10. 器足外范（HH35：17）

HH34：26，从残存形制看面层外框外侧高，中间内凹，背层残存不多。面料精细，浇铸面与分范面呈青灰色，面层背面呈砖红色，部分为黑色。背料夹粗砂，为灰褐色。分范面破损严重，有一小坑窝，可能是卯。浇铸面向内微弧。背面凹凸不平。范块残高5.7、残宽4.1、厚1～3.1厘米（图2-98，3）。

图 2-99 06QHH34、HH36、HH37 出土陶范

1、2、4、5. 不明器范（HH34：25、HH36：30、HH37：10、HH37：22） 3. 钟外范（HH37：17） 6. 不明内芯（HH37：12）

（3）铜器及铜块

铜块　1件（HH34：1）。大块不规则状铜块，α固溶体等轴晶，局部晶间含锡并锈蚀。很多细小颗粒状Cu-Fe-S夹杂物为主，少量细小铅颗粒与颗粒状夹杂物共存。局部有菊花状Cu-Fe-S夹杂物，铜含量96.4%，为红铜铸造组织（彩版二九九，2、3；彩版三〇一，5）。

（4）陶容器

HH34共出土陶片95片。陶质分为泥质和夹砂两类，泥质陶（62.10%）多于夹砂陶（37.90%）。陶色分为灰色、灰褐色及褐色，以灰色为主，约占总数的53.68%。纹饰有细、中、粗绳纹和素面、旋纹；以绳纹为主，约占总数的75.79%；其次为素面，约占总数的20%；旋纹约占总数的4.21%。器类有联裆鬲、盆、豆、联裆鬲各1件。

联裆鬲　1件（HH34：4）。夹砂灰褐陶，胎较薄。卷沿，方唇，沿外侧施印痕较深粗绳纹。残长4.2、残高2.7厘米（图2-81，6）。

盆　1件（HH34：5）。泥质灰陶，胎较薄。折沿圆唇，沿下角较小，沿面较宽，内缘有一道凹槽。残长9.2、残高2厘米（图2-81，15）。

豆　1件（HH34：2）。泥质灰陶。残存豆柄，柄粗矮，有一道凸棱。残高4.4厘米（图2-81，12）。

足根　1件（HH34：3）。夹砂褐陶。锥状足，足尖钝平，施绳纹。残高4.9厘米（图2-81，7）。

（5）年代

根据HH34出土陶器标本的式别特征，判断其年代为西周晚期偏晚。

34.06QHH35

（1）形制与堆积

HH35位于HT9内，开口于③层下，被HH34打破，打破HH59。因HH35南部在探方外未清理，故整体形状不明。探方内部分坑口呈长条形，壁呈缓坡状，底呈锅底状。南北残长2.29、东西宽1.29、坑口距地表0.88、自深0.82米（图2-100）。

坑内为一次性堆积，土质较疏松，土色呈灰褐色，内含陶范、陶片、骨器、石器、蚌器等。

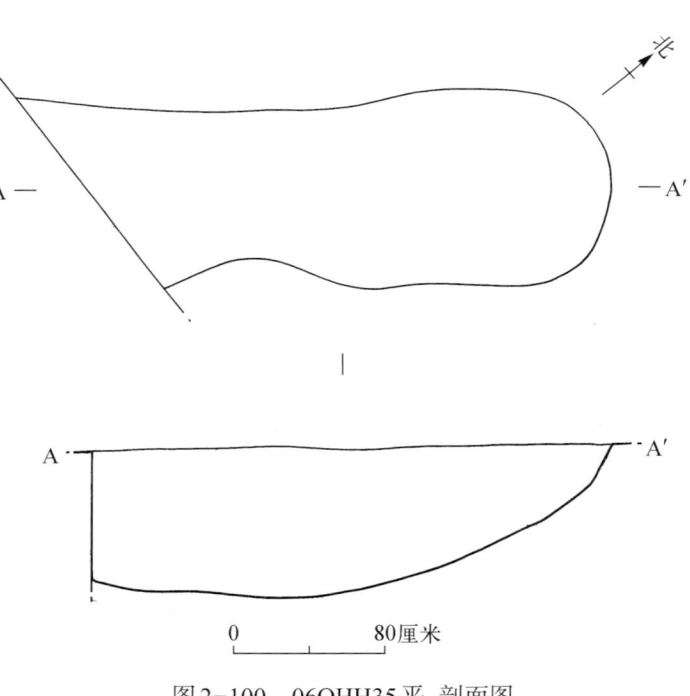

图2-100　06QHH35平、剖面图

（2）陶范

HH35共出土陶范39块，总重量计有1.2千克。可辨识陶范所铸器形的有器足外范1、重环纹外范1、不明容器外范2件。

器足外范　1件（HH35：17）。断面可见面层与背层，背层保留不多。背料无粗砂，孔隙较多。浇铸面呈青灰色，背面呈砖红色。保存一水平方向但斜下的分范面及一垂直方向分范面，后者有一较大的长方形卯，上大下小，底部残留刻划痕迹。浇铸面带转折，有两个弧面，可能为器足外范，但确切形制不明。范块残高6.2、残宽5.7、厚2.6厘米，卯残长3.1、残宽1.5、深约0.6厘米（图2-98，10）。

重环纹外范　1件（HH35：14）。未见面层与背层之分，浇铸面呈青灰色，背面带砖红色。浇铸面平直，除有一带重环纹外，另有一纹饰带，纹饰残，可能为窃曲纹或勾连云纹的一角。重环纹部分纹饰边缘未见刻划痕迹，应当是翻制而成。而其他部分纹饰边缘残存刻划痕迹，从断面处看纹饰与范块为一体，应当是先翻制后刻划加工过。从器形及纹饰看，可能为簋一类的器物。范块残高4.6、残宽5.5、厚2.5厘米（图2-98，7；彩版一一，6）。

不明器范　共2件。HH35：15，未见面层与背层之分，范面呈青灰色，背面凹凸不平，无粗砂，呈砖红色。范面较平，正中位置有一窄凹槽，断面呈"V"形，可能是卯，但比其他卯相对窄很多。范块残长3.5、残宽2.3、厚1.4厘米，卯残长2.3、残宽0.3、深约0.3厘米。HH35：16，可见面层与背层，背层残存很少。面料精细，分范面呈青灰色，背面呈砖红色，背料无粗砂，唯孔隙较面料多，砖红色。分范面平整，中间位置带一枣核形圆坑，应当是卯。范块残高3.9、残宽4.8、厚3.3厘米，卯残长1.8、残宽1.2、深约0.6厘米（图2-98，8）。

（3）炉壁

HH35共出土炉壁6块，总重量计有0.3千克。

（4）陶容器

HH35共出土陶片157片。陶质分为泥质和夹砂两类，泥质陶（79.61%）多于夹砂陶（20.38%）。陶色分为灰色、灰褐色及褐色，以灰色为主，约占总数的64.33%。纹饰有粗绳纹、素面、旋纹和篦纹；以粗绳纹为主，约占总数的55.41%；其次为素面，约占总数的26.75%；旋纹约占总数的16.56%；篦纹仅2片。器类丰富，有联裆鬲1、联裆甗1、豆2、高领罐1、瓮罐类3件。

联裆鬲　1件（HH35：11）。夹砂褐陶。折沿，圆唇，沿外侧施绳纹。残长3.3、残高2.5厘米（图2-81，10）。

联裆甗　1件（HH35：13）。夹砂红褐陶。折沿，方唇，沿面较宽，唇面绳纹印痕较深，沿外侧及腹部施粗绳纹。残长6.6、残高5.9厘米（图2-81，14）。

罐　1件（HH35：12）。泥质灰陶。卷沿，圆唇，外撇较甚，领下有一道凸棱。残长5.9、残高3.4厘米（图2-81，5）。

豆　1件（HH35：9）。泥质灰陶。豆柄细高，柄中部起凸棱。残高4.9厘米（图2-81,8）。

（5）骨器与骨料

骨锥　1件（HH35：7）。中型动物尺骨制成，稍加工成型，体呈三棱圆面状。长8.2、直径约1.1厘米，重4.9克（图2-73,1）。

（6）石器（含砺石）

石刀　共3件。均青色，磨制。HH35：5，较厚，长方形，单面刃，有两个对钻而成的孔。残长8.5、宽5.4、孔径约1～1.4、厚0.7厘米（图2-101,9）。HH35：6，长方形，双面刃，可见一对钻而成的孔。残长2.3～4.9、宽5.8、厚0.2～0.4厘米（图2-101,1）。HH35：8，长方形，制作较精，单面刃，有使用痕迹，有一对钻而成的孔。残长8.2、宽5.6、孔径0.9、厚0.5厘米（图2-101,7）。

（7）蚌器

蚌刀　1件（HH35：2）。蚌壳制成，上有一双面钻孔。残长5.4、残宽3.5、厚0.3厘米（图2-66,5）。

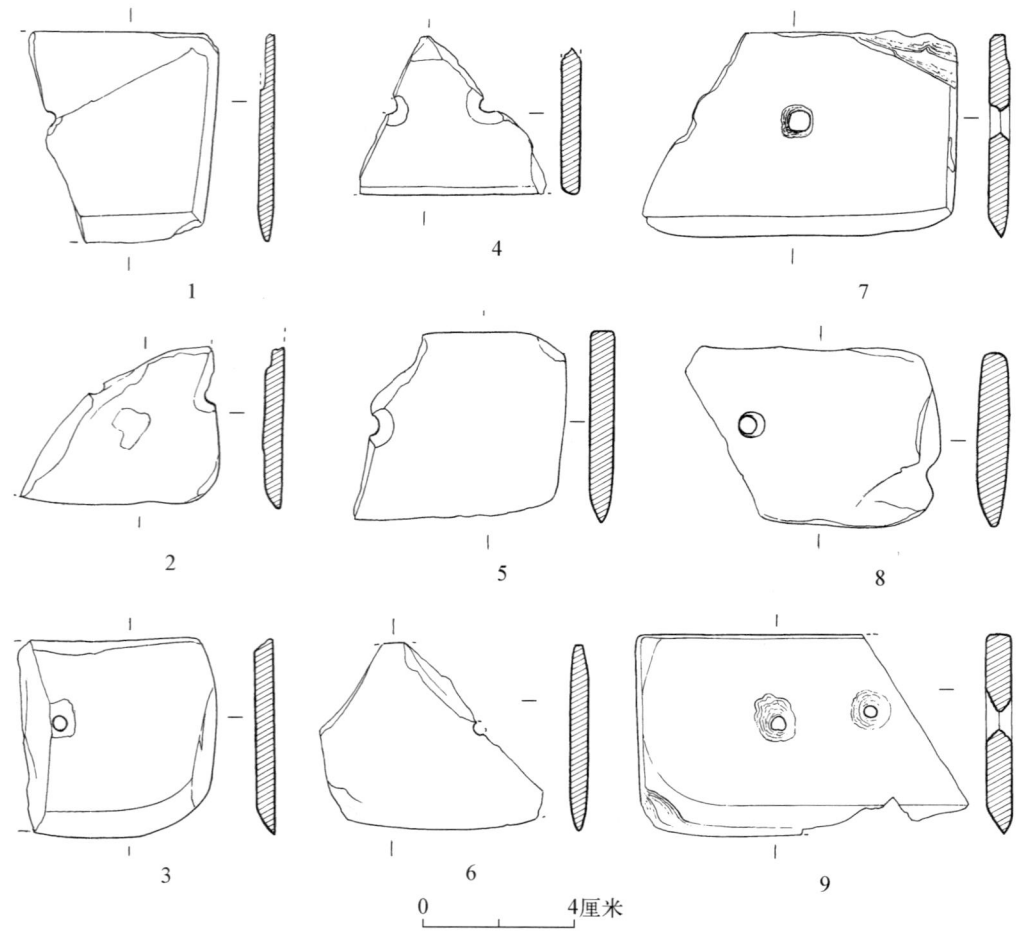

图2-101　06QHH35、HH38、HH46、HH57、HH59、HH61出土石刀

1. HH35：6　2. HH46：1　3. HH59：2　4. HH38：17　5. HH57：2　6. HH38：16　7. HH35：8　8. HH61：1　9. HH35：5

（8）年代

根据HH35出土陶器标本的式别特征，判断其年代为西周晚期偏晚。

35. 06QHH36

（1）形制与堆积

HH36位于HT9内，开口于③层下，被HH34、HH35、HH37打破，打破HH38。探方内坑口呈不规则圆形，坑壁较好，无加工痕迹，坑底凹凸不平，呈缓坡状倾斜。东西长4.73、南北宽3.46、坑口距地表0.9、自深约0.61米（图2-102）。

坑内为一次性堆积，土质较疏松，呈颗粒状，土色呈灰褐色，夹杂较多草木灰，内含陶范、兽骨、陶片、蚌片、铜渣、石器等。

（2）陶范

HH36共出土陶范64块，总重量计有2.35千克。可辨识陶范所铸器形的有龙纹模1、垂鳞

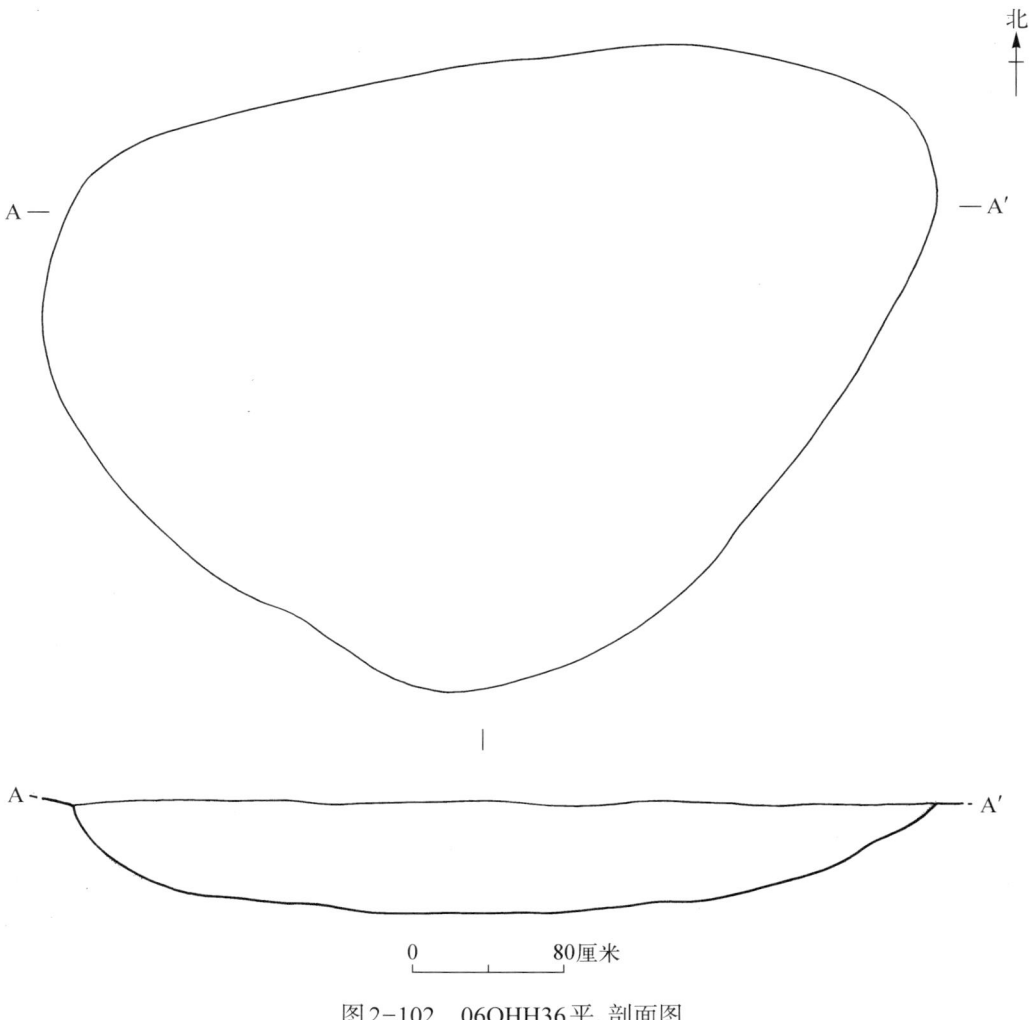

图2-102 06QHH36平、剖面图

绹索纹模1、勾连雷纹鼎外范1、鼎足外范1、窃曲纹器盖外范1、不明容器外范2、铃范1件,另有范块稍大,有榫卯、分范面等特征,但不辨器形者1件,鼎足泥芯2、容器芯头1、不明内芯2件。

　　龙纹模　1件(HH36∶21)。疑为鬲侧饰模。青灰色。残,仅余一近方形角,背面磨损,不平整,存有一指窝。正面有一隆起的阳纹纹饰,可能为顾首龙纹的眼、吻部及尾。纹饰为刻划制成,而隆起部位与整个模块为一体,加上仅部分隆起部位边缘有刻划痕迹,推测是先翻模同时制出分范面,然后再对龙纹细节部分刻划加工。模残高5.5、残宽4.8、厚3.1厘米(图2-103,4;彩版九,2)。

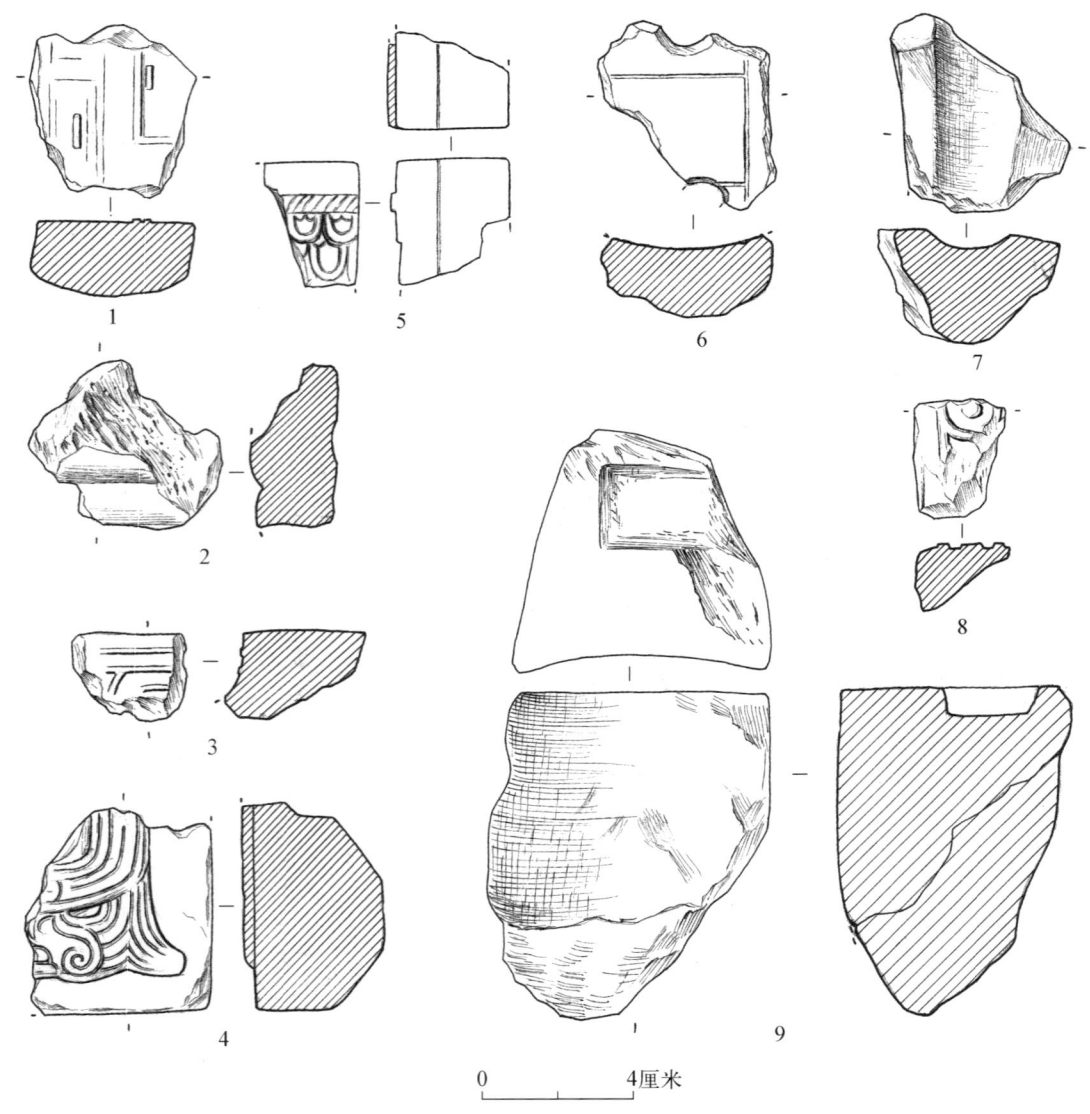

0　　　　　　4厘米

图2-103　　06QHH36、HH37出土陶范

1. 重环纹外范(HH37∶20)　2. 瓦纹外范(HH37∶30)　3. 器盖外范(HH37∶19)　4. 龙纹模(HH36∶21)
5. 垂鳞绹索纹模(HH36∶22)　6. 钟外范(HH37∶18)　7. 鼎足外范(HH36∶34)　8、9. 不明容器外范(HH37∶16、HH36∶36)

垂鳞绚索纹模　1件（HH36：22）。青灰色。为一方块，残，保存立方体的四个面。正面有凸起的垂鳞纹及绚索纹，上、右及背面为素面。上面和右面均有一阴线横穿，应与纹饰及外范制作有关。模残高3.2、残宽2.4、厚约2.5厘米（图2-103，5；彩版一〇，2）。

勾连雷纹鼎外范　1件（HH36：29）。未见面层与背层之分，范块保存较大，浇铸面呈青灰色，背面呈砖红色。可见所铸器器腹上的一道勾连雷纹及其下的素面器腹，分范面上可见一扉棱及扉棱上的勾连纹。器腹勾连雷纹以下的浇铸面已不存，不能判断确切器形。从扉棱不见兽首及无水平分范看，可能为容器腹部下段及带扉棱圈足上部位置的外范。范块残高7.6、残宽4、厚4.1厘米，扉棱残高3.2、宽约1.4厘米（图2-104，12）。

鼎足外范　1件（HH36：34）。未见面层与背层之分，内面呈青灰色，可见白色细砂颗粒，背面呈砖红色。浇铸面型腔呈向内的弧形，是鼎足部位外范，是二分范，鼎足上部较粗，向下渐收。有和鼎腹相接的分范面，与鼎足型腔相交。背面凹凸不平，残留指窝按压痕迹。范块残高5.2、宽4.3、厚2.9厘米，型腔残高5.2、宽1.8～2.3厘米（图2-103，7）。

窃曲纹器盖外范　1件（HH36：28）。未见面层与背层之分。浇铸面呈青灰色，背面呈砖红色。范块磨损较多，纹饰不明显，可见浅窃曲纹眼部及相邻阴线纹饰。背面凹凸不平，残留指窝按压痕迹。从浇铸面比较平整和纹饰布局看，应为弧顶、直立边器盖外范。可能为盨一类器物。范块残高3.4、残宽4.3、厚2.7厘米（图2-98，6）。

不明容器外范　共2件。HH36：35，未见面层与背层之分，浇铸面与分范面呈青灰色，背面呈黄褐色。左右两侧已残，分范面较平整，为水平位置分范。浇铸面呈内凹的圆弧形，上残留有卷云纹纹饰，从残存痕迹看纹饰是直接在范上刻划而成的。范块残高3.6、残宽3.2、厚4.2厘米（图2-98，1）。HH36：36，未见明显的面层与背层之分，范块大、厚，浇铸面与分范面呈青灰色，浇铸面部分已露出原砖红色，背面呈砖红色。有一平整的分范面，上带一长方形卯，远离浇铸面，不能判断方向。浇铸面向内呈圆弧形，器形不明。范块残长8.5、残宽6.9、厚6.5厘米，卯残长4.3、宽2.6、深约0.6厘米（图2-103，9）。

铃范　1件（HH36：25）。未见面层与背层之分，浇铸面呈青灰色，背面呈砖红色。为合瓦形铃的外范，可见数道刻划而成的直线及折线，具体纹饰不能辨认。范块残高3.9、残宽2.9、厚2.3厘米（图2-98，5）。

不明器范　1件（HH36：30）。断面可见面层与背层之分，面料精细，分范面为青灰色，背料颜色较深，夹杂粗砂和较多小石子颗粒。分范面平整，在残存范面近边缘的位置下凹，下凹的位置呈圆弧形，底部较平，可能是圆形卯。范块残长5、残宽3.8、厚3.4厘米（图2-99，2）。

鼎足泥芯[①]　共2件。HH36：24，表面呈灰色，范块较重，呈圆柱形，有一倾斜的平面，为鼎

---

① 可能为内芯或模。如为内芯，烧成温度似乎较高，较硬；如为模，则应有与鼎身模相接的榫卯设置。考虑西周中晚期仍为浑铸，不见侯马器足分铸铸接的工艺，故将其定为泥芯。

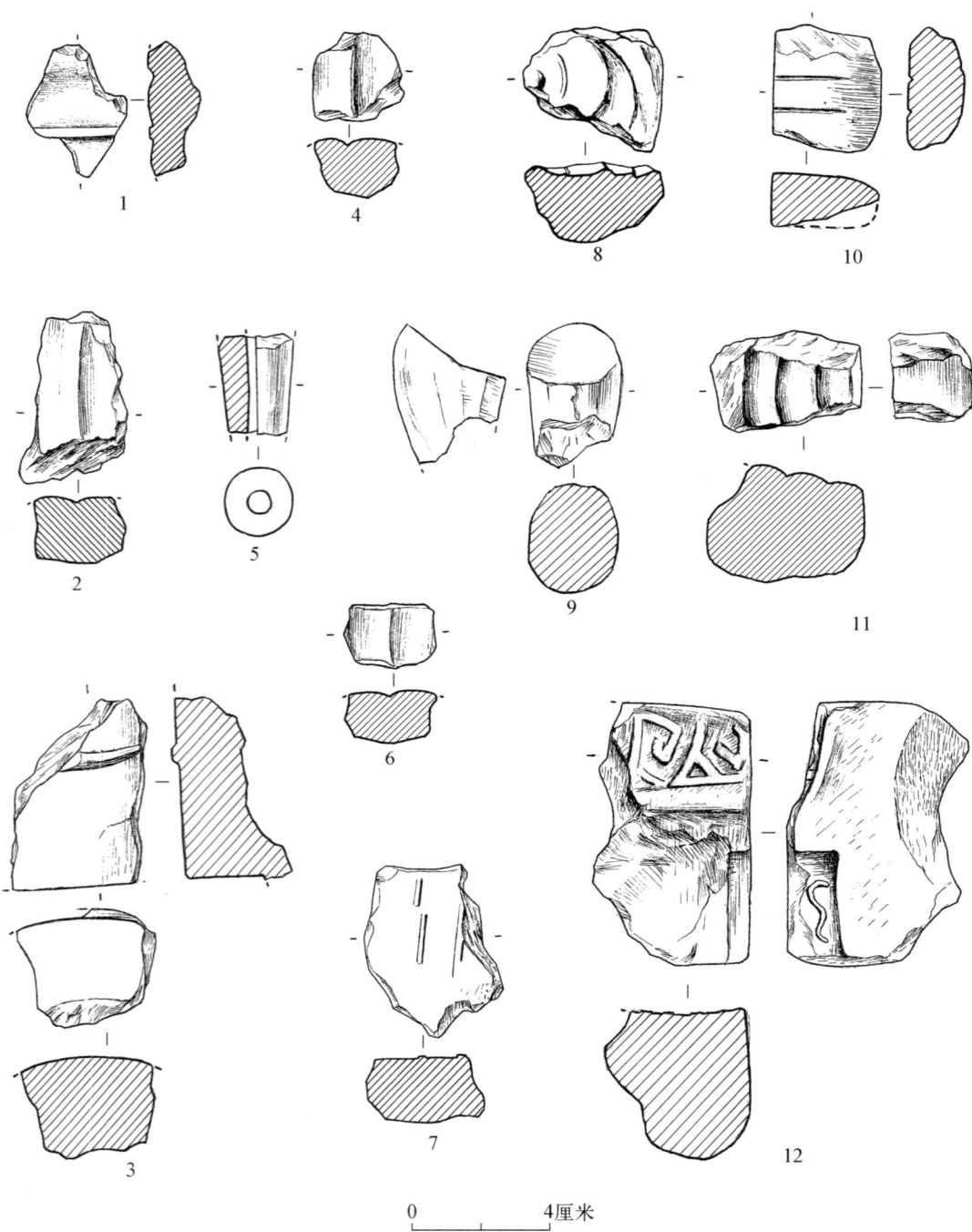

0　　　　4厘米

图2-104　06QHH36、HH37出土陶范及陶管

1. 不明容器外范（HH37：28）　　2、6、11. 瓦纹外范（HH37：27、HH37：21、HH37：29）　　3. 容器芯头（HH36：26）
4. 不明器范（HH37：9）　　5. 陶管（HH37：7）　　7. 重环纹外范（HH37：8）　　8. 兽面纹眼部外范（HH37：15）
9. 鼎足泥芯（HH36：27）　　10. 不明内芯（HH37：24）　　12. 勾连雷纹鼎外范（HH36：29）

足上部与器身相接部位的盲芯,正面附着有一薄层墨绿色金属,表面粗糙不平整,范块表面不见接触高温迹象。残高3.7、直径2.7厘米(图2-87,10)。HH36:27,灰褐色。烧结度与外范接近,表面可见焙烧前、沿垂直方向进行刮削塑型的痕迹,应属鼎足上半部位置的盲芯,有一斜面,为与鼎身相接位置,与标本HH36:24的弧度、直径基本一致。残高3.9、直径约2.5厘米(图2-104,9)。

容器芯头　1件(HH36:26)。整体呈青灰色。内部芯料不如表面芯料精细。范块较大,表面烧结度较高,内部较低,原应为圆柱形,在与型腔扣合位置有一细长榫,并保存一部分底端,且底部平面平整,残留一小处凸起,可能为榫的残存。从大小及弧度看,应为容器类芯头上段。残高5.1、残宽4.1、厚2.8厘米,榫残长2.8、宽0.6、高0.3厘米(图2-104,3)。

不明内芯　共2件。HH36:23,各面均呈砖红色。两芯面相交呈"L"形,连接处呈弧形圆滑过渡,其中一范面上有楔形榫,一端尖且低,一端宽且高。可能是泥芯,两芯面内部可能为浇道。残长2.8、残宽2.5、最厚处厚0.8厘米,榫长1.3、宽0.2~1.8、高0.7厘米(图2-98,9)。HH36:33,残存部分呈圆锥状,表面及内部均呈青灰色,无纹饰,孔隙较多,可能是芯。残高2.2、直径约2厘米。

(3)炉壁

HH36共出土炉壁15块,总重量计有0.55千克。

(4)铜器及铜块

铜镞　1件(HH36:1)。两翼较短,未超出关部,基本和本部平齐,铤部较长。残长5厘米(图2-34,3)。

(5)陶容器

HH36出土陶片数量超过400片。陶质分夹砂与泥质两类,以泥质者为主,近70%。陶色以灰陶为主,占90%,灰褐陶所占比例约3%,褐陶比例不足7%。器类以联裆鬲最多,占比超过30%,其次为高领罐,占比超过20%(表2-18)。

表2-18　06QHH36出土陶片陶系、纹饰及器类统计表

陶质		夹　　砂			泥　　质			合计	百分比 (%)
纹饰与器类	陶色	灰	褐	灰褐	灰	褐	灰褐		
纹饰	素面				93		8	101	22.95
	篦纹				8			8	1.82
	细绳纹	7			18			25	5.68
	中绳纹	39			87		6	132	30.00

续　表

陶质\陶色\纹饰与器类		夹　砂			泥　质			合计	百分比(%)
		灰	褐	灰褐	灰	褐	灰褐		
纹饰	粗绳纹	64	30		22			116	26.36
	旋纹					58		58	13.18
合计		110	30		286		14	440	99.99
百分比(%)		25.00	6.82		65.00		3.18	100.00	
			31.82			68.18			
器类	联裆鬲		9					9	34.62
	联裆甗		2			1		3	11.54
	盆					1		1	3.85
	高领罐					6		6	23.08
	圈足器					1		1	3.85
	敛口盆					1		1	3.85
	瓮罐类					4		4	15.38
	豆					1		1	3.85
合计			11			15		26	100.02
百分比(%)			42.31			57.69		100.00	

联裆鬲　共3件。均灰陶。HH36:10,泥质。方唇,平折沿,颈部素面,其下施绳纹。残长6.3、残高4.6厘米(图2-105,10)。HH36:12,泥质。卷沿,尖圆唇,器表皆施斜绳纹。口径22.1、残高6.1厘米(图2-105,2)。HH36:13,夹砂。折沿,方唇,沿外起榫,沿内缘施一周旋纹,沿面内侧有一道沟槽。残长6.3、残高2.7厘米(图2-105,6)。

联裆甗　共3件。均灰陶。侈口,方唇。HH36:9,夹砂。宽卷沿,唇面及器表皆施绳纹。口径21.8、残高5.1厘米(图2-105,1)。HH36:18,泥质。卷沿,唇面及器表皆施绳纹。残长3.4、残高3.4厘米(图2-105,11)。HH36:20,夹砂。折沿,沿面较宽且内凹,通体施较粗绳纹。残长10.8、残高6.1厘米(图2-105,17)。

高领罐　共3件。均泥质灰陶。口部微敞,折领较高,沿面有小平台。HH36:14,方唇,颈部有一道凸棱,素面。口径15.4、残高7.6厘米(图2-105,14)。HH36:15,圆唇,素面。残长6.8、残高5.2厘米(图2-105,4)。

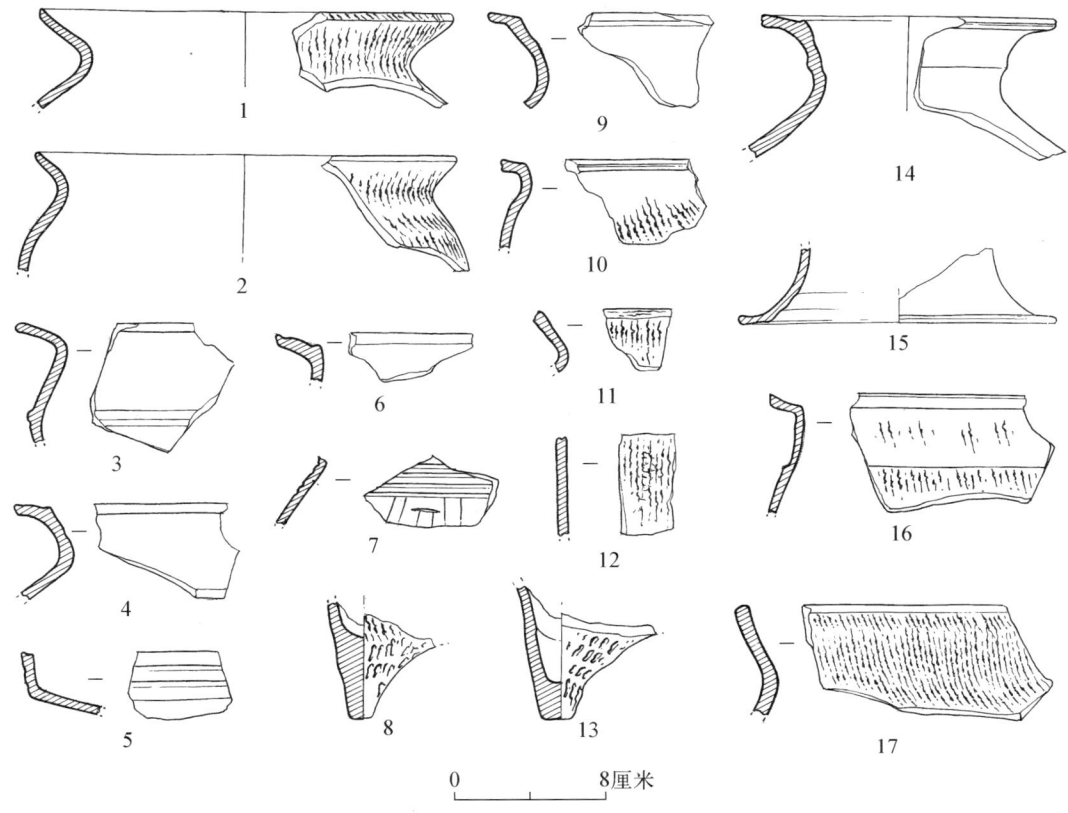

图2-105　06QHH36、HH37出土陶器

1、11、12、16、17.联裆甗（HH36：9、HH36：18、HH37：05、HH37：2、HH36：20）　2、6、10.联裆鬲（HH36：12、
HH36：13、HH36：10）　3.盆（HH36：19）　4、9、14.高领罐（HH36：15、HH37：6、HH36：14）　5.豆（HH36：11）
7.罐（HH37：4）　8、13.足根（HH36：17、HH37：3）　15.圈足（HH36：16）

　　盆　1件（HH36：19）。泥质灰陶。卷沿，圆唇，颈腹分界处施有一周凸棱。残长6.7、残高
7厘米（图2-105，3）。

　　豆　1件（HH36：11）。泥质红褐陶。直口，唇面有凹槽，折盘，盘壁施二周旋纹，盘腹较
深。残长5.3、残高3.5厘米（图2-105，5）。

　　圈足　1件（HH36：16）。泥质灰陶。足底平折，内侧有三道凸棱。底径16.7、残高4厘米
（图2-105，15）。

　　足根　1件（HH36：17）。夹砂灰陶。圆锥状实足根，施压印绳纹。残高6.3厘米（图2-
105，8）。

　　（6）陶小件

　　圆陶片　共3件。均为泥质灰陶。HH36：2，上部施较细的交错绳纹，边缘稍加修治。直
径5.2、厚0.7厘米（图2-36，1）。HH36：3，器表施纹理清楚的交错绳纹，边缘未经打磨。直径
7.8、厚0.7厘米（图2-15，9；彩版一六，3）。HH36：4，施纹理清楚的竖行绳纹，边缘未经打磨修

治。直径4.7、厚0.7厘米(图2-15,6)。

（7）骨器与骨料

骨匕　1件(HH36：7)。窄长条形,表面粗糙,斜刃为单面加工。残长9.6、残宽3.5、厚0.3厘米,重18.35克(图2-32,2)。

（8）石器(含砺石)

石刀　1件(HH36：5)。青灰色。磨制而成,单面刃,有一对钻而成的孔。残长6.7、宽6.3、孔径1.8、厚0.4厘米(图2-58,3)。

砺石　1件(HH36：8)。灰色,砂质较细。圭状,所见各面均光,尖端圆钝,应是磨痕所致。残长6.8、残宽3.6、厚1厘米(图2-16,2)。

（9）年代

根据HH36出土陶器标本的式别特征,判断其年代为西周晚期偏早。

36. 06QHH37

（1）形制与堆积

HH37位于HT9内,开口于③层下,打破HH36、HH38。坑口呈不规则椭圆形,西壁较陡直,东壁呈斜坡状,坑底呈东高西低缓坡状。东西长2.48、南北宽1.45、坑口距地表1、自深0.41米(图2-106)。

坑内为一次性堆积,土质较疏松,土色呈灰褐色,内含红烧土块、兽骨、铜渣、陶范、陶片等。

（2）陶范

HH37共出土陶范251块,总重量计有5.25千克。可辨识陶范所铸器形的有器盖外范1、重环纹外范2、瓦纹外范4、兽面纹眼部外范1、不明容器外范2、钟外范2件,另有

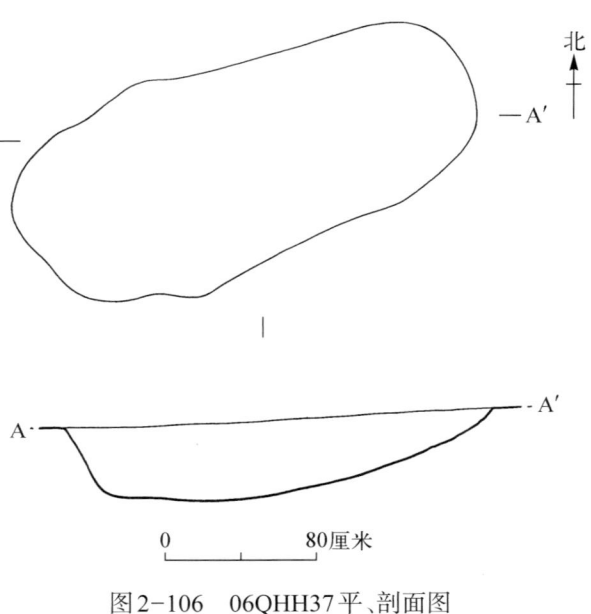

图2-106　06QHH37平、剖面图

范块稍大,有榫卯、分范面等特征,但不辨器形者7件,不明内芯2件。

器盖外范　1件(HH37：19)。未见面层与背层之分,浇铸面与分范面呈青灰色,分范面远离浇铸面的一端呈砖红色,背面呈砖红色,无粗砂。分范面平整,应为水平分范面。浇铸面内弧,其上残留有纹饰,由于弧度较大,推测为器盖之外范。纹饰与范块一体,未见刻划痕迹,应当是翻制而成。背面凹凸不平。范块残高2.1、残宽3、厚2.5厘米(图2-103,3)。

重环纹外范　共2件。HH37：8,未见面层与背层之分,浇铸面呈青灰色,背面带砖红色。

从器形及纹饰看,可能为簋一类的器物,纹饰与范块为一体,边缘隐约可见刻划痕迹,推测是先翻制后修整。范块残高4.9、残宽3.9、厚1.6厘米(图2-104,7)。HH37:20,断面可见面层与背层,背层所剩不多。浇铸面呈青灰色,背面带砖红色,背料呈灰褐色。浇铸面几无弧度,所铸器物接近方器,从器形及纹饰看,可能为簋一类的器物。纹饰与范块为一体,边缘隐约可见刻划痕迹,推测是先翻制后修整。范块残长4.2、宽4.2、厚1.8厘米(图2-103,1)。

瓦纹外范　共4件。HH37:21,未见面层与背层之分,范块小,浇铸面呈青灰色,背面呈砖红色。浇铸面仅存两道瓦纹,不辨器形。范块残高1.5、残宽2.2、厚1.3厘米(图2-104,6)。HH37:27,未见面层与背层之分,范块小,浇铸面呈青灰色,背面呈砖红色。浇铸面仅存两道瓦纹,不辨器形,纹饰应当是先翻制后加工,部分边缘隐约可见刻划痕迹。背面凹凸不平,残存指窝按压痕迹。范块残高2.3、残宽5、厚约1.2厘米(图2-104,2)。HH37:29,断面可见面层与背层,背层残留不多。面料精细,浇铸面为青灰色。背料夹粗砂和小石子,颜色较深,呈橙黄色。浇铸面呈圆弧形,保存瓦纹,形体较小,背面凹凸不平。范块残高2.8、残宽4.3、厚2.4厘米(图2-104,11)。HH37:30,断面可见面层与背层,背层残存很少。面料精细,浇铸面呈青灰色,面层背面呈砖红色。背料夹粗砂和小石子。浇铸面保留有两道瓦纹,均较圆鼓,瓦棱纹之间残留刻划痕迹。背面凹凸不平,残留指窝按压痕迹。范块残高4.2、残宽4.8、厚约2厘米(图2-103,2)。

兽面纹眼部外范　1件(HH37:15)。未见面层与背层之分,范块保存较小,浇铸面呈青灰色,背面呈砖红色,可见兽面眼部的瞳、眼、眉,眼部较平。范块残高3.5、残宽3.5、厚1.9厘米(图2-104,8)。

不明容器外范　共2件。HH37:16,未见面层与背层之分,范块很小,各面均呈青灰色,范面残留有纹饰,纹饰附近未见刻划痕迹,应是直接翻制而成。范块残高2.8、残宽2、厚1.6厘米(图2-103,8)。HH37:28,未见面层与背层之分,范块很小,各面均呈青灰色。浇铸面微内弧,上残留有凸起的宽直线(对应旋纹)及瓦纹,宽直线边缘一侧可见刻划痕迹,另一侧无刻划痕迹。应当是先翻制再刻划修整。背面凹凸不平,残留一个指窝按压痕迹。范块残高3.7、残宽2.6、厚1厘米(图2-104,1)。

钟外范　共2件。HH37:17,未见面层与背层之分,背面磨损严重。浇铸面呈青灰色,分范面与背面呈砖红色。分范面稍倾斜,与浇铸面成100°,其上残存部分长方形榫,榫上小下大,与范块一体制成。浇铸面向内微弧,中部带一水平方向的直线纹,应为钟钲部之范。范块残高4.2、残宽3.6、厚2.7厘米,榫残长1.6、宽1.3~1.5、高0.4厘米(图2-99,3)。HH37:18,未见面层与背层之分,浇铸面呈青灰色,背面亦呈青灰色,浇铸面向内微弧,钲部有刻划的框线,标示篆与枚的范围,可见篆及与浇铸面垂直、深入范内的钟枚型腔。范块残高4.7、宽4.2、厚1.9厘米(图2-103,6;彩版一二,1)。

　　不明器范　共7件。HH37：9，未见面层与背层之分，浇铸面为青灰色，背面呈砖红色。浇铸面仅存两道瓦棱纹，未见刻划痕迹，应当是直接翻制而成。范块残高3、残宽2.9、厚1.8厘米（图2-104，4）。HH37：10，未见面层与背层之分，背面磨损严重。内面呈青灰色，背面近橙黄色，无粗砂。内面一侧有一弧形凹槽，应当是卯，其旁边为一弧面，呈斜坡状，可能是浇道，也可能是型腔。范块残高4.1、残宽3.6、厚2.5厘米，卯长2.2、宽0.5、深约0.3厘米（图2-99，4）。HH37：11，未见面层与背层之分，内面呈青灰色，背面呈棕黄色，无粗砂。范两侧已残，范面共有两面，一面较平，另一面部分位置凸起成榫，下凹部位则中部隆起，两范面相交成120°。背面凹凸不平，残留指窝按压痕迹。范块残长5.5、残宽4.8、厚3.5厘米，榫残长4.9、宽1.7、高0.5～0.7厘米。HH37：22，未见面层与背层之分，分范面呈青灰色，背面为砖红色，无粗砂。分范面残存一三角形隆起之台面，台面上有一楔形榫，应当是榫上加榫的构造。背面凹凸不平，残留指窝按压痕迹。范块残长5.2、残宽4.1、厚2.2厘米（图2-99，5）。HH37：23，未见面层与背层之分，内面呈青灰色，背面呈棕黄色，无粗砂。内面顶端有一枣核形榫，其下和右侧则为下凹的范面，推测是外范与芯头合范的部位。亦可能右侧下凹处为浇道，其下的下凹处则为型腔，为双合范。背面凹凸不平。范块残长4.7、残宽4.5、厚1.8厘米，榫长1.9、宽1、高0.9厘米。HH37：25，未见面层与背层之分，内面呈青灰色，背面呈砖红色。范侧面为圆弧形，范背较为平整。范面中部内凹，内凹位置原应呈圆形，已残，推测为铸腔所在，应是双合范。范块残长6、残宽4.8、厚2.9厘米。HH37：26，未见面层与背层之分，各面均近青灰色，无粗砂。范面一面带长方形榫，另一面较平，与榫的一侧面相连，两面垂直相接。推测是分范面和范的外表面。范块残长4.4、残宽3.6、厚2.7厘米，榫残长3.1、宽1.5、高0.5厘米。

　　不明内芯　共2件。HH37：12，表面呈青灰色，背面呈砖红色，无粗砂。侧面为圆弧状，顶面带榫，榫形制不甚规整。残高2.2、半径约4.2厘米（图2-99，6）。HH37：24，带二阴刻线，磨损较多，不能判断部位或器形。带阴线面向外微鼓，呈灰色，其一侧有一平面，与此面垂直相接，另一侧有一较平整面，约成120°角相接。背面呈砖红色。残高3.6、残宽3.1、厚1.3厘米（图2-104，10）。

　　（3）炉壁

　　HH37共出土炉壁79块，总重量计有2.35千克。标本HH37：32，堆筑式炉，保留有炉衬层及其外的草拌泥层。衬面呈青灰色，发白，已烧流变形，表面凹凸不平，断面无烧结形成的孔洞。其外为夹杂少量植物茎秆的草拌泥，呈浅砖红色，未见明显的泥条盘筑痕迹。残块过小，直径不详。弦长5.9、弦高6.1、厚3.1厘米，重114.9克。标本HH37：33，砂质炉，保留有炉衬层与基体层。衬面呈浅灰色，烧结不严重，未粘附铜液。炉壁基体含大量粗砂和小石子颗粒，呈灰褐色，背面残留一处指窝按压痕迹。应属坩埚一类遗物，残块过小，直径不详。弦长6.8、弦高5.7、厚2.5厘米，重100.1克。

（4）陶管

1件（HH37：7）。残存管身部分，近圆柱体，泥质，含微量细砂，表面浅灰色，残存部分一端粗一端稍细，粗端孔径要略小于细端，故推测可能是圆锥体形陶管，表面不见经受高温的迹象。残长2.8、粗端直径约2、粗端孔径约0.6、细端直径约1.5、细端孔径约0.7厘米（图2-104，5）。

（5）陶容器

HH37共出土陶片65片。陶质分为泥质和夹砂两类，泥质陶（56.92%）稍多于夹砂陶（43.07%）。陶色分为灰色及灰褐色，无褐陶，以灰色为主，约占总数的92.3%。纹饰有中、粗绳纹和素面、旋纹；以绳纹为主，约占总数的63.08%；其次为素面，约占总数的20%；旋纹约占总数的16.92%。器类丰富，有联裆鬲1、联裆甗2、高领罐1、罐1、足根1件。

联裆甗 共2件。均泥质。方唇。HH37：05，黑陶，褐胎。唇面及器表皆施绳纹。残长2.9、残高5.5厘米（图2-105，12）。HH37：2，灰陶。平折沿，颈部有绳纹被抹，腹部以下施有绳纹。残长9.9、残高6.4厘米（图2-105，16）。

高领罐 1件（HH37：6）。泥质灰陶。口部微敞，圆唇，折领较高，沿面较平，素面。残长6.9、残高4.9厘米（图2-105，9）。

罐 1件（HH37：4）。泥质灰陶。腹部施四道弦纹，其下施几何纹。残长6.9、残高3.9厘米（图2-105，7）。

足根 1件（HH37：3）。夹砂灰陶。圆锥状实足根，施压印绳纹。残高6.9厘米（图2-105，13）。

（6）陶质小件

不知名器 1件（HH37：31）。泥质。似乎未经烧制，一长方形底座上有一只乌龟立体塑像。底座长3.9、宽3、高0.9、通高2.4厘米。

（7）骨器与骨料

骨镞 1件（HH37：1）。大型动物长骨制成，圆体，铤与身分界不明显，铤末渐细，镞前端圆头。残长4.6、直径约0.7厘米，重2.52克（图2-73，5）。

（8）年代

根据HH37出土陶器标本的式别特征，判断其年代为西周晚期偏晚。

37.06QHH38

（1）形制与堆积

HH38位于HT9内，开口于③层下，被HH36、HH37、HH50、HH60、HH62打破。坑口呈长条形，东壁较直，其他壁呈斜坡状，底呈锅底状，凹凸不平。东西长10.2、南北宽3.49、坑口距地表1、自深1.77米（图2-107）。

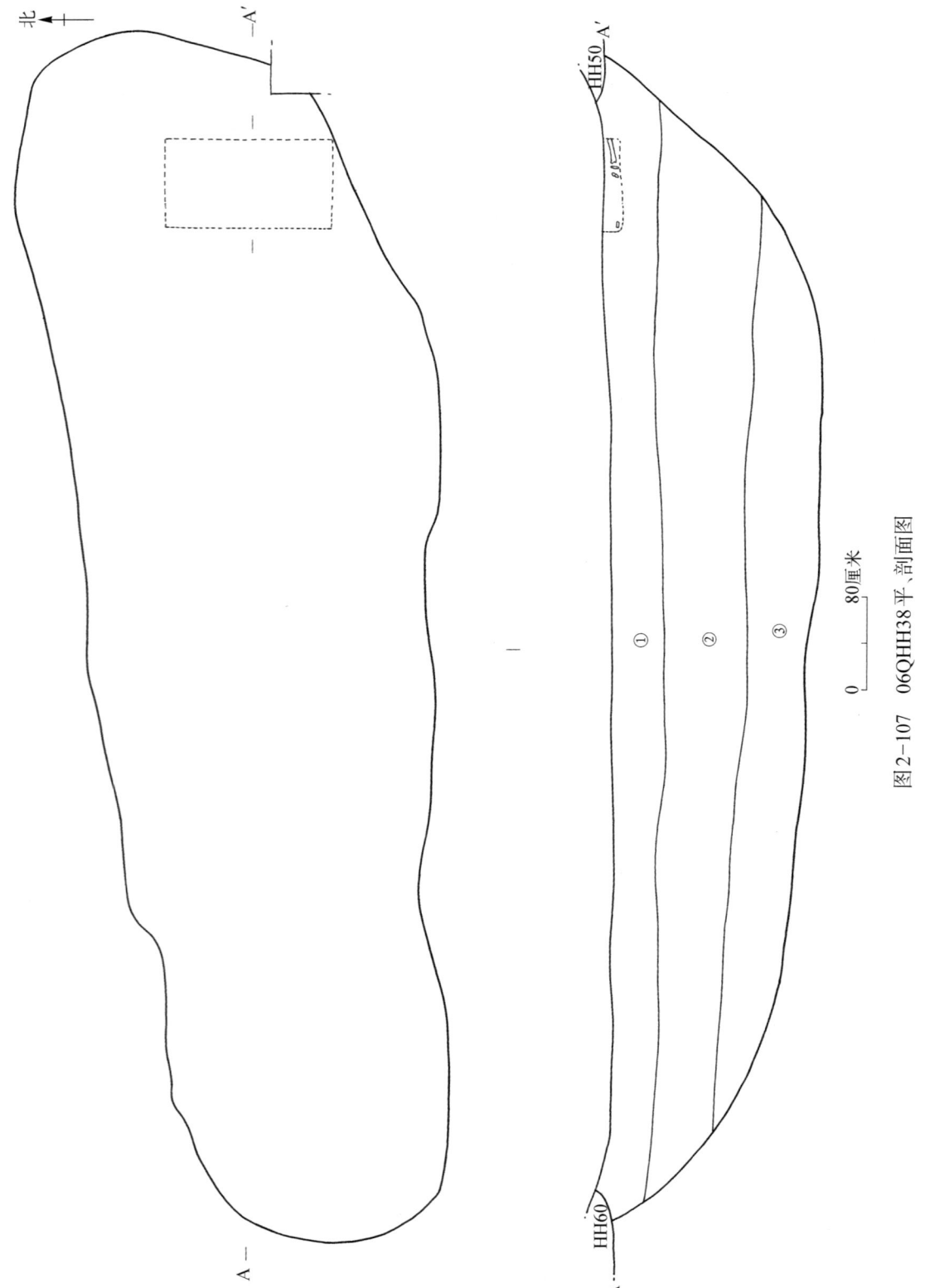

图2-107　06QHH38平、剖面图

坑内堆积可划分为三层：第①层厚约0～0.24米，土质坚硬，土色灰褐且泛黄，内含陶范、兽骨、红烧土块，此层堆积的东南部有一散乱人骨架，该人骨架保存不好，仅残存头骨、肢骨和零星肋骨，根据发现时骨架的状况可以看出头朝南，面向下，屈肢（图2-108）。第②层厚约0～0.87米，土质较疏松，呈颗粒状，土色呈灰色，内含陶范、烧土块、蚌片。第③层厚约0～0.63米，土质较硬，土色呈黄褐色，内含陶范、烧土块、炼渣、礓石。

（2）陶范

HH38共出土陶范1 291块，总重量计有26.58千克。可辨识陶范所铸器形的有车軎模1、垂鳞纹模2、不明器模1、兽面鼎足外范1、窃曲纹鼎外范2、鼎耳外范1、瓦纹簋盖顶外范4、瓦纹簋盖立壁外范1、瓦纹簋器身外范4、器口外范1、柱足外范3、附件外范2、重环纹外范4、波带纹外范2、弦纹外范1、窃曲纹外范2、勾连雷纹外范4、垂鳞纹外范3、瓦纹外范6、不明容器外范5、钟外范19、重环波带纹管形器外范1、重环纹管形器外范2、勾连云纹

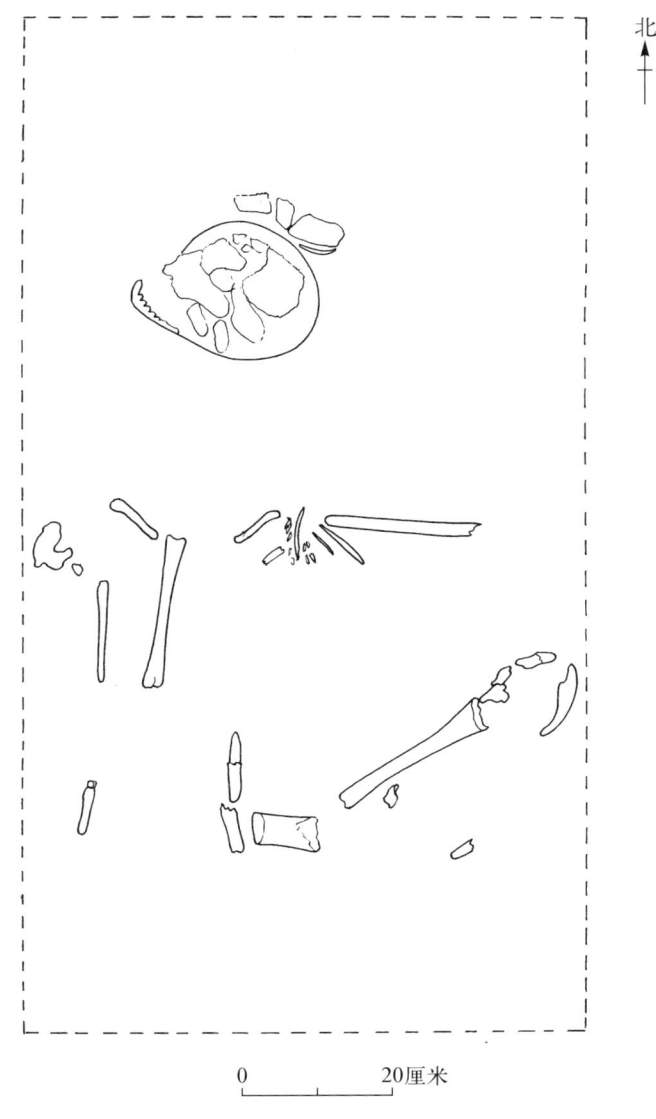

北

0   20厘米

图2-108　06QHH38人骨平面图

管形器外范1、管形器外范5、垂鳞纹长方扁形节约外范1、铜饰外范1、铜泡外范4、小腰外范1、镞外范1、环首刀外范2、不明工具外范2件，另有范块稍大，有榫卯、分范面等特征，但不辨器形者26件，车马器内芯1、带浇道长方形芯头4、回炉泥芯3、圆形内芯8、方形内芯2、不明内芯5件。

车軎模　1件（HH38:191）。青灰色。仅存一带外鼓弧度薄片，上有一阴刻设计线。应为车軎模中段一小部分。残高1.9、残宽3.2、厚0.9厘米（图2-109，7）。

垂鳞纹模　共2件。HH38:96，各面均呈砖红色，为一方块，上端残，正面、背面、左右面及底面基本完整。正面带凸起的高低两层垂鳞纹，每层各有三片垂鳞，纹饰为刻划制成，范面非常平整，推测是用减地法制作纹饰。纹饰面以外的左右面及底面可见一阴线，横穿模块，应与

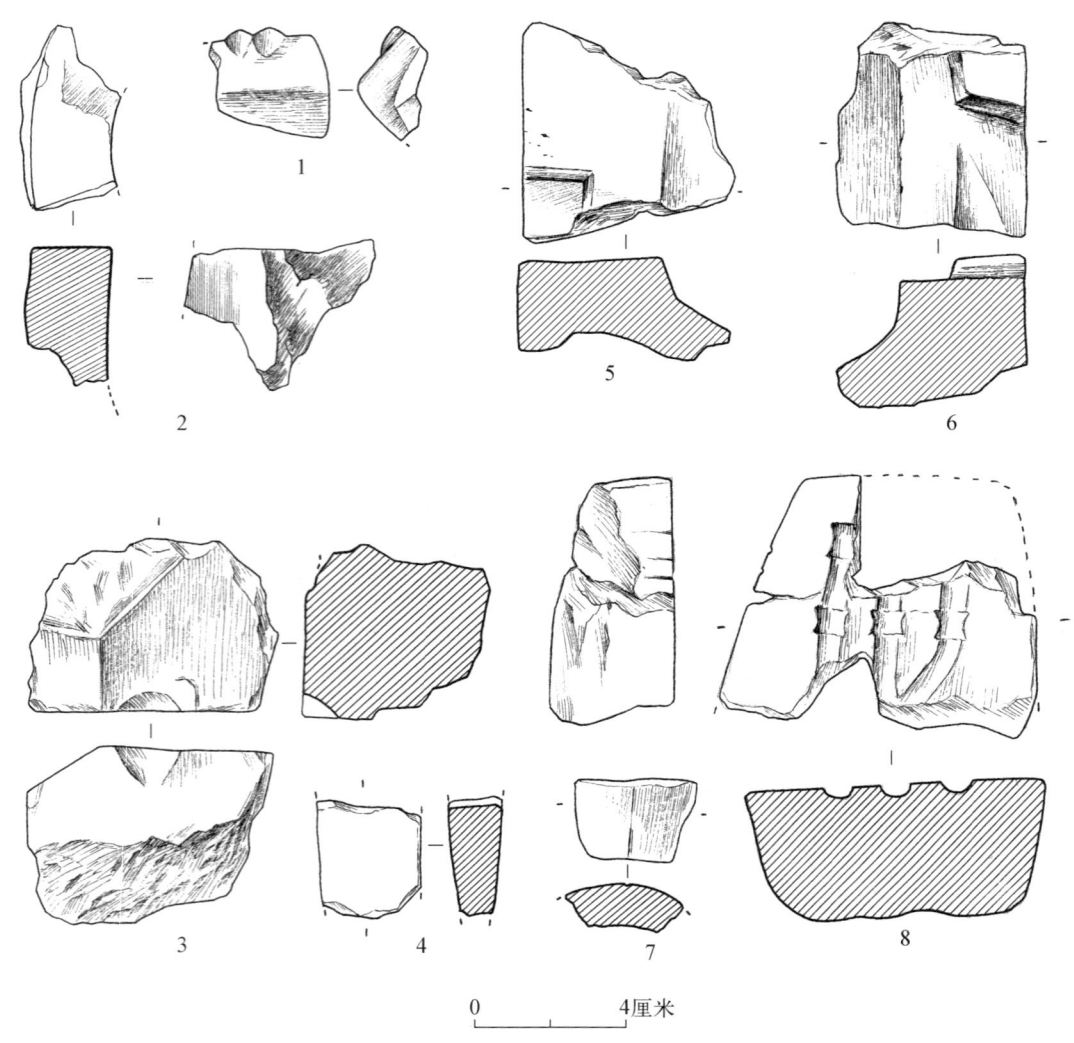

图2-109　06QHH38出土陶范

1. 带浇道长方形芯头（HH38：178）　2. 柱足外范（HH38：188）　3. 器口外范（HH38：177）　4. 方形内芯（HH38②：198）
5、6. 不明容器外范（HH38：148、84）　7. 车曹模（HH38：191）　8. 小腰外范（HH38：131）

纹饰及外范制作工序有关。左右侧面近背面各设置有凹窝，可为捉手。可能以盖印方式制作纹饰用。长4、宽3.4、高3.1厘米（图2-110,5；彩版一〇,3）。HH38：133，青灰色。弧形长条，一面平，施有垂鳞纹，纹饰推测用减地法刻划而成。另一面带弧度，素面，应为马镳模，亦可能为纹饰模。残长2.7、宽1.4、厚1.2厘米（图2-111,7）。

　　不明器模　1件（HH38：150）。青灰色。残，圆柱体，仅存小部分。无纹饰，表面有两片较齐整的修制痕迹。顶端分高低两段，形成两个同心圆的圆弧，较高的圆弧外侧有一较深的修整阴刻线，可能是榫。器形不明，不排除是芯的可能。残高2.2、残宽2.8、厚1.5厘米（图2-112,1）。

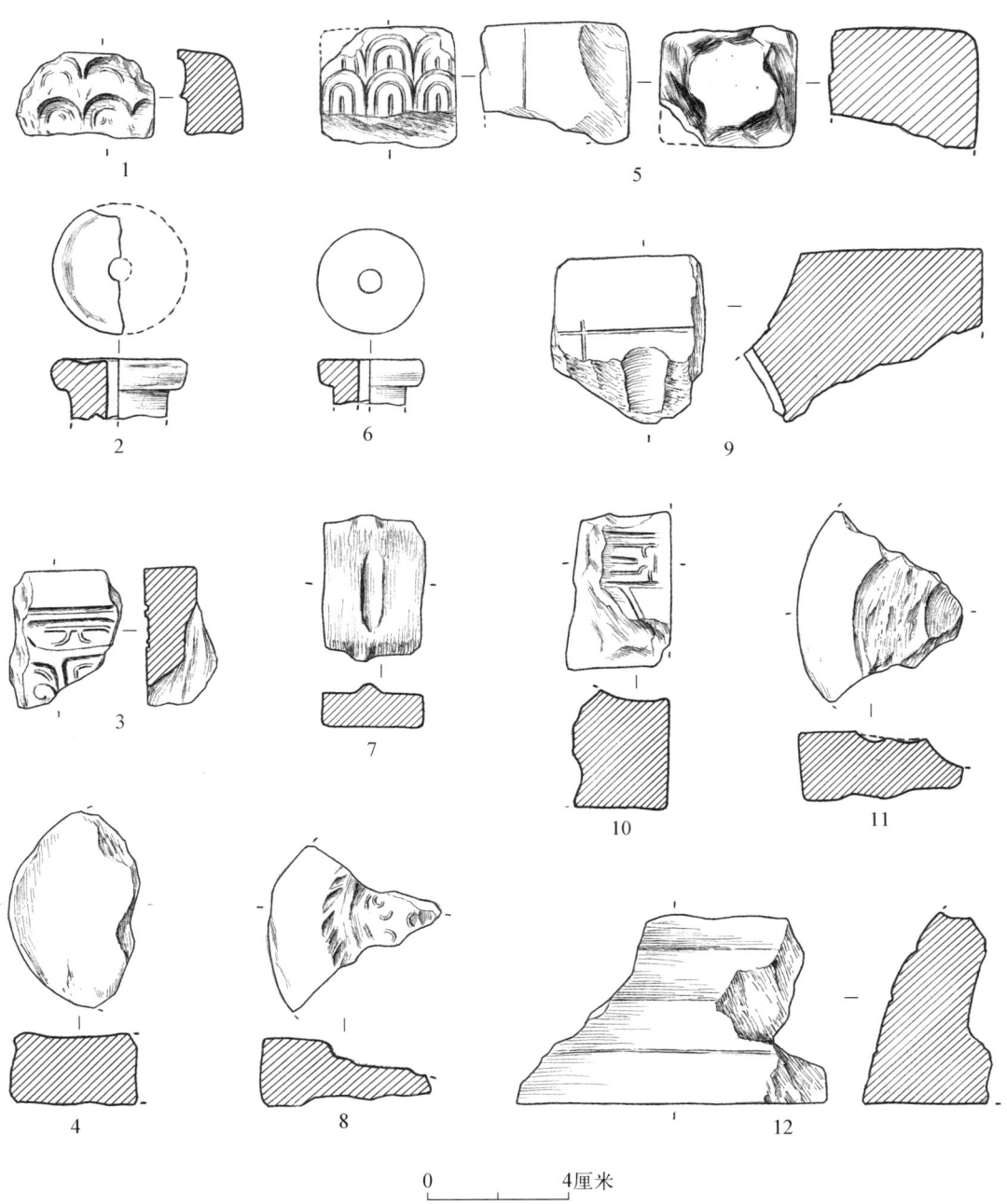

图2-110　06HH38出土陶范及陶管

1.垂鳞纹外范（HH38：91）　2、6.陶管（HH38：79、77）　3.窃曲纹鼎外范（HH38：109）　4.鼎耳外范（HH38：115）
5.垂鳞纹模（HH38：96）　7.不明内芯（HH38：127）　8、11.铜泡外范（HH38：113、119）　9.钟外范（HH38：100）
10.重环波带纹管形器外范（HH38：116）　12.瓦纹簋器身外范（HH38：111）

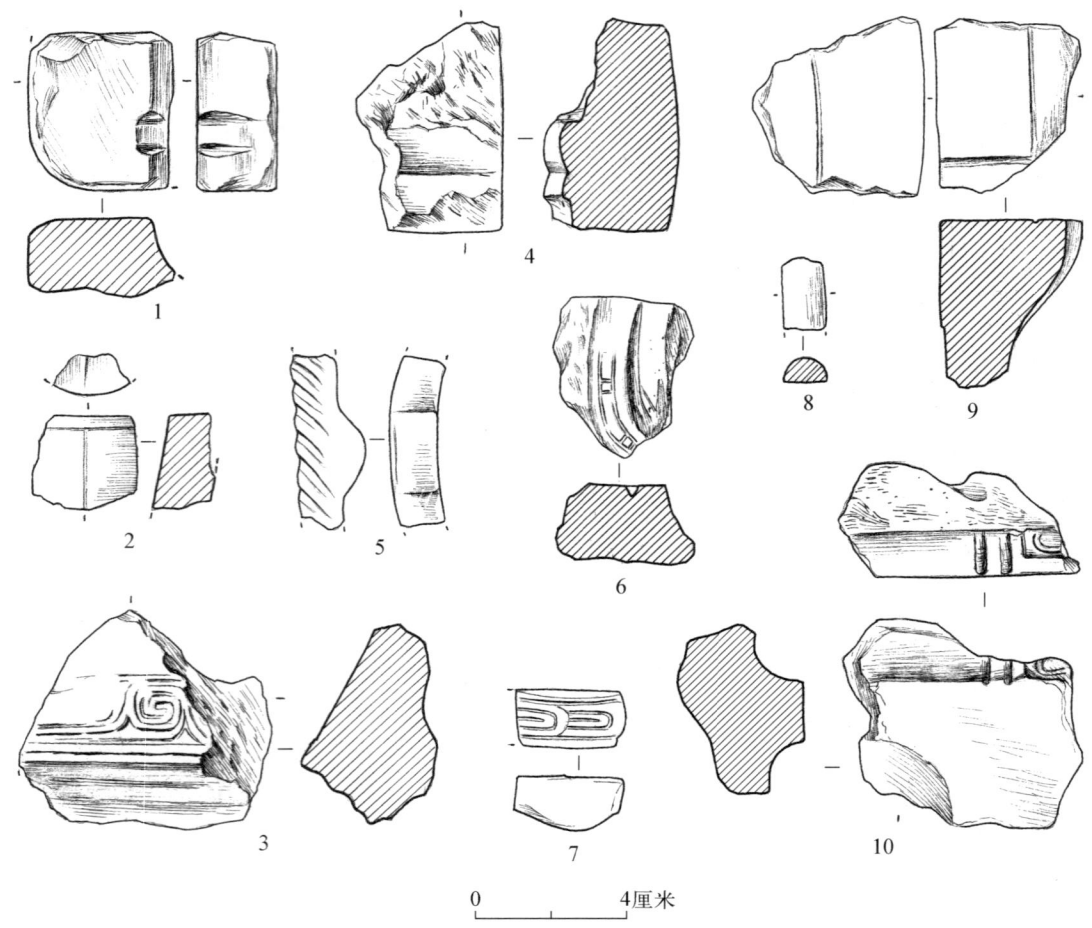

图2-111　　06QHH38、HH39、HH42、HH54、HH56出土陶范

1. 管形器外范（HH39：24）　2. 不明器模（HH42：9）　3. 瓦纹窃曲纹外范（HH54：7）　4. 瓦纹簋盖立壁外范（HH56：9）
5. 绚索纹模（HH42：10）　6. 重环纹鼎耳外范（HH42：11）　7. 垂鳞纹模（HH38：133）　8. 不明内芯（HH39：27）
9. 不明器范（HH39：25）　10. 兽面鼎足外范（HH42：8）

　　兽面鼎足外范　1件（HH38：124）。未见面层与背层之分，内面为青灰色，背面稍残，不平整，为灰黑色。浇铸面可见鼎足上端兽面的耳、眼、吻部，未见刻划痕迹。有一水平方向分范面，为鼎腹、鼎足交界处，略倾斜。另有一垂直方向分范面，沿足部兽面中线带有一扉棱，远离浇铸面一端残存一椭圆形卯。范块残高6.9、残宽5.3、厚3.1厘米（图2-113，8；图2-114，1）。

　　窃曲纹鼎外范　共2件。HH38：109，未见面层与背层之分，浇铸面呈青灰色，背面呈砖红色。范块较小、薄，有一水平分范面，浇铸面弧度很小，为鼎口沿及口沿下方窃曲纹纹饰带位置的外范，纹饰为翻制后经过刻划修整。背面凹凸不平。范块残高3.9、残宽3、厚1.5厘米（图2-110，3）。HH38：143，未见面层与背层之分，浇铸面及背面均为砖红色。范块小、薄，为鼎口沿下方、窃曲纹纹饰带下半段的外范，包括纹饰带以下的一周素面分界带，纹饰为翻制后经过刻划修整。背面凹凸不平。范块残高2.8、残宽3.2、厚1.7厘米（图2-112，6）。

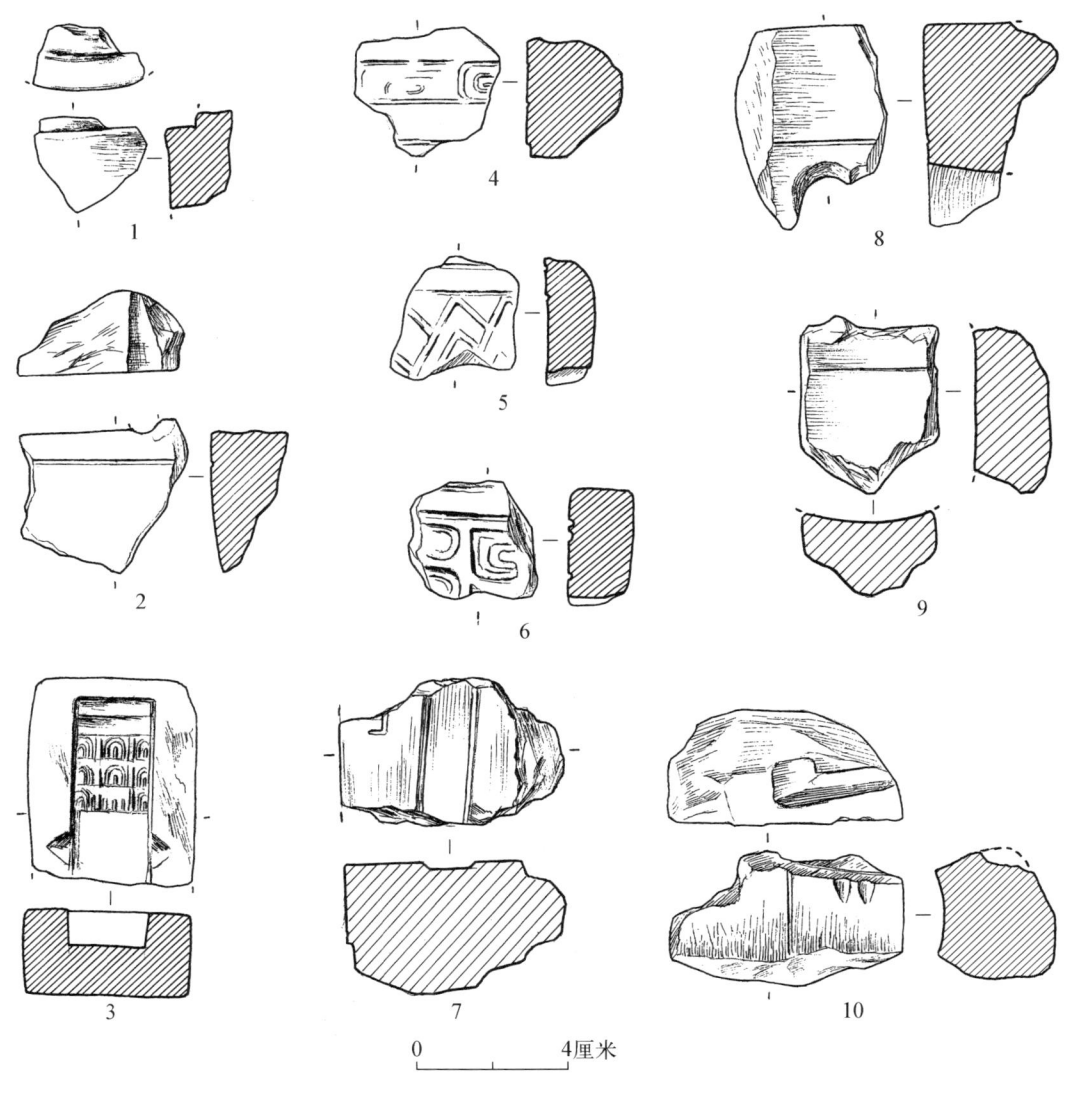

图2-112　06QHH38出土陶范

1. 不明器模（HH38：150）　2、8、9. 钟外范（HH38：182、202、90）　3. 垂鳞纹长方扁形节约外范（HH38：80）
4. 重环纹外范（HH38：206）　5. 勾连雷纹外范（HH38：155）　6. 窃曲纹鼎外范（HH38：143）
7. 不明工具外范（HH38：92）　10. 管形器外范（HH38：135）

　　鼎耳外范　　1件（HH38：115）。未见面层与背层之分，各面均呈砖红色，侧面带弧度，为鼎耳内侧面位置的范，可能与芯头连接。范块残长5.6、残宽3.3、厚1.9厘米（图2-110，4）。

　　瓦纹簋盖顶外范　　共4件。HH38：102，未见面层与背层之分，浇铸面呈青灰色，背面泛砖红色，浇铸面略向内弧，残存两道瓦纹，未见刻划痕迹。为瓦纹簋盖顶部位置外范，但捉手型腔未保存，有一垂直方向分范面，背面凹凸不平，残存一处指窝按压痕迹。范块残高3.8、残宽5、厚3.2厘米（图2-113，6）。HH38：103，断面可见面层与背层，分界线不规则。面料精细，浇铸面呈青灰色。背料夹粗砂和小石子，呈砖红色。浇铸面向内微弧，残存三道瓦纹，未见明显的

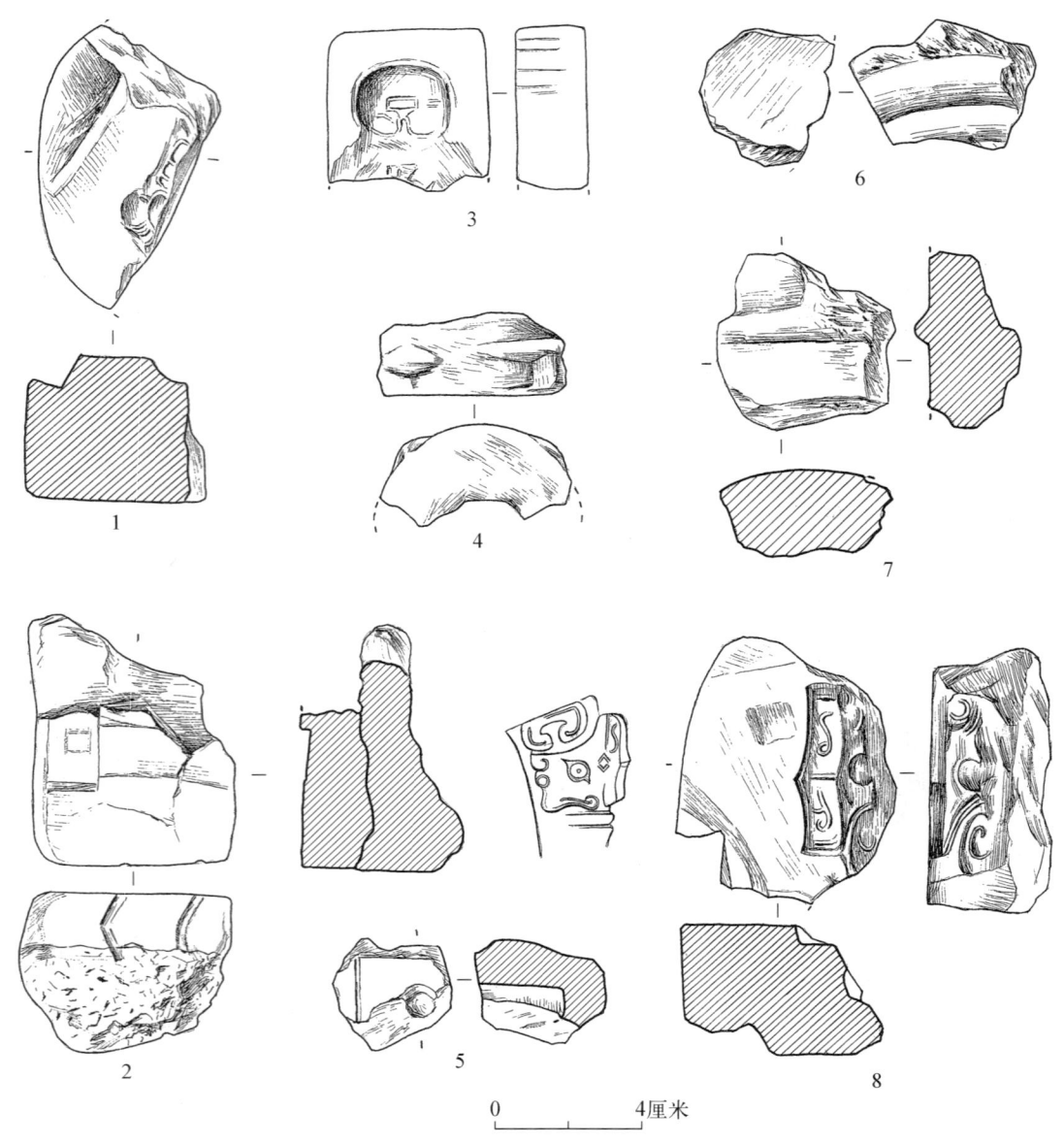

图2-113　06QHH38出土陶范

1.附件外范（HH38∶117）　2.不明工具外范（HH38∶81）　3.环首刀外范（HH38∶108）　4.圆形内芯（HH38∶128）
5.钟外范（HH38∶132）　6.瓦纹簋盖顶外范（HH38∶102）　7.不明内芯（HH38∶125）　8.兽面鼎足外范（HH38∶124）

刻划痕迹。为瓦纹簋盖顶部位置外范，但捉手型腔未保存。背面凹凸不平，背层之外残留指窝按压痕迹。范块残高4.7、残宽5.2、厚4.6厘米（图2-115，9；图2-114，2）。HH38∶104，未见面层与背层之分，浇铸面呈青灰色，背面呈砖红色。残留一小片垂直方向分范面，上刻有一道阴线，可能是合范符号。为簋盖顶部包括捉手位置的外范，保存有两道瓦纹，瓦纹以内有与纹饰面垂直相交的捉手型腔及器盖与捉手之间的一周素面带。背面凹凸不平，残留数处指窝按压痕迹。范块残高3.4、残宽6.7、厚3.2厘米（图2-115，10）。HH38∶137，从残存形制看面层外框

图2-114　06QHH38出土陶范

1. 兽面鼎足外范（HH38：124）　2. 瓦纹簋盖顶外范（HH38：103）　3. 瓦纹簋器身外范（HH38：142）　4. 垂鳞纹外范（HH38：91）
5. 不明容器外范（HH38：164）　6～8. 钟外范（HH38：169、175、187）

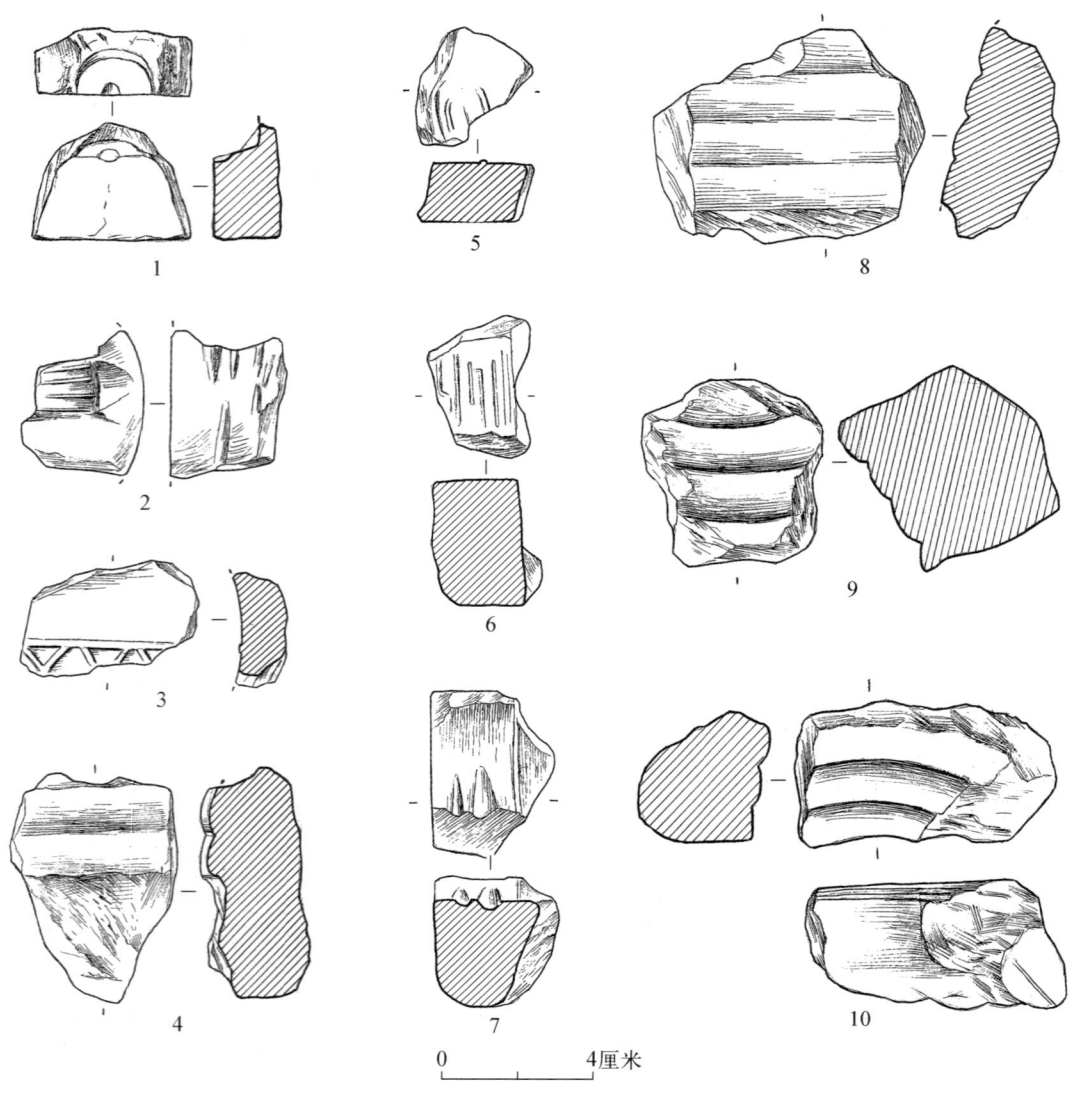

图2-115　06QHH38出土陶范

1. 附件外范（HH38：229）　2. 垂鳞纹外范（HH38：93）　3. 勾连雷纹外范（HH38：106）　4. 瓦纹簋盖立壁外范（HH38：208）
5. 重环纹外范（HH38：203）　6. 不明器范（HH38：89）　7. 管形器外范（HH38：87）　8. 瓦纹簋器身外范（HH38：209）
9、10. 瓦纹簋盖顶外范（HH38：103、104）

外侧高，中间内凹，背层已脱落殆尽。浇铸面与分范面呈青灰色，背面泛砖红色。有一垂直方向分范面，远离浇铸面的一侧残存部分方形卯。浇铸面微弧，残存三道瓦纹，未见刻划痕迹，为瓦纹簋盖顶部位置外范，但捉手型腔未保存。范的外表面残留一小部分，与浇铸面相对。范块残高4.1、残宽4、厚3.2厘米（图2-116，7）。

　　瓦纹簋盖立壁外范　1件（HH38：208）。未见面层与背层之分。浇铸面与分范面呈青灰色，背面呈砖红色。残存一个垂直分范面的小部分，平整，未见榫卯结构。浇铸面残破，残留两道瓦纹，瓦纹之间有刻划痕迹，型腔弧度转折与簋盖立壁相似。背面凹凸不平，残留指窝按压

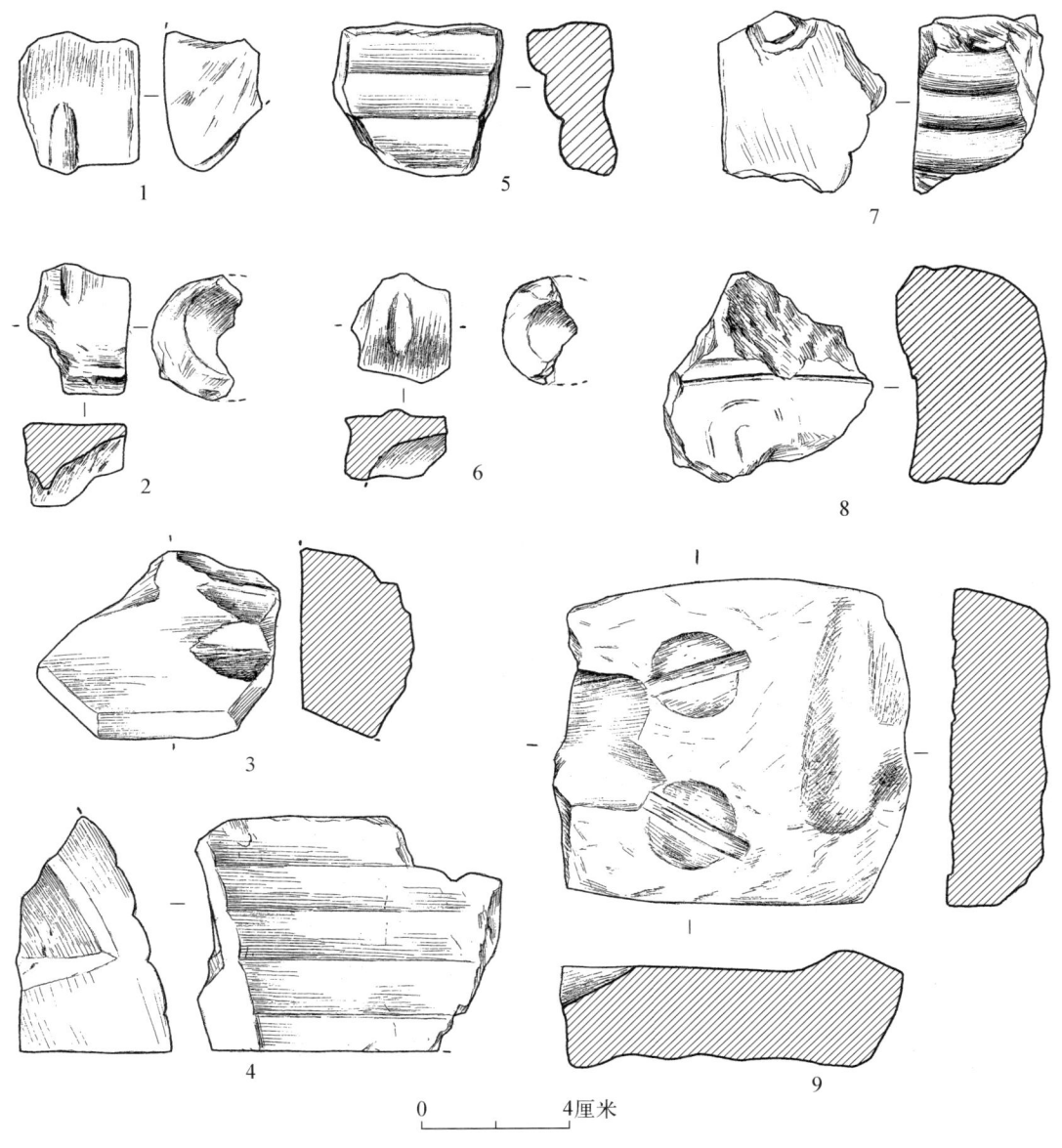

图2-116 06QHH38出土陶范

1、2、6.圆形内芯（HH38：172、140、144） 3.不明器范（HH38：147） 4.瓦纹簋器身外范（HH38：142）

5.瓦纹外范（HH38：141） 7.瓦纹簋盖顶外范（HH38：137） 8.不明容器外范（HH38：174） 9.铜泡外范（HH38：136）

痕迹。范块残高6、残宽7.4、厚3.3厘米（图2-115，4）。

瓦纹簋器身外范 共4件。HH38：107，范块大，断面可见面层与背层。面料较细，浇铸面与分范面为青灰色，内层外面呈砖红色，面层制作的外框背面三边高，中部内凹。面层背面凹凸不平。背层为砖红色，大部分脱落，可见粗颗粒石子。保存一水平分范面及一垂直方向分范面。垂直分范面上有一较大的三角形榫，位于远离浇铸面的一端，与范块面层为一体。水平分范面平整，未见榫卯结构。浇铸面可见五道瓦纹，第一道瓦纹不带曲度，几为平面，自第二道瓦纹以下始见瓦纹曲度。第一道瓦纹以上至水平方向分范面应已在型腔之外，可能为与芯头合范位置。浇铸面水平方向弧度大，器物可能近椭圆形。从瓦纹特征来看，应为瓦纹簋口部位置外范。范块残高8.7、残宽10、厚2～4厘米，榫底边长4.5、侧边长2.5和3.5、高0.6厘米（图2-117，9；彩版一二，6）。HH38：111，背面无存，浇铸面与分范面呈青灰色，背面呈灰褐色。与标本HH38：107为相同位置外范，但范块保存较小，有一水平方向分范面，不甚平整。浇铸面有三道瓦纹，与标本HH38：107前三道瓦纹形制一致，瓦纹边缘的凹槽较窄且深，应当是刻划而成。范背面可见指窝。范块残高5.2、残宽9、厚3.4厘米（图2-110，12）。HH38：142，从残存形制看面层外框外侧高，中间内凹，背层已脱落殆尽。浇铸面与分范面呈青灰色，背面呈砖

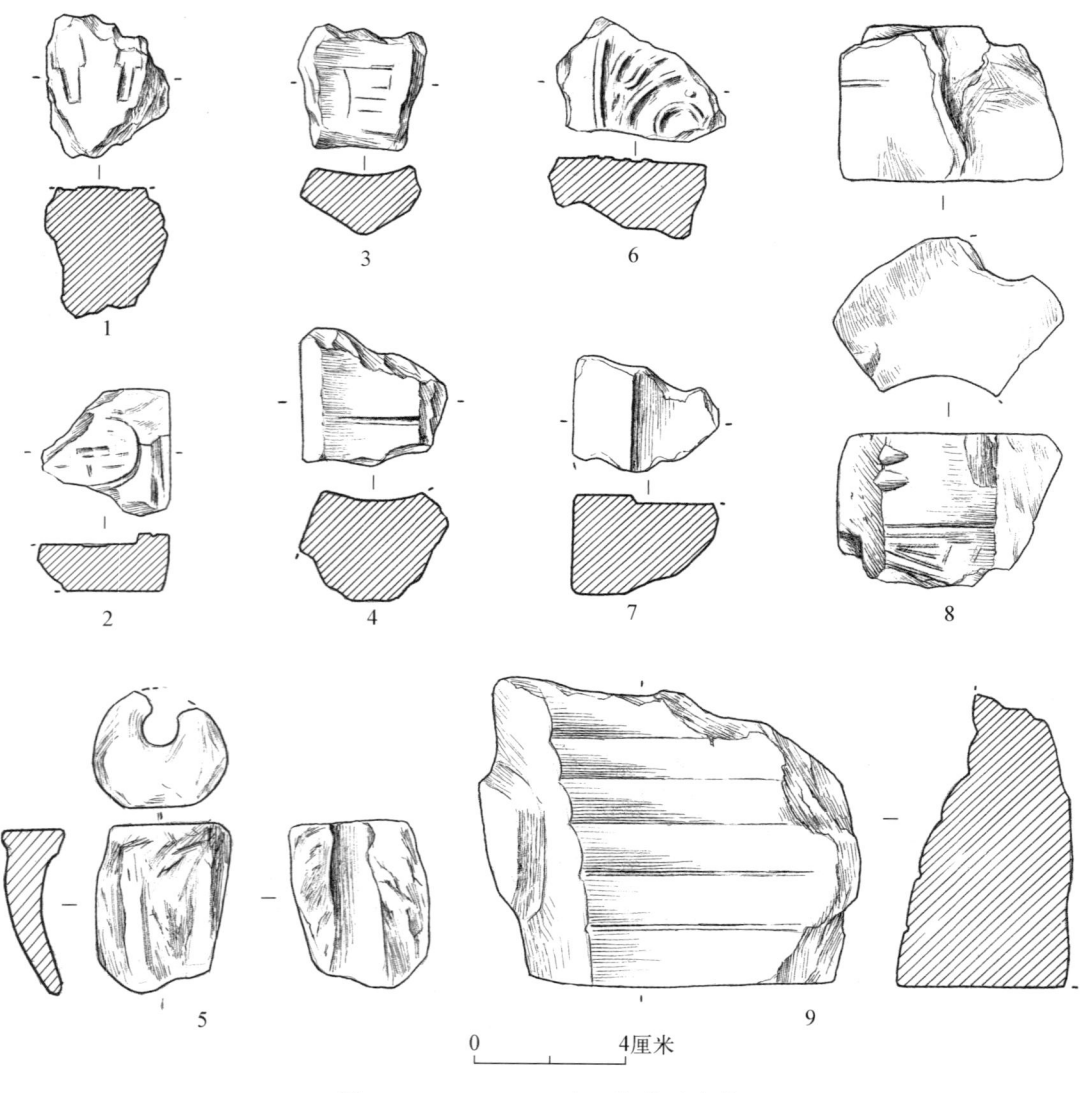

图2-117　06QHH38出土陶范及陶管

1. 镞外范（HH38：216）　2. 环首刀外范（HH38：82）　3、4. 重环纹管形器外范（HH38：228、83）　5. 陶管（HH38：78）

6. 波带纹外范（HH38：205）　7. 不明器范（HH38：158）　8. 勾连云纹管形器外范（HH38：88）　9. 瓦纹簋器身外范（HH38：107）

红色。形制及保存大小与H38：107相近，浇铸面残存四道瓦纹，第一道瓦纹无曲度，瓦纹边缘可见明显刻划痕迹。垂直分范面有一大三角形卯，远离浇铸面一端。背面凹凸不平，残存指窝按压痕迹。范块残高6.2、残宽7.5、厚3.9厘米（图2-116，4；图2-114，3）。HH38：209，未见面层与背层之分，浇铸面呈青灰色，背面呈砖红色和浅灰色。形制与H38：107相近，亦为相同位置外范，但范块保存较小，仅保存浇铸型腔的第一至第四道瓦纹，瓦纹之间有刻划痕迹。外层均已脱落，背面凹凸不平，残留指窝按压痕迹。范块残高5.7、残宽6.9、厚2.6厘米（图2-115，8）。

器口外范　1件（HH38：177）。范块厚，较重，分范面局部为砖红色，大部为青灰色，背面可见掺杂石子的褐色背层，侧面另有一较小的楔形卯。浇铸面已不存，但可见范块表面为一折角较大的三角形。分范面两边不在同一水平面且相交的折角较大，可能为一三角形器器口的尖角部位范，上下扣合。范块长6.2、宽4.3、厚3.9厘米（图2-109，3）。

柱足外范　共3件。HH38：166，未见面层与背层之分，浇铸面呈青灰色，背面为砖红色。分范面平整，其上带一很小的榫。浇铸面呈内凹的弧形，应为柱足或柱状部位底端位置外范。与浇铸面相对的是范的外表面，略外鼓。范块残高3、残宽3.5、厚2.6厘米，榫残长0.5、残宽0.3、高约0.1厘米（图2-118，2）。HH38：184，未见明显的面层与背层，但背面夹杂数颗小石子。浇铸面呈青灰色，背面呈砖红色。有一水平方向分范面，其上残存两道呈十字交叉的阴刻线条，应该是合范符号。浇铸面呈内凹的圆弧形，应为柱足或柱状部位底端位置外范，底端以上残。范块残高3.5、宽3.9、厚3厘米（图2-118，8）。HH38：188，未见面层与背层之分，浇铸面呈青灰色，背面呈砖红色。有一垂直分范面，其上可能带卯。浇铸面为一圆柱形型腔，应为器足外范。背面凹凸不平，残留指窝按压痕迹。范块残高3.4、残宽4.9、厚2.1厘米（图2-109，2）。

附件外范　共2件。HH38：117，未见面层与背层之分，浇铸面呈青灰色，背面呈砖红色。范块厚，背面平整，侧面呈外鼓的弧形，在浇铸面型腔以外有一较大的长条形卯。型腔可见似凸起鳞纹的纹饰。器形不明。范块残长7.6、残宽3.9、厚3.7厘米（图2-113，1）。HH38：229，未见面层与背层之分，浇铸面与分范面呈青灰色，背面呈砖红色。分范面平整，未见榫卯结构。浇铸面与分范面垂直，无纹饰，型腔小，类似器耳，可能为带耳小器物的耳部范。范块残长3.8、残宽2.9、厚1.6厘米（图2-115，1）。

重环纹外范　共4件。HH38：160，未见面层与背层之分，浇铸面与分范面呈青灰色，背面带砖红色。分范面上可见一方形卯，底部中间位置隆起。外范均施有阳纹的重环纹、弦纹，未见刻划痕迹。背面凹凸不平，残留一处指窝按压痕迹。从器形及纹饰看，可能为簋一类的器物。范块残高3.9、残宽4、厚3厘米，卯残长1.7、残宽1.7、深约0.2～0.5厘米（图2-119，1）。HH38：203，未见面层与背层之分，浇铸面呈青灰色，背面带砖红色。浇铸面平直，纹饰残存

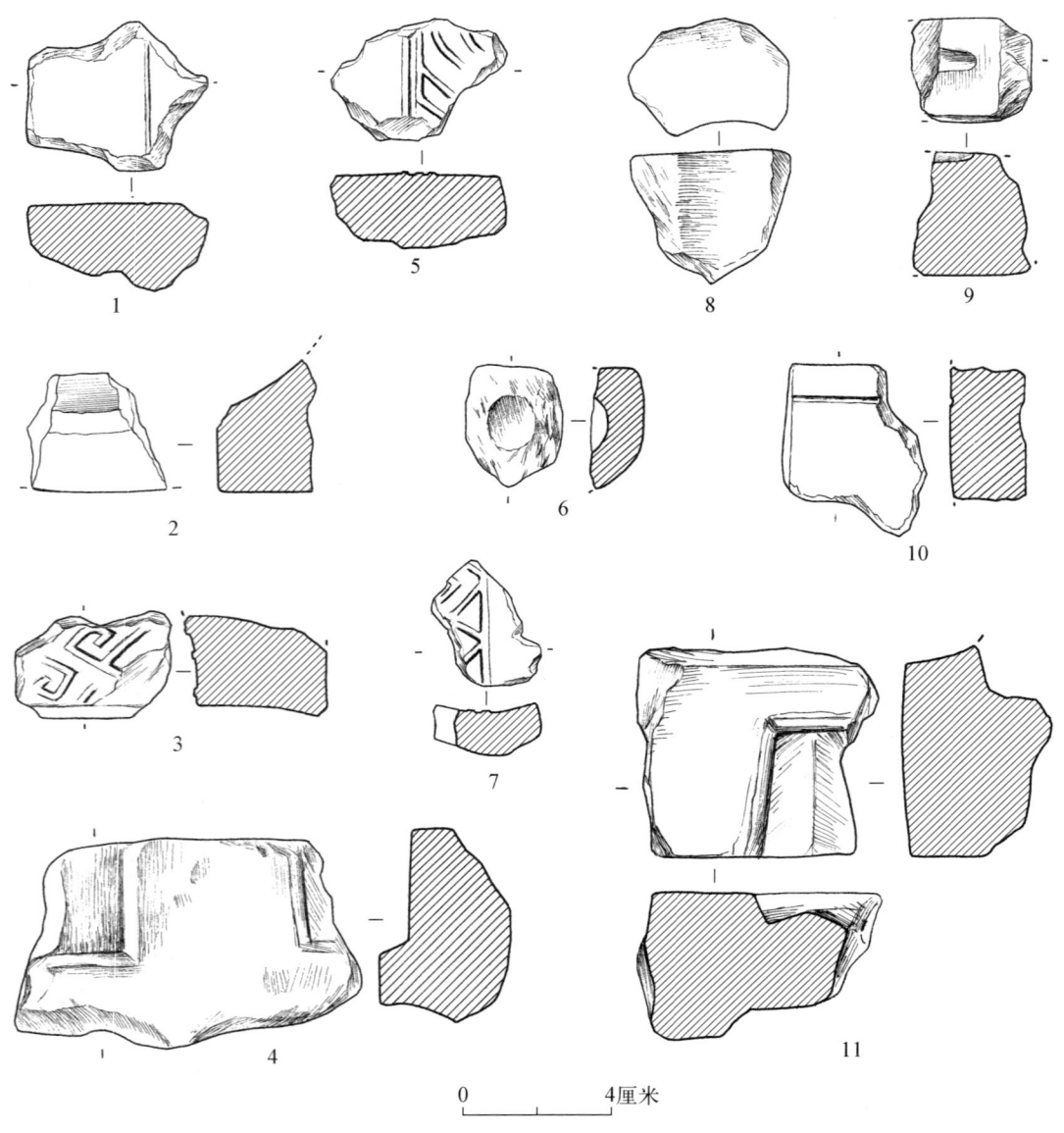

图2-118　06QHH38出土陶范

1、4、10. 钟外范（HH38：146、157、201）　2、8. 柱足外范（HH38：166、184）　3、7. 勾连雷纹外范（HH38：154、138）
5. 波带纹外范（HH38：152）　6. 圆形内芯（HH38：168）　9. 不明器范（HH38：145）　11. 不明容器外范（HH38：153）

很少。背面凹凸不平。从器形及纹饰看，可能为簋一类的器物。范块残3.3、宽3.1、厚1.6厘米（图2-115，5）。HH38：204，未见面层与背层之分，浇铸面呈青灰色，背面带砖红色。浇铸面平直，纹饰残存很少。背面凹凸不平。从器形及纹饰看，可能为簋一类的器物。范块残长2.8、残宽2.2、厚1.4厘米（图2-120，5）。HH38：206，未见面层与背层之分，浇铸面呈青灰色，背面带砖红色。浇铸面平直，纹饰残存很少。背面凹凸不平。从器形及纹饰看，可能为簋一类的器物。范块残长3.8、残宽3.5、厚1.6厘米（图2-112，4）。

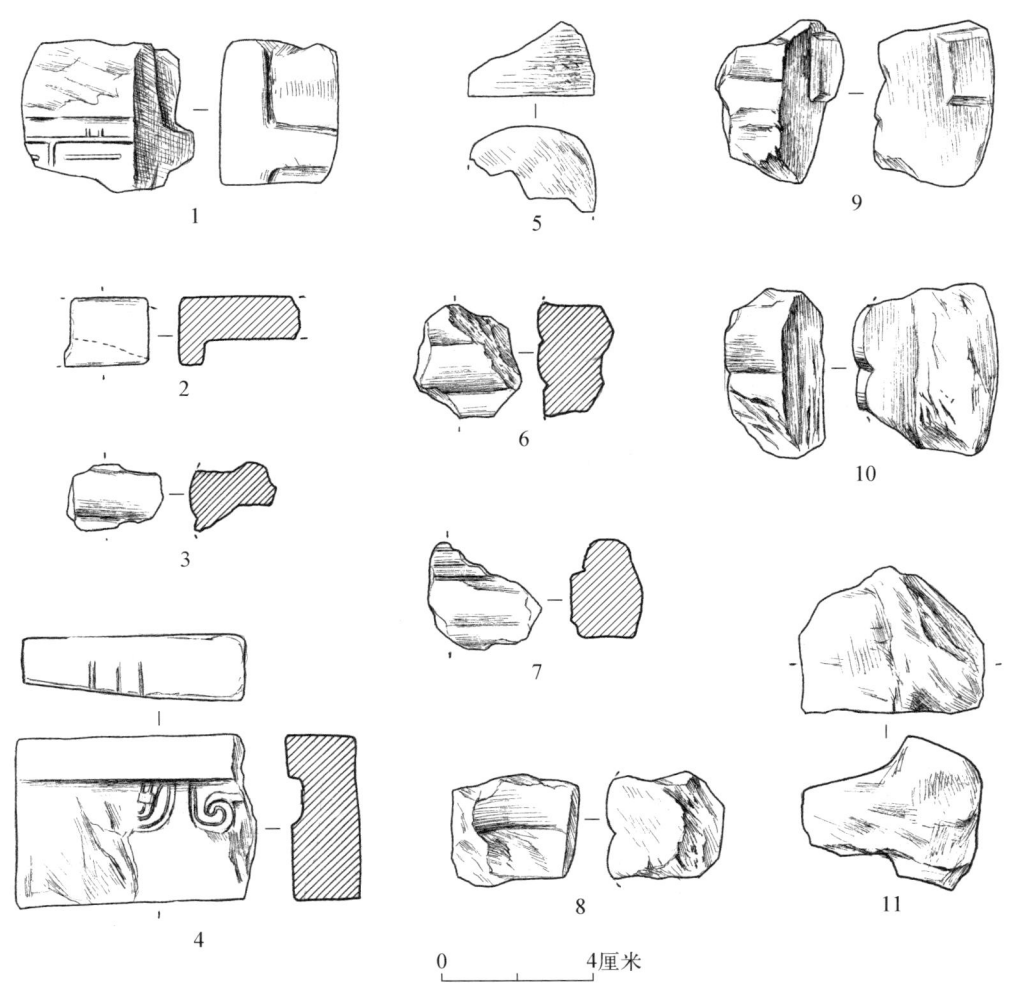

图2-119　06QHH38出土陶范

1. 重环纹外范（HH38：160）　2. 带浇道长方形芯头（HH38：224）　3、6、8、10. 瓦纹外范（HH38：215、214、223、222）
4. 铜饰外范（HH38：110）　5. 回炉泥芯（HH38：213）　7、9、11. 不明器范（HH38：226、195、217）

波带纹外范　共2件。HH38：152，未见面层与背层之分，浇铸面呈青灰色，背面带砖红色。浇铸面几无弧度，可见波带纹的一角及相邻的弦纹，均为阳纹，未见刻划痕迹。背面凹凸不平，残留指窝按压痕迹。可能为簠一类的器物。范块残长4.6、残宽2.9、厚1.8厘米（图2-118，5）。HH38：205，未见面层与背层之分，浇铸面呈青灰色，背面带砖红色。浇铸面几无弧度，可见波带纹的一角及相邻的弦纹，均为阳纹，未见刻划痕迹。背面凹凸不平，残留指窝按压痕迹。可能为簠一类的器物。范块残长4、残宽3、厚1.7厘米（图2-117，6）。

弦纹外范　1件（HH38：130）。断面可见面层与背层之分，面料精细，背料无粗砂，孔隙较面料多。浇铸面呈青灰色，背面呈砖红色。浇铸面几无弧度，带一缓折角，可见数道弦纹，有一与弦纹平行的分范面，上带有一长方形榫，远离浇铸面，与面层为一体。可能为簠一类器物的

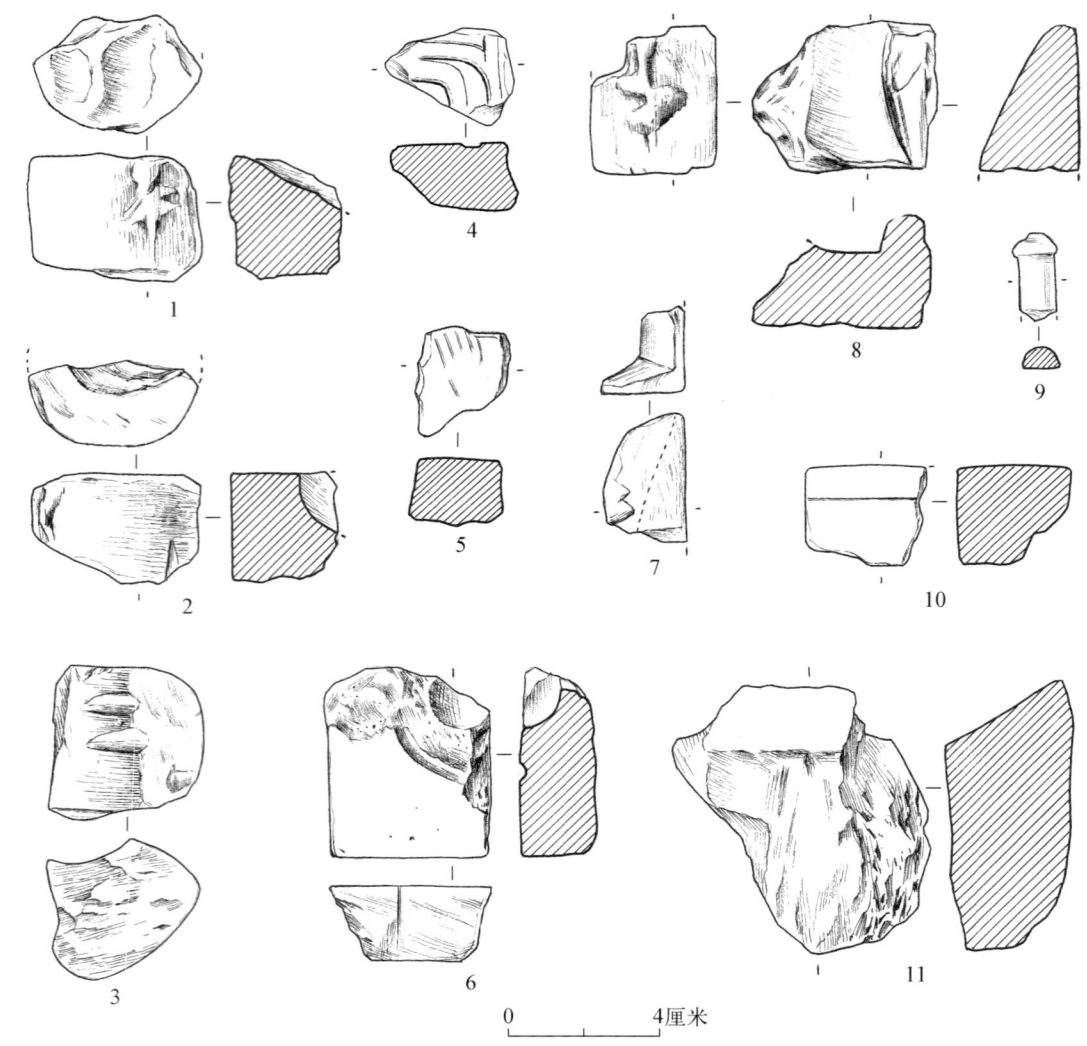

图 2-120　06QHH38 出土陶范

1、2. 圆形内芯（HH38：189、121）　3. 管形器外范（HH38：98）　4. 窃曲纹外范（HH38：105）　5. 重环纹外范（HH38：204）
6. 铜泡外范（HH38：85）　7、8. 带浇道长方形芯头（HH38：95、207）　9. 回炉泥芯（HH38：118）　10、11. 钟外范（HH38：183、200）

口部。范块残高 5.5、残宽 3、厚 3 厘米，榫残长 3.1、宽 1.4、高 0.5 厘米（图 2-121，9）。

　　窃曲纹外范　共 2 件。HH38：105，未见面层与背层之分，范块残存小，浇铸面呈青灰色，背面呈棕黄色。浇铸面可见窃曲纹的一小部分，纹饰凸起，线条较宽。线条两侧可见较深的刻划阴线，是外范翻制纹饰后，在外范上修治的痕迹，可能为鼎外范。背面磨损严重。范块残长 3.3、残宽 3、厚 1.5 厘米（图 2-120，4）。HH38：112，未见面层与背层之分，范块残存很小，浇铸面为青灰色，背面呈棕黄色，无粗砂。共有两面范面，顶部应为与顶范接触的水平分范面，未见榫卯结构。浇铸面残存窃曲纹一类的纹饰，纹饰为翻制，未见刻划痕迹。背面凹凸不平。从铸腔形态推测，可能为簋一类器形的外范。范块残高 2.3、残宽 3.8、厚 2.5 厘米（图 2-121，7）。

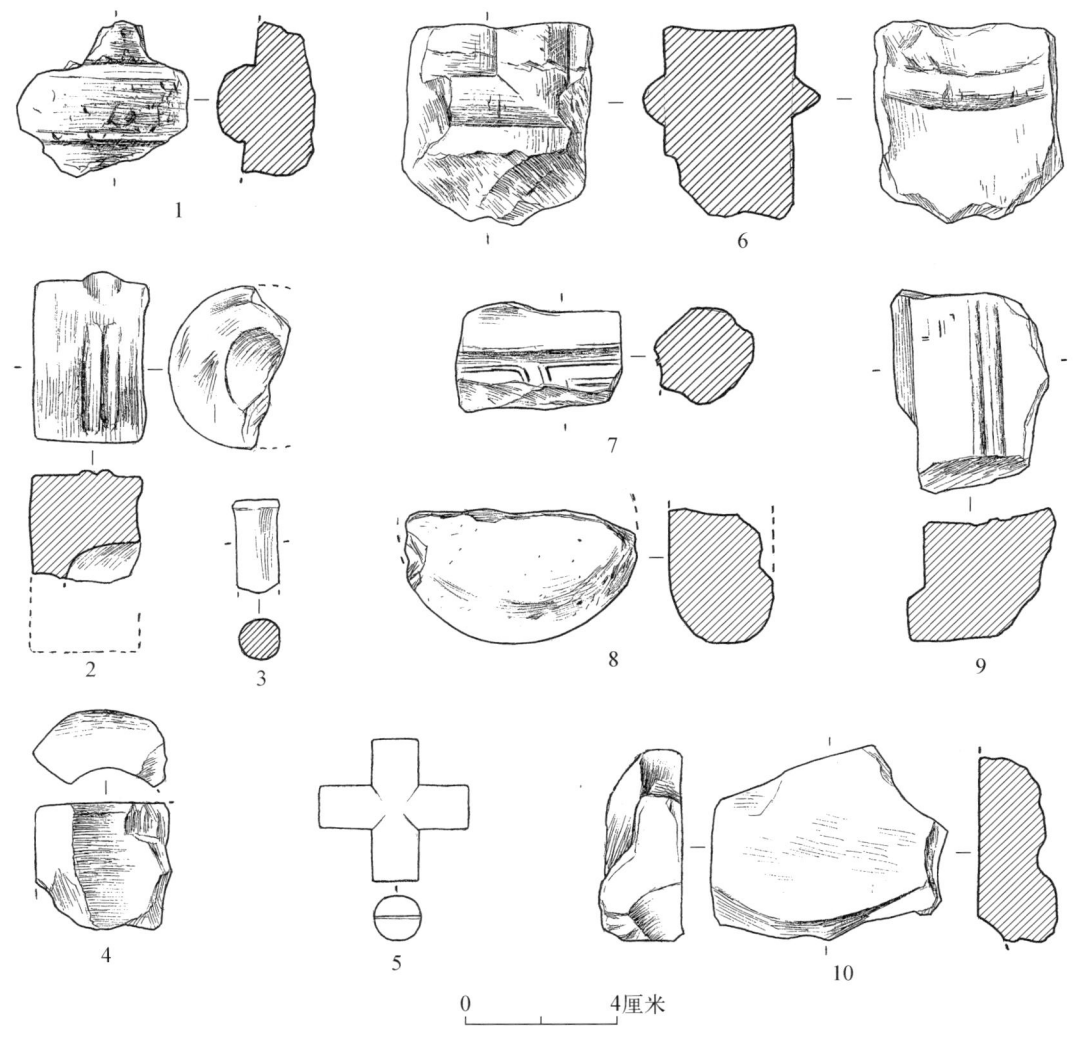

图 2-121　06QHH38、HH39 出土陶范

1. 回炉钟旋泥芯（HH39∶34）　2. 圆形芯头（HH39∶32）　3. 回炉泥芯（HH38∶129）　4. 钟外范（HH39∶26）
5. 十字节约模（HH39∶33）　6. 不明容器外范（HH39∶29）　7. 窃曲纹外范（HH38∶112）　8. 不明内芯（HH39∶39）
9. 弦纹外范（HH38∶130）　10. 器把外范（HH39∶35）

勾连雷纹外范　共4件。HH38∶106，未见面层与背层之分，浇铸面为青灰色，背面为砖红色，范块较小较薄，可见勾连雷纹纹饰带底部的三角纹，还包括纹饰带以下的素面位置，可能为小鼎一类器物。纹饰与范块为一体，且高出范面本身，边缘可见刻划痕迹，应是翻制后经过修整。背面凹凸不平，残留指窝按压痕迹。范块残高3.1、残宽4.6、厚1.2厘米（图2-115，3）。HH38∶138，未见面层与背层之分，浇铸面为青灰色，背面为砖红色，范块较小较薄。可见勾连雷纹纹饰带底部的三角纹，还包括纹饰带以下的素面位置。纹饰与范块为一体，且高出范面本身，边缘可见刻划痕迹，应是翻制后经过修整。背面凹凸不平，残留指窝按压痕迹。与标本HH38∶106近似，可能为小鼎一类器物。范块残高3.4、残宽2.4、厚1.2厘米（图2-118，

7）。HH38：154，未见面层与背层之分，浇铸面与分范面为青灰色；背面磨损，带砖红色或青灰色。范块残，有一垂直分范面，平整，无榫卯结构。浇铸面带弧度，施有勾连雷纹，纹饰边缘可见刻划痕迹。应为鼎或簋一类器的外范。范块残高3.9、宽2.3、厚3.5厘米（图2-118，3）。HH38：155，未见面层与背层之分，浇铸面为青灰色，背面为砖红色，范块较小较薄。浇铸面微弧，可见勾连雷纹纹饰带底部的三角纹，可能为小鼎一类器物。纹饰与范面基本平齐，而纹饰周围的空白处略显凹凸不平，可能是用减地法在外范上制作纹饰。背面滚磨严重。范块残高3.1、残宽3.3、厚1厘米（图2-112，5）。

垂鳞纹外范　共3件。HH38：91，未见面层与背层之分，浇铸面呈青灰色，背面呈砖红色，可见上下两层垂鳞纹，每层两排，纹饰未见刻划痕迹，部分脱落导致范面凹凸不平。可能为小件器物的双合范，或与其他外范组合的纹饰范。范块残长2.4、残宽3.6、厚1.5厘米（图2-110，1；图2-114，4）。HH38：93，未见面层与背层之分，内面呈青灰色，背面呈砖红色，原应为圆柱形或圆饼形，残存仅有约八分之一。圆柱体外侧有数道阴刻的弧线，是与其他外范扣合的卯，可能接近与芯头相连的位置，不见浇道。仅存一组垂鳞纹，位于浇铸面的边缘。可能为器物顶部或器物附件外侧的复合纹饰范。背面凹凸不平。范块残长3.7、残宽2.9、厚2.6厘米（图2-115，2）。HH38：227，未见面层与背层之分，残存范块很小很薄，浇铸面呈青灰色，背面呈黄褐色。浇铸面平整，残留一组垂鳞纹，未见刻划痕迹。范块残长1.9、残宽1.4、厚0.6厘米。

瓦纹外范　共6件。HH38：141，未见面层与背层之分，表面呈青灰色，背面呈砖红色。浇铸面呈圆弧形，上保留有瓦纹三道，瓦纹边缘可见明显刻划痕迹。背面凹凸不平，残留指窝按压痕迹。器形不明。范块残高3.6、残宽4.2、厚2厘米（图2-116，5）。HH38：214，未见面层与背层之分，浇铸面呈青灰色，背面呈砖红色。范块小，浇铸面残留两道瓦纹，瓦纹边缘可见刻划痕迹。背面凹凸不平，残留指窝按压痕迹。范块残高2.3、残宽2.3、厚1.9厘米（图2-119，6）。HH38：215，未见面层与背层之分，浇铸面呈青灰色，背面呈砖红色。范块很小，不辨器形。浇铸面残留一道瓦纹，背面凹凸不平。范块残高1.7、残宽2.2、厚2.2厘米（图2-119，3）。HH38：222，背料基本脱落殆尽，背面残存几处夹粗砂的背料。各面均呈青灰色。浇铸面残留很小部分，其上尚有两道瓦纹，瓦纹之间有刻划痕迹。分范面垂直于浇铸面，为垂直方向分范面，远离浇铸面的一端残存一长方形榫，保存不好。背面凹凸不平，残留指窝按压痕迹。范块残高4.5、残宽2.8、厚3.6厘米，榫残长4、宽2.2、高约0.6厘米（图2-119，10）。HH38：223，未见面层与背层之分，浇铸面与分范面呈青灰色，背面呈浅砖红色。浇铸面残留两道瓦纹，残存部分垂直方向分范面，背面凹凸不平。范块残高3.2、残宽2.6、厚2.2厘米（图2-119，8）。HH38：232，未见面层与背层之分，浇铸面呈青灰色，背面呈棕黄色。范块小，不辨器形。浇铸面残留两道瓦纹，未见明显刻划痕迹，背面凹凸不平，残留一处指窝按压痕迹。范块残高3、残宽2.6、厚1.7厘米。

不明容器外范　共5件。HH38：84，未见面层与背层之分。浇铸面呈青灰色，背面呈砖红色。保存一垂直方向分范面，上有二榫，一为方形，一为楔形榫。浇铸面呈内凹的圆弧，上下基本等大，可能为一较大柱足外范。背面凹凸不平。范块残高5.4、残宽约4、厚2.9厘米，方形榫残长1.4、宽1.6、高0.7厘米，楔形榫残长2、宽0.2～1.1、高0.1～0.5厘米（图2-109，6）。HH38：148，从残存形制看面层外框外侧高，中间内凹，背层已脱落殆尽。各面均呈青灰色。范块较薄，可见分范面及型腔，分范面残存一方形卯，上大下小，深约0.5厘米。型腔带一转折，近圆直角，器形不明。与浇铸面相对者为范的外表面，修治平整。背面凹凸不平，残留指窝按压痕迹。范块残长5.7、残宽5.4、厚约2厘米（图2-109，5）。HH38：153，从残存形制与断面可见面层与外框，背层已不存。范块大，分范面与浇铸面呈青灰色，背面呈砖红色。分范面平整，其上有一方形卯，卯底部呈三角尖凸起。分范面两侧各有一处范面，其中一面远离卯，平直稍斜，可能是浇铸面；另一面垂直于分范面，且与卯的一侧面直接连通，应当是范的外表面。范块残长6.1、残宽5.5、厚3.9厘米，卯长3.7、残宽2～3、深约0.5～0.8厘米（图2-118，11）。HH38：164，未见面层与背层之分，浇铸面呈青灰色，背面呈砖红色，无粗砂。残存圆弧形浇铸面，背面凹凸不平，残留指窝按压痕迹。范块残高4.5、残宽6.7、厚3.2厘米（图2-114，5）。HH38：174，断面可见面层与背层，面料精细，浇铸面呈青灰色，背料夹杂粗砂和小石子，呈砖红色。浇铸面略呈内凹的弧形，中部有一凹槽，可能为容器腹部外范。背面凹凸不平。范块残长5.6、残宽5.5、厚3.9厘米（图2-116，8）。

钟外范　共19件。HH38：90，未见面层与背层之分，浇铸面呈青灰色，背面呈棕黄色，无夹杂粗砂之现象，范块小，稍带弧度，有刻划的框线，但不见钟枚型腔，应为钟外范。背面凹凸不平，残留指窝按压痕迹。范块残长4.2、残宽3.4、厚1.8厘米（图2-112，9）。HH38：100，从残存形制看面层外框外侧高，中间内凹，背层基本脱落殆尽。面料精细，浇铸面与分范面呈青灰色，背面呈砖红色。背料夹粗砂和小石子。浇铸面略向内弧，为钲部位置范，可见篆及与浇铸面垂直、深入范内的钟枚型腔，在钲部有刻划的框线，标示篆与枚的范围。背面凹凸不平。范块残高4.1、残宽3.6、分范面处厚4.5、面层内凹处厚2.5厘米，钟枚型腔残宽1.3、深2.2厘米（图2-110，9）。HH38：132，未见面层与背层之分，浇铸面呈青灰色，背面呈青灰或砖红色，为钲部位置范，可见篆及与浇铸面垂直、深入范内的钟枚型腔，深2.1厘米。在钲部有刻划的框线，标示篆与枚的范围。范块残长3、宽2.7、厚3.5厘米（图2-113，5）。HH38：146，未见面层与背层之分，浇铸面呈青灰色，背面呈青灰或砖红色，为钲部位置范，可见篆及与浇铸面垂直、深入范内的钟枚型腔，在钲部有刻划的框线，标示篆与枚的范围，背面凹凸不平，残存指窝按压痕迹。范块残长4.7、残宽3.8、厚2.1厘米（图2-118，1）。HH38：157，未见面层与背层之分，范面为青灰色，背面无粗砂，呈棕黄色。范面一侧为卯，上大下小，该面为分范面。另一侧范面为浇铸面，呈内凹的圆弧形，上端已残，器形不明，推测是钟外范。与浇铸面相对的是范的外表面，与卯的一侧连通。范块残长9、残宽5.5、厚3.2厘米，卯长3、残宽2、深约1厘米（图2-118，4）。HH38：159，从残存形制看面层外框外侧高，中间内凹，背层基本脱落殆尽。浇铸面与分范面为青灰色，背面颜色不一，呈浅灰色和暗红色。背料夹粗砂和小石子。分范面平整，残存长方形榫，残损严重，与范块为一体。浇铸面呈内凹的圆弧形，推测可能为钟钲部的外范。背面凹凸不平，残留指窝按压痕迹。范块残高5、残宽3.9、厚5厘米。HH38：169，未见面层与背层之分，各面均呈青灰色。分范面平整，未见榫卯结构，浇铸面圆弧，应为钟钲部的外范。与浇铸面相对者为范外表面，不甚平整，未经修治，略内弧。背面凹凸不平，残留指窝按压痕迹。范块残长5.2、残宽4.5、厚2.4厘米（图2-114，6）。HH38：175，断面可见面层与背层，背料夹粗砂和小石子。浇铸面与分范面呈青灰色，背面呈砖红色和青灰色。范面共三面，其中一面带长方形榫，榫只剩下边框，为分范面。浇铸面呈内凹的弧形，从弧度推测，可能为钟钲部之外范。另一面与浇铸面相对，垂直于分范面，与榫的一侧面相连，为范的外表面。范块残高5.1、残宽4.8、厚2.8厘米，榫长4.5、宽1.5厘米（图2-114，7）。HH38：182，从残存形制看面层外框外侧高，中间内凹，背层已脱落殆尽。浇铸面青灰色，背面呈浅灰色。为钲部位置范，可见篆及与浇铸面垂直、深入范内的钟枚型腔，在钲部有刻划的框线，标示篆与枚的范围。背面凹凸不平，残留指窝按压痕迹。范块残长4.3、残宽4、厚1.9厘米（图2-112，2）。HH38：183，未见面层与背层之分，浇铸面与分范面呈青灰色，背面呈砖红色。分范面平整，浇铸面向内微弧，其上刻划一道直线，从其形状推测应为钟钲部外范。范块残长3、残宽2.2、厚2.9厘米（图2-120，10）。HH38：185，未见面层与背层之分，范面呈青灰色，背面呈砖红色。范面向内微弧，带椭圆形铸腔，长2.3厘米。可能为钟枚，亦可能是卯。其他各面保存不好。背面凹凸不平，残留指窝按压痕迹。范块残长6、残宽2.5、厚3.2厘米。HH38：187，未见面层与背层之分，各面均呈青灰色，无粗砂。现存范面三面，其中两面较平，相交几成直角，分别是分范面和外范外表面，分范面上残存一下凹的斜面，可能是卯的一部分。第三面则为圆弧形，应为钟钲部的型腔。背面凹凸不平，残留一处指窝按压痕迹。范块残高4、残宽3.3、厚4.4厘米（图2-114，8）。HH38：200，剖面可见面层与背层，分界线不规则。面料较细，浇铸面为青灰色，面层制作的外框背面三边高，中部内凹。背层为棕黄色，大部分脱落，可见粗颗粒石子。一面较平，另一面表面已残，但仍能大致看出原当为弧形。由其弧度推测，应为钟钲部之外范。范块残长7.1、残宽6.3、厚2.8厘米（图2-120，11；彩版一二，3）。HH38：201，未见面层与背层之分，各面均呈青灰色。浇铸面向内微弧，其上有刻划的框线，可能为钟钲部外范，未见钟枚型腔。浇铸面一侧有一平整范面，为分范面。背面凹凸不平，残留指窝按压痕迹。范块残长4.3、残宽3.4、厚2厘米（图2-118，10）。HH38：202，未见面层与背层之分。浇铸面及背面皆呈砖红色，为钲部位置范，可见篆及与浇铸面垂直、深入范内的钟枚型腔，在钲部有刻划的框线，标示篆与枚的范围。背面凹凸不平,残留指窝按压痕迹。范块残长5.2、宽3.7、厚2.8厘米(图2-112,8)。HH38∶234,未见面层与背层之分,各面均呈青灰色。范块小,浇铸面稍带弧度,其上有刻划的框线,侧面有一处椭圆形凹面,可能是与浇铸面垂直、深入范内的钟枚型腔。背面凹凸不平,残留指窝按压痕迹。为钲部位置范。范块残长3、残宽2.6、厚1.9厘米。HH38∶235,未见面层与背层之分,各面均呈青灰色。范块小,浇铸面稍带弧度,其上有刻划的框线,但不见钟枚型腔,应为钲部位置范。背面凹凸不平,残留指窝按压痕迹。范块残长4.3、残宽2.6、厚1.7厘米。HH38∶236,范未见面层与背层之分,各面均呈青灰色。范块小,浇铸面稍带弧度,其上有刻划的框线,但不见钟枚型腔,应为钲部位置范。背面凹凸不平,残留指窝按压痕迹。范块残长3.5、残宽2.8、厚1.4厘米。HH38∶237,范未见面层与背层之分,浇铸面呈青灰色,背面呈砖红色。范块小,浇铸面稍带弧度,其上有刻划的框线,但不见钟枚型腔,应为钲部位置范。背面凹凸不平。范块残长3.2、残宽2.5、厚1.2厘米。

重环波带纹管形器外范　1件(HH38∶116)。未见面层与背层之分,浇铸面及分范面为青灰色,背面及断裂部位为砖红色。背面平整,与保存的分范面成直角相交。可见一道重环纹及一部分波带纹,脱落严重。范块残长4.3、残宽2.8、厚3厘米(图2-110,10)。

重环纹管形器外范　共2件。HH38∶83,未见明显的面层与背层之分,但可见背面比内面孔隙更多。浇铸面与分范面为青灰色,背面及断裂部位为砖红色。浇铸面有一道弦纹,隐约可见重环内的横线,其余纹饰大部分磨损。分范面平整,与浇铸面垂直相接。范块残高3.4、残宽3.4、厚2.8厘米(图2-117,4)。HH38∶228,断面可见面层与背层之分,背层残留不多,背料夹粗砂和小石子。浇铸面呈青灰色,背面呈棕黄色。范块较残,浇铸面隐约可见重环纹。从浇铸面弧度观察,亦为管形器外范。范块残高3、残宽3.1、厚1.6厘米(图2-117,3)。

勾连云纹管形器外范　1件(HH38∶88)。未见面层与背层之分,各面均呈砖红色,仅存与芯头相接部位及一小部分勾连云纹纹饰。范上可见三组卯:型腔内面有一沟状卯及两道三角形卯,后两者并列,间距很小,均为安装芯头用;分范面上有一方形卯,以与其他范相接。范背面平整,刻有两道短阴线,应该是合范符号。型腔弧度较大,推测所铸器物较大,或为害范。范块残高3.8、宽5.3、厚4厘米(图2-117,8;图2-122,1)。

管形器外范　共5件。HH38∶87,未见面层与背层之分,浇铸面呈青灰色,背面呈砖红色,仅存与芯头相接的部分,内面残存两个并列的卯,一近椭圆形一近菱形。背面凹凸不平,残留一处指窝按压痕迹。与HH38∶88应为相同位置外范。范块残长4.2、残宽3.2、厚3.1厘米(图2-115,7)。HH38∶98,未见面层与背层之分,各面均呈砖红色,仅存与芯头相接的部分,内面残存两个并列的卯,一近椭圆形,一近菱形,背面滚磨严重,与HH38∶88应为相同位置外范。范块残长4.1、残宽3.6、厚3.1厘米(图2-120,3)。HH38∶123,未见面层与背层之分,大部分已残,各面均呈砖红色。分范面平整,浇铸面向内微弧,分范面与浇铸面交界处有两个并列的

图2-122　06QHH38出土陶范

1. 勾连云纹管形器外范（HH38：88）　2. 铜饰外范（HH38：110）　3. 环首刀外范（HH38：108）

4～8. 不明器范（HH38：86、101、120、165、173）

菱形小卯，与浇铸面相对者为陶范外表面，呈外鼓的弧形。推测是管形器外范。范块残长3.1、残宽2.7、厚2.6厘米。HH38：135，未见面层与背层之分。浇铸面呈青灰色，背面呈砖红色，保存型腔一部分，但纹饰已不存，内面残存两个并列的小卯，破坏严重，可能原是三角形。与HH38：88应为相同位置外范。范块残长6.1、宽3.1、厚3.3厘米（图2-112，10）。HH38：196，未见面层与背层之分，范块小，砖红色，仅存合范位置，与浇铸面同水平的范面可见一方形卯。范块残长3.1、残宽2.7、厚2厘米，卯长1.3、宽0.9、深0.4厘米。

垂鳞纹长方扁形节约外范　1件（HH38：80）。未见面层与背层之分。浇铸面与分范面呈青灰色，背面呈砖红色。长方形双合范，背面修治平整，各范边完整，仅背面有残损。一端封闭，另一端开口，为安置芯头位置，浇铸面两侧的分范面上各有一个三角形小卯，位于近浇铸面一端，以固定芯头。施有三道上下相叠的垂鳞纹，纹饰周边未见刻划痕迹。范块残长5.5、宽4.3、厚2.3厘米，长方形节约型腔残长5.1、宽2.1、深0.9厘米（图2-112，3；彩版一二，5）。

铜饰外范　1件（HH38：110）。未见面层与背层之分，浇铸面呈青灰色，背面呈砖红色。长方形双合范，背面和侧面均修治平整，保存三个完整的范边，一短边残。一长范边外侧可见三道阴刻线。型腔残损，仅见两个相对、上卷的尾部或勾连云纹，未见刻划痕迹，不能分辨其他纹饰与器形。可能为车马器饰件。范块残长6、宽4.6、厚1.5厘米（图2-119，4；图2-122，2；彩版一二，2）。

铜泡外范　共4件。HH38：85，未见面层与背层之分，内面呈青灰色，背面呈砖红色，双合范，原为方形或长方形，范身薄，浇铸面可见铜泡外缘的圆弧及中心凸起的泡，隆起较高，其余部分不存。残存短边外侧，可见一道阴刻线，为合范对准用。范块残长5、残宽4、厚1.7厘米（图2-120，6）。HH38：113，未见面层与背层之分，浇铸面呈青灰色，分范面与背面呈砖红色，背面残损，不平整。所浇铸的铜泡，中央高起，施以涡纹，涡纹四周较低下处环绕一周绳纹。纹饰周边未见刻划痕迹。范块残存平面近三角形。范块残长4.7、残宽4.3、厚1.8厘米（图2-110，8）。HH38：119，未见面层与背层之分，浇铸面呈青灰色，背面残损不平整，为砖红色。所浇铸铜器为中央隆起的铜泡，隆起部位的四周或有纹饰，但范面已不能分辨。范块残长4.7、残宽5.4、厚1.5厘米（图2-110，11）。HH38：136，内面呈青灰色，背面呈砖红色，为双合范，范身大致完整。范内面可见两个带梁铜泡的型腔及浇道，铜泡型腔直径约2.5、横梁长3.1、宽0.5厘米。浇铸面一侧有长榫，长约6.6、宽1～2厘米。范背面不平整，布满指窝，为填入背层或外层、以指尖挤压的制作痕迹。浇铸面及范边则不见面层、背层泥料区分，在背料和范面左右两侧没能观察到合范时的捆绑痕迹。范块残长9.1、残宽9、厚2.7厘米（图2-116，9；彩版一二，4）。

小腰外范　1件（HH38：131）。由三个残块（原HH38：131、134和H37：14）拼合而成，未见面层与背层之分。内面为青灰色，背面稍残，为砖红色。浇铸面可见三个小腰的型腔及浇道，小腰型腔均宽约0.6厘米。范块左右两侧有平整的边，一侧范边有两道阴刻线，应为合范符号。为双合范，与镞的浇铸方式相似，一次可浇铸多个同型器物。范块残高6.7、残存最宽处宽7.9、厚3.5厘米（图2-109，8）。

镞外范　1件（HH38：216）。未见明显的面层与背层之分，但范料明显不如容器外范面层精细。范块小、残，除浇铸面外，不见完整范边。浇铸面呈青灰色，背面为砖红色。双合范，浇铸面可见两镞铤部型腔，镞铤部均长1、宽0.3～0.5和0.3厘米。背面凹凸不平。范块残长3.5、残宽2.9、厚3.3厘米（图2-117，1）。

环首刀外范　共2件。HH38：82，未见面层与背层之分，内面呈青灰色，背面呈浅砖红色。仅存环首位置，范边残断，背面平整，范身较薄。范块残长3.3、残宽3.7、厚1.5厘米（图2-117，2）。HH38：108，未见面层与背层之分，内面呈青灰色，背面及侧面为砖红色，长方形双合范。仅存环首位置，除刀身位置残断外，范的其余各边完整，背面修治平整。两侧长边各刻有一道及五道阴线，可能是合范符号。环首型腔近椭圆形，长2.6、宽2厘米。范块残长4.6、宽4.1、厚1.6厘米（图2-113，3；图2-122，3）。

不明工具外范　共2件。HH38：81，范块面层与外层区别明显，面料精细，背料夹粗砂，孔隙更多。浇铸面层呈浅灰色，烧结度高。外层呈浅砖红色，烧结度低，易剥落。应为双合范。型腔仅保存一部分，可见一长形浅槽，一侧较浅，一侧稍高，一端有一较低方形槽，可能用以安装复合范。侧面保存较完整的面层范边，上有两道深刻凹槽，形制不规整，或为埋藏过程受到的破坏，亦可能是合范符号。或为削刀、环首刀类器外范。范块残长6.8、残宽5、厚4.2厘米（图2-113，2）。HH38：92，未见面层与背层之分，范料明显不如容器外范面层精细，有较多孔隙。浇铸面呈青灰色，背面呈浅褐色。范块较残，原应为双合范，型腔为一长条形浅槽，宽约1.4厘米，可能为工具类外范。范块残高3.8、残宽5.5、厚3.5厘米（图2-112，7）。

不明器范　共26件。HH38：86，未见面层与背层之分，内面为青灰色，背面颜色较深，无夹杂粗砂之现象。内面有一个两侧呈斜坡状的小台面，一侧有一剖面呈"V"形的凹槽，可能是楔形卯，另一侧为一下凹的范面，可能是型腔。背面凹凸不平。范块残长3.9、残宽3.5、厚2.4厘米（图2-122，4）。HH38：89，未见面层与背层之分，浇铸面与分范面呈青灰色，背面呈砖红色。浇铸面平直，带有若干凸起的直线纹，保存不好，在范面上隐约见有刻划痕迹。分范面带一特殊形态的榫，榫分为左右两部分，中间有一凹下的沟槽。范块残长3.9、残宽3.4、厚2.6厘米，榫残长3.9、宽1.4、最高约0.4厘米（图2-115，6）。HH38：97，未见面层与背层之分，内面为青灰色，背面呈砖红色，无夹杂粗砂之现象。内面有一个两侧呈斜坡状的小台面，一侧有一剖面呈"V"形的凹槽，可能是楔形卯，另一侧为一下凹的范面，可能是型腔。背面凹凸不平。整体形制与标本HH38：86近似。范块残长3.6、残宽3.1、厚1.5厘米。HH38：101，未见面层与背层之分，表面均为青灰色，背面颜色较深。分范面平整，其上有一个剖面呈"V"形的刻槽，从表面未粘附土锈来看，可能是后期破坏导致。浇铸面呈内凹的弧形，器形不明。背面凹凸不平，残留一处指窝按压痕迹。范块残长4.8、残宽3.5、厚2厘米（图2-122，5）。HH38：120，未见面层与背层之分，浇铸面呈青灰色，背面呈棕红色。方块状，左右两侧已残。范面较平，似非容器腹部外范，表面残留有两道弦纹，为翻制而成，其下隐约见数道阴刻细直线。背面凹凸不平。器形不明。范块残长5.1、残宽3.9、厚1.5厘米（图2-122，6）。H38：139，未见面层与背层之分，表面呈青灰色，背料呈橙黄色，仅残存带纹饰之小部分，纹饰与范块一体，未见明显刻划痕迹。范块残长2.6、残宽2.1、厚1.2厘米。HH38：145，未见面层与背层之分，有三面较平整的范面，其中一面呈青灰色，其上有一近椭圆形的小卯。其他各面均呈砖红色，无粗砂。第二处范面与第一面相交几成直角，平整，无榫卯结构。第三面与第二面相交几成直角，与第一面相对。不排除是长方体内芯的可能。范块残长3.1、残宽2.9、厚3.1厘米，卯残长1、宽0.5、深约0.3厘米（图2-118，9）。HH38：147，断面可见面层与背层之分，背层基本脱落殆尽。面料精细，浇铸面与分范面呈青灰色，背面呈砖红色。背料含粗砂。范面共四面，最大的一面残留两个卯，一保存完整，一破坏严重，应均是枣核形卯，卯底部均见有刻划痕迹，此面应当是分范面。与卯相连的范面平整，略倾斜，可能是范的外表面。在第一面分范面右侧有两处范面，均与第一面分范面相交几成直角，上部者较平直，与范外表面几成垂直，应当也是分范面。下部者残存很少，微微内弧，与其上部的分范面成120°相交，可能是浇铸面。范块背面凹凸不平，残留指窝按压痕迹。范块残长5.8、残宽5、厚3厘米，卯长1.8、最宽处宽1.5、最深处深0.7厘米（图2-116，3）。HH38：151，未见面层与背层之分，范面呈青灰色，背面呈砖红色，范面部分位置隆起，成长方形小台面，其上还有一凸起的楔形榫，应为榫上有榫的构造。背面凹凸不平。范块残长3.8、残宽3.3、厚1.7厘米。HH38：156，从残存形制看面层外框外侧高，中间内凹，背层基本脱落殆尽。浇铸面与分范面呈青灰色，背面呈砖红色，夹粗砂。分范面较平整，残存一长方形卯，上大下小，远离浇铸面。浇铸面与分范面基本垂直相交，向内略弧，未见纹饰。范块残长5.9、残宽3、厚2.6厘米，卯残长2.2、宽1.1~1.6、深约0.4~0.6厘米。HH38：158，断面可见面层与外层，无背层，外层明显为泥质。浇铸面呈青灰色，其余范面及外层呈砖红色。共两面范面，一面较小且修治平整，其上有一道刻槽，可能是合范符号。另一面与其垂直相接，靠近第一处范面微微隆起，成小台面，其下范面颜色明显较小台面上颜色深，可能是浇道，其上的小台面则是与另一外范合范部位。范块残高2.8、残宽3.4、厚2.5厘米（图2-117，7）。HH38：165，未见面层与背层之分，范面呈青灰色，背面呈灰褐色，无粗砂。范面上有一凸起的长方形小台面，其上有一卯，剖面呈倒三角形，可能是分范面。台面之下的部分颜色明显较榫上颜色为深，可能是浇道的位置。范块残长5.6、残宽3.5、厚2.4厘米，卯长2.5、宽1.2、最深处深0.4厘米（图2-122，7）。HH38：167，未见面层与背层之分，范块残存很小，浇铸面呈青灰色，背面呈砖红色。范面一面较平，另一面微弧，上有楔形的刻槽，可能是卯。背面滚磨严重。器形不明。范块残长2.9、残宽2.4、厚2.5厘米。HH38：171，未见面层与背层之分，范面呈青灰色，背面呈砖红色。范面平整,有一"V"形凹槽,凹槽残长3.1、宽0.9、深约0.6厘米,可能是卯。背面滚磨严重。范块残长4.2、残宽3.6、厚1.9厘米。HH38:173,未见面层与背层之分。背面呈砖红色,无粗砂。范面有一隆起之小台面,可能为榫,颜色呈砖红色。其外范面比较平整,呈青灰色。另一侧有一下凹的小平台,呈砖红色,可能为卯,若此,范面隆起的小台面可能是分范面,略外鼓,而其外的范面则是型腔或浇道。背面凹凸不平,残留指窝按压痕迹。范块残长3.8、残宽3.1、厚1.7厘米(图2-122,8)。HH38:180,未见面层与背层之分,各面均呈砖红色,无粗砂。分范面残存一楔形榫,顶面中部有一道极浅凹槽。一侧残存一下凹的范面,可能是卯,亦可能是浇道或型腔。背面凹凸不平,残留指窝按压痕迹。范块残长3.7、残宽4.5、厚1.7厘米(图2-123,1)。HH38:186,未见面层与背层之分,范面呈青灰色,背面呈棕黄色,无粗砂。范面仅存一面,中部隆起,形制不规整,可能为榫。范块残长5.5、残宽5.6、厚4厘米。HH38:192,未见面层与背层之分,浇铸面与分范面呈青灰色,背面呈砖红色。范面有三面,两面较平,分别是水平方向分范面和垂直方向分范面。另一面为浇铸面,型腔呈圆角方形。范块残高4.3、残宽2.5、厚3.2厘米。HH38:193,未见面层与背层之分,范身为外鼓的圆弧形,表面为青灰色,背面呈砖红色,无粗砂。范面大部分已残,仅保留"⊥⊥"形榫,范块侧面残留两道刻槽,可能是合范符号。背面凹凸不平,残留指窝按压痕迹。范块残长7.3、残宽3.6、厚3.3厘米(图2-123,2)。HH38:195,未见面层与背层之分,浇铸面与分范面呈青灰色,背面呈砖红色,无粗砂。分范面平整,残存一方形的榫,浇铸面呈圆弧状,中部有一道凸棱。背面凹凸不平,残留指窝按压痕迹。器形不明。范块残长4.4、残宽3.5、厚1.6厘米,榫长1.6、宽1.3、高0.5厘米(图2-119,9)。HH38:197,未见明显的面层与背层之分,范面呈青灰色,背面呈砖红色。范面一面较平,一部分下凹,且下凹部分呈弧形。另一面向内微弧,与第一面垂直相接。背面凹凸不平,残留指窝按压痕迹。范块残长8.5、残宽4、厚3.7厘米(图2-123,3)。HH38:199,未见面层与背层之分,大部分已残,范面一面较平,另一面微弧,上有凹槽,断面呈"U"形。背面凹凸不平。范块残长3.7、残宽3.3、厚2.5厘米。HH38:217,未见面层与背层之分,大部分已残。范面呈青灰色,背面呈砖红色。范面呈内凹的弧形,可能是型腔。其外有一凸起,但不规整。其他各面均凹凸不平。范块残长5.1、残宽3.7、厚1.7~4.1厘米(图2-119,11)。HH38:219,未见明显层与背层之分,大部分已残。范面呈青灰色,背面呈浅红色。范面上部较平整,下部并列有一道浅凹槽和一道深凹槽,后者剖面近"V"形。其余各面均凹凸不平。从断面看,背面范料似不含砂,可能是外层。范块残长3.6、残宽3.2、厚2.9厘米。HH38:220,未见明显面层与背层之分,但背面范料较表面范料更疏松,孔隙稍多,可能是背料,也可能是外层。各面均呈青灰色,保存较好的范面有两面,其中一面有一处凸起的长方形小台面,可能是榫;另一面与其垂直相交,稍外鼓,与榫较短的一处侧面相连。其余各面均凹凸不平。范块残长3.3、残宽2.3、厚2.6厘米(图2-87,7)。HH38:226,未见明显面层与背层之分,但背面范料较表面范料更疏松,孔隙稍多,可能是背料,

图2-123　06QHH38出土陶范

1～3.不明器范（HH38：180、193、197）　4.车马器内芯（HH38：161）　5.带浇道长方形芯头（HH38：207）
6.圆形内芯（HH38：189）　7.方形内芯（HH38：212）

也可能是外层。范面呈青灰色,背面呈浅砖红色。范面中间有一凸起的平面,其两侧均下凹,一侧下凹低,呈弧形,另一侧下凹很深,呈直角,下凹的范面上残留三道直线凹槽,可能是纹饰。范块残高2.5、残宽2.9、厚2厘米(图2-119,7)。

车马器内芯　1件(HH38:161)。圆柱形,大部分已残,表面带经浇铸的痕迹,一端直径稍小,另一端直径较大,可能为车軎一类器物的芯。芯残长2.9、残宽2.2～2.9厘米(图2-123,4)。

带浇道长方形芯头　共4件。HH38:95,各面均呈砖红色,为方形或长方形器柄的芯头,背面平整,侧面带一个三角形小榫。内面带有单一浇道,一端宽一端稍窄。芯长3.2、宽2、厚1.2～1.9厘米,榫长0.7、宽0.5、高0.2厘米(图2-120,7)。HH38:178,表面呈青灰色,内部为砖红色,为方形或长方形器柄的芯头,背面平整,带有单一浇道,在浇道的背面有两个相连的三角形榫。芯残长2.9、残宽2.9、厚约1.4厘米(图2-109,1)。HH38:207,外表面及浇道处呈青灰色,其余为砖红色。为方形或长方形器柄的芯头,背面平整,带有单一浇道。在芯头外侧有两个上下错开的三角形榫,另有披缝贯穿。芯残高4、残宽4.6、厚2.8厘米(图2-120,8;图2-123,5)。HH38:224,表面呈青灰色,从断面可见芯内部为砖红色。内面带有单一浇道,一端稍宽一端稍窄,浇道侧边残留一道刻划痕迹。残留两处非常平整的芯面,未见榫卯结构。芯形制规整,未见手制痕迹。芯残长3、残宽1.8、厚1.6厘米(图2-119,2)。

回炉泥芯　共3件。HH38:118,泥芯呈半个圆柱体,剖面近半圆形,内部为非常规整的一个平面,应当是有意制作。一端稍大,平面形似蘑菇首。灰色,表面附着一薄层不平整的墨绿色金属,范块表面不见接触高温的迹象。芯残长2.1、直径约0.8厘米(图2-120,9)。HH38:129,灰褐色,表面无金属附着,但边缘可见小细孔,可能接触高温,器形不明。芯残长2.4、直径约1.2厘米(图2-121,3)。HH38:213,灰色,范块较重,表面局部覆盖有一薄层粗糙不平整的墨绿及褐色金属。范块较残,但有带弧度的部分,原可能为圆柱状,可能为鼎足泥芯。芯残高2.1、宽3.4、厚1.7厘米(图2-119,5)。

圆形内芯　共8件。HH38:121,原呈圆柱形,表面呈青灰色,内部为砖红色,范块较厚,背面残,可见指窝,侧面有上下错开的两个三角形榫,中有范线贯穿。表面另一侧残存一三角形凹槽,应当是卯。芯残高2.7、残宽4.3、厚2.4厘米(图2-120,2)。HH38:128,原呈圆柱形,已残,表面基本呈青灰色,小部分为砖红色。在侧面可见一组"工"字形的榫及一菱形榫,菱形榫中间有一披缝贯穿。芯残高1.8、残宽5、厚约2.1厘米(图2-113,4)。HH38:140,表面呈青灰色,内部呈砖红色,原为圆柱形,已残。背面带指窝,侧面有一水平方向细长榫及垂直方向小榫。芯残高2.1、直径约3.4厘米,细长榫长1.8、宽0.8、高0.2厘米,小榫残长0.6、宽0.2、高0.2厘米(图2-116,2)。HH38:144,表面呈青灰色,内部呈砖红色,原为圆柱形,范较小,侧面有一水平方向长条榫,背面带指窝,器形不明。芯残高2.8、残宽2.4厘米,榫长1.5、宽0.5、高约0.2厘米(图2-116,6)。HH38:162,大部分已残,表面为圆弧形,原应为圆柱形。芯残高1.4、残宽3、厚约1.2厘米。HH38：168，大部分已残，表面呈圆球形，背面有一指窝按压痕迹。表面呈青灰色，内部呈砖红色。未见手制痕迹。芯残长3、残宽2.6、厚0.7厘米（图2-118,6）。HH38：172，大部已残，残存平面呈扇形，各面均呈砖红色。残存两处侧面，一外鼓一较平，在两侧面相接处，各有一横置圆柱形榫，两榫上下交错。芯残高3.1、残宽3.5、厚2.1厘米（图2-116,1）。HH38：189，表面呈青灰色，内部呈砖红色，圆柱形，已残。背面有两个指窝，侧面有上下交错的两个小榫，有一范线贯穿。芯残高3、残宽4.7、厚2.7厘米（图2-120,1；图2-123,7）。

方形内芯　共2件。HH38②：198，各面均呈青灰色，底面皆较平，呈正方形，上下两侧已残。表面平整，较光滑，未见手制痕迹。芯残长3、宽2.7、厚0.9厘米（图2-109,4）。HH38：212，表面呈青灰色，内部呈砖红色，呈正方形，上下两侧和底面已残。表面平整，一面残留一平面形状不规则的榫，中间有披缝穿过。芯残长2.8、宽2.8、厚1.4厘米（图2-123,7）。

不明内芯　共5件。HH38：125，表面为青灰色，大部分已残，保留部分呈圆弧形，且表面带榫，榫残损甚重，平面原可能为"T"形。表面未见手制痕迹。芯残长4.9、残宽4.4、厚2.1厘米，榫残长4.3、高0.4厘米（图2-113,7）。HH38：127，平板形，表面呈青灰色，各面保存基本完好。表面略圆弧，其两侧倾斜，略呈圆弧状，底面平整。在左右两侧面皆带半圆形凸起部分，可能为榫。在略圆弧的表面带有细条状榫。芯长3.8、宽2.6、厚1厘米，榫长2.5、宽0.6、高0.3厘米（图2-110,7）。HH38：170，表面均棕黄色，侧面呈圆弧形，一面较平，背面破损甚为严重。芯残长2.9、残宽2.4、厚0.9厘米。HH38：181，大部分已残，原应为圆柱形。表面呈青灰色，甚光滑，隐约可见刮削痕迹。芯残高1.8、残宽3.2、厚1.3厘米（图2-124,1）。HH38：190，大部分已残，原应为圆角方形，表面呈青灰色，甚光滑，圆弧面。芯残高2.1、残宽3.1、厚1.6厘米。

（3）炉壁

HH38共出土炉壁360块，总重量计有8.65千克。标本HH38：238，烧土块，整体微凹，表面呈浅灰色，烧结不严重，表面凹凸不平，未粘附铜液。背面亦凹凸不平，呈灰褐色，不含草拌泥，亦未见泥条盘筑现象。可能是炉壁，亦不排除窑壁的可能性。弧度甚小，推测其直径约70～80厘米。弦长12.5、弦高10、厚3.2厘米，重326.6克。

（4）铜器及铜块

铜块　1件（HH38：230）。α固溶体树枝晶偏析，树枝晶细小，局部晶间锈蚀，有非常细小的硫化物夹杂物。铜含量82.6%，锡含量13.9%，为铜锡铸造组织（检测编号ZJT19-1；彩版二九九,4）。

（5）铜渣

铜渣　1件（HH38：231）。铜氧化物基体上分布较多细小的SnO_2晶体，为锡青铜熔化渣（检测号ZJT19-2）。

图2-124　06QHH38、HH39、HH42、HH51、HH57、HH59出土陶范

1、6. 不明内芯（HH38：181、HH57：25）　2、4、5. 不明器范（HH39：31、HH51：10、HH57：23）　3. 云雷纹鼎腹部外范（HH42：13）

7、8. 不明容器外范（HH59：15、HH59：16）

（6）陶管

共4件。HH38：76，残存部分较少，为近陶管粗端的小部分，形状已很不规则，近片状，泥质，表面为灰色，而内部为红色，从断面上可见有小孔沿长轴贯穿，粗端底部修治平整，表面可见修刮痕迹，但无经受高温的痕迹。残长2.2、粗端残宽2.2、残存西端宽1.5厘米。HH38：77，伞状陶管，残存钉帽部分，泥质含细砂，红褐色，有小孔沿长轴贯穿，钉帽部分呈圆形，粗端底部修治平整，器表无经受高温的迹象。残长1.4、粗端直径约2.7、粗端孔径约0.7厘米（图2-110，6）。HH38：78，形状不甚规整的残陶管，形制和孔径都要比伞状和圆锥体形陶管大，含细砂，接近陶范，灰褐色，一端稍粗而另一端稍细，横截面接近方形，除粗端底面修治平整外，尚有一侧面也较为平整，表面不见经受高温的迹象。残长4.4、粗端宽约2.7、粗端孔径约1.2厘米（图2-117，5）。HH38：79，伞状陶管，残存部分钉帽，泥质含细砂，红褐色，断面可见有小孔沿长轴贯穿，残存钉帽呈半圆形，粗端底部修治平整，无经受高温的迹象。残长约1.4、粗端直径约2.9、粗端孔径约0.7厘米（图2-110，2）。

（7）陶容器

HH38出土陶片数量近2 000片。陶质分夹砂与泥质两类，以泥质者为主，超过60%。陶色以灰陶为主，占88%稍强，灰褐陶占10%强，褐陶比例约1%。器类较丰富，有联裆鬲、联裆甗、方唇罐、高领罐、罐、旋纹盆、三足瓮、豆、敛口簋、方唇直领瓮、瓮（表2-19）。

表2-19　06QHH38出土陶片陶系、纹饰及器类统计表

陶质		夹　　　砂			泥　　　质			合计	百分比（%）
纹饰与器类	陶色	灰	褐	灰褐	灰	褐	灰褐		
纹饰	粗绳纹	171	11	64	240	7	25	518	27.21
	中绳纹	443		65	198		15	721	37.87
	素面		2		343		18	363	19.07
	细绳纹	25			132		5	162	8.51
	旋纹				105		10	115	6.04
	篦纹				18		1	19	1.00
	暗纹				5			5	0.26
	暗纹加乳钉纹				1			1	0.05
合计		639	13	129	1 042	7	74	1 904	100.01
百分比（%）		33.56	0.68	6.78	54.73	0.37	3.89	100.01	
		41.02			58.99				

陶质　　陶色 纹饰与器类		夹　　砂			泥　　质			合计	百分比（%）
		灰	褐	灰褐	灰	褐	灰褐		
器类	联裆鬲	10						10	13.33
	豆					7		7	9.33
	方唇罐					2		2	2.67
	三足瓮					3		3	4.00
	敛口簋					1		1	1.33
	高领罐					12		12	16.00
	罐	1				1		2	2.67
	方唇直领瓮					3		3	4.00
	旋纹盆					8		8	10.67
	联裆甗	23				3		26	34.67
	瓮	1						1	1.33
合计		35			40			75	100.00
百分比（%）		46.67			53.33			100.00	

联裆鬲　共6件。均夹砂灰陶。HH38：34，侈口，圆唇，沿内侧有一道凹槽。残长7.7、残高4.2厘米（图2-127，6）。HH38：52，侈口，方唇，通体施绳纹。残长11.1、残高7.6厘米（图2-126，12）。HH38：55，卷沿，方唇，沿外绳纹被抹，残痕可见。残长5、残高5厘米（图2-127，5）。HH38：59，折沿，方唇，缘部有一道凹槽，沿外素面。残长5.2、残高5.3厘米（图2-125，11）。HH38：61，卷沿，圆唇，沿外绳纹被抹，腹部施斜行绳纹。残长3.8、残高5.2厘米（图2-127，4）。HH38：65，侈口，方唇，唇面及器表施绳纹。口径20.6、残高7.9厘米（图2-127，1）。

联裆甗　共10件。均夹砂灰陶。HH38：26，残存甗腰，有箅托，腹部施绳纹。残长12.6、残高6.7厘米（图2-126，14）。HH38：36，折沿，方唇，唇面及器表施绳纹。口径36.5、残高9.2厘米（图2-126，1）。HH38：37，侈口，方唇，唇及器表施绳纹，腹部间或一周抹痕。残长10.9、残高14.1厘米（图2-126，4）。HH38：38，侈口，方唇，高斜领，唇及器表施绳纹。残长7.6、残高7.7厘米（图2-126，10）。HH38：43，甗口沿，侈口，圆唇，唇及器表面施绳纹，箅托稍宽，腹部施绳纹。残长10.9、残高6.4厘米（图2-126，3）。HH38：44，残存甗腰，有箅托。残长6.2、残高7.5厘米（图2-126，13）。HH38：57，侈口，方唇，唇及器表施绳纹。残长13.2、残高6.7厘米（图2-126，2）。HH38：66，侈口，方唇，唇及腹部施绳纹，颈部素面，有一道凸棱。口径42.3、残高8厘米（图2-126，15）。HH38：68，侈口，方唇，高领，唇及器表施绳纹。残长8.6、残高6.7厘米

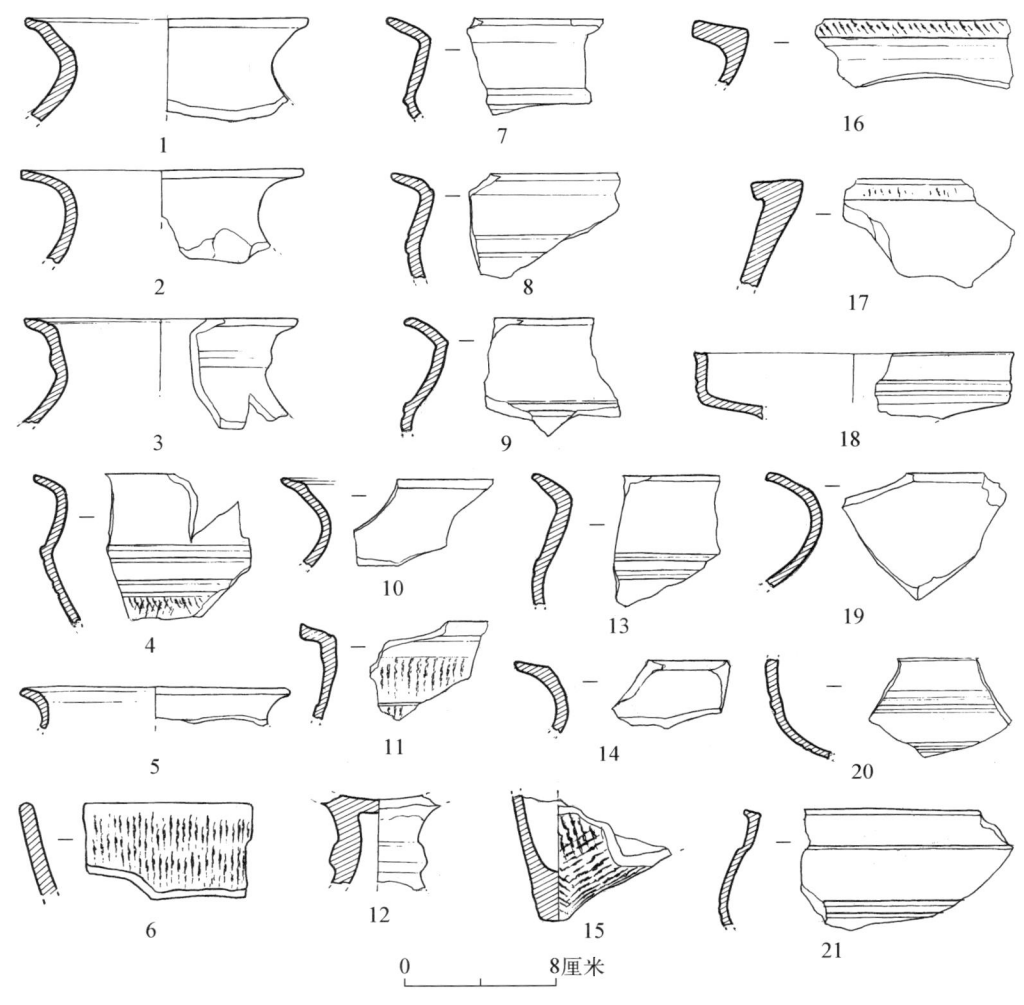

图2-125　06QHH38出土陶器

1～3、10、14、19.高领罐（HH38：35、33、28、39、71、27）　4、7～9、13.旋纹盆（HH38：60、51、58、70、46）　5.罐（HH38：67）
6.方唇直领瓮（HH38：30）　11.联裆鬲（HH38：59）　12、18、20.豆（HH38：62、63、64）　15.足根（HH38：56）
16、17.三足瓮（HH38：50、42）　21.敛口篮（HH38：72）

（图2-126，9）。HH38：69，侈口，方唇，唇部及器表施绳纹。残长7.6、残高5厘米（图2-126，6）。

　　方唇罐　1件（HH38：45）。泥质灰陶。直口，方唇，颈部素面，腹部施绳纹。口径14.9、残高4.3厘米（图2-126，11）。

　　高领罐　共6件。均泥质灰陶。素面。HH38：27，卷沿，方唇。残长8.6、残高7厘米（图2-125，19）。HH38：28，卷沿，圆唇，领部有一周凸棱。口径14.4、残高6厘米（图2-125，3）。HH38：33，卷沿，厚圆唇，领稍直。口径15、残高5厘米（图2-125，2）。HH38：35，侈口，卷沿，圆唇，缘部有一道凹槽。口径15.1、残高5.6厘米（图2-125，1）。HH38：39，侈口，圆唇，折沿有小平台，缘部有一道凹槽。残长5、残高4.7厘米（图2-125，10）。HH38：71，侈口，卷沿，圆唇，缘部有一道凹槽。残长5.9、残高3.8厘米（图2-125，14）。

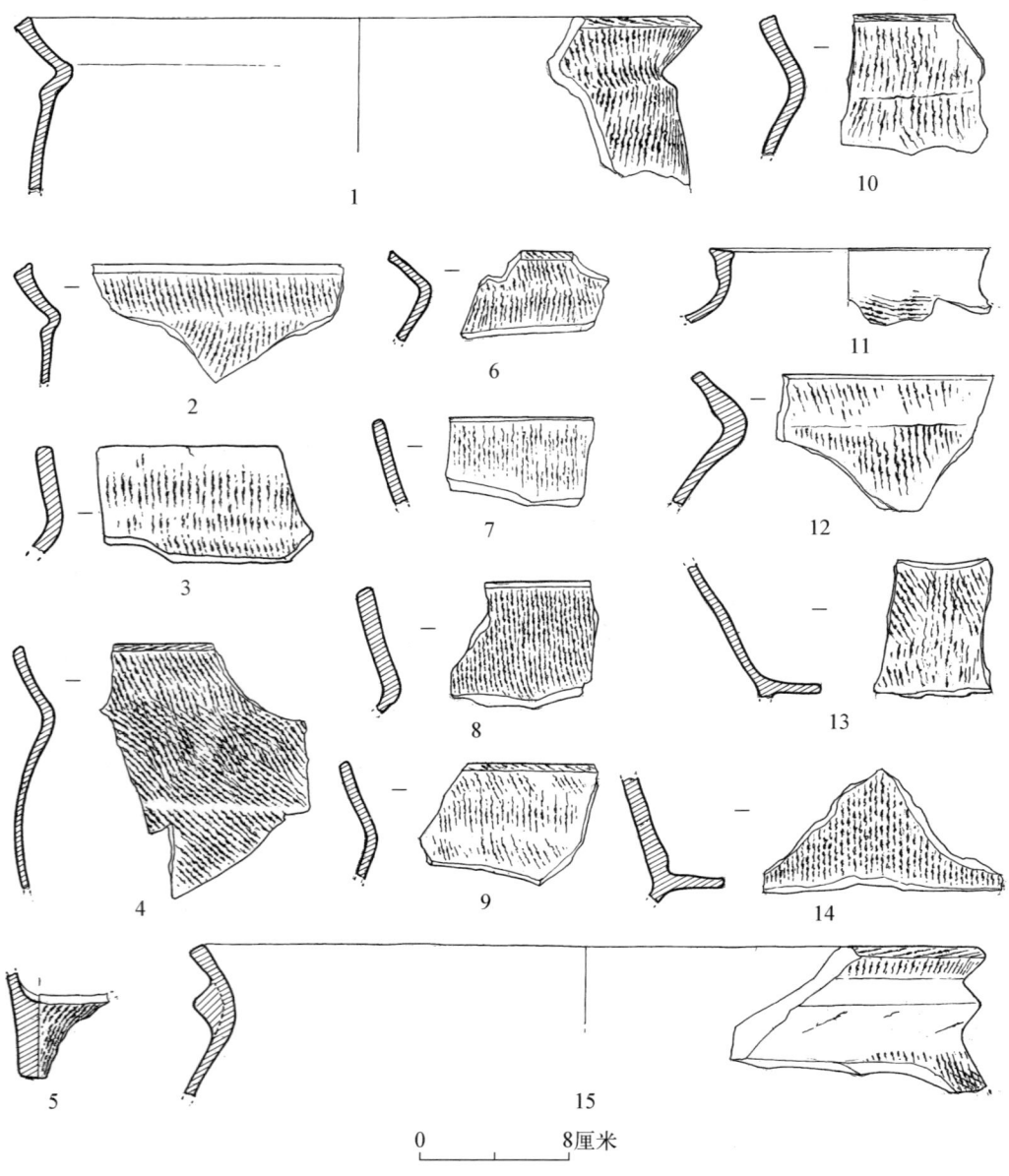

图2-126　06QHH38出土陶器

1~4、6、9、10、13~15. 联裆甗（HH38：36、57、43、37、69、68、38、44、26、66）　5. 足根（HH38：53）
7、8. 方唇直领瓮（HH38：73、31）　11. 方唇直口罐（HH38：45）　12. 联裆鬲（HH38：52）

　　罐　1件（HH38：67）。夹砂灰陶。卷沿，圆唇，素面。口径14.2、残高2.2厘米（图2-125，5）。
　　旋纹盆　共5件。均泥质灰陶。HH38：46，卷沿，圆唇，腹部施两周旋纹。残长5.4、残高7.1厘米（图2-125，13）。HH38：51，折沿，圆唇，领部素面，腹部施数周旋纹。残长7、残高5.3厘米（图2-125，7）。HH38：58，折沿，圆唇，沿内侧有一道凹槽，领部素面，腹部施两周旋纹。残长7.8、残高5.7厘米（图2-125，8）。HH38：60，卷沿，尖圆唇，领部素面，肩部有一道凸棱，腹上部施数周旋纹，其下施绳纹。残长7.5、残高8厘米（图2-125，4）。HH38：70，折沿，尖圆唇，领腹交界处施旋纹。残长7、残高6.3厘米（图2-125，9）。

豆　共3件。均泥质灰陶。HH38：62，柄部，稍细，施一周凸棱。残高5.3厘米（图2-125，12）。HH38：63，直口，折盘，方唇，唇面有一道凹槽，盘壁施两道弦纹。口径16.9、残高3.6厘米（图2-125，18）。HH38：64，直口，方唇，弧盘，盘壁及底部各施两道弦纹。残长7.4、残高5.4厘米（图2-125，20）。

敛口簋　1件（HH38：72）。泥质褐陶。敛口，方唇，子母口，腹部施弦纹。残长11、残高6.7厘米（图2-125，21）。

方唇直领瓮　共3件。均泥质褐陶。直领，方唇，唇面及器表施细绳纹。HH38：30，残长8.8、残高5.3厘米（图2-125，6）。HH38：31，残长7.3、残高7.1厘米（图2-126，8）。HH38：73，残长7.5、残高4.9厘米（图2-126，7）。

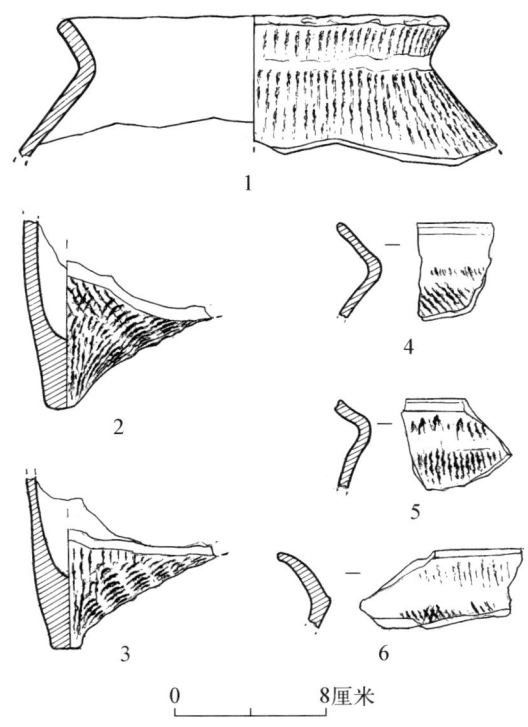

图2-127　06QHH38出土陶器
1、4～6. 联裆鬲（HH38：65、61、55、34）
2、3. 足根（HH38：48、49）

三足瓮　共2件。均泥质灰陶。平折沿，方唇，唇面施绳纹，颈部素面。HH38：42，残长9、残高5.9厘米（图2-125，17）。HH38：50，残长10.2、残高3.9厘米（图2-125，16）。

足根　共4件。均夹砂灰陶。空足。HH38：48，柱状，内侧微起脊。残高10厘米（图2-127，2）。HH38：49，锥状，内侧微起脊。残高9.3厘米（图2-127，3）。HH38：53，柱状。残高5.9厘米（图2-126，5）。HH38：56，陶色黑灰相杂，斑驳不均。锥状，施旋转绳纹，印痕清晰。残高7厘米（图2-125，15）。

（8）陶质小件

陶纺轮　共3件。均为泥质灰陶。HH38：6，残，纵截面为半圆形，中间有一圆孔，围绕圆孔施数周旋纹。直径6.6、厚2、孔径0.5～0.8厘米（图2-36，3）。HH38：74，纵截面为长椭圆形，中间有一圆孔。直径2.6、孔径0.3、厚1厘米（图2-28，3）。HH38：75，纵截面为近半圆形，中间有一圆孔。直径4.6、孔径0.8、厚2.1厘米（图2-28，4）。

陶匕　1件（HH38：20）。泥质灰陶。微残，上表面较光滑，刃部经过磨制。残长5.8、残宽1.5～3.2、厚0.4厘米（图2-28，6）。

带孔陶片　1件（HH38：21）。泥质灰陶。施印痕较深的交错绳纹，陶片中部有三个圆孔。直径5.8、厚0.6厘米（图2-15，2）。

圆陶片　共2件。均泥质灰陶。HH38：19，施印痕较浅的交错绳纹，边缘未经修治打磨。直径4.5、厚0.7厘米（图2-15，5）。HH38：240，施纹理清楚的竖行绳纹，边缘未经修治打磨。直径5、厚0.4厘米（图2-15，3）。

（9）骨器与骨料

骨锥　1件（HH38：1）。大型动物长骨制成，扁圆体，靠近前端身部有两道浅细凹槽，锥身横断面为扁圆形。残长4.4、长径0.6厘米，重0.79克（图2-73，11）。

骨料　共5件。HH38：10，牛跖骨远端，表面有锯痕，锯面平齐。残长3.9厘米，重63.8克。HH38：11，牛跖骨远端，表面有锯痕，骨料中间有两次交叉痕。残长3.4厘米，重41.01克。HH38：12，马右掌骨部分，可能是骨器的半成品，截面呈半圆形，经切割形成，三个断面平整光滑，似经过打磨，近远端锯掉，锯面平齐，背侧与掌侧锯痕错位。残长17.3、宽3.6厘米，重55.45克。HH38：13，马/牛的左侧肱骨，一端残留有人工加工留下的小切口，可能是锯骨料所留下的痕迹，断面上平整光滑，似经过打磨。残长5.6、残宽5.5、厚约0.5厘米，重23.87克。HH38：14，长骨，近三棱锥状，表面平整光滑，经过打磨，边缘有二次锯痕，近端锯面平齐。残长7.1、三个侧面均宽约1厘米，重8.61克。

（10）石器（含砺石）

石刀　共4件。HH38：8，青色，磨制。长条形。残长7.8、残宽2.2、厚0.5厘米（图2-18，5）。HH38：16，青色，磨制。双面刃，有使用痕迹，可见一对钻而成的孔。残长5.8、残宽5、厚0.5厘米（图2-101，6）。HH38：17，青色，磨制。可见两个对钻而成的孔。残长4.9、残宽4、厚0.5厘米（图2-101，4）。HH38：18，青色。长方形，双面刃，使用痕迹明显，可见两个对钻而成的孔。残长6.7、宽5.3、孔径0.5～0.8、厚0.5厘米（图2-58，8；彩版一六，4）。

石铲　1件（HH38：4）。青灰色。双面刃。残长7.7、残宽6.6、厚1厘米（图2-84，5）。

石镰　1件（HH38：7）。青灰色。弧背直刃，有使用痕迹。残长12.2、残宽4.4、厚1.2厘米（图2-84，6；彩版一七，4）。

石锤　共3件。均青灰色。HH38：3，扁平椭圆状。残长5、残宽5.4、厚2.5厘米（图2-84，2）。HH38：9，扁椭圆状。残长8.7、残宽6.9、厚3厘米（图2-84，7）。HH38：241，磨制，扁平椭圆状。残长8.8、残宽6.9、厚2.3厘米（图2-84，3）。

石玦　1件（HH38：5）。素面。外径3.2、内径1.1、厚0.4厘米（图2-32，3）。

砺石　共2件。HH38：2，红褐色，砂质较粗。应是圆角长方形，两面及侧面均磨光，推测应是手握以磨他物。残长6、残宽3、厚3.3厘米（图2-18，2）。HH38：15，青色，砂质较细。一面磨光。残长7.6、残宽5.3、厚1.6厘米（图2-18，1）。

（11）蚌器

蚌刀　共3件。HH38：22，蚌壳制成，残破严重。残长4.5、残宽3.4、厚0.3厘米（图2-66，

4)。HH38：23，蚌壳制成，上有一单面钻孔，刃部有刻划浅痕。残长5.7、宽5.3、孔径1.4、厚0.5厘米（图2-66，9）。HH38：25，蚌壳制成，上有两个单面钻孔。残长5.4、残宽4.6、孔径约1.8、厚0.5厘米（图2-66，7）。

蚌泡　1件（HH38：24）。穹隆状，底部较平，泡上部有一圆孔。直径2.8、残孔径0.5、厚0.6厘米（图2-28，1）。

（12）年代

根据HH38出土陶器标本的式别特征，判断其年代为西周晚期偏早。标本HH38：68、47、33、30、73、31、56年代稍早，应是混入的早期遗物。

38. 06QHH39

（1）形制与堆积

HH39位于HT10内，开口于②层下，有一部分已被砖厂取土破坏，打破HH40与HH41。探方内部分坑口近圆形，壁呈斜坡状，坑底凹凸不平，呈锅底状。南北残长2.62、东西残宽2.44、坑口距地表0.56、自深0.48～0.6米（图2-128）。

坑内为一次性堆积，土质疏松呈粉状，土色呈黑灰褐色，夹杂大量木灰，内含陶片、兽骨、小石块、陶范、烧土块等。

（2）陶范

HH39共出土陶范221块，总重量计有4千克。可辨识陶范所铸器形的有十字形节约模1、器把外范1、不明容器外范1、钟外范2、管形器外范2件，另有范块稍大，有榫卯、分范面等特征，但不辨器形者3件、回炉钟旋泥芯1、圆形芯头1、不明内芯2件。

十字形节约模　1件（HH39：33）。青灰色。十字形，断面为圆形，在器形的横剖面上刻划有一道阴线，将整个器物对分，应为用以翻制对分双合范的基线。长3.8、宽3.8、直径约1.1厘米（图2-121，5；彩版一〇，6）。

器把外范　1件（HH39：35）。未见面层与背层之分，分范面及浇铸面呈青灰色，背面局部可见砖红色。为簋或盉一类器物的圆弧把手外范。把手型腔一端残，另一端平削中止，带一水平方向分范面，可能另接把手上端的兽首范。背面凹凸不平。范块长6.1、宽4.8、厚1.9厘米（图2-121，10）。

不明容器外范　1件（HH39：29）。未见面层与背层之分，土锈侵蚀严重，各范面隐约可见砖红色。范块大而厚。范块带弧度，因无法判断器形，以有弧度的内面为型腔位置，范面有一道细阴线。范块两侧面均带榫，榫的形制不同，一面为"L"形宽而高的榫，长3.2、宽1～1.6、高0.6厘米。一面为一带弧度的条状尖榫，长4.1、宽0.8、高0.6厘米。可能为鼎一类圆腹器物外范。范块残长4.2、残宽3.2、厚5.2厘米（图2-121，6）。

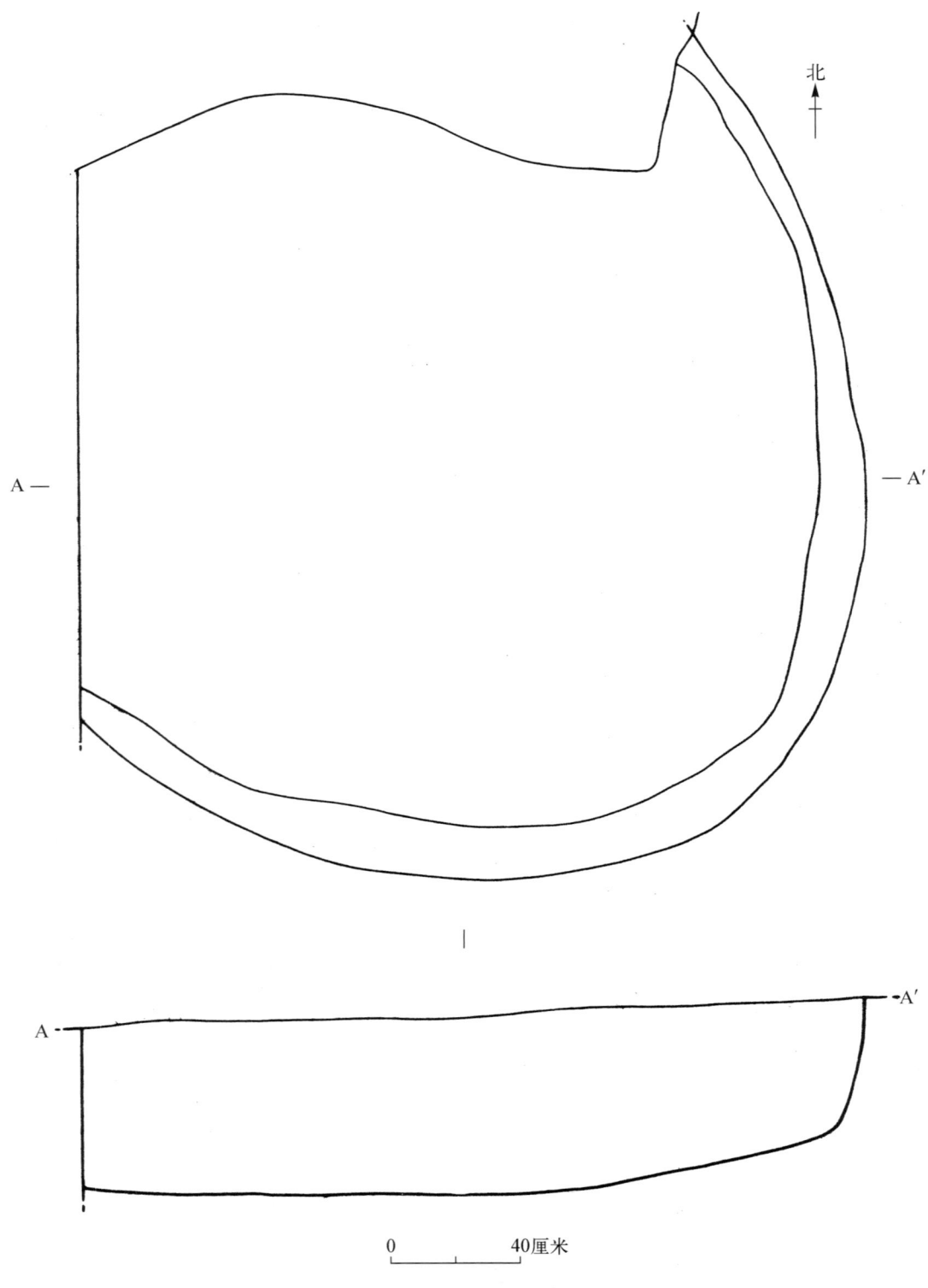

北

A —

— A′

A ·

A′

0　　　　40厘米

图2-128　06QHH39平、剖面图

钟外范　共2件。HH39：26，未见面层与背层之分，浇铸面与分范面呈灰色，背面呈砖红色。圆柱形范，有三处范面原貌保住较好，其中两面应为水平方向和垂直方向分范面，未见榫卯结构。另外一面范面为圆弧形，浇铸面上近水平分范面处有一道刻槽。背面凹凸不平。由于该范应组成圆柱形铸腔，上下基本等粗，推测可能为钟甬部之外范。范块残高3.5、残宽3.5、厚1.7厘米（图2-121，4）。HH39：28，未见面层与背层之分，浇铸面与分范面呈青灰色，背面呈砖红色。圆柱形范，有三处范面原貌保住较好，其中两面应为水平方向和垂直方向分范面，未见榫卯结构。另外一面范面为圆弧形，近水平分范面处部分位置下凹。背面凹凸不平。由于该范应组成圆柱形铸腔，且近水平分范面铸腔变大，推测可能为钟甬部近旋部位置的外范。范块残高2.6、残宽4.2、厚2.3厘米。

管形器外范　共2件。HH39：24，未见面层与背层之分，残存部分近圆角方形，浇铸面与分范面呈青灰色，背面呈砖红色。仅存安置泥芯芯头部位，应在浇铸型腔之外。内面有并列的两个小卯，背面凹凸不平，侧面保存完好，推测为管形器外范。范块残长4.1、残宽3.7、厚2.3厘米（图2-111，1）。HH39：30，未见面层与背层之分，浇铸面与分范面呈青灰色，背面偏灰褐色。残存水平方向分范面与垂直方向分范面，亦可能是范的外表面。浇铸面保存较少，较圆弧。背面凹凸不平。推测为管形器外范。范块残长3.6、残宽2.8、厚2.6厘米。

不明器范　共3件。HH39：7，未见面层与背层之分，浇铸面呈青灰色，背面呈灰褐色。范块很小，不辨器形。浇铸面残存两道瓦纹。背面凹凸不平。范块残高2.4、残宽2.5、厚1.5厘米。HH39：25，未见面层与背层之分，范面呈青灰色，背面为砖红色。原为方块形，保存较好的范面有两面，相交成直角，其中一面有两道直线凹槽，垂直相交，一宽一窄，可能为合范符号。另外一面范面一侧略下凹，范面稍向内微弧，可能是浇铸面。背面滚磨严重。范块残长4.3、残宽4.1、厚3.6厘米（图2-111，9）。HH39：31，未见面层与背层之分，内面呈青灰色，背面呈棕黄色。范块残存部分呈圆弧形。保存的范面共有两面，其中一面中部有圆弧形的凹槽，剖面近"V"形，推测是卯，也可能是型腔。另一面与其垂直，平整。背面凹凸不平。范块残长5.8、残宽4.3、厚2.5厘米（图2-124，2）。

回炉钟旋泥芯　1件（HH39：34）。灰褐色。一面残，一面保存旋部及一小段甬部位置，为旋部的盲芯。表面不见接触高温迹象，有墨绿色金属附着，粗糙不平整。残高3.8、宽4.4、厚2.4厘米（图2-121，1）。

圆形芯头　1件（HH39：32）。表面呈青灰色，内部呈砖红色，原为圆柱形，保存较完整。顶面（或底面）平整，无纹饰。背面中央位置有一指窝。圆弧的侧面可见两个并列的水平方向细长榫及一个菱形榫。残高2.7、直径约4.4厘米（图2-121，2）。

不明内芯　共2件。HH39：27，青灰色。圆管状，另一半已残，推测为车马器或柱帽之芯。残长1.8、直径约1.1厘米（图2-111，8）。HH39：39，青灰色。原或为圆饼形，残，仅存近半。似用手捏制而成,经焙烧,残断面上可见一枚指纹。器形用途不明,可能是芯。直径约5.9、厚2.3厘米(图2-121,8)。

(3)炉壁

HH39共出土炉壁10块,总重0.2千克。标本HH39:40,砂质炉,保留有炉衬层与基体层。衬面呈浅灰色,烧结不严重,未粘附铜液。炉壁基体含少量大颗粒粗砂,呈灰色。应属坩埚一类遗物,残块过小,直径不详。弦长3.9、弦高3.5、厚1.8厘米,重31.3克。

(4)陶容器

HH39出土陶片数量超过400片。陶质分夹砂与泥质两类,以泥质者为主,约65%。陶色以灰陶为主,近90%,余为灰褐陶。器类中联裆鬲与瓮罐类较多,皆超过20%(表2-20)。

表2-20　06QHH39出土陶片陶系、纹饰及器类统计表

陶质 纹饰与器类	陶色	夹 砂			泥 质			合计	百分比(%)
		灰	褐	灰褐	灰	褐	灰褐		
纹饰	粗绳纹	16		15	38			69	16.87
	中绳纹	91		19	113		3	226	55.26
	细绳纹				20			20	4.89
	素面				51		7	58	14.18
	旋纹				36			36	8.80
合计		107		34	258		10	409	100.00
百分比(%)		26.16		8.31	63.08		2.44	99.99	
		34.47			65.52				
器类	瓦				1			1	3.33
	联裆鬲	6						6	20.00
	联裆甗	3						3	10.00
	豆				3			3	10.00
	器盖				1			1	3.33
	旋纹盆				5			5	16.67
	高领罐				4			4	13.33
	瓮罐类				7			7	23.33
合计		9			21			30	99.99
百分比(%)		30.00			70.00			100.00	

联裆鬲　共4件。均夹砂灰陶。HH39：10，侈口，圆唇，沿面有小平台，沿外素面。残长3.8、残高5厘米（图2-129，3）。HH39：012，侈口，圆唇，沿下角大，沿外绳纹被抹。残长9.2、残高4.8厘米（图2-129，9）。HH39：13，折沿，方唇，唇及器表施绳纹。残长7.8、残高3.8厘米（图2-129，11）。HH39：19，折沿，圆唇，沿外绳纹被抹。残长7.7、残高4.3厘米（图2-129，10）。

联裆甗　1件（HH39：9）。夹砂灰陶。侈口，方唇，唇及器表施绳纹。残长12、残高4.2厘米（图2-129，13）。

直口罐　1件（HH39：23）。泥质灰陶。直口，方唇，唇及器表施绳纹。残长5.8、残高6.1厘米（图2-129，12）。需说明的是，标本残破，暂定为罐，或疑为瓦。

高领罐　1件（HH39：6）。泥质灰陶。卷沿，圆唇，高领，束颈，素面，沿内侧有一道凹槽。口径16、残高7.4厘米（图2-129，14）。

罐底　共2件。均泥质灰陶。底部施绳纹。HH39：8，腹部施绳纹，间以抹痕。残长9.2、残高5.1厘米（图2-129，8）。HH39：14，腹下部绳纹被抹。残长6、残高7.1厘米（图2-129，17）。

旋纹盆　共4件。均泥质灰陶。颈部素面，颈腹交界处有一道凸棱。HH39：17，折沿，方

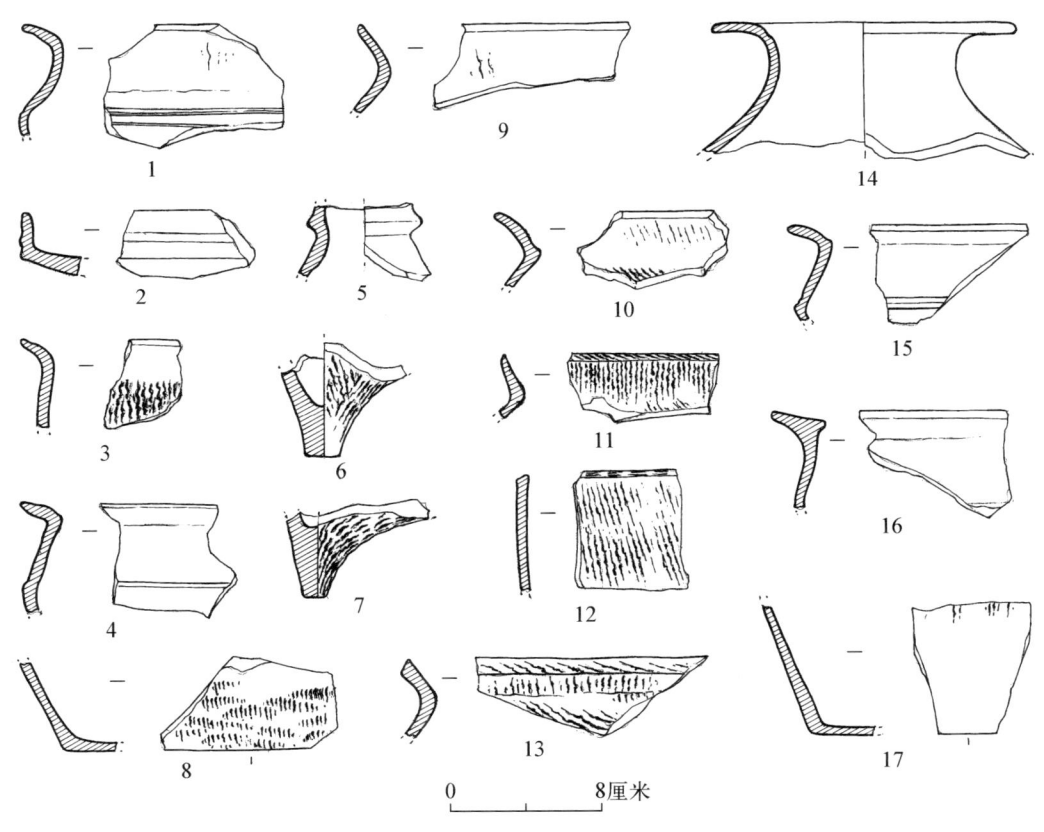

图2-129　06QHH39出土陶器

1、4、15、16. 旋纹盆（HH39：22、21、18、17）　2、5. 豆（HH39：15、20）　3、9～11. 联裆鬲（HH39：10、012、19、13）
6、7. 足根（HH39：016、11）　8、17. 罐底（HH39：8、14）　12. 直口罐（HH39：23）　13. 联裆甗（HH39：9）　14. 高领罐（HH39：6）

唇。残长7.6、残高5.9厘米（图2-129，16）。HH39：18，折沿，圆唇。残长8、残高5.4厘米（图2-129，15）。HH39：21，折沿，尖圆唇。残长6.3、残高6厘米（图2-129，4）。HH39：22，卷沿，圆唇。残长9.2、残高6.9厘米（图2-129，1）。

豆　共2件。均泥质灰陶。HH39：15，直口，折盘，尖圆唇，盘壁施两道弦纹。残长7.1、残高3.7厘米（图2-129，2）。HH39：20，柄，周施一道凸棱。残高4.3厘米（图2-129，5）。

足根　共2件。均夹砂。柱状。HH39：016，陶色相杂，斑驳不均，内侧施凌乱麦粒状绳纹。残高6.2厘米（图2-129，6）。HH39：11，内侧起脊。残高4.6厘米（图2-129，7）。

（5）骨器与骨料

骨笄　1件（HH39：1）。系大型动物长骨制成，帽身一体，形体似一枚圆钉，呈"T"形，断面圆形。残长4.2、直径0.6厘米，重1.78克（图2-73，13）。

（6）石器（含砺石）

石刀　共2件。HH39：2，青灰色，磨制而成。略呈菜刀形，一端有小柄凸出，与柄相对的一端为单面刃，另一面残破，无法辨认是否有刃。残长3.3～4.8、残宽5.8、厚0.6厘米（图2-58，7）。HH39：3，青灰色，磨制而成。双面刃，极薄。残长4.9、残宽4、厚0.2厘米（图2-58，5）。

砺石　共2件。HH39：4，红色，砂质较细。残存部分近梯形，两面及侧面均磨光。残长6.4、最宽处宽5.3、厚1.2厘米（图2-18，3）。HH39：5，青灰色，砂质较细。各面均磨光。残长8、残宽5.5、厚0.5～1.4厘米（图2-16，6）。

（7）年代

根据HH39出土陶器标本的式别特征，判断其年代为西周晚期偏晚。

39. 06QHH40

（1）形制与堆积

HH40位于HT10内，开口于②层下，被HH39打破。因HH40在探方南壁下压有一部分，北部被HH39打破，故整体形状不明。探方内部分坑口略呈长方形，坑壁较直，坑底凹凸不平。东西长约2.23、南北残宽1.41～1.75、坑口距地表0.6、自深0.4～0.61米（图2-130）。

坑内为一次性堆积，土质疏松呈粉状，土色呈灰褐色，夹杂大量木灰，内含陶片、兽骨、小石块、少量陶范、烧土块等。

（2）陶范

HH40共出土陶范2块，总重量计有0.04千克，无可辨识器形者。

（3）陶容器

HH40出土陶片10片。陶质分夹砂与泥质两类，夹砂者居多，7片。陶色以灰陶为主，8片。绳纹者8片、素面者2片。器类有联裆鬲与联裆甗各1件。

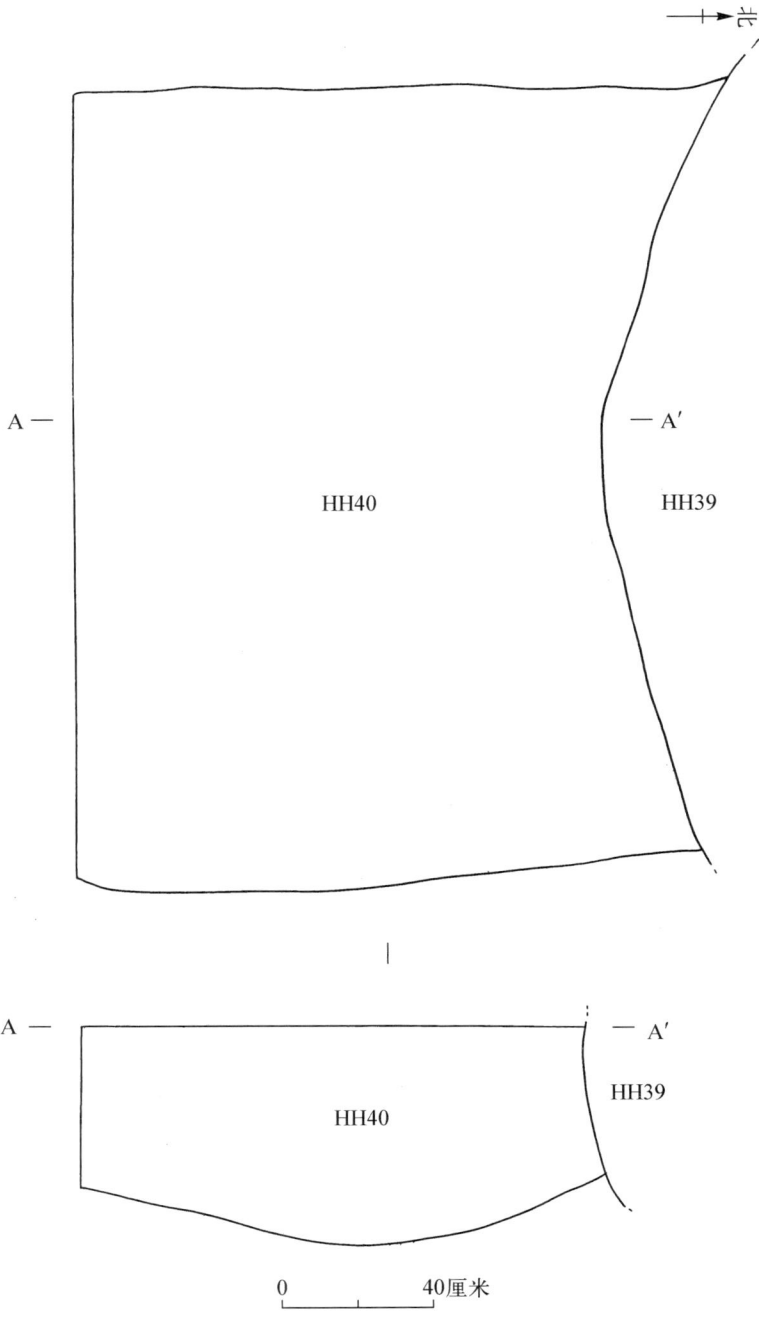

图2-130　06QHH40平、剖面图

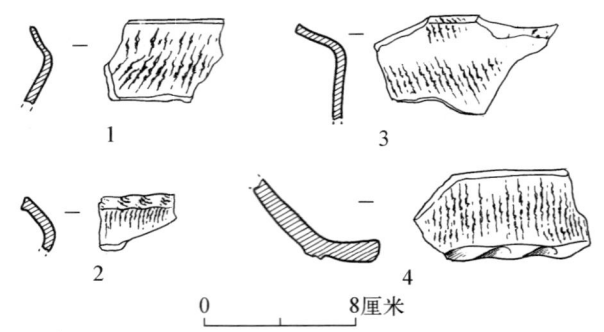

图2-131　06QHH40、HH41出土陶器

1.联裆鬲（HH40：3）　2～4.联裆甗
（HH41：2、HH40：2、HH41：1）

联裆鬲　1件（HH40：3）。夹砂褐陶。卷沿，尖圆唇，沿下角较大，沿外侧及腹部施印痕较深粗绳纹。残长6.1、残高4.5厘米（图2-131,1）。

联裆甗　1件（HH40：2）。夹砂褐陶。折沿，方唇，直腹微鼓，沿外侧及腹部施印痕较深粗绳纹。残长9.6、残高5.4厘米（图2-131,3）。

（4）骨器与骨料

骨笄　1件（HH40：1）。系大型动物长骨制成，帽身一体，形体似一枚圆钉，呈"T"形，通体磨光，断面圆形。残长17.3、直径0.6厘米，重6.76克（图2-73,14；彩版一七,3）。

（5）年代

根据HH40出土陶器标本的式别特征，判断其年代为西周晚期。

40.06QHH41

（1）形制与堆积

HH41位于HT10内，开口于②层下，被HH39打破。在探方西壁下压一部分未清理，在探方内部分坑口呈不规则圆形，壁呈斜坡状，底呈锅底状，凹凸不平。南北长1.41、东西宽1.15、坑口距地表0.96、自深0.3～0.43米（图2-132）。

坑内为一次性堆积，土质较疏松，呈颗粒状，土色呈灰褐色，夹杂一定量炭渣，内含陶片、礓石、小石块等。

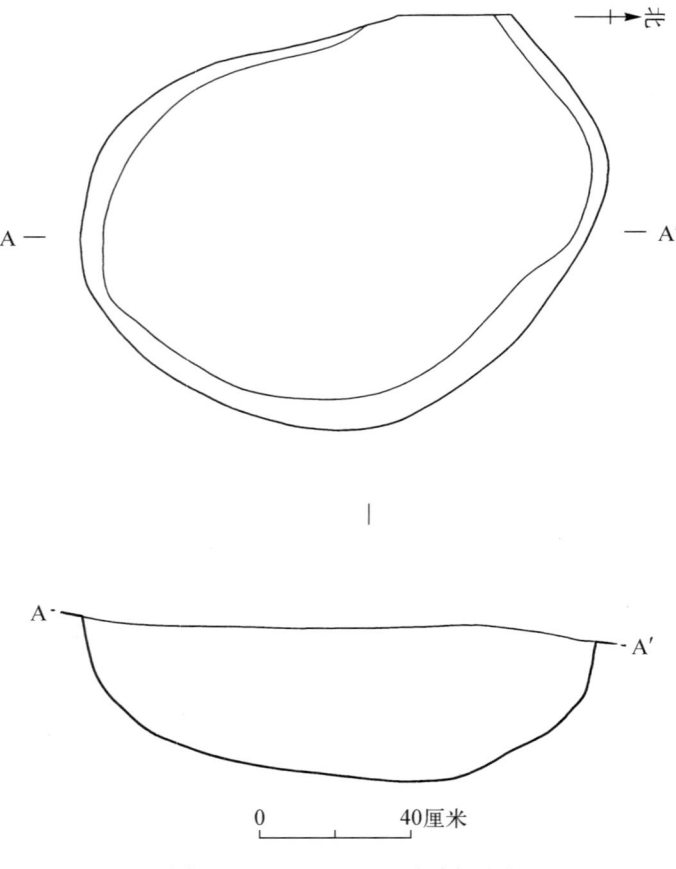

图2-132　06QHH41平、剖面图

（2）陶容器

HH41出土陶片8片。夹砂者5片，余为泥质。陶色以灰陶为多，4片，灰褐陶3片，褐陶仅1片。纹饰均为绳纹，其中粗绳纹4、中绳纹3、细绳纹1片。器类有联裆甗2件。

联裆鬲　共2件。HH41：1，夹砂红陶，胎较厚。腹部施绳纹，算托较宽。残长9.2、残高4.9厘米（图2-131，4）。HH41：2，泥质灰陶。卷沿，方唇，唇面按压绳纹，沿外侧施绳纹被抹。残长4、残高3厘米（图2-131，2）。

（3）年代

根据HH41出土陶器标本的式别特征，判断其年代为西周晚期。

41. 06QHH42

（1）形制与堆积

HH42位于HT8内，开口于②层下，被HH43打破，打破HH20。坑口呈不规则圆形，壁呈斜坡状，坑底较平。南北长2.15、东西宽1.86、坑口距地表0.6、自深0.29米（图2-133）。

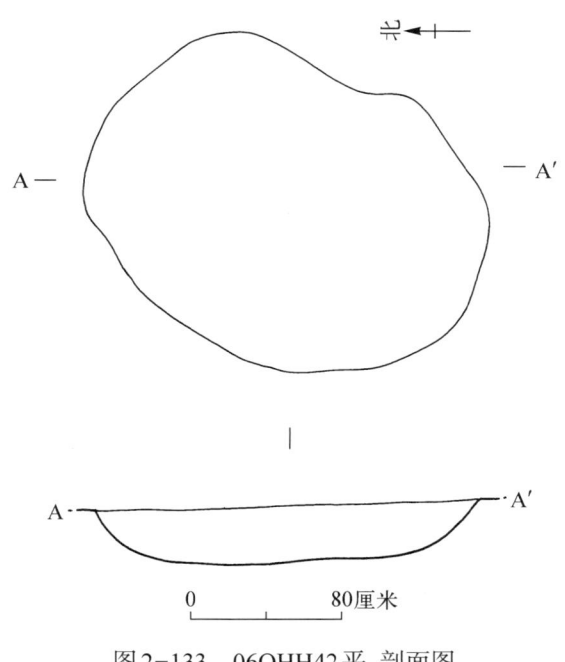

图2-133　06QHH42平、剖面图

坑内为一次性堆积，土质致密，土色呈黄褐色，夹杂红色土粒，内含陶范、铜渣、陶片等。

（2）陶范

HH42共出土陶范41块，总重量计有0.65千克。可辨识陶范所铸器形的有绹索纹模1、不明器模1、兽面鼎足外范1、重环纹鼎耳外范1、云雷纹鼎腹部外范1件。

绹索纹模　1件（HH42：10）。青灰色。弧形长条，断面作圆形，正面为绹索形状，背面无纹饰，带有一弧形凸起捉手。应为马镳模，亦可能为纹饰模。长4.4、直径约1厘米（图2-111，5；彩版一一，1）。

不明器模　1件（HH42：9）。青灰色。残，圆柱体，仅存一小部分。素面无纹饰，圆柱体的侧面及顶端可见阴刻设计线。侧面为两道垂直相交的阴线，一沿长轴方向，一沿圆周方向。顶端为一道贯穿圆面的直线，与侧面长轴方向阴线相接。内侧破损，保留一小片范面，原器内部可能中空。残高2.4、残宽2.6、厚1.6厘米（图2-111，2）。

兽面鼎足外范　1件（HH42：8）。未见面层与背层之分，范内面为青灰色，背面稍残，不平整，为砖红色，有数个指窝。鼎足兽面以下部位外范，可见兽面的下颌及兽面下方的弦纹。鼎足至下端弧度开始向外撇。型腔以外，在与芯头接合的部位，有一较大椭圆形卯。范块残高5.4、宽6、厚3厘米（图2-111，10）。

重环纹鼎耳外范　1件（HH42：11）。未见面层与背层之分，各面均呈砖红色，范块小，为鼎耳外侧外范，可见鼎耳外侧的重环纹，纹饰附近未见刻划痕迹。范块残高3.3、残宽4.2、厚1.7厘米（图2-111，6）。

云雷纹鼎腹部外范　1件（HH42：13）。从残存形制看面层外框外侧高，中间内凹，背层已脱落殆尽。浇铸面与分范面呈青灰色，面层背面呈灰褐色，无粗砂。浇铸面略带弧度，一部分表面已被破坏，仍残留云雷纹，纹饰边缘见刻划痕迹。分范面平整，带一扉棱，其上还残留卷云纹。背面凹凸不平，残留指窝按压痕迹。范块残高7.8、残宽4.3、厚4.4厘米（图2-124，3）。

（3）铜渣

1件（HH42：12）。呈黑色，玻璃化。平均含铁约41%，密布块状铁橄榄石，存在少量细小的浮氏体，有较多冰铜颗粒，有的冰铜颗粒还有硫化亚铁相。典型的冰铜渣，推测与粗铜一起从其他冶炼作坊运到周原（检测号ZJT20）。

（4）陶容器

HH42共出土陶片133片。陶质分为泥质和夹砂两类，泥质陶（61.65%）多于夹砂陶（38.34%）。陶色分为灰色、灰褐色及褐色，以灰色为主，约占总数的77.44%。纹饰有细、中、粗绳纹和素面、旋纹；以绳纹为主，约占总数的86.46%；其次为旋纹，约占总数的8.27%；素面约占总数的5.26%。器类丰富，其中联裆鬲6、联裆甗2、三足瓮1、高领罐1、器盖1、罐类1、不知名器2件。

联裆鬲　共3件。均夹砂。HH42：2，灰陶。折沿，圆唇，腹微鼓，沿外侧绳纹被抹，腹部施绳纹。残长7.6、残高3.9厘米（图2-134，3）。HH42：05，黑皮红褐胎。折沿近平，方唇，沿面较窄，直腹微鼓，唇面施绳纹，腹部施印痕较深绳纹，可能早至西周早期。残长6.4、残高5.4厘米（图2-134，8）。HH42：7，黑皮褐胎。折沿近平，圆唇，沿下角较小，沿面微凹，鼓腹，施印痕较深细绳纹。口径16.5、残高4.2厘米（图2-134，6）。

联裆甗　共2件。HH42：3，泥质灰陶。折沿，方唇，沿面较宽，唇部按压绳纹，沿外侧施交错绳纹，腹部施粗绳纹。残长7.4、残高3.8厘米（图2-134，7）。HH42：4，夹砂褐陶。残存甗腰，箅托较窄，腹部施印痕较深粗绳纹。残长13.7、残高6厘米（图2-134，10）。

高领罐　1件（HH42：6）。泥质灰陶。平折沿，圆唇，高颈，颈内侧起一道凸棱。残长4.6、残

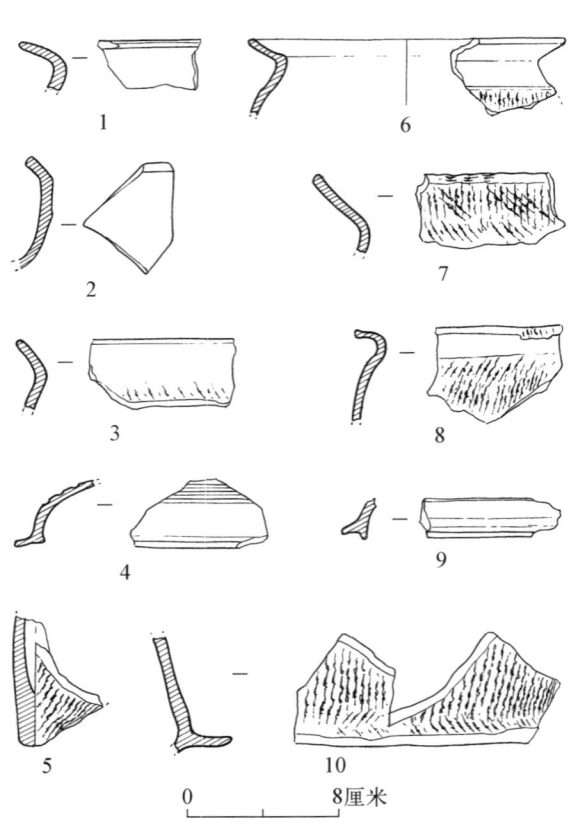

图2-134　06QHH42、HH44出土陶器

1. 盆（HH44：3）　2. 高领罐（HH42：6）
3、6、8. 联裆鬲（HH42：2、HH42：7、HH42：05）
4、9. 器盖（HH42：1、HH44：4）　5. 足根（HH44：2）
7、10. 联裆甗（HH42：3、HH42：4）

高6.1厘米（图2-134,2）。

器盖　1件（HH42∶1）。泥质灰陶。子母口,上施数周旋纹。曾发现有罐亦是子母口,怀疑可能为罐的盖。残长7.2、残高3.7厘米（图2-134,4）。

（5）骨器

骨铲　1件（H42∶#3）。疑似用长骨骨干制成,边缘断裂为不规则形状,两侧骨壁均打磨光滑,一端打磨成刃。表面沾染铜锈。残长4.5、残宽2.3、厚0.3厘米（彩版三〇七,2）。

（6）年代

根据HH42出土陶器标本的式别特征,判断其年代为西周中期偏晚。

42.06QHH43

（1）形制与堆积

HH43位于HT8内,开口于②层下,打破HH42。因HH43东北部在探方外未清理,故整体形状不明。探方内部分坑口不规则,壁呈斜坡状,坑底较平。东西残长2.22、南北残宽0.66、坑口距地表0.5、自深0.35米（图2-135）。

坑内为一次性堆积,土质较疏松,土色呈黄褐色,夹杂少量红色土块,内含陶范、陶片等。

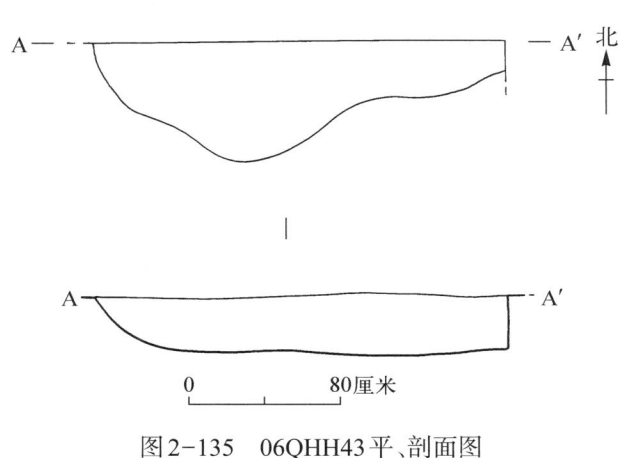

图2-135　06QHH43平、剖面图

（2）陶范

HH43共出土陶范2块,总重量计有0.03千克,无可辨识器形的陶范。

（3）陶容器

HH43出土陶片18片。陶质分夹砂与泥质两类,泥质者15片,夹砂者3片。陶色以灰陶为主,有13片,灰褐陶5片,无褐陶。纹饰以中绳纹为主,有14片,另素面3片和旋纹1片。器类仅见罐1件。

（4）年代

HH43无陶器标本,但其打破西周中期偏晚的HH42,故年代不早于西周中期偏晚。

43.06QHH44

（1）形制与堆积

HH44位于HT2内,开口于②层下,被HH11打破,打破HH56。因东部在探方外未清理、西南一半为断崖破坏,故整体形状不明。探方内部分坑口呈不规则椭圆形,壁呈斜坡状,坑底较平。东西残长1.52、南北残宽1.31、坑口距地表0.63、自深0.31米（图2-136）。

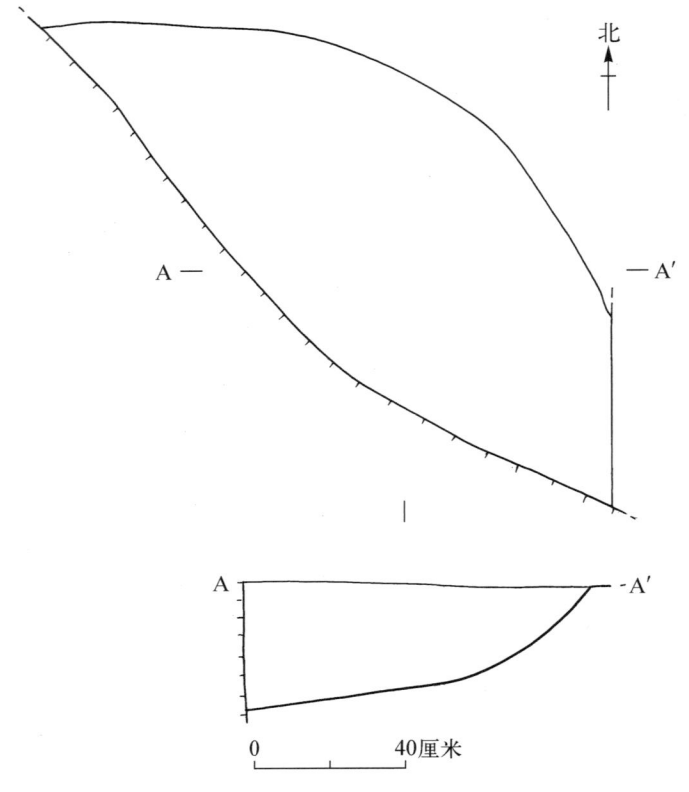

图2-136　06QHH44平、剖面图

坑内为一次性堆积，土质致密，土色呈灰褐色，内含骨头、陶片等。

（2）陶容器

HH44共出土陶片44片。陶质分为泥质和夹砂两类，泥质陶（52.38%）稍多于夹砂陶（47.62%），均灰陶。纹饰有中、粗绳纹和素面；以绳纹为主，约占总数的71.43%；其次为素面，约占总数的28.57%。器类有盆1、器盖1、联裆鬲1件。

盆　1件（HH44：3）。泥质灰陶。折沿近平，圆唇，直腹。残长5.3、残高2.6厘米（图2-134，1）。

器盖　1件（HH44：4）。泥质灰黑陶。子母口，素面。残长7.2、残高2.2厘米（图2-134，9）。

足根　1件（HH44：2）。夹砂灰褐陶，陶色斑驳不均。尖锥状足，足根内侧起脊，施粗绳纹。残高7厘米（图2-134，5）。

（3）陶质小件

圆陶片　1件（HH44：1）。泥质灰陶。上施纹理清楚的竖行绳纹，边缘经过打磨。直径3.4、厚0.4厘米（图2-36，4）。

（4）年代

根据HH44出土陶器标本的式别特征，判断其年代为西周晚期偏晚。

44. 06QHH45

（1）形制与堆积

HH45位于HT12内，开口于②层下，被HH55打破，打破HH46、HH47、HH48、HH49。坑口呈不规则椭圆形，壁呈斜坡状，壁面较好，无加工痕迹，坑底有一定弧度，呈锅底状。南北长3.45、东西宽1.99、坑口距地表0.39、自深0.46米（图2-137）。

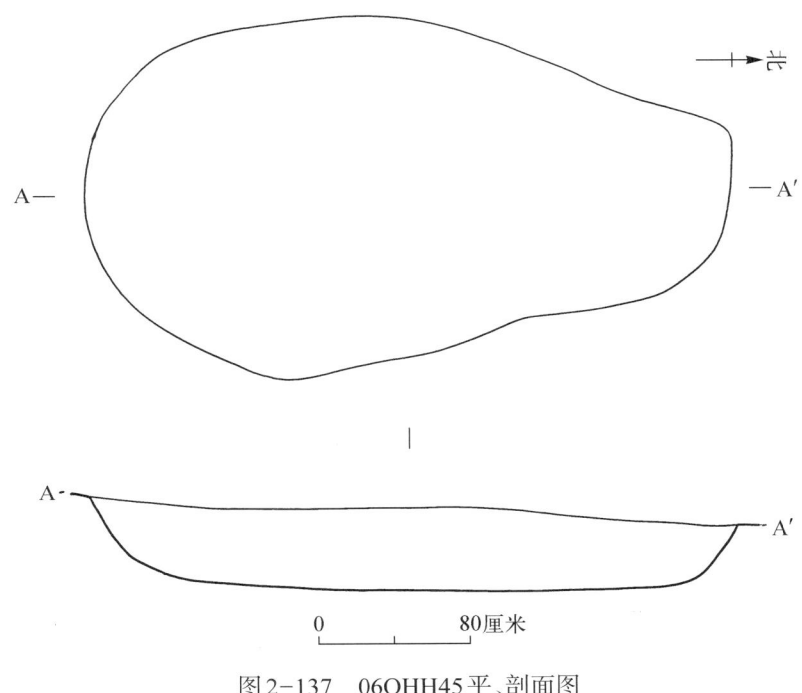

图2-137　06QHH45平、剖面图

坑内为一次性堆积，土质疏松，土色呈深灰色，内含陶范、陶片、骨头、红烧土块、烧过的草拌泥等。

（2）陶范

HH45共出土陶范9块，总重量计有0.15千克。无可辨识器形者，其中一块陶范呈青灰色，保存较好的范面有三面，其中两面较为平整，相交成直角，而另一面为圆弧形，并带有圆坑。

（3）陶容器

HH45出土陶片数量超过200片。陶质分夹砂与泥质两类，以泥质者为主，超过60%。陶色以灰陶为主，占67%稍强，灰褐陶所占比例超过27%，褐陶比例不足6%。器类有联裆鬲5、罐1、瓮1件（表2-21）。

联裆鬲　共2件。均夹砂灰陶。HH45：2，卷沿，鼓腹，腹部施印痕较深粗绳纹。残长7、残高6.6厘米（图2-138，3）。HH45：4，折沿，圆唇，沿下角较小，沿面有两道凹槽，直腹，施麦粒状绳纹。口径25.6、残高5.8厘米（图2-138，1）。

表2-21 06QHH45出土陶片陶系、纹饰及器类统计表

陶质 纹饰与器类	陶色	夹 砂			泥 质			合计	百分比（%）
		灰	褐	灰褐	灰	褐	灰褐		
纹饰	粗绳纹	2			10			12	5.15
	中绳纹	46		40	12	12	16	126	54.08
	细绳纹				17		7	24	10.30
	素面				52			52	22.32
	旋纹				19			19	8.15
合计		48		40	110	12	23	233	100.00
百分比（%）		20.60		17.17	47.21	5.15	9.87	100.00	
		37.77			62.23				
器类	联裆鬲	5						5	71.43
	罐				1			1	14.29
	瓮				1			1	14.29
合计		5			2			7	100.01
百分比（%）		71.43			28.57			100.00	

罐 1件（HH45：6）。泥质灰陶。折沿近平，高颈，颈内侧起脊。口径16.6、残高4.9厘米（图2-138，2）。

足根 共2件。均夹砂。尖锥状。HH45：3，红陶。分段按压绳纹。残高5.1厘米（图2-138，9）。HH45：5，黑褐陶。施粗绳纹。残高4.4厘米（图2-138，10）。

（4）陶质小件

陶垫形器 1件（HH45：1）。泥质灰陶。圆饼形，背面钮残。直径5.4、厚0.9厘米（图2-36，8）。

（5）骨器

骨料 1件（HH45：#18）。牛掌骨背侧骨干锯削而成，形状对称，近端有明显锯痕，骨骼表面和边缘均未打磨。残长9.4厘米（彩版三〇六，5）。

（6）年代

根据HH45出土陶器标本的式别特征，判断其年代为西周晚期偏早。

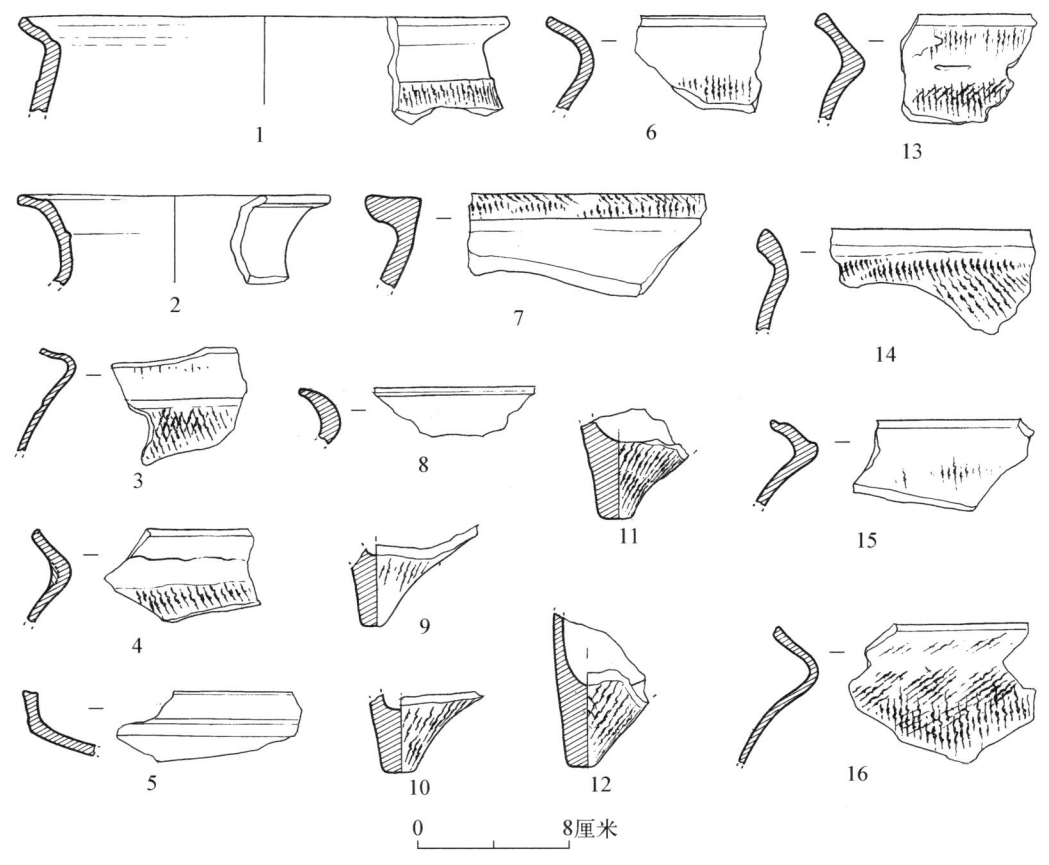

图2-138　06QHH45、HH46出土陶器

1、3、4、6、13、15、16. 联裆鬲（HH45：4、HH45：2、HH46：2、HH46：10、HH46：3、HH46：9、HH46：5）　2、8. 罐（HH45：6、HH46：12）
5. 豆（HH46：4）　7. 三足瓮（HH46：11）　9~12. 足根（HH45：3、HH45：5、HH46：7、HH46：8）　14. 联裆甗（HH46：6）

45. 06QHH46

（1）形制与堆积

HH46位于HT12内，开口于②层下，被HH45打破，打破HH47。因北部在探方外未清理，故整体形状不明。探方内部分坑口呈不规则半椭圆形，壁呈斜坡状，坑底凹凸不平。南北残长3.55、东西宽2.83、坑口距地表0.44、自深0.73米（图2-139）。

坑内为一次性堆积，土质较疏松，土色呈浅灰色，内含骨头、陶范、陶片、石器等。

（2）陶范

HH46共出土陶范3块，总重量计有0.11千克。陶范过于碎小，无可辨识器形者。其中一块表面隐约可见若干的小台面，或许与合范有关。

（3）陶容器

HH46共出土陶片133片。陶质分为泥质和夹砂两类，泥质陶（50.37%）稍多于夹砂陶（49.62%）。陶色分为灰色、灰褐色及褐色，以灰色为主，约占总数的54.13%。纹饰有细、中、粗

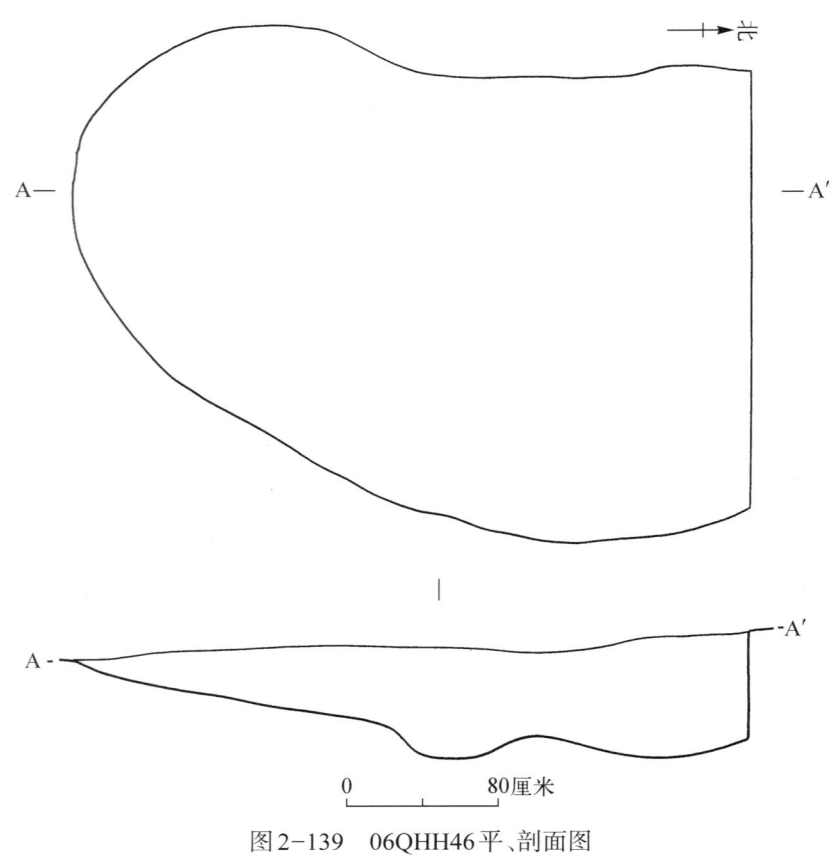

图2-139　06QHH46平、剖面图

绳纹和素面、旋纹；以绳纹为主，约占总数的85.71%；其次为素面，约占总数的8.27%；旋纹约占总数的6.02%。器类丰富，有联裆鬲7、联裆甗1、罐1、三足瓮1、篦圈足1、豆1件。

联裆鬲　共5件。均夹砂。HH46：2，褐陶。折沿，方唇，鼓腹，施印痕较深粗绳纹。残长8、残高5.1厘米（图2-138，4）。HH46：3，灰褐陶。折沿，方唇，沿面微凹，唇较薄，腹微鼓，绳纹较浅。残长6.4、残高6厘米（图2-138，13）。HH46：5，黄褐陶。卷沿，方唇，沿下角较小，鼓腹，沿外侧绳纹被抹，腹部先施斜行绳纹，再施交错绳纹。残长9.3、残高7.6厘米（图2-138，16）。HH46：9，黑皮，褐胎。折沿近平，圆唇，沿面有两道凹槽，鼓腹，绳纹被抹。残长8.2、残高5厘米（图2-138，15）。HH46：10，灰陶。卷沿，方唇，沿下角较小，鼓腹，腹部绳纹较浅。残长6.5、残高5.1厘米（图2-138，6）。

联裆甗　1件（HH46：6）。橘黄色陶。侈口，三角方唇，腹微鼓，施印痕较深粗绳纹。残长10.5、残高5.7厘米（图2-138，14）。

罐　1件（HH46：12）。泥质黑陶。卷沿，圆唇，唇部较薄。残长8.4、残高2.7厘米（图2-138，8）。

豆　1件（HH46：4）。泥质灰陶。方唇，折壁，腹较浅，唇面有一道凹槽，壁施一道旋纹。残长9.7、残高4厘米（图2-138，5）。

三足瓮　1件（HH46：11）。泥质灰陶。"T"形唇，鼓腹，唇面施绳纹。残长12.4、残高5.8厘米（图2-138，7）。

足根　共2件。均夹砂。HH46：7，褐陶。尖锥状足，足尖钝平，实足根较高，足根内侧起脊，施绳纹。残高6厘米（图2-138，11）。HH46：8，黄褐陶。尖锥状足，绳纹印痕深浅不均。残高8.5厘米（图2-138，12）。

（4）石器（含砺石）

石刀　1件（HH46：1）。青色，磨制。单面刃，可见一孔。残长5.3、残宽4.3、厚0.3～0.5厘米（图2-101，2）。

（5）年代

根据HH46出土陶器标本的式别特征，判断其年代为西周晚期偏早。

46. 06QHH47

（1）形制与堆积

HH47位于HT12内，开口于②层下，被HH45和HH46打破。因HH47南部在探方外未清理，故整体形状不明。探方内部分坑口呈不规则椭圆形，南侧倾斜，曲线中部向北凸出，壁面较好，无加工痕迹，底呈锅底状。东西残长3.88、南北残宽1.45、坑口距地表0.68、自深0.72米（图2-140）。

坑内为一次性堆积，土质较疏松，土色呈浅灰色，内含陶片、骨头等。

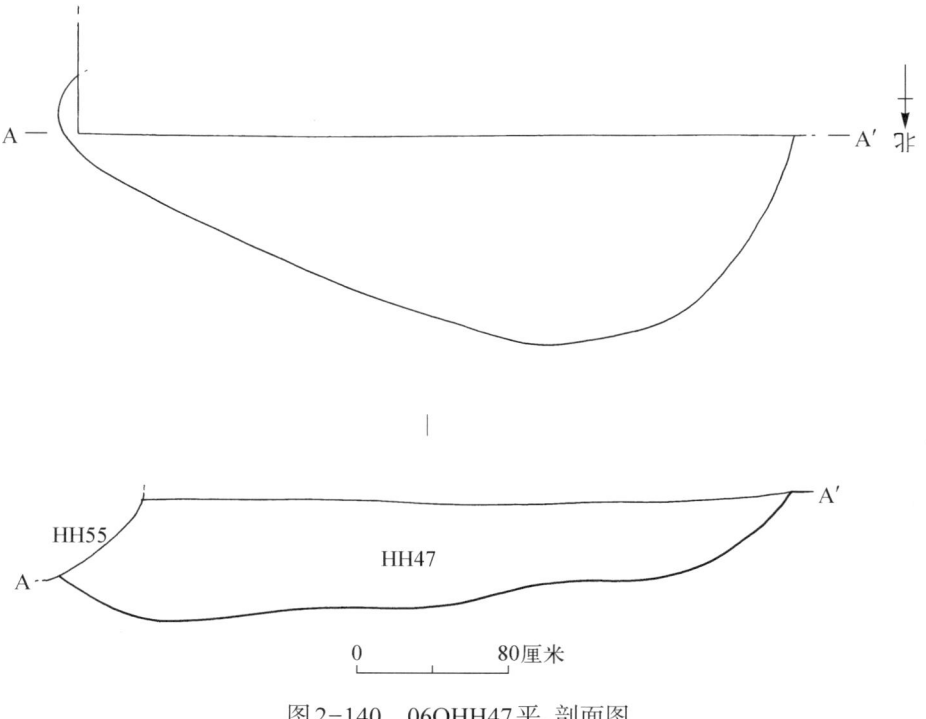

图2-140　06QHH47平、剖面图

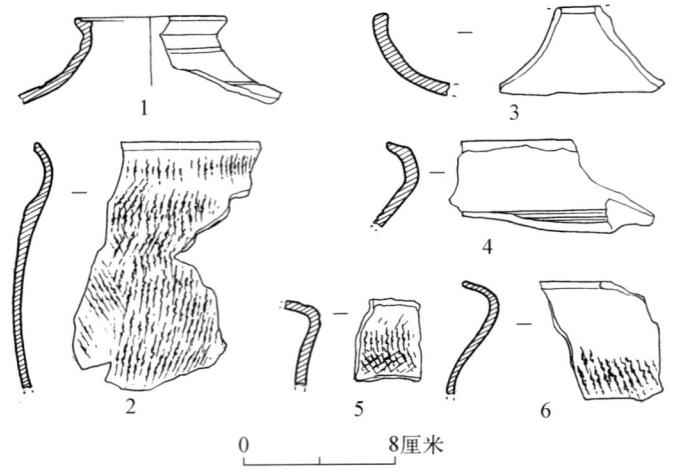

图2-141　06QHH47、HH48、HH49出土陶器

1. 圆肩罐（HH48：04）　　2、5、6. 联裆鬲（HH49：5、HH48：5、HH49：3）

3. 豆（HH47：1）　4. 罐（HH49：2）

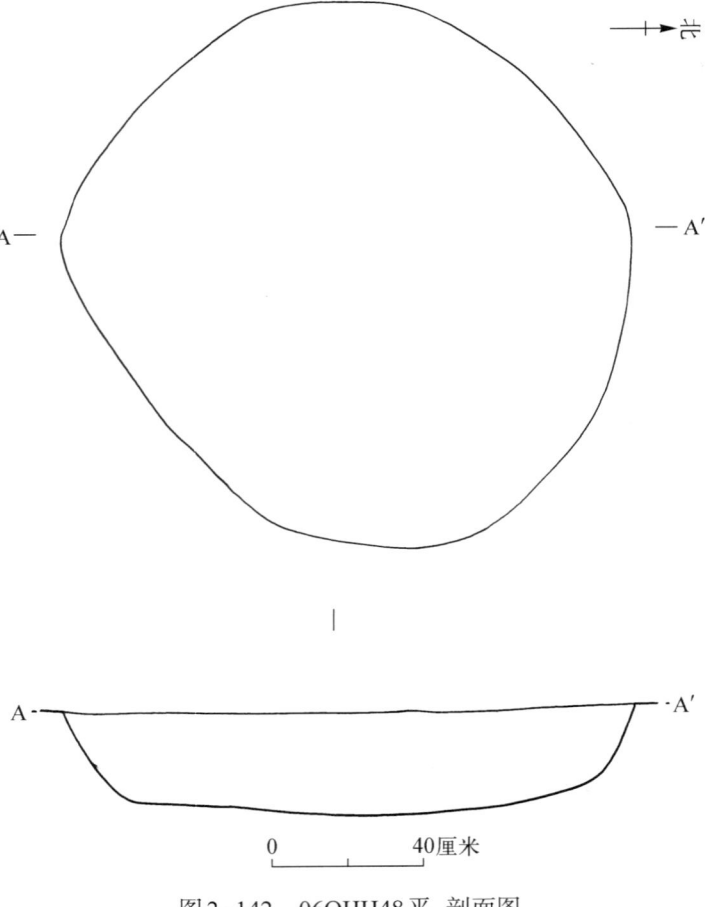

图2-142　06QHH48平、剖面图

（2）陶容器

HH47出土陶片仅4片。夹砂者3片，泥质1片。灰陶1片，褐陶3片。粗绳纹者3片，素面1片。器类仅1件豆，也可能是器盖。

豆　1件（HH47：1）。泥质灰陶。残长8.6、残高4.7厘米（图2-141，3）。这种形制的豆在西周时期少见，也有可能为器盖。

（3）年代

HH47陶器标本难以断代，因其被西周晚期偏早的HH46打破，故年代不晚于西周晚期偏早。

47. 06QHH48

（1）形制与堆积

HH48位于HT12内，开口于②层下，被HH45打破。坑口呈不规则圆形，四壁呈斜坡状，坑底较平。南北长1.51、东西宽1.49、坑口距地表0.53、自深0.27米（图2-142）。

坑内为一次性堆积，土质致密，土色呈灰褐色，内含骨头、陶范、陶片等。

（2）陶范

HH48共出土陶范4块，总重量计有0.2千克，除1件铭文内芯外，其余陶范过于碎小，不辨器形，其中一件的范面见有长方形榫，应为分范面。

带铭文内芯　1件（HH48：6）。浇铸面呈青灰色，背面呈灰褐色。浇铸面外鼓，为一青铜容器的内芯，背面不见完整范面，但烧成温度似较一般内芯高,陶质较硬。浇铸面有阴刻的细网格线,歪斜不齐整,直三,横二,残存的浇铸面可见九个格位,仅中排保存的格位较大,可见细笔阴刻的两字,一字残,不辨,一字或为"冝"(幂)。另在中一、下三的格位存有单笔笔画,笔道的剖面呈"V"形,但"V"形的两侧斜坡长短不一。从网格线歪斜及刻字细且不工整观之,可能为习刻铭文(表2-22)。陶范残高3.9、残宽4.1、厚约3.8厘米(图2-143,5;彩版一四)。

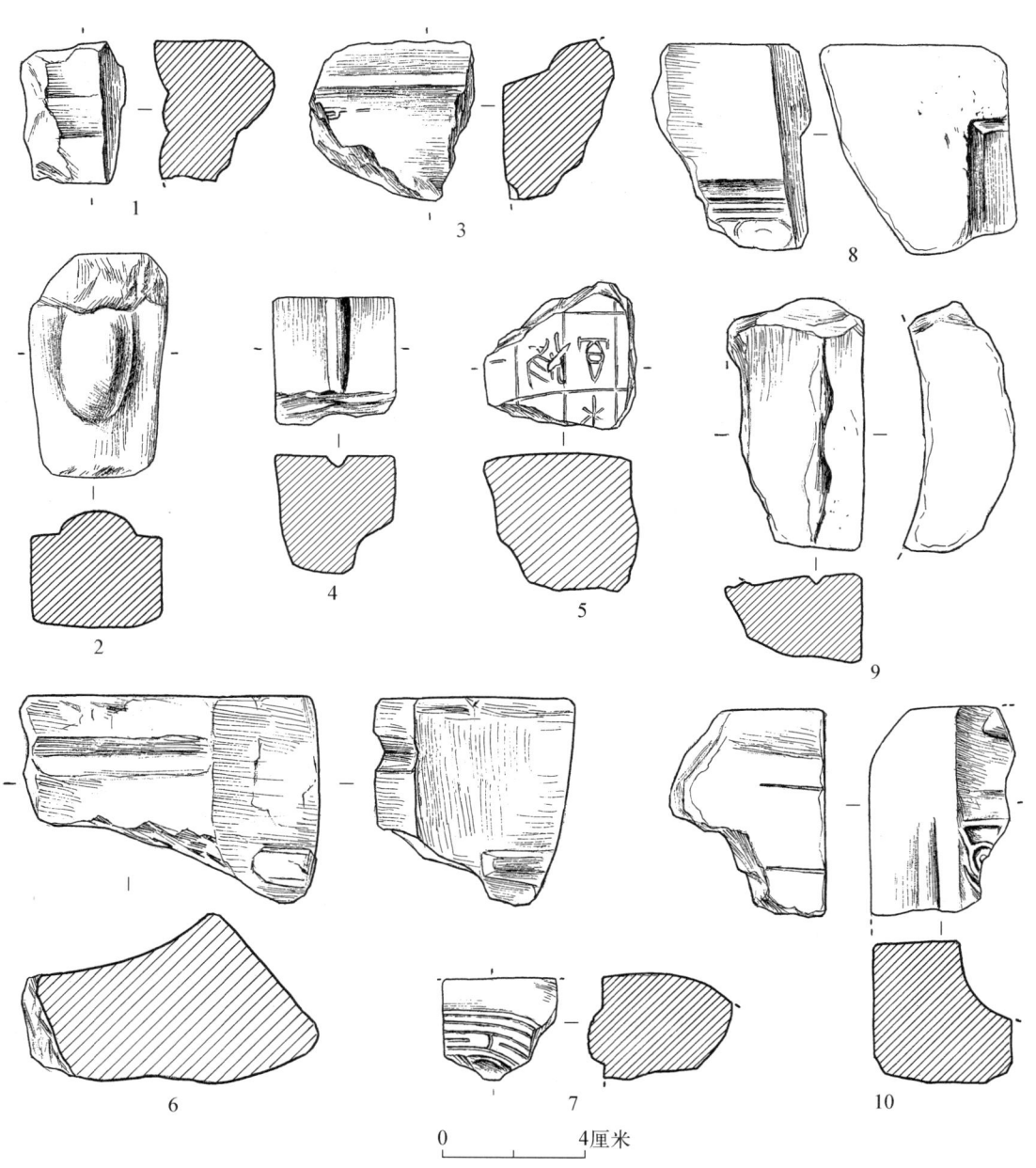

0　　　　　　4厘米

图2-143　06QHH48、HH56、HH57、HH58、HH59出土陶范

1、3. 瓦纹簋盖立壁外范(HH56:5、HH56:6)　2、4. 不明器范(HH58:35、HH57:17)　5. 带铭文内芯(HH48:6)

6、9. 不明容器外范(HH59:18、HH59:20)　7. 龙纹模(HH59:19)　8. 钟外范(HH57:20)　10. 波带纹管形器外范(HH57:26)

表2-22 带铭文内芯HH48：6残存格位与铭文

	一	二	三	四
上	不存	不存	仅见格位	仅见格位
中	存一横笔	字残	冥	仅见格位
下	不存	仅见格位	存一竖笔	仅见格位

（3）炉壁

HH48共出土炉壁6块，总重量计有0.5千克。

（4）陶容器

HH48共出土陶片47片。陶质分为泥质和夹砂两类，泥质陶（63.83%）多于夹砂陶（36.17%）。陶色分为灰色、灰褐色及褐色，以灰色为主，约占总数的82.98%。纹饰有细、中、粗绳纹和素面、旋纹；以绳纹为主，约占总数的63.82%；其次为素面，约占总数的25.53%；旋纹约占总数的10.64%。器类有联裆鬲1、圆肩罐1件。

联裆鬲 1件（HH48：5）。夹砂灰陶。卷沿近平，沿下角近90°，沿内侧有一道浅凹槽，微束颈，器表绳纹凌乱细密。残长3.3、残高4.5厘米（图2-141,5）。

圆肩罐 1件（HH48：04）。泥质灰陶。窄折沿近平，圆唇，沿面有一道凹槽，领部及肩部施旋纹。口径8、残高4.8厘米（图2-141,1）。

（5）陶质小件

圆陶片 1件（HH48：1）。泥质灰陶。施两周旋纹，边缘未经打磨。直径4.5、厚0.7厘米（图2-15,1）。

（6）骨器与骨料

骨料 共2件。HH48：2，大型动物长骨，近三棱锥状，有三个面均经过切削，其中一个面可见明显的斜向平行的切割痕迹，锯面平齐。残长5.2、残宽0.3～1.7、厚0.4～1.2厘米，重5.81克。HH48：3，大型动物长骨，形状不甚规则，侧面可见切削痕迹。残长3.9、残宽1.5厘米，重4.26克。

（7）年代

根据HH48出土陶器标本的式别特征，判断其年代为西周晚期。其又被西周晚期偏早的HH45打破，故HH48年代应是西周晚期偏早。

48. 06QHH49

（1）形制与堆积

HH49位于HT12内，开口于②层下，被HH45打破。因东部在探方外未清理，故整体形状不明。探方内部分坑口呈较规则半圆形，壁呈斜坡状，底呈锅底状。南北残长0.63、东西残宽

0.35、坑口距地表0.53、自深0.38米（图2-144）。

坑内为一次性堆积，土质较疏松，土色呈灰色，夹杂大量灰土，内含陶范、陶片、兽骨等。

（2）陶范

HH49共出土陶范2块，总重量计有0.05千克。范面颜色分别为青灰色与橙黄色，背料皆无粗砂，器形不明。

（3）陶容器

HH49出土陶片25片。陶质分夹砂与泥质两类，夹砂者为主，有16片，泥质者9片。灰陶15片，褐陶10片，无灰褐陶。纹饰以绳纹为主，有17片，另有旋纹8片。器类有联裆鬲2、罐1件。

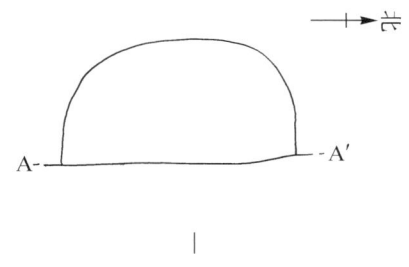

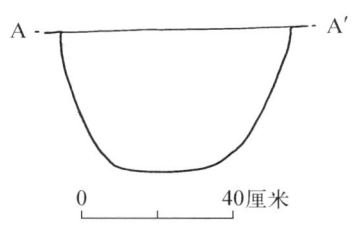

图2-144　06QHH49平、剖面图

联裆鬲　共2件。均夹砂。HH49：3，灰陶。折沿近平，尖圆唇，器表施斜行绳纹。残长6.1、残高6.5厘米（图2-141，6）。HH49：5，红陶。侈口，尖圆唇，沿下角较大，沿外及器表施绳纹。残长7.9、残高13.6厘米（图2-141，2）。

罐　1件（HH49：2）。泥质灰陶。肩部施数周旋纹。残长10.7、残高5厘米（图2-141，4）。

（4）骨器与骨料

骨料　1件（HH49：1）。兽骨肢骨部分，略呈长方体形，稍弯曲，在侧面有切削痕迹。残长5.9、残宽2.4、厚约1.1厘米。

（5）年代

根据HH49出土陶器标本的式别特征，判断其年代为西周晚期偏早。

49. 06QHH50

（1）形制与堆积

HH50位于HT11内，开口于②层下，打破HH38与HH51。因HH50东部与南部在探方外未清理，故整体形状不明。探方内部分坑口呈不规则圆形，壁呈斜坡状，无加工痕迹，底呈锅底状。南北残长2.83、东西残宽2.1、坑口距地表0.48、自深0.88米（图2-145）。

坑内堆积东高西低，可划分为两层：第①层

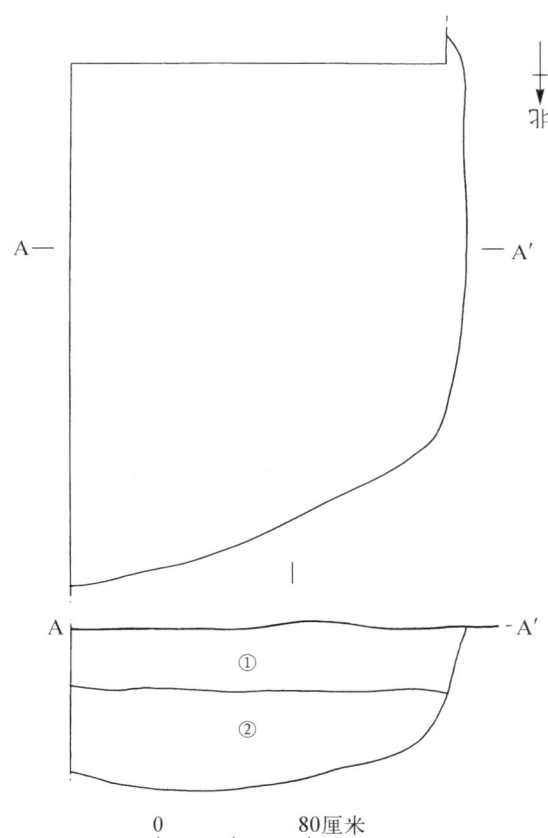

图2-145　06QHH50平、剖面图

厚0.28～0.36米,土质较疏松,土色呈红褐色,内含红烧土颗粒、动物骨骼、白色土丝、陶片等。第②层厚0～0.56米,为花土,土质硬,无包含物。

（2）陶容器

HH50出土陶片数量217片。陶质分夹砂与泥质两类,以泥质者为主,约65%。陶色以灰陶为主,近80%,余为灰褐陶。器类有联裆鬲、联裆甗、旋纹盆等（表2-23）。

表2-23　06QHH50出土陶片陶系、纹饰及器类统计表

陶质		夹　砂			泥　质			合计	百分比(%)
纹饰与器类	陶色	灰	褐	灰褐	灰	褐	灰褐		
纹饰	粗绳纹	6		5	30			41	18.89
	中绳纹	29		35	41			105	48.39
	细绳纹				23			23	10.60
	素面				31		6	37	17.05
	篦纹				2			2	0.92
	旋纹				9			9	4.15
合计		35		40	136		6	217	100.00
百分比(%)		16.13		18.43	62.67		2.76	99.99	
		34.56			65.43				
器类	商式鬲	1						1	8.33
	联裆鬲	2						2	16.67
	联裆甗	3						3	25.00
	矮直领瓮				1			1	8.33
	豆				1			1	8.33
	旋纹盆				3			3	25.00
	高领罐				1			1	8.33
合计		6			6			12	99.99
百分比(%)		50.00			50.00			100.00	

联裆鬲　共2件。均夹砂灰陶。HH50:04,宽卷沿,沿下角较大,通体施绳纹。此器为早期遗物混入。残长6.1、残高6厘米（图2-146,12）。HH50:5,折沿,沿面近平,沿外起棱,沿内缘施两周旋纹,沿下施绳纹。口径18、残高4厘米（图2-146,2）。

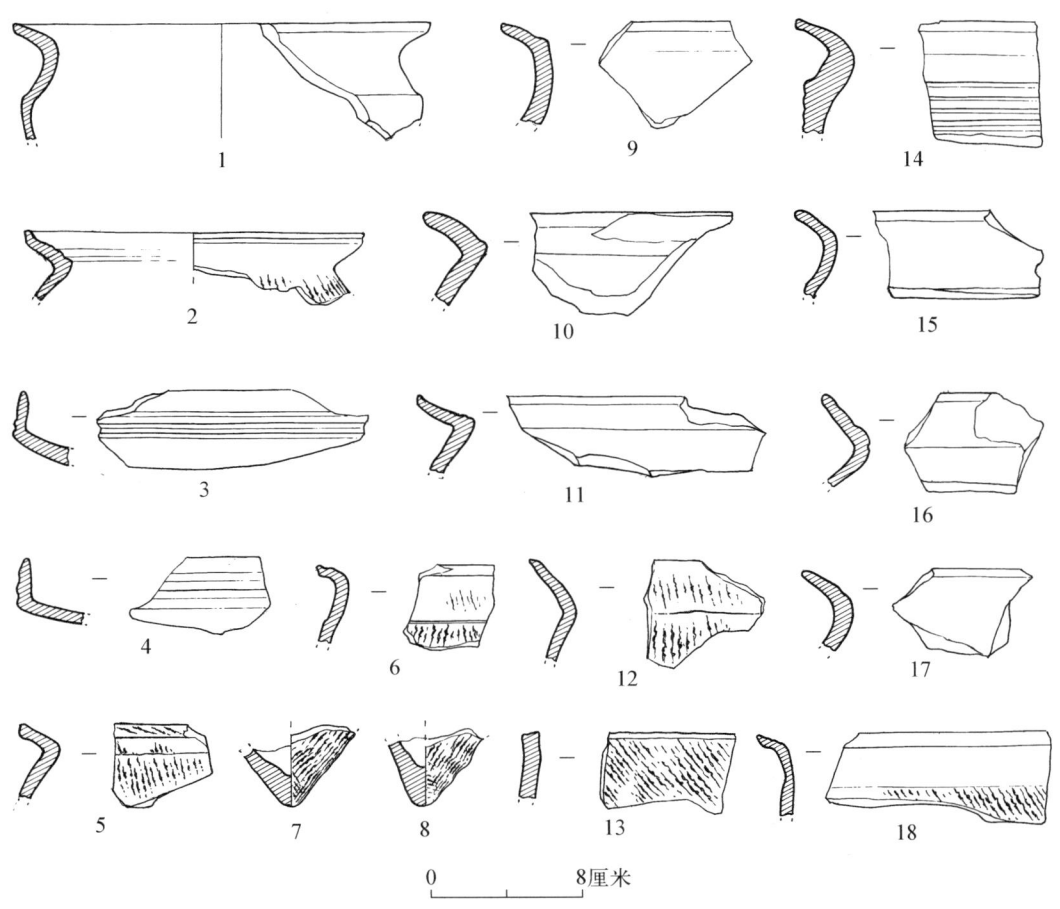

图2-146　06QHH50、HH51出土陶器

1、5、10、11、14、15.旋纹盆（HH50：10、HH51：5、HH50：13、HH51：8、HH50：14、HH51：7）　2、12.联裆鬲（HH50：5、HH50：04）
3、4.豆（HH51：6、HH50：9）　6、13、18.联裆甗（HH50：8、HH50：3、HH50：2）　7、8.足根（HH50：11、HH50：6）
9、16、17.高领罐（HH50：12、HH51：4、HH51：9）

联裆甗　共3件。均泥质。方唇。HH50：2，灰陶。平折沿，领部多素面，腹部施绳纹间以旋纹。残长11.6、残高5.2厘米（图2-146，18）。HH50：3，红褐陶。侈口。残长7、残高4.4厘米（图2-146，13）。HH50：8，灰陶。平折沿，领部多素面，腹部施绳纹间以旋纹。残长4.7、残高4.7厘米（图2-146，6）。

高领罐　1件（HH50：12）。泥质灰陶。折领较高，沿面较平，口部微敞，素面。残长8、残高5.8厘米（图2-146，9）。

旋纹盆　共3件。均泥质灰陶。HH50：10，方唇，宽折沿，沿下角较大，微折肩，素面。口径22、残高6.3厘米（图2-146，1）。HH50：13，圆唇，宽折沿，沿下角近90°，素面。残长10.8、残高5.6厘米（图2-146，10）。HH50：14，圆唇，平折沿，上腹竖直，上腹部施三周旋纹。残长6.3、残高6.7厘米（图2-146，14）。

豆　1件(HH50：9)。泥质灰陶。尖唇,直口,盘壁施两周旋纹,素面。残长7.2、残高4.2厘米(图2-146,4)。

足根　共2件。均泥质灰陶。圆锥状实足根。HH50：6,施压印绳纹。残高4.1厘米(图2-146,8)。HH50：11,施绳纹。残高4.3厘米(图2-146,7)。

(3)石器(含砺石)

石刀　1件(HH50：1)。青色,磨制。双面刃,有使用痕迹,可见一对钻而成的孔。残长5.3、宽3.9、厚0.4厘米(图2-58,4)。

(4)年代

根据HH50出土陶器标本的式别特征,判断其年代为西周晚期偏晚。

50. 06QHH51

(1)形制与堆积

HH51位于HT11内,开口于②层下,被HH50打破,打破HH53。因HH51东部、北部在探方外未清理,故整体形状不明。探方内部分坑口呈扇形,壁呈斜坡状,坑底凹凸不平。南北残长2.19、东西残宽2.19、坑口距地表0.62、自深0.93米(图2-147)。

坑内堆积可分为两层:第①层厚0～0.63米,土质较疏松,土色呈灰色,内含红烧颗粒、陶范、兽骨、礓石,此层有一残鬲盖着一骨架,头骨保存完好,身躯部分只见两根小腿骨,初步判断为小孩瓮棺葬(图2-148;彩版八,3)。第②层厚约0～0.37米,土质较致密,土色呈灰褐泛黄色,内含草木灰、兽骨和红烧土块。

(2)陶范

HH51共出土陶范11块,总重量计有0.3千克,无可辨识器形的陶范。

不明器范　1件(HH51：10)。未见面层与背层之分,浇铸面呈青灰色,分范面颜色不一,近浇铸面处呈青灰色,余者呈砖红色。背面呈砖红色。范面共三面,分范面平整,其上有长条形榫。浇铸面呈斜坡状,向内微弧。第三面与浇铸面相对,垂直于分范面,呈外鼓的弧形,应为范的外表面。背面凹凸不平。范块残长5.4、残宽4.8、厚2.7厘米,榫长3.2、宽0.5、高0.2厘米(图2-124,4)。

(3)陶容器

HH51共出土陶片97片。陶质分为泥质和夹砂两类,泥质陶(75.26%)多于夹砂陶(24.74%)。均灰陶,纹饰有中、粗绳纹、素面、旋纹、篦纹加旋纹和旋纹加暗纹;以绳纹为主,约占总数的69.07%;其次为素面,约占总数的19.59%;旋纹约占总数的6.19%;篦纹加旋纹约占总数的3.09%;旋纹加暗纹约占总数的2.06%。器类丰富,有高领罐2、旋纹盆3、豆1、圈足器1件。

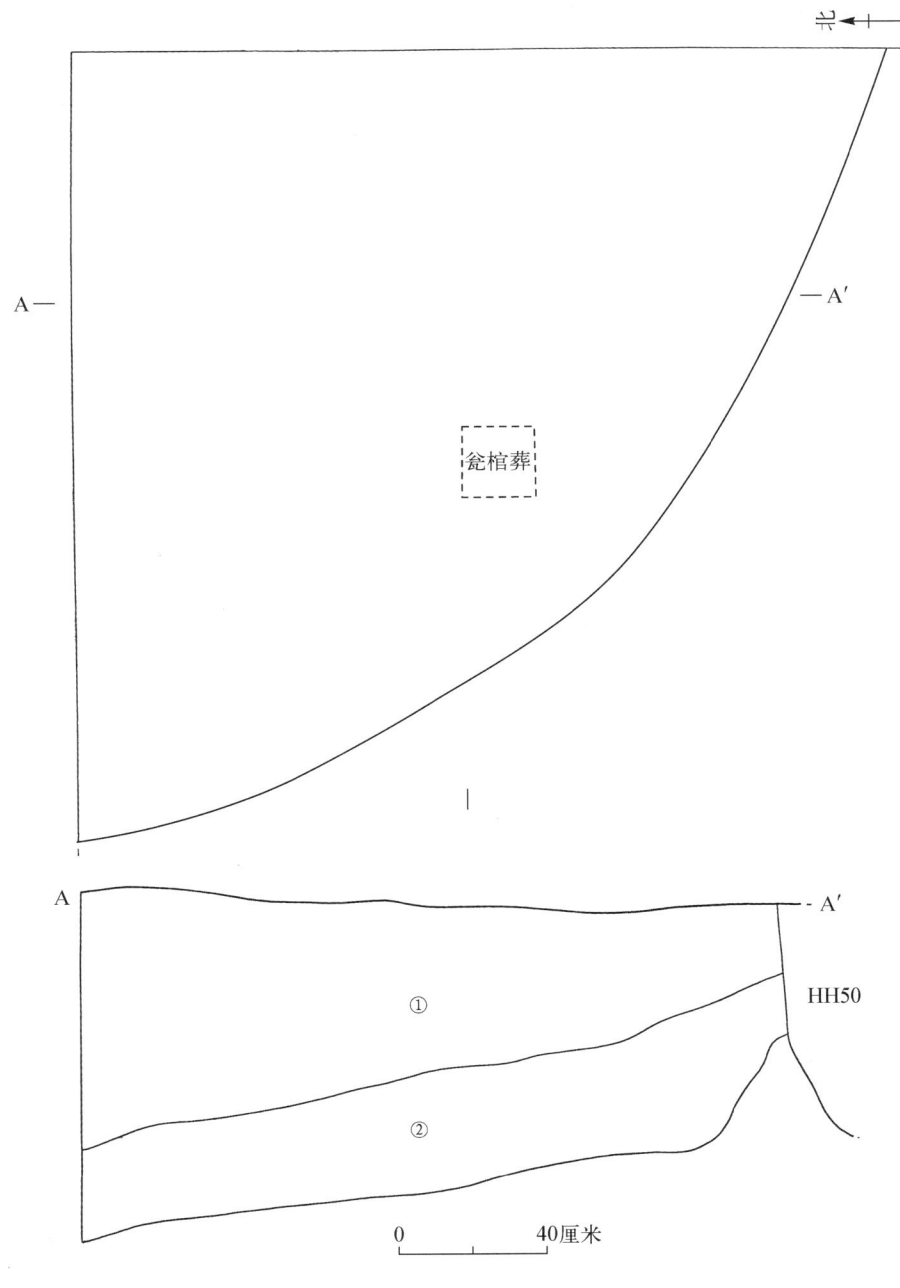

图2-147　06QHH51平、剖面图

高领罐　共2件。均泥质灰陶。口部微敞，沿面较平。HH51：4，折领，素面。残长7.2、残高5.3厘米（图2-146，16）。HH51：9，素面。残长7.2、残高4.7厘米（图2-146，17）。

旋纹盆　共3件。均泥质灰陶。HH51：5，方唇，宽折沿，沿下角近90°，素面。残长5.1、残高4.5厘米（图2-146，5）。HH51：7，圆唇，卷沿，素面。残长8、残高4.7厘米（图2-146，15）。

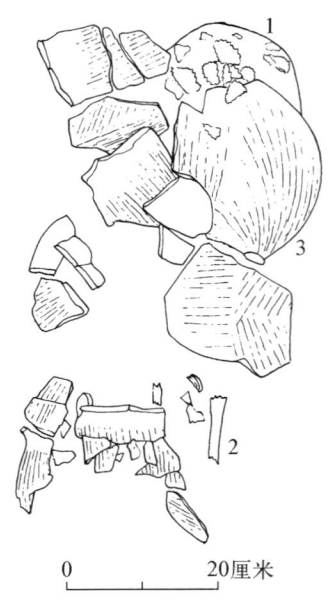

北

图2-148　06QHH51内瓮棺葬
1. 头骨　2. 肢骨　3. 陶片

0　　　　20厘米

HH51：8，圆唇，平折沿，沿面内侧有两周旋纹。残长13.7、残高4.4厘米（图2-146，11）。

　　豆　　1件（HH51：6）。泥质灰陶。尖唇，直口，盘壁施两周旋纹，素面。残长14.2、残高4.3厘米（图2-146，3）。

　　（4）骨器与骨料

　　骨料　　共3件。

　　HH51：1，牛掌骨左掌侧，长方体，一端薄一端稍厚，薄的一端钻有一椭圆形小孔，长轴约0.9、短轴约0.6厘米，两个侧面非常光滑，可能经过打磨，较厚的一端侧面还可见清晰的切割痕迹，从两边向内切割，在中间位置留下一极小的台子。长13.7、宽1.6、厚0.2～0.7厘米，重18.57克。HH51：3，大型动物长骨，近长方体，表面比较光滑，似经过打磨。残长3.6、宽2.1、厚约0.6厘米。HH51：#9，牛肩胛骨边缘骨板锯成，背侧骨板可见一道长2.2厘米的锯痕，与现存断裂边缘平行，疑似二次选择加工位置。仅有一段边缘锯痕齐整，并无打磨痕迹。残长10.7厘米。

　　（5）蚌器

　　蚌刀　　1件（HH51：2）。窄长条形，有使用痕迹。残长9.4、残宽4、厚0.2～0.5厘米（图2-28，9）。

　　（6）年代

　　根据HH51出土陶器标本的式别特征，判断其年代为西周晚期偏早。

　　51. 06QHH53

　　（1）形制与堆积

　　HH53位于HT11内，开口于②层下，被HH51打破。因HH53东部与北部在探方外未清理，故整体形状不明。探方内部分坑口呈不规则扇形，壁呈斜坡状，坑底凹凸不平。南北残长1.37、东西残宽1.21、坑口距地表0.6、自深0.25米（图2-149）。

　　坑内为一次性堆积，土质致密，土色呈红色，夹杂黄色土块，无包含物。

　　（2）年代

　　HH53无陶器标本，但其被西周晚期偏早的HH51打破，故年代应不晚于西周晚期偏早。

　　52. 06QHH54

　　（1）形制与堆积

　　HH54位于发掘区西南角，HT4的南部，未设探方。因HH54西半部被断崖破坏，故整体形状不明。已发掘部分坑口呈不规则半椭圆形，壁呈斜坡状，底呈锅底状。南北残长1.64、东西残

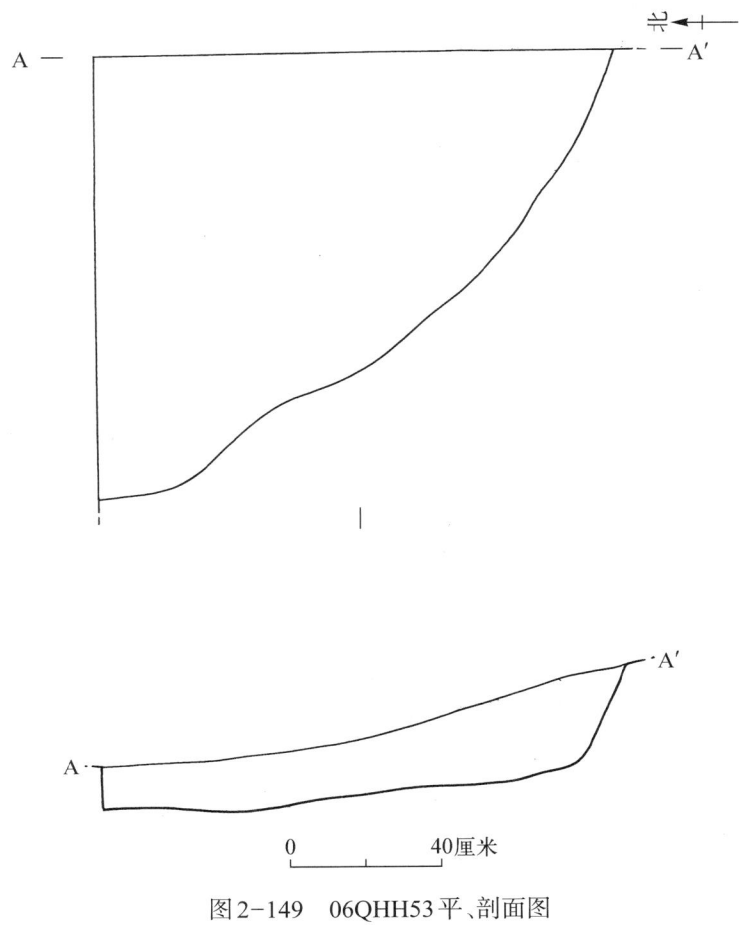

图2-149　06QHH53平、剖面图

宽1.28、坑口距地表0.58、自深0.43米（图2-150）。

坑内为一次性堆积，土质较疏松，土色呈浅灰色，内含兽骨、陶范、陶片等。

（2）陶范

HH54共出土陶范17块，总重量计有0.51千克。可辨识陶范所铸器形的有瓦纹窃曲纹外范1件。

瓦纹窃曲纹外范　1件（HH54：7）。未见面层与背层之分，浇铸面呈青灰色，部分露出棕黄色，背面呈灰褐色。有两个浇铸面，斜角相交，一面为瓦纹，一面为窃曲纹。带瓦纹面略带弧度，窃曲纹面则接近直边。窃曲纹凸出范面，大部分已经脱离。但脱落部分仍可见纹饰轮廓和刻划痕迹，推测纹饰制作是先刻底稿线，然后再沿底稿线堆塑泥条。背面凹凸不平，残存指窝按压痕迹。从浇铸面弧度及纹饰看，应为盨一类圆角长方形器外范。范块残高5、残宽6.1、厚3.7厘米（图2-111，3；彩版一三，1）。

（3）陶容器

HH54共出土陶片110片。陶质分为泥质和夹砂两类，泥质陶（63.63%）稍多于夹砂陶

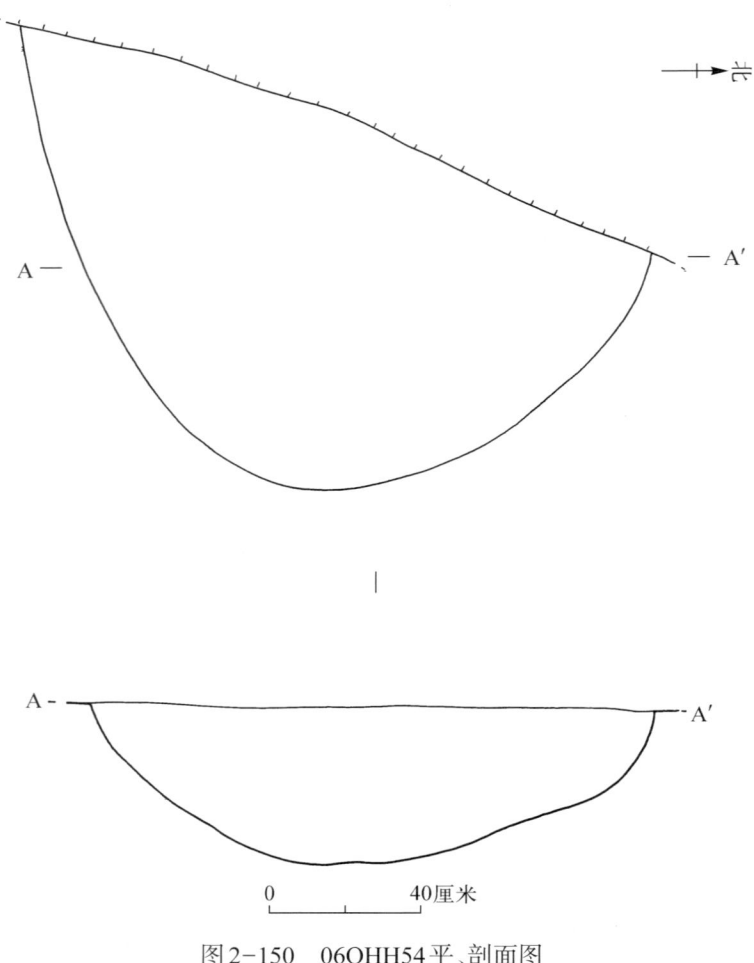

图2-150　06QHH54平、剖面图

（36.36%）。陶色分为灰色、灰褐色及褐色，以灰色为主，约占总数的72.72%。纹饰有细、中、粗绳纹和素面、旋纹；以绳纹为主，约占总数的70.91%；其次为素面，约占总数的20%；旋纹约占总数的9.09%。器类丰富，有联裆鬲1、联裆甗1、旋纹盆1、豆1、罐瓮类器1件。

联裆鬲　1件（HH54：4）。夹砂灰陶。侈口，尖圆唇，领部有一周绳纹被抹。残长8、残高4.8厘米（图2-151，9）。

联裆甗　1件（HH54：3）。夹砂灰陶。方唇，唇面施绳纹。残长4.7、残高4.8厘米（图2-151，5）。

旋纹盆　1件（HH54：2）。泥质灰陶。折沿，圆唇，沿面内缘有一道凹槽，领部绳纹被抹。残长10.8、残高6.6厘米（图2-151，6）。

豆　1件（HH54：1）。泥质灰陶。方唇，盘壁较直，盘腹较浅，盘壁上施两周旋纹。残长7.5、残高4厘米（图2-151，3）。

足根　1件（HH54：5）。夹砂灰陶。空足根，足根内侧微起脊。残高8.8厘米（图2-151，13）。

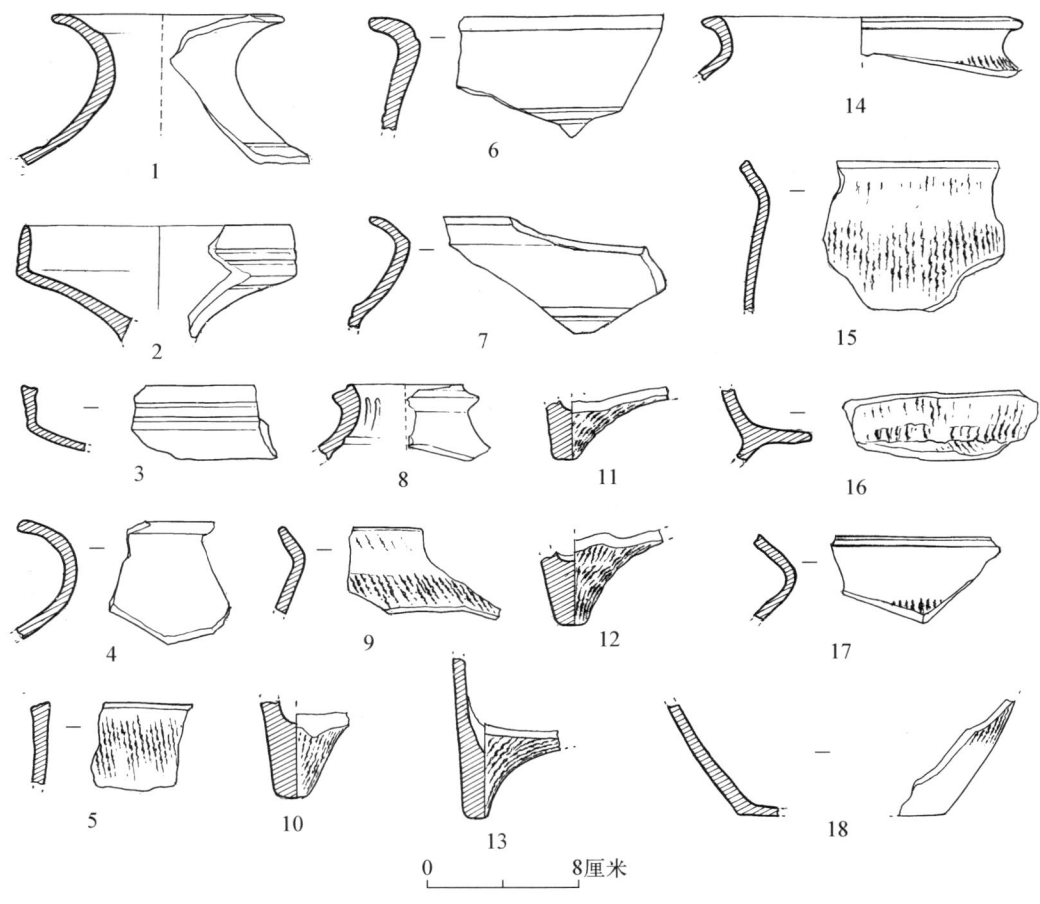

0 _____ 8厘米

图2-151　06QHH54、HH55出土陶器

1、4. 高领罐(HH55：3、HH55：14)　　2、3. 豆(HH55：2、HH54：1)　　5、16. 联裆甗(HH54：3、HH55：12)
6、7. 旋纹盆(HH54：2、HH55：5)　8. 豆柄(HH55：11)　　9、14、15、17. 联裆鬲(HH54：4、HH55：10、HH55：6、HH55：8)
10～13. 足根(HH55：7、HH55：15、HH55：13、HH54：5)　　18. 罐(HH55：4)

（4）年代

根据HH54出土陶器标本的式别特征，判断其年代为西周晚期偏早。

53. 06QHH55

（1）形制与堆积

HH55位于HT12扩方部分，开口于②层下，打破HH45。因HH55东部、南部与北部在探方外未清理，故整体形状不明。探方内部分坑口呈不规则椭圆形，壁呈斜坡状，壁面较好，无加工痕迹，底呈锅底状。东西残长3.05、南北残宽2.8、坑口距地表0.5、自深0.9米（图2-152）。

坑内为一次性堆积，土质较疏松，土色呈灰褐色，内含陶范、陶片、骨头等。

（2）陶范

HH55共出土陶范15块，总重量计有0.45千克。可辨识陶范所铸器形的有瓦纹簋外范1、不明容器外范1件。

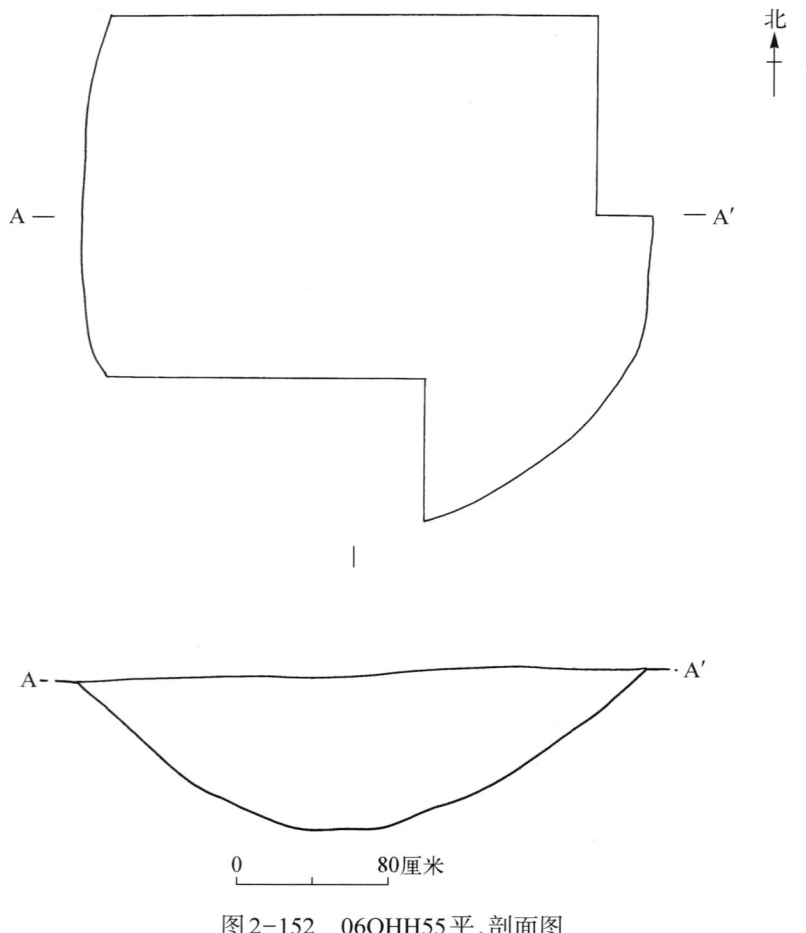

图2-152 06QHH55平、剖面图

瓦纹簋外范 1件（HH55：17）。未见面层与背层之分，浇铸面呈青灰色，背面呈灰褐色。浇铸面残存两道瓦纹，保存很差。背面凹凸不平。由于浇铸面带一定弧度，推测应为瓦纹簋范残块。范块残高3.4、残宽3.8、厚2.4厘米。

不明容器外范 1件（HH55：16）。从残存形制看面层外框外侧高，中间内凹，断面可见面层与背层，背料夹杂粗砂和小石子。范面呈青灰色，背面呈灰褐色。保存较好的范面共两面，其中一面比较平整，有凸起之小台面，原应为长方形榫。另一面较平，与第一面几成直角，为分范面或浇铸面。范块残长5、残宽4.2、厚3.5厘米。

（3）炉壁

HH55共出土炉壁10块，总重量计有0.1千克。

（4）陶容器

HH55出土陶片数量近400片。陶质分夹砂与泥质两类，数量相若。陶色以灰陶为主，占80%，灰褐陶所占比例约17%，褐陶比例不足3%。器类中以联裆鬲所占比例为最多，超过40%（表2-24）。

表2-24　06QHH55出土陶片陶系、纹饰及器类统计表

陶质		夹　砂			泥　质			合计	百分比(%)
纹饰与器类	陶色	灰	褐	灰褐	灰	褐	灰褐		
纹饰	粗绳纹	72		43	3			118	31.47
	中绳纹	42	10	11	61			124	33.07
	细绳纹	5			41		7	53	14.13
	素面				55		4	59	15.73
	旋纹				21			21	5.60
合计		119	10	54	181		11	375	100.00
百分比(%)		31.73	2.67	14.40	48.27		2.93	100.00	
		48.80			51.20				
器类	三足瓮				1			1	4.35
	联裆甗		2					2	8.70
	豆					2		2	8.70
	联裆鬲		10					10	43.48
	簋					1		1	4.35
	旋纹盆					1		1	4.35
	高领罐				3			3	13.04
	瓮罐类				3			3	13.04
合计		12			11			23	100.01
百分比(%)		52.17			47.83			100.00	

联裆鬲　共3件。HH55∶6，夹砂灰褐陶。侈口，方唇，沿下角较大，领部绳纹被抹，器表施印痕较浅的绳纹。残长9.4、残高8.2厘米（图2-151，15）。HH55∶8，夹砂灰陶。侈口，方唇，唇面有一道凹槽。残长8.8、残高4.7厘米（图2-151，17）。HH55∶10，夹砂灰陶。窄平折沿，圆唇。口径17、残高3.4厘米（图2-151，14）。

联裆甗　1件（HH55∶12）。夹砂红褐陶。残存甗腰，箅托较宽。残长10.2、残高3.7厘米（图2-151，16）。

高领罐　共2件。均泥质灰陶。卷沿。HH55∶3，尖圆唇，肩部施一周旋纹。口径12.2、残高8.1厘米（图2-151，1）。HH55∶14，圆唇。残长6.2、残高6.8厘米（图2-151，4）。

罐 1件（HH55：4）。泥质灰陶。平底，腹下部绳纹被抹。残长2.3、残高6厘米（图2-151，18）。

旋纹盆 1件（HH55：5）。泥质灰陶。卷沿，尖圆唇。残长11.6、残高6.4厘米（图2-151，7）。

豆 2件。HH55：2，泥质灰陶。尖圆唇，盘壁微敛，盘腹较浅，盘壁上施两周旋纹。口径14.2、残高6厘米（图2-151，2）。HH55：11，仅存豆柄。泥质灰陶。中部有一道凸棱。残高4.2厘米（图2-151，8）。

足根 共3件。均夹砂灰陶。HH55：7，圆柱状实足根，施纹理模糊的绳纹。残高5.3厘米（图2-151，10）。HH55：13，圆锥状实足根，足根内侧起脊。残高5厘米（图2-151，12）。HH55：15，柱状实足根。残高3.6厘米（图2-151，11）。

（5）骨器与骨料

骨铲 1件（HH55：1）。牛左肩胛骨内侧，长条形，内侧经过修整，修整面凹凸不平，一端有刃，为单面加工。残长14.6、残宽4.1、厚1.2厘米，重41.06克（图2-32，9）。

骨锥 1件（HH55：#44）。骨锥半成品，疑似用长骨骨干制成，整体呈三角形，边缘断裂，形状规整，一端平直且有打磨痕迹，另一端较尖锐。但尖端未修整，加工未完成。长8.2厘米（彩版三〇七，7）。

（6）年代

根据HH55出土陶器标本的式别特征，判断其年代为西周晚期偏晚。

HH55：4、6两件器物在西周晚期少见，怀疑是早期遗物混入。

54. 06QHH56

（1）形制与堆积

HH56位于HT2内，开口于②层下，被HH44打破，打破HH57。因东部与南部在探方外未清理，西南角又有断崖，故整体形状不明。探方内部分坑口呈不规则方形，壁呈陡坡状，坑底近平。东西残长3.63、南北残宽2.74、坑口距地表0.6、自深0.77米（图2-153）。

坑内为一次性堆积，土质较疏松，土色呈浅灰色，内含骨头、陶范、铜块、陶片等。

（2）陶范

HH56共出土陶范32块，总重量计有0.9千克。可辨识陶范所铸器形的有瓦纹簋盖立壁外范3、不明器范1、不明内芯2件。

瓦纹簋盖立壁外范 共3件。HH56：5，未见面层与背层之分，浇铸面呈青灰色，背面呈砖红色，不夹粗砂，范块较小，浇铸面残存瓦纹三道，瓦纹之间有刻划痕迹。背面凹凸不平。推测是簋盖立壁外范。范块残高3.6、残宽2.6、厚3.1厘米（图2-143，1）。HH56：6，断面可见面层与背层，背层残留不多，背料夹杂粗砂和小石子。浇铸面呈青灰色，背面呈砖红色。残留部分水平分范面，在远离浇铸面的一端还残留很小部分卯。浇铸面残留一道瓦棱纹，其下为素面，

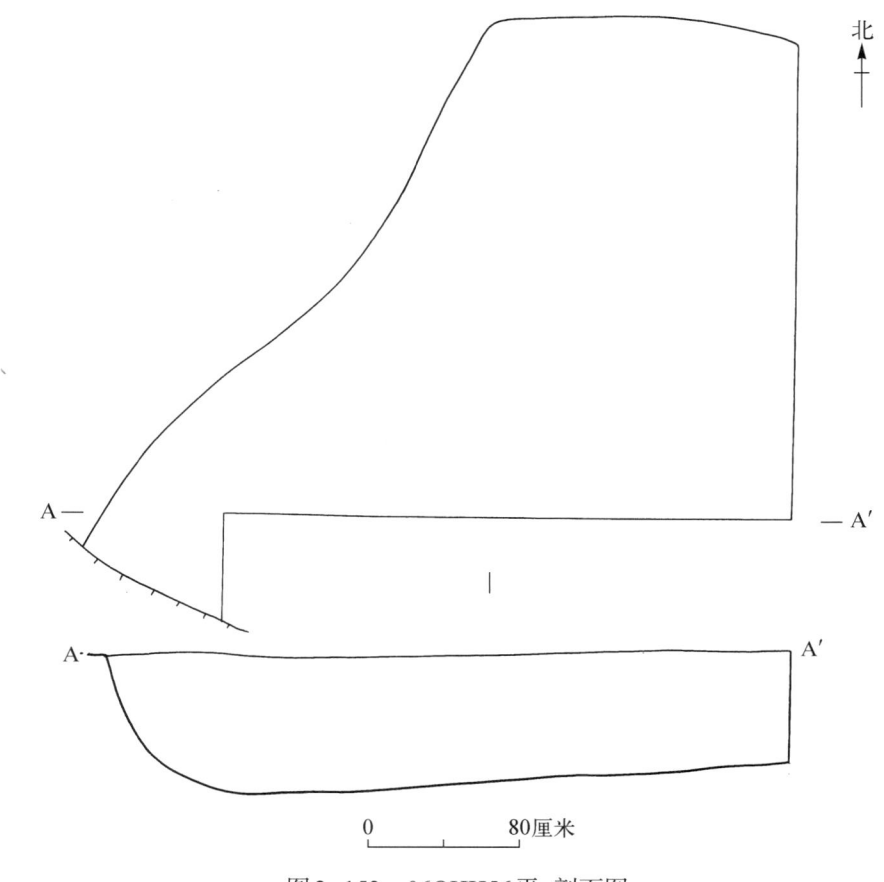

图2-153 06QHH56平、剖面图

应是簋盖立壁外范。背面凹凸不平。范块残高4.6、残宽4.6、厚1.5~3.1厘米（图2-143,3）。HH56：9，从残存形制看面层外框外侧高，中间内凹，断面可见面层与背层，背料夹杂粗砂和小石子。浇铸面呈青灰色，面层背面呈砖红色，背层呈灰褐色。残留一垂直方向分范面，未见榫卯结构。浇铸面残破，范面残留两道瓦纹，应是簋盖立壁外范。背面凹凸不平。范块残高5.2、残宽3.8、厚3厘米（图2-111,4）。

不明器范 1件（HH56：10）。未见面层与背层之分，范块厚大，各范面保存都不好。范面呈青灰色，背面呈浅砖红色。较完好的范面共两面，其中一面略内凹，边缘残存一凸起的小平台，可能是榫，高1.3厘米。另一面比较平整，与第一面垂直相接，且与榫的一侧面相连。背面残留几处完整的指窝按压痕迹。范块残长8.3、残宽4.2、厚4厘米。

不明内芯 共2件。HH56：7，表面呈青灰色，内部呈砖红色。原应为圆柱形，大部分已残，顶面有一小凸起，可能是榫。侧面隐约见刮削痕迹，内侧有一指窝按压痕迹。残高2.5、残宽2.9、厚0.6~1.4厘米。HH56：8，表面呈青灰色，内部呈棕黄色。一半已残，原为圆柱形。顶面残存一小部分，修治平整，内部有一下凹的平台，平整，其上似残存两道纹饰。侧面中部内凹，内凹部分与侧面其他部分均为统一的青灰色，即浇铸时其暴露在铜液当中，说明不是卯，反映了铸型的形制。芯残高1.5、半径约2厘米。

（3）铜器及铜块

铜锥 1件（HH56：11）。保存较好，表面锈蚀不严重。残长5.6厘米（彩版一七，2）。

（4）陶容器

HH56共出土陶片104片。陶质分为泥质和夹砂两类，泥质陶（77.88%）多于夹砂陶（22.12%）。陶色分为灰色及灰褐色，无褐陶，以灰色为主，约占总数的97.12%。纹饰有细、中、粗绳纹和素面、旋纹；以绳纹为主，约占总数的64.42%；其次为素面，约占总数的26.92%；旋纹约占总数的8.65%。器类丰富，有联裆鬲1、联裆甗1、器盖1、高领罐4、罐1、圈足器2、盆1件。

联裆甗 1件（HH56：2）。夹砂褐陶。残存甗腰，箅托较宽，施绳纹。残长12.1、残高5.6厘米（图2-154，17）。

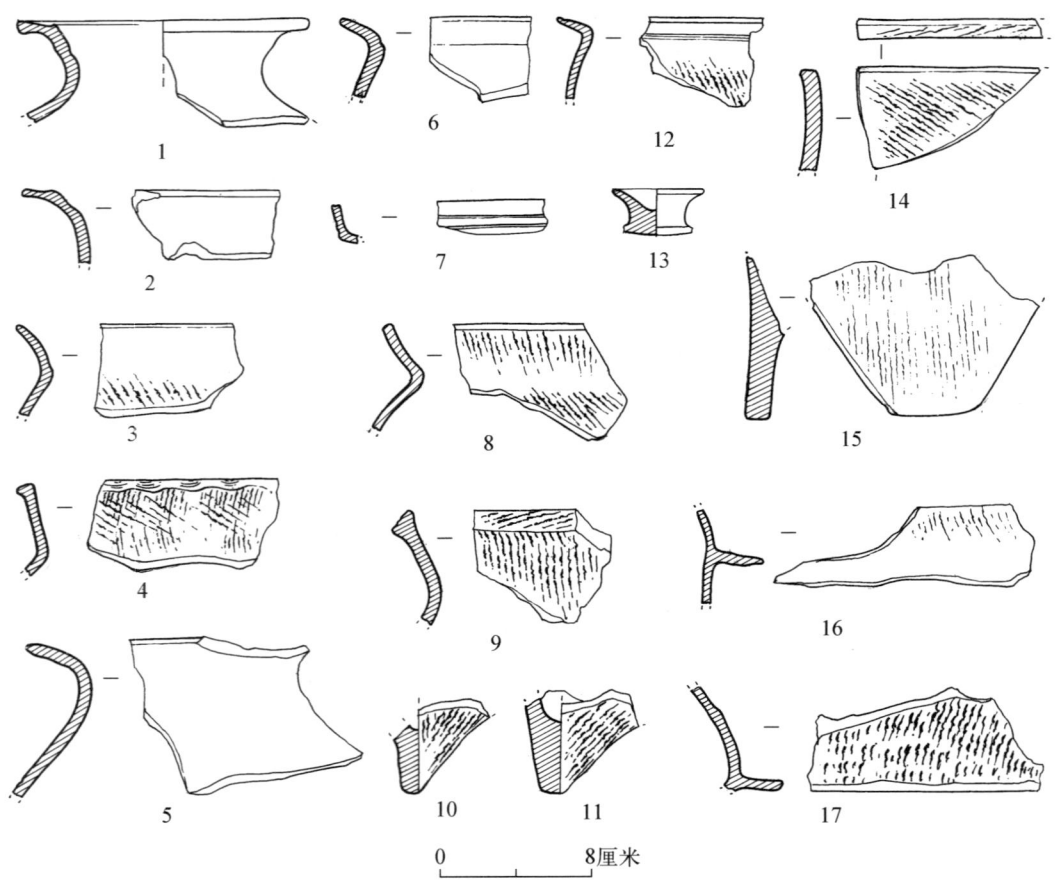

图2-154　06QHH56、HH57出土陶器

1、2. 高领罐（HH56：1、HH56：4）　3、12. 联裆鬲（HH57：14、HH57：16）　4、9、16、17. 联裆甗（HH57：10、HH57：6、HH57：5、HH56：2）　5. 小口罐（HH57：12）　6. 盆（HH57：15）　7. 豆（HH57：8）　8. 方唇罐（HH57：4）　10、11. 足根（HH57：13、HH57：11）　13. 器盖（HH56：3）　14. 瓦（HH57：7）　15. 三足瓮（HH57：9）

　　高领罐　共2件。均泥质灰陶。折沿，圆唇，高颈。HH56:1，颈外侧有一道凸起，内侧对应部位有一道凹槽，肩部隆起。口径15.3、残高5.8厘米（图2-154,1）。HH56:4，残长7.6、残高3.8厘米（图2-154,2）。

　　器盖　1件（HH56:3）。泥质黑皮，褐胎。杯形捉手。残高2.5厘米（图2-154,13）。

　　（5）年代

　　根据HH56出土陶器标本的式别特征，判断其年代为西周晚期偏晚。

　　55. 06QHH57

　　（1）形制与堆积

　　HH57位于HT2内，开口于②层下，被HH44、HH56打破，打破HH33。因HH57东部与北部在探方外未清理，故整体形状不明。探方内部分坑口呈长条形，壁较直，壁面较好，无加工痕迹，坑底呈南高北低的缓坡状。南北残长3.1、东西残宽1.19、坑口距地表0.6、自深1.1米（图2-155）。

　　坑内为一次性堆积，土质疏松，土色呈浅灰色，内含陶范、陶片、石器、瓦、骨头、草拌泥等。

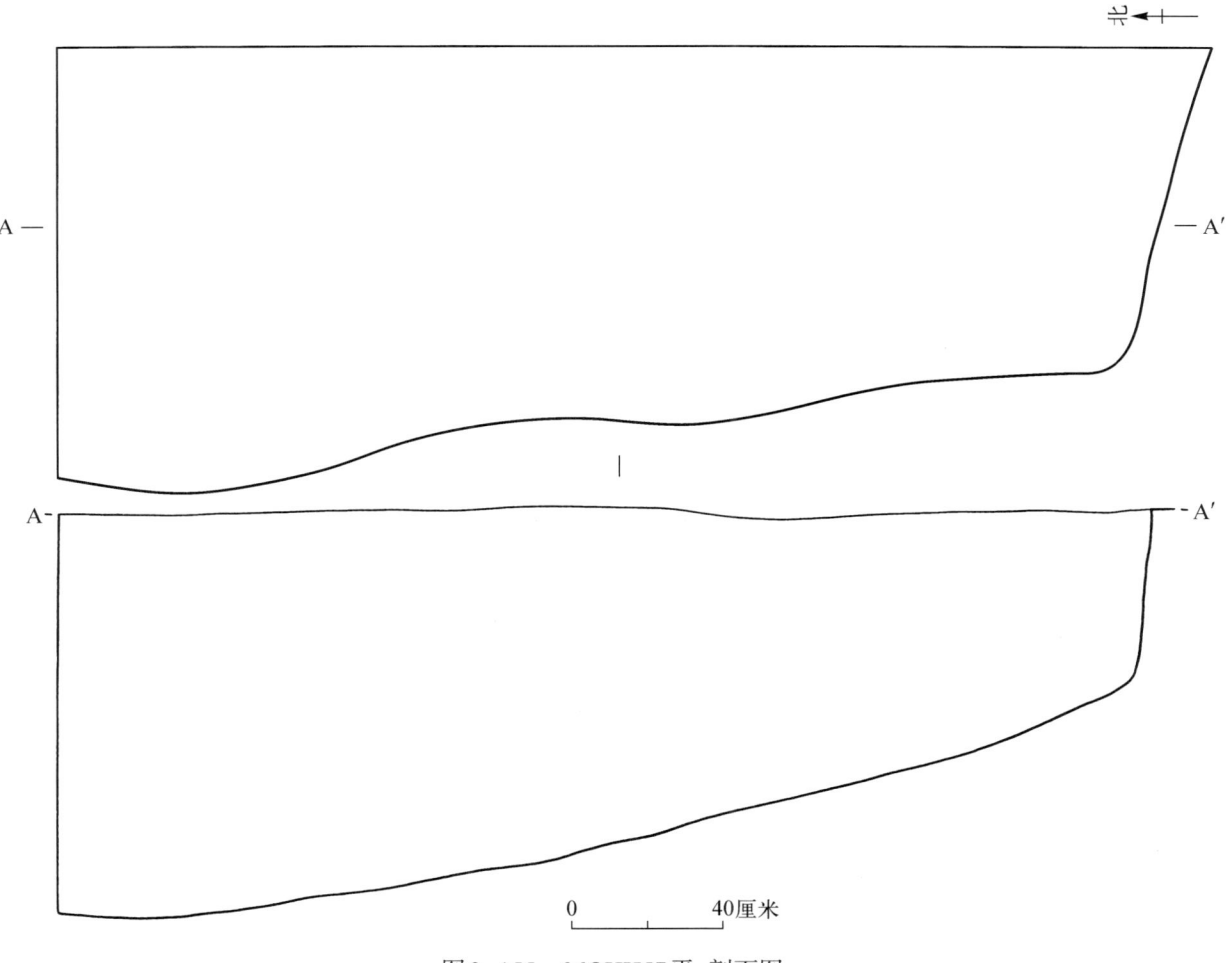

图2-155　06QHH57平、剖面图

（2）陶范

HH57共出土陶范13块，总重量计有0.65千克。可辨识陶范所铸器形的有钟外范1、波带纹管形器外范1件，另有范块稍大，有榫卯、分范面等特征，但不辨器形者4件，不明内芯1件。

钟外范　1件（HH57：20）。从残存形制看面层外框外侧高，中间内凹，背层已脱落殆尽。浇铸面与分范面呈青灰色，背面为棕黄色，无粗砂。有一垂直分范面，其上带方形卯，上大下小，卯底部残留刻划痕迹。还有一水平分范面，其上残留一道刻槽，可能是合范符号。浇铸面向内微弧，其上残留有纹饰，可见刻划痕迹。背面凹凸不平，残留指窝按压痕迹。范块残高5.7、残宽3.3、厚4.5厘米，卯残长2.7、残宽1.2、深0.9厘米（图2-143，8）。

波带纹管形器外范　1件（HH57：26）。未见明显的面层与背层之分，浇铸面与分范面呈青灰色，背面呈砖红色，与HH11：58同为管形器外范，但仅存一小部分纹饰。保存有一分范面，上有一细长榫，长2.4、宽0.4、高0.3厘米。浇铸面内凹，型腔内面末端可见一与芯头相接的三角形小榫。与浇铸面相对的背面平整，与分范面成直角相交，其上刻划有两道阴线，可能是合范符号。范块残长5.7、残宽4.2、厚3.6厘米（图2-143，10）。

不明器范　共4件。HH57：17，断面可见面层与背层之分，背料无粗砂，但孔隙明显较面层多。范面呈青灰色，背面呈砖红色。范面向内微弧，中部带凹槽，剖面呈“V”形。其两侧各有一较完整的范边，原形状应近长方形。范块残长3.2、宽3.1、厚3.1厘米（图2-143，4）。HH57：18，未见面层与背层之分，范面呈青灰色，背面呈棕黄色，无粗砂。范面共两面，一面较平整，另一面与其垂直相接，在近底部时突然折下，并向内微弧。背面滚磨严重。范块残高3.7、残宽4.1、厚3.5厘米。HH57：23，从残存形制看面层外框外侧高，中间内凹，背层已脱落殆尽。浇铸面与分范面呈青灰色，面层背面呈砖红色，无粗砂。范面共两面，皆平直，相交成直角，其中一面表面带小圆坑。背面凹凸不平，残留指窝按压痕迹。范块残长8.1、残宽6.5、厚1~2.8厘米（图2-124，5）。HH57：24，未见面层与背层之分，浇铸面与分范面呈青灰色，背面为灰褐色。分范面平整，其上带长方形榫。浇铸面范面平直，中部有较大转折。与浇铸面相对的范面稍平整，近砖红色，应是范的外表面。范块残长4.7、宽4、厚2.2厘米，榫长3.8、宽1.9、高0.8厘米（图2-12，1）。

不明内芯　1件（HH57：25）。表面呈青灰色，内部呈灰褐色。底部已残，上细下粗，平面近半圆形，较直的侧面有一垂直方向的椭圆形凹槽，其外侧还有略内凹的芯面，应当是分范面与卯。与卯相对的侧面刻划一道短细直线。表面修治平整，隐约见有刮削痕迹。芯残高2.4、半径约2.5厘米，卯长1.5、宽0.7、深约0.3厘米（图2-124，6）。

（3）炉壁

HH57共出土炉壁28块，总重量计有2.1千克。标本HH57：27，砂质炉，保留有炉衬层与少量基体层。衬面呈浅灰色，烧结不甚严重，表面已开裂，未粘附铜液，厚约0.5~1厘米。炉壁基体仅残留很少部分，由细砂组成，呈砖红色。应属坩埚一类遗物，残块过小，直径不详。弦长

3.8、弦高4.5、厚1.4厘米，重19.7克。

（4）陶容器

HH57出土陶片近300片。陶质分夹砂与泥质两类，数量相当，夹砂者稍占优。陶色以灰陶为主，占80%稍强，灰褐陶所占比例超过15%，褐陶比例不足2%。器类中以联裆鬲最多，4件（表2-25）。

表2-25　06QHH57出土陶片陶系、纹饰及器类统计表

陶质		夹　　砂			泥　　质			合计	百分比(%)
纹饰与器类	陶色	灰	褐	灰褐	灰	褐	灰褐		
纹饰	中绳纹	96	5	45	36			182	63.86
	素面				43			43	15.09
	细绳纹				38			38	13.33
	旋纹				22			22	7.72
合计		96	5	45	139			285	100.00
百分比(%)		33.68	1.75	15.79	48.77			99.99	
		51.22			48.77				
器类	豆	1						1	6.67
	三足瓮	1						1	6.67
	瓦					1		1	6.67
	方唇罐					1		1	6.67
	器盖					1		1	6.67
	联裆甗	3						3	20.00
	罐					2		2	13.33
	盆					1		1	6.67
	联裆鬲	4						4	26.67
合计		9			6			15	100.02
百分比(%)		60.00			40.00			100.00	

联裆鬲　共2件。均夹砂。尖圆唇。HH57：14，灰陶。折沿，鼓腹，腹部绳纹无条理，印痕较浅。残长7.7、残高5.2厘米（图2-154，3）。HH57：16，红褐陶，胎较薄。平折沿，沿面较窄，外缘有一道凹槽，直腹微鼓，施印痕较深中绳纹。残长6.2、残高4.8厘米（图2-154，12）。

联裆甗　共3件。均夹砂。HH57：5，灰褐陶，胎较薄。残存甗腰，箅托较窄，绳纹模糊。残长13.3、残高4.4厘米（图2-154，16）。HH57：6，褐陶，胎较厚。侈口，方唇，沿较宽，唇部施条理清楚绳纹，沿外侧及腹部绳纹较模糊。残长6.9、残高6.1厘米（图2-154，9）。HH57：10，黄褐陶。侈口，方唇，沿较宽，唇部按压绳纹，沿外侧绳纹模糊。残长9.1、残高4.9厘米（图2-154，4）。

小口罐　1件（HH57：12）。泥质黑皮，褐胎。卷沿，圆唇，沿下角较小，高颈，广肩隆起，肩部施旋纹。残长9.9、残高8.4厘米（图2-154，5）。

方唇罐　1件（HH57：4）。泥质灰陶。折沿，方唇，沿面内凹，肩部隆起，唇面绳纹模糊，沿外侧及腹部施绳纹。残长8、残高6.4厘米（图2-154，8）。

盆　1件（HH57：15）。泥质灰黑陶。折沿，尖圆唇，折沿部位有一道浅凹槽，直腹。残长5、残高4.7厘米（图2-154，6）。

豆　1件（HH57：8）。夹砂灰褐陶，胎较薄。方唇，折壁，唇面有一道凹槽，壁有两道凹槽。残长5.6、残高1.8厘米（图2-154，7）。

三足瓮　1件（HH57：9）。夹砂褐陶。扁状足较高，绳纹较细且模糊。残高8.9厘米（图2-154，15）。

足根　共2件。均夹砂灰黑陶。尖锥状足。HH57：11，实足根较高，绳纹较粗。残高5.6厘米（图2-154，11）。HH57：13，陶色斑驳不均。绳纹印痕较深。残高5厘米（图2-154，10）。

（5）石器（含砺石）

石刀　共2件。均磨制。HH57：1，青色。有一双面对钻而成的孔，孔较规整。残长1～4.1、残宽5.1、孔径1.6、厚0.4厘米（图2-58，6）。HH57：2，灰色。较厚，双面刃，较钝，有使用痕迹，可见一对钻而成的孔。残长3.7～5.2、宽5.1、厚0.6厘米（图2-101，5）。

带孔石锤　1件（HH57：3）。砂岩。无孔，形制近同带孔石锤，推测为带孔石锤，但不排除为砺石的可能性。残宽6.2、高4.9、厚2.5厘米（图2-18，4）。

（6）骨器

骨料　1件（HH57：#10）。制骨废料，部位为牛桡骨近端，关节面以下约4厘米处被锯断，断口齐整，推测为取骨干部位为坯料后丢弃。残长5.6、宽3.8厘米。

（7）其他

瓦　1件（HH57：7）。残长9.6、残宽5.2、厚0.9厘米（图2-154，14）。

（8）年代

根据HH57出土陶器标本的式别特征，判断其年代为西周晚期偏早。

56.06QHH58

（1）形制与堆积

HH58位于HT13内，开口于②层下，打破HH61。因HH8东部探方外未清理，故整体形状不明。探方内部分坑口呈不规则圆形,壁呈斜坡状,底呈锅底状。南北长2.5、东西残宽2.23、坑口距地表0.7、自深0.63米(图2-156)。

坑内为一次性堆积,土质致密,土色灰褐色,内含骨头、陶范、陶片、石器、瓦等。

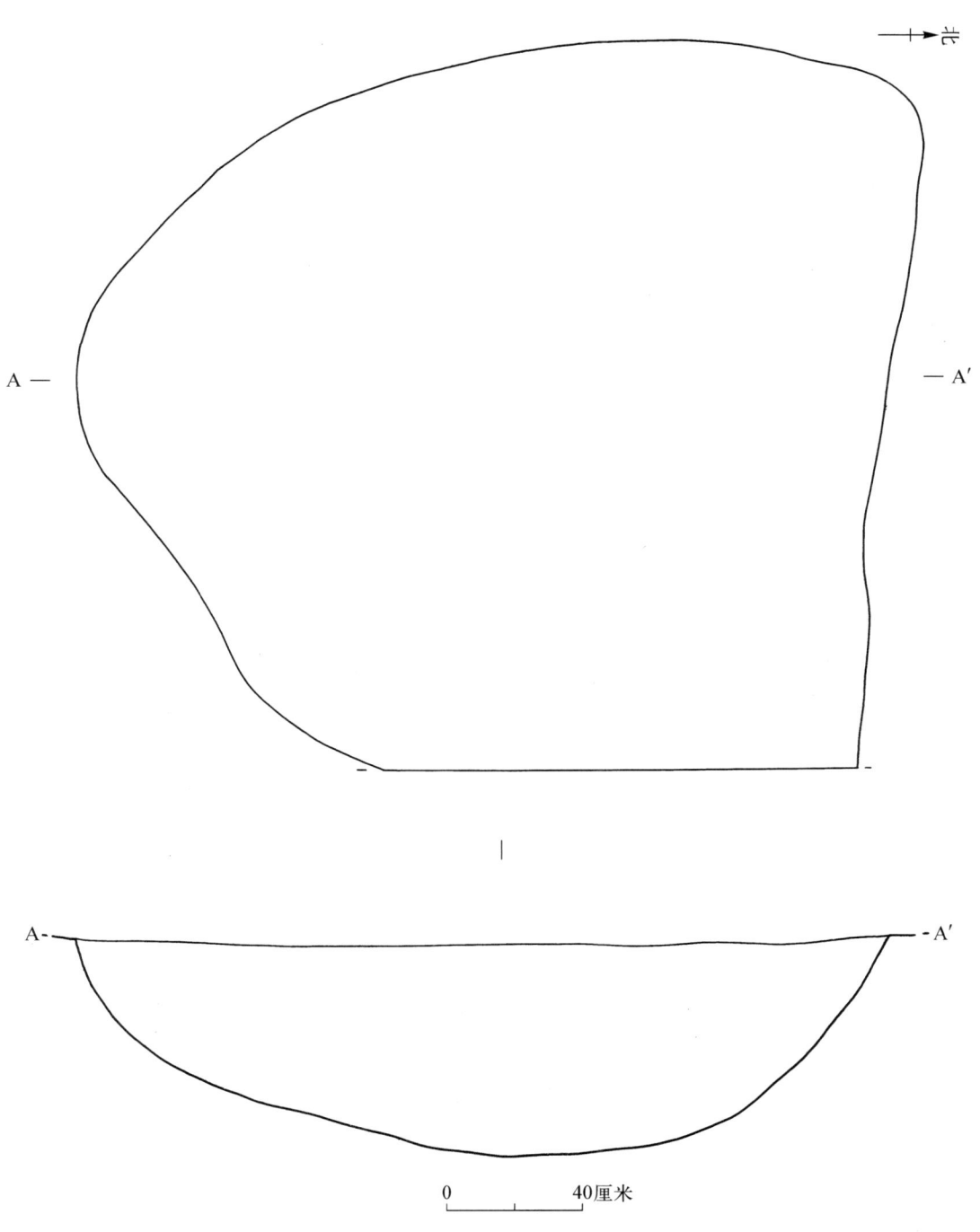

图2-156　06QHH58平、剖面图

（2）陶范

HH58共出土陶范12块，总重量计有0.69千克，无可辨识器形者。

不明器范　1件（HH58：35）。未见面层与背层之分，长方体形，各面均呈青灰色，一端已残，可见内部为砖红色。浇铸面上有一椭圆形凸起，长2.6、宽0.9～1.9、高0.7厘米。推测该陶范与另一块带相同形状凹面的范组成铸腔，铸造铜泡一类器物。范块长6.2、宽3～3.5、厚约2.7厘米（图2-143，2）。

除陶范标本外，其余陶范块过于碎小，但有两件陶范值得注意，其中一件范面呈青灰色，有十字榫，另一件范面呈青灰色，顶部下方有较深的凹槽，推测可能是容器口沿部分的残块。

（3）陶容器

HH58出土陶片数量近700片。陶质分夹砂与泥质两类，夹砂者较多，近54%。陶色以灰陶为主，占73%稍强，灰褐陶所占比例超过13%，褐陶比例超过13%。器类较丰富，联裆鬲占比约40%，另外还发现瓦1件（表2-26）。

表2-26　06QHH58出土陶片陶系、纹饰及器类统计表

陶质		夹　砂			泥　质			合计	百分比（%）
纹饰与器类 \ 陶色		灰	褐	灰褐	灰	褐	灰褐		
纹饰	粗绳纹	47			60			107	15.95
	中绳纹	120	45	44	66			275	40.98
	细绳纹	16	45	44	65			170	25.34
	素面				80			80	11.92
	旋纹				39			39	5.81
合计		183	90	88	310			671	100.00
百分比（%）		27.27	13.41	13.11	46.20			99.99	
		53.79			46.20				
器类	联裆鬲	20						20	40.82
	仿铜鬲	1						1	2.04
	联裆甗	4						4	8.16
	瓦					1		1	2.04
	三足瓮	1						1	2.04
	豆					4		4	8.16

陶质		夹　砂			泥　质			合计	百分比 (%)
陶色 纹饰与器类		灰	褐	灰褐	灰	褐	灰褐		
器类	敛口钵				1			1	2.04
	盆				2			2	4.08
	高领罐				8			8	16.33
	盆罐类				4			4	8.16
	大口尊				1			1	2.04
	圈足器				2			2	4.08
合计		26			23			49	99.99
百分比(%)		53.06			46.94			100.00	

联裆鬲　共7件。HH58:4,夹砂灰陶。卷沿,尖圆唇,腹部微鼓,器表施斜行绳纹。残长10.2、残高6厘米(图2-157,16)。HH58:7,夹砂灰陶。侈口,圆方唇,唇面及领部施绳纹。残长7.4、残高3.4厘米(图2-158,19)。HH58:25,夹砂灰陶,折沿近平,圆唇,沿面内缘有一道较细的弦纹,器表施印痕较浅的绳纹。残长7、残高5.9厘米(图2-157,10)。HH58:27,夹砂灰陶。侈口,尖圆唇,唇面及器表施绳纹。口径19.3、残高5.4厘米(图2-158,14)。HH58:28,夹砂灰陶。侈口,圆唇,沿下角较大,器表施纹理模糊的绳纹。残长9.2、残高5.1厘米(图2-157,6)。HH58:30,夹砂褐陶。窄平折沿,领部绳纹被抹,领腹交界处有一周弦纹,器表施竖行绳纹。残长7.8、残高6.1厘米(图2-157,12)。HH58:32,夹砂红陶。侈口,卷沿,沿下角较大。残长7.8、残高3.3厘米(图2-158,10)。

仿铜鬲　1件(HH58:15)。夹砂灰陶,侈口,尖圆唇,器表施较细的斜行绳纹,腹部有一道扉棱。怀疑是混入的早期遗物。口径14.4、残高7.6厘米(图2-157,17)。

联裆甗　共3件。均夹砂灰陶。HH58:6,窄平沿,方唇,领部较直,沿面外缘有一道凹槽,器表施斜行绳纹。口径45.7、残高6.7厘米(图2-157,20)。HH58:9,残存甗腰,箅托较宽。残长3.2、残高2.9厘米(图2-158,20)。HH58:23,卷沿,方唇,唇面施绳纹,领部绳纹被抹。残长7.3、残高3.2厘米(图2-157,13)。

高领罐　共4件。均泥质灰陶。HH58:3,折沿近平,尖圆唇,沿面内缘和下部有一道凹槽,肩部施数周弦纹。口径16、残高11厘米(图2-157,18)。HH58:5,窄平折沿,方唇,沿面内缘有一道弦纹,下部有一道较深的凹槽。残长7.2、残高5.7厘米(图2-158,2)。HH58:14,窄平折沿,圆唇,沿下角较大,沿面内缘和下部施较细的弦纹。口径16、残高3.4厘米(图2-157,

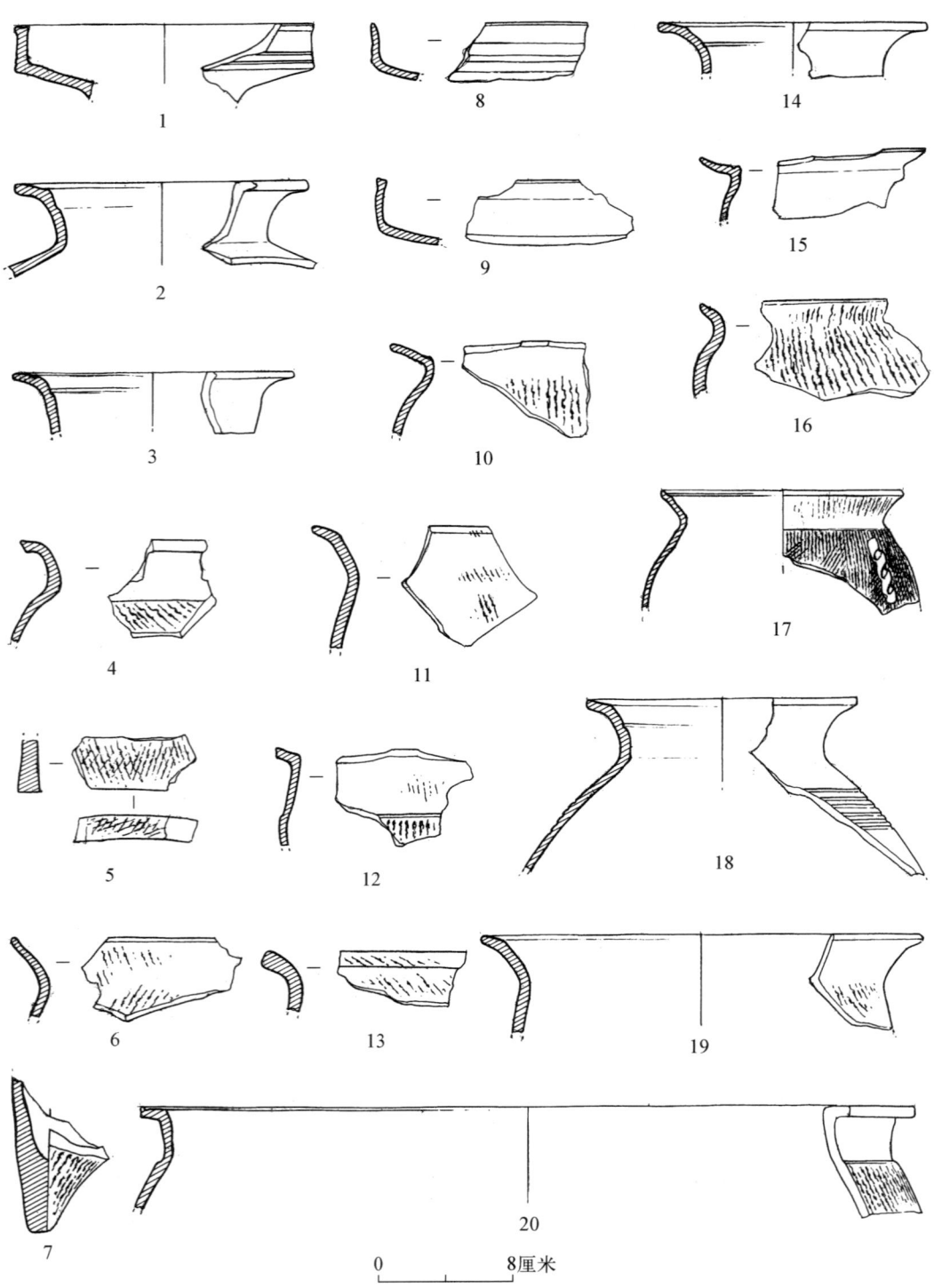

图2-157　06QHH58出土陶器

1、8、9. 豆（HH58：22、17、16）　2、14、18. 高领罐（HH58：20、14、3）　3. 罐（HH58：26）　4、15. 盆（HH58：34、10）
5. 瓦（HH58：8）　6、10、12、16. 联裆鬲（HH58：28、25、30、4）　7. 足根（HH58：24）　11、19. 大口尊（HH58：13、21）
13、20. 联裆甗（HH58：23、6）　17. 仿铜鬲（HH58：15）

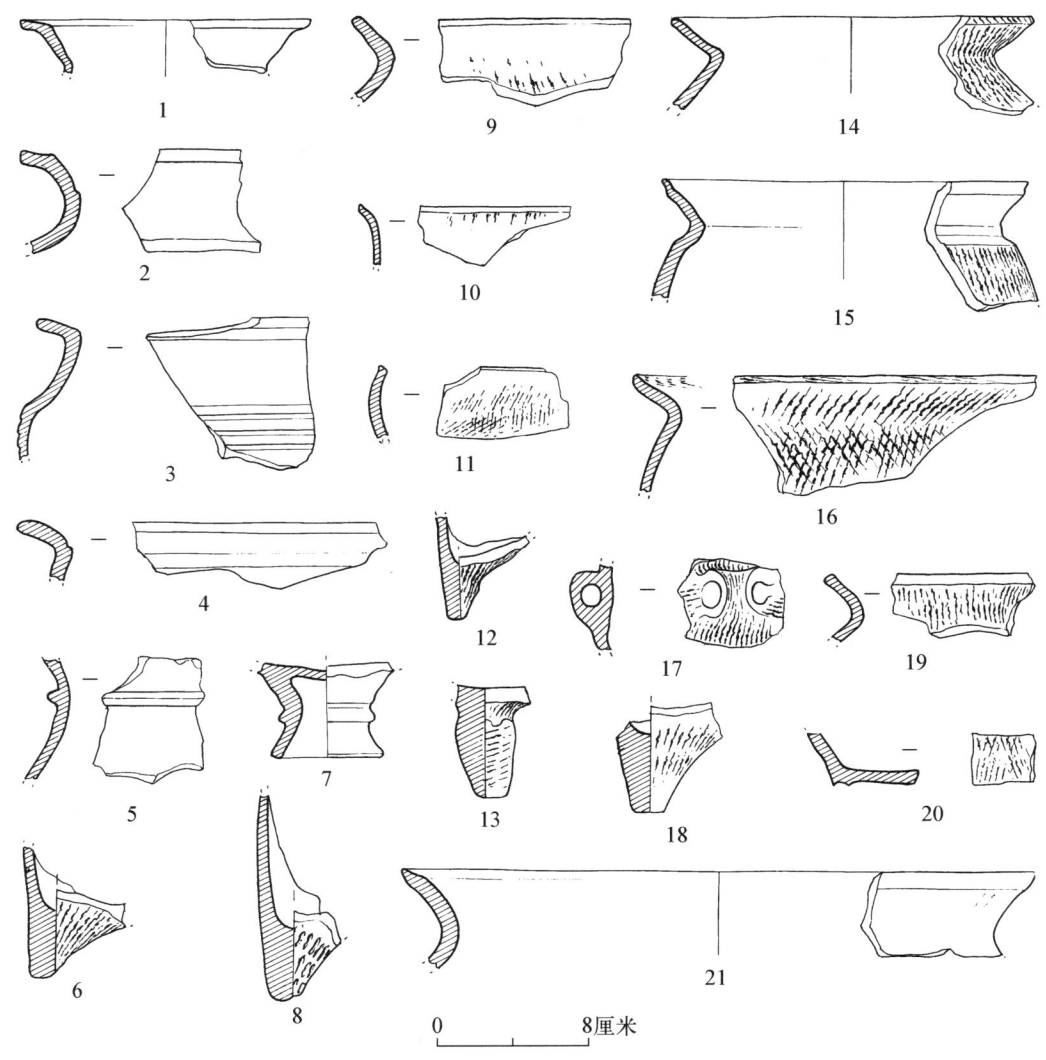

图2-158　06QHH58、HH59出土陶器

1、2.高领罐（HH59：5、HH58：5）　3.旋纹盆（HH59：9）　4.盆（HH59：6）　5、7.豆柄（HH58：19、HH59：12）
6、8、12、13、18.足根（HH58：31、HH58：12、HH59：7、HH58：29、HH58：11）　9、16、20.联裆瓺（HH59：3、HH59：10、HH58：9）
10、14、15、19、21.联裆鬲（HH58：32、HH58：27、HH59：8、HH58：7、HH59：13）　11.敛口钵（HH58：18）　17.器耳（HH58：33）

14）。HH58：20，窄平沿，圆唇，领部较直，沿面内缘和下部有一道凹槽。口径17.4、残高5.4厘
米（图2-157，2）。

　　罐　1件（HH58：26）。泥质灰陶。折沿近平，圆唇，沿面内缘有一道依稀可见的绳纹，下
部有一道凹槽，沿下角较大。口径16.7、残高3.7厘米（图2-157，3）。

　　盆　共2件。均夹砂灰陶。HH58：10，平折沿，尖圆唇，沿面内缘有一道凸棱，腹部较直。
残长8.5、残高4厘米（图2-157，15）。HH58：34，卷沿，方唇，器表施斜行绳纹。残长6.2、残高
6厘米（图2-157，4）。

豆　共3件。均泥质灰陶。HH58：16，方唇，盘壁较直，盘腹较浅。残长9.8、残高4厘米（图2-157，9）。HH58：17，尖圆唇，器壁较薄，盘壁的弦纹模糊。残长7.2、残高3.6厘米（图2-157，8）。HH58：22，方唇，盘壁微敛，盘腹较浅，唇面有一道凹槽，盘壁施两道弦纹。口径17.7、残高4.8厘米（图2-157，1）。

豆柄　1件（HH58：19）。泥质灰陶。有一道凸棱。残高7.1厘米（图2-158，5）。

敛口钵　1件（HH58：18）。泥质灰陶。圆唇，器表施纹理模糊的细绳纹。残长6.8、残高4厘米（图2-158，11）。

大口尊　共2件。均泥质灰陶。侈口，尖圆唇，素面。HH58：13，沿下角较大。残长7.7、残高7.3厘米（图2-157，11）。HH58：21，口径26、残高5.8厘米（图2-157，19）。

器耳　1件（HH58：33）。泥质灰陶。拱形钮，器表施较细的绳纹。残长5.5、残高4.8、孔径1厘米（图2-158，17）。

足根　共5件。均夹砂灰陶。HH58：11，圆锥状，足尖钝平，实足根。残高6厘米（图2-158，18）。HH58：12，尖锥状，施纹理模糊的绳纹。残高11.2厘米（图2-158，8）。HH58：24，圆锥状实足根，器表施纹理模糊的绳纹。残高9.3厘米（图2-157，7）。HH58：29，呈上大下小的形状，上部和陶片连在一起，或可能为瓦钉。残高6.3厘米（图2-158，13）。HH58：31，尖锥状实足根，施纹理模糊的绳纹。残高7.2厘米（图2-158，6）。

（4）陶质小件

陶纺轮　1件（HH58：2）。泥质灰陶。纵截面为长方形，中间有一圆孔。直径5.7、厚1.4、孔径0.9厘米（图2-36，7）。

（5）石器（含砺石）

石刀　1件（HH58：1）。青色，磨制而成。较厚，单面刃，有使用痕迹。残长5.6、残宽3.5、厚0.7厘米（图2-58，2）。

（6）其他

瓦　1件（HH58：8）。泥质灰陶。施斜行绳纹。残长6.8、残宽3.2、厚1.2厘米（图2-157，5）。

（7）年代

根据HH58土陶器标本的式别特征，判断其年代为西周晚期偏晚。

57. 06QHH59

（1）形制与堆积

HH59位于HT9内，开口于③层下，被HH35、HH37打破，打破HH64。坑口呈不规则椭圆形，壁呈斜坡状，坑底凹凸不平。东西长2.59、南北宽1.95、坑口距地表0.96、自深0.66米（图2-159）。

坑内为一次性堆积，土质较疏松，呈颗粒状，土色呈灰褐色，夹杂烧土粒，内含陶范、铜片、陶片、石器等。

（2）陶范

HH59共出土陶范131块，总重量计有3.15千克。可辨识陶范所铸器形的有龙纹模1、器足外范1、重环纹外范1、不明容器外范6件，另有范块稍大，有榫卯、分范面等特征，但不辨器形者1件。

龙纹模 1件（HH59：19）。青灰色。残，仅存一角，正面可见隆起的龙身，龙身上施有麟纹，可见刻划痕迹。背面残，底面有一完整边，后端略向上折，侧边有一指窝。长3.2、宽2.7、厚3.8厘米（图2-143，7）。

器足外范 1件（HH59：22）。断面

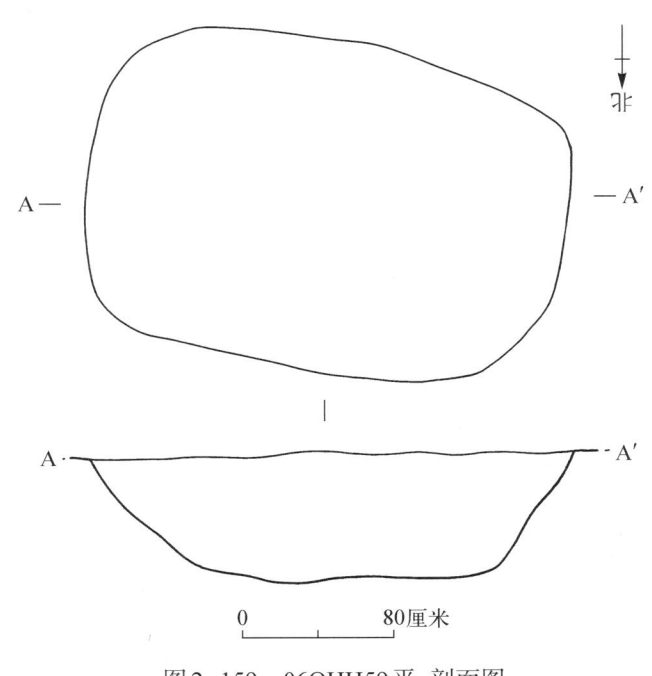

图2-159 06QHH59平、剖面图

可见面层与背层之分，分界线不明显，背料无粗砂，孔隙较面层多。浇铸面呈青灰色，背面呈砖红色。残存一垂直方向分范面，其上有一卜字形细长榫。浇铸面呈内凹的弧形，背面凹凸不平，可能是鼎类柱足外范。范块残高4.7、残宽3.6、厚3.3厘米，榫长2.6、高0.3厘米（图2-160，6）。

重环纹外范 1件（HH59：25）。断面可见面层与背层，背料夹杂小石子。浇铸面呈青灰色，背面呈灰褐色。浇铸面向内微弧，可见一残重环纹及一道阴线。重环纹局部脱落，可见凸起的阳线下有相应的刻划沟槽，应是先刻划底稿线，再填充堆塑泥条。背面凹凸不平。范块残高3.9、残宽3、厚3厘米（图2-160，4）。

不明容器外范 共6件。HH59：15，断面可见面层与背层之分，背料无粗砂，孔隙较面层多。范面部分呈青灰色，余者呈砖红色，背面呈灰褐色。范面一面较平，另一面向内微弧，其上带半月形凹窝。背面凹凸不平，残留指窝按压痕迹。范块残长7.8、残宽3.8、厚3.5厘米（图2-124，7）。HH59：16，未见面层与背层之分，范面呈青灰色，背面呈砖红色，无粗砂。左右两侧和底部已残，范面共两面，顶部较平，侧面向内圆弧，中部带凹槽，凹槽内壁还有一道凸起直线。范块残长5.3、残宽2.7、厚2.8厘米（图2-124，8）。HH59：17，断面未见明显面层与背层之分，浇铸面呈青灰色，其余均呈砖红色。保存较好的范面共三面，顶部和侧面较平，应为分范面，内侧的浇铸面呈内凹的圆弧形。背面外鼓，未经修治。范块残高3.5、残宽6.7、厚3.6厘米。HH59：18，从残存形制看面层外框外侧高，中间内凹，背层已脱落殆尽。浇铸面与分范面呈青灰色，面层背面呈砖红色，无粗砂。保存范底端、容器浇铸面和垂直分范面，垂直方向分范面上有一横向的长方形榫。浇铸面向内微弧，其上有一较深的凹槽，剖面呈"U"形。背面

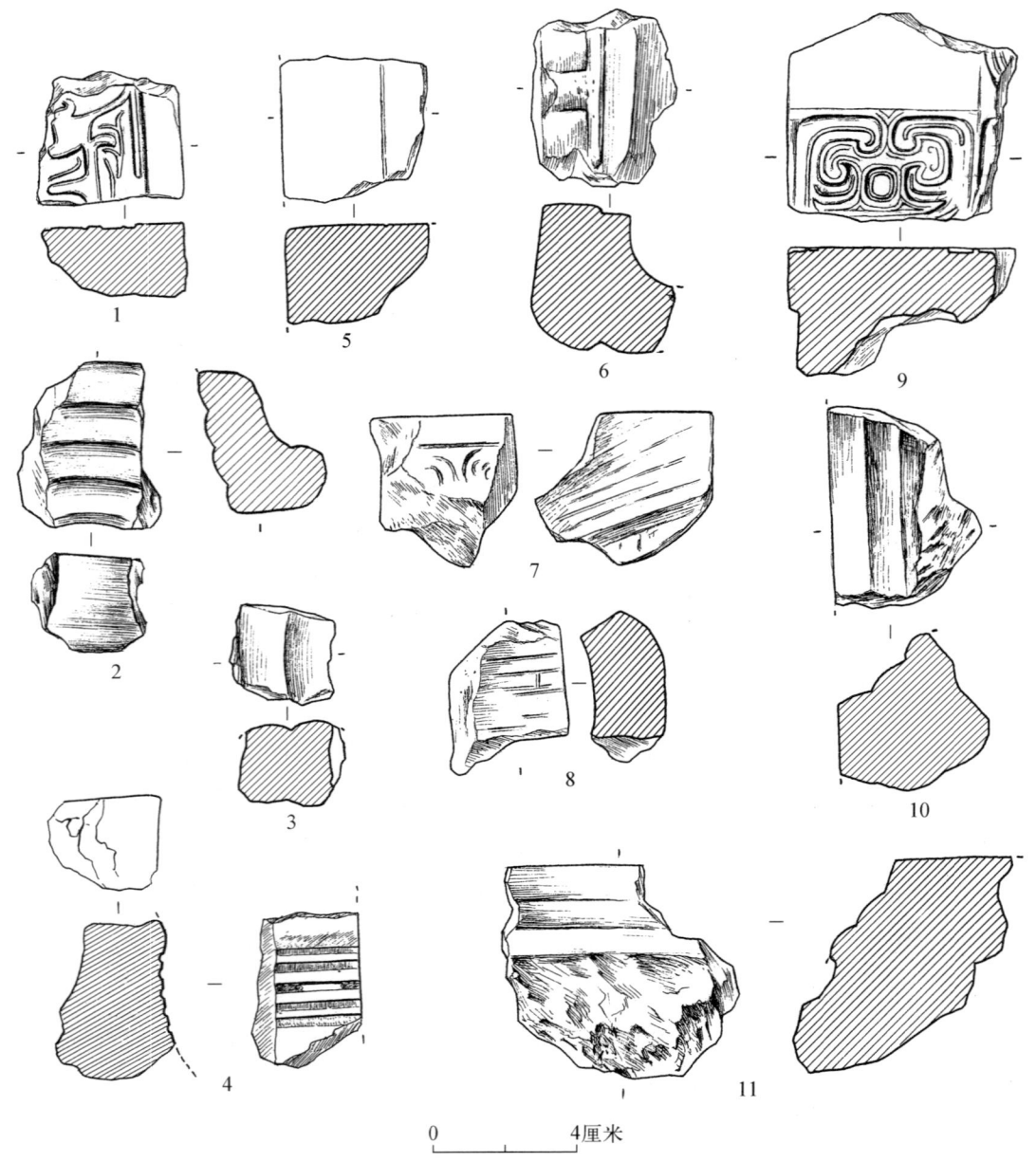

0　　　　　　4厘米

图2-160　06QHH59、HH60、HH61出土陶范

1. 窃曲纹鼎外范（HH60∶21）　2. 瓦纹簋盖顶外范（HH60∶24）　3. 瓦纹外范（HH60∶22）　4. 重环纹外范（HH59∶25）
5. 不明器范（HH61∶14）　6. 器足外范（HH59∶22）　7、8. 不明容器外范（HH60∶25、HH61∶13）　9. 窃曲纹方座外范（HH60∶17）
10、11. 瓦纹簋盖立壁外范（HH60∶19、HH60∶23）

凹凸不平。可能为容器圈足位置外范。范块残高6.1、残宽7.2、厚4.6厘米，榫长2、宽0.7、高0.3厘米（图2-143，6）。HH59∶20，未见面层与背层之分，浇铸面呈青灰色，背面呈红褐色，与HH59∶18保存部位相似，残存范底端及容器浇铸面，浇铸面向内微弧，其上有一较深的凹槽，相当于圈足底部型腔，形制不甚规整。背面凹凸不平。范块残高7.3、残宽3.6、厚2.4厘米（图

2-143，9）。HH59∶23，未见面层与背层之分，范块很小，各面均呈砖红色，浇铸面保留有瓦纹纹饰，未见刻划痕迹。背面凹凸不平。器形不明。范块残高3、残宽2.8、厚2.1厘米。

不明器范　1件（HH59∶14）。未见面层与背层之分，范面呈青灰色，背面呈灰褐色。范面较平整，微微外鼓，一侧残存长条形榫，保存不佳。背面凹凸不平。范块残长5.6、残宽4.3、厚2.2厘米，榫残长3.5、残宽1、高0.4厘米。

（3）铜器及铜块

铜片　1件（HH59∶27）。厚约0.2厘米，铜含量85.2%，锡含量9.2%，α固溶体树枝晶偏析，晶间锈蚀，存在少量共析体，存在颗粒状和少量菊花状Cu_2S夹杂物，为铜锡合金（检测编号ZJT21-2；彩版二九九，5）。

（4）陶容器

HH59出土陶片数量超过200片。陶质分夹砂与泥质两类，以泥质者为主，超过60%。陶色以灰陶为主，占91%稍强，灰褐陶所占比例超过8%，无褐陶。器类有联裆鬲、联裆甗、旋纹盆、豆、盆、高领罐，其中联裆鬲和联裆甗比例60%（表2-27）。

表2-27　06QHH59出土陶片陶系、纹饰及器类统计表

陶质 陶色 纹饰与器类		夹　砂			泥　质			合计	百分比 （%）
		灰	褐	灰褐	灰	褐	灰褐		
纹饰	粗绳纹	12			7			19	7.92
	中绳纹	61		16	52			129	53.75
	旋纹				26			26	10.83
	素面			5	61			66	27.50
合计		73		21	146			240	100.00
百分比（%）		30.42		8.75	60.83			100.00	
		39.17			60.83				
器类	联裆鬲	3						3	30.00
	联裆甗	3						3	30.00
	旋纹盆				1			1	10.00
	豆				1			1	10.00
	盆				1			1	10.00
	高领罐				1			1	10.00
合计		6			4			10	100.00
百分比（%）		60.00			40.00			100.00	

联裆鬲　共2件。均夹砂灰陶。HH59：8，侈口，卷沿，沿外侧方唇，沿外缘有一道细凸棱。口径19.4、残高7厘米（图2-158，15）。HH59：13，侈口，尖圆唇，沿下角较大。口径33.5、残高4.5厘米（图2-158，21）。

联裆甗　共2件。均夹砂灰陶。HH59：3，侈口，方唇，沿下角较大，沿面内缘有一道依稀可见的绳纹。残长9.9、残高4.8厘米（图2-158，9）。HH59：10，侈口，方唇，沿下施印痕较深的斜行绳纹，器表施交错绳纹。残长15.8、残高6.7厘米（图2-158，16）。

高领罐　1件（HH59：5）。泥质灰陶。窄平沿，尖圆唇。残长15.2、残高3厘米（图2-158，1）。

旋纹盆　1件（HH59：9）。泥质灰陶。平折沿，圆唇，肩部施数周旋纹。残长8.3、残高8.4厘米（图2-158，3）。

盆　1件（HH59：6）。泥质灰陶。宽折沿近平，圆唇，沿面内缘有一道凹槽。残长13.2、残高3.5厘米（图2-158，4）。

豆柄　1件（HH59：12）。泥质灰陶。柄部有一道凸棱，柄部较矮。残高5.3厘米（图2-158，7）。

足根　1件（HH59：7）。夹砂灰陶。实足根较矮，施纹理模糊的绳纹。残高5.6厘米（图2-158，12）。

（5）石器（含砺石）

石刀　共2件。均青色，磨制。单面刃，有使用痕迹，可见一对钻而成的孔。HH59：1，残高5.3、宽6.1、厚0.5厘米（图2-58，1）。HH59：2，残长5.2、宽5.3、厚0.5厘米（图2-101，3）。

（6）年代

根据HH59出土陶器标本的式别特征，判断其年代为西周晚期偏晚。

58. 06QHH60

（1）形制与堆积

HH60位于HT9内，开口于②层下，打破HH38与HH63。因HH60南部在探方外未清理，故整体形状不明。探方内部分坑口呈不规则方形，壁呈陡坡状，坑底凹凸不平。南北残长2.37、东西宽1.73、坑口距地表0.82、自深0.51米（图2-161）。

坑内为一次性堆积，土质较致密，土色呈灰褐色泛白，内含红烧土粒、兽骨、陶范、铜渣、陶片、石器等。

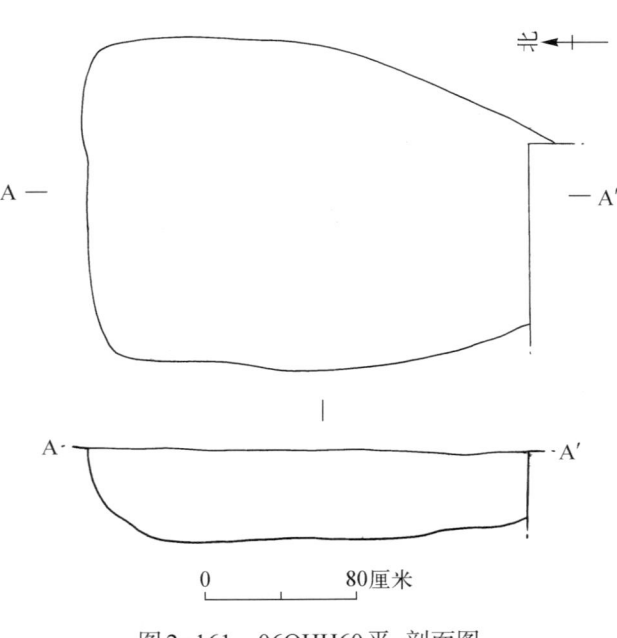

图2-161　06QHH60平、剖面图

（2）陶范

HH60共出土陶范44块，总重量计有1.4千克。可辨识陶范所铸器形的有垂鳞纹模1、不明器模1、窃曲纹鼎外范1、瓦纹簋盖顶外范1、瓦纹簋盖立壁外范2、瓦纹外范1、窃曲纹方座外范1、不明容器外范1件，另有范块稍大，有榫卯、分范面等特征，但不辨器形者2件。

垂鳞纹模　1件（HH60:18）。青灰色。弧形长条，一面平，施有垂鳞纹，另一面带弧度，素面，有弧形凸起的捉手，方便持拿，或可以盖印方式制作纹饰。应为马镳模，亦可能为纹饰模。残长4.6、宽1.3、厚0.7～1.4厘米（图2-162,4）。

不明器模　1件（HH60:20）。砖红色，残，扁平。宽面一面稍圆鼓，一面平。较完整的一侧带相接的二弧边，一边已残。器形不明，可能为附件的模。范块残长2.8、残宽2.4、厚1.4厘米（图2-163,6）。

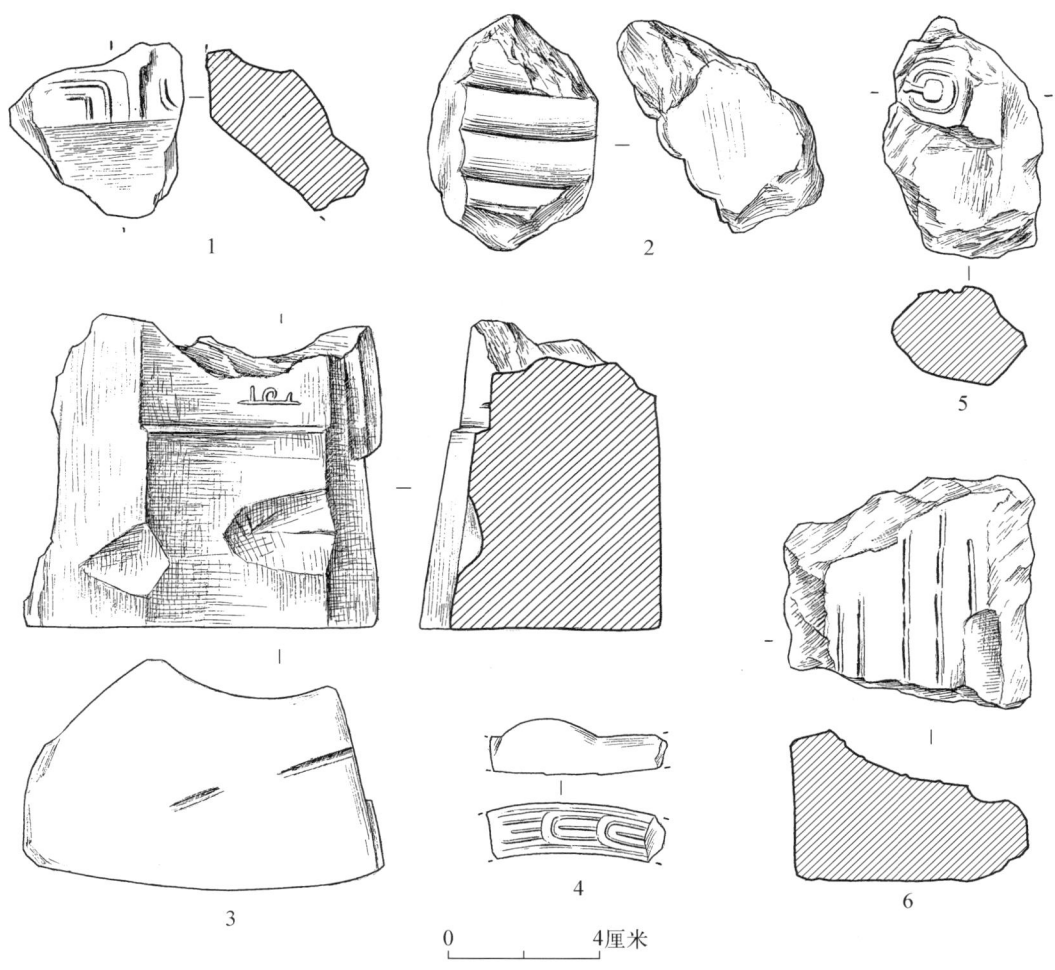

图2-162　06QHH60、HH61出土陶范

1、5.窃曲纹外范（HH61:16、HH61:19）　2.瓦纹簋盖顶外范（HH61:26）　3.鼎腹外范（HH61:25）

4.垂鳞纹模（HH60:18）　6.不明容器外范（HH61:22）

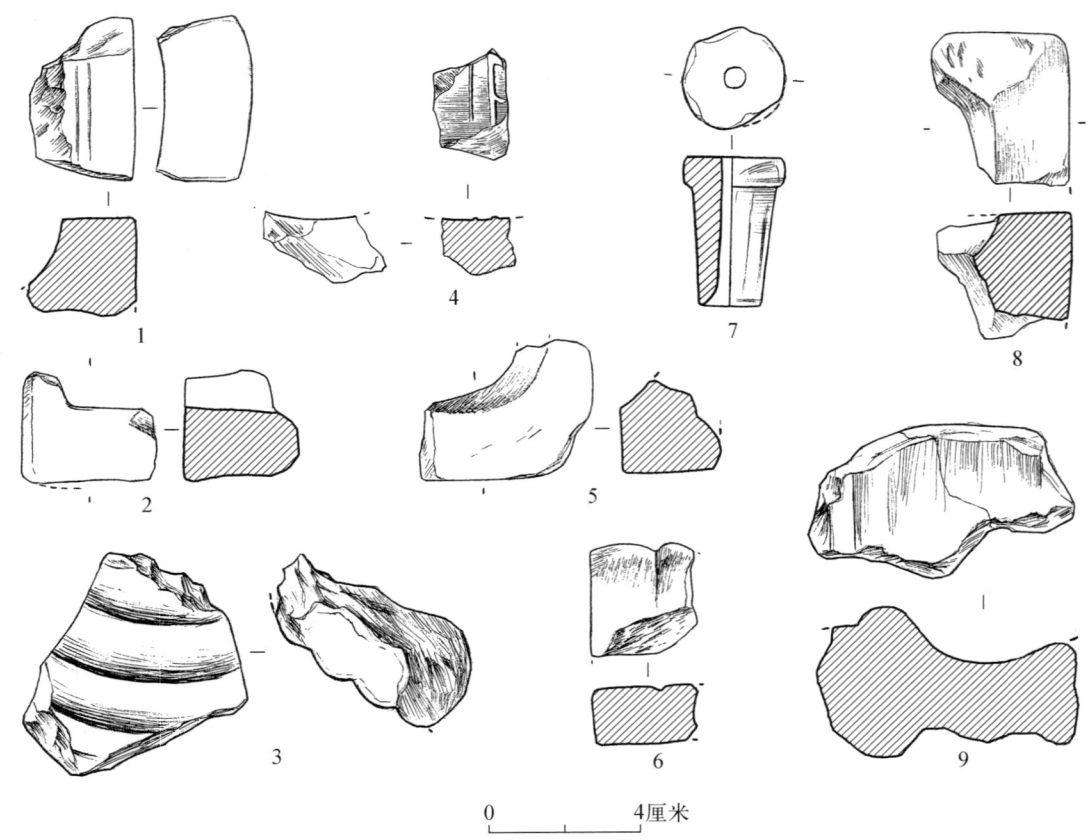

图2-163　06QHH60、HH61、HH62、HH63、HH64、HH65出土陶范及陶管

1. 器盖外范(HH64：12)　2. 长方形芯头(HH63：20)　3. 瓦纹簋盖顶外范(HH61：18)　4. 勾连云纹管形器外范(HH65：32)
5. 柱足外范(HH64：14)　6. 不明器模(HH60：20)　7. 陶管(HH63：16)　8. 不明器范(HH63：27)　9. 不明容器外范(HH62：2)

窃曲纹鼎外范　1件(HH60：21)。未见面层与背层之分，浇铸面呈青灰色，背面呈砖红色。范块较小较薄，为鼎口沿及口沿下纹饰带位置外范，浇铸面可见一段窃曲纹的上部，纹饰翻制后经过刻划修整。背面凹凸不平。范块残高4.1、残宽3.5、厚2.1厘米(图2-160，1；图2-164，1)。

瓦纹簋盖顶外范　1件(HH60：24)。未见明显的面层与背层之分，浇铸面呈青灰色，背面呈砖红色，无粗砂。顶端范面较平，铸腔面圆弧，上保留有三道瓦纹，第一道不圆鼓，形体较小，亦可见捉手型腔。背面凹凸不平。范块残高4.3、残宽2.8、厚3.3厘米(图2-160，2)。

瓦纹簋盖立壁外范　共2件。HH60：19，断面可见面层与背层之分，分界很不明显，但可见背层比面层的空隙更多。浇铸面呈青灰色，背面呈砖红色。浇铸面有两道瓦纹，并有一不带凹弧的立边，已至盖口缘位置。背面凹凸不平，残留指窝按压痕迹。范块残高5.7、残宽3.9、厚3.9厘米(图2-160，10)。HH60：23，断面可见面层与背层之分，分界线不规则，背料夹杂粗砂和小石子。浇铸面呈青灰色，背面呈砖红色。浇铸面残留两道瓦纹，并有一不带凹弧的立边，

石器、蚌器等。

（2）陶范

HH61共出土陶范82块，总重量计有2.3千克。可辨识陶范所铸器形的有鼎腹外范1、瓦纹簋盖顶外范3、窃曲纹外范2、重环纹外范1、不明容器外范2件，另有范块稍大，有榫卯、分范面等特征，但不辨器形者5件。

鼎腹外范　1件（HH61:25）。从残存形制看面层外框外侧高，中间内凹。面料精细，内面呈青灰色，面层外侧呈砖红色。背料夹杂粗砂和小石子，近砖红色。范块大而厚。范块保存左右两侧分范面、范顶面、浇铸面，以及型腔以上与芯头相接位置。分范面一侧带长方形大榫，远离浇铸面，上小下大，与面层为一体制成，残长3.3、宽1.6、高0.6厘米。一侧带楔形卯，卯靠近与芯头相接的内面，卯的一侧面与内面连通，卯底部有一道刻划阴线，一端已略超出卯的范围，卯长2、最宽处宽1.6、深约0.6厘米。型腔以上有一个与芯头相接的水平方向卯，呈枣核形，底部隐约可见刻划痕迹，长2.4、最宽处宽2.2、深约0.8厘米。其上接近型腔的部分另有一道细阴线。浇铸面可见三道凸起的细线，可能为勾连纹。顶面一侧有一较深刻槽，可能是合范符号。背面凹凸不平。为口沿部分及与芯头相连部分的外范。范块残高8.2、宽5.5～9、厚5.2～5.9厘米（图2-162,3；图2-164,3）。

瓦纹簋盖顶外范　共3件。HH61:18，未见面层与背层之分，浇铸面呈青灰色，背面呈砖红色和灰褐色。浇铸面残存两道瓦纹，未见刻划痕迹，有一垂直方向分范面，未见榫卯结构。背面凹凸不平。从浇铸面形制可知是瓦纹簋盖顶部位置外范，但捉手型腔未保存。范块残高6、宽5.8、厚2.7厘米（图2-163,3）。HH61:24，从残存形制看面层外框外侧高，中间内凹，背层已脱落殆尽。浇铸面呈青灰色，背面泛砖红色。浇铸面残留三道瓦纹，瓦纹之间见刻划痕迹，为瓦纹簋盖顶部位置外范，捉手型腔保存部分，有一垂直方向分范面，背面凹凸不平，残留指窝按压痕迹。范块残长4.2、宽3.1、厚1.1～2.7厘米。HH61:26，断面可见面层与背层之分，但背层保存很少，背料夹杂粗砂和小石子。浇铸面呈青灰色，分范面与背面呈砖红色。浇铸面残留两道瓦纹痕迹，为瓦纹簋盖顶部位置外范，但捉手型腔未保存，有一垂直方向分范面，背面凹凸不平。范块残高6.4、残宽3.9、厚3.5厘米（图2-162,2）。

窃曲纹外范　共2件。HH61:16，未见面层与背层之分，浇铸面呈青灰色，背面呈深灰色。浇铸面平整，无弧度，一侧有一个135°转折，其上可见上下两层纹饰，保存不好，似为窃曲纹卷尾。可能为簋类器物。背面凹凸不平，残留指窝按压痕迹。范块残高4.8、残宽4.2、厚2厘米（图2-162,1）。HH61:19，未见面层与背层之分，浇铸面呈青灰色，背面呈砖红色。滚磨较多，没有明显棱角，无分范面，型腔无法辨识完整弧度，器形不明。可能为容器外翻口沿至颈部上端位置外范，残留部分窃曲纹。背面可见浅指窝。范块残高6.7、残宽4.3、厚2.6厘米（图2-162,5）。

重环纹外范　1件（HH61:27）。未见面层与背层之分，浇铸面与分范面呈砖红色，背面部分为灰褐色。浇铸面呈内凹的弧形，弧度稍大，其上残留部分重环纹，纹饰为阴刻线条。分范面垂直于浇铸面，平整，远离浇铸面的一端残存一长方形榫的部分。背面凹凸不平，残留数处指窝按压痕迹。范块残高6.5、残宽2.4、厚4.5厘米，榫残长3.2、残宽1.6、高0.5厘米（图2-12，3）。

不明容器外范　共2件。HH61：13，未见面层与背层之分，陶范甚残，浇铸面呈青灰色，背面颜色偏红，无粗砂。浇铸面向内微弧，其上残留部分纹饰。背面凹凸不平，残留指窝按压痕迹。范块残高4.2、残宽3.3、厚2厘米（图2-160，8）。HH61：22，断面可见面层与背层之分，但背层残留很少，背料夹粗砂和小石子。浇铸面呈青灰色，背面保存一部分浅褐色外层，其余部位为灰褐色。范块较大，无完整范边，浇铸面呈内凹的弧形，一侧残留一近椭圆形凹槽，用途不明。浇铸面有数道平行凸起的阳线，磨损较多。无法判断纹饰或器形。从浇铸面弧度看，应为容器外范。背面凹凸不平，残留一处指窝按压痕迹。范块残高6、残宽6、厚3.6厘米（图2-162，6）。

不明器范　共5件。HH61：14，未见面层与背层之分，陶范整体呈方形，浇铸面呈青灰色，背面呈深灰色。两侧已残，保存的两侧范面相交几成直角，在其中一面上有一道阴刻直线，器类不明，可能是钟钲部外范。背面凹凸不平。范块残长4.1、残宽3.6、厚2.6厘米（图2-160，5）。HH61：15，未见面层与背层之分，浇铸面呈青灰色，背面呈砖红色。有一水平方向分范面，浇铸面向内微弧，其上残存刻划的纹饰，纹饰不明。与浇铸面相对的是范的外表面，未经修治。范块残高2.5、残宽3.1、厚3厘米（图2-12，2）。HH61：20，未见面层与背层之分，浇铸面与分范面呈青灰色，背面呈砖红色。有一水平方向和垂直方向分范面，均比较平整，水平分范面上有一道刻槽，可能是合范符号。垂直分范面上有一道呈"L"形的阴刻线条，也是合范符号，且在远离浇铸面的一侧残存部分长方形卯，卯底部残留刻划痕迹。浇铸面呈内凹的弧形，其上残留数道阴刻线条，但线条不甚规整。背面凹凸不平。范块残长5.1、残宽4.8、厚2.5厘米。HH61：21，未见面层与背层之分，各面均呈浅砖红色。分范面平整，远离浇铸面一端残留部分榫，高0.5厘米。浇铸面与分范面垂直相接，平直无弧度，其上残存部分窃曲纹。背面凹凸不平。范块残高3.1、残宽2.5、厚3.3厘米（图2-12，5）。HH61：23，未见面层与背层之分，浇铸面与分范面呈青灰色，背面呈砖红色。有一水平方向分范面，未见榫卯结构。浇铸面顶端较平直，下部稍下凹，弧度稍大，其上隐约可见几道阴刻直线，可能是器盖靠近口部位置的外范。与分范面相对的背面凹凸不平，残留指窝按压痕迹。与浇铸面相对的范外表面较平整，未经修治。范块残高3、残宽3.4、厚2.5厘米。

（3）炉壁

HH61共出土炉壁18块，总重量计有1.05千克。标本HH61：28，条筑式炉，保留有炉衬层、基体层与部分加固层。衬面呈青灰色，局部为黄绿色，已烧流变形，表面凹凸不平，局部粘附有铜液。基体层用夹杂植物茎秆的泥条盘筑而成，呈灰黑色，残块可见3块泥条，宽约2厘米，中间一块泥条夹杂植物茎秆较少而另两块含较多植物茎秆。基体层外残存部分加固层，不含草拌泥,呈红色。已烧流变形,且残块过小,直径不详。弦长7.5、弦高6.5、厚3.7厘米,重175.2克。

(4)陶容器

HH61共出土陶片165片。陶质分为泥质和夹砂两类,泥质陶(70.9%)多于夹砂陶(29.09%)。陶色分为灰色、灰褐色及褐色,以灰色为主,约占总数的62.42%。纹饰有细、中、粗绳纹和素面、旋纹;以绳纹为主,约占总数的70.3%;其次为旋纹,约占总数的20%;素面约占总数的9.7%。器类有联裆鬲2、联裆甗4、旋纹盆1、豆2、敛口钵2、三足瓮1、不知名器1件。

联裆鬲　共2件。均夹砂红褐陶。HH61:8,卷沿,圆唇,沿下角近90°,沿下粗绳纹被抹。残长7.8、残高5.7厘米(图2-167,5)。HH61:12,卷沿,方唇,沿下角较大,颈以下施粗绳纹。残长5、残高6.4厘米(图2-167,6)。

联裆甗　1件(HH61:6)。夹砂灰陶。侈口,卷沿,方唇,唇面及通体施较粗绳纹。残长11、残高10.4厘米(图2-167,7)。

旋纹盆　1件(HH61:5)。泥质灰陶。圆唇,上腹部施三周旋纹。口径29.4、残高5.8厘米(图2-167,1)。

豆　1件(HH61:10)。泥质红陶。方唇,直口,盘壁施两周旋纹,素面。残长8.8、残高4厘米(图2-167,3)。

敛口钵　1件(HH61:11)。夹砂灰陶。敛口,方唇,鼓肩,肩下施细绳纹。此器疑为早期遗物混入。残长7.8、残高8厘米(图2-167,2)。

足根　1件(HH61:7)。泥质灰陶。三足瓮足根,空心袋足,稍直立,施细绳纹。残高7.3厘米(图2-167,4)。

(5)骨器与骨料

骨铲　1件(HH61:2)。牛左肩胛骨内侧,长条形,内侧经过修整,一端有刃,为双面加工。残长12.4、残宽6、厚0.8厘米,重50.55克(图2-32,1)。

骨料　1件(HH61:3)。鹿骨尖,端见有明显切割痕迹,表面比较光滑,似经过打磨。残长约7.5、较粗一端直径约1.9厘米,重14.43克。

(6)石器(含砺石)

石刀　1件(HH61:1)。青色,模制而成。较厚,双面刃,有一单面钻的孔。残长6.4、宽

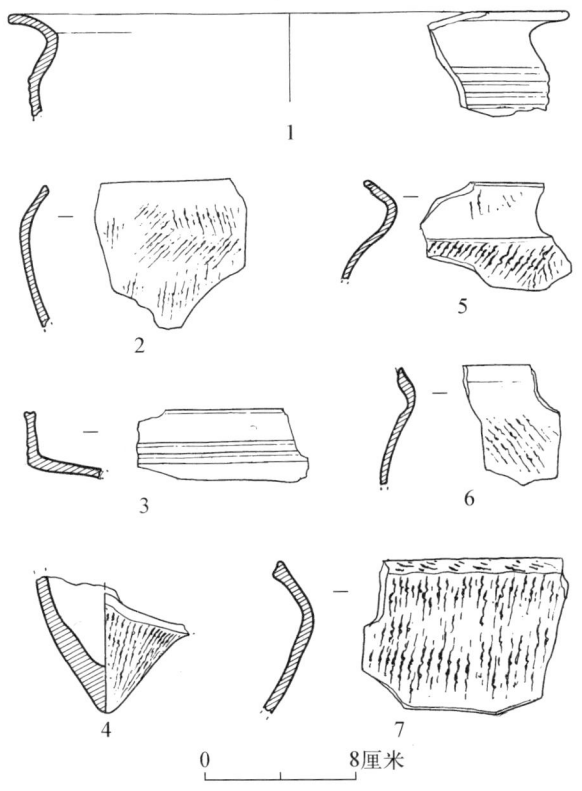

图2-167　06QHH61出土陶器

1.旋纹盆(HH61:5)　2.敛口钵(HH61:11)
3.豆(HH61:10)　4.足根(HH61:7)　5、6.联裆鬲
(HH61:8、12)　7.联裆甗(HH61:6)

4.7、孔径1.2、厚0.8厘米（图2-101,8）。

（7）蚌器

蚌刀 1件（HH61：4）。蚌壳制成,上有一双面钻孔。残长5.9、残宽5.5、厚0.4厘米（图2-66,2）。

（8）年代

根据HH61出土陶器标本的式别特征,判断其年代为西周中期偏晚。

60.06QHH62

（1）形制与堆积

HH62位于HT9内,开口于③层下,被HH34打破,打破HH38。坑口呈不规则椭圆形,壁呈斜坡状,底呈锅底状。南北长2.9、东西宽1.74、坑口距地表0.7、自深0.63米（图2-168）。

坑内为一次性堆积,土质较坚硬,土色呈灰褐色泛黄,内含兽骨、陶范、陶片、烧土等。

（2）陶范

HH62共出土陶范4块,总重量计有0.25千克,无可辨识器形的陶范。

不明容器外范 1件（HH62：2）。断面可见面层与背层之分,背料残留不多,掺杂小石子。浇铸面呈青灰色,

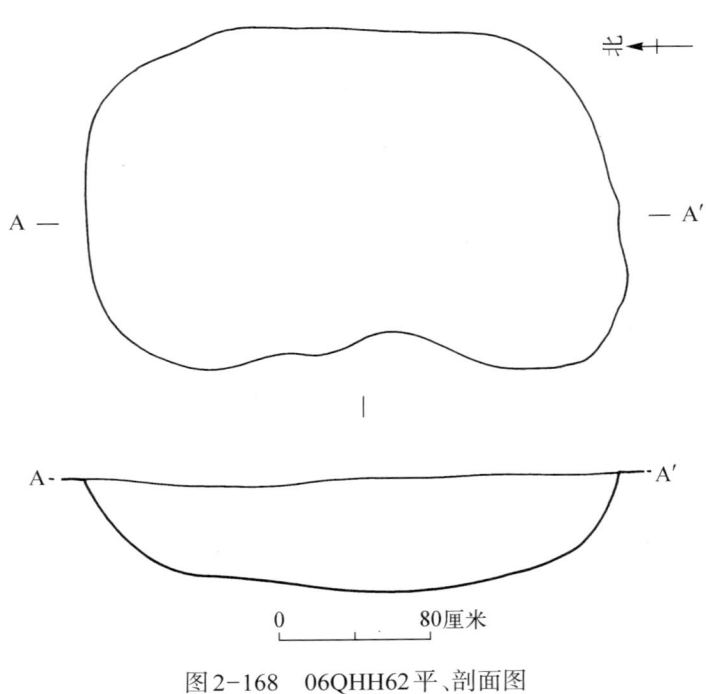

图2-168 06QHH62平、剖面图

背面呈深褐色。浇铸面外鼓较甚,其下还有转折,似有圈足。背面凹凸不平。型腔反映的器形小,确切形制不明。范块残高6.8、残宽3.8、厚3.9厘米（图2-163,9）。

不明器范 1件（HH62：1）。未见面层与背层之分,各面均呈青灰色。范面有凸起的长方形小台面,内侧稍内凹,长5.2、宽2.9、高0.6厘米；其上还有一平面近梯形的小榫,长2.7、宽1.5～3、高1厘米。应为合范所用的榫上加榫的构造。背面凹凸不平,残留指窝按压痕迹。范块残长5.6、残宽4.4、厚2.7厘米（图2-164,2）。

（3）陶容器

HH62共出土陶片16片。泥质和夹砂者各8片。陶色分为灰色、灰褐色和褐色,分别是9、6、1片。纹饰有粗绳纹、中绳纹、旋纹和素面,分别是2、9、4、1片。无可辨器形者。

（4）年代

HH62无陶器标本,但其被西周晚期偏晚的HH34打破,又打破了西周晚期偏早的HH36,

故年代应为西周晚期。

61. 06QHH63

（1）形制与堆积

HH63位于HT9扩方部分，开口于②层下，被HH60、HH66打破，打破HH65。坑口呈不规则椭圆形，壁呈斜坡状，底呈锅底状。东西长2.97、南北宽2.26、坑口距地表0.68、自深1.04米（图2-169）。

坑内为一次性堆积，土质较疏松，土色呈灰褐色，夹杂大量灰土与红烧土块，内含陶范、陶片、兽骨、石器等。

（2）陶范

HH63共出土陶范79块，总重量计有1.85千克。可辨识陶范所铸器形的有垂鳞纹外范1件，另有范块稍大，有榫卯、分范面等特征，但不辨器形者10件，长方形芯头1件。

垂鳞纹外范　1件（HH63：23）。未见面层与背层之分，背面磨损严重。浇铸面与分范面呈青灰色，背面呈砖红色。原应为圆柱形或圆饼形，范块保存较多，约有圆周的四分之一，圆柱体外侧有数道阴刻的弧线，是与其他外范扣合的卯，可能接近芯头位置，不见浇道。浇铸面仅

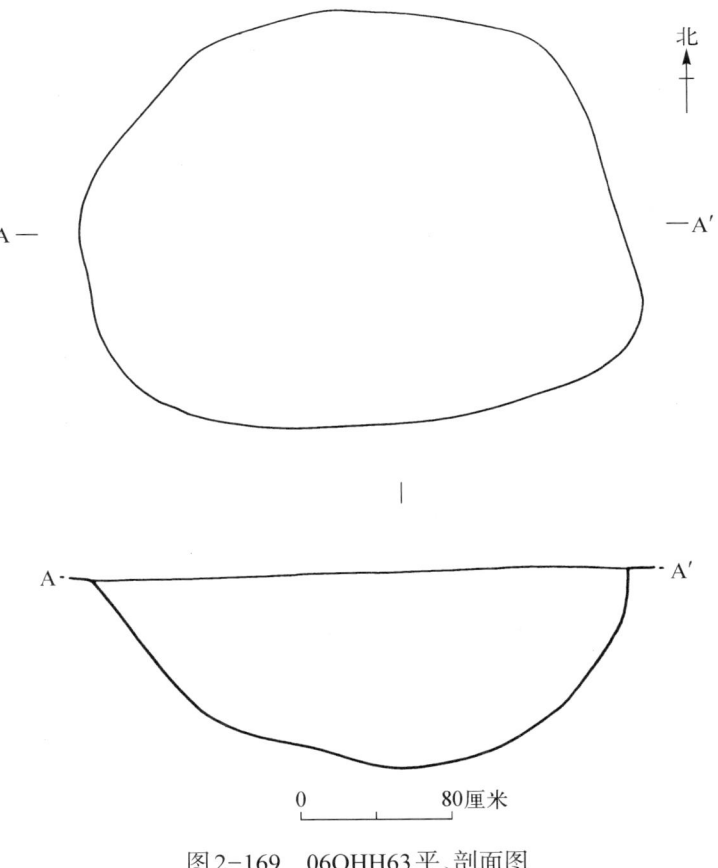

图2-169　06QHH63平、剖面图

存一组垂鳞纹,位于浇铸面的边缘。可能为器物顶部或器物附件外侧的复合纹饰范。范块残长5.4、残宽3.9、厚3.4厘米(图2-11,5)。

不明器范　共10件。HH63:17,未见面层与背层之分,内面呈青灰色,背面呈灰褐色。内面含分范面与浇铸面,分范面上有一椭圆形榫。分范面一侧下凹者即浇铸面,内凹的弧形,可能是浇道。与浇铸面相对者为范的外表面,比较平整。还有一较平整的范面与浇铸面和分范面接近垂直,稍倾斜,应是陶范的顶面。背面凹凸不平。范块残高3.1、残宽4.3、厚2.5厘米,榫长1.4、宽1.2、高0.4厘米(图2-164,4)。HH63:18,未见面层与背层之分,浇铸面与分范面呈青灰色,背面呈砖红色。分范面比较平整,远离浇铸面的一侧残留一楔形榫。浇铸面向内微弧,与分范面相交成120°,隐约见有纹饰痕迹。背面滚磨严重。范块残高6.5、残宽2.7、厚3.1厘米,榫长1.5、宽1、高0.8厘米。HH63:19,未见面层与背层之分,浇铸面与分范面呈青灰色,背面呈砖红色,无粗砂。范面共三面,两面较平,相交成直角,分别为分范面与陶范外表面,第三面微弧,为浇铸面,无纹饰。背面凹凸不平。范块残长4、残宽3.4、厚3.2厘米。HH63:21,断面可见面层与背层,背料夹粗砂和小石子。范面呈青灰色,背面呈黄褐色。保存较好的范面有两面,其中一面较平,应为水平分范面;另一面呈弧形,其上保留有直线纹及凸起部分。背面凹凸不平。范块残高1.9、残宽3.9、厚1.5厘米。HH63:22,未见面层与背层之分,各面均呈青灰色,残存部分分范面,其上残留部分长方形榫。背面凹凸不平。范块残长4.1、残宽3.6、厚2.9厘米,榫残长4.1、宽2.6、厚0.7厘米。HH63:24,未见面层与背层之分,范面呈浅灰色,背面呈深灰色。范四周已残,范面正中位置带一凸棱,可能为榫。背面凹凸不平。范块残长3.4、残宽3.2、厚1.8厘米,榫残长2.6、宽1.3、高0.6厘米。HH63:25,未见面层与背层之分,仅存部分分范面,分范面呈浅灰色,背面呈砖红色。分范面平整,其上有方形卯。背面残损严重。范块残长3.8、残宽3.1、厚2.5厘米,卯长1.6、宽0.9、深约0.3厘米。HH63:26,范块厚大,断面未见明显的面层与背层之分,但背面的范料明显较疏松,孔隙更多。浇铸面呈青灰色,背面呈砖红色。范面甚粗糙,范面有一近山字形的卯,剖面呈"U"形。背面凹凸不平。范块残长10.8、残宽7.2、厚4.5厘米,卯长4.9、宽1.7~2.8、深约0.7厘米(图2-164,5)。HH63:27,未见面层与背层之分,表面呈青灰色,内部为砖红色,无粗砂。范面共三面,两面较平,相交成直角,第三面则呈弧形,近圆角方形。范块残长3.8、残宽3.3、厚3.5厘米(图2-163,8)。HH63:28,未见面层与背层之分,范面呈青灰色,背面呈深灰色,无粗砂。范面其中一面带楔形榫。其余两面分别位于其两侧,与之相交均约120°,其上分别有两道细阴线和一道刻槽,可能分别是浇铸面和陶范外表面。范块残长4、残宽3.9、厚2.8厘米,榫长3.1、宽1~1.7、高0.3~0.8厘米。

长方形芯头　1件(HH63:20)。各面均呈青灰色,陶范整体呈"L"形,"L"形的夹角处即为浇道,浇道一端窄一端宽。芯外表面磨损较严重。残高2.6、残宽3.4、厚2~2.6厘米(图2-163,2)。

（3）炉壁

H63共出土炉壁22块，总重量计有1.8千克。标本HH63：29，条筑式炉，口沿部分，保留有炉衬层、基体层与加固层。衬面呈青灰色，已开裂，表面凹凸不平，未粘附铜液。基体层用夹杂少量植物茎秆的泥条盘筑而成，呈砖红色。加固层为草拌泥质，呈灰褐色。已烧流变形，推测其直径约60厘米。弦长9.5、弦高6.9、厚4.8厘米，重315.5克。标本HH63：30，砂质炉，保留有炉衬层与部分基体层。衬面呈青灰色，已烧流变形，表面凹凸不平，部分粘附有铜液，背面凹凸不平，呈砖红色。基体层残留不多，夹杂较多小石子，呈灰黑色。应属坩埚一类遗物，残块过小，直径不详。弦长7.7、弦高7.2、厚2.3厘米，重149.3克。

（4）陶管

1件（HH63：16）。泥质含细砂，红褐色。伞状，保存比较完整，有小孔沿长轴贯穿，管身部分一端粗一端稍细，粗细变化较圆锥体形的陶管小，横截面接近方形，粗端底部修治平整，但向管身外延伸，形成如钉帽一般的圆饼，粗端孔径稍大而细端孔径略小，器表可见修刮痕迹，但无经受高温的迹象。长3.8、粗端最宽处约2.3、粗端孔径约0.6、细端直径约1.2、细端孔径约0.6厘米（图2-163，7；彩版一五，4）。

（5）陶容器

HH63出土陶片数量超过200片。陶质分夹砂与泥质两类，以泥质者为主，近70%。陶色以灰陶为主，占77%强，灰褐陶近8%，褐陶占14%稍强。器类有联裆鬲、联裆甗、三足瓮、豆、罐（表2-28）。

表2-28　06QHH63出土陶片陶系、纹饰及器类统计表

陶质\纹饰与器类		夹砂			泥质			合计	百分比(%)
		灰	褐	灰褐	灰	褐	灰褐		
纹饰	粗绳纹	21	4		17		2	44	19.21
	中绳纹	16	9	26	71		3	125	54.59
	细绳纹				9		1	10	4.37
	素面				24	5		29	12.66
	旋纹				18		1	19	8.30
	篦纹				2			2	0.87
合计		37	13	26	141	5	7	229	100.00
百分比(%)		16.16	5.68	11.35	61.57	2.18	3.06	100.00	
		33.19			66.81				

续　表

陶质		夹　砂			泥　质			合计	百分比（%）
纹饰与器类	陶色	灰	褐	灰褐	灰	褐	灰褐		
器类	联裆鬲		3					3	23.08
	三足瓮					1		1	7.69
	联裆甗		3					3	23.08
	豆					2		2	15.38
	罐类					4		4	30.77
合计		6			7			13	100.00
百分比（%）		46.15			53.85			100.00	

联裆鬲　共2件。均夹砂。HH63：5，灰褐陶。卷沿较甚，沿下角较小，方唇，鼓腹，腹部施印痕较深粗绳纹。残长8.6、残高3.9厘米（图2-170,7）。HH63：10，灰黑陶。平折沿，圆唇，直腹微鼓，唇面有一道凹槽，沿上有两道凹槽，腹部绳纹印痕较浅。残长5.8、残高4厘米（图2-170,6）。

联裆甗　共3件。均夹砂。HH63：6，黄褐陶。卷沿，方唇，唇面绳纹被抹，沿外侧施绳纹。残长5.3、残高4.2厘米（图2-170,9）。HH63：8，灰陶，胎较厚。残存甗腰，箅托较宽，腹部施细绳纹。残长10.6、残高5.1厘米（图2-170,2）。HH63：11，黑皮，褐胎。卷沿，方唇，沿下角较小，直腹，唇面及沿外侧施绳纹，腹部施印痕较深粗绳纹。残长5.1、残高4.9厘米（图2-170,14）。

高领罐　共2件。均泥质灰陶。平折沿，圆唇。HH63：1，沿内侧起凸棱成折沿，高颈。口径15.5、残高5.6厘米（图2-170,12）。HH63：3，沿内侧因外撇而有一道沟槽。口径16.7、残高3.7厘米（图2-170,13）。

罐底　共2件。均泥质。HH63：2，灰褐陶。鼓腹，腹部和底部均施绳纹，上部为直行绳纹，近底处施横绳纹。残长13.3、残高12.5厘米（图2-170,15）。HH63：7，黑皮，褐胎。腹上部施细绳纹，下部素面，底素面。残长12.6、残高6.2厘米（图2-170,1）。

豆　共2件。均泥质。HH63：4，黑皮，褐胎。方唇，折盘，腹较浅，唇面有一道凹槽，壁外侧有两道凹槽。残长6.2、残高3.1厘米（图2-170,4）。HH63：14，灰陶。方唇，折盘，腹较浅，唇面有一道凹槽，壁外侧有一道凹槽。残长6、残高2.8厘米（图2-170,3）。

三足瓮　1件（HH63：13）。泥质灰陶。"T"形唇，唇面绳纹被抹，印痕较深。残长5.5、残高2.8厘米（图2-170,5）。

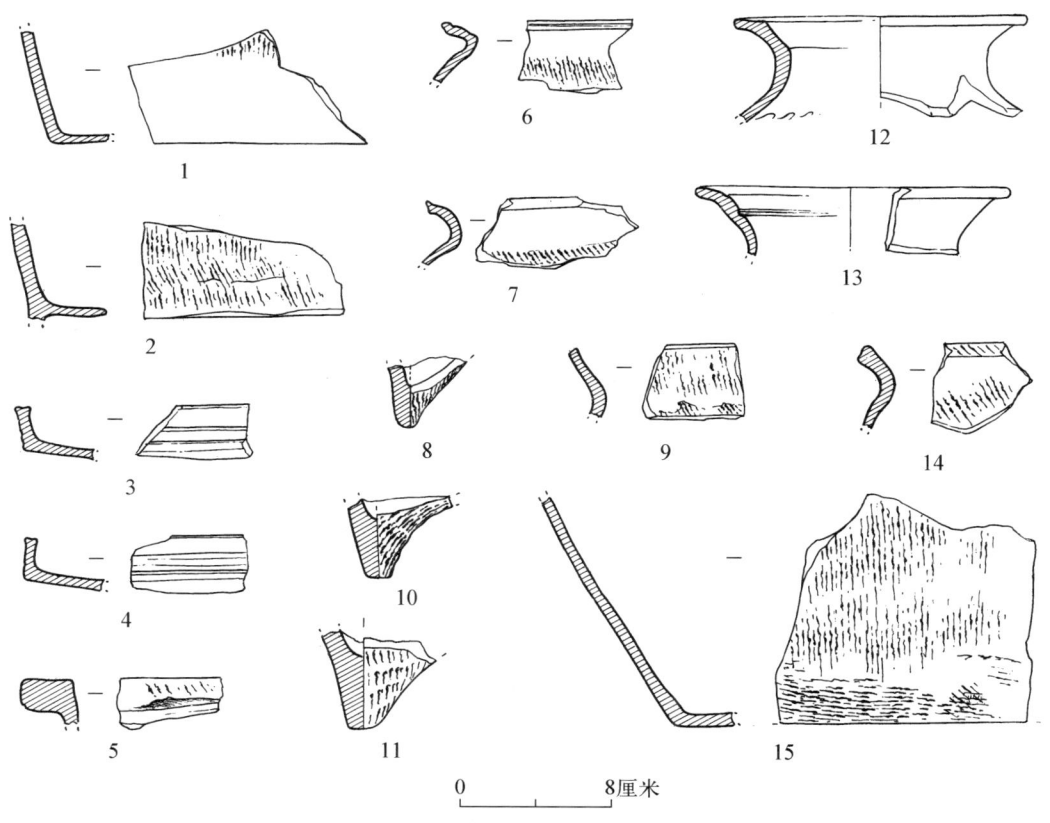

图2-170　06QHH63、HH64出土陶器

1、15. 罐底（HH63：7、HH63：2）　2、9、14. 联裆甗（HH63：8、HH63：6、HH63：11）　3、4. 豆（HH63：14、HH63：4）
5. 三足瓮（HH63：13）　6、7. 联裆鬲（HH63：10、HH63：5）　8、10、11. 足根（HH64：5、HH63：9、HH63：12）
12、13. 高领罐（HH63：1、HH63：3）

足根　共2件。均夹砂。HH63：9，褐陶，陶色斑驳不均。圆柱状足，施印痕较深粗绳纹。残高4.3厘米（图2-170，10）。HH63：12，黑褐陶。圆柱状足，足尖钝平，施粗绳纹。残高5.4厘米（图2-170，11）。

（6）陶质小件

陶纺轮　1件（HH63：15）。残，纵截面为半圆形，中间有一圆孔，围绕圆孔施数周旋纹。直径5.5、厚2.2厘米（图2-28，2）。

（7）年代

根据HH63出土陶器标本的式别特征，判断其年代为西周晚期偏早。

62. 06QHH64

（1）形制与堆积

HH64位于HT9内，开口于③层下，被HH59打破。坑口呈不规则长方形，壁呈陡坡状，底呈锅底状。东西长1.43、南北宽0.8、坑口距地表1.46、自深0.67米（图2-171）。

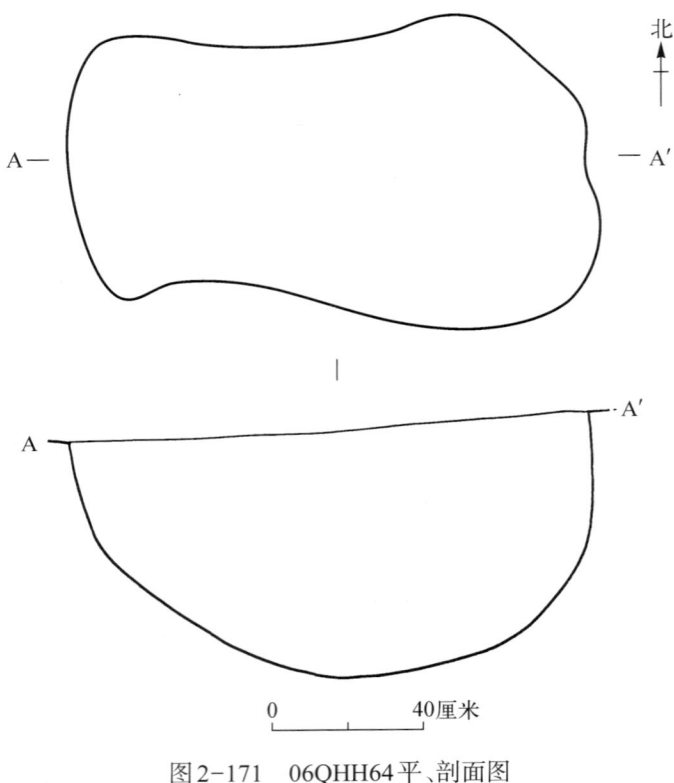

图2-171　06QHH64平、剖面图

坑内为一次性堆积,土质较疏松,土色呈灰色,夹杂大量灰土与红烧土块,内含陶范、陶片、兽骨、铜渣等。

（2）陶范

HH64共出土陶范48块,总重量计有1.35千克。可辨识陶范所铸器形的柱足外范1、器盖外范1件,另有范块稍大,有榫卯、分范面等特征,但不辨器形者5件。

柱足外范　1件（HH64∶14）。未见面层与背层之分,浇铸面呈青灰色,余为砖红色。范块作圆弧形,残存部分垂直方向分范面,浇铸面向内圆弧,应为柱足外范,柱足上粗下略细,残高1.5、残宽3.1厘米。背面凹凸不平,残留指窝按压痕迹。范块残高4.5、残宽3、厚2.5厘米（图2-163,5）。

器盖外范　1件（HH64∶12）。未见明显的面层与背层之分,背面范料孔隙较多,无粗砂。浇铸面与分范面呈青灰色,背面呈浅砖红色。浇铸面呈内凹的圆弧形,上有两道刻划弦纹,从弧度来看应为器盖之外范,器盖型腔残高1.8、残宽3.8厘米。水平分范面与浇铸面垂直相接,未见榫卯结构,与浇铸面相对的是陶范外表面,部分保存较好,未经修治。范块残高4.5、残宽2.5、厚2.1厘米（图2-163,1）。

不明外范　共5件。HH64∶10,从残存形制看面层外框外侧高,中间内凹,背层已脱落殆尽。浇铸面与分范面呈青灰色,背面呈灰褐色。分范面比较平整,远离浇铸面的一侧有一长方形榫。浇铸面与其相交成150°,仅残存一小部分,器形不明。背面凹凸不平,残留数处指窝按压痕迹。范块残长7.4、残宽5.6、厚0.9～2.1厘米,榫长3.2、宽2.6、高0.5厘米。HH64∶11,未见面层与背层之分,各面为砖红色,范面中部有一浅槽,可能是卯。背面凹凸不平。范块残长2.6、残宽2.2、厚2.4厘米,卯残长2、宽0.6～0.9、深约0.4厘米。HH64∶13,未见面层与背层之分,分范面呈青灰色,背面呈砖红色和灰褐色。分范面一侧有一凸起的小台面,应为方形榫。还有一面与分范面垂直相接,残存很小部分。背面凹凸不平。范块残长5.5、残宽4.2、厚2.9厘米,榫残长4.1、残宽3.1、高0.6厘米。HH64∶15,未见面层与背层之分,浇铸面与分范面呈青灰色,背面呈灰褐色。分范面平整,远离浇铸面的一侧残存一方形榫。浇铸面与其相交成150°,仅残存一小部分,器形不明。背面凹凸不平,残留指窝按压痕迹。范块残长5、残宽5.1、厚2厘米,榫残长

2.7、残宽2.6、高0.4厘米。HH64：16，从残存形制看面层外框外侧高，中间内凹，背层已脱落殆尽，背面可见部分泥料，孔隙甚多，可能是外层。浇铸面呈青灰色，分范面呈砖红色，背面呈褐色。分范面平整，远离浇铸面的一侧有一椭圆形榫。浇铸面呈内凹的圆弧，器形不明。背面凹凸不平，残留指窝按压痕迹。范块残长6.8、残宽6、厚4.3厘米，榫残长4.5、残宽2.4、高0.5厘米（图2-11，3）。

（3）炉壁

HH64共出土炉壁8块，总重量计有0.35千克。

（4）陶容器

HH64共出土陶片154片。陶质分为泥质和夹砂两类，泥质陶（74.02%）多于夹砂陶（25.97%）。陶色分为灰色和灰褐色，无褐陶，以灰色为主，约占总数的86.36%。纹饰有中、粗绳纹和素面、旋纹；以绳纹为主，约占总数的57.14%；其次为旋纹，约占总数的24.86%；素面约占总数的18.18%。器类丰富，其中联裆鬲1、联裆甗1、高领罐2、豆1、圈足器2件。

联裆鬲　1件（HH64：3）。夹砂灰黑陶。卷沿，方唇，沿下角较大，鼓腹，唇面有一道凹槽，腹部施印痕较深粗绳纹。残长12.6、残高5.4厘米（图2-172，1）。

联裆甗　1件（HH64：7）。夹砂褐陶。折沿，方唇，沿下角较小，唇面施绳纹，沿外侧及腹部施印痕较深粗绳纹。残长6.8、残高7.8厘米（图2-172，7）。

高领罐　共2件。均泥质。平折沿，方唇。HH64：2，红褐陶。高颈微斜，颈部绳纹被抹。残长4.6、残高4.3厘米（图2-172，5）。HH64：8，灰陶。高颈外斜，颈外部附加泥条。口径16、残高3.6厘米（图2-172，6）。

豆　1件（HH64：4）。豆柄粗高，中部起凸棱。残高4.5厘米（图2-172，4）。

器耳　1件（HH64：9）。泥质灰陶。桥形耳，有一小穿孔。孔径约1、残高6.8厘米（图2-172，2）。

足根　共2件。HH64：5，圆锥状足，施绳纹。残高3.9厘米（图2-170，8）。HH64：6，夹砂褐灰黑陶，陶色斑驳不均。圆柱状足，足尖钝平，绳纹印痕较深。残高4.3厘米（图2-172，3）。

（5）陶质小件

陶纺轮　1件（HH64：1）。泥质灰陶。纵截面为半圆形，中间有一圆孔。直径6.2、

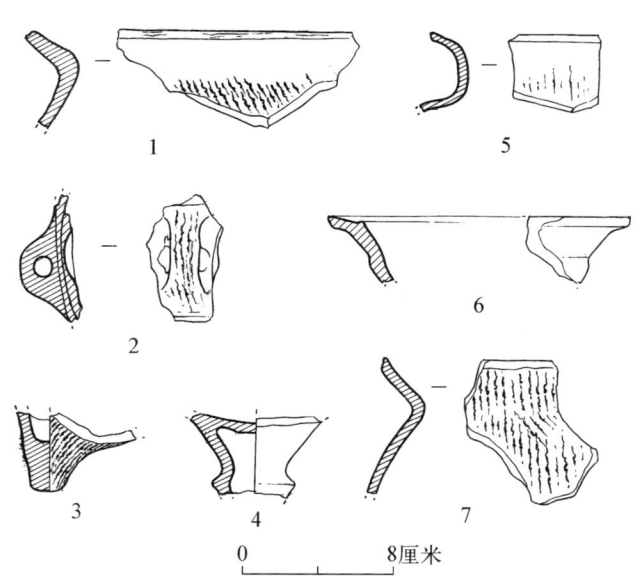

图2-172　06QHH64出土陶器
1. 联裆鬲（HH64：3）　2. 器耳（HH64：9）　3. 足根（HH64：6）
4. 豆（HH64：4）　5、6. 高领罐（HH64：2、8）　7. 联裆甗（HH64：7）

厚2、孔径0.8~1.2厘米（图2-36,9）。

（6）年代

根据HH64出土陶器标本的式别特征,判断其年代为西周晚期偏晚。

63. 06QHH65

（1）形制与堆积

HH65位于HT9扩方部分,开口于②层下,被HH63、HH66打破。坑口呈不规则圆形,壁较直,坑底较平。东西长2.32、南北宽1.98、坑口距地表1.06~1.66、自深1.41~1.7米。HH65为一袋状坑,有壁龛两个：1号龛,位于HH65东北角,拱顶,佛龛式,龛底甚平,距坑底约0.4、高约0.7、宽约0.66、进深0.2米。2号龛,位于HH65西北角,近似平顶,斜坡底,距坑底约0.66、高约0.15~0.82、进深0.38米（图2-173；彩版九,1）。

坑内为一次性堆积,由东北方向向中间倾倒形成,中部土质较致密,龛内堆积较疏松,土色呈灰褐色,内含陶范、铜渣、陶片、骨头、残石器、红烧土块、木炭等。

（2）陶范

HH65共出土陶范26块,总重量计有0.7千克。可辨识陶范所铸器形的有勾连云纹管形器外范1、不明器范1件。

勾连云纹管形器外范　1件（HH65：32）。未见面层与背层之分,范块小,浇铸面呈青灰色,背面呈砖红色,浇铸面略内凹,表面可见数道凸起残勾连云纹,纹饰边缘隐约可见刻划痕迹。背面凹凸不平。范块残长2.8、残宽2、厚2厘米（图2-163,4）。

不明器范　1件（HH65：33）。未见面层与背层之分,各面均呈砖红色。保存两处互相垂直的分范

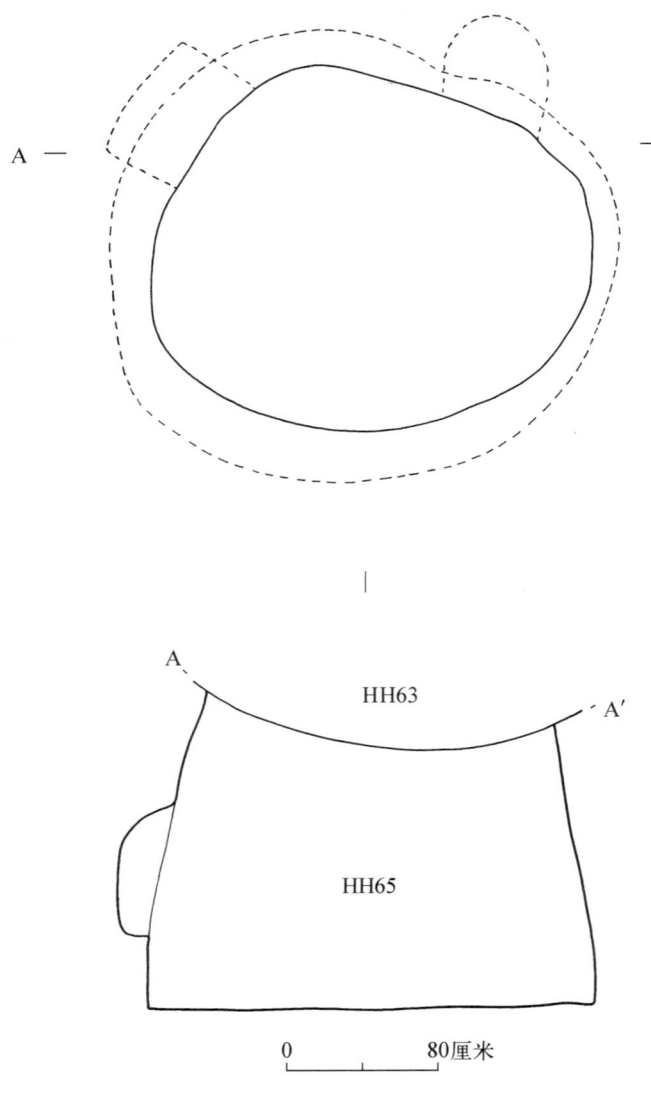

0 　　　　　80厘米

图2-173　06QHH65平、剖面图

面,其中一面残存椭圆形卯,剖面呈"U"形。另一面残存一长条形榫,剖面呈三角形。其余各面残缺,凹凸不平。范块残长3.4、残宽2.7、厚3厘米,卯残长1.5、宽0.7、深约0.3厘米,榫残长2.7、宽1.1、高0.8厘米。

（3）炉壁

HH65共出土炉壁14块,总重量计有1.05千克。标本HH65:1,条筑式炉,保留炉衬层、基体层与少量加固层。衬面粘附大量铜渣,表面烧结严重,凹凸不平,断面呈蜂窝状,有较多孔洞,断面从内到外分别为深褐色、黄绿色和绿色。基体层由含较多植物茎秆的泥条盘筑而成,呈灰褐色,残存5块泥条,宽约2厘米。加固层残留不多,亦由草拌泥组成,呈红色。复原内径约44～50厘米。弦长11.6、弦高10.8、厚4.8厘米,重535.9克。对炉壁烧结层及附着渣进行检测(检测号ZJT34;彩版三〇一,2;彩版三〇二,3、4),发现较多纯铜颗粒、细小的铜氧化物颗粒和树枝状雏晶以及SnO_2晶体,附着渣为锡青铜熔化渣。

（4）铜器及铜块

铜镞　1件(HH65:4)。通体布满铜锈,两翼基本和关部平齐。残长5.1厘米(图2-34,1)。

铜块　1件(HH65:35)。铜片,厚约0.1厘米,α固溶体树枝晶偏析,晶间少量共析体,晶间锈蚀,细小Cu-Fe-S夹杂物和铅颗粒。铜含量88%,锡含量10.4%,为铜锡铸造组织(检测编号ZJT23-1;彩版二九九,6;彩版三〇〇,1)。

（5）铜渣

共2件。HH65:34,炉壁上粘附铜渣,经检测为熔炼渣(检测号ZJT7)。HH65:36,黑色浮渣,气孔较小,局部发黄,外面包着一层铜锈,是锈蚀青铜块与熔渣的混合体,废料重熔的产物(检测号ZJT23-2;彩版三〇一,1;彩版三〇二,2)。

（6）陶容器

HH65出土陶片数量超过500片。陶质分夹砂与泥质两类,以泥质者为主,约55%。陶色以灰陶为主,近80%。可辨识的器类包括联裆鬲、联裆甗、罐、旋纹盆、豆、三足瓮(表2-29)。

表2-29　06QHH65出土陶片陶系、纹饰及器类统计表

陶质		夹　砂			泥　质			合计	百分比(%)
纹饰与器类	陶色	灰	褐	灰褐	灰	褐	灰褐		
纹饰	粗绳纹	129	31	66	26	1		253	50.10
	中绳纹				83	4		87	17.23
	细绳纹				40	3		43	8.51
	旋纹				35	5		40	7.92

陶质		夹　砂			泥　质			合计	百分比 (%)
陶色 纹饰与器类		灰	褐	灰褐	灰	褐	灰褐		
纹饰	素面				74	2		76	15.05
	暗纹				6			6	1.19
合计		129	31	66	264	15		505	100.00
百分比（%）		25.54	6.14	13.07	52.28	2.97		100.00	
		44.75			55.25				
器类	联裆鬲	10						10	40.00
	旋纹盆				3			3	12.00
	罐				1			1	4.00
	三足瓮				1			1	4.00
	联裆甗	5						5	20.00
	豆				5			5	20.00
合计		15			10			25	100.00
百分比（%）		60.00			40.00			100.00	

联裆鬲　共6件。均夹砂。HH65：9,灰陶。侈口,尖圆唇,沿外绳纹被抹。残长9.6、残高6.2厘米（图2-174,6）。HH65：10,灰陶。侈口,圆唇,沿外素面。残长7、残高5.3厘米（图2-174,7）。HH65：19,灰陶。侈口,方唇。口径16.4、残高19厘米（图2-174,12）。HH65：20,灰陶。侈口,斜方唇,沿外绳纹被抹。残长9.3、残高9.3厘米（图2-175,1）。HH65：22,褐陶。侈口,圆唇,沿外绳纹被抹。口径17.2、残高26厘米（图2-175,4）。HH65：29,褐陶。侈口,尖圆唇,沿外绳纹被抹。残长5.4、残高4厘米（图2-175,5）。

联裆甗　共4件。均夹砂灰陶。侈口,方唇。HH65：12,唇面及通体施绳纹。残长9、残高12.3厘米（图2-174,3）。HH65：13,沿外绳纹被抹,残痕依稀可见。残长7.1、残高8.3厘米（图2-175,8）。HH65：26,唇面及通体施绳纹。残长15.3、残高8.9厘米（图2-174,2）。HH65：31,唇面及通体施绳纹。残长7、残高6厘米（图2-174,5）。

罐　1件（HH65：16）。泥质灰陶。底部及通体施绳纹,腹部间或有数周抹痕。底径14、残高22.5厘米（图2-175,11）。

旋纹盆　共3件。均泥质灰陶。圆唇。HH65：7,卷沿,腹部施两道旋纹。口径32.4、残高

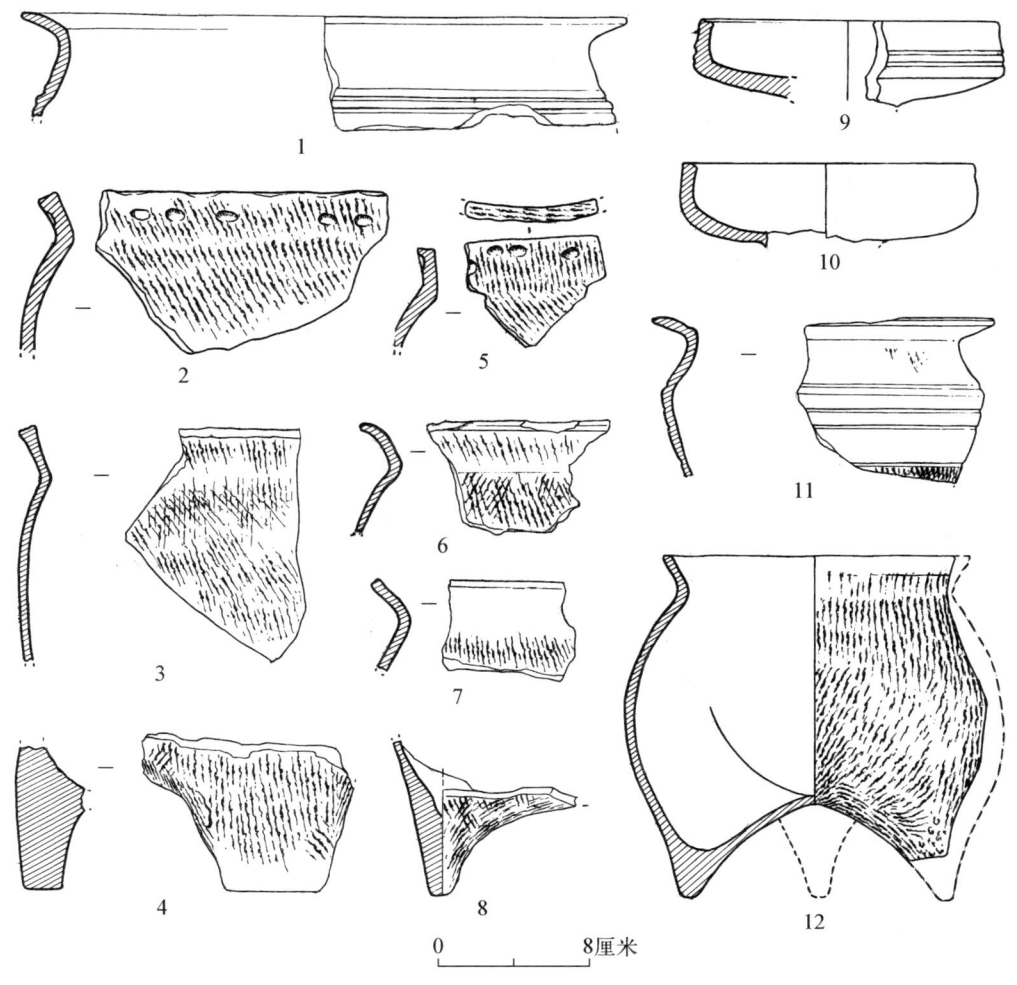

图2-174　06QHH65出土陶器

1、11. 旋纹盆（HH65：7、8）　2、3、5. 联裆甗（HH65：26、12、31）　4. 三足瓮（HH65：17）
6、7、12. 联裆鬲（HH65：9、10、19）　8. 足根（HH65：18）　9、10. 豆（HH65：28、27）

6厘米（图2-174，1）。HH65：8，折沿，上腹施数周旋纹，其下施绳纹。残长9.8、残高8.9厘米（图2-174，11）。HH65：11，卷沿，腹部施两道旋纹。残长10.8、残高4.9厘米（图2-175，7）。

　　豆　共5件。均泥质灰陶。HH65：23，柄部，有一周凸棱。残高7.3厘米（图2-175，6）。HH65：24，柄部，有一周凸棱。残高4.7厘米（图2-175，3）。HH65：25，直口，折盘，方唇，唇面有一道凹槽，壁施两道弦纹。残长5.6、残高3.2厘米（图2-175，2）。HH65：27，直口，折盘，方唇。口径15.5、残高4.3厘米（图2-174，10）。HH65：28，直口，折盘，方唇，唇面有一道凹槽，壁施两道弦纹。口径15.9、残高4.7厘米（图2-174，9）。

　　三足瓮　1件（HH65：17）。泥质灰陶。扁平状实足根，施绳纹。残长10.4、残高8.6厘米（图2-174，4）。

　　足根　共3件。均夹砂灰陶。圆锥状。HH65：14，内侧起脊。残高8厘米（图2-175，9）。

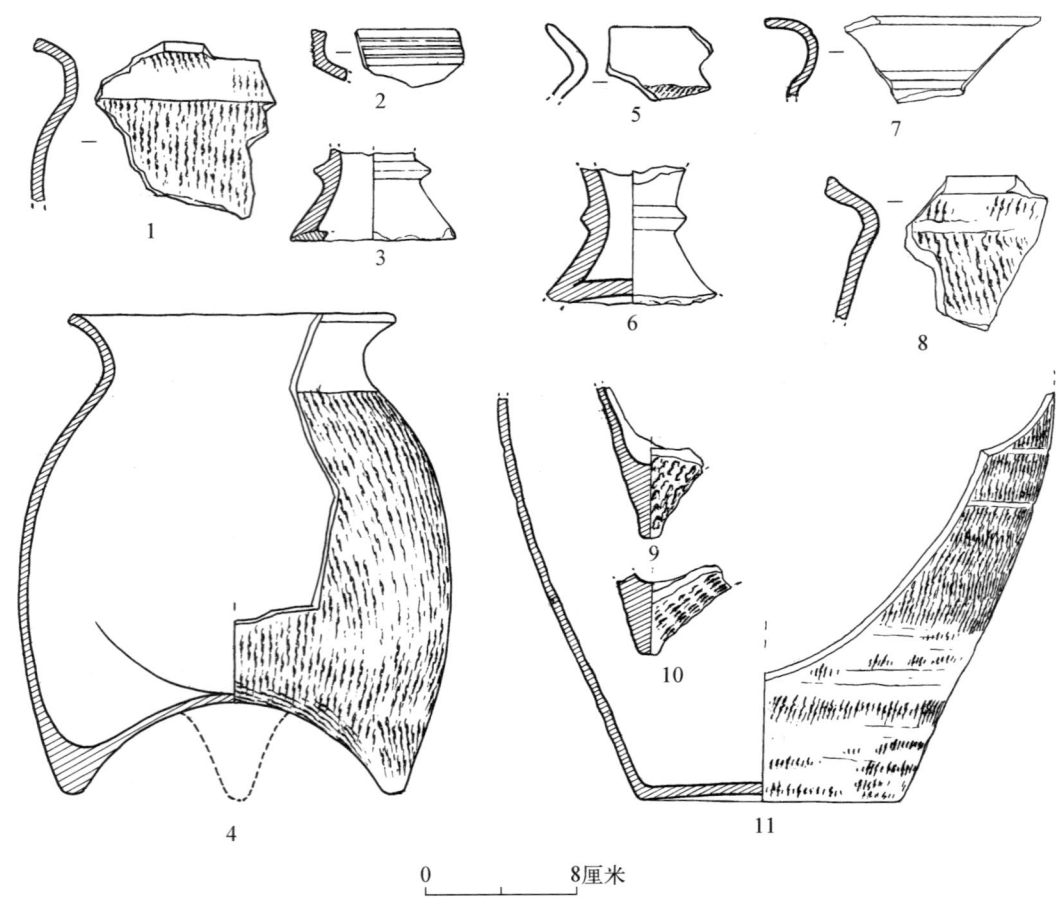

图2-175   06QHH65出土陶器

1、4、5. 联裆鬲（HH65：20、22、29）   2、3、6. 豆（HH65：25、24、23）   7. 旋纹盆（HH65：11）
8. 联裆瓶（HH65：13）   9、10. 足根（HH65：14、15）   11. 罐（HH65：16）

HH65：15，内侧起脊。残高4.7厘米（图2-175，10）。HH65：18，残高8.5厘米（图2-174，8）。

（7）骨器与骨料

卜骨   1件（HH65：6）。牛左肩胛骨内侧，经加工，有一圆角方凿，一边有一小深坑。残长7.3、残宽6、厚0.7厘米，重18.1克（图2-32，10）。

骨锥   1件（HH65：5）。系用中型动物腓骨磨制而成，扁圆体。残长8.7、长径0.9厘米，重1.85克（图2-73，10）。

（8）石器（含砺石）

石料   1件（HH65：2）。五棱柱状，疑为石料。高3.5、边长4.5、厚2.7厘米（图2-16，3）。

石玦   1件（HH65：3）。半圆形。内径1.9、外径4.9、厚0.7厘米（图2-32，7）。

（9）年代

根据HH65出土陶器标本的式别特征，判断其年代为西周中期偏晚。

64. 06QHH66

（1）形制与堆积

HH66位于HT9西扩后的西北角，开口于②层下，打破HH63、HH65。因HH66的西部和北部在探方外未发掘，故整体形状不明。探方内坑口略呈长方形，东壁竖直略倾斜，无加工痕迹，坑底凹凸不平，呈西高东低坡状倾斜。东西残长2.46、南北残宽1.37、坑口距地表0.74、自深0.84米（图2-176）。

坑内为一次性堆积，土质疏松呈颗粒状，土色呈灰褐色，夹有小花斑土，内含陶片、骨头、烧土粒、炭屑等。

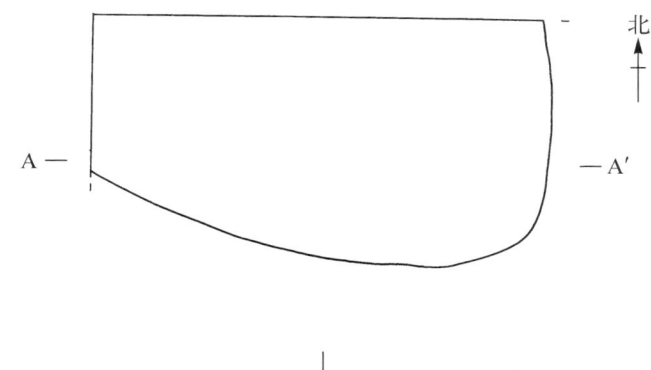

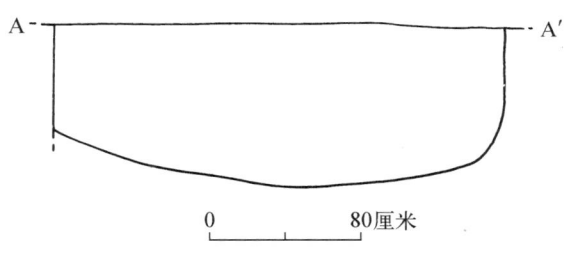

图2-176 06QHH66平、剖面图

（2）陶容器

HH66共出土陶片78片。陶质分为泥质和夹砂两类，泥质陶（56.41%）稍多于夹砂陶（43.59%）。陶色分为灰色、灰褐色及褐色，以灰色为主，约占总数的83.33%。纹饰有细、中、粗绳纹、素面、旋纹和篦纹；以绳纹为主，约占总数的83.32%；其次为素面，约占总数的10.26%；旋纹约占总数的5.13%；篦纹仅1片。器类有联裆鬲1、联裆甗2、罐1、豆1、瓮1件。

联裆鬲　1件（HH66：1）。夹砂灰陶。侈口，折沿，圆唇。残长7.4、残高2.5厘米（图2-177,3）。

联裆甗　共2件。均夹砂。HH66：2，红褐陶。侈口，斜方唇，通体施绳纹，领腹交界处有一周抹痕。残长9.6、残高5.7厘米（图2-177,8）。HH66：4，灰陶。残存甗腰，有箅托，腹部施竖行绳纹。残长10.2、残高4.1厘米（图2-177,10）。

罐　1件（HH66：3）。泥质灰陶。卷沿，圆唇。残长9.1、残高5.1厘米（图2-177,4）。

豆　1件（HH66：5）。泥质灰陶。直口，折盘，尖圆唇，壁施两周弦纹。口径15.9、残高4.2厘米（图2-177,5）。

（3）骨器与骨料

卜甲　1件（HH66：6）。龟背甲制成，甚残，仅知为甲首部位，经过修整，修整面平齐。残长3.5、残宽3、厚0.8厘米，重6.68克（图2-32,5）。

（4）年代

根据HH66出土陶器标本的式别特征，判断其年代为西周晚期偏早。

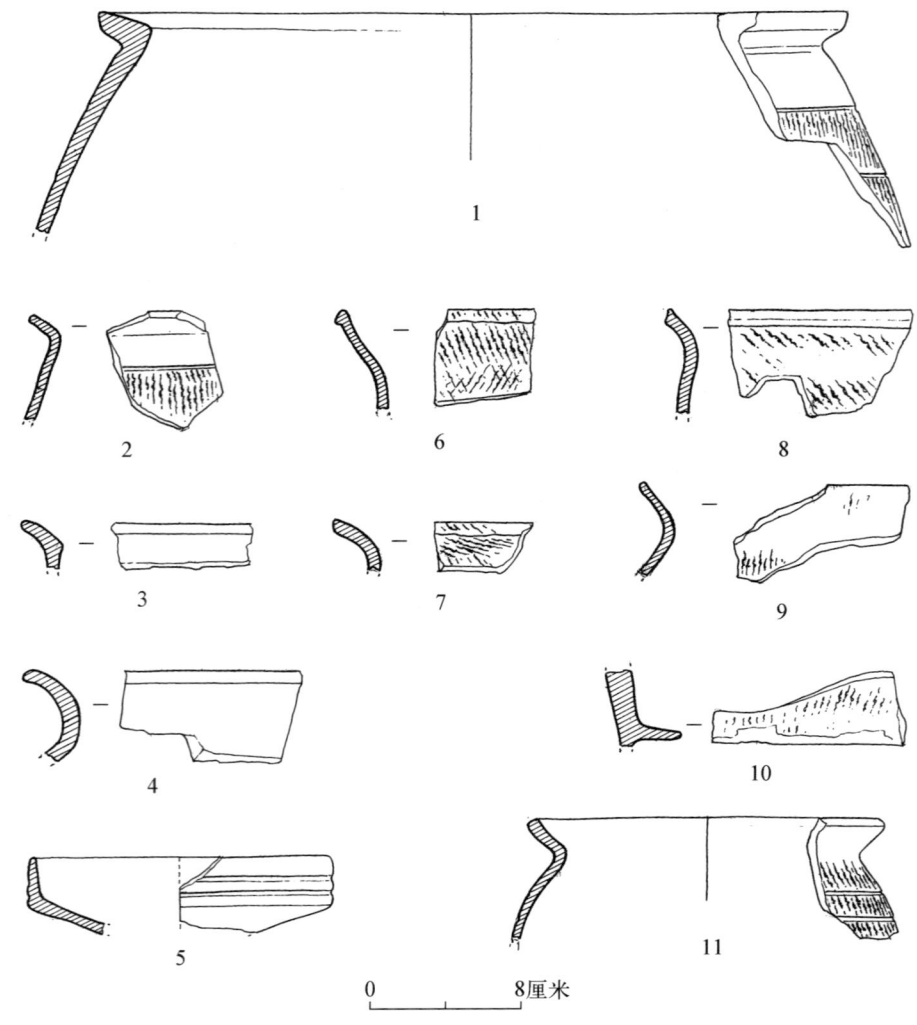

图2-177　06QHH66、HY1、HY2出土陶器

1. 三足瓮(HY2∶2)　2、3、9、11. 联裆鬲(HY1∶3、HH66∶1、HY2∶3、HY1∶2)　4. 罐(HH66∶3)
5. 豆(HH66∶5)　6~8、10. 联裆甗(HY1∶1、HY2∶4、H66∶2、H66∶4)

65. 06QHY1

（1）形制与堆积

HY1位于HT4内，南依HH4，东为HH5。开口于②层下，打破HH4、HH5、HH8。HY1现仅存窑室部分，为圆形的四分之一，壁外斜约0.02~0.08米，平底，中部略高一些。窑壁一周有厚约0.16米的红烧土。红烧土上有0.02米的烧结面。底和壁上有宽约0.04米的工具痕迹，底部的4条工具痕迹长约0.16~0.72米，位于窑室的东部。窑址东西残长2.01、南北残宽0.69、窑口距地表0.47、窑底距地表0.79、深0.32米（图2-178）。

窑室内为一次性堆积，土质疏松呈粉状，土色呈灰褐色泛青，夹有木灰，内含陶范、陶片、兽骨、烧土块以及烧过的草拌泥块等。陶片有鬲足、鬲口沿、甗口沿、罐等遗物，分泥质、夹砂两

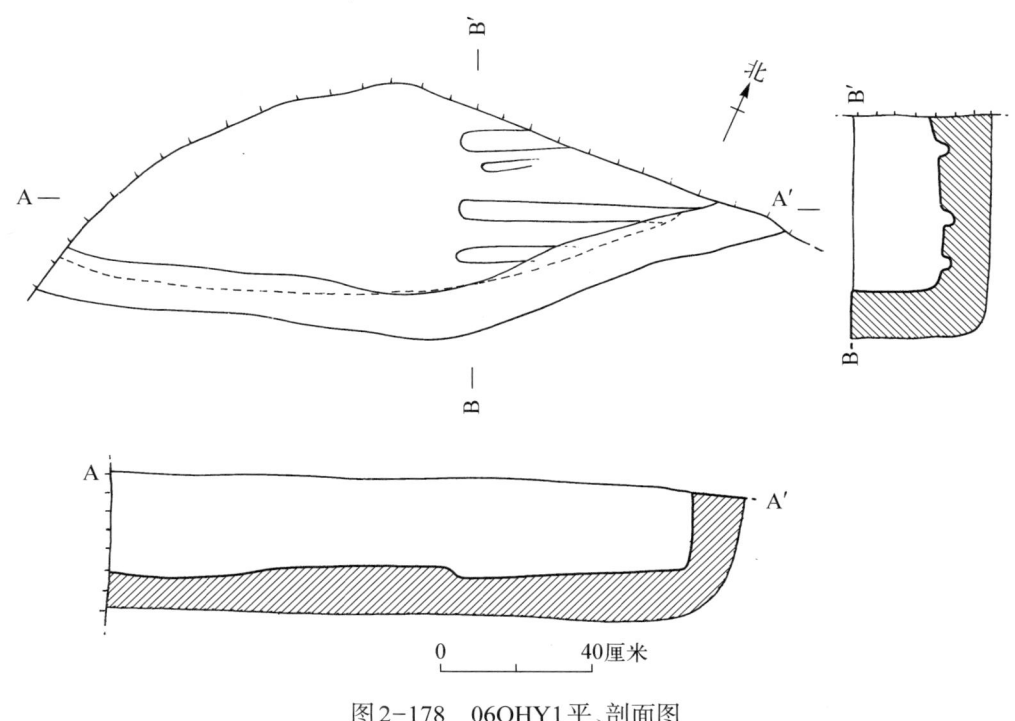

图2-178　06QHY1平、剖面图

种，纹饰有绳纹、素面、旋纹等。烧土块上有烧结面，呈青蓝色，有泥质、夹砂、草拌泥三种。陶范数量较少。

（2）陶范

HY1共出土陶范1块，总重量计有0.005千克，器形不辨。

（3）炉壁

HY1共出土炉壁26块，总重量计有3千克

（4）陶容器

HY1共出土陶片25片。泥质陶13片，夹砂陶12片。纹饰有中、粗绳纹和素面，以绳纹为主。可辨识的器形包括联裆鬲、联裆甗。

联裆鬲　共2件。均夹砂灰陶。卷沿。HY1：2，厚方唇，腹部施间断粗绳纹。口径18.7、残高6.7厘米（图2-177，11）。HY1：3，圆方唇，微有颈，颈部绳纹被抹，颈腹交界处有一道旋纹，腹部施绳纹。残长5.2、残高6.3厘米（图2-177，2）。

联裆甗　1件（HY1：1）。夹砂灰陶。侈口，方唇，唇部施戳刺纹，通体施绳纹。残长5.1、残高5.4厘米（图2-177，6）。

（5）其他

无。

（6）年代

根据HY1出土陶器标本的式别特征，判断其年代为西周晚期。

66. 06QHY2

（1）形制与堆积

HY2位于HT3内，北为HH3，东为HH25。陶窑东北端被HH3打破，南部的操作坑被HH11打破。南北向，由操作坑、火门、窑室和烟囱等组成（图2-179）。

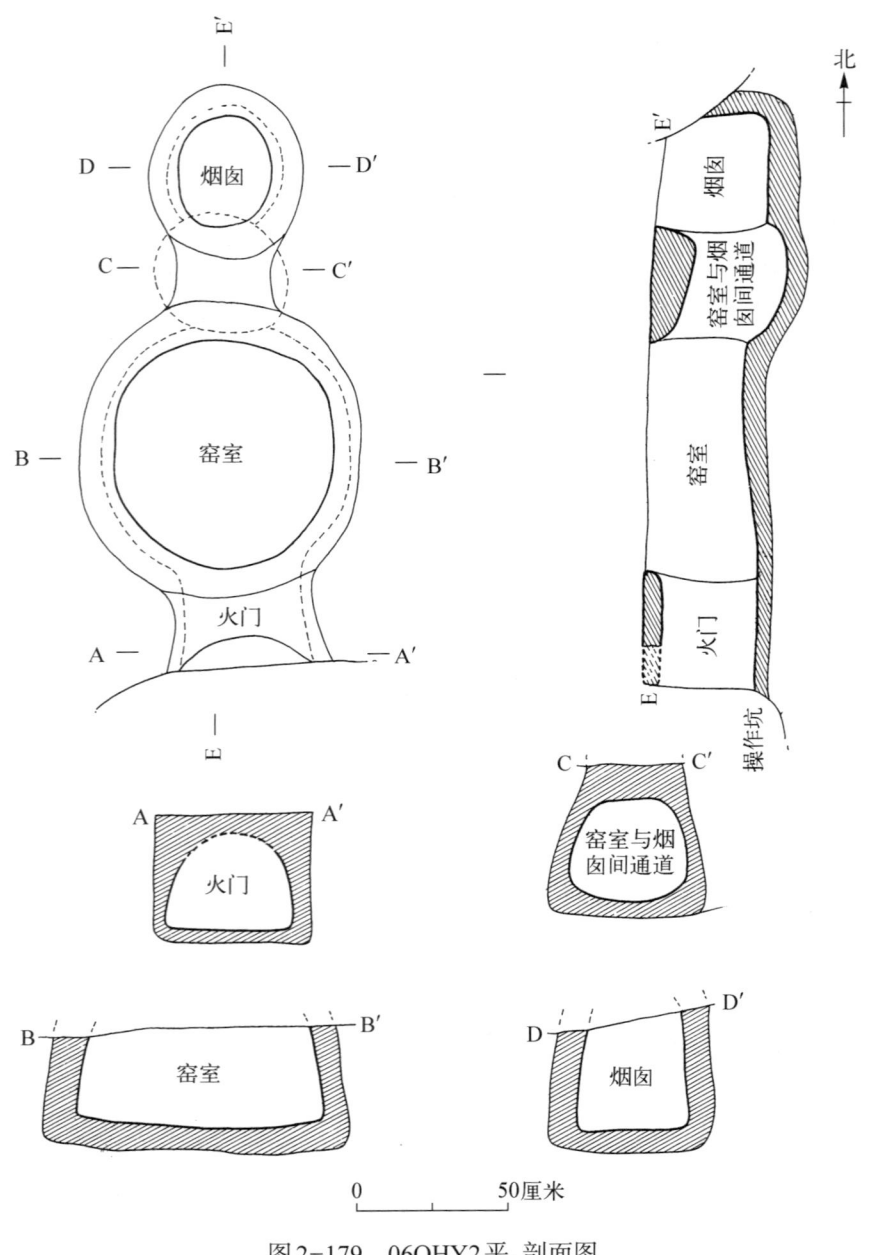

图2-179 06QHY2平、剖面图

操作坑位于窑的火门前。HY2的操作坑已被HH11破坏,只残留底部南部。在操作坑南部有一层被踩踏过的活动面,怀疑为HY2使用时留下的活动面,呈不规则椭圆形,南北长0.65、东西宽0.58、厚约0.02～0.05米。

火门为敞口,呈八字形,外大内小。火门剖面呈梯形,上小底大。外宽0.3～0.52、高0.2～0.34、内宽0.4、高0.32、壁厚0.03～0.06米。壁为弧形,底为北高南低。底、壁为烧结面。有工具痕迹,宽0.04米。长短不一,方向由外向内挖(彩版七,2)。

窑室平面呈圆形,口小底大。口径0.74、底径0.84米。壁外斜,底部为西南高东北低。底、壁均为烧结面。在四壁上有宽为0.04米、长短不一(长0.08～0.17米)的工具痕迹。东壁由南向北倾挖,西壁由北向南倾挖(彩版八,1)。

烟囱位于窑的北端,平面为椭圆形,相距0.38米。口南北长0.37、东西宽0.32米。口小底大,底南北长0.44、东西宽0.35、深0.46米。烟囱的四壁略呈弧形。但东壁较直。底为北高南低。有工具痕迹,宽0.04～0.05米。东壁在和窑室相接处有近直角的拐角,宽0.04米(彩版八,2)。

在窑室和烟囱相接处有一不规则圆形的坑,低于窑室底和烟囱底。剖面呈锅底状,壁呈斜坡状。南边高于北边约0.04米。

此窑内的堆积为窑倒塌后的堆积。火门、窑室、烟囱等的堆积一样。土色黄褐色,土质松散,颗粒状(彩版七,1)。火门内出土有陶范、铜渣、烧土块、陶片。窑室出土有陶片、小石块以及大量的烧土块、烧结块、草拌泥块等遗物。烟囱处出土有陶片、烧土块、烧结块。

(2)陶范

HY2共出土陶范16块,总重量计有0.525千克。可辨识陶范所铸器形的有弦纹外范1、不明工具外范1件。

弦纹外范　1件(HY2:5)。未见明显的面层与背层之分,整体呈砖红色,浇铸面部分为灰色。范块大、厚重,背面平整,呈直角方形,浇铸面为圆弧形,残存有三道阳纹弦纹,可见刻划痕迹,无其他纹饰。型腔残高5.5、残宽6.5厘米。浇铸面之上的内面有一水平方向的长条形卯,剖面呈“U”形,长3.1、宽0.9、深0.5厘米。浇铸面侧面残存部分垂直方向分范面,远离浇铸面的一侧可见部分长方形卯,剖面近上宽下窄的梯形,残长2.1、残宽1、深0.7厘米。范底边完整,边缘有近菱形卯,较浅,长2.5、宽2.4、深0.3厘米。背面比较完整,未见修治。所浇铸铜器器形为直壁、长椭圆形,唇部稍向外侈,应为尊、觯一类器口至颈部位置外范。范块残高8.8、残宽7.3、厚3.6～6.4厘米(图2-11,6;图2-164,6)。

不明工具外范　1件(HY2:6)。未见面层与背层之分,浇铸面与分范面呈青灰色,背面呈砖红色。范块较小,仅存一侧范边,型腔为长条形,原宽度不明,型腔残长3.1、残宽2厘米。可能为工具类外范。背面磨损严重。范块残长4、残宽3.9、厚1.8厘米(图2-11,2)。

（3）炉壁

HY2共出土炉壁335块，总重量计有17.5千克。标本HY2：7，条筑式炉，保留有炉衬层与基体层。衬面呈浅灰色，开裂严重，表面凹凸不平，未粘附铜液。基体层用夹杂植物茎秆的泥条盘筑而成，呈灰黑色，残块可见2块泥条，宽约3～4厘米，其中一块泥条夹杂植物茎秆较少，另一块含较多植物茎秆。已烧流变形，推测其直径约70～80厘米。弦长15.7、弦高8.5、厚3.5厘米，重577.7克。标本HY2：8，条筑式炉，保留有炉衬层与基体层。衬面呈青灰色，已烧流变形，表面凹凸不平，未粘附铜液，部分断面呈蜂窝状，有较多孔洞。基体层用夹杂少量植物茎秆的泥条盘筑而成，呈灰黑色，背面残留数处指窝按压痕迹，残块可见3块泥条，宽约2.5～3.5厘米。整体近平直，几无弧度，直径不详。弦长12.7、弦高11.1、厚4.5厘米，重701.1克。标本HY2：9，条筑式炉，保留有炉衬层、基体层与部分加固层。衬面呈青灰色，局部发亮，已烧流变形，表面凹凸不平，部分断面呈蜂窝状，有较多孔洞。基体层用夹杂较多植物茎秆的泥条盘筑而成，呈灰黑色，背面残留指窝按压痕迹，残块可见4块泥条，宽约2～3.5厘米。基体层外残存少量由草拌泥组成的加固层，呈红色。推测其直径约90～100厘米。弦长16.2、弦高11.2、厚5.6厘米，重949.6克。标本HY2：10，条筑式炉，保留有炉衬层与基体层。衬面呈青灰色，已烧流变形，表面凹凸不平，有少量孔洞。基体层用夹杂较多植物茎秆的泥条盘筑而成，呈灰黑色和砖红色，残块可见4块泥条，宽约2.5厘米。已烧流变形，弧度较小，推测其直径约80厘米。弦长16.4、弦高14.5、厚4.7厘米，重1 101.3克。

（4）铜器及铜块

铜残块 1件（HY2：1）。通体布满铜锈，长条状，上有一残破的圆形装饰。残长3、残宽1厘米（图2-34,9）。

（5）陶容器

HY2共出土陶片30片。陶质分为泥质和夹砂两类，泥质陶（73.33%）稍多于夹砂陶（26.67%）。均灰陶。纹饰有细、中、粗绳纹和素面、旋纹；以绳纹为主，约占总数的86.77%；其次为素面，约占总数的10%；旋纹仅1片。可辨器形的有联裆鬲1、联裆甗1、三足瓮1件。

联裆鬲 1件（HY2：3）。夹砂灰陶。侈口，卷沿，尖圆唇，沿外绳纹被抹，腹部施绳纹。残长9.1、残高5.4厘米（图2-177,9）。

联裆甗 1件（HY2：4）。夹砂褐陶。卷沿，方唇，唇部施绳纹，沿外施斜行绳纹。残长5.2、残高2.8厘米（图2-177,7）。

三足瓮 1件（HY2：2）。泥质灰陶。平折沿，斜方唇，鼓腹，腹部施绳纹。口径39、残高13厘米（图2-177,1）。

（6）年代

根据HY2出土陶器标本的式别特征，判断其年代为西周晚期偏晚。

2.3　铸铜作坊遗存认识

2.3.1　作坊结构管窥

画图寺铸铜作坊是目前已发掘的为数不多的西周铸铜作坊之一,为开展铸铜作坊结构研究提供了宝贵材料。

1. 作坊结构研究方法

近年先秦时期铸铜作坊研究中,学界已认识到作坊分区与布局的重要性,也有学者展开了相关研究。如岳占伟、刘煜通过辨析遗物的空间分布特征,认识到苗圃北地铸铜作坊可分为东、西两区,东区是生产区,西区可能是作坊内的居住区[①]。又如常怀颖引入"操作链"[②]的概念,探索铸铜作坊的生产区划。他对郑州商城紫荆山北和南关外两处铸铜作坊[③]、侯马铸铜作坊[④]的分析,于铸铜作坊内部布局研究有着重要的启发意义。路晋东[⑤]、郜向平[⑥]等人亦在"操作链"理念指导下对三代铸铜作坊的布局进行研究,取得了诸多新认识。

总的来看,虽然作坊分区的系统研究仍较缺乏,但也取得了一些成绩,分区方法也有了一些初步认识:

其一,通过壕沟、墙等"界标"进行分区。如郑州商城南关外铸铜作坊中南北两区均有壕沟环绕,从而将其区分开来[⑦]。又如偃师二里头遗址在宫城南部发现围垣作坊区,形成一个封闭的空间,铸铜作坊、绿松石制造作坊均在其范围之内[⑧]。但是,由于考古发掘面积有限,田野工作中壕沟与围墙的寻找和辨认也比较困难;且两者虽有助于判断作坊在聚落中的区位特征,对作坊内部分区的意义却相对较小。

其二,通过铸铜遗物与非铸铜遗物的空间分布特征来分区。如上文所述苗圃北地中生产区与居住区的划分。但三代铸铜作坊一般发掘面积不大,一些作坊甚至是居住、生产与埋葬"三合一",类似苗圃北地这样居住区与生产区相对分离的案例少之又少。

---

① 岳占伟、刘煜:《殷墟铸铜遗址综述》,《三代考古(二)》,科学出版社,2006年,第358~374页。
② 常怀颖:《侯马、新郑铸铜遗址春秋礼乐器范的选料、制备与技术传统浅说——先秦铸铜遗址操作链研究之一》,《青年考古学家》第十九期,2007年。
③ 常怀颖:《郑州商城铸铜作坊研究三题》,《三代考古(五)》,文物出版社,2013年,第85~109页。
④ 常怀颖:《侯马铸铜作坊研究三题》,《古代文明》第9卷,文物出版社,2013年,第102~131页。
⑤ 路晋东:《二里头文化至春秋时期铸铜作坊研究》,武汉大学硕士学位论文,2019年。
⑥ 郜向平、韩冬、王俭:《安阳殷墟苗圃北地铸铜作坊探讨》,《南方文物》2020年第4期。
⑦ 河南省文物考古研究所:《郑州商城——一九五三~一九八五年考古发掘报告》,文物出版社,2001年,第316、329页。
⑧ 中国社会科学院考古研究所:《二里头:1999~2006》,文物出版社,2014年,第1662~1663页。

其三，通过铸铜各生产工序所对应遗存的空间分布特征来分区。在"操作链"理念的指导下，常怀颖指出南关外与紫荆山北铸铜作坊目前所发掘的区域基本都是进行熔铜、浇铸和成品处理环节的工作场所，熔铜、浇铸与获取整器、修整、打磨有较为明确的区域划分①。侯马牛村铸铜作坊中各个生产环节也同样有明确的分工，如ⅩⅩⅡ号遗址北部更多地作为铸造场所，南部更可能与沉泥制范有关②。但是，"操作链"理念下的遗物空间分布更多体现的是生产工序的分区，较难辨析其下是否存在更细致的分区。对于苗圃北地铸铜作坊的分区研究，路晋东③与郜向平等④不同研究者得到的认识截然相反，也反映了这一理念存在一定的局限性。

除此之外，也有学者初步探讨了作坊分区方法。如常怀颖曾明确提出"堆积分析是手工业作坊平面布局研究的起点"⑤。苏荣誉亦指出铸铜作坊内相关遗存是否与铸铜生产有关及其相互关系需要进一步地辨析辨识，这可谓是铸铜作坊分区研究基础中的基础⑥。可惜的是，限于考古材料，这些真知灼见尚未付诸实践。

以上研究均有助于作坊分区的深入探索，在前人基础上，我们也在作坊结构研究理念下对周原李家铸铜作坊⑦展开研究。

所谓"作坊结构"，指的是作坊堆积结构，即作坊内各个堆积单位之间的关系。我们认为，在遗迹单位与作坊之间存在过渡的考古单位。具体而言，若干个不同的遗迹单位由于某种内在的关联而形成一个单位，这个单元可视为比单个遗迹更高一级的考古单位。单个这样的考古单位又可以因为某种内在关联，再组成一个更高级的考古单位。如此"层层递进"，最终组成作坊这一完整单元。经过系统分析李家铸铜作坊堆积结构，初步揭露了李家铸铜作坊的"层级结构"，即从遗迹→堆积类型单元→遗迹组合→分区→大区→作坊，并在此基础上获得了一些关于作坊生产方式与社会组织的新认识⑧。

但是，以上研究理念与方法均不能完全适用于孔头沟铸铜作坊。孔头沟铸铜作坊发掘面积小，共布设13个探方，发掘总面积约294平方米。又因抢救性发掘采用"散点式"布方，各探方之间相距甚远。发掘区所在台地因土地平整和砖厂取土，遗存已被破坏殆尽。从现有材料

① 常怀颖：《郑州商城铸铜作坊研究三题》，《三代考古（五）》，文物出版社，2013年，第85～109页。
② 常怀颖：《侯马铸铜作坊研究三题》，《古代文明》第9卷，文物出版社，2013年，第102～131页。
③ 路晋东：《二里头文化至春秋时期铸铜作坊研究》，武汉大学硕士学位论文，2019年。
④ 郜向平、韩冬、王俭：《安阳殷墟苗圃北地铸铜作坊探讨》，《南方文物》2020年第4期。
⑤ 常怀颖：《略谈铸铜作坊的空间布局问题》，《南方文物》2017年第3期。
⑥ 苏荣誉：《郑州商城铸铜遗址与出土青铜器探究》，《青铜器与金文》第5辑，上海古籍出版社，2020年，第58～108页。
⑦ 周原考古队：《陕西周原遗址发现西周墓葬与铸铜遗址》，《考古》2004年第1期。周原考古队：《2003年秋周原遗址（ⅣB2区与ⅣB3区）的发掘》，《古代文明》第3卷，文物出版社，2004年，第436～496页。周原考古队：《周原庄李西周铸铜遗址2003年与2004年春季发掘报告》，《考古学报》2011年第2期。
⑧ 郭士嘉：《周原铸铜业研究》，北京大学博士学位论文，2021年，第26～28页。

看，发掘区内64个灰坑中56个的最大深度均在1米以下，其中22个灰坑最大深度仅17～50厘米，远低于周原地区同时期灰坑[1]。从遗迹种类来看，该发掘区内现存西周时期陶窑2座、灰坑64座，遗迹种类主要是灰坑，无房子、沟渠、活动面等，且陶范、炉壁等铸铜遗物在各个灰坑中分布也较一致。

面对保存状况如此不佳的孔头沟铸铜作坊，也需要开展作坊结构研究。这是因为，作坊结构可以有效解决聚落考古研究中"共时性"与"历时性"难题[2]，是进一步研究铸铜作坊操作链、生产技术、生产方式、社会组织等问题的基础，甚至可以将其与遗址分期地位等同。鉴此，本报告首次提出"鱼鳞状灰坑群"的概念，尝试探索作坊结构研究的另一种方法。

2."鱼鳞状灰坑群"分布形态

本报告所谓"鱼鳞状灰坑群"，指的是一种灰坑分布形态，即多个灰坑集中分布，平面上形似鱼鳞（图2-179）。这种灰坑群的突出特征是：（1）密密麻麻扎堆挖，灰坑群外有空白区，灰坑群的边界较整齐；（2）相邻灰坑的边界近乎同壁，后一个灰坑打破前一灰坑的局部，有一定

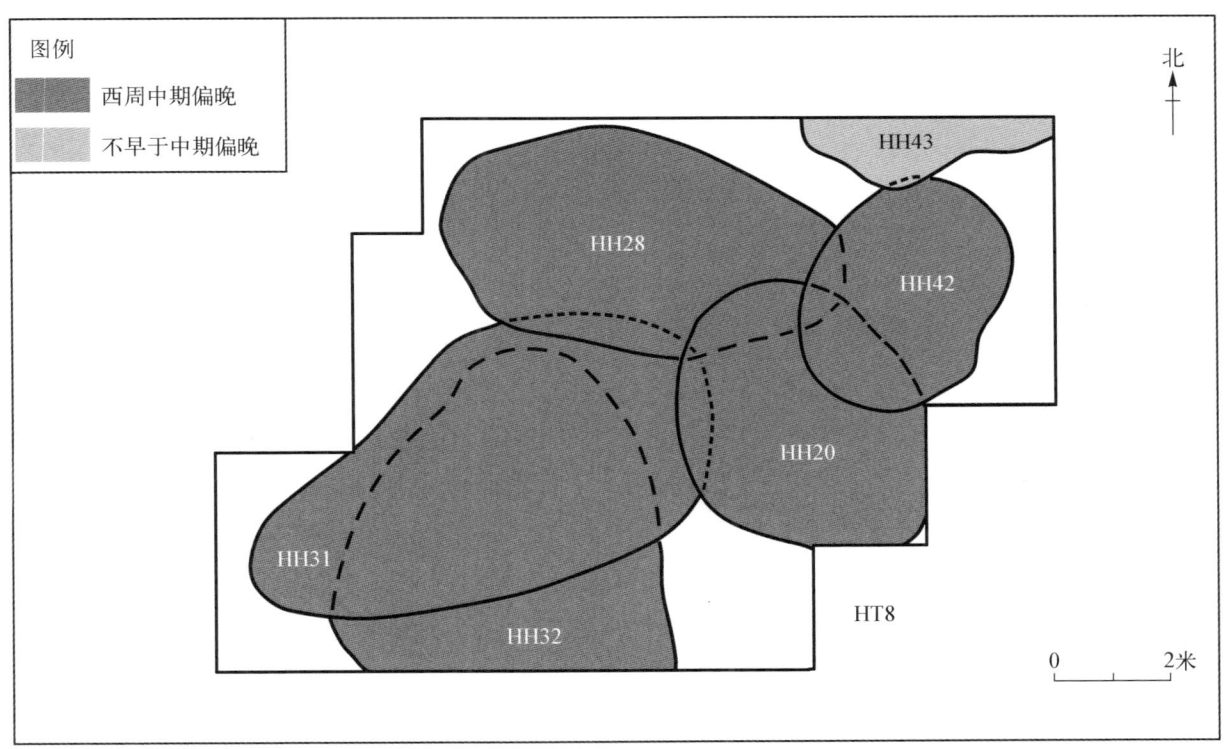

图2-180　孔头沟铸铜作坊"鱼鳞状灰坑群"

① 如周原李家铸铜作坊，发掘区内约五分之二的灰坑深度在1米以上，其余灰坑也大多在50厘米以上。
② 雷兴山：《周原遗址商周时期聚落分区方法》，《李下蹊华——庆祝李伯谦先生八十华诞论文集》，科学出版社，2017年，第130～144页。

的排列方向,即灰坑形成过程的方向相对一致;(3)灰坑大小相若,方向相近[1];(4)灰坑群内灰坑的分期年代相同或近同,整个灰坑群是连续形成的;(5)单位属性相同。

这种灰坑分布形态体现了古人在一个固定区域反复埋填垃圾,应是其有意识的行为活动,属于一个遗迹组合的有机组成部分,或可体现聚落内的功能区划。

这种"鱼鳞状灰坑群"分布形态并非偶见,夏商周时期许多遗址均有发现。如二里头遗址宫殿区3号基址处[2],H8、H29、H30、H31、H97等灰坑空间上集中分布,年代同属二里头文化二期,边缘较为整齐,且以空白地带为界与其他二里头文化灰坑相隔,可被称为"鱼鳞状灰坑群"(图2-181)。

新郑望京楼遗址存在多处"鱼鳞状灰坑群",较为典型者为T0305处[3]的H176、H177、H179、H198等灰坑,空间上集聚,年代同属望京楼遗址第二期,边缘有空白地带与其他灰坑相隔。该

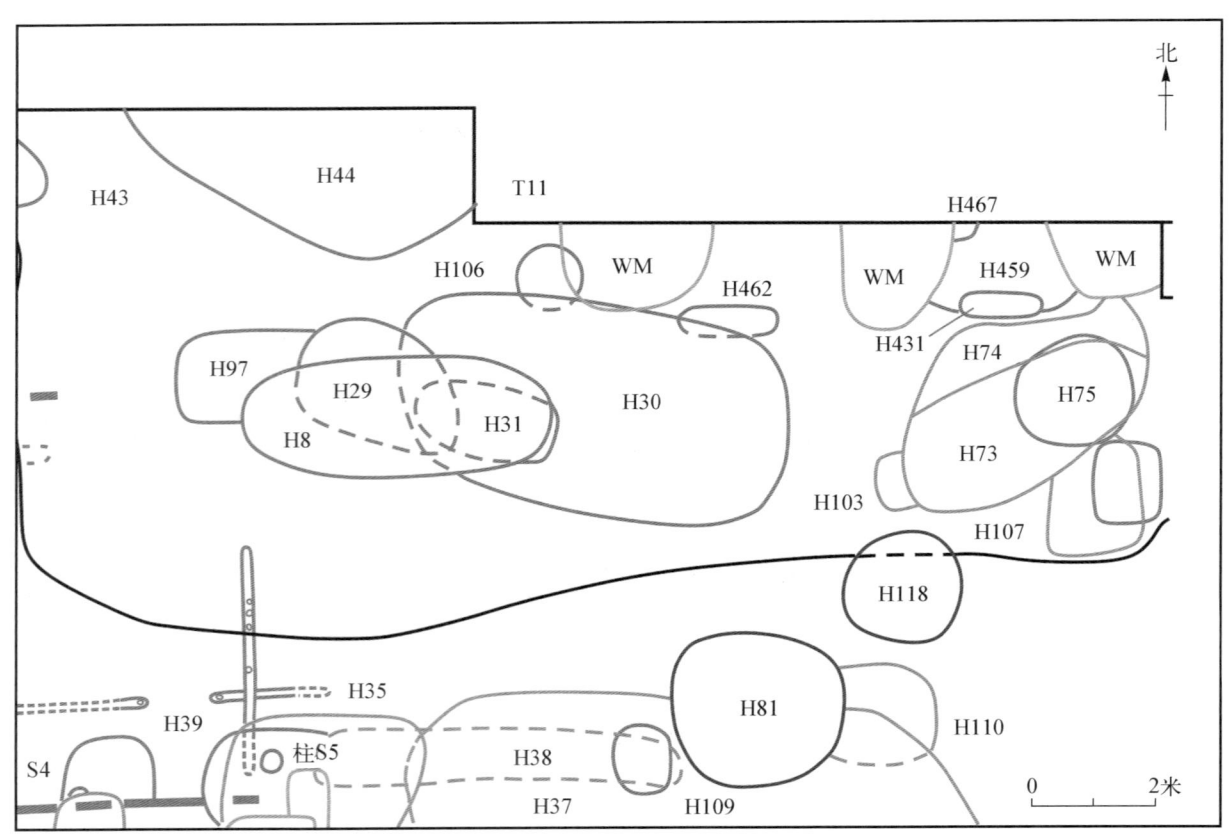

图2-181 二里头遗址鱼鳞状灰坑群

① 或堆积方向相近,或非圆形坑的长轴方向相近,两者具备其一即可认为是灰坑方向相近。
② 中国社会科学院考古研究所:《二里头:1999~2006》,文物出版社,2014年,第466~467页,图6-1-1-1。
③ 郑州市文物考古研究院:《新郑望京楼——2010~2012年田野考古发掘报告》,科学出版社,2016年,第21~23页。

灰坑群西南侧同样存在两个"鱼鳞状灰坑群"，一个自北向南包括H254、H278、H274、H275、H253、H353等，年代均为第二期；另一个自南向北包括H86、H88、H87，年代均为第五期（图2-182）。

辉县孟庄遗址二里岗文化堆积中同样存在"鱼鳞状灰坑群"，以发掘区Ⅰ区东北角的T30、T34处为例[①]，根据空间上集中分布、时间上连续形成、边缘有空白地带、排列方向一致的标准来看，此处至少存在四个二里岗文化时期的"鱼鳞状灰坑群"：（1）H34、H40、H41；（2）H13、H67、H68；（3）H28、H50、H63、H88；（4）H25、H26、H27（图2-183）。

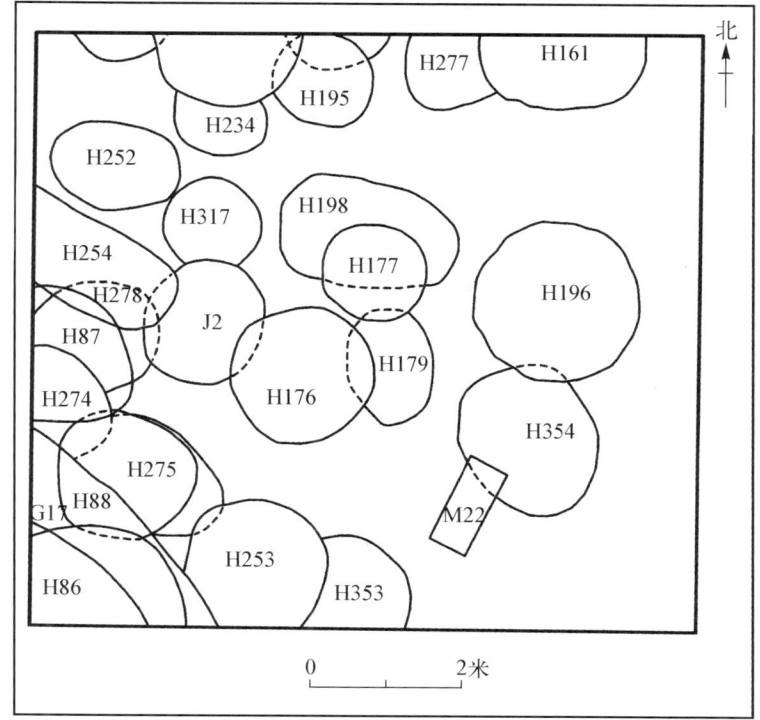

图2-182　望京楼遗址鱼鳞状灰坑群

殷墟遗址的大司空制骨作坊内也存在"鱼鳞状灰坑群"[②]，该发掘区T401、T402处的H401、H403、H404、H405、H406、H407、H408、H409等灰坑集中分布于探方东南角，除H408、H409属大司空第Ⅱ期遗存外，余者均属第Ⅲ期遗存，灰坑年代之间无缺环，灰坑群西侧边缘较整齐，北部有大片空白地带，且这些灰坑均出土骨料、骨器半成品，灰坑性质同为"骨料坑"，是典型的"鱼鳞状灰坑群"（图2-184）。

周原遗址李家铸铜作坊内F2南侧的灰坑群也属于"鱼鳞状灰坑群"[③]，该灰坑群内包含H50、H66、H118、H121、H122、H130等灰坑，集中分布于F2南侧、J1北侧。除H130年代不晚于西周中期偏晚外，其他均为西周中期偏晚。根据地层关系可知H66→H118→H122、H121→H50、H130，其形成过程从东南逐渐向西北转移，具有一定的方向性。该灰坑群边缘较整齐，东、西、南、北均存在空白地带与其他遗迹相隔。同时，这些灰坑或多或少均出土陶范、铜渣、炉壁等铸铜遗物，单位属性相同。因此，其可被视为典型的"鱼鳞状灰坑群"。

周原遗址齐家北制石作坊发掘区南部的H25、H36、H39、H43同样属于"鱼鳞状灰坑群"分

① 河南省文物考古研究所：《辉县孟庄》，中州古籍出版社，2003年，第18、23页。
② 中国社会科学院考古研究所：《殷墟发掘报告（1958～1961）》，文物出版社，1987年，第80页。
③ 郭士嘉：《周原铸铜业研究》，北京大学博士学位论文，2021年，第70页。

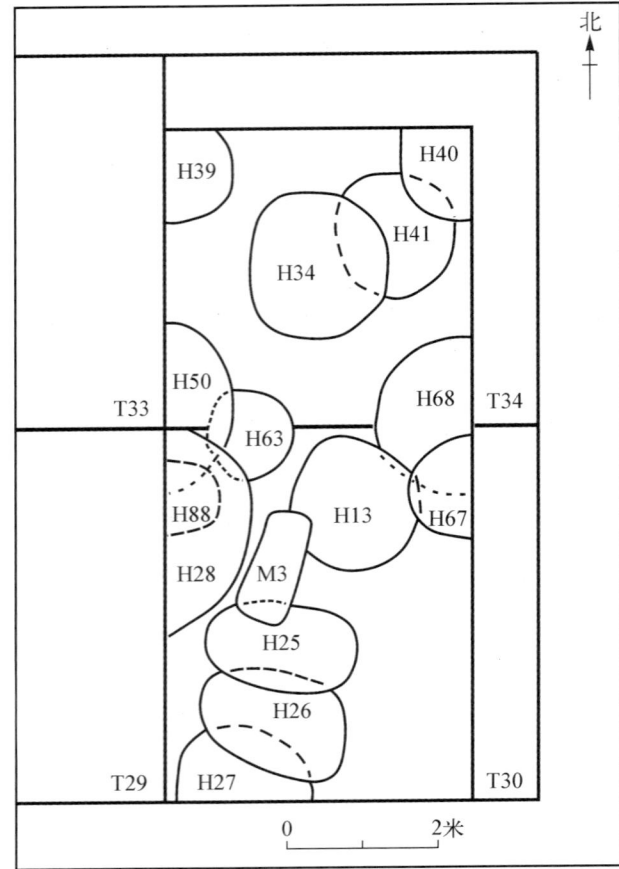

图 2-183　辉县孟庄遗址鱼鳞状灰坑群

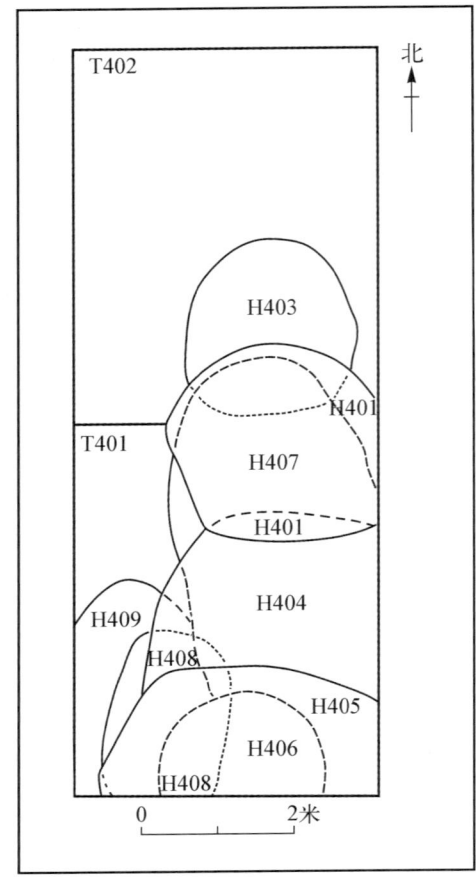

图 2-184　殷墟大司空遗址鱼鳞状灰坑群

布形态[①]：这 4 个灰坑空间上集中分布，时间上连续形成，边缘较整齐且有空白地带，排列方向一致且均与制石生产相关（图 2-186）。

　　东周时期侯马铸铜作坊[②]（图 2-187）、湖北广水巷子口遗址[③]（图 2-188）仍然存在"鱼鳞状灰坑群"分布形态，除此之外，在垣曲商城[④]、绛县西吴壁遗址[⑤]、殷墟新安庄西地[⑥]、安阳西高平

① 周原考古队：《周原——2002 年度齐家制玦作坊和礼村遗址考古发掘报告》，科学出版社，2010 年，图三（插页）。
② 山西省考古研究所：《侯马铸铜遗址》，文物出版社，1993 年，第 35 页。
③ 湖北省文物考古研究所、广水市博物馆：《湖北广水巷子口遗址发掘简报》，《江汉考古》2008 年第 1 期。
④ 中国历史博物馆考古部、山西省考古研究所、垣曲县博物馆：《垣曲商城（一）——1985～1986 年度勘查报告》，科学出版社，1996 年，第 32 页。中国国家博物馆田野考古研究中心、山西省考古研究所、垣曲县博物馆：《垣曲商城（二）——1988～2003 年度考古发掘报告》，科学出版社，2014 年，图五（插页）。
⑤ 中国国家博物馆考古院、山西省考古研究院、运城市文物保护研究所：《山西绛县西吴壁遗址 2018～2019 年发掘简报》，《考古》2020 年第 7 期。
⑥ 中国社会科学院考古研究所安阳工作队：《河南安阳市殷墟新安庄西地 2007 年商代遗存发掘简报》，《考古》2016 年第 2 期。

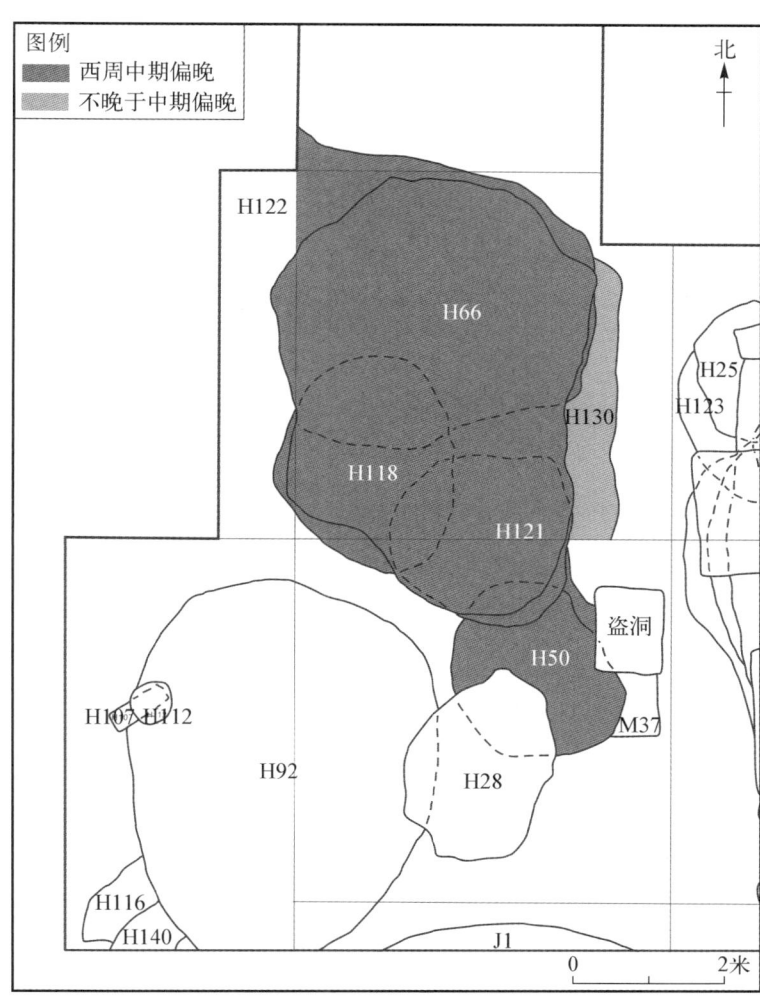

图 2-185　周原李家铸铜作坊鱼鳞状灰坑群

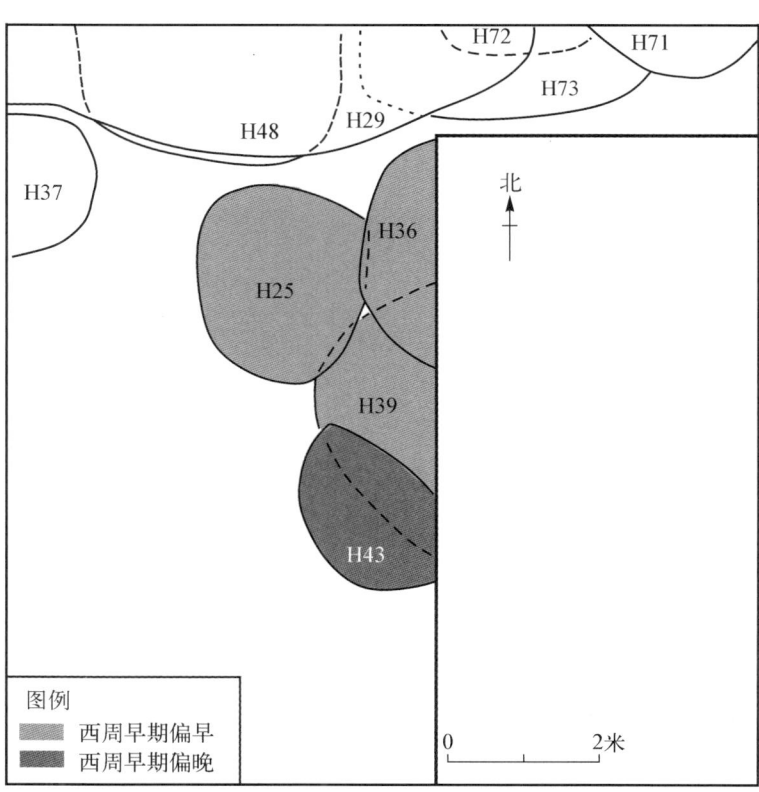

图 2-186　周原齐家制石作坊鱼鳞状灰坑群

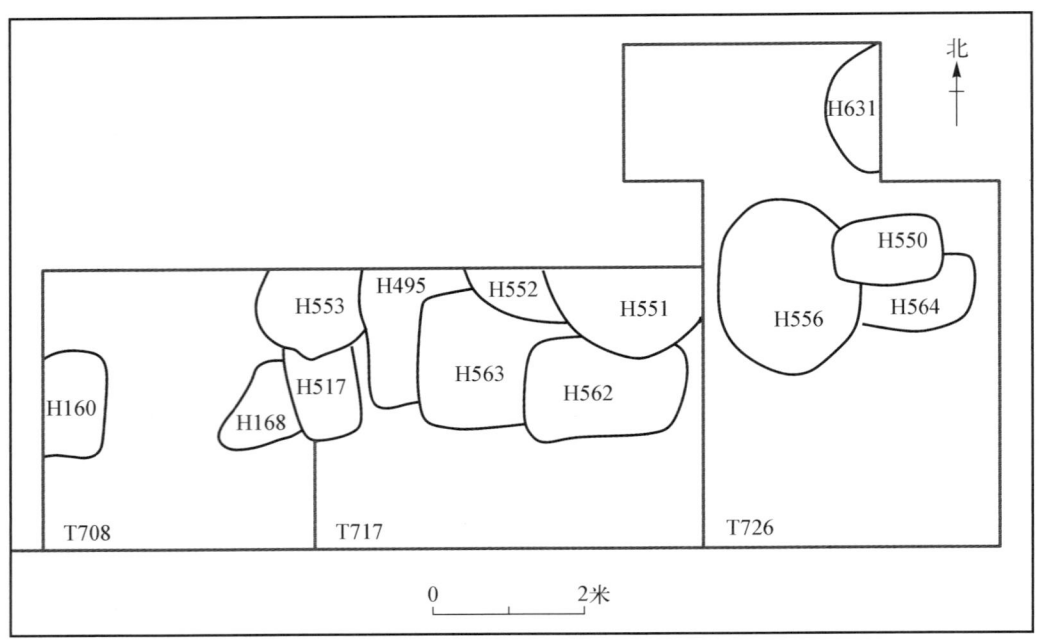

图2-187　侯马铸铜作坊鱼鳞状灰坑群

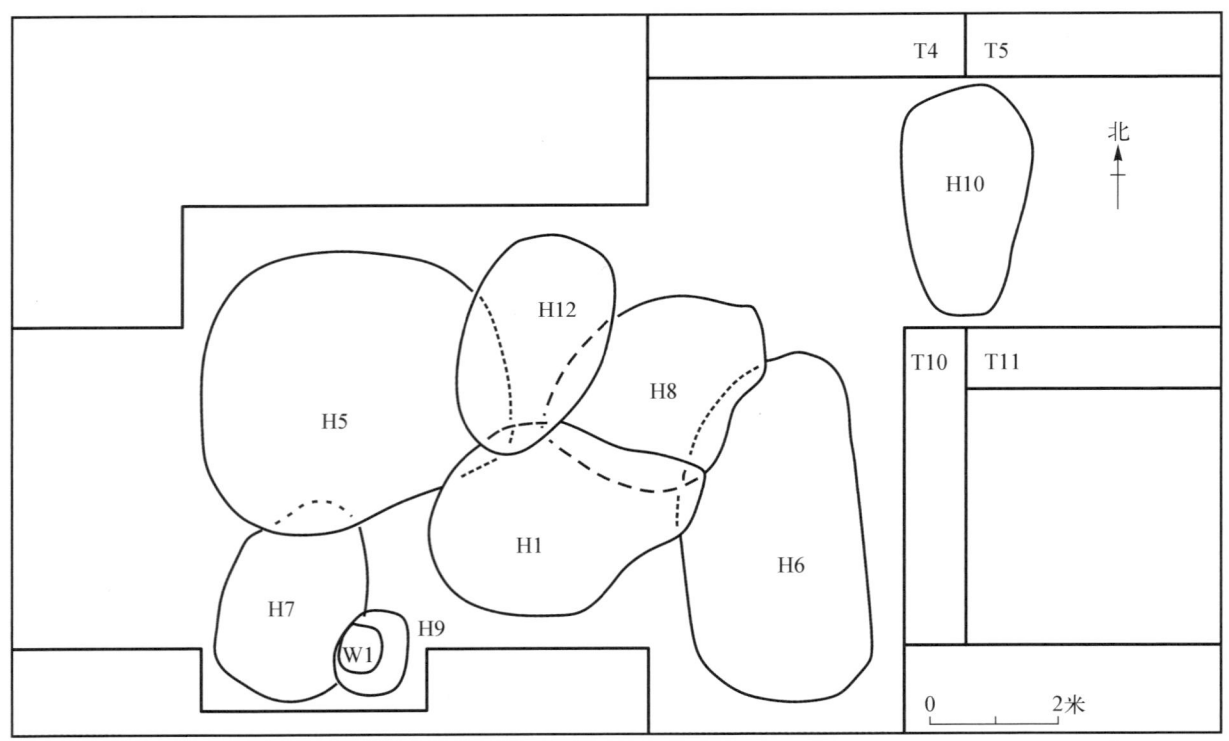

图2-188　广水巷子口遗址鱼鳞状灰坑群

遗址[①]、郑州马良寨遗址[②]、天马—曲村遗址[③]、淅川下王岗遗址[④]、荥阳官庄遗址[⑤]等商周遗址中均可发现"鱼鳞状灰坑群"，限于篇幅，本报告不再一一列举。

综上，本报告认为，可以将夏商周时期居址中空间上集中分布、时间上连续形成、边缘有空白地带、排列方向一致的"鱼鳞状灰坑群"作为一种常见的灰坑分布形态。

3."鱼鳞状灰坑群"与孔头沟作坊分区

结合我们对周原李家铸铜作坊、郑州商城铭功路制陶作坊的研究[⑥]，同一"遗迹组合"存在房址、灰坑、墓葬等不同种类的堆积类型，一个遗迹组合往往有且仅有一个灰坑群。因此，可以认为，一个"鱼鳞状灰坑群"可作为一个"遗迹组合"的代表。在孔头沟铸铜作坊这样仅剩灰坑的遗址当中，"鱼鳞状灰坑群"亦可作为分区的重要参考，是作坊研究的基本单元。

那么，如何根据"鱼鳞状灰坑群"来对作坊分区呢？从孔头沟铸铜作坊现有材料的实际情况出发，本报告暂提出以下三点作为分区标准：

第一，"鱼鳞状灰坑群"周围的空白地带。孔头沟铸铜作坊采用"散点式"布方，是根据实际钻探资料做出的选择：经钻探，作坊所在区域灰坑是成堆分布的，其间有大片空白地带，故选择在灰坑密集分布的区域布方，探方与探方之间基本均是空白地带。

同样，依据现有发掘材料亦可判断发掘区存在较多的空白地带，主要表现在两方面：发掘区各探方边缘的空白地带，如HT10东部有约2米的空白处，HT4南部也有1米多宽的生土等；发掘区所在的台地四周为断崖，分布在断崖边的HT1~HT6探方内尚有灰坑、窑等遗迹残留，其间存在空白地带。

第二，"鱼鳞状灰坑群"的分布形态。根据对李家铸铜作坊、铭功路制陶作坊的研究，可以将空间集中分布、年代前后相继、分布形态未发生变化的几个"遗迹组合"合并为一个分区。且在同一堆积阶段内，一个分区一般有且仅有一个"遗迹组合"。那么，"鱼鳞状灰坑群"作为一个"遗迹组合"的代表，亦应符合此认识。

以灰坑相对密集的HT8、HT9等（图2-189；彩版一八，1）为例，这一区域可划为四个分区。西周中期时存在两个分区：Q10和Q12，两者之间存在空白地带。其中Q10位于HT8处，包含1

① 河南省文物考古研究所：《安阳市西高平遗址商周遗存发掘报告》，《华夏考古》2006年第4期。

② 河南省文物考古研究院、河南省文物局南水北调文物保护办公室：《郑州市马良寨遗址晚商文化遗存发掘简报》，《考古》2017年第4期。

③ 北京大学考古学系商周组、山西省考古研究所：《天马—曲村（1980~1989）》，科学出版社，2000年，第34页。

④ 中国社会科学院考古研究所山西队、河南省文物局南水北调办公室：《河南淅川县下王岗遗址西周遗存发掘简报》，《考古》2010年第7期。

⑤ 郑州大学历史学院、郑州市文物考古研究院、荥阳市文物保护管理中心：《河南荥阳市官庄遗址铸铜作坊区2016~2017年发掘简报》，《考古》2020年第10期。

⑥ 郭士嘉：《周原铸铜业研究》，北京大学博士学位论文，2021年。郭士嘉、方铭璐、雷兴山：《郑州商城铭功路制陶作坊遗迹组合研究》，《江汉考古》待刊。

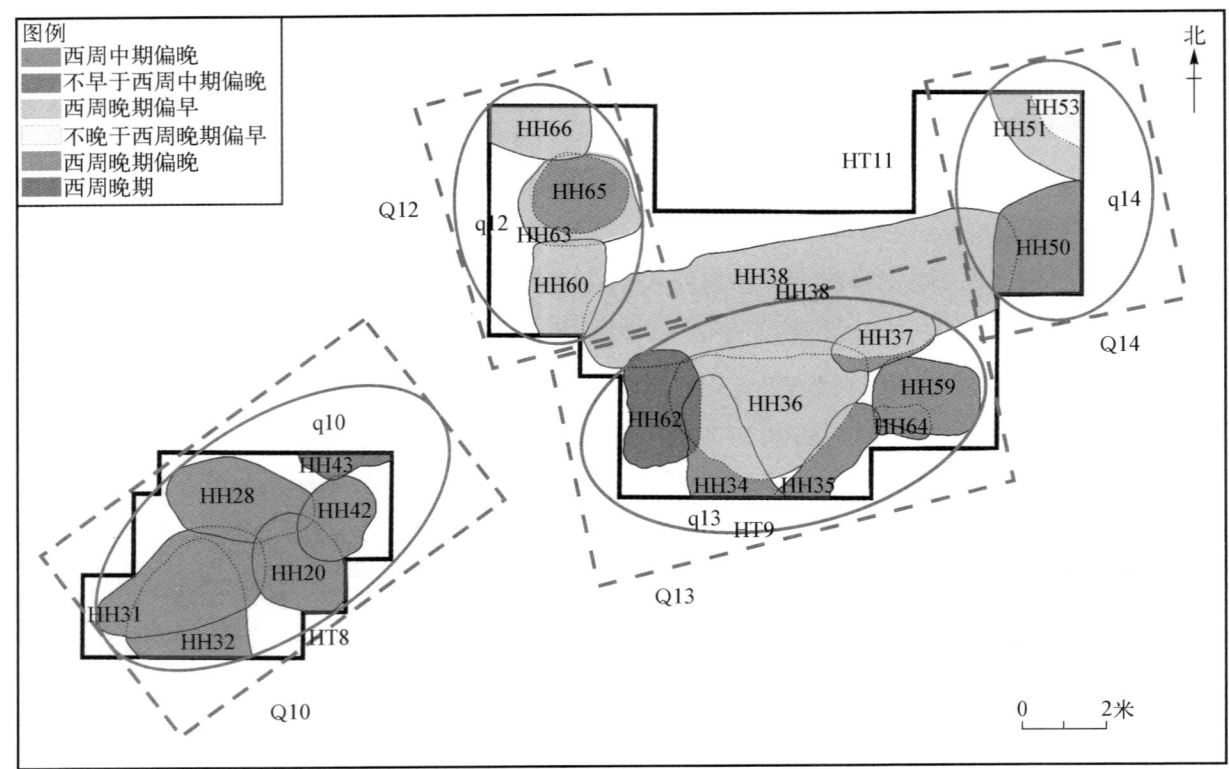

图2-189　孔头沟铸铜作坊"鱼鳞状灰坑群"与分区

个西周中期的"鱼鳞状灰坑群"q10；Q12位于T9西北部，此时仅包含"鱼鳞状灰坑群"q12内的一个灰坑HH65。

西周晚期时存在三个分区：Q12、Q13和Q14，原Q10废弃。三个分区之间存在空白地带，且以HH38为界标。HH38坑口面积近27平方米，最大深度1.77米，东壁较直，西壁呈斜坡状，锅底状坑底凹凸不平，形制特殊，与孔头沟一般垃圾坑明显不同，可能原是取土坑一类遗迹，废弃后作为掩埋垃圾的场所。因此，未将HH38划归任何一个"鱼鳞状灰坑群"和分区。

此时，原Q12继续发展，由西周中期的1个灰坑发展为1个完整的"鱼鳞状灰坑群"q12。HT9南部和HT11东部分别形成新的分区Q13和Q14，分别包含1个西周晚期"鱼鳞状灰坑群"q13和q14。

第三，"鱼鳞状灰坑群"形成过程的方向。"鱼鳞状灰坑群"内灰坑的形成过程是有方向性的，且后一个灰坑若打破前一个灰坑，一般也仅是打破其局部。仍以HT8、HT9处为例（图2-189），HT8处Q10内灰坑群q10的形成过程为HH32→HH31→HH28→HH20→HH42→HH43，由西南逐渐向东北转移。HT9处Q12内灰坑群形成过程为HH65→HH66/HH63→HH60，整体上是由北向南发展。而这种灰坑形成方向的截然相反，可以代表不同的人类行为模式，故可作为分区的重要参考。

　　根据以上标准，可以将孔头沟铸铜作坊发掘区大致分为15个分区[①]共16个灰坑群（表2-30；图2-190）。

表2-30　孔头沟铸铜作坊分区登记表

分区	灰坑群	年　代[②]	灰　　坑
Q1	q1	中早至中晚	HH7、HH21、HH22、HH24、HH29、HH30
Q2	q2	晚期	HH3、HH25
Q3[③]	q3	中早至晚晚	HH2、HH11、HH12、HH13、HH16、HH33、HH44、HH56、HH57
Q4	q4	中晚	HH1
Q5	q5	中期至晚晚	HH6、HH9、HH10、HH14、HH15、HH17、HH18
Q6[④]	q6	晚期	HH4、HH5、HH8
Q7	q7	晚早	HH54
Q8	q8	晚期	HH39、HH40、HH41
Q9	q9	晚期	HH19、HH23、HH26
Q10	q10	中晚	HH20、HH28、HH31、HH32、HH42、HH43
Q11	q11	晚早至晚晚	HH45、HH46、HH47、HH48、HH49、HH55
Q12	q12	中晚至晚早	HH60、HH63、HH65、HH66
Q13	q13	晚早至晚晚	HH34、HH35、HH36、HH37、HH59、HH62、HH64
Q14	q14	晚早至晚晚	HH50、HH51、HH53
Q15[⑤]	q15	中晚	HH61
	q16	晚晚	HH58

[①] 鉴于孔头沟铸铜作坊保存和发掘现状，精确地分区已不太可能，因此，本报告更多是理论探索一种可能性。基于此，本报告用虚线来进行分区，仅表示存在这样的区分但界线并不确切。分区编号用大写Q表示，灰坑群由小写q表示。

[②] 为行文简略，本报告将西周中期偏早省称为"中早"，西周中期省称为"中期"，依此类推。

[③] 陶窑HY2亦属于该区。

[④] 陶窑HY1亦属于该区。

[⑤] 作坊结构研究中分区应是由年代连续的遗迹组合组成，但该区目前仅发掘2个灰坑，在空间上集聚，且孔头沟铸铜作坊内也发现从西周中期一直延续到晚期偏晚的分区，如Q5、Q12等，故暂将q15和q16合并为一个分区。

4. 孔头沟作坊变迁初识

作坊分区,等同于聚落功能区[①],是铸铜作坊中的基本单元,也是作坊各类研究的基础。如将铸铜技术置于作坊分区背景下,有助于探讨不同分区熔铸技术、制范技术的差别;把生产工序与分区相结合,有助于判断作坊的生产方式;在分区基础上辨析作坊内不同人群,有助于研究作坊的社会组织结构,等等。作坊分区意义重大,本报告仅重点讨论作坊变迁的初步认识。

孔头沟铸铜作坊整体年代为西周中期偏早延续到西周晚期偏晚(图2-191;彩版一八,2),但是根据研究,作坊是可分西周中期和西周晚期两大阶段的,试析如下:

西周中期时,发掘区内未见消失的分区。中期偏早时分区数量少,仅2处,集中于发掘区西北部,分别为Q1和Q3。中期偏晚时分区数量已达7处,从发掘区西北部向南、向东新形成Q4、Q5、Q10、Q12和Q15等分区,以发掘区中部的Q10保存遗迹最为完整。

西周晚期时,发掘区内一些分区开始被弃置,作坊局部废弃,整体向南偏移。晚期偏早时存在8处分区,但仅Q3、Q5、Q12这3处分区从中期偏晚延续下来,中期偏晚的其他4处分区均不见晚期偏早的遗迹,新出现的5处分区继续向发掘区南部和东部发展,分别是Q7、Q9、Q11、Q13和Q14。晚期偏晚时Q2、Q8出现,Q15处又被重新使用,Q6、Q7、Q9和Q12内未见明确的晚期偏晚遗存,可能已被废弃,其他分区基本延续下来,作坊格局也未发生大的变化。

根据各个分区的年代(表2-31),还可以看出孔头沟铸铜作坊不同分区存在两种发展状态:一种是在遗址形成过程中一直存在,从西周中期一直延续到西周晚期偏晚,如Q3、Q5。另一种则是仅在遗址某一阶段存在,仅西周中期或仅西周晚期,如Q1、Q4、Q10仅有西周中期遗存,Q6[②]、Q7、Q13、Q14等则仅有西周晚期遗存。

表2-31　孔头沟铸铜作坊分区演变

年　代	分　区	新增的分区	延续的分区	消失的分区
西周中期偏早	Q1、Q3	Q1、Q3	无	无
西周中期偏晚	Q1、Q3、Q4、Q5、Q10、Q12、Q15	Q4、Q5、Q10、Q12、Q15	Q1、Q3	无
西周晚期偏早	Q3、Q5、Q7、Q9、Q11、Q12、Q13、Q14	Q7、Q9、Q11、Q13、Q14	Q3、Q5、Q12	Q1、Q4、Q10、Q15
西周晚期偏晚	Q2、Q3、Q5、Q8、Q11、Q13、Q14、Q15	Q2、Q8、Q15	Q3、Q5、Q11、Q13、Q14	Q7、Q9、Q12

---

① 雷兴山:《周原遗址商周时期聚落分区方法》,《李下蹊华——庆祝李伯谦先生八十华诞论文集》,科学出版社,2017年,第130～144页。

② 其包含的HH4、HH5、HH8和HY2均只可判断出属西周晚期遗存,无法区分究竟是晚期偏早出现还是晚期偏晚出现,故未在表2-31中统计Q6。

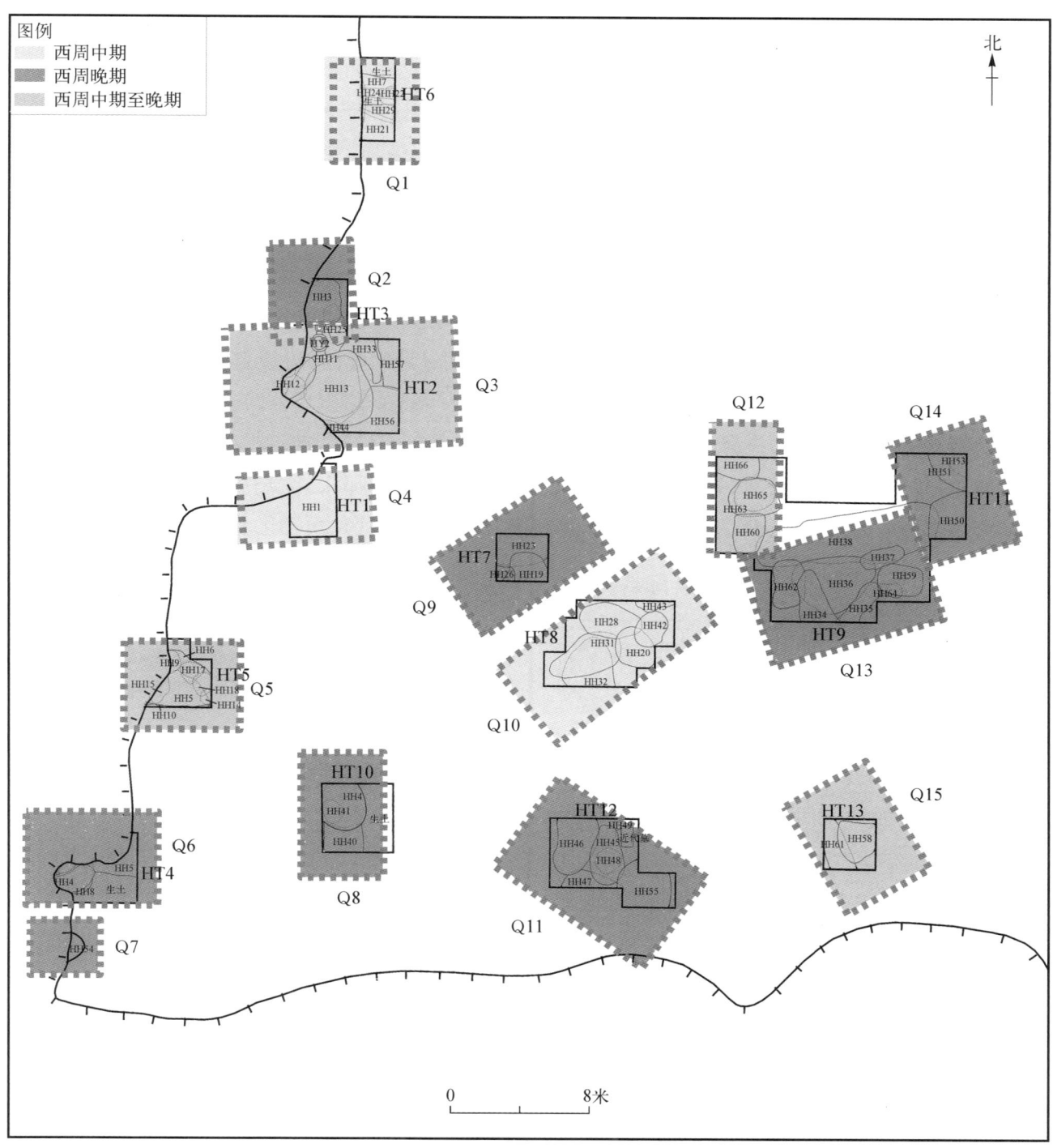

图2-191　孔头沟铸铜作坊分区年代示意图

　　综上，孔头沟铸铜作坊在西周中期与西周晚期之际作坊布局发生改变，整体由北向南转移。从已有材料来看，这种变动与各分区的生产工序、产品结构无关，具体原因有待更多证据。

　　从生产工序而言，各个分区都从事熔铜、浇铸、脱范（可能还包括铸后修整）等浇铸环节的生产活动，与上述两个阶段的变化无关。

　　首先，孔头沟铸铜作坊发掘区是一处"浇铸区"。发掘区出土大量的炉壁残块、铜渣、经浇铸的陶范碎块等浇铸环节的遗物，不见与制范相关的遗迹、遗物，如沉泥池、练泥及泥料存放场所、烘范窑、精选泥料（堇泥）、陶范半成品与成品（未烘烤）等[①]。

　　因此，我们认为孔头沟铸铜作坊发掘区仅从事熔铜、浇注、脱范（可能还有铸后修整）等生产活动，可称之为"浇铸区"，与"制范区"相对分离。

　　作为一处"浇铸区"，孔头沟铸铜作坊发掘区出土最多的两类铸铜遗存为陶范和炉壁。经观察，绝大多数陶范较为破碎、表面呈青灰色，应是使用过后的碎范，可视为浇注脱范这一工序的产物。而炉壁内表面多有烧结层，有的还粘附铜渣，是典型的熔铜环节的遗物。

　　若此，可以发现，孔头沟铸铜作坊发掘区内绝大多数分区均有炉壁和陶范出土（表2-32），唯有Q7和Q14这两个分区目前仅发现陶范这一类铸铜遗物。那么，我们可以认为，孔头沟铸铜作坊发掘区内各分区生产工序基本一致，并未因作坊布局的变化而变化。

表2-32　孔头沟铸铜作坊出土炉壁、陶范统计表（单位：块）[②]

分区	遗迹数量（个）	炉壁数量	陶范数量	容器外范数量	乐器外范数量	车马器外范数量	工具外范数量
Q1	6	11	54	1	0	0	1
Q2	2	163	87	0	0	0	0
Q3	10	3 513	2 542	25	8	6	1
Q4	1	1 374	1 856	12	3	0	0
Q5	7	51	117	4	1	0	0
Q6	4	61	85	1	0	0	1
Q7	1	0	17	1	0	0	0
Q8	3	10	223	2	2	2	0
Q9	3	39	93	4	0	0	0

[①] 孔头沟铸铜作坊发掘区也发现一些可能是陶模的存在，数量达21件，主要是纹饰模和车马器模，但发掘区主要产品——容器模和乐器模极少发现，也未发现其他制范遗存，因此本报告暂不将这些陶模视为制范环节的遗存，其具体功用有待今后进一步研究。

[②] 需说明的是，该表内陶范数量仅为可辨识种类者，还有大量范块细碎、特征模糊的陶范残块无法辨识种类。

分区	遗迹数量（个）	炉壁数量	陶范数量	容器外范数量	乐器外范数量	车马器外范数量	工具外范数量
Q10	6	168	647	23	7	1	0
Q11	6	16	31	3	0	0	0
Q12	4	49	149	8	0	1	0
Q13	7	118	638	24	4	3	0
Q14	3	0	11	0	0	0	0
Q15	2	18	94	9	0	0	0

从产品结构上看，各分区也大致相同，以容器、乐器为主，兼有车马器或工具[1]，也和上述两个阶段的变化无关。

从保存最好的两个分区来看，Q3现存9个灰坑和1座陶窑，应是发掘区内保存最完整的一个分区，其内可辨识陶范种类计有容器外范25块、乐器外范8块、车马器外范6块和工具外范1块。而保存相对较好的Q13产品结构也大致相同，容器、乐器、车马器三者均有。其他分区虽然保存较差，但无论是西周中期的分区，还是西周晚期的分区，也都是以容器、乐器为主。

综上所述，孔头沟西周铸铜作坊尽管材料不佳，仍可利用"鱼鳞状灰坑群"作为分区标准开展作坊结构研究。"鱼鳞状灰坑群"属灰坑的一种分布形态，是遗迹之上、作坊之下的一级考古层级单位，可作为进一步研究铸铜作坊生产工序、生产方式、社会组织等问题的基础。对于大部分保存不佳、仅剩灰坑的商周时期居址遗存而言，这一方法对居址分区也有重要意义。当然，"鱼鳞状灰坑群"的概念也只是刚刚提出，其性质与内涵、分类与分布等还有待深入研究。本报告先提出这一方法，以求教于诸方家。

2.3.2　铸铜遗物所见生产工艺分析

本节通过对画图寺铸铜作坊出土的铜块、铜渣进行金相组织观察和电子探针及能谱分析，对合金配比和熔炼技术等情况进行研究。并利用X射线荧光、X射线衍射、偏光显微镜、扫描电子显微镜及能谱分析等方法，研究孔头沟出土陶范的原料。

此外，研究完整的铸铜工艺，对铜器的分析研究也必不可少，故本节一并讨论同属孔头沟商周聚落的宋家墓地出土铜器。

对画图寺作坊区出土铜块、铜渣和陶范等冶铸遗物的实验研究，初步揭示出画图寺铸铜作

---

[1] 孔头沟铸铜作坊有着破坏严重、发掘面积小、"散点式"布方等缺憾，陶范本身又多为碎块，很难准确地把握各分区产品结构，因此本报告也只能根据保存最完整的Q3、Q13进行推测。

坊的合金熔炼和陶范制作技术的特点,得出的主要结论有三:

其一,通过对3块红铜块的分析,可知铸铜所用的铜料有纯铜和粗铜。从铜块的合金成分来看,孔头沟铜块都以锡青铜为主,锡含量较为稳定,个别铜块含有少量铅。

10件铜块中7件为锡青铜,2件为纯铜(ZJT17和ZJT21-1)[①],1件为含铁较高的粗铜(ZJT10),这些样品不含铅或铅含量很低。锡青铜含锡集中在10%～14%之间。10件铜块中3件铜块为红铜铸造组织。粗铜ZJT10和纯铜ZJT17为α等轴晶,局部晶间含锡。ZJT21-1为炉壁表面附着的红铜块,α固溶体晶间存在较多($Cu+Cu_2O$)共晶。

通过对铜块的显微组织观察发现,大部分铜块的组织为典型的铸造组织或铸造后经过加热的组织。有的铜块样品有受热迹象,或是与熔铜、合金化和浇铸等过程有关,或是无意受热造成的。3件铜块(ZJT11、ZJT15、ZJT23-1)含锡量在10%～13%,α固溶体树枝晶体偏析不明显,共析体很少或基本不存在,可能铸造后经过加热,导致(α+δ)共析体部分熔解。

其二,通过对孔头沟遗址铜块和铜渣的分析,判断出孔头沟铸铜所用铜料有纯铜锭和粗铜锭,锡料和铅料为金属锡、铅的可能性较大,废料被回收重熔。

部分铜渣样品中存在较多红铜颗粒,如ZJT7-3、ZJT23-2、ZJT34。ZJT7-3局部有大量红铜颗粒星散分布,红铜颗粒大小不一,最大的颗粒直径约为80微米,有的红铜颗粒部分氧化。ZJT34类似ZJT7-3,最大的红铜颗粒直径约100微米。

ZJT12夹裹着两颗较大的圆形颗粒,较大的一颗直径达2毫米,为锡青铜颗粒,锡含量为2.3%,局部锈蚀,较小颗粒直径约为0.5毫米。此外其局部还存在较多高锡青铜颗粒,锡含量在33%～40%(由于锈蚀,锡含量偏高),其中有两颗较大的高锡青铜颗粒。金相组织观察结果显示,图中左下颗粒基本均为δ相,含锡可能在32.6%左右。右上颗粒亮相为呈现星花状的δ相,灰相为锈蚀相,是(α+δ)共析体,其锡含量应在27%以上。

ZJT23-2也发现有较多高锡青铜颗粒,锡含量在26%～44%。有的颗粒呈单一的δ相,有的颗粒呈δ+(α+δ)组织,从金相组织上看,这些颗粒的(α+δ)共析体锈蚀。

有些铜渣中含炉壁的复杂硅酸盐成分较少,而以锈蚀的锡青铜为基体,存在较多红铜、锡青铜颗粒和SnO_2晶体。这种锈蚀的锡青铜为锡青铜矿化形成的孔雀石和赤铜矿等锈蚀产物,有的还残留有树枝状伪晶,或残留(α+δ)共析体中的δ相,可以据此判断原为铸造锡青铜,如ZJT23-2。

除了含锡的合金颗粒和锈蚀的锡青铜外,锡在铜渣中通常都以二氧化锡SnO_2晶体存在。铜渣中的SnO_2晶体多聚集在一起,与铜颗粒或铜氧化物并存,其形态多为长条状、针状,或呈方形、菱形等,如ZJT7-3、ZJT16、ZJT23。有的SnO_2晶体呈骸晶形态,即晶体中央出现孔洞,

---

① 器物编号"ZJT"为实验室检测编号,详见报告附录一。

ZJT19-2的SnO_2骸晶非常细小,不到10微米。

熔炼渣ZJT16中还出现少量含铅物相,表明存在少量铅氧化物。

此外,在孔头沟遗址发现了少量重熔粗铜产生的精炼渣(ZJT5、ZJT22),表明孔头沟存在将粗铜锭精炼的过程。

ZJT6呈黑色,平均含铁约52%,存在大量块状铁橄榄石和浮氏体,有少量红铜颗粒。ZJT22平均含铁约27%,有较多条状、块状橄榄石,局部有较多SiO_2颗粒存在,有红铜颗粒和含少量铁的硫化亚铜颗粒。有的铜颗粒周围包有一圈硫化亚铁,可能是重熔高铁铜块产生的精炼渣。

其三,陶范的分析结果表明,孔头沟陶范以粗粉砂为主,制范所用原料为黄土,并经过精选。孔头沟陶范的化学成分稳定,表现出技术的成熟。

XRF分析结果表明,孔头沟范的化学组成很集中,SiO_2含量在71%~72%,Al_2O_3含量在12%左右,Fe_2O_3、CaO、MgO、K_2O、Na_2O、MnO、TiO_2、P_2O_5等含量变化不大。陶范的烧失量(LOI)变化较大,在1%~4%之间。范的主要物相为石英、斜长石、钾长石、角闪石、白云母、方解石,以及白云石、赤铁矿、绿泥石和蒙脱石等。

岩相鉴定结果表明,大部分陶范质地类似于粗粉砂岩,碎屑分选性较好,主要由粒径为0.03~0.06毫米的粗粉砂组成,还有少量细砂、细粉砂和泥质。构成细砂和粉砂的主要矿物为石英、长石、云母,有的还存在磁铁矿、褐铁矿等。大部分陶范的碎屑磨圆度较差,多为棱角状、次棱角状。陶范存在较多孔隙,常充填有碳酸盐、褐铁矿、蛋白石、玉髓等矿物。

对样品中各粒径碎屑含量的目估发现两件范的碎屑分选性较好,都是以粗粉砂为主,而ZJT27粗粉砂较多、细砂较少,ZJT31则粗粉砂较少、细砂较多。推测范的原料是经过分选的黄土,去除了粒度较大的砂和砾,以粗粉砂为主。

除对画图寺铸铜作坊的冶铸遗物进行实验研究外,还对宋家墓地出土青铜器进行了金相与化学分析,研究其工艺与材料特征。宋家墓地青铜器生产工艺与材料选择具有三个鲜明特点。

其一,这批青铜器中低铅青铜比例较高,且所有礼容器铅含量均在2%以下,与西周时期青铜器合金普遍规律存在一定偏差。

宋家墓地26件经过电子探针分析的铜器,整体特征为锡青铜较多,含铅1%以上的器物不足40%,含铅2%以上的器物仅7件,占整体的27%,且多为车马器和饰物,5件容器残片的铅含量都在2%以下。上文分析画图寺的10件铸铜铜块样品也全部为锡青铜,与宋家墓地铜器显示了相似的趋势。

其二,宋家墓地发现多件热锻成型铜片,其铅含量和硫化物夹杂数量明显低于铸造器物。

宋家墓地不同类型青铜器均以铸造成型为主,另有少部分铜器呈现铸后受热组织,可能与这些器物的使用或埋藏过程有关。2件兵器工具类器物在铸造成型后边沿部位经过热锻后再冷锻加工,应是有意识地对其刃部进行处理以获得更好的使用性能。

经电子探针分析的7件热锻铜器材质与其他铸造铜器存在差异。其平均锡含量为15%，而铅含量大多在1%以下，只有1件器物（M10：30）的铅含量在1%～2%之间。而铸造器物中仅礼容器残片铅含量均在2%以下，其余如车马器、饰物与兵器工具中均有一定比例铅含量在2%以上。在铅锡合金中一定量的铅可增加铜液的流动性，提高其充型能力，因此有助于铸造器形较小、器壁偏薄的车马饰物。

宋家墓地热锻铜器的另一个特点是其金相组织中少见或基本不见硫化物夹杂。反观铸造铜器，其金相显微组织中常见大量球状或簇状分布的硫化物夹杂，夹杂物的直径可达20微米左右。将孔头沟铸铜作坊铜块样品与宋家墓地铜器样品绘入同一散点图中可以发现，铜块样品的硫、铁含量最高，其次为铸造器物，最后为热锻器物。可以认为，随着精炼过程的进行，粗铜块样品首先到达铸造铜器所需纯度，之后随着精炼时间的延长粗铜中的硫、铁含量会继续下降，最终达到锻造所需纯度。本次分析的热锻器物铁含量均在0.3%以下，且部分器物的铁含量已经低于0.05%，很可能经历了较长时间、有意识的火法精炼提纯。

其三，宋家墓地发现2件表面热镀锡器物（M16：4、M25：013）。标本M16：4为一件青铜短剑，基体由α固溶体与少量（α+δ）共析体组成，为典型的铸造组织，镀锡层表面平直，可见显微组织结构为（α+δ）共析体，厚度约18微米。目前中国境内的镀锡铜器集中出现于从东北至西南的半月形文化传播带中，而其中年代可早至西周时期的器物集中出现于以周原为中心的西北地区，在其他地区西周铜器中较为少见。

2.3.3　铭文芯所见铭文制作方法[①]

以往先秦青铜器铭文制作方法研究，多依据金文形制或实验考古，虽成果丰富[②]，但聚讼不决的问题亦不少。虽皆知有字陶范是研究铭文制作的最佳材料，无奈发现匮乏，研究成果其为薄弱。陕西岐山孔头沟遗址出土的一件铭文陶范HH48：6，为探讨西周铭文制作方法提供了契机。

1. 铭文辨识

铭文陶范[③]HH48：6浇铸面上残存阴刻线，两横三竖，组成9个残方格。残存3字，皆阴文，分布于3个方格中。阴刻线与铭文的形制皆较为规整，笔道连贯无间断，推测系泥料半干时刻

---

① 郭士嘉、种建荣、雷兴山：《孔头沟遗址铭文芯与西周铭文制作方法》，《江汉考古》2020年第3期。

② 已有学者对此进行总结，如苏荣誉、华觉明、卢本珊等：《中国上古金属技术》，山东科学技术出版社，1995年，第153～157页；苏荣誉：《二十世纪对青铜礼器铸造技术的研究》，《泉屋透赏——泉屋博古馆青铜器透射扫描解析》，科学出版社，2015年，第437～438页；李峰：《青铜器和金文书体研究》，上海古籍出版社，2018年，第190～210页。

③ 在未判断其究竟是模、范还是芯时，暂按学界惯例称为陶范。本报告中，"模"指用于制作外范的工艺装备，其外部形状与待铸造青铜器的形状一致；"范"是指依照模型翻制出来用于铸造青铜器的铸型，又称为外范；"芯"是指放置在铸型型腔内部，以形成青铜器的空腔或通孔的铸型组元，又称为内芯。

划而成（图2-192）。

　　保存完好的一字，位于中间右二方格的正中靠下。该字为"宦"（幂），在铭文中多与"虎"字连用，释读为"虎幂"，是一种赏赐之物，最常见于册命铭文中。铭文陶范中"宦"字的横笔均左高右低，推测其为反书。将其与《殷周金文集成》[①]（下文均省称《集成》）中铭文"宦"的字形进行比较，该字笔画僵直、宀部两竖一出头一未出头，与铜器铭文有明显差异。字形与西周晚期毛公鼎（集成2841）、番生簋盖（集成4326）的铭文形制最

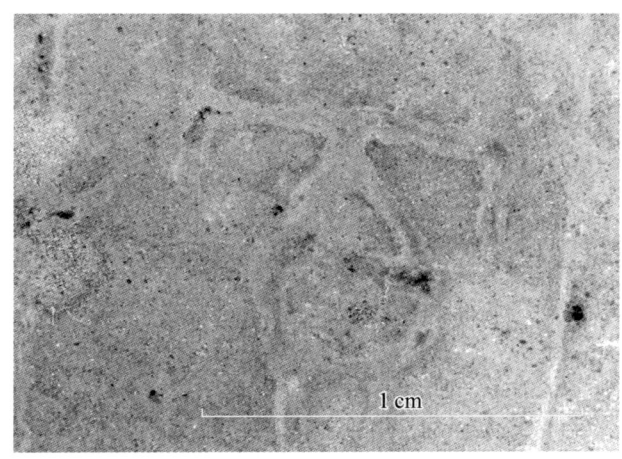

图2-192　孔头沟铭文陶范（HH48：6）超景深照片（局部）

为接近，这与上文判断陶范年代属于西周晚期偏早阶段的认识相吻合。

　　由吴方彝盖（集成9898）、三年师兑簋（集成4318）、番生簋盖（集成4326）等可知，册命铭文中"虎宦（幂）"之后多接"熏（纁）裹"。将青铜铭文"熏"字与陶范"宦"下的残字进行比较，可知此残字应是"熏"字的头部，其亦位于方格正中。由于青铜铭文中有"宦""熏"二字者，均为册命铭文[②]，故可推断孔头沟遗址铭文陶范也应是用来制作册命铭文的。

　　陶范"宦"字左侧方格中还有一残字。该字右侧凹槽极似铭文笔画，但其打破格线、最上端宽且较深，与"宦""熏"两字居于方格正中、笔画两端较浅的特征明显不同。该字右侧有一不规则状坑窝，大且深、打破格线，应当是后期破坏所致。据上可认为此方格右侧凹槽部分不是笔画。遍查册命铭文，此字与其中的"易"（赐）字最为接近。陶范上"易"字系反书。

　　在陶范"易"（赐）字左侧方格中仅残存一横笔，笔道甚浅，几近于无，与浇铸面边缘磨损较甚有关，原字不辨。

　　2. 铭文芯辨识

　　从浇铸面微外鼓的特征看，孔头沟铭文陶范应是模或芯。本报告判断该陶范应为芯，且经过浇铸使用，理由有四：

　　其一，从陶范质地分析。虽然模与芯的含砂量有很大的重叠度[③]，从质地上难于区分模与芯，孔头沟遗址出土的多数内芯与陶模也未有明显的区分标准。但一般而言，模与芯功用不同，前者不用于浇铸，对范料的要求相对简单，而芯比模要求有更好的耐火度和退让性[④]。在殷

① 中国社会科学院考古研究所：《殷周金文集成》，中华书局，2007年。
② 已有西周时期册命铭文，见阎志：《西周青铜器赏赐铭文研究》，北京大学博士学位论文，2009年，第107～115页。
③ 岳占伟、荆志淳等：《殷墟陶范、陶模、泥芯的材料来源与处理》，《南方文物》2015年第4期。
④ 何薇、董亚巍、万全文等：《商前期青铜斝的制模工艺初步研究》，《江汉考古》2008年第2期。

墟①、周原②、侯马③等遗址铸铜作坊内，均发现部分内芯表面结构致密而内部较为松散的现象，孔头沟遗址所见内芯亦如此。对孔头沟铭文陶范进行显微观察，结果显示，其浇铸面范料较细腻均匀（图2-193），而背面孔隙明显较多（图2-194），与孔头沟遗址出土的其他内芯的质地一致。故从质地上看，孔头沟铭文陶范应为芯。

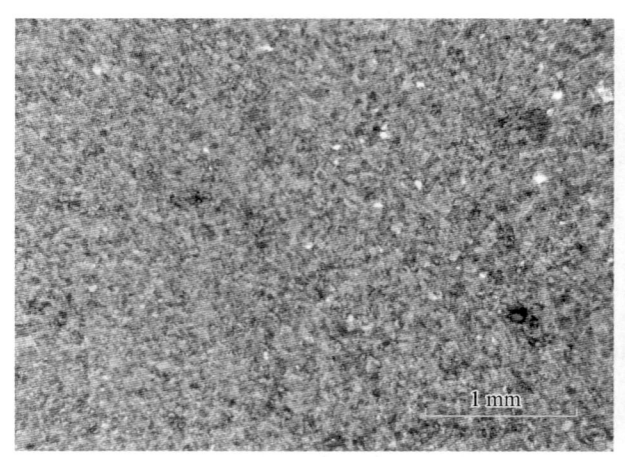 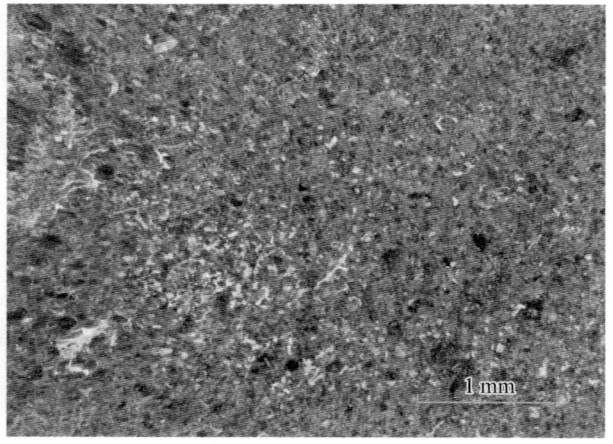

图2-193　孔头沟铭文陶范近浇铸面处断面　　　　　图2-194　孔头沟铭文陶范近背面处断面

　　其二，从陶范颜色分析。由于功用不同，模与芯颜色有别。模不经浇铸，故一般通体颜色一致，而内芯浇铸面与内部颜色往往不同④。经观察，孔头沟遗址出土陶模颜色通体一致，或深灰或浅灰色。而经浇铸的内芯，则表面为青灰色，内部呈砖红色或灰褐色。孔头沟铭文陶范的浇铸面为青灰色⑤，背面为灰褐色，与其他经浇铸使用的内芯特征相同。

　　其三，从陶范表面金属元素成分分析。由于在浇铸过程中，金属元素会渗入陶范表层当中，形成黑色或青灰色的氧化层⑥。铅相对于铜、锡有较高的蒸汽压，在浇铸时最容易挥发而进入陶范表面，使表面层有较高的铅含量⑦。刘煜曾对汉代镜范进行检测，发现其表面层含有大量金属氧化物，其中铅元素含量远远高于铜和锡⑧。周文丽亦在经过浇铸的陶范表面层发现少量

① 岳占伟、刘煜、岳洪彬等：《殷墟陶模、陶范、泥芯的制作工艺研究》，《南方文物》2016年第2期。
② 陈阳：《周原铸铜遗址所出陶范的初步研究》，北京大学硕士学位论文，2005年，第23页。
③ 山西省考古研究所：《侯马铸铜遗址》，文物出版社，1993年，第448～450页。
④ 以殷墟为例，内芯表面呈浅灰色或青灰色，内部则多呈红褐色或泥土本色。
⑤ 其上铭文及格线笔道内近土色，非浇铸面之青灰色，与芯块断面处"土锈"颜色一致，应是埋藏过程中所形成的。
⑥ 孙升、秦颖、张少昀等：《侯马陶范表层处理技术初探》，《铸造》2008年第10期。
⑦ David Dungworth, "A Note on the Analysis of Crucibles and Moulds", *Journal of Historical Metallurgy Society*, 34(2), 2000, pp.83-86.
⑧ 刘煜、赵志军、白云翔等：《山东临淄齐国故城汉代镜范的科学分析》，《考古》2005年第12期。

富含铅、锡元素的金属颗粒①。由此可言,陶范表面的金属元素成分状况,既是判断模、范、芯的标准,也是判断是否经过浇铸使用的依据。

基于此,我们利用便携式X射线荧光分析仪(p-XRF)②,对孔头沟出土陶范表面进行检测,结果显示:

外范HH11∶25的浇铸面铜、锡、铅含量均远高于分范面与背面,表明其浇铸面金属元素富集主要是受浇铸的影响,而非埋藏环境的污染。外范HH11∶54和HH13∶1的浇铸面铜、锡含量或低于浇铸面、背面,或相差无几,但铅含量远高于后两者,进一步表明铅元素更易进入陶范浇铸面。外范HH10∶12浇铸面与背面颜色一致,铜、锡含量相差不大,均未检测到铅元素(表2-33)。

表2-33　孔头沟出土陶范表面铜、锡、铅元素检测数据统计表(单位:ppm)

编号	种类	是否浇铸	浇铸面颜色	背面颜色	检测位置	铜	锡	铅
HH11∶25	外范	是	青灰色	砖红色	浇铸面点1	459	263	327
					浇铸面点2	16.6 K	1 456	1 758
					分范面	200	45	37
					背面	148	91	15
HH11∶54	外范	是	青灰色	砖红色	浇铸面	——	——	345
					分范面	151	——	9
					背面	203	41	12
HH13∶1	外范	是	青灰色	砖红色	浇铸面	103	90	404
					背面	204	79	9
HH10∶12	外范	是	砖红色	砖红色	浇铸面点1	136	47	——
					浇铸面点2	75	52	——
					背面	67	37	
HH48∶6	外范	是	青灰色	灰褐色	浇铸面点1	86	45	647
					浇铸面点2	58	111	401
					浇铸面点3	——	72	545
					侧面点1	87		
					背面	——	——	——

① 周文丽:《周原地区西周时期铸铜遗物初步研究》,北京大学硕士学位论文,2008年,第85页。
② p-XRF可以对金属文物的化学组成进行定性或半定量的快速检测。见韩汝玢、孙淑云、李秀辉:《中国古代金属材料显微组织图谱(总论)》,科学出版社,2014年,第129页。

孔头沟铭文陶范浇铸面上3个检测点的铅含量均在400 ppm以上，侧面与背面均未检测到铅元素。

由上检测数据表明，孔头沟铭文陶范应是芯而非模，应是经过浇铸使用的。还可以肯定，该芯上刻字已用来制作青铜器铭文，而非习刻。

其四，从陶范反书刻字及位置特点分析。纵观西周器册命铭文中，"易（赐）"字应在"虎冟（幂）熏（纁）裏"之前，即"易（赐）"字应在"冟（幂）"字右侧。前文已判断，孔头沟铭文陶范上的"易""冟"两字皆反书，且"易"在"冟"字左侧，这两个特征与芯上铭文应反书、铭文行款应自左向右的特点相符。

综上可判断，孔头沟遗址出土的这件铭文陶范，应是芯而非模。另外，该铭文芯浇铸面微外鼓，铸器复原直径约25厘米，判断其应是圆形容器腹部内芯。检索《商周青铜器铭文暨图像集成》①（下文均省称《铭图》）中各器类的铭文位置和有无格线状况②可知，鼎铭文基本位于腹部内壁，部分铭文之间有格线；簋铭文的位置以内底为主，2 003件簋中仅18件铭文位于内壁，且均无格线；鬲铭文主要分布于口沿上或颈部内壁，未见有格线者；壶铭文绝大部分位于器口内壁、颈部或器盖榫部；盘、匜铭文基本位于内底，均未见有格线者。另外，孔头沟遗址出土陶范中可辨识的容器种类主要有鼎、簋、簠、盨。据上推测此铭文芯很可能是制作册命铭文的鼎腹部内芯。

3. 铭文制法

以往关于如何用芯制作商周青铜器铭文的认识，可大致归纳为三种：

第一种认识是，直接在芯上阴刻铭文，铸成铜器内壁的阳文③。第二种认识是，先在模上刻划阴文铭文，翻到芯上制成阳文，最后浇注形成青铜器阴文铭文。关于铭文芯的翻制方法，亦有不同认识，或用铭模活块翻制④，或用芯盒翻制⑤，或用"假内范""假外范"翻制⑥。第三种认识是，在芯上直接制作凸起的阳文，关于这种制法的认识亦有多种意见，如"泥条制字贴范法"⑦"泥片减地法"⑧"挤泥条法"⑨"泥条堆塑法"⑩等。

---

① 吴镇烽：《商周青铜器铭文暨图像集成》，上海古籍出版社，2012年。

② 有无格线只能作为辅证参考。铜器上少见格线，可能是在铸后修整时将凸起的格线打磨掉所致。

③ 清代阮元在其《散氏敦铭拓本跋》中提出此法，此后为学界广泛接受。

④ 如苏荣誉、华觉明、卢本珊等：《中国上古金属技术》，山东科学技术出版社，1995年，第153～157页。岳占伟、岳洪彬、刘煜：《殷墟青铜器铭文的制作方法》，《中原文物》2012年第4期。

⑤ 华觉明：《中国古代金属技术——铜和铁造就的文明》，大象出版社，1999年，第151～152页。

⑥ 李峰：《西周青铜器铭文制作方法释疑》，《考古》2015年第9期。

⑦ 陈初生：《殷周青铜器铭文制作方法评议》，《暨南学报（哲学社会科学版）》1998年第1期。

⑧ 谭德睿：《中国青铜时代陶范铸造技术研究》，《考古学报》1999年第2期。管树强：《由青铜器铭文铸造方法谈古文字释读的几个问题》，《中国文字学报》第八辑，商务印书馆，2017年，第69～76页。

⑨ Lucas Nickel（倪克鲁）：《不完美的对称——重新思考中国古代青铜铸造技术》，陈建立、刘煜主编《商周青铜器的陶范铸造技术研究》，文物出版社，2011年，第23～48页。

⑩ 张昌平：《商周青铜器铭文的若干制作方式——以曾国青铜器材料为基础》，《文物》2010年第8期。下文所引张昌平观点，皆出自此文，不再标注。

　　上述意见中，因商周青铜器阳文铸铭极少见，故关于第一种认识的讨论也极少。其他两种认识，虽皆有合理与启发之处，但目前仍歧见不一，聚讼不决。如从铜器内壁残留的范线等铸造痕迹看，少数篇幅较短的铭文确实有可能是铭文模翻制而来。但正如张昌平先生所言，西周时期存在长篇铭文多见、铭文与格线阴阳相反、同铭异形等现象，说明模作铭确实"存在各种技术障碍和不合常理之处"，直接在芯上制作凸起的阳文则更为可行。

　　本报告强调的是，上述认识中多缺乏铭文芯实物证明。孔头沟铭文陶范是经过浇铸使用的内芯，实属研究西周时期用芯制铭方法的难得实物资料。

　　在前贤研究的基础上，特别是受张昌平先生认识的启发，本报告认为孔头沟遗址出土铭文芯可证：在芯上堆塑泥条，是制作西周青铜器铭文的方法。申述如下：

　　其一，孔头沟铭文芯，并非用来制作"阳文＋阳线"。

　　孔头沟铭文芯上刻划的"阴文＋阴线"，若直接用其作铭，所铸青铜器铭文应是"阳文＋阳线"。我们认为这种可能性几乎不存在。原因有二：（1）西周青铜容器上的"阳文＋阳线"几乎不见。张昌平统计《集成》收录的1857件鼎的铭文中，发现明确为"阳文铭文"的只有7件。《铭图》带格线铜器铭文共60件，未有一例是"阳文＋阳线"的形式，大多是"阴文＋阳线"，少部分是"阴文＋阴线"。（2）孔头沟铭文芯上的字体线条僵直，与西周晚期铭文笔画圆润不同。"宣"与"易"两字字体与出土铜器铭文存在明显差异，凡此表明，该铭文芯的阴刻字，不能直接用来制作青铜器铭文。

　　其二，由上述认识可断，必须在孔头沟铭文芯阴刻字上，堆塑泥条形成凸起的"阳文"，才能浇铸出常见的青铜器"阴文"铭文。进一步推断，孔头沟铭文芯上的阴刻字，应是泥条堆塑前的"底稿线"。至于"底稿线"字形如何、刻划深浅等，有可能不会过于讲究。

　　至于孔头沟铭文芯上的阴格线，是否是底稿线、其上是否堆塑泥条、是否用来铸青铜器上的"阳线"等问题，目前还不能判定：（1）孔头沟铭文芯上"阴线"与出土铜器的"阳线"形制近同，均较为规整，高度甚浅，推测有可能该芯阴线上不堆塑泥条，直接用来铸阳线；（2）但孔头沟铭文芯上"阴线"与"阴文"形制相近，深度近同，而一般青铜器的铭文深度往往大于格线高度，铭文笔画远宽于格线，故可推测孔头沟芯阴线上也堆塑泥条，以此铸出合适的阴线（这种可能性较小）；（3）还有一种可能，用孔头沟铭文芯铸出铜器后，将铜器上的阳线打磨掉。

　　其三，西周时期用堆塑泥条制作铜器纹饰的技术已较为成熟，可佐证在芯上用泥条堆塑铭文亦可行。

　　陈阳等人在周原遗址李家铸铜作坊发现了"贴塑泥条"制作陶范纹饰的现象[1]，其后张昌

---

[1]　周原考古队：《2003年秋周原遗址（ⅣB2区与ⅣB3区）的发掘》，《古代文明》第3卷，文物出版社，2004年，第436～490页。陈阳：《周原铸铜遗址所出陶范的初步研究》，北京大学硕士学位论文，2005年，第23页。

平、张煜珧①曾通过青铜器的观察,提出在芯上堆塑泥条制作铭文的方法。这项制作纹饰的技术在殷墟时期就已出现②,孔头沟遗址出土陶范上也有先刻划底稿线再堆塑泥条制作纹饰的做法。由此可见,先刻划底稿线再在其上堆塑泥条,是西周时期周原地区制作青铜器的常用技术或方法。这也或可佐证孔头沟芯上阴文应为"底稿线"。

另外,"泥条制字贴范法""泥片减地法"等方法,均无须在芯上刻划底稿线。"挤泥条法"对泥料的要求更高,先秦时期亦未发现类似的做法。相比之下,泥条堆塑法复杂程度低,可操作性更强。遗憾的是,未在孔头沟铭文芯上发现堆塑泥条,本报告推测应是泥条已脱落,如在孔头沟铸铜作坊就发现陶范纹饰所用泥条部分脱落的现象。

其四,周原地区出土西周晚期青铜器铭文字形特点,也可证明存在泥条堆塑制法。

青铜器上的铭文字体特点,也可反映出泥条堆塑的特征。如孔头沟遗址宋家墓地出土一件西周晚期偏早的簋盖(M10:28),其背面残存部分册命铭文"……册……先王……唯申就……较,朱虢……金甬,马……对扬王丕……"。铭文笔画圆润流畅,"先""王""甬"等字笔画交接处明显变粗。从断面处观察,笔道剖面近"U"形,字口略大于底部(如"马"字)。这些特征表明此篇铭文应是泥条堆塑法制成。再如周原遗址出土中友父簋铭文笔画圆润流畅,"友""父""子"等字的笔画交接处明显变粗③。这些都是堆塑泥条制铭的典型特征。需要强调的是,前贤对此已有论述,这种现象乃周原地区西周晚期铭文字体的常见现象,或说明泥条堆塑法制铭的普遍性。

其五,殷墟出土铭文陶范,可证孔头沟铭文芯所见泥条堆塑制铭法并非孤例。

在殷墟孝民屯铸铜作坊④出土20多块字范,大多为习刻,仅一块被认定为铭文芯(2001AGH2:2)⑤。该铭文芯浇铸面呈青灰色,胎呈淡红色,浇铸面中下部鼓起,上部有一榫,周缘光滑,为一制作圆形器物腹壁的内芯。芯上残存11字,皆阴文。以往研究者认为,该芯是从铭文模上翻印下来的⑥,原芯上字应为阳文,浇铸后阳文脱落而形成现在所见的阴文,理由是该芯上文字底部均为毛面。

本报告认为该芯上阴文,并非翻制阳文脱落所致,而应与孔头沟铭文芯所见制铭方法相同。理由是:

---

① 张煜珧、张天恩:《石鼓山青铜器铭文铸作工艺初识》,《考古与文物》2018年第6期。

② 岳占伟、刘煜、岳洪彬、荆志淳:《殷墟青铜器铸造的几个相关问题》,《商周青铜器铸造工艺研究》,科学出版社,2019年,第97~98页。

③ 曹玮:《周原出土青铜器》,巴蜀书社,2005年,第36页。

④ 中国社会科学院考古研究所安阳工作队:《2000~2001年安阳孝民屯东南地殷代铸铜遗址发掘报告》,《考古学报》2006年第3期。殷墟孝民屯考古队:《河南安阳市孝民屯商代铸铜遗址2003~2004年的发掘》,《考古》2007年第1期。

⑤ 李永迪、岳占伟、刘煜:《从孝民屯东南地出土陶范谈对殷墟青铜器的几点新认识》,《考古》2007年第3期。

⑥ 岳占伟、岳洪彬、刘煜:《殷墟青铜器铭文的制作方法》,《中原文物》2012年第4期。

（1）殷墟2001AGH2：2表面残存阴文字口高度基本一致，若均是浇注后阳文脱落所致，未免太过巧合。尤其是现存部分笔画末端仍出尖，显系刻划而成，非阳文线条脱落所能致。至于阴文底部为毛面，有可能是因刻字时芯料较干而造成，也有可能是受破坏之故。

（2）虽然殷墟2001AGH2：2上铭文的正反书状况、行款走向特征，有其自身特殊性，但并非孤例。

该芯上可辨识的10字中，"万""父""彝"3字为反书，"乍""尊"2字正书，余皆因字形结构左右基本对称，故不辨正反。芯上铭文行款走向为自右向左（以此芯铸出青铜器铭文是自左向右）。这与商周时期多见青铜器铭文行款一般应自右向左、如同孔头沟铭文芯所见芯上刻字应均为反书这两个特点均不同。此芯虽然特殊，但并非孤例。在以往出土铜器铭文中，确实可见极少数铭文行款为自左向右者，如商代晚期的射女鼎（《集成》1377）。青铜器铭文中也见"乍""尊"二字反书情形，如商代晚期的小子作母己卣（《集成》5175、5176）、𢽾簋（《集成》3625）等。

由殷墟铭文芯表明，晚商时期已有芯上先阴刻字再堆塑泥条的制法，可作为孔头沟铭文芯所见制铭方法的佐证。

综上所述，孔头沟铭文芯所见芯作铭方法是：在芯料半干时，先在其上刻划格线，以确定铭文位置；然后在网格内刻划阴文，以作底稿线；进而在底稿线上堆塑泥条，制成阳文。这种西周青铜器铭文制作方法，或可称为"堆塑泥条芯作铭法"。

第三章　赵家台与独山居址发掘

赵家台与独山发掘区分处孔头沟东西两侧，是两处独立的居址区。鉴于两区发掘规模不大，都是以灰坑为主的一般居址遗存，故将两区的发掘收获合并于一章发表。对两区发掘资料的介绍，均是分综述与分述两部分，最后总结关于居址遗存的相关认识。

3.1　赵家台居址区

3.1.1　综述

1. 发掘区位置与面积

赵家台发掘区位于孔头沟东岸的赵家台村西北至西南区域（属孔头沟遗址统一区划B4区西部、C4区西北部），处赵家台平塬台地的西南部，地势北高南低。其东南为宋家墓地，西与独山居址区隔孔头沟相望。

以断崖剖面和钻探信息为参照，按遗迹的范围布方。在发掘区的北、中、南三处共发掘大小不同的探方8个，探方均为正磁北方向，编号为ZT1～ZT8，发掘总面积约104.5平方米（图3-1）。

发掘区北部发掘探方4个，包括ZT2、ZT3、ZT6、ZT8（图3-2）。位于赵家台村西北的生产路断崖边上，南距关中环线约200米。

发掘区中部发掘探方2个，包括ZT1、ZT4（图3-3）。位于赵家台村西南，ZT4北距关中环线约200米，ZT1、ZT4两个探方直线距离约45米。

发掘区南部发掘探方2个，包括ZT5、ZT7（图3-3）。位于赵家台村西南的咸丰沟断崖边上，ZT5北距关中环线约300米，ZT5、ZT7两个探方直线距离约22米。另在沟边断崖单独清理一个灰坑ZH16。

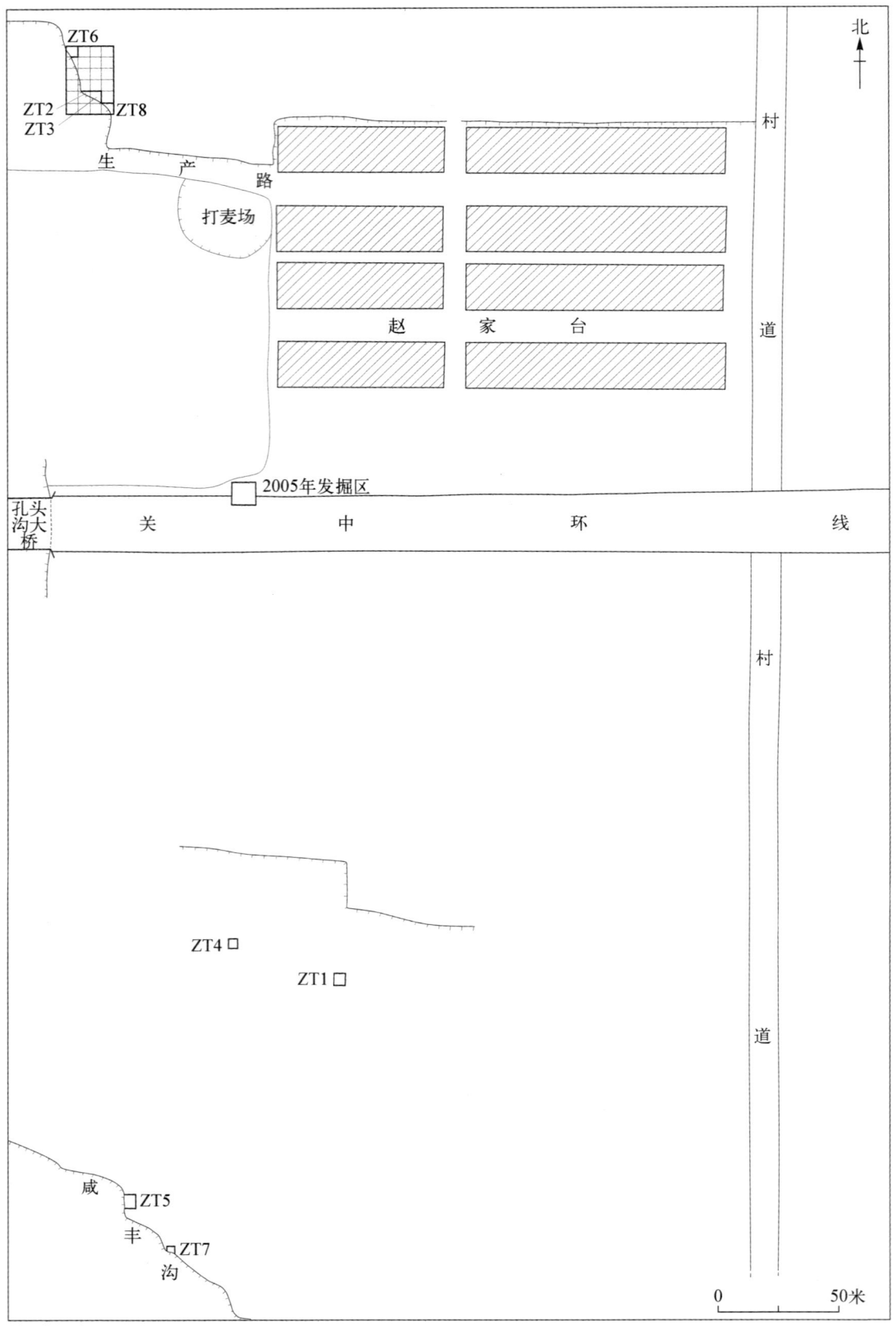

图 3-1　赵家台发掘区探方分布图

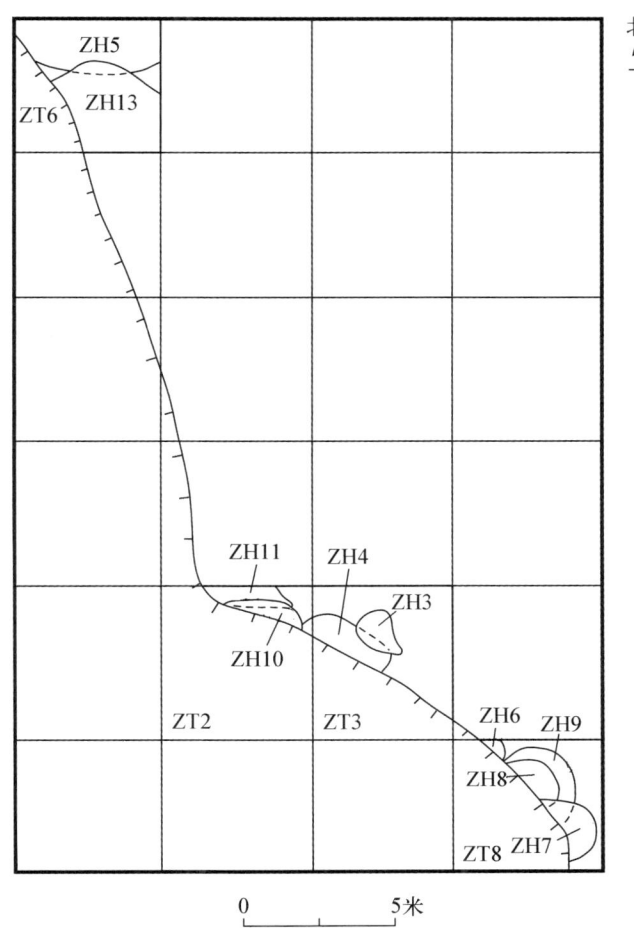

图3-2　赵家台发掘区北部探方遗迹总平面图

2. 堆积状况

赵家台发掘区内地层堆积简单，灰坑深度相对于坑口规模而言普遍较浅，探方ZT2、ZT3、ZT4、ZT6、ZT8内的先周与西周灰坑开口于耕土层或近现代文化层下，ZT1内的先周灰坑暴露于地表，可见发掘区北部与中部的早期文化层可能已被完全破坏。仅发掘区南部的ZT5、ZT7两个探方内分布有先周与西周文化层。故以ZT7为例，介绍整个发掘区的堆积状况。

ZT7北壁剖面

第①层　耕土层，厚0.2~0.28米，分布全方。土质疏松，土色呈浅褐色，包含植物根茎、碎石等。

第②层　近现代文化层，厚0.67~0.73米，分布全方。土质较致密，土色呈黄褐色，包含近现代瓷片、砖瓦片等。

第③层　西周文化层，厚0.36~0.41米，分布全方。土质较疏松，土色呈灰褐色，夹杂少量炭屑，包含少量西周陶片、动物骨骼等。灰坑ZH14开口于该层下（图3-10）。

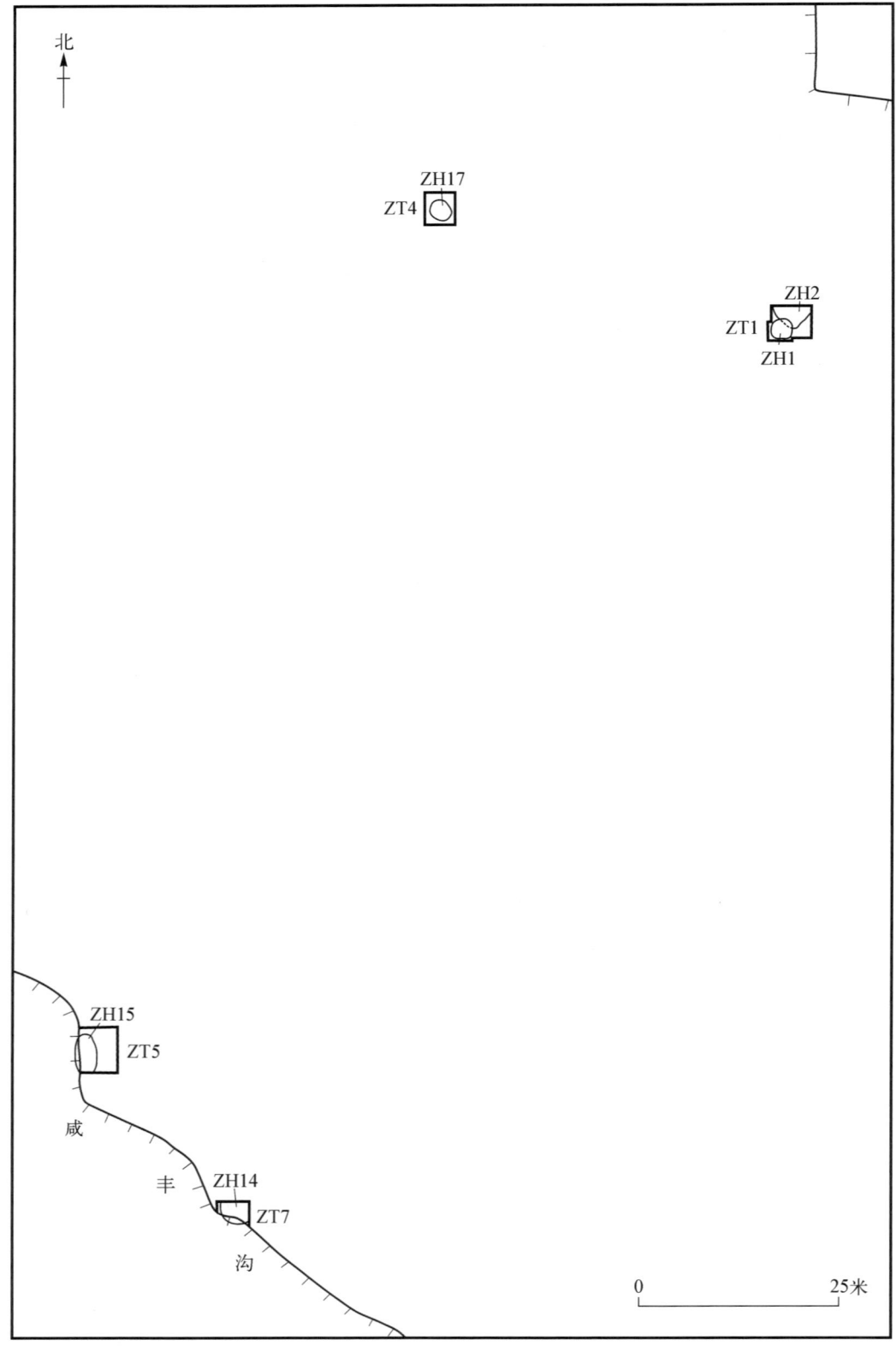

图3-3　赵家台发掘区中部与南部探方遗迹总平面图

各探方的层位关系如下（"→"表示叠压或打破，下同）：

（1）ZT1

ZH1 ———→ ZH2

（2）ZT2、ZT3

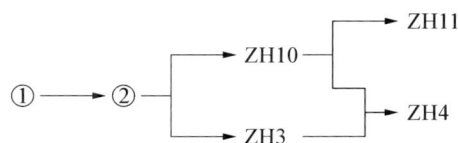

（3）ZT4

① ———→ ZH17

（4）ZT5

① ———→ ② ———→ ③ ———→ ZH15

（5）ZT6

① ———→ ② ———→ ZH13 ———→ ZH5

（6）ZT7

① ———→ ② ———→ ③ ———→ ZH14

（7）ZT8

① ———→ ② ———→ ZH6

ZH7 ———→ ZH8 ———→ ZH9

3. 遗迹

赵家台发掘区的堆积以居址类遗存为主，共发掘先周与西周时期灰坑16座。多数灰坑的上部堆积可能遭破坏，现存坑口已非原状，部分灰坑又位于断崖边，遭到了不同程度的破坏，所以坑口平面形状较明确者并不多。但可看出坑口平面存在近圆形、椭圆形、圆角方形之别，近圆形口如ZH1（图3-12）、ZH17（图3-6），椭圆形口如ZH15（图3-60），圆角方形口如ZH16（图3-69）。

根据坑壁与坑底形制，可将灰坑分为三型：

A型　坡壁，坑底呈锅底状或近平底。共12座，占灰坑总数的75%。包括ZH1（图3-12）、ZH2、ZH3、ZH4、ZH5、ZH6、ZH7、ZH8、ZH10、ZH11、ZH13、ZH17（图3-6）。

B型　直壁，坑底近平。1座，约占灰坑总数的6%。包括ZH16（图3-69）。

C型　坑底为高低不平的台阶式。共3座，约占灰坑总数的19%。包括ZH9（图3-35）、ZH14（图3-10）、ZH15（图3-60）。

从遗迹形制等方面看，这些灰坑的性质可能不同。A型灰坑形制简单，初步判断主要为垃圾坑。C型灰坑形制特殊,其中ZH15东壁有踩踏面,ZH9可能为半地穴房屋。

4. 遗物

赵家台居址出土的遗物以陶容器残片为主,另有陶质小件、石器、骨器、蚌器、铜器等。

（1）陶容器

高领袋足鬲　49件。均夹砂,多为灰陶。高领,方唇,器表饰印痕较深的粗绳纹,裆部饰坑窝纹,圆锥状足根上多饰旋转状绳纹。根据领部形制分为两型。

A型　领部为"三段式",即领上部较直,饰竖行绳纹,领中、下部整体内弧,分别饰斜行与竖行绳纹。该型数量极少,标本ZH14：7（图3-59,10）。

B型　领部整体内弧或稍直,多数无耳无錾,耳饰绳纹,錾多薄小。标本ZH1：24（图3-13,9）、ZH9：74（图3-38,2）。

袋足分裆甗　28件。绝大多数为夹砂,灰陶或褐陶。领部内弧或僵直,领外侧或饰印痕较深的粗绳纹,与高领袋足鬲纹饰特点近似;或饰印痕较浅、纹理模糊的较细绳纹,与共出的联裆鬲纹饰特点相同。标本ZH15：108（图3-63,6）、ZH1：13（图3-13,14）、ZH8：7（图3-29,9）。

联裆鬲　80件。多为夹砂灰陶。根据口部特征可分为四型,其中A型占绝大多数,其他三型数量均很少。

A型　矮领。其口沿与纹饰特征演变规律较清晰。口部由侈口变为侈口微卷,再变为卷沿,沿下角由大变小,唇部由方唇变为圆唇。绳纹由领外侧遍饰绳纹,演变为领外侧绳纹上部被抹,再变为领外侧绳纹均被抹或素面。标本ZH15：82（图3-64,1）、ZH1：2（图3-15,15）、ZH1：16（图3-15,14）、ZH9：113（图3-36,10）。

B型　高直领。根据领部是否外鼓可分两亚型：

Ba型　领部外鼓。标本ZH14：12（图3-59,15）。

Bb型　领部不外鼓。标本ZH9：48（图3-36,9）。

C型　矮直领。标本ZH9：25（图3-37,8;彩版一九,1）。

D型　内弧高斜领。标本ZH2：2（图3-23,1）。

异形高领袋足鬲　7件。均夹砂,领部微侈,高领方唇。与高领袋足鬲的不同之处在于此类器领部外侈或微侈,领与袋足分界不明显。标本ZH9：30（图3-64,4）、ZH9：12（图3-37,14）。

联裆甗　64件。均夹砂,多为灰陶或褐陶。方唇。根据口部形制可分为四型。

A型　窄折沿。标本ZH15：107（图3-65,8）、ZH1：5（图3-14,3）。

B型　侈口或近直口,方唇较厚,有些领部特点近似于袋足分裆甗。标本ZH15：114（图3-65,2）、ZH2：3（图3-23,17）、ZH9：107（图3-40,1）。

C型　近直口,领部较薄,薄方唇。标本ZH9：52（图3-40,10）。

D 型　侈口宽沿。标本 ZH1：33（图 3-15，4）。

小口罐　23 件。多为泥质灰陶。侈口或近直口，圆唇，素面。标本 ZH14：14（图 3-59，1）、ZH15：29（图 3-66，8）、ZH1：12（图 3-13，11）、ZH9：106（图 3-42，1）。

大口罐　21 件。多为泥质灰陶。侈口或折沿，多圆唇或尖圆唇，腹部饰绳纹。标本 ZH15：20（图 3-66，5）、ZH1：18（图 3-16，10）。

高领球腹罐　4 件。多为泥质灰陶。领部多整体内弧，直口或侈口，方唇。标本 ZH2：4（图 3-23，4）、ZH9：70（图 3-41，10）。

盆　51 件。均泥质灰陶。折沿或卷沿，圆唇或方唇，腹饰绳纹或几何纹。标本 ZH14：1（图 3-59，2）、ZH1：37（图 3-16，2）、ZH9：33（图 3-42，10）。

大盘豆　6 件。多为泥质灰陶。侈口，弧盘或盘壁斜收，豆柄较高，器表饰绳纹或素面。标本 ZH9：34（图 3-41，3）。

三足瓮　6 件。多为泥质灰陶。窄平折沿或侈口，厚方唇，矮扁柱状足，通体饰绳纹。标本 ZH9：93（图 3-45，4）、ZH9：68（图 3-45，10）。

（2）陶质小件

陶纺轮　8 件。均为泥质灰陶。平面呈圆形，中央有一圆形穿孔。根据整体形制可分为三型。

A 型　5 件。整体呈上小下大的圆锥状，器表饰数周旋纹或素面。ZH15：1（图 3-17，1）、ZH1：54（图 3-17，2；彩版一九，6）、ZH1：55（图 3-18，3）、ZH9：132（图 3-18，1）、ZH13：21（图 3-18，5）。

B 型　1 件（ZH1：56）。整体呈上小下大的截锥状，素面（图 3-17，3）。

C 型　2 件。整体呈上下同大的圆饼状，素面。ZH15：2（图 3-18，2）、ZH15：3（图 3-18，4）。

圆陶片　2 件。均为泥质灰陶。平面近圆形，弧鼓的一面饰绳纹，为陶容器残片改制而成。根据有无圆形穿孔，可分为两型。

A 型　1 件（ZH13：25）。有穿孔（图 3-18，6）。

B 型　1 件（ZH13：20）。无穿孔（图 3-17，4）。

陶垫　共 2 件。陶垫表面光滑，近椭圆形，背面有桥形钮。ZH9：135（图 3-24，1；彩版一九，4）、ZH8：5（图 3-29，5）。

算形器　1 件（ZH9：136）。泥质灰陶。圆饼形，一面饰印痕较浅的交错绳纹，另一面较光滑，其上划出三重圆圈，在圆圈上均匀钻孔，穿透器身（图 3-24，4；彩版一九，5）。

权形器　1 件（ZH9：131）。泥质灰陶。整体近上小下大的圆饼状，顶部有桥形钮，器表饰印痕较浅的细绳纹（图 3-24，3；彩版一九，3）。

空心砖　7 件，均为残块。灰陶，夹砂或泥质。器表饰绳纹。标本 ZH8：18（图 3-29，10）、ZH9：17（图 3-39，3）、ZH9：71（图 3-39，9）、ZH9：04（图 3-47，3）。

（3）石器

石锤　2件。器身呈较扁的椭圆形,磨制而成。ZH13：22（图3-49,6;彩版二〇,3）、ZH9：141（图3-49,1）。

石铲　6件。制作较精,通体磨光。根据刃部形制分为两型。

A型　5件。双面刃。ZH15：8（图3-19,1）、ZH15：10（图3-19,6）、ZH1：61（图3-19,3）、ZH1：57（图3-19,4;彩版二〇,2）、ZH1：59（图3-19,5）。

B型　1件。单面刃。ZH15：9（图3-19,2）。

石刀　5件。多由页岩制成。整体近长方形,磨制而成,中部一般有两个双面对钻而成的圆孔。根据刃部形制可分为两型。

A型　3件。双面刃。ZH15：6（图3-20,2）、ZH15：5（图3-20,5）、ZH13：24（图3-20,1）。

B型　2件。单面刃。ZH15：4（图3-20,4）、ZH9：137（图3-20,3）。

石器半成品　共5件。器表有打制与磨制痕迹,部分有钻而未穿的圆孔,可能为石刀等器的半成品。ZH1：60（图3-20,7）、ZH9：140（图3-50,1）、ZH9：150（图3-51,2）、ZH9：152（图3-50,2）、ZH15：7（图3-20,6）。

砺石　12件。多由砂岩制成。呈不规则块状,表面多有磨痕。标本ZH9：151（图3-21,1）、ZH9：146（图3-21,5）、ZH9：147（图3-49,5）、ZH9：153（图3-49,3）、ZH9：138（图3-49,2）。

（4）骨器

骨铲　2件。刃部经磨制。ZH13：23（图3-51,5）、ZH13：#40。

骨匕　2件。整体扁薄呈长条形,表面光滑。ZH2：21（图3-24,2）、ZH9②：#80。

骨锥　2件。打磨光滑。ZH9②：#81、ZH9②：#79。

（5）蚌器

蚌刀　1件（ZH13：26）。残,中部有对钻的圆孔,刃部磨薄（图3-51,1）。

（6）铜器

铜镞　1件（ZH9：130）。两翼和关大致平齐,铤较短（图3-51,3）。

铜锥　1件（ZH9：129）。残,一端收尖,横截面近梯形（图3-51,4）。

5.分期年代

根据周原地区已建立的商周陶器分期与年代体系[①],可知赵家台居址的年代为先周晚期至西周中期,各遗迹单位的具体年代判断如下：

先周晚期第一段,包括ZH14、ZH15、ZH16。

---

① 雷兴山:《周原遗址商时期考古学文化分期研究》,《古代文明》第6卷,文物出版社,2008年。种建荣、雷兴山:《周公庙遗址商周时期陶器分期研究》,《西部考古》第三辑,三秦出版社,2008年。黄曲:《周原遗址西周陶器谱系与编年研究》,北京大学硕士学位论文,2003年。

先周晚期第二段,包括ZH1、ZH2、ZH17。

西周早期偏早,包括ZH3、ZH4、ZH6、ZH8、ZH9、ZH10、ZH11。

西周中期,包括ZH13。

另外,ZH5、ZH7两座灰坑出土陶片年代难以判断,其中ZH5被西周中期的ZH13打破,故ZH5年代不晚于西周中期。ZH7打破西周早期偏早的ZH8与ZH9,故ZH7的年代不早于西周早期偏早。

3.1.2　分述

赵家台居址区共发掘探方8个、灰坑16座,按探方与灰坑单位编号依次介绍如下。

1. 探方

(1)06QZT1

ZT1位于发掘区中部,西北部为ZT4,两者直线距离约45米。ZT1布方面积为4米×5米,实际发掘面积为22平方米。探方为正磁北方向。

探方内地层堆积因平整土地而被完全破坏,两座灰坑ZH1与ZH2暴露于地表(图3-4)。

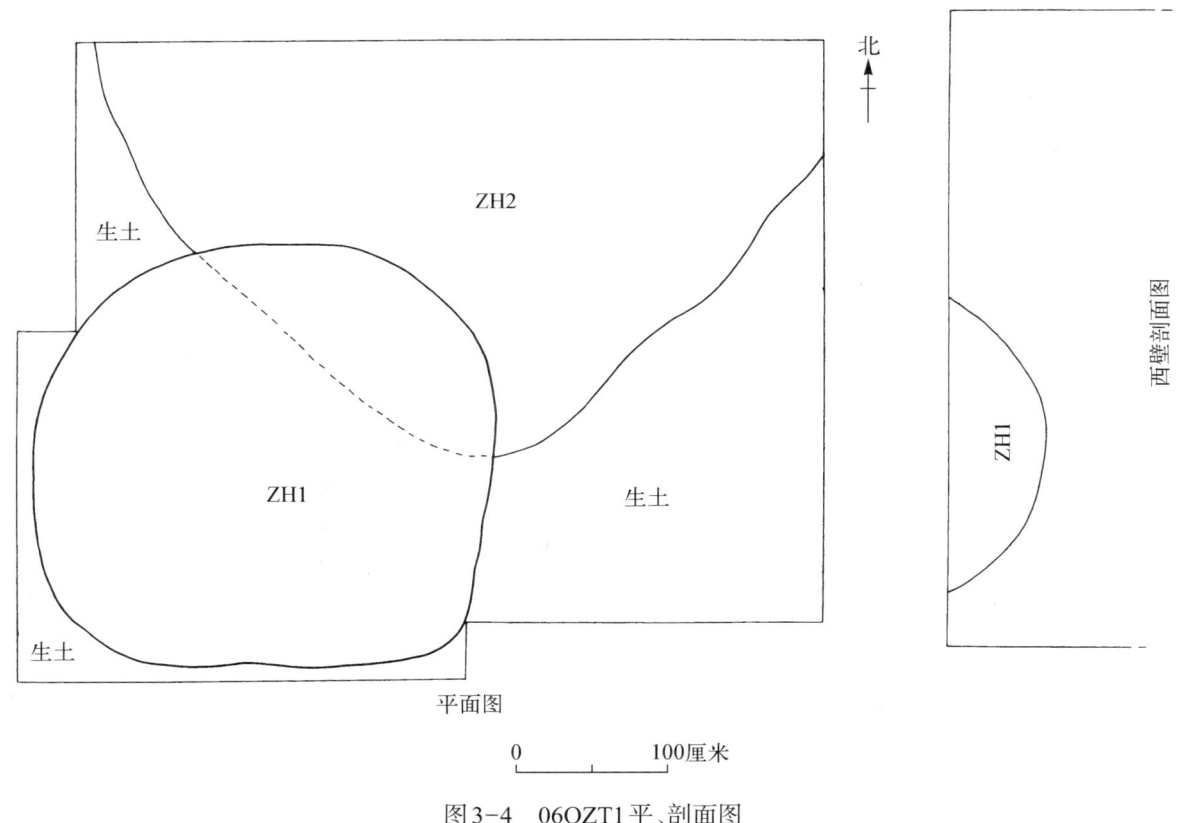

图3-4　06QZT1平、剖面图

（2）06QZT2、ZT3

ZT2与ZT3相邻，位于发掘区北部的生产路断崖边上，ZT2北距ZT6约15米。两个探方的布方面积均为5米×5米，但由于位于断崖边，实际发掘面积共约20平方米。探方为正磁北方向。

两个探方的地层堆积相同，分两层。

第①层　耕土层，厚0.14～0.2米，分布全方。土质疏松，土色呈浅灰褐色，包含植物根茎等。

第②层　近现代文化层，厚0.64～0.7米，分布全方。土质较致密，呈黄褐色，包含近现代瓷片、瓦片等。

开口于②层下的遗迹单位有ZH3、ZH4、ZH10、ZH11，其中ZH3打破ZH4，ZH10打破ZH4与ZH11（图3-5）。

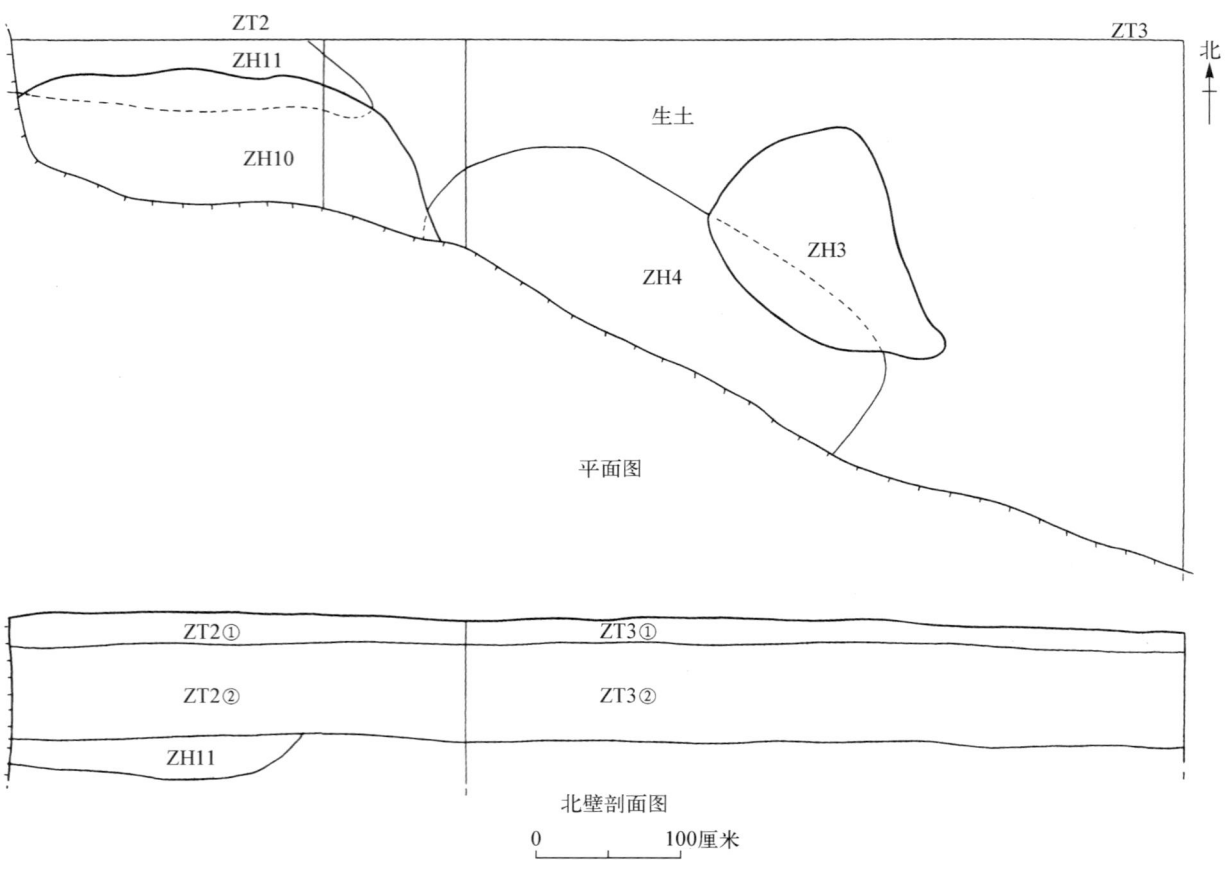

图3-5　06QZT2与ZT3平、剖面图

（3）06QZT4

ZT4位于发掘区中部，其东南部为ZT1。ZT4布方面积为3米×3米，实际发掘面积为9平方米。探方为正磁北方向。

该探方仅有地层一层。第①层为耕土层，厚0.26～0.28米，分布全方。土质疏松，呈灰褐色，包含植物根茎、礓石、近现代陶片等。开口于①层下的遗迹单位有ZH17（图3-6）。

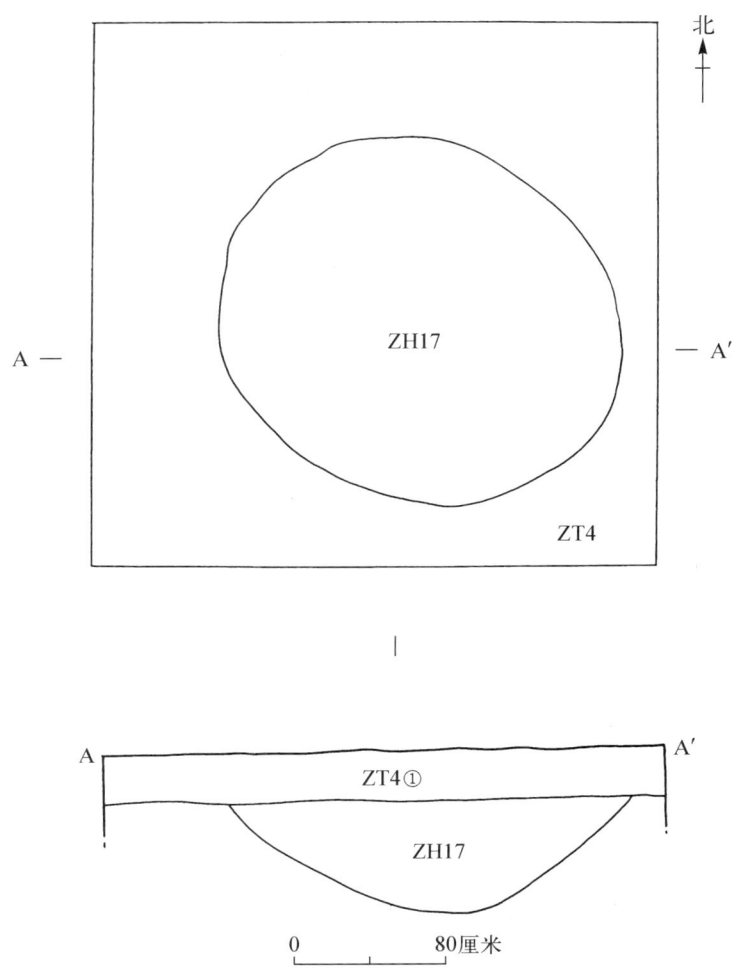

图3-6　06QZT4与ZH17平、剖面图

（4）06QZT5

ZT5位于发掘区南部的咸丰沟边上，其东南部为ZT7，两者直线距离约22米。ZT5布方面积为5米×6米，实际发掘面积约30平方米。探方为正磁北方向。

该探方地层分三层。

第①层　耕土层，厚0.25米，分布全方。土质疏松，土色呈浅褐色，包含植物根茎、碎石等。

第②层　近现代文化层，厚1.2米，分布全方。土质较致密，土色呈黄褐色，包含近现代瓷片、砖瓦等。有1座近代墓开口于②层下。

第③层　先周晚期文化层，厚0.35～0.45米，分布全方。土质较疏松，土色呈灰褐色，包含先周晚期陶片等。开口于③层下的遗迹单位有ZH15（图3-7）。

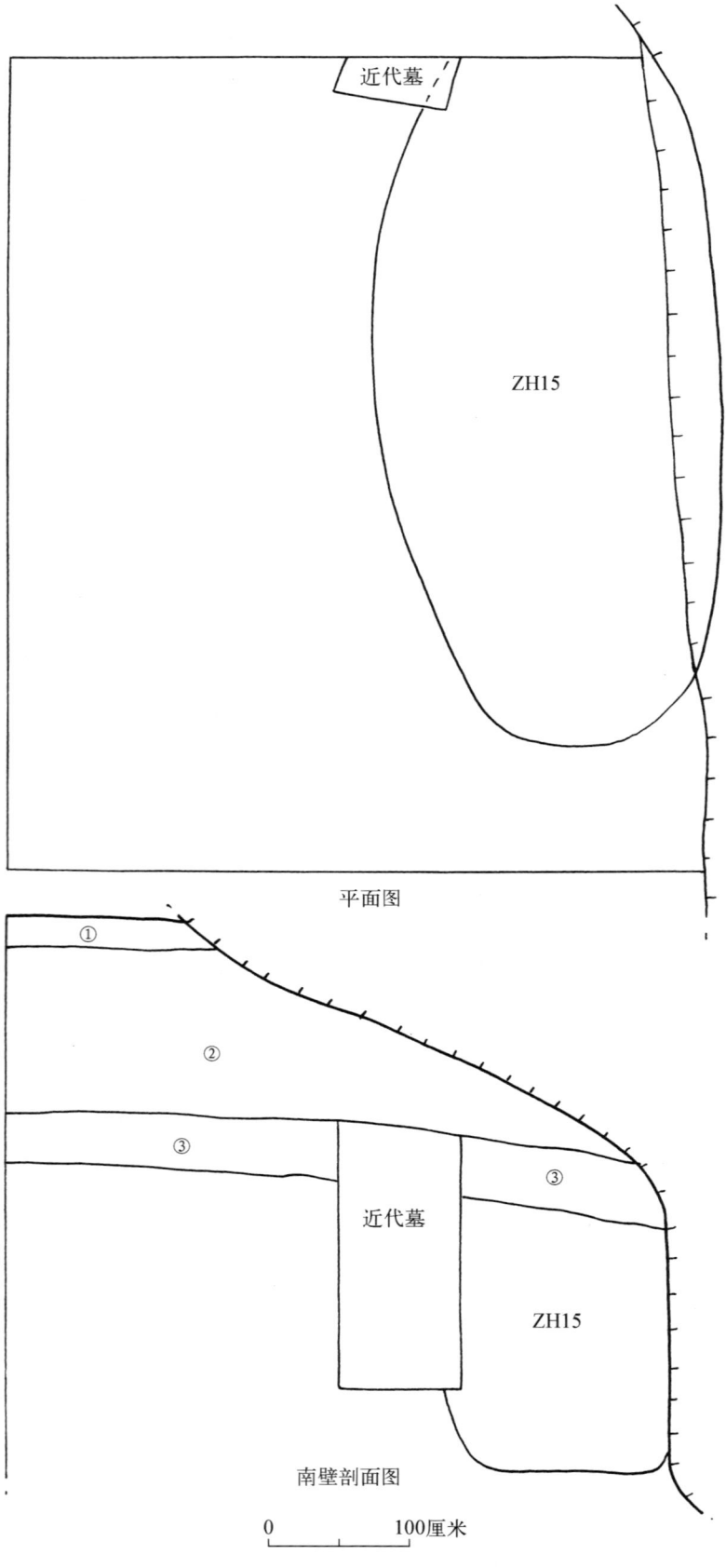

平面图

南壁剖面图

0   100厘米

图3-7   06QZT5平、剖面图

ZT5第③层遗物：

联裆鬲 1件（ZT5③：7）。泥质红褐陶。矮领，侈口，卷沿，斜方唇，通体饰竖行绳纹。残宽5.6、残高4.1厘米（图3-8，3）。

高领袋足鬲 1件（ZT5③：5）。夹砂灰褐陶，陶色斑驳不均。高领整体内弧，方唇，口外有鸡冠状錾，除唇面外通体饰印痕较深的粗绳纹。残宽8、残高5.1厘米（图3-8，5）。

联裆甗 1件（ZT5③：3）。泥质灰陶。侈口，方唇，通体饰条理清晰的斜行绳纹。残宽5.8、残高5.9厘米（图3-8，2）。

袋足分裆甗 4件。均为夹砂灰陶。ZT5③：1，侈口，厚方唇，矮领微内弧，领外侧饰斜行绳纹，腹部饰印痕较深的竖行粗绳纹。残宽9.8、残高9.3厘米（图3-8，6）。ZT5③：2，侈口，方唇，矮领微内弧，领外侧饰交错绳纹，局部绳纹被抹，腹部饰竖行绳纹。残宽8.4、残高7.7厘米（图3-8，1）。ZT5③：4，残存甗腰，箅托较宽，器表饰绳纹，腰外侧有扭索状附加堆纹。残宽12、残高6.1厘米（图3-8，7）。ZT5③：6，侈口，方唇，矮领微内弧，通体饰印痕较深的粗绳纹，领上部饰交错绳纹。残宽6、残高8.7厘米（图3-8，4）。

（5）06QZT6

ZT6位于发掘区北部的生产路断崖边上，其南部为ZT2。ZT6布方面积为5米×5米，但由于位于断崖边，实际发掘面积约10平方米。探方为正磁北方向。

该探方地层分两层。

第①层 耕土层，厚0.2～0.22米，分布全方。土质疏松，土色呈浅灰褐色，包含植物根茎等。

第②层 近现代文化层，厚0.58～0.6米，分布全方。土质较致密，土色呈黄褐色，包含近现代瓷片、瓦片等。

开口于②层下的遗迹单位有ZH5、ZH13，ZH13打破ZH5（图3-9）。

（6）06QZT7

ZT7位于发掘区南部的咸丰沟边上，其西北部为ZT5。ZT7布方面积为3.2米×2.4米，实际发掘面积约5.5平方米。探方为正磁北方向。

该探方地层分三层。

第①层 耕土层，厚0.2～0.28米，分布全方。土质疏松，土色呈浅褐色，包含植物根茎、碎石等。

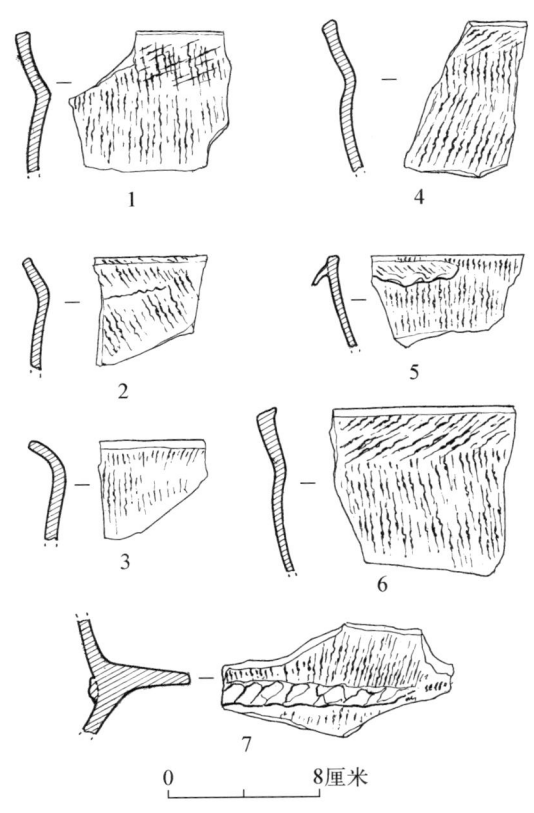

图3-8 06QZT5③层出土陶器

1、4、6、7.袋足分裆甗（ZT5③：2、6、1、4）
2.联裆甗（ZT5③：3） 3.联裆鬲（ZT5③：7）
5.高领袋足鬲（ZT5③：5）

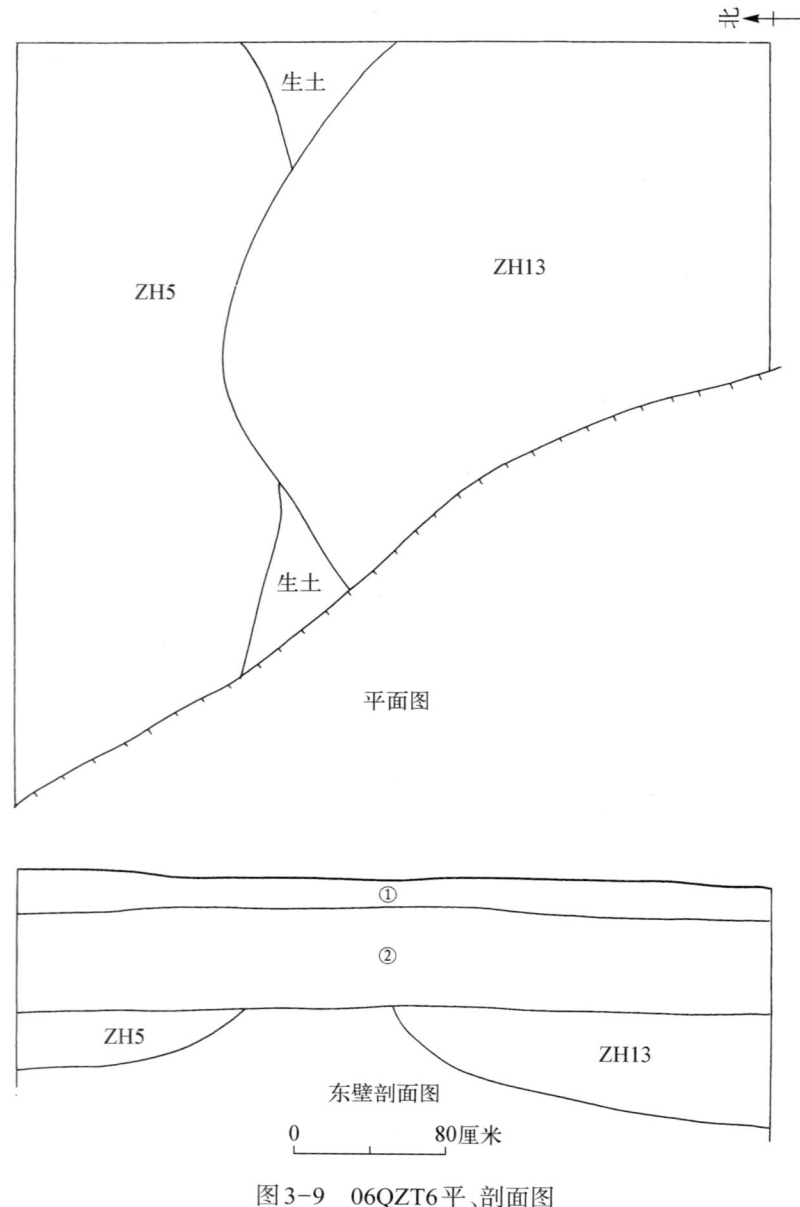

图3-9 06QZT6平、剖面图

第②层 近现代文化层,厚0.67～0.73米,分布全方。土质较致密,土色呈黄褐色,包含近现代瓷片、砖瓦片等。

第③层 西周文化层,厚0.36～0.41米,分布全方。土质较疏松,土色呈灰褐色,夹杂少量炭屑。包含西周陶片、动物骨骼等。灰坑ZH14开口于该层下(图3-10)。

(7) 06QZT8

ZT8位于发掘区北部的生产路断崖边上,西北与ZT3相邻。ZT8布方面积为5米×5米,但由于位于断崖边,实际发掘面积约8平方米。探方为正磁北方向。

该探方地层分两层。

第①层　耕土层，厚0.2米，分布全方。土质疏松，土色呈浅灰褐色，包含植物根茎、现代瓷片等。

第②层　近现代文化层，厚0.75米，分布全方。土质较致密，土色呈黄褐色，包含近现代瓷片、瓦片等。

开口于②层下的遗迹单位有ZH6、ZH7、ZH8、ZH9，其中ZH7打破ZH8与ZH9（图3-11）。

2. 遗迹单位

（1）06QZH1

a. 形制与堆积

ZH1位于探方ZT1西南部，坑口暴露于地表，打破ZH2。坑口平面近圆形，坡壁，坑底呈锅底状。坑口东西长3.1、南北宽2.9、自深1.4米（图3-12）。

坑内为一次性堆积，土质较致密，土色呈红褐色，夹杂较多灰烬，内含陶片、石器、红烧土块、礓石等。

b. 陶容器

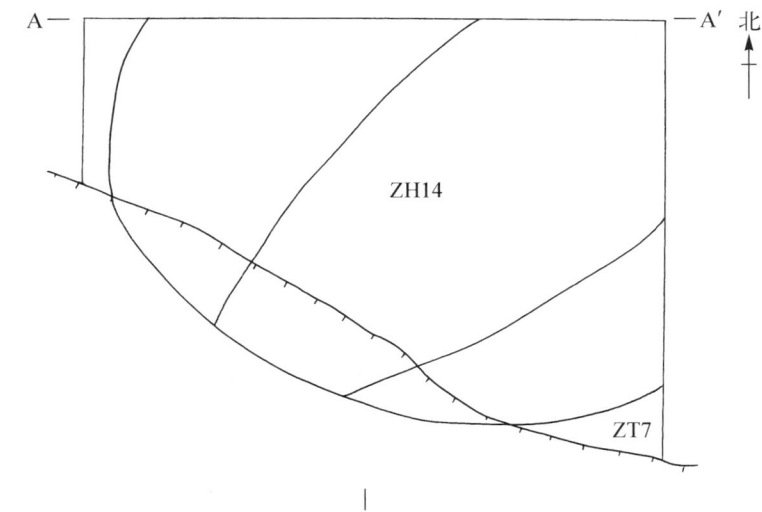

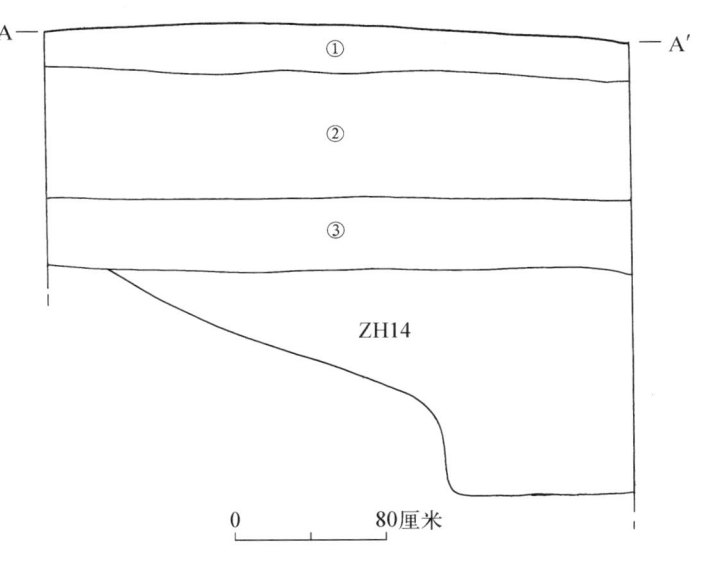

图3-10　06QZT7与ZH14平、剖面图

ZH1出土陶容器丰富，陶片数量965片。陶质分夹砂与泥质两种，以夹砂者为主，占比约55%。陶色以灰陶为主，占比约79%，灰褐陶占比约19%，褐陶占比约2%。纹饰以中绳纹和粗绳纹为主，分别占比约40%，素面占比约12%。器类丰富，其中联裆鬲与联裆甗共占比约35%，高领袋足鬲与袋足分裆甗共占比约22%，另有少量小口罐、大口罐、盆、盂、三足瓮等（表3-1）。

高领袋足鬲　3件。均夹砂。ZH1：22，灰褐陶。领部外侈，整体内弧，方圆唇，领上部饰斜行绳纹，下部饰竖行绳纹，领腹交界处有一周抹痕。口径18、残高4.1厘米（图3-13，3）。ZH1：24，灰陶。领部稍直，侈口，方唇，沿外附鸡冠状鋬，上饰右斜行绳纹，领上部饰左斜行绳纹，中下部饰竖行绳纹，领腹交界处有一周抹痕。残宽5.2、残高5.9厘米（图3-13，9）。

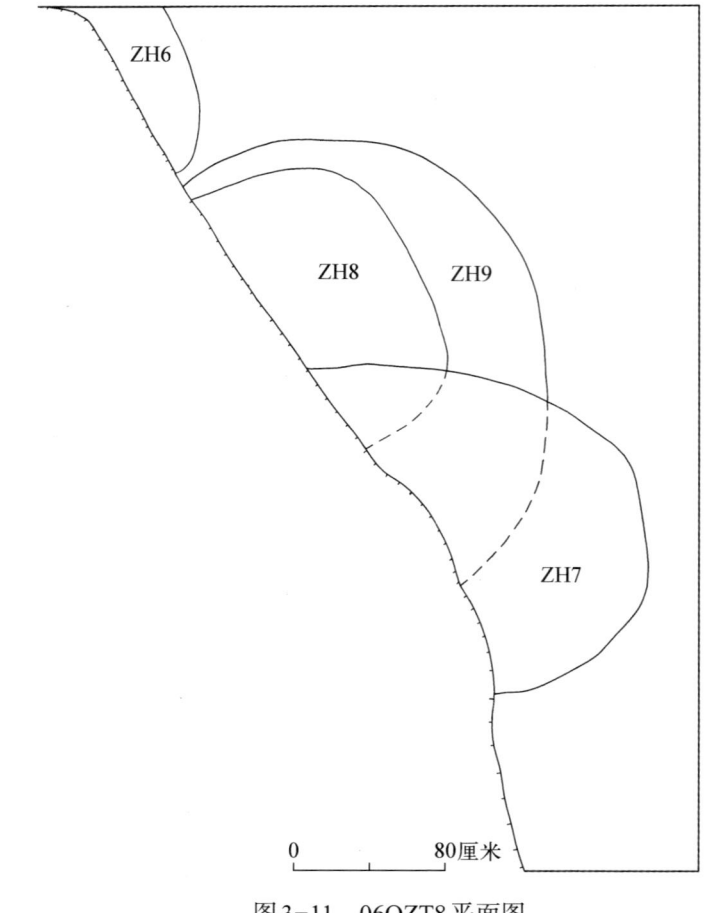

图 3-11　06QZT8平面图

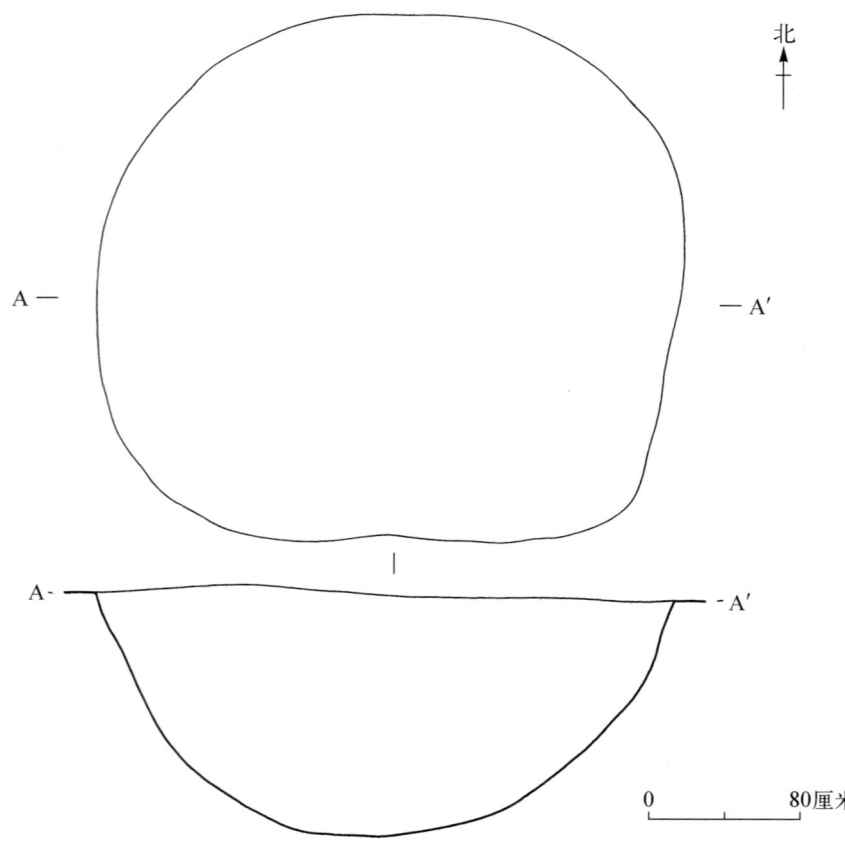

图 3-12　06QZH1平、剖面图

表3-1　06QZH1出土陶片陶系、纹饰及器类统计表

陶质与陶色 纹饰与器类		夹　砂			泥　质			合计	百分比（%）
		灰	褐	灰褐	灰	褐	灰褐		
纹饰	素面			4	94	8	10	116	12.02
	粗绳纹	193		18	32	9	128	380	39.38
	中绳纹	277	3		90		12	382	39.59
	细绳纹	24			14	2	10	50	5.18
	交错绳纹	14			7			21	2.18
	方格纹				9			9	0.93
	方格加乳钉纹				2			2	0.21
	菱形纹				3			3	0.31
	麦粒状纹				2			2	0.21
合计		508	3	22	253	19	160	965	100.00
百分比（%）		52.64	0.31	2.28	26.22	1.97	16.58	100.00	
		55.23			44.77				
器类	异形高领袋足鬲	1						1	1.56
	高领袋足鬲	9						9	14.06
	袋足分裆甗	5						5	7.81
	联裆鬲	10						10	15.63
	联裆甗	12						12	18.75
	小口罐	9						9	14.06
	大口罐					3		3	4.69
	盆					8		8	12.50
	盂					1		1	1.56
	豆					1		1	1.56
	方唇瓮					2		2	3.13
	三足瓮					1		1	1.56
	不明器					2		2	3.13
合计		46			18			64	100.00
百分比（%）		71.88			28.13			100.01	

ZH1：26，灰陶，陶色斑驳。领部整体内弧，侈口，方唇，领部饰粗疏且印痕较深的斜行绳纹，下部饰交错的竖行绳纹与斜行绳纹。残宽5.7、残高4.7厘米（图3-13，13）。

　　袋足分裆鬲　5件。均为夹砂灰陶。ZH1：9，鬲腰算托较宽，腰部外侧饰一周扭索状附加堆纹。残宽11.2、残高4厘米（图3-13，5）。ZH1：13，领部内弧，方唇，领部饰交错的斜行绳纹与竖行绳纹，腹部饰竖行绳纹，绳纹均印痕较深。残宽6.4、残高8.8厘米（图3-13，14）。ZH1：14，领部较直，口微侈，方唇，领部饰斜行绳纹，腹部饰竖行绳纹，绳纹均印痕较深。口径33.3、残高7.2厘米（图3-13，2）。ZH1：36，领部僵直，直口，方唇，沿外侧附加泥条与鸡冠

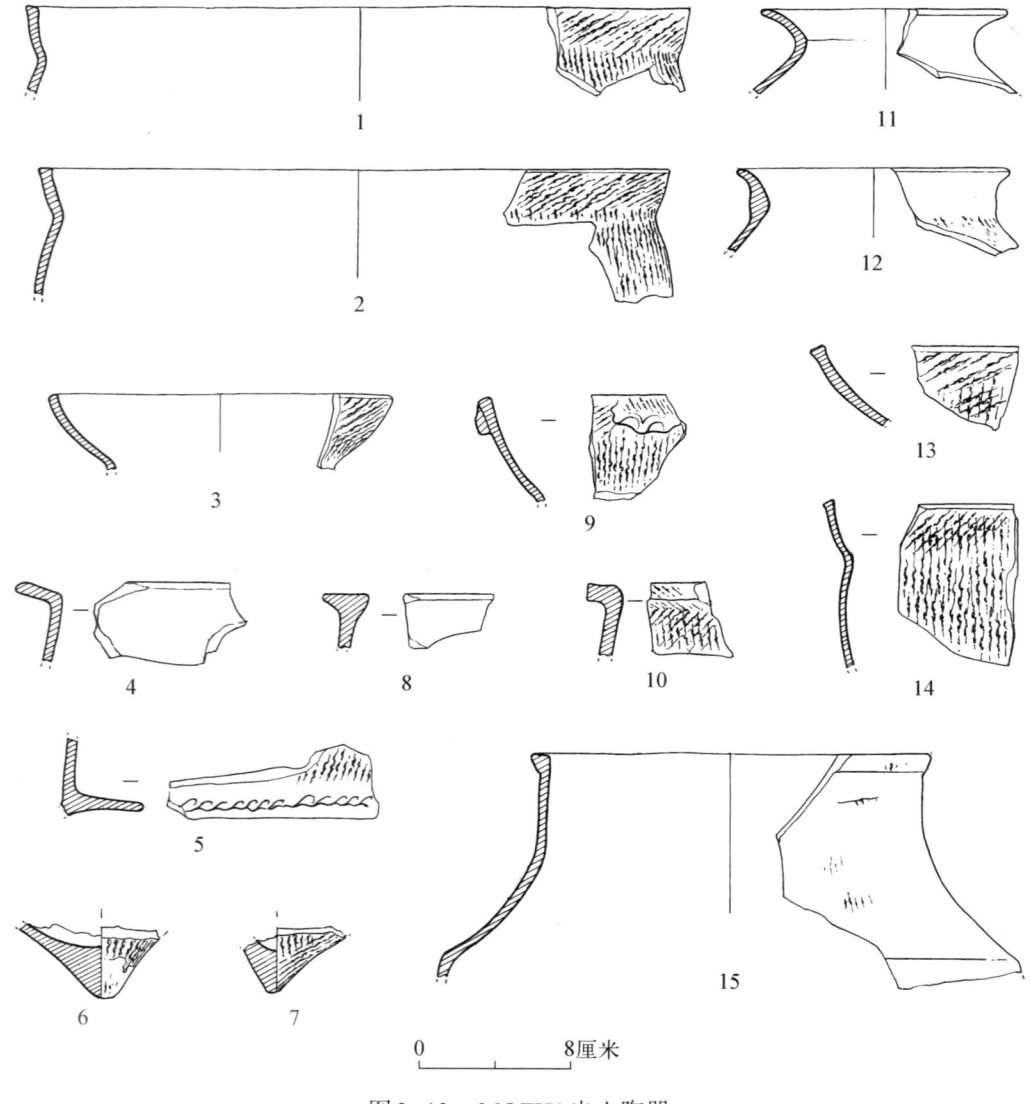

图3-13　06QZH1出土陶器

1、2、5、14. 袋足分裆鬲（ZH1：45、14、9、13）　3、9、13. 高领袋足鬲（ZH1：22、24、26）　4. 盆（ZH1：28）　6、7. 足根（ZH1：49、34）
8. 三足瓮（ZH1：32）　10. 联裆鬲（ZH1：62）　11、12. 小口罐（ZH1：12、1）　15. 高领方唇瓮（ZH1：4）

状錾，器表饰印痕模糊的细绳纹，此标本与ZH2：9疑为同一件器。残宽3.7、残高6.2厘米（图3-14,9）。ZH1：45，领部内弧，方唇，领部饰斜行绳纹，腹部饰印痕较深的竖行绳纹。口径35.1、残高4.7厘米（图3-13,1）。

联裆鬲　8件。均夹砂。ZH1：2，灰陶，陶色斑驳不均。矮领微内弧，侈口，卷沿，方唇，领部与高领袋足鬲领部相似，通体饰略具条理的麦粒状绳纹。口径21.8、残高11.5厘米（图3-15,15）。ZH1：16，灰陶。矮领内弧，侈口，卷沿，方唇，通体饰印痕较深、略具条理的麦粒状绳纹，领外侧下部绳纹被抹。口径14、残高14.7厘米（图3-15,14）。ZH1：30，褐陶。侈口，

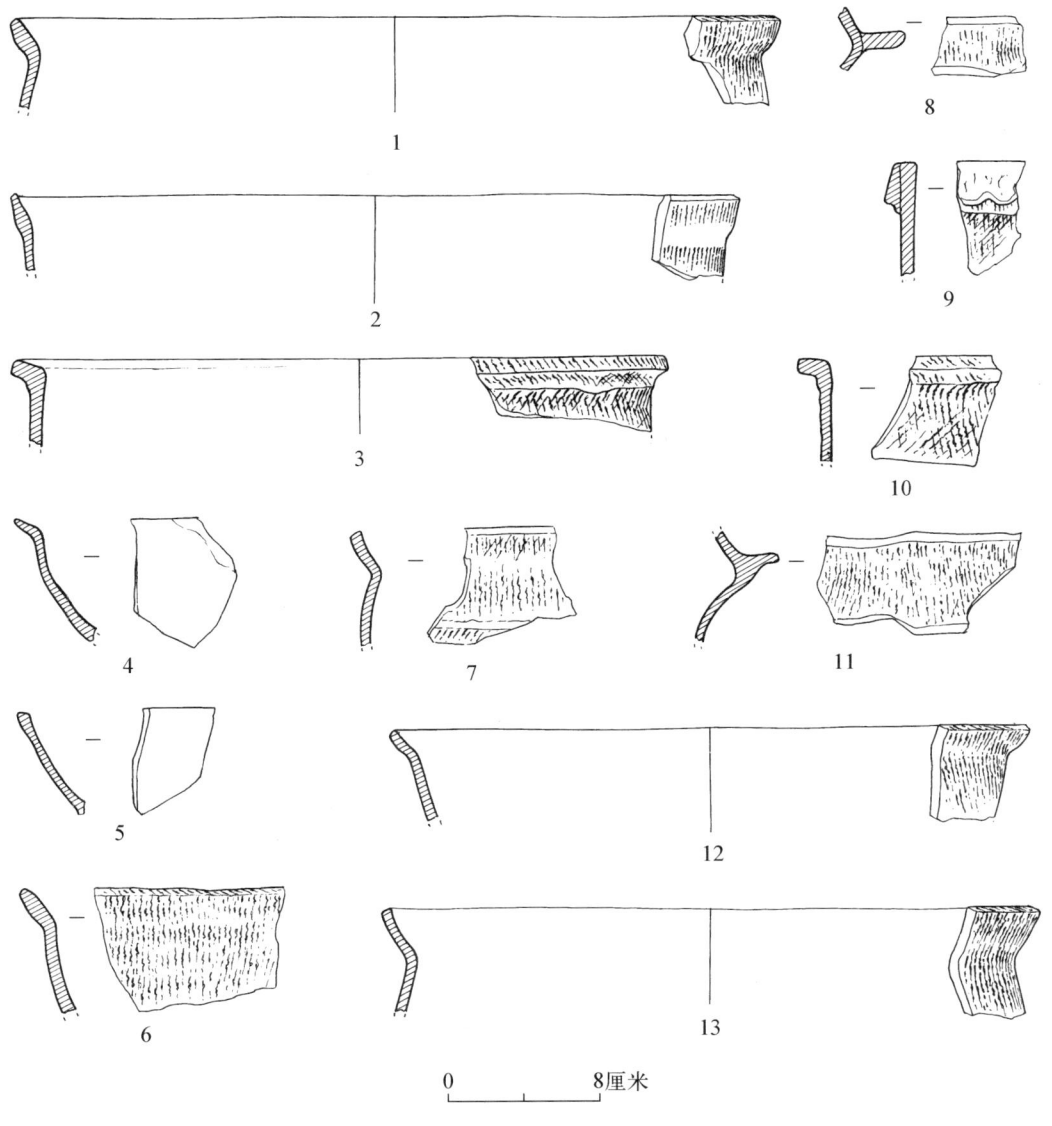

图3-14　06QZH1出土陶器

1～3、6～8、10～13.联裆鬲（ZH1：29、11、5、19、21、31、43、10、23、20）　4.盂（ZH1：53）
5.大盘豆（ZH1：40）　9.袋足分裆鬲（ZH1：36）

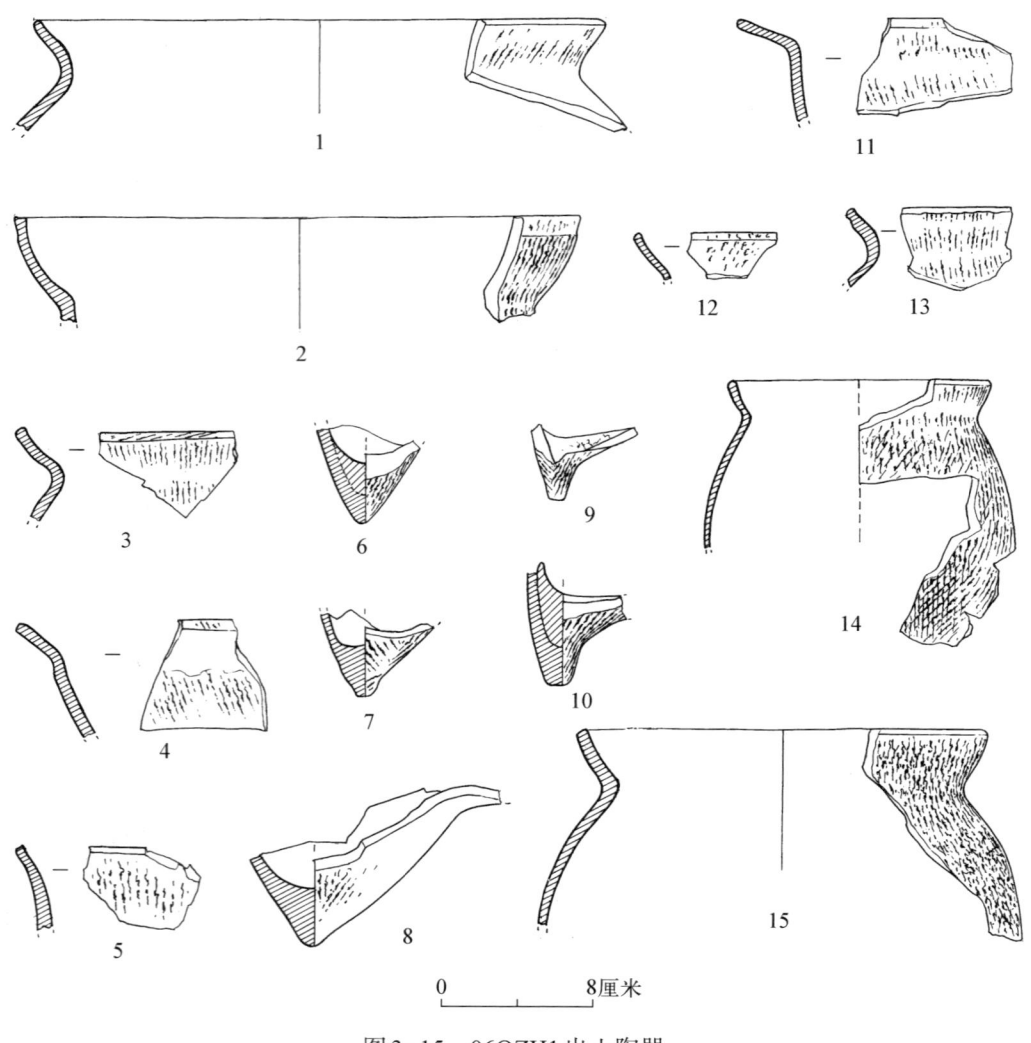

图3-15 06QZH1出土陶器

1.瓮(ZH1:27) 2、3、5、11～15.联裆鬲(ZH1:35、38、51、30、52、50、16、2)
6～10.足根(ZH1:47、46、15、48、42) 4.联裆甗(ZH1:33)

卷沿,沿面宽,方唇,通体饰绳纹,沿外侧绳纹被抹,残痕依稀可见。残宽8.4、残高5.3厘米(图3-15,11)。ZH1:35,褐陶,陶色斑驳不均。内弧高斜领,侈口,方唇,唇面内凹,领外侧饰印痕较深、条理清晰的竖行绳纹,近口处有一周抹痕,疑与ZH2:2为同一件器。口径30.1、残高5.8厘米(图3-15,2)。ZH1:38,灰陶。矮领内弧,侈口,卷沿,方唇,通体饰印痕较浅、条理不清的偏细绳纹,领腹交界处绳纹被抹。残宽7.4、残高4.8厘米(图3-15,3)。ZH1:50,灰陶。矮领,侈口,卷沿,圆唇,领外侧有一周凸棱,饰印痕较浅的绳纹。残宽6、残高4.4厘米(图3-15,13)。ZH1:51,灰陶,陶色斑驳。高领,侈口,方唇,领外侧饰印痕较浅、条理模糊的绳纹。残宽6.2、残高4.6厘米(图3-15,5)。ZH1:52,灰陶,薄胎。矮领,侈口,方唇,唇面及领外侧饰印痕较浅、条理模糊的绳纹。残宽4.8、残高2.7厘米(图3-15,12)。

联裆甗　12件。均夹砂。ZH1：5，褐陶。窄平沿，方唇，唇面饰斜行绳纹，沿下有一周附加泥条，泥条及腹部饰印痕较深的交错绳纹。口径34.6、残高4厘米（图3-14，3）。ZH1：10，灰陶，褐胎。甗腰箅托较窄，器表饰略具条理的麦粒状细绳纹。残宽10.8、残高5.7厘米（图3-14，11）。ZH1：11，褐陶。直口，斜方唇，唇部及腹部饰竖行绳纹，领腹交界处绳纹被抹。口径38.4、残高4.4厘米（图3-14，2）。ZH1：19，灰陶。矮领，侈口，方唇，唇面饰斜行绳纹，领腹部饰竖行绳纹，均印痕较浅，领腹交界处局部绳纹被抹。残宽10.1、残高6.6厘米（图3-14，6）。ZH1：20，灰陶。矮领内弧，侈口，方唇，通体饰印痕较浅的偏细绳纹。口径34.8、残高6.2厘米（图3-14，13）。ZH1：21，灰陶，褐胎，器壁较薄。领部内弧，侈口，方唇，领外侧饰交错绳纹，腹部饰竖行细绳纹，均印痕较浅，领腹交界处有一周抹痕。残宽7.9、残高6.2厘米（图3-14，7）。ZH1：23，褐陶，陶色斑驳不均，器壁较薄。侈口，方唇，通体饰印痕较浅、条理不清的偏细绳纹。口径34、残高5.2厘米（图3-14，12）。ZH1：29，灰陶。矮领，侈口，斜方唇，唇面饰斜行细绳纹，领部及腹部饰印痕较浅的竖行细绳纹。口径40.8、残高4.6厘米（图3-14，1）。ZH1：31，褐陶。甗腰箅托较窄，器表饰印痕较浅的细绳纹，残宽5、残高3.2厘米（图3-14，8）。ZH1：33，褐陶。侈口，宽沿，方唇，唇面及领部饰印痕较浅、条理不清的细绳纹，腹部饰略具条理的麦粒状细绳纹。残宽6.7、残高6厘米（图3-15，4）。ZH1：43，褐陶。窄平折沿，方唇，通体饰印痕较浅的交错绳纹，沿下附加一周泥条。残宽7.2、残高6.2厘米（图3-14，10）。ZH1：62，褐陶。窄平折沿，方唇，通体饰绳纹，沿下附加泥条，腹部饰交错的粗绳纹。残宽4.4、残高3.9厘米（图3-13，10）。

小口罐　4件。均为泥质灰陶。侈口，圆唇。ZH1：1，矮领加厚，卷沿，沿外缘有数周旋纹，肩部饰印痕模糊的绳纹。口径14.4、残高4.8厘米（图3-13，12）。ZH1：7，矮领，卷沿外翻，素面。残宽13.8、残高8.2厘米（图3-16，5）。ZH1：12，宽卷沿近平，素面。口径13、残高4.5厘米（图3-13，11）。ZH1：17，矮领，卷沿，素面。口径14.3、残高6.8厘米（图3-16，7）。

大口罐　1件（ZH1：18）。泥质灰陶。矮领，侈口，折沿，圆唇，沿下角较大，沿外缘有一周凹槽，素面。口径25.6、残高6.7厘米（图3-16，10）。

罐底　1件（ZH1：6）。泥质灰陶。腹与底部均饰印痕较浅的麦粒状绳纹。底径12.6、残高4.6厘米（图3-16，6）。

盆　8件。均为泥质。ZH1：3，灰陶。侈口，折沿，圆唇，鼓腹，腹部饰上下两周旋纹，旋纹间填以云雷纹。口径27.3、残高6.9厘米（图3-16，11）。ZH1：8，灰陶。腹部饰上下两周旋纹，旋纹间填以网状方格纹。残宽8.6、残高7.8厘米（图3-16，9）。ZH1：25，灰陶。侈口，微折沿，沿面较宽，沿下角较大，方圆唇，素面。口径30、残高6厘米（图3-16，1）。ZH1：28，褐陶。折沿近平，沿面较宽，圆唇，素面。残宽8.2、残高4.6厘米（图3-13，4）。ZH1：37，红陶。折沿近平，沿面较宽，尖圆唇，腹部绳纹被抹。口径27.9、残高3.7厘米（图3-16，2）。ZH1：39，灰陶。侈口，折沿，尖圆唇，沿下角较大，溜肩，素面。残宽8.8、残高6.2厘米（图3-16，3）。ZH1：41，

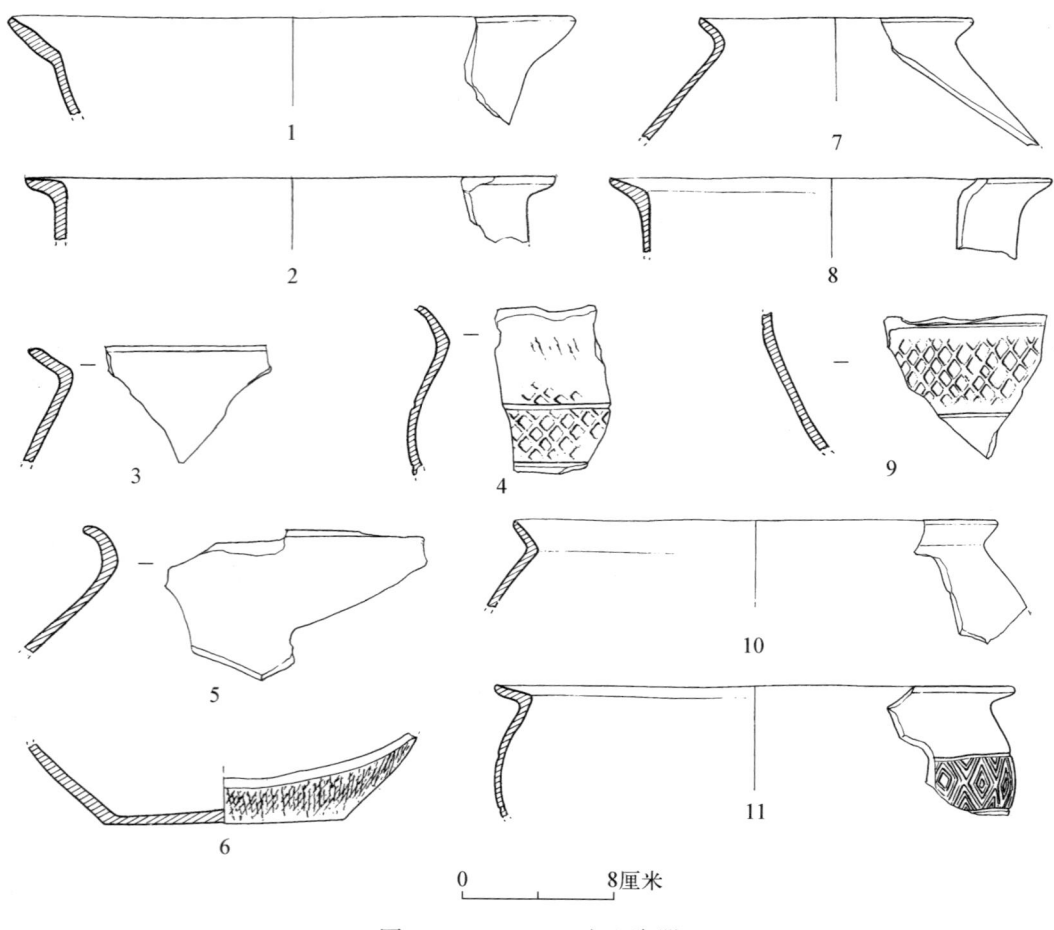

图3-16　06QZH1出土陶器

1～4、8、9、11. 盆（ZH1：25、37、39、41、44、8、3）　5、7. 小口罐（ZH1：7、17）　6. 罐底（ZH1：6）　10. 大口罐（ZH1：18）

灰陶。侈口，折沿，沿下角甚大，鼓腹，腹部饰上下两周旋纹，旋纹间填以网状方格纹。残宽5.4、残高9.1厘米（图3-16，4）。ZH1：44，灰陶，褐胎。折沿近平，尖圆唇，素面。口径23.2、残高4.5厘米（图3-16，8）。

盂　1件（ZH1：53）。泥质灰陶，陶色斑驳不均。侈口，窄折沿，尖圆唇，沿下角较大，素面。残宽5.4、残高7厘米（图3-14，4）。

大盘豆　1件（ZH1：40）。泥质灰陶。敞口，方唇，深盘，素面。残宽4.4、残高5.9厘米（图3-14，5）。

高领方唇瓮　1件（ZH1：4）。泥质灰陶。高直领，方唇，唇外侧加厚，折肩，器表局部依稀可见绳纹。口径21、残高12.9厘米（图3-13，15）。

三足瓮　1件（ZH1：32）。泥质灰陶。平折沿，方唇，素面。残宽4.8、残高2.8厘米（图3-13，8）。

瓮　1件（ZH1：27）。泥质灰陶，褐胎，陶色斑驳不均。侈口，宽卷沿，方唇，沿下角较大，沿外侧绳纹局部被抹。口径30.4、残高6.2厘米（图3-15，1）。

足根　7件。均夹砂。ZH1：15，褐陶，陶色斑驳不均，有烟炱。尖锥状足根，所饰绳纹印痕较浅。残高8.4厘米（图3-15，8）。ZH1：34，褐陶。扁圆锥状足根，器表饰略具条理的旋转状绳纹，纹饰与高领袋足鬲或袋足分裆甗风格相同。残高3.5厘米（图3-13，7）。ZH1：42，褐陶。扁锥状足根，裆部较低，饰印痕较浅的麦粒状绳纹。残高6.7厘米（图3-15，10）。ZH1：46，灰陶。扁锥状足根，足尖被捏扁，饰印痕较浅的麦粒状绳纹。残高4.7厘米（图3-15，7）。ZH1：47，灰陶。尖锥状足根，饰印痕较浅的绳纹。残高5.3厘米（图3-15，6）。ZH1：48，灰陶。圆锥状足根，裆部较低，饰印痕较浅的细绳纹。残高4厘米（图3-15，9）。ZH1：49，褐陶。圆锥状足根，纹饰与ZH1：34相似。残高4.2厘米（图3-13，6）。上述标本中，ZH1：34与ZH1：49为高领袋足鬲或袋足分裆甗的足根，余为联裆鬲或联裆甗足根。

c. 陶质小件

陶纺轮　共3件。均为泥质灰陶，中央有一圆形穿孔。ZH1：54，整体呈尖锥状，素面。直径5、厚度2.3、孔径0.7厘米（图3-17，2；彩版一九，6）。ZH1：55，残，整体呈尖锥状，器表饰数周旋纹。直径4.7、厚2、孔径0.7厘米（图3-18，3）。ZH1：56，整体呈截锥状，素面。直径4.9、厚度2.1、孔径0.7厘米（图3-17，3）。

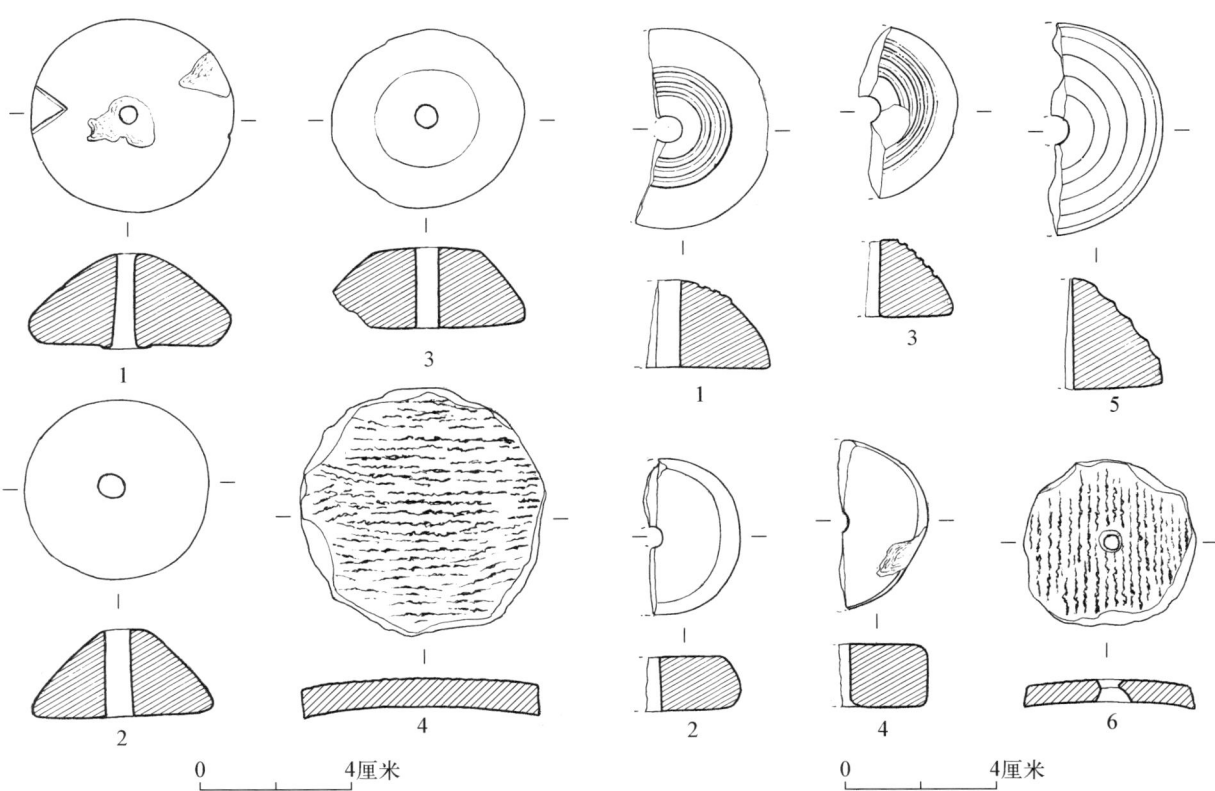

图3-17　06QZH1、ZH13、ZH15出土陶器

1～3. 陶纺轮（ZH15：1、ZH1：54、ZH1：56）
4. 圆陶片（ZH13：20）

图3-18　06QZH1、ZH9、ZH13、ZH15出土陶器

1～5. 纺轮（ZH9：132、ZH15：2、ZH1：55、ZH15：3、ZH13：21）
6. 圆陶片（ZH13：25）

d. 石器

石铲　共3件。ZH1:57,残,黑灰色。通体磨光,制作精致,双面刃,有使用痕迹。残长6.2、宽8.9、厚0.7厘米(图3-19,4;彩版二〇,2)。ZH1:59,残,青灰色。磨制,制作较粗糙。残长9.3、残宽6.8、厚1.3厘米(图3-19,5)。ZH1:61,残,青灰色。磨制,双面刃。残长5.6、残宽5.2、厚1厘米(图3-19,3)。

石刀半成品　1件(ZH1:60)。残,青灰色。不规则片状,器表有打制痕迹,中部有两个未钻穿的圆孔,双面钻。残长10.9、残宽6.5、厚1厘米(图3-20,7)。

0　　　　　　4厘米

图3-19　06QZH1、ZH15出土石铲

1. ZH15:8　2. ZH15:9　3. ZH1:61　4. ZH1:57　5. ZH1:59　6. ZH15:10

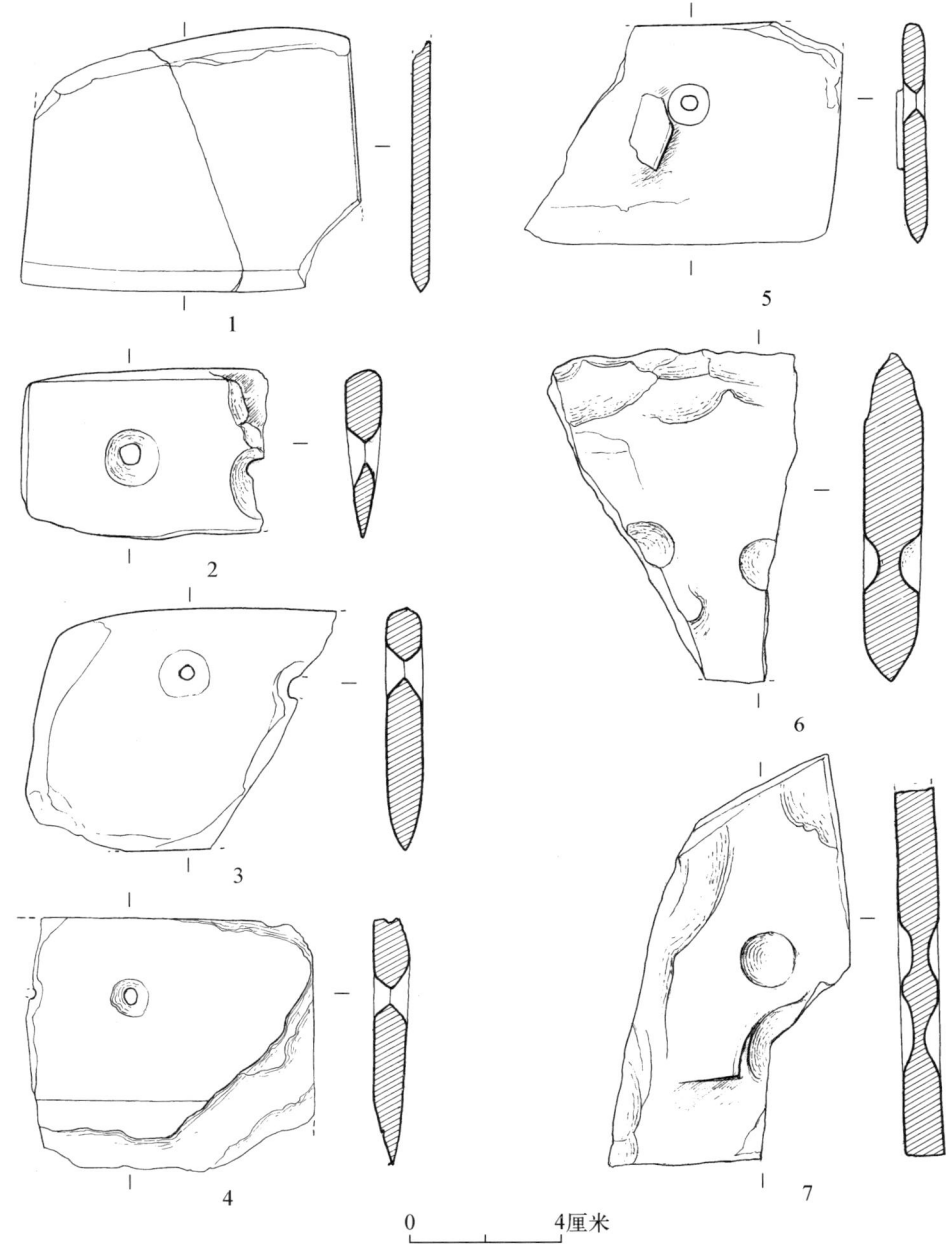

图 3-20　06QZH1、ZH9、ZH13、ZH15 出土石刀及半成品

1~5. 石刀（ZH13：24、ZH15：6、ZH9：137、ZH15：4、ZH15：5）　6、7. 石刀半成品（ZH15：7、ZH1：60）

砺石　1件（ZH1：58）。残，青灰色，砂质稍粗。不规则平板状，一面有磨痕。残长6.3、残宽5.7、厚1.7厘米（图3-21，2）。

e. 年代

根据ZH1出土陶器标本的式别特征，判断该坑年代为先周晚期第二段。

图3-21　06QZH1、ZH9、ZH15、ZH17出土砺石

1. ZH9：151　2. ZH1：58　3. ZH15：12　4. ZH9：149　5. ZH9：146　6. ZH9：148　7. ZH9：139　8. ZH17：28

（2）06QZH2

a. 形制与堆积

ZH2位于探方ZT1北部，坑口暴露于地表，被ZH1打破，同时打破生土。灰坑下压于探方北壁部分未清理，探方内部分坑口平面近半圆形，坡壁，平底。坑口东西残长4.82、南北残宽2.9、自深0.56米（图3-22）。

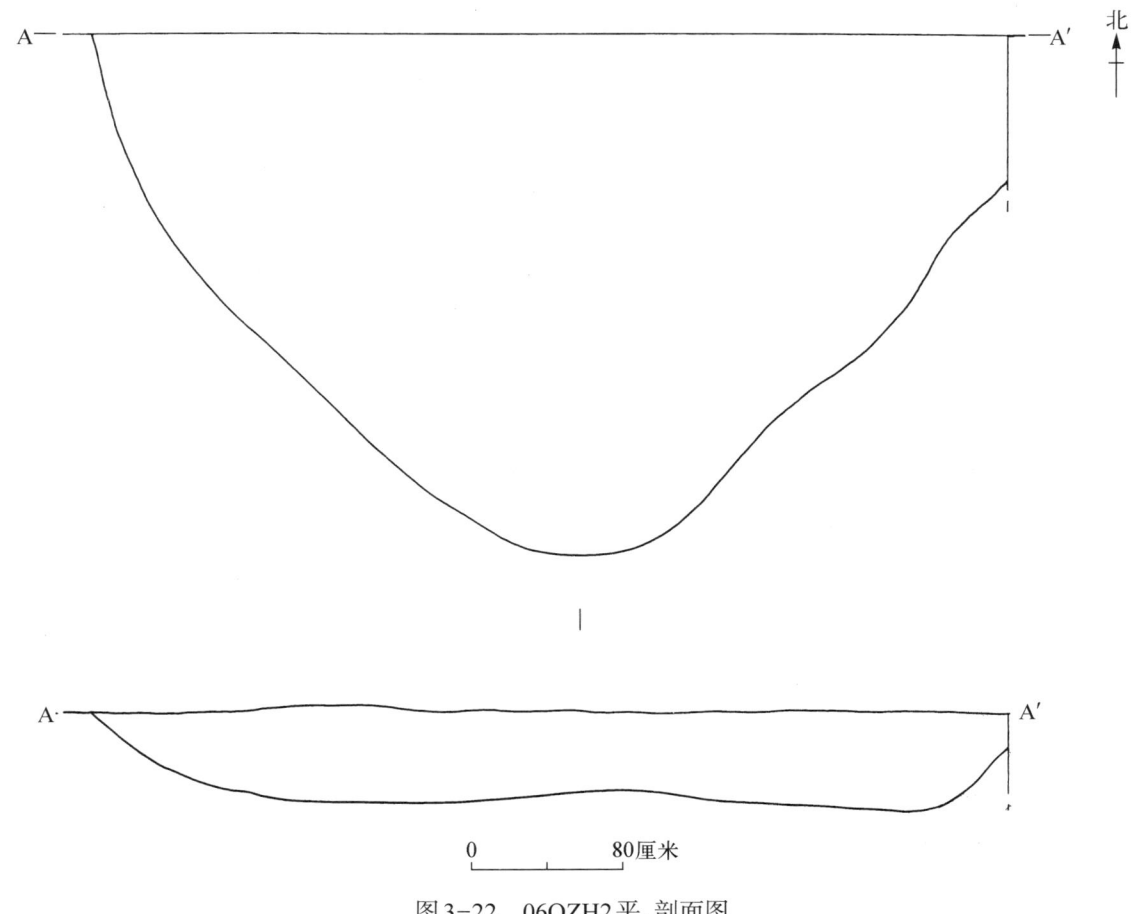

图3-22 06QZH2平、剖面图

坑内为自北向南倾斜的一次性堆积,土质较致密,土色呈红褐色,内含陶片、骨器等。

b. 陶容器

ZH2出土陶器丰富,陶片数量440片。陶质分夹砂与泥质两类,以泥质者为主,占比约57%。陶色以灰陶为主,占比约62%,灰褐陶占比约22%,褐陶占比约16%。纹饰以中绳纹为主,占比约66%,素面和粗绳纹次之,分别占比约17%和12%。器类丰富,其中高领袋足鬲与袋足分裆甗共占比近28%,联裆鬲与联裆甗所占比例约23%,另有高领球腹罐、罐、盆、豆等(表3-2)。

表3-2 06QZH2出土陶片陶系、纹饰及器类统计表

纹饰与器类	陶质与陶色	夹 砂			泥 质			合计	百分比(%)
		灰	褐	灰褐	灰	褐	灰褐		
纹饰	粗绳纹			34	19			53	12.05
	中绳纹	60	45	50	132		4	291	66.14
	细绳纹						3	3	0.68

续 表

纹饰与器类\陶质与陶色		夹 砂			泥 质			合计	百分比(%)
		灰	褐	灰褐	灰	褐	灰褐		
纹饰	方格纹				13			13	2.95
	菱形纹				5			5	1.14
	素面				43	27	5	75	17.05
合计		60	45	84	212	27	12	440	100.01
百分比(%)		13.64	10.23	19.09	48.18	6.14	2.73	100.01	
		42.96			57.05				
器类	高领袋足鬲	5						5	22.73
	袋足分裆甗	1						1	4.55
	联裆鬲	3						3	13.64
	联裆甗	2						2	9.09
	高领球腹罐					1		1	4.55
	罐					4		4	18.18
	盆					4		4	18.18
	豆					1		1	4.55
	不知名器					1		1	4.55
合计		11			11			22	100.02
百分比(%)		50.00			50.00			100.00	

高领袋足鬲 3件。均夹砂，侈口，方唇。ZH2：8，灰陶。领部整体内弧，领外侧有鸡冠状鋬，上饰右斜行绳纹，领中部饰左斜行绳纹，下部饰竖行绳纹。残宽5.2、残高4.7厘米（图3-23，5）。ZH2：16，褐陶。领部整体较直，微外弧，饰左斜行绳纹，下部饰印痕模糊的交错绳纹。残宽2.8、残高4.3厘米（图3-23，11）。ZH2：17，灰褐陶。领部整体较直，饰印痕较深的斜行绳纹。残宽3、残高4.5厘米（图3-23，12）。

袋足分裆甗 1件（ZH2：9）。夹砂灰陶。直口，厚方唇，沿外侧附加泥条与鸡冠状鋬，鋬面绳纹印痕模糊，泥条下饰竖行细绳纹，此标本疑与ZH1：36为同一件器。残宽3.2、残高3厘米（图3-23，8）。

联裆鬲 3件。均夹砂。侈口，方唇。ZH2：2，褐陶。高斜领内弧，唇面内凹，领外侧饰印痕较深、条理清晰的竖行绳纹，近口沿处有一周抹痕，疑此标本与ZH1：35为同一件器。口径27、残高3.8厘米（图3-23，1）。ZH2：7，灰陶。矮领，领外侧饰条理不清的细绳纹。残宽3.5、

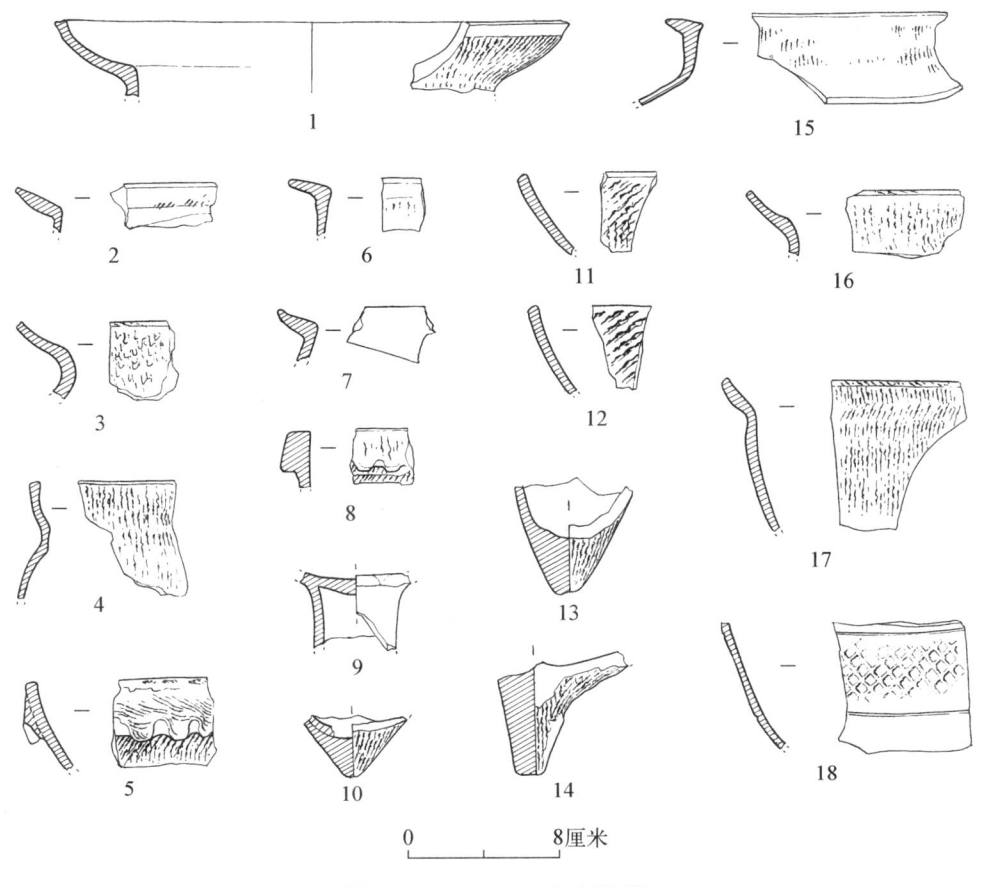

图3-23　06QZH2出土陶器

1、3、16.联裆鬲（ZH2：2、7、15）　2、6、7、18.盆（ZH2：11、10、19、5）　4.高领球腹罐（ZH2：4）
5、11、12.高领袋足鬲（ZH2：8、16、17）　8.袋足分裆甗（ZH2：9）　9.豆（ZH2：13）
10、13、14.足根（ZH2：18、12、14）　15.大口罐（ZH2：1）　17.联裆甗（ZH2：3）

残高4.2厘米（图3-23，3）。ZH2：15，灰陶。矮领，领外侧饰印痕较浅、纹理不清的绳纹。残宽6.2、残高3.7厘米（图3-23，16）。

联裆甗　1件（ZH2：3）。夹砂灰陶，褐胎。矮领加厚，侈口，厚方唇，通体饰绳纹。残宽7、残高8厘米（图3-23，17）。

高领球腹罐　1件（ZH2：4）。泥质灰陶。领部整体内弧，口近直，方唇，唇面饰绳纹，器表饰竖行绳纹，纹饰布局与高领袋足鬲不同，领腹之间无抹痕。残宽5、残高6.2厘米（图3-23，4）。

大口罐　1件（ZH2：1）。泥质灰陶。矮直颈，折沿近平，尖圆唇，广肩，领外侧绳纹被抹，残痕依稀可见，肩部素面。残宽10.4、残高4.8厘米（图3-23，15）。

盆　4件。均泥质。ZH2：5，灰陶。腹部饰上下两周弦纹，中间填以网状方格纹。残宽7、残高7.1厘米（图3-23，18）。ZH2：10，灰陶。折沿近平，圆唇，素面。残宽2.2、残高2.9厘米（图3-23，6）。ZH2：11，灰陶。折沿，尖圆唇，沿外侧绳纹被抹，残痕依稀可见。残宽5.4、残高

2.5厘米（图3-23,2）。ZH2∶19,褐陶。折沿近平,沿面微内凹,圆唇,素面。残宽4.4、残高3厘米（图3-23,7）。

　　豆　1件（ZH2∶13）。泥质灰陶。残存豆盘底部和柄部,素面。残高4.2厘米（图3-23,9）。

　　足根　3件。均夹砂。ZH2∶12,灰陶。圆锥状足根,所饰绳纹印痕较浅。残高6.4厘米（图3-23,13）。ZH2∶14,红褐陶。内壁有烟炱,柱状足根,所饰绳纹印痕较浅。残高6.6厘米（图3-23,14）。ZH2∶18,褐陶。高领袋足鬲足根,圆锥状,饰略有旋转的绳纹。残高3.3厘米（图3-23,10）。

　　c. 骨器

　　骨匕　1件（ZH2∶21）。长条形片状,表面光滑,单面刃,刃部经磨制。残长5.3、宽1.9厘米（图3-24,2）。

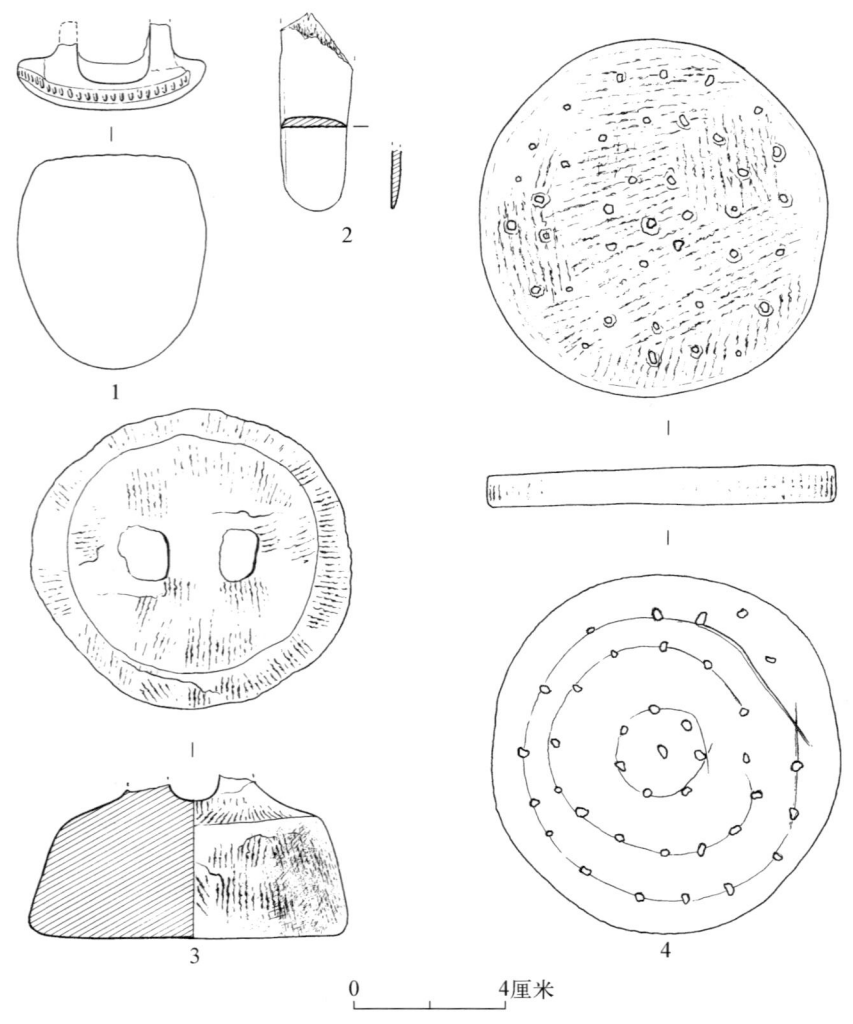

0　　　　　　4厘米

图3-24　06QZH2、ZH9出土陶、骨器

1. 陶垫（ZH9∶135）　2. 骨匕（ZH2∶21）　3. 权形器（ZH9∶131）　4. 算形器（ZH9∶136）

d. 年代

根据ZH2出土陶器标本的式别特征,判断其年代为先周晚期第二段。

（3）06QZH3

a. 形制与堆积

ZH3位于探方ZT3中部,开口于ZT3②层下,打破ZH4。坑口平面为不规则形,底呈锅底状。坑口长1.95、宽1.3米,坑口距地表0.88、坑底距地表1.08、自深0.2米（图3-25）。

坑内为一次性堆积,土质较致密,土色呈红褐色,夹杂少量炭屑,内含陶片等。

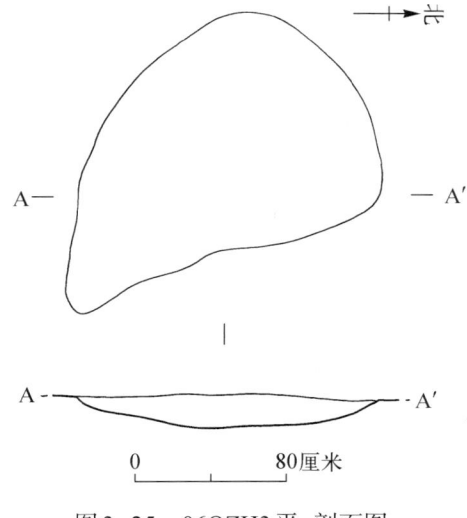

图3-25　06QZH3平、剖面图

b. 陶容器

ZH3出土陶片25片。陶质分夹砂与泥质,泥质者稍多,共计13片。陶色以灰陶为主,共计19片,余为褐陶。纹饰以粗绳纹为主,共计19片,中绳纹和素面各3片。可辨器类有联裆鬲2件,带耳罐1件,盆1件。

带耳罐　1件（ZH3:2）。夹砂褐陶。颈腹交界处有一桥形耳,耳上绳纹印痕较深,腹部绳纹印痕较浅。残宽7、残高6.6厘米（图3-26,3）。

盆　1件（ZH3:1）。泥质灰陶。侈口,卷沿,方唇,沿下角较大,沿外侧绳纹被抹,残痕依稀可见。残宽5.4、残高3.9厘米（图3-26,2）。

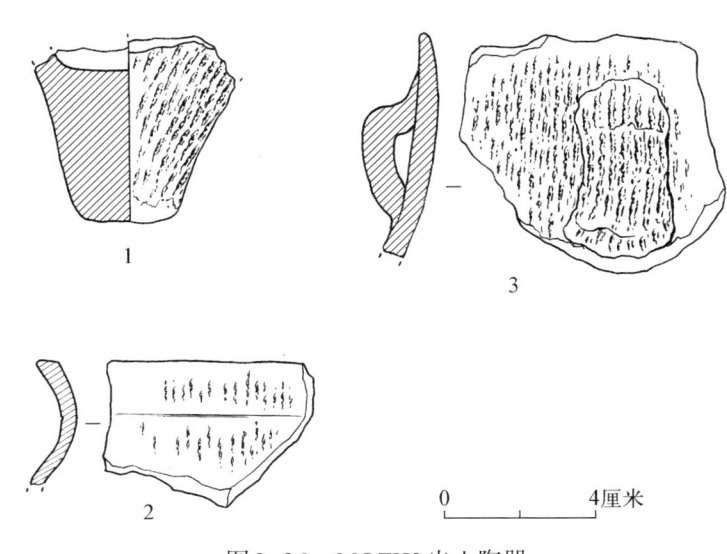

图3-26　06QZH3出土陶器

1. 足根（ZH3:3）　2. 盆（ZH3:1）　3. 带耳罐（ZH3:2）

足根　1件（ZH3：3）。夹砂红褐陶。扁柱状实足根，器表饰散乱绳纹。残高5厘米（图3-26,1）。

　　c. 年代

根据ZH3出土陶器标本的式别特征，判断该坑年代为西周早期偏早。

　　（4）06QZH4

　　a. 形制与堆积

ZH4位于探方ZT3西南部，向西延伸进ZT2东隔梁下，开口于ZT3②层下，被ZH3、ZH10打破，同时打破生土。ZH4西南部被断崖破坏，残存坑口平面近半圆形，坡壁，平底。坑口长3.4、宽0.58、坑口距地表0.86、坑底距地表1.34、自深0.48米（图3-27）。

坑内为一次性堆积，土质疏松，土色呈灰色，夹杂有炭屑，内含陶片、红烧土等。

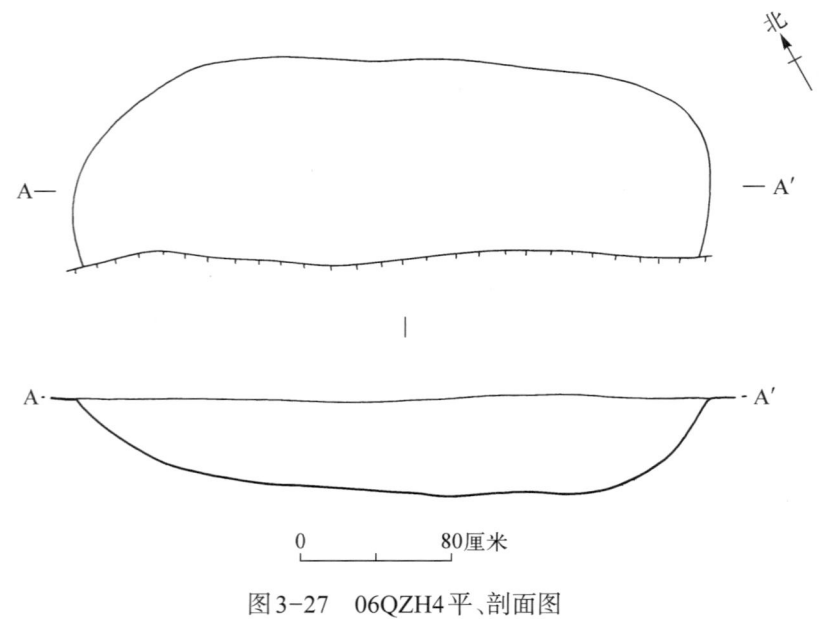

图3-27　06QZH4平、剖面图

　　b. 陶容器

ZH4出土陶片100片。陶质分夹砂与泥质，以泥质者为主，共62片。陶色以灰陶为主，共76片，褐陶16片，灰褐陶8片。纹饰以粗绳纹为主，共70片，素面、中绳纹和细绳纹分别有15、9和6片。可辨器类中，联裆鬲与联裆甗共7件，瓮2件，不明器1件。

联裆鬲　3件。均夹砂。矮领，侈口。ZH4：2，褐陶。沿稍卷，圆唇，沿下角甚大，腹部绳纹印痕模糊。残宽7.4、残高5厘米（图3-28,4）。ZH4：3，灰陶。窄折沿，方唇，沿下角较大，唇面及腹部饰竖行绳纹，沿外侧绳纹被抹。残宽5、残高5.9厘米（图3-29,6）。ZH4：5，灰陶。卷沿，圆唇，沿下角较大，腹部饰印痕较浅的交错绳纹。口径20.6、残高6.4厘米（图3-28,6）。

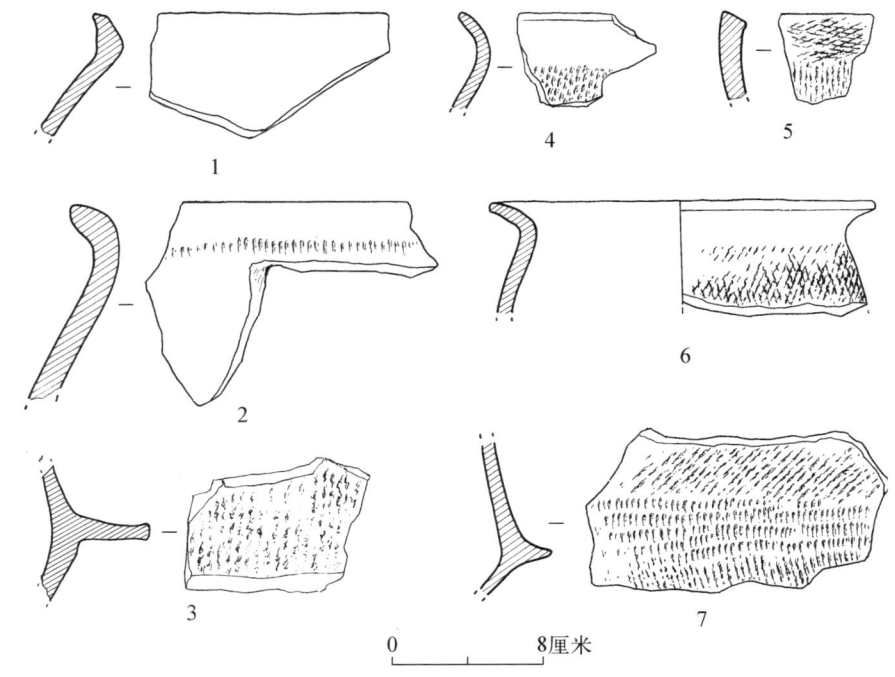

图3-28　06QZH4出土陶器

1、2. 瓮（ZH4：4、8）　3、7. 联裆甗（ZH4：7、6）　4、6. 联裆鬲（ZH4：2、5）　5. 不明器（ZH4：1）

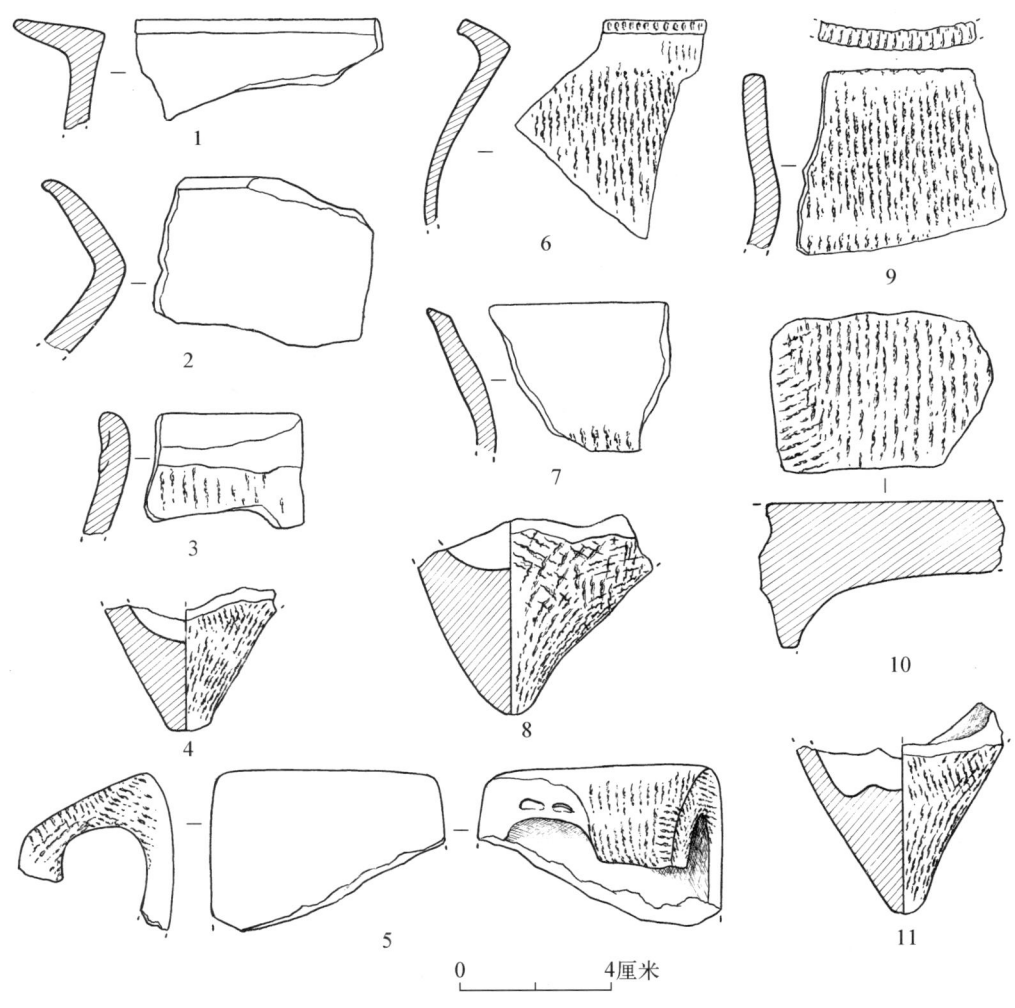

图3-29　06QZH4、ZH6、ZH8出土陶器

1、2. 盆（ZH6：1、ZH8：2）　3. 异形高领袋足鬲（ZH8：20）　4、8、11. 足根（ZH8：23、ZH8：22、ZH8：6）
5. 陶垫（ZH8：5）　6、7. 联裆鬲（ZH4：3、ZH8：19）　9. 袋足分裆甗（ZH8：7）　10. 空心砖（ZH8：18）

联裆甗　2件。残存甗腰,均夹砂。ZH4:6,灰陶。算托较窄,腹部饰斜行细绳纹,腰部及之下饰竖行细绳纹。残宽16.2、残高9厘米(图3-28,7)。ZH4:7,褐陶。算托较宽,器表绳纹印痕较浅。残宽9.8、残高10.8厘米(图3-28,3)。

瓮　2件。均为泥质灰陶。ZH4:4,矮领,侈口,方唇,素面。残宽12.6、残高6.8厘米(图3-28,1)。ZH4:8,卷沿,圆唇,沿下角较大,沿下饰一周排列紧密的竖行绳纹带。残宽15.6、残高11.2厘米(图3-28,2)。

不明器　1件(ZH4:1)。夹砂褐陶。器表上部饰交错绳纹,下部饰竖行绳纹,绳纹均印痕较浅、条理不清。残宽5.2、残高5厘米(图3-28,5)。

c. 年代

根据ZH4出土陶器标本的式别特征,判断该坑年代为西周早期偏早。

（5）06QZH5

a. 形制与堆积

ZH5位于探方ZT6北部,开口于ZT6②层下,被ZH13打破,同时打破生土。ZH5压于探方北隔梁下的部分未清理,根据探方内部分推测坑口平面近圆形。坑口东西残长4.16、南北残宽1.42、坑口距地表0.8、坑底距地表1.22、自深0.42米(图3-30)。

坑内为一次性堆积,土质疏松呈颗粒状,土色呈红褐色。无陶片标本。

b. 年代

ZH5无可供判断年代的遗物,但ZH5被西周中期的ZH13打破,故ZH5年代不晚于西周中期。

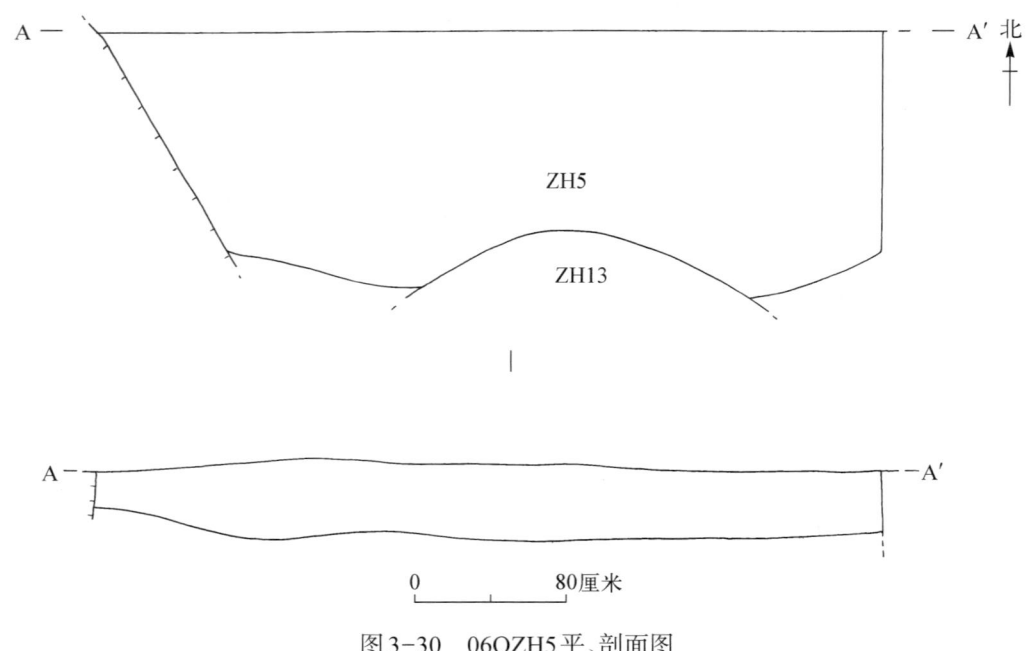

图3-30　06QZH5平、剖面图

（6）06QZH6

a. 形制与堆积

ZH6位于探方ZT8西北角，开口于ZT8②层下，同时打破生土。灰坑北部延伸进探方外，西南部被断崖破坏，坑口整体形状不明，坡壁，坑底呈锅底状。坑口残长1.3、残宽0.4、坑口距地表0.98、坑底距地表1.56、自深0.58米（图3-31）。

坑内为一次性堆积，土质较致密，土色呈黄褐色，内含少量西周陶片。

b. 陶容器

ZH6出土陶片9片，均为泥质陶。陶色以灰陶为主，共7片，灰褐陶、褐陶各1片。纹饰有中绳纹、细绳纹或素面。可辨识器类仅盆1件。

盆 1件（ZH6：1）。泥质灰陶。平折沿，沿面较宽，圆唇，器表磨光。残宽6.5、残高2.7厘米（图3-29，1）。

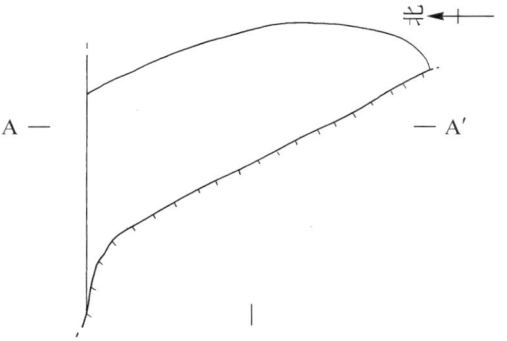

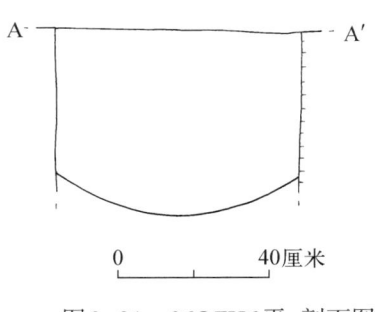

图3-31 06QZH6平、剖面图

c. 年代

根据ZH6出土陶器标本的式别特征，判断该坑年代为西周早期偏早。

（7）06QZH7

a. 形制与堆积

ZH7位于探方ZT8南部，开口于ZT8②层下，打破ZH8与ZH9。ZH7西部被断崖破坏，根据残存坑口判断平面可能为椭圆形，坡壁，平底。坑口残长1.88、残宽0.98、自深0.4米（图3-32）。

坑内为一次性堆积，土质致密，土色呈红褐色，内含陶片等。

b. 陶容器

ZH7出土陶片43片，陶质分夹砂与泥质，夹砂者22片，泥质者21片。陶色以灰陶为主，共27片，灰褐陶9片，褐陶7片。纹饰以粗绳纹为主，共33片，中绳纹和素面各5片。

无陶片标本。

c. 年代

ZH7未出土可供判断年代的陶器标本，被ZH7打破的ZH8、ZH9年代为西周早期偏早，根据层位关系判断，ZH7年代不早于西周早期偏早。

（8）06QZH8

a. 形制与堆积

ZH8位于探方ZT8中部，开口于ZT8②层下，被ZH7打破，打破ZH9。ZH8西南部被断崖破坏，残存坑口平面近半圆形，坡壁，坑底呈锅底状。坑口长1.65、残宽0.78米，坑口距地表0.98、坑底距地表1.4、自深0.42米（图3-33）。

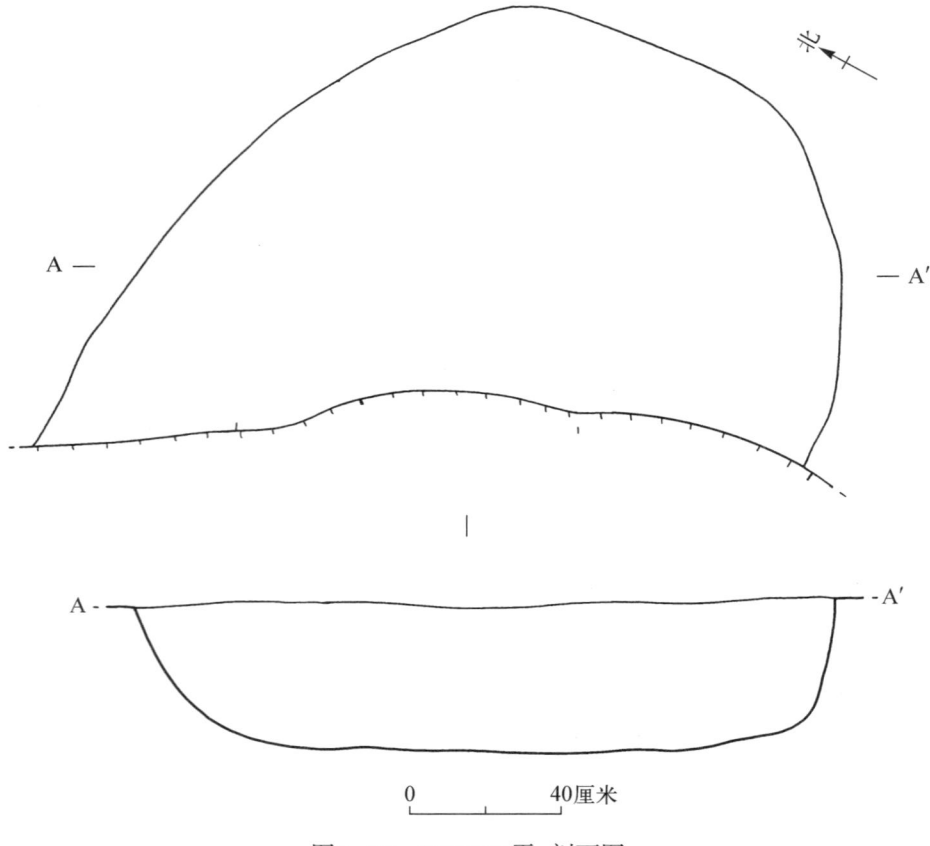

北

0 40厘米

图3-32 06QZH7平、剖面图

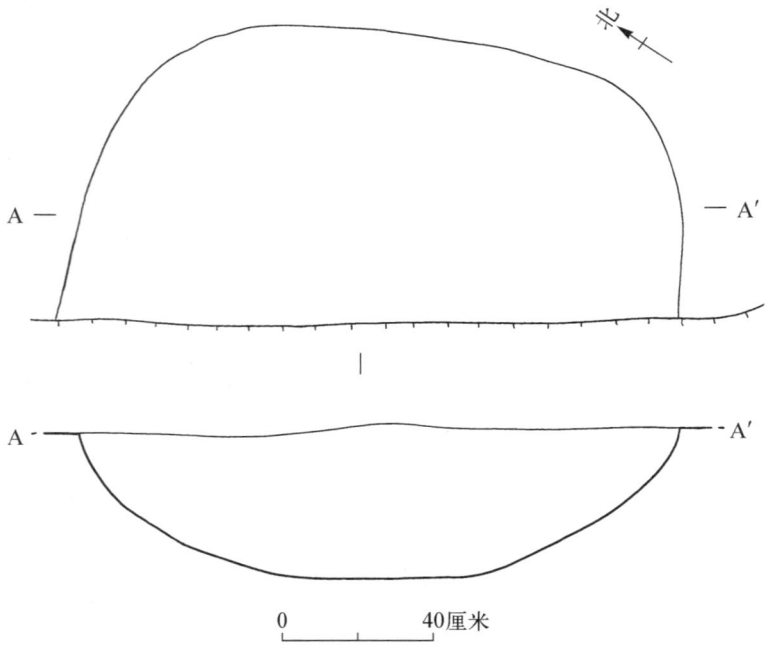

北

0 40厘米

图3-33 06QZH8平、剖面图

坑内为一次性堆积,土质较致密,土色不均匀,呈红褐色与灰褐色,内含陶片、空心砖等。

b. 陶容器

ZH8出土陶片数量423片。陶质分夹砂与泥质两种,以泥质者为主,占比约70%。陶色以灰陶为主,占比约71%,灰褐陶占比约18%,褐陶占比约11%。纹饰以粗绳纹为主,占比74%,素面、中绳纹和细绳纹分别占比约14%、10%和2%。器类丰富,其中联裆鬲与联裆甗共占比达33%,异形高领袋足鬲、高领袋足鬲与袋足分裆甗共占比约30%,瓮和大口罐分别占比约8%(表3-3)。

表3-3 06QZH8出土陶片陶系、纹饰及器类统计表

纹饰与器类 \ 陶质与陶色		夹 砂			泥 质			合计	百分比(%)
		灰	褐	灰褐	灰	褐	灰褐		
纹饰	粗绳纹	75	22	13	152	14	37	313	74.00
	中绳纹	10	2		17	1	12	42	9.93
	细绳纹				8			8	1.89
	素面	3			36	5	16	60	14.18
合计		88	24	13	213	20	65	423	100.00
百分比(%)		20.80	5.67	3.07	50.35	4.73	15.37	99.99	
		29.54			70.45				
器类	异形高领袋足鬲	5						5	20.83
	高领袋足鬲	1						1	4.17
	袋足分裆甗	1						1	4.17
	联裆鬲	5						5	20.83
	联裆甗	3						3	12.50
	大口罐					2		2	8.33
	盆					2		2	8.33
	方唇直口瓮					1		1	4.17
	瓮					2		2	8.33
	圈足	1						1	4.17
	陶垫	1						1	4.17
合计		17			7			24	100.00
百分比(%)		70.83			29.17			100.00	

　　异形高领袋足鬲　5件。均夹砂。ZH8：9，黑陶，褐胎。裆部绳纹印痕模糊。残高6厘米（图3-34，6）。ZH8：15，褐陶。领外侧有錾，器表饰印痕较浅的细绳纹。残宽8.2、残高5.2厘米（图3-34，14）。ZH8：20，红褐陶。直领，方唇，领上部素面，下部饰绳纹。残宽4.1、残高3.1厘米（图3-29，3）。ZH8：21，灰陶。领部较直，领外侧有錾，领上部饰印痕较浅的斜行绳纹，下部饰竖行细绳纹。残宽5.2、残高6.2厘米（图3-34，8）。ZH8：25，褐陶。直领，方唇，领部绳纹印痕较浅、条理不清。残宽6.4、残高7.2厘米（图3-34，9）。

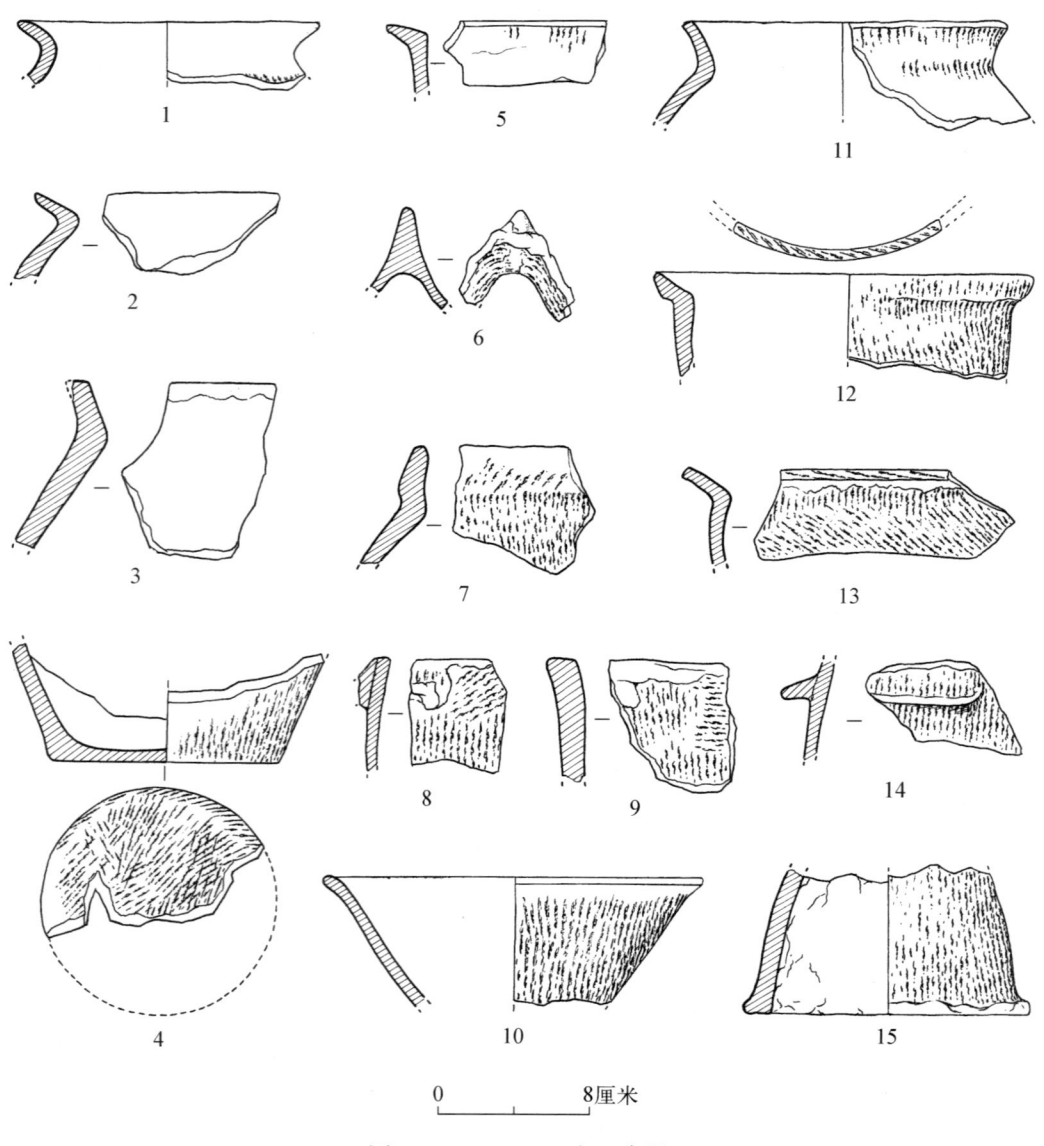

图3-34　06QZH8出土陶器

1、10、11.联裆鬲（ZH8：13、11、14）　2.瓮（ZH8：17）　3.方唇直口瓮（ZH8：16）　4.罐底（ZH8：1）　5.盆（ZH8：8）
6、8、9、14.异形高领袋足鬲（ZH8：9、21、25、15）　7、12、13.联裆甗（ZH8：12、10、4）　15.圈足（ZH8：3）

袋足分裆鬲　1件（ZH8∶7）。夹砂灰陶。领部僵直，厚薄均匀，方唇，唇面及领外侧饰印痕较浅、条理不清的较细绳纹。这种特征的标本数量极少，与常见袋足分裆鬲领部内弧、上厚下薄、唇部素面的特点迥异，所饰绳纹与同单位联裆鬲纹饰特点相同。残宽5.5、残高5厘米（图3-29,9）。

联裆鬲　4件。均为夹砂灰陶。ZH8∶11，褐胎。高斜领，大敞口，圆唇，领部饰印痕较清晰的竖行绳纹，近口沿处绳纹被抹。口径20、残高6.9厘米（图3-34,10）。ZH8∶13，褐胎。矮领，侈口、卷沿，圆唇，沿下角较大，腹部饰绳纹。口径15.8、残高3.6厘米（图3-34,1）。ZH8∶14，矮领，侈口，方唇，沿下角甚大，领外侧绳纹被抹，肩饰印痕模糊的绳纹。口径17、残高5.5厘米（图3-34,11）。ZH8∶19，褐胎。高直领，侈口，斜方唇，领下部饰绳纹。残宽4.7、残高4厘米（图3-29,7）。

联裆甗　3件。均为夹砂灰陶。ZH8∶4，侈口，窄折沿，方唇，沿外侧有一周凸起，沿下饰竖行绳纹，唇面及腹部饰斜行绳纹，腹部绳纹较细密。残宽13.8、残高4.5厘米（图3-34,13）。ZH8∶10，侈口，窄折沿，斜方唇较厚，沿下有一周凸起，唇面及腹部饰斜行绳纹。口径20、残高5.7厘米（图3-34,12）。ZH8∶12，矮领，上薄下厚，直口微敛，尖圆唇，领外侧绳纹被抹，腹部饰绳纹。残宽7.6、残高7厘米（图3-34,7）。

罐底　1件（ZH8∶1）。泥质灰褐陶。平底，腹及底部所饰绳纹较细密。底径12、残高6厘米（图3-34,4）。

盆　2件。ZH8∶2，泥质灰陶。侈口，折沿，尖圆唇，沿面较宽，沿下角较大，素面。残宽5.8、残高4.7厘米（图3-29,2）。ZH8∶8，泥质褐陶。窄平折沿，尖圆唇，沿外侧绳纹被抹，残痕依稀可见。残宽8.6、残高3.4厘米（图3-34,5）。

方唇直口瓮　1件（ZH8∶16）。泥质灰陶。矮领，直口微侈，方唇，素面。残宽8、残高9.6厘米（图3-34,3）。

瓮　1件（ZH8∶17）。泥质灰陶，褐胎。侈口，微折沿，圆唇，沿下角较大，素面磨光。残宽9.3、残高4.4厘米（图3-34,2）。

圈足　1件（ZH8∶3）。夹砂灰陶。圈足较高，底端加厚成台，器表饰竖行细绳纹。底径15、残高8厘米（图3-34,15）。

足根　3件。均为夹砂灰陶。ZH8∶6，圆锥状空足根，足根内侧起脊，器表饰竖行和斜行绳纹。残高5.7厘米（图3-29,11）。ZH8∶22，扁锥状实足根，足根内侧起脊，器表饰竖行和交错绳纹。残高5.5厘米（图3-29,8）。ZH8∶23，圆锥状实足根，足尖钝平，器表绳纹印痕模糊。残高3.8厘米（图3-29,4）。

c. 陶小件

陶垫　1件（ZH8∶5）。残，夹砂红褐陶。弧面，桥形钮上饰绳纹。残长6.1、残宽4.6、残高

4.3厘米（图3-29,5）。

空心砖　1件（ZH8：18）。残，夹砂灰陶。器表饰绳纹。残宽4.2、残长5.8、壁厚3.8厘米（图3-29,10）。

d. 年代

根据ZH8出土陶器标本的式别特征，判断该坑年代为西周早期偏早。

（9）06QZH9

a. 形制与堆积

ZH9位于探方ZT8中部，开口于ZT8②层下，被ZH7、ZH8打破，同时打破生土。ZH9西南部被断崖破坏，残存坑口平面近半圆形。坑壁近直壁，坑底为北高南低的台阶状，北部生土台上有一个椭圆形小坑，小坑长0.88、宽0.6、自深0.16厘米。ZH9坑口长2.68、残宽1.3、自深2米。ZH9形制特殊，显然不同于一般的垃圾坑，可能是一座半地穴房址（图3-35）。

ZH9坑内堆积可分三层。第①层厚30厘米，土质为较致密的颗粒状，土色呈褐色和黄褐色，夹杂少量炭屑，有水浸迹象，内含陶片、兽骨等。第②层厚100厘米，土质为疏松的颗粒状，土色呈灰色，内含陶片等。第③层厚50厘米，土质为致密的颗粒状，土色呈黄褐色，内含陶片、兽骨等。此外，在ZH9周围采集到了大量陶容器标本，可能原出土于该坑，在标本编号前冠以"0"。

b. 陶容器

ZH9出土陶器丰富，陶片数量1 766片。陶质分夹砂与泥质两种。ZH9①层和②层出土陶器中，泥质者占比52%。陶色以灰陶为主，占比约53%，灰褐陶占比约43%，褐陶占比不足5%。纹饰以中绳纹为主，占比约57%，细绳纹、粗绳纹和素面分别占比约16%、12%和14%。器类丰富，其中联裆鬲与联裆甗占比37%，高领袋足鬲与异形高领袋足鬲共占比5%，高领球腹罐、大口罐、小口罐、小罐共占比17%，方唇瓮、三足瓮等瓮类器占比10%，另有少量盆、盂、大盘豆、钵、簋等（表3-4）。

ZH9③层出土陶器以夹砂者为主，占比近60%。陶色以灰陶为主，占比近78%，灰褐陶占比近11%，褐陶占比近11%，黑皮陶占比约1%。纹饰以粗绳纹和中绳纹为主，分别占比约36%、26%，素面、细绳纹和交错绳纹分别占比约18%、13%和5%。可辨器类中联裆鬲与联裆甗共占约47%，大口罐、小口折肩罐等罐类器占比约31%，另有少量豆、簋、瓮等（表3-5）。

异形高领袋足鬲　2件。均夹砂。高直领，方唇。ZH9：30，灰褐陶。领部特征近同高领袋足鬲，但不内弧，领部置双环形耳，袋足较高，通体绳纹印痕较深。口径13.2、高20厘米（图3-36,4）。ZH9：126，褐陶，陶色斑驳不均。袋足肥硕，通体绳纹印痕较深。口径14.3、残高18.7厘米（图3-37,14）。

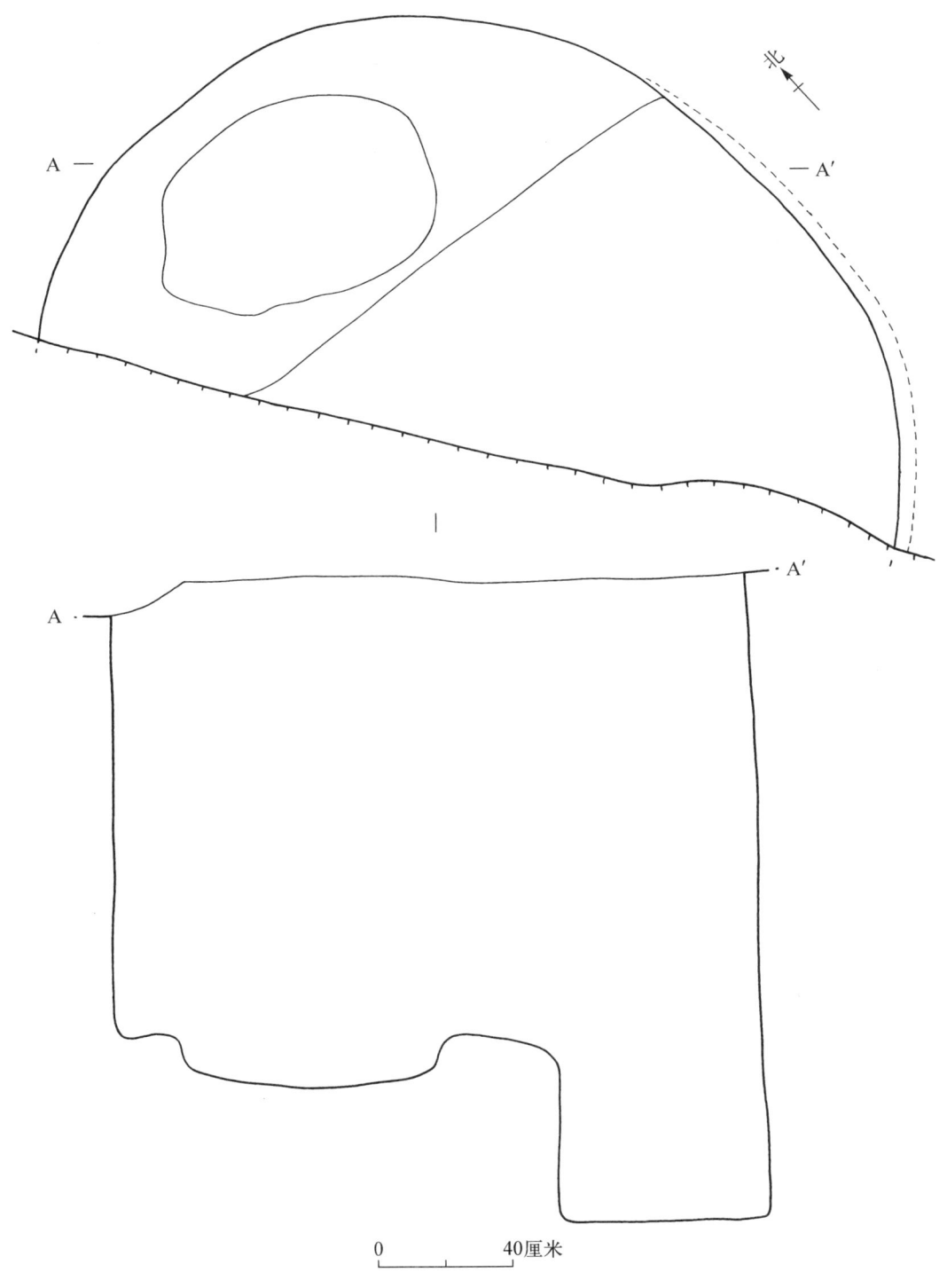

图3-35　06QZH9平、剖面图

表3-4　06QZH9①、②层出土陶片陶系、纹饰及器类统计表

纹饰与器类	陶质与陶色	夹　砂			泥　质			合计	百分比(%)
		灰	褐	灰褐	灰	褐	灰褐		
纹饰	粗绳纹	43	9	63	47	12	8	182	11.52
	中绳纹	347	33	105	96		325	906	57.34
	细绳纹	64	18	32	69		62	245	15.51
	素面	30			133		51	214	13.54
	交错绳纹	2	1	9				12	0.76
	间断绳纹	1						1	0.06
	麦粒绳纹						19	19	1.20
	旋纹				1			1	0.06
合计		487	61	209	346	12	465	1580	99.99
百分比(%)		30.82	3.86	13.23	21.90	0.76	29.43	100.00	
		47.91			52.09				
器类	异形高领袋足鬲	2						2	2.00
	高领袋足鬲	3						3	3.00
	联裆鬲	27						27	27.00
	联裆甗	10						10	10.00
	联裆甗类器	5						5	5.00
	高领球腹罐	1						1	1.00
	小口罐					8		8	8.00
	大口罐					7		7	7.00
	小罐					1		1	1.00
	盆					5		5	5.00
	盂	3						3	3.00
	大盘豆	2						2	2.00
	钵	1				3		4	4.00
	簋					1		1	1.00
	方唇瓮					2		2	2.00
	三足瓮	1				1		2	2.00

陶质与陶色 纹饰与器类		夹　砂			泥　质			合计	百分比(%)
		灰	褐	灰褐	灰	褐	灰褐		
器类	瓮					6		6	6.00
	小尊					1		1	1.00
	器盖		1					1	1.00
	圈足类器		2			1		3	3.00
	不明器类		6					6	6.00
合计		64			36			100	100.00
百分比(%)		64.00			36.00			100.00	

表3-5　06QZH9③层出土陶片陶系、纹饰及器类统计表

陶质与陶色 纹饰与器类		夹　砂			泥　质				合计	百分比(%)
		灰	褐	灰褐	灰	褐	灰褐	黑皮		
纹饰	粗绳纹	36	5	6	17	3			67	36.02
	中绳纹	27	2	4	12		4		49	26.34
	细绳纹	16	1	1	4	3			25	13.44
	交错绳纹	10							10	5.38
	麦粒纹	1							1	0.54
	菱形方格纹				1				1	0.54
	素面	1		1	19	6	4	2	33	17.74
合计		91	8	12	53	12	8	2	186	100.00
百分比(%)		48.92	4.30	6.45	28.49	6.45	4.30	1.08	99.99	
		59.67			40.32					
器类	联裆鬲	6							6	31.58
	联裆甗	3							3	15.79
	小口罐					1			1	5.26
	大口罐					1			1	5.26
	罐类器	1				3			4	21.05
	豆					1			1	5.26

续　表

纹饰与器类	陶质与陶色	夹　砂			泥　质				合计	百分比（%）
		灰	褐	灰褐	灰	褐	灰褐	黑皮		
	簋					1			1	5.26
	瓮					1			1	5.26
	空心砖	1							1	5.26
合计		11			8				19	99.98
百分比（%）		57.89			42.11				100.00	

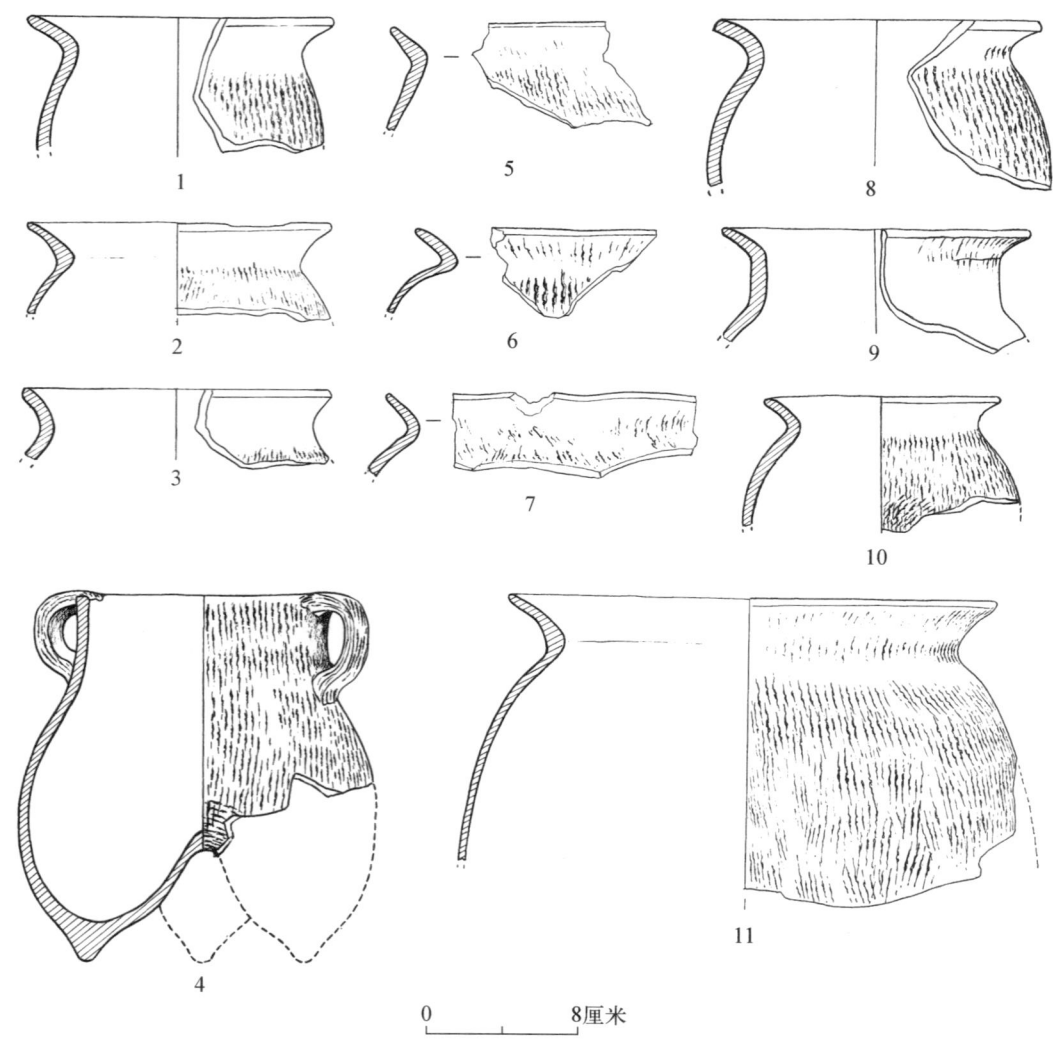

0　　　　　　8厘米

图3-36　06QZH9出土陶器

1～3、5～11.联裆鬲（ZH9：14、60、61、20、23、44、63、48、113、24）　4.异形高领袋足鬲（ZH9：30）

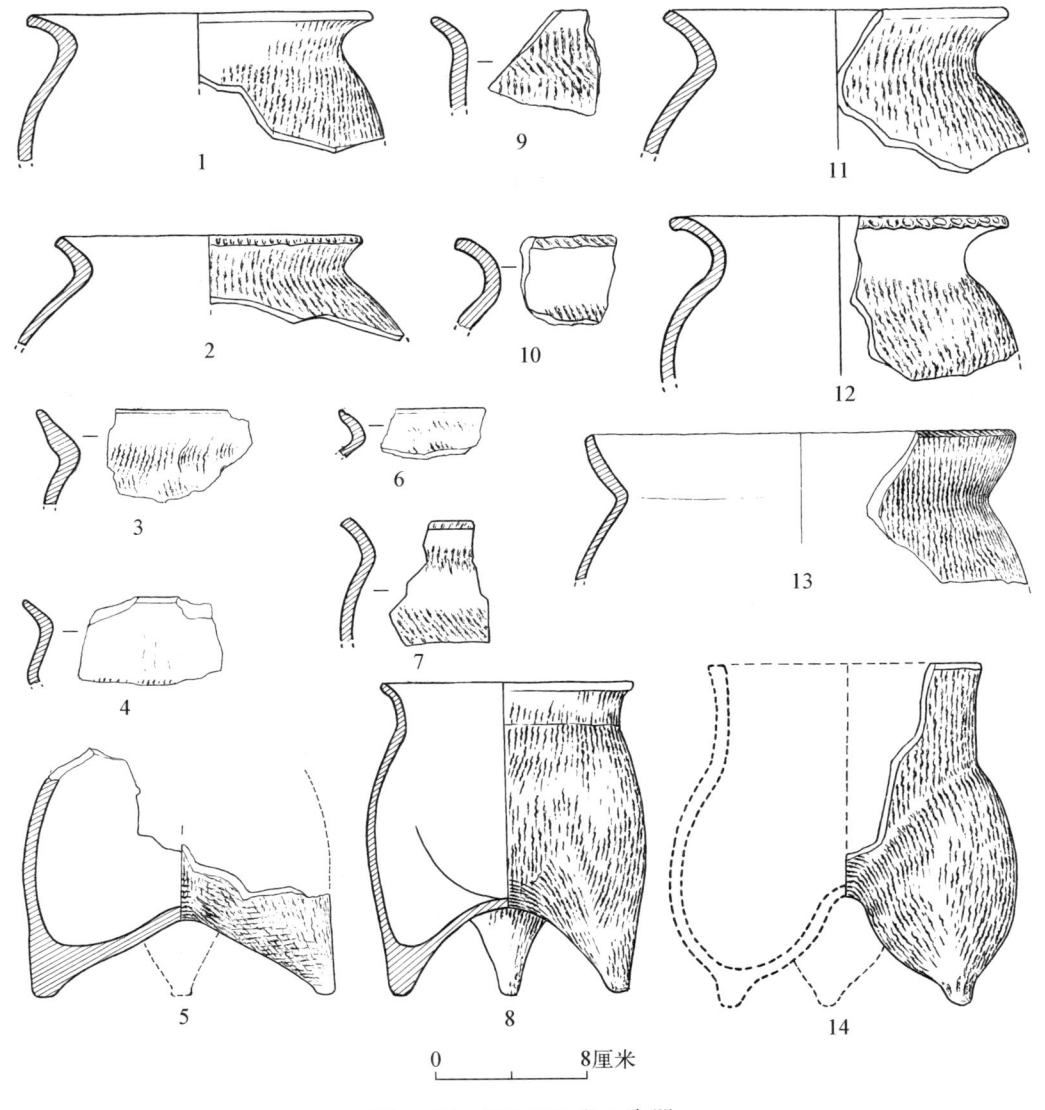

图3-37　06QZH9出土陶器

1~13. 联裆鬲（ZH9：45、65、47、89、21、103、46、25、66、49、116、111、91）　14. 异形高领袋足鬲（ZH9：126）

　　高领袋足鬲　1件（ZH9：74）。夹砂灰陶。高领，领部整体内弧，方唇，领上部饰右斜行绳纹，中下部饰左斜行绳纹。残高5.6厘米（图3-38，2）。

　　联裆鬲　31件。ZH9：14，夹砂褐陶，陶色斑驳不均。矮领，侈口，卷沿，圆唇，沿下角较大，腹部饰印痕较浅的绳纹。口径16、残高7.2厘米（图3-36，1）。ZH9：20，夹砂褐陶。矮领，领上薄下厚，侈口，折沿，圆唇，沿下角甚大，沿外侧绳纹被抹，残痕依稀可见，腹部饰印痕较浅的绳纹。残宽9.6、残高5.6厘米（图3-36，5）。ZH9：21，夹砂褐陶。高裆，联裆微分，圆锥状实足根，足尖钝平，器表饰印痕较浅、纹理模糊的绳纹。残宽16.1、残高13.6厘米（图3-37，5）。ZH9：23，夹砂褐陶。矮领，侈口，卷沿，圆唇，沿下角较大，肩部隆起，领外侧绳纹被抹，残痕依

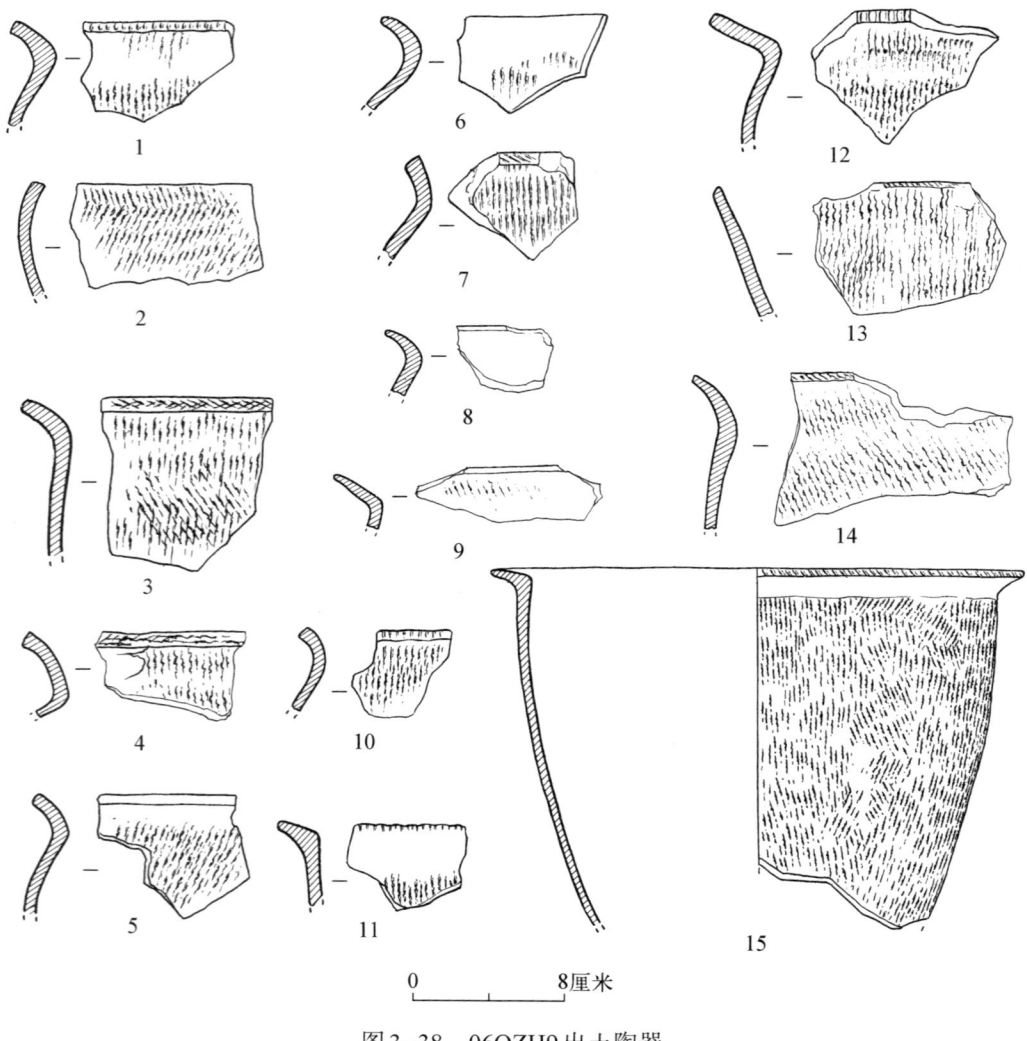

图3-38　06QZH9出土陶器

1、11. 联裆甗类器（ZH9：57、56）　2. 高领袋足鬲（ZH9：74）　3、4、7、14、15. 联裆甗（ZH9：117、122、50、18、53）
5、6、8～10、12、13. 联裆鬲（ZH9：62、67、26、27、64、29、28）

稀可见，腹部饰印痕较深、条理清晰的绳纹。残宽8.8、残高4.7厘米（图3-36，6）。ZH9：24，夹砂褐陶。矮领，领腹部交界处陶胎加厚，侈口，圆唇，沿下角较大，沿外侧绳纹被抹，残痕依稀可见，腹部饰印痕较深的绳纹。口径25.6、残高16.7厘米（图3-36，11）。ZH9：25，夹砂褐陶，陶色斑驳不均。整体器形为高长方体，矮直领，侈口，卷沿，沿下角较大，斜方唇，弧裆较高，圆锥状实足根，足尖钝平，通体饰绳纹，领外侧绳纹稍被抹。口径13.2、高17厘米（图3-37，8；彩版一九，1）。ZH9：26，夹砂灰褐陶。矮领，侈口，尖圆唇，沿下角较大。残宽5、残高3.7厘米（图3-38，8）。ZH9：27，夹砂灰陶。矮领，胎较薄，侈口，圆唇，沿下角较大，领外侧绳纹被抹，残痕依稀可见。残宽10、残高2.9厘米（图3-38，9）。ZH9：28，夹砂灰陶。高斜领，大敞口，方唇，通体饰绳纹。残宽10.1、残高7厘米（图3-38，13）。该标本口沿特征近同高领袋足鬲，纹饰却与联裆鬲相同,推测其可能为联裆鬲,但是也不排除是高领袋足鬲的可能。ZH9：29,夹砂灰陶。矮领,侈口,方唇,沿下角较小,通体饰绳纹,领外侧局部绳纹被抹。残宽10、残高7.2厘米(图3-38,12)。ZH9：44,夹砂灰陶。矮领,侈口,方唇,沿下角甚大,领外侧绳纹被抹。残宽12.9、残高4.7厘米(图3-36,7)。ZH9：45,夹砂褐陶。矮领,侈口,卷沿,圆唇,沿下角较小,沿外侧绳纹被抹,残痕依稀可见,腹部饰印痕较浅、纹理模糊的较细绳纹。口径18.2、残高7.6厘米(图3-37,1)。ZH9：46,夹砂灰陶。矮领,侈口,卷沿,方唇,沿下角甚大,唇面饰绳纹,领外侧及腹部绳纹局部被抹。残宽5.3、残高6.7厘米(图3-37,7)。ZH9：47,夹砂褐陶。矮领,上薄下厚,侈口,圆唇,沿下角甚大,沿下及腹部饰印痕模糊的绳纹。残宽7.6、残高4.8厘米(图3-37,3)。ZH9：48,夹砂黑皮陶,褐胎。高直领,侈口,圆唇,沿下角较大,沿外侧绳纹被抹,残痕依稀可见。口径16.2、残高6.7厘米(图3-36,9)。ZH9：49,夹砂褐陶。矮领,侈口,卷沿,方唇,沿下角较小,唇面饰绳纹,沿外侧绳纹被抹,腹部饰粗绳纹。残宽5、残高4.8厘米(图3-37,10)。ZH9：60,夹砂灰黑陶,陶色斑驳不均。矮领,侈口,卷沿,圆唇,沿下角较大,腹部饰印痕模糊的绳纹。口径15.9、残高5.2厘米(图3-36,2)。ZH9：61,泥质黑陶,褐胎。矮领,侈口,卷沿,圆唇,沿下角甚大,腹部饰印痕较浅的细绳纹。口径16.2、残高4.2厘米(图3-36,3)。ZH9：62,夹砂灰陶。矮领,侈口,卷沿,方唇,沿下角较大,沿外侧绳纹被抹,腹部饰纹理模糊的偏细绳纹。残宽8.2、残高6.8厘米(图3-38,5)。ZH9：63,夹砂红褐陶。矮领,侈口,卷沿,圆唇,沿下角较小,沿外侧绳纹被抹,残痕依稀可见,腹部饰条理不清的绳纹。口径17.2、残高9厘米(图3-36,8)。ZH9：64,夹砂灰陶。矮领,侈口,卷沿,方唇,沿下角较大,唇面及领外侧饰绳纹。残宽5.2、残高4.6厘米(图3-38,10)。ZH9：65,夹砂褐陶。矮领,侈口,方唇,沿下角较大,唇面饰绳纹,沿外侧绳纹稍被抹,腹部饰印痕较浅、纹理模糊的较细绳纹。口径16.2、残高5.6厘米(图3-37,2)。ZH9：66,夹砂灰陶。矮领,侈口,圆唇,沿下角较大,直腹,领下部饰竖行绳纹,腹上部饰斜行绳纹,腹中部饰竖行绳纹。残宽6、残高5.6厘米(图3-37,9)。ZH9：67,夹砂灰陶。矮领,侈口,卷沿,圆唇,沿下角较大,领外侧绳纹被抹。残宽8、残高5.3厘米(图3-38,6)。ZH9：89,夹砂灰陶。矮领,侈口,尖圆唇,沿下角较大,沿外侧绳纹被抹,残痕依稀可见。残宽7.6、残高4.7厘米(图3-37,4)。ZH9：91,夹砂褐陶。斜领内弧,侈口,方唇,通体饰印痕较深、条理较清晰的偏细绳纹。口径22.7、残高8.2厘米(图3-37,13)。ZH9：103,夹砂灰陶。矮领,侈口,卷沿,圆唇,沿下角甚大,口沿外缘有一周旋纹,领外侧绳纹被抹,残痕依稀可见。残宽5.6、残高2.7厘米(图3-37,6)。ZH9：111,夹砂褐陶,陶色斑驳不均。矮直领,侈口,卷沿,方唇,沿下角较小,唇面饰绳纹,腹部饰印痕较浅、纹理模糊的偏细绳纹。口径17.8、残高8.8厘米(图3-37,12)。ZH9：113,夹砂红陶。矮领,侈口,卷沿,圆唇,沿下角较大,腹部饰印痕较浅、条理不清的较细绳纹。口径12.2,残高7.5厘米(图3-36,10)。ZH9：116,夹砂红褐陶。矮领,侈口,方唇,沿下角较大,通体饰印痕较深、条理较清晰的绳纹,

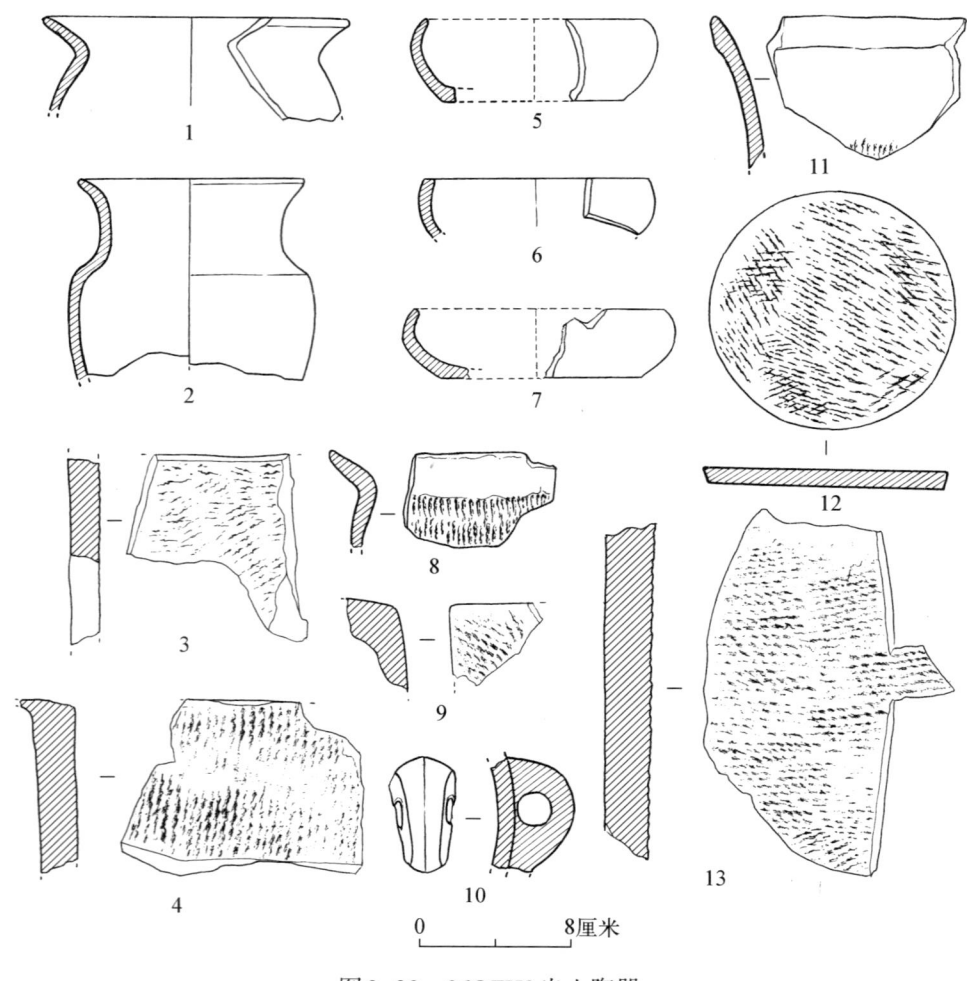

图3-39 06QZH9出土陶器

1. 小口罐(ZH9：102) 2. 尊(ZH9：69) 3、4、9、13. 空心砖(ZH9：17、15、71、16) 5～7. 钵(ZH9：77、96、79)
8. 联裆鬲(ZH9：127) 10. 器耳(ZH9：73) 11. 盆(ZH9：40) 12. 器盖(ZH9：82)

沿外侧绳纹局部被抹。口径18.4、残高9厘米（图3-37，11）。ZH9：127，夹砂灰陶。矮领，侈口，圆唇，沿下角较大，领外侧绳纹被抹，腹部饰纹理模糊的偏细绳纹。残宽8.2、残高5.1厘米（图3-39，8）。

联裆甗 15件。均为夹砂灰陶。ZH9：18，侈口，卷沿，方唇，沿下角较大，通体饰条理较清晰的斜行绳纹。残宽12.5、残高8.2厘米（图3-38，14）。ZH9：22，器壁较薄。侈口，圆唇，沿下角甚大，通体饰绳纹，沿外侧绳纹稍被抹，腹部饰条理清晰的竖行绳纹。残宽10.2、残高6.6厘米（图3-40，4）。ZH9：36，侈口，卷沿，圆唇，沿下角较大，腹部饰印痕较浅的绳纹。口径21.2、残高11.8厘米（图3-40，8）。ZH9：50，矮领，直口微侈，方唇，唇面饰斜行绳纹，领及腹部饰竖行绳纹。残高6.8、残高5.9厘米（图3-38，7）。ZH9：52，直口微侈，方唇，口外侧附加一周泥条，通体饰竖行绳纹。残宽18.4、残高5.6厘米（图3-40，10）。ZH9：53，窄平折沿，

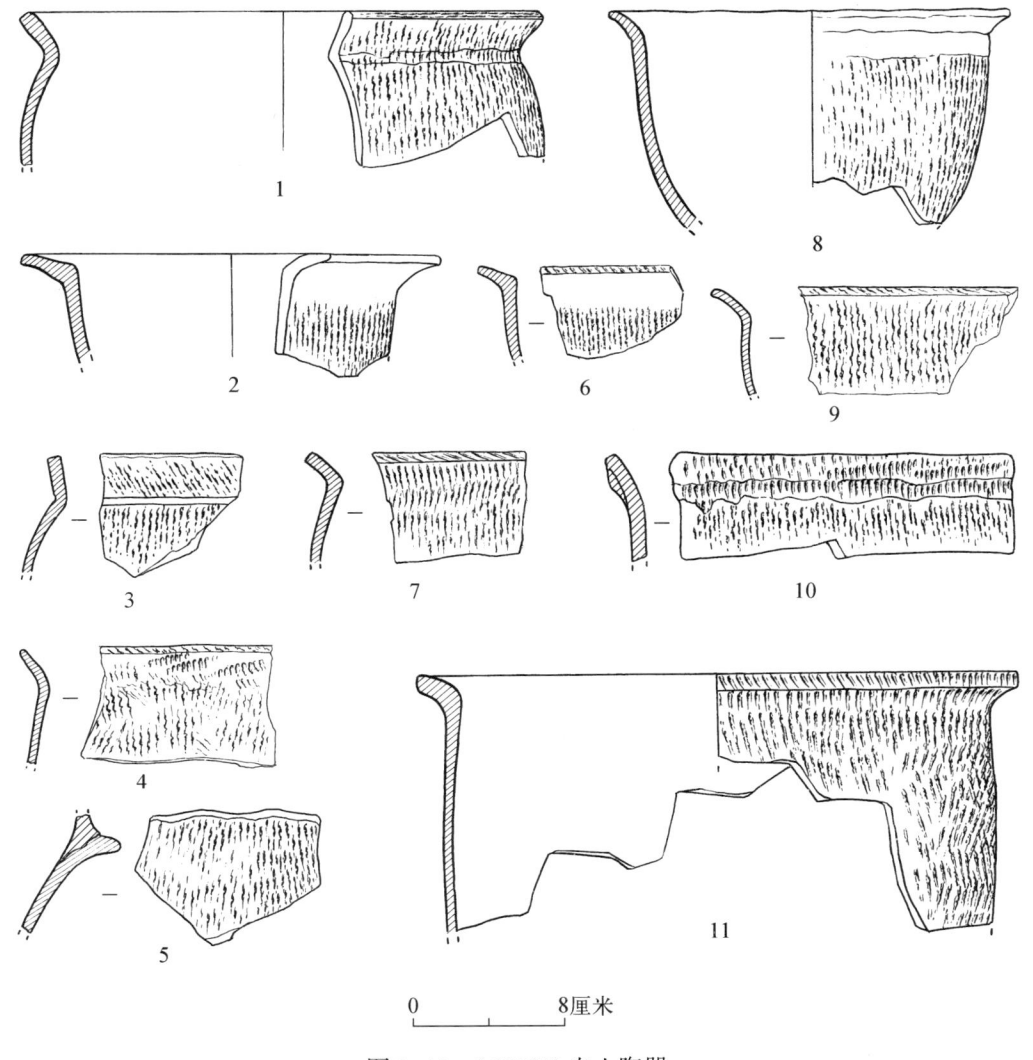

0　　　　　　8厘米

图3-40　06QZH9出土陶器

1、3～11. 联裆鬲（ZH9：107、59、22、118、54、55、36、124、52、108）　2. 联裆鬲类器（ZH9：58）

圆唇，唇面饰绳纹，沿下外侧有指窝纹，腹部饰绳纹局部交错。口径28.2、残高19.6厘米（图3-38，15）。ZH9：54，窄折沿，方唇，沿下角较小，唇部及腹部饰细绳纹。残宽7.6、残高4.9厘米（图3-40，6）。ZH9：55，窄折沿，方唇，沿下角较大，通体饰绳纹。残宽8.2、残高6厘米（图3-40，7）。ZH9：59，矮领，直口微侈，方唇，领外饰斜行绳纹，腹部饰竖行绳纹，领腹交界处绳纹被抹。残宽7.6、残高6.7厘米（图3-40，3）。ZH9：107，侈口，方唇，沿下角较大，通体饰绳纹，沿外侧局部绳纹被抹。口径27.6、残高8.4厘米（图3-40，1）。ZH9：108，直口，窄平沿，厚方唇，直腹，唇面及腹上部饰竖行绳纹，腹下部饰交错绳纹。口径32、残高14.2厘米（图3-40，11）。ZH9：117，侈口，卷沿，方唇，沿外侧饰竖行绳纹，唇面及腹部饰交错绳纹。残宽9、残高9.4厘米（图3-38，3）。ZH9：118，鬲腰箅托较窄，上有指窝纹，器表饰纹理模糊的细绳纹。残宽9.8、残高7.4厘米（图3-40,5）。ZH9：122,高领,侈口,方唇,沿下角甚大,通体饰绳纹,领外侧绳纹印痕较浅。残宽8、残高4.8厘米（图3-38,4）。ZH9：124,侈口,微折沿,方唇,沿下角较大,唇面饰斜行绳纹,腹部饰竖行绳纹。残宽11.6、残高5.8厘米（图3-40,9）。

联裆甗类器　3件。均为夹砂灰陶。ZH9：56,褐胎。窄平折沿,圆唇,唇面及腹部饰绳纹。残宽6.4、残高4.7厘米（图3-38,11）。ZH9：57,矮领,侈口,方唇,沿下角较大,通体饰绳纹,沿外侧绳纹局部被抹。残宽8、残高5.3厘米（图3-38,1）。ZH9：58,平折沿,方唇,腹部饰印痕较浅、纹理模糊的细绳纹。口径22.2、残高6.6厘米（图3-40,2）。

高领球腹罐　1件（ZH9：70）。夹砂灰陶。高领,直口,方唇,器表饰绳纹。残宽6.8、残高8.8厘米（图3-41,10）。

小口罐　6件。均泥质灰陶。侈口,卷沿。ZH9：87,圆唇,沿下角较大,沿外侧绳纹被抹,残痕依稀可见。口径14、残高7.6厘米（图3-42,4）。ZH9：90,卷沿,圆唇,沿下角较小,

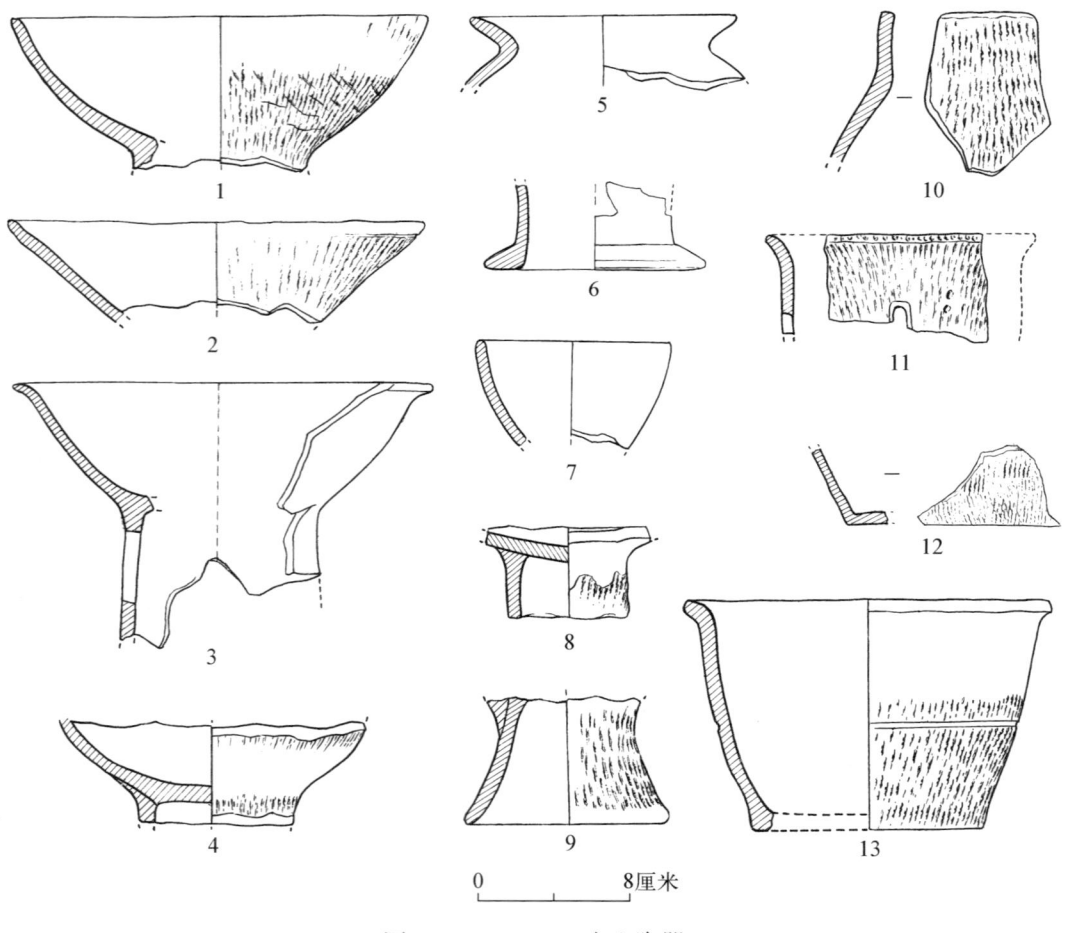

图3-41　06QZH9出土陶器

1～4、11. 大盘豆（ZH9：43、42、34、109、119）　5. 小口罐（ZH9：90）　6、8、9. 圈足类器（ZH9：41、35、38）
7. 钵（ZH9：75）　10. 高领球腹罐（ZH9：70）　12. 盆底或罐底（ZH9：37）　13. 盆（ZH9：32）

素面。口径14、残高4厘米（图3-41,5）。ZH9：100,卷沿,尖圆唇,沿下角较大,素面。口径15.3、残高8.2厘米（图3-42,6）。ZH9：101,卷沿近平,圆唇,素面。口径16.2、残高7.1厘米（图3-42,3）。ZH9：102,卷沿,圆唇,沿面较宽,沿下角较大,素面。口径16.4、残高5.7厘米（图3-39,1）。ZH9：106,圆唇,沿下角较小,肩部微隆,素面。口径12.2、残高9.1厘米（图3-42,1）。

大口罐 2件。均泥质灰陶。矮领,侈口。ZH9：104,尖圆唇,沿下角较小,素面。残宽5.6、残高4.8厘米（图3-42,7）。ZH9：115,方唇,沿下角较大,唇面饰绳纹,领外侧有指窝痕。口径20.4、残高4厘米（图3-42,2）。

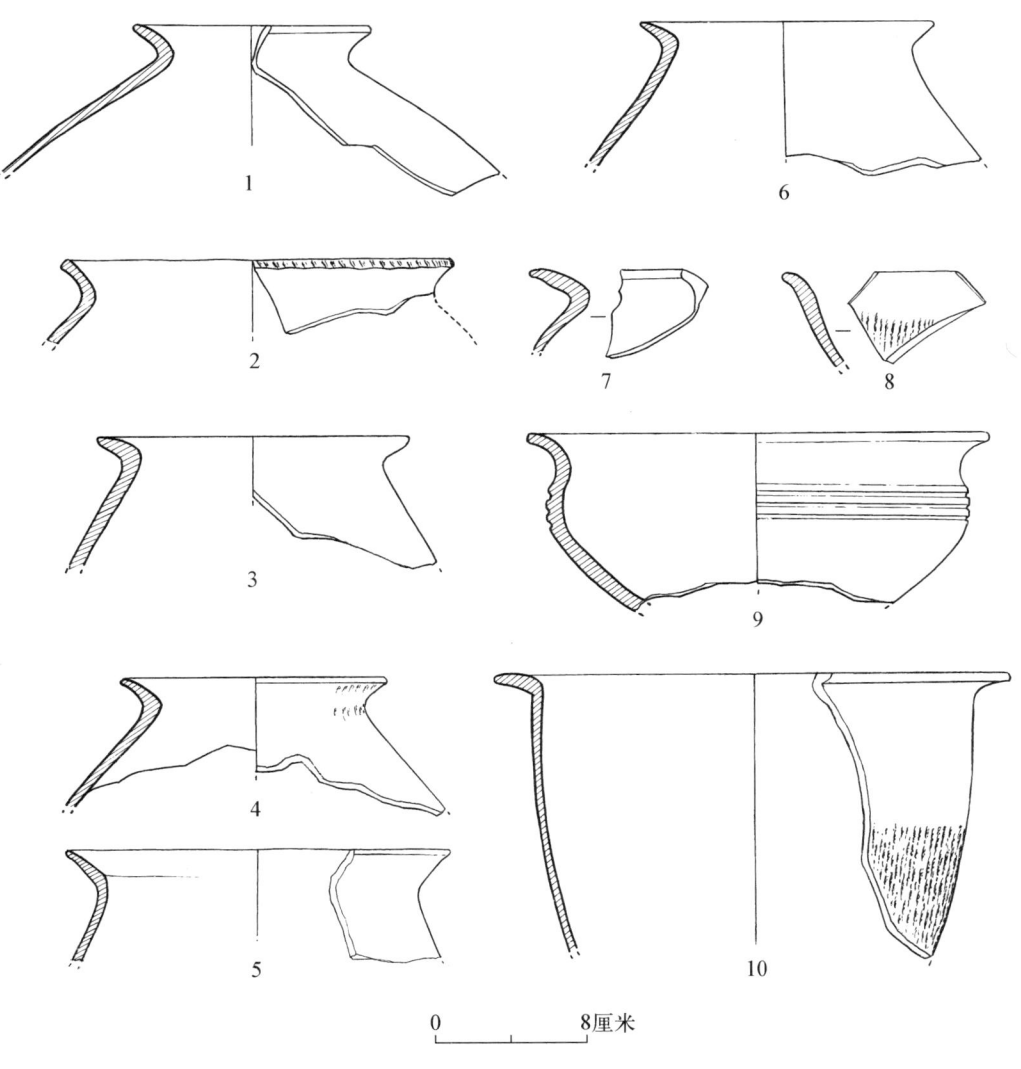

0   8厘米

图3-42 06QZH9出土陶器

1、3、4、6. 小口罐（ZH9：106、101、87、100） 2、7. 大口罐（ZH9：115、104） 5、10. 盆（ZH9：99、33）
8. 盂（ZH9：39） 9. 簋（ZH9：76）

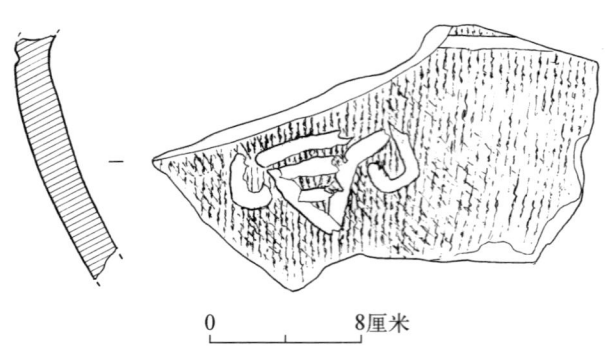

0　　　　　8厘米

刻纹陶罐腹片　1件（ZH9：134）。泥质灰陶。可能是罐的腹部残片，饰印痕较浅、略具条理的中绳纹，上部有一道旋纹。旋纹下有一个绵羊头形饰，造型简单而形象，羊首面部呈倒三角形，两侧双角下弯内卷，为烧制前刻划而成。残宽23.4、残高14.32厘米（图3-43；彩版二〇,1）。

盆　5件。ZH9：32，泥质灰陶，褐胎。侈口，方唇，深直腹微鼓，腹中下部饰竖行绳纹，腹中部绳纹间有一周旋纹。口径19.2、底径12、残高12.4厘米（图3-41,13）。ZH9：33，泥质灰陶。卷沿，沿面微鼓，缘部外卷，圆唇，深腹，腹下部饰较细密的竖行绳纹。口径27.1、残高15.2厘米（图3-42,10）。ZH9：40，泥质灰陶。直口微侈，方唇，腹上部绳纹被抹，残痕依稀可见。残宽10.6、残高7.7厘米（图3-39,11）。ZH9：99，泥质灰黑陶。侈口，圆唇，沿下角较大，素面。口径20、残高5.8厘米（图3-42,5）。ZH9：121，泥质灰陶。侈口，卷沿，尖圆唇，沿面近平，腹中下部及底部饰绳纹。口径24.6、底径12.2、高22厘米（图3-44,10）。

盆底或罐底　10件。腹饰绳纹。ZH9：1，泥质灰陶。平底微内凹，底部素面。底径15、残高4.4厘米（图3-44,4）。ZH9：2，泥质褐陶。平底微内凹，底部饰细绳纹。底径10.4、残高1.6厘米（图3-44,6）。ZH9：4，泥质灰陶。平底微内凹，底部饰交错绳纹，印痕较浅。底径11.2、残高6.4厘米（图3-44,2）。ZH9：6，泥质灰陶。平底微内凹，底部饰交错绳纹，印痕较浅。底径12.4、残高8厘米（图3-44,3）。ZH9：8，泥质褐陶。平底，底部饰交错绳纹，印痕模糊。底径13.6、残高4.8厘米（图3-44,1）。ZH9：11，夹砂灰陶。平底，底部饰交错绳纹。底径13.2、残高2.2厘米（图3-44,7）。ZH9：12，泥质灰陶，褐胎。平底，底部素面。底径13.2、残高4.2厘米（图3-44,8）。ZH9：37，泥质褐陶。平底，腹及底部饰细绳纹。残宽7.6、残高4.2厘米（图3-41,12）。ZH9：88，夹砂灰陶。平底微内凹，底部饰交错绳纹。底径12.8、残高2厘米（图3-44,9）。ZH9：98，夹砂灰陶。平底微内凹，底部饰绳纹。底径18.2、残高3.4厘米（图3-44,5）。

盂　1件（ZH9：39）。泥质灰陶。侈口，圆唇，唇下绳纹被抹，腹部饰印痕较浅的竖行绳纹。残宽7.2、残高5厘米（图3-42,8）。

簋　1件（ZH9：76）。泥质灰陶。侈口，卷沿，方唇，鼓腹，下腹斜收，鼓腹处饰三周旋纹。口径24、残高9厘米（图3-42,9）。

大盘豆　5件。ZH9：34，泥质灰陶。侈口，圆唇，盘壁微弧，豆柄较高，素面。口径22、残高14.4厘米（图3-41,3）。ZH9：42，泥质灰陶。侈口，圆唇，盘壁斜收，外侧饰印痕较浅的竖行

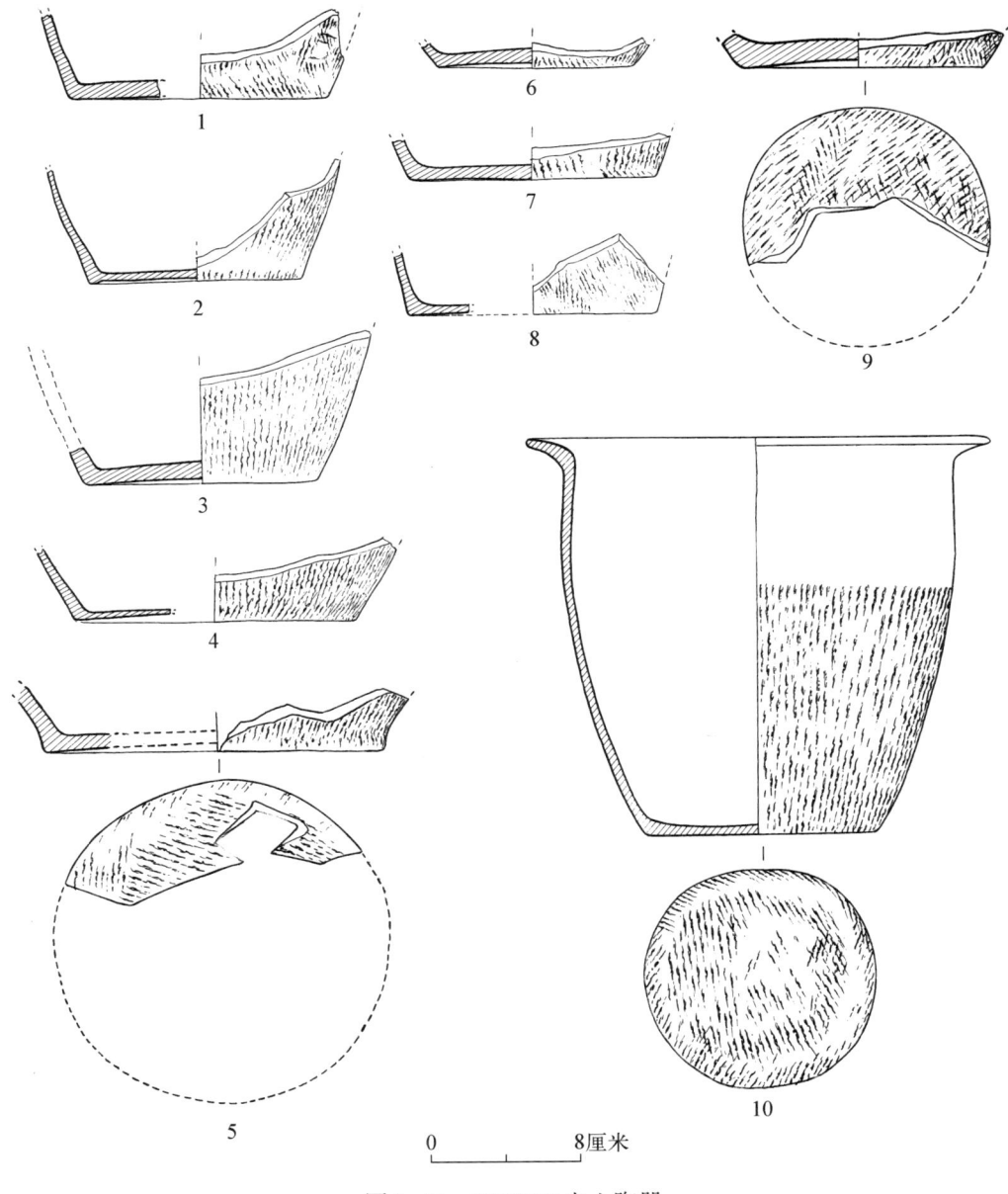

图3-44　06QZH9出土陶器

1～9. 盆底或罐底（ZH9：8、4、6、1、98、2、11、12、88）　10. 盆（ZH9：121）

绳纹。口径21.6、残高5.4厘米（图3-41，2）。ZH9：43，泥质灰陶。尖圆唇，弧盘，盘壁饰较为散乱的绳纹，近口处绳纹被抹。口径22、残高8.4厘米（图3-41，1）。ZH9：109，夹砂褐陶。弧盘，器表饰绳纹，盘壁下部绳纹被抹。残高5.2厘米（图3-41，4）。ZH9：119，夹砂灰陶。侈口，圆唇，盘壁有镂孔，器表饰竖行细绳纹。残宽8.5、残高5.8厘米（图3-41，11）。

钵　4件。ZH9：75，夹砂灰陶。敞口，方唇，深腹，素面。口径10.2、残高5.6厘米（图3-41，7）。ZH9：77，泥质灰陶。敛口，圆唇，平底，素面磨光。口径11.6、残高4.4厘米（图3-39，5）。

ZH9：79，泥质灰陶。敛口，圆唇，平底，素面。口径13.4、残高3.6厘米（图3-39，7）。ZH9：96，泥质灰陶。直口微敛，方唇，素面。口径12、残高3厘米（图3-39，6）。

尊　1件（ZH9：69）。泥质灰陶。侈口，卷沿，圆唇，高领，微束颈，折肩，素面。口径12、残高11厘米（图3-39，2）。

方唇直口瓮　1件（ZH9：94）。泥质褐陶。直口，方唇，素面。残宽7.2、残高4.2厘米（图3-45，7）。

三足瓮　3件。均泥质褐陶。ZH9：19，窄平折沿，厚圆唇，器壁斜收，唇及沿下饰竖行粗绳纹，腹部饰斜行粗绳纹。残宽15、残高10.8厘米（图3-45，8）。ZH9：68，足呈矮扁柱状，器表及

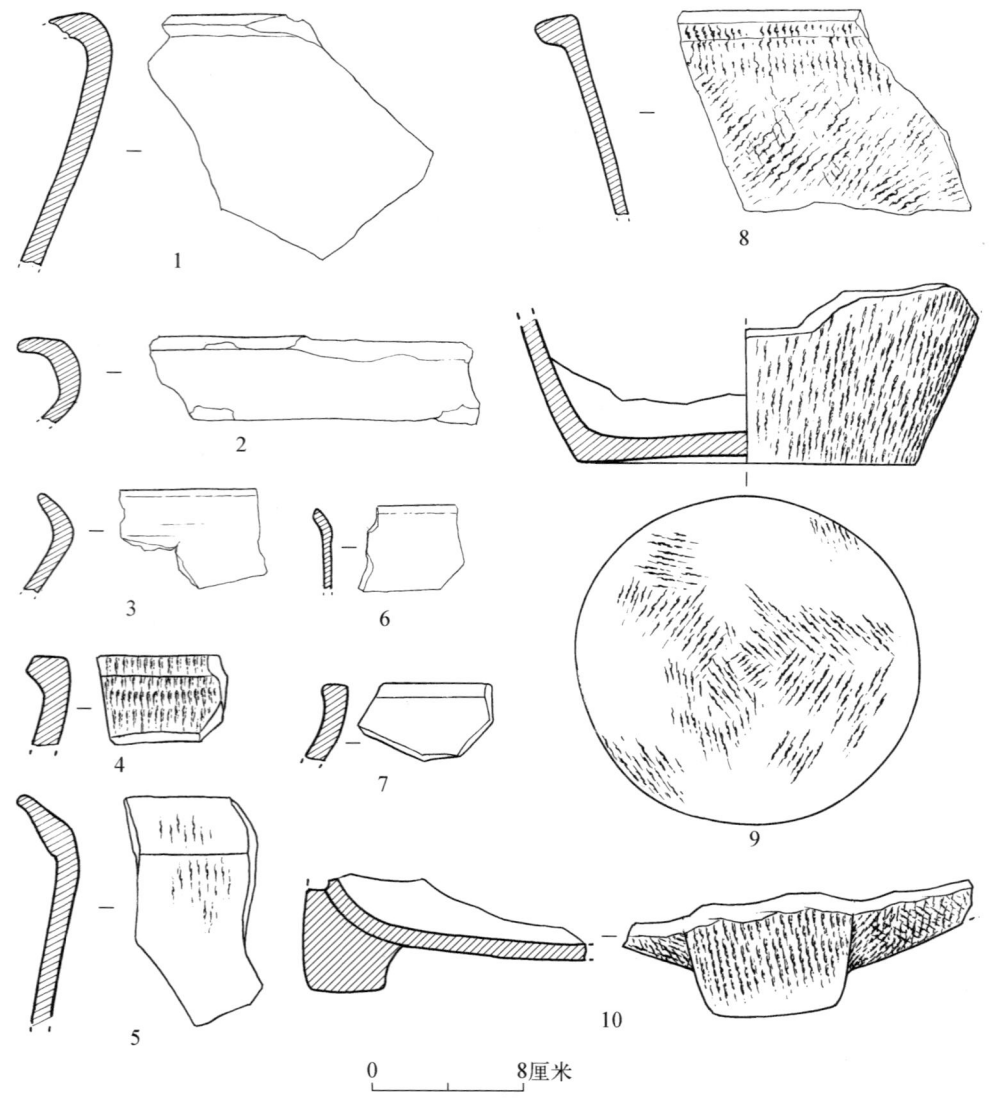

0　　　　　　8厘米

图3-45　06QZH9出土陶器

1～3、5、6. 瓮（ZH9：5、10、7、114，9）　4、8、10. 三足瓮（ZH9：93、19、68）　7. 方唇直口瓮（ZH9：94）　9. 瓮底（ZH9：105）

足底均饰粗绳纹。残高6.4厘米（图3-45，10）。ZH9：93，窄平折沿，厚方唇，通体饰竖行绳纹。残宽7、残高4.7厘米（图3-45，4）。

盆　5件。ZH9：5，夹砂灰黑陶。卷沿近平，尖唇，素面。残宽15.2、残高13.4厘米（图3-45，1）。ZH9：7，泥质灰陶。侈口，卷沿，圆唇，沿下角较大。残宽7.8、残高5.4厘米（图3-45，3）。ZH9：9，泥质灰陶，薄胎。侈口，方唇，素面。残宽5.7、残高4.5厘米（图3-45，6）。ZH9：10，泥质褐陶，陶色斑驳不均。矮领，卷沿近平，圆唇。残宽17.2、残高4.4厘米（图3-45，2）。ZH9：114，泥质灰陶。侈口，圆唇，领下部加厚，沿下角较大，领外侧绳纹被抹，腹部饰印痕较浅的绳纹。残宽6.8、残高12.2厘米（图3-45，5）。

盆底　1件（ZH9：105）。泥质灰陶。平底微内凹，腹下部饰竖行绳纹，底部绳纹较为散乱。底径17.8、残高9.8厘米（图3-45，9）。

器盖　1件（ZH9：82）。泥质灰陶。圆形平板状，器表素面，底部饰散乱绳纹。口径13、厚0.9厘米（图3-39，12）。

器耳　1件（ZH9：73）。泥质灰陶。桥形，中有一穿孔，耳中央有一道纵向凸痕，素面。残宽4.6、残高6.4厘米（图3-39，10）。

圈足类器　3件。ZH9：35，夹砂灰陶。圆柱状柄，器表饰印痕模糊的绳纹。底径6.2、残高5厘米（图3-41，8）。ZH9：38，泥质褐陶。圈足呈上小下大的喇叭状，器表饰竖行绳纹，近底部有一周抹痕。底径10.7、残高6.8厘米（图3-41，9）。ZH9：41，泥质灰陶。圈足底部外撇，素面。底径11.6、残高4.7厘米（图3-41，6）。

足根　14件。均夹砂，圆锥状实足根。ZH9：31，灰陶。足尖钝平，饰竖行粗绳纹。残高13.4厘米（图3-46，3）。ZH9：72，灰陶，饰竖行绳纹。残高10厘米（图3-46，11）。ZH9：78，灰陶。饰竖行绳纹。残高9.3厘米（图3-46，7）。ZH9：80，灰陶。饰斜行绳纹与交错绳纹。残高5.7厘米（图3-46，1）。ZH9：81，红陶。饰竖行绳纹。残高7.2厘米（图3-46，10）。ZH9：83，灰陶。饰竖行绳纹。残高8.4厘米（图3-46，8）。ZH9：84，灰陶。饰竖行绳纹。残高7.1厘米（图3-46，14）。ZH9：85，灰陶。足尖钝平，饰竖行绳纹。残高4.7厘米（图3-46，5）。ZH9：92，灰陶。饰斜行绳纹。残高6.6厘米（图3-46，13）。ZH9：95，灰陶。足尖钝平，饰斜行绳纹。残高4.8厘米（图3-46，4）。ZH9：97，灰陶。饰竖行绳纹。残高4厘米（图3-46，9）。ZH9：112，灰陶。足尖钝平，饰竖行绳纹。残高12.2厘米（图3-46，2）。ZH9：125，褐陶。实足根矮小，足尖钝平，绳纹印痕模糊。残高4.1厘米（图3-46，6）。ZH9：128，灰陶。足尖钝平，饰竖行绳纹。残高4.6厘米（图3-46，12）。上述标本中，ZH9：72为高领袋足鬲足根，余为联裆鬲或联裆甗足根。

ZH9周围采集陶容器标本：

联裆鬲　4件。均为夹砂灰陶。侈口。ZH9：015，卷沿，圆唇，沿下角较大，沿外侧绳纹被

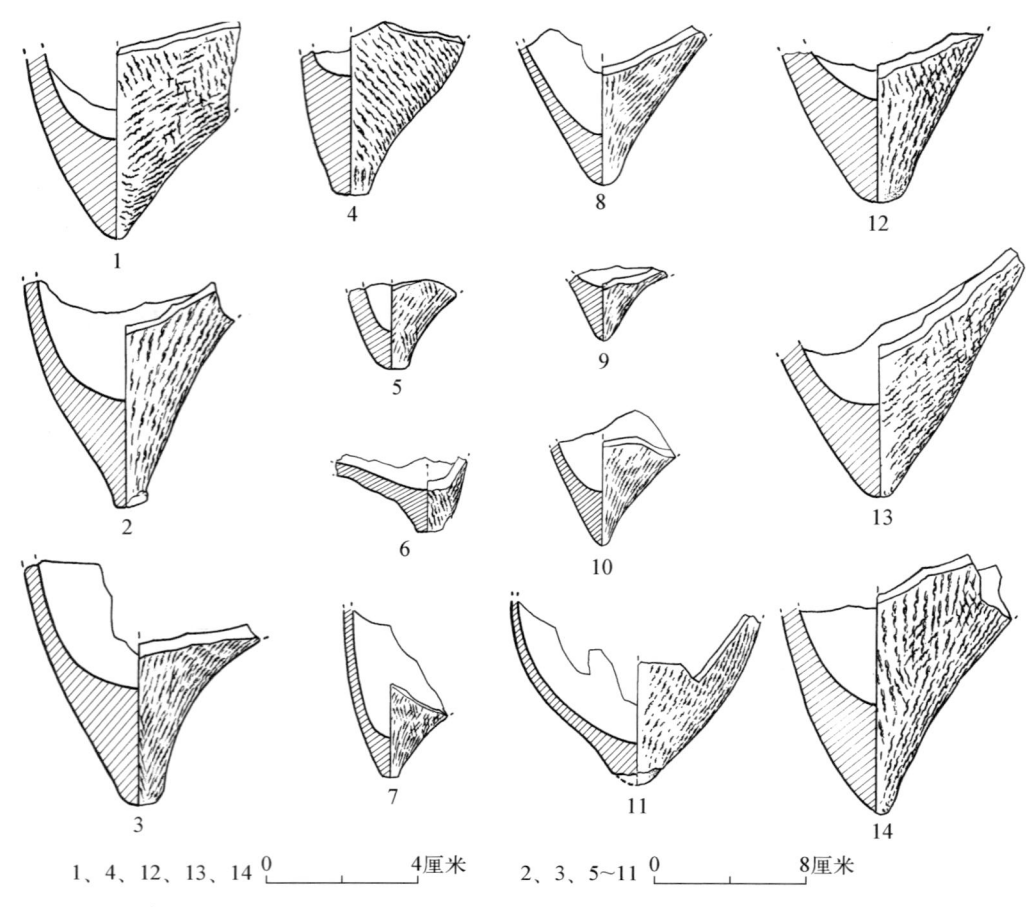

图3-46　06QZH9出土陶足根

1. ZH9：80　2. ZH9：112　3. ZH9：31　4. ZH9：95　5. ZH9：85　6. ZH9：125　7. ZH9：78　8. ZH9：83
9. ZH9：97　10. ZH9：81　11. ZH9：72　12. ZH9：128　13. ZH9：92　14. ZH9：84

抹,残痕依稀可见。口径14.6、残高4.2厘米(图3-47,2)。ZH9:016,折沿,方唇,沿下角甚大,唇面、沿外侧及腹部饰绳纹。残宽10、残高9厘米(图3-47,4)。ZH9:022,卷沿,圆唇,沿下角较大,沿外侧绳纹被抹,腹部饰竖行绳纹。口径18、残高6.4厘米(图3-47,11)。ZH9:026,卷沿,圆唇,沿下角较大,沿外侧绳纹被抹,残痕依稀可见。残宽6.2、残高3.6厘米(图3-47,6)。

联裆甗　4件。均夹砂。方唇。ZH9:03,褐陶。窄折沿,沿下角较大,通体饰绳纹。残宽14.8、残高10.8厘米(图3-47,13)。ZH9:014,褐陶。侈口,窄折沿,沿下角较大,唇面及腹部饰绳纹,沿外侧绳纹稍被抹。口径25.6、残高5.6厘米(图3-47,10)。ZH9:023,灰陶。侈口,沿下角较大,沿外侧绳纹被抹,腹饰绳纹。残宽6.4、残高8.6厘米(图3-47,9)。ZH9:024,褐陶。窄平折沿,腹饰绳纹。残宽10.6、残高8.4厘米(图3-47,8)。

联裆甗类器　1件(ZH9:021)。夹砂灰陶。平折沿,方唇,素面。残宽7.3、残高2厘米(图3-47,7)。

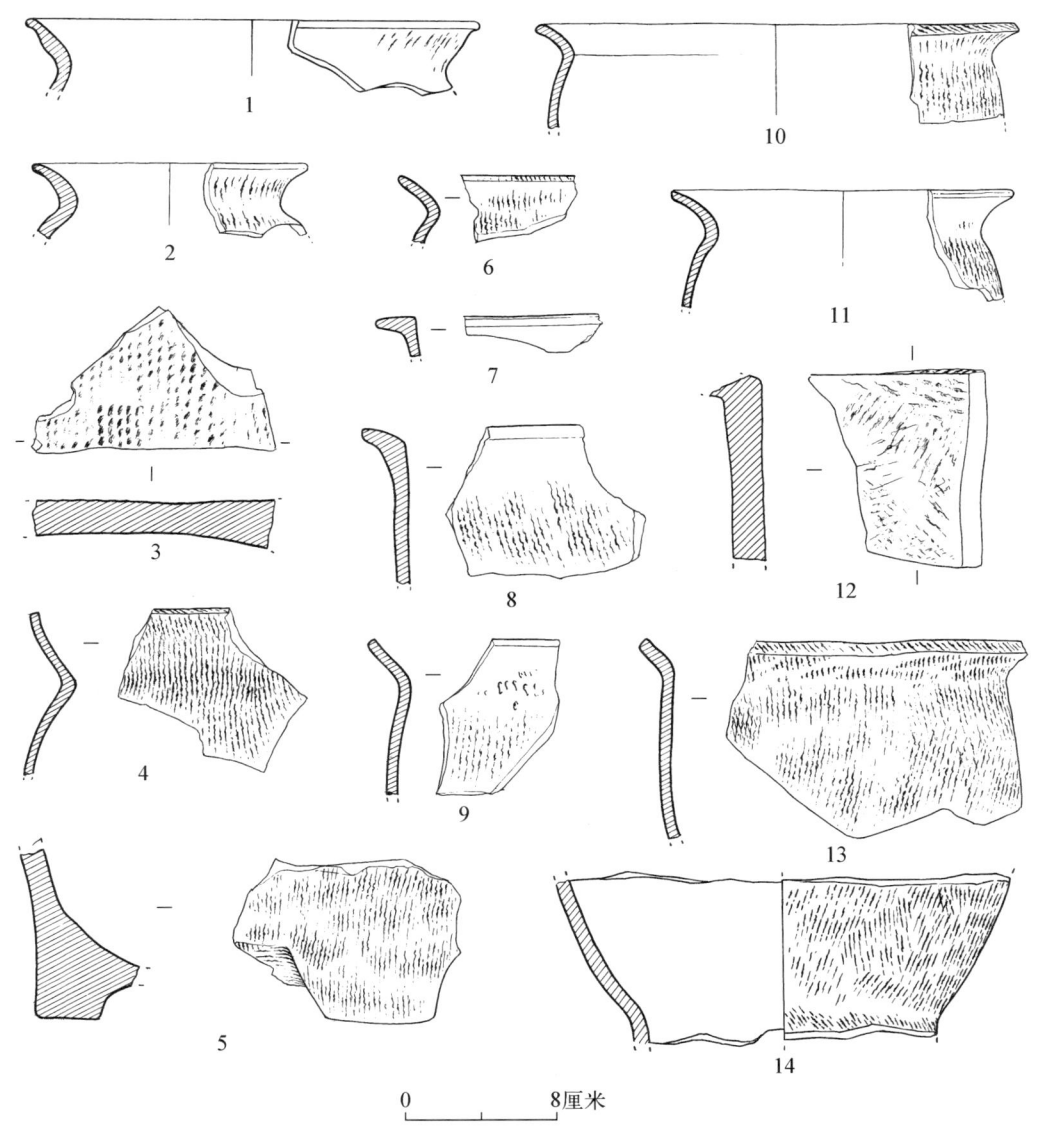

图3-47　06QZH9周围采集陶器

1. 大口罐（ZH9：05）　2、4、6、11. 联裆鬲（ZH9：015、016、026、022）　3、12. 空心砖（ZH9：04、02）　5. 三足瓮（ZH9：013）
7. 联裆甗类器（ZH9：021）　8~10、13. 联裆甗（ZH9：024、023、014、03）　14. 罐（ZH9：07）

小口罐　3件。侈口，卷沿。ZH9：09，泥质灰陶，褐胎。矮领，圆唇，沿下角甚大，领外侧饰绳纹局部被抹。口径12、残高6.3厘米（图3-48，5）。ZH9：011，泥质灰陶，褐胎。圆唇，沿下角较小，素面。口径13.1、残高7.4厘米（图3-48，3）。ZH9：019，夹砂灰陶。矮领，方唇，沿下角甚大，素面。口径18.4、残高7.5厘米（图3-48，8）。

大口罐　3件。均泥质。侈口，卷沿，圆唇，沿下角较大，沿外侧绳纹被抹。ZH9：05，灰陶。口径24、残高4厘米（图3-47，1）。ZH9：06，灰陶，褐胎。口径22.2、残高5.3厘米（图3-48，2）。ZH9：018，灰陶。沿面较短。口径18.2、残高5厘米（图3-48，4）。

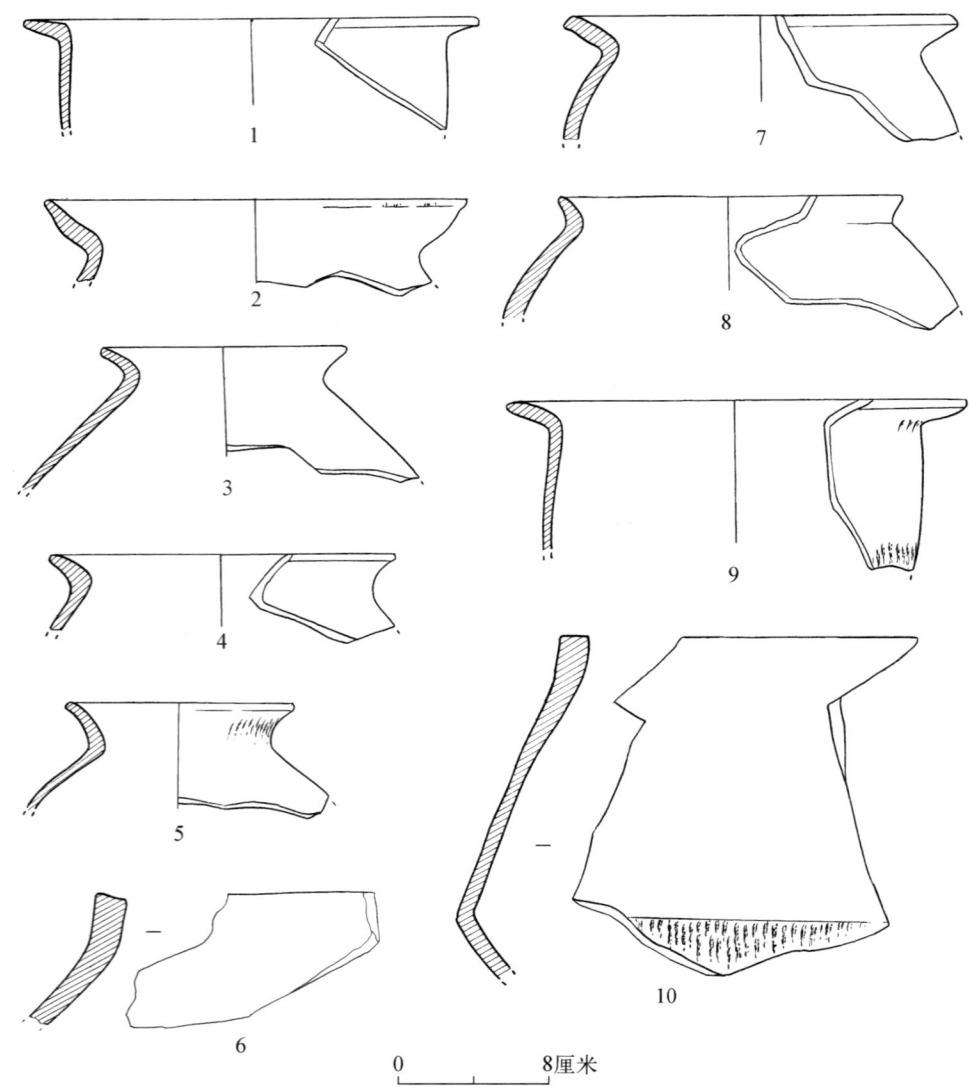

图3-48　06QZH9周围采集陶器

1、7、9. 盆（ZH9：012、020、017）　2、4. 大口罐（ZH9：06、018）　3、5、8. 小口罐（ZH9：011、09、019）
6、10. 方唇直口瓮（ZH9：08、0123）

　　罐　1件（ZH9：07）。泥质灰陶。器表饰绳纹。残高9厘米（图3-47，14）。

　　盆　3件。均泥质褐陶。方唇。ZH9：012，卷沿近平，唇面有一周旋纹，素面。口径24.1、残高6.2厘米（图3-48，1）。ZH9：017，卷沿近平，沿面微鼓，唇面有一周旋纹，沿外侧绳纹被抹，腹下部饰绳纹。口径24、残高9.1厘米（图3-48，9）。ZH9：020，侈口，卷沿微折，沿下角较大，素面。口径20.1、残高7.1厘米（图3-48，7）。

　　方唇直口瓮　2件。泥质灰陶。矮直领，厚方唇。ZH9：08，素面。残宽13、残高7.3厘米（图3-48，6）。ZH9：0123，折腹，腹下部饰竖行绳纹。残宽16.6、残高18.6厘米（图3-48，10）。

三足瓮　1件（ZH9：013）。泥质灰陶。矮扁柱状足，通体饰绳纹。残高9.2厘米（图3-47,5）。

c. 陶小件

陶纺轮　1件（ZH9：132）。残，泥质灰陶。整体近上尖下平的圆锥状，中央有一圆形穿孔，圆孔外饰数周旋纹。直径5.4、厚2.4、孔径0.7厘米（图3-18,1）。

陶垫　1件（ZH9：135）。残，泥质灰陶。表面光滑，近椭圆形，背面有桥形钮。长5.8、宽5、残高2.3厘米（图3-24,1；彩版一九,4）。

权形器　1件（ZH9：131）。泥质灰陶。整体近上小下大的圆饼状，顶部有桥形钮，器表饰印痕较浅的细绳纹。直径8.4、残高3.7厘米（图3-24,3；彩版一九,3）。

算形器　1件（ZH9：136）。泥质灰陶。圆饼形，一面饰印痕较浅的交错绳纹，另一面较光滑，其上划出三重圆圈，在圆圈上均匀钻孔，穿透器身，器身侧面饰印痕很浅的竖行绳纹。直径9.1、厚1厘米（图3-24,4；彩版一九,5）。

空心砖　6件。均泥质灰陶。表面饰绳纹。ZH9：02,残长10.8、残宽9.6,壁厚2厘米（图3-47,12）。ZH9：04,残长13、残宽7.9、壁厚2.6厘米（图3-47,3）。ZH9：15,残长9.7、残宽12.6、壁厚2.9厘米（图3-39,4）。ZH9：16,残长20.2、残宽13.3、壁厚2.4厘米（图3-39,13）。ZH9：17,残长10.3、残宽9、壁厚1.6厘米（图3-39,3）。ZH9：71,残长4.4、残宽5、壁厚3.4厘米（图3-39,9）。

d. 石器

石锤　1件（ZH9：141）。仅残存一小块，黑色。器表磨光。残长6.3、残宽6.1、厚4.2厘米（图3-49,1）。

石刀　1件（ZH9：137）。残，青灰色。磨制，近背部有两个对钻而成的圆孔，单面刃。残长8.4、宽6.6、厚0.9、孔径0.4厘米（图3-20,3）。

石器半成品　3件。ZH9：140,青灰色。近长方形，较薄，磨制而成。长11.1、宽7.2、厚0.6厘米（图3-50,1）。ZH9：150,青灰色。近长方形，较薄，打制而成。残长4.4、宽6.9、厚0.9厘米（图3-51,2）。ZH9：152,灰白色。不规则长方形，磨制而成。残长12.8、宽9.4、厚1.1厘米（图3-50,2）。

砺石　9件。ZH9：138,青灰色。近椭圆形扁块状，砂质细，两面及侧面均有磨痕。长8.1、宽6.7、厚1.3厘米（图3-49,2）。ZH9：139,褐色。长方形扁块状，砂质较粗，各面均有磨痕，一面有长期使用形成的一道凹槽。残长8.2、残宽2.9、厚3.3厘米（图3-21,7）。ZH9：145,青灰色。长方形扁块状，砂质较细，一面及侧面磨光。残长6.8、残宽4.7、厚1.7厘米（图3-49,4）。ZH9：146,褐色。扁块状，砂质较粗，两面有磨痕。残长5.5、残宽4.6、厚2.4厘米（图3-21,5）。ZH9：147,青灰色。不规则扁块状，砂质较细，两面均磨光。残长7.5、残宽5.2、厚3.1厘米（图

0 _____ 4厘米

图 3-49　06QZH9、ZH13 出土石器

1、6. 石锤（ZH9：141、ZH13：22）　2～5. 砺石（ZH9：138、ZH9：153、ZH9：145、ZH9：147）

3-49,5）。ZH9：148，灰色。长方形扁块状，砂质较细，一面较光滑。残长10.1、残宽5.3、厚1.7厘米（图3-21,6）。ZH9：149，青灰色。扁块状，砂质较粗，一面及侧面磨光。残长3.4、残宽3.7、厚1.2厘米（图3-21,4）。ZH9：151，灰色。不规则块状，砂质较粗，一面及侧面有磨痕。残长8.2、残宽3.7、厚4厘米（图3-21,1）。ZH9：153，青灰色。长方形扁块状，砂质较粗，一面有磨痕，侧面磨光。残长9、宽11.5、厚2.1厘米（图3-49,3）。

e. 铜器

铜镞　1件（ZH9：130）。锈蚀严重，两翼和关大致平齐，铤较短。长4.4、宽1.9厘米（图3-51,3）。

铜锥　1件（ZH9：129）。残，一端收尖，横截面近梯形。残长6.2、宽1.1、厚0.4厘米（图3-51,4）。

f. 骨器

骨匕　1件（ZH9②：#80）。由牛肋骨制成，整体扁薄呈长条形，骨表和内部松质部分均有打磨痕迹。残长12.5、残宽3.4、厚0.4厘米（彩版三〇七,8）。

骨锥　1件（ZH9②：#81）。由牛尺骨制成，去除鹰嘴突部分，保留与桡骨的接触面和部分骨干，近端断口和尾侧骨干打磨光滑，骨干局部打磨光滑。残长12.2、宽3、厚4.3厘米。

骨锥　1件（ZH9②：#79）。由猪腓骨制成，整体细长扁薄，近端断裂，断面长方形，靠近近端的两侧骨壁和边缘均有打磨痕迹。残长11.1、厚0.3厘米。

g. 年代

ZH9坑内三层堆积出土陶器标本的式别特征相同，判断该坑年代为西周早期偏早。

（10）06QZH10

a. 形制与堆积

ZH10位于探方ZT2东北部，开口于ZT2②层下，打破ZH11。ZH10的西部、南部被断崖破坏，仅残存较小的一部分，完整的坑口平面形状不明，坡壁，坑底东部较西部深。坑口东西残长3.17、南北残宽为0.98、坑口距地表0.84、坑底距地表1.48、自深0.64米（图3-52）。

坑内堆积是从东北方向而来形成的一次性堆积，土质疏松，土色呈灰褐色，夹杂有少量炭

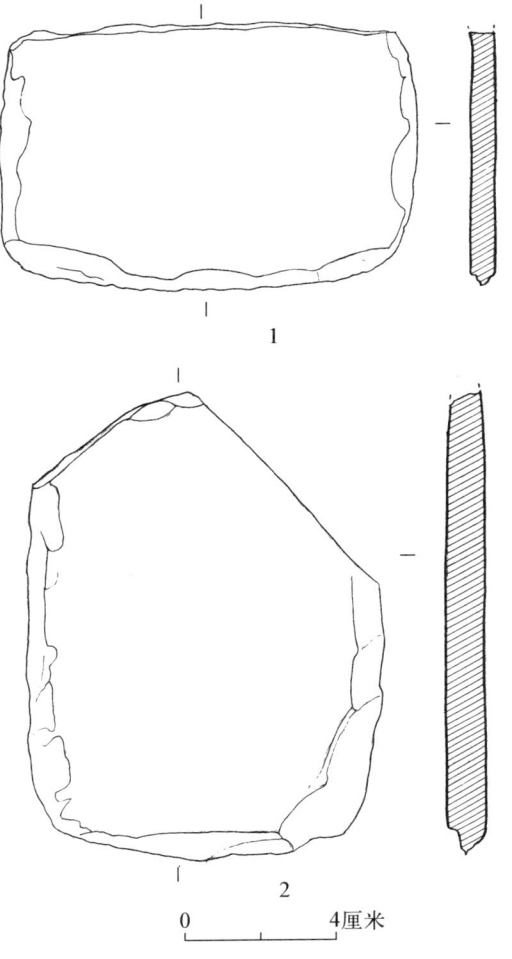

图3-50　06QZH9出土石半成品

1. ZH9：140　2. ZH9：152

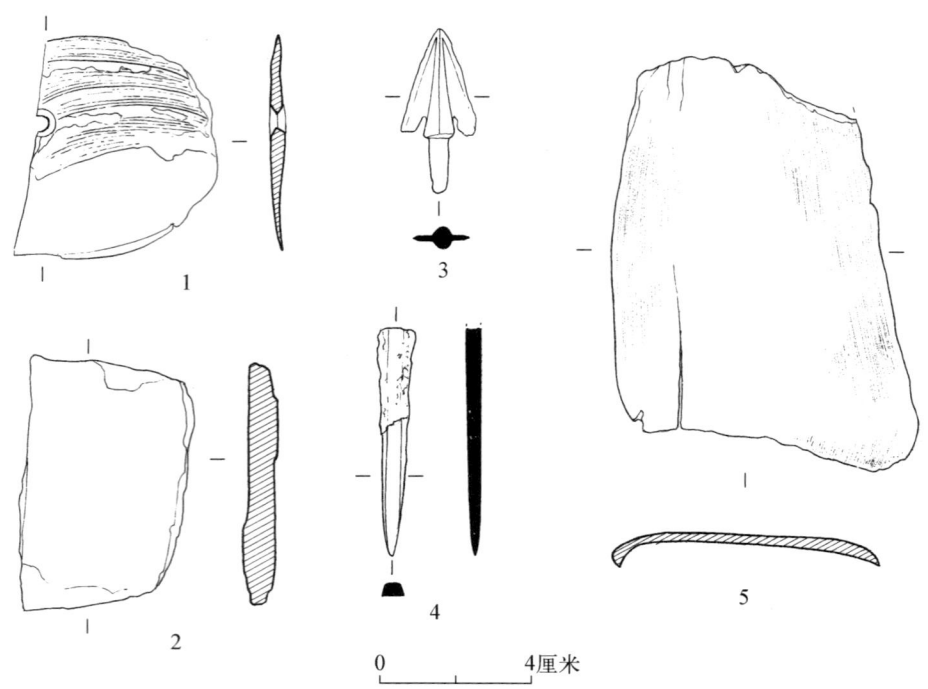

图 3-51　06QZH9、ZH13 出土铜、石、骨、蚌器
1. 蚌刀（ZH13：26）　2. 石器半成品（ZH9：150）　3. 铜镞（ZH9：130）　4. 铜锥（ZH9：129）　5. 骨铲（ZH13：23）

屑，内含陶片、骨头、石头、礓石等。

　　b. 陶容器

　　ZH10 出土陶片 130 片。陶质分夹砂与泥质，以泥质者为主，共计 80 片。陶色以灰陶为主，共计 123 片，灰褐陶、褐陶数量极少。纹饰以粗绳纹为主，共计 76 片，中绳纹、素面和细绳纹分别有 40、8 和 6 片。器类有联裆鬲 2 件，联裆甗 3 件，小口罐 1 件，大口罐 1 件，方唇直领瓮 1 件。

　　联裆甗　4 件。均为夹砂灰陶。ZH10：3，矮领，整体内弧，侈口，方唇，沿下角甚大，领外侧饰竖行绳纹，唇面及腹部饰斜行绳纹，领腹交界处

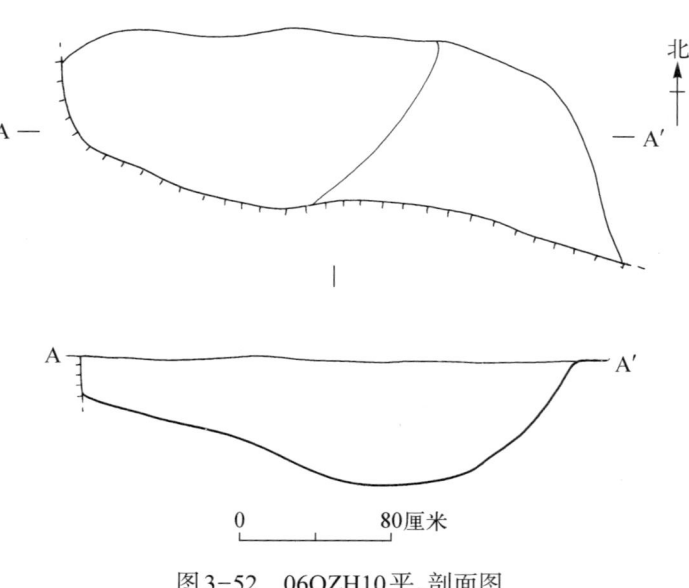

图 3-52　06QZH10 平、剖面图

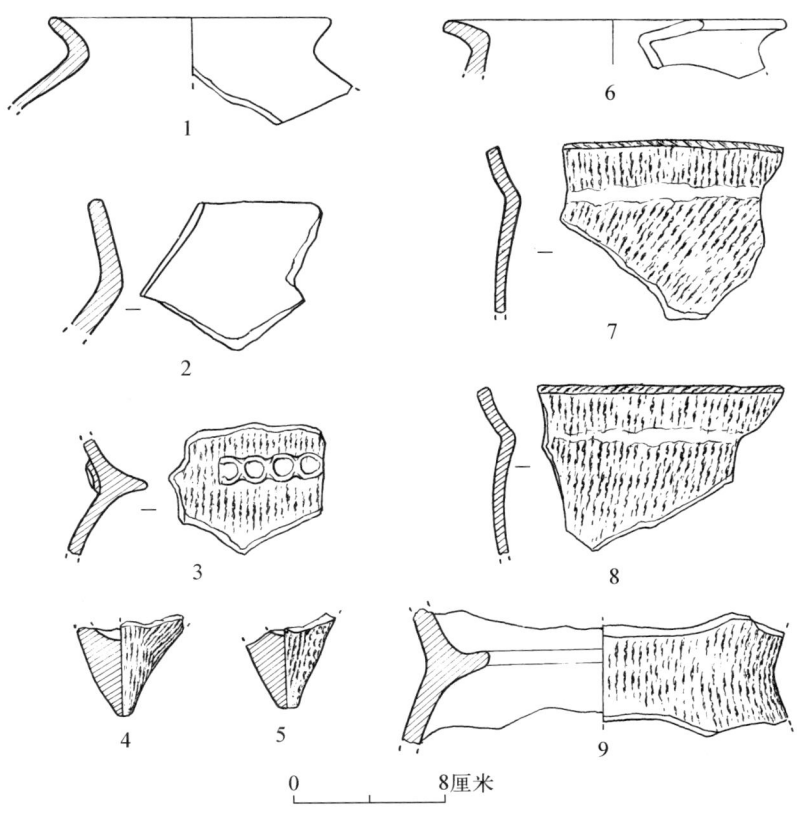

图3-53　06QZH10出土陶器

1. 小口罐(ZH10：1)　2. 方唇直领瓮(ZH10：5)　3、7~9. 联裆鬲(ZH10：6、3、8、4)
4、5. 足根(ZH10：7、9)　6. 大口罐(ZH10：2)

有一周抹痕。残宽12、残高9.9厘米(图3-53，7)。ZH10：4，鬲腰箅托窄，器表饰印痕较深、纹理较清晰的竖行绳纹。残宽20.4、残高7.3厘米(图3-53，9)。ZH10：6，褐胎。鬲腰箅托较窄，腰部饰竖行绳纹及一周指窝状附加堆纹。残宽8.2、残高7.2厘米(图3-53，3)。ZH10：8，领部整体内弧，侈口，方唇，唇面饰印痕较浅的斜行绳纹，领外侧及腹部饰竖行绳纹，领腹交界处有一周抹痕。残宽13、残高9厘米(图3-53，8)。

小口罐　1件(ZH10：1)。泥质灰陶。侈口，卷沿，圆唇，沿下角较大，素面。口径14.9、残高5.8厘米(图3-53，1)。

大口罐　1件(ZH10：2)。泥质灰陶。侈口，折沿近平，圆唇，素面。口径18.2、残高3.3厘米(图3-53，6)。

方唇直领瓮　1件(ZH10：5)。泥质灰陶，褐胎。高直领微侈，素面。残宽9.7、残高8.2厘米(图3-53，2)。

足根　2件。均夹砂灰陶。圆锥状。ZH10：7，褐胎。器表饰细绳纹。残高5.4厘米(图3-53，4)。ZH10：9，陶色斑驳，内壁有烟炱。足尖钝平，器表饰中绳纹。残高5厘米(图3-53，5)。

c. 年代

根据ZH10出土陶器标本的式别特征,判断该坑年代为西周早期偏早。

(11) 06QZH11

a. 形制与堆积

ZH11位于探方ZT2北部,开口于ZT2②层下,被ZH10打破,同时打破生土。ZH11向北延伸到探方北隔梁下,西部被断崖破坏,探方内坑口平面为不规则长条形,坡壁,坑底近平,东部较西部略深。坑口东西残长2.5、南北残宽0.4米,坑口距地表0.9、坑底距地表1.2、自深0.3米(图3-54)。

坑内为一次性堆积,土质为较疏松的颗粒状,土色呈灰褐色,内含陶片、兽骨等物。

b. 陶容器

ZH11出土陶器较丰富,陶片数量超过200片。陶质分夹砂与泥质两种,以泥质者为主,占比约67%。陶色以灰陶为主,占比约67%,灰褐陶占比近17%,褐陶占比约16%。纹饰以中绳纹为主,占比约69%,素面、粗绳纹和细绳纹分别占比约15%、13%和2%。器类丰富,其中联裆鬲与联裆甗占比约66%,小口罐、盆、瓮、圈足等共占比约34%(表3-6)。

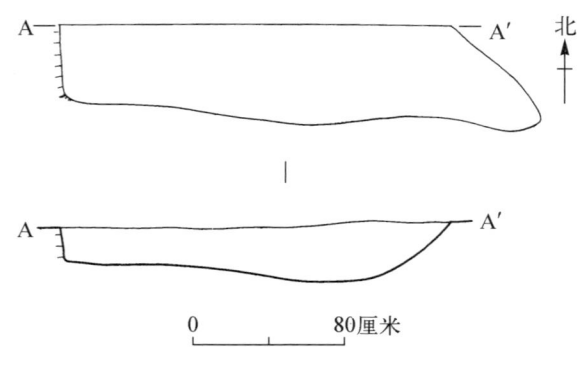

图3-54　06QZH11平、剖面图

表3-6　06QZH11出土陶片陶系、纹饰及器类统计表

纹饰与器类 陶质与陶色		夹　砂			泥　质			合计	百分比(%)
		灰	褐	灰褐	灰	褐	灰褐		
纹饰	粗绳纹		5	3	9	1	16	34	13.44
	中绳纹	60	1	5	64	31	14	175	69.17
	细绳纹	3			3			6	2.37
	素面	5	1		25	3	4	38	15.02
合计		68	7	8	101	35	34	253	100.00
百分比(%)		26.88	2.77	3.16	39.92	13.83	13.44	100.00	
		32.81			67.19				
器类	联裆鬲	11						11	45.83
	联裆甗	5						5	20.83

纹饰与器类 ＼ 陶质与陶色		夹　砂			泥　质			合计	百分比（%）
		灰	褐	灰褐	灰	褐	灰褐		
器类	小口罐				3			3	12.50
	盆				1			1	4.17
	瓮				2			2	8.33
	圈足				1			1	4.17
	不明器				1			1	4.17
合计		16			8			24	100.00
百分比（%）		66.67			33.33			100.00	

联裆鬲　5件。均为夹砂灰陶。ZH11：1，宽折沿，沿下角较小，圆唇，沿外侧局部绳纹被抹。残宽4.7、残高2.9厘米（图3-55，15）。ZH11：2，高领，侈口，卷沿，方唇，唇面及领外侧饰印痕较浅、纹理模糊的偏细绳纹。残宽4.6、残高2.7厘米（图3-55，16）。ZH11：15，矮领，侈口，卷沿，圆唇，沿下角较大，沿外侧绳纹稍被抹，腹部饰印痕较浅、纹理模糊的偏细绳纹。残宽10.4、残高12.2厘米（图3-55，5）。ZH11：16，卷沿近平，圆唇，通体饰竖行绳纹，沿外侧绳纹稍被抹。残宽13.6、残高5.7厘米（图3-55，12）。ZH11：17，矮领，侈口，圆唇，沿下角较大，沿外侧绳纹被抹，残痕依稀可见，腹部饰竖行绳纹。残宽9.2、残高6.7厘米（图3-55，6）。

联裆甗　5件。均为夹砂灰陶。ZH11：6，甗腰箅托较窄，器表饰竖行绳纹。残宽9.4、残高6.3厘米（图3-55，8）。ZH11：7，侈口，折沿，方唇，沿下角较大，通体饰绳纹，领腹交界处有一周抹痕。残宽9.4、残高5.5厘米（图3-55，7）。ZH11：8，侈口，窄折沿，方唇，沿下角甚大，鼓腹，通体饰绳纹，领腹交界处有一周抹痕。残宽11、残高8.5厘米（图3-55，13）。ZH11：9，卷沿近平，沿面较宽，方唇，通体饰绳纹，领腹交界处有一周抹痕。残宽8.8、残高5.9厘米（图3-55，14）。ZH11：11，侈口，折沿，方唇，沿下角较大，通体饰绳纹，领腹交界处有一周抹痕。残宽21.2、残高7.9厘米（图3-55，17）。

小口罐　2件。均为泥质灰陶。圆唇。ZH11：5，侈口，卷沿，沿下角较大，素面。残宽5.1、残高3.7厘米（图3-55，2）。ZH11：10，直口微侈，折肩，腹部饰印痕较浅的竖行绳纹。残宽5.6、残高8.2厘米（图3-55，9）。

盆　1件（ZH11：12）。泥质灰陶。侈口，微折沿，圆唇，沿下角较大，素面。残宽12.2、残高8.9厘米（图3-55，1）。

瓮　2件。均为泥质灰陶。侈口，微折沿，方唇。ZH11：14，沿下角较大，素面。残宽9.6、残高9.3厘米（图3-55，3）。ZH11：18，沿下角甚大，沿外侧绳纹被抹，残痕依稀可见。残宽

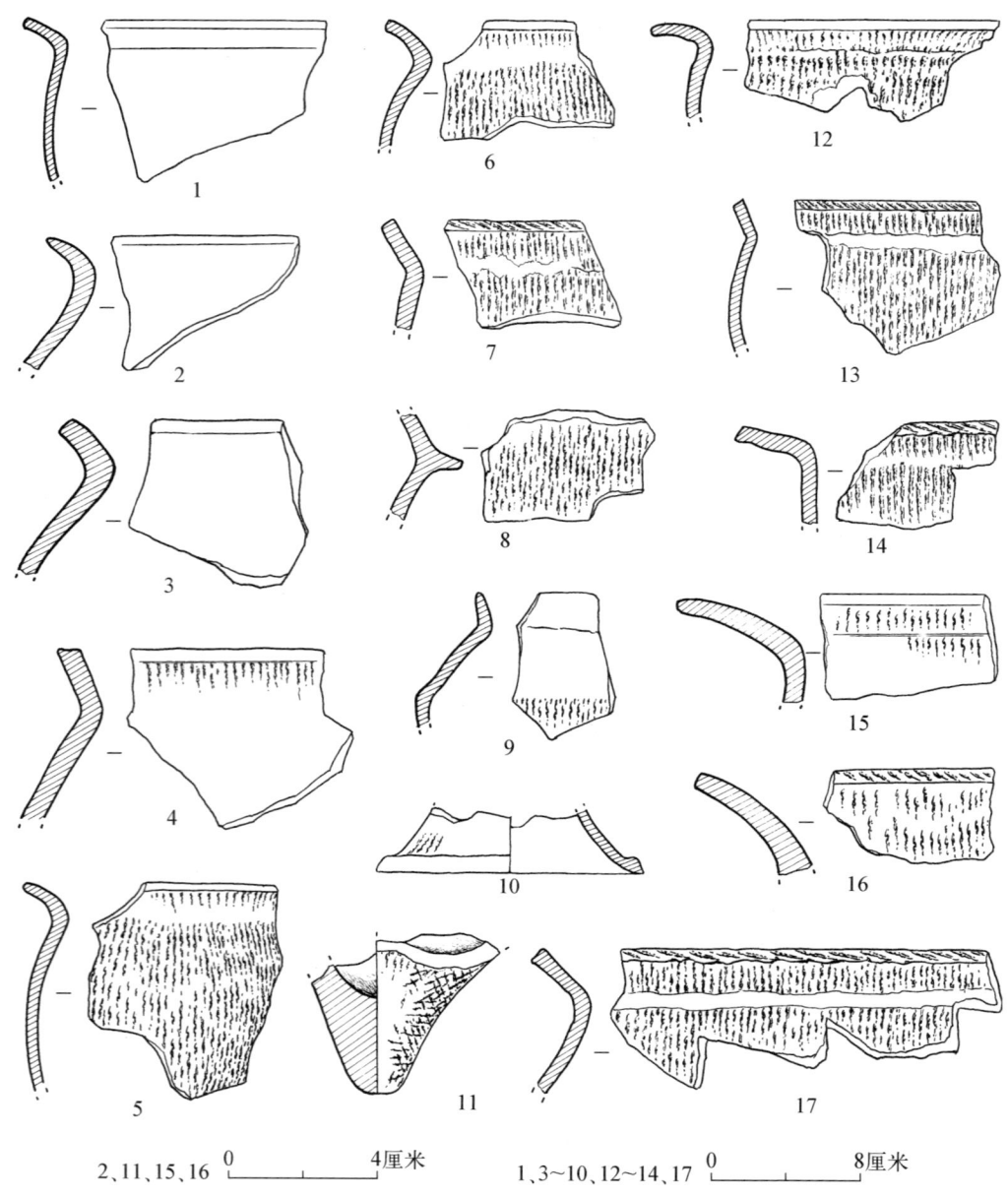

图3-55　06QZH11出土陶器

1. 盆（ZH11：12）　2、9. 小口罐（ZH11：5、10）　3、4. 瓮（ZH11：14、18）　5、6、12、15、16. 联裆鬲（ZH11：15、17、16、1、2）
7、8、13、14、17. 联裆甗（ZH11：7、6、8、9、11）　10. 圈足（ZH11：4）　11. 足根（ZH11：3）

12.2、残高10.1厘米（图3-55，4）。

　　圈足　1件（ZH11：4）。泥质灰陶。呈上小下大的喇叭形，底部用泥条加厚。底径14.4、残高3.6厘米（图3-55，10）。

　　足根　1件（ZH11：3）。夹砂褐陶。圆锥状，内壁有烟炱，绳纹印痕模糊。残高4.4厘米（图3-55，11）。

c. 年代

根据ZH11出土陶器标本的式别特征,判断该坑年代为西周早期偏早。

(12) 06QZH13

a. 形制与堆积

ZH13位于探方ZT6南部,开口于ZT6②层下,打破ZH5。ZH13的东部与南部延伸进ZT6的东壁与南壁,西部被断崖破坏,故坑口平面完整形状不明,坡壁,坑底呈锅底状。坑口南北残长2.9、东西残宽2.8、坑口距地表0.7、坑底距地表1.5、自深0.8米(图3-56)。

坑内为一次性堆积,土质呈疏松的颗粒状,土色呈黄褐色,内含陶片、石器、骨蚌器等。

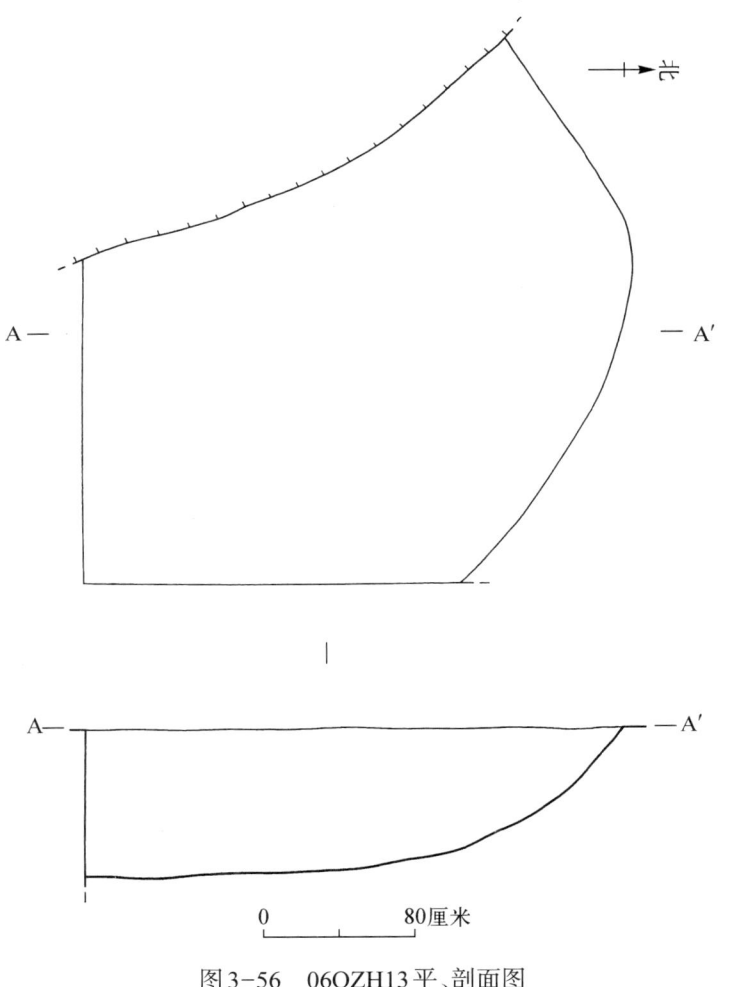

图3-56 06QZH13平、剖面图

b. 陶容器

ZH13出土陶器丰富,陶片数量超过1 300片。陶质分夹砂与泥质两种,以泥质者为主,占比约61%。陶色以灰陶为主,占比近69%,灰褐陶占比约12%,褐陶比例约19%。纹饰以中绳纹和粗绳纹为主，分别占比约47%和30%，素面和细绳纹分别占比约17%和6%。器类丰富，其中联裆鬲与联裆甗共占比约39%，圆肩罐、高领罐、杯形口罐共占比约15%，器盖、瓮、盆、豆等共占比约46%（表3-7）。

表3-7　06QZH13①、②层出土陶片陶系、纹饰及器类统计表

陶质与陶色 纹饰与器类		夹　砂			泥　质			合计	百分比 （%）
		灰	褐	灰褐	灰	褐	灰褐		
纹饰	粗绳纹	131	54	15	141	33	32	406	30.30
	中绳纹	216	38	4	206	89	71	624	46.57
	细绳纹	16			42	11	6	75	5.60
	素面	28	2	3	133	27	34	227	16.94
	乳钉纹	1						1	0.07
	菱形刻划纹	1						1	0.07
	刻划乳钉纹						1	1	0.07
	旋纹					2		2	0.15
	宽扁附加堆纹	2				1		3	0.22
合计		395	94	22	525	160	144	1340	99.99
百分比（%）		29.48	7.01	1.64	39.18	11.94	10.75	100.00	
		38.13			61.87				
器类	联裆鬲	7						7	21.21
	联裆甗	6						6	18.18
	高领罐					2		2	6.06
	杯形口罐	2						2	6.06
	圆肩罐				1			1	3.03
	盆				2			2	6.06
	豆				1			1	3.03
	瓮				3			3	9.09
	器盖				4			4	12.12
	不明器	2			3			5	15.15
合计		17			16			33	99.99
百分比（%）		51.52			48.48			100.00	

联裆鬲　5件。均为夹砂灰陶。沿面内凹。ZH13：8，折沿，圆唇，微束颈，沿外侧饰绳纹被抹，颈部有一周凸起，腹饰绳纹。口径17.7、残高5.3厘米（图3-57，15）。ZH13：10，折沿，方唇，束颈，沿外侧绳纹被抹，腹饰斜行绳纹与竖行绳纹。口径21.7、残高6.3厘米（图3-57，14）。ZH13：11，折沿，圆唇，束颈，沿外侧绳纹被抹，残痕依稀可见，腹部饰绳纹。残宽8.4、残高5厘米（图3-57，8）。ZH13：13，侈口，圆唇，沿下角较大，微束颈，垂鼓腹，沿外侧绳纹被抹，腹部饰

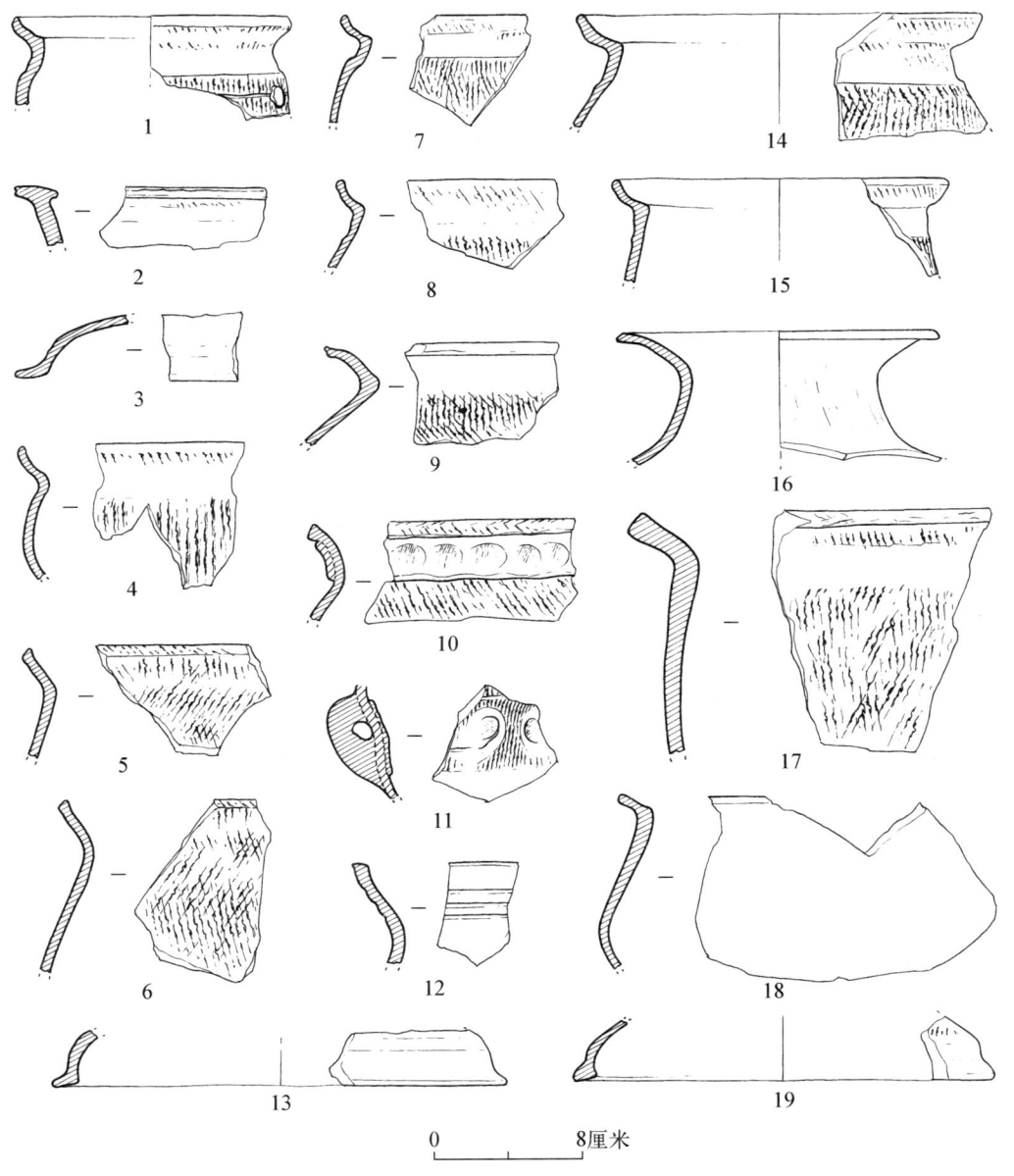

图3-57　06QZH13出土陶器

1. 仿铜鬲（ZH13：16）　2. 盆（ZH13：5）　3、13、19. 器盖（ZH13：6、3、9）　4、7、8、14、15. 联裆鬲（ZH13：13、14、11、10、8）
5、6、10、17. 联裆甗（ZH13：7、12、15、19）　9. 瓮（ZH13：18）　11. 罐（ZH13：1）　12. 杯形口罐（ZH13：4）
16. 高领罐（ZH13：2）　18. 圆肩罐（ZH13：17）

印痕较深的绳纹。残宽8、残高8厘米（图3-57,4）。ZH13:14,折沿,圆唇,束颈,沿外侧绳纹被抹,腹部饰细绳纹。残宽6.4、残高6厘米（图3-57,7）。

仿铜鬲　1件（ZH13:16）。夹砂灰陶。折沿,方唇,沿面内缘有一周凹槽,束颈,沿外侧绳纹被抹,腹部饰旋断绳纹及小圆泥饼。口径15、残高5.7厘米（图3-57,1）。

联裆甗　4件。均夹砂。侈口,方唇,唇面及器表饰绳纹。ZH13:7,褐陶。沿下角较大,沿外侧饰竖行绳纹,腹部饰斜行绳纹。残宽9.2、残高6.1厘米（图3-57,5）。ZH13:12,褐陶。沿下角较大,腹部饰交错绳纹。残宽7、残高10厘米（图3-57,6）。ZH13:15,灰陶。卷沿,方唇,沿外侧附加泥条,泥条上有一周坑窝纹,腹部饰斜行绳纹。残宽11.4、残高5.7厘米（图3-57,10）。ZH13:19,灰陶。卷沿,厚方唇,沿下有一周抹痕,腹饰绳纹。残宽11.6、残高13.5厘米（图3-57,17）。

高领罐　1件（ZH13:2）。泥质灰陶。侈口,卷沿近平,尖圆唇,领部隐约可见绳纹。口径17.4、残高7.3厘米（图3-57,16）。

杯形口罐　1件（ZH13:4）。夹砂灰陶,褐胎。方唇,领外侧饰三道旋纹。残宽3.8、残高5.7厘米（图3-57,12）。

圆肩罐　1件（ZH13:17）。泥质灰陶。折沿,沿面较窄,内侧有一道凹槽,方唇,鼓肩,素面。残宽16、残高13.5厘米（图3-57,18）。

罐　1件（ZH13:1）。泥质灰陶。残存桥形器耳,上饰竖行绳纹。残宽6.6、残高6.7厘米（图3-57,11）。

盆　1件（ZH13:5）。泥质灰陶。平折沿,方唇,唇面有一周旋纹,沿内侧凸出于器壁,形成一道沟槽,素面。残宽8.8、残高3.2厘米（图3-57,2）。

瓮　1件（ZH13:18）。泥质灰陶,褐胎。侈口,卷沿,方唇,腹部饰绳纹。残宽8.2、残高5.9厘米（图3-57,9）。

器盖　3件。均为泥质灰陶。弧顶,窄平沿。ZH13:3,该器可能是簋。口径24.3、残高3.1厘米（图3-57,13）。ZH13:6,素面。残宽4.2、残高3.6厘米（图3-57,3）。ZH13:9,器表绳纹被抹,残痕依稀可见。口径22.5、残高3.5厘米（图3-57,19）。

c. 陶小件

陶纺轮　1件（ZH13:21）。泥质灰陶。整体呈上小下大的圆锥状,中央有一圆形穿孔,器表饰数周瓦纹。直径5.9、厚3厘米（图3-18,5）。

圆陶片　2件。均为泥质灰陶。平面近圆形,弧鼓的一面饰绳纹,为陶容器残片改制而成。ZH13:20,直径6.4、厚0.8厘米（图3-17,4）。ZH13:25,中央有一圆形穿孔。直径4.6、厚0.5、孔径0.4厘米（图3-18,6）。

d. 石器

石锤　1件（ZH13∶22）。灰黑色。为器身较扁的椭圆形，磨制而成，一端有残损痕迹，可能为砸击使用所致。残长10.7、宽6.9、厚2.2厘米（图3-49,6；彩版二〇,3）。

石刀　1件（ZH13∶24）。残，青灰色，页岩。整体近长方形，器表大部分磨光，双面刃，有使用痕迹。长8.8、残宽7.1、厚0.4厘米（图3-20,1）。

e. 骨器

骨铲　2件

ZH13∶23，残，由肩胛骨制成，刃部经磨制。残长11.2、宽7.6、厚0.3厘米（图3-51,5）。ZH13∶#40，由牛下颌骨制成，齿槽清晰可见，整体呈弧形，一端呈扇形向另一端收缩成长方形。一端打磨成刃，骨骼外壁局部打磨光滑，内壁近断裂边缘处打磨光滑。残长12.7、残宽6.4、厚0.5厘米。

f. 蚌器

蚌刀　1件（ZH13∶26）。残，中部有对钻的圆孔，刃部磨薄。残长4.8、宽6.1、厚0.4厘米（图3-51,1）。

g. 年代

根据ZH13出土陶器标本的式别特征，判断该坑年代为西周中期。

（13）06QZH14

a. 形制与堆积

ZH14位于探方ZT7内，开口于ZT7③层下，打破生土。ZH14的北部、东部延伸进ZT7隔梁部分未发掘，南部被断崖破坏，推测坑口平面形状近圆形。该坑西北与东南部的坑壁为坡壁，中部陡然加深，坑壁近直，坑底近平。坑口东西残长2.92、南北残宽2.2、坑口距地表1.34、坑底距地表2.6、自深1.26米（图3-10）。

坑内为一次性堆积，土质呈较致密的小颗粒状，土色呈黄褐色，夹杂有少量炭屑，内含陶片、骨骼、石块等。

b. 陶容器

ZH14出土陶片500片。陶质分夹砂与泥质两种，以泥质者为主，占比约72%。陶色以褐陶为主，占比约53%，灰褐陶占比约27%，灰陶占比近20%。纹饰以粗绳纹为主，占比约51%，中绳纹、素面和细绳纹分别占比约17%、16%和11%。器类丰富，其中高领袋足鬲与袋足分裆甗占比约54%，联裆鬲与联裆甗占比约14%，大口罐、小口罐、盆、豆共占比约32%（表3-8）。

高领袋足鬲　6件。均夹砂。方唇，器表饰印痕较深的粗绳纹。ZH14∶7，灰陶。领部为"三段式"，领上部较直，饰竖行绳纹，领中、下部整体内弧，分别饰斜行与竖行绳纹。残宽3.8、残高5厘米（图3-59,10）。ZH14∶10，褐陶。领整体微内弧，领上部饰斜行绳纹，领下部及腹

表3-8　06QZH14出土陶片陶系、纹饰及器类统计表

纹饰与器类	陶质与陶色	夹　砂			泥　质			合计	百分比(%)
		灰	褐	灰褐	灰	褐	灰褐		
纹饰	粗绳纹	11	20	16		183	25	255	50.50
	中绳纹	47	38					85	16.83
	细绳纹	10			8	24	13	55	10.89
	麦粒纹				9		16	25	4.95
	素面				15		66	81	16.04
	方格纹					4		4	0.79
合计		68	58	16	32	211	120	505	100.00
百分比(%)		13.47	11.49	3.17	6.34	41.78	23.76	100.01	
		28.13			71.88				
器类	高领袋足鬲	10						10	28.57
	袋足分裆甗	8				1		9	25.71
	联裆鬲	4						4	11.43
	联裆甗	1						1	2.86
	小口罐					3		3	8.57
	大口罐					3		3	8.57
	盆					4		4	11.43
	豆					1		1	2.86
合计		23			12			35	100.00
百分比(%)		65.71			34.29			100.00	

部饰竖行绳纹,领腹交界处有一周抹痕。残宽4.4、残高4.8厘米(图3-58,2)。ZH14:11,灰陶。领整体内弧,领上部饰斜行绳纹,领下部及腹部饰竖行绳纹。残宽3.8、残高6.2厘米(图3-58,1)。ZH14:19,灰陶。领整体较直,近口处有鸡冠状錾及附加泥条,领上部饰斜行绳纹,錾下饰竖行绳纹。残宽5.8、残高5.8厘米(图3-59,9)。ZH14:25,灰陶。领整体较直,口外侧有一鸡冠状錾,其上饰横绳纹,领外侧上部饰斜行细绳纹,下部饰竖行粗绳纹。残宽11.4、残高4.1厘米(图3-59,8)。ZH14:26,灰陶。领部为"三段式",领上部为侈口,窄卷沿,圆唇,领上部与领中部交界处有一周抹痕,领中部外鼓,外侧有鸡冠状錾,饰竖行绳纹。残宽5、残高4.5厘米(图3-59,11)。

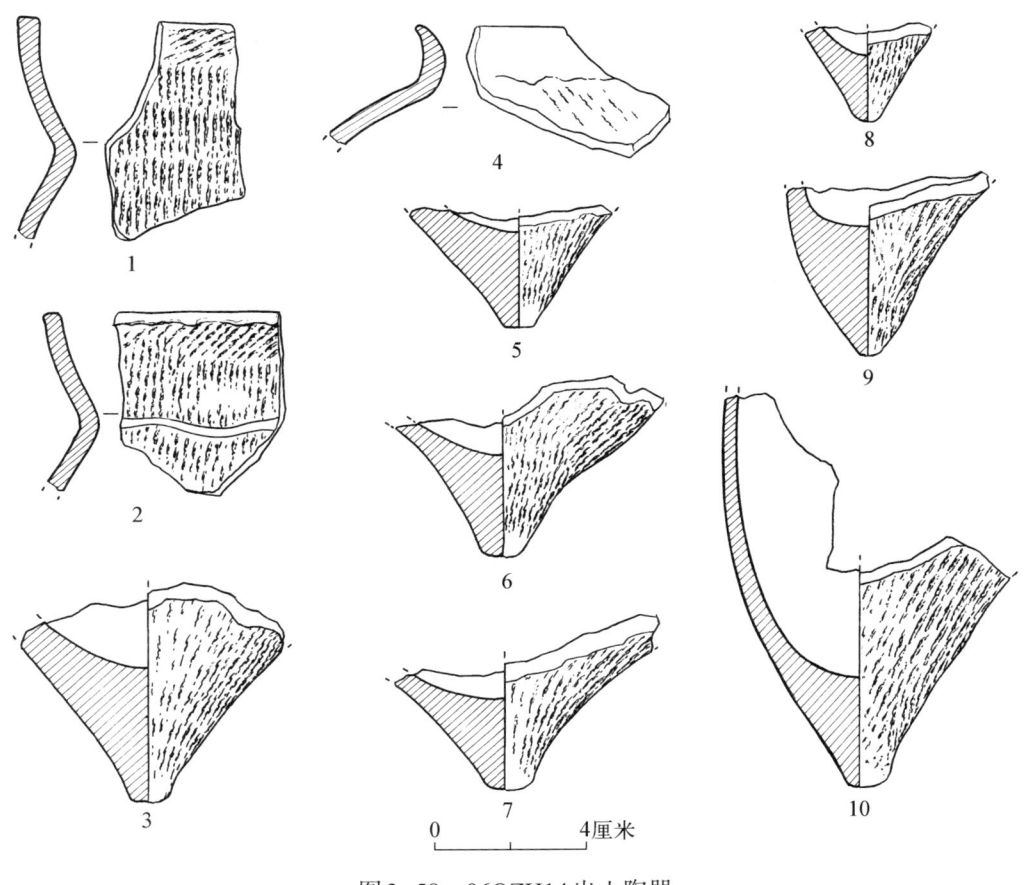

图3-58　06QZH14出土陶器

1、2. 高领袋足鬲（ZH14：11、10）　　3、5~10. 足根（ZH14：18、9、23、17、29、5、27）　　4. 大口罐（ZH14：13）

袋足分裆鬲　3件。均方唇。ZH14：3，夹砂灰陶。领部整体较直，饰斜行粗绳纹，腹部饰竖行细绳纹，绳纹印痕均较深。残宽5.6、残高7厘米（图3-59，12）。ZH14：4，夹砂褐陶。领部整体较直，饰斜行绳纹，腹部饰竖行粗绳纹。残宽9.6、残高5.9厘米（图3-59，17）。ZH14：15，泥质红褐陶。领部整体内弧，饰斜行绳纹，腹部饰竖行绳纹，绳纹印痕较深。残宽5.4、残高6.8厘米（图3-59，13）。

联裆鬲　3件。均为夹砂灰陶。方唇。ZH14：12，陶色斑驳不均。高直领外鼓，卷沿近平，领外侧饰细碎的麦粒状绳纹。口径16.2、残高5.9厘米（图3-59，15）。ZH14：20，侈口，沿面较宽，沿下角较大，沿外侧饰印痕较深的粗绳纹，沿下有一周抹痕。残宽11.2、残高5.2厘米（图3-59，7）。ZH14：24，高直领外鼓，侈口，短卷沿，唇面及领外侧饰绳纹。残宽9.4、残高5厘米（图3-59，16）。

联裆甗　1件（ZH14：21）。夹砂褐陶。甗腰算托较窄，器表饰印痕较浅的绳纹。残宽11.8、残高6厘米（图3-59，18）。

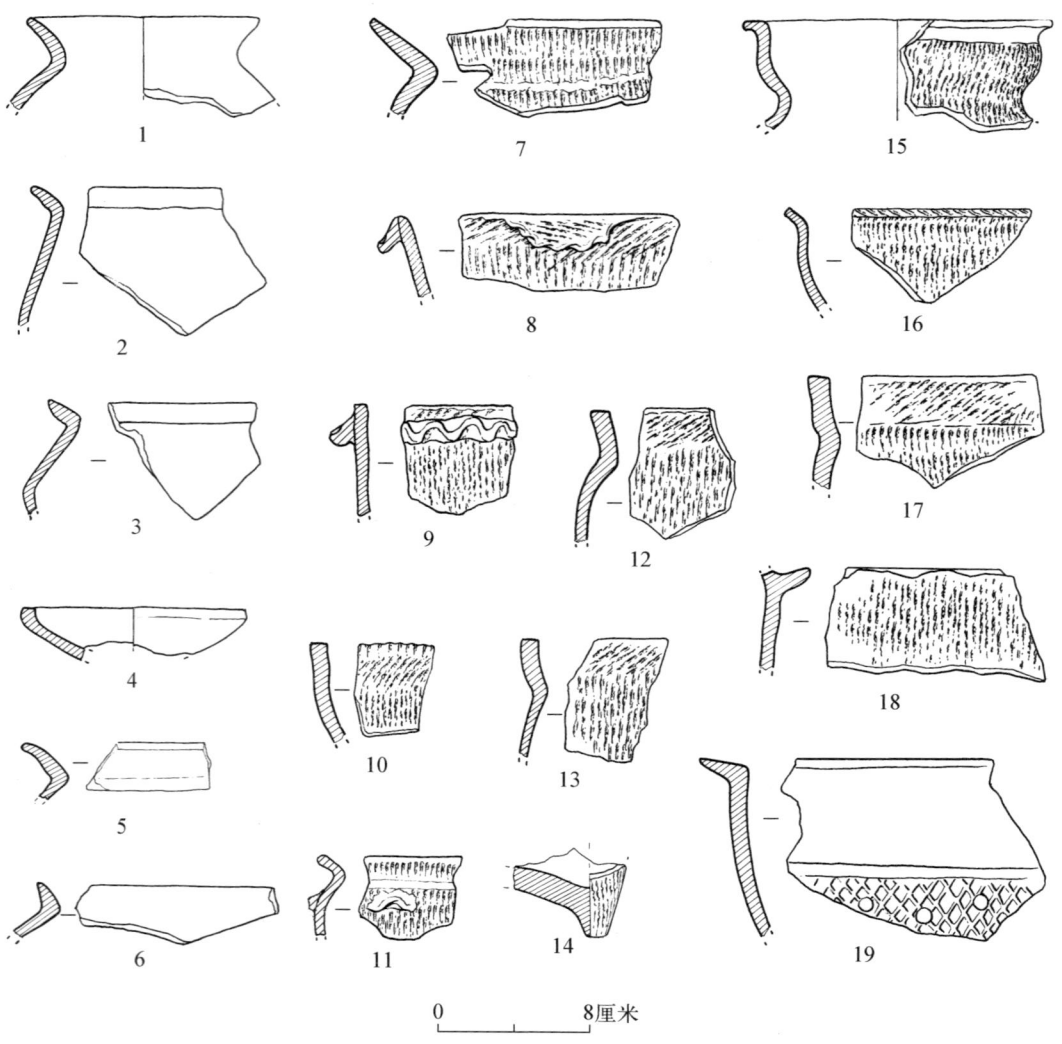

0   8厘米

图3-59 06QZH14出土陶器

1. 小口罐（ZH14∶14） 2、3、19. 盆（ZH14∶1、28、22） 4. 豆（ZH14∶16） 5、6. 大口罐（ZH14∶8、2）
7、15、16. 联裆鬲（ZH14∶20、12、24） 8～11. 高领袋足鬲（ZH14∶25、19、7、26） 12、13、17. 袋足分裆甗（ZH14∶3、15、4）
14. 足根（ZH14∶6） 18. 联裆甗（ZH14∶21）

小口罐 1件（ZH14∶14）。泥质灰陶。侈口，卷沿，圆唇，沿下角较大，素面。口径12、残高5.4厘米（图3-59，1）。

大口罐 3件。均为泥质灰陶。ZH14∶2，矮领，侈口，折沿，圆唇，素面。残宽10.4、残高3.1厘米（图3-59，6）。ZH14∶8，侈口，折沿，圆唇，沿下角较大，素面。残宽6.4、残高2.5厘米（图3-59，5）。ZH14∶13，直领，侈口，卷沿，尖圆唇，肩部饰印痕较浅、条理不清的绳纹。残宽4.8、残高3.5厘米（图3-58，4）。

盆 3件。均为泥质灰陶。ZH14∶1，侈口，折沿，沿面较窄，圆唇，沿下角较大，素面。残宽9.8、残高7.9厘米（图3-59，2）。ZH14∶22，折沿近平，沿面较宽，尖圆唇，腹部饰上下两周旋纹,中间填以网状方格乳钉纹。残宽13.6、残高9.8厘米(图3-59,19)。ZH14∶28,侈口,窄折沿,尖圆唇,折肩,素面。残宽7.8、残高6.2厘米(图3-59,3)。

豆 1件(ZH14∶16)。泥质灰陶,褐胎。直口,方唇,浅盘,盘壁向下斜收,素面。口径11.7、残高2.4厘米(图3-59,4)。

足根 8件。均夹砂。圆锥状足根。ZH14∶5,褐陶。联裆鬲或联裆甗足根,器表饰印痕较浅的绳纹。残高4.7厘米(图3-58,9)。ZH14∶6,灰陶。联裆鬲足根,足尖钝平,器表绳纹印痕模糊。残高5厘米(图3-59,14)。ZH14∶9,灰陶。高领袋足鬲足根,足尖钝平,器表绳纹略呈旋转状。残高3.3厘米(图3-58,5)。ZH14∶17,灰陶。高领袋足鬲足根,器表饰旋转状绳纹。残高4.7厘米(图3-58,7)。ZH14∶18,灰陶,褐胎。联裆鬲或联裆甗足根,足尖钝平,器表饰印痕较浅的粗绳纹。残高6厘米(图3-58,3)。ZH14∶23,褐陶。高领袋足鬲足根,器表饰印痕较深的旋转状绳纹。残高4.9厘米(图3-58,6)。ZH14∶27,灰陶。联裆鬲足根,腹部饰粗绳纹,足根绳纹印痕模糊。残高10.7厘米(图3-58,10)。ZH14∶29,灰陶。高领袋足鬲足根,器表饰细绳纹。残高2.5厘米(图3-58,8)。

c. 年代

根据ZH14出土陶器标本的式别特征,判断该坑年代为先周晚期第一段。

(14) 06QZH15

a. 形制与堆积

ZH15位于探方ZT5西部,开口于ZT5③层下,被近代墓打破,同时打破生土。该坑南部延伸进ZT5南壁的部分未发掘,西部被断崖破坏,坑口平面呈椭圆形,台阶式坡壁,东壁台阶上发现少量踩踏面。坑口南北残长5.1、东西残宽2.6、坑口距地表2.2、自深2米(图3-60)。

坑内堆积较复杂,可分为五层,每层均由北向南倾斜堆积。第①层厚65厘米,土质为致密的颗粒状,土色呈浅灰褐色,内含陶片、石器等。第②层厚40厘米,土质为较疏松的颗粒状,土色呈灰褐色,夹杂有少量炭屑。第③层厚40厘米,土质为较致密的颗粒状,土色呈黄褐色,夹杂有炭屑,内含兽骨等。第④层厚60厘米,土质为致密的颗粒状,土色呈红褐色,内含兽骨等。第⑤层厚28厘米,土质为疏松的颗粒状,土色呈灰褐色。

b. 陶容器

ZH15出土陶器丰富,陶片数量近1500片。陶质分夹砂与泥质两种,以泥质者为主,占比约54%。陶色以灰陶为主,占比约72%,灰褐陶占比约15%,褐陶占比近11%,黑皮陶占比约2%。纹饰以中绳纹、粗绳纹、素面和细绳纹为主,分别占比约35%、30%、22%和12%。器类丰富,其中高领袋足鬲与袋足分裆甗共占比约40%,联裆鬲与联裆甗共占比约18%,盆、直口盆、鼓腹盆等盆类器共占比约16%,高领球腹罐、敛口小罐、小口罐、大口罐、夹砂小罐共占比约13%,另有钵、尊、瓮、簋、圈足、器盖等(表3-9)。

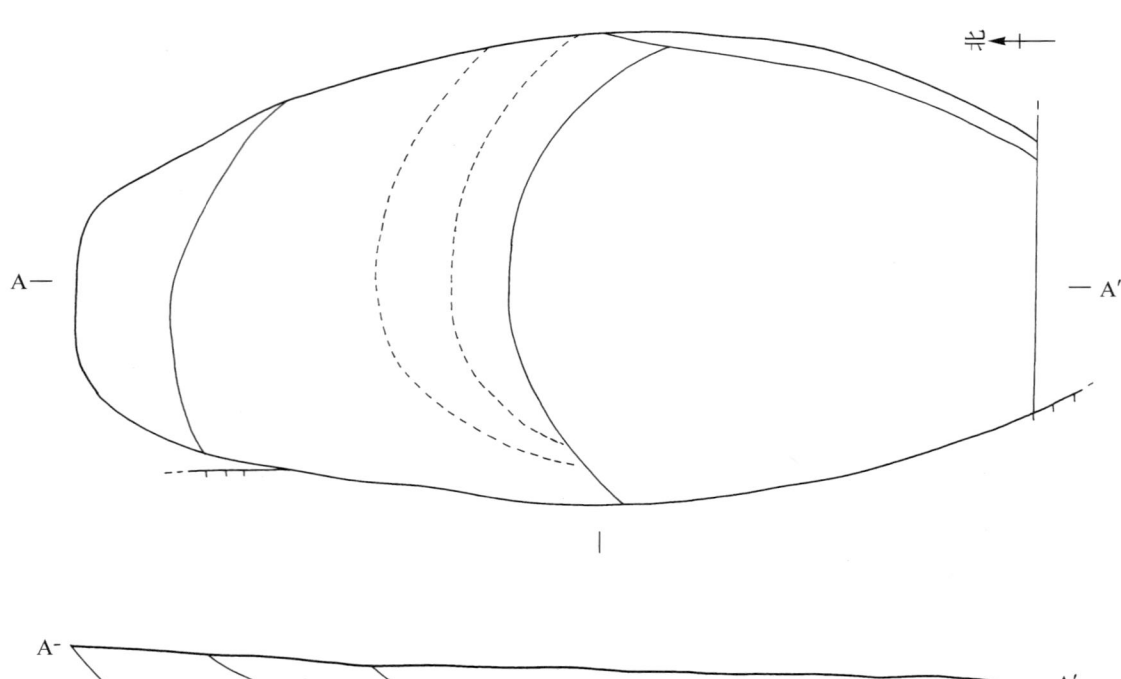

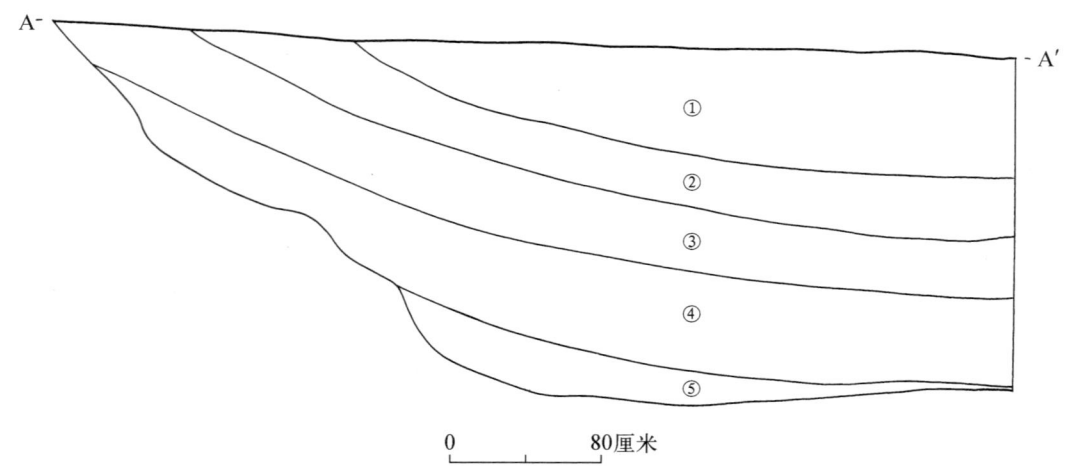

0　　　　　80厘米

图3-60　06QZH15平、剖面图

表3-9　06QZH15出土陶片陶系、纹饰及器类统计表

纹饰与器类	陶质与陶色	夹　砂			泥　质				合计	百分比（%）
		灰	褐	灰褐	灰	褐	灰褐	黑皮		
纹饰	粗绳纹	195		68	138	28	12		441	29.80
	中绳纹	167	55	93	176	22	8		521	35.20
	细绳纹	44		18	90	17	2		171	11.55
	素面	23	12	4	217	22	21	27	326	22.03
	方格纹				10	1			11	0.74
	旋纹				1				1	0.07

续　表

陶质与陶色 纹饰与器类		夹　砂			泥　质				合计	百分比 （%）
		灰	褐	灰褐	灰	褐	灰褐	黑皮		
纹饰	弦纹					3	1		4	0.27
	模糊菱形方格纹				4				4	0.27
	方格乳钉纹				1				1	0.07
合计		429	67	183	637	93	44	27	1 480	100.00
百分比（%）		28.99	4.53	12.36	43.04	6.28	2.97	1.82	99.99	
		45.88			54.11					
器类	高领袋足鬲	25							25	20.49
	袋足分裆甗	24							24	19.67
	联裆鬲	13							13	10.66
	联裆甗	9							9	7.38
	高领球腹罐				2				2	1.64
	小口罐	1			5				6	4.92
	大口罐				4				4	3.28
	夹砂小罐	1							1	0.82
	敛口小罐				3				3	2.46
	直口盆				7				7	5.74
	鼓腹盆				1				1	0.82
	夹砂盆	2							2	1.64
	盆	2			8				10	8.20
	球腹钵	1							1	0.82
	钵				1				1	0.82
	簋				1				1	0.82
	尊				3				3	2.46
	敛口瓮				1				1	0.82
	三足瓮				1				1	0.82
	瓮				1				1	0.82
	器盖				1				1	0.82
	圈足	1			1				2	1.64
	不明器	2			1				3	2.40
合计		81			41				122	99.96
百分比（%）		66.39			33.61				100.00	

　　高领袋足鬲　25件。均夹砂。ZH15：58，灰陶。领部整体内弧，方唇，领上部与腹部连接有桥形耳，领部饰印痕模糊的竖行绳纹。口径13.6、残高5.2厘米（图3-62，5）。ZH15：59，灰陶。领部整体微内弧，侈口，方唇，口外侧有鸡冠状錾，錾上饰右斜行绳纹，领上部饰左斜行绳纹，下部饰竖行细绳纹，领腹交界处有一周抹痕。残宽4.4、残高5厘米（图3-61，1）。ZH15：60，灰陶，领部整体较直，侈口，方唇，领上部饰斜行绳纹，下部饰竖行细绳纹，领腹交界处有一周抹痕。残宽6.9、残高3.8厘米（图3-61，4）。ZH15：61，灰陶。领部整体内弧，侈口，方唇，领部饰交错的斜行绳纹与竖行绳纹，领腹交界处有一周抹痕。残宽6.4、残高5.2厘米（图3-61，16）。ZH15：62，灰陶。领部整体微内弧，侈口，方唇，口外侧有錾，上饰右斜行绳纹，领上部饰左斜行绳纹，下部饰竖行绳纹，领腹交界处有一周抹痕，錾下方贴有泥饼。残宽7.8、残高5.6厘米（图3-61，15）。ZH15：63，灰陶。领部为"三段式"，直口，方唇，领上部饰斜行绳纹，中部饰一周较窄的竖行绳纹，下部饰斜行绳纹。口径29.9、残高8.1厘米（图3-61，19）。ZH15：64，灰褐陶。领部整体较直，侈口，方唇，领上部饰斜行绳纹，下部饰印痕模糊的竖行绳纹。残宽5.7、残高4.1厘米（图3-61，14）。ZH15：65，灰褐陶。领部较直，方唇，领上部饰斜行绳纹，下部饰竖行绳纹。残宽4.4、残高4.7厘米（图3-61，12）。ZH15：66，灰陶。领部整体内弧，侈口，方唇，口外侧有鸡冠状錾，錾上饰右斜行绳纹，领部饰左斜行绳纹，领腹交界与錾相对处有小泥饼，裆隔较高，袋足饰印痕较深的交错绳纹，裆隔所饰坑窝纹高至领腹交界处。口径20.9、残高15.6厘米（图3-62，7）。ZH15：67，灰陶，薄胎。领部较直，方唇，领外侧饰印痕模糊的竖行绳纹。残宽8.6、残高7厘米（图3-62，4）。ZH15：68，灰陶。领部整体内弧，侈口，方唇，口外侧有錾，领部饰斜行细绳纹。残宽8.2、残高5.2厘米（图3-62，6）。ZH15：69，灰陶。领部整体内弧，侈口，方唇，领上部饰斜行绳纹，下部饰竖行绳纹，均印痕较浅。残宽3.5、残高4.4厘米（图3-61，8）。ZH15：70，灰陶。领部整体内弧，侈口，方唇，领上部饰斜行细绳纹，下部饰竖行细绳纹。残宽5.1、残高3.9厘米（图3-61，7）。ZH15：71，灰陶。领部整体内弧，侈口，方唇，领上部饰斜行绳纹，下部饰竖行粗绳纹。残宽3、残高6.1厘米（图3-62，1）。ZH15：72，灰陶，胎较薄。领部整体内弧，侈口，方唇，口外侧有錾，錾上饰右斜行绳纹，领部饰交错的左斜行绳纹与竖行绳纹，印痕较深，领腹交界处有一周抹痕。残宽3.5、残高5厘米（图3-62，2）。ZH15：73，灰陶。领部整体较直，侈口，方唇，领上部饰斜行绳纹，下部饰竖行绳纹，领腹交界处有一周抹痕。残宽6、残高4.8厘米（图3-61，17）。ZH15：74，灰陶。领部上厚下薄，整体较直，侈口，方唇，领上部饰斜行绳纹，下部饰竖行绳纹，领腹交界处有一周抹痕。残宽6.4、残高4.6厘米（图3-61，18）。ZH15：75，灰陶。领部整体较直，方唇，口外侧有錾，錾上饰右斜行绳纹，领上部饰左斜行绳纹，下部饰竖行绳纹。残宽7、残高5厘米（图3-61，2）。ZH15：76，灰陶。领部整体较直，侈口，方唇，领上部饰斜行绳纹，下部饰竖行绳纹。残宽4.8、残高4.2厘米（图3-61，13）。ZH15：77，褐陶。从口部观察可能为高领袋足鬲，但沿内侧微凸，绳纹极

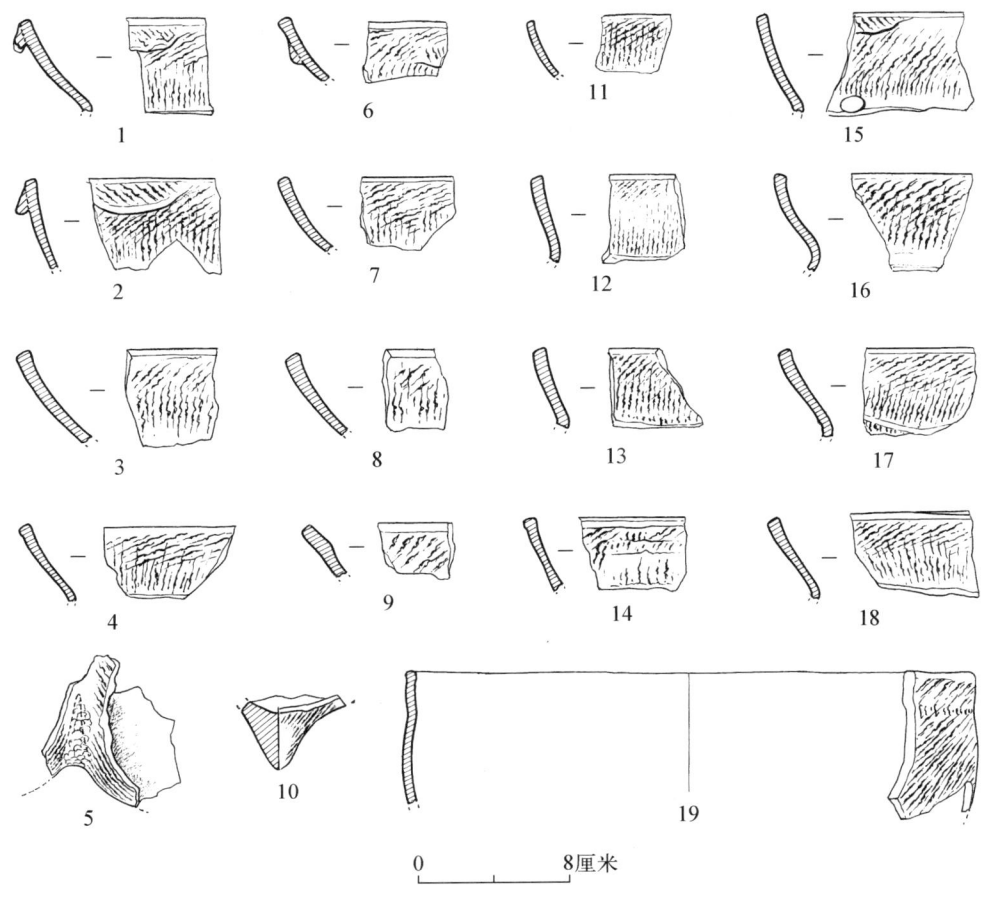

图 3-61　06QZH15 出土陶器

1～9、11～19.高领袋足鬲（ZH15：59、75、78、60、84、80、70、69、77、79、65、76、64、62、61、73、74、63）　10.足根（ZH15：97）

粗。残宽4.1、残高3.2厘米（图3-61,9）。ZH15：78,灰陶。领部整体内弧,侈口,方唇,领上部饰印痕模糊的左斜行绳纹,下部饰印痕较深的竖行绳纹。残宽4.9、残高5.2厘米（图3-61,3）。ZH15：79,灰褐陶,胎较薄。领部整体内弧,侈口,方唇,领外侧饰交错的斜行绳纹与竖行绳纹。残宽4、残高3厘米（图3-61,11）。ZH15：80,灰陶。领部整体较直,侈口,方唇,领外侧有鋬,此鋬位置较低,不与口部齐平,领上部饰斜行绳纹,下部饰竖行绳纹,绳纹印痕较浅。残宽4.4、残高3.2厘米（图3-61,6）。ZH15：84,灰陶。残存裆底部,饰坑窝纹。残高8.4厘米（图3-61,5）。ZH15：85,灰陶。裆隔较高,裆底饰较小的坑窝纹。残宽11、残高5.2厘米（图3-62,3）。

袋足分裆甗　11件。均夹砂。方唇,唇面素面。ZH15：91,褐陶。领部较直,侈口,领上部饰横行绳纹,领下部及腹部饰竖行绳纹,均印痕较浅。残宽8、残高7.6厘米（图3-63,3）。ZH15：102,黑陶。领部较直,侈口,领上部饰斜行绳纹,领下部及腹部饰印痕较深的竖行绳纹。残宽12.8、残高10.6厘米（图3-63,10）。ZH15：103,灰褐陶。器表饰竖行绳纹,腰部饰

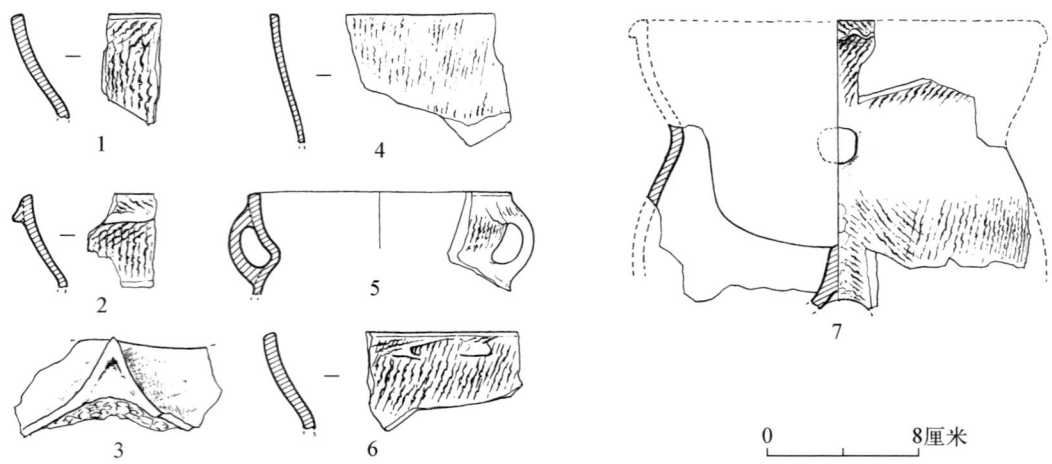

图3-62　06QZH15出土陶高领袋足鬲

1. ZH15：71　2. ZH15：72　3. ZH15：85　4. ZH15：67　5. ZH15：58　6. ZH15：68　7. ZH15：66

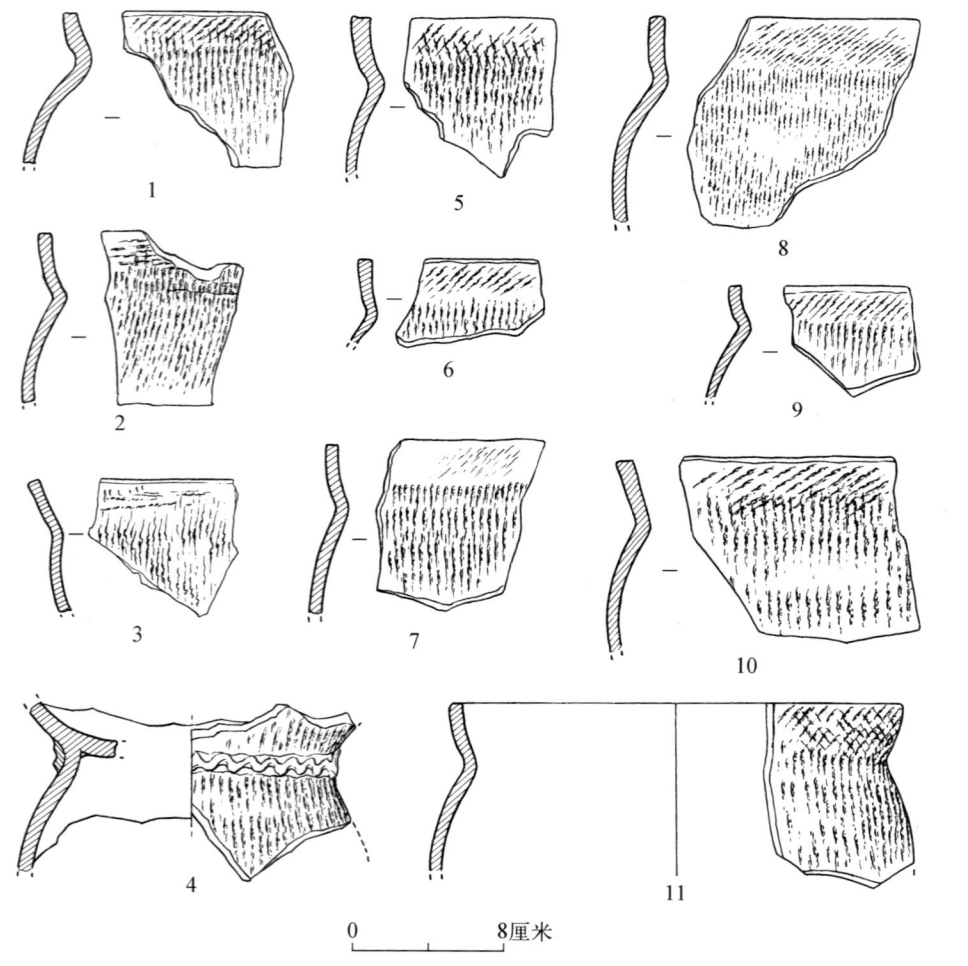

图3-63　06QZH15出土陶袋足分裆甗

1. ZH15：115　2. ZH15：105　3. ZH15：91　4. ZH15：103　5. ZH15：111　6. ZH15：108　7. ZH15：116
8. ZH15：113　9. ZH15：110　10. ZH15：102　11. ZH15：112

一周扭索状附加堆纹。腰宽15.3、残高9.8厘米（图3-63，4）。ZH15：105，灰陶，陶色斑驳不均。领部内弧，领上部饰横行绳纹，下部及腹部饰竖行绳纹，均印痕较深。残宽7.4、残高9.7厘米（图3-63，2）。ZH15：108，黑陶，褐胎。领部较直，上厚下薄，领部饰斜行绳纹，腹部饰竖行绳纹，均印痕较深。残宽8、残高4.8厘米（图3-63，6）。ZH15：110，褐陶。矮领内弧，领部饰斜行绳纹，腹部饰竖行绳纹，均印痕较深。残宽7.2、残高6.1厘米（图3-63，9）。ZH15：111，褐陶。领部内弧，饰交错绳纹，腹部饰印痕较深的竖行绳纹。残宽8.2、残高8.8厘米（图3-63，5）。ZH15：112，褐陶。领部内弧，领外侧饰交错绳纹，腹部饰竖行绳纹，均印痕较深。口径24、残高10.1厘米（图3-63，11）。ZH15：113，黑灰陶。领部较直，饰斜行绳纹，腹部饰竖行绳纹，纹饰细密且印痕较浅。残宽12.2、残高11.4厘米（图3-63，8）。ZH15：115，黑灰陶。矮领较直，下部较厚，领部饰交错的斜行绳纹与竖行绳纹，腹部饰竖行绳纹，口沿形制特征与联裆甗近同，但纹饰为典型袋足分裆甗纹饰。残宽9.2、残高8.4厘米（图3-63，1）。ZH15：116，褐陶。领部内弧，饰印痕较浅的斜行绳纹，腹部饰印痕较深、条理清晰的竖行细绳纹。残宽8.9、残高9.3厘米（图3-63，7）。

联裆鬲 11件。均夹砂。ZH15：82，褐陶，陶色斑驳不均。矮领，侈口，方唇，沿下角较大，领外侧及腹部饰印痕较深的粗绳纹。口径25.2、残高8厘米（图3-64，1）。ZH15：83，灰陶。矮领，侈口，方唇，沿下角较大，通体饰印痕较浅的绳纹，领腹交界处有一周抹痕。口径20.8、残高14.6厘米（图3-64，11）。ZH15：87，灰陶，陶色斑驳不均。矮领加厚，侈口，尖圆唇，沿下角甚大，领外侧似附加泥条后饰绳纹，腹部绳纹印痕较浅。口径27.8、残高10.4厘米（图3-65，3）。ZH15：88，灰陶。裆较高，尖锥状足，实足根较矮，器表饰印痕较浅的中偏粗绳纹。残宽10.1、残高16.7厘米（图3-64，3）。ZH15：89，红陶。矮领，侈口，卷沿，圆唇，沿下角较大，领外侧饰印痕较深的粗绳纹。残宽12.4、残高3.3厘米（图3-64，5）。ZH15：90，灰陶。斜高领，侈口，圆唇，沿下角甚大，领外侧饰印痕较深的粗绳纹，近口端绳纹被抹。残宽7.4、残高5.5厘米（图3-64，6）。ZH15：92，红褐陶。矮领，侈口，方唇，沿下角甚大，器表饰印痕较浅、略具条理的麦粒状绳纹，残宽7.6、残高5.9厘米（图3-64，4）。ZH15：94，褐陶。领部较高，侈口，窄平沿，沿下角甚大，领外侧及腹部饰印痕较浅、条理不清的绳纹，腹部饰多周旋纹。残宽12.5、残高9.4厘米（图3-64，2）。ZH15：95，褐陶。矮领，侈口，方唇，沿下角较大，领外侧饰印痕模糊的细绳纹。残宽5、残高3.3厘米（图3-64，7）。ZH15：101，灰陶，陶色斑驳不均。矮领，侈口，方唇，沿下角较大，领外侧贴附泥片，通体饰印痕较浅的绳纹。残宽10.4、残高14.2厘米（图3-64，10）。ZH15：124，红陶。领较高，侈口，斜方唇，沿下角甚大，通体饰略具条理的麦粒状绳纹。口径12.8、残高7厘米（图3-64，9）。

联裆甗 9件。均夹砂。方唇。ZH15：93，褐陶。侈口，窄折沿，尖圆唇，腹饰印痕较浅、略具条理的麦粒状绳纹，不排除此器为夹砂盆的可能。残宽8.6、残高4.7厘米（图3-65，

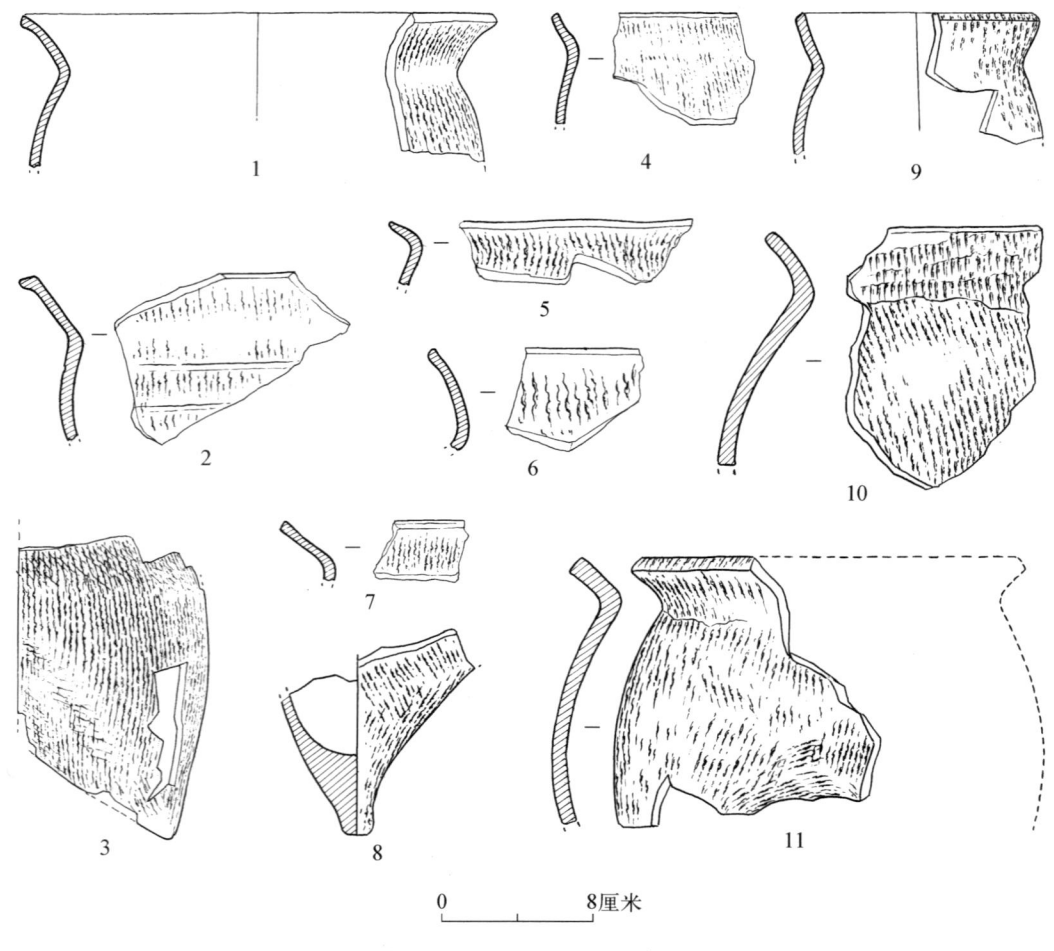

图3-64　　06QZH15出土陶器

1～7、9～11. 联裆鬲（ZH15：82、94、88、92、89、90、95、124、101、83）　8. 足根（ZH15：122）

5）。ZH15：99，灰陶。侈口，沿外侧绳纹印痕较浅、条理不清。残宽8、残高3.2厘米（图3-65，6）。ZH15：100，褐陶，陶色斑驳不均。侈口，沿下角甚大，领部以下饰粗绳纹。残宽6.2、残高3.9厘米（图3-65，4）。ZH15：104，灰陶。鬲腰箅托较窄，器表绳纹印痕较浅、条理不清。鬲腰宽16.6、残高8.9厘米（图3-65，11）。ZH15：106，褐陶。矮领，近直口，通体饰印痕较浅的绳纹。残宽8.6、残高7.7厘米（图3-65，9）。ZH15：107，红褐陶。侈口，窄折沿，沿下角较大，通体饰印痕较深的绳纹。残宽11.8、残高9厘米（图3-65，8）。ZH15：109，红陶。侈口，卷沿，沿下角较大，唇部及沿外侧饰绳纹，沿外侧附加泥条。口径32.2、残高3.4厘米（图3-65，1）。ZH15：114，褐陶，陶色斑驳不均。近直口，方唇，唇面微内凹，领部及腹部饰印痕较浅的细密绳纹，领上部绳纹被抹，口沿特征似袋足分裆鬲，但纹饰与联裆鬲相同，暂归入联裆鬲，但不排除为袋足分裆鬲的可能。口径28.8、残高7.4厘米（图3-65，2）。ZH15：125，褐陶。鬲腰箅托较窄，器表绳纹印痕较浅、条理不清。鬲腰宽18.2、残高11.2厘米（图3-65，10）。

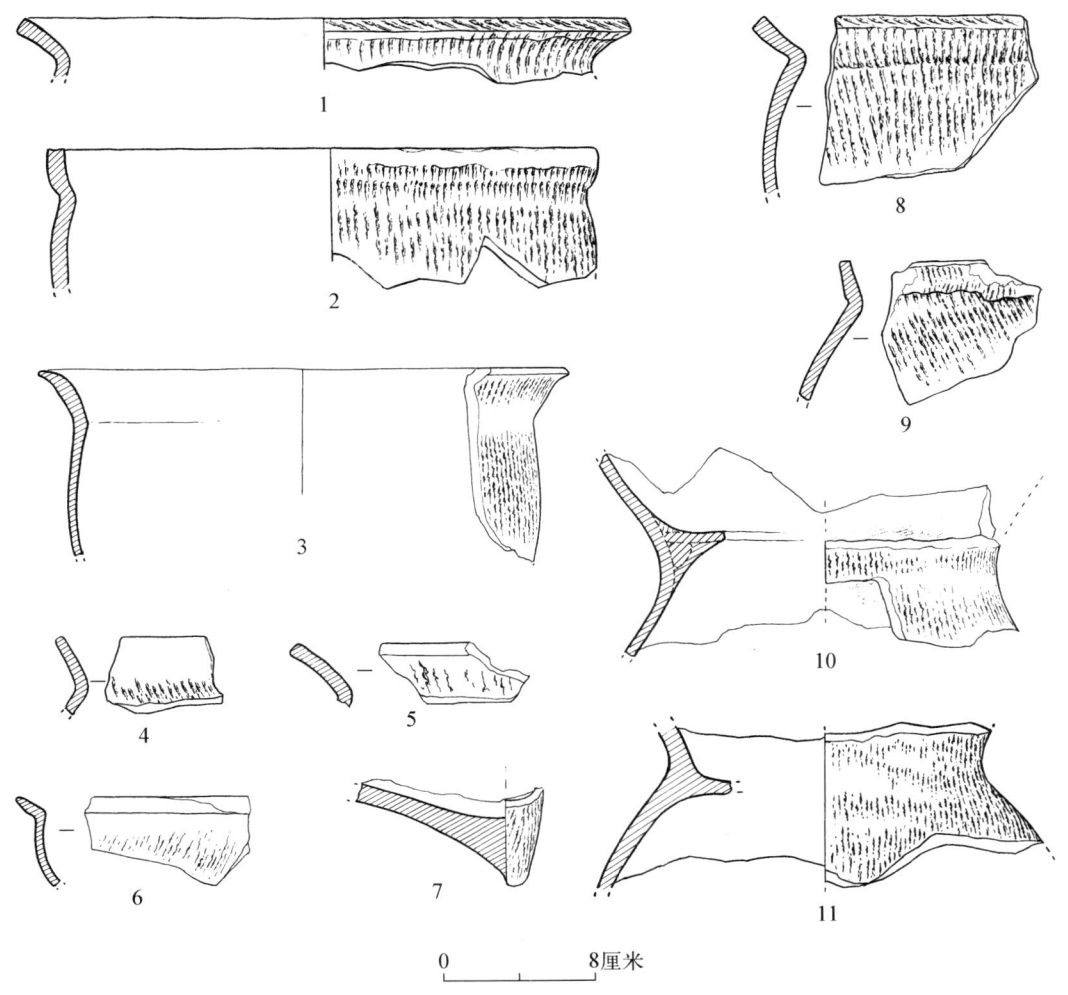

图3-65　06QZH15出土陶器

1、2、4～6、8～11. 联裆甗（ZH15：109、114、100、93、99、107、106、125、104）　3. 联裆鬲（ZH15：87）
7. 联裆鬲足根或联裆甗足根（ZH15：98）

高领球腹罐　2件。均泥质。ZH15：43，灰陶。敛口，方唇，领部内弧，领上部绳纹被抹，下部及腹部饰麦粒状绳纹。残宽7、残高5.4厘米（图3-66，2）。ZH15：52，褐陶。侈口，方圆唇，领部内弧，领外侧绳纹印痕较浅、纹理模糊。残宽4.9、残高4.2厘米（图3-66，10）。

小口罐　6件。除ZH15：120为夹砂褐陶外，余均为泥质灰陶。ZH15：13，侈口，卷沿近平，圆唇，素面。口径16、残高9.1厘米（图3-66，6）。ZH15：18，矮直领，直口，尖圆唇，隆肩。口径12.2、残高5.5厘米（图3-67，4）。ZH15：19，侈口，折沿，方唇，沿下角较小。口径14、残高3.6厘米（图3-66，12）。ZH15：29，矮领，侈口，圆唇，沿下角较大，素面。残宽9.4、残高5.7厘米（图3-66，8）。ZH15：54，矮领，侈口，微折沿，圆唇，沿下角较大，素面。残宽7.9、残高3.8厘米（图3-66，9）。ZH15：120，侈口，卷沿，圆唇，沿下角较大，沿外侧饰印痕模糊的绳纹。口径

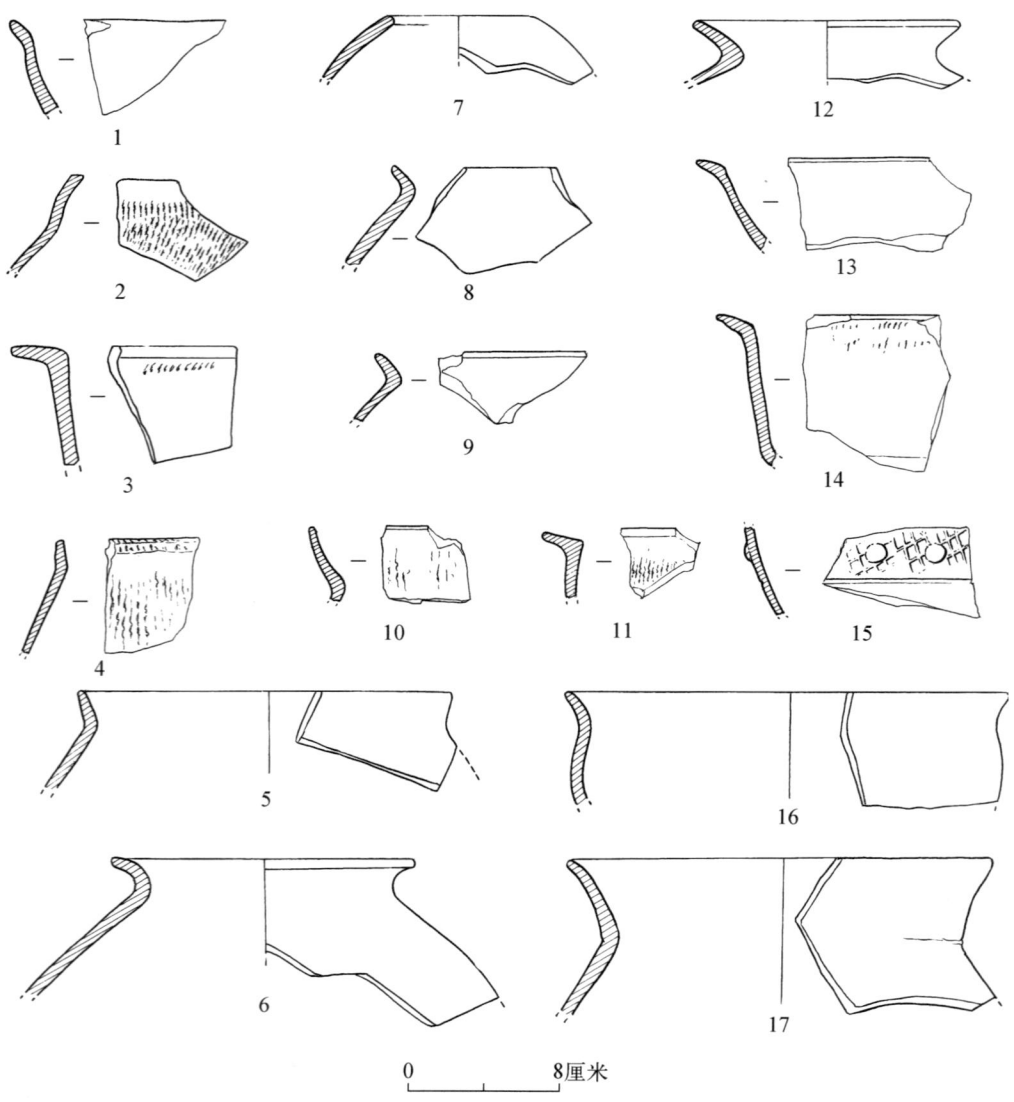

图 3-66　06QZH15 出土陶器

1、13. 直口盆（ZH15：49、30）　2、10. 高领球腹罐（ZH15：43、52）　3、11、14、15. 盆（ZH15：36、51、39、37）　4. 夹砂小罐（ZH15：32）
5、16、17. 大口罐（ZH15：20、27、26）　6、8、9、12. 小口罐（ZH15：13、29、54、19）　7. 敛口小罐（ZH15：46）

12、残高 9.4 厘米（图 3-67，2）。

　　大口罐　4件。均泥质。侈口。ZH15：20，灰陶。矮领，圆唇，素面。口径 19.6、残高
5.4 厘米（图 3-66，5）。ZH15：21，灰陶。矮领，卷沿，圆唇。口径 24、残高 4.8 厘米（图 3-67，
1）。ZH15：26，灰陶。高领，圆唇，沿下角较大，素面。口径 22.4、残高 8.5 厘米（图 3-66，17）。
ZH15：27，黑陶。矮领，方圆唇，鼓腹。口径 23.4、残高 6.2 厘米（图 3-66，16）。

　　夹砂小罐　1件（ZH15：32）。夹砂灰陶。矮领，直口，方唇，器表饰印痕较浅的绳纹。残
宽 5.2、残高 6.1 厘米（图 3-66，4）。

敛口小罐　3件。均为泥质灰陶。敛口。ZH15：33，圆唇，鼓肩，素面。口径9.8、残高10.1厘米（图3-67，12）。ZH15：40，形制与ZH15：33近同。口径9.8、残高10.2厘米（图3-67，13；彩版一九，2）。ZH15：46，方唇，素面。口径8、残高3.7厘米（图3-66，7）。

罐底　1件（ZH15：121）。夹砂红陶。残存腹及底部，腹部饰印痕较浅、条理不清的绳纹。底径12、残高10.4厘米（图3-67，6）。

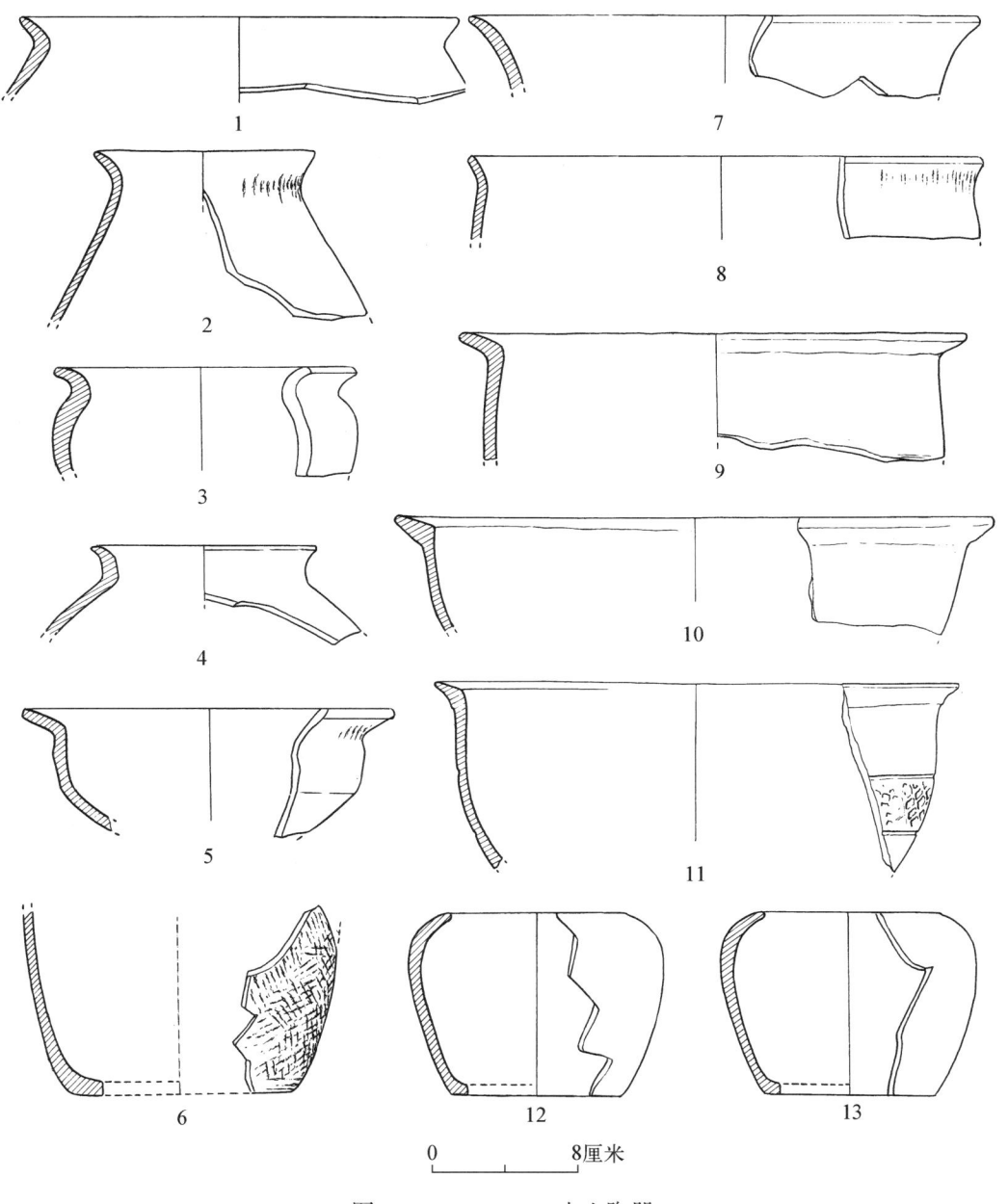

0　　　　　　8厘米

图3-67　06QZH15出土陶器

1. 大口罐（ZH15：21）　2、4. 小口罐（ZH15：120、18）　3. 盂（ZH15：41）　5. 夹砂盆（ZH15：118）　6. 罐底（ZH15：121）
7、8. 直口盆（ZH15：31、48）　9、10. 盆（ZH15：25、23）　11. 鼓腹盆（ZH15：24）　12、13. 敛口小罐（ZH15：33、40）

直口盆 6件。均为泥质灰陶。ZH15：30，直口微侈，窄沿，圆唇，不排除该器为簋的可能。残宽9.7、残高4.9厘米（图3-66,13）。ZH15：31，直口微侈，尖圆唇，素面。口径28、残高4.6厘米（图3-67,7）。ZH15：38，直口微侈，圆唇，腹下部弧收，素面。口径22.2、残高9厘米（图3-68,12）。ZH15：47，直口微侈，方唇，素面。口径22.8、残高9.6厘米（图3-68,13）。ZH15：48，直口微侈，圆唇，唇面有一道旋纹，领外侧绳纹被抹。口径28.2、残高4.5厘米（图3-67,8）。ZH15：49，矮领，近直口，微侈，圆唇，素面。残宽7.4、残高5厘米（图3-66,1）。

鼓腹盆 1件（ZH15：24）。泥质灰陶，褐胎。窄沿微折，尖圆唇，鼓腹，腹部饰上下两周旋

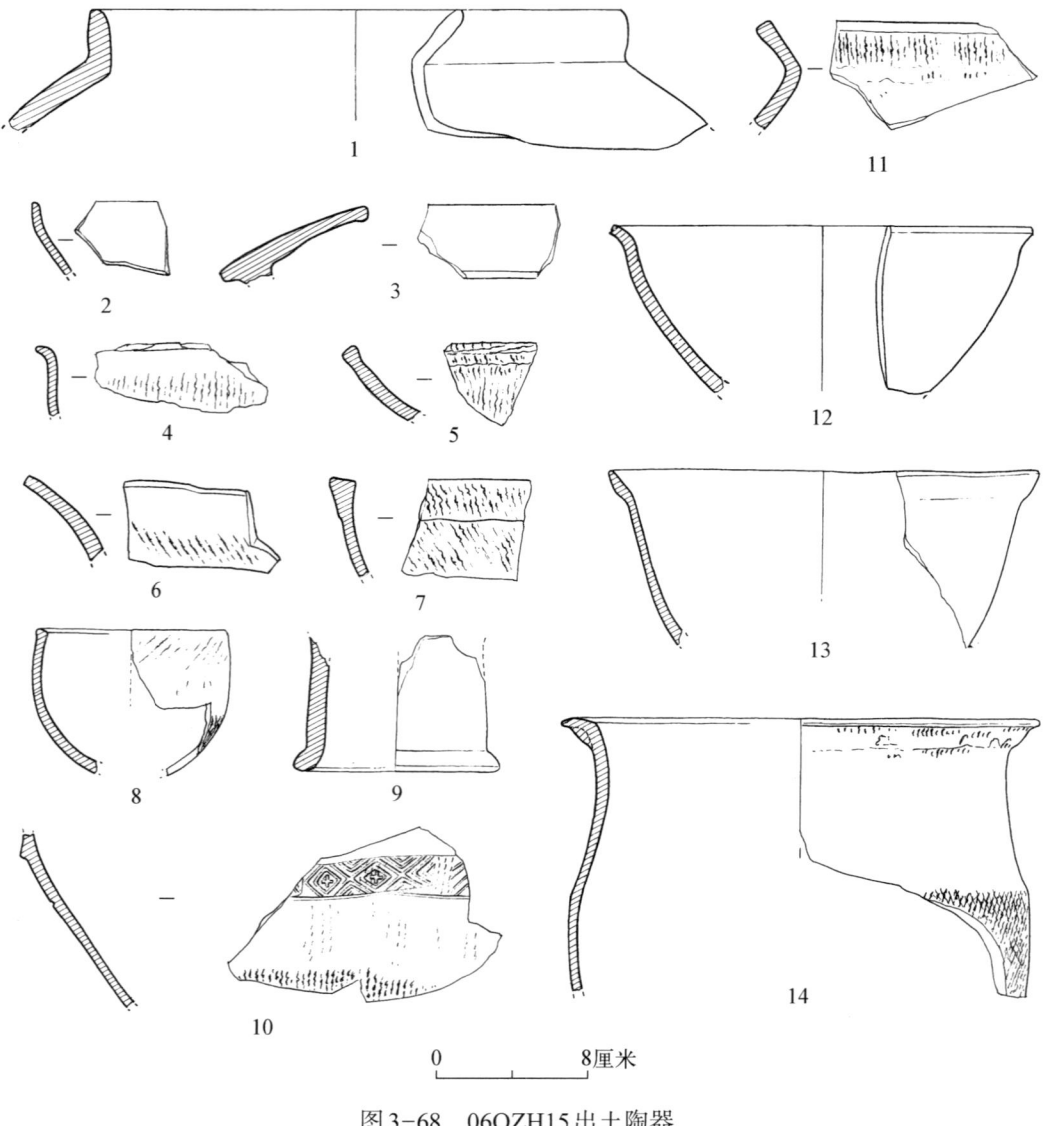

图3-68 06QZH15出土陶器

1. 瓮（ZH15：22） 2. 钵（ZH15：45） 3. 敛口瓮（ZH15：50） 4. 夹砂盆（ZH15：57） 5、7. 不明器（ZH15：44、42）
6. 大口尊类器（ZH15：35） 8. 球腹钵（ZH15：34） 9. 圈足（ZH15：28） 10、14. 尊（ZH15：56、55）
11. 三足瓮（ZH15：53） 12、13. 直口盆（ZH15：38、47）

纹,其间填以网状方格纹。口径28.6、残高10.5厘米(图3-67,11)。

夹砂盆 2件。均夹砂。ZH15:57,灰陶。直口,窄卷沿,腹部饰印痕较浅的竖行绳纹。残宽9、残高3.6厘米(图3-68,4)。ZH15:118,褐陶。侈口,折沿,圆唇,沿外侧饰印痕极浅的绳纹。口径20.2、残高7厘米(图3-67,5)。

盆 6件。均为泥质灰陶。ZH15:23,窄折沿,沿下角较大,圆唇,素面。口径32.8、残高6.5厘米(图3-67,10)。ZH15:25,折沿,圆唇,直腹,素面。口径27.6、残高7.2厘米(图3-67,9)。ZH15:36,平折沿,圆唇,沿外侧局部饰印痕较浅的绳纹。残宽6.8、残高6.3厘米(图3-66,3)。ZH15:37,残存腹片,饰方格乳钉纹,其下饰一周旋纹。残宽8.4、残高5厘米(图3-66,15)。ZH15:39,窄折沿近平,尖圆唇,沿外侧依稀可见竖行绳纹。残宽7.9、残高8.3厘米(图3-66,14)。ZH15:51,折沿近平,方唇,腹部饰印痕较浅的绳纹。残宽4.2、残高3.7厘米(图3-66,11)。

盂 1件(ZH15:41)。泥质灰陶。窄卷沿近平,圆唇,鼓腹,素面。口径16.6、残高6.1厘米(图3-67,3)。

球腹钵 1件(ZH15:34)。夹砂灰陶。直口,方唇,整体呈半球形,腹上部绳纹被抹,下部饰印痕较深的绳纹。口径10、残高7.8厘米(图3-68,8)。

钵 1件(ZH15:45)。泥质褐陶。直口,圆唇,腹微折。残宽4.8、残高4厘米(图3-68,2)。

大口尊类器 1件(ZH15:35)。泥质褐陶。大敞口,方唇,领下部依稀可见斜行绳纹。残宽8.2、残高4.6厘米(图3-68,6)。

尊 2件。均为泥质灰陶。ZH15:55,折沿近平,尖圆唇,沿外侧泥条加厚并饰竖行绳纹,腹下部饰交错绳纹。口径25.2、残高15厘米(图3-68,14)。ZH15:56,残存腹片,腹上部饰一周菱形纹饰带,下部饰略具条理的麦粒状绳纹。残宽14.5、残高9.4厘米(图3-68,10)。

敛口瓮 1件(ZH15:50)。泥质褐陶,陶色斑驳不均。敛口,方唇,肩部有錾。残宽7.5、残高3.8厘米(图3-68,3)。

三足瓮 1件(ZH15:53)。泥质灰陶。侈口,卷沿,方唇较厚,沿下角较大,沿外侧饰略具条理的麦粒状细绳纹。残宽10.9、残高5.8厘米(图3-68,11)。

瓮 1件(ZH15:22)。泥质灰陶。矮直领,圆唇,素面。口径28.2、残高7.4厘米(图3-68,1)。

圈足 1件(ZH15:28)。泥质灰陶。整体近圆桶状,底部外折形成小平台,素面。底径10.8、残高7.4厘米(图3-68,9)。

足根 3件。均为夹砂灰陶。ZH15:97,尖锥状,饰略具旋转状的细绳纹,为高领袋足鬲足根。残高4.2厘米(图3-61,10)。ZH15:98,圆锥状,绳纹模糊,为联裆鬲或联裆甗足根。残高

5.9厘米（图3-65，7）。ZH15：122，陶色斑驳不均。圆锥状，足尖钝平，足根较高，表面饰绳纹，为联裆鬲或联裆甗足根。残高11厘米（图3-64，8）。

不明器　2件。ZH15：42，夹砂灰陶。直口，方唇，口外侧泥条加厚，通体饰印痕较浅的斜行绳纹。残宽6.8、残高5.4厘米（图3-68，7）。ZH15：44，泥质灰陶。敞口，方唇，口外侧附加泥条，通体饰印痕较浅的竖行绳纹。残宽5、残高4.4厘米（图3-68，5）。

c. 陶小件

陶纺轮　3件。均为泥质灰陶。中央有一圆形穿孔。ZH15：1，稍残，整体近上小下大的圆锥状，表面刻划一个三角形。直径5.3、厚2.6、孔径0.7厘米（图3-17，1）。ZH15：2，残，圆饼状，素面。直径4.1、厚1.4、孔径0.6厘米（图3-18，2）。ZH15：3，残，圆饼状，素面。直径4.5、厚1.7厘米（图3-18，4）。

d. 石器

石铲　3件。均残，制作较精致，通体磨光，片状。ZH15：8，青灰色。双面刃。残长5.7、残宽6.8、厚0.8厘米（图3-19，1）。ZH15：9，青灰色。单面刃，刃部较钝。长8.3、残宽5.3、厚1厘米（图3-19，2）。ZH15：10，黑色。双面刃。残长10.1、残宽7.7、厚1.2厘米（图3-19，6）。

石刀　3件。均残，青灰色，页岩。磨制，整体近长方形。ZH15：4，中部有两个对钻而成的圆孔，其中一孔残，单面刃。残长7.6、宽6.7、厚0.9、孔径0.3厘米（图3-20，4）。ZH15：5，中部有一个对钻而成的圆孔，孔旁有一个长方形片状凸起，厚约0.2厘米，尚难以判断是有意为之，还是器表石材剥落所致，双面刃。残长8.1、宽6、厚0.6、孔径0.4厘米（图3-20，5）。ZH15：6，中部有两个对钻而成的圆孔，其中一孔残，双面刃。残长6.4、残宽4.6、厚0.9、孔径0.5厘米（图3-20，2）。

石刀半成品　1件（ZH15：7）。残，青灰色。不规则片状，有两个钻而未穿的圆孔，为双面钻，一侧磨出锋刃，应为石刀半成品。残长6.6、残宽9.1、厚1.6厘米（图3-20，6）。

砺石　1件（ZH15：12）。残，青灰色，砂质较粗。两面均有磨痕。残长6.1、残宽6.7、厚1.5厘米（图3-21，3）。

e. 年代

根据ZH15出土陶器标本的式别特征，判断该坑年代为先周晚期第一段。

（15）06QZH16

a. 形制与堆积

ZH16位于赵家台发掘区南部的咸丰沟断崖上，灰坑西部大部分已被断崖破坏，故仅对灰坑进行清理而未布设探方。现存坑口平面为圆角长方形，直壁，平底。坑口长2、宽0.42、坑口距地表1.5、坑底距地表2.62、自深1.12米（图3-69）。

坑内为一次性堆积，土质为较致密的粉末状，土色呈灰褐色。内含陶片、兽骨、礓石等。

b. 陶容器

ZH16出土陶片148片。陶质分夹砂与泥质两种，以夹砂者为主，共计109片。陶色以灰陶为主，共计88片，褐陶42片，灰褐陶18片。纹饰以中绳纹为主，共计116片。可辨器类有高领袋足鬲5件，袋足分裆甗5件，盆3件，联裆鬲、盂、罐、不明器各1件。

高领袋足鬲　7件。均夹砂。ZH16：3，褐陶。领部整体内弧，侈口，方唇，领上部饰斜行绳纹，下部饰竖行绳纹，领腹交界处绳纹被抹。口径15、残高6.2厘米（图3-70，1）。ZH16：5，褐

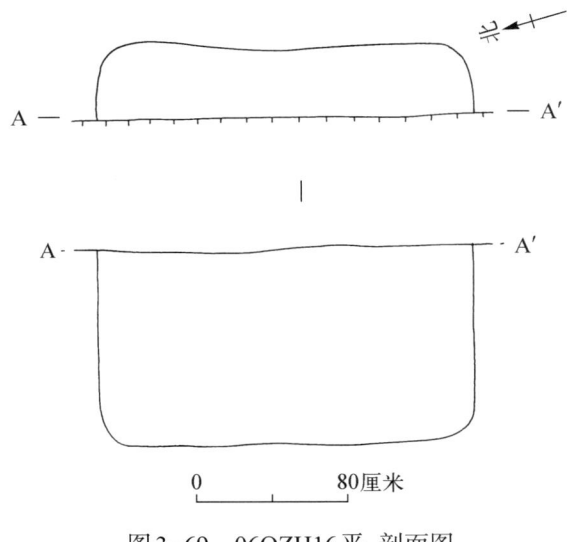

图3-69　06QZH16平、剖面图

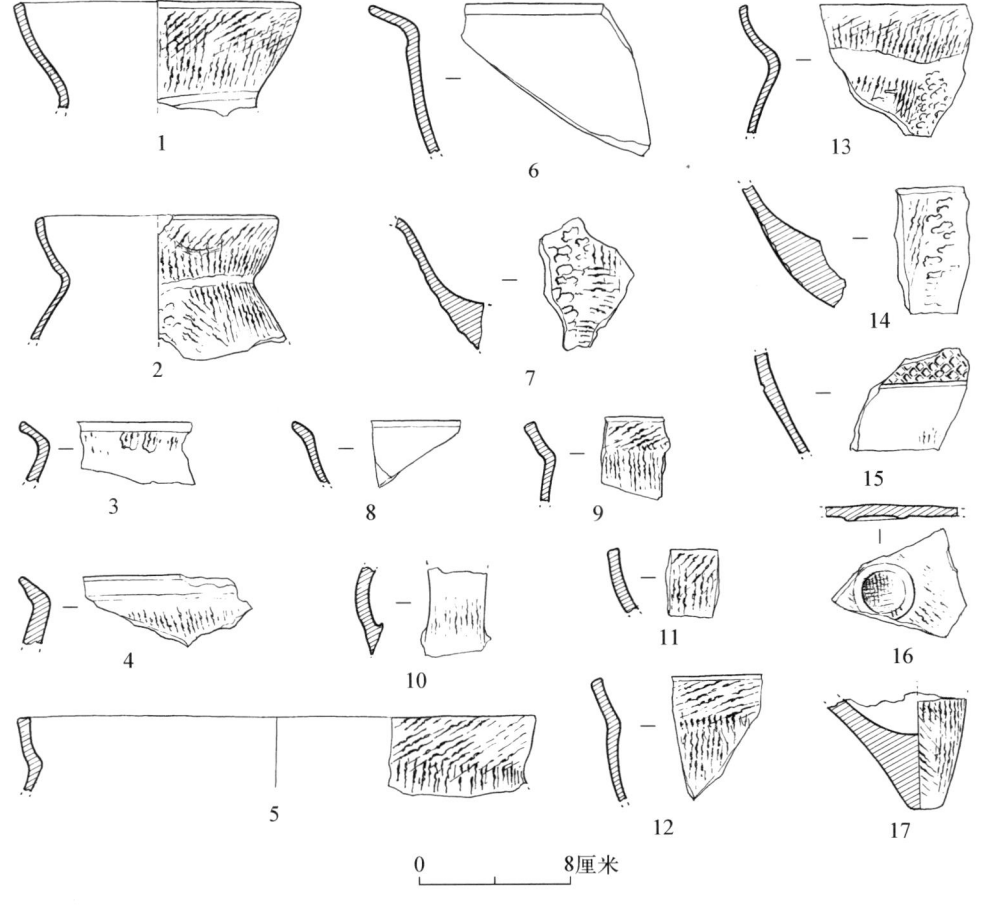

图3-70　06QZH16出土陶器

1、2、7、10、11、13、14. 高领袋足鬲（ZH16：3、5、6、13、16、7、11）　3、6、15. 盆（ZH16：8、1、4）　4. 联裆鬲（ZH16：15）
5、9、12. 袋足分裆甗（ZH16：14、10、9）　8. 盂（ZH16：12）　16. 器底（ZH16：17）　17. 足根（ZH16：2）

陶。领部整体内弧,侈口,方唇,领上部饰斜行绳纹,下部及腹部饰竖行绳纹,领腹交界处绳纹被抹。口径12.7、残高7.8厘米(图3-70,2)。ZH16:6,褐陶。残存裆隔,裆部外侧饰绳纹,裆隔饰坑窝纹。残高7.2厘米(图3-70,7)。ZH16:7,灰陶。领部整体内弧,侈口,方唇,领上部饰斜行绳纹,领下部及腹部饰竖行绳纹,领腹交界处绳纹被抹,裆隔坑窝纹分布至领腹交界处。残宽8、残高7厘米(图3-70,13)。ZH16:11,褐陶。残存裆隔,裆部饰绳纹,裆隔分布坑窝纹。残高6.6厘米(图3-70,14)。ZH16:13,灰陶。桥形耳,耳外侧饰印痕模糊的竖行绳纹。残高4.8厘米(图3-70,10)。ZH16:16,灰陶。领部整体内弧,侈口,方唇,领上部饰斜行绳纹,下部饰竖行绳纹。残宽2.6、残高3.6厘米(图3-70,11)。

袋足分裆鬲 3件。均夹砂。方唇。ZH16:9,褐陶。领部较直,侈口,领部饰斜行绳纹,腹部饰印痕较深的竖行绳纹。残宽4.6、残高6.6厘米(图3-70,12)。ZH16:10,灰陶。矮领微内弧,侈口,领部饰斜行绳纹,腹部饰细密的竖行绳纹。残宽3.4、残高4.4厘米(图3-70,9)。ZH16:14,褐陶。矮领内弧,领部饰斜行绳纹,腹部饰竖行绳纹。口径27.4、残高4.1厘米(图3-70,5)。

联裆鬲 1件(ZH16:15)。夹砂灰陶。矮领,上薄下厚,侈口,窄折沿,尖圆唇,沿下角甚大,领外侧有一周凸棱,腹部饰印痕较浅的绳纹,有烟炱。残宽8.8、残高3.8厘米(图3-70,4)。

盆 3件。均为泥质。ZH16:1,灰陶。卷沿近折,方唇,沿下角较大,素面。残宽9.6、残高8.2厘米(图3-70,6)。ZH16:4,黑陶,褐胎。残存器腹,饰网状方格纹与一周旋纹。残宽4.6、残高5.4厘米(图3-70,15)。ZH16:8,灰陶。窄折沿,圆唇,沿下角较大,沿外绳纹被抹。残宽5.8、高3.2厘米(图3-70,3)。

盂 1件(ZH16:12)。泥质灰陶。侈口,圆唇,素面。残宽4.6、残高3.6厘米(图3-70,8)。

器底 1件(ZH16:17)。夹砂灰陶,褐胎。底部较平,有一中间内凹的圆饼形饰,器表饰印痕模糊的绳纹。残长6.8厘米(图3-70,16)。

足根 1件(ZH16:2)。夹砂灰陶。圆锥状足根,足尖钝平,器表饰印痕较浅的绳纹。残高6.2厘米(图3-70,17)。

c. 年代

根据ZH16出土陶器标本的式别特征,判断该坑年代为先周晚期第一段。

(16)06QZH17

a. 形制与堆积

ZH17位于探方ZT4中部,开口于ZT4①层下,打破生土。坑口平面近圆形,坡壁,坑底呈锅底状。坑口直径1.9～2.2、坑口距地表0.31、坑底距地表0.9、自深0.59米(图3-6)。

坑内为一次性堆积,土质为较致密的粉末状,土色呈灰褐色。内含陶片、兽骨、砺石等。

b. 陶容器

ZH17出土陶片近400片。陶质分夹砂与泥质两种,以泥质者为主,占比约87%。陶色以灰陶为主,占比近40%,褐陶、灰褐陶均占比约30%。纹饰主要有粗绳纹、中绳纹和素面,分别占比约34%、24%和20%。器类丰富,联裆鬲和联裆甗共占比约21%,高领袋足鬲、大口罐和盆分别占比约11%、21%和14%(表3-10)。

表3-10 06QZH17出土陶片陶系、纹饰及器类统计表

纹饰与器类＼陶质与陶色		夹 砂			泥 质			合计	百分比(%)
		灰	褐	灰褐	灰	褐	灰褐		
纹饰	素面					40	36	76	19.59
	方格纹				2	6		8	2.06
	粗绳纹	36	6	3	7	42	36	130	33.51
	细绳纹			4	18	17	10	49	12.63
	中绳纹				56	10	27	93	23.97
	麦粒状				32			32	8.25
合计		36	6	7	115	115	109	388	100.01
百分比(%)		9.28	1.55	1.80	29.64	29.64	28.09	100.00	
		12.63			87.37				
器类	高领袋足鬲	3						3	10.34
	联裆鬲	1						1	3.45
	联裆甗	5						5	17.24
	小口罐					1		1	3.45
	大口罐					6		6	20.69
	盆	1				3		4	13.79
	方唇瓮					1		1	3.45
	瓮					2		2	6.90
	器盖					2		2	6.90
	圈足					2		2	6.90
	不明器					2		2	6.90
合计		10			19			29	100.01
百分比(%)		34.48			65.52			100.00	

　　高领袋足鬲　3件。均夹砂。ZH17：16，灰陶。残存裆部，裆内隔尖锐，裆底饰坑窝纹。残高8.4厘米（图3-71，13）。ZH17：22，黑陶。领部整体内弧，方唇，领上部饰印痕模糊的斜行绳纹，下部饰印痕较深的竖行绳纹。残宽4.6、残高3.6厘米（图3-71，6）。ZH17：25，灰陶。领部整体内弧，方唇，领部饰印痕较深的竖行绳纹。残宽5.2、残高3.5厘米（图3-72，12）。

　　联裆鬲　1件（ZH17：26）。夹砂灰陶。侈口，上薄下厚，尖圆唇，沿下角甚大，沿外侧纹饰模糊不清。残宽5.3、残高2.5厘米（图3-72，11）。

　　联裆甗　4件。均夹砂。ZH17：12，灰陶。腰隔外无附加堆纹，器表饰印痕较浅的细绳纹。残宽12.4、残高9厘米（图3-71，4）。ZH17：13，褐陶。直口，方唇，口外侧附加泥条，唇面及附加泥条上饰斜行绳纹，其下饰细密的竖行绳纹。残宽10.8、残高3.9厘米（图3-71，9）。ZH17：15，灰陶。腰隔外有一周印痕较深的指窝纹，器表饰印痕较浅的细绳纹。残宽10.8、残高9.8厘米（图3-71，3）。ZH17：18，灰陶，褐胎。矮领，口微侈，尖圆唇，领外有一周凸起，唇面

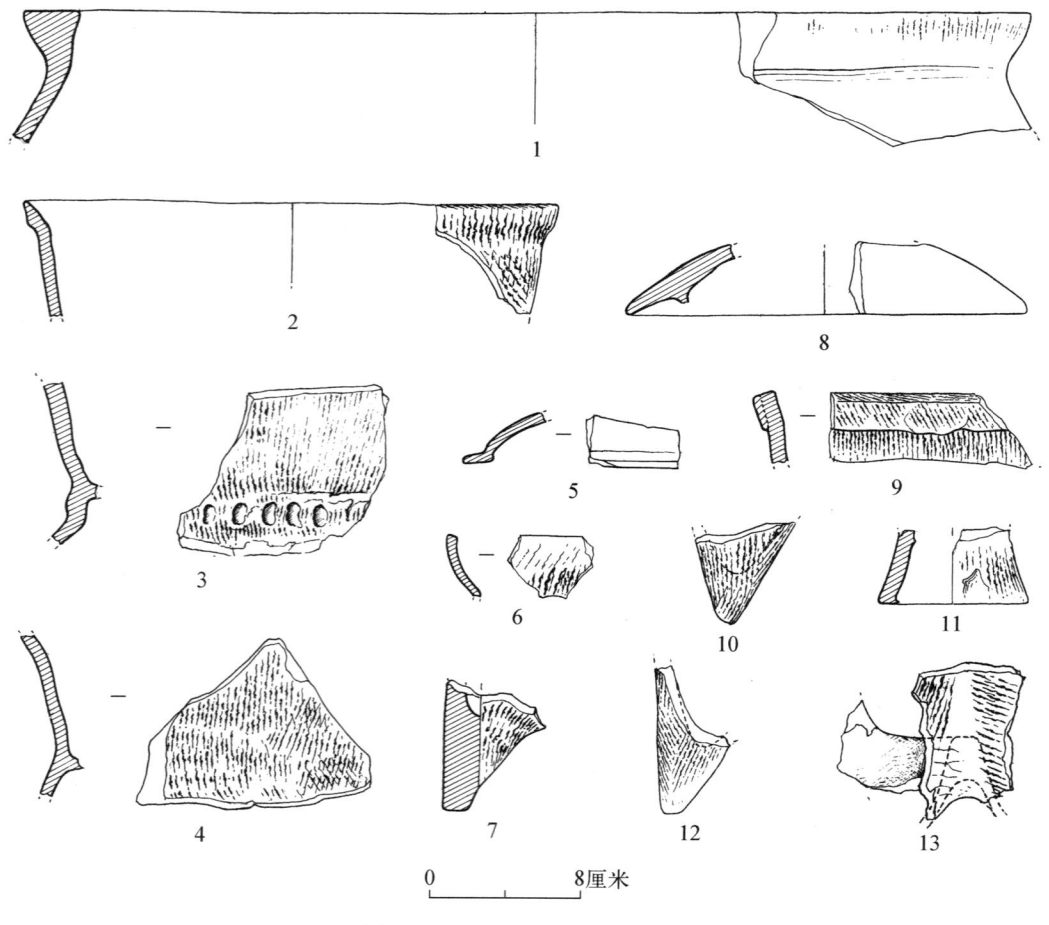

图3-71　06QZH17出土陶器

1. 瓮（ZH17：9）　2～4、9.联裆甗（ZH17：18、15、12、13）　5、8. 器盖（ZH17：1、2）　6、13. 高领袋足鬲（ZH17：22、16）
7、10、12. 足根（ZH17：21、24、23）　11. 圈足（ZH17：3）

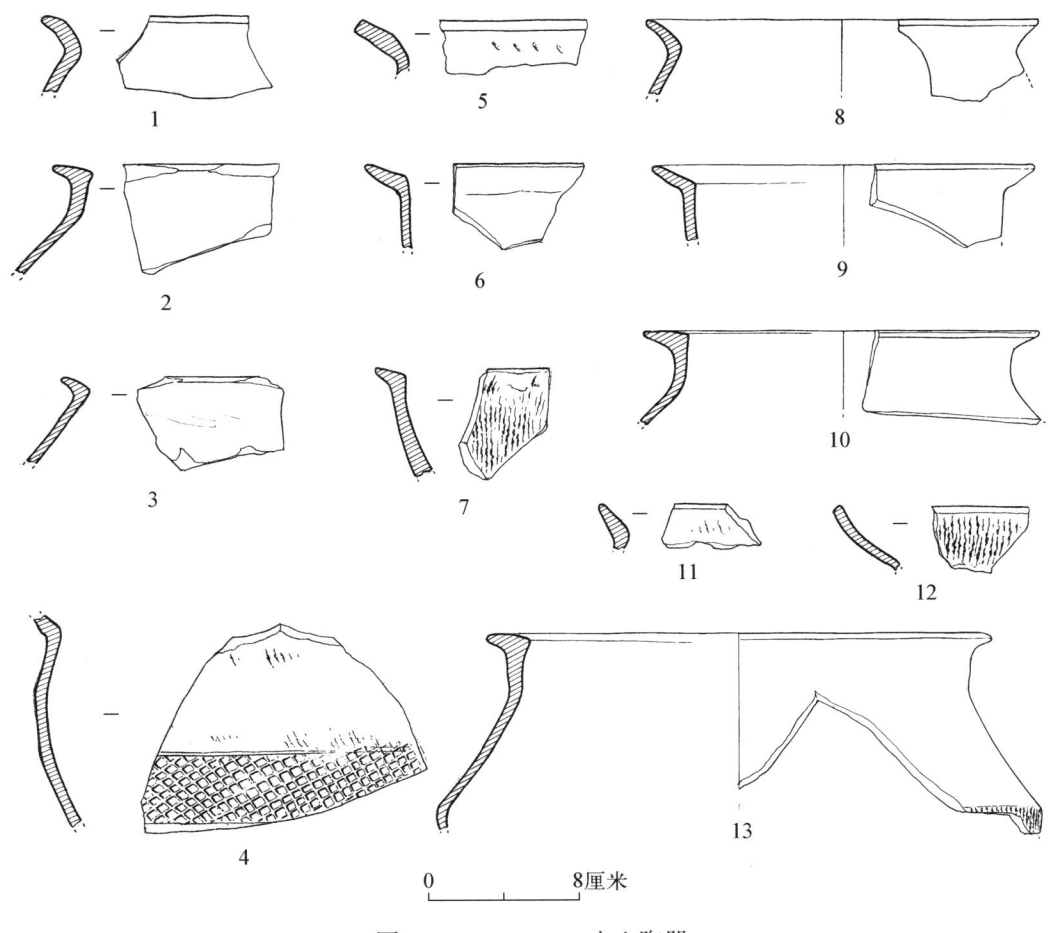

图3-72　06QZH17出土陶器

1~3、8、10、13.大口罐（ZH17：5、19、17、7、6、14）　4、6、7、9.盆（ZH17：11、8、20、10）　5.瓮（ZH17：4）
11.联裆鬲（ZH17：26）　12.高领袋足鬲（ZH17：25）

及领外侧饰印痕较深的竖行绳纹，腹部饰斜行绳纹。口径28.3、残高6厘米（图3-71,2）。

　　大口罐　6件。均为泥质灰陶。ZH17：5，矮领，侈口，圆唇，沿下角较大，素面。残宽8.3、残高4.4厘米（图3-72,1）。ZH17：6，矮直领，平折沿，圆唇，素面。口径21、残高5.2厘米（图3-72,10）。ZH17：7，侈口，卷沿，圆唇，沿下角较大，素面。口径20.7、残高4.3厘米（图3-72,8）。ZH17：14，矮直领，平折沿，圆唇，折肩，腹部饰竖行绳纹。口径26.7、残高11厘米（图3-72,13）。ZH17：17，侈口，窄折沿，尖圆唇，素面。残宽7.8、残高5厘米（图3-72,3）。ZH17：19，矮直领，折沿近平，尖圆唇，素面。残宽8.3、残高6厘米（图3-72,2）。

　　盆　4件。ZH17：8，泥质灰陶。侈口，折沿，尖圆唇，素面。残宽7、残高4.6厘米（图3-72,6）。ZH17：10，泥质灰陶。侈口，折沿，圆唇，沿下角较大，素面。口径20.3、残高4.4厘米（图3-72,9）。ZH17：11，泥质灰陶，褐胎。微折沿，沿下角较大，弧腹，腹部饰上下两周旋纹，中间填以网状方格纹。残宽15.4、残高10.8厘米（图3-72,4）。ZH17：20，夹砂黑陶，褐胎。窄折沿,薄方唇,腹部饰印痕较浅的竖行绳纹,可能为盆。残宽4.8、残高6厘米(图3-72,7)。

瓮 2件。ZH17:4,泥质灰陶。侈口,卷沿,方唇,沿下角较大,沿外侧绳纹印痕极浅,局部依稀可见。残宽7.9、残高3厘米(图3-72,5)。ZH17:9,泥质褐陶。敛口,方唇,唇外侧附加泥条,口外侧绳纹被抹。口径53.2、残高7.4厘米(图3-71,1)。

器盖 2件。均泥质。ZH17:1,灰陶。平折沿,弧顶,素面,疑为器盖。残宽5、残高2.8厘米(图3-71,5)。ZH17:2,黑陶。子母口,弧顶,素面。口径21.4、残高4厘米(图3-71,8)。

圈足 1件(ZH17:3)。泥质灰陶。呈上小下大的喇叭形,器表饰印痕较浅的竖行绳纹。底径7.8、残高4厘米(图3-71,11)。

足根 3件。均为夹砂灰陶。圆锥状实足根,器表饰印痕较浅的绳纹。ZH17:21,褐胎。足尖钝平。残高7厘米(图3-71,7)。ZH17:23,褐胎。残高8厘米(图3-71,12)。ZH17:24,残高5.4厘米(图3-71,10)。

c. 石器

砺石 1件(ZH17:28)。青灰色。近长方形块状,表面有磨痕。残长8、残宽6.1、高4.7厘米(图3-21,8)。

d. 年代

根据ZH17出土陶器标本的式别特征,判断该坑年代为先周晚期第二段。

3.2 独山居址区

3.2.1 综述

1. 发掘区位置与面积

独山发掘区位于孔头沟西岸,处独山村东北、后沟村南的一处平塬台地的南部,地势北高南低(属孔头沟遗址统一区划B2区西南部)。其以南为画图寺铸铜作坊,东与赵家台居址区隔孔头沟相望(图3-1)。

整个探方群布设在关中环线路北的断崖上,以断崖剖面和钻探信息为参照,按遗迹的范围布方,共布设大小不同的探方5个,探方均为正磁北方向,编号为DT1~DT5,发掘总面积约53.4平方米(图3-73)。

2. 堆积状况

独山村发掘区内地层堆积简单,西周灰坑多叠压于近现代地层下,灰坑深度相对于坑口规模而言普遍较浅,可见发掘区的早期文化层可能已遭不同程度的破坏。现以探方DT4为例,介绍整个发掘区的堆积情况。

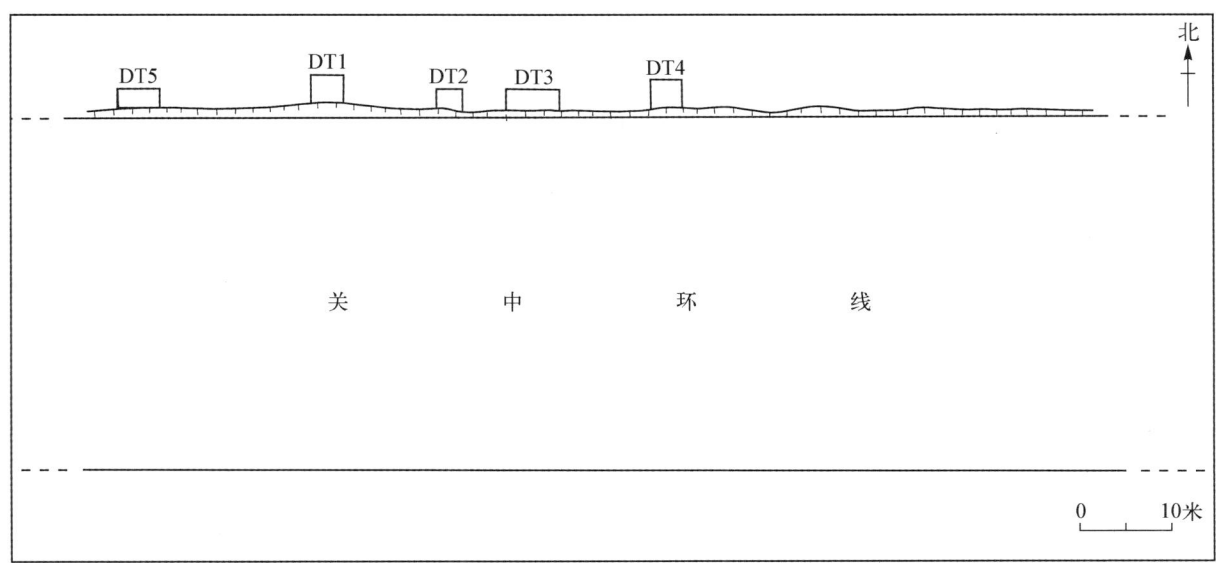

图3-73　独山发掘区探方分布图

DT4西、北壁剖面（图3-81）

第①层　耕土层，厚0.1～0.15米，分布全方。土质疏松，土色呈黄褐色，包含植物根茎等。

第②层　近现代文化层，厚0.65～0.7米，分布全方。土质致密，土色呈红褐色，包含近代瓦片、瓷片等。

第③层　西周文化层，厚0.3～0.5米，分布全方。土质较疏松，土色呈灰褐色，包含少量西周陶片、兽骨等。开口于③层下的灰坑有DH13、DH14、DH21、DH22、DH23。

各探方的层位关系如下（"→"表示叠压或打破，下同）：

（1）DT1

①——→②——→DH7——→DH9——→DH10——→DH11——→DH28

（2）DT2

DH2——→DH1

（3）DT3

①——→②——→┌DH4┐——→DH16——→DH17
　　　　　　└DH9┘

（4）DT4

①——→②——→③——→DH13——→DH14——→DH21——→DH23——→DH22

（5）DT5

①——→②——→DH26

3. 遗迹

独山村发掘区的堆积均为居址类遗存,共发掘西周时期灰坑17座。各灰坑之间叠压打破关系较为复杂,大多数灰坑被关中环线北侧的断崖破坏,所以灰坑形制完整者不多。从形制与包含物看,主要为一般垃圾坑。

灰坑坑口平面主要为近圆形与椭圆形,近圆形口如DH9(图3-91)、DH17(图3-104),椭圆形口如DH1(图3-84),仅个别为不规则形,如DH23(图3-111)。坑壁普遍为坡壁,仅DH22局部为袋状壁。坑底为平底或锅底状。

灰坑堆积内分层情况不一,其中DH4、DH7、DH9、DH10、DH11、DH19、DH22坑内为一次性堆积,DH1、DH2、DH13、DH14、DH16、DH17、DH21、DH23、DH26坑内堆积分两层至五层,其中DH14、DH16、DH17坑内堆积有水浸迹象。灰坑内出土遗物以生活陶器为主,个别灰坑出土有较为特殊的遗物,如DH1、DH28出土有瓦钉,DH19、DH21分别出土有鹿角与大量牛角,DH26出土有带范芯铜管。

4. 遗物

独山村居址出土的遗物以陶容器残片为主,另有陶质小件、石器、骨器、蚌器、铜器等。

(1) 陶容器

高领袋足鬲　3件。夹砂灰陶或褐陶。方唇,领部整体微内弧,绳纹印痕较深,领与袋足交界处有一周抹痕。标本DH16∶10(图3-102,2)、DH17∶20(图3-105,3)。

联裆鬲　24件。多为夹砂灰陶。侈口或卷沿,弧裆,圆锥状或圆柱状足根,腹饰绳纹。标本DH17∶1(图3-105,10)、DH26∶11(图3-114,3)、DH23∶1(图3-112,1;彩版二〇,5)。

商式鬲　1件。夹砂灰陶。宽折沿,沿面有两道旋纹,沿下角较大,厚方唇,腹饰印痕较深的绳纹。标本DH1∶1(图3-85,13)。

联裆甗　22件。多为夹砂灰陶。个体较联裆鬲大,侈口或卷沿,厚方唇,残存腰部有箅托,多通体饰绳纹,较联裆鬲绳纹粗糙。标本DH16∶17(图3-102,4)、DH4∶7(图3-86,7)。

罐　25件。多为泥质灰陶。根据以往周原地区的材料,独山村发掘区出土的陶罐可分为先周风格的陶罐和西周较为典型的陶罐。先周风格的陶罐无领或领很矮,均出土于西周早期单位,根据口径与器高之比,可分为小口罐与大口罐。小口罐,多侈口或卷沿,圆唇或尖圆唇,器表饰绳纹。标本DH16∶6(图3-102,1)、DH17∶8(图3-105,2)、DH28∶12(图3-97,2)。大口罐,折沿或卷沿,多圆唇,素面。标本DH4∶02(图3-86,1)、DH16∶9(图3-102,9)、DH17∶13(图3-106,7)。

西周时期较为典型的陶罐有领,根据口径与领高之比,可分为高领罐与矮领罐。高领罐,口径与领高之比较小,卷沿或窄平折沿,多圆唇。标本DH9∶16(图3-93,1)、DH14∶1(图3-100,4)、DH21∶7(图3-109,10)。矮领罐,口径与领高的比例较大,多卷沿,圆唇或方唇。

标本DH9：23(图3-93,9)、DH10：1(图3-92,2)、DH11：6(图3-93,2)。

　　盆　　9件。多为泥质灰陶。卷沿或折沿,鼓腹,腹部饰旋纹或绳纹。标本DH9：22(图3-93,4)、DH17：7(图3-106,4)、DH21：2(图3-109,4)。

　　簋　　4件。多为泥质灰陶。可分为敛口簋、厚唇商式簋、薄唇簋。敛口簋,敛口,方唇,唇面有一周浅槽,鼓腹,器身饰较细密的瓦棱纹。标本DH14：5(图3-100,5)。厚唇商式簋,敞口,厚三角唇,深斜腹微鼓,腹饰绳纹。标本DH11：10(图3-92,7)。薄唇簋,窄折沿,薄方唇,深直腹,腹上部饰一周弦纹。标本DH26：16(图3-114,9)。

　　豆　　11件。均为泥质灰陶。方唇或尖圆唇,多为直口,弧盘或折盘,盘壁多饰数周旋纹,柄部有一周凸棱。标本DH1：8(图3-85,10)、DH4：010(图3-86,5)、DH4：6(图3-86,15)、DH21：9(图3-109,8)。

　　大口尊　　6件。均泥质,多为灰陶。大敞口。标本DH16：5(图3-103,2)、DH26：15(图3-114,4)、DH9：30(图3-93,5)。

　　鬲　　12件。均为泥质灰陶。可分为三足鬲和矮直领鬲。三足鬲,多为敛口,宽平沿,方唇,空袋足或铲形扁足。标本DH16：4(图3-102,11)、DH4：11(图3-86,3)、DH21：3(图3-109,1)、DH9：32(图3-93,12)。矮直领鬲,尖唇或厚圆唇,领部较高微外侈。标本DH4：9(图3-86,10)、DH26：14(图3-114,2)。

　　(2)陶质小件

　　瓦钉　　共2件。泥质灰陶。圆柱状。DH28：9(图3-97,10)、DH1：17(图3-85,4)。

　　(3)石器

　　有孔石锤　　1件(DH16：2)。残,一端稍细,中部穿孔以供装柄(图3-89,1;彩版二一,1)。

　　石锤　　1件(DH16：3)。残,平面近椭圆形,器表有砸痕(图3-89,6)。

　　石铲　　共2件。磨制,单面刃,刃部有使用痕迹。DH4：1(图3-89,4)、DH9：1(图3-89,5)。

　　石刀　　1件(DH26：3)。残,青灰色,近长方形,单面刃(图3-89,3)。

　　砺石　　1件(DH26：1)。砂质较细,近梯形平板状,器表磨光,一面微凹(图3-89,2)。

　　(4)骨器

　　骨铲　　共3件,其中含1件半成品。骨表和骨骼断裂处打磨光滑,一端打磨成刃。DH16③：#38、DH11：#22。

　　骨锥　　共4件,一端磨尖,根据整体形制差异可分三型。

　　A型　　共2件。器身横截面为扁柱状。DH9：6(图3-94,5)、DH9：3(图3-94,1;彩版二一,5)。

　　B型　　1件(DH9：2)。器身横截面为略弧的扁平状,用骨壁加工磨制而成(图3-94,3)。

　　C型　　1件(DH16：1)。用兽骨的尺骨骨干磨尖而成,除前端外,基本保留尺骨原本形态(图3-94,7;彩版二一,6)。

骨镞　1件（DH9∶5）。圆锥状前锋，圆柱状镞身，铤与身分界不明显，铤末渐细（图3-94，2；彩版二一，2）。

骨笄　1件（DH9∶4）。残存骨笄中部一段，横截面近圆形，通体磨光（图3-94，8）。

骨牌形饰　1件（DH9∶9）。长方形片状，截面微弧，用骨壁加工磨制而成，表面磨光，内壁经修整，四周有多个细小穿孔（图3-94，9；彩版二一，3）。

骨刀　1件（DH11∶#23）。整体扁薄，一端较尖锐且边缘处打磨出刃口。

此外独山发掘区还出土1件骨料（DH16③∶8）。

（5）蚌器

蚌刀　1件（DH9∶7）。由三角帆蚌制成，近半圆形（彩版二一，4）。

蚌泡　1件（DH9∶8）。正面圆鼓，底部平齐，中央有一圆形穿孔（图3-94，4）。

（6）铜器

带范芯铜管　1件（DH26∶2）。残，圆管状，器表锈蚀严重，内有范芯（图3-94，6）。

（7）其他

DH10出土鹿角，DH21出土大量牛角。

5. 分期年代

根据周原地区已建立的西周陶器分期与年代体系，可知独山村居址的年代由西周早期偏早延续至西周晚期，各遗迹单位的具体年代判断如下：

先周晚期第二段，包括DH16、DH17。

西周早期偏晚，包括DH4、DH11、DH26、DH28。

西周中期偏早，包括DH21、DH23。

西周中期偏晚，包括DH1、DH14。

西周晚期偏早，包括DH9。

西周晚期，包括DH7。

此外，DH10出土陶片较少，单位年代约为西周中晚期。另有4座西周灰坑DH2、DH13、DH19、DH22内未出土遗物，或出土遗物年代难以准确判断。根据层位关系可知，DH2、DH13年代不早于西周中期偏晚，DH19年代不早于西周早期偏早，DH22年代不晚于西周中期偏早。

3.2.2　分述

独山居址区共发掘探方5个、灰坑17座，按探方与灰坑单位编号依次介绍如下。

1. 探方

（1）06QDT1

DT1位于独山村发掘区西部，处DT2与DT5之间，东距DT2有10米。DT1布方面积为3.4

米×3.6米,实际发掘面积为12.2平方米。探方为正磁北方向。

本探方地层分两层。

第①层　耕土层,厚0.15～0.2米,分布全方。土质疏松,土色呈黄褐色,包含植物根茎、现代瓷片等。

第②层　近现代文化层,厚0.7～1.2米,分布全方。土质较疏松,土色呈黄褐色,包含植物根茎、近现代瓷片等。

开口于②层下的灰坑有DH7、DH9、DH10、DH11、DH28,其打破关系为DH7──→DH9──→DH10──→DH11──→DH28(图3-74、3-75、3-76)。

（2）06QDT2

DT2位于独山村发掘区中部,处DT1与DT3之间,东距DT3有5米。DT2布方面积为2.6米×2.8米,实际发掘面积约7平方米。探方为正磁北方向。

本探方表土被完全破坏,灰坑直接开口于地表。探方内发现2座灰坑,分别是DH1、DH2,DH2打破DH1(图3-77)。

（3）06QDT3

DT3位于独山村发掘区东部,处DT2与DT4之间,东距DT4有10米。DT3布方面积为2.4米×5.8米,实际发掘面积为13.9平方米。探方为正磁北方向。

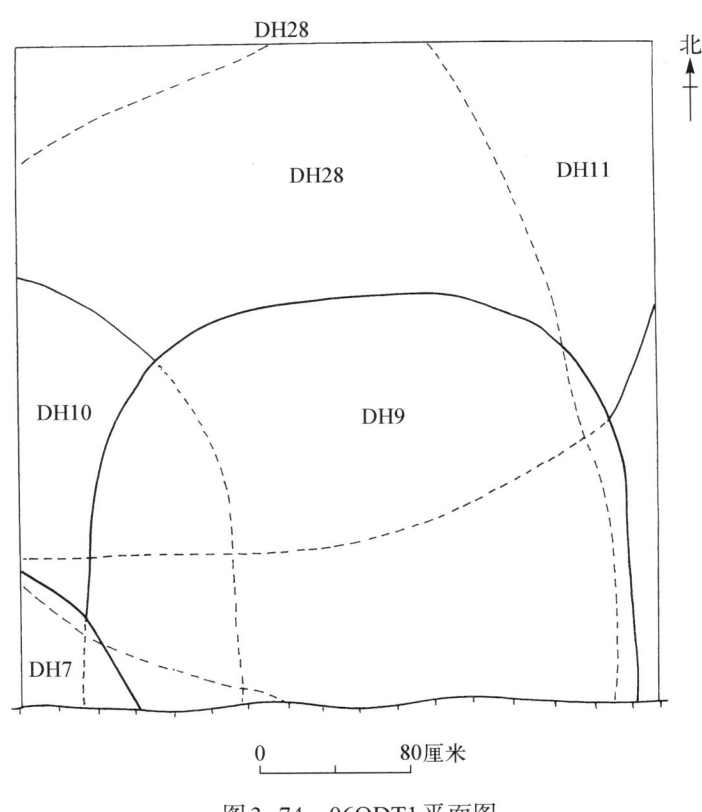

图3-74　06QDT1平面图

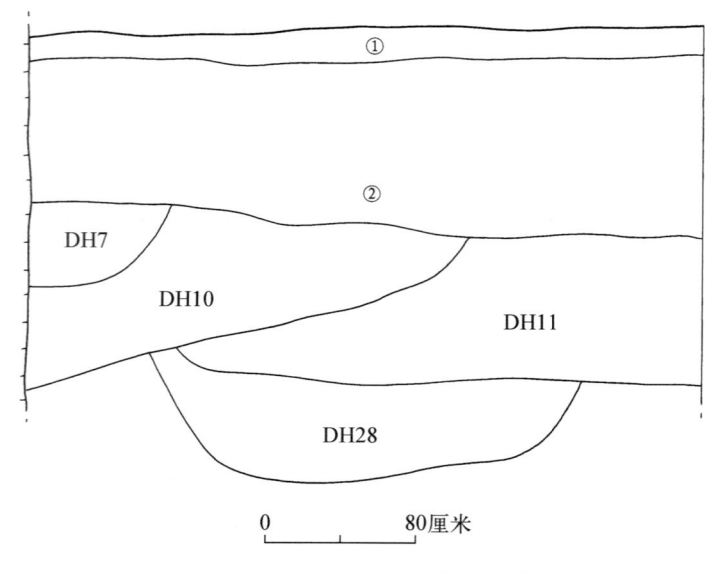

图3-75　06QDT1西壁剖面图

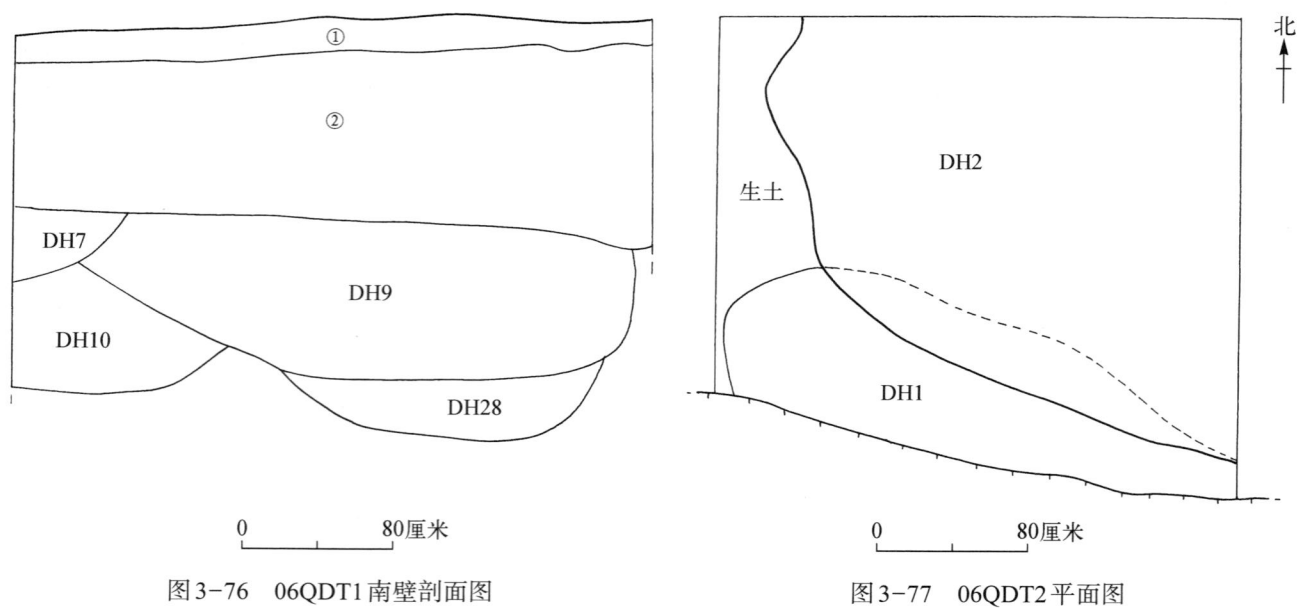

图3-76　06QDT1南壁剖面图　　　　　　　　图3-77　06QDT2平面图

本探方地层分两层。

第①层　耕土层,厚0.23～0.35米,分布全方。土质疏松,土色呈黄褐色,包含植物根茎、现代瓷片、瓦片等。

第②层　近现代文化层,厚0.95～1.15米,分布全方。土质较致密,土色呈黄褐色,包含近现代陶片等。

开口于②层下的灰坑有DH4、DH16、DH17、DH19。其中DH4打破DH16与DH17,DH9打破DH16,DH16打破DH17(图3-78、3-79)。

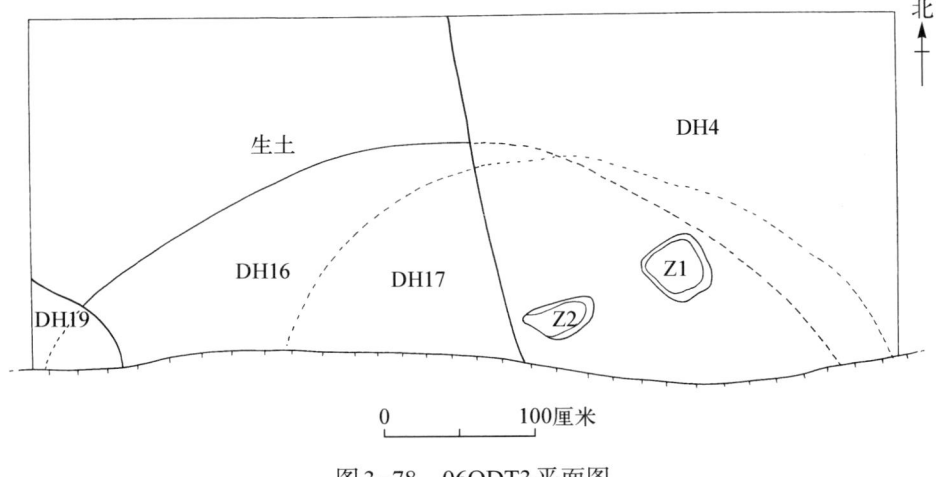

图3-78　06QDT3平面图

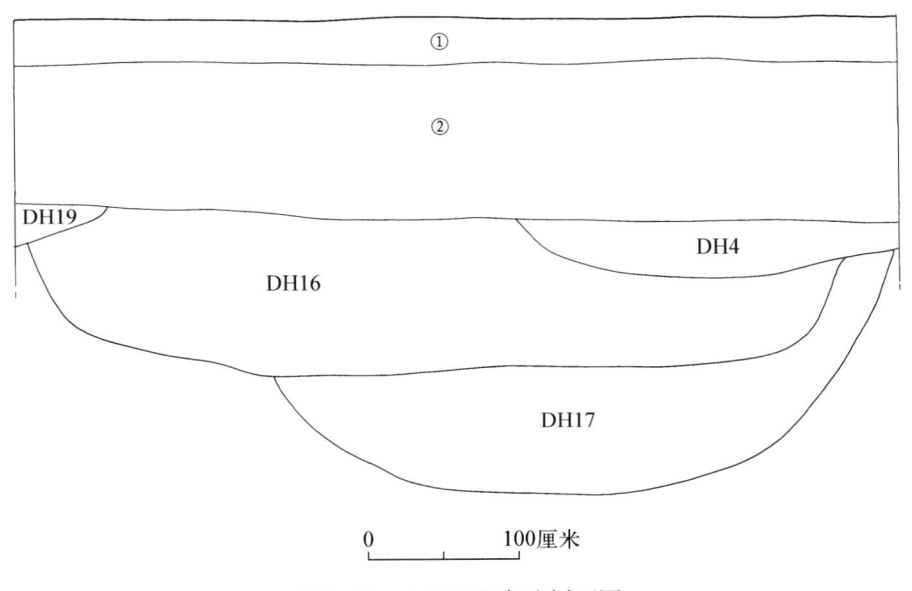

图3-79　06QDT3南壁剖面图

（4）06QDT4

DT4位于独山村发掘区东端，西邻DT3。DT4布方面积为3.4米×3.4米，实际发掘面积为11.5平方米。探方为正磁北方向。

本探方地层分三层。

第①层　耕土层，厚0.1～0.15米，分布全方。土质疏松，土色呈黄褐色，包含植物根茎等。

第②层　近现代文化层，厚0.65～0.7米，分布全方。土质致密，土色呈红褐色，包含近代瓦片、瓷片等。

第③层　西周文化层，厚0.3～0.5米，分布全方。土质较疏松，土色呈灰褐色，包含少量西周陶片、兽骨等。

开口于③层下的灰坑有DH13、DH14、DH21、DH22、DH23。其打破关系为DH13 ——➤ DH14 ——➤ DH21 ——➤ DH23 ——➤ DH22（图3-80、3-81）。

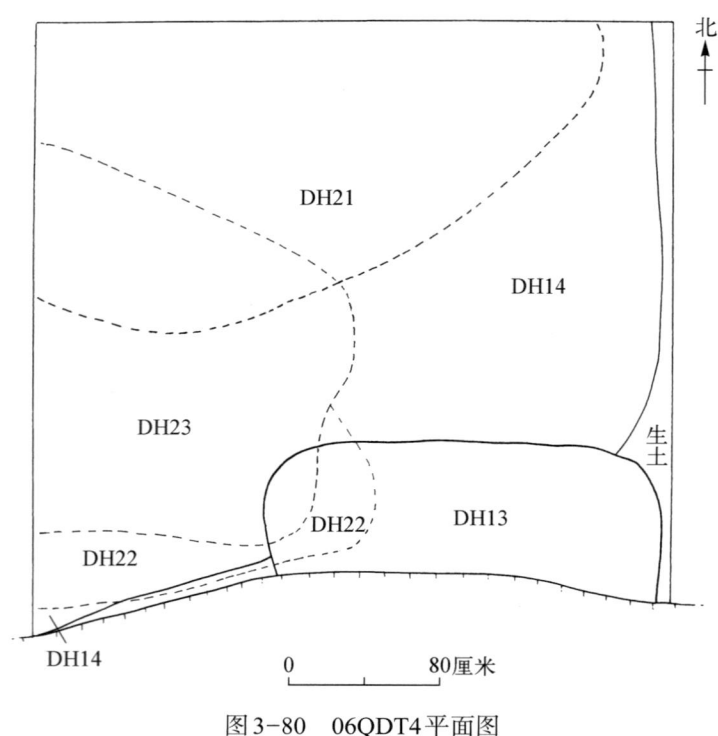

图3-80　06QDT4平面图

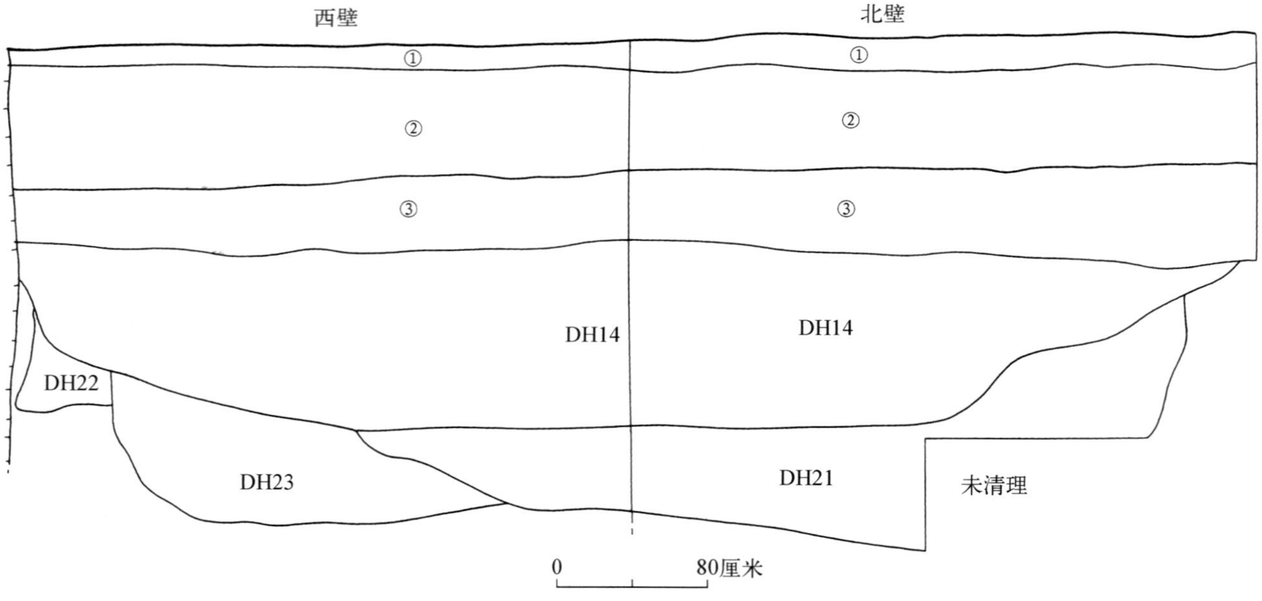

图3-81　06QDT4西、北壁剖面图

（5）06QDT5

DT5位于独山村发掘区西端，东距DT1约20米。DT5布方面积为2.2米×4米，实际发掘面积为8.8平方米。探方为正磁北方向。

本探方地层分两层。

第①层　耕土层，厚0.2～0.3米，分布全方。土质疏松，土色呈红褐色，包含植物根茎、现代瓷片等。

第②层　近现代文化层，厚0.5～0.7米，分布全方。土质致密，土色呈浅红褐色，包含植物根茎、近现代瓷片等。

开口于②层下的遗迹有DH26，另有1座现代坑（未发掘），现代坑打破DH26（图3-82、3-83）。

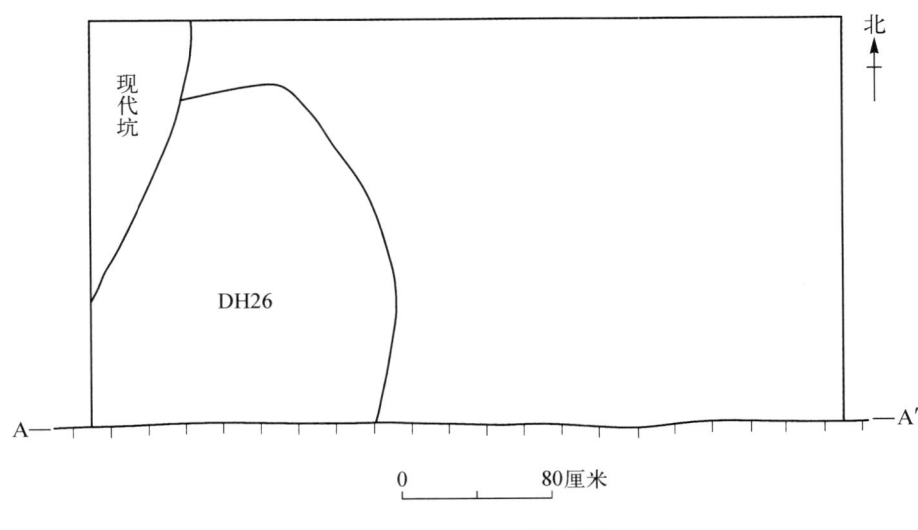

图3-82　06QDT5平面图

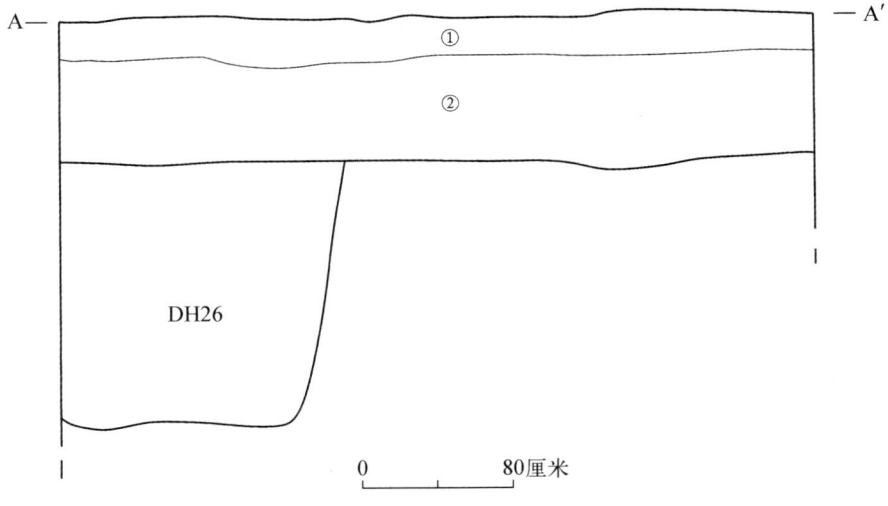

图3-83　06QDT5南壁剖面图

2.遗迹单位

（1）06QDH1

a.形制与堆积

DH1位于探方DT2南部,现存坑口以上堆积被推土机破坏,该坑被DH2打破,同时打破生土。DH1南部被断崖破坏,根据现存部分推测完整的坑口平面近椭圆形,坡壁,底部不平,东部略高。坑口东西残长2.76、南北残宽0.8、自深0.8米。

坑内堆积可分四层,每层堆积均边缘略高,中间略低。第①层厚0.1～0.2米,土质较致密,土色呈泛红的黄褐色,内含陶片、兽骨及礓石等。第②层厚0.07～0.15米,土质较上层疏松,土色呈灰黑色,内含陶片、兽骨等。第③层厚0.14～0.28米,土质较上层疏松,呈颗粒状,土色呈灰色,内含陶片、兽骨等。第④层厚0.1～0.23米,土质较致密,土色呈黄褐色,未出土任何遗物(图3-84)。

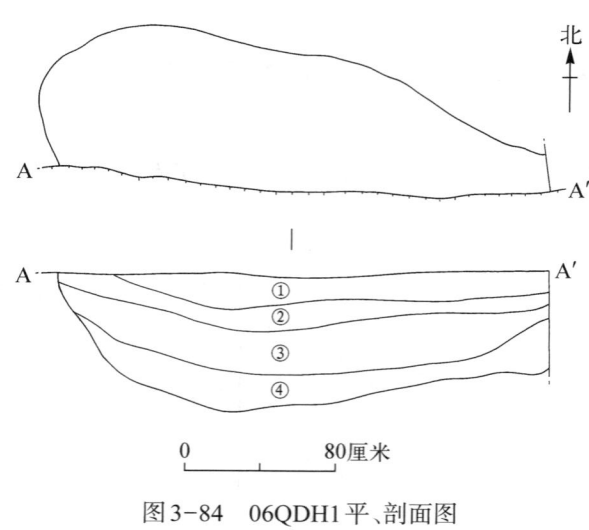

图3-84　06QDH1平、剖面图

b.陶容器

DH1出土陶片数量超过200片。陶质分夹砂与泥质两种,以泥质者为主,占比约69%。陶色以灰陶为主,占比约94%,灰褐陶、褐陶均占比约3%。纹饰以中绳纹为主,占比约64%,粗绳纹、细绳纹次之。器类丰富,其中联裆鬲、联裆甗共占比约43%,商式鬲占比约14%,豆占比约29%,瓦、器盖均占比约7%(表3-11)。

表3-11　06QDH1出土陶片陶系、纹饰及器类统计表

纹饰与器类	陶质与陶色	夹砂			泥质			合计	百分比（%）
		灰	褐	灰褐	灰	褐	灰褐		
纹饰	粗绳纹				26			26	12.62
	中绳纹	43	5	6	77			131	63.60
	细绳纹	10						10	4.85
	旋纹加暗纹				1			1	0.49
	旋纹加篦纹					1		1	0.49
	旋纹				5	1		6	2.91
	素面				31			31	15.05
合计		53	5	6	140	2		206	100.01

续 表

陶质与陶色 纹饰与器类		夹 砂			泥 质			合计	百分比 （%）
		灰	褐	灰褐	灰	褐	灰褐		
百分比（%）		25.73	2.43	2.91	67.96	0.97		100.00	
		31.07			68.93				
器类	联裆鬲	4						4	28.57
	商式鬲	2						2	14.29
	联裆甗	2						2	14.29
	豆					4		4	28.57
	器盖					1		1	7.14
	瓦钉					1		1	7.14
合计		8			6			14	100.00
百分比（%）		57.14			42.86			100.00	

联裆鬲　3件。均夹砂灰陶。DH1：5，侈口，卷沿，沿下角较小，圆唇，沿面有两周旋纹，腹饰绳纹。口径16.7、残高3.1厘米（图3-85，1）。DH1：12，高领，侈口，卷沿，沿下角较大，圆唇，腹饰绳纹。残宽3.8、残高5.8厘米（图3-85，2）。DH1：13，侈口，卷沿近平，沿面较窄，沿外缘微起棱，方唇，腹部绳纹印痕模糊。残宽4.8、残高4.1厘米（图3-85，11）。

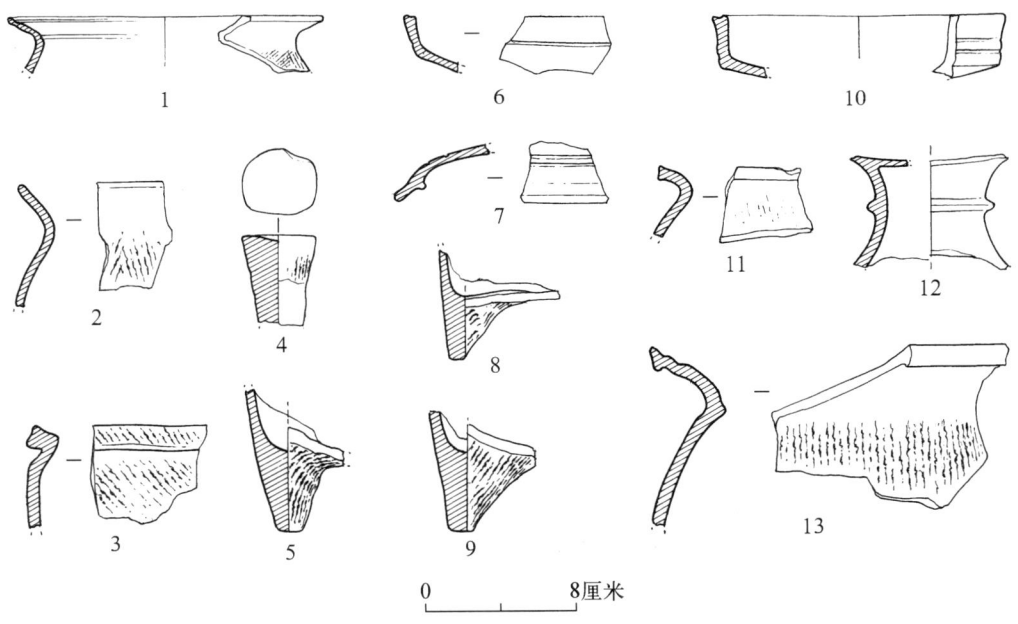

图3-85　06QDH1出土陶器

1、2、11.联裆鬲（DH1：5、12、13）　3.联裆甗（DH1：15）　4.瓦钉（DH1：17）　5、8、9.足根（DH1：4、14、3）
6、10、12.豆（DH1：16、8、6）　7.器盖（DH1：9）　13.商式鬲（DH1：1）

商式鬲　1件（DH1∶1）。夹砂灰陶。侈口，宽折沿，沿下角较大，厚方唇，沿面有两道旋纹，腹饰印痕较深的绳纹。残宽11.4、残高8.8厘米（图3-85,13）。

联裆甗　1件（DH1∶15）。夹砂褐陶。侈口，窄卷沿，沿下角较小，厚方唇，唇部及腹部饰绳纹。残宽6、残高5.3厘米（图3-85,3）。

豆　4件。均泥质灰陶。DH1∶2，褐胎。残存豆柄，中部有一周凸棱。残高7.2厘米（图3-86,8）。DH1∶6，残存豆柄，中部有一周凸棱。残高6.2厘米（图3-85,12）。DH1∶8，直口，方唇，唇面有一周凹槽，折盘，盘壁饰两周旋纹。口径15.6、残高3.3厘米（图3-85,10）。DH1∶16，敞口，方唇，唇面有一周凹槽，折盘，盘壁饰一周旋纹。残宽5.8、残高3厘米（图3-85,6）。

器盖　1件（DH1∶9）。泥质灰陶。弧顶，子母口，盖面饰两周旋纹。残宽4.6、残高3.2厘米（图3-85,7）。

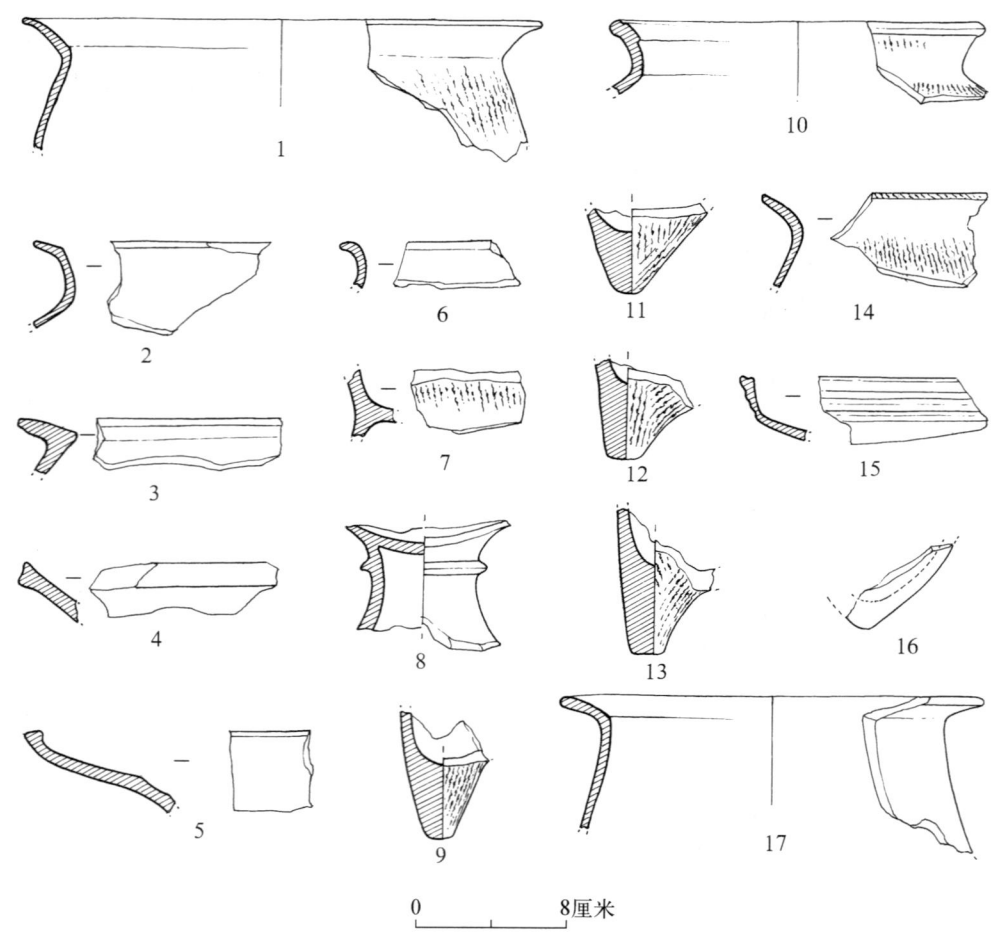

0　　　　8厘米

图3-86　06QDH1、DH4、DH10、DH11出土陶器

1、17. 大口罐（DH4∶02、DH4∶012）　2. 高领罐（DH4∶016）　3. 三足瓮（DH4∶11）　4. 方唇瓮（DH4∶015）
5、8、15. 豆（DH4∶010、DH1∶2、DH4∶6）　6. 罐（DH4∶014）　7. 联裆甗（DH4∶7）　9、11～13. 足根（DH4∶013、DH11∶12、DH11∶3、DH4∶4）　10. 矮直领瓮（DH4∶9）　14. 联裆鬲（DH4∶03）　16. 三足瓮（DH10∶9）

足根　3件。均夹砂灰陶。圆锥状实足根,足尖钝平,饰竖行绳纹。DH1:3,内侧略起脊。残高6.4厘米(图3-85,9)。DH1:4,残高7.7厘米(图3-85,5)。DH1:14,残高5.8厘米(图3-85,8)。

c. 其他

瓦钉　1件(DH1:17)。泥质灰陶。圆柱状,器表绳纹印痕模糊。直径3.8、残高4.8厘米(图3-85,4)。

d. 年代

根据DH1出土陶器标本的式别特征,判断该坑年代为西周中期偏晚。

(2) 06QDH2

a. 形制与堆积

DH2位于DT2东北部,现存坑口以上堆积被推土机破坏,打破DH1。DH2北部与东部延伸进探方外而未清理,根据探方内部分坑口推测其完整形状为不规则圆形,坡壁,坑底近平,北高南低。坑口南北残长2.45、东西残宽2.33、自深0.6米(图3-87)。

坑内堆积分四层,均呈北高南低倾斜,推测填土的来源可能是西北方向。第①层厚0.18米,土质疏松,土色呈灰黑色,内含陶片、兽骨等。第②层厚0.09～0.22米,土质较上层致密,土色呈灰褐色,内含红烧土块、陶片等。第③层厚0.08～0.22米,土质较疏松,土色呈灰褐色,内含陶片、红烧土块等。第④层厚0.09～0.23米,土质较致密,土色为五花土。

该坑无陶器标本。

b. 年代

DH2打破西周中期偏晚的灰坑DH1,根据层位关系判断,DH2的年代不早于西周中期偏晚。

(3) 06QDH4

a. 形制与堆积

DH4位于DT3东部,开口于DT3②层下,同时打破DH16与DH17。坑内西部有两个小坑,疑似为灶坑,编号Z1、Z2,这两个小坑打破DH4。灰坑北部、东部延伸至探方外,南部被断崖破坏,根据探方内部分坑口推测其完整形状近圆形,坡壁,坑底呈锅底状。坑口南北残长2.56、东西残宽3、坑口距地表1.46、坑底距地表1.88、自深0.42米。推测DH4可能是一座半地穴房址。

坑内为一次性堆积,土质疏松,土色黄褐泛青,夹杂有少量炭屑,内含陶片、石器、兽骨、礓石等(图3-88)。

b. 陶容器

DH4出土陶片数量超过400片。陶质分夹砂与泥质两种,以泥质者为主,占比63%。陶色以灰陶为主,占比约67%,灰褐陶占比约26%,褐陶占比约6%。纹饰以粗绳纹、中绳纹为主,分别占比约48%、34%,细绳纹、素面次之。器类丰富,其中联裆鬲与联裆甗共占比约36%,高领罐

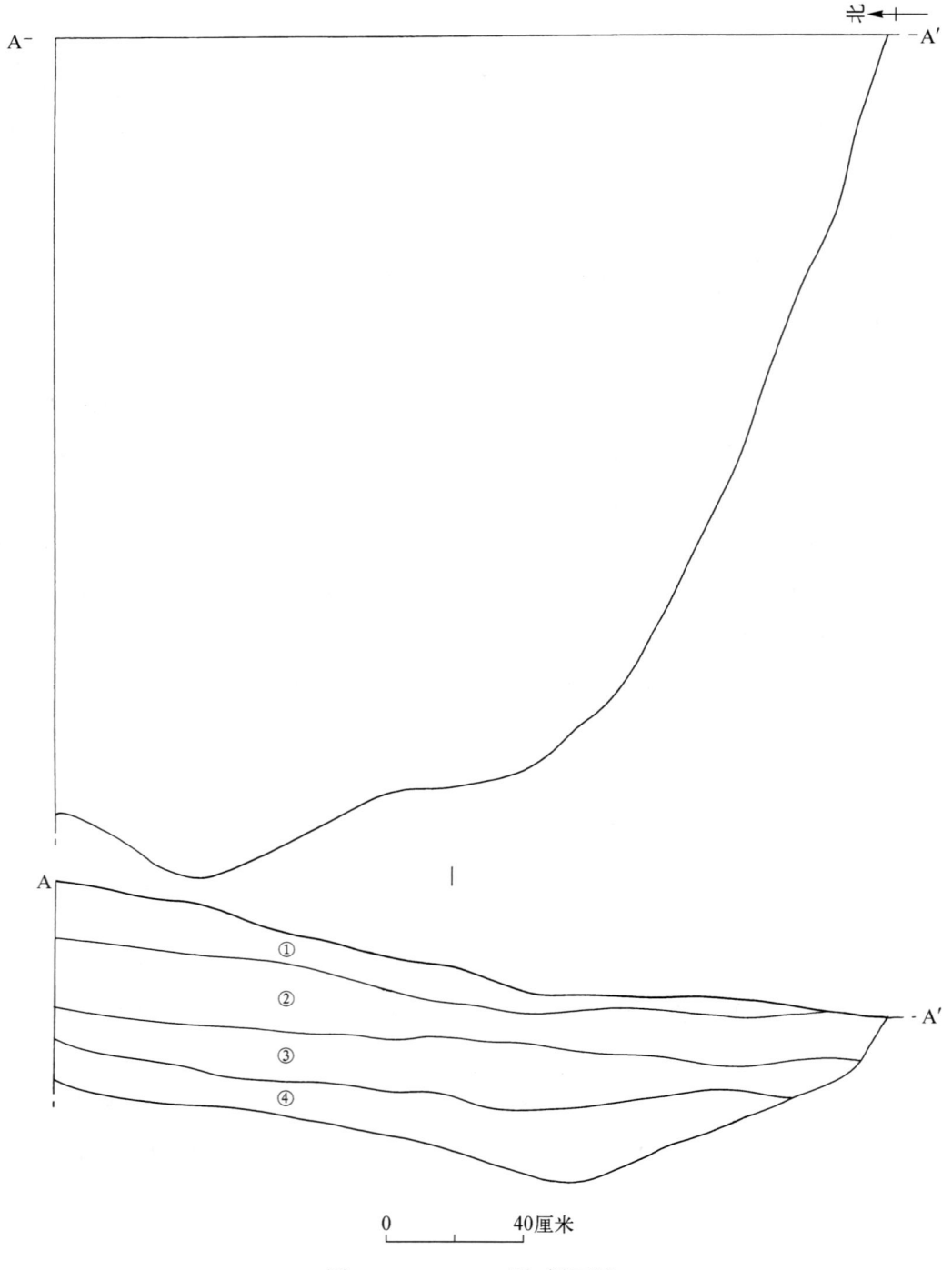

0　　　　40厘米

图3-87　06QDH2平、剖面图

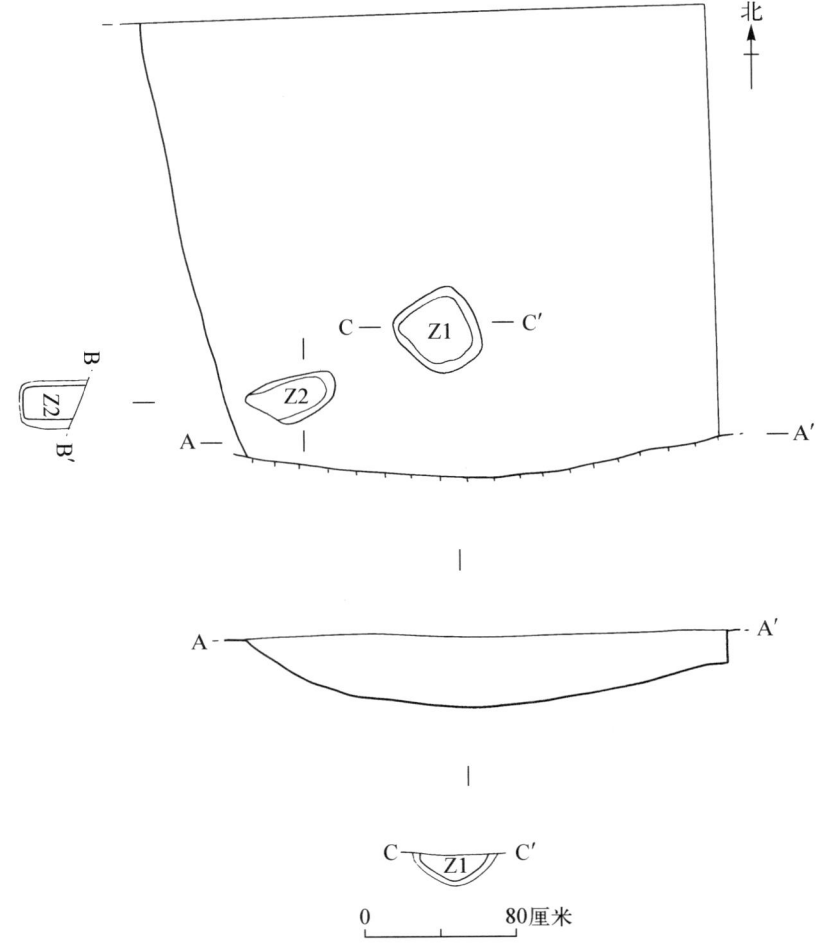

图 3-88　06QDH4 与灶坑平、剖面图

占比约21%，矮直领瓮、三足瓮、罐各占比约7%（表3-12）。DH4出土陶器年代较晚者为西周早期偏晚，但坑内也出土少量年代可早至商周之际的陶片，可能为早期遗物，故于这些器物号前加"0"，以示区别。

表3-12　06QDH4出土陶片陶系、纹饰及器类统计表

纹饰与器类	陶质与陶色	夹　砂			泥　质			合计	百分比（%）
		灰	褐	灰褐	灰	褐	灰褐		
纹饰	粗绳纹	88	22	13	46		23	192	47.64
	中绳纹	11	4	5	77		41	138	34.24
	细绳纹	6					7	13	3.23
	旋纹				2			2	0.50

续　表

陶质与陶色　　纹饰与器类		夹　　砂			泥　　质			合计	百分比（%）
		灰	褐	灰褐	灰	褐	灰褐		
纹饰	素面				38		16	54	13.40
	旋纹加暗纹				4			4	1.00
合计		105	26	18	167		87	403	100.01
百分比（%）		26.05	6.45	4.47	41.44		21.59	100.00	
			36.97			63.03			
器类	联裆鬲		3					3	21.43
	联裆甗		2					2	14.29
	高领罐					3		3	21.43
	罐					1		1	7.14
	豆					2		2	14.29
	矮直领瓮					1		1	7.14
	三足瓮					1		1	7.14
	方唇瓮					1		1	7.14
合计			5			9		14	100.00
百分比（%）			35.71			64.29		100.00	

联裆鬲　1件（DH4：03）。夹砂灰陶。侈口，沿面稍卷，沿下角较大，方唇，唇部饰绳纹，沿外绳纹被抹，腹部饰细绳纹。残宽8.4、残高5.2厘米（图3-86，14）。

联裆甗　1件（DH4：7）。夹砂灰陶。残存甗腰，有箅托，器表饰绳纹。残宽6、残高3.5厘米（图3-86，7）。

大口罐　2件。均泥质，侈口，折沿，圆唇。DH4：02，褐陶。沿下角较大，腹部绳纹印痕模糊。口径27.6、残高7.6厘米（图3-86，1）。DH4：012，灰皮褐胎。沿下角较小，素面。口径22.5、残高8.4厘米（图3-86，17）。

高领罐　1件（DH4：016）。夹砂灰陶。高领，侈口，窄平折沿，尖圆唇，素面。残宽8.4、残高5厘米（图3-86，2）。

罐　1件（DH4：014）。泥质灰陶。高领，近直口，卷沿，圆唇，素面。残宽6.6、残高2.5厘米（图3-86，6）。

豆　2件。均泥质灰陶。DH4：6，近直口，方唇，唇面有一周凹槽，弧盘近折，盘壁饰三周旋纹。残宽8.8、残高3.6厘米（图3-86，15）。DH4：010，敞口，方唇，浅弧盘。残宽4.3、残高

4.2厘米（图3-86,5）。

矮直领瓮　1件（DH4∶9）。泥质灰陶。领部较高微外侈,卷沿,圆唇较厚,口沿缘部及内侧各有一周沟槽,沿外侧绳纹被抹。口径20、残高4.3厘米（图3-86,10）。

方唇瓮　1件（DH4∶015）。泥质灰陶。侈口,厚方唇。残宽10、残高2.8厘米（图3-86,4）。

三足瓮　1件（DH4∶11）。泥质灰陶。敛口,方唇,沿外侧绳纹被抹。残宽9.8、残高2.7厘米（图3-86,3）。

足根　2件。均夹砂灰陶。实足根,足尖钝平,饰绳纹。DH4∶4,圆柱状。残高8厘米（图3-86,13）。DH4∶013,圆锥状。残高6.8厘米（图3-86,9）。

c. 石器

石铲　1件（DH4∶1）。青灰色,磨制。单面刃,刃部有使用痕迹。残长7.3、残宽3.6、厚1厘米（图3-89,4）。

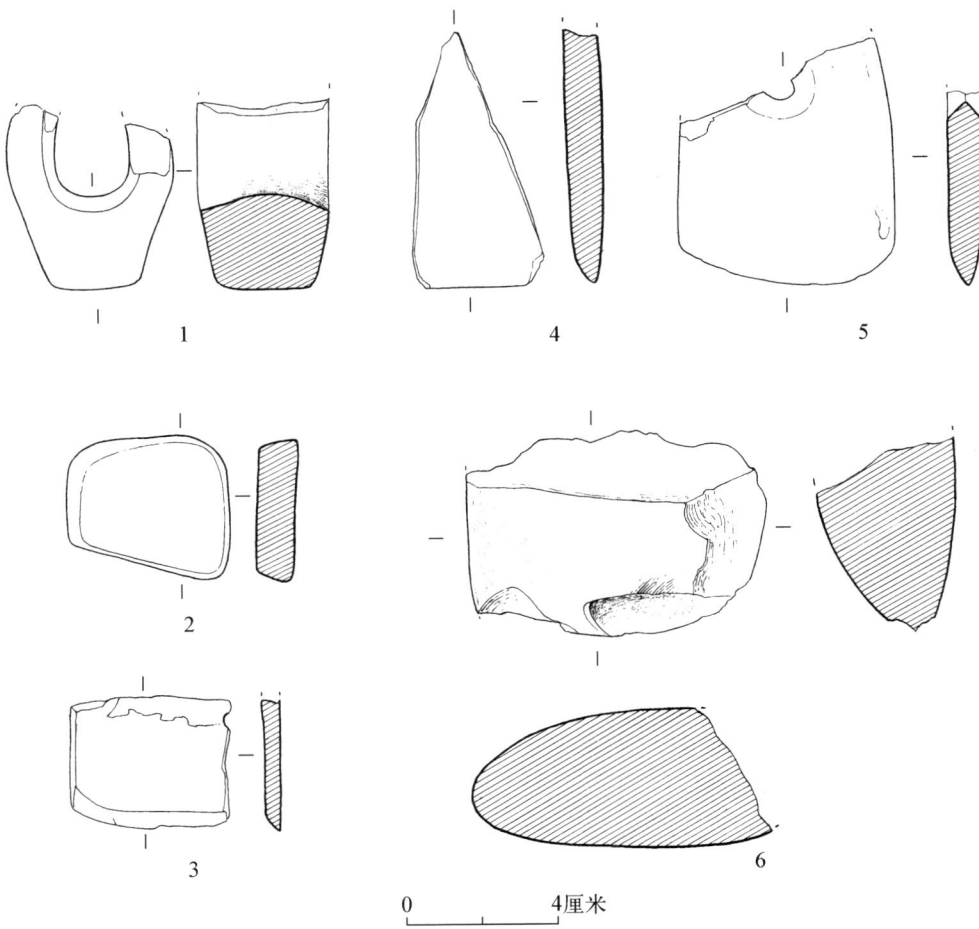

0　　　　　4厘米

图3-89　06QDH4、DH9、DH16、DH26出土石器

1.有孔石锤（DH16∶2）　2.砺石（DH26∶1）　3.石刀（DH26∶3）　4、5.石铲（DH4∶1、DH9∶1）　6.石锤（DH16∶3）

T1西壁

北

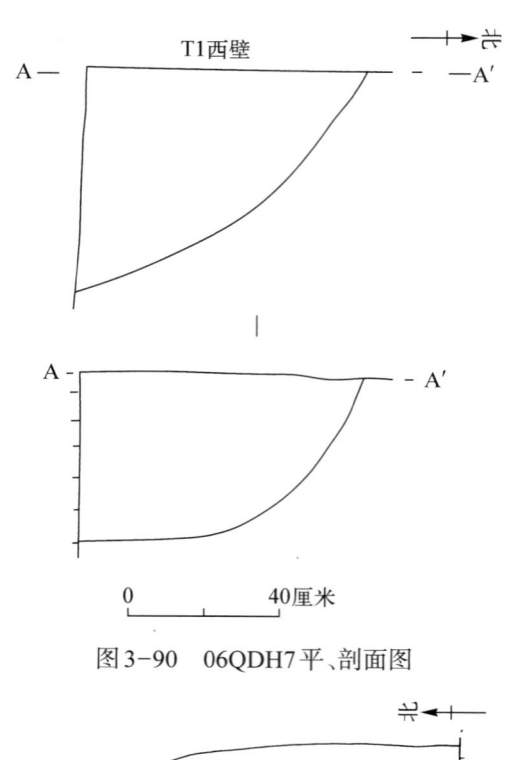

图3-90　06QDH7平、剖面图

0　　　　　40厘米

北

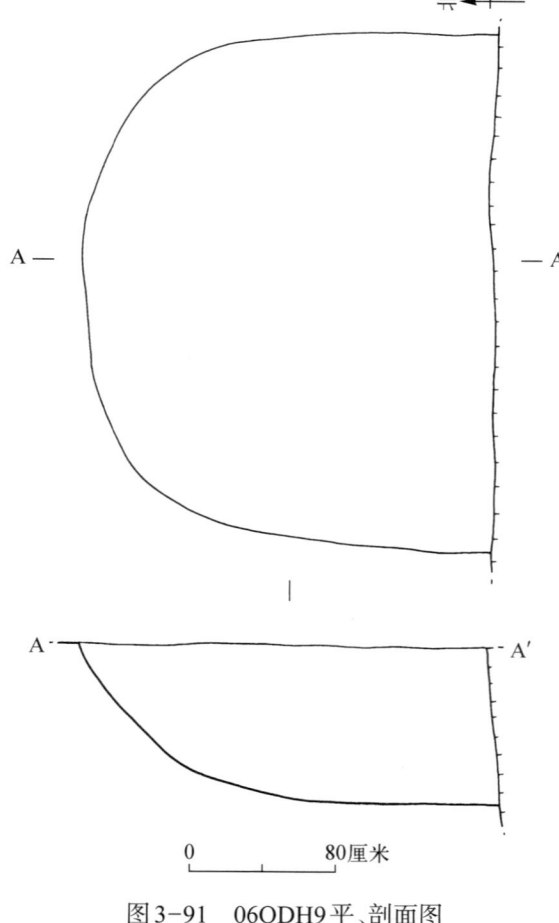

0　　　　　80厘米

图3-91　06QDH9平、剖面图

d. 年代

根据DH4出土陶器的式别特征，判断该坑年代为西周早期偏晚。

（4）06QDH7

a. 形制与堆积

DH7位于探方DT1的西南角，开口于DT1②层下，打破DH9与DH10。DH7在探方中暴露一角，完整的坑口平面形状不明，坡壁，底较平。探方内该坑南北残长0.74、东西残宽0.64、坑口距地表1、坑底距地表1.46、自深0.46米。

坑内为一次性堆积，土质较硬，土色呈红褐色，内含少量陶片等（图3-90）。

b. 陶容器

DH7出土陶片2件。均泥质灰陶，素面，可辨识器类为罐1件。

c. 年代

根据DH7出土陶器的式别特征，判断该坑年代为西周晚期。

（5）06QDH9

a. 形制与堆积

DH9位于探方DT1中部，开口于DT1②层下，被DH7打破，同时打破DH10、DH11与DH28。DH9南部被断崖破坏，根据现存部分坑口推测其完整平面近圆形，坡壁，底较平。探方内坑口南北残长2.22、东西宽2.98、坑口距地表1.02、坑底距地表2、自深0.98米。

坑内为一次性堆积，土质致密，土色呈灰色，夹杂少量灰黑色小斑点，内含陶片、石器、骨器、蚌片、兽骨等（图3-91）。

b. 陶容器

DH9出土陶片数量超过350片。陶质分夹砂与泥质两种，以泥质者为主，占比约69%。陶色以灰陶为主,占比约92%,灰褐陶占比约7%。纹饰以中绳纹、粗绳纹为主,分别占比约39%、24%,细绳纹、素面次之。器类丰富,其中联裆鬲与联裆甗共占比约38%,瓮、罐类共占比约26%,盆占比近15%,另有少量豆、簋、大口尊、三足瓮(表3-13)。

表3-13 06QDH9出土陶片陶系、纹饰及器类统计表

陶质与陶色 / 纹饰与器类	夹 砂			泥 质			合计	百分比(%)
	灰	褐	灰褐	灰	褐	灰褐		
纹饰 粗绳纹	68			17			85	23.94
细绳纹				57			57	16.06
中绳纹	26		16	88		10	140	39.44
素面				45			45	12.68
暗纹加弦纹				6	1		7	1.97
旋纹				20	1		21	5.92
合计	94		16	233	2	10	355	100.01
百分比(%)	26.48		4.51	65.63	0.56	2.82	100.00	
	30.99			69.01				
器类 联裆鬲	6						6	17.65
联裆甗	6			1			7	20.59
瓮、罐类				9			9	26.47
盆				5			5	14.71
豆				3			3	8.82
簋				2			2	5.88
大口尊				1			1	2.94
三足瓮				1			1	2.94
合计	12			22			34	100.00
百分比(%)	35.29			64.71			100.00	

联裆鬲 2件。均夹砂灰陶。方唇。DH9:19,侈口,窄卷沿近平,束颈,沿面有两周旋纹。残宽5.2、残高3.6厘米(图3-92,4)。DH9:20,侈口,窄平折沿,沿外缘起棱,沿面有两周旋纹,腹饰旋断绳纹。口径21.6、残高5.8厘米(图3-92,9)。

联裆甗 5件。DH9:13,泥质灰褐陶。矮领,侈口,卷沿,沿下角较大,沿面微内凹,方唇,

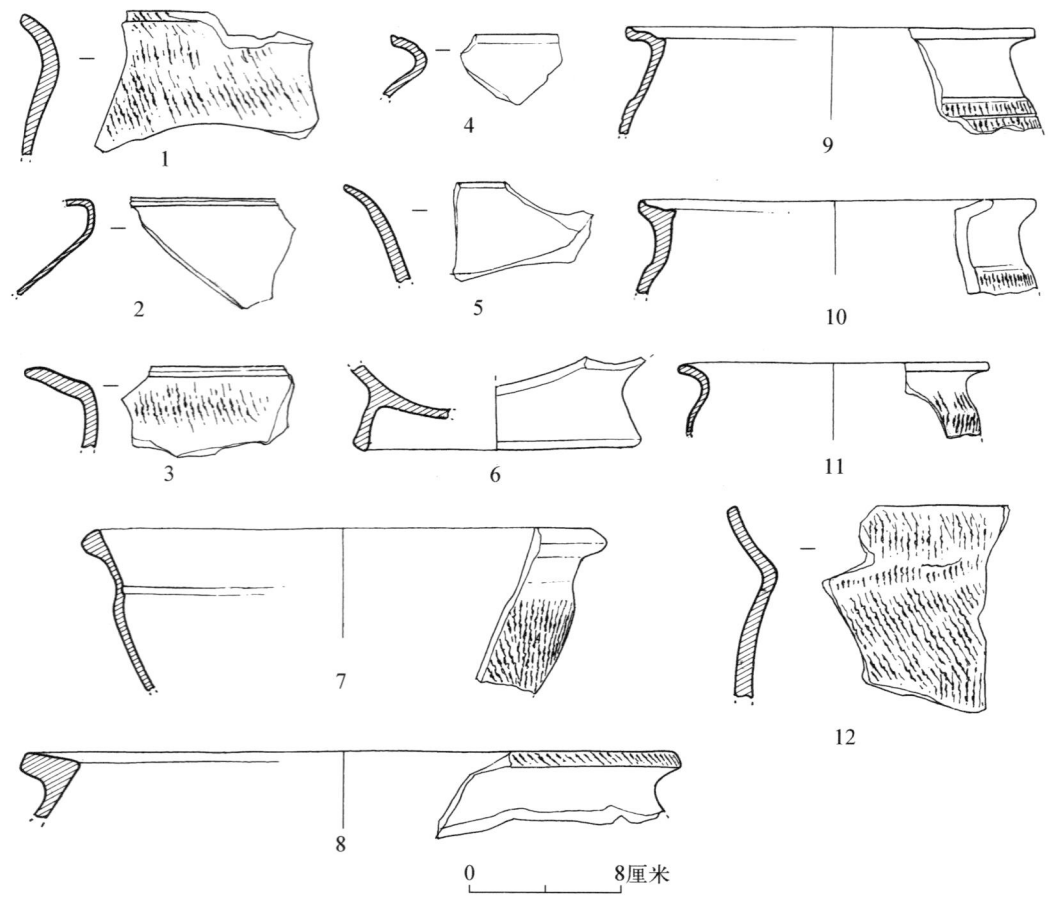

图3-92　06QDH9、DH10、DH11出土陶器

1、3、12.联裆甗（DH9：18、DH10：2、DH11：5）　2.矮领罐（DH10：1）　4、9～11.联裆鬲（DH9：19、DH9：20、DH10：4、DH10：7）
5.大口尊（DH10：6）　6.簋（DH11：18）　7.商式簋（DH11：10）　8.三足瓮（DH11：1）

通体饰绳纹。残宽9、残高6.4厘米（图3-93，6）。DH9：15，夹砂灰陶。高领外侈，卷沿，斜方唇，唇部及领外侧饰偏细绳纹。残宽10、残高4.8厘米（图3-93，14）。DH9：18，夹砂灰陶。侈口，窄卷沿，沿下角较大，方唇，唇及腹部饰印痕较深的绳纹，沿外侧绳纹印痕模糊。残宽11.6、残高7.6厘米（图3-92，1）。DH9：24，夹砂灰陶。残存上腹及算托，腹部向下斜收，算托较宽，器表饰印痕较浅的细绳纹。残宽10.8、残高11.8厘米（图3-93，18）。DH9：31，夹砂灰陶，褐胎。残存甗腰，算托较宽，器表饰绳纹。残宽12、残高3.7厘米（图3-93，15）。

罐　2件。均泥质灰陶。DH9：16，高领罐，领部外侈，窄平折沿，圆唇，沿面内侧有一周旋纹，肩部饰两周旋纹。口径15.6、残高7厘米（图3-93，1）。DH9：23，矮领罐，领矮，侈口，卷沿近平，方唇，肩部饰绳纹。残宽7.6、残高4.8厘米（图3-93，9）。

盆　2件。均泥质灰陶。DH9：14，侈口，宽折沿近平，方圆唇，鼓腹，沿下饰绳纹被抹，鼓腹处饰两周旋纹，其下饰竖行绳纹。残宽11.4、残高6.2厘米（图3-93，3）。DH9：22，侈口，折

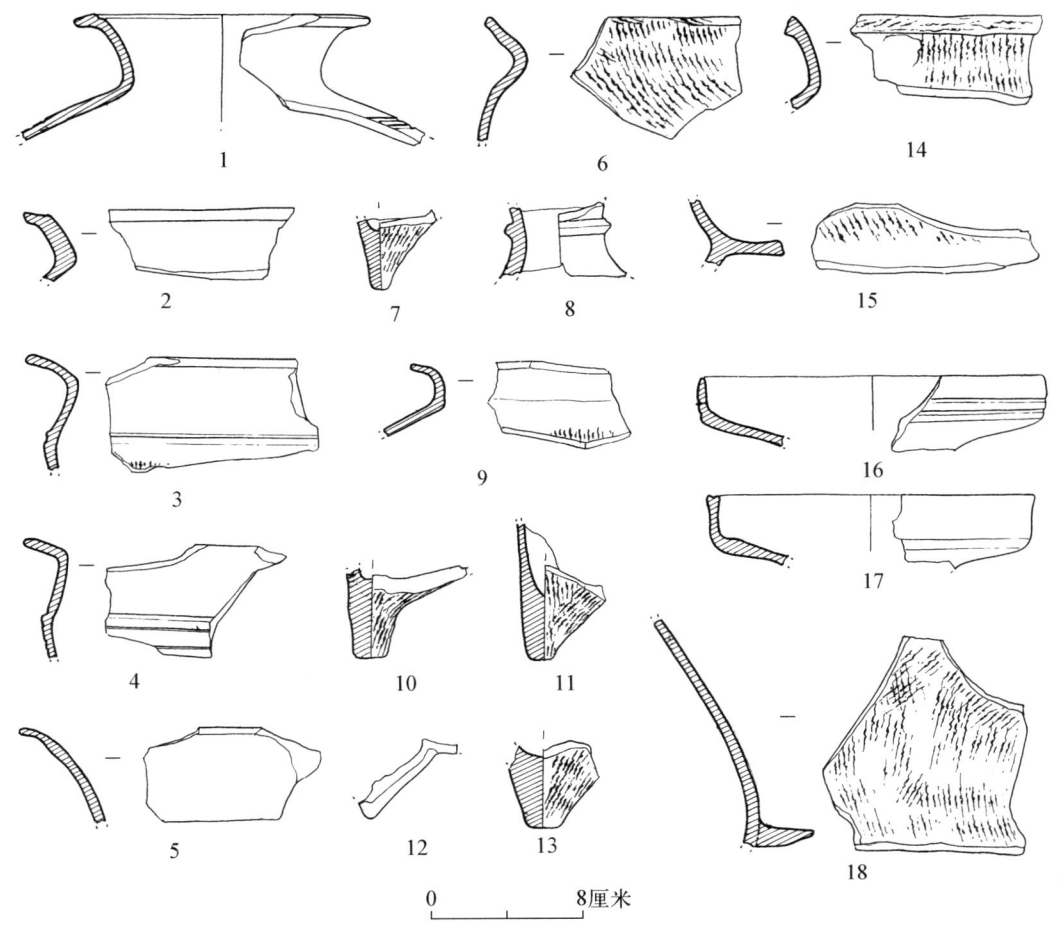

图3-93　06QDH9、DH11出土陶器

1. 高领罐（DH9：16）　2、9. 矮领罐（DH11：6、DH9：23）　3、4. 盆（DH9：14、DH9：22）　5. 大口尊（DH9：30）
6、14、15、18. 联裆鬲（DH9：13、DH9：15、DH9：31、DH9：24）　7、10、11、13. 足根（DH11：15、DH9：33、DH9：25、DH9：29）
8、16、17. 豆（DH9：27、DH9：12、DH9：17）　12. 三足瓮（DH9：32）

沿近平，圆唇，鼓腹，腹部饰三周旋纹。残宽9.4、残高6厘米（图3-93，4）。

　　豆　3件。均泥质灰陶。DH9：12，直口微敛，尖圆唇，折盘较浅，盘壁饰两周旋纹。口径18.4、残高4.2厘米（图3-93，16）。DH9：17，直口，方唇，唇面有一周凹槽，折盘较浅。口径17.2、残高3.8厘米（图3-93，17）。DH9：27，残存豆柄，豆柄有一周凸棱。残高4.2厘米（图3-93，8）。

　　大口尊　1件（DH9：30）。泥质灰陶。大敞口，圆唇，领上部有一周凸棱。残宽9.2、残高5.2厘米（图3-93，5）。

　　三足瓮　1件（DH9：32）。泥质灰陶。残存袋足，较矮，素面。残高4.4厘米（图3-93，12）。

　　足根　3件。均夹砂灰陶，为联裆鬲或联裆甗实足根。DH9：25，圆锥状，足尖钝平，饰交错细绳纹。残高7.2厘米（图3-93，11）。DH9：29，扁圆柱状，足根内侧起脊，饰印痕较深的竖行绳纹。残高4.8厘米,(图3-93,13)。DH9:33,褐胎。圆柱状,裆部较低,饰竖行细绳纹。残高5厘米(图3-93,10)。

　　c. 石器

　　石铲　1件(DH9:1)。青灰色,磨制。整体近长方形,单面刃,器身中部有一对钻而成的穿孔。残长7、残宽5.9、厚0.9厘米(图3-89,5)。

　　d. 骨器

　　骨锥　3件。DH9:2,残,器身横截面为略弧的扁平状,用骨壁加工磨制而成,一端磨尖。残长8、宽1、厚0.3厘米(图3-94,3)。DH9:3,残,器身横截面近扁柱状,一侧稍平,尖端细锐,通体磨光。残长7.3、粗端长径1、短径0.7厘米(图3-94,1;彩版二一,5)。DH9:6,器身横截面为扁柱状,尖端扁平,粗端齐平。长6.9、粗端长径1.3、短径0.8厘米(图3-94,5)。

　　骨镞　1件(DH9:5)。圆锥状前锋,圆柱状镞身,铤与身分界不明显,铤末渐细。长5.5、最大径0.7厘米(图3-94,2;彩版二一,2)。

　　骨笄　1件(DH9:4)。残存骨笄中部一段,横截面近圆形,通体磨光。残长10.6、径0.6厘米(图3-94,8)。

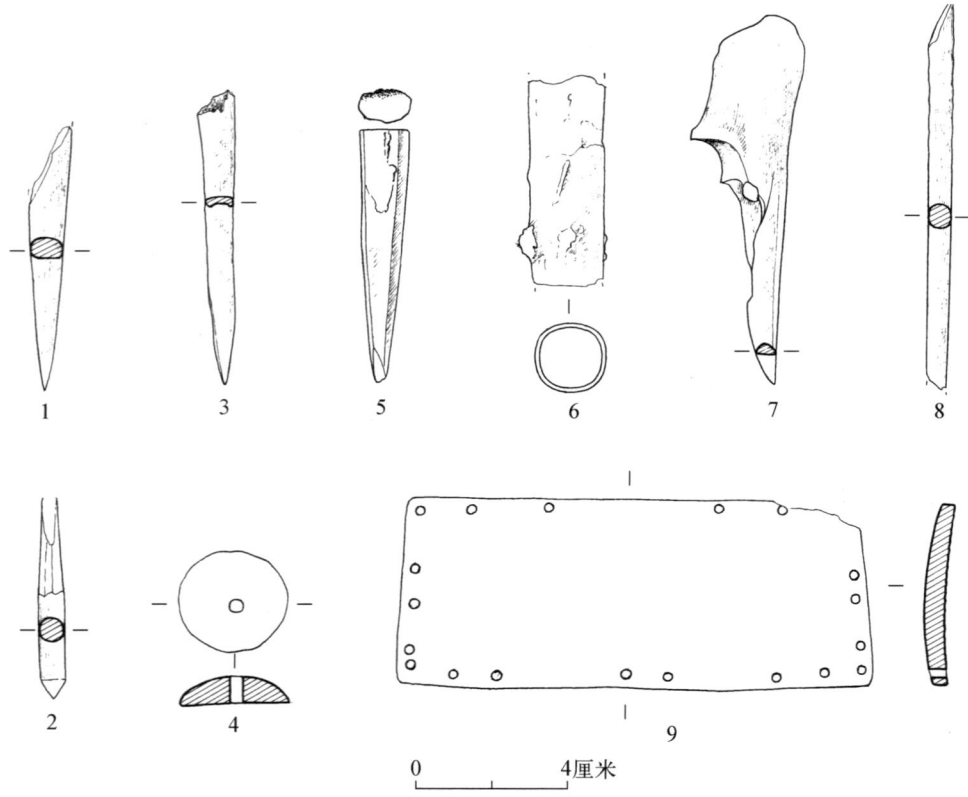

图3-94　06QDH9、DH16、DH26出土骨、蚌、铜器

1、3、5、7. 骨锥(DH9:3、DH9:2、DH9:6、DH16:1)　2. 骨镞(DH9:5)　4. 蚌泡(DH9:8)　6. 带范芯铜管(DH26:2)

8. 骨笄(DH9:4)　9. 骨牌形饰(DH9:9)

骨牌形饰 1件(DH9:9)。长方形片状,截面微弧,用骨壁加工磨制而成,表面磨光,内壁经修整,四周有多个细小穿孔。长12.5、宽5.1、厚0.6厘米(图3-94,9;彩版二一,3)。

e. 蚌器

蚌刀 1件(DH9:7)。由三角帆蚌制成。半圆形,无穿孔。残长8.8、宽5.3、厚0.4厘米(彩版二一,4)。

蚌泡 1件(DH9:8)。正面圆鼓,底部平齐,中央有一圆形穿孔。直径2.9、厚0.7、孔径0.3厘米(图3-94,4)。

f. 年代

根据DH9出土陶器标本的式别特征,判断该坑年代为西周晚期偏早。

(6) 06QDH10

a. 形制与堆积

DH10位于探方DT1西南部,开口于DT1②层下,该灰坑被DH7、DH9打破,同时打破DH11与DH28。DH10西部延伸进探方外,南部被断崖破坏,根据探方内部分坑口推测其完整形状近椭圆形或圆形,坡壁。探方内坑口南北残长2.36、东西残宽1.2、坑口距地表0.9、坑底距地表1.7、自深0.8米(图3-95)。

坑内为一次性堆积,土质致密,土色呈红褐色,内含陶片、兽骨等。

b. 陶容器

DH10出土陶片111片。陶质分夹砂与泥质两种,以泥质者为主,共计76片。陶色以灰陶为主,共计103片。纹饰以中绳纹为主,共计77片,其次为素面,共计31片。可辨器类有联裆鬲、联裆甗、矮领罐、大口尊、三足瓮等。

联裆鬲 2件。均夹砂灰陶。DH10:4,近直口,窄平折沿,尖圆唇,沿面内外缘均起棱,腹部饰细绳纹。口径20.8、残高5厘米(图3-92,10)。DH10:7,侈口,卷沿近平,圆唇,鼓腹,腹部绳纹印痕较深。口径16.3、残高4厘米(图3-92,11)。

联裆甗 1件(DH10:2)。泥质灰陶。卷沿近平,尖圆唇,唇面所饰细旋纹依稀可见,沿外饰绳纹。残宽9、残高5厘米(图3-92,3)。

矮领罐 1件(DH10:1)。泥质灰陶。矮

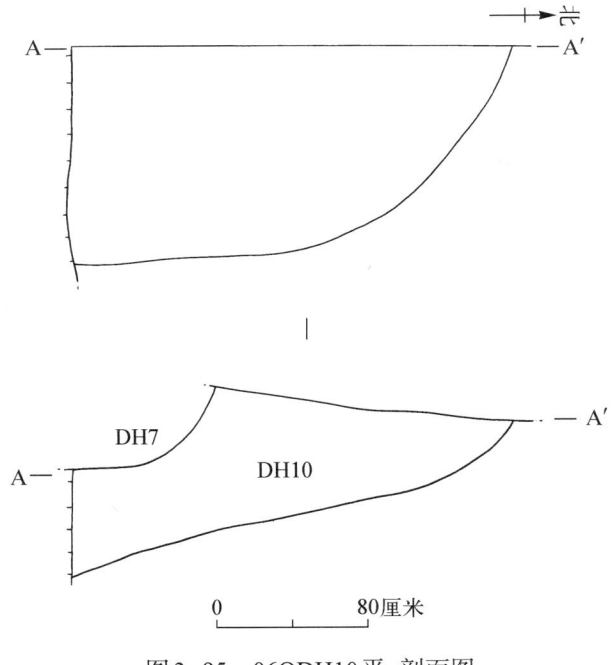

图3-95 06QDH10平、剖面图

直领,窄平折沿,方唇,素面。残宽8.6、残高5.8厘米(图3-92,2)。

大口尊　1件(DH10∶6)。泥质灰陶。大敞口,口部外侈,方唇,领上部有一周凸起。残宽7.2、残高5.2厘米(图3-92,5)。

三足瓮　1件(DH10∶9)。泥质灰陶。空袋足较高,素面。残高4.6厘米(图3-86,16)。

c. 年代

根据DH10出土陶器标本的式别特征,判断该坑年代为西周中晚期。

（7）06QDH11

a. 形制与堆积

DH11位于探方DT1中北部,其西部被DH10打破,南部被DH9打破,自身又打破DH28。DH11的北、东、西三面均延伸进探方外,根据探方内部分坑口推测其完整形状近圆形,坡壁,底呈锅底状。探方内坑口东西残长3.4、南北残宽2.74、坑口距地表1、坑底距地表1.8、自深0.8米(图3-96)。

坑内为一次性堆积,土质致密,土色呈黄褐色,夹杂灰黑色小斑点,内含陶片、兽骨等。

b. 陶容器

DH11出土陶片数量超过400片。陶质分夹砂与泥质两种,以泥质者为主,占比约61%。陶色以灰陶为主,占比约75%,灰褐陶占比约24%。纹饰以中绳纹为主,占比约54%,其次是细绳纹和粗绳纹,分别占比约18%和13%。器类丰富,其中联裆鬲与联裆甗所占比例约41%,豆和罐均占比约12%,三足瓮、簋、盆均占比近6%(表3-14)。

联裆甗　1件(DH11∶5)。夹砂灰陶。高领,侈口,卷沿,沿下角较大,方唇,通体饰印痕较深的粗绳纹。残宽10、残高11.2厘米(图3-92,12)。

矮领罐　1件(DH11∶6)。泥质灰陶,胎较厚。领部外侈,窄平沿,圆

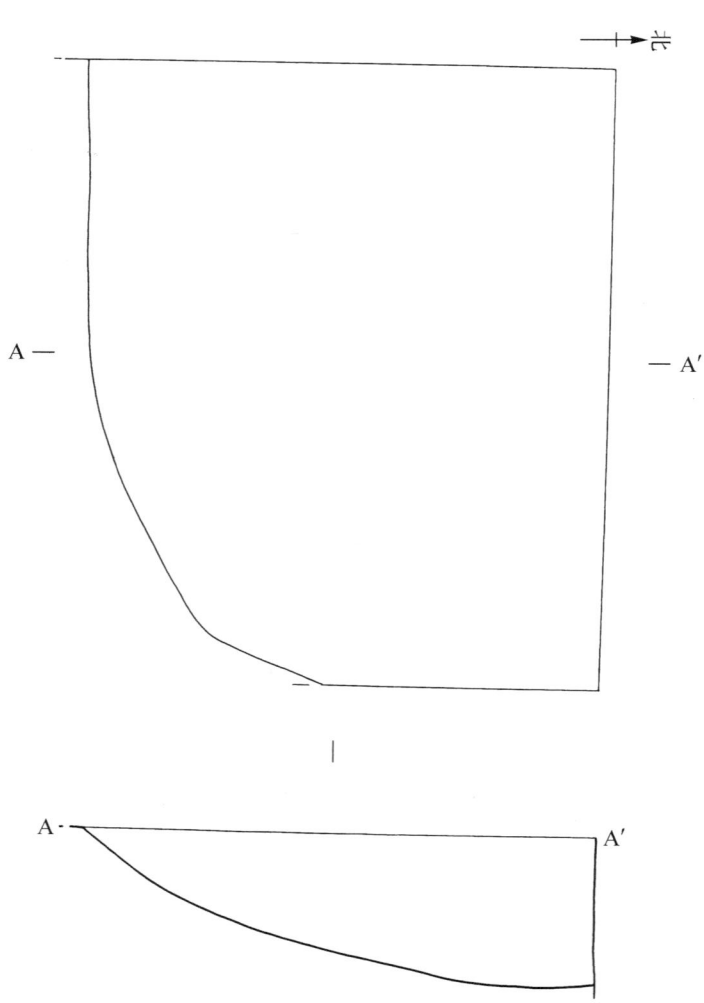

图3-96　06QDH11平、剖面图

表3-14 06QDH11出土陶片陶系、纹饰及器类统计表

纹饰与器类		陶质与陶色 夹砂			泥质			合计	百分比(%)
		灰	褐	灰褐	灰	褐	灰褐		
纹饰	粗绳纹	17			36			53	12.62
	中绳纹		5	76	122		22	225	53.57
	细绳纹	65			4		5	74	17.62
	旋纹				10			10	2.38
	旋纹加篦纹				4			4	0.95
	旋纹加暗纹				3			3	0.71
	暗纹				1			1	0.24
	素面				50			50	11.90
合计		82	5	76	230		27	420	99.99
百分比(%)		19.52	1.19	18.10	54.76		6.43	100.00	
			38.81			61.19			
器类	联裆鬲		3					3	17.65
	联裆甗		4					4	23.53
	罐					2		2	11.76
	盆					1		1	5.88
	豆					2		2	11.76
	簋					2		2	11.76
	三足瓮					1		1	5.88
	不知名器					2		2	11.76
合计			7			10		17	99.98
百分比(%)			41.18			58.82		100.00	

唇,折领,素面。残宽9.8、残高3.8厘米(图3-93,2)。

簋 2件。均泥质灰陶。DH11：10,商式簋,敞口,厚三角唇,深斜腹微鼓,腹内侧上部有一周凹槽,腹饰纹理清晰的绳纹。口径27.4、残高8.8厘米(图3-92,7)。DH11：18,残存器底及圈足,底部饰印痕模糊的绳纹。圈足径15.2、残高4.8厘米(图3-92,6)。

三足瓮 1件(DH11：1)。泥质灰陶。敛口,宽平沿,方唇,唇部饰绳纹。口径34.8、残高4.7厘米(图3-92,8)。

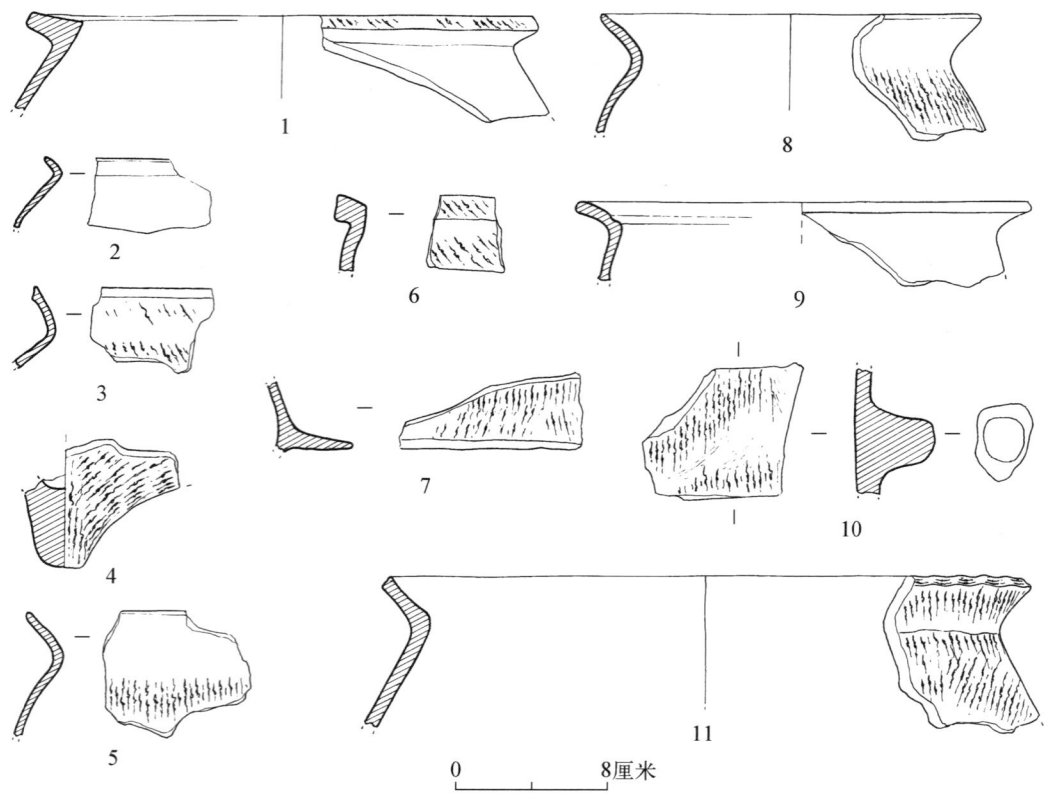

图3-97　06QDH11、DH28出土陶器

1.三足瓮(DH28：1)　2.小口罐(DH28：12)　3、5、8.联裆鬲(DH28：7、DH28：4、DH28：5)　4.足根(DH28：3)
6、7、11.联裆甗(DH28：8、DH28：10、DH28：11)　9.盆(DH28：13)　10.瓦钉(DH28：9)

足根　3件。均夹砂。实足根。DH11：3，红褐陶。扁柱状，饰粗绳纹。残高5.4厘米(图3-86，12)。DH11：12，灰陶。圆锥状，饰粗绳纹。残高4.8厘米(图3-86，11)。DH11：15，灰陶。圆锥状，足根内侧起脊，饰条理清晰的细绳纹。残高4厘米(图3-93，7)。

c. 骨器

骨铲　2件，其中1件为半成品。

DH11：#21，半成品，疑似用大型哺乳动物的长骨骨干制成，一端有1个较光滑的关节面，内外骨壁均有局部打磨痕迹，外壁因打磨暴露出一部分松质。残长10.5、残宽3.8、厚1.0厘米。DH11：#22，疑似用大型哺乳动物的长骨骨干制成，骨壁有一定弧度，骨表和断裂边缘处均有打磨痕迹，一端打磨成刃，骨松质未有打磨痕迹。残长6.2、残宽2.8、厚0.7厘米(彩版三〇七，4)。

骨刀　1件(DH11：#23)。疑似用中小型哺乳动物的长骨或肋骨骨干制成，整体扁薄，内外壁和一侧边缘打磨光滑，一端较尖锐且边缘处打磨出刃口。长8.1、宽1、厚0.2、刃口长3.2厘米(彩版三〇七，6)。

d. 年代

根据DH11出土陶器标本的式别特征，判断该坑年代为西周早期偏晚。

（8）06QDH13

a. 形制与堆积

DH13位于探方DT4的东南部，开口于DT4③层下，打破DH14、DH22、DH23。DH13南部被断崖破坏，坑口平面完整形制不明，坡壁，近平底。坑口东西长2.13、南北残宽0.8、坑口距地表1.1～1.3、坑底距地表1.85、自深0.55米（图3-98）。

坑内堆积分两层，均为水平分布。第①层土质疏松，土色呈灰色，内含红烧土块、青灰色烧土块、礓石等。第②层土质较上层致密，土色呈青灰色，内含少量陶片。

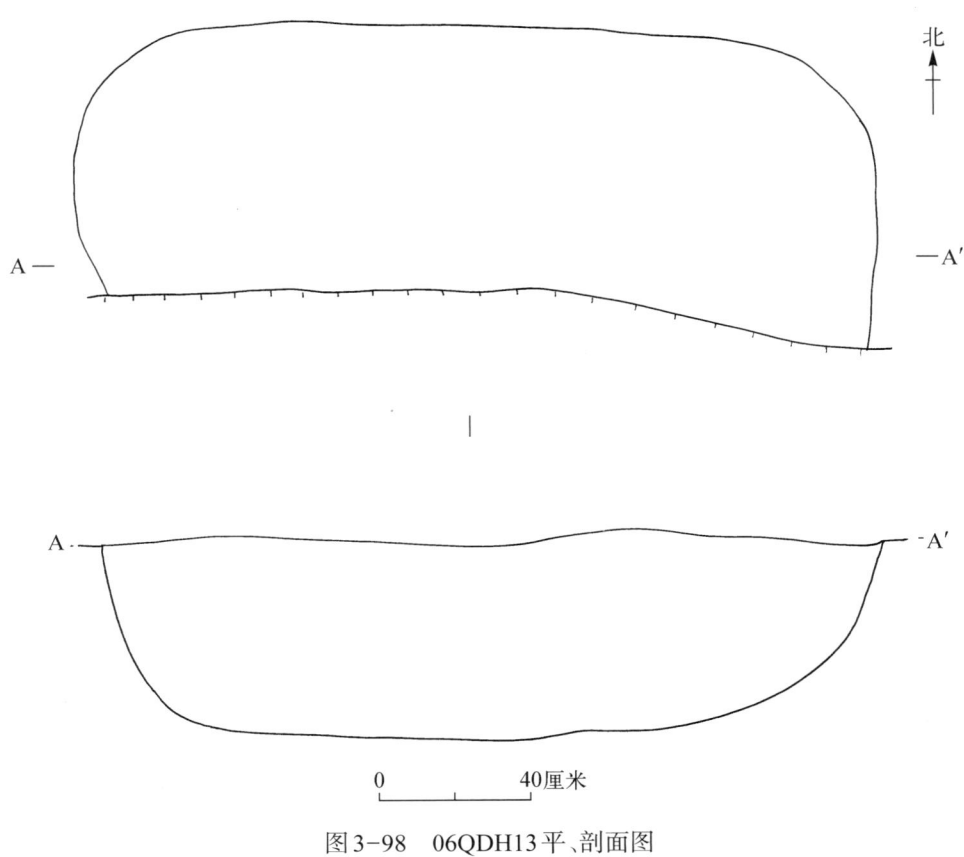

图3-98　06QDH13平、剖面图

b. 陶容器

DH13出土陶片25片。陶质分夹砂与泥质两种，以泥质者为主，共计20片，夹砂者5片。陶色以灰陶为主，共24片，灰褐陶1片。纹饰以中绳纹和瓦纹为主，各9片，其次是细绳纹和素面，分别有3片。可辨识器类仅有盆1件。

c. 年代

DH13出土陶器年代为西周时期，该坑打破西周中期偏晚的DH14，故该坑年代不早于西周中期偏晚。

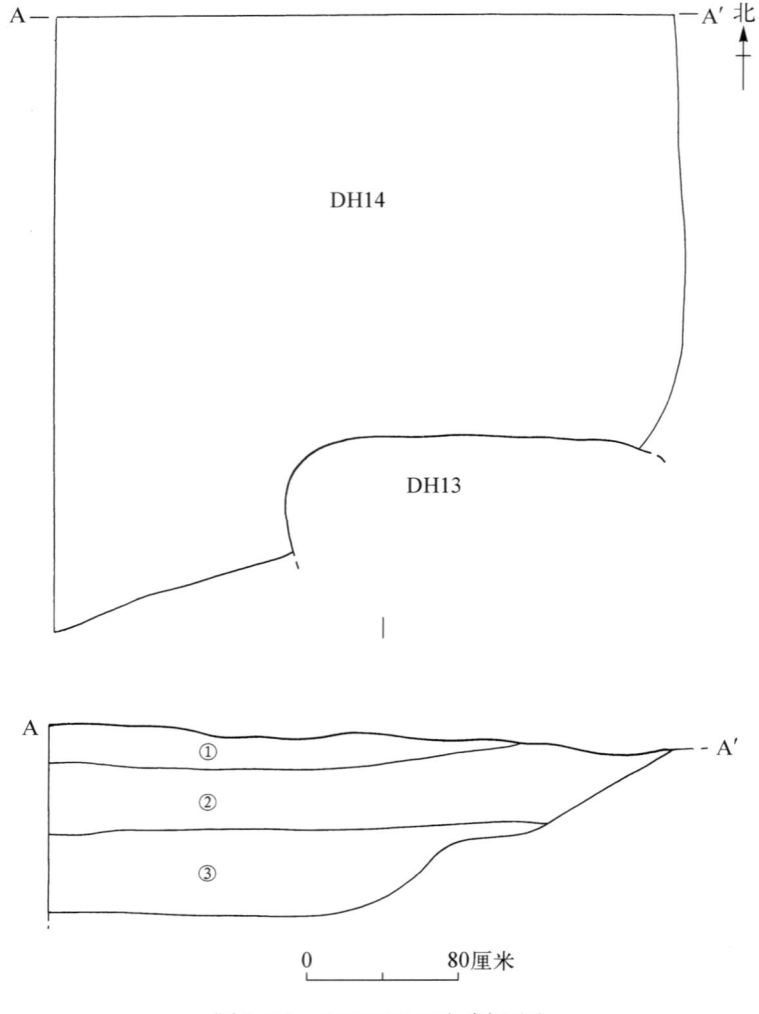

图3-99　06QDH14平、剖面图

（9）06QDH14

a. 形制与堆积

DH14位于探方T4内，开口于DT4③层下，该坑东南部被DH13打破，同时打破DH21、DH22、DH23。DH14的范围几乎遍布全方，西、北部延伸进探方外，根据探方内部分坑口推测其完整形状近圆形或椭圆形，坡壁，其中东部坑壁近台阶状，坑底较平。坑口南北残长3.36、东西残宽3.3、坑口距地表1.1、坑底距地表2.14、自深1.04米。

坑内堆积共分三层，大致呈水平状分布。第①层厚0.24米，土质致密，土色呈红褐色，内含少量陶片、礓石等。第②层厚0.36米，土质较上层疏松细腻，土色呈灰褐色，内含陶片、红烧土块、炭屑等。第③层厚0.5米，土质较疏松，有水浸迹象，土色呈青灰色，内含陶片、兽骨等（图3-99）。

b. 陶容器

DH14出土陶片数量超过200片。陶质分夹砂与泥质两种，以泥质者为主，占比近57%。陶色以灰陶为主，占比约86%，灰褐陶占比约14%。纹饰以中绳纹为主，占比约66%，素面次之，占比约11%。器类丰富，其中联裆鬲与联裆甗共占比53%，高领罐和盆均占比约12%，另有少量敛口簋等（表3-15）。

表3-15　06QDH14出土陶片陶系、纹饰及器类统计表

陶质与陶色 纹饰与器类		夹　砂			泥　质			合计	百分比（%）
		灰	褐	灰褐	灰	褐	灰褐		
纹饰	粗绳纹	13	1		5			19	7.51
	中绳纹	59		33	76			168	66.40

续　表

纹饰与器类 \ 陶质与陶色		夹　砂			泥　质			合计	百分比(%)
		灰	褐	灰褐	灰	褐	灰褐		
纹饰	细绳纹	2			17			19	7.51
	素面				26		3	29	11.46
	旋纹				12			12	4.73
	旋纹加暗纹				5			5	1.98
	坑窝纹	1						1	0.40
合计		75	1	33	141		3	253	99.99
百分比(%)		29.64	0.40	13.04	55.73		1.19	100.00	
		43.08			56.92				
器类	联裆鬲	3						3	17.65
	联裆甗	6						6	35.29
	高领罐					2		2	11.76
	盆					2		2	11.76
	敛口簋					1		1	5.88
	不知名器					3		3	17.65
合计		9			8			17	99.99
百分比(%)		52.94			47.06			100.00	

联裆鬲　2件。均夹砂。侈口,卷沿,沿下角较小,束颈。DH14:9,灰陶。方唇,沿外缘微起棱,微束颈,腹饰交错绳纹。口径17、残高3.8厘米(图3-100,1)。DH14:11,褐陶。圆唇,腹饰印痕较深的绳纹。口径17.8、残高3.8厘米(图3-100,2)。

联裆甗　3件。均夹砂。DH14:2,灰陶褐胎。矮领,侈口,卷沿,沿下角较大,方唇,通体饰纹理杂乱的粗绳纹。残宽7.6、残高6.8厘米(图3-100,8)。DH14:3,褐陶。残存甗腰及算托,器表饰印痕较深的粗绳纹。残宽4.4、残高7.2(图3-100,3)。DH14:6,褐陶。侈口,窄卷沿,方唇,唇部绳纹印痕模糊,上腹部饰印痕较浅的绳纹。口径26、残高3.2厘米(图3-100,9)。

高领罐　1件(DH14:1)。泥质灰陶。领部外侈,卷沿,沿下角较小,圆唇,沿面有两周旋纹。口径12.7、残高2.6厘米(图3-100,4)。

盆　1件(DH14:10)。泥质褐陶。侈口,卷沿,尖圆唇,素面。残宽8.8、残高6厘米(图3-100,7)。

敛口簋　1件(DH14:5)。泥质黑皮陶。敛口,方唇,唇面有一周浅槽,鼓腹,器身饰较细

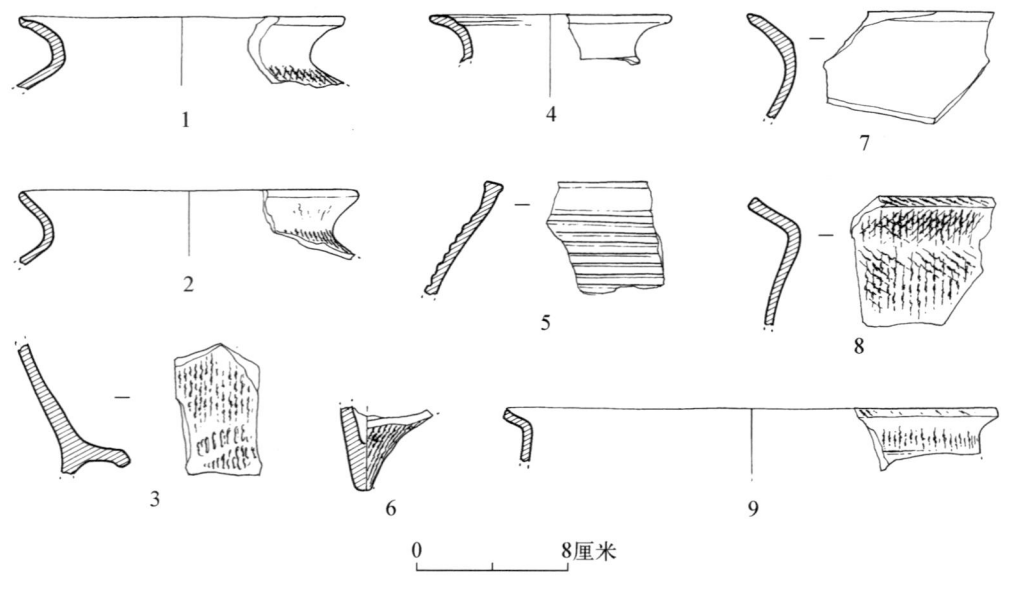

图3-100　06QDH14出土陶器

1、2.联裆鬲（DH14∶9、11）　3、8、9.联裆瓶（DH14∶3、2、6）　4.高领罐（DH14∶1）　5.敛口簋（DH14∶5）
6.足根（DH14∶4）　7.盆（DH14∶10）

密的瓦棱纹。残宽6.1、残高6厘米（图3-100,5）。

　　足根　1件（DH14∶4）。夹砂灰陶。圆锥状实足根，横截面呈椭圆形，器表饰印痕较清晰的绳纹。残高4.6厘米（图3-100,6）。

　　c.年代

　　根据DH14出土陶器标本的式别特征，判断该坑年代为西周中期偏晚。

　　（10）06QDH16

　　a.形制与堆积

　　DH16位于探方DT3中部，开口于DT3②层下，被DH4、DH19打破，同时打破DH17。DH16南部被断崖破坏，探方内坑口平面近半圆形，坡壁，底较平。坑口东西残长5.3、南北残宽1.46、坑口距地表1.3、坑底距地表2.4、自深1.1米（图3-101）。

　　坑内堆积可分两层。第①层厚0.12～0.24米，土质疏松呈颗粒状，土色呈黄褐泛青灰色，夹杂有少量炭屑，内含陶片、兽骨、礓石等。第②层厚0.94米，土质疏松呈粉状，土色呈青灰色，有水浸迹象，内含陶片、兽骨、礓石等。

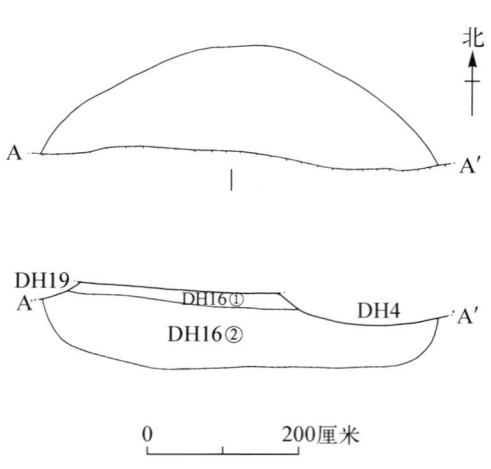

图3-101　06QDH16平、剖面图

b. 陶容器

DH16出土陶片109片。陶质分夹砂与泥质，以泥质者为主，共81片。陶色以灰陶为主，共计84片，灰褐陶次之，共计25片。纹饰以中绳纹、素面、粗绳纹为主，分别有45、35、22片。可辨器类标本有高领袋足鬲1件，高斜领联裆鬲、联裆甗各2件，小口罐5件，大口罐3件，敛口钵1件，大口尊3件，方唇直口瓮和三足瓮各1件。

高领袋足鬲　1件（DH16∶10）。夹砂灰陶。领部整体微内弧，领外侧上部饰斜行绳纹，下部饰竖行绳纹，均印痕较深，领与袋足交界处有一周抹痕。残宽11.7、残高8.6厘米（图3-102,2）。

高斜领联裆鬲　2件。均夹砂褐陶，陶色斑驳不均。高斜领，侈口。DH16∶14，方唇，器表饰粗绳纹。口径25.2、残高7.6厘米（图3-102,10）。DH16∶15，小平折沿，圆唇，器表饰印痕较

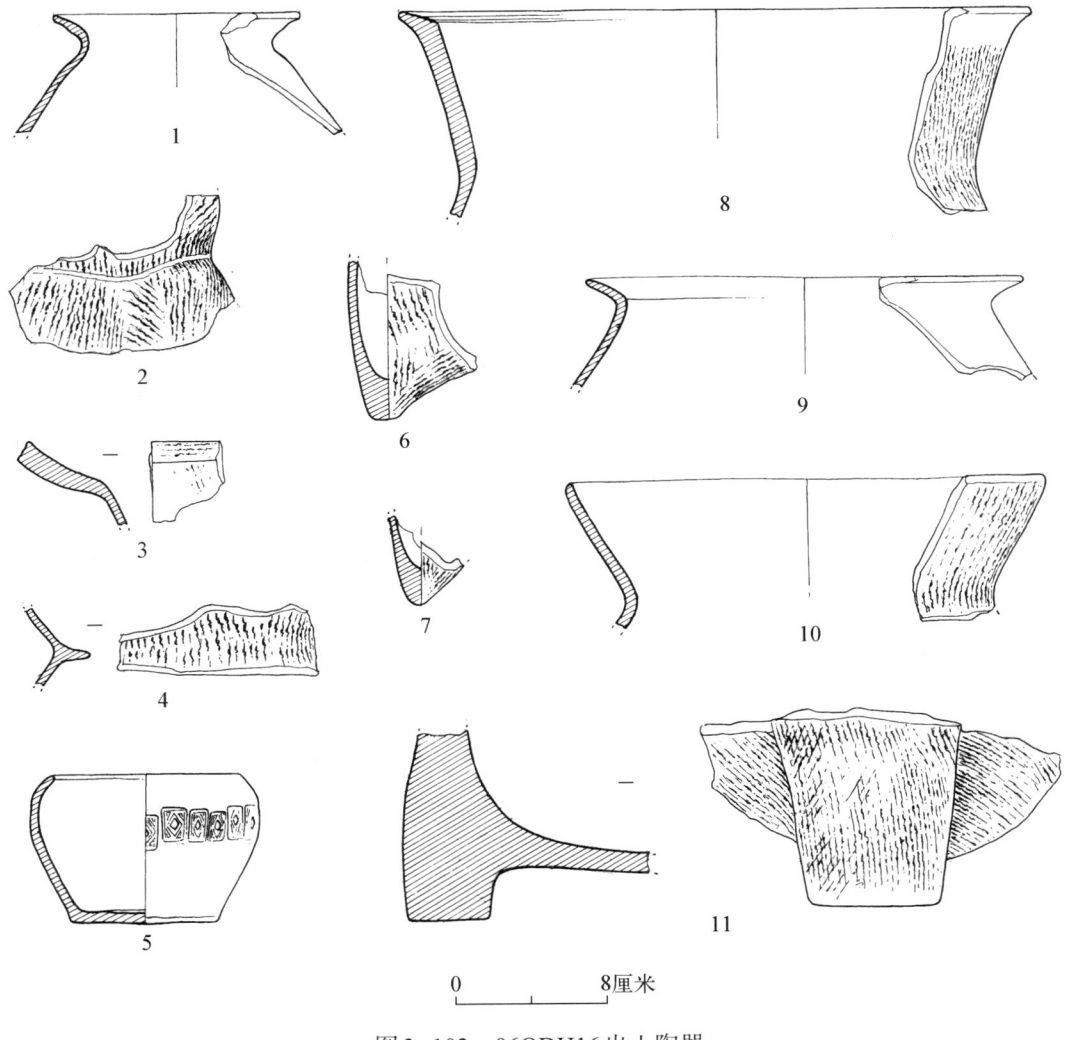

图3-102　06QDH16出土陶器

1. 小口罐（DH16∶6）　2. 高领袋足鬲（DH16∶10）　3. 方唇直口瓮（DH16∶19）　4. 联裆甗（DH16∶17）　5. 敛口钵（DH16∶8）
6、7. 足根（DH16∶16、20）　8、10. 高斜领联裆鬲（DH16∶15、14）　9. 大口罐（DH16∶9）　11. 三足瓮（DH16∶4）

浅、略具条理的绳纹。口径33.2、残高11厘米(图3-102,8)。

联裆鬲 2件。均夹砂。DH16:13,红褐陶。侈口,方唇,唇部饰绳纹,沿外侧绳纹被抹,残痕依稀可见。残宽5.2、残高4.8厘米(图3-103,1)。DH16:17,灰陶褐胎。残存鬲腰,有算托,饰印痕较深、条理清晰的粗绳纹。残宽10.6、残高4厘米(图3-102,4)。

小口罐 3件。均泥质灰陶。侈口,卷沿,圆唇,微束颈。DH16:6,沿下角较大,素面。口径12.8、残高6.6厘米(图3-102,1)。DH16:11,肩饰绳纹。口径13.4、残高4.8厘米(图3-103,5)。DH16:12,肩饰绳纹。口径13.7、残高5厘米(图3-103,6)。

大口罐 2件。均泥质灰陶。侈口,卷沿近平,圆唇。DH16:9,褐胎。素面。口径23、残高5.6厘米(图3-102,9)。DH16:18,素面。口径27.3、残高5.2厘米(图3-103,3)。

敛口钵 1件(标本DH16:8)。泥质灰陶。敛口,尖圆唇,鼓肩,斜腹,平底,肩部饰菱形乳钉纹,底饰交错绳纹。口径9.8、底径7.6、高7.8厘米(图3-102,5)。

大口尊 2件。均泥质。大敞口,沿面较宽,尖圆唇。DH16:5,灰陶。沿外侧绳纹被抹,残痕依稀可见。口径26.2、残高3.8厘米(图3-103,2)。DH16:7,黑皮陶。素面。口径38.2、残高3.4厘米(图3-103,4)。

方唇直口瓮 1件(DH16:19)。泥质灰陶。直口,厚方唇,唇部饰粗绳纹,沿外侧绳纹被抹,残痕依稀可见。残宽3.8、残高4.2厘米(图3-102,3)。

三足瓮 1件(DH16:4)。泥质灰陶。铲形扁足,饰麦粒状绳纹。残高10.8厘米(图3-102,11)。

足根 2件。均为夹砂灰陶。圆锥状实足根,内侧起脊,器表饰绳纹。DH16:16,残高8.6

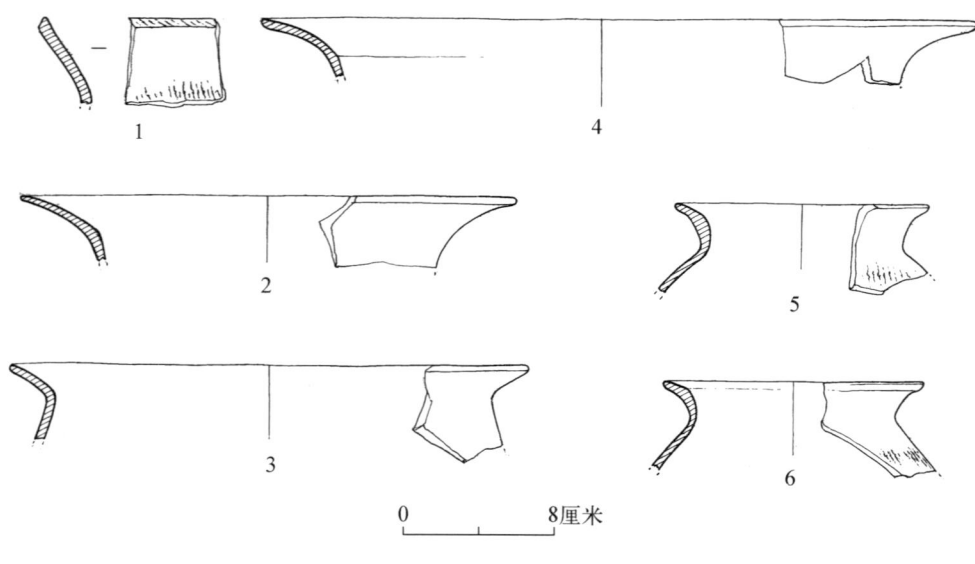

图3-103　06QDH16出土陶器

1.联裆鬲(DH16:13)　2、4.大口尊(DH16:5、7)　3.大口罐(DH16:18)　5、6.小口罐(DH16:11、12)

厘米（图3-102,6）。DH16:20,残高4.7厘米（图3-102,7）。

c. 石器

有孔石锤　1件（DH16:2）。残,青灰色,磨制。一端稍细,中部穿孔以供装柄。残长5.3、宽3.9、厚2.5厘米（图3-89,1；彩版二一,1）。

石锤　1件（DH16:3）。残,黑色。平面近椭圆形,器表有砸痕。残长8.2、残宽5.8、厚3.8厘米（图3-89,6）。

d. 骨器

骨锥　1件（DH16:1）。兽骨的尺骨骨干中部磨尖而成。长10.1、宽2.6、厚1.8厘米（图3-94,7；彩版二一,6）。

骨铲　1件（DH16③:#38）。由牛下颌骨制成,选用下颌骨上升支的部位,骨表和骨骼断裂处打磨光滑,一端打磨成刃,暴露出的松质局部有打磨痕迹。残长12、残宽4.9厘米（彩版三〇七,3）。

骨料　1件（DH16③:8）。疑似中型哺乳动物肩胛骨,较薄,形似等腰三角形,一面有打磨痕迹,三角形长边边缘有半圆形钻孔痕迹,直径约1厘米。残长6.8、残宽3.7、厚0.2厘米。

e. 年代

根据DH16出土陶器标本的式别特征,判断该坑年代为先周晚期。

（11）06QDH17

a. 形制与堆积

DH17位于探方DT3东南部,被DH4与DH16打破,同时打破生土。DH17南部被断崖破坏,残存坑口平面呈半圆形,坡壁,底呈锅底状。坑口东西长4.61、南北残宽1.5、坑口距地表1.62、坑底距地表3.24、自深1.62米（图3-104）。

坑内堆积可分六层。第①层厚约0.8米,土质疏松,土色呈灰褐泛红褐色,夹杂有少量炭屑,内含陶片、兽骨、礓石等。第②层厚0.24米,土质疏松,土色呈青灰色,有水浸迹象,内含大量红烧土块、陶片、兽骨等。第③层厚0.18～0.28米,土质疏松,土色呈红褐泛青灰色,内含陶片、兽骨等。第④层厚0.09～0.24米,土质疏松,土色呈黄褐泛灰色,夹杂有红烧土块,内含陶片、兽骨、礓石等。第⑤层厚0.16米,土质疏松,土色呈红褐泛灰色,内含陶片、小石块、兽骨等。第⑥层厚0.16米,土质疏松呈颗粒状,土色呈灰褐色,夹杂炭屑,内含较多陶片、大量兽骨及鹿角等。

b. 陶器

DH17出土陶片119片。陶质分夹砂与泥质两种,以泥质陶为主,共86片,夹砂陶共33片。陶色以灰陶为主,共58片,褐陶37片,灰褐陶24片。纹饰以中绳纹、粗绳纹、素面为主,分别有47、46和17片。可辨器类有高领袋足鬲2件,联裆鬲4件,小口罐4件,大口罐、盆各3件,盂1件。

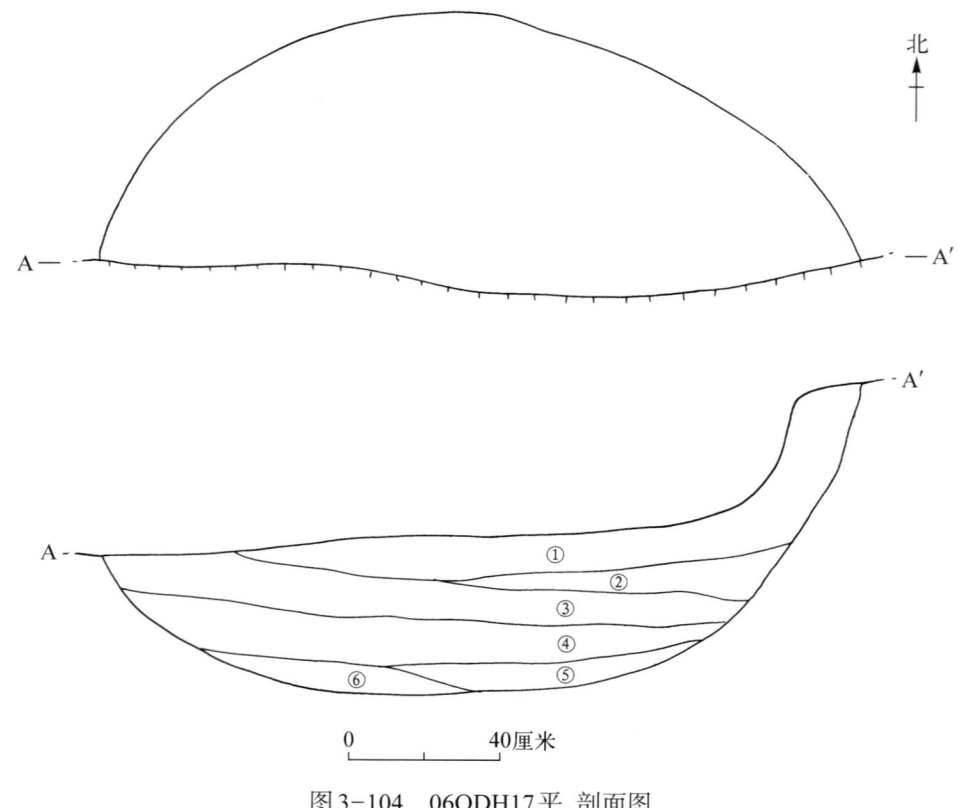

图3-104　06QDH17平、剖面图

高领袋足鬲　2件。均夹砂。DH17：15，灰陶。裆隔底部饰坑窝纹。残宽5.2、残高7.6厘米（图3-105，4）。DH17：20，褐陶，陶色斑驳不均。领部微内弧，方唇，领外侧上饰斜行绳纹，下饰竖行绳纹。残宽3、残高2.8厘米（图3-105，3）。

联裆鬲　3件。均夹砂。DH17：1，灰陶。侈口，折沿，沿下角较大，方唇，高弧裆，裆部内瘪，圆锥状袋足，腹饰略具条理的粗绳纹。口径12、高13厘米（图3-105，10）。DH17：16，灰陶。侈口，圆唇，沿下饰粗绳纹。残宽7.2、残高4厘米（图3-105，9）。DH17：18，红褐陶，陶色斑驳不均。侈口，卷沿，沿下角较大，方唇，沿外侧绳纹稍被抹，腹饰绳纹。口径26.6、残高7.2厘米（图3-106，1）。

小口罐　4件。均为泥质灰陶。DH17：2，矮领，侈口，卷沿，圆唇，折肩，腹饰斜绳纹。口径13.5、残高22.2厘米（图3-105，1）。DH17：8，斜腹，平底，腹饰绳纹。底径17、残高11厘米（图3-105，2）。DH17：10，褐胎。矮领，直口微侈，方唇，领外侧绳纹被抹，腹饰绳纹。口径12.5、残高16厘米（图3-106，6）。DH17：21，侈口，折沿近平，尖圆唇，素面。残宽7.2、残高5厘米（图3-105，8）。

大口罐　3件。均泥质。侈口。DH17：11，褐陶。宽折沿，尖圆唇，沿外侧绳纹被抹。口径24.6、残高8.5厘米（图3-106，2）。DH17：13，灰陶。矮领，卷沿近折，圆唇，素面。口径

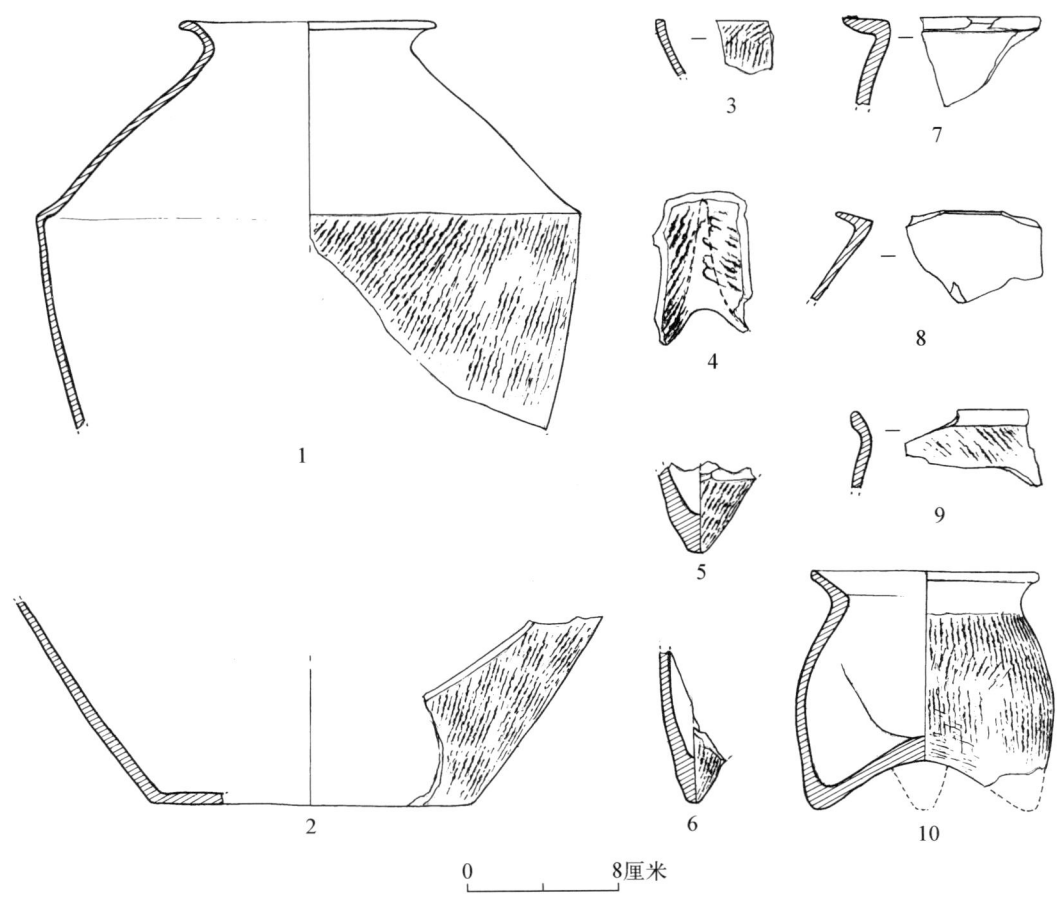

图3-105　06QDH17出土陶器

1、2、8. 小口罐（DH17：2、8、21）　3、4. 高领袋足鬲（DH17：20、15）　5、6. 足根（DH17：19、17）
7. 盆（DH17：9）　9、10. 联裆鬲（DH17：16、1）

14.7、残高7.4厘米（图3-106，7）。DH17：14，灰陶。矮领，卷沿，圆唇，素面。口径15.6、残高
9.4厘米（图3-106，8）。

　　盆　3件。均为泥质灰陶。DH17：5，卷沿，圆唇，鼓腹，素面。口径28.6、残高7厘米（图
3-106，3）。DH17：7，卷沿，圆唇，深腹微鼓，平底微内凹，腹饰旋断绳纹，底饰绳纹。口径
29.4、底径13.8、高23.6厘米（图3-106，4）。DH17：9，口微敛，平折沿，方圆唇，鼓腹，素面。残
宽6.2、残高4.8厘米（图3-105，7）。

　　盂　1件（DH17：3）。泥质黑皮陶。口微敛，平折沿，圆唇，腹饰粗绳纹，鼓腹处有一周抹
痕，平底，底饰麦粒状绳纹。口径18.7、底径10.5、高15.6厘米（图3-106，5；彩版二〇，4）。

　　足根　2件。均为夹砂褐陶。圆锥状实足根，饰绳纹。DH17：17，陶色斑驳不均。残高8.4
厘米（图3-105，6）。DH17：19，残高4.8厘米（图3-105，5）。

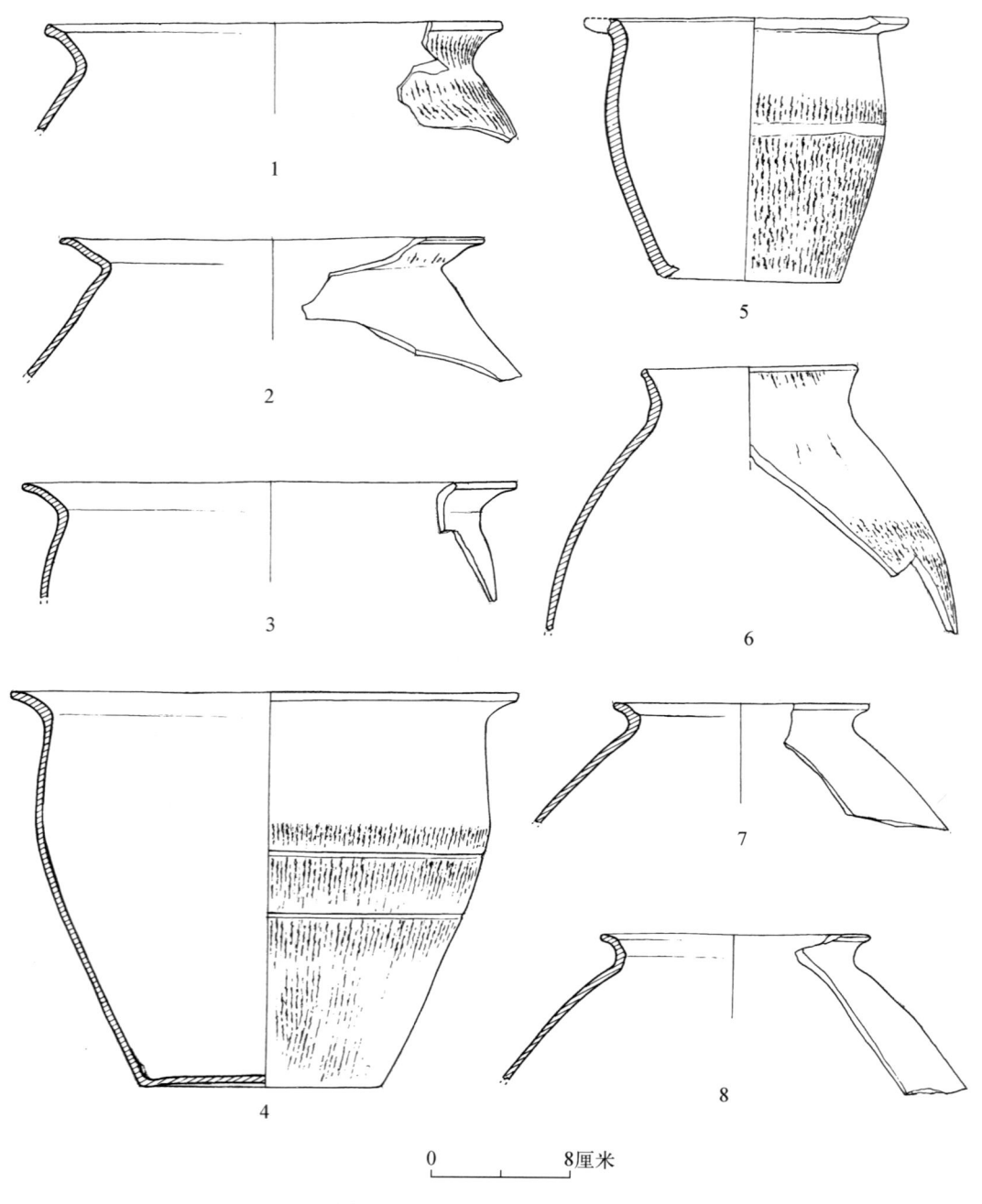

图3-106　06QDH17出土陶器

1.联裆鬲（DH17∶18）　2、7、8.大口罐（DH17∶11、13、14）　3、4.盆（DH17∶5、7）　5.盂（DH17∶3）　6.小口罐（DH17∶10）

c.其他

出土有鹿角。

d.年代

根据DH17出土陶器标本的式别特征,判断该坑年代为先周晚期。

（12）06QDH19

a. 形制与堆积

DH19位于探方DT3西南角，开口于DT3②层下，打破DH16。DH19仅很小一部分位于探方内，其完整的坑口平面形状不明，坡壁，底呈锅底状。坑口残长、残宽均为0.6米，坑口距地表1.4、坑底距地表1.68、自深0.28米（图3-107）。

坑内为一次性堆积，土质较疏松，呈颗粒状，土色呈黄褐色，无包含物。

b. 年代

由于DH19打破西周早期偏早的DH16，所以该坑年代不早于西周早期偏早。

（13）06QDH21

a. 形制与堆积

DH21位于探方DT4西北部，开口于DT4③层下，被DH14打破，同时打破DH23。西、北部分在探方以外，根据探方内部分坑口推测其完整形状为近圆形，坡壁、平底。坑口东西残长2.95、南北残宽1.54、坑口距地表1.3、坑底距地表2.8、自深1.5米（图3-108）。

坑内堆积分为五层，大致呈水平分布。第①层土质致密，土色呈灰褐色，夹杂灰色土块，内含少量礓石。第②层土质较上层疏松，土色呈青灰色，内含少量陶片。第③层土质致密，花土，未出土任何遗物。第④层土质疏松，呈颗粒状，土色呈褐色，内含陶片及较多牛角。第⑤层土质疏松，土色呈黑灰色，内含较多陶片等。

b. 陶容器

DH21出土陶器丰富，陶片数量超过300片。陶质分夹砂与泥质两种，以泥质陶为主，占比约62%。陶色以灰陶为主，占比约88%，褐陶占比近10%。纹饰以中绳纹为主，占比约77%，素面次之，占比约14%。器类丰富，其中联裆鬲与联裆甗共占比40%，瓮罐类器占比28%，豆、盆分别占比12%（表3-16）。

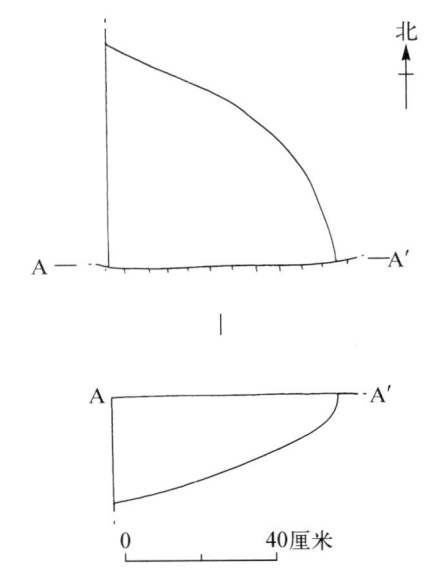

图3-107　06QDH19平、剖面图

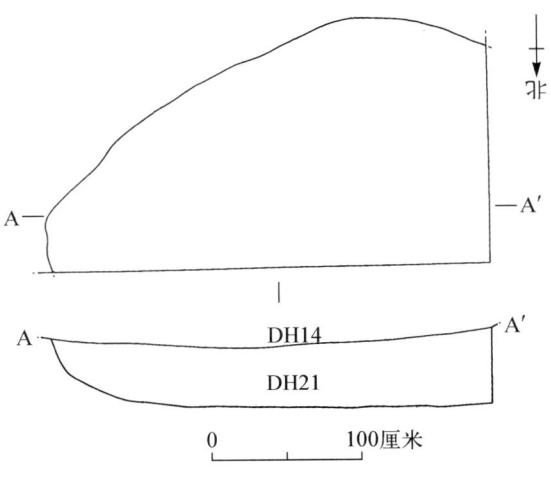

图3-108　06QDH21平、剖面图

表3-16　06QDH21出土陶片陶系、纹饰及器类统计表

纹饰与器类 \ 陶质与陶色		夹　砂			泥　质			合计	百分比（%）
		灰	褐	灰褐	灰	褐	灰褐		
纹饰	粗绳纹	4						4	1.32
	中绳纹	76	29		120		8	233	77.15
	细绳纹	5						5	1.66
	旋纹				12			12	3.97
	暗纹加旋纹				6			6	1.99
	暗纹加旋纹加乳钉纹				1			1	0.33
	素面				41			41	13.58
合计		85	29		180		8	302	100.00
百分比（%）		28.15	9.60		59.60		2.65	100.00	
			37.75			62.25			
器类	联裆鬲	4						4	16.00
	联裆甗	5				1		6	24.00
	瓮罐类					7		7	28.00
	盆					3		3	12.00
	豆					3		3	12.00
	敛口钵					1		1	4.00
	三足瓮					1		1	4.00
合计		9			16			25	100.00
百分比（%）		36.00			64.00			100.00	

　　联裆鬲　2件。均为夹砂灰陶。DH21：1，侈口，折沿，沿面微内凹，沿下角较大，斜方唇，通体饰绳纹，沿下及沿外侧绳纹有抹痕，腹部绳纹印痕较深，触之有扎手感。口径24.4、残高5.6厘米（图3-109，2）。DH21：12，侈口，宽卷沿，沿下角较大，圆唇，腹部饰印痕较浅、条理模糊的绳纹。残宽9.6、残高5.4厘米（图3-109，12）。

　　联裆甗　4件。DH21：4，夹砂灰陶，褐胎。侈口，窄卷沿，沿面微内凹，方唇，通体饰印痕较深、条理清晰的绳纹。口径39.5、残高6.4厘米（图3-109，15）。DH21：6，泥质灰陶，褐胎。高领，领部微内弧，侈口，卷沿，方唇，通体饰绳纹，领腹交界处绳纹被抹。残宽10.2、残高9.4厘

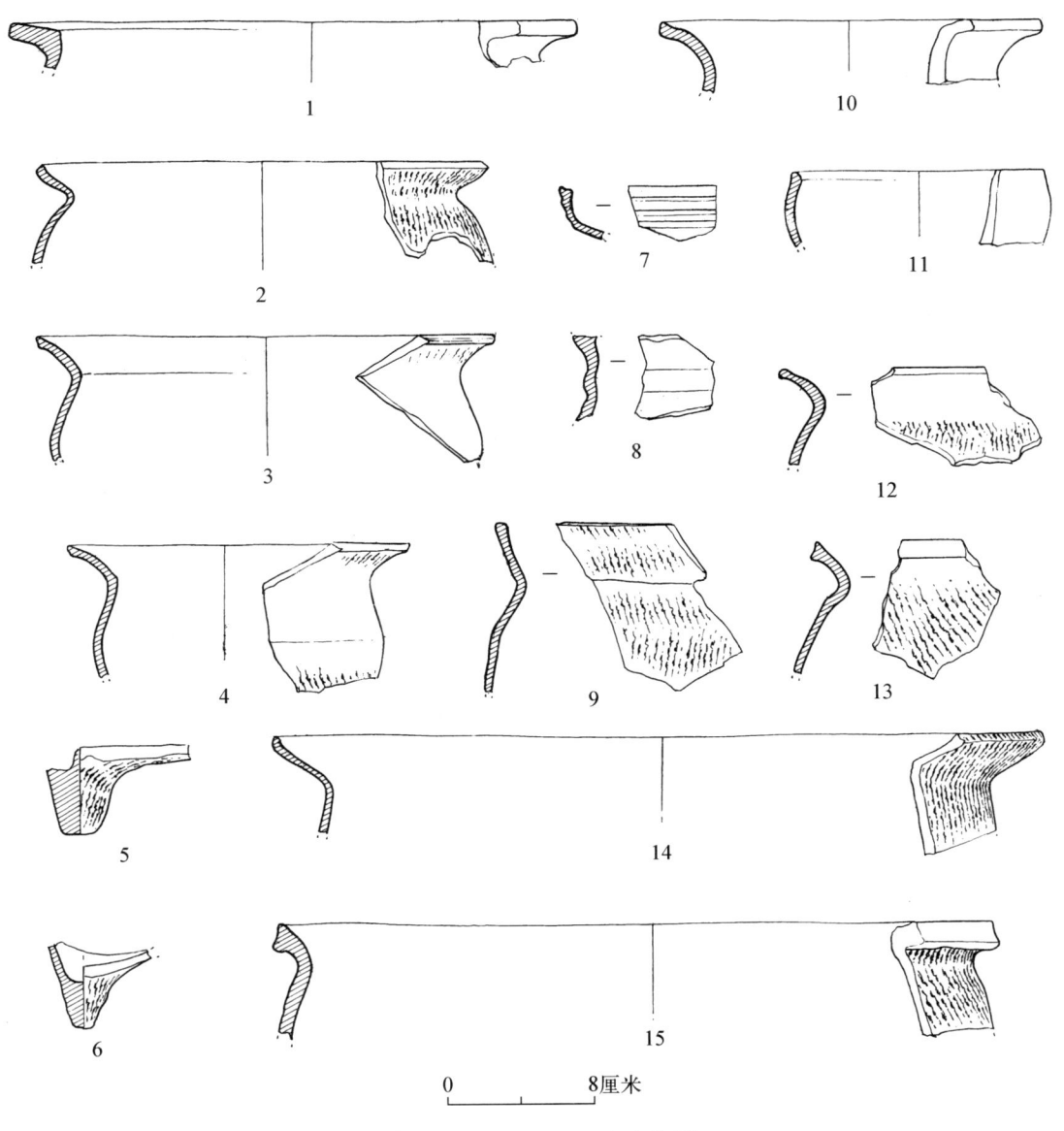

图3-109　06QDH21出土陶器

1.三足瓮（DH21:3）　2、12.联裆鬲（DH21:1、12）　3、4.盆（DH21:11、2）　5、6.足根（DH21:15、10）
7、8.豆（DH21:16、9）　9、13～15.联裆甗（DH21:6、13、14、4）　10.高领罐（DH21:7）　11.敛口钵（DH21:5）

米（图3-109,9）。DH21:13,夹砂褐陶。矮领,侈口,卷沿,沿下角较大,方唇,束颈,沿外侧绳纹被抹,腹饰条理清晰的粗绳纹。残宽7、残高7.8厘米（图3-109,13）。DH21:14,夹砂灰陶。侈口,卷沿,沿下角较小,方唇,通体饰印痕较浅的细绳纹。口径42.7、残高23厘米（图3-109,14）。

高领罐　1件（DH21:7）。泥质灰陶。卷沿近平,方唇,素面。口径20.8、残高3.4厘米（图3-109,10）。

盆　2件。均为泥质灰陶。侈口,卷沿,深腹,沿外侧绳纹被抹。DH21:2,宽沿外撇,方唇,微鼓腹,腹饰印痕较深、条理清晰的绳纹。口径18.4、残高8.2厘米(图3-109,4)。DH21:11,斜方唇,唇面有一周凹槽,鼓腹,肩部磨光。口径24.8、残高7厘米(图3-109,3)。

豆　2件。均为泥质灰陶。DH21:9,褐胎。残存豆柄,中部有一周凸棱。残宽4.2、残高4.6厘米(图3-109,8)。DH21:16,直口,方唇,唇面有一周凹槽,弧盘微折,盘壁饰三周旋纹。残宽4.6、残高2.9厘米(图3-109,7)。

敛口钵　1件(DH21:5)。泥质灰陶。敛口,圆唇,微鼓腹,器表磨光。口径13.6、残高4.3厘米(图3-109,11)。

三足瓮　1件(DH21:3)。泥质灰陶。平折沿,方唇,素面。口径30.9、残高2.4厘米(图3-109,1)。

足根　2件。夹砂灰陶。实足根,器表饰印痕较深、条理清晰的绳纹。DH21:10,圆锥状。残高4.7厘米(图3-109,6)。DH21:15,褐胎。圆柱状,裆部较低平。残高5厘米(图3-109,5)。

c. 其他

发现有大量的牛角。

d. 年代

根据DH21出土陶器标本的式别特征,判断该坑年代为西周中期偏早。

(14) 06QDH22

a. 形制与堆积

DH22位于探方DT4西南部,开口于DT4③层下,被DH13、DH14、DH23打破,同时打破生土。DH22西部延伸进探方外,坑口平面形状不明。坑壁不规整,大部分为坡壁,西南部为袋状壁,坑底近平,西部略高。坑口东西残长1.8、南北残宽1.12、坑口距地表1.45、自深0.59米(图3-110)。

坑内为一次性堆积,土质致密,土色呈红褐色,夹杂有灰土点、红烧土颗粒。无陶片标本。

b. 年代

DH22被西周中期偏早的DH23打破,故该坑年代不晚于西周中期偏早。

(15) 06QDH23

a. 形制与堆积

DH23位于探方DT4西部,开口于DT4③层下,被DH13、DH14、DH21打破,同时打破DH22。DH23的西部延伸至探方外,根据探方内部分坑口推测其完整形状为不规则椭圆形,袋状壁,底近平。坑口南北残长2.1、东西残宽1.7、坑口距地表1.8、坑底距地表2.68、自深0.88米(图3-111)。

坑内堆积分为两层。第①层厚0.15~0.4米,土质较致密,土色呈红褐色,内含红烧土颗粒、陶片等。第②层厚0.4米,土质较上层疏松,土色呈暗黄色,夹杂少量炭屑,内含陶片等。

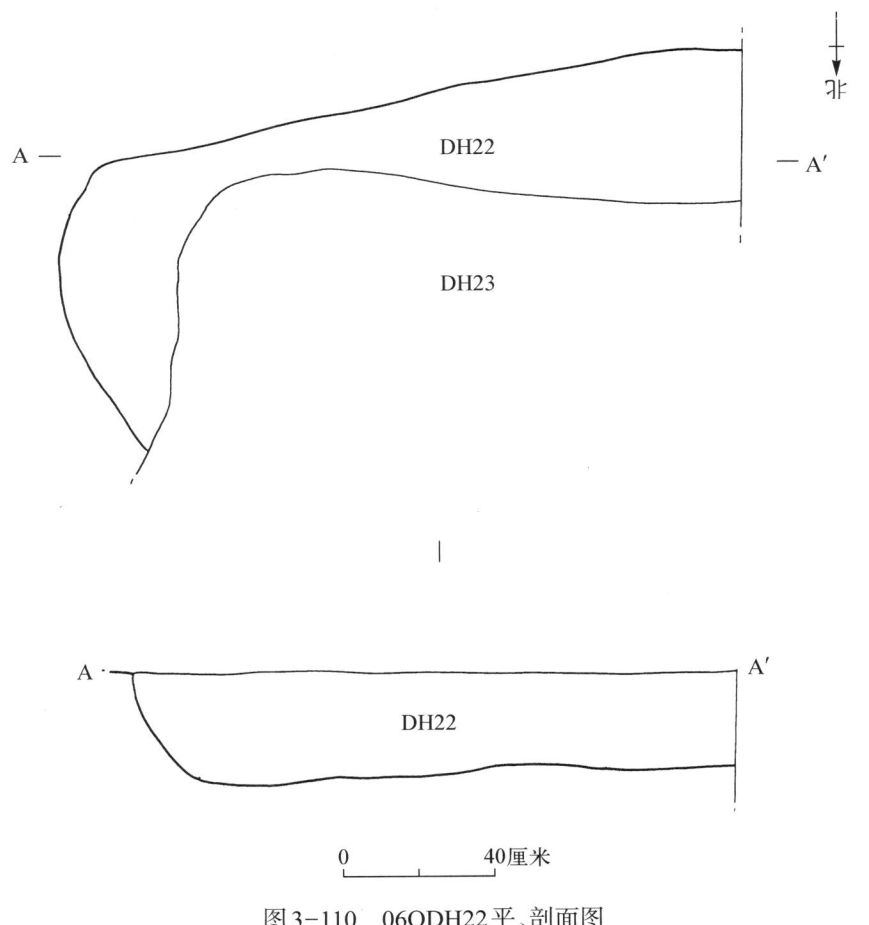

图3-110 06QDH22平、剖面图

b. 陶容器

DH23出土陶片95片。陶质分夹砂与泥质两种,以泥质陶为主,共计50片。陶色以灰陶为主,共计70片,灰褐陶次之,共计25片。纹饰主要有中绳纹(47片)、粗绳纹(22片)及细绳纹(10片),另有素面者(10片)。可辨器类有联裆鬲、联裆甗。

联裆鬲 2件。均为夹砂灰陶。DH23:1,整体呈稍扁的长方体,侈口,折沿,沿下角较小,沿面外缘起棱,方圆唇,束颈,联裆近平,柱状足,颈部以下饰印痕较深、条理清晰的绳纹,触之有扎手感。口径18.3、高16.8厘米(图3-112,1;彩版二〇,5)。DH23:3,折沿近平,方唇,沿面有两周旋纹,颈下饰三周弦纹,其下饰绳纹。残宽3.8、残高3厘米(图3-112,2)。

联裆甗 1件(DH23:4)。夹砂褐陶。侈口,斜方唇,沿下角较小,沿外侧饰绳纹被抹,残痕依稀可见。残宽5.8、残高2.5厘米(图3-112,3)。

c. 年代

根据DH23出土陶器标本的式别特征,判断该坑年代为西周中期偏早。

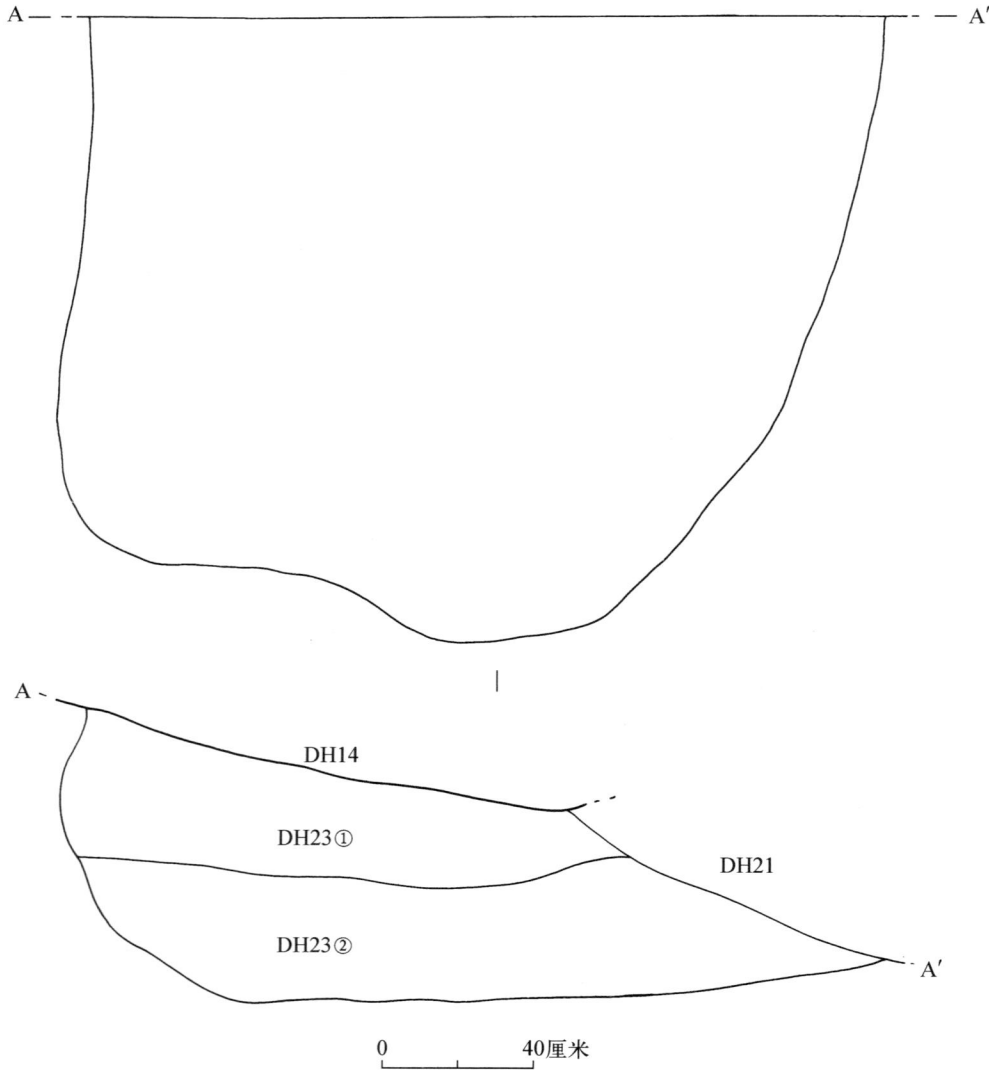

图3-111　06QDH23平、剖面图

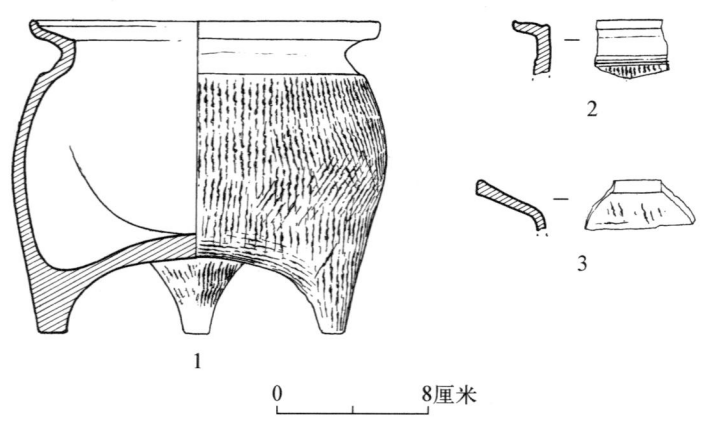

图3-112　06QDH23出土陶器

1、2.联裆鬲（DH23：1、3）　3.联裆甗（DH23：4）

（16）06QDH26

a. 形制与堆积

DH26位于探方DT5西部，开口于DT5②层下，其西北部被一座近现代坑打破，同时打破生土。DH26南部被断崖破坏，根据现存部分坑口推测其完整形状近椭圆形，坡壁，坑底不平。坑口南北残长1.9、东西残宽1.6、坑口距地表0.8、自深1.36米（图3-113）。

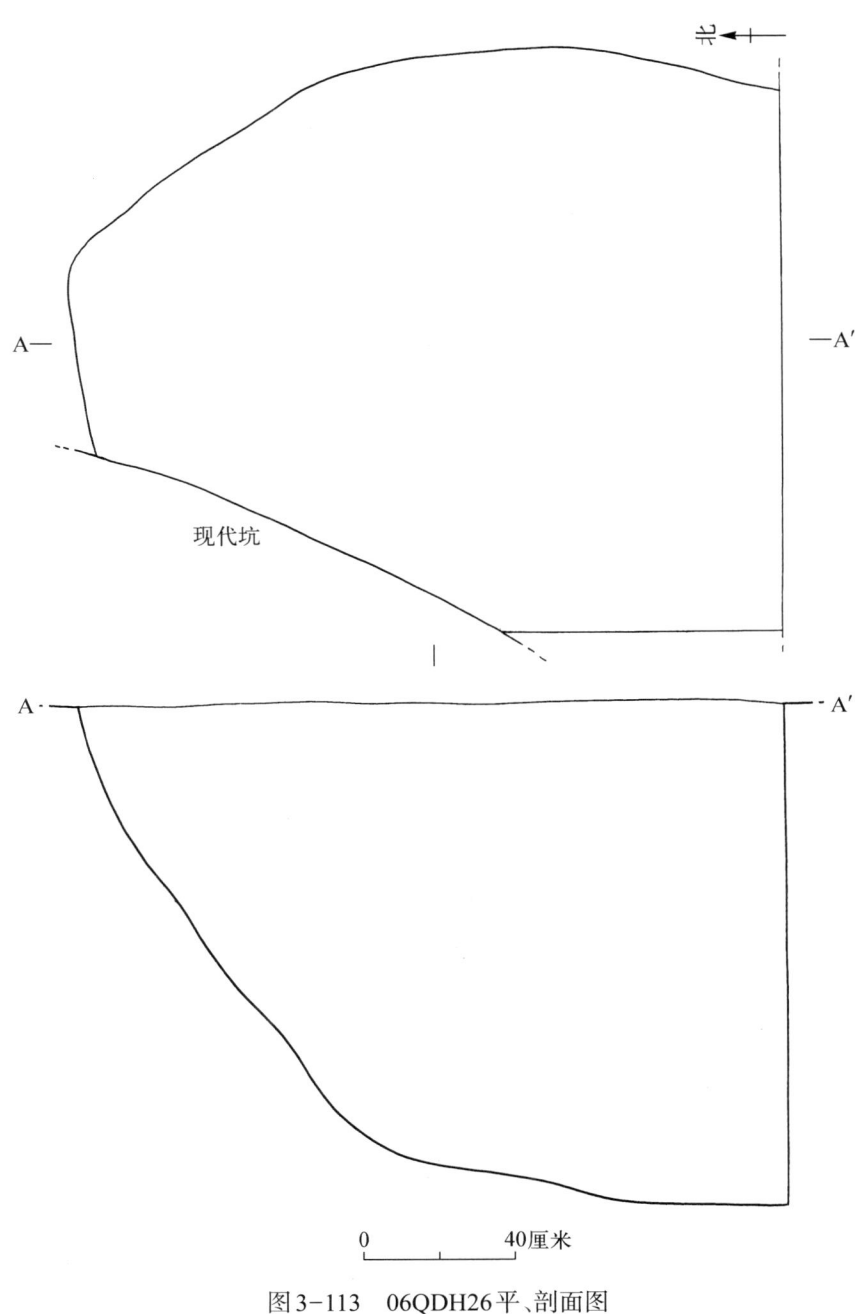

图3-113 06QDH26平、剖面图

坑内堆积共分为三层。第①层厚0.5米,土质较疏松,土色呈红褐色,内含陶片。第②层厚0.4米,土质较疏松,土色呈灰褐色,灰量较大,内含红烧土块、陶片。第③层厚0.6米,土质较致密,土色呈黄灰色,内含红烧土块和陶片。

b. 陶容器

DH26出土陶片175片。陶质分夹砂与泥质两种,以泥质陶为主,共计135片。陶色以灰陶为主,共计117片,灰褐陶次之,共计40片。纹饰以细绳纹(50片)、中绳纹(49片)及粗绳纹(22片)为主,另有素面者51片。可辨器类有联裆鬲、矮领罐、簋、大口尊、矮直领瓮、三足瓮等。

联裆鬲 2件。均为夹砂灰陶。侈口,卷沿,沿下角较大。DH26:11,高斜领,斜方唇,沿外及腹部均饰绳纹,绳纹印痕较深,触之有扎手感。口径17、残高10.2厘米(图3-114,3)。DH26:13,领部较DH26:11稍矮,方唇,通体饰绳纹,绳纹印痕较深,触之有扎手感,沿外侧绳纹稍被抹。口径22.4、残高6厘米(图3-114,10)。

矮领罐 1件(DH26:4)。泥质灰陶。矮领,侈口,卷沿外撇,沿下角较大,尖圆唇。口径16.6、残高7.2厘米(图3-114,1)。

罐底 1件(DH26:6)。泥质灰陶。平底,腹、底饰粗绳纹。残宽6.4、残高5.9厘米(图3-114,5)。

簋 1件(DH26:16)。泥质灰陶。口微敞,窄折沿,沿下内壁有一周沟槽,薄方唇,深直腹,腹上部饰一周弦纹,器表磨光。口径26、残高7厘米(图3-114,9)。

大口尊 2件。均泥质。大敞口,宽卷沿,束颈。DH26:5,灰陶。圆唇,器表磨光。口径26.2、残高9.6厘米(图3-114,11)。DH26:15,灰褐陶。方唇,领腹交界处绳纹被抹。残宽7.2、残高6厘米(图3-114,4)。

矮直领瓮 1件(DH26:14)。泥质灰陶。领部较高微外侈,窄平沿,尖圆唇,圆肩,肩部饰细绳纹。残宽13.4、残高7厘米(图3-114,2)。

三足瓮 1件(DH26:7)。泥质灰褐陶。残存一铲形足,足根底部呈三角形,足根外侧及底部饰印痕模糊的绳纹。残高13.4厘米(图3-114,14)。

足根 5件。均为夹砂灰陶。DH26:8,圆柱状实足根,器表饰中绳纹。残高7厘米(图3-114,13)。DH26:9,圆柱状实足根,器表饰印痕较深的粗绳纹。残高7厘米(图3-114,12)。DH26:10,袋足残片,器表饰条理模糊的绳纹,或为三足瓮足。残高8厘米(图3-114,6)。DH26:17,圆柱状实足根,器表饰印痕较深的粗绳纹。残高4.5厘米(图3-114,7)。DH26:18,圆锥状实足根,器表饰印痕较深的粗绳纹。残高3.4厘米(图3-114,8)。

c. 石器

石刀 1件(DH26:3)。残,青灰色。近长方形,单面刃。残长4.4、残宽3.7、厚0.4厘米(图3-89,3)。

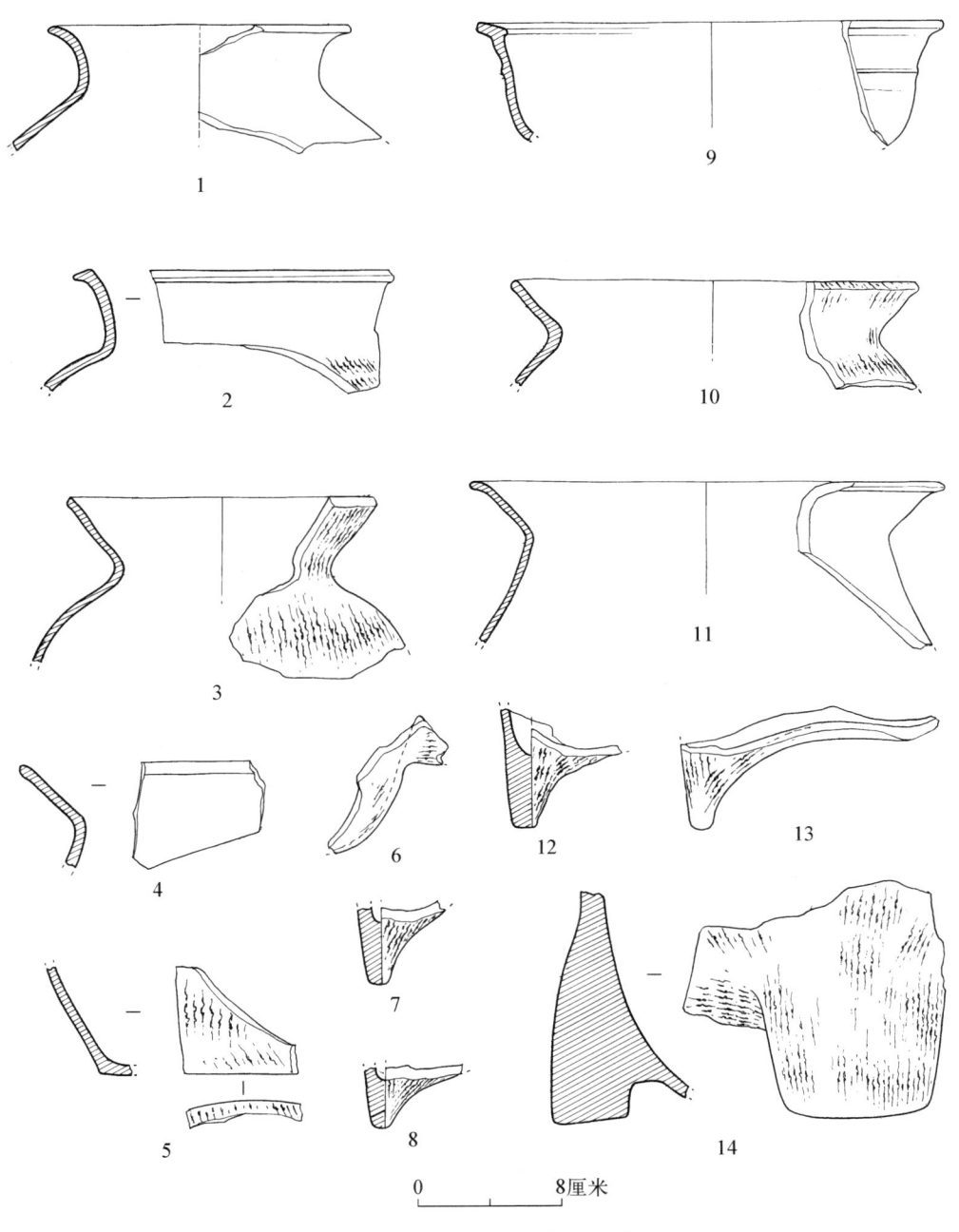

图3-114　06QDH26出土陶器

1. 矮领罐（DH26：4）　2. 矮直领瓮（DH26：14）　3、10. 联裆鬲（DH26：11、13）　4、11. 大口尊（DH26：15、5）
5. 罐底（DH26：6）　6～8、12、13. 足根（DH26：10、17、18、9、8）　9. 盆（DH26：16）　14. 三足瓮（DH26：7）

砺石　1件（DH26：1）。砂质较细。近梯形平板状，器表磨光，一面微凹。长4.4、宽4、厚1厘米（图3-89，2）。

d. 铜器

带范芯铜管　1件（DH26：2）。残，圆管状，器表锈蚀严重，内有范芯。残长5.8、外径1.9、内径1.6厘米（图3-94,6）。

e. 年代

根据DH26出土陶器标本的式别特征,判断该坑年代为西周早期偏晚。

（17）06QDH28

a. 形制与堆积

DH28位于探方DT1中部,被DH9、DH10、DH11打破,同时打破生土。DH28北部、西部延伸进探方外,南部被断崖破坏,坑口平面完整形状不明,坡壁,坑底呈锅底状。坑口南北残长3.6、东西残宽3.2、坑口距地表1.7、自深0.8米（图3-115）。

坑内为一次性堆积,土质疏松,土色为红褐色,内含陶片、兽骨等。

b. 陶容器

DH28出土陶片162片。陶质分夹砂与泥质两种,泥质陶较多,共计84片,夹砂陶共计78片。陶色绝大多数为灰陶,共计146片。纹饰以粗绳纹为主,共计80片,细绳纹、中绳纹、素面和旋纹分别有24、22、20、15片。可辨器类中,联裆鬲与联裆甗共占比近60%,豆、盆各2件,小

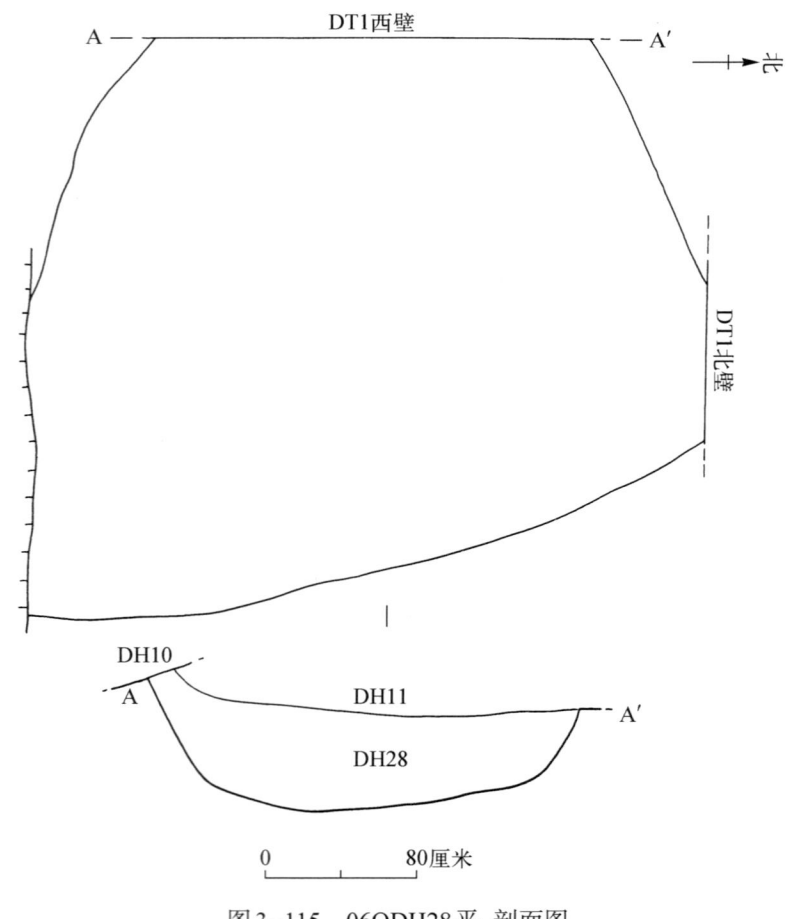

图3-115　06QDH28平、剖面图

口罐、三足瓮各1件。

联裆鬲 3件。均夹砂。侈口,卷沿,沿面较宽,沿下角较大。DH28∶4,灰陶。圆唇,腹部饰印痕较深的中绳纹。残宽7.8、残高6.8厘米(图3-97,5)。DH28∶5,褐陶。圆唇,腹部饰印痕较深的中绳纹。口径20、残高6.8厘米(图3-97,8)。DH28∶7,灰褐陶。侈口,斜方唇,沿外侧绳纹被抹,腹部饰印痕较深的粗绳纹。残宽6.2、残高4.5厘米(图3-97,3)。

联裆甗 3件。均夹砂。DH28∶8,褐陶。窄卷沿近平,方唇,唇部及腹部饰斜行绳纹。残宽4、残高4.2厘米(图3-97,6)。DH28∶10,灰陶。残存甗腰,箅托较宽,器表饰绳纹。残宽9.6、残高4.2厘米(图3-97,7)。DH28∶11,灰陶褐胎。器形较大,侈口,卷沿,方唇,沿下角较大,通体饰印痕较深的粗绳纹。口径34.2、残高8.6厘米(图3-97,11)。

小口罐 1件(DH28∶12)。泥质灰陶。侈口,折沿,尖圆唇,沿内缘有一周旋纹,沿下角较大,圆肩,肩部饰一周旋纹。残宽6.4、残高4厘米(图3-97,2)。

盆 1件(DH28∶13)。泥质灰陶。卷沿,圆唇,沿面内缘有一周旋纹,沿下角较小。口径24、残高4.4厘米(图3-97,9)。

三足瓮 1件(DH28∶1)。泥质灰陶。敛口,平折沿,方唇,唇部饰绳纹,腹上部绳纹被抹。口径27、残高5.6厘米(图3-97,1)。

足根 1件(DH28∶3)。夹砂褐陶。扁圆柱实足根,器表饰印痕较深的绳纹。残高7厘米(图3-97,4)。

c. 其他

瓦钉 1件(DH28∶9)。泥质灰陶。瓦钉呈圆柱形,瓦表面饰绳纹。残长8.2、残宽7.6厘米(图3-97,10)。

d. 年代

根据DH28出土陶器标本的式别特征,判断该坑年代为西周早期偏晚。

3.3 商末周初遗存与先周文化探索[①]

先周文化的探索,目前正处于一个各家观点相持不下的阶段,造成如此僵局的原因至少包括如下三项:

其一,周原地区是探索先周文化的关键之地,可该区域商时期聚落形态不清,重要聚落性质不明,从而导致学界对诸遗址商时期遗存与先周文化关系的认识歧见甚多。

[①] 种建荣、雷兴山:《孔头沟遗址商末周初遗存与先周文化探索》,《考古与文物》2009年第3期。

其二，周原地区西周初期文化是探索先周文化的重要基点，但以往研究甚少讨论该基点的特征，不同研究者所用西周初期文化遗存并不完全相同。

其三，判定先周文化的方法有待完善。如何判断考古学文化的族属，一直是中国青铜时代考古中的一大难题，先周文化探索亦不例外。

鉴于上述先周文化的研究现状，本节在对孔头沟遗址商末周初遗存分期的基础上，探讨各期段遗存的考古学文化性质及其族属，以期相关认识能有助于先周文化探索的深入开展。

3.3.1　商末周初遗存的分期与年代

孔头沟遗址发掘的商末周初典型单位共有9个：ZH1、ZH2、ZH8、ZH9、ZH14、ZH15、ZH16、DH16和DH17。其中，ZH14、ZH15和ZH16三单位间无直接的层位关系，亦和其他单位无直接的层位关系。其余6个单位间有三组层位关系：ZH1打破ZH2；ZH8打破ZH9；DH16打破DH17。

通过对典型器类及其主要型式在上述9个典型单位中分布状况的考察，结合其他遗址的分期结果与层位关系，本报告将9个单位分为两期三段：第一期包括第1段和第2段，第1段包括ZH14、ZH15和ZH16，第2段包括ZH1、ZH2、DH16和DH17；第二期仅包括第3段，典型单位是ZH8和ZH9。申论理由如下：

其一，高领袋足鬲Ⅰ式，只见于第1、2段，Ⅱ式数量甚少，仅见于第3段。袋足分裆甗Ⅰ式仅见于第1、2段，Ⅱ式仅于第3段。联裆鬲AⅠ式在第1段中的数量极少，第2段中既有AⅠ式，亦有AⅡ式，两者所占比例相若，第3段中联裆鬲以AⅢ式最多，且该式中的圆唇、口部素面者不见于前两段。盆Ⅰ式仅见于第1段，Ⅱ式集中见于第2段，第3段少见，Ⅲ式则仅见于第3段。折肩罐Ⅰ式仅见于第1段，第2段虽可见Ⅰ、Ⅱ、Ⅲ式，但以Ⅱ式为主，第3段中以Ⅲ式为主，亦见少量Ⅱ式。由此可见三段典型器类的主要型式组合状况有异。

大口折肩罐、圆肩罐的口沿演变规律与小口折肩罐近同，盆口沿的变化特点亦近于小口折肩罐，这些器类在各段中的特征近同。各型联裆鬲在第1、2段中的纹饰风格相似，3段时口沿外侧绳纹均经抹。由此表明，各段不同器类的时代风格一致，同一器类不同型的时代特征亦近同。

其二，三段中典型器类所占比例不同。关中西部商末周初遗存中，高领袋足鬲与袋足分裆甗的数量在逐渐减少，直至消失，而联裆鬲与联裆甗的数量呈不断上升的趋势。孔头沟遗址第1段高领袋足鬲的数量远远多于联裆鬲，前者所占比例是后者的4倍，第2段联裆鬲的数量多于高领袋足鬲，前者所占比例是后者的2倍多，第3段以联裆鬲为主要器类，几乎不见高领袋足鬲。袋足分裆甗与联裆甗在三段中也表现出与上述两类鬲相同的变化特点。第1段中，高领袋足鬲与袋足分裆甗数量之和大于联裆鬲与联裆甗的总数，前两者是后两者的3倍，但在第2段后两者与前两者之比是2.5,到第3段时后两者与前两者之比遽增至6。这四种典型器类在三段单位中所占比例均在50%左右,由此可证三段遗存中主体器物群有着较大差异。

其三,三段遗存的陶系与纹饰特征有别。第1段褐陶与红褐陶比例较大,纹饰以印痕较深的粗绳纹为主,亦常见麦粒状绳纹。第2段褐陶与红褐陶明显减少,纹饰以中粗绳纹所占比例较大,亦有不少印痕较浅、纹理模糊的偏细绳纹。第3段褐陶和红褐陶甚为少见,灰陶和黑灰陶占据绝对优势,纹饰以印痕较浅、纹理模糊的细绳纹为主。

其四,孔头沟遗址第1段和第2段的特征接近,如均有高领袋足鬲和袋足分裆甗,而第3段中几乎不见这两种器类,因此可把第1、2段合并为同一期,把第3段单独归为一期。

其五,虽然孔头沟遗址三段间无直接的地层关系,但在周公庙遗址祝家巷发掘区相当于孔头沟遗址3段的单位间,却有着直接的层位关系,由此可佐证孔头沟遗址三段的早晚关系不误[1]。

其六,孔头沟遗址三段的划分,与周原遗址商末周初遗存的分期结果相同。我们曾详细论证过周原遗址商末周初遗存的分期与年代[2]:(1)周原遗址商时期第6a段以贺家ⅡC2H9等单位[3]为代表,这些单位中高领袋足鬲与袋足分裆甗的年代特征,均同于孔头沟遗址第1段同类器,且所占比例远远高于联裆鬲与袋足分裆甗;(2)周原遗址商时期第6b段以礼村LH8[4]为代表,该单位中联裆鬲与联裆甗的数量多于高领袋足鬲与袋足分裆甗,且这四类典型器类的年代特征,均同于孔头沟遗址第2段中的同类器;(3)周原遗址以2002ⅡA3H35等单位为代表的西周遗存中,几乎不见高领袋足鬲与袋足分裆甗,且联裆鬲的期别特征,同于孔头沟遗址第3段中的同类器。两遗址相同的分期结果,进一步证实了孔头沟遗址的分期。

周原遗址商时期第6b段的年代相当于沣西H18[5],即文王迁丰前后的先周晚期,2002ⅡA3H35等单位的年代为西周初期。由此可定,孔头沟遗址第2段相当于文王迁丰前后至商周之际,第3段年代属西周初期。第1段的年代虽然可能早于第2段,但两段中高领袋足鬲和袋足分裆甗的式别特征相同,故两者应属同期遗存,年代应非常接近。

3.3.2　各段遗存的考古学文化性质与族属

以往判断某个遗存的考古学文化性质及族属的一般方法是:在分期的基础上,将该遗存与周邻同期段考古学文化遗存的特征进行对比,然后根据以往研究对被对比遗存考古学文化性质及族属的认识,最后讨论判断该遗存的考古学文化性质与族属。

① 陕西省考古研究院、北京大学考古文博学院:《2004年度周公庙遗址祝家巷北地点发掘简报》,《华夏考古》2022年第1期。
② 雷兴山:《周原遗址商时期考古学文化分期研究》,《古代文明》第6卷,文物出版社,2008年。
③ 周原考古队:《2001年度周原遗址(王家嘴、贺家地点)发掘简报》,《古代文明》第2卷,文物出版社,2003年。
④ 周原考古队:《周原——2002年度齐家制玦作坊和礼村遗址考古发掘报告》,科学出版社,2010年。
⑤ 中国社会科学院考古研究所丰镐工作队:《1997年沣西发掘报告》,《考古学报》2000年第2期。

　　按照上述方法,本报告首先将孔头沟遗址第1～3遗存,分别与关中地区同期段遗存的文化特征进行对比,结果是:

　　1. 第1段遗存与周原贺家Ⅱ C2H9、宝鸡纸坊头遗址④A层[1]、麟游蔡家河遗址 H22、T3③[2]等单位属同期段遗存,文化特征基本相同。

　　本段3个单位中,高领袋足鬲与袋足分裆甗之和占器类总数的50%以上,高领球腹罐与球腹钵的比例为2%强,联裆鬲与联裆甗的比例仅有13%余,小口折肩罐与大口罐的比例均近8%,盆的比例占到13%左右,其他瓮、尊等器类所占比例甚小。如在ZH14中,高领袋足鬲和袋足分裆甗分别占总数的28.6%和25.7%,联裆鬲占11.4%,联裆甗仅占2.9%,小口折肩罐与盆分别占8.6%和11.4%,不见高领球腹罐与球腹钵。在ZH15中,高领袋足鬲和袋足分裆甗所占比例分别为19%和20.9%,联裆鬲与联裆甗分别占总数的14.5%与4.8%,小口折肩罐和盆分别占6.4%和14.4%,偶见高领球腹罐与球腹钵。

　　在周原遗址Ⅱ C2H9中,高领袋足鬲和袋足分裆甗所占比例分别为37.8%和40.5%,折肩罐和盆分别占13.5%和5.4%,联裆鬲罕见。纸坊头遗址④A层中"高领袋足鬲的残片占全部陶片的二分之一弱,共有鬲片350片,其中高领袋足鬲片330片、瘪裆鬲片20片",换言之,高领袋足鬲的比例可能近50%,而联裆鬲可能仅3%。蔡家河遗址 H22中,高领袋足鬲占29%,袋足分裆甗近6%,而联裆鬲近14%,联裆甗约10%,折肩罐和盆等器类所占比例较小。

　　在上述诸遗存中,高领袋足鬲和袋足分裆甗的期别特征相同,且其数量均多于联裆鬲与联裆甗,因此可将它们视为同类性质的遗存。

　　2. 第2段遗存与周原礼村 LH8 和沣西 H18 等单位的文化特征相同。

　　本段4个单位中,联裆鬲与联裆甗之和占器类总数的20%以上,而高领袋足鬲却不足15%,袋足分裆甗仅占3%强,甚或不见。如在ZH1中,联裆鬲和联裆甗所占比例分别为16%和19%,而高领袋足鬲和袋足分裆甗的比例分别为14.5%和8%,不见高领球腹罐与球腹钵,小口折肩罐占14.5%,盆占9.6%,其他的瓮、豆等类器所占比例甚小。

　　在周原礼村 LH8 中,联裆鬲占全部器类的26.4%,联裆鬲、高领袋足鬲和联裆甗各占9.2%,小口折肩罐和大口瓮罐类分别占9.8%和13.2%,豆簋类近7%,盆占5.8%,高领球腹罐、蛋形瓮、器盖、带耳罐、大口高领瓮等其他器类所占比例均甚微。在沣西 H18 中,联裆鬲与联裆甗所占比例约为40%,高领袋足鬲与袋足分裆甗的比例约为16%,小口折肩罐占9.4%,周式簋占11.5%,盆盂类所占比例为10%,其他器类还有钵、瓮、大口尊等,所占比例均较小。

　　在上述遗存中,联裆鬲与联裆甗的数量多于高领袋足鬲与袋足分裆甗,因此它们应为同一

① 宝鸡市考古队:《宝鸡市纸坊头遗址试掘简报》,《文物》1989年第5期。
② 北京大学考古文博院、宝鸡市考古工作队:《陕西麟游县蔡家河遗址商代遗存发掘报告》,《华夏考古》2000年第1期。

类遗存。

3. 第3段遗存与周原遗址2002ⅡA3H35等单位所代表遗存的文化特征相同。

这些单位皆有联裆鬲、联裆甗、折肩罐、瓮和盆等器类,这些器类在上述单位中所占比例在70%左右,均罕见或几乎不见高领袋足鬲和袋足分裆甗。在孔头沟遗址第3段ZH9中,联裆鬲和联裆甗分别占到了28.1%和15.6%,高领袋足鬲所占比例仅为3%,且与常见的高领袋足鬲形态有异,不见袋足分裆甗,偶见高领球腹罐残片,小口折肩罐与大口罐两者所占比例近16%,盆占6%。在周原ⅡA3H35中,几乎不见高领袋足鬲、袋足分裆甗、高领球腹罐,而联裆鬲和联裆甗两者所占比例为40%强,盆和罐类所占之比近45%强。两单位均以灰陶为主,灰褐陶数量甚少,两者的泥质陶均略多于夹砂陶。

虽有以上三点对比结论,但若根据以往对相关遗存的认识,来判断孔头沟第1~3段的考古学文化性质、各段关系及族属时,却难以得出一个统一的意见。这是因为,以往对先周文化相关遗存考古学文化性质及族属的认识,一直是歧见不一。经过几十年的讨论,这些不同的意见逐渐形成了两大体系:一是认为以高领袋足鬲为代表器类的考古学文化是先周文化,而另一体系则认为以联裆鬲为代表器类的考古学文化即郑家坡文化是先周文化。

持郑家坡文化是先周文化的有些研究者,将蔡家河、周原贺家ⅡC2H9、纸坊头④A层,或分别归属于"碾子坡文化"与"刘家文化"①,或分别归入刘家文化的"碾子坡类型"与"纸坊头类型"②,认为这些遗存是姜戎文化或密须国遗存;将沣西遗址H18归入郑家坡文化,其族属是姬姓周人。若按这些研究者的意见,孔头沟遗址第1段遗存或归入"碾子坡文化"或归入"刘家文化",其族属是姜戎或其他非周人族群;第2段遗存是先周文化,可归入郑家坡文化,它与第1段遗存不属于同一支考古学文化。

持以高领袋足鬲为代表器类的考古学文化是先周文化的有些研究者,认为蔡家河、周原贺家ⅡC2H9等遗存是先周文化,认为纸坊头④A层是戎族文化;认为沣西H18和周原礼村LH8是先周文化,将其归入郑家坡文化③。若按这些研究者的意见,孔头沟遗址第1段遗存或归入先周文化,或与纸坊头遗址④A层一样是姜戎族文化,第2段应是先周文化,可归入郑家坡文化。

由上可见,以上两派意见既有相同点又有相左之处。倘若按照他们的相同点,就会认为孔头沟第1段遗存与第2段遗存,不是同一支考古学文化且族属有别,第2段遗存的族属是姬姓周人,可归入郑家坡文化。

---

① 刘军社:《先周文化研究》,三秦出版社,2003年;尹盛平:《西周史征》,陕西师范大学出版社,2004年;张天恩:《关中商代文化研究》,文物出版社,2004年。
② 牛世山:《刘家文化的初步研究》,《远望集》,陕西人民美术出版社,1998年。
③ 张长寿、梁星彭:《关中先周青铜文化的类型与周文化的渊源》,《考古学报》1989年第1期;李峰:《先周文化的内涵及其渊源探讨》,《考古学报》1991年第3期;王巍、徐良高:《先周文化的考古学探索》,《考古学报》2000年第3期。

我们的认识与上述意见皆有不同之处。本报告笔者之一在辨析周原遗址商时期遗存与先周文化的关系时认为：周原礼村LH8及沣西H18一类遗存，是先周文化的典型遗存，但不能归入郑家坡文化；周原贺家 Ⅱ C2H9 与礼村LH8虽文化面貌有别，但应系同族（不包括刘家墓地族群）文化发生改变的结果[1]。若按此认识就会认为，孔头沟遗址第1段遗存与第2段遗存，不属于郑家坡文化，其族属是相同的。但于此特别强调说明的是，本报告并不认为孔头沟遗址第2段遗存的族属，与周原礼村LH8及沣西H18的族属相同。

分析至此可见，若按以往研究方法，无论采取任何一家、任何一派的观点，关于孔头沟遗址第1～3段遗存考古学文化性质与族属的认识，必将分歧甚大。那么，该如何进一步完善我们的研究方法，以求得一个对较为统一的认识呢？

3.3.3 相关认识及对先周文化探索的意义

我们认为，以往研究把陶器作为最重要对象的方法固然是正确的，但是，单个聚落的结构与性质以及区域聚落形态，也是准确判断考古学文化关系及其族属的必要条件。按此思路，对孔头沟第1～3段遗存的考古学文化性质及族属分析如下：

1. 第1～3段陶器群特征的变化趋势是渐变而非突变。

三段的划分，除依据典型器类主要型式的组合状况外，另外的主要依据是高领袋足鬲和袋足分裆甗这两种器类，与联裆鬲和联裆甗这两种器类的数量之比。前两种器类与后两种器类之比，在第1段ZH14和ZH16中是4，在第1段ZH15中是2.1，在第2段ZH1和ZH2中是0.95，在第2段DH16和DH17中是0.25，在第3段ZH8和ZH9中是0.17。对比数据可证第1～3段的渐变趋势。也就是说，三段遗存系一脉相承逐步发展演变的。

第2段遗存仍有数量较多的高领袋足鬲与袋足分裆甗，这与郑家坡文化中罕见或几乎不见这两种器类的特征迥异，不能将第2段遗存归入郑家坡文化中。因此，不能从文化性质的归属上说明第1、2段间有文化突变或更替现象。

2. 从孔头沟遗址形成过程和各段遗存分布范围看，第1～3段时的聚落布局相对稳定，聚落特征未有太大变化。调查结果和发掘结果均显示，商周时期聚落开始于第1段，第2段和第1段聚落分布范围大致相同，两段遗存混杂分布，不存在各自不同的分布区域。第3段时的聚落范围稍大于第一期，但主要分布范围基本与第一期相同。此现象或可说明，第1～3段聚落内居民的社会组织结构相对稳定，并未有人群组织的巨大变更。

3. 由孔头沟遗址商周时期聚落性质及周原地区聚落形态分析，孔头沟第1～3段时聚落的最高统治者及聚落内的居民应未发生过变化。

---

[1] 雷兴山：《周原遗址商时期考古学遗存与先周文化关系辨析》，《古代文明》第7卷，文物出版社，2008年。

　　周公庙考古队近年在周原地区的大规模考古工作,使我们大致了解了周原地区商周时期的区域聚落形态及一些重要聚落的性质。我们曾论证过孔头沟遗址商周时期的聚落性质,是一处高级贵族的采邑[①]。孔头沟遗址西约10千米处的周公庙遗址,其商周时期聚落的性质为周公之采邑。位于周公庙遗址以西的劝读遗址和水沟遗址,两者商周时期聚落的规模与周公庙相若,它们的性质可能也是采邑。在周公庙、劝读和水沟三遗址中,所见最早商时期遗存的年代与文化特征,皆同于孔头沟第1段。也就是说,位于周原地区腹地的这四处采邑或采邑级的大型聚落均开始于孔头沟第1段。根据文献所载封周公采邑的年代,推测孔头沟遗址第1段的年代,很可能就是文王迁丰前后。

　　在周原地区中心区域内,在灭商前后这么短的时间内,这么多的采邑不可能全部在刚刚形成之时,就都更换了主人与其族人。在周公庙遗址,亦发现与孔头沟遗址第2段和第3段年代和文化特征均相同的遗存[②],周公庙遗址商周时期聚落结构显示,从聚落形成至西周初期,聚落主体居民并未发生改变。另外,商末周初之时,周原地区一直被周邦牢固掌控,孔头沟遗址第1段遗存,不可能是外族入侵并在此居住的遗存。凡此皆可证明孔头沟第1~3段聚落的"主人"及聚落居民的主体并未发生变化。

　　4. 从孔头沟商周时期聚落墓地特征与葬俗特征看,孔头沟第1~3段的族属,是灭商前就居住在周原地区的、非姬姓周人的土著。

　　孔头沟遗址商周时期聚落内,只有一处大型墓地,该墓地之外,仅零星发现几座墓葬,表明孔头沟聚落居民的主体是集中葬于该墓地的。经过调查和钻探,估算该墓地约有墓葬900座,大约与周公庙遗址商周时期聚落内的墓葬数量相若。墓地内不见居址遗存,是一处单纯的墓地。墓葬大约可分为四个等级,最大者为带一条或两条墓道的大墓,最小者不足两平方米,各类墓葬混杂分布,十分密集,但罕见打破现象,这处墓地很可能就是孔头沟聚落的族墓地。

　　包括带墓道的大墓在内,墓地内所见墓葬均为东西向。我们以前曾论证过:"西周时期其他区域姬姓周人的墓向均为南北向。目前所知西周时期大墓墓向非南北向的族别皆非姬姓周人,如秦人大墓墓向为东西向,山西绛县横水镇横北村西周大墓墓向为东西向,其族属非姬姓。由此推测,孔头沟商周时期墓葬的族别并非姬姓周人。"[③]在已发掘的20多座墓葬中,不见殉人、殉牲,亦不见腰坑,因此可知这些墓葬的族别不是商遗民。

　　目前仅知已发掘墓葬的年代为第3段至西周晚期,由此可明确判定第3段聚落主体居民的

---

① 种建荣、张敏、雷兴山:《岐山孔头沟遗址商周时期聚落性质初探》,《文博》2007年第5期。
② 种建荣、雷兴山:《先周文化铸铜遗存的确认及其意义》,《中国文物报》2007年11月30日;雷兴山:《论周公庙遗址卜甲坑H45的期别与年代——兼论关中西部地区商周之际考古学文化分期的几点认识》,《古代文明》第5卷,文物出版社,2006年。
③ 种建荣、张敏、雷兴山:《岐山孔头沟遗址商周时期聚落性质初探》,《文博》2007年第5期。

族属并非姬姓周人。如前所论,既然孔头沟遗址第1~3段聚落主体居民的族别相同,并未发生过变化,因而也可明确推定第1~2段时聚落的主体居民,先周晚期就居住在周原地区,族别不是姬姓周人。

根据以上四方面的分析,本报告认为,孔头沟第1~3段遗存,是一脉相承逐步发展演变的,三段的族属乃同一个族的共同体,均是灭商前就居住在周原地区的、非姬姓周人的土著。根据前文分析及考古界以往的惯例,我们认为可将孔头沟第1~2段遗存,归入"碾子坡文化",第3段归入西周文化。

本报告相关认识,或可为完善先周文化探索及同类问题的研究方法有所裨益,如:

1. 本研究表明,在周原地区商周时期,同期段同特征的考古学遗存,其族属未必一定相同;不同期段、文化特征有所差异的两个遗存,其族属有可能相同。因此,不能仅用两个遗存考古学文化特征(主要是陶器特征)的异同,来判定两者的族属是否相同。

2. 应加强对先周文化探索基点的讨论。长期以来,研究者用来作为基点的西周早期遗存并不相同,比如有些研究者常使用原郑家坡文化分布范围的西周早期遗存,而有些研究者却常使用沣西遗址的西周早期遗存,但均较少详细论证过两地西周早期遗存文化特征的差异,以及各自族属是否相同。以往已有研究表明,周原遗址与丰镐遗址西周早期的考古学文化面貌并不完全相同[1]。本研究则进一步说明,不同地区、不同聚落内西周早期遗存的族属未必相同。因此,今后应加强对先周文化探索基点特征与族属的讨论。

3. 本研究重点强调,聚落性质、聚落结构以及区域聚落形态,是判断考古学文化族属的必要条件。

---

[1] 李茜:《周原与丰镐西周陶器的比较研究》,北京大学考古文博学院硕士学位论文,2006年。

陕西省考古研究院田野考古报告 第100号

岐山孔头沟

二

陕西省考古研究院
北京大学考古文博学院　编著

上海古籍出版社

第四章　宋家墓地钻探与发掘

宋家墓地的钻探与发掘是孔头沟遗址田野工作的重点之一。本章首先介绍墓地概况与钻探墓葬情况，然后分为综述与分述两部分介绍22座墓葬与3座马坑的发掘收获，最后总结对墓地遗存的相关认识。

4.1　墓地概况

4.1.1　位置与范围

宋家墓地位于孔头沟东岸的宋家村北、北岭村西区域（属孔头沟遗址统一区划C4区中部），地势较平缓，东北部略高，西南部略低。墓地处赵家台居址区以南，西与画图寺铸铜作坊隔沟相望。

通过调查与墓地中划定的"十"字形钻探带可大致确定墓地范围。墓地西界至孔头沟东岸断崖边，沟边暴露有西周墓葬，东界至北岭村西的南北向公路西侧，北界至钻探带最北。向南钻探至宋家村北一直有墓葬分布，但村南钻探未发现墓葬，所以墓地南界应在宋家村内。墓地南北长约300、东西宽约200米，总面积约6万平方米。在此调查发现墓葬67座，钻探发现墓葬158座，根据钻探范围内的墓葬数量估计，该墓地可能共有墓葬约900座（图4-2；彩版三一）。

在墓地东部边缘处钻探发现一条南北向壕沟，壕沟整体近直线，局部弧曲。M10东墓道最东端距沟边约1.2米。沟长不小于墓地南北总长，沟的南北两端边界不明，沟宽约5～15米（图4-1）。这条壕沟年代不明，与西周墓地的关系尚不明确。

本次发掘了包括双墓道大墓与单墓道大墓在内的22座墓葬及3座马坑。其中墓地最南部的小型墓葬密集分布区域采用探方式发掘，布设5米×10米的探方一个，探方内发现墓葬8座（图4-3）。

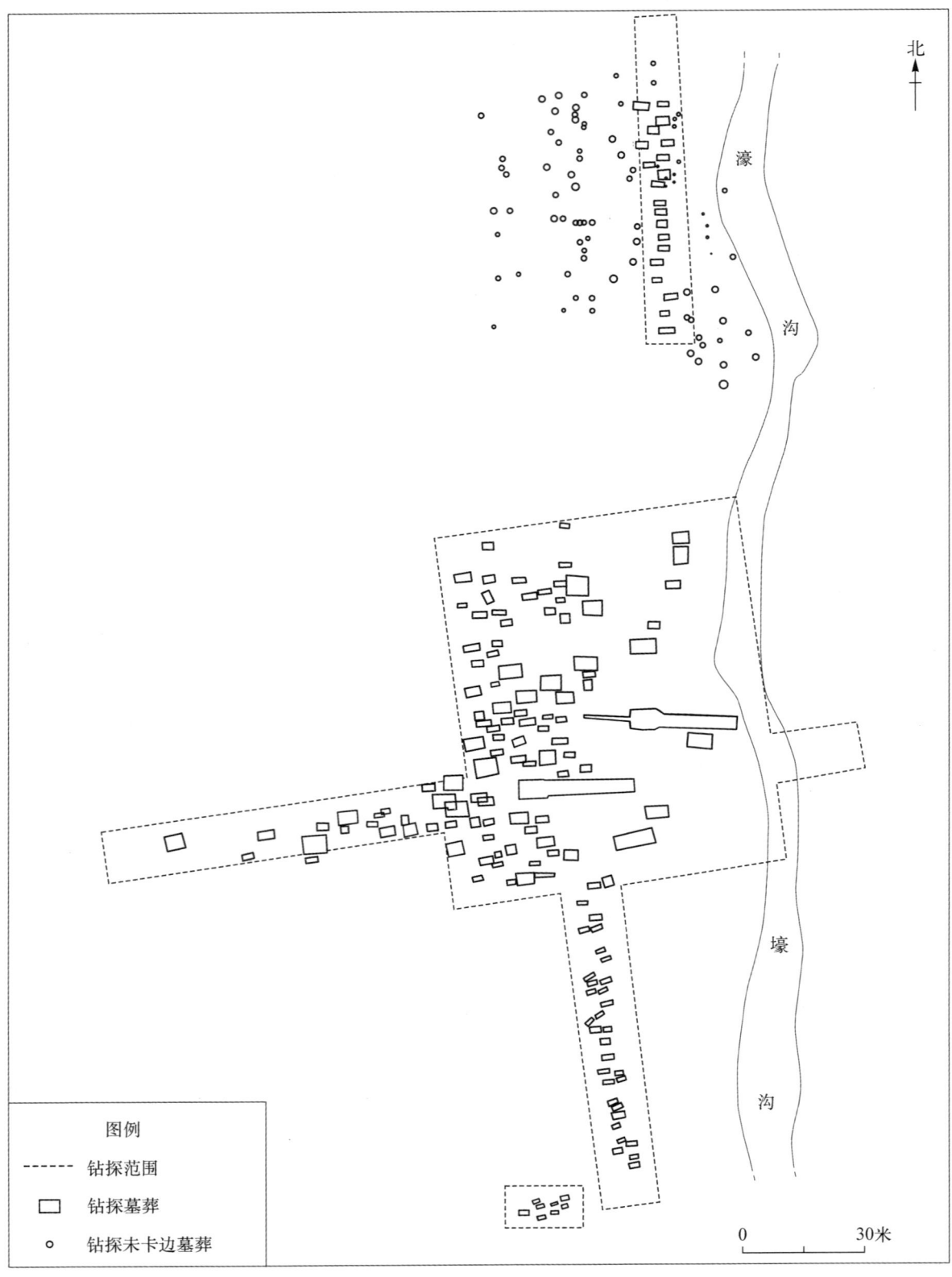

图例

- - - - 钻探范围

□ 钻探墓葬

○ 钻探未卡边墓葬

0   30米

图4-1 宋家墓地钻探墓葬分布图

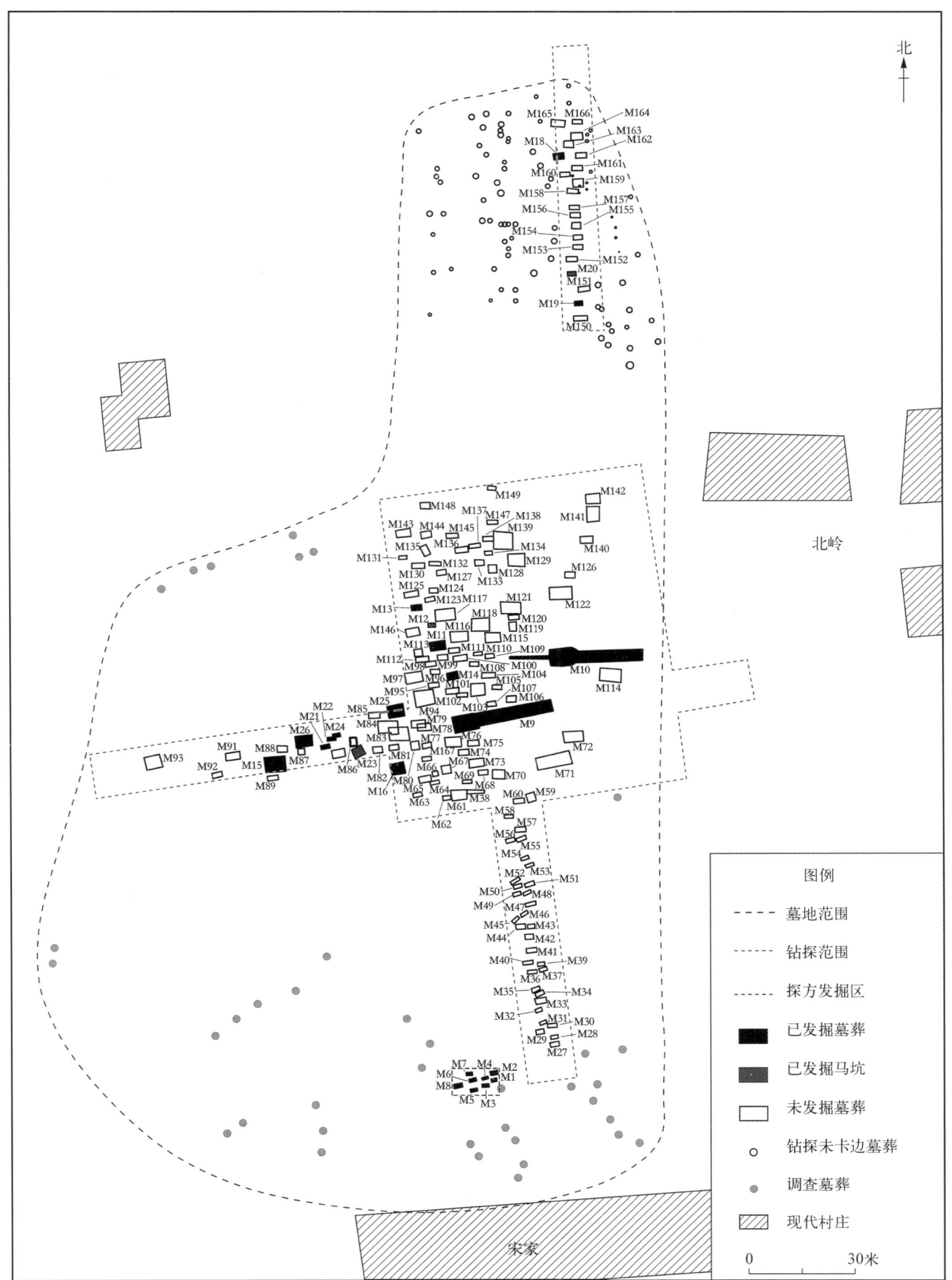

图4-2 宋家墓地遗迹平面分布图

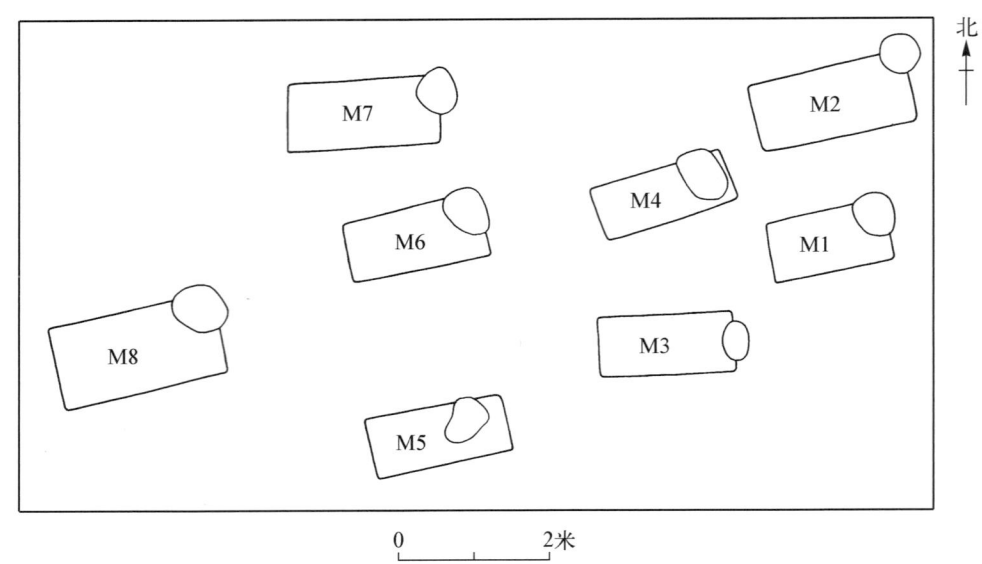

图4-3　宋家墓地探方区域内墓葬分布图

4.1.2　堆积状况

墓地所在范围内未见商周时期的居址遗存,可见这一区域应是一处单纯墓地。

平整土地与自然水土流失对墓地所在区域的地表破坏严重。墓葬均开口于耕土层下,打破生土层。耕土层厚约30～50厘米,土质疏松,土色黄褐。

墓葬分布虽密集,但其间极少有叠压打破现象。发掘墓葬中仅见有1组打破关系,为M22→M24。钻探墓葬中,见有2组墓葬打破关系,分别是M83与M84、M78与M79,具体打破顺序不明。

4.1.3　钻探墓葬情况

钻探面积约1万平方米,除探方内发掘的M1～M8这8座墓外,钻探发现墓葬(包括马坑、车马坑)158座。钻探区域内墓葬分布较密集,仅局部有空白地带。

1. 钻探结果有效性评估

为评估钻探结果的有效性,我们将17座已发掘墓葬(包括马坑)的基本信息与钻探所得数据进行了对比,认为此次钻探取得了较为满意的效果。理由如下:

(1)墓葬数量。钻探区域内发掘的全部墓葬及马坑都事前经过钻探,没有出现遗漏重要遗迹的情况,所以钻探所得墓葬总数基本可靠。

(2)墓向。墓葬钻探与发掘的墓向差值在0～19°之内,其中差值在0～5°之间的墓葬有11座,占65%;差值在5°～10°之间的墓葬有4座,占23%(图4-4)。所以整体来看,钻探所得墓向与发掘结果基本一致。

(3)墓葬规模。这里主要对比墓口的长、宽及面积三项数据,17座墓葬的钻探数据与发掘结果对比见表4-1。其中M9、M10为带墓道大墓,两墓钻探和发掘的墓道数据(包括长、宽)均

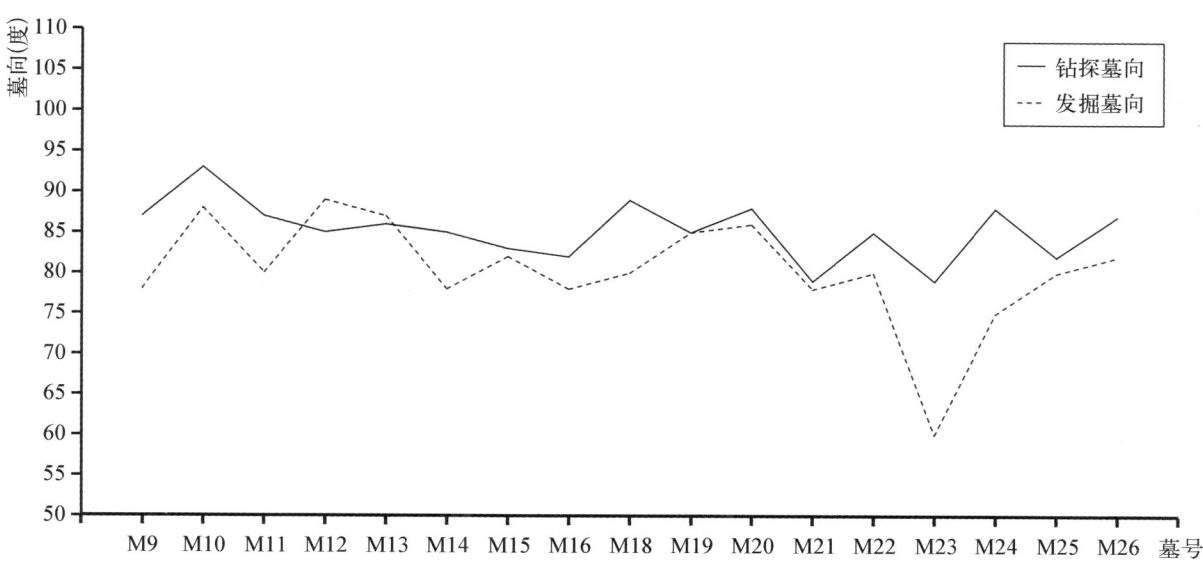

图4-4　宋家墓地墓葬钻探墓向与发掘墓向对比图

表4-1　宋家墓地钻探数据与发掘结果对比表

墓号	墓向（°）		墓口长度（米）		墓口宽度（米）		墓口面积（平方米）	
	钻探	发掘	钻探	发掘	钻探	发掘	钻探	发掘
M9	87	78	6.9	6.3	4.8	5	32.8	31.7
M10	93	88	6.6	5.9	4.9	4.9	32.3	28.9
M11	87	80	3.9	4.1	2.7	2.7	10.5	11.2
M12	85	89	2.6	1.2	1.3	2	3.4	2.5
M13	86	87	3.2	3	1.8	1.8	5.8	5.4
M14	85	78	2.9	3.1	1.6	2.1	4.6	6.4
M15	83	82	6.1	6	4.5	4.7	27.5	28.4
M16	82	78	3.7	4	3.1	2.8	11.5	11.2
M18	89	80	2.8	3	1.4	1.7	3.9	5
M19	85	85	3.2	2.3	1.5	1.1	4.8	2.5
M20	88	86	3	1.9	1.8	1.3	5.4	2.5
M21	79	78	3.7	2.5	2.3	1	8.5	2.5
M22	85	80	2.5	2.5	1.8	1.3	4.3	3.2
M23	79	60	3.4	3.5	2.7	2.6	9.2	9
M24	88	75	4.7	2.7	3.2	1.4	14.9	3.7
M25	82	80	4.7	4.5	2.8	3.5	13.2	15.4
M26	87	82	4.5	4.5	3.3	3.1	14.8	14

相差不到1米，表中所列数据为墓室规模。

由两组数据对比可知，钻探长度与发掘长度之差在1米以上的墓葬有4座，为M12、M20、M21和M24，分别为钻探长度大于发掘长度1.4、1.1、1.2和2米。钻探长度与发掘长度之差在0～0.5米之间的墓葬有10座，占59%；钻探长度与发掘长度之差在0.5～1米之间的墓葬有3座，占18%。钻探长度大于发掘长度的墓葬共10座，钻探长度等于发掘长度的墓葬有1座，钻探长度小于发掘长度的墓葬共6座（图4-5）。

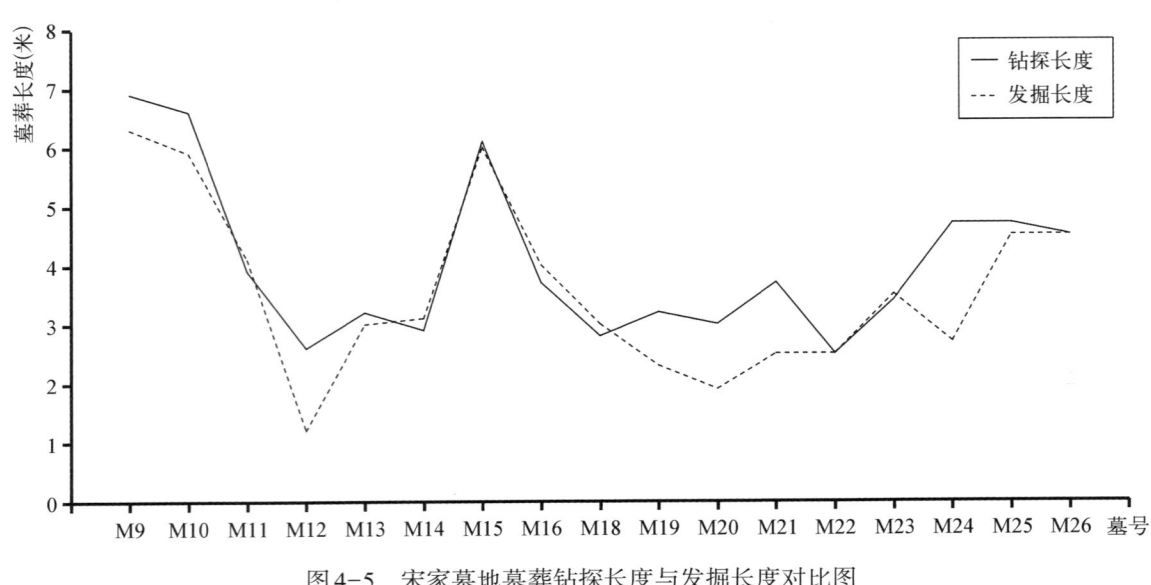

图4-5　宋家墓地墓葬钻探长度与发掘长度对比图

钻探宽度与发掘宽度之差在1米以上的墓葬2座，为M21和M24，分别为钻探宽度大于发掘宽度1.3和1.8米。钻探宽度与发掘宽度之差在0～0.5米之间的墓葬有13座，占76%；钻探宽度与发掘宽度之差在0.5～1米之间的墓葬有2座，占12%。钻探宽度大于发掘宽度的墓葬共8座，钻探宽度等于发掘宽度的墓葬有3座，钻探宽度小于发掘宽度的墓葬共6座（图4-6）。

钻探面积与发掘面积之差在4平方米以上的墓葬2座，为M21和M24，分别为钻探面积大于发掘面积6和11.2平方米。钻探面积与发掘面积之差在0～2平方米之间的墓葬有11座，占65%；钻探面积与发掘面积之差在2～4平方米之间的墓葬有4座，占24%。钻探面积大于发掘面积的墓葬共12座，钻探面积小于发掘面积的墓葬共5座（图4-7）。

综合以上分析，仅M21、M24两座墓的墓葬规模在钻探与发掘时相差较大，其他墓葬钻探与发掘的规模基本一致，钻探数据比较可靠。

为考察此次钻探的精度，利用统计软件SPSS 22.0，导入17座墓葬钻探与发掘所得墓向、墓口长度、墓口宽度、墓口面积数据，使用"配对样本t检验"法进行计算与分析[1]，所得结果见表4-2。

---

① 陈铁梅：《定量考古学》，北京大学出版社，2005年，第72～74页。

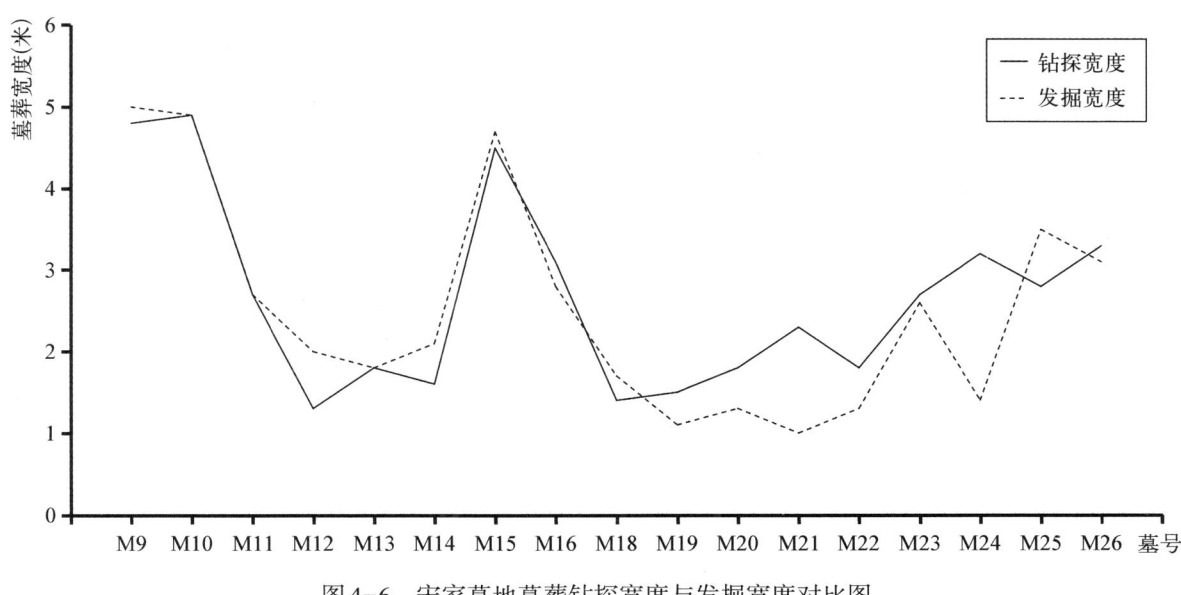

图4-6 宋家墓地墓葬钻探宽度与发掘宽度对比图

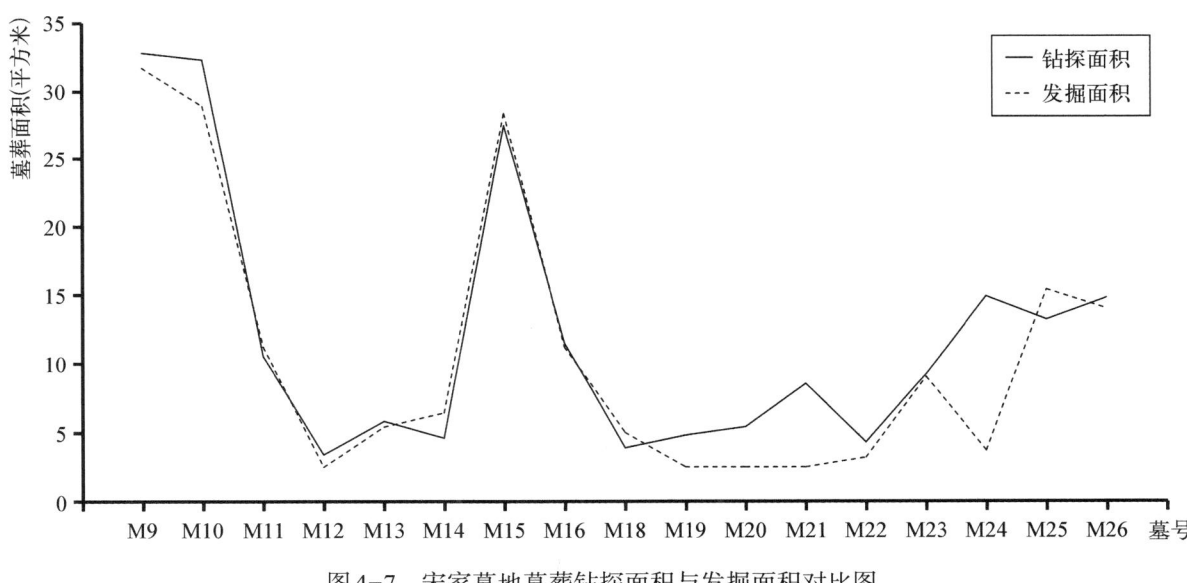

图4-7 宋家墓地墓葬钻探面积与发掘面积对比图

表4-2 宋家墓地钻探数据与发掘结果分析

配 对 样 本	样本量 n	相关分析		t检验		
		相关系数 r	显著性 Sig.	t值	自由度 df	显著性（双侧）Sig.
A. 钻探长度—发掘长度	17	0.890	0.000	2.646	16	0.018
B. 钻探宽度—发掘宽度	17	0.872	0.000	0.933	16	0.365
C. 钻探面积—发掘面积	17	0.946	0.000	1.790	16	0.092

从相关性来看，A（钻探长度—发掘长度）、B（钻探宽度—发掘宽度）、C（钻探面积—发掘面积）的 r 值均大于 0.8，Sig. 小于 0.05，表明在墓口长度、墓口宽度和墓口面积上，钻探数据与发掘结果存在较为显著而紧密的相关性，具有统计学意义。

在 t 检验中，A（钻探长度—发掘长度）的显著性（双侧）Sig. 的值小于 0.05，表明有 95% 的把握认为钻探与发掘数据的均值在墓葬长度上是显著不相等的。但这里主要是看二者的均值在统计学上的差异性，并不能否定钻探数据和发掘结果之间的相关性，尤其在墓葬长度上表现出来的紧密相关。结合以上钻探数据与发掘结果的对比，二者墓口长度上的差值范围为 0～2 米，在实际考古工作中可以被接受。

而 B（钻探宽度—发掘宽度）与 C（钻探面积—发掘面积）的显著性（双侧）Sig. 的值均大于 0.05，表明在大于 5% 的机率上两组钻探数据与发掘结果的均值是相等的，我们认为二者平均值相等的机率是比较大的，说明钻探数据与发掘结果在平均值上的差异不显著，进一步佐证了钻探结果十分可靠。

综合而言，此次钻探准确率较高，故而对墓地中未发掘的大部分墓葬，应可参考钻探数据进行研究。

2. 墓向

该墓地墓向较单纯，绝大多数墓葬为东西向墓，仅 5 座为南北向墓。东西向墓一般东略偏北，角度集中在 74°～92° 之间（图 4-8）。

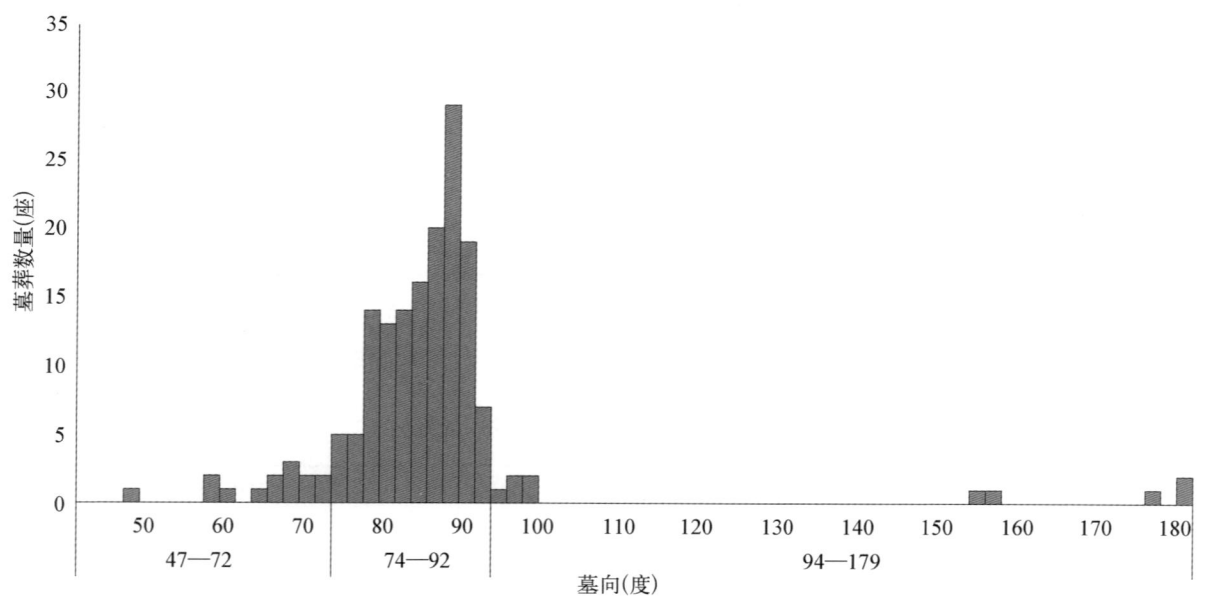

图 4-8　宋家墓地钻探墓葬的墓向统计图

3. 墓葬规模与等级

墓葬规模差别明显，表现在墓葬形制、墓室面积与深度等方面。结合发掘情况可知，墓口面积最大者31.7平方米（M9），最小者1.18平方米（M1）。墓室最深者18.36米（M9），最浅者0.55米（M1）。钻探墓葬的墓向、墓口尺寸见表4-3。

表4-3　宋家墓地钻探墓葬数据

墓号	墓向(°)	墓口长度（米）	墓口宽度（米）	墓口面积（平方米）
M27	78	2.6	1.3	3.38
M28	80	2.1	1	2.1
M29	79	2.33	1.35	3.14
M30	84	2.65	1.22	3.23
M31	68	1.9	0.9	1.71
M32	68	1.99	1.12	2.22
M33	81	3.29	1.59	5.23
M34	65	2.56	1.2	3.07
M35	71	2.4	1	2.4
M36	85	2.69	1	2.69
M37	74	2.25	1	2.25
M38	91	4.7	1.1	5.17
M39	84	2	1	2
M40	82	2.88	1.1	3.16
M41	83	2.99	1.26	3.76
M42	87	2.39	1.48	3.53
M43	83	2	1.26	2.52
M44	86	2.7	1.45	3.9
M45	47	2.2	1	2.2
M46	57	2.1	1	2.1
M47	76	3	1	3
M48	64	2.3	0.9	1.8
M49	75	2.23	1.1	2.45
M50	75	2.4	1.12	2.68
M51	69	2.6	1.25	3.25
M52	57	2.9	0.96	2.78
M53	71	2.48	0.88	2.18

墓号	墓向（°）	墓口长度（米）	墓口宽度（米）	墓口面积（平方米）
M54	67	2.24	1.07	2.39
M55	69	2.87	1.13	3.24
M56	77	2.58	1.24	3.2
M57	85	2.99	1.43	4.27
M58	89	2.65	0.97	2.57
M59	163	2.4	2.56	6.1
M60	85	3	1.43	4.29
M61	87	4.5	3.1	13.95
M62	84	2.26	1.3	2.93
M63	77	2.4	1.24	2.9
M64	78	2.6	1	2.6
M65	79	3.45	1.77	6.1
M66	78	1.57	1.45	2.27
M67	80	2.6	2.3	5.98
M68	87	2.7	1.38	3.72
M69	88	2.64	1	2.64
M70	91	3.39	2.57	8.7
M71	77	9.65	3.85	37.1
M72	87	5.6	3.2	17.9
M73	84	4.1	2.2	9.02
M74	85	2.9	1.7	4.9
M75	85	3.22	1.6	5.1
M76	86	4.59	2.9	13.3
M77	78	2.53	1.43	3.6
M78	86	3.78	2.13	8
M79	85	3.87	2.27	8.78
M80	80	2.27	2.4	5.44
M81	82	2.6	1.52	3.92
M82	86	2.65	1.7	4.42

墓号	墓向（°）	墓口长度（米）	墓口宽度（米）	墓口面积（平方米）
M83	88	5.38	4	21.52
M84	89	5.54	3.6	19.9
M85	86	3.1	1.79	5.54
M86	179	1.8	2.38	4.28
M87	87	1.8	1.7	3
M88	91	2.8	1.87	5.23
M89	82	3	1.33	3.99
M90	79	3.73	2.34	8.72
M91	81	4	2.1	8.4
M92	77	2.8	1.44	4.03
M93	77	4.4	3.74	16.45
M94	84	5.4	4.6	24.8
M95	83	2.98	1.3	3.87
M96	89	2.6	1.4	3.64
M97	82	4.7	2.88	13.5
M98	81	3	1.4	3.12
M99	85	2.94	1.6	4.7
M100	80	3.9	1.8	7
M101	84	3.78	1.58	5.97
M102	87	3	1.2	3.6
M103	88	3.8	3.37	12.8
M104	89	3.7	1.6	5.92
M105	89	2.7	1.38	3.72
M106	87	2.7	1.7	4.59
M107	82	2.4	1.47	3.5
M108	90	2.5	1.3	3.25
M109	85	2.58	1.4	3.6
M110	83	2.43	1.1	2.67
M111	85	3	1.5	4.5

续 表

墓号	墓向（°）	墓口长度（米）	墓口宽度（米）	墓口面积（平方米）
M112	84	3.65	1.58	5.7
M113	84	2.25	2.12	4.77
M114	94	6	3.7	22.2
M115	90	4.3	2.6	11.16
M116	88	4.8	2.8	13.4
M117	84	5.6	3.3	18.4
M118	87	5	3.8	19
M119	166	2	2.7	5.4
M120	87	2.9	1.36	3.77
M121	92	5.5	3.3	18.1
M122	87	6.3	3.5	22.5
M123	76	2.7	1.32	3.56
M124	89	2.45	1.46	3.57
M125	79	3.9	1.72	6.7
M126	90	2.8	1.78	4.98
M127	81	2.75	1.55	4.26
M128	90	2.35	2.3	5.4
M129	88	4.6	3.4	15.64
M130	88	3.5	1.6	5.6
M131	86	2.24	1	2.24
M132	91	3.38	1.2	4
M133	91	2.56	1.58	4.04
M134	87	2.1	1.1	2.31
M135	155	3	1.8	5.4
M136	81	3.6	1.7	6.12
M137	82	3.1	1.2	3.72
M138	88	3	1.35	4
M139	95	5.3	4.7	24.9

墓号	墓向（°）	墓口长度（米）	墓口宽度（米）	墓口面积（平方米）
M140	87	3.4	2	6.8
M141	179	3.5	4.24	14.8
M142	84	3.9	2.9	11.31
M143	80	3.9	2.3	8.97
M144	81	2.9	1.9	5.5
M145	89	3.4	1.3	4.4
M146	84	2.5	1.15	2.87
M147	91	3	1.25	3.75
M148	88	2.7	1.8	4.86
M149	97	2.3	1.1	2.53
M150	88	3.9	1.4	5.46
M151	85	3.2	1.5	4.8
M152	89	3	1.4	4.2
M153	89	2.7	1.42	3.8
M154	88	2.5	1.3	3.25
M155	88	2.57	1.87	4.8
M156	88	2.8	1.2	3.36
M157	89	2.8	1.2	3.36
M158	98	3.1	1.4	4.34
M159	85	2.8	2.5	7
M160	89	2.7	1.4	3.78
M161	89	3	1.5	4.5
M162	88	2.9	1.5	4.35
M163	89	2.5	1.8	4.5
M164	88	3.3	2	6.6
M165	95	3.9	2	7.8
M166	90	2.8	1.2	3.36
M167	85	2.56	1.26	3.25

　　西周墓葬的等级与墓葬规模基本成正比，因此，可根据钻探墓葬的形制与墓口面积（图4-9），结合西周墓葬等级划分的一般规律，将墓葬分为五个等级[1]。

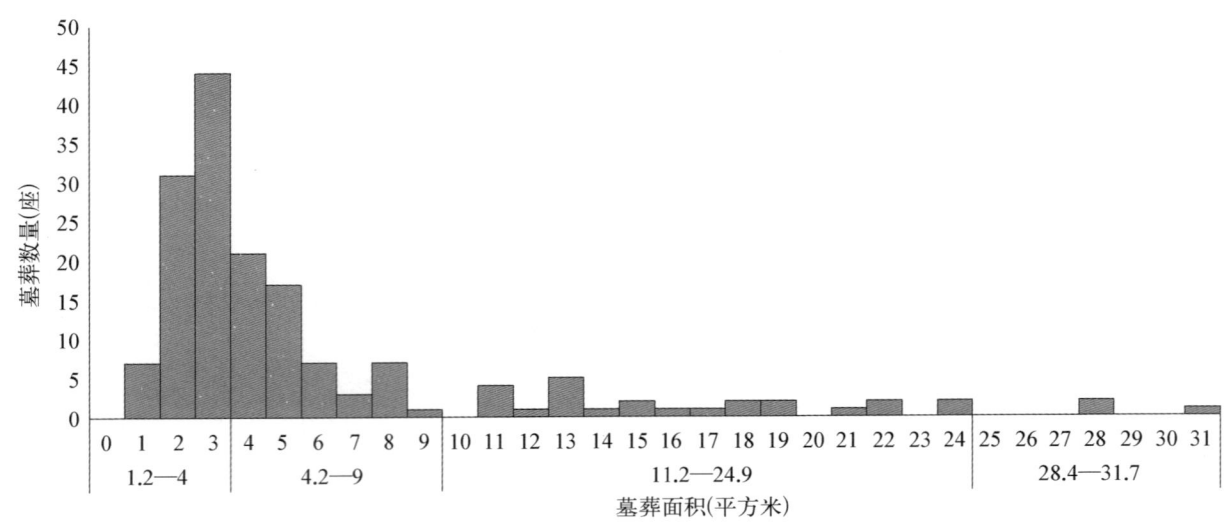

图4-9　宋家墓地钻探墓葬的墓口面积统计图

　　第一等级　带墓道的大型墓，墓口面积在28～32平方米。共2座，其中M10为带两条墓道的"中"字形大墓，M9为带一条墓道的"甲"字形大墓。两墓均已发掘，是该墓地等级最高的墓葬，墓主应是孔头沟西周聚落的统治者。

　　第二等级　墓口面积28平方米，该等级及以下墓葬不设墓道。仅M15一座墓，已发掘。该墓墓口面积与两座带墓道大墓相当，在墓地中明显超过其他中小型墓葬；该墓年代为西周早期，在西周各地这一时期的无墓道墓葬中也罕见如此规模者。所以，墓主身份可能与两座带墓道大墓相当或相近。

　　第三等级　墓口面积在11～25平方米。共24座。发掘其中墓葬4座，包括M11、M16、M25、M26。出土有铜容器、车器，墓主应为较高等级的贵族。

　　第四等级　墓口面积在4.2～9平方米。共56座。发掘其中墓葬3座，包括M13、M14、M18。发掘墓葬中未出土铜容器、车器（或与盗扰有关），但参考关中地区西周墓葬的一般规律，这种规模的墓葬已有资格随葬铜器。就发掘墓葬的深度看，这一等级墓深4.2～6.5米，而第五等级的墓深不超过2.5米，差异明显。所以，墓主应为低级贵族或平民。

　　第五等级　墓口面积1.1～4平方米。共82座。发掘其中墓葬12座，包括M1～M8、M19、M21、M22、M24。墓主应以平民为主。

――――――――――

[1] 钻探墓葬中有的可能是马坑或车马坑。其中M71的墓口平面呈长条形，面积达37.1平方米，位于双墓道大墓M10的墓道一侧，应为祔葬马坑或车马坑，故未将其列入墓葬面积统计。

不同等级墓葬在墓地中的分布,有两个显著特点:

其一,墓葬按等级分区而葬。规模较大的第一至三等级墓葬集中分布在墓地中部,而墓地北部主要埋葬第四等级墓葬,墓地南部主要埋葬第五等级墓葬。

其二,大墓周围混杂分布其他各等级墓葬。这种形态不同于天马—曲村遗址中北赵晋侯大墓与曲村中小型墓葬分两地埋葬的特点,而与平顶山滍阳岭应国墓地、随州叶家山曾国墓地相近。

4.2　发掘墓葬综述

4.2.1　墓葬特征

1. 墓向

发掘的22座墓葬均为东西向墓,墓向东略偏北,除M4为66°外,其他墓葬的墓向集中在74°~88°的范围内。其中墓主头向明确者有11座,均向东。可见东西向东首是该墓地的特点。

2. 墓葬形制

墓葬均为竖穴土坑墓,其中带墓道的大型墓葬2座。M10带两条墓道,墓口平面呈"中"字形;M9带一条墓道,墓口平面呈"甲"字形。无墓道的中小型墓葬20座,墓口平面大体呈长方形。墓口墓角有的近直角,有的微弧或圆弧。

根据墓壁是否有明显转折,可将墓圹剖面形制分为两型:

A型　墓壁有明显转折。可分两亚型:

Aa型　墓底四壁内收成生土二层台,二层台以上斜壁外扩,以下为直壁。共2座,为带墓道大墓M9、M10。

Ab型　墓底四周为熟土二层台,二层台以上斜壁外扩,以下斜壁内收。仅1座,为M25。

B型　墓壁无明显转折。可分三亚型:

Ba型　口小底大,斜壁外扩。共10座。其中有的墓葬四壁均外扩,包括M6、M8、M11、M14、M16、M21、M22、M26;有的墓葬仅部分墓壁外扩,包括M5、M19。

Bb型　口底大小相若,四壁近直。共8座,包括M1、M2、M3、M4、M7、M13、M18、M24。

Bc型　口大底小,斜壁内收。仅1座,为M15。

可以看出,A型墓圹形制较复杂,仅为带墓道大墓与个别较高等级墓葬使用,而B型墓圹为中小型墓葬使用,其中以口小底大和直壁者最多。

绝大多数的墓葬都有二层台,分生土与熟土两种。除2座带墓道大墓有生土二层台外,其他墓葬的二层台均为熟土,熟土二层台的高度实际上就是棺或椁的高度。

两座带墓道大墓的墓壁发现有工具加工痕迹,其余墓葬则未见。墓葬均不设壁龛。墓底均不设腰坑。

　　3.填土

　　墓内填土以黄褐与褐色的五花土为主。中小型墓葬的填土土质较疏松,其中M6、M7等墓可见夯层及夯窝。带墓道大墓的填土土质较硬,有分层现象,但未见夯窝。

　　4.葬具

　　葬具有棺、椁、垫木与席子。棺、椁均为木质,沿墓向东西向放置。根据棺椁数量,可将葬具分为三类:

　　单棺　8座。包括M1、M3、M4、M5、M7、M19、M21、M24。

　　一棺一椁　12座。包括M2、M6、M8、M11、M13、M14、M15、M16、M18、M22、M25、M26。

　　两棺一椁　1座。为M10。

　　此外,M9葬具被破坏严重,仅可辨别出一棺一椁,但也有迹象表明可能为两椁一棺。

　　两棺一椁仅为带墓道大墓使用,一棺一椁为第二、三、四等级及个别第五等级墓葬使用,单棺仅为第五等级墓葬使用。可见葬具的数量与墓葬等级存在一定程度上的正相关,但并不完全对应。

　　(1)棺

　　用棺的墓葬有22座。其中带墓道大墓M9、M10的棺外有髹漆痕迹。棺的长在155～289厘米之间,宽在42～167厘米之间。棺底板、棺盖板均东西向放置,二者方向相同。

　　棺侧板与棺端板形制可辨者8座,其接合方式有两种:一是棺端板嵌入棺侧板,包括M8、M10、M11、M16、M25、M26。二是棺侧板嵌入棺端板,包括M4、M7。

　　(2)椁

　　用椁的墓葬有14座。椁的长在199～439厘米之间,宽在58～268厘米之间。椁底板均为东西向放置,椁盖板均为南北向放置,两者方向垂直。

　　椁侧板与椁端板形制可辨者8座,其接合方式有两种:一是椁侧板嵌入椁端板,包括M2、M9、M10、M16、M25、M26。二是椁端板嵌入椁侧板,包括M11、M15。

　　(3)垫木

　　有垫木的墓葬有17座,多见于一棺一椁及多重棺椁的墓葬。垫木一般为两根,仅M16用三根。皆平行放置于椁或棺下两端,南北向横放。垫木横截面一般为扁长方形,仅M25为方形,M15为圆形。

　　垫木的放置方式有两种:一是有垫木槽,包括M8、M9、M10、M11、M13、M14、M15、M16、M18、M21、M22、M25、M26。二是无垫木槽,包括M3、M6、M7、M24。

　　(4)席子

　　铺席子的墓葬有5座。所铺位置有两种:一是铺于二层台或椁盖板上,包括M2、M8、M9、M26。二是铺于墓底与二层台上两处,包括M15。

值得注意的是,已发掘墓葬的棺椁有着固定规制。其一,棺盖板、棺底板方向相同,均为顺墓葬方向的长板纵置。其二,椁盖板与椁底板方向垂直,椁盖板为短板横置,椁底板为长板纵置。这些特征似乎是周原地区西周墓葬的通制,也见于周原遗址姚家、庄李、齐家北、黄堆等墓地。

5. 墓主人遗骸与葬式

（1）人骨遗骸保存状况

墓主人骨遗骸大多遭盗扰或腐朽严重,其保存状况可分为四种:

墓主人骨保存较好,葬式明确。共4座,包括M2、M3、M7、M19。

墓主人骨头部被破坏,其他部位保存较好。共3座,包括M4、M6、M8。

墓主人骨上半身被破坏,仅下半身保存较好。共4座,包括M1、M5、M21、M22。

棺内不见墓主人骨或人骨不在原位,葬式不明。共11座,包括M9、M10、M11、M13、M14、M15、M16、M18、M24、M25、M26。

可见,棺内保留人骨的墓葬,均为该墓地等级最低的第五等级墓葬。其他等级较高的墓主均已人骨无存。

（2）葬式

葬式可辨的11座墓均为单人葬,墓主仰身直肢,头向东。其中葬式较明确的第一、二种7座墓葬的葬式,可分为三型:

A型　下肢伸直,双臂内弯,双手分置于髋部。共4座,包括M2、M6、M7、M8。

B型　下肢伸直,双臂与双手下垂,双手分置于髋部两侧。共2座,包括M3、M4。

C型　下肢微弯,双臂内弯,双手交叠于髋部。仅1座,为M19。

可知面向者有4座墓,其中M2、M3、M19墓主仰面,M7墓主面向左侧。

6. 盗扰情况

墓地被盗严重,除一座小型墓M19未遭盗扰外,其余21座墓葬均被盗。

小型墓的盗洞多位于墓口东北角,如墓地南部探方内发掘的M1~M8,每墓各有一个盗洞,盗洞平面为圆形或椭圆形,均位于墓口东北角。可见盗墓者十分明确小型墓的随葬品一般置于墓主头端。大中型墓则遭多次盗扰,如M9内发现盗洞13个,M10内发现盗洞9个,部分盗洞直抵棺椁内。

被盗墓葬的棺内随葬品几乎被盗掘一空,棺椁之间未盗走的随葬品也多被扰动,仅M10等个别墓葬保存稍好。墓室填土与大墓墓道中的葬车、随葬车器保存较好。

值得注意的是,该墓地有的墓葬在葬具腐朽前即遭盗扰。如中型墓M26两次被盗,第一次被盗时椁盖板尚未腐朽,第二次被盗时椁盖板已完全腐朽塌陷至椁室底部,详见M26墓葬分述。

西周墓葬在下葬后不久即被盗的现象,以往曾有发现。如丰镐遗址张家坡M157井叔墓的盗洞由椁顶进入椁室,移动了外棺盖板,也是在棺椁腐朽之前即被盗[①]。新旺村M1、M2两墓盗洞内的墓主肢骨相连,说明被盗时墓主尸体尚未完全腐烂[②]。平山中山成公墓战国时期的葬车竟装配了7件西周晚期銮铃,銮铃形制相同,大小分四级递减,有可能就是盗掘西周墓葬而来[③]。

4.2.2　随葬品器类与形制

宋家墓地被盗严重,铜容器几乎被洗劫一空,现今出土的随葬品以车马器和车部件为大宗。

1. 青铜器

出土青铜器可分为容器、车马器、兵器、工具等几类,其中车马器数量最多。

（1）容器　共7件。出土于M10、M11、M16。有鼎、簋盖、盘、爵、觯共五种。其中仅爵、觯两件为完整器,余均为残片。

鼎　1件（M16∶015）。疑为鼎腹残片,内壁残存铸铭1行2字:"井白（伯）"（图4-283）。

簋盖　2件。均残,盖面弧鼓。M10∶28,近捉手处饰窃曲纹,外侧饰瓦纹,背面残存铸铭6行19字,内容为册命赐物（图4-32,1）。M10∶083,盖缘饰中目"S"形窃曲纹,内侧饰瓦纹（图4-32,2）。

盘　2件残片,可能同属一器。M11∶38,圈足残片,饰长卷尾鸟纹（图4-246,2）。M11∶39,盘口与腹部残片,饰长卷尾鸟纹与云雷纹（图4-246,1）。

爵　1件（M10∶234）。槽流尖尾,双伞状柱,腹侧置兽首鋬,圜底,刀形三足外撇。腹部饰兽面纹,流下饰拱背卷尾龙纹。腹内壁铸铭文2行7字:"尚作羹（郭）公宝尊彝"（图4-33）。

觯　1件（M10∶360）。整体细高,侈口,深腹垂鼓,高圈足外撇。颈饰蕉叶纹,腹上部饰顾首龙纹,下部饰顾首凤鸟纹。颈内壁铸铭,但铭辞可能不完整,见4行10字（图4-35）。

（2）车马器　有毂饰、軎、辖、銮、軏、軛饰、衡饰、踵饰、马衔、马镳、鞙饰、游环、节约、带扣、泡、络饰、长圆管、"Y"形管、工形管、弓形器等。这些车马器有的装配于车部件上,作为车的一部分而随葬,有的则单独作为车马器而随葬。

属于车轮上的车器见有毂饰一种。

毂饰　共83件,其中成套的有27套74件。出土于M9、M10、M15共3座墓。毂居车轮圆心,中空以纳轴,铜毂饰分辐、軝、軹三部分,均分铸合为一组,套于木毂外。有的毂饰上还存在固定所用的铜钉。辐位于毂两端,次为軝,軹最近车轮,有两种组合方式:

第一种,由1件軹与2件辐组成,无軝,軹由上下两个半圆合成,中脊处插辐,两件辐位于軹

① 中国社会科学院考古研究所:《张家坡西周墓地》,中国大百科全书出版社,1999年,第16页。

② 付仲杨、宋江宁、徐良高:《丰镐遗址西周时期盗墓现象的考古学观察——以2012年新旺墓葬M1和M2为例》,《南方文物》2015年第3期。

③ 王洋、王昱霖:《论中山成公墓銮铃的古物新用》,《北方文物》2022年第6期。

两侧。这种毂饰装配于整个车毂，如M15∶t4、t6、t11为三件一组（图4-270）。

第二种，由軝、軸、軎各1件依次相接而成。这种毂饰装配于车轮一侧。在本次发掘墓葬中最为常见，如M9∶40（图4-184，4～6）。第二种毂饰的年代晚于第一种。

軎　共27件。出土于M9、M10、M15共3座墓。圆筒状或圈状，内端略小于外端，器壁常见钉孔。根据外端口部特征分三型：

A型　外端无挡头，外撇呈喇叭形口。器身很长。标本M15∶t11（图4-270，3）。

B型　外端无挡头，器壁外端较内端厚。根据器身宽窄和纹饰，可分三亚型：

Ba型　器身较宽，素面。标本M10∶t6-1（图4-36，3）。

Bb型　器身较窄，素面。标本M9∶19-1（图4-176，1）。

Bc型　器身较宽，饰一周重环纹。标本M10∶t34-1（图4-37，4）。

C型　外端有内折的挡头。根据挡头宽窄和纹饰，可分四亚型：

Ca型　挡头较宽，器身较宽，素面。标本M9∶28-1（图4-184，1）、M10∶t46-3（图4-40，4）。

Cb型　挡头较窄，器身较宽，素面。标本M9∶37-1（图4-183，1）。

Cc型　挡头极窄，器身较窄，素面。标本M9∶29-1（图4-181，1）、M10∶t33-1（图4-37，1）。

Cd型　挡头极窄，器身较窄，外端饰一周凸起的绳索纹。M10∶t23-1（图4-39，4）。

軸　共27件。出土于M9、M10共2座墓。圆圈状，内外两端口径相若，中部外凸成棱。根据器壁特征分四型：

A型　器壁较窄，整体呈"∧"形，无窄平边。标本M10∶t25-2（图4-39，2）。

B型　器壁较窄，中部有"∧"形凸棱，两侧有窄平边。标本M9∶28-2（图4-184，2）、M10∶t33-2（图4-37，2）。

C型　器壁较窄，中部有"⌒"形凸棱，两侧有窄平边。标本M9∶37-2（图4-183，2）。

D型　器壁较宽，中部有一周条带状凸起，条带中央有"∧"形凸棱。标本M10∶t46-2（图4-40，5）。

軝　共29件。出土于M9、M10、M15共3座墓。器形多样，器壁常见钉孔。根据整体形制分四型：

A型　由上下两个半圆合成，中部起脊，为插辐处，留有近长方形辐孔，两侧为二级坡状，内侧大而圆鼓，外侧小而宽平。标本M15∶t6（图4-270，2）。

B型　斜壁，壁面斜直或微内弧，内端敞口。标本M9∶28-3（图4-184，3）、M10∶t46-1（图4-40，6）。该型軝与部分无挡头的軎器形近似，从出土情况看，同一轮毂上的軎与軝存在诸多区别：其一，軎较軝器壁厚、器更宽。其二，軎外端器壁较内端厚，而軝内外两端器壁厚度近同。其三，軎内外两端口径差异较小，而軝差异较大，軝器壁更倾斜。其四，一套毂饰中軎的口径一般小于軝。

C型　斜壁,壁面呈多级坡状,内端敞口。根据器壁差异,分两亚型:

Ca型　器壁呈二级坡状。标本M9∶19-3(图4-176,3)。

Cb型　器壁呈三级坡状。标本M9∶37-3(图4-183,3)。

D型　曲壁,近内端圆鼓,近外端为二级坡状,内端敛口。标本M10∶t6-3(图4-36,5)。

属于车轴上的车器见有軎、辖两种。轴的两端套軎,軎上插辖,辖首背板抵住车毂,以防止轮毂外移。

軎　共32件。出土于M9、M10、M11、M25共4座墓。为外侧顶端封闭的圆筒状,口端较粗,以纳木轴,器身中部有凸棱或阶棱,分軎为内外两节。近顶端常有小钉孔,多是两孔对应于范线处,表明在轴末端以细钉对軎加固。口端与一侧辖孔间的入毂处常见磨损痕迹,器壁极薄或残缺,应是使用时軎与毂、辖摩擦所致。根据辖孔特征,可分两类:

甲类　共30件。外节有一对长方形辖孔,与有键辖相配使用。根据器形差异可分两型:

A型　器身修长,内节斜壁,外节微束腰,顶端微外撇。根据纹饰特征,可分两亚型:

Aa型　饰一周四个蕉叶纹,外节远长于内节。标本M25∶t18(图4-313,5)、M25∶t20(图4-313,3)。

Ab型　通体素面,内节略长于外节。标本M25∶t27(图4-313,2)。

B型　器身较短,略显粗壮,内、外节均为斜壁。根据纹饰特征,可分八亚型:

Ba型　外节饰一周四个长三角纹,内填变形蝉纹,外节长于内节。标本M10∶t2(图4-42)、M9∶24(图4-185,1)。

Bb型　外节饰一周六个三角纹,内填变形蝉纹,内节长于外节。标本M10∶t15(图4-43,1)。

Bc型　外节饰一周窃曲纹,外节长于内节。标本M11∶t1(图4-247)。

Bd型　外节饰一周波带纹,波峰较高,波带间夹有眉、口状纹,内节长于外节。标本M10∶t43(图4-44,1、3)。

Be型　外节饰一周波带纹,波峰较高,波带间无纹饰,内节长于外节。标本M10∶t35(图4-45)。

Bf型　外节饰两周纹饰,内侧为重环纹,外侧为波带纹,内节长于外节。标本M10∶t5(图4-47)、M10∶t8(图4-49,1、3)、M10∶t32(图4-50,1)。

Bg型　外节饰两周纹饰,内侧为重环纹,外侧为变形蝉纹,内节长于外节。标本M10∶477-1(图4-52,2、3)、M10∶t37(图4-51,2)。

Bh型　外节饰两周纹饰,内侧为重环纹,外侧为窃曲纹,其间有一周宽带。标本M10∶t10(图4-53)。

其中A型軎的年代早于B型。

乙类　共2件。无长方形辖孔,近外端与近口端各有一对圆孔,器身较短小。这种軎无法与常见的有键辖相配使用，推测或是以革带贯穿圆孔，或是插入小键以固定于车轴。M25：t12、t17（图4-314）。这种軎以往发现很少，曾见于洛阳北窑M332：5、6[①]。軎外节穿圆孔，形成内外两对穿孔的做法在晚商时期已出现，如殷墟郭家庄西南车马坑M52：12A[②]、梅园庄东南车马坑M40：23A[③]，但在西周时期已不流行。

辖　共25件。出土于M10、M15、M25共3座墓。辖首正面多为兽头形，后与背板相连，其间有穿孔，使革带穿过其中以缚于軎。根据有无辖键可分两类：

甲类　共24件。有键辖。根据整体形制，可分为两型：

A型　辖首大而厚重，辖键较短，键身有长方形穿孔，背板宽大于高。根据辖首特征，可分为两亚型：

Aa型　辖首正面为牛头。标本M15：t2（图4-271，1）。

Ab型　辖首正面作简化兽首。标本M25：54（图4-315，1）。

B型　辖首小，辖键长，键身无穿孔，背板高大于宽。根据辖首特征，可分为四亚型：

Ba型　辖首正面为虎头，额上有一横梁连接于头后背板，辖首底面内弧，键背面不与背板齐平。标本M10：635（图4-58，1）。该器与2014周原凤雏宫殿区发现的铜轮牙马车所用车辖极为相似，唯后者镶嵌绿松石[④]。

Bb型　与Ba型近同，唯辖首虎头额部全部与背板连接。标本M10：633（图4-59，2）。

Bc型　辖首正面为一简化兽首，上饰三角纹、弦纹及绳索纹，辖首底面内弧，键背面不与背板齐平。标本M10：34（彩版六五，1）。

Bd型　辖首正面近靴形，底面平直，键背面与背板齐平。标本M10：057（图4-59，3）。

其中A型辖的年代早于B型。

乙类　1件（M10：320）。无键辖。辖首底面内弧，有两个条形穿孔，应是与革带配合使用，而代替了辖键。辖首正面为一简化兽首，与甲Bc型辖首相同（图4-60，3）。

属于车衡上的车器见有衡中饰、衡内饰、轙、曲衡饰、衡末饰等。衡中饰每衡一件，居衡中央，其他车器均为形制相同的两件，分列车衡两边。

衡中饰　共3件。出土于M9、M25共2座墓。根据形制差异，可分为三型：

A型　中部带提梁的长圆管。M9：32-4（图4-187，1）。

B型　左右两个大小相同的窄圆管以一个提梁相连。M9：34-5（图4-191，7）。

C型　呈倒"U"形半环状，两末端为扁长方形，上有圆形穿孔，以插于车衡上。M25：t3

①　洛阳市文物工作队：《洛阳北窑西周墓》，文物出版社，1999年，第231页。

②　中国社会科学院考古研究所：《安阳殷墟郭家庄商代墓葬》，中国大百科全书出版社，1998年，第130页。

③　中国社会科学院考古研究所安阳工作队：《河南安阳市梅园庄东南的殷代车马坑》，《考古》1998年第10期。

④　周原考古队：《陕西宝鸡市周原遗址2014～2015年的勘探与发掘》，《考古》2016年第7期。

（图4-317,9）。

衡内饰　共5件。出土于M9、M10共2座墓。为两端带齿的圆管状。根据形制差异,可分为两型:

A型　管径较粗,两端各有三个尖齿,饰三角纹内填变形蝉纹,近中腰处有两周旋纹。M9:31-2（图4-186,1）、M9:33-3（图4-188,2）、M9:33-5（图4-188,1）。

B型　管径较细,两端各有四个尖齿,饰三角纹,近中腰处有两组四周旋纹。M10:095-1（图4-62,1）、M10:095-2（图4-62,2、3）。

辕　共15件,其中成对者7副14件。出土于M9、M25共2座墓。根据形制差异,可分为三型:

A型　底部为外细内粗的长圆管,用以纳衡,其上左右各有一个圆环,两环之间底部的铜管加高,截面呈瓜子形或瓢形,中部前后各有一对圆孔。M9:31-3,装配与M9的一号车衡。M9:32-1、32-5,装配于M9的二号车衡两边（图4-187,3、2）。M9:33-1、33-6,装配于M9的三号车衡两边（图4-188,4、3）。

B型　底部为外细内粗的长条状,横截面弧拱,以与车衡相接,其上左右各有一个圆环,两环之间有一横梁连接,内端一环近底部加粗。M25:t10、t11（图4-316,10、9）。

C型　由左右两件组成一副,每件作半环形,两末端为扁方形,上有圆形穿孔,以插于车衡上。M25:t4、t5为一副,M25:t6、t7为一副,装配于M25的二号车衡两边（图4-317,10、8、11、7）。M25:t23、t24为一副。

曲衡饰　共3件。出土于M9、M10共2座墓。为弯曲的圆管状。根据形制差异,可分为两型:

A型　弯曲近"L"形,管壁两侧各有两个穿孔。M9:36-1（图4-190,2）、M9:45-1（图4-190,3）。

B型　弯曲近"S"形,近一端上部有一个半环形钮,管壁两侧有三组对称的长条形穿孔。M10:96（图4-63,1）。

衡末饰　共10件。出土于M9、M10、M15、M25共4座墓。根据形制差异,可分为三型:

A型　矛状。形制较多样。M15:t12（图4-272,7）、M10:291（图4-63,3）、M10:426（图4-63,2）。M25:t28、t30,形制、大小基本相同,装配于M25的一号车衡两端（图4-318）。

B型　一端封闭的圆帽状。长短略有不同。M9:34-1、34-8,形制、大小基本相同,装配于M9的四号车衡两端（图4-191,6、5;图4-222）。M9:35（图4-192,7）、M15:015（图4-272,5）。

C型　曲柄的长条形小铲状。M9:36-2,内侧为弯曲的圆管状,与曲衡饰M9:36-1相接（图4-190,1）。

属于轭上的车器见有轭首、轭箍、轭肢、轭脚、銮铃等。轭缚于车衡上,整体呈"人"字形,一首双脚,銮铃立于轭的顶端。

轭　出土于M9、M10、M15、M25共4座墓。除零星出土的轭首、轭脚外,形制与装配组合较明确的轭可分为四型：

A型 5套。轭首和轭颈连铸，轭肢和轭脚连铸，三件接为一套，呈"人"字形。M9：32-2、32-6，形制、大小基本相同，装配于M9的二号车衡上（图4-195、196）。M9：33-2、33-7，形制、大小基本相同，装配于M9的三号车衡上（图4-197、198）。M9：31-4，装配于M9的一号车衡上。

B型 3套。一件轭首、两件轭脚铸造而成，其他部分用捶揲的薄铜片包裹木轭，再以铜钉固定。M9：34-3、34-7，形制、大小基本相同，装配于M9的四号车衡上（图4-191，1～4、8、9）。M9：46（图4-192，6、8）。

C型 2套。一件轭箍、两件轭脚铸造而成，三件一套。M25：t1、t13、t14与t2、t15、t16，形制、大小基本相同，装配于M25的二号车衡上（图4-317，1～6）。

D型 2件。仅有轭箍套于木轭。M25：t8、t9，出土时置于M25的两件辕M25：t10、t11中间。

銮铃 共38件。出土于M10、M15、M25、M26共4座墓。銮铃分为铃、颈、座三部分，上部中央为铃球，两面中央各有一圆形穿孔，穿孔外环绕八个辐射状三角形镂孔，内有一铃丸，周围绕以扁平宽边，上有镂孔。中部为高颈，上薄下厚。下部为梯形高座，中空成长方銮口，可插入木轭顶部，座正反两面较宽，侧面较窄。根据铃宽边上的镂孔差异，可分为两型：

A型 宽边有火焰状镂孔，粗颈。标本M15：t7（图4-272，1）、M26：12（图4-334，10）。

B型 宽边有十字四分弧形镂孔，细颈。该型銮铃数量很多，但形制差异很小。座正反两面中央各有三条竖行定位线，根据座上其他定位线的差异，可分为两亚型：

Ba型 座侧面素面，正反两面近两侧处一般有一条竖行定位线。标本M10：199（图4-67，2）、M10：362（图4-69，1）。

Bb型 座两侧面中央各有三条竖行定位线，正反两面近两侧处有两条竖行定位线。标本M10：471（图4-74，1）、M10：487（图4-75，1）。

其中A型銮铃的年代早于B型。

此外M15出土铜铃丸1件，应为銮铃铃球内的铃丸。

属于车辀上的车器见有軎、踵饰两种。辀位于车中央，前后贯通，軎套于辀首，踵饰则位于辀末端与车舆后轸的交汇处。

軎 共6件。出土于M9、M10共2座墓。根据整体特征，可分为两型：

A型 偏心的喇叭形圆筒状，平顶。根据顶径与口径之比，分为两式：

Ⅰ式 顶端稍大于口端，顶径与口径之比较小。M9：32-3（图4-199）。

Ⅱ式 顶端远大于口端，顶径与口径之比较大。M10：t36（图4-61，1）、M10：t41（图4-61，2、3）。

这种軎的演变规律是顶径与口径之比越来越大。至春秋早期，该型铜軎的顶径与口径差异更大,如浚县辛村M3：168[1]。

B型 上部为兽首,下部作喇叭形圆筒状。兽首形制多样。M9：31-1(图4-201)、M9：33-4(图4-202)、M9：34-4(图4-203)。

踵饰 1件(M15：t3)。为带凹槽的套管,上平下圆,凹槽用于卡车舆后轸,底部有半环形竖钮(图4-273)。

属于车舆上的车器见有舆围板饰、舆栏饰、辐形舆饰、干首饰、管状车饰、三角形器等。

舆围板饰 至少11件。仅出土于M10。由大型薄壁铜片制成,表面制出多种华丽的纹饰,用于装饰车舆围板。根据形制差异,结合周原遗址贺家铜轮牙马车[2]装配的此类器可知,孔头沟出土的舆围板饰分为"舆后板饰""舆侧板饰"两类。因其由整件的大型铜片制成,故可称为"整片式舆围板饰"。所见舆后板饰均为同一型,舆侧板饰则至少可分四型,详见M10墓葬分述。M10是现知出土舆围板铜饰数量最多的西周墓葬。此类器可能是毛公鼎、番生簋盖等西周金文中的"金篙弼"。

甲片 共135件。出土于M10。由薄铜片制成,器表压印有纹饰,甲片边缘有钉孔,可供编制与穿缀。此类器与整片式舆侧板饰、马冑等器叠压放置。北赵晋侯墓地一号车马坑11号车[3]、丰镐遗址张家坡M170[4]、韩城梁带村M27[5]与M28[6]出土有类似形制器物。可能为车舆围板所饰甲片,可称为"甲片式舆围板饰",但也不排除是人穿着的铠甲或其他功用。根据形制差异分为六型,详见M10墓葬分述。

舆栏饰 共3件。出土于M9、M10共2座墓。根据形制差异可分两型:

A型 一端封闭的长圆管状,底部开长条形槽与口端相通,顶部有三个小方孔。M9：22(图4-192,1)。

B型 底座为两端上卷的窄长条,侧面有两个长方形穿孔,座上伏顾首曲体的一条长龙。M10：476-1(图4-76,1)、M10：476-2(图4-76,4)。沣西张家坡M157、周原凤雏铜轮牙马车上也曾出土此类器,形制与孔头沟所出者几乎完全相同[7]。

辐形舆饰 共7件。出土于M9、M25共2座墓。圆筒状,似辐但器形明显较小,最大径仅

① 郭宝钧:《浚县辛村》,科学出版社,1964年,第51页。

② 周原考古队:《陕西宝鸡市周原遗址2014～2015年的勘探与发掘》,《考古》2016年第7期。黄晓娟等:《陕西周原贺家遗址出土车马器工艺调查及数字化复原》,《西北大学学报(自然科学版)》2021年第5期。

③ 山西省考古研究所等:《山西北赵晋侯墓地一号车马坑发掘简报》,《文物》2010年第2期。

④ 白荣金:《长安张家坡M170号西周墓出土一组半月形铜件的组合复原》,《考古》1990年第6期。

⑤ 陕西省考古研究院等:《梁带村芮国墓地——2005、2006年度发掘报告》,文物出版社,2020年,第277页,图版一五二。

⑥ 陕西省考古研究院等:《梁带村芮国墓地——2007年度发掘报告》,文物出版社,2010年,第143页。

⑦ 中国社会科学院考古研究所:《张家坡西周墓地》,中国大百科全书出版社,1999年,第212页。周原考古队:《陕西宝鸡市周原遗址2014～2015年的勘探与发掘》,《考古》2016年第7期。

5～8厘米,出土时未见与之大小相若、可匹配的軎与辖,故应非彀饰之辖。在以往发现的车马坑中,车舆内紧贴侧栏处曾见有此类器,一般位于舆内右侧,前后两件并列,前小后大,前低后高,如周原贺家铜轮牙马车[1]、北赵晋侯墓地一号车马坑的11号车[2]。故该器应为车舆上的器类,本报告暂称之为“辖形舆饰”。根据顶端有无挡头分两型:

A型　顶端无挡头。M9:21(图4-204,1)、M9:0100-1(图4-204,5)、M9:0100-2(图4-204,3)。

B型　顶端有内折的挡头。M25:t21(图4-315,3)、M9:13(图4-204,6)、M9:14(图4-204,2)、M9:15(图4-204,4)。

干首饰　1件(M10:356)。扁平片状,中部一柱,两侧弧形斜下,末端上钩,柱上下两端及两侧弯钩处各有一孔(图4-76,6)。

管状车饰　1件(M10:t40)。中空的粗圆管状,中部素面,有两个对称的长方形穿孔,上、下两部分饰波带纹,一侧有扉棱,扉棱与管间镂孔(图4-77)。该器与周原遗址黄堆墓地车马坑出土的96FHK38:017、023形制、纹饰完全相同[3]。

三角形器　共3件。出土于M10。以长条形铜片为底,上接两根斜柱,整体呈三角形,两斜柱交汇处有一半环。M10:175(图4-76,3)、M10:365(图4-76,2)、M10:449(图4-76,5)。

马器有马衔、马镳、牌形鞶饰、游环、节约、带扣、络饰等。

马衔　共2件。出土于M10。马衔与马镳相连,用以御马,衔在口内,镳在口旁。马衔由两根各带两环的铜条套接在一起,相连两环一平一侧,均呈水滴形,外端两环以革带与镳相接。外端两环有方形与圆形之别。M10:180(图4-92,1)、M10:439-1(图4-93,1)。

马镳　共6件。出土于M9、M10共2座墓。均为角形镳,背面有上下两个半环形钮。根据形制差异,分为两型:

A型　扁条状,弯曲近半圆形,顶端卷曲,上有一长方形环,中部有一长方形穿孔,底端平齐。M9:089(图4-205,16)、M10:181(图4-92,2)、M10:248(图4-92,3)、M10:439-2(图4-93,3)、M10:439-3(图4-93,2)。

B型　曲体圆柱状,上粗下细,素面。M10:317(图4-93,4)。

牌形鞶饰　共96件。出土于M10。由丰镐遗址张家坡二号车马坑可知[4],此类器为马腹鞶带上的装饰,由于作牌形,故称其为“牌形鞶饰”。根据鞶饰的装配位置与形制差异,可分为马脊之上的“鞶中饰”与马腹两侧的“鞶侧饰”两类。根据纹饰差异,M10出土的鞶中饰分为三

————————

[1] 周原考古队:《陕西宝鸡市周原遗址2014~2015年的勘探与发掘》,《考古》2016年第7期。

[2] 山西省考古研究所、北京大学考古文博学院:《山西北赵晋侯墓地一号车马坑发掘简报》,《文物》2010年第2期。

[3] 周原博物馆:《1996年扶风黄堆老堡子西周墓清理简报》,《文物》2005年第4期。

[4] 中国科学院考古研究所:《沣西发掘报告》,文物出版社,1962年,第148、149、155页。

型,鞙侧饰分为四型,详见墓葬分述。M10是现知出土铜鞙饰数量最多的西周墓葬。

游环　共21件。出土于M9、M10共2座墓。器身为扁平环状。根据形制与纹饰差异,分为五型:

A型　器身正面平,饰一圈斜角云纹,附钮作横长方形。标本M10：616(图4-114,7、10)。

B型　器身正面平,饰一圈重环纹,附钮作方形。标本M10：403(图4-115,6、9)。

C型　器身正面微内凹,饰一圈重环纹,附钮作横长方形。标本M10：483(图4-115,5、8)。

D型　制作粗糙,器身极薄,器表凹凸不平,素面,附钮近横长方形。标本M10：428(图4-116,2)。

E型　器身正面微内凹,外缘饰一周绳索纹,近边缘处有一条形孔。标本M9：2-2(图4-205,18)。

马胄　至少8件。出土于M10。整体呈"R"形,同形制器方向分左右。此类器一般称为马胄,但目前发现的此类器普遍为平面,其具体装配位置与装配方式不明,暂以此名之。根据纹饰差异分两型,详见M10墓葬分述。

节约　共30件。出土于M9、M10共2座墓。形制多样,背面均有孔。根据整体形制差异,可分为四型:

A型　"X"形节约。可分四亚型:

Aa型　正面中部有兽面突饰,桃形耳,器长略大于宽,管截面为圆形。标本M10：062(图4-119,10)。

Ab型　与Aa型相似,唯器长远大于宽,整体瘦长。标本M10：071(图4-119,8)。

Ac型　正面中部有兽面突饰,耳近方形,器长与宽相若,管截面为椭圆形。标本M10：535(图119,12)。

Ad型　正面中部有绳索状突饰,器长大于宽,管截面为圆形。M10：088(图4-119,7)。

B型　"十"字形节约。可分五亚型:

Ba型　正面中部有兽面突饰,桃形耳,管宽扁,截面为椭圆形。标本M10：443-1(图4-119,3)。

Bb型　正面中部有牛首形突饰,管宽扁,截面为椭圆形。标本M10：522(彩版一四六,3)。

Bc型　正面中部有兽面突饰,桃形耳,管较细,截面近圆形。标本M10：054(图4-119,4)。

Bd型　正面中部有变形蝉纹突饰,管较细,截面近圆形。标本M10：068(图4-119,5)。

Be型　器形较大,正面中部盘有一龙,管截面为圆形。标本M10：194(图4-119,1)。

C型　"K"形节约。标本M10：010(图4-119,6)。

D型　结绳形,仿绳索结成套环状。标本M9：071(图4-205,17)。

带扣　共16件。出土于M10、M25、M26共3座墓。扁长方形,中空,无底。根据形制与纹

饰不同,可分为八型:

A型 无顶,背面近顶端有长条形孔,正面上部饰一条绳索纹,其下饰两条"C"形镂空蛇纹。标本M10∶69(图4-121,1)。

B型 一端有顶,正反两面近顶端有长条形孔,纹饰与A型相同。标本M10∶250(图4-121,5、9)。

C型 一端有顶,正反两面近顶端有长条形孔,正面饰一个张口吐舌的曲身龙纹。标本M10∶22(图4-121,7、11)。

D型 一端有顶,正反两面近顶端有长条形孔,孔下饰一条绳索纹,主体纹饰锈蚀不清。标本M10∶307(图4-121,4)。

E型 一端有顶,正反两面近顶端有长条形孔,孔下饰一条绳索纹,其下两边为变形蝉纹,中间为重环纹。标本M10∶20(图4-121,6、10)。

F型 一端有顶,正反两面近顶端有长条形孔,正面饰垂鳞纹。标本M10∶63(图4-121,12)。

G型 一端有顶,正反两面近顶端有长条形孔,孔下及近底端各有一条凸棱。标本M25∶35(图4-319,2)。

H型 一端有顶,正反两面近顶端有长条形孔,素面。标本M25∶34(图4-319,4)、M26∶18-2。

管状络饰 共176件。出土于M9、M10、M25共3座墓。中通的小圆管状,素面。根据管壁的不同,分为两型:

A型 圆管直壁。标本M10∶112(图4-123,42)、M9∶048-1(图4-205,7)、M25∶91(图4-320,8)。

B型 管中部外鼓,一面较平。标本M10∶321(图4-124,20)。

双联管状络饰 共34件。出土于M10。两圆管并列连通,正面圆鼓,背面平齐,背中部有方形孔。根据形制差异,可分为三型,详见M10墓葬分述。标本M10∶553(图4-126,8)、M10∶064(图4-126,10)、M10∶034(图4-126,9)。

泡 共375件。出土于M9、M10、M11、M15、M25、M26共6座墓。正面鼓起,背空,有横梁。均较小,根据整体形制分为五型:

A型 圆形泡,无镂空纹饰。分五亚型:

Aa型 球面,有沿。标本M25∶10(图4-320,17)、M26∶18-1(图4-334,7)。

Ab型 球面,无沿。标本M9∶086-1(图4-205,1)、M25∶12(图4-316,7)、M26∶18-18(图4-334,8)。

Ac型 斜壁平顶。标本M25D2∶016(图4-320,11)、M25D1∶023(图4-320,1)。

Ad型 圆锥状,无沿。标本M25D1∶029(图4-320,6)。

Ae型　中央有一圆孔,器表有一周绳索纹及两周凸棱,有沿。标本M25：30-28（图4-319,5）。

B型　长方形泡,无镂空纹饰。分三亚型：

Ba型　正面圆弧,背面有一条外突的横梁。标本M15：t9（图4-275,6）。

Bb型　双联长方形泡,中部有一道沟槽,背面两条横梁。标本M15：t1-1（图4-275,9）。

Bc型　长方形板上并列两个圆形泡,泡背面各有一条横梁。标本M26：18-3-1（图4-334,9）。

C型　兽面形泡,无镂空纹饰。分三亚型：

Ca型　虎首形,背面有"X"形横梁。标本M25D1：038（图4-319,3）。

Cb型　虎首形,背面有一条横梁。标本M10：17（图4-122,11）。

Cc型　牛首形,背面有一条横梁。标本M10：06（图4-122,17）。

D型　鳞形泡,无镂空纹饰。标本M10：03（图4-122,1）。

E型　镂空兽纹泡,饰卷体龙纹或蛇纹。平面形状又有圆形、方圆形、近菱形之别。标本M10：6（图4-122,20）、M10：26（图4-122,6）、M10：237（图4-122,14）、M10：056（图4-122,16）。

长圆管　共23件。出土于M9、M10共2座墓。长圆管状,中空,两端平齐,有的器壁上有穿孔。标本M9：3-2（图4-205,14）、M10：18（图4-127,3）。

"Y"形管　共19件。出土于M9、M10共2座墓。三个圆管连通成"Y"形,一端为单管,另一端为双管,三管管径相若,有的器壁上有穿孔。标本M9：3-1（图4-205,13）、M10：37（图4-130,5）。

工形管　共5件。出土于M10。一个实心长圆柱两端各接一个较短的空心圆管,整体呈"工"字形。标本M10：21（图4-132,4）。

弓形器　1件（M15：047）。残（图4-272,6）。

（3）兵器　有戈、剑、我、镞、鍚等。

戈　共21件。出土于M9、M10、M15、M16、M25共5座墓。均为直内戈,有上下阑,微胡或短胡。援部多被折断或折弯。根据援部特征,可分为四型：

A型　三角援戈。标本M15：012-3（图4-269,3）。

B型　长条援戈,下刃无鼓包状凸起。标本M15：2（图4-269,6）、M10：429（图4-137,2、3）。

C型　长条援戈,下刃前部略有凸起,呈刀形偏锋。标本M25：t29（图4-310,6）。

D型　长条援戈,下刃中部有鼓包状凸起。标本M25：23（图4-310,5）。

剑　1件（M16：4）。剑身呈柳叶形,后接"T"形短柄,剑身后端两面饰人面纹（图4-285）。这种剑以往曾有发现,其人面纹形制极为统一,如1971周原齐镇M3[1]、西安少陵原M452[2]、华

---

① 曹玮：《周原出土青铜器》第六卷,巴蜀书社,2005年,第1140页。

② 陕西省考古研究院：《少陵原西周墓地》,科学出版社,2009年,第656页。

县东阳M138[①]、绛县横水M2055[②]等。

我　1件（M16:3）。残，刺较短，近三角形（图4-284,3）。该器虽残，但残存部分与翼城大河口出土铜我（M2002:46）上端形制近同[③]，应属同类器，一般称之为"我"[④]。

镞　1件（M9:088）。残，双翼镞，铤细长（图4-206,7）。

钖　共6件。出土于M10、M15、M16、M25共4座墓。均残，正面鼓起，背面内凹，外有平折沿，沿上有穿孔。标本M15:040（图4-269,2）、M16:04（图4-284,2）。

盾饰（？）　共2件。出土于M25。平面形似蝎子，出土时其下有皮革朽痕，推测为盾饰。M25:22（图4-312,2）、M25:32（图4-312,1）。

（4）工具

锛　共2件。出土于M10。有平刃与弧刃之别，标本M10:t18（图4-138,1）、M10:t19（图4-138,2）。

锥　1件（M25D1:042）。残，长条形四棱锥状，疑为锥（图4-324,11）。

（5）其他

铃　共27件。出土于M9、M10、M16、M25共4座墓。铃体为合瓦形，两侧斜张，底部为弧形凹口，顶部有半环形钮，铃体两面有一或多个小孔，有的小孔未透，仅从内壁可见。根据纹饰及系铃坠的方式不同，可分为三型：

A型　器身素面，顶部内壁有半环以系铃坠。标本M25:51（图4-321,4）。

B型　器身素面，钮下顶部正中有一孔以系铃坠。标本M16:2（图4-286,10）。

C型　器身饰阳线兽面纹，钮下顶部正中有一孔以系铃坠。该型数量最多，器形大小差异明显，大者器高近17厘米，小者器高不足5厘米。标本M9:077（图4-206,13）、M10:176（图4-139,4）、M10:646（图4-141,7）。

鱼　共208件。出土于M9、M10、M16、M21、M25、M26共6座墓。均为鱼的平面形状，根据整体形制，分为七型：

A型　鱼身短胖，嘴平直，单背鳍宽长且镂空，腹鳍、臀鳍短小，尾分叉。素面，眼有穿孔。标本M26:04（图4-334,5）。

B型　鱼身较短，略弯曲，弧背鼓腹，嘴窄长，单背鳍、胸鳍和尾鳍较窄长，尾分叉。两面用阳线表现鱼鳃、鳍、尾及鳞片，眼作圆凸，眼嘴之间有穿孔。标本M21:03（图4-299,2）。

C型　鱼身较长，弧背弧腹，嘴作齿状，双背鳍、腹鳍与臀鳍均窄小，尾分叉。正面用阳线表

① 陕西省考古研究所、秦始皇兵马俑博物馆：《华县东阳》，科学出版社，2006年，第131页。

② 李伯谦：《中国出土青铜器全集》第4卷，龙门书局，2018年，第326页。

③ 山西省考古研究所等：《山西翼城大河口西周墓地2002号墓发掘》，《考古学报》2018年第2期。

④ 罗西章：《扶风出土西周兵器浅识》，《考古与文物》1985年第1期。李金鑫：《新辨识西周时期南方地区风格兵器二种》，待刊。

现鱼鳃，眼有穿孔。标本M16：1-1（图4-286，2、8）。

D型 鱼身较长，略胖，弧背鼓腹，嘴平直，单背鳍、腹鳍与臀鳍均宽短，尾分叉。正面用阳线表现鱼鳃与鱼目，嘴后有穿孔。标本M16：1-6（图4-286，5）。

E型 鱼身较长，弧背弧腹，嘴较圆，双背鳍、腹鳍与臀鳍均宽短，尾微凹。两面用阳线表现鱼鳃、鳍、尾及鳞片，眼有穿孔。标本M9：013-1-1（图4-206，1）。

F型 鱼身很长，腹背微弧，嘴较圆，双背鳍、腹鳍与臀鳍均窄小，尾分叉。正面用阳线表现鳞片，眼有穿孔。标本M10：622（图4-143，13）。

G型 鱼身很长，腹背近直，嘴斜直，双背鳍、腹鳍与臀鳍均窄小，尾分叉。正面用阳线表现鳞片，眼有穿孔。标本M10：600-4（图4-143，7）。

镜 共7件。出土于M25。圆形片状，镜面微鼓，背面中心有桥形钮，素面。标本M25：16（图4-323，2）、M25：19（图4-322，4）。

小腰 共12件。出土于M10。两端为较粗的亚腰圆柱，中间以细短柱相接。标本M10：76（图4-145，2）。

圆环 共15件。出土于M10、M25。圆环状，环截面呈圆形。标本M10：11（图4-117，1）。

方环 共13件。出土于M10。平面形状呈长方形。根据整体形制，分两型：

A型 圆角长方形，环壁宽厚。标本M10：529（图4-118，12）。

B型 长方形，环壁细窄。标本M10：33（图4-118，4）。

叠 无完整者，大小碎片百余件。标本M10：324-2-2（图4-147，5）。

彩绘铜片 1件（M9：1）。薄铜片制成，两面纹饰一凹一凸，均饰以红色彩绘，纹饰华丽（图4-207）。

兽面饰 共2件。出土于M9、M25。皆残，器类不明。M9：083（图4-205，15）、M25D1：044（图4-324，12）。

球形饰 1件（M10：025）。空心小球上端有一环形钮，钮内穿一圆环（图4-148，2）。

铜块 共2件。出土于M10、M25。不规则形，质疏松。器类不明。M10：032（图4-148，4）、M25D2：025（图4-324，7）。

铜条 1组（M10：163）。弧形细铜条（图4-148，1）。

器钮 1件（M11：03）。半环状（图4-248，3）。

扉棱 1件（M15：028）。"F"形齿状扉棱（图4-275，14）。

2. 玉、石器

出土玉器数量不多，有璜、圭等礼玉，戈、钺等兵器形制的礼仪用玉，玦、牌饰、动物造型的各类装饰品及可能为玉覆面的丧葬用玉。石器主要是石磬及泡、兽面饰等小件石饰。

玉璜 共5件。出土于M10、M25、M26共3座墓。扁平圆弧形，器形完整者弧长为整圆的三分之一,两端有穿孔。M10:1(图4-149,1)、M10:30(图4-149,6)、M10:151(图4-149,2)、M25D1:03(图4-325,4)、M26:027(图4-337,4)。

玉璧 1件(M10:73)。残,扁平片状(图4-149,5)。

玉圭 共5件。出土于M9、M10、M14共3座墓。圭首呈尖峰状,两面平直,侧有边锋。M9:05-2(图4-209,13)、M9:05-3(图4-209,3)、M9:0103-6(图4-209,9)、M10:027(图4-149,7)、M14:01(图4-262,1)。

玉(石)戈 共6件。出土于M9、M10、M11共3座墓。多残,器形较完整者为尖锋,长条形援,两侧有两边锋,直内,内援相交处有穿孔。M9:05-4(图4-209,4)、M9:05-5(图4-209,15)、M9:016-4(图4-209,11)、M10:294(图4-150,3)、M10:367(图4-150,1、2)、M11:33(图4-248,8)。

玉钺 1件(M15:023)。出土于M15。平面近梯形,平顶,两侧中部有扉牙,弧形双面刃,中上部穿孔(图4-277,3)。

玉柄形器 共8件。出土于M9、M10、M11、M15、M16共5座墓。根据出土时有无玉附饰,将其分为单体和复合体两类:

单体柄形器 共6件。仅为玉柄,无玉附饰。标本M10:374(图4-149,8)、M11:32(图4-248,6)、M15:024(图4-277,4)。

复合柄形器 共2件。由玉柄与其下端的玉附饰组成。均不完整,组合方式不明。M9:066(图4-210,10)。M16:08,仅见玉附饰。

玉牌饰 共2件。出土于M10。均制作极为精美。M10:t1,长方形,上刻卷体龙纹,下刻凤鸟纹,龙凤互为首尾(图4-151)。这种纹饰与周原黄堆M25:0011玉牌饰近同[1]。M10:71,条形,两端穿孔,两面分别阴刻鸟纹与云纹(图4-152)。

玉环 2件。出土于M15、M25共2座墓。圆环状。M15:020(图4-277,1)、M25D1:01(图4-325,3)。

玉玦 1件(M18:03)。有一缺口的圆环状(图4-293,2)。

玉鱼 共14件,出土于M25、M26共2座墓。根据形制差异,分为四型:

A型 鱼身修长,腹背近直,阴刻鱼目、鳃、背鳍、腹鳍、臀鳍。标本M25:55(图4-325,19、20)。

B型 鱼身较长,腹背近直,素面。标本M25D1:043(图4-325,8)。

C型 鱼身短胖,弧背鼓腹,阴刻鱼目、鳃、背鳍、腹鳍、臀鳍。标本M25D2:019(图4-325,15、16)。

---

[1] 罗红侠:《扶风黄堆老堡三座西周残墓清理简报》,《考古与文物》1994年第3期。

D 型　鱼身弯曲近半圆形,阴刻鱼目、鳃、背鳍、腹鳍、臀鳍。标本 M26:025(图4-335)。

玉鸟　共3件。出土于 M16、M26共2座墓。均鸟首前瞻,扬翅宽尾。M16:07(图4-287,1、2)、M26:10(图4-337,3)、M26:11(图4-336)。

玉龙　1件(M10:72)。圆环形团龙(图4-154,3、4)。

玉蚕　1件(M11:016)。扁平条形,头粗尾细(图4-248,5)。

玉蝉　1件(M25D1:05)。小嘴凸出,圆目,阴刻头、双翅及尾部(图4-325,5、6)。

玉犀首　1件(M26:026)。吻部前凸,"臣"字目,额上有前后两角,头顶两侧有竖耳,头下有纵向宽槽(图4-337,2)。

玉管　共2件。出土于 M10。标本 M10:653-1(图4-149,4)、M10:653-2(图4-149,3)。

玉串珠　共3组34枚。出土于 M10。玉珠为扁球体,中间有圆形穿孔。标本 M10:514(图4-153,1~4、7~14)。

玉覆面(?)　出土于 M10。未发现完整的玉覆面,仅收集到部分可能属于玉覆面的小玉饰9件。标本 M10:377(图4-153,16)。

玉鳞形饰　1件(M10:83)。上端有三齿的鳞形(图4-154,1、2)。

玉扉　9件。出土于 M10。长条形片状,一侧有扉牙。可能为玉柄形器附饰或镶嵌于漆器上。标本 M10:654-1(图4-153,35)。

石磬　均为残块,共28块。可拼对出较完整的3件。出土于 M9、M10、M25共3座墓。器形近三角形,上部有一圆形穿孔,器形最大者长1米。标本 M9:036-1(图4-211,4)、M9:097(图4-211,3)、M10:094(图4-156)。

石泡　共61件。出土于 M10。平底鼓顶的圆泡形。应为漆器、车马器等器物上的装饰,但由于盗扰与保存不佳,已难以辨别。根据有无穿孔及表面纹饰,可分为三型:

A 型　中部有圆形穿孔,素面。标本 M10:58(图4-157,39)。

B 型　中部有圆形穿孔,顶面饰涡纹。标本 M10:251(图4-158,9)。

C 型　1件(M10:10)。无穿孔,素面。标本 M10:10(图4-158,12)。

兽面石饰　共4件。出土于 M10。兽面较简化,中部有圆形穿孔。标本 M10:25(图4-159,4)。

石柄形器　1件(M10:308)。为单体柄形器(图4-159,14)。

砺石　1件(M16:05)。长条棍状,粗端穿孔(图4-288,9)。

煤精石饰　共2件。出土于 M10。方柱状,中间有圆形穿孔。标本 M10:559(图4-159,5)。

玛瑙管　1件(M25D1:07)。红色,圆管状(图4-325,13)。

珊瑚化石权杖头　1件(M16:03)。略扁的圆球形,中部有圆形穿孔(图4-288,7)。其形制、尺寸与商周时期的石质权杖头近同,应属同类器。经鉴定,该器是由二叠纪的卫根珊瑚或梁山珊瑚化石制成。通过比对珊瑚的古地理分区情况可知,这种珊瑚化石的原料必然来自关中以外的其他地区,存在着资源的跨区域流通,其中可能性最大的来源是与孔头沟遗址以秦岭相隔的汉中地区[①]。

3. 原始瓷器

均为残片,可辨器类有豆、罐、瓮等。灰白胎,施青灰色釉。出土于M9、M11、M15、M25、M26共5座墓。

豆　共8件。出土于M9、M25、M26共3座墓。根据豆盘形制,分为四型:

A型　侈口折盘,盘壁内收,饰数周旋纹。标本M9:024(图4-212,1)。

B型　敛口折盘,折盘处有一周折棱。标本M9:026(图4-212,3)。

C型　侈口弧盘,盘壁近口部微折。标本M9:021(图4-212,4)。

D型　直口折盘。标本M25D2:02-1(图4-327,2)。

罐　1件(M9:090-1)。折肩,折棱上有两个泥饼(图4-212,2)。

瓮　1件(M15:014)。弧腹,平底(图4-278,2)。

4. 陶器

出土陶器的墓葬有17座,除个别盗洞内出土的陶片可能为墓外扰入,绝大多数陶器应为随葬品。

(1)陶质　有夹砂陶、泥质陶两种。夹砂陶所含砂砾一般较为细小且均匀,但也见有砂砾较粗者。夹砂陶的器类主要有陶鬲及部分陶罐。泥质陶一般质地较为纯净,但部分器物中也夹杂有少量细砂。泥质陶的器类主要有罐、豆、簋、三足瓮等。

(2)陶色　以灰色为主,有深灰与浅灰之别,灰褐陶次之,另有个别红褐陶及黑皮陶。器表陶色一般较均匀,少见斑驳不一的情况。

(3)纹饰　以绳纹最为常见,其次为旋纹(图4-10,2、3、6)、附加的扉棱与泥饼(图4-10,6)、波折纹(图4-10,3)、篦纹(图4-10,2、3)、瓦楞纹(图4-10,4)等。绳纹有粗细之分,因施压或拍打的方向不同,呈现出竖行(图4-10,5、6)、斜行、交错(图4-10,1)等几种不同形式。以陶鬲为例,西周早期偏早的绳纹多印痕较浅,略具条理(图4-10,5);西周早期偏晚,绳纹印痕较深,条理清晰(图4-10,1);西周中、晚期则流行旋断绳纹(图4-10,6)。绳纹主要饰于鬲、罐等器类的腹部。旋纹多饰于鬲的腹部与口沿、豆盘等部位。附加的扉棱与泥饼主要饰于陶鬲腹部。波折纹、篦纹饰于三足瓮的器盖与肩部。瓦楞纹饰于簋的腹部及圈足。

(4)陶器组合　根据随葬陶器的共存关系及西周墓葬陶器组合的普遍规律,可将发掘墓葬的陶器组合分为两类:

[①]　王洋、种建荣、付梦寒、刘一婷:《孔头沟珊瑚化石器与西周权杖头》,《考古与文物》2025年第1期。

1、5、6. |0　　　　8厘米　　　2、3、4. |0　　　　4厘米

图4-10　宋家墓地随葬陶器纹饰拓本

1.绳纹（陶联裆鬲 M2：1）　2.篦纹+旋纹（陶器盖 M11：032）　3.波折纹+篦纹+旋纹（陶带盖三足瓮 M11：027）
4.瓦楞纹（陶瓦楞纹簋盖 M11：033）　5.绳纹（陶联裆鬲 M3：1）　6.绳纹+旋纹+扉棱+泥饼（陶联裆鬲 M18：01）

　　一是"周系陶器组合"，包括1鬲、1鬲1罐、1罐这三种组合，以前两种数量最多。这类陶器组合是西土地区先周至西周时期广泛流行的陶器组合，为姬姓周人与其他西土族群普遍使用。宋家墓地的随葬陶器绝大多数都属此类，其中男性墓多随葬1鬲组合，如M9、M15、M25，而女性墓多随葬含有罐类的1鬲1罐与1罐组合，如M2、M3、M4、M19。这种倾向性的性别差异在西土地区是普遍存在的，是周系陶器组合的内在特征之一[①]。

　　二是其他组合。此类墓葬数量极少。如M11随葬鬲4、罐1、簋2、豆9、三足瓮2等18件陶器。由于西周时期的墓葬陶器组合具有标识墓主人族属的含义，该墓主人为成年女性，其异于墓地大多数人群的陶器组合，或许表明墓主属于外来嫁入的其他族群。

　　（5）陶器类型

　　联裆鬲　共22件。出土于M1、M2、M3、M6、M8、M9、M11、M13、M14、M15、M18、M19、M21、M25、M26共15座墓。出土陶鬲均为联裆鬲，数量较多。均夹砂，以灰陶为主，另有少量灰褐陶、红褐陶。卷沿或折沿，束颈，联裆。根据口部特征分两型：

　　A型　矮领。根据腹部有无扉棱或泥饼，分两亚型：

─────────────

① 王洋：《论西周的商、周两系陶器组合》，《三代考古》第九辑，科学出版社，2021年，第414～437页。

Aa型　无扉棱或泥饼。标本M8：1（图4-241）、M14：02（图4-262，6）。

Ab型　有扉棱或泥饼，即仿铜鬲。标本M21：05（图4-299，1）、M19：1（图4-295，1）。

B型　高直领。仅见M2：1（图4-226，2）。

罐　共7件。出土于M2、M3、M4、M11、M14、M18、M19共7座墓。均为圆肩罐。以泥质灰陶为主，个别为夹砂灰陶。标本M3：01（图4-228，1）、M19：2（图4-295，2）。

豆　共9件。出土于M11。均为泥质灰陶。浅折盘，方唇，高柄，柄中上部有一周凸棱。标本M11：022（图4-251，8）。

带盖瓦楞纹簋　共2件。出土于M11。均为泥质灰陶。直口，鼓腹，高圈足，盖顶有喇叭形捉手。腹部、圈足和器盖饰数周均匀分布的瓦楞纹。标本M11：029（图4-250，4）。

带盖三足瓮　共2件。出土于M11。泥质灰陶，有的器表磨光。直口，斜直肩，鼓腹，下接三个袋足，盖顶有喇叭形捉手。肩部与器盖饰波折纹与篦纹。标本M11：027、031（图4-252，4、7、2、6）。

此外还有陶瓷碎片3件、陶器盖1件，均出土于M11。

5. 蚌、贝器

部分海贝、蚌泡、蚌饰出土时排列整齐，附近残存朱砂、漆痕，应为漆器上的饰件。有的海贝成串出土于棺椁之间，应为饰棺串饰。

蚌鱼　共81件。出土于M9、M10、M11、M21、M25、M26共6座墓。扁平的长条状。眼穿孔，背、腹及尾部以缺口作鳍。标本M9：010-1（图4-214，20）、M10：61（图4-163，9）。

蚌泡　共217件。出土于M9、M10、M11、M15、M16、M25、M26共7座墓。正面鼓起，背面平齐。分为七型：

A型　圆形，素面。标本M9：8（图4-215，24）、M10：44（图4-160，2）。

B型　圆形，中部有一圆形穿孔。标本M9：018-3-1（图4-215，13）、M10：80（图4-160，19）。

C型　圆形，饰涡纹，中部有一圆形穿孔。标本M9：10-1（图4-214，1）、M10：491（图4-161，3）。

D型　椭圆形，素面。标本M9：018-6（图4-215，1）、M10：017-2。

E型　方形，扁四棱锥状。标本M9：050（图4-215，6）、M10：187（图4-160，24）。

F型　圆角三角形，扁三棱锥状。标本M10：042（图4-160，20）。

G型　心形，正面刻两重心形纹饰。标本M9：010-5-1（图4-215，21）。

蚌饰　共42件。出土于M9、M10、M11、M16共4座墓。均为片状，形制多样，有的蚌饰边缘残存朱砂痕迹，原应饰于漆器上。标本M9：010-3、M9：010-4、M10：029（图4-162，15）。

兽面蚌饰　共8件。出土于M10。兽面有的较精致，有的较简化，有圆形穿孔。标本M10：420-1（图4-162，1）、M10：040（图4-162，8）。

蚌小腰　1件（M10：135）。两端为较粗的亚腰状圆柱,中间以细短柱相接（图4-166,1）。

海贝　共1 080件。出土于M9、M10、M11、M14、M15、M25、M26共7座墓。白色,腹面两唇内卷,唇缘有细齿,背面圆鼓,有一穿孔。根据穿孔形制,分为两型:

A型　背部鼓出部分被磨平,形成大穿孔。标本M9：5-1（图213,14）、M26：2-1（图4-340,3）。

B型　背部有一个较小的穿孔。M9：015-16（图4-213,11）、M14：03（图4-262,4）、M26：1-1（图4-340,5）。

毛蚶　共375件。出土于M10、M11、M16、M25、M26共5座墓。白色,底部有一穿孔。标本M10：246（图4-164,7）、M11：30（图4-255,7）。

文蛤　共3件。出土于M10、M15、M25共3座墓。白色,上有褐色花纹,底部一般有一穿孔。标本M10：086（图4-164,8）、M25D1：020（图4-328,12）。

钟螺　共263件。出土于M26。螺旋扁圆锥状,边缘有一穿孔。标本M26：20-1（图4-340,1）。

蚌柱　1件（M26：15）。残,长圆柱状（图4-339,12）。

6.骨、角器

骨小腰　共15件。出土于M9、M10共2座墓。两端为圆柱状,中间以细短柱相接。标本M9：08-1（图4-216,8）、M10：75（图4-166,5）。

骨管　1件（M9：073）。残,直壁,表面打磨光滑（图4-216,1）。

角镳　共5件。出土于M9。为一端截齐的一段鹿角,正面与侧面凿通两对长方形穿孔。标本M9：032（图4-216,7）、M9：076（图4-216,9）。

角节约　共4件。出土于M10。微曲的圆柱形,两端平齐,中部有三个连通的长方形穿孔,横截面呈"Y"形布局。标本M10：65（图4-166,14）、M10：091（图4-166,15）。

象牙雕片　共71片,均为残片。出土于M9。阴刻有龙纹、云纹。标本M9：046-2（图4-217,5）、M9：078-1（图4-217,4）。

象牙饰　共63件。出土于M15。长方形片状,正面微弧,背面平直,两端各有两个穿孔。标本M15：033-1（图4-279,17）、M15：037（图4-279,18）。

龟甲　共45片,均为碎小残片。出土于M9、M25、M26共3座墓。标本M9：014。

野猪牙　1件（M25D2：061）。无加工痕迹（图4-328,26）。

此外,M26还有不可辨认器类的骨饰1件。

7.漆器

至少5件。出土于M8、M9、M10共3座墓。漆器均仅残存漆痕,不可提取。除M10出土漆鼓形制可辨外,余均器类不明。标本M10：t51,鼓下部残,顶端有圆柱形立柱。鼓侧面髹漆,红黑相间,侧面饰一周"C"形云纹,两两相对。M8:2,漆痕平面为圆形,无附饰。M9:5,漆器形制不明,所饰海贝排列整齐。

8. 车

葬车均为拆散的木质车部件,其上一般还装配有铜车器,即通常所说的拆车葬。车部件见有车轮、车衡及相关部件、车轴、车舆等四类。

(1)车轮　出土于M9、M10共2座墓。M9随葬车轮27个,M10随葬车轮41个,后者数量为已知西周墓葬之最。另外,M15填土中出土有1件辐和2件軝组成的一套铜毂饰,出土时辐与軝的位置关系为装配于轮毂时的状态,表明可能原葬有车轮。

车轮大小有异,较大者如M9轮22,直径150厘米,轮牙宽10~14厘米;较小者如M10轮14,直径104厘米,轮牙宽6~8厘米。根据车毂上有无铜毂饰,可将车轮分为两种:

套有铜毂饰的车轮。共25个,包括:M9轮1~轮3、轮6、轮8、轮9、轮11、轮14~轮16、轮19、轮20、轮22~轮25、轮27;M10轮11、轮13、轮28、轮30、轮31、轮35、轮39、轮41。

无铜毂饰的车轮。共43个,包括:M9轮4、轮5、轮7、轮10、轮12、轮13、轮17、轮18、轮21、轮26;M10轮1~轮10、轮12、轮14~轮27、轮29、轮32~轮34、轮36~轮38、轮40。

(2)车衡与"衡轭"　出土于M9、M25共2座墓(表4-4)。另外,M10根据墓室填土与盗洞中残存铜车器的位置推测,可能原葬有车衡1条。随葬车衡见有两类:

一是单独一件车衡,不与其他车部件相连。如M25衡1,衡两端装配有铜矛形衡末饰(M25:t28、t30)。

二是车衡上缚轭,甚至还连接有车辀前端残段,形成以衡、轭为核心的车部件组合。郭宝钧先生曾将车马坑中的此类部件称为"衡轭"[①],本报告沿用此名。如M25衡2上装配有軥、衡饰、轭饰,缚有车辀。M9衡1、衡2、衡3、衡4,均在衡后缚轭,辀前端残段从衡下绕到衡前,装配有軥、軛、衡饰等铜车器。M9墓道中除这4条保存较为完整的衡轭外,可能还有2条车衡已为盗洞破坏,仅残存原装配于其上的部分铜车器,所以该墓随葬车衡数量可能至少有6条,数量为已知西周墓葬之最。

"衡轭"可视为拆车葬的一个固定单元[②]。原因有三:其一,"衡轭"是西周墓葬中常见的一种固定葬车组合,不仅见于宋家墓地,还见于周原黄堆M42、沣西张家坡M170与M157、洛阳北窑M118与M451、浚县辛村M42、北京琉璃河M253等。其二,"衡轭"在墓葬中的陈放颇有规制。一般垂直于墓葬方向横放,在带墓道大墓中,衡朝向(即辀首朝向)墓道口,似有携墓主出行之意。墓道内若有多组衡轭,则分列墓道两侧,整齐排列,如孔头沟M9、张家坡M170。其

① 郭宝钧:《浚县辛村》,科学出版社,1964年,第28页。
② 王洋:《西周随葬车器等级制度研究》,《考古》2020年第12期。

三，西周册名金文中有衡、轭连称的现象，如番生簋盖铭中将"错衡右轭"同赐连称，属西周最高等级的册命赐物。在考古发现中，凡随葬"衡轭"的墓葬也为带墓道大墓或较高等级墓葬。

表4-4　宋家墓地出土车衡统计表

车　衡	长度（厘米）	装 配 铜 车 器	位　置
M9衡1	残长70	辕1（M9：31-3）、轭1（M9：31-4）、衡内饰1（M9：31-2）、轵1（M9：31-1）	墓道填土
M9衡2	120	辕2（M9：32-1、32-5）、轭2（M9：32-2、32-6）、衡中饰1（M9：32-4）、轵1（M9：32-3）	墓道填土
M9衡3	残长112	辕2（M9：33-1、33-6）、轭2（M9：33-2、33-7）、衡内饰2（M9：33-3、33-5）、轵1（M9：33-4）	墓道填土
M9衡4	120（含衡末饰）	辕2（M9：34-2、34-6）、轭2（M9：34-3、34-7）、衡中饰1（M9：34-5）、衡末饰2（M9：34-1、34-8）、轵1（M9：34-4）	墓道填土
M25衡1	210	衡末饰2（M25：t28、t30）	墓室填土
M25衡2	残长125	衡中饰1（M25：t3）、辕2套（M25：t4～t7）、轭饰2套（M25：t1、t13、t14,t2、t15、t16）	墓室填土

（3）车轴　出土于M9、M10共2座墓中（表4-5）。车轴有整轴与残轴之分。整轴如M9轴1，轴两端各套有1件车㝵。残轴如M10轴2、轴3，这两轴一端各套有1件铜车㝵，且车㝵形制、纹饰相同，推测原为一条整轴，下葬时被砸断为两截。

表4-5　宋家墓地出土车轴统计表

车　轴	长度（厘米）	装 配 铜 车 器	位　置
M9轴1	277	两端各套有1件铜车㝵（M9：23、24）	墓室填土
M10轴1	302	一端套有铜车㝵1件（M10：t44）	墓道底
M10轴2	残长125	一端套有铜车㝵1件（M10：t43）	墓道底
M10轴3	残长90	一端套有铜车㝵1件（M10：t45）	墓道底

（4）车舆　仅出土于M10，至少有4件。均保存较差，车舆平面呈圆角长方形，荐板、车栏结构不清。

4.2.3　随葬品陈器位置与陈器方式

本次发掘的墓葬盗扰现象严重，许多器物出土时已非原位，对认识随葬品的陈器位置与方式造成了困难。其中陶器、车与车马器的保存情况较好,所以本节主要总结这两类随葬品的放置规律与现象。

1. 陶器

陶器出土于原位的墓葬共5座。主要放置于墓室东端的熟土二层台上,或置于二层台一角,或置于二层台中央,包括M2、M3、M8、M15等4座墓。另有M19将陶器置于墓室东端棺外。发掘墓葬中墓主头向可辨者均向东,所以陶器可能均放置在墓主头端。

2. 葬车与车马器

墓内葬车或随葬车马器的墓葬虽仅有6座(M9、M10、M11、M15、M25、M26),但出土车马器及车部件的种类较为齐全,数量极为丰富,共计四百余件(组)。其中,M10随葬车轮、铜牌形鞙饰、舆围板饰的数量,M9随葬车衡、铜軏的数量,均为已知西周墓葬之最。这6座墓葬都遭盗扰,但墓道与墓室填土中残存的车部件大都保存于原位,M10椁室内的车马器盗扰不严重,使得我们仍能够在一定程度上了解当时的葬车方式。

葬车及车马器的埋葬方式可概括为拆、分、合三个方面。

(1)拆

所谓"拆",是指葬车为拆车葬。其特征有三:

其一,在葬车形式上,不葬整车,葬车均为拆散的木质车部件,见有车轮、车衡(衡轭)、车轴、车舆等四类。

葬有车部件的墓葬共3座。其中M9葬有车轮27个,车衡可能有6条,车轴1条。M10葬有车轮41个,车轴至少3条,车舆至少4个,可能还葬有车衡1条。M25葬有车衡至少2条。

其二,在车部件的拆分方式上,有毁车截断和按部件拆解两种。

第一种,车部件残断,是将车毁坏截断后葬入墓内。如M9衡1～衡4的四条"衡轭",衡中均连有辀木前端残段,表明是从车辀前部将整车截断为前后两部分,将前半部分的衡、轭、辀首一起葬入墓内[①]。再如M10轴2、轴3,两轴均残,仅一端套有铜车軎,且两轴的车軎形制、纹饰相同,推测原为一条整轴,下葬时被截为两段。

第二种,车部件完整、无残断,且不连接其他车部件残段,这种应是将整车以车部件为单元拆解。如M9轴1,轴长277厘米,两端各套有1件车軎(M9:23、24),车轴完整。两軎的口端入毂处均有长期使用形成的残损,表明该轴必是由车上拆卸下来。再如M25衡1,衡两端各套有1件铜矛形衡末饰(M25:t28、t30),车衡完整。M9、M10出土的大量车轮,在车毂两侧不见轴木残段及铜车軎,表明这些车轮并非是连轴截断。需要说明的是,有些完整的车部件,也可能是

[①] 相同的葬衡方式还见于沣西张家坡M170井叔墓。中国社会科学院考古研究所:《张家坡西周墓地》,中国大百科全书出版社,1999年,第34页。

将尚未组装成整车的车部件直接下葬。

其三,从磨损痕迹可知,部分铜车器是从车上拆下再葬入墓内。

铜车害的口端入车毂处普遍发现有磨损痕迹,磨损程度可分两种:一是口端器壁完全磨破,破损处已与辖孔连通;二是口端器壁磨薄,未破损(图4-11;表4-6)。这些磨损痕迹表明车害经过了长期使用,这些害必然是从车上拆卸下来。如M10作为车器随葬的害(出土时不套于车轴上)有18件,其中9件磨破,5件磨薄,仅4件不见磨损痕迹。M25随葬的害有7件,其中5件都有磨损痕迹(表4-6)。

墓葬	口端破损		口端磨薄	
M10	 1. M10:041 	2. M10:t32	 3. M10:096 	4. M10:053
M9	 5. M9:23 	6. M9:24		
M25	 7. M25:t18 	8. M25:t19	 9. M25:t20	

图4-11　宋家墓地随葬铜车害的磨损程度

表4-6　车軎磨损情况统计表

墓葬	出土位置	口端破损	口端磨薄	不见磨损痕迹
M10	墓道	t5、t15、t17	t8、t9	t10、t43（轴2）、t44（轴1）、t45（轴3）
	墓室填土	t2、t3、t32、t35、t48	t37	—
	椁室内	—	—	477-1、477-2
	盗洞	041	053、096	097
M9	墓室填土	23（轴1）、24（轴1）	—	—
M25	墓室填土	t18、t19	t20	t12、t17、t26、t27
M11	墓室填土	t1	—	—

（2）分

所谓"分"，是指所葬车部件、车马器在空间上被分置。其特征有五：

其一，车部件与车马器分置于不同的下葬环节。车部件仅置于墓室或墓道填土中，不置于椁室内，而车马器（不装配于车部件上者）大多放置在椁内。

葬有车部件的墓葬有4座，M10、M9、M25及M15均是如此（表4-7、表4-8、表4-9）。

表4-7　07QSM10葬车与车马器位置统计表

位置	车部件	车马器（不装配于车部件上）										
		軎	辖	銮	轭	衡饰	軓	舆栏饰	镳	衔	鞙饰	马胄
墓道	轮19、舆4、轴3	6	—	—	8	—	—	—	—	—	—	—
墓室填土	轮22	6	—	—	7	—	2	—	—	—	—	—
椁室内	—	2	21	34	3	3	—	2	5	2	95	6
盗洞	—	—	4	1	—	4	2	—	—	—	1	—

表4-8　07QSM9葬车与车马器位置统计表

位置	车部件	车马器（不装配于车部件上）					
		轭	衡饰	軓	舆栏饰	軨形舆饰	镳
墓道	轮24、衡4	2	4	—	—	—	—
墓室填土	轮3、轴1	—	—	—	1	1	—
二层台	—	4	—	—	—	3	—
椁室内	—	—	—	—	—	—	—
盗洞	—	—	—	—	—	2	1

表4-9　07QSM25葬车与车马器位置统计表

位置	车部件	车马器（不装配于车部件上）				
		軎	辖	銮	轭	軬形舆饰
墓室填土	衡2	7	—	—	2	1
椁盖板	—	—	—	—	1	—
椁室内	—	—	1	2	—	—
盗洞	—	1	—	—	—	—

其二，车马器分层放置。

大墓M10的车马器至少分四层埋葬，在墓葬填土、椁室内各分两层。第一层在墓室上部填土中，距墓口深约2.3米处，放置车軎2件（t2、t3）。第二层，位于墓室下部填土与东墓道底部，墓室部分距墓口深约8.3米处，放置軎、轭等车器及轮、舆等车部件。

第三、四层在椁室内，椁内葬有密集叠压的大量车马器，清理时共分6层才将遗物提取完毕。分析可知，这些车马器在下葬时应至少分为上下两层放置。原因有三：

一是，軬饰成套且有四种形制，其中A型、C型軬饰主要见于第1至3层西端（图4-12；彩

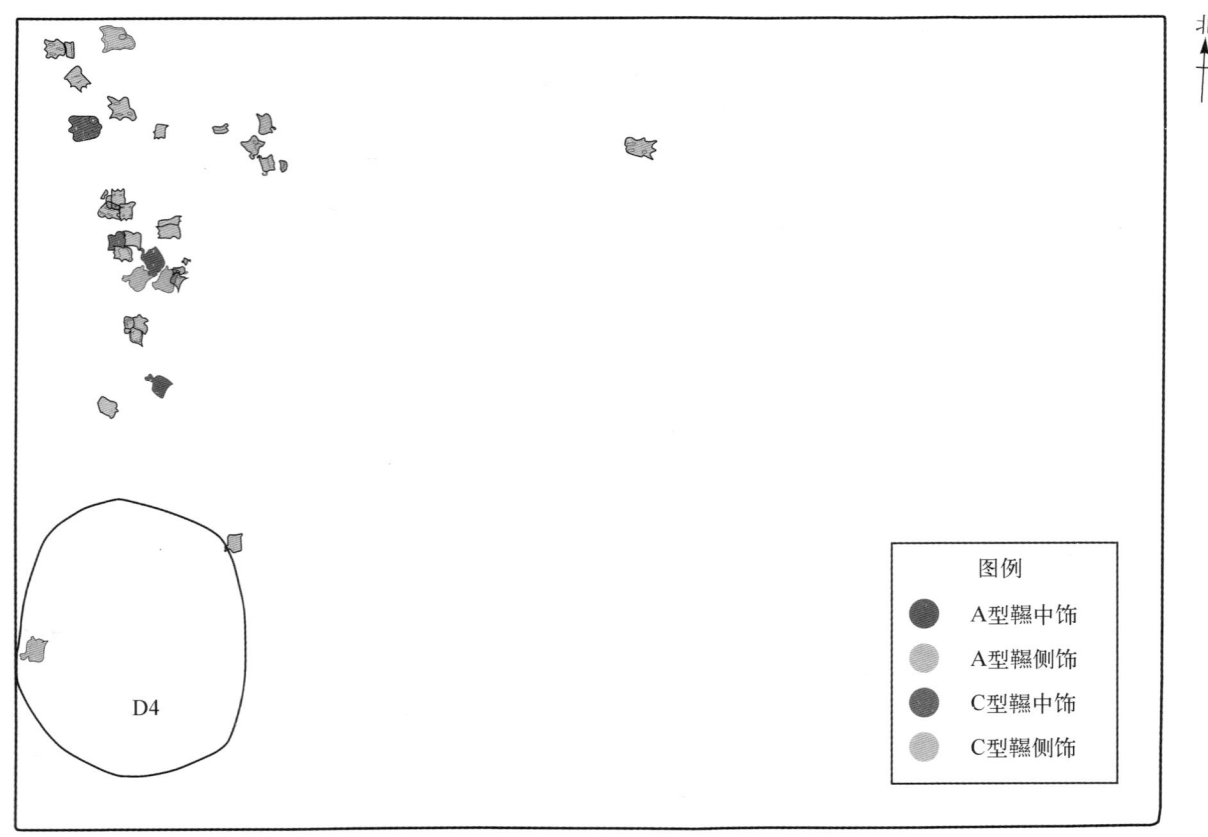

北

D4

图例
- ● A型軬中饰
- ● A型軬侧饰
- ● C型軬中饰
- ● C型軬侧饰

图4-12　07QSM10棺椁之间第1至3层出土铜軬饰分布图

版三二, 1）, B、D型鞁饰仅见于第4、5层西北角（图4-13；彩版三二, 2）, A、C型与B、D型鞁饰基本不同层共存。唯第4层西南角出土3件A型鞁侧饰（416-1、416-2、419）和2件C型鞁侧饰（417、418）例外, 但这几件器物正位于盗洞D4下方, 其位置可能被扰动。

二是, 第1至3层内、第4至5层内的鞁饰均有不同层残器可拼合为一件整器者, 但3、4层之间不见这一现象。如第2层M10：148与第3层M10：276可拼合为一件器, 可知第2、3层应为一体。第4层M10：490-1与第5层M10：544、第4层M10：492与第5层M10：549、第4层M10：493与第5层M10：510, 分别为一器之两件残片, 可知第4、5层实为一体。

三是, 第3层遗物下铺有多件铜马胄及甲片, 将椁室西部放置随葬品的区域几乎铺满, 形成间隔上下两层随葬品的分界面。

鉴此可知, 在遗物密集的椁内西端, 车马器是分上下两层放置的。需要说明的是, 由于发掘过程中未能清理出随葬品的分层放置情况, 所以并不能将清理的第1至3层器物均当作上层, 将第4至6层器物均当作下层。

与M10相比, 等级较低的M15、M25墓室填土内的车部件、车器均集中放置于一层。可见, 车马器的分层放置在高等级墓葬中尤为复杂。随葬车马器的分层, 是下葬过程中多次仪式的体现。

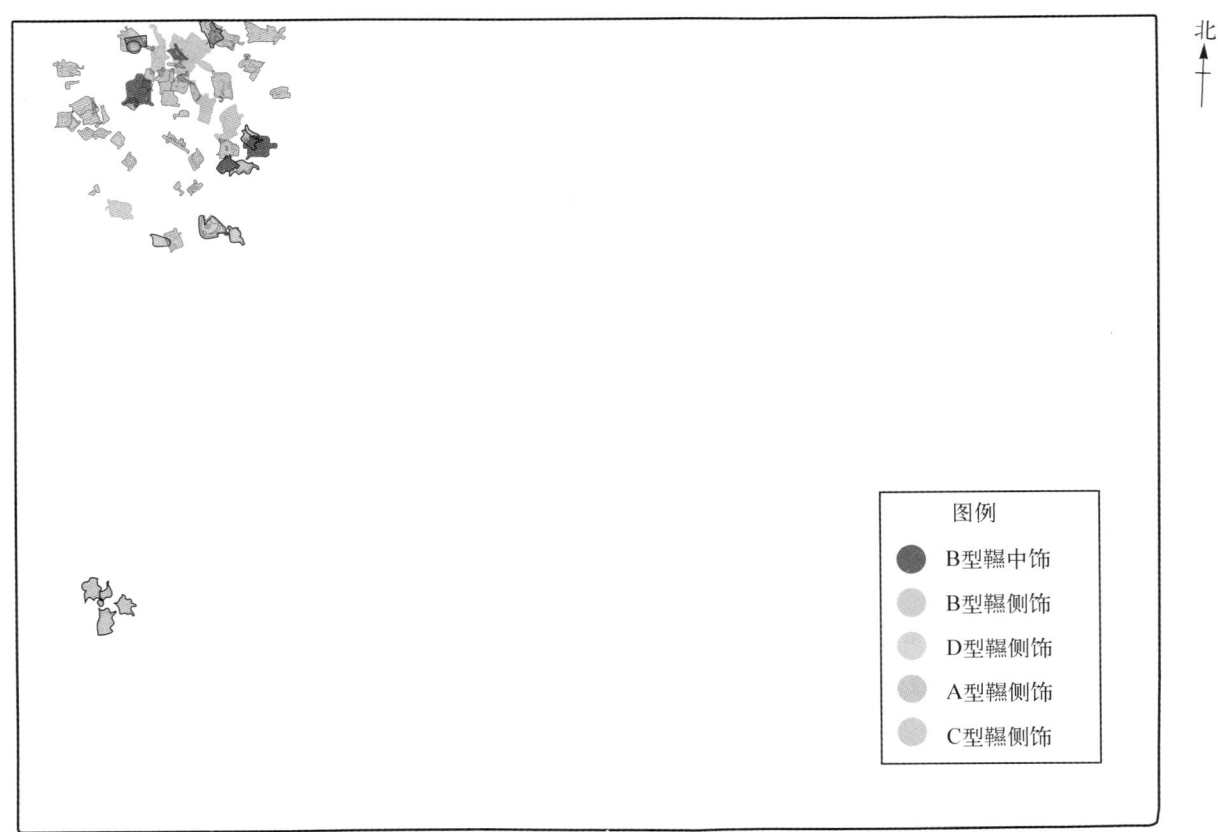

北

图例

● B型鞁中饰
 B型鞁侧饰
 D型鞁侧饰
 A型鞁侧饰
 C型鞁侧饰

图4-13　07QSM10棺椁之间第4至5层出土铜鞁饰分布图

表4-10　07QSM10出土铜牌形辕饰的位置统计表

形　制		棺椁间上层	棺 椁 间 下 层	盗洞
A型	辕中饰	2件（4、27）	—	—
	辕侧饰	左侧6件（5、7、174、264、275、296），右侧8件（86、90、98、193、265、266、300、148+276）	左侧1件（416-2），右侧2件（416-1、419）	左侧1件（058）
C型	辕中饰	2件（127、282）	—	—
	辕侧饰	左侧7件（3、123、130、137、138、281、286），右侧10件（116、124、125、126、128、129、283、284、285、305）	左侧1件（418），右侧1件（417）	—
B型	辕中饰	—	4件（462、478、524、536）	—
	辕侧饰	—	左侧20件（470-1、490-2、498、511、537、540-2、547、561-1、603、644-1、644-4、490-1+544-1、492+549、510-1+525-1、510-2+513+540-1、534+575-1、544-2+550、551-2+644-3、561-3+595-1、545+644-2），右侧19件（454、464、468、469、470-2、489、493-1、493-2、493-4、494、495、516、525-2、540-3、546、551-4、551-1+551-3+580、493-3+510-3、554+609）	—
D型	辕侧饰	—	左侧7件（533-1、533-2、557、561-2、562-1、571-1、571-2），右侧5件（448、450、562-2、585、591）	—

其三，相配使用的成套器分置。见有"害辖分置""銮轭分置"两种[①]。

害辖分置。害与辖本配套使用，辖插于害中，以防轮毂外移。但随葬时，辖并不插于害中，两类器还常被分置于不同的下葬环节。出土害、辖两类器的墓葬有M10、M25两座。M10出土车害21件、车辖22件，其中害主要放置于墓道与墓室的填土中，可知位置的17件中15件如此，而可知位置的21件辖全部置于椁室内（表4-11）。M25出土车害8件、车辖1件，其中可知位置的7件害均置于墓室填土中，而辖置于椁室内（表4-12）。

銮轭分置。銮本接于轭首之上，与轭配套使用。但随葬时，銮并不接于轭上，两类器还常被分置于不同的下葬环节。出土銮、轭两类器的墓葬有M10、M25两座[②]。M10出土的轭仅见零散放置的轭首、轭肢与轭脚，主要置于墓道与墓室填土中，而随葬的34件銮却均置于椁室内（表

① 这两种车器分置的现象，并非仅见于孔头沟，而是在各地西周墓葬中普遍存在的。见王洋：《西周随葬车器等级制度研究》，《考古》2020年第12期。
② M15也出土銮、轭两类器，但銮均出自盗洞，原始位置不明，故这里未计入。

4-13）。M25墓室填土内的2号衡缚两轭，轭上无銮，另有4件轭箍置于墓室填土与椁盖板上，而2件銮却置于椁室内（表4-14）。再如M9墓道填土内的4组"衡轭"（衡1～衡4），装配有各种衡饰、轭饰，唯独缺銮，其去銮显然有意为之。

表4-11　07QSM10出土軎、辖的陈器位置

车器	墓　道	墓室填土	椁　室　内	盗　洞
车軎	9件（t5、t8、t9、t10、t15、t17、t43、t44、t45）	6件（t2、t3、t32、t35、t37、t48）	2件（477-1、477-2）	4件（041、053、096、097）
车辖	—	—	21件（118、119、202、235、290、312、370、465、466、479、628、634、635、636、637、342、633、34、309、310、320）	1件（057）

表4-12　07QSM25出土軎、辖的陈器位置

车器	墓室填土	椁　室　内	盗　洞
车軎	7件（t18、t19、t20、t26、t27、t12、t17）	—	1件（D2：063）
车辖	—	1件（54）	—

表4-13　07QSM10出土銮、轭的陈器位置

车器	墓　道	墓室填土	椁　室　内	盗　洞
銮	—	—	34件（199、200、201、288、293、313、314、361、362、363、364、368、369、407、408、410、413、430、625、626、627、629、630、631、632、638、639、339、471、472、473、480、487、508）	—
轭	轭首2件（t14、t27），轭肢5件（t11、t13、t16、t20、t21），轭脚1件（t12）	轭首3件（t24、t28、t29），轭肢2件（t30、t31），轭脚2件（t38、t26）	轭首1件（93），轭脚2件（120、292）	轭脚4件（09、048、085、049）

表4-14　07QSM25出土銮、轭的陈器位置

车器	墓　室　填　土	椁盖板上	椁室内	盗　洞
銮	—	—	2件（41、42）	—
轭	轭饰2套（t1、t13、t14、t2、t15、t16），轭箍3件（t8、t9、t25）	轭箍1件（29）	—	—

值得注意的是，被分置的辖、銮却又集中放在一起。在M10椁室内，辖、銮置于多处，但置辖处必置銮，置銮处也大都有辖，两类器明显聚集成5群（A群～E群）（图4-14；彩版三三，1）。各群器物层位相同或邻近，不同层间无马胄等器作为分层间隔。

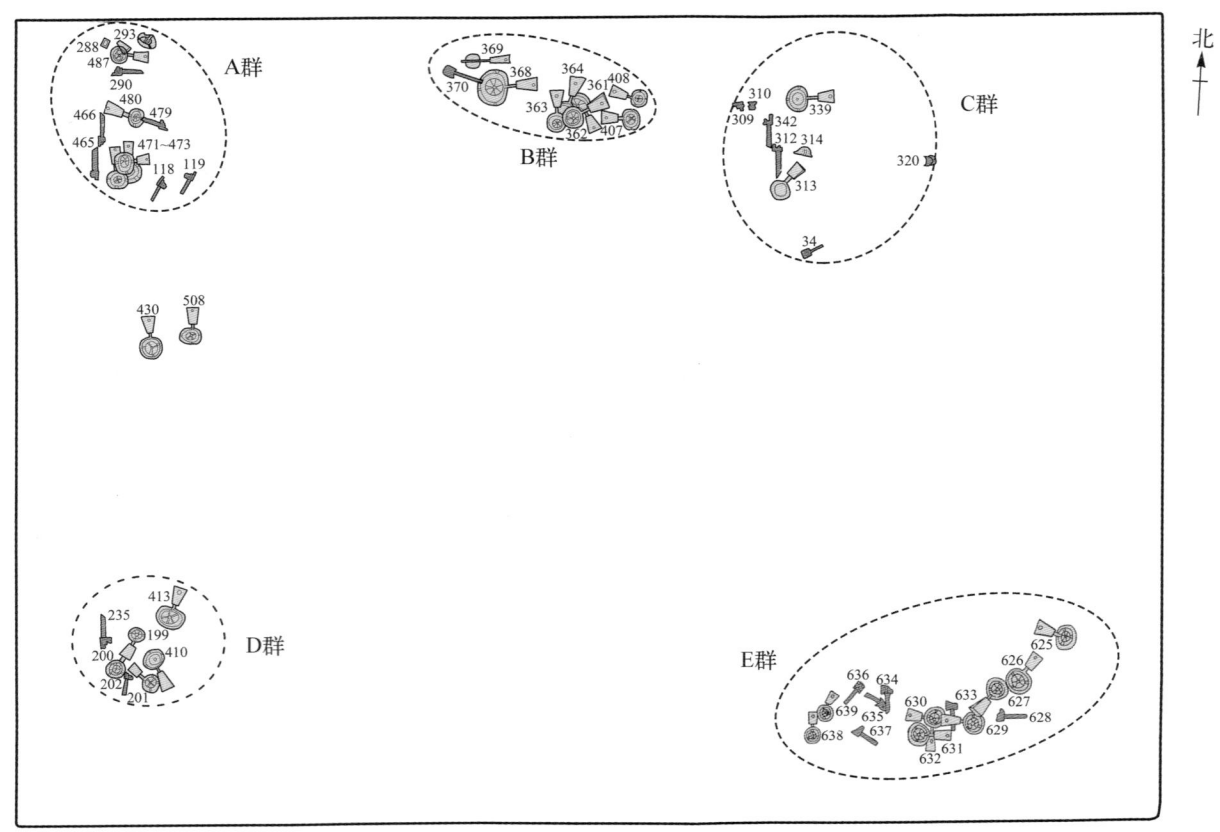

图4-14　07QSM10棺椁之间出土铜銮铃、车辖分布图

其四，墓道内所葬车轮靠立于墓道两壁，位置相对，其中装配有相同形制毂饰、可能属一车的两轮分置于墓道两侧。

M10东墓道内葬车轮19个，其中18个靠立于墓道两壁，南北两壁各9个，位置大体相对。M9墓道内葬车轮24个，均靠立于墓道两壁，其中北壁13个，南壁11个，位置大体相对。其中套有B型辐的车轮2个，即轮23（M9：28）与轮8（M9：40），两轮分置墓道两壁；套有C型辐的车轮2个，即轮6（M9：38）与轮27（M9：37），两轮分置墓道两壁[1]。

其五，同类器中，特殊形制器与非特殊形制器分置。

这一特征在随葬车马器数量最多的M10中表现明显，该墓随葬的车辖、马镳中，形制特殊的器物被单独集中放置（图4-15；彩版三三，2）。

———————————

① 毂饰中的軎、軝各型差异仅在细部，唯辐各型差异明显，所以这里在比较毂饰形制时主要依据辐的形制。

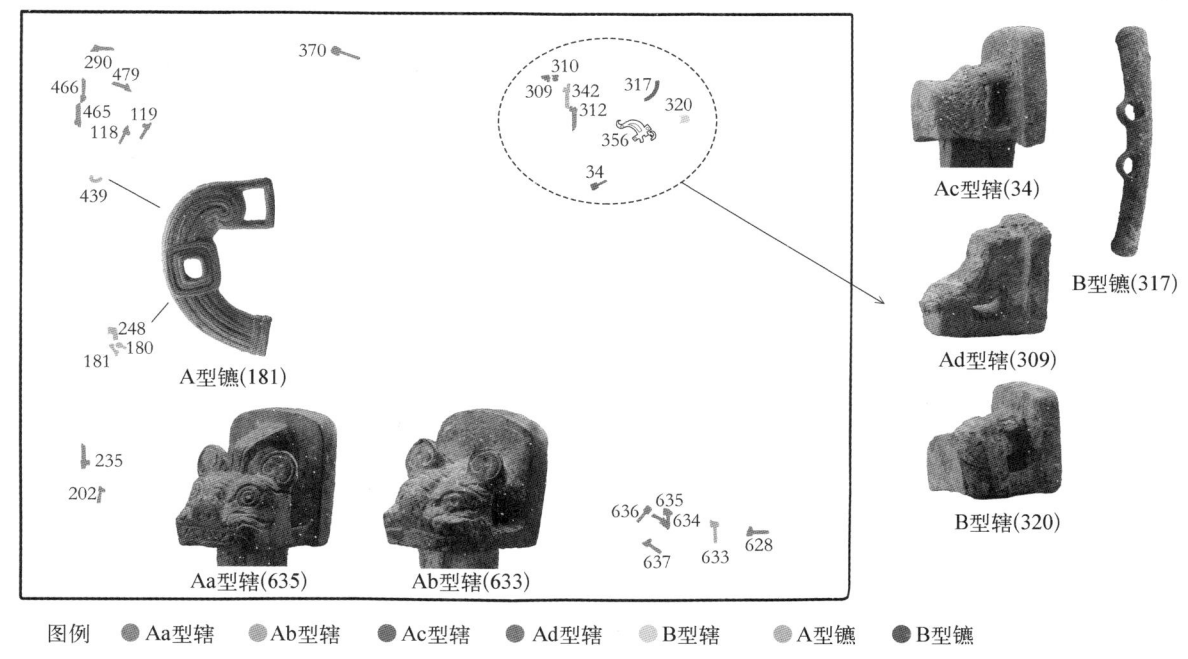

图 4-15　07QSM10 棺椁之间出土铜车辖、马镳分布图

M10 随葬车辖 22 件，根据辖首差异与有无辖键可分为 5 种，Aa 型（15 件）、Ab 型（2 件）的辖首均为虎首，两亚型差异细微，仅在辖首与背板的连接处略有不可。这些虎首辖在该墓数量最多，形制、纹饰最复杂精美。其他 3 种辖数量很少、形制显得颇为特殊：Ac 型 1 件（M10：34），辖首为简化兽首；Ad 型 3 件（M10：309、310、057），辖首为靴形；B 型 1 件（M10：320），辖首为简化兽首，是该墓唯一的无键辖。在放置上，车辖置于椁内多处，但形制特殊的 Ac、Ad、B 型辖都集中置于椁内东北部，即前述銮辖成群放置的 C 群。

M10 随葬马镳 5 件，分为两种。A 型 4 件，为弯曲近半圆的扁条状，属两对，均与马衔相配出土。B 型仅 1 件（M10：317），为曲体圆柱状，未见相配马衔，在该墓中显得特殊。在放置上，A 型镳与衔集中置于椁内西部，而特殊的 B 型镳置于椁内东北部，这一区域正好是特殊形制辖所集中陈放的区域。这群器物中，还放置有 M10 唯一的 1 件干首饰（M10：356）。

椁内东北部并不是该墓车马器最主要的放置区域，形制特殊的辖、镳等器被集中置于该处，表明当时在陈器位置的规划上，可能有意将特殊形制器区别对待。

（3）合

所谓"合"，是指各种车部件在放置方式上是有着内在联系。其特征有四：

其一，车衡垂直于墓葬方向横置，多条车衡平行排列，朝向与墓道或墓主头向一致。

葬车衡的墓葬有 M9、M25 两座。M9 发现的四条车衡均为"衡轭"（衡 1～衡 4），都垂直于墓葬方向横放于墓道中，四衡平行，分南北两列，其中南列的衡 3 与北列的衡 2 整齐相对。从衡上装配的轭、轭可知，车衡均朝向东，与墓道方向一致。从盗扰范围与残存车器推测，墓道中可能原本葬有6条车衡,成三排两列。M25的两条车衡(衡1、衡2)也都垂直于墓葬方向横放,两衡平行,其中衡2为一组"衡轭",根据缚轭方向可知该衡朝向东,应与墓主头向一致①。

其二,軎的"两型对置"现象,体现出不同形制甚至不同性质的车在墓中并列成对放置②。

从M9墓道内并列成对放置的两条衡轭(衡2、衡3)看,其所配铜軎分属兽首状軎、圆筒状軎两型,相应的两条车辀前端也形制有别,分属回卷形与竖直形,表明这两辆车的形制有别。这种现象孔头沟不是个例,还见于张家坡M170墓道内。将不同形制、性质的车分置墓内两侧的现象,在汉代画像石墓中多有发现。西周墓葬中,軎的两型对置及不同形制车(车辀有别)的对置,似与汉墓中的这种现象近同,暗示西周葬车可能有意将不同性质的车搭配使用。

其三,墓道中的各种车部件虽分开放置,但其相对位置关系与整车相仿。

M9墓道中的车衡横放,朝向墓道口,车轮靠立于墓道两壁,其相对关系即如整车。M10东墓道中的车轮靠立于墓道两壁,车舆置于墓道底,其相对关系亦如整车。似有携墓主出行之意。

其四,修车工具与车部件一起埋葬,这种共出关系与日常生活中用车相仿。

M10墓道填土葬车的区域中,除放置大量车部件及车器外,还见有2件铜锛(t18、t19),这两件器可能为修车工具③。两锛一件平刃,两侧面近直,另一件弧刃,刃角略外侈,表明两锛用途稍有差异,共同组成一套工具。

4.2.4　墓葬分期与年代

根据周原地区已建立的西周陶器分期与年代体系④,可将宋家墓地发掘墓葬分为三期6段:

第一期　包括第1段和第2段。

属于第1段的墓葬有M1、M3、M4、M6、M8、M15。随葬的联裆鬲侈口或侈口微卷,部分高体高裆,腹部所饰绳纹印痕较浅,略具条理,沿外侧绳纹被抹,残痕依稀可见,为西周早期偏早阶段特征。所以,第1段的年代为西周早期偏早阶段。

属于第2段的墓葬有M2、M26。M2随葬的联裆鬲侈口,沿面有小平台,高斜领稍外卷,腹部饰印痕较深的中偏粗绳纹,条理清晰,触之有扎手感。M26出土联裆鬲高领侈口,腹饰旋断绳纹。共出的铜銮铃有火焰状镂孔,但较M15出土銮铃的铃球略扁,座略宽,年代较之稍晚,主要流行于西周早期偏晚。所以,第2段的年代为西周早期偏晚阶段。

第二期　包括第3段和第4段。

---

① 该墓墓主人骨被扰乱,墓地中其他可辨头向的墓葬均向东。
② 王昱霖、王洋:《商至西周时期铜軎研究》,《文博》2022年第5期。
③ 林梅村:《青铜时代的造车工具与中国战车的起源》,《古道西风——考古新发现所见中西文化交流》,生活·读书·新知三联书店,2000年,第33~76页。
④ 黄曲:《周原遗址西周陶器编年与谱系研究》,北京大学硕士学位论文,2003年。种建荣、雷兴山:《周公庙遗址商周时期陶器分期研究》,《西部考古》第三辑,三秦出版社,2008年,第118~147页。

属于第3段的墓葬有M13、M16、M25。M13随葬联裆鬲为卷沿，沿下角较小，沿面有一周旋纹。M25随葬联裆鬲折沿近平，腹贴泥饼。故第3段的年代为西周中期偏早阶段。

属于第4段的墓葬有M9、M21。流行随葬仿铜鬲，器形较宽扁，折沿或卷沿近平，腹部有扉棱。M9随葬铜毂饰、车轭、车辕均与孝王时期的张家坡M170出土同类器形制相同，如铜轭M9∶32-2同于张家坡M170∶35∶1，铜辕同于张家坡M170∶36∶4[①]。所以，第4段的年代为西周中期偏晚阶段。

第三期 包括第5段和第6段。

属于第5段的墓葬有M10、M11、M14。流行随葬仿铜鬲，器形宽扁，宽折沿近平，沿面微内凹，有一周或多周旋纹，多为低弧裆。陶豆浅折盘，方唇，高柄。M10出土铜辕饰、玉牌饰上的翻唇长牙龙纹为西周晚期常见纹饰。其中C型辕侧饰与周原遗址庄李铸铜作坊03ZⅣZLH3出土陶范H3∶114、120、129形制完全相同，且器、范可严丝合缝地扣合在一起，由出土陶器可知H3的年代为西周晚期偏早[②]。所以，第5段的年代为西周晚期偏早阶段。

属于第6段的墓葬有M18、M19。随葬仿铜鬲的裆底绳纹条理不及腹部清晰，印痕呈近椭圆形的麻点状，并且这种绳纹从裆底延伸至足根外侧。联裆鬲绳纹的这一时代特征，在周原遗址以往发现的西周遗存中十分罕见，宝鸡贾家崖西周晚期至春秋早期墓葬的发掘，使我们认识到这种绳纹的出现年代很晚，约为两周之际。故第6段的年代可能为西周晚期偏晚阶段。

未出土可供断代的随葬品而墓葬年代不明者有4座，包括M5、M7、M22、M24。M5、M7位于墓地南部探方内，该探方发掘墓葬8座，墓位排列有序，其中年代明确的6座墓均为西周早期，故推测M5、M7的年代可能也为西周早期。M24盗洞内出土陶三足瓮残片，仅可判断为西周时期。M22打破M24，结合墓葬形制、葬具等判断也为西周时期墓葬。

三座马坑（M12、M20、M23）应属于西周墓地的一部分，但仅出土马骨，具体年代不明。

4.3 带墓道大墓分述

在宋家墓地共发掘带墓道大墓两座，即双墓道大墓M10与单墓道大墓M9，以下分别介绍。

4.3.1 07QSM10

1. 墓位与盗扰情况

该墓位于宋家墓地中部偏东。西南与单墓道大墓M9相邻，两者呈错位排列，M10墓室西

① 中国社会科学院考古研究所：《张家坡西周墓地》，中国大百科全书出版社，1999年，第186、201、204页。
② 周原考古队：《周原庄李西周铸铜遗址2003与2004年春季发掘报告》，《考古学报》2011年第2期。

端与M9墓道东端基本处在一条南北直线上，南北直线距离12米（彩版二二）。M10墓室西距M11约31.7米，西南距M14约26.1米，西距M115约13.7米，北距M122约14米，东南距M114约8.2米（彩版二三）。

墓内共有盗洞9个。其中墓室内7个，编号为D1～D7，东墓道内2个，编号为D8、D9。具体情况如下：

D1位于墓室东南角，口部近圆形，最大径1.04米。延伸进椁室，破坏轮34和椁盖板东南角。盗洞内出土较多遗物。

D2位于墓室东北角，口部近菱形，打破墓壁，最大径1.98米。直下破坏二层台及椁室，盗洞中有火烧痕迹。盗洞内二层台底部发现完整人骨架一具，人骨曲肢坐在地上，手中握有铜饰、骨饰等，可能为盗墓者骨架。该盗洞破坏轮6、椁盖板和椁侧板。盗洞内出土较多遗物。

D3位于墓室西北角，口部近椭圆形，打破墓壁，最大径0.82米。延伸进椁室内，破坏轮27、西二层台及椁盖板西北角。

D4位于墓室西南角，口部呈椭圆形，打破墓壁，最大径1.02米。斜下延伸进椁室，破坏椁盖板西南部。盗洞内出土较多遗物。

D5位于墓室南部略偏西，口部近圆形，最大径0.76米。直下延伸进椁室内。

D6位于墓室北部略偏西，口部近圆形，最大径0.98米。深至椁盖板上与D3交汇，并延伸进椁室，破坏轮28。盗洞底部有三个脚窝。

D7位于墓室中部，口部近圆形，最大径1米。延伸进椁室，破坏椁盖板中部和轮29。

D8位于东墓道西端，口部近圆形，最大径1.1米。延伸至东墓道底，破坏车舆。

D9位于东墓道南壁偏东，口部近圆形，最大径0.88米。延伸至东墓道底。

2. 墓向与墓葬形制

该墓为双墓道竖穴土坑墓，墓口平面呈"中"字形，东西向，竖穴土圹墓室居中，两条墓道居墓室东西两端。墓道与墓室方向一致，均为88°。

（1）墓室

墓室为长方形竖穴土坑，口大底小。墓口距地表0.5、长5.9、宽4.9米，面积约28.9平方米。距墓口10.08米时墓室四壁内收形成生土二层台，二层台处墓室长6.2、宽5.2米，面积约32.2平方米。墓底为平底。自深13.08米（彩版二四，1；彩版二五，1）。

生土二层台高3米，东二层台宽0.99、西二层台宽0.29、北二层台宽0.85、南二层台宽1.14米。墓室二层台以上四壁均为斜壁外扩，二层台以下为直壁。墓室四壁整体较光滑，有工具加工痕迹，但未见抹泥（图4-16、图4-17、图4-18、图4-19、图4-20、图4-21）。

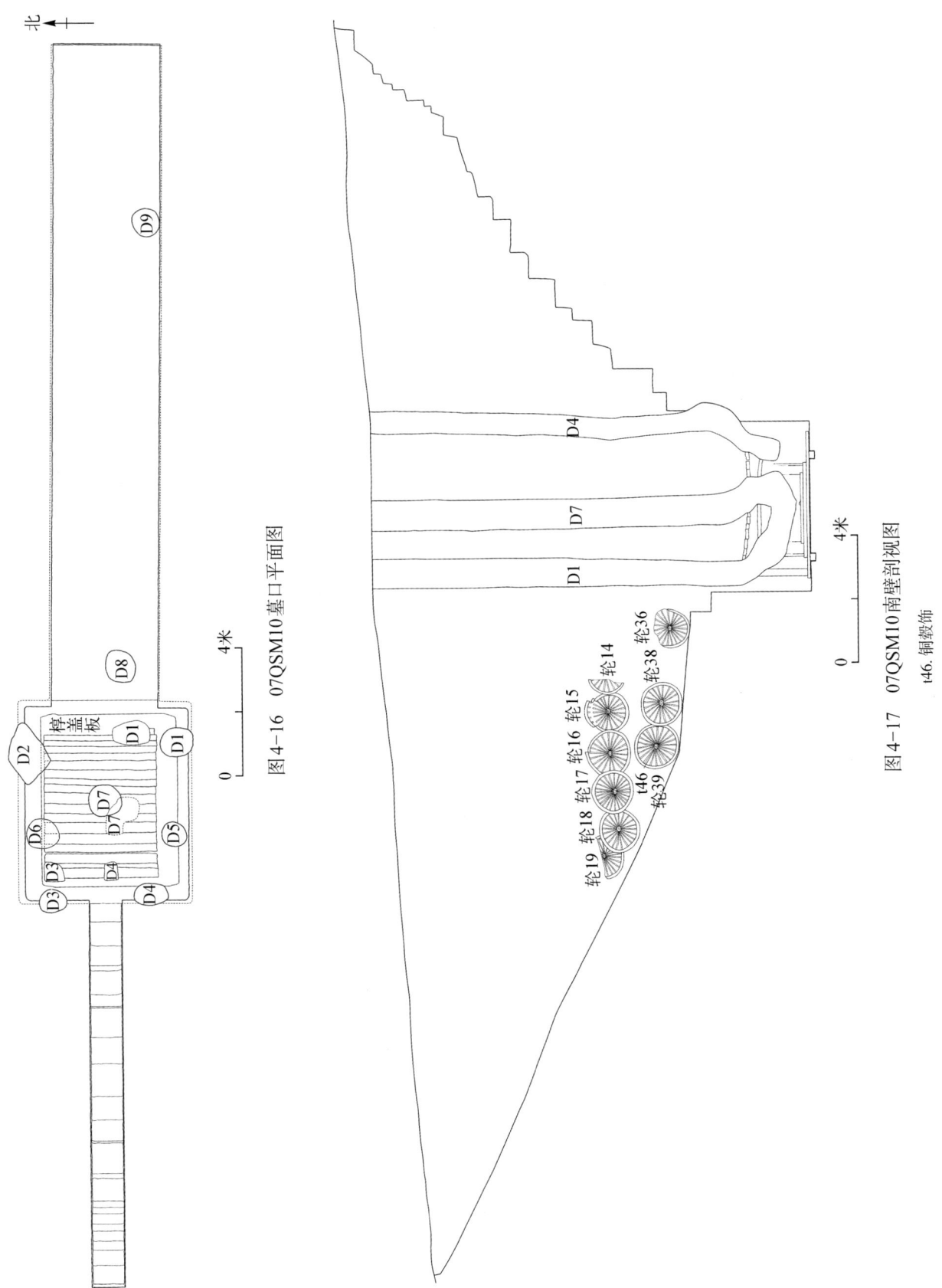

图 4-16　07QSM10墓口平面图

图 4-17　07QSM10南壁剖视图
146. 铜毂饰

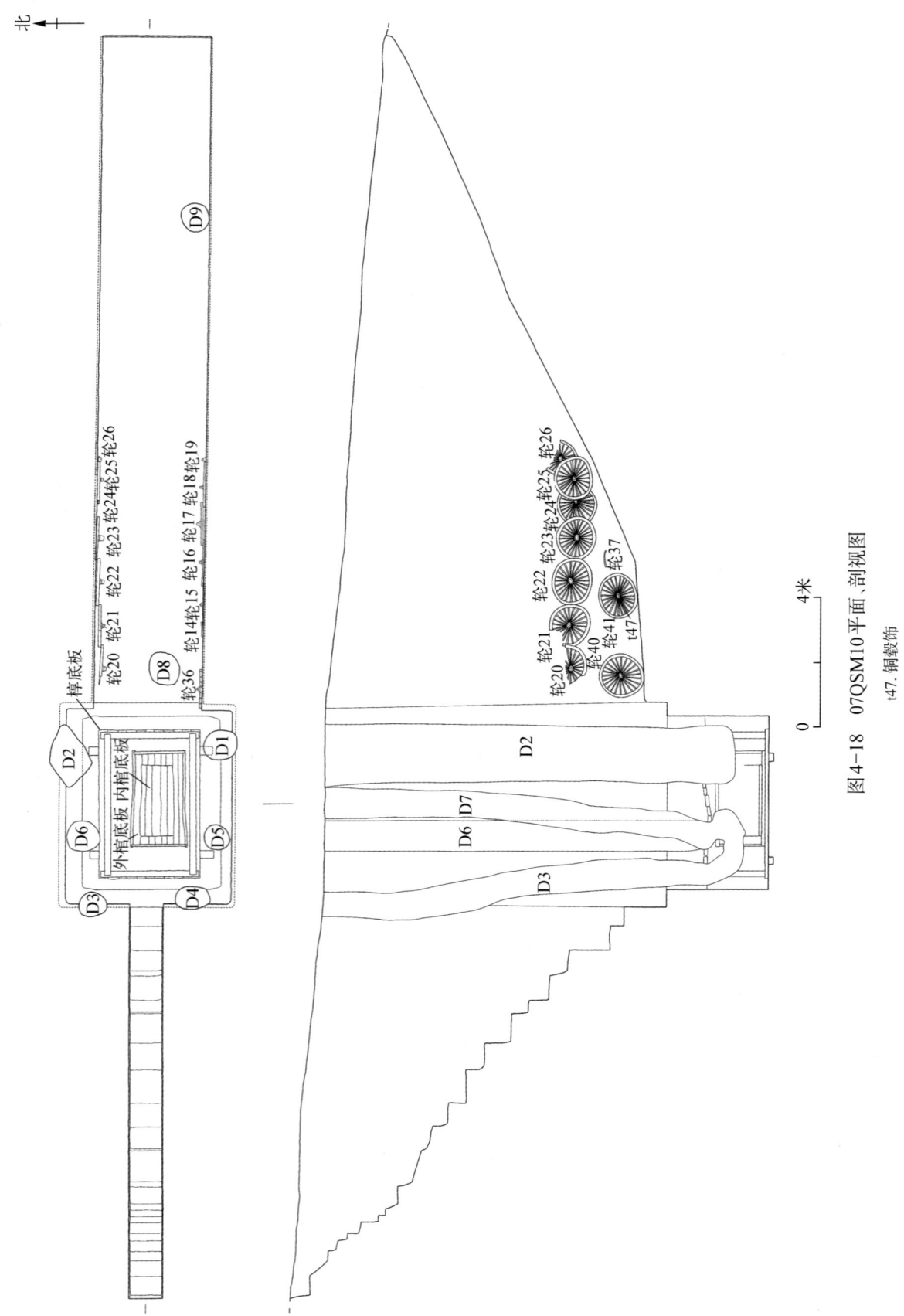

北

D9

D8

D2 椁底板

外椁底板　内椁底板

D6　　　　D5

D3　　　　D4

轮20 轮21 轮22 轮23 轮24轮25轮26

轮36

轮14轮15 轮16 轮17 轮18轮19

D2

D6 D7

D3

轮22 轮23 轮24轮25轮26

轮21

轮20 轮40 轮41

轮37

t47

0　　　　　　　　4米

图4-18　07QSM10平面、剖视图

t47. 铜毂饰

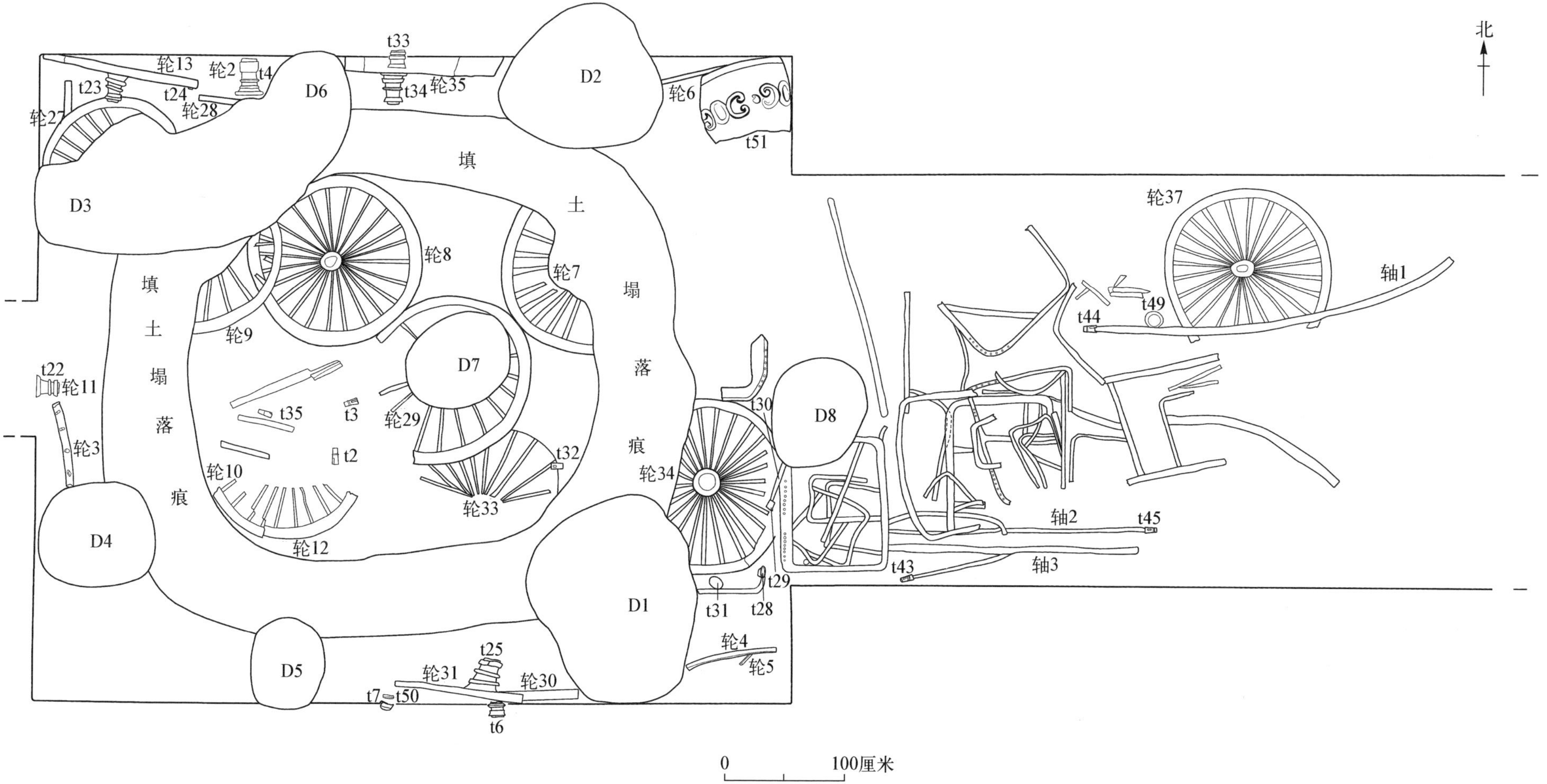

图 4-19　07QSM10墓室与墓道填土葬车

t2、t3、t32、t35、t43～t45. 铜车軎　t4、t6、t22、t23、t25、t33、t34. 铜毂饰　t7、t49. 铜軎饰　t24、t28、t29. 铜轭首　t30、t31. 铜轭肢　t50. 铜軏　t51. 漆敦

0　　　　　100厘米

（2）东墓道

东墓道为主墓道。斜坡状，墓道口部平面呈较规则长方形，口底大小相若。墓壁平整，基本为直壁。东墓道口水平长20.48、宽3.2米。墓道底斜坡长21.88、宽3.3、深0.18~9.44米。墓道可分为两部分，东部坡度较大，约25°；近墓室部分坡度较小，约7°。墓道与墓室相接处高出东二层台0.6米。

（3）西墓道

西墓道为辅墓道。台阶式，墓壁平整，基本为直壁。西墓道口部长11.9、宽1米，底宽0.96米，靠近墓室处深8.86米。西墓道共有19级台阶，台阶较规整。

第1级台阶宽0.6、高0.6米。第2级台阶呈斜坡状，宽0.74、高0.55米。第3级台阶宽0.3、高0.28米。第4级台阶宽0.26、高0.22米。第5级台阶宽0.4、高0.34米。第6级台阶宽0.2、高0.5米。第7级台阶宽0.2、高0.2米。第8级台阶宽0.7、高0.36米。第9级台阶呈斜坡状，宽1.1、高0.75米。第10级台阶呈斜坡状，宽0.7、高0.3米。第11级台阶宽0.7、高0.44米。第12级台阶宽1、高0.72米。第13级台阶宽0.8、高0.56米。第14级台阶宽0.9、高0.78米。第15级台阶宽0.4、高0.5米。第16级台阶宽0.54、高0.6米。第17级台阶宽0.76、高0.56米。第18级台阶宽0.74、高1.2米。第19级台阶宽0.56、高0.4米。

3. 填土

墓室填土上部土质疏松，为五花土，越往下土质越硬，土色逐渐变红。填土内包含较多料礓石。

墓室填土塌落严重，塌落痕平面近长方形，长4.5、宽4.1米。填土塌落下压椁盖板、棺盖板，塌落痕呈环形，破坏轮7、轮8、轮9、轮33、轮34（图4-20、图4-21）。

4. 葬具

两棺一椁，均东西向放置。木质已朽，仅存灰痕。

（1）椁：椁长439、宽268、高190厘米。椁盖板共18块，均南北向横向放置，由西向东长、宽依次为267×29（残）、285×15（残）、312×28、318×23、317×31、314×30、318×25、317×28、314×30、315×22、316×19、317×29、316×28、317×22、319×20、318×16、319×17、21（残）×19厘米，厚均为10厘米。椁盖板距二层台深110厘米。椁端板长出侧板，侧板两端嵌于端板内，东端嵌入侧板内12厘米，西端嵌入侧板内13厘米。北侧板长425、厚19厘米，南侧板长425、厚21厘米，西端板长287、厚18厘米，东端板长289、厚20厘米。椁底板共11块，均东西向纵向放置，由北向南长、宽依次为452×26、455×31、451×23、453×29、452×24、451×23、449×28、449×30、450×25、451×24、452×27厘米，厚均为10厘米。

椁下有两条南北向垫木槽，东西平行，内置东西两根长方形垫木。东部垫木长362、宽25、厚16厘米。西部垫木长363、宽24、厚16厘米。两根垫木间距291厘米。

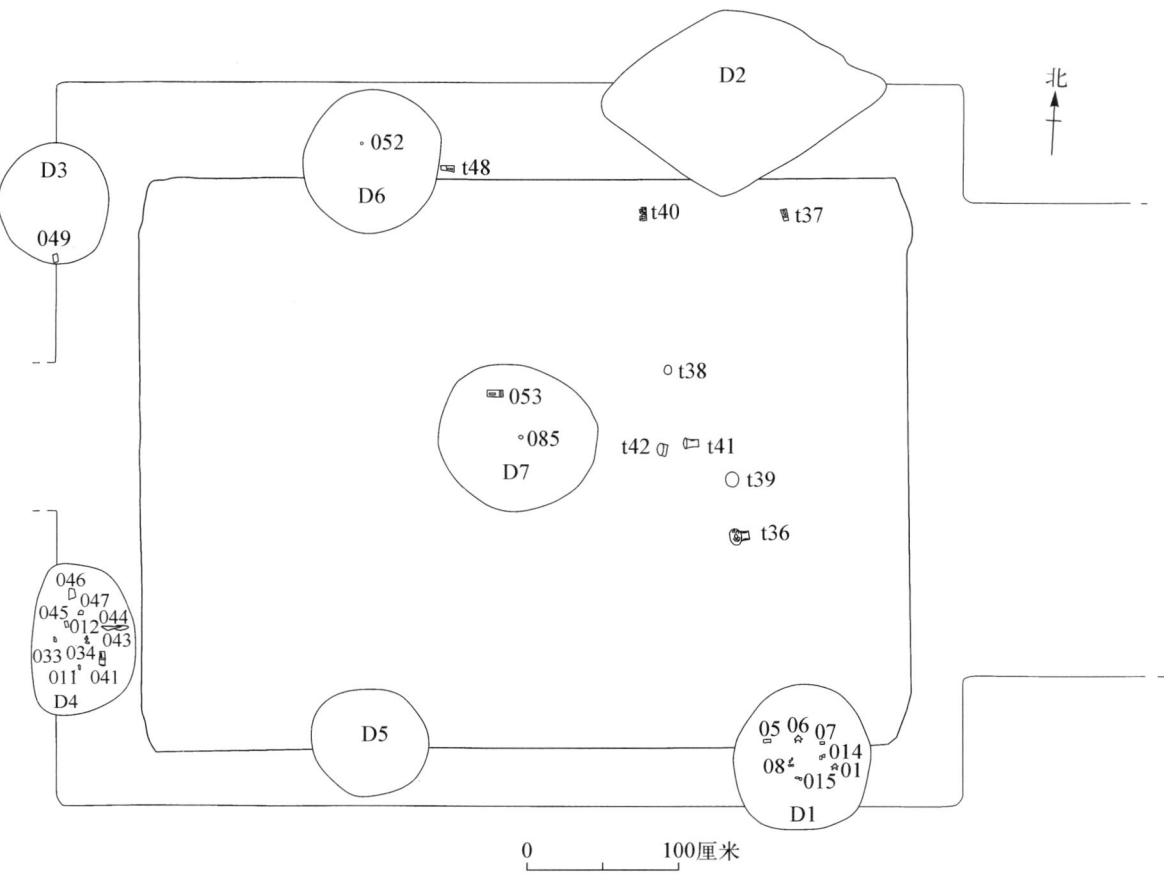

图4-20　07QSM10墓室填土、盗洞遗物分布图

t36、t41.铜軏　t37、t48、041、053.铜车軎　t38、049、085.铜轭脚　t39、t42.铜輨　t40.铜管状车饰　01、06.铜泡　05.玉片　07、012、014、015.铜管状络饰　08.铜节约　011、033.蚌泡　034.铜双联管状络饰　043~047.石磬　052.蚌饰

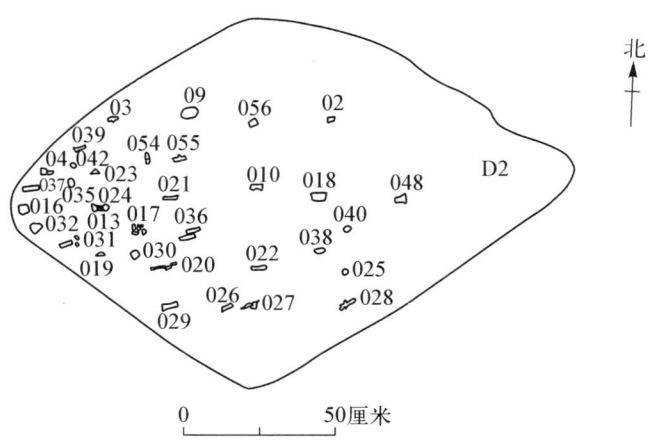

图4-21　07QSM10盗洞D2出土遗物

02、04、022、031、036.铜管状络饰　03、021、030、035、056.铜泡　09、048.铜轭脚　010、054、055.铜节约　016.玉片　017.蚌泡和兽面蚌饰　018.铜鱼　019.蚌泡和蚌饰　020、028.蚌鱼　023、024、042.蚌泡　025.铜球形饰　026.石磬　027.玉圭　029、038.蚌饰　032.铜块　037.角节约　039.铜双联管状络饰　040.兽面蚌饰

（2）外棺：位于椁室中南部。外棺长289、宽167厘米。外棺盖板共7块，均东西向纵向放置，由北向南长、宽依次为252×26、210（残）×24、244×24、258×25、276×28、286×30、294×18厘米，厚均为10厘米（图4-22）。外棺盖板上髹漆，纹饰不清。外棺侧板长出端板，端板两端嵌于侧板内。北侧板长294、厚8厘米，南侧板长295、厚8厘米，西端板长161、厚5厘米，东端板长149、厚6厘米。外棺底板共8块，均东西向纵向放置，由北向南长、宽依次为275×24、275×25、275×20、276×20、277×15、277×19、276×17、277×17厘米，厚均为10厘米。

（3）内棺：位于外棺中部。内棺底板共5块，均东西向纵向放置，由北向南长、宽依次为218×16、217×20、217×28、215×21、215×20厘米，厚均为8厘米。棺上有红黑两种颜色的彩绘图案，纹样不清。

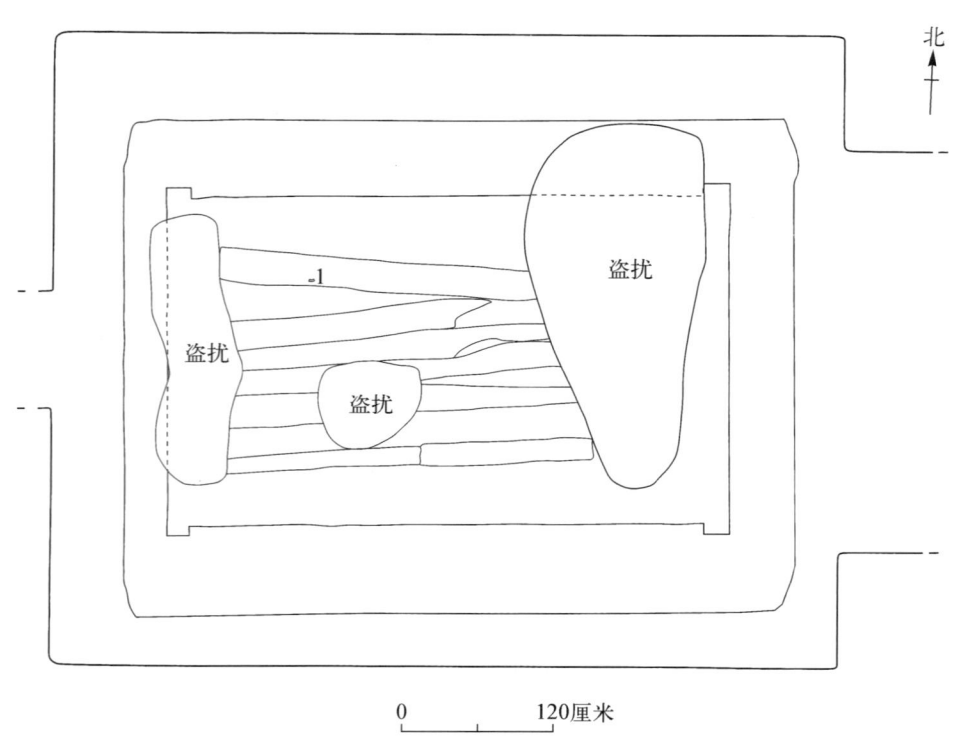

0 ————————— 120厘米

图4-22　07QSM10外棺盖板平面图

1. 玉璜

5. 人骨遗骸

墓主人骨被扰，仅存头骨，头向西，仰面。经鉴定，墓主为男性，年龄35～40岁。

6. 随葬品位置

除西墓道中未发现随葬品外，东墓道及墓室内出土大量随葬品。

（1）东墓道

东墓道内埋葬大量拆散的车部件，集中在靠近墓室的墓道西部，葬车范围约占墓道全长的一半。车轮一般靠立于两侧墓壁,车舆、车轴等放置于墓道底部中央(彩版二八,1、2;彩版二九,1)。

南壁靠立车轮9个,分上下两层。第1层由东向西依次为轮19、轮18、轮17、轮16、轮15、轮14(彩版二六,1、2),第2层由东向西依次为轮39、轮38、轮36。其中轮39束有铜毂饰1套(t46)。北壁靠立车轮9个,分上下两层。第1层由东向西依次为轮26、轮25、轮24、轮23、轮22、轮21、轮20(彩版二五,2),第2层由东向西依次为轮41、轮40。其中轮41束有铜毂饰1套(t47)。轮37紧邻北壁平放于墓道底,附近出土铜軑1件(t49)。东墓道西部斜坡底部叠压放置至少4个车舆及3条车轴,其中轴1西端套铜车軎1件(t44),轴2东端套铜车軎1件(t43),轴3西端套铜车軎1件(t45)。

东墓道填土上部出土玉牌饰1件(t1),靠下部出土铜车軎6件(t5、t8、t9、t10、t15、t17)、铜軛肢5件(t11、t13、t16、t20、t21)、铜軛脚1件(t12)、铜軛首2件(t14、t27)、铜锛2件(t18、t19)(彩版二九,2)。根据出土铜軛的情况,推测能墓道中至少埋葬一条缚軛的车衡。

(2)墓室填土

墓室填土中主要埋葬车与车器,可分为上下两层(彩版二四,2)。

上层位于距墓口深2.3米处,在墓室中部出土车軎2件(t2、t3)。

下层位于距墓口深8.3米处,埋葬大量车轮及軎、軛、軑等车器,布满整个墓室。

墓室北壁靠立车轮7个(轮1、轮2、轮6、轮13、轮28、轮32、轮35),其中轮28束有铜毂饰1套(t4),轮35束有铜毂饰2套(t33、t34),轮13束有铜毂饰1套(t23)(图4-23)。墓室南壁靠立车轮4个(轮4、轮5、轮30、轮31),其中轮30束有铜毂饰1套(t6)(彩版二七,2),轮31束有铜毂饰1套(彩版二七,1)(t25)。附近出土铜軎1件(t7)、铜軑1件(t50),由于盗扰,已无法确定属于哪个车轮。墓室西壁靠立车轮2个(轮3、轮11),其中轮11束有铜毂饰1套(t22)。墓室内平放车轮共9个(轮7、轮8、轮9、轮10、轮12、轮27、轮29、轮33、轮34),轮上均无毂饰。在墓室东部平放的车轮下方出土铜輨2件(t39、t42),由于填土塌陷及盗扰,已无法确定原属于哪个车轮。

墓室填土东部出土铜车軎1件(t32),北部出土铜车軎1件(t48),二者形制相同、深度相近,水平位置相距约290厘米。东北角出土铜车軎1件(t37),与墓室中部盗洞D7所出车軎(053)形制相同。中部略偏西处有铜车軎1件(t35)。

墓室东南部出土铜軛首2件(t28、t29)、铜軛肢2件(t30、t31),其中軛首t29与軛肢t30出土时连在一起。在墓室东南角盗洞D1深度相若处,出土衡内饰2件(095-1、095-2),残存车衡朽木,推测此处原葬有一条缚軛车衡(图4-24)。

墓室西北部出土铜軛首1件(t24)、铜軛脚1件(t26),与之深度相当的盗洞D3内出土铜軛脚1件(049),与t26形制相同,推测此处原有车軛1件。填土中还有一些零散的车器,包括铜軑2件(t36、t41)、铜軛脚1件(t38)、铜管状车饰1件(t40)。

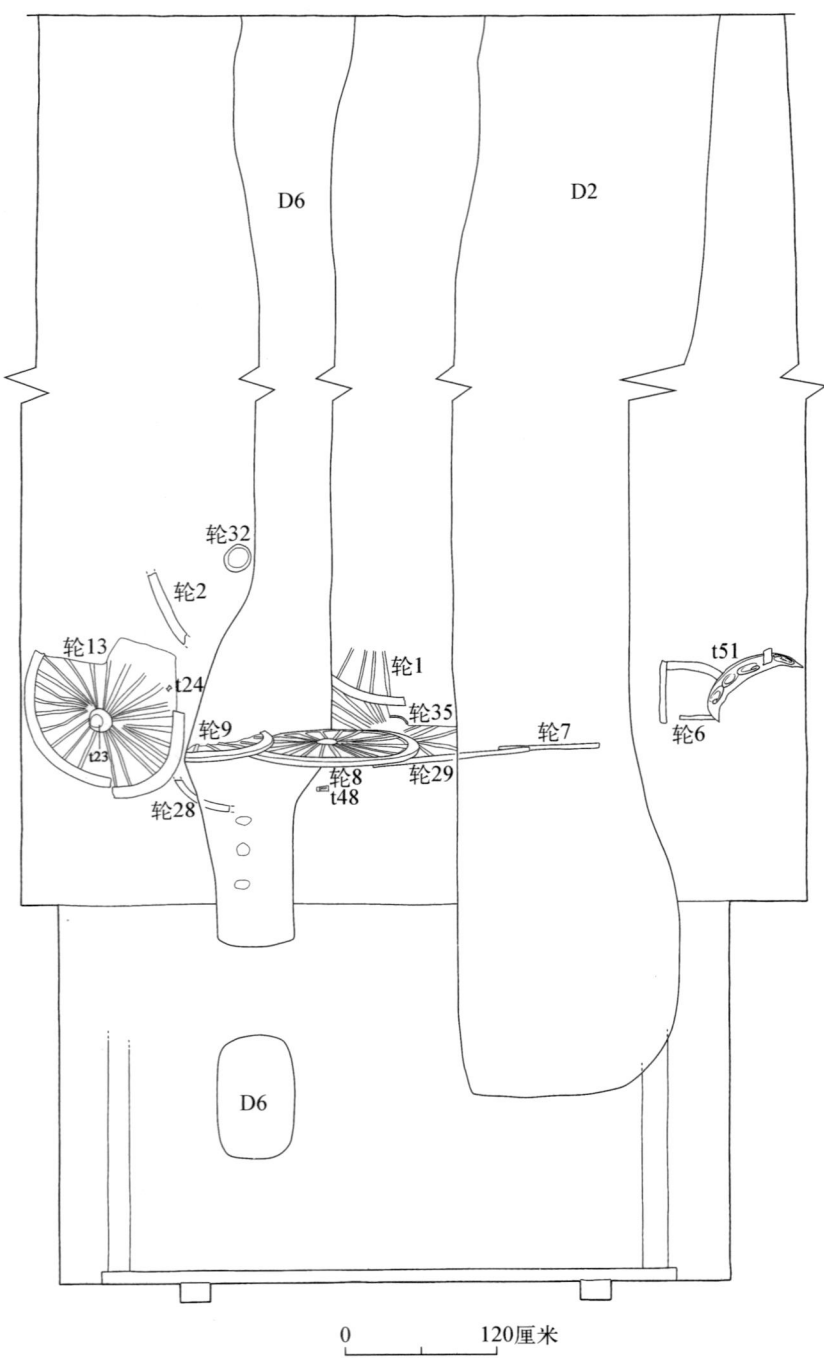

图4-23　07QSM10墓室北壁剖视图

t23.铜毂饰　t24.铜軏首　t48.铜车軎　t51.漆鼓

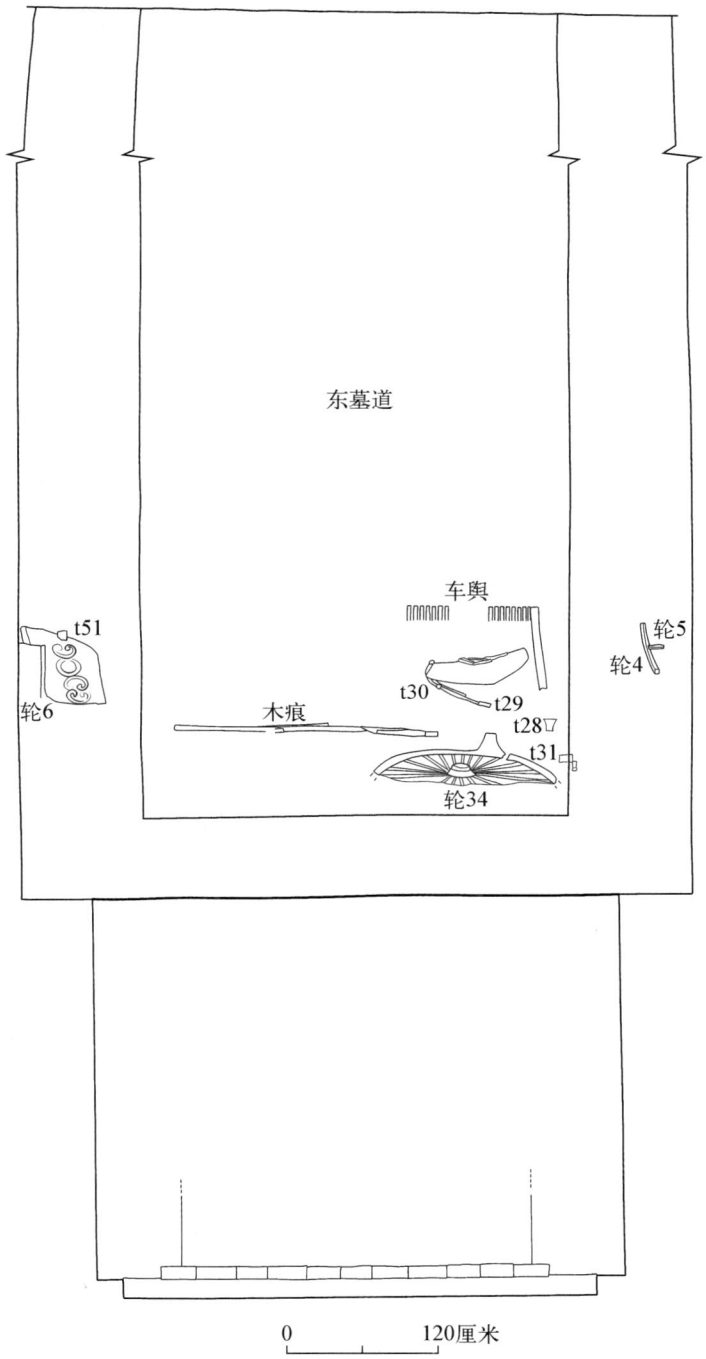

图4-24　07QSM10墓室东壁剖视图

t28、t29. 铜轭首　t30、t31. 铜轭肢　t51. 漆鼓

（3）椁室

随葬品主要出土于棺椁之间西部、北部及东南部，从随葬品位置关系看，这些区域虽被扰，但扰动并不严重。西部与北部随葬品数量极多，密集重叠放置，清理时共分6层才将遗物提取完毕[①]（图4-25、图4-26、图4-27、图4-28、图4-29、图4-30）。

椁内放置的随葬品以车马器为大宗。从成套器的出土位置可知，这些器物下葬时应分层放置。如成套的铜辔饰中，A型、C型辔饰主要出土于第1至3层，B型、D型辔饰出土于第4、5层，表明不同形制的辔饰分上下两层放置。但由于保存状况不佳，器物密集叠压，清理时无法区分下葬时的分层放置情况。

铜容器、兵器均置于椁内。铜簋盖1件（28）出土于椁室西端中部。铜爵1件（234）出土于椁室北侧中部，爵下出土铜觯1件（360）。铜戈1件（429）出土于椁室西端中部。

椁内还出土大量蚌鱼、铜鱼、海贝、铜铃等棺饰组件，由于被扰，仅部分位置出土的这些器类相对集中。其中一组位于棺椁之间西北角，包括蚌鱼3件（99～101）、铜铃1件（289）、海贝19件（481、543）。另一组位于棺椁之间西端，包括铜铃2件（437、438）、海贝20件（612）。

外棺盖板上出土玉璜1件（1）。

（4）棺内

仅棺内西南部出土玉璜1件（30）。

（5）盗洞

出土于D1的有：铜泡2件（01、06）、玉片1件（05）、铜管状络饰5件（07、014、015）、铜节约1件（08）、石磬5件（050、051、094）、铜圆环1件（075）、衡内饰2件（095-1、095-2）。

出土于D2的有：铜管状络饰20件（02、04、022、031、036、063、067、069、072、076、077、079、080）、铜泡6件（03、021、030、035、056）、铜軛脚2件（09、048）、铜节约6件（010、054、055、062、068、088）、蚌泡14件（013、017-1～017-5、019-1、023、024、042、084）、玉片2件（016、089）、铜鱼26件（018、098）、蚌鱼3件（020、028、082）、铜球形饰1件（025）、石磬1件（026）、玉圭1件（027）、蚌饰3件（019-2、029、038）、铜块1件（032）、角节约2件（037、091）、铜双联管状络饰3件（039、064、066）、兽面蚌饰3件（040、017-6、017-7）、铜车辖1件（057）、铜方环2件（061）、铜圆环1件（065）、铜片（073、074、078、081、093）、铜簋盖1件（083）、文蛤1件（086）、石泡1件（087-1）、玉饰1件（087-2）、骨小腰1件（090）、铜车軎2件（096、097）。

出土于D3的有：铜軛脚1件（049）。

---

① 这6层遗物仅仅是提取时的顺序有别，而非下葬时古人将随葬品分6层放置。

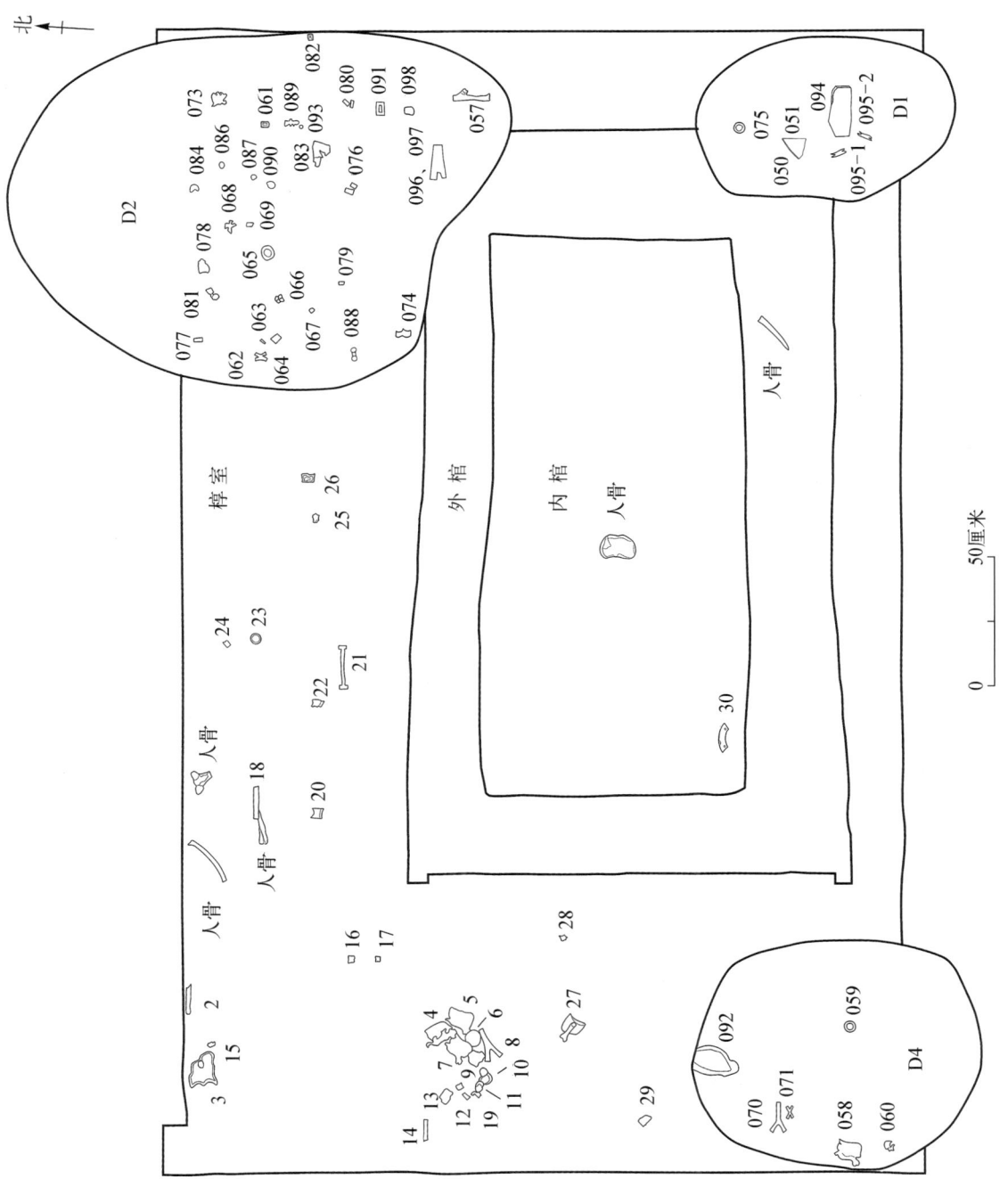

图4-25　07QSM10棺椁之间第1层遗物分布图

2. 玉片　3、5、7、058. 铜鞶中饰　4、27. 铜鞶侧饰　6、16、17、23、26、060. 铜泡　8、070. 铜"Y"形管　9、12、13、15、29、073、074、078、081、092、093. 铜片　10. 石泡　11、059、065、075. 铜圆环　14、18. 铜圆管　19、084. 蚌泡　20、22. 铜带扣　21. 铜工形管　24、063、067、069、076、077、079、080. 铜管状络饰　25. 兽面石饰　28、083. 铜銮盖　30. 玉璜　050、051、094. 铜车辖　060、064、066. 铜双联管状络饰　061. 铜方环　062、068、071、088. 铜节约　082. 蚌鱼　086. 文蛤　087. 石泡和玉饰　090. 骨小腰　091. 铜衡内饰　098. 铜鱼　095-1、095-2. 铜衡内饰　096、097. 铜节约　095-1. 095-2.

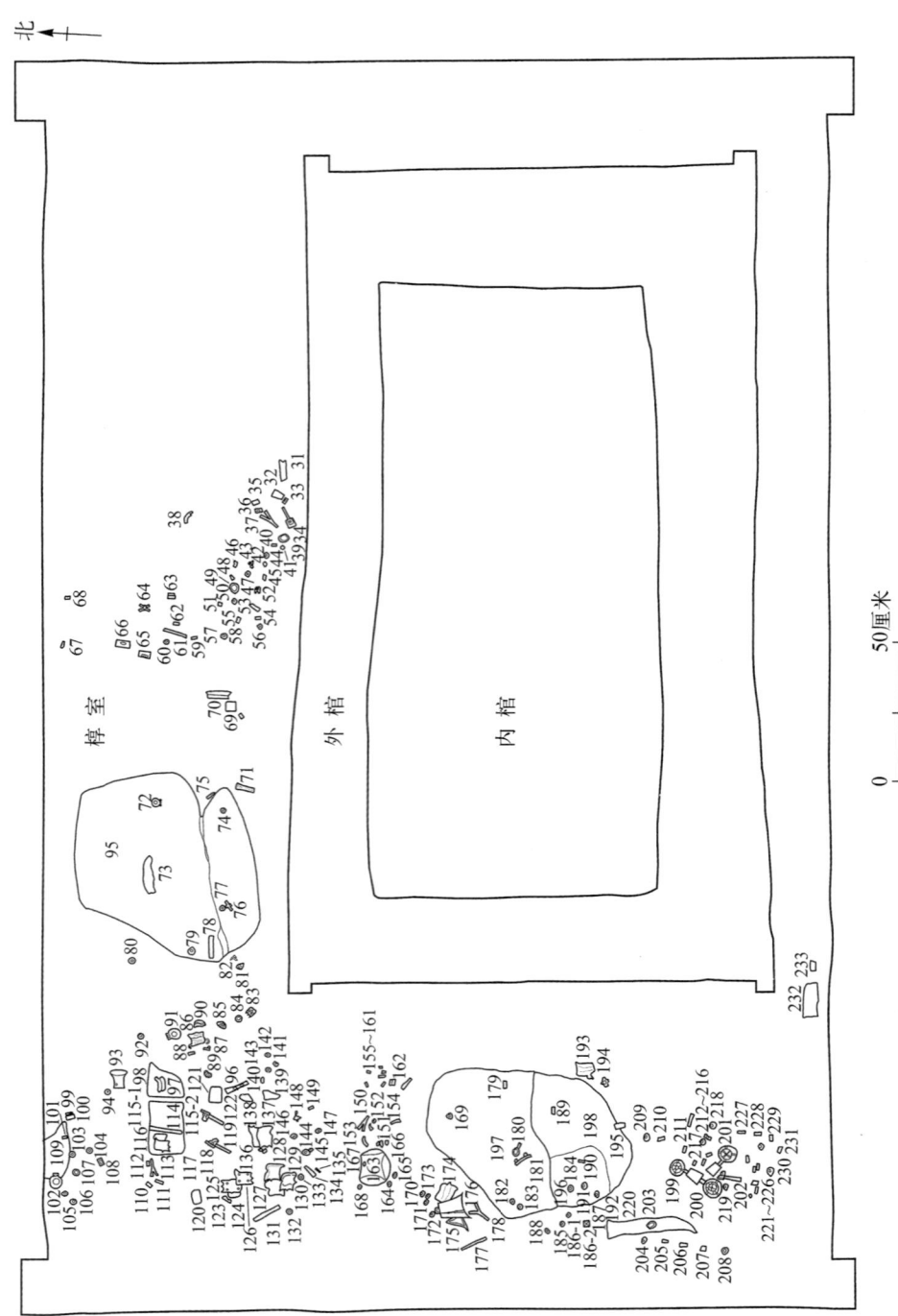

北

图4-26 07QSM10椁椁之间第2层遗物分布图

0   50厘米

31、97、109、114、117、121、122、139、166、195～198、220、232、233. 铜片   33、36、108、216. 铜方环   34. 铜眶   35、161. 铜双联管状络饰   37、113、150、
168、178. 铜 "Y" 形管   38、91、102、153. 铜圆环   39、49、107、203. 铜管状络饰   40、45、46、48、59、62、67、68、87、88、112、140、149、155～157、159、160、179、
188～190、205、206、210～213、215、221～223、225～229、231、233. 铜管状络饰   41～44、47、57、60、74、79、80、103～106、133、141、144、145、152、164、165、
169～171、182、185、186-1、187、208、209、218、219、230. 蚌泡   50、56、58、77、84、92、94、132、143、146、147、172、173、184、191、192、214、224. 石泡   51. 铜泡
52、204. 兽面蚌饰   53、54、61、70、78、82、99～101、134、217. 蚌鱼   55、64、110、115-2、158、194. 玉鳞形饰   63、69. 铜节约   65、66. 角节约   71. 玉牌饰
72、204. 玉龙   73. 玉璧   75. 骨小腰   76、111、154、167. 铜小腰   81、85、89、136. 毛笔   83. 玉鳞形饰   86、90、98、116、123～126、128～130、137、138、148、
174、193. 铜轭侧饰   93. 铜轭首   95. 铜甲面片   115-1、131、162、177. 铜曲衡首   118、119、202. 铜车軎   120. 铜轭脚   127. 铜轭中饰   207. 兽面石饰
135. 蚌小腰   142、183、186-2. 蚌饰   151. 玉璜   163. 铜条   175. 铜三角形器   176. 铜马衔   180. 铜铃   181. 铜马镳   199～201. 铜銮铃

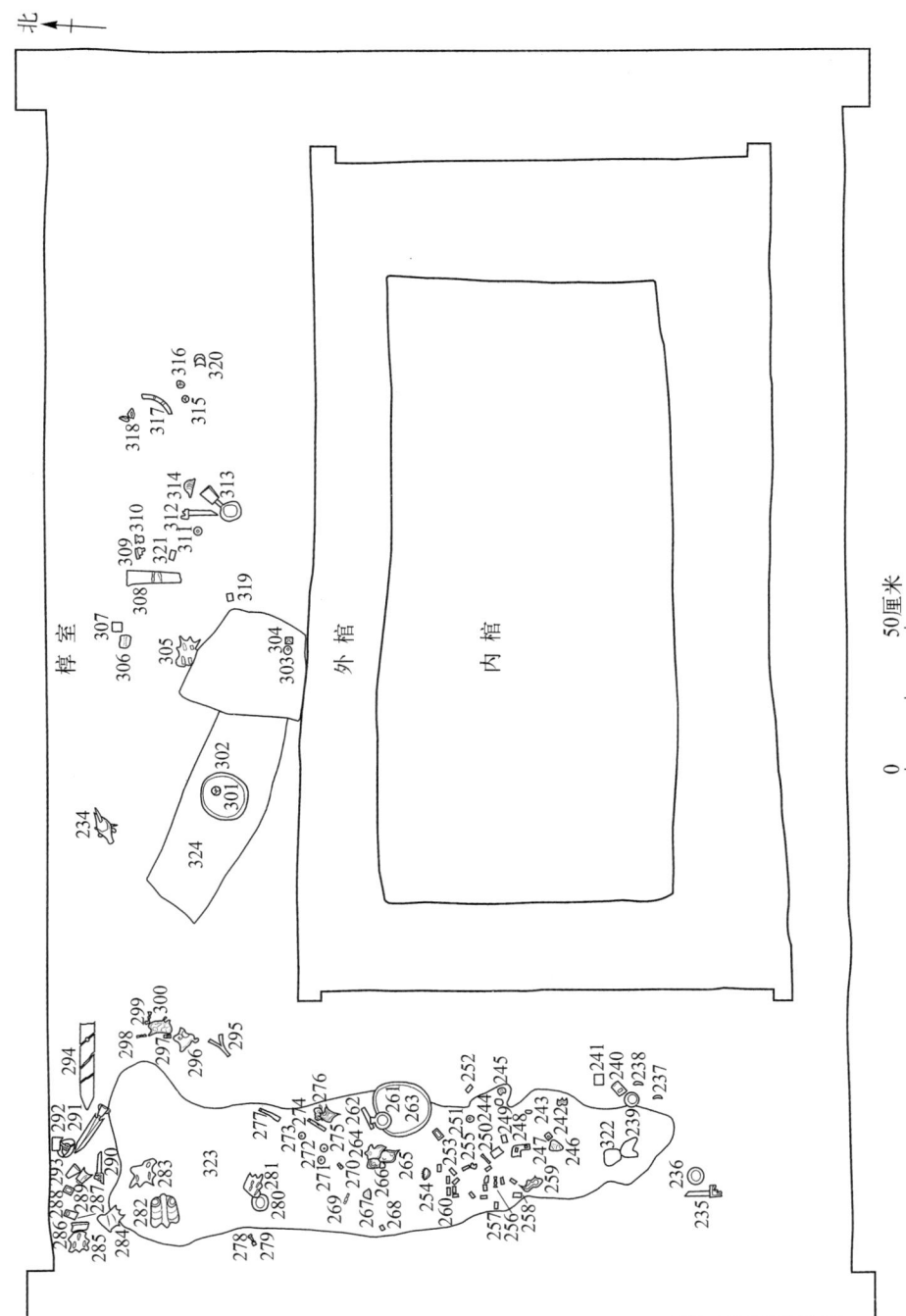

图4-27　07QSM10棺椁之间第3层遗物分布图

234. 铜爵　235、290、309、310、312、320. 铜车辖　236、239. 铜圆环　237、238、242、306. 铜泡　240、241、250、287、307. 石泡　243、251、303. 石泡
244. 蚌饰　245、271～273、301、304、311、315、316. 蚌泡　246、254、267. 毛蚶　247、255. 兽面石饰　248、317. 铜马镳　249、252、260、268、319、321. 铜管
状络饰　253、258. 铜方环　256. 骨小腰　257、269、279、298、299. 铜小腰　259、263、322、323. 铜甲片　261、280. 铜游环　262、274、277. 铜长圆管
264～266、275、276、281、283～286、296、300、305. 铜鞴侧饰　270、278、297. 铜节约　282. 铜鞴中饰　288、293、313、314. 铜銮铃　289. 铜铃　291. 铜衡
末饰　292. 铜轭脚　294. 玉戈　295. 铜 "Y" 形管　302. 锡　308. 石柄形器　318. 海贝　324. 铜斁

北

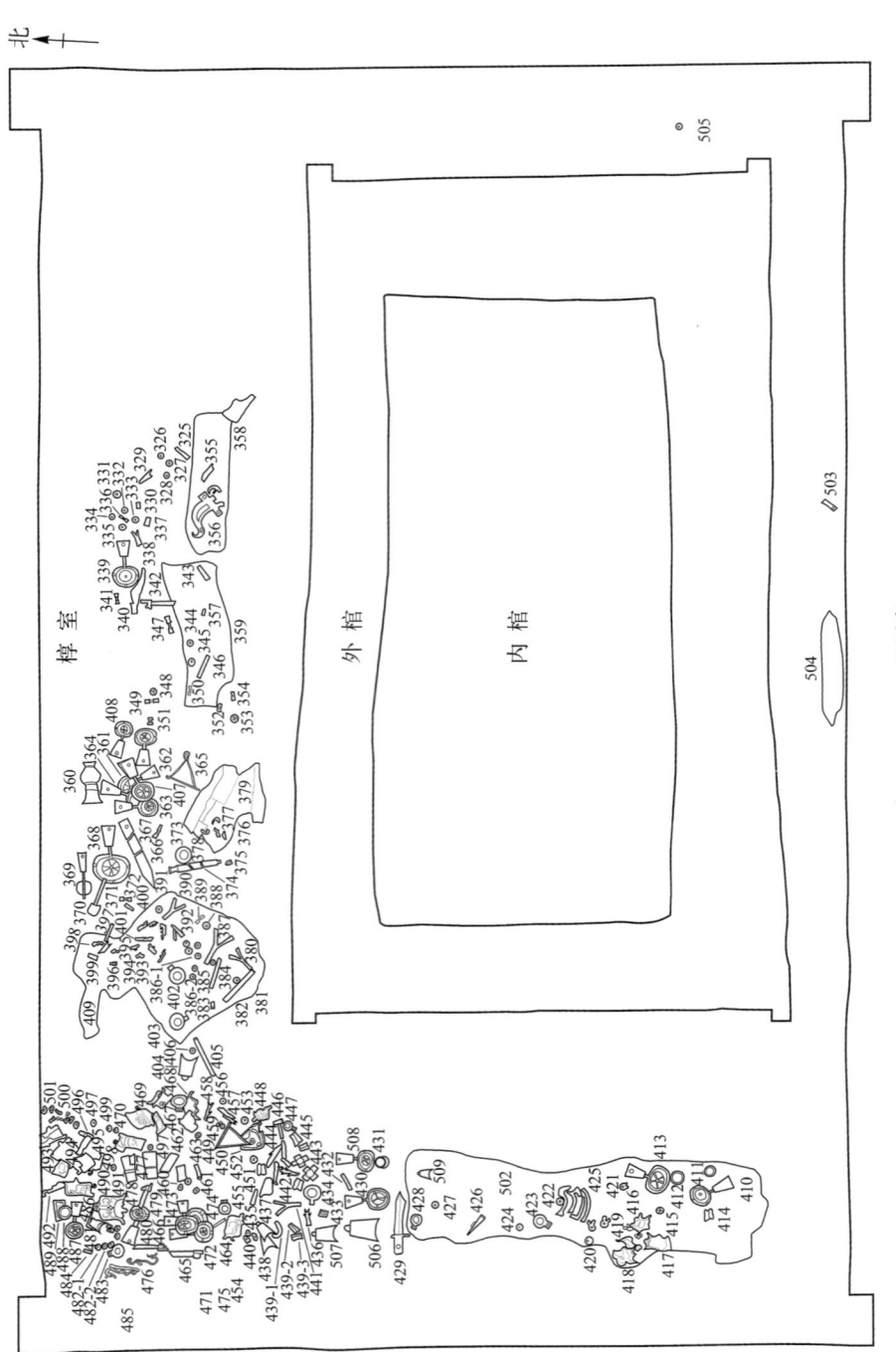

椁室

外椁

内椁

504

505

503

0   50厘米

图4-28 07QSM10棺椁之间第4层遗物分布图

325、329、330、343、354、355、357、372、392、399、401、503. 蚌鱼 326～328、332、334、345、385、386-1、388、391、406、415、424、427、452、453、456、460、482-2、497、499、505. 石泡 331、333、335、344、348、352、353、382、386-2、422、463、482-1、491. 蚌泡 336、341、347、349、351、389. 骨小腰 337、383、443、484. 铜节约 338、435、444、457、458. 铜鱼 339、361～364、368、369、407、408、410、413、430、471～473、480、487、508. 铜銮铃 340、359、379、409. 铜片 342、370、465、466、479. 铜车辖 346、380、387、390、441. 铜"Y"形管 350、366、371. 铜小腰 356. 铜干首饰 358、502. 铜甲片 360. 铜觯 365、449. 铜三角形器 367. 玉戈 373、402、403、423、428、434、447、467、475、483、488. 铜游环 374. 玉柄形器 375、377、378、394～396、398. 玉覆面 (？) 376、393、400. 玉扉 381、384、397、405、432、455、461、474. 铜长圆管 404、437、438、485、506、507、509. 铜铃 411、412、431. 铜圆环 414、425. 铜片 416～419、448、450、454、464、468～470、489、490、492～495、498. 铜辔侧饰 420、421. 兽面蚌饰 426. 铜衡末饰 429. 铜戈 433、436、442、445、451. 铜双联管状络饰 439-1. 铜马衔 439-2、439-3. 铜马镳 440、481、500. 海贝 446、486. 铜工形管 459、501. 玉串珠 462、478. 铜镳中饰 476. 铜舆栏饰 477. 铜车軎 504. 铜罂

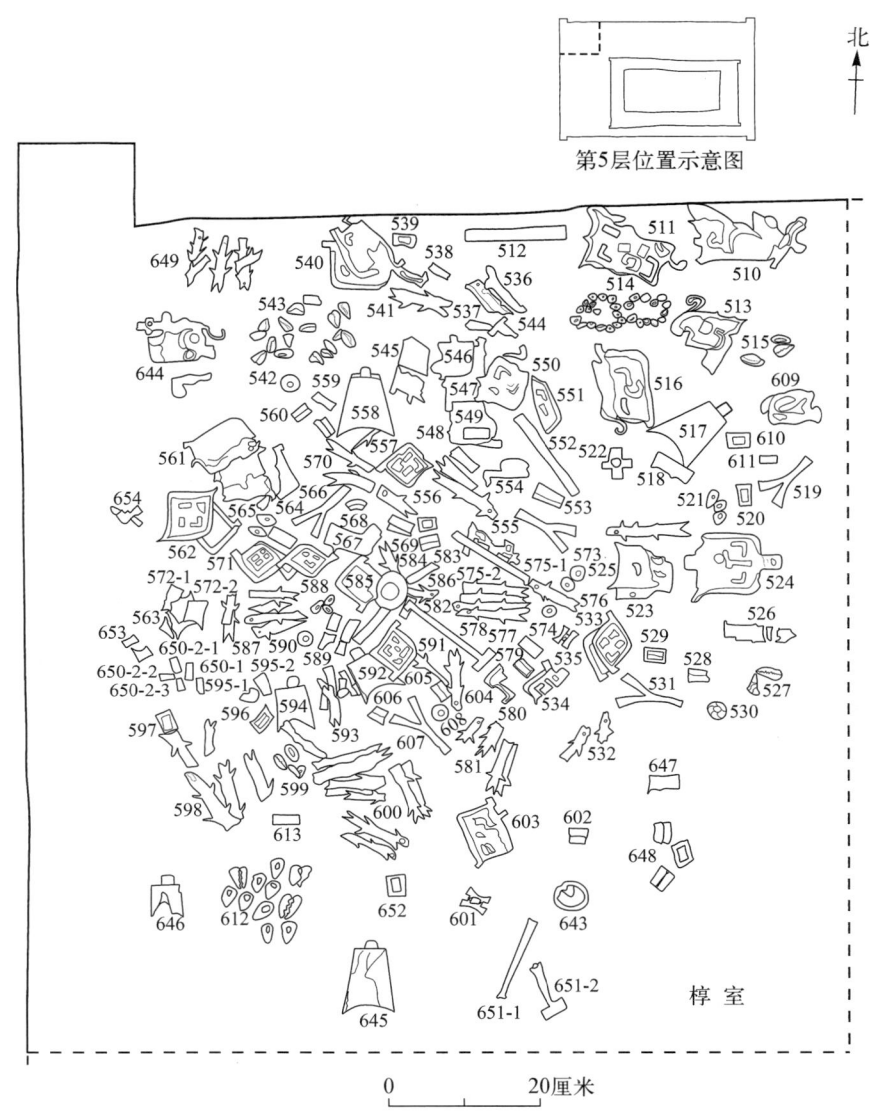

第5层位置示意图

北

图4-29　07QSM10棺椁之间第5层遗物分布图

510、511、513、516、525、533、534、537、540、544～547、549～551、554、557、561、562、571、575-1、580、585、591、595-1、603、609、644. 铜鞁侧饰　512、552、575-2、583、651-1. 铜长圆管　514. 玉串珠　515、521、527、543、565、568、588、599、612. 海贝　517、558、563、592、594、645～647. 铜铃　518、526、577、590. 石饰　519、531、555、566、607. 铜"Y"形管　520、528、548、553、560、564、569、572-1、579、596、597、602、605、606、648. 铜双联管状络饰　522、535、538、601、611、650-2-1、650-2-2. 铜节约　523、532、541、556、570、576、578、581、586、587、593、598、600、604、649. 铜鱼　524、536. 铜鞁中饰　529、539、572-2、610、652. 铜方环　530. 蚌泡　542、573、574、589、608. 石泡　559、613. 煤精石饰　567、595-2. 铜片　582、651-2. 铜工形管　584. 铜游环　643. 铜泡　650-1、650-2-3. 铜管状络饰　653. 玉管　654. 玉扉

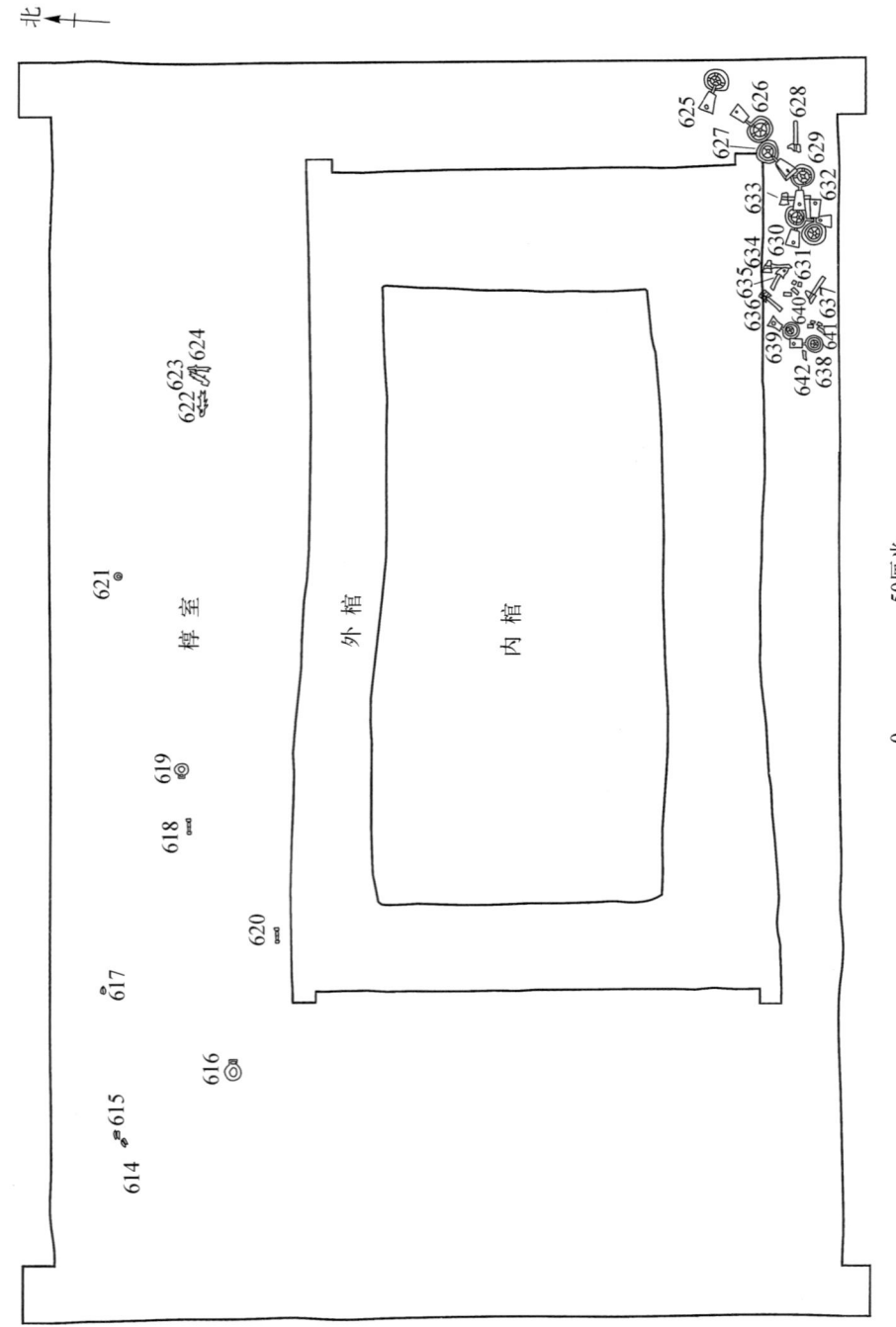

图4-30　07QSM10棺椁之间第6层遗物分布图

614、615、617. 海贝　616、619. 铜游环　618、620. 骨小腰　621. 石泡　622~624. 铜鱼　625~627、629~632、638、639. 铜銮铃
628、633~637. 铜车辖　640、641. 蚌鱼　642. 蚌饰

出土于D4的有：蚌泡2件（011、033）、铜管状络饰3件（012）、铜双联管状络饰1件（034）、铜车軎1件（041）、石磬5件（043～047）、铜鞍侧饰1件（058）、铜圆环1件（059）、铜泡2件（060-1、060-2）、铜"Y"形管1件（070）、铜节约1件（071）、铜片2片（092）。

出土于D6墓室塌陷坑的有：蚌饰1件（052）。

出土于D7的有：铜车軎1件（053）、铜轭脚1件（085）。

7. 随葬品介绍

随葬品有青铜器、玉石器、蚌贝器、骨角器、漆器、车共六类。

（1）青铜器

a. 容器

簋盖　2件。M10：28，残。盖面弧鼓，近捉手处饰一周窃曲纹，其外饰瓦纹。残长8.1、残宽6.4厘米。重98.9克（图4-31，1；图4-32，1、4；彩版三四，1、3）。背面残存铸铭6行19字，可辨其中16字：

册
先王
唯申就
较，朱虢
金甬，馬
對揚王丕

M10：083，残。盖面弧鼓，有内折的窄平沿，沿面内凹。盖缘饰一周窃曲纹，其内饰瓦纹，窃曲纹中间为一目，两侧连接成中心对称的回形曲线。残长10.1、残宽5.2厘米。重95.2克（图4-31，2；图4-32，2；彩版三四，2）。

尚爵　1件（M10：234）。槽状流，尖尾上翘，双伞状柱立于流折与鋬上部口沿的中间，直桶状腹，横截面作圆形，一侧置半环形兽首鋬，圜底，刀形三足外撇。腹部饰上宽下窄的两周兽面纹，流下饰一组兽面纹，局部纹饰锈蚀不清。流至尾15.4、腹径6.2、高21厘

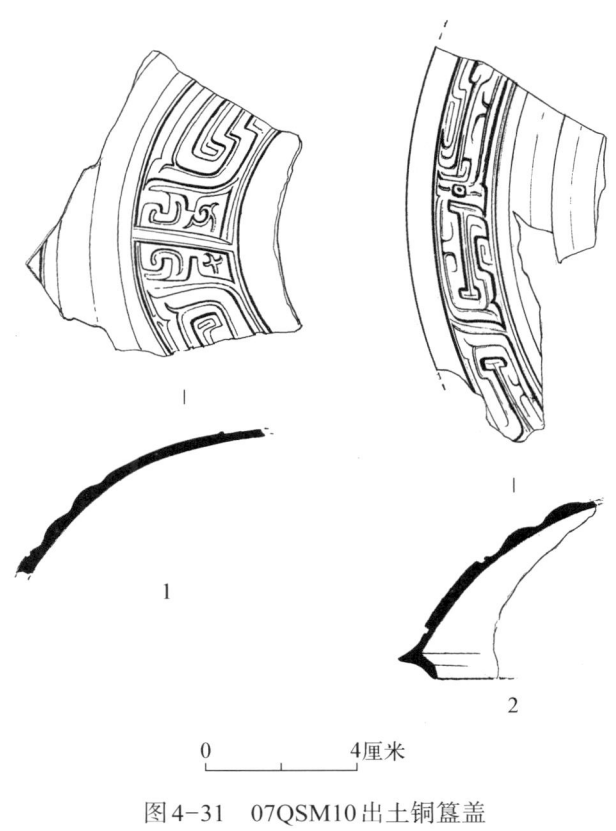

图4-31　07QSM10出土铜簋盖

1、2. M10：28、083

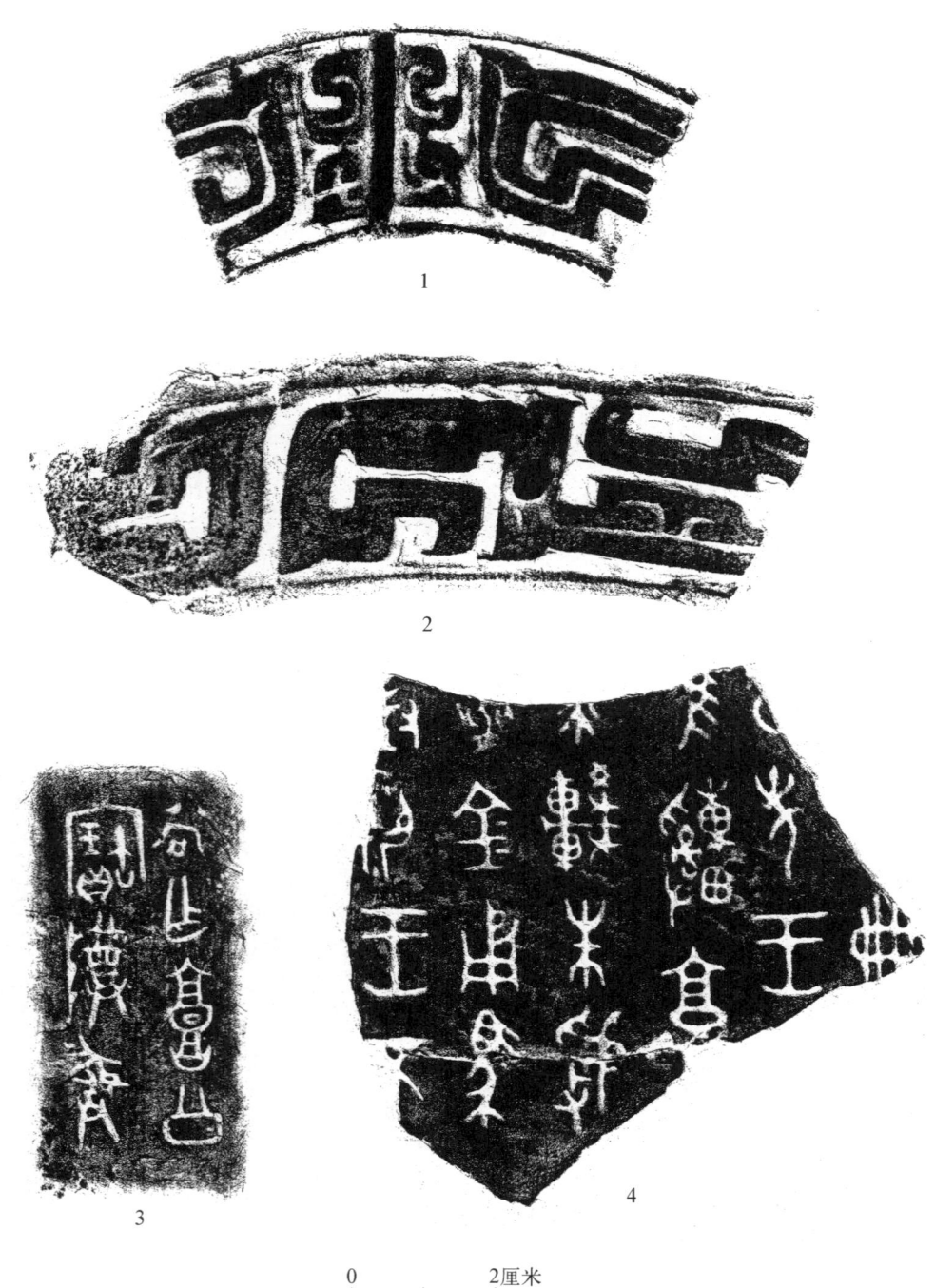

0   2厘米

图4-32　07QSM10出土铜容器拓本

1、4. 簋盖（M10∶28）纹饰及铭文　2. 簋盖（M10∶083）纹饰　3. 尚爵（M10∶234）铭文

米。重710克（图4-33；图4-34；图4-32,3；彩版三五、三六、三七）。流下器腹内壁铸铭文2行7字：

尚作章（郭）公
宝尊彝。

　　册觯　1件（M10：360）。整体细高，喇叭形侈口，方唇，束颈，深腹下部垂鼓，高圈足外撇，口径大于腹径，口部、腹部及圈足截面均为圆形。颈部饰蕉叶纹，颈下有两周凸箍将纹饰分为上下两端，上段较窄，饰回首夔纹，两两相对，龙尾下卷，通体呈"S"形，长角状冠下垂，无足，尾后连缀三角形。下段较宽，饰大鸟纹，两两相对，鸟喙卷曲，回首，头上有冠羽垂于身前作卷云纹状，双翅上扬，末端呈叉状，脚的跗跖伸直，长尾下垂而向内回卷。由四块范合铸而成，有明显的错范现象。口径7.7、腹径6.3、高16.6厘米。重730克（图4-35；彩版三八、三九）。颈内壁一周均有阳线方形字框，铸铭仅见于局部，铭辞可能不完整，见4行10字：

册□（师）井
皇且（祖）考，
秉明□（德），
且（祖）。

b. 车马器

　　毂饰　共31件，其中成套者有9套26件。分辖、軎、牴三部分，均分铸合为一套。出土成套的毂饰9套，均装配在车

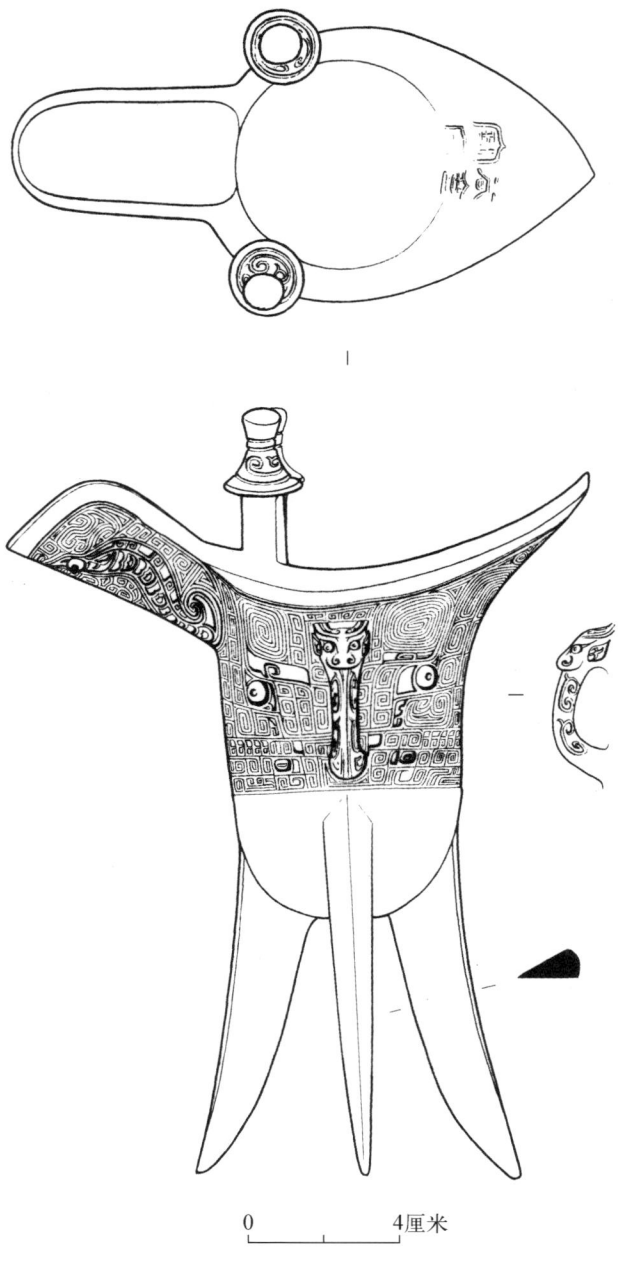

图4-33　07QSM10出土尚爵（M10：234）

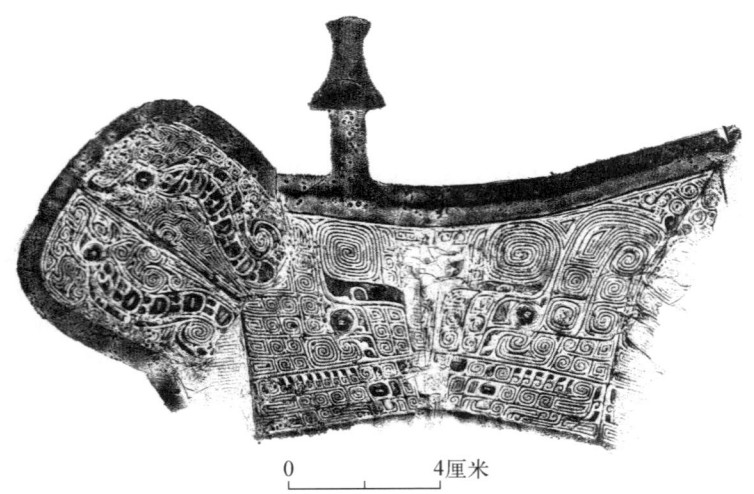

0 4厘米

图4-34 07QSM10出土尚爵（M10：234）纹饰拓本

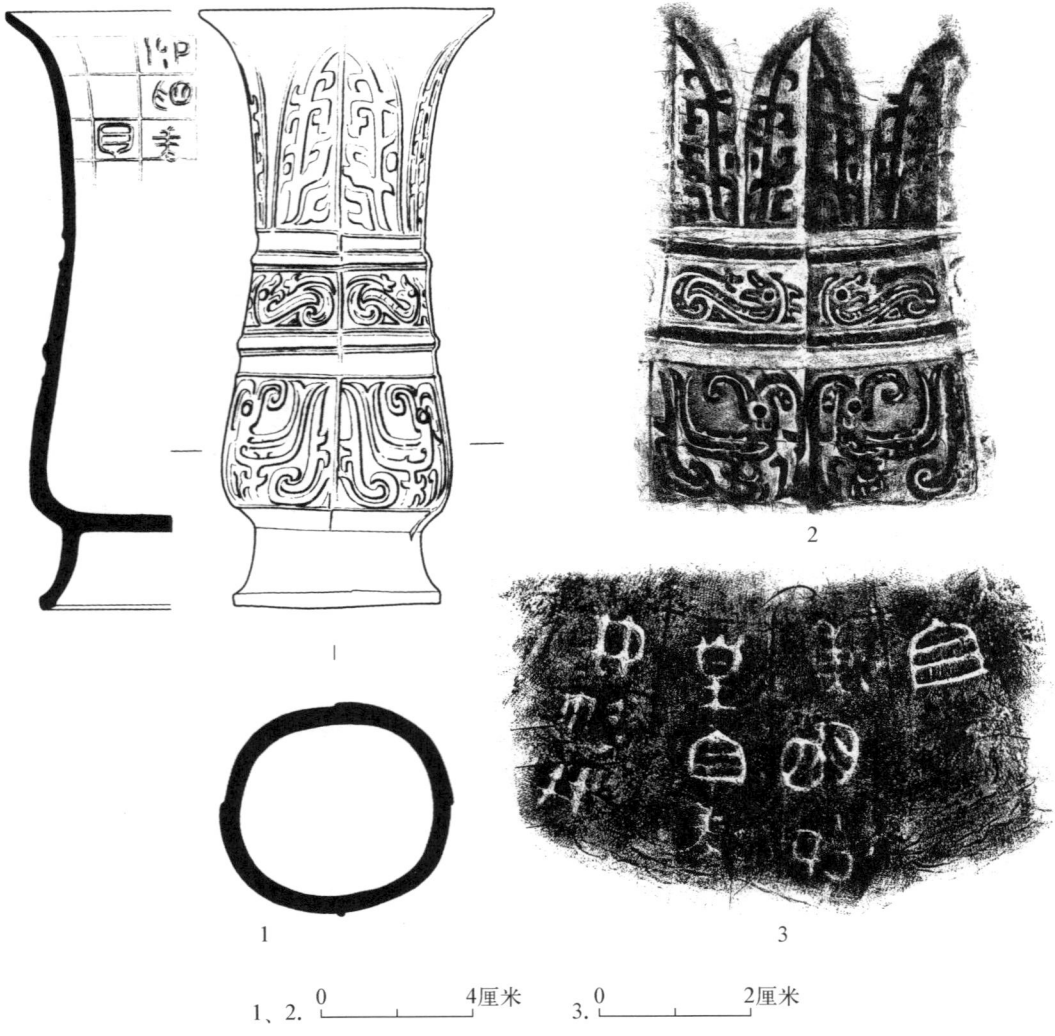

1 2 3

1、2. 0 4厘米 3. 0 2厘米

图4-35 07QSM10出土册觯（M10：360）及纹饰、铭文拓本

毂上，其中8套由軎、辖、軝各1件组成，1套由辖、軝各1件组成。另外在墓室内单独出土2件軎（M10：t39、M10：t42）、1件辖（M10：t7）和1件軝（M10：t50），东墓底部单独出土1件軝（M10：t49）。推测原本可能装配在车毂上，但清理时未发现车轮痕迹。为便于描述，将軎、辖、軝分类介绍，各套毂饰中軎、钏、軝的组合关系见下表（表4-15）。

表4-15　07QSM10出土车轮与装配铜毂饰的编号对照表

位　置	车　轮	铜　毂　饰		
		軎	辖	軝
墓室	轮11	t22-1（C型）	t22-2（B型）	t22-3（A型）
	轮13	t23-1（D型）	t23-2（B型）	t23-3（A型）
	轮28	t4-3（C型）	t4-2（B型）	t4-1（A型）
	轮30	t6-1（A型）	t6-2（A型）	t6-3（B型）
	轮31	t25-1（C型）	t25-2（A型）	t25-3（A型）
	轮35	t33-1（C型）	t33-2（B型）	t33-3（A型）
		t34-1（B型）	t34-2（B型）	t34-3（A型）
墓道南壁	轮39	t46-3（E型）	t46-2（C型）	t46-1（A型）
墓道北壁	轮41	—	t47-1（A型）	t47-2（A型）

軎　共10件。圆筒状，内端略小于外端，有圆形或方形钉孔。根据挡头及器表纹饰不同，分五型：

A型　共3件。外端无挡头，器壁外端较内端厚，器身较宽，素面，有三个钉孔。M10：t6-1，三孔中一孔未透，仅内壁可见。宽6.2、内端径10.3、外端外径11.5、外端内径10.3厘米。重543.2克（图4-36，3；彩版四〇，1）。M10：t39、42，形制、大小基本相同。M10：t39，三孔中两孔未透，仅从内壁可见。宽5.2、内端径11.8、外端外径12.3、外端内径11.3厘米。重690克（图4-36，1；彩版四〇，2）。M10：t42，三孔中一孔未透，仅从内壁可见。宽5.4、内端径12、外端外径12.8、外端内径11.3厘米。重730克（图4-36，2）。

B型　1件。外端无挡头，器壁外端较内端略厚，器身较窄，饰一周重环纹。M10：t34-1，有四个对称的方形钉孔。宽3.4、内端径11.7、外端外径12.4、外端内径11.9厘米。重226.4克（图4-37，4；彩版四〇，3）。

C型　共4件。外端有内折的挡头，挡头极窄，器身较窄，素面。M10：t4-3，有四个不完全对称的方形钉孔，其中一孔内有四棱锥状铜钉。宽3.5、内端径11.3、外端外径12.5、外端内径10.8厘米。重214.4克（图4-38，1）。M10：t22-1，有五个方形钉孔。宽3.5、内端径10.3、

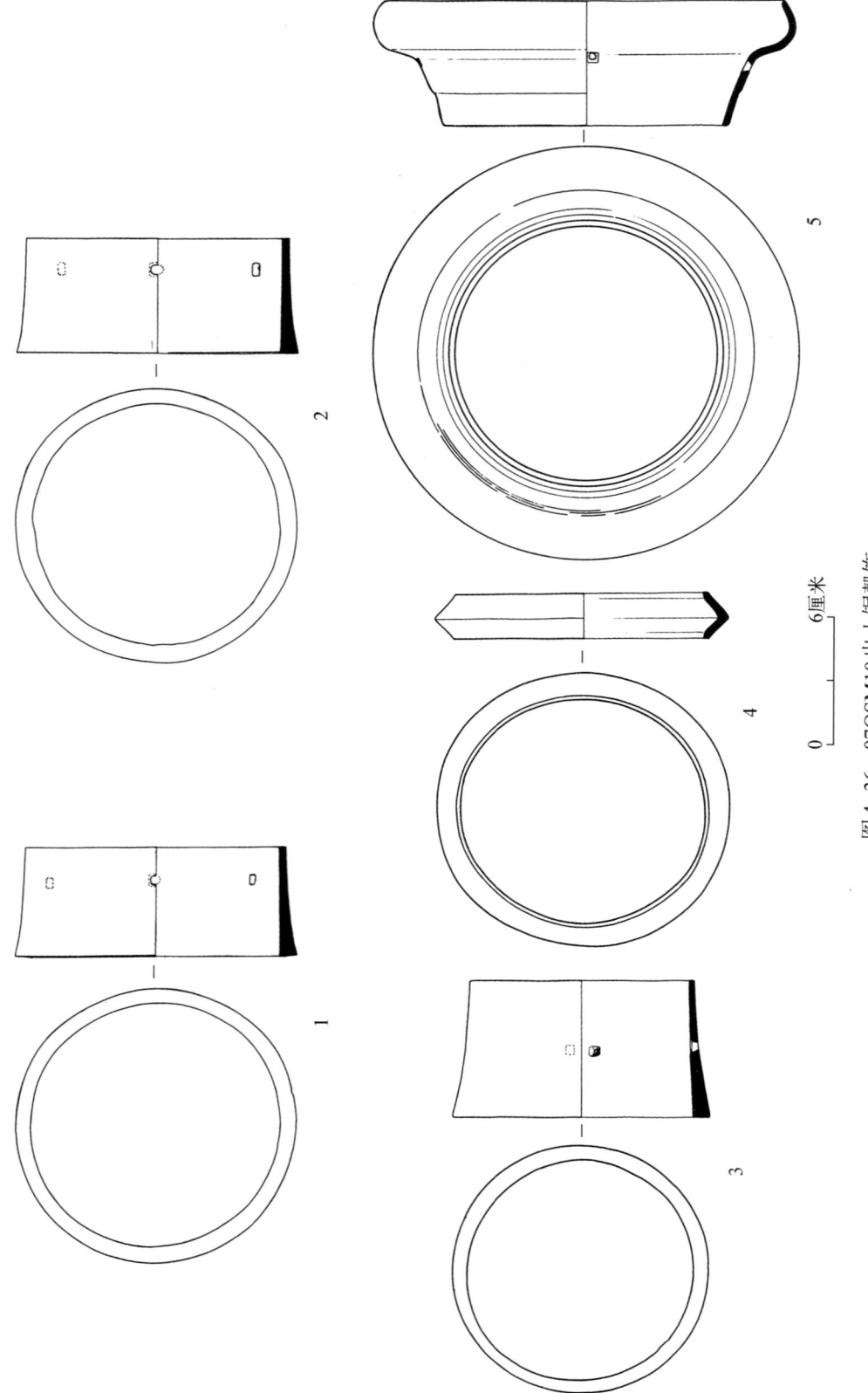

图4-36　07QSM10出土铜毂饰

1、2. A型軥（M10：t39、t42）　3～5. 轮30毂饰（A型軥 M10：t6-1、A型軥 M10：t6-2、B型軥 M10：t6-3）

0　　　　　　6厘米

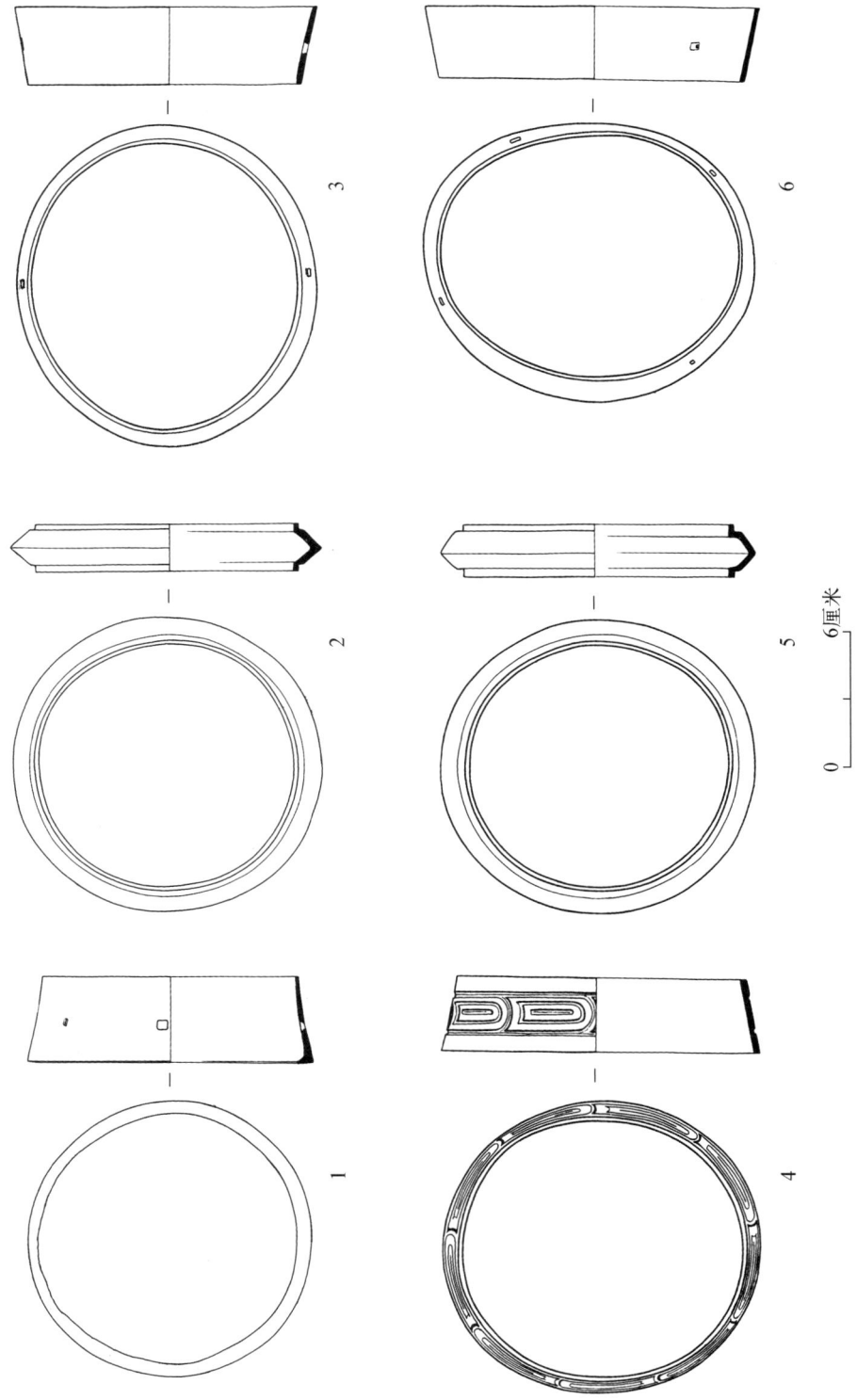

图4-37　07QSM10轮35装配铜毂饰

1～3.（C型辖M10∶t33-1、B型軎M10∶t33-2、A型軎M10∶t33-3）　4～6.（B型辖M10∶t34-1、B型軎M10∶t34-2、A型軎M10∶t34-3）

0　　　　　6厘米

外端外径11、外端内径10.1厘米。重202.1克(图4-38,4)。M10:t25-1,残断,有四个对称的方形钉孔。宽3.4、内端径11.8、外端外径13.4、外端内径11.9厘米。重163克(图4-39,1)。M10:t33-1,有四个不对称的方形钉孔。宽3.7、内端径10.9、外端外径12.2、外端内径11厘米。重211.5克(图4-37,1;彩版四〇,4)。

D型　1件(M10:t23-1)。外端有内折的挡头,挡头极窄,器身较窄,近外端饰一周凸起的绳索纹,有五个钉孔,其中一孔内有铜钉。宽4.4、内端径11.2、外端外径11.6、外端内径10.9厘米。重307.6克(图4-39,4;彩版四〇,5)。

E型　1件(M10:t46-3)。外端有内折的挡头,挡头较宽,器身较宽,有两个对称的圆形穿孔,素面。宽5.9、内端径11.3、外端外径12.3、外端内径6.5厘米。重850克(图4-40,4;彩版四〇,6)。

钏　共10件。圆形圈状,内外两端口径相若,中部外凸成棱,内壁一般相应内凹成槽。根据器壁特征分三型:

A型　共3件。较窄,整体呈"∧"形,无窄平边。M10:t6-2,宽2、内径11.1、外凸径12.8厘米。重249.7克(图4-36,4)。M10:t25-2,宽1.9、内径10.8～11.8、外凸径12.6～13.5厘米。重117.6克(图4-39,2;彩版四一,1)。M10:t47-1,宽2、内径11.7、外凸径12.8厘米。重207.9克(图4-41,1)。

B型　共6件。较窄,中部有"∧"形凸棱,棱两侧有窄平边。M10:t4-2,宽2.1、内径11.2、外凸径12.4厘米。重166克(图4-38,2;彩版四一,2)。M10:t7,残断,宽2.5、内径11.2～12、外凸径13.4厘米。重141.1克(图4-40,2)。M10:t22-2,残断,宽2.1、内径11.3、外凸径13.2厘米。重205.4克(图4-38,5)。M10:t23-2,两端各有三个均匀分布的长方形钉孔,其中一孔未穿透,仅从内壁可见。宽2、内径11.2、外凸径13.3厘米。重244.1克(图4-39,5)。M10:t33-2,宽2.1、内径11.6、外凸径13.3厘米。重212.5克(图4-37,2;彩版四一,3)。M10:t34-2,宽2、内径11.3、外凸径13.4厘米。重199.6克(图4-37,5)。

C型　1件(M10:t46-2)。较宽,中部有一周条带状凸起,条带中央有"∧"形凸棱,器内壁平直无凹槽。宽4.6、内径11.2、外凸径12.3厘米。重485.2克(图4-40,5;彩版四一,4)。

軝　共11件。圆形圈状,内端径大于外端,器壁常见钉孔,素面。軝与无挡的輨有时器形近似,从出土情况看,同一轮毂上的輨与軝区别在:① 輨较軝器壁厚、器更宽。② 輨外端器壁较内端厚,而軝内外两端器壁厚度近同。③ 輨内外两端口径差异较小,而軝差异较大,即軝器壁更倾斜。④ 一套毂饰中輨的口径一般小于軝。根据器壁及两端特征,分两型:

A型　共10件。斜壁,内端敞口。M10:t4-1,残断,器身较窄,残存部分有四个方形钉孔,其中两个未穿透,仅内壁可见。宽2.6、内端径13.2、外端径11.8厘米。重116.8克(图4-38,3)。M10:t22-3,残断,有四个对称的方形钉孔,其中一孔未透,仅内壁可见。宽3.4、内

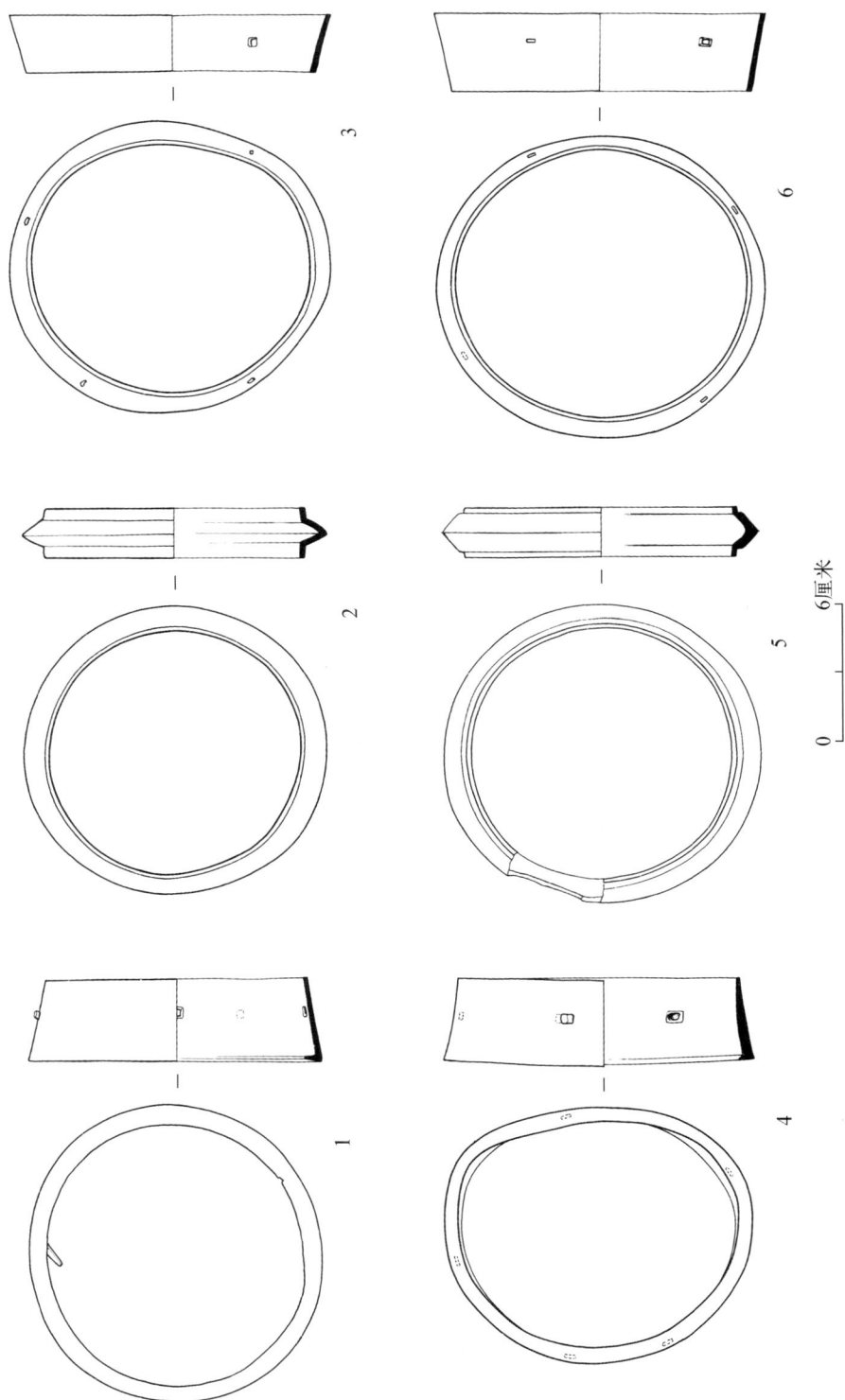

图4-38 07QSM10轮11与轮28装配铜毂饰

1～3. 轮28毂饰（C型軝M10：t4-3、B型軝M10：t4-2、A型軝M10：t4-1） 4～6. 轮11毂饰（C型軝M10：t22-1、B型軝M10：t22-2、A型軝M10：t22-3）

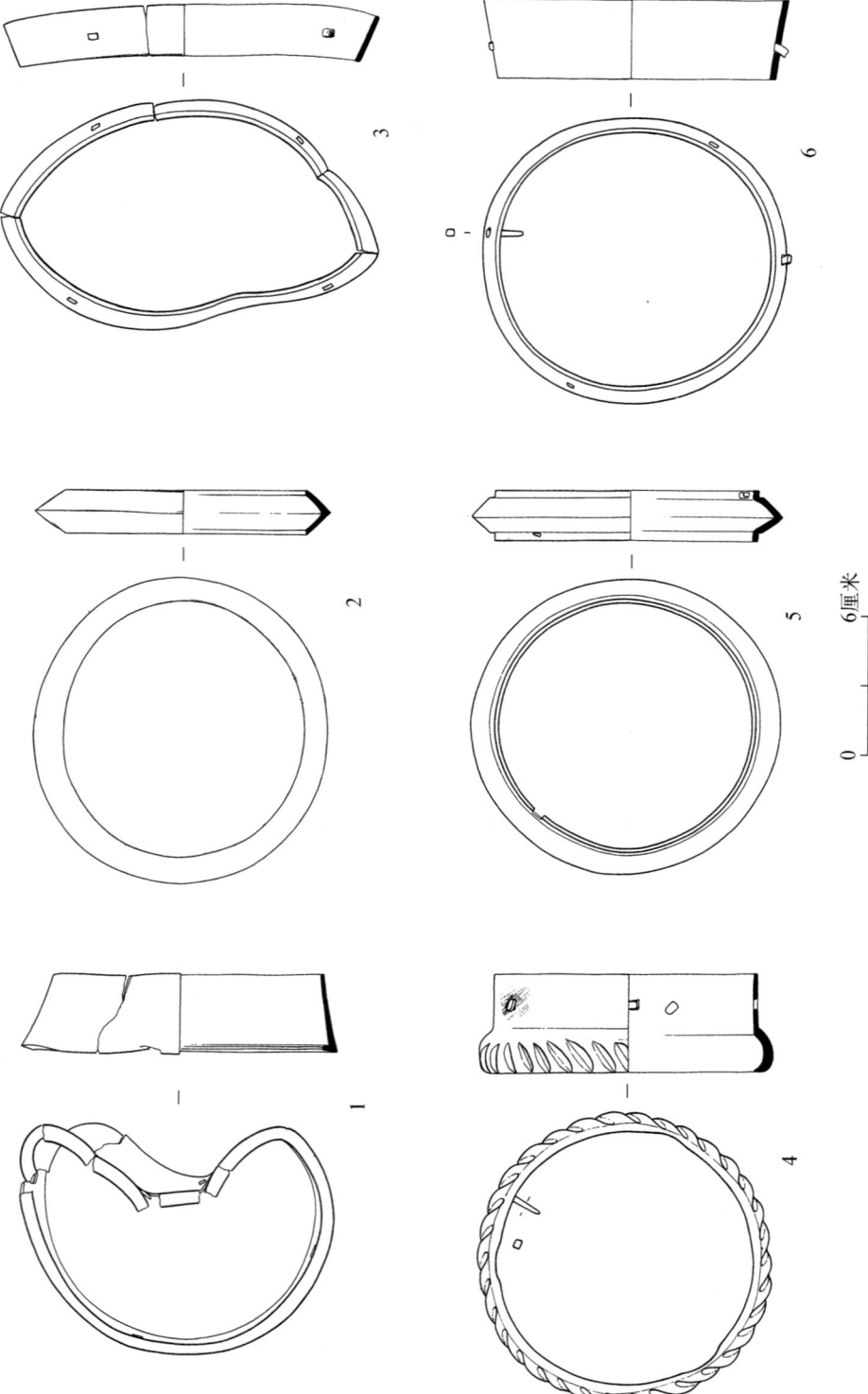

6厘米

0　　　　　　　6

图4-39　07QSM10轮13与轮31装配铜毂饰

1～3. 轮31毂饰（C型軝M10：t25-1、A型軹M10：t25-2、A型軎M10：t25-3）　4～6. 轮13毂饰（D型軝M10：t23-1、B型軹M10：t23-2、A型軎M10：t23-3）

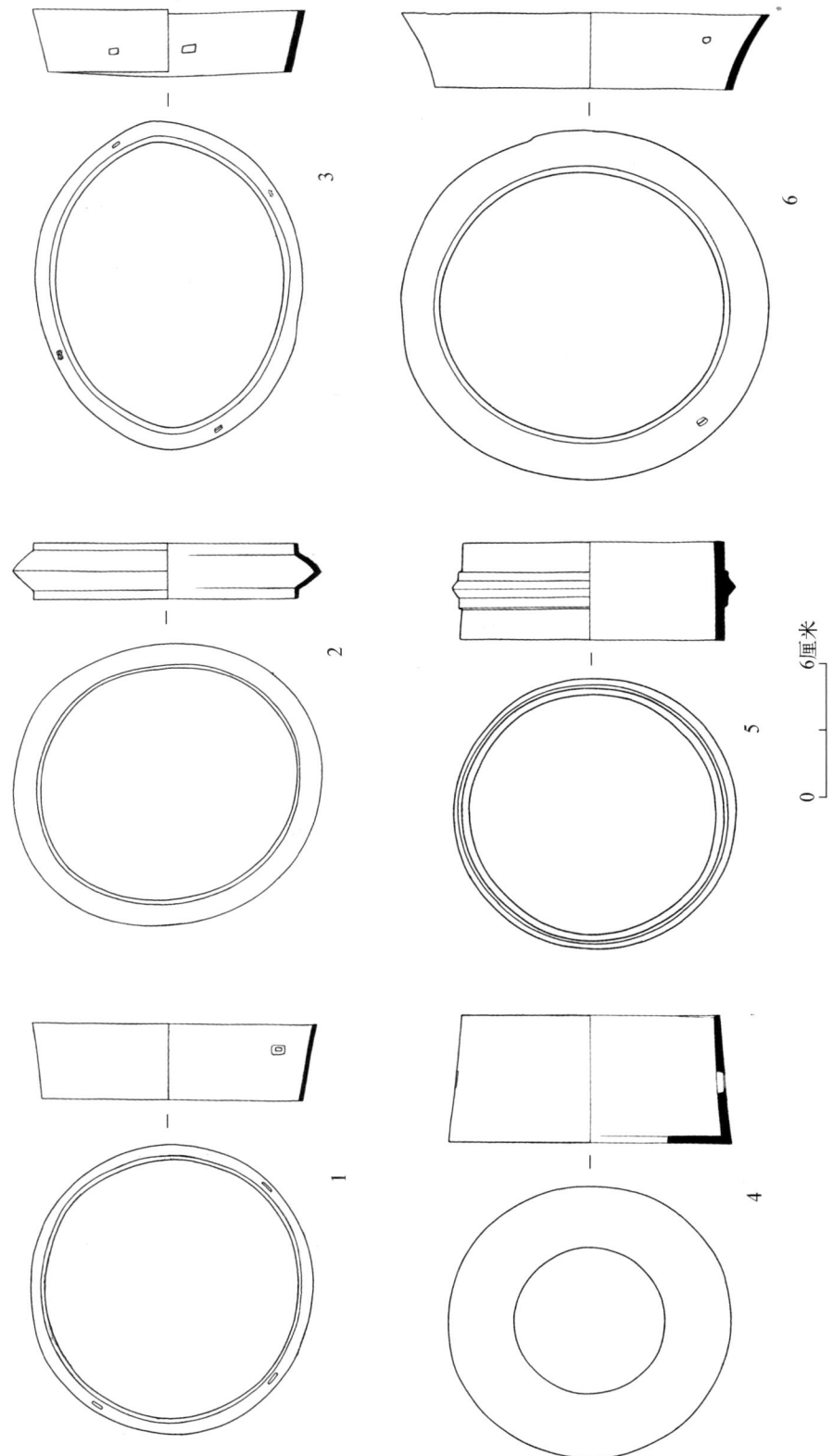

图 4-40　07QSM10 出土铜毂饰

1、3．A 型軎（M10∶t50、t49）　2．B 型軎（M10∶t7）　4～6．轮 39 毂饰（E 型辖 M10∶t46-2、A 型辖 M10∶t46-3、C 型辖 M10∶t46-2、A 型軎 M10∶t46-1）

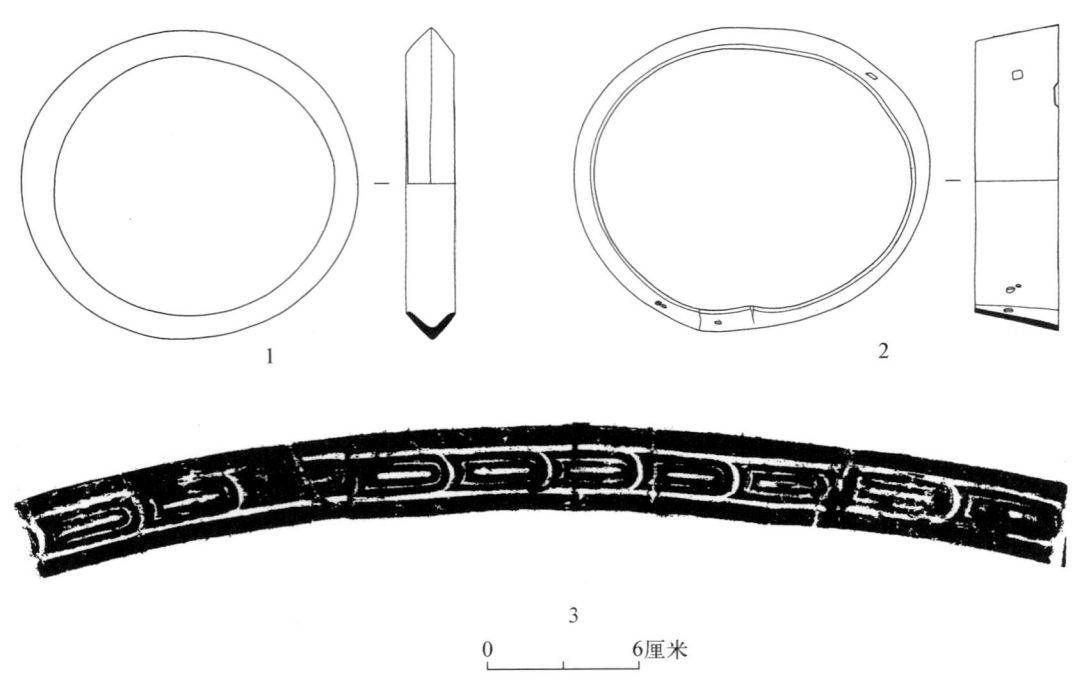

图4-41 07QSM10轮35与轮41装配铜毂饰

1、2. 轮41毂饰（A型軎M10：t47-1、A型軝M10：t47-2） 3. 轮35毂饰（B型辐M10：t34-1）纹饰拓本

端径13.2、外端径12厘米。重182.9克（图4-38，6）。M10：t23-3，残断，残存部分有三个方形钉孔，其中一孔内插铜钉，呈四棱锥状。宽3.4、内端径12.5、外端径11.5厘米。重110.4克（图4-39，6）。M10：t25-3，残断，器身较窄，有四个对称的方形钉孔，均未穿透，仅内壁可见。宽2.3厘米。重134.6克（图4-39，3）。M10：t33-3，残断，残存部分有两个方形钉孔。宽3.4、内端径13.4、外端径12.5厘米。重170.2克（图4-37，3）。M10：t34-3，被压扁，有四个对称的方形钉孔，其中三孔未透，仅内壁可见。宽3.5、内端径12.2、外端径11.1厘米。重160.8克（图4-37，6）。M10：t46-1，器壁较厚，壁面微内凹，有一个方形钉孔。宽3.6、内端径15.6、外端径12厘米。重354.6克（图4-40，6；彩版四一，5）。M10：t47-2，残断，有方形与圆形钉孔各三个，其中两个方孔未透，仅内壁可见。宽3.3、内端径12.5、外端径11.1厘米。重150.9克（图4-41，2）。M10：t49，残断，有四个对称的方形钉孔，均未透，仅内壁可见。宽2.8、内端径11.8、外端径10.5厘米。重199.3克（图4-40，3）。M10：t50，有对称的两个方形钉孔。宽3.4、内端径12.4、外端径11.4厘米。重160.8克（图4-40，1）。

B型　1件（M10：t6-3）。曲壁，近外端为二级坡状，近内端圆鼓，内端敛口。宽5.8、内端径18.5、外端径12.4、最大径19.4厘米。重690克（图4-36，5；彩版四一，6）。

车軎　共21件。均为斜壁圆筒状，口端较粗，以纳木轴，顶端封闭，较细，顶面平齐或内凹。器身中部有一或两周凸棱，分軎为内外两节，内节素面，有两个对穿的长方形辖孔，以纳辖键，外节与顶端有纹饰。近顶端常有小钉孔，多是两孔对应于范线处，表明在轴末端再次以钉对書加固。口端与一侧辖孔间的入毂处常见磨损痕迹，器壁极薄或残缺，应是使用时書与毂、辖摩擦所致。出土车書器形差异不大，纹饰种类繁多，根据外节上的主体纹饰不同，可分七型：

A型　1件（M10∶t2）。外节饰一周四个长三角纹，内填变形蝉纹。器身中部有一周凸棱，外节长于内节，顶端内凹，顶部饰涡纹。近顶端紧邻范线处有两个对称的三角形小钉孔。一侧辖孔的入毂处磨损残缺。口径5.8、顶径4.6厘米，辖孔长3.4、宽1.4厘米，通长13厘米。重411.9克（图4-42；彩版四二，2）。

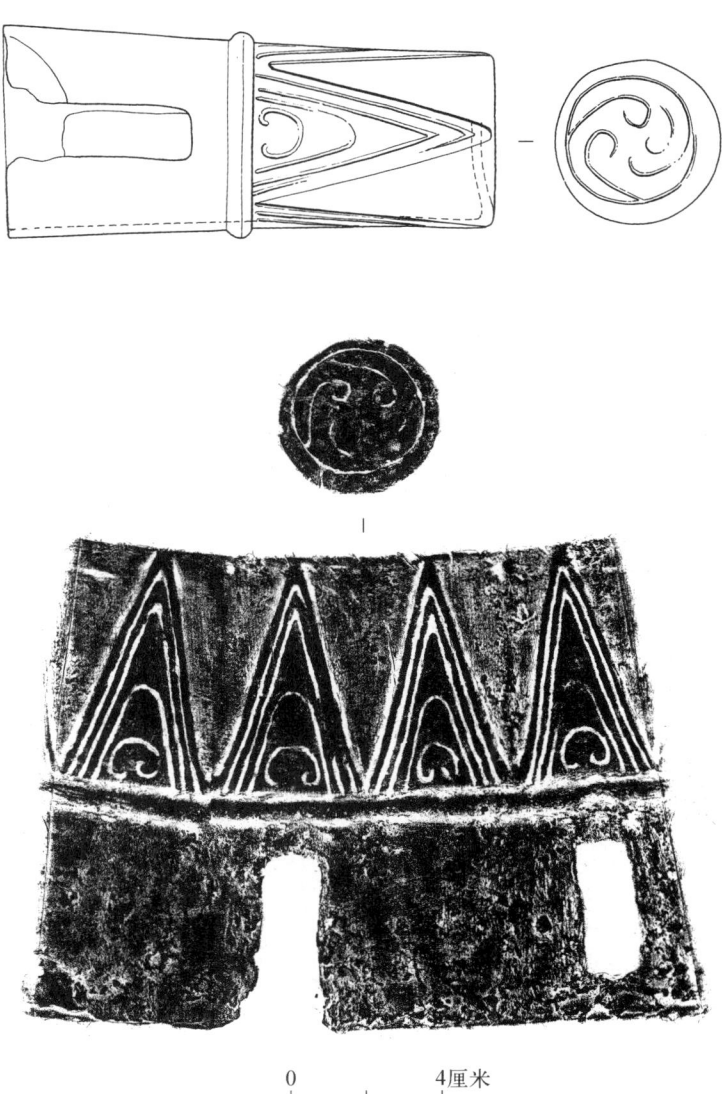

0　　　　　4厘米

图4-42　07QSM10出土A型铜车書（M10∶t2）及纹饰拓本

    B型　共2件。外节饰一周六个三角纹，内填变形蝉纹。M10：t15、t17，形制、纹饰、大小相同，均出于东墓道，可能为一对。器身中部均有一周凸棱，内节长于外节，平顶微内凹，顶部素面（彩版五五，1）。M10：t15，近顶端有四个对称的小钉孔，其中三孔为三角形，另一孔极小。口端入毂处残损近一半。口径5.9、顶径4.4厘米，辖孔长3.6、宽1.2厘米，通长14.1厘米。重473.2克（图4-43，1；彩版四三，2）。M10：t17，一侧辖孔的入毂处磨损残缺。口径6.4、顶径4.8厘米，辖孔长3.1、宽1.4厘米，通长14.3厘米。重571.1克（图4-43，2、3；彩版四三，1）。

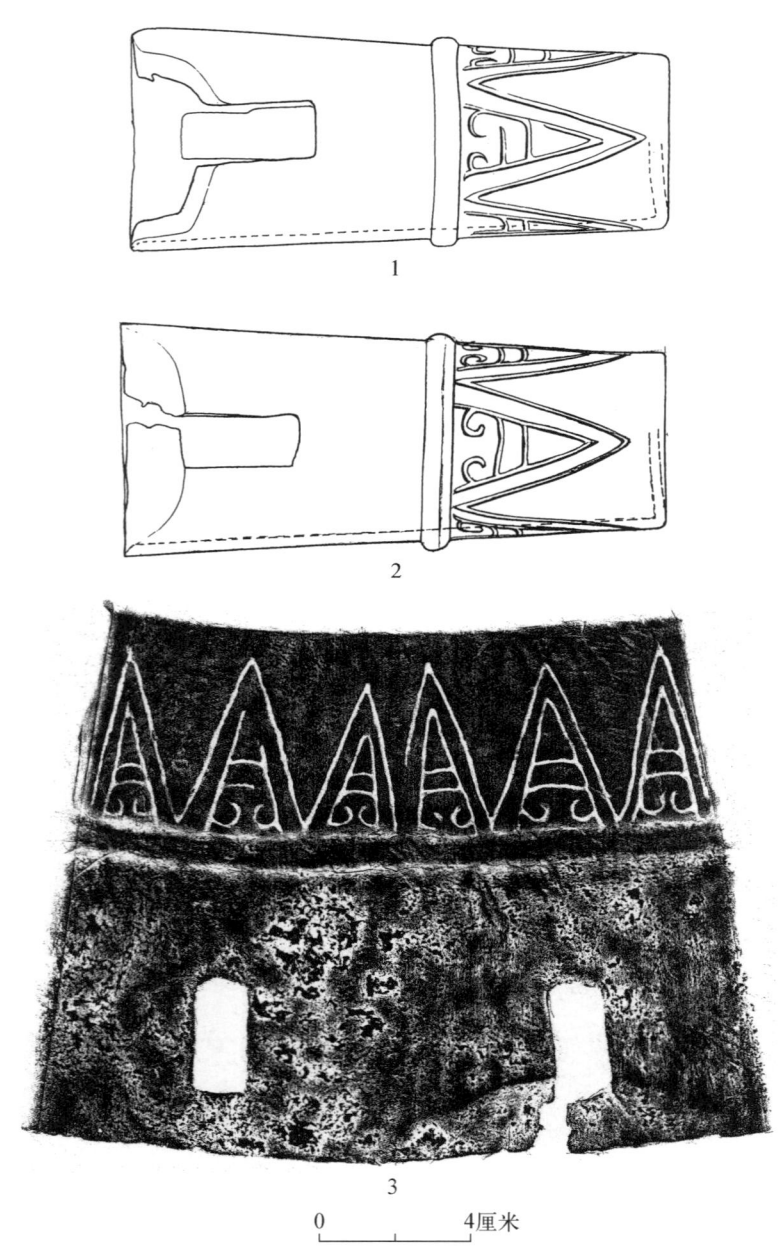

图4-43　07QSM10出土B型铜车軎

1. M10：t15　2、3. M10：t17及纹饰拓本

C型　共2件。外节饰一周波带纹,波峰较高,波带间夹有眉、口状纹。M10：t43、t45,形制、大小基本相同,均出于东墓道,可能为一对。器身中部有一周凸棱,内节长于外节,平顶微内凹,顶部素面。无磨损痕迹(彩版五五,2)。M10：t43,口径6.1、顶径4.7厘米,辖孔长3.1、宽1.3厘米,通长12.1厘米。重453.4克(图4-44,1、3;彩版四四,1)。M10：t45,口径6.2、顶径4.7厘米,辖孔长3、宽1.3厘米,通长12.8厘米。重442克(图4-44,2;彩版四四,2)。

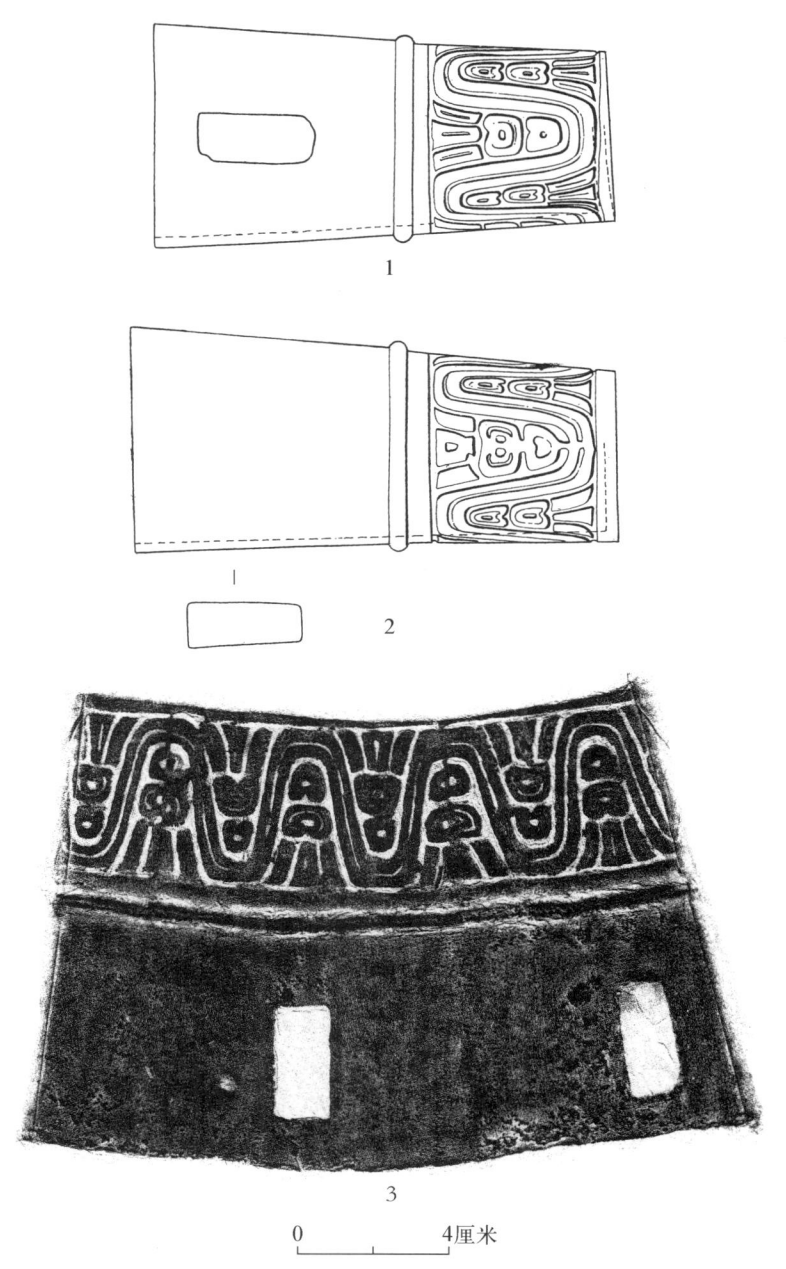

图4-44　07QSM10出土C型铜车軎
1、3. M10：t43及纹饰拓本　　2. M10：t45

　　D型　1件（M10∶t35）。外节饰一周波带纹，波峰较高，波带间无纹饰。器身中部有一周凸棱，棱上有一周旋纹，内节长于外节，平顶，顶部饰涡纹。近顶端有两个圆形小钉孔，其中一孔紧邻范线，口端近辖孔处还有一圆形钉孔。口端入毂处残损近一半。口径6、顶径4.8厘米，辖孔长3.1、宽1.6厘米，通长13.5厘米。重408.5克（图4-45；彩版四五）。

0　　　　　4厘米

图4-45　07QSM10出土D型铜车軎（M10∶t35）及纹饰拓本

　　E型　共9件。外节饰两周纹饰,内侧为重环纹,外侧为波带纹,波带间夹有眉、口状纹。除M10∶096器身中部有一周凸棱外,其余都有两周凸棱,均内节长于外节。M10∶096,顶端内凹,饰涡纹。口端入毂处有磨损。口径5.6、顶径4.9厘米,辖孔长3.1、宽1.4厘米,通长12.5厘米。重419.9克(图4-46;彩版四九,1)。M10∶097,重环纹与波带纹间夹有一周宽带纹,平顶,顶部饰重环纹。无磨损痕迹。器表有褐色铁锈。口径5.9、顶径4.6厘米,辖孔长2.9、宽1.2厘米,通长11.5厘米。重495.9克(图4-48,3;彩版四九,2)。M10∶t5,波带纹波峰较高,平顶,顶部中间饰涡纹,外侧饰重环纹,近顶端范线处有一个小钉孔。口端入毂处残损近一半。口径6.2、顶径4.7厘米,辖孔长3.3、宽1.3厘米,通长14.3厘米。重541.7克(图4-47;彩版

0　　　　4厘米

图4-46　07QSM10出土E型铜车軎(M10∶096)及纹饰拓本

0　　　　　　　4厘米

图4-47　07QSM10出土E型铜车軎（M10：t5）及纹饰拓本

四七）。M10：t3、041，形制、大小基本相同，可能为一对。平顶，饰重环纹。近顶端范线处有两
个对称的小钉孔。口端入毂处残损近一半。M10：t3，口径5.5、顶径4.4厘米，辖孔长3.5、宽1.3
厘米，通长11.6厘米。重379.2克（图4-48，1；彩版四六，1）。M10：041，口径5.6、顶径4.3厘
米，辖孔长3.4、宽1.6厘米，通长11.5厘米。重363.4克（图4-48，2；彩版四六，2）。M10：t8、
M10：t9，形制、大小基本相同，均出于东墓道，可能为一对。平顶，饰重环纹，内壁残存有垫
布痕迹。M10：t8，从辖孔处至顶端有一条裂痕，一侧辖孔的入毂处磨损残缺。口径5.9、顶
径4.4厘米，辖孔长3.4、宽1.6厘米，通长11.5厘米。重400.5克（图4-49，1、3；彩版五〇，1）。
M10：t9，口端与一侧辖孔间的入毂处略有磨损。口径5.7、顶径4.5厘米，辖孔长3.2、宽1.4厘

0　　　4厘米

图4-48　07QSM10出土E、F型铜车軎

1~3. E型（M10：t3、041、097）　4. F型（M10：t44）

米，通长11.5厘米。重391.4克（图4-49，2；彩版五〇，2）。M10：t32、t48，形制、大小基本相同，可能为一对。重环纹与波带纹间夹有两周弦纹，顶端微内凹，饰重环纹。口端入毂处残损近一半。M10：t32，口径5.8、顶径4.5厘米，辖孔长3、宽1.1厘米，通长11.2厘米。重269.1克（图4-50，1；彩版五一，1）。M10：t48，顶端略残，口径5.8、顶径4.6厘米，辖孔长2.7、宽1.2厘米，通长11.1厘米。重271.6克（图4-50，2、3；彩版四八）。

图4-49　07QSM10出土E型铜车害

1、3. M10：t8及纹饰拓本　　2. M10：t9

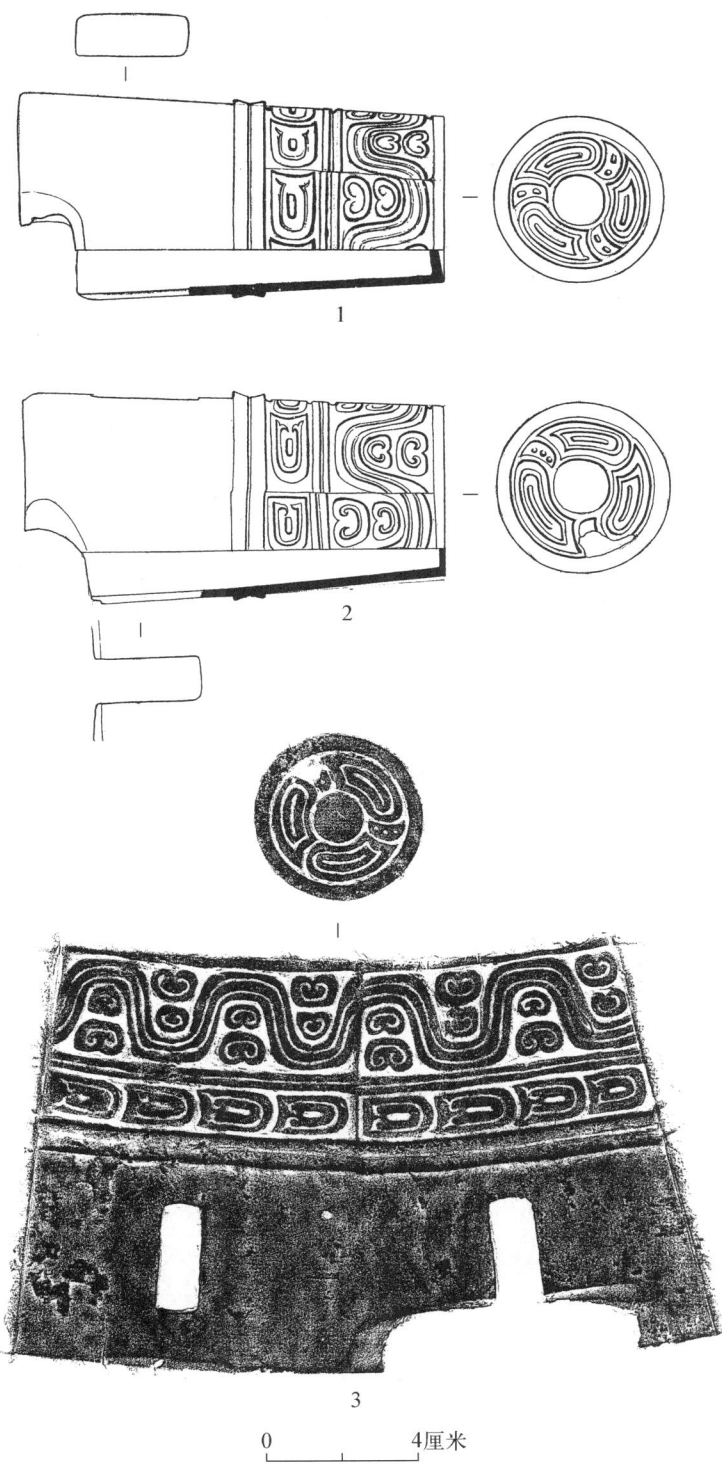

图4-50　07QSM10出土E型铜车害

1. M10∶t32　2、3. M10∶t48及纹饰拓本

　　F型　共5件。外节饰两周纹饰,内侧为重环纹,外侧为变形蝉纹。内节长于外节。M10:t44,器身中部有一周凸棱,平顶,顶部饰涡纹。无磨损痕迹,锈蚀严重,顶端残。口径6.2、顶径4.9厘米,辖孔长3.4、宽1.6厘米,通长12.6厘米。重483.6克(图4-48,4;彩版五一,2)。M10:t37、M10:053,形制、大小基本相同,可能为一对。器形较小,器身中部有一周凸棱,平顶,饰重环纹。M10:t37,近顶端范线处有一小钉孔,口端入毂处有磨损。口径5.3、顶径4.2厘米,辖孔长3、宽1.1厘米,通长9.5厘米。重302.7克(图4-51,2;彩版五二,1)。M10:053,口端入毂处有磨损和裂缝,害内残存车轴朽木。口径5.2、顶径4.2厘米,辖孔长3.1、宽1.1厘米,通

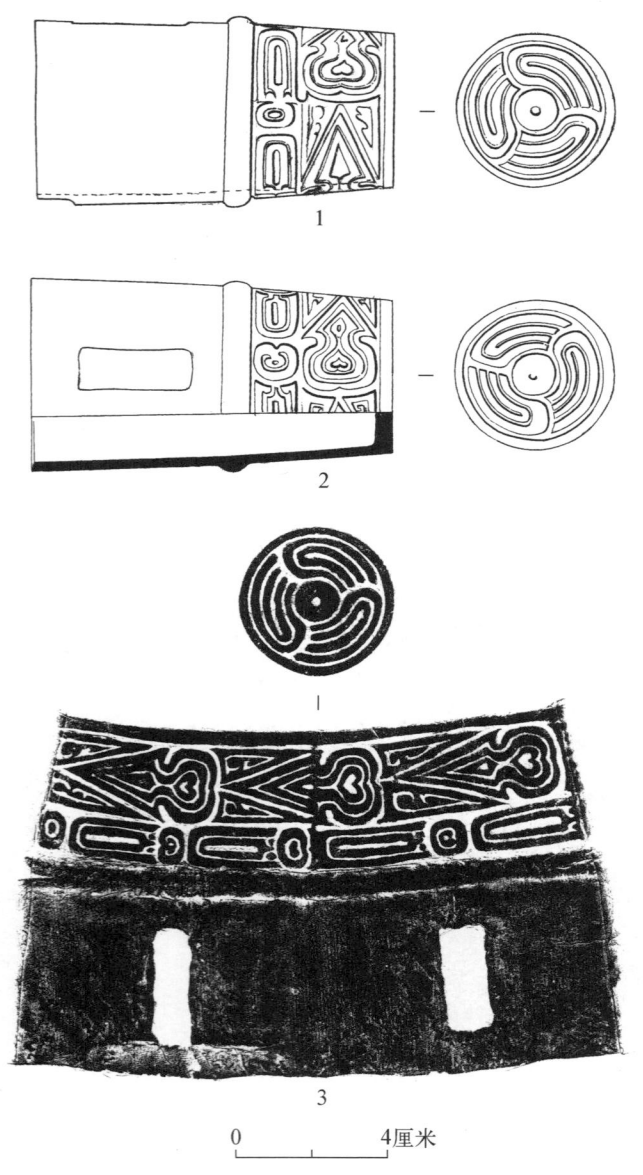

图4-51　07QSM10出土F型铜车害

1、3. M10:053及纹饰拓本　2. M10:t37

长9.5厘米。重275.5克（图4-51,1、3;彩版五二,2）。M10:477-1、M10:477-2,形制、大小基本相同,可能为一对。器身中部有两周凸棱,平顶,顶部饰重环纹。无磨损痕迹（彩版五五,3）。M10:477-1,口径5.8、顶径4.8厘米,辖孔长3.1、宽1.5厘米,通长10.5厘米。重278.2克（图4-52,2、3;彩版五三,1）。M10:477-2,口径5.7、顶径4.7厘米,辖孔长3.3、宽1.6厘米,通长10.7厘米。重257克（图4-52,1;彩版五三,2）。

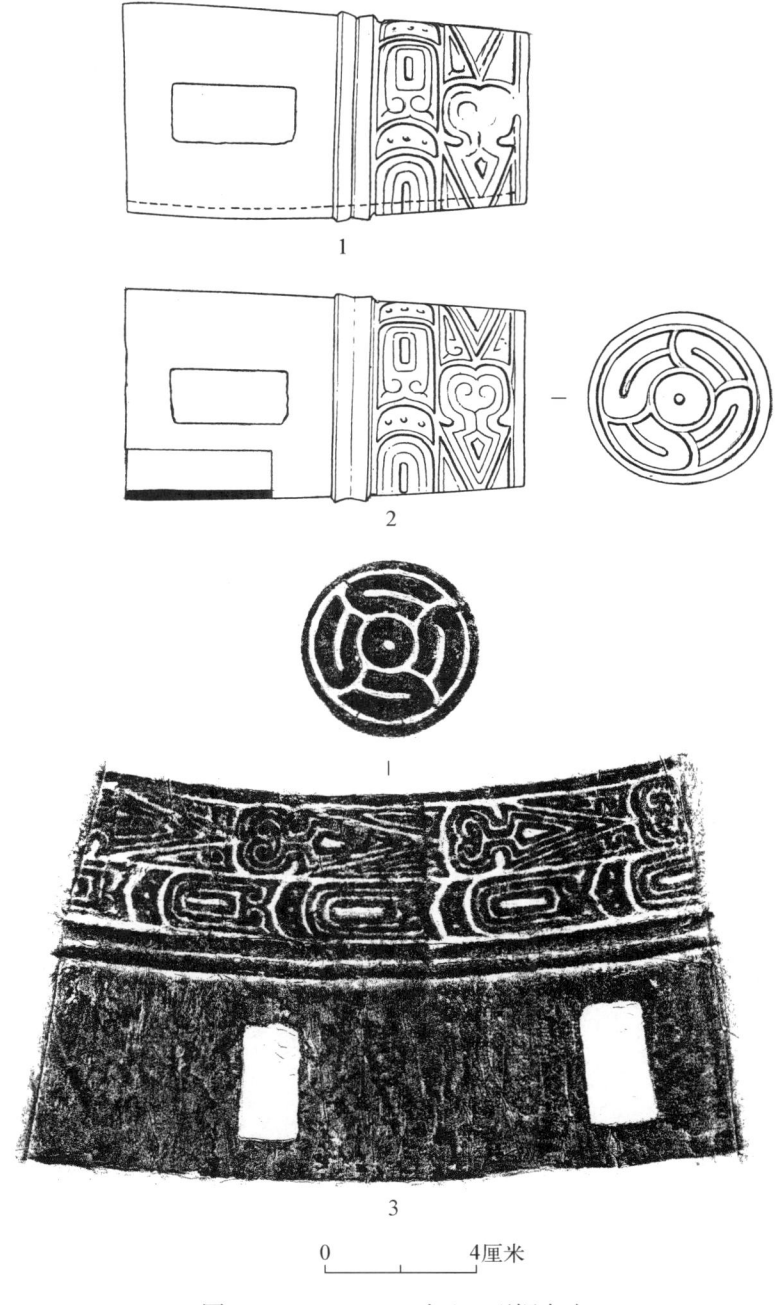

0　　　　　4厘米

图4-52　07QSM10出土F型铜车軎
1. M10:477-2　2、3. M10:477-1及纹饰拓本

G型　1件（M10∶t10）。外节饰两周纹饰，内侧为重环纹，外侧为窃曲纹，其间有一周宽带纹。器身中部有一周束带式凸棱，内节长于外节，平顶，顶部饰重环纹。近顶端有两个对称的小钉孔。无磨损痕迹。口径5.9、顶径4.5厘米，辖孔长2.7、宽1.2厘米，通长11.3厘米。重328.5克（图4-53；彩版五四）。

车辖　共22件。辖首正面多为兽头形，后与背板相连，其间有穿孔，使革带穿过其中以缚于辀，背板近圆角方形。根据有无辖键可分两型：

A型　共21件。有键辖。辖首下接扁长条形键，键末端斜直，键身无穿孔。根据辖首特征可分四亚型：

0 ———— 4厘米

图4-53　07QSM10出土G型铜车辖（M10∶t10）及纹饰拓本

　　Aa型　共15件。辖首正面为虎头，桃形耳耸立，细眉圆目，高鼻阔嘴，卷须，额上有一横梁连接于头后背板，兽头与背板间形成较大穿孔，辖首底面内弧，键背面与背板不齐平。器身可见三道范线，兽头吻部下有一道范线，键身正面有一道竖向范线至底端，与吻部下范线连接，背板下方与键身背面连接处还有一道范线。M10：118，键身侧面平，下部收窄。辖首厚4.3厘米，背板高4.4、宽3.3、厚0.8厘米，辖键高8.3、宽2.2~2.4、厚0.8厘米，通高12.7厘米。重278.6克（图4-54，1；彩版五六，1）。M10：119，键身侧面平，下部收窄。辖首厚4.1厘米，背板高3.7、宽4、厚0.6~0.8厘米，辖键高9.2、宽1.7~2.1、厚0.9厘米，通高12.9厘米。重291.6克（图4-54，2；彩版五六，2）。M10：202，键身侧面微内凹。辖首厚3.9厘米，背板高4.2、宽3.5、厚1厘米，辖键高9.3、宽2.5、厚0.9厘米，通高13.6厘米。重318.8克（图4-54，3；彩版五七，1）。M10：235，键身侧面平。辖首厚4.1厘米，背板高4、宽3.6、厚0.9厘米，辖键高9.5、宽2.5、厚1厘米，通高13.5厘米。重295.2克（图4-55，2；彩版五七，2）。M10：290，键身侧面内凹。辖首厚4.2厘米，背板高4.2、宽3.3、厚0.9厘米，辖键高9.2、宽2.3、厚0.7~1厘米，通高13.5厘米。重272克（图4-56，1；彩版五八，1）。M10：312，辖首较小，键身侧面平直，下部收窄。辖首厚4厘米，背板高3.9、宽3.3、厚0.8~1.1厘米，辖键高9.3、宽2.5、厚0.9厘米，通高13.1厘米。重292.7

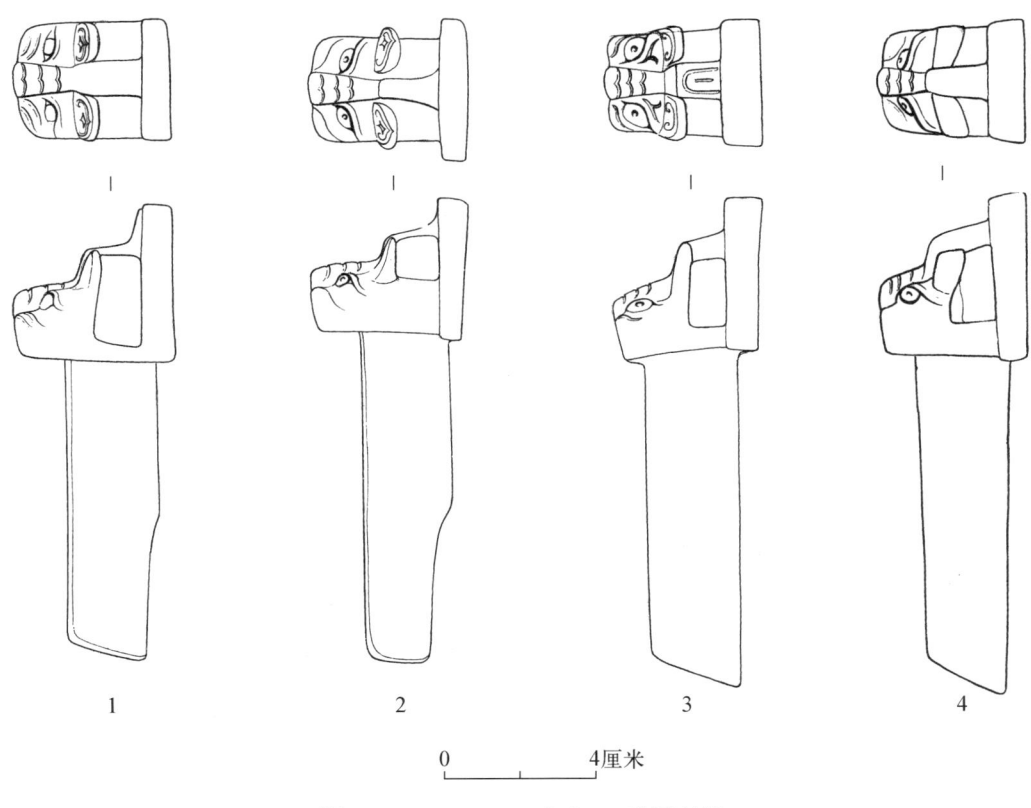

图4-54　07QSM10出土Aa型铜车辖

1~4. M10：118、119、202、465

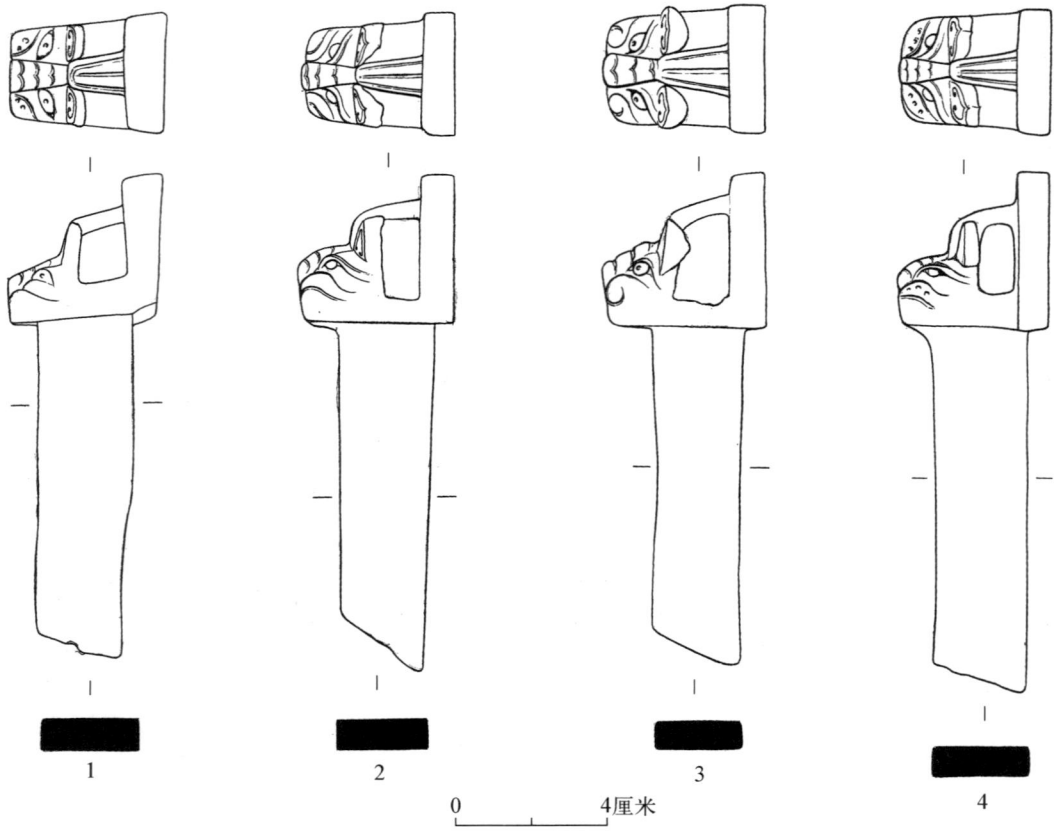

图4-55　07QSM10出土Aa型铜车辖

1～4. M10：312、235、479、370

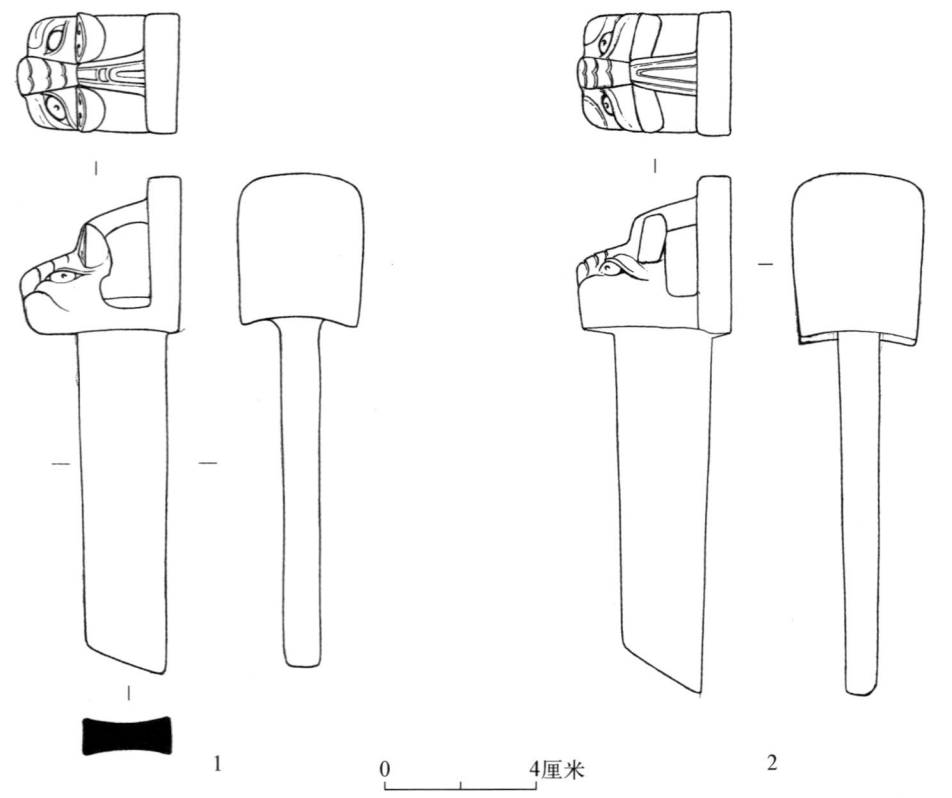

图4-56　07QSM10出土Aa型铜车辖

1、2. M10：290、466

克（图4-55，1；彩版五八，2）。M10：370，键身侧面平。辖首厚4厘米，背板高4.3、宽3.4、厚
0.8厘米，辖键高9.8、宽2.4、厚0.8厘米，通高14.2厘米。重312.1克（图4-55，4；彩版五九，1）。
M10：465、466，形制、大小基本相同。锈蚀严重，细部纹饰不可辨，键身侧面平。M10：465，
辖首厚3.9厘米，背板高4.6、宽3.5、厚0.7～1厘米，辖键高9.2、宽2.5、厚0.9厘米，通高13.9厘
米。重297.7克（图4-54，4）。M10：466，辖首厚4.1厘米，背板高4.3、宽3.4、厚0.9厘米，辖键
高9.9、宽2.5、厚0.9厘米，通高12.7厘米。重297.3克（图4-56，2；彩版五九，2）。M10：479，
键身侧面平。辖首厚4.3厘米，背板高4.2、宽3.5、厚0.9厘米，辖键高9.1、宽2.3、厚0.8厘米，通
高13.4厘米。重241.6克（图4-55，3；彩版六〇，1）。M10：628，键身侧面微内凹，下部收窄。
键底端稍残。辖首厚4.1厘米，背板高3.7、宽3.6、厚0.9厘米，辖键高8.5、宽2.5、厚0.6～0.9厘
米，通高12.1厘米。重262.7克（图4-57，3；彩版六〇，2）。M10：634，背板与键厚重。辖首厚
4.2厘米，背板高4.1、宽3.2、厚0.9厘米，辖键高8.2、宽2.2、厚0.8厘米，通高12.2厘米。重303.2
克（图4-57，1；彩版六一，1）。M10：635，制作极为精美，虎口微张，露出一排虎牙，键身侧面
内凹。辖首厚3.9厘米，背板高4、宽3.4、厚0.8厘米，辖键高8.7、宽2.2、厚0.7～1厘米，通高

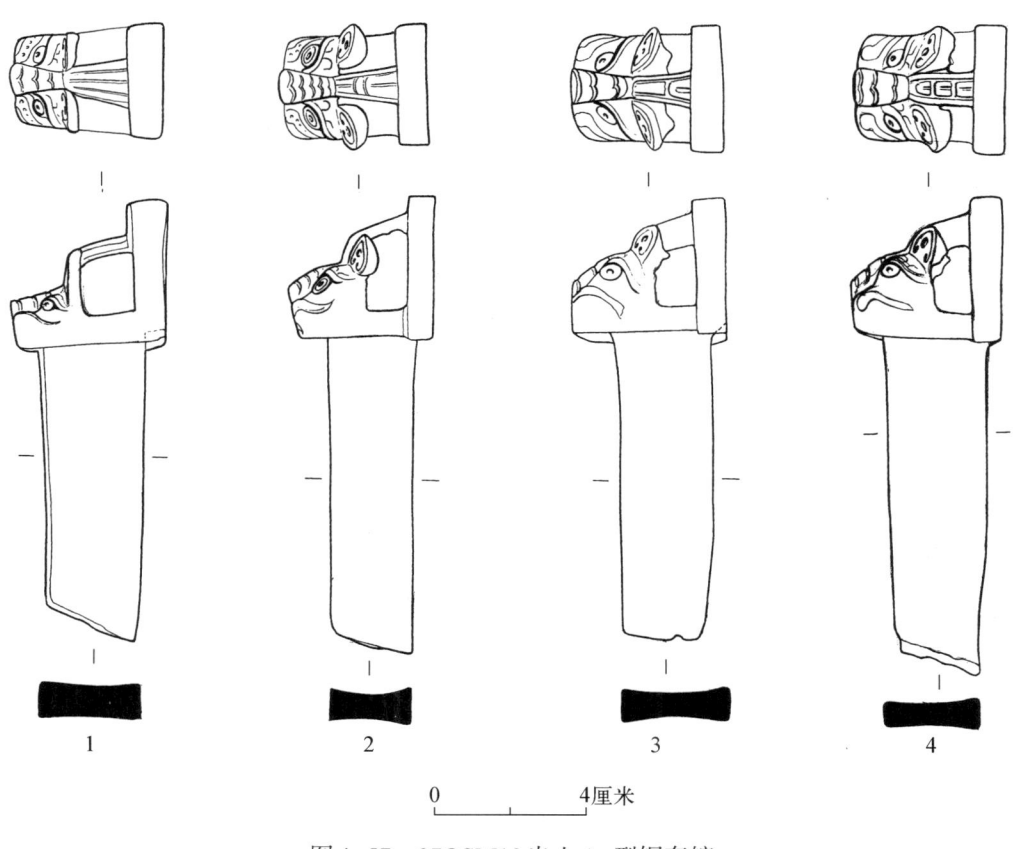

0   4厘米

图4-57　07QSM10出土Aa型铜车辖

1～4. M10：634、635、628、636

12.7厘米。重206.1克（图4-57，2；图4-58，1；彩版六二，1；彩版六四，1）。M10：636，键身侧面微内凹，近底部略有收窄。辖首厚4厘米，背板高4、宽3.6、厚0.8厘米，辖键高9.1、宽2.2、厚0.6～0.8厘米，通高13.2厘米。重262.7克（图4-55，4；图4-58，3；彩版六二，2）。M10：637，兽头较小，键身侧面内凹。辖首厚4.1厘米，背板高4.3、宽3.3、厚0.9厘米，辖键高8.6、宽2.7、厚0.6～0.9厘米，通高12.9厘米。重243克（图4-59，1；彩版六一，2）。

Ab型　共2件。与Aa型近同，唯辖首兽头额部全部与背板连接，其间有方形穿孔。M10：342，键身侧面平。辖首厚4厘米，背板高3.7、宽3.5、厚0.9厘米，辖键高9.2、宽2.3、厚

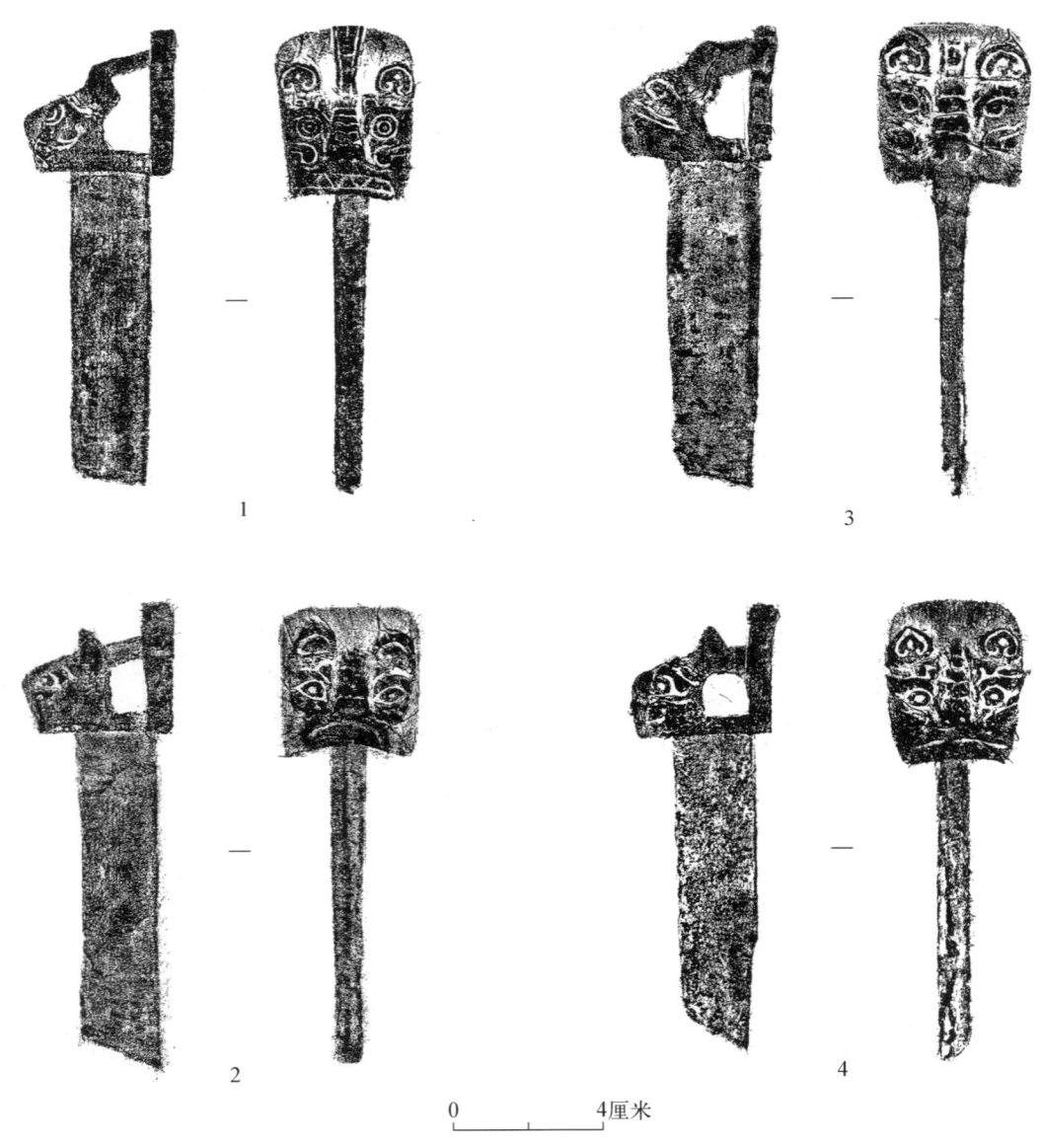

图4-58　07QSM10出土A型铜车辖纹饰拓本

1、3. Aa型（M10：635、636）　　2、4. Ab型（M10：342、633）

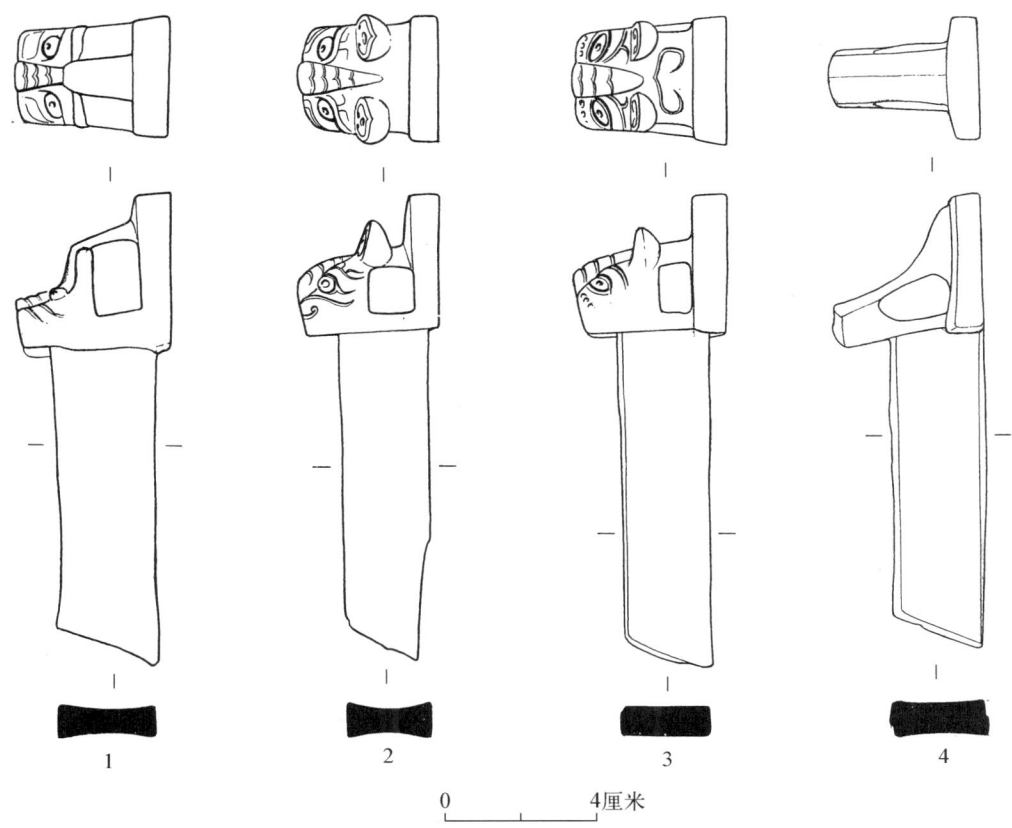

图4-59　07QSM10出土A型铜车辖
1. Aa型（M10∶637）　2、3. Ab型（M10∶633、342）　4. Ad型（M10∶057）

0.8厘米，通高12.9厘米。重282.9克（图4-59,3；图4-58,2；彩版六三,1）。M10∶633,出于东南部椁底板上,键身侧面内凹,下部收窄。辖首厚3.7厘米,背板高3.6、宽3.4、厚0.8厘米,辖键高9、宽2.3、厚0.6～0.9厘米,通高12.7厘米。重234.5克（图4-59,2；图4-58,4；彩版六三,2；彩版六四,2）。

Ac型　1件（M10∶34）。辖首正面为一简化兽头,吻部前突,上饰一周三角纹,头上饰一周弦纹及绳索纹,兽头与背板间有长方形穿孔,其他特征与Aa型相同。键身侧面平,器表有褐色铁锈。辖首厚4.1厘米,背板高4.4、宽3.5、厚1.1厘米,辖键高9.1、宽2.6、厚0.8厘米,通高13.5厘米。重295.2克（彩版六五,1）。

Ad型　共3件。辖首近靴形,附于背板上,其间有穿孔,辖首底面平直,键背面与背板齐平。器形较其他各型小,器表布满褐色铁锈。M10∶309、310,形制、大小基本相同。均键残,辖首下可见残痕,辖首正面较宽,背板较小。M10∶309,辖首厚3.3厘米,背板高3.6、宽2.8、厚0.6厘米。重77.5克（图4-60,1；彩版六六,1）。M10∶310,辖首厚3.3厘米,背板高3.5、宽3、厚0.6厘米。重82.3克（图4-60,2）。M10∶057,辖首正面较窄,背板较大,长条形键,键身侧面微内凹。辖首厚4厘米,背板高3.8、宽3.3、厚0.9厘米,辖键高8.7、宽2.5、厚0.8～1厘米,通高12.4厘米。重225.3克(图4-59,4;彩版六五,2)。

B型　1件(M10:320)。无键辖。辖首底面内弧,有两个条形穿孔,应是与革带配合使用,而代替了辖键。辖首与Ac型辖相同,为一个简化兽头,吻部前突,上饰一周三角纹,头上饰一周弦纹及绳索纹,兽头与背板间有方形穿孔。背板底面有一道范线。辖首厚4厘米,背板高3.4、宽3.3、厚0.9厘米。重138.8克(图4-60,3;彩版六六,2)。

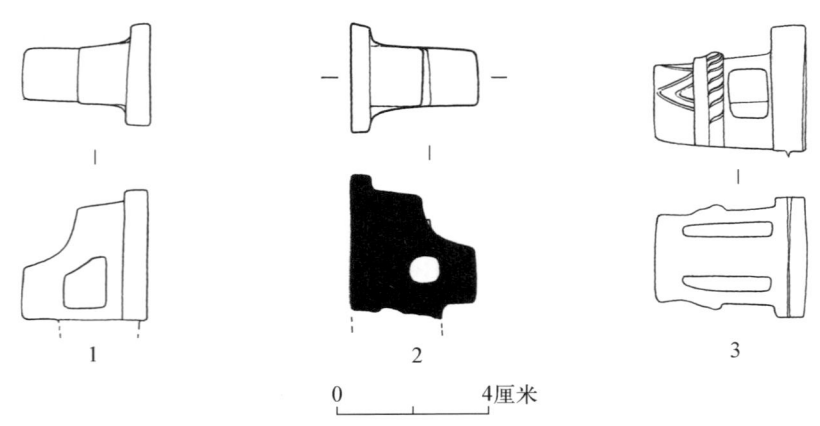

图4-60　07QSM10出土A、B型铜车辖
1、2. Ad型(M10:309、310)　3. B型(M10:320)

軎　共2件,形制、大小基本相同。均为偏心的喇叭形圆筒状,顶端封闭,顶面平,圆形,口端远小于顶端,为椭圆形,可知軐木前端截面应亦为椭圆。筒身外侧较平直,内侧接衡处内弧较甚,筒身左右两侧对穿长方形孔,用以穿键固定于軐首。顶面饰涡纹与勾连云纹(彩版六七,1)。M10:t36,顶径12.7、口端长径6.1、短径5.6厘米,孔长1.6、宽1.2厘米,通高7.5厘米。重940克(图4-61,1;彩版六六,5)。M10:t41,顶径12.6、口端长径6.3、短径5.6厘米,孔长1.5、宽1.2厘米,通高7.6厘米。重820克(图4-61,2、3;彩版六六,6)。

衡内饰　共2件。形制、大小基本相同。中通的圆管状,两端各有四个尖齿,饰三角纹,中腰处有两组四周旋纹(彩版六七,2)。M10:095-1,圆管内残存衡朽木。齿长4.2、筒径4.5、通长13厘米。重184.2克(图4-62,1)。M10:095-2,齿长4.3、筒径4、通长12.9厘米。重182.6克(图4-62,2、3)。

曲衡饰　1件(M10:96)。曲柄管状,是连接曲衡上翘部分的车器,整体近"S"形,两端口部均为圆形,大小近同,一端圆管上部有一个半环形钮,管壁两侧有三组对称的长条形穿孔,通体素面无纹饰。带钮一端口径2.2、无钮一端口径2.3、器水平长11.2、通高7厘米。重122.4克(图4-63,1;彩版六六,3)。

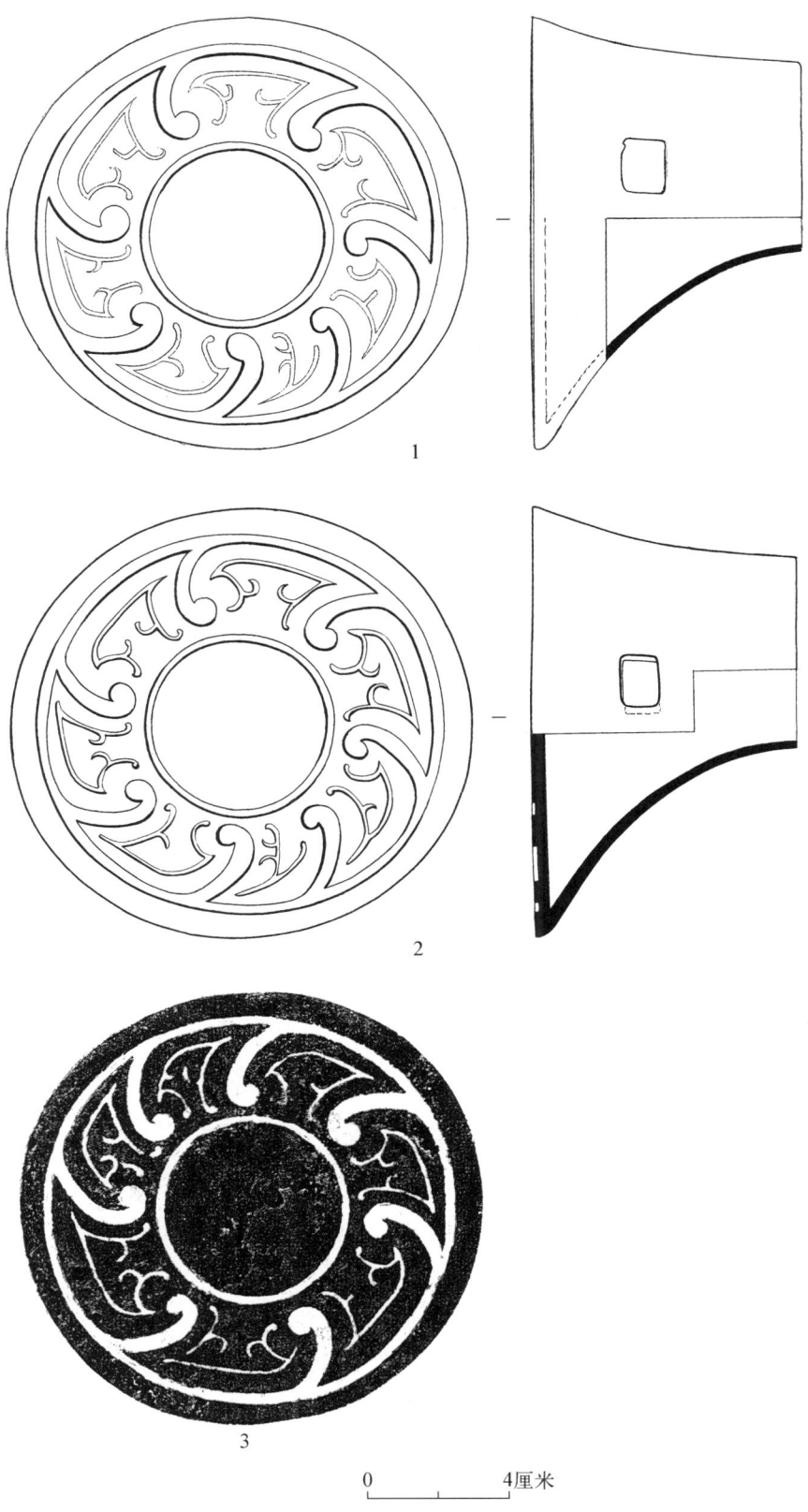

1

2

0　　　　4厘米

图4-61　07QSM10出土铜軑

1. M10∶t36　2、3. M10∶t41及纹饰拓本

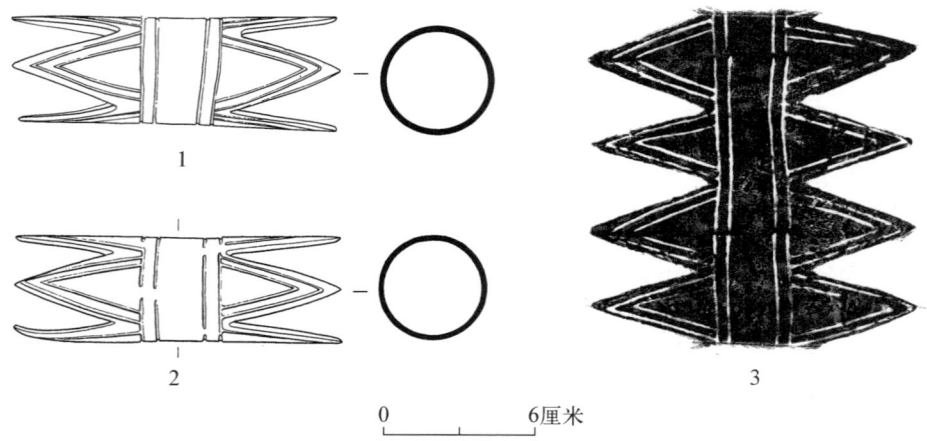

图4-62　07QSM10出土铜衡内饰

1. M10：095-1　2、3. M10：095-2及纹饰拓本

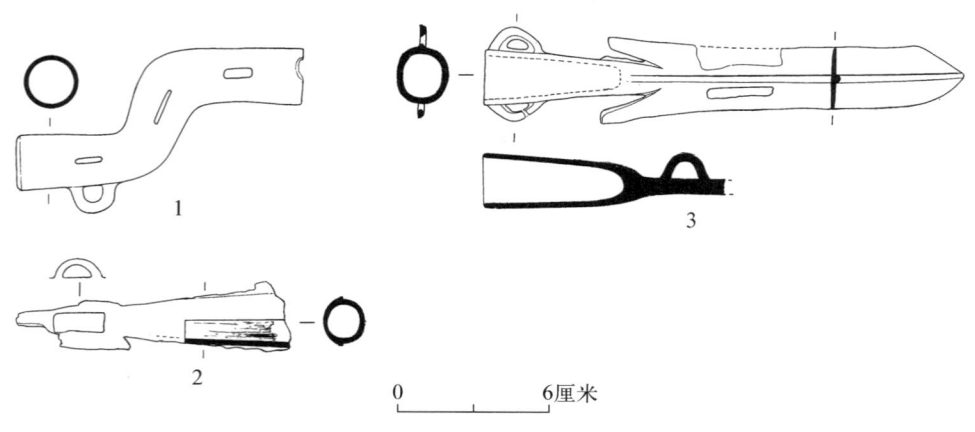

图4-63　07QSM10出土铜车器

1. 曲衡饰（M10：96）　2、3. 衡末饰（M10：426、291）

　　衡末饰　共2件，均为衡矛，形制、大小基本相同。矛正面中间有脊，两边有叶，背面无脊，长圆銎，銎两侧及矛背面中部各有一半环形钮。M10：291，两叶中部各有一长条形镂孔。叶宽3.5、銎径2.1、通高18.9厘米。重81.8克（图4-63，3；彩版六六，4）。M10：426，残。銎径1.8、残高10.9厘米。重55.1克（图4-63，2）。

　　軏　均残，軏首和軏脚铸造而成，其他部分用捶揲的铜片包裹木軏，再以铜钉固定。出土时，铜軏多首脚异处，难以辨认哪些同属一件軏，以下对軏的各部分饰件分类介绍。

　　軏首　共6件。上大下小的扁圆管状，正反两面近倒梯形，上下两端为椭圆形，中空不封口，器壁上部有两周旋纹，两面各有一对称的小穿孔。M10：t14，器壁中部有对称的方形穿孔。高6.5厘米，上端长径8.4、短径5.3厘米，下端长径7、短径4.3厘米。重244.5克（图

4-64，1）。M10：t24，顶部与底部截面为尖椭圆形，器壁两面结合处有折痕，器壁中部偏下有对称的方形穿孔。高7.5厘米，上端长径8.7、短径5厘米，下端长径7、短径3.7厘米。重206克（图4-64，3）。M10：t27，穿孔位置较高，紧贴旋纹带之下，孔未完全穿透，由器内壁可见孔为方形。高7厘米，上端长径8.1、短径4.9厘米，下端长径6.7、短径3.5厘米。重196.2克（图4-64，4）。M10：t28，顶部与底部截面较扁，器壁中部偏下有对称的方形穿孔。高7.3厘米，上端长径9.3、短径3.9厘米，下端长径8、短径2.9厘米。重188.5克（图4-64，6）。M10：t29，穿孔位于器身中部，由器内壁可见孔为方形。高6.6厘米，上端长径8.4、短径4.8厘米，下端长径7.4、短径4厘米。重217.3克（图4-64，2）。M10：93，器表锈蚀严重，顶部与底部截面为尖椭圆形，两条旋纹之间有对称的方形穿孔，底端内壁连接有包裹木轭的残铜片，器内残存少量木轭朽木。高8.2厘米，上端长径8.7、短径4.7厘米，下端长径4.8、短径2.9厘米。重224.2克（图4-64，5）。该器与两件轭脚M10：120、292均出土于棺椁之间西北部，有可能属于一套轭。

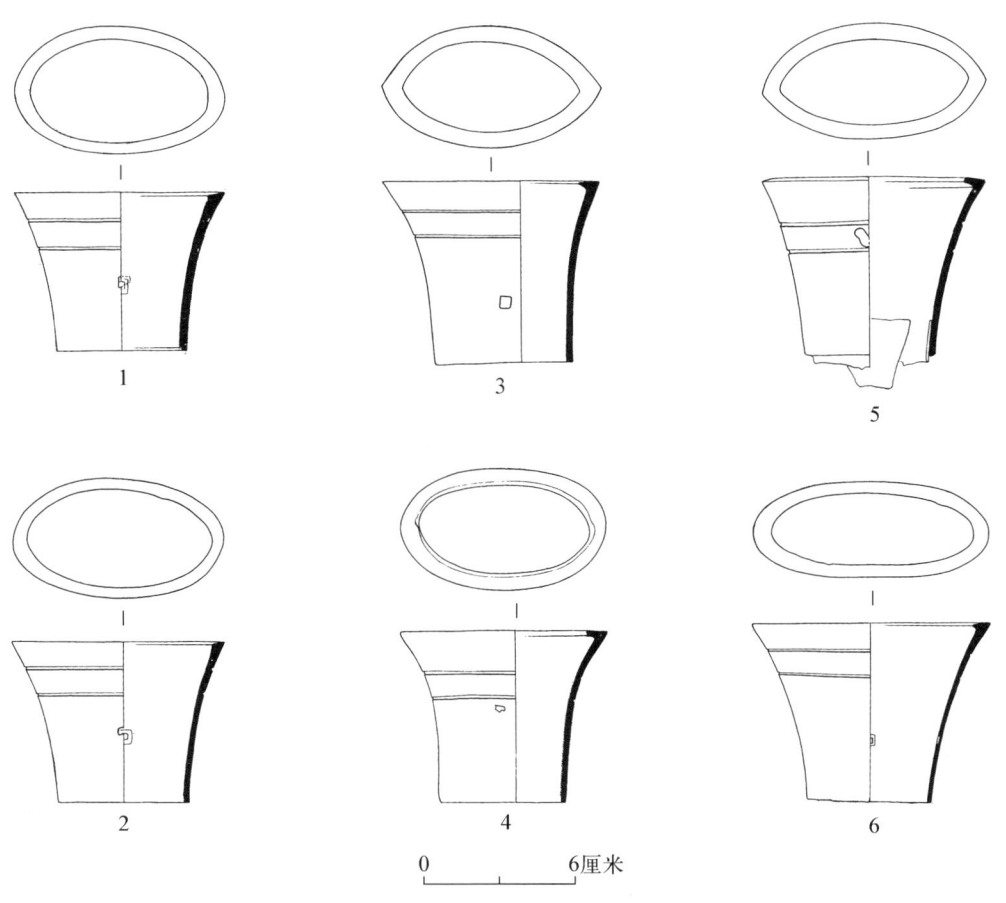

图4-64　07QSM10出土铜轭首

1～6. M10：t14、t29、t24、t27、93、t28

　　轭肢　共7件残片。用捶揲的铜片包在木轭外部再以钉固定。M10：t11，饰鳞纹，横截面呈"U"形，残。残长13.2、宽3.5、壁厚0.08厘米。重37.1克（图4-65，10）。M10：t13，轭肢分叉处残片，器表饰云纹。残长11.6、残宽7.2、壁厚0.08厘米。重14.7克（图4-65，5）。M10：t16，饰云纹。碎为两片。M10：t16-1，残长6.3、残宽3.1、壁厚0.09厘米。重11.1克（图4-65，2）。M10：t16-2，残长6.4、残宽3、壁厚0.09厘米。重10.9克（图4-65，1）。M10：t20，饰鳞纹，边缘处有两个钉孔。残长12.1、残宽6.6、壁厚0.07厘米。重19.8克（图4-65，12）。

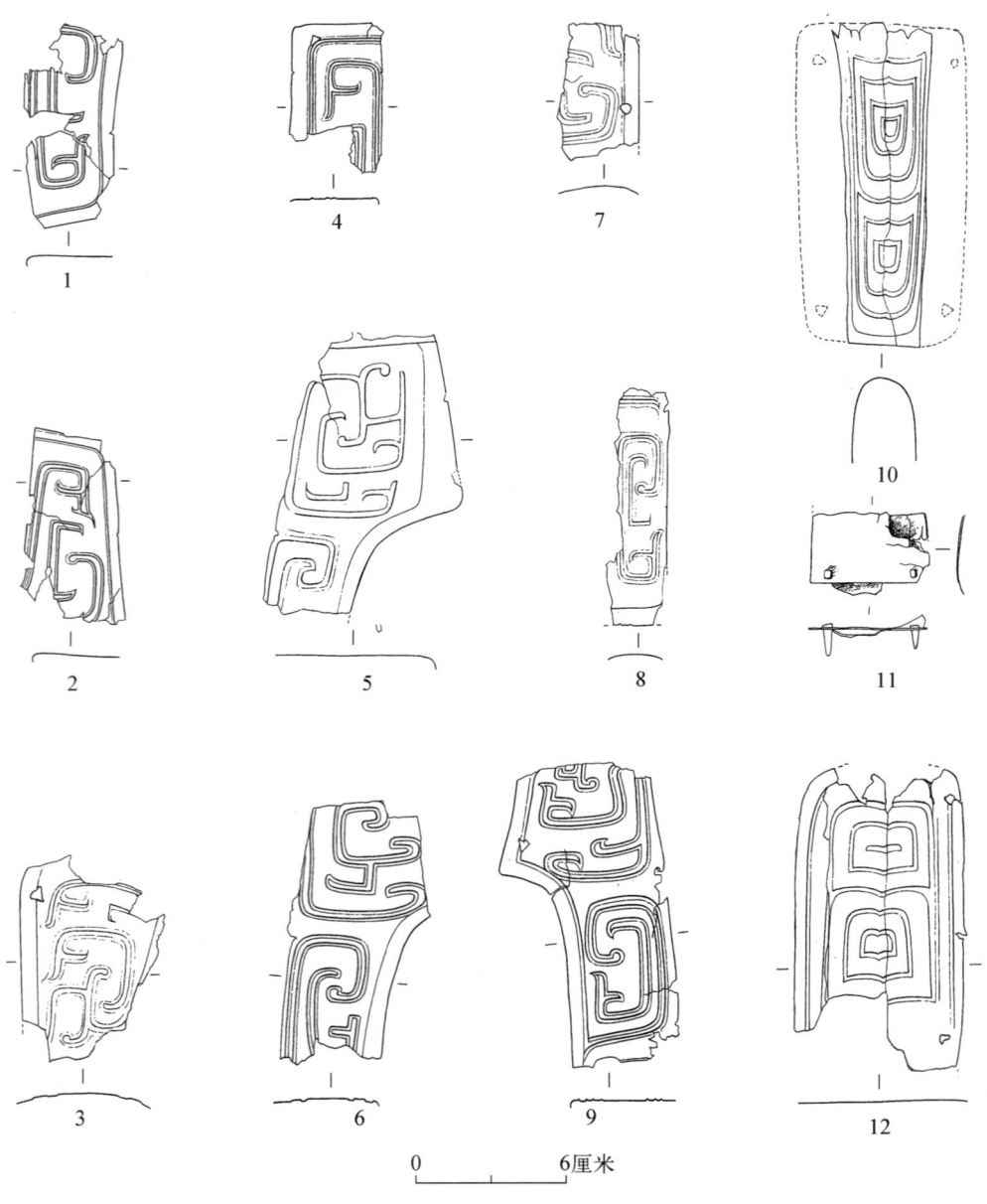

0　　　　　6厘米

图4-65　07QSM10出土铜轭肢

1～6. M10：t16-2、t16-1、t30-1、t21-3、t13、t21-1　　7～12. M10：t30-2、t30-3、t21-2、t11、t31、t20

M10：t21，碎为三片。M10：t21-1，残长10.5、残宽4.4、壁厚0.1厘米。重25.2克（图4-65，6）。M10：t21-2，为轭肢分叉处残片，器表饰云纹，有一个钉孔。残长12、残宽6.3、壁厚0.1厘米。重34.5克（图4-65，9）。M10：t21-3，残长4.8、残宽2.9、壁厚0.09厘米。重10.2克（图4-65，4）。M10：t30，残片3件，饰云纹。M10：t30-1，残长8.4、残宽5.7、厚0.05厘米。重5.9克（图4-65，3）。M10：t30-2，残长5.4、残宽3.2、厚0.05厘米。重4.1克（图4-65，7）。M10：t30-3，残长9.8、残宽2.4、厚0.05厘米。重7.6克（图4-65，8）。M10：t31，残，两件长方形薄铜片相叠，以两个锥形铜钉固定。残长4.6、残宽3.2、壁厚0.1、钉长1厘米。重6.6克（图4-65，11）。

轭脚　共9件。弯管状，口小底大，口部呈椭圆形，底部封闭，底面平齐，呈椭圆形或圆形，器壁上有小穿孔，器表光素无纹。根据底部有无环钮分两型：

A型　底部无环钮。共7件。M10：t12，底部呈椭圆形，器壁两侧各有一方形穿孔，两孔位置不对称。口端长径3.1、短径2.6厘米，底端长径4、短径3.5厘米，高5.1厘米。重103.6克（图4-66，5）。M10：t38，底部呈椭圆形，器壁两侧各有一对称的近方形穿孔，其中一孔未穿透，仅见于器内壁，内壁还可见对称的两道纵向范线与底部一道范线相连接。口端长径3.5、短径2.8厘米，底端长径4.2、短径3.6厘米，高4.9厘米。重86克（图4-66，8；彩版六八，3）。

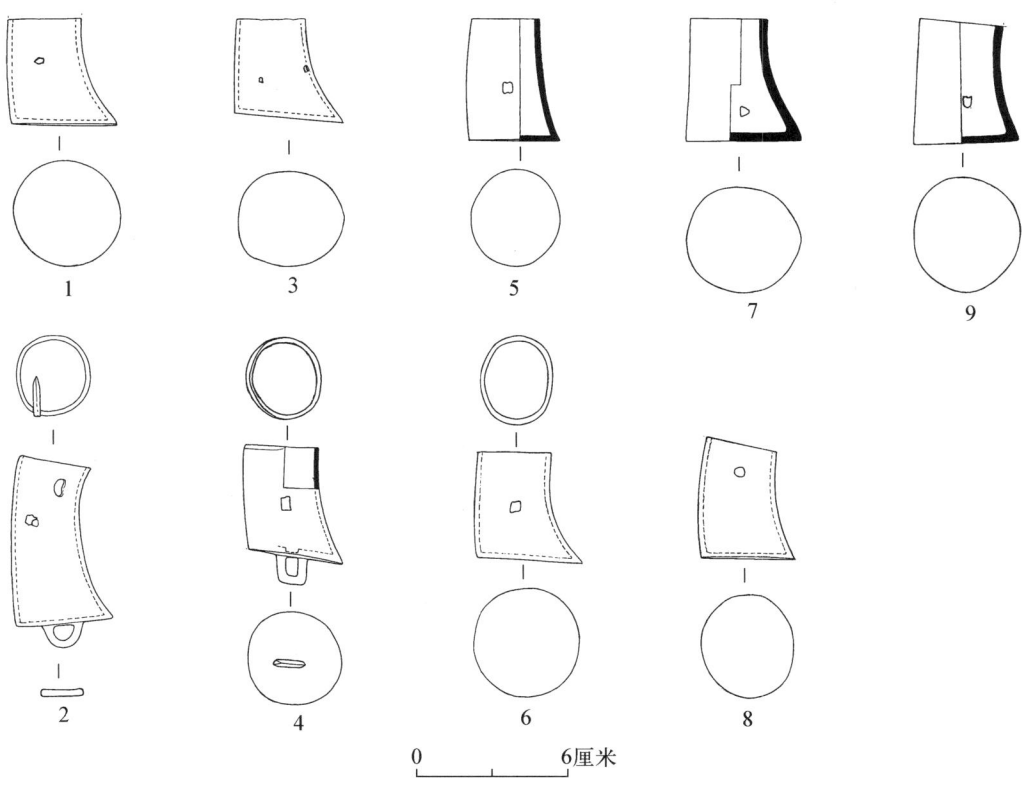

图4-66　07QSM10出土铜轭脚

1、3、5～9. A型（M10：085、048、t12、09、120、t38、292）　2、4. B型（M10：049、t26）

M10：09，底部近圆形，器壁两侧中部各有一对称的方形穿孔，其中一孔上部还有一不规则形穿孔。口端长径3.6、短径2.9厘米，底端长径4.4、短径4.2厘米，高4.4厘米。重89克（图4-66，6）。M10：048，底部近圆形，器壁四面中部各有一对称的方形穿孔。口端长径4.2、短径3.9厘米，底端长径4.1、短径3.8厘米，高4.2厘米。重67.1克（图4-66，3；彩版六八，1）。M10：085，底部近圆形，器壁两侧中部各有一对称的方形穿孔。口端长径3.5、短径2.8厘米，底端长径4.4、短径4.1厘米，高4.3厘米。重96.1克（图4-66，1；彩版六八，2）。M10：120，底部近圆形，器壁仅一侧有一方形穿孔。口端长径3.6、短径3.1厘米，底端长径4.5、短径4.3厘米，高5.1厘米。重166.8克（图4-66，7；彩版六八，4）。M10：292，形制、大小与M10：120近同，可能为一对。口端长径3.3、短径2.9厘米，底端长径4.7、短径4.2厘米，高5.2厘米。重153.9克（图4-66，9；彩版六八，4）。

B型　底部接一环钮。共2件。M10：t26，底部呈圆形，下接方形钮，器壁两侧各有一对称的方形小穿孔。口端长径3.3、短径3厘米，底径3.7、通高5.6厘米。重68.3克（图4-66，4；彩版六八，6）。M10：049，器形较高，底部近圆形，下接半圆形钮，器壁两侧各有一对称的圆形小穿孔，一孔内侧残存铜钉，近口部还有一个圆形穿孔。口端长径3.3、短径2.9厘米，底端长径3.9、短径3.8厘米，通高7.8厘米。重124.5克（图4-66，2；彩版六八，5）。

銮铃　共34件。器身分为铃、颈、座三部分，上部中央为铃球，内有一铃丸，铃球正视为横扁球状，中央各有一圆形穿孔，正面穿孔外环绕八个辐射状三角形镂孔，周围绕以扁平宽边，上有四个弧形镂孔。中部为细高颈，上薄下厚。下部为梯形高座，中空成长方銎口，可插入木轭顶部，座正反两面较宽，各有四个竖向棱状凸饰，中央有三条竖行弦纹，两侧面较窄，四面近底部中央对穿圆形穿孔，近顶部中央常见三角形钉孔。器身侧面有连通于铃宽边、颈，直通座底的一整条范线。根据座侧面纹饰分两型：

A型　共27件。座两侧面无纹饰，正反两面近两侧处一般有一条竖行弦纹。M10：199，器形较大，座四面上部对穿四个三角形钉孔。铃长径11.6、短径9.7、厚5.5厘米，座高7.4厘米，座底长5.1、宽3.6厘米，通高19.3厘米。重730克（图4-67，2；彩版六九，1）。M10：200，形制、大小与M10：199相同，唯纹饰锈蚀不甚清晰。铃长径11.6、短径9.6、厚5.6厘米，座高7.5厘米，座底长5、宽3.5厘米，通高19.3厘米。重750克（图4-67，4；彩版六九，2）。M10：201，形制与M10：199相同，唯器形较小。铃长径10、短径8.1、厚5厘米，座高7.2厘米，座底长4.5、宽3.3厘米，通高17.2厘米。重590.2克（图4-67，1；彩版七三，1）。M10：288，座四面均无钉孔。铃长径9.2、短径7.9、厚5厘米，座高7.7厘米，座底长4.7、宽3.5厘米，通高16.9厘米。重448.9克（图4-67，3；彩版六九，3）。M10：293，断为两截，座正反两面上部对穿两个三角形钉孔。铃长径9.6、短径8、厚5厘米，座高7.5厘米，座底长4.4、宽3.1厘米，通高17.4厘米。重436.1克（图4-68，2；彩版七〇，1）。M10：313，座四面上部对穿四个三角形钉孔。铃长径9.2、短径7.8、

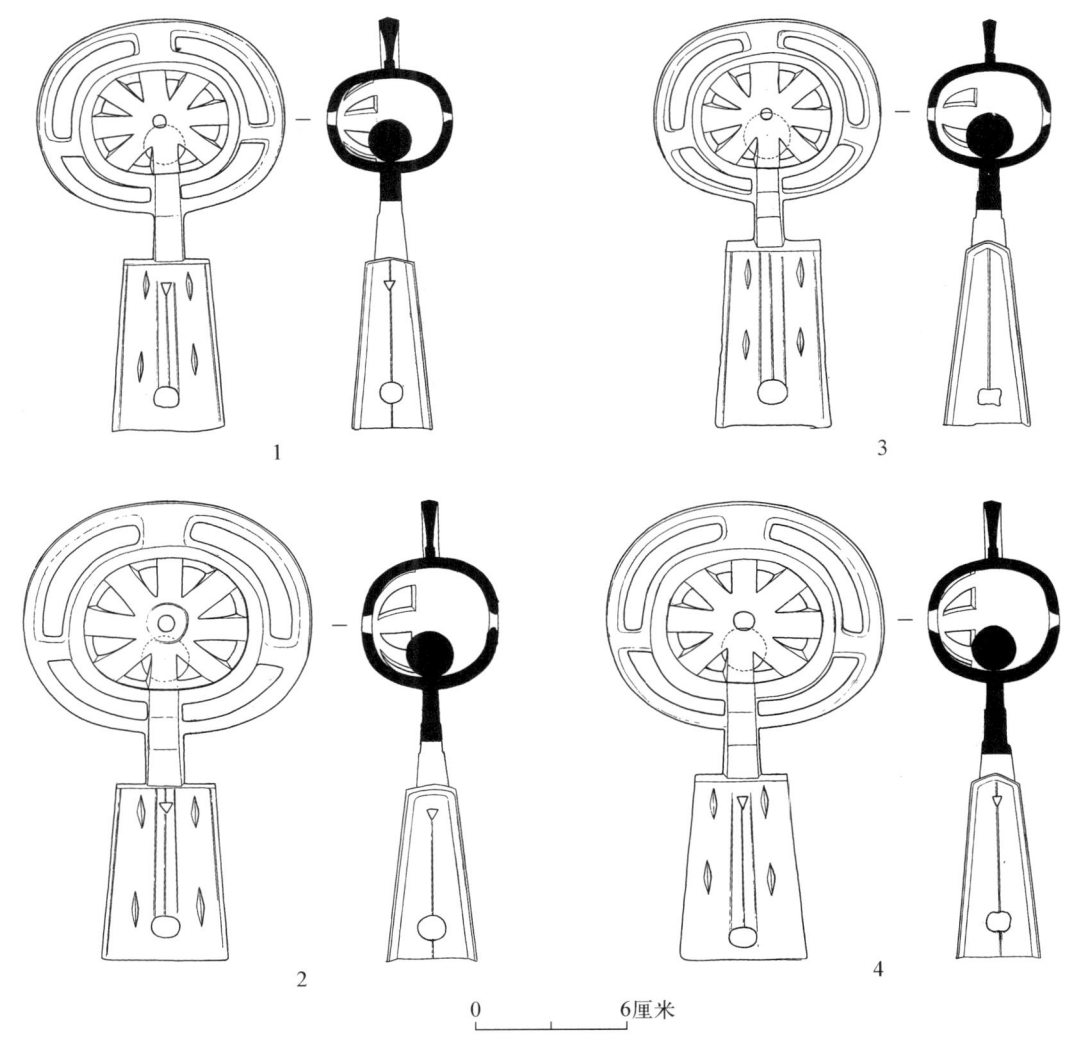

图4-67　07QSM10出土A型铜銮铃

1～4. M10：201、199、288、200

厚4.9厘米，座高7.7厘米，座底长4.6、宽3厘米，通高17.2厘米。重520.1克（图4-68，4；彩版六九，4）。M10：314，形制、大小与M10：313近同。铃长径9.7、短径8.1、厚5.1厘米，座高7、座底长4.5、宽3.2厘米，通高16.9厘米。重511.9克（图4-68，1；彩版七〇，2）。M10：361，座四面上部对穿四个三角形钉孔。铃长径9.3、短径7.7、厚4.8厘米，座高7.2厘米，座底长4.4、宽3.5厘米，通高16.9厘米。重506.7克（图4-68，3；彩版七〇，3）。M10：362，器形较小，形制与M10：361相同。铃长径8.5、短径6.9、厚4.4厘米，座高7.1厘米，座底长4.2、宽2.8厘米，通高15.9厘米。重420.7克（图4-69，1；彩版七三，2）。M10：363，断为两截，形制与M10：361相同。铃长径10.5、短径8.6、厚5厘米，座高7.7厘米，座底长5.2、宽3.5厘米，通高18.5厘米。重670克（图4-69，2；彩版七四，1）。M10：364，断为两截，座四面上部钉孔均未穿透。铃长径9.6、短径7.9、厚5.1厘米，座高7.5厘米，座底长4.6、宽3.4厘米，通高17.9厘米。重559克（图4-70，1；彩版七一，1）。M10：368，座四面上部对穿四个三角形钉孔。铃长径12.1、短径10.1、厚5.6厘米，座高8厘米，座底长5.2、宽3.5厘米，通高20.4厘米。重800克（图4-69，4；彩版七四，2）。M10：369，座四面上部对穿四个三角形钉孔。铃长径10.5、短径8.8、厚5.4厘米，座高7.9厘米，座底长5、宽3.5厘米，通高18.9厘米。重700克（图4-70，4；彩版七五，1）。M10：407，断为两截，器形较大，座四面上部四个钉孔中三个未穿透。铃长径11.2、短径9.4、厚5.4厘米，座高7.3厘米，座底长5.4、宽3.4厘米，通高19.4厘米。重770克（图4-70，3；彩版七一，2）。M10：408，器形较大，座反面与侧面上部各有一钉孔。铃长径11.6、短径9.6、厚5.3厘米，座高7.9厘米，座底长5、宽3.4厘米，通高19.4厘米。重760克（图4-70，2；彩版七二，1）。

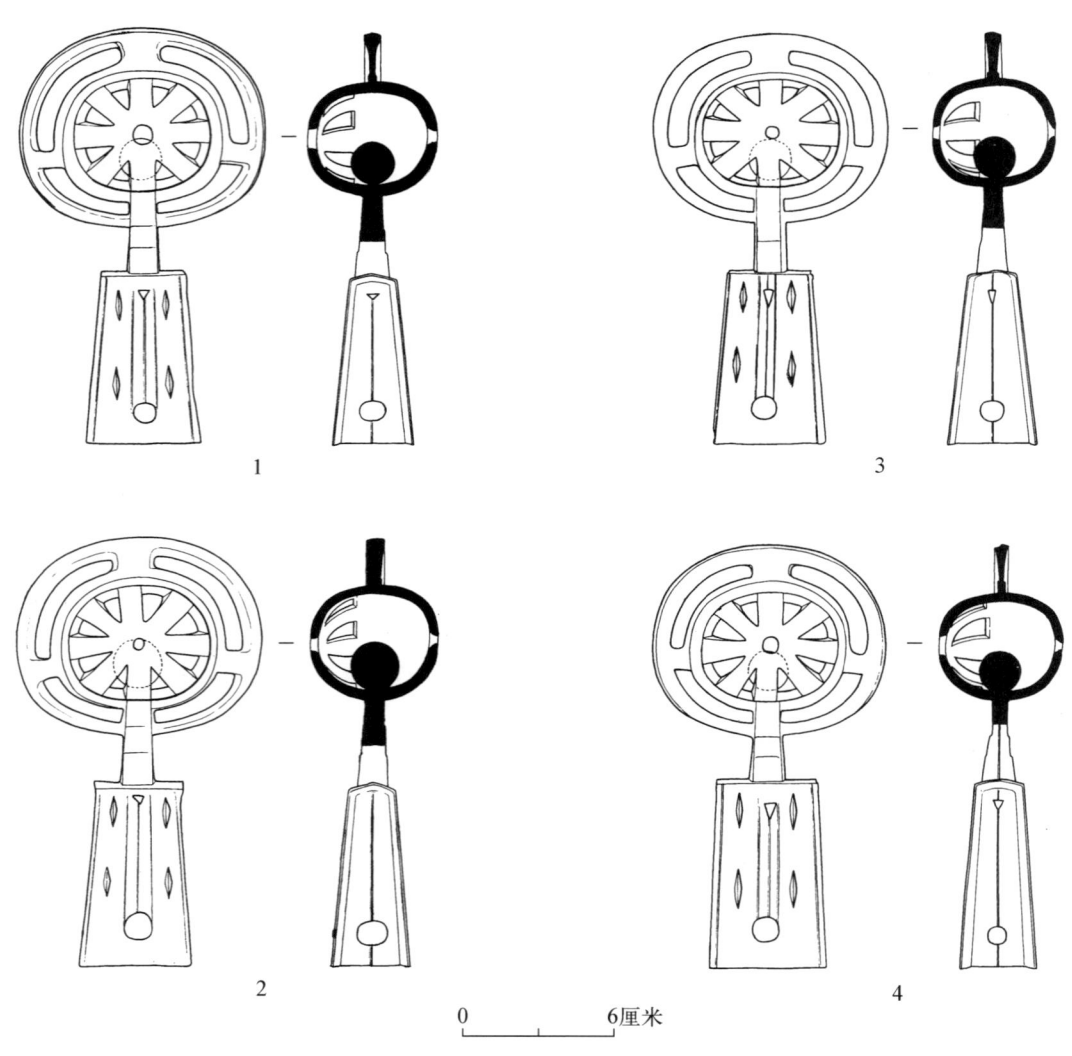

0 ____ 6厘米

图4-68　07QSM10出土A型铜銮铃

1～4. M10：314、293、361、313

M10：410，器形较小，座四面上部有对穿的四个钉孔，侧面一孔未穿透。铃长径8.1、短径6.9、厚4.2厘米，座高7.2厘米，座底长4.6、宽2.9厘米，通高15.4厘米。重402.6克（图4-69，3；彩版七一，3）。M10：413，铃球正面中央圆孔未穿透，座反面上部有一钉孔，两侧面钉孔未穿透。铃长径10.2、短径8.2、厚5厘米，座高8.1厘米，座底长4.8、宽3厘米，通高18.2厘米。重459.2克（图4-71，1；彩版七二，2）。M10：430，座四面上部对穿四个三角形钉孔，正面一孔未透。铃长径10.7、短径8.8、厚5.6厘米，座高7.7厘米，座底长4.8、宽3.4厘米，通高18.5厘米。重730克（图4-71，3；彩版七二，3）。M10：625，座正反两面上部对穿三角形钉孔，侧面一钉孔未穿透。铃长径10.6、短径8.7、厚5.1厘米，座高7.2厘米，座底长5.1、宽3.6厘米，通高17.9厘米。重

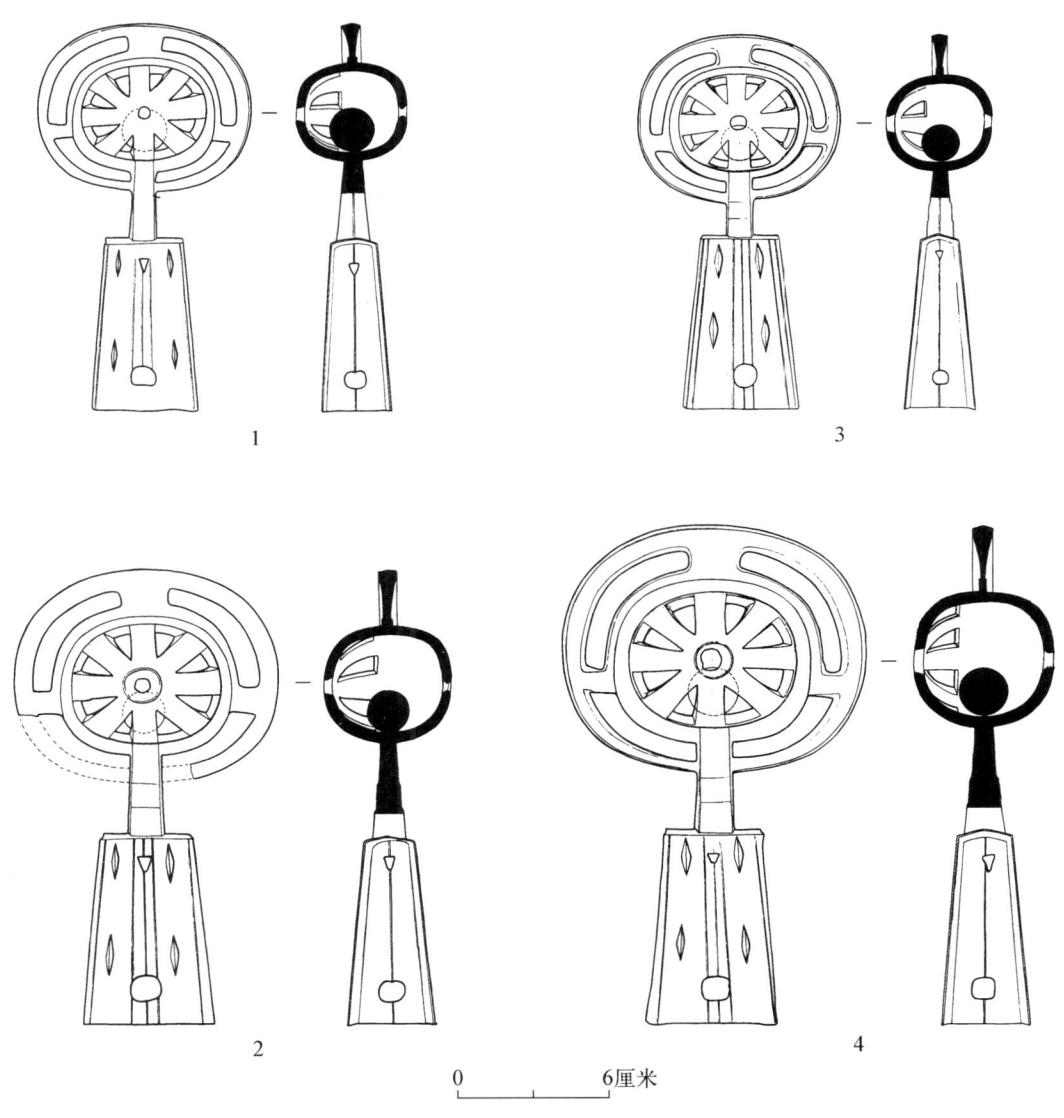

1

2

3

4

0   6厘米

图4-69　07QSM10出土A型铜銮铃

1～4. M10：362、363、410、368

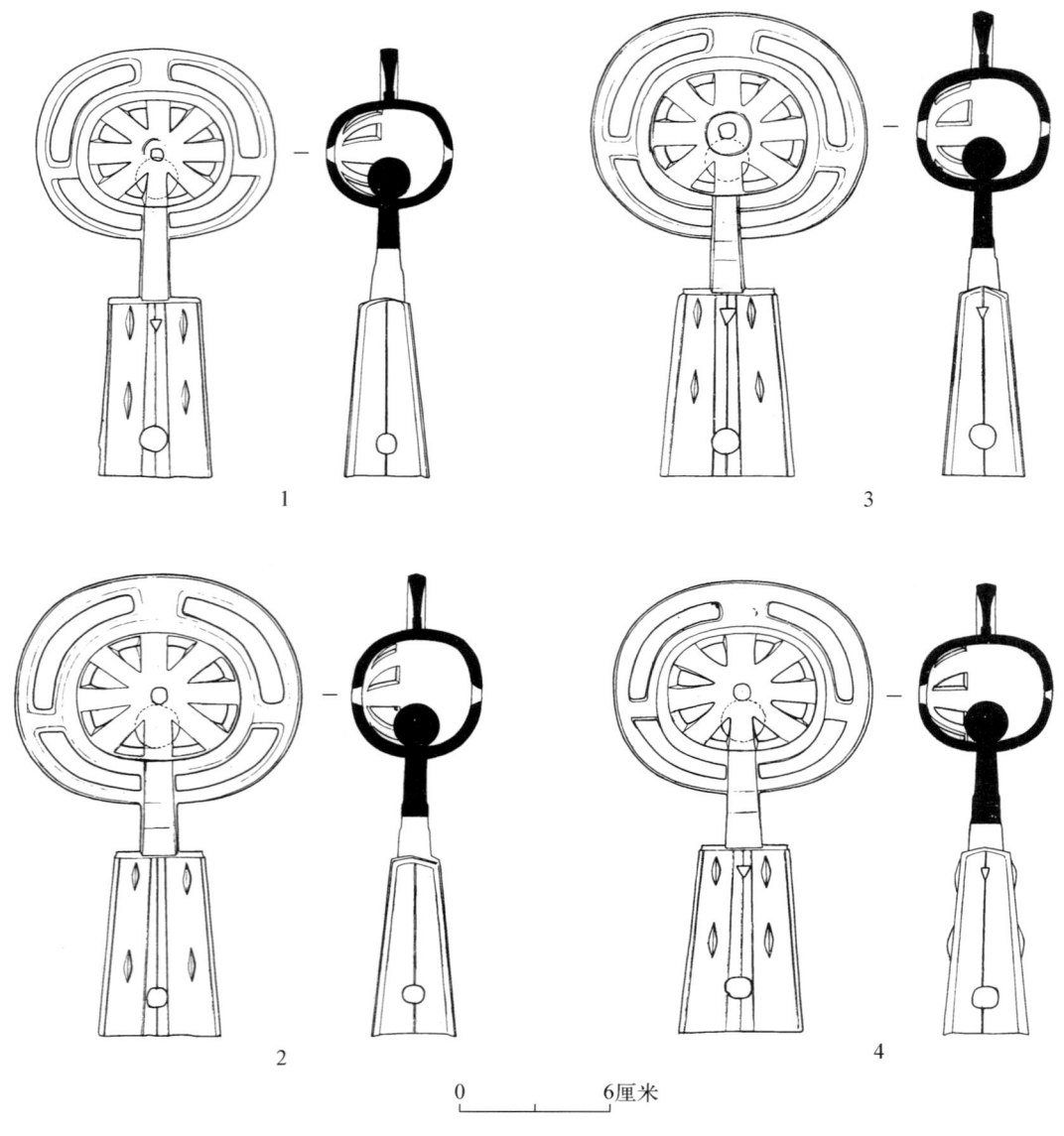

0   6厘米

图4-70   07QSM10出土A型铜銮铃

1～4. M10：364、408、407、369

525.6克（图4-71，2；彩版七五，2）。M10：626，座两侧面上部有未穿透的三角形钉孔。铃长径10.4、短径8.7、厚5.1厘米，座高7.9厘米，座底长4.9、宽3.4厘米，通高18.5厘米。重595克（图4-71，4；彩版七六，1）。M10：627，座正面及一侧面上部有三角形钉孔，反面钉孔未穿透。铃长径9.4、短径7.7、厚5厘米，座高7.6厘米，座底长4.9、宽3.5厘米，通高17.1厘米。重580.2克（图4-72，1；彩版七六，2）。M10：629，座四面上部对穿四个三角形钉孔。铃长径9.4、短径7.6、厚5厘米，座高7.4厘米，座底长4.6、宽3.6厘米，通高17.1厘米。重557.1克（图4-72，3；彩版七七，1）。M10：630，座正面上部有一个未穿透的三角形钉孔。该器正反两面近两侧处各有

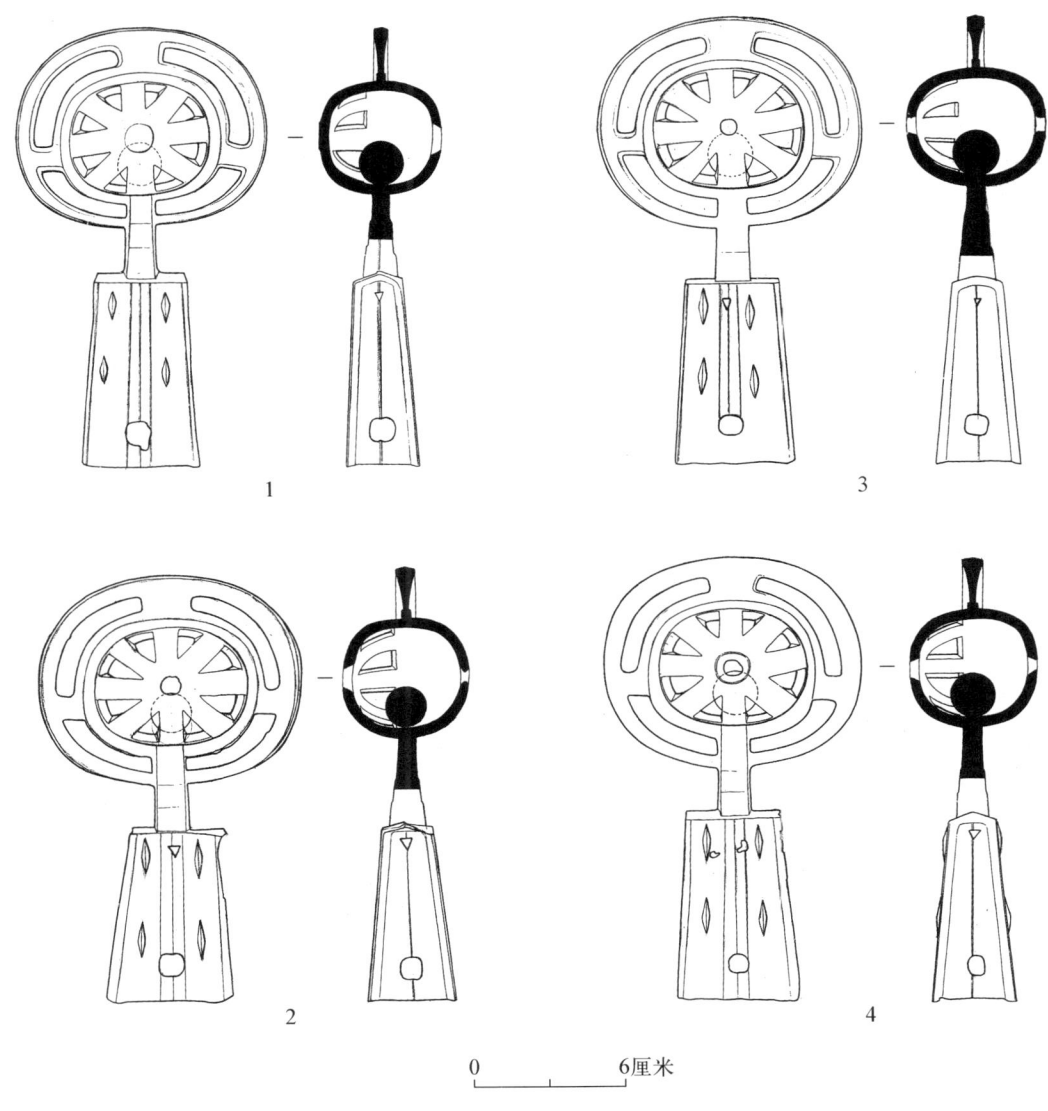

0 ————— 6厘米

图4-71　07QSM10出土A型铜銮铃

1～4. M10：413、625、430、626

两条竖行弦纹,而该型其他各器仅一条弦纹。铃长径10、短径8.4、厚4.9厘米,座高7.2厘米,座底长4.8、宽3.2厘米,通高17.4厘米。重481.9克(图4-72,4;彩版七七,2)。M10：631,断为两截,座四面上部对穿四个三角形钉孔。铃长径9.6、短径7.9、厚5厘米,座高6.9厘米,座底长4.5、宽3厘米,通高16.6厘米。重416.7克(图4-72,2;彩版七七,3)。M10：632,座四面上部对穿四个三角形钉孔。铃长径10.5、短径7.5、厚5.1厘米,座高7.2厘米,座底长5.1、宽3.6厘米,通高17.9厘米。重559.3克(图4-73,1;彩版七八,1)。M10：638座四面上部对穿四个三角形钉孔,仅正面一孔穿透。铃长径9.6、短径7.9、厚4.9厘米,座高7.1厘米,座底长4.5、宽3.2厘米,通高16.9厘米。重525.1克(图4-73,3;彩版七八,2)。M10：639,断为两截,座四面上部对穿

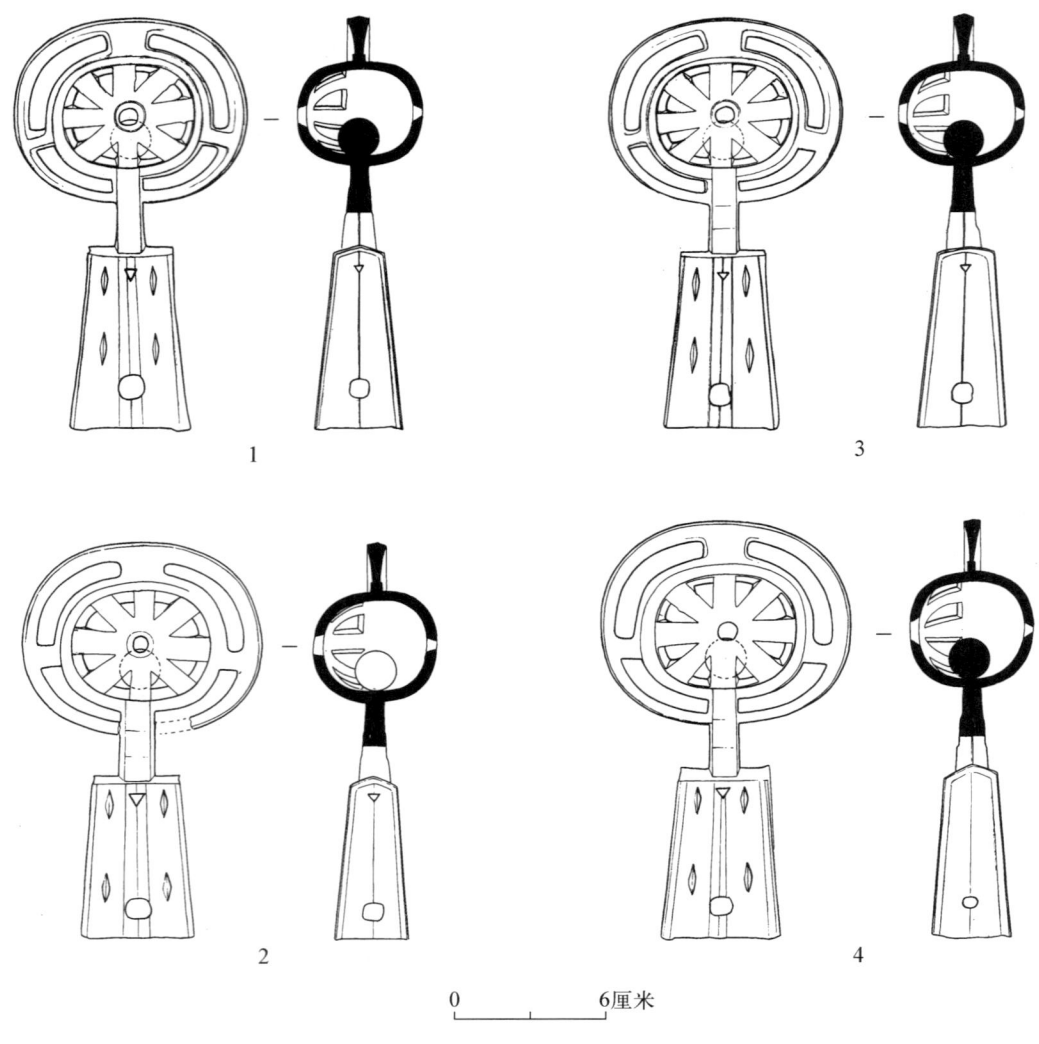

图4-72　07QSM10出土A型铜銮铃

1～4. M10：627、631、629、630

四个三角形钉孔。铃长径9.8、短径8.2、厚5.2厘米，座高7.4厘米，座底长4.9、宽3.3厘米，通高17.2厘米。重476.9克（图4-73，2）。

　　B型　共7件。座两侧面中央各有三条竖行弦纹，正反两面近两侧处有两条竖行弦纹。座四面上部对穿四个三角形钉孔。M10：339，残，器形较小。铃长径8.8、短径7.4、厚4.3厘米，座高7.2厘米，座底长4.7、宽3.1厘米，通高16.4厘米。重470克（图4-73，4；彩版七八，3）。M10：471，残，器形较大。铃长径11.6、短径9.7、厚5.5厘米，座高8.2厘米，座底长5.3、宽3.4厘米，通高19.7厘米。重780克（图4-74，1；彩版七九，1）。M10：472，断为两截，座正反两面钉孔未穿透。铃长径10.8、短径9.1、厚5.1厘米，座高7.6厘米，座底长5、宽3.5厘米，通高18.8厘米。重670克（图4-75，3；彩版七九，2）。M10：473，断为两截。铃长径11.2、短径9.3、厚5.2

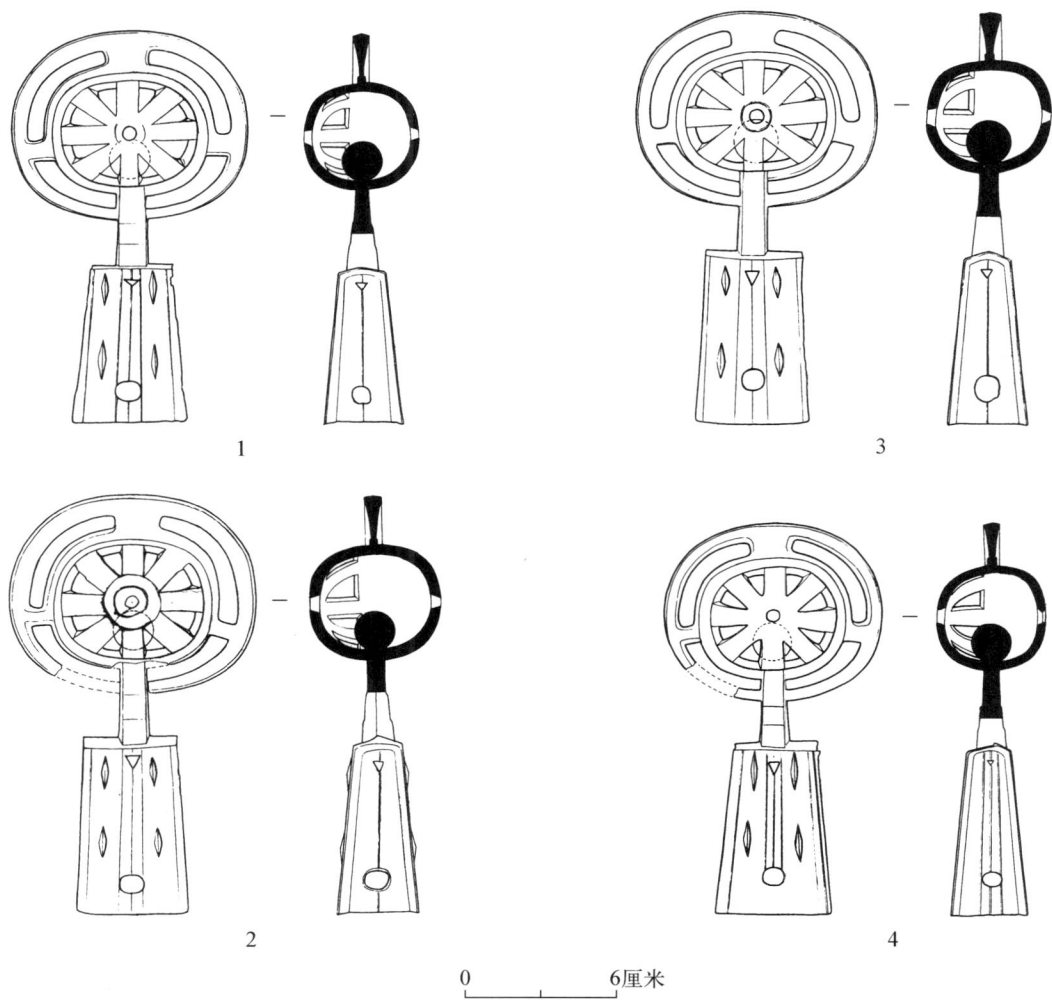

0 6厘米

图4-73 07QSM10出土A、B型铜銮铃

1～3.A型（M10：632、639、638） 4.B型（M10：339）

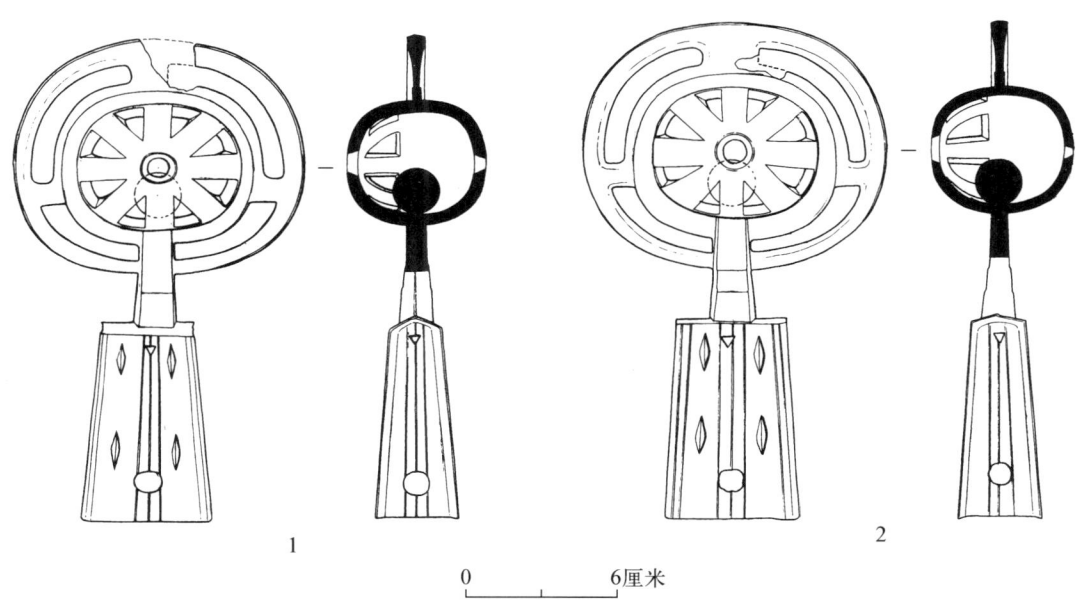

0 6厘米

图4-74 07QSM10出土B型铜銮铃

1、2. M10：471、508

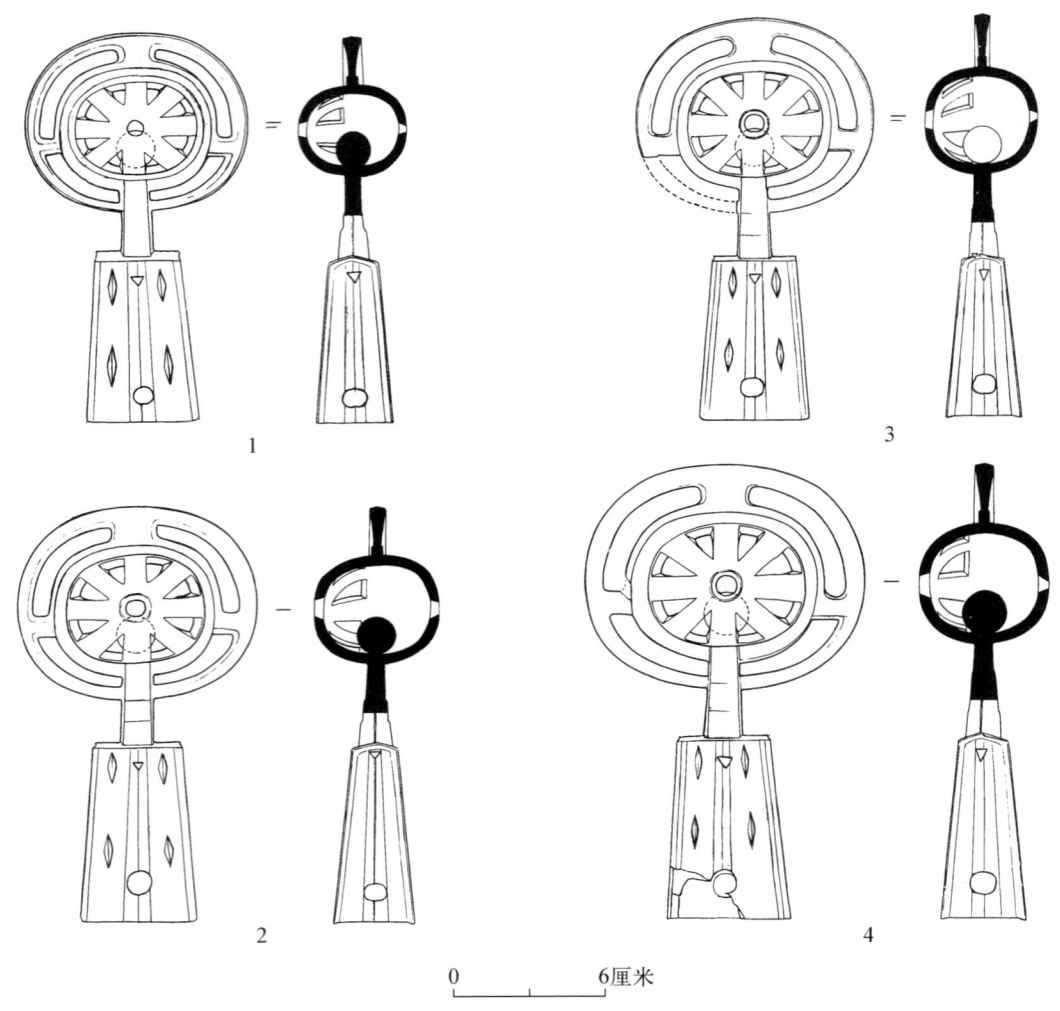

图4-75　07QSM10出土B型铜銮铃

1～4. M10：487、480、472、473

厘米，座高 7.8 厘米，座底长 5、宽 3.5 厘米，通高 19 厘米。重 670 克（图4-75，4）。M10：480，座一侧面钉孔未穿透。铃长径 9.6、短径 8.1、厚 5 厘米，座高 7.6 厘米，座底长 4.7、宽 3.3 厘米，通高 17.3 厘米。重 560 克（图4-75，2；彩版八〇，1）。M10：487，器形较小。铃长径 8.9、短径 7.4、厚 4.8 厘米，座高 6.9 厘米，座底长 4.5、宽 3.1 厘米，通高 16 厘米。重 482.9 克（图4-75，1；彩版八〇，2）。M10：508，断为两截，器形较大，座一侧面钉孔未穿透。铃长径 12.1、短径 10.1、厚 5.7 厘米，座高 8.3 厘米，座底长 5.3、宽 3.4 厘米，通高 20.4 厘米。重 760 克（图4-74，2）。

　　舆栏饰　共2件。形制、大小相同。底座为两端上卷的窄长条，侧面有两个长方形穿孔，座上伏顾首曲体的一条长龙，龙角耸立，口吐长舌，龙身饰重环纹。M10：476-1，长 13、宽 0.7、高 4.7 厘米。重 134 克（图4-76，1；彩版八一，1）。M10：476-2，长 13.2、宽 0.8、高 4.8 厘米。重 136 克（图4-76，4；彩版八一，2）。

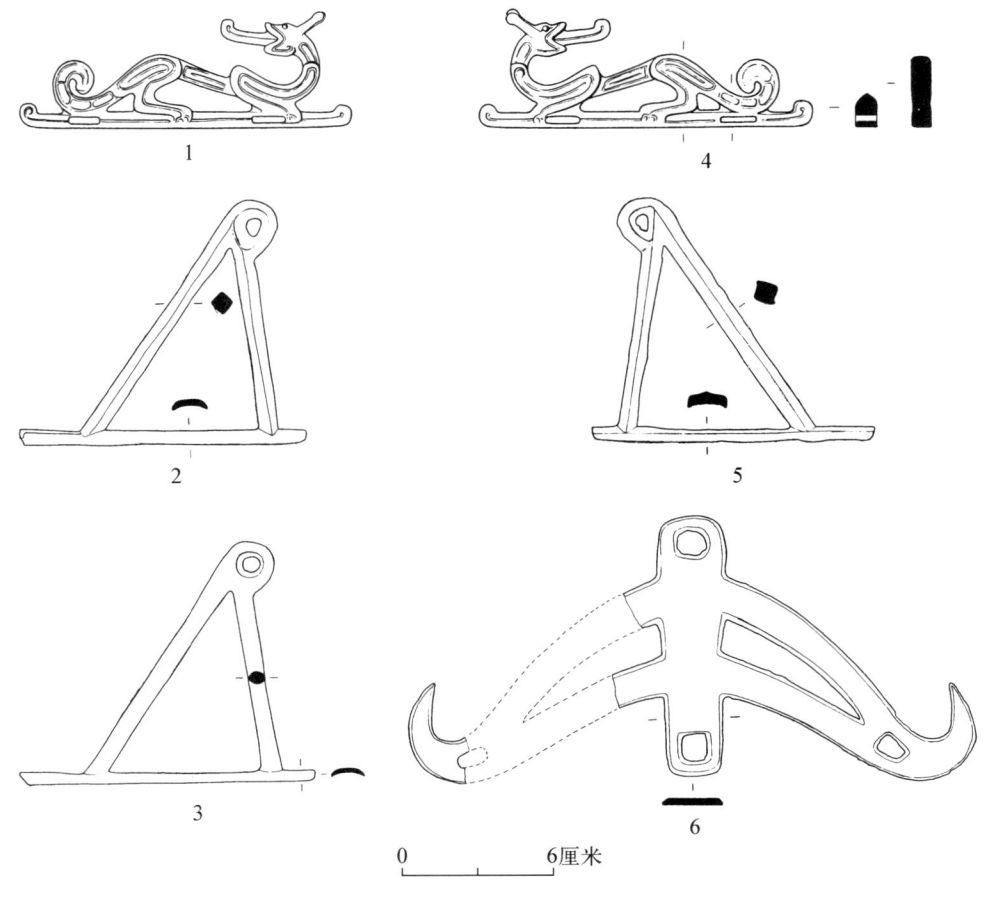

图4-76　07QSM10出土铜车器

1、4. 舆栏饰（M10：476-1、476-2）　2、3、5. 三角形器（M10：365、175、449）　6. 干首饰（M10：356）

管状车饰　1件（M10：t40）。中空的粗圆管状，两端及中部共有四周凸棱，分器为三部分：中部素面，有两个对称的长方形穿孔；上部、下部饰波带纹，波带间夹有眉、口状纹，一侧有扉棱，上有阴线纹，扉棱与管间镂孔。外壁纹饰凹陷处有朱砂，管内残存少量朽木。可能为车舆上的车器。高7、口径2.8、穿孔长0.7厘米。重112.2克（图4-77；彩版八二，1）。

三角形器　共3件。以长条形铜片为底，截面略拱起，上接两根斜柱，斜柱截面近菱形，整体呈三角形，两斜柱交汇处有一半环。器身范线明显。可能为车舆上的车器。M10：175，底长11.7、宽1.3、通高9.9厘米。重75.5克（图4-76，3）。M10：365，底长11.4、宽1.4、通高10厘米。重93.5克（图4-76，2；彩版八三，1）。M10：449，底长11.2、宽1.5、通高10厘米。重115.2克（图4-76，5；彩版八三，2）。

干首饰　1件（M10：356）。残，扁平片状，中部一柱，两侧弧形斜下，末端上钩，柱上下两端及两侧弯钩处各有一孔。复原长22.5、宽10.7、厚0.3厘米。重95.8克（图4-76，6；彩版八二，2）。

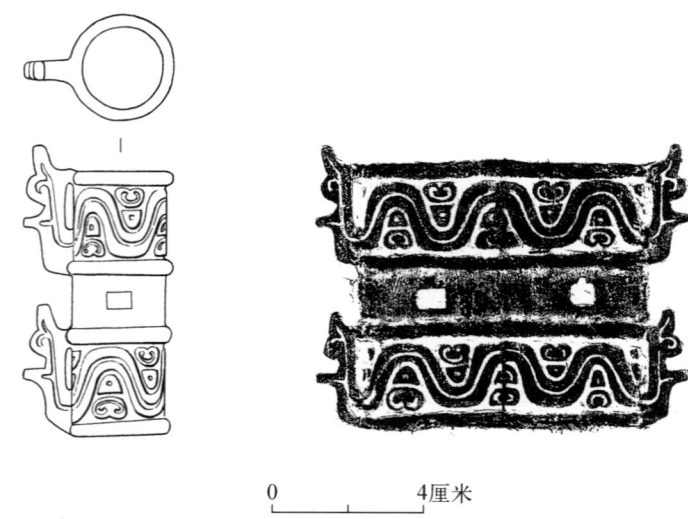

0　　　　4厘米

图4-77　07QSM10出土铜管状车饰（M10：t40）及纹饰拓本

　　舆围板饰　舆围板饰出土于棺椁之间西端与北侧两处。西端的舆围板饰与马胄、甲片集中放置，由于均为薄铜片制成，出土时锈蚀破损严重，有的拨之即成碎片，清理时难以辨别器物之间的关系，故一并编号为M10：323。经拼对修复辨明器类后，重新编号。马胄编为M10：323-1，甲片编为M10：323-2，舆饰编为M10：323-3。置于棺椁之间北侧的舆围板饰与铜翣集中放置在一起，出土均锈蚀破损严重，难以辨别器物之间的关系，故一并编号为M10：324。经拼对修复辨明器类后，重新编号。舆围板饰编为M10：324-1，翣编为M10：324-2。

　　舆围板饰由大型薄壁铜片制成，壁厚一般不足0.1厘米，表面制出多种华丽的纹饰，金相与化学分析表明其为热锻成型[1]。器物边缘有钉孔，部分铜片下发现有零星的朽木纤维痕迹，可知原应钉于木板或席上。由钉孔处的开裂与隆起方向可知，纹饰凸出的一面为正面。结合2014年周原遗址贺家车马坑的发现可知，这类器物应是装配在车舆两侧及后部围板上的铜饰。根据形制差异，分为两类。

　　甲类　至少2件。正面纹饰鼓起甚高，背面相应凹入，无纹饰处镂空，器表凹凸明显，立体感较强。在周原贺家车马坑中，这种器表明显凹凸的铜饰装配于车舆门两侧的后围板上，或可称为"舆后板饰"。壁厚0.08、器厚1厘米。现存残片属同一形制的器物。

　　M10：324-1-1，是此类舆围板饰中拼对修复较为完整的一件，左边与下边至整器边缘。饰中轴对称的交龙纹，下部两龙龙首相对，龙身前卷相交，左侧龙首之上还残存一个龙首局部。龙首作"臣"字目，曲眉，翻唇，长牙向下回卷，龙角上扬。下边中部有两个钉孔，左侧边沿有一钉孔。残长33、残宽24、壁厚0.08、器厚1厘米。重192.8克（图4-78；彩版八四、

_____

① 刘思然等：《周原孔头沟遗址宋家墓地铜器的科学分析与研究》，《南方文物》2017年第2期。

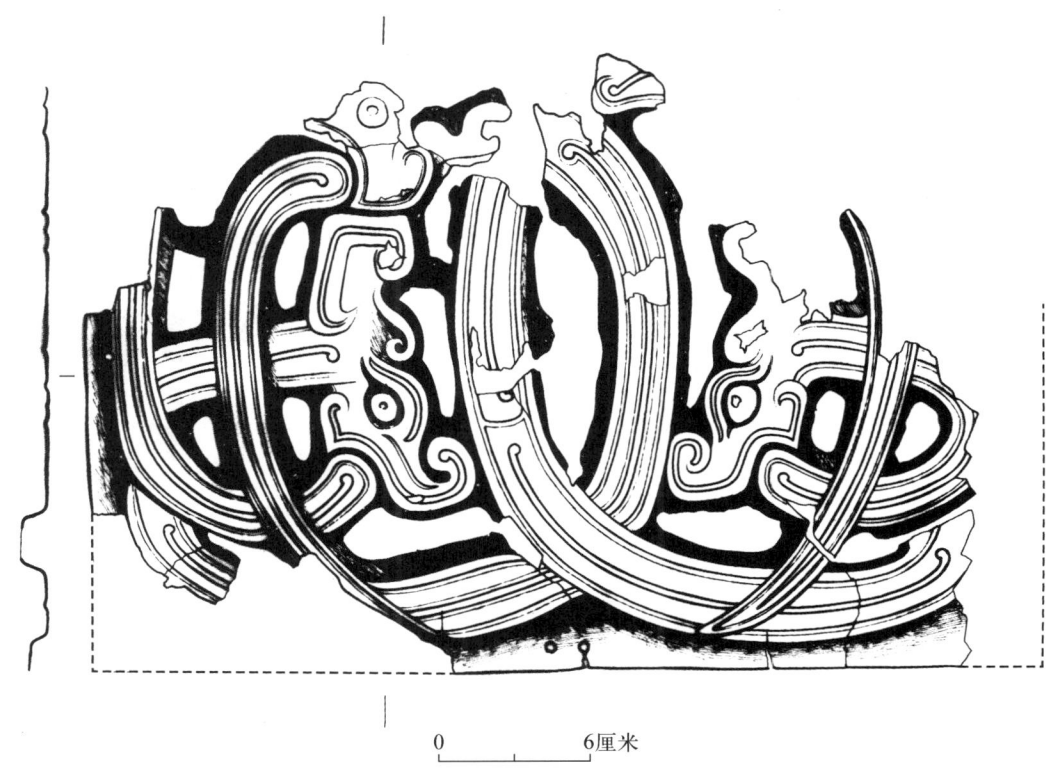

0　　　　6厘米

图4-78　07QSM10出土甲类车舆围板饰（M10：324-1-1）

八五）。M10：324-1-2，为整器的右下角，纹饰可与M10：324-1-1右下角重合相接。下边右端有两个钉孔。残长17、残宽11、壁厚0.08、器厚1厘米。重41.4克（图4-79，3；彩版八三，3）。M10：324-1-3，为龙首残片，将该器水平翻转后可与M10：324-1-1左上部龙首残存部分重合相接。残长18、残宽14.5、壁厚0.08、器厚1厘米。重42.9克（图4-79，2；彩版八三，4）。

由上述残件可知，此类器装饰四条龙组成的交龙纹，整体中轴对称，下部两龙龙首相对，上部两龙龙首相背，每侧的上下两龙共用一身。龙首均为曲眉，"臣"字目，翻唇，长牙后弯，龙角上扬。复原横长36、残高26.5厘米，完整器可能近正方形，四角及边沿中部有钉孔（图4-80）。该型舆围板饰至少有形制相同的2件，可能是装配于一辆车门两侧的后围板上。

此外，还有若干较小的残片，难以复原。M10：324-1-4，为舆围板饰边缘的一段。残长20.4、残宽4.2、壁厚0.08、器厚0.9厘米，重17.8克（图4-79，4）。M10：324-1-5，残存部分似为龙身局部。残长20.1、残宽8、壁厚0.05、器厚0.9厘米，重23.7克（图4-79，1）。

乙类　至少9件。正面纹饰略鼓，背面相应略凹，纹饰印痕极浅甚至难以辨认，不镂空，器表整体近平面。在周原贺家车马坑中，这种器表明近平面状的铜饰装配于车舆两侧围板上，或可称为"舆侧板饰"。壁厚0.03～0.05厘米。根据纹饰差异，分为四型：

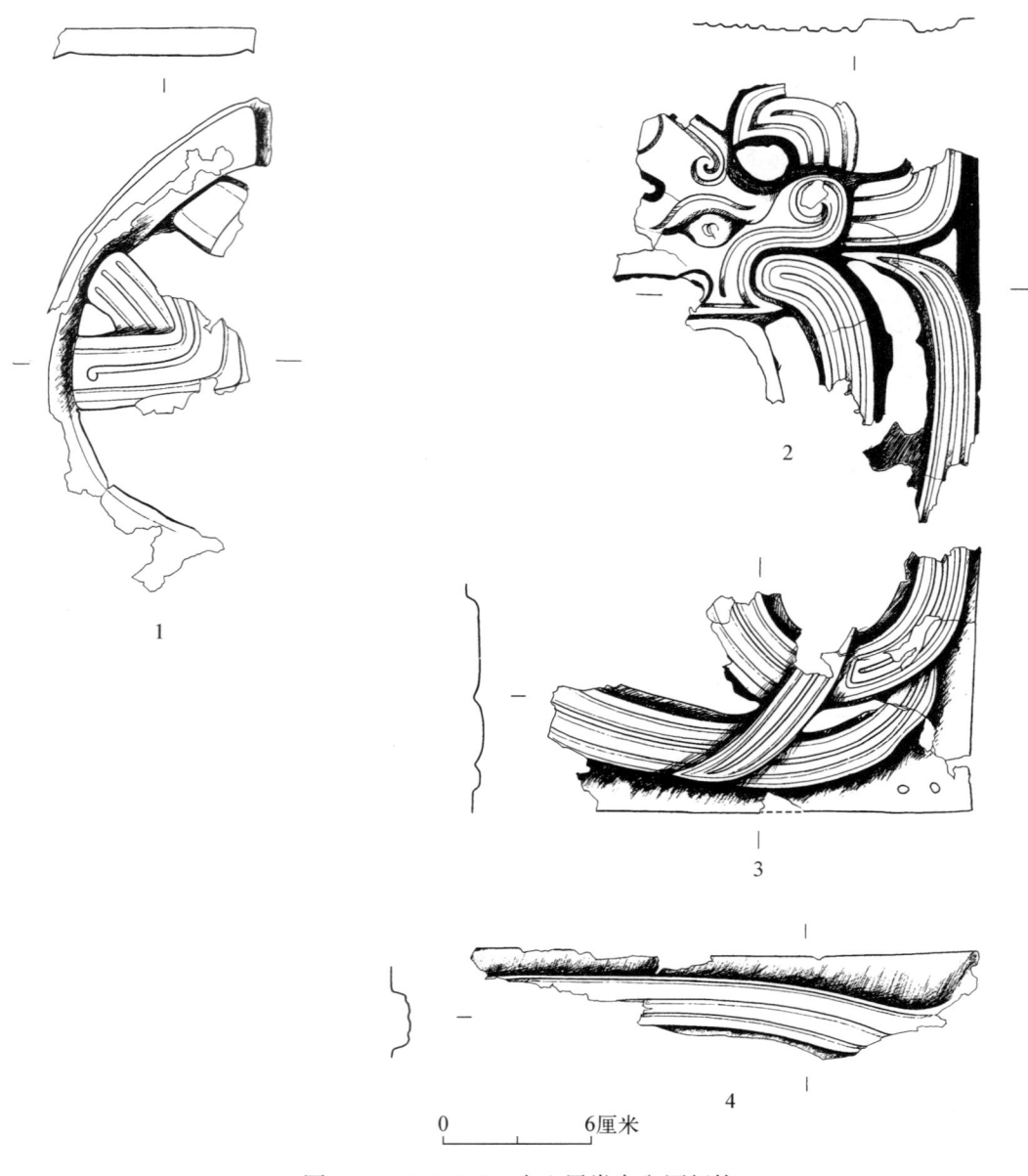

图4-79　07QSM10出土甲类车舆围板饰
1～4. M10：324-1-5、324-1-3、324-1-2、324-1-4

　　A型　至少2件。主体纹饰为龙纹，"臣"字目，曲眉延伸至头前与鼻相连，翻唇上卷，长牙向下回卷，龙身粗大近"S"形，身侧有弯钩状爪。

　　拼对出的较大残片有：M10：323-3-1，龙首向右。左边、下边至整器边缘，可知该器周围有带状边沿，右边应为带状边沿内侧。下边沿有两个钉孔。残长37、残宽24、厚0.03厘米。重189.1克（图4-81；彩版八六）。M10：323-3-4，龙首向左。上边至带状边沿内侧。残长21、残宽19.8、厚0.03厘米。重102.9克（图4-82，1）。M10：323-3-12，带状边沿，与M10：323-3-4

0　　　　　　6厘米

图4-80　07QSM10出土甲类车舆围板饰复原图

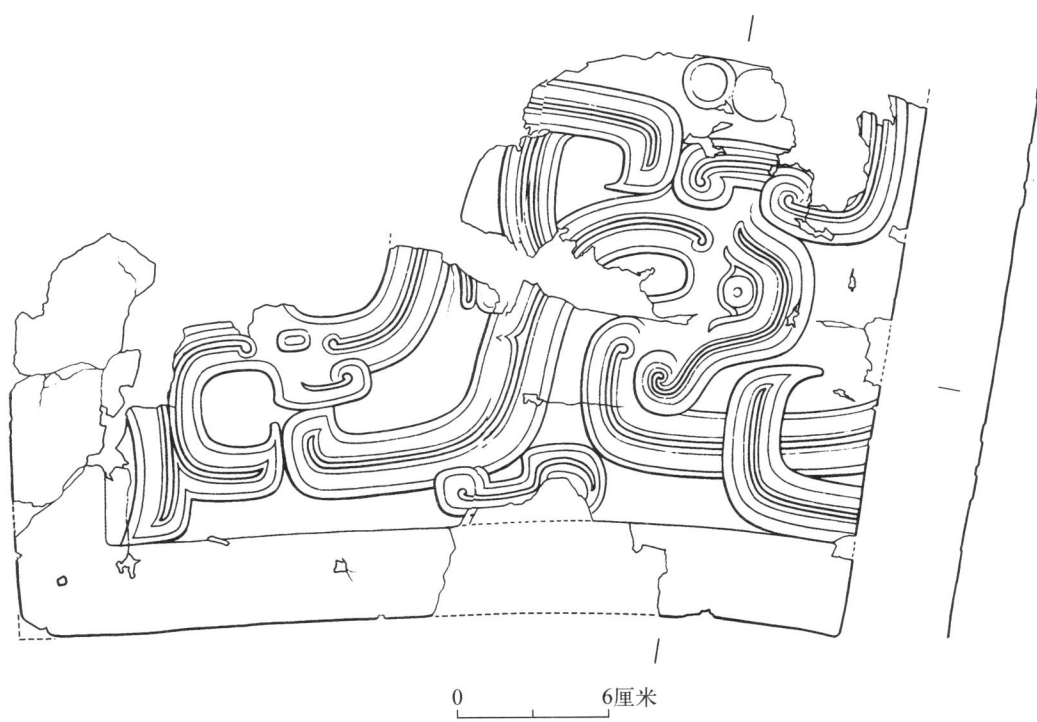

0　　　　　　6厘米

图4-81　07QSM10出土乙类A型车舆围板饰（M10：323-3-1）

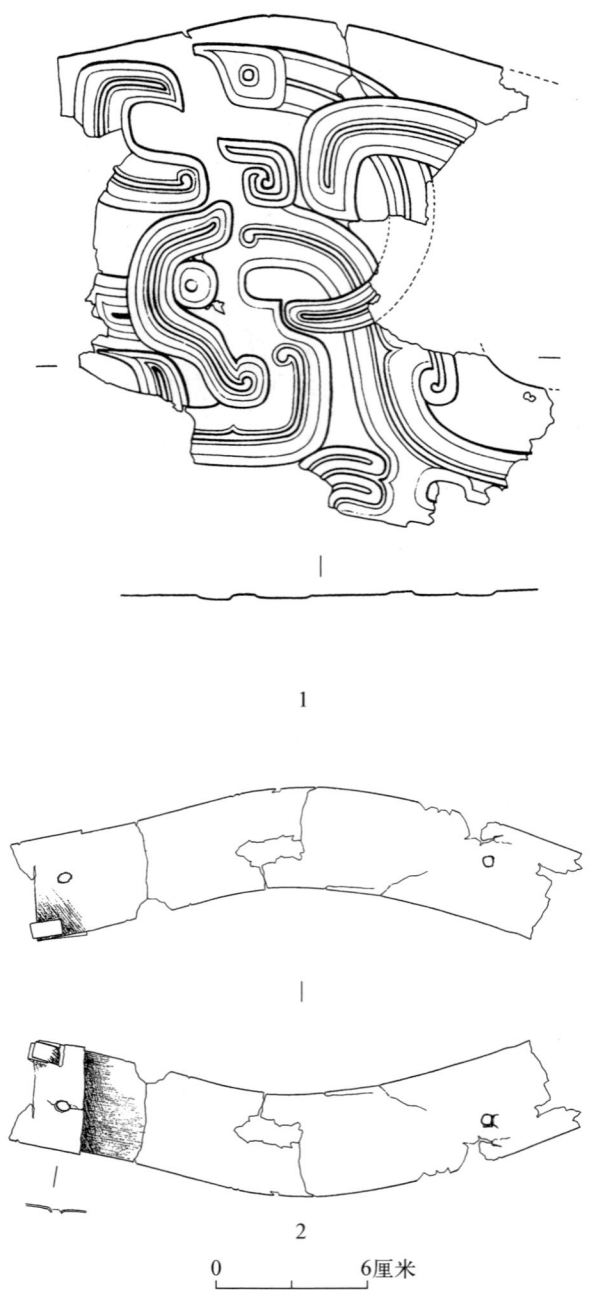

图4-82　07QSM10出土乙类A型车舆围板饰

1、2. M10：323-3-4、323-3-12

残存边缘形状相符。其上有两个钉孔，背面一端以铜扣与另一件残铜片相连。残长21.9、残宽4、厚0.03厘米。重23.8克（图4-82，2）。

据上述残片可知，该型器整体近微弯的长方形，上边外弧，外弧方向与龙首朝向相反，下边相应内弧，四周有带状边沿。复原横长41、高29厘米（图4-84，1）。就现存残件看，M10随葬的该型饰件至少有2件，形制、大小相同，方向左右对称，可装配于一辆车舆的左右两侧板上。

B型　至少2件。主体纹饰为龙纹，龙纹形制与A型相近，但龙纹局部特征、器物轮廓均与A型有别。

拼对出的较大残片有：M10：323-3-2，残存龙身及龙牙，据此可推知龙首向右。左边、上边至整器边缘，可知该器周围有带状边沿。左边边缘中部与边沿内侧中部共有铜扣三个，表明该器一端应与另一铜片相连，上边沿残存钉孔一个。残长27、残宽24.2、厚0.03厘米。重127.8克（图4-83，1；彩版八七，1）。M10：323-3-3，残存龙首及龙身上半部分，龙首向左。上边残存部分带状边缘。将该器水平翻转后，纹饰可与M10：323-3-2相接。残长26、残宽23.5、厚0.03厘米。重84.7克（图4-83，2；彩版八七，2）。

根据现存残片，无法将该型完整复原，但结合乙类A型铜片看，龙首一端与龙身一侧应接近器物带状边缘，故该型器整体可能为长方形。复原横长约41、高约30厘米（图4-84，2）。就现存残件看，M10随葬的该型饰件至少有2件，形制、大小相同，方向左右对称，可装配于一辆车舆的左右两侧板上。

C型　可能至少有2件。主体纹饰为成排成列整齐分布的鳞状云纹，其间夹以仿石（蚌）泡的小菱形纹，每个鳞状云纹内填以一周四个重环纹。

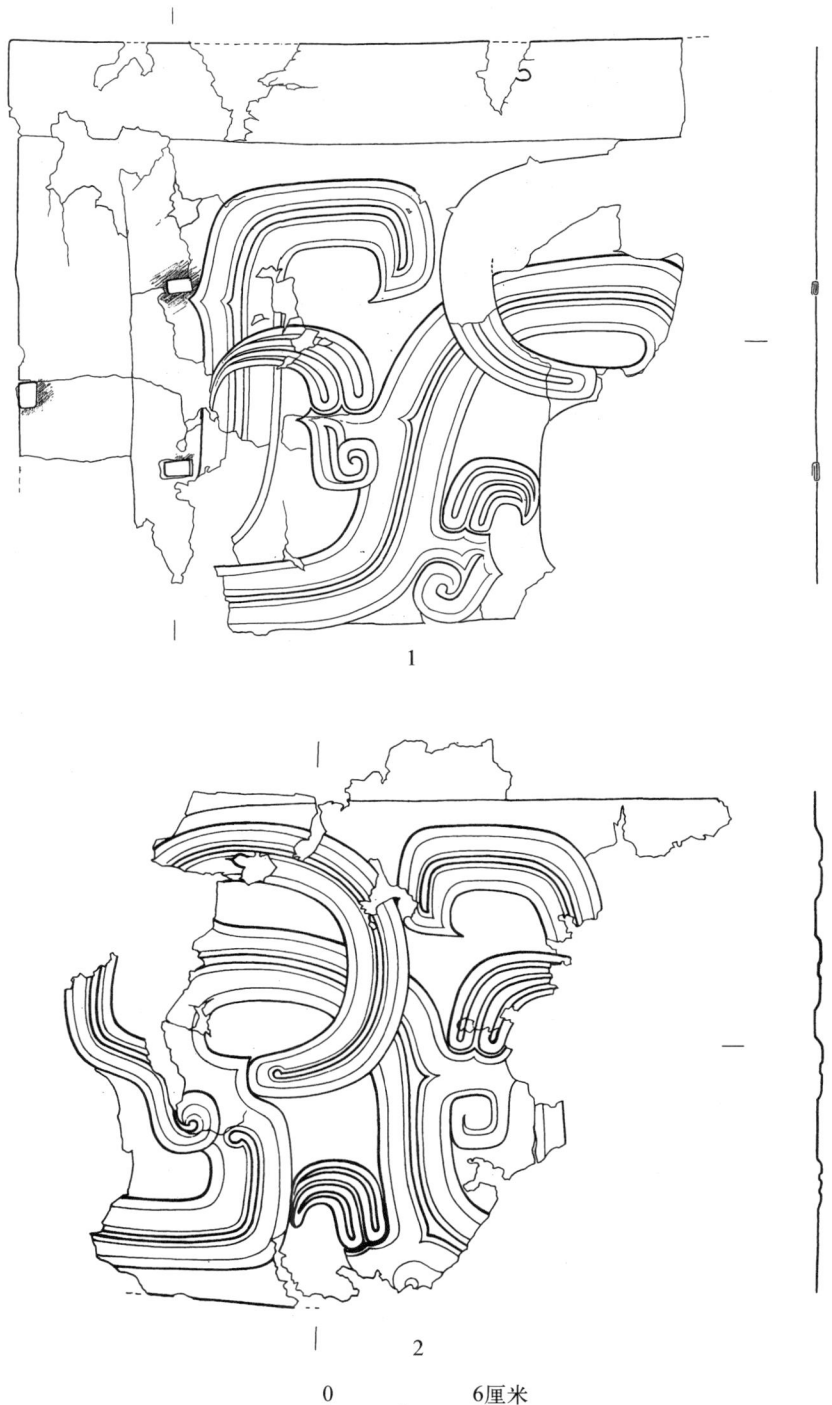

0   6厘米

图4-83　07QSM10出土乙类B型车舆围板饰

1、2. M10：323-3-2、323-3-3

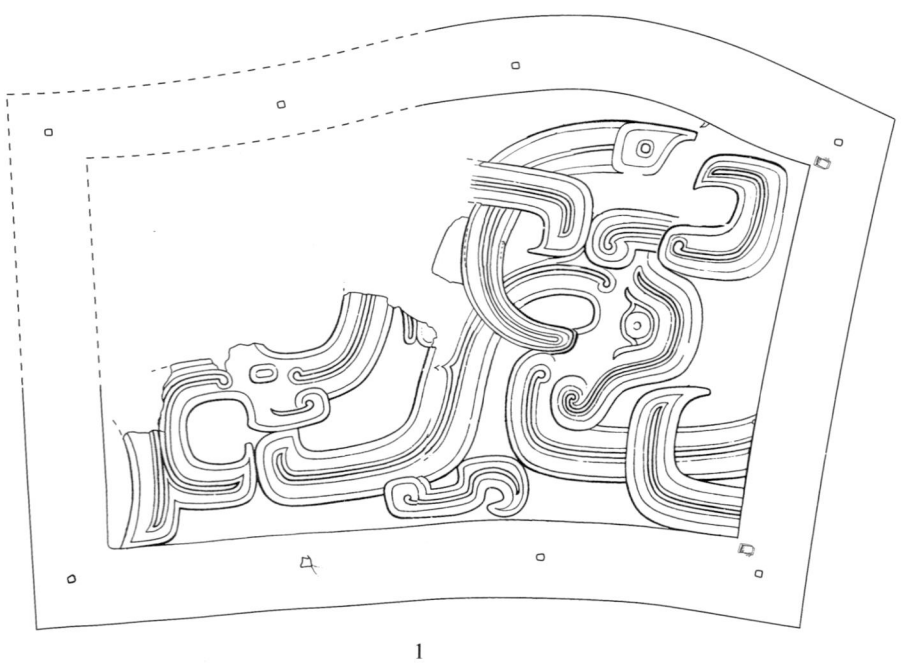

1

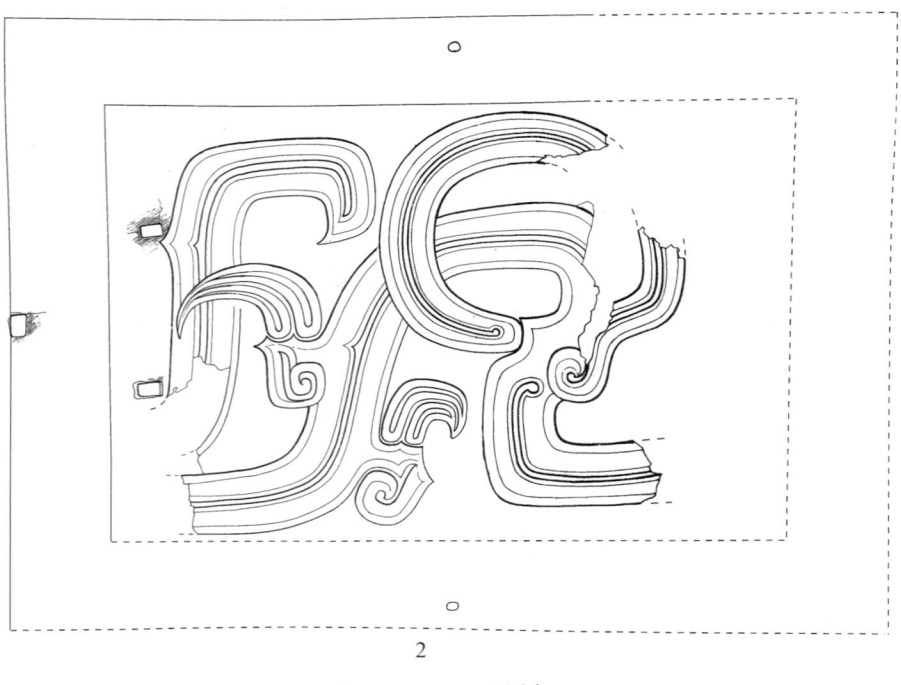

2

0 ———————— 7厘米

图4-84　07QSM10出土乙类车舆围板饰复原图

1. A型　2. B型

　　拼对出的较大残片有：M10：502-1-1，左边与下边至整器边缘，左边沿有两个钉孔，残存云纹4列3排。残长37.5、残宽21.5、厚0.03厘米。重161.2克（图4-85，2；彩版八八）。M10：502-1-2，右边基本至整器边缘，残存钉孔一个。残存云纹四列三排，但从该器左边的菱形纹可知此处应还有一列云纹，故至少饰五列云纹。残长39.5、残宽16、厚0.03厘米。重85.3克（图4-85，1）。M10：502-1-3，上边与右边至整器边缘，边缘有钉孔三个。残长28、残宽9、厚0.03厘米。重44克（图4-89，2）。M10：502-1-4，残长12.5、残宽12.1、厚0.03厘

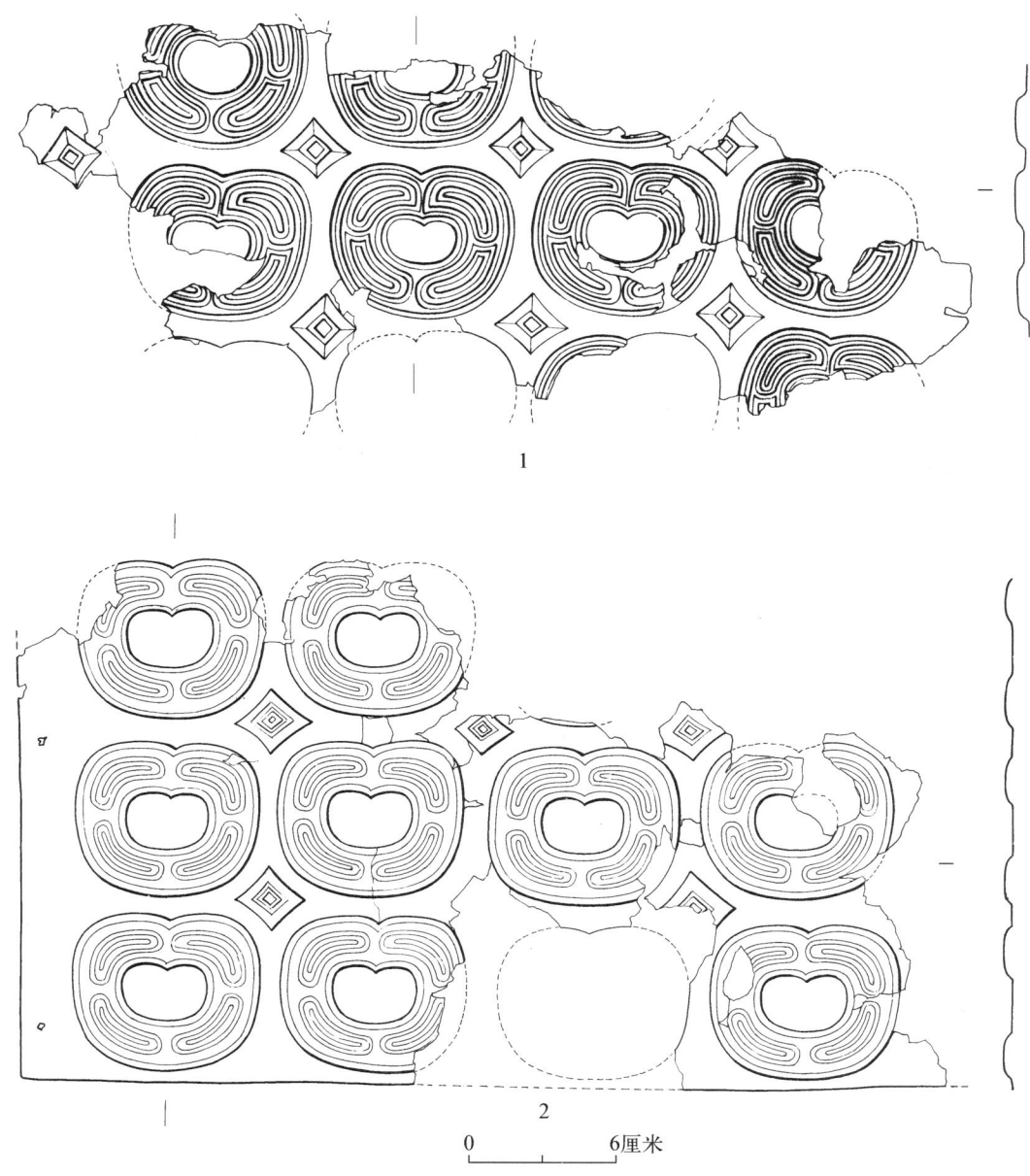

图4-85　07QSM10出土乙类C型车舆围板饰

1、2. M10：502-1-2、502-1-1

米。重31.5克（图4-89，3）。M10：502-1-5，残长11.6、残宽9.5、厚0.04厘米。重21.1克（图4-89，4）。根据上述残片可知，该型器四边均为直边，很可能为横长方形，但尺寸不明。据M10：502-1-2至少饰五列云纹估算，横长不小于48厘米。

D型 至少3件。主体纹饰为兽面纹，兽面作"臣"字目，上有睫毛状曲眉，两眼间夹一列鳞纹组成的兽鼻，鼻下有"八"字形胡须。

拼对出的较大残片有：M10：323-3-6，残长21.5、残宽14.5、厚0.03厘米。重35.8克（图4-86，4；彩版八九）。M10：323-3-11，残长12.5、残宽12、厚0.05厘米。重20.8克（图4-86，2）。M10：502-4-1，残长10.7、残宽9.5、厚0.05厘米。重19.1克（图4-86，3）。所有残片均不至器物边缘，故该型器的整体形制、尺寸不明。

另有残片若干，纹饰与上述四型有别，但无法拼对复原，整体形制不明。纹饰压印，不镂空。M10：323-3-5，似饰龙纹，器物一角为直角。残长19、残宽14.5、厚0.03厘米。重54.3克（图4-88，2；彩版九〇）。M10：323-3-7，可辨一心形纹饰及简化龙身。残长15、残宽13.5、厚

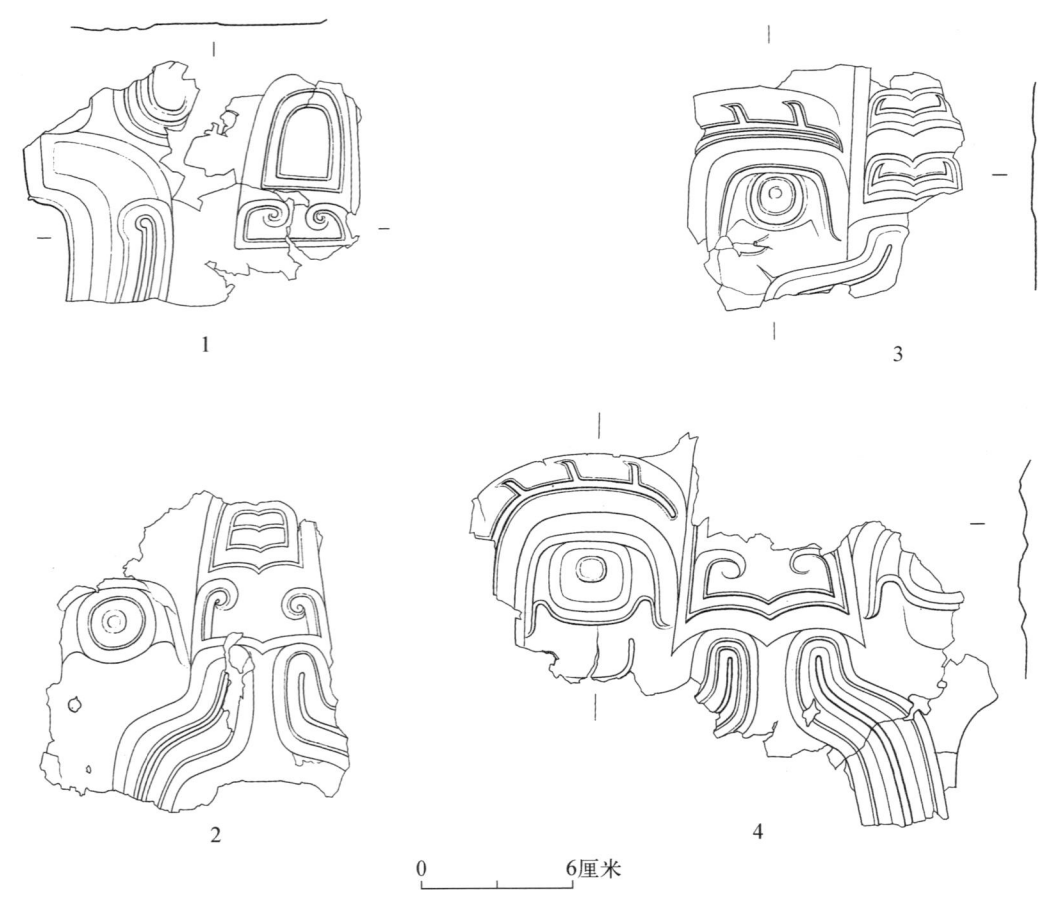

图4-86 07QSM10出土乙类车舆围板饰
1.残片（M10：502-5-2） 2～4.D型（M10：323-3-11、502-4-1、323-3-6）

0.05厘米。重38.3克（图4-88，3）。M10：323-3-9，龙首局部残片，翻唇上卷。残长16、残宽9.8、厚0.05厘米。重24.3克（图4-87，6）。M10：323-3-10，龙首局部残片。长15、残宽11.1、厚0.03厘米。重26.8克（图4-87，1）。M10：502-2-1，可能为龙身残片。残长19、残宽16、厚

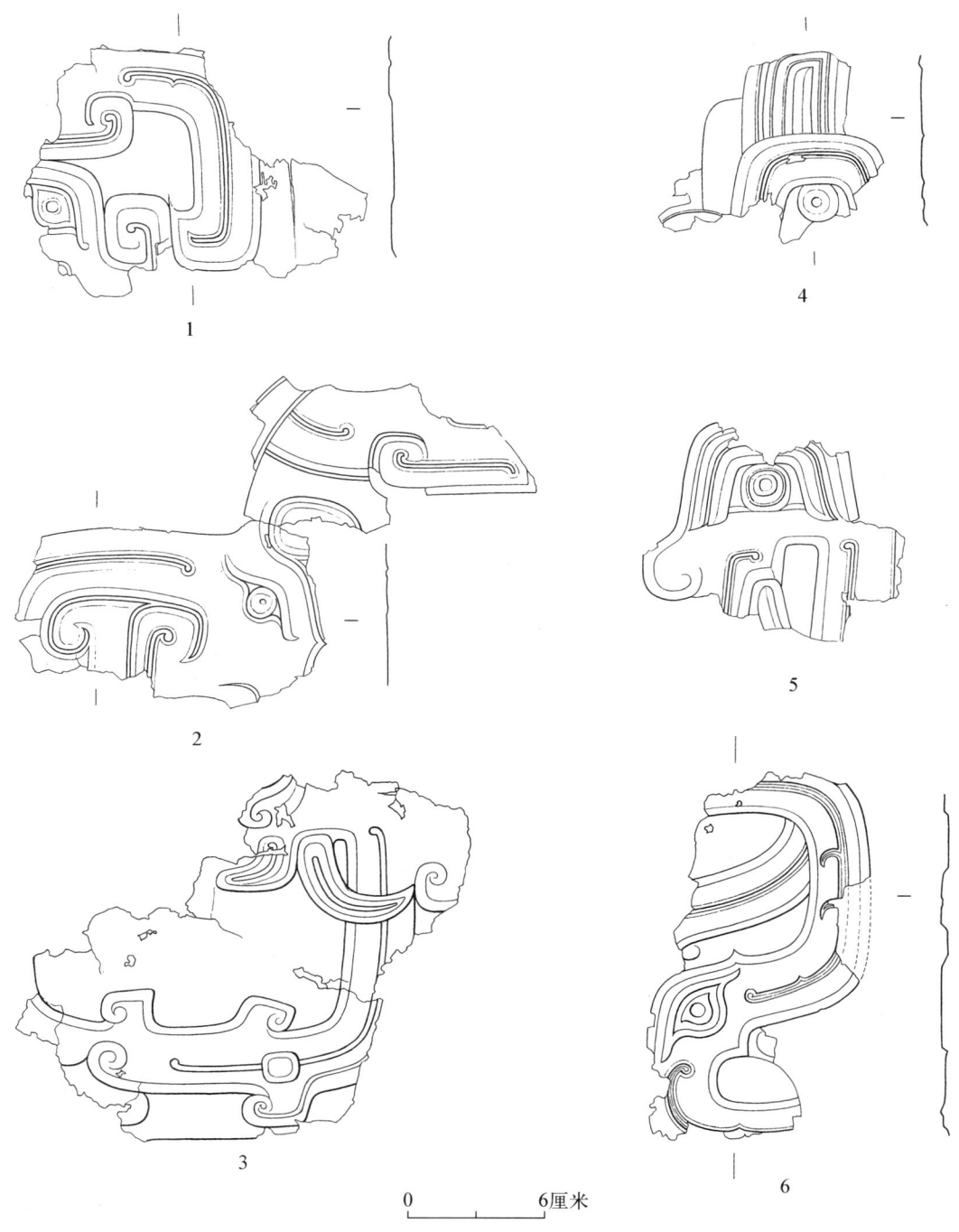

图4-87　07QSM10出土乙类车舆围板饰残片

1～6. M10：323-3-10、502-2-4、502-3-1、502-4-4、502-4-3、323-3-9

0.04厘米。重58.7克（图4-88，4）。M10：502-2-3，为龙首残片。残长16、残宽12.5、厚0.04厘米。重35克（图4-88，1）。M10：502-2-4，残存龙首局部，龙首向右。残长23、残宽15、厚0.04厘米。重39.2克（图4-87，2）。M10：502-3-1，残存龙首下部长牙及部分龙身。残长20、残宽16.5、厚0.04厘米。重53.5克（图4-87，3）。M10：502-4-3，为龙首残片，龙首向左，纹饰与A、B型龙首相近，但眉眼略有不同。残长11、残宽9.2、厚0.05厘米。重18.2克（图4-87，5；彩版九一）。M10：502-4-4，为兽面或龙首的眉目残片。残长9.5、残宽8.7、厚0.04厘米。重13.8克（图4-87，4）。M10：502-5-1，可能为兽面的上部，左右两部分为对称的弯曲长眉及圆眼。上部有三组等距分布的铜扣及三组六个钉孔，残长24、残宽11、厚0.03厘米。重72.2（图4-89，

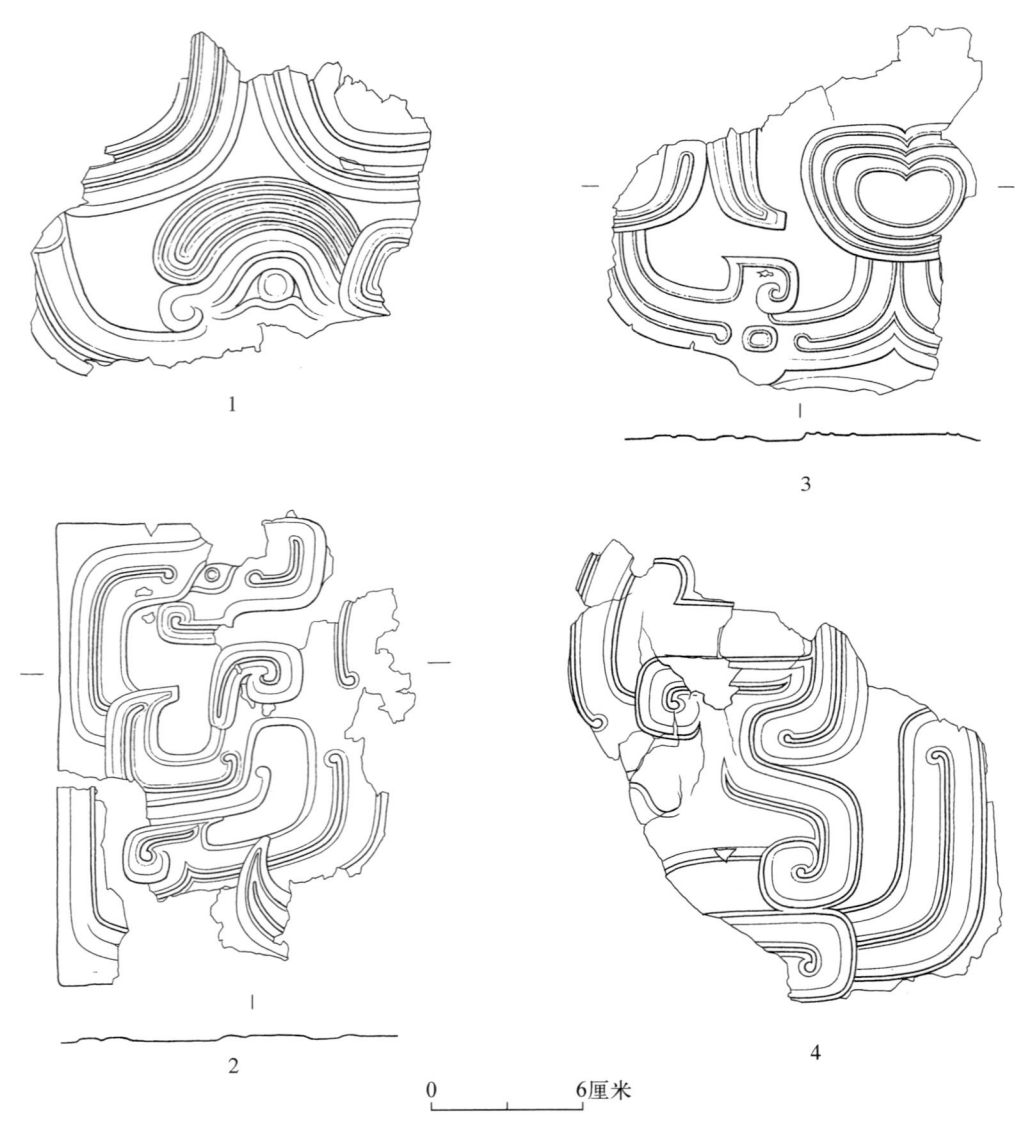

0 ____ 6厘米

图4-88　07QSM10出土乙类车舆围板饰残片

1～4. M10：502-2-3、323-3-5、323-3-7、502-2-1

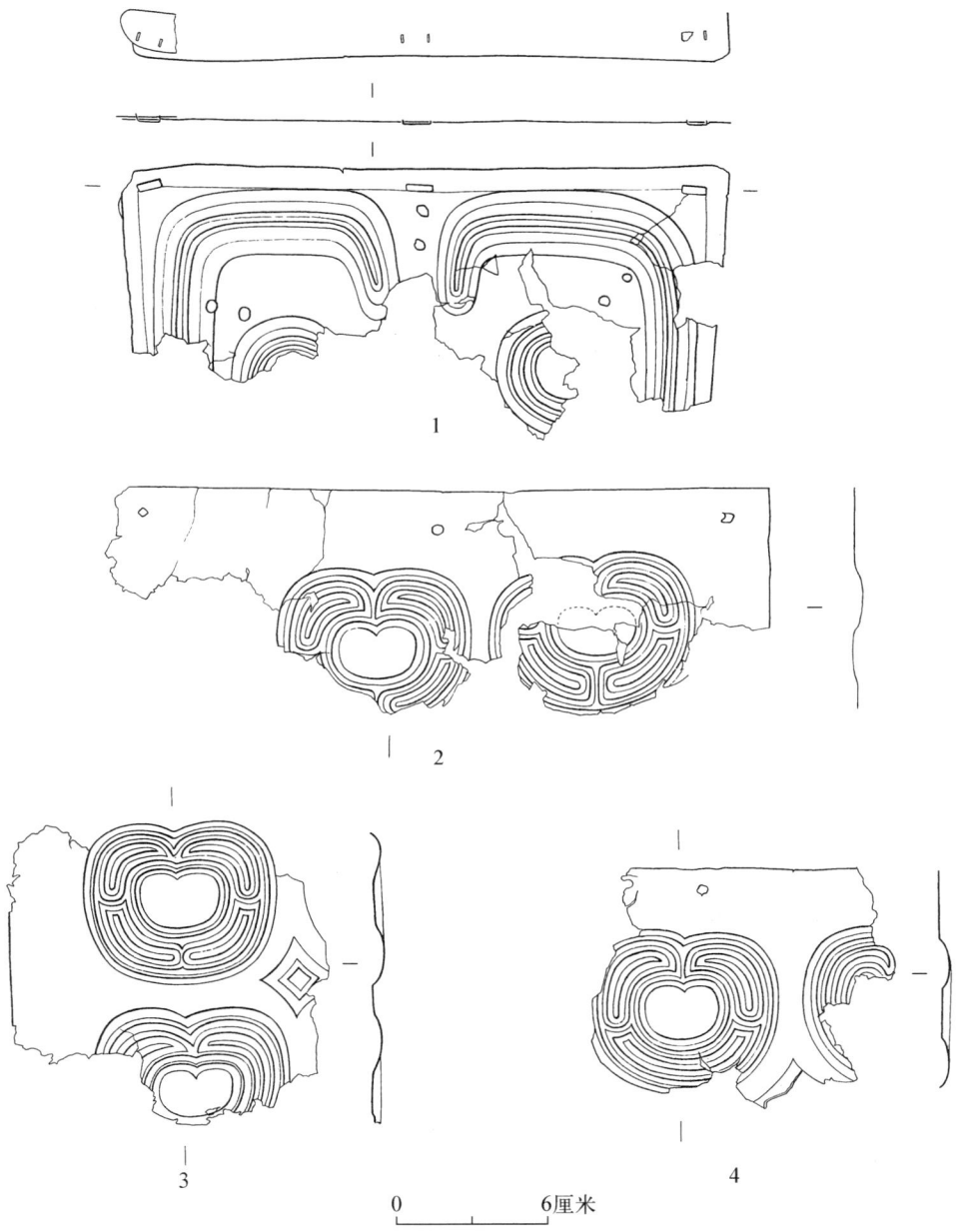

图4-89　07QSM10出土乙类车舆围板饰

1. 残片（M10：502-5-1）　　2～4. D型（M10：502-1-3、502-1-4、502-1-5）

1；彩版九二）。M10：502-5-2，可能为兽面的下部，可辨圆目与兽鼻。残长13、残宽10、厚0.03厘米。重31.1克（图4-86，1）。

　　甲片　共135件。可能为车舆围板所饰甲片或穿着的铠甲。由薄铜片制成，器表压印有纹饰，甲片边缘有钉孔，可供编制与穿缀。根据整体形制差异分为六型：

　　A型　共68件，形制、大小基本相同。近长方形，上端方正，下端两角为圆角，中央有突尖。上端两角一般各有两个钉孔。M10：323-2-1，长8.8、残宽6.9、壁厚0.05厘米。重11.2克（图4-90，1）。M10：323-2-2，残长10.7、残宽7.5、壁厚0.05厘米。重14.3克（图4-90，4）。M10：502-7，45件，标本M10：502-7-1，长8.2、宽6.7、壁厚0.05厘米。重10.3克（图4-90，2）。标本M10：502-7-2，长9.2、宽6.9、壁厚0.05厘米。重14.1克（图4-90，3）。

B型　共21件，形制与A型相同，唯个体较小。上端两角各有一个钉孔。M10：323-2-3，长4.9、宽2.9、壁厚0.05厘米。重2克（图4-91，1）。M10：323-2-4，长4.8、宽3、壁厚0.05厘米。重2.6克（图4-91，2）。M10：95，13件，部分甲片黏叠在一起。标本M10：95-1，残长5.9、宽4.7、壁厚0.1厘米。重10.9克（图4-91，4）。

C型　共4件。近长方形，上端有三齿，下端中央内凹。四角各有两个钉孔。M10：323-2-5，长7.3、宽5.9、壁厚0.08厘米。重9.7克（图4-91，10）。

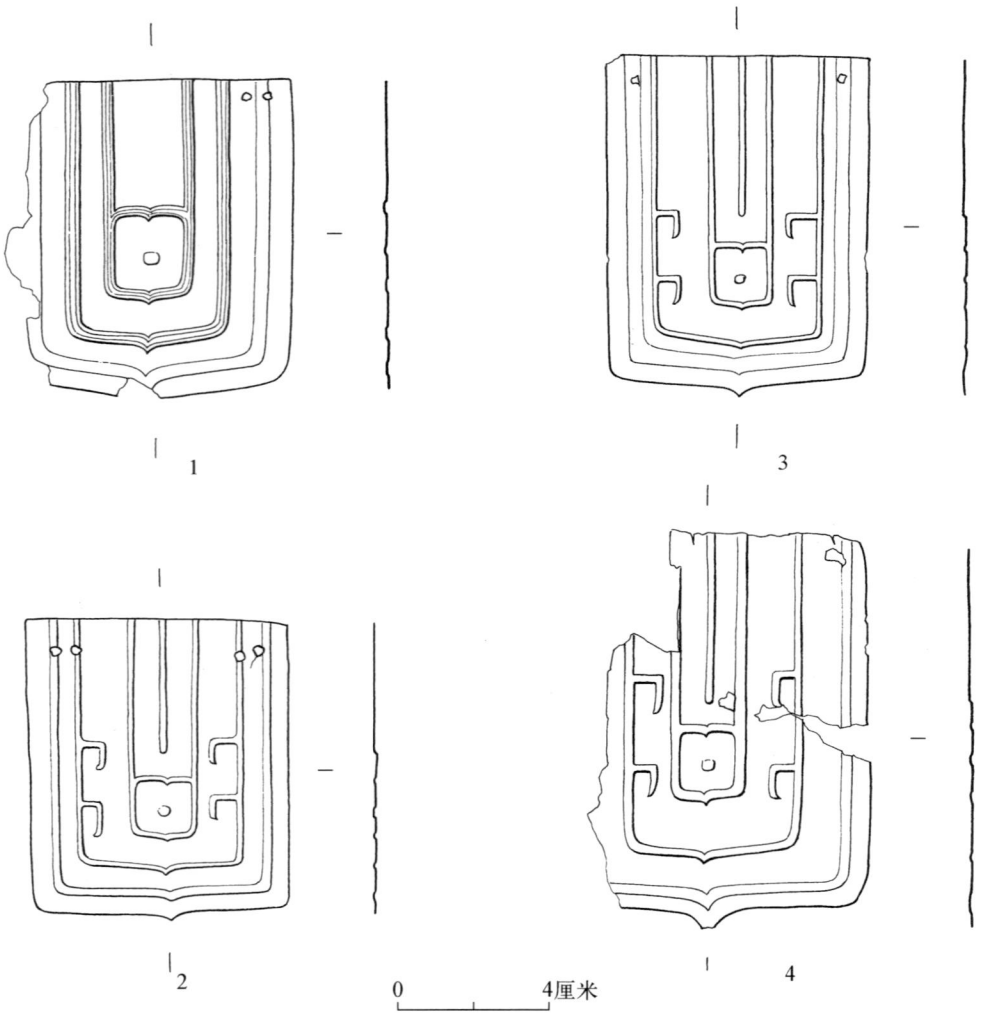

1　　　　　　　　　3

2　　　　　0　　　4厘米　　　4

图4-90　07QSM10出土A型铜甲片

1～4. M10：323-2-1、502-7-1、502-7-2、323-2-2

D型　共35件。三齿鳞形，整体较宽扁，上端有三齿，下端中央内凹。四角各有两个钉孔。M10∶323-2-6，长8、宽5、壁厚0.08、器厚0.5厘米。重10.3克（图4-91，8）。M10∶323-2-7，长7.6、宽5.2、壁厚0.05厘米。重8克（图4-91，7）。M10∶358，13件。标本M10∶358-1，长

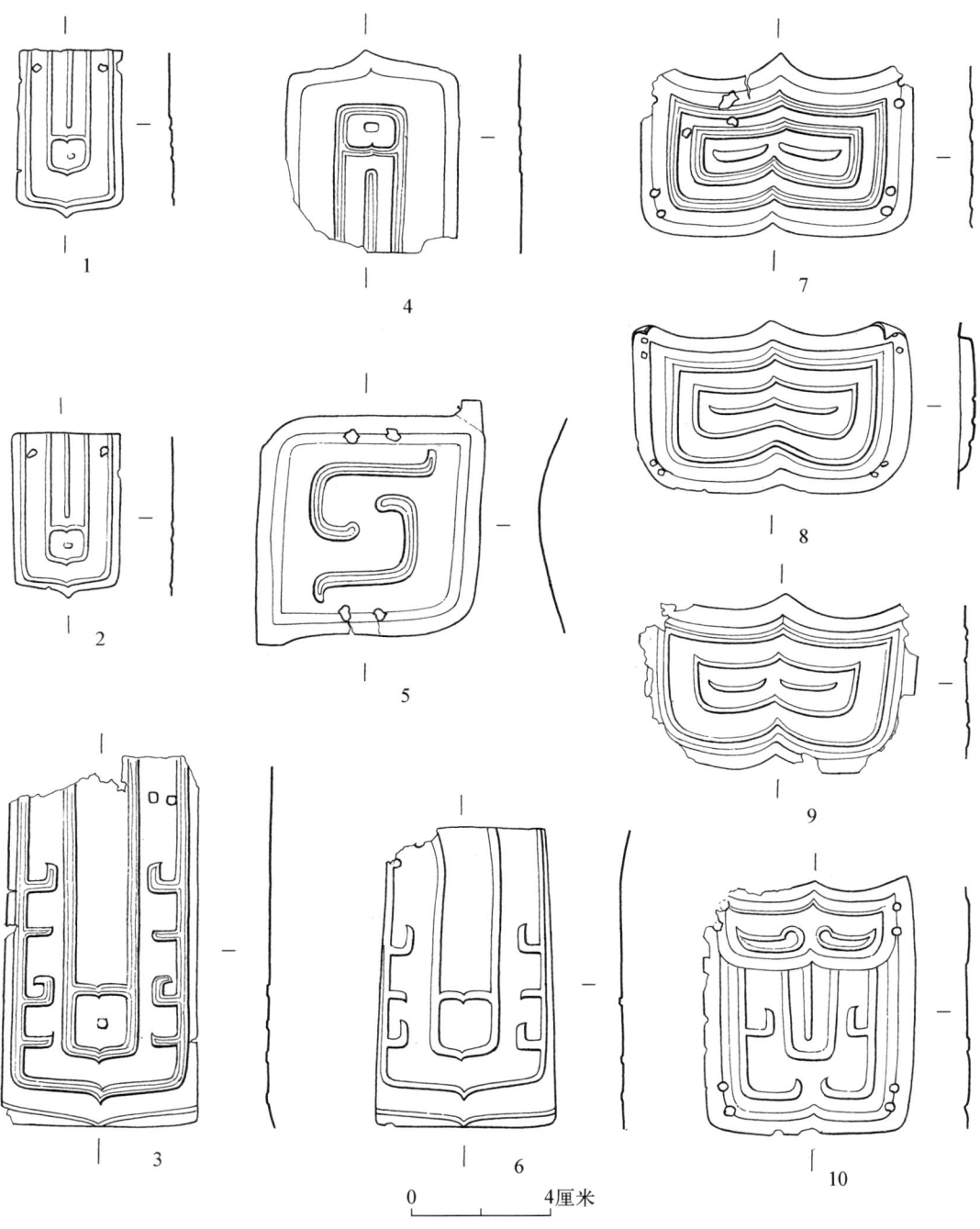

图4-91　07QSM10出土B、C、D、E、F型铜甲片

1、2、4. B型（M10∶323-2-3、323-2-4、95-1）　3、6. E型（M10∶323-2-9、323-2-8）　5. F型（M10∶323-2-10）
7～9. D型（M10∶323-2-7、323-2-6、259）　10. C型（M10∶323-2-5）

7.7、宽7.8、壁厚0.08厘米。重10.4克。M10：259，残长7.9、残宽5.1、壁厚0.08厘米。重7.7克（图4-91，9）。

　　E型　共6件。长方形，上下两端方正。M10：323-2-8，长8.9、宽5.1、壁厚0.05厘米。重7.5克（图4-91，6）。M10：323-2-9，残长10.9、宽5.5、壁厚0.05厘米。重14克（图4-91，3）。

　　F型　1件（M10：323-2-10）。菱形。两侧各有两个钉孔。长7.5、宽6.3、壁厚0.1厘米。重12.6克（图4-91，5）。

　　马衔　共2件。由两根各带两环的铜条套接在一起，相连两环一平一侧，均呈水滴形，外端两环以革带与镳相接，作圆形或长方形。M10：180，与马镳（M10：181、248）置于一处。器形较大，外端两环呈圆形。水滴形环宽1.7、圆环径2.4～2.6、通长21.2厘米。重120.9克（图4-92，1；彩版九三，2）。M10：439-1，与马镳（M10：439-2、439-3）置于一处。器形较小，外端两环

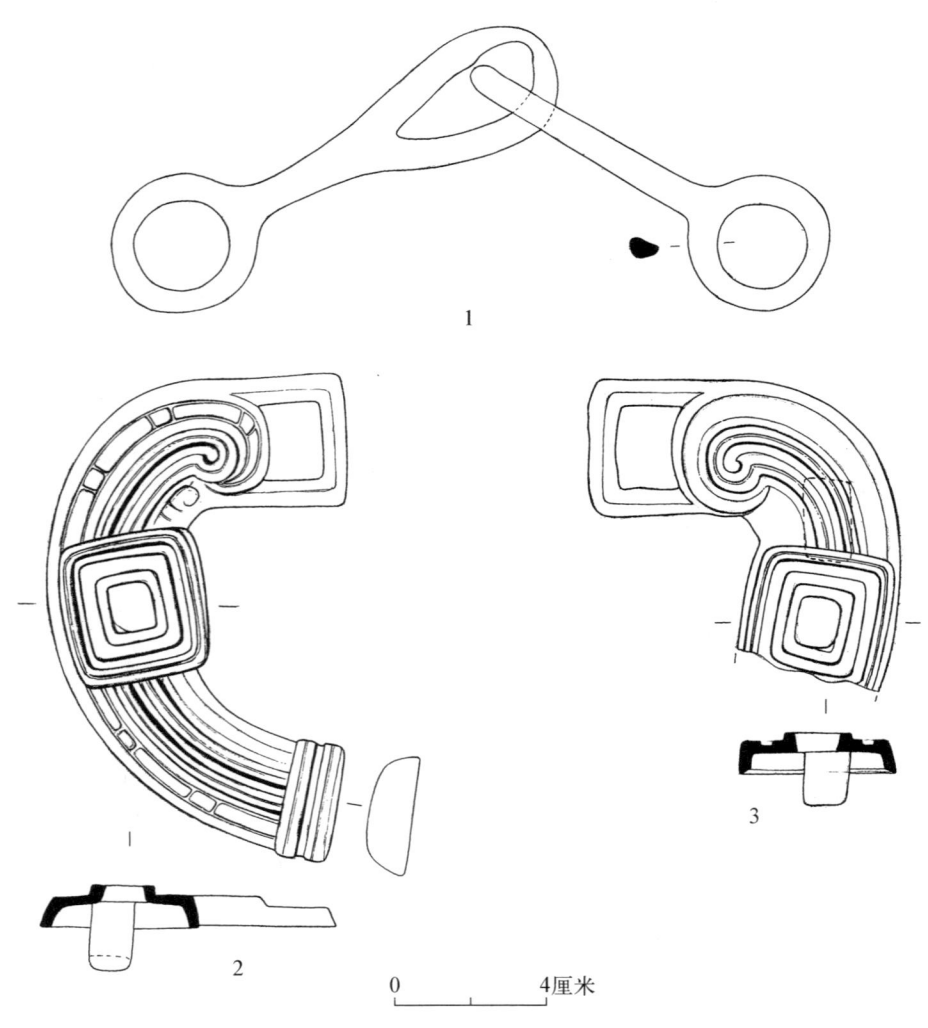

0　　　　　　4厘米

图4-92　07QSM10出土铜车马器

1. 马衔（M10：180）　2、3. A型马镳（M10：181、248）

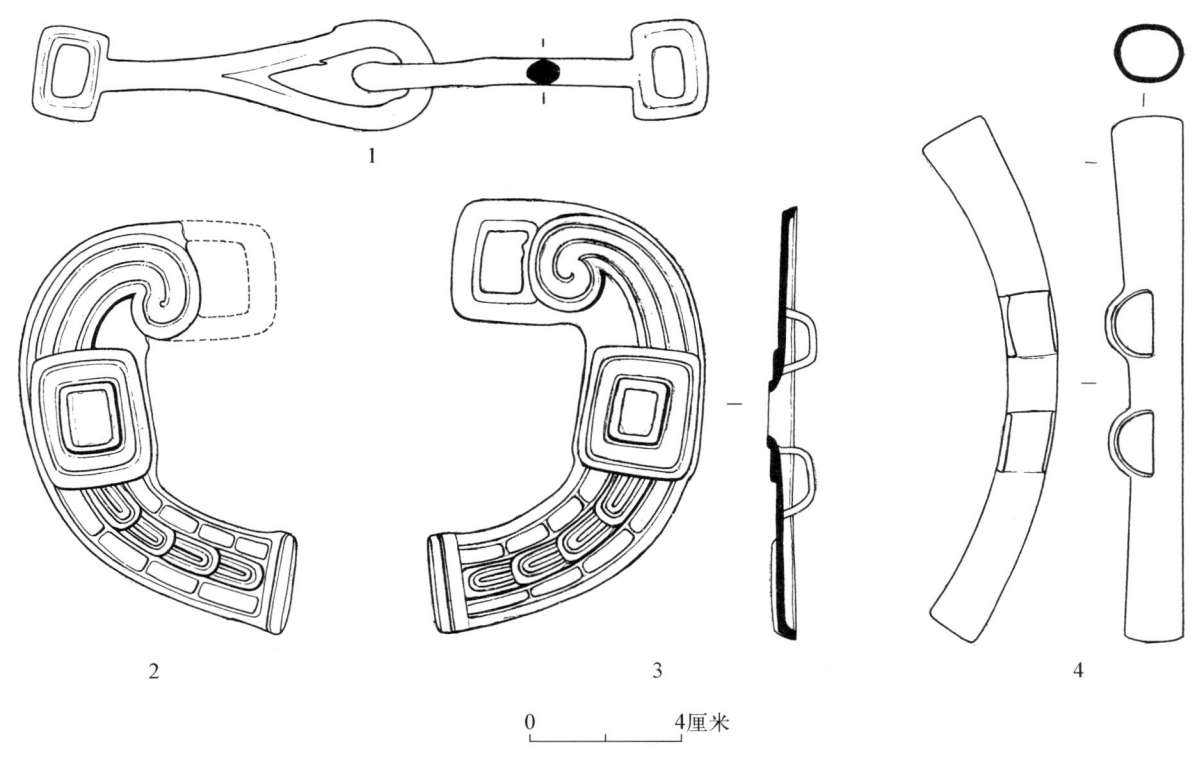

图4-93　07QSM10出土铜车马器

1. 马衔（M10∶439-1）　2、3. A型马镳（M10∶439-3、439-2）　4. B型马镳（M10∶317）

呈长方形。水滴形环宽1.6厘米，长方形环长1.4、宽0.8厘米，通长17.9厘米。重94.9克（图4-93,1；彩版九三,3）。

马镳　共5件，其中成对者2副4件。均为角形镳，背面有上下两个半环形钮。分两型：

A型　4件。扁条状，弯曲近半圆形，顶端卷曲，上有一长方形环，中部有一长方形穿孔，底端平齐，器表有纹饰。M10∶181、248，形制、大小基本相同，方向相反，合一副。器形较大，器表饰平行条纹（彩版九三,4）。M10∶181，长13.3厘米，顶部环长3.6、宽2.5厘米，方孔长1.4、宽1.1厘米。重137.1克（图4-92,2；彩版九三,1）。M10∶248，残，顶部环长3.8、宽2.2厘米，方孔长1.4、宽1.1厘米。重96.9克（图4-92,3）。M10∶439-2、439-3，形制、大小基本相同，方向相反，合一副。器形较小，器表饰平行条纹与重环纹（彩版九三,5）。M10∶439-2，长11.8厘米，顶部环长3.4、宽2厘米，方孔长1.2、宽0.9厘米。重86.2克（图4-93,3）。M10∶439-3，残，残长11.3厘米，方孔长1.5、宽1.1厘米。重85.4克（图4-93,2）。

B型　1件（M10∶317）。曲体圆柱状，上粗下细，素面，一侧有两个半环。长14.4、上端径1.9、下端径1.5厘米。重107.6克（图4-93,4）。

牌形鞦饰　共96件。是饰于马腹部鞦带上的铜饰。由于鞦带中部、马脊上的鞦饰与马腹两侧的鞶饰形制不同,本报告将前者称为"鞶中饰",后者称为"鞶侧饰"。

鞶中饰　共8件。器身呈中间高两边低的拱形或两面坡形,背面四周不平齐;正面形制、纹饰均中轴对称,中脊两侧纹饰相同。根据整体形制差异,分为三型:

A型　共2件。形制、大小几乎完全相同。下为弧拱的透雕牌饰,上立一虎。虎中空,虎身修长,桃形竖耳,细眉圆目,高鼻阔嘴,四肢伸直,利爪,长尾上卷,身饰云纹。牌饰前端作圆弧突尖状,后端中部内收成尖,两侧有上扬双角,正面透雕左右两组相同的卷体龙纹,每组由双龙前后相对组成,圆目卷唇,龙首相接,牌饰两侧边缘各有一对穿孔。M10:4,残,虎长10.5、高4.2厘米,牌饰长7.9、残宽7.7、壁厚1.1厘米,通高5.9厘米(图4-94,1;彩版九四)。M10:27,虎长10.5、高4.7厘米,牌饰长7.9、宽8、壁厚0.8厘米,通高6.4厘米。重190.1克(图4-94,2;图4-95,2、4;彩版九五)。

B型　共4件。形制、大小几乎完全相同。为弧拱的透雕牌饰,中间略起脊,前端为一兽首,后端中部圆突,两侧有上扬双角。正面透雕左右两组相同的曲体龙纹,每组由三龙前后相接组成,前后两龙为侧视,较大,回首卷唇,獠牙后弯,角上扬,龙身有多条阴线纹,前端一龙还有粗眉。两龙间夹一俯视小龙,龙身细长,双角卷曲。背面两侧及前端兽首下各有一环钮,三钮呈"品"字形分布。M10:462,残,残长11.6、残宽7、钮长2.1~2.7、器厚2、壁厚0.2~0.4厘米。重79.6克(图4-97,1)。M10:478,长12.7、宽11.2、钮长2.1~2.9、器厚2、壁厚0.2~0.3厘米。重134.3克(图4-97,3、4;彩版九七)。M10:524,残,长12.6、残宽9、钮长2.1~2.7、器厚2.2、壁厚0.2~0.3厘米。重146.1克(图4-96,1)。M10:536,锈蚀严重。长12.8、宽10.9、钮长1.8~2.7、器厚2.2、壁厚0.3~0.5厘米。重180.8克(图4-96,2;图4-97,2;彩版九六)。

C型　共2件。形制、大小几乎完全相同。中间起脊,呈两面坡状,正面中脊处饰一列三齿鳞纹,两侧后端圆弧,内饰多条阴线纹,中部饰三重垂鳞纹,前端饰卷曲云纹。器身前端正中为一简化兽首,尖嘴圆目,两侧镂孔。背面两侧各有上下两个条形钮。M10:127,长12.2、宽10.2、钮长2.1~2.3、器厚2.2、壁厚0.2厘米。重224.3克(图4-98,3、4;彩版九九)。M10:282,长11.9、宽10.8、钮长2~2.3、器厚2、壁厚0.3厘米。重165.1克(图4-98,1;彩版九八)。

鞶侧饰　共88件。背面四周平齐,可平整穿缀于革带之上;正面形制、纹饰均不对称,且同一形制之器分左右两种,左右两器形制、纹饰相同,方向相反。根据整体形制差异,分为四型:

A型　共18件。正面上部为一伏虎,虎首侧伸凸出,虎身修长,桃形竖耳,圆目高鼻,利爪,长尾上卷,身饰云纹。下接近平行四边形的牌饰,透雕前后相接的两条卷体龙纹,其中一龙回首,两龙首均与虎首反向。牌饰边缘有多对圆形穿孔。形制、大小几乎完全相同,唯器分左右。

虎首向左者8件。M10:5,下端与右侧边缘各有一对穿孔。虎长8.2、高4、虎头厚2.9厘米,牌饰长8.2、宽5.3、器厚0.8、壁厚0.4厘米,通长8.4、通宽8.6厘米。重89.6克(图4-99,1;图4-95,1;彩版一○五,1;彩版一○九,1)。M10:7,残,下端与右侧边缘各有一对穿孔。虎

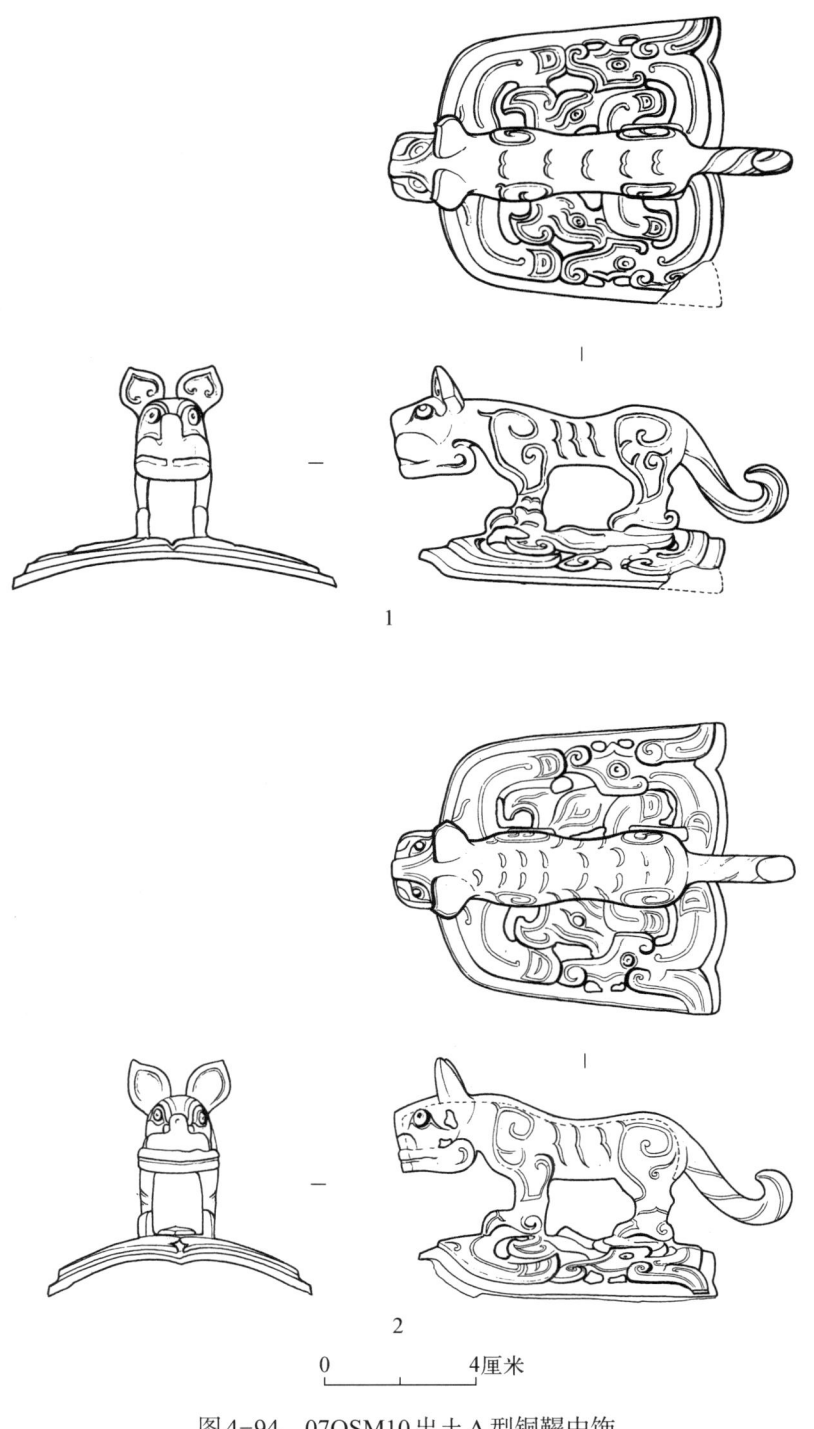

图4-94　07QSM10出土 A 型铜镳中饰

1、2. M10：4、27

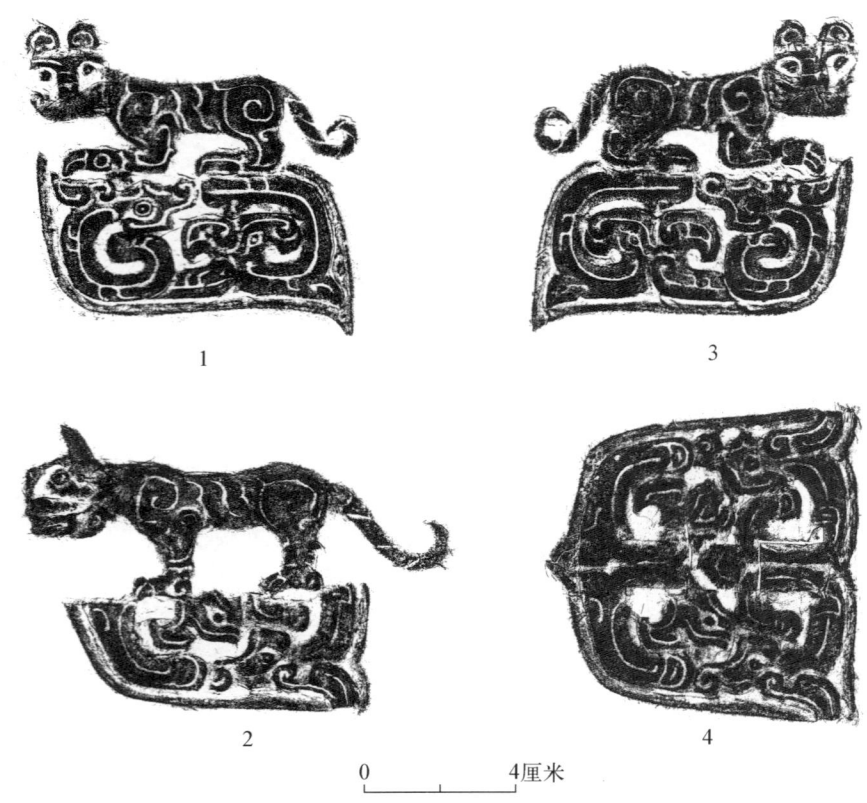

图4-95　07QSM10出土铜鞊饰纹饰拓本

1.左侧A型鞊侧饰（M10：5）　2、4.A型鞊中饰（M10：27）　3.右侧A型鞊侧饰（M10：266）

长8.4、高3.7、虎头厚2.5厘米，牌饰长8.2、残宽4.5、器厚0.8、壁厚0.3厘米。重80克（图4-99，4；彩版一〇五，2；彩版一〇九，2）。M10：174，锈蚀严重。虎长8.2、高3.9、虎头厚2.5厘米，牌饰长8.2、宽5.2、器厚0.8、壁厚0.5厘米，通长8.3、通宽8.4厘米。重131.6克（图4-100，1；彩版一〇六，2；彩版一〇九，4）。M10：264，残，下端边缘有一对穿孔。虎残长6.6、高3.8、虎头厚2.5厘米，牌饰残长7.6、残宽4.5、器厚0.8、壁厚0.3厘米。重86.4克（图4-100，3）。M10：275，局部纹饰锈蚀不清，下端边缘有一对穿孔。虎长8.4、高3.9、虎头厚2.5厘米，牌饰长8.5、宽5.5、器厚0.8、壁厚0.4厘米，通长8.4、通宽8.2厘米。重91.7克（图4-100，2；彩版一〇七，1；彩版一〇九，5）。M10：296，残，下端边缘可见一对穿孔。虎残长6、残高2.7厘米，牌饰长8.5、宽5.5、器厚0.7、壁厚0.3厘米。重57.2克（图4-100，4）。M10：416-2，下端与右侧边缘各有一对穿孔，下端穿孔已锈蚀不透。虎长8.5、高3.8、虎头厚2.6厘米，牌饰长8、宽5.2、器厚0.9、壁厚0.4厘米，通长8.5、通宽8.3厘米。重121.8克（图4-99，3；彩版一〇七，2；彩版一〇九，6）。M10：058，局部纹饰锈蚀不清，下端边缘有一对穿孔。虎长8.5、高3.7、虎头厚2.6厘米，牌饰长8.5、宽4.9、器厚0.7、壁厚0.3厘米，通长8.6、通宽7.9厘米。重92.6克（图4-99，2；彩版一〇六，1；彩版一〇九，3）。

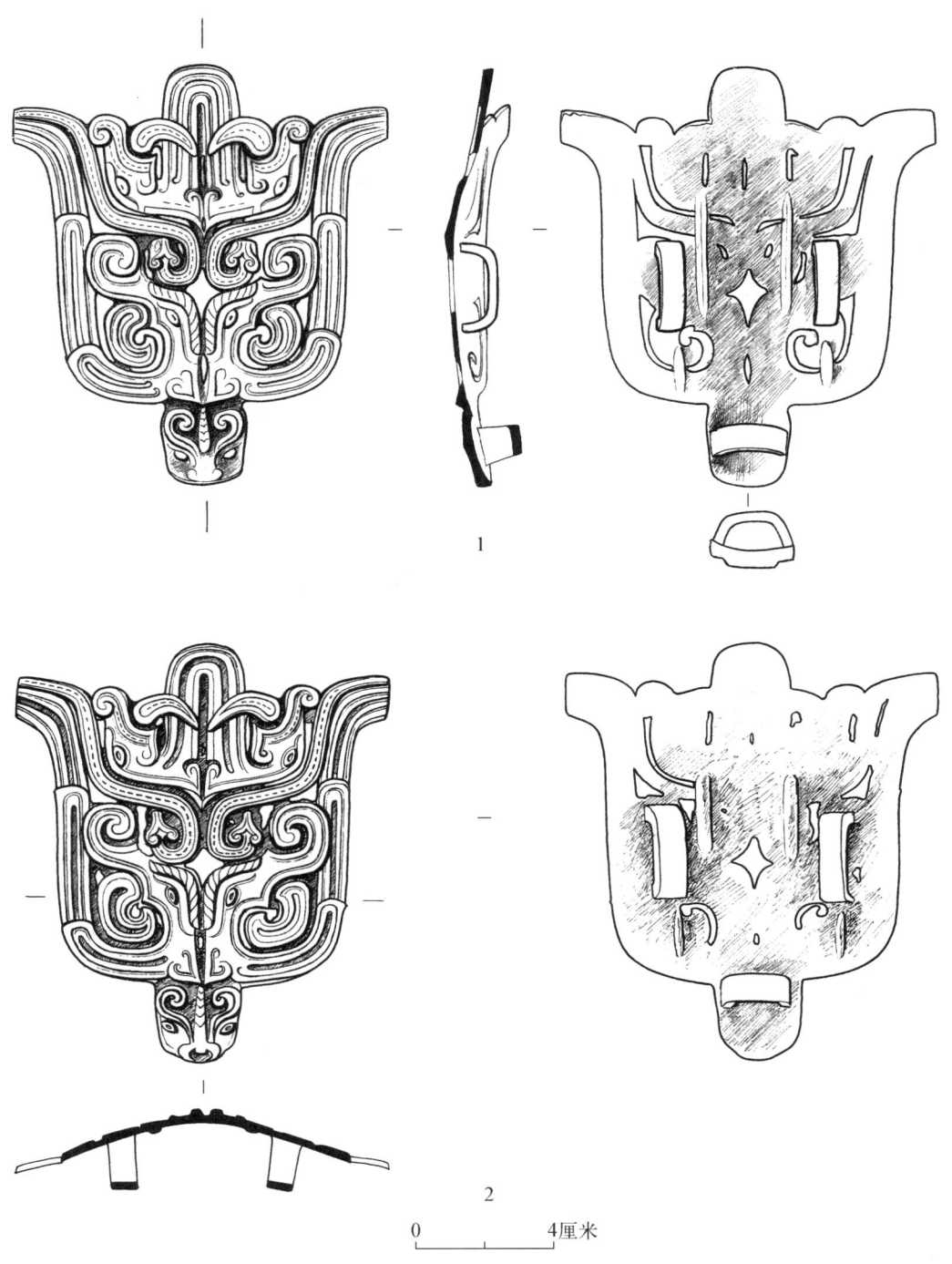

1

2

0　　　　　4厘米

图4-96　07QSM10出土B型铜轙中饰

1、2. M10：524、536

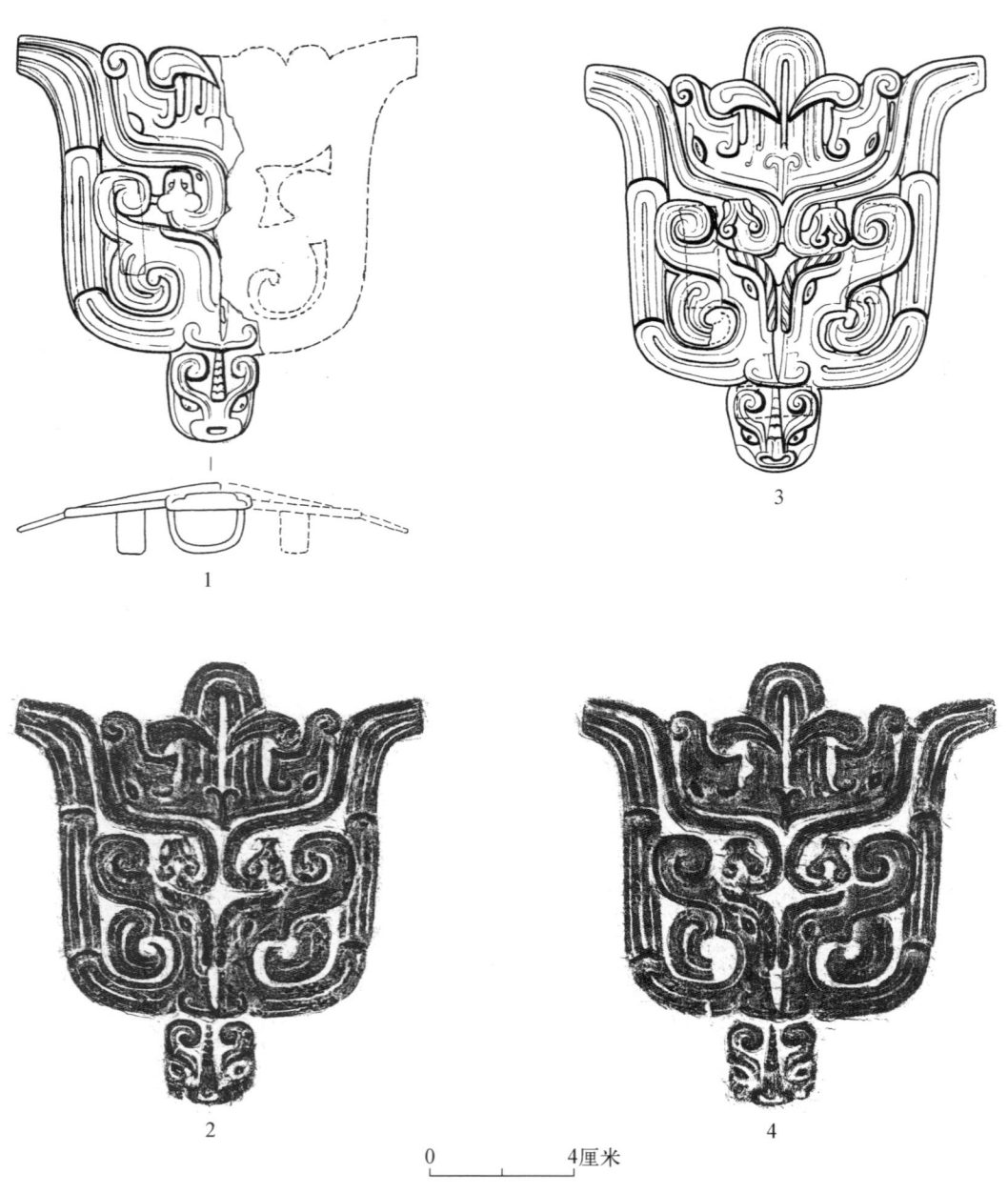

0　　　　　4厘米

图4-97　07QSM10出土B型铜軎中饰

1. M10：462　2. M10：536纹饰拓本　3、4. M10：478及纹饰拓本

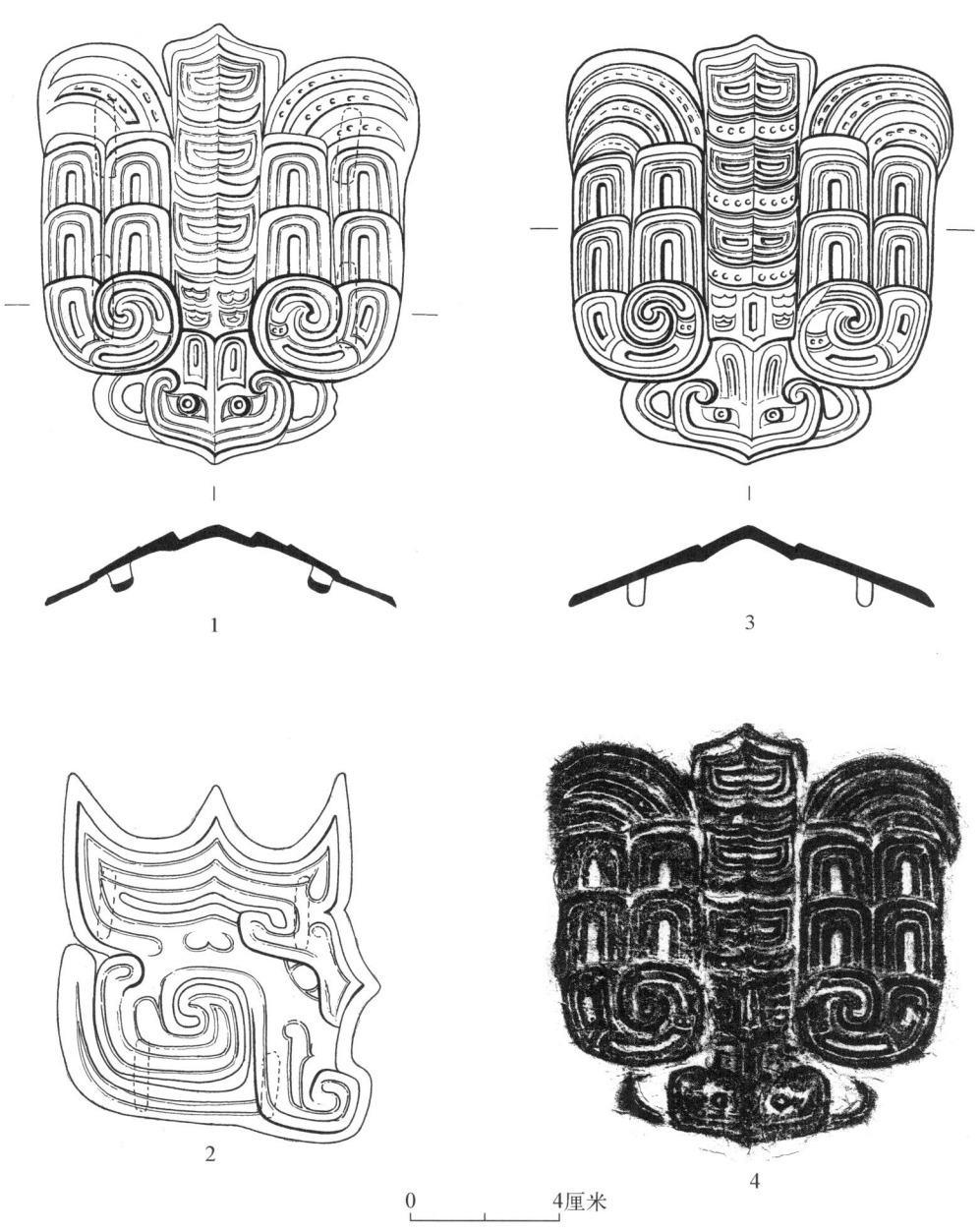

图4-98　07QSM10出土C型铜鞙饰

1. 鞙中饰（M10：282）　2. 右侧鞙侧饰（M10：116）　3、4. 鞙中饰（M10：127）及纹饰拓本

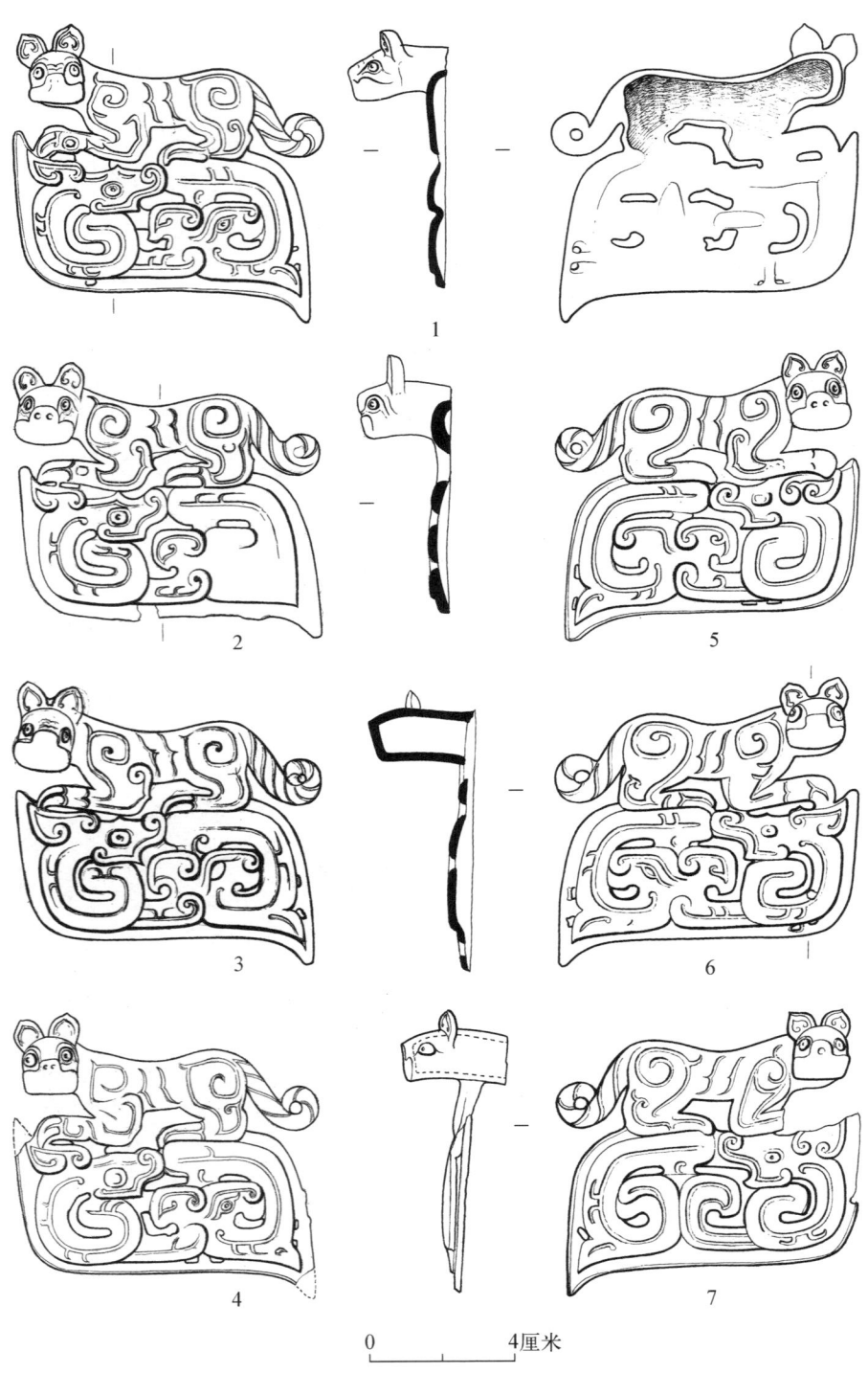

图 4-99　07QSM10 出土 A 型铜鞢侧饰

1～4. 左侧（M10：5、058、416-2、7）　5～7. 右侧（M10：300、419、148+276）

（注：器物号中的"+"指多件残片可拼合为一件器，下同）

图4-100　07QSM10出土A型铜軎侧饰

1～4. 左侧（M10：174、275、264、296）　5～8. 右侧（M10：86、90、266、265）

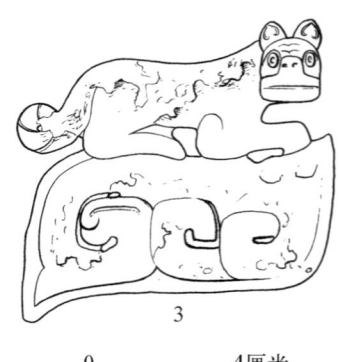

0 —— 4厘米

图4-101 07QSM10出土A型
铜辔侧饰

1~3. 右侧（M10：416-1、98、193）

虎首向右者10件。M10：86，下端与左侧边缘各有一对穿孔，已锈蚀不透。虎长8.2、高4、虎头厚2.6厘米，牌饰长8.2、宽5.1、器厚0.9、壁厚0.3厘米，通长8.3、通宽8.3厘米。重92.4克（图4-100，5；彩版一〇二，2；彩版一〇八，1）。M10：90，左侧边缘有一对穿孔。虎长8.1、高3.7、虎头厚2.7厘米，牌饰长8.2、宽5、器厚0.8、壁厚0.4厘米，通长8.4、通宽7.9厘米。重110.5克（图4-100，6；彩版一〇三，1；彩版一〇八，3）。M10：98，锈蚀严重。虎长8.2、高4、虎头厚2.8厘米，牌饰长8.2、宽5.2、器厚0.9、壁厚0.4厘米，通长8.4、通宽8.5厘米。重104.8克（图4-101，2；彩版一〇三，2；彩版一〇八，5）。M10：193，锈蚀严重。虎长8、高3.7、虎头厚2.6厘米，牌饰长8.2、宽5.1、器厚0.9、壁厚0.4厘米，通长8.3、通宽8.2厘米。重102克（图4-101，3）。M10：265，局部纹饰锈蚀不清，下端边缘有一对穿孔。虎长8.2、高3.8、虎头厚2.7厘米，牌饰长8.3、宽5.2、器厚0.8、壁厚0.3厘米，通长8.4、通宽8.3厘米。重94.6克（图4-100，8；彩版一〇一，1；彩版一〇八，2）。M10：266，下端与左侧边缘各有一对穿孔，左侧穿孔已锈蚀不透。虎长8、高8.2、虎头厚2.7厘米，牌饰长8.2、宽5.2、器厚0.7、壁厚0.3厘米，通长8.3、通宽8.2厘米。重95.5克（图4-100，7、图4-95，3；彩版一〇〇）。M10：300，下端与左侧边缘各有一对穿孔。虎长8.2、高3.6、虎头厚2.7厘米，牌饰长8.2、宽5.1、器厚0.8、壁厚0.4厘米，通长8.4、通宽8.2厘米。重117.8克（图4-99，5；彩版一〇一，2；彩版一〇八，4）。M10：416-1，下端与左侧边缘各有一对穿孔，已锈蚀不透。虎长8.1、高3.8、虎头厚2.7厘米，牌饰长8.3、宽4.8、器厚0.8、壁厚0.4厘米，通长8.3、通宽8厘米。重101.5克（图4-101，1；彩版一〇四，2）。M10：419，下端与左侧边缘各有一对穿孔。虎长8.1、高3.9、虎头厚2.7厘米，牌饰长8.3、宽5.3、器厚0.7、壁厚0.3厘米，通长8.4、通宽8.5厘米。重92.9克（图4-99，6；彩版一〇二，1；彩版一〇八，6）。M10：148、M10：276，可拼对为一器，下端边缘有一对穿孔，已锈蚀不透。虎长8.4、高3.5、虎头厚2.7厘米，牌饰长8.2、宽5.4、器厚0.6、壁厚0.3厘米，通长8.5、通宽8.2厘米。重98.2克（图4-99，7）。

B型 共39件。近平行四边形，正面上部为一伏虎，桃形竖耳，圆目，张口卷唇，犬齿下弯，作虎啸状，虎身修长，长尾上卷，爪镂圆孔，身饰云纹。下部由多条透雕的曲体龙纹组成，中心两龙首较大，曲眉圆目，龙角上扬，獠牙后弯，其中一龙有粗眉。器身虎首一侧还有龙首两个，虎尾一侧有龙首一个。牌饰底部边缘有两对圆形穿孔,与之位置相对的虎身背面有两个半环形横钮。形制、大小几乎完全相同,唯器分左右。

虎首向左者20件。M10:470-1,残,残长11.3、残宽8.6、钮长1、器厚0.4、壁厚0.2厘米。重59.6克(图4-107,4)。M10:490-2,长12、宽9、钮长0.9、器厚0.4、壁厚0.2厘米。重81.5克(图4-103,1;彩版一一五,1;彩版一二〇,3)。M10:498,残,残长11.3、残宽7.5、钮长1、器厚0.5、壁厚0.2厘米。重68.1克(图4-103,2;彩版一一六,1;彩版一二〇,5)。M10:511,局部纹饰锈蚀不清。长11.9、宽8.9、钮长1、器厚0.5、壁厚0.2厘米。重90.2克(图4-102,1;彩版一一六,2;彩版一二〇,6)。M10:537,残,长11.9、残宽8.6、钮长0.9、器厚0.4、壁厚0.2厘米。重68.7克(图4-104,2)。M10:540-2,长12.1、宽9.1、钮长1、器厚0.5、壁厚0.3厘米。重97.7克(图4-104,3、4;彩版一一五,2;彩版一二〇,4)。M10:547,长11.9、宽8.9、钮长0.9、器厚0.5、壁厚0.2厘米。重88.5克(图4-103,4;彩版一一七,1)。M10:561-1,残,残长11.3、残宽7.7、钮长0.9、器厚0.5、壁厚0.2厘米。重78.7克(图4-106,3)。M10:603,残,长12、宽8.8、钮长1、器厚0.5、壁厚0.2厘米。重81.3克(图4-105,1;彩版一一八,2)。M10:644-1,残,残长11、残宽7.8、器厚0.5、壁厚0.2厘米。重74.2克(图4-106,4)。M10:644-4,长12、宽8.9、钮长1、器厚0.6、壁厚0.3厘米。重91.7克(图4-105,2;彩版一一七,2)。M10:490-1、544-1,可拼对为一器。残长11.8、残宽7.4、钮长1、器厚0.4、壁厚0.1~0.3厘米。重53.8克(图4-106,1)。M10:492、549,可拼对为一器。残长11.3、宽8.6、钮长1.2、器厚0.5、壁厚0.2厘米。重83.7克(图4-107,1)。M10:510-1、525-1,可拼对为一器。长11.9、宽8.8、钮长1.1、器厚0.5、壁厚0.2厘米。重94.2克(图4-104,1)。M10:510-2、513、540-1,可拼对为一器。长11.8、宽8.6、钮长0.9、器厚0.4、壁厚0.2厘米。重84.4克(图4-103,3)。M10:534、575-1,可拼对为一器。长12.1、宽9、钮长1、器厚0.5、壁厚0.2厘米。重84.6克(图4-105,3)。M10:544-2、550,可拼对为一器。长11.9、宽8.8、钮长1、器厚0.5、壁厚0.2厘米。重88.1克(图4-107,2)。M10:551-2、644-3,可拼对为一器。残长10.9、残宽7.7、钮长0.7、器厚0.5、壁厚0.2厘米。重57.4克(图4-106,2)。M10:561-3、595-1,可拼对为一器。长11.9、宽8.7、器厚0.5、壁厚0.2厘米。重92.7克(图4-105,4;彩版一一八,1)。M10:545、644-2,可拼对为一器。残长11.3、宽8.6、钮长1.1、器厚0.4、壁厚0.2厘米。重83.6克(图4-107,3)。

虎首向右者19件。M10:454,残,残长7.7、残宽7.7、钮长1、器厚0.4、壁厚0.2厘米。重45.8克(图4-106,5)。M10:464,残,长12.3、宽8.9、钮长1.2、器厚0.4、壁厚0.2厘米。重84.4克(图4-103,8;彩版一一二,2;彩版一一九,4)。M10:468,长12.1、宽8.7、钮长0.9、器厚0.5、壁厚0.2厘米。重88.2克(图4-104,5;彩版一一一,1;彩版一一九,1)。M10:469,长12.1、宽8.6、钮长0.9、器厚0.4、壁厚0.2厘米。重79.6克(图4-104,6;彩版一一三,1;彩版一一九,5)。M10:470-2,长12.2、宽8.8、钮长1、器厚0.5、壁厚0.3厘米。重90.6克(图4-105,5;彩版

一一三,2;彩版一一九,6)。M10:489,长12.1、宽8.7、钮长1、器厚0.5、壁厚0.3厘米。重85.6
克(图4-104,7、8;彩版一一〇)。M10:493-1,残,长12.1、残宽7.5、器厚0.4、壁厚0.2厘米。
重64.5克(图4-106,7)。M10:493-2,残,残长9.8、残宽7.4、器厚0.3、壁厚0.2厘米。重58克
(图4-106,6)。M10:493-4,长11.9、宽8.7、钮长0.9~1.1、器厚0.5、壁厚0.3厘米。重83.7克
(图4-105,6;彩版一一四,2;彩版一二〇,2)。M10:494,长12、宽8.8、钮长1~1.3、器厚0.5、
壁厚0.2厘米。重88.9克(图4-103,5;彩版一一四,1;彩版一二〇,1)。M10:495,长12.1、宽
8.8、钮长1、器厚0.5、壁厚0.3厘米。重93.2克(图4-105,7;彩版一一一,2;彩版一一九,2)。
M10:516,长12.3、宽8.9、钮长1、器厚0.5、壁厚0.2厘米。重91.4克(图4-102,2;彩版一一二,
1;彩版一一九,3)。M10:525-2,残,残长10.6、残宽8.6、钮长0.9、器厚0.4、壁厚0.2厘米。重
57.5克(图4-103,6)。M10:540-3,残,残长11.5、残宽7.8、钮长1、器厚0.4、壁厚0.3厘米。重
71.4克(图4-107,5)。M10:546,残,残长9.2、宽8.7、钮长0.9、器厚0.4、壁厚0.3厘米。重61.3

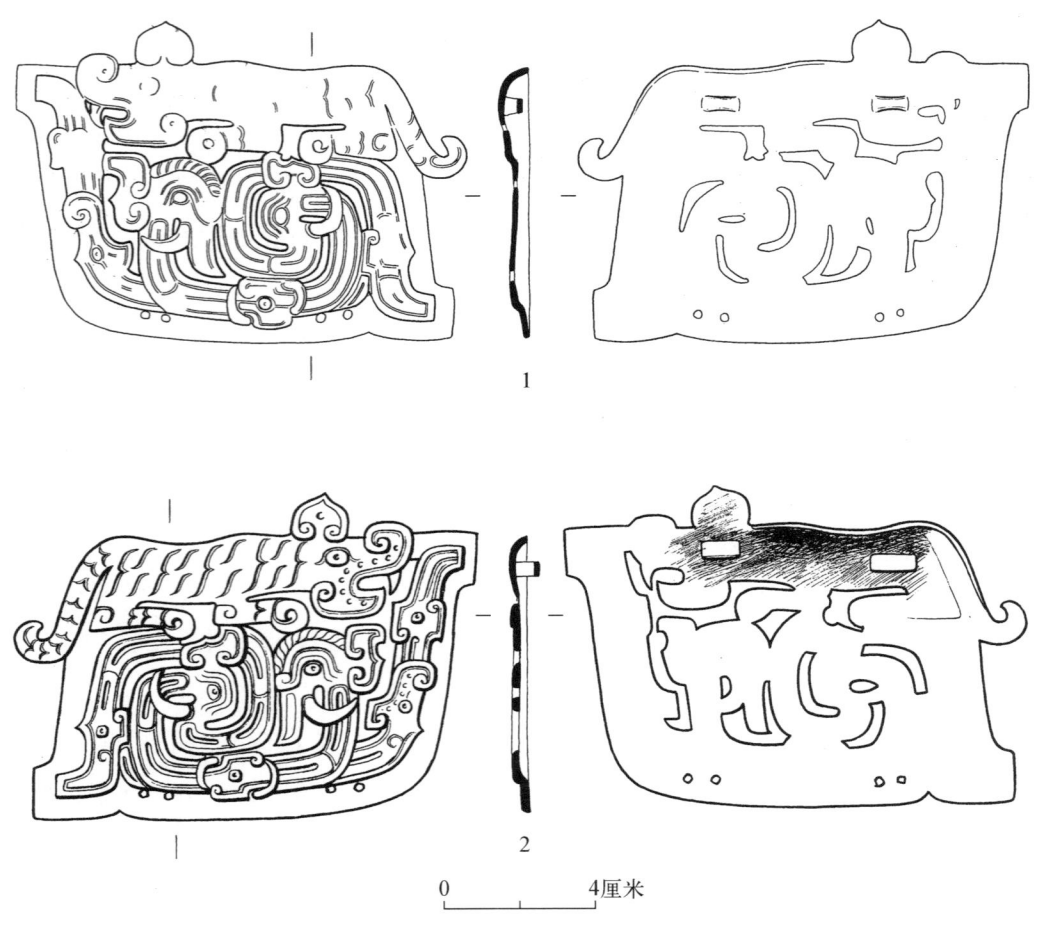

0　　　　　　4厘米

图4-102　07QSM10出土B型铜镳侧饰
1.左侧(M10:511)　2.右侧(M10:516)

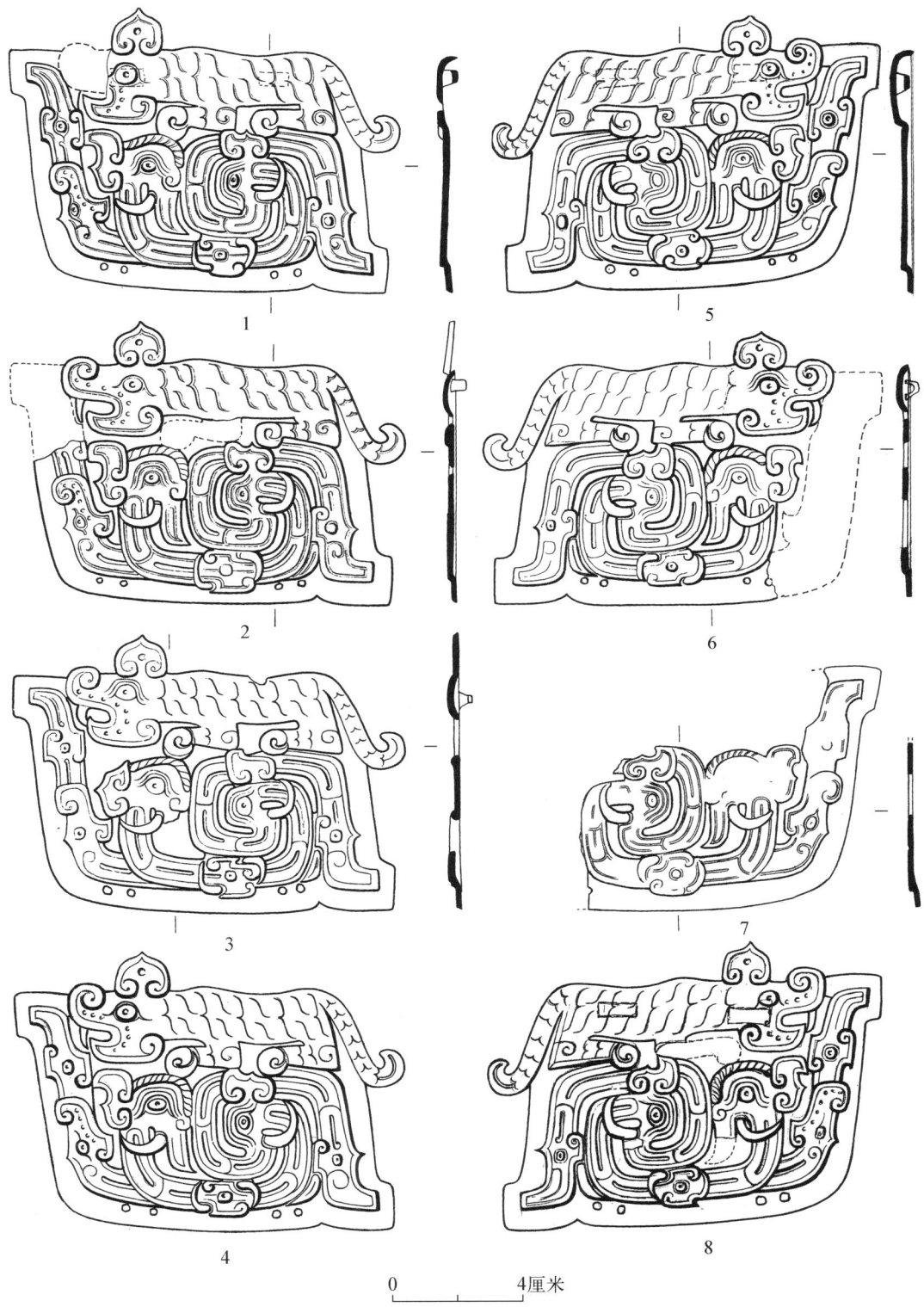

0　　　　　4厘米

图 4-103　07QSM10 出土 B 型铜轙侧饰

1～4. 左侧（M10：490-2、498、510-2+513+540-1、547）　5～8. 右侧（M10：494、525-2、551-4、464）

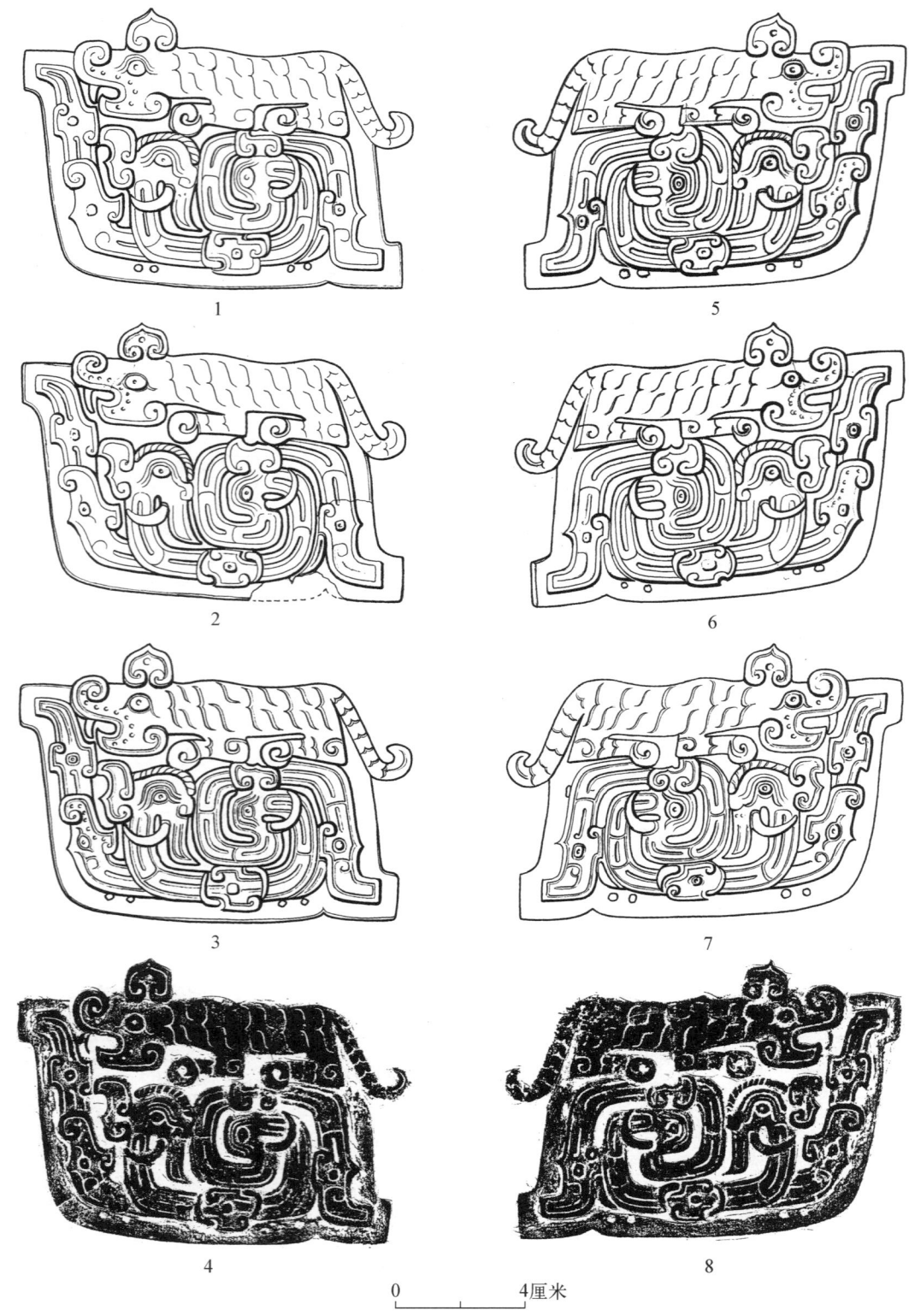

0　　　　4厘米

图4-104　07QSM10出土B型铜鑣侧饰

1、2.左侧（M10：510-1+525-1、537）　3、4.左侧（M10：540-2）及纹饰拓本　5、6.右侧（M10：468、469）
7、8.右侧（M10：489）及纹饰拓本

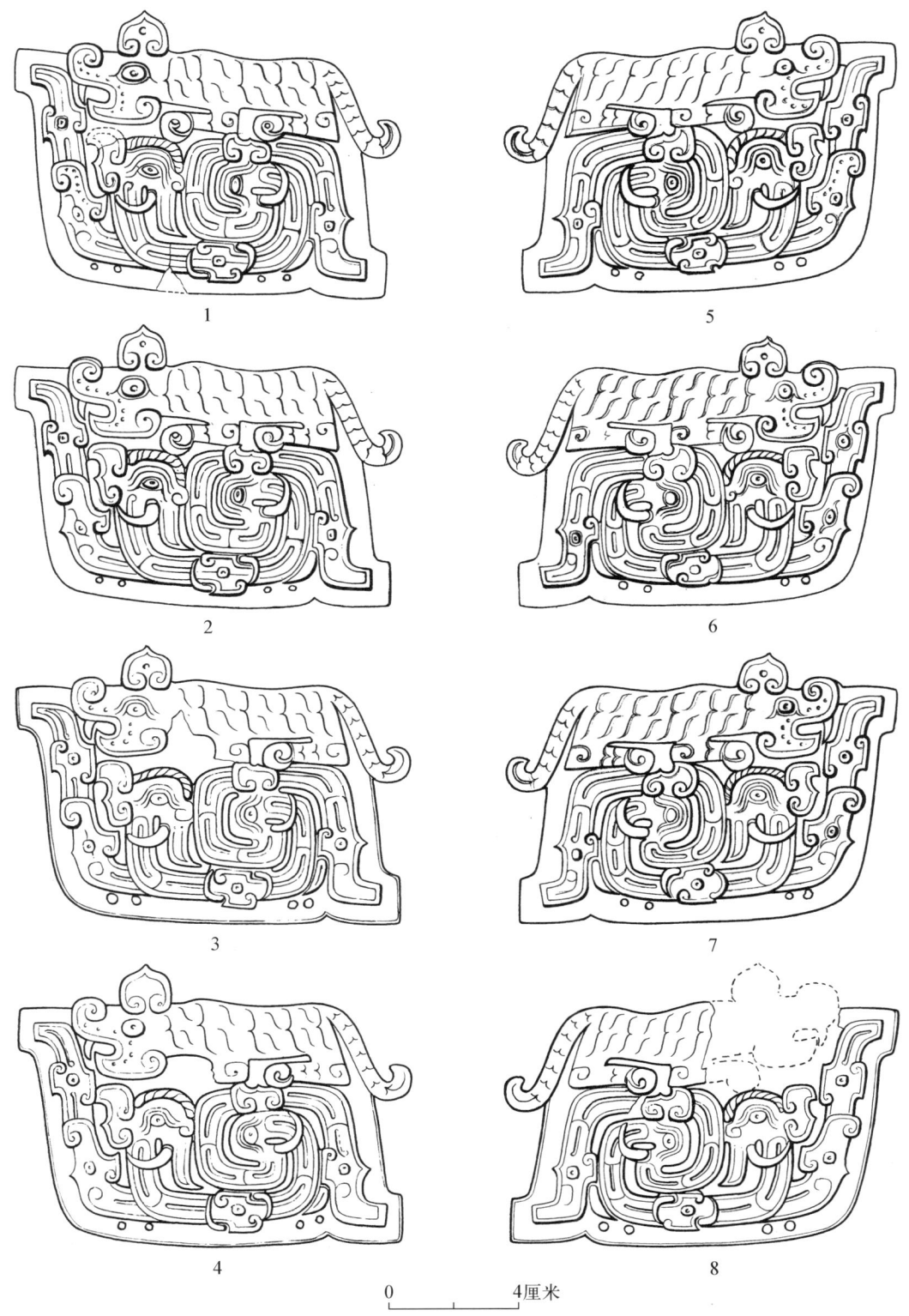

图4-105 07QSM10出土B型铜鞶侧饰

1～4.左侧（M10：603、644-4、534+575-1、561-3+595-1） 5～8.右侧（M10：470-2、493-4、495、493-3+510-3）

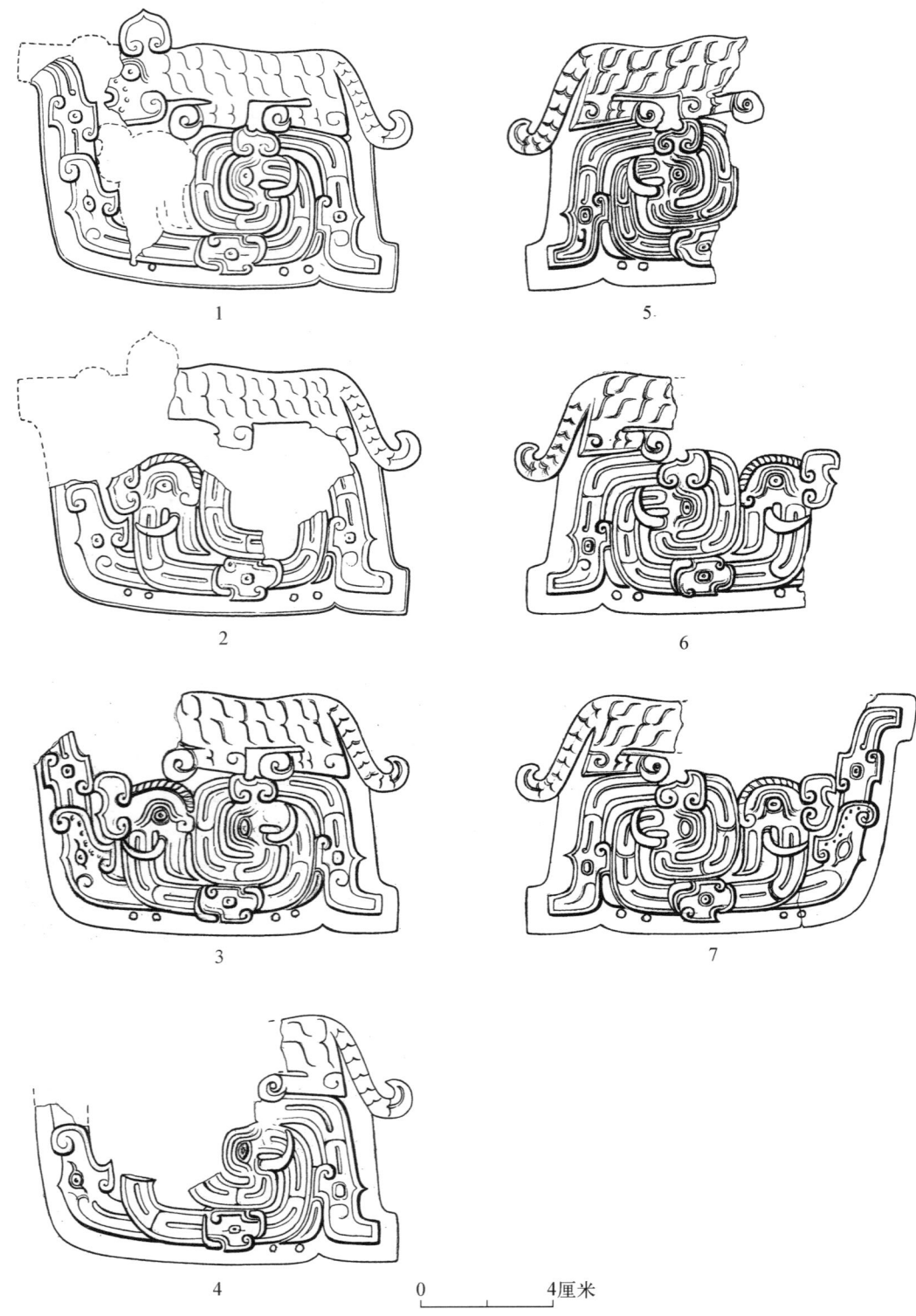

1　　　　　　　　　　　　　5

2　　　　　　　　　　　　　6

3　　　　　　　　　　　　　7

4　　　　　0　　　　4厘米

图4-106　07QSM10出土B型铜镳侧饰

1～4.左侧（M10：490-1+544-1、551-2+644-3、561-1、644-1）　5～7.右侧（M10：454、493-2、493-1）

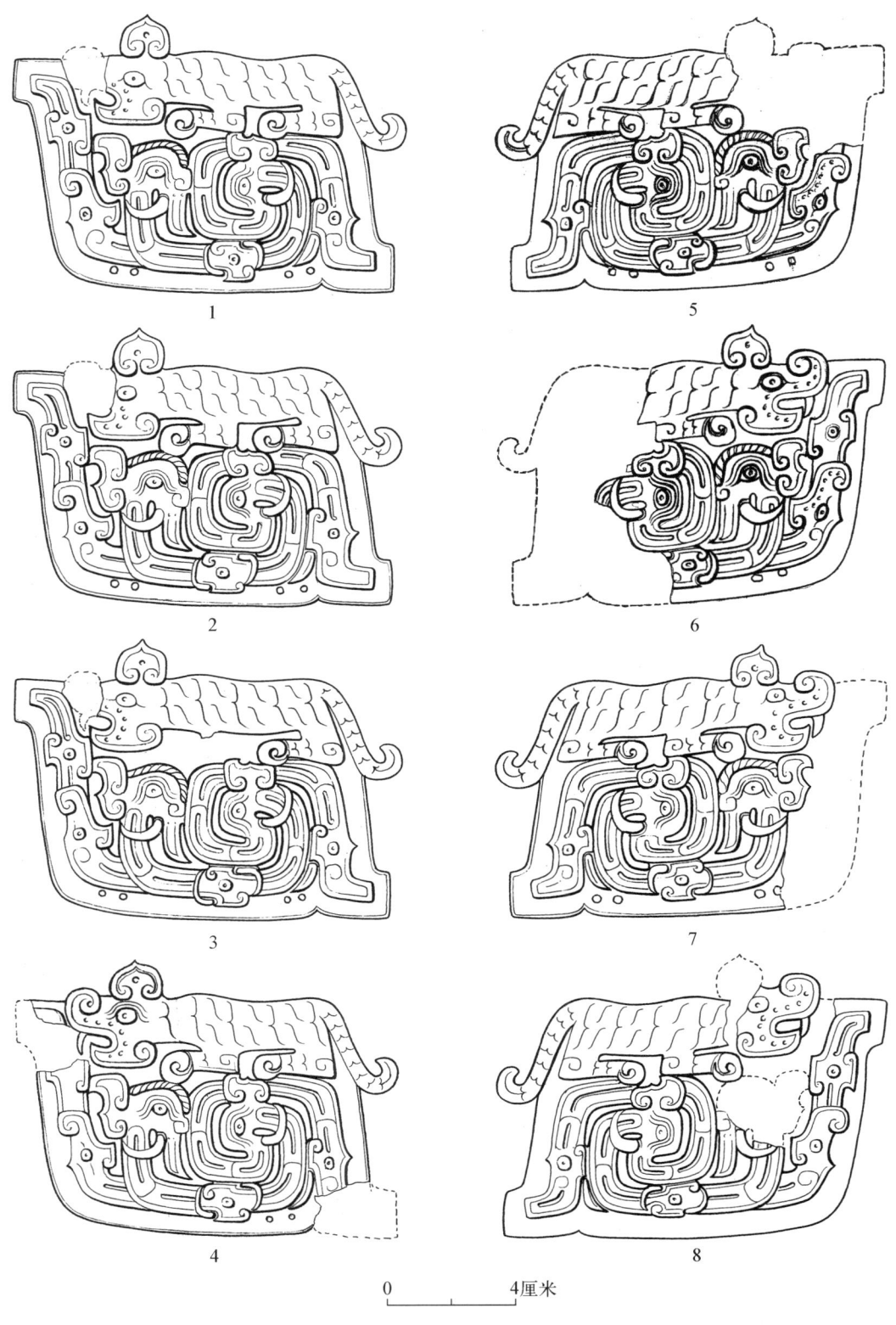

图4-107　07QSM10出土B型铜鞴侧饰

1～4.左侧（M10：492+549、544-2+550、545+644-2、470-1）

5～8.右侧（M10：540-3、546、551-1+551-3+580、554+609）

克（图4-107，6）。M10：551-4，残，残长9.1、残宽6.4、钮长1.1、器厚0.5、壁厚0.2厘米。重53.8克（图4-103，7）。M10：551-1、551-3、580，可拼对为一器。残长10.2、宽8.5、器厚0.3、壁厚0.1厘米。重57.9克（图4-107，7）。M10：493-3、510-3，可拼对为一器。长11.7、残宽7.8、器厚0.4、壁厚0.2厘米。重64.3克（图4-105，8）。M10：554、609，可拼对为一器。长12、残宽7.7、钮长1、器厚0.4、壁厚0.2厘米。重76.5克（图4-107，8）。

C型　共19件。龙首形，龙首上有火焰状三齿鳞形角，圆目曲眉，翻唇，长牙弯曲向后，器表有多条阴线纹，背面有四个条形钮。形制、大小几乎完全相同，唯器分左右。

龙首向左者8件。M10：3，残，背面残存三横钮。长10、宽8.7、钮长1.1～1.5、器厚0.7、壁厚0.2厘米。重70.9克（图4-108，2；彩版一二二，1；彩版一三〇，2）。M10：123，背面为四竖钮。长10、宽8.6、钮长1.9～2.1、器厚0.8、壁厚0.4厘米。重136.4克（图4-109，1、2；彩版一二二，2；彩版一三〇，3）。M10：130，背面为三横钮、一斜钮。长9.8、宽8.4、钮长1～1.8、器厚0.8、壁厚0.3厘米。重100.1克（图4-110，1；彩版一二三，1；彩版一三〇，4）。M10：137，背面为四竖钮。长10.2、宽8.5、钮长1.5～1.9、器厚0.9、壁厚0.4厘米。重122克（图4-111，1；彩版一二三，2；彩版一三〇，5）。M10：138，局部纹饰锈蚀不清，背面为三横钮、一斜钮。长10.1、宽8.6、钮长1～1.5、器厚0.8、壁厚0.4厘米。重141.9克（图4-110，2；彩版一二四，1；彩版一三一，1）。M10：281，背面为四竖钮。长10.3、宽8.5、钮长1.8～2.5、器厚0.9、壁厚0.4厘米。重133克（图4-108，1；彩版一二四，2；彩版一三一，2）。M10：286，残，背面残存三竖钮。长9.4、宽8.3、钮长1.6～1.9、器厚0.7、壁厚0.2厘米。重78.1克（图4-110，3）。M10：418，背面为四竖钮。长9.9、宽8.5、钮长2～2.3、器厚0.9、壁厚0.2厘米。重107.4克（图4-111，2；彩版一二五，1；彩版一三一，3）。

龙首向右者11件，背面均为四个竖钮。M10：116，长10.3、宽8.5、钮长1.7～1.9、器厚0.9、壁厚0.4厘米。重137克（图4-98，2；彩版一二五，2；彩版一三一，4）。M10：124，长9.7、宽8.9、钮长2～2.6、器厚0.9、壁厚0.3厘米。重126.6克（图4-110，4；彩版一二六，1；彩版一三一，5）。M10：125，长9.9、宽8.8、钮长1.8～2.2、器厚0.9、壁厚0.3厘米。重127.4克（图4-111，3；彩版一二一）。M10：126，长9.8、宽8.7、钮长1.6～1.9、器厚0.6、壁厚0.3厘米。重100.9克（图4-109，3、4；彩版一二六，2；彩版一三一，6）。M10：128，长10、宽8.8、钮长1.7～2、器厚0.8、壁厚0.3厘米。重155克（图4-111，4；彩版一二七，1；彩版一三二，1）。M10：129，长9.9、宽9、钮长1.9～2.5、器厚0.9、壁厚0.4厘米。重141.1克（图4-108，3；彩版一二七，2；彩版一三二，2）。M10：283，残，长9.9、宽8.7、钮长1.6～1.8、器厚0.8、壁厚0.3厘米。重94.4克（图4-110，5；彩版一二八，1；彩版一三二，3）。M10：284，残，长9.5、宽8.4、钮长1.4～1.8、器厚0.7、壁厚0.3厘米。重73.4克（图4-110，6；彩版一二八，2；彩版一三二，4）。M10：285，残，长9.9、宽8.7、钮长1.9～2.4、器厚0.9、壁厚0.3厘米。重80.9克（图4-108，5；彩

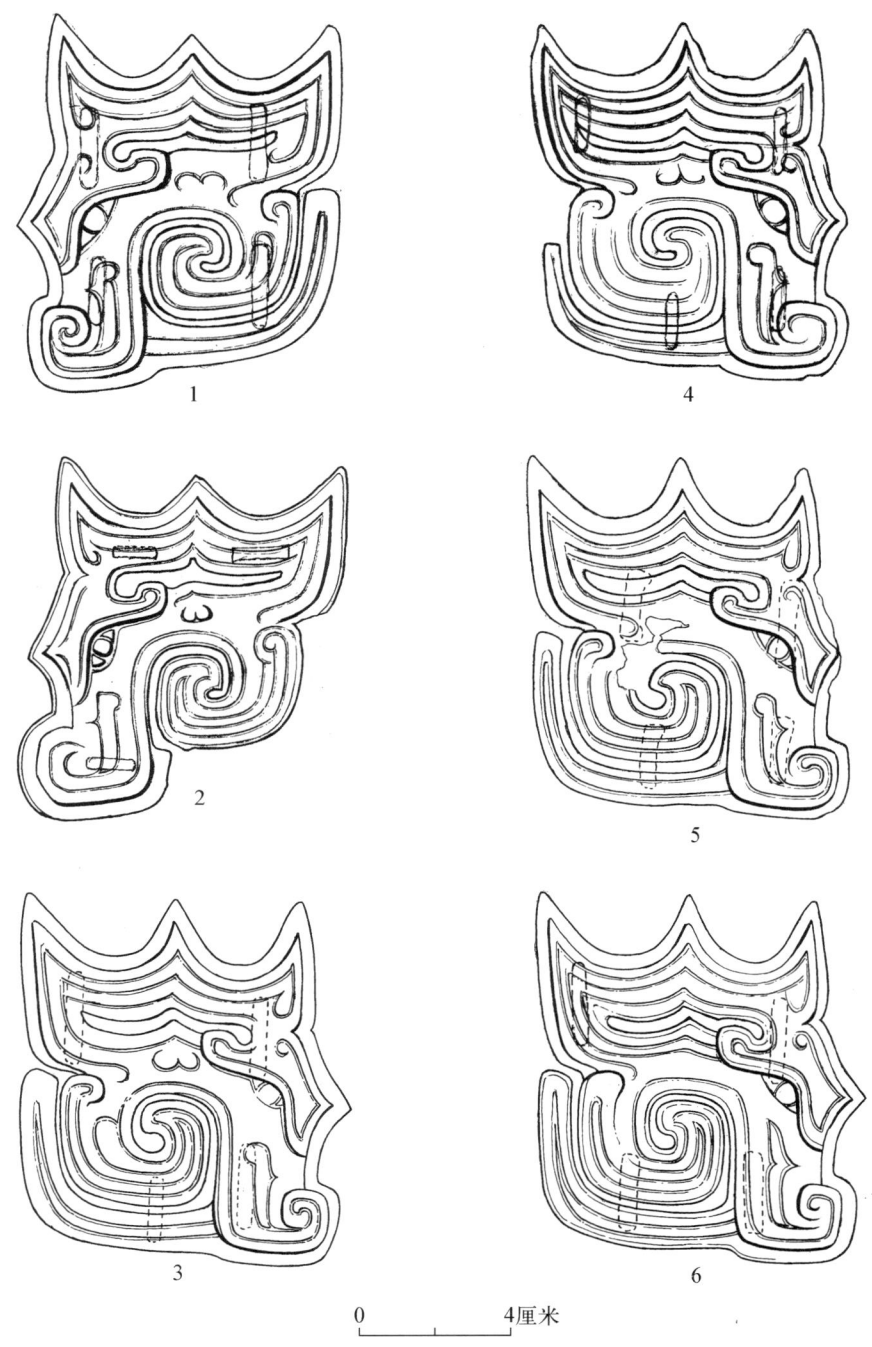

1

4

2

5

3

6

0　　　　　4厘米

图4-108　07QSM10出土C型铜鞗侧饰

1、2. 左侧（M10：281、3）　　3~6. 右侧（M10：129、417、285、305）

版一二九，1；彩版一三二，5）。M10：305，长10.1、宽8.7、钮长2.3、器厚0.8、壁厚0.3厘米。重113.7克（图4-108，6；彩版一二九，2）。M10：417，长9.7、宽8.6、钮长1.5~1.8、器厚0.7、壁厚0.3厘米。重90.2克（图4-108，4；彩版一三〇，1；彩版一三二，6）。

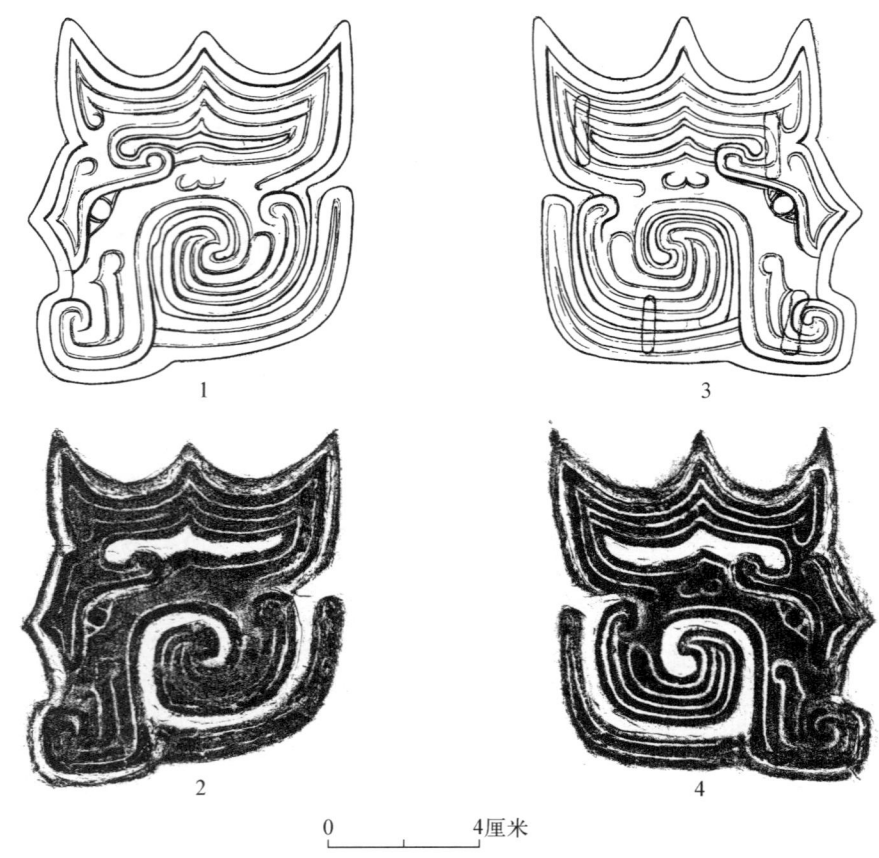

图4-109　07QSM10出土C型铜轙侧饰

1、2.左侧（M10：123）及纹饰拓本　3、4.右侧（M10：126）及纹饰拓本

D型　共12件。近菱形，正面隆鼓，透雕卷体龙纹，龙首居中，卷唇，獠牙弧曲后伸，器表有多条阴线纹。两侧边缘各有上下两对圆形穿孔。形制、大小几乎完全相同，唯器分左右。

龙首向左者7件。M10：533-1，长9.6、宽8.6、器厚0.8、壁厚0.3厘米。重87.4克（图4-112，1；彩版一三七，1；彩版一三九，1）。M10：533-2，局部纹饰锈蚀不清。长9.3、宽8.4、器厚0.7、壁厚0.4厘米。重95.6克（图4-112，2）。M10：557，局部纹饰锈蚀不清。长9.1、宽8、器厚0.7、壁厚0.2厘米。重83.1克（图4-112，3；彩版一三七，2；彩版一三九，2）。M10：562-1，长9.2、宽8.2、器厚0.7、壁厚0.2厘米。重83.2克（图4-112，4；彩版一三八，1；彩版一三九，3）。M10：561-2，长9.6、宽7.3、器厚0.7、壁厚0.3厘米。重108.8克（图4-112，8；彩版一三三）。M10：571-1，长9.3、宽8.2、器厚0.9、壁厚0.2厘米。重87.2克（图4-113，1；彩版一三六，2；彩版一三九，5）。M10：571-2，长9.1、宽8.1、器厚0.8、壁厚0.3厘米。重82.2克（图4-113，2、3；彩版一三八，2；彩版一三九，6）。

龙首向右者5件。M10：448，长9.1、宽8、器厚0.7、壁厚0.3厘米。重70.6克（图4-112，5；彩版一三四，1；彩版一四〇，1）。M10：450，长9.1、宽8.1、器厚0.8、壁厚0.3厘米。重87.5克

1　　　　　　　　　　4

2　　　　　　　　　　5

3　　　　　　　　　　6

0　　　　4厘米

图4-110　07QSM10出土C型铜轙侧饰

1～3.左侧（M10：130、138、286）　　4～6.右侧（M10：124、283、284）

（图4-113，4；彩版一三四，2；彩版一四〇，2）。M10：562-2，残，残长8.5、宽8.2、器厚0.8、壁厚0.3厘米。重81.4克（图4-112，6；彩版一三五，1；彩版一三九，4）。M10：585，长9、宽7.9、器厚0.8、壁厚0.3厘米。重79.1克（图4-112，7；彩版一三五，2；彩版一四〇，4）。M10：591，长8.8、宽7.9、器厚0.7、壁厚0.2厘米。重81.9克（图4-113，5、6；彩版一三六，1；彩版一四〇，3）。

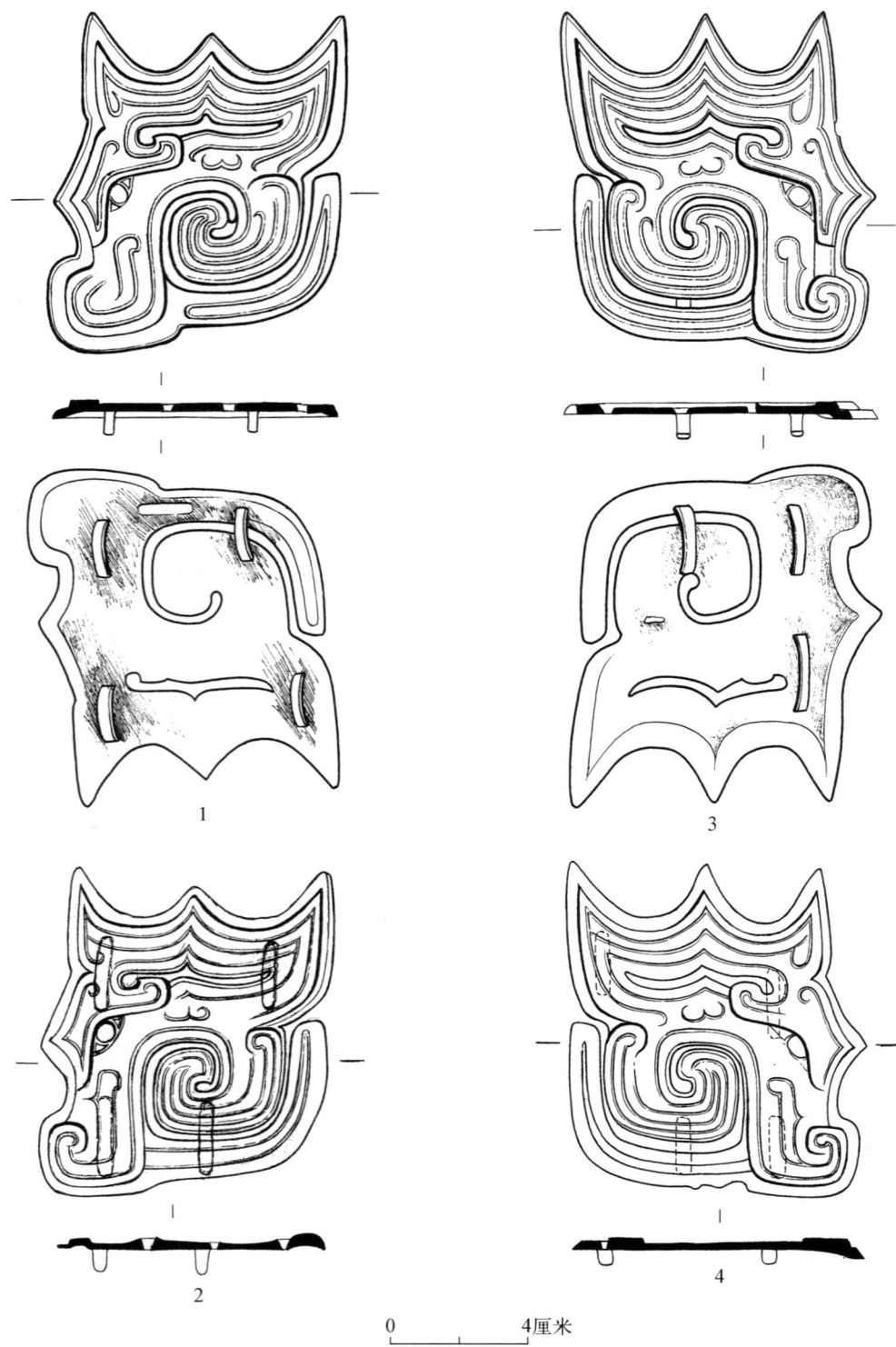

图4-111　07QSM10出土C型铜輨侧饰

1、2. 左侧（M10：137、418）　3、4. 右侧（M10：125、128）

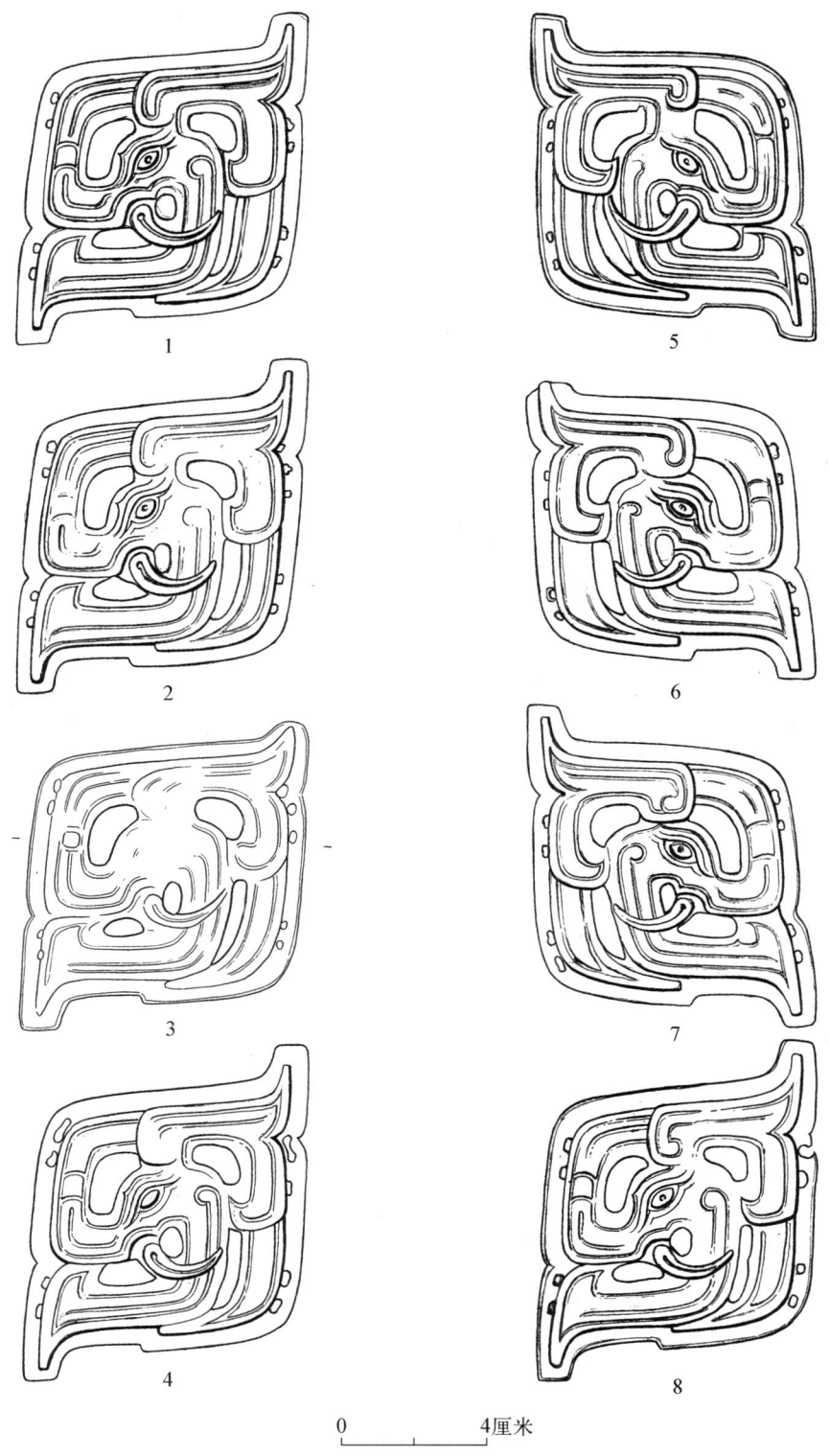

0　　　　4厘米

图4-112 07QSM10出土D型铜鞧侧饰

1~4、8.左侧（M10：533-1、533-2、557、562-1、561-2） 5~7.右侧（M10：448、562-2、585）

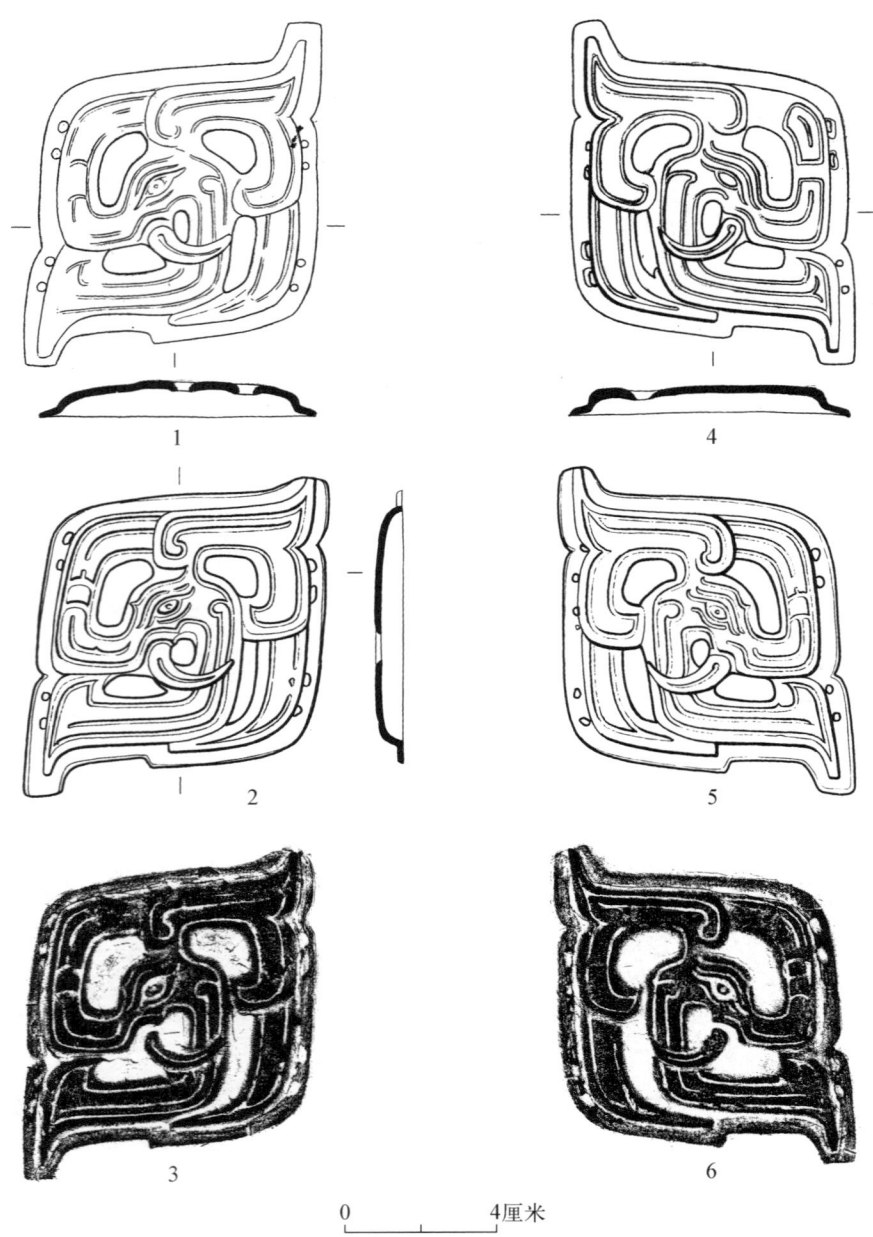

0   4厘米

图4-113　07QSM10出土D型铜鞙侧饰

1.左侧（M10：571-1）　2、3.左侧（M10：571-2）及纹饰拓本　4.右侧（M10：450）
5、6.右侧（M10：591）及纹饰拓本

　　游环　共20件。器身为扁平的环状，外侧附有一环钮。根据环身正面纹饰与钮的不同，分四型：

　　A型　共11件。器身正面饰一圈斜角状排列云纹，附钮作横长方形。M10：38，残，纹饰锈蚀不甚清晰。器身厚0.2厘米。重10.1克（图4-114，4）。M10：91，纹饰锈蚀不甚清晰。器身直径6.7、孔径3.4、厚0.2厘米, 钮长2.9、宽0.8厘米, 通高7.5厘米。重32.4克（图4-114, 6; 彩版一四〇, 5）。M10：102, 纹饰锈蚀不清。器身直径6.8、孔径3.5、厚0.2厘米, 钮长2.9、宽0.9厘米, 通高7.7厘米。重41.3克（图4-114, 5; 彩版一四〇, 6）。M10：153, 残, 纹饰锈蚀不甚清晰。器身厚0.2厘米。重12.3克（图4-114, 3）。M10：261, 纹饰锈蚀不清。器身直径6.7、孔径3.3、厚0.2厘米, 钮长2.9、宽1厘米, 通高7.7厘米。重47克（图4-114, 2）。M10：402, 纹饰锈蚀不甚清晰。器身直径6.7、孔径3.5、厚0.2厘米, 钮长1.8、宽0.4厘米, 通高7.7厘米。重

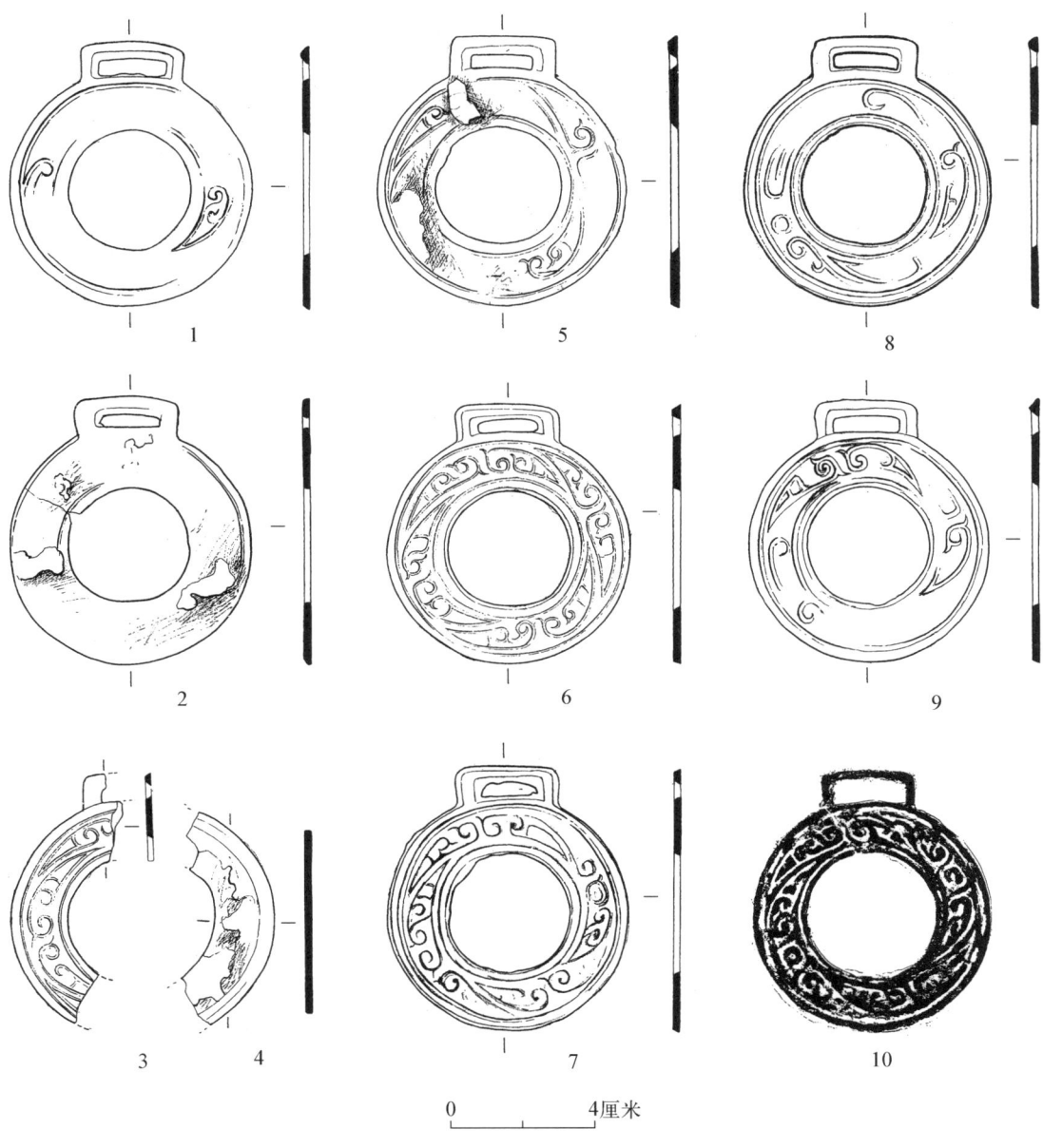

0   4厘米

图4-114　07QSM10出土A型铜游环

1～5、6、8、9. M10：475、261、153、38、102、91、402、488　7、10. M10：616及纹饰拓本

37.2克（图4-114，8；彩版一四一，1）。M10：467，环边缘有一个圆形穿孔。器身直径6.7、孔径3.4、厚0.2厘米，钮长2.9、宽0.9厘米，通高7.6厘米。重35.8克（图4-115，2；彩版一四一，2）。M10：475，纹饰锈蚀不甚清晰。器身直径6.7、孔径3.4、厚0.2厘米，钮长2.8、宽0.9厘米，通高7.6厘米。重35.1克（图4-114，1）。M10：488，器身直径6.6、孔径3.4、厚0.2厘米，钮长2.8、宽0.9厘米，通高7.5厘米。重36.3克（图4-114，9；彩版一四一，3）。M10：584，纹饰锈蚀不甚清晰。器身直径6.7、孔径3.4、厚0.2厘米，钮长2.8、宽0.9厘米，通高7.5厘米。重36.9克。

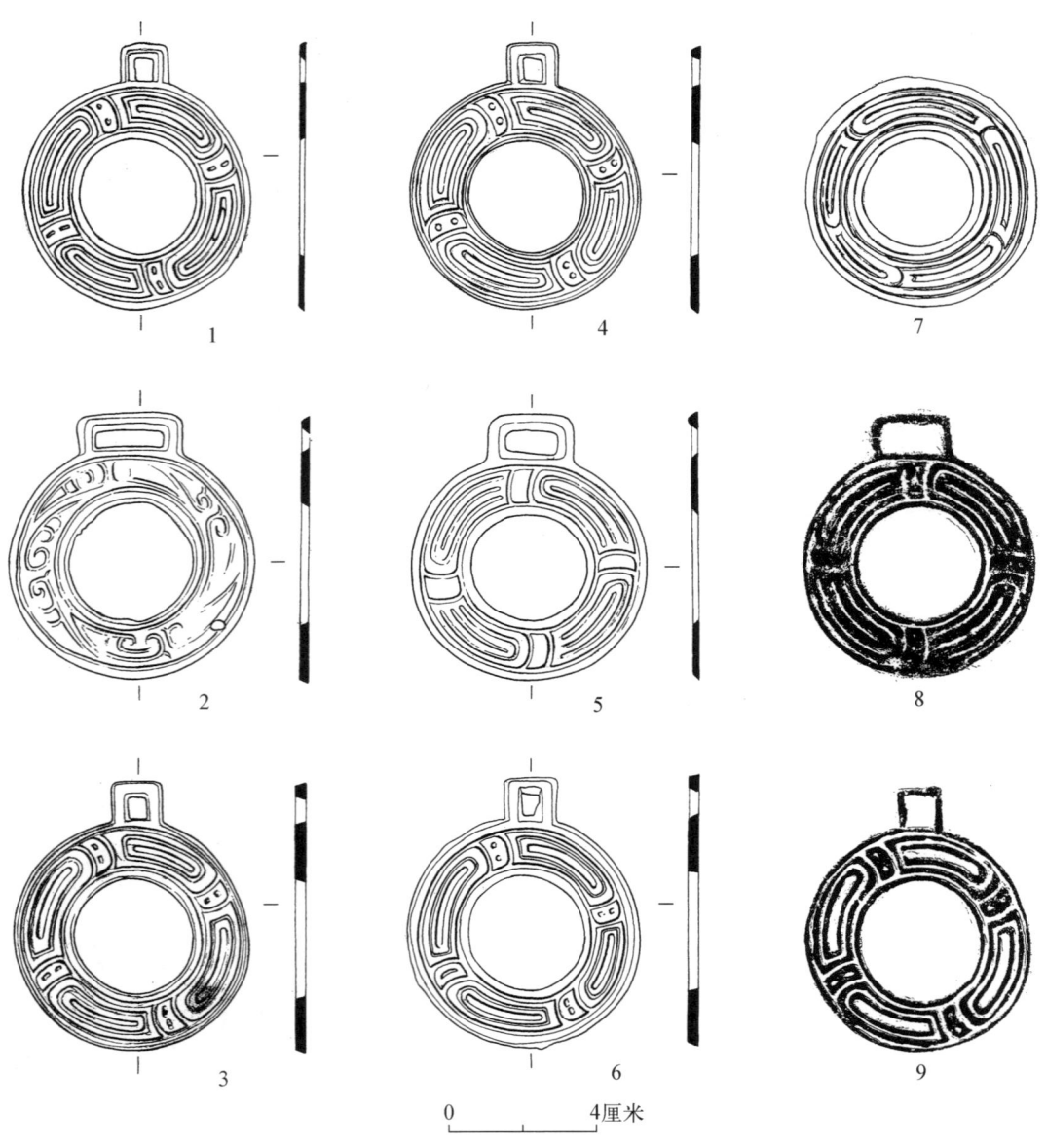

图4-115　07QSM10出土A、B、C型铜游环

1、3、4、7. B型（M10：373、619、434、280）　2. A型（M10：467）　5、8. C型（M10：483）及纹饰拓本

6、9. B型（M10：403）及纹饰拓本

M10：616，器身有一条裂痕。器身直径6.6、孔径3.4、厚0.2厘米，钮长2.9、宽0.9厘米，通高7.5厘米。重35.4克（图4-114，7、10；彩版一四一，4）。

B型 共5件。器身正面饰一圈重环纹，附钮作方形。M10：280，钮残，纹饰锈蚀不甚清晰。器身直径6.3、孔径3、厚0.3厘米。重40克（图4-115，7）。M10：373，器身直径6.2、孔径3.2、厚0.2、钮长1.3、通高7.5厘米。重35.5克（图4-115，1；彩版一四一，5）。M10：403，器身直径6.3、孔径3.2、厚0.3、钮长1.2、通高7.5厘米。重42.3克（图4-115，6、9；彩版一四一，6）。M10：434，器身直径6.3～6.4、孔径3.1、厚0.2、钮长1、通高7.4厘米。重40.4克（图4-115，4；彩版一四二，1）。M10：619，器身直径6.2～6.4、孔径3.2、厚0.3、钮长1.4、通高7.5厘米。重40.3克（图4-115，3；彩版一四二，2）。

C型 共2件。器身正面饰一圈重环纹，附钮作横长方形。M10：447，器身直径6.4、孔径3.1、厚0.3厘米，钮长2.4、宽1.1厘米，通高7.5厘米。重33.7克（图4-116，3；彩版一四二，3）。M10：483，器身直径6.4、孔径3.1、厚0.2厘米，钮长2.3、宽1.2厘米，通高7.6厘米。重31.2克（图4-115，5、8；彩版一四二，4）。

D型 共2件。素面，附钮作横长方形，制作粗糙，器身很薄。M10：423，器身直径5.2、孔径2.2、厚0.08厘米，钮长3、宽1.5厘米，通高6.8厘米。重9克（图4-116，1；彩版一四二，5）。M10：428，器身直径5.3～5.7、孔径2.2、厚0.08厘米，钮长2.2、宽1.3厘米，通高6.6厘米。重9.5克（图4-116，2；彩版一四二，6）。

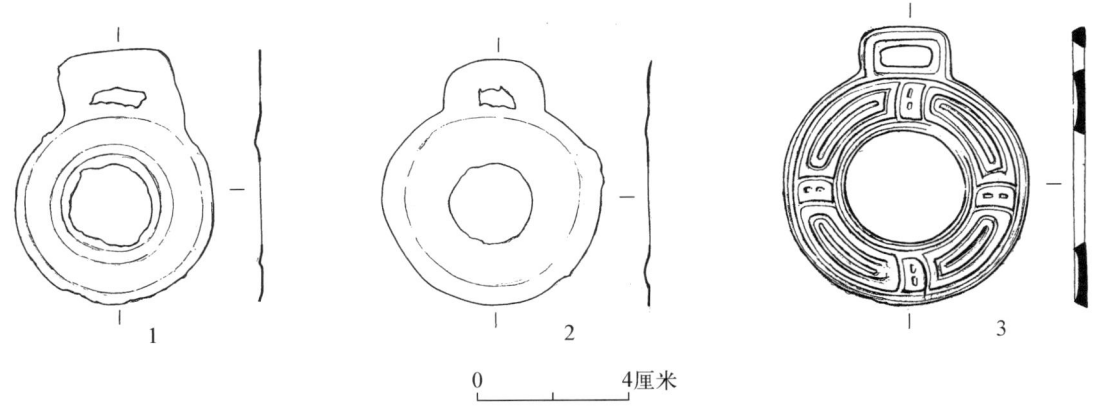

0 4厘米

图4-116 07QSM10出土C、D型铜游环
1、2. D型（M10：423、428） 3. C型（M10：447）

圆环 共14件。圆环状，环截面呈圆形。M10：11，外径4.1、内径3、厚0.4厘米。重15.5克（图4-117，1）。M10：39，外径3.9、内径3、厚0.4厘米。重13.8克（图4-117，4；彩版一四三，1）。M10：49，外径4.2、内径2.7、厚0.6厘米。重25.9克（图4-117，5）。M10：107，外径2、内径1.2、厚0.4厘米。重4.1克（彩版一四三，2）。M10：203，外径5、内径3.5、厚0.6

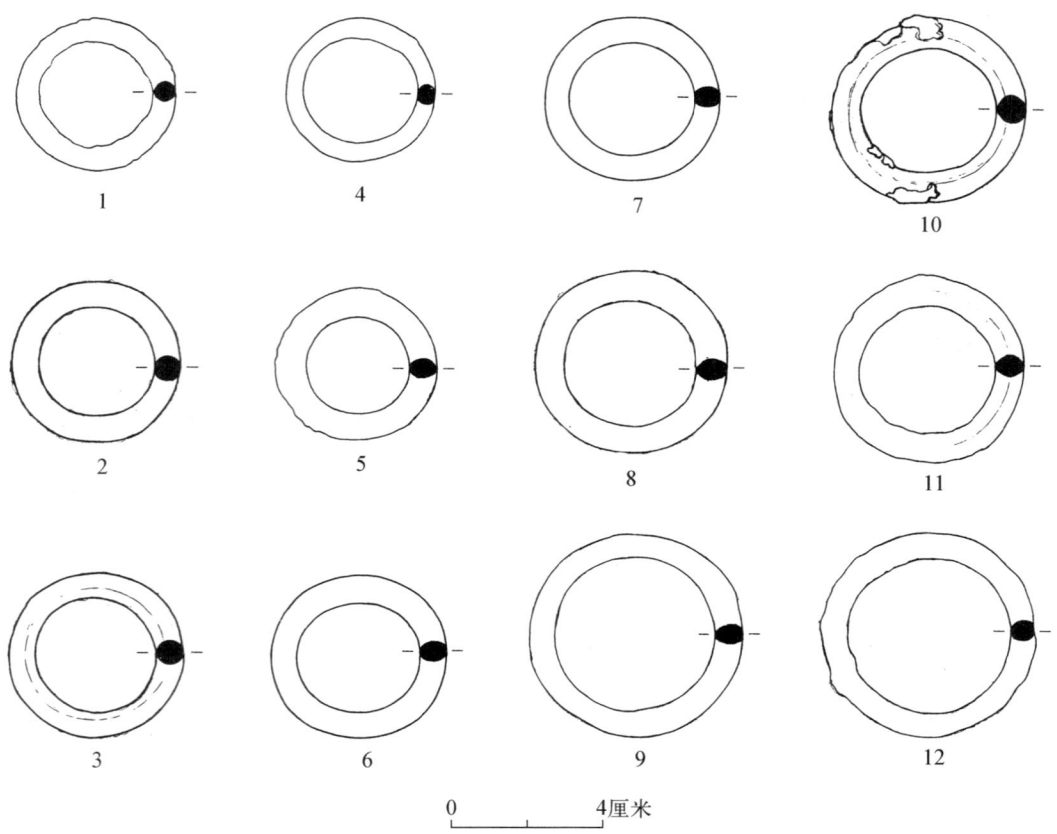

图4-117　07QSM10出土铜圆环

1～6. M10：11、431-1、411、39、49、236　7～12. M10：239、203、059、412、075、065

厘米。重32.7克(图4-117,8)。M10：236,外径4.6、内径3.1、厚0.5厘米。重29.1克(图4-117,6)。M10：239,外径4.6、内径3.2、厚0.5厘米。重28.6克(图4-117,7；彩版一四三,3)。M10：411,外径4.6、内径3.1、厚0.5厘米。重31.2克(图4-117,3)。M10：412,外径5.2、内径3.6、厚0.7厘米。重40.3克(图4-117,10；彩版一四三,4)。M10：431,共2件,标本M10：431-1,外径4.6、内径3、厚0.6厘米。重33.7克(图4-117,2)。M10：059,外径5.6、内径4.3、厚0.5厘米。重32.1克(图4-117,9；彩版一四三,5)。M10：065,外径5.5、内径4.3、厚0.5厘米。重27.9克(图4-117,12；彩版一四三,6)。M10：075,外径5、内径3.6、厚0.5厘米。重32.9克(图4-117,11)。

　　方环　共13件。根据平面形状和环壁的差异,分两型：

　　A型　共7件。圆角长方形,环壁宽厚。M10：529,长3.2、宽2.3、厚0.4厘米,孔长1.9、宽1.1厘米。重17.2克(图4-118,12)。M10：539,长3.1、宽2.3、厚0.4厘米,孔长1.9、宽1厘米。重14.6克(图4-118,10)。M10：572-2,长3.2、宽2.3、厚0.4厘米,孔长1.9、宽1厘米。重16.9克(图4-118,7；彩版一四四,1)。M10：610,长3.1、宽2.3、厚0.4厘米,孔长1.9、宽1厘

米。重16.2克（图4-118,9；彩版一四四,2）。M10∶652,长3.1、宽2.2、厚0.4厘米,孔长1.8、宽1.1厘米。重16.6克（图4-118,11；彩版一四四,3）。M10∶061,2件,形制、大小相同,标本M10∶061-1,长3.1、宽2.2、厚0.4厘米,孔长1.8、宽1.1厘米。重14.6克（图4-118,8；彩版一四四,4）。

　　B型　共6件。长方形,环壁细窄。M10∶33,长3.1、宽1.5、厚0.4厘米,孔长2.4、宽0.8厘米。重4.9克（图4-118,4）。M10∶36,长2.8、宽1.1、厚0.4厘米,孔长1.9、宽0.4厘米。重4.5克（图4-118,2；彩版一四四,5）。M10∶108,长3、宽1.2、厚0.3厘米,孔长2.3、宽0.5厘米。重4.2克（图4-118,3；彩版一四四,6）。M10∶216,长2.9、宽1.2、厚0.4厘米,孔长2.2、宽0.4厘米。重4.8克（图4-118,1）。M10∶253,长3、宽1.5、厚0.4厘米,孔长2.3、宽0.8厘米。重5.7克（图4-118,5）。M10∶258,长3、宽1.5、厚0.4厘米,孔长2.3、宽0.8厘米。重5.1克（图4-118,6）。

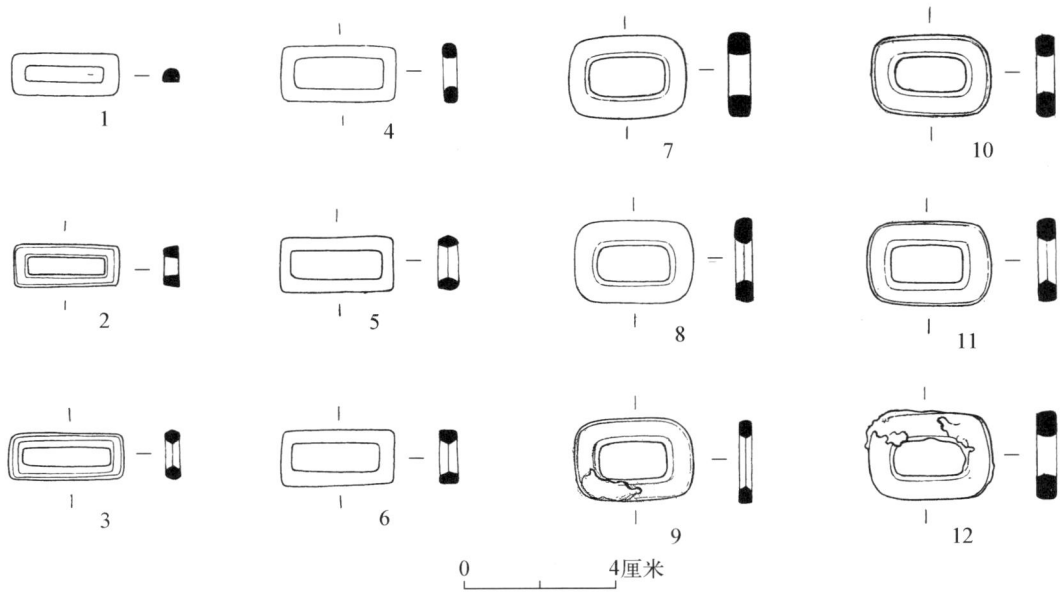

图4-118　07QSM10出土铜方环

1～6. B型（M10∶216、36、108、33、253、258）　　7～12. A型（M10∶572-2、061-1、610、539、652、529）

　　节约　共29件。形制多样,背面均有孔。根据平面形状差异,可分四型:

　　A型　共7件。"X"形节约。根据器表纹饰及器身长宽比例差异,可分四亚型:

　　Aa型　3件。正面中部有兽面突饰,桃形耳,器长略大于宽,管截面为圆形。M10∶64,长3.7、宽3.4、管径1.4厘米。重37.9克（图4-119,11）。M10∶08,残,长3.8、宽3.3、管径1.3厘米。重25.8克（图4-119,9）。M10∶062,长3.7、宽3.5、管径1.4厘米。重33.6克（图4-119,10；彩版一四五,1）。

图4-119 07QSM10出土A、B、C型铜节约

1. Be型（M10：194） 2、3. Ba型（M10：443-2、443-1） 4. Bc型（M10：054） 5. Bd型（M10：068） 6. C型（M10：010）
7. Ad型（M10：088） 8. Ab型（M10：071） 9～11. Aa型（M10：08、062、64） 12、13. Ac型（M10：535、601）

    Ab型　1件（M10：071）。与Aa型相似，唯器长远大于宽，整体瘦长。长4.8、宽3、管径1.2厘米。重36.4克（图4-119，8；彩版一四五，2）。

    Ac型　2件。正面中部有兽面突饰，耳近方形，器长与宽相若，管截面为椭圆形。M10：535，长3.9、宽4.2、管长径1.6厘米。重19.8克（图4-119，12；彩版一四五，3）。M10：601，长4、宽4.2、管长径1.5厘米。重20.9克（图4-119，13；彩版一四五，4）。

Ad 型 1件（M10：088）。正面中部有绳索状突饰，器长大于宽，管截面为圆形。长3、宽2.2、管径1.2厘米。重10.8克（图4-119,7）。

B 型 共6件。"十"字形节约。根据器表纹饰及管截面形状差异，分五亚型：

Ba 型 2件。正面中部有兽面突饰，桃形耳，管宽扁，截面为椭圆形。M10：443-1，长3.8、宽3.7、管长径1.7厘米。重15.5克（图4-119,3；彩版一四六,1）。M10：443-2，长3.7、宽3.6、管长径1.7厘米。重16.5克（图4-119,2；彩版一四六,2）。

Bb 型 1件（M10：522）。正面中部有牛首形突饰，管宽扁，截面为椭圆形。长3.4、管长径1.6厘米。重19.7克（彩版一四六,3）。

Bc 型 1件（M10：054）。正面中部有兽面突饰，桃形耳，管较细，截面近圆形。长4.3、宽4.3、管径1.3厘米。重26.4克（图4-119,4；彩版一四六,4）。

Bd 型 1件（M10：068）。正面中部有变形蝉纹突饰，管较细，截面近圆形。长4、宽3.8、管径1.3厘米。重15.6克（图4-119,5）。

Be 型 1件（M10：194）。器形较大，正面中部盘有一龙，管截面为圆形。长5.2、宽5.2、管径2.2厘米。重108.6克（图4-119,1；彩版一四七,1）。

C 型 1件（M10：010）。"K"形节约。正面中部有兽面突饰，双角卷曲，管截面为圆形。长2.3、宽2.3、管径0.9厘米。重16.3克（图4-119,6）。

D 型 共15件。圆管状节约。圆管一端有平顶，两侧有对称方孔。M10：55，长2.7、管径1.6厘米。重14.7克（图4-120,14）。M10：110，长2.9、管径1.3厘米。重12.1克（图4-120,1）。M10：115-2，长2.2、管径1.8厘米。重11.3克（图4-120,4）。M10：158，长3.4、管径1.2厘米。重11.5克（图4-120,9）。M10：270，长2.5、管径1.3厘米。重9.9克（图4-120,11）。M10：278，长2.3、管径1.4厘米。重9.5克（图4-120,7；彩版一四七,3）。M10：297，长3.5、管径1.4

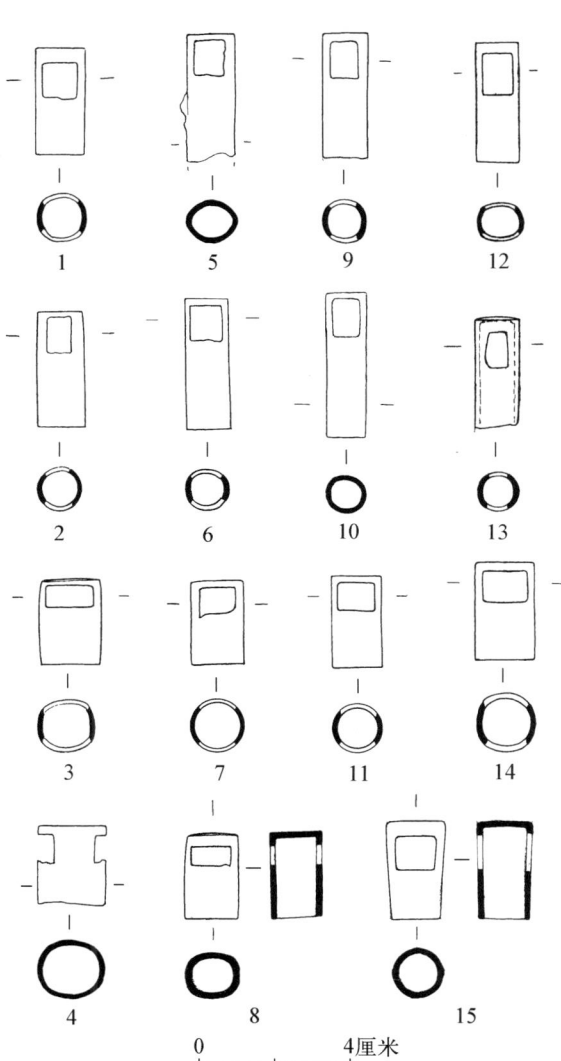

图4-120 07QSM10出土D型铜节约

1~5. M10：110、337、650-2-1、115-2、297
6~10. M10：611、278、383、158、484 11~15. M10：270、650-2-2、538、55、055

厘米。重12.6克（图4-120，5）。M10：337，长3.2、管径1.2厘米。重14.1克（图4-120，2；彩版一四七，2）。M10：383，长2.3、管径1.4厘米。重11.9克（图4-120，8）。M10：484，长4、管径1.1厘米。重10.7克（图4-120，10）。M10：538，长3.1、管径1.1厘米。重11.1克（图4-120，13）。M10：611，长3.7、管径1.2厘米。重11.7克（图4-120，6）。M10：650-2-1，长2.3、管径1.5厘米。重14.9克（图4-120，3）。M10：650-2-2，长3.3、管径1.2厘米。重12.5克（图4-120，12）。M10：055，长2.7、管径1.3厘米。重12.4克（图4-120，15）。

带扣　共9件。扁长方形，中空，无底，底部正面齐平，背面内弧。根据形制与正面纹饰不同，分六型：

A型　共3件。无顶，背面近顶端有长条形孔，正面上部饰一条绳索纹，其下饰两条镂空蛇纹，蛇身弯曲呈"C"形，身上有麟，双眼凸出。M10：69，长4.7、宽3.6、厚1.3、背面孔长3.4、宽1厘米。重63.6克（图4-121，1；彩版一四七，4）。M10：240，长4.9、宽3.8、厚1.5、背面孔长3.4、宽0.7厘米。重71.1克（图4-121，2）。M10：241，长5、宽3.8、厚1.5、背面孔长3.3、宽0.4厘米。重61.4克（图4-121，3）。

B型　1件（M10：250）。一端有顶，正反两面近顶端有长条形孔，纹饰与A型相同。长4.8、宽3.7、厚1.2厘米，正面孔长3.2、宽0.5厘米。重52.9克（图4-121，5、9；彩版一四七，5）。

C型　共2件。一端有顶，正反两面近顶端有长条形孔，正面饰一个张口吐舌的曲身龙纹。M10：22，长4.9、宽4、厚1厘米，正面孔长2.7、宽0.5厘米。重39.2克（图4-121，7、11）。M10：287，残长4.5、宽3.7、厚0.8厘米，正面孔长2.4厘米、宽0.3厘米。重32.6克（图4-121，8）。

D型　1件（M10：307）。一端有顶，正反两面近顶端有长条形孔，孔下饰一条绳索纹，主体纹饰锈蚀不清。长5.3、宽3.9、厚1.3厘米，正面孔长3、宽0.4厘米。重76.6克（图4-121，4）。

E型　1件（M10：20）。一端有顶，正反两面近顶端有长条形孔，孔下饰一条绳索纹，其下两边为变形蝉纹，中间为重环纹。长4.2、宽3.4、厚0.9厘米，正面孔长2.8、宽0.5厘米。重25.7克（图4-121，6、10）。

F型　1件（M10：63）。一端有顶，正反两面近顶端有长条形孔，器形较小，器表锈蚀严重，正面似有垂鳞纹。长3.1、宽2.2、厚1厘米，正面孔长1.9、宽0.3厘米。重22.3克（图4-121，12）。

泡　共29件。正面鼓起，背空，有一条横梁。分三型：

A型　共8件。透雕兽纹泡。根据平面形状与纹饰差异，分四亚型：

Aa型　1件（M10：6）。圆形，饰卷体龙纹，龙首居中，曲眉圆目，翻唇，獠牙后弯。直径5.1、高1.4厘米。重42.3克（图4-122，20；彩版一四八，1）。

Ab型　共3件。方圆形，饰卷体龙纹，纹饰与M10：6近同。M10：23，长5.1、宽4.7、高1.1厘米。重33.1克（图4-122，15；彩版一四八，3）。M10：306，纹饰锈蚀不清。长4.8、宽4.4、高0.8厘米。重46.2克（图4-122，12）。M10：056，长5、宽4.6、高1.1厘米。重29.4克（图4-122，

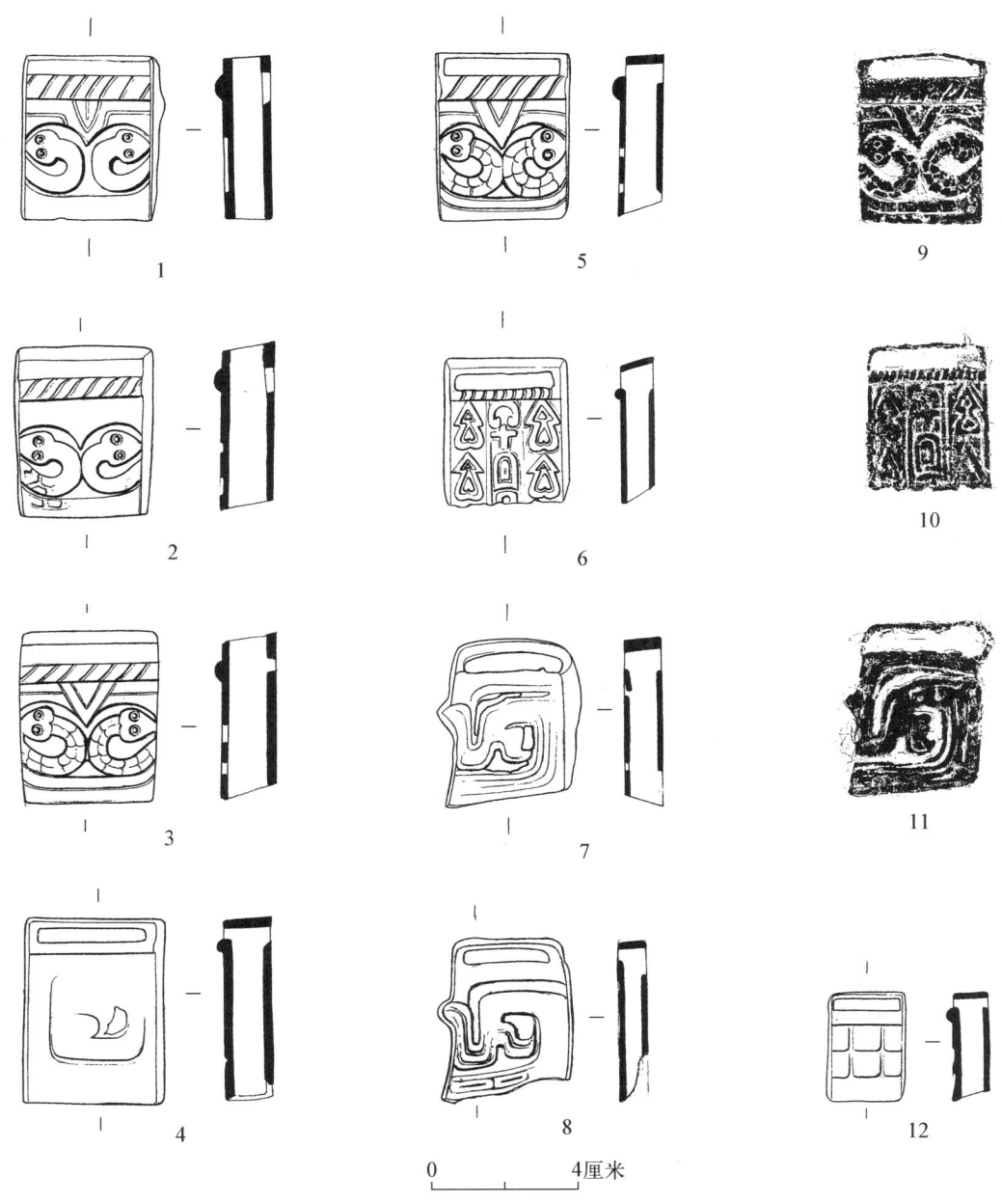

图4-121　07QSM10出土铜带扣

1～3. A型（M10∶69、240、241）　4. D型（M10∶307）　5、9. B型（M10∶250）及纹饰拓本　6、10. E型（M10∶20）及纹饰拓本
7、11. C型（M10∶22）及纹饰拓本　8. C型（M10∶287）　12. F型（M10∶63）

16；彩版一四八，2）。

　　Ac型　1件（M10∶26）。近菱形，饰卷体龙纹，龙首居中，翻唇，獠牙后弯。长4.8、宽4.7、高0.7厘米。重27.3克（图4-122，6；彩版一四九，1）。

　　Ad型　共3件。圆形，饰卷体蛇纹，蛇首居中。M10∶237，直径4.7、高1.2厘米。重41.9克（图4-122，14）。M10∶238，纹饰锈蚀不清。直径4.8、高1.4厘米。重48.6克（图4-122，19）。

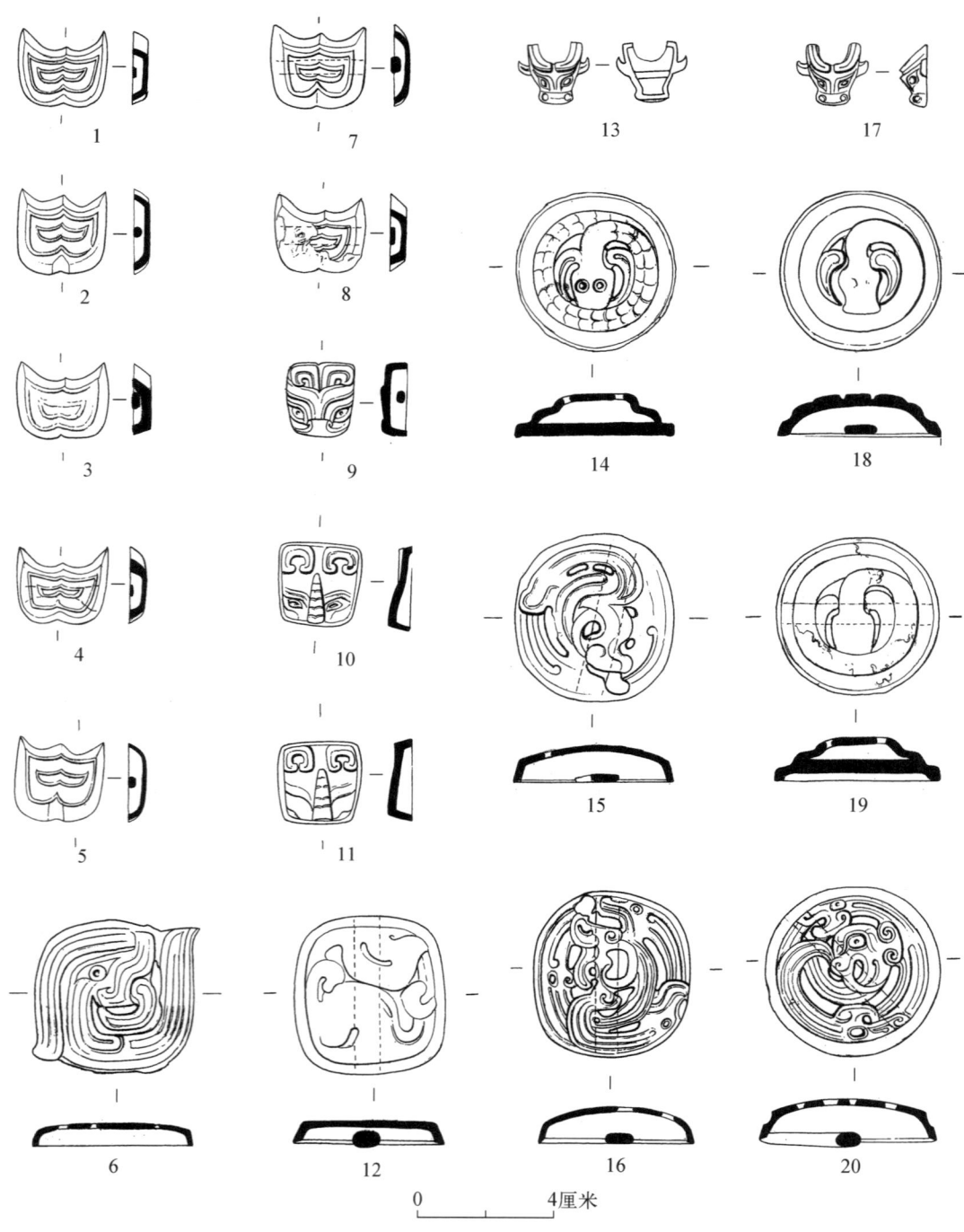

图4-122　07QSM10出土铜泡

1～5、7、8. C型（M10∶03、021-2、060-1、035、021-1、242、060-2）　6. Ac型（M10∶26）　9～11. Ba型（M10∶51、16、17）
12、15、16. Ab型（M10∶306、23、056）　13、17. Bb型（M10∶01、06）　14、18、19. Ad型（M10∶237、643、238）　20. Aa型（M10∶6）

M10：643，纹饰锈蚀不清。直径4.7、高1.3厘米。重47克（图4-122，18）。

B型　共13件。兽面形泡。根据平面形状和纹饰种类差异，分两亚型：

Ba型　共3件。虎首形。M10：16，长2.5、宽2.4、高0.6厘米。重10.3克（图4-122，10；彩版一四九，2）。M10：17，长2.5、宽2.4、高0.7厘米。重15克（图4-122，11）。M10：51，长2.2、宽2、高0.7厘米。重10.6克（图4-122，9）。

Bb型　共2件。牛首形。M10：01，长2.1、宽1.9、高0.8厘米。重4.5克（图4-122，13）。M10：06，长2.1、宽1.9、高0.8厘米。重4.2克（图4-122，17；彩版一四九，3）。

C型　共8件。三齿鳞形泡，饰多重三齿鳞纹。M10：242，长2.8、宽2.5、高0.6厘米。重9.6克（图4-122，7）。M10：03，长2.6、宽2.3、高0.4厘米。重8.6克（图4-122，1；彩版一五〇，1）。M10：021-1，长2.6、宽2.5、高0.5厘米。重7.6克（图4-122，5；彩版一五〇，2）。M10：021-2，残，重5克（图4-122，2）。M10：030，长2.6、宽2.1、高0.5厘米。重8.1克。M10：035，长2.6、宽2.3、高0.5厘米。重9.2克（图4-122，4；彩版一五〇，3）。M10：060-1，长2.7、宽2.3、高0.5厘米。重8.9克（图4-122，3）。M10：060-2，残，重4.4克（图4-122，8）。

管状络饰　共95件。中通的小圆管状，素面。根据管壁的不同，分两型：

A型　共49件。圆管直壁。M10：24，残，长1.7、口径1.1厘米。重5.3克（图4-123，35）。M10：40，长1.9、口径1.1厘米。重5.9克（图4-123，36）。M10：46，长2.9、口径1.3厘米。重10.1克（图4-123，25）。M10：48，长2.4、口径1.2厘米。重9.6克（图4-123，33）。M10：59，长1.6、口径1.2厘米。重5.5克（图4-123，26）。M10：62，长1.7、口径1.2厘米。重5.7克（图4-123，3）。M10：67，长2、口径1.1厘米。重7.7克（图4-123，37）。M10：87，长2.5、口径1.3厘米。重10.9克（图4-123，9）。M10：88，长2.9、口径1.3厘米。重10.3克（图4-123，5）。M10：112，长2.8、口径1.2厘米。重9.8克（图4-123，42）。M10：140，长2.8、口径1.4厘米。重8.4克（图4-123，10）。M10：160，长1.9、口径1.1厘米。重5.3克（图4-123，17）。M10：190，长3、口径1.3厘米。重9.6克（图4-123，30）。M10：212，长2.8、口径1.3厘米。重11.6克（图4-123，38）。M10：215，残，长2.9、口径1.3厘米。重12.5克（图4-123，20）。M10：221，长2、口径1.2厘米。重6.6克（图4-123，32）。M10：233，长2.9、口径1.4厘米。重11.4克（图4-123，29；彩版一五一，1）。M10：252，长2.9、口径1.4厘米。重10.1克（图4-123，34）。M10：268，长2、口径1.2厘米。重7.1克（图4-123，12）。M10：319，长2、口径1.2厘米。重5.4克（图4-123，22）。M10：650-2-3，长1.7、口径1.1厘米（图4-123，11）。M10：02，长1.7、口径1厘米。重3.7克（图4-123，2）。M10：04-1，长1.8、口径1.2厘米。重5.9克（图4-123，6）。M10：04-2，长1.6、口径1厘米。重4.5克（图4-123，1）。M10：07，长1.5、口径1.1厘米。重4.6克（图4-123，21）。M10：012，共3件，大小、形制一致，标本M10：012-1，长2、口径1.3厘米。重6.3克（图4-123，8）。标本M10：012-2，长1.5、口径1厘米。重5.5克（图4-123，

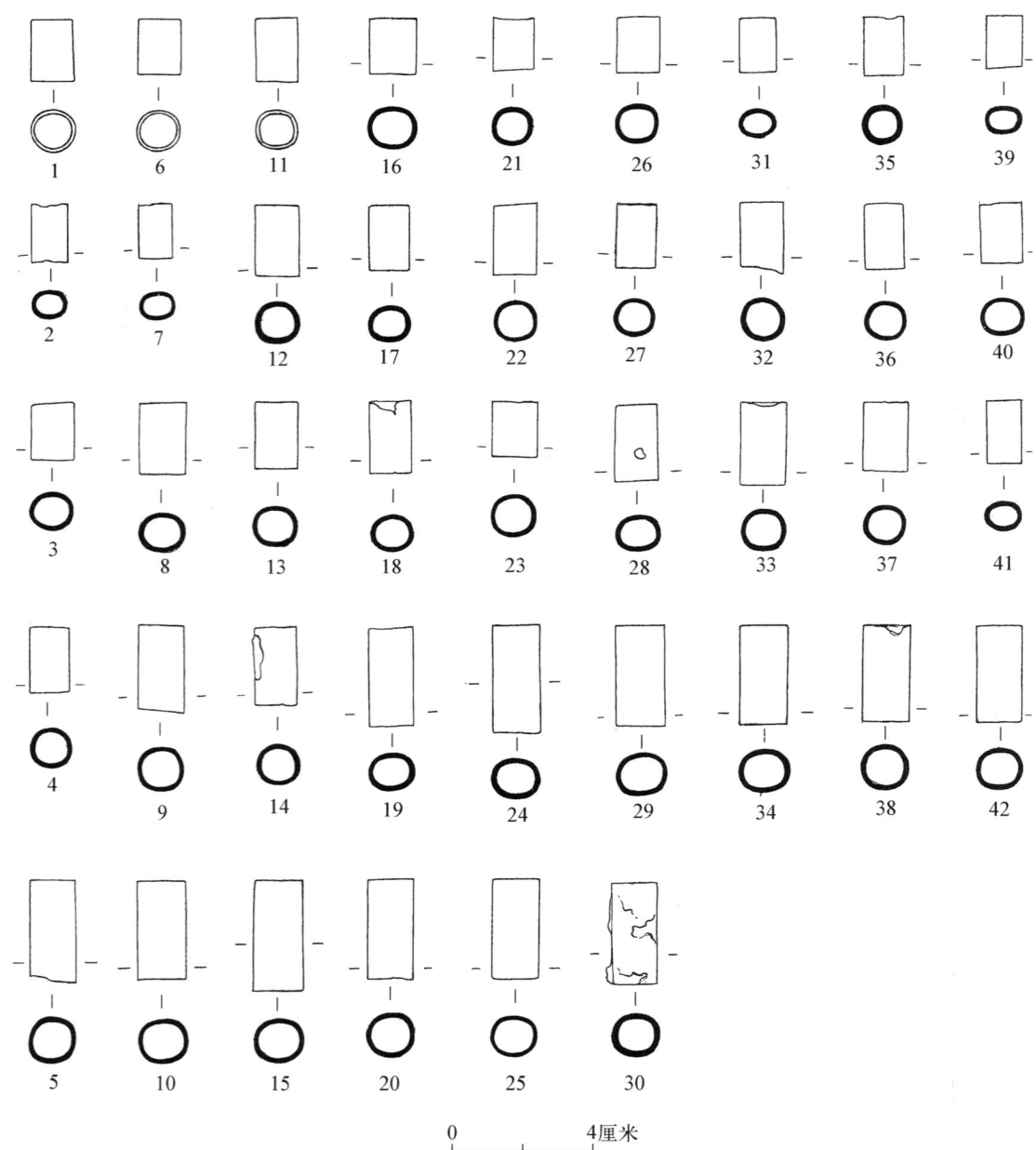

0   4厘米

图4-123　07QSM10出土A型铜管状络饰

1～5. M10：04-2、02、62、031-1、88　　6～10. M10：04-1、072-2、012-1、87、140　　11～15. M10：650-2-3、268、080-1、063、069
16～20. M10：067、160、014-1、079、215　　21～25. M10：07、319、072-1、077、46　　26～30. M10：59、076-1、015-1、233、190
31～34. M10：015-2、221、48、252　　35～38. M10：24、40、67、212　　39～42. M10：012-2、036-1、022、112

39）。M10：014，共2件，大小、形制一致，标本M10：014-1，长2.1、口径1.1厘米。重5.7克（图
4-123，18）。M10：015-1，长1.6、口径1厘米。重2.4克（图4-123，28）。M10：015-2，长2.2、
口径1.2厘米。重6克（图4-123，31）。M10：022，长1.8、口径1厘米。重3.2克（图4-123，
41）。M10：031，共3件，大小、形制一致，标本M10：031-1，长1.9、口径1.1厘米。重5.6克（图

4-123,4）。M10:036,共2件,大小、形制一致,标本M10:036-1,长1.7、口径1.2厘米。重5.8克（图4-123,40）。M10:063,长2.2、口径1.2厘米。重6.5克（图4-123,14）。M10:067,长1.6、口径1.3厘米。重4.4克（图4-123,16）。M10:069,长3.2、口径1.4厘米。重12.9克（图4-123,15）。M10:072-1,长1.6、口径1.2厘米。重3.5克（图4-123,23）。M10:072-2,长1.6、口径1厘米。重2.9克（图4-123,7）。M10:076,共2件,大小、形制一致,标本M10:076-1,长1.8、口径1.1厘米。重5.4克（图4-123,27）。M10:077,长3.1、口径1.3厘米。重11克（图4-123,24）。M10:079,长2.8、口径1.3厘米。重10.9克（图4-123,19）。M10:080,共2件,大小、形制一致,标本M10:080-1,长1.9、口径1.2厘米。重7克（图4-123,13）。

　　B型　共46件。管中部外鼓,一面较平。M10:45,长2.5、口径1.1厘米。重7克。M10:68,长2.6、口径1.2厘米。重6.3克（图4-124,1）。M10:149,长2.6、口径1.5厘米。重7.1克（图4-124,5）。M10:155,长2.6、口径1.4厘米。重10.3克（图4-124,9）。M10:156,长2.6、口径1.3厘米。重10.5克（图4-124,13）。M10:157,长2.7、口径1.4厘米。重9.6克（图4-124,2）。M10:159,长2.6、口径1.4厘米。重7.2克（图4-124,6）。M10:179,长2.7、口径1.4厘米。重9.4克（图4-124,18）。M10:188,长2.7、口径1.4厘米。重8.4克（图4-124,22）。M10:189,长2.7、口径1.4厘米。重9克（图4-124,11）。M10:205,长2.6、口径1.4厘米。重10.2克（图4-124,15）。M10:206,长2.6、口径1.4厘米。重11.5克（图4-124,26）。M10:210,长2.6、口径1.4厘米。重9.2克（图4-124,7）。M10:211,长2.6、口径1.5厘米。重11.1克（图4-124,17）。M10:213,长2.6、口径1.4厘米。重10.4克（图4-124,25）。M10:222,长2.7、口径1.4厘米。重9.7克（图4-124,3）。M10:223,长2.5、口径1.4厘米。重7.9克（图4-124,21）。M10:225,共2件,大小、形制一致。标本M10:225-1,长2.7、口径1.4厘米。重9.8克（图4-124,10）。M10:226,长2.6、口径1.1厘米。重9.7克（图4-124,24）。M10:227,长2.6、口径1.4厘米。重8克（图4-124,14）。M10:228,长2.6、口径1.5厘米。重8.4克（图4-124,23）。M10:229,长3、口径1.4厘米。重8.6克（图4-124,4）。M10:231,长2.7、口径1.5厘米。重8.4克（图4-124,19）。M10:249,长2.7、口径1.4厘米。重10.1克（图4-124,27）。M10:260,18件,形制、大小相同。标本M10:260-1,长2.7、口径1.4厘米。重10.6克（图4-124,8）。M10:321,长2.6、口径1.5厘米。重7.3克（图4-124,20）。M10:650-1-1,通长2.8、口径1.1厘米。重9.2克（图4-124,12）。M10:650-1-2,通长2.8、口径1.2厘米。重8.4克（图4-124,16）。

　　双联管状络饰　共34件。两圆管并列连通,正面圆鼓,背面平齐,背中部有方形孔。根据圆管形状及表面纹饰的不同,分三型：

　　A型　共28件。两圆管中部外鼓,素面。M10:433,长3.1、宽2.1、高1厘米。重11.8克（图4-125,3）。M10:436-1,长3.1、宽2、高1厘米。重10克（图4-125,1）。M10:436-2,长3.1、宽2、高1厘米。重9.7克（图4-125,8）。M10:442,长3.1、宽2.1、高1厘米。重10.3克（图

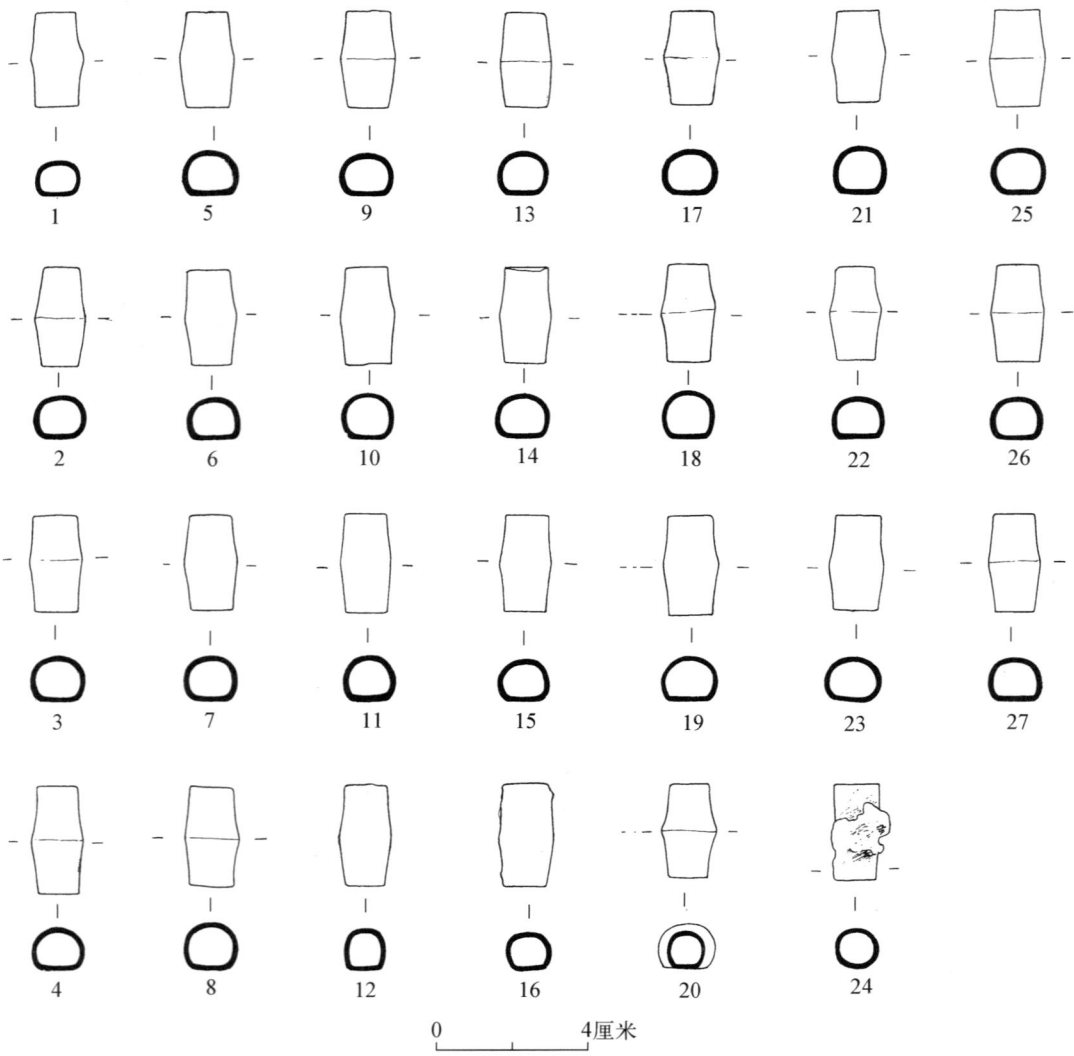

图4-124　07QSM10出土B型铜管状络饰

1～5. M10：68、157、222、229、149　6～10. M10：159、210、260-1、155、225-1　11～15. M10：189、650-1-1、156、227、205
16～20. M10：650-1-2、211、179、231、321　21～25. M10：223、188、228、226、213　26、27. M10：206、249

4-125，4)。M10：445-1，长3.2、宽2.2、高1厘米。重10.6克(图4-125，5)。M10：445-2，长3、宽2.2、高1厘米。重8.4克(图4-125，2)。M10：451，残，长3.1、宽2.1、高1厘米。重9克(图4-125，6)。M10：520，残，长3.1、宽2.2、高0.9厘米。重9.1克(图4-125，15)。M10：528，残，长3、宽2.1、高0.9厘米。重8.8克(图4-125，7)。M10：548，长3.1、宽2.1、高1.1厘米。重10.3克(图4-125，17)。M10：553，长3.1、宽2.2、高1.2厘米。重11.5克(图4-126，8；彩版一五一，2)。M10：560-1，长3、宽2.2、高1.1厘米。重10克(图4-126，11)。M10：560-2，长3、宽2.2、高1.1厘米。重10.9克(图4-126，7)。M10：564，长3.1、宽2.2、高1厘米。重8.9克(图4-125，16)。M10：569-1，长3.1、宽2.2、高1.1厘米。重10.3克(图4-125，10)。M10：569-2，长3.2、

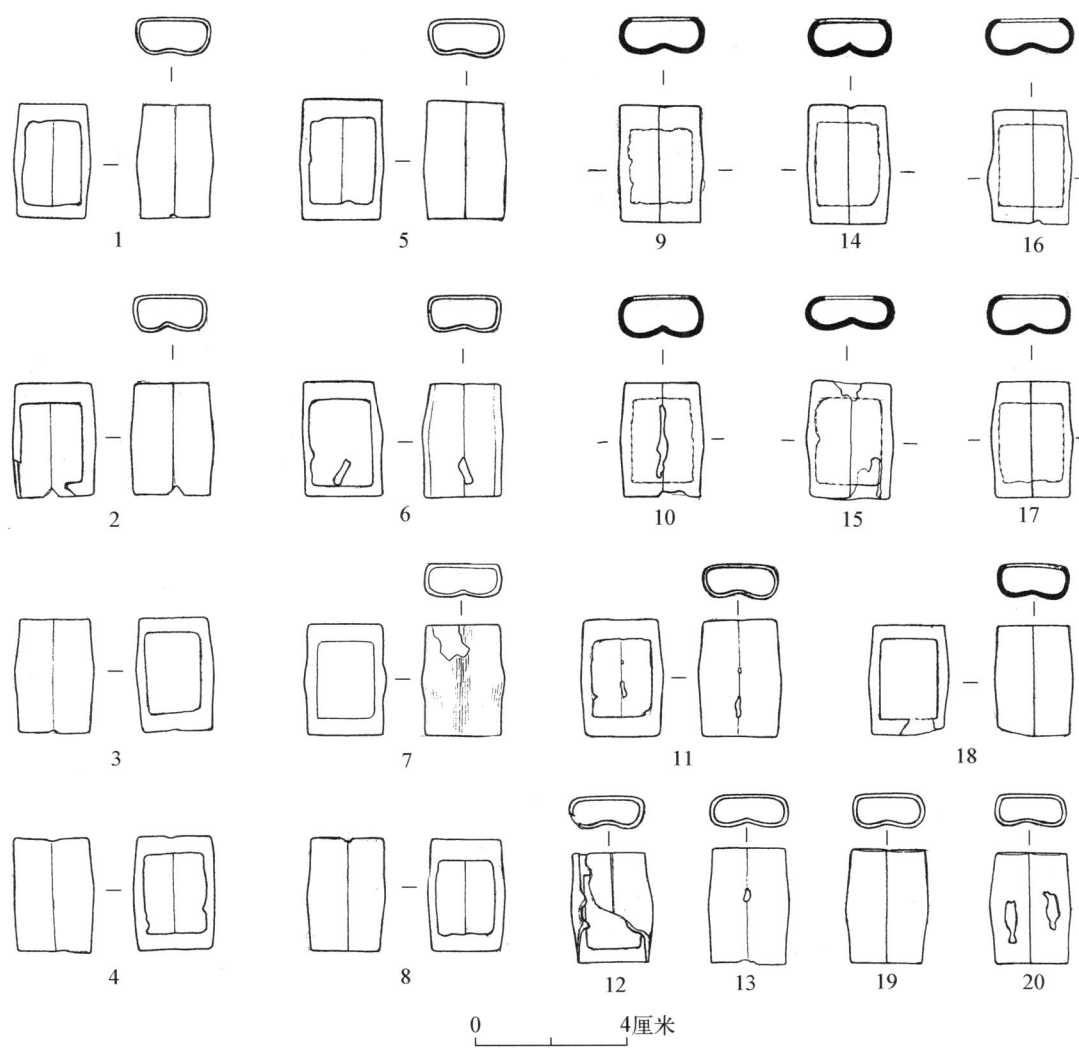

图4-125　07QSM10出土A型铜双联管状络饰

1～5. M10：436-1、445-2、433、442、445-1　6～10. M10：451、528、436-2、569-3、569-1

11～15. M10：605、606、648-1、569-2、520　16～20. M10：564、548、602、648-3、648-2

宽2.1、高1厘米。重12.7克（图4-125，14）。M10：569-3，长3.1、宽2.2、高1厘米。重10.5克（图4-125，9）。M10：572-1，长3.1、宽2.2、高1厘米。重10.6克（图4-126，6）。M10：579-1，长3.1、宽2.1、高1厘米。重12.4克（图4-126，1）。M10：579-2，长3.1、宽2.2、高1厘米。重10.5克（图4-126，2）。M10：596，长3.1、宽2.2、高1.1厘米。重9.2克（图4-126，13）。M10：597，残，长3.1、宽2.2、高1厘米。重11.1克（图4-126，12）。M10：602，长3、宽2.1、高0.9厘米。重9.6克（图4-125，18）。M10：605，长3.2、宽2.1、高0.9厘米。重10克（图4-125，11）。M10：606，残，长3.1、宽2.2、高0.9厘米。重7.8克（图4-125，12）。M10：648-1，长3.2、宽2.1、高0.9厘米。重10.3克（图4-125，13）。M10：648-2，长3.1、宽2.1、高0.9厘米。重8.9

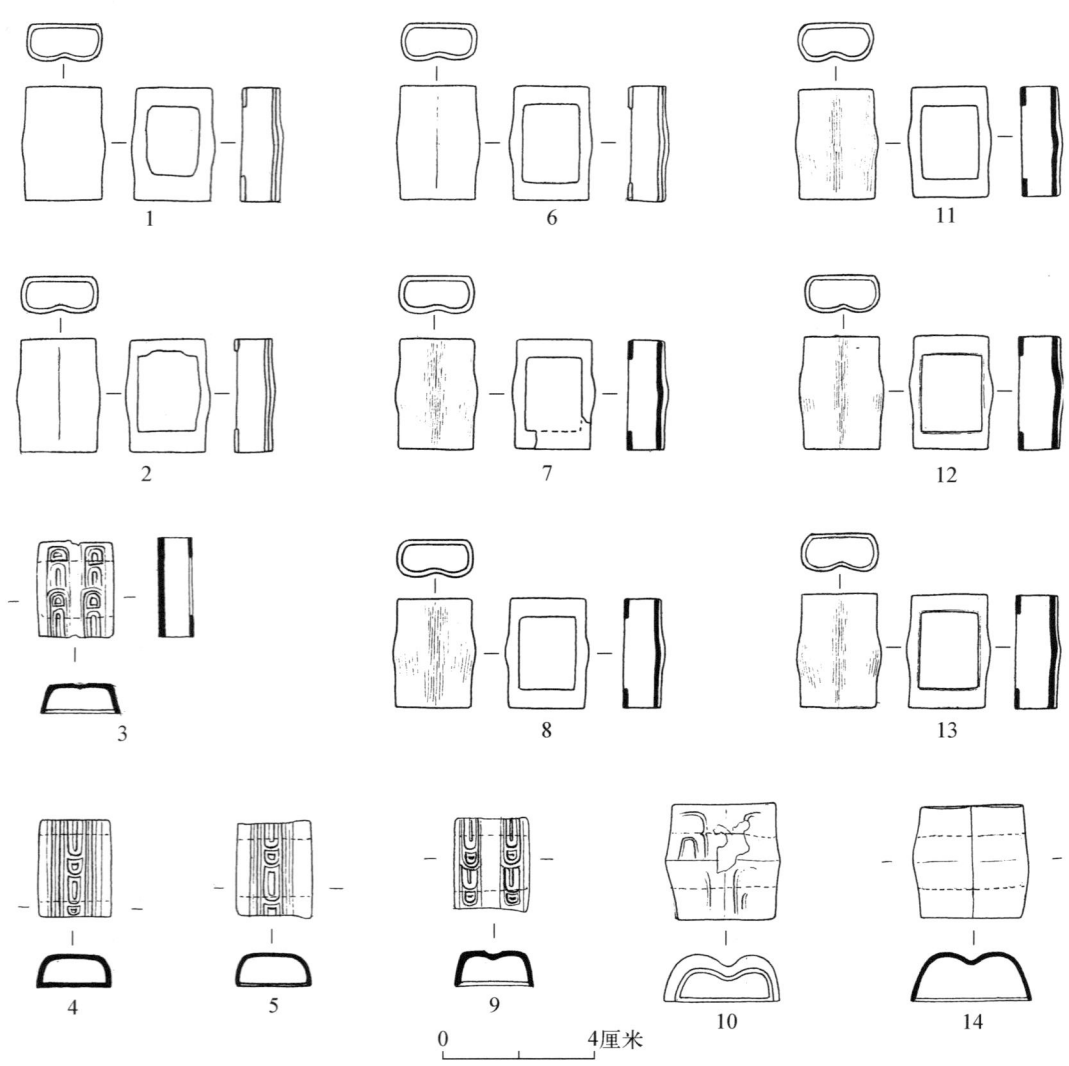

图4-126　07QSM10出土A、B、C型铜双联管状络饰

1、2、6～8、11～13. A型（M10：579-1、579-2、572-1、560-2、553、560-1、597、596）

3～5、9. C型（M10：039、35、066、034）　　10、14. B型（M10：064、161）

克（图4-125，20）。M10：648-3，长3、宽2.1、高0.9厘米。重7.7克（图4-125，19）。

　　B型　共2件。两圆管中部外鼓出脊，有纹饰，但锈蚀不可辨。M10：161，长3.1、宽3、高1.3厘米。重18.7克（图4-126，14；彩版一五一，3）。M10：064，长3.2、宽3、高1.3厘米。重16克（图4-126，10）。

　　C型　共4件。两圆管中部不外鼓，饰重环纹。M10：35，长2.7、宽1.9、高0.9厘米。重7.2克（图4-126，4）。M10：034，长2.6、宽2.1、高0.9厘米。重7.5克（图4-126，9；彩版一五一，4）。M10：039，长2.5、宽2、高0.8厘米。重5.5克（图4-126，3）。M10：066，长2.7、宽2、高0.9厘米。重5.8克（图4-126，5）。

　　长圆管　　共22件。长圆管状，中空，两端平齐，有的器壁上有穿孔。M10：14，残。残长11.1、管径1.4厘米。重60.7克（图4-127，1）。M10：18，中部有一对对称的条形穿孔。长13、管径1.2厘米。重38.6克（图4-127，3）。M10：115-1，残成两段。长16.5、管径1.4厘米。重80.8克。M10：131，长15.2、管径1.4厘米。重77.9克（图4-128，4；彩版一五二，1）。M10：162，残。残长7.4、管径1.4厘米。重35.2克（图4-128，7）。M10：177，器壁锈蚀穿透。长13.1、管径1.2厘米。重41.7克（图4-127，2）。M10：262，近一端有两个对称的方形穿孔。长13.4、管径1.2厘米。重51.6克（图4-127，6）。M10：274，器壁上有一不规则孔。长16.7、管径1.4厘米。重84.5克（图4-128，6；彩版一五二，2）。M10：277，近一端有一个圆形穿孔。长14.5、管径1.3厘米。重62.8克（图4-128，1；彩版一五二，3）。M10：381，一端管口残，中部有一个不规则穿孔。长15、管径1.2厘米。重61.4克（图4-128，3）。M10：384，一端管口残。长13.3、管径1.1厘米。重47.3克（图4-127，5）。M10：397，一管口残，近中部有一个不规则穿孔。长14.2、管径1.2厘米。重67.9克（图4-127，8）。M10：405，长16.6、管径1.3厘米。重87.1克（图4-128，5；彩版一五二，4）。M10：432，残，近一端有一条形穿孔。残长6.6、管径1.4厘米。重22.4克（图4-128，9）。M10：455，残。残长7、管径1.5厘米。重22.6克（图4-128，10）。M10：461，残。残长5.1、管径1.4厘米。重21.1克（图4-128，8）。M10：474，近一端有两个相邻的不规则穿孔，中部有一对对称的条形穿孔。长15、管径1.1厘米。重59.3克（图

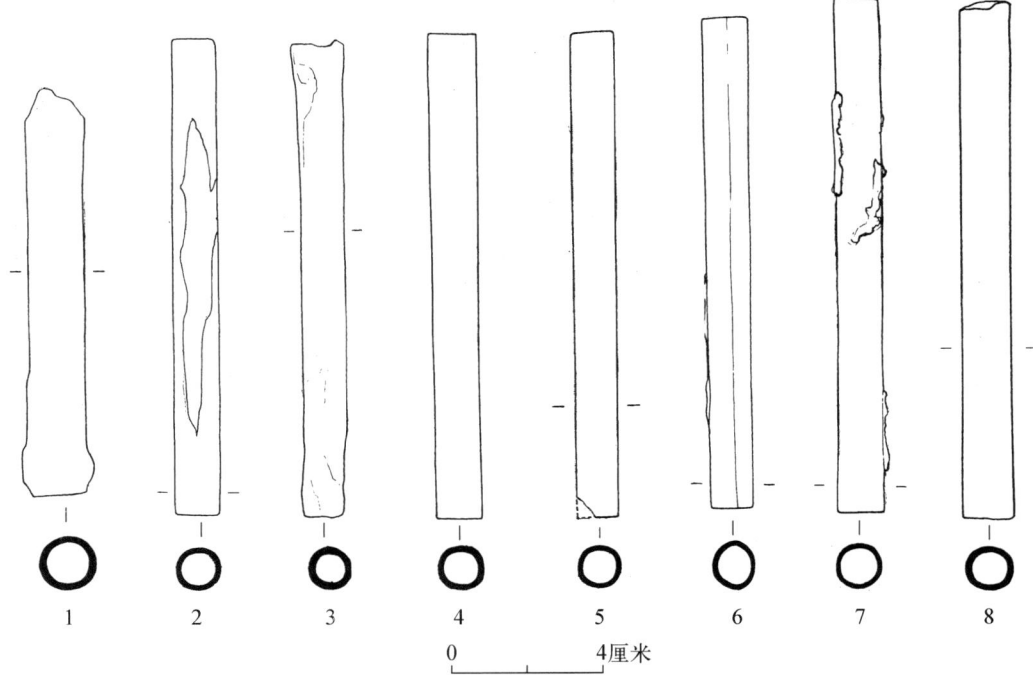

图4-127　07QSM10出土铜长圆管

1～4. M10：14、177、18、512　　5～8. M10：384、262、552、397

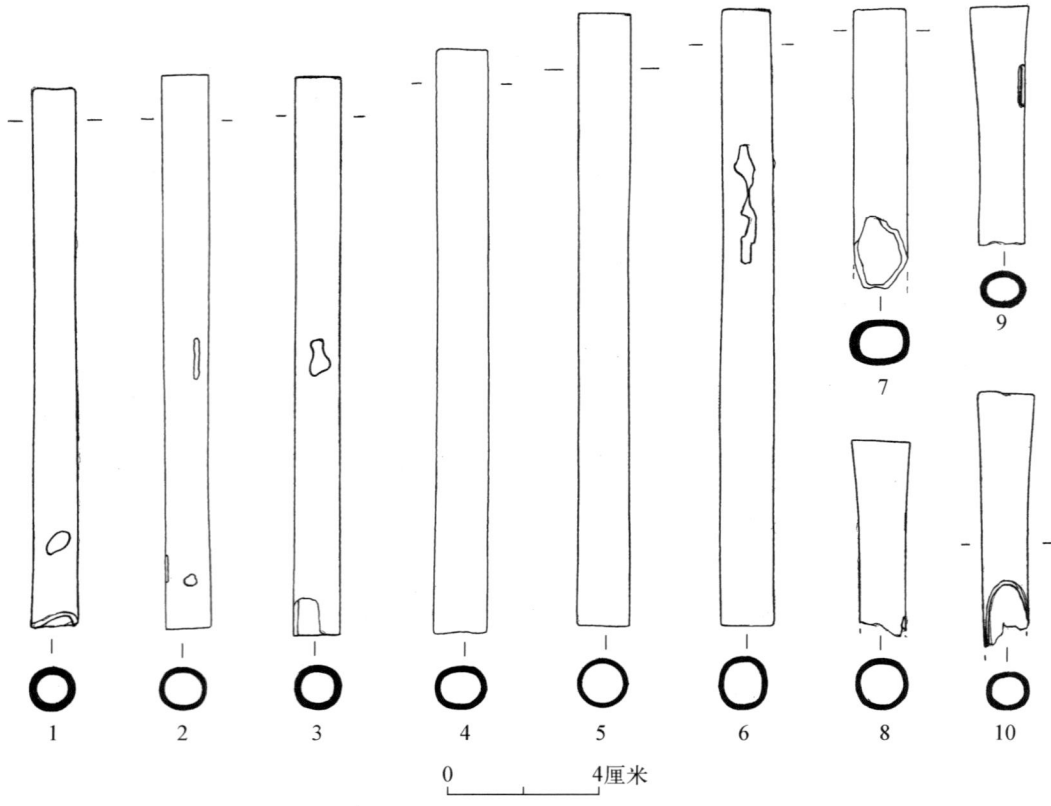

图4-128　07QSM10出土铜长圆管

1～5. M10：277、474、381、131、405　6～10. M10：274、162、461、432、455

4-128,2)。M10：512,长13.2、管径1.2厘米。重62.3克(图4-127,4)。M10：552,器表锈蚀严重。长14、管径1.2厘米。重65.8克(图4-127,7)。M10：575-2,一端管口残,中部有一对对称的条形穿孔。长12.7、管径1.2厘米。重46.9克。M10：583,残。残长18.6、管径1.3厘米。重95.1克。M10：651-1,残。残长13、管径1.4厘米。重61.6克。

"Y"形管　共18件。三个圆管连通成"Y"形,一端为单管,另一端为双管,三管管径相若,有的器壁上有穿孔。M10：8,长10.3、宽6.1、管径1.5厘米。重66.7克(图4-129,1;彩版一五三,1)。M10：37,长11.2、宽6、管长径1.5厘米。重78.1克(图4-130,5)。M10：113,长8.5、宽6、管径1.6厘米。重75克(图4-129,2;彩版一五三,2)。M10：150,器表锈蚀严重。长11、宽5.1、管长径1.3厘米。重75.5克(图4-131,4)。M10：168,长8.5、宽6.1、管径1.5厘米。重71.4克(图4-129,6)。M10：178,一端略残。残长11.2、宽5.2、管长径1.4厘米。重77.7克(图4-131,6)。M10：295,长10.6、宽6.2、管径1.5厘米。重85.2克(图4-131,2)。M10：346,器壁较光滑。长8.2、宽5.7、管径1.4厘米。重69.4克(图4-131,3;彩版一五三,3)。M10：380,单管近口端两侧有对称穿孔,一孔为方形,一孔为不规则形。双管上

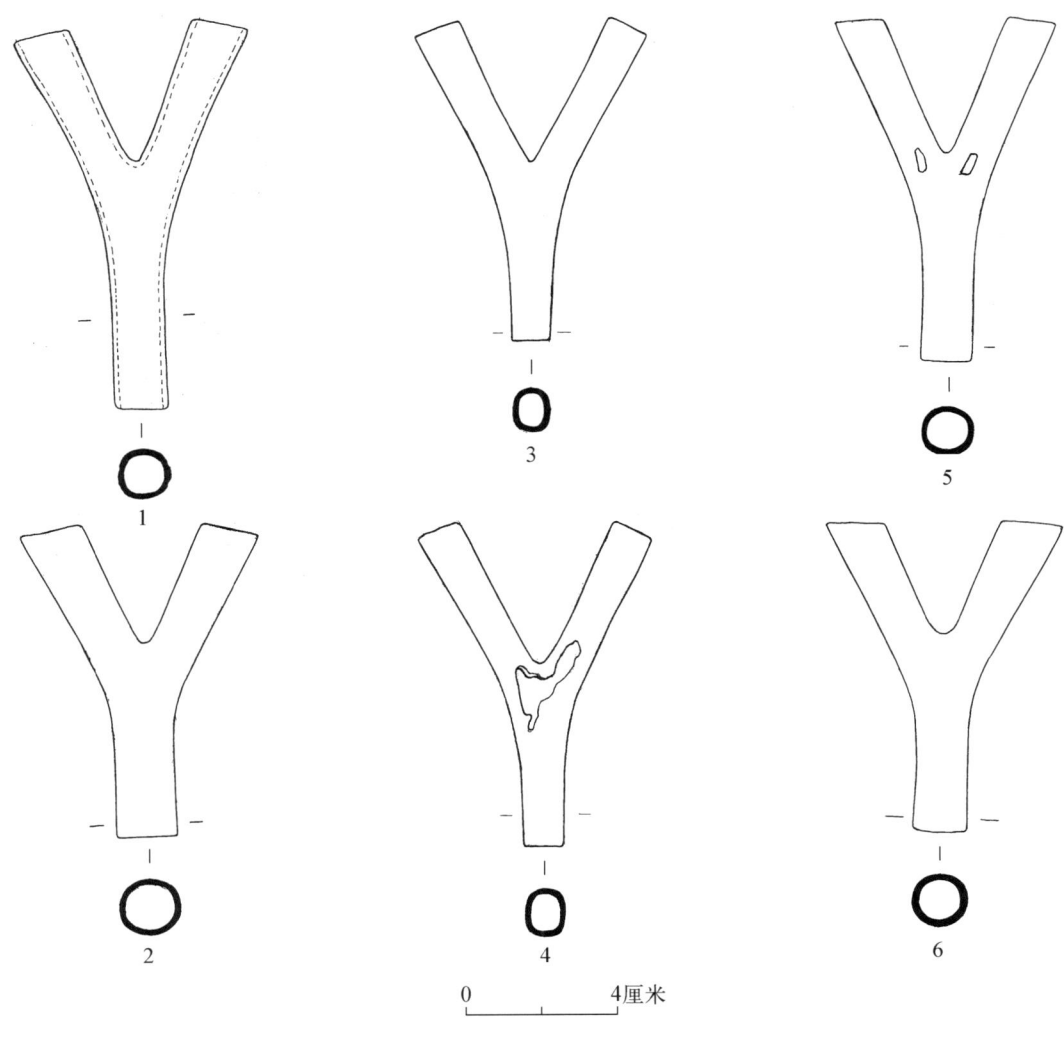

图4-129　07QSM10出土铜"Y"形管

1～6. M10：8、113、390、441、070、168

各有一个小方孔。长8.8、宽6.1、管径1.1厘米。重56.6克（图4-131，1）。M10：387，长11、宽5.9、管径0.9厘米。重77.6克（图4-130，1）。M10：390，长8.9、宽6、管长径1.2厘米。重58.9克（图4-129，3）。M10：441，三管连接处有一不规则形孔。长8.9、宽6.1、管径1.3厘米。重59.5克（图4-129，4；彩版一五三，4）。M10：519，长11.3、宽5.7、管径1.5厘米。重78.2克（图4-130，3）。M10：531，长11、宽5.9、管径1.4厘米。重75.6克（图4-130，6）。M10：555，一个管上有一条形穿孔。长9.5、宽5.8、管径1.4厘米。重65.1克（图4-131，5）。M10：566，三管交界处有一条形穿孔。长11、宽5.9、管径1厘米。重73.9克（图4-130，4）。M10：607，单管上有一条形穿孔。长11.2、宽5.7、管径1.5厘米。重77.8克（图4-130，2）。M10：070，器壁较光滑。双管两面各有一对条形穿孔。长9.3、宽5.7、管径1.3厘米。重55.7克（图4-129，5）。

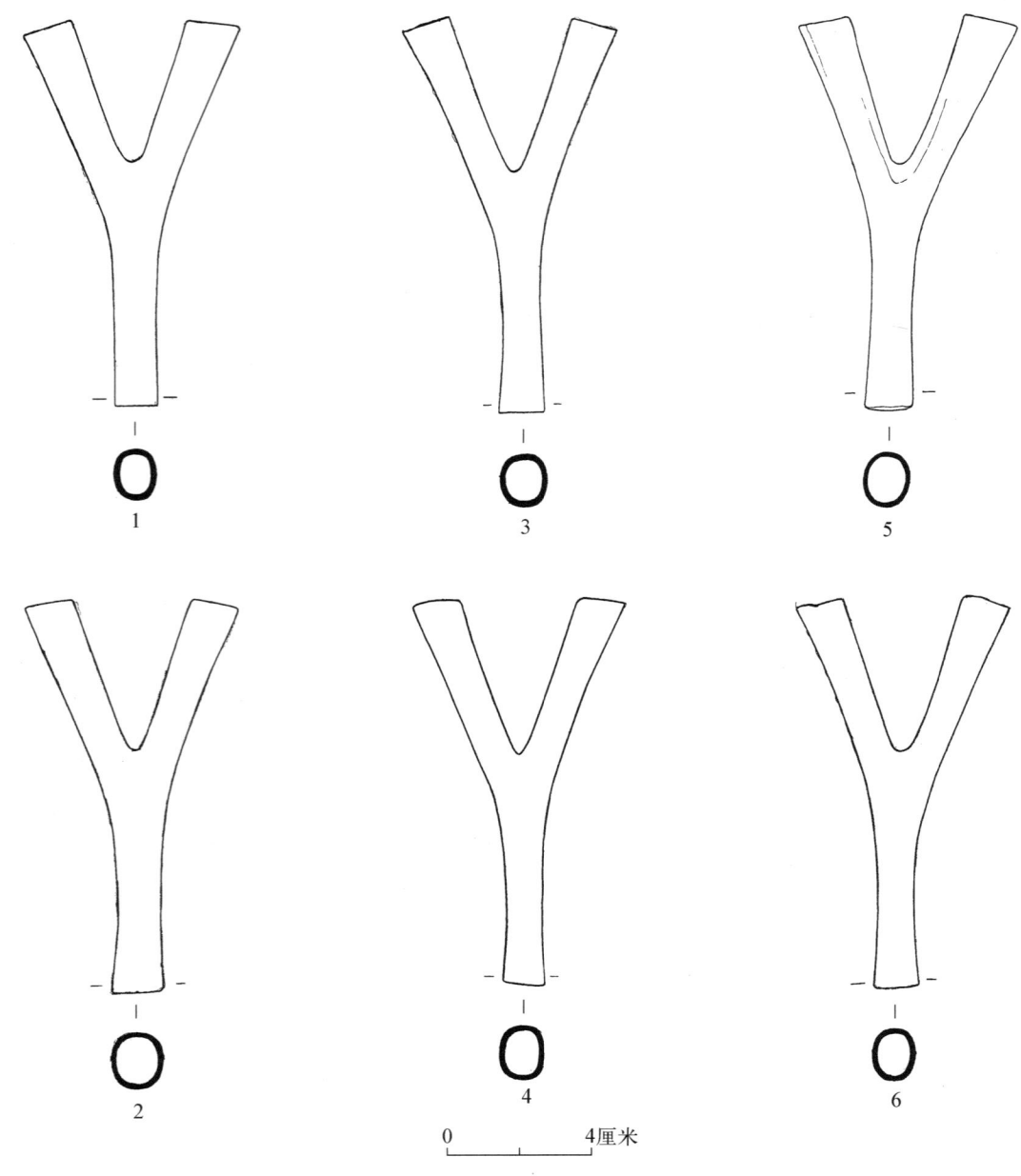

图4-130　07QSM10出土铜"Y"形管

1～6. M10：387、607、519、566、37、531

　　工形管　共5件。一个实心长圆柱两端各接一个较短的空心圆管，整体呈"工"字形。M10：21，通长16.1、实心柱径1.3、空心管长2.8、管径1.5厘米。重149.5克（图4-132，4；彩版一五四，1）。M10：446，通长16.1、实心柱径1.2、空心管长2.7、管径1.5厘米。重143.1克（图4-132，3；彩版一五四，2）。M10：486，通长16.1、实心柱径1.2、空心管长2.7、管径1.5厘米。重143.7克（图4-132，1；彩版一五四，3）。M10：582，通长16.1、实心柱径1.2、空心管长2.7、管

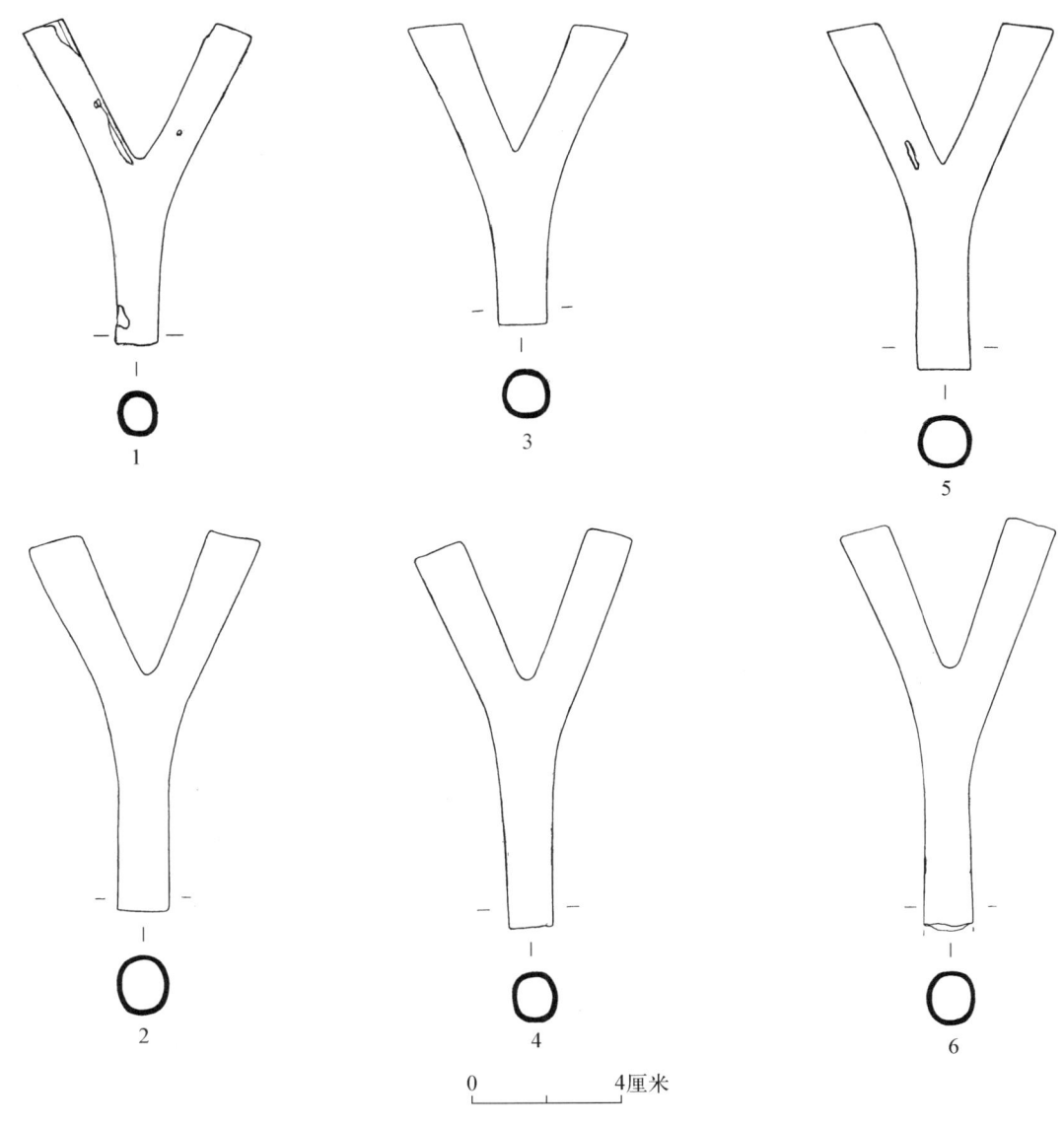

图4-131　07QSM10出土铜"Y"形管

1～6. M10：380、295、346、150、555、178

径1.5厘米。重149.6克（图4-132，2；彩版一五四，4）。M10：651-2，残。残长6.3、实心柱径1.2、空心管长2.9、管径1.5厘米。重53.1克。

马冑　至少8件。整体呈"R"形，较宽一端中部有凹入的缺口，较窄一端稍向一侧卷曲，器表镂空，正面微隆，周围有窄平边，边上有多组钉孔。相同形制与纹饰的马冑方向分左右。根据纹饰差异分两型：

A型　至少4件。主体纹饰为侧视的龙首，龙首有"臣"字目，翻唇，下颌上卷。拼对修复为较完整者有3件，其中M10：323-1-1、323-1-3，均窄端向右；M10：323-1-2，窄端向

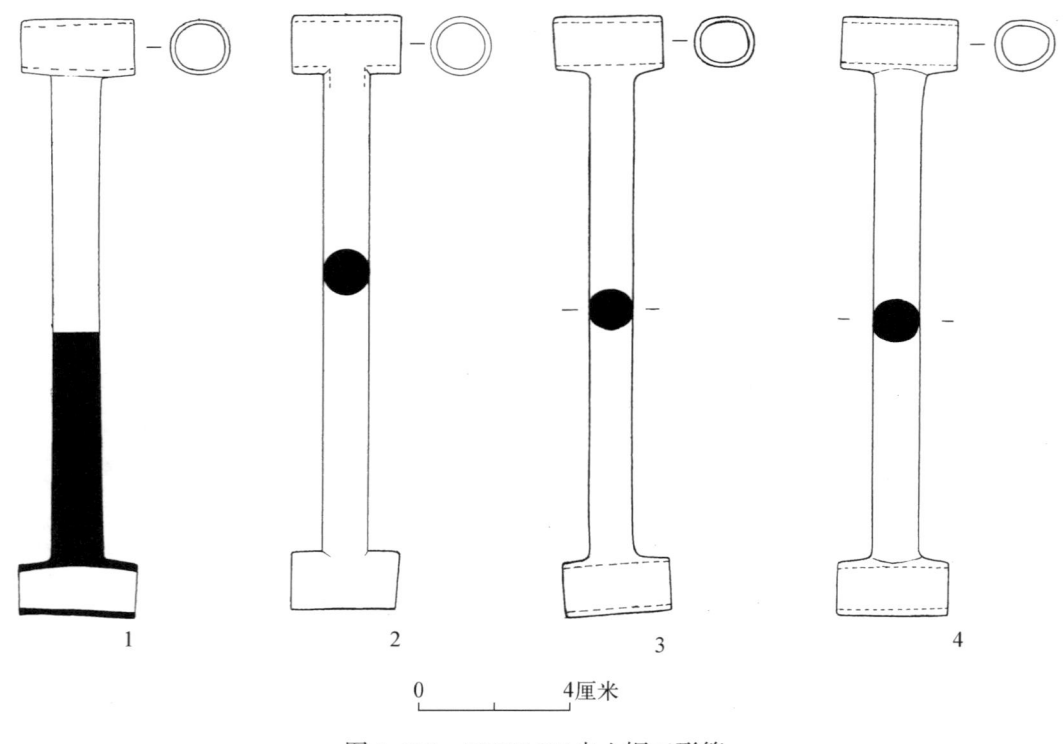

0　　　　　　4厘米

图4-132　07QSM10出土铜工形管

1~4. M10：486、582、446、21

左。另有窄端向左的马胄残片若干，可能同属1件。因此，A形马胄至少有左侧、右侧各2件。
M10：323-1-1，残长34.5、宽15.5、壁厚0.05厘米。重122.8克（图4-133，1；彩版一五五、
一五六）。M10：323-1-3，残长39.5、残宽23.5、壁厚0.1厘米。重99.5克（图4-133，2）。
M10：323-1-2，残长34、残宽21.5、壁厚0.05厘米。重113.9克（图4-134，2；彩版一五七、
一五八）。M10：323-1-4，为马胄粗端上部一角。残长11、残宽18.8、壁厚0.05厘米。重
12.3克。M10：323-1-7，为马胄中部残片。残长12.1、残宽10.6、壁厚0.05厘米。重18.7克。
M10：323-1-11，为马胄龙首下颌部分残片。残长10.5、残宽16.8、壁厚0.05厘米。重7.6克
（图4-134，1）。

　　B型　至少4件。无拼对完整者，整体纹饰不明，主体纹饰似为简化的龙首纹。M10：323-
1-5、323-1-6、323-1-9，三件马胄均窄端向左。M10：323-1-5，残长29.5、残宽14、壁厚0.05
厘米。重29.6克（图4-135，1）。M10：323-1-6，残长28、残宽14、壁厚0.1厘米。重53.1克
（图4-135，2）。M10：323-1-9，残长19.9、残宽12.1、壁厚0.1厘米。重70.4克（图4-135，3）。
M10：323-1-20，经比对可知为马胄中上部的残片，其完整形制的窄端应向右。残长11.2、残
宽9.6、壁厚0.1厘米。重17.5克（图4-136，4）。由于B型马胄窄端向左者有3件，向右者有1
件，因此不排除B型马胄原有3副的可能。

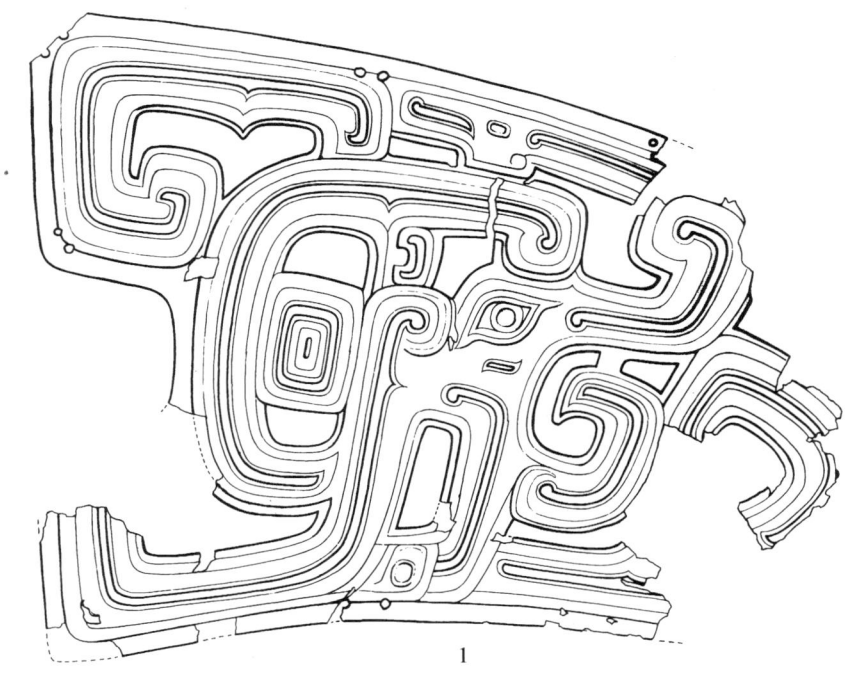

1

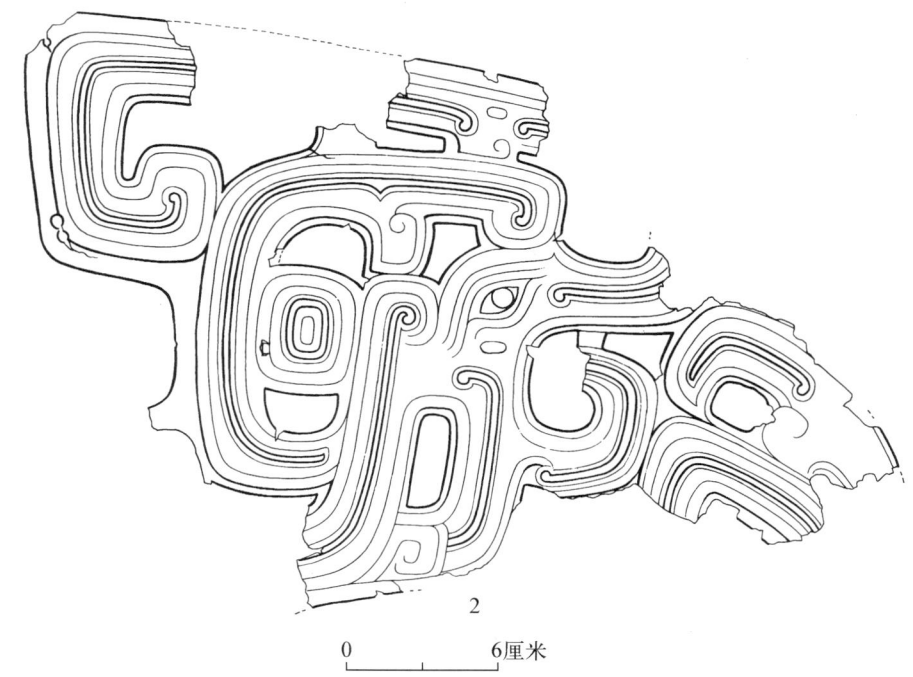

2

0　　　　　　6厘米

图4-133　07QSM10出土A型铜马胄
1、2. M10：323-1-1、323-1-3

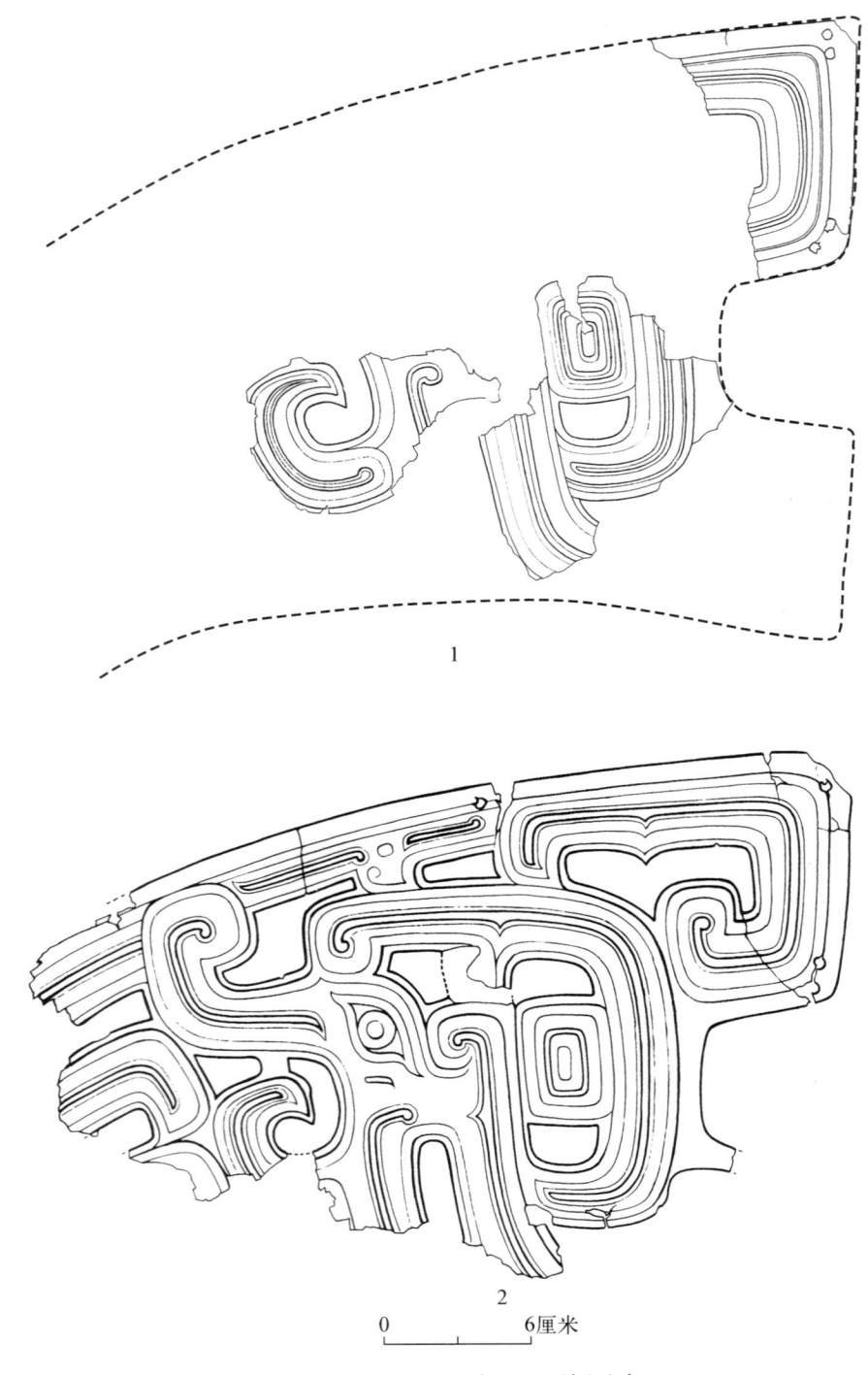

1

2

0　　　　　　　6厘米

图4-134　07QSM10出土A型铜马胄

1、2. M10：323-1-11、323-1-2

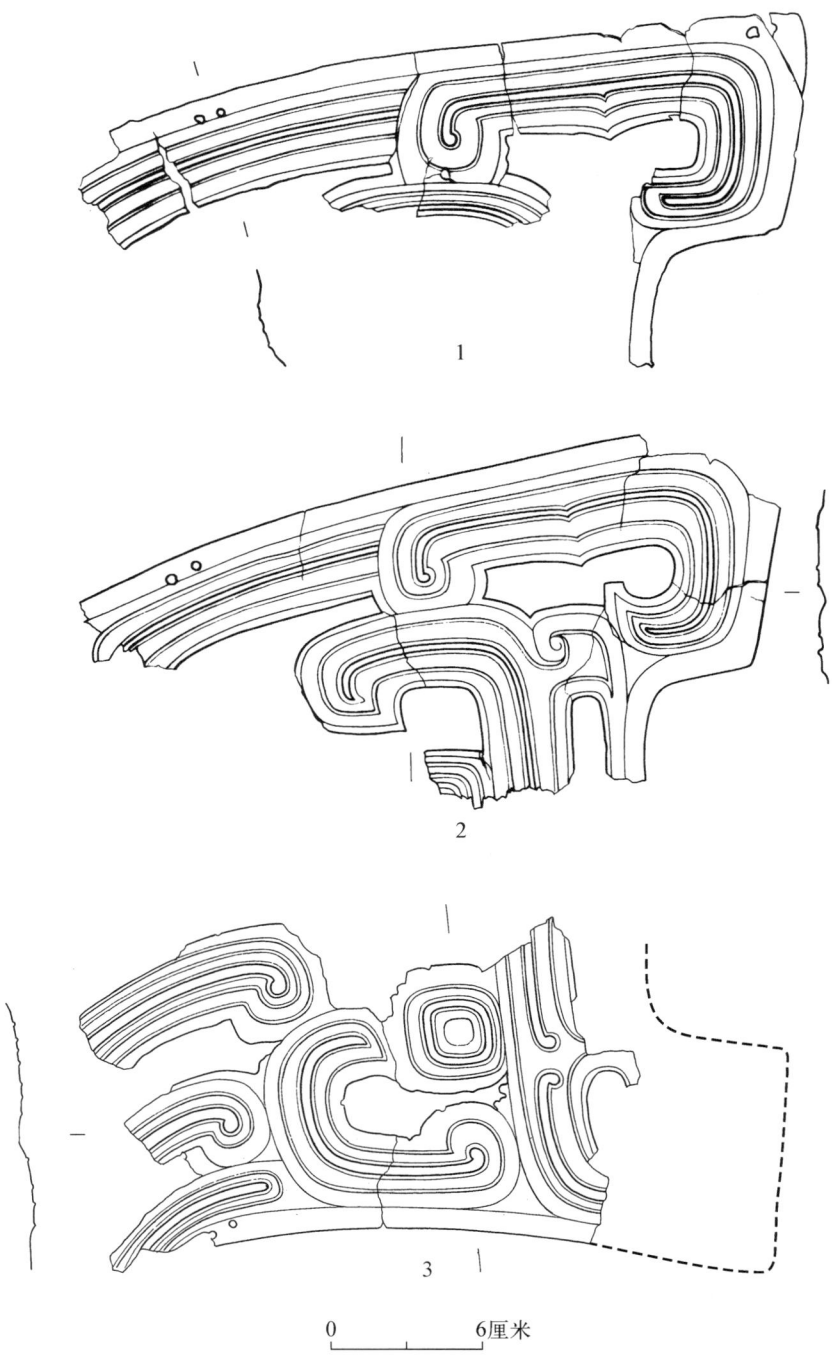

0　　　　　　　6厘米

图4-135　07QSM10出土B型铜马胄

1~3. M10：323-1-5、323-1-6、323-1-9

　　此外，还有多件马胄残片，纹饰与上述A、B两型有别，但无法拼对复原，整体形制不明。M10：323-1-8，为左侧马胄的窄端残片。残长13.2、残宽11.6、壁厚0.1厘米。重22.7克（图4-136，3）。M10：323-1-10，残长15、残宽11.8、壁厚0.05厘米。重33.2克（图4-136，5）。M10：323-1-14，残长8.8、残宽8.4、壁厚0.05厘米。重13.3克（图4-136，1）。M10：323-1-15，残长9.6、残宽6.9、壁厚0.05厘米。重9.6克（图4-136，2）。

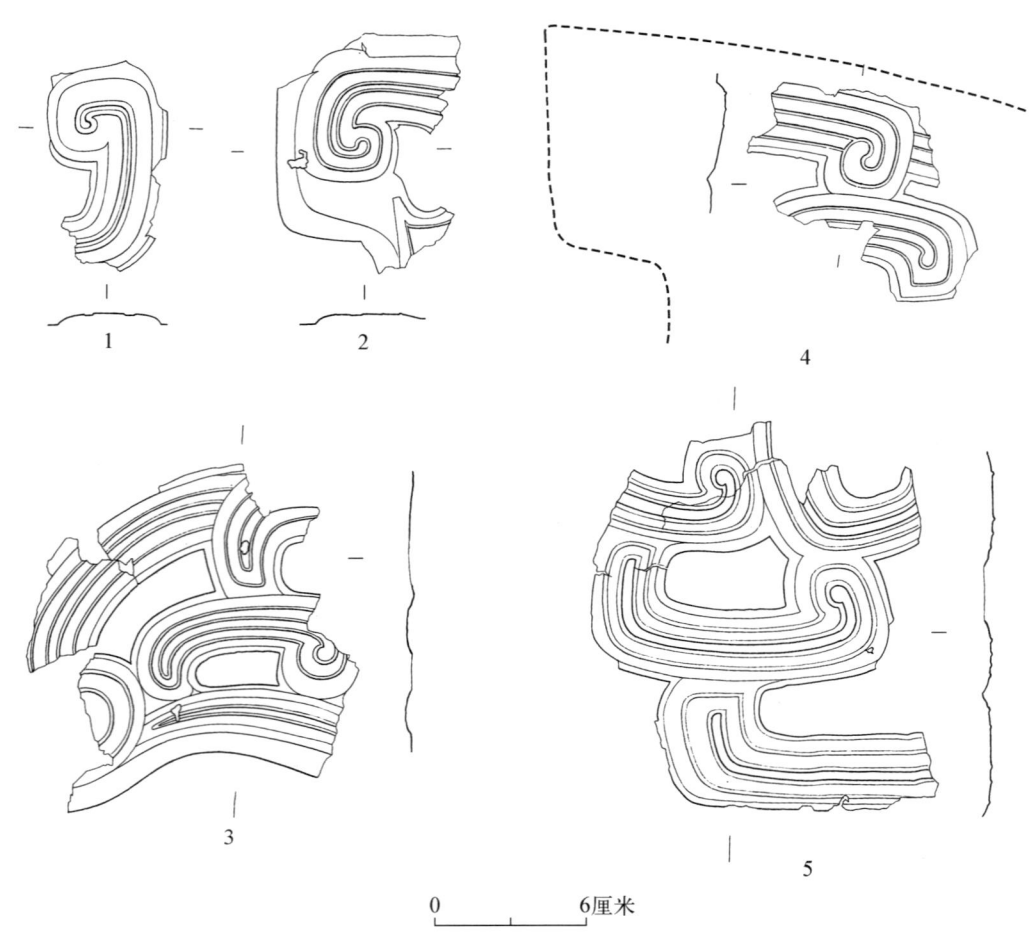

0　　　　　　6厘米

图4-136　07QSM10出土铜马胄

1～3、5.马胄残片（M10：323-1-14、323-1-15、323-1-8、323-1-10）　4.B型（M10：323-1-20）

　　c.兵器

　　戈　1件（M10：429）。内部断裂，援部被折弯。无胡直内，长条形援，援身中部稍隆起，上刃较直，下刃后段略弧，近阑处有一个长条形穿，锋尖作圭首状。有上下阑，侧阑为凸起的细棱。内为长方形，后端两角圆转，中部有一长方形穿孔，孔后两侧饰涡纹。通长21.2厘米，援中宽3.4、厚0.4厘米，穿长1、宽0.3厘米，阑长7.2厘米，内长7.2、宽3.2厘米。重170克（图4-137，2、3；彩版一五九）。

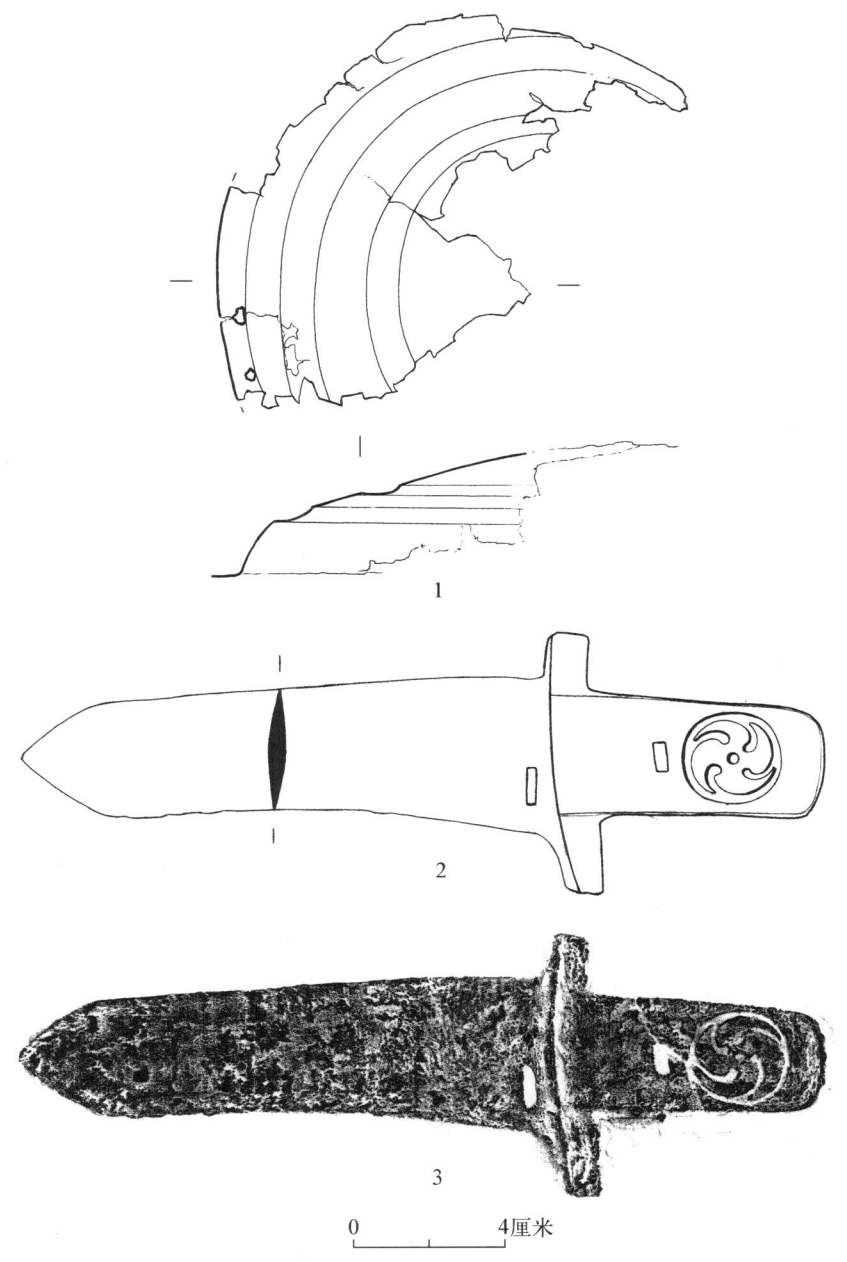

图4-137　07QSM10出土铜兵器

1. 錫（M10：302）　2、3. 戈（M10：429）及纹饰拓本

錫　1件（M10：302）。残，复原平面呈圆形，正面隆起，饰数周内凹的瓦纹，外有窄平边，上有钉孔。复原直径14、壁厚0.1、器厚2.9厘米。重20.5克（图4-137，1）。

d. 工具

锛　2件。器身为窄长的倒梯形，顶部较宽，刃部稍窄，銎口为长方形，单面刃，器身正面斜弧，背面齐平。正面与两侧面銎口下有两道凸箍，正面上部有一个三角形钉孔。M10：t18，平

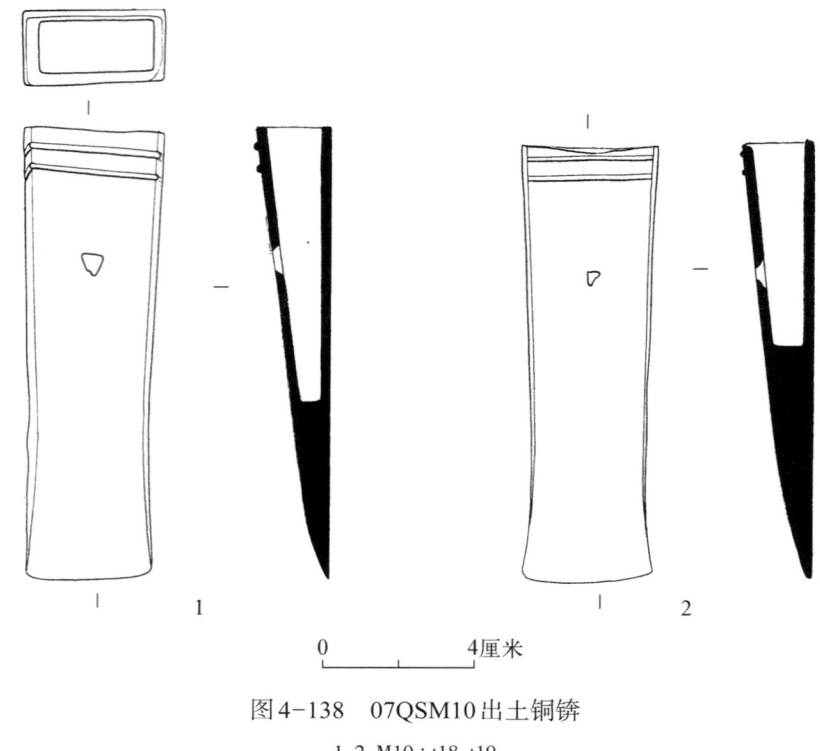

图4-138　07QSM10出土铜锛
1、2. M10：t18、t19

刃，两侧面近直，銎体底部位于器身中下部。高12.3厘米，銎口长3.8、宽2厘米，刃长3.3厘米。重231.4克（图4-138，1；彩版一六〇，1）。M10：t19，弧刃，刃角略外侈，銎体底部位于器身中部。高11.9厘米，銎口长3.6、宽1.9厘米，刃长3.4厘米。重223.6克（图4-138，2；彩版一六〇，2）。

　　e. 其他

　　有铃、鱼、翼、小腰、铜条、铜片等。

　　铃　共17件。铃体为合瓦形，两侧斜张，底部为弧形凹口，器身饰阳线兽面纹，顶部有半环形钮，钮下顶部正中有一孔以系铃坠。器壁两面有呈"品"字形分布的三个小孔，有的小孔未透，仅从内壁可见。器形基本相同，大小有六种，据此分为六型。其中A、B两型器高在15～17厘米，C、D、E、F四型器高在6.8～10.5厘米，两者大小差异明显。较小者可能为棺饰，出土时常与海贝、铜鱼集中分布。较大的A、B型（共3件）出土时相对集中，周围基本不见海贝，却有较多车马器，可能为车马器而非棺饰。

　　A型　1件（M10：176）。残，钮宽3.9、高2.8厘米，顶宽7.5、底残宽11.1、通高16.7厘米。重481克（图4-139，4；彩版一六〇，3）。

　　B型　共2件。通高约15厘米。M10：506，器表残留织物痕迹。钮宽3.5、高2.3厘米，顶宽7.2、底宽9.3、通高15厘米。重332.9克（图4-139，3）。M10：507，器表残留织物痕迹。钮宽3.5、高2.4厘米，顶宽7.2、底宽9.4、通高14.9厘米。重393.4克（图4-139，1、2；彩版一六〇，4）。

图4-139　07QSM10出土A、B型铜铃

1、2. B型（M10：507）及纹饰拓本　3. B型（M10：506）　4. A型（M10：176）

C型　共5件。通高10.3～10.5厘米。M10：437，钮宽2.5、高1.5厘米，顶宽5、底宽7.3、通高10.5厘米。重226克（图4-140，3；彩版一六一，1）。M10：438，器表残留织物痕迹。钮宽2.7、高1.4厘米，顶宽5.1、底宽7.2、通高10.4厘米。重214.5克（图4-140，5；彩版一六一，2）。

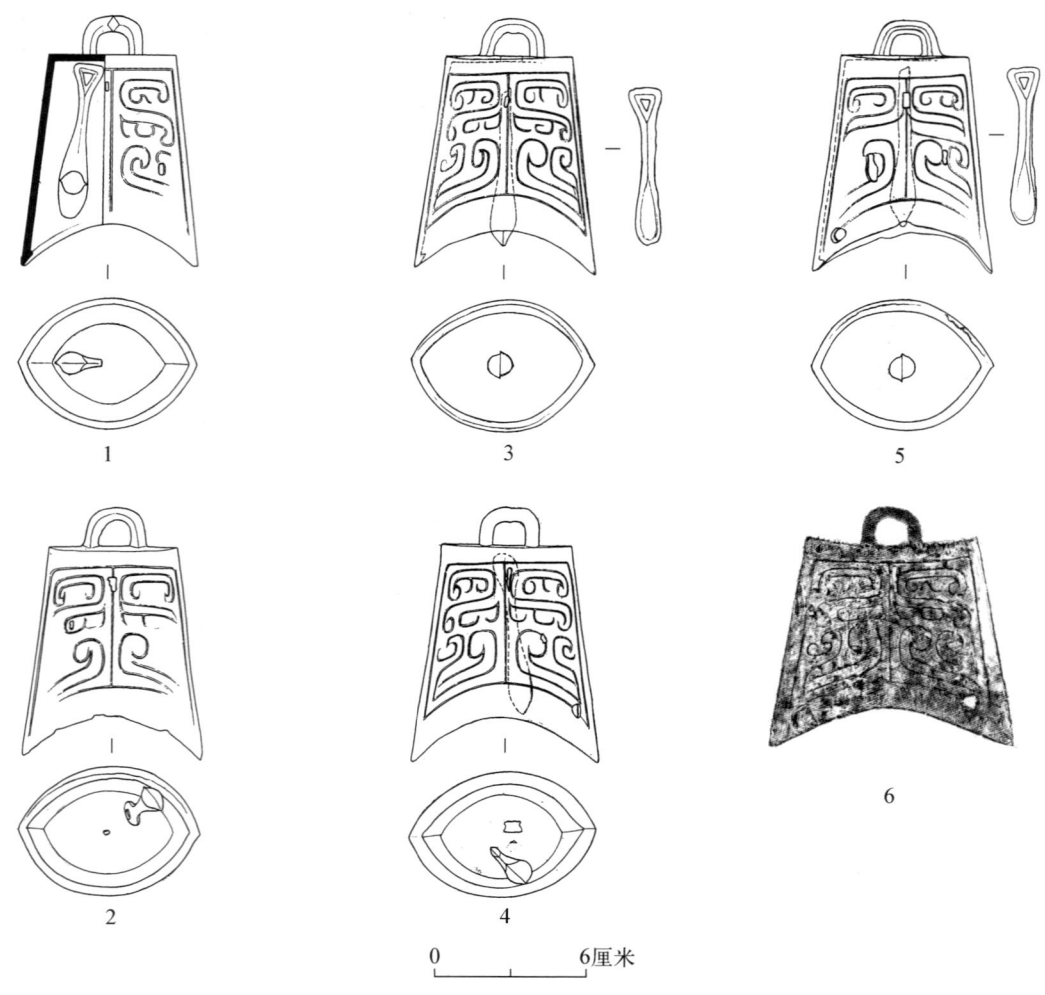

图4-140　07QSM10出土C型铜铃

1～3、5. M10：594、645、437、438　　4、6. M10：485及纹饰拓本

M10：485，钮宽2.4、高1.6厘米，顶宽5.2、底宽7.5、通高10.5厘米。重206.7克（图4-140，4、6；彩版一六一，3）。M10：594，器表残留织物痕迹。钮宽2.4、高1.6厘米，顶宽5.1、底宽7.1、通高10.3厘米。重243.5克（图4-140，1；彩版一六一，4）。M10：645，无铃坠，器表残留织物痕迹。钮宽2.5、高1.6厘米，顶宽5.2、底宽7.3、通高10.3厘米。重234.1克（图4-140，2）。

　　D型　共6件。通高9.5～9.9厘米。M10：404，无铃坠。钮宽2.3、高1.6厘米，顶宽4.7、底宽6.2、通高9.9厘米。重159.4克（图4-141，5、9；彩版一六二，1）。M10：509，钮宽2.2、高1.4厘米，顶宽4.6、底宽6.2、通高9.6厘米。重170.2克（图4-141，1；彩版一六二，2）。M10：517，钮宽2.3、高1.5厘米，顶宽4.7、底宽6.5、通高9.9。重131.5克（图4-141，8）。M10：558，被压扁，器表残留织物痕迹。钮宽2.4、高1.5厘米，顶宽4.5、底宽7.3、通高9.5厘米。重144.6克（图4-141，2；彩版一六二，3）。M10：592，残，钮宽2.3、高1.5厘米，顶宽4.6、底宽7.1、通高9.6厘

米。重151.1克(图4-141,4)。M10：647，残，钮宽2.3、顶宽4.6、残高3.8厘米。重111.7克(图4-141,3)。

E型　共2件。通高约8.6厘米。M10：289，钮宽1.9、高1.4厘米，顶宽4、底宽5.4、通高8.6厘米。重139.6克(图4-141,10；彩版一六二,4)。M10：563，仅剩残片。重96.7克(图4-141,6)。

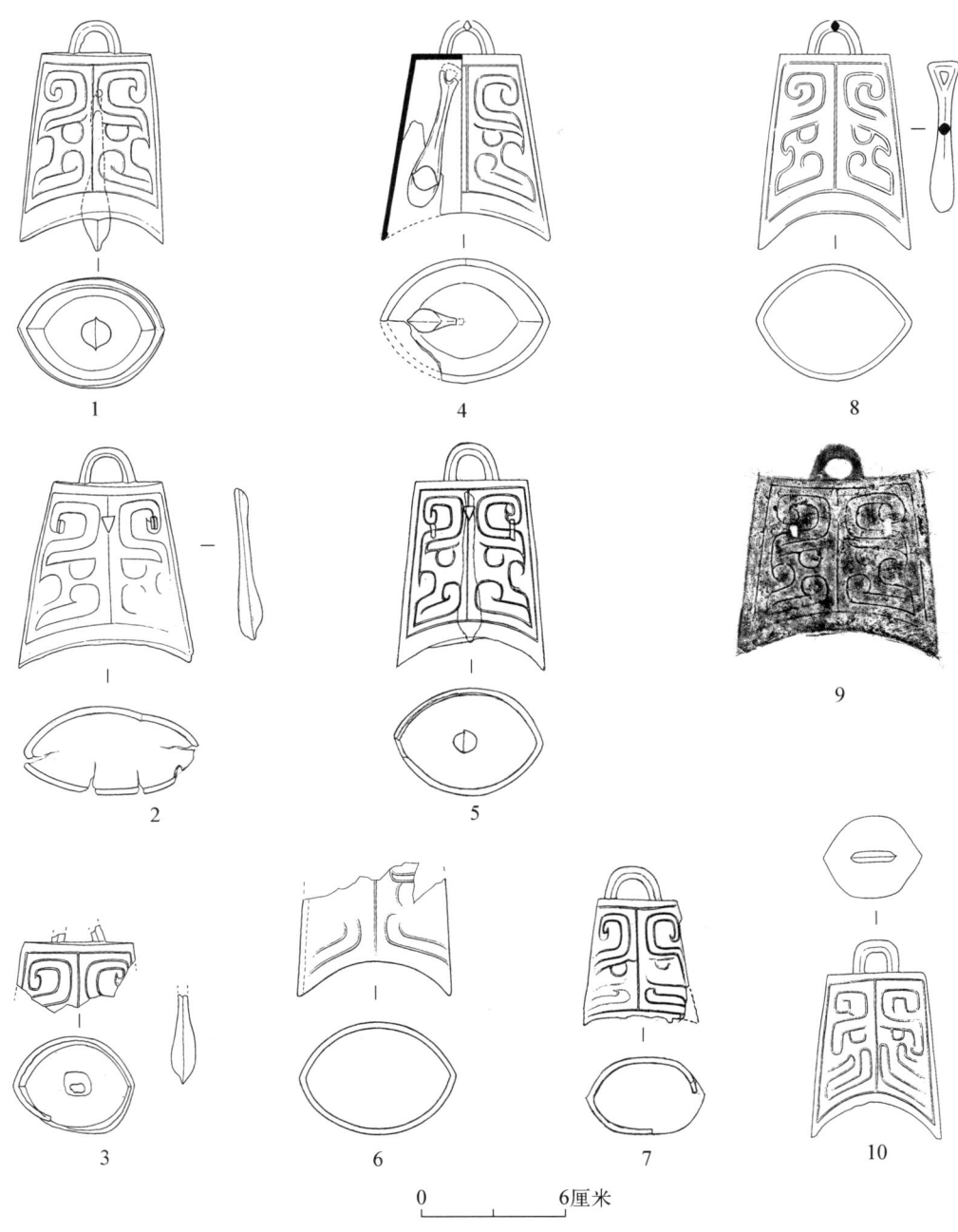

图4-141　07QSM10出土D、E、F型铜铃

1~4、8. D型(M10：509、558、647、592、517)　5、9. D型(M10：404)及纹饰拓本

6、10. E型(M10：563、289)　7. F型(M10：646)

F型　1件（M10∶646）。残，钮宽2.4、高1.4厘米，顶宽3.3、底宽5、通高6.8厘米。重48.8克（图4-141,7）。

鱼　共107件。均为鱼的平面形状，根据整体形态，分三型：

A型　1件（M10∶018）。残，鱼身较长，弧背弧腹，背鳍、腹鳍与臀鳍均宽短，尾微凹。两面用阳线表现鳍、尾及鳞片。残长4.6、宽2.1厘米。重7.1克（图4-142,8）。

B型　共4件。鱼身长，腹背微弧，嘴较圆，双背鳍、腹鳍与臀鳍均窄小，尾分叉。正面用阳线表现鳞片，眼有穿孔。M10∶457-1，长9、宽1.9厘米。重6.7克（图4-142，9；彩版一六三，1）。M10∶457-2，长9.3、宽2厘米。重7.7克（图4-142,1；彩版一六三，2）。M10∶622，长

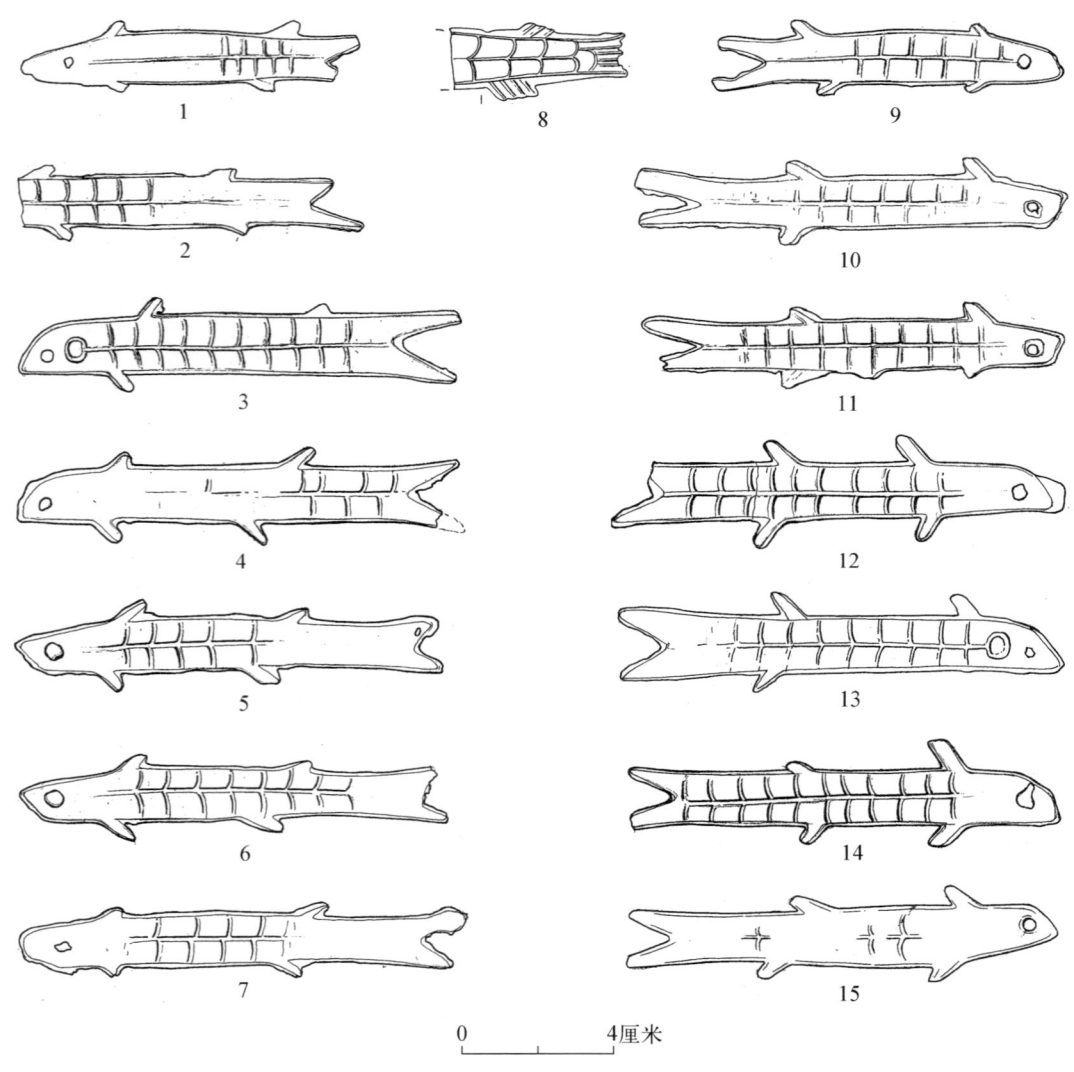

图4-142　07QSM10出土A、B、C型铜鱼

1、2、9. B型（M10∶457-2、623、457-1）　3～7、10～15. C型（M10∶649-1、570-3、570-1、586-2、586-3、
649-6、458-1、593-1、649-4、541-2、578-5）　8. A型（M10∶018）

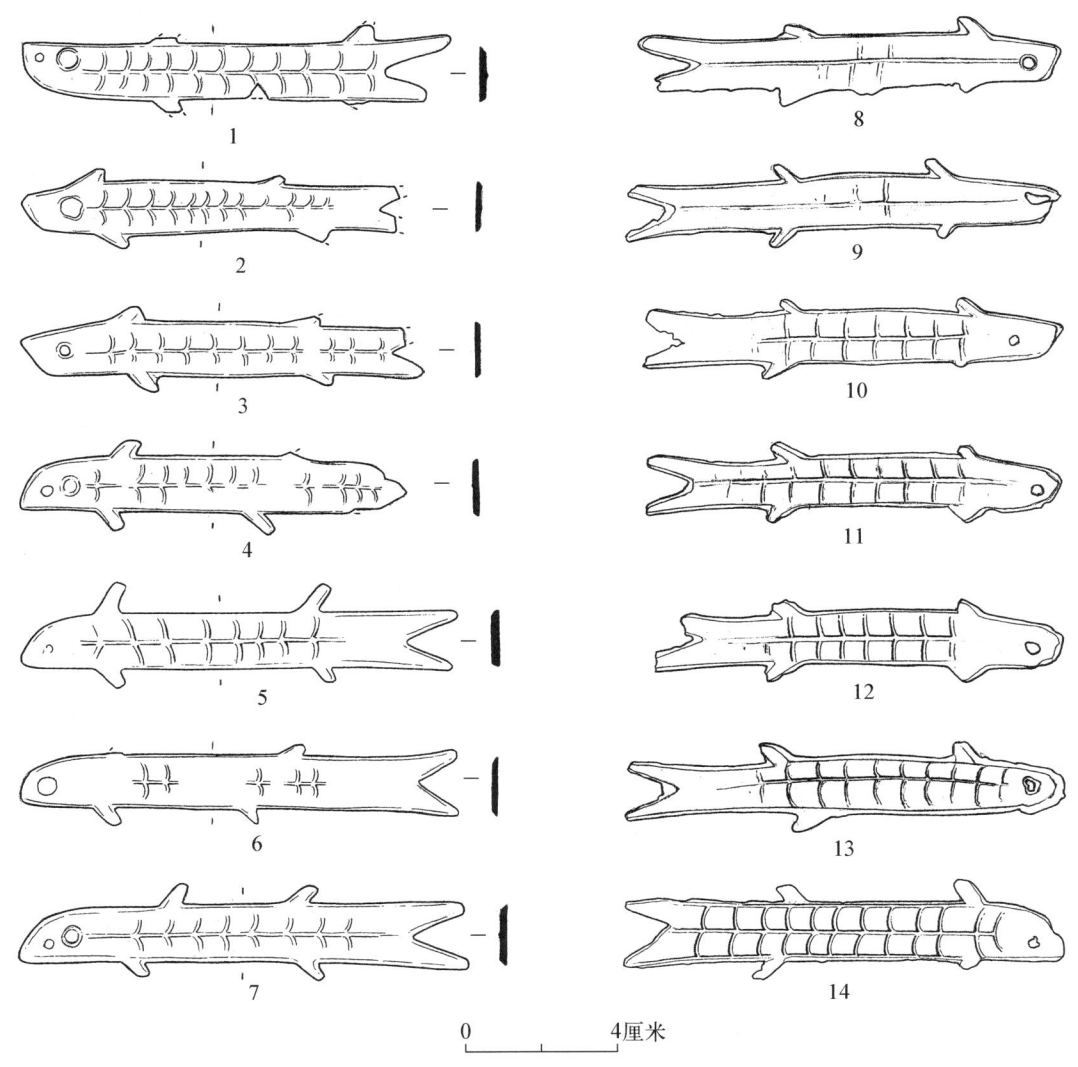

图4-143　07QSM10出土 B、C 型铜鱼

1～5. C型（M10：600-6、600-2、598-2、598-1、523）　6～10. C型（M10：578-4、600-4、458-2、604-1、604-2）

11、12、14. C型（M10：649-3、570-2、098-3）　13. B型（M10：622）

11.6、宽2.5厘米。重13.7克（图4-143，13；彩版一六三，3）。M10：623，头残，长9、宽2厘米。重7.2克（图4-142，2）。

C型　共102件。鱼身很长，腹背近直，嘴斜直，双背鳍、腹鳍与臀鳍均窄小，尾分叉。正面用阳线表现鳞片，眼有穿孔。M10：444-1，尾残，残长10、宽2.5厘米。重9.9克（图4-144，3）。M10：444-2，鳍、尾残，残长10.8、残宽2.3厘米。重9.4克（图4-144，8）。M10：444-3，背面残存织物痕迹，长11.2、宽2.9厘米。重13.8克（图4-144，9）。M10：444-4，鳍残，长11.7、残宽2.2厘米。重13.1克（图4-144，10）。M10：458-1，长11.2、宽2.3厘米。重11.3克（图4-142，11）。M10：458-2，长11.7、宽2.7厘米。重16.3克（图4-143，8）。M10：523，长11.5、

宽3.9厘米。重16.4克（图4-143，5；彩版一六三，4）。M10：541，2件，标本M10：541-2，长11.4、宽2.9厘米。重14.1克（图4-142，14）。M10：570-1，背面残存织物痕迹，长11.4、宽2.5厘米。重12克（图4-142，5；彩版一六三，5）。M10：570-2，尾稍残，残长10.8、宽2.3厘米。重12.1克（图4-143，12）。M10：570-3，长11.7、宽2.7厘米。重17克（图4-142，4）。M10：570-4，头稍残，残长11.6、宽2.5厘米。重14.7克（图4-144，4）。M10：578，6件，标本M10：578-4，长11.8、宽2.3厘米。重15.6克（图4-143，6）。标本M10：578-5，背面残存织物痕迹，长11.3、宽2.6厘米。重12.4克（图4-142，15）。M10：586-1，尾残，残长10.8、宽2.3厘米。重12.8克（图4-144，2）。M10：586-2，长11.3、宽2.4厘米。重9.6克（图4-142，6）。M10：586-3，长11.8、宽2厘米。重10.8克（图4-142，7）。M10：587，3件，标本M10：587-1，尾残，残长11.1、宽2.3厘米。重10克（图4-144，1）。M10：593，11件，标本M10：593-1，长11.6、宽2.3厘米。重14.5克（图4-142，12）。M10：598，4件，标本M10：598-1，尾稍残，残长10.7、宽2.3厘米。重10.6克（图4-143，4）。标本M10：598-2，尾残，残长10.7、宽2.3厘米。重11克（图4-143，3）。M10：600，12件，标本M10：600-2，尾残，残长10、宽2.2厘米。重8.9克（图4-143，2）。标本M10：600-4，长12、宽2.7厘米。重14.5克（图4-143，7；彩版一六三，7）。标

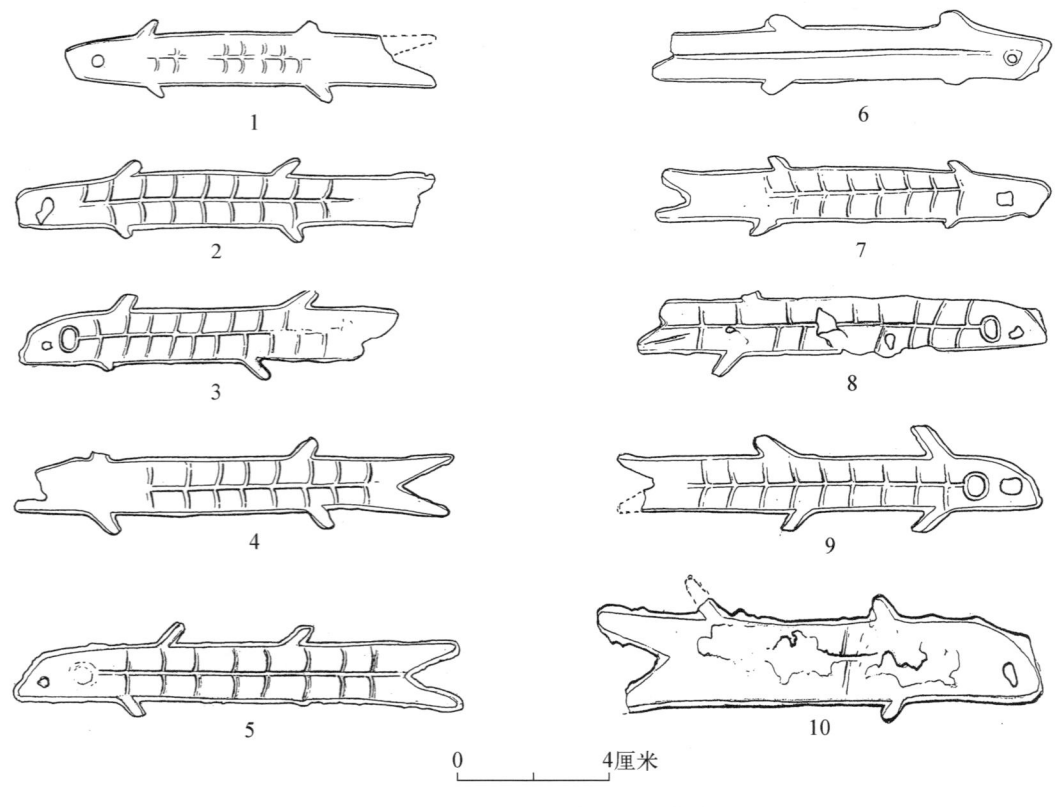

图4-144　07QSM10出土C型铜鱼

1～5. M10：587-1、586-1、444-1、570-4、624　　6～10. M10：098-2、649-2、444-2、444-3、444-4

本M10：600-6，头稍残，残长11.5、宽2.5厘米。重11.1克（图4-143，1）。M10：604，3件，标本M10：604-1，背面残存织物痕迹，长11.5、宽2.2厘米。重11.5克（图4-143，9）。标本M10：604-2，长11.1、宽2.1厘米。重11.6克（图4-143，10）。M10：624，长11.9、宽2.5厘米。重13.8克（图4-144，5；彩版一六三，6）。M10：649，14件，标本M10：649-1，无臀鳍，长11.7、宽2.6厘米。重13.3克（图4-142，3）。标本M10：649-2，长10.4、宽2.2厘米。重11克（图4-144，7）。标本M10：649-3，长11、宽2.2厘米。重9.6克（图4-143，11）。标本M10：649-4，长11.7、宽2.7厘米。重14.2克（图4-142，13）。标本M10：649-6，长11.5、宽2.3厘米。重12.8克（图4-142，10）。标本M10：649-9，尾残，残长10.3、宽2.3厘米。重12.7克。标本M10：649-10，头部残失，残长9.7、残宽2.9厘米。重9.5克。标本M10：649-11，尾鳍稍残，残长11、宽2.1厘米。重12.9克。标本M10：649-12，头、尾均略有残损，残长9.8、宽1.9厘米。重8.7克。标本M10：649-13，长11.2、宽1.8厘米。重9.7克。M10：098，25件，标本M10：098-1，长11.6、宽1.9厘米。重10.2克。标本M10：098-2，尾稍残，长10.4、宽2.1厘米。重11.3克（图4-144，6）。标本M10：098-3，长11.4、宽2.6厘米。重10.4克（图4-143，14）。另有M10：338（1件）、M10：435（1件）、M10：576（2件），仅残存鱼尾。M10：532（1件）、M10：556（1件）、M10：581（1件），仅残存鱼头。

小腰　共12件。两端为较粗的亚腰圆柱，中间以细短柱相接。M10：76，长3.2、管外端径1厘米。重18.1克（图4-145，2）。M10：111，长4.2、管外端径1.1厘米。重20.7克（图4-145，4；彩版一六四，1）。M10：154，长3.8、管外端径1厘米。重17.7克（图4-145，3；彩版一六四，2）。M10：167，长4.4、管外端径1.2厘米。重22.6克（图4-145，8）。M10：257，长3.6、管外

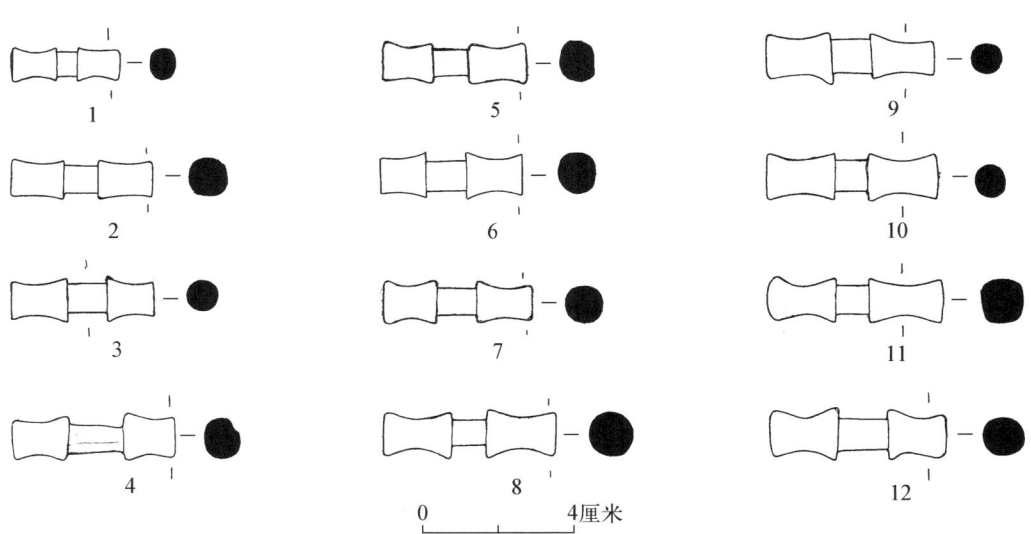

图4-145　07QSM10出土铜小腰

1～6. M10：350、76、154、111、298、257　7～12. M10：299、167、279、366、371、269

端径1.1厘米。重18.4克（图4-145，6；彩版一六四，3）。M10：269，长4.2、管外端径1.1厘米。重23.3克（图4-145，12）。M10：279，长4.4、管外端径0.8厘米。重19.3克（图4-145，9）。M10：298，长3.7、管外端径1厘米。重15.7克（图4-145，5）。M10：299，长3.8、管外端径1厘米。重17.5克（图4-145，7；彩版一六四，4）。M10：350，长2.8、管外端径0.8厘米。重7.8克（图4-145，1；彩版一六四，5）。M10：366，长4.4、管外端径1.2厘米。重25克（图4-145，10；彩版一六四，6）。M10：371，长4.5、管外端径1.3厘米。重23.9克（图4-145，11；彩版一六三，8）。

　　翣　为薄铜片制成，出土时锈蚀破损严重，拨之即成碎片。无形制完整者，从残片可知，翣是由多片不同形制的铜片相接而成，相接处的两铜片相叠，以条形铜扣连接，器表压印纹饰及镂空。铜翣出土时集中在两处，一是棺椁之间北部的M10：324，数量较多，一是棺椁之间南部的M10：504，数量较少。M10：324，拼对后有大小碎片百余件。标本M10：324-2-1，饰重环纹。残长13.5、残宽11.4、厚0.03厘米。重24.1克（图4-146，5）。M10：324-2-7，饰重环纹，与M10：324-2-1形制近同，方向对称。残长13.7、残宽8.7、厚0.08厘米。重33.9克（图4-146，2）。M10：324-2-2，残片近"山"字形，由两重铜片连接而成，以左右两个纵向铜扣相连。残长17.9、残宽15.2、厚0.05厘米。重59.3克（图4-147，5；彩版一六五，1）。M10：324-2-3，近方形，主体纹饰为卷体龙纹，龙首向右，下部有两个纵向铜扣与另一件铜片相连。残长15.1、残宽13.1、厚0.05厘米。重47.6克（图4-147，7；彩版一六五，2）。M10：324-2-4，残存龙身纹饰，下部有一个纵向铜扣与另一件铜片相连。残长17.9、残宽13.8、厚0.08厘米。重54.5克（图4-147，6；彩版一六六，1）。M10：324-2-5，卷曲的翣角，饰重环纹。残长13.3、残宽11、厚0.05厘米。重19.8克（图4-146，4；彩版一六五，3）。M10：324-2-6，卷曲的翣角，背面残存细密的棕红色织物痕迹。残长12.9、残宽12.2、厚0.05厘米。重22.4克（图4-146，1）。M10：324-2-8，长条形翣角，饰重环纹。残长14.5、残宽6、厚0.08厘米。重16.5克（图4-146，10）。M10：324-2-10，卷曲的翣角。残长17、残宽10.3、厚0.05厘米。重19.8克（图4-146，9）。M10：324-2-12，下部有纵向铜扣与另一件铜片相连。残长10.4、残宽8.9、厚0.05厘米。重17.8克（图4-147，2；彩版一六六，2）。M10：324-2-13，龙首及龙身上部残片，龙首向左，长牙后卷，纹饰外镂空。残长11.9、残宽9.7、厚0.08厘米。重21.4克（图4-146，6）。M10：324-2-14，纹饰似简化龙纹，可辨一"臣"字目。残长8.9、残宽6.5、厚0.05厘米。重13.5克（图4-146，3）。M10：324-2-15，似为龙纹残片，纹饰外镂空。残长8.9、残宽6.8、厚0.05厘米。重13.1克（图4-146，8）。M10：324-2-17，残片呈卷曲状，背面残存细密的棕红色织物痕迹。残长11.5、残宽7.9、厚0.1厘米。重18.6克（图4-146，7）。M10：324-2-19，为卷曲分歧的翣角。残长9.8、残宽6、厚0.04厘米。重6.3克（图4-147，1）。M10：504，20余件碎小铜翣残片，形制不明。标本M10：504-1，残片呈长条形。残长8.7、残宽3.4、厚0.08厘米。重7.4克（图4-147，3）。M10：504-2，残存条形铜扣。残长5.5、残宽3.2、厚0.05厘米。重6.9克（图4-147，4）。

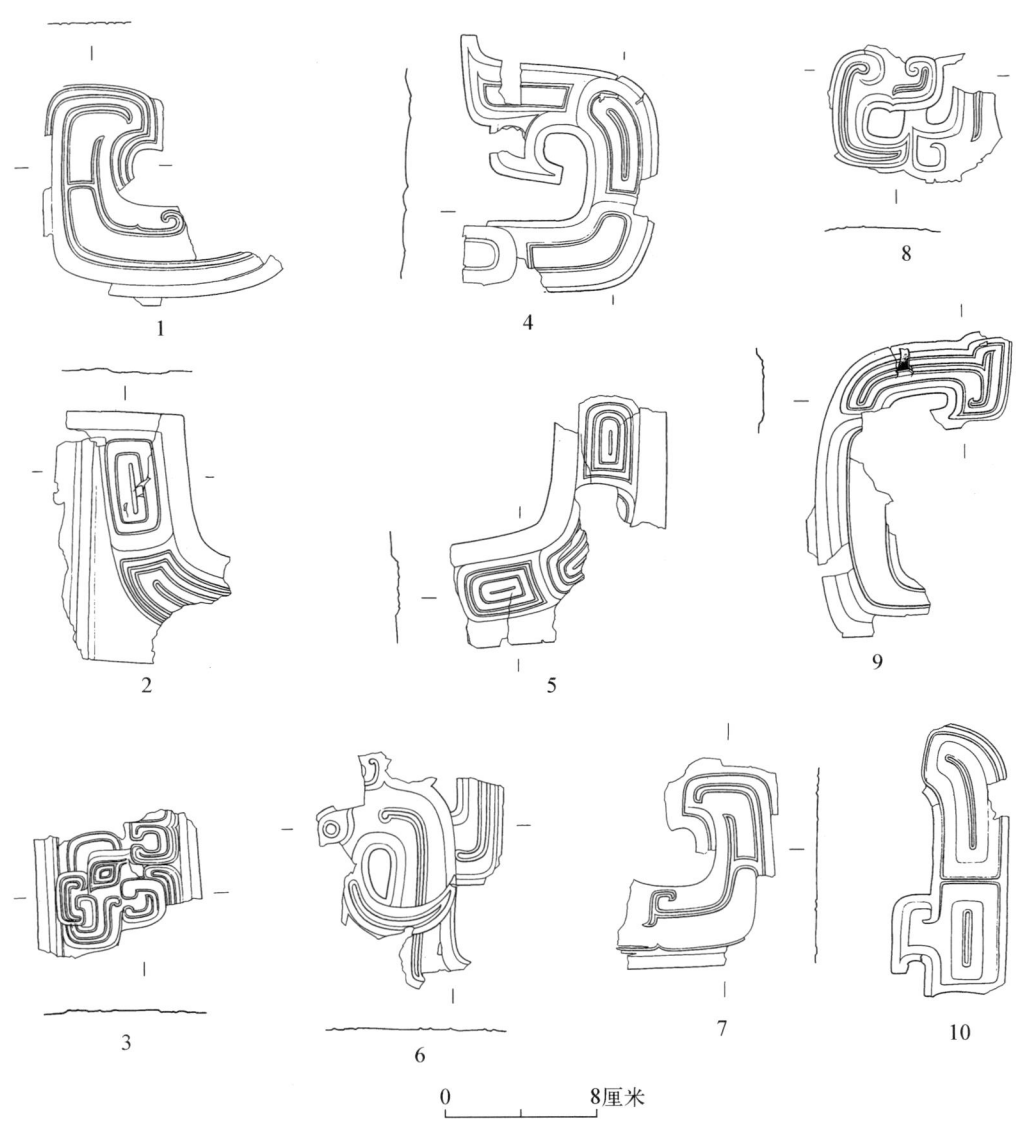

图4-146 07QSM10出土铜翣

1～5. M10：324-2-6、324-2-7、324-2-14、324-2-5、324-2-1
6～10. M10：324-2-13、324-2-17、324-2-15、324-2-10、324-2-8

球形饰 1件（M10：025）。空心小球上端有一环形钮，钮内穿一圆环。球径1.2厘米。重0.9克（图4-148，2）。

铜条 1组（M10：163）。若干弧形细铜条。最长者长11、直径0.4厘米。重71.8克（图4-148，1）。

铜块 1件（M10：032）。不规则形，质疏松。长4.4、宽2.3、厚1.8厘米。重25.5克（图4-148，4）。

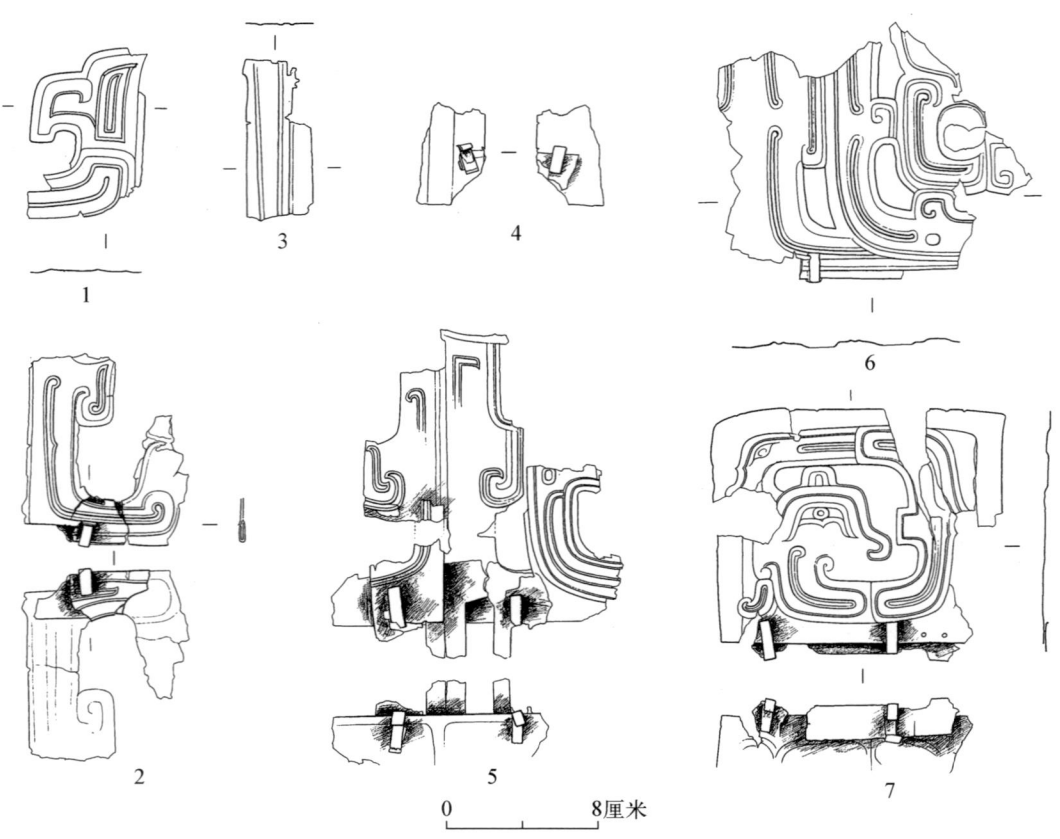

图4-147　07QSM10出土铜翣

1～7. M10：324-2-19、324-2-12、504-1、504-2、324-2-2、324-2-4、324-2-3

　　铜片　均为残碎薄铜片，形制与器类难以辨别。M10：139，10件碎小残片。标本M10：139-2，残长5.3、残宽3.9、厚0.05厘米。重5.5克（图4-148，3）。M10：092，2件残片，器表弧鼓。M10：092-1，残长12.5、残宽6.5、壁厚0.08、器厚1.4厘米。重12.8克（图4-148，5）。M10：092-2，残长10.2、残宽8.7、壁厚0.08、器厚0.9厘米。重20.3克（图4-148，6）。

　　此外，M10：9、12、13、15、29、31、97、109、114、117、121、122、166、195～198、220、232、263、322、340、359、379、409、414、425、567、595-2、073、074、078、081、093，均为碎小薄铜片，部分甚至已锈蚀成粉末，形制与器类不可辨。

　　（2）玉石器

　　玉璜　共3件。弧形片状，素面，两端各有一个圆形穿孔。M10：1，一端残，青白色，半透明，局部有黄褐色沁。残长5.7、宽1.2、孔径0.1厘米（图4-149，1；彩版一六六，3）。M10：30，黄绿色，有黄褐色斑块，半透明。弧长约为整圆的三分之一。长12.3、宽3.9、厚0.2厘米（图4-149，6；彩版一六六，5）。M10：151，青白色，半透明。弧长约为整圆的三分之一。长4.8、宽1.2、孔径0.3厘米（图4-149，2；彩版一六六，4）。

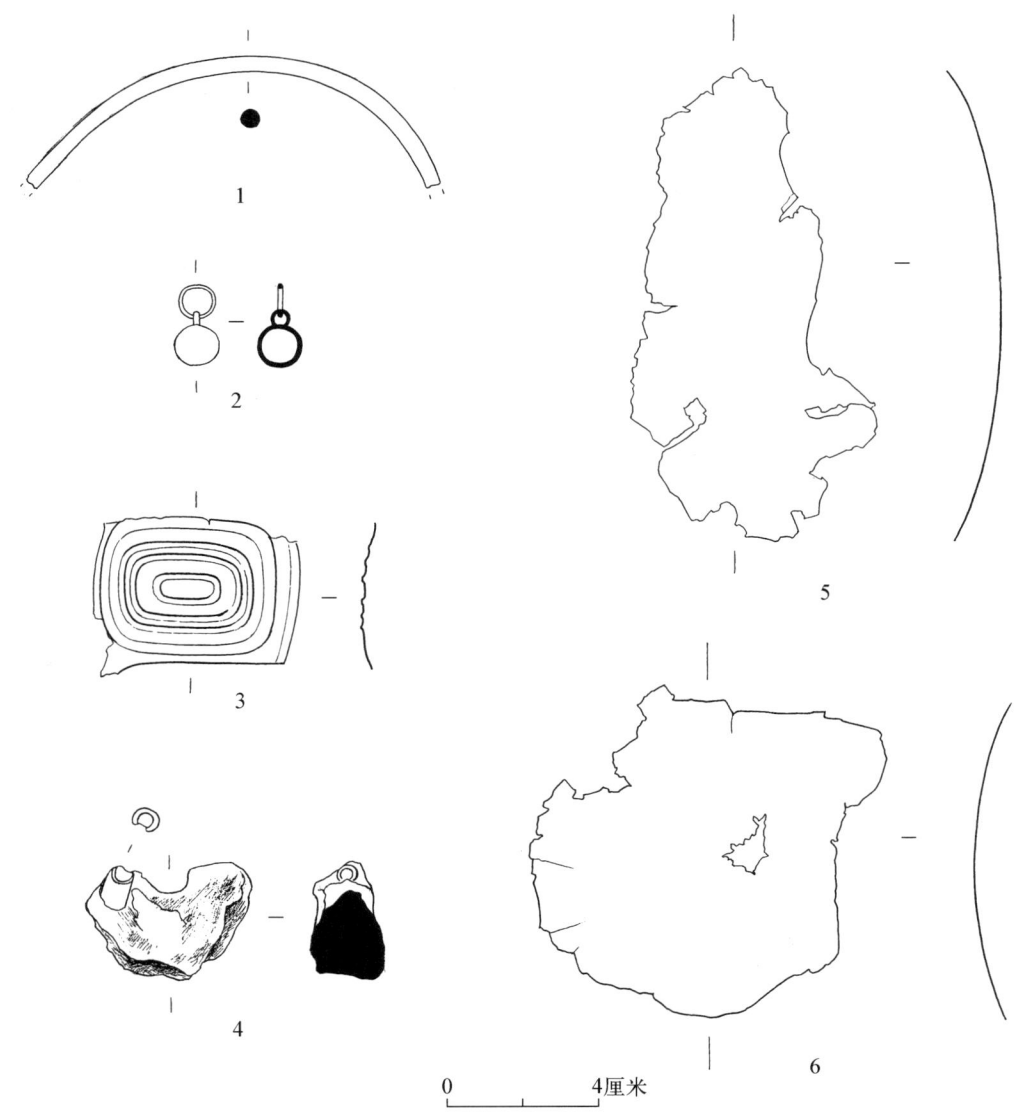

图4-148 07QSM10出土铜器

1. 铜条（M10：163） 2. 球形饰（M10：025） 3、5、6. 铜片（M10：139-2、092-1、092-2） 4. 铜块（M10：032）

玉璧 1件（M10：73）。残，墨绿色，半透明，受沁有浅黄色斑纹，素面。残长15.6、厚
0.3～0.6厘米（图4-149，5；彩版一六六，6）。

玉圭（？） 1件（M10：027）。残，青绿色，不透明。片状，两面平直无脊，两侧有锋刃。应
为圭或戈的残片。残长7.9、宽5.2、厚0.4厘米（图4-149，7）。

玉戈 共2件。尖锋，长条形援，两边磨出锋刃，长方形内，内援相交处有一个圆形穿孔。
M10：294，青绿色，不透明，受沁有黄斑。援略起中脊，内较长。长33.4、内宽5.5、厚0.3厘米
（图4-150，3；彩版一六七，1）。M10：367，青灰色，半透明，有褐色斑纹。援中间及两旁略起

图4-149　07QSM10出土玉器

1、2、6. 璜（M10：1、151、30）　3、4. 管（M10：653-2、653-1）　5. 璧（M10：73）　7. 圭（M10：027）　8. 柄形器（M10：374）

脊，内较短。长26.5、内宽4.5、厚0.4厘米（图4-150，1、2；彩版一六七，2）。

玉管　共2件。M10：653-1，青白色，半透明，有褐色斑块。束腰喇叭状，中空，两端平齐，内壁可见钻孔的旋痕。高3.2、细端径2.7、粗端径3.8、孔径1.5厘米（图4-149，4；彩版一七〇，1）。M10：653-2，青白色，半透明，有褐斑。圆管状，中空。高3、径2、孔最大径0.9厘米（图4-149，3；彩版一七〇，1）。

玉柄形器　1件（M10：374）。白色，半透明。扁长条形，正面微弧，背面内凹，柄首平顶，束颈，末端有榫，上有一个圆形穿孔。长19.3、宽1.8、厚0.3厘米（图4-149，8；彩版一七〇，5）。

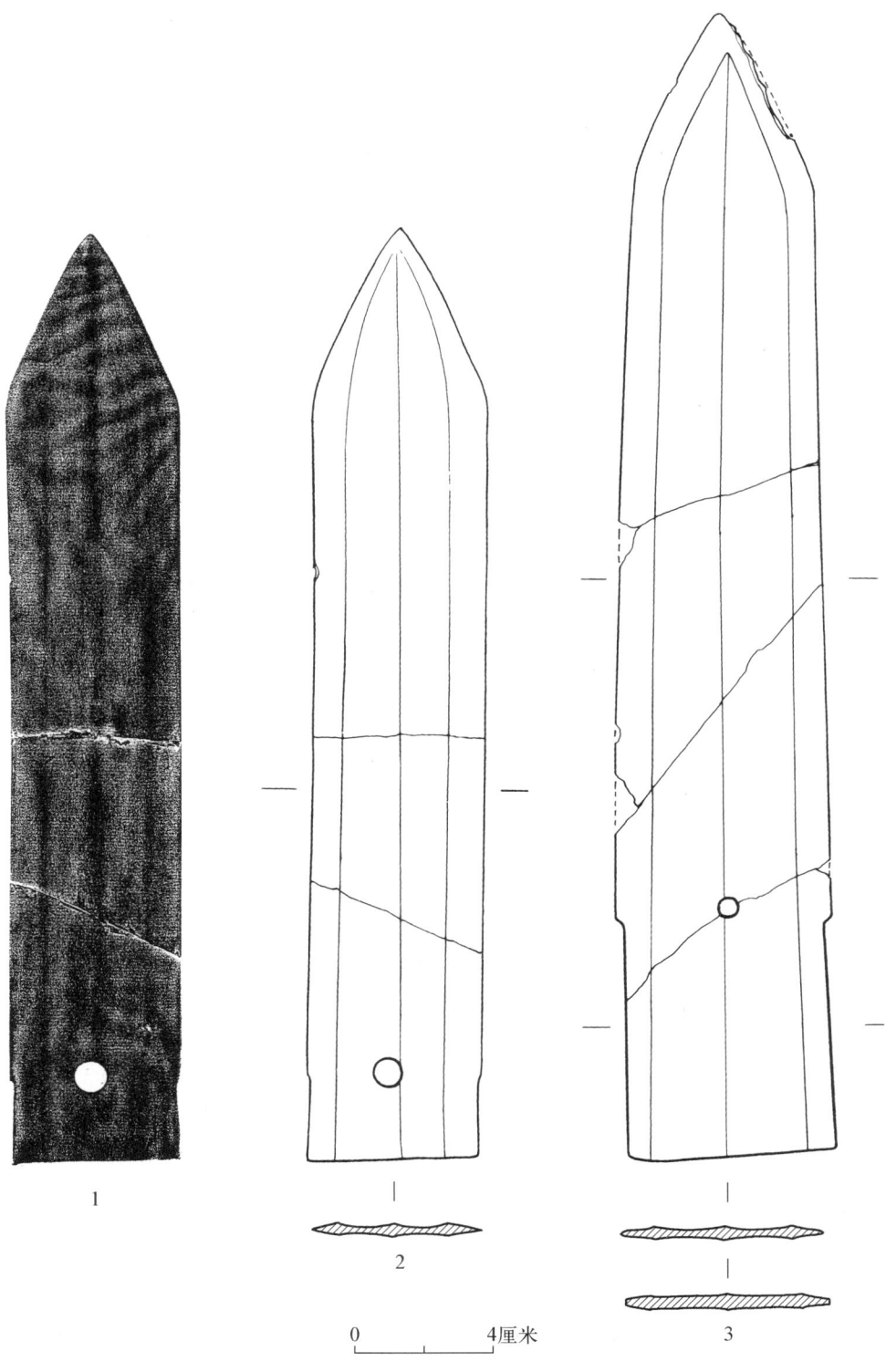

0 4厘米

图4-150 07QSM10出土玉戈

1、2. M10：367及纹饰拓本 3. M10：294

玉牌饰　共2件。M10：71，青白色，半透明，局部有褐色斑纹，玉质极佳。长条形片状，两端变薄，各有上下两个穿孔。两面有纹饰，一面饰相背的两只长尾鸟纹，鸟尖喙，圆目，垂冠，左右对称；另一面饰云纹，左右对称。长8、宽2.2、厚0.5厘米（图4-152；彩版一六八，1）。M10：t1，青白色，半透明。长方形片状，下端略残，上端圆弧，边缘极薄。正面微鼓，上部饰龙纹，下部饰凤鸟纹，龙凤首尾相对，龙身卷曲，龙首卷唇，后有角，额有突尖，曲眉圆目，獠牙后弯；鸟尖喙，垂冠，长尾后卷。背面平齐，有一道刻槽。长10.5、宽4.8、厚0.2厘米（图4-151；彩版一六九；彩版一七〇，4）。

玉串珠　共3组。玉珠均为白色，半透明。扁球体，中间有圆形穿孔。M10：459-1，共3枚。大小相若，长径1.2、孔径0.3厘米（图4-153，6）。M10：501，共2枚。标本M10：501-1，大小相若，长径1.2、孔径0.3厘米（图4-153，5）。M10：514，共29枚，编号为M10：514-1至M10：514-29。较大者长径1.2、孔径0.4厘米。较小者长径0.9、孔径0.3厘米（图4-153，1～4、7～14；彩版一七〇，2）。

玉龙　1件（M10：72）。青绿色，半透明。团龙呈圆环形，龙首卷唇，后有角，额有突尖，圆目，张口含住龙尾。正面有阴线纹，背面素面。纹饰凹陷处残存少量朱砂。径3.4、孔径1.4、壁宽1、厚0.6厘米（图4-154，3、4；彩版一六八，2）。

玉鳞形饰　1件（M10：83）。青白色，半透明。上端有三齿的鳞形，正面微鼓，饰阴线纹，背面平齐，素面。顶端、底端均有两穿孔斜下通于背面。长2.8、宽2.1、厚0.5厘米（图4-154，1、2；彩版一七〇，3）。

玉覆面（？）　未发现完整的玉覆面，仅收集到部分可能属于玉覆面的小玉饰9件，但尺寸较以往出土的玉覆面组件明显偏小[1]。出土时这些玉饰大多靠近，附近还有少量玉扉，但由于盗扰而组合关系不明，玉扉是否属于玉覆面尚难以确定。M10：375，绿色，半透明。条形，一端为弧边突尖状。长1.9厘米，宽0.9、厚0.2厘米（图4-153，19；彩版一七一，5）。M10：377，浅黄色，半透明。形似逗号，正面弧鼓，背面平直。长1.5、宽1.1、厚0.5厘米（图4-153，16；彩版一七一，2）。M10：378，浅黄色，半透明。形似逗号，正面弧鼓，背面平直。长1.8、宽1.4、厚0.5厘米（图4-153，17；彩版一七一，1）。M10：394-1，灰白色，不透明。近菱形，正面弧鼓，背面平直。长1.8、宽1.3、厚0.2厘米（图4-153，23）。M10：394-2，残，灰白色，不透明。条形，侧面有一突尖。残长2.2、宽1.2、厚0.4厘米（图4-153，24；彩版一七二，2）。M10：395，灰白色，不透明。近菱形，正面弧鼓，背面平直。长1.8、宽1.1、厚0.3厘米（图4-153，18；彩版一七二，

---

① 这些玉饰长度在1.5～2.5厘米之间，张家坡墓地M303玉覆面组件长度在3.5～6.2厘米之间，上村岭墓地M2001玉覆面组件长度在4.25～10.8厘米之间。见中国社会科学院考古研究所：《张家坡西周墓地》，中国大百科全书出版社，1999年，第255～258页。河南省文物考古研究所、三门峡市文物工作队：《三门峡虢国墓（第一卷）》，文物出版社，1999年，第170～177页。

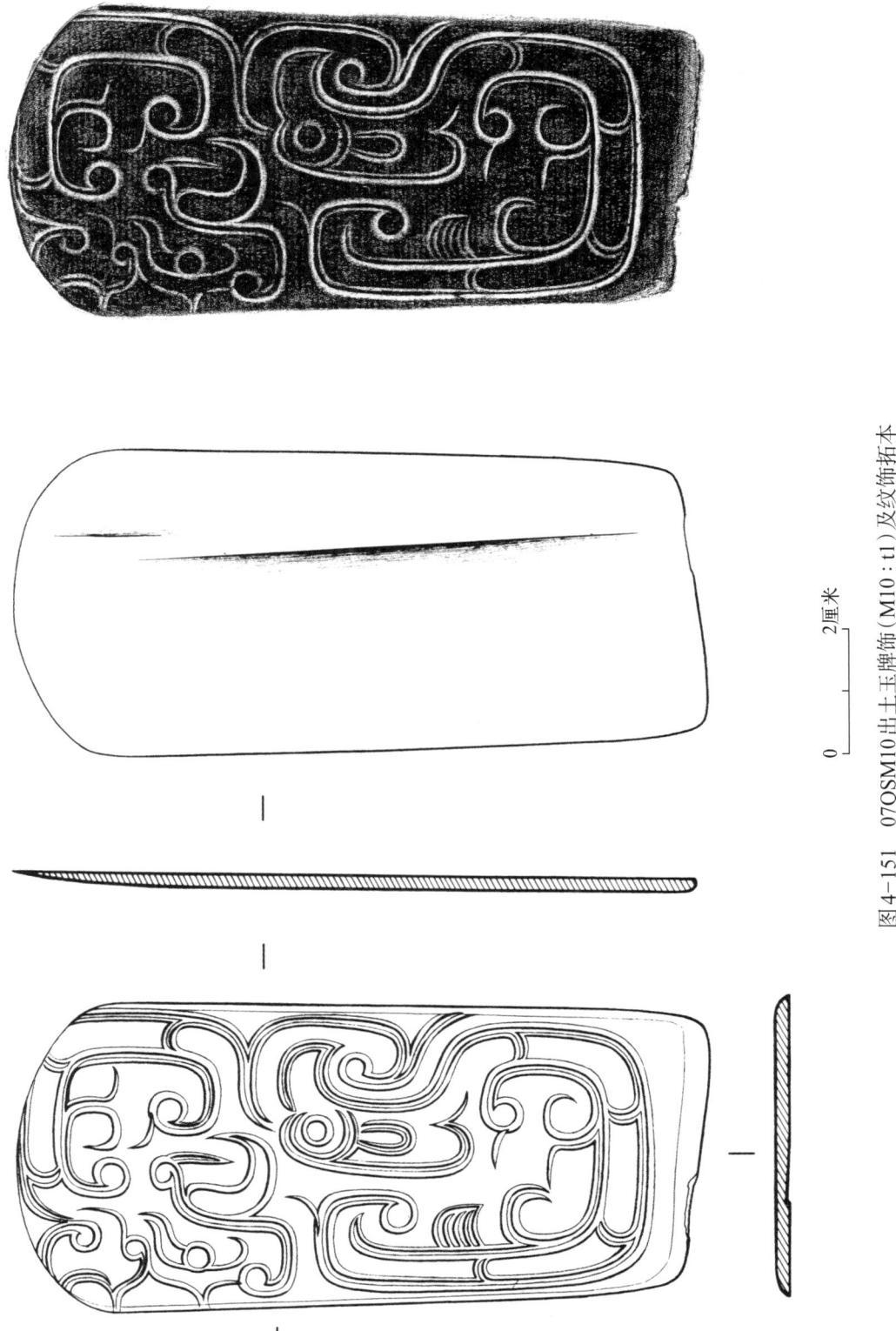

图4-151 07QSM10出土玉牌饰（M10：t1）及纹饰拓本

0　　　　2厘米

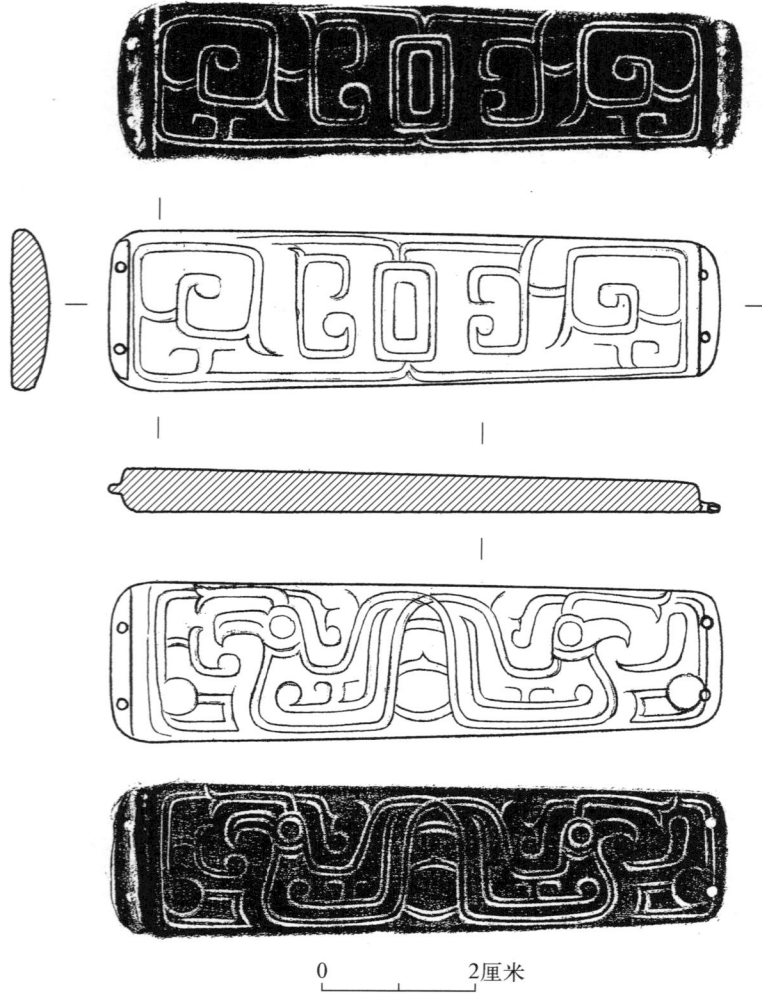

0　　　　　2厘米

图4-152　07QSM10出土玉牌饰（M10∶71）及纹饰拓本

1）。M10∶396，绿色，半透明。分粗细两节，较粗的一节上有三道凸棱，正面弧鼓，背面平直。长1.6、宽0.7、厚0.5厘米（图4-153，20；彩版一七一，6）。M10∶398，灰白色，不透明。两端较粗，一端为圆弧突尖状，中部较细，作束丝状，正面弧鼓，背面平直。长2.5、宽1、厚0.4厘米（图4-153，25；彩版一七一，3）。M10∶087-2，圆形片状，一面边缘一周有凿多个小孔。径1.8、厚0.2厘米（图4-153，30；彩版一七一，4）。

　　玉扉　共9件。均为长条形片状，一侧有扉牙。可能为玉柄形器附饰或镶嵌于漆器上。M10∶376-1，残，乳白色。残长3、宽2、厚0.3厘米（图4-153，28）。M10∶376-2，残，黑白色，不透明。残长3、宽1.1、厚0.4厘米（图4-153，29）。M10∶393，共3件，材质、形制、大小基本相同。灰白色，不透明。M10∶393-1，长4.4、宽1.4、厚0.4厘米（图4-153，31；彩版一七二，3）。M10∶393-2，长4.5、宽1.5、厚0.4厘米（图4-153，32）。M10∶393-3，长3.2、宽1.3、厚0.3厘米

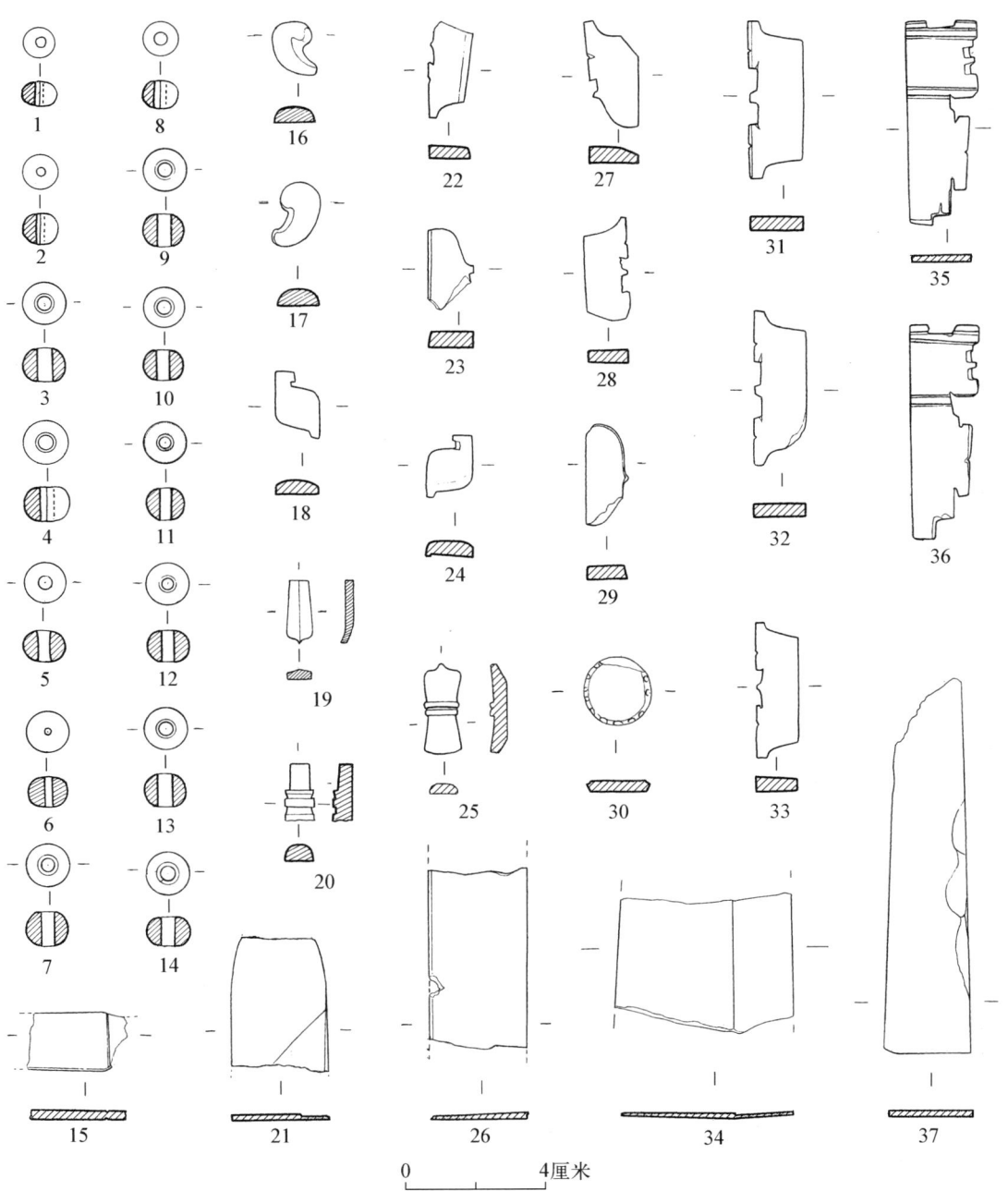

图4-153 07QSM10出土玉器

1～14. 串珠（M10：514-4、514-2、514-24、514-5、501-1、459-1、514-15、514-2、514-16、514-13、514-20、514-9、514-17、514-1）
15、21、26、34、37. 玉片（M10：05、016、32、089、2） 16～20、23～25、30. 覆面（M10：377、378、395、375、396、394-1、394-2、398、087-2） 22、27～29、31～33、35、36. 玉扉（M10：400-2、393-3、376-1、376-2、393-1、393-2、400-1、654-1、654-2）

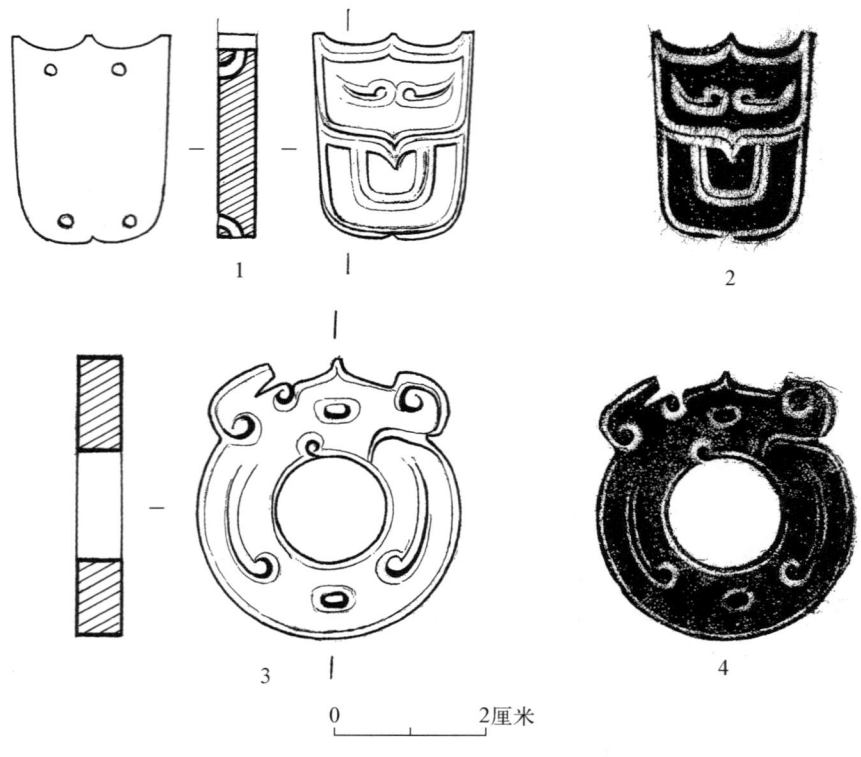

图4-154　07QSM10出土玉器

1、2.鳞形饰（M10∶83）及纹饰拓本　　3、4.龙（M10∶72）及纹饰拓本

（图4-153，27）。M10∶400，共2件，材质、形制、大小基本相同。乳白色，不透明。M10∶400-1，长4、宽1.2、厚0.3厘米（图4-153，33；彩版一七二，4）。M10∶400-2，残，残长2.8、宽1.1、厚0.3厘米（图4-153，22）。M10∶654，共2件，材质、形制、大小基本相同。白色，半透明。一面饰两组四道旋纹。M10∶654-1，一端略残，残长6、宽2、厚0.2厘米（图4-153，35；彩版一七二，5）。M10∶654-2，长6.3、宽1.9、厚0.2厘米（图4-153，36；彩版一七二，6）。

　　玉片　共5件。均为残片，器类不明。M10∶2，青白色，半透明。长条形片状，素面。残高11、宽2.4、厚0.2厘米（图4-153，37）。M10∶32，墨绿色，半透明。长方形片状，素面。残长5.2、宽2.3、厚0.2厘米（图4-153，26）。M10∶05，淡绿色，夹有黑斑，不透明。长方形片状，素面。残长2.7厘米，宽1.7、厚0.2厘米（图4-153，15）。M10∶016，墨绿色，半透明。长方形片状，一端两侧微内斜，素面。残长3.7、宽2.8、厚0.1厘米（图4-153，21）。M10∶089，墨绿色，有黑色斑纹，半透明。近长方形片状，一端圆弧，一面有一道凹痕。残长4.9、宽4、厚0.1厘米（图4-153，34）。

　　石磬　均为残块，共11块。灰黑色，石质细腻。M10∶043，残，器表三面均光滑，一面残存半个穿孔，另一面与穿孔略相对处有钻孔痕。残长7.6、厚1.7厘米（图4-155，2）。M10∶044，残，一面较光滑，另一面较粗糙。残长14.1、厚1.6厘米（图4-155，5）。M10∶045，残呈薄片状，一面圆弧，为石磬的鼓端一角。残高5、残厚4.6厘米（图4-155，1）。M10∶046，残，器表三面均

光滑。残长14、厚5厘米(图4-155,3)。M10∶047,残,两面均光滑。残长11.5、厚5厘米(图
4-155,4)。M10∶050,底边平直,器表光滑。残高14.3、残长37.6、厚4.9厘米(彩版一七三,
1)。M10∶051,不规则小残片,残长4.6、厚0.7厘米。M10∶094,断成3块。呈截去底端两角的
钝角三角形,顶角140°,鼓端一角呈圆弧形,靠近顶角处有一圆形钻孔,器表光滑。股长39、鼓
长69、底长93、高30.9、厚4.5~5.1、孔径2.7厘米(图4-156;彩版一七三,2)。M10∶026,石磬
碎小残片,部位不明。

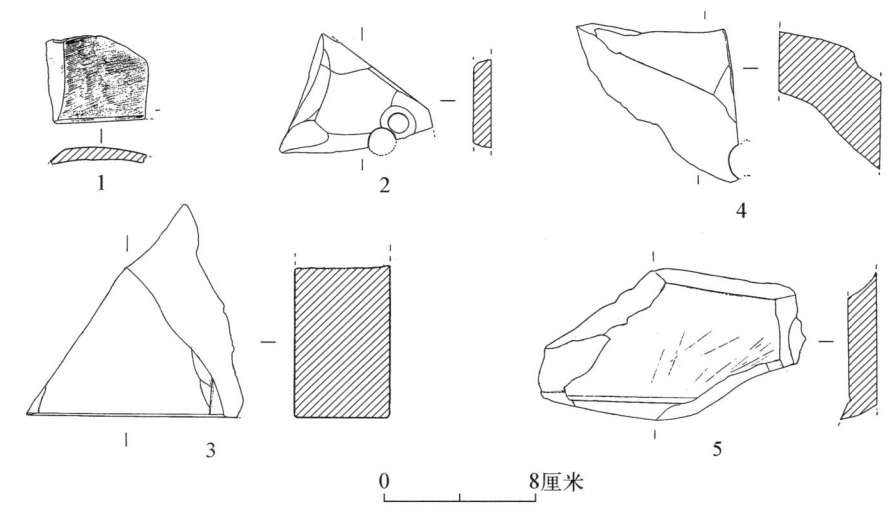

图4-155　07QSM10出土石磬
1~5. M10∶045、043、046、047、044

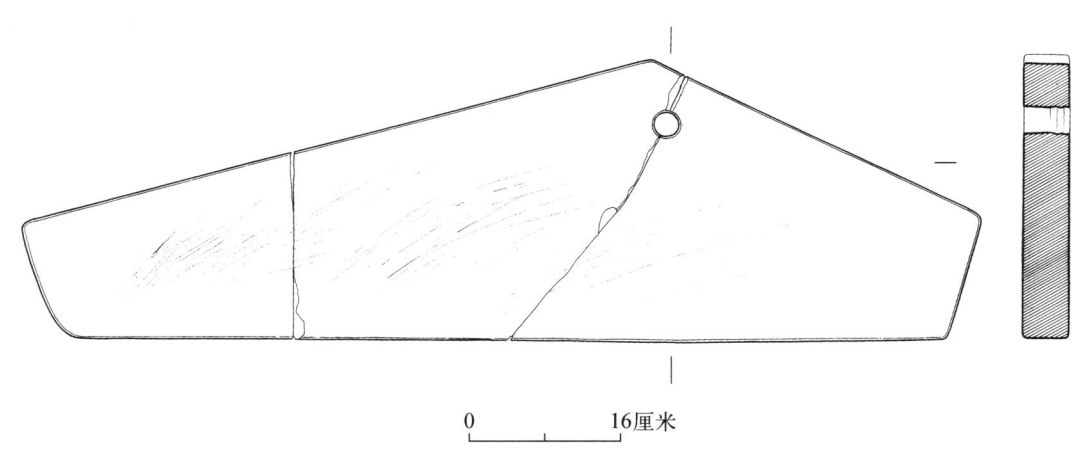

图4-156　07QSM10出土石磬(M10∶094)

石泡　共61件。平底鼓顶的圆泡形,根据穿孔有无及顶面纹饰的不同,分三型:

A型　共51件。中部有圆形穿孔,素面。M10∶50,直径1.9、厚0.6、孔径0.5~0.55厘米
(图4-157,31)。M10∶58,直径2.3、厚0.8、孔径0.4~0.5厘米(图4-157,39;彩版一七四,

1）。M10：77，直径2.1、厚0.7、孔径0.5～0.7厘米（图4-157，32）。M10：84，直径1.9、厚0.5、孔径0.5厘米（图4-157，30）。M10：92，直径2、厚0.5、孔径0.4～0.5厘米（图4-157，12）。M10：94，直径2.1、厚0.6、孔径0.4～0.6厘米（图4-157，37）。M10：132，直径2.2、厚0.8、孔径0.4～0.6厘米。M10：143，直径2.3、厚0.8、孔径0.4～0.5厘米（图4-158，2）。M10：146，直径2.2、厚0.8、孔径0.4～0.5厘米（图4-157，42）。M10：147，直径2.2、厚0.7、孔

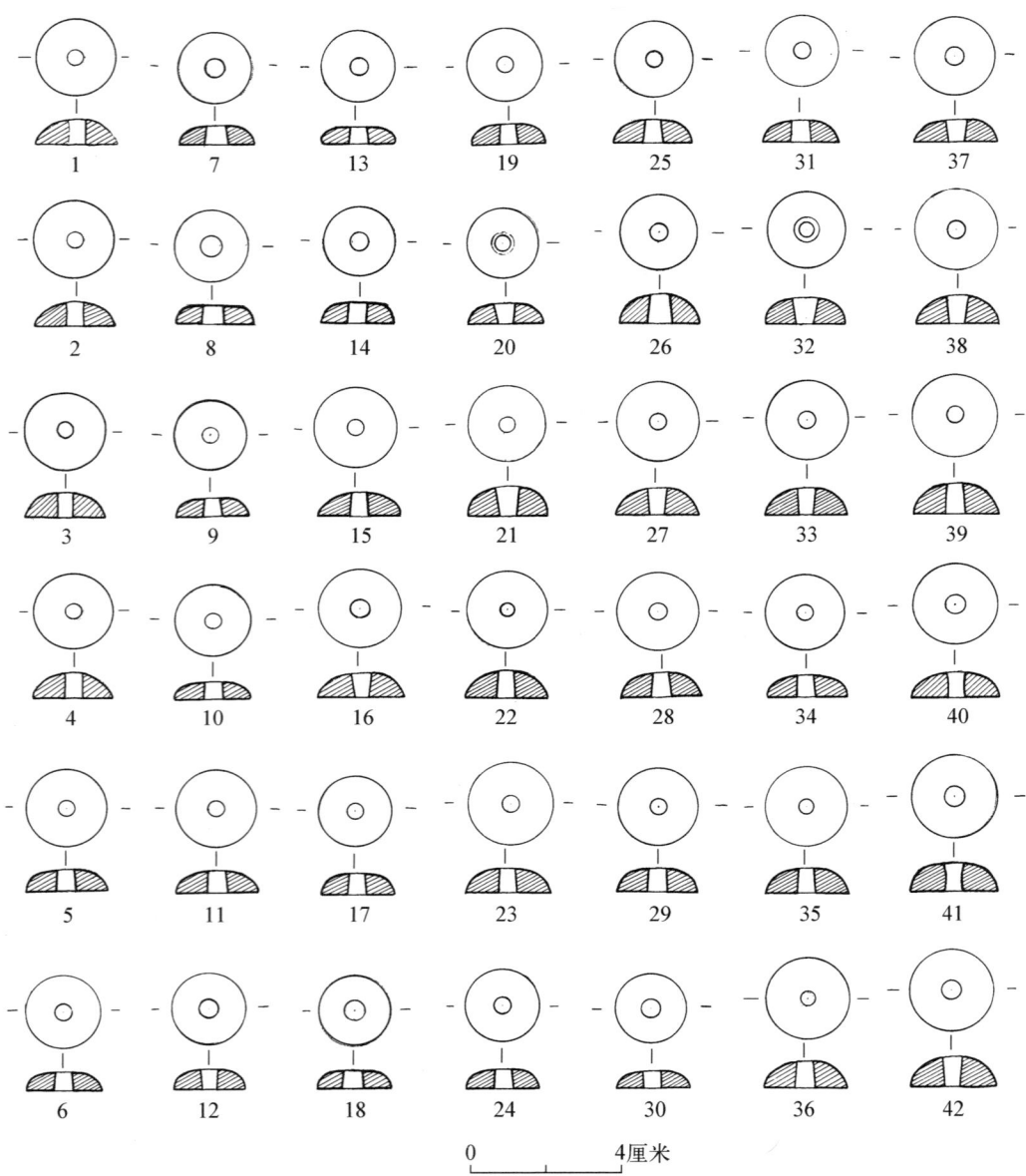

0　　　　4厘米

图4-157　07QSM10出土A型石泡

1～6. M10：482-3、573、589、574、460-1、332　　7～12. M10：427、499-1、406、453、460-2、92　　13～18. M10：386-3、499-2、243、303、456、499-3　　19～24. M10：608、385、087-1、424、327、334　　25～30. M10：386-1、542、172、326、460-3、84　　31～36. M10：50、77、184、452、328、147　　37～42. M10：94、173、58、505、621、146

径0.4～0.5厘米（图4-157，36）。M10：172，直径2.2、厚0.8、孔径0.4～0.5厘米（图4-157，27）。M10：173，直径2.2、厚0.8、孔径0.4～0.6厘米（图4-157，38）。M10：184，直径2.2、厚0.7、孔径0.4～0.5厘米（图4-157，33）。M10：243，直径2.2、厚0.7、孔径0.4～0.5厘米（图4-157，15）。M10：303，直径2.2、厚0.7、孔径0.3～0.5厘米（图4-157，16）。M10：326，直径2.2、厚0.7、孔径0.4～0.5厘米（图4-157，28）。M10：327，直径2.3、厚0.7、孔径0.4～0.5厘米（图4-157，23）。M10：328，直径2.2、厚0.7、孔径0.4～0.5厘米（图4-157，35）。M10：332，直径2、厚0.5、孔径0.4～0.5厘米（图4-157，6）。M10：334，直径2、厚0.5、孔径0.4～0.5厘米（图4-157，24）。M10：345，直径2.1、厚0.6、孔径0.5厘米（图4-158，1）。M10：385，直径1.9、厚0.6、孔径0.4～0.6厘米（图4-157，20）。M10：386-1～386-5，共5件，标本M10：386-1，直径2.1、厚0.6、孔径0.4～0.5厘米（图4-157，25）。标本M10：386-3，直径2、厚0.5、孔径0.4～0.5厘米（图4-157，13）。M10：391，直径2.2、厚0.7、孔径0.4厘米。M10：406，直径1.9、厚0.5、孔径0.4～0.5厘米（图4-157，9）。M10：424，直径2.2、厚0.7、孔径0.4～0.5厘米（图4-157，22）。M10：427，直径2、厚0.5、孔径0.5～0.6厘米（图4-157，7）。M10：452，直径2.1、厚0.6、孔径0.4～0.5厘米（图4-157，34）。M10：453，直径2、厚0.5、孔径0.4～0.5厘米（图4-157，10）。M10：456，直径2、厚0.6、孔径0.4～0.5厘米（图4-157，17）。M10：460-1，直径2.1、厚0.6、孔径0.4～0.5厘米（图4-157，5）。M10：460-2，直径2.1、厚0.6、孔径0.5厘米（图4-157，11）。M10：460-3，直径2.1、厚0.6、孔径0.5厘米（图4-157，29）。M10：482-3～482-5，共3件，标本M10：482-3，直径2.1、厚0.6、孔径0.4～0.5厘米（图4-157，1）。M10：499-1，直径2、厚0.5、孔径0.5～0.6厘米（图4-157，8；彩版一七四，2）。M10：499-2，直径1.9、厚0.6、孔径0.5厘米（图4-157，14）。M10：499-3，直径1.9、厚0.5、孔径0.5～0.6厘米（图4-157，18）。M10：505，直径2.3、厚0.7、孔径0.4～0.5厘米（图4-157，40）。M10：542，直径2.1、厚0.8、孔径0.5～0.6厘米（图4-157，26）。M10：573，直径2.1、厚0.7、孔径0.5厘米（图4-157，2）。M10：574，直径2.1、厚0.7、孔径0.5厘米（图4-157，4）。M10：589，直径2.1、厚0.7、孔径0.4厘米（图4-157，3）。M10：608，直径2、厚0.6、孔径0.4～0.5厘米（图4-157，19）。M10：621，直径2.3、厚0.8、孔径0.4～0.5厘米（图4-157，41）。M10：087-1，直径2.1、厚0.8、孔径0.4～0.6厘米（图4-157，21）。

　　B型　共9件。中部有圆形穿孔，顶面饰涡纹。M10：56，直径2.3、厚0.7、孔径0.4～0.5厘米（图4-158，4）。M10：191，直径2.2、厚0.7、孔径0.4～0.5厘米（图4-158，5）。M10：192，直径2.3、厚0.7、孔径0.5～0.6厘米（图4-158，8）。M10：214，直径2.2、厚0.7、孔径0.4～0.6厘米（图4-158，7）。M10：224，直径2.3、厚0.8、孔径0.4～0.6厘米（图4-158，11）。M10：251，直径2.3、厚0.9、孔径0.4～0.5厘米（图4-158，9；彩版一七四，4）。M10：388，直径2.3、厚0.9、孔径0.4～0.6厘米（图4-158，6；彩版一七四，3）。M10：415，直径2.3、厚0.7、孔径0.5～0.6厘米

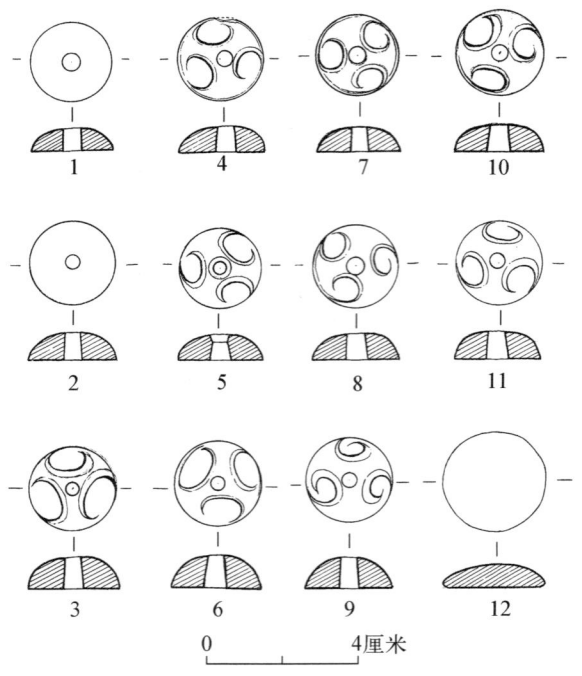

图4-158　07QSM10出土A、B、C型石泡

1、2. A型(M10：345、143)　　3～11. B型(M10：497、56、191、
388、214、192、251、415、224)　　12. C型(M10：10)

（图4-158，10）。M10：497，直径2.3、厚0.9、孔径0.4～0.5厘米（图4-158，3）。

C型　1件（M10：10）。无穿孔，素面。直径2.7、厚0.6厘米（图4-158，12；彩版一七四，5）。

石柄形器　1件（M10：308）。白色，不透明。扁长条形，两面平直，柄首为盝顶，束颈，两面各有上下两道旋纹，下端平底，有一个半圆形穿孔。长15.9、宽3.8、厚0.25厘米（图4-159，14）。

兽面石饰　共4件。M10：25，兽面较简化，中部有圆形穿孔。长2.8、宽2.2、厚0.6、孔径0.4～0.6厘米（图4-159，4；彩版一七五，1）。另有M10：207（图4-159，1；彩版一七五，2）、M10：247（图4-159，3）、M10：255（图4-159，2）。

石饰　共7件。均残，灰白色，不透明。长条片状，中间略起脊，可能为石鱼残片。M10：496，一端圆弧，一侧有圆形穿孔。长4.4、宽2.1、厚0.2厘米（图4-159，10）。M10：518，残长5.8、残宽2.3、厚0.3厘米（图4-159，13）。M10：526-1，两面两侧有多道斜向刻槽及一道旋纹，近一侧有圆形穿孔。残长5.3、宽2.3、厚0.3厘米（图4-159，9）。M10：526-2，两侧有多道斜向刻槽，近一侧有圆形穿孔。残长3、宽2.3、厚0.3厘米（图4-159，8）。M10：577，近一侧有圆形穿孔。残长3.9、宽2.7、厚0.3厘米（图4-159，7）。M10：590-1，一端近圆弧，近一侧有圆形穿孔。残长5.9、宽2.1、厚0.2厘米（图4-159，12；彩版一七五，3）。M10：590-2，一端圆弧。残长6.6、宽2、厚0.2厘米（图4-159，11）。

煤精石饰　共2件。M10：559，方柱状，中间有圆形穿孔。长1.9、宽0.9、孔径0.2厘米（图4-159，5）。M10：613，一端残，方柱状，中间有圆形穿孔。残长2.5、宽0.8、孔径0.2厘米（图4-159，6；彩版一七六，1）。

（3）蚌贝器

蚌泡　共75件。正面鼓起，背面平齐。根据整体形制差异，分六型：

A型　共12件。圆形，正面为球面，素面。M10：44，直径2.2、厚0.3厘米（图4-160，2）。M10：013，共4件，标本M10：013-1，直径2.4、厚0.3厘米（图4-160，3）。M10：017-1～017-3（彩版一七六，3），共3件，标本M10：017-1，直径2.4、厚0.5厘米（图4-160，15）。M10：019-1，直径2.5、厚0.4厘米（图4-160，4）。M10：023，直径2.8、厚0.5厘米（图4-160，10）。M10：033，直径2.4、厚0.3厘米（图4-160，5）。M10：43，为若干细小碎片。

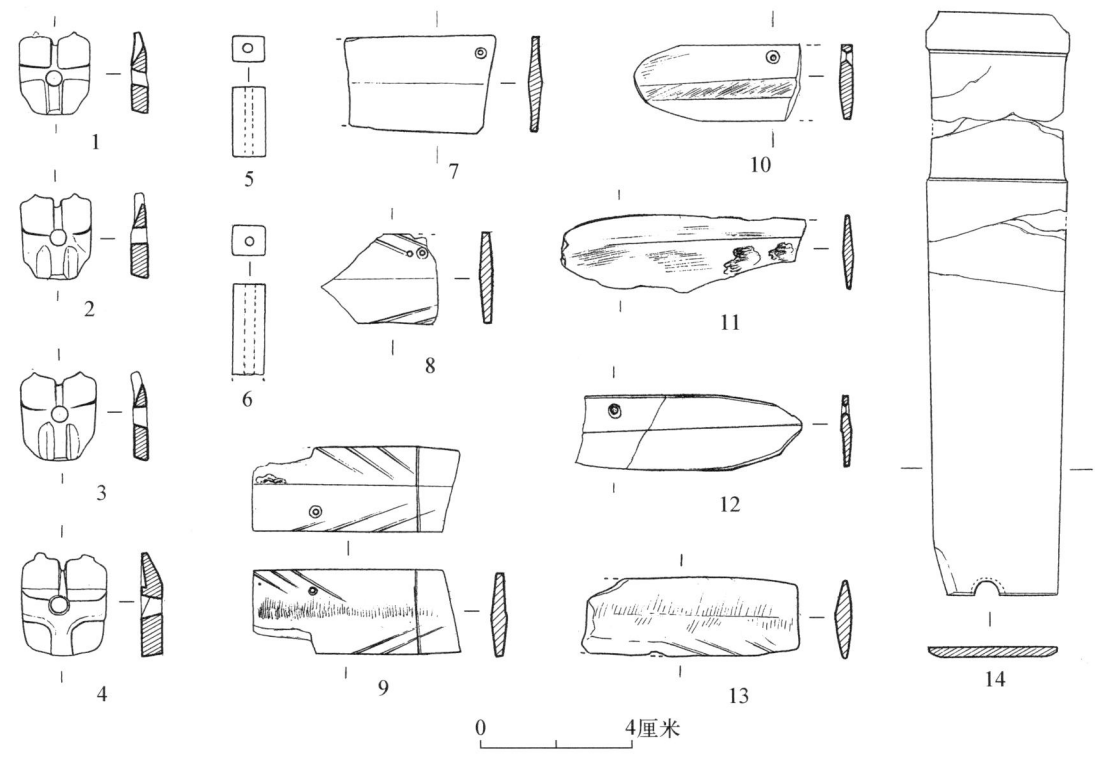

图 4-159　07QSM10 出土石器

1～4. 兽面石饰（M10：207、255、247、25）　5、6. 煤精石饰（M10：559、613）

7～13. 石饰（M10：577、526-2、526-1、496、590-2、590-1、518）　14. 柄形器（M10：308）

　　B 型　共 12 件。圆形，正面为球面，素面，中部有一圆形穿孔。M10：80，直径 2.4、厚 0.9、孔径 0.5 厘米（图 4-160，19）。M10：104，直径 2.1、厚 0.5、孔径 0.4～0.6 厘米（图 4-160，8）。M10：105，直径 2、厚 0.7、孔径 0.6～0.8 厘米（图 4-160，12）。M10：145，直径 1.6、厚 0.6、孔径 0.5～0.6 厘米（图 4-160，6）。M10：152，直径 2.1、厚 0.7、孔径 0.4～0.7 厘米（图 4-160，17）。M10：165，直径 2.2、厚 0.6、孔径 0.4～0.6 厘米（图 4-160，7）。M10：219，直径 2、厚 0.6、孔径 0.3～0.4 厘米（图 4-160，11）。M10：311，直径 2.1、厚 0.7、孔径 0.4～0.6 厘米（图 4-160，13）。M10：333，直径 2.2、厚 0.7、孔径 0.5 厘米（图 4-160，14）。M10：344，直径 2.1、厚 0.8、孔径 0.4～0.5 厘米（图 4-160，9）。M10：352，直径 2.1、厚 0.6、孔径 0.4～0.5 厘米（图 4-160，16）。M10：463，直径 2.1、厚 0.7、孔径 0.4～0.5 厘米（图 4-160，18）。

　　C 型　共 44 件。圆形，正面为球面，饰涡纹，中部有一圆形穿孔。M10：19，直径 2.3、厚 0.7、孔径 0.5～0.6 厘米（图 4-161，36）。M10：41，直径 2.1、厚 0.7、孔径 0.4～0.5 厘米（图 4-161，40）。M10：42，直径 1.9、厚 0.8、孔径 0.5～0.6 厘米（图 4-161，14；彩版一七六，6）。M10：47，直径 2.2、厚 0.7、孔径 0.4～0.5 厘米（图 4-161，32）。M10：57，直径 2.2、厚 0.7、孔径 0.4～0.5 厘米（图 4-161，26）。M10：60，直径 2.1、厚 0.8、孔径 0.4～0.5 厘米（图 4-161，

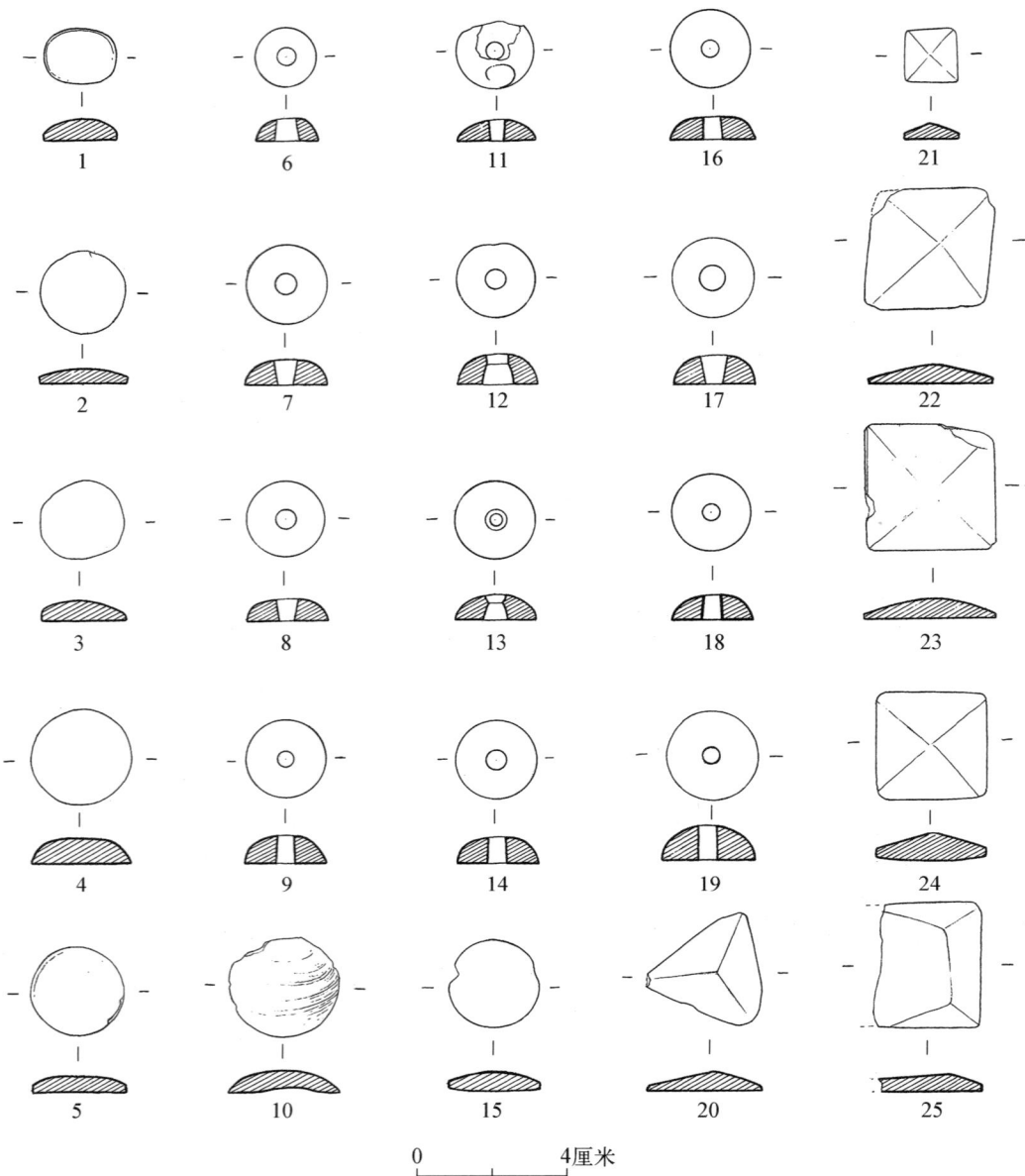

图4-160　07QSM10出土A、B、D、E型蚌泡

1. D型（M10∶017-5）　2～5、10、15. A型（44、013-1、019-1、033、023、M10∶017-1）　6～9、11～14、16～19. B型
（M10∶352、145、165、104、344、219、105、311、333、152、463、80）　15. D型（M10∶017-1）　20. F型（M10∶042）
21～25. E型（M10∶024、084、304、187、011）

6）。M10∶74，直径2.3、厚0.7、孔径0.5～0.6厘米（图4-161，41）。M10∶79，直径2、高0.9、孔径0.5～0.6厘米（图4-161，28）。M10∶103，直径2.2、厚0.6、孔径0.6～0.8厘米（图4-161，31；彩版一七六，4）。M10∶106，直径2.2、厚0.6、孔径0.5厘米（图4-161，5）。M10∶133，直径2.4、厚0.7、孔径0.5厘米（图4-161，33）。M10∶141，直径2.1、厚0.7、孔径0.4～0.5厘米（图4-161，20）。M10∶144，直径2.1、厚0.7、孔径0.4～0.5厘米（图4-161，34）。M10∶164，直径

图4-161　07QSM10出土C型蚌泡

1～6. M10：182、348、491、386-6、106、60　7～12. M10：209、017-4、315、422、230、273　13～18. M10：208、42、316、482-1、171、186-1　19～24. M10：185、141、331、169、271、245　25～30. M10：218、57、353、79、164、301　31～36. M10：103、47、133、144、272、19　37～41. M10：170、335、382、41、74

2.2、厚0.9、孔径0.4～0.6厘米（图4-161，29）。M10：169，直径2.4、厚0.8、孔径0.5～0.6厘米（图4-161，22）。M10：170，残，孔径0.5厘米（图4-161，37）。M10：171，残，直径2.2、孔径0.5厘米（图4-161，17）。M10：182，直径1.8、高0.6厘米（图4-161，1）。M10：185，直径1.9、厚0.7、孔径0.5厘米（图4-161，19）。M10：186-1，直径2.3、厚0.8、孔径0.4～0.5厘米（图4-161，18）。M10：208，直径1.8、厚0.8、孔径0.5厘米（图4-161，13）。M10：209，直径1.9、厚0.7、孔径0.4厘米（图4-161，7）。M10：218，直径1.9、厚0.7、孔径0.4～0.5厘米（图4-161，25）。M10：230，直径2.2、厚0.7、孔径0.5～0.6厘米（图4-161，11）。M10：245，直径2.3、厚1、孔径0.4～0.6厘米（图4-161，24）。M10：271，直径2.3、厚0.7、孔径0.5～0.6厘米（图4-161，23）。M10：272，直径2.3、厚0.8、孔径0.5～0.6厘米（图4-161，35）。M10：273，直径2.3、厚0.7、孔径0.4～0.6厘米（图4-161，12）。M10：301，直径2.3、厚0.8、孔径0.5～0.6厘米（图4-161，30）。M10：315，直径2.1、厚0.7、孔径0.4～0.6厘米（图4-161，9）。M10：316，直径2.1、厚0.9、孔径0.5～0.6厘米（图4-161，15）。M10：331，直径2.2、厚0.7、孔径0.4～0.5厘米（图4-161，21）。M10：335，直径2.2、厚0.8、孔径0.5厘米（图4-161，38）。M10：348，直径2、厚0.8、孔径0.5厘米（图4-161，2）。M10：353，直径2.2、厚0.6、孔径0.4～0.5厘米（图4-161，27）。M10：382，直径2.1、厚0.6、孔径0.3～0.4厘米（图4-161，39）。M10：386-6，直径2.1、厚0.6、孔径0.4厘米（图4-161，4）。M10：422，直径2.2、厚0.9、孔径0.4～0.5厘米（图4-161，10）。M10：482-1、482-2，共2件，标本M10：482-1，直径2.1、厚0.7、孔径0.4～0.5厘米（图4-161，16）。M10：491，直径2.1、厚0.9、孔径0.4～0.5厘米（图4-161，3）。M10：499-4，直径2.4、厚0.7、孔径0.4～0.5厘米。M10：530，直径2.1、厚0.9、孔径0.4～0.6厘米。M10：017-4，直径1.9、厚0.7厘米（图4-161，8；彩版一七六，5）。

D型　共1件（M10：017-5）。椭圆形，素面。长径1.9、短径1.5、厚0.5厘米（图4-160，1）。

E型　共5件。方形，素面。M10：187，扁四棱锥状，边长3、厚0.2～0.8厘米（图4-160，24；彩版一七七，2）。M10：304，边长3.5、厚0.2～0.6厘米（图4-160，23）。另有M10：011，残，边长3.5、厚0.2～0.4厘米（图4-160，25）。M10：024，扁四棱锥状，边长1.5、厚0.2～0.4厘米（图4-160，21；彩版一七七，1）。M10：084，边长2.3、厚0.1～0.5厘米（图4-160，22）。

F型　1件（M10：042）。圆角三角形，扁三棱锥状，边长3、高0.2～0.5厘米（图4-160，20；彩版一七七，3）。

蚌饰　共10件。均为片状，形制多样，有的蚌饰边缘残存朱砂痕迹，原应饰于漆器上。M10：186-2，圆形片状，中部有一穿孔（图4-162，11）。另有M10：142，大小、形制相若，残，直径2.1、孔径0.4厘米（图4-162，12）。M10：183，残，孔径0.4厘米（图4-162，13）。M10：244，圆形片状，两面平齐。直径2.2、厚0.1厘米（图4-162，17）。M10：642，长条形，一面中部起脊，另一面平齐。长4、宽1.3厘米（图4-162，14）。M10：019-2，直径2.7、厚0.7厘米。M10：029，

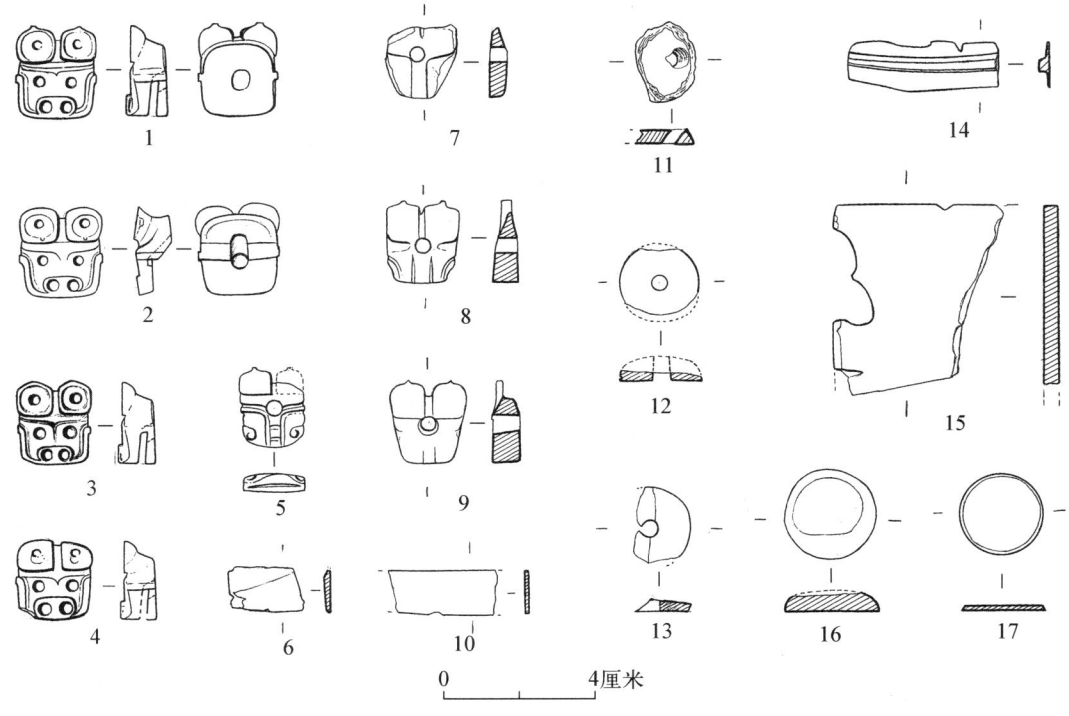

图 4-162　07QSM10 出土蚌器

1～5、7、8、9. 兽面蚌饰（M10：420-1、421、420-3、420-2、204、017-6、040、52）　6、10. 蚌鱼（M10：372、100）
11～17. 蚌饰（M10：186-2、142、183、642、029、038-1、244）

残，片状，一侧有扉牙。长 5.3、宽 4.5、厚 0.4 厘米（图 4-162，15）。M10：038，共 2 件，标本
M10：038-1，直径 2.4、厚 0.5 厘米（图 4-162，16）。M10：052，残为细小碎片。

　　兽面蚌饰　共 8 件。M10：52，长 2.3、宽 2、厚 0.7、孔径 0.4～0.5 厘米（图 4-162，9）。
M10：204，长 2.2、宽 1.6、厚 0.5、孔径 0.4 厘米（图 4-162，5）。M10：420-1，兽面较精致，背
面有一个圆孔，未穿透。长 2.5、宽 2.2、厚 1.1、孔径 0.5 厘米（图 4-162，1；彩版一七八，1）。
M10：420-2，长 2.2、宽 2、厚 1、孔径 0.4 厘米（图 4-162，4；彩版一七八，2）。M10：420-3，长
2.3、宽 1.9、厚 1、孔径 0.4 厘米（图 4-162，3；彩版一七八，3）。M10：421，长 2.4、宽 2.2、厚 1、孔
径 0.4 厘米（图 4-162，2）。M10：017-6，长 1.5、宽 1.4、厚 0.3 厘米（图 4-162，7）。M10：017-
7，长 2、宽 1.8、厚 0.4、孔径 0.3 厘米。M10：040，兽面较简化，中部有圆形穿孔。长 2.3、宽 1.9、
厚 0.7、孔径 0.4 厘米（图 4-162，8；彩版一七七，4）。

　　蚌鱼　共 31 件。均呈扁平的长条状。眼穿孔，背、腹部以缺口作鳍，尾部末端平齐，以一缺
口作分叉状。M10：53，残，残长 5.7、宽 1.7 厘米（图 4-163，14）。M10：54，长 3.2、宽 1.2 厘米
（图 4-163，2）。M10：61，共 2 件，背部、腹部各有两个缺口。标本 M10：61-1，长 8.6、宽 1.2 厘
米（图 4-163，9；彩版一七六，2）。M10：70，残，残长 2.7、宽 1.1 厘米（图 4-163，1）。M10：78，
残成若干细小碎片。M10：82，残，残长 4、宽 0.9 厘米（图 4-163，7）。M10：99，残，残长 3.1、宽

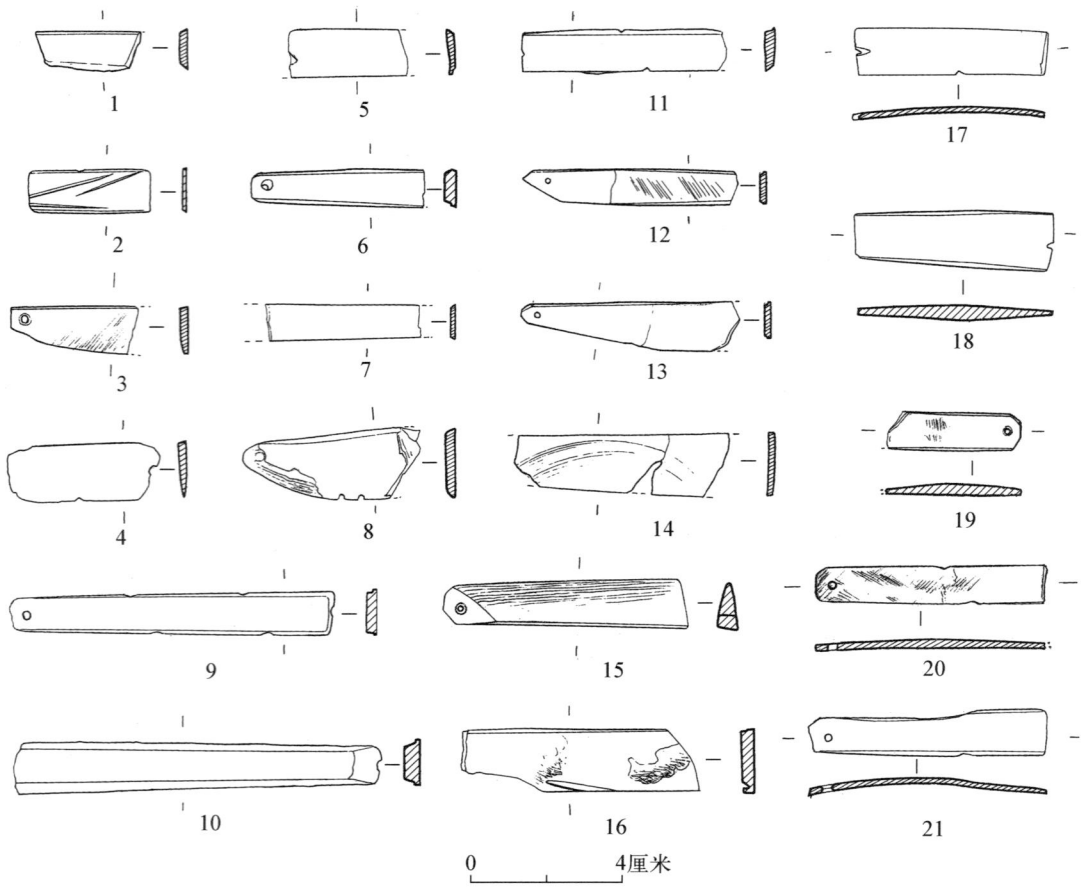

图4-163   07QSM10出土蚌鱼

1～6. M10：70、54、101、082、99、354   7～12. M10：82、028、61-1、330、134、217   13～18. M10：329、53、503、355、020、343
19～21. M10：641-2、641-1、325

1.3厘米（图4-163，5）。M10：100，残，残长2.8、宽1.2厘米（图4-162，10）。M10：101，头部一
侧内收，残，残长3.3、宽1.3厘米（图4-163，3）。M10：134，残，残长5.4、宽1.1厘米（图4-163，
11）。M10：217，长5.7、宽1厘米（图4-163，12）。M10：325，长6.3、宽1.3厘米（图4-163，
21）。M10：329，头部两侧内收，残，残长5.8、宽1.3厘米（图4-163，13）。M10：330，长9.7、
宽1.4厘米（图4-163，10）。M10：343，长5.2、宽1.5厘米（图4-163，18）。M10：354，残，残长
4.6、宽1厘米（图4-163，6）。M10：355，残，残长6.2、宽3厘米（图4-163，16）。M10：357，残，
残长1.4、宽1厘米。M10：372，残，残长2、宽1.2厘米（图4-162，6）。M10：392，长3.3、宽1.4
厘米。M10：399-1，长4.3、宽1.2厘米。M10：399-2，长2.8、宽1.5厘米。M10：401，残，残
长3、宽1.8厘米。M10：503，长6.5、宽1.3厘米（图4-163，15）。M10：640，长4.2、宽1.5厘米。
M10：641-1，长6.1、宽1厘米（图4-163，20）。M10：641-2，残，残长3.5、宽1厘米（图4-163，
19）。M10：020，长5.1、宽1.2厘米（图4-163，17）。M10：028，尖嘴，头部一侧内收，长4.7、宽

1.9厘米（图4-163，8）。M10∶082，长4、宽1.6厘米（图4-163，4）。

蚌小腰　1件（M10∶135）。两端为较粗的亚腰状圆柱，中间以细短柱相接。长2、外端径0.6厘米（图4-166，1；彩版一八〇，1）。

毛蚶　共7件。均为单扇，底部有一穿孔。M10∶81，长3.6、宽2.9厘米（图4-164，2）。M10∶85，长3.7、宽3.1厘米（图4-164，1）。M10∶89，残，长3.6厘米（图4-164，3）。M10∶136，残，残长2厘米（图4-164，4）。M10∶246，长4、宽3.2厘米（图4-164，7；彩版一七九，1）。M10∶254，长4、宽3.3厘米（图4-164，6）。M10∶267，长3.9、宽3.2厘米（图4-164，5；彩版一七九，2）。

文蛤　1件（M10∶086）。残，宽6.1厘米（图4-164，8）。

海贝　共73件。白色。腹面两唇内卷，唇缘有细齿；背面圆鼓，有一穿孔。M10∶318，2件，标本M10∶318-1，长2.5、宽1.7厘米（图4-165，7）。M10∶440，3件，标本M10∶440-1，长2.4、宽1.7厘米（图4-165，23）。M10∶481，2件，标本M10∶481-1，长2.4、宽1.8厘米（图4-165，10）。M10∶500，7件，标本M10∶500-1，长2.4、宽1.7厘米（图4-165，21）。M10∶515，4件，标本M10∶515-4，残，长2.4、残宽0.9厘米（图4-165，4）。M10∶521-1，长2.6、宽1.8厘米（图4-165，16）。M10∶521-2，长2.5、宽1.7厘米（图4-165，18）。M10∶521-3，长2.3、宽1.8厘米

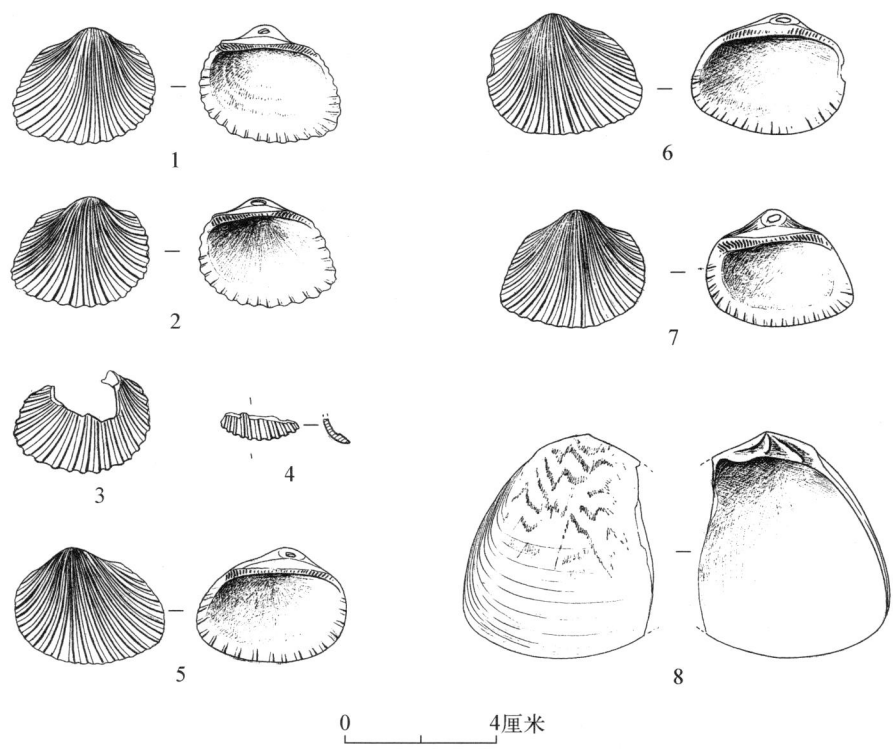

0 _____ 4厘米

图4-164　07QSM10出土毛蚶、文蛤

1～7. 毛蚶（M10∶85、81、89、136、267、254、246）　8. 文蛤（M10∶086）

（图4-165，5）。M10∶527-1，长2.9、宽2厘米（图4-165，15；彩版一七九，3）。M10∶527-2，长3、宽2.3厘米（图4-165，25；彩版一七九，4）。M10∶543，17件，标本M10∶543-1，长2.4、宽2厘米（图4-165，17）。标本M10∶543-2，长2.7、宽1.9厘米（图4-165，20）。标本M10∶543-3，长2.35、宽1.7厘米（图4-165，8）。标本M10∶543-4，长2.1、宽1.5厘米（图4-165，2）。标本M10∶543-5，长2.6、宽1.7厘米（图4-165，14）。M10∶565，共3件，标本M10∶565-1，长2.1、宽1.4厘米。M10∶568，残，残长2.4、宽1.7厘米（图4-165，12）。M10∶588-1，长2.3、宽1.7厘米（图4-165，9）。M10∶588-2，长2.2、宽1.7厘米（图4-165，1）。M10∶588-3，长2.5、宽1.7厘米（图4-165，6）。M10∶599-1，长2.4、宽1.5厘米（图4-165，3）。M10∶599-2，长2.5、宽1.7厘米（图4-165，19）。M10∶599-3，残，残长2.2、宽1.5厘米。M10∶612，共20件，标本M10∶612-1，长2.5、宽1.7厘米（图4-165，13）。M10∶614，长2.5、宽1.9厘米（图4-165，11）。M10∶615，长2.4、宽1.8厘米（图4-165，22）。M10∶617，长2.3、宽1.8厘米（图4-165，24）。

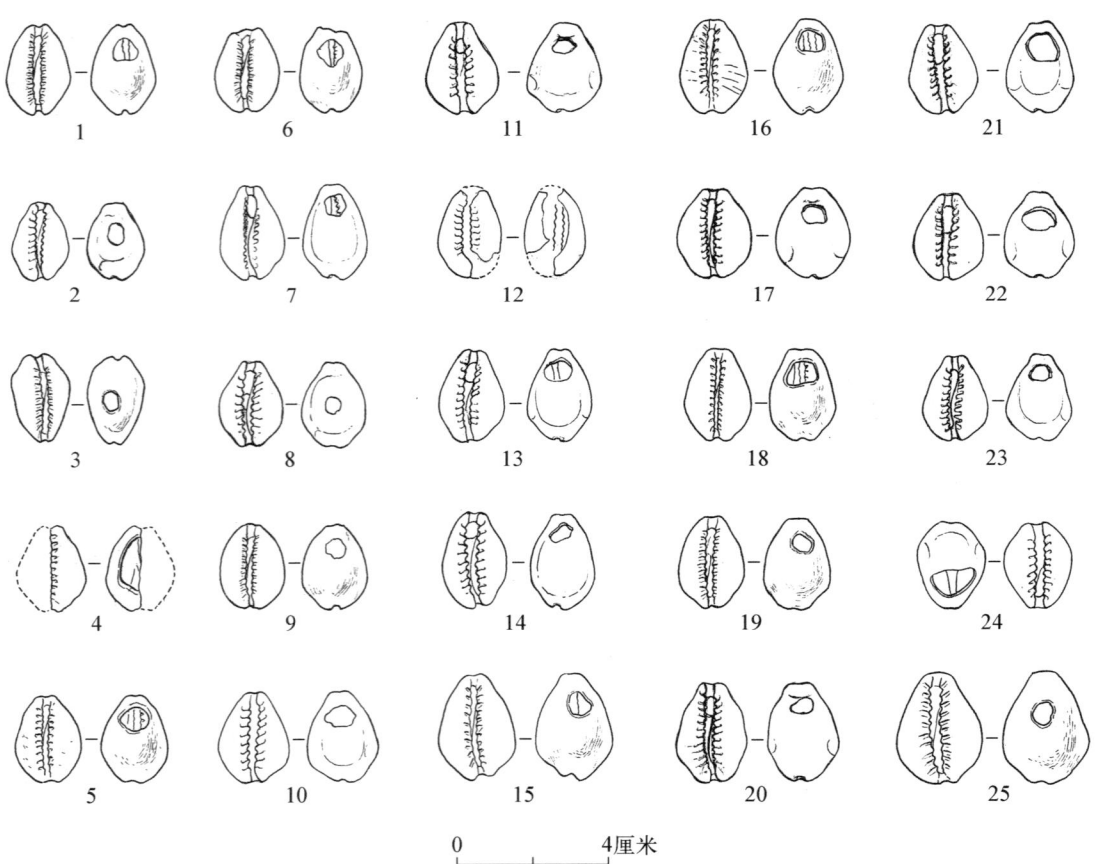

0　　　　　　4厘米

图4-165　07QSM10出土海贝

1～5. M10∶588-2、543-4、599-1、515-4、521-3　　6～10. M10∶588-3、318-1、543-3、588-1、481-1

11～15. M10∶614、568、612-1、543-5、527-1　　16～20. M10∶521-1、543-1、521-2、599-2、543-2

21～25. M10∶500-1、615、440-1、617、527-2

（4）骨角器

骨小腰　共11件。圆柱状，两端较粗，中间以细短柱相接。M10：75，两端为圆柱状。长4.2、管外端径1.1厘米（图4-166，5；彩版一八〇，2）。M10：256，两端为亚腰状。长4.2、管外端径0.9厘米（图4-166，8；彩版一八〇，5）。M10：336，两端为亚腰状。长3.8、管外端径1厘米（图4-166，3；彩版一八〇，6）。M10：341，两端为亚腰状。长3.8、管外端径1厘米（图4-166，4；彩版一八一，1）。M10：347，两端为亚腰状。长4.3、管外端径1.3厘米（图4-166，11；彩版一八〇，3）。M10：349，两端为亚腰状。长4.2、管外端径1厘米（图4-166，7；彩版一八一，2）。M10：351，器形较小，两端为圆柱状。长2.1、管外端径0.8厘米（图4-166，2；彩版一八一，3）。M10：389，两端为圆柱状。长4.1、管外端径0.9厘米（图4-166，6；彩版一八〇，4）。M10：618，两端为亚腰状。长4.1、管外端径0.9厘米（图4-166，9；彩版一八一，4）。M10：620，两端为亚腰状。长4.1、管外端径1.2厘米（图4-166，10）。M10：090，两端为圆柱状。长4.7、管外端径1.1厘米（图4-166，12）。

角节约　共4件。微曲的圆柱形，两端平齐，表面磨光，器身中部有三个长方形穿孔，三孔连通，横截面呈"Y"形布局。M10：65，长5、径3.1厘米，孔长2.4、宽0.8厘米（图4-166，14；彩版一八一，5）。M10：66，碎成多个残片。M10：037，残存一面。长5.5厘米（图4-166，

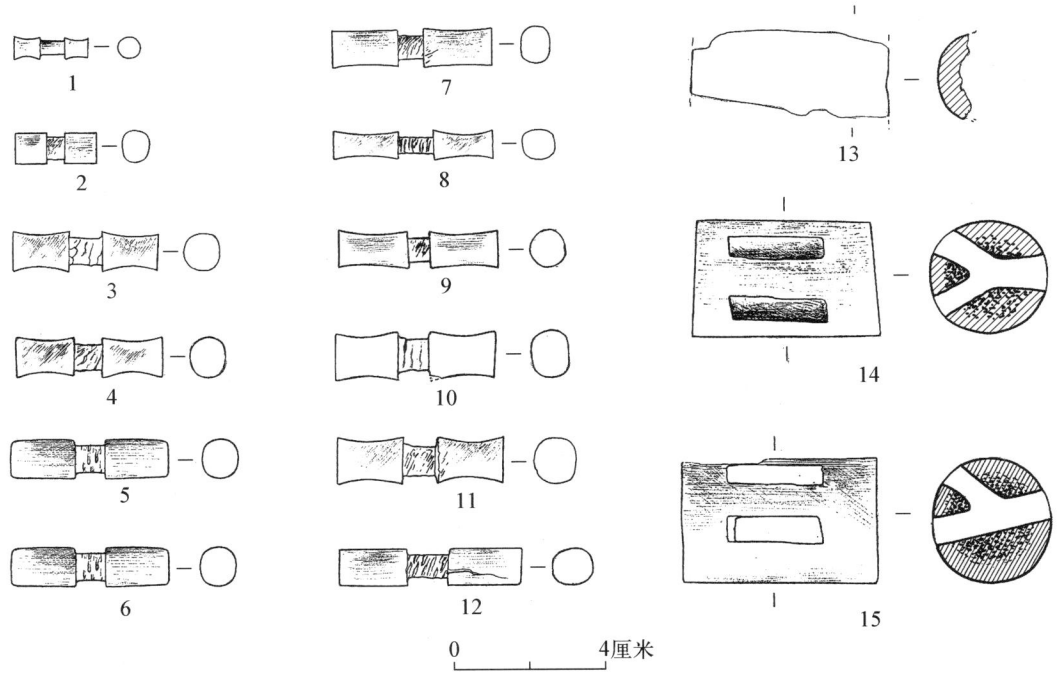

图4-166　07QSM10出土蚌、骨角器

1. 蚌小腰（M10：135）　　2～12. 骨小腰（M10：351、336、341、75、389、349、256、618、620、347、090）

13～15. 角节约（M10：037、65、091）

13）。M10∶091，略残，一端略细。长5.1、粗端径3.4、细端径2.8厘米，孔长2.5、宽0.8厘米（图4-166，15；彩版一八一，6）。

（5）漆器

鼓　1面。M10∶t51，鼓下部残，顶端有圆柱形立柱。鼓侧面髹漆，红黑相间，侧面饰一周"C"形云纹，两两相对。鼓残高63、宽76、残厚62、立柱高10厘米（彩版三〇）。

另有部分蚌泡、海贝周围残存漆痕，表明应随葬有漆器，但保存不佳，形制不可辨。

（6）车

葬车为拆车葬，车部件有车轮、车舆、车轴共三类，从出土铜軏的位置推测可能还葬有车衡。

a. 车轮

车轮共41个，编号为轮1～轮41。其中墓室填土有车轮22个，东墓道有车轮19个。均为木质结构，有8个车轮上束有成套铜毂饰9套。

墓室填土中，靠立于墓室北壁的车轮共7个，靠立于墓室南壁的车轮共4个，靠立于墓室西壁的车轮共2个。另有9个车轮平放于填土中。东墓道中，靠立于墓道南壁的车轮9个，靠立于墓道北壁的车轮9个，平放于墓道底的车轮1个。

轮1，靠立于墓室北壁中部，下压轮35。车轮上半部被发掘时挖掉，仅残留很少一部分。轮牙宽8、厚5厘米。残存辐条4根，截面呈圆形，辐条宽1～3厘米，骹端辐条间距9～16厘米。

轮2，靠立于墓室北壁西端，其下为轮13。仅残存车毂。

轮3，靠立于墓室西壁中部略偏南。车轮上部被发掘时挖掉，南部被盗洞D4破坏。轮牙宽6、厚5厘米。残存辐条4根，截面呈圆形，辐条宽2～3厘米。

轮4，斜靠于墓室南壁东端，上压轮5。上半部被挖掉，西部被盗洞D1破坏。轮牙宽6、厚4厘米。残存辐条1根，辐条残长14、宽3厘米。

轮5，靠立于墓室南壁东端，下压轮4。由于轮5下压轮4，所以轮5下部与轮4叠压部分未清理。轮牙宽6、厚5厘米。

轮6，靠立于墓室北壁东端。车轮西部被盗洞D2破坏，东部压在鼓后未清理。轮牙宽6、厚4厘米。

轮7，平放于墓室中部偏东北处，西南与轮29紧邻。东北部被墓室塌落的填土破坏。车轮直径134厘米，轮牙宽9、厚5厘米。残存辐条8根，辐条宽2厘米，骹端辐条间距8～14厘米。

轮8，平放于墓室中部偏西北处，西部压于轮9之下，东南紧邻轮29。西北角被盗洞D6破坏。车轮直径138厘米，轮牙宽8～12、厚6厘米。辐条共24根，骹端辐条间距11～16厘米。车毂长20、直径18厘米（彩版一九二，1）。

轮9，平放于墓室西北部，东部下压轮8。车轮北部被盗洞D3、D6破坏，西部被墓室塌落填土破坏。车轮直径113厘米，轮牙宽7～10、厚5厘米。残存辐条6根，辐条宽2～3厘米，骹端辐条间距14～16厘米。

轮10，平放于墓室中部偏西南处，下压轮12。北部被清理时挖掉，残存辐条3根。轮牙宽8、厚5厘米。

轮11，靠立于墓室西壁中部，南部压于轮3下，未清理，上半部发掘时挖掉。轮牙宽7、厚5厘米，骹端辐条间距10～12厘米。车毂长19、直径17厘米。毂上束有铜毂饰1套（M10：t22），軝（M10：t22-1）、軎（M10：t22-2）、軝（M10：t22-3）各1件（图4-38）。

轮12，平放于墓室中部偏西南处，西部压于轮10下。车轮北部被清理时挖掉。车轮直径120、轮牙宽9、厚6厘米。残存辐条9根，辐条宽2.5厘米，骹端辐条间距8～16厘米。

轮13，靠立于墓室北壁西端。车轮直径128厘米，轮牙宽7、厚6厘米，骹端辐条间距3～30厘米。车毂长22、直径18厘米。毂上束有铜毂饰1套（M10：t23），軝（M10：t23-1）、軎（M10：t23-2）、軝（M10：t23-3）各1件（图4-39）。

轮14，靠立于东墓道南壁西端，东邻轮15。西半部被清理时挖掉。车轮直径104、轮牙宽6～8、厚5厘米。残存辐条7根，辐条宽2厘米，骹端辐条间距10～12厘米。

轮15，靠立于东墓道南壁，西邻轮14，东邻轮16。轮牙上端错位。车轮直径130厘米，轮牙宽8～10、厚5厘米。共有辐条21根，辐条宽2～4厘米，骹端辐条间距4～16厘米。车毂长10、直径12厘米。

轮16，靠立于东墓道南壁，西邻轮15，东邻轮17。上端轮牙错位。车轮直径136厘米，轮牙宽8、厚6厘米。共有辐条21根，辐条宽2～3厘米，骹端辐条间距10～18厘米。车毂长16、直径16厘米。

轮17，靠立于东墓道南壁，西邻轮16，东邻轮18。车轮直径126厘米，轮牙宽10、厚6厘米。共有辐条25根，辐条宽2～3厘米，骹端辐条间距6～12厘米。车毂长15、直径18厘米。

轮18，靠立于东墓道南壁，西邻轮17，东邻轮19。车轮直径132厘米，轮牙宽8、厚5厘米。共有辐条21根，辐条宽2～3厘米，骹端辐条间距10～14厘米。车毂长14、直径16厘米。

轮19，靠立于东墓道南壁，西邻轮18。上半部被清理时挖掉。车轮直径130厘米，轮牙宽9、厚5厘米。残存辐条17根，辐条宽2～3厘米，骹端辐条间距10～14厘米。车毂长17、直径14厘米。

轮20，靠立于东墓道北壁西端，东邻轮21。车轮上半部被发掘时挖掉。车轮直径120厘米，轮牙宽8、厚6厘米。残存辐条19根，辐条宽2～3厘米，骹端辐条间距8～12厘米。车毂长14、直径14厘米。

轮21，靠立于东墓道北壁，西邻轮20，东邻轮22。车轮直径128厘米，轮牙宽8、厚5厘米。共有辐条22根，辐条宽2～3厘米，骹端辐条间距10～14厘米。车毂长15、直径18厘米。

轮22，靠立于东墓道北壁，西邻轮21，东邻轮23。车轮直径140厘米，轮牙宽8、厚6厘米。共有辐条23根，辐条宽2～3厘米，骹端辐条间距12厘米。车毂长16、直径20厘米（彩版一九二，2）。

轮23，靠立于东墓道北壁，西邻轮22，东侧下压轮24。车轮直径120厘米，轮牙宽9、厚7厘米。共有辐条25根，辐条宽2～3厘米，骹端辐条间距8～10厘米。车毂长16、直径18厘米。

轮24，靠立于东墓道北壁，西侧上压轮23，东侧上压轮25。轮24下压在轮23、轮25下的部分未清理。车轮直径116厘米，轮牙宽8、厚6厘米。共有辐条18根，辐条宽2～3厘米，骹端辐条间距6～12厘米。车毂长13、直径14厘米。

轮25，靠立于东墓道北壁，西侧下压轮24，东侧下压轮26。车轮直径130厘米，轮牙宽8、厚5厘米。共有辐条23根，辐条宽2～3厘米，骹端辐条间距8～14厘米。车毂长14、直径14厘米。

轮26，靠立于东墓道北壁，西侧上压轮25。上部清理时被挖掉。车轮直径98厘米，轮牙宽6～8、厚6厘米。残存辐条14根，辐条宽2～3厘米，骹端辐条间距5～12厘米。车毂长12、直径16厘米。

轮27，平放于墓室西北角，北侧为轮13。车轮南部被盗洞D3破坏。车轮直径112厘米，轮牙宽7、厚5厘米。残存辐条5根，辐条宽2厘米，骹端辐条间距9～10厘米。

轮28，靠立于墓室北壁西部，西邻轮13，上为轮2。车轮东部被盗洞D6破坏。轮牙厚5厘米。毂上束有铜毂饰1套（M10∶t4），𫐐（M10∶t4-3）、軎（M10∶t4-2）、辖（M10∶t4-1）各1件（图4-38）。

轮29，平放于墓室中部，南部下压轮33。车轮中部被盗洞D7破坏，西部清理时被挖掉。车轮直径135厘米，轮牙宽7～9、厚4厘米。残存辐条11根，辐条宽2厘米，骹端辐条间距12～20厘米。

轮30，靠立于墓室南壁略偏东，西部上压轮31。车轮东部被盗洞D1破坏。轮牙宽10、厚6厘米。残存辐条6根，辐条宽2～3厘米，骹端辐条间距11厘米。毂上束有铜毂饰1套（M10∶t6），𫐐（M10∶t6-1）、軎（M10∶t6-2）、辖（M10∶t6-3）各1件（图4-36，3～5）。

轮31，靠立于墓室南壁中部。东部下压轮30。车轮西部清理时被挖掉。车轮直径110厘米，轮牙宽6、厚5厘米。残存辐条9根，辐条宽2～3厘米，骹端辐条间距6～15厘米。毂上束有铜毂饰1套（M10∶t25），𫐐（M10∶t25-1）、軎（M10∶t25-2）、辖（M10∶t25-3）各1件（图4-39）。

轮32，靠立于墓室北壁偏西处，西邻轮2。仅残存车毂，东部被盗洞D6破坏。毂长20厘米，直径20厘米。

轮33，平放于墓室中部偏东南处，北部上压轮29。南部被塌陷填土破坏。残存10根辐条，辐条长53、宽2厘米。车毂长20、直径22厘米。

轮34，平放于墓室东南部。车轮西侧被塌落填土和盗洞D1破坏，东部上压车舆。车轮直径142厘米，轮牙宽6、厚5厘米。共有辐条24根，辐条宽2厘米，骹端辐条间距14厘米。车毂长13、直径22厘米。

轮35，靠立于墓室北壁中部，上压轮1。车轮东部被盗洞D2破坏，西部被盗洞D6破坏。残存辐条10根，辐条宽2厘米。毂上束铜毂饰2套（M10∶t33、t34），輨（M10∶t33-1、t34-1）、軎（M10∶t33-2、t34-2）、軏（M10∶t33-3、t34-3）各2件（图4-37）。

轮36，靠立于东墓道南壁坡底最西端。上部发掘时被挖掉。车轮直径124厘米，轮牙宽7、厚5厘米。共有辐条21根，辐条宽2～4厘米，骹端两辐条间距8～16厘米。车毂长20、直径21厘米。

轮37，平放于东墓道北壁坡底，西邻轮41。南部上压车轴。车轮直径130厘米，轮牙宽8、厚5厘米。共有辐条24根，辐条宽1～3厘米。推测该轮可能原本靠立于墓壁，后顺墓道壁倒塌。

轮38，靠立于东墓道南壁坡底，东邻轮39。车轮直径136厘米，轮牙宽8、厚5厘米。共有辐条20根，辐条宽2～3厘米，骹端辐条间距12～16厘米。车毂长10、直径20厘米。

轮39，靠立于东墓道南壁坡底，西邻轮38。车轮直径134厘米，轮牙宽8、厚6厘米。共有辐条22根，辐条宽2～3厘米，骹端辐条间距10～14厘米。车毂长20、直径21厘米。毂上束有铜毂饰1套（M10∶t46），輨（M10∶t46-3）、軎（M10∶t46-2）、軏（M10∶t46-1）各1件（图4-40，4～6；彩版四二，1）。

轮40，靠立于东墓道北壁坡底处，东侧不远处为轮41。车轮直径132厘米，轮牙宽8、厚6厘米。共有辐条22根，辐条宽2～3厘米，骹端辐条间距8～15厘米。车毂长15、直径16厘米。

轮41，靠立于东墓道北壁坡底处，东邻轮37。车轮直径136厘米，轮牙宽8、厚5厘米。共有辐条25根，辐条宽2～3厘米，骹端辐条间距8～12厘米。车毂长10、直径18厘米。毂上束车毂上有铜軎（M10∶t47-1）、軏（M10∶t47-2）各1件（图4-41，1、2）。

b. 车舆

车舆集中放置于东墓道西部的斜坡底部，部分被盗洞D8破坏，腐朽严重。从残痕看，车舆形状为圆角长方形，多个车舆叠压放置，结构不清，数量难以判断，但至少可辨别出4个车舆。车舆上有漆痕，下部铺有一层织物。

c. 车轴

东墓道西端的斜坡底部发现至少3根车轴。

轴1，位于东墓道坡底西部，下压轮37南部。南北向放置，长302厘米。西端套铜车害1件（M10∶t44）。该轴虽仅一端有车害，但车轴木痕长达3米，与西周车马坑中的完整车轴长度相当，可能为一条整轴。

轴2，位于东墓道坡底西南角，西端上压车舆。南北向放置，残长125厘米。东端套铜车害1件（M10∶t43）。

轴3，位于东墓道坡底西南角，轴2南侧，西端上压车舆。南北向放置，残长90厘米。西端套铜车書1件（M10：t45）。

d. 车衡

发掘时未见车衡，但根据铜车器的位置推测可能原葬有车衡。墓室填土的盗洞D1出土形制相同的衡内饰2件（M10：095-1、095-2），其内残存朽木。其北侧深度相当的墓室填土中出土轭首2件（M10：t28、t29）、轭肢2件（M10：t30、t31），t29与t30出土时相连，其中残存朽木。推测此处原应放置缚轭车衡1条。

8. 墓葬年代

该墓随葬铜器的年代差异较大，可大致分为三个时期。

（1）年代较早者如尚爵、册觯。尚爵器腹饰上宽下窄的两周兽面纹，上部兽面纹由云雷纹组成，下部为列旗兽面纹，这种纹饰的组合与特征同于旅祖丁爵①、作父乙爵②、旲爵③及大河口M1017：7铜爵④，这些器物的年代均为西周早期。所饰列旗兽面纹与宝鸡纸坊头M1：5铜甗口下、竹园沟M13：21铜簋圈足纹饰相同⑤，是西周早期的典型纹饰。流下饰对称的两条拱背卷尾龙纹，这种装饰方式出现于晚商时期，如庚豕父乙爵⑥、启宁享父戊爵⑦，并流行至西周早期，如琉璃河M253：6囷爵⑧、鼎父丙爵⑨，后两器腹上部所饰兽面纹亦与尚爵相同。铭文字体中"尊"字较晚，所从的酉字上两划已出头，这种特征出现于昭王时期⑩。故结合器形可知，该器年代约在西周早期偏晚。册觯腹部的垂冠回首大鸟纹主要流行于昭、穆时期⑪，与1961年张家坡窖藏出土的盂簋腹部及方座所饰大鸟纹近同⑫，也与静簋⑬腹部大鸟纹相似，这两件簋都被认为是穆王时器。册觯腹上部的回首夔纹，也流行于西周中期，故该器年代应为西周中期偏早。尚爵从器形和纹饰看，年代与册觯相当或略早。

（2）年代较晚的有簋盖M10：28、083，M10：083所饰中目窃曲纹与宰兽簋口下及圈足上

① 吴镇烽：《商周青铜器铭文暨图像集成》第16卷，08075号，上海古籍出版社，2012年，第229页。下引此书，版本均同。
② 《商周青铜器铭文暨图像集成》第17卷，08506号，第61页。
③ 《商周青铜器铭文暨图像集成》第17卷，08543号，第94页。
④ 山西省考古研究所等：《山西翼城大河口西周墓地1017号墓发掘》，《考古学报》2018年第1期。
⑤ 卢连成、胡智生：《宝鸡强国墓地》，文物出版社，1988年，第23、58页。
⑥ 《商周青铜器铭文暨图像集成》第16卷，08292号，第403页。
⑦ 《商周青铜器铭文暨图像集成》第16卷，08292号，第403页。
⑧ 《商周青铜器铭文暨图像集成》第14卷，06921号，第384页。
⑨ 《商周青铜器铭文暨图像集成》第17卷，08458号，第26页。
⑩ 吴镇烽：《陕西西周铜器分期与断代研究》，见《考古文选》，科学出版社，2002年。
⑪ 陈公柔、张长寿：《殷周青铜容器上鸟纹的断代研究》，《考古学报》1984年第3期。朱凤瀚：《中国青铜器综论》，上海古籍出版社，2009年，第562页。
⑫ 中国科学院考古研究所：《长安张家坡西周铜器群》，文物出版社，1965年，第15页。
⑬ 《商周青铜器铭文暨图像集成》第12卷，第19页。

的纹饰近同，M10∶28盖上的窃曲纹及其与瓦纹的布局方式也与宰兽簋盖近同，宰兽簋年代被认为是孝、夷时期[①]，这两件簋盖也应在西周中期偏晚。

（3）年代最晚的是铜牌形鞯饰等器。周原遗址庄李铸铜作坊03ZⅣZLH3曾出土多件与C型鞯侧饰形制完全相同的陶范，如H3∶114、120、129，经实物比对，鞯侧饰与陶范可严丝合缝地扣合在一起，表明两者年代相同，从与陶范共出的仿铜鬲、方唇豆等陶器可知，该坑年代为西周晚期偏早[②]。鞯饰、玉牌饰上的翻唇长牙龙纹也为西周晚期常见纹饰。该墓随葬品多为西周中晚期特征，所以墓葬年代当以西周晚期偏早为妥。

4.3.2　07QSM9

1.墓位与盗扰情况

该墓位于宋家墓地中部。东北与双墓道大墓M10相邻，两者呈错位排列，M10墓室西端与M9墓道东端基本处在一条南北直线上，南北直线相距约12米。墓室西距M25约13.6米，西北距M94约5米，北距M107约3.4米，南距M76约3.4米，东南距M71约18.9米，东南距M72约23.8米。

墓内共有盗洞13个。其中墓室内9个，编号为D1～D3、D5～D10。墓道内4个，编号为D4、D11～D13。具体情况如下：

D1位于墓室西南角，口部近椭圆形，最大径1.14米。延伸至椁室侧面。

D2位于墓室东南角，口部近圆形，最大径0.8米。下部扩大，延伸至椁盖板。

D3位于墓室东北角，口部为圆角长方形，最大径0.78米。直下打破该处二层台。

D4位于墓道西端，口部近椭圆形，最大径1.2米。下部明显扩大，盗至近墓道底处，破坏1号车衡（衡1）。

D5位于墓室西北角，口部近圆形，最大径0.8米。直下延伸至二层台。

D6位于墓室中部偏东，口部近椭圆形，最大径0.9米。直下打破椁盖板进入椁内，下端明显扩大，对椁室破坏严重。

D7位于墓室北壁偏东，口部近圆角长方形，最大径0.8米。打破墓壁及二层台后从椁侧钻进椁室内，并向西延伸至北二层台西端，对墓室破坏严重。

D8位于墓室西北部，口部近椭圆形，最大径1米。未盗至二层台，对墓室破坏不严重。

D9位于墓室中部偏西，口部近圆形，最大径0.98米。未盗至椁盖板，对墓室破坏不严重。

D10位于墓室中部偏南，口部近椭圆形，最大径0.82米。打破椁盖板及二层台，从椁侧钻进

① 罗西章：《宰兽簋铭略考》，《文物》1998年第8期。王世民、陈公柔、张长寿：《西周青铜器分期断代研究》，文物出版社，1999年。

② 周原考古队：《周原庄李西周铸铜遗址2003与2004年春季发掘报告》，《考古学报》2011年第2期。

椁室内,对椁室破坏严重。

D11位于墓道西部,口部近圆形,最大径0.5米。下部扩大,延伸至墓道底。

D12位于墓道西部、D11西南,口部近圆形,最大径0.62米。下部扩大,延伸至墓道底。

D13位于墓道西部、D12西北,口部近圆形,最大径1米。下端明显扩大,盗至墓道底,底部并向西延伸,对墓道破坏严重(图4-167、图4-168、图4-169、图4-170)。

2. 墓向与墓葬形制

该墓为单墓道竖穴土坑墓,墓口平面呈"甲"字形,东西向,竖穴土圹墓室在西,墓道居东。墓道与墓室方向一致,均为78°。

(1)墓室

墓室为长方形竖穴土坑,口大底小(彩版一八二,1)。墓口距地表0.2～0.4、东西长6.3、东端宽5、西端宽5.06米,面积约31.7平方米。距墓口14.7米时墓室四周内收形成生土二层台,二层台处墓室东西长6.8、东端宽5.6、西端宽5.8米,面积约38.8平方米。墓底为平底,东西长4.9、东端宽3.5、西端宽3.48米,面积17.1平方米。自深18.36米。

生土二层台高3.5米,东西两侧二层台宽0.8～1米,南北两侧二层台宽1.2米。墓室二层台以上四壁均为斜壁外扩,略呈袋状,二层台以下为直壁。墓室南、西、北壁有工具加工痕迹,整体较光滑,但未见抹泥(彩版一八三,1)。

(2)墓道

墓室东部带一条斜坡墓道,墓道口部平面呈较规整的长方形,口小底大。口部东西长22.4、南北宽3.4米。底部坡长26.2米,西端宽3.8、东端宽3.4米。墓道西端的墓口距底14.4、距地表0.28米,中间的墓口距底9.34、距地表0.24米,东端的墓口距底0.2、距地表0.2米。墓道可分为三部分,东部坡度较大,约30°;中部坡度最大,约50°;西部近墓室部分坡度较小,约15°。墓道与墓室相接处高出二层台0.3米。

3. 填土

墓室填土分层,每层厚约10～15厘米,土质较硬,但未见夯窝。填土为褐色,局部掺杂少量白色花土,越往下土质越硬。椁室塌落,墓室中部填土塌陷。墓道内中部填土土质较细,两边有料礓石块。

盗洞的口部向下约1.5米以上有大量黑垆土,以下的填土均为墓室填土及淤土。其中盗洞D1、D5、D11、D12内的填土以墓室填土为主,盗洞D6、D8、D7、D9内的填土以淤土为主。

椁室内填土为黄褐色淤泥,疑为盗洞造成。棺已被淤泥抬高约30厘米。

4. 葬具

椁室被盗洞扰乱,葬具保存状况不佳,仅可辨别出一棺一椁,但也有迹象表明可能为双椁一棺。棺椁均东西向放置。板灰为黄褐色。棺底板至椁底板的淤泥内含有大量朱砂及少量漆皮。

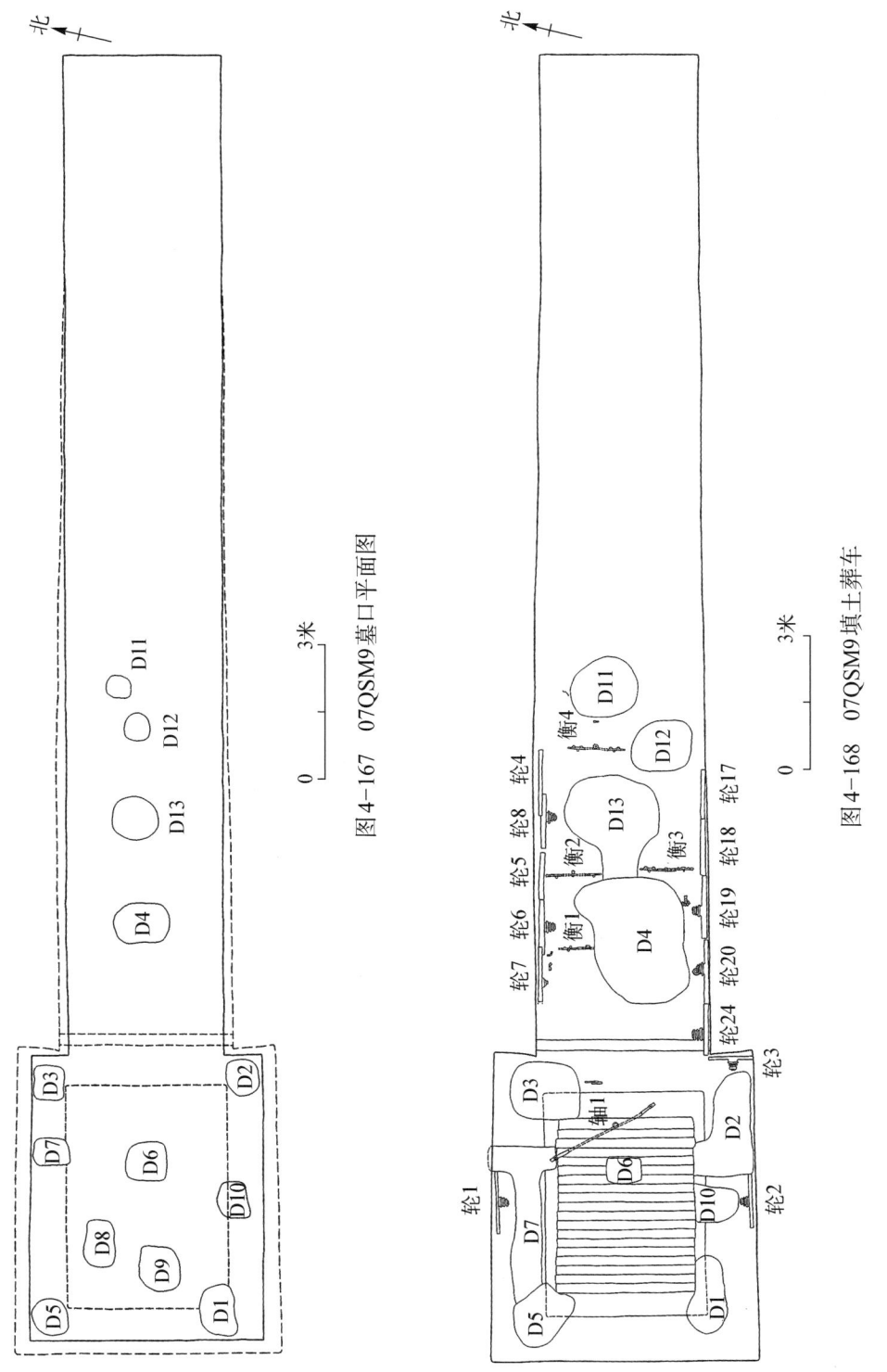

图4-167　07QSM9墓口平面图

图4-168　07QSM9填土葬车

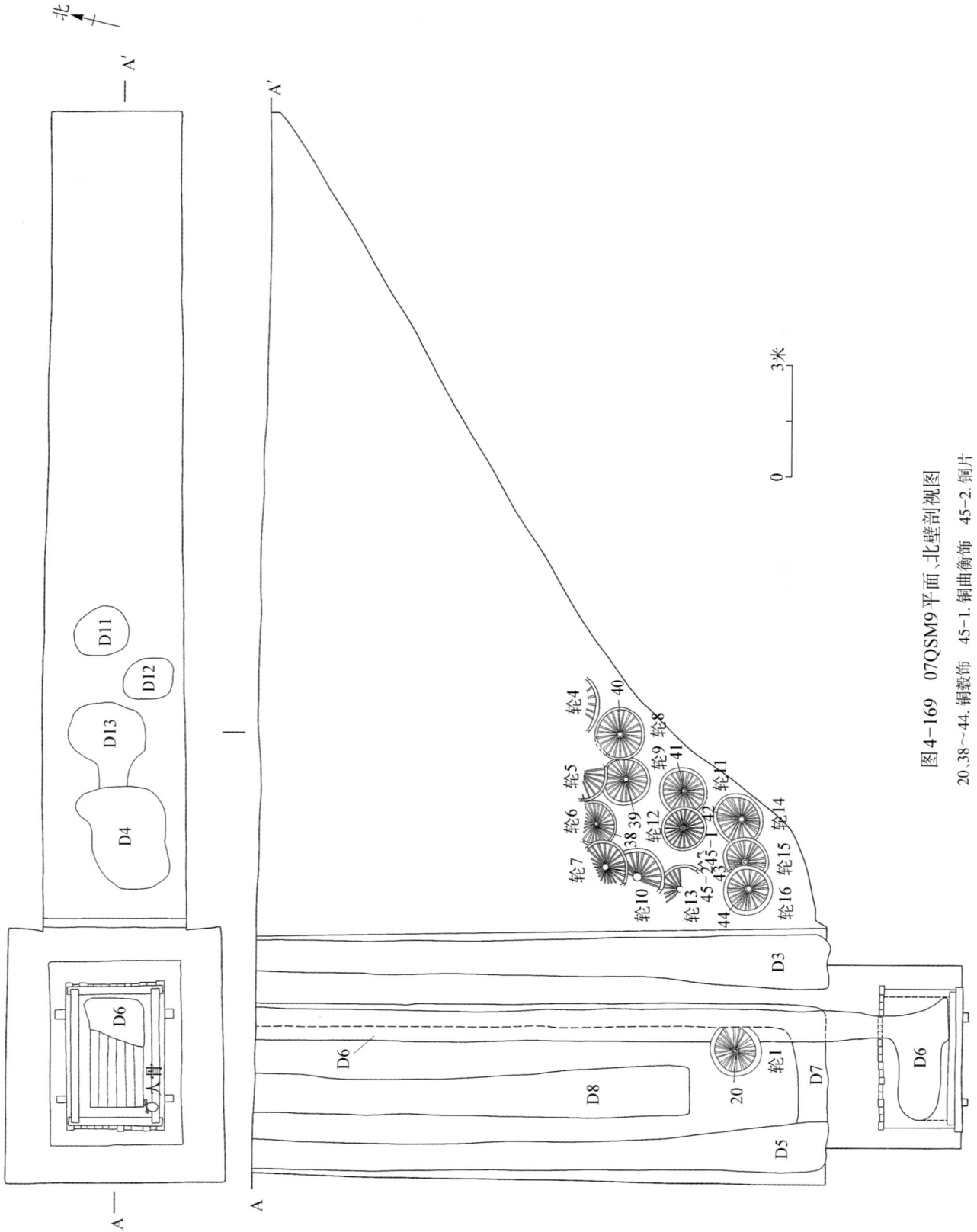

图4-169 07QSM9平面、北壁剖视图

20.38～44. 铜毂饰 45-1. 铜曲衡饰 45-2. 铜片

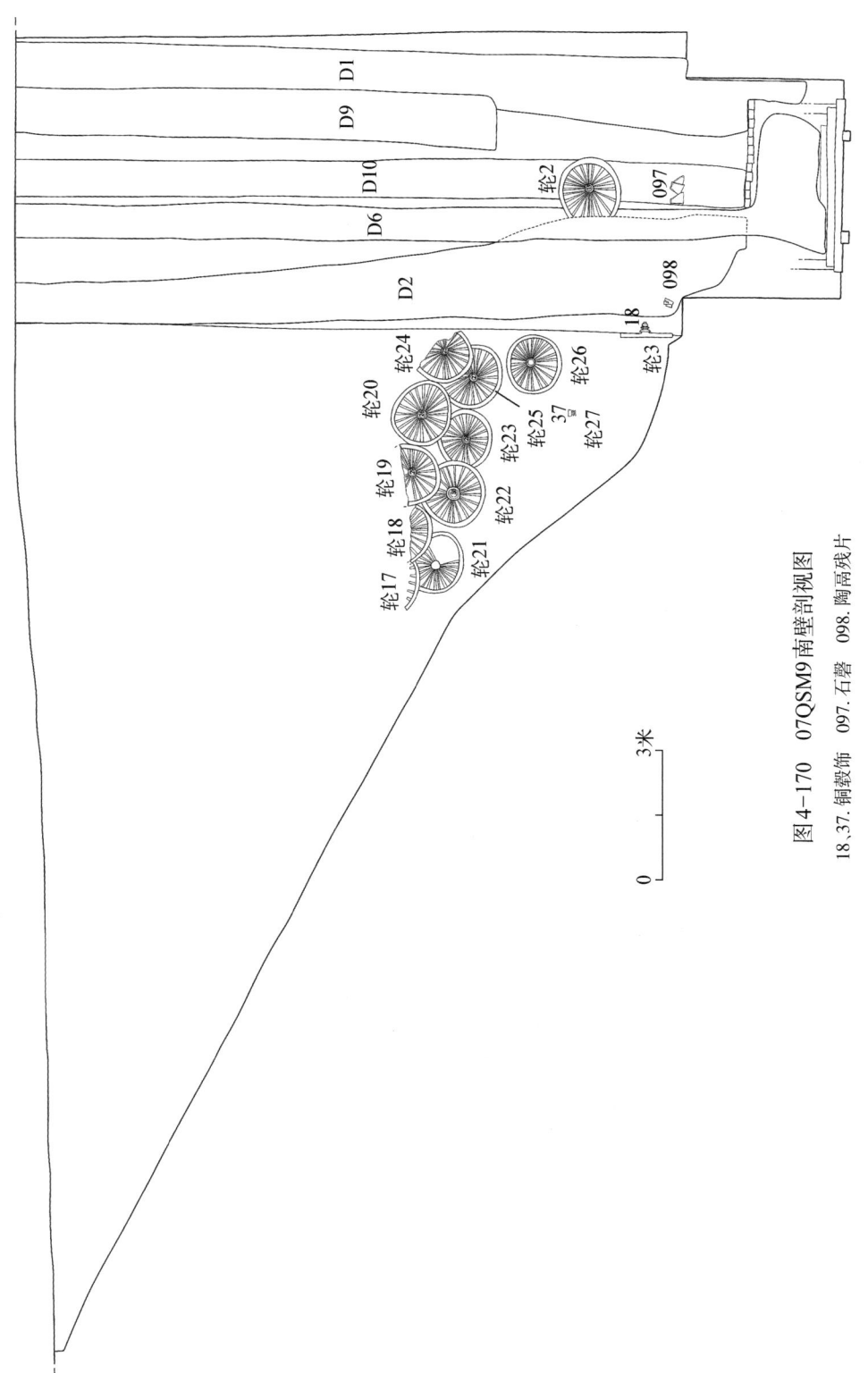

图4-170　07QSM9南壁剖视图
18.37.铜毂饰　097.石磬　098.陶隔残片

（1）椁：椁长370、宽235、高216厘米。椁盖板共19块，均南北向横向放置，由西向东长、宽依次为299×21、301×19、300×20、299×20、298×20、297×19、296×20、298×20、297×21、294×20、293×20、292×19、294×20、292×19、295×20、297×20、302×21、291×19、290×23厘米，厚均为15厘米。椁端板长出侧板，侧板两端嵌于端板内。北侧板长356、厚20厘米，南侧板长357、厚20厘米，西端板长245、厚21厘米，东端板长253、厚20厘米。椁底板共13块，均东西向纵向放置，由北向南长、宽依次为393×18、384×18、388×17、385×20、386×21、385×16、386×22、393×17、391×21、390×30、395×19、392×16、398×20厘米，厚均为18厘米。椁盖板距二层台深140厘米，椁底距二层台深350厘米。

椁下有两条南北向垫木槽，东西平行，内置东西两根长方形垫木。东端的垫木长312、宽24、厚20厘米，西端的垫木长316、宽18、厚20厘米，两根垫木间距206厘米。

（2）棺：棺位于椁室中部，仅存棺底板。棺底板共6块，均东西向纵向放置，东部被盗洞破坏，由北向南残长、宽依次为206×20、197×25、188×23、178×27、173×22、161×21厘米，厚均为19厘米。

（3）席：墓室南、西、北三壁在二层台上1.1米处有用芦席围裹的痕迹，颜色略灰黄。南、西二层台上局部有席痕（彩版一八二，2）。

5. 人骨遗骸

棺外西南角、高出棺底板约0.5米处，发现一个人头骨及少量肢骨等，葬式不明，可能为墓主。经鉴定，性别为男性，年龄50岁左右。患有龋齿。

6. 随葬品位置（图4-171）

（1）墓道

墓道内埋葬大量拆散的车部件，集中在靠近墓室的墓道西部，葬车范围占墓道全长近一半。车轮均靠立于两侧墓壁，车衡等放置于墓道中央。

墓道北壁西部出土13个车轮，均靠立于北壁，分上下四层。第1层由东向西依次为轮4、轮5、轮6、轮7，第2层由东向西依次为轮8、轮9、轮10，第3层由东向西依次为轮11、轮12、轮13，第4层由东向西依次为轮14、轮15、轮16。其中7个车轮装配有铜毂饰，轮8上有铜毂饰1套（40）、轮9上有铜毂饰1套（39）、轮11上有铜毂饰1套（41）、轮6上有铜毂饰1套（38）、轮14上有铜毂饰1套（42）、轮15上有铜毂饰1套（43）、轮16上有铜毂饰1套（44）。

墓道南壁西部出土11个车轮，除轮27清理时被破坏外，均靠立于北壁，分上下三层。由上到下，第1层由东向西依次为轮17、轮18、轮19、轮20、轮24，第2层由东向西依次为轮21、轮22、轮23、轮25，第3层为轮26、轮27。第3层车轮距墓道口深约11米。其中7个车轮装配有铜毂饰，轮19上有铜毂饰1套（29）、轮20上有铜毂饰1套（26）、轮22上有铜毂饰1套（30）、轮23上有铜毂饰1套（28）、轮24上有铜毂饰1套（25）、轮25上有铜毂饰1套（27）、轮27上有铜毂饰

1套（37）。

墓道西部放置车衡及与之连接的辀前端残段、车辕，车衡共4条，编号为衡1～衡4。其深度与北壁第2、3层车轮相当，皆平行横放，分南北两列，北列自东向西依次为衡4、衡2、衡1，南列仅见一条衡3，位置与衡2相对。这些衡上均装配有成套铜车器，軏在衡前，轭在辕后，据此可知车衡均朝向东。

衡1，位于距墓道口深约10.8米处。装配有铜轭1套（31-4）、铜辕1件（31-3）、铜衡内饰1件（31-2）、铜軏1件（31-1）（彩版一八九，1）。衡1附近还出土曲衡饰1件（45-1）、铜片1件（45-2）（彩版一八五）。

衡2，位于距墓道口深约10.1米处。西距衡1有1.6米。装配有铜轭2套（32-2、32-6）、铜辕2件（32-1、32-5）、铜軏1件（32-3）、铜衡中饰1件（32-4）（彩版一八六，1；彩版一八九，2）。

衡3，位于距墓道口深约10.2米处。装配有铜轭2套（33-2、33-7）、铜辕2件（33-1、33-6）、铜衡内饰2件（33-3、33-5）、铜軏1件（33-4）（彩版一八六，2；彩版一九〇，1）。

衡4，位于距墓道口深约8.9米处。西距衡2有2.8米。装配有铜衡末饰2件（34-1、34-8）、铜轭2套（34-3、34-7）、铜辕2件（34-2、34-6）、铜軏1件（34-4）、铜衡中饰1件（34-5）（彩版一八七、一八八；彩版一九〇，2）。

另在衡3以西的盗洞D4旁出土铜轭1套（46），衡4以东的盗洞D11旁出土铜衡末饰2件（35、36-2）、铜曲衡饰1件（36-1），表明可能还有两条装配铜车器的车衡被盗洞破坏。

（2）墓室填土

墓室东壁南端靠立车轮1个（轮3），装配有铜毂饰1套（18）。墓室南壁中部靠立车轮1个（轮2），装配有铜毂饰1套（19）。墓室北壁中部靠立车轮1个（轮1），装配有铜毂饰1套（20）。墓室东部填土内放置1条车轴，轴两端分别套有1件铜车軎（23、24）。其附近出土铜舆栏饰1件（22）、軏形舆饰1件（21）。

（3）二层台

南二层台中部放置较多车马器，出土时较散乱，应遭扰动。有铜游环1件（2-2）、铜管状络饰1件（2-1）、铜"Y"形管1件（3-1）、铜长圆管1件（3-2）、铜铃1件（4）、铜軏形舆饰3件（13、14、15）、铜轭脚4件（12-1、12-2、16、17）及残碎铜片若干（1、3-3）。

南二层台西部有两堆海贝（彩版一八三，2），附近残存朱砂、漆痕及朽木痕迹，应分属2件漆器，但器类与形制不可辨（图4-172）。东侧的1件发现海贝57件（5），海贝横竖排列整齐。西侧的1件发现海贝83件（6）（彩版一八四，1、2）。

西二层台中部出土蚌泡1件（10-1）、蚌饰10件（10-2）、海贝115件（11）（图4-173），及铜片若干（9）、蚌泡2件（7、8），附近残存漆痕与朽木痕迹，范围较大，可能为漆器，形制难辨。

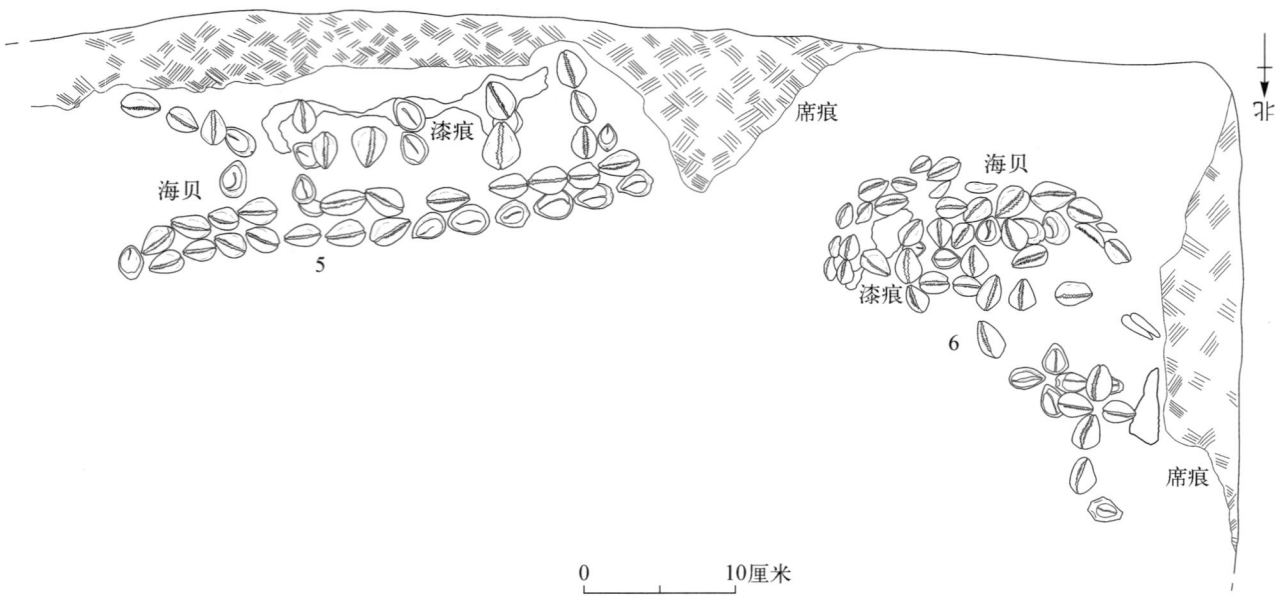

图4-172　07QSM9二层台西南角出土漆器

5、6.漆器

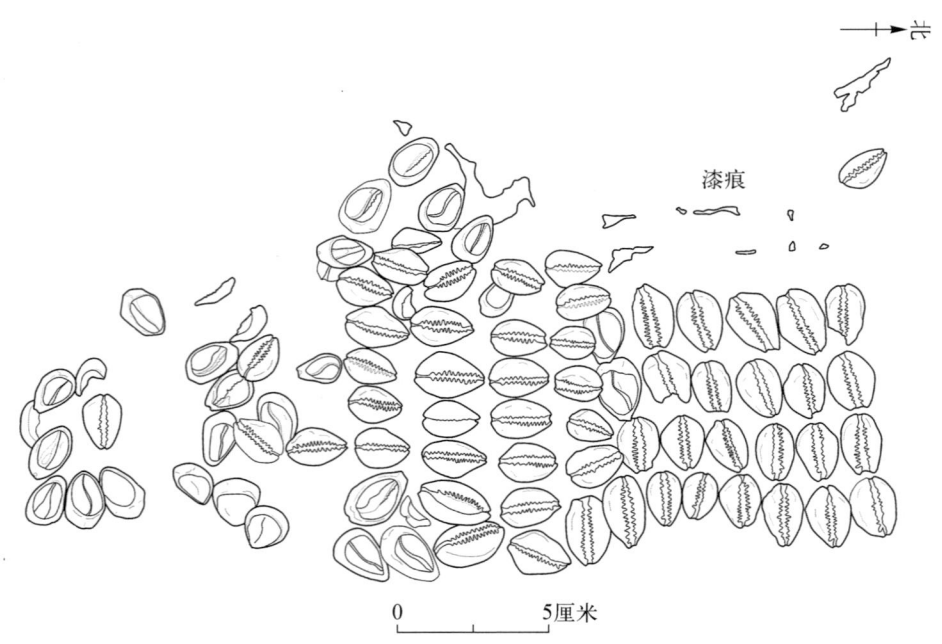

图4-173　漆器（M9：11）出土情况图

（4）盗洞

出土于D1的有：铜管状络饰10件（017-1、048）、铜泡67件（017-2、022-1、047、056、057）、铜鱼1件（017-6）、铜饰1件（017-3）、铜容器残片1件（017-4）、铜片4件（017-5、017-7、022-2、022-3）、石磬残片若干（012、035-1、035-2、036-1、036-2）、海贝44件（02、015、031、039、055）、蚌泡42件（018-1～018-6、037-1、037-4、037-8～037-10、040-2、040-3、050～054）、蚌饰7件（018-5、037-2、037-3、037-5～037-7、040-1）、骨小腰1件（023）、龟甲片34片（014、020、0102）、角镳4件（032、033、034-1、034-2）、象牙雕片2件（019、046）、原始瓷片21件（021、024～030、041～045、058～065）、陶鬲残片3件（038、092、098）。

出土于D2的有：铜饰1件（011）、蚌鱼1件（010-1）、蚌泡2件（010-5）、蚌饰5件（010-2-2～010-2-4、010-2-6、010-2-7）、骨小腰3件（08-1～08-3）。

出土于D3的有：铜管状络饰2件（013-3）、铜泡9件（013-2）、铜鱼3件（013-1）、铜饰2件（013-4、013-5）、铜片7件（013-6）、铜口沿1件（069-1）、铜容器残片2件（013-7、069-2）、石磬1件（09）、玉柄形器3件（016-1～016-3）、玉戈1件（016-4）、玉饰1件（016-5）、玉柄形器1件（066）、玉饰2件（067）、玉柄形器附饰2件（068）、海贝1件（049）、蚌泡1件（06）。

出土于D4的有：铜圈足1件（07）、铜戈1件（070）、铜輈形舆饰2件（0100-1、0100-2）、石磬1件（01）、玉柄形器附饰1件（05-1）、玉圭2件（05-2、05-3）、玉戈2件（05-4、05-5）。

出土于D5的有：玉饰6件（0103-1～0103-5、0103-7）、玉圭1件（0103-6）、海贝19件（04）、原始瓷片1片（03）。

出土于D10的有：石磬1件（097）（图4-174）。

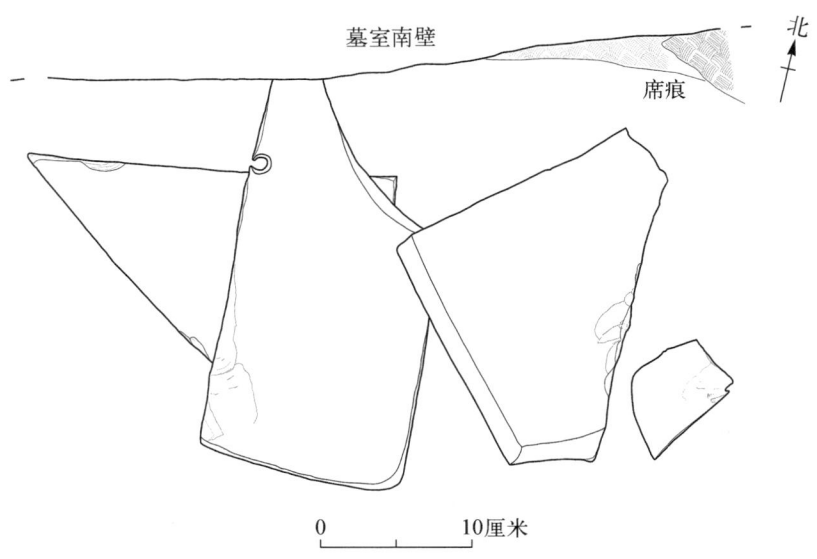

图4-174　07QSM9盗洞D10出土石磬（M9：097）

出土于D13的有：陶鬲1件（0101）、陶鬲残片1件（099）。

此外，由于墓室下部盗洞的扰乱，部分盗洞内出土器物的位置只能确定在椁室上方，或椁室内，而无法确定属于哪个盗洞。

出土于椁室上方盗洞的有：铜片8件（075）、海贝7件（072）、骨管1件（073）、龟甲2件（074、091）、铜铃1件（077）、象牙雕片1件（078）、铜器口沿1件（080）、铜兽面饰1件（083）。

出土于椁室内盗洞的有：铜镞1件（088）、铜节约1件（071）、铜管状络饰63件（081、084）、铜泡13件（086）、铜鱼15件（079）、铜饰1件（085）、铜容器残片1件（087）、铜马镳1件（089）、铜片1件（082）、角镳1件（076）、原始瓷片1件（090）、骨片2片（091）、蚌泡32件（093）、蚌鱼1件（094）、蚌饰5件（095）、海贝217件（096）。

7. 随葬品介绍

随葬品有青铜器、玉石器、原始瓷器、陶器、蚌贝器、骨角器、漆器及车共八类。

（1）青铜器

a. 容器

圈足　　1件（M9：07）。残，喇叭状，方唇，底部加厚，底面残存"人"字形席痕。残高2.1、圈足底面宽1.4厘米。重112.1克（图4-175，5；彩版一九一，1）。

口沿　　共2件。M9：069-1，侈口尖唇，厚外侧加厚成棱。残宽4.1、残高2厘米。重14.9克（图4-175，2）。M9：080，侈口尖圆唇，厚外侧加厚。残宽5、残高3.6厘米。重31.8克（图4-175，1）。

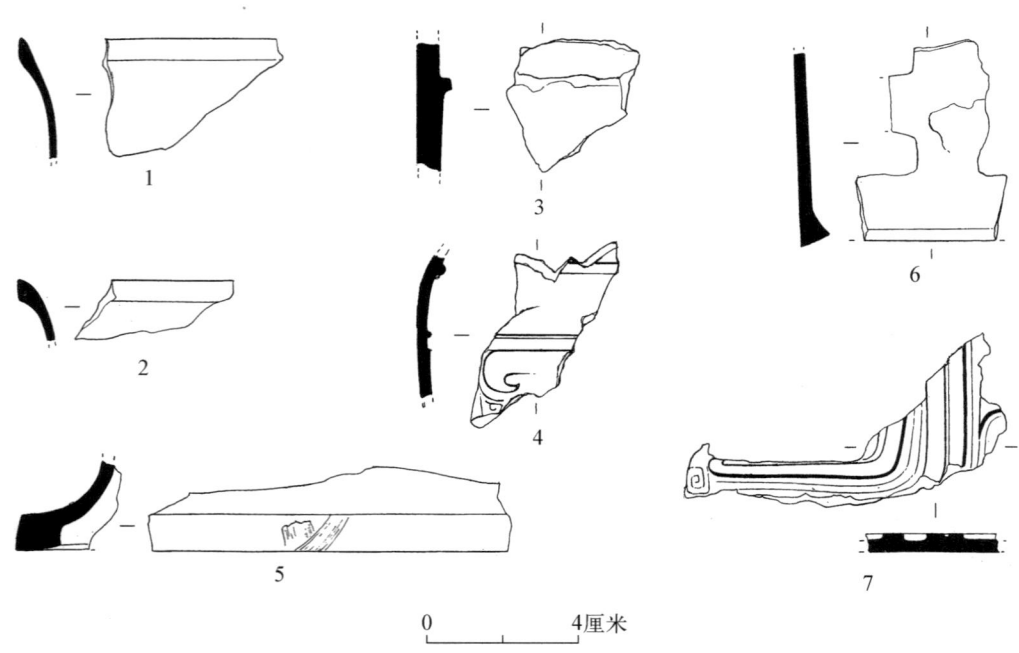

0　　　　　4厘米

图4-175　07QSM9出土铜容器

1、2. 口沿（M9：080、069-1）　3、4、6、7. 容器残片（M9：017-4、087、013-7、069-2）　5. 圈足（M9：07）

容器残片　共4件。M9：013-7，平直的片状，上有长方形镂孔，边缘外突成棱。可能为方座簋的方座底部残片。残长5.4、残宽3.9厘米。重32.7克（图4-175，6）。M9：017-4，不规则的厚重残片。残长4、宽3.2、厚0.7厘米。重34.1克（图4-175，3）。M9：069-2，残，较厚，正面饰多条阴线纹及云雷纹。可能为方座簋的方座残片。残长8.3厘米。重37.4克（图4-175，7；彩版一九一，2）。M9：087，残，弧形，正面饰旋纹及云雷纹。残长6.1厘米。重22.1克（图4-175，4）。

b. 车马器

毂饰　共17套45件。分軝、軎、軑三部分，均分铸合为一套。其中15套由軝、軎、軑各1件组成，2套由軎、軑各1件组成。为便于描述，将軝、軎、軑分类介绍，各套毂饰中軝、軎、軑的组合关系见下表（表4-16）。

表4-16　07QSM9出土车轮与装配铜毂饰的编号对照表

位置	车轮	铜毂饰		
		軝	軎	軑
墓室	轮1	20-1（A型）	20-2（A型）	20-3（A型）
	轮2	19-1（A型）	19-2（A型）	19-3（A型）
	轮3	18-1（D型）	18-2（B型）	18-3（A型）
墓道北壁	轮6	38-1（C型）	38-2（A型）	38-3（Ba型）
	轮8	40-1（B型）	40-2（B型）	40-3（Bb型）
	轮9	39-1（A型）	39-2（A型）	39-3（A型）
	轮11	41-1（A型）	41-2（A型）	41-3（Ba型）
	轮14	—	42-1（A型）	42-2（A型）
	轮15	—	43-1（A型）	43-2（A型）
墓道南壁	轮16	44-1（D型）	44-2（B型）	44-3（A型）
	轮19	29-1（D型）	29-2（B型）	29-3（A型）
	轮20	26-1（A型）	26-2（A型）	26-3（A型）
	轮22	30-1（A型）	30-2（A型）	30-3（A型）
	轮23	28-1（B型）	28-2（A型）	28-3（A型）
	轮24	25-1（A型）	25-2（A型）	25-3（A型）
	轮25	27-1（A型）	27-2（A型）	27-3（A型）
	轮27	37-1（C型）	37-2（B型）	37-3（Bb型）

辖　共15件。圆筒状，内端一般略小于外端，器壁有圆形或方形穿孔，素面。根据挡头及器身宽度的不同，分四型：

A型　共8件。外端无挡头，器身较窄，器壁外端较内端厚。M9：19-1，有两个对称的方形钉孔，宽3.3、内端径10.9厘米，外端内径11、外径11.8厘米。重193.1克（图4-176，1）。M9：20-1，有两个对称的方形钉孔，宽3.2、内端径10.6厘米，外端内径11、外径11.7厘米。重183.8克（图4-180，1）。M9：25-1，局部被压裂，有两个对称的方形钉孔。宽4.1、内端径11.4厘米，外端内径11.4、外径11.9厘米。重252.3克（图4-176，4）。M9：26-1，有三个方形钉孔，其中一孔未穿透。宽3.6、内端径11.5厘米，外端内径11.8、外径12.7厘米。重306.5克（图4-178，4）。M9：27-1，有两个对称的方形钉孔。宽4.1、内端径11.5厘米，外端内径11、外径11.8厘米。重358.4克（图4-177，4）。M9：30-1，有两个对称的方形钉孔。宽4.2、内端径11.2厘米，外端内径11.1、外径11.7厘米。重290克（图4-178，1）。M9：39-1，器壁较薄，有两个对称的方形钉孔。宽3.2、内端径10.5厘米，外端内径10.4、外径10.8厘米。重141.8克（图4-177，1）。M9：41-1，宽3、内端径11.5厘米，外端内径11.4、外径12.1厘米。重214.8克（图4-182，1）。

B型　2件。M9：28-1、40-1，形制、大小基本相同。外端有内折的挡头，挡头较宽、微鼓，上有三个均匀分布的圆孔，器身较宽，壁较厚，内外两端大小近同。M9：28-1，宽5.8、内端径11.4厘米，外端内径6.8、外径11.4厘米。重507.6克（图4-184，1）。M9：40-1，宽5.6、内端径11厘米，外端内径6.8、外径11.2厘米。重464.3克（图4-184，4；彩版一九一，3）。

C型　2件。M9：37-1、38-1，形制、大小基本相同。外端有内折的挡头，挡头较窄、平齐，器身较宽，有四个不完全对称的圆形钉孔。M9：37-1，宽5.7、内端径12厘米，外端内径10.1、外径12.6厘米。重398.2克（图4-183，1）。M9：38-1，宽5.7、内端径12.4厘米，外端内径9.9、外径12.2厘米。重447.4克（图4-183，4）。

D型　3件。外端有内折的挡头，挡头极窄，器身较窄。M9：18-1，宽2.9、内端径10.1厘米，外端内径9.8、外径10.9厘米。重200.9克（图4-180，4）。M9：29-1，宽2.8、内端径10.5厘米，外端内径10、外径11.1厘米。重224.2克（图4-181，1）。M9：44-1，宽2.8、内端径10.3厘米，外端内径10、外径11.1厘米。重192.3克（图4-181，4；彩版一九一，4）。

軎　共17件。圆形圈状，器壁较窄，内外两端口径相若，中部外凸成棱，内壁一般相应内凹成槽，器表无纹饰，无钉孔。根据器壁特征分两型：

A型　共12件。器壁中部有"∧"形凸棱。M9：19-2，残断，宽1.7、内径9.9～10.7、外凸径11.5～12.7厘米。重134.4克（图4-176，2）。M9：20-2，残断，器壁内侧平直，无凹槽。宽1.8、内径9.8～10.9、外凸径12～12.8厘米。重173克（图4-180，2）。M9：25-2，残断，宽2.1、内径11.8、外凸径13.3厘米。重223.5克（图4-176，5）。M9：26-2，宽1.7、内径10.8、外凸径12.9厘米。重183.1克（图4-178，5）。M9：27-2，残断，宽2、内径11.9、外凸径13厘米。重

212.9克（图4-177,5）。M9:28-2,残断,宽1.6、内径10.9、外凸径12厘米。重124.5克（图4-184,2）。M9:30-2,宽2.2、内径11.7～12.1、外凸径12.5～13.4厘米。重253.4克（图4-178,2）。M9:38-2,宽2.2、内径12.4～13.3、外凸径14.7厘米。重199.8克（图4-183,5）。M9:39-2,残断,宽1.6、内径11.1、外凸径12.2厘米。重110.3克（图4-177,2）。M9:41-2,宽1.7、内径11.3、外凸径12.7厘米。重127.3克（图4-182,2）。M9:42-1,残断,宽1.7、内径10.6、外凸径13.3厘米。重94.4克（图4-179,1）。M9:43-1,残断,宽2、内径12.9、外凸径14厘米。重137.6克（图4-179,3）。

B型　共5件。器壁中部有"⌒"形凸棱。M9:18-2,残断,宽1.7、内径9.7、外凸径11.2厘米。重73.3克（图4-180,5）。M9:29-2,残断,残存部分被压扁,宽1.7、内径8.8～10.1、外凸径12.2厘米。重81.4克（图4-181,2）。M9:37-2,残断,宽1.4、内径11.5、外凸径12.7厘米。重131.6克（图4-183,2）。M9:40-2,残断,宽1.4、内径10.7～11.2、外凸径12.7～13.3厘米。重166.1克（图4-184,5;彩版一九一,5）。M9:44-2,残断,宽1.7、内径9.8、外凸径11厘米。重98.4克（图4-181,5）。

軝　共17件。圆形圈状,内端径大于外端,器壁常见钉孔,素面。根据器壁特征,分两型:

A型　共13件。斜壁。M9:18-3,残断,残存部分有一个方形钉孔。宽3.4、内端径11.3、外端径10.7厘米。重133.6克（图4-180,6）。M9:19-3,仅存一小段。宽2.4厘米。重31.8克（图4-176,3）。M9:20-3,残断,残存部分有一个方形钉孔。宽3.4厘米。重140.3克（图4-180,3）。M9:25-3,残断,壁面微内凹。宽2.6、内端径14.6、外端径14.5厘米。重248.6克（图4-176,6）。M9:26-3,宽2.7、内端径14.1、外端径12.9厘米。重181.4克（图4-178,6）。M9:27-3,残断。宽2.1、内端径14、外端径12.8厘米。重133.6克（图4-177,6）。M9:28-3,残断,壁面微内凹。宽2.4、内端径15.1、外端径13.3厘米。重200克（图4-184,3）。M9:29-3,残断。宽2.5厘米。重67.9克（图4-181,3）。M9:30-3,残断,壁面微内凹。宽2.5、内端径14.7、外端径13.3厘米。重210.3克（图4-178,3）。M9:39-3,残断,器内壁有一个未穿透的方形钉孔。宽2.9、内端径12.5、外端径11.3厘米。重123.8克（图4-177,3）。M9:42-2,残断,有对称的两个方形穿孔。宽2.8、内端径12.5、外端径11.1厘米。重66.4克（图4-179,2）。M9:43-2,残断,有对称的四个圆形钉孔。宽2.6、内端径15.1、外端径13.7厘米。重172.9克（图4-179,4）。M9:44-3,残断,有两个对称的方形钉孔,其中一孔未透,仅内壁可见。宽2.8、内端径13.2、外端径12.1厘米。重153.9克（图4-181,6）。

B型　共4件。多级坡状壁。根据器壁为二级或三级,分两亚型:

Ba型　共2件。器壁呈二级坡状。M9:38-3,有对称的四个方形钉孔。宽2.4、内端径16.5、外端径13.7厘米。重176.1克（图4-183,6）。M9:41-3,有对称的四个方形钉孔。宽2.5、内端径16.3、外端径13.6厘米。重179.4克（图4-182,3）。

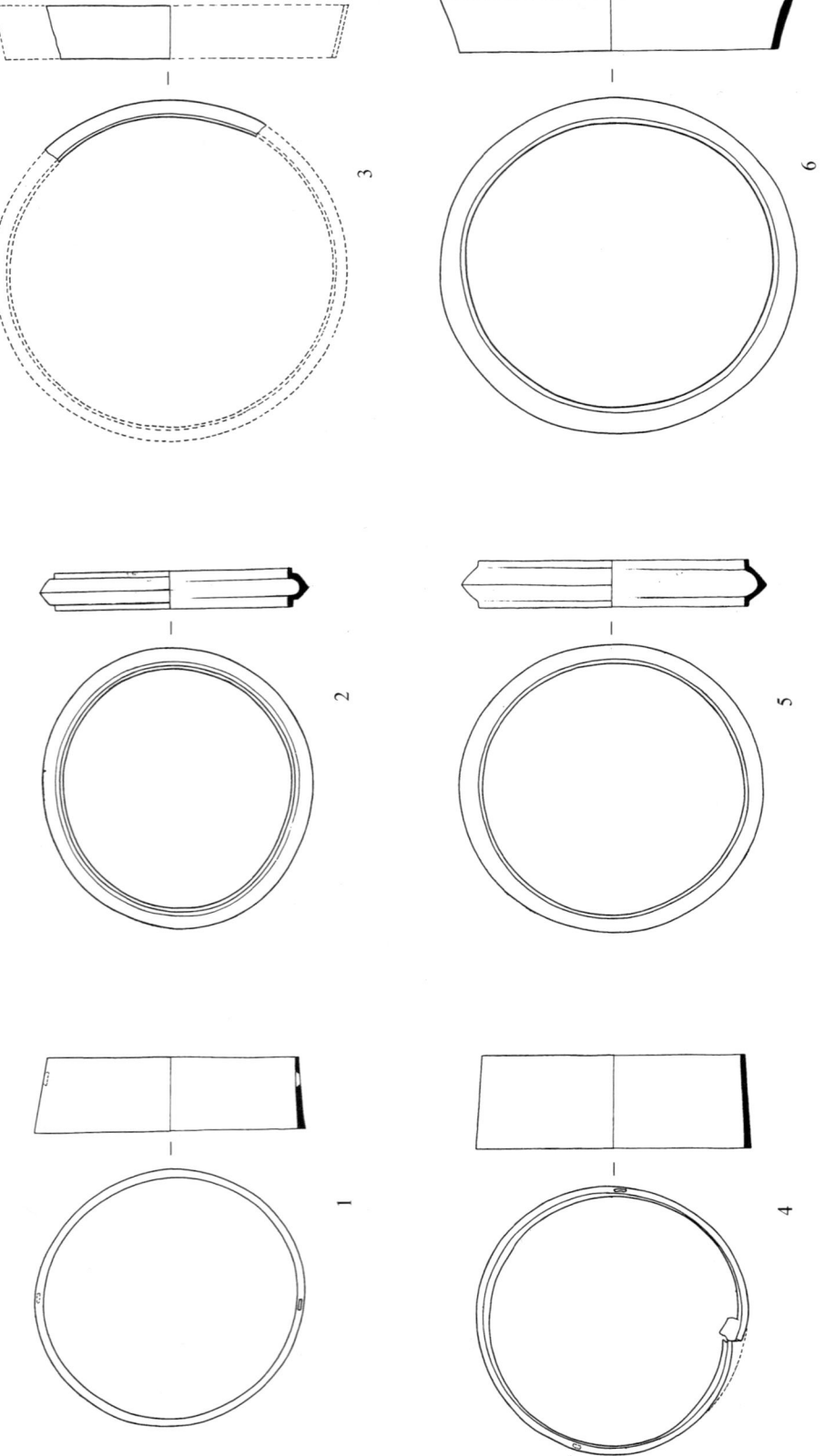

0 ├─────┤ 6厘米

图4-176　07QSM9出土轮2与轮24装配铜毂饰

1~3. 轮2毂饰（A型辐M9：19-1、A型辋M9：19-2、A型軹M9：19-3）　4~6. 轮24毂饰（A型辋M9：25-1、A型辐M9：25-2、A型軹M9：25-3）

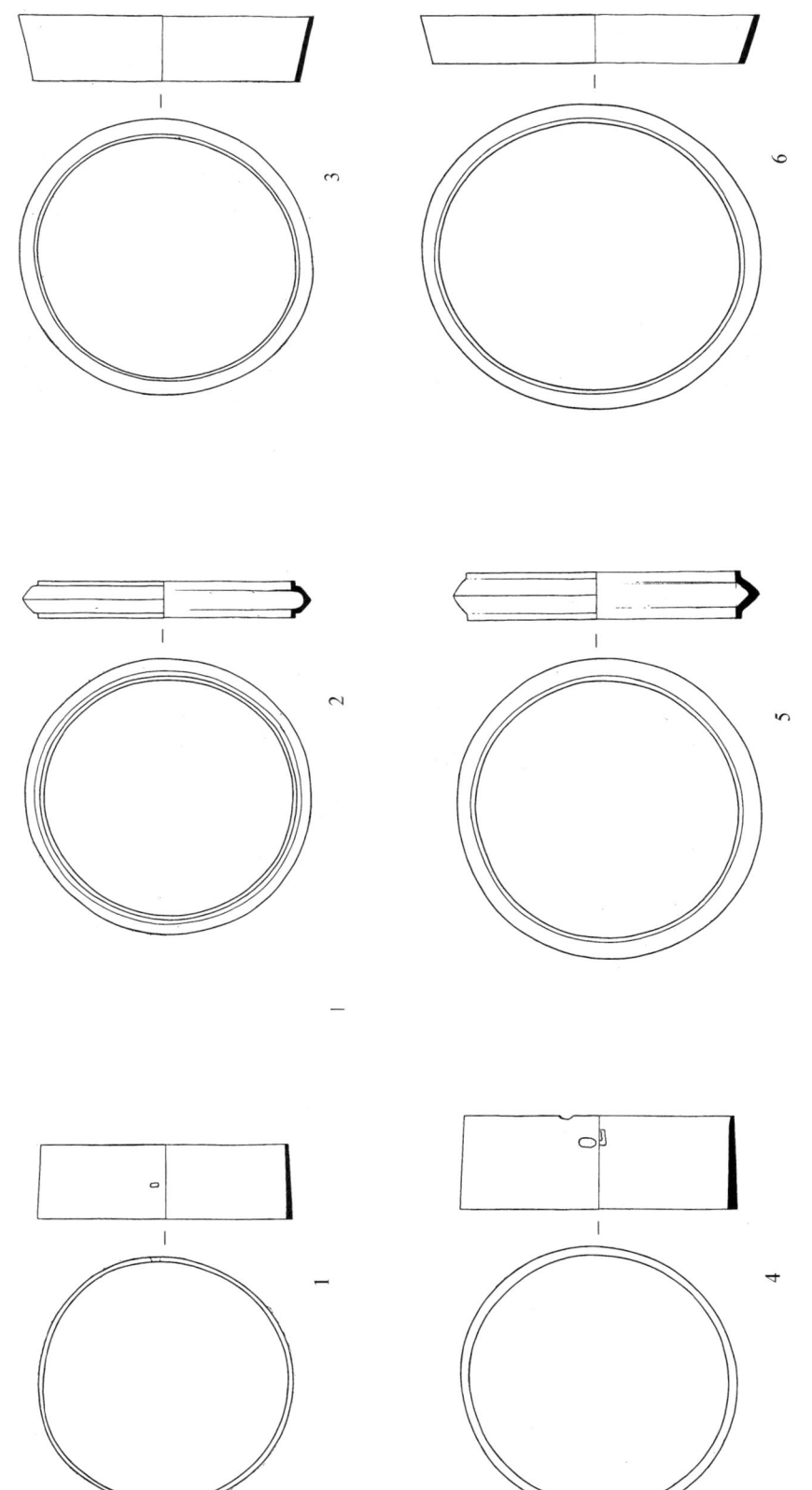

0 ——————— 6厘米

图4-177　07QSM9出土轮9与轮25装配铜毂饰

1～3.轮9毂饰（A型軝 M9：39-1、A型軏 M9：39-2、A型軏 M9：39-3）　4～6.轮25毂饰（A型軝 M9：27-1、A型軏 M9：27-2、A型軏 M9：27-3）

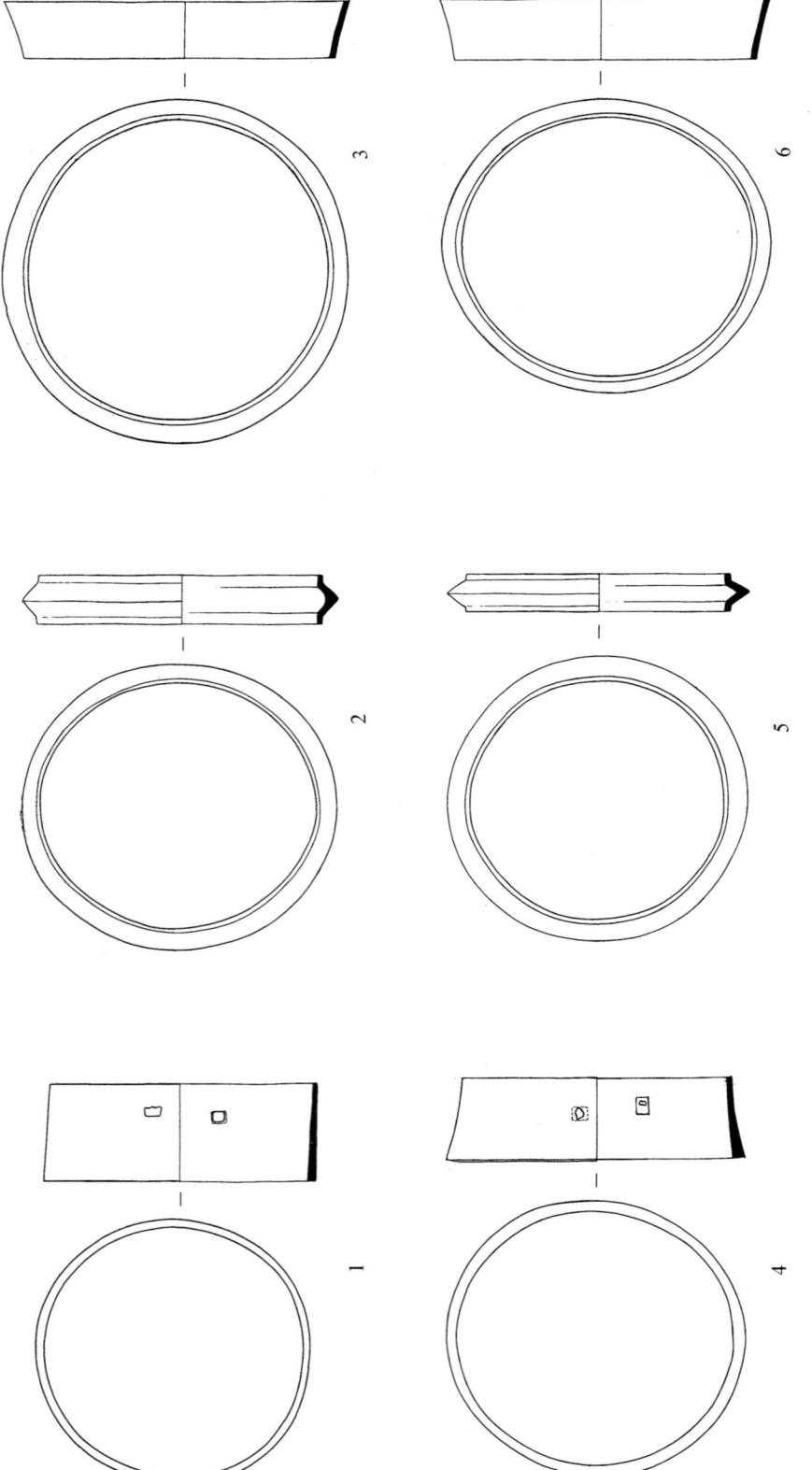

0 ___ 6厘米

图4-178 07QSM9出土轮20与轮22装配铜毂饰

1～3. 轮22毂饰（A型辐 M9：30-1、A型軎 M9：30-2、A型軎 M9：30-3） 4～6. 轮20毂饰（A型辐 M9：26-1、A型軎 M9：26-2、A型軎 M9：26-3）

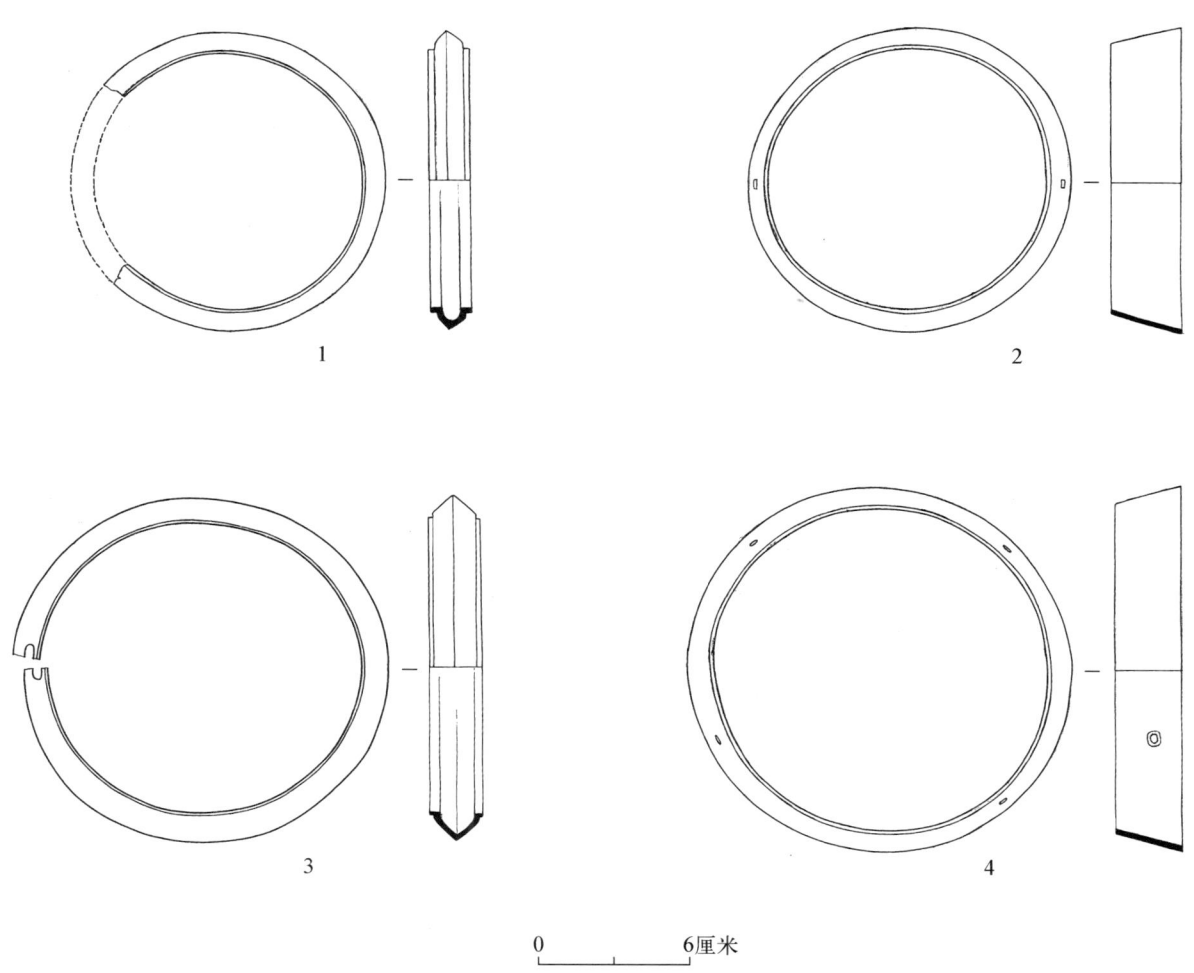

图 4-179　07QSM9出土轮 14 与轮 15 装配铜毂饰

1、2. 轮 14 毂饰（A 型軎 M9：42-1、A 型軔 M9：42-2）　3、4. 轮 15 毂饰（A 型軎 M9：43-1、A 型軔 M9：43-2）

　　Bb 型　共 2 件。器壁呈三级坡状。M9：37-3，宽 2.8、内端径 15.7、外端径 13.1 厘米。重 221.9 克（图 4-183，3）。M9：40-3，宽 2.8、内端径 15.7、外端径 13.1 厘米。重 286.1 克（图 4-184，6；彩版一九一，6）。

　　车軎　共 2 件。M9：23、24，均残，辖孔处破损，形制、大小基本相同。为斜壁圆筒状，口端较粗，以纳木轴，顶端封闭，较细，顶面平齐。器身中部有一周凸棱，分軎为内外两节，外节略长于内节，内节素面，有两个对穿的长方形辖孔，以纳辖键，外节饰一周四个长三角纹，顶部饰涡纹（彩版一九三，3）。軎内残存车轴朽木（彩版一九三，4）。M9：23，口径 6.2、顶径 5 厘米，辖孔长 3.3、宽 1.6 厘米，通长 15 厘米。重 483.1 克（图 4-185，2、3；彩版一九三，1）。M9：24，口径 6.1、顶径 4.9 厘米，辖孔长 3、宽 1.4 厘米，通长 14.7 厘米。重 498.4 克（图 4-185，1；彩版一九三，2）。

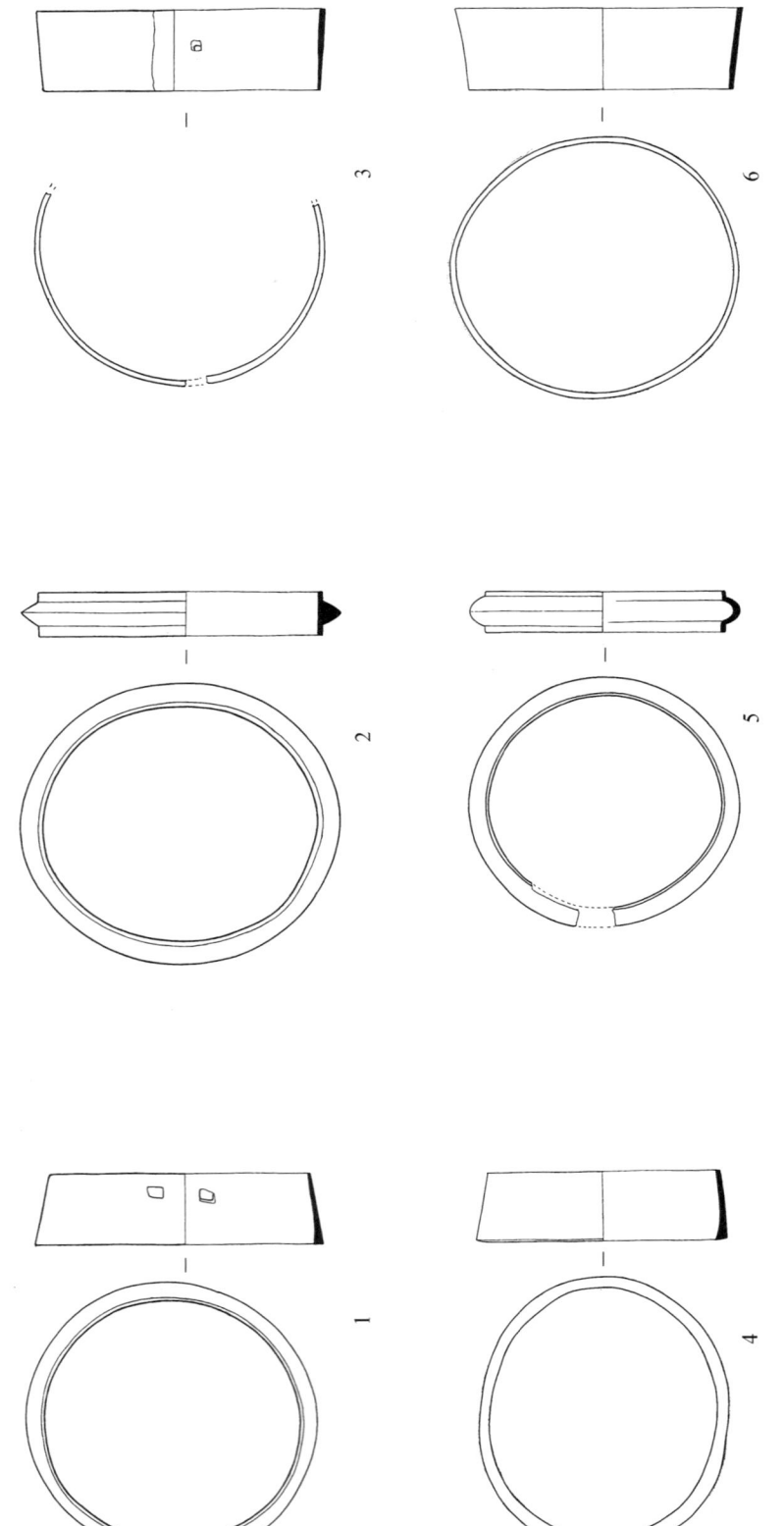

图4-180　07QSM9出土轮1与轮3装配铜毂饰

1～3.轮1毂饰（A型軑M9：20-1、A型軔M9：20-2、A型軔M9：20-3）　4～6.轮3毂饰（D型軝M9：18-1、B型軔M9：18-2、A型軔M9：18-3）

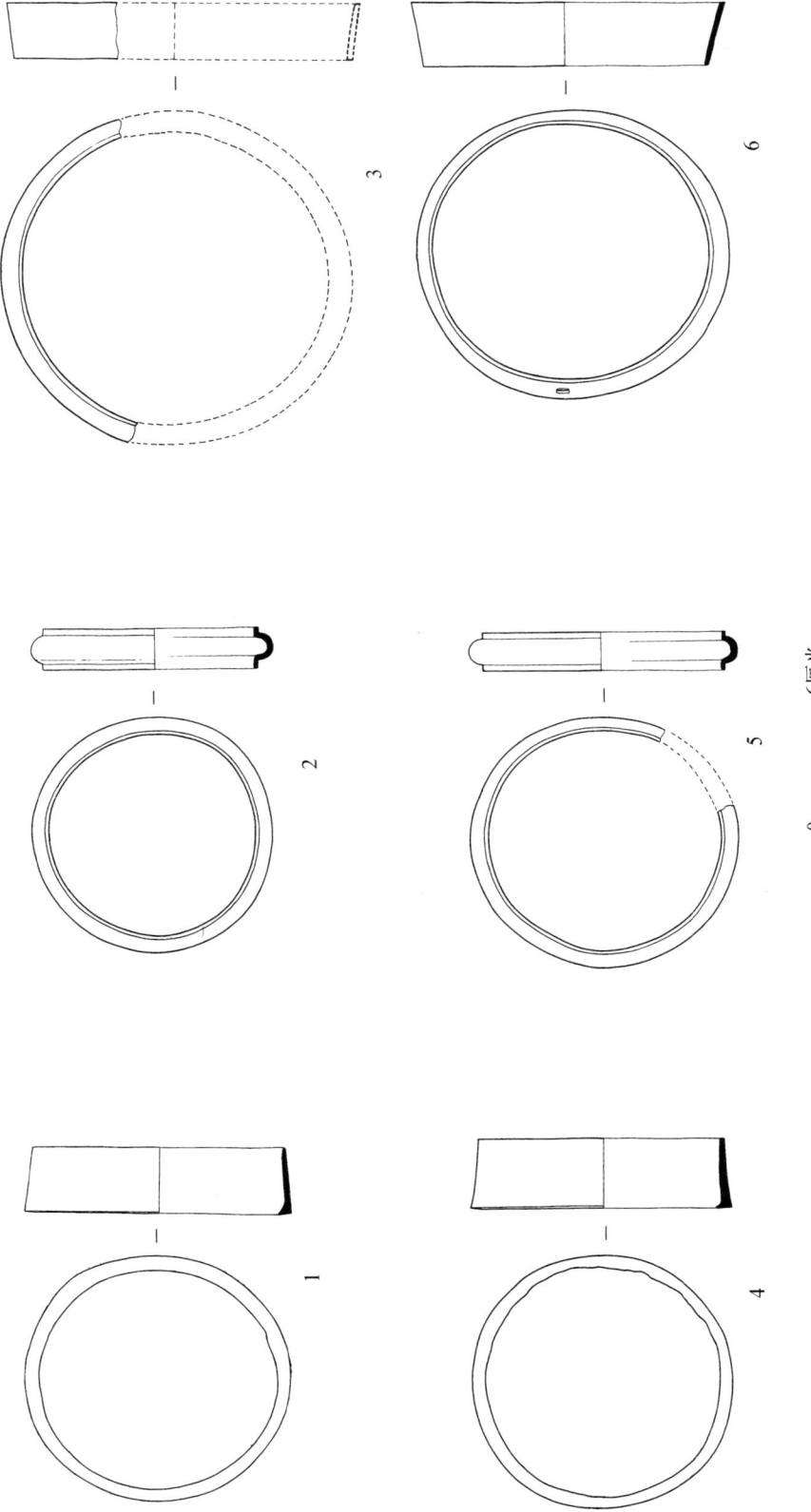

图4-181　07QSM9出土轮16与轮19装配铜毂饰

1～3. 轮19毂饰（D型軎 M9：29-1，B型辖 M9：29-2、A型軎 M9：29-3）　4～6. 轮16毂饰（D型軎 M9：44-1，B型辖 M9：44-2、A型軎 M9：44-3）

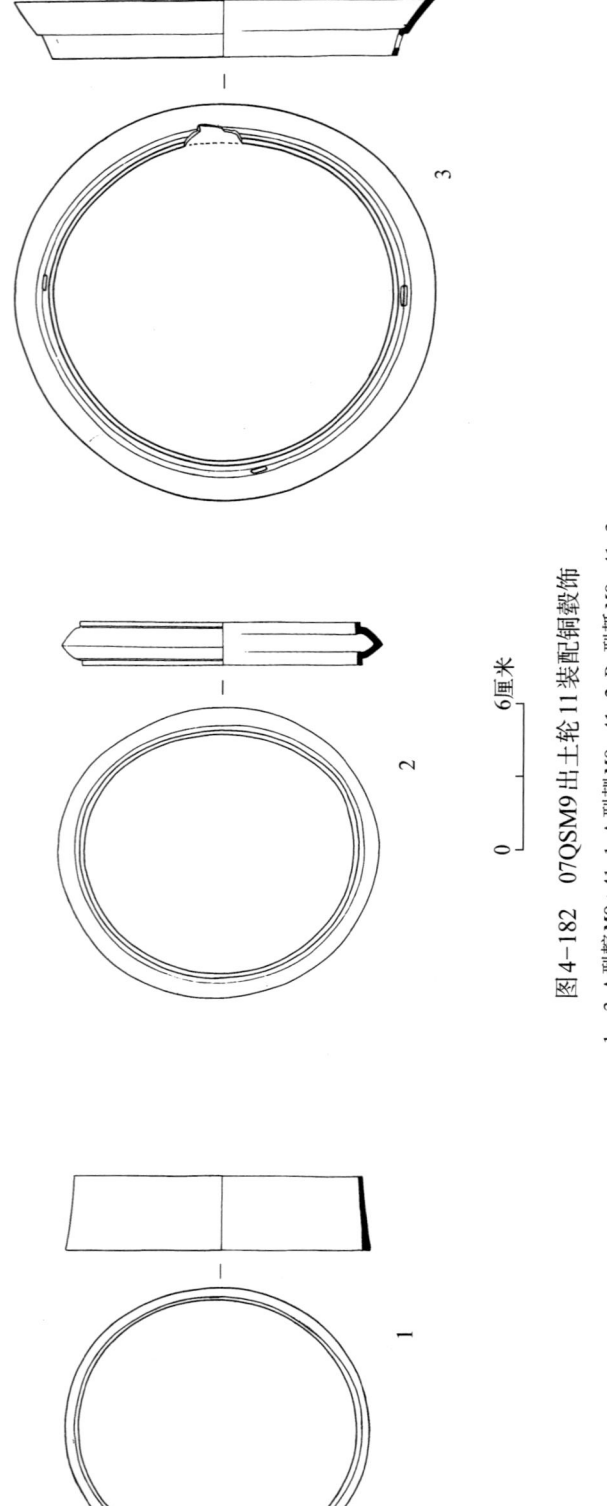

0 　　　　　　 6厘米

图4-182　07QSM9出土轮11装配铜毂饰
1～3. A型舝 M9：41-1、A型軎 M9：41-2、Ba型軧M9：41-3

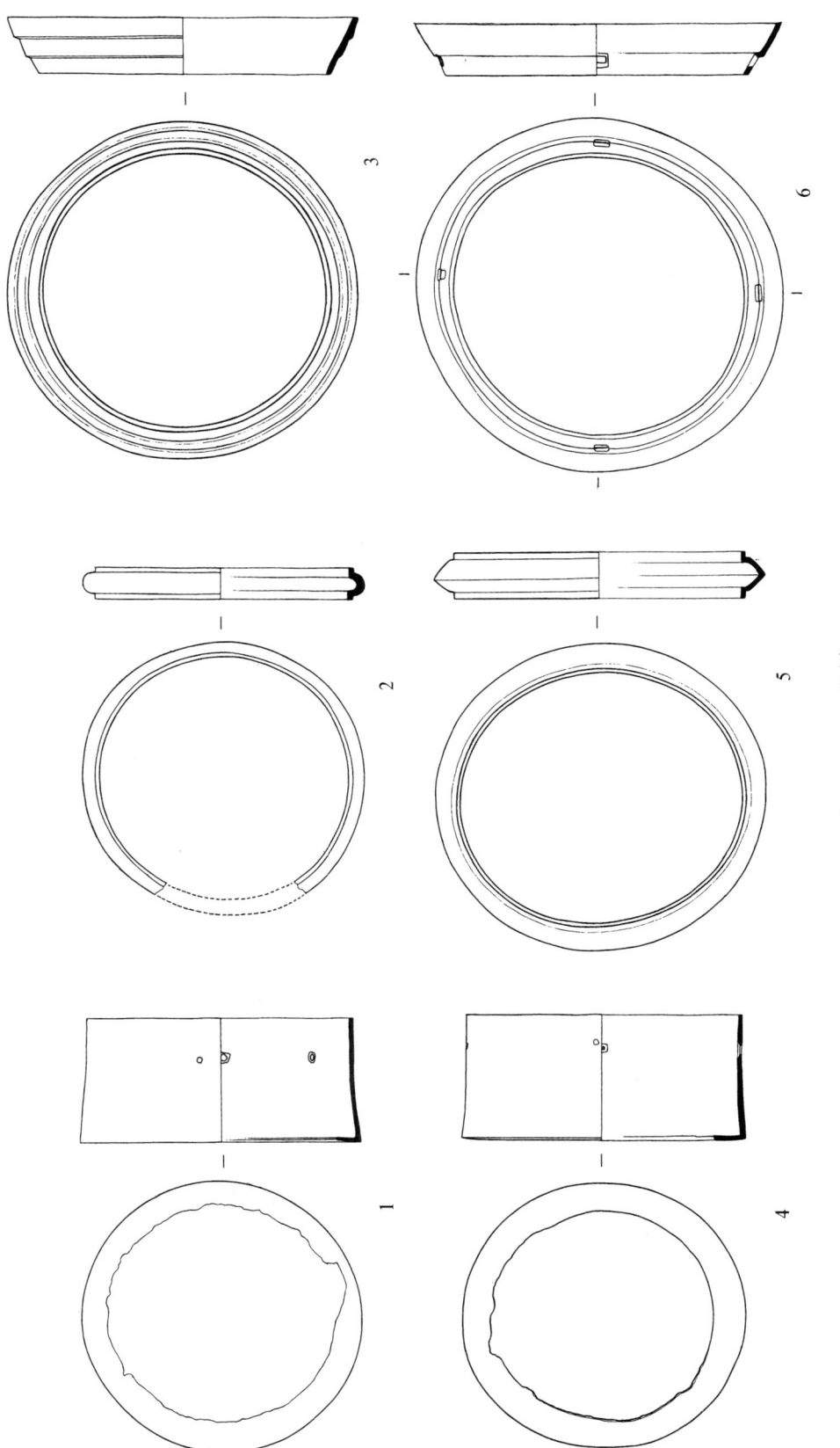

图4-183　07QSM9出土轮6与轮27装配铜毂饰

1～3. 轮27毂饰（C型軝M9：37-1，B型軝M9：37-2，Bb型軝M9：37-3）　4～6. 轮6毂饰（C型軝M9：38-1，A型軝M9：38-2、Ba型軝M9：38-3）

0　　　　　　6厘米

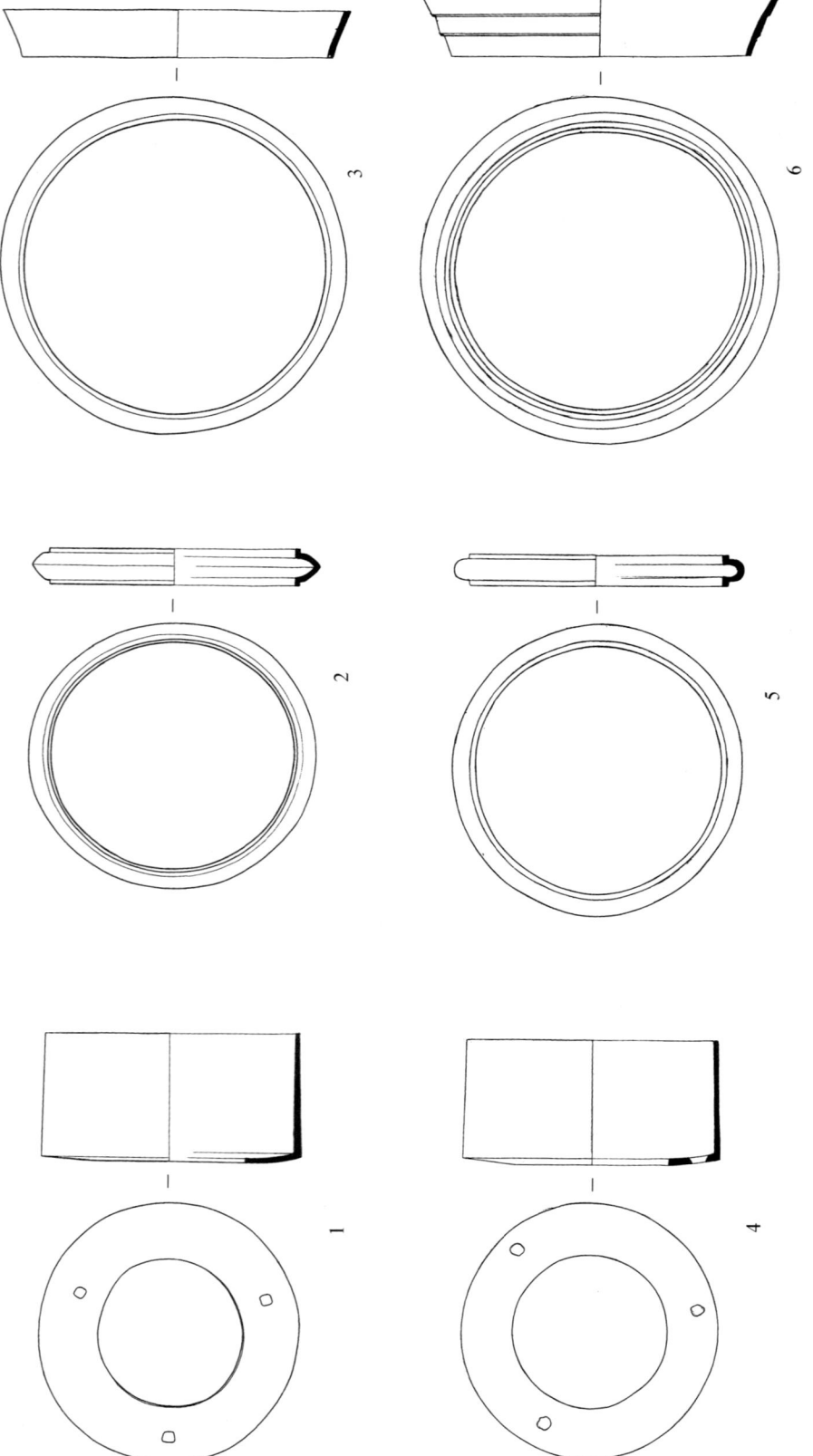

0　　　　　　　6厘米

图4-184　07QSM9出土轮8与轮23装配铜毂饰

1～3. 轮23毂饰（B型辖 M9：28-1，A型軎 M9：28-2，A型辖 M9：28-3）　4～6. 轮8毂饰（B型辖 M9：40-1，B型軎 M9：40-2，Bb型軎 M9：40-3）

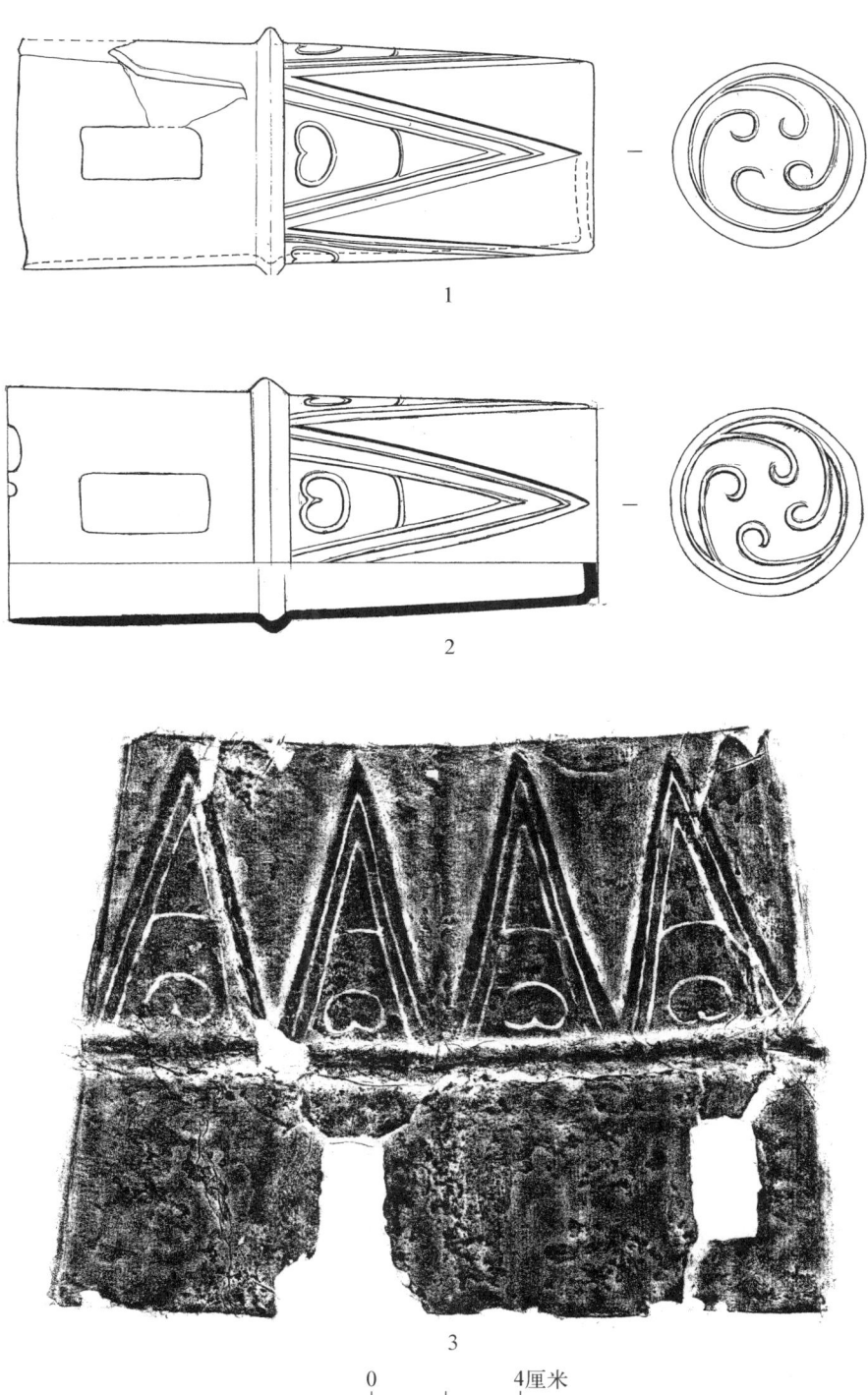

0　　　　　　　4厘米

图4-185　07QSM9出土铜车軎

1. M9：24　2、3. M9：23及纹饰拓本

衡中饰　共2件。M9：32-4，为带提梁的长圆管，近两端处各有两周旋纹，两端截面为横椭圆形，器表有多个不规则钉孔。提梁位于器身中部，中间略凹，饰以多条阴线纹表现绳索状。长16.9、高6.6厘米，管长径4.9、短径4.2厘米，提梁长7.7厘米。重431.7克（图4-187，1；彩版一九三，5）。M9：34-5。由两个大小相同的窄圆管用一个中间略凹的提梁连接在一起，器表光素无纹。长11.4、高6.9厘米，圈长3.1、径4.2～4.4厘米，提梁长9.1厘米。重212.7克（图4-191，7；彩版一九三，6）。

衡内饰　共3件。中通的圆管状，两端各有三个尖齿，饰三角纹内填变形蝉纹，近中腰处有两周旋纹。M9：31-2，齿长5.2、筒径5、通长13.5厘米。重245.7克（图4-186，1；图4-193，2；彩版一九四，1）。M9：33-3、33-5，形制、大小几乎完全相同，装配于衡3上。器表残存"人"字形席痕（彩版一九四，4）。M9：33-3，齿长5.4、筒径5.4、通长13.6厘米。重201.4克（图4-188，2；彩版一九四，3）。M9：33-5，齿长4.6、筒径5.2、残长12.5厘米。重203.2克（图4-188，1；彩版一九四，2）。

輨　共7件，其中6件为成对的3副。底部是一个圆形长管，里侧粗，外侧细，用以纳衡，其上左右两端各有一个圆环，两环之间底部的铜管加高，截面呈瓜子形或瓢形，中部前后各有一对圆形穿孔。M9：31-3，长圆管内端截面近圆形，外端截面为横椭圆形，中部截面呈瓜子形，底部有一个长方形孔，圆管正反两面有多个不规则的长条形穿孔，通体无纹饰。长28.5、高12.5厘米，圆管外端径3.2～3.5、内端径4.5厘米，圆环径6.2、圆孔径1.6厘米，底孔长19.1、宽1.6厘米。重870克（图4-186，2；彩版一九四，5）。M9：32-1、32-5，形制、大小基本相同，装配于衡2上。长圆管近内外两端处各饰两周旋纹，两端截面均为横椭圆形，中部截面呈瓜子形，底部有一个长方形孔，圆管正反两面各有四个近方形穿孔，两环以多条阴线纹表现为绳索状。M9：32-1，长29.6、高10.5厘米，圆管外端长径3、短径2.6厘米，内端长径4.4、短径3.8厘米，圆环径5.8、圆孔径1.4厘米，底孔长6.8、宽1.2厘米。重900克（图4-187，3）。M9：32-5，长29.5、高10.3厘米，圆管外端长径3、短径2.6厘米，内端长径4.4、短径3.7厘米，圆环径5.9、圆孔径1.4厘米，底孔长6.7、宽1.2厘米。重970克（图4-187，2）。M9：33-1、33-6，形制相同，大小有异，装配于衡3上。长圆管内端截面近圆形，外端截面为横椭圆形，中部截面呈瓜子形，底部有一个长方形孔，通体无纹饰。M9：33-1，圆管一面近两端处各有一个长条形穿孔，另一面近外端处有一个长条形穿孔。器表残存"人"字形席痕。M9：33-6，残，较上器略短，底部长方形孔的两端为不规则圆弧，圆管一面有四个长条形穿孔，另一面中部有一个长条形穿孔。M9：33-1，长31.7、高12.2厘米，圆管外端径3.3、内端径4.5厘米，圆环径6.6、圆孔径2.1厘米，底孔长25、宽2厘米。重1 080克（图4-188，4；彩版一九五，1）。M9：33-6，长29.6、高12.5厘米，圆管外端长径3.6、短径3.2厘米，内端径4.5厘米，圆环径6.5、圆孔径1.8厘米，底孔长20.4、宽2.6厘米。重800克（图4-188，3；彩版一九四，6）。M9：34-2、34-6，形制、大小基本相同，装配于衡4上。长圆管近内外两端处各饰一周旋纹，两端截面均为圆形，中部截面呈瓢形，两环为绳索状。M9：34-2，底部有一大两小三个长方形孔。长26、高9.4厘米，圆管外端径3、内端径3.8厘米，圆环径5.2、圆孔径1.4厘米，底部大孔长7.7、宽1.7厘米。重670克（图4-189，2；彩版一九五，3）。M9：34-6，底部有一个长方形孔。长25.8、高9.2厘米，圆管外端径2.9、内端径3.7厘米，圆环径5.4、圆孔径1.4厘米，底孔长7.3、宽1.8厘米。重830克（图4-189，1；彩版一九五，2）。

曲衡饰　共2件。弯曲近"L"形的圆管状，两端口部近圆形，大小略有不同，管壁两侧各有两个穿孔，通体素面无纹饰。M9：36-1，长7.8、宽8.7、较大一端口径2.5、较小一端口径2.1厘米。重118.9克（图4-190，2；彩版一九六，1）。M9：45-1，长7.8、宽8.9、较大一端口径2.4、较小一端口径1.9厘米。重106.1克（图4-190，3；彩版一九六，2）。

衡末饰　共4件。根据整体形制差异，可分两型：

A型　共3件。外端封闭的圆形铜帽或铜管。M9：34-1、34-8，形状、大小基本相同，装配于衡4两端。圆帽状，外端中央有一个圆形穿孔。M9：34-1，长1.7、口端径2.7、孔径0.4厘米。重24.2克（图4-191，6）。M9：34-8，长1.7、口端径2.6、孔径0.3厘米。重22.9克（图4-191，5；彩版一九六，5）。M9：35，位于东墓道中部偏西处，圆管状，外端微弧，器壁近口端有两个对称的方形钉孔。长5.1、口端径2.7、外端径2.5厘米。重58.4克（图4-192，7）。

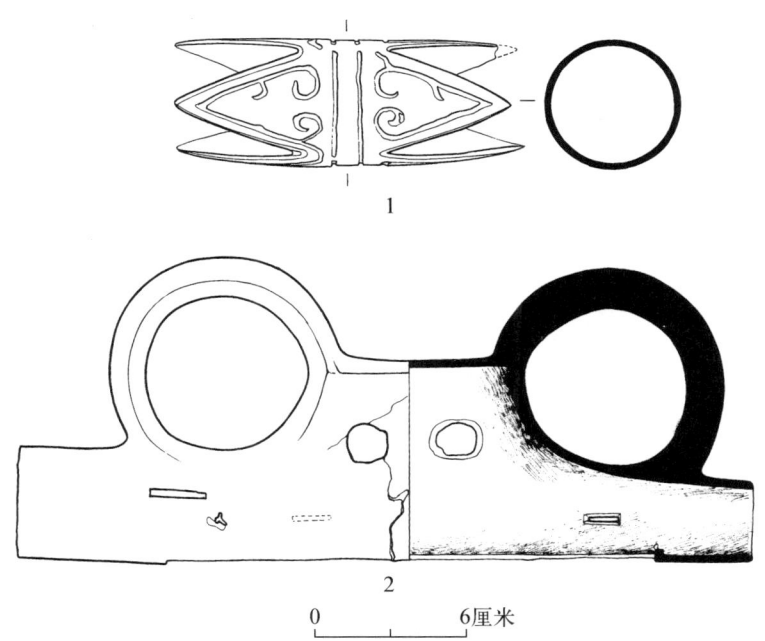

图4-186　07QSM9出土衡1装配铜车器
1.衡内饰（M9：31-2）　2.軎（M9：31-3）

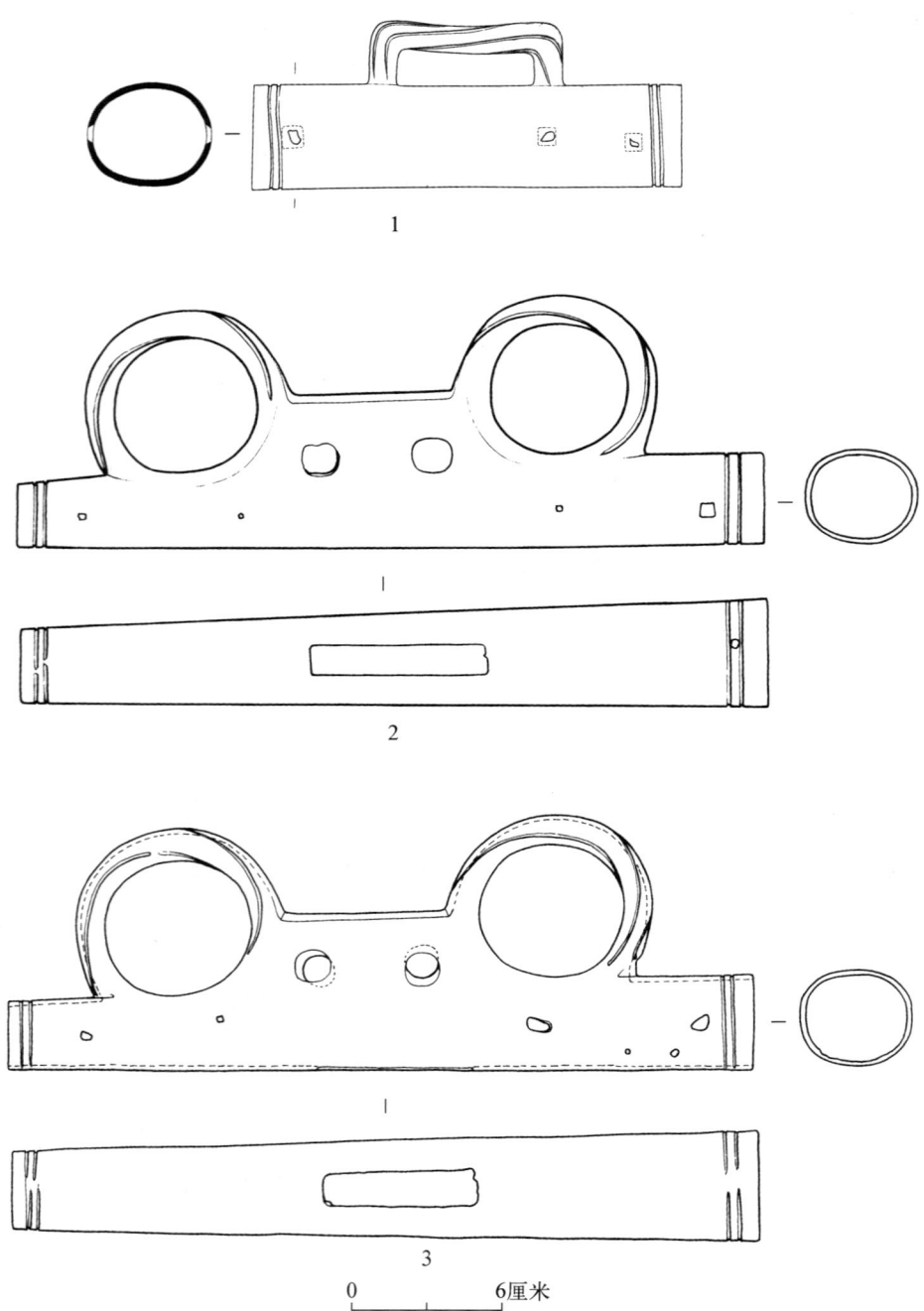

1

2

3

0　　　　　　6厘米

图4-187　07QSM9出土衡2装配铜车器
1.衡中饰（M9：32-4）　2、3.辕（M9：32-5、32-1）

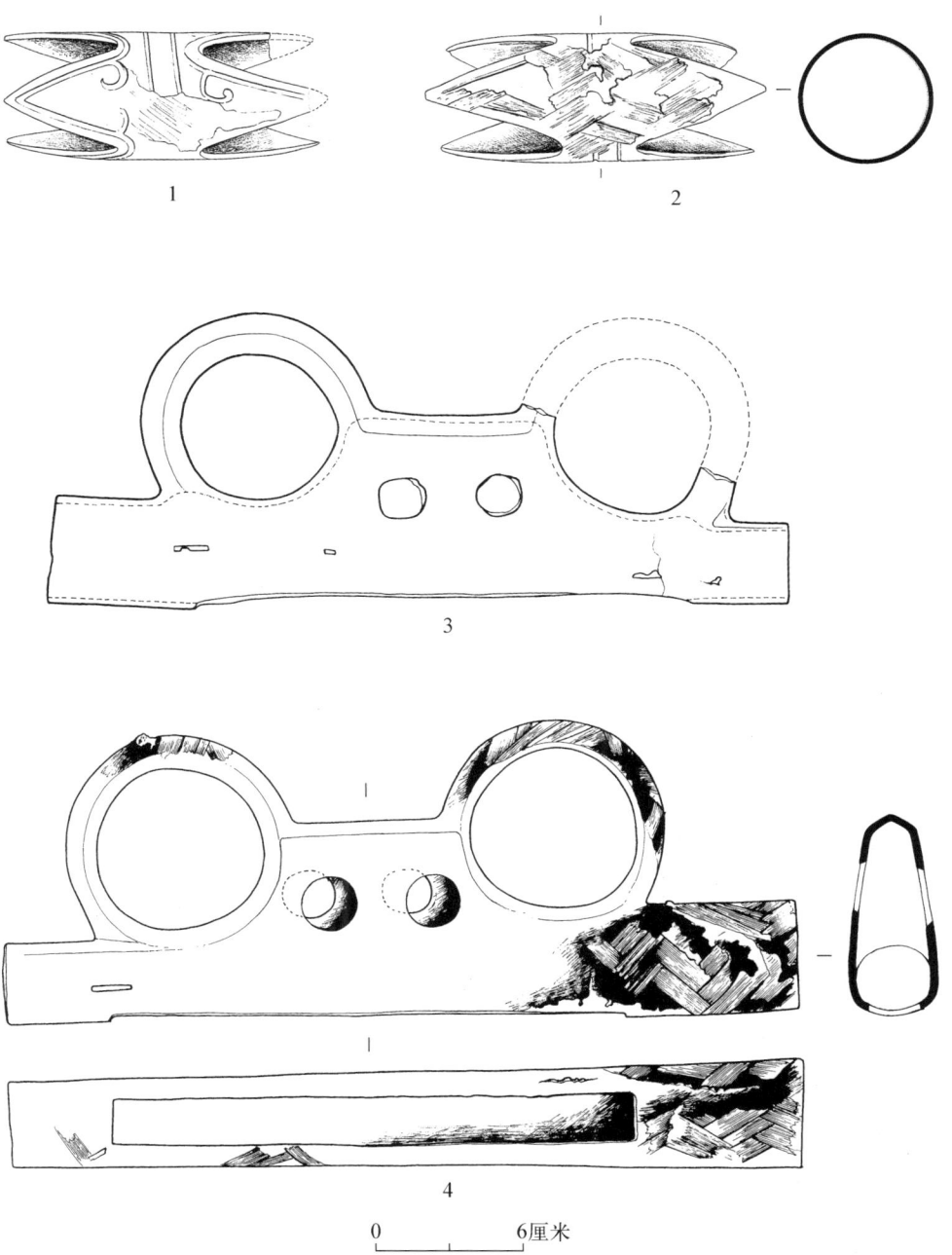

图4-188　07QSM9出土衡3装配铜车器

1、2. 衡内饰（M9：33-5、33-3）　　3、4. 辕（M9：33-6、33-1）

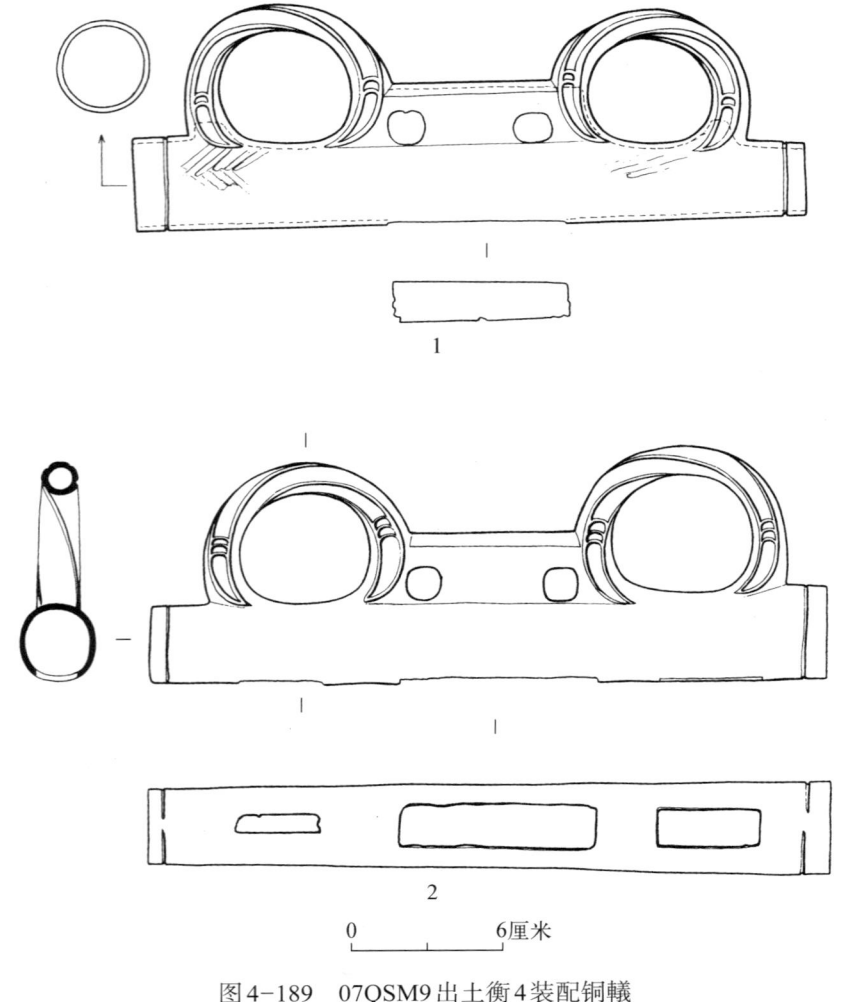

图4-189　07QSM9出土衡4装配铜輨
1、2. M9：34-6、34-2

B型　1件（M9：36-2）。内侧是弯曲的圆管状，与M9：36-1较细一端相接（彩版一九六，4），圆管上端弯曲处渐收扁封闭，与末端为圆弧突尖状的长条形饰相连，整体形如长条形小铲。长条形饰中部起脊，根部中脊两侧各有一个长方形孔，饰阴线纹。长18.9、宽3.3、高4.4、管径2.1厘米，孔长1.2、宽0.4厘米。重152.9克（图4-190，1；图4-193，1；彩版一九六，3）。

轭　有完整成套的8套轭及4件轭脚，根据整体形制差异，分为两型：

A型　共5套，其中4套为成对的2副。轭首和轭颈连铸，轭肢和轭脚连铸，三件接为一套。轭首侧面有对应的长方形穿孔，轭颈与轭肢器壁两面结合处有折痕，轭肢为半管状，下部弯曲上翘，连接末端封闭的管状轭脚，轭脚底面为椭圆形，轭肢的弯曲处有长方形穿孔。M9：31-4，轭首截面为尖椭圆形，轭首下有一周凸棱。轭颈表面残留席痕。轭首上端长径8、短径4.5厘米，轭首穿孔长2.4、宽1.3厘米，轭首与轭颈通高35.2、轭颈最宽19.6、轭颈厚3.2、轭肢穿孔

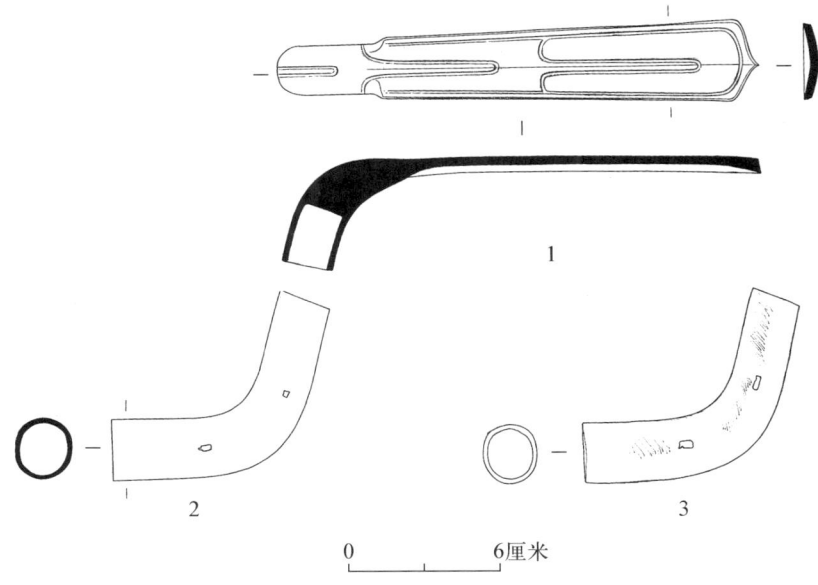

0　　　　　　6厘米

图4-190　07QSM9出土铜车器

1. B型衡末饰（M9∶36-2）　2、3. 曲衡饰（M9∶36-1、45-1）
（注∶M9∶36-2内侧为弯曲的圆管状，出土时与M9∶36-1较细一端相接）

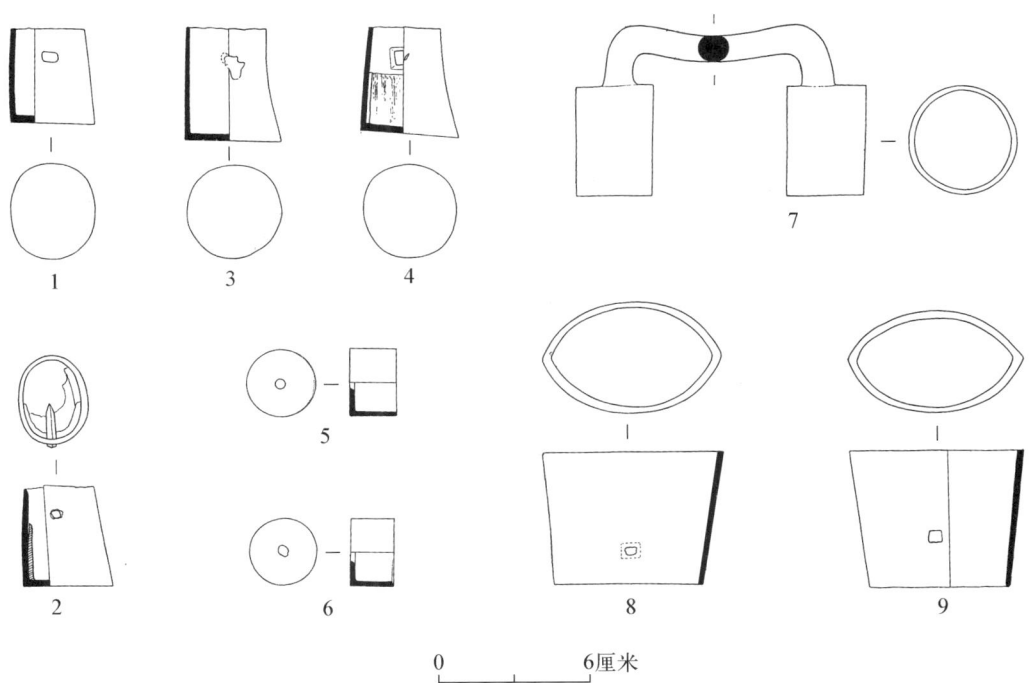

0　　　　　　6厘米

图4-191　07QSM9出土衡4装配铜车器

1～4. B型轭脚（M9∶34-7-3、34-3-2、34-3-3、34-7-2）　5、6. A型衡末饰（M9∶34-8、34-1）　7. 衡中饰（M9∶34-5）
8、9. B型轭首（M9∶34-3-1、34-7-1）

宽1.4厘米,轭脚底面长径3.8、短径3.3厘米,轭肢与轭脚通高17.4厘米。轭首与轭颈重1 250、轭肢与轭脚重760克(图4-194;彩版一九八,1)。M9:32-2、32-6,形制、大小基本相同,装配于东墓道衡2上。轭首截面为椭圆形,轭颈有一周凸棱与三组平行突线,轭脚两侧有近方形钉孔。M9:32-2,轭首上端长径5.7、短径3.6厘米,轭首穿孔长2、宽1厘米,轭颈最宽17.5、轭首与轭颈通高24、轭肢厚3.1、轭肢穿孔宽1.1厘米,轭脚底面长径3.4、短径3厘米,钉孔直径0.6、轭肢与轭脚通高20.5厘米。轭首与轭颈重820、轭肢与轭脚重640克(图4-195;彩版一九八,2)。M9:32-6,轭首上端长径5.3、短径4厘米,轭首穿孔长2.1、宽1厘米,轭颈最宽16.8、轭首与轭颈通高23.4、轭颈厚3.1、轭肢穿孔宽1.3厘米,轭脚底面长径3、短径2.6厘米,钉孔直径0.5厘米,轭肢与轭脚通高21.4厘米。轭首与轭颈重620、轭肢与轭脚重420克(图4-196;彩版一九七)。M9:33-2、33-7,形制、大小基本相同,装配于东墓道衡3上。轭首截面为椭圆形,轭首下有一周带状凸箍,轭脚两侧有近方形钉孔。M9:33-2,轭颈表面残留有"人"字形席痕。轭首上端长径5.6、短径4.6厘米,轭首穿孔长3.3、宽1厘米,轭首与轭颈通高27、轭颈最宽18.2、轭肢厚3.1、轭肢穿孔宽1.4厘米,轭脚底面长径3.5、短径3.3厘米,钉孔直径0.2厘米,轭肢与轭脚通高22.2厘米。轭首与轭颈重830、轭肢与轭脚重440克(图4-197;彩版一九八,3)。M9:33-7,轭首穿孔处残。轭首上端长径5.7、短径4.7、轭颈最宽18.3、轭首与轭颈通高27.6、轭颈厚3、轭肢穿孔宽1.3厘米,轭脚底面长径3.7、短径3.4厘米,钉孔直径0.4厘米,轭肢与轭脚通高22.4厘米。轭首与轭颈重640、轭肢与轭脚重450克(图4-198;彩版一九八,4)。

B型　共3套,其中2套为成对的1副。轭首、轭脚分铸,其他部分都是用捶揲的薄铜片包裹木轭,再以铜钉固定。轭首为上大下小的扁圆管状,正反两面近倒梯形,中空不封口。轭脚为管状,口小底大,两端均为椭圆形,底面封闭平齐,器壁有对称的方形钉孔。M9:34-3、34-7,形制、大小基本相同,装配于东墓道衡4上。轭首上下两端截面为尖椭圆形,器身一面中下部有方形钉孔,部分轭肢残片上可见压印的云纹(彩版一九九,5、6)。M9:34-3-1,轭首上端长径7、短径4.4厘米,下端长径5.8、短径3.5厘米,高5.3厘米。重149.2克(图4-191,8;彩版一九九,1)。M9:34-3-2,钉孔中残存一枚铜钉。轭脚口端长径3.5、短径2.9厘米,底端长径3.8、短径3.3厘米,高3.8厘米。重82.8克(图4-191,2;彩版一九九,3)。M9:34-3-3,轭脚口端长径3.2、短径2.7厘米,底端长径3.7、短径3.6厘米,高4.5厘米。重75.2克(图4-191,3)。M9:34-7-1,轭首上端长径6.8、短径4.1厘米,下端长径5.5、短径3.3厘米,高5.5厘米。重127.9克(图4-191,9;彩版一九九,2)。M9:34-7-2,轭脚口端长径3.4、短径2.8厘米,底端长径3.8、短径3.7厘米,高4.4厘米。重89.6克(图4-191,4;彩版一九九,4)。M9:34-7-3,轭脚口端长径3.5、短径2.8厘米,底端长径3.8、短径3.3厘米,高4.1厘米。重80.2克(图4-191,1)。M9:46,仅见轭首、轭脚各1件,轭首内套接铜片包裹而成的轭颈,其内尚存多个铜钉。轭首上下两端截面为椭圆形,上部饰两周旋纹,内夹两对月牙纹,轭脚两钉孔内各有铜钉一枚。

M9：46-1，轭首上端长径6.9、短径4.5厘米，下端长径4.9、短径3.6厘米，高5.3厘米。重370克（图4-192，8）。M9：46-2，轭脚口端长径3.2、短径2.6厘米，底端长径3.5、短径3厘米，高3.1厘米。重64.4克（图4-192，6）。

另有4件轭脚，其中M9：12-1、12-2，可能为同一件轭。M9：12-1，口端长径3.2、短径2.6厘米，底端长径3.7、短径3.1厘米，高3厘米。重47.3克（图4-192，4）。M9：12-2，器壁有对称的近方形钉孔。口端长径3.6、短径2.4厘米，底端长径3.6、短径3.4厘米，高3.3厘米。重59.5克（图4-192，3）。M9：16，器身较高，呈弯管状，近底端饰两周旋纹。口端长径3.5、短径2.7厘米，底端长径3.5、短径3.1厘米，高4.9厘米。重86.3克（图4-192，2）。M9：17，器身较矮，锈蚀严重，底面近圆形。口端长径2.9、短径2.5厘米，底端径3.2、高2厘米。重53.2克（图4-192，5）。

舆栏饰　　1件（M9：22）。一端封闭的长圆管状，底端开长条形槽与口端相通，顶部近两端处各有一个钉孔，器表饰有数周略微凸起的斜行条带纹。器内残存两段舆栏朽木。长19.5、径2.7厘米，孔长16.9、宽1.2厘米。重235.9克（图4-192，1；图4-193，3；彩版二〇〇，1）。

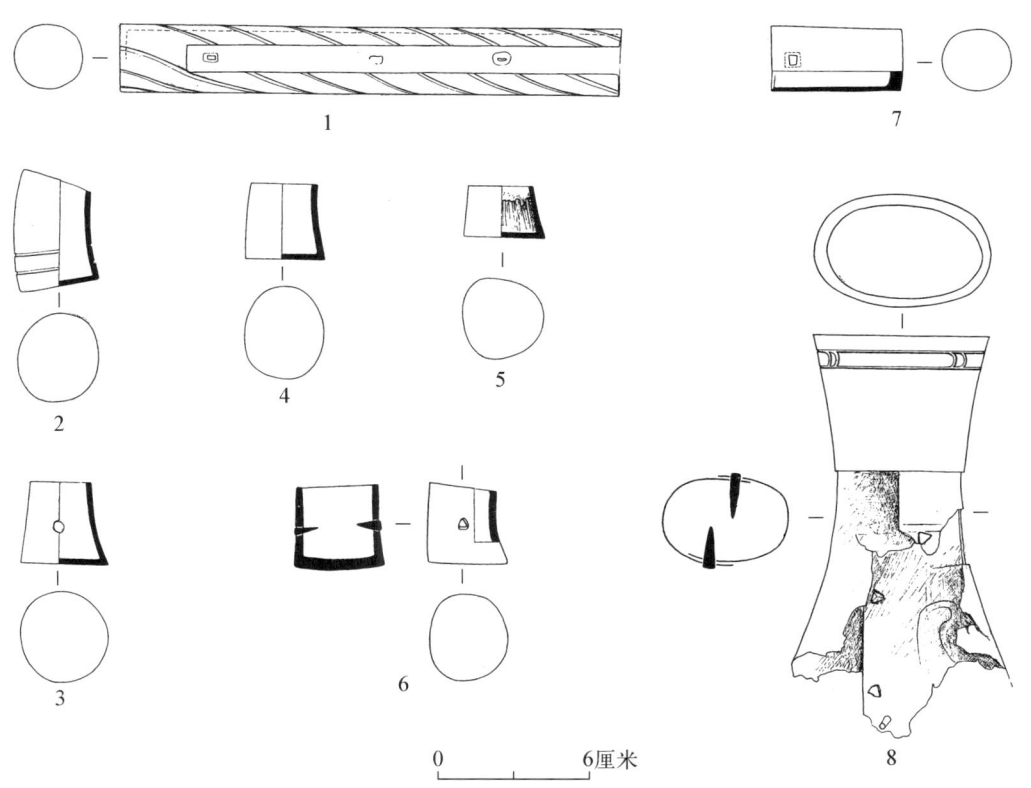

图4-192　07QSM9出土铜车器
1. 舆栏饰（M9：22）　　2～6. B型轭脚（M9：16、12-2、12-1、17、46-2）　　7. A型衡末饰（M9：35）
8. B型轭首（M9：46-1）

图4-193　07QSM9出土铜车器纹饰拓本

1. B型衡末饰（M9：36-2）　2. 衡内饰（M9：31-2）　3. 舆栏饰（M9：22）

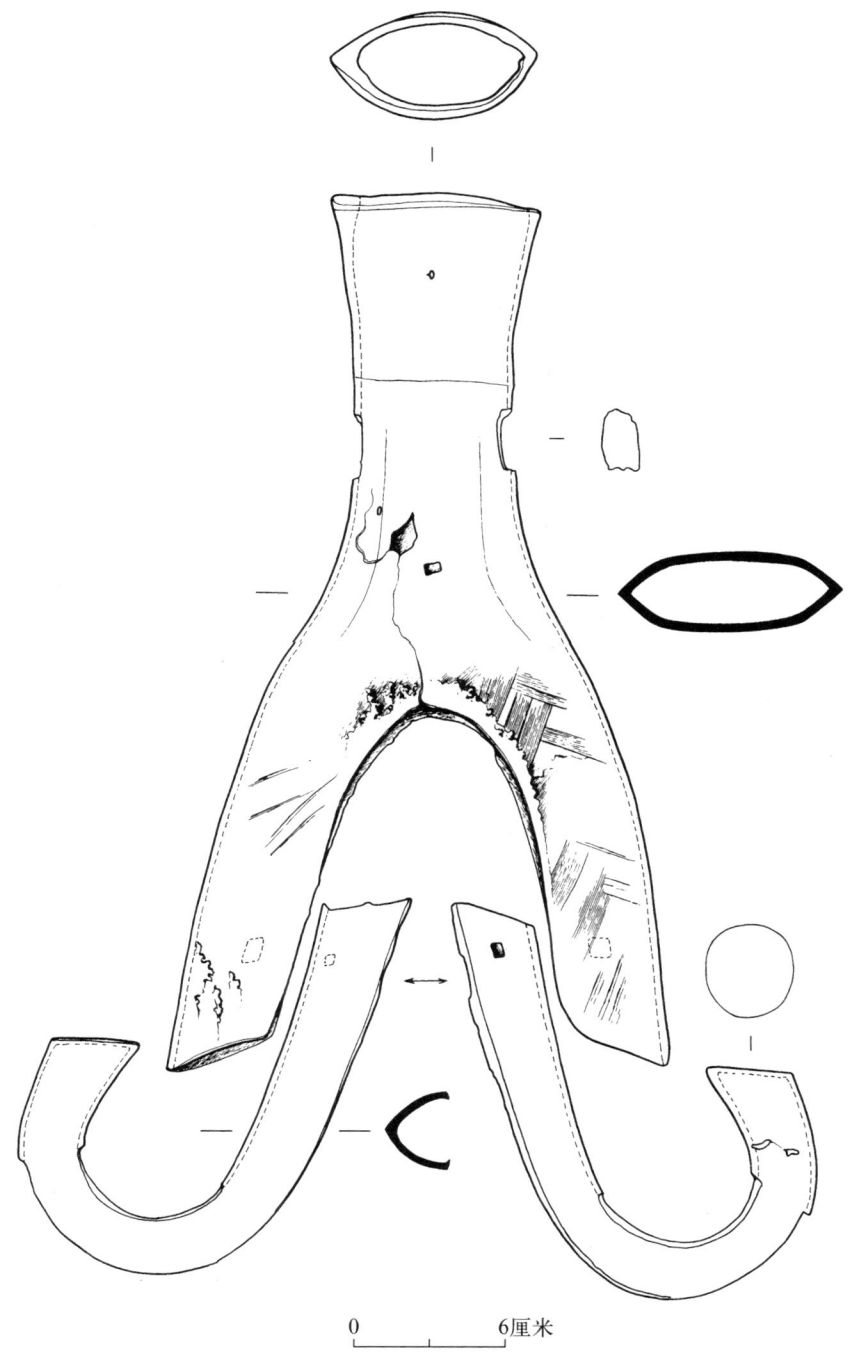

0 ____ 6厘米

图4-194　07QSM9出土衡1装配铜轭（M9：31-4）

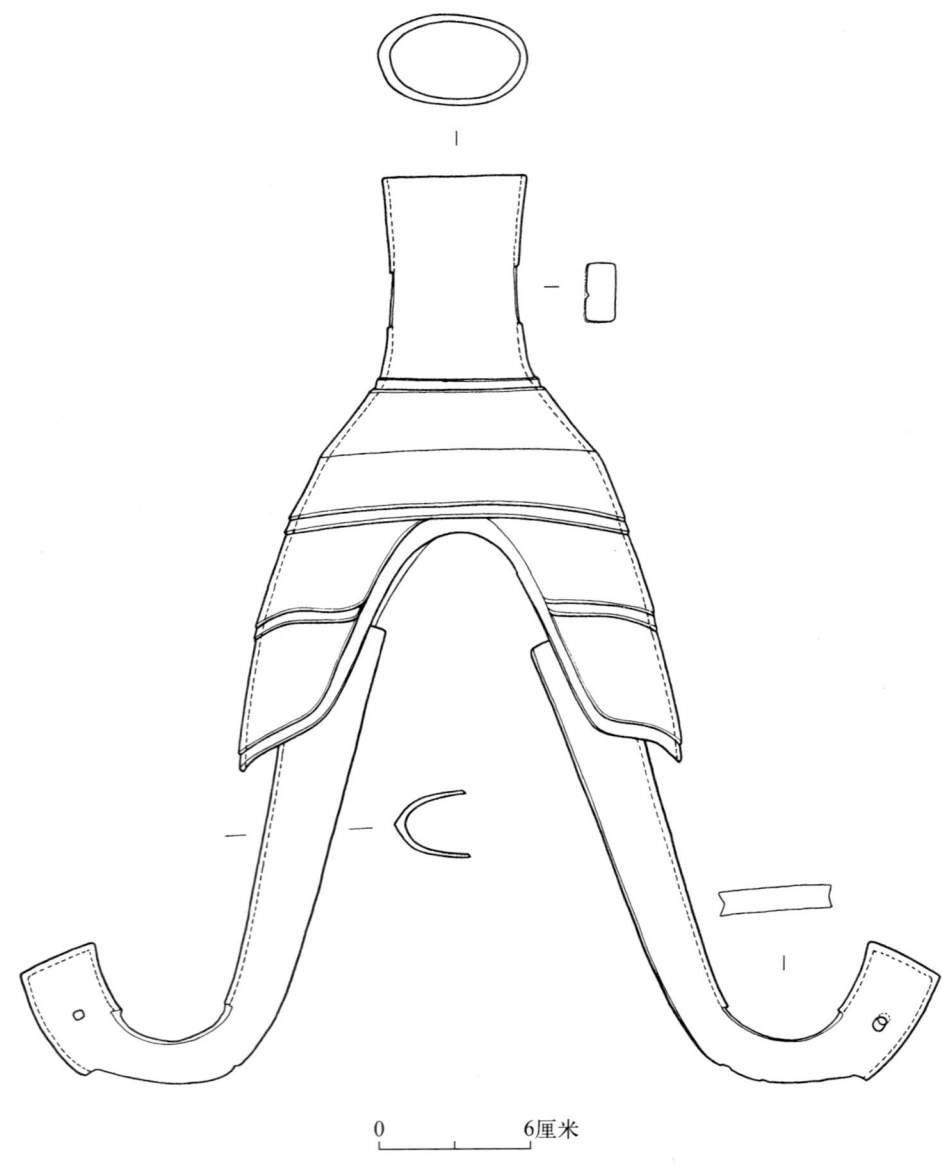

0 —— 6厘米

图4-195 07QSM9出土衡2装配铜轭（M9∶32-2）

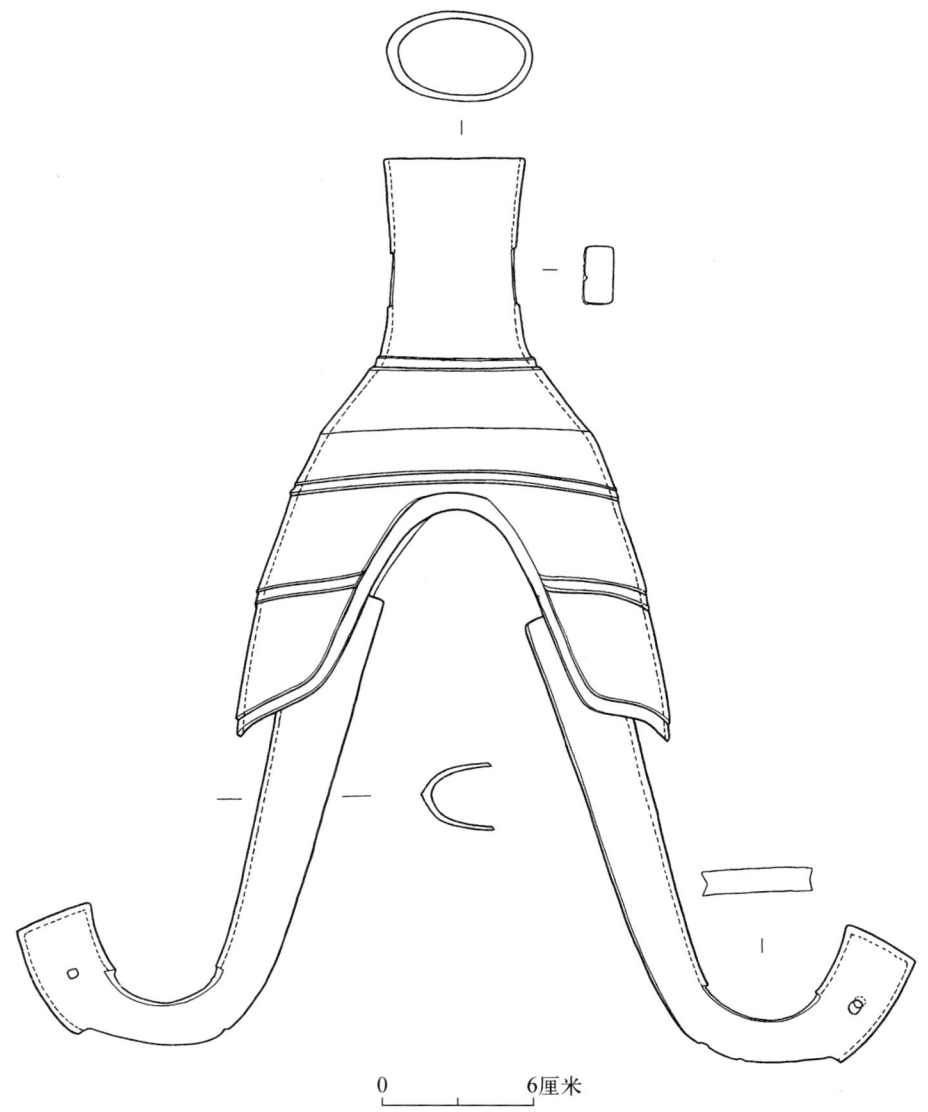

图4-196　07QSM9出土衡2装配铜轭（M9：32-6）

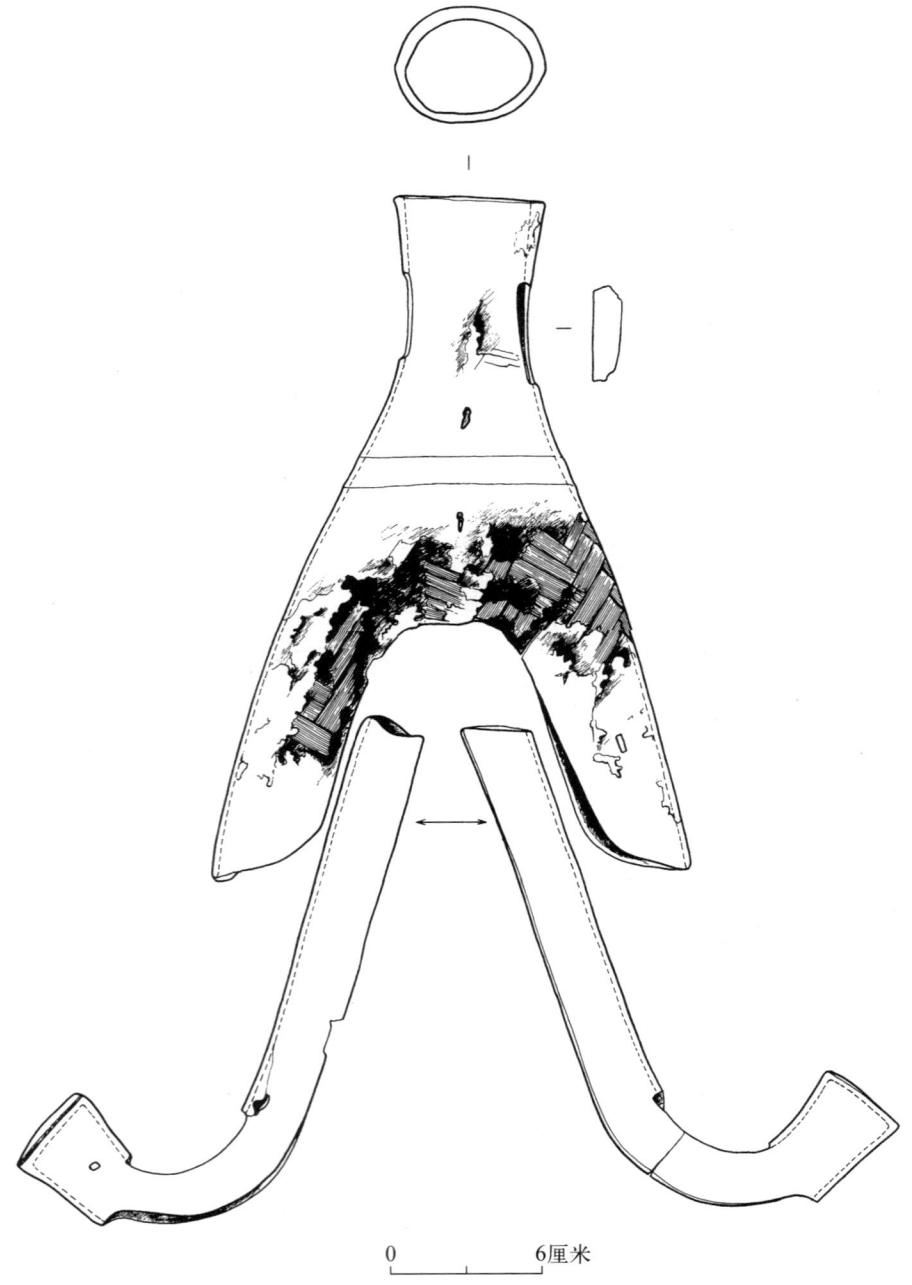

0   6厘米

图4-197   07QSM9出土衡3装配铜轭（M9：33-2）

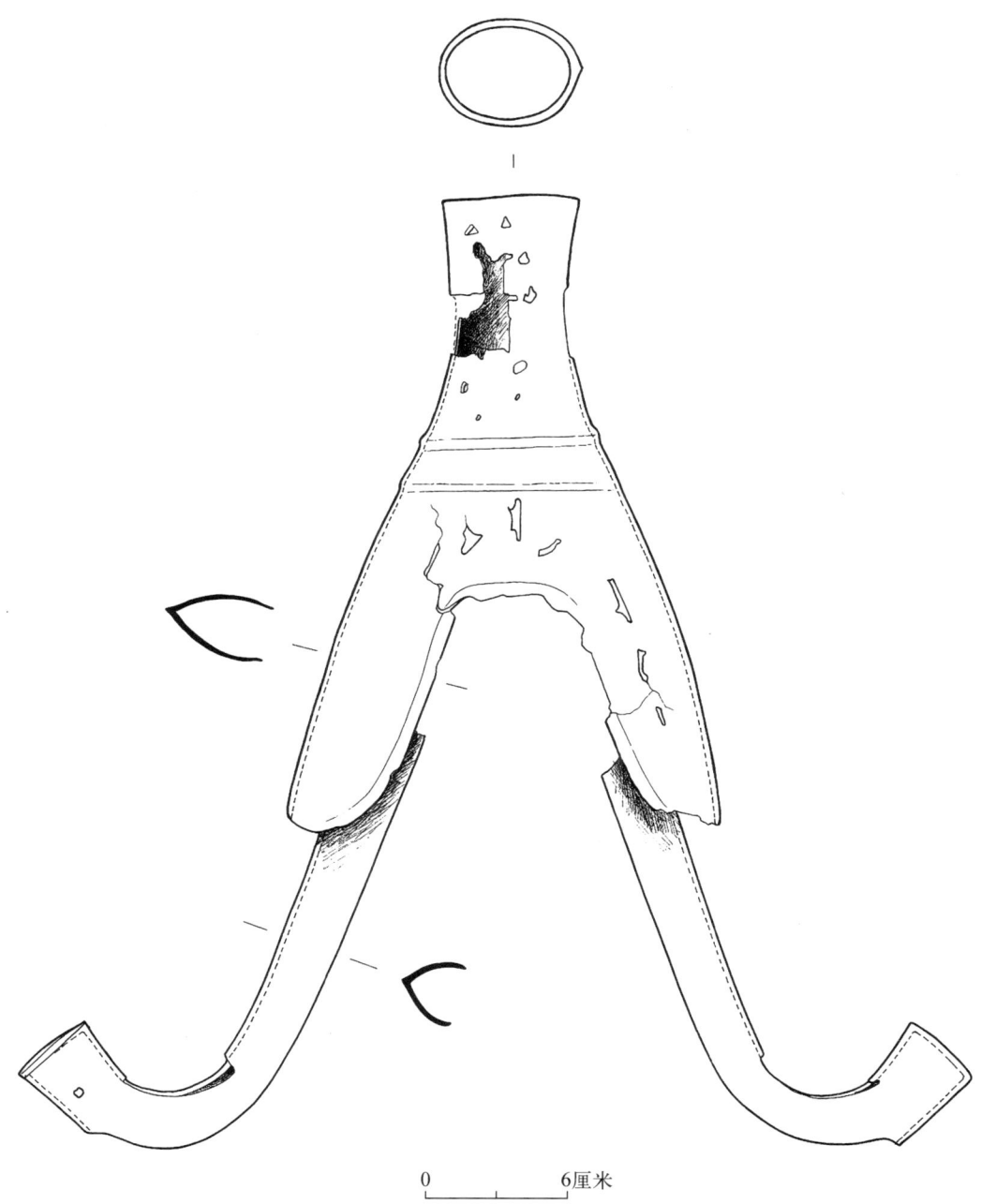

0 ————— 6厘米

图4-198 07QSM9出土衡3装配铜轭(M9:33-7)

　　軎　共4件（彩版二一四）。根据整体形制差异，分两型：

　　A型　1件（M9：32-3）。偏心的喇叭形圆筒状。顶端封闭，顶面平，呈椭圆形，口端小于顶端，圆形。器壁上侧微弧，下侧内弧较甚，左右两侧中部微内收，上下、左右有两两对称的四个圆形穿孔，用以穿键固定于辖首。顶面饰凤鸟纹，尖喙，圆目凸出，头上有耸立的冠羽，绕至头前分为细长的两股垂地；引颈，翅向前翻卷至头前，尾羽一条上卷一条下卷，冠羽和尾羽均有斑眼。器壁近顶端饰一周两组窃曲纹，每组由一正一倒两个"C"形窃曲纹构成。顶面和窃曲纹带均以细小的云雷纹铺地。顶端长径8.6、短径8.1厘米，口端径6.5、上下穿孔径1.9、左右穿孔径1.6、通高12.1厘米。重550克（图4-199、图4-200；彩版二〇〇，2；彩版二〇一）。

　　B型　共3件。上部为兽首，下部作喇叭形圆筒状。M9：31-1，下部的圆筒偏心不明显，两侧近底端有两个对称的长方形孔，近顶端有两个对称的方形小孔，用于固定辖首，筒壁饰一周四组有齿鳞纹。圆筒顶面微弧，中部立一前伸的兽首，中空，有螺旋状双角，曲眉圆目，张口卷唇，长须下卷，獠牙下勾，上唇及额部各有一条点状纹饰，口部镂空，曲颈饰左右两列垂鳞纹。圆筒顶径10.9、口径6.6厘米，穿孔长1.5、宽1厘米，通高17.5厘米。重1840克（图4-201；彩版二〇二、二〇三、二〇四、二〇五）。M9：33-4，下部作偏心的喇叭形圆筒状，与车衡相接的一侧弧曲较大，底端两侧有两个对称的长方形孔，用于固定辖首，筒壁饰一周四组有齿鳞纹。圆筒顶面平，中部立一前伸的兽首，中空，双角残，曲眉圆目，粗鼻上翘，咧嘴，露出上下交错的两排三角形牙齿，獠牙上卷，上唇及颈后部各有一条点状纹饰，曲颈饰垂鳞纹，颈部有两个条形小孔。圆筒顶径10.5、口径6.3厘米，穿孔长1.7、宽1.3厘米，通高15.7厘米。重1940克（图4-202；彩版二〇六、二〇七、二〇八、二〇九）。M9：34-4，兽首有上卷片状双角，鼻前长须下勾至口内，口吐上卷长舌，腮部短须后卷，长须前卷，上唇及额后各有一条点状纹饰，颈后饰阴线纹。下部圆筒有两两对称的四个方形穿孔，顶面饰一周四个重环纹。圆筒顶径10.3、口径6.4厘米，穿孔长1.5、通高21厘米（图4-203；彩版二一〇、二一一、二一二、二一三）。

　　辐形舆饰　共6件。圆筒状，顶端大于底端。根据顶端有无挡头，分两型：

　　A型　共3件。顶端无挡头，器壁外端较内端厚，饰两周旋纹。M9：21，高3.5厘米，顶端内径5.9、外径7.1厘米，底端径6.4厘米。重195.1克（图4-204，1；彩版二一五，2）。M9：0100-1，高4厘米，顶端内径6.9、外径7.8厘米，底端径7.2厘米。重194.1克（图4-204，5；彩版二一五，3）。M9：0100-2，高3.5厘米，顶端内径6.4、外径7.2厘米，底端径6.5厘米。重147.2克（图4-204，3；彩版二一五，1）。

　　B型　共3件。顶端有内折的挡头，器壁饰两周旋纹。M9：13，高5.6厘米，顶端内径5.5、外径8.3厘米，底端径7.4厘米。重208.1克（图4-204，6；彩版二一五，4）。M9：14，高3.7厘米，顶端内径4.9、外径6.2厘米，底端径5.2厘米。重119克（图4-204，2；彩版二一五，5）。

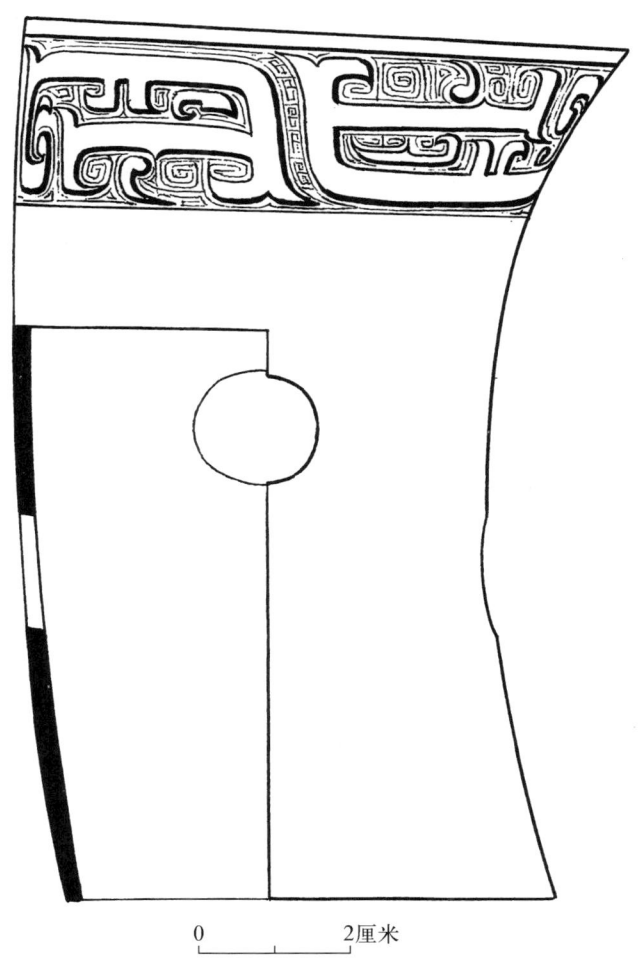

0   2厘米

图4-199　07QSM9出土衡2装配铜軏（M9：32-3）

图 4-200　07QSM9 出土衡 2 装配铜軑（M9：32-3）纹饰拓本
1. 顶面　2. 器壁

M9：15，高 4.2 厘米，顶端内径 4.9、外径 7 厘米，底端径 5.9 厘米。重 175.2 克（图 4-204，4；彩版二一五，6）。

　　马镳　1 件（M9：089）。残，扁条状角形镳，正面有一道浅槽。残长 3 厘米。重 8.7 克（图 4-205，16）。

　　节约　1 件（M9：071）。结绳形，仿绳索结成套环状，中部饰弦纹，正面有一方孔，背面有四个方孔，管截面为圆形。长 7.5、宽 4、管径 1.5 厘米。重 75.7 克（图 4-205，17；彩版二一六，1）。

　　泡　共 89 件。器形很小，正面鼓起，背空，有横梁。根据平面形状差异，分两型：

　　A 型　共 88 件。球面，背面有一道横梁。M9：013-2，9 件。大小近同，标本 M9：013-2-1，直径 1.5、高 0.7 厘米。重 1.9 克（图 4-205，9）。M9：017-2，22 件。大小近同，标本

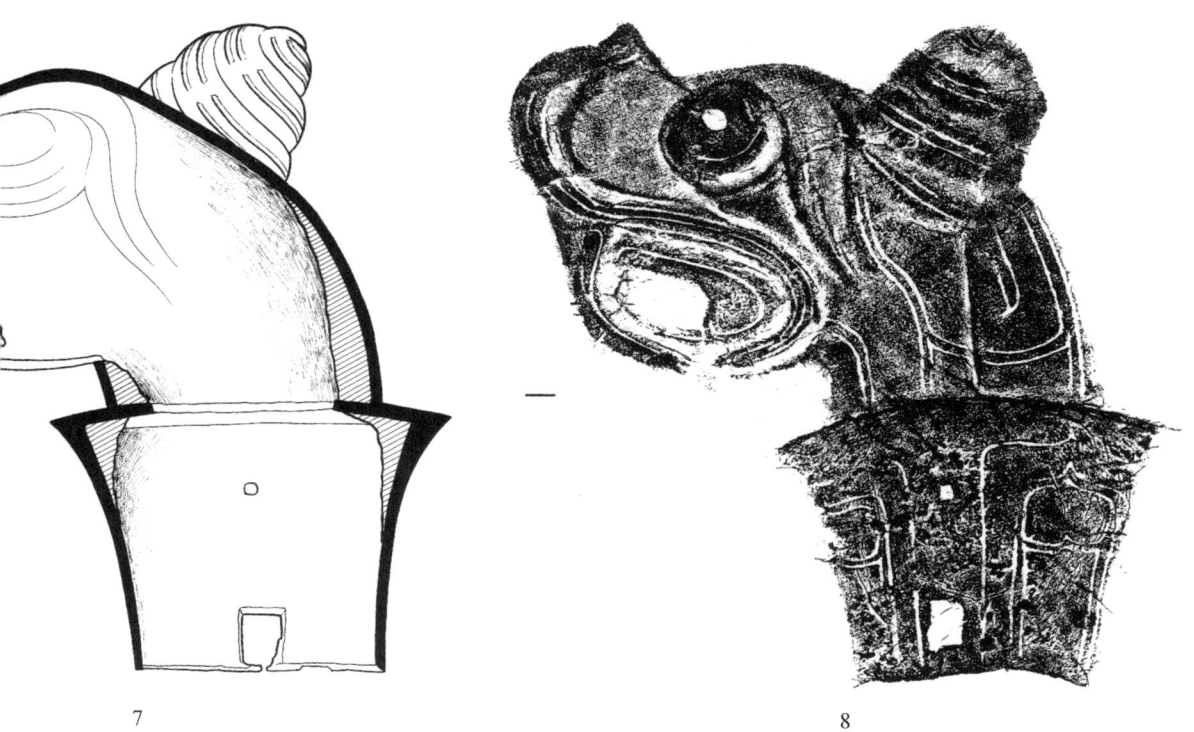

7   8

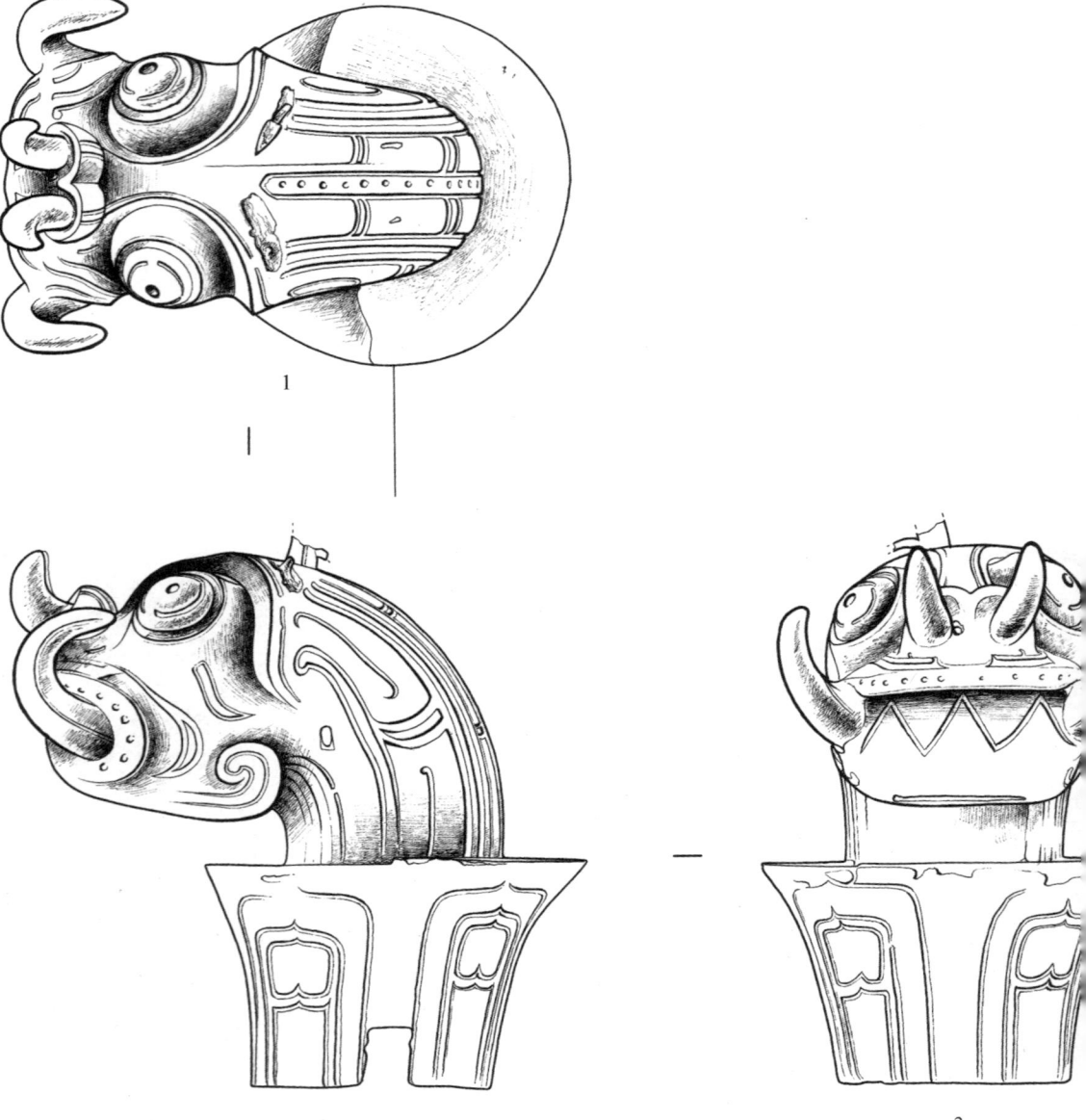

1

2   3

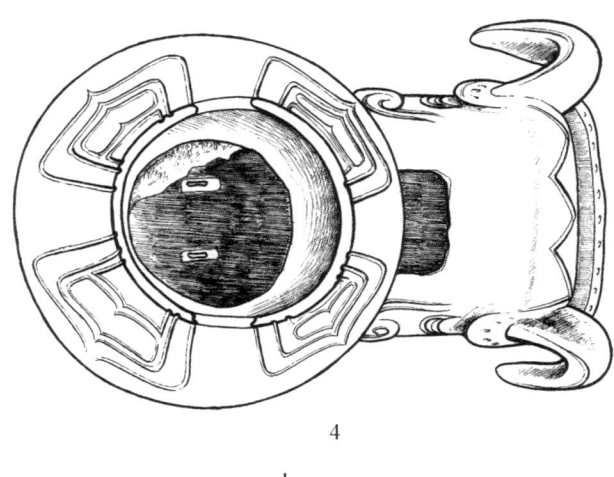

4

5

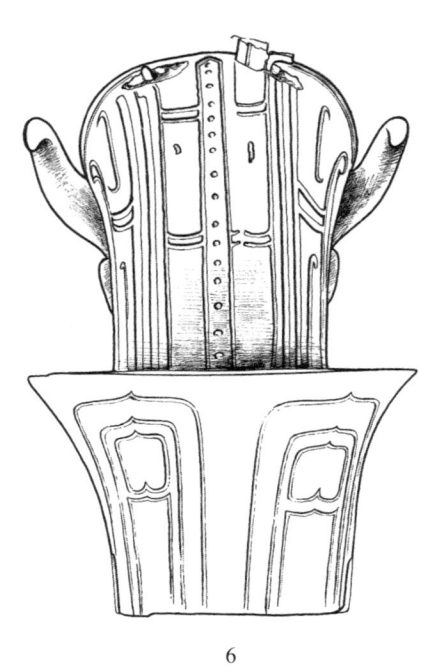

6

0 ⊢━━━┷━━━┩ 4厘米

图4-202　07QSM9出土衡3装配铜軎（M9：33-4）

1.俯视图　2.左视图　3.前视图　4.仰视图　5.右视图　6.后视图　7.剖视图　8.纹饰拓本

7

8

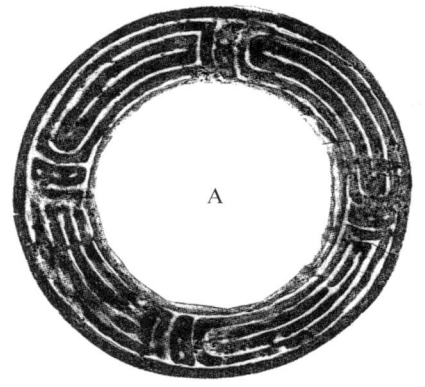

7

8

图4-204　07QSM9出土铜軲形舆饰

1、3、5. A型（M9：21、0100-2、0100-1）　2、4、6. B型（M9：14、15、13）

M9：017-2-1，直径1.2、高0.7厘米。重1.8克（图4-205，5）。M9：022-1，14件。大小近同，标本M9：022-1-1，直径1.1、高0.4厘米。重0.8克。M9：047，20件。大小近同，标本M9：047-1，直径1.1、高0.5厘米。重0.8克。M9：056，10件。大小近同，标本M9：056-1，直径1、高0.5厘米。重0.8克。M9：086，13件。大小近同，标本M9：086-1，直径1.1、高0.6厘米。重2.4克（图4-205，1；彩版二一六，2）。

　　B型　1件（M9∶057）。方形，似饰有兽面，锈蚀严重纹饰不可辨，背面有两道横梁。长1.5、宽1.5、高0.5厘米。重8.9克（图4-205，10）。

　　管状络饰　共76件。中通的小圆管状，素面。M9∶2-1，残长3.2、口径1.1厘米。重2.7克（图4-205，12）。M9∶013-3，2件。大小相同，标本M9∶013-3-1，长1.1、口径0.9厘米。重2.4克（图4-205，2）。M9∶017-1，8件。其中一件较长，M9∶017-1-1，长1.5、口径0.8厘米。重2.6克（图4-205，3；彩版二一六，3）；其余大小相同，标本M9∶017-1-2，长1.2、口径1厘米。重1.9克（图4-205，6）。M9∶048，2件。大小相同，标本M9∶048-1，长1.2、口径1厘米。重3.1克（图4-205，7）。M9∶081，45件。其中一个较大，M9∶081-1，残，长3.2、口径1.1厘米。重4.7克（图4-205，4）；其余大小相同，标本M9∶081-2，长1.7、口径0.9厘米。重2.7克。M9∶084，18件。其中两件较大，标本M9∶084-1，长3.1、口径1.1厘米。重9.4克（图4-205，8）；其余大小相同，标本M9∶084-2，长1.3、口径1.4厘米。重2克（图4-205，11）。

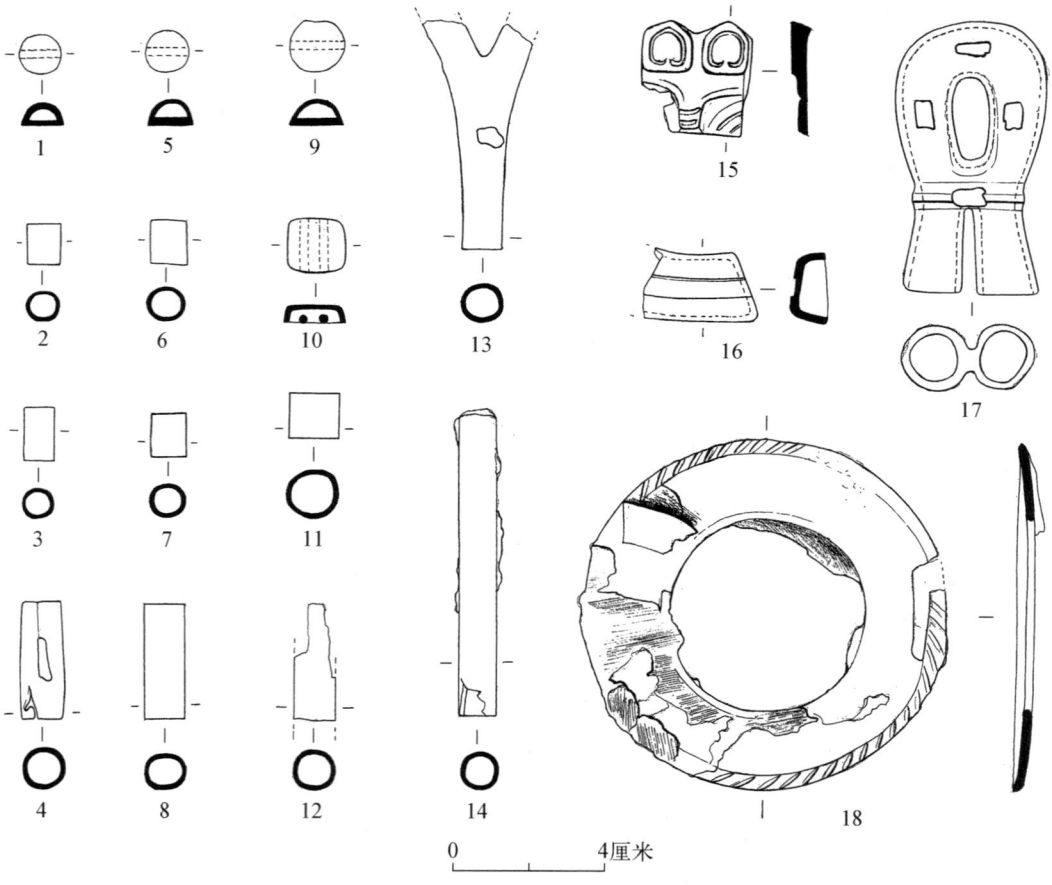

图4-205　07QSM9出土铜车马器

1、5、9. A型泡（M9∶086-1、017-2-1、013-2-1）　2～4、6～8、11、12. 管状络饰（M9∶013-3-1、017-1-1、081-1、017-1-2、048-1、084-1、084-2、2-1）　10. B型泡（M9∶057）　13. "Y"形管（M9∶3-1）　14. 长圆管（M9∶3-2）　15. 兽面饰（M9∶083）　16. 马镳（M9∶089）　17. 节约（M9∶071）　18. 游环（M9∶2-2）

游环　1件（M9：2-2）。残，扁平环状，一端边缘有一长条形孔，内缘与外缘略凸起，外缘饰一周绳索纹。器表残存席痕。外径9.7、内径5.3厘米，孔长1.5、宽0.4厘米。重51.6克（图4-205，18）。

长圆管　1件（M9：3-2）。残，圆管状，中空，素面。残长8.3、径1厘米。重26克（图4-205，14）。

"Y"形管　1件（M9：3-1）。残，平面呈"Y"形，中空，素面，表面有不规则穿孔。残长6.2、径1厘米。重24.5克（图4-205，13）。

兽面饰　1件（M9：083）。残，正面似虎头，曲眉高鼻，桃形竖耳，背面微内凹。长3.2、宽3厘米。重18.3克（图4-205，15）。

c. 兵器

戈　1件（M9：070）。仅存直内，近长方形。残长5.6、宽2.7、厚0.4厘米。重45.2克（图4-206，12）。

镞　1件（M9：088）。残，双翼镞，脊透出本，双刃斜直，双翼后伸较长，脊横截近菱形，两面脊的底端均有斜缺口，铤细长，近圆柱形。残长3.3、铤长1.1、宽1.6、厚1厘米。重4.7克（图4-206，7；彩版二一六，4）。

d. 其他

有铜铃、鱼、残铜饰及铜片，功用可能有棺饰、车马饰等多种，具体难以判断。

铃　共2件。铃体为合瓦形，两侧斜张，底部为弧形凹口，器身饰阳线兽面纹，顶部有半环形钮，钮下顶部正中有一孔以系铃坠，器壁有孔。有大小两种。M9：4，残，被压扁。顶宽5、底宽7.4、残高8厘米。重177克（图4-206，14；彩版二一七，1）。M9：077，钮宽1.5、高0.9厘米，顶宽2.4、底宽3.3、通高4.9厘米。重31.1克（图4-206，13；彩版二一七，2）。

鱼　共19件。均为鱼的平面形状，鱼身较长，弧背弧腹，嘴较圆，双背鳍、腹鳍、臀鳍均宽短，尾微凹。两面用阳线表现鱼鳃、鳍、尾及鳞片，眼有穿孔。M9：013-1，共3件，M9：013-1-1，长8.2、宽2.8厘米。重13.2克（图4-206，1；彩版二一六，5）。M9：013-1-2，鳍、尾残，残长3.5、残宽2厘米。重5.9克。M9：013-1-3，残，残长4、残宽1.9厘米。重4.4克。M9：017-6，仅残存鱼尾，残长3.9、残宽1.8厘米。重3克。M9：079，共15件，M9：079-1，长8、宽2.1厘米。重9.8克。M9：079-2，长7.7、宽2.3厘米。重8.5克。M9：079-3，残，残长4.1、残宽2.3厘米。重3.5克。M9：079-4，尾残，残长5.2、宽2.5厘米。重7.5克。M9：079-5，残，残长4.5、宽2.2厘米。重8克。M9：079-6，残，残长4.7、残宽2.1厘米。重4.5克。M9：079-7，残，残长4.2、宽2.4厘米。重4.4克。M9：079-8，残，残长3.6、残宽1.5厘米。重4.4克。M9：079-9，残，残长7.1、宽2.4厘米。重6.2克（图4-206，2）。M9：079-10，残，残长3.6、残宽2厘米。重2.9克。M9：079-11，残，残长6、残宽2厘米。重4.6克。M9：079-12，残，残长6.4、宽2.2厘米。重

10.2克。M9：079-13，残，残长4.5、宽2.2厘米。重6.6克。M9：079-14，残，残长3.4、残宽2厘米。重4.7克。M9：079-15，残，残长5.3、残宽2.6厘米。重4.2克。

铜饰　共5件。M9：011，残，卷曲条状，截面为圆角方形，外侧连有一个圆形断口，底端残断。残长3.6、宽3厘米。重22.6克（图4-206，11）。M9：013-4，残，弯曲的柱状，截面为圆角方形，器表残存席痕。残长3.7、截面长1.3厘米。重29.2克（图4-206，3）。M9：013-5，残，细长的圆柱状，锈蚀严重。残长7、径0.8厘米。重10克（图4-206，4）。M9：017-3，残，半环形

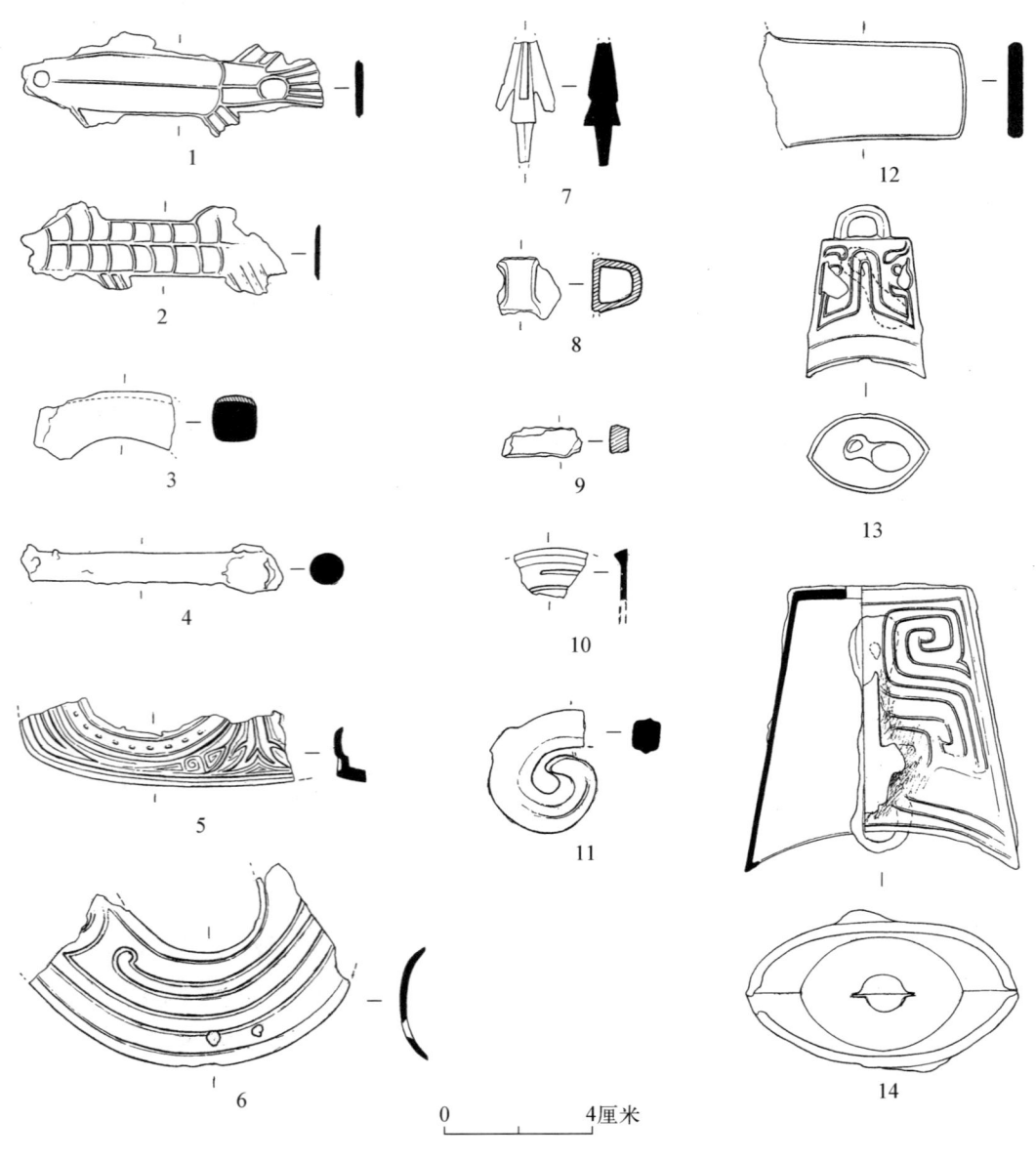

图4-206　07QSM9出土铜器

1、2. 鱼（M9：013-1-1、079-9）　　3、4、6、8、11. 铜饰（M9：013-4、013-5、085、017-3、011）

5、9、10. 铜片（M9：45-2、017-7、017-5）　7. 镞（M9：088）　12. 戈（M9：070）　13、14. 铃（M9：077、4）

钮。宽0.7、高1.3厘米。重5.4克（图4-206，8）。M9：085，弧形残片，正面弧鼓背面内凹，截面亦为弧形，正面饰数道阴线纹，外侧有边缘两个小孔，长8.3、宽3.5厘米。重39.9克（图4-206，6；彩版二一七，3）。

铜片　共10片，均为残片，形制与器类不明。M9：017-5，弧形残片，边缘略厚，上有阴线纹。残长1.9、宽1.2厘米。重1.7克（图4-206，10）。M9：017-7，条形残片。残长2.1、宽0.7厘米。重4.7克（图4-206，9）。M9：45-2，与曲衡饰（M9：45-1）出土在一起，器类不明。残，外侧边缘下折，正面有纹饰，以云雷纹为地。残长7.3、残宽2厘米。重27.6克（图4-206，5；彩版二一七，4）。此外，M9：3-3、9、013-6、022-2、022-3、075、082均为碎小的薄铜片，壁厚不足0.1厘米，素面，锈蚀极为严重。

彩绘铜片　1件（M9：1）。薄铜片制成，两面纹饰一凹一凸，均饰以红色彩绘。清理时拨之即成碎片，拼对修复成两件较大的残片，整体形制与器类不明。M9：1-1，可辨一"臣"字目，曲眉圆目，上有三组微曲的睫毛。眼下纹饰似为口、鼻状，可能为一人面或兽面的局部。残长16.6、残宽11.1、厚0.08厘米，重29.8克（图4-207，1；彩版二一八、二一九）。M9：1-2，残片整体近"L"形，残存四道平行的弧曲纹饰，其间饰卷曲的羽毛状纹样。残长25、残宽13.7、厚0.08厘米，重42.2克（图4-207，2；彩版二二〇）。M9：1-3，残片近弯角形。残长6.7、残宽6.2、厚0.08厘米，重7.9克（图4-208，19）。M9：1-4，残片一边较完整，为弧形。残长4.5、残宽4.4、厚0.08厘米，重3.5克（图4-208，15）。M9：1-5，残片一边较完整，为带一凸尖的弧形。残长5、残宽4.1、厚0.05厘米，重3克（图4-208，20）。M9：1-6，残长5.1、残宽3.3、厚0.05厘米，重4.5克（图4-208，16）。M9：1-7，残片为弯角形。残长6、残宽4.8、厚0.08厘米，重3.2克（图4-208，9）。M9：1-8，残片上有一圆形小穿孔。残长6、残宽5、厚0.08厘米，重6.1克（图4-208，18）。M9：1-9，残片完整的一边为弧形。残长3.2、残宽2.4、厚0.08厘米，重2克（图4-208，17）。M9：1-10，残长5.3、残宽3.9、厚0.08厘米，重2.2克（图4-208，10）。M9：1-11，残长4.4、残宽1.7、厚0.08厘米，重1.6克（图4-208，14）。M9：1-12，残长3.9、残宽0.5、厚0.03厘米，重0.3克（图4-208，13）。M9：1-13，残长3、残宽0.8、厚0.03厘米，重0.3克（图4-208，12）。M9：1-14，残长2.7、残宽1.8、厚0.08厘米，重0.9克（图4-208，8）。M9：1-15，残长2.5、残宽1.7、厚0.05厘米，重0.8克（图4-208，4）。M9：1-16，残长3、残宽0.9、厚0.03厘米，重0.3克（图4-208，11）。M9：1-17，残长2.4、残宽2.2、厚0.08厘米，重1克。M9：1-18，一面有席痕。残长2、残宽1.5、厚0.08厘米，重0.3克（图4-208，2）。M9：1-19，残长2.2、残宽1、厚0.08厘米，重0.5克（图4-208，3）。M9：1-20，残长1.7、残宽0.7、厚0.08厘米，重0.2克（图4-208，6）。M9：1-21，残长2.3、残宽1.2、厚0.05厘米，重0.3克（图4-208，5）。M9：1-22，残长2、残宽1.5、厚0.05厘米，重0.6克（图4-208，7）。M9：1-23，残长2.5、残宽0.6、厚0.03厘米，重0.3克。M9：1-24，一面有席痕，残长1.8、残宽1、厚0.08厘米，重0.2克。M9：1-25，残长1.3、残宽

1.2、厚0.05厘米,重0.3克。M9:1-26,残长1、残宽0.8、厚0.03厘米,重0.1克。M9:1-27,残长1.3、残宽1.1、厚0.03厘米,重0.2克(图4-208,1)。M9:1-28,残长1.5、残宽1.7、厚0.05厘米,重0.2克。

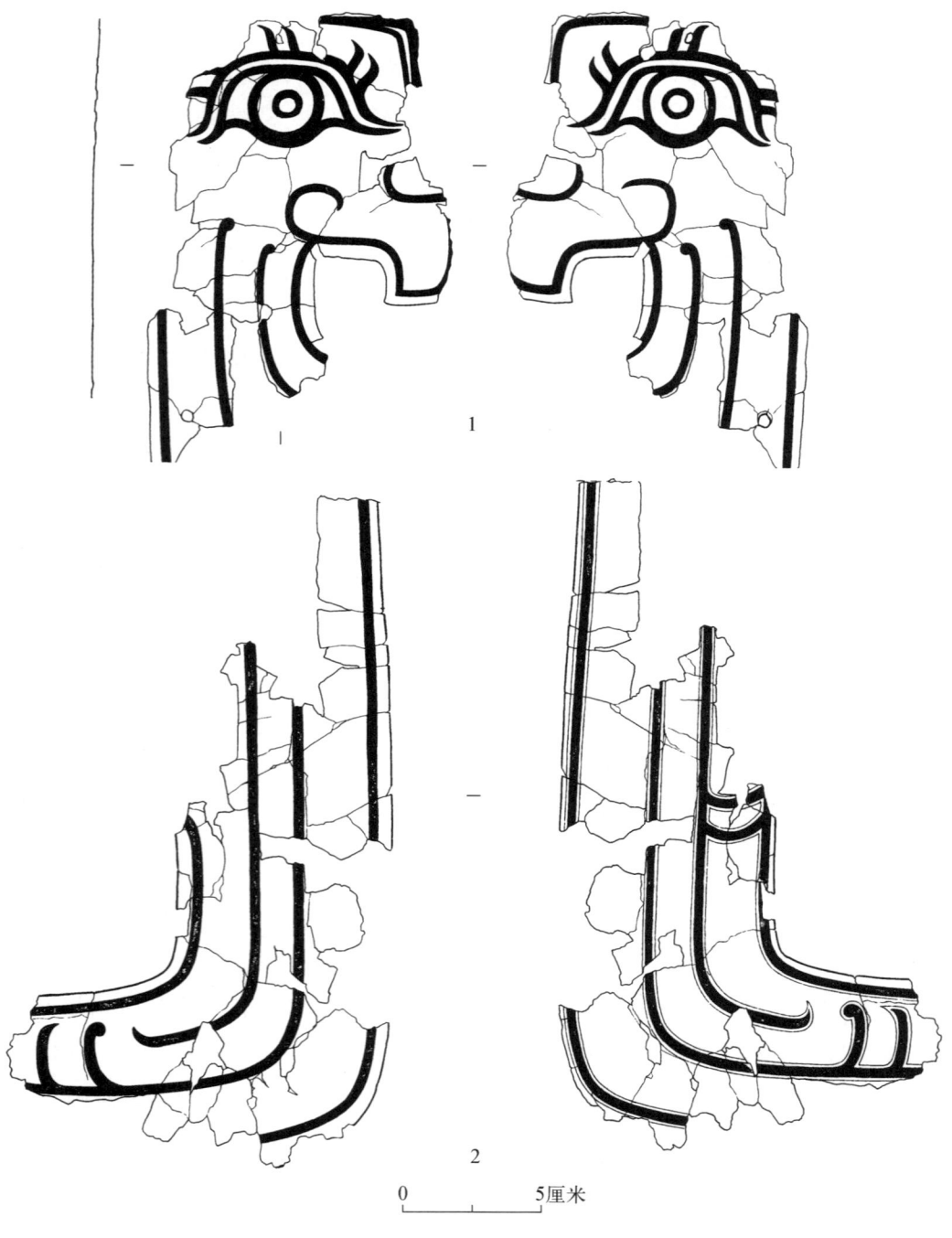

图4-207　07QSM9出土彩绘铜片

1、2. M9:1-1、1-2

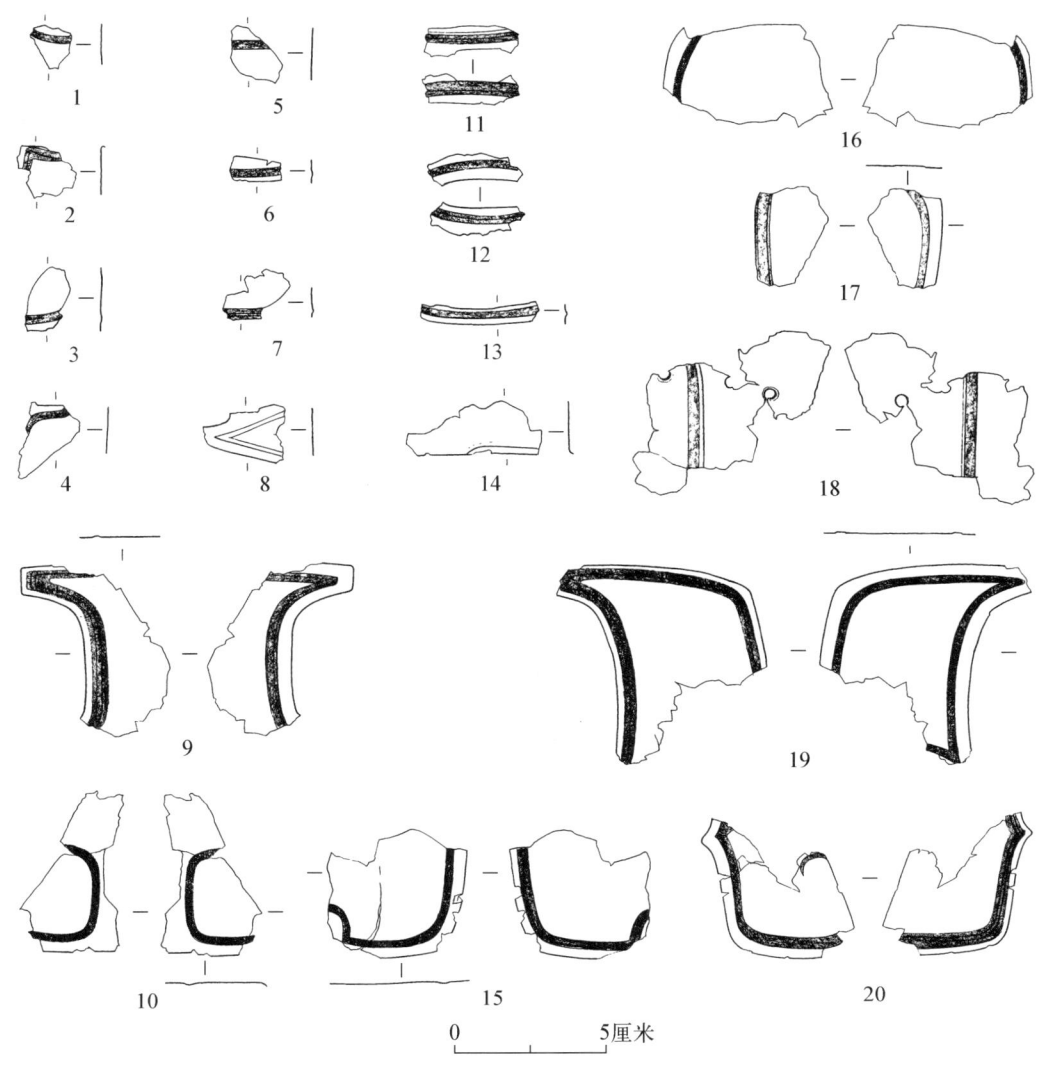

图 4-208　07QSM9 出土彩绘铜片

1～5. M9：1-27、1-18、1-19、1-15、1-21　6～10. M9：1-20、1-22、1-14、1-7、1-10

11～15. M9：1-16、1-13、1-12、1-11、1-4　16～20. M9：1-6、1-9、1-8、1-3、1-5

（2）玉石器

玉圭　共3件。M9：05-2，后端残，乳白色。长条形，圭首呈尖峰状，两面中部平直，两侧有边锋。残长13、宽2.5、厚0.5厘米（图4-209，13；彩版二二一，5）。M9：05-3，残存后端，乳白色。长条形，两面平直，无边锋，后端两角内凹成缺。残长4.5、宽2.6、厚0.3厘米（图4-209，3）。M9：0103-6，残存圭首，乳白色。圭首呈尖峰状，两面中部平直，两侧有边锋，一面上有两道刻槽。残长3.9、宽2.3、厚0.4厘米（图4-209，9）。

玉戈　共3件。M9：05-4，残，乳白色。长条形，中间起脊，两侧有边锋，截面呈菱形。该器也可能是圭。残长5.8、宽3.4、厚0.8厘米（图4-209，4；彩版二二一，1）。M9：05-5，残，乳白色间杂黑褐色斑。窄内宽援，中脊微鼓，援部两侧磨出锋刃，内部近援处有一圆形穿孔，为双面钻。残长4.5、宽3.1、厚0.5厘米（图4-209，15；彩版二二一，2）。M9：016-4，残，乳白色间杂褐色斑纹。两面中部微鼓，一侧平齐无锋刃，内部近援处有一圆形穿孔，双面钻。残长6.4、残宽2.6、厚0.3厘米（图4-209，11）。

玉柄形器　共4件。有单体柄形器、复合柄形器两种。

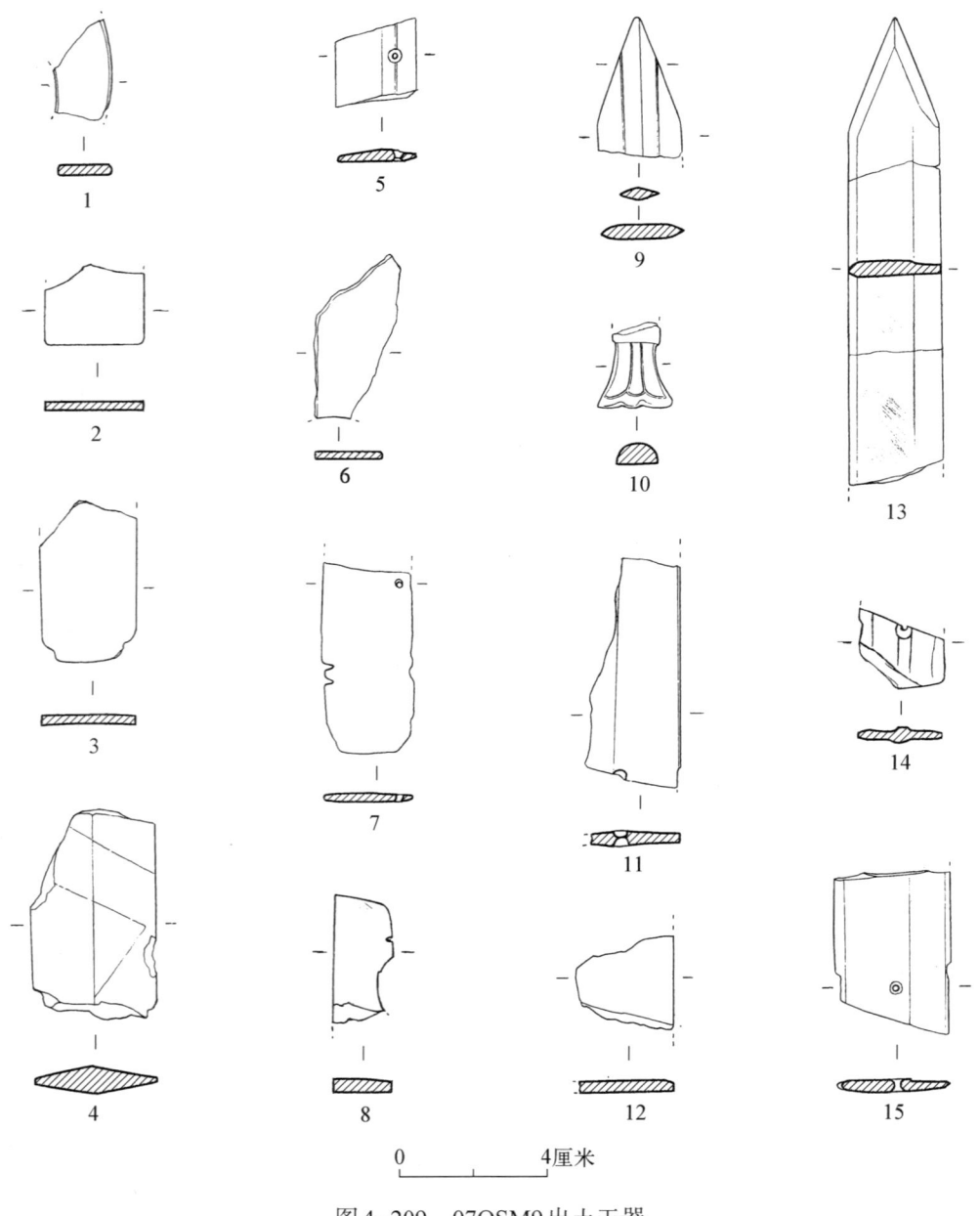

图4-209　07QSM9出土玉器

1、2、5～8、10、12、14. 玉饰（M9：0103-5、067-1、0103-2、0103-3、0103-7、0103-1、016-5、0103-4、067-2）

3、9、13. 圭（M9：05-3、0103-6、05-2）　4、11、15. 戈（M9：05-4、016-4、05-5）

单体柄形器　共3件。仅为玉柄。M9：016-1，残，青绿色。扁方柱形，两面微弧，两侧厚薄不均，柄首弧顶，束颈，饰两道旋纹。残长7.1、宽2.6、厚1.2厘米（图4-210，11）。M9：016-2，残断为三截，青绿色。扁平的长条形片状，一面边缘微弧，另一面平直，柄首平顶，束颈，饰两道旋纹，柄末端稍变细。残长15.7、宽2.6、厚0.3厘米（图4-210，12；彩版二二一，4）。M9：016-3，残，墨绿色。扁平的长条形片状，两面平直，柄首平顶，束颈，饰两道旋纹。残长6.3、宽2.6、厚0.2厘米（图4-210，9）。

复合柄形器　1件（M9：066）。由玉柄与玉附饰组成，均不完整，组合方式不明。玉柄1个，M9：066-2，白色，为柄首残片，束颈，颈部有一周凸棱，颈下有一周旋纹。长4.4、宽1.7、厚0.3厘米（图4-210，10）。玉附饰残存11个。标本M9：066-1，长2.5、宽1.6、厚0.4厘米（图4-210，7）。M9：066-3，长2.1、宽0.7、厚0.2厘米（图4-210，8）。M9：066-4，长1.2、宽0.5、厚0.3厘米（图4-210，4）。M9：066-5，长2.2、宽0.7、厚0.2厘米（图4-210，2）。M9：066-6，长4.1、宽0.8、厚0.2厘米（图4-210，6）。M9：066-7，长1.3、宽0.8、厚0.2厘米（图4-210，1）。

另有少量零星出土的玉柄形器附饰，均为扁棱状。标本M9：05-1，长2.2、宽1、厚0.3厘米（图4-210，3）。标本M9：068-1，长2.1、宽0.8、厚0.2厘米（图4-210，5）。标本M9：068-2，长2.2、宽1.1、厚0.2厘米。

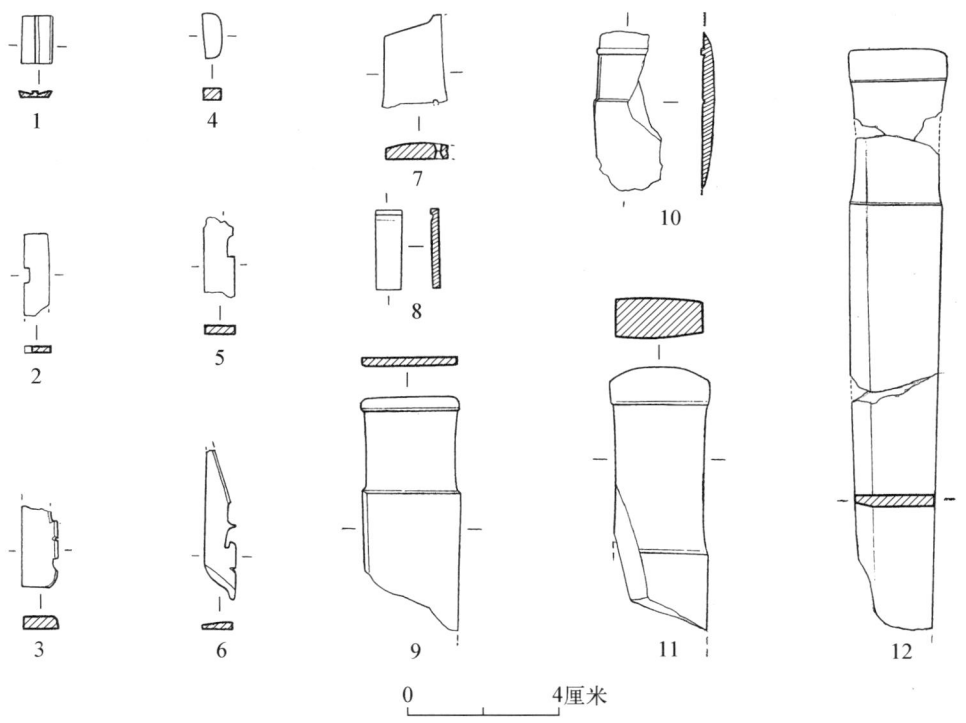

0　　　　　　　4厘米

图4-210　07QSM9出土玉柄形器

1～8、10.复合柄形器（M9：066-7、066-5、05-1、066-4、068-1、066-6、066-1、066-3、066-2）
9、11、12.单体柄形器（M9：016-3、016-1、016-2）

　　玉饰　共9件。M9：016-5，残，浅黄色。正面弧鼓，背面平直，束腰，一端呈散开的三叉状，如盛开的花朵，正面饰阴线纹。残长2.4、宽2、厚0.5厘米（图4-209，10；彩版二二一，3）。M9：067-1，残，乳白色。近方形片状，两面平齐。残长2.2、宽2.7、厚0.2厘米（图4-209，2）。M9：067-2，残，灰白色。条形片状，两面中部略鼓，有一圆形穿孔，双面钻。残长2.2、宽2.3、厚0.4厘米（图4-209，14）。M9：0103-1，青绿色，两面平齐，扉棱状。残长3.5、宽1.6、厚0.4厘米（图4-209，8）。M9：0103-2，残，灰白色。长条形，一面平齐，另一面中部起脊，上有一圆形穿孔，双面钻。残长2.4、宽2.2、厚0.3厘米（图4-209，5）。M9：0103-3，不规则残玉片，绿色，两面平齐。残长4.6、宽2.3、厚0.2厘米（图4-209，6）。M9：0103-4，不规则残玉片，绿色，两面平齐。残长2.6、宽2.6、厚0.3厘米（图4-209，12）。M9：0103-5，残，弧形薄片状，青绿色，两面平齐。残长2.8、宽1.5、厚0.3厘米（图4-209，1）。M9：0103-7，残，乳白色。长方形片状，两面微弧，一侧刻有两个缺口，另一侧有一穿孔。残长5.4、宽2.4、厚0.2厘米（图4-209，7）。

　　石磬　均为残块，共15块。青灰色或灰褐色，石质细腻，表面大多较光滑。可拼合完整或较完整者2件（彩版二二二）。M9：036-1，整体近半圆形，中上部有一圆形穿孔，器身厚度均匀，器表一面光滑，一面较粗糙，边缘打制而成，很粗糙。底长69.5、高26.6、厚3.5、孔径2.1厘米（图4-211，4）。M9：097，底边圆弧，近顶端有一个圆形钻孔，器表两面较粗糙。残高25、残长45、厚2.7、孔径1.6厘米（图4-211，3；彩版二二三）。

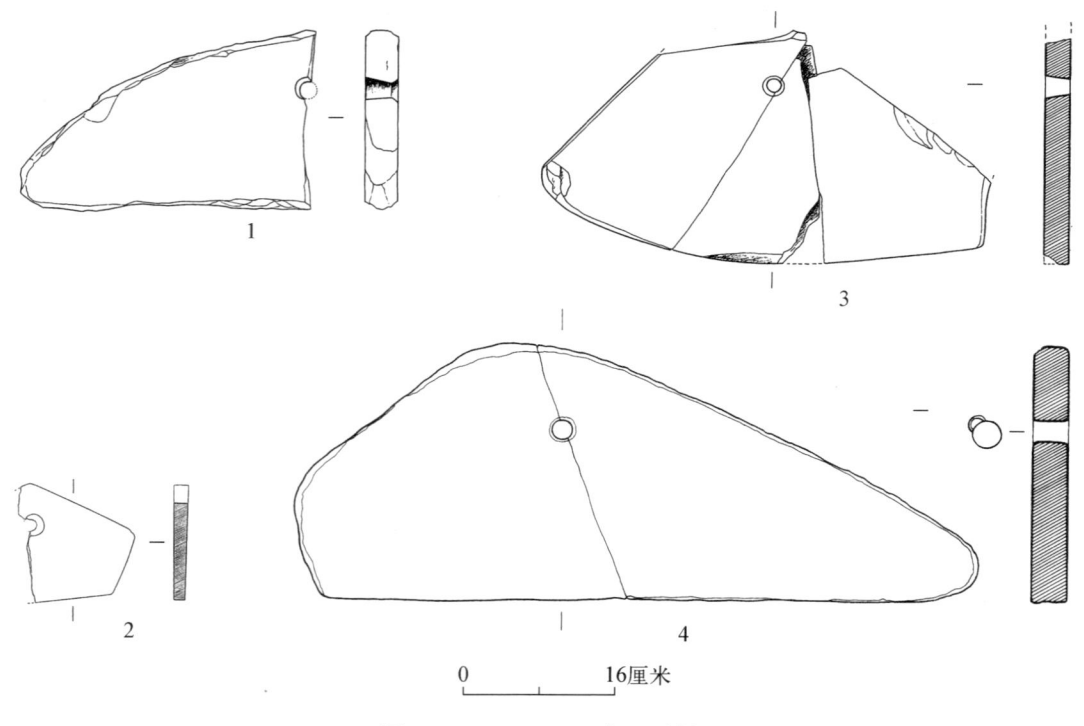

图4-211　07QSM9出土石磬

1～4. M9：035-2、035-1、097、036-1

其余均为石磬残块。M9∶01,为不规则残块,两面平直。残长10.4、厚2.2厘米。M9∶09,
一小残片,残长4.7、宽1.6厘米。M9∶012,小残片6块。标本M9∶012-1,残存半个圆形穿
孔。残长4.1、残宽3.2、残厚1.5厘米。标本M9∶012-2,残长4.1、残宽6.6、残厚2.2厘米。
M9∶035-1,为石磬的股端半边,残存半个圆形穿孔,孔为双面钻,孔径一面较大一面较小,器
身中部较厚,边缘较薄,器表较粗糙。股长12.6、股端长7、底残长8、高12.8、孔径1.4~2.1、穿孔
处厚1.6、股端边缘厚1.1厘米(图4-211,2;彩版二二五)。M9∶035-2,为石磬的鼓端半边,残
存半个圆形穿孔,孔为双面钻,器身厚度均匀,器表光滑,边缘打制而成,很粗糙。底残长30.5、
高19.9、厚3.5厘米(图4-211,1;彩版二二四)。M9∶036-2,一端圆弧,两面平直。残长5.9、
残宽5.4、厚2.2厘米。

　　(3)原始瓷器

　　均为残片,可辨器类有豆、罐。灰白胎,施青灰色釉。

　　豆　共3件。M9∶021,为一件残豆盘,由M9∶03、021、027、030、042、062、063拼合而成,
编号合并为M9∶021。侈口,方圆唇,盘壁近口部微折。口径17.7、残高4.1厘米(图4-212,4)。
M9∶024,侈口,方唇,折盘,盘壁内收,饰数道旋纹。内壁残存朱砂痕迹。口径12、残高3.5厘
米(图4-212,1;彩版二二六,1)。M9∶026,为一件残豆盘,由M9∶025、026、061拼合而成,编
号合并为M9∶026。敛口,方唇,唇面内凹成槽,折盘处有一周折棱。口径14.1、残高1.8厘米
(图4-212,3)。

　　罐　1件(M9∶090-1)。折肩,折棱上有两个泥饼。残高3.8厘米(图4-212,2)。

　　残片　共8件。器类不明,皆为碎片。M9∶029,侈口,方唇,唇面有一周凹槽,微束颈,可
能为罐类口沿。残高3厘米。M9∶043,可能为圈足残片。残高1.7厘米。M9∶044,侈口,圆
唇,唇面有一周凹槽,口外侧有一周凸棱。残高1.4厘米。M9∶058,可能为圈足残片。残高1.4
厘米。M9∶059,侈口,圆唇,唇面有一周凹槽,口外侧有一周凸棱。残高1.4厘米。M9∶060,
直口微侈,圆唇,口外侧有一周凸棱。残高1.8厘米。M9∶064,直口,斜方唇,唇面微凹。残高

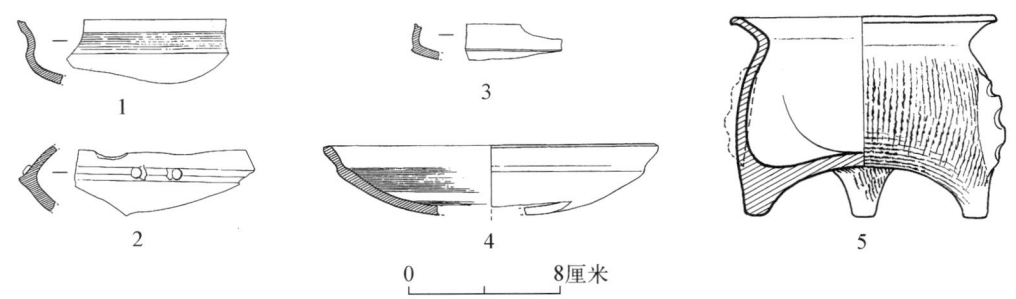

0　　　　　8厘米

图4-212　07QSM9出土陶、原始瓷器

1、3、4. 豆(M9∶024、026、021)　2. 罐(M9∶090-1)　5. 联裆鬲(M9∶0101)

1.2厘米。M9：090-2，可能为罐类腹部残片。残长6.5、残宽5.3厘米。此外，M9：028、041、045、065均为碎小残片，器形不可辨。

（4）陶器

联裆鬲　1件（M9：0101）。M9：0101与M9：038、092、098、099多件残片可拼对，编号合并为M9：0101。夹砂灰褐陶。器形较宽扁，卷沿，圆唇，沿下角较小，腹微鼓，宽平裆较低，足根末端残，似为圆柱状足根。沿外侧绳纹被抹，腹部饰印痕较深的中绳纹，与三足对应的腹部饰扉棱，分四齿。口径13.7、高11厘米（图4-212，5；彩版二二六，2）。

（5）蚌贝器

海贝　共544件。白色，腹面两唇内卷，唇缘有细齿，背面圆鼓，有一穿孔。根据穿孔形制，分两型：

A型　共495件。背部鼓出部分被磨平，形成大穿孔。M9：5，57件，可能为漆器上的装饰（彩版二二六，3）。标本M9：5-1，长2.9、宽2.2厘米（图4-213，14）。M9：6，83件，可能为漆器上的装饰。标本M9：6-1，长2.6、宽2厘米（图4-213，15）。M9：11，115件，可能为漆器上的装饰。标本M9：11-1，长2.1、宽1.4厘米（图4-213，5）。M9：02，2件。M9：02-1，长2.1、宽1.7厘米（图4-213，4）。M9：02-2，长2、宽1.3厘米。M9：04，19件。标本M9：04-1，长2.2、宽1.6厘米（图4-213，1）。M9：015-1～015-15，15件。标本M9：015-1，长2.3、宽1.6厘米

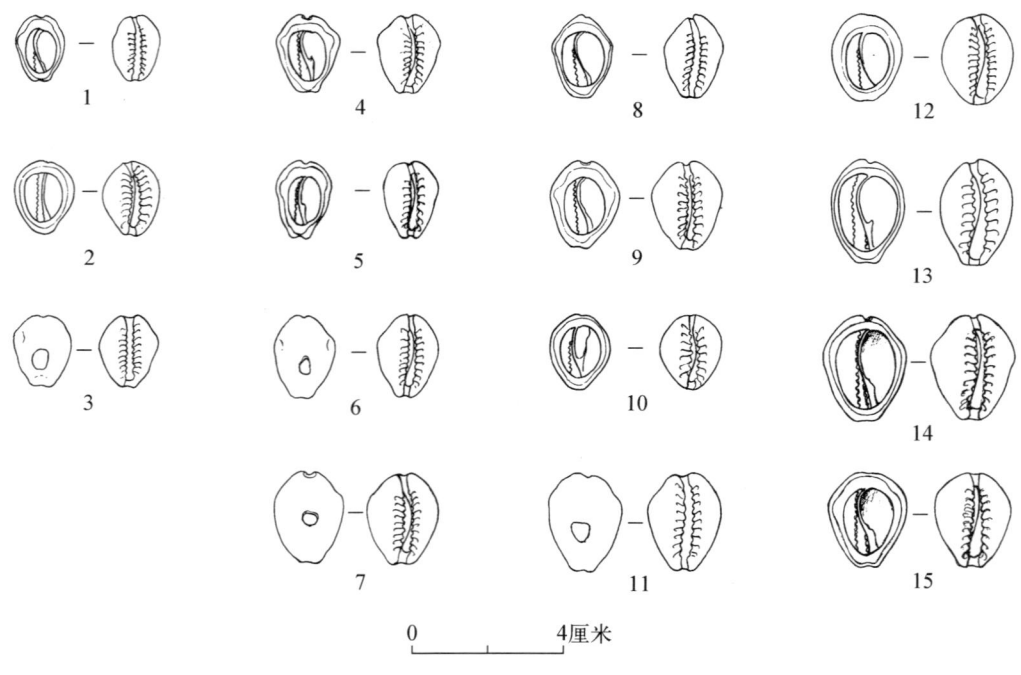

图4-213　07QSM9出土海贝

1、2、4、5、8～10、12～15. A型（M9：04-1、055-1、02-1、11-1、015-1、072-1、031-1、039-1、096-1、5-1、6-1）
3、6、7、11. B型（M9：049、04-2、096-174、015-16）

（图4-213，8）。M9：031，9件。标本M9：031-1，长2、宽1.6厘米（图4-213，10）。M9：039，5件。标本M9：039-1，长2.5、宽1.9厘米（图4-213，12）。M9：055，10件。标本M9：055-1，长2、宽1.6厘米（图4-213，2）。M9：072，7件。标本M9：072-1，长2.4、宽1.8厘米（图4-213，9）。M9：096-1～096-173，173件。标本M9：096-1，长2.5、宽1.9厘米（图4-213，13）。

B型　共49件。背部有一个较小的穿孔。标本M9：04-2，长1.8、宽1.3厘米（图4-213，6）。M9：015-16～015-18，3件。标本M9：015-16，长2.8、宽2厘米（图4-213，11）。M9：049，长1.9、宽1.5厘米（图4-213，3）。M9：096-174～096-217，44件。标本M9：096-174，长2.5、宽1.9厘米（图4-213，7）。

蚌鱼　共2件。均呈扁平的长条状。眼穿孔，背、腹部以缺口作鳍，尾部两侧内收，末端平齐，以一缺口作分叉状。M9：010-1，圆嘴，直背直腹。长4.9、宽1.3厘米（图4-214，20；彩版二二六，4）。M9：094，张嘴，弧背直腹，头下刻一缺口作腮。长5.1、宽1.2厘米（图4-214，21；彩版二二六，5）。

蚌泡　共78件。正面鼓起，背面平齐。根据平面形状及器表纹饰的不同，分六型：

A型　共14件。圆形，正面为球面，素面。M9：7，附近残存漆痕、席痕、朽木痕迹，直径3.7、高0.5厘米（图4-215，23）。M9：8，附近残存漆痕、席痕、朽木痕迹，直径3.8、高0.6厘米（图4-215，24；彩版二二七，1）。M9：018-4，3件，标本M9：018-4-1，直径3.2、高0.6厘米（图4-215，19；彩版二二七，2）。M9：037-9，直径2、高0.5厘米（图4-215，4）。M9：037-10，直径1.4、高0.5厘米（图4-215，3）。M9：040-3，直径1.7、高0.6厘米（图4-215，8）。M9：052，直径1.8、高0.4厘米（图4-215，7）。M9：093-1，共5件，标本M9：093-1-1，直径3.3、高0.9厘米（图4-215，18）。

B型　共32件。圆形，正面为球面，中部有一圆形穿孔，素面。M9：06，直径1.9、厚0.4、孔径0.3～0.6厘米（图4-215，9）。M9：018-3，共15件，标本M9：018-3-1，直径2.2、厚0.6、孔径0.4～0.5厘米（图4-215，13）。M9：037-1，共2件，标本M9：037-1-1，直径2.9、厚0.8、孔径0.3～0.5厘米（图4-215，14；彩版二二七，3）。M9：093-4，共14件，标本M9：093-4-1，直径2.1、厚0.8、孔径0.3～0.6厘米（图4-215，10）。

C型　共15件。圆形，正面为球面，饰涡纹，中部有一圆形穿孔。M9：10-1，附近残存漆痕、席痕、朽木痕迹，直径1.6、厚0.7、孔径0.3～0.4厘米（图4-214，1；彩版二二七，4）。M9：018-2，共3件，标本M9：018-2-1，直径2.1、厚0.6、孔径0.5～0.6厘米（图4-214，4）。M9：093-5，共11件，标本M9：093-5-1，直径2、厚0.7、孔径0.4～0.5厘米（图4-214，3）。标本M9：093-5-2，直径2.3、厚0.8、孔径0.5～0.6厘米（图4-214，2）。

D型　共10件。心形，正面刻两重心形纹饰。M9：010-5，共2件，M9：010-5-1，径2.7、高0.4厘米（图4-215，21；彩版二二七，5）。M9：010-5-2，径2.7、高0.3厘米（图4-215，20；

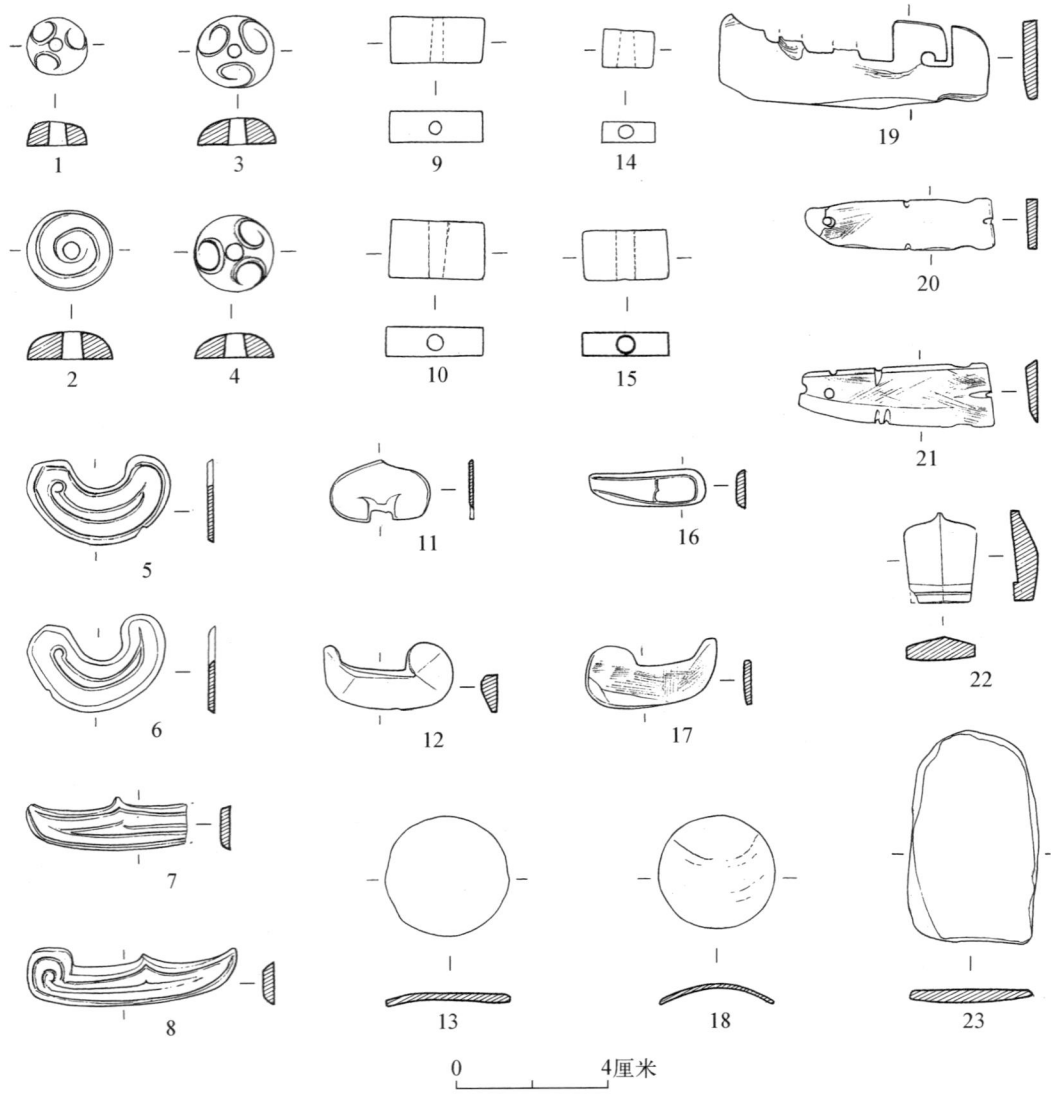

0   4厘米

图4-214　07QSM9出土蚌器

1～4. C型蚌泡（M9：10-1、093-5-2、093-5-1、018-2-1）　5～19、22、23. 蚌饰（M9：037-2、037-5、037-6、010-2-4、095-2、095-1、
010-2-3、010-2-7、10-2-2、095-3、018-5、010-2-6、037-3、040-1、010-2-2、037-7、10-2-1）　20、21. 蚌鱼（M9：010-1、094）

彩版二二八，1）。M9：037-8，共4件，形制、大小相同（彩版二二八，2）。标本M9：037-8-1，
径1.7、高0.3厘米（图4-215，15；彩版二二七，6）。M9：040-2，径1.5、高0.3厘米（图4-215，
16）。M9：051，径2.7、高0.3厘米（图4-215，22）。M9：053，径1.5、高0.3厘米（图4-215，17）。
M9：054，径1.4、高0.3厘米。

　　E型　共3件。椭圆形，素面。M9：018-6，长径2.4、短径1.7、高0.8厘米（图4-215，1；
彩版二二八，3）。M9：037-4，长径2.8、短径2.2、高0.3厘米（图4-215，11；彩版二二八，4）。
M9：093-3，长径2、短径1.6、高0.6厘米（图4-215，5）。

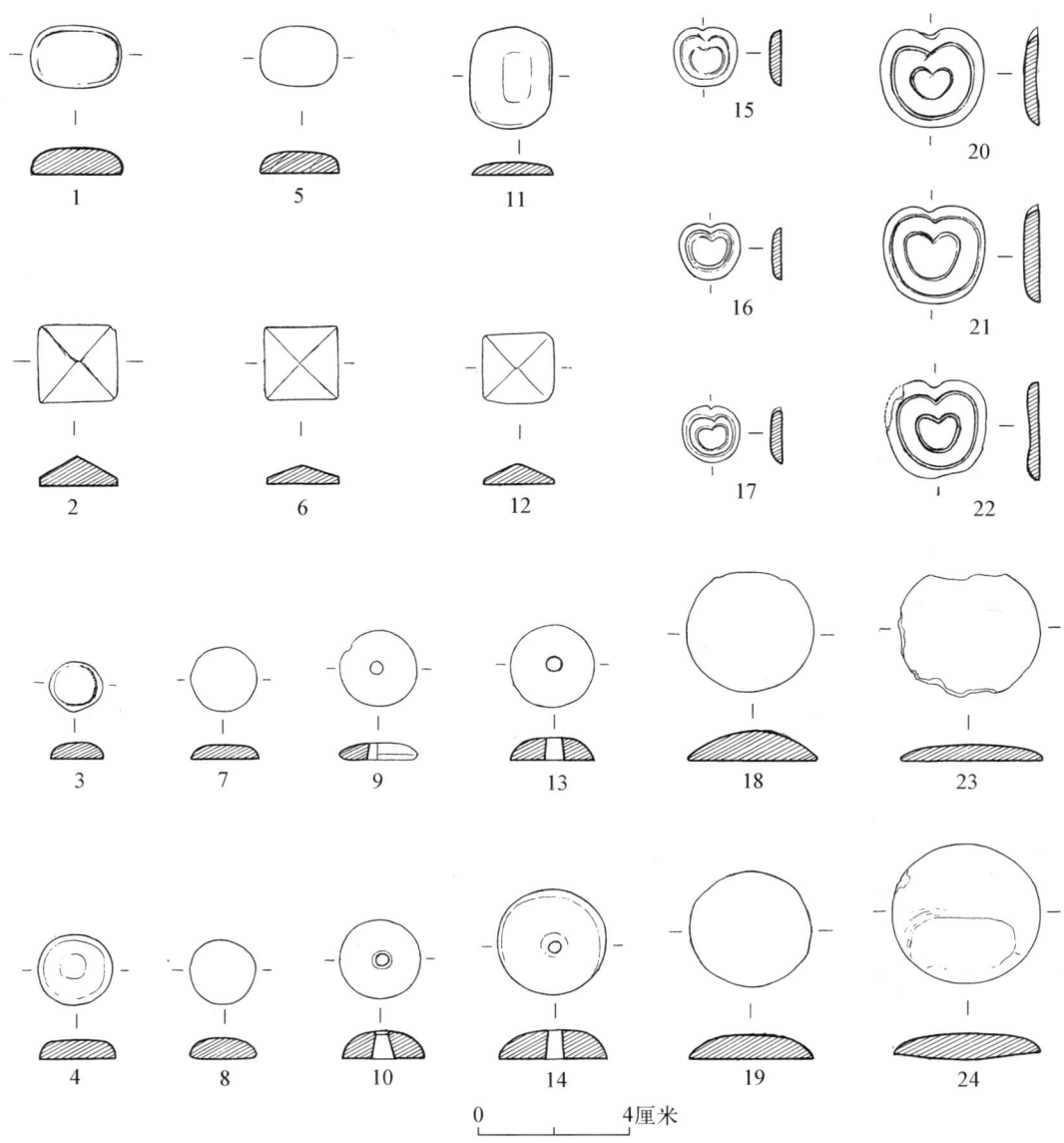

图4-215　07QSM9出土蚌泡

1、5、11. E型（M9：018-6、093-3、037-4）　2、6、12. F型（M9：018-1-1、050、093-2）　3、4、7、8、18、19、23、24. A型
（M9：037-10、037-9、052、040-3、093-1-1、018-4-1、7、8）　9、10、13、14. B型（M9：06、093-4-1、018-3-1、037-1-1）
15～17、20～22. D型（M9：037-8-1、040-2、053、010-5-2、010-5-1、051）

　　F型　共4件。方形，正面呈扁四棱锥状。M9：018-1，共3件，形制、大小基本相同。标本
M9：018-1-1，边长2.1、厚0.8厘米（图4-215，2；彩版二二八，5）。M9：050，边长2、厚0.6厘
米（图4-215，6；彩版二二八，6）。M9：093-2，边长1.8、厚0.6厘米（图4-215，12）。

　　蚌饰　共26件。均为片状，形制多样。M9：10-2，共10件，可能为漆器上的装饰。标
本M9：10-2-1，近长方形，长5.7、宽3.2厘米（图4-214，23；彩版二二九，1）。标本M9：10-

2-2，近圆形，径3.2厘米（图4-214，13；彩版二二九，2）。M9：010-2-2，残，扁棱状长条形片。长7.1、宽2.3厘米（图4-214，19；彩版二二九，3）。M9：010-2-3，卷云纹形片，一侧为圆弧突尖状，另一侧中间内凹。长2.6、宽1.6厘米（图4-214，11）。M9：010-2-4，长条形，一端为卷云状，另一端弯曲收尖，中部有突尖，上有多重阴线纹。长5.5、宽1.5厘米（图4-214，8）。M9：010-2-6，一端较细的窄弧条状，上饰阴线纹。残长3、宽1厘米（图4-214，16）。M9：010-2-7，一端为卷云状，另一端弯曲收尖。长3.4、宽1.8厘米（图4-214，12）。M9：018-5，带穿孔的扁长方体，穿孔位于较长的两侧面中部。长2.2、宽1.4、高0.7厘米（图4-214，15；彩版二三〇，3）。M9：037-2，弧形，正面饰阴线纹。长3.7、宽1.5厘米（图4-214，5；彩版二二九，4）。M9：037-3，一端为卷云状，另一端弯曲收尖。长3.6、宽1.7厘米（图4-214，17；彩版二二九，5）。M9：037-5，弧形，正面饰阴线纹。长3.6、宽1.3厘米（图4-214，6；彩版二二九，6）。M9：037-6，残，长条形，一端弯曲收尖，中部有突尖，上有多重阴线纹。残长4.2、宽1.5厘米（图4-214，7；彩版二三〇，1）。M9：037-7，有齿鳞状，中间起脊，底端有两道凸棱。长2.5、宽2厘米（图4-214，22；彩版二三〇，2）。M9：040-1，圆形，正面鼓起，背面内凹。径3.1厘米（图4-214，18）。M9：095，5件，均为带穿孔的扁长方体，穿孔位于较长的两侧面中部（彩版二三一，1、2）。标本M9：095-1，长2.5、宽1.6、高0.8厘米（图4-214，10；彩版二三〇，4）。M9：095-2，长2.5、宽1.2、高0.8厘米（图4-214，9；彩版二三〇，5）。M9：095-3，长1.3、宽1、高0.5厘米（图4-214，14；彩版二三〇，6）。

（6）骨角器

骨小腰　共4件。两端呈平顶伞状，中间内凹以细圆柱相接，表面打磨光滑。M9：08-1，器形较大，截面为圆形。长5、两端径1厘米（图4-216，8；彩版二三一，5）。M9：08-2，器形较大，截面为椭圆形。长4.2厘米，两端长径1、短径0.7厘米（图4-216，6；彩版二三一，3）。M9：08-3，残，器形较大，截面为椭圆形。长3.5厘米，两端长径1、短径0.7厘米（图4-216，3；彩版二三一，4）。M9：023，器形较小，截面为椭圆形。长2.7厘米，两端长径0.5、短径0.4厘米（图4-216，4；彩版二三一，6）。

骨管　1件（M9：073）。残，直壁，表面打磨光滑。残长3.3、径1.7厘米（图4-216，1）。

角镳　共5件。为一端截齐的一段鹿角，正面与侧面凿通两对长方形穿孔。M9：032，两端略残，高10.2厘米，粗端长径2.8、短径2厘米，近细端孔长0.9、宽0.7厘米，近粗端孔长1.4、宽0.8厘米（图4-216，7；彩版二三二，1）。M9：033，细端残，高9.5厘米，粗端长径3、短径2厘米，近细端孔长1.2、宽0.9厘米，近粗端孔长1.2、宽0.8厘米（图4-216，5）。M9：034-1，残存一个穿孔。粗端长径2.4、短径1.5厘米，孔长1.2、宽1厘米（图4-216，2）。M9：034-2，仅存粗端残片。M9：076，高11厘米，粗端长径3、短径2厘米，近细端孔长1.3、宽0.7厘米，近粗端孔长1.5、宽0.7厘米（图4-216，9；彩版二三二，2）。

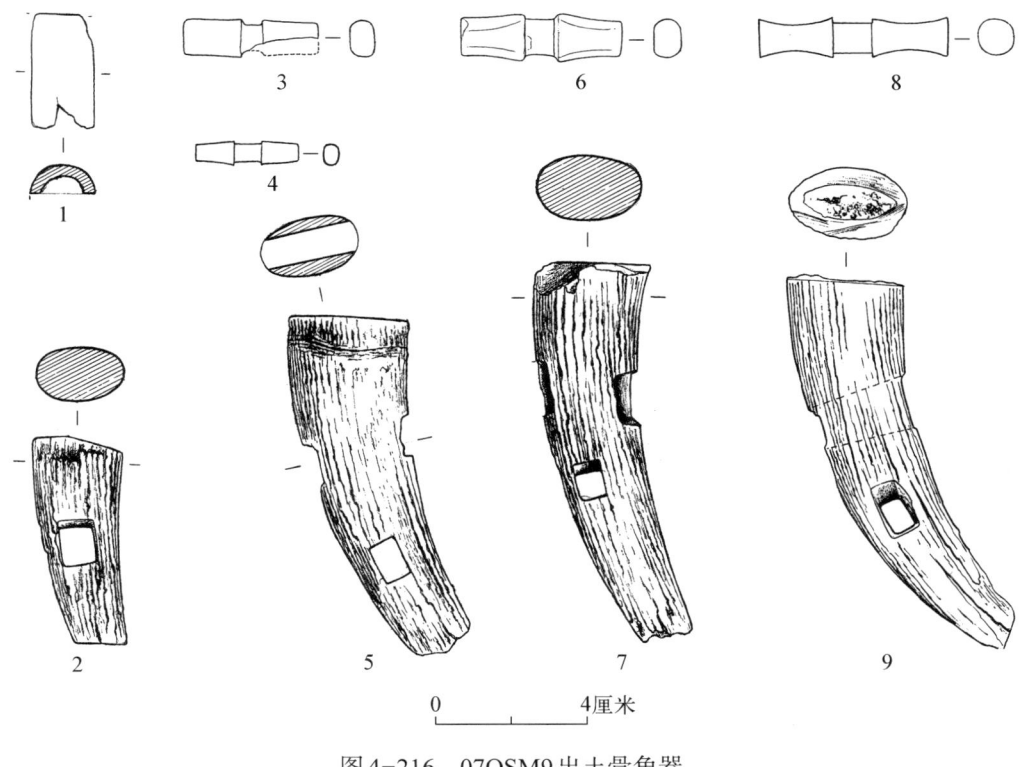

图4-216　07QSM9出土骨角器

1. 骨管（M9：073）　2、5、7、9. 角镳（M9：034-1、033、032、076）　3、4、6、8. 骨小腰（M9：08-3、023、08-2、08-1）

象牙雕片　共71片，均为残片。M9：019，共30小片，其中5片雕刻有纹饰。标本M9：019-1，刻弧形条带，内填竖线纹。长4.3、宽1.4、厚0.3厘米（图4-217，3）。M9：046，共18小片，其中5片有浅浮雕纹饰。标本M9：046-1，刻心形纹饰，内填竖线纹。残长7.5、残宽2.8、厚0.25厘米（图4-217，2；彩版二三三，2）。标本M9：046-2，刻心形纹饰与云纹，心形纹饰内填竖线纹。残长5.6、残宽5.3、厚0.5厘米（图4-217，5；彩版二三三，1）。M9：078，共23小片，其中7片有浮雕纹饰，3片的边缘有两个小穿孔。标本M9：078-1，刻龙首，边缘处有两个圆形穿孔。残长4.1、残宽2.4、厚0.3厘米（图4-217，4；彩版二三三，3）。标本M9：078-2，刻龙首。残长3、残宽2、厚0.3厘米（图4-217，1；彩版二三二，4）。标本M9：078-3，刻龙纹。残长4.9、残宽1.9、厚0.3厘米（彩版二三二，5）。标本M9：078-4，局部刻龙纹，一端齐平，有两个小穿孔。残长7.5、残宽2.5、厚0.3厘米。

龟甲　共37片，均为残片。M9：014，共14小片，部分残片有朱砂痕迹。标本M9：014-1，残长4、残宽3.5厘米（图4-218，2）。M9：020，共7小片，标本M9：020-1，近三角形，残长2、残宽1.9厘米（图4-218，3）。M9：074，腹甲残片，有一圆形穿孔。残长5.9、宽5厘米（图4-218，5；彩版二三二，3）。M9：091，共2小片。标本M9：091-1，近方形，残长2.8、残宽2.7厘米（图4-218，1）。M9：0102，共13小片，标本M9：0102-1，残长2.6、残宽1.2厘米（图4-218，4）。

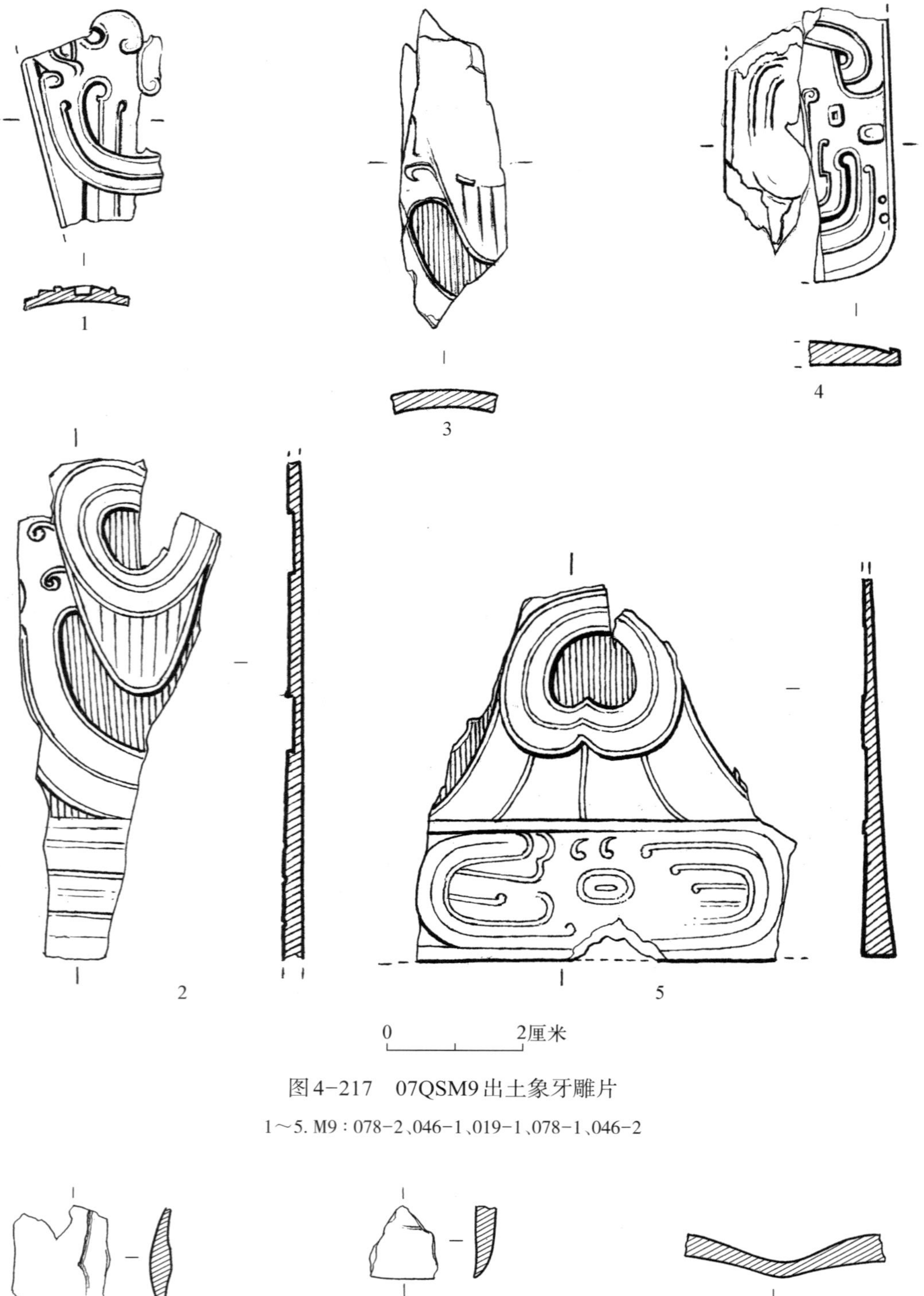

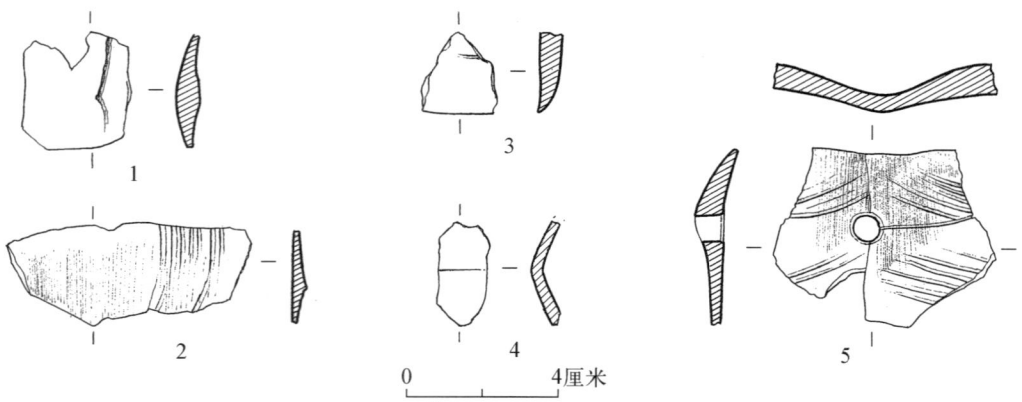

图4-217　07QSM9出土象牙雕片

1～5. M9：078-2、046-1、019-1、078-1、046-2

图4-218　07QSM9出土龟甲

1～5. M9：091-1、014-1、020-1、0102-1、074

（7）漆器

器类与形制不明，从残存朱砂、漆痕、朽木痕迹及海贝看，至少有3件。M9∶5，海贝57件，大多横竖排列整齐，其中两行呈东西向排列，每行12件，其余海贝在其南侧竖向排成5列，每列2～5件（图4-172）。M9∶6，海贝83件，大多呈弧形排列，局部散乱（图4-172）。M9∶11、10-2，由蚌饰与海贝组成，蚌饰10件、海贝115件，海贝横竖排列较整齐。应至少包含1件漆器。

（8）车

葬车均为拆车葬，车部件有车轮、车衡及相关车构件、车轴共三类。

a. 车轮

车轮共27个，编号为轮1～轮27。其中墓室填土有车轮3个，墓道有车轮24个。均为木质结构，有17个车轮上装配有成套铜毂饰。墓道中的车轮均靠立于墓壁，其中墓道北壁有13个，墓道南壁有11个。

轮1，靠立于墓室北壁中部，轮顶距墓口11.72米，东侧部分被D7破坏。轮径140、东西残长136厘米，轮牙宽14、厚10厘米。有辐条22根，辐长44、骹宽4～6、股宽2、骹端辐条间距12～16、车毂径20厘米。毂上装配有铜毂饰1套（M9∶20），𫐄（M9∶20-1）、軎（M9∶20-2）、軐（M9∶20-3）各1件（图4-180）。

轮2，靠立于墓室南壁中部，轮顶距墓口11.94米，东侧部分被D2破坏。轮径140、东西残长120厘米，轮牙宽12、厚8厘米。有辐条22根，辐长40～50、骹宽6、股宽2、骹端辐条间距8～20、车毂径20厘米。毂上装配有铜毂饰1套（M9∶19），𫐄（M9∶19-1）、軎（M9∶19-2）、軐（M9∶19-3）各1件（图4-176）。

轮3，靠立于墓室东壁南端，轮顶距墓口13.24米，轮牙南部残。轮径122、南北残长106厘米，轮牙宽14、厚8厘米。有辐条22根，辐长40、骹宽6、股宽2、骹端辐条间距8～14、车毂径30厘米。毂上装配有铜毂饰1套（M9∶18），𫐄（M9∶18-1）、軎（M9∶18-2）、軐（M9∶18-3）各1件（图4-180）。

轮4，靠立于墓道北壁，为北壁所有车轮中位置最东。车轮大部分被清理时破坏，轮底距墓道口8.54米。轮径134、残高30厘米，轮牙宽10、厚8厘米。残存辐条5根，辐残长20、骹端辐条间距16厘米。

轮5，靠立于墓道北壁轮4的西侧，叠压轮9。车轮大部分被清理时破坏，轮底距墓道口8.8米。轮径180、残高60厘米，轮牙宽12、厚10厘米。残存辐条7根，辐残长14～50、骹端辐条间距10～18厘米。

轮6，靠立于墓道北壁轮5的西侧，被轮7叠压。车轮部分被清理时破坏，轮底距墓道口9.14米。轮径120、残高80厘米，轮牙宽12、厚10厘米。有辐条24根，辐长46、骹宽4～6、骹端辐条间距11、车毂径20厘米。毂上装配有铜毂饰1套（M9∶38），𫐄（M9∶38-1）、軎（M9∶38-

2)、軎（M9：38-3）各1件（图4-183）。

轮7，靠立于墓道北壁轮6的西侧，叠压轮10。车轮部分被清理时破坏，轮底距墓道口9.34米。轮径140、残高90厘米，轮牙宽12、厚8厘米。有辐条24根，辐长50、股宽2、骹端辐条间距10、车毂径20厘米。

轮8，靠立于墓道北壁轮4、轮5下方，西侧叠压轮9，轮顶距墓道口8.42米。轮径140厘米，轮牙宽12、厚10厘米。有辐条22根，辐长50、骹端辐条间距10～12、车毂径20厘米。毂上装配有铜毂饰1套（M9：40），辐（M9：40-1）、軎（M9：40-2）、軎（M9：40-3）各1件（图4-184）。

轮9，靠立于墓道北壁轮8的西侧，轮顶距墓道口8.72米。轮径140厘米，轮牙宽10、厚10厘米。有辐条24根，辐长50、骹端辐条间距10～12、车毂径20厘米。毂上装配有铜毂饰1套（M9：39），辐（M9：39-1）、軎（M9：39-2）、軎（M9：39-3）各1件（图4-177）。

轮10，靠立于墓道北壁轮7的下方，叠压其下的轮13。车轮部分被清理时破坏，轮顶距墓道口9.2米。轮径140厘米，轮牙宽12、厚10厘米。残存辐条13根，辐长50、骹端辐条间距8～18、车毂径22厘米。

轮11，靠立于墓道北壁轮9的下方，被西侧的轮12叠压，轮顶距墓道口10.2米。轮径120、轮牙宽12、厚10厘米。有辐条22根，辐长50、骹端辐条间距6～18、车毂径20厘米。毂上装配有铜毂饰1套（M9：41），辐（M9：41-1）、軎（M9：41-2）、軎（M9：41-3）各1件（图4-182）。

轮12，靠立于墓道北壁轮11的西侧，轮顶距墓道口10.32米。轮径120厘米，轮牙宽12、厚10厘米。有辐条22根，辐长42、骹端辐条间距10～12、车毂径20厘米。

轮13，靠立于墓道北壁轮12的西侧。车轮部分被清理时破坏，轮顶距墓道口10.46厘米。轮径140厘米，轮牙宽10、厚10厘米。残存辐条12根，辐长50、骹端辐条间距8～10、车毂径20厘米。

轮14，靠立于墓道北壁轮11、轮12的下方，轮顶距墓道口11.62米。轮径140厘米，轮牙宽12、厚10厘米。有辐条24根，辐长50、骹端辐条间距8～18、车毂径20厘米。毂上装配有铜毂饰1套（M9：42），軎（M9：42-1）、軎（M9：42-2）各1件（图4-179）。

轮15，靠立于墓道北壁轮14的西侧，被西侧的轮16叠压，轮顶距墓道口12米。轮径120厘米，轮牙宽10、厚10厘米。残存辐条14根，辐长50、骹端辐条间距8～12、车毂径20厘米。毂上装配有铜毂饰1套（M9：43），軎（M9：43-1）、軎（M9：43-2）各1件（图4-179）。

轮16，靠立于墓道北壁轮15的西侧，轮顶距墓道口12米。轮径140厘米，轮牙宽12、厚10厘米。有辐条22根，辐长50、骹端辐条间距8～16、车毂径20厘米。毂上装配有铜毂饰1套（M9：44），辐（M9：44-1）、軎（M9：44-2）、軎（M9：44-3）各1件（图4-181）。

轮17，靠立于墓道南壁，为南壁所有车轮中位置最东。车轮大部分被清理时破坏，轮底距墓道口8.54米。轮残高26、轮牙宽10厘米。残存辐条5根，辐残长14、骹端辐条间距14厘米。

　　轮18，靠立于墓道南壁轮17的西侧。车轮大半部分被清理时破坏，轮底距墓道口9.1米。轮径140厘米，残高50、轮牙宽10厘米。残存辐条9根，辐残长24～36厘米，骹端辐条间距10～12厘米。

　　轮19，靠立于墓道南壁轮18的西侧，叠压下方的轮22。车轮上部被清理时破坏，轮底距墓道口9.3米。轮径140、轮牙宽10厘米。残存辐条20根，辐长44～50、骹端辐条间距8～14、车毂径20厘米。毂上装配有铜毂饰1套（M9∶29），軜（M9∶29-1）、钏（M9∶29-2）、軧（M9∶29-3）各1件（图4-181）。

　　轮20，靠立于墓道南壁轮19的西侧，轮23、轮25的上方，轮顶距墓道口8.26米。轮径140、轮牙宽12厘米。有辐条22根，辐长46～50、骹端辐条间距8～10、车毂径20厘米。毂上装配有铜毂饰1套（M9∶26），軜（M9∶26-1）、钏（M9∶26-2）、軧（M9∶26-3）各1件（图4-178）。

　　轮21，靠立于墓道南壁轮17、轮18的下方，并被轮17、轮18叠压，轮底距墓道口9.44米。轮径140、轮牙宽10厘米。残存辐条17根，辐长40～50厘米，骹端辐条间距8～12、车毂径20厘米。

　　轮22，靠立于墓道南壁轮21的西侧，轮底距墓道口10.3米。轮径150、轮牙宽10～14厘米。有辐条22根，辐长50、骹端辐条间距14、车毂径20厘米。毂上装配有铜毂饰1套（M9∶30），軜（M9∶30-1）、钏（M9∶30-2）、軧（M9∶30-3）各1件（图4-178）。

　　轮23，靠立于墓道南壁轮22的西侧，被上方的轮20叠压，轮底距墓道口10.44米。轮径120、轮牙宽10～14厘米。有辐条22根，辐长40、骹端辐条间距8～10、车毂径20厘米。毂上装配有铜毂饰1套（M9∶28），軜（M9∶28-1）、钏（M9∶28-2）、軧（M9∶28-3）各1件（图4-184）。

　　轮24，靠立于墓道南壁轮20、轮25中间。车轮部分被清理时破坏，轮底距墓道口10.1米。轮径130、轮牙宽10厘米。有辐条22根，辐长20～50、骹端辐条间距10～14、车毂径20厘米。毂上装配有铜毂饰1套（M9∶25），軜（M9∶25-1）、钏（M9∶25-2）、軧（M9∶25-3）各1件（图4-176）。

　　轮25，靠立于墓道南壁轮23的西侧，被上方的轮24叠压，轮底距墓道口10.7米。轮径140、轮牙宽10厘米。有辐条22根，辐长46～58、骹端辐条间距8～14、车毂径20厘米。毂上装配有铜毂饰1套（M9∶27），軜（M9∶27-1）、钏（M9∶27-2）、軧（M9∶27-3）各1件（图4-177）。

　　轮26，靠立于墓道南壁轮25的下方，轮顶距墓道口12.04米。轮径120、轮牙宽10厘米。有辐条24根，辐长50、骹端辐条间距10～16、车毂径20厘米。

　　轮27，位于墓道南壁轮26的下方，车轮被清理时破坏，仅存车毂。毂上装配有铜毂饰1套（M9∶37），軜（M9∶37-1）、钏（M9∶37-2）、軧（M9∶37-3）各1件，軜顶距墓道口13米（图4-183）。

b. 车衡及相关车构件

墓道填土中有车衡和与之连接的辀前端残段及车轭痕迹,车衡共4条。

衡1,南半段被D4破坏,残长70厘米。衡上装配有铜轙1件(M9:31-3)、轭1件(M9:31-4)、衡内饰1件(M9:31-2)。辀前端残段从衡下绕到衡前,装配軏1件(M9:31-1),軏上兽首向东(图4-219)。

衡2,衡长120厘米。衡上装配有铜轙2件(M9:32-1、32-5)、轭2件(M9:32-2、32-6)、衡中饰1件(M9:32-4)。辀前端残段从衡下绕到衡前,辀首装配軏1件(M9:32-3),斜压于衡中饰上,軏顶面向西(图4-220)。

衡3,衡朽木痕迹为黑色,长约120厘米。衡上装配有铜轙2件(M9:33-1、33-6)、轭2件(M9:33-2、33-7)、衡内饰2件(M9:33-3、33-5)。辀前端残段从衡下绕到衡前,装配軏1件(M9:33-4),軏上兽首向东(图4-221)。

衡4,西距衡2有280厘米,衡长120厘米。衡上装配有铜轙2件(M9:34-2、34-6)、轭2件(M9:34-3、34-7)、衡中饰1件(M9:34-5)、衡末饰2件(M9:34-1、34-8)。辀前端残段从衡下绕到衡前,装配軏1件(M9:34-4),軏上兽首向东(图4-222)。

另外,可能还有两条车衡已为盗洞破坏,仅残存部分铜车器。其一,盗洞D4旁出土铜轭1套(M9:46)。其二,盗洞D11旁出土铜衡末饰2件(M9:35、36-2)、铜曲衡饰1件(M9:36-1)。如此,M9随葬的车衡可能至少有6条。

c. 车轴

1条,编号为轴1。置于墓室东部填土内,呈西北—东南方向斜放,仅残存局部朽木。长277厘米。车轴两端分别套有1件铜车軎(M9:23、24)。

8. 墓葬年代

出土铜器的年代大都在西周中期。年代较早者如铜軏M9:32-3,所饰华丽的垂冠凤鸟纹,羽毛有斑眼,流行于西周早期偏晚至中期偏早[1]。而毂饰、车轭、车轙均与孝王时期的张家坡M170出土同类器形制相同,铜轭M9:32-2同于张家坡M170:35:1,铜轙上部均作两环,同于张家坡M170:36:4[2]。出土陶器仅一件联裆鬲,器形较宽扁,卷沿近平,有扉棱,其年代早不到西周中期偏早,也晚不至西周中晚期之际。稳妥起见,可将该墓年代定为西周中期偏晚。

---

[1] 陈公柔、张长寿:《殷周青铜容器上鸟纹的断代研究》,《考古学报》1984年第3期。朱凤瀚:《中国青铜器综论》,上海古籍出版社,2009年,第562页。

[2] 中国社会科学院考古研究所:《张家坡西周墓地》,中国大百科全书出版社,1999年,第186、201、204页。

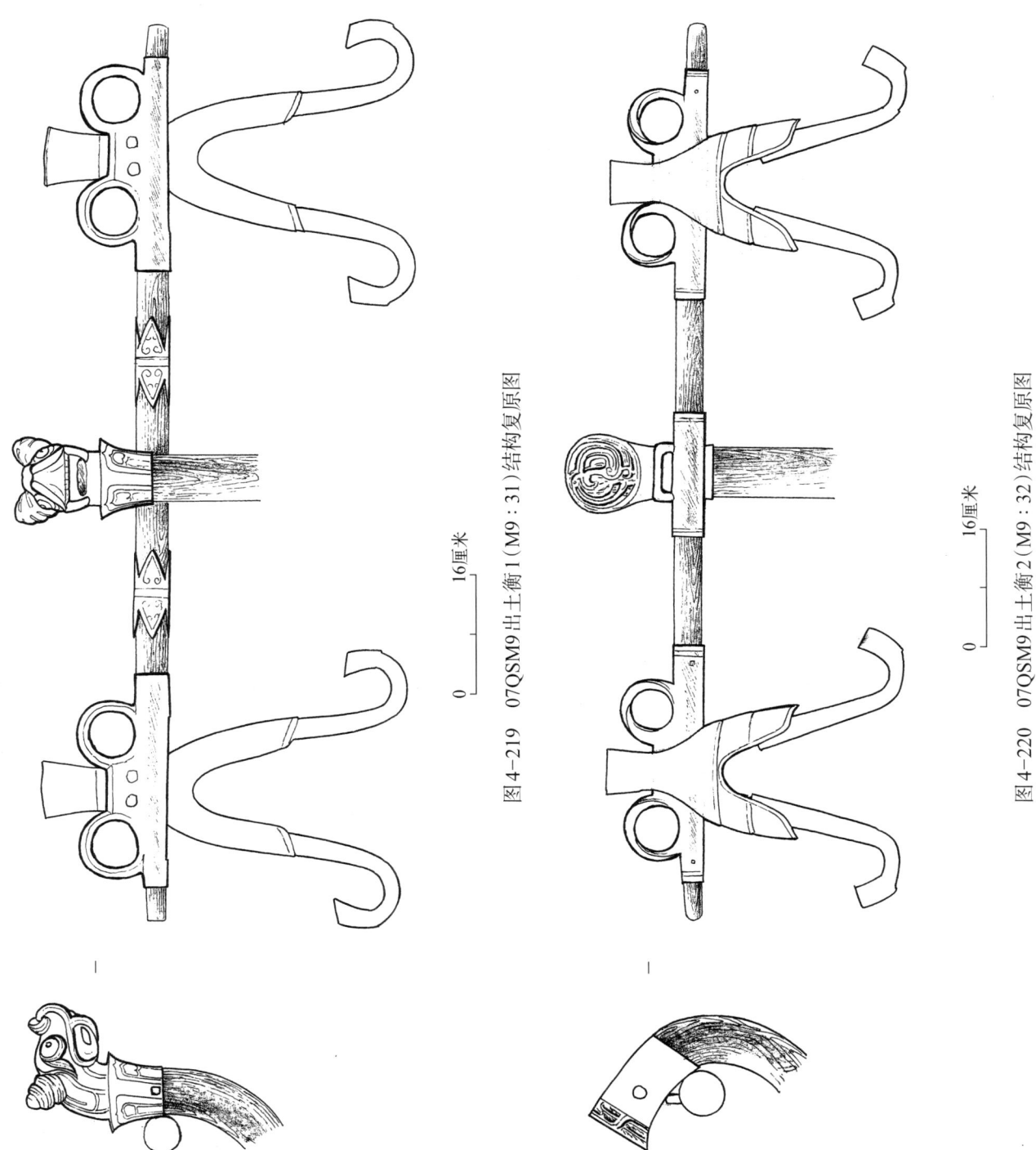

图 4-219　07QSM9 出土衡 1（M9∶31）结构复原图

图 4-220　07QSM9 出土衡 2（M9∶32）结构复原图

16 厘米

0

16 厘米

0

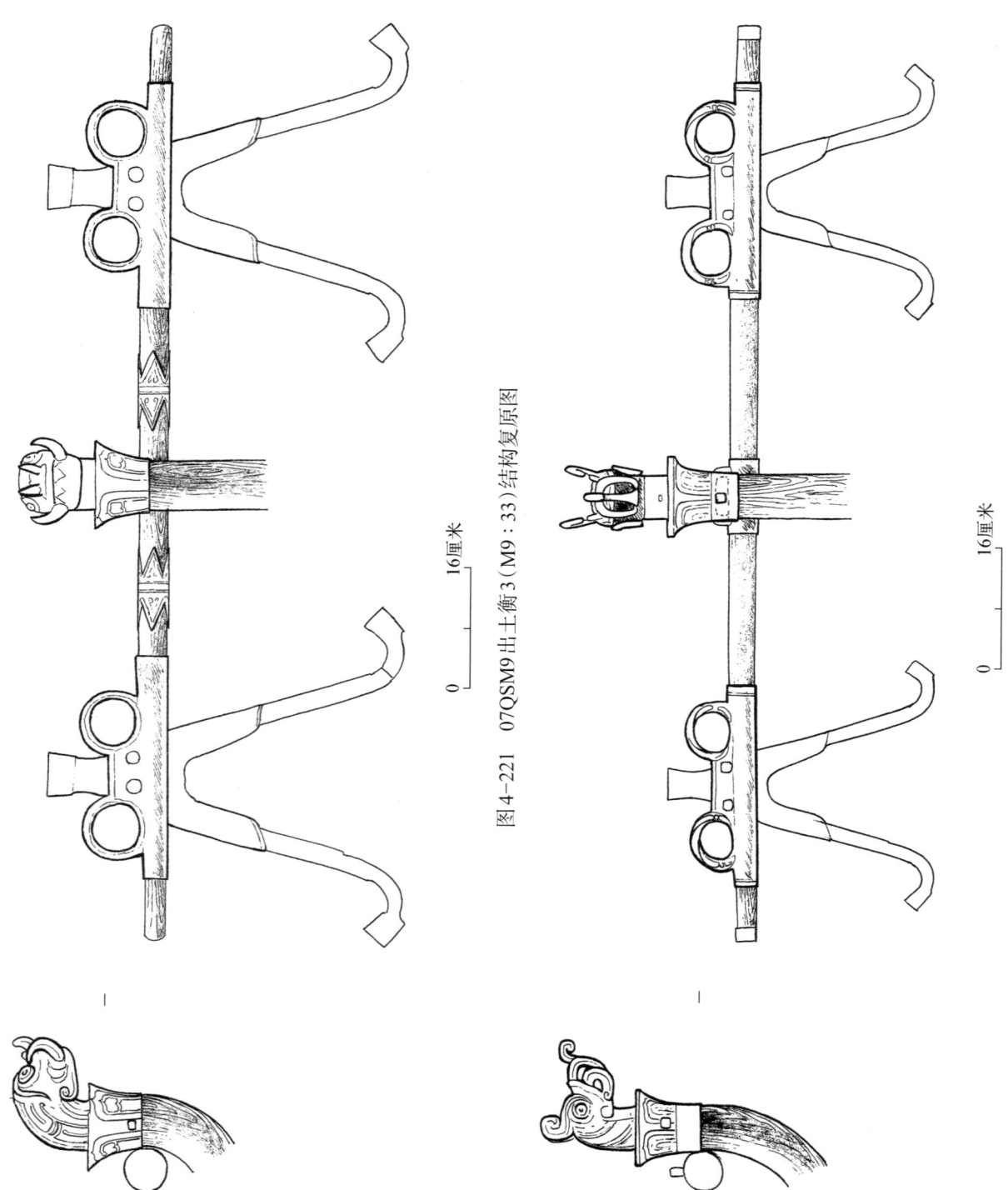

图4-221　07QSM9出土衡3（M9∶33）结构复原图

16厘米

0

图4-222　07QSM9出土衡4（M9∶34）结构复原图

16厘米

0

4.4　无墓道中小型墓葬分述

在宋家墓地共发掘无墓道中小型墓葬22座,以下按墓葬编号顺序依次介绍。

4.4.1　06QSM1

1. 墓位与盗扰情况

该墓位于宋家墓地南部,探方内东端。北距M2约0.9米,西北距M4约0.5米,西南距M3约0.7米。

墓口东北部有1个盗洞,口部近圆形,打破墓圹,最大径0.78米。盗洞直下打破墓底至生土,深0.6米。墓葬盗扰严重(图4-223)。

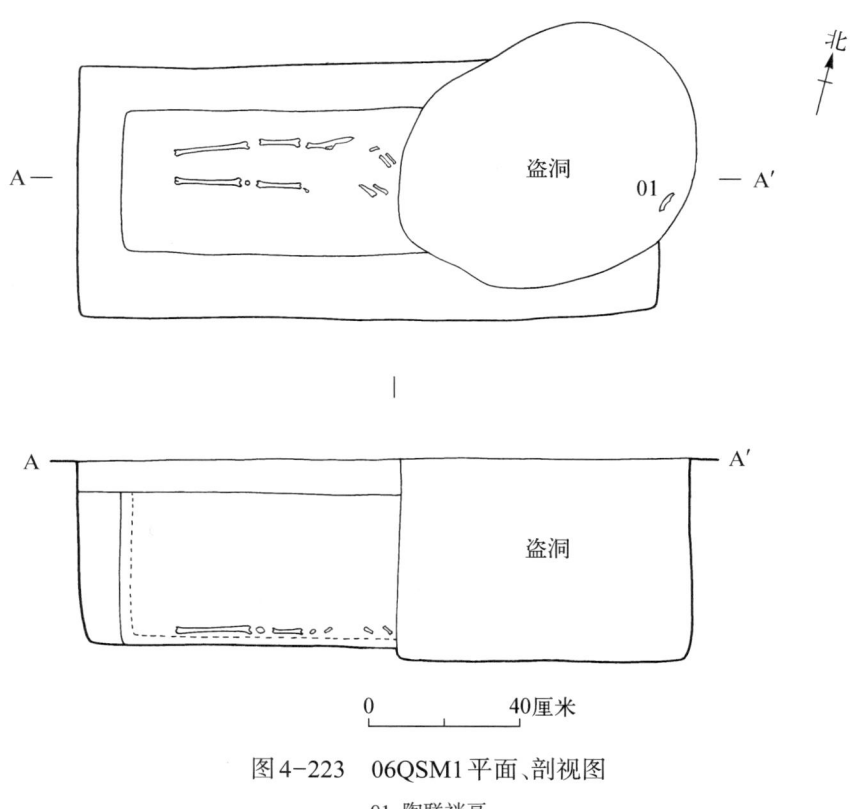

图4-223　06QSM1平面、剖视图
01.陶联裆鬲

2. 墓向与墓葬形制

东西向,墓向77°。

长方形竖穴土坑墓,口底大小相若。墓口长1.53、宽0.77米,面积约1.2平方米。墓壁较直,未见修整痕迹。平底。墓底四周有熟土二层台,台高0.45米。墓口距地表0.3、自深0.55米。

3. 填土

墓内填土为黄褐色,未经夯打。

4. 葬具

单棺。东西向放置。

棺残长81、宽42、高45厘米。因破坏严重,具体形制不清。

5. 人骨遗骸

墓主人骨上半身被盗洞破坏,但仍可看出葬式为仰身直肢,头向东。经鉴定,墓主年龄3～8岁,性别不明。

6. 随葬品位置

仅盗洞内东部出土陶鬲残片1件(01)。

7. 随葬品介绍

陶联裆鬲　1件(M1：01)。夹砂褐陶。侈口,圆唇,沿面较直,沿外侧绳纹被抹。残高1.6厘米(图4-224)。

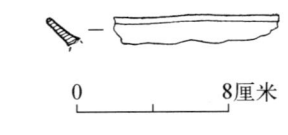

0　　　　　8厘米

图4-224　06QSM1出土陶联裆鬲(M1：01)

8. 墓葬年代

根据联裆鬲的形制,判断墓葬年代为西周早期偏早。

4.4.2　06QSM2

1. 墓位与盗扰情况

该墓位于宋家墓地南部,探方内东北角。西南距M4约0.55米,南距M1约0.9米。

墓口东北角有1个盗洞,口部近圆形,打破墓圹,最大径0.63米。盗洞延伸至棺椁内,深1.56米(图4-225)。

2. 墓向与墓葬形制

东西向,墓向74°。

长方形竖穴土坑墓,墓口与墓底大小相若。长2.33、西端宽1.01、东端宽1.07米,面积约2.4平方米。墓壁近直,未见修整痕迹。平底。墓底四周有熟土二层台,台高0.35米。墓口距地表0.3、自深1.6米。

3. 填土

墓内填土为黄褐色,有夯打迹象。

4. 葬具

一棺一椁。均东西向放置。

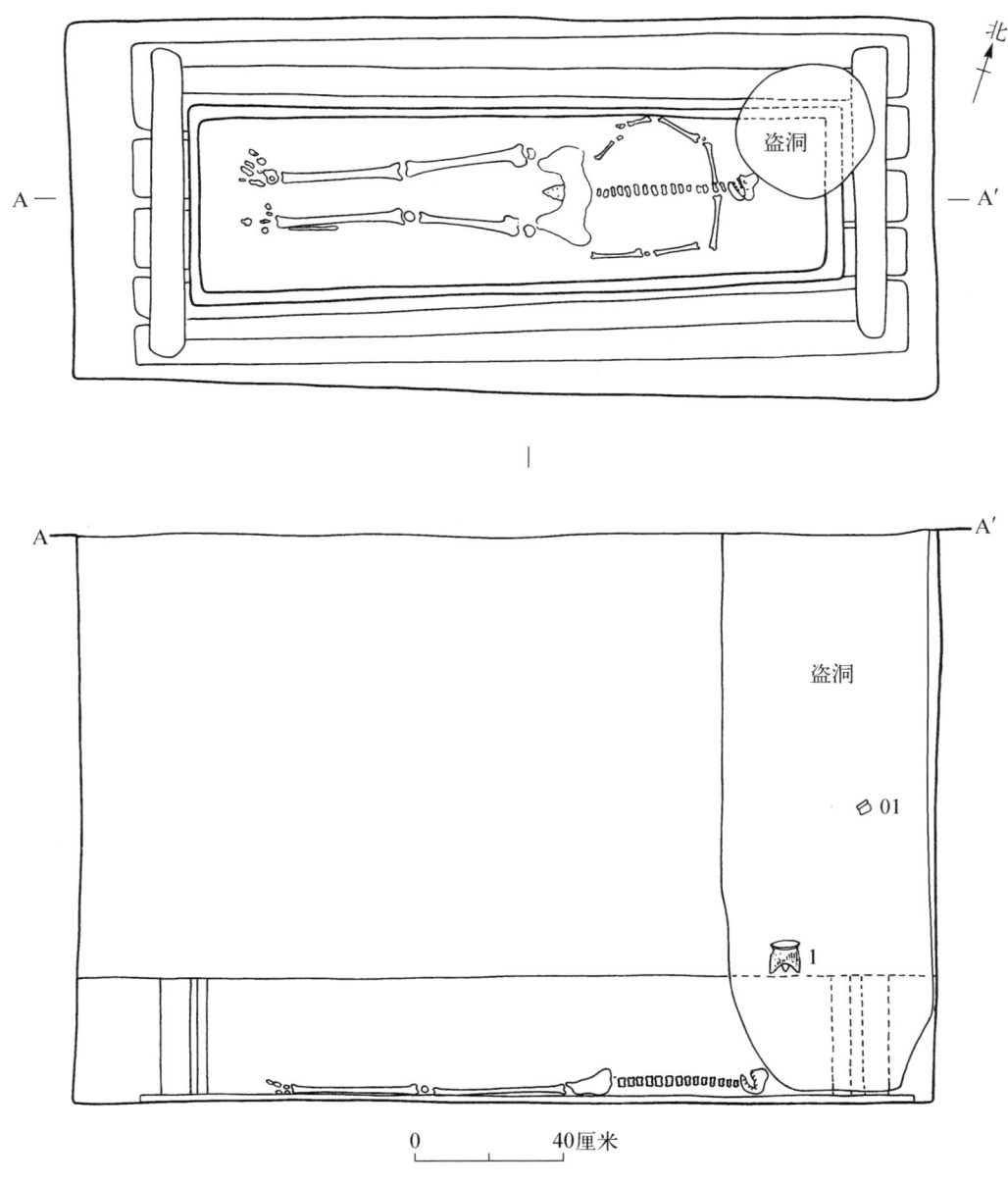

图4-225　06QSM2平面、剖视图

1. 陶联裆鬲　　01. 陶小口圆肩罐

　　椁长199、宽74、高35厘米。椁端板长出侧板。北侧板长182、厚8厘米，南侧板长182、厚8厘米，西端板长86、厚8～10厘米，东端板长83、厚9厘米。椁底板共5块，均东西向纵向放置，由北向南长、宽依次为211×18～24、205×15～16、210×15～17、210×10～13、210×11～20厘米，厚均为2厘米。

　　棺长177、宽52厘米。棺板形制不清。

　　椁底板下无垫木。椁盖板及二层台上局部有席痕。

5. 人骨遗骸

墓主仰身直肢。下肢伸直,双臂内弯,双手分置于髋部。头向东,面向上。经鉴定,墓主为女性,年龄30岁左右。双侧胫骨重度骨髓炎,左侧距骨前端轻度"跪距面"。

6. 随葬品位置

东北角二层台上出土陶鬲1件(1)。盗洞内出土残陶罐1件(01)。

7. 随葬品介绍

陶联裆鬲　1件(M2:1)。夹砂灰陶。侈口,卷沿,尖圆唇,沿面有小平台,高斜领稍外卷,联裆,尖锥状足根。领部绳纹被抹,残痕依稀可见,腹部饰偏粗的交错绳纹,印痕较深,条理清晰,触之有扎手感。口径12.6、高13.4厘米(图4-226,2;彩版二三四,1)。

陶小口圆肩罐　1件(M2:01)。泥质灰陶。卷沿,尖圆唇,束颈,腹微鼓,圆肩。素面。口径8.8、残高7.8厘米(图4-226,1)。

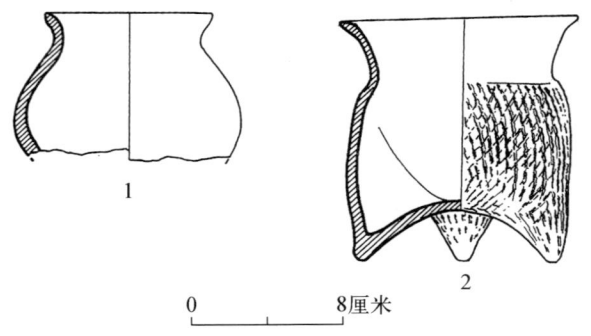

图4-226　06QSM2出土陶器
1. 小口圆肩罐(M2:01)　2. 联裆鬲(M2:1)

8. 墓葬年代

根据联裆鬲、小口圆肩罐的形制,判断墓葬年代为西周早期偏晚。

4.4.3　06QSM3

1. 墓位与盗扰情况

该墓位于宋家墓地南部,探方内的东南部。北距M4约1.05米,西北距M6约1.65米,西南距M5约1.35米。

墓口东部有1个盗洞,口部呈椭圆形,打破墓圹,最大径0.64米。盗洞斜下至二层台,深0.88米(图4-227)。

2. 墓向与墓葬形制

东西向,墓向88°。

长方形竖穴土坑墓,墓口与墓底大小相若。墓口及墓底四角均为弧角。墓口长1.82、宽0.9米,面积约1.6平方米。墓底长1.85、宽0.92米,面积约1.7平方米。墓壁近直,未见修整痕迹。平底。墓底四周有熟土二层台,台高0.45米。墓口距地表0.36、自深1.34米。

3. 填土

墓内填土为黄褐色,未经夯打。

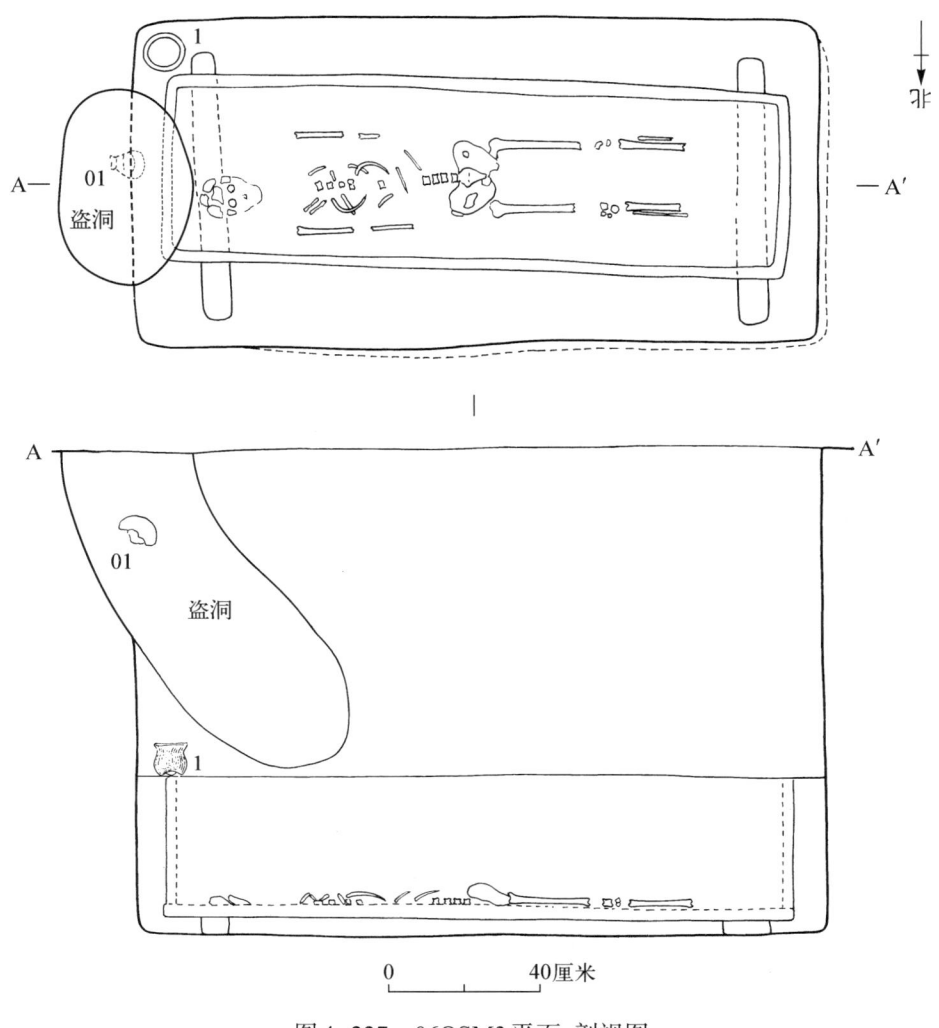

图 4-227　06QSM3 平面、剖视图
1. 陶联裆鬲　01. 陶小口圆肩罐

4. 葬具

一棺。东西向放置。

棺长 166、宽 51、高 45 厘米。棺板形制不清。

棺底板下东西各有一根垫木,均南北向放置,东端垫木长 73、宽 7、厚 5 厘米,西端垫木长 73、宽 8、厚 4 厘米,两垫木间距 132 厘米。

5. 人骨遗骸

墓主仰身直肢。下肢伸直,双臂下垂,双手分置于髋部两侧。头向东,面向上。经鉴定,墓主为女性,年龄 25～30 岁。患有龋齿。

6. 随葬品位置

东南角二层台上出土陶鬲 1 件(1)。盗洞内出土陶罐 1 件(01)(彩版二三四,4)。

7. 随葬品介绍

陶联裆鬲　1件（M3：1）。夹砂灰陶。卷沿，侈口，沿面外缘微卷，圆唇，束颈，腹微鼓，联裆，足根残。通体饰印痕较浅、略具条理的竖行绳纹，沿外侧绳纹稍被抹。口径12.4、高11.2厘米（图4-228，2；彩版二三四，2）。

陶小口圆肩罐　1件（M3：01）。泥质灰陶。侈口，圆鼓唇，圆肩，弧腹，平底。腹下局部隐约可见绳纹。复原口径9、底径6.6、高11.7厘米（图4-228，1；彩版二三四，3）。

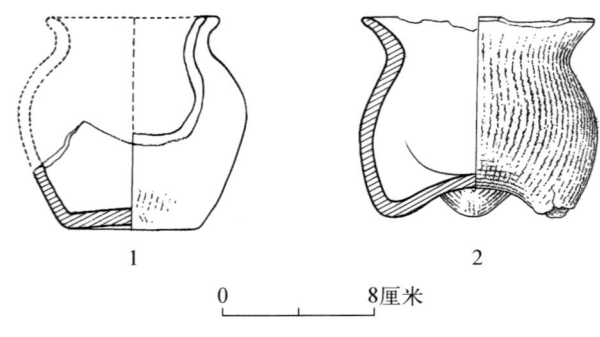

图4-228　06QSM3出土陶器
1. 小口圆肩罐（M3：01）　2. 联裆鬲（M3：1）

8. 墓葬年代

根据联裆鬲、小口圆肩罐的形制，判断墓葬年代为西周早期偏早。

4.4.4　06QSM4

1. 墓位与盗扰情况

该墓位于宋家墓地南部，探方内东北部。西距M6约1.5米，南距M3约1.05米，东南距M1约0.5米，东北距M2约0.55米。

墓口东部有一盗洞，口部呈不规则形，打破墓圹，最大径0.84米。盗洞贴墓壁直下打破墓底至生土，深1.01米（图4-229、图4-230、图4-231）。

2. 墓向与墓葬形制

东西向，墓向66°。

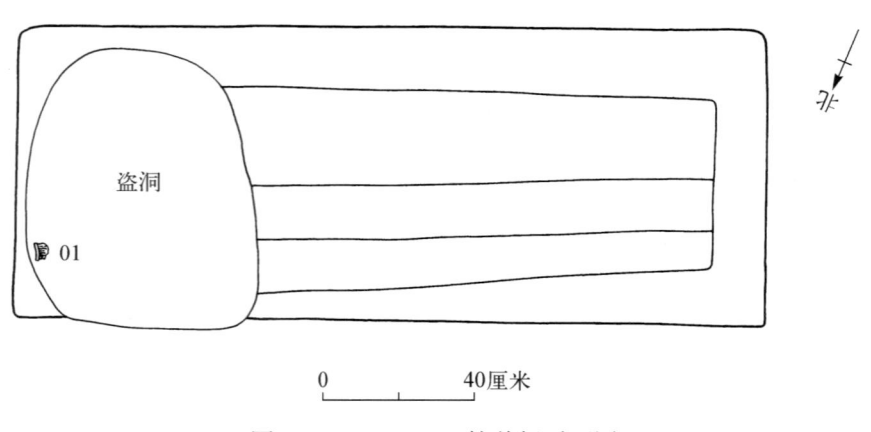

图4-229　06QSM4棺盖板平面图
01. 陶小口圆肩罐

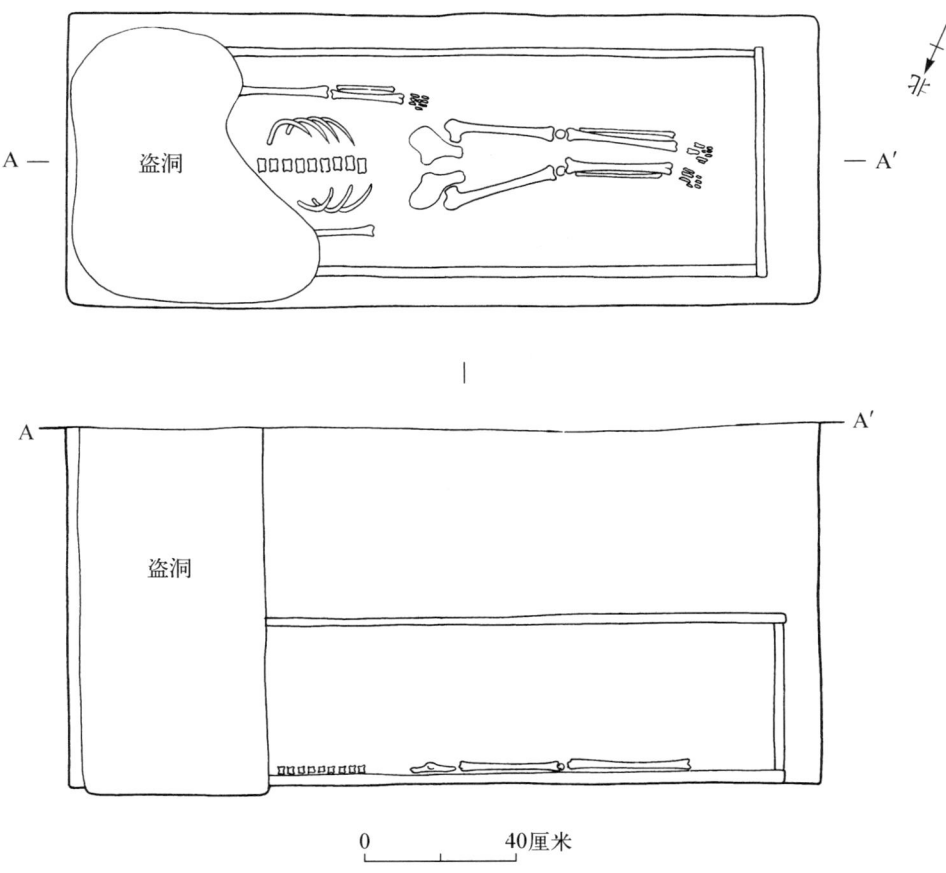

图4-230　06QSM4平面、剖视图

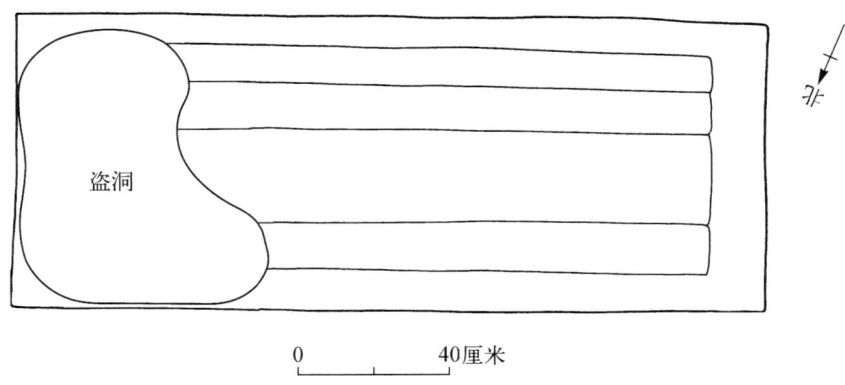

图4-231　06QSM4棺底板平面图

长方形竖穴土坑墓,口底大小相若。长2、宽0.8米,面积1.6平方米。直壁,未见修整痕迹。平底。墓底四周有熟土二层台,台高0.47米。墓口距地表0.3、自深0.98米。

3. 填土

墓内填土为黄褐色,未经夯打。

4. 葬具

一棺。东西向放置。

棺残长147、宽63、高41厘米。棺盖板共3块,均东西向纵向放置,从北向南长、宽依次为119×12、119×14、125×25厘米,厚均为3厘米。棺北侧板残长144、厚2厘米,南侧板残长122、厚3厘米,西端板长63、厚3厘米。棺底板共4块,均东西向纵向放置,从北向南长、宽依次为117×14、125×24、130×12、141×10厘米,厚均为3厘米。

5. 人骨遗骸

墓主仰身直肢。下肢伸直,双臂下垂,双手分置于髋部两侧。头向东。经鉴定,墓主为成年女性。

6. 随葬品位置

仅在盗洞内出土陶罐残片1件(01)。

7. 随葬品介绍

陶小口圆肩罐   1件(M4:01)。泥质灰陶。侈口,尖圆唇,束颈,圆肩。素面。口径9.3、残高6.7厘米(图4-232)。

8. 墓葬年代

根据小口圆肩罐的形制,判断墓葬年代为西周早期偏早。

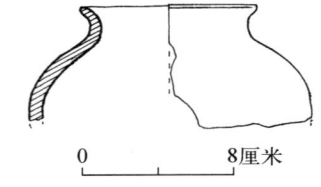

0   8厘米

图4-232   06QSM4出土陶小口圆肩罐(M4:01)

4.4.5   06QSM5

1. 墓位与盗扰情况

该墓位于宋家墓地南部,探方内最南端。北距M6约1.85米,西北距M8约1.95米,东南距M3约1.35米。

墓口东北部有1个盗洞,口部呈不规则形,打破墓圹,最大径0.89米。盗洞贴墓壁直下至生土,深0.87米。破坏棺室东部及墓主上半身(图4-233)。

2. 墓向与墓葬形制

东西向,墓向74°。

长方形竖穴土坑墓,墓口略小于墓底。墓口及墓底四角均为弧角。墓口长2.06、西端宽0.92、东端宽0.84米,面积约1.8平方米。墓底长2.09、西端宽1、东端宽0.96米,面积约2平方米。北、南、西三壁外斜,东壁内斜,墓壁未见修整痕迹。平底。墓底四周有熟土二层台,台高

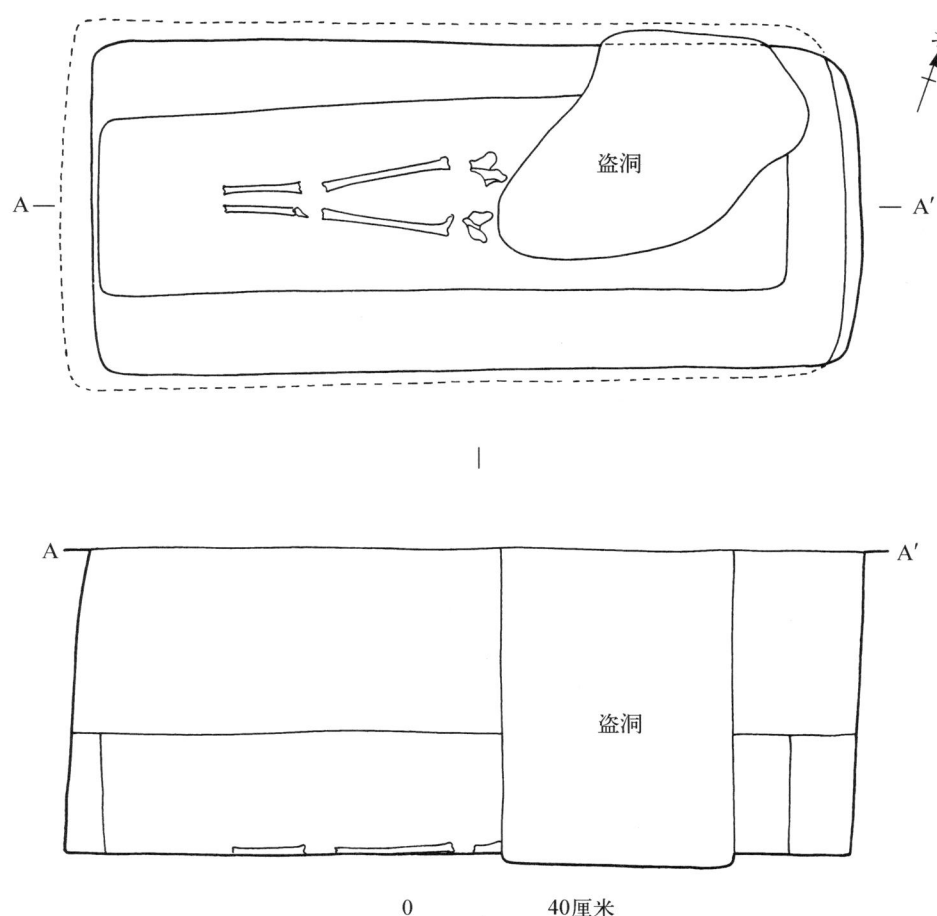

图4-233　06QSM5平面、剖视图

0.34米。墓口距地表0.3、自深0.85米。

3. 填土

墓内填土为黄褐色,未经夯打。

4. 葬具

一棺。东西向放置。

棺长183、宽48、高34厘米。棺板形制不清。

5. 人骨遗骸

墓主人骨上半身被盗洞破坏,但仍可看出是仰身直肢,头向东。经鉴定,墓主性别可能为女性,年龄可能为青年。

6. 随葬品

无。

7. 墓葬年代

根据墓葬形制与葬具等特征,判断墓葬年代为西周时期。

4.4.6　06QSM6

1. 墓位与盗扰情况

该墓位于宋家墓地南部,探方内中部。北距M7约0.75米,西南距M8约1.7米,南距M5约1.85米,东南距M3约1.65米,东距M4约1.5米。

墓口东北角有1个盗洞,口部呈椭圆形,打破墓圹,最大径0.75米。盗洞贴墓壁直下至椁底板,深2.34米。破坏椁室东部及墓主人骨头部(图4-234、图4-235、图4-236)。

2. 墓向与墓葬形制

东西向,墓向74°。

长方形竖穴土坑墓,墓口小于墓底。墓口长2.1、宽0.93米,面积约2平方米。墓底长2.5、西端宽1.12、东端宽1.22米,面积约2.9平方米。斜壁,呈袋状,未见修整痕迹。平底。墓底四周有熟土二层台,台高0.5米。墓口距地表0.3、自深2.4米。

3. 填土

墓内填土为黄褐色,经夯打,可见夯层及夯窝。

4. 葬具

一棺一椁。均东西向放置。

椁长206、宽58、高50厘米。椁盖板残存5块,均南北向横向放置,从西向东残长、宽依次为64×13、66×24、65×13、85×14、46×10厘米。椁底板共3块,均东西向纵向放置,从北向南长、宽依次为227×14~16、218×13~16、230×15厘米。

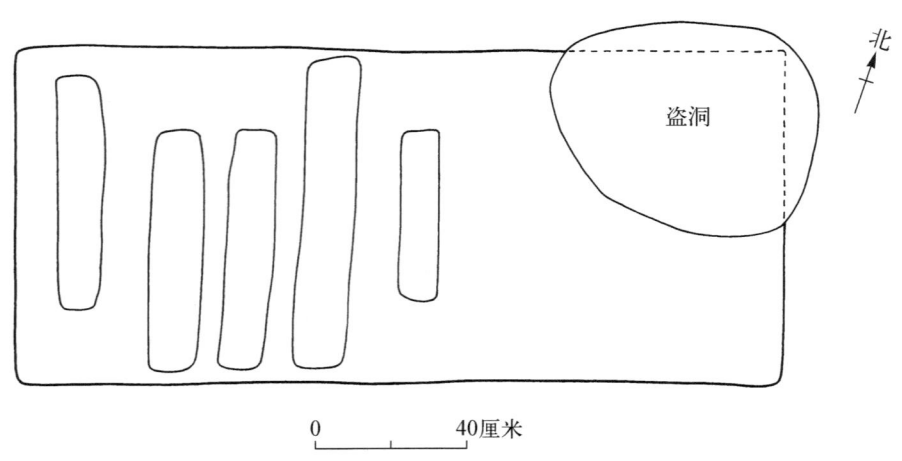

0　　　　40厘米

图4-234　06QSM6椁盖板平面图

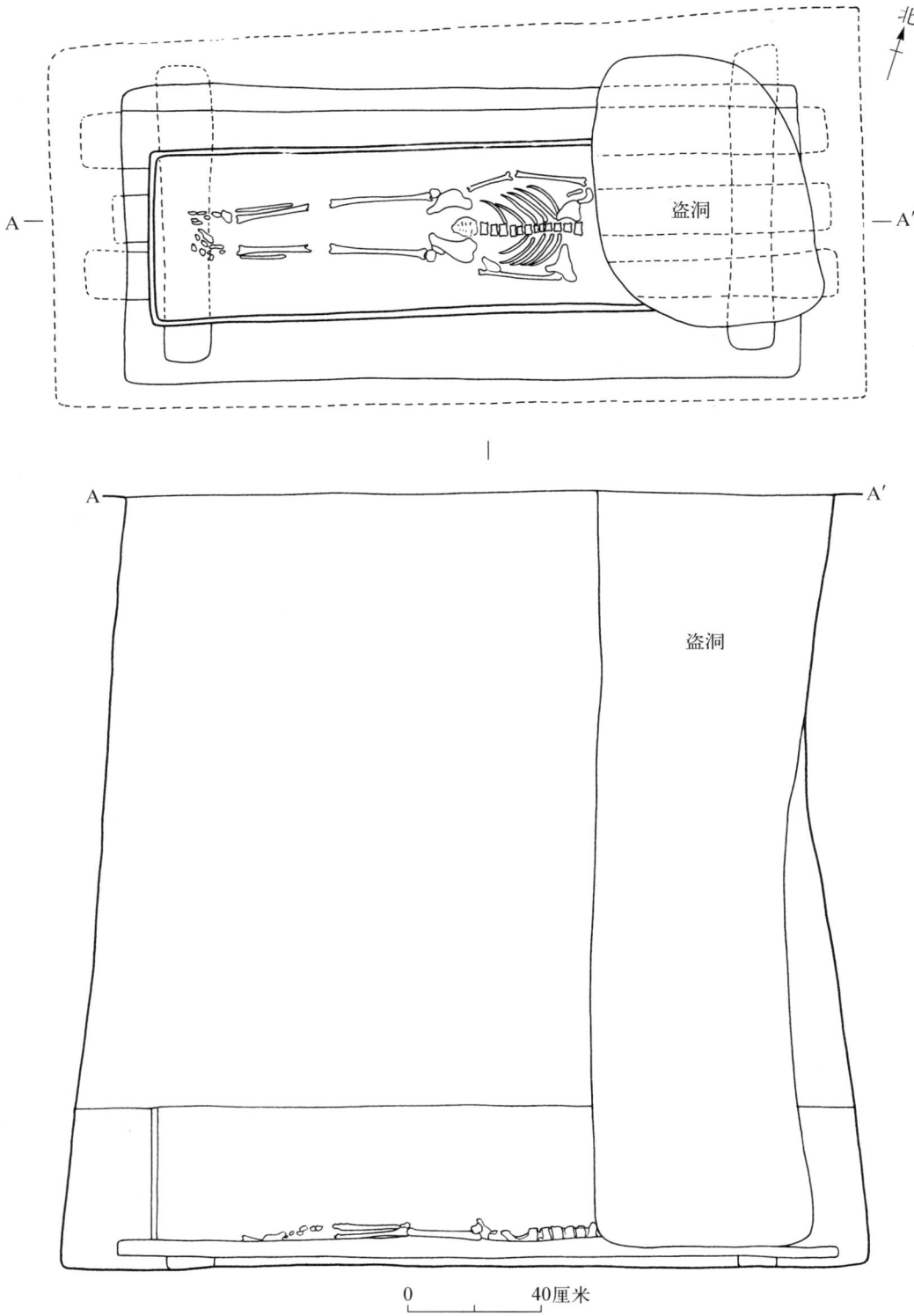

北

盗洞

A — — A′

A — — A′

盗洞

0 — 40厘米

图4-235　06QSM6平面、剖视图

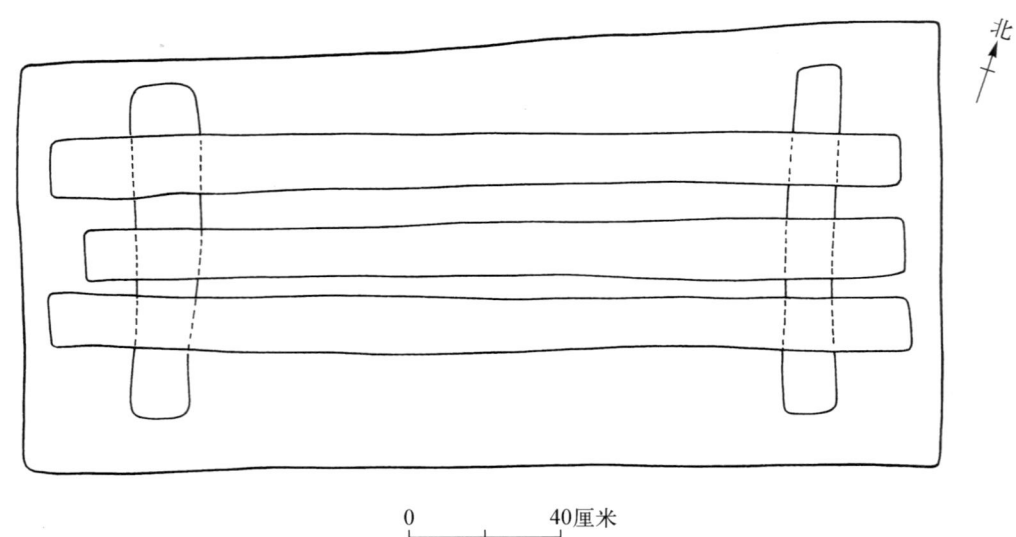

0　　　　　　40厘米

图4-236　06QSM6椁底板平面图

棺残长155、宽54厘米。棺板形制不清。

椁底板下东西各一根垫木，均南北向横向放置。东端垫木长95、宽12～14、厚3厘米，西端垫木长91、宽15～17、厚4厘米。

5. 人骨遗骸

墓主仰身直肢。下肢伸直，双臂内弯，双手分置于髋部。头向东。经鉴定，墓主为女性，年龄40～45岁。

6. 随葬品位置

盗洞内出土陶鬲残片若干（01～04），其中有四个鬲足，判断至少有两件鬲。但这些陶片是否均为随葬品，尚难以确定。

7. 随葬品介绍

陶联裆鬲　2件。M6：01，夹砂灰褐陶。联裆较宽，饰印痕较浅、略具条理的细绳纹。残高4.4厘米（图4-237，3）。M6：02，夹砂灰褐陶。残足根，饰印痕较浅的细绳纹。残高2.3厘米（图4-237，2）。M6：04，夹砂灰褐陶。侈口，尖圆唇，沿面外缘微卷。沿外侧饰印痕较浅的细绳纹。残高1.5厘米（图4-237，1）。从陶质、陶色与纹饰看，上述三件M6：01、02、04，可能为同一件鬲。M6：03，夹砂灰陶。圆锥状足根，足根较矮，联裆较宽。饰印痕较浅、略具条理的细绳纹。残高4.4厘米（图4-237，4）。

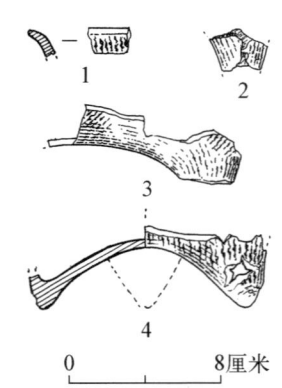

0　　　　　8厘米

图4-237　06QSM6出土陶联裆鬲
1～4. M6：04、02、01、03
（注：从陶质、陶色与纹饰看，M6：01、02、04三件残片可能为一件鬲）

8. 墓葬年代

根据联裆鬲的形制，判断墓葬年代为西周早期偏早。

4.4.7　06QSM7

1. 墓位与盗扰情况

该墓位于宋家墓地南部，探方内西北部。南距M6约0.75米，东南距M4约2.1米。

墓口东北部有1个盗洞，口部近椭圆形，打破墓圹，最大径0.67米。盗洞贴墓壁直下打破生土，深0.96米（图4-238）。

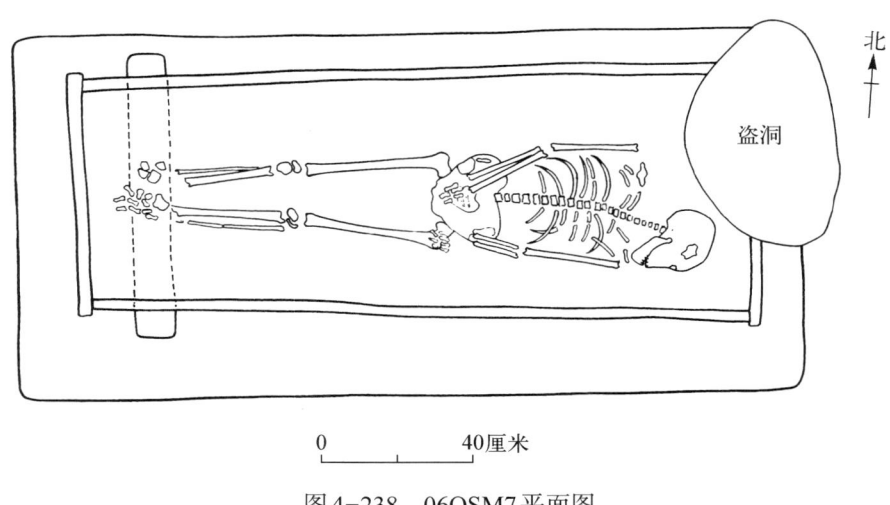

0　　　　40厘米

图4-238　06QSM7平面图

2. 墓向与墓葬形制

东西向，墓向84°。

长方形竖穴土坑墓，口底大小相若。长2.07、宽1米，面积约2.1平方米。直壁，未见修整痕迹。平底。墓底四周有熟土二层台，台高0.4米。墓口距地表0.44、自深0.95米。

3. 填土

墓内填土为黄褐色，经夯打，可见夯层。

4. 葬具

一棺。东西向放置。

棺长182、宽64～72厘米。两端板长出侧板。北侧板残长169、厚3厘米，南侧板长175、厚2厘米，西端板长67、厚4厘米，东端板残长25、厚3厘米。

棺底板下西部有一根长方形垫木。长78、宽10、厚4厘米。从位置看，东部可能还有一根垫木。

5. 人骨遗骸

墓主仰身直肢。下肢伸直，双臂内弯，双手分置于髋部。头向东，面向南。经鉴定，墓主为女性，年龄45岁左右。

6. 随葬品

无。

7. 墓葬年代

根据墓葬形制、葬具等特征判断墓葬年代为西周时期。

4.4.8　06QSM8

1. 墓位与盗扰情况

该墓位于宋家墓地南部，探方内最西端。东北距M6约1.95米，东南距M5约1.95米。

墓口东北角有1个盗洞，口部呈椭圆形，打破墓圹，最大径0.88米。盗洞斜下延伸至椁底板，深2.35米。破坏椁室东部及墓主人头骨（图4-239、图4-240）。

2. 墓向与墓葬形制

东西向，墓向74°。

长方形竖穴土坑墓，墓口小于墓底。墓口及墓底四角均为弧角。墓壁下部外扩，未见修整痕迹。平底。墓底四周有熟土二层台，台高0.32米。墓口长2.4、西端宽1.21、东端宽1.3米，面积约3平方米。墓底长2.67、西端宽1.47、东端宽1.4米，面积约3.8平方米。墓口距地表0.3、自深2.41米。

3. 填土

墓内填土为黄褐色，未经夯打。

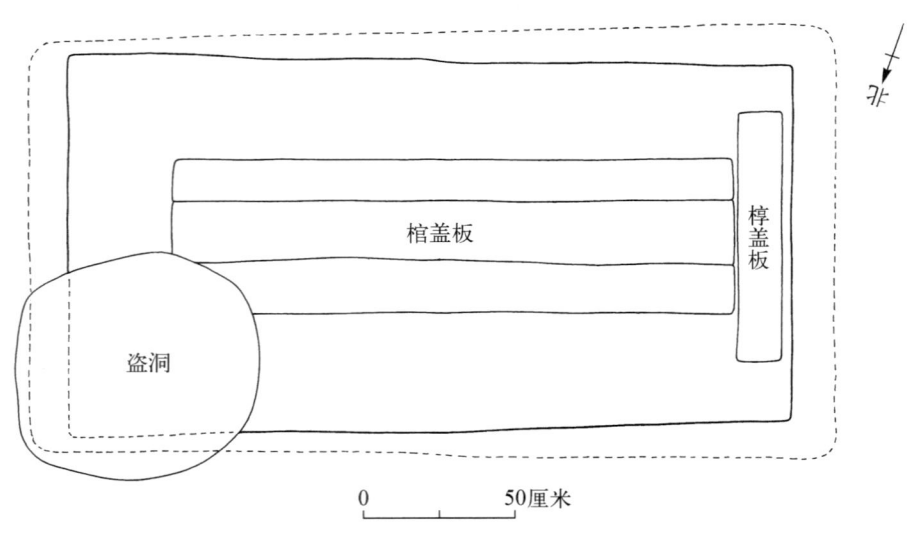

图4-239　06QSM8椁盖板、棺盖板平面图

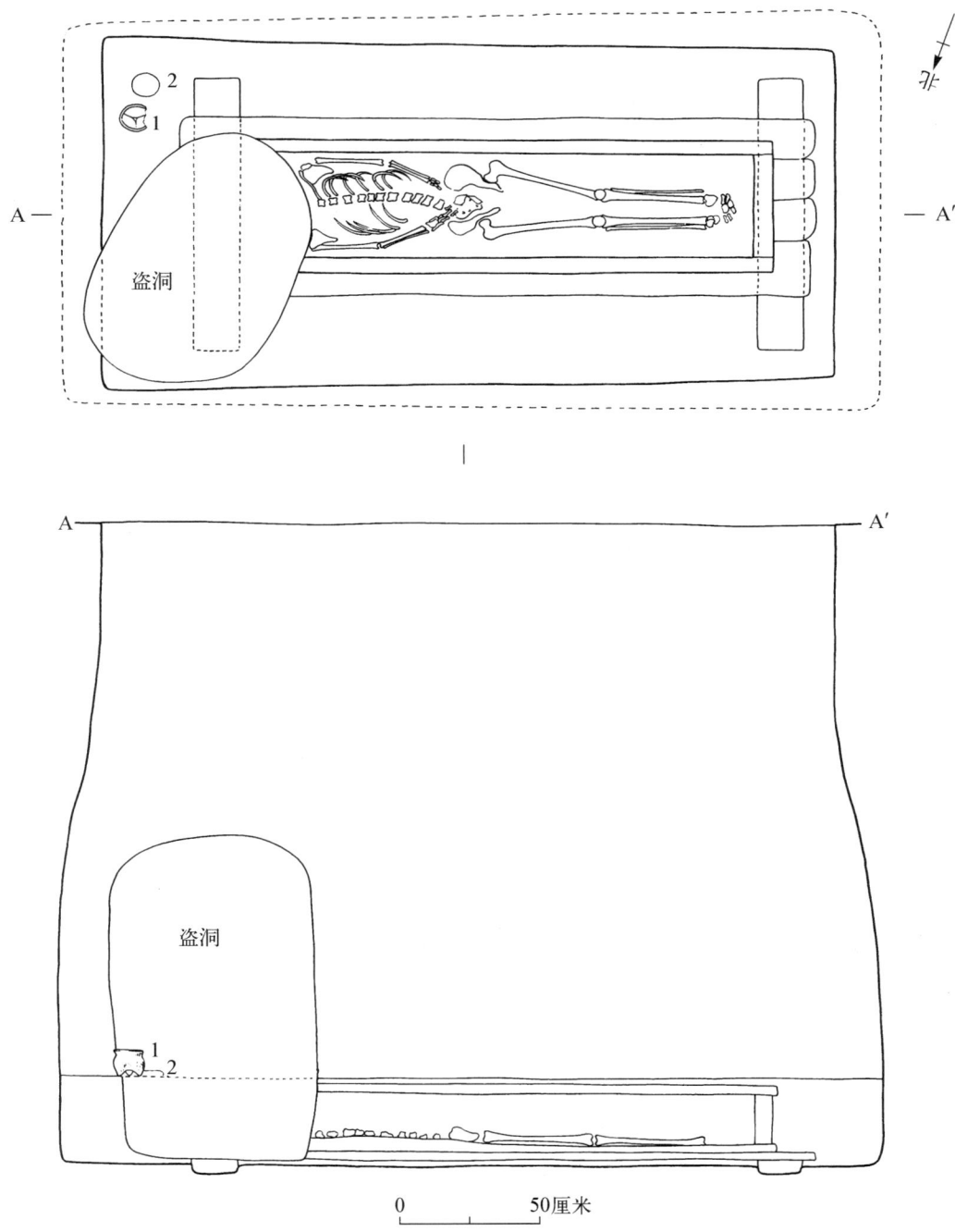

图4-240　06QSM8平面、剖视图

1.陶联裆鬲　2.漆器

4. 葬具

一棺一椁。均东西向放置。

椁盖板残存1块,南北向放置。长85、宽14厘米。椁底板4块,均东西向纵向放置,从北向南残长、宽依次为170×21、165×15、168×15、208×15厘米,厚均为3厘米。

棺长170、宽49、高25厘米。棺盖板共3块,均东西向纵向放置,从北向南长、宽依次为180×17(残)、187×22、187×14厘米,厚均为4厘米。北侧板残长156、厚6厘米,南侧板残长169、厚5厘米,西端板长38、厚6厘米。

椁下有两条南北向垫木槽,东西平行,内置两根长方形垫木。西部垫木长101、宽15、厚5厘米,东部垫木长101、宽15、厚5厘米,两垫木间距170厘米。

二层台上局部有席痕。

5. 人骨遗骸

墓主仰身直肢。下肢伸直,双臂内弯,双手分置于髋部。头向东。经鉴定,墓主为女性,年龄18岁左右。

6. 随葬品位置

东二层台南端放置随葬品2件,北侧为1件陶鬲(1),南侧为1件漆器(2),两器紧邻。

7. 随葬品介绍

陶联裆鬲 1件(M8:1)。夹砂灰褐陶。卷沿,圆唇,束颈,弧腹,联裆,足根残。沿外侧绳纹被抹,腹部饰偏细的竖行绳纹,印痕较浅、略具条理。口径13.2、高10.4厘米(图4-241;彩版二三四,5)。

漆器 1件(M8:2)。仅残存漆痕,平面为圆形,但无法提取,器类不明。

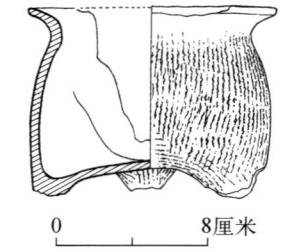

图4-241 06QSM8出土陶联裆鬲(M8:1)

8. 墓葬年代

根据联裆鬲的形制,判断墓葬年代为西周早期偏早。

4.4.9 07QSM11

1. 墓位与盗扰情况

该墓位于宋家墓地中部(彩版二三五,1)。东距M10墓室西壁约29.1米,北距马坑M12约4.1米,东北紧邻墓葬规模与之相若的M116,两墓相距约1.6米。

墓内共有3个盗洞,编号为D1、D2、D3。D1位于墓口东南角,口部呈椭圆形,最大径0.64米。D2位于墓口中南部,口部近圆形,最大径0.66米。下部扩大延伸进椁室,椁盖板和棺盖板皆被其破坏。D3位于墓口西南角,口部近圆形,最大径0.45米(图4-242)。

2. 墓向与墓葬形制

东西向,墓向80°。

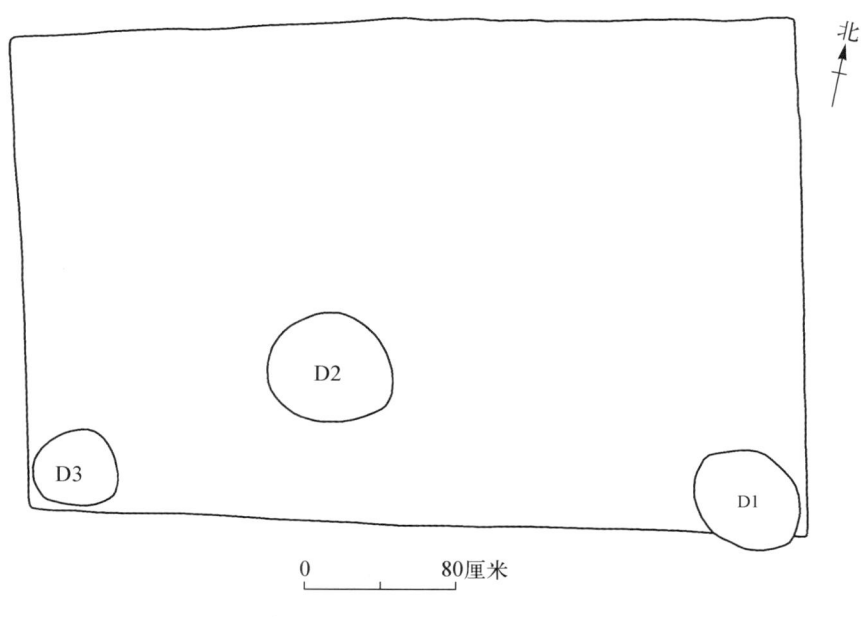

图4-242　07QSM11墓口平面图

长方形竖穴土坑墓，口小底大。墓口四角近直角，墓底四角为弧角。斜壁，呈袋状，未见修整痕迹。平底。墓口北壁长4.14、南壁长4.1、东壁长2.84、西壁长2.58米，面积约11.2平方米。墓底长4.9、宽3.38米，面积约16.6平方米。墓口距地表0.3～0.41、自深8.4米（图4-245）。

3. 填土

墓内填土为五花土，未经夯打。

4. 葬具

一棺一椁。棺椁均东西向放置（彩版二三五，2）。

椁长266、宽150、高135厘米。椁盖板被盗洞破坏，仅残存局部，为南北向横向放置（彩版二三六，1）。椁盖板共13块，由西向东长、宽依次为235×25、222×23、226×30、233×19～28、87.5（残）×21、183.5（残）×18、187（残）×18、185（残）×17、235×23、202.5×19.5、213.5×21、244.5×22厘米，厚均为5厘米。椁侧板长出端板，端板两端嵌于侧板内。北侧板长273、厚8厘米，南侧板长272、厚9厘米，西端板长166、厚10厘米，东端板长166、厚10厘米。椁底板有9块，均东西向纵向放置，由北向南长、宽依次为373×30、373×23、373×26、371×25、372×29、370×21、371×28、367×23、368×28厘米，厚均为4厘米（图4-243；彩版二三六，2）。

棺长215、宽120厘米。棺盖板共5块，部分被盗洞破坏，为东西向纵向放置，由北向南长、宽依次为248×27、246×29、245×26、246×29、244×28厘米。棺侧板长于端板，端板两端嵌于侧板内。北侧板长226、厚9厘米，南侧板长225、厚8厘米，西端板长105、厚6厘米，东端板长105、厚6厘米。棺底板共5块，为东西向纵向放置，由北向南长、宽依次为203×22、203×23、203×25、203×26、203×19厘米（图4-244）。

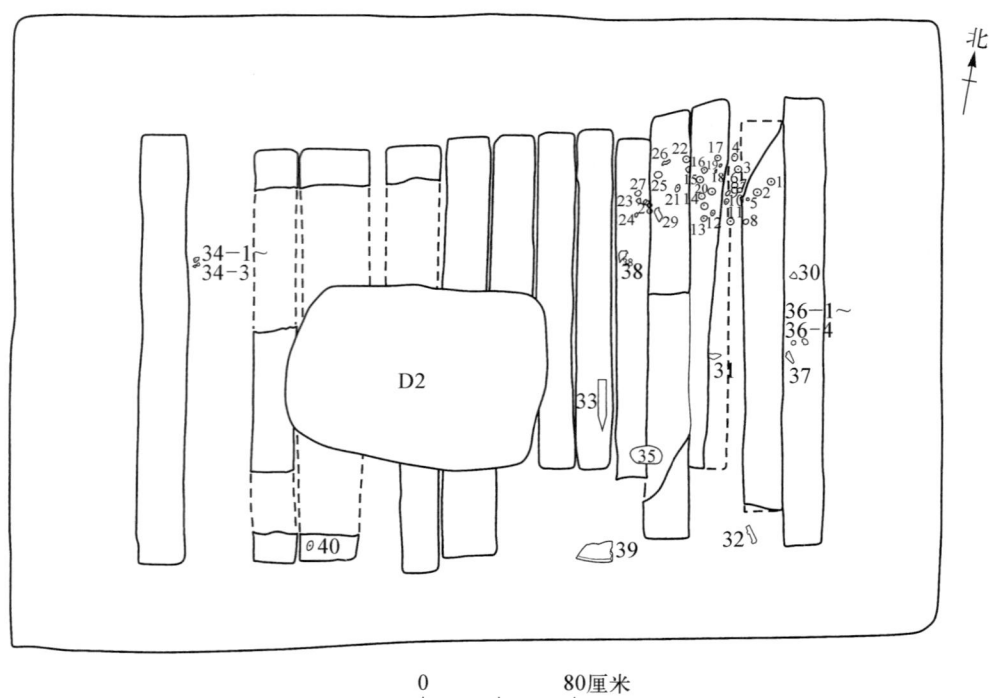

0　　　　　80厘米

图4-243　07QSM11椁盖板遗物分布图

1~26、34-3、36-1、36-2、40.蚌泡　　27、31.蚌饰　　28、34-1、35.贝　　29.蚌鱼
30、34-2、36-3、36-4.毛蚶　　32.玉柄形器　　33.石戈　　37.铜残片　　38、39.铜盘

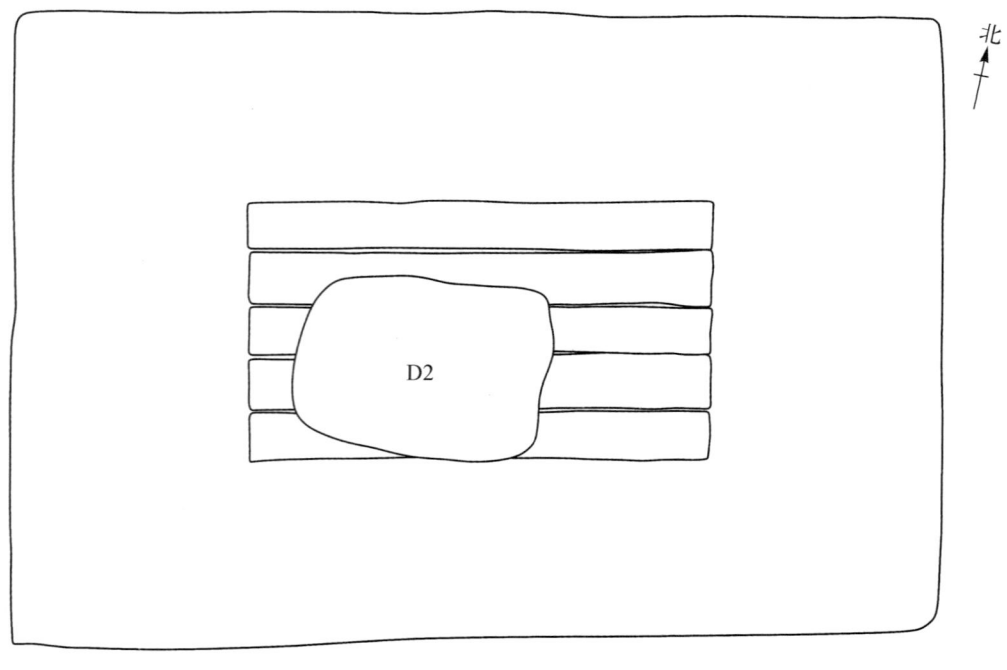

0　　　　　80厘米

图4-244　07QSM11棺盖板平面图

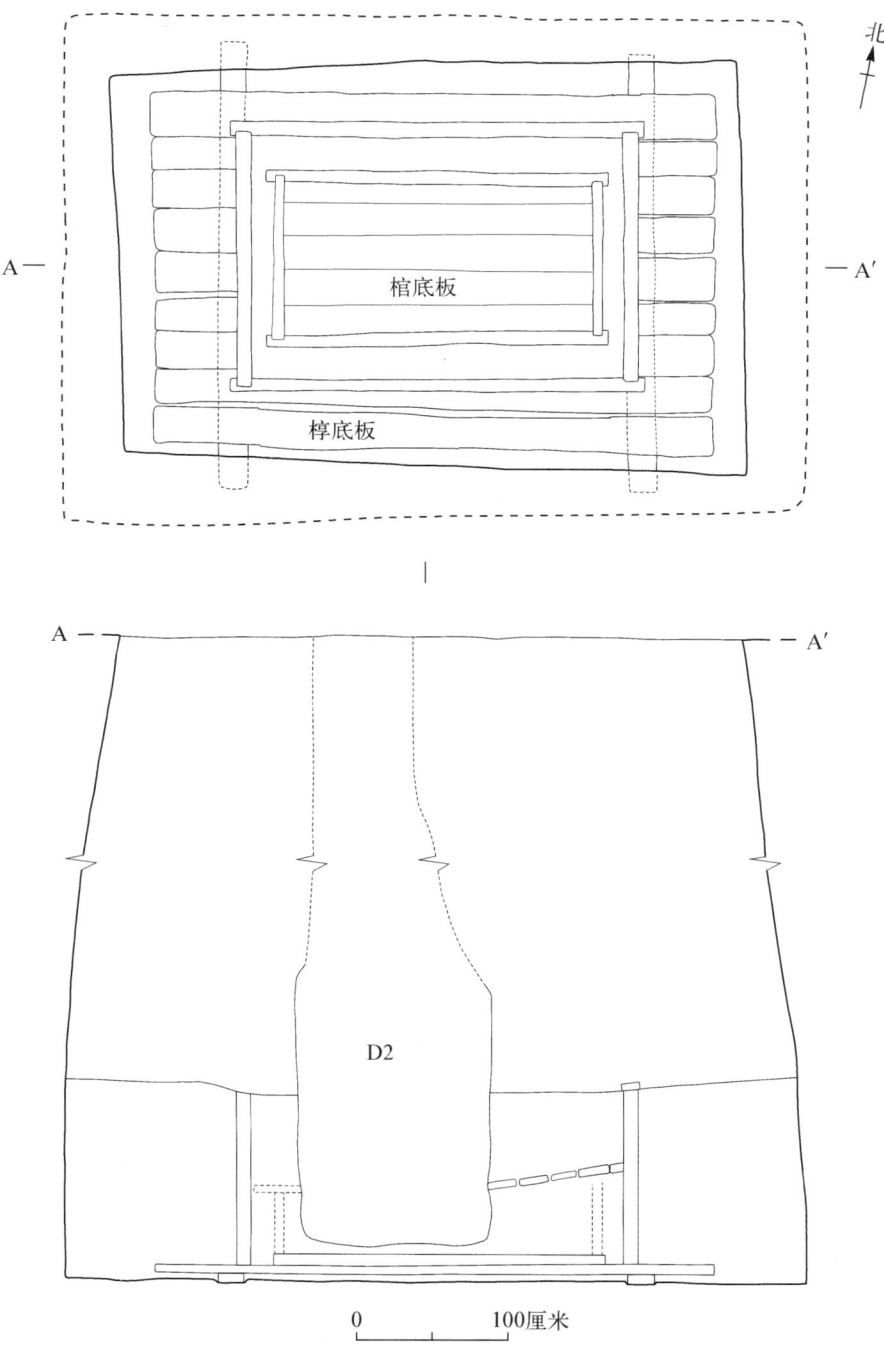

图4-245　07QSM11平面、剖视图

　　椁下有两条南北向垫木槽，东西平行，内置两根长方形垫木。西部垫木长306、宽19、厚6厘米，东部垫木长301、宽19、厚7厘米，两垫木间距252厘米。

　　5. 人骨遗骸

　　墓主人骨被扰乱，仅在棺椁间发现两个残破头盖骨，面部、下颌牙齿均无保留，难以判断哪个个体为墓主。经鉴定,头骨1可能为女性,年龄40岁以上。头骨2可能为女性,年龄50岁以上。

6. 随葬品位置

墓室填土中出土铜车軎1件(t1)。

椁盖板与二层台上遭盗扰,出土器物已非原位。椁盖板东北部集中出土蚌泡26件(1~26)、蚌饰1件(27)、海贝1件(28)、蚌鱼1件(29)、铜盘残片1件(38)。椁盖板东端中部出土蚌饰1件(31)、蚌泡2件(36-1、36-2)、毛蚶3件(30、36-3、36-4)、铜片1件(37)。东南部出土石戈1件(33)、海贝25件(35),玉戈下有大量朱砂,表面有织物痕迹。椁盖板西部出土海贝1件(34-1)、毛蚶1件(34-2)、蚌泡1件(34-3),西南部出土蚌泡1件(40)。南二层台东端出土玉柄形器1件(32),南二层台中部出土铜盘残片1件(39)。

出土于盗洞D1的有:蚌泡2件(01、04)、铜泡1件(02)、铜器钮1件(03)、陶片2件(044、045)。

出土于盗洞D2的有:蚌泡8件(05、06、015-3~015-7、050)、蚌鱼4件(07~010)、海贝5件(011、015-1、015-2、047、049)、毛蚶2件(012、013)、原始瓷片1件(014)、蚌饰2件(015-8、048)、玉蚕1件(016)、陶豆9件(017~025)、陶联裆鬲5件(026、037~040)、陶带盖三足瓮2件(027、028、030、031)、陶瓦楞纹簋2件(029、036)、陶器盖1件(032)、陶瓦楞纹簋盖2件(033、034)、陶瓮3件(041、042、043)、陶片1件(046)、石器1件(051)、铜片1件(052)。

出土于盗洞D3的有:高领小口罐1件(035)。

7. 随葬品介绍

随葬品有青铜器、玉石器、原始瓷器、陶器、蚌贝器共五类。

(1)青铜器

盘　2件残片,可能同属一器。M11:38,盘圈足残片。圈足外撇,底部起阶成小平台,残存长卷尾鸟纹尾部,尾羽下股两端内卷且分歧,呈窃曲纹状。残长5、残高5.2厘米。重56.7克(图4-246,2;彩版二三七,2)。M11:39,口沿至腹部残片。平折沿,厚方唇,沿面微内倾,弧腹内收。口沿下有一周纹饰带,残存三个长卷尾鸟纹,其中两鸟相对,间以一个凸起的兽头,云雷纹为地。鸟首向前,尖喙,长冠后披上扬,扬翅,长尾分两股,上股细长平直,尾端分歧,一支上扬,一支下垂,下股较粗壮,和鸟身不相连,两端向下内卷,呈现卷云纹状。兽头双角粗壮,额中部有菱形饰,"臣"字目,圆睛外凸,两耳外张。纹饰带下有一周弦纹。纹饰带与弦纹间有一个近三角形的垫片。残长18、残高6.8、复原口径38厘米。重351.4克(图4-246,1;彩版二三七,1)。

车軎　1件(M11:t1)。残,斜壁圆筒状,外侧顶端封闭,较口端略细,顶面平齐,器身中部有两周凸棱,分軎为内外两节,外节略长于内节,内节素面,有两个对穿的长方形辖孔,外节饰一周窃曲纹,顶端饰涡纹,近顶端有一个小钉孔。口径5.1、顶径4.6厘米,辖孔长2.2、宽0.9厘米,通长9.3厘米。重249.1克(图4-247;彩版二三七,3)。

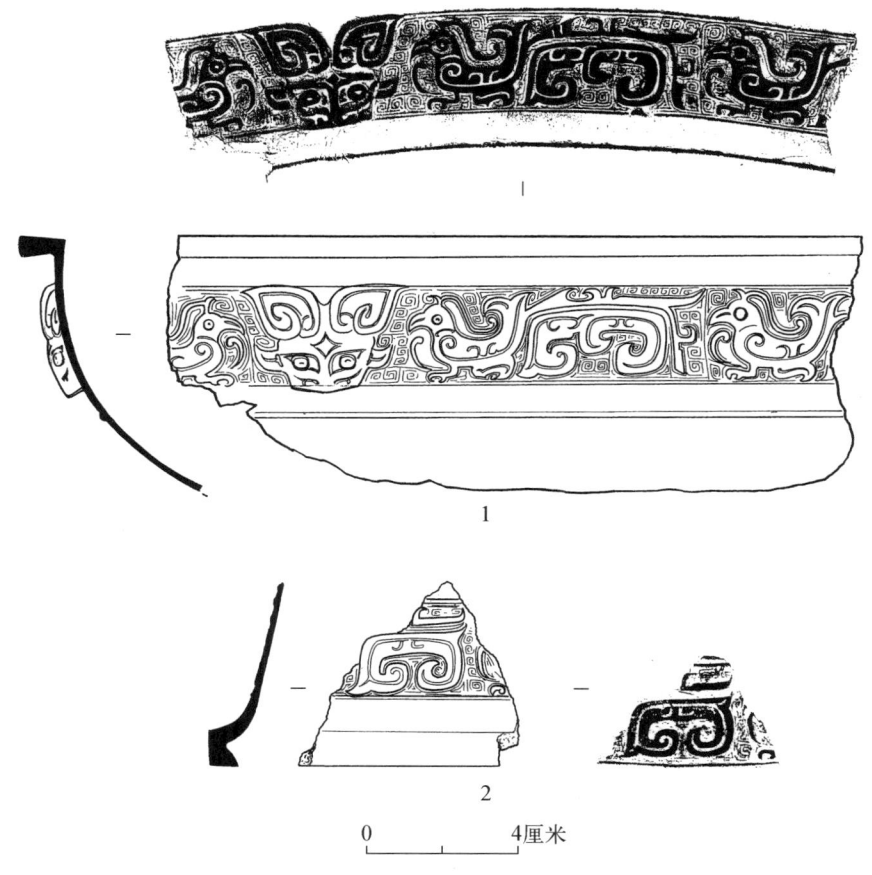

图 4-246　07QSM11 出土铜盘及纹饰拓本

1. 口沿及腹部（M11：39）　2. 圈足（M11：38）

泡　1件（M11：02）。正面鼓起呈球面，背空，有一条横梁。直径1.1、高0.7厘米。重2.3克（图4-248，2）。

器钮　1件（M11：03）。残，半环状。残长2.3、残宽1.6厘米。重11.1克（图4-248，3）。

铜片　2件。M11：37，残，近三角形，微弧，素面。应为容器残片。残长6、残宽2.5厘米。重14.8克（图4-248，4）。M11：052，中部隆起，素面。残长3.7、残宽3.6厘米。重9.2克（图4-248，1）。

（2）玉石器

玉柄形器　1件（M11：32）。不透明灰绿色，局部有灰白色斑纹。扁平的长条形片状，两面平直，柄首平顶，一角有缺，一侧束颈，两面各饰两道旋纹，柄末端平。长11.4、宽1.8、厚0.3厘米（图4-248，6；彩版二四〇，5）。

玉蚕　1件（M11：016）。半透明墨绿色。扁平条形，头端粗，刻出眼、口，尾端较细，蚕身刻有四周阴线纹。长1.5、宽0.5、厚0.2厘米（图4-248，5）。

0　　　　　　4厘米

图4-247　07QSM11出土铜车軎（M11：t1）及纹饰拓本

　　石戈　1件（M11：33）。白色，不透明。尖锋，长条形援，中间及两边起脊，两侧磨出锋刃，直内较窄，内部近援处有一圆形穿孔，单面钻，内后端开有两槽，呈扉牙状。两面顺中脊处各有一条微弧的朱砂条纹，两面条纹相对，似绘出。援部还有大量黑色斜行细密条纹，亦似绘出。器表局部残存织物印痕。长28、宽4.3、厚0.8厘米（图4-248，8；彩版二四〇，6）。

　　石器　1件（M11：051）。黑灰色，一端残，呈舌状，器身厚重，磨制较光滑。长8.5、宽7.5、厚3.5厘米（图4-248，7）。

　　（3）原始瓷器

　　残片　1件（M11：014）。灰白胎，施青灰色釉，器类不明。残高7.1厘米（图4-249，1）。

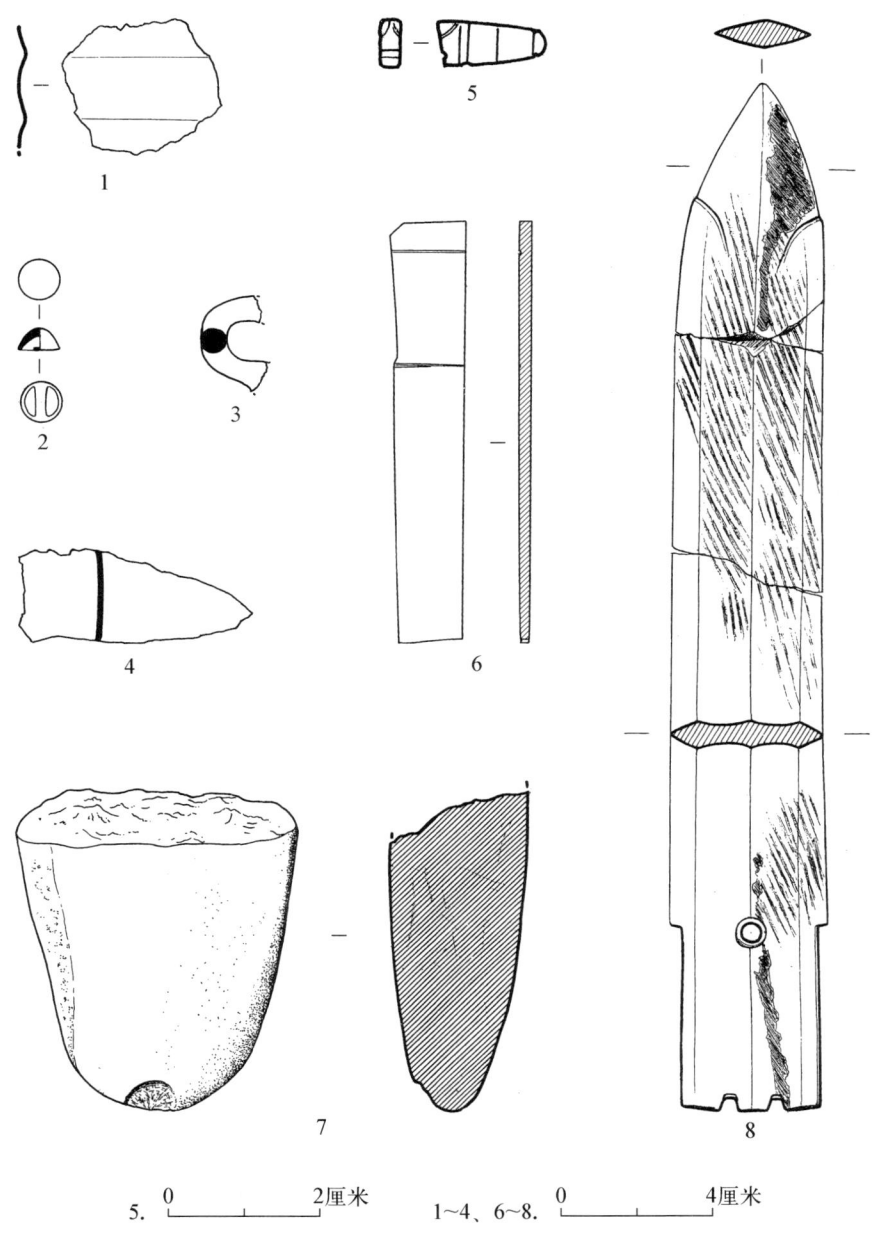

图4-248　07QSM11出土铜、玉、石器

1、4. 铜片（M11：052、37）　2. 铜泡（M11：02）　3. 铜器钮（M11：03）　5. 玉蚕（M11：016）
6. 玉柄形器（M11：32）　7. 石器（M11：051）　8. 石戈（M11：33）

（4）陶器

联裆鬲　共5件。均为夹砂灰陶。M11：026，器形宽扁，斜折沿较宽，圆唇上勾，沿面内凹，有两周旋纹，束颈，腹较浅，微鼓肩，联裆近平，圆锥状实足根。腹部饰印痕较深的竖行细绳纹与一周旋纹。口径16.1、高12.1厘米（图4-250，10）。M11：037，残。折沿近平，沿面内外缘

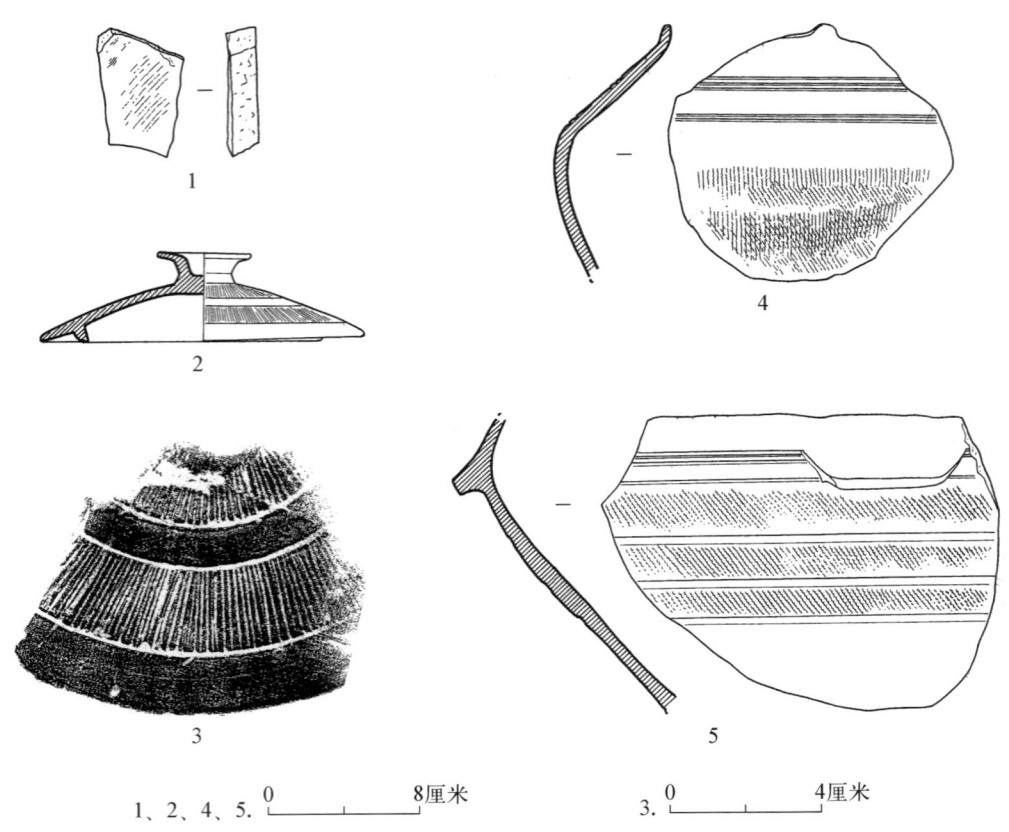

1、2、4、5. ⊢————————⊣ 8厘米　　3. ⊢————————⊣ 4厘米

图4-249　07QSM11出土陶、原始瓷器

1. 原始瓷片（M11：014）　2、3. 陶器盖（M11：032）及纹饰拓本　4、5. 陶瓮（M11：041、043）

各有一周旋纹，矮束颈。腹部饰竖行绳纹，印痕较深，与三足对应的腹部饰扉棱。口径14.7、残高3.4厘米（图4-250，6）。M11：038，残。器形宽扁，折沿，沿面有两周旋纹，束颈，鼓腹。腹部饰竖行绳纹与一周旋纹。残高7.3厘米（图4-250，8）。M11：039，残。斜折沿，沿面微内凹，尖圆唇上勾，束颈。腹部饰偏粗的竖行绳纹与一周旋纹。口径17、残高8.2厘米（图4-250，7）。M11：040，残。器形宽扁，束颈，微鼓肩，弧裆近平，圆锥状实足根。腹部饰偏粗的竖行绳纹。残高10厘米（图4-250，9）。

　　带盖瓦楞纹簋　共2件。泥质灰陶。出土于盗洞内，器与盖的搭配关系不明，故分别介绍。

　　瓦楞纹簋　共2件。M11：029，直口，微出沿，尖唇，鼓腹，高圈足，腹部和圈足饰数周均匀分布的瓦楞纹。口径17.5、高17.8厘米（图4-250，4）。M11：036，残。形制与M11：029近同，唯肩部有一对桥形钮。口径17.8、残高10.2厘米（图4-250，2）。

　　瓦楞纹簋盖　共2件。盖顶有喇叭形捉手，盖面斜弧，饰均匀分布的瓦楞纹（彩版二三八，5）。M11：033，口径18、高6厘米（图4-250，3）。M11：034，口径17.8、高5.9厘米（图4-250，1；彩版二四〇，3）。

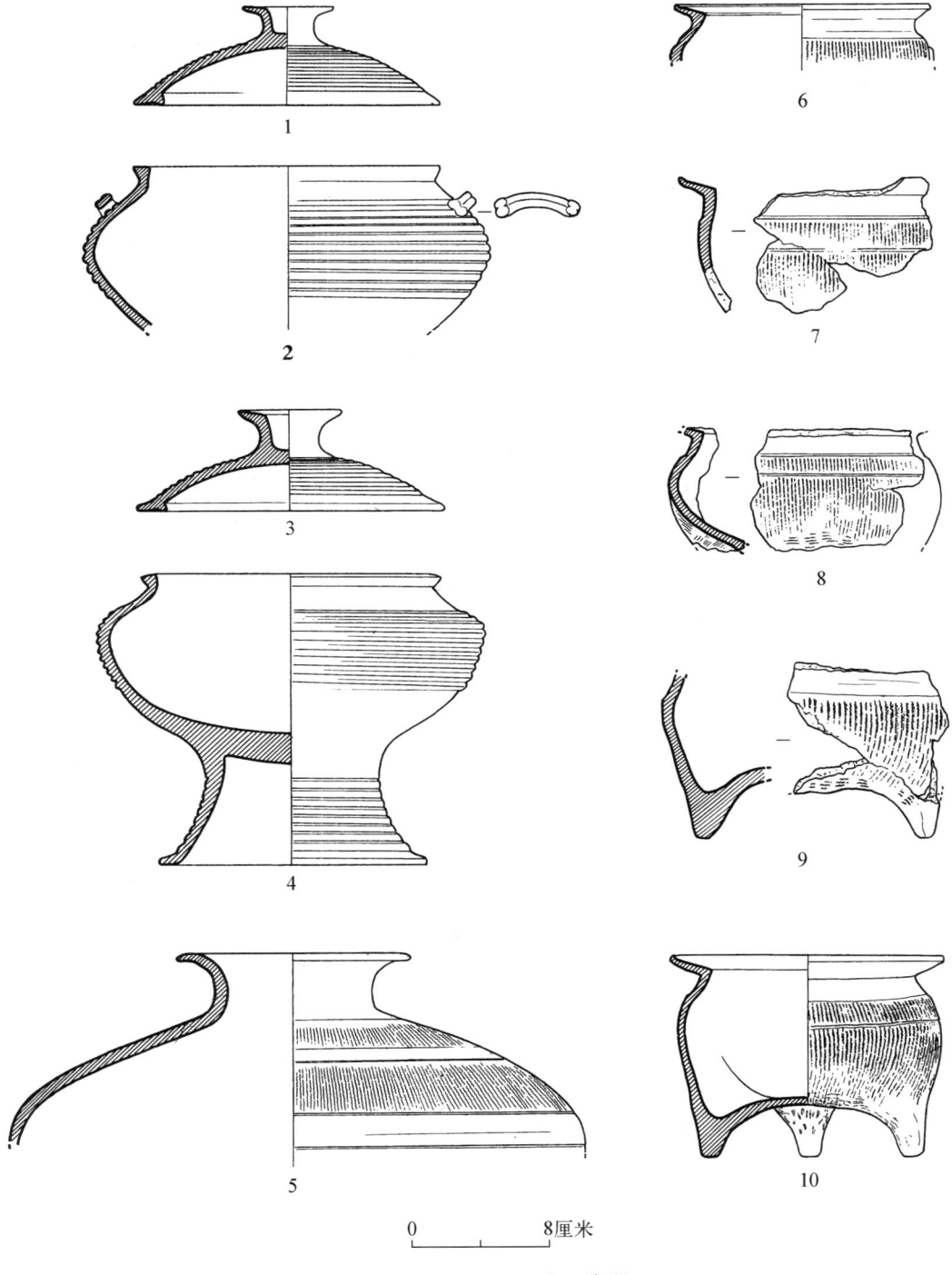

图4-250　07QSM11出土陶器

1、3.瓦楞纹簋盖（M11：034、033）　2、4.瓦楞纹簋（M11：036、029）　5.高领小口罐（M11：035）
6～10.联裆鬲（M11：037、039、038、040、026）

豆　共9件。泥质灰陶。其中较完整的8件均两两形制近同。M11：025，残存粗柄，柄中上部有一周凸棱。圈足底径13.5、残高8.7厘米（图4-251，5）。M11：017与M11：018两器形制、大小相近。均折盘，直口方唇，唇面有一周凹槽，高粗柄，柄中上部有一周凸棱。M11：017，盘壁微外斜，外侧有三周旋纹，口径16.4、高12厘米（图4-251，1；彩版二三九，1）。M11：018，盘壁竖直，外侧有两周较浅的旋纹。口径16.3、高12.1厘米（图4-251，6；彩版二三九，2）。M11：019与M11：021两器形制、大小相近。均折盘，方唇，唇面内倾，盘壁微内敛，外侧有两周旋纹，盘底较弧，高柄，柄上部有一周凸棱。M11：019，盘柄交界处有一周弦纹。口径14.5、高11厘米（图4-251，2；彩版二三九，3）。M11：021，口径15.4、高11.8厘米（图4-251，7；彩版二三九，4）。M11：020与M11：022两器形制、大小近同。均折盘，直口方唇，唇面有一周浅槽，盘壁竖直，外侧近折盘处有两周旋纹，高粗柄，柄中上部有一周凸棱。M11：020，口径17、高12.7厘米（图4-251，3；彩版二三九，5）。M11：022，口径16.4、高11.9厘米（图4-251，8；彩版二三九，6）。M11：023与M11：024两器形制、大小近同。均折盘，直口方唇，唇面有一周凹槽，盘壁微外斜，外侧有四周旋纹，粗柄，柄中上部有一周凸棱，凸棱上下有旋纹。M11：023，口径19.3、高13.5厘米（图4-251，4；彩版二四○，1）。M11：024，柄中下部还有两周旋纹。口径19.1、高13厘米（图4-251，9；彩版二四○，2）。

带盖三足瓮　共2件。泥质灰陶。形制、大小近同。直口，窄平沿，尖唇，斜直肩，鼓腹，腹下接三个袋足，袋足横截面圆形。肩部饰两周波折纹，以篦纹为地。配有一盖，上有捉手，盖面斜直，纹饰与肩部相同。M11：027、031，器盖一套，器表磨光。M11：027，口径8.6、腹径15.2、高12.1厘米（图4-252，4、7；彩版二三八，3、6）。M11：031，盖径9.6、高4、通盖高16.1厘米（图4-252，2、6；彩版二三八，4）。M11：028、030，器盖一套（图4-252，5；彩版二三八，1）。M11：028，口径9.7、腹径15.6、高11.8厘米（图4-252，1）。M11：030，盖径9.8、高4、通盖高15.8厘米（图4-252，3；彩版二三八，2）。

高领小口罐　1件（M11：035）。泥质灰陶。器形较大，束颈，卷沿，大喇叭口，尖圆唇，圆肩。器身以旋纹间隔出四个纹饰带，每个纹饰带中填以细绳纹。口径12.6、残高11.9厘米（图4-250，5）。

瓮　皆为残片，应为3个不同的个体。M11：041，泥质灰陶，胎厚。圆折肩，肩部饰旋纹，腹部饰中粗绳纹。残高14.1厘米（图4-249，4）。M11：042，泥质灰陶，胎较厚。长颈，喇叭口，卷沿圆唇。口径15.9、残高7.7厘米（图4-251，10）。M11：043，泥质灰陶。折肩，腹壁较直。腹部饰旋断绳纹，旋纹较宽，肩部有錾。残高16.1厘米（图4-249，5）。

器盖　1件（M11：032）。泥质磨光灰陶。器盖圆弧，盖壁饰两周篦纹。平顶捉手较低。口径17.1、高4.9厘米（图4-249，2、3）。

容器残片　3件。M11：044、045、046皆为碎小残片，器形不可辨。

图4-251　07QSM11出土陶器

1~9.豆（M11：017、019、020、023、025、018、021、022、024）　10.瓷（M11：042）

（注：豆为两件同形，其中1与6同形，2与7同形，3与8同形，4与9同形）

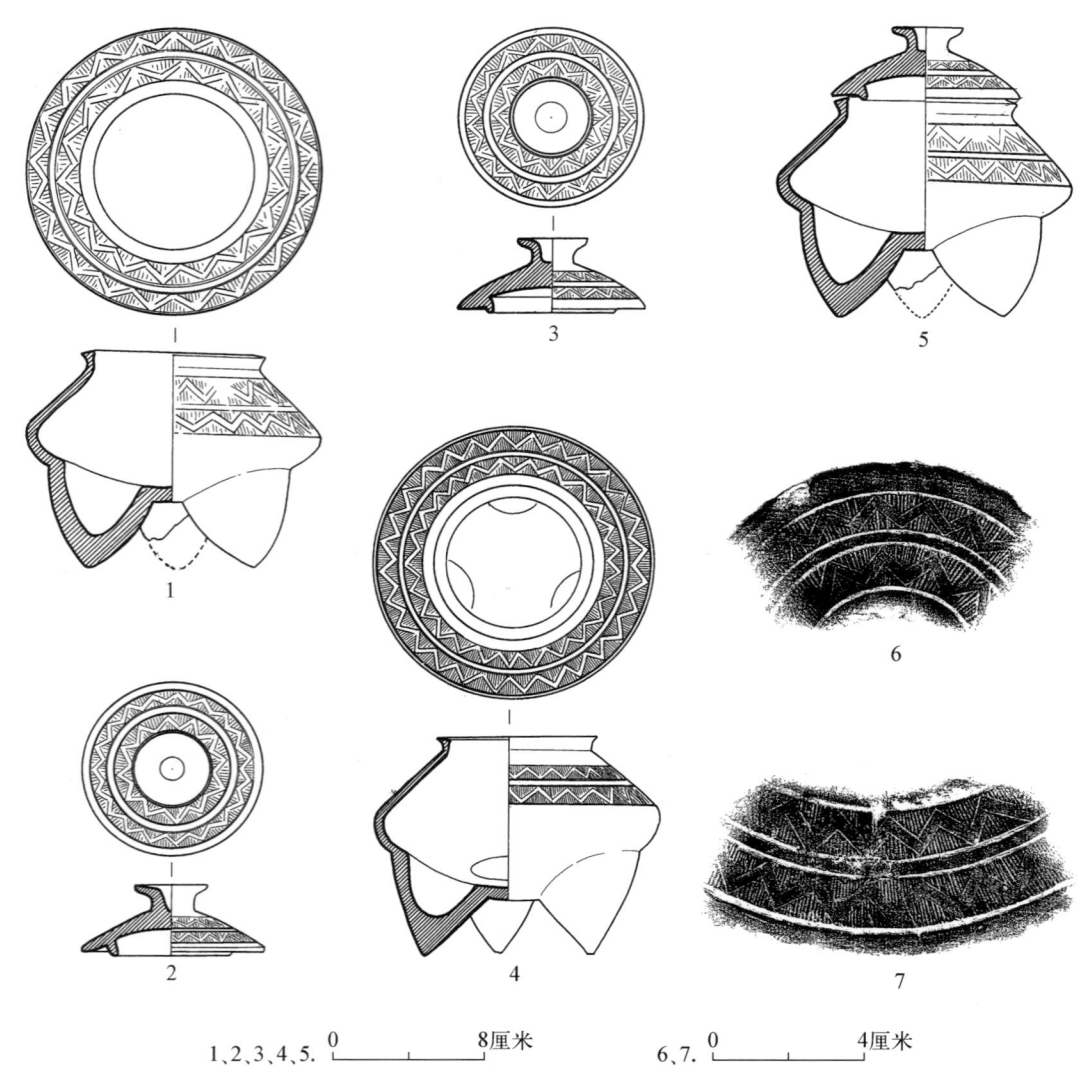

1、2、3、4、5. 0 ————— 8厘米　　　6、7. 0 ————— 4厘米

图4-252　07QSM11出土陶带盖三足瓮

1. 三足瓮（M11：028）　2、6. 三足瓮盖（M11：031）及纹饰拓本　3. 三足瓮盖（M11：030）　4、7. 三足瓮（M11：027）及纹饰拓本
5. 带盖三足瓮（M11：028+030）
（注：1、3、5为同一件带盖三足瓮，2、4、6、7为同一件带盖三足瓮）

（5）蚌贝器

蚌泡　共40件。圆形，正面鼓起成球面，背面平齐。根据有无穿孔，分两型：

A型　共14件。无穿孔。M11：5，直径1.2、厚0.3厘米（图4-253，4）。M11：8，直径1.2、厚0.4厘米（图4-253，7）。M11：9，直径1.2、厚0.4厘米（图4-253，8）。M11：16，直径0.9、厚0.2厘米（图4-253，1）。M11：18，直径1.1、厚0.5厘米（图4-253，2）。M11：19，直径1.1、厚0.5厘米（图4-253，13）。M11：20，直径1.2、厚0.5厘米（图4-253，9）。M11：23，直径0.9、厚0.2厘米（图4-253，3）。M11：24，直径1.2、厚0.4厘米（图4-253，12）。M11：34-3，直径1.2、

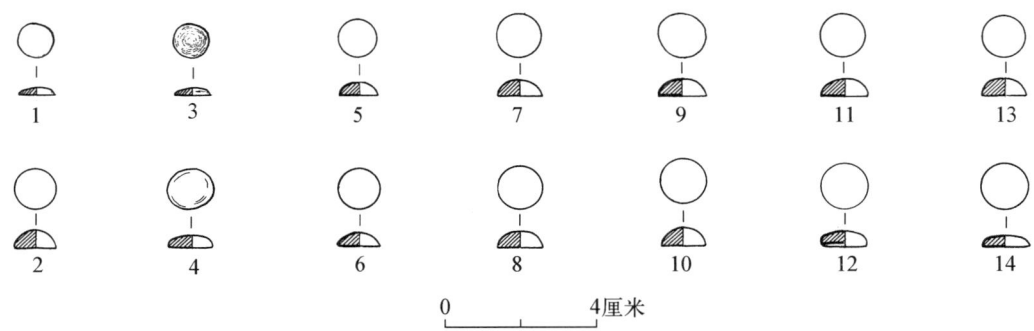

图4-253　07QSM11出土A型蚌泡

1～5. M11：16、18、23、5、015-5　6～10. M11：015-7、8、9、20、34-3　11～14. M11：050、24、19、015-6

厚0.5厘米（图4-253，10）。M11：015-5，直径1、厚0.4厘米（图4-253，5）。M11：015-6，直径1.2、厚0.3厘米（图4-253，14）。M11：015-7，直径1.1、厚0.4厘米（图4-253，6）。M11：050，直径1.2、厚0.5厘米（图4-253，11）。

B型　共26件。中部有一圆形穿孔。M11：1，直径2.2、厚0.5、孔径0.2～0.4厘米（图4-254，24）。M11：2，直径2.6、厚0.5、孔径0.2～0.4厘米（图4-254，2）。M11：3，直径2.7、厚0.5、孔径0.3～0.5厘米（图4-254，15）。M11：4，直径2.6、厚0.4、孔径0.4～0.6厘米（图4-254，1）。M11：6，直径2.5、厚0.4、孔径0.2厘米（图4-254，17）。M11：7，残，直径2.7、厚0.4厘米（图4-254，18）。M11：10，直径2.7、厚0.4、孔径0.2～0.3厘米（图4-254，3）。M11：11，直径2.6、厚0.3、孔径0.3～0.4厘米（图4-254，14）。M11：12，直径2.2、厚0.4、孔径0.2～0.4厘米（图4-254，23）。M11：13，直径2.6、厚0.5、孔径0.2厘米（图4-254，16）。M11：14，直径2.7、厚0.4、孔径0.2～0.3厘米（图4-254，20）。M11：15，直径2.6、厚0.4、孔径0.3～0.5厘米（图4-254，19）。M11：17，直径2.4、厚0.4、孔径0.2厘米（图4-254，5）。M11：21，直径2.7、厚0.4、孔径0.2～0.3厘米（图4-254，4）。M11：22，直径2.6、厚0.4、孔径0.2～0.5厘米（图4-254，25）。M11：25，直径2.6、厚0.4、孔径0.3厘米（图4-254，6）。M11：26，残，直径2.7、厚0.3厘米。M11：36-1，直径2.6、厚0.4、孔径0.1～0.2厘米（图4-254，13）。M11：36-2，直径2.7、厚0.3、孔径0.2～0.4厘米（图4-254，7）。M11：40，直径2.5、厚0.4、孔径0.2～0.4厘米（图4-254，8）。M11：01，直径2.6、厚0.5厘米（图4-254，12）。M11：04，直径2.6、厚0.3厘米（图4-254，9）。M11：05，直径2.7、厚0.3厘米（图4-254，10）。M11：06，直径2.4、厚0.3厘米（图4-254，21）。M11：015-3，直径2.4、厚0.3厘米（图4-254，22）。M11：015-4，直径2.8、厚0.4厘米（图4-254，11）。

蚌鱼　共5件。扁平的长条状，眼穿孔，以缺口作鳍、尾。M11：29，长6.4、宽2.1厘米（图4-255，11）。M11：07，残存鱼尾。残长3.3、残宽1.4厘米。M11：08，残长3.3、宽2厘米。M11：09，长5.6、宽1.8厘米（图4-255，10）。M11：010，长3.3、宽1.7厘米。

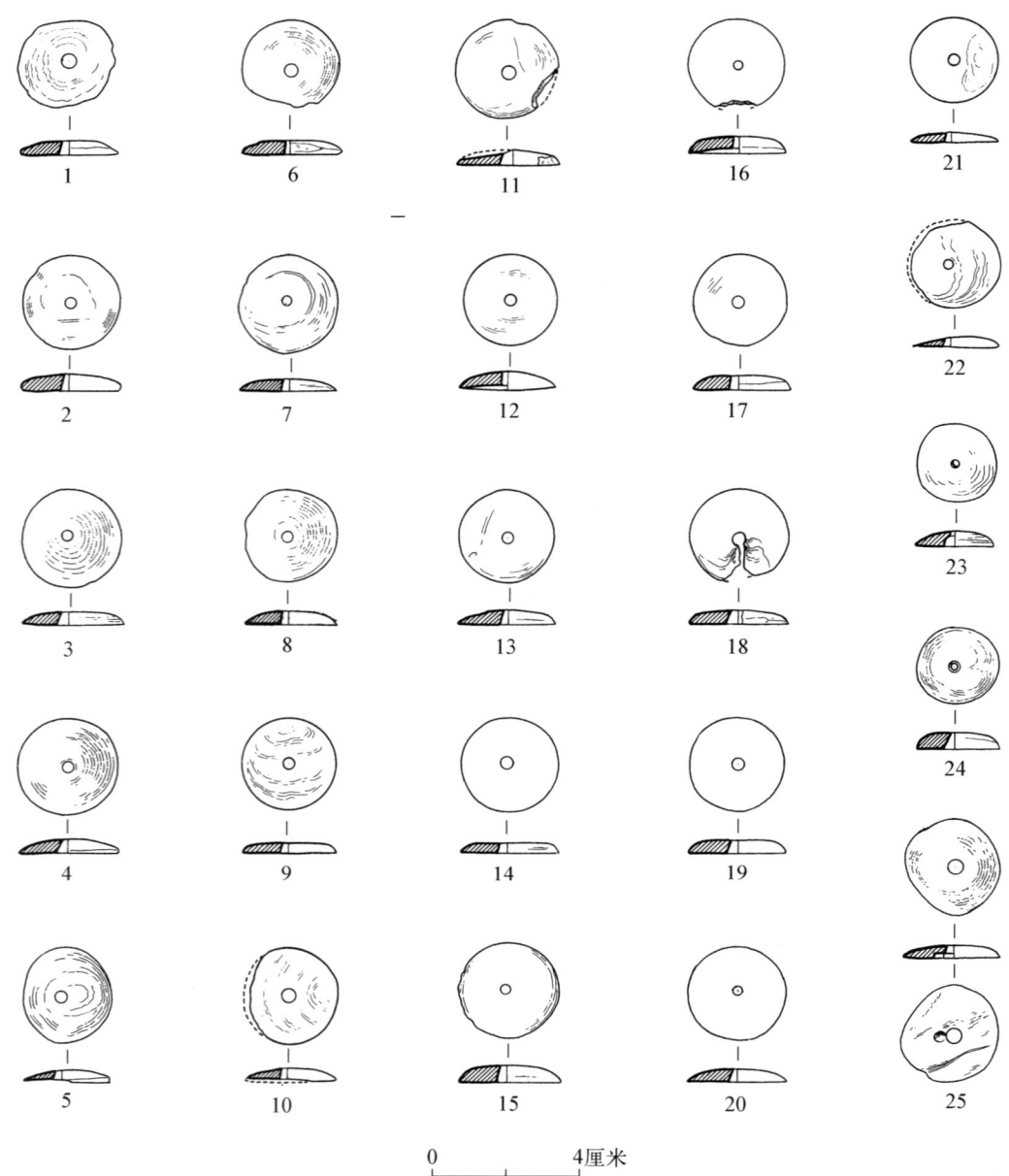

图4-254　07QSM11出土B型蚌泡

1～5. M11：4、2、10、21、17　6～10. M11：25、36-2、40、04、05　11～15. M11：015-4、01、36-1、11、3
16～20. M11：13、6、7、15、14　21～25. M11：06、015-3、12、1、22

　　蚌饰　共4件。M11：27，残，弧形片状。残长2.9、残宽1.3厘米。M11：31，残，较厚的片状，一端平齐，一侧有扉牙。残长7.4、残宽4.5、厚0.3厘米（图4-255，13；彩版二四〇，4）。M11：015-8，残，细圆柱状，较粗一端有穿孔，器表饰数周旋纹。长5.9、径0.3厘米（图4-255，9）。M11：048，残，较厚的片状，弯曲近"S"形，两端平齐。长8.4、最宽处2.6、厚0.4厘米（图4-255，12）。

　　海贝　共32件。白色,腹面两唇内卷,唇缘有细齿,背面圆鼓,有一小穿孔。M11:28,
长2、宽1.5厘米。M11:34-1,长2.4、宽1.7厘米(图4-255,4)。M11:35,25件,形制、大
小相同。标本M11:35-1,长2.3、宽1.6厘米。M11:011,长2.3、宽1.8厘米(图4-255,1)。
M11:015-1,长2.3、宽1.8厘米(图4-255,2)。M11:015-2,长2.3、宽1.8厘米(图4-255,3)。
M11:047,长2、宽1.4厘米。M11:049,长1.9、宽1.5厘米。

　　毛蚶　共6件。白色,底部有一穿孔。M11:30,长3、宽2.5厘米(图4-255,7)。M11:34-
2,长2.1、宽1.9厘米(图4-255,5)。M11:36-3,长2、宽1.9厘米。M11:36-4,长2.5、宽2.2厘
米。M11:012,长3.3、宽2.8厘米(图4-255,8)。M11:013,长2.8、宽2.5厘米(图4-255,6)。

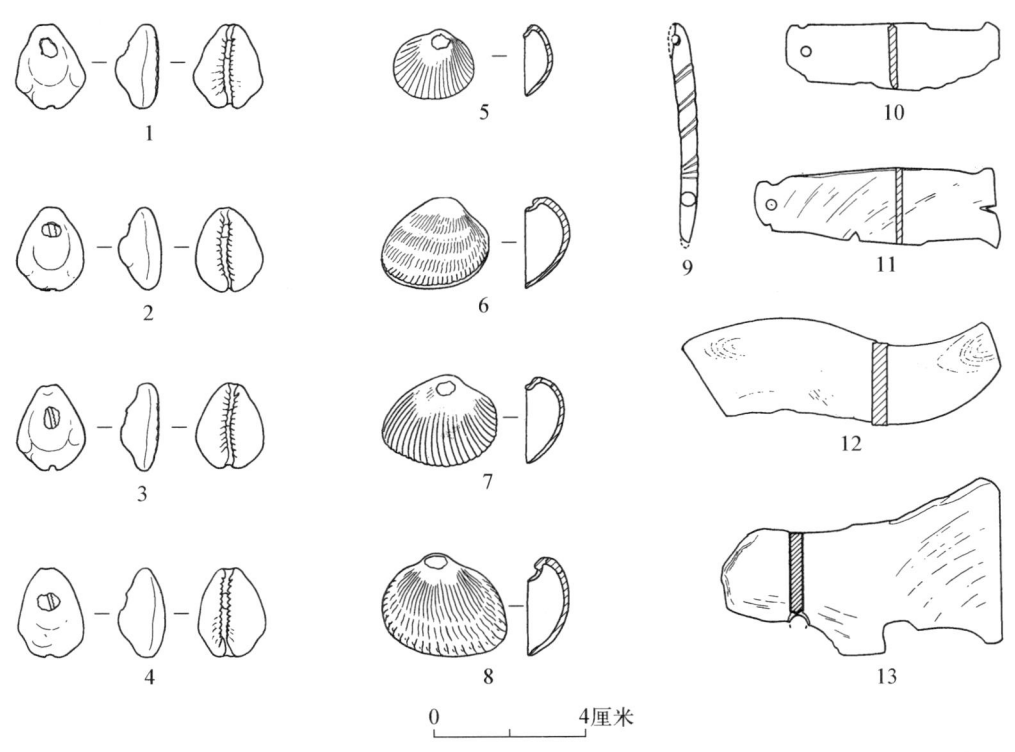

图4-255　07QSM11出土蚌贝器

1～4.海贝(M11:011、015-1、015-2、34-1)　　5～8.毛蚶(M11:34-2、013、30、012)
9、12、13.蚌饰(M11:015-8、048、31)　　10、11.蚌鱼(M11:09、29)

8.墓葬年代

　　出土车軎M11:t1器身很短,外节略长于内节,饰窃曲纹,流行于西周中晚期。铜盘
M11:39腹部鸟纹的下股尾羽两端内卷成云纹状,流行于西周中期;M11:38圈足上鸟纹的下
股尾羽两端内卷,且分歧,成窃曲纹状,见于张家坡出土的厉王时器师旋簋乙[1]。陶豆多为直口

---

① 陈公柔、张长寿:《殷周青铜容器上鸟纹的断代研究》,《考古学报》1984年第3期。

方唇,豆柄有凸棱,为西周晚期偏早特征。结合陶联裆鬲的形制,判断墓葬年代为西周晚期偏早。

4.4.10　07QSM13

1. 墓位与盗扰情况

该墓位于宋家墓地中部(彩版二四一,1)。东南距马坑M12约4.4米,东北距M123约1.2米,北距M125约2.5米。

墓内有1个盗洞,位于墓口西北角,打破墓圹,口部近圆形,长径0.6米。下部扩大延伸至整个墓室,直通墓底,对墓葬盗扰严重(图4-256、图4-257)。

2. 墓向与墓葬形制

东西向,墓向87°。

长方形竖穴土坑墓,口底大小相若。墓口及墓底四角均为弧角。南北两壁为直壁,东西两壁稍外斜,未见修整痕迹。平底。墓长3、宽1.8米,面积5.4平方米。墓口距地表0.38、自深4.2米。

3. 填土

墓内填土为褐色,未经夯打。

4. 葬具

一棺一椁。残存椁底板5块,均东西向横向放置,由北向南残长、宽依次为178×18、121×17、106×20、87×21、94×20厘米。椁底板下有两根垫木,西端垫木长180、宽10、厚6厘米,东端垫木长185、宽10、厚6厘米。

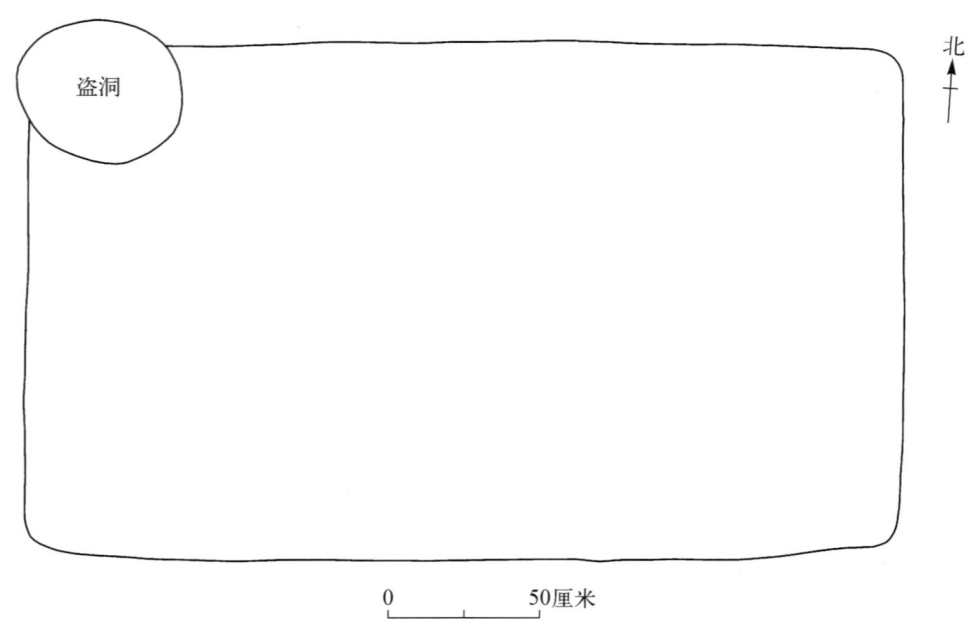

图4-256　07QSM13墓口平面图

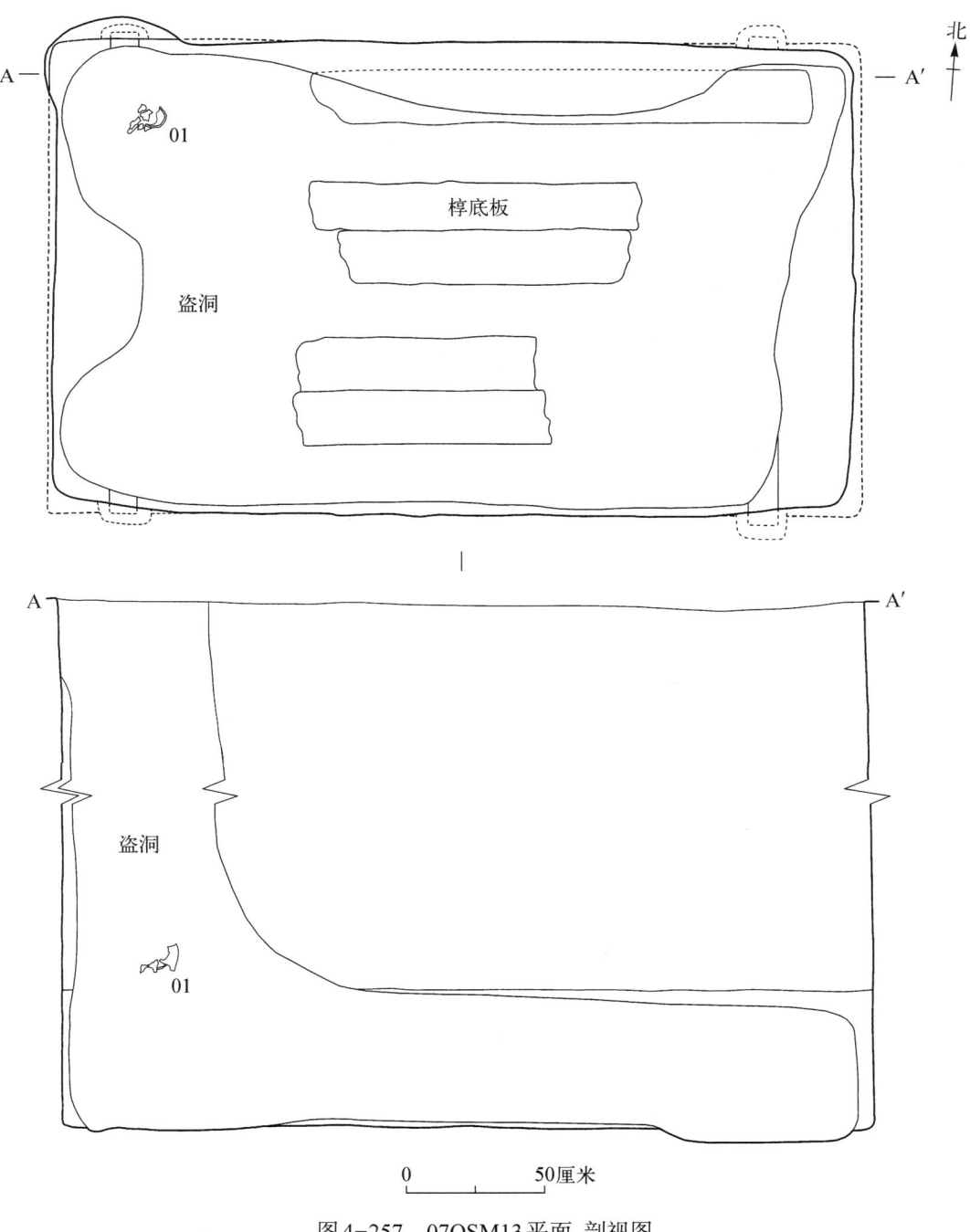

图4-257　07QSM13平面、剖视图

01.陶联裆鬲

5.人骨遗骸

不见墓主人骨，葬式、性别、年龄等不详。

6.随葬品位置

盗洞内出土陶鬲1件（01）。

7. 随葬品介绍

陶联裆鬲　1件（M13：01）。夹砂灰褐陶。卷沿，侈口，沿面宽，隐约可见一周旋纹，束颈，联裆较高，柱状实足根。腹部饰竖行粗绳纹。口径13.1、高11.4厘米（图4-258；彩版二四二，5）。

8. 墓葬年代

根据联裆鬲形制，判断墓葬年代为西周中期偏早。

4.4.11　07QSM14

1. 墓位与盗扰情况

该墓位于宋家墓地中部（彩版二四一，2）。东距M10墓室西南角约25.7米，北距M11约6.9米。

墓内有1个盗洞，位于墓口东北角，口部近椭圆形，长1、宽0.76米。下部扩大延伸进椁室东部，对墓葬盗扰严重，东二层台、椁盖板、棺盖板大部分被破坏。盗洞内出土少量遗物（图4-259）。

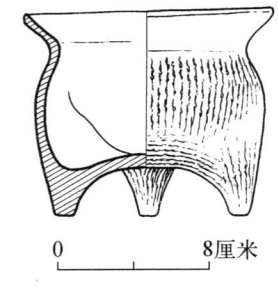

图4-258　07QSM13出土陶联裆鬲（M13：01）

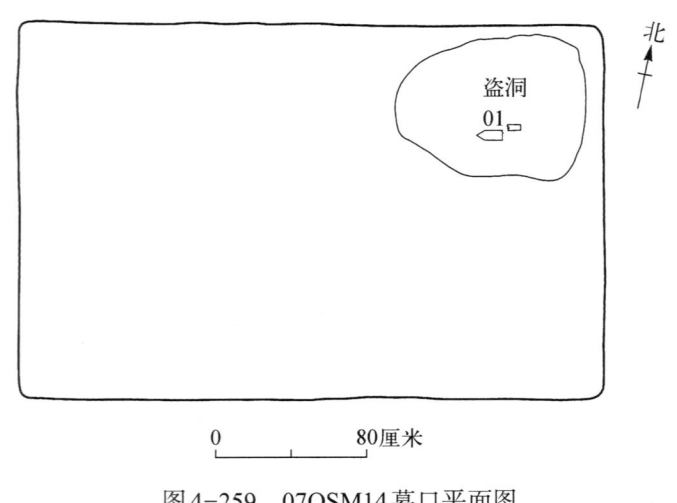

0 ——— 80厘米

图4-259　07QSM14墓口平面图

01. 玉圭

2. 墓向与墓葬形制

东西向，墓向78°。

长方形竖穴土坑墓，口小底大。墓口及墓底四角均为弧角。斜壁，呈袋状，未见修整痕迹。平底。墓口长3.1、宽2.06米，面积6.4平方米。墓底长3.6、宽2.5米，面积7.4平方米。墓口距地表0.35~0.4、自深5.8米。

3. 填土

墓内填土为褐色，杂有五花土，未经夯打。

4. 葬具

一棺一椁。棺椁均东西向放置。

椁长294、宽122、高120厘米。椁盖板共12块,均南北向横向放置,中间部分被盗洞破坏,由西向东长、宽依次为36×18(残)、41×20(残)、171×17~20、184×18、30×18(残)、180×19、172×21、173×20、191×18~24、194×18~22、59×19(残)、69×21(残)厘米,厚均为8厘米(图4-260)。椁侧板、端板形制不可辨。椁底板有7块,均东西向纵向放置,由北向南长、宽依次为336×24、324×25、327×21、332×20、331×20~23、324×22~25、316×27厘米,厚均为6厘米(图4-261;彩版二四二,1)。

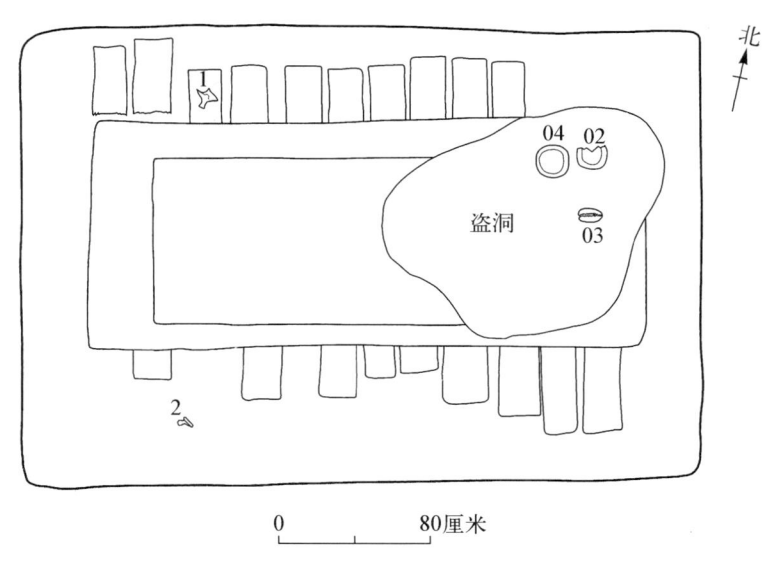

图4-260 07QSM14椁盖板平面图

1、02、04.陶联裆鬲 2.陶罐 03.海贝

棺长200、宽90厘米。棺盖板、侧板、端板、底板均形制不可辨。

椁下有两条南北向垫木槽,东西平行,内置两根长方形垫木。西垫木长204、宽20、厚10厘米,东垫木长200、宽18、厚10厘米,两垫木间距212厘米(图4-261)。

5. 人骨遗骸

不见墓主人骨,葬式、性别、年龄等不详。

6. 随葬品位置

北二层台西部的椁盖板上出土残陶鬲1件(1),南二层台西部出土残陶罐1件(2)。盗洞内出土玉圭1件(01)、海贝1件(03)、陶鬲2件(02、04)。

7. 随葬品介绍

随葬品有玉器、陶器、贝器共三类。

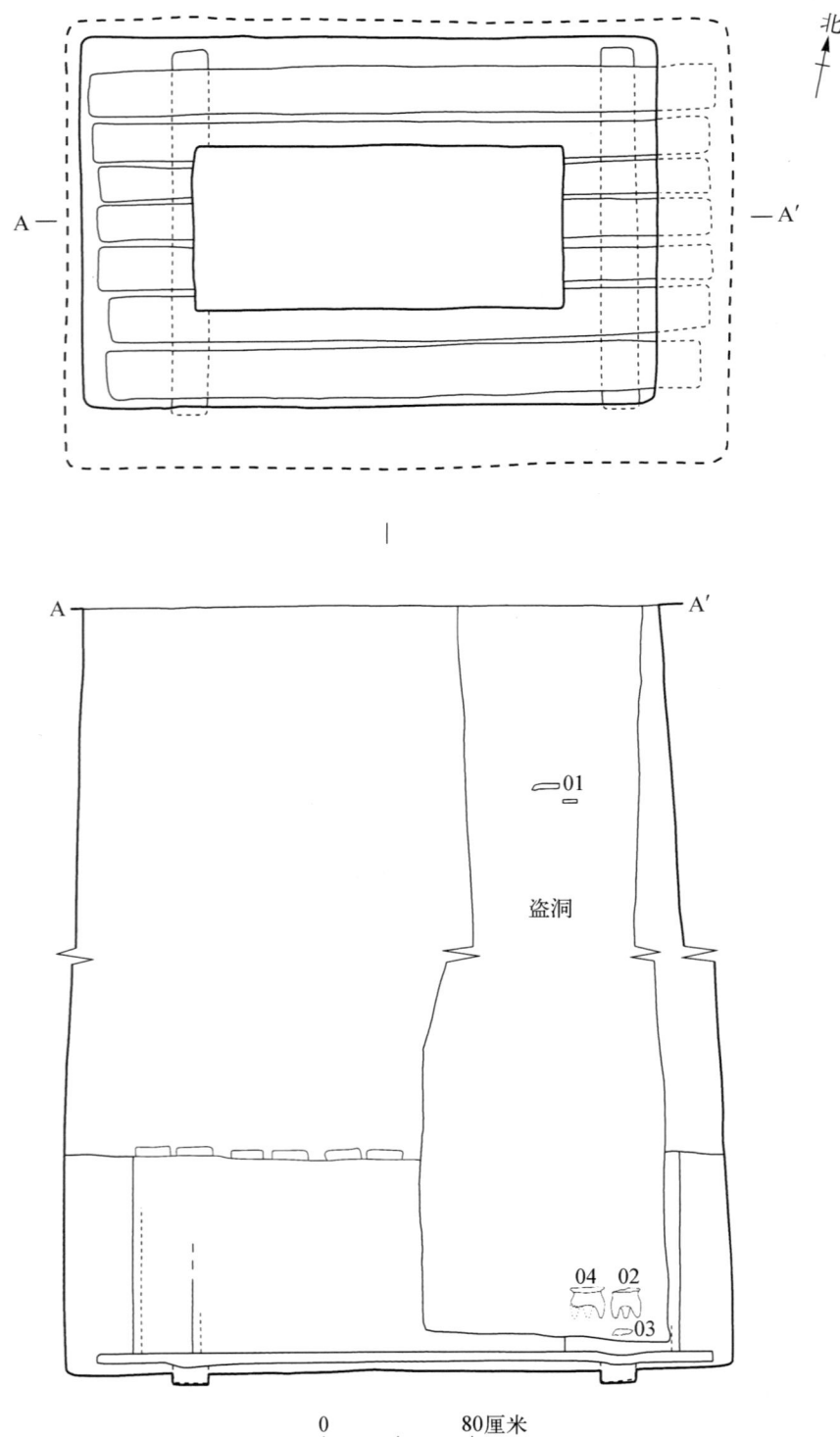

北

A —　　　　　　　　　　　　　　　　— A′

A　　　　　　　　　　　　　　　　A′

— 01

盗洞

04　02

03

0　　　　　80厘米

图4-261　07QSM14平面、剖视图

01. 玉圭　02、04. 陶联裆鬲　03. 海贝

（1）玉器

玉圭　1件（M14：01）。残，不透明灰白色。圭首呈尖峰状，两面平直，一侧有边锋，一面有刻槽。长8.4、宽2.2、厚0.4厘米（图4-262，1；彩版二四二，4）。

（2）陶器

联裆鬲　共3件。均为夹砂灰陶。M14：1，残存一个鬲足，饰印痕较浅的细绳纹。残高3厘米（图4-262，2）。M14：02，器形宽扁，宽折沿近平，方圆唇，沿面内凹，沿内缘有一周旋纹，矮束颈，微鼓肩，联裆，圆锥状实足根，足尖顿平。腹部饰印痕较浅的竖行细绳纹与一周旋纹。口径14、高11.5厘米（图4-262，6；彩版二四二，2）。M14：04，宽平折沿，沿面微内凹，有三周旋纹，束颈较高，联裆近平，圆柱状实足根。腹上部饰斜行绳纹，其下饰竖行绳纹，局部有交错，绳纹较粗，腹中部有一周旋纹，裆底与足根内侧饰麻点状绳纹。口径13.4、通高10.7厘米（图4-262，5；彩版二四二，3）。

罐　1件（M14：2）。泥质灰陶。仅残存口部，卷沿，圆唇，束颈。素面。残高5.3厘米（图4-262，3）。

（3）贝器

海贝　1件（M14：03）。白色，腹面两唇内卷，唇缘有细齿，背面圆鼓，有一小穿孔。长2.1、宽1.4厘米（图4-262，4）。

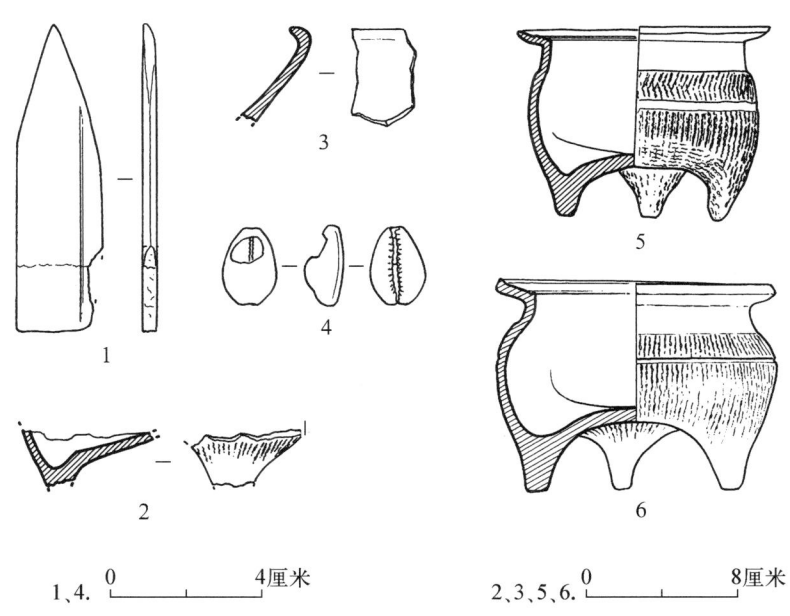

图4-262　07QSM14出土遗物

1.玉圭（M14：01）　2、5、6.陶联裆鬲（M14：1、04、02）

3.陶罐（M14：2）　4.海贝（M14：03）

8. 墓葬年代

根据陶联裆鬲的形制,判断墓葬年代为西周晚期偏早。

4.4.12 07QSM15

1. 墓位与盗扰情况

该墓位于宋家墓地西部,为已发掘墓葬最西的一座(彩版二四三,1)。东北紧邻墓葬规模稍小的M26,两墓相距约3.9米。

墓内共有3个盗洞,编号为D1、D2、D3。D1位于墓口东北角,口部近椭圆形,最大径1.22米。直下延伸至二层台。D2位于墓口东南角,口部近椭圆形,最大径1.18米。下部扩大延伸至椁室中部,对墓葬盗扰严重,椁盖板、棺盖板大部分被破坏。D3位于墓口南部偏西,口部近椭圆形,最大径0.88米,直下延伸至二层台(图4-263、图4-264、图4-265、图4-266)。

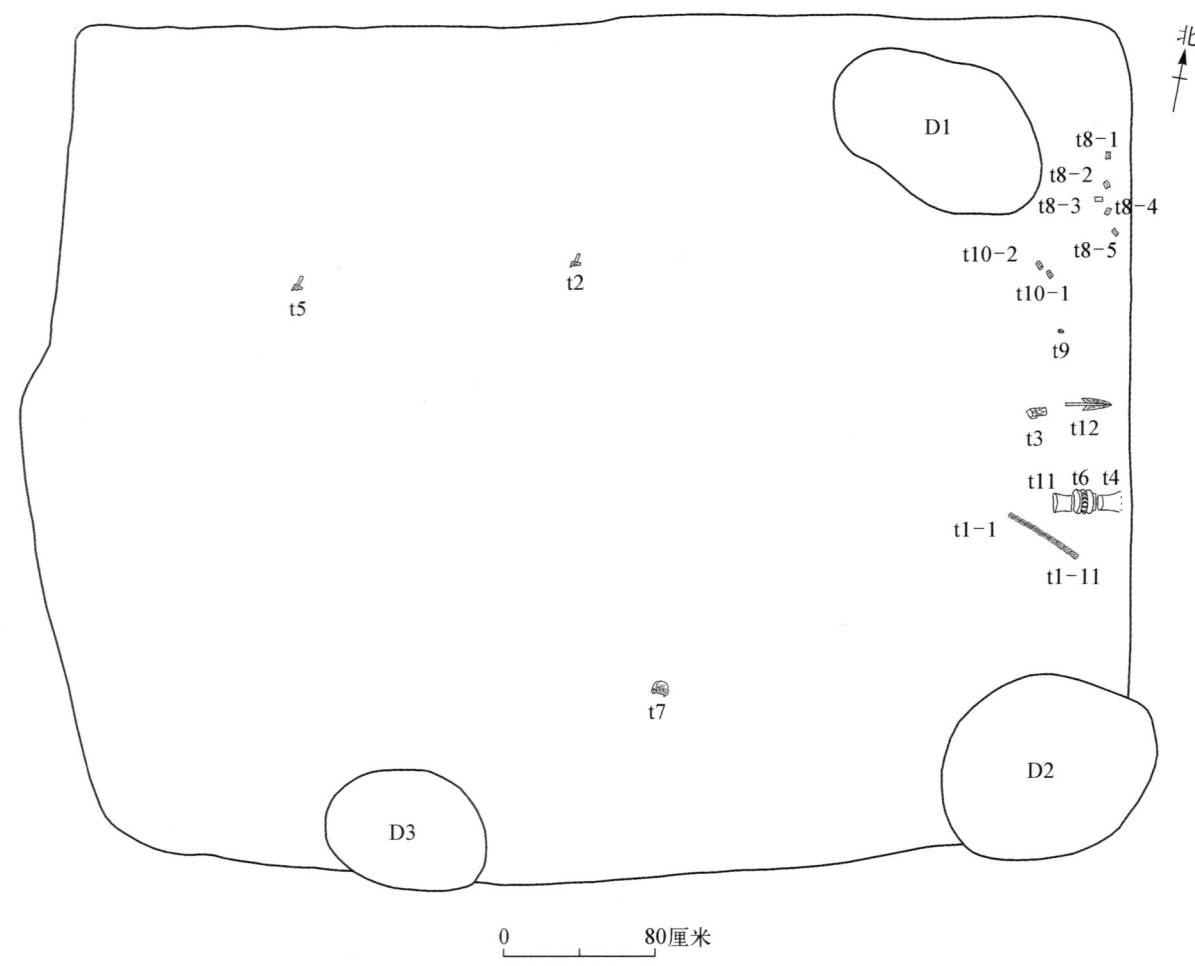

图4-263 07QSM15墓室填土遗物分布图

t1-1～t1-11、t8-1～t8-5、t9、t10. 铜泡 t2、t5. 铜辖 t3. 铜踵饰 t4、t11. 铜軎 t6. 铜軧 t7. 铜銮铃 t12. 铜衡末饰

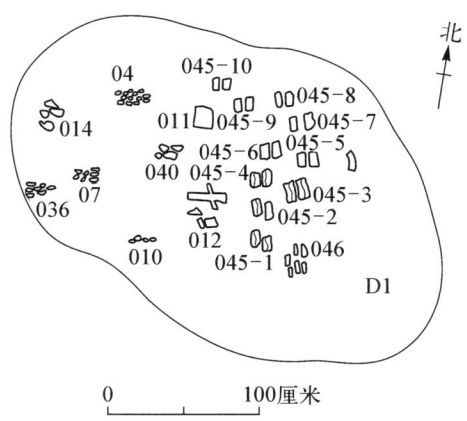

图 4-264　07QSM15 盗洞 D1 出土遗物分布图

04、07. 牙饰　　010、036. 海贝　　011. 铜片　　012. 铜戈　　014. 原始瓷瓮　　040. 铜锡（？）　　045-1～045-10、046. 铜泡

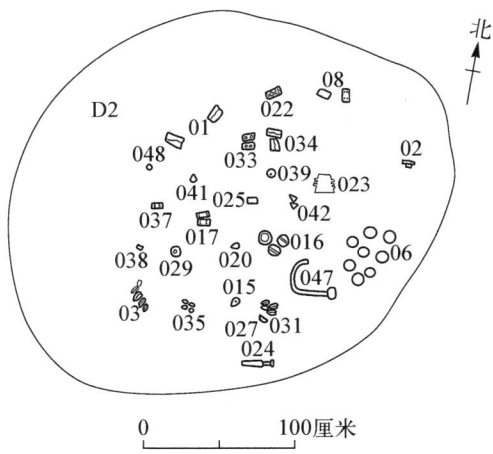

图 4-265　07QSM15 盗洞 D2 出土遗物分布图

01、02、06、016、022、034. 铜泡　　03、027、031、035、048. 海贝　　08、017、025、033、037. 牙饰　　015. 铜衡末饰　　020. 玉环
023. 玉钺　　024. 玉柄形器　　029、039. 蚌泡　　038. 玉柄形器附饰　　041. 文蛤　　042. 铜片　　047. 铜弓形器

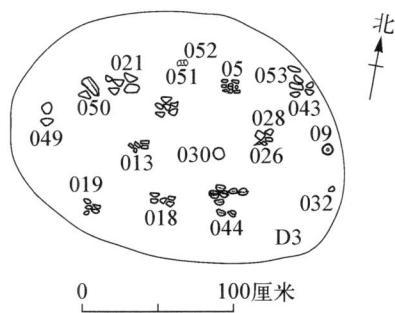

图 4-266　07QSM15 盗洞 D3 出土遗物分布图

05、013、018. 牙饰　　09、030. 蚌泡　　019、044. 海贝　　021. 铜锡（？）　　026、043、049、053. 铜片　　028. 铜軎棱　　032. 铜铃丸
050. 铜饰　　051、052. 铜轭脚

2. 墓向与墓葬形制

东西向,墓向82°。

长方形竖穴土坑墓,墓口略大于墓底。墓口及墓底四角均为弧角,墓壁凹凸不平,不见修整痕迹。平底。墓口长6、宽4.74米,面积28.4平方米。墓底长5.8、宽4.2米,面积24.4平方米。墓口距地表0.79、自深5.8米。

3. 填土

墓内填土为褐色,未经夯打。

4. 葬具

一棺一椁。棺椁均东西向放置(彩版二四三,2)。

椁长326、宽188、高164厘米。椁盖板共16块,均南北向横向放置,由西向东长、宽依次为98×28、90×28、214×40~44、212×30、212×20、252×22~30、254×20~28、254×27~30、258×26~30、52×30、54×20、64×20、102×20、160×16、196×18、224×20厘米(彩版二四四,1)。椁侧板长出端板,端板两端嵌于侧板内。北侧板长338、厚8厘米,南侧板残长304、厚8厘米,西端板长182、厚8厘米,东端板残长152、厚8厘米(彩版二四四,2)。椁底板有7块,均东西向纵向放置,由北向南长、宽依次为360×30、360×24、358×34、360×24、362×28、362×34、360×30厘米,厚均为8厘米(图4-267)。

棺仅存盖板,棺盖板有4块,均东西向纵向放置。东部被盗洞D2破坏,由北向南长宽依次为178×28、130×36、98×36、114×40厘米(图4-268)。

椁下有两条南北向垫木槽,东西平行,内置东西两根长方形垫木,断面为圆形。西部垫木长292、径16厘米,东部垫木长292、径20厘米,两垫木间距220厘米。

二层台及墓底残存有席痕。

5. 人骨遗骸

墓主人骨被扰乱,仅在盗洞中发现2个头骨等少量骨骼。经鉴定,头骨1为女性,年龄40~45岁;头骨2可能为男性,成年。由于墓中随葬不少青铜兵器,推测墓主应为男性。

6. 随葬品位置

墓室填土内葬有不少车马器,置于距墓口深约2.1~2.8米处。东部近墓壁处有铜毂饰1套,由2件䡇(t4、t11)与1件軙(t6)组成。毂饰北侧发现铜衡末饰1件(t12)、铜踵饰1件(t3)。填土东北部、西北部分别出土多件铜泡(t1、t8~t10),排列较规整,表明原应葬有两条革带。填土西北部出土铜辖2件(t2、t5),中部偏南处出土铜銮铃1件(t7)。

椁盖板北部正中出土铜泡1件(1),西北角出土海贝1件(5)。北二层台偏西处出土铜戈1件(2)。东二层台中部出土陶鬲1件(3)。南二层台东部出土铜泡6件(4),排列较规制。

出土于盗洞D1的有:牙饰14件(04、07)、海贝44件(010、036)、铜片1件(011)、铜戈3件

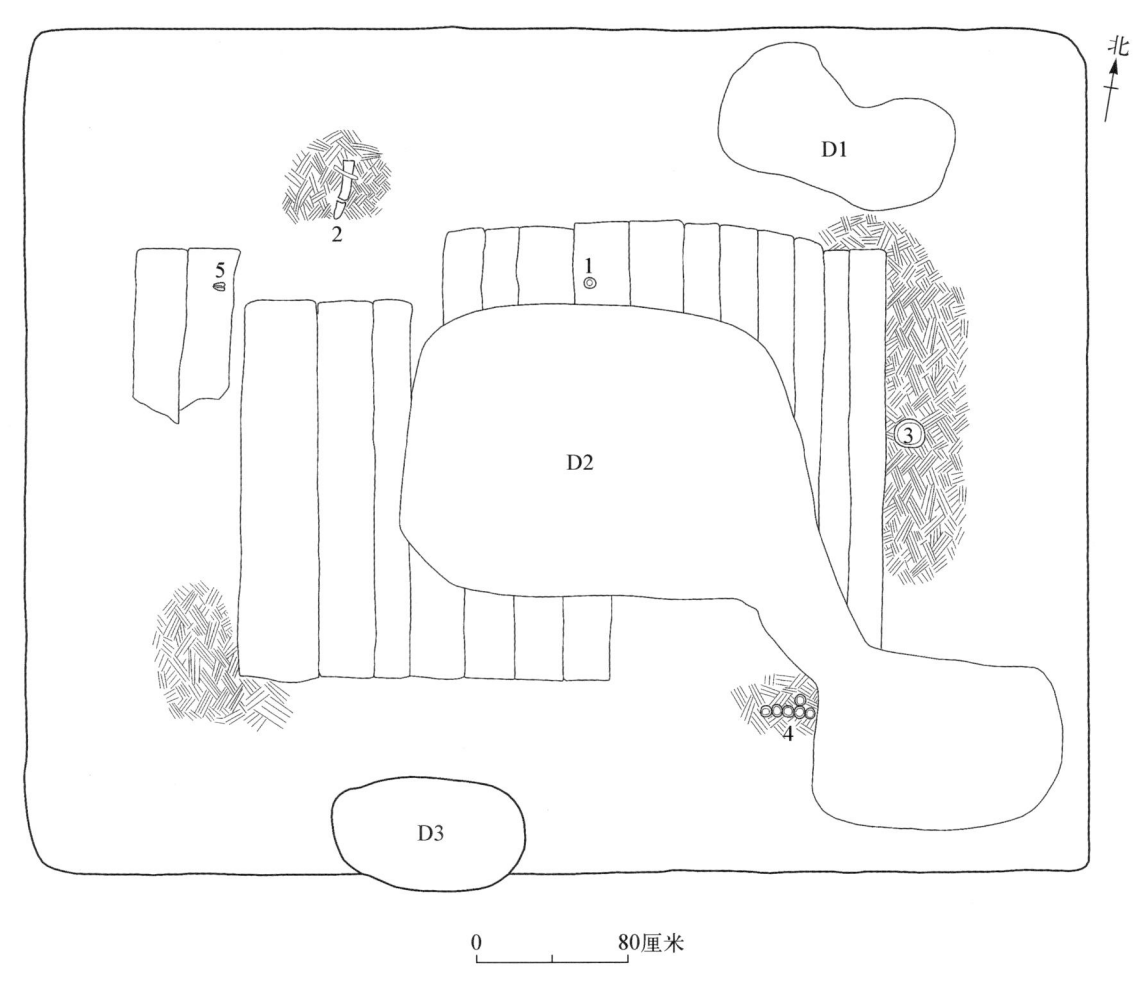

图 4-267　07QSM15 椁盖板平面图
1、4. 铜泡　2. 铜戈　3. 陶联裆鬲　5. 海贝

（012）、原始瓷瓮 1 件（014）、铜锡 1 件（040）、铜泡 26 件（045、046）。

出土于盗洞 D2 的有：铜泡 17 件（01、02、06、016、022、034）、海贝 74 件（03、027、031、035、048）、牙饰 8 件（08、017、025、033、037）、铜衡末饰 1 件（015）、玉环 1 件（020）、玉钺 1 件（023）、玉柄形器（024）、蚌泡 2 件（029、039）、玉柄形器附饰 1 件（038）、文蛤 1 件（041）、铜片 1 件（042）、铜弓形器 1 件（047）。

出土于盗洞 D3 的有：牙饰 41 件（05、013、018）、蚌泡 2 件（09、030）、海贝 121 件（019、044）、铜锡 1 件（021）、铜片 4 件（026、043、049、053）、铜扉棱 1 件（028）、铜铃丸 1 件（032）、铜饰 1 件（050）、铜軏脚 2 件（051、052）。

7. 随葬品介绍

随葬品有青铜器、玉器、原始瓷器、陶器、蚌贝器、牙器共六类。

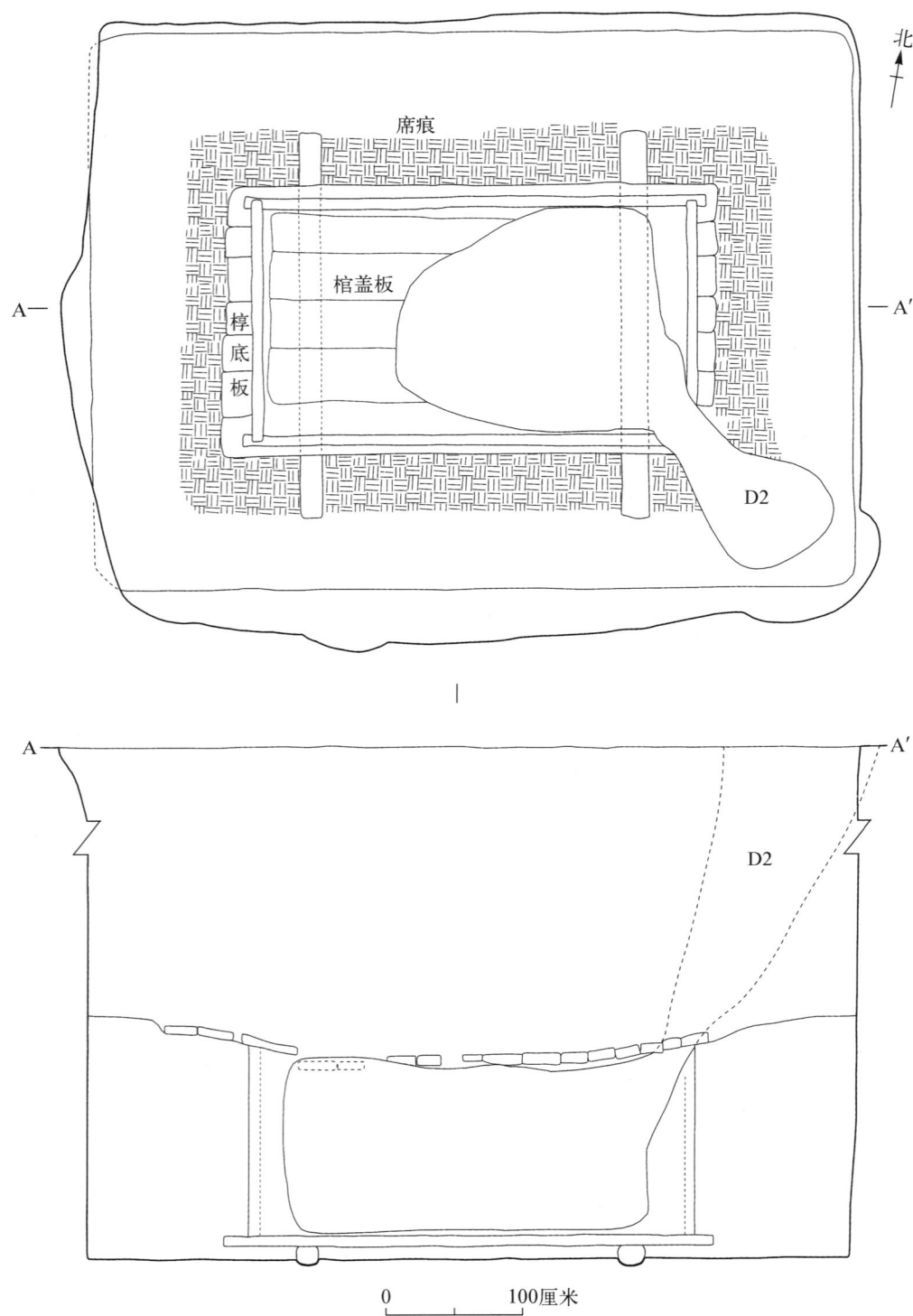

北

席痕

棺盖板

椁
底
板

A —

— A′

D2

A

A′

D2

0　　　　　100厘米

图4-268　07QSM15平面、剖视图

（1）青铜器

戈　共4件。M15：2，援部折弯，断为两截。长条形援，中部作弧状隆起，上下刃均弧弯，尖锋，微胡无穿，有上下阑，侧阑为凸起的细棱，直内近长方形，后端一角圆转，一角内凹，通体素面。通长23.1厘米，援中宽3.2、厚0.6厘米，阑长6.7厘米，内长6.6、宽3.2、厚0.4厘米。重210.6克（图4-269，6；彩版二四六，1）。M15：012，共3件，M15：012-1，残，长条形援，援中部作弧状隆起，微胡无穿，有上下阑，侧阑为凸起的细棱，直内近长方形，后端一角圆转，一角内凹。残长11厘米，援中宽3.4、厚0.5厘米，阑长6.6厘米，内长6.7、宽3.2、厚0.4厘米。重119.4克（图4-269，5）。M15：012-2，仅存内部，近长方形，后端一角圆转，一角内凹。残长5.2、宽3.1、厚0.4厘米。重43.8克（图4-269，4）。M15：012-3，仅存援部，三角形援。残长4.9、宽3.6、厚0.4厘米。重32.3克（图4-269，3）。

錫（？）　共2件。均为残片，正面鼓起，背面内凹，外有平折沿，可能为錫。M15：021，残长4.4、残高1.2厘米。重8.4克（图4-269，1）。M15：040，残长6.7、残高1.3厘米。重14.3克

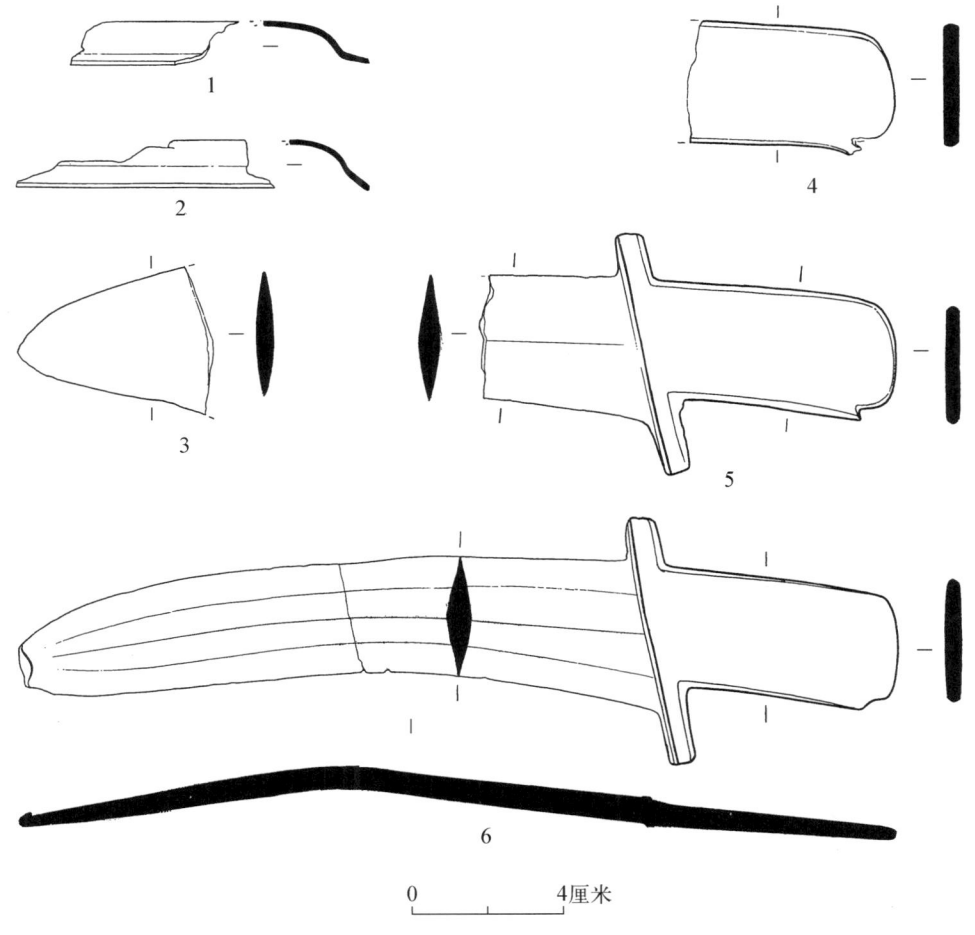

图4-269　07QSM15出土铜兵器

1、2. 錫（M15：021、040）　3～6. 戈（M15：012-3、012-2、012-1、2）

（图4-269,2）。

毂饰　1套3件,其中2件輨位于軝两侧。

輨　共2件。M15:t4、t11,形制、大小基本相同。圆筒状,外端外撇呈喇叭形口,通体素面（彩版二四五）。M15:t4,长11.7、内端径10.6、外端径12.2厘米。重467.1克（图4-270,1）。M15:t11,器壁中部和近外端分别有2、1个钉孔。长11.8、内端径10.2、外端径12厘米。重558.8克（图4-270,3）。

軝　1件（M15:t6）。由上下两个半圆合成,中部起脊,为插辐处,留有近长方形辐孔,两侧为二级坡状,内侧大而圆鼓,外侧小而宽平,两端口径大小相同。长15.2、口径12、最大径20.1厘米。重1690克（图4-270,2）。

辖　共2件。形制、大小近同。辖首正面作牛头,双角上扬,双耳外张,"臣"字目,粗眉圆睛,宽鼻,额上有菱形凸起,牛角下有近方形穿孔,与背板镂孔相通,辖首底面内弧;下接扁长条形键,键末端平直,背面不与背板齐平,键身有长条形穿孔。M15:t2,辖首厚6.2厘米,背板宽5、厚0.5厘米,辖键高6.1、宽2.1、厚0.7~0.9厘米,穿孔长3、宽0.9厘米,通高9.8厘米。重281.9克（图4-271,1;彩版二四六,2;彩版二四七,1）。M15:t5,辖首厚6.2厘米,背板宽5、厚0.4厘米,辖键高7、宽2、厚0.7~0.9厘米,穿孔长3.4、宽0.9厘米,通高10.1厘米。重284.1克（图4-271,2;彩版二四六,3;彩版二四七,2）。

衡末饰　共2件。M15:t12,矛状,两面中脊凸出,两叶有对称的斜行镂孔,双翼后伸,前锋有一小圆孔;长圆銎,銎口呈椭圆形,两面各有一个方形小孔,背面有一个半环形钮。长24.1、宽7厘米,銎口长径2.3、短径1.9厘米。重156.4克（图4-272,7;彩版二四八,2）。M15:015,外端封闭的圆帽状,外端面微弧近平,中间有一小圆孔。长2.8、口径2.4、孔径0.3厘米。重44.1克（图4-272,5;彩版二四八,1）。

軛脚　共2件。微弯的圆管状,底端封闭。M15:051,残,内壁可见两个方形钉孔,未穿透。残高3.6、残顶端长径3.1厘米。重23.5克（图4-272,2）。M15:052,残,外侧连有一小段軛肢,仅见一侧穿孔。通高5.9厘米,顶端长径2.7、短径2.5厘米。重50克（图4-272,3）。

銮铃　1件（M15:t7）。残,圆形铃球两面中央各有一圆孔,正面圆孔外环绕八个辐射状三角形镂孔,铃球内有一铃丸,周围绕以扁平宽边,上有火焰状镂孔。直径8.2厘米,外缘宽1.9、厚0.2厘米。重106.1克（图4-272,1;彩版二四八,3）。

铃丸　1件（M15:032）。圆球状,素面。应为銮铃内的铃丸。径1.5厘米。重7.2克（图4-272,4）。

踵饰　1件（M15:t3）。带凹槽的套管,中通,套管横截面呈马蹄形,上平下圆,底部有半环形竖钮,底部及两侧饰三角纹,内填雷纹。长9、宽5.3、高5.5厘米。重252.4克（图4-273;彩版二四八,4、5）。

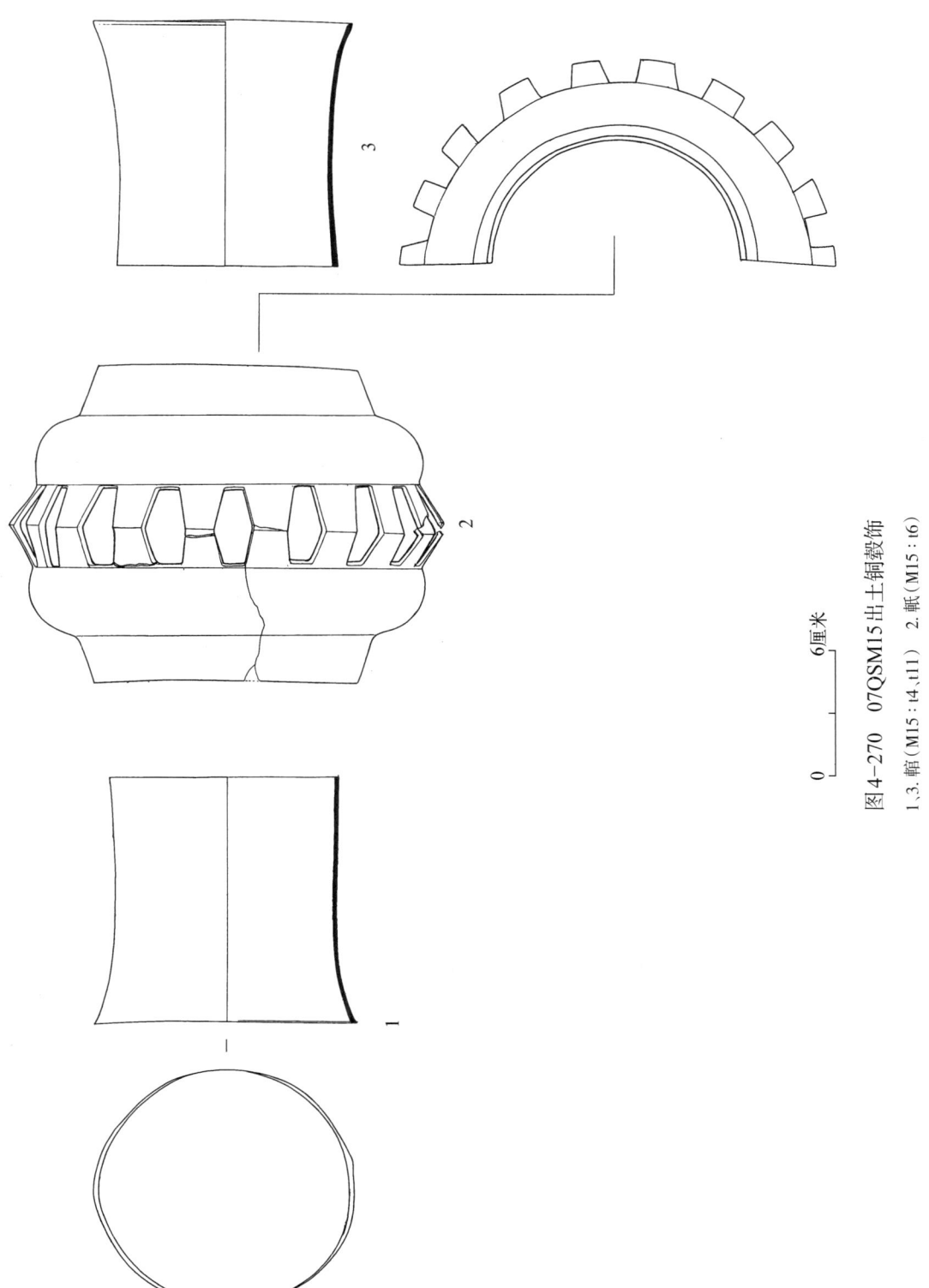

图4-270　07QSM15出土铜毂饰

1、3.轓（M15：i4、i11）　2.軧（M15：i6）

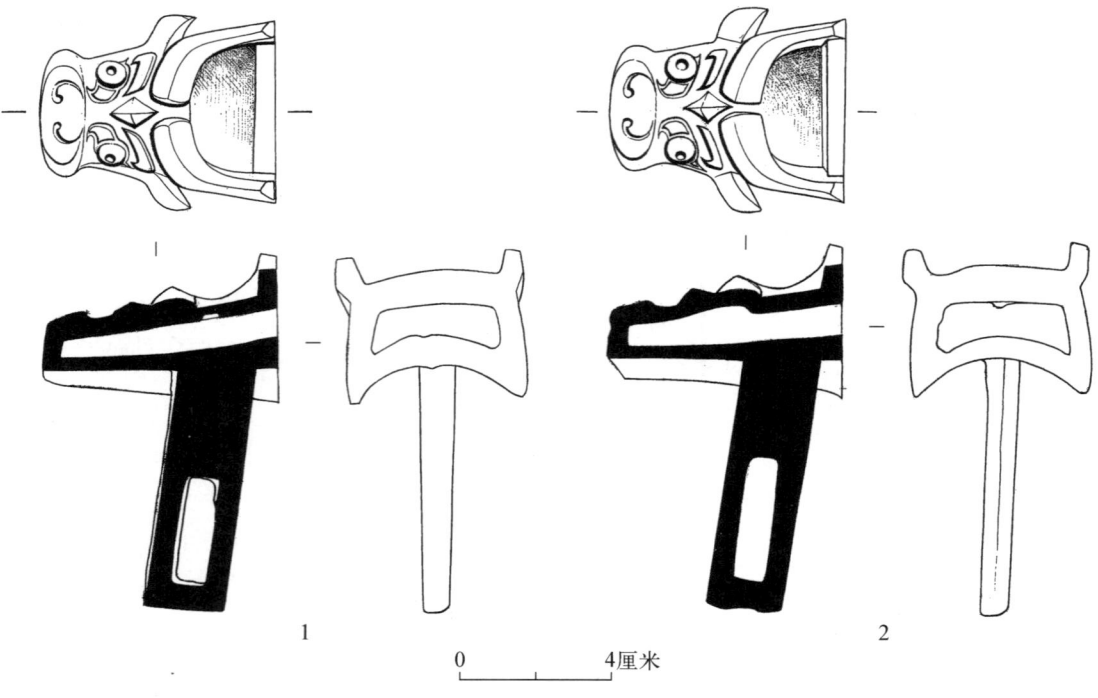

0   4厘米

图4-271   07QSM15出土铜车辖

1、2.（M15：t2、t5）

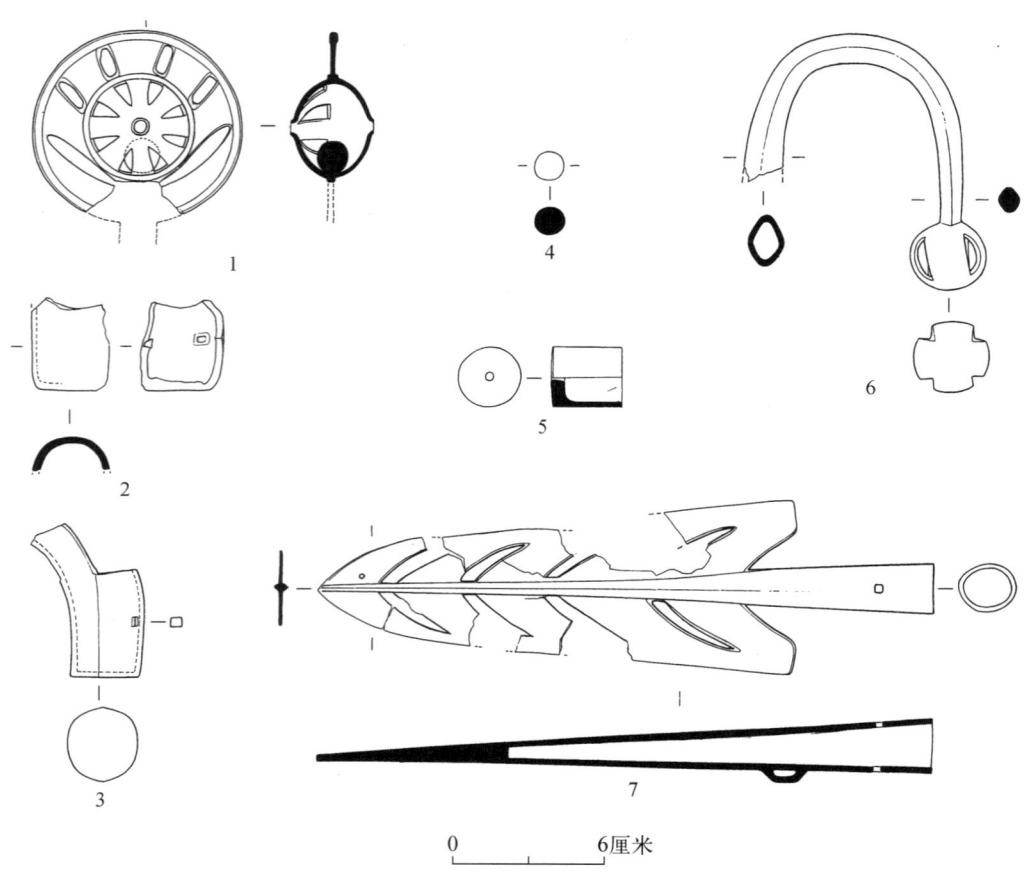

0   6厘米

图4-272   07QSM15出土铜车器

1. 銮铃（M15：t7）   2、3. 轭脚（M15：051、052）   4. 铃丸（M15：032）

5、7. 衡末饰（M15：015、t12）   6. 弓形器（M15：047）

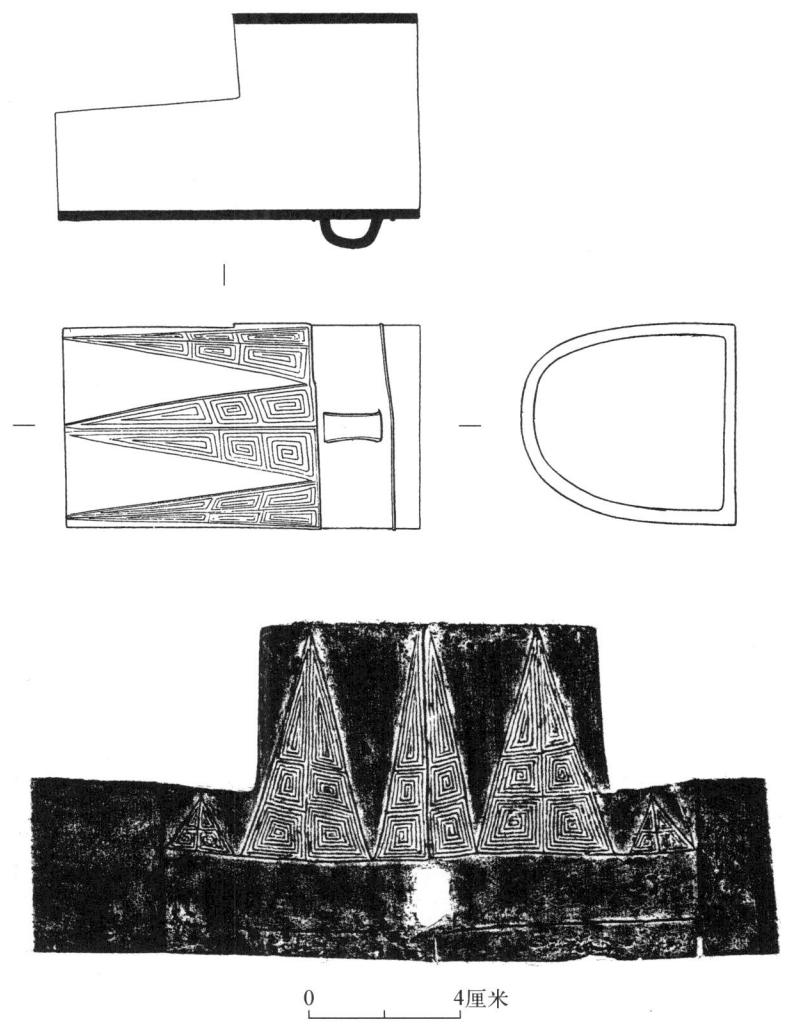

图4-273　07QSM15出土铜踵饰（M15∶t3）及纹饰拓本

泡　共69件。正面鼓起，背空，有横梁。根据整体形制差异，分四型：

A型　共8件。圆形，正面鼓起呈球面，有沿，背面有一条横梁。M15∶1，直径3.9、高0.8厘米。重22.8克（图4-274，5；彩版二四九，1）。M15∶4，共6件，出土时连成一串（彩版二四九，2～4）。M15∶4-1，直径3.8、高0.7厘米。重15.7克（图4-274，11）。M15∶4-2，直径3.8、高0.6厘米。重15.8克（图4-274，6）。M15∶4-3，直径3.8、高0.7厘米。重14克（图4-274，9）。M15∶4-4，直径3.7、高0.6厘米。重13.1克（图4-274，10）。M15∶4-5，直径3.9、高0.7厘米。重11.8克（图4-274，8）。M15∶4-6，直径3.9、高0.7厘米。重11.6克（图4-274，7）。M15∶016-2，直径4.3、高0.7厘米。重18.5克（图4-274，3）。

B型　共10件。圆形，正面鼓起呈球面，有多级阶状凸起，无沿，背面有一条横梁。M15∶06，共8件，M15∶06-1，直径3.5、高1厘米。重13.2克。M15∶06-2，直径3.4、高0.9

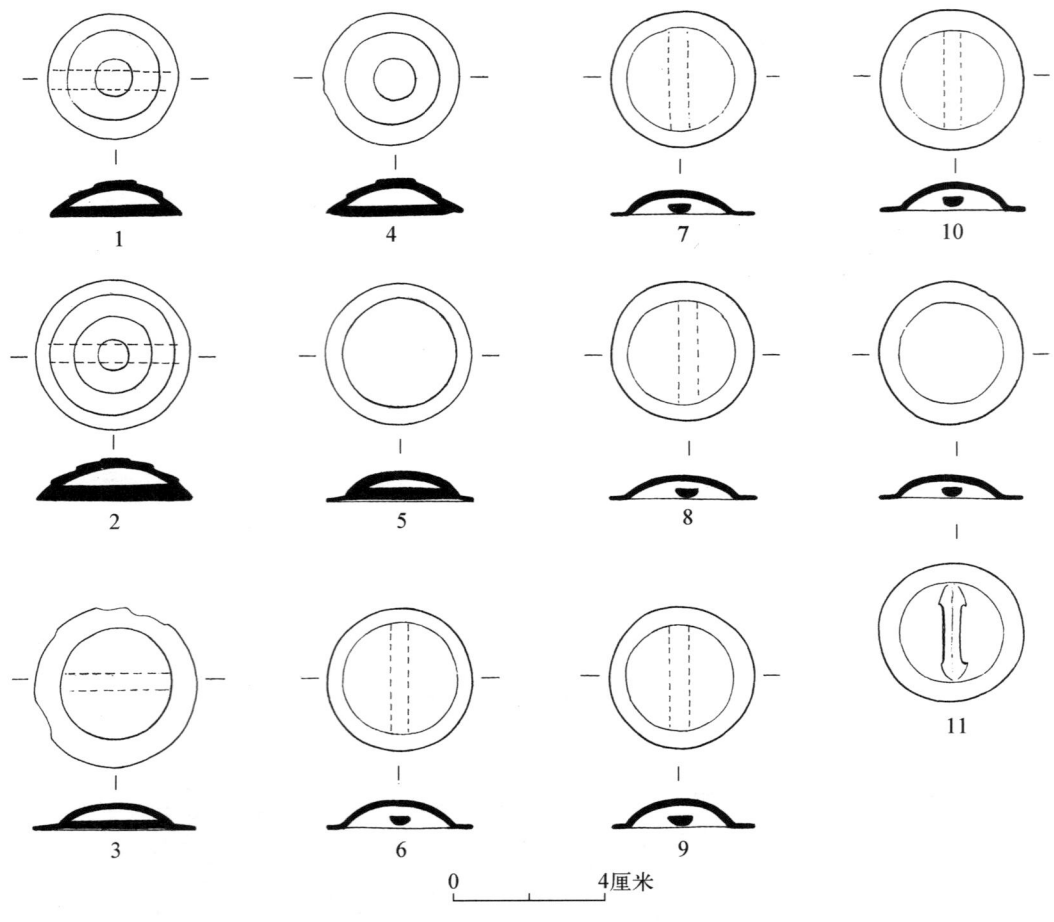

图4-274　07QSM15出土铜泡

1、2、4. B型（M15∶06-2、016-1、06-3）　3、5～11. A型（M15∶016-2、1、4-2、4-6、4-5、4-3、4-4、4-1）

厘米。重13克（图4-274，1）。M15∶06-3，直径3.4、高0.8厘米。重12.8克（图4-274，4）。
M15∶06-4，直径3.3、高0.8厘米。重12.7克。M15∶06-5，残，直径3.3、高0.9厘米。重13克。
M15∶06-6，残，直径3.5、高0.9厘米。重16.7克。M15∶06-7，残，直径3.4、高0.9厘米。重
12.1克。M15∶06-8，残，高0.9厘米。重9.8克。M15∶016-1，直径3.5、高1.2厘米。重16.5克
（图4-274，2）。M15∶016-3，直径3.6、高1厘米。重14.1克。上述器物M15∶016-1～016-3
均出土于盗洞D1内，可能为一组器物。

　　C型　共8件。长方形泡，正面圆弧，背面有一条外突的横梁。M15∶t9，长3.4、宽1.5、高
1.6厘米。重14.5克（图4-275，6）。M15∶02，长3.3、宽1.3、高1.4厘米。重11克（图4-275，
3；彩版二四九，5）。M15∶046，共6件，编号为M15∶046-1～046-6。M15∶046-1，长3.1、
宽1.3、高1.5厘米。重11.3克（图4-275，5）。M15∶046-2，长3.5、宽1.4、高1.6厘米。重16.1
克（图4-275，4）。M15∶046-3与M15∶046-4形制、大小相同。标本M15∶046-3，长3.4、宽
1.3、高1.5厘米。重11.4克（图4-275，2）。M15∶046-5与M15∶046-6形制、大小相同。标本

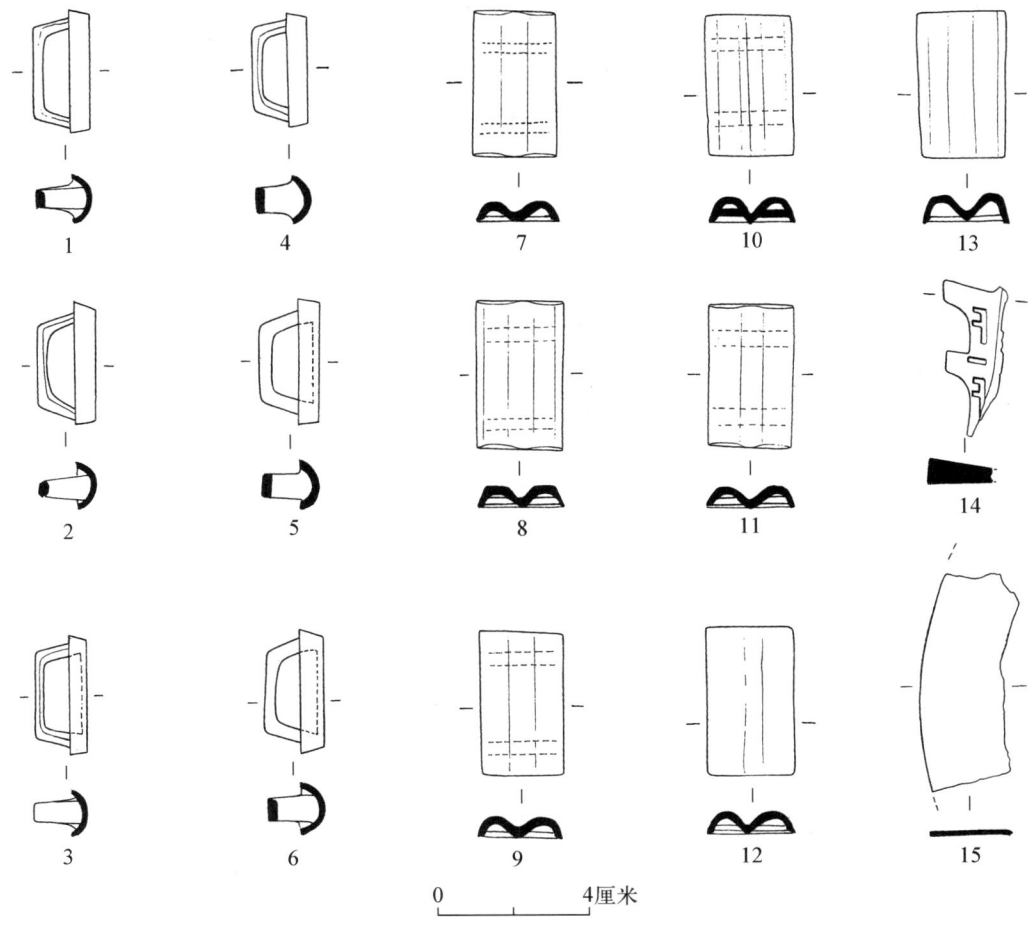

图4-275 07QSM15出土铜器

1～6. C型泡（M15：046-5、046-3、02、046-2、046-1、t9） 7～13. D型泡（M15：045-1、t8-1、t1-1、t10-1、01-1、034-1、022）
14. 扉棱（M15：028） 15. 铜片（M15：011）

M15：046-5，长3.4、宽1.3、高1.5厘米。重13.7克（图4-275，1）。

　　D型 共43件。双联长方形泡，中部有一道沟槽，背面两条横梁。M15：t1，共11件，形制、大小相同，首尾相接，连成一串（彩版二五〇，1）。M15：t1-1，长4、宽2.2、高0.6厘米。重16.4克（图4-275，9）。M15：t1-2，长3.9、宽2.2、高0.6厘米。重14.6克。M15：t1-3，长3.9、宽2.2、高0.6厘米。重15.7克。M15：t1-4，长3.9、宽2.2、高0.6厘米。重20.7克。M15：t1-5，长4、宽2.2、高0.6厘米。重16.4克。M15：t1-6，长4、宽2.2、高0.5厘米。重15.2克。M15：t1-7，长3.9、宽2.2、高0.7厘米。重12.8克。M15：t1-8，长4、宽2.2、高0.6厘米。重15.5克。M15：t1-9，长3.9、宽2.2、高0.6厘米。重克18.3。M15：t1-10，长4、宽2.2、高0.6厘米。重17.7克。M15：t1-11，长4、宽2.2、高0.6厘米。重15.4克。M15：t8-1，长3.8、宽2.1、高0.5厘米。重16.5克（图4-275，8）。M15：t8-2，长3.9、宽2.1、高0.6厘米。重18.2克。M15：t8-3，长4、宽2.2、高0.6厘米。重13.9克。M15：t8-4，长4.1、宽2.3、高0.6厘米。重18.8

克。M15：t8-5，长3.9、宽2.2、高0.6厘米。重17.4克。M15：t10-1，长3.9、宽2.3、高0.7厘米。重15.3克（图4-275，10）。M15：t10-2，长3.9、宽2.2、高0.5厘米。重18.4克。M15：01，共2件，形制、大小相同。标本M15：01-1，长4、宽2.2、高0.6厘米。重13.3克（图4-275，11）。M15：022，长4、宽2.4、高0.7厘米。重18.7克（图4-275，13）。M15：034，共2件，M15：034-1，长3.9、宽2.2厘米。重17.2克（图4-275，12）。M15：034-2，长4、宽2.2厘米。重17.6克。M15：045，共20件，出土时两两一组放在一起，形制、大小相同。标本M15：045-1，长4、宽2.2、高0.5厘米。重16.1克（图4-275，7）。

弓形器　1件（M15：047）。残，拱形，尾端作圆球状，上有4个棱形镂孔，内有铃丸。残宽8.5、残长10厘米。重149.4克（图4-272，6；彩版二五〇，2）。

扉棱　1件（M15：028）。残，"F"形齿状扉棱，外厚内薄，上有阴线纹，应为铜容器装饰。残长4.3、厚0.9厘米。重13.9克（图4-275，14）。

铜饰　1件（M15：050）。残，弧形，正面鼓起，背面内凹，两侧有平折沿，背部有一道横梁，素面。或许为一种铜锡残片。残长8.6、宽3.6厘米。重31.4克（图4-276，3）。

铜片　共5件。均为残片，器形不明。M15：011，弧形残片，残长6厘米。重12.6克（图4-275，15）。M15：026，不规则残片，残长3.05厘米。重3克（图4-276，4）。M15：042，不规则残片，略弧。残长3.8厘米。重6.6克。M15：043，近长方形，有一长方形穿孔，残长5.9厘米。重21.8克。M15：049，不规则残片，残长6.7厘米。重11.6克（图4-276，2）。M15：053，器表有一周凸起，残存席痕。残长6.2、残宽4.5、厚0.3厘米。重20克（图4-276，1）。

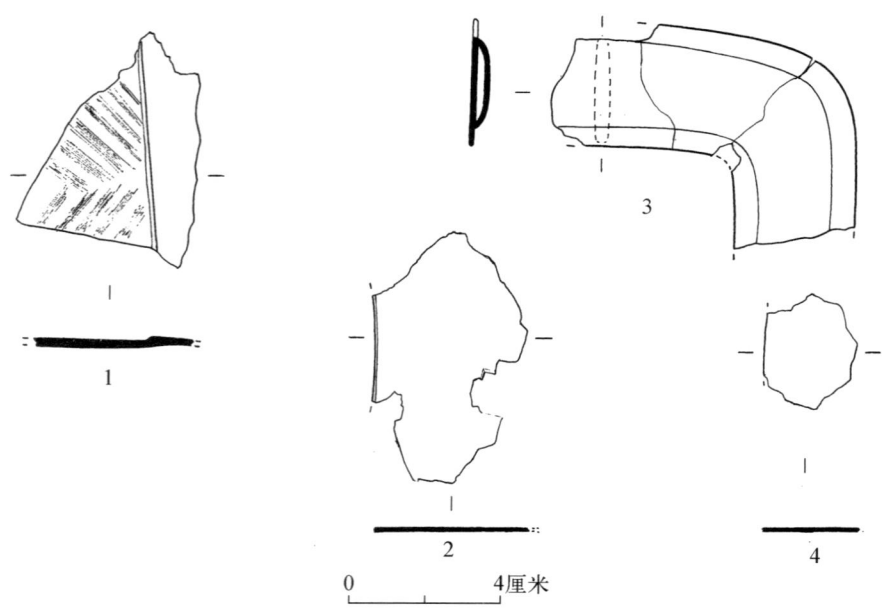

图4-276　07QSM15出土铜器

1、2、4. 铜片（M15：053、049、026）　3. 铜饰（M15：050）

（2）玉器

钺　1件（M15：023）。黄绿色，平面近梯形，平顶，两侧中部各有四个扉牙，近刃部微外撇，弧形双面刃，中上部有圆形钻孔，双面钻。高4.8、顶宽3、刃宽4.8厘米（图4-277，3；彩版二五〇，3）。

柄形器　1件（M15：024）。黄绿色，局部有褐色斑纹。扁方柱形，四面均平，柄首微弧，束颈，颈部有两周凸棱，下部两侧内收，末端两面斜收。器身正面有一道浅槽，疑为改制而成。长9.3、宽1.5、厚0.9厘米（图4-277，4；彩版二五一，1）。

柄形器附饰　1件（M15：038）。灰白色，带齿的扁长条形。长2.9、宽0.6厘米（图4-277，2）。

环　1件（M15：020）。乳白色，不甚规则的圆环状，两面有阴线纹，为改制而成。长1.8、宽1.5、孔径0.8厘米（图4-277，1；彩版二五〇，4）。

（3）原始瓷器

瓮　1件（M15：014）。残片，灰白色胎，釉色斑驳不均，为青灰色与浅黄色。弧腹，平底。底径10、残高34.6厘米（图4-278，2）。

（4）陶器

联裆鬲　1件（M15：3）。夹砂红褐陶。瘦高体，卷沿，侈口，沿面外缘稍卷，圆唇，深腹，高裆，圆锥状实足根较高，足尖顿平。沿外侧绳纹被抹，残痕依稀可见，腹部绳

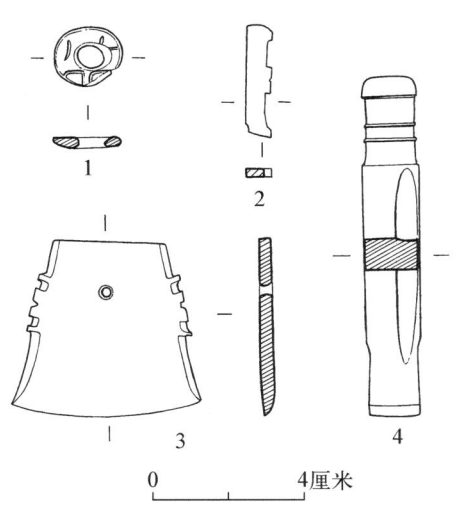

图4-277　07QSM15出土玉器

1.环（M15：020）　2.柄形器附饰（M15：038）
3.钺（M15：023）　4.柄形器（M15：024）

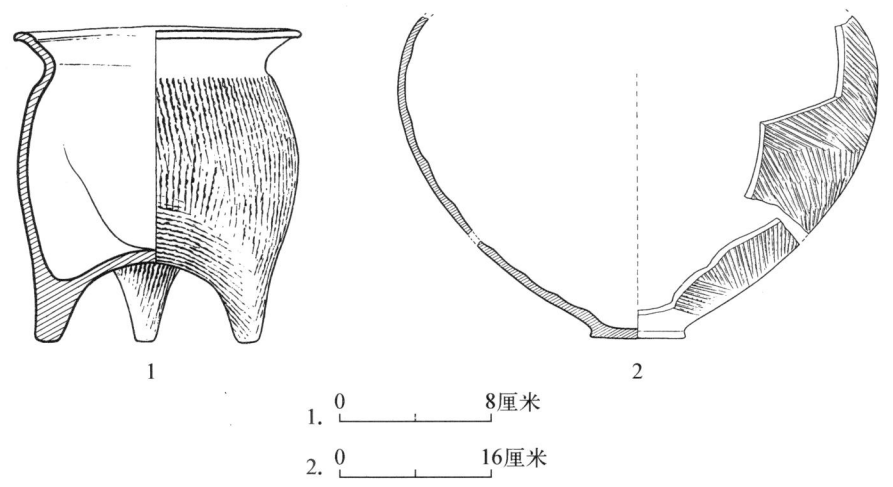

图4-278　07QSM15出土陶、原始瓷器

1.陶联裆鬲（M15：3）　2.原始瓷（M15：014）

纹印痕较浅,条理不甚清晰。口径14.8、高11.6厘米(图4-278,1;彩版二五一,2)。

(5)蚌贝器

蚌泡　共4件。圆形,正面鼓起成球面,背面平。根据有无穿孔,分两型:

A型　共3件。中部有一圆形穿孔。M15:029,直径3、厚0.5、孔径0.6~0.7厘米(图4-279,14)。M15:030,直径2.6、厚0.8、孔径0.5~0.7厘米(图4-279,12;彩版二五一,3)。M15:039,直径2.9、厚0.6、孔径0.6厘米(图4-279,15)。

B型　1件(M15:09)。无穿孔。直径3、厚0.6厘米(图4-279,13;彩版二五一,4)。

海贝　共240件。白色,腹面两唇内卷,唇缘有细齿,背面圆鼓,有一穿孔。根据穿孔形制,分两型:

A型　共214件。背部鼓出部分被磨平,形成大穿孔。M15:5,长3.1、宽2.1厘米(图4-279,8)。M15:010-1~010-21,共21件,形制、大小近同。标本M15:010-1,长1.9、宽1.3厘米(图4-279,3)。M15:035-1~035-33,共33件,形制、大小近同。标本M15:035-1,长2.5、宽1.9厘米(图4-279,10)。M15:048,共2件,形制、大小相同。标本M15:048-1,长2.6、宽1.8厘米(图4-279,2)。M15:031-1~031-13,共13件,形制、大小近同。标本M15:031-1,长2.8、宽2厘米(图4-279,4)。M15:036,共17件,形制、大小近同。标本M15:036-1,长2.2、宽1.7厘米(图4-279,7)。M15:044-1~044-95,共95件,形制、大小近同。标本M15:044-1,长2.7、宽1.9厘米(图4-279,6)。另有M15:03-1~03-14(14件)、M15:019-1~019-17(17件)、M15:027(1件)。

B型　共26件。背部有一个较小的穿孔。M15:03-15~03-18,共4件,形制、大小相同。标本M15:03-15,长2.3、宽1.7厘米(图4-279,1)。M15:010-22~010-27,共6件,形制、大小相同。标本M15:010-22,长2.4、宽1.8厘米(图4-279,9)。M15:019-18~019-20,共3件,形制、大小相同。标本M15:019-18,长2.5、宽1.9厘米(图4-279,5)。另有M15:031-14~031-15(2件)、M15:035-34~035-38(5件)、M15:044-96~044-101(6件)。

上述器物中M15:010-1~010-27均出土于盗洞D1内,可能为一组器物。M15:03-1~03-18均出土于盗洞D2内,可能为一组器物。M15:031-1~031-15均出土于盗洞D2内,可能为一组器物。M15:035-1~035-38均出土于盗洞D2内,可能为一组器物。M15:019-1~019-20均出土于盗洞D3内,可能为一组器物。M15:044-1~044-101均出土于盗洞D3内,可能为一组器物。

文蛤　1件(M15:041)。白色,上有褐色花纹,底部有一穿孔。长2.1、宽1.2厘米(图4-279,11;彩版二五〇,5)。

(6)牙器

象牙饰　共63件。长方形片状,由象牙制成,正面微弧,为牙釉质表面,呈浅蓝绿色,背

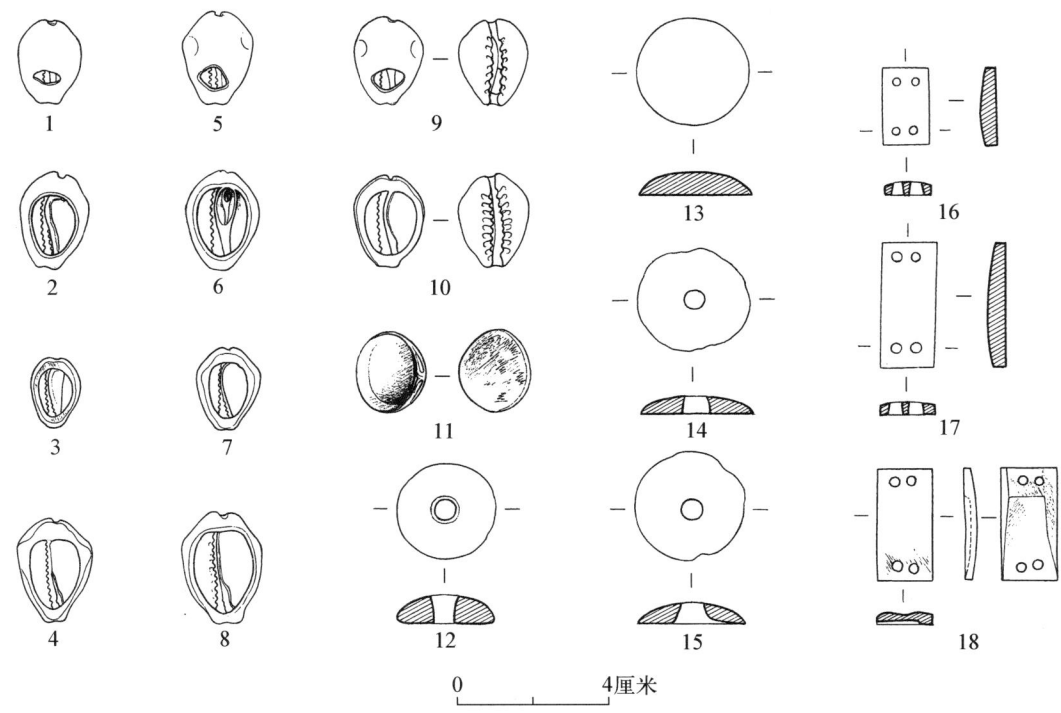

图4-279　07QSM15出土蚌贝、牙器

1、5、9. B型海贝（M15：03-15、019-18、010-22）　2~4、6~8、10. A型海贝（M15：048-1、010-1、031-1、044-1、036-1、5、035-1）
11. 文蛤（M15：041）　12、14、15. A型蚌泡（M15：030、029、039）　13. B型蚌泡（M15：09）　16~18. 牙饰（M15：033-2、033-1、037）

面平直，呈浅黄色，两端各有两个穿孔。M15：033，2件，M15：033-1，长3.4、宽1.5厘米（图4-279，17）。M15：033-2，长2.1、宽1.2厘米（图4-279，16）。M15：037，长3.1、宽1.5厘米（图4-279，18）。另有M15：04（2件）、M15：05（15件）、M15：07（12件）（彩版二五一，5）、M15：08（2件）、M15：013（10件）、M15：017（2件）、M15：018（16件）、M15：025（1件）。

8. 墓葬年代

出土车辖的辖首宽大、辖键较短，铜毂饰、踵饰的形制，均为西周早期特征[1]。铜銮铃宽边上有火焰状镂孔，铃球圆，宽边较宽，流行于西周早期偏早，与石鼓山M1∶8銮铃近同[2]。结合联裆鬲的特征，判断墓葬年代为西周早期偏早。

4.4.13　07QSM16

1. 墓位与盗扰情况

该墓位于宋家墓地中部。距M9墓室西南角约17.5米，西北距马坑M23约7.4米。

---

[1] 吴晓筠：《商至春秋时期中原地区青铜车马器形式研究》，《古代文明》第1卷，文物出版社，2002年，第180~277页。
[2] 石鼓山考古队：《陕西宝鸡石鼓山西周墓葬发掘简报》，《文物》2013年第2期。

　　墓内共有2个盗洞，编号为D1、D2。D1位于墓口东偏北处，口部近椭圆形，最大径1米。下部扩大延伸进椁室东部，盗洞内出土较多遗物。D2位于墓口北部中间，口部为圆角长方形，长1.04、宽0.7米。下部扩大延伸进椁室西北部，盗洞内无遗物。两个盗洞对墓葬盗扰严重，椁盖板、棺盖板大部分被破坏（图4-280）。

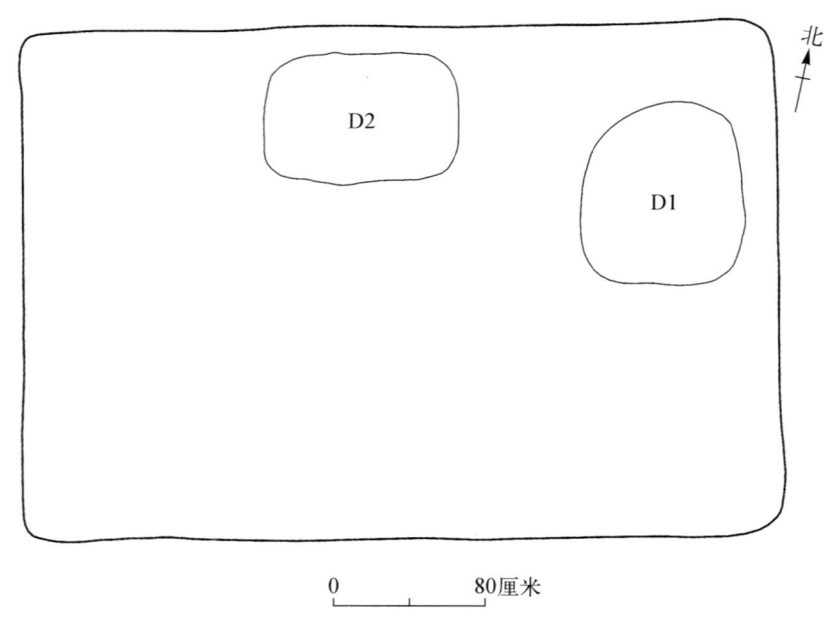

0 ———————— 80厘米

图4-280　07QSM16墓口平面图

2. 墓向与墓葬形制

东西向，墓向78°。

长方形竖穴土坑墓，口小底大。墓口及墓底四角均为弧角。斜壁，近底部内收，呈袋状，未见修整痕迹。平底。墓口长4、宽2.8米，面积11.2平方米。墓底长4.3、东端宽3、西端宽3.2米，面积约13.3平方米。墓口距地表0.4～0.45、自深8米。

3. 填土

墓内填土为褐色，杂有五花土，未经夯打。

4. 葬具

一棺一椁。棺椁均东西向放置。

椁长324、宽172、高120厘米。椁盖板共15块，均南北向横向放置，由西向东长、宽依次为212×26、210×24、212×20、212×30、208×20、206×28、42×30、58×26、84×20、208×18、208×26、210×26、208×20、208×26、206×24厘米，厚均为6厘米。椁端板长出侧板。北侧板长306、厚8厘米，南侧板长304、厚10厘米，西端板长180、厚10厘米，东端板长184、厚10厘米。椁底板有9块，均东西向纵向放置，由北向南长、宽依次为350×14、356×16、352×20、350×21、352×26、350×30、364×24、362×28、358×26厘米，厚均为10厘米（图4-281）。

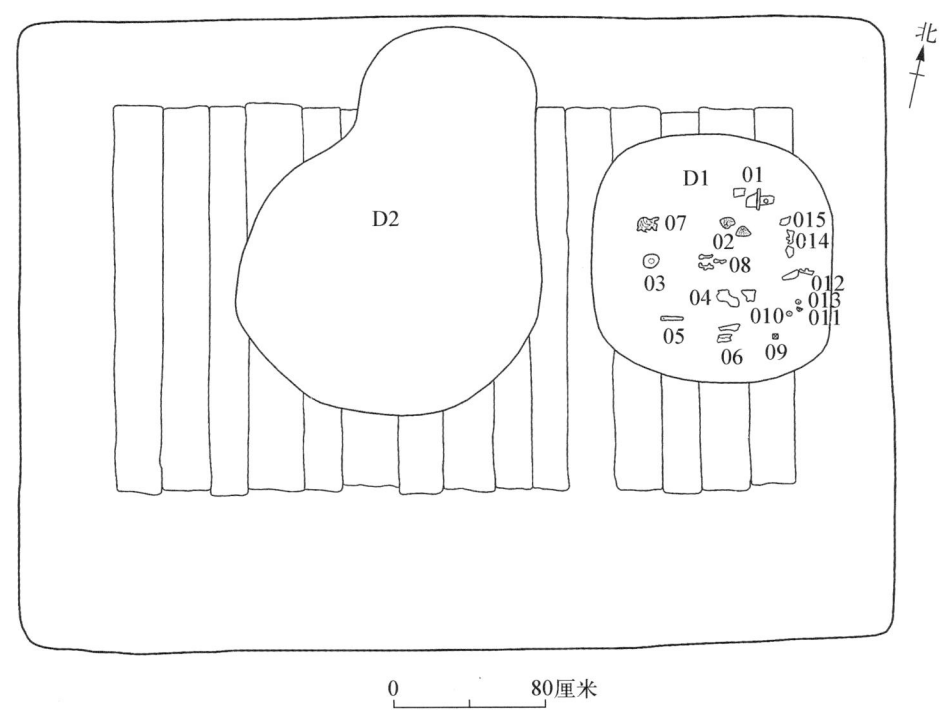

图4-281　07QSM16椁盖板平面图

01. 铜戈　02. 毛蚶　03. 珊瑚化石权杖头　04. 铜锡　05. 砺石　06. 铜饰　07. 玉鸟
08. 玉柄形器附饰　09、010、011、013. 蚌泡　012、014. 蚌饰　015. 铜鼎残片

棺长218、宽116、残高28厘米。棺侧板长于端板。北侧板长224、厚8厘米,南侧板长222、厚8厘米,西端板长102、厚8厘米,东端板长100、厚8厘米。棺底板有5块,均东西向纵向放置,由北向南长、宽依次为204×21、204×24、204×20、204×20、204×16厘米,厚均为8厘米(图4-282)。

椁下有三条南北向垫木槽,东西平行,内置三根长方形垫木。西部垫木长270、宽18、厚6厘米,中部垫木长276、宽18、厚6厘米,东部垫木长272、宽18、厚8厘米,中部垫木与西部、东部两垫木间距分别为120、110厘米。

5. 人骨遗骸

不见墓主人骨,葬式、性别、年龄等不详。

6. 随葬品位置

棺南侧板中部出土铜鱼6件(1),可能为一组棺饰。北侧棺椁之间偏东处由西向东依次出土铜剑1件(4)、铜我1件(3)、铜铃1件(2)。

盗洞D1出土有铜戈1件(01)、毛蚶2件(02)、珊瑚化石权杖头1件(03)、铜锡1件(04)、砺石1件(05)、铜饰1件(06)、玉鸟1件(07)、玉柄形器附饰3件(08)、蚌泡4件(09~011、013)、蚌饰2件(012、014)、铜鼎残片1件(015)。

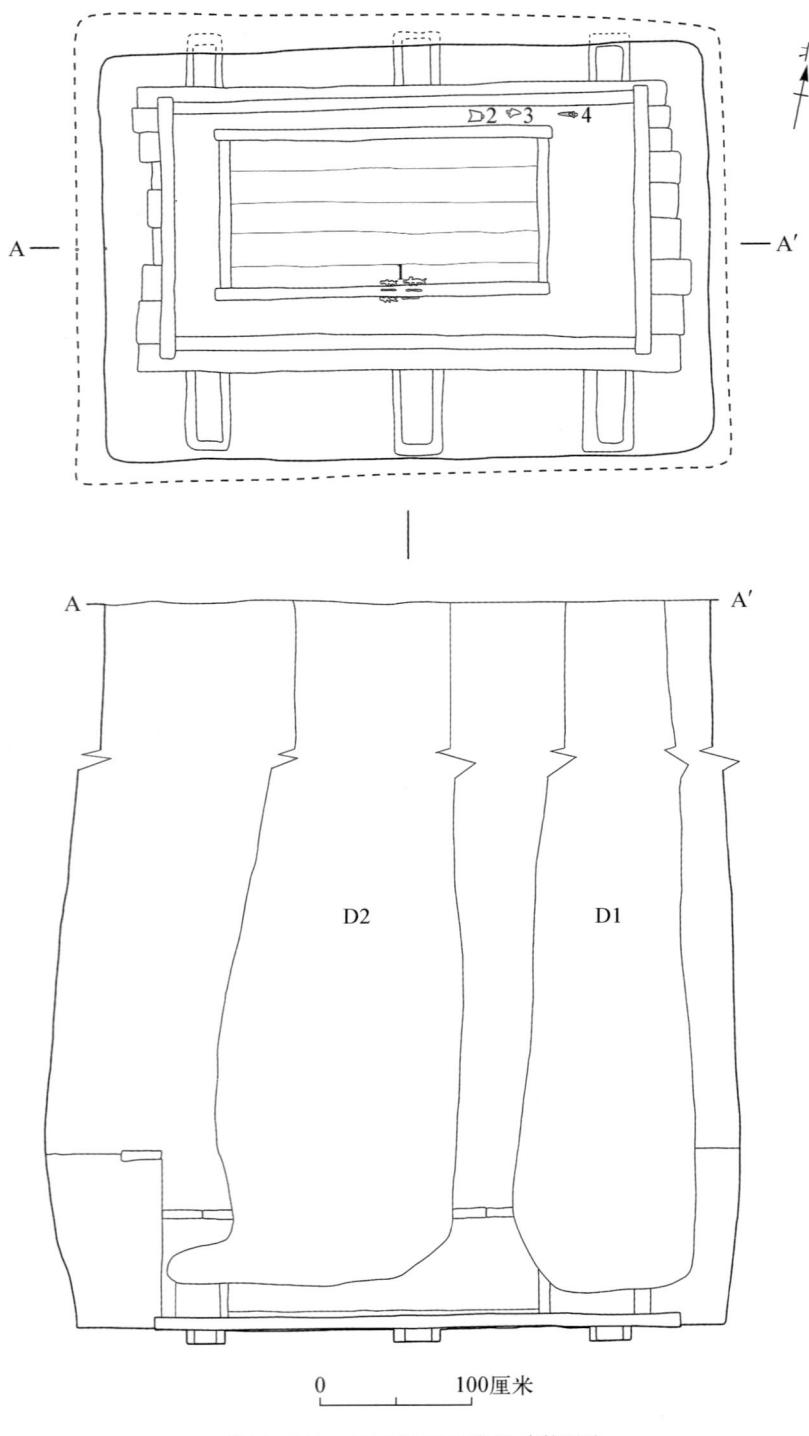

图4-282　07QSM16平面、剖视图

1.铜鱼　2.铜铃　3.铜我　4.铜剑

7. 随葬品介绍

随葬品有青铜器、玉石器、蚌贝器共三类。

（1）青铜器

鼎　1件（M16：015）。残，微弧，有一道凸棱，可能为鼎腹残片。器表局部残存席痕。残长4.2、残宽3.9、厚0.2厘米。重20.1克（图4-283；彩版二五二，1、2）。内壁残存铸铭1行2字：

井白（伯）

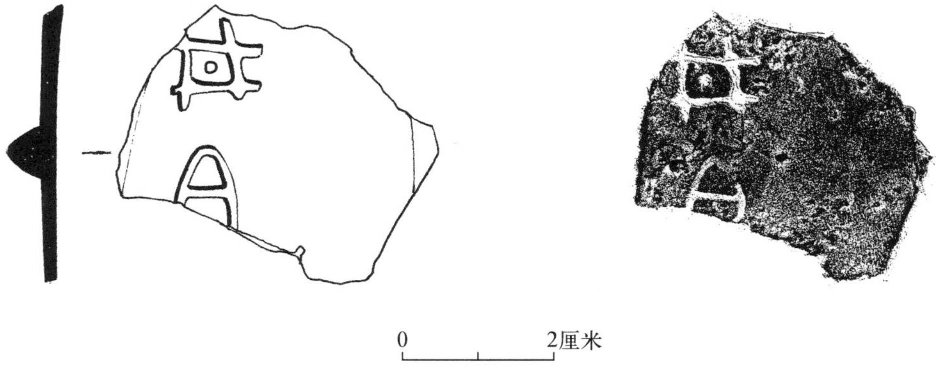

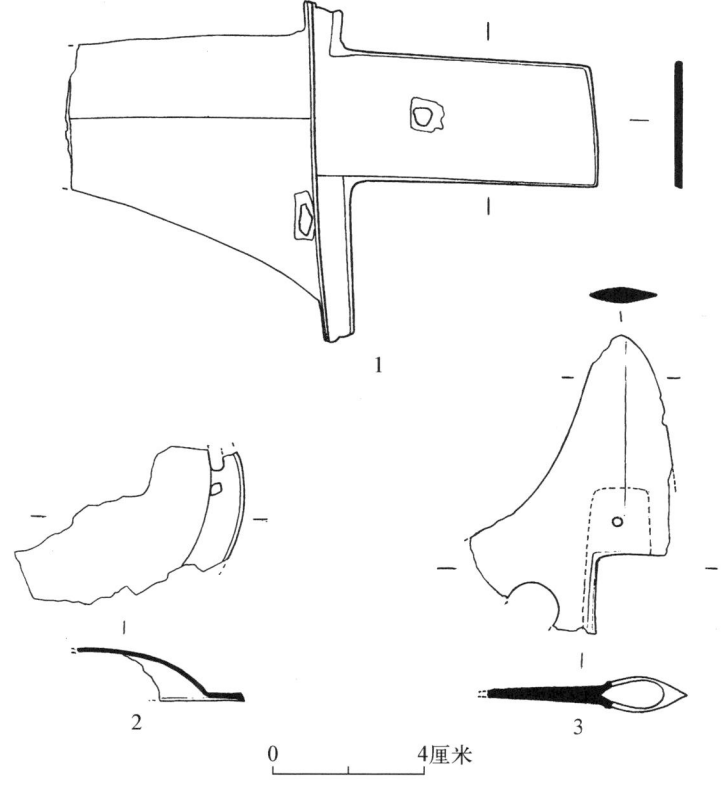

0　　　　　　2厘米

图4-283　07QSM16出土铜鼎（M16：015）及铭文拓本

戈　1件（M16：01）。残，长条形援，援中部起脊，短胡一穿，有上下阑，侧阑为凸起的细棱，直内近长方形，上有一圆孔，通体素面。残长14.1、援厚0.5、阑长9.4厘米，内长7.5、宽3.5、厚0.2厘米。重109克（图4-284，1；彩版二五三，2）。

戟　1件（M16：3）。残，刺较短，近三角形，中部作弧状隆起，其内中空成銎，外有对称小孔，援后端有一圆穿。残长5.3、残高8.1厘米。重61.5克（图4-284，3；彩版二五三，3）。

剑　1件（M16：4）。残，被折弯。剑身作柳叶形，直刃，器身中部起脊，横截面呈菱形，两面后端各有一人面纹，五官清晰；短柄呈前宽后窄的"T"形，中部有两个圆孔。残长21.5、宽3.6、

0　　　　　　4厘米

图4-284　07QSM16出土铜兵器

1.戈（M16：01）　2.鐏（M16：04）　3.戟（M16：3）

脊厚0.6、孔径0.5厘米。重137.4克（图4-285；彩版二五二，3；彩版二五三，1）。

錫 1件（M16：04）。残，正面隆起，背面内凹，外有平折沿，沿上有一组两个穿孔。残长6、残宽4.3厘米。重11.1克（图4-284，2）。

铃 1件（M16：2）。铃体为合瓦形，两侧斜张，底部为弧形凹口，顶部有半环形钮，钮下顶部正中有一圆孔以系铃坠，器壁两面上部各有两个长方形孔，其中三孔未透，仅内壁可见，素面。钮宽2.7、高2厘米，顶宽5、底宽7.5、通高11.4厘米。重272.2克（图4-286，10；彩版二五四，5）。

鱼 共6件。可能为一组棺饰。均为鱼的平面形状，根据整体形态，分两型：

A型 共2件。鱼身较长，弧背弧腹，嘴作齿状，双背鳍、腹鳍与臀鳍均窄小，尾分叉。正面用阳线表现鱼鳃，眼有穿孔。M16：1-1，长7.9、宽1.9、厚0.1厘米。重10克（图4-286，2、8；彩版二五四，1）。

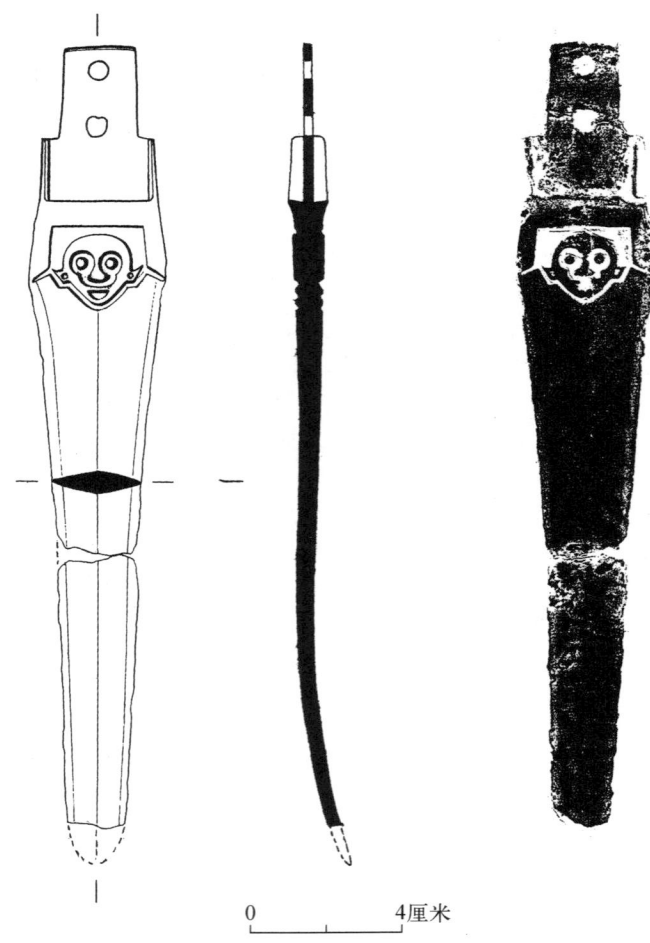

图4-285　07QSM16出土铜剑（M16：4）及拓本

M16：1-2，长7.9、宽1.8、厚0.1厘米。重10.3克（图4-286，3；彩版二五四，2）。

B型 共4件。鱼身较长，略胖，弧背鼓腹，嘴平直，单背鳍、腹鳍与臀鳍均宽短，尾分叉。正面用阳线表现鱼鳃与鱼目，嘴后有穿孔。M16：1-3，长8.7、宽3.1、厚0.1厘米。重15.7克（图4-286，4）。M16：1-4，长8.7、宽3.1、厚0.1厘米。重14克（图4-286，1、7；彩版二五四，3）。M16：1-5，长8.7、宽3、厚0.1厘米。重13.2克（图4-286，6）。M16：1-6，长8.5、宽3.2、厚0.1厘米。重13.1克（图4-286，5；彩版二五四，4）。

铜饰 1件（M16：06）。残，弯角状，正面鼓，起脊，背面内凹，一侧有窄平沿，背部有一道横梁。残长6.1、宽2.3厘米。重22.6克（图4-286，9）。

（2）玉石器

玉鸟 1件（M16：07）。黄绿色，局部有褐色斑纹。鸟兽前瞻，宽平喙，圆目，头后有飘绶，扬翅，伏爪，尾宽而下垂，胸部有一穿孔。两面刻纹相同，局部有朱砂。长5.1、宽3.6、厚0.1厘米（图4-287，1、2；彩版二五五）。

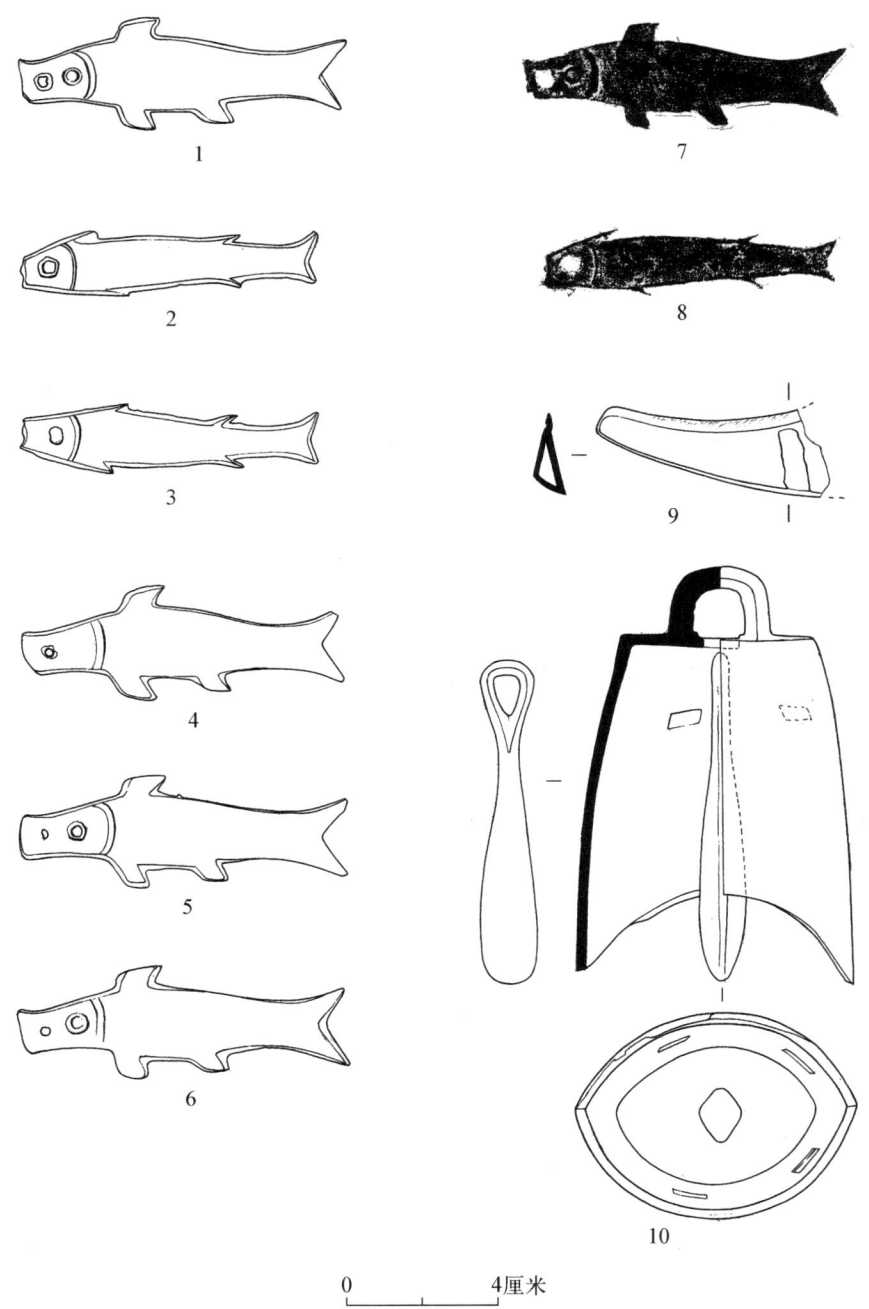

0   4厘米

图4-286 07QSM16出土铜器

1、7. B型鱼（M16：1-4）及拓本 2、8. A型鱼（M16：1-1）及拓本 3. A型鱼（M16：1-2）
4~6. B型鱼（M16：1-3、1-6、1-5） 9. 铜饰（M16：06） 10. 铃（M16：2）

玉柄形器附饰 共3件。M16：08-1，灰绿色。长1.7、厚0.2厘米（图4-287，4）。M16：08-2，乳白色。长2.2、厚0.2厘米（图4-287，3）。M16：08-3，灰绿色。长1.7、厚0.2厘米（图4-287，5）。

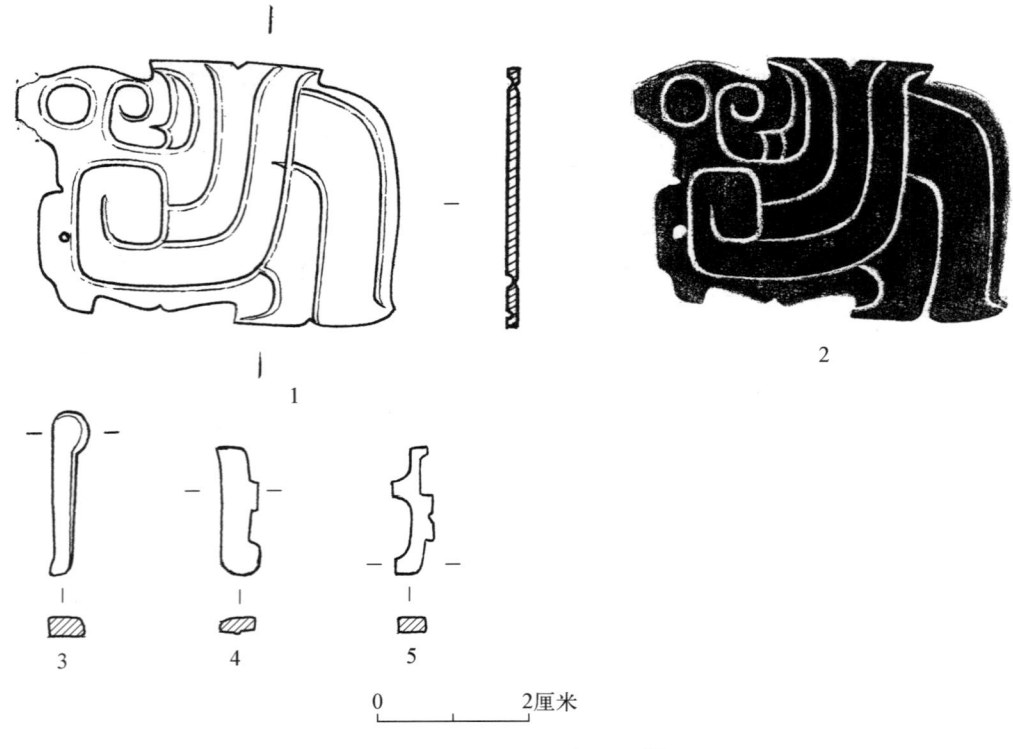

图4-287　07QSM16出土玉器

1、2.鸟（M16：07）及拓本　3～5.柄形器附饰（M16：08-2、08-1、08-3）

珊瑚化石权杖头　1件（M16：03）。红褐色沉积岩，质地较疏松，通体遍布珊瑚石化而成的白色斑条，为珊瑚化石质。珊瑚种属经中国科学院南京地质古生物研究所廖卫华研究员义务鉴定，为四射珊瑚亚纲柱珊瑚目卫根珊瑚科的卫根珊瑚（Waagenophyllum Hayasaka，1924）或梁山珊瑚（Liangshanophyllum TSeng，1949），存在于二叠纪（距今约2.9～2.5亿年）。器形为略扁的圆球形，中部有圆形穿孔。横径4.4、高3.4、孔径1.3～1.5厘米（图4-288，7；彩版二五六）。该器形制、尺寸与商周时期的石质权杖头近同，应属同类器。

砺石　1件（M16：05）。砂岩，黑褐色，表面较粗糙。长条棍状，一端较粗一端较细，粗端有圆形穿孔，双面钻。长8.2、宽1.1、厚0.9厘米（图4-288，9；彩版二五四，6）。

（3）蚌贝器

蚌泡　共4件。M16：09，方形，正面鼓起作扁四棱锥状。边长1.3、厚0.4厘米（图4-288，1）。M16：010，圆形，正面鼓起呈球面。直径2.5、厚0.6厘米（图4-288，2）。M16：011，三角形，正面中间略起脊。长2.3、宽2.3、厚0.3厘米（图4-288，6）。M16：013，圆形，正面鼓起呈球面。直径2.5、厚0.4厘米（图4-288，3）。

蚌饰　共2件。形制、大小基本相同。长条形扁棱状，两面有阴线纹。M16：012，长3、宽1、厚0.3厘米（图4-288，4；彩版二五七，1）。M16：014，局部有朱砂痕迹。长3.1、宽1、厚0.4

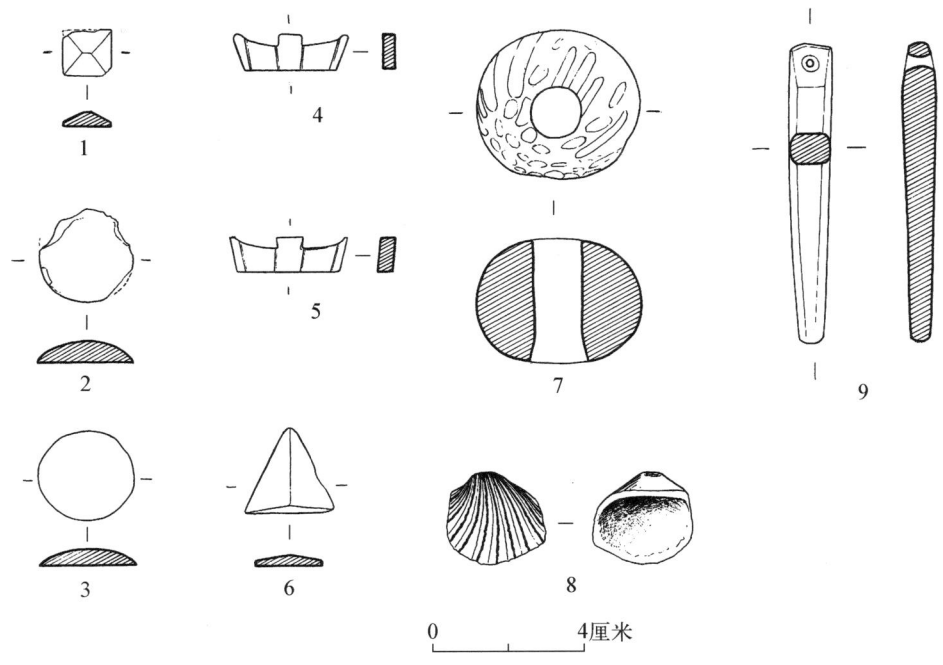

图4-288　07QSM16出土石、蚌贝器

1~3、6.蚌泡（M16:09、010、013、011）　4、5.蚌饰（M16:012、014）　7.珊瑚化石权杖头（M16:03）

8.毛蚶（M16:02-1）　9.砺石（M16:05）

厘米（图4-288,5）。

毛蚶　共2件。底部有一穿孔。标本M16:02-1,长2.6、宽2.5厘米（图4-288,8）。

8.墓葬年代

该墓出土玉鸟与北京琉璃河F15M2:12形制近同[1],后者墓葬年代为西周早期偏晚。出土的人面纹铜剑以往曾有发现,形制近同者有1971周原齐镇M3铜剑[2]、西安少陵原M452:5[3],这两墓的年代均为西周中期偏早,故M16的年代可能也在这一时期。

4.4.14　07QSM18

1.墓位与盗扰情况

该墓位于宋家墓地北部,为已发掘墓葬最北的一座。东北距M163约2米,东距M162约3.3米,南距马坑M20约32.4米。

墓内有1个盗洞,位于墓口西南角,口部近椭圆形,长0.77、宽0.44米。下部扩大延伸进椁室,对墓葬盗扰严重,椁盖板、棺盖板大部分被破坏。盗洞内出土少量遗物（图4-289）。

① 北京市文物考古研究所、北京大学考古系:《1995年琉璃河遗址墓葬区发掘简报》,《文物》1996年第6期。

② 曹玮:《周原出土青铜器》第六卷,巴蜀书社,2005年,第1140页。

③ 陕西省考古研究院:《少陵原西周墓地》,科学出版社,2009年,第656页。

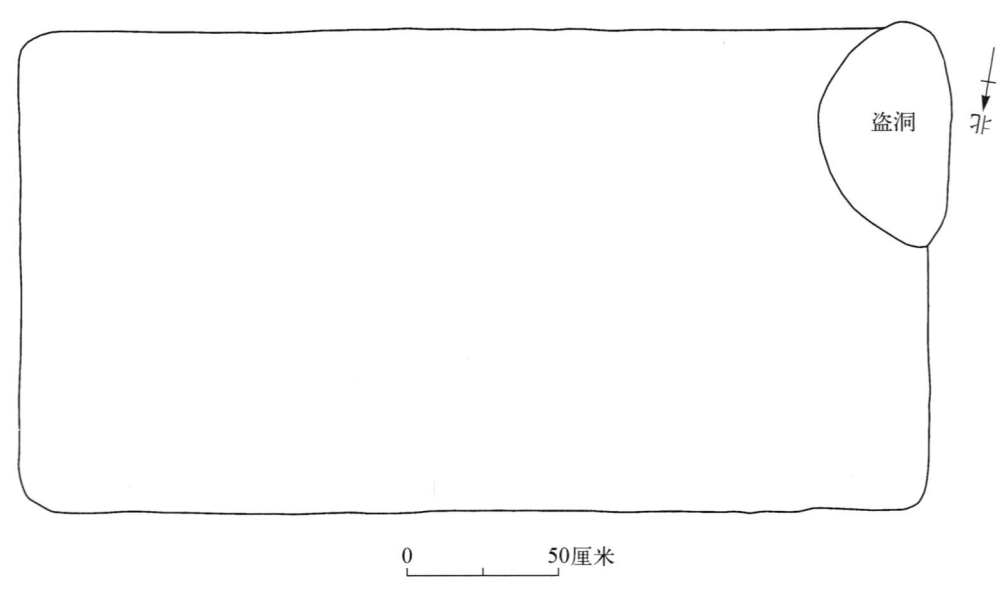

0 ————— 50厘米

图4-289　07QSM18墓口平面图

2. 墓向与墓葬形制

东西向,墓向80°。

长方形竖穴土坑墓,口底大小相若。墓口及墓底四角均为弧角。直壁,未见修整痕迹。平底。墓长约3、宽约1.65米,面积4.95平方米。墓口距地表0.58、自深6.5米。

3. 填土

墓内填土为褐色,未经夯打。

4. 葬具

一棺一椁。棺椁均东西向放置。

椁长241、宽96、高73厘米。椁盖板残存东部的8块,均南北向横向放置,由西向东长、宽依次为18×9、120×18、121×17、121×17、120×18、121×26、122×15、121×15厘米,厚均为3厘米。椁侧板、端板形制不可辨。椁底板共6块,均东西向纵向放置,由北向南长、宽依次为239×21、239×20、238×20、239×21、239×20、240×19~21厘米,厚均为3厘米(图4-290)。

棺长187、宽68、残高57厘米。棺盖板共3块,均东西向纵向放置,由北向南长、宽依次为155×22、151×22、154×23厘米,厚均为3厘米(图4-291)。

椁下有两条南北向垫木槽,东西平行,内置两根长方形垫木。西垫木长113、宽10、厚4厘米,东垫木长159、宽10、厚3厘米,两垫木间距155厘米(图4-292)。

5. 人骨遗骸

不见墓主人骨,葬式、性别、年龄等不详。

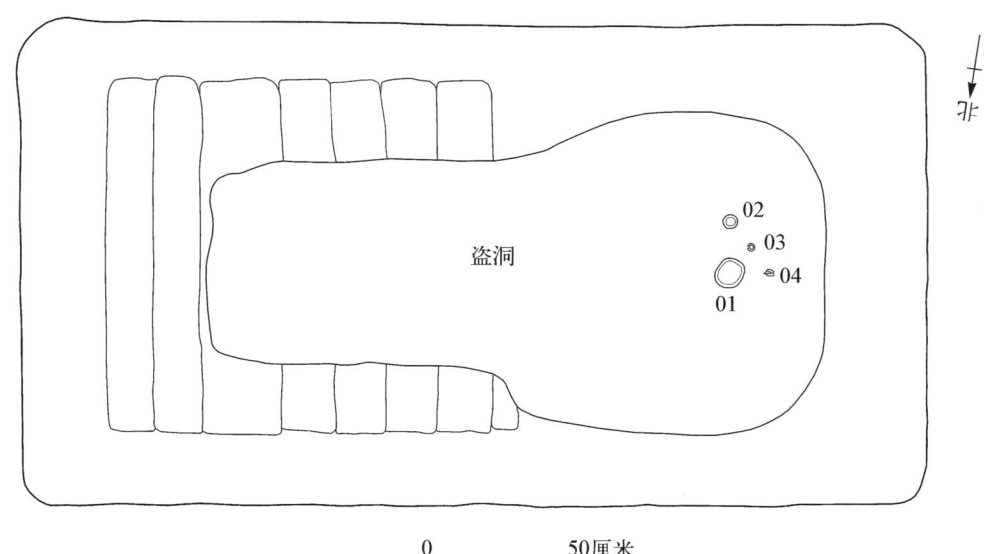

0 _____ 50厘米

图4-290 07QSM18椁盖板平面图

01.陶联裆鬲 02.陶小口圆肩罐 03.玉玦 04.铜片

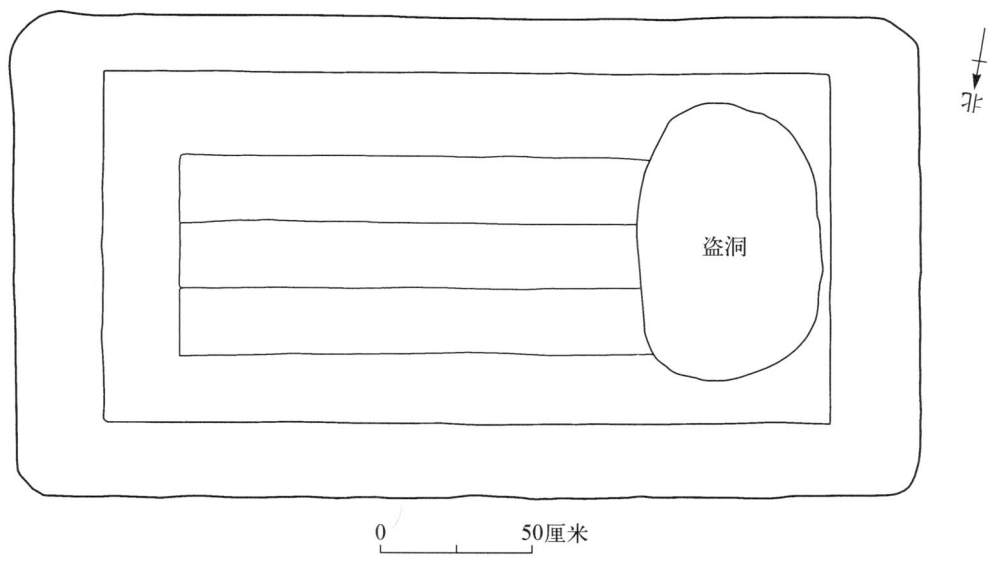

0 _____ 50厘米

图4-291 07QSM18棺盖板平面图

6. 随葬品位置

随葬品均出土于盗洞内,有陶鬲1件(01)、陶罐1件(02)、玉玦1件(03)以及若干残碎铜片(04)。

7. 随葬品介绍

随葬品有青铜器、玉器、陶器共三类。

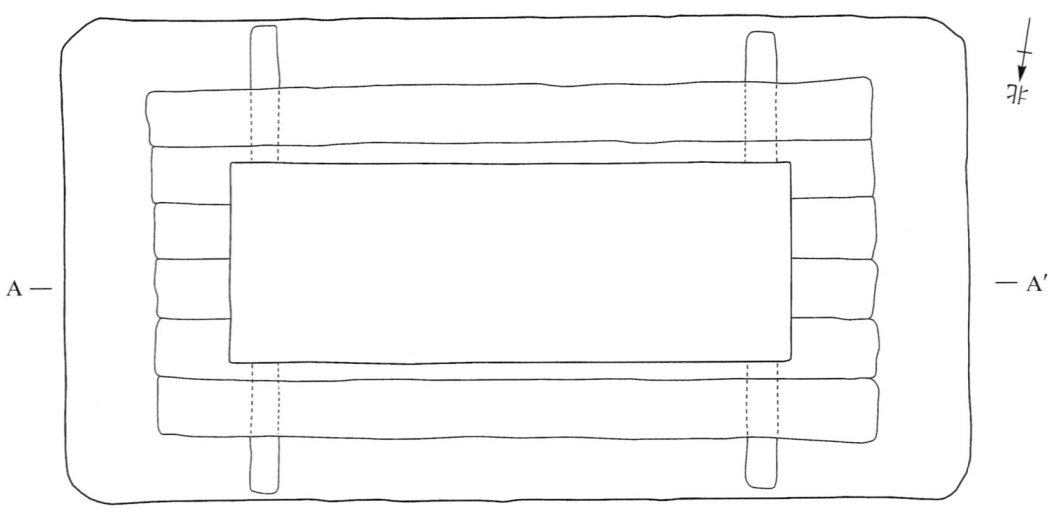

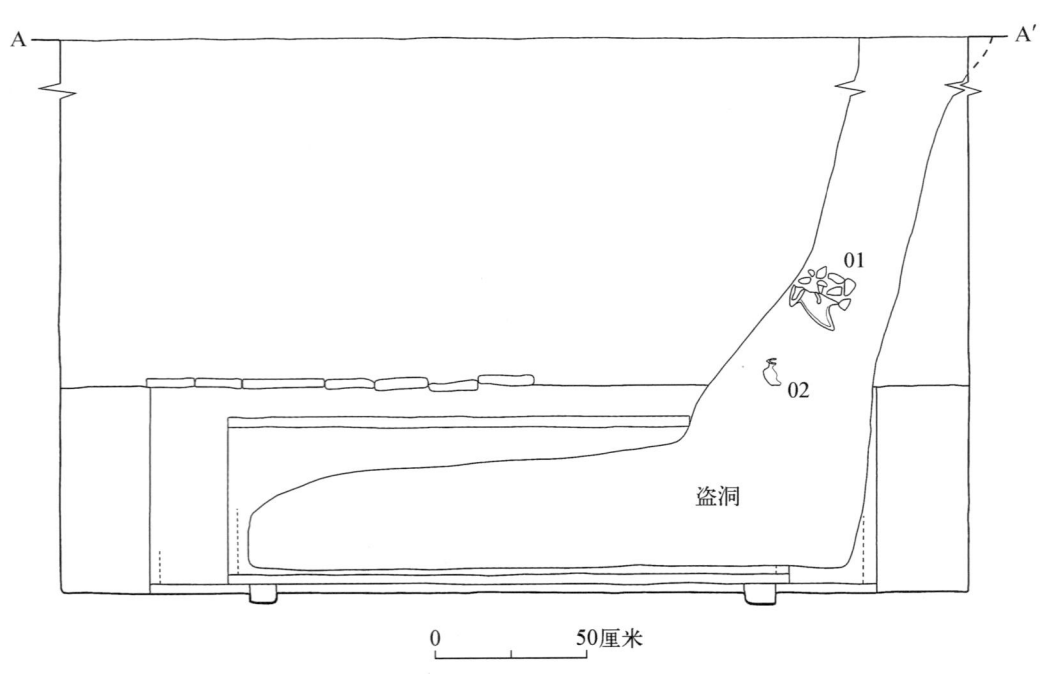

图4-292　07QSM18平面、剖视图

01. 陶联裆鬲　02. 陶小口圆肩罐

（1）青铜器

铜片　极为碎小的若干残片（M18：04）。总重2克。

（2）玉器

玉玦　1件（M18：03）。半透明青白色。有一缺口的圆环状，一面圆鼓，另一面平齐。直径2.3、厚0.35厘米（图4-293，2；彩版二五七，5）。

（3）陶器

联裆鬲　1件（M18：01）。夹砂灰陶。方唇，宽折沿近平，沿面内缘有一周旋纹，微束颈，弧腹，联裆较平，圆柱状实足根。沿外侧及沿下抹光，腹部饰印痕较深的竖行绳纹与一周旋纹，裆底与足根内外侧饰麻点状绳纹，与三足对应的腹部饰扉棱，分四齿，裆上的腹部饰圆形泥饼。口径16.8、高14.5厘米（图4-293，1；彩版二五七，2）。

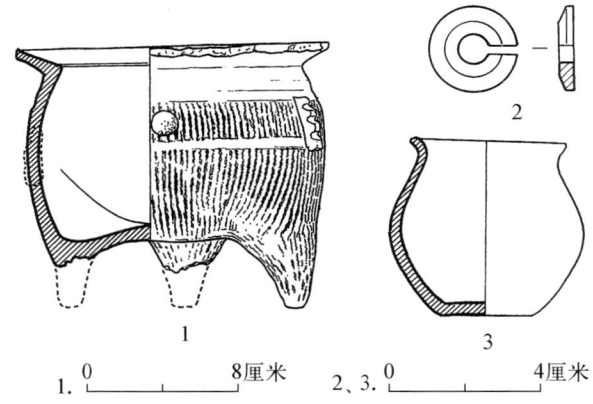

图4-293　07QSM18出土遗物
1.陶联裆鬲（M18：01）　2.玉玦（M18：03）
3.陶小口圆肩罐（M18：02）

小口圆肩罐　1件（M18：02）。泥质灰陶。卷沿，圆唇，圆折肩，平底。素面。口径4.1、底径2.4、高4.7厘米（图4-293，3；彩版二五七，3）。

8. 墓葬年代

根据联裆鬲、小口圆肩罐的形制，判断墓葬年代为西周晚期偏晚。

4.4.15　07QSM19

1. 墓位与盗扰情况

该墓位于宋家墓地北部。南距M150约3.9米，北距M151约2.6米，北距马坑M20约7.3米。

墓葬未遭盗扰（图4-294；彩版二五八，1）。

2. 墓向与墓葬形制

东西向，墓向85°。

长方形竖穴土坑墓。墓口及墓底四角均为弧角。西、北两壁为直壁，东壁至墓口下0.4米处外扩，南壁中部略内收。墓壁未见修整痕迹。平底。墓口长2.25、宽约1.1米，面积约2.5平方米。墓底长2.35、宽1.1米，面积约2.6平方米。墓口距地表1.1、自深1.4米。

3. 填土

墓内填土为褐色，未经夯打。

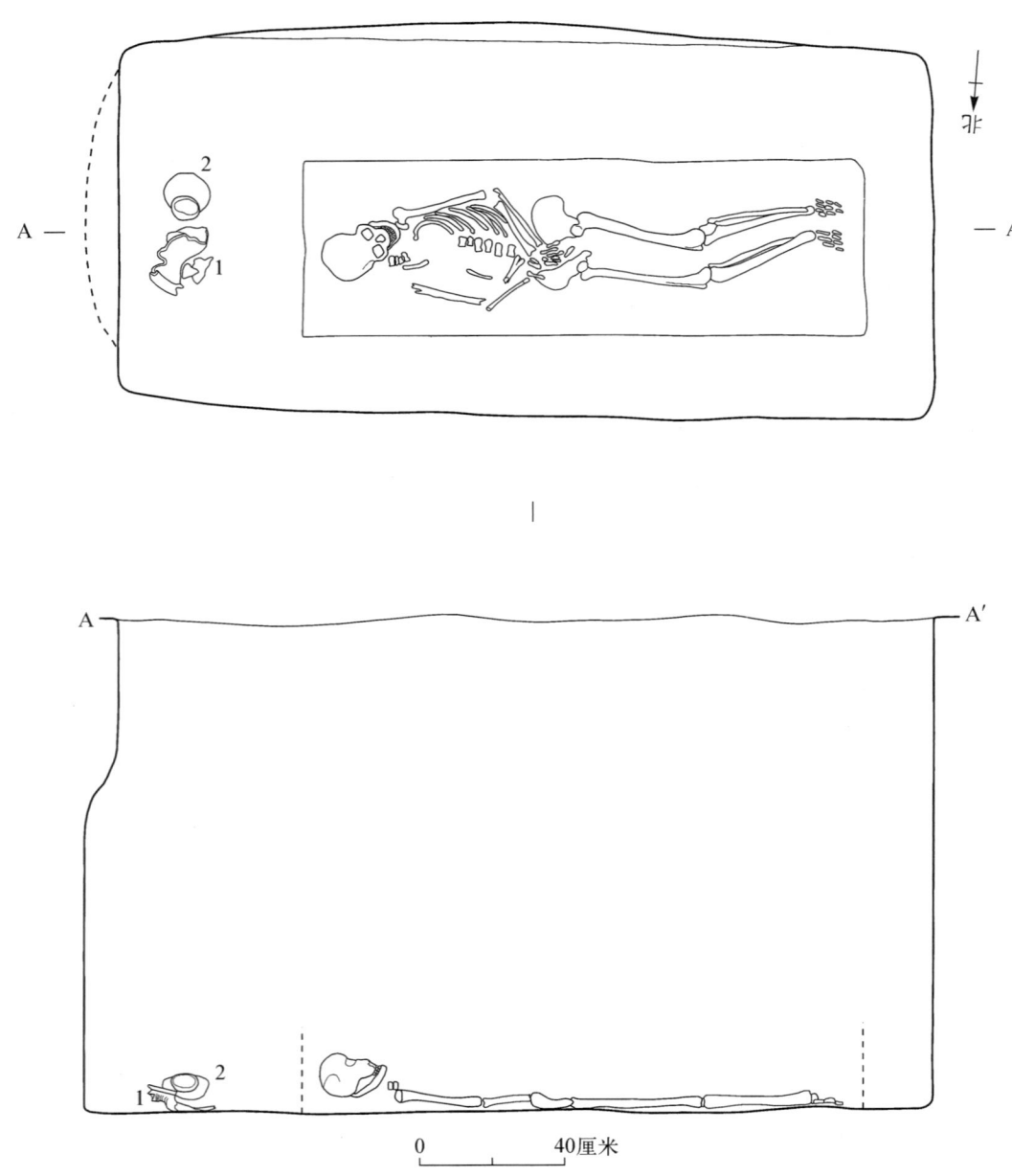

图4-294　07QSM19平面、剖视图

1.陶联裆鬲　2.陶罐

4. 葬具

单棺。东西向放置。长方形，长155、宽50厘米。棺板形制不明。

5. 人骨遗骸

墓主仰身直肢，下肢向北微弯，双臂内弯，双手交叠于髋部。头向东，面向上。经鉴定，墓主为女性，年龄45岁左右。患有龋齿，肱骨滑车上孔，腰椎轻至中度退行性病变。

6. 随葬品位置

头端棺外中部放置2件陶器,北侧为陶鬲(1),南侧为陶罐(2)(彩版二五八,4)。

7. 随葬品介绍

联裆鬲　1件(M19:1)。夹砂红褐陶。器形宽扁,卷沿近平,沿面较窄,圆唇,束颈,鼓肩,弧裆较高,圆锥状足根。腹部饰竖行粗绳纹与一周旋纹,印痕较深,裆上的腹部饰圆形泥饼,裆底及足根内外侧饰坑点状绳纹。口径16.3、高10.9厘米(图4-295,1;彩版二五八,2)。

绳纹小罐　1件(M19:2)。夹砂灰褐陶。直领,方唇,微溜肩,圆腹,大平底。腹下部及器底施斜行中绳纹,印痕较浅,纹理模糊,似经涂抹。口径7.6、底径7.8、高12.8厘米(图4-295,2;彩版二五八,3)。

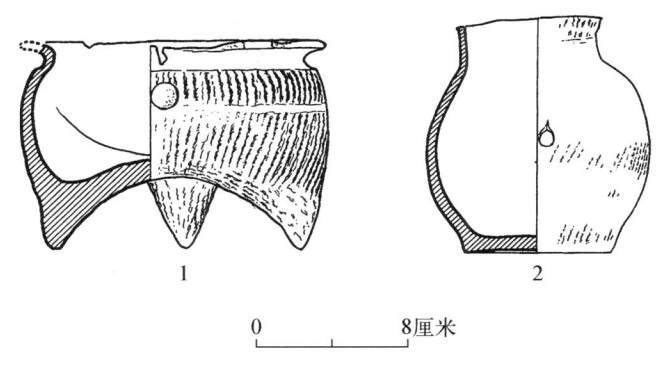

图4-295　07QSM19出土陶器
1.联裆鬲(M19:1)　2.绳纹小罐(M19:2)

8. 墓葬年代

根据联裆鬲、罐的形制,判断墓葬年代为西周晚期偏晚。

4.4.16　07QSM21

1. 墓位与盗扰情况

该墓位于宋家墓地西部。东北距M22约1.1米,西北距M26约2.3米,东距马坑M23约6.3米。

墓内有1个盗洞,位于墓口东北角,口部近圆形,最大径0.59米。下部扩大延伸进棺室,对墓葬盗扰严重,东部的棺盖板、侧板、端板被破坏。盗洞内出土少量遗物(图4-296)。

2. 墓向与墓葬形制

东西向,墓向78°。

长方形竖穴土坑墓,墓底略大于墓口。墓口及墓底四角均为弧角。墓壁微外斜,未见修整痕迹。平底。墓口长2.5、宽1米,面积2.5平方米。墓底长2.55、宽1.05米,面积约2.7平方米。墓口距地表0.4、自深1.65米。

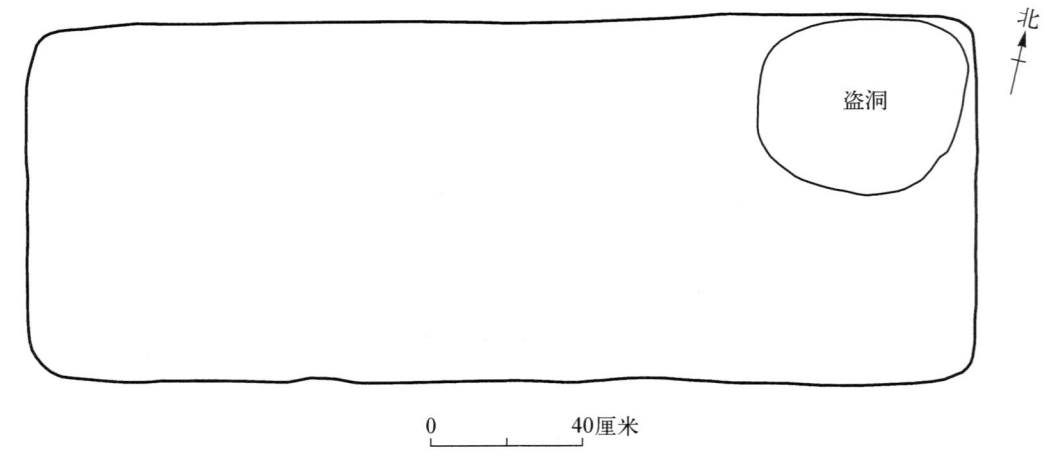

图 4-296　07QSM21墓口平面图

3. 填土

墓内填土为褐色,未经夯打。

4. 葬具

单棺。东西向放置。

棺长200、宽60、残高39厘米。棺盖板共4块,均东西向纵向放置,由北向南长、宽依次为152×20、142×21、137×19、147×16厘米,厚均为3厘米。棺侧板、端板形制不清。棺底板共4块,均东西向纵向放置,由北向南长、宽依次为214×17、213×19、214×20、214×19厘米,厚均为4厘米(图4-297)。

棺下有两条南北向垫木槽,东西平行,内置两根长方形垫木。西垫木长94、宽12、厚4厘米,东垫木长97、宽11、厚4厘米,两垫木间距139厘米(图4-298)。

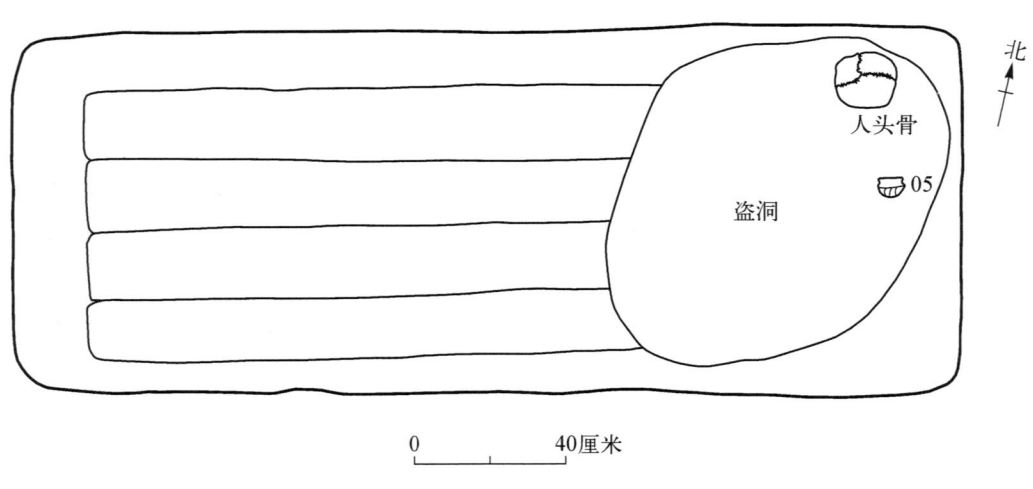

图 4-297　07QSM21棺盖板平面图

05. 陶联裆鬲

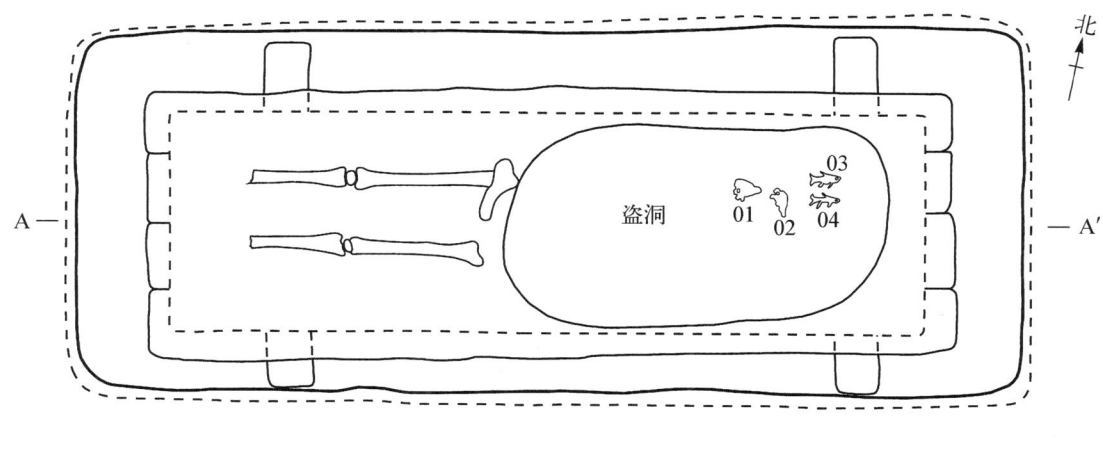

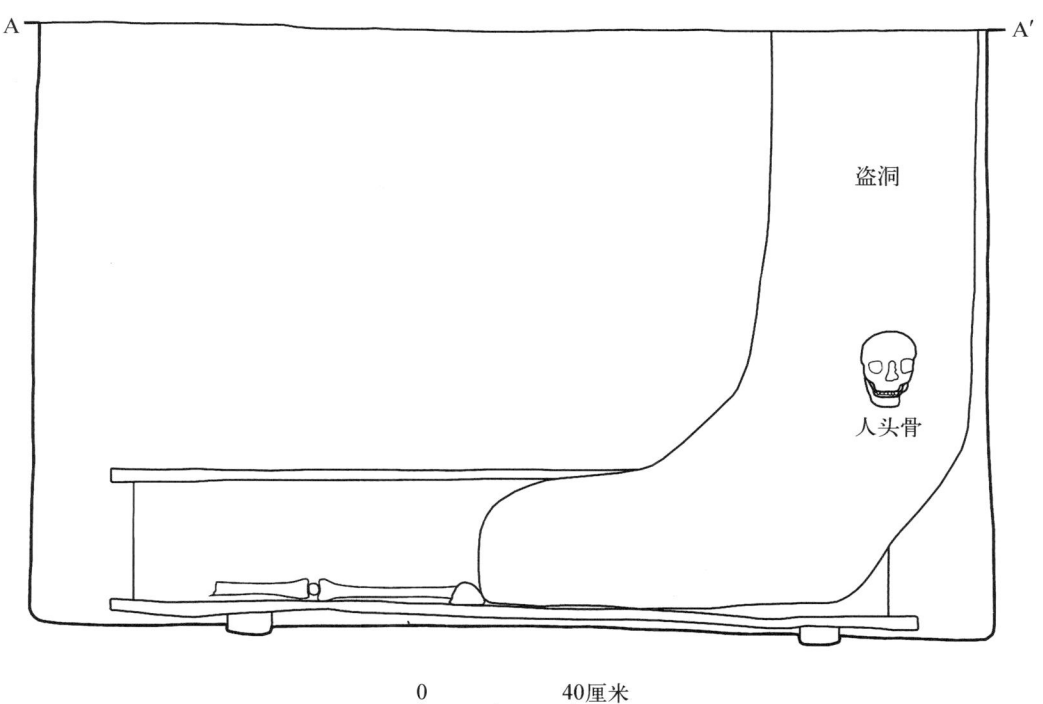

图4-298 07QSM21平面、剖视图

01、02. 蚌鱼 03、04. 铜鱼

5. 人骨遗骸

墓主人骨下肢保存较好,上身被扰乱,头骨出土于盗洞内。葬式为仰身直肢,头向东,面向不明。经鉴定,墓主为女性,年龄50岁左右。患有龋齿。

6. 随葬品位置

随葬品均出土于盗洞内,有铜鱼2件(03、04)、陶鬲1件(05)、蚌鱼2件(01、02)。

7. 随葬品介绍

随葬品有青铜器、陶器、蚌器共三类。

(1)青铜器

鱼　共2件。均为鱼的平面形状,鱼身较短,略弯曲,弧背鼓腹,嘴窄长,单背鳍、胸鳍和尾鳍较窄长,尾分叉。两面用阳线表现鱼鳃、鳍、尾及鳞片,眼作圆凸,眼嘴之间有穿孔。M21:03,长5.9、宽2.7、厚0.1厘米。重7.5克(图4-299,2;彩版二五九,1)。M21:04,长5.8、宽2.1、厚0.1厘米。重4.9克(图4-299,3;彩版二五九,2)。

(2)陶器

联裆鬲　1件(M21:05)。夹砂灰陶。器形宽扁,斜折沿,沿面有数周不均匀分布的旋纹,方圆唇,束颈,弧腹,联裆较宽平,圆柱状足根。沿外侧与口下抹光,腹部饰竖行细绳纹与一周旋纹,与三足对应的腹部饰扉棱,分四齿。口径15、高12.6厘米(图4-299,1;彩版二五八,5)。

(3)蚌器

鱼　共2件。均为鱼的平面形状,鱼身弯曲拱背,张嘴,有长背鳍,眼有穿孔。M21:01,长6.3、宽3.5、厚0.1厘米(图4-299,4;彩版二五九,3)。M21:02,长6.9、宽2.9、厚0.1厘米(图4-299,5彩版二五九,4)。

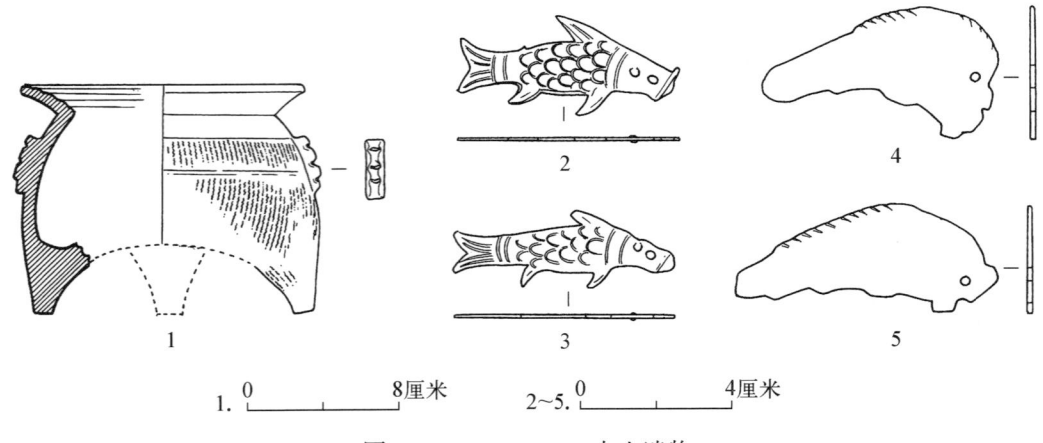

1.　　　0　　　　　　8厘米　　　2~5.　0　　　　　4厘米

图4-299　07QSM21出土遗物

1.陶联裆鬲(M21:05)　2、3.铜鱼(M21:03、04)　4、5.蚌鱼(M21:01、02)

8. 墓葬年代

根据联裆鬲的形制,判断墓葬年代为西周中期偏晚。

4.4.17　07QSM22

1. 墓位与盗扰情况

该墓位于宋家墓地西部,打破M24西南角。西距M26约4.2米,南距M21约1.1米,东南距M23约5.1米。

墓内有1个盗洞,位于墓口东部,口部近圆形,最大径0.53米。下部扩大,直通墓底,对墓葬盗扰严重,棺椁东部被破坏(图4-300;彩版二六〇,1)。

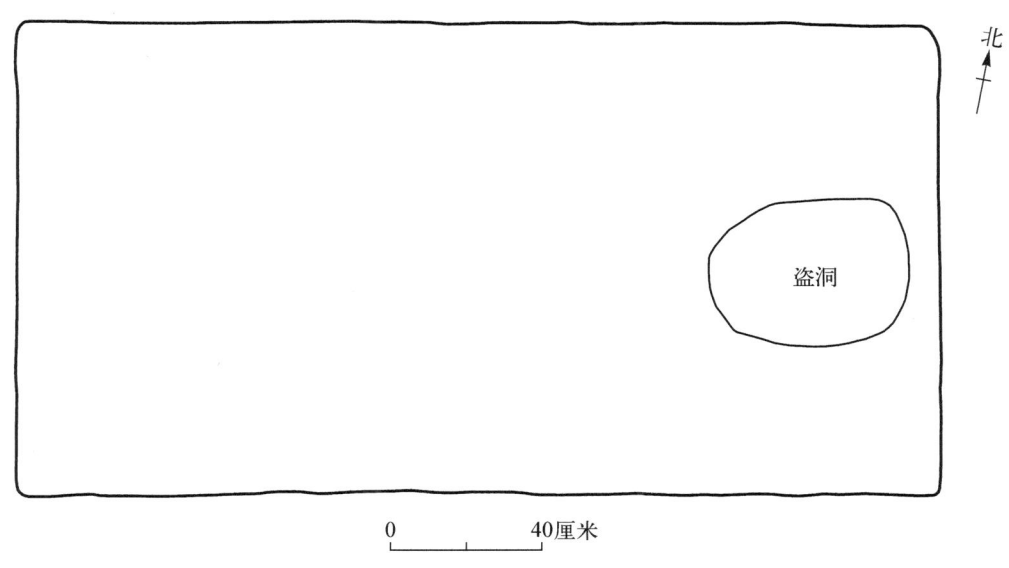

图4-300　07QSM22墓口平面图

2. 墓向与墓葬形制

东西向,墓向80°。

长方形竖穴土坑墓,墓底略大于墓口。墓口及墓底四角均为弧角。墓壁微外斜,未见修整痕迹。平底。墓口长约2.47、宽1.3米,面积3.2平方米。墓底长2.55、宽1.38米,面积3.5平方米。墓口距地表0.47、自深2.1米。

3. 填土

墓内填土为褐色,未经夯打。

4. 葬具

一棺一椁。棺椁均东西向放置。

椁残长111、宽74、高48厘米。椁盖板残存7块,均南北向横向放置,由西向东长、宽依次为

87×17、87×15、85×20、88×22、90×22、89×19、31×15厘米,厚均为3厘米。椁侧板、端板形制不清。未发现椁底板(图4-301)。

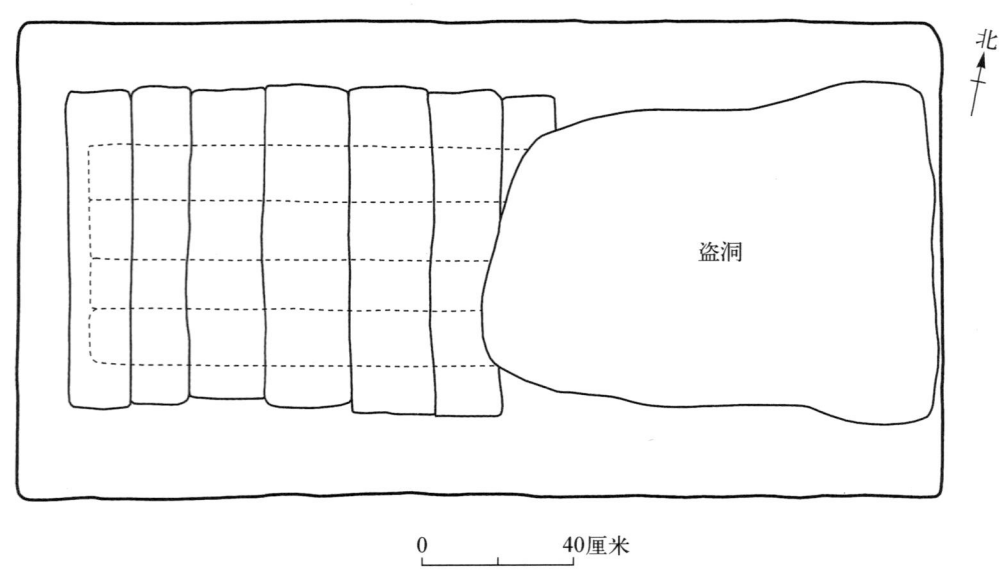

图4-301　07QSM22椁盖板平面图

棺残长105、宽55、高33厘米。棺盖板残存4块,均东西向纵向放置,从北到南残长、宽依次为113×15、108×16、105×14、104×15厘米。棺底板残存4块,均东西向纵向放置,从北到南残长、宽依次为104×15、104×12、105×13、107×16,厚均为3厘米(图4-302)。

椁下有两条南北向垫木槽,东西平行,内置两根长方形垫木。西垫木长95、宽11、厚4厘米,东垫木长101、宽8、厚4厘米,两垫木间距126厘米。

5. 人骨遗骸

墓主上半身被扰乱。应为仰身直肢葬,头向东,面向不明。经鉴定,墓主未成年,性别不明。

6. 随葬品

无。

7. 墓葬年代

被该墓打破的M24年代为西周时期。从该墓的墓葬形制、葬具等方面看,年代也应为西周时期。

4.4.18　07QSM24

1. 墓位与盗扰情况

该墓位于宋家墓地西部,墓葬西南角被M22打破。西距M26约5.7米,东南距马坑M23约4.7米。

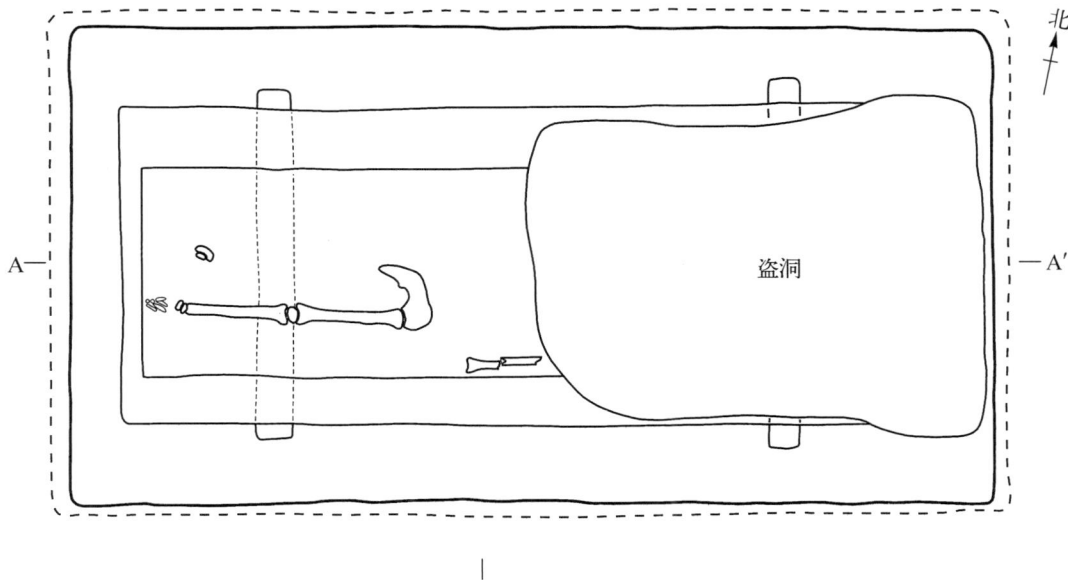

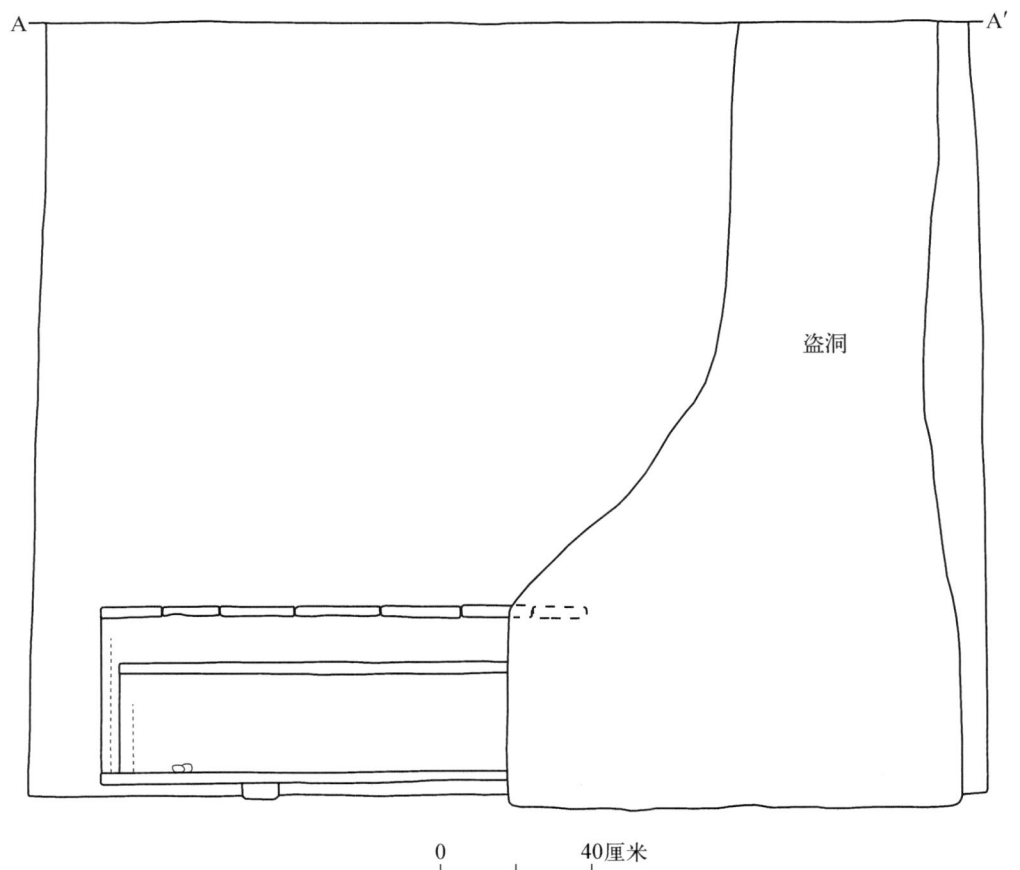

图4-302　07QSM22平面、剖视图

墓内有1个盗洞,位于墓口东北角,口部呈椭圆形,最大径0.59米。下部扩大,直通墓底,对墓葬盗扰严重,葬具几乎全部被破坏(图4-303、图4-304)。

2. 墓向与墓葬形制

东西向,墓向75°。

长方形竖穴土坑墓,口底大小相若。墓口及墓底四角均为弧角。直壁,未见修整痕迹。平底。墓长2.7、宽1.37米,面积约3.7平方米。墓口距地表0.47、自深1.63米。

3. 填土

墓内填土为褐色,未经夯打。

4. 葬具

葬具被破坏,可能为单棺。残存棺底板一块,东西向纵向放置,残长141、宽13厘米。棺下东部残留一垫木,距东壁约45厘米,长方形,长106、宽9、厚2厘米。

5. 人骨遗骸

不见墓主人骨,葬式、性别、年龄等不详。

6. 随葬品位置

仅盗洞内出土陶三足瓮袋足1件(01),难以判断是否为随葬品。

7. 随葬品介绍

陶三足瓮　1件(M24:01)。泥质灰陶。仅存袋足残片,素面。残高7厘米(图4-305)。

8. 墓葬年代

根据三足瓮判断墓葬年代为西周时期。

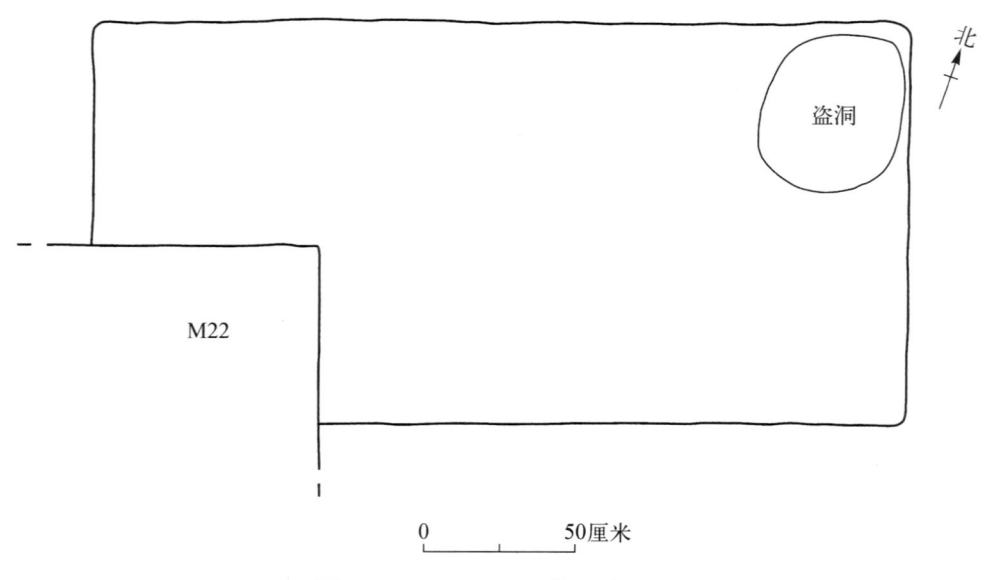

0　　　　　　50厘米

图4-303　07QSM24墓口平面图

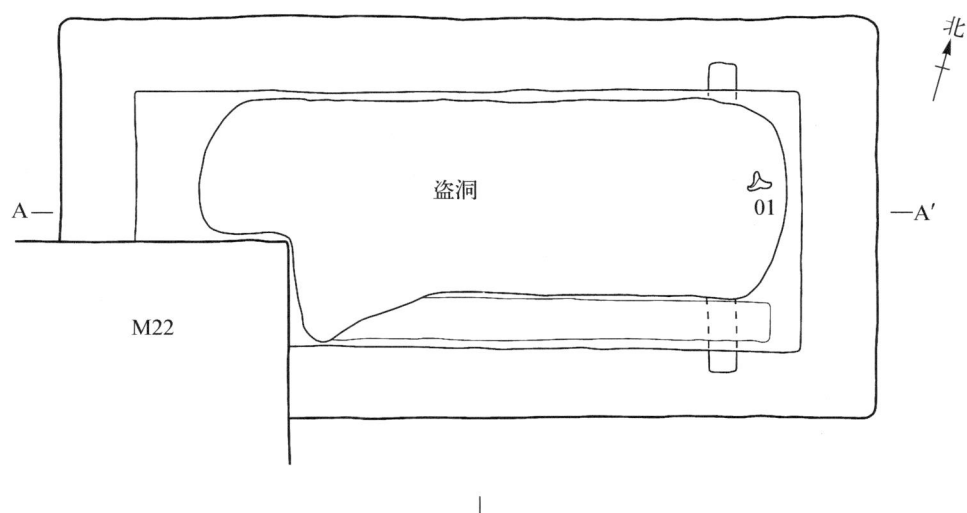

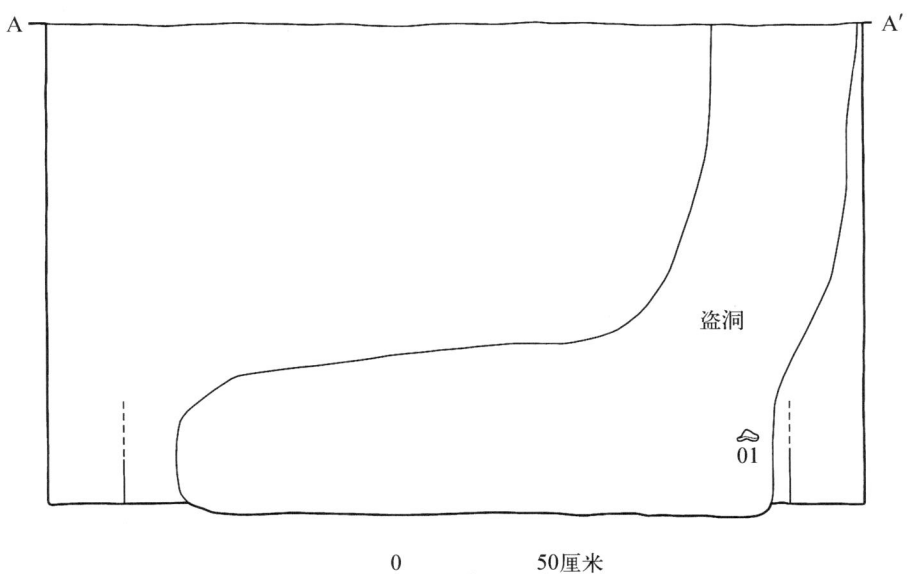

0　　　　50厘米

图4-304　07QSM24平面、剖视图

01. 陶三足瓮

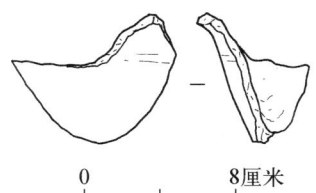

0　　　　8厘米

图4-305　07QSM24出土陶三足瓮（M24∶01）

4.4.19　07QSM25

1. 墓位与盗扰情况

该墓位于宋家墓地中部。东距M9约13.6米，东北距M94约3.2米，南距M84约0.5米。

墓内共有2个盗洞，编号为D1、D2。D1位于墓口西南角，口部近椭圆形，最大径0.85米。D2位于墓口东南角，口部近椭圆形，打破墓室南壁，最大径0.9米。两个盗洞均延伸进椁室，对墓葬盗扰严重，盗洞内出土较多遗物（图4-306；彩版二六〇，2）。

2. 墓向与墓葬形制

东西向，墓向80°。

长方形竖穴土坑墓，墓口大于墓底。墓壁微向外斜，至二层台处向内斜收，未见修整痕迹。平底。墓底四周有熟土二层台，台高1.7米。墓口长4.46、宽3.45米，面积约15.4平方米。墓底长3.9、宽3.13米，面积约12.2平方米。墓口距地表0.4、自深6.4米。

3. 填土

墓内填土为褐色，未经夯打。

4. 葬具

一棺一椁。棺椁均东西向放置。

椁长353、宽243、高150厘米。椁盖板共17块，均南北向横向放置，由西向东长、宽依次为88×19、251×20、147×26、142×26、165×24、210×26、242×25、242×25、196×23、197×25、65×22、62×17、68×23、74×20、79×21、123×21、126×19厘米。椁侧板长出端板。北侧板长362、厚11厘米，南侧板长355、厚11厘米，西端板长221、厚9厘米，东端板长221、厚12厘米。椁底板共11块，均东西向纵向放置，由北向南长、宽依次为374×15、374×16、373×22、373×25、372×27、373×28、372×23、372×25、371×25、369×22、369×23厘米，厚均为5厘米（图4-307、图4-308、图4-309；彩版二六一，1）。

棺长230、宽85、高61厘米。棺端板长出侧板。北侧板长213、厚6厘米，南侧板长214、厚7厘米，西端板长96、厚8厘米，东端板长95、厚8厘米。

椁下有两条南北向垫木槽，东西平行，内置东西两根方形垫木。西部垫木长284、宽19、厚20厘米，东部垫木长279、宽20、厚20厘米，两垫木间距210厘米。

5. 墓主人

墓主人骨被扰乱，仅在棺椁之间西南部发现少量肢骨等人骨朽痕。性别、年龄等不明。从随葬的大量兵器看，墓主可能为男性。

6. 随葬品及其位置

墓室填土内距墓口深约4米处，埋葬大量车马器及整条车衡。墓室西部南北向横置两条车衡，两衡平行（彩版二六八，3、4）。西侧的衡1装配有铜衡末饰2件（t28、t30）。东侧的衡2装

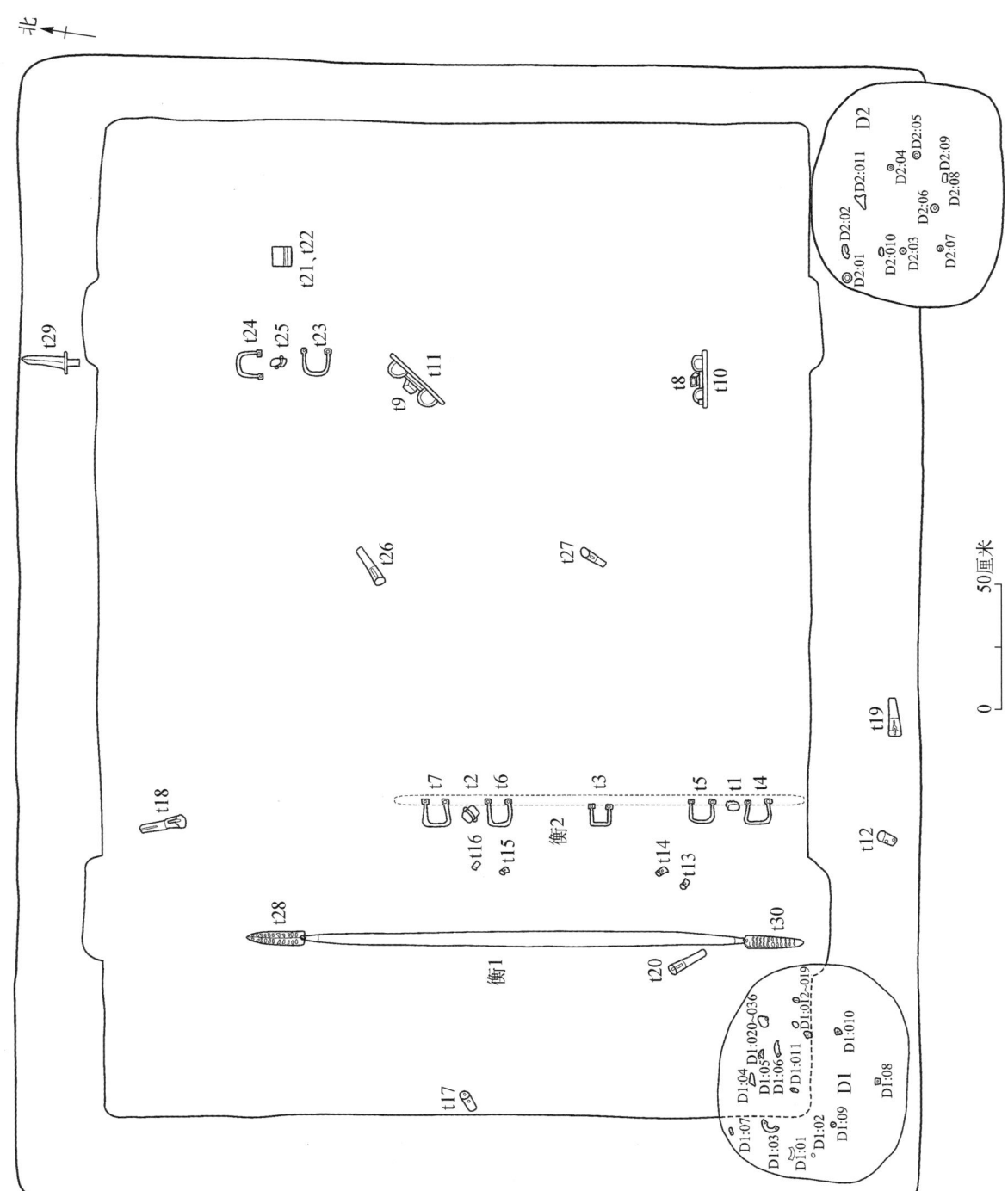

图4-306 07QSM25墓室填土遗物分布图

t1、t2、t8、t9、t25. 铜轭箍 t3. 铜衡中饰 t4~t7、t10、t11、t23、t24. 铜轭饰 t12、t17~t20、t26、t27. 铜銮 t13~t16. 铜轭脚 t21、t22. 铜輨形舆饰 t22、D1：02、D1：09、D1：023~036、D2：01. 铜衡末饰 t28、t30. 铜泡 t29、D1：022. 铜戈 D1：01. 玉环 D1：03. 玉璜 D1：04、D1：06. 玉鱼 D1：05. 玉蝉 D1：07. 玛瑙管 D1：08. 方形玉饰 D1：010. 毛蚶 D1：011~019. 海贝 D1：020、D1：021. 铜鱼 D2：02（D2：02-1. 原始瓷豆，D2：02-2. 原始瓷片） D2：03~07、D2：09. 蚌泡 D2：08. 蚌鱼 D2：010. 海贝、蚌泡和毛蚶 D2：011. 陶联档鬲

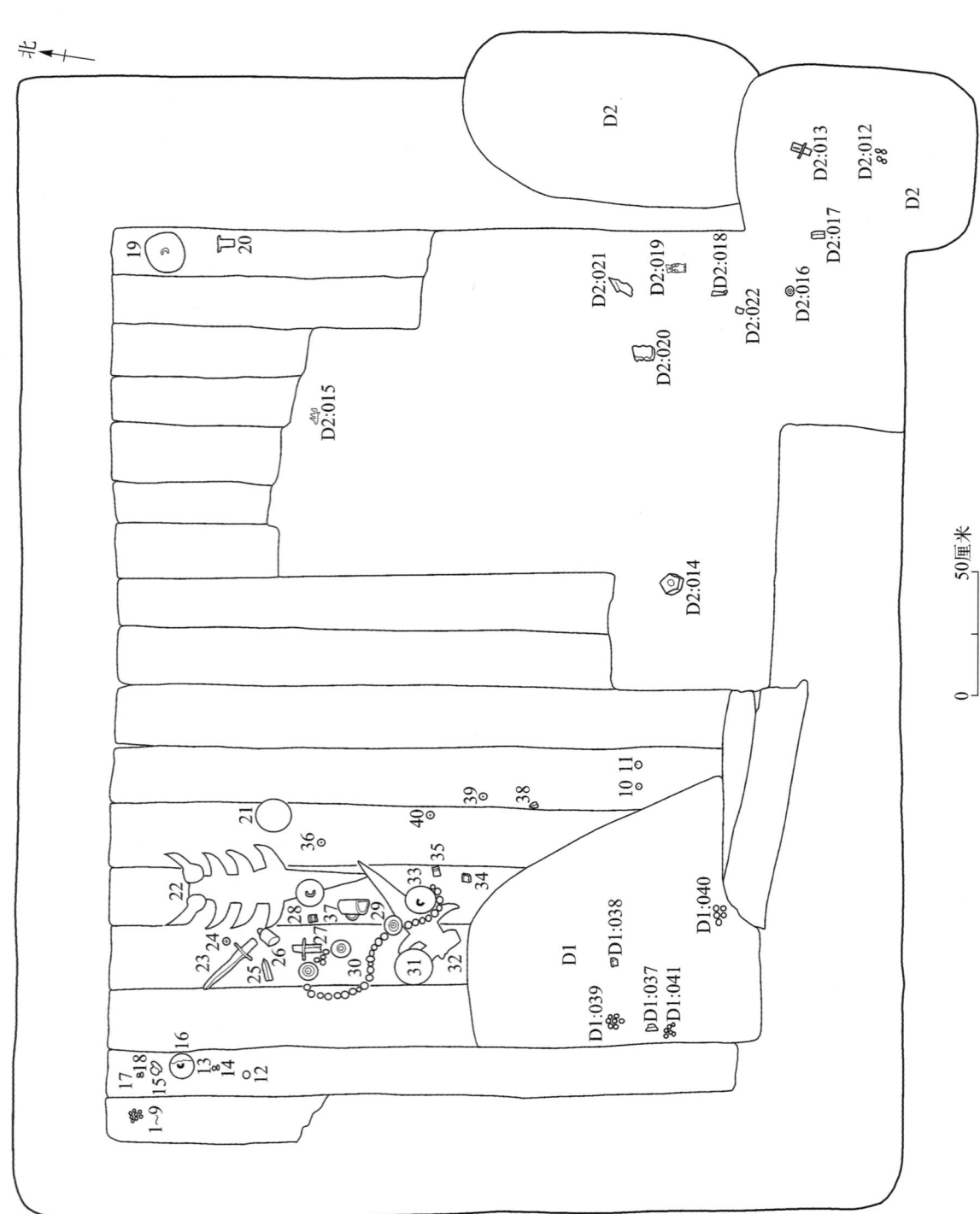

图4-307　07QSM25椁盖板遗物分布图

0　　　50厘米

1～14,17,18,30,39,D1：038～041,D2：016.铜泡　20,23,25,27,D2：013.铜戈　15,16,19,21,31,33,37.铜镜　22,32.铜盾饰　24,36,40.蚌泡
26.铜铃　28,34,35.铜带扣　29.铜轭镳　38.海贝　D2：018,019.玉鱼　D1：037,D2：021.铜锡　D2：014,D2：020.石磬　D2：015.铜饰
D2：017.龟甲　D2：022.蚌鱼

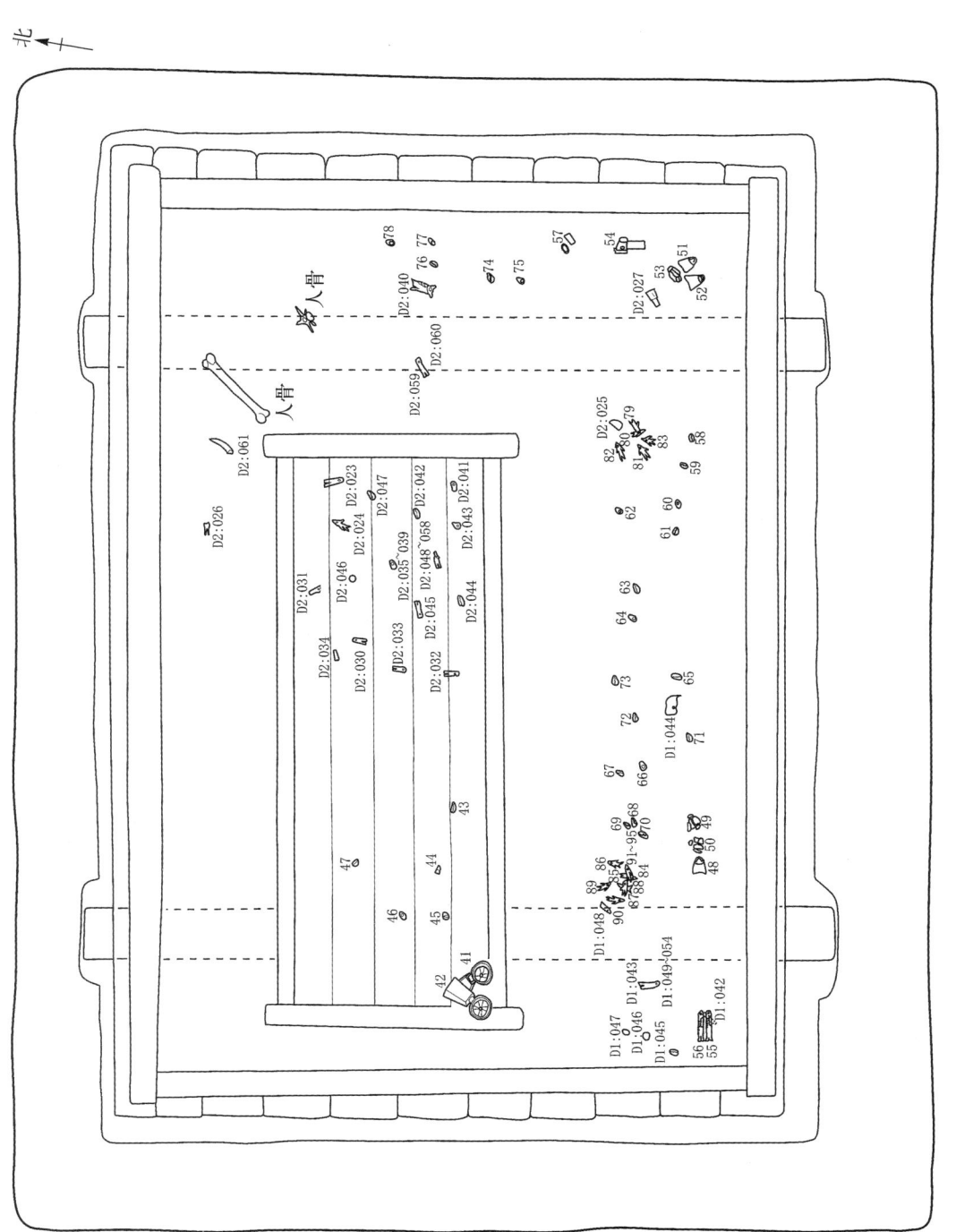

图4-308　07QSM25椁室遗物分布图

0　　　　50厘米

41、42. 铜銮铃　43~47、58~78、D2：041~058. 海贝　48~53. 铜铃　54. 铜车辖　55、56、D1：043、D1：048、D2：023、D2：040、D2：059、
D2：060. 玉鱼　57. 铜环　79~90、D1：053、D2：024. 铜鱼　91~95. 铜管状络饰　D1：042. 铜锥　D1：044. 铜兽面饰　D1：045~047、
D1：049~051. 铜泡　D1：052、D1：054. 铜带扣　D2：025. 铜軎　D2：026. 人牙痕
D2：027. 龟甲　D2：028~039. 蚌鱼　D2：061. 野猪牙

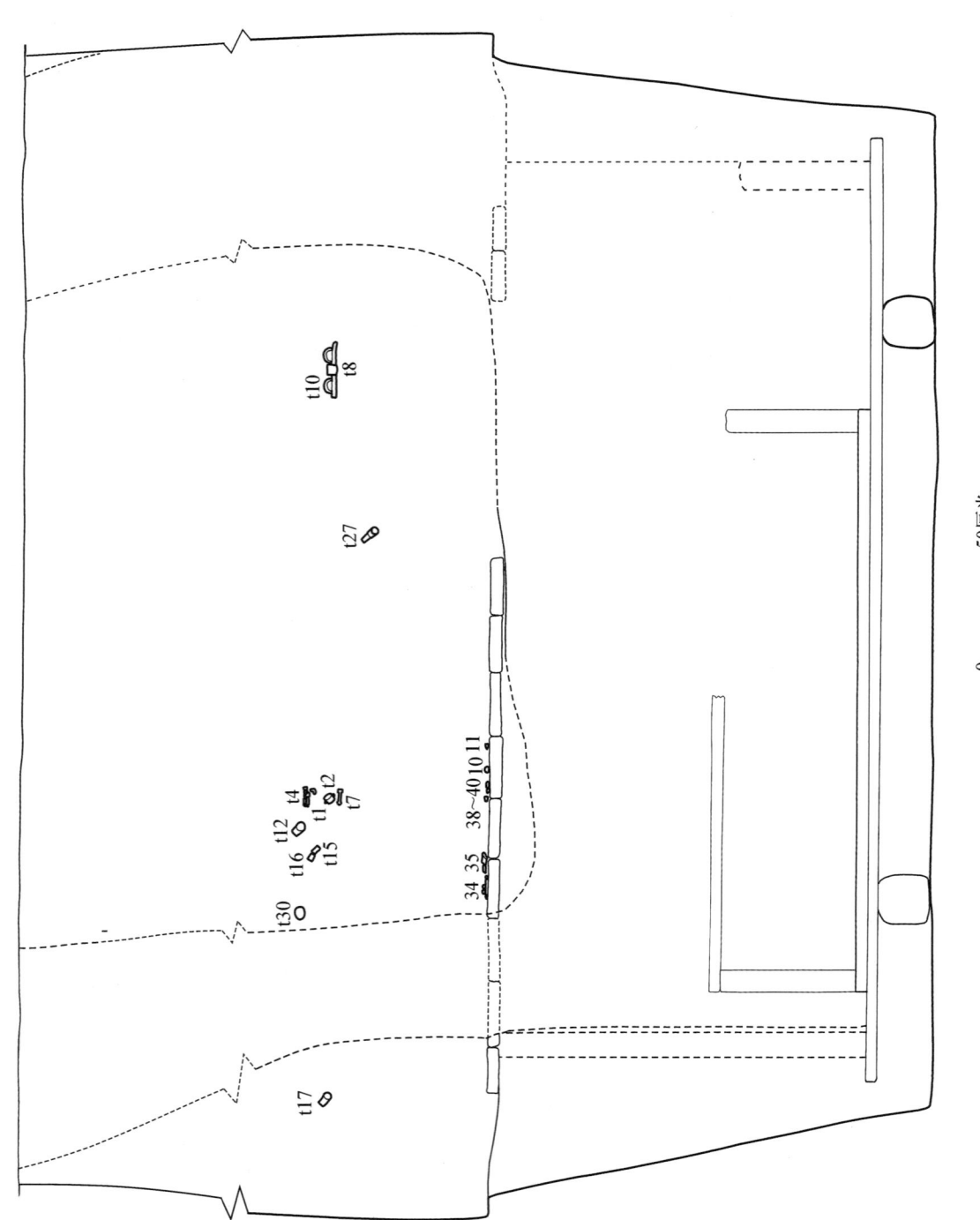

图4-309　07QSM25南壁剖视图

0　　50厘米

10、11、39. 铜泡　34、35. 铜带扣　38. 海贝　40. 蚌泡　t1、t2、t8. 铜轭箍　t4、t7、t10. 铜辕　t12、t17、t27. 铜车軎　t15、t16. 铜轭脚　t30. 铜衡末饰

配有铜軜2副（t4、t5、t6、t7）、铜衡中饰1件（t3）、铜轭箍2件（t1、t2），轭箍西侧分别有轭脚2对（t13、t14、t15、t16），从位置判断应属两套轭饰。墓室东部与衡2相对的位置，出土两组形制相同的铜轭箍与铜軜，偏北的一组为轭箍1件（t9）、軜1件（t11），偏南的一组为轭箍1件（t8）、軜1件（t10），或许这里原本也葬有一条车衡，但清理时未见木痕。这组车器以北还发现铜轭箍1件（t25）、铜軜1副（t23、t24），从出土位置看两者原应缚在一起。

填土内还出土7件铜车軎，除1件（t20）外，其余6件的形制两两相同。形制相同的2件车軎（t19、t18）分置于墓室填土的南北两侧，形制相同的2件车軎（t17、t12）分置于墓室填土的西部与南部，形制相同的2件车軎（t26、t27）分置于墓室填土中部偏北与偏南两处。填土北部偏东处出土铜戈1件（t29），东北部出土铜軡形舆饰1件（t21）、铜泡1件（t22）。

椁盖板西部集中放置大量器物（彩版二六二），2件铜盾饰南北相对（32、22），其上有一层席，其下有皮革朽痕。北部盾饰（22）出土时背面朝上，其西侧由北向南依次为蚌泡1件（24）、铜戈3件（23、25、27）（彩版二六一，2）、铜铃1件（26）、铜带扣1件（28）、铜镜1件（37）、铜轭箍1件（29），东侧为铜镜1件（21）、蚌泡1件（36）。南部盾饰（32）出土时正面朝上，一串铜泡28件（30）、铜镜2件（31、33）置于其上，盾饰东侧出土铜带扣2件（34、35）。另有蚌泡1件（40）、铜泡3件（39、10、11）、海贝1件（38）散置于其东南。此外，椁盖板西北角出土一小堆器物，由北向南依次为铜泡11件（1～9、17、18）、铜镜2件（15、16）、铜泡3件（12～14）。椁盖板东北角出土铜镜1件（19）、铜戈1件（20）。

棺椁之间随葬品被扰严重，出土时可能已非原位。东部由南向北依次出土铜铃3件（51～53）、铜车辖1件（54）、铜环1件（57）、海贝5件（74～78）。棺椁之间南部由西向东依次出土玉鱼2件（55、56）、铜鱼7件（84～90）、铜管状络饰5件（91～95）、铜铃3件（48～50）、海贝16件（58～73）、铜鱼5件（79～83）。

棺盖板西南角出土铜銮铃2件（41、42），棺底板西部出土零散海贝5件（43～47）。

出土于盗洞D1的有：玉环1件（D1：01）、铜泡110件（D1：02、09、023～036、038～041、045～047、049～051）、玉璜1件（D1：03）、玉鱼4件（D1：04、06、043、048）、玉蝉1件（D1：05）、玛瑙管1件（D1：07）、方形玉饰1件（D1：08）、毛蚶3件（D1：010）、海贝9件（D1：011～019）、文蛤1件（D1：020）、铜鱼2件（D1：021、053）、铜戈3件（D1：022）、铜鍚1件（D1：037）、铜锥1件（D1：042）、兽面饰1件（D1：044）、铜带扣2件（D1：052、054）。

出土于盗洞D2的有：铜泡12件（D2：01、012、016）、原始瓷豆1件（D2：02-1）、原始瓷片1件（D2：02-2）、蚌泡7件（D2：03～07、09、010-9）、蚌鱼13件（D2：08、028～039）、海贝26件（D2：010-1～010-8、041～058）、毛蚶1件（D2：010-10）、陶鬲1件（D2：011）、铜戈6件（D2：013、062-1～062-5）、石磬2件（D2：014、020）、铜饰1件（D2：015）、龟甲3片（D2：017、027）、玉鱼6件（D2：018、019、023、040、059、060）、铜鍚1件（D2：021）、铜鱼1件

（D2：024）、铜块1件（D2：025）、野猪牙1枚（D2：061）、铜车軎1件（D2：063）。另有朽蚀不可提取的人牙1件（D2：026）。

7. 随葬品介绍

随葬品有青铜器、玉石器、原始瓷器、陶器、蚌贝器、骨牙器、车共七类。

（1）青铜器

戈　共14件。较完整者4件。M25：23，长条形援，援中部作弧状隆起，上刃较直，下刃中部作鼓包状凸出，微胡无穿，尖锋，有上下阑，侧阑为凸起的细棱，直内中部有一穿孔，通体素面。出土时内部残存有与之垂直的一截木柲。通长21.2厘米，援中宽3.3、厚0.5厘米，阑长7厘米，内长4.9、宽2.9、厚0.3厘米，穿孔长0.9、宽0.3厘米。重180.4克（图4-310，5；彩版二六一，

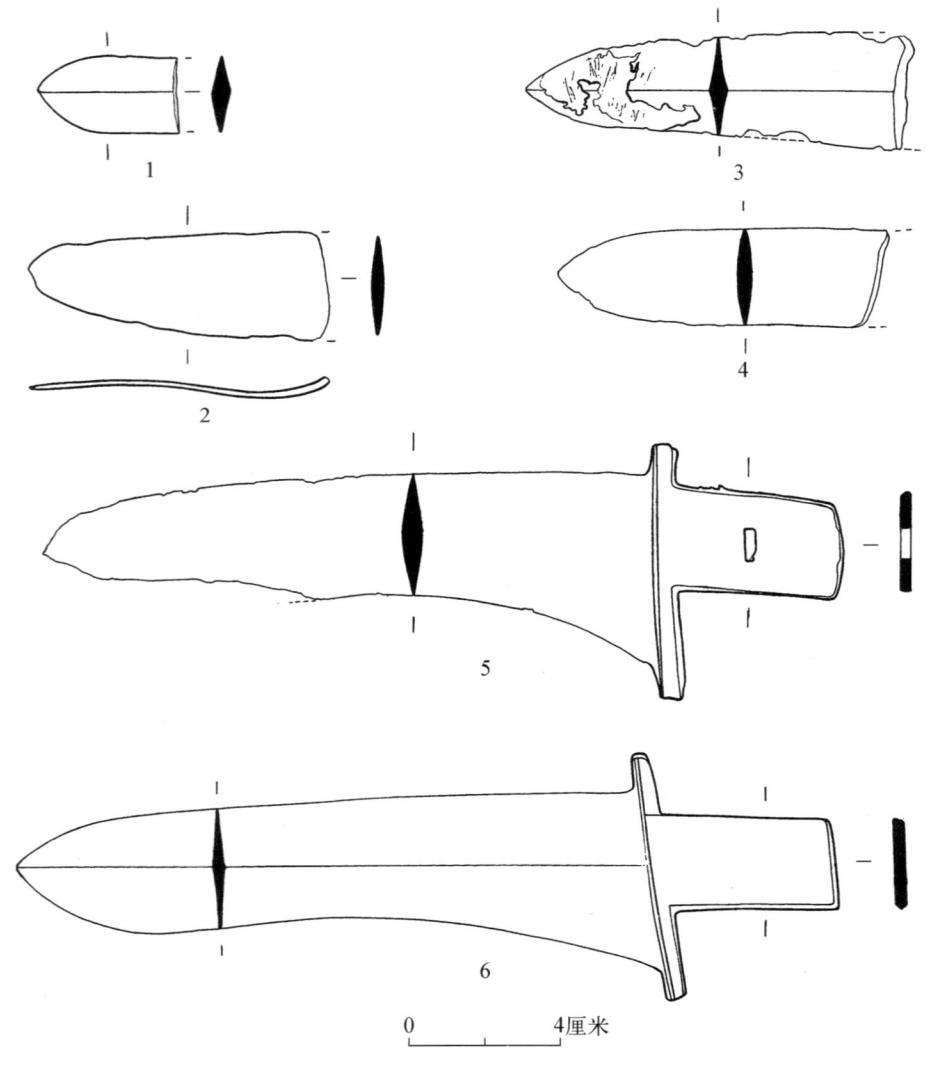

0　　　　　4厘米

图4-310　07QSM25出土铜戈

1~6.M25D1：022-3、D2：062-1、D1：022-1、25、23、t29

3）。M25：27，残，微胡无穿，有上下阑，侧阑为凸起的细棱，长方形直内，后端一角圆弧。残长10.8厘米，内长4、宽2.4、厚0.2厘米。重56.8克（图4-311，10）。M25：t29，援部略折弯。长条形援，中部起脊，上刃较直，下刃前部略有鼓包状凸起，呈刀形偏锋，微胡无穿，尖锋，有上下阑，侧阑为凸起的细棱，长方形直内，通体素面。通长21.8厘米，援中宽3.2、厚0.4厘米，阑长6.7厘米，内长4.6、宽2.6、厚0.4厘米。重139.2克（图4-310，6；彩版二六一，5）。M25D2：013，残，长条形援，中部略起脊，微胡无穿，有上下阑，侧阑为凸起的细棱，长方形直内，中部有一圆孔。残长5.6、援厚0.3厘米，内长3、宽2.1、厚0.2厘米，圆孔径0.4厘米。重26.5克（图4-311，1）。

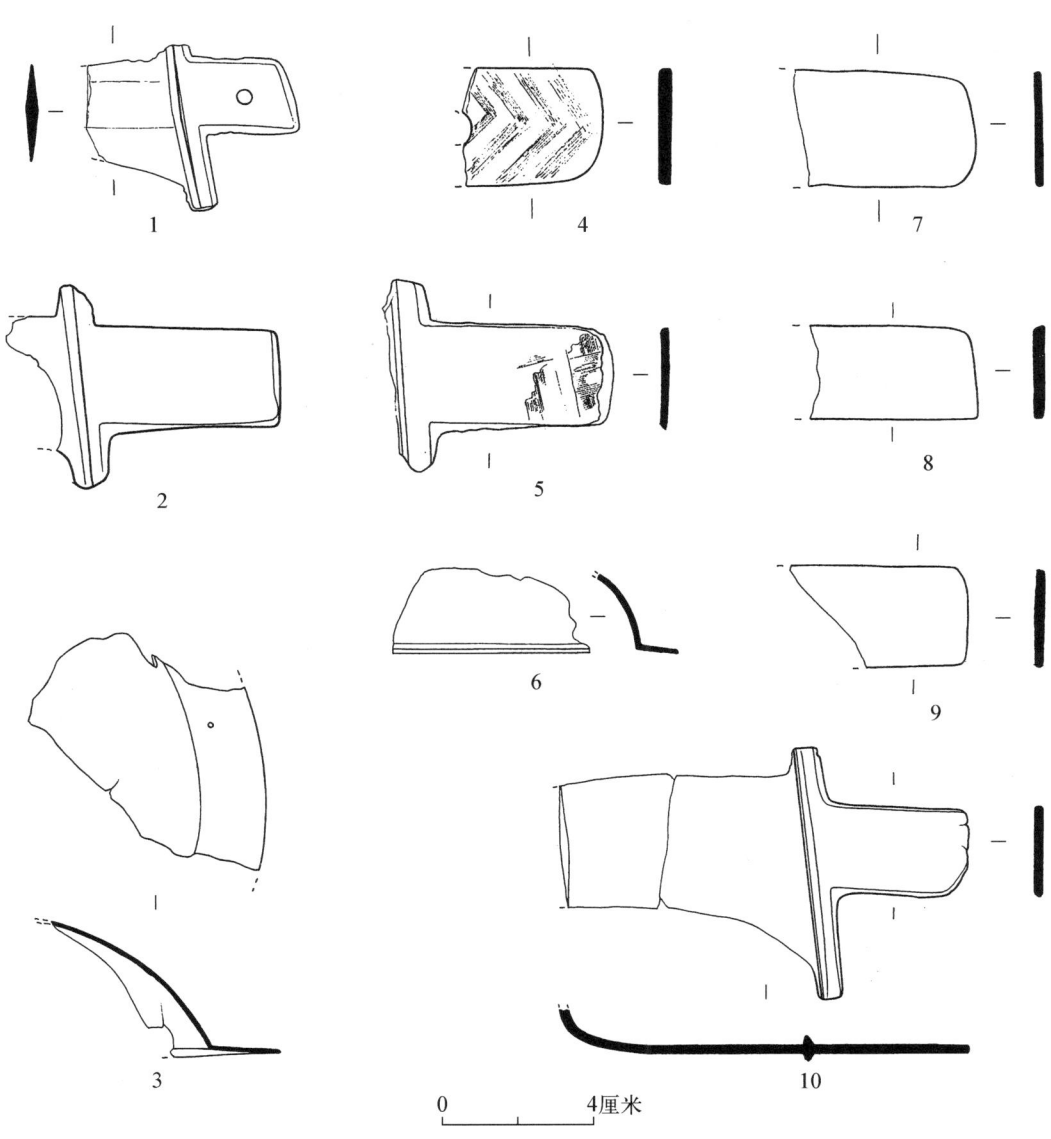

图4-311　07QSM25出土铜兵器

1、2、4、5、7～10.戈（M25D2：013、D1：022-2、D2：062-3、20、D2：062-2、D2：062-4、D2：062-5、27）

3、6.镞（M25D2：021、D1：037）

仅存戈内部者6件。均为长方形直内。M25：20，残，有上下阑，侧阑为凸起的细棱，内后端一角圆弧。器表有木制朽痕。残长6.1厘米，内长5.6、宽3、厚0.2厘米。重29.2克（图4-311，5；彩版二六一，4）。M25D1：022-2，残，有上下阑，侧阑为凸起的细棱。残长7.3厘米，阑长5.7厘米，内长5.2、宽3、厚0.2厘米。重31.9克（图4-311，2）。M25D2：062-2，残，内中部有一圆形穿孔，后端一角圆弧。器表有少许木痕。残长4.6、宽3.1、厚0.2厘米，重18.7克（图4-311，7）。M25D2：062-3，残，内后端一角圆弧，表面残存"人"字形席痕。残长3.5、宽3、厚0.4厘米，重28.6克（图4-311，4）。M25D2：062-4，残，残长4.3、宽2.4、厚0.3厘米，重27.2克（图4-311，8）。M25D2：062-5，残，侧阑为凸起的细棱。通长4.5厘米，内长3.2、宽2.8、厚0.2厘米，重13.9克（图4-311，9）。

仅存戈援部者4件。均为长条形援。M25：25，残，援中部作弧状隆起，尖锋。残长8.8厘米，援中宽2.6、厚0.4厘米。重41.3克（图4-310，4）。M25D1：022-1，残，援部折弯。长条形援，中部起脊，上下刃均较直，尖锋。残长10.1厘米，援中宽2.7、厚0.5厘米（图4-310，3）。重53.7克。M25D1：022-3，残，中部起脊。残长3.6、宽2.1、厚0.4厘米。重11.7克（图4-310，1）。M25D2：062-1，残，援部略弯折。残长7.8、宽3、厚0.2厘米，重23.1克（图4-310，2）。

盾饰（？） 共2件。器形较大，出土时其下有皮革朽痕，推测为盾饰。M25：22，平面形似蝎子，正面鼓起，背面内凹，分为头、腹、尾三部分。头部双目圆鼓，中间穿孔，前有镰刀形双角，尖端有小孔；腹部有左右对称的三对镰刀形足，足中间起脊，近尖端各有两个小孔；尾部呈长三角形，两侧有窄平折沿，两侧近足各有两个小孔，近末端各有一孔，正面腹与尾部饰阴线纹。正面残存织物痕迹。残长67、宽26.8、器厚1.6、壁厚0.1厘米。重529.2克（图4-312，2；彩版二六三、二六四）。M25：32，形制与M25：22相同，残存腹部与尾部。正面残存织物痕迹。残长53.1、宽25.9、器厚1、壁厚0.1厘米，重420克（图4-312，1）。

锡 共2件。均残，平折沿，正面隆起。M25D1：037，残长5.1、高2.1厘米。重14.7克（图4-311，6）。M25D2：021，器壁极薄，沿面有一个钉孔。残长6.1、高3.8厘米。重14.1克（图4-311，3）。

车害 共8件。顶端封闭的圆筒状，口端较顶端粗。其中1件为残片，其余7件较完整者可分三型：

A型 共3件。器身修长，中部一周阶棱分害为内外两节，外节远长于内节，内节素面，有两个对穿的长方形辖孔，外节微束腰，饰一周四个蕉叶纹，外端顶面弧鼓。M25：t18、t19，形制、大小基本相同，应为一对（彩版二六七，1）。M25：t18，口端入毂处残损近一半。口径5.6、顶径4.4厘米，辖孔长3.9、宽1.2厘米，通长15.1厘米。重429.6克（图4-313，5；彩版二六五，1）。M25：t19，口端入毂处残损近三分之一，外节近外端处有一个钉孔。口径5.6、顶径4.3厘米，辖孔长3.9、宽1.3厘米，通长15.2厘米。重444.1克（图4-313，4）。M25：t20，顶端微外撇，口端入毂处略有残损，外节近外端处有三个钉孔。口径5.4、顶径4.7厘米，辖孔长3.3、宽1.3厘米，通长14.4厘米。重359.8克（图4-313，3）。

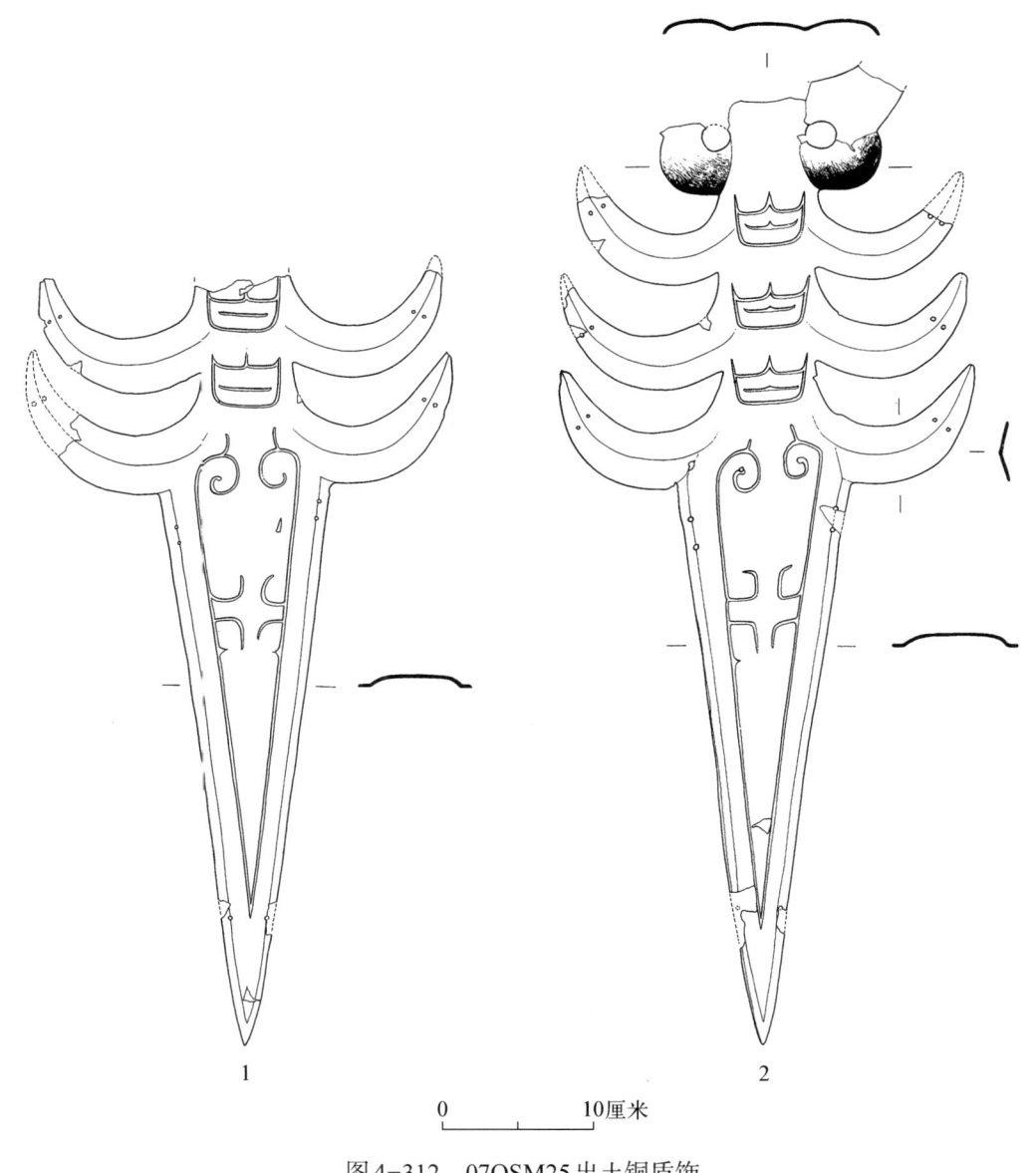

图4-312　07QSM25出土铜盾饰

1、2. M25∶32、22

B型　共2件。器身修长，中部一周凸棱分晷为内外两节，外节略短于内节，内节有两个对穿的长方形辖孔，外节微束腰，顶面平齐，通体素面（彩版二六七，2）。M25∶t26、t27，形制、大小基本相同，应为一对。M25∶t26，外节中部有两个钉孔。口径5.5、顶径4厘米，辖孔长3.5、宽1.3厘米，通长13.9厘米。重357.4克（图4-313，1；彩版二六五，2）。M25∶t27，外节中部有四个钉孔。口径5.3、顶径4.3厘米，辖孔长3.9、宽1.2厘米，通长13.9厘米。重351.1克（图4-313，2）。

C型　共2件。器身较短小，外端顶面微鼓，近外端与近口端各有一对对称的圆孔，口端两孔略大。器表纹饰以一周弦纹为界，外节饰一周四个蕉叶纹内填蝉纹，内节饰一周两个曲身

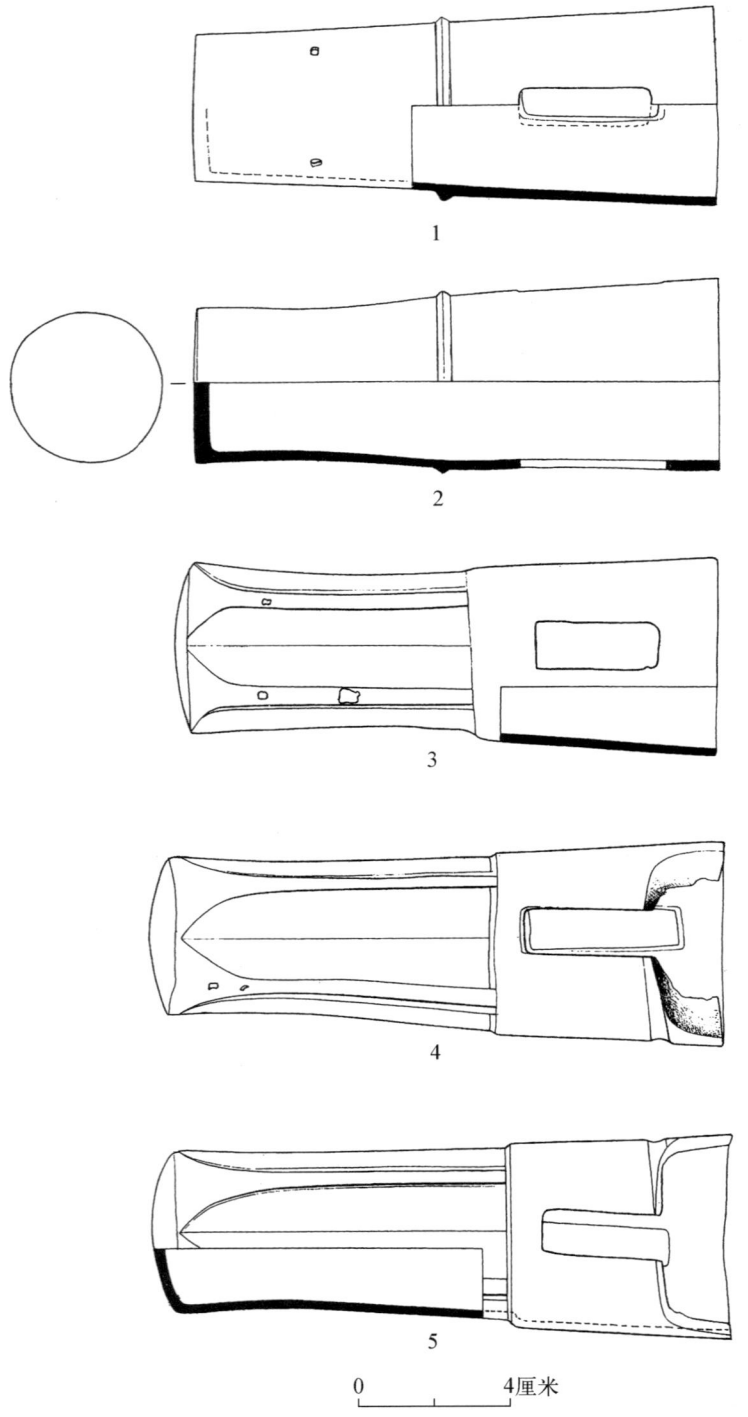

0   4厘米

图4-313　07QSM25出土铜车軎

1、2.B型（M25：t26、t27）　3～5.A型（M25：t20、t19、t18）

卷尾的夔纹,顶部素面。这种軎无长方形辖孔,无法与常见的有键辖相配使用,推测或是以革带贯穿圆孔,或是插入小键以固定于车轴(彩版二六七,3)。M25:t12、t17,形制、大小基本相同,应为一对。M25:t12,口径4.8、顶径3.5、内节圆孔径0.9、外节圆孔径0.7、通长7.4厘米。重156.4克(图4-314,2、3;彩版二六六,1)。M25:t17,口径4.9、顶径3.4、内节圆孔径0.8、外节圆孔径0.7、通长7.4厘米。重145克(图4-314,1;彩版二六六,2)。

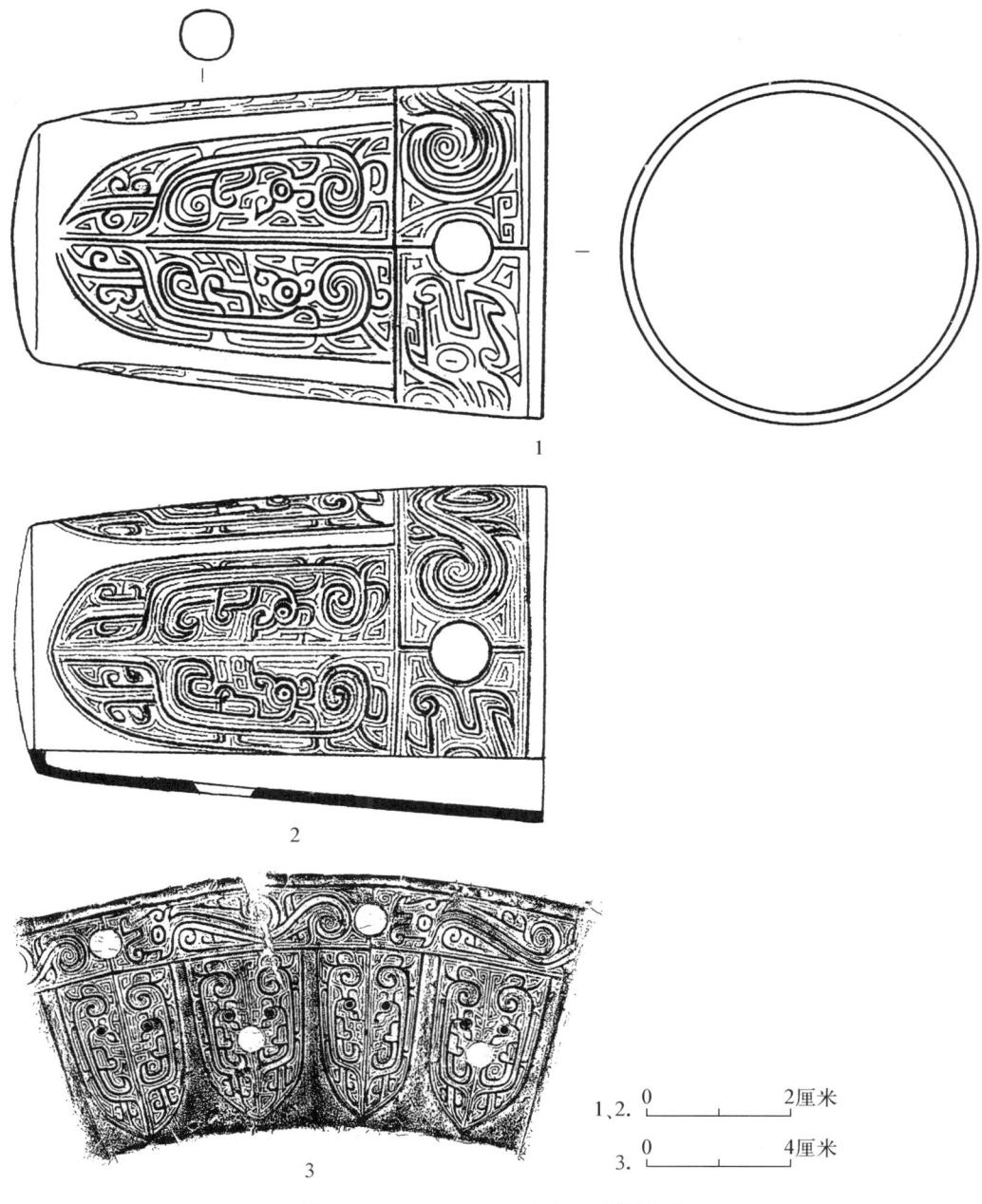

1,2.　0 ⊢——⊢——⊣ 2厘米

3.　0 ⊢——⊢——⊣ 4厘米

图4-314　07QSM25出土C型铜车軎

1. M25:t17　2、3. M25:t12及纹饰拓本

另有M25D2：063，残存辖孔一角。残高4.8、残宽4.7厘米。重20克（图4-315，2）。

车辖　1件（M25：54）。辖首大而厚重，正面作简化兽首，后与近半圆形背板相接，其间有方形穿孔，辖首底面内弧明显，下接扁长条形键，键末端斜直，键身有长方形穿孔。辖首厚5.6厘米，背板宽5.4、厚1.3厘米，辖键高7.2、宽2.9、厚0.9厘米，穿孔长1.5、宽0.9厘米，通高11.1厘米。重297.7克（图4-315，1；彩版二六八，1）。

辋形舆饰　1件（M25：t21）。残，圆筒状，顶端有内折的挡头，底端略小于顶端，器壁中部有三周凸棱。高6.6厘米，顶端内径5.3、外径7.1厘米，底端径6.5厘米。重165.4克（图4-315，3；彩版二七〇，2）。

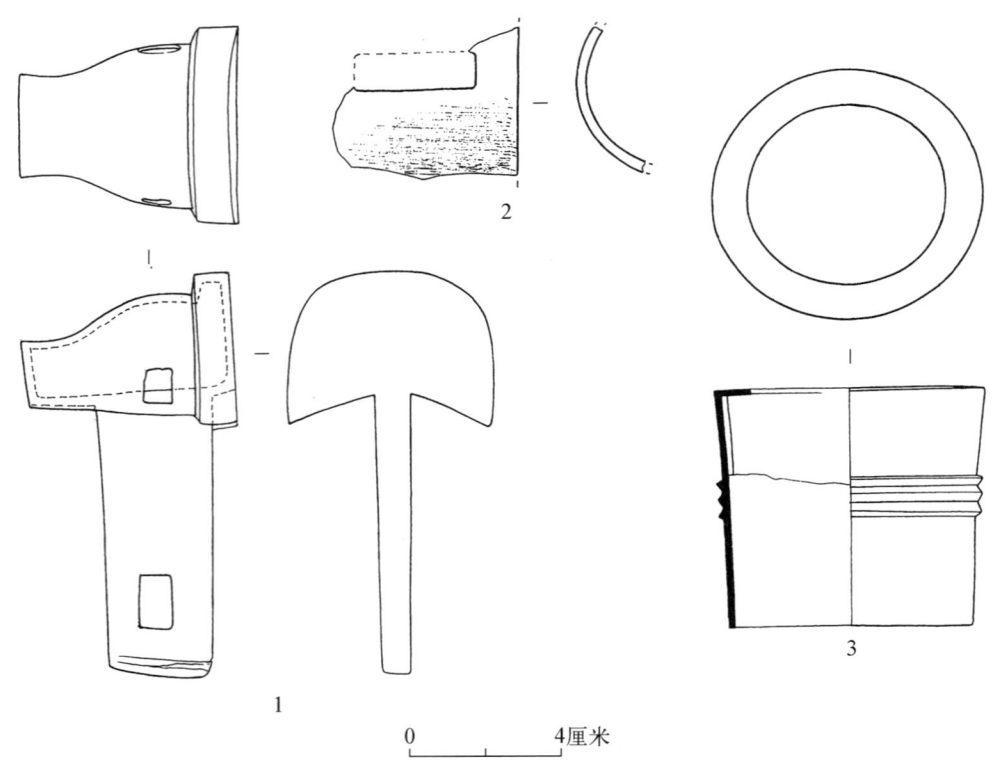

图4-315　07QSM25出土铜车器

1.辖（M25：54）　2.害（M25D2：063）　3.辋形舆饰（M25：t21）

轭箍　共6件。中空的管状，侧面有环钮。可分四型：

A型　共2件。形制、大小基本相同，出土于填土内衡2的两边。上端略小的扁管状，横截面呈椭圆形，近口端饰三周凸棱，两侧各附一个对称的半环形钮（彩版二六九，1）。M25：t1，口端长径4.7、短径3.4厘米，底端长径4.6、短径3.5厘米，高4、通钮宽6.6厘米。重105.9克（图4-317，5）。M25：t2，残，口端长径4.5、短径3.4厘米，底端长径4.7、短径3.1厘米，高4.3、通钮宽6.6厘米。重100.8克（图4-317，6）。

　　B型　共2件。形制、大小近同。出土于填土内M25：t10、11两件軎上。上小下大的方管状，正视为梯形，横截面呈长方形，中部饰三周凸棱，两侧各附一个对称的半环形钮。M25：t8，残，口端长3.4、宽2.3厘米，底端长4.9、宽3.2厘米，高3.2、通钮宽5.3厘米。重74.7克（图4-316，4；彩版二六九，3）。M25：t9，口端长3.8、宽2.6厘米，底端长5.1、宽3.5厘米，高3.2、通钮宽5.4厘米。重87.6克（图4-316，1；彩版二六九，2）。

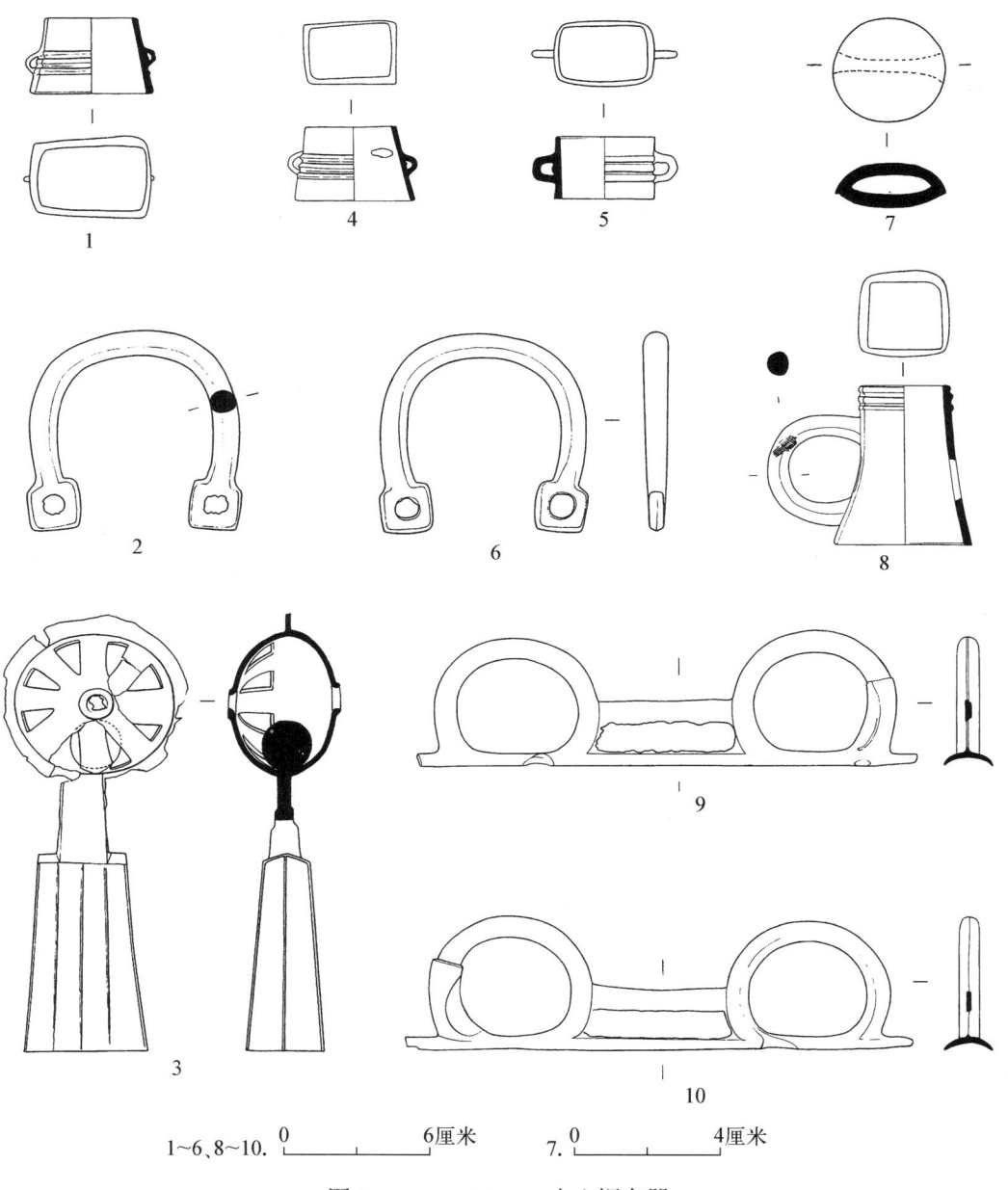

图4-316　07QSM25出土铜车器

1、4. B型軏箍（M25：t9、t8）　2、6. B型軎（M25：t24、t23）　3. 銮铃（M25：41）　5. C型軏箍（M25：t25）
7. Ab型泡（M25：12）　8. D型軏箍（M25：29）　9、10. A型軎（M25：t11、t10）

　　C型　1件（M25∶t25）。出土于填土内M25∶t23、24辖中间。上下两端大小近同的方管状，横截面呈长方形，中部饰三周凸棱，两侧各附一个对称的半环形钮。口端长4.1、宽2.8厘米，底端长4.1、宽2.9厘米，高2.6、通钮宽6厘米。重68.2克（图4-316,5；彩版二六九,4）。

　　D型　1件（M25∶29）。器形较大，作上小下大的方管状，正视为梯形，上端截面呈方形，下端截面呈长方形，近上端饰三周凸棱，两侧各有一个对称的长方形孔，一侧附半环形钮。器表残存织物痕迹。口端长3.6厘米，底端长5.6、宽4.3厘米，孔长1.7、宽0.9厘米，器高6.8、通钮宽8.4厘米。重216.2克（图4-316,8；彩版二六九,5）。

　　軜脚　共2对4件。形制、大小基本相同。底部封闭的弯管状，底面平齐，口、底两端均呈椭圆形，口端有一周凸起绳索纹，器壁近口端有一个不规则穿孔。M25∶t13、14，为一軜之双脚，与軜箍M25∶t1为一套軜饰（彩版二七〇,3）。M25∶t13，口端长径3.2、短径2厘米，底端长径2.8、短径2.4厘米，高4.5厘米。重55.1克（图4-317,1）。M25∶t14，口端长径2.7、短径2.1厘米，底端长径2.9、短径2.4厘米，高4.4厘米。重52.8克（图4-317,2）。M25∶t15、16，为一軜之双脚，与軜箍M25∶t2为一套軜饰（彩版二七〇,4）。M25∶t15，口端长径2.9、短径2厘米，底端长径2.9、短径2.4厘米，高4.4厘米。重59.1克（图4-317,4）。M25∶t16，口端长径2.6、短径2厘米，底端长径2.8、短径2.4厘米，高4.4厘米。重52.9克（图4-317,3）。

　　辖　共4副8件。分两型：

　　A型　1副2件。形制、大小基本相同。底部为外细内粗的长条状；横截面弧拱，以与车衡相接，其上左右各一个圆环，两环之间有一横梁连接，内端一环近底部加粗（彩版二七〇,6）。M25∶t10，长20.9、内端宽2.4、外端宽1.7、高5.6厘米。重224.6克（图4-316,10；彩版二七〇,5）。M25∶t11，长20.5、内端宽2.4、外端宽1.7、高5.5厘米。重251.8克（图4-316,9）。

　　B型　3副6件。形制、大小基本相同。每副由左右两件组成，均作半环形，两末端为扁方形，上有圆形穿孔，以插于车衡上。M25∶t4、t5，为一副（彩版二七一,1），M25∶t6、t7，为一副，装配于填土内衡2的两边（彩版二七一,2）。M25∶t4，长8.6、宽8.6、孔径0.8～1厘米。重148.2克（图4-317,10）。M25∶t5，长8.5、宽8.5、孔径0.8～1厘米。重150.3克（图4-317,8）。M25∶t6，长8.6、宽8.7、孔径1厘米。重143.5克（图4-317,11）。M25∶t7，长8.7、宽8.6、孔径1厘米。重148.4克（图4-317,7）。M25∶t23、t24，为一副。M25∶t23，长8.6、宽8.6、孔径1厘米。重145.1克（图4-316,6；彩版二七一,3）。M25∶t24，长8.8、宽8.6、孔径0.9厘米。重151.3克（图4-316,2；彩版二七一,4）。

　　衡中饰　1件（M25∶t3）。呈"U"形环状，两末端为扁长方形，上有圆形穿孔，以插于车衡上。长8.1、宽6.1、孔径0.8厘米。重103.6克（图4-317,9；彩版二七〇,1）。

　　衡末饰　共2件。均为衡矛，形制、大小基本相同，装配于填土内衡1的两端。矛正面中脊凸出，圭形矛叶上有镂空的叶脉形纹，长圆銎，銎口呈椭圆形，銎正面有一条形小孔，背面有一

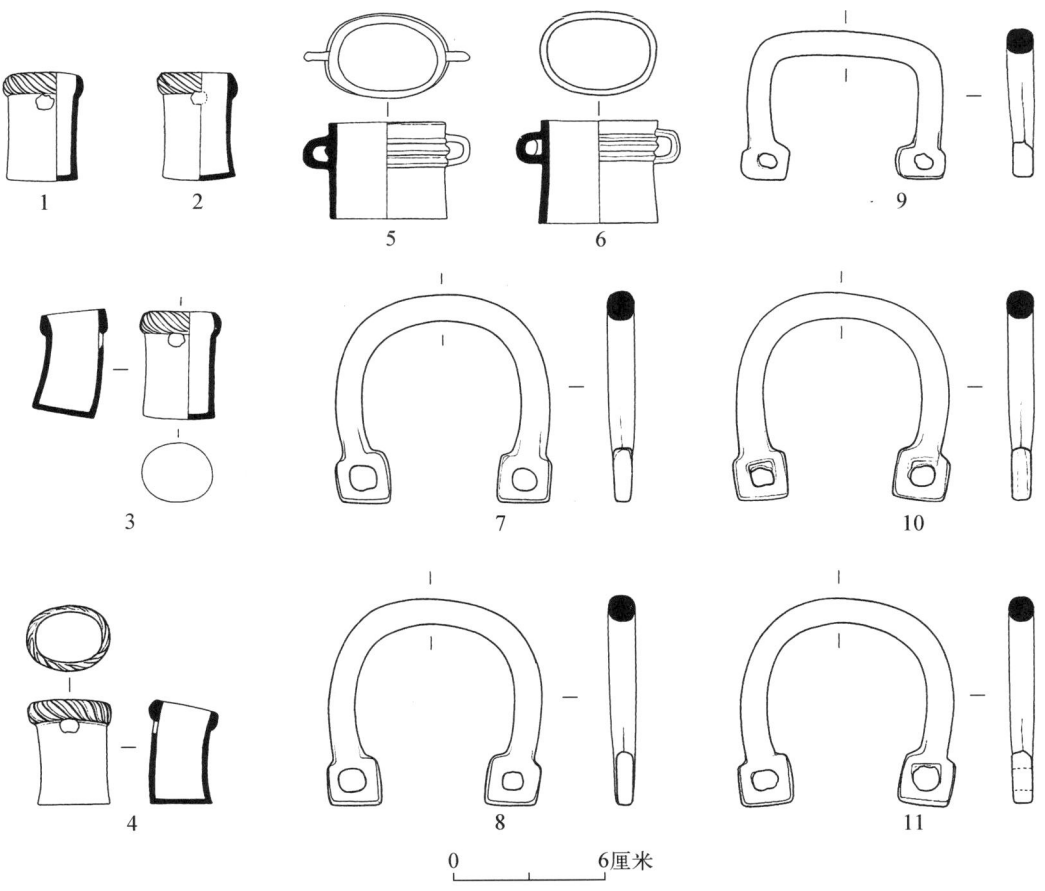

图4-317　07QSM25出土铜车器

1～4. 軏脚（M25：t13、t14、t16、t15）　　5、6. A型軏箍（M25：t1、t2）　　7、8、10、11. B型轙（M25：t7、t5、t4、t6）
9. 衡中饰（M25：t3）

半环形钮（彩版二七二，3）。M25：t28，长25.3、宽4.7厘米，銎口长径2.3、短径2.1厘米。重136克（图4-318，2、3；彩版二七二，1）。M25：t30，长25.6、宽4.6厘米，銎口长径2.3、短径2.1厘米。重135.2克（图4-318，1；彩版二七二，2）。

銮铃　共2件。M25：41、42，均残，形制、大小基本相同。椭圆形铃球两面中央各有一圆孔，正面圆孔外环绕八个辐射状三角形镂孔，铃球内有一铃丸。中部为粗高颈，上薄下厚。下部为梯形高座，中空成长方銎口，座正反两面较宽，有三条竖行定位线，两侧面较窄，中央有一条竖行定位线，近底部有对穿圆孔。M25：41，铃球长径6.5、短径5.9、厚4.7厘米，座高8.4厘米，座底长5.1、宽3.2厘米，通高18.5厘米。重462.4克（图4-316，3）。M25：42，碎，座高7.8、底长4.4、宽3厘米。重431.5克。

带扣　共5件。扁长方形，中空，有顶无底，正反两面近顶端有长条形孔。根据纹饰不同，可分两型：

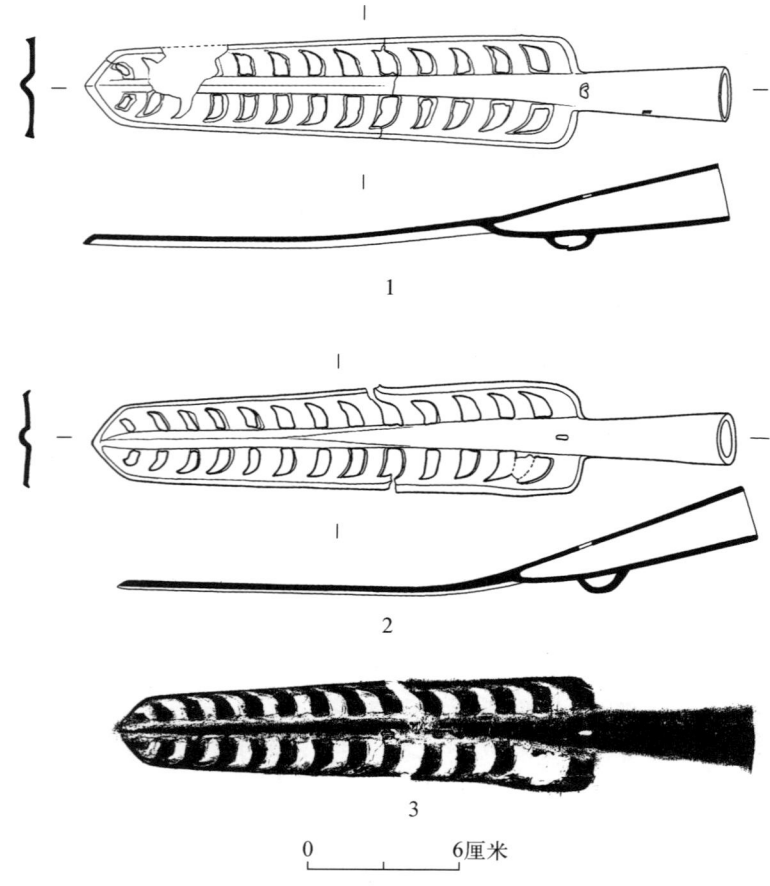

图4-318　07QSM25出土铜衡末饰

1. M25∶t30　2、3. M25∶t28及拓本

　　A型　共2件。孔下及近底端各有一条凸棱。M25∶28，长3.7、宽3.2、厚0.7厘米，正面孔长2.5、宽0.5厘米。重27克（图4-319，1）。M25∶35，长3.7、宽3.2、厚0.8厘米，正面孔长2.7、宽0.4厘米。重28.7克（图4-319，2；彩版二七一，5）。

　　B型　共3件。素面。M25∶34，长3、宽2.5、厚0.8厘米，正面孔长1.6、宽0.4厘米。重12.9克（图4-319，4）。M25D1∶052，长2.3、宽2.1、厚0.8厘米，正面孔长1.4、宽0.7厘米。重8.7克。M25D1∶054，长2.2、宽2.1、厚0.7厘米，正面孔长1.2、宽0.6厘米。重8.9克。

　　管状络饰　共5件。中通的窄圆管状，直壁，素面。形制、大小相同，编号为M25∶91～95。标本M25∶91，长0.6、径1.1厘米。重1.1克（图4-320，8）。

　　泡　共169件。正面鼓起，背空，有横梁。根据平面形状差异，分两型：

　　A型　共166件。圆形泡，背面有一条横梁。根据整体形制的不同，分六亚型：

　　Aa型　共9件。球面，有沿，素面。M25∶10，直径2.7、高0.7厘米。重7.9克（图4-320，17；彩版二七三，1）。M25∶11，直径2.6、高0.5厘米。重7.5克（图4-320，18）。M25D1∶049-

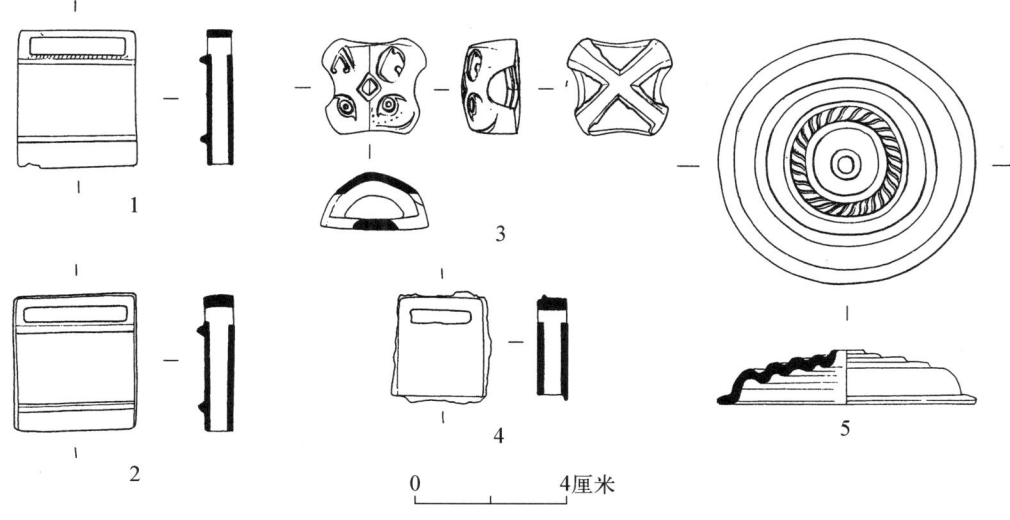

图4-319　07QSM25出土铜器

1、2. A型带扣（M25：28、35）　3. B型泡（M25D1：038）　4. B型带扣（M25：34）　5. Af型泡（M25：30-28）

1～D1：049-3，共3件，形制、大小相同。标本M25D1：049-1，直径2.6、高0.9厘米。重9.2克。M25D2：01-3～D2：01-6，共4件，形制、大小相同。标本M25D2：01-3，直径2.5、高0.5厘米。重7.1克。

Ab型　共57件。球面，无沿，素面。M25：12，直径2.9、高0.8厘米。重18.6克（图4-316，7）。M25：30-1～M25：30-6，共6件，形制、大小相同（彩版二七三，2）。标本M25：30-1，直径1.6、高0.8厘米。重5克。M25D1：09-2，直径1.5、高0.8厘米。重2.9克（图4-320，7）。M25D1：026，直径1.5、高0.7厘米。重6.7克。M25D1：028，直径1.8、高0.9厘米。重4.7克。M25D1：039，7件，形制、大小相同，标本M25D1：039-1，直径1.9、高0.8厘米。重5.6克（图4-320，9）。M25D1：040，5件，形制、大小相同，标本M25D1：040-1，直径1.9、高1.1厘米。重6.2克（图4-320，20）。M25D1：041，6件，形制、大小相同。标本M25D1：041-1，直径1.9、高0.9厘米。重5.4克（图4-320，13）。M25D1：049-4～M25D1：049-19，共16件，形制、大小相同。标本M25D1：049-4，直径2、高0.8厘米。重6.6克。M25D1：050-1～M25D1：050-11，共11件，形制、大小相同。标本M25D1：050-1，直径1.7、高0.9厘米。重5.3克。M25D2：01-7，直径1.8、高0.6厘米。重5.4克。

Ac型　共39件。球面，中部有圆形凸起，外饰一圈旋纹，无沿。M25：30-7～M25：30-10，共4件，形制、大小相同。标本M25：30-7，直径2.3、高0.9厘米。重5.3克。M25：30-11～M25：30-27，共17件，形制、大小相同。标本M25：30-11，直径2.4、高0.9厘米。重4.6克。M25D1：035，直径2.1、高0.8厘米。重5克。M25D1：027，直径2.4、高0.8厘米。重4.2克（图4-320，14）。M25D1：036，直径2.3、高0.8厘米。重5.4克（图4-320，15）。M25D1：045，

直径2.4、高0.8厘米。重4.5克。M25D1：046，直径2.4、高0.8厘米。重5.8克（图4-320，19）。M25D1：049-20～D1：049-23，共4件，形制、大小相同。标本M25D1：049-20，直径2.2、高0.8厘米。重4克。M25D1：050-12～D1：050-19，共8件，形制、大小相同。标本M25D1：050-12，直径2.3、高0.9厘米。重4.9克。M25D2：01-8，直径2.2、高0.8厘米。重5.4克。

Ad型　共14件。斜壁平顶，无沿。有大小之分，较大者正面中心有圆形凹点，外有一圈旋纹。M25D1：024，直径2.4、高0.6厘米。重10克（图4-320，10）。M25D1：025，直径2.4、高0.5厘米。重11.5克。M25D1：047，直径2.3、高0.6厘米。重13.6克（图4-320，16）。M25D1：049-23～D1：049-26，4件，形制、大小相同，标本M25D1：049-23，直径2.4、高0.7厘米。重10.6克。M25D2：016，直径2.4、高0.7厘米。重11.6克（图4-320，11）。较小者正面中心有圆形凹点或圆孔。M25：39，直径1.1、高0.4厘米。重2.5克（图4-320，2）。M25D1：02，直径1.2、高0.5厘米。重2.4克（图4-320，4）。M25D1：023，直径1.1、高0.5厘米。重2.2克（图4-320，1）。M25D1：050-20、D1：050-21，共2件，形制、大小相同，标本M25D1：050-20，直径1.1、高0.5厘米。重2.7克。M25D2：01-2，直径1.1、高0.5厘米。重2.8克（图4-320，3）。

Ae型　共45件。圆锥状，无沿，素面。M25：1，直径1.1、高1厘米。重2.4克。M25：2，直径1.1、高1.1厘米。重2.8克。M25：3，直径1.1、高1厘米。重2.1克。M25：4，直径1.2、高1.1厘米。重2.5克。M25：5，直径1.2、高1.2厘米。重2.5克。M25：6，直径1.3、高1.1厘米。重3.2克。M25：7，直径1.1、高1.1厘米。重2.7克。M25：8，直径1.2、高1厘米。重3.3克。M25：9，直径1.1、高0.9厘米。重2.2克。M25：13，直径1.2、高1.1厘米。M25：14，残，直径1.2、高1.1厘米。M25：13与M25：14锈蚀在一起，总重4.9克。M25：17，直径1.2、高1.2厘米。M25：18，直径1.2、高1.2厘米。M25：17与M25：18锈蚀在一起，总重6.1克。M25D1：029，直径1.3、高1.1厘米。重3克（图4-320，6）。M25D1：030，直径1.2、高1.1厘米。重3.6克。M25D1：031，直径1.2、高1.2厘米。重3.2克。M25D1：032，直径1、高0.9厘米。重2.6克。M25D1：033，直径1.2、高1.1厘米。重2.4克。M25D1：034，直径1.1、高0.9厘米。重2.7克。M25D1：049-27～D1：049-47，共21件，形制、大小相同。标本M25D1：049-27，直径1.2、高1.1厘米。重2.9克。M25D2：01-1，直径1.3、高1.1厘米。重2.9克（图4-320，5）。M25D2：012，共3件，形制、大小相同。标本M25D2：012-2，直径1.2、高1.1厘米。重1.9克。M25D1：050-22，残，直径1.1、高0.9厘米。重0.9克。

Af型　共2件。中央有一圆孔，器表有一周绳索纹及两周凸棱，有沿。M25：30-28，直径6.9、高1.5厘米。重78.7克（图4-319，5）。M25D1：09-1，直径6.7、高1.4厘米。重76.4克。

上述器物中M25：30-1～30-28共同出土于椁盖板西部南侧盾饰M25：32的上部，为一

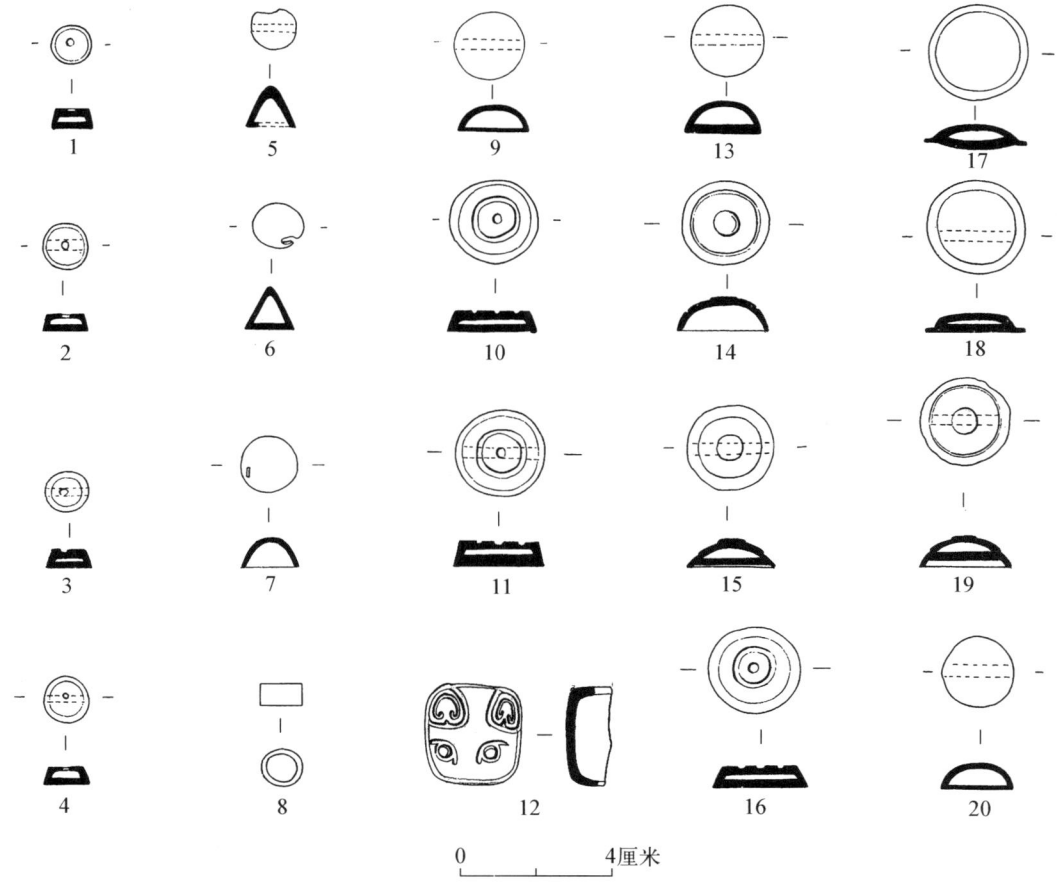

图 4-320　07QSM25 出土铜器

1～4、10、11、16. Ad 型铜泡（M25D1：023、39、D2：01-2、D1：02、D1：024、D2：016、D1：047） 5、6. Ae 型铜泡（M25D2：01-1、
D1：029） 7、9、13、20. Ab 型铜泡（M25D1：09-2、D1：039-1、D1：041-1、D1：040-1） 8. 管状络饰（M25：91）
12. B 型铜泡（M25：t22） 14、15、19. Ac 型铜泡（M25D1：27、D1：036、D1：046） 17、18. Aa 型铜泡（M25：10、11）

组铜泡。M25D1：049-1～D1：049-47 共同出土于盗洞 D1 内，可能为一组铜泡。M25D1：
050-1～D1：050-22 出土于盗洞 D1 内，可能为一组铜泡。

　　B 型　共 3 件。兽面形泡。虎首形，背面有 "X" 形横梁。M25D1：038。长 2.8、宽 2.6、高
1.6 厘米。重 18.2 克（图 4-319，3）。M25：t22，长 2.8、宽 2.5、高 1.2 厘米。重 16.1 克（图 4-320，
12）。M25D1：051，长 2.7、宽 2.5、高 1.4 厘米。重 13.9 克。

　　铃　共 7 件。铃体为合瓦形，两侧斜张，底部为弧形凹口，顶部有半环形钮，顶内壁有半环
以系铃坠，器身素面，器壁有小孔。M25：26，钮宽 1.7、高 1.6 厘米，顶宽 3.3、底宽 5、通高 7.3 厘
米。重 139.7 克（图 4-321，1；彩版二七三，3）。M25：48，被压扁，器表残留织物痕迹。钮宽 2、
高 1.5 厘米，顶宽 3、底宽 6.8、通高 6.2 厘米。重 93 克（图 4-321，3）。M25：49，残，底宽 5.5、通
高 6.2 厘米。重 85 克（图 4-321，2）。M25：50，残，锈蚀严重。残高 7.3 厘米。重 84.5 克（图 4-
324，10）。M25：51，器表残留织物痕迹。钮宽 2.2、高 1.6 厘米，顶宽 3.3、底宽 6.2、通高 8 厘米。

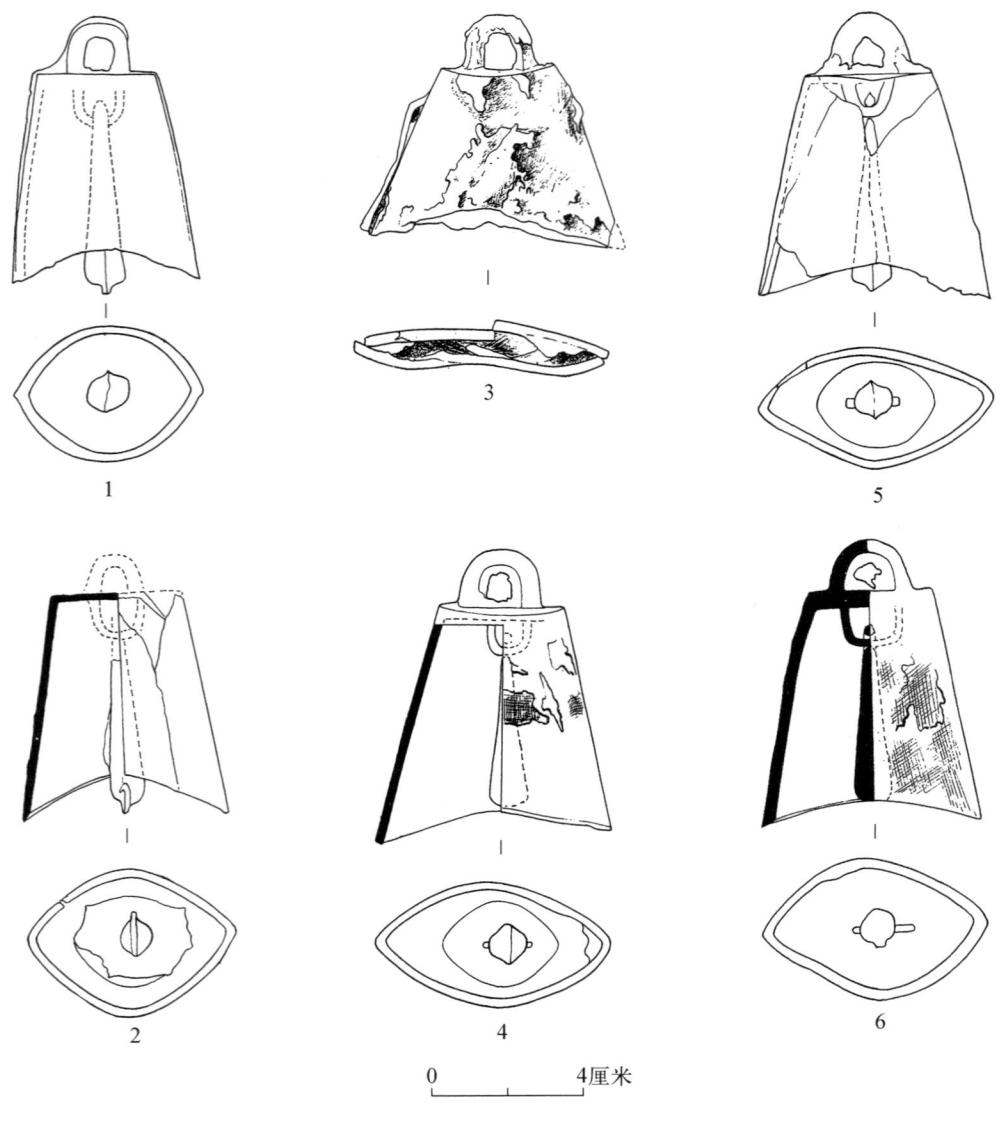

图4-321　07QSM25出土铜铃

1～6. M25：26、49、48、51、53、52

重114.9克（图4-321，4；彩版二七三，4）。M25：52，器表残留织物痕迹。钮宽2.2、高1.4厘米，顶宽3.2、底宽6、通高7.7厘米。重123.6克（图4-321，6）。M25：53，钮宽2.1、高1.7厘米，顶宽3.4、底宽6.2、通高7.8厘米。重102.7克（图4-321，5）。

　　镜　共7件。圆形片状，镜面微鼓，背面中心有桥形钮，素面。M25：15，残，厚0.1、钮长2.1厘米。重19.5克（图4-322，3）。M25：16，残，直径8.1、厚0.1、钮长1.3厘米。重46.7克（图4-323，2；彩版二七四，1）。M25：19，直径9.4、厚0.2、钮长2厘米。重69.2克（图4-322，4；彩版二七四，2）。M25：21，器表残存"人"字形席痕。直径9.4、厚0.1、钮长2.3厘米。重70克（图4-323，3）。M25：31，直径9.6、厚0.1、钮长2.1厘米。重68克（图4-322，2）。M25：33，残，直

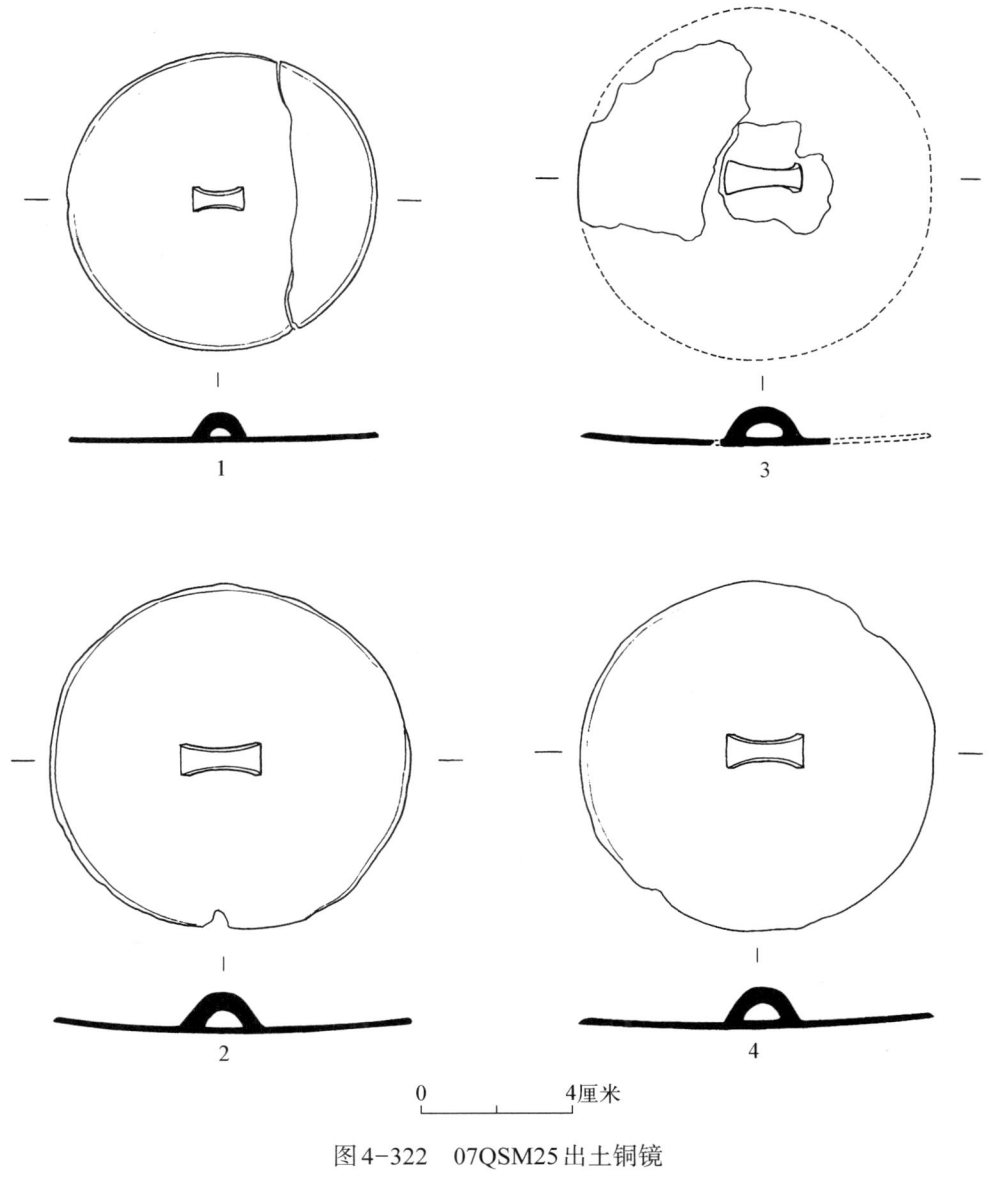

0   4厘米

图4-322　07QSM25出土铜镜

1～4. M25：37、31、15、19

径8.1、厚0.1、钮长1.4厘米。重38.6克（图4-323，1；彩版二七四，3）。M25：37，残，直径8.2、厚0.1、钮长1.3厘米。重56.3克（图4-322，1）。

　　鱼　共15件。形制相同，均为鱼的平面形状，鱼身短胖，嘴平直，单背鳍宽长且镂空，腹鳍、臀鳍短小，尾分叉，素面，眼有穿孔。M25：79，长5.4、宽2、厚0.2厘米。重4.4克（图4-324，9）。M25：80，长4、宽1.8、厚0.1厘米。重2.7克（图4-324，1）。M25：81，鳍残，长4.1、残宽1.7、厚0.1厘米。重3.3克（图4-324，2）。M25：82，长4.3、宽1.9、厚0.1厘米。重3.9克（图4-324，3）。M25D1：021，长4.2、宽1.8、厚0.1厘米。重3.5克（图4-324，4；彩版二七一，

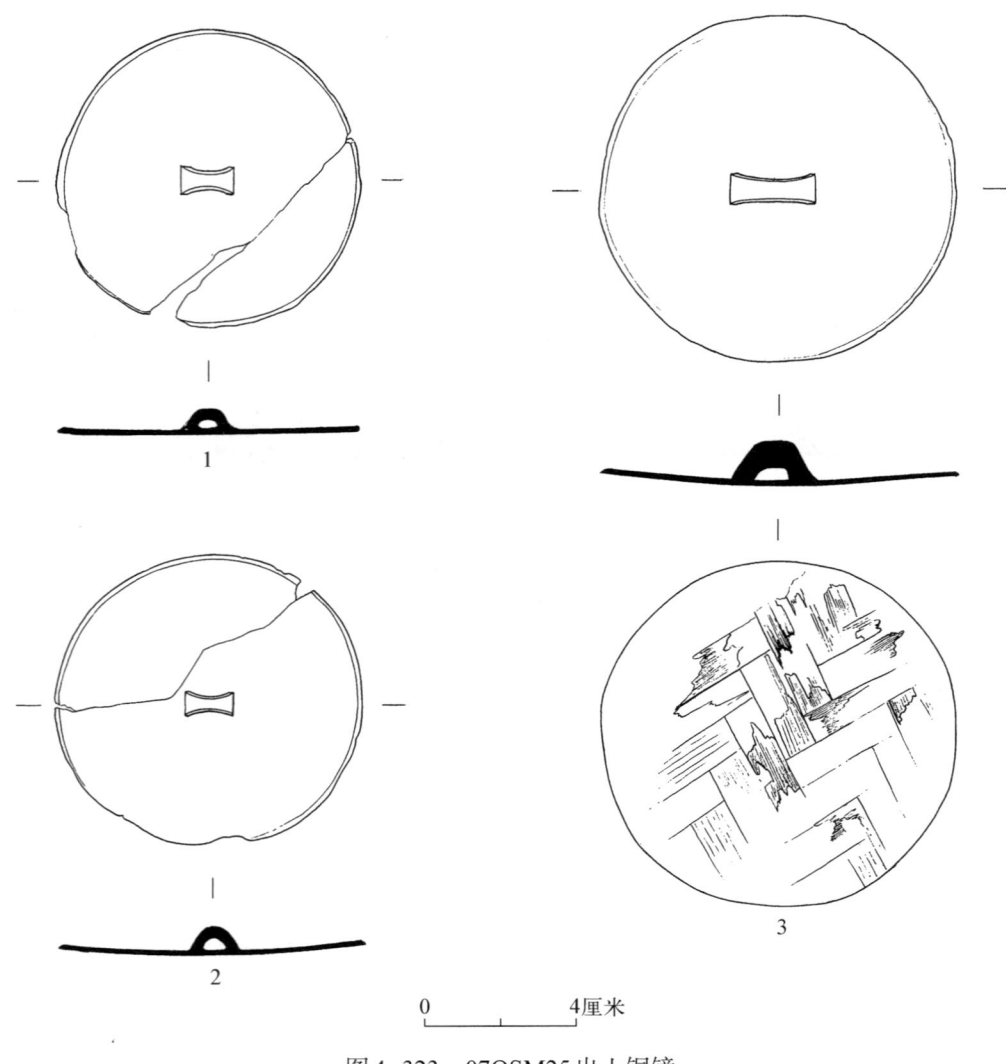

图4-323 07QSM25出土铜镜

1~3. M25：33、16、21

6)。M25D2：024，尾稍残，长4.1、宽1.9、厚0.1厘米。重3.9克（图4-324，5）。另有M25：83（1件）、M25：84（1件）、M25：85（1件）、M25：86（1件）、M25：87（1件）、M25：88（1件）、M25：89（1件）、M25：90（1件）、M25D1：053（1件），仅残存鱼头。

锥 1件（M25D1：042）。残，长条形四棱锥状。残长6.5厘米。重8.8克（图4-324，11）。

圆环 1件（M25：57）。圆环状，环极细。径2.2厘米。重1克（图4-324，6）。

兽面饰 1件（M25D1：044）。残，正面如泡状鼓起，饰兽面，曲眉圆目，宽鼻，背面内凹。残长7.1、残宽4.6厘米。重31.5克（图4-324，12）。

铜饰 1件（M25D2：015）。残，多齿状，正面鼓，背面平，器表有朽木痕迹。残长4.3厘米。重12.9克（图4-324，8）。

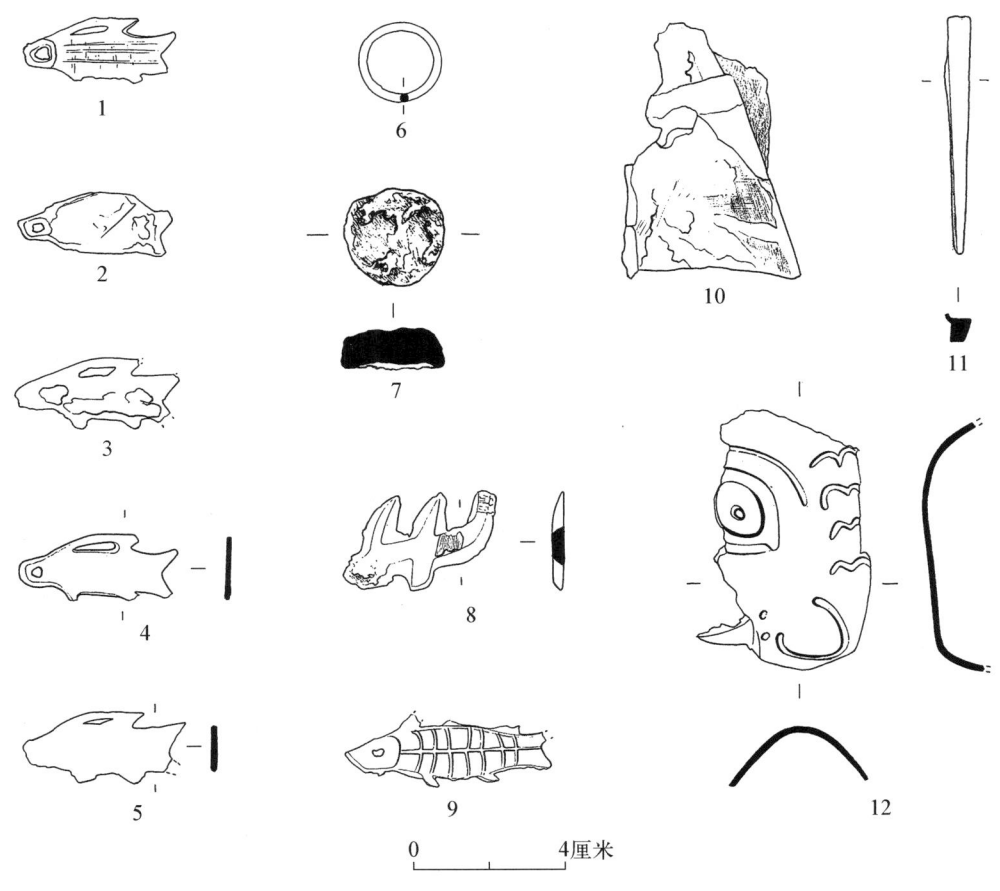

图4-324　07QSM25出土铜器

1～5、9.鱼（M25：80、81、82、D1：021、D2：024、79）　6.环（M25：57）　7.铜块（M25D2：025）
8.铜饰（M25D2：015）　10.铃（M25：50）　11.锥（M25D1：042）　12.兽面铜饰（M25D1：044）

铜块　1件（M25D2：025）。不规则块状，质地疏松，器表锈蚀严重。残长2.6厘米。重13.4克（图4-324，7）。

（2）玉石器

玉璜　1件（M25D1：03）。乳白色，弧形，弧长大致相当于整圆的三分之一，两端各有一圆形穿孔，单面钻。长7、厚0.4厘米（图4-325，4；彩版二七五，1）。

玉环　1件（M25D1：01）。残，绿色，夹杂褐色斑纹。环外缘微内凹，横截面近梯形。环宽0.9、残长4.3、厚0.8厘米（图4-325，3；彩版二七五，2）。

玉鱼　共12件。均为鱼的平面形状，根据整体形态，分三型：

A型　共4件。鱼身很长，腹背近直，尾分叉，嘴部有穿孔，以阴线刻出鱼目、鳃、背鳍、腹鳍、臀鳍。M25：55、56，形制、大小、质地基本相同，均为黑色。M25：55，长11.4、宽1.5、厚0.3厘米（图4-325，19、20；彩版二七五，4）。M25：56，长11.4、宽1.6、厚0.3厘米（图4-325，21；彩版二七五，3）。M25D1：04，仅残存鱼头，灰白色。残长4.1、宽1.7、厚0.3厘米（图4-325，1）。

M25D1：06，残，墨绿色。宽1.4、厚0.3厘米（图4-325，17、18）。

B型　1件（M25D2：019）。墨绿色夹杂黑斑，鱼身短胖，弧背鼓腹，尾分叉，嘴部有穿孔，以阴线刻出鱼目、鳃、背鳍、腹鳍、臀鳍。长7.7、宽2.6、厚0.5厘米（图4-325，15、16；彩版二七五，5）。

C型　共7件。灰白色，鱼身较长，腹背近直，尾分叉，头部有穿孔，素面。M25D1：043，长7.6、宽1.5、厚0.6厘米（图4-325，8；彩版二七五，6）。M25D1：048，残存鱼头，残长3.4、宽1.1、厚0.4厘米（图4-325，2）。M25D2：018，残，残长5.7、残宽1.2、厚0.4厘米（图4-325，10）。M25D2：023，长6.5、宽1.5、厚0.4厘米（图4-325，9）。M25D2：040，残存鱼尾，残长5.3、宽1.4、厚0.3厘米（图4-325，11）。M25D2：059，长4.9、宽1.5、厚0.4厘米（图4-325，7）。M25D2：060，长4.4、宽1.6、厚0.4厘米（图4-325，14）。

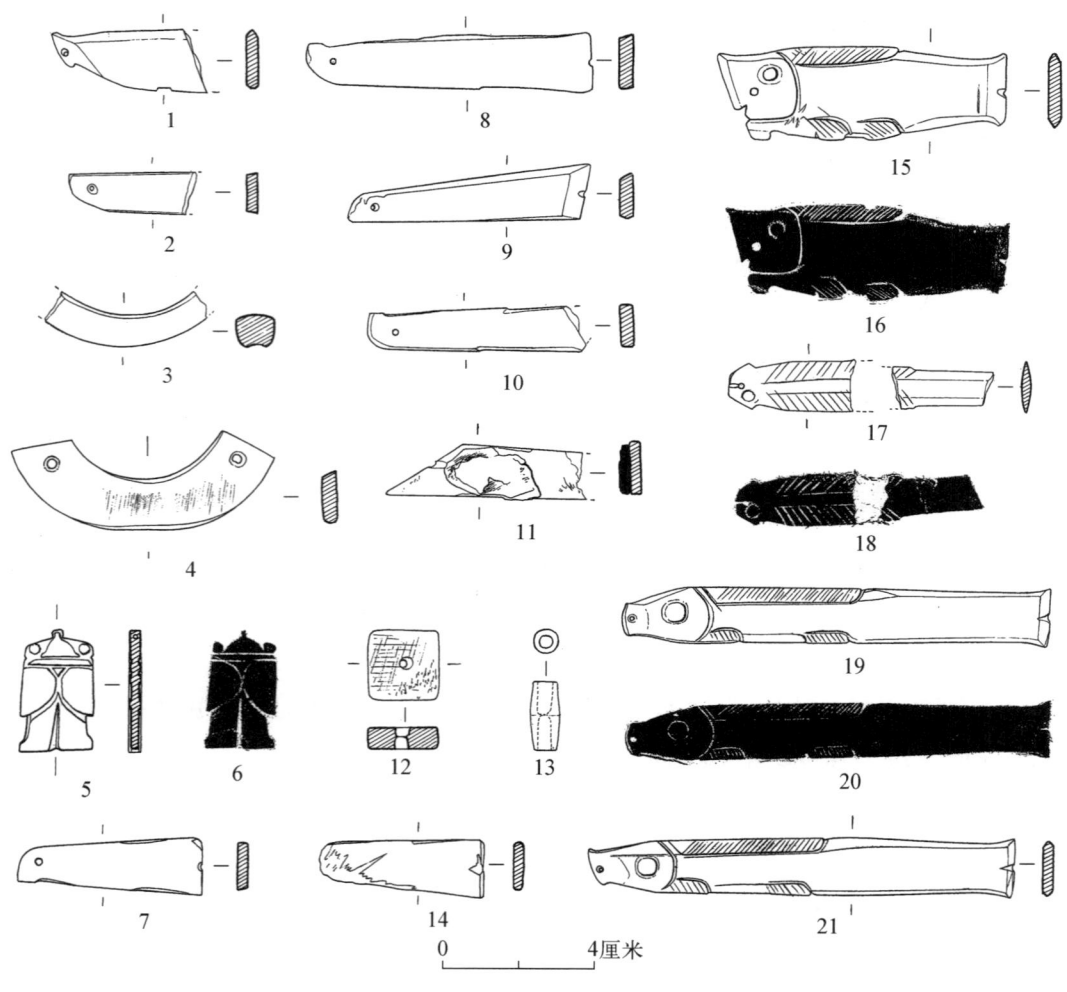

图4-325　07QSM25出土玉器

1、21. A型鱼（M25D1：04、56）　2、7～11、14. C型鱼（M25D1：048、D2：059、D1：043、D2：023、D2：018、D2：040、D2：060）
3. 环（M25D1：01）　4. 璜（M25D1：03）　5、6. 蝉（M25D1：05）及拓本　12. 方形玉饰（M25D1：08）　13. 玛瑙管（M25D1：07）
15、16. B型鱼（M25D2：019）及拓本　17、18. A型鱼（M25D1：06）及拓本　19、20. A型鱼（M25：55）及拓本

玉蝉　1件（M25D1∶05）。黄绿色，小嘴凸出，嘴上穿一孔，圆目，两面均阴线刻出头、双翅及尾部。长3.3、宽1.9厘米（图4-325，5、6；彩版二七六，1）。

方形玉饰　1件（M25D1∶08）。乳白色，方形，中部有一圆形穿孔，双面钻，器表较粗糙。边长1.8、孔径0.3厘米（图4-325，12）。

玛瑙管　1件（M25D1∶07）。红色，圆管状，中部略鼓起。长1.8、径0.65厘米（图4-325，13；彩版二七六，2）。

石磬　均为残块，2块。M25D2∶014，残，两面平齐，均较光滑，有一圆形穿孔，单面钻。残长7.5、厚2.3、孔径1.7～2厘米（图4-326，1；彩版二七六，4）。M25D2∶020，残，两面平齐，一面较光滑，一面较粗糙。残长11.3、厚2.45厘米（图4-326，2）。

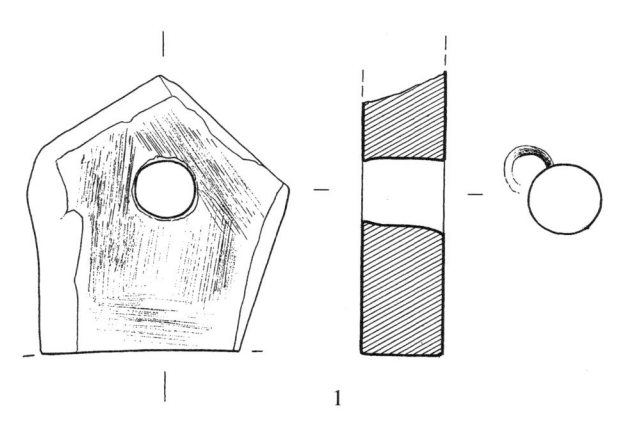

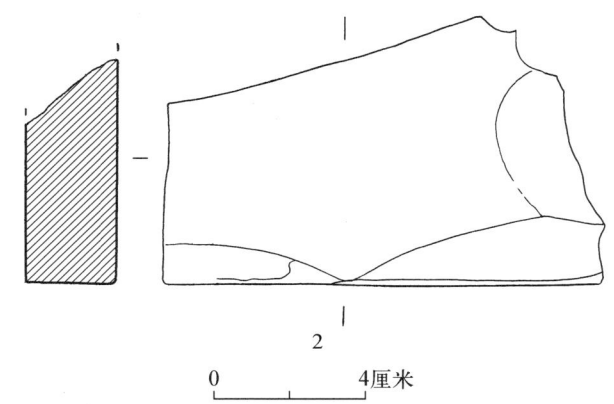

图4-326　07QSM25出土石磬
1、2. M25D2∶014、D2∶020

（3）原始瓷器

豆　1件（M25D2∶02-1）。残，灰白胎，青灰色釉。直口方唇，浅折盘，盘壁内凹，素面。残高3.3厘米（图4-327，2）。

残片　1件（M25D2∶02-2）。残，器类不明。灰白胎，浅黄色薄釉。局部隐约可见细绳纹。残长5.64、残宽4.9厘米（图4-327，1）。

（4）陶器

联裆鬲　1件（M25D2∶011）。夹砂灰陶。折沿近平，方唇，微束颈，弧腹，联裆，圆柱状足根，足尖末端略外扩，近疙瘩状。沿外侧及口下抹光，腹部饰竖行绳纹，与三足对应的腹部饰圆形泥饼。口径14.9、高12.3厘米（图4-327，3；彩版二七六，3）。

（5）蚌贝器

蚌泡　共10件。圆形，正面鼓起成球面，背面平，中部有一圆形穿孔。分两型：

A型　共7件。素面。M25∶24，出土于椁盖板上西部，直径1.9、厚0.6厘米（图4-328，8）。M25D2∶03，直径2.4、厚0.6厘米（图4-328，7）。M25D2∶04，正面残，直径2.1、厚0.5厘米（图4-328，3）。M25D2∶05，直径1.8、厚0.8厘米（图4-328，5）。M25D2∶06，直径1.9、厚0.4厘米（图4-328，1）。M25D2∶07，直径2、厚0.6厘米（图4-328，2）。M25D2∶09，正面残，直径1.6、

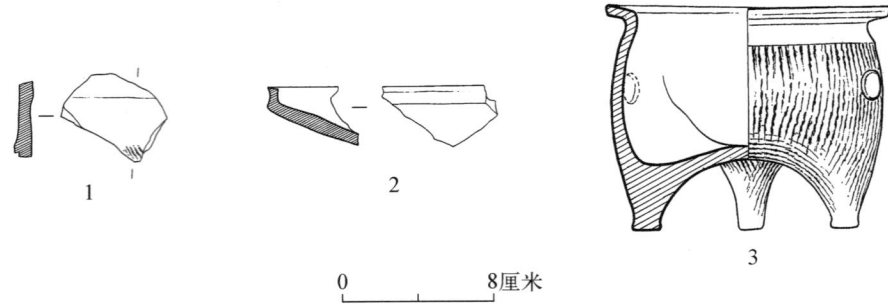

0 _____ 8厘米

图4-327　07QSM25出土陶、原始瓷器

1. 原始瓷片（M25D2∶02-2）　2. 原始瓷豆（M25D2∶02-1）　3. 陶联裆鬲（M25D2∶011）

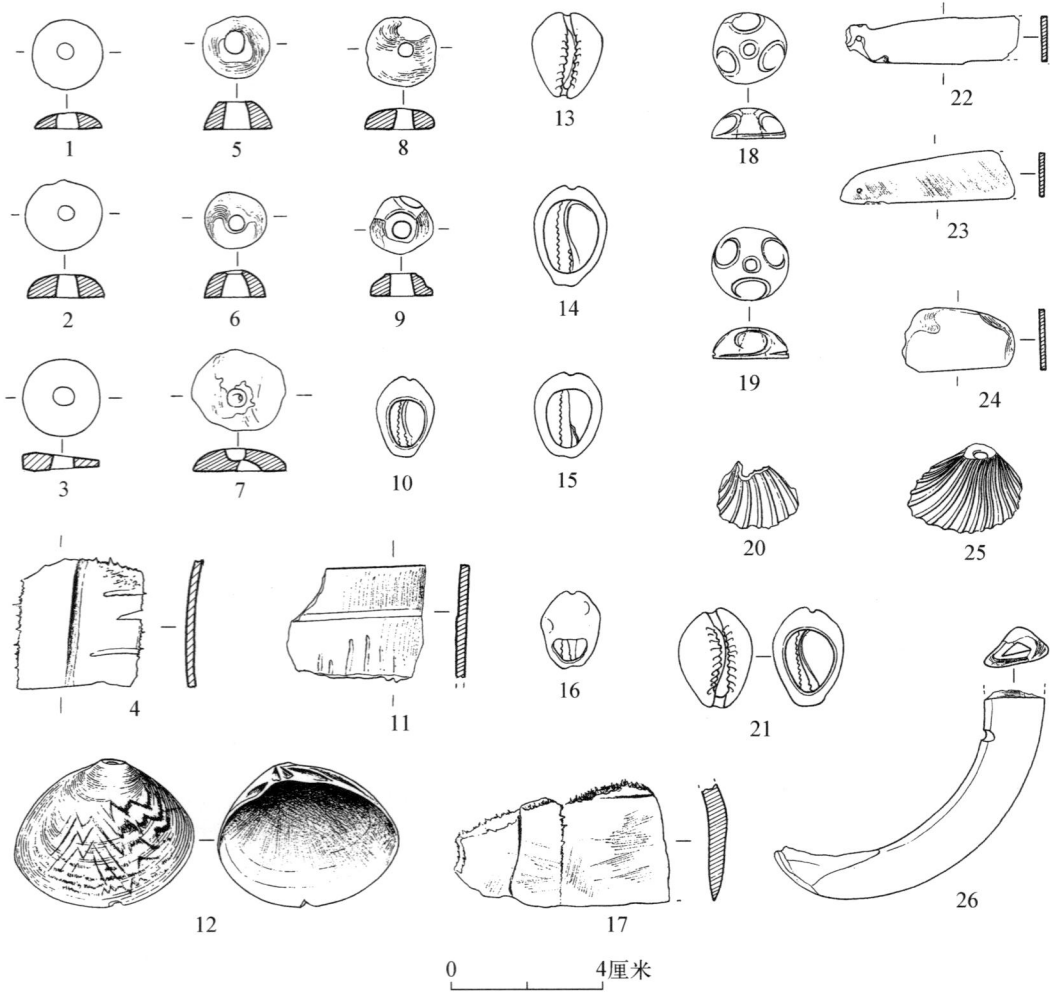

0 _____ 4厘米

图4-328　07QSM25出土蚌贝、骨牙器

1~3、5~8. A型蚌泡（M25D2∶06、D2∶07、D2∶04、D2∶05、D2∶09、D2∶03、24）　4、11、17. 龟甲（M25D2∶017-2、
D2∶017-1、D2∶027）　9. B型蚌泡（M25D2∶010-9）　10、13~15、21. A型海贝（M25D2∶010-1、D2∶041、58、D1∶011、38）
12. 文蛤（M25D1∶020）　16. B型海贝（M25∶43）　18、19. B型蚌泡（M25∶40、36）　20、25. 毛蚶（M25D2∶010-10、D1∶010-1）
22~24. 蚌鱼（M25D2∶029、D2∶028、D2∶08）　26. 野猪牙（M25D2∶061）

厚0.7厘米（图4-328,6）。

B型　共3件。正面饰涡纹。M25：36,出土于椁盖板上西部,直径2、厚0.9厘米（图4-328,19）。M25：40,出土于椁盖板上西部,直径2、厚0.8厘米（图4-328,18）。M25D2：010-9,残,直径1.6、厚0.6厘米（图4-328,9）。

蚌鱼　共13件。均出土于盗洞内。鱼身较长,腹背近直,头部有穿孔。M25D2：08,残,残长2.9厘米（图4-328,24）。M25D2：028,由D2：022和D2：028拼合而成,编为D2：028,长4.6厘米（图4-328,23）。M25D2：029,长4.6厘米（图4-328,22）。另有M25D2：030～D2：039（10件）。

海贝　共62件。白色,腹面两唇内卷,唇缘有细齿,背面圆鼓,有一穿孔。根据穿孔形制,分两型：

A型　共37件。背部鼓出部分被磨平,形成大穿孔。M25：38,出土于椁盖板上西部。长2.8、宽2厘米（图4-328,21）。M25D1：011～D1：019,9件,标本M25D1：011,长2.3、宽1.8厘米（图4-328,15）。另有M25：58～69（12件）（图4-328,14）、M25D2：010-1～D2：010-8（8件）（图4-328,10）、M25D2：041～D2：047（7件）（图4-328,13）。

B型　共25件。背部有一个较小的穿孔。M25：43～47,5件,标本M25：43,长2.1、宽1.5厘米（图4-328,16）。另有M25：70～78（9件）、M25D2：048～D2：058（11件）。

毛蚶　共4件。白色,底部有一穿孔。M25D1：010,3件（彩版二七六,5）。标本M25D1：010-1,长3、宽2.5厘米（图4-328,25）。M25D2：010-10,残长2.1、残宽1.8厘米（图4-328,20）。

文蛤　1件（M25D1：020）。白色,有褐色花纹,底部有一穿孔。长4.8、宽4厘米（图4-328,12;彩版二七六,6）。

（6）骨牙器

龟甲　共3片,均为残片。均为腹甲。M25D2：017-1,有一道刻槽,残长3.5,残宽3厘米（图4-328,11）。M25D2：017-2,有一道刻槽,残长3.5,残宽3厘米（图4-328,4）。M25D2：027,残长5.7、残宽3.2厘米（图4-328,17）。

野猪牙　1枚（M25D2：061）。弯曲呈弧形,无加工痕迹。嚼面近中点至齿根长8.4厘米（图4-328,26）。

（7）车

为拆车葬,墓室填土内至少埋葬两条车衡,编号为衡1、衡2。墓室填土东部还发现2组形制相同的铜轙与铜轭箍,从位置看,这里或许还有一条车衡。

衡1,含两端衡矛长210厘米。两端分别装配铜矛形衡末饰1件（t28、t30）。

衡2,位于衡1以东,仅局部可见朽木痕迹,车衡长度不明,但可知不短于125厘米。衡上装配多种铜车饰,有衡中饰1件（t3）、轙2套、轭饰2套。南部的轙（t4、t5）西侧有1件轭箍（t1）、2件轭脚（t13、t14）组成的一套轭饰,北部的轙（t6、t7）西侧有1件轭箍（t2）、2件轭脚（t15、t16）

组成的一套轭饰(彩版二六八,2)。

8. 墓葬年代

车害 M25:t18、t19、t20,器身修长,外节远长于内节,外节微束腰,饰蕉叶纹,顶面弧鼓,为西周早期特征[1]。车害 M25:t26、t27,器身较长,内节略长于外节,素面,流行于西周早中期。铜銮铃的座顶部明显宽于颈部,这种特征自西周中期开始流行。结合陶联裆鬲的形制,判断墓葬年代为西周中期偏早。

4.4.20　07QSM26

1. 墓位与盗扰情况

该墓位于宋家墓地西部。东南与墓葬规模更大的 M15 相邻,两墓相距约 3.9 米,西距 M88 约 2.4 米,南距 M87 约 0.3 米,东南距 M21 约 2.3 米,东距 M22 约 4.2 米。

墓内共有 2 个盗洞,编号为 D1、D2。两个盗洞的口部都近圆形,最大径均约 1 米(图 4-329;彩版二七七)。根据两个盗洞的盗扰位置与椁盖板的保存情况可推知,两个盗洞的年代相距甚远。

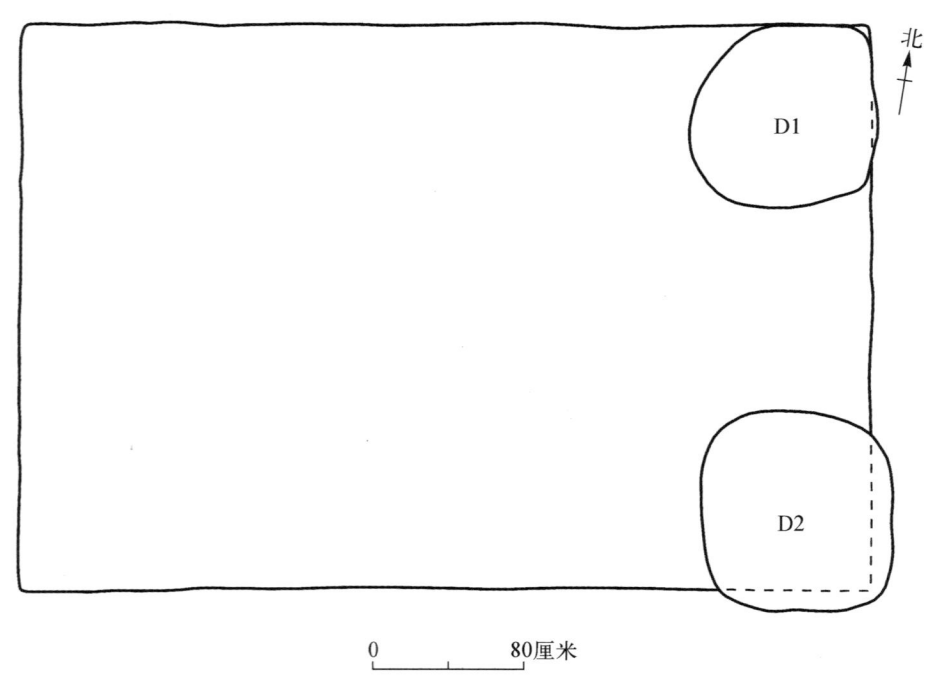

0　　　　80厘米

图 4-329　07QSM26墓口平面图

---

[1] 吴晓筠:《商至春秋时期中原地区青铜车马器形式研究》,《古代文明》第 1 卷,文物出版社,2002 年,第 180～277 页。

第一次被盗的盗洞为D2，被盗时椁盖板尚未腐朽，可能在下葬后不久即被盗。D2从墓口东南角直下至二层台处，再向西北分上下两路盗扰，一路打破椁盖板东南角钻入椁室内，将墓葬严重盗扰，扰乱人骨，另一路横扫椁盖板顶面及二层台面（图4-330）。故棺椁内虽被盗，但椁盖板未遭完全破坏，椁盖板上又散布大量遗物（图4-331）。

第二次被盗的盗洞为D1，被盗时椁盖板已完全腐朽塌陷至椁室底部。D1从墓口东北角直下至二层台上部，再向西大范围盗扰与原椁盖板高度相当的区域，由于这时的椁盖板已完全塌陷至椁底，故椁盖板未遭第二次破坏，考古发现的椁盖板仍保存较好（图4-332）。

2. 墓向与墓葬形制

东西向，墓向82°。

长方形竖穴土坑墓，墓口小于墓底。斜壁，呈袋状，未见修整痕迹。平底。墓底四周有熟土二层台，台高1.68米。墓口长4.5、宽3.1米，面积约14平方米。墓底长5、宽3.4米，面积17平方米。墓口距地表0.6、自深7.44米。

3. 填土

墓内填土为褐色，未经夯打。

4. 葬具

一棺一椁。棺椁均东西向放置。

椁长343、宽192、高165厘米。椁盖板共15块，均南北向横向放置，由西向东长、宽依次为205×42、88×17、213×28、183×24、185×25、186×21、186×14、186×12、242×30、250×29、221×22、209×18、131×18、123×26、148×41厘米。椁端板长出侧板。北侧板长316、厚14厘米，南侧板长316、厚14厘米，西端板长204、厚14厘米，东端板长204、厚12厘米。椁底板共11块，均东西向纵向放置，由北向南长、宽依次为430×16、431×24、430×19、432×25、431×20、430×22、428×27、429×23、430×22、433×22、434×21厘米，厚均为6厘米（彩版二七八，1）。

棺长236、宽109、残高77厘米。北侧板长236、厚6厘米，南侧板长236、厚6厘米，西端板长98、厚6厘米，东端板长98、厚6厘米（图4-333）。

椁下有两条南北向垫木槽，东西平行，内置东西两根长方形垫木。西部垫木长290、宽20、厚18厘米，东部垫木长293、宽22、厚18厘米，两垫木间距187厘米。

二层台上残存有席痕。

5. 人骨遗骸

墓主人骨被扰乱，仅在棺椁之间发现少量肢骨朽痕。性别、年龄等不明。

6. 随葬品位置

棺椁之间发现多组穿饰，应为棺饰。南北两侧棺椁之间东端分别出土一组海贝（13），共52件，应为两组串饰，位置南北相对。东西两侧棺椁之间中部分别出土一组毛蚶（19），共356件，

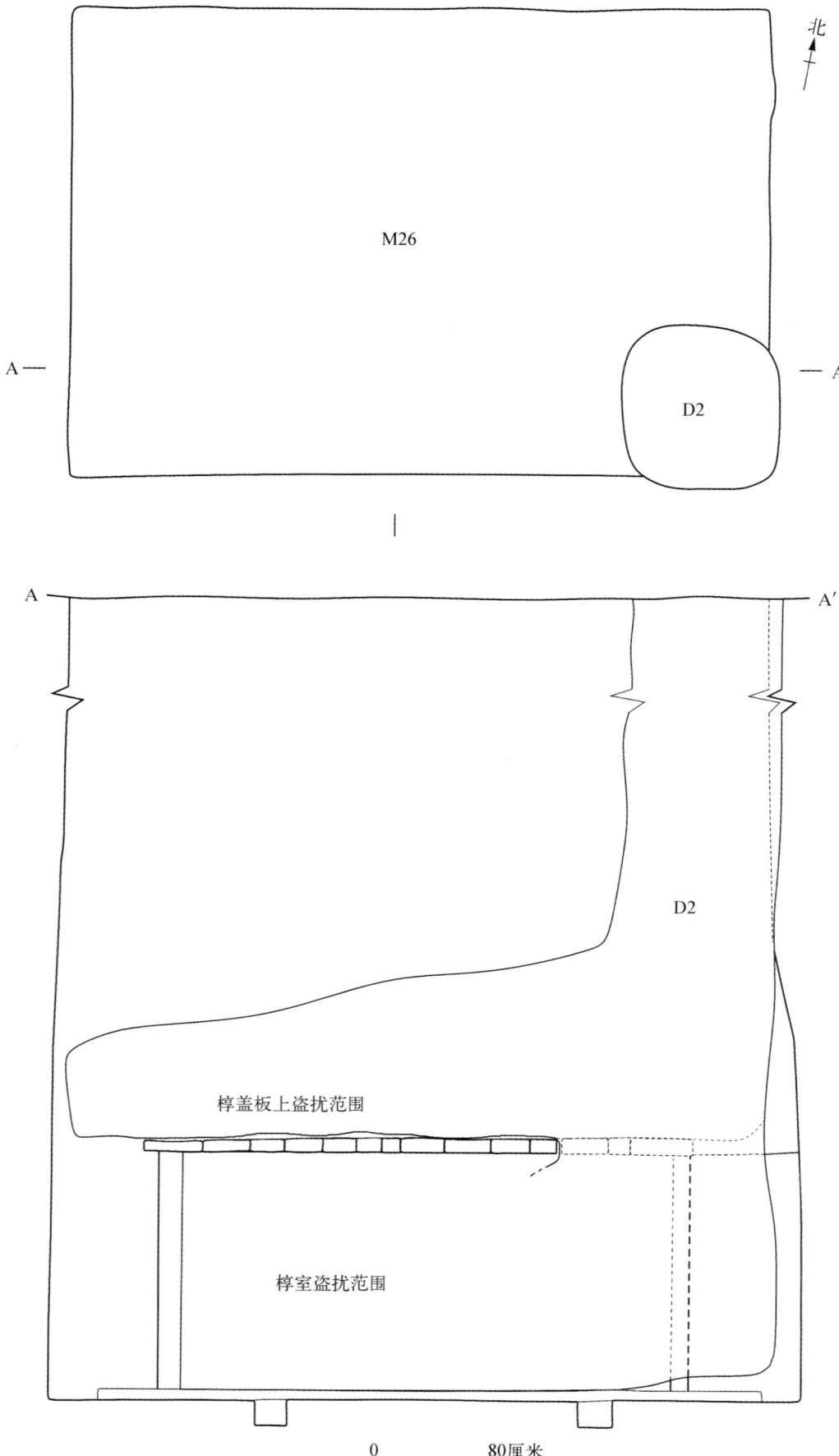

图 4-330 07QSM26 第一次被盗（盗洞 D2）情况示意图

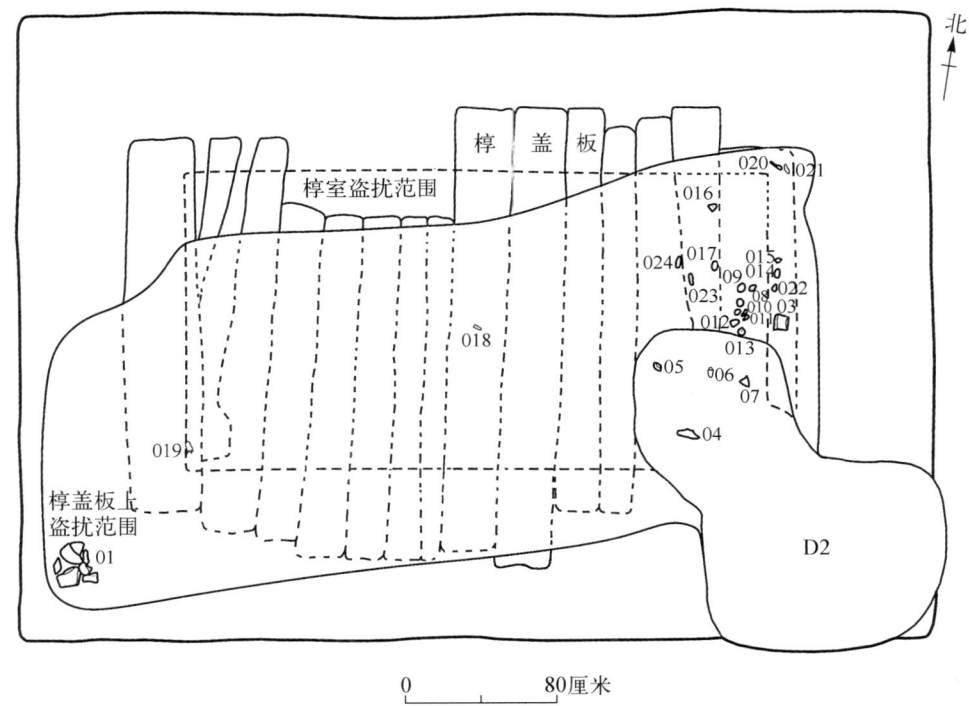

图4-331 07QSM26第一次被盗（盗洞D2）遗物分布图

01、06、07、017. 原始瓷片 010、015. 陶联裆鬲 03. 原始瓷豆 04、019、022. 铜鱼
05、014、018. 海贝 020、021、023、024. 蚌鱼 08、09、011～013、016. 蚌泡

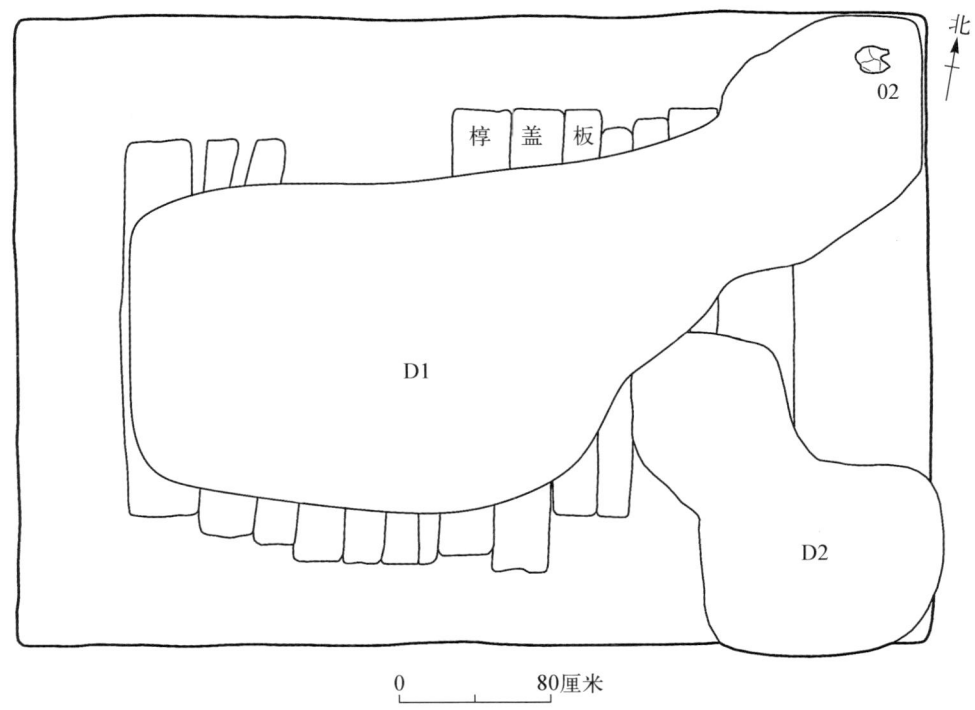

图4-332 07QSM26第二次被盗（盗洞D1）遗物分布图

02. 陶鬲残片

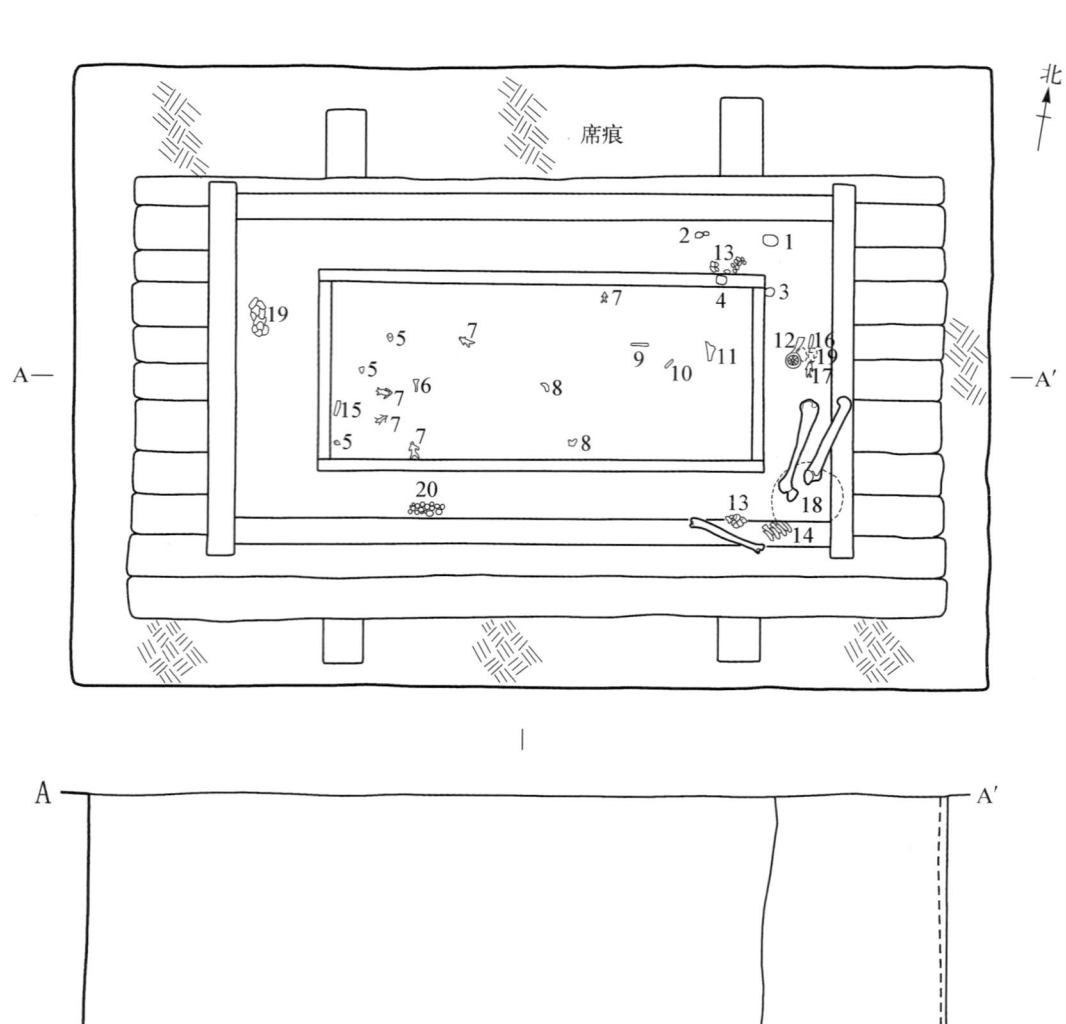

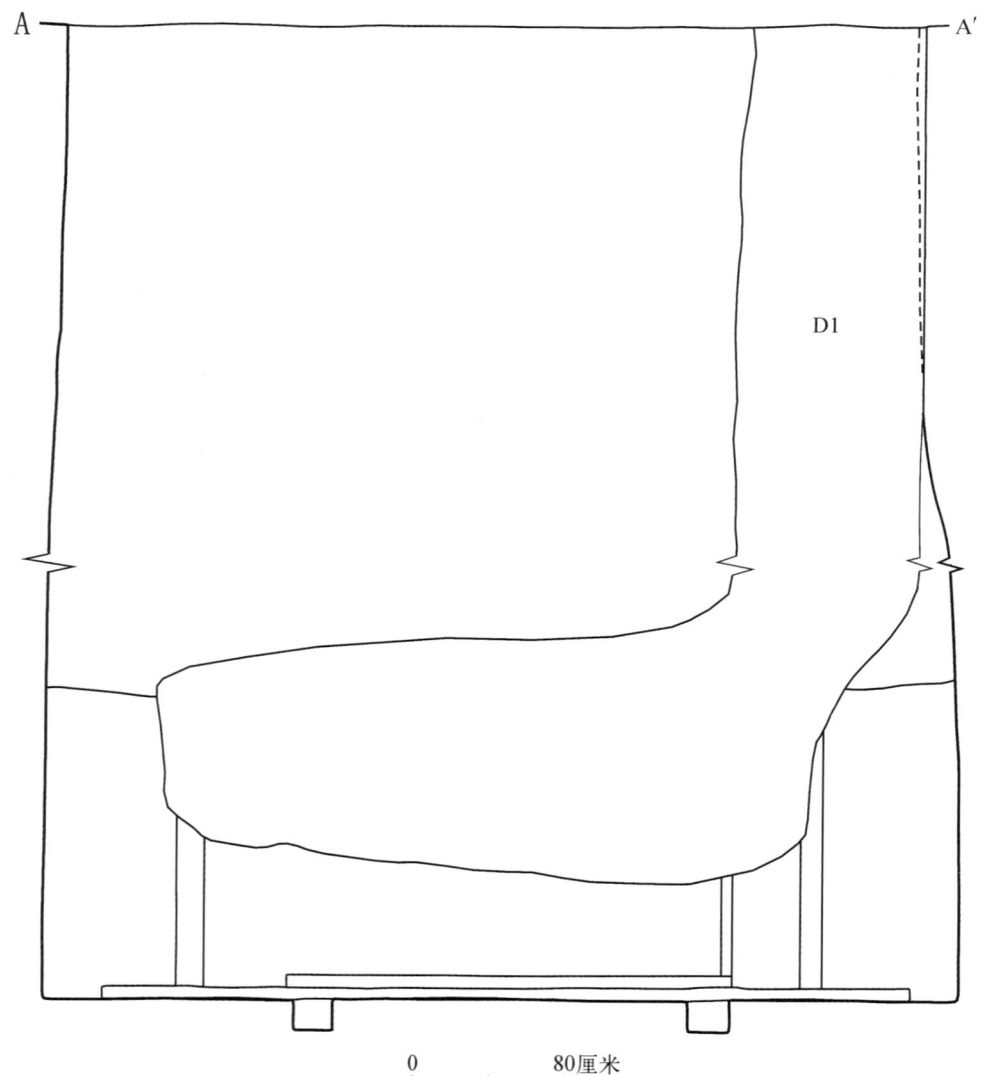

图 4-333　07QSM26 墓室平面、剖视图

1、2、5、13. 海贝　3、6、14、16. 蚌鱼　4. 骨饰　7、17. 铜鱼　8. 龟甲　9. 玉鱼　10、11. 玉鸟　12. 铜銮铃
15. 蚌柱　18-1、18-3、18-4. 铜泡　18-2. 铜带扣　19. 毛蚶　20. 钟螺、海贝

位置东西相对,其中东端毛蚶还与铜鱼(17)、蚌鱼(16)集中出土,应为成组串饰。南侧棺椁之间中部略偏西处出土钟螺263件、海贝5件(20),应为一组串饰。此外,棺椁之间东北部出土海贝28件(1、2)、蚌鱼3件(3)、骨饰1件(4)。棺椁之间东南部出土铜泡18件、铜带扣2件(18)、蚌鱼7件(14)。东侧棺椁之间中部出土铜銮铃1件(12)。

棺内被扰严重,出土玉鸟2件(10、11)、玉鱼1件(9)、铜鱼45件(7)、龟甲5片(8)、蚌鱼10件(6)、海贝41件(5)、蚌柱1件(15),其中铜鱼等器原应放置于棺外。

盗洞D1内出土陶鬲残片1件(02)。

盗洞D2内出土大量遗物,出土于椁盖板上者有原始瓷豆4件(03-1～03-4)、原始瓷片3件(06、07、017)、铜鱼3件(04、019、022)、海贝3件(05、014、018)、蚌泡6件(08、09、011、012、013、016)、陶片2件(010、015)、蚌鱼4件(020、021、023、024)、玉鱼1件(025)、玉犀首1件(026)、玉璜1件(027),出土于二层台上者有原始瓷片1件(01)。

7. 随葬品介绍

随葬品有青铜器、玉器、原始瓷器、陶器、骨蚌贝器共五类。

(1)青铜器

銮铃 1件(M26∶12)。残,椭圆形铃球两面中央各有一圆孔,正面圆孔外环绕八个辐射状三角形镂孔,铃球内有一铃丸,周围绕以扁平宽边,上有火焰状镂孔。中部为粗高颈,上薄下厚。下部为梯形高座,中空成长方銮口,座正反两面较宽,侧面较窄,四面中央各有一条竖行弦纹,侧面近底部有对穿圆孔,正反两面上部各有一个钉孔。铃长径9.2、短径7.9、厚3.7厘米,座高6.8厘米,座底长3.7、宽2.9厘米,通高16.3厘米。重219.4克(图4-334,10;彩版二七八,2)。

泡 共18件。正面鼓起,背空,有横梁。

A型 共2件。圆形,正面鼓起呈球面,有沿,背面有一条横梁。M26∶18-1、18-2,共2件,M26∶18-1,直径5.5、高1.2厘米。重43.6克(图4-334,7;彩版二七九,1)。M26∶18-2,直径5.4、高1.2厘米。重47.9克。

B型 1件(M26∶18-18)。圆形,正面鼓起呈球面,饰一周旋纹,无沿,背面有一条横梁。直径2.1、高0.7厘米(图4-334,8;彩版二七九,3)。

C型 共15件。长方形板上并列两个圆形泡,泡背面各有一条横梁。M26∶18-3～18-17,共15件,形制、大小基本相同。标本M26∶18-3,长7.5、宽2.8、高0.9厘米。重38.1克(图4-334,9;彩版二七九,2)。

带扣 共2件。扁长方形,中空,有顶无底,正反两面近顶端有长条形孔。M26∶18-19,长3.1、宽3、厚1.2厘米,孔长2.4、宽0.6厘米。重26.9克(图4-334,4)。M26∶18-20,长3.2、宽3.1、厚1.2厘米,孔长2.9、宽0.7厘米。重28.4克。

上述器物M26∶18-1～18-20均出土于棺椁之间东南部,可能为一组。

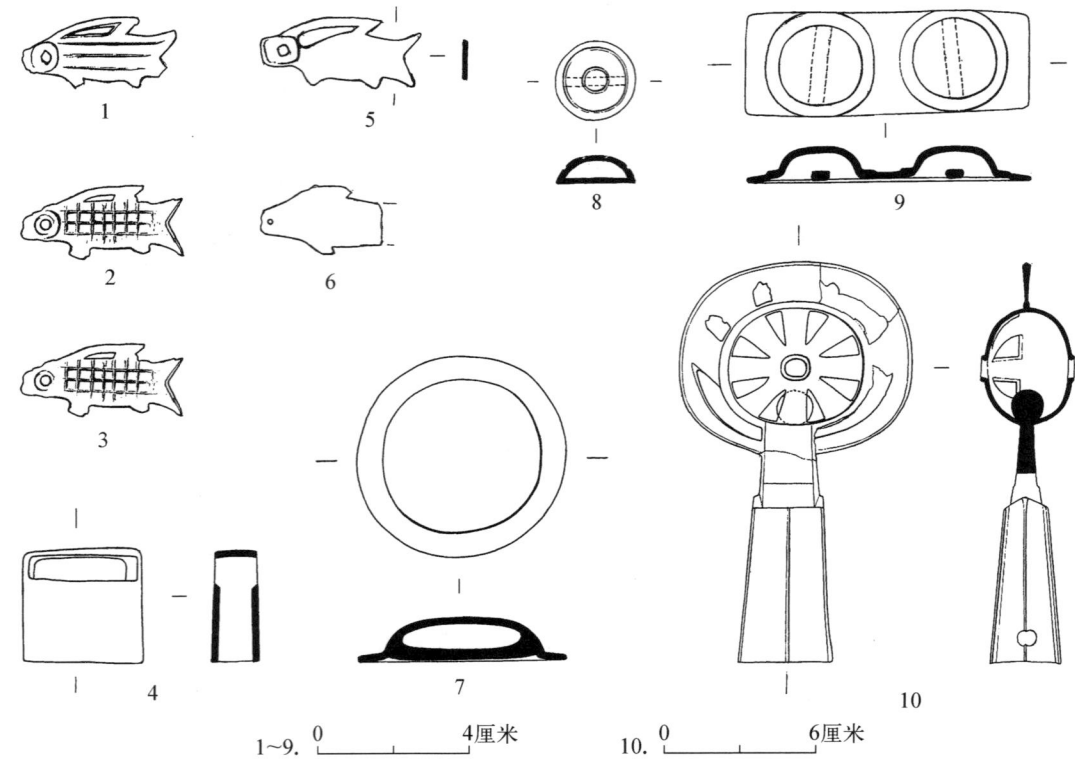

图4-334　07QSM26出土铜器

1~3、5、6. 鱼（M26：17-1、7-1、022、04、019）　4. 带扣（M26：18-19）　7. A型泡（M26：18-1）
8. B型泡（M26：18-18）　9. C型泡（M26：18-3）　10. 銮铃（M26：12）

鱼　共59件。形制相同，均为鱼的平面形状，鱼身短胖，嘴平直，单背鳍宽长且镂空，腹鳍、臀鳍短小，尾分叉，素面，眼有穿孔。M26：7，共45件，编号为M26：7-1~7-45，标本M26：7-1，长4.3、宽2厘米。重4.3克（图4-334，2）。标本M26：7-2，长4.2、宽1.9厘米。重3.9克。标本M26：7-3，长4.1、宽1.9厘米。重3.7克。标本M26：7-4，长4、宽1.9厘米。重4克。标本M26：7-5，长4.1、宽1.8厘米。重3.7克。标本M26：7-6，长4.4、宽1.9厘米。重4.3克。标本M26：7-7，长4、宽1.9厘米。重4.3克。标本M26：7-8，长3.9、宽1.9厘米。重3.2克。标本M26：7-9，长3.8、宽1.8厘米。重3.6克。标本M26：7-10，鳍残，长4.2、宽1.6厘米。重3.3克。标本M26：7-11，尾残，长3.6、宽1.8厘米。重3.6克。M26：17，共11件，编号为M26：17-1~17-11。标本M26：17-1，长4.1、宽1.9厘米。重4.2克（图4-334，1）。M26：04，长4.2、宽1.9厘米。重3.8克（图4-334，5）。M26：019，尾残，残长3.2、宽1.9厘米（图4-334，6）。M26：022，长4.3、宽1.9厘米。重3.6克（图4-334，3）。

（2）玉器

璜　1件（M26：027）。残，乳白色。扁平圆弧形，正面有阴线雕刻的斜角勾连云纹，背面素面。残长4.1、宽3.3、厚0.9厘米（图4-337，4；彩版二七九，4）。

　　鱼　共2件。M26：9，头残，墨绿色，鱼身很长，腹背近直，尾分叉，以阴线刻出背鳍、腹鳍、臀鳍。残长10.5、宽1.5、厚0.3厘米（图4-337，1；彩版二七九，5）。M26：025，墨绿色，鱼身弯曲近半圆形，尾分叉，嘴部有穿孔，以阴线刻出鱼目、鳃、背鳍、腹鳍、臀鳍。长10.6、宽2.4、厚0.5厘米（图4-335；彩版二八〇）。

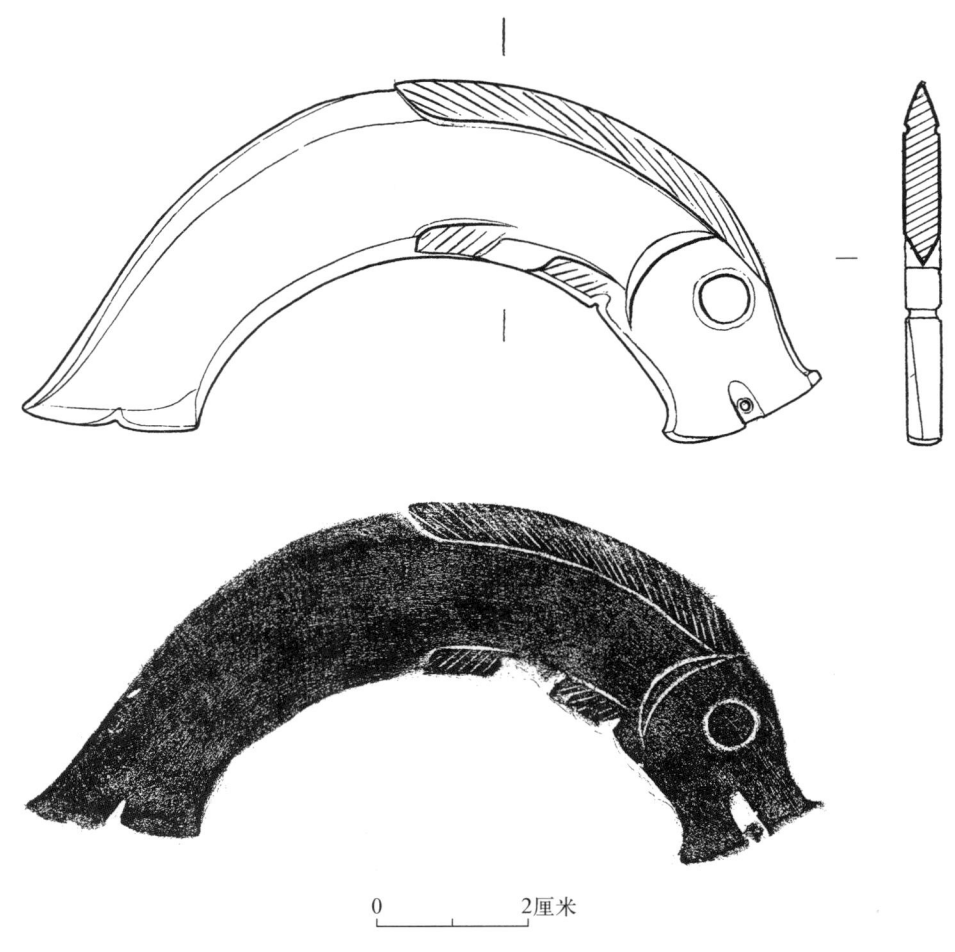

0　　　　　2厘米

图4-335　07QSM26出土玉鱼（M26：025）及拓本

　　鸟　共2件。M26：10，上部残，灰绿色。扬翅，尾宽而下垂，胸前有一小穿孔，两面有相同阴线刻纹。长5、残宽1.3、厚0.1厘米（图4-337，3；彩版二七九，6）。M26：11，黄绿色，局部有褐斑。喙略残，圆目，头后有一飘绶上勾，扬翅，伏爪，腹下有一鳍，尾宽后伸而略下垂。两面刻纹相同，局部有朱砂。残长9.5、宽3.3、厚0.3厘米（图4-336；彩版二八一）。

　　犀首　1件（M26：026）。灰绿色，间杂有黑褐色斑点。吻部前凸，嘴端有一横穿小孔，曲眉，近椭圆形目，额上有前后两角，头顶两侧有竖耳，头下有纵向宽槽。长3.6、宽1.7、高1.9厘米（图4-337，2；彩版二八二，1）。

0 _____ 2厘米

图4-336　07QSM26出土玉鸟（M26：11）及拓本

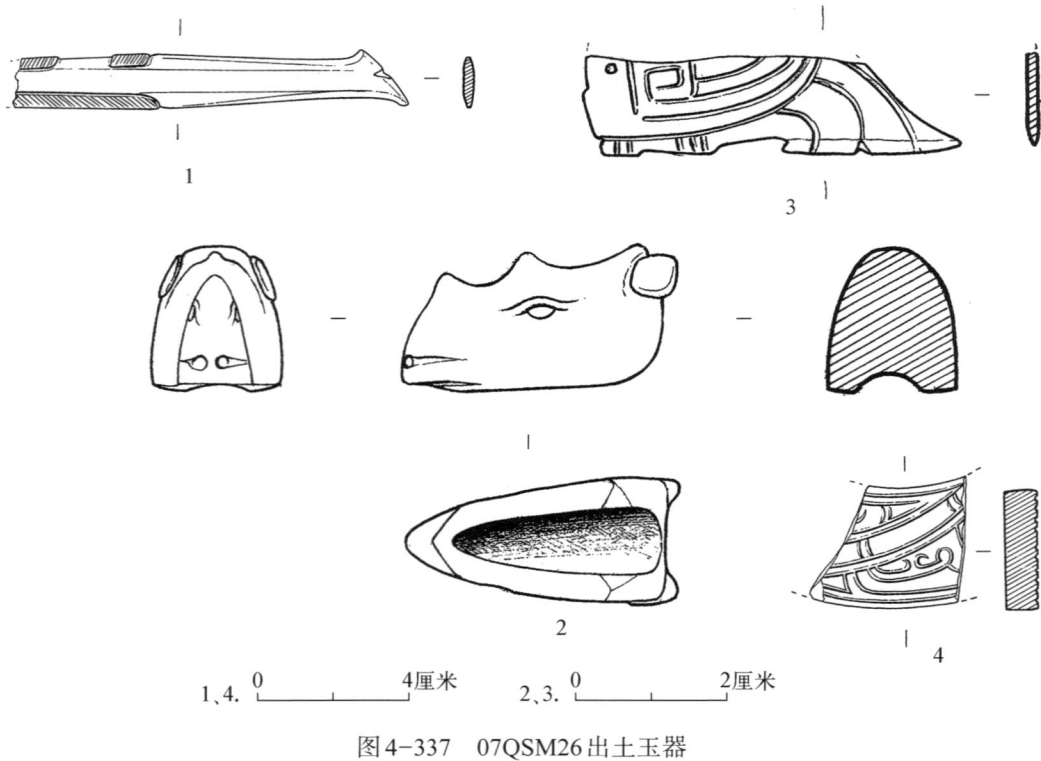

1、4. 0 _____ 4厘米　　2、3. 0 _____ 2厘米

图4-337　07QSM26出土玉器

1. 鱼（M26：9）　2. 犀首（M26：026）　3. 鸟（M26：10）　4. 璜（M26：027）

（3）原始瓷器

豆　共4件。皆残，仅余豆盘残片。M26：03-1，口径16.5、残高3.2厘米（图4-338，3）。M26：03-2，口径13.3、残高5.8厘米（图4-338，5；彩版二八二，3）。M26：03-3，口径13.5、残高3.4厘米（图4-338，4）。M26：03-4，残高2.9厘米（图4-338，2）。

残片　共3件。器类不明。M26：017，残片较大，残长4、残宽2.6厘米（图4-338，1）。M26：01、06、07，皆为碎小残片。

（4）陶器

联裆鬲　1件（M26：02）。由M26：02、010、015三个残片拼合而成，合并编号为M26：02。夹砂灰陶。器形较瘦高，侈口，卷沿，方唇，束颈，弧腹，联裆较高，裆稍瘪，圆锥状足根，足尖顿平。沿外侧绳纹被抹，腹部饰印痕较深的斜行绳纹，腹上部有两周旋纹。口径13.5、高13.8厘米（图4-338，6；彩版二八二，2）。

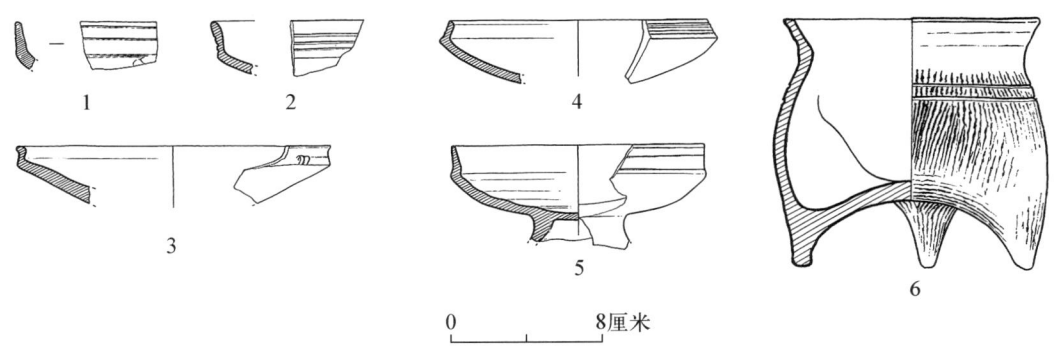

图4-338　07QSM26出土陶、原始瓷器

1.原始瓷片（M26：017）　2～5.原始瓷豆（M26：03-4、03-1、03-3、03-2）　6.陶联裆鬲（M26：02）

（5）骨蚌贝器

骨饰　1件（M26：4）。近长方形，一端平齐，一端内凹，中部厚而两端薄，侧面有一圆形穿孔。长2、宽1、厚0.7厘米（图4-340，2）。

蚌泡　共6件。圆形，正面鼓起成球面，背面平。分两型：

A型　共3件。中部有一圆形穿孔。M26：09，孔未穿透，泡边缘有朱砂痕迹。直径3.2、厚0.7、孔径0.3厘米（图4-339，3）。M26：013，直径2.3、厚0.5、孔径0.1～0.5厘米（图4-339，1）。M26：016，孔未穿透。直径2.8、厚0.8、孔径0.4厘米（图4-339，2）。

B型　共3件。无穿孔。M26：08，直径3.1、厚0.7厘米（图4-339，6）。M26：011，直径3、厚0.7厘米（图4-339，4）。M26：012，顶部略磨平。直径3.1、厚0.7厘米（图4-339，5）。

蚌鱼　共28件。鱼身较长，腹背微弧近直，尾略分叉，头部有穿孔。M26：3，共3件，标本M26：3-1，长5.4、宽1.3、厚0.2厘米（图4-339，11）。M26：6，共10件，标本M26：6-1，长5.9、

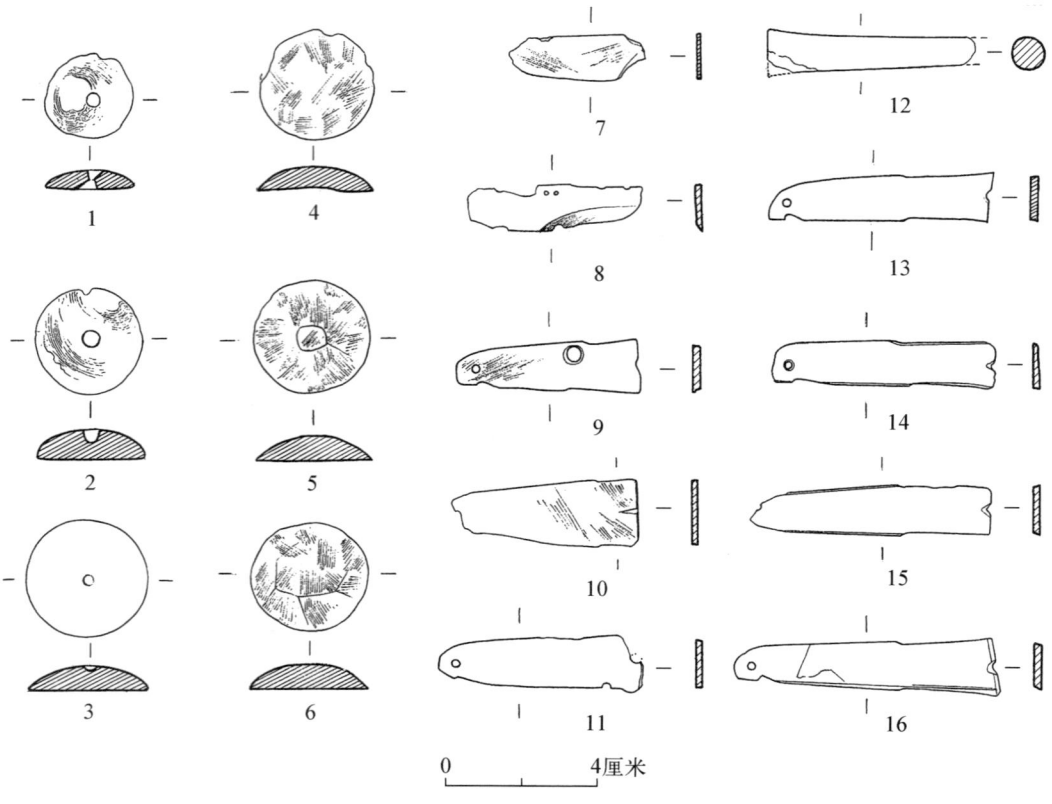

图4-339　07QSM26出土蚌器

1~3. A型泡（M26：013、016、09）　4~6. B型泡（M26：011、012、08）　7~11、13~16. 鱼（M26：023、020、
16-2、021、3-1、14-1、6-1、024、16-1）　12. 柱（M26：15）

宽1.2、厚0.2厘米（图4-339，14）。M26：14，共7件，标本M26：14-1，长5.9、宽1.2、厚0.2厘
米（图4-339，13）。M26：16，共4件，标本M26：16-1，长7、宽1.3、厚0.2厘米（图4-339，16）。
标本M26：16-2，长4.9、宽1.3、厚0.2厘米（图4-339，9）。M26：020，长4.6、宽1.3、厚0.2厘米
（图4-339，8）。M26：021，长4.9、宽1.7、厚0.2厘米（图4-339，10）。M26：023，残，长3.6、宽
1.2、厚0.1厘米（图4-339，7）。M26：024，长6.4、宽1.4、厚0.1厘米（图4-339，15）。

　　蚌柱　1件（M26：15）。残，长圆柱状，一端较粗，另一端向内穿孔。残长5.5、粗端径1、细
端径0.9厘米（图4-339，12）。

　　海贝　共129件。白色，腹面两唇内卷，唇缘有细齿，背面圆鼓，有一穿孔。根据穿孔形制，
分两型：

　　A型　共11件。背部鼓出部分被磨平，形成大穿孔。M26：2-1，长2.8、宽1.8厘米（图
4-340，3）。另有M26：5-1~5-5（5件）、M26：13-1~13-4（4件）、M26：20-264（1件）。

　　B型　共118件。背部有一较小的穿孔。M26：1，共24件，编号为M26：1-1~1-24。
标本M26：1-1，长2.4、宽1.9厘米（图4-340，5）。M26：2-2~2-4，共3件，大小相同，标本

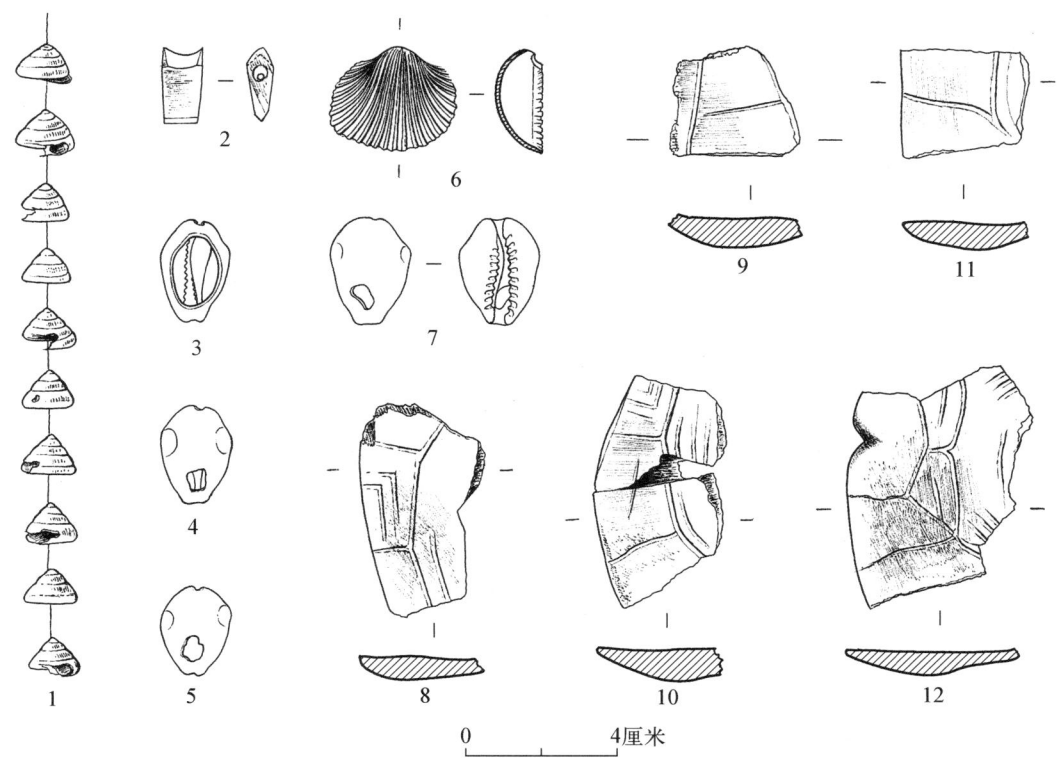

0 ——————— 4厘米

图4-340 07QSM26出土骨蚌贝器

1. 钟螺（M26：20-1～20-10） 2. 骨饰（M26：4） 3. A型海贝（M26：2-1） 4、5、7. B型海贝（M26：13-5、1-1、5-6）
6. 毛蚶（M26：19-1） 8～12. 龟甲（M26：8-3、8-1、8-4、8-2、8-5）

M26：2-2，长1.8、宽1.5厘米。M26：5-6～5-41，共36件，标本M26：5-6，长2.9、宽2.1厘米（图4-340，7）。M26：13-5～13-52，共48件，大小相若，标本M26：13-5，长2.7、宽1.9厘米（图4-340，4）。M26：20-265～20-268，共4件，大小相同，标本M26：20-265，长2.1、宽1.4厘米。M26：05，长1.9、宽1.5厘米。M26：014，长2.1、宽1.6厘米。M26：018，长1.9、宽1.5厘米。

上述器物中M26：13-1～13-52出土于南北两侧棺椁之间东端，应为两组串饰。M26：2-1～2-4出土于棺椁之间东北部，可能为一组串饰。M26：5-1～5-41共同出土于棺内，但被扰严重，原应放置于棺外。

毛蚶　共356件（M26：19）。底部有一穿孔（彩版二八三，1）。标本M26：19-1，长3.3、宽2.8厘米（图4-340，6）。

钟螺　共263件。这种螺为海产。螺旋扁圆锥状，边缘有一穿孔。M26：20-1～20-263大小基本相同，一般长径1.6、高0.8厘米（图4-340，1；彩版二八三，2）。

M26：20-1～20-268共同出土于南侧棺椁之间中部略偏西处，应为一组串饰。

龟甲　共5片，均为残片（M26：8）。龟甲残片，其中一面有纹路。M26：8-1，近方形，长3.3、宽3、厚0.7厘米（图4-340，9）。M26：8-2，近长方形，长3.3、宽2.8、厚0.7厘米（图4-340，

11）。M26：8-3，近长方形，长5.5、宽3.2、厚0.2～0.8厘米（图4-340，8）。M26：8-4，近梯形，长6.3、宽3、厚0.8厘米（图4-340，10）。M26：8-5，近长方形，长6.5、宽4.6、厚0.2～0.6厘米（图4-340，12）。

8. 墓葬年代

铜銮的铃球边缘有火焰状镂孔，但与最早的这类銮铃相比，铃球略扁，座略宽，这些特征出现于西周早期偏晚。结合联裆鬲的年代，可将墓葬年代判断为西周早期偏晚。

4.5　马坑分述

在宋家墓地共发掘马坑3座，以下按马坑编号依次介绍。

4.5.1　07QSM12

1. 位置与盗扰情况

该坑位于宋家墓地中部，南距M11约4.1米，北距M13约4.4米。

未遭盗扰（图4-341；彩版二八四，1）。

2. 方向与马坑形制

东西向，方向89°。

长方形竖穴土坑，口底大小相若。坑口及坑底四角均为弧角。直壁，未见修整痕迹。平底。东壁长1.22、西壁长1.21、南壁长2.05、北壁长2.02米。坑口距地表0.52、自深1米。

3. 填土

坑内填土黄褐色，未经夯打。

4. 埋葬状况

葬马2匹，马骨架保存基本完整，自北向南编号为马1、马2。两具马骨摆放整齐，头向一致，推测为死后埋葬。未出土车马器。

马1头东尾西，头向东，面向北，背向南。前肢曲于腹下，呈半跪状，与马2后蹄相交，颈椎与肋骨处于马2身下，后肢微曲，指向西北。经鉴定，为15岁左右的雄性个体。

马2头东尾西，背南足北，头向东，面向北。前肢相交，搭在马1颈上，肋骨压于马1肋骨之上，后肢与马1前蹄相交，弯曲呈"S"形，三趾紧贴北壁。经鉴定，为13岁左右的个体，性别不明。

4.5.2　07QSM20

1. 位置与盗扰情况

该坑位于宋家墓地北部，南距M19约7.3米，北距M18约32.4米。

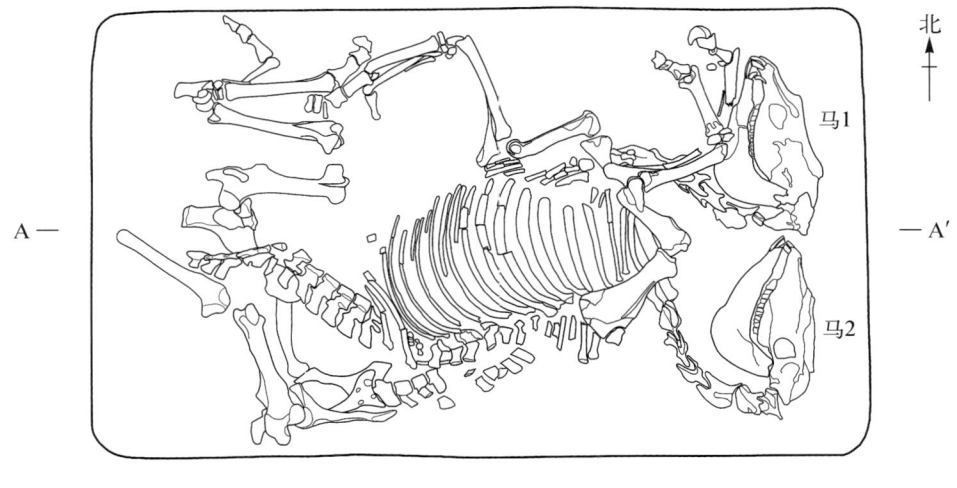

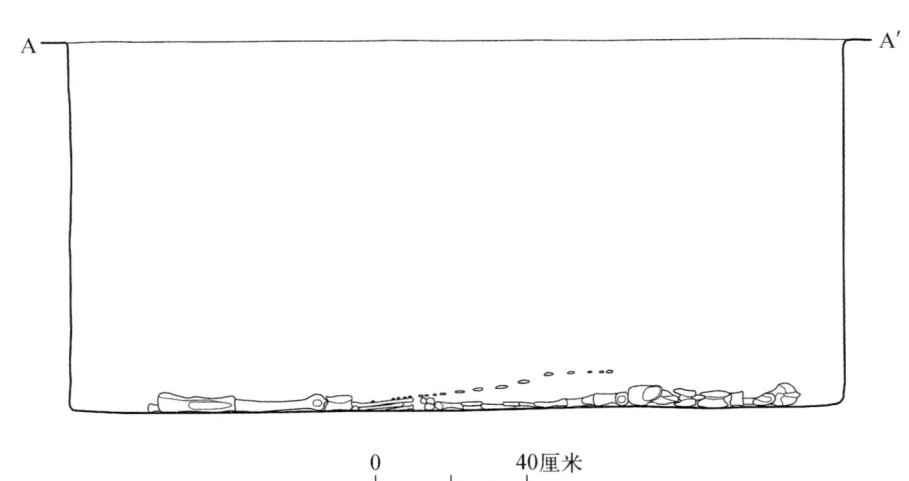

图4-341　07QSM12马坑平面、剖视图

未遭盗扰（图4-342；彩版二八四,2；彩版二八五,1）。

2. 方向与马坑形制

东西向,方向86°。

长方形竖穴土坑,口底大小相若。坑口及坑底四角均为弧角。直壁,未见修整痕迹。平底。东西长1.9米,南北宽1.32米。坑口距地表0.52、自深1米。

3. 填土

坑内填土黄褐色,未经夯打。

4. 埋葬状况

葬马2匹,马骨架保存基本完整,自北向南编号为马1和马2。两具马骨马头向不一,马身

图 4-342　07QSM20 马坑平面、剖视图

相互叠压,肢骨交错,且作挣扎状,推测将活马直接推入坑中埋葬。坑内西南角发现席痕,席铺于马身下,局部纹理清晰,印痕呈黑色。未出土车马器。

马1头东尾西,背北足南,头向西,面向南。头部回折,枕骨靠近右肩胛,颈椎折断,前半部分胸椎棘突紧贴北壁,左前肢跪地,似作挣扎状,右前肢半跪,肋骨压于马2前肢上,后肢半曲。经鉴定,为15岁左右的雄性个体。

马2头北尾南,背东足西。马头压在马1的颈下,垂直于墓底平面高昂,前肢半跪,压于马1身下,后肢靠近南壁,直指西边。经鉴定,为5岁左右的雄性个体。

4.5.3　07QSM23

1. 位置与盗扰情况

该坑位于宋家墓地中部偏东。西距M21约6.3米,西北距M22约5.1米,东南距M16约7.4米。未遭盗扰(图4-343;彩版二八五,2;彩版二八六)。

2. 方向与马坑形制

东北向,方向60°。

长方形竖穴土坑,坑底略大于坑口。坑口及坑底四角均为弧形。坑壁未见修整痕迹。平底。坑口长3.4～3.64、宽2.3～2.8米,坑底长3.8、宽2.78～2.88米。坑口距地表0.5、自深2.7米。

3. 填土

坑内填土为黄褐色夯土,但未见有清楚的夯窝及夯层。

4. 埋葬情况

葬马10匹。马骨头向不一,马身相互叠压,肢骨交错,部分马作挣扎状。在靠近坑壁处发现有绳索残痕,可能为捆绑马匹所用的绳索,推测为活马直接推入坑中埋葬。马骨上下均发现有席痕,但范围不清。未出土车马器。

田野中提取马骨时共编号8个,为马1～马8。室内整理时,再次核对出土照片与马骨,判断共有马10匹,增加编号马9、马10。另将未能对应的部分马骨编号为马a～马d。所以,马骨编号共14个。但从最小个体数看仍是10匹马,故马a～马d应属于有编号的10匹马。

马1,位于坑北部,头西尾东,背南足北,头向西,面向西北。马头压于马3颈上,前肢半曲,压于马3之上,掌骨紧贴北壁,后肢指向西北,三趾嵌入北壁。为5岁左右的雄性个体。

马2,位于坑西部,头北尾南,背东足西,头向东北,面向北。马头紧挨马1,两个头骨颅顶相接,前肢呈半跪状,三指紧挨西壁,后肢微曲,压于马4肋骨之下。为15岁左右的雄性个体。

马3,位于坑西北部,头北尾南,背西足东,头向西北。马头紧贴北壁,吻部向上,垂直于墓底平面高昂,前肢压于马1颈椎和前肢之下,靠近北壁,指向东边,后肢微曲,横于坑中部。为7岁左右的雄性个体。

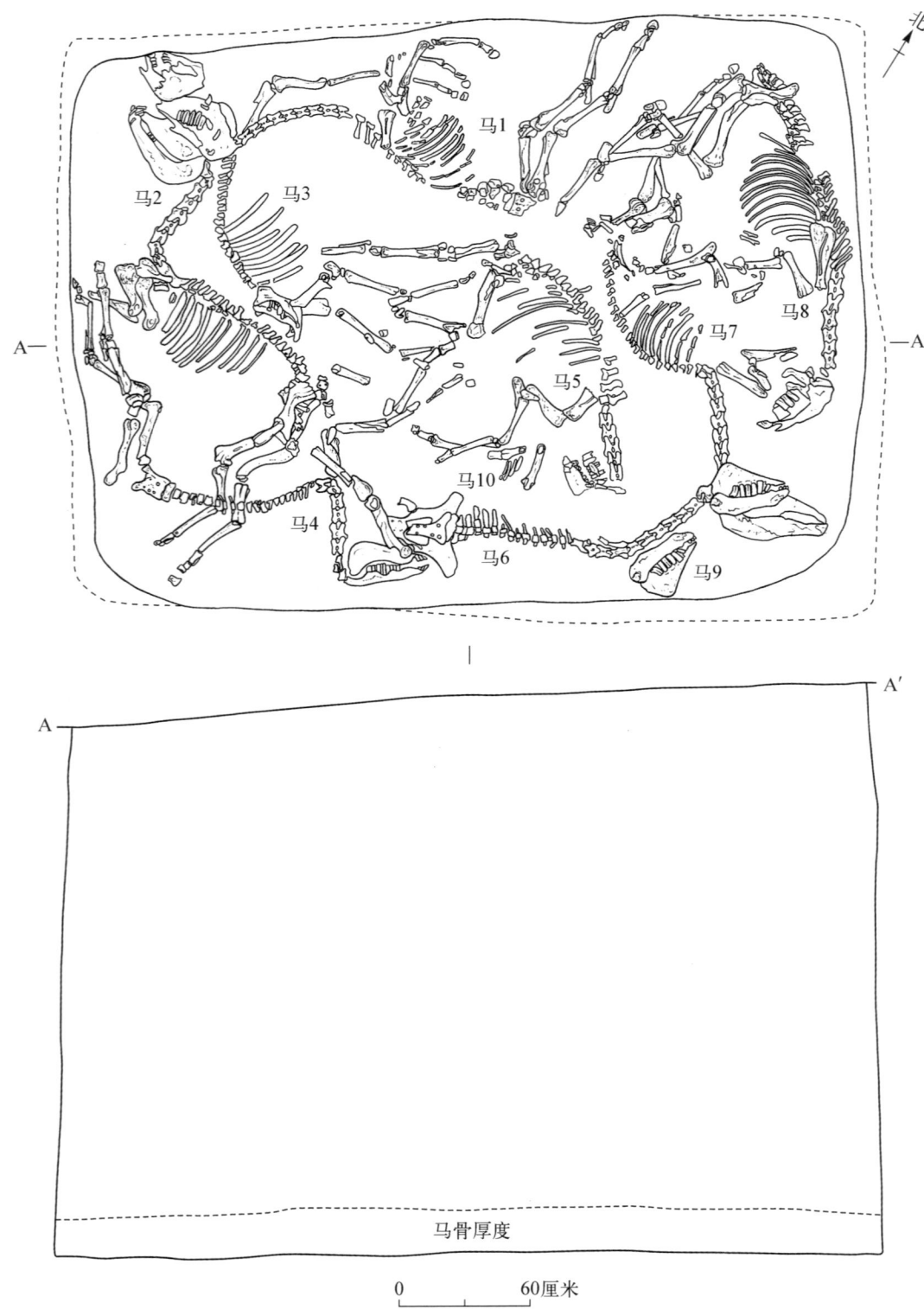

北

马1

马2

马3

马8

A——

马7

——A'

马5

马4

马10

马6

马9

A

A'

马骨厚度

0　　　　　60厘米

图4-343　07QSM23马坑平面、剖视图

马4，位于坑西南角，头东尾西，背南足北，头向西南，面向东。马头颅顶紧贴南壁，吻部与颈椎被马6后肢叠压，前肢直指东北，盆骨与尾椎紧贴西壁，后肢交叉，指向北边，跖骨压于马2桡骨之上。为6岁左右的雄性个体。

马5，位于坑中部，头南尾西，背向东北，面向西南。马头回折，贴近胸椎，前肢直指西南，脊椎弯曲呈弧形，环绕马头，盆骨贴地呈仰身状，两后肢叉开，左后肢呈直角，右后肢直指西边。为7岁左右的个体，性别不明。

马6，位于坑南部，头东尾西，背向南，面向东。马头压于马7颈上，脊椎弯曲近呈"S"形，盆骨贴地呈仰身状，左后肢压于马4头颈之上，指向西北。为大于3.5岁的个体，性别不明。

马7，位于坑东南部，头南尾北，背向西南，面向东南。马头位于东南角近南壁，前肢搭在马8颈上，弯折呈直角，后肢微曲，指向东北，三趾靠近东壁。为大于3.5岁的个体，性别不明。

马8，位于坑东部，头南尾北，背东足西，头向东南，面向西南。马头枕骨与胸腰椎紧贴东壁，前肢微曲，与肱骨处相交，后肢蜷曲，搭在马7后肢上。为大于3.5岁的个体，性别不明。

马9，仅可见头部，位于马6颈部与南壁之间，面向东北，下颌角紧贴南壁。

马10，仅可见部分肋骨，位于马5前肢南侧。

马a，为15岁左右的雄性个体。

马b，为4.5岁左右的个体，性别不明。

马c，为4.5岁左右的个体，性别不明。

马d，为大于3.5岁的个体，性别不明。

4.6　墓地结构与名物器用

宋家墓地是周原地区目前发现等级最高、规模最大的西周墓地之一，是探究西周墓地结构与社会结构的重要材料。出土随葬品中包含大量高规格、形制为首次发现的车马器，有助于深化西周名物与器用制度研究。下文将在梳理宋家墓地及相关考古资料的基础上，就这些问题展开讨论。

4.6.1　墓地结构[①]

本节拟在讨论商周墓地分区方法的基础上，根据钻探与发掘资料，对该墓地进行初步分

---

① 种建荣、王洋、雷兴山：《孔头沟遗址西周墓地结构管窥》，《古代文明》第16卷，上海古籍出版社，2022年，第68~78页。

区,进而总结墓地形态,管窥墓地结构。

1. 墓地分区方法

所谓墓地结构,是指墓地中墓葬、墓区的所有关系,包括分期年代、位置、人群等方面的关系,相关研究以墓地分区为首要,以各区人群的社会关系为重点。关于商周时期墓地分区方法以往已有讨论[①],笔者认同将墓向、墓葬聚集程度及空白地带作为分区依据,并重点说明其他五条分区标准。

其一,墓葬中反映墓主人身份的各种"代码"。葬俗或墓葬特征是以往墓地分区的主要标准之一,但此方法尚有可供完善之处。由于墓葬特征可以反映墓主人年代、性别、等级、族属、职业等多种身份信息,当对墓葬特征指代的墓主身份含义认识不明晰时,据此进行的分区研究就可能将不同含义的墓葬特征混同,造成所分墓区的含义不明,甚至分区结果有误。如各家对山西曲村墓地的分区研究,均采用墓向结合葬俗的标准,得到了近乎一致的分区结果,但对各墓区人群身份的认定却分歧巨大。

所以,使用墓葬特征进行分区时,应尽量选取能明确反映墓主各种身份的特征,这些特征或可称为身份"代码"。如性别代码、族属代码、等级代码等[②]。当进行族群含义的分区时,须使用族属代码,如墓向、随葬陶器组合、腰坑、殉人、殉牲等。进行等级含义的分区时,须使用等级代码,如墓葬规模、随葬铜礼器情况等。这一分区标准的可靠性,依赖于各种身份代码、器用制度研究的不断深入,可以说,器用制度研究是这一分区方法的基础。

其二,墓葬年代。一般认为,墓葬年代甚至下葬顺序可为墓地分区提供依据,如墓地形成之初的墓葬分布特征,可能反映着古人对墓地的规划。笔者认同这一观点,但认为若一处墓葬群属于连续发展的同一墓地,则不主张完全按照陶器分期来考察墓地,甚至按期分区,因为这样容易割裂不同期墓葬的内在联系。原因有二:(1)墓地的使用是连续的,而陶器分期是研究者将墓地划分而成的片段,这种片段是基于随葬品变化程度及演变速率,与墓地发展本身无关。(2)这种分期片段割裂了原本连续发展的墓地,不利于考察不同期别但墓主身份关联的墓葬。如有着祖孙关系的几代墓葬往往分属多期,甚至仅隔几天下葬的夫妻并穴合葬墓也未必属于同一期。

因此,墓葬分期年代是墓地分区要考察的内容,可作为分区依据之一,但不应作为分区的前提与先决条件。

---

① 韩建业:《殷墟西区墓地分析》,《考古》1997年第1期。王洋:《西周墓地结构研究》,中山大学博士学位论文,2018年,第1~10页。种建荣:《周原遗址姚家墓地结构分析》,《华夏考古》2018年第5期。张家强、蔡宁、雷兴山:《郑州西司马墓地结构与社会结构分析》,《华夏考古》2018年第5期。雷兴山、蔡宁:《周原遗址黄堆墓地分析》,《古代文明》第12卷,上海古籍出版社,2018年,第132~143页。

② "性别代码"概念参见李宁利:《史前考古遗存的"性别代码"——欧美性别考古学研究进展》,《考古与文物》2010年第4期。"族属代码"概念参见王洋:《论西周的商、周两系陶器组合》,《三代考古》(九),科学出版社,2021年,第414~437页。

其三，车马坑界标。笔者王洋曾在多处西周墓地分区研究的基础上，提出"西周车马坑为墓区界标说"，认为西周墓地中车马坑（包括马坑）的位置有处于整个墓地边缘、大墓独立墓区之分界、不同等级墓区之分界、不同族群墓区之分界等多种形态。车马坑不论归属于主墓，还是归属于墓区，其位置的选择均是古人考虑到墓区规划，有意设置在某一人群兆域的边界。因此在客观上，车马坑具有墓区界标的意义[1]。但车马坑在墓地分区层级中的指代含义还需进一步探索。

其四，墓位形态。所谓"墓位形态"，是指墓葬排列分布的形式，尤其是在墓地中规律性存在的形态。学界一般认为，西周墓葬在墓地中的位置与排列是经过规划的[2]，因此一处墓地使用上百年、埋葬数百座墓，其间却罕见打破关系[3]。《周礼·春官》记载墓地设专人管理，墓大夫的职责之一就是"正其位，掌其度数"。

以往研究表明，商周墓地中确实存在一些规律性排列的墓位形态，其墓主人身份往往关系密切。如夫妻并穴合葬的墓位形态，早已为学界认可。笔者雷兴山提出，西周的墓位形态有"基本形态"与"发展形态"之分，基本形态包括并列形、错位形、直线形和"丁"字形，当多个基本形态墓葬按照一定方式排列为一个墓群时，就形成了发展墓位形态，如"丁"字形发展为"门"字形，错位形发展为雁阵形，直线形发展为"一"字形[4]。虽然其中有的认识还属假说，对各种墓位形态的墓主人身份也有待探索，但已表明西周墓地中存在着规律性的墓位形态，这是古人对墓地规划的体现。因此，墓位形态可作为墓地分区的依据，在分区研究中也需重视对墓位形态的辨识。

其五，墓地形态。所谓"墓地形态"，是指墓地内各墓区之间或墓葬与墓区间的排列分布形式。既包括考虑墓主身份（或墓主身份明确）的形态，如按年代分区而葬、按等级分区而葬、按族属分区而葬；也包括不考虑墓主身份（或墓主身份暂不明确）的规律性形态，如分区对立形态[5]。可以这样说，墓位形态是就墓葬而言，墓地形态是就墓区而言。墓地形态是古人对墓地规划的体现，自然可作为墓地分区的依据。在分区研究中，也需重视对规律性墓地形态的辨识。

值得注意的是，墓地分区存在层级问题。商周时期的社会组织是多层级的，如家族组织中有家庭、宗族等[6]，社会组织的层级结构是否会在墓地中反映还不明确，但部分墓主身份明确的

---

① 王洋：《西周车马坑为墓区标界说》，《南方文物》2023年第1期。
② 孙华：《周代前期的周人墓地》，载《远望集》，陕西人民美术出版社，1998年，第265～289页。刘绪、徐天进：《关于天马—曲村遗址晋国墓葬的几个问题》，载《晋侯墓地出土青铜器国际学术研讨会论文集》，上海书画出版社，2002年，第41～52页。
③ 如山西曲村墓地发掘西周至春秋墓葬641座，其中仅11座发生打破关系。西安少陵原墓地发掘西周墓葬429座，其中仅17座发生打破关系。见北京大学考古学系商周组、山西省考古研究所：《天马—曲村（1980～1989）》第二册，科学出版社，2000年。陕西省考古研究院：《少陵原西周墓地》，科学出版社，2009年。
④ 《周原地区商周时期的聚落与社会研究》课题组：《聚邑成都　两系一体——周原遗址商周时期聚落与社会研究》，国家社会科学基金重大项目结项成果，2020年，第163～189页。
⑤ 蔡宁：《商系墓地形态探索》，北京大学博士学位论文，2020年，第119～197页。
⑥ 朱凤瀚：《商周家族形态研究（增订本）》，天津古籍出版社，2004年，第7～10页。

墓地表明存在这种可能[1]。所以，依据上述分区标准划分的诸多墓区，是属同一层级，还是存在层级隶属关系，是分区研究中的另一个难题。

蔡宁认为墓位形态可作为墓地层级划分的标准，墓位的基本形态与发展形态分别对应于不同层级的墓区[2]。笔者进一步认为，墓地形态表现出的规律性层级现象，亦可作为墓地层级划分的标准，如孔头沟宋家墓地就存在多个层级的按等级分区而葬现象。关于商周时期墓地层级结构划分方法的探索，目前才刚刚开始，本文也只是对这一方法的一次探索。

关于宋家墓地的分区研究，需首先说明的是，墓地未经全面钻探，发掘墓葬数量也相对很少，已知墓葬中的大多数仅有钻探信息。通过对同时经钻探与发掘的墓葬进行钻探结果有效性评估，可知本次钻探准确度较高。钻探误差，对本文依据钻探数据所得分区结果与相关认识影响不大。

2. 墓地分区

宋家墓地墓葬分布的最突出特征是，不同等级墓葬分区而葬，并且这种等级分区具有层级之别。这一分区特征又与空白地带、车马坑等其他分区依据相契合，表明这是该墓地规划时有意为之。因此，多层级的按等级分区而葬，既是该墓地突出的墓地形态，又可作为墓地分区的主位标准。依此可将宋家墓地划分为北、中、南三大墓区，大区内又可进一步划分次级的小区。

（1）三大墓区的划分

就墓地整体来看，不同等级墓葬分别集中在北、中、南三大区域。这一墓地总体特征可作为划分大区的主要依据。

西周墓葬的等级与墓葬规模基本成正比，所以可根据钻探墓口面积，结合西周墓葬等级划分的一般规律，将墓葬分为五个等级（表4-17）[3]。由此可明显看出，等级较高的第一至三等级墓葬仅分布在墓地中区，而北区主要埋葬第四等级墓，南区主要埋葬第五等级墓（图4-344；彩版二八七）。

表4-17　宋家墓地的墓葬等级序列

等级序列	墓口面积（平方米）	墓葬数量	发掘墓葬	墓主身份
第一等级	28～32，带墓道	2	M10、M9	采邑主
第二等级	28	1	M15	采邑主或高级贵族
第三等级	11～25	24	M11、M16、M25、M26	较高等级贵族
第四等级	4.2～9	56	M13、M14、M18	低级贵族或平民
第五等级	1.1～4	82	M1～M8、M19、M21、M22、M24	平民

---

[1] 如北赵晋侯墓地以并穴合葬的晋侯与夫人墓构成最低一级的墓区，代表着一个核心家庭，而九组晋侯与夫人墓构成的整个墓地代表了晋侯家族。

[2] 蔡宁：《商系墓地形态探索》，北京大学博士学位论文，2020年，第121页。

[3] 钻探墓葬中应包含部分车马坑或马坑。M71钻探坑口为长条形，面积达37平方米，可能是大墓M9的祔葬车马坑或马坑，故未将其列入墓葬等级划分。

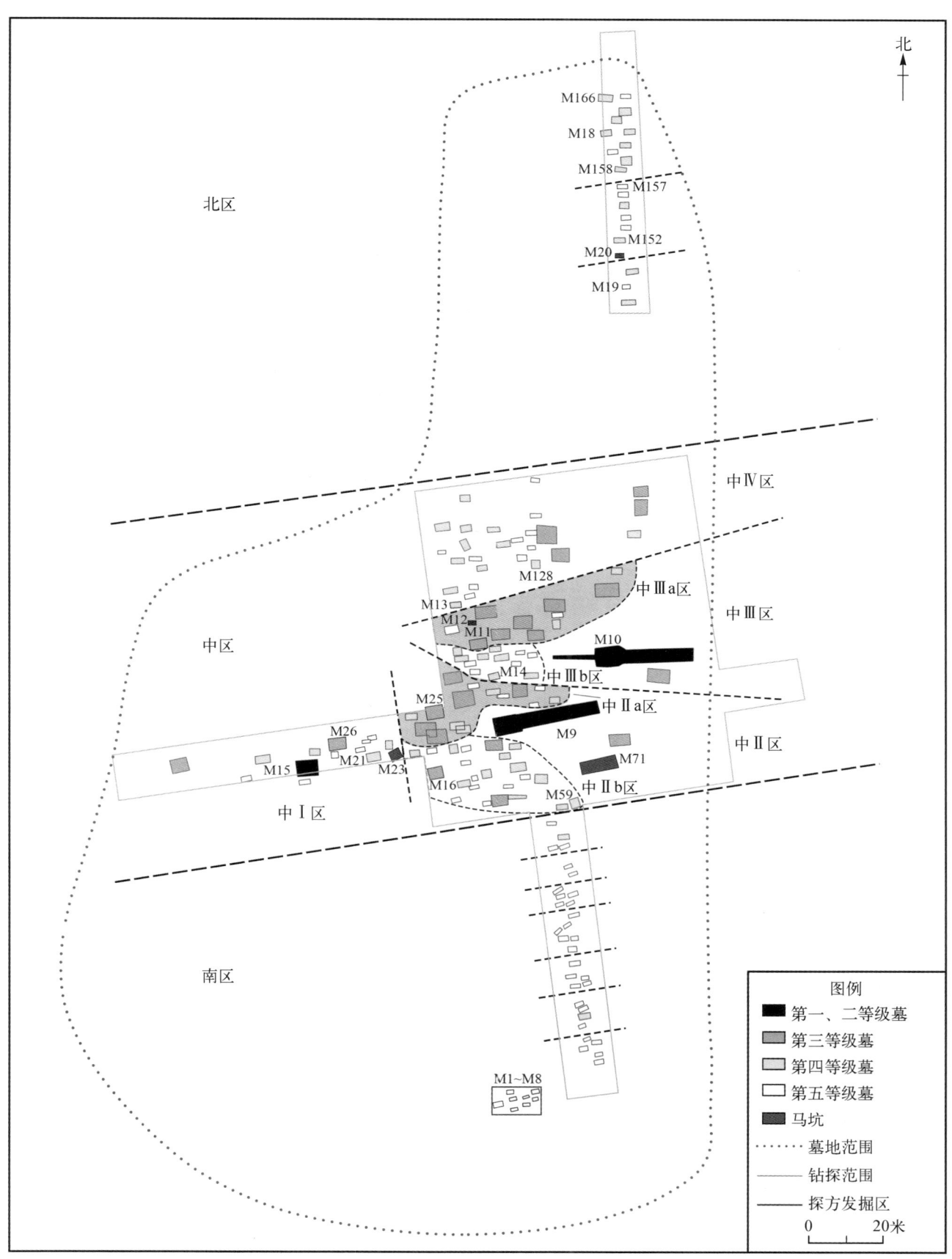

图4-344　孔头沟遗址宋家墓地分区图

此外,还有两条分区依据与等级标准在分区结果上契合。

其一,空白地带与车马坑。中区北端钻探区域内墓葬分布稀疏,有明显的空白地带。中区与南区交界处的东部也为空白地带,且这一区域可能分布有2座车马坑(包括马坑)。西周车马坑的平面形状主要有长方形、大长条形、方形、梯形等几种,其中后三种基本不为墓葬使用,所以钻探墓口形状为此类者很可能就是车马坑。M71坑口为长近10米的长条形,位于单墓道大墓M9墓道一侧,应为该墓的祔葬车马坑。M59坑口近正方形,长宽比为1.07,可能是一座方形车马坑[①]。这两坑正位于中南两区的交界处。

其二,墓地形成之初的墓葬分布特征。发掘的22座墓葬中有18座可辨具体年代,从西周早期偏早延续至西周晚期偏晚(表4-18)。在墓地使用之初的西周早期偏早阶段,中、南两区同时使用,分别葬入高等级墓葬M15与最低等级墓葬M1、M3、M4、M6、M8,可见两区自墓地规划之初就明确分区。北区发掘墓葬过少(仅2座),均为西周晚期,该区与中、南两区的年代关系尚难以判断。

表4-18　宋家墓地发掘墓葬年代

年　代	中　区	北　区	南　区
西周早期偏早	M15	—	M1、M3、M4、M6、M8
西周早期偏晚	M26	—	M2
西周中期偏早	M13、M16、M25	—	—
西周中期偏晚	M9、M21	—	—
西周晚期偏早	M10、M11、M14		—
西周晚期偏晚		M18、M19	

(2)中区内小区的划分

中区墓葬整体等级较高,但并不单纯,除第一至三等级墓葬外,也见有部分第四、五等级墓葬。值得注意的是,这些不同等级墓葬的分布形态有三个特点,可据此将中区划分为中Ⅰ~中Ⅳ区共四个小区。

其一,M10、M9、M15为该区等级最高的三座墓,其周围均分布有若干第三至五等级墓,形成以高级贵族墓葬为核心的中Ⅰ、中Ⅱ、中Ⅲ三个小区,三小区内分别有且只有一座等级明显高于其他墓葬的大墓,三小区的整体等级相若,形成大墓带小墓独立成区的形态。

_____

[①] 发掘的22座墓葬墓口长宽比为1.2~2.5,所以钻探坑口长宽比在1~1.2范围内者,才有可能是方形车马坑。但由于未经发掘证实,并不能轻易将这种方形坑都当作车马坑。

其二，三座大墓M10、M9、M15的年代有别，三者周围墓葬的年代分别与之近同：① M10年代为西周晚期偏早，其西侧的M11、M14年代与之完全相同。② M9年代为西周中期偏晚，其西侧的M25、M16年代为相近的西周中期偏早。③ M15年代为西周早期偏早，周围的M26年代为相近的西周早期偏晚。可见，同一小区内墓葬（尤其是较高等级墓）年代近同，而三小区的主体年代有别，分别为西周早、中、晚期，按年代顺序由西向东依次发展。

其三，M10、M9所在的中Ⅱ、中Ⅲ区内，都是唯一的带墓道大墓居前居中，等级次之的第三等级墓集中在大墓西北，等级最低的第四、五等级墓集中在大墓西南。所以，可根据这种墓地形态在这两小区内各自分出等级有别的次一级小区。中Ⅲ区内，中Ⅲa区主要埋葬第三等级墓，中Ⅲb区仅埋葬第四、五等级墓。中Ⅱ区内，中Ⅱa区主要埋葬第三等级墓，中Ⅱb区主要埋葬第四、五等级墓，其中虽也见有3座第三等级墓，但都是该等级中规模较小者（墓口面积11～14平方米）。

中Ⅳ区内未见第一、二等级墓葬，所以该区特征可能与其他三小区不同，由于发掘墓葬过少（仅1座），其面貌还不甚清晰[1]。

马坑、空白地带与上述等级标准在分区结果上契合。中区发掘了两座马坑，其中马坑M23位于中Ⅰ区与中Ⅱ区之间，此处还有明显的空白地带，可据此划分两小区分界。马坑M12位于中Ⅲ区西北部，该坑东南为M11等7座第三等级墓，以北则分布大量第四、五等级墓葬，其间东部还有一条东西向空白地带，所以可据此划分中Ⅲ区与中Ⅳ区的分界。中Ⅳ区南界处的M128钻探墓口呈方形，长宽比为1.02，不排除也是一座马坑的可能。

（3）南、北两区内小区的划分

南、北两区钻探范围有限，根据墓位形态与空白地带相契合的现象，可初步对其进行小区划分。

南区的分区依据有二：

其一，南区有一种规律分布的墓位形态，即靠近分布的多座墓葬向中线倾斜，中线两侧的墓葬前后相接，墓位稍错，一群墓葬似并头相次的"贯鱼"状（图4-345、图4-346），本文暂将这种墓位形态称为"贯鱼形态"[2]。如：① M55～M58四座墓靠近，其中M57居中，北侧的M58、南侧的M55、M56都向正中的M57倾斜。② M42～M47六座墓靠近，其中北侧的M45、M46、M47，南侧的M44、M43、M42都向正中倾斜，两侧墓葬又分别前后相接、墓位相错。③ M36、

[1] 中Ⅳ区以北至墓地北区间仍分布有大量墓葬，只是这一区域未经重点钻探，所以中Ⅳ区与北区的关系尚难以判断。
[2] 北宋《地理新书》载："凡葬地有八法，步地亦有八焉……八曰昭穆，亦名贯鱼，入先茔内葬者，即左昭右穆，如贯鱼之形。"宿白先生曾引此条说明白沙宋墓的墓位形态，见宿白：《白沙宋墓》，文物出版社，2002年，第103页。孔头沟墓地所见的"贯鱼形态"是否是昭穆葬制的表现尚待进一步探索。

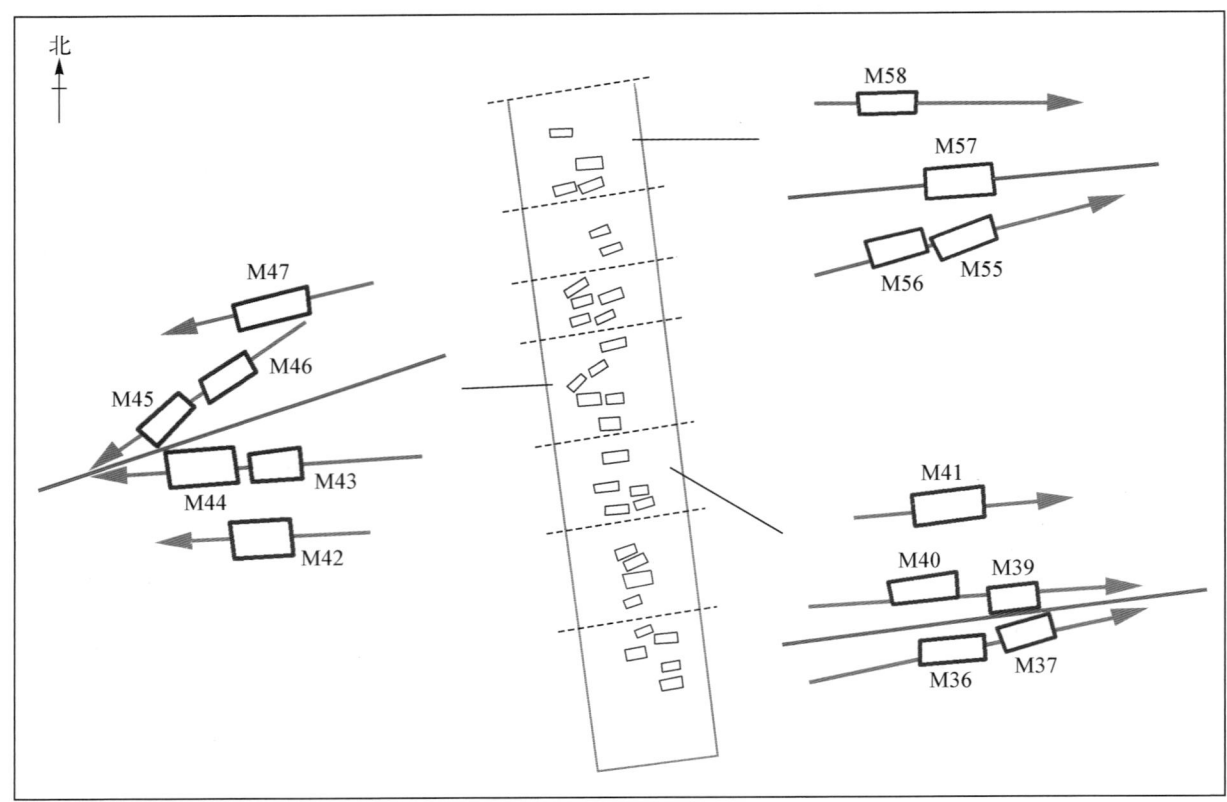

北

M58
M57
M56　M55
M47
M46
M45
M44　　M43
M42
M41
M40　M39
M36　M37

图4-345　宋家墓地南区"贯鱼形态"墓位

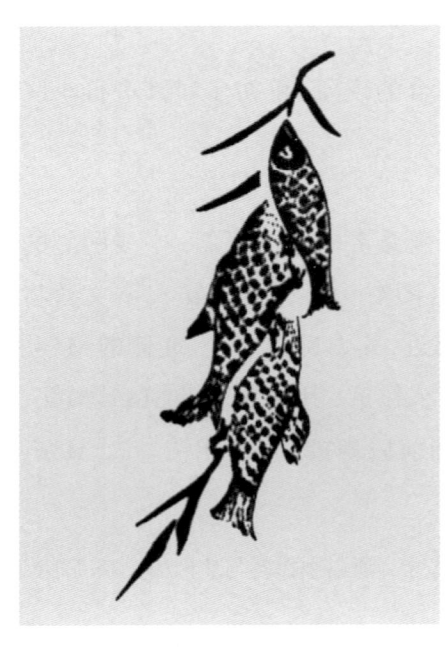

图4-346　宋画像砖雕以条贯鱼
（引自《白沙宋墓》第102页）

M37、M39~M41五座墓靠近，其中北侧的M39、M40、M41，南侧的M37、M36都向正中倾斜，两侧墓葬又分别前后相接、墓位相错。

其二，南区中存在多条东西向空白地带，每个空白地带间的墓位形态几乎都呈贯鱼形态。且每个贯鱼形态的墓葬数量相若，一般为4~6座墓。这些巧合的现象应是各种分区标准的契合，更能说明划分小区的可靠性。显示出南区是由若干相同形态的墓区单元构成，而这也是南区不同于中、北两区的另一特征。

北区的分区依据有二：

其一，北区有两条较为明显的东西向空白地带，一条位于M157与M158之间，另一条位于马坑M20所在区域。

其二，上述第一条空白地带以北的M158~M166共10座墓呈错位排列，南北相邻的两座墓均位置相错。这群墓葬以南的M152～M157共6座墓则相对整齐的排成一列。马坑M20及此处空白地带以南的三座墓分布稀疏,以北的M152～M157则排列紧密。所以,可将北区划分为三个小区。

由于资料有限,北、中、南三大区内的各小区,在层级与含义上的对应关系尚难以判断。

3. 墓地形态与墓地结构

宋家墓地形态的突出特征有三:一是同族系墓葬按等级分区而葬;二是大墓带小墓按年代分区而葬;三是大墓之葬居中,以尊卑为左右。

（1）同族系墓葬按等级分区而葬

根据已知的商周墓葬族属特征可知[1],宋家墓地族系较单纯,各墓区可能属同一族系。原因有三:① 墓葬普遍为东西向东首。钻探与发掘的166座墓葬（马坑）中,除5座为南北向外,余均为东西向。墓向一般东略偏北,集中在74°～92°之间。发掘墓葬中可辨墓主头向的11座均向东。② 发掘墓葬均无腰坑、殉人、殉牲。③ 普遍随葬周系陶器组合[2]。周系陶器组合包括1鬲、1鬲1罐、1罐这三种,其中男性墓多随葬1鬲,如M9、M15、M25;女性墓多随葬1鬲1罐或1罐,如M2、M3、M4、M19,这种倾向性的性别差异也符合周系陶器组合的器用特征[3]。

墓葬无腰坑、殉人、殉牲,随葬周系陶器组合,这些都是包括姬姓周人在内的西土族群的特征。但其东西向东首又与已知的黄河流域姬姓周人不同,后者均为南北向墓,所以孔头沟墓葬的族属可能是非姬姓的西土族群。

按等级分区而葬的形态,表现在两个层面:① 在整个墓地,北、中、南三大区等级有别。② 带墓道大墓所在的两小区内,中Ⅱa区、中Ⅱb区等级有别,中Ⅲa区、中Ⅲb区等级有别。这种墓区族系相同、等级有异的形态,可能是以血缘亲疏为基础的宗法等级制度的体现,各区人群由于宗支不同、亲疏有别而地位有别。

这种墓地形态并非孤例,在关中地区还见于岐山周公庙[4]、华县东阳墓地[5],这些都属畿内高级贵族采邑的墓地。从现有考古资料看,采邑聚落的族群构成一般较单纯,以受封采邑的族群为主体,其墓地形态的突出特征是同族系墓葬按等级分区而葬。与此不同的是,周原、丰镐这类都邑聚落的族群构成复杂,如周原姚家墓地[6]、黄堆墓地[7]都包含有周系族群与大量商系族群,其墓地形态的共同特征是墓葬按族属分区而葬。

---

[1] 雷兴山、王洋、种建荣:《西周殷遗民族属判断标准简论》,《考古学研究》（十三）,科学出版社,2022年,第359～368页。

[2] 仅有M11一座墓的随葬陶器与其他墓葬截然有别,该墓随葬鬲、罐、簋、豆、三足瓮等18件陶器,人骨性别鉴定为女性,墓主可能为嫁入本地的外族。

[3] 王洋:《论西周的商、周两系陶器组合》,《三代考古》（九）,科学出版社,2021年,第414～437页。

[4] 种建荣:《周公庙遗址陵坡墓地及相关问题》,《中国国家博物馆馆刊》2018年第7期。

[5] 王洋:《华县东阳西周墓地结构研究》,《中国国家博物馆馆刊》2021年第2期。

[6] 种建荣:《周原遗址姚家墓地结构分析》,《华夏考古》2018年第5期。

[7] 雷兴山、蔡宁:《周原遗址黄堆墓地分析》,《古代文明》第12卷,上海古籍出版社,2018年,第132～143页。

（2）大墓带小墓按年代分区而葬

这种形态指的是，一座大墓周围埋葬若干等级次之的墓葬，其年代多与大墓近同，形成大墓带小墓独立成区的形态，多个这种墓区又按年代早晚依次排列。宋家墓地的中Ⅰ、中Ⅱ、中Ⅲ三小区正是这种形态。

带墓道大墓 M9、M10 的年代分别为西周中期偏晚、西周晚期偏早，由人骨鉴定与随葬兵器可知墓主均为男性，应为孔头沟聚落前后相继的两代采邑主。中Ⅰ区的 M15 墓口面积与带墓道大墓相当，年代为西周早期偏早，在现知的西周早期无墓道墓葬中罕见如此规模者。墓主随葬兵器，应为该采邑较早阶段的一位男性高级贵族，身份可能与 M9、M10 相当或相近。所以，三小区可能埋葬着聚落不同阶段以采邑主为核心的人群[1]，已具有后世独立陵园制的部分特征[2]，凸显了每一代统治者的社会关系。

这种墓地形态也见于其他西周墓地。张天宇提出西周普遍存在"大墓带中小墓独立成区"的形态，并认为这是独立陵园制的源头，如叶家山曾国墓地 M111、M28、M65 三座大墓周围分别埋葬多座中小墓，形成一岗多茔的几个相对独立墓区[3]。在滍阳岭应国墓地，西周早期至春秋早期的多座应侯墓自南向北葬于滍阳岭中脊处，每座应侯墓周围分别埋葬多座年代与之相当的中小墓，形成多个相对独立的墓区，部分墓区间还有大面积空白地带，报告将其划分为南段、中段与北段[4]。在上村岭虢国墓地北区，西部的虢季墓、东部的虢仲墓周围分别埋葬多座中小墓，形成两个相对独立的墓区，报告称之为第七、八组墓[5]。

（3）大墓之葬居中，以尊卑为左右

这种形态指的是，等级最高的墓葬居中，等级稍低、等级最低的墓葬分别居其左右两侧，这里所谓的大墓、尊、卑，均是相对而言。

这种形态在宋家墓地表现于两个层面：① 就带墓道大墓所在的墓区而言。中Ⅲ区内，大墓 M10 居前居中，等级稍次的中Ⅲa区居其右侧，等级最低的中Ⅲb区居其左侧[6]。与此相同，在中Ⅱ区内，大墓 M9 居前居中，等级稍次的中Ⅱa区居其右侧，等级最低的中Ⅱb区居其左侧。② 就整个墓地而言，中区等级最高，等级稍次的北区居中区右侧，等级最低的南区居中区左侧。所以，不论在整个墓地还是大墓所在的小区内，都一致的遵循着大墓居中、右尊左卑的墓位排列。

---

[1] 若西周早期偏早的 M15 为孔头沟聚落较早阶段的采邑主，那么该墓与西周中期偏晚的采邑主 M9 之间就有不小的年代缺环，所以墓地中可能还有未探明的大墓。

[2] 赵化成：《从商周"集中公墓制"到秦汉"独立陵园制"的演变》，《文物》2006年第7期。

[3] 张天宇：《叶家山墓地研究》，北京大学博士学位论文，2020年，第143、151、253页。

[4] 河南省文物考古研究所、平顶山市文物管理局：《平顶山应国墓地Ⅰ》，大象出版社，2012年。

[5] 河南省文物考古研究所、三门峡市文物工作队：《三门峡虢国墓（第一卷）》，文物出版社，1999年。

[6] 由于该墓地墓主头向东，左右方位是就墓主而言。

由此可见，等级身份是决定该墓地规划的重要因素，表明该聚落人群在各种身份认同中，尤为注重等级尊卑之别，等级次序被相对严格遵循并有意长期维持。

4.6.2　说鞥饰[①]

文献中有"鞥"。《释名·释车》："鞥，经也，横经其腹下也。"[②]《史记·礼书》载"鲛鞥弥龙"，《集解》引徐广曰"鞥者，当马腋之革"，《索引》："鞥，马腹带也"[③]。鞥是横束马腹的革带，其作用在于将马与车衡连为一体，利用马全身重量下压，以防因车與后重，辀、衡上翘，使马颈下的鞅（颈靼）压迫马喉[④]。秦始皇陵1号、2号铜车马上就见有鞥[⑤]。

商、西周的车马坑中发现有穿缀于鞥上的鞥饰，这些鞥饰可分为四类：（1）铜泡鞥饰，如殷墟郭家庄西南M147[⑥]、滕州前掌大M40（图4-347，1）[⑦]、85洛阳老城一号车马坑[⑧]、80～81丰镐长花M3二号车[⑨]。（2）贝壳鞥饰，如56～57沣西张家坡一号车马坑（图4-347，2）[⑩]，80～81丰镐长花M16后车、M3一号与三号车[⑪]。（3）骨牙片鞥饰，如05殷墟安钢M5（图4-347，3）[⑫]。（4）铜牌形鞥饰，如56～57沣西张家坡二号车马坑一号车（图4-347，4）、三号车马坑[⑬]。其中前三类除作鞥饰外，还常作为其他饰件，唯第四类形制特殊，仅用为鞥饰。

铜牌形鞥饰于1956～1957年首次发现于沣西张家坡车马坑，《沣西发掘报告》对其组配进行了复原，郭宝钧、孙机根据其出土于马腹部位，辨识出该器为鞥饰[⑭]。张长寿在井叔家族墓地的发掘中，比照车马坑辨识出了部分墓葬内的牌形鞥饰[⑮]。目前西周墓葬出土的铜牌形鞥饰已大为丰富，但其研究甚为薄弱，主要表现在如下四个方面：其一，对车马坑以外（如墓葬、铸铜

①　王洋、种建荣、雷兴山：《西周铜牌形鞥饰新说》，《文物》2023年第3期。

②　（汉）刘熙：《释名》，中华书局，1985年，第122页。

③　（汉）司马迁：《史记》卷23《礼书》，中华书局，1963年，第1162、1163页。

④　郭宝钧：《殷周车器研究》，文物出版社，1998年，第60页。孙机：《从胸式系驾法到鞍套式系驾法》，《考古》1980年第5期。杨英杰：《先秦古车挽马部分鞁具与马饰考辨》，《文物》1988年第2期。

⑤　秦始皇兵马俑博物馆等：《秦始皇陵铜车马发掘报告》，文物出版社，1998年，第96、218页。

⑥　中国社会科学院考古研究所：《安阳殷墟郭家庄商代墓葬》，中国大百科全书出版社，1998年，第143～146页。

⑦　中国社会科学院考古研究所：《滕州前掌大墓地》，文物出版社，2005年，第125～127、636页。

⑧　中国社会科学院考古研究所洛阳唐城队：《洛阳老城发现四座西周车马坑》，《考古》1988年第1期。

⑨　陕西省文物管理委员会：《西周镐京附近部分墓葬发掘简报》，《文物》1986年第1期。

⑩　中国科学院考古研究所：《沣西发掘报告》，文物出版社，1962年，第141～155页。

⑪　陕西省文物管理委员会：《西周镐京附近部分墓葬发掘简报》，《文物》1986年第1期。

⑫　安阳市文物考古研究所：《安阳殷墟徐家桥郭家庄商代墓葬》，科学出版社，2011年，第129页。国家文物局编：《2005中国重要考古发现》，文物出版社，2006年，第61页。

⑬　中国科学院考古研究所：《沣西发掘报告》，文物出版社，1962年，第149、155页。

⑭　郭宝钧：《殷周车器研究》，文物出版社，1998年，第60页。孙机：《从胸式系驾法到鞍套式系驾法》，《考古》1980年第5期。

⑮　张长寿称之为"鞁具"。中国社会科学院考古研究所：《张家坡西周墓地》，中国大百科全书出版社，1999年，第220页。

1. 铜泡鞥饰(前掌大M40)

2. 骨牙片鞥饰(05殷墟安钢M5)

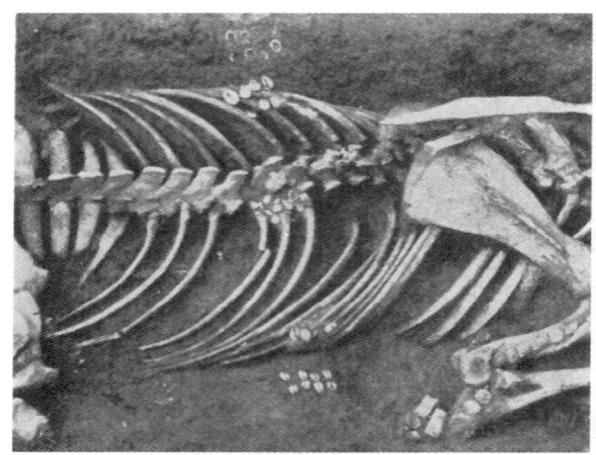

3. 贝壳鞥饰(56~57张家坡一号车马坑)

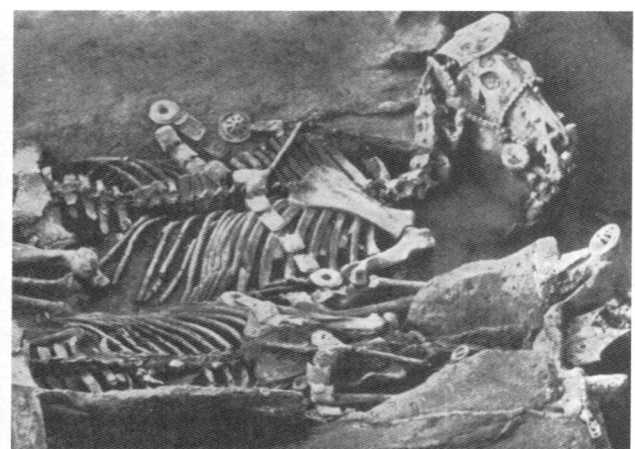

4. 铜牌形鞥饰(56~57张家坡二号车马坑)

图4-347 商周车马坑中的四类鞥饰

作坊)出土的鞥饰,尤其是单独出土一两件时,往往难以辨识,常称之为车马饰、牌饰、兽面饰、不明器等,而且关于车马器形制研究的著作中也不见相关鞥饰内容①;其二,由于上述问题,牌形鞥饰的辨别标准、器类特征尚不明确;其三,牌形鞥饰的分类及如何组配,基本无从谈起;其四,相关器用特征研究几近空白。

孔头沟遗址西周大墓M10出土铜牌形鞥饰96件,不仅数量为已知西周墓葬之最,而且形制复杂精美,包含多种首次发现的新器形,经与张家坡车马坑对比可确认为鞥饰无疑,为解决和研究上述问题提供了新的契机。下文拟复原孔头沟M10出土的多套鞥饰,提出牌形鞥饰的

---

① 朱凤瀚:《中国青铜器综论》,上海古籍出版社,2009年,第443~497页。吴晓筠:《商至春秋时期中原地区青铜车马器形式研究》,《古代文明》第1卷,文物出版社,2002年,第180~277页。

辨识标准,进而对以往发现的西周牌形羁饰进行全面辨识与复原,并结合铸铜作坊出土的陶范来考察其流行与流通等问题。

1. 孔头沟M10出土铜羁饰的辨识与复原

(1)形制特征

孔头沟M10出土牌形饰可分为两类。甲类:器身呈中间高两边低的拱形或两面坡状,背面四周不平齐,正面形制、纹饰均中轴对称(彩版二八八)。根据形制差异,可分A、B、C三型(图4-348,1、4、5、7)。乙类:背面四周平齐,可平整穿缀于革带之上,同一形制的器物方向分左右两种。根据形制差异,可分A、B、C、D四型(图4-348,2、3、6、8、9)。

这两类七型牌饰中有六型在纹饰上有共同之处:其一,甲A型与乙A型牌饰,都由上部一虎与下部龙纹牌饰两部分组成,其立体虎的造型为各型牌饰中仅见,两型牌饰的虎头、虎爪及虎身纹饰近同。龙纹均为卷体双龙相对,龙角均一扬一垂(图4-348,1~3)。其二,甲B型与乙B型牌饰,在各型中纹饰最为华丽、繁缛,均由多条透雕卷体龙纹组成,其中四龙或两龙较大,獠牙均后伸,且都有两龙或一龙饰凸起的绳索状粗眉,为各型牌饰中仅见(图4-348,4~6)。其三,甲C型与乙C型牌饰,分别在兽首与龙首上饰以火焰状三齿鳞纹,为各型牌饰中仅见,且均以多重阴线纹装饰;与其他各型牌饰相比较少使用透雕,造型相对简洁朴素(图4-348,7、8)。

(2)56~57张家坡车马坑的启示

56~57张家坡二号、三号车马坑的马身上装配有成套铜牌形羁饰,出土时位置关系明确,可为墓葬出土羁饰的复原提供参照[①]。张家坡二号车马坑内一号车驾马四匹,报告称“鞍具的皮带可能是缚在木轭上的,沿着马颈到马背的地方分成两股,披在马腹两侧,然后在腹下拴扣”。皮带上有多种铜饰,从马颈至背部依次是带孔铜泡、带扣、长圆管、兽面有管铜饰各1件,马腹两侧各有7件鳞形饰与1件泡状环(图4-349,1~6)。其中兽面有管铜饰截面弧拱,形制中轴对称,背面两侧各有一横鼻,长10、宽13.5厘米(图4-349,4)。与之组合成套的14件鳞形铜饰形制相同,背面四周平齐,有上下两个横鼻,长7、宽5.7厘米(图4-349,5)。张家坡三号车马坑内埋一车,车驾二马,马背以上遭盗扰,马腹两侧各有5件菱形铜饰。菱形饰四角有穿孔,长7.7、宽6.4厘米(图4-349,7)。由这两座车马坑出土情况可知:

① 一套完整的羁饰是由多件牌形羁饰与长圆管、带扣、环等配件相配成套。

② 张家坡马背上的“兽面有管铜饰”与孔头沟甲类牌饰同类,“鳞形铜饰”“菱形铜饰”与孔头沟乙类牌饰同类。甲类牌饰覆于马背中部,左右分羁带于马腹,其形制必然为中间高两侧低的弧拱状或两面坡状,以适应马背;中脊两侧纹饰也自然对称。乙类牌饰需穿缀于革带之上,其背面四周自然平齐;由于分置马腹左右,相应器分左右。

---

① 中国科学院考古研究所:《沣西发掘报告》,文物出版社,1962年,第148、149、155页。

图4-348　孔头沟M10出土甲、乙两类鞧饰

　　③ 两类牌饰的搭配为一件甲类配多件同形的乙类。有鉴于此，位于马脊上鞧带中部的甲类牌饰或可称为"鞧中饰"，马腹两侧的乙类牌饰或可称为"鞧侧饰"。

　　④ 一辆车所驾多匹马的鞧带形制相同。每条鞧带上的鞧侧饰形制只有一种，左右两侧件数相同。

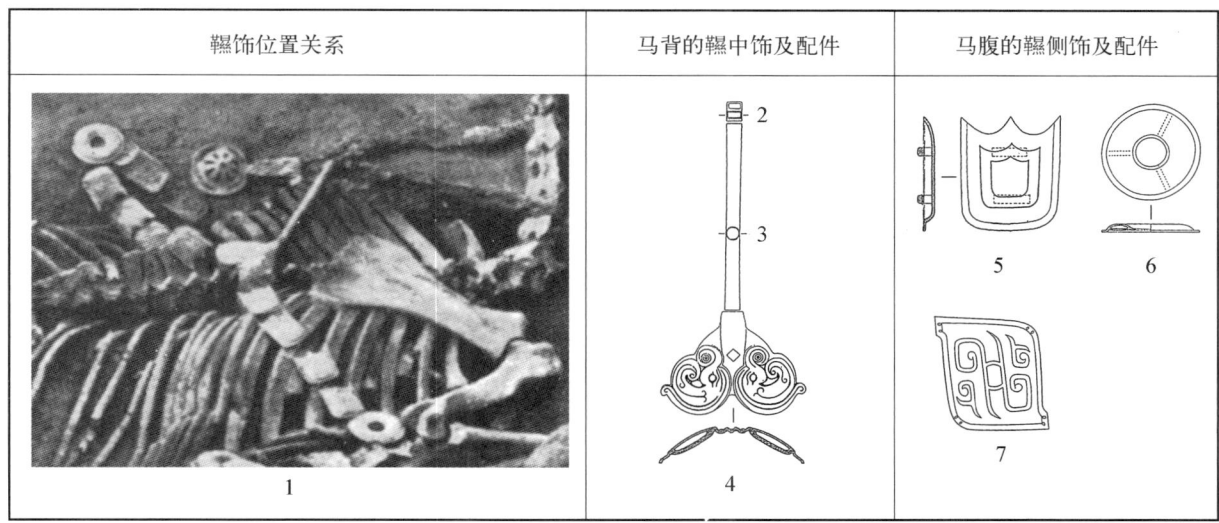

鞴饰位置关系	马背的鞴中饰及配件	马腹的鞴侧饰及配件
1	4	5　6　7

图4-349　56～57沣西张家坡车马坑出土铜鞴饰及其配件

1.鞴饰出土情形　2.带扣　3.长圆管　4.兽面有管饰　5.鳞形饰　6.泡状环　7.菱形饰
（1～6为二号车马坑一号车出土，7为三号车马坑出土）

⑤　每匹马一般只有一条鞴带。除张家坡这两座车马坑外，前文所列装配铜泡或贝壳鞴饰的马也只有一条鞴带[1]，上述车马坑年代为殷墟三期至西周中期，见于殷墟、前掌大、丰镐、洛阳等地。

近年新发现的周原遗址贺家西周晚期车马坑[2]中，也见有成套装配的铜牌形鞴饰，装配特征与张家坡车马坑相同。

（3）孔头沟M10鞴饰的组配与复原

孔头沟M10遭盗扰，部分鞴饰及其配件的出土位置已非原位。从鞴饰的不同形制看，应随葬有四种成套的鞴饰，结合每型鞴饰件数、相对位置关系等，可对其进行复原（彩版二八九，1）。

第一种，甲A型鞴中饰共2件，从纹饰与出土位置可知，与之相配的是乙A型鞴侧饰，共18件，其中左侧8件，右侧10件。故这种鞴饰可能有2套，每套每侧5件鞴侧饰，为二马一车的装配。鞴中饰与鞴侧饰均有成对穿孔，背面无鼻，应是缝缀于鞴带上。鞴中饰M10：4旁出土1件长圆管M10：14，残长11.1、直径1.4厘米，应相配成套。鞴右侧饰M10：86、左侧饰M10：264旁各出土1件游环M10：91、261，参照张家坡二号车马坑中第4、5件鞴侧饰间夹1件环形泡，推测游环原在两侧鞴带中部偏下的位置（图4-350，1；图4-351，1）[3]。

---

[1] 05殷墟安钢M5车马坑中，马腹前部有鞴，在近马臀部两侧还有一条带，该带可能不是鞴。安阳市文物考古研究所：《安阳殷墟徐家桥郭家庄商代墓葬》，科学出版社，2011年，第129页。

[2] 周原考古队：《陕西宝鸡市周原遗址2014～2015年的勘探与发掘》，《考古》2016年第7期。黄晓娟等：《陕西周原贺家遗址出土车马器工艺调查及数字化复原》，《西北大学学报（自然科学版）》2021年第5期。

[3] 由于盗扰等缘故，鞴饰所配游环的具体位置与类型已无法准确确定，复原图中游环的位置均是据张家坡车马坑推测。

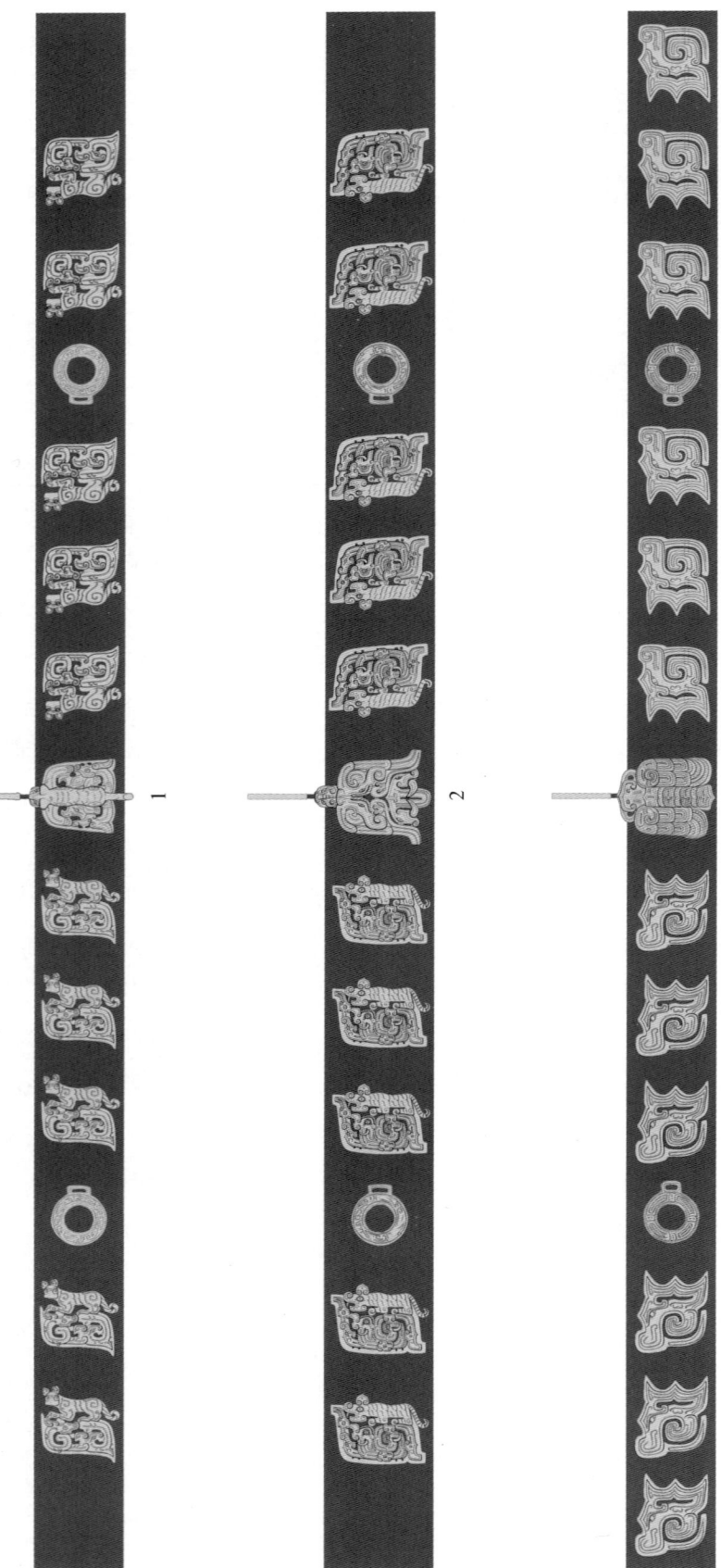

图4-350 孔头沟M10随葬成套鞗饰复原图

1. 第一种（甲A型＋乙A型）　2. 第二种（甲B型＋乙B型）　3. 第三种（甲C型＋乙C型）

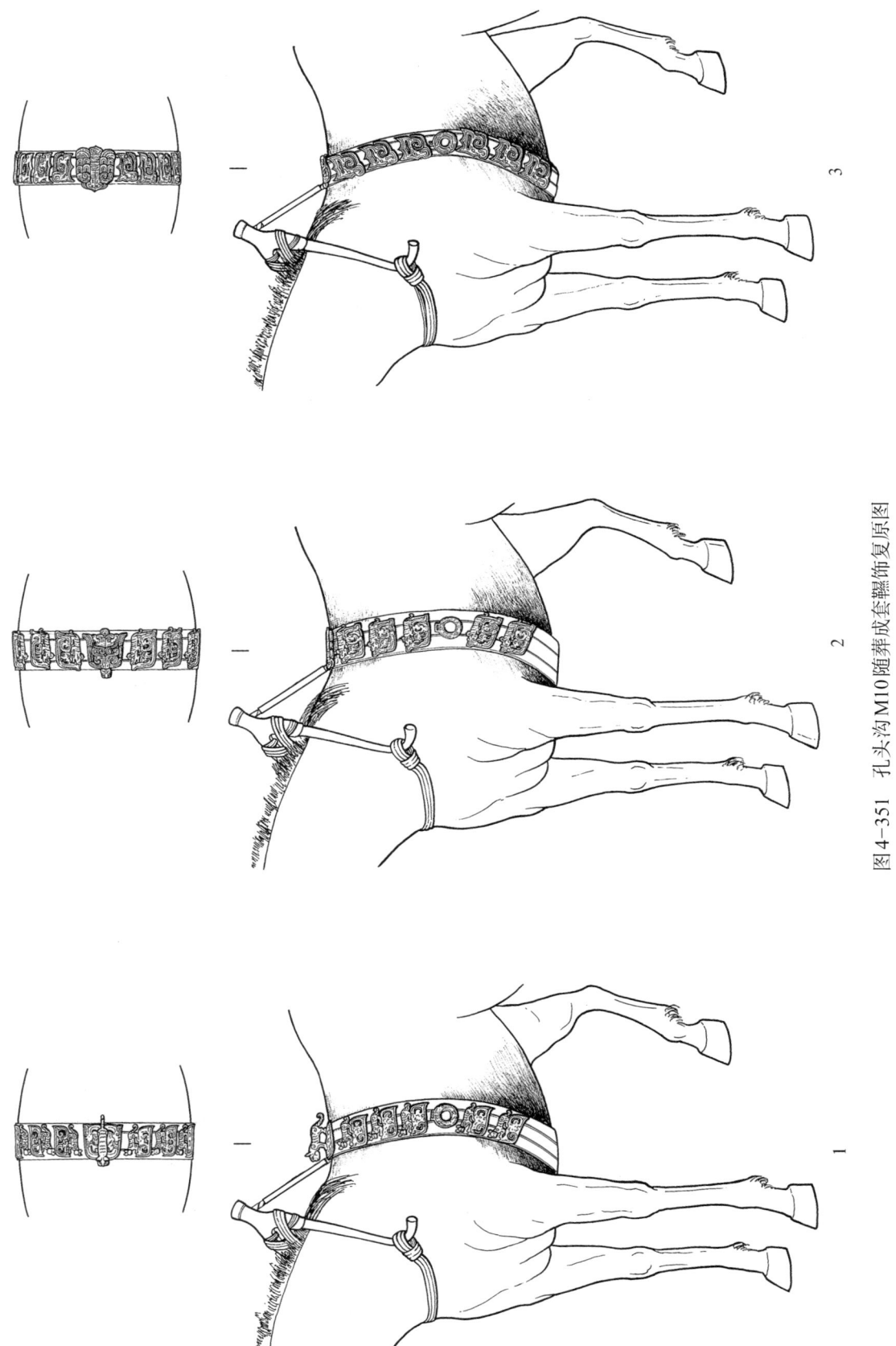

图4-351 孔头沟M10随葬成套鞶饰复原图

1. 第一种（甲A型＋乙A型） 2. 第二种（甲B型＋乙B型） 3. 第三种（甲C型＋乙C型）

　　第二种，甲B型鞦中饰共4件，从纹饰与出土位置可知，与之相配的是乙B型鞦侧饰，共39件，其中左侧20件，右侧19件。故这种鞦饰可能有4套，每套每侧5件鞦侧饰，为四马一车或两辆二马一车的装配。鞦侧饰背面有鼻，边缘有成对穿孔，鞦中饰背面有一横两纵呈"品"字形分布的三个较大环鼻，可知这种鞦饰以绳索或窄革带贯穿，并缝缀于鞦带上。其中鞦中饰M10：462、536旁各出土1件长圆管M10：461、512，鞦右侧饰M10：489、468、464旁各出土1件游环M10：488、467、475，均应各自成套（图4-350，2；图4-351，2）。

　　第三种，甲C型鞦中饰共2件，从纹饰与出土位置可知，与之相配的是乙C型鞦侧饰，共19件，其中左侧8件，右侧11件。鞦中饰、鞦侧饰均可分为厚度与重量不同的两套，应为二马一车的装配。出土时各自相对集中，鞦侧饰较轻薄的一套重约90.2～113.7克，较厚重的一套重122～155克（表4-19）。其中轻薄一套的鞦右侧饰数量最多，为6件，故该种鞦饰可能为每套每侧6件。鞦中饰与鞦侧饰背面都有四个条形小鼻，应是以绳索或窄革带穿缀于鞦带上。鞦中饰M10：127出土时前接1件长圆管M10：131，管长15.2、直径1.4厘米；鞦左侧饰M10：281旁出土1件游环M10：280，均应相配成套（图4-350，3；图4-351，3）。

　　第四种，乙D型鞦侧饰左、右各7、5件，未见与之相配的鞦中饰，不知是否为盗扰所致。该种或是每侧7件鞦侧饰的一套，或是每侧5件鞦侧饰的两套。器背有穿无鼻，应缝缀于鞦带上。

　　综上可见，孔头沟M10随葬了四种形制的至少9套鞦饰，可能装配着三辆二马一车与一辆四马一车或五辆二马一车，以前者可能性更大。出土时的鞦饰周围还见有铜环、"Y"形铜管等器，或许也是鞦带的组成部分，但由于保存不佳，尚难以确认。

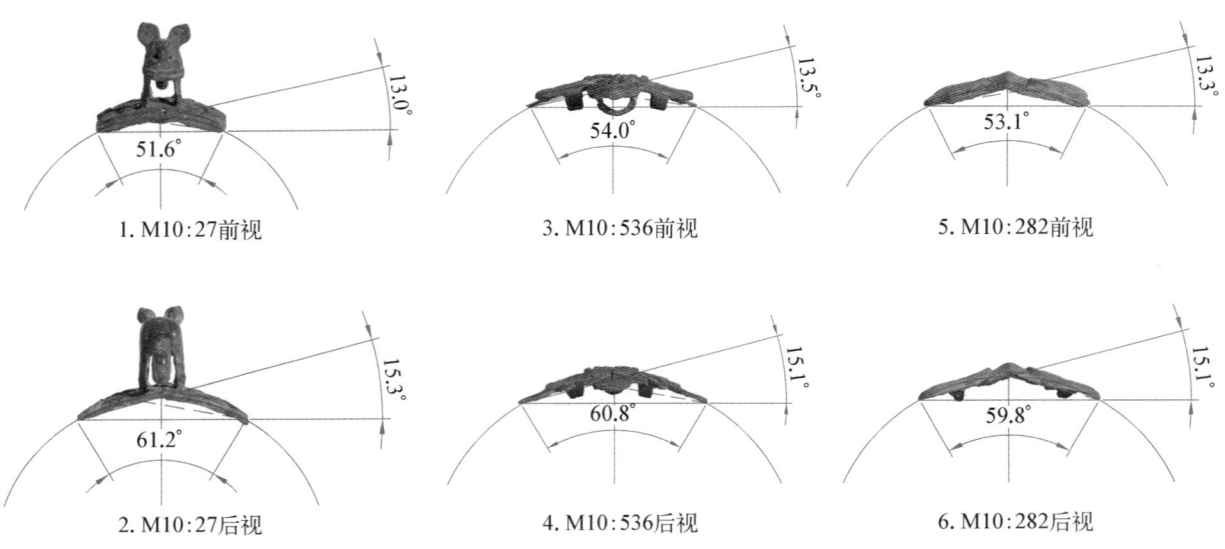

图4-352　孔头沟M10出土鞦中饰横截面角度

表4-19　07QSM10出土轻、重两套C型鞦饰

	轻薄一套（克）		厚重一套（克）	
鞦中饰	M10：282	165.1	M10：127	224.3
鞦侧饰（左）	M10：3	残70.9	M10：123	136.4
	M10：130	100.1	M10：137	122
	M10：286	残78.1	M10：138	141.9
	M10：418	107.4	M10：281	133
鞦侧饰（右）	M10：126	100.9	M10：116	137
	M10：283	残94.4	M10：124	126.6
	M10：284	残73.4	M10：125	127.4
	M10：285	残80.9	M10：128	155
	M10：305	113.7	M10：129	141.1
	M10：417	90.2		

2. 铜牌形鞦饰形制新识

（1）辨识标准

铜牌形鞦饰分为鞦中饰与鞦侧饰两类。从已有材料看，不论鞦中饰还是鞦侧饰，形制差异都极大。因此，对其辨识不能像一般青铜器那样仅依据造型，而要寻找能表明其器类的特征，并且置于鞦带组配关系的背景下考察。这也正是以往牌形鞦饰不易辨识的症结所在。基于张家坡、孔头沟的成套鞦饰及以往研究成果，可归纳出五条辨识牌形鞦饰的标准。

其一，鞦中饰截面弧拱或呈两面坡状，鞦侧饰背面四周平齐，均有可供穿缀的孔或环鼻。鞦中饰横截面弧度角集中在50°～60°，坡度角集中在13°～16°，前端弧度略小于后端（图4-352）。

其二，鞦中饰形制中轴对称，多作前端略小的展翼状。鞦侧饰形制非中轴对称时，器分左右，形制相同而方向相反。

其三，鞦侧饰多件同形成套。

其四，鞦中饰长、宽多为8～12厘米，鞦侧饰长、宽多为5～12厘米，同一套的鞦中饰一般略大于鞦侧饰。

其五，与长圆管、游环、带扣等鞦带配件共出。

（2）墓葬出土牌形鞦饰的辨识与复原

a. 成套鞦饰

以往墓葬中出土鞦饰的位置关系大都不明，根据上述标准，可辨识出组合较完整的成套鞦

饰有如下几例。

　　83～86张家坡M36，被盗，年代为西周中期。出土同形的鞁中饰2件，前端作圆管状（图4-353，1），与长圆管（M36∶13）相接，形制与56～57张家坡二号车马坑鞁中饰基本相同。共出的鞁侧饰15件，均同形，背有横鼻（图4-353，2）[1]。从鞁中饰、鞁侧饰的数量关系看，可能为两套，每套每侧4件鞁侧饰。

　　83～86张家坡M2，被盗，年代为西周中晚期。填土中出土同形的鞁中饰4件（图4-353，3），同形的鞁侧饰32件（图4-353，4），均有镂孔[2]。从鞁中饰、鞁侧饰的数量关系看，可能有4套，每套每侧4件鞁侧饰。

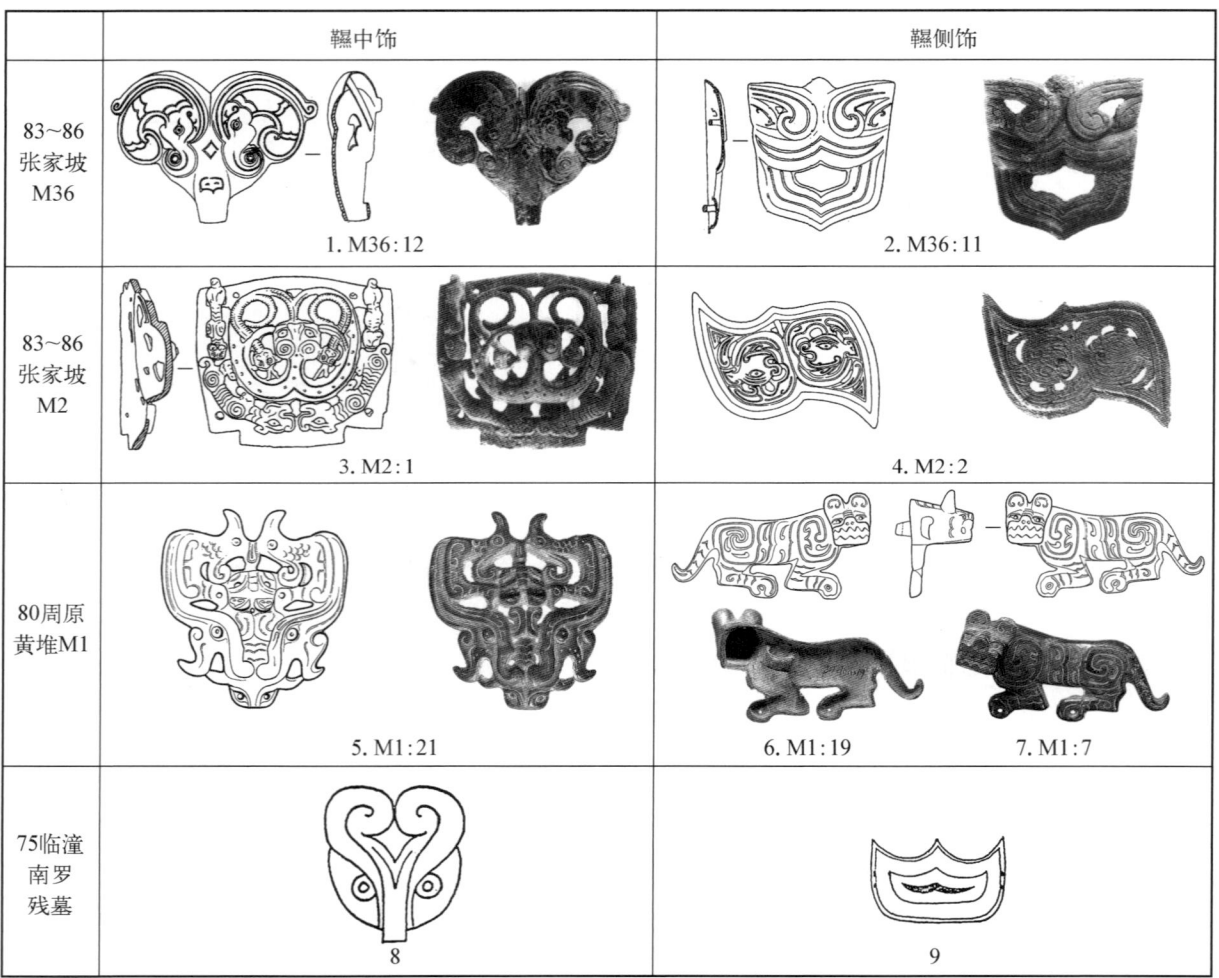

图4-353　墓葬出土相配成套的鞁中饰与鞁侧饰

① 中国社会科学院考古研究所：《张家坡西周墓地》，中国大百科全书出版社，1999年，第220～223页。
② 中国社会科学院考古研究所：《张家坡西周墓地》，中国大百科全书出版社，1999年，第213、223页。

80周原黄堆M1,被盗,年代为西周中晚期之际。出土长圆管(M1∶25)、辔中饰(图4-353,5)、辔侧饰(图4-353,6、7)、游环(M1∶13、14)各2件,形制均相同[1]。虎形辔侧饰器分左右,与孔头沟M10的A型辔侧饰上部相同。辔中饰背面有三环鼻,一横两纵呈"品"字形分布,前端横鼻应与长圆管中革带相贯,再从两侧竖鼻处分为两股,穿于辔侧饰背面环鼻。该墓辔侧饰与辔中饰数量不匹配,不知是否为盗扰所致。

75临潼南罗残墓,年代为西周中期。出土辔中饰1件,前端似作管状(图4-353,8)。共出长管1件,同形的辔侧饰6件,辔侧饰边缘有穿孔(图4-353,9)[2]。从辔中饰、辔侧饰的数量关系看,应为一套辔饰,每侧3件辔侧饰。

此外,绛县横水墓地M1011、M2055出土有可能为辔饰的铜牌形饰,但共出辔中饰、辔侧饰的数量没有匹配成套,两墓年代均为西周中期偏晚。M1011出土辔中饰4件、辔侧饰2件,其中辔中饰有两种形制,每种各2件(M1011∶202、222,M1011∶162、197);辔侧饰(M1011∶173、181)形制相同,器分左右[3]。M2055出土辔中饰、辔侧饰各2件,辔中饰(如M2055∶17)形制相同,辔侧饰(M2055∶30-2、42-1)形制相同,器分左右[4]。

b. 辔侧饰

除了组合较完整的成套辔饰外,另有一些墓葬仅见辔侧饰,有的可能组合不完整。有以下几例。

83～86张家坡M183,年代为西周中期偏早。出土同形的辔侧饰8件,背有竖鼻(图4-354,1)[5]。器分左右,各4件,应为一套辔饰。

83～86张家坡M170,被盗,年代为西周中期偏晚。出土同形的辔侧饰23件,四角有穿孔(图4-354,3)[6]。器分左右,各自数量不明,至少应为两套。

83～86张家坡M199,被盗,年代为西周中晚期。出土辔侧饰1件,边缘有穿孔(图4-354,6)[7]。

81周原强家M1,年代为西周晚期偏早。出土同形的鸟形辔侧饰3件(图4-354,4、5),同形的鳞形辔侧饰2件(图4-354,2),均有穿孔与环鼻,鸟形辔侧饰器分左右[8]。可能为两套不完整

---

[1] 陕西周原考古队:《扶风黄堆西周墓地钻探清理简报》,《文物》1986年第8期。曹玮:《周原出土青铜器》第八卷,巴蜀书社,2005年,第1627～1633页。周原黄堆M1∶7、19这种虎形饰,在两周时期并不罕见,其功用未必都是辔侧饰,对其功用判断需结合器物组合、陈器位置等信息。

[2] 赵康民:《临潼南罗西周墓出土青铜器》,《文物》1982年第1期。

[3] 山西省考古研究院等:《绛县文物局山西绛县横水西周墓地1011号墓发掘报告》,《考古学报》2022年第1期。

[4] 山西省考古研究院等:《山西绛县横水西周墓地M2055发掘简报》,《江汉考古》2022年第2期。

[5] 中国社会科学院考古研究所:《张家坡西周墓地》,中国大百科全书出版社,1999年,第223页。

[6] 中国社会科学院考古研究所:《张家坡西周墓地》,中国大百科全书出版社,1999年,第223页。

[7] 中国社会科学院考古研究所:《张家坡西周墓地》,中国大百科全书出版社,1999年,第223页。

[8] 周原扶风文管所:《陕西扶风强家一号西周墓》,《文博》1987年第4期。曹玮:《周原出土青铜器》第九卷,巴蜀书社,2005年,第1823～1825页。

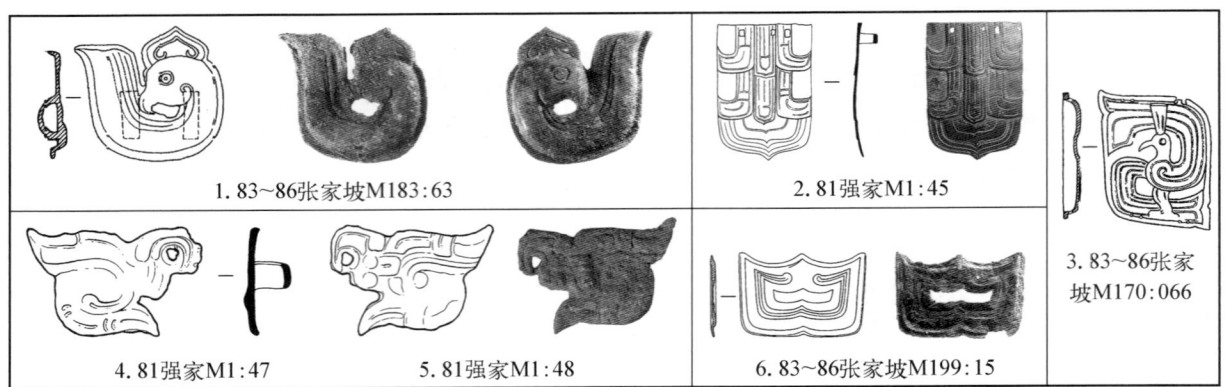

图4-354　墓葬中单独出土的鞢侧饰

的鞢饰。

（3）造型特征

鞢饰的造型一般由外部轮廓、内部纹饰两个方面的元素构成。鞢侧饰的外轮廓有菱形（图4-348，6，9）、三齿鳞形（图4-349，5）、鸟兽动物形（图4-353，7）、鳞形（图4-354，2）等，内部纹饰有龙纹、虎纹、鸟纹、鳞纹等。两个方面的装饰元素互相搭配，甚至不同轮廓、不同纹饰还可复合于一器，如内饰龙纹的菱形轮廓与虎形轮廓复合（图4-348，2），虎纹、龙纹复合于菱形轮廓内（图4-348，6），如此便形成了造型极为多变的鞢饰。

使用者等级越高，鞢饰的造型与制作越复杂，如带墓道大墓孔头沟M10、张家坡M170所出鞢饰。而且高等级的成套鞢饰中，鞢中饰与鞢侧饰纹饰呼应，不杂以无关造型的牌饰（如孔头沟），表现出"一带无杂配"的严格规制。

还需说明的是，有一种"Y"形管（或称三叉管）也可作为鞢中饰，一般器长9～15、管径约1.5厘米。林寿晋曾指出这种管"可能是马背上的一种穿系器具"[1]，张长寿认为其作用与牌形鞢中饰相同[2]。三门峡上村岭M2001号季墓出土的长圆管"大多数与镂孔'Y'形管伴出，且位于'Y'形管的下方，与管孔相对"[3]。这种长圆管形制、尺寸与牌形鞢中饰前接者一致，而两种管又常与銮、軏等车马器放置在一起，故"Y"形管应是一种装饰性较弱的鞢中饰[4]。其前端贯入来自马颈的革带，再从后端两管分于马腹，实与牌形鞢中饰"品"字形分布的三环鼻作用相同。

由前文辨识出的牌型鞢饰可知，出土于不同单位的牌形鞢饰罕见形制相同者，装配于不同马车的牌形鞢饰几乎各不相同，这两个特征在其他青铜器类中十分少见。由于鞢饰的装饰性远大于实用性，其多样化的造型凸显了有意追求的个性化，而这可能与周人对马的态度有关。

① 中国科学院考古研究所：《上村岭虢国墓地》，科学出版社，1959年，第21页。

② 中国社会科学院考古研究所：《张家坡西周墓地》，中国大百科全书出版社，1999年，第221页。

③ 河南省文物考古研究所等：《三门峡虢国墓》，文物出版社，1999年，第122页。

④ 并非所有的长圆管、"Y"形管都是鞢饰，器形很小的"Y"形管应为节约，有的长圆管可能也作为马策。

西周时已对马命名,陕西眉县李村出土的两件盠驹尊(《集成》6011、6012)[1]记载周王举行执驹礼时赐给盠两匹马驹,两件器盖分别铸铭"赐盠驹勇雷雅子""赐盠驹勇雷骆子",可知两马名为"勇雷雅子"与"勇雷骆子"或"雅子"与"骆子"[2],而且尊也被铸成写实的马驹形。智鼎所载"匹马束丝"(《集成》2838),显示出马作为一类物资的重要性;对马命名,更是西周贵族对马个体性的认可与强调。这类似于后世之项王"骏马名雅"[3],"布有良马曰赤兔"[4]。而对马个体性的强调,可能推动了对鞯饰的个性化追求。

3. 铜牌形鞯饰的流行与流通

(1)流行时间与地域

牌形鞯饰出现于西周早期。如80～81丰镐长花车马坑M3,其二号车四匹马的腹部装配铜泡形鞯饰,背部各有一件铜饰,其中两件作兽面形,两件作圆饼形,侧面均有三个穿孔,简报认为是"马背三结鞯带的饰物",即鞯中饰[5]。从共出的火焰形镂孔銮铃、有悬梁的圆形马镳、器身修长的车軎可知,该坑年代为西周早期。

牌形鞯饰的普遍流行始于西周中期,延续至西周晚期,这从前文辨识出的大量鞯饰即可看出。其中56～57张家坡二号车马坑出土銮铃为长弧形镂孔、高座,车軎内节略长于外节,马镳圆形无悬梁,年代为西周中期[6]。西周晚期之后,牌形鞯饰就很少发现了。所见者如春秋早期宜川虫坪塬车马坑K1,马腹部有制作极为粗略的方形鞯侧饰[7]。可见,牌形鞯饰的出现与消亡虽持续整个西周,但盛行的时间并不长。

在地域上,已知的西周牌形鞯饰多见于关中地区,集中在丰镐和周原两处都邑及周邻区域,表明王畿关中可能是鞯饰的主要流行地区。

(2)器范分布特征及鞯饰流通模式

① 器范分布特征

将铜器与陶范结合,是讨论铜器生产流通的最佳途径。值得注意的是,在西周铸铜作坊中就发现有铸造鞯饰的陶范,其分布具有"器范共存""器范相合"两个特征。

a. 器范共存

从现有材料看,牌形鞯饰的陶范见于周原遗址庄李、孔头沟遗址画图寺两处铸铜作坊。陶

---

① 中国社会科学院考古研究所:《殷周金文集成》(修订增补本),中华书局,2007年。简称《集成》。

② 郭沫若:《盠器铭考释》,《考古学报》1957年第2期。

③ (汉)司马迁:《史记》卷7《项羽本纪》,中华书局,1963年,第333页。

④ (晋)陈寿:《三国志》卷7《魏书》,中华书局,1964年,第220页。

⑤ 陕西省文物管理委员会:《西周镐京附近部分墓葬发掘简报》,《文物》1986年第1期。

⑥ 吴晓筠:《商至春秋时期中原地区青铜车马器形式研究》,《古代文明》第1卷,文物出版社,2002年,第180～277页。

⑦ 陕西省考古研究院等:《陕西宜川县虫坪塬春秋遗址发掘简报》,《考古与文物》2018年第2期。

范包括陶模、外范，器类涵盖辔侧饰、辔中饰，多与已发现的铜辔饰形制近同或风格相近。以聚落为单位看，周原与孔头沟遗址都是既有辔饰又有陶范，即"器范共存"。

这两处遗址可确认的辔饰陶范有：

03庄李H3出土多件与孔头沟C型辔侧饰形制相同的外范，均为平板状，正面内凹刻纹饰，背面有网格状刻划（图4-355,1）[①]。灰坑年代为西周晚期偏早。

03庄李H5、04庄李H155出土多件相同的辔侧饰外范，均残成小块，仅知上部为三齿鳞形（图4-355,2）[②]。

03庄李H5：52虎形陶模，虎头侧伸凸出，与黄堆M1辔侧饰、孔头沟A型辔侧饰上部近同，可能为辔侧饰模（图4-355,3）[③]。该坑年代为西周晚期偏晚。

03庄李H92：36陶模正面弧鼓呈拱形，应为辔中饰模（图4-355,5）[④]。这种形制的铜辔饰还未发现，但其前端有一兽首、两侧有多条卷曲条纹的作风，与孔头沟B、C型及黄堆M1辔中饰近同。该坑年代为西周晚期偏早。

孔头沟画图寺H36：21陶模可能为辔侧饰模（图4-355,4）[⑤]。这种形制的铜辔饰未见，不过其一角上扬及翻唇龙首与曲身相连的风格和孔头沟B形辔侧饰相近。该坑年代为西周晚

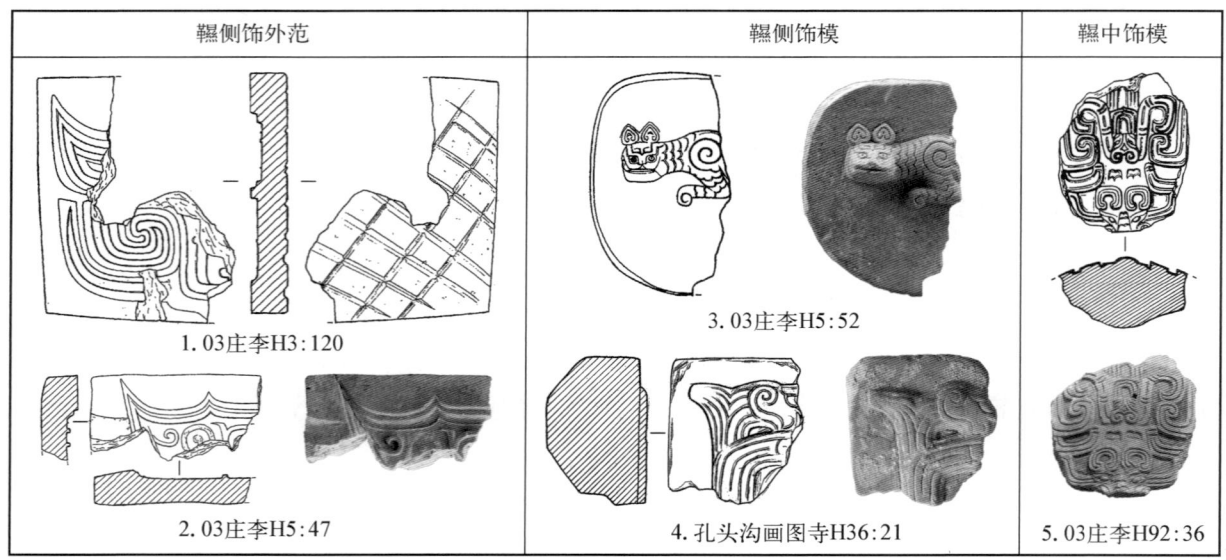

辔侧饰外范	辔侧饰模	辔中饰模
1. 03庄李H3：120	3. 03庄李H5：52	
2. 03庄李H5：47	4. 孔头沟画图寺H36：21	5. 03庄李H92：36

图4-355　辔饰陶范

① 周原考古队：《周原庄李西周铸铜遗址2003与2004年春季发掘报告》，《考古学报》2011年第2期。
② 周原考古队：《周原庄李西周铸铜遗址2003与2004年春季发掘报告》，《考古学报》2011年第2期。
③ 周原考古队：《周原庄李西周铸铜遗址2003与2004年春季发掘报告》，《考古学报》2011年第2期。
④ 周原考古队：《2003年秋周原遗址（ⅣB2区与ⅣB3区）的发掘》，《古代文明》第3卷，文物出版社，2004年，第436~496页。
⑤ 陕西省考古研究院等：《陕西岐山孔头沟遗址铸铜作坊发掘简报》，《南方文物》2019年第3期。

期偏早。

上述灰坑均共出有车辖、带扣等多种车马器陶范。

b. 器范相合

不同聚落出土陶范与铜辔饰可完全扣合，即"器范相合"。将孔头沟M10出土的C型辔侧饰与03周原庄李H3出土的同形制外范实物比对，其中部分辔饰与陶范竟能完全扣合（彩版二八九，2）。见有：

庄李H3：114、135经拼对为同一件右侧饰范，与孔头沟M10：305可完全扣合，两者不论是龙首还是其上三齿鳞纹的弧度均契合（图4-356，1～3）。

庄李H3：120为左侧饰范，残存半部，与孔头沟M10：3可完全扣合，连卷曲的细部镂孔都严丝合缝，器范扣合时竟能发出拼对陶片般的咔哒声（图4-356，4～6）。

庄李H3：129为左侧饰范，残存中下部，与孔头沟M10：123可完全扣合（图4-356，7～9）。

孔头沟的多件C型辔侧饰虽然形制相同，生产标准化程度较高，但细部特征还是存在差异，经比对可知，其生产大都非"一模多器"[1]。那么，如此高吻合度的"器范相合"无疑表明两者之间存在联系。而且孔头沟M10与庄李H3的年代相同，均为西周晚期偏早[2]。因此可以说，孔头沟这几件辔饰未必一定是庄李这几件外范所制，但极有可能产自该铸铜作坊。

② 辔饰流通模式

由上述器范分布的两个现象可知，关中地区牌形辔饰的流通存在两种模式：

一是同一聚落内的自产自给，即"就地流通"。周原、孔头沟两聚落的辔饰器范共存，并且同一聚落内的器与范有近同之处，如周原黄堆M1虎形辔侧饰与03庄李H5：52虎形辔侧饰模，孔头沟M10的B型辔侧饰与画图寺H36：21辔侧饰模。大周原地区已发现十几处铸铜遗址，铜器生产呈现出分散的格局，"就地流通"被认为是当时青铜器流通的普遍特征[3]。

二是一处聚落生产的辔饰流通、使用于其他聚落，即跨聚落的"异地流通"。孔头沟与周原的辔侧饰"器范相合"正是如此。周原与孔头沟相距11千米，两处遗址的性质分别是都邑与等级仅次于前者的高级贵族采邑[4]。从产品的工艺水平、周原遗址手工业作坊区的分布可知，庄李铸铜作坊属于王室手工业[5]。周原生产的辔饰流通至孔头沟采邑，尤其是采邑主的墓葬中，是由于册命赐物，还是另有原因，尚待进一步探索。

---

① 岳洪彬：《试析殷墟铸铜中的"一模多器"现象》，《南方文物》2013年第2期。

② 03庄李H3出土的仿铜鬲（H3：245）折沿近平，沿面内外侧各有一周凸棱，裆部近平；豆（H3：256、217）折盘，直口方唇，豆柄有一周凸棱，均为西周晚期偏早的特征。

③ ［日］近藤晴香：《大周原地区铸铜遗存与西周的政体》，《三代考古》（六），科学出版社，2016年，第365～376页。

④ 种建荣、张敏、雷兴山：《岐山孔头沟遗址商周时期聚落性质初探》，《文博》2007年第5期。

⑤ 郭士嘉、雷兴山、种建荣：《周原遗址西周"手工业园区"初探》，《南方文物》2021年第2期。

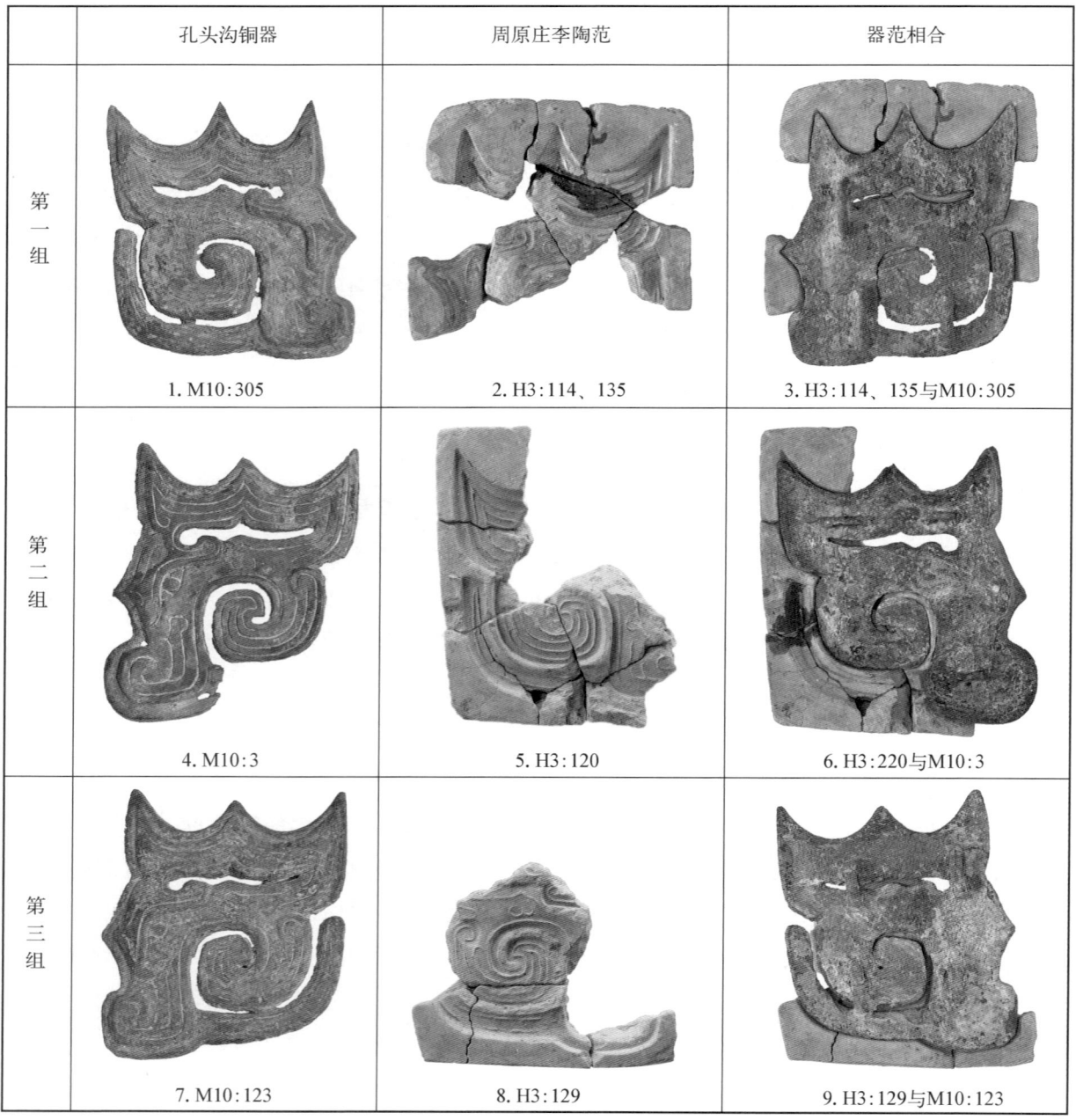

孔头沟铜器	周原庄李陶范	器范相合
第一组 1. M10:305	2. H3:114、135	3. H3:114、135与M10:305
第二组 4. M10:3	5. H3:120	6. H3:220与M10:3
第三组 7. M10:123	8. H3:129	9. H3:129与M10:123

图4-356　孔头沟M10与周原庄李H3出土鞣侧饰"器范相合"

4.6.3　说金簟弸[①]

　　周原遗址贺家车马坑发现有装配于车舆围板外的大型薄壁铜片，说明西周存在装饰华丽的车舆围板铜饰。同处周原地区的孔头沟遗址西周大墓M10，出土了数量与形制更为丰富的

① 王洋、种建荣、雷兴山：《岐山孔头沟出土车舆围板铜饰与金文中的"金簟弸"》，《文物》2023年第8期。

此类铜片，为车舆围板铜饰的辨识、名物考证与器用制度研究提供了新的资料。下文首先辨识器类，复原组配；然后总结器类判断标准，辨识以往西周至春秋早期[①]墓葬出土的此类器物；进而结合金文与传世文献考证名物，结合出土单位背景与使用者身份讨论其器用制度。

1. 孔头沟车舆围板铜饰的形制特征

孔头沟M10西端与北侧棺椁之间随葬有大量薄壁铜片，铜片出土时锈蚀、破损严重（图4-357）。器物边缘有钉孔，可能原本钉于木板或席上。由钉孔处的开裂与隆起方向可知，纹饰凸出的一面为正面。根据形制差异，可将这些铜片分为两类。

甲类　正面纹饰鼓起甚高，背面相应凹入，无纹饰处镂空，器表凹凸明显，立体感较强。根据残片（图4-358，1、2、3）复原可知，此类器装饰四条龙组成的交龙纹，整体中轴对称，下部两龙龙首相对，上部两龙龙首相背，每侧的上下两龙共用一身。复原横长36、残高26.5厘米，完整器可能近正方形，四角及边沿中部有钉孔（图4-359，1）。此类饰件至少有形制、大小相同的2件。

乙类　正面纹饰略鼓，背面相应略凹，纹饰印痕极浅甚至难以辨认，不镂空，器表整体近平面。根据纹饰差异，可分为四型[②]。

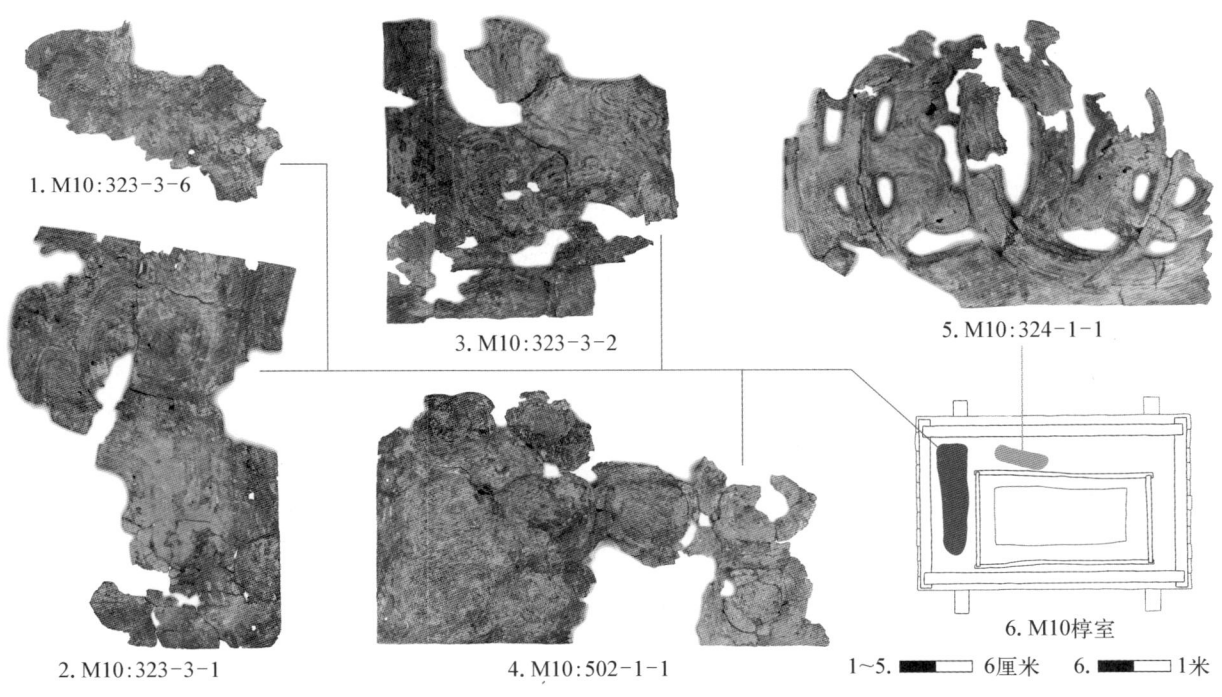

1. M10:323-3-6

3. M10:323-3-2

5. M10:324-1-1

2. M10:323-3-1

4. M10:502-1-1

6. M10椁室

1~5. ▬□ 6厘米　　6. ▬□ 1米

图4-357　孔头沟M10车舆围板铜饰的出土位置与拼对情况

---

① 春秋早期墓葬随葬车马器与西周晚期一脉相承，属葬车制度的同一阶段，此后墓内随葬车马器极度简化，一般仅见軎、辖、衔、镳等最基本的器类。见吴晓筠：《商周时期车马埋葬研究》，科学出版社，2009年，第190页。王洋：《西周随葬车器等级制度研究》，《考古》2020年第12期。

② 另有此类残铜片若干，纹饰与所分四型有别，但每种纹饰的残片数量都很少，整体形制不明。

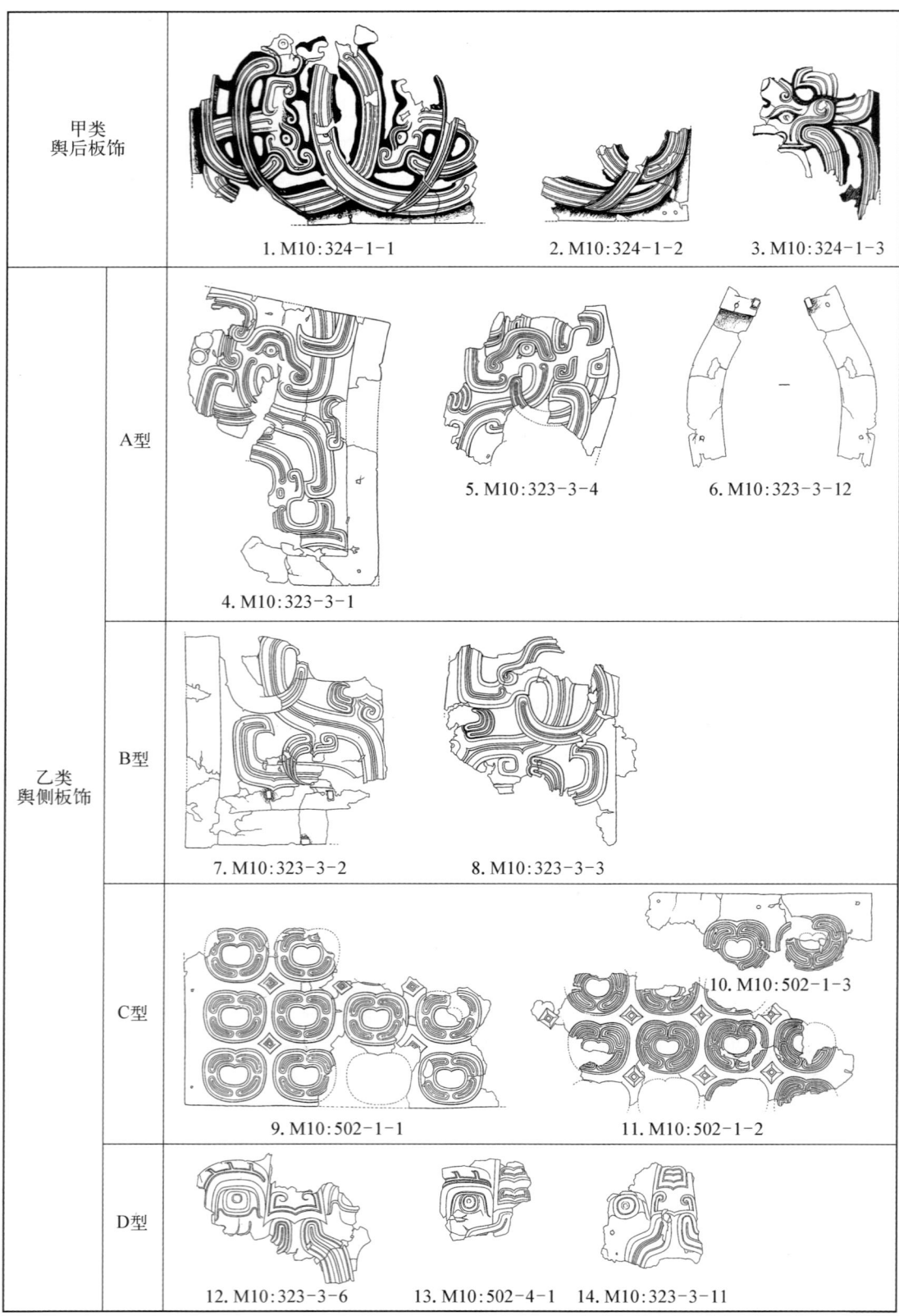

甲类舆后板饰	1. M10:324-1-1		2. M10:324-1-2	3. M10:324-1-3
乙类舆侧板饰	A型	4. M10:323-3-1	5. M10:323-3-4	6. M10:323-3-12
	B型	7. M10:323-3-2	8. M10:323-3-3	
	C型	9. M10:502-1-1	11. M10:502-1-2	10. M10:502-1-3
	D型	12. M10:323-3-6	13. M10:502-4-1	14. M10:323-3-11

0   6厘米

图4-358　孔头沟M10出土车舆围板铜饰

A型　主体纹饰为龙纹。根据现存残片(图4-358,4、5、6)可知,该型器整体近微弯的长方形,上边外弧,外弧方向与龙首朝向相反,下边相应内弧,四周有带状边沿。复原横长41、高29厘米(图4-359,2)。该型饰件至少有2件,形制、大小相同,方向左右对称。

B型　主体纹饰为龙纹,但龙纹局部特征、器物轮廓均与A型有别。根据现存残片(图4-358,7、8),无法将该型器完整复原,但结合乙类A型铜片看,龙首一端与龙身一侧应接近器物带状边沿,故该型器整体可能为长方形。复原横长约41、高约30厘米(图4-359,3)。该型饰件至少有2件,形制、大小相同,方向左右对称。

C型　主体纹饰为鳞状云纹,其间夹以小菱形纹。根据现存残片(图4-358,9、10、11)可知,该型器四边均为直边,很可能为横长方形,但尺寸不明,横长不小于48厘米。

D型　主体纹饰为兽面纹。现存残片(图4-358,12、13、14)均未至器物边缘,故该型器的整体形制、尺寸不明。

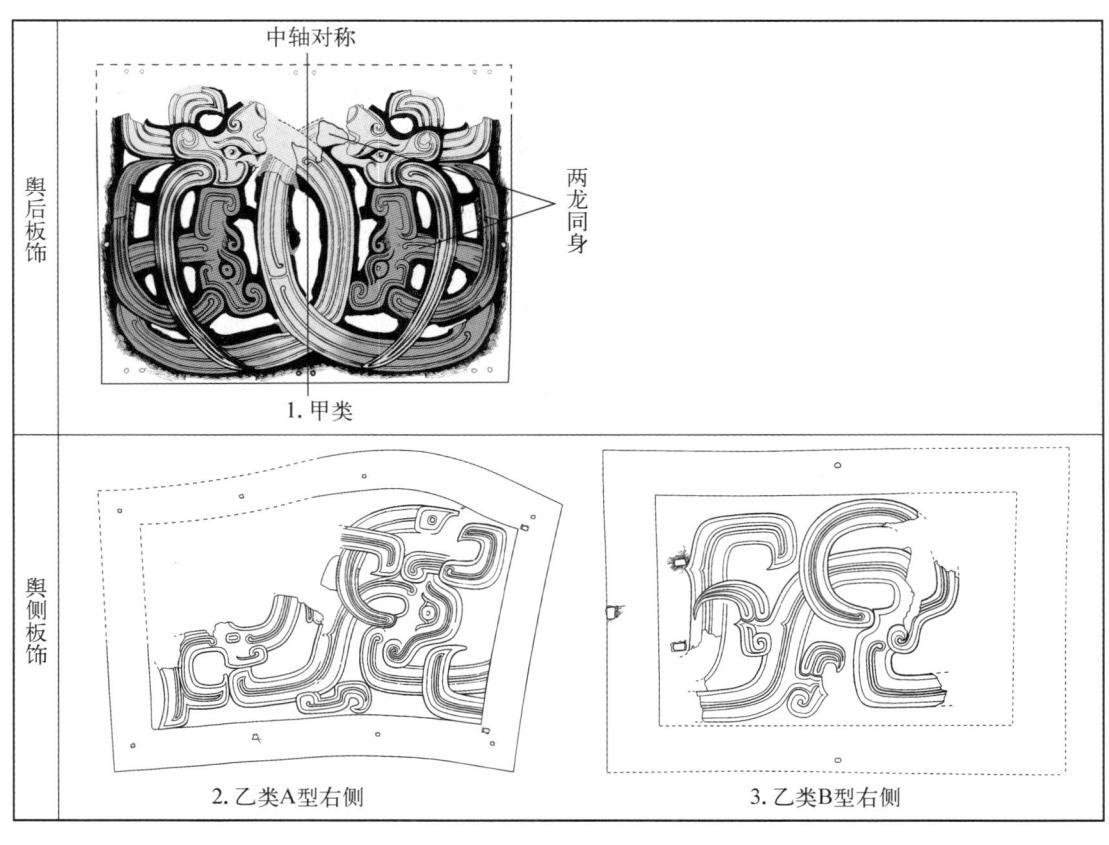

图4-359　孔头沟M10出土车舆围板铜饰复原图

　　甲、乙两类铜片上下叠压及周围散置的器物,绝大多数为铜车马器。其中甲类置于北侧棺椁之间中部偏西处,乙类各型几乎铺满西端棺椁之间(图4-357,6)。可见,埋葬时两者也有所区分。

　　2. 孔头沟车舆围板铜饰的辨识与组配

　　2014年发掘的周原遗址贺家车马坑,为判断孔头沟M10出土铜片的功用提供了参照。该坑清理出一辆驾有四匹马的车,车上装配有铜轮牙及各类镶嵌绿松石的铜车马器,为目前所知装配车马器最为齐备、豪华的西周马车。就目前公布的材料可知(图4-360)[①],该车车舆前部为栏杆式,左右两侧及后部车门两侧有围板,围板外装饰大型薄壁铜片。明确的装配位置表明,铜片为车舆围板的装饰,故可称为“车舆围板铜饰”,其中装配于两侧板者可称为“车舆侧板铜饰”,装配于两后板者可称为“车舆后板铜饰”。

　　贺家车马坑车舆围板铜饰的形制特征可概括为:(1)与车舆侧板、后板的形制及尺寸相对应,舆侧板饰近横长方形,舆后板饰近方形,两者高度相若,但前者长度远大于后者。(2)舆侧板饰表面饰龙纹,纹饰印痕较浅,整体近平面;舆后板饰表面饰人面纹,正面纹饰鼓起甚高,口部、眼珠、鼻孔镂空,立体感较强。(3)两侧板饰、两后板饰各自形制、纹饰、尺寸相同。(4)舆侧板饰与后板饰边沿有等距离分布的钉孔,钉孔处对应有穿孔的兽面形玉石泡,应是用于将车舆铜饰固定于围板上。

　　比较可知,除具体纹饰有别外,孔头沟M10出土铜片的各方面特征均与贺家车马坑车舆围板铜饰高度吻合,故孔头沟甲、乙两类铜片应分别是舆后板饰、舆侧板饰。依据贺家舆侧板饰的装配方向推测,孔头沟A、B两型舆侧板饰可能也作横长方形装配,纹饰方向与器物装配方向不一致,即龙首口部向下(图4-359)。

　　判断车舆围板铜饰,必然要考察西周车舆围板的尺寸,舆饰的尺寸应在车舆围板的尺寸范围内。西周的车舆一般为横广大于纵深的横长方形,多由栏杆围成,也有用木板围成或在栏杆外蒙以革板者。据吴晓筠统计[②],西周带围板的车舆见于长安张家坡[③]、宝鸡茹家庄[④]、曲沃北赵[⑤]等墓地,舆侧板一般长60～80厘米,舆后板一般长40～50厘米,一辆车的舆侧板与后板高度大体相若,高25～60厘米(表4-20)。由此可知,孔头沟铜片的尺寸符合车舆围板铜饰。

① 该车马坑及复原马车图像资料展陈于陕西考古博物馆,发表资料见周原考古队:《陕西宝鸡市周原遗址2014～2015年的勘探与发掘》,《考古》2016年第7期。黄晓娟等:《陕西周原贺家遗址出土车马器工艺调查及数字化复原》,《西北大学学报(自然科学版)》2021年第5期。陕西省考古研究院:《考古圣地　华章陕西——陕西考古博物馆基本陈列》,三秦出版社,2023年,第164～167页。
② 吴晓筠:《商周时期车马埋葬研究》,科学出版社,2009年,第28、29页。
③ 中国社会科学院考古研究所:《张家坡西周墓地》,中国大百科全书出版社,1999年,第333页。
④ 宝鸡市博物馆:《宝鸡强国墓地》,文物出版社,1988年,第395、396页。
⑤ 山西省考古研究所等:《山西北赵晋侯墓地一号车马坑发掘简报》,《文物》2010年第2期。

表4-20　西周车舆尺寸　　　　　　　　　　　　　　　　（单位：厘米）

车	舆广	舆侧板长	舆侧板高	舆后板长	舆后板高	门宽
张家坡M152墓道内车舆（木板围成车舆）	110	80	56	40	56	30
茹家庄三号车马坑2号车（木板围成车舆）	130	70	30	50	30	30
茹家庄三号车马坑3号车（木板围成车舆）	101	60	25	37.5	25	26
北赵一号车马坑21号车（栏杆外蒙革板车舆）	118	大于80	49～52	41	59	42～46
北赵一号车马坑11号车（栏杆围成车舆）	115	栏长90	栏高35	栏长39	栏高35	35～40

从孔头沟M10随葬车舆围板铜饰存在形制相同、左右对称的现象可知，这些舆饰应存在组配关系。A、B两型舆侧板饰均有2件，各自形制相同，方向左右对称，可各自装配一辆车。C、D两型舆侧板饰无法复原，件数不明，至少可各自装配一辆车。另有舆后板饰2件，形制相同，可能与上述某一套舆侧板饰相配，共同装配一车。如此，该墓随葬的车舆围板铜饰至少可装配四辆车。

值得注意的是，孔头沟M10出土有96件铜牌形鞯饰，鞯饰是横束马背与腹部革带上的装饰。经组配与复原可知这些鞯饰包括4种形制，至少有9套，至少可装配4辆马车，即3辆二马驾车与1辆四马驾车。这种数量关系正与车舆围板铜饰有着相同之处：（1）鞯饰与舆饰可装配的马车总数，均至少4辆。（2）鞯饰与舆饰可装配的4辆车中，都有且只有1辆车极为特殊。就鞯饰来看，仅1辆是四马驾车（对应于B型鞯饰），其余3辆是二马驾车。就舆饰来看，仅1辆是舆侧板饰与后板饰兼备，其余3辆仅装配舆侧板饰。因此可以推测，鞯饰与舆饰共同装配着4辆车[①]，正如贺家马车那样鞯饰与舆饰齐备。

3. 整片式、甲片式车舆围板铜饰辨识

目前发现的车马坑表明，西周的车舆围板铜饰有两种形式：一种以前述周原贺家马车为代表，由整件的大型薄壁铜片制成，可称为"整片式"[②]；另一种以北赵晋侯墓地一号车马坑11号车为代表，由大量铜甲片排列编制而成，可称为"甲片式"。

---

① 至于每种鞯饰与舆饰的对应关系，尚难以判断，但并非完全无迹可寻。如B型鞯侧饰与舆后板饰均以口吐长牙、两首同身的龙纹为主体纹饰，显示出两者在纹饰上的关联性。而且，B型鞯饰与舆后板饰所装配的马车，正是各自所饰马车中唯一特殊的那辆。这或许暗示两者装配的是同一辆车。

② 周原贺家马车车舆外的整片式围板饰下接有铜甲片，所以也可视为整片式与甲片式的组合形式。

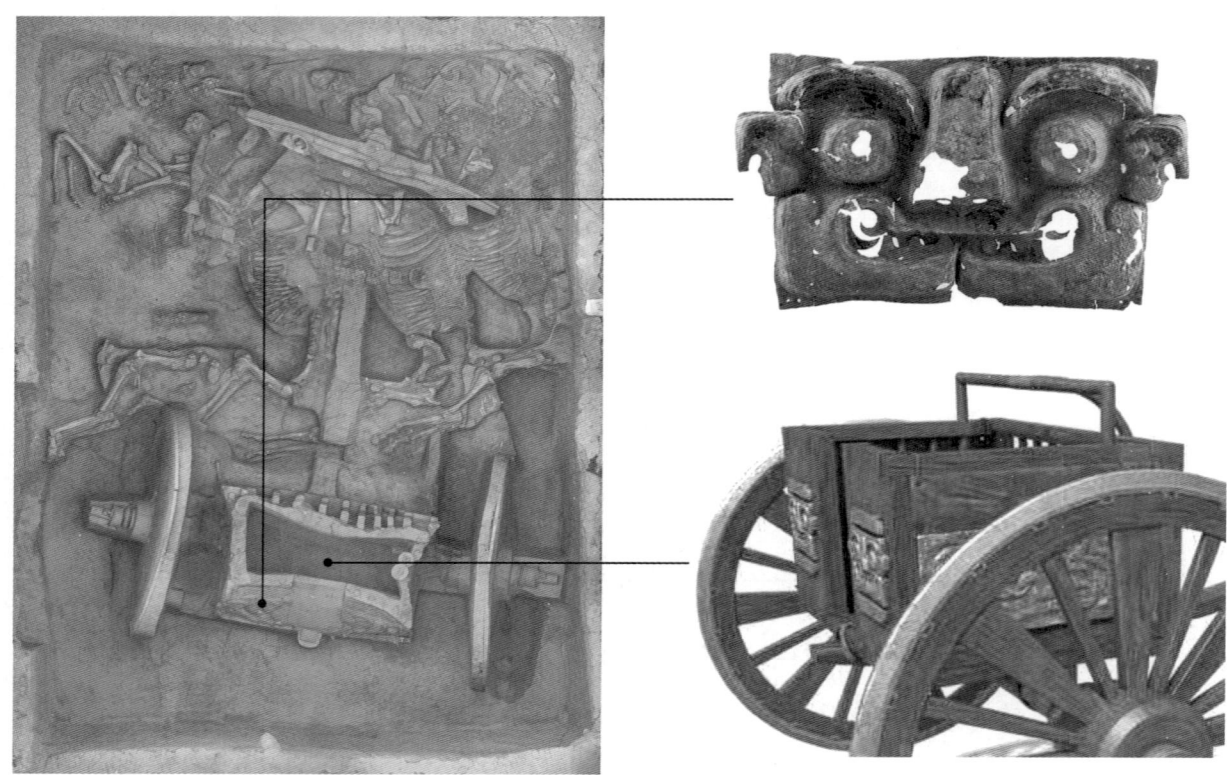

图4-360　周原贺家车马坑及出土车舆围板铜饰复原图

（1）整片式车舆围板铜饰

根据周原贺家、孔头沟发现的车舆围板铜饰与西周车舆尺寸,可将其器类辨识标准总结如下:其一,车舆围板铜饰分舆侧板饰、舆后板饰两种。侧板饰近横长方形,长一般不超过90厘米,高一般不超过50厘米;后板饰近正方形,边长一般不超过50厘米;一辆车的侧板饰与后板饰高度相若。其二,舆侧板饰的纹饰印痕较浅,整体近平面;舆后板饰纹饰凹凸明显,部分镂空,立体感较强。其三,同一辆车的两侧板饰、两后板饰各自形制、纹饰、尺寸相同,整个车舆的装饰左右对称。其四,车舆围板铜饰边沿有等距离分布的钉孔与穿孔石（玉、蚌）泡。此外,由于西周墓葬中的随葬器物一般按铜容器、车马器、兵器等大类分置,所以与车马器集中放置的现象,也可作为辨识舆饰的参考之一。

以此标准可知,以往发掘的墓葬中其实也发现有此类车舆围板铜饰,如梁带村M27、M28。

梁带村M28东南部棺椁之间出土两件大型薄壁铜片（M28:110、111）,形制、尺寸相同（图4-361）[1]。铜片整体近长方形,上边中部外弧,一角略上扬,四周有带状边沿。长80.5、高25厘米。上下两边各有5个等距离分布的钉孔,部分钉孔上残留有穿孔石泡,石泡穿孔中可

—————————————————

[1]　陕西省考古研究院等:《梁带村芮国墓地——2007年度发掘报告》,文物出版社,2010年,第143页。

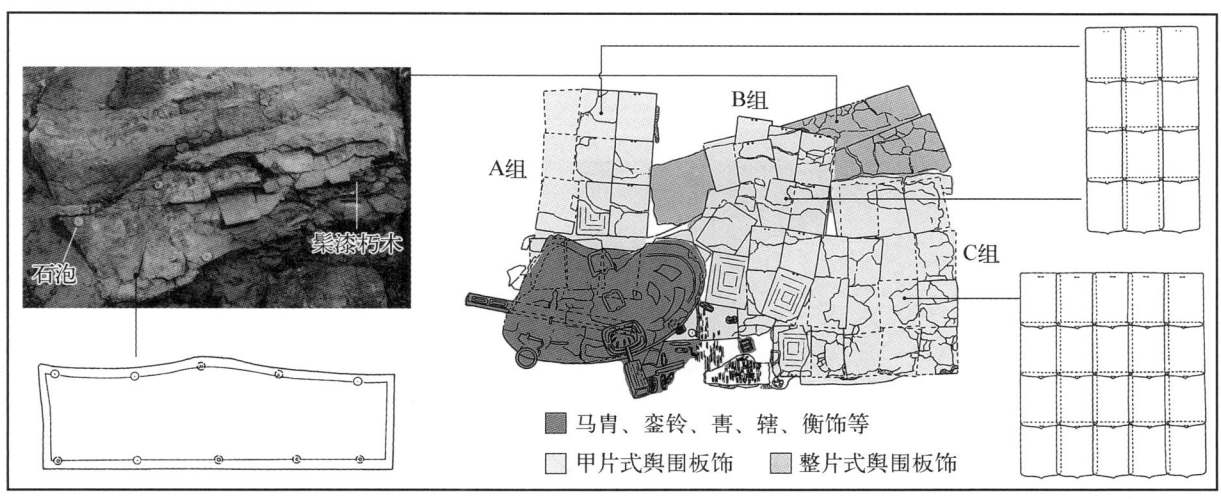

图4-361　梁带村M28出土的整片式、甲片式车舆围板铜饰

见系结的纤维痕迹，铜片背面有髹漆朽木痕迹。这说明铜片装配于木板之上，并以石泡固定。上述特征表明该器可能为舆侧板饰，横装于舆侧，其整体形状与孔头沟M10出土的A型舆侧板饰相近。

　　梁带村M27西南部棺椁之间出土三件大型薄壁铜片，形制相若（图4-362）[①]。已发表的一件（M27：934）整体近长方形，上边中部外弧凸尖，一角略上扬。器表压印纹饰，但印痕极浅，整体近平面，四周有带状边沿，其上等距离钉以13枚穿孔蚌泡。长96、高30厘米[②]。从出土遗物分布图看，另两件铜片（M27：926、927）尺寸稍小，整体形制与梁带村M28出土的此类器近同。这些铜片可能均为舆侧板饰。

　　（2）甲片式车舆围板铜饰

　　这种舆饰以北赵晋侯墓地一号车马坑11号车为代表。该车车舆四面为栏杆式，在两侧栏与两后栏外装配有一层整齐排列的铜甲片（图4-363）[③]。每件甲片上端有两个小孔，故甲片可能先穿缀于某种有机物上，再整片装配于舆外，甲片所覆之物即可视为车舆围板。简报未公布铜甲尺寸，不过公布了11号车舆侧栏、后栏高度。由图4-363可见，铜甲高度约占栏高四分之三，故其高约30厘米。两侧栏甲片均为3排8列编制，两后栏甲片均为3排5列编制。各面铜甲上

① 陕西省考古研究院等：《梁带村芮国墓地——2005、2006年度发掘报告》，文物出版社，2020年，第277页，图版一五二。

② 该器长96厘米，较现知西周车舆侧板最长80多厘米的尺寸略长。但晚商及春秋时期的车舆侧板都有长达100厘米者，如殷墟孝民屯二号车马坑内葬车、毛家坪K201的2号车，且该墓年代已至春秋早期，故不能据尺寸否定该器为舆侧板饰。见中国科学院考古研究所安阳发掘队：《安阳殷墟孝民屯的两座车马坑》，《考古》1977年第1期。早期秦文化联合考古队：《甘肃甘谷毛家坪春秋秦墓（M2059）及车马坑（K201）发掘简报》，《文物》2022年第3期。

③ 山西省考古研究所等：《山西北赵晋侯墓地一号车马坑发掘简报》，《文物》2010年第2期。

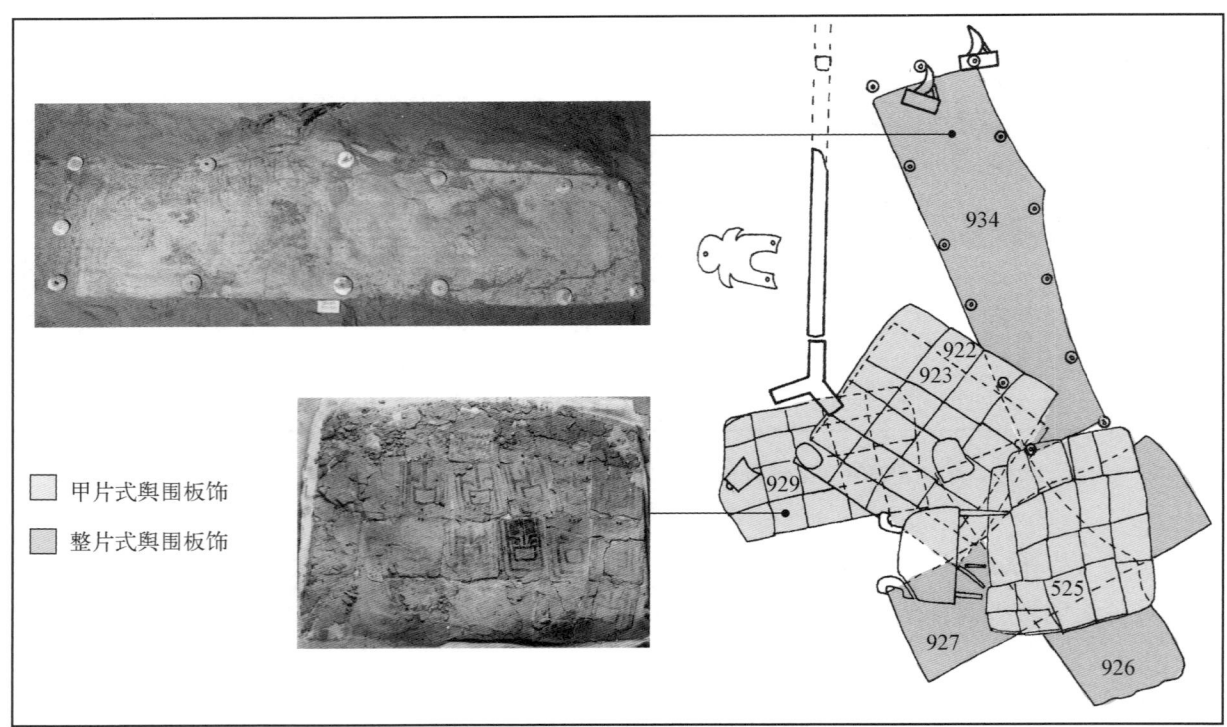

图4-362　梁带村M27出土的整片式、甲片式车舆围板铜饰

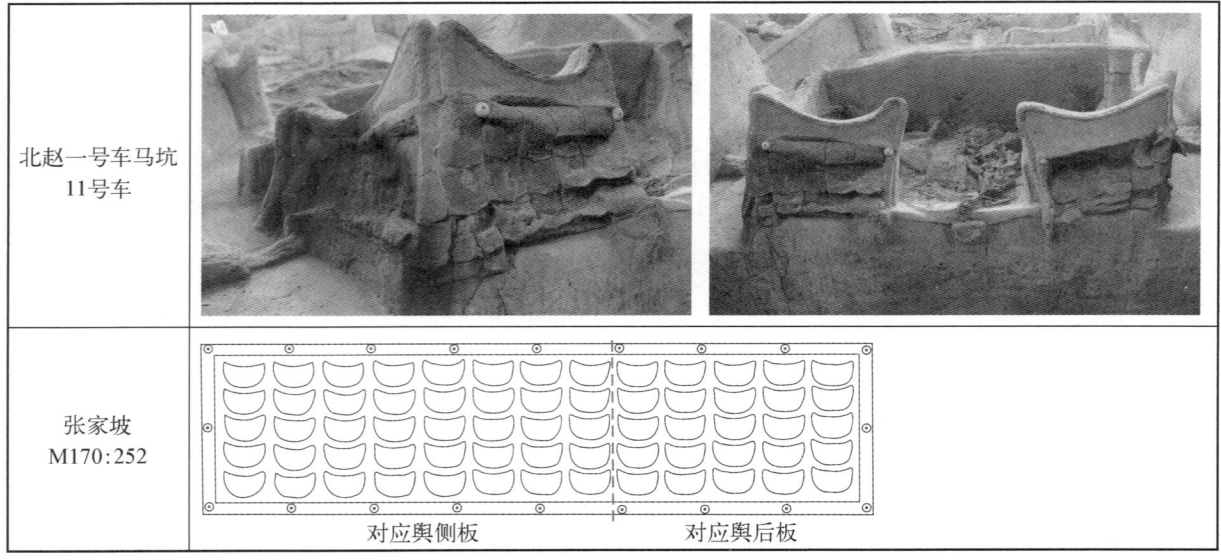

图4-363　北赵与张家坡出土的甲片式车舆围板铜饰

端边缘可见植物纤维痕迹的红色条带，条带上有圆形穿孔蚌泡，应是用来将铜甲与车舆固定。这种甲片式车舆围板铜饰，至战国时期仍在延续，如战国中晚期的淮阳马鞍冢二号车马坑的4号车[①]，其铜甲形制与北赵所见几乎相同。

前文所述整片式车舆围板铜饰的辨识标准中，除纹饰等部分特征外，其余标准同样适用于甲片式车舆围板铜饰。在以往发掘的墓葬中同样发现有此类器，如张家坡M170及梁带村M27、M28、M502等。

张家坡M170东侧棺椁之间出土大量叠作一堆的铜甲片（M170：252），清理复原出一件布满半月形铜甲片的长方形器，器长110、高29厘米（图4-363）[②]。甲片成5排13列整齐编制，四边以带状薄铜片为边框，铜甲片与边框镶嵌于涂红彩的皮革衬地上，边框上等距离缝缀穿孔玉泡。另有一些共出的甲片未能复原，说明随葬的铜甲不止这一件。铜甲出土区域放置的随葬器物主要是各类兵器与车马器[③]，从共存关系上不易判断其功用。从尺寸上看，铜甲高29厘米，与北赵一号车马坑11号车发现的铜甲高度相若，但器长110厘米，远超现知的车舆侧板（栏）、后板（栏）的长度。不过有三个现象值得注意：其一，铜甲出土时折叠放置，清理者认为其衬皮较薄软，易于弯折。其二，铜甲13列的编制数量，与北赵一号车马坑11号车的舆侧板饰加后板饰的甲片列数之和相同。其110厘米长的尺寸，也与北赵一号车马坑11号车的舆侧板饰与后板饰长度之和相若。其三，发掘者在清理时，根据折叠情况与连接关系，首先将甲片分为Ⅰ、Ⅱ两组，进而判断两组可衔接为一件。而Ⅰ、Ⅱ两组甲片的列数分别为8列与5列，这正与北赵一号车马坑11号车舆侧板饰、舆后板饰甲片列数完全一致。因此，张家坡铜甲很可能为车舆围板铜饰，整体包裹于车舆一侧的侧板与后板。

梁带村M28东南部棺椁之间叠压放置6组铜甲片，其中保存较好者有5组[④]。A、B两组整体形制、尺寸相同，均由4排3列甲片组成，复原长25、高49厘米。C、D两组整体形制、尺寸相同，均由4排5列甲片组成，复原长41、高49厘米（图4-361）。E组甲片由4排2列甲片组成，复原长17、高49厘米。铜甲背面为两层纺织物夹一层竹篾编织物，每件甲片上部有两个小孔，以此穿缀于织物上。从形制与尺寸看，这些铜甲均可装配于车舆外，或是多件相连。从共存关系看，铜甲与大量铜车马器集中放置，其上叠压马胄、銮铃、軎、辖、衡饰等，下压两件整片式车舆围板铜饰（M28：110、111）。因此，这些铜甲很可能是车舆围板铜饰，但也不排除是马甲或人甲的可能。

梁带村M27南端棺椁之间放置有多组铜甲片，每件甲片上部有两个小孔（图4-362）[⑤]。其

① 河南省文物研究所等：《河南淮阳马鞍冢楚墓发掘简报》，《文物》1984年第10期。
② 白荣金：《长安张家坡M170号西周墓出土一组半月形铜件的组合复原》，《考古》1990年第6期。
③ 中国社会科学院考古研究所：《张家坡西周墓地》，中国大百科全书出版社，1999年，第34页。
④ 陕西省考古研究院等：《梁带村芮国墓地——2007年度发掘报告》，文物出版社，2010年，第119～130页。
⑤ 陕西省考古研究院等：《梁带村芮国墓地——2005、2006年度发掘报告》，文物出版社，2020年，第252页，图版二四三。

中两组已发表。M27∶929,由4排7列甲片组成,长58、高49厘米。M27∶910,由5排7列甲片组成,长60、高55厘米。铜甲出土区域放置有大量车马器,多数铜甲与整片式车舆围板铜饰上下叠压放置。结合尺寸判断,这些铜甲可能是车舆侧板饰。

梁带村M502西南部棺椁之间放置铜甲片一组(M502∶156),由若干甲片排列组成,甲片边沿有小孔,背面有皮革遗迹,应穿缀于皮革之外[①]。不过保存较差,整体形制不明。该墓车马器集中放置于棺椁之间西南部与东南部两处,铜甲正处于西南部一堆车马器之中,故有可能为车舆围板饰。

此外,孔头沟M10西端棺椁之间也出土百余件铜甲片,与整片式车舆侧板铜饰、马胄等叠压放置。但由于墓葬被扰,甲片的保存情况很差,编制方式与完整形制不明,尚难以判断是否为车舆围板铜饰。

还需说明的是,从东周时期的葬车资料看,车舆围板铜饰除整片式、甲片式外,还见有造型独特的小型铜(或其他金属)饰件,可称为"饰件式"。如春秋中晚期之际的毛家坪K201车马坑的2号车,舆外所蒙革板上缀有铜勾云形饰件(图4-364,1)[②];战国早期的行唐故郡二号车马坑的5号车,舆板上缀以贴附金箔的兽形与璧形铜饰件(图4-364,2)[③]。这种饰件式的车舆围板铜饰在西周时期是否存在,目前还不明确。

 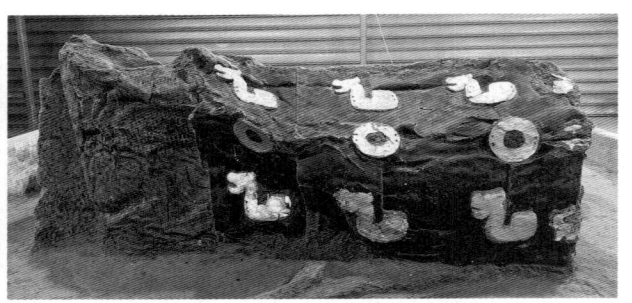

1. 毛家坪车马坑K201的2号车车舆　　　　　2. 故郡二号车马坑的5号车车舆侧板

图4-364　东周时期的饰件式车舆围板铜饰

4. 车舆围板铜饰名物考证

西周金文中有"金簟弻"一词,见于毛公鼎(《集成》2841)[④]与番生簋盖(《集成》4326)两篇铭文,是周王册命赐物中的一类器物。研究者普遍认为铭文中的"簟弻"就是《诗经》中的

---

① 陕西省考古研究院等:《梁带村芮国墓地——2007年度发掘报告》,文物出版社,2010年,第21、22页。

② 早期秦文化联合考古队:《甘肃甘谷毛家坪春秋秦墓(M2059)及车马坑(K201)发掘简报》,《文物》2022年第3期。

③ 李存信等:《通过实验手段分析和复制遗物在文化遗产保护中的应用——以行唐故郡二号车马坑5号车辆实验室考古程序为例》,《自然与文化遗产研究》2021年第6卷增刊。

④ 中国社会科学院考古研究所:《殷周金文集成(修订增补本)》,中华书局,2007年。简称《集成》。

"簟茀"，吴大澂、王国维认为"弻"乃"茀"之本字[1]。

至于该器为何物，学界有两种观点：其一，毛亨、郑玄认为簟茀是车蔽，后世学者多从之，曾永义、陈汉平认为金簟弻是饰以金漆或金饰的车蔽[2]。其二，唐兰认为簟茀有两种含义，《齐风·载驱》《大雅·韩奕》中的簟茀和车器连称，确是车蔽；但《小雅·采芑》中的簟茀、金文中的金簟弻都与鱼箙连称，由于鱼箙是盛矢的箙，因而这里的簟茀（金簟弻）当与弓箭相关，应是铜弓柲，驰弓时缚在弓里以防弓体损伤，也就是弓形器[3]。

在以往研究的基础上，笔者认为本文所论之车舆围板铜饰，可能就是金文中的"金簟弻"。原因如下：

其一，金文语境中的金簟弻属车器。在毛公鼎、番生簋盖铭文所列赐物中，金簟弻都列于各类车器之后。毛公鼎铭："赐汝……金车、賁緱较、朱鞹𩏥鞃、虎冟熏裏、右軛、画轉、画輻、金甬、错衡、金踵、金豪、𣂪晟、金簟弻、鱼箙、马四匹、攸勒、金𠂤、金膺、朱旂二铃。"番生簋盖铭："赐……车、电轸、賁緱较、朱鞹𩏥鞃、虎冟熏裏、错衡、右軛、画轉、画輻、金童、金豪、金簟弻、鱼箙、朱旂旜、金芜二铃。"金簟弻之后所列鱼箙虽用于盛箭，但也是车上之装备。王国维认为，"古者矢箙亦在车上"[4]。孙机认为，鱼箙多用于盛箭，但也可用于盛别的物件，是车上固定的装备[5]。如殷墟西区晚商车马坑M43车舆内置有一件矢箙，矢箙似皮革制成，内装10支箭[6]。秦始皇陵一号铜车马装配有两件盛箭之箙，一件为带盖的长方形盒状，置于舆内前部；一件为长方筒状，紧贴于车舆前部左侧栏外[7]。毛公鼎铭中，金簟弻、鱼箙之后所列为马与马器，而非弓箭等兵器之属，也说明两者应与车有关。

其二，考古发现的车舆围板的形制特征，与文献中的簟茀、车蔽相吻合。《诗经》中有三篇提及簟茀。《齐风·载驱》曰："载驱薄薄，簟茀朱鞹。"毛传："簟，方文席也，车之蔽曰茀。"[8]《小雅·采芑》曰："路车有奭，簟茀鱼服，钩膺鞗革。"郑玄笺："茀之言蔽也，车之蔽饰，象席文也。"[9]《大雅·韩奕》曰："王锡韩侯，淑旂绥章，簟茀错衡。"郑玄笺："簟茀，漆簟以为车蔽，今之

① 吴大澂：《说文古籀补》，《金文文献集成》第十七册，线装书局，2005年，第257页。王国维：《观堂集林》，河北教育出版社，2003年，第142、143页。
② 曾永义：《仪礼车马考》，台湾中华书局，2017年，第85页。陈汉平：《西周册命制度研究》，学林出版社，1986年，第249页。
③ 唐兰：《"弓形器"（铜弓柲）用途考》，《考古》1973年第3期。
④ 王国维：《毛公鼎铭考释》，《金文文献集成》第二十四册，线装书局，2005年，第505页。
⑤ 孙机：《商周的"弓形器"》，《中国古舆服论丛（增订本）》，文物出版社，2001年，第71～81页。
⑥ 中国社会科学院考古研究所安阳工作队：《1969～1977年殷墟西区墓葬发掘报告》，《考古学报》1979年第1期。
⑦ 秦始皇兵马俑博物馆等：《秦始皇陵铜车马发掘报告》，文物出版社，1998年，第111～113页。
⑧ （汉）毛亨传，（汉）郑玄笺，（唐）孔颖达疏：《十三经注疏·毛诗正义》，北京大学出版社，2000年，第412页。
⑨ （汉）毛亨传，（汉）郑玄笺，（唐）孔颖达疏：《十三经注疏·毛诗正义》，北京大学出版社，2000年，第750页。

藩也。"孔颖达疏:"茀者,车之蔽。簟者,席之名。言簟茀,正是用席为蔽。"①那车蔽又是何物?《周礼·春官·巾车》记载,"王之丧车五乘"皆有蔽,包括蒲蔽、蒡蔽、藻蔽、萑蔽、藩蔽,即由蒲、蒡麻、苍绚、细苇席、漆席制成。郑玄注:"蔽,车旁御风尘者"②。可见,簟茀是用植物编织的席子和布帛制成,有的髹漆,装配于车舆周围,以御风尘。扬之水认为簟弼即车栏之围③。考古发现的车舆围板正是装配于车舆周围,而且文献中记载的席制、织物与髹漆者皆有发现。例如陕西凤翔八旗屯春秋车马坑BS33,车舆四周栏杆外围有竹篾编结成的网格状围板,其内侧衬以红色绢帛,并用皮条纵横加固④。前述梁带村M28出土的甲片式车舆围板铜饰,也附着于两层纺织物夹一层竹篾编织物上。该墓共出的整片式车舆围板铜饰附着于髹漆朽木上。所以,文献中的簟茀、车蔽应是考古所见的车舆围板(饰),只是考古发现还见有木、革质地的车舆围板。

其三,金簟弼冠以"金"字,与车舆围板铜饰的材质相符。唐兰指出,金文中冠以"金"字的器物,都是用铜做的,故金簟弼应为铜质⑤。考古发现的车舆围板铜饰,正是在木、革或植物编织物制成的车舆围板外附加的铜片,即在普通的簟弼外附加的铜饰,金簟弼之名可能由此而来。

其四,金簟弼(簟茀)与鱼箙连称,或是两类器装配关系相近的反映。考古所见,车上的箭箙装配于车舆内外,说明箭箙与车舆关系密切。金文与文献中,将作为舆饰的金簟弼(簟茀)与鱼箙连称,可能是由于这两类器都和车舆有关,是装配于车舆上的车器。

5. 车舆围板铜饰器用制度

车舆围板铜饰出土时往往锈蚀、破碎严重,清理难度大,提取的众多碎片在资料发表时可能又有所取舍,因此前文辨识出的车舆围板铜饰可能并非目前已发现的全部资料。但这些有限的考古材料(表4-21)以及金文中金簟弼的语境,仍有助于我们对西周至春秋早期车舆围板铜饰的器用制度进行初步讨论。

表4-21　西周至春秋早期出土车舆围板铜饰

出土单位	车舆围板铜饰类型	年　代	墓葬或主墓形制	墓　主
张家坡M170	甲片式	西周中期偏晚	单墓道大墓	井叔
孔头沟M10	整片式、甲片式?	西周晚期偏早	双墓道大墓	高级贵族采邑主
周原贺家车马坑	整片式、甲片式	西周晚期偏早	—	—

① (汉)毛亨传,(汉)郑玄笺,(唐)孔颖达疏:《十三经注疏·毛诗正义》,北京大学出版社,2000年,第1445、1448页。
② (汉)郑玄注,(唐)贾公彦疏:《周礼注疏》,上海古籍出版社,2011年,第1043～1045页。
③ 扬之水:《诗经名物新证》,北京古籍出版社,2000年,第317页。
④ 陕西省雍城考古工作队:《陕西凤翔八旗屯秦国墓葬发掘简报》,《文物资料丛刊》(3),文物出版社,1980年,第67～85页。
⑤ 唐兰:《"弓形器"(铜弓柲)用途考》,《考古》1973年第3期。

续　表

出土单位	车舆围板铜饰类型	年　代	墓葬或主墓形制	墓　主
北赵 M8 祔葬车马坑 K1	甲片式	西周晚期偏晚	单墓道大墓	晋侯
梁带村 M502	甲片式	西周晚期偏晚	单墓道大墓	芮公或高级贵族
梁带村 M27	整片式、甲片式	春秋早期	双墓道大墓	芮公
梁带村 M28	整片式、甲片式	春秋早期	单墓道大墓	芮公

关于流行年代。目前可确认的车舆围板铜饰中,甲片式最早见于西周中期偏晚的张家坡 M170,整片式最早见于西周晚期偏早的孔头沟 M10 与周原贺家车马坑。贺家车马坑出土的车辖、毂饰、銮铃、马镳等器物与孔头沟 M10 出土的同类器形制几乎完全相同,其年代应与孔头沟 M10 相当。北赵一号车马坑的主墓 M8、梁带村 M502 属西周晚期偏晚,梁带村 M27、M28 属春秋早期。由此可见,车舆围板铜饰可能出现于西周中晚期,延续使用至东周,是西周各类车马器中出现很晚的一种器类。

关于使用者等级。孔头沟 M10、张家坡 M170、北赵 M8、梁带村 M27 与 M28 均为带墓道大墓,墓主为晋侯、芮公与王室重臣井叔等。周原贺家车马坑的主墓不明,但该坑位于凤雏三号建筑基址南侧,马车的豪华程度为现知西周之最,其使用者等级应不低于一般诸侯。因此,车舆围板铜饰是一种等级极高的车器,使用者等级一般不低于诸侯级别。

现知随葬车舆围板铜饰的墓主均为男性,似乎暗示此类器的使用具有性别差异。尤其是在梁带村芮公夫妇墓中,前后相继的两代芮公墓 M27、M28 均随葬有车舆围板铜饰,而 M27 的夫人墓 M26、M19 不见此类器。这四座墓都是带墓道大墓,未遭盗扰,同属春秋早期,其车舆围板铜饰的有无,似与墓主性别相关。不过目前资料较少,这种性别差异是否为普遍规制,还有待验证。

金文所见金簟弻的年代、等级特征,与考古发现的车舆围板铜饰的器用特征相同。年代上,毛公鼎与番生簋的年代均为西周晚期,说明金簟弻在这一时期已开始流行。等级上,毛公鼎与番生簋铭文所记受赐舆服为册命金文中所见最高一级,陈汉平认为属“公之命服”[1]。检索其下的卿、大夫、士级别的赐物中都无金簟弻,足见其极高的等级意义。

还需提及的是,郑玄说车蔽的作用是“御风尘”,笔者推测整片式车舆侧板饰、后板饰的造型差异或与此相关。马车疾驰时尘土飞扬,舆侧板毗邻车轮,较舆后板所染泥尘更大。相应的,舆侧板饰纹饰极浅,整体近平面,相对易于清理;而舆后板不易染尘,使用纹饰镂空、凹凸有致的铜饰,更突出仪仗装饰意义。

———————————

[1]　陈汉平:《西周册命制度研究》,学林出版社,1986年,第295～297页。

陕西省考古研究院田野考古报告　第 100 号

岐山孔头沟

三

陕西省考古研究院
北京大学考古文博学院　编著

上海古籍出版社

第五章　遗址聚落结构调查

本章介绍孔头沟遗址的调查区域,调查所发现的遗迹、文化层和遗物,在此基础上初步分析聚落的特征和变迁过程。

5.1　遗址调查综述

5.1.1　调查区域

2006年6月14日至8月1日,周公庙考古队分两次对孔头沟遗址进行了全面调查。调查范围横跨孔头沟两岸,北到四方山底,南至北干渠,东到东沟以外,西至724电台南北公路。调查范围不甚规整,东西宽约2 500米,南北长约5 000米,调查面积约10 330 000平方米。遗址范围内整体地势北高南低,中心地区被孔头沟一分为二,沟两边均为梯形台地。遗址中心北纬34°27′320″,东经107°42′094″,海拔约710米(图5-1)。

调查区域是以第二次文物普查中发现的赵家台、张家底、宋家、画东、沟底和前庄6个遗址为中心确定的。6个遗址紧密聚集于孔头沟两岸,赵家台遗址发现有制砖陶窑1座,宋家遗址发现有墓地,画东遗址发现有铸铜作坊,每个遗址的性质像一个功能区而非一个独立的遗址,因此对这些遗址进行全面的调查可以考察它们是否属于同一个遗址的问题。调查范围以6个遗址为中心,向外扩大数百米,直至没有遗存的空白地带为止,以确保能够覆盖整个遗址,并卡定遗址的边界。调查区四周以河流和主要道路为边界,其特征明显,便于准确定位。

调查区以往的工作概况:1989年,陕西省考古研究所宝鸡工作站和宝鸡市考古工作队在赵家台村发现有西周中期的灰坑1座,西周早期的陶窑1座,灰坑4座,发现有空心砖、条形砖等重要遗物[①]。2001年,周原考古队对赵家台遗址进行调查,发现有先周时期的遗物,证明遗址的年

[①] 陕西省考古研究所宝鸡工作站、宝鸡市考古工作队:《陕西岐山赵家台遗址试掘简报》,《考古与文物》1994年第2期。

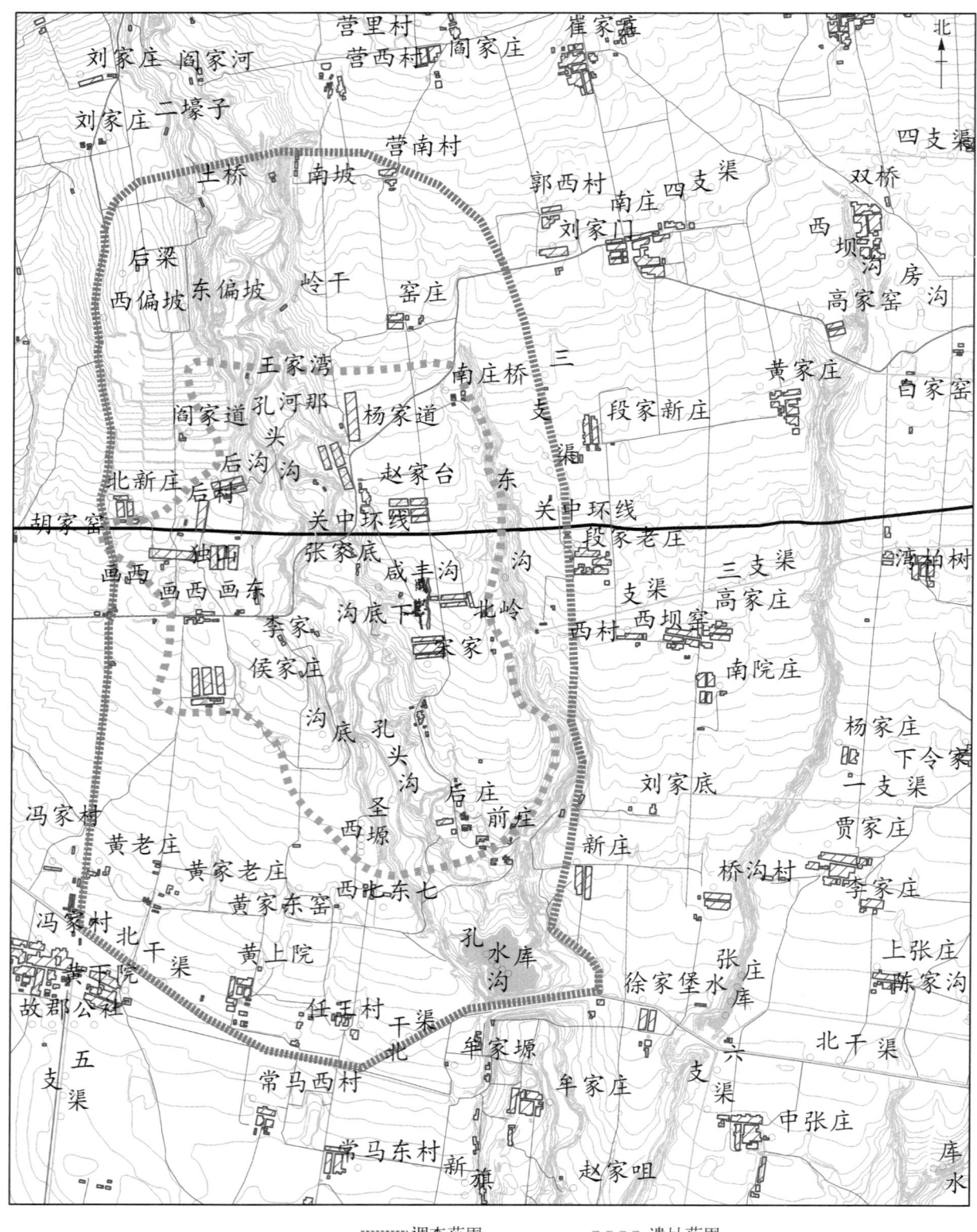

北

▓▓▓▓▓ 调查范围		▬▬▬▬ 遗址范围

0　　250　500　　　　1 000　　　　　1 500　　　　　2 000
　　　　　　　　　　　　　　　　　　　　　　　　　米

图 5-1　孔头沟遗址调查范围示意图

代可早至先周时期[①]。2005年夏,陕西省考古研究所为配合关中环线建设,对环线沿经地区进行了发掘。2006年初,陕西省考古研究所和周公庙考古队对画图寺铸铜作坊进行了发掘。

5.1.2　调查结果概述

调查共发现采集点697个,其中遗迹点156个,地表点541个[②]。遗迹点包括灰坑70个,文化层8处,陶窑7座,夯土台3座,墓葬67座,马坑1座。

采集点的年代可分为仰韶文化时期[③](包括仰韶早期、仰韶中期、仰韶晚期、仰韶时期)、商周时期(先周晚期、西周早期、西周中期、西周晚期、西周时期)、战国秦汉及以后(包括战国秦汉、汉以后)和不明四个时期。各时期采集点的属性表如下(表5-1):

表5-1　各时期采集点的属性表[④]

分期＼属性	地表	文化层	灰坑	墓葬	马坑	陶窑	夯土台	合计
仰韶文化时期	318(12)	2	15	0	0	0	0	335(12)
商周时期	583(15)	5	39	58	1	5	0	691(15)
战国秦汉及以后	193	0	2	9	0	2	3	209
不明	0	1	14	0	0	0	0	15
合计	1 094(27)	8	70	67	1	7	3	1 250(27)

各时期采集点的分布情况:仰韶文化时期的采集点主要分布在遗址南部,尤其是东南部,商周时期、战国秦汉及以后的采集点遍布整个遗址(图5-2;彩版二九〇、二九一)。由调查结果可见,这些采集点呈连续、密集分布的状态,而且在采集点的外围有明显的空白区域,证明这些采集点应属于同一个遗址,即孔头沟遗址,而非第二次文物普查所称的6个遗址。

---

① 周原考古队:《2001年度周原遗址调查报告》,《古代文明》第2卷,文物出版社,2003年。

② 此处所指的地表点不包括晚期遗迹中出土早期遗物的地表点,且不区分时期。地表点上有不同时期的遗物,此处总述时只记录1次。但在分时期统计时按时期各记录一次,因此会有重复。如地表点C101,采集有西周早期、西周晚期、西周时期和战国秦汉及以后四个时期的遗物,总述时只记录为1个地表点,但在分时期统计时商周时期地表点会统计1次,战国秦汉及以后采集点亦统计1次,因此在"表5-1"的合计一栏,地表点的总数量会超过541个。

③ 调查一章中,仰韶文化和西周文化均为总称,仰韶文化时期包括仰韶早期、仰韶中期、仰韶晚期和仰韶时期,西周文化时期包括西周早期、西周中期、西周晚期和西周时期,二者可简称为仰韶和西周。仰韶时期和西周时期也是总称,但是只包含不可详细分期的采集点,而不包括仰韶早期(西周早期)、仰韶中期(西周中期)和仰韶晚期(西周晚期)的采集点。本章凡称仰韶或西周,均指仰韶文化或西周文化,不指仰韶时期或西周时期。商周时期是总称,包括先周文化、商周之际和西周文化。

④ 本次调查将晚期遗迹单位中发现的早期遗物当作早期的一个地表点,诸如西周时期灰坑中发现仰韶时期陶片,即视为一个地表点,这样的地表点共27个,不包括在541个一般地表点中。这种地表点在统计时,与一般地表点一同统计,但为显示区分,在表格中以括号注出。如318(12),表明在318个地表点中,有12个是晚期遗迹中出土早期遗物的地表点。

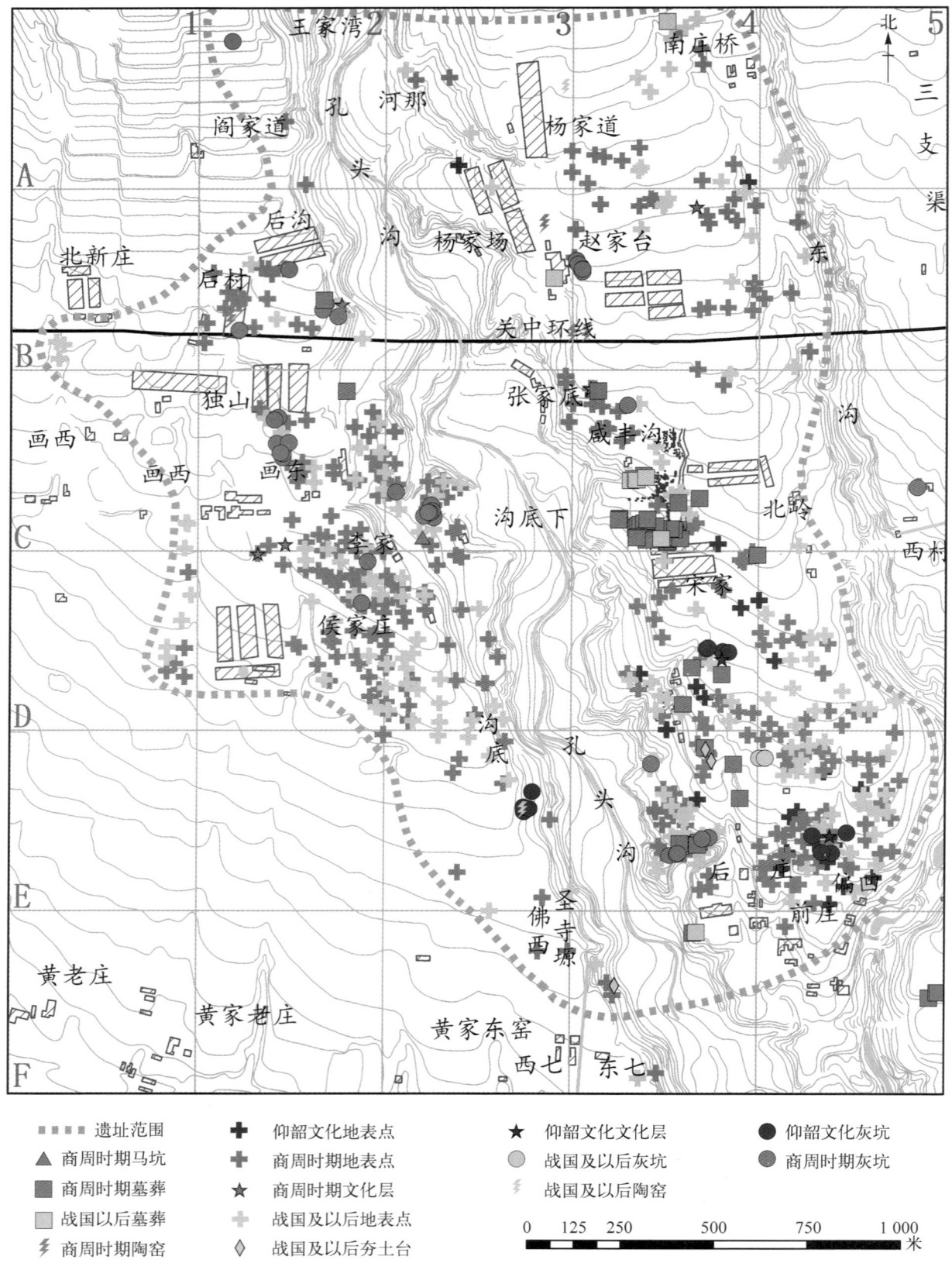

图5-2　孔头沟遗址不同时期遗存分布示意图

　　孔头沟遗址共分为30个小区，纵坐标为大写英文字母，横坐标为阿拉伯数字。每个小区的编号为"英文字母＋阿拉伯数字"，如最左上角的小区编号为A1，其南侧小区为B1，东侧小区为A2（图5-2）。30个小区中，A1、E1、F1和F2四个小区没有发现采集点。各小区采集点细部图如下①。

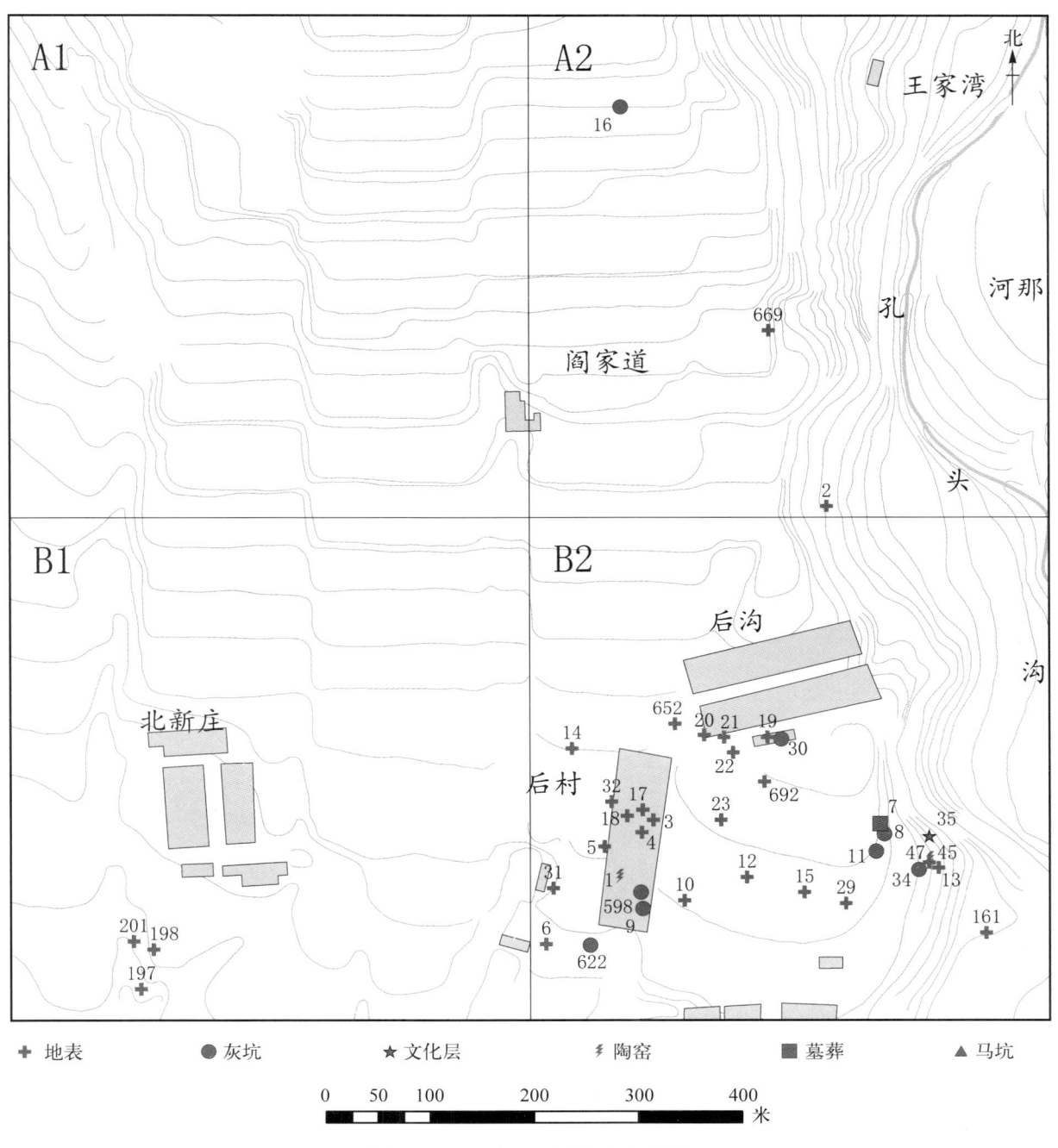

图5-3　A1至B2区采集点细部图

---

① 细部图中，采集点十分密集，为标注明确，简省掉点号之前的编号C。如C1，细部分图中简省为1。

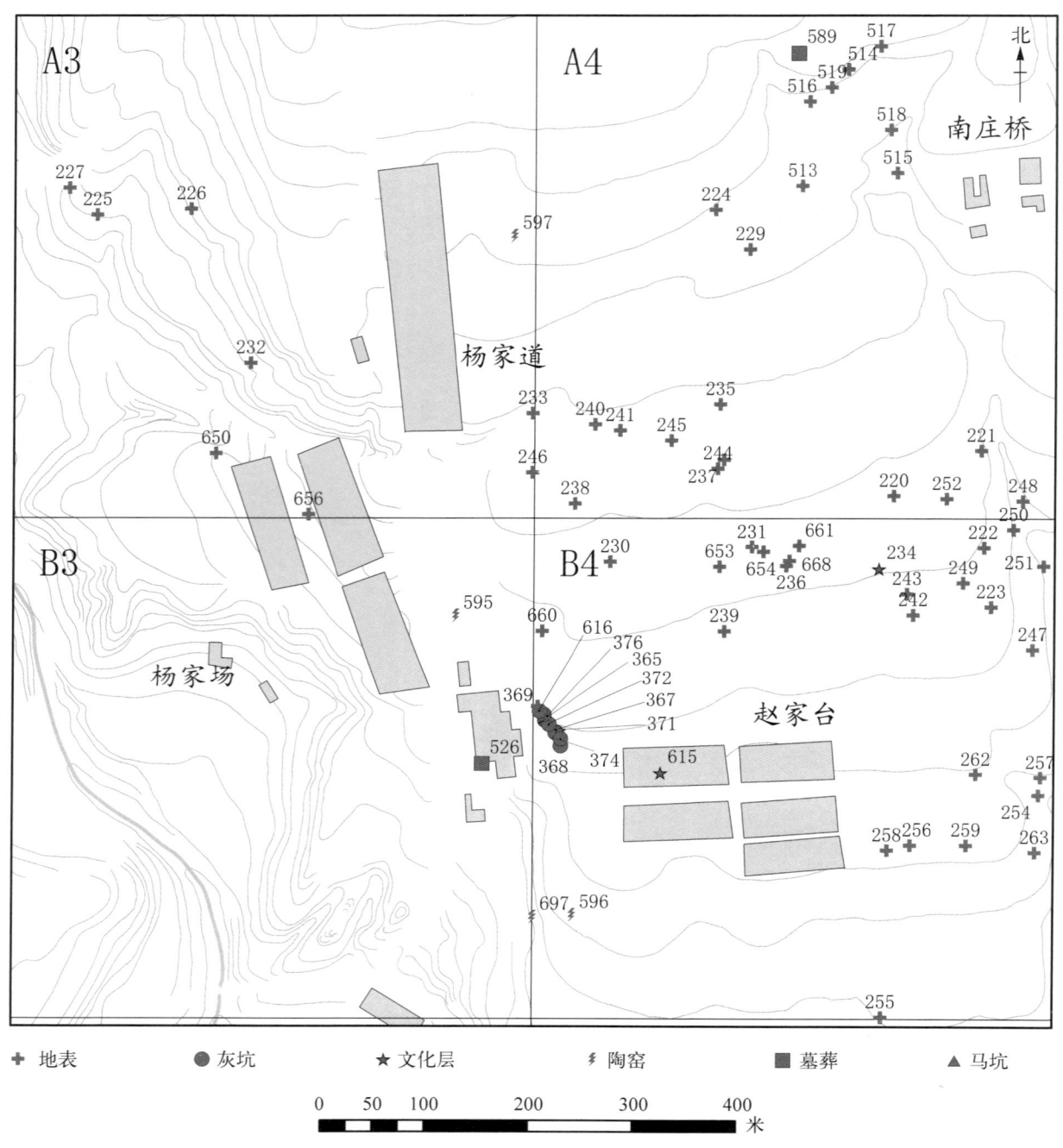

图 5-4　A3 至 B4 区采集点细部图

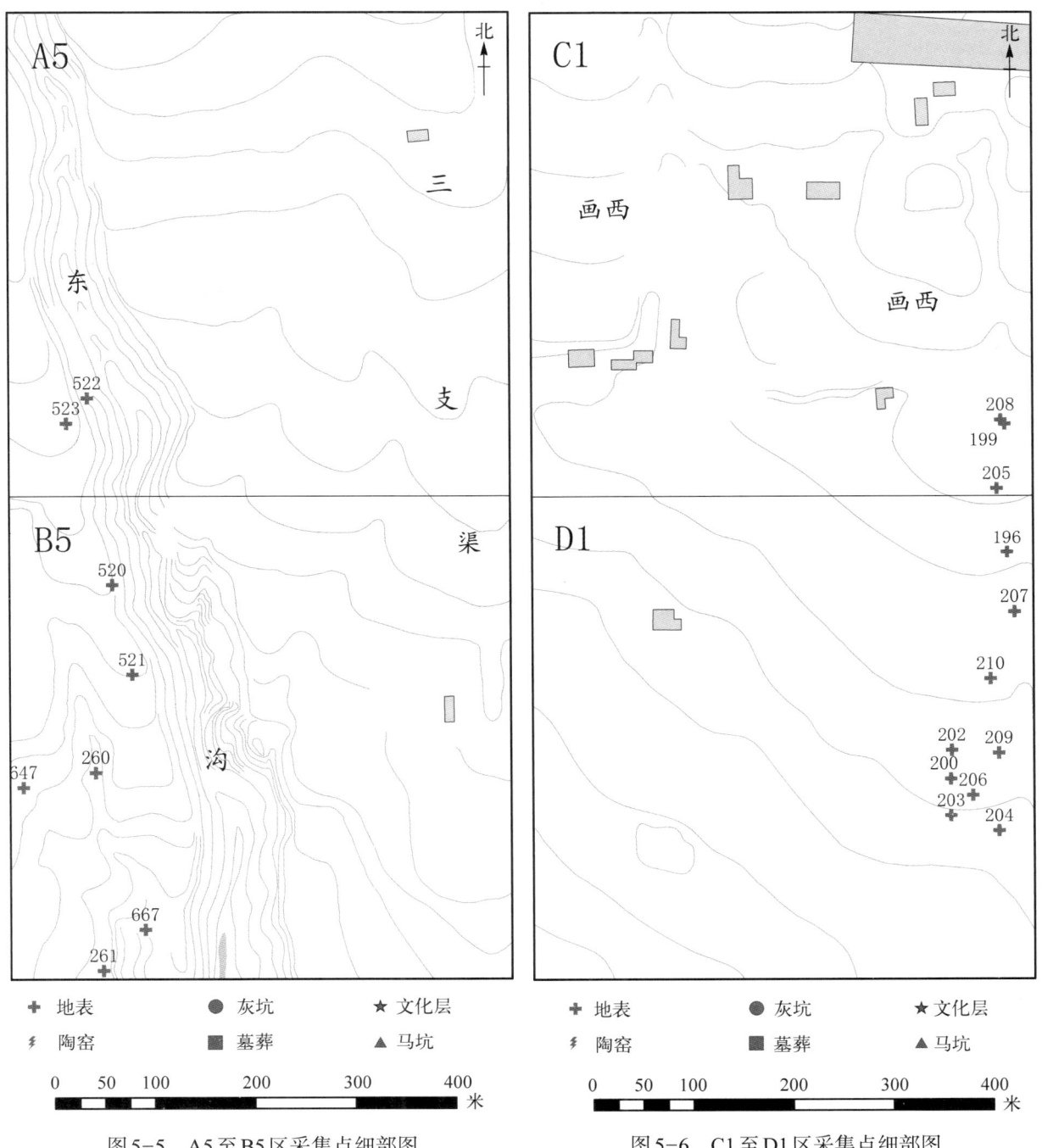

图 5-5　A5 至 B5 区采集点细部图　　　图 5-6　C1 至 D1 区采集点细部图

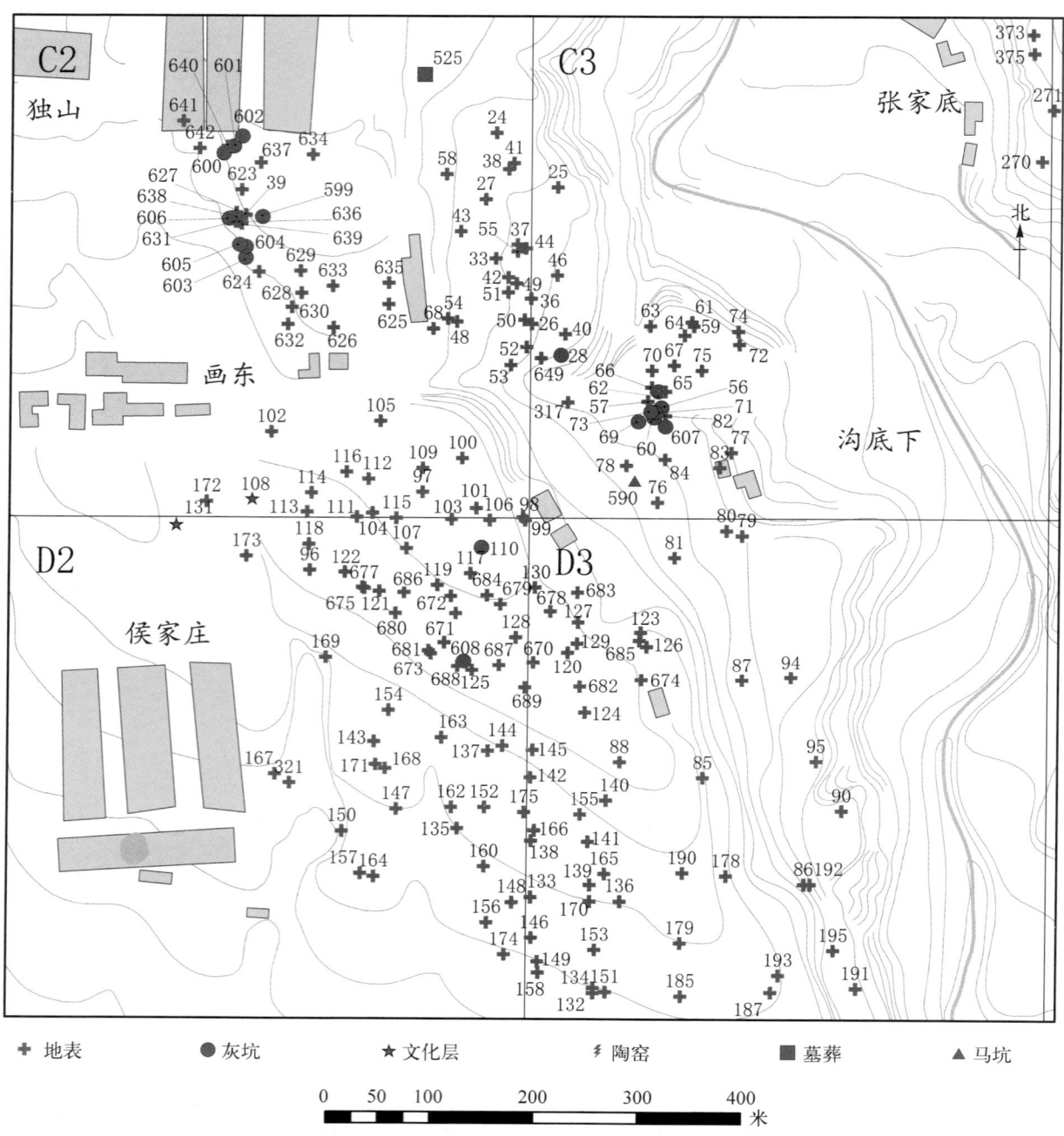

图5-7 C2至D3区采集点细部图

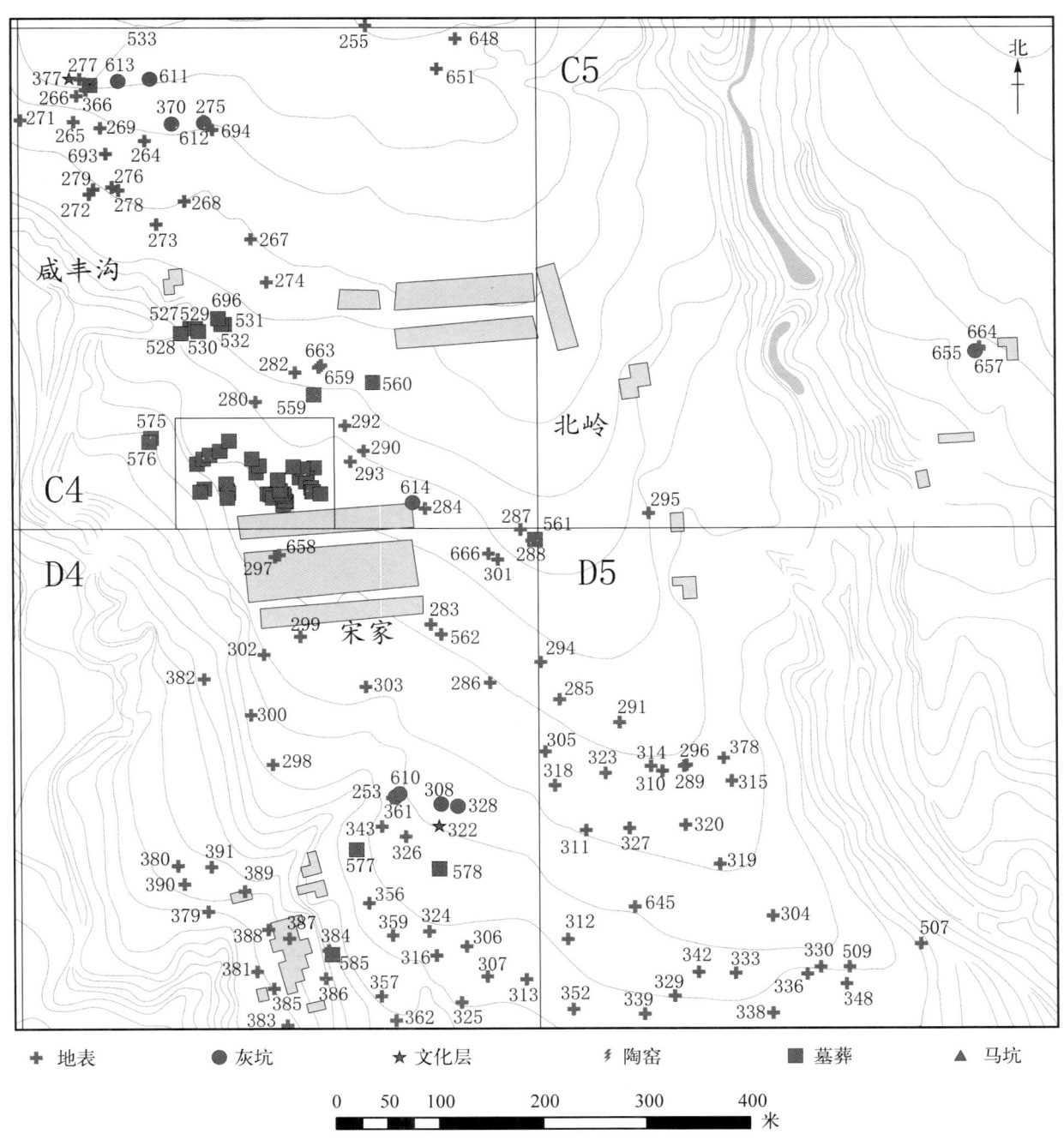

图 5-8 C4 至 D5 区采集点细部图

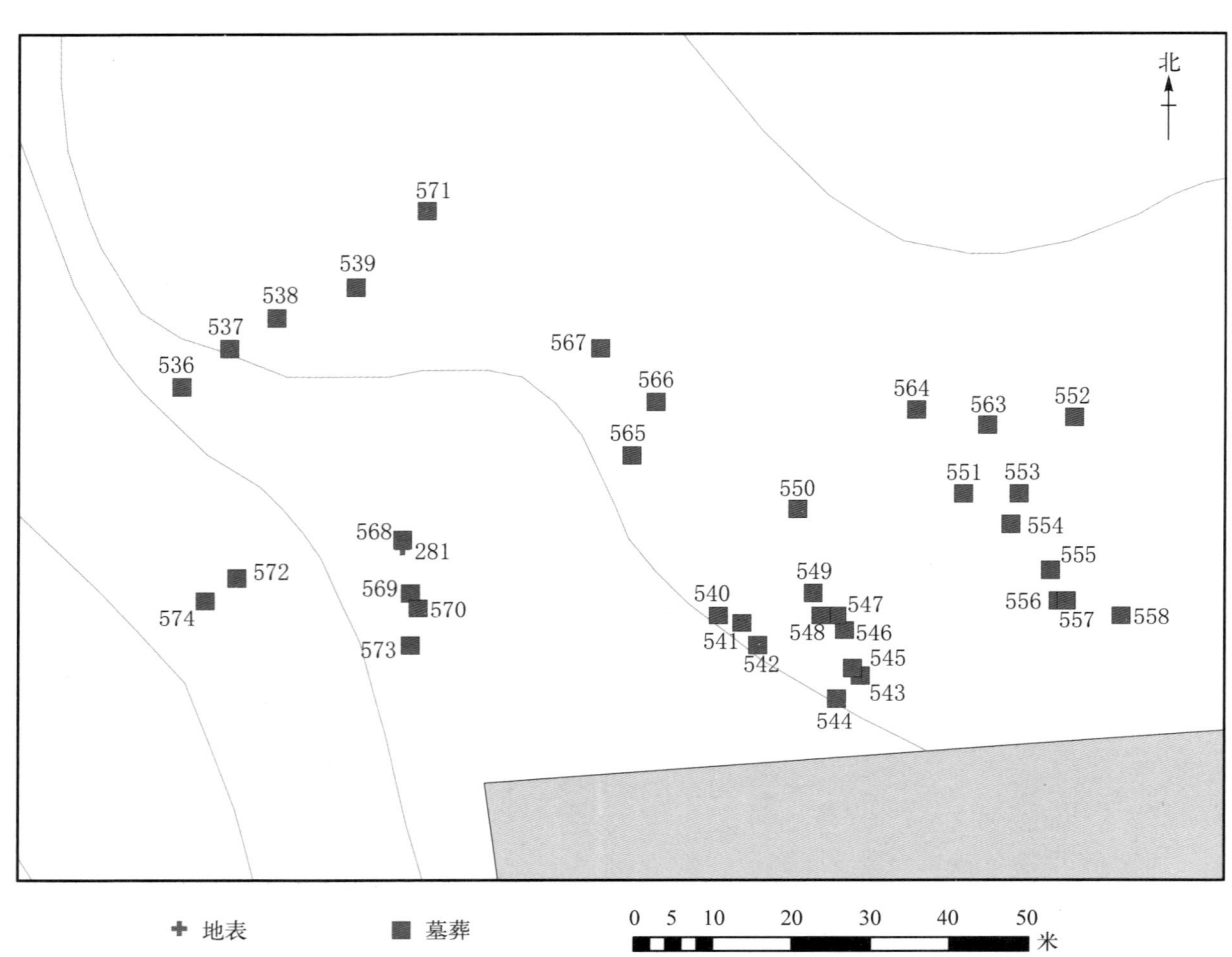

图5-9　C4区采集点局部

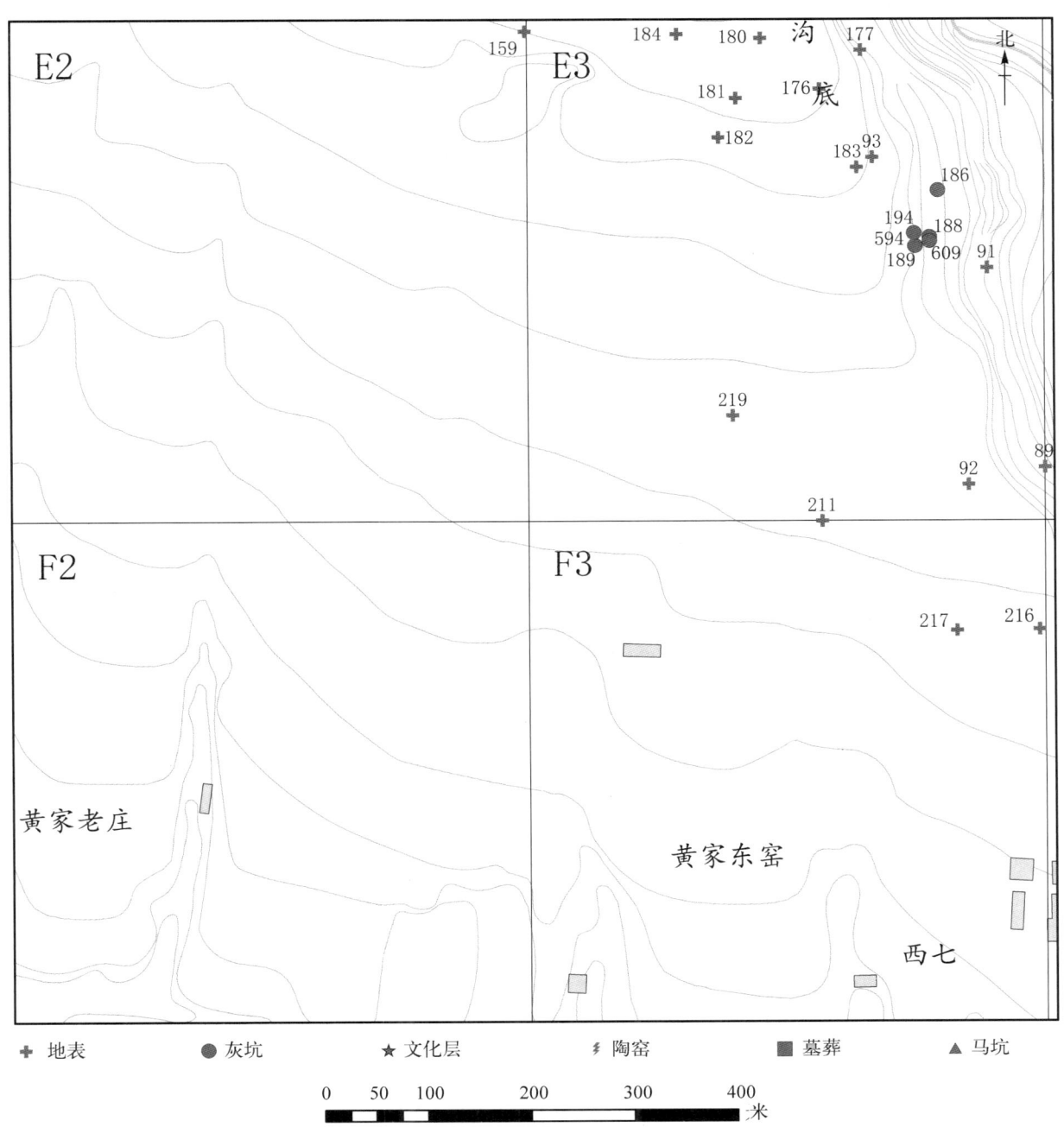

图 5-10　E2 至 F3 区采集点细部图

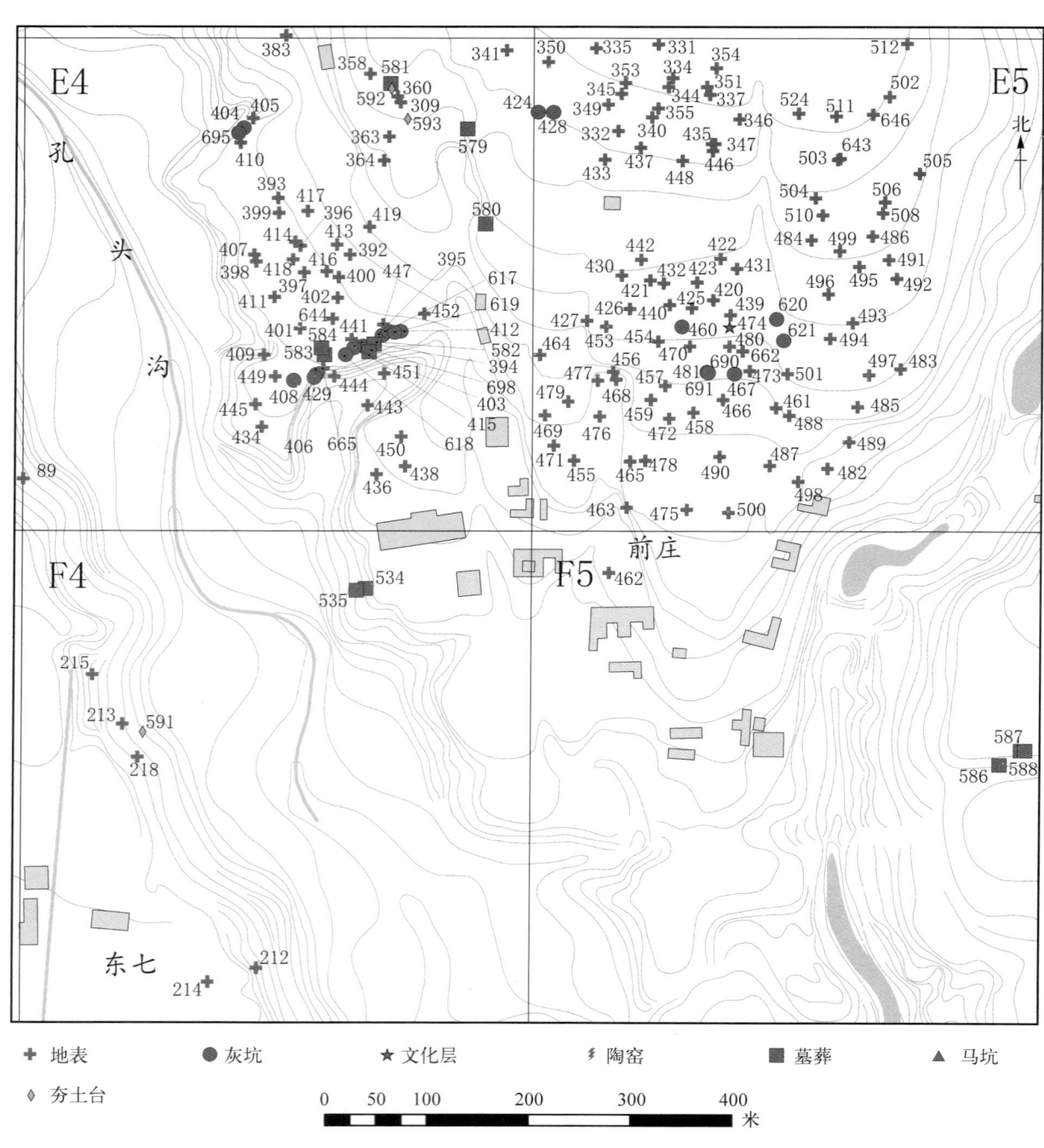

图5-11　E4至F5区采集点细部图

5.2　仰韶文化时期调查遗存

5.2.1　采集点概况

1. 调查遗存分期

本次采集的仰韶文化陶片均为碎片,且没有地层关系,因此依据采集遗物本身无法对其分期,需参照以往仰韶文化分期的标尺。以往的研究中,把仰韶文化分为六期,即半坡类型、史家类型、原子头类型、庙底沟类型、福临堡类型和西王村类型。本次在对采集陶片进行形制分析的基础上,参照以往的标准,把采集陶片分为三期,即仰韶文化早期、仰韶文化中期和仰韶文化晚期。其中仰韶文化早期的有史家类型和原子头类型,仰韶文化中期的有庙底沟类型,仰韶文化晚期的有福临堡类型和西王村类型。对那些无法确定到各期的,统称为仰韶时期。

本次采集的仰韶文化陶片主要的器类有钵、盆、瓶、罐、瓮、灶、纺轮、环、器盖、陶铃等。下面对演变序列清楚的陶器进行形制分析。

钵　35件。几乎全部为泥质红陶,偶有泥质灰陶,素面较少,少量有黑彩,依据沿外有无施彩、内唇的加厚情况及是否出现圆棱等分为五式:

Ⅰ式,陶质较差,陶色偏橘黄色,敛口,圆唇,相当于史家类型。标本C191:78、标本C380:260。

Ⅱ式,陶质较上式好,陶色为暗红色,器壁较薄,唇面有的施有黑彩,相当于原子头类型。标本C265:99、标本C310:151、标本C461:340、标本C610:381。

Ⅲ式,尖圆唇,鼓腹,口沿内唇出现圆棱,相当于庙底沟类型。标本C277:127、标本C279:134、标本C366:162。

Ⅳ式,口沿内唇加厚,圆棱较普遍,黑彩较普遍,扩展到沿外及腹部,相当于福临堡类型。标本C88:31、标本C177:75、标本C308:150、标本C402:292、标本C403:294、标本C403:296、标本C413:306、标本C452:330、标本C641:371。

Ⅴ式,内唇加厚较普遍,唇面也开始出现一凸棱,而内唇的圆棱逐渐退化,彩陶减少,几乎没有,相当于西王村类型。标本C65:22、标本C266:112、标本C341:153、标本C353:155、标本C379:255、标本C391:273、标本C379:398、标本C379:399、标本C379:400、标本C379:401、标本C400:285、标本C401:287、标本C403:302、标本C414:308、标本C451:329、标本C644:372、标本C644:373。

盆　25件。依口沿特征分为A、B、C三型:

A型　宽沿盆,一般为折沿,依有无彩绘分为二式:

Ⅰ式,有彩绘,在唇、沿、腹上有彩条或彩带,一般为黑彩,有尖圆唇和圆唇,相当于庙底沟二期。标本C265：100、标本C379：250、标本C457：334、标本C466：343、标本C480：354。

Ⅱ式,口沿同上式,无彩绘,相当于西王村类型。标本C379：251、标本C379：252、标本C467：346。

B型　窄沿盆,沿比A型窄,折沿圆唇,相当于庙底沟二期。标本C479：349。

C型　附沿盆,敛口唇外叠,依口沿特征分为三式：

Ⅰ式,沿面鼓起,相当于庙底沟期。标本C270：116、标本C398：282、标本C414：307、标本C453：331、标本C453：333、标本C460：339、标本C480：353、标本C658：420。

Ⅱ式,沿面平,圆唇或方唇,相当于福临堡二期。标本C92：33、标本C308：148、标本C379：402、标本C402：289、标本C415：309、标本C474：352。

Ⅲ式,沿面平,尖圆唇,有的有附加堆纹,相当于西王村类型。标本C269：384、标本C658：421。

瓶　24件。分为小口尖底瓶和平底瓶两类。

小口尖底瓶　依口部特征分为A、B、C三型：

A型　葫芦形口,相当于史家期。标本C467：345。

B型　双唇口,可分为三式。

Ⅰ式,较典型双唇口,二层台明显,内外唇之间落差较大,相当于庙底沟早期。标本C373：181、标本C379：405、标本C379：406、标本C379：407、标本C379：409、标本C403：300。

Ⅱ式,双唇口开始退化,双唇落差不大,内唇稍高于外唇,内、外唇间无明显的台棱界限,相当于庙底沟晚期。标本C183：76、标本C265：101、标本C379：408、标本C390：270、标本C391：272、标本C463：341。

Ⅲ式,双唇口继续退化,内外唇几乎在一个平面上,相当于福临堡二期。标本C416：310、标本C417：311、标本C444：327、标本C449：328、标本C469：347。

C型　平唇,相当于西王村期。标本C194：79。

除口沿外,另采集到应属于小口尖底瓶的底、耳、颈等残片。

颈　有手形附加装饰,可能与Ⅱ式瓶口相配,相当于庙底沟晚期。标本C379：404。

耳　桥形耳,相当于西王村期。标本C379：253。

底　尖底或小平底,和Ⅱ式瓶口相配,相当于庙底沟晚期。标本C277：128、标本C391：275。

平底瓶　杯形口,相当于福临堡类型。标本C453：332。

罐　37件。依唇部发达特征分为A、B、C、D、E五型：

A型　口直下,唇外发达,依口沿特征分为四式：

Ⅰ式，典型"铁轨式"，相当于庙底沟早期。标本C379∶245、标本C379∶392、标本C379∶394、标本C459∶337。

Ⅱ式，退化"铁轨式"，相当于庙底沟晚期。标本C253∶94、标本C453∶336、标本C466∶342、标本C483∶355。

Ⅲ式，略具"铁轨式"，极不明显，相当于福临堡二期。标本C253∶95、标本C253∶96、标本C379∶248、标本C379∶391、标本C379∶395、标本C401∶288、标本C419∶312。

Ⅳ式，平折沿，相当于西王村期。标本C89∶32、标本C186∶77、标本C379∶246、标本C379∶247、标本C379∶396、标本C655∶414、标本C662∶427。

B型　唇里发达，唇外不发达，依唇的厚薄分为二式：

Ⅰ式，内唇较厚，相当于西王村期。标本C265∶102、标本C272∶119、标本C379∶397、标本C658∶422。

Ⅱ式，内唇较薄，尖唇直腹。标本C264∶98。

C型　厚方唇，依所饰绳纹分为二式：

Ⅰ式，交错绳纹，相当于福临堡二期。标本C328∶152。

Ⅱ式，直行绳纹，相当于西王村期。标本C265∶104、标本C402∶291、标本C403∶301。

D型　唇内外均发达，相当于西王村期。标本C67∶380、标本C270∶115、标本C379∶249、标本C399∶284。

E型　唇内外均不发达，相当于西王村期。标本C379∶393。

瓮　12件。依口部特征分A、B两型：

A型　平沿，依口沿及肩部特征分为三式：

Ⅰ式，口沿凸出，相当于庙底沟时期。标本C265∶106、标本C379∶403、标本C390∶271、标本C474∶351。

Ⅱ式，口沿不凸出，相当于庙底沟时期。标本C402∶290、标本C657∶419。

Ⅲ式，折肩，相当于庙底沟时期。标本C271∶117。

B型　附沿，依口沿特征分为三式：

Ⅰ式，敛口，相当于庙底沟期。标本C379∶390。

Ⅱ式，口部微敛，相当于福临堡二期。标本C460∶338、标本C474∶350。

Ⅲ式，敛口近直，相当于西王村时期。标本C380∶261、标本C389∶268。

各型、式相对应的标本详见本章5.2.3调查遗物。

2. 采集点时空分布

调查共发现遗存335（12）处，各期遗存分布的大致情况（表5-2）为：

表5-2 仰韶文化各期采集点的属性表

属性 分期	地　表	文化层	灰　坑	合　计
早期	10（2）	0	0	10（2）
中期	66（6）	0	2	68（6）
晚期	100（2）	2	10	112（2）
仰韶时期	142（2）	0	3	145（2）
合计	318（12）	2	15	335（12）

（1）仰韶早期

采集点共计10（2）处，属性均为地表。包括C191、C285、C362、C461、C497、C310、C380、C265，仰韶晚期灰坑C467、C610出土仰韶早期陶片（图5-12）。

（2）仰韶中期

共发现遗存68处，其中地表66（6），灰坑2处（图5-13）。

地表点C183、C265、C277、C310、C321、C373、C379、C384、C390、C391、C397、C398、C400、C401、C402、C403、C405、C407、C411、C413、C416、C418、C420、C421、C422、C423、C425、C426、C427、C453、C454、C457、C459、C463、C466、C469、C470、C480、C485、C488、C490、C492、C495、C497、C498、C501、C625、C644、C658、C270、C271、C279、C366、C414、C479、C483、C657、C431、C449、C475，仰韶晚期的灰坑C253、C460、C467，西周时期灰坑C429，仰韶晚期的文化层C474，商周之际的文化层C377中有仰韶中期陶片。

灰坑2处，C188和C481。

（3）仰韶晚期

共发现遗存112（2）处，其中地表100（2）处，文化层2处，灰坑10处（图5-14）。

地表点C65、C67、C88、C92、C177、C209、C264、C265、C266、C269、C270、C272、C275、C278、C279、C285、C286、C288、C292、C294、C295、C299、C300、C307、C316、C321、C326、C340、C341、C353、C363、C366、C373、C375、C379、C380、C382、C383、C389、C390、C393、C399、C400、C402、C403、C413、C414、C417、C430、C431、C433、C453、C455、C470、C477、C484、C628、C644、C645、C646、C647、C652、C657、C658、C662、C89、C391、C401、C416、C419、C444、C449、C451、C452、C469、C641、C271、C387、C388、C392、C396、C434、C435、C437、C439、C440、C441、C442、C443、C445、C446、C448、C472、C483、C517、C625、C631、C663，先周灰坑C655，西周晚期灰坑C605出土仰韶晚期陶片。

文化层2处，分别为C322和C474。

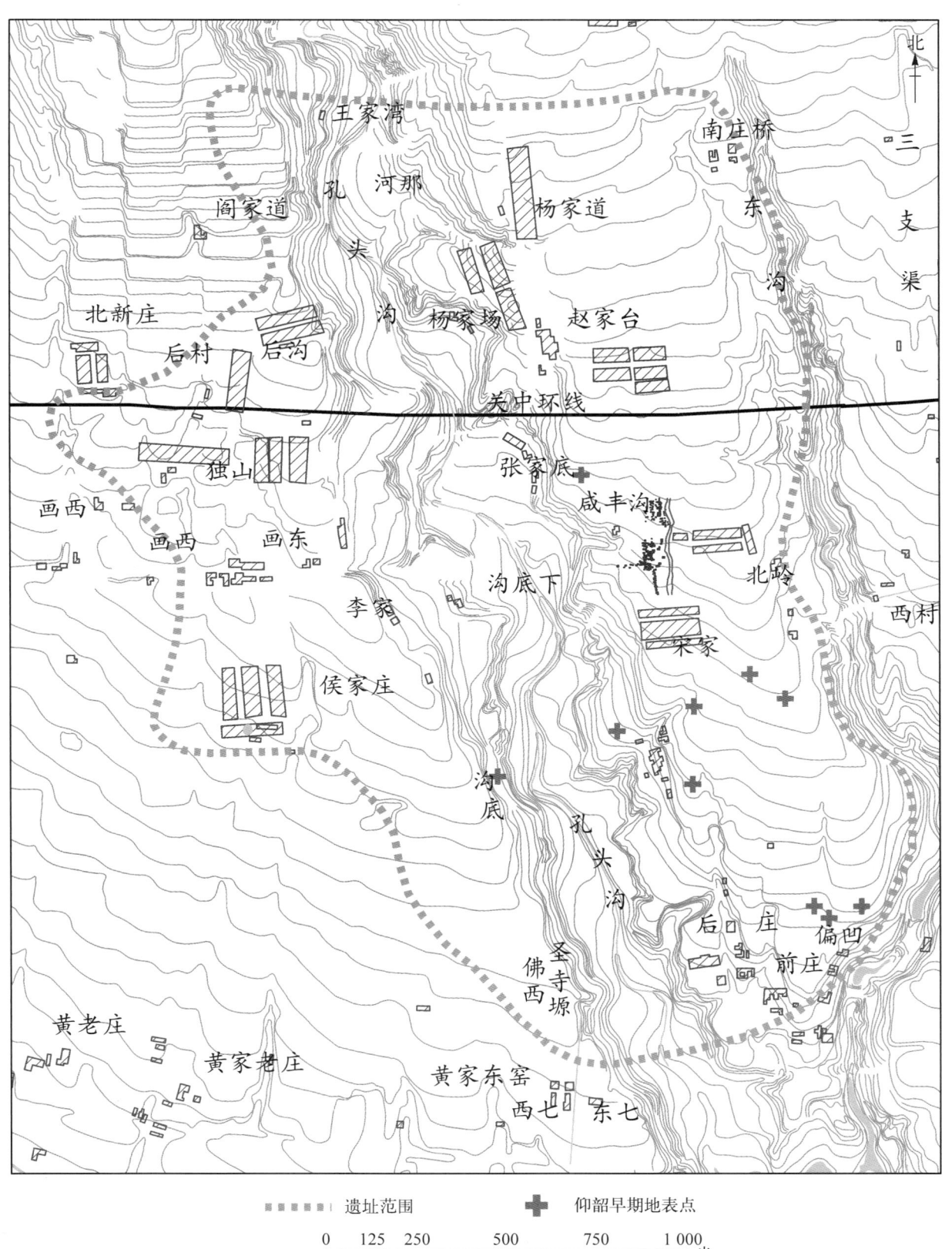

图 5-12 仰韶早期采集点分布图

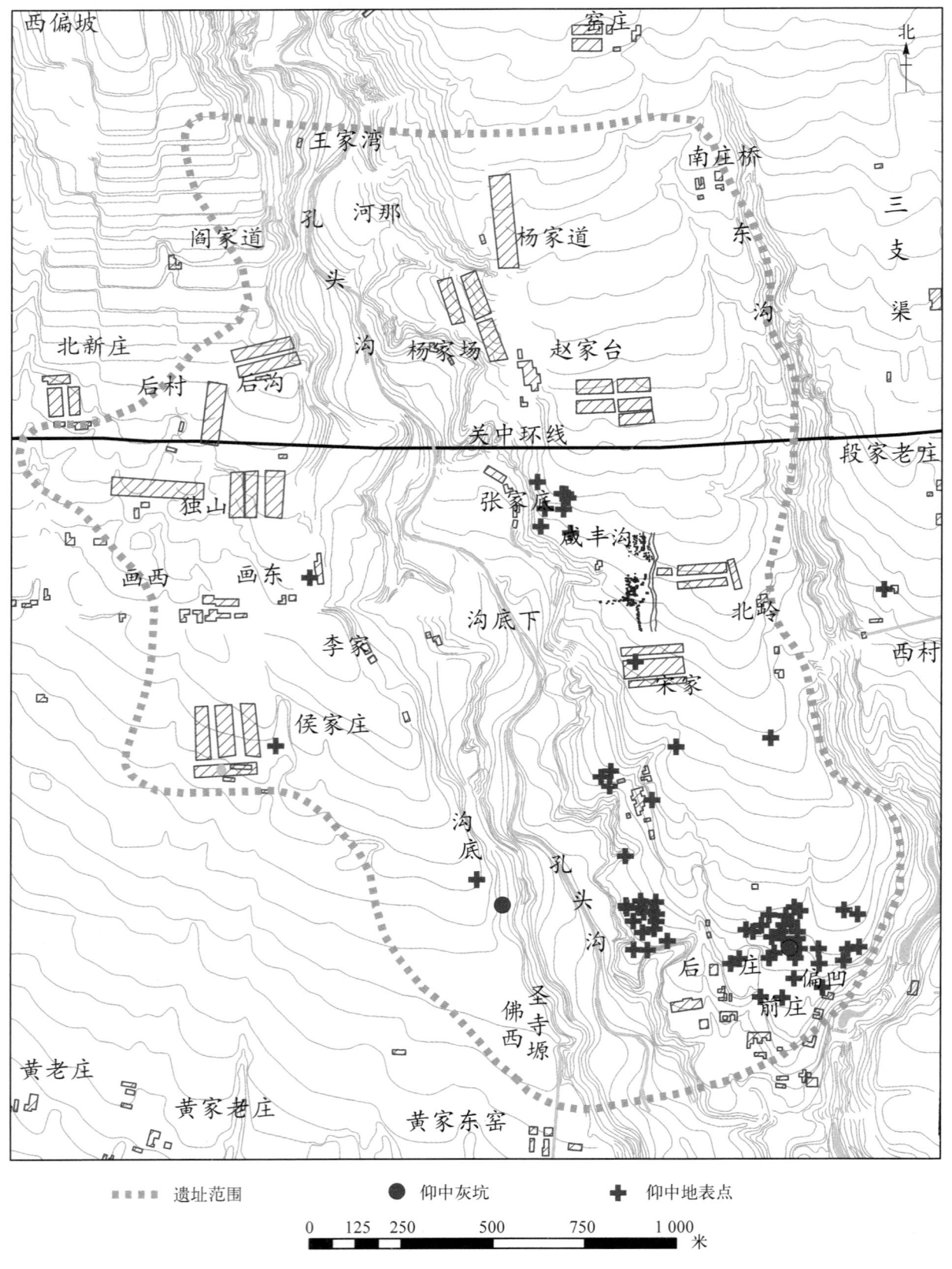

图5-13　仰韶中期采集点分布图

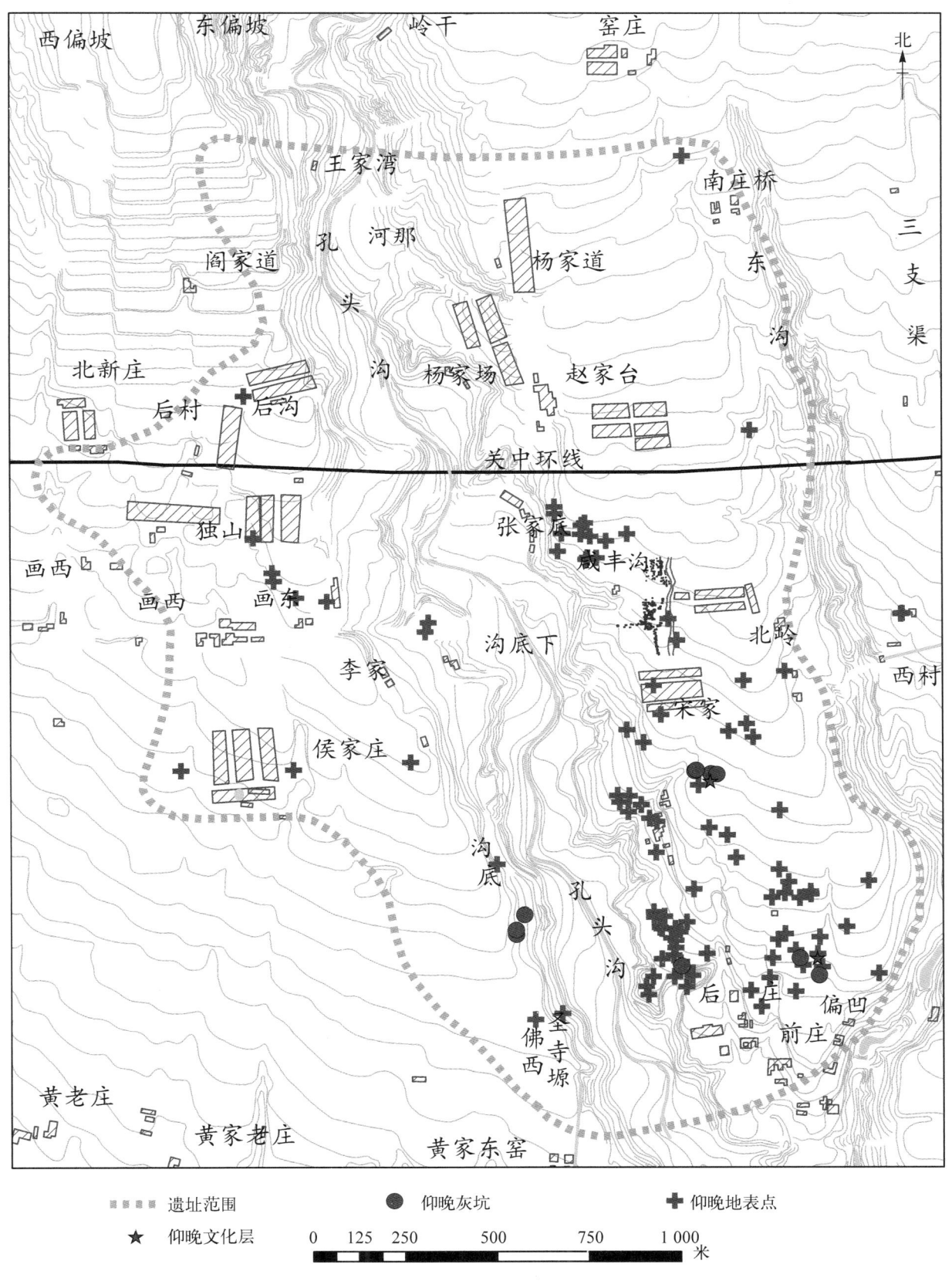

图5-14 仰韶晚期采集点分布图

灰坑10处,分别为C186、C189、C194、C253、C308、C328、C415、C460、C467、C610。

（4）仰韶时期

此次调查中没有标本可以确定期段的,统称为仰韶时期。共发现遗存145（2）处,其中地表142（2）处,灰坑3处（图5-15）。

地表点C78、C84、C89、C93、C130、C176、C177、C183、C213、C215、C216、C218、C224、C229、C248、C250、C251、C256、C264、C268、C276、C282、C283、C284、C285、C287、C288、C297、C298、C301、C302、C303、C305、C306、C309、C311、C312、C313、C314、C315、C317、C318、C319、C320、C323、C324、C325、C327、C329、C330、C331、C332、C333、C334、C336、C337、C338、C341、C342、C343、C344、C346、C347、C348、C349、C350、C351、C352、C354、C355、C356、C357、C358、C359、C360、C361、C362、C364、C366、C383、C409、C410、C419、C432、C436、C450、C454、C456、C457、C458、C459、C461、C462、C463、C464、C465、C466、C468、C469、C470、C471、C472、C473、C475、C476、C477、C478、C479、C480、C482、C487、C489、C493、C496、C500、C502、C503、C504、C506、C507、C509、C510、C511、C512、C517、C643、C644、C645、C646、C650、C659、C662、C663、C665、C666、C667、C294、C373、C379、C391,先周晚期灰坑C655,西周时期灰坑C412中有仰韶陶片。

灰坑3处,分别为C620、C690和C691。

5.2.2　调查遗迹及地层

1. 文化层

C322,位于宋家村南（图5-8）。厚约0.5米。采集陶片10件,年代为仰韶晚期。

C474,位于后庄村北（图5-11）。厚0.6～0.8、长8米。采集陶片11件,包括盆、瓮,年代为仰韶晚期。

2. 灰坑

C188,位于沟底村南断崖上（图5-10）。锅底状,口距地表1.05米,口径1.7、自深0.4米。采集陶片6件,年代为仰韶中期（图5-16,7）。

C481,位于后庄村北（图5-11）。锅底状,口径1.5、自深0.6米。采集陶片1件,年代为仰韶中期（图5-16,5）。

C186,位于沟底村南断崖上（图5-10）。锅底状,口距地表1.2米,口径2.3、自深1.3米。采集陶片1件,可辨器形为夹砂罐。年代为仰韶晚期（图5-16,8）。

C189,位于沟底村南断崖上（图5-10）。锅底状,口距地表1.1米,口径0.95、自深0.4米。采集陶片3件,年代为仰韶晚期（图5-16,4）。

C194,位于沟底村南断崖上（图5-10）。锅底状,口距地表1.1米,口径1.3、自深0.85米。

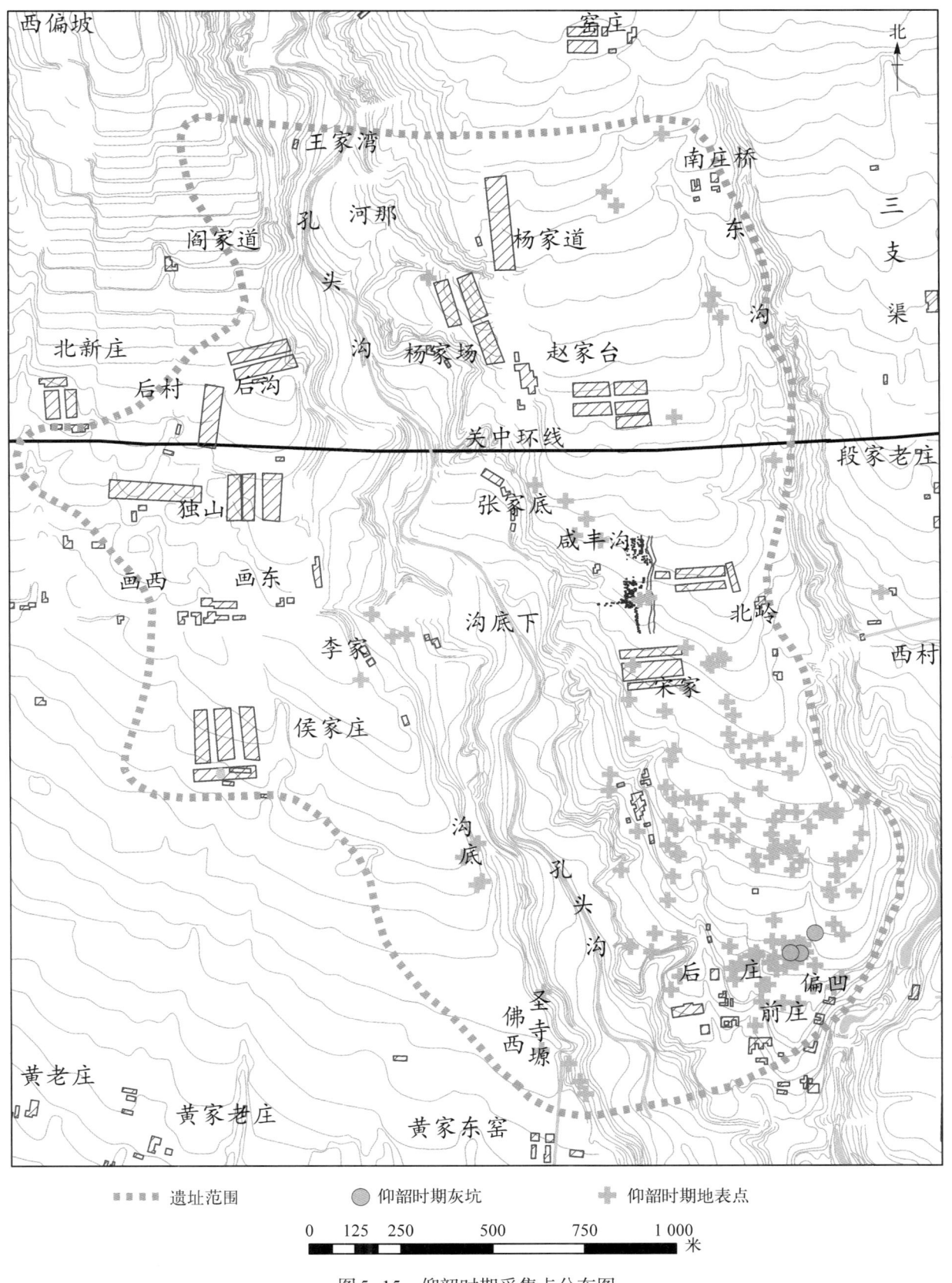

图5-15　仰韶时期采集点分布图

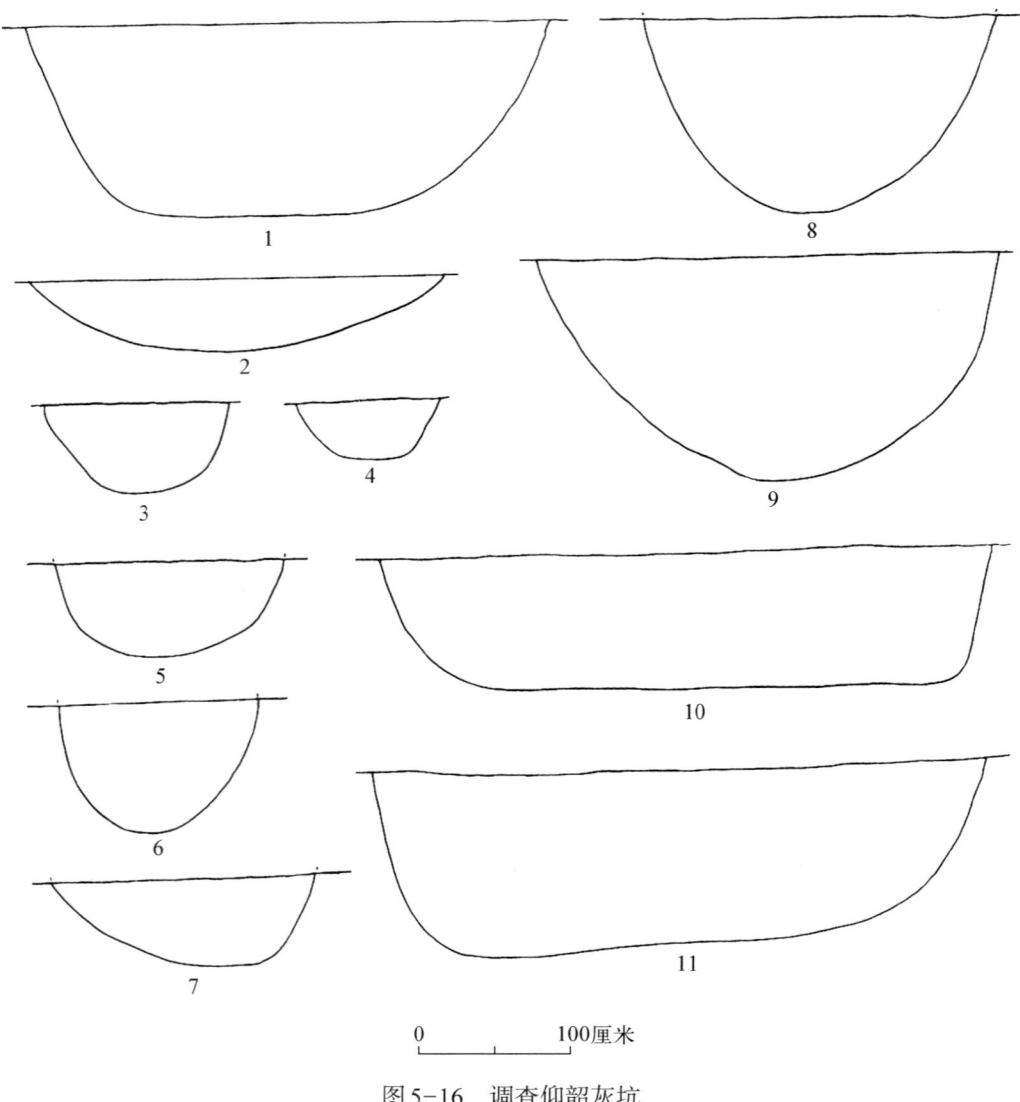

0   100厘米

图5-16 调查仰韶灰坑

1. C610 2. C460 3. C467 4. C189 5. C481 6. C194 7. C188 8. C186 9. C620 10. C308 11. C253

采集陶片2件,可辨器形有小口尖底瓶。年代为仰韶晚期(图5-16,6)。

C253,位于宋家村南断崖上(图5-8)。锅底状,口距地表0.7米,口径4、自深1.23米,土色呈灰褐色,土质为颗粒状,含大量陶片。采集陶片34件,包括夹砂罐、罐等。年代为仰韶晚期(图5-16,11)。

C308,位于宋家村南断崖上(图5-8)。锅底状,口径4、底长3.2、自深0.9米,内填灰土,底部有料礓石。采集陶片22件,包括瓮、钵等。年代为仰韶晚期(图5-16,10)。

C328,位于宋家村南断崖上(图5-8)。锅底状,口距地表1.1米,口径3.5、底长2.8、自深1.2米,内填灰土。采集陶片14件,可辨器形有夹砂罐。年代为仰韶晚期。

C415,位于后庄村北,孔头沟东岸的断崖上(图5-11)。锅底状,口距地表2.3米,口径3.5

米。采集陶片8件，包括钵、盆。年代为仰韶晚期。

C460，位于偏凹村西北（图5-11）。锅底状，口距地表1.2米，口径2.5、自深0.5米。采集陶片11件，包括瓮、盆。年代为仰韶晚期（图5-16，2）。

C467，位于偏凹村西北（图5-11）。锅底状，口距地表0.3米，口径1.2、自深0.6米。采集陶片13件，包括小口尖底瓶、盆。年代为仰韶晚期（图5-16，3）。

C610，位于宋家村南断崖上（图5-8）。锅底状，土色呈灰色，土质松散呈粉状，坑底有一层料礓石，口径3.4、自深1.3米。采集陶片15件，可辨器形有钵。年代为仰韶晚期（图5-16，1）。

C620，位于偏凹村西北（图5-11）。锅底状，口径3、自深1.5米。采集陶片15件，年代为仰韶时期（图5-16，9）。

C690，位于偏凹村西北（图5-11）。采集陶片13件，年代为仰韶时期。

C691，位于偏凹村西北（图5-11）。开口距地表0.6米，口径1.5米，采集陶片1件，年代为仰韶时期。

5.2.3 调查遗物

1. 仰韶早期

钵 均为口沿残片，泥质红陶。

Ⅰ式，标本C191：78，圆唇，腹部较直，素面。残长3.6、残高3.4厘米（图5-17，8）。标本C380：260，敛口，尖圆唇，腹部内弧，素面。残长3.4、残高4.2厘米（图5-17，4）。

Ⅱ式，标本C265：99，圆唇，微鼓腹，素面。残长6.6、残高3.6厘米（图5-17，1）。标本C310：151，圆唇，腹部较直，唇面饰极细凸弦纹，器表素面。残长2.8、残高4.4厘米（图5-17，

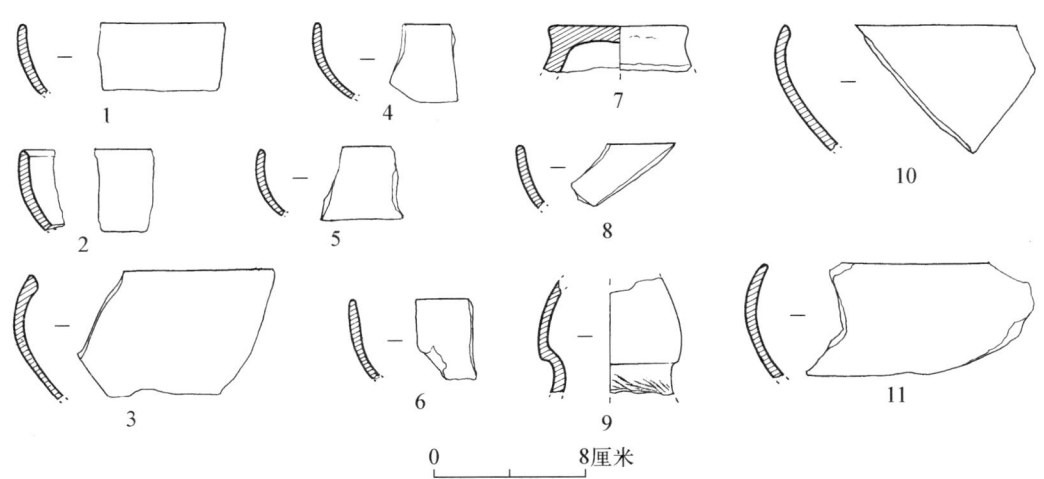

图5-17 仰韶文化早期、中期陶器

1、2、3、4、5、6、8、10、11.钵（C265：99、C461：340、C366：162、C380：260、C610：381、C310：151、
C191：78、C277：127、C279：134） 7.器盖（C265：111） 9.小口尖底瓶（C467：345）

6）。标本C461：340，尖圆唇，微鼓腹，唇面及唇内侧饰黑彩，器表素面。残长3、残高4.4厘米（图5-17，2）。标本C610：381，敛口，圆唇，鼓腹，素面。残长4.2、残高3.8厘米（图5-17，5）。

小口尖底瓶

A型　标本C467：345，口颈部残片，红陶，夹细砂，口下部外鼓，应是葫芦形口，与颈部交界处有一道棱，棱下有一排刺纹，口部素面，颈部绳纹被抹。残高6厘米（图5-17，9）。

2.仰韶中期

钵　均为口沿残片，泥质红陶，敛口。

Ⅲ式，标本C277：127，尖唇，唇部内侧有一道圆凸棱。残长8.4、残高6.8厘米（图5-17，10）。标本C279：134，圆唇，鼓腹，素面。残长10.2、残高6厘米（图5-17，11）。标本C366：162，尖唇，唇部内侧有一道不甚明显的圆凸棱，鼓腹。残长8.8、残高6.6厘米（图5-17，3）。

盆　均为口沿残片，泥质红陶。

A型Ⅰ式，沿面较宽，有黑色彩绘。标本C265：100，折沿近平，沿内侧折棱尖锐，圆唇，唇面、沿面内缘及沿下均饰黑彩。残长4.2、残高2.2厘米（图5-18，4）。标本C379：250，敞口，微鼓腹，素面。残长5.8、残高3.2厘米（图5-18，5）。标本C457：334，直口，折沿，沿内侧折棱凸出，圆唇下卷，腹部饰黑彩。残长5.4、残高4厘米（图5-18，3）。标本C466：343，微敞口，折沿，沿内侧折棱尖锐，圆唇下卷，唇面、沿面内缘、腹部均饰黑彩。残长4.4、残高3.6厘米（图5-18，

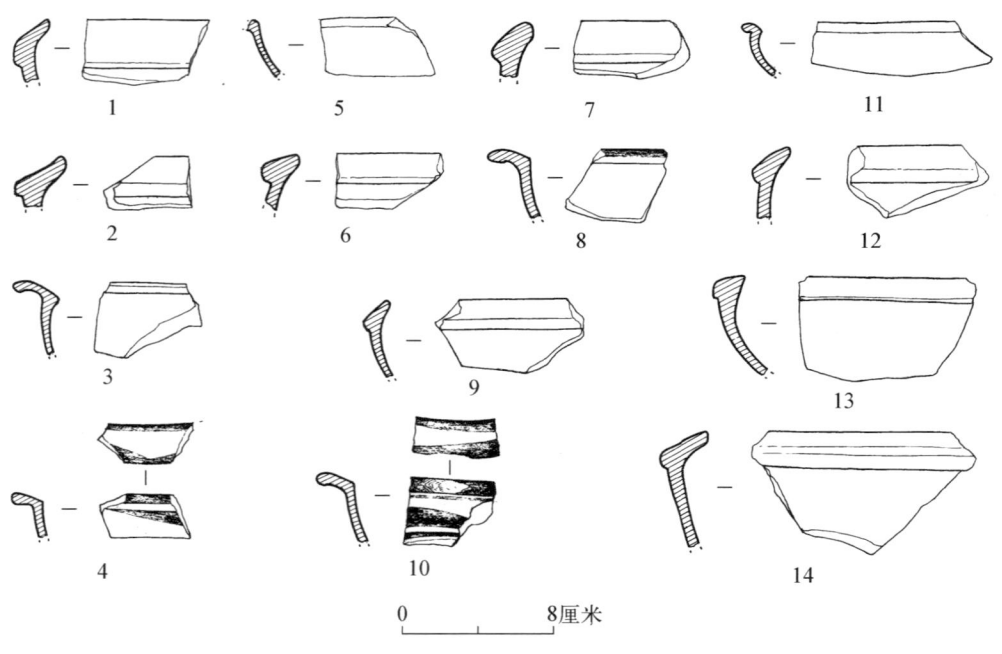

图5-18　仰韶中期陶盆

1.C480：353　2.C270：116　3.C457：334　4.C265：100　5.C379：250　6.C414：307　7.C398：282　8.C480：354
9.C453：333　10.C466：343　11.C479：349　12.C453：331　13.C658：420　14.C460：339

10）。标本C480：354，直口，平折沿，沿面微外弧，圆唇下卷，微鼓腹，沿面外缘及腹部均饰黑彩。残长4.2、残高4厘米（图5-18,8）。

B型 标本C479：349，窄折沿，沿内侧折棱凸出，圆唇下卷，上腹外鼓，唇面饰黑彩。残长9.4、残高3厘米（图5-18,11）。

C型Ⅰ式，敛口，外斜附沿，沿面鼓起，素面。标本C270：116，沿面内缘微上卷，方圆唇。残长4.4、残高2.8厘米（图5-18,2）。标本C414：307，圆唇宽厚。残长5.4、残高3厘米（图5-18,6）。标本C453：331，圆唇。残长7.4、残高4厘米（图5-18,12）。标本C453：333，沿面较窄，圆唇。残长7.6、残高4厘米（图5-18,9）。标本C398：282，沿面较平，厚尖圆唇。残长5.6、残高3.2厘米（图5-18,7）。标本C460：339，沿面有一道浅凹槽，圆唇下卷，腹较直。残长11.8、残高6.6厘米（图5-18,14）。标本C480：353，圆唇较宽。残长6.3、残高3.6厘米（图5-18,1）。标本C658：420，窄沿较平，沿内缘较尖锐，方圆唇下卷，上腹微鼓。残长9.2、残高5.6厘米（图5-18,13）。

小口尖底瓶 为口沿、腹和底部残片，均泥质。

B型Ⅰ式，均为口沿残片，红陶，敛口，较典型双唇口，二层台明显，内外唇之间落差较大。标本C373：181，内唇窄薄，外唇宽厚，外唇面饰斜线纹。残长7、残高4.8厘米（图5-19,1）。标本C379：405，外唇厚圆微上卷，颈部饰稀疏的斜线纹。残长6.8、残高3.4厘米（图5-19,2）。标本C379：406，外唇较平，内唇微外斜。残长3.2、残高3厘米（图5-19,10）。标本C379：407，双唇间距较小，唇面外斜，内唇宽薄，外唇宽而方圆，颈部饰较细密斜线纹。残长6、残高3.4厘米（图5-19,9）。标本C379：409，外唇厚圆较平，沿内侧有一道凹槽，颈部饰交错斜线纹。残长5.4、残高6.4厘米（图5-19,4）。标本C403：300，双唇间距较小，内唇宽薄微外斜，外唇浑圆向上卷翘，素面。残长4.4、残高2.8厘米（图5-19,6）。

B型Ⅱ式，均为口沿残片，红陶，敛口，双唇口开始退化，二层台不明显，内外唇之间落差不大，内外唇间无明显的台棱界限，内唇稍高于外唇。标本C183：76，内唇宽厚外斜，外唇向上卷翘。残长5、残高3.4厘米（图5-19,14）。标本C265：101，内唇窄薄外斜，外唇宽厚，方圆近平。残长5.2、残高3厘米（图5-19,3）。标本C379：408，唇面外斜，内唇宽薄，外唇浑圆。残长5.6、残高2.6厘米（图5-19,13）。标本C390：270，外唇为方唇，内外唇分界不明显，交界处有一道凹槽，颈部饰不明显的弦纹。残长5.8、残高3.2厘米（图5-19,5）。标本C391：272，敛口近平，内唇宽薄外斜，外唇浑圆近平。残长7.8、残高2.2厘米（图5-19,11）。标本C463：341，唇面外斜，内唇宽薄，外唇尖圆，颈部短粗，饰斜线纹间以双凹弦纹。口径5.2、残高6.2厘米（图5-19,12）。

腹，标本C379：404，灰陶，饰斜线纹，有手形贴塑装饰。残长7.1、残高4.5厘米（图5-19,15）。

底，标本C277：128，褐陶，胎较厚，圆锥形尖底，内部留有泥条痕迹，饰横斜交错线纹。残

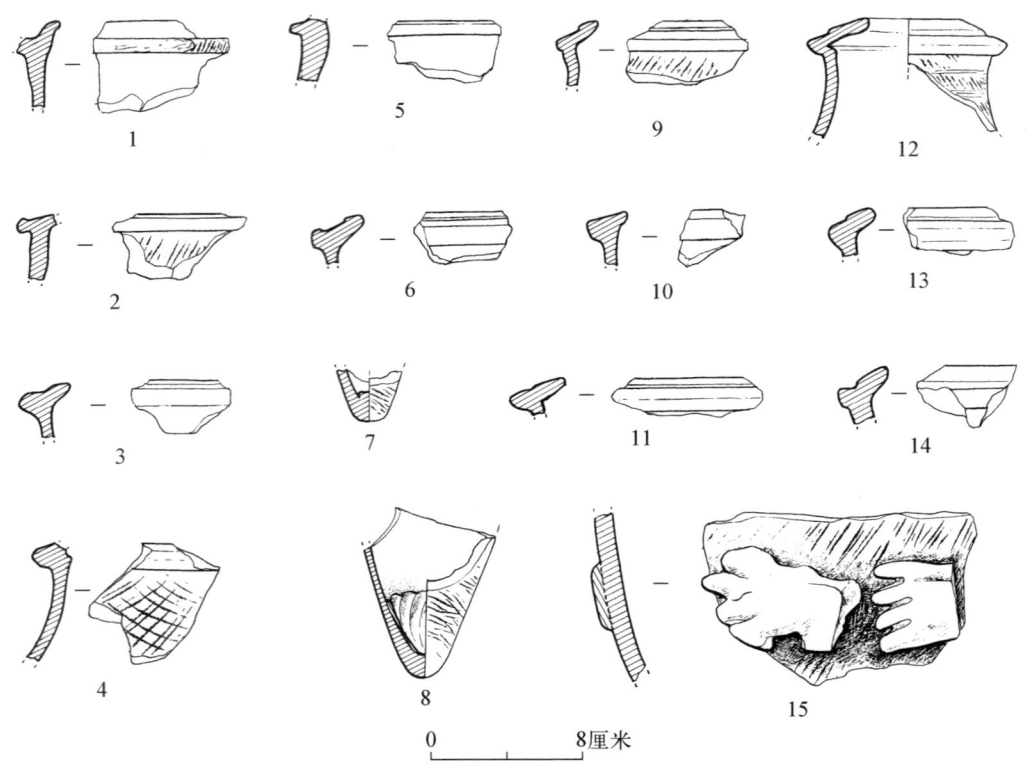

图5-19　仰韶中期小口尖底瓶

1. C373：181　2. C379：405　3. C265：101　4. C379：409　5. C390：270　6. C403：300　7. C391：275　8. C277：128
9. C379：407　10. C379：406　11. C391：272　12. C463：341　13. C379：408　14. C183：76　15. C379：404

高9厘米（图5-19,8）。标本C391：275,红陶,小平底,内部留有盘筑泥条痕迹,饰横斜交错线纹。残高2.8厘米（图5-19,7）。

　　罐　均为口沿残片,夹砂红陶,沿内有一道凹槽。

　　A型Ⅰ式,颈部外侧有一道凸棱,沿内凹槽明显,呈典型的铁轨式口沿。标本C379：245,直口,平折沿,圆唇,微束颈,颈下饰斜行绳纹。残长5.6、残高4.2厘米（图5-20,12）。标本C379：392,直口,平折沿,方圆唇,内侧凹槽较细且明显,体表饰旋纹,间有戳刺纹。口径28、残高6.4厘米（图5-20,16）。标本C379：394,直口,平折沿,尖唇,内侧凹槽宽而深,体表饰间隔较宽的凹弦纹。残长8.6、残高5.2厘米（图5-20,4）。标本C459：337,侈口,折沿外翻,圆唇,颈部内侧凹槽宽而深,唇下和颈部外侧与腹部交界处各有一道浅凹槽,体表饰斜行绳纹,贴有一块圆形泥饼,饼上有指窝痕。残长8.2、残高5.4厘米（图5-20,14）。

　　A型Ⅱ式,沿内侧凹槽不明显,是退化的铁轨式口沿。标本C253：94,直口,平折沿,圆唇,颈部有一道凸棱,较宽且不甚明显,内侧凹槽较宽,体表饰斜行绳纹,间隔较宽。残长6.4、残高4.6厘米（图5-20,1）。标本C453：336,直口,平折沿,方圆唇,微束颈,颈部内侧凹槽宽而浅,体表饰弦纹。残长5、残高4厘米（图5-20,9）。标本C466：342,侈口,折沿,沿面外弧,内侧凹槽较深,圆唇,唇下有一道较明显凸棱。残长4.2、残高2.4厘米(图5-20,8)。标本C483:355,直口,平折沿,圆唇,颈部内侧凹槽宽而深,体表饰较宽旋纹。残长6.2、残高3.6厘米(图5-20,10)。

瓮 均为口沿残片,泥质,素面。

A型Ⅰ式,口沿凸出。标本C265:106,灰陶,微侈口,卷沿,圆唇下卷,唇下有一道凹槽,微折肩。残长6.2、残高5.4厘米(图5-20,11)。标本C379:403,灰陶,敛口,沿面外斜,圆唇。残长9.2、残高3.8厘米(图5-20,7)。标本C390:271,红陶,敛口,平沿,厚方圆唇。残长6.4、残高3.8厘米(图5-20,2)。标本C474:351,红陶,敛口,平沿,沿面外弧,圆唇,鼓腹。残长6、残高7.4厘米(图5-20,5)。

A型Ⅱ式,口沿不凸出。标本C402:290,红陶,侈口,圆唇,沿外有一道浅凹槽,微鼓腹。残长6.2、残高6.6厘米(图5-20,13)。标本C657:419,褐陶,侈口,沿面外弧,沿内侧有一道凸棱,圆唇下卷,唇下有一道凹槽。残长7、残高5厘米(图5-20,15)。

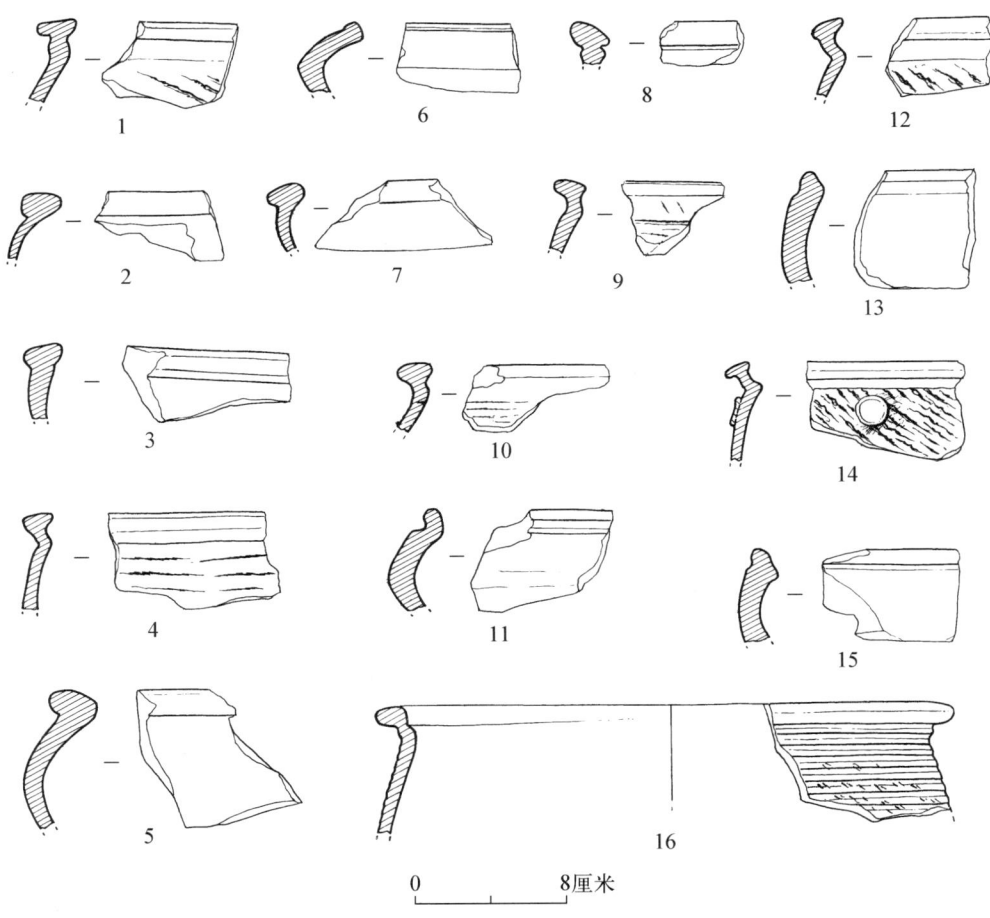

图5-20 仰韶中期陶罐及陶瓮

1、4、8、9、10、12、14、16.陶罐(C253:94、C379:394、C466:342、C453:336、C483:355、C379:245、C459:337、C379:392)

2、3、5、6、7、11、13、15.陶瓮(C390:271、C379:390、C474:351、C271:117、C379:403、C265:106、C402:290、C657:419)

A型Ⅲ式,标本C271∶117,灰陶,敛口,方唇外卷,折肩。残长6.4、残高3.8厘米(图5-20,6)。

B型Ⅰ式,标本C379∶390,红陶,敛口,平附沿,沿内侧有一道凹槽,圆唇。残长8.6、残高4厘米(图5-20,3)。

3. 仰韶晚期

钵　均为口沿残片,泥质,多为素面。

Ⅳ式,标本C88∶31,红陶,敞口,圆唇,内唇加厚不甚明显。残长3.6、残高1.6厘米(图5-21,11)。标本C177∶75,红陶,敞口,尖圆唇,内唇加厚,微鼓腹。残长4、残高3厘米(图5-21,4)。标本C308∶150,红陶,直口,圆唇,微鼓腹,器壁较薄。残长5.8、残高2.6厘米(图5-21,25)。标本C402∶292,红陶,直口,尖圆唇,内唇明显加厚,器壁较薄。残长3.4、残高2.8厘米(图5-21,17)。标本C403∶294,红陶,直口,圆唇,内唇明显加厚,加厚部分较宽,腹部较直。残

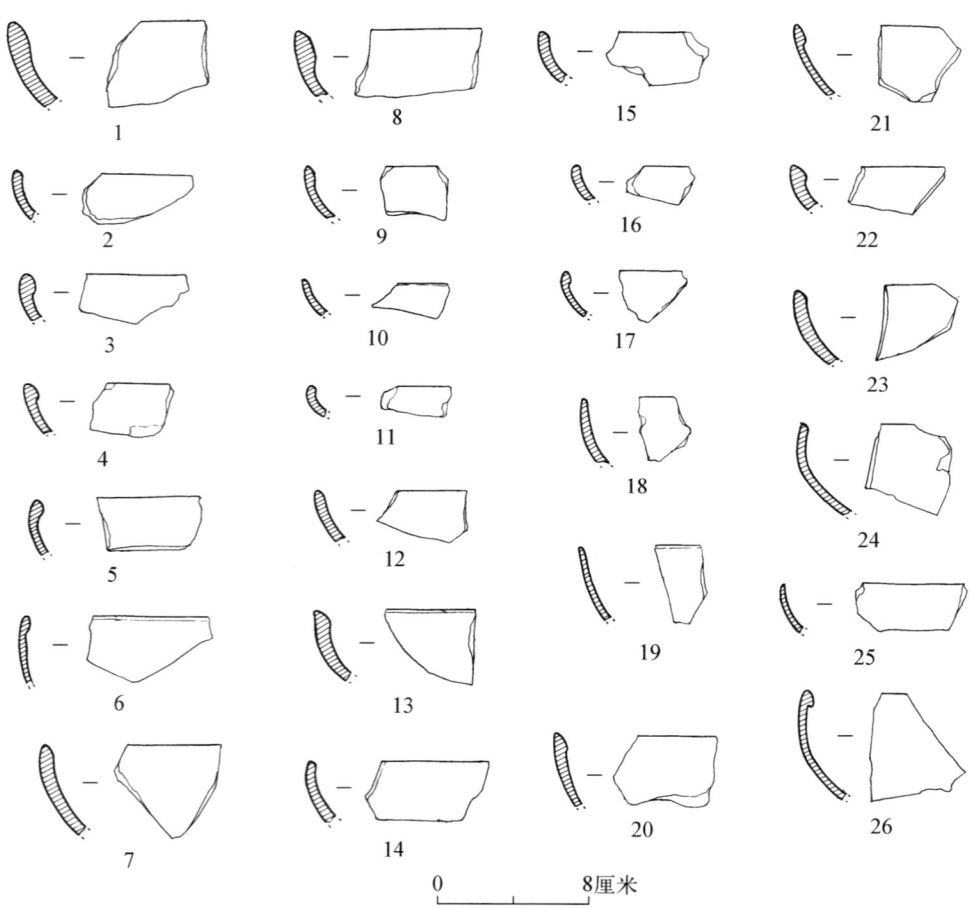

0　　　　8厘米

图5-21　仰韶文化晚期陶钵

1. C644∶372　2. C379∶399　3. C452∶330　4. C177∶75　5. C341∶153　6. C403∶294　7. C353∶155　8. C379∶255
9. C379∶400　10. C403∶302　11. C88∶31　12. C644∶373　13. C266∶112　14. C379∶401　15. C401∶287　16. C400∶285
17. C402∶292　18. C413∶306　19. C641∶371　20. C451∶329　21. C379∶398　22. C414∶308　23. C65∶22　24. C391∶273
25. C308∶150　26. C403∶296

长6.4、残高3.4厘米（图5-21, 6）。标本C403∶296，灰陶，直口，圆唇，内唇明显加厚，鼓腹，器壁较厚。残长5、残高5.8厘米（图5-21, 26）。标本C413∶306，红陶，直口，圆唇，微鼓腹，腹部饰黑彩。残长2.8、残高3.4厘米（图5-21, 18）。标本C452∶330，红陶，直口，圆唇，内唇明显加厚，加厚部分较窄。残长5.2、残高2.6厘米（图5-21, 3）。标本C641∶371，红陶，敞口，圆唇，器壁较薄，腹部较直。残长2.4、残高4.2厘米（图5-21, 19）。

Ⅴ式，标本C65∶22，红陶，直口，尖圆唇，唇面微起凸棱，微鼓腹。残长4、残高4厘米（图5-21, 23）。标本C266∶112，红陶，直口，尖圆唇，内唇起一道凸棱。残长4.8、残高4厘米（图5-21, 13）。标本C341∶153，红陶，敛口，内唇加厚不甚明显。残长5.4、残高2.8厘米（图5-21, 5）。标本C353∶155，红陶，直口，尖圆唇，微鼓腹，器壁较厚。残长5.4、残高5厘米（图5-21, 7）。标本C379∶255，灰陶，直口，尖圆唇，内唇起一道宽而圆滑的凸棱，唇上饰黑彩。残长6.2、残高3.6厘米（图5-21, 8）。标本C391∶273，红陶，直口，尖唇，内唇起一道凸棱，微鼓腹。残长4.4、残高4.8厘米（图5-21, 24）。标本C379∶398，红陶，微敞口，尖唇，内唇加厚，唇面有一道浅凹槽。残长4.4、残高4厘米（图5-21, 21）。标本C379∶399，红陶，直口，圆唇，微鼓腹。残长5.6、残高2.8厘米（图5-21, 2）。标本C379∶400，灰陶，直口，尖圆唇，内唇微起凸棱。残长3.6、残高3厘米（图5-21, 9）。标本C379∶401，红陶，直口，圆唇，唇部内侧下内凹，微鼓腹。残长5.8、残高3.2厘米（图5-21, 14）。标本C400∶285，红陶，圆唇，唇面微起凸棱极不明显。残长3.6、残高2厘米（图5-21, 16）。标本C401∶287，红陶，直口，圆唇。残长5.4、残高2.8厘米（图5-21, 15）。标本C403∶302，红陶，微敞口，圆唇，内唇加厚不甚明显。残长3.8、残高1.8厘米（图5-21, 10）。标本C414∶308，红陶，直口，尖圆唇，内唇加厚，微鼓腹。残长4.4、残高2.6厘米（图5-21, 22）。标本C451∶329，红陶，直口，尖圆唇，内唇加厚，加厚部分较宽，腹部较直。残长5.4、残高3.8厘米（图5-21, 20）。标本C644∶372，红陶，微敞口，尖圆唇，内唇微起凸棱，器壁较厚。残长5.4、残高4.6厘米（图5-21, 1）。标本C644∶373，红陶，微敞口，尖圆唇，唇面微起凸棱，微鼓腹。残长4.8、残高2.8厘米（图5-21, 12）。

盆　均为口沿残片，泥质。

A型Ⅱ式，泥质红陶，折沿，圆唇，沿较宽，无彩绘。标本C379∶251，红陶，折沿，沿内折棱尖锐，圆唇，素面。残长6.8、残高4.6厘米（图5-22, 3）。标本C379∶252，红陶，圆唇。残长3.8、残高1.2厘米（图5-22, 7）。标本C467∶346，红陶，折沿，沿面较宽，圆唇，上腹微鼓，素面。残长7.6、残高4厘米（图5-22, 4）。

C型Ⅱ式，附沿，沿面平，圆唇或方唇。标本C92∶33，灰陶，敛口，圆唇，素面。残长6.2、残高3厘米（图5-22, 13）。标本C308∶148，红陶，敛口，方唇，素面。残长8.2、残高5厘米（图5-22, 5）。标本C379∶402，红陶，敛口，宽附沿甚平，方唇，唇下有一道凸棱，素面。残长4.4、残高3.4厘米（图5-22, 6）。标本C402∶289，红陶，敛口，沿面宽平，方唇，素面。残长5、残高3.4厘

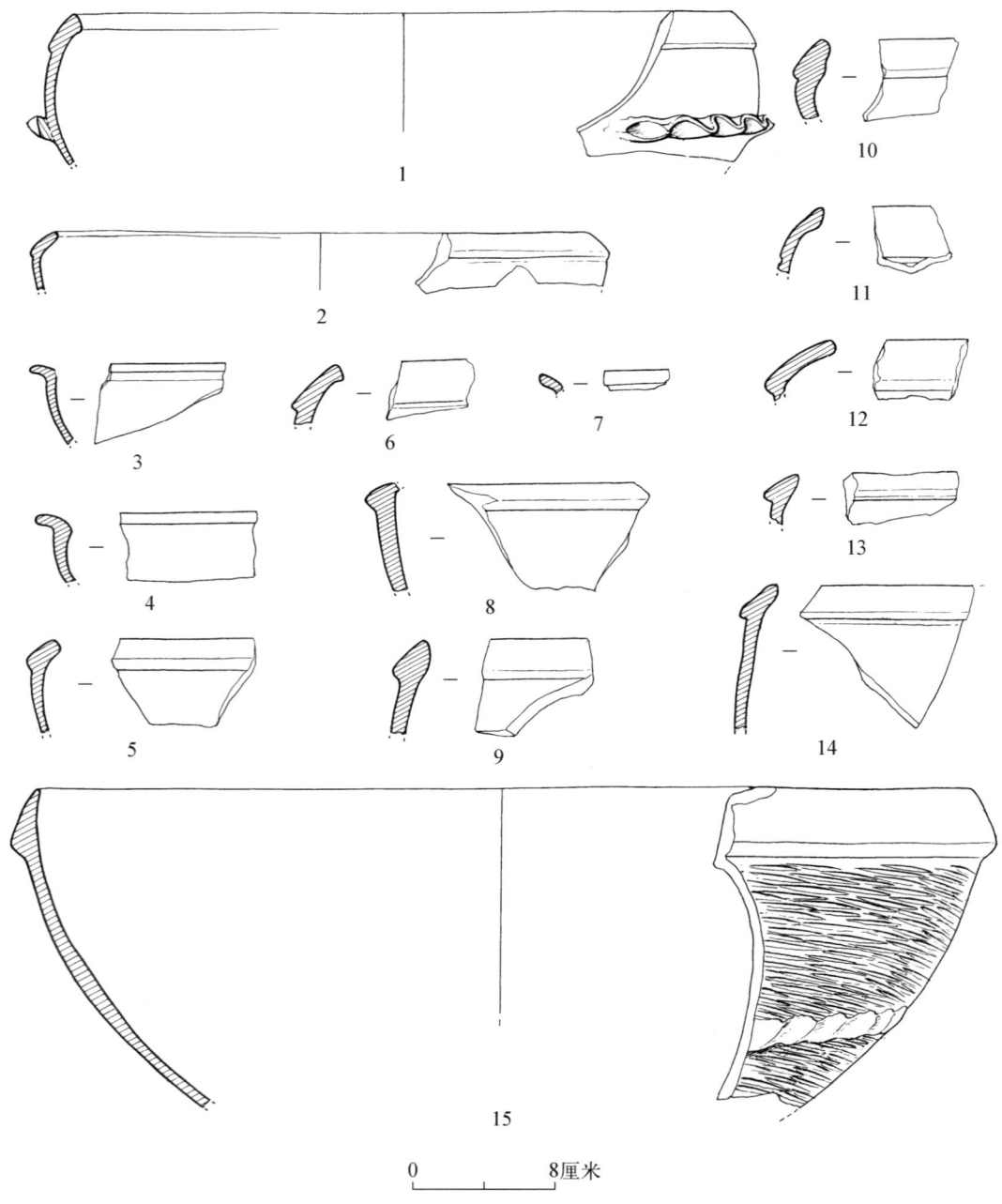

图 5-22　仰韶晚期陶盆及陶瓮

1、2、3、4、5、6、7、11、12、13、15. 陶盆（C415：309、C474：352、C379：251、C467：346、C308：148、C379：402、C379：252、
C269：384、C402：289、C92：33、C658：421）　8、9、10、14. 陶瓮（C474：350、C389：268、C380：261、C460：338）

米（图 5-22，12）。标本 C415：309，红陶，敛口，方唇，唇下略凸起，鼓腹，腹部有鸡冠形鋬。口径 37、残高 8.6 厘米（图 5-22，1）。标本 C474：352，红陶，敛口，圆唇，素面。口径 29.8、残高 3.4厘米（图 5-22，2）。

C 型Ⅲ式，沿面宽平，尖圆唇。标本 C269：384，红陶，唇下有一道凸棱，沿外侧下有一道凹槽。残长4.2、残高3.8厘米（图5-22，11）。标本C658：421，灰陶，沿外凸棱较尖锐，腹斜收，饰篮纹，下腹部有泥片附加堆纹。口径52.4、残高18.2厘米（图5-22，15）。

小口尖底瓶 均为泥质红陶。

B型Ⅲ式，均为口沿残片，退化双唇口。标本C416：310，敛口，内唇尖圆外斜，外唇宽厚且平，内外唇相接处的凹槽不明显，颈部细斜线纹被抹，残痕依稀可见。残长5.6、残高3.4厘米（图5-23，6）。标本C417：311，敛口，内外唇间落差小，内唇宽厚外斜，外唇窄薄且平。残长5.2、残高3.2厘米（图5-23，5）。标本C444：327，敛口，内唇宽厚，微外斜，外唇方圆，较窄，内外唇相接处有一道凹槽，颈部饰细斜线纹，印痕较浅。残长7.8、残高3.6厘米（图5-23，7）。标本C449：328，敛口，内唇宽薄外斜，外唇窄平，内外唇相接处有一道浅凹槽。残长6.2、残高2.4厘米（图5-23，2）。标本C469：347，敛口，内外唇间落差较小，内唇较宽外斜，外唇浑圆窄平，内外唇相接处有一道较宽的浅凹槽，颈部斜线纹被抹。残长5、残高3厘米（图5-23，3）。

C型 标本C194：79，口沿残片，直口，平折沿，折棱凸起，斜方唇，细颈，素面。残长6.4、残高5.2厘米（图5-23，8）。

耳，标本C379：253，桥形耳。残长5.4、残高5厘米（图5-23，4）。

平底瓶 标本C453：332，口部残片，泥质红陶，葫芦形口，侈口，圆唇，口下部饰三道旋纹，印痕较浅。残长3.4、残高3.8厘米（图5-23，1）。

罐 均为口沿残片。

A型Ⅲ式，夹砂，铁轨式口沿极不明显。标本C253：95，红陶，直口，折沿近平，沿内有一周浅凹槽，方唇下卷，微束颈，腹部饰横向绳纹。口径28.4、残高7.4厘米（图5-24，8）。标本C253：96，红陶，直口，平折沿，沿内有一周不明显的浅凹槽，方唇，腹部饰斜行绳纹。残长8、残高4厘米（图5-24，3）。标本C379：248，红陶，折沿，沿面较宽微外斜，沿下有一道凹槽，圆唇，素面。残长4.8、残高2.6厘米（图5-24，1）。标本C379：391，红陶，直口，平折沿，沿内侧微外弧，沿面内凹，尖圆唇，素面。残长4.2、残高3.8厘米（图5-

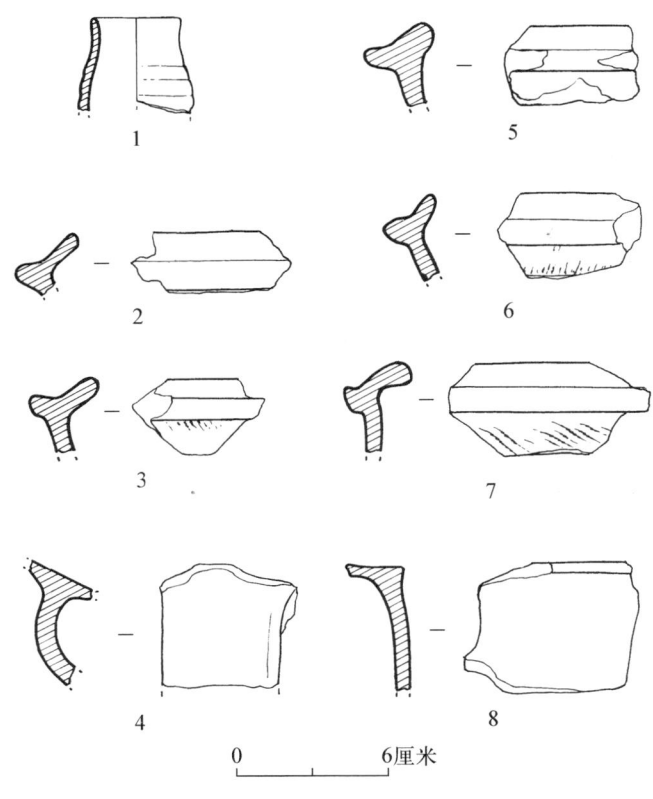

图5-23 仰韶晚期小口尖底瓶
1. C453：332 2. C449：328 3. C469：347 4. C379：253
5. C417：311 6. C416：310 7. C444：327 8. C194：79

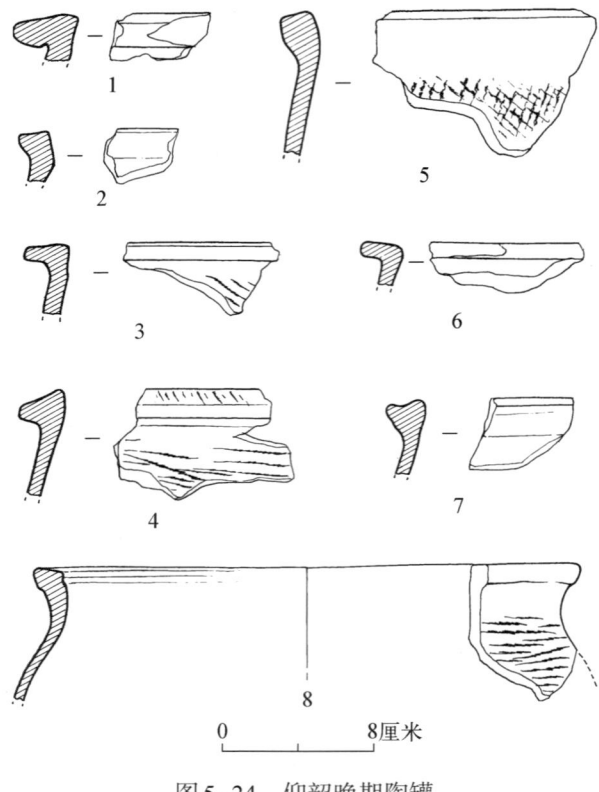

图 5-24　仰韶晚期陶罐

1. C379：248　2. C401：288　3. C253：96　4. C419：312
5. C328：152　6. C379：395　7. C379：391　8. C253：95

24，7）。标本C379：395，红陶，卷沿近平，圆唇，素面。残长8、残高2.6厘米（图5-24，6）。标本C401：288，夹砂，直口，平折沿，沿面微内凹，圆唇，素面。残长3.6、残高3厘米（图5-24，2）。标本C419：312，白陶，直口，沿面外斜，饰斜线纹，沿内侧微外弧，方圆唇，腹部饰凹弦纹，偶有斜线纹交错。残长9、残高6厘米（图5-24，4）。

A型Ⅳ式，夹砂。标本C89：32，灰陶，平折沿，沿面微内凹，圆唇，腹部饰斜线纹。残长3、残高3.2厘米（图5-25，11）。标本C186：77，红陶，侈口，卷沿，圆唇，腹部饰小错绳纹，贴有一个圆形小泥饼，饼上有指窝纹。口径20.2、残高6厘米（图5-25，1）。标本C379：246，红陶，折沿，沿内有一周浅凹槽，圆唇，腹部饰斜线纹。残长6.4、残高5厘米（图5-25，3）。标本C379：247，红陶，平折沿，沿内侧有一道凸棱，圆唇，素面。残长

7.4、残高3厘米（图5-25，12）。标本C379：396，红陶，侈口，折沿，沿内侧隆起，沿面有两道凹槽，内深外浅，尖圆唇微上翘，腹部饰斜行绳纹。残长6.4、残高5.6厘米（图5-25，20）。标本C655：414，褐陶，折沿，沿内侧折棱凸出，沿面外缘有小平台，圆唇微上翘，素面。残长6.4、残高2.6厘米（图5-25，6）。标本C662：427，红陶，卷沿，沿内侧有一道凸棱，沿面外缘有小平台，圆唇，沿外绳纹被抹，腹部饰斜行绳纹。残长8.8、残高3厘米（图5-25，16）。

B型Ⅰ式，夹砂红陶，唇里发达，唇外不发达，内唇较厚。标本C265：102，折沿，折棱凸出，方唇，唇面微上翘，素面。残长5、残高3.6厘米（图5-25，4）。标本C272：119，折沿，折棱凸出，方唇，颈部饰斜绳纹，有鸡冠状贴塑。残长7、残高5.2厘米（图5-25，13）。标本C379：397，折沿，折棱凸出，沿面外缘有小平台，尖圆唇，素面。残长3、残高3厘米（图5-25，7）。标本C658：422，侈口，折沿，圆唇，沿面内缘有一道凹槽。残长6.8、残高4.4厘米（图5-25，18）。

B型Ⅱ式，标本C264：98，夹砂灰陶，侈口，折沿，折棱凸出，尖唇较薄，体饰直行绳纹。残长5.2、残高5.2厘米（图5-25，14）。

C型Ⅰ式，标本C328：152，夹砂红陶，直口，厚方唇，沿外素面，腹部饰交错绳纹。残长11.4、残高8厘米（图5-24，5）。

C型Ⅱ式，夹砂红陶，直口，折沿，厚方唇。标本C265：104，平沿，沿内有一道浅凹槽，方圆唇，素面。残长2.6、残高3厘米（图5-25，8）。标本C402：291，折沿外斜，沿内有一道浅凹槽，沿面微外斜，饰斜行绳纹，方圆唇。残长4.4、残高4厘米（图5-25，15）。标本C403：301，平沿，方圆唇，素面。残长5.4、残高2.4厘米（图5-25，5）。

D型　内外唇均发达，红陶。标本C67：380，夹砂，折沿，折棱明显，沿面外弧，尖圆唇，沿下饰斜行绳纹，印痕极浅。残长3.8、残高4.2厘米（图5-25，10）。标本C270：115，泥质，直口，折沿，沿面外斜，圆唇，素面。残长6.8、残高3.8厘米（图5-25，17）。标本C379：249，泥质，折沿，沿面外斜，圆唇，素面。残长6.6、残高3厘米（图5-25，2）。标本C399：284，夹砂，折沿，沿面外斜，圆唇，素面。残长3.6、残高2.2厘米（图5-25，9）。

E型　标本C379：393，泥质红陶，直口，平折沿，折棱凸出，尖圆唇，直腹，腹部饰斜线纹。残长5.6、残高6.6厘米（图5-25，19）。

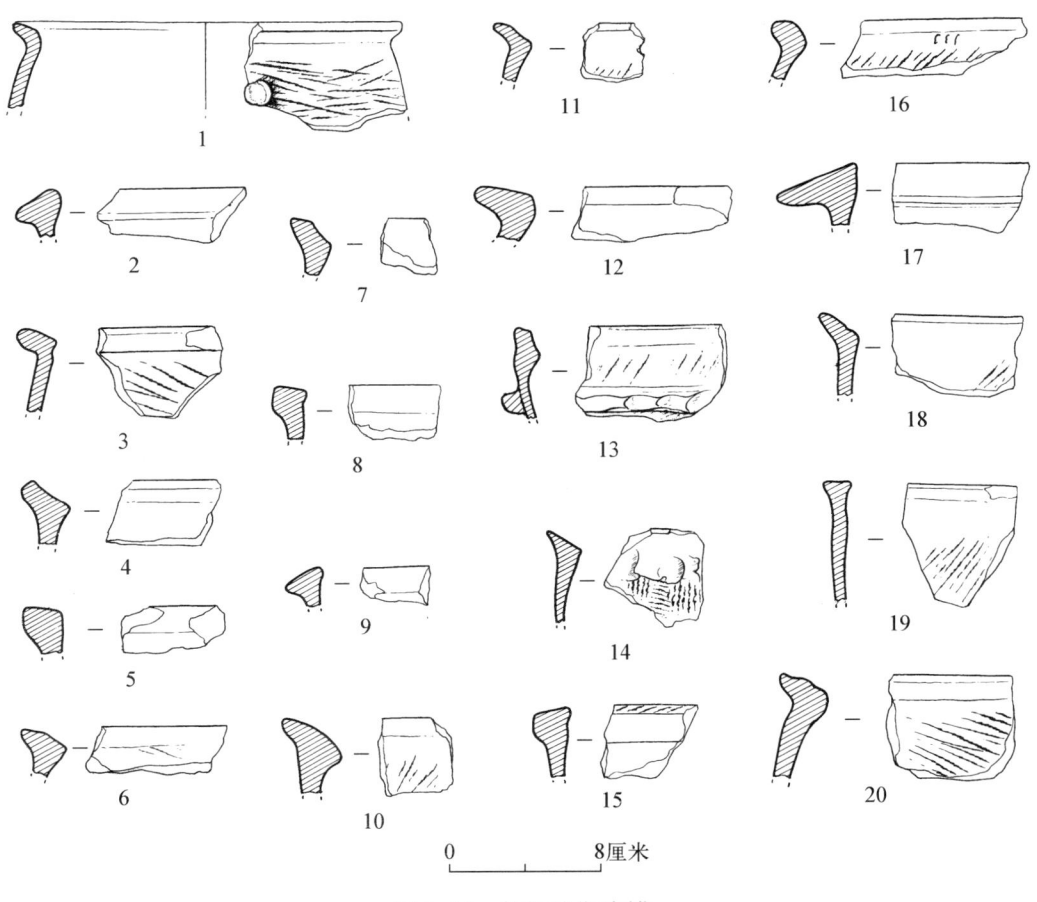

图5-25　仰韶晚期陶罐

1. C186：77　2. C379：249　3. C379：246　4. C265：102　5. C403：301　6. C655：414　7. C379：397　8. C265：104
9. C399：284　10. C67：380　11. C89：32　12. C379：247　13. C272：119　14. C264：98　15. C402：291　16. C662：427
17. C270：115　18. C658：422　19. C379：393　20. C379：396

小罐　标本C391：274，口沿残片，夹砂红陶，窄平折沿，圆唇，体表饰斜行绳纹。残长3.6、残高2.8厘米（图5-26，9）。

瓮　均为口沿残片，泥质。

B型Ⅱ式，红陶，敛口，附沿，素面。标本C460：338，沿面宽而外斜，微内凹，圆唇。残长9.4、残高8.2厘米（图5-22，14）。标本C474：350，沿面微鼓外斜。残长10.4、残高6.2厘米（图5-22，8）。

B型Ⅲ式，红陶，附沿。标本C380：261，敛口，沿面宽平外斜，沿内侧有两道浅凹槽，圆唇，素面。残长4.4、残高4.6厘米（图5-22，10）。标本C389：268，直口，沿面较宽外斜，尖圆唇，唇面有一道凹槽，沿内侧微外凸。残长6.2、残高5.6厘米（图5-22，9）。

灶　标本C403：298，残片，夹砂灰陶，腹部饰附加堆纹。残长5.8、残高8.8厘米（图5-26，1）。

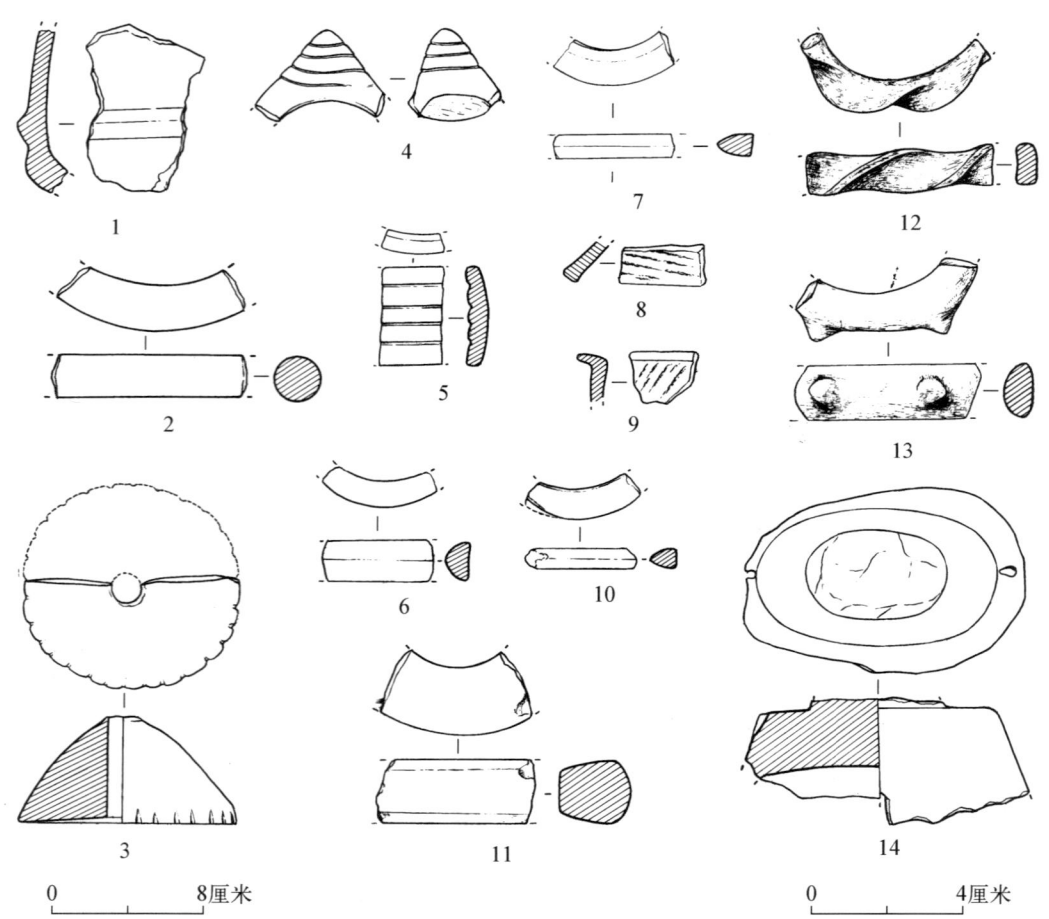

图5-26　仰韶文化晚期及仰韶时代陶器

1. 灶（C403：298）　2. 玉环（C517：357）　3. 纺轮（C472：348）　4、5、6、7、10、12、13. 陶环（C294：145、C379：411、C379：410、C373：182、C379：259、C466：344、C391：276）　8. 器盖（C379：257）
9. 小罐（C391：274）　11. 石环（C379：258）　14. 陶铃（C403：297）

器盖 均为残片。标本C265：111，夹砂红陶，圆柱形捉手，上部较平。直径7.2、残高2.4厘米（图5-17，7）。标本C379：257，夹砂红陶，扁平，方唇，饰斜行绳纹。残长4.6、残高2.2厘米（图5-26，8）。

陶铃 标本C403：297，余上半部分，泥质红陶，截面呈椭圆形，长径两端有小孔。长径7.4、残短径4.1、残高3.4厘米（图5-26，14）。

4.仰韶时期

玉环 标本C517：357，残片，截面呈圆形。残长5.1、厚1.1厘米（图5-26，2）。

石环 标本C379：258，残片，截面呈椭圆形。残长4.1、宽1.8、厚1.7厘米（图5-26，11）。

陶环 均为残片，泥质。标本C294：145，灰陶，有钮状大凸起，凸起上饰四道旋纹。残长3.3、宽2.4、残高2.5厘米（图5-26，4）。标本C373：182，灰陶，截面略呈弧边三角形。残长3.1、宽0.6、厚0.9厘米（图5-26，7）。标本C379：259，灰陶，截面呈弧边三角形。残长2.9、宽0.5、厚0.7厘米（图5-26，10）。标本C379：410，灰陶，截面略呈弧边三角形。残长2.宽1.1、厚0.6厘米（图5-26，6）。标本C379：411，灰陶，饰旋纹。宽2.6、残长1.6、厚0.5厘米（图5-26，5）。标本C391：276，褐陶，有钮状凸起。残长4.8、宽1.5、厚0.8厘米（图5-26，13）。标本C466：344，灰陶，器表光滑，外侧呈扭索状。残长4.9、宽1.1、厚0.5厘米（图5-26，12）。

纺轮 标本C472：348，残片，泥质红陶，圆锥状，中间有孔贯通，底边呈锯齿状。直径5.7、孔径0.4、高2.8厘米（图5-26，3）。

5.2.4 聚落特征

仰韶文化时期的采集点集中分布于张家底村南、前庄村北，沟底村东，赵家台东边沟西的区域。15个遗迹点均分布于这一区域，可勾勒出仰韶文化聚落的范围，在此范围外还有一些地表采集点，但分布较为零散，且没有发现遗迹点，因此不纳入聚落内（图5-27；彩版二九四）。

仰韶文化聚落的面积为1 453 744平方米，自仰韶早期至仰韶晚期始终没有发生明显的变化。仰韶早期没有遗迹点，而仰韶中期和仰韶晚期的遗迹与文化层都扎堆集中于一处，证明仰韶中期和晚期的人是延续生存的同一批人，仰韶早期应大致相同。因此，仰韶早期至仰韶晚期的聚落是一脉相承的，没有发生人群变动。整个仰韶文化时期的采集点都属于同一个聚落。

仰韶早期至晚期，采集点的数量逐渐增多，遗迹数量也逐渐增多，应表明整个聚落内人群的增加，但聚落的范围并没有明显改变。仰韶中期的聚落中心可能偏南，晚期有向北扩张的趋势。

仰韶文化聚落内采集点的属性比较单一，仅有地表点、灰坑和文化层，均属于居址遗存，没有发现生产遗存和墓地。聚落内的功能区划和聚落结构不甚明确。

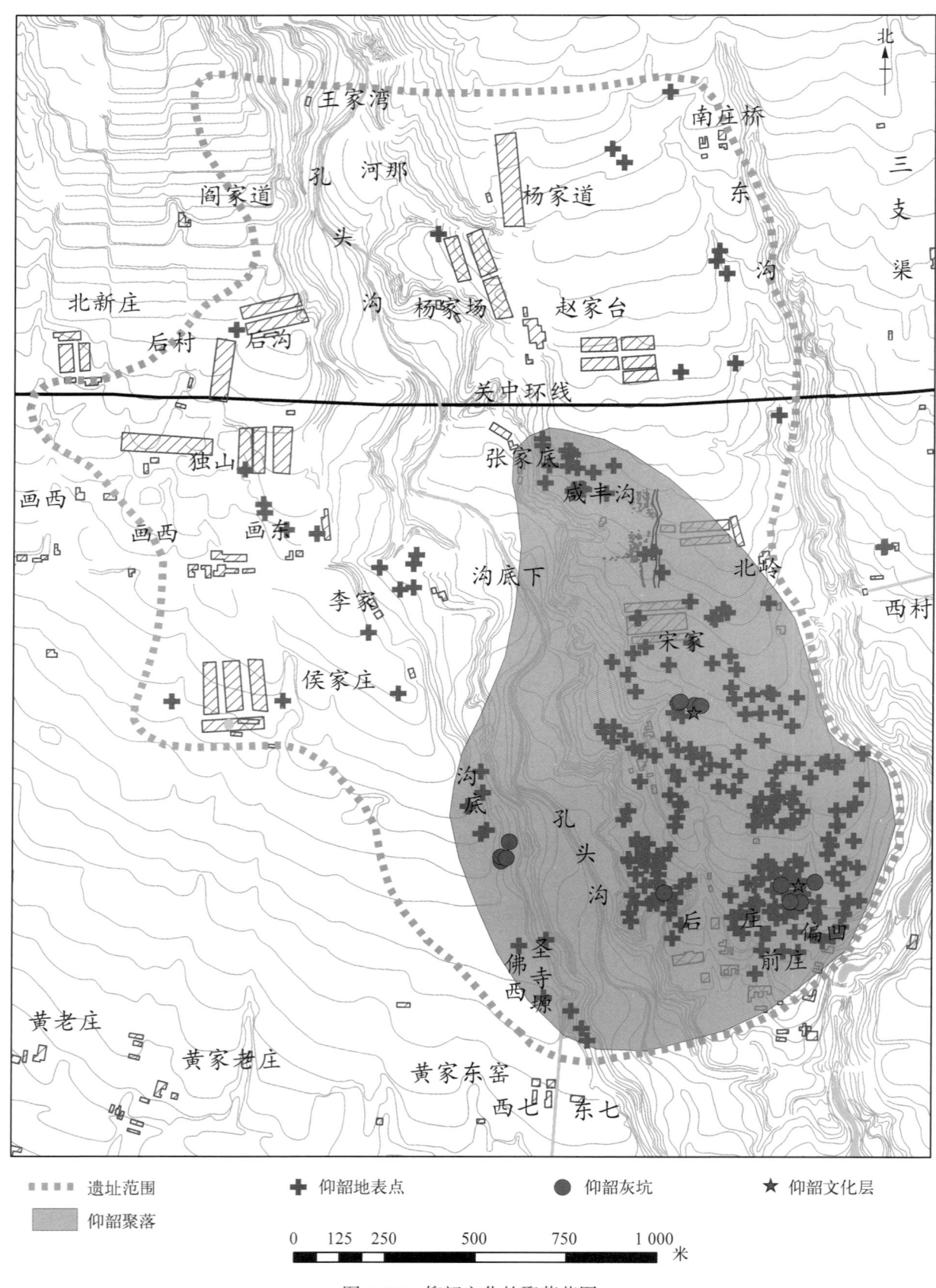

北

三支渠

王家湾

阎家道

河那

孔头沟

杨家道

南庄桥

东沟

北新庄

后村 后沟

杨家场

赵家台

关中环线

独山

画西

张家底

咸丰沟

北岭

西村

画西 画东

沟底下

李窑

宋家

侯家庄

沟底

孔头沟

圣寺塬

后庄

前庄 偏凹

佛西

黄老庄

黄家老庄

黄家东窑

西七 东七

╌╌╌ 遗址范围　　　✚ 仰韶地表点　　　● 仰韶灰坑　　　★ 仰韶文化层

▨ 仰韶聚落

0　125　250　　500　　750　　1 000
米

图 5-27　仰韶文化的聚落范围

5.3　商周时期文化遗存

5.3.1　采集点概况

1. 调查遗存分期

本次调查采集的陶片标本均为残片，基本没有地层关系。参照周原遗址商周时期陶器的分期编年体系，重点对比孔头沟遗址本次发掘所获陶器的形制分析与分期，对孔头沟遗址调查所获商周时期陶片进行分期。

周原遗址先周晚期可细分为两小段，即6a与6b段，6a以贺家H7、H8、H9为代表，6b以李村H8为代表[①]。西周文化时期可分为四期7段，第一期1段以2002年度制石作坊YH35、YH39为代表，其年代约在周初，上限或可至商代晚期；第二期包括2、3段，约相当于西周早期；第三期包括4、5段，约相当于西周中期；第四期包括6、7段，约相当于西周晚期[②]。

孔头沟遗址商周时期遗存分为四期6段，第一期1段可细分为1a、1b两小段，分别相当于周原遗址商时期文化遗存分期的6a、6b段；第二期2段相当于周原遗址西周时期考古学文化分期的第一期1段；第三期3a、3b及第四期4、5段约相当于周原遗址西周时期考古学文化分期的4~7段，但各段之间的对应关系并非完全吻合。

由此，本报告将孔头沟遗址调查所获商周时期陶片分为五期。

第一期即先周晚期，大约相当于周原遗址商时期文化遗存分期的6a、6b段，与孔头沟发掘遗存的1a、1b段。

第二期即商周之际，约相当于西周初年，上限或可至商代晚期，以及本文所称商周之际，大约相当于周原遗址西周考古学文化分期的第一期1段，孔头沟发掘遗存的第二期2段。

第三期即西周早期，约相当于周原遗址西周考古学文化分期的第二期2、3段，该期遗物不见于孔头沟发掘所获资料中。

第四期即西周中期，约相当于周原遗址西周考古学文化分期的第四期4、5段，孔头沟发掘分期中的第三期3a、3b段。

第五期即西周晚期，约相当于周原遗址西周考古学文化分期的第五期6、7段，孔头沟发掘分期中的第四期4、5段。

---

① 雷兴山：《周原遗址商时期考古学文化分期研究》，《古代文明》第6卷，文物出版社，2007年。
② 第二——四期特征可看周原考古队：《1999年度周原遗址ⅠA1区及ⅣA1区发掘简报》，《古代文明》第2卷，文物出版社，2003年。黄曲：《周原遗址西周陶器编年与谱系研究》，北京大学硕士学位论文，2003年。

由于采集品无明确的层位关系，其年代分期标准不能严格对照于孔头沟、周原遗址发掘遗物的分期标尺，而且采集所获陶器多为残片，其期别与年代的把握较之特征明显的口沿更加困难，所以采集品遗物的分期标尺要略粗于发掘遗物的分期标尺。

另需重点说明以下几个问题：

（1）高领袋足鬲与袋足分裆甗罕见于商周之际阶段，故本报告将调查所获高领袋足鬲与袋足分裆甗的年代均定为先周晚期，但联裆鬲与联裆甗在先周晚期与商周之际的差别并非十分明显，本报告将那些所施绳纹印痕较浅，纹理很模糊的联裆鬲、联裆甗划归先周晚期，而将所施绳纹印痕较深，略具条理的联裆鬲、联裆甗划归商周之际。另外将侈口、短沿的大口罐、小口罐划归先周晚期，而将口沿外卷、沿面较宽的大口罐、小口罐划归商周之际。即使有这些分期标尺，要将先周晚期与商周之际的调查采集品区分开来，仍是一件较无把握之事。本报告勉强将其分开，以便考察先周晚期与商周之际遗址的形成过程及相关变化，读者在使用这两期材料时，既可以分开使用，亦可以将其合并，统称为商末周初期，一并考虑相关问题。

（2）采集所获的陶器腹片数量较多，其年代特征更难把握，我们经常无法具体将其分为西周早、中、晚三期，只能大概分为西周早中期、西周中晚期、西周时期。考虑到为了不使计算机管理过于复杂化，亦不使相关研究更加复杂而不易把握，我们便根据西周陶片大家的倾向性意见，将西周早中期分别归为西周早、中期，西周中晚期分别归为西周中、晚期。若有十分勉强而分期意见较大者，一律归入西周时期，这样做可能会影响资料的科学准确性。不过，从概率学角度讲，这种处理办法可能在研究遗址形成过程与聚落结构等问题上所受影响不会太大，敬希以后研究者贡献更佳方案。

（3）在判定保留于原位的地层或灰坑年代时，我们的判断标准近同于发掘单位的年代判断方法，允许晚期单位中包含早期遗物。但在GIS系统处理中，将单位的年代按晚期标本的年代确定，而对早期遗物则按其年代确定，在使用早期遗物时将其视为近同于地表采集。

（4）本次调查所见商周时期的遗迹中，除灰坑外，多未发现年代明确的陶片，我们根据以往及本次在孔头沟遗址的发掘情况，一律将陶片的年代定为商周之际至西周时期，将钻探与调查所见墓葬定为西周时期，不再具体区分为商、周时期。

（5）西周的瓦，年代统一定为西周晚期，但不排除个别瓦可能早到西周中期。施麦粒状绳纹的空心砖均定为商周之际。

2. 采集点时空分布

调查共发现遗存691（15）处，各期遗存分布的大致情况（表5-3）为：

（1）先周晚期

共发现遗存29（5）处，其中地表26（5）处，灰坑3处（图5-28）。

表5-3　商周时期各期采集点的属性表

时　代	地　表	文化层	灰　坑	墓　葬	马　坑	陶　窑	合　计
先周晚期	26（5）	0	3	0	0	0	29（5）
商周之际	28（3）	1	2	0	0	0	31（3）
西周早期	34（2）	0	3	0	0	0	37（2）
西周中期	19（4）	0	4	0	0	0	23（4）
西周晚期	36	1	11	0	0	1	49
西周时期	440（1）	3	16	58	1	4	522（1）
合　计	583（15）	5	39	58	1	5	691（15）

地表点C63、C83、C107、C256、C265、C269、C273、C403、C405、C453、C657、C658、C679、C264、C272、C276、C278、C279、C270、C290、C668，商周之际灰坑C365和商周之际文化层C377，西周中期的C395，西周晚期的C368和C372出土有先周陶片。

灰坑3处，包括C370、C404、C655。

（2）商周之际

共发现遗存31（3）处，其中地表28（3）处，文化层1处，灰坑2处（图5-29）。

地表点C3、C10、C12、C17、C19、C21、C67、C76、C264、C265、C270、C272、C273、C276、C278、C279、C290、C375、C457、C631、C6、C37、C57、C292、C649，西周时期灰坑C60，西周中期灰坑C395，西周晚期灰坑C599有商周之际陶片。

文化层1处，即C377。

灰坑2处，C365和C376。

（3）西周早期

共发现遗存37（2）处，其中地表34（2）处，灰坑3处（图5-30）。

地表点C70、C96、C100、C101、C102、C104、C112、C120、C130、C133、C140、C160、C221、C382、C457、C462、C509、C660、C683、C684、C686、C57、C98、C118、C174、C369、C631、C632、C669、C672、C271、C420，西周晚期灰坑C599和C600出土西周早期陶片。

灰坑3处，分别为C110、C367、C371。

（4）西周中期

共发现遗存23（4）处，其中地表19（4）处，灰坑4处（图5-31）。

地表点C6、C156、C158、C159、C160、C208、C369、C57、C130、C151、C197、C675、C96、C98、C201，西周晚期灰坑C9、C56、C73和西周晚期文化层C131有西周中期陶片。

灰坑4处，分别为C30、C395、C406和C608。

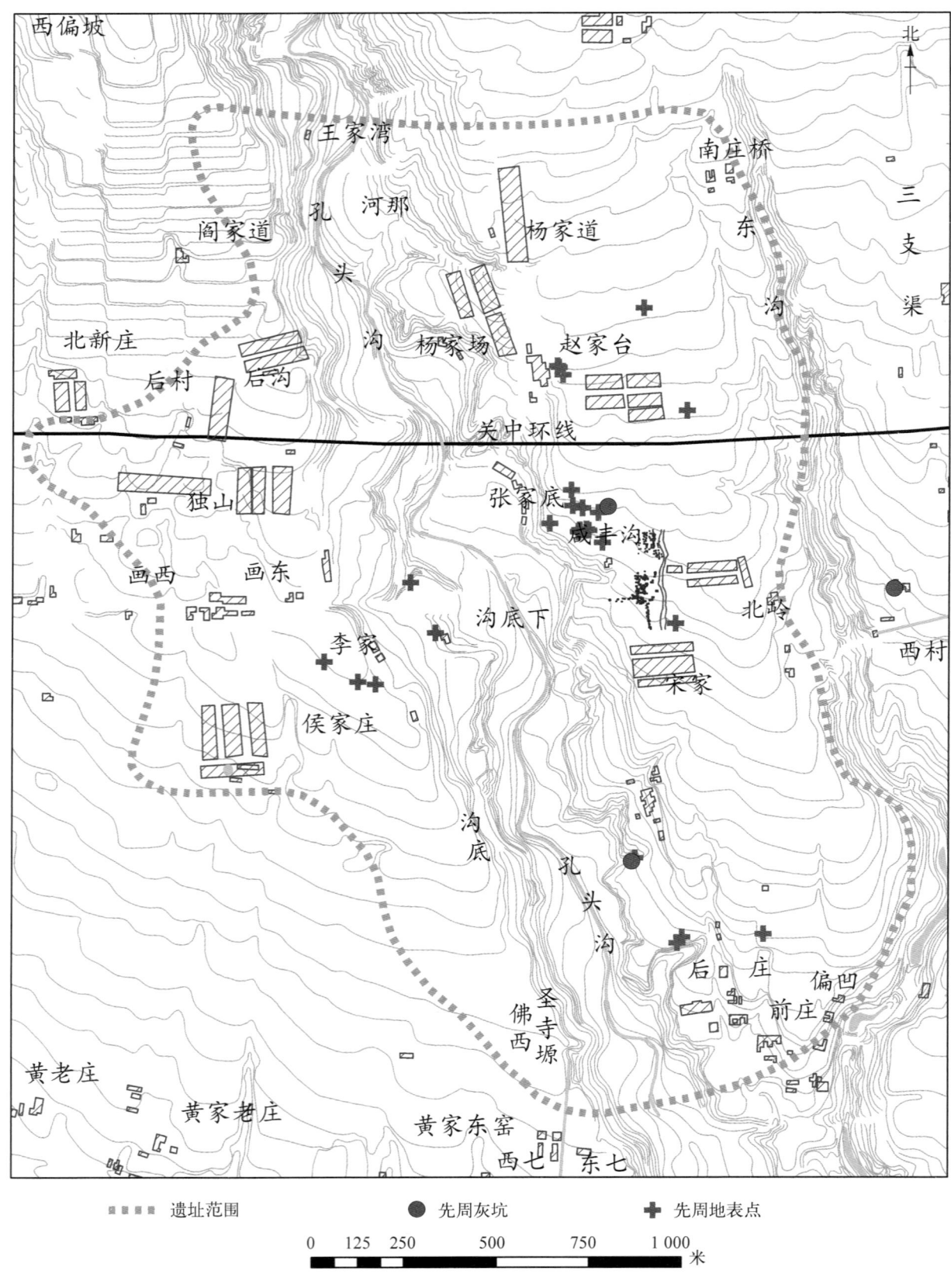

图 5-28　先周晚期采集点分布图

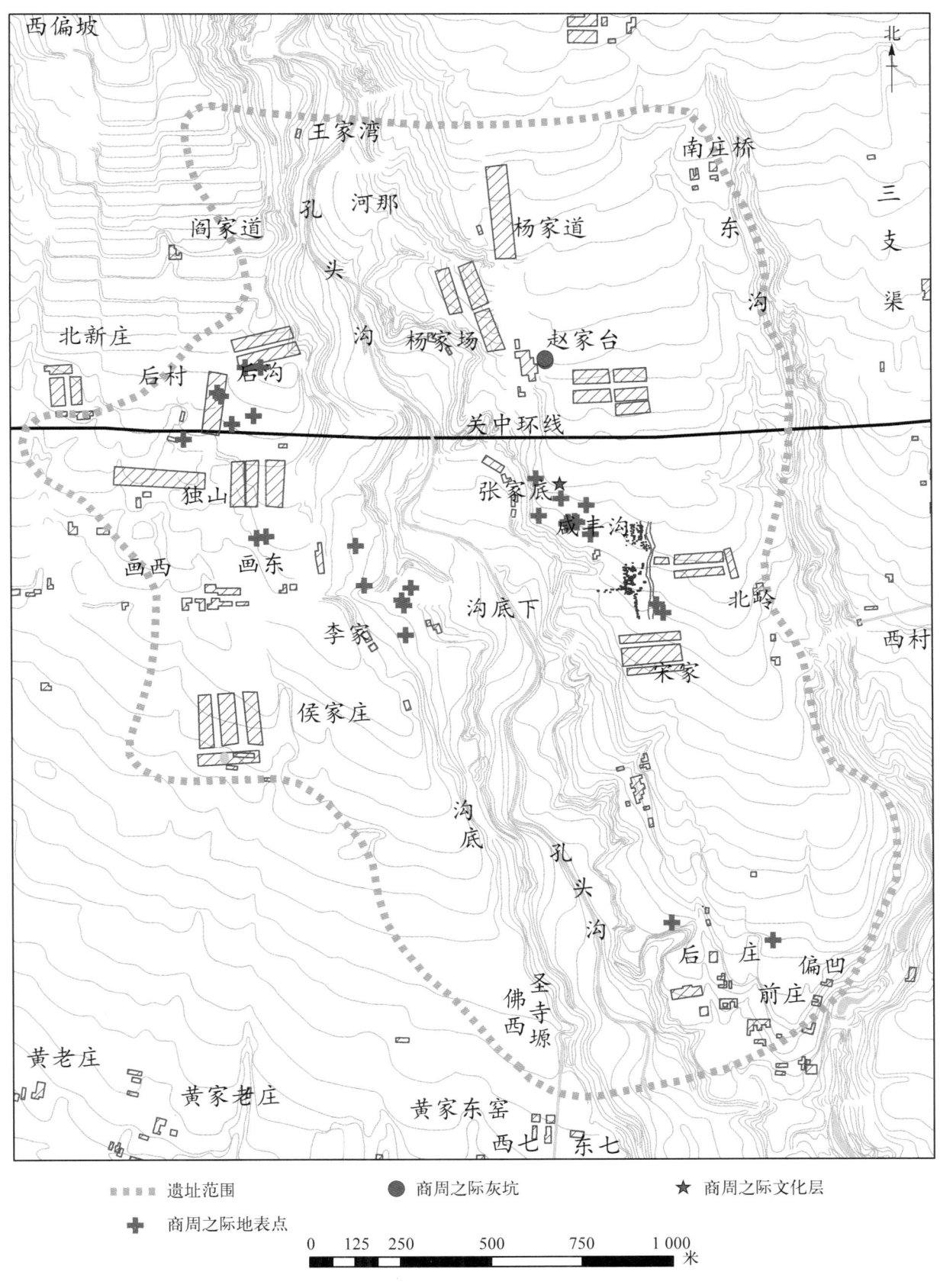

图5-29　商周之际采集点分布图

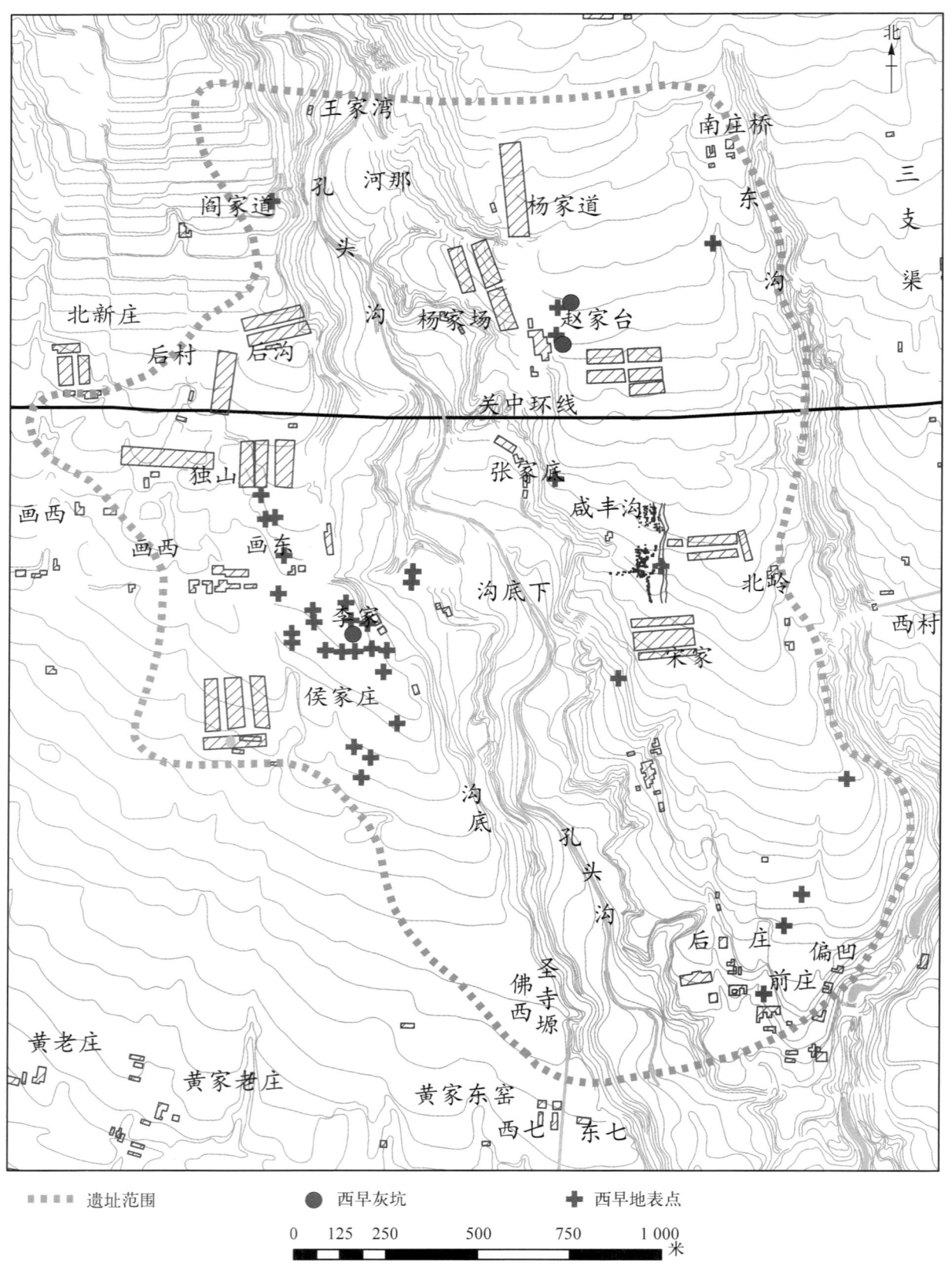

图 5-30　西周早期采集点分布图

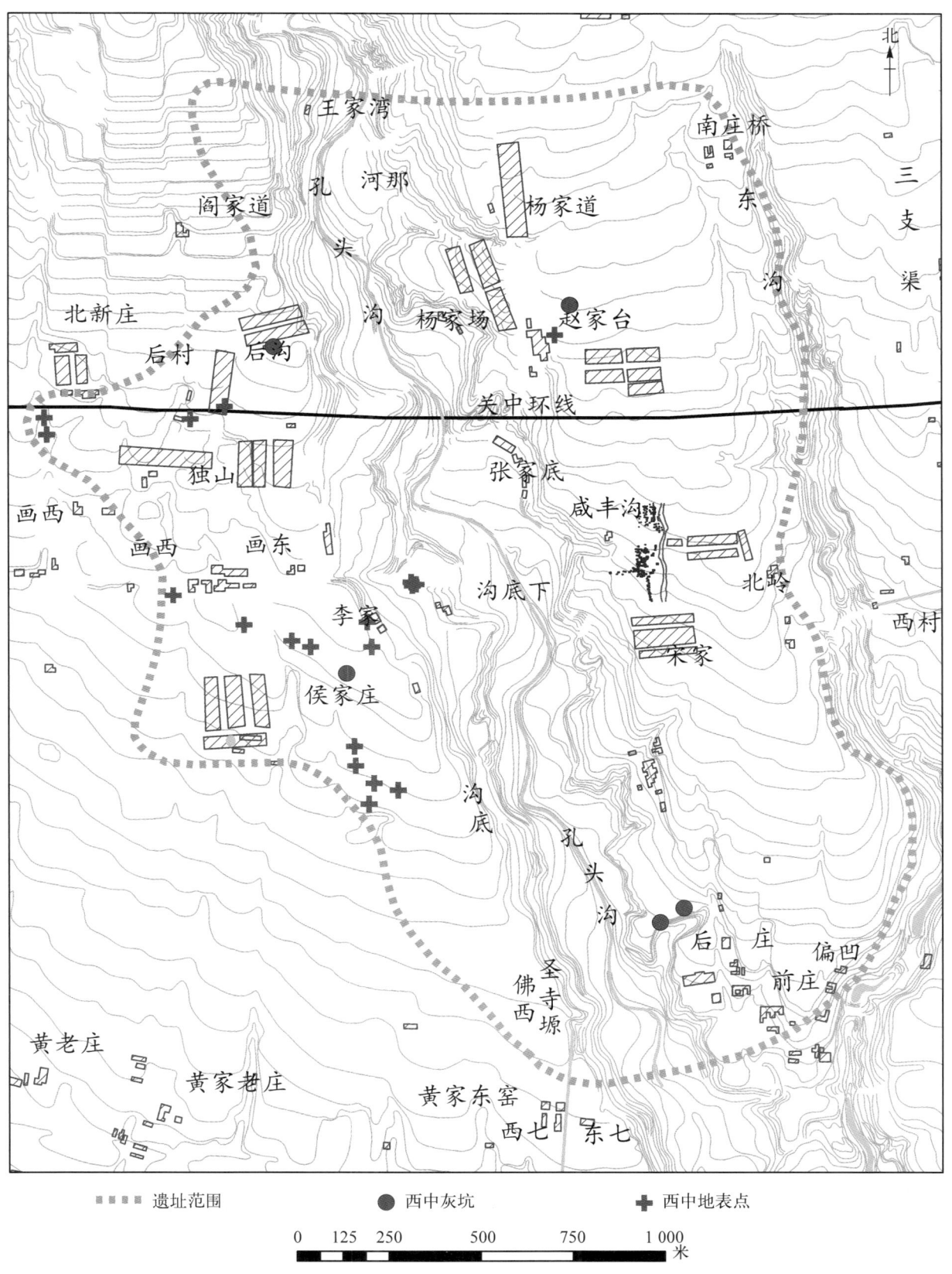

图5-31 西周中期采集点分布图

（5）西周晚期

共发现遗存49处，其中地表36处，文化层1处，灰坑11处，陶窑1处（图5-32）。

地 表 点 C4、C5、C102、C103、C142、C160、C164、C197、C198、C208、C209、C251、C263、C399、C421、C437、C447、C455、C516、C646、C667、C679、C20、C25、C83、C213、C343、C379、C385、C403、C524、C649、C101、C161、C378、C641。

文化层1处，即C131。

灰坑11处，包括C9、C56、C69、C71、C73、C368、C372、C374、C599、C600、C605。

陶窑1座，C1。

（6）西周时期

此次调查中没有标本可以确定期段的，统称为西周时期。共发现遗存522（1）处，其中地表440（1）处，文化层3处，灰坑16处，陶窑4座，墓葬58处，马坑1处（图5-33）。

地表点C2、C4、C14、C15、C17、C18、C22、C23、C24、C25、C26、C27、C29、C31、C32、C33、C36、C37、C38、C39、C40、C41、C42、C43、C44、C45、C46、C48、C49、C50、C51、C52、C53、C54、C55、C58、C59、C61、C64、C65、C66、C67、C68、C70、C72、C74、C75、C76、C77、C78、C79、C80、C81、C82、C83、C84、C85、C86、C87、C88、C90、C91、C92、C93、C94、C95、C97、C99、C100、C101、C102、C103、C104、C105、C106、C107、C109、C111、C113、C114、C115、C116、C117、C118、C119、C120、C121、C122、C123、C124、C125、C126、C127、C128、C129、C132、C133、C134、C135、C136、C137、C138、C139、C140、C141、C142、C143、C144、C145、C146、C147、C148、C149、C150、C151、C152、C153、C154、C155、C156、C157、C158、C159、C161、C162、C163、C164、C165、C166、C167、C168、C169、C170、C171、C172、C173、C174、C175、C176、C177、C178、C179、C180、C181、C182、C183、C184、C185、C187、C190、C192、C193、C195、C196、C197、C198、C200、C203、C204、C206、C208、C210、C211、C212、C213、C214、C216、C217、C218、C219、C220、C222、C223、C225、C226、C229、C230、C231、C233、C235、C236、C237、C238、C239、C240、C241、C242、C243、C245、C246、C247、C249、C250、C251、C254、C255、C256、C257、C258、C259、C260、C262、C263、C264、C265、C267、C268、C271、C272、C275、C277、C278、C279、C280、C281、C283、C287、C291、C292、C293、C295、C297、C298、C299、C300、C301、C302、C304、C305、C306、C307、C309、C310、C312、C313、C314、C315、C316、C317、C318、C319、C321、C323、C324、C325、C326、C327、C329、C330、C331、C332、C333、C334、C335、C336、C337、C338、C339、C340、C341、C342、C343、C344、C345、C346、C347、C348、C349、C350、C351、C352、C354、C355、C357、C358、C360、C361、C362、C363、C364、C366、C369、C373、C379、C380、C386、C392、C393、C396、C397、C398、C400、C401、C402、C405、C407、C409、C410、C411、C413、C414、C416、C417、C418、C420、C422、C423、

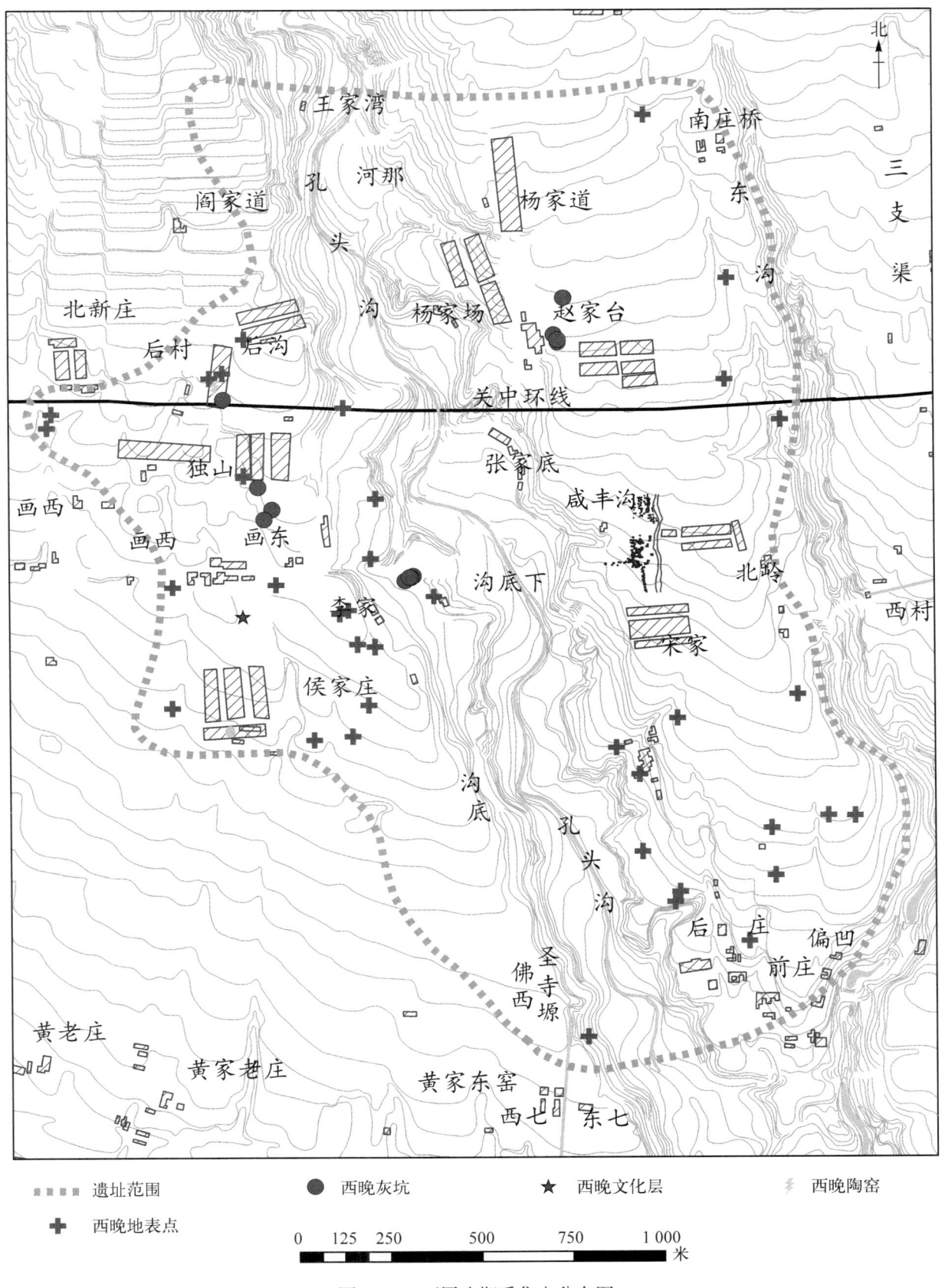

图5-32　西周晚期采集点分布图

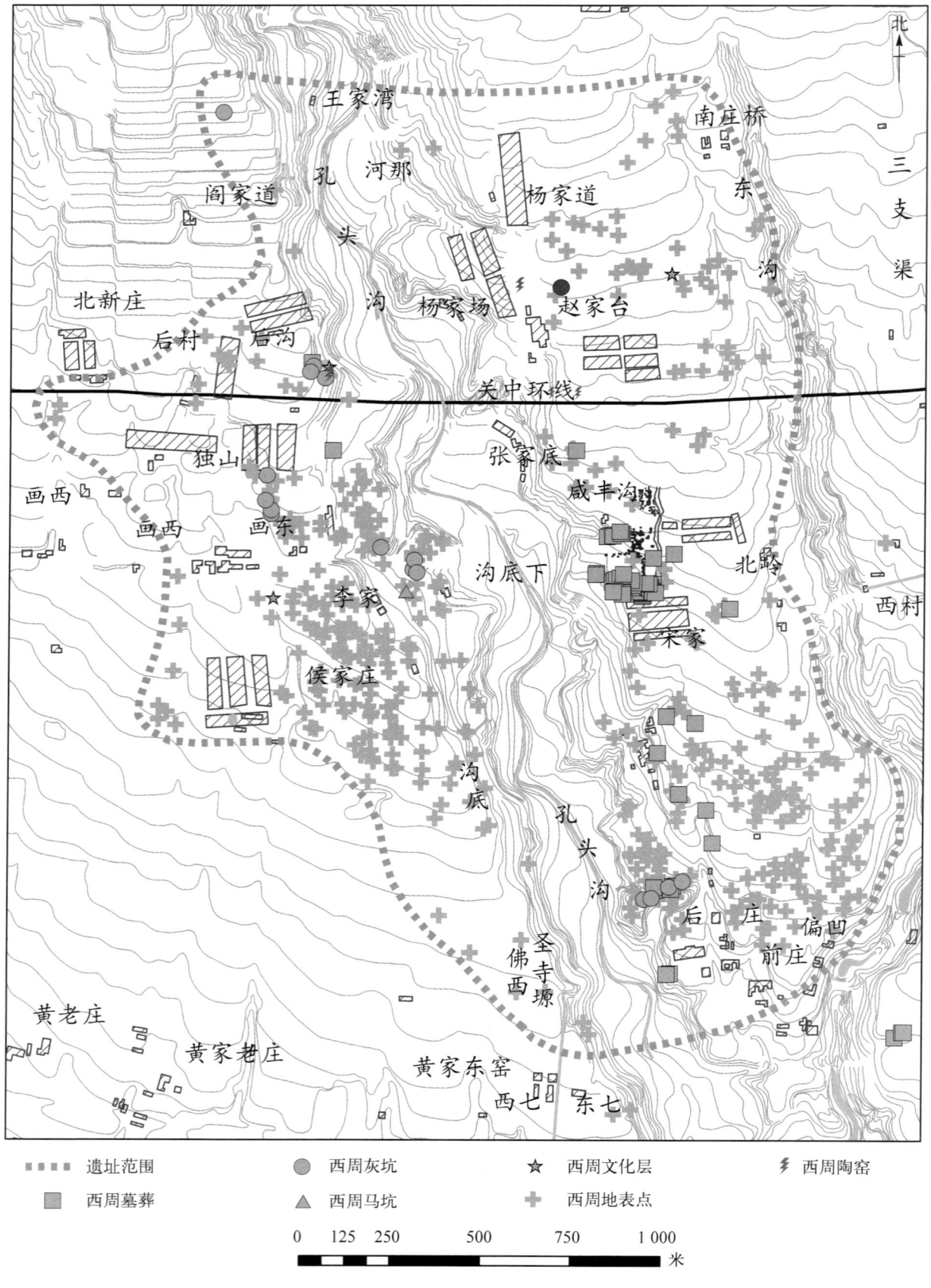

图5-33　西周时期采集点分布图

C425、C426、C427、C431、C432、C433、C434、C435、C436、C438、C439、C440、C443、C444、
C445、C447、C448、C449、C450、C451、C452、C454、C458、C459、C461、C463、C464、C465、
C468、C469、C471、C473、C475、C477、C478、C479、C480、C482、C483、C484、C485、C486、
C488、C490、C492、C493、C494、C495、C496、C497、C501、C502、C503、C505、C506、C507、
C508、C510、C511、C512、C513、C515、C517、C518、C519、C520、C522、C523、C562、C623、
C624、C625、C626、C627、C628、C629、C630、C631、C632、C633、C634、C635、C636、C637、
C638、C639、C640、C641、C642、C643、C644、C645、C646、C647、C648、C649、C651、C652、
C653、C654、C657、C660、C661、C663、C664、C665、C666、C668、C669、C670、C671、C672、
C673、C674、C675、C676、C677、C678、C679、C680、C681、C682、C683、C684、C685、C686、
C687、C688、C689、C6、C388,汉代灰坑C428有西周陶片。

文化层3处,C35、C108、C234。

灰坑16处,C8、C11、C16、C28、C34、C60、C62、C394、C408、C412、C429、C601、C603、C604、
C606、C607。

陶窑4座,C47、C595、C596、C697。

墓葬58处,C7、C525、C532、C533、C535、C536、C537、C538、C539、C541、C542、C543、
C544、C545、C546、C547、C548、C549、C550、C551、C552、C553、C554、C555、C556、C557、
C558、C559、C560、C561、C563、C564、C565、C566、C567、C568、C569、C570、C571、C572、
C573、C574、C575、C576、C577、C578、C579、C580、C581、C582、C583、C584、C585、C586、
C587、C588、C696、C698。

马坑1处,C590。

5.3.2　调查遗迹及地层

1. 文化层

C377,位于张家底村东断崖上(图5-8)。开口距地表1.5米,采集陶片20片,可辨器形有尖底瓶、高领袋足鬲、联裆甗、罐等,年代为商周之际。

C131,位于画东村南的断崖上(图5-7)。采集陶片12件,可辨器形有联裆鬲、罐及筒瓦等,年代为西周晚期。

C35,位于后沟村南、关中环线以北台地断崖上(图5-3)。采集陶片3件,年代为西周时期。
C108,位于画东村南(图5-7)。采集陶片7件,年代为西周时期。

C234,位于赵家台村东北(图5-4)。采集陶片6片,年代为西周时期。

2. 灰坑

C370,位于张家底村东,咸丰沟北(图5-8)。地表上暴露的灰坑,口长7、宽3.5米。采集陶

片15件,可辨器形有高领袋足鬲、罐、方唇瓮等。年代为先周晚期。

C404,位于宋家村南、孔头沟东壁的断崖上(图5-11)。锅底状,口距地表2.5米,口径2.5、自深1.4米。采集陶片13件,可辨器形有高领袋足鬲、高领袋足分裆甗、盆。年代为先周晚期。

C655,位于西村北、赵家台东边沟东(图5-8)。采集陶片64片,可辨器形有夹砂罐、联裆鬲、高领球腹罐、袋足分裆甗、瓮等。年代为先周晚期。

C365,位于赵家台村西北(图5-4)。锅底状,口距地表1.2米,口径2.2、自深2米。采集陶片36件,可辨器形有高领袋足鬲、联裆鬲、罐、方唇瓮、豆、空心砖等。年代为商周之际。

C376,位于赵家台村西北(图5-4)。锅底状,口距地表0.6米,口径3、自深1米。采集陶片30件,可辨器形有联裆鬲、联裆鬲足根、罐、折肩罐、空心砖、纺轮。年代为商周之际(图5-35,1)。

C110,位于李家村西,地表上暴露的灰坑(图5-7)。采集陶片99片,可辨器形有簋、盆、联裆鬲等。年代为西周早期。

C367,位于赵家台村西北(图5-4)。锅底状,口距地表1米,口径3.5、自深0.45米。采集陶片8件,可辨器形有联裆鬲、三足瓮。年代为西周早期。

C371,位于赵家台村西北(图5-4)。锅底状,口距地表0.8米,口径3、自深0.6米。采集陶片3件,可辨器形有鬲、罐。年代为西周早期(图5-34,2)。

C30,位于后沟村南(图5-3)。锅底状,口距地表1米,口径1.4、自深1.5米。采集陶片1件,可辨器形为盆。年代为西周中期。

C395,位于后庄村西北的断崖上(图5-11)。采集陶片10件,可辨器形有联裆鬲、高领袋足鬲、袋足分裆甗、瓮。年代为西周中期。

C406,位于后庄村西北的断崖上(图5-11)。口径1.2、自深0.5米。出土陶片5件,可辨器形有联裆鬲。年代为西周中期。

C608,位于侯家庄东的断崖上(图5-7)。锅底状,口距地表0.8米,口径1、自深2米。采集陶片5件,可辨器形有联裆鬲。年代为西周中期(图5-35,5)。

C9,位于后沟村西南(图5-3)。剖面近方形,平底,口距地表2米,残口径约2、自深0.85米。采集陶片3件,兽骨1块,可辨器形有联裆鬲。年代为西周晚期(图5-35,3)。

C56,位于李家村东断崖上(图5-7)。剖面近方形,平底,口距地表2米,口径2.3、自深1.6米。采集陶片10件,可辨器形有豆。年代为西周晚期(图5-35,7)。

C69,位于李家村东断崖上(图5-7)。剖面呈长方形,下部未剖到底,口距地表2.9米,口径3.1、可见深度2米。采集陶片11件,可辨器形有罐。年代为西周晚期(图5-34,7)。

C71,位于李家村东断崖上(图5-7)。锅底状,口距地表1.2米,口径0.8、自深0.6米。采集陶片5件,可辨器形有联裆鬲。年代为西周晚期(图5-34,6)。

C73,位于李家村东断崖上(图5-7)。锅底状,口距地表0.9米,口径1.2、自深0.8米。采集

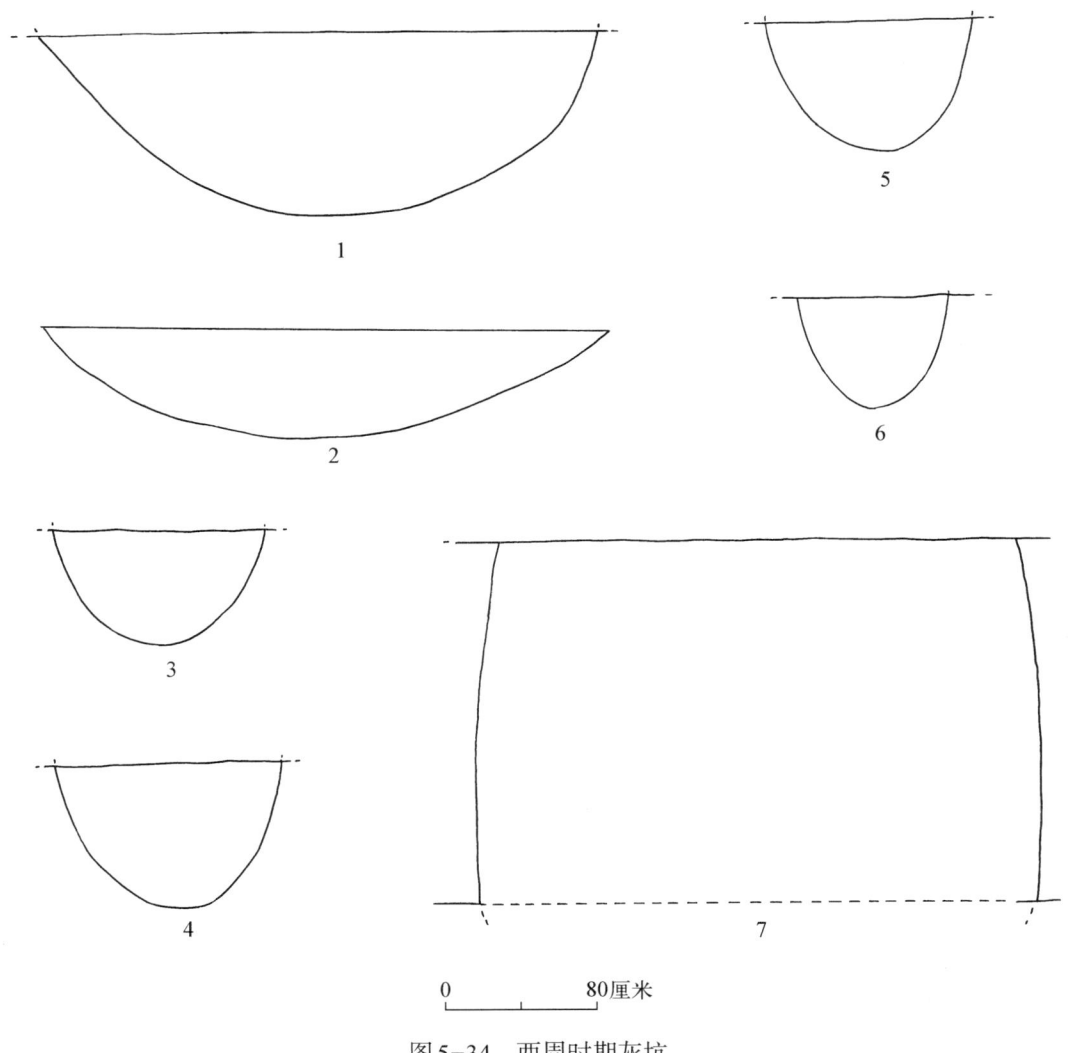

0　　　　80厘米

图5-34　西周时期灰坑

1. C374　2. C371　3. C60　4. C73　5. C62　6. C71　7. C69

陶片4件,包括盆、三足瓮。年代为西周晚期(图5-34,4)。

C368,位于赵家台村西北断崖上(图5-4)。锅底状,口距地表1.5米,口径1.5、自深0.5米。采集陶片25件,包括鬲足根、罐、瓿。年代为西周晚期。

C372,位于赵家台村西北断崖上(图5-4)。锅底状,口距地表1米,口径3.2、自深1.4米。采集陶片4件,可辨器形有高领袋足鬲。年代为西周晚期。

C374,位于赵家台村西北断崖上(图5-4)。锅底状,口距地表1.5米,口径3、自深1米。采集陶片18件,可辨器形有罐。年代为西周晚期(图5-34,1)。

C599,位于画东村北断崖上(图5-7)。断崖西段有大量晚期遗物,东段有西周遗物。口距地表0.5米,口径6.5米,下部未剖到底,可见深度1.1米。采集陶片24件,包括联裆鬲、罐、盆、瓮。年代为西周晚期(图5-35,8)。

C600,位于画东村北断崖上(图5-7)。锅底状,土色为黄褐色,夹杂有褐色斑点,含骨头,口距地表1.1米,口径1.6、自深1.2米。采集陶片18件,包括鬲、鬲足、罐、甗、豆。年代为西周晚期(图5-35,6)。

C605,位于画东村北断崖上(图5-7)。口径3米,下部未剖到底,深度不明。采集陶片8件,可辨器形有鬲足。年代为西周晚期。

C8,位于后沟村东南断崖上(图5-3)。锅底状,口径1.5、自深1.5米。采集陶片2件,年代为西周时期。

C11,位于后沟村东南断崖上(图5-3)。口距地表约3米,口径1米,下部未剖到底,可见深度0.2米。采集陶片1件,年代为西周时期。

C16,位于阎家道村北(图5-3)。锅底状,口距地表0.7米,口径1.9、自深0.8米。采集陶片3件,年代为西周时期。

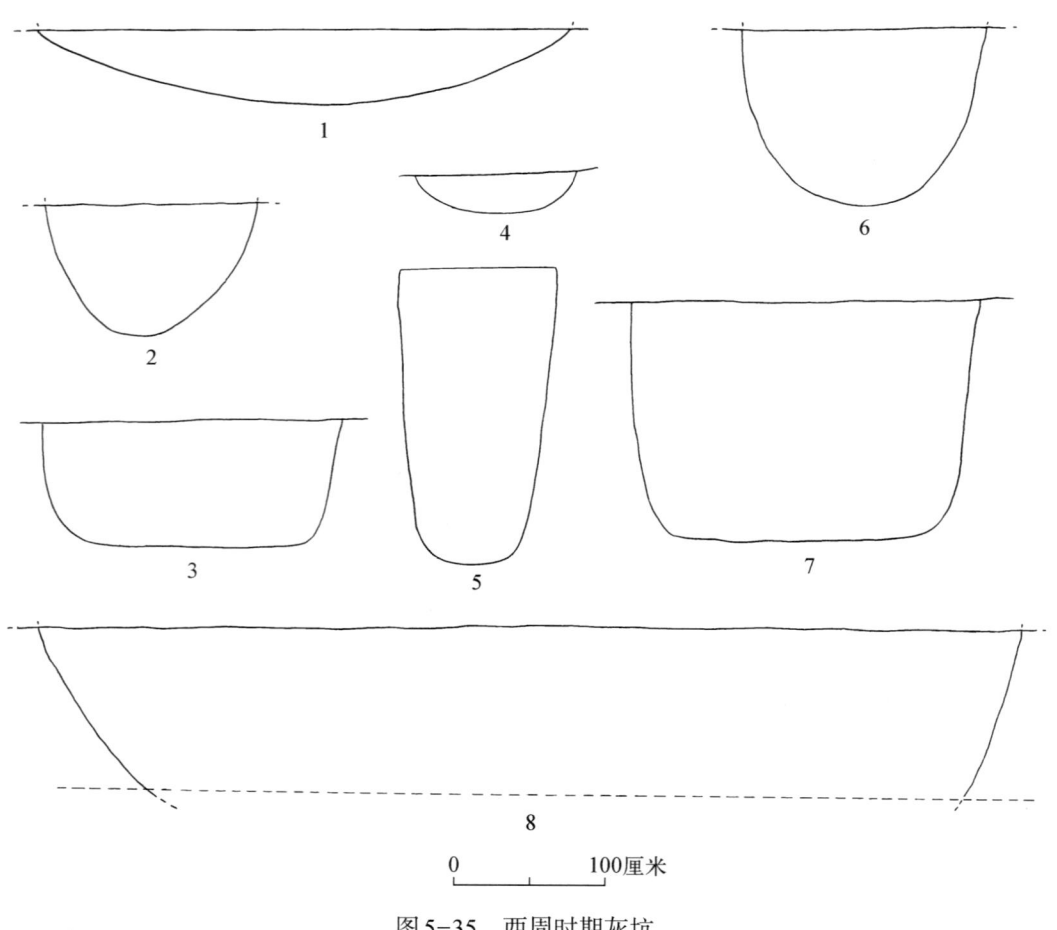

图5-35 西周时期灰坑

1. C376　2. C607　3. C9　4. 601　5. C608　6. C600　7. C56　8. C599

C28，位于画东村东断崖上（图5-7）。口距地表0.6米，口径1.3米，下部未剖到底，可见深度2米。采集陶片5件，年代为西周时期。

C34，位于后沟村东南、关中环线以北断崖上（图5-3）。锅底状，口径1.7、自深0.67米。采集陶片1件，可辨器形为鬲足。年代为西周时期。

C60，位于李家村东断崖上（图5-7）。锅底状，口距地表2.8米，口径1.1、自深0.6米。采集陶片7件，可辨器形有罐。年代为西周时期（图5-34，3）。

C62，位于李家村东台地断崖上（图5-7）。锅底状，口距地表1.7米，口径1.1、自深0.7米。采集陶片6件，年代为西周时期（图5-34，5）。

C394，位于后庄村西北断崖上（图5-11）。采集陶片2件，可辨器形有陶范（C394：277）。年代为西周时期。

C408，位于后庄村西北断崖上（图5-11）。开口距地表0.8米，口径1.5、自深1.5米。采集陶片4件，年代为西周时期。

C412，位于后庄村西北断崖上（图5-11）。采集陶片3片，年代为西周时期。

C429，位于后庄村西北断崖上（图5-11）。采集陶片15片，年代为西周时期。

C601，位于独山村南断崖上（图5-7）。锅底状，口距地表1.3米，口径1.05、自深0.5米。上层为填土层，下压有一小部分西周灰坑。采集陶片4件，年代为西周时期（图5-35，4）。

C603，位于独山村南（图5-7）。口径1.3米，下部未剖到底。采集陶片2件，可辨器形有圆陶片。年代为西周时期。

C604，位于独山村南（图5-7）。采集陶片1片，年代为西周时期。

C606，位于独山村南断崖上（图5-7）。采集陶片8片，年代为西周时期。

C607，位于李家村西断崖上（图5-7）。锅底状，口距地表3.3米，口径1.4、自深0.9米。采集陶片1件，年代为西周时期（图5-35，2）。

3. 陶窑

C1，位于后沟村西南（图5-3）。剖面呈方形，口距地表1.11米，口宽1、深1.1米。采集陶片4片，可辨器形有旋纹盆。年代为西周晚期（图5-36，1）。

C47，位于后沟村东南，关中环线以北台地断崖上（图5-3）。剖面呈锅底状，口距地表0.47米，残长0.57、自深0.39米。采集陶片2件，年代为西周时期。

C595，位于赵家台西北，岐青公路旁断崖上（图5-4）。口距地表0.6米，宽1.05、深0.7米，年代为西周时期。发现有近现代遗物，怀疑为后人所填。

C596，位于赵家台村西南断崖上，关中环线以北（图5-4）。剖面呈拱形，口距地表1.2米，长2.05、高0.6米。窑顶有2处烟道，一处位于顶部正中，口径0.1、高0.09米，一处位于窑顶右侧，口径0.07米。年代为西周时期（图5-36，2）。

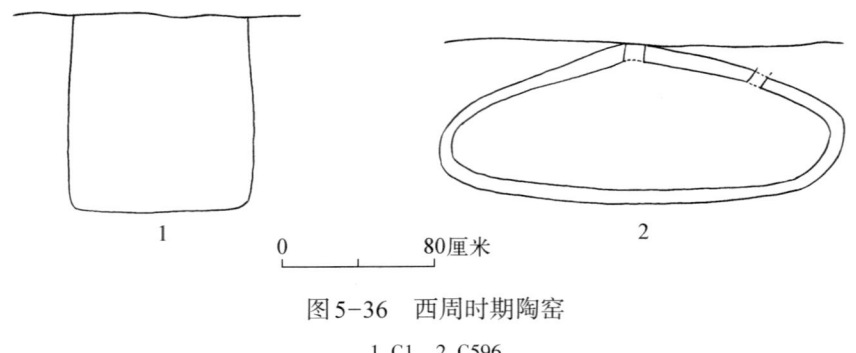

图5-36　西周时期陶窑
1. C1　2. C596

C697，位于赵家台村西南断崖上，关中环线以北（图5-4）。剖面大致呈椭圆形，长2.1、深1米。年代为西周时期。

4. 墓葬

C7，位于后沟村东南（图5-3）。墓口距地表1米，底宽1.2、深2.1米。采集陶片1件，年代为西周时期。

C525，位于独山村东断崖山上（图5-7）。剖面呈方形，墓口距地表3.2米，长6.1、深2.3米。

C532，位于咸丰沟东、北岭村西，属于宋家墓地功能区（图5-8）。剖面呈方形，墓口距地表0.7米，长1.7、深2.5米。

C533，位于张家底村东，咸丰沟北（图5-8）。剖面呈方形，墓口距地表0.5米，长1.2、深1.7米。

C535，位于后庄村西南的断崖上（图5-11）。剖面呈方形，宽1.9、可见深度4.2米。年代为西周时期（图5-37，2）。

C563，位于宋家村北，属于宋家墓地功能区（图5-9）。墓内填土为五花土，土质疏松。年代为西周时期。

C564，位于宋家村以北，属于宋家墓地功能区（图5-9）。墓葬在地表暴露，发现头骨残片。年代为西周时期。

C566，位于宋家村北，属于宋家墓地功能区（图5-9）。墓内填土为五花土，土质疏松。年代为西周时期。

C567，位于宋家村北，属于宋家墓地功能区（图5-9）。墓内填土为五花土，土质疏松。年代为西周时期。

C568，位于宋家村北，属于宋家墓地功能区（图5-9）。剖面呈方形，墓口距地表1.2米，上部被破坏，宽0.56、高0.62米。年代为西周时期（图5-37，3）。

C569，位于宋家村北，属于宋家墓地功能区（图5-9）。墓口距地表1.4米，填土为五花土，土质疏松。年代为西周时期。

C570，位于宋家村北，属于宋家墓地功能区（图5-9）。墓口距地表1.1米，填土为五花土，土质疏松。年代为西周时期。

C571，位于宋家村北，属于宋家墓地功能区（图5-9）。墓口距地表1.3米，填土为五花土，土质疏松。年代为西周时期。

C572，位于宋家村北，属于宋家墓地功能区（图5-9）。剖面呈方形，上部被破坏，墓口距地表0.78米，宽0.67、高0.56米。年代为西周时期（图5-37，6）。

C573，位于宋家村北，属于宋家墓地功能区（图5-9）。墓口距地表1.26米，填土土质坚硬致密，经过夯打。年代为西周时期。

C574，位于宋家村北，属于宋家墓地功能区（图5-9）。剖面呈方形，下部微收，未剖到底，墓口距地表0.78米，宽度0.62、可见深度0.54米，填土为五花土。年代为西周时期（图5-37，7）。

C575，位于宋家村北，属于宋家墓地功能区（图5-9）。剖面略呈方形，下部微收，未剖到

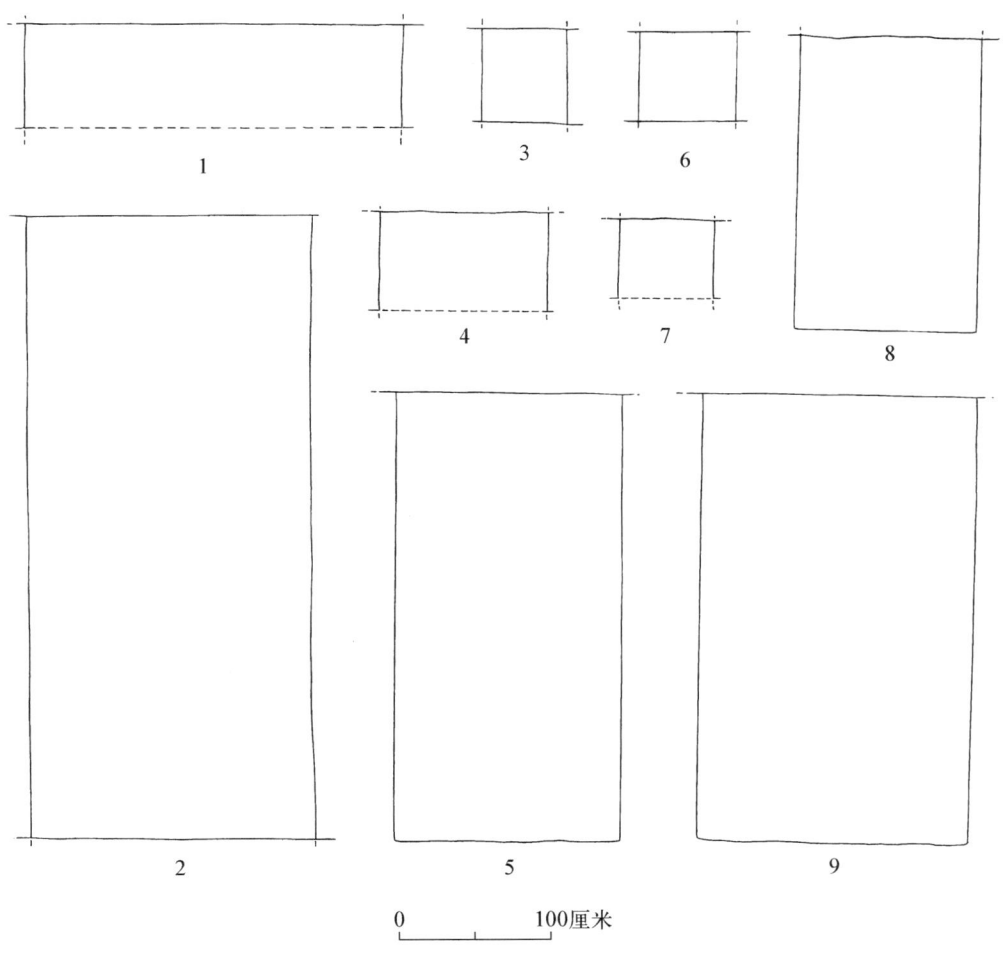

图5-37 西周时期墓葬

1. C577　2. C535　3. C568　4. C575　5. C586　6. C572　7. C574　8. C579　9. C580

底,墓口距地表0.26米,可见宽度1.1、可见深度0.66米。年代为西周时期(图5-37,4)。

C576,位于宋家村北,属于宋家墓地功能区(图5-9)。墓内填土为五花土。年代为西周时期。

C577,位于宋家村南(图5-8)。剖面呈方形,下部未剖到底,墓口距地表0.5米,宽2.5、可见深度0.7米。年代为西周时期(图5-37,1)。

C578,位于宋家村南(图5-8)。深2.5米,墓底可见到有脚肢骨。年代为西周时期。

C579,位于后庄村北(图5-11)。剖面呈方形,填土经过夯打,底部可见骨头、板灰,宽1.2、深2米。年代为西周时期(图5-37,8)。

C580,位于后庄村北(图5-11)。剖面呈方形,可见人骨,有朱砂,宽1.8、深3米。采集石圭1件,柄形器3片。年代为西周时期(图5-37,9)。

C581,位于后庄村北(图5-11)。剖面呈方形,宽1.9、深5米。墓葬西端已被破坏盗扰。年代为西周时期。

C582,位于后庄村西北断崖上(图5-11)。长6米。年代为西周时期。

C584,位于后庄村西北断崖上(图5-11)。长2.5、深7米左右。年代为西周时期。

C586,位于前庄村东南、赵家台东边沟东(图5-11)。剖面呈方形,宽1.5、深3米(图5-37,5)。

C587,位于前庄村东南、赵家台东边沟东(图5-11)。剖面呈方形,墓口距地表0.6米,长3、深3.5米。

C696,位于咸丰沟东、北岭村西,属于宋家墓地功能区(图5-8)。剖面呈方形,宽1.6、深3.2米。年代为西周时期。

其余墓葬形制和出土遗物不明,包括C536、C537、C538、C539、C541、C542、C543、C544、C545、C546、C547、C548、C549、C550、C551、C552、C553、C554、C555、C556、C557、C558、C559、C560、C561、C565、C583、C585、C588、C698。

5. 马坑

C590,位于李家村东断崖上(图5-7)。锅底状,口距地表1.3米,口径0.9、自深0.4米。年代为西周时期。

5.3.3　调查遗物

1. 先周晚期

多灰褐陶,陶色斑驳不均,绳纹印痕较浅,纹理模糊。以高领袋足鬲为主,袋足分裆甗较少,并有联裆鬲、联裆甗、小口罐、大口罐、盆、瓮等,但均较少,高领球腹罐也是本期的典型器类。高领袋足鬲只在先周晚期有,均夹砂,多灰褐陶,高领方唇,内裆隔尖锐,除唇面外,通体施绳纹,领部施斜行绳纹,绳纹粗、深,有的在领腹交界正对裆处贴附泥饼,高圆锥足根,有施直行绳纹和旋转状绳纹两种，裆底均施坑窝纹。袋足分裆甗，口沿特征近同高领袋足鬲，领部为斜行绳纹，绳纹较粗，较深，算托较宽，腰部有扭索状附加堆纹。联裆鬲，侈口方唇，唇外有附加堆纹，施散乱麦粒状绳纹。联裆甗，方唇，唇面施绳纹，体施麦粒状绳纹。小口罐，侈口，沿面窄。大口罐，侈口，短沿。高领球腹罐，夹砂，高领方唇，领部微外鼓，多敛口，领腹交界处多有一周抹痕，鼓腹，平底，有耳，通体施粗绳纹。盆，折沿方唇，唇外有的附加泥条，也有圆唇或尖圆唇，腹上部施数周旋纹，施散乱的麦粒状绳纹，也有腹上部施方格纹或方格乳钉纹。瓮，直口方唇，矮直领，小口广肩。

　　高领袋足鬲　为口沿和裆部残片，夹砂。标本 C264：97，口沿残片，褐陶，胎较薄，高领，领部先直后弧，饰直行绳纹，直弧交界处有一周抹痕，方唇。残长3.6、残高4.2厘米（图5-38，6）。标本 C265：103，口沿残片，灰陶，高领，上部饰斜行绳纹，下部饰较细直行绳纹，方唇，腹部饰直行绳纹。残长8.4、残高6厘米（图5-38，15）。标本 C265：107，口沿残片，灰陶，高领，领部整体内弧，饰斜行绳纹，方唇，唇面有凹槽。残长5.5、残高4.2厘米（图5-38，5）。标本 C265：385，口沿残片，灰陶，高领，上部饰斜行绳纹，下部饰直行绳纹，方唇，唇外有鸡冠形鋬，鋬上有绳纹，领腹交界处有一周抹痕，腹部饰直行绳纹。口径13.2、残高6.4厘米（图5-39，3）。标本 C272：120，口沿残片，灰陶，高领，领部整体内弧，上部约1/3饰斜行交错绳纹，下部饰直行绳纹，方唇。残长4.8、残高5.4厘米（图5-38，11）。标本 C273：123，口沿残片，灰陶，高领，领部整体内弧，上部饰斜行绳纹，下部饰直行绳纹，方唇。残长5.6、残高4.2厘米（图5-38，10）。标本 C377：194，裆部残片，灰陶，裆底饰坑窝纹，残长5、残高4.4厘米（图5-38，7）。标本 C395：281，裆部残片，灰陶，裆底饰坑窝纹，残长8、残高7厘米（图5-38，8）。标本 C405：305，口沿残片，灰陶，高领，领部整体内弧，中部微向外鼓，上部约2/3饰斜行绳纹，下部饰直行绳纹，方唇，腹部饰直行绳纹。残长3.4、残高5.6厘米（图5-39，6）。

　　袋足分裆甗　均为口沿残片，夹砂，高领方唇，腹部饰直行绳纹。标本 C265：387，灰陶，领部整体略内弧，饰直斜交错绳纹，唇面绳纹被抹。残长3.8、残高4.4厘米（图5-38，16）。标本 C269：114，灰陶，领部整体内弧，饰直斜交错绳纹。残长5.2、残高3.2厘米（图5-38，4）。标本 C269：382，灰陶，陶色斑驳，领部整体略内弧，饰直斜交错绳纹，较细，领腹交界处有抹痕，鼓腹。口径28.6、残高11.2厘米（图5-39，16）。标本 C276：126，灰陶，领部饰直行绳纹，上方近唇部绳纹被抹，最下方绳纹被抹。残长4.2、残高2.6厘米（图5-38，12）。标本 C278：132，褐陶，领部整体内弧，饰直斜交错绳纹，唇面有凹槽。残长8、残高4.4厘米（图5-38，1）。标本 C279：135，灰陶，领部近直，饰斜行绳纹，下部约1/3处饰直行绳纹，唇面绳纹被抹。残长6.4、残高5.6厘米（图5-39，13）。标本 C377：197，褐陶，领部饰右斜行绳纹，似被抹，唇面有凹槽。残长5.2、残高3.4厘米（图5-38，2）。标本 C395：280，灰陶，领部整体略内弧，饰较细斜行绳纹。残长6.6、残高3.4厘米（图5-38，17）。标本 C404：303，褐陶，领部整体内弧，饰斜行绳纹。

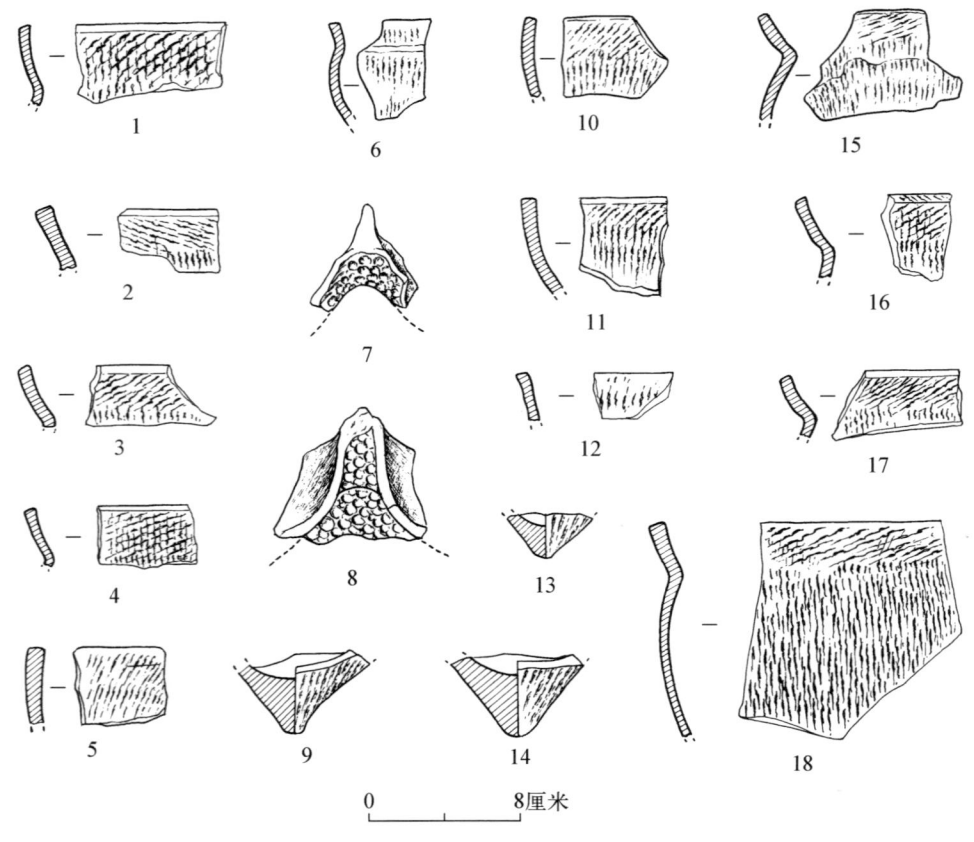

图5-38　先周晚期采集陶器

1、2、3、4、12、16、17、18. 袋足分裆鬲（C278：132、C377：197、C404：303、C269：114、C276：126、C265：387、C395：280、
C657：417）　5、6、7、8、9、10、11、13、14、15. 高领袋足鬲（C265：107、C264：97、C377：194、C395：281、C403：299、
C273：123、C272：120、C368：168、C372：180、C265：103）

残长7、残高3.4厘米（图5-38，3）。标本C657：417，灰陶，陶色斑驳，领部饰斜行绳纹，腹稍鼓，绳纹印痕较深。残长11、残高11.8厘米（图5-38，18）。

联裆鬲　均为口沿残片，夹砂。标本C269：113，侈口，方唇，唇面饰绳纹，唇外侧加厚，束颈，颈部饰绳纹。口径17.6、残高8厘米（图5-39，2）。标本C655：413，褐陶，高领，领部饰直行绳纹，被抹，微敞口，方唇，唇面绳纹被抹。残长9.4、残高6.8厘米（图5-39，15）。

足根　均为残片，夹砂。标本C368：168，灰陶，圆锥状，饰绳纹。残高2.3厘米（图5-38，13）。标本C372：180，褐陶，扁锥状，饰绳纹。残高4.2厘米（图5-38，14）。标本C403：299，褐陶，圆锥状，饰绳纹。残高3.6厘米（图5-38，9）。

联裆甗　标本C269：383，口沿残片，夹砂灰陶，折沿，沿下绳纹被抹，方唇，唇面饰绳纹，直腹微鼓，腹部饰直行绳纹。残长6.2、残高4厘米（图5-39，14）。

罐　均为口沿残片，泥质灰陶，素面。标本C273：124，侈口，圆唇，圆肩，素面。口径12.2、残高7厘米（图5-39，9）。标本C370：177，卷沿，圆唇，唇下有小凸棱。残长7、残高2.8厘米

（图5-39，10）。

　　高领球腹罐　标本C655：415，口沿残片，夹砂灰陶，领部整体内弧，领外绳纹被抹，方唇。残长4.4、残高3.8厘米（图5-39，5）。

　　盆　为口沿和腹部残片，泥质灰陶。标本C63：21，腹部残片，方形网格纹，印痕较浅，中部似被抹。残长7、残高4.2厘米（图5-39，8）。标本C83：29，腹部残片，饰菱形网格纹，印痕较深。残长4.4、残高3.8厘米（图5-39，7）。标本C404：304，腹部残片，上半部素面，下半部饰菱形网格纹，印痕较浅，网格纹上有一道旋纹。残长5.6、残高7厘米（图5-39，4）。标本

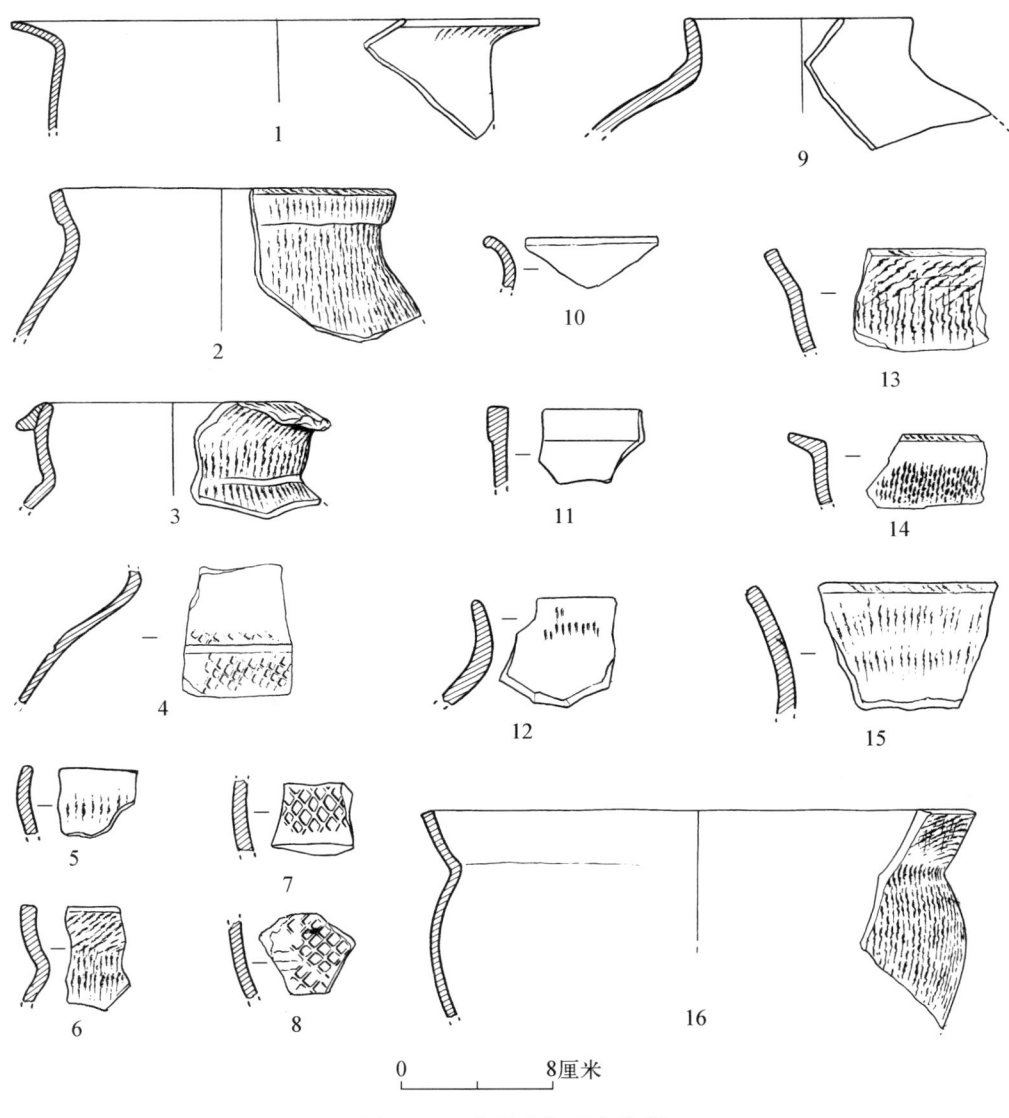

图5-39　先周晚期采集陶器

1、4、7、8.盆（C657：418、C404：304、C83：29、C63：21）　2、15.联裆鬲（C269：113、C655：413）　3、6.高领袋足鬲（C265：385、C405：305）　5.高领球腹罐（C655：415）　9、10.罐（C273：124、C370：177）　11、12.瓮（C370：176、C265：386）　13.袋足分裆甗（C279：135）　14.联裆甗（C269：383）　16.袋足分裆甗（C269：382）

C657：418，口沿残片，侈口，方唇，沿下角较小，沿下绳纹被抹，直腹微鼓，腹部素面。口径28、残高6.6厘米（图5-39，1）。

瓮 均为口沿残片。标本C265：386，泥质褐陶，侈口圆唇，沿面微卷，领部绳纹被抹。残长6、残高5.8厘米（图5-39，12）。标本C370：176，夹砂褐陶，直口方唇，唇部加厚，绳纹被抹。残长5、残高4.4厘米（图5-39，11）。

2. 商周之际

灰陶多于褐陶，泥质陶稍多于夹砂陶，绳纹印痕稍深，略具条理，方格纹或方格乳钉纹不见或少见。以联裆鬲、联裆甗为主，罐次之，袋足分裆甗数量也较多，并有豆、盆、瓮等，也有空心砖。联裆鬲，侈口，口沿微卷，沿下角大，多为圆唇，少数方唇，高锥状足根，内侧不起脊，沿外绳纹被抹，器身所施绳纹印痕稍深，略具条理。联裆甗，侈口，沿下角很大，绳纹印痕稍模糊。罐，陶色斑驳不均，口沿外卷，沿面较宽，多为圆唇，肩部不见旋纹，有窄肩和广肩两种。袋足分裆甗，领部全为斜行绳纹，器身施印痕较深的粗绳纹。盆，折沿近平，圆唇，沿面宽，盆腹上部素面。瓮，多方唇，矮直领。空心砖多施麦粒状绳纹。

联裆鬲 均为口沿残片，夹砂灰陶。标本C6：9，侈口，方唇，沿面内缘有一道凸棱，沿外绳纹被抹。残长4.6、残高2.6厘米（图5-40，11）。标本C278：129，侈口，圆唇，沿外素面。残长4.6、残高2.2厘米（图5-40，12）。标本C365：156，侈口，尖圆唇，沿外及肩部饰竖行绳纹。口径16、残高4.4厘米（图5-40，14）。标本C375：186，侈口，方唇，唇面饰绳纹，沿外及肩部饰直行绳纹，印痕较浅。口径21.4、残高5厘米（图5-40，1）。标本C376：188，侈口，方唇，沿下角较大。残长7.2、残高4.8厘米（图5-40，2）。标本C395：278，卷沿，方唇，唇面饰绳纹，鼓腹，沿下及腹部饰直行绳纹，纹理清楚，裆部饰交错绳纹。口径17.4、残高13.2厘米（图5-40，17）。标本C457：335，高领，领部整体内弧，饰直行绳纹，方圆唇，领腹交界处绳纹被抹。残长4.8、残高8厘米（图5-40，13）。

足根 均为残片，夹砂。标本C265：110，褐陶，圆锥状，饰直行绳纹，印痕较浅。残高8.4厘米（图5-40，10）。标本C376：190，灰陶，圆锥状，饰绳纹，纹理模糊。残高5.8厘米（图5-40，9）。标本C377：198，褐陶，扁锥状，足根内侧微微起脊，饰直行绳纹和横行绳纹。高4.8厘米（图5-40，8）。

联裆甗 为口沿和腰部残片，夹砂。标本C272：121，口沿残片，灰陶，侈口，方唇，沿面微凹，内缘有一道凸棱，唇面及沿外饰直行绳纹，印痕较浅。残长5.4、残高3厘米（图5-40，4）。标本C276：125，口沿残片，褐陶，侈口，方唇，沿下绳纹被抹。残长8.8、残高2.8厘米（图5-40，5）。标本C278：133，口沿残片，灰陶，折沿近平，方唇，唇面及沿外饰直行绳纹。残长6.4、残高3.4厘米（图5-40，3）。标本C279：137，口沿残片，褐陶，侈口，卷沿，方唇，唇面及沿外饰绳纹，纹理模糊。残长7.4、残高5厘米（图5-40，15）。标本C292：144，口沿残片，褐陶，侈口，方

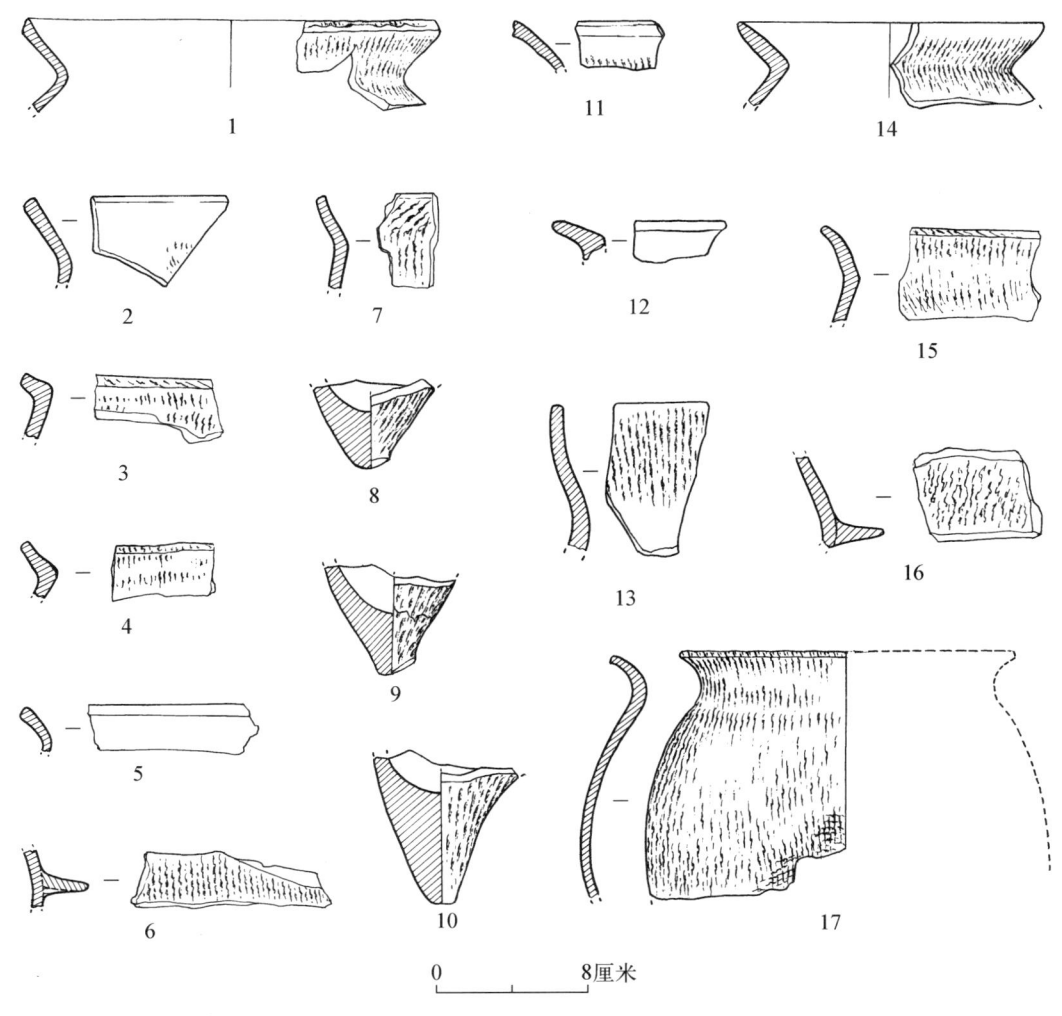

图 5-40　商周之际采集陶器

1、2、8、9、10、11、12、13、14、17. 联裆鬲（C375：186、C376：188、C377：198、C376：190、C265：110、C6：9、C278：129、
C457：335、C365：156、C395：278）　　3、4、5、6、7、15、16. 联裆甗（C278：133、C272：121、C276：125、C377：193、
C292：144、C279：137、C649：378）

唇，沿外饰斜行绳纹，肩部饰直行绳纹。残长 3.2、残高 5 厘米（图 5-40，7）。标本 C377：193，
腰部残片，褐陶，箅托较窄，饰直行绳纹，纹理清楚。残长 10.6、残高 3 厘米（图 5-40，6）。标
本 C649：378，腰部残片，灰陶，箅托较窄，饰斜行绳纹，印痕较浅。残长 6、残高 5 厘米（图 5-
40，16）。

　　罐　为口沿、肩部和器底残片，泥质。标本 C37：13，口沿残片，褐陶，卷沿，圆唇，素面。残
长 4、残高 2.2 厘米（图 5-42，8）。标本 C60：20，肩部残片，灰陶，折肩，饰绳纹，印痕较浅。残
长 13.6、残高 8.4 厘米（图 5-41，7）。标本 C278：263，口沿残片，灰陶，卷沿，圆唇，沿外有指窝
纹。口径 16、残高 3.8 厘米（图 5-41，2）。标本 C365：157，器底残片，灰陶，平底略内凹，饰绳
纹，印痕较浅。底径 12.4、残高 3 厘米（图 5-41，4）。标本 C365：161，口沿残片，灰陶，折沿，尖

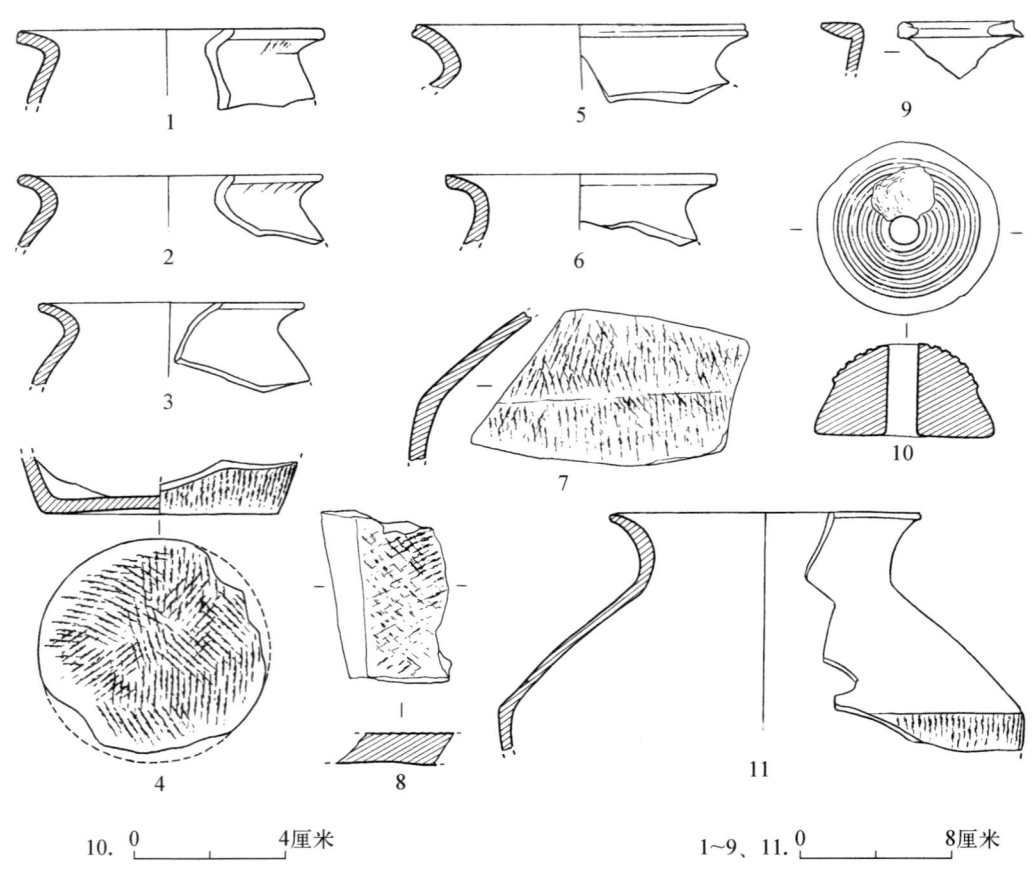

图 5-41　商周之际采集陶器

1、2、3、4、5、6、7、11. 罐（C377：195、C278：263、C365：161、C365：157、C377：196、C376：189、C60：20、C376：187）

8. 空心砖（C376：192）　　9. 盆（C265：109）　　10. 纺轮（C376：191）

圆唇，素面。口径 14、残高 4.8 厘米（图 5-41，3）。标本 C365：374，口沿残片，褐陶，折沿近平，尖圆唇，腹部微鼓，素面。口径 22、残高 5.8 厘米（图 5-42，9）。标本 C375：185，口沿残片，灰陶，宽卷沿，方圆唇，沿外绳纹被抹，颈部饰绳纹。口径 20、残高 6.2 厘米（图 5-42，10）。标本 C376：187，口沿残片，褐陶，卷沿，尖圆唇，宽折肩，肩部素面，腹部饰直行绳纹。口径 16.2、残高 13 厘米（图 5-41，11）。标本 C376：189，口沿残片，灰陶，卷沿，方唇，肩部饰斜行绳纹。口径 14.4、残高 4 厘米（图 5-41，6）。标本 C377：195，口沿残片，灰陶，折沿近平，方唇，素面。口径 16、残高 4.2 厘米（图 5-41，1）。标本 C377：196，口沿残片，褐陶，卷沿，方圆唇，唇面饰旋纹，沿下素面。口径 17.4、残高 4.2 厘米（图 5-41，5）。

豆　标本 C365：158，口沿残片，泥质灰陶，平沿，圆唇，浅盘，素面。口径 24.2、残高 4.2 厘米（图 5-42，4）。

盆　均为口沿残片，泥质。标本 C265：109，灰陶，平折沿，尖圆唇，素面。残长 6.6、残高 3 厘米（图 5-41，9）。标本 C272：118，褐陶，侈口，折沿，方圆唇，微鼓腹，素面。口径 24.6、残高

9.6厘米（图5-42,12）。标本C278∶130,灰陶,陶色斑驳,卷沿,尖圆唇,腹部微鼓,素面。残长11、残高8厘米（图5-42,1）。标本C599∶368,灰陶,卷沿,方唇,微束颈,鼓腹,肩部素面,腹部一道旋纹下饰直行绳纹。口径20.2、残高6.4厘米（图5-42,11）。

瓮　标本C265∶105,口沿残片,泥质灰陶,卷沿,尖圆唇,素面。残长4.6、残高4.6厘米（图5-42,7）。

方唇瓮　均为口沿残片,泥质褐陶。标本C278∶131,直口,唇部加厚,素面。残长6.4、残高6.2厘米（图5-42,5）。标本C365∶159,领部较直,外饰绳纹,印痕极浅。残长6.6、残高8.8（图5-42,6）。

陶纺轮　标本C376∶191,泥质褐陶,纵截面近半圆形,中有一圆孔,上半部围绕圆孔饰五周旋纹。直径4.8、孔径0.8、高2.5厘米（图5-41,10）。

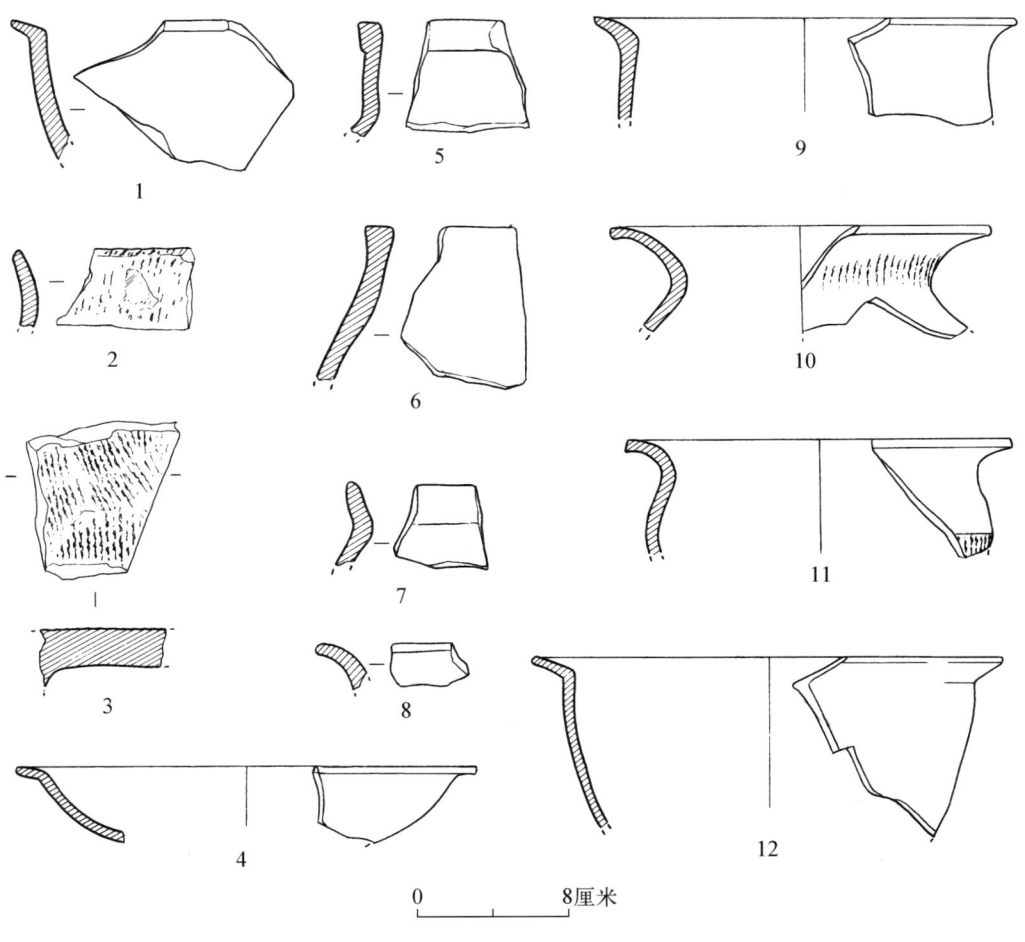

图5-42　商周之际采集陶器

1、11、12. 盆（C278∶130、C599∶368、C272∶118）　2. 不知名器（C57∶17）　3. 空心砖（C365∶160）　4. 豆（C365∶158）
5、6. 方唇瓮（C278∶131、C365∶159）　7. 瓮（C265∶105）　8、9、10. 罐（C37∶13、C365∶374、C375∶185）

空心砖　均为残片，泥质褐陶，陶色斑驳。标本C365：160，上部饰斜行绳纹，下部饰直行绳纹，印痕较浅。残长8.2、残宽7.8、厚2厘米（图5-42，3）。标本C376：192，饰印痕较浅的交错绳纹。残长9、残宽6、厚1.6厘米（图5-41，8）。

不知名器　标本C57：17，口沿残片，夹砂红陶，高领，方唇，唇面及领部饰印痕较浅的绳纹。残长7、残高4.4厘米（图5-42，2）。

3. 西周早期

夹砂灰陶较多，以绳纹为主，素面陶和旋纹次之，有一定数量的附加堆纹、方格纹、乳钉纹等。以联裆鬲为主，联裆甗、罐次之，并有少量的簋、盆、瓮、三足瓮、钵、豆。联裆鬲，宽卷沿较多，沿下角较大，瘦高体，沿外绳纹被抹，但残痕依稀可见，足根内侧起脊。联裆甗，口沿特征近同联裆鬲，方唇，卷沿，鼓腹，并有宽折沿、沿面内凹者。罐，卷沿，沿面较宽，多圆肩，肩部施两周旋纹。盆，卷沿或微折，多深腹，腹部施绳纹，有的在肩部施旋纹。三足瓮，三角厚方唇，敛口。钵，敛口。豆，方唇，浅弧盘，高粗柄，素面。

联裆鬲　均为口沿残片。标本C57：18，夹砂灰陶，侈口，方唇，唇面内凹，外缘有一道凸棱，素面，或可能为大袋足无实足根鬲。残长6.2、残高2厘米（图5-43，7）。标本C98：36，夹砂灰陶，侈口，尖圆唇，沿外绳纹被抹。残长3.4、残高2厘米（图5-44，8）。标本C104：43，夹砂灰陶，卷沿，方唇，沿外绳纹被抹。残长5.8、残高4厘米（图5-43，1）。标本C110：47，夹砂灰陶，侈口，尖圆唇，沿外绳纹被抹。残长5、残高3.2厘米（图5-43，2）。标本C110：48，夹砂

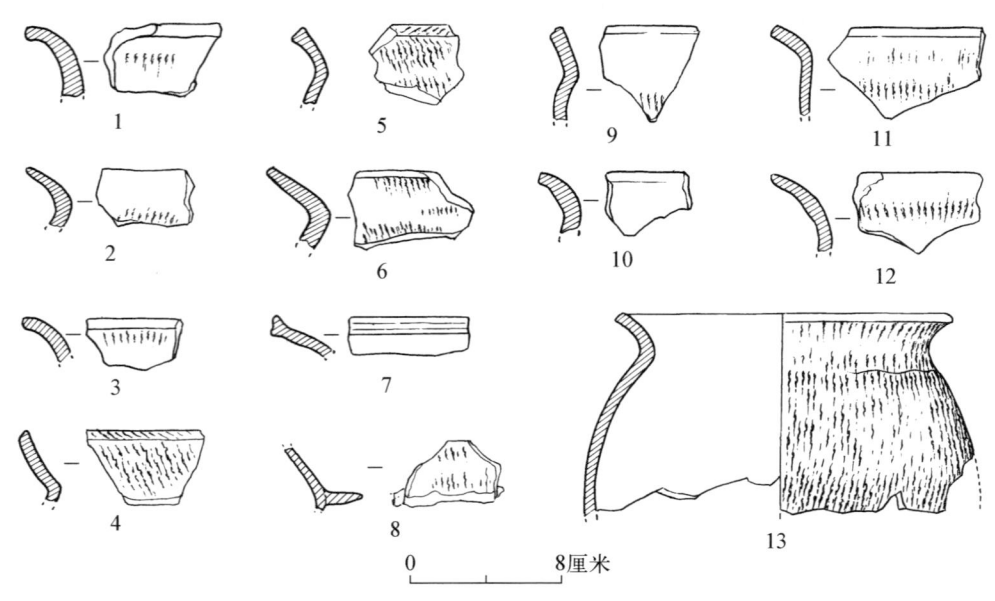

图5-43　西周早期采集陶器

1、2、3、6、7、9、10、11、12、13. 联裆鬲（C104：43、C110：47、C133：67、C110：49、C57：18、C672：432、C110：48、C600：366、C686：435、C599：367）　4、5、8. 联裆甗（C118：56、C683：434、C632：361）

灰陶,卷沿,方唇,素面,残长4.4、残高3.4厘米(图5-43,10)。标本C110:49,夹砂灰陶,侈口,方唇,沿外及腹部饰斜行绳纹,领腹交界处绳纹被抹。残长6.4、残高4.2厘米(图5-43,6)。标本C133:67,夹砂灰陶,侈口,圆唇,沿外绳纹被抹。残长5、残高2.8厘米(图5-43,3)。标本C367:163,夹砂褐陶,卷沿,沿下角较大,方唇,唇面及沿外饰直行绳纹,其下素面。残长14.4、残高4厘米(图5-44,2)。标本C371:178,夹砂灰陶,侈口,方唇,沿外绳纹被抹,腹部饰直行绳纹,印痕较深。口径14.2、残高5厘米(图5-44,1)。标本C509:356,泥质灰陶,侈口,圆唇,腹部饰斜行绳纹。残长4、残高3厘米(图5-44,9)。标本C599:367,夹砂褐陶,侈口,方唇,沿外绳纹被抹,腹部饰直行绳纹。口径17、残高10.8厘米(图5-43,13)。标本C600:366,夹砂灰陶,侈口,方唇,直腹,绳纹被抹。残长8、残高5厘米(图5-43,11)。标本C672:432,夹砂红陶,侈口,方唇,唇面外缘有一道凹槽,沿外绳纹被抹,腹部饰直行绳纹。残长5、残高5.2厘米(图5-43,9)。标本C686:435,夹砂灰陶,卷沿,尖圆唇,沿外绳纹被抹。残长6.6、残高4.4厘米(图5-43,12)。

　　足根　均为残片,夹砂。标本C70:24,灰陶,圆锥状,内侧起脊,饰直行绳纹。残高4.6厘米(图5-44,4)。标本C110:50,褐陶,柱状,饰直行绳纹,内侧绳纹被抹。残高6.4厘米(图5-44,5)。

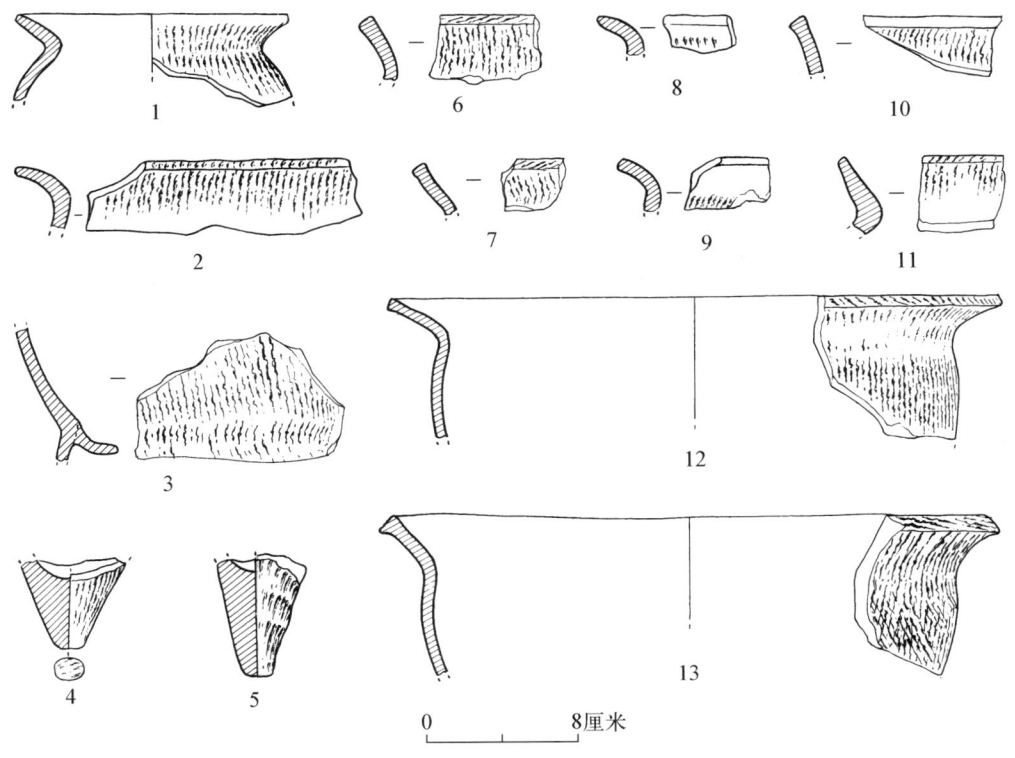

图5-44　西周早期采集陶器

1、2、4、5、8、9.联裆鬲(C371:178、C367:163、C70:24、C110:50、C98:36、C509:356)
3、6、7、10、11、12、13.联裆甗(C669:429、C631:360、C174:74、C660:423、C101:38、C98:37、C600:364)

联裆鬲　为口沿和腰部残片。标本C98：37，口沿残片，夹砂褐陶，卷沿，沿下角较大，沿外直行绳纹被抹，方唇，唇面饰斜行绳纹，腹部饰直行绳纹。口径32、残高7.8厘米（图5-44，12）。标本C101：38，口沿残片，泥质灰陶，侈口，方唇，唇面饰斜行绳纹，沿外饰直行绳纹，领腹交界处有一周抹痕。残长4.4、残高4.2厘米（图5-44，11）。标本C118：56，口沿残片，夹砂灰陶，侈口，方唇，唇面及沿外饰斜行绳纹。残长6.2、残高4厘米（图5-43，4）。标本C174：74，口沿残片，泥质褐陶，侈口，方唇，唇面饰横行绳纹，沿外饰斜行绳纹。残长3.2、残高2.8厘米（图5-44，7）。标本C600：364，口沿残片，夹砂褐陶，侈口，方唇，唇面饰斜行绳纹，沿外饰直行绳纹，腹部饰交错绳纹。口径31.2、残高8.6厘米（图5-44，13）。标本C631：360，口沿残片，夹砂褐陶，侈口，方唇，唇面饰斜行绳纹，沿外饰直行绳纹。残长5.6、残高3.8厘米（图5-44，6）。标本C632：361，腰部残片，夹砂灰陶，算托稍宽，饰绳纹，印痕极浅，纹理模糊。残长5.8、残高3.2厘米（图5-43，8）。标本C660：423，口沿残片，夹砂灰陶，侈口，方唇，沿外饰斜行绳纹。残长7.2、残高3.2厘米（图5-44，10）。标本C669：429，腰部残片，夹砂褐陶，算托较窄，饰斜行绳纹。残长11、残高7厘米（图5-44，3）。标本C683：434，口沿残片，夹砂褐陶，侈口，方唇，唇外有一圈凸棱，唇面及器表饰斜行绳纹。残长4.6、残高4.4厘米（图5-43，5）。

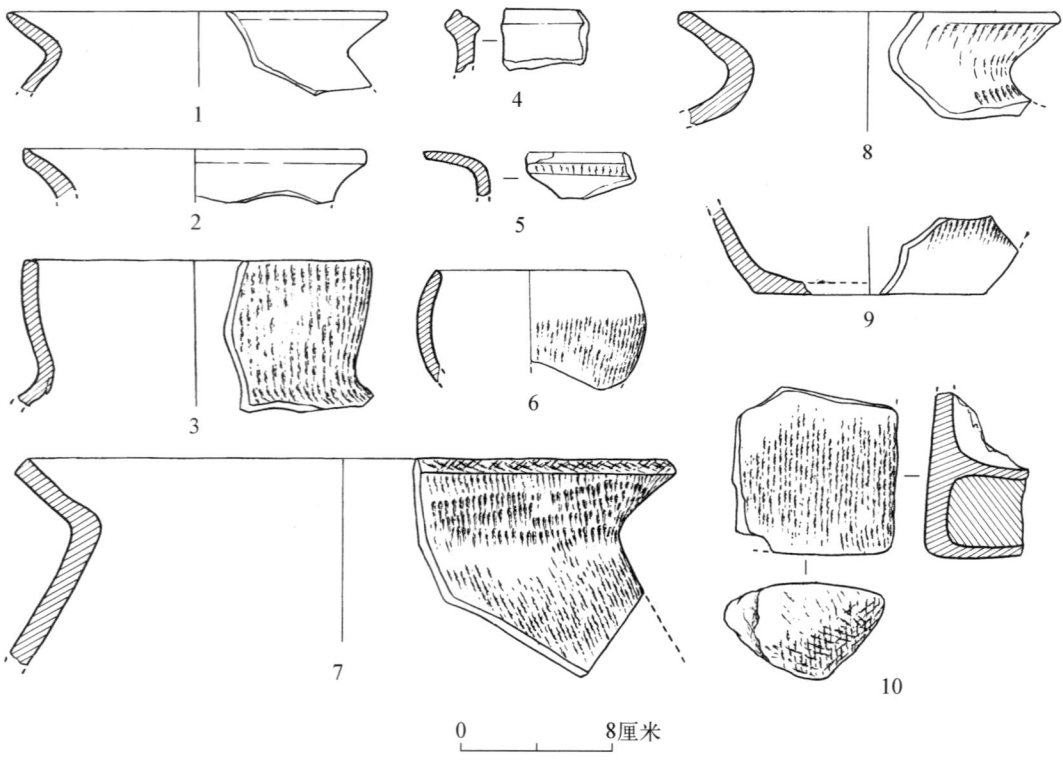

0　　　　　　　8厘米

图5-45　西周早期采集陶器

1、2、3、8、9.罐（C371：179、C118：55、C369：175、C599：362、C118：54）　4.簋（C110：46）　5.盆（C110：51）
6.钵（C102：40）　7.瓮（C599：363）　10.三足瓮（C367：164）

罐　均为口沿和器底残片。标本C118：54，器底残片，泥质灰陶，腹部饰直行绳纹，近底部素面，平底，底部饰绳纹。底径12、残高4.2厘米（图5-45，9）。标本C118：55，口沿残片，泥质灰陶，侈口，尖圆唇，素面。口径17.8、残高3厘米（图5-45，2）。标本C369：175，口沿残片，夹砂灰陶，高领，领部整体内弧，饰直行绳纹，方唇。口径18、残高8.2厘米（图5-45，3）。标本C371：179，口沿残片，泥质褐陶，直口，折沿，尖圆唇，素面。口径20、残高4.6厘米（图5-45，1）。标本C599：362，口沿残片，夹砂灰陶，宽卷沿，沿外直行绳纹被抹，圆唇，束颈。口径19.4、残高5.8厘米（图5-45，8）。

簋　标本C110：46，口沿残片，夹砂灰陶，平折沿，沿面外缘有一道深凹槽，方唇，唇面有凹槽，素面。残长4.4、残高3.4厘米（图5-45，4）。

盆　标本C110：51，口沿残片，泥质灰陶，卷沿近平，沿外绳纹被抹，尖圆唇。残长5.6、残高2.6厘米（图5-45，5）。

瓮　标本C599：363，口沿残片，泥质褐陶，侈口，折沿，方唇，唇面饰交错绳纹，器表饰斜行绳纹。口径33.6、残高11.6厘米（图5-45，7）。

三足瓮　标本C367：164，足根残片，夹砂褐陶，横截面呈三角形，器表饰直行绳纹，底饰交错绳纹，纹理模糊。残高8.8厘米（图5-45，10）。

钵　标本C102：40，口沿残片，泥质灰陶，敛口，尖圆唇，唇外素面，腹部饰直行绳纹，印痕较浅。口径10、残高6.4厘米（图5-45，6）。

4. 西周中期

灰陶为主，夹砂灰陶减少，泥质灰陶增多。纹饰仍以绳纹为主，素面陶次之，旋纹有少量增加，附加堆纹、乳钉纹等仍旧存在，偏晚阶段出现暗纹。以联裆鬲为主，联裆甗、罐、盆次之，并有少量的豆、簋、三足瓮、尊。联裆鬲，沿下角仍较大，沿外绳纹被抹，沿面未出现沟槽，绳纹印痕清楚。仿铜鬲开始出现，卷沿或折沿，沿外缘有凹槽或起棱。联裆甗，宽折沿的减少，多为卷沿，方唇，出现了平折沿的盆形甗。罐，侈口，口沿外撇较甚，器形变扁宽，肩部旋纹增多，杯形口罐开始出现。盆，平折沿，沿内缘出现一道沟槽。豆，圆唇，折壁，柄出现凸棱。簋，多为商式簋，三角方唇，斜腹微鼓，出现斜直腹，施旋纹和乳钉纹的周式簋。

联裆鬲　均为口沿残片，夹砂。标本C6：3，灰陶，折沿，沿面起棱，尖圆唇，鼓腹，腹部饰直行绳纹，纹理模糊。口径20、残高6.2厘米（图5-46，1）。标本C6：5，灰陶，侈口，圆唇，唇下有一道浅凹槽，腹部饰绳纹。残长4.2、残高4厘米（图5-46，6）。标本C131：65，灰陶，卷沿近平，沿面较宽，方唇，唇面有一道凹槽，沿外绳纹被抹，腹部饰直行粗绳纹。口径20.6、残高7.6厘米（图5-46，9）。标本C208：87，褐陶，侈口，方唇，唇面有一道凹槽，唇下有一道凸棱，沿外绳纹被抹。残长5.2、残高2厘米（图5-46，5）。标本C369：173，灰陶，卷沿，沿下角较小，方唇，鼓腹，腹部饰直行绳纹，印痕较深。口径16.6、残高8.6厘米（图5-46，10）。标本C608：430，褐陶，

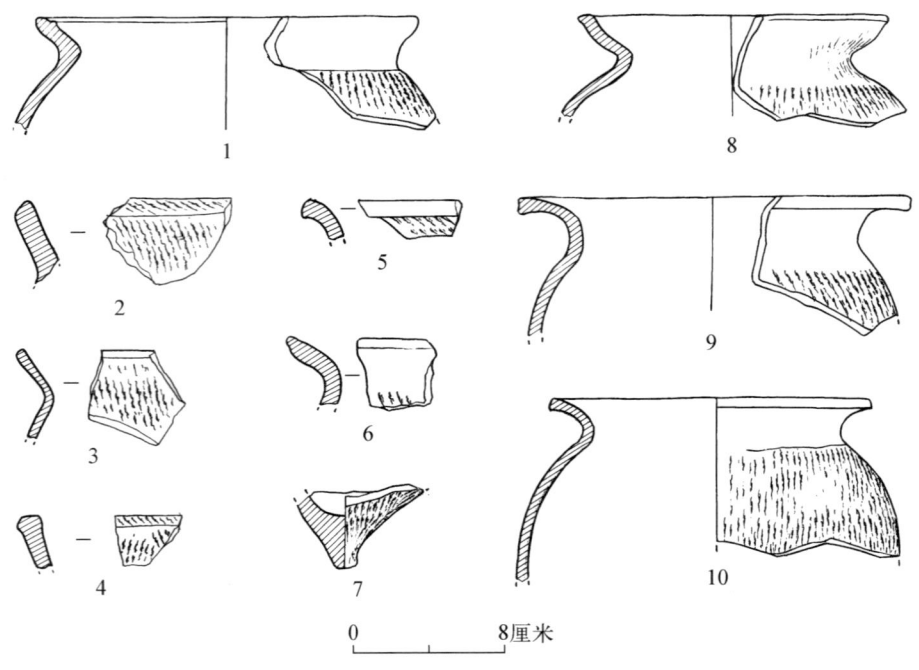

图5-46 西周中期采集陶器

1、5、6、7、8、9、10. 联裆鬲（C6：3、C208：87、C6：5、C197：83、C608：430、C131：65、C369：173）
2、3、4. 联裆甗（C130：61、C57：19、C6：4）

陶色斑驳，侈口，折沿，沿面内弧，沿外及腹上部绳纹被抹，方唇，鼓腹，腹部饰直行绳纹。口径15.4、残高6厘米（图5-46，8）。

足根 标本C197：83，夹砂灰陶，圆锥状，饰直行绳纹，印痕较浅。残高4.4厘米（图5-46，7）。

联裆甗 均为口沿残片，夹砂灰陶，侈口，方唇。标本C6：4，唇外侧有一道凸棱，唇面及沿外饰斜行绳纹。残长3.6、残高2.8厘米（图5-46，4）。标本C57：19，唇面及沿外绳纹被抹，腹部饰斜行绳纹，印痕较浅。残长5、残高5.2厘米（图5-46，3）。标本C130：61，厚胎，唇面及沿外饰斜行绳纹，印痕较浅。残长6.6、残高4.6厘米（图5-46，2）。

罐 均为口沿和器底残片，泥质灰陶。标本C131：66，器底残片，平底，素面。底径6、残高4.8厘米（图5-47，11）。标本C675：433，口沿残片，卷沿，沿面较宽，圆唇，素面。口径16.2、残高3.4厘米（图5-47，4）。

杯形口罐 标本C369：174，口沿残片，口部外侈呈杯形，方唇，高领，领部饰四道凹旋纹，其下素面。口径14、残高7.4厘米（图5-47，8）。

盆 均为口沿残片，泥质灰陶。标本C30：11，折沿近平，沿面外弧，沿外及腹部绳纹被抹，斜方唇。口径30、残高6.2厘米（图5-47，2）。标本C73：26，卷沿，尖圆唇，鼓腹，下腹部饰直行细绳纹，印痕较浅。口径19.8、残高8.8厘米（图5-47，10）。标本C156：72，折沿，沿面较窄，有小平台，圆唇。残长3.8、残高3厘米（图5-47，7）。标本C159：73，卷沿，沿面有小平台，方唇，

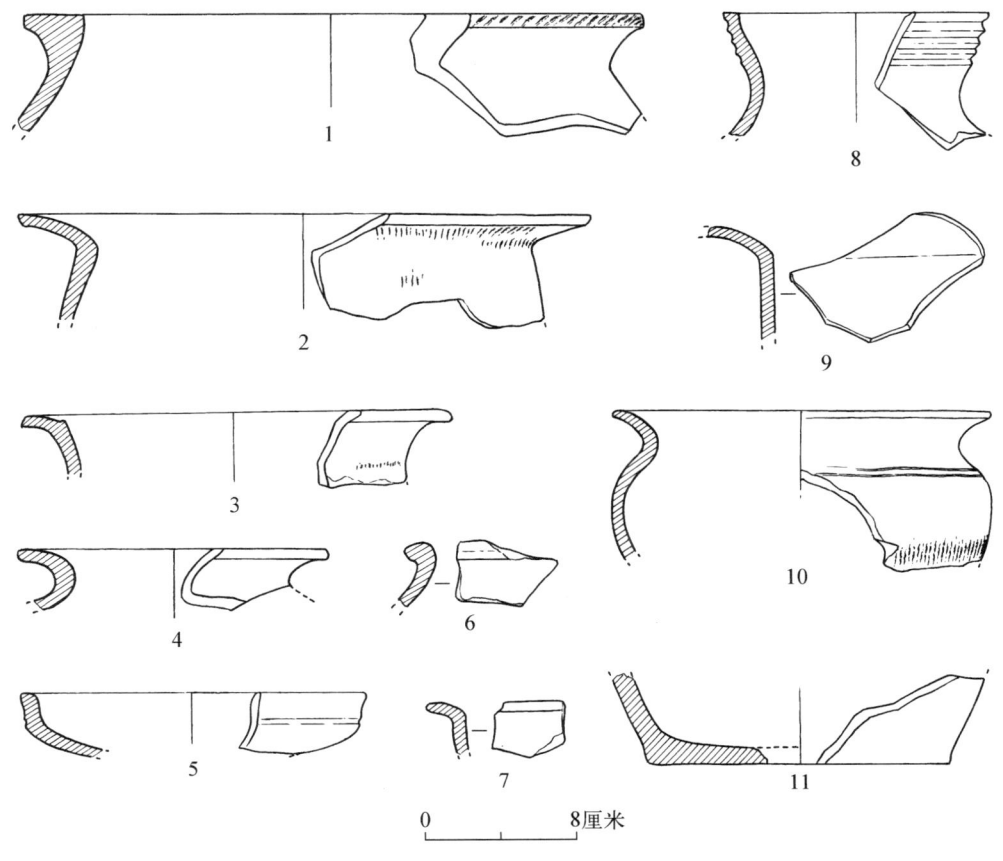

0　　　　　　8厘米

图5-47　西周中期采集陶器

1. 三足瓮（C369∶170）　2、3、7、10. 盆（C30∶11、C159∶73、C156∶72、C73∶26）　4、11. 罐（C675∶433、C131∶66）
5. 豆（C56∶16）　6. 簋（C151∶71）　8. 杯形口罐（C369∶174）　9. 尊（C369∶172）

唇面有一道凹槽,沿下绳纹被抹。口径22.4、残高4.2厘米（图5-47,3）。

豆　标本C56∶16,口沿残片,泥质灰陶,圆唇,折壁,近腹部饰一周旋纹,浅腹。口径18、残高3厘米（图5-47,5）。

簋　标本C151∶71,口沿残片,泥质灰陶,敛口,尖圆唇,素面。残长5.2、残高3.6厘米（图5-47,6）。

三足瓮　标本C369∶170,口沿残片,夹砂灰陶,平折沿,沿面较宽,方唇,唇面饰斜行绳纹,其下素面。口径32.6、残高6.6厘米（图5-47,1）。

尊　标本C369∶172,口沿残片,泥质灰陶,大敞口,素面。残长9.4、残高7厘米（图5-47,9）。

5. 西周晚期

灰陶为主,夹砂灰陶继续减少,泥质灰陶较多。纹饰以绳纹为主,素面陶增加。以联裆鬲为主,联裆甗、罐、盆次之,并有少量的豆、瓮、三足瓮、瓦等,簋较少。联裆鬲,沿下角甚小,平折沿,沿面一般有两道沟槽,多为圆唇。联裆甗,多方唇,卷沿,鼓腹,并有少量的盆形甗。罐,肩部有抹划纹,高领罐外撇,有的较甚出现小平台,并有大敞口,肩部施暗纹的罐。盆,平折沿,沿面出现两道沟槽。豆,尖圆唇,折棱,细矮柄,凸棱明显。三足瓮为三角厚方唇。瓦舌较短,绳纹较细。

联裆鬲　均为口沿残片,夹砂灰陶。标本C9:6,平折沿,沿面内缘有一道凹槽,外缘起榫,尖圆唇,沿下绳纹被抹,颈部饰一道旋纹下接直行绳纹,纹理清晰、规整。口径17、残高5.8厘米(图5-48,9)。标本C71:25,侈口,方圆唇,沿外绳纹被抹,肩部饰横行绳纹。口径27.6、残高6.4厘米(图5-48,1)。标本C213:88,折沿近平,尖圆唇,腹部饰斜行绳纹。残长7.6、残高5.2厘米(图5-48,8)。标本C343:154,平折沿,尖圆唇,沿面外缘有一道凹槽,腹部饰直行绳纹,纹理模糊。残长6.8、残高4.3厘米(图5-48,3)。标本C379:256,平折沿,尖圆唇,沿面内外缘各有一道凹槽,腹部饰斜行绳纹。残长6.8、残高5.6厘米(图5-48,2)。标本C399:283,折沿近平,沿面内外缘各有一道凹槽,圆唇,素面。残长5.2、残高1.8厘米(图5-48,6)。标本C421:313,折沿近平,尖圆唇,素面。残长5.6、残高3.8厘米(图5-48,5)。

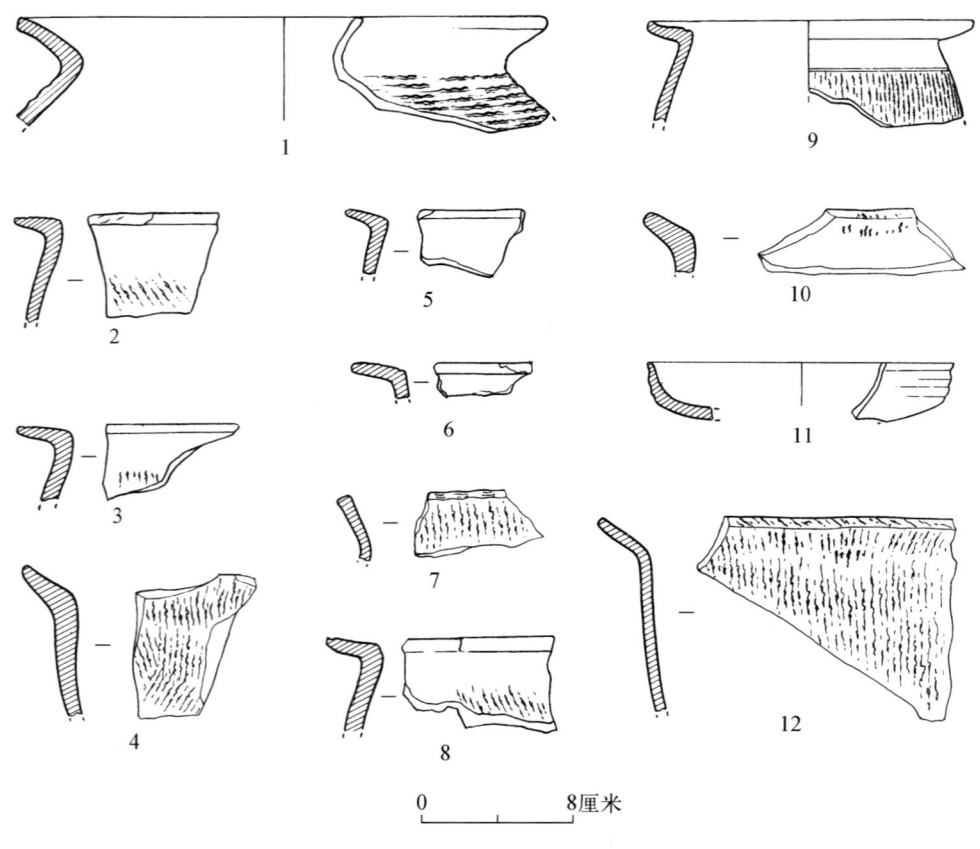

图5-48　西周晚期采集陶器

1、2、3、5、6、8、9.联裆鬲(C71:25、C379:256、C343:154、C421:313、C399:283、C213:88、C9:6)

4、7、10、12.联裆甗(C385:262、C197:80、C368:169、C368:166)　11.豆(C524:358)

联裆鬲　均为口沿残片,夹砂灰陶。标本C197:80,侈口,方唇,唇面及沿外饰斜行绳纹。残长6.8、残高3.4厘米(图5-48,7)。标本C368:166,侈口,方唇,唇面饰斜行绳纹,直腹,沿外及腹部饰直行绳纹。残长13.6、残高11厘米(图5-48,12)。标本C368:169,侈口,圆唇,唇面及沿外绳纹被抹。残长10.6、残高3.8厘米(图5-48,10)。标本C385:262,卷沿,沿外及腹部饰绳纹。残长5.8、残高7.8厘米(图5-48,4)。

罐　为口沿、肩腹部及器底残片,泥质灰陶。标本C69:23,腹部残片,饰旋纹间以菱形方格纹,方格纹上有一圆形泥饼,旋纹分别为四道和三道。残长8、残高6.2厘米(图5-49,13)。

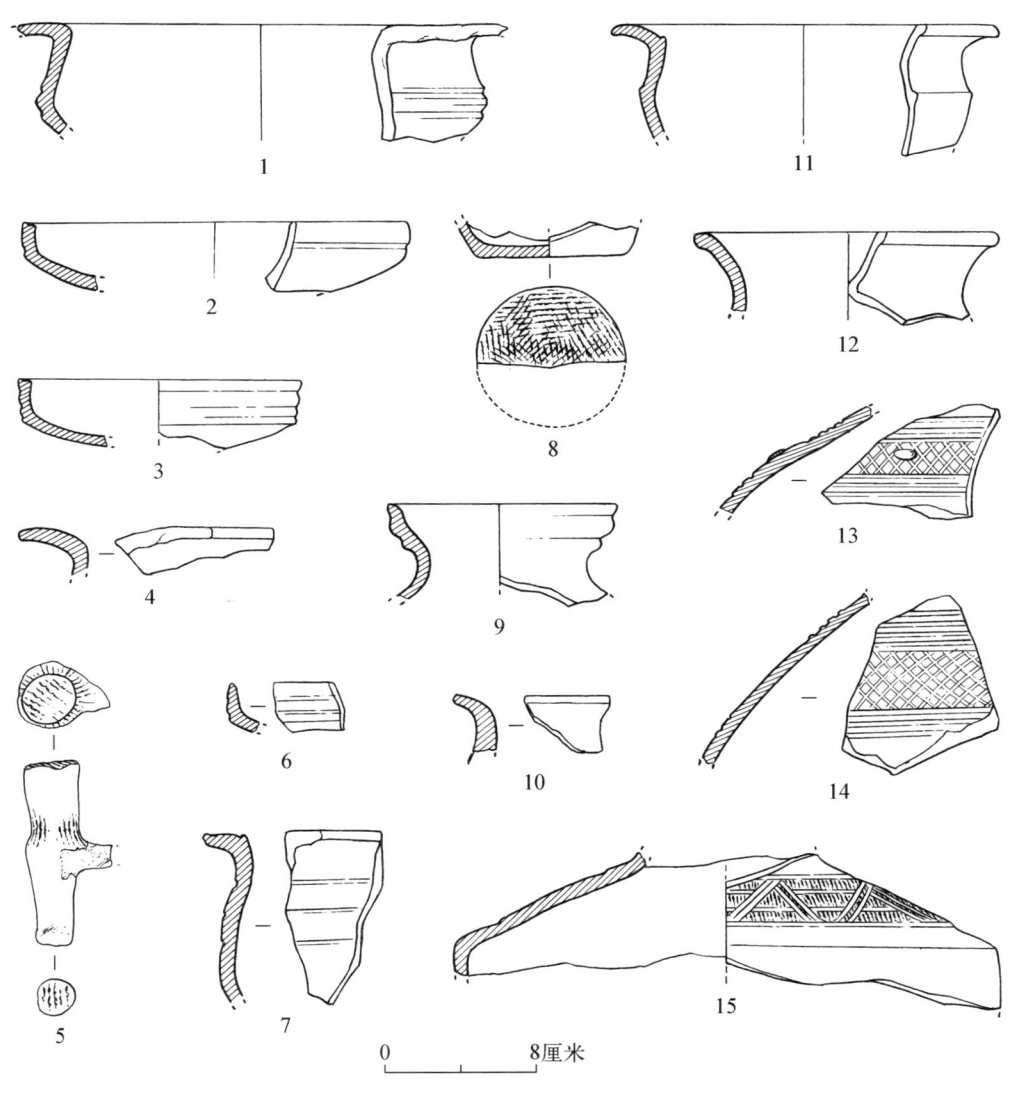

图5-49　西周晚期采集陶器

1.旋纹盆(C1:1)　2、3、6.豆(C379:254、C600:365、C102:39)　4、7、11.盆(C649:379、C403:295、C198:84)
5.瓦钉(C83:28)　8、10、12、13、15.罐(C374:184、C103:42、C197:81、C69:23、C374:183)
9.杯形口罐(C197:82)　14.三足瓮(C73:27)

标本C103:42,卷沿,方唇,唇面有一道凹槽,沿外素面。残长4.4、残高3厘米(图5-49,10)。标本C197:81,口沿残片,卷沿,圆唇,沿内面有指捏痕迹,素面。口径15.6、残高5厘米(图5-49,12)。标本C374:183,肩腹部残片,宽折肩,肩部饰四道旋纹间以绳纹及刻划纹,腹部素面。腹径28.6、残高8.4厘米(图5-49,15)。标本C374:184,器底残片,平底,饰交错绳纹,纹理清晰、规整。口径7.8、残高1.8厘米(图5-49,8)。

杯形口罐　标本C197:82,口沿残片,口部外侈呈杯形,方唇,口部饰两道旋纹。口径12、残高5.6厘米(图5-49,9)。

盆　均为口沿残片,泥质灰陶。标本C198:84,卷沿,沿面内缘有一道凹槽,尖圆唇,颈腹交界处有一道凸棱。口径19.6、残高7.2厘米(图5-49,11)。标本C403:295,平折沿,沿面内外缘各有一道凹槽,沿外绳纹被抹,方唇,腹部饰三道旋纹。残长5、残高9.4厘米(图5-49,7)。标本C649:379,卷沿,沿面外弧,圆唇,素面。残长8.2、残高2.6厘米(图5-49,4)。

旋纹盆　标本C1:1,口沿残片,泥质灰陶,宽平折沿,沿面外弧,内缘有一道凹槽,腹部饰两道旋纹,旋纹间有一道凸棱。口径12.5、残高3.2厘米(图5-49,1)。

豆　均为口沿残片,泥质灰陶。标本C102:39,尖圆唇,盘壁微侈,饰两道旋纹。残长3.6、残高2.8厘米(图5-49,6)。标本C379:254,方唇,唇面有一道凹槽,盘壁较直,饰一道旋纹,折壁,浅腹。口径20.2、残高3.8厘米(图5-49,2)。标本C524:358,尖圆唇,盘壁微侈,饰三道旋纹,折壁,浅腹。口径16、残高3.2厘米(图5-48,11)。标本C600:365,方唇,唇面有一道凹槽,盘壁较直,饰两道旋纹,折壁,浅腹。口径14.8、残高3.8厘米(图5-49,3)。

三足瓮　标本C73:27,腹部残片,泥质灰陶,陶色斑驳,饰旋纹间以菱形方格纹,旋纹分别为三道和五道。残长8、残高9.6厘米(图5-49,14)。

瓦　均泥质。标本C20:7,圆柱状瓦钉,褐陶,上粗下细,下部穿透瓦面,瓦钉上端及瓦面饰绳纹。残长8、残高7厘米(图5-50,5)。标本C20:8,灰陶,瓦唇及瓦面饰斜行绳纹。残长8.4、残宽8.2、厚1厘米(图5-50,4)。标本C25:10,灰陶,有穿孔,瓦钉脱落,瓦面饰交错绳纹。残长7.6、残宽6.8、厚1厘米(图5-50,2)。标本C83:28,圆柱状瓦钉,灰陶,上粗下细,上端、中部及下端饰直行绳纹。残长4.6、高10、上端直径2.8、下端直径1.8厘米(图5-49,5)。

筒瓦　均泥质灰陶。标本C131:62,瓦舌较短,瓦面饰斜行绳纹,印痕较浅。残长23、残宽12、厚1.2厘米(图5-50,6)。标本C131:63,瓦舌较短,舌面绳纹被抹,瓦面饰直行绳纹,有斜行绳纹呈片状夹杂其间,瓦边有切割痕迹。残长19.8、残宽13、厚1厘米(图5-50,3)。标本C131:64,瓦面饰直行绳纹,有斜行绳纹呈片状夹杂其间,瓦边有切割痕迹。残长11.6、残宽6、厚1.2厘米(图5-50,1)。

6. 西周时期

联裆鬲　标本C660:425,口沿残片,夹砂褐陶,侈口,方唇,唇面有一道凹槽,沿外绳纹被

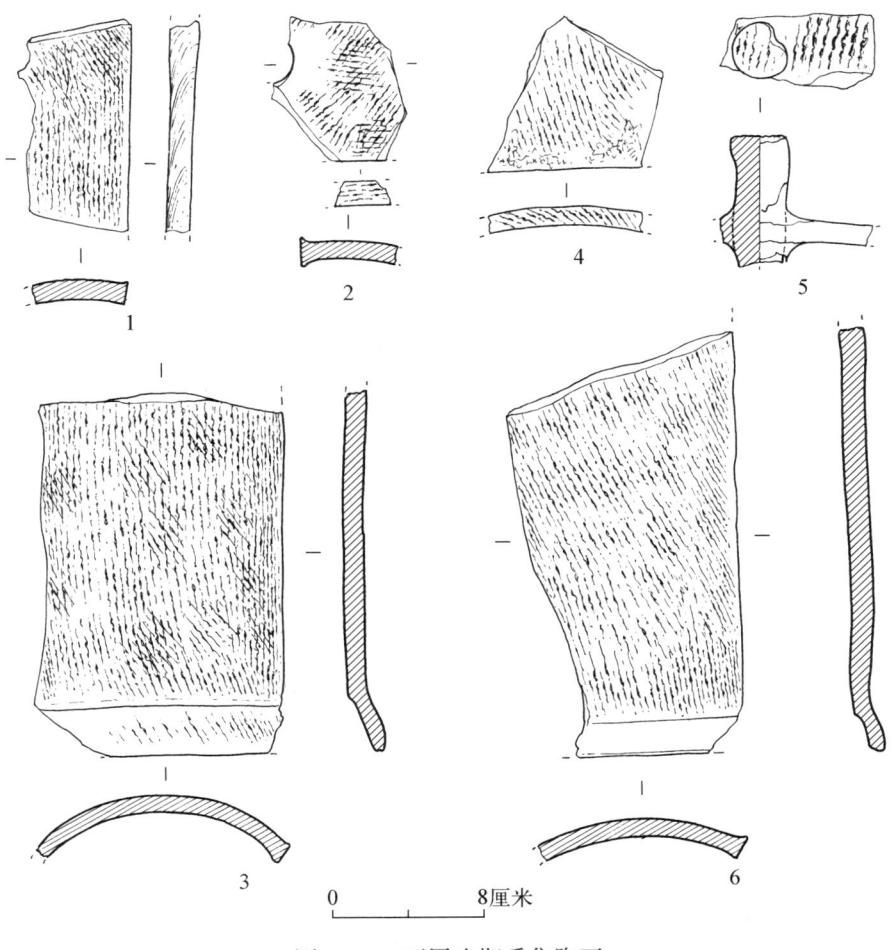

图 5-50　西周晚期采集陶瓦

1、3、6. 筒瓦(C131：64、C131：63、C131：62)　　2、4、5. 瓦(C25：10、C20：8、C20：7)

抹。残长 5.4、残高 2.8 厘米(图 5-51,11)。

足根　均为残片,夹砂。标本 C6：2,灰陶,圆锥状,饰绳纹,纹理不规整(图 5-53,6)。标本 C34：12,红陶,圆锥状,空心,通体饰绳纹,印痕较浅。残高 5 厘米(图 5-53,3)。标本 C366：167,灰陶,柱状,通体饰绳纹。残高 5.4 厘米(图 5-53,4)。标本 C369：171,灰陶,圆锥状,内侧微微起脊,通体饰绳纹。残高 6.6 厘米(图 5-52,9)。

联裆鬲　标本 C279：136,口沿残片,夹砂灰陶,侈口,折沿,尖圆唇,沿外绳纹被抹,腹部饰斜行粗绳纹,印痕较深。残长 8.6、残高 3.6 厘米(图 5-51,5)。

罐　均为口沿和器底残片。标本 C54：15,口沿残片,泥质灰陶,敞口,方圆唇,唇面有一道断续的凹槽。残长 5、残高 3 厘米(图 5-51,8)。标本 C84：30,口沿残片,夹砂灰陶,厚胎,侈口,方唇,沿外上部绳纹被抹,下部饰斜行绳纹。残长 5.2、残高 4.6 厘米(图 5-52,10)。标本 C102：41,口沿残片,泥质灰陶,侈口,方唇,素面。残长 6、残高 2.6 厘米(图 5-51,9)。标本

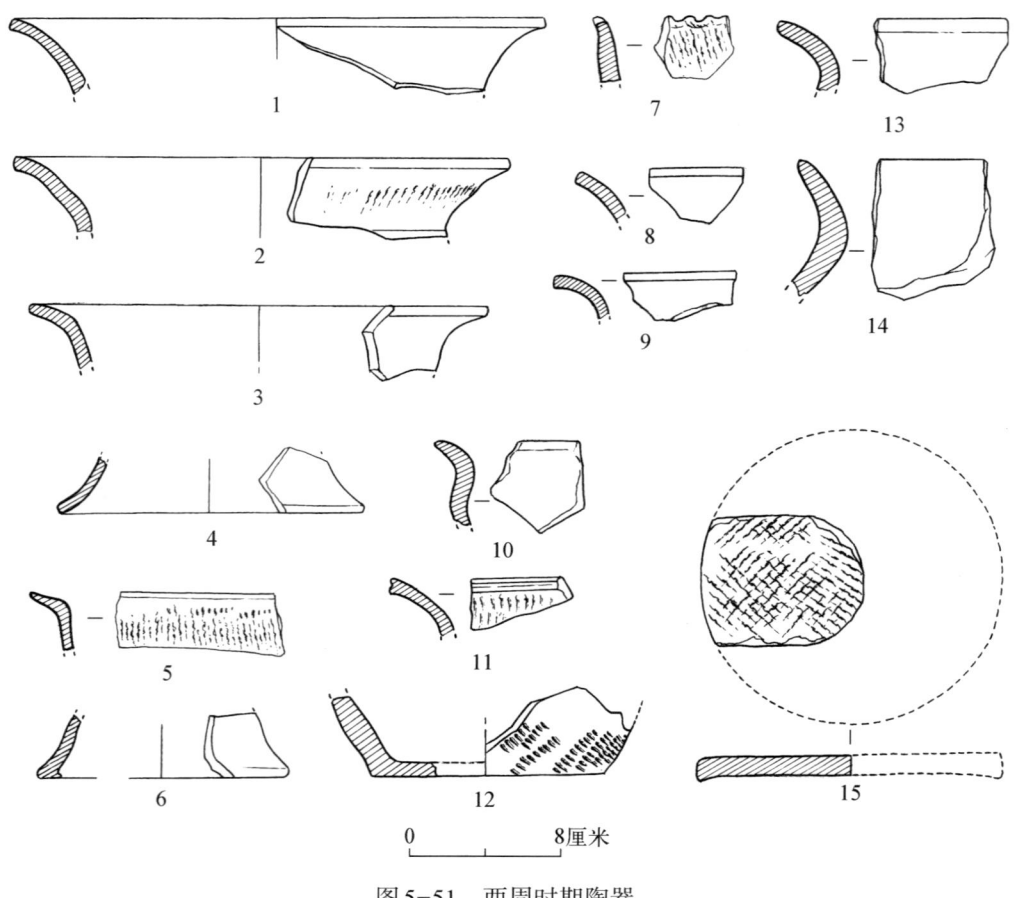

图5-51　西周时期陶器

1. 大口尊（C660：426）　　2、8、9、12. 罐（C368：165、C54：15、C102：41、C115：53）　　3、10. 盆（C123：58、C265：108）
4、6. 圈足（C97：35、C43：14）　　5. 联裆甗（C279：136）　　7. 不明器（C233：93）　　11. 联裆鬲（C660：425）
13、14. 瓮（C120：57、C649：376）　　15. 器盖（C649：377）

C115：53，器底残片，泥质褐陶，近底处按压麦粒状斜向绳纹，印痕较深，分布不规律，平底，底部素面。底径12.2、残高4.8厘米（图5-51，12）。标本C123：59，口沿残片，泥质灰陶，侈口，尖圆唇，素面。残长3.2、残高3厘米（图5-52，6）。标本C138：68，口沿残片，泥质灰陶，敞口，圆唇，素面。残长4.8、残高3.2厘米（图5-52，4）。标本C144：69，口沿残片，泥质灰陶，侈口，尖圆唇，素面。残长4.8、残高3厘米（图5-52，3）。标本C216：91，口沿残片，泥质灰陶，侈口，方唇，唇面有一道凹槽，素面。残长4.8、残高3.8厘米（图5-52，2）。标本C368：165，口沿残片，泥质灰陶，敞口，宽沿，沿外上部有一道凹槽，下部绳纹被抹，圆唇。口径25.8、残高4.4厘米（图5-51，2）。标本C641：370，口沿残片，泥质灰陶，敞口，圆唇，素面。残长5.6、残高3.4厘米（图5-52，8）。标本C660：424，器底残片，夹砂灰陶，厚胎，腹部饰分段按压斜行绳纹，平底，底部饰交错绳纹，印痕较浅，纹理模糊。底径18、残高2.5厘米（图5-52，12）。

　　盆　均为口沿残片，泥质灰陶，侈口，圆唇，素面。标本C123：58，口径24、残高4厘米（图

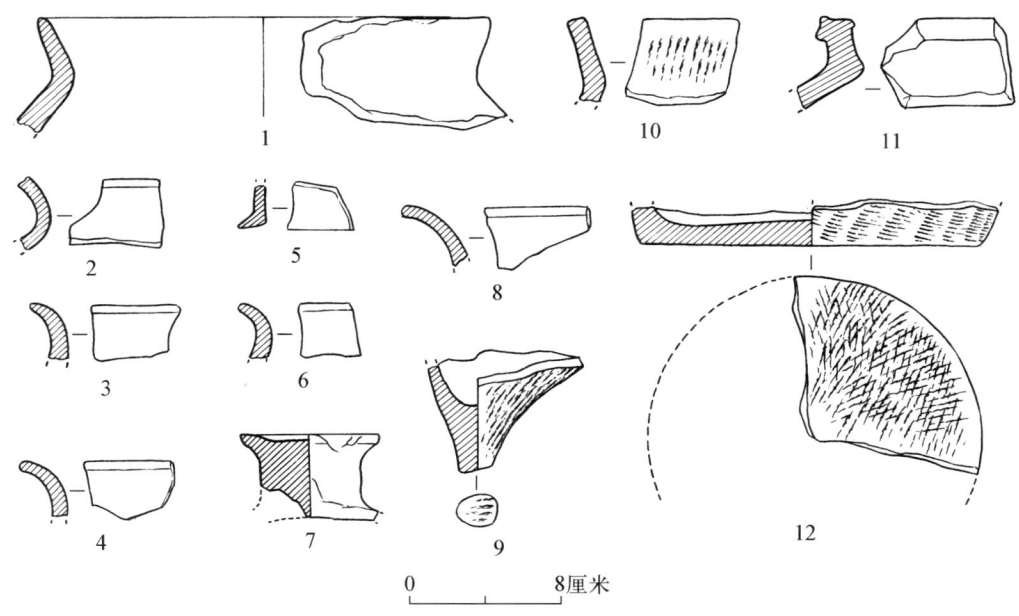

图5-52　西周时期采集陶器

1. 瓮（C395：279）　　2、3、4、6、8、10、12. 罐（C216：91、C144：69、C138：68、C123：59、C641：370、C84：30、C660：424）
5. 圈足（C107：45）　7. 器盖（C264：388）　9. 联裆鬲（C369：171）　11. 矮直领瓮（C107：44）

5-51，3）。标本C265：108，残长4.8、残高5厘米（图5-51，10）。

瓮　均为口沿残片，泥质。标本C120：57，侈口，沿面较宽，沿外绳纹被抹，方圆唇。残长7、残高4厘米（图5-51，13）。标本C395：279，灰陶，侈口，圆唇，素面。口径23.8、残高6厘米（图5-52，1）。标本C649：376，褐陶，侈口，尖圆唇，高领，素面。残长6.4、残高7.6厘米（图5-51，14）。

三足瓮　标本C669：428，裆部残片，泥质灰陶，袋足低矮近消失，通体饰绳纹，印痕较浅。残高9.2厘米（图5-53，10）。

矮直领瓮　标本C107：44，口沿残片，夹砂灰陶，侈口，折沿，沿面外缘有一道凹槽，方唇，唇下有一道凸棱，矮直领，素面。残长6.6、残高4.8厘米（图5-52，11）。

大口尊　标本C660：426，口沿残片，泥质灰陶，大敞口，方唇，素面。口径28、残长4厘米（图5-51，1）。

圆陶片　均为泥质。标本C149：70，灰陶，中间有钻孔，用残陶片制作。直径4.6、孔径0.7、厚0.6厘米（图5-53，8）。标本C218：92，灰陶，一面饰绳纹，一道旋纹穿过，用残陶片制作。直径3.6、厚0.8厘米（图5-53，9）。标本C281：138，灰陶，素面，用残陶片制作。直径4.1、厚0.5厘米（图5-53，1）。标本C603：369，褐陶，较规整，边缘光滑，应为专门制作。直径6.4、厚1.1厘米（图5-53，2）。标本C670：431，褐陶，一面饰三道旋纹，较规整，用残陶片制作。直径4.5、厚0.8厘米（图5-53，5）。

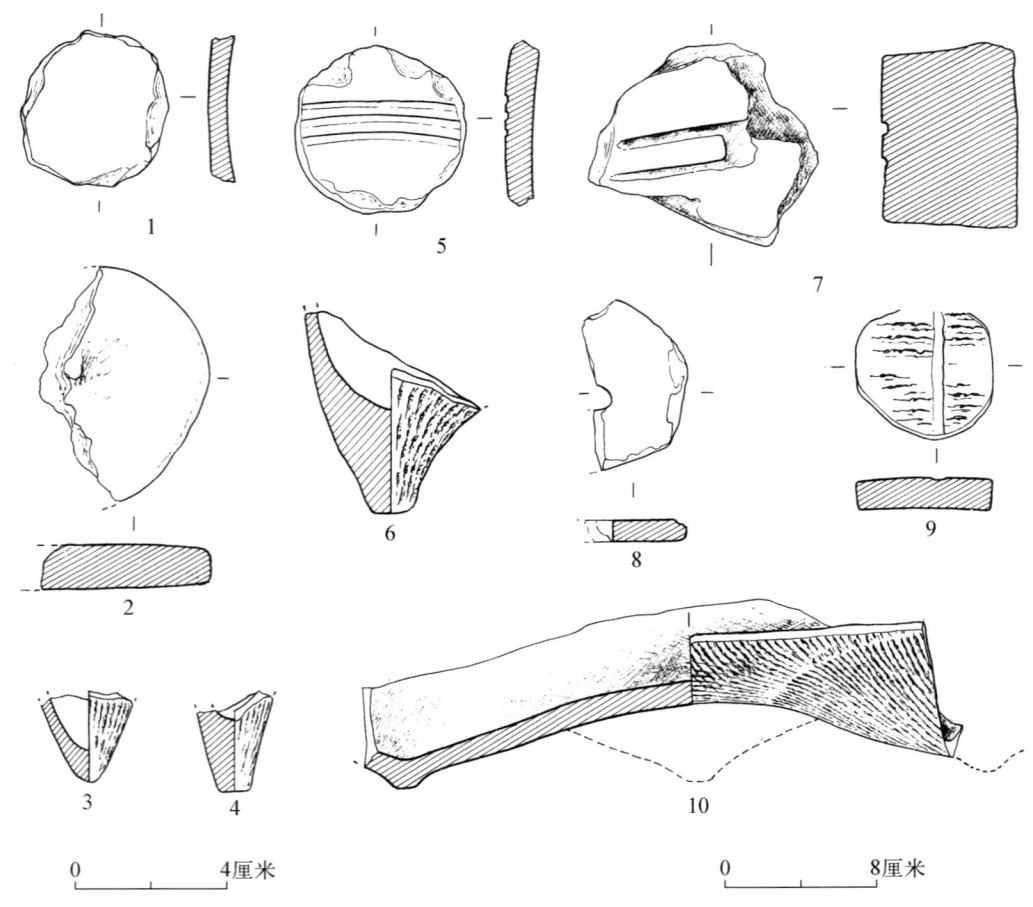

图 5-53　西周时期采集陶器

1、2、5、8、9. 圆陶片（C281：138、C603：369、C670：431、C149：20、C218：92）　3、4、6. 联裆鬲（C34：12、C366：167、C6：2）
7. 陶范（C394：277）　10. 三足瓮（C669：428）

器盖　均为残片。标本 C264：388，泥质褐陶，蘑菇状钮。残高 4.4 厘米（图 5-52，7）。标本 C649：377，夹砂灰陶，形似罐底，饰交错粗绳纹。直径 16、厚 1 厘米（图 5-51，15）。

圈足　均为残片，泥质灰陶，素面。标本 C43：14，外侈明显，内有一圈凹槽，底径 12.8、残高 3.4 厘米（图 5-51，6）。标本 C97：35，外侈，底径 15.8、残高 3.6 厘米（图 5-51，4）。标本 C107：45，上部较直，底部有折，残高 2.6 厘米（图 5-52，5）。

不知名器　标本 C233：93，似为口沿，泥质灰陶，唇面饰按压绳纹，外饰斜行绳纹。残长 4、残高 3.4 厘米（图 5-51，7）。

陶范　标本 C394：277，橙红色，长 5.9、宽 5、厚 3.5 厘米（图 5-53，7）。

石铲　均为残块，通体磨光。标本 C272：122，制作精良。残长 10.4、宽 18、厚 2.2 厘米（图 5-55，1）。标本 C278：149，青灰色，双面刃。残长 12.6、残宽 12.3、厚 1 厘米（图 5-54，3）。标本 C657：416，黑色，双面刃，制作精良。残长 10.1、宽 10.4、厚 1 厘米（图 5-54，2）。

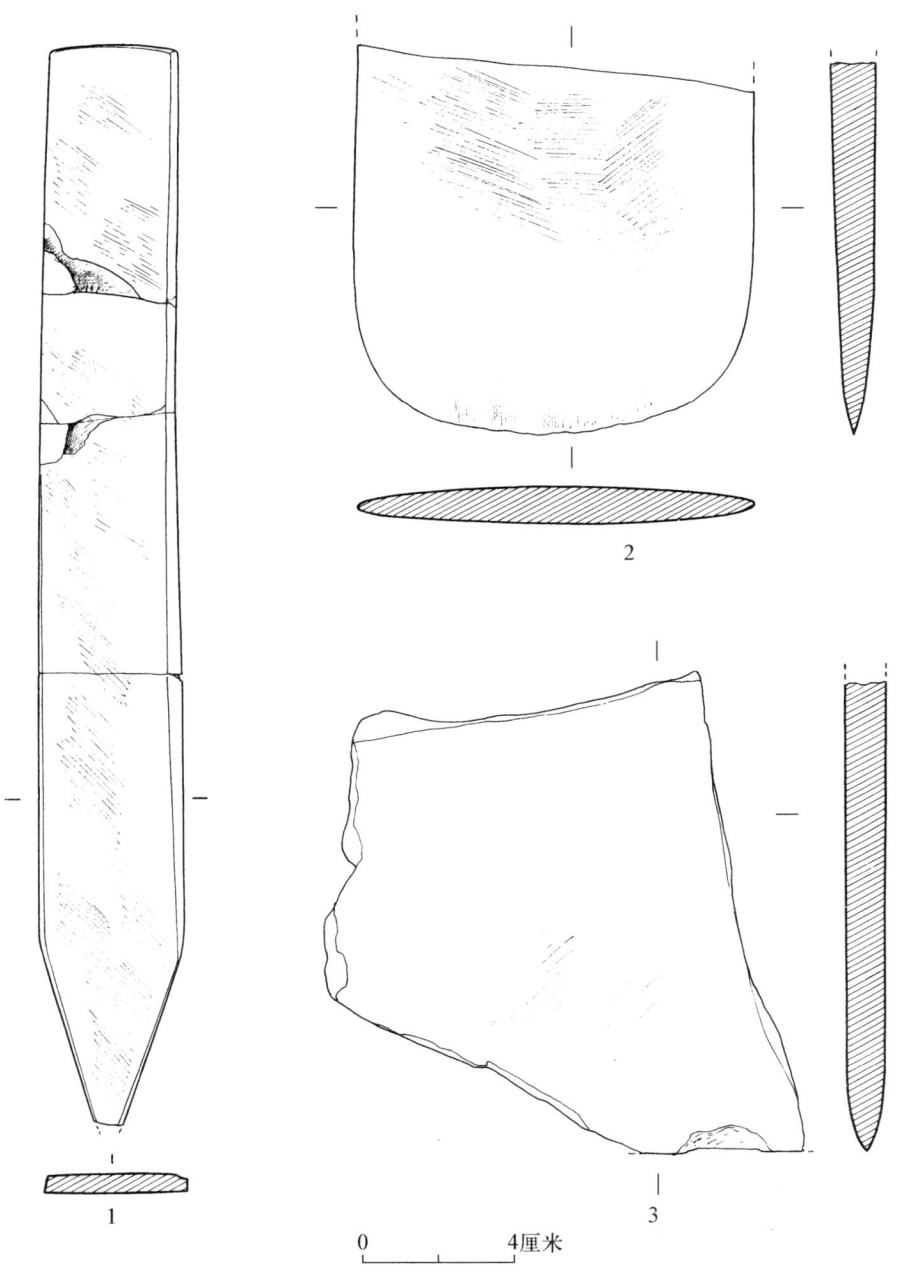

图5-54　西周时期采集石器

1. 石圭（C580：436）　　2、3. 石铲（C657：416、C278：149）

石刀　标本C647：375，残，青灰色，双面刃，近背处有两个双面钻孔，相距0.5厘米。长5.7、残宽5.4、厚0.7、外孔径1.1、内孔径0.4厘米（图5-55，4）。

石圭　标本C580：436，灰白色。长29.4、宽3.7、厚0.5厘米（图5-54，1）。

石器　均为残块。标本C128：60，黑色，呈弓形，一侧面磨光，近旁处有一钻孔。长7.6、宽2.7、厚1、孔径0.4厘米（图5-55，2）。标本C264：389，青色，呈梯形，双面刃。长5.3、残宽4.7、厚1厘米（图5-55，3）。

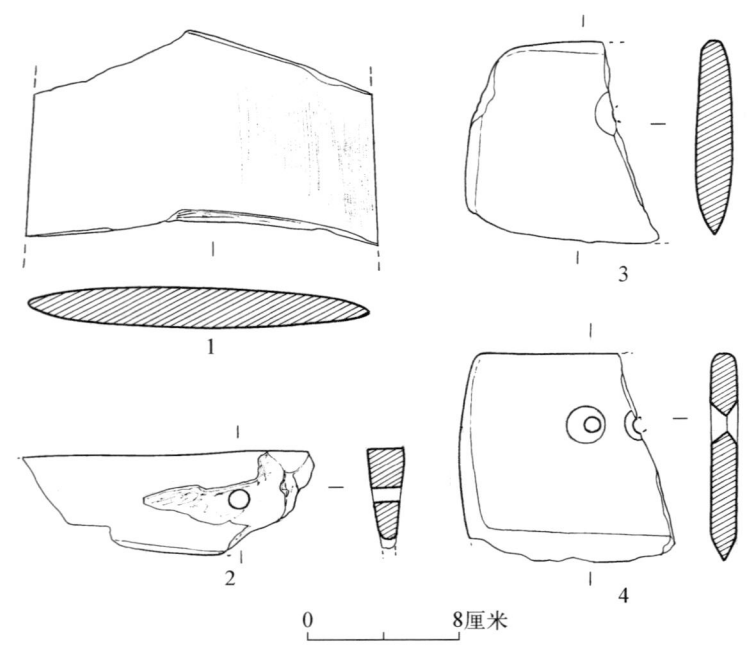

图5-55　西周时期采集石器

1. 铲（C272：122）　2、3. 石器（C128：60、C264：389）　4. 刀（C647：375）

5.3.4　聚落特征

先周时期的聚落位于孔头沟东、赵家台东沟西、杨家场村南和后庄村以北的区域。先周时期的3个遗迹点均分布在孔头沟东，因此可以勾勒出聚落的范围，孔头沟西有零散地表点，不纳入聚落范围内，聚落面积为1 164 166平方米（图5-56；彩版二九五）。通过发掘得知，独山村附近还发现有先周时期的灰坑等居址遗存，因此先周时期聚落的范围要大于目前所划范围，但目前孔头沟西岸的先周遗存还较少，暂不将其纳入。

先周时期聚落内采集点分布比较零散和单一，聚落内遗迹仅有灰坑、地表点等居址遗存，没有发现手工业生产区域和墓地，功能区划和聚落结构目前难以划分。

商周之际的聚落横跨孔头沟两岸，位于后沟村以南、宋家村以北、独山村以东、赵家台村以西的区域，聚落面积为951 440平方米（图5-57；彩版二九六）。商周之际的2座灰坑和1处文

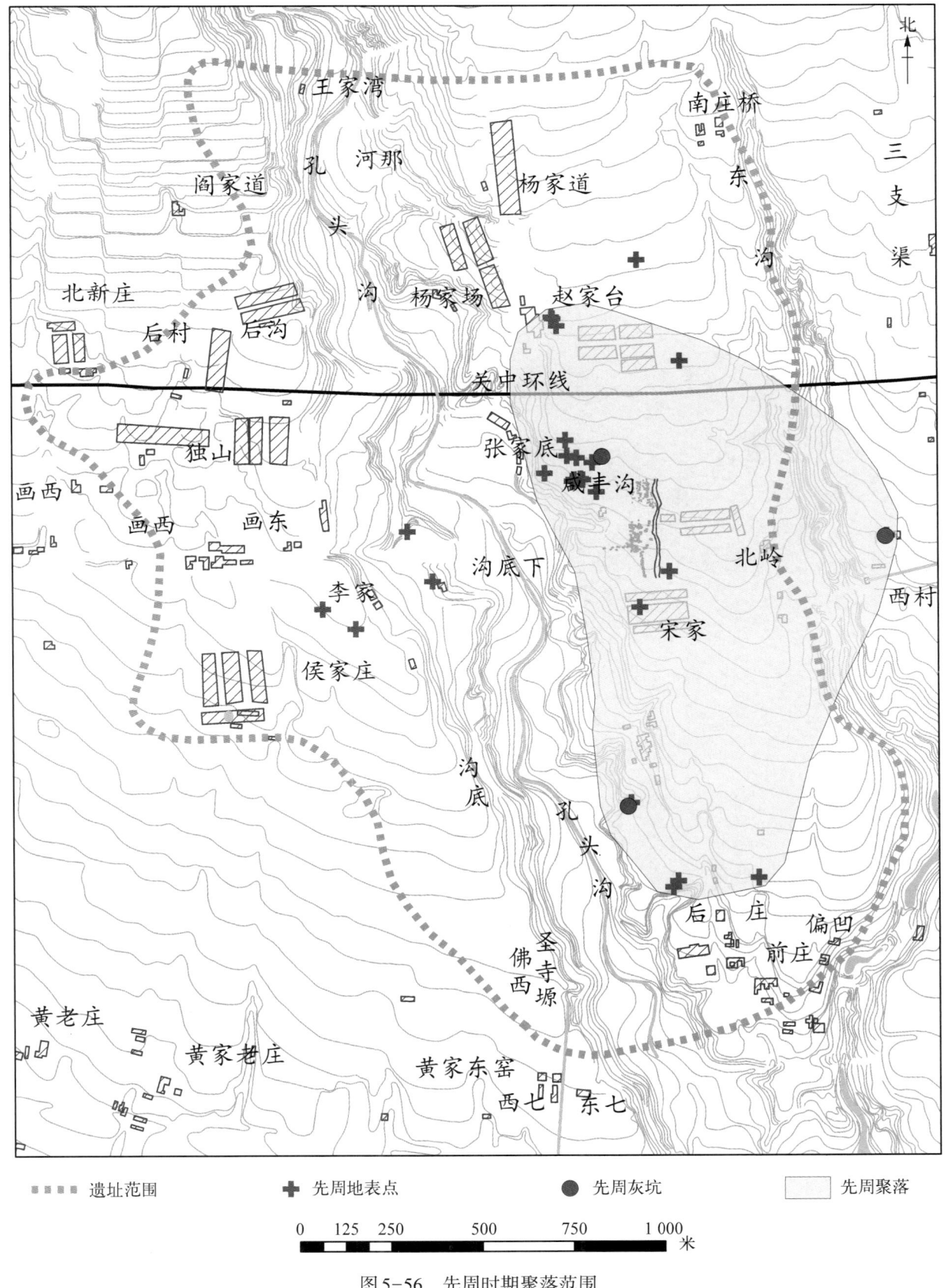

图5-56　先周时期聚落范围

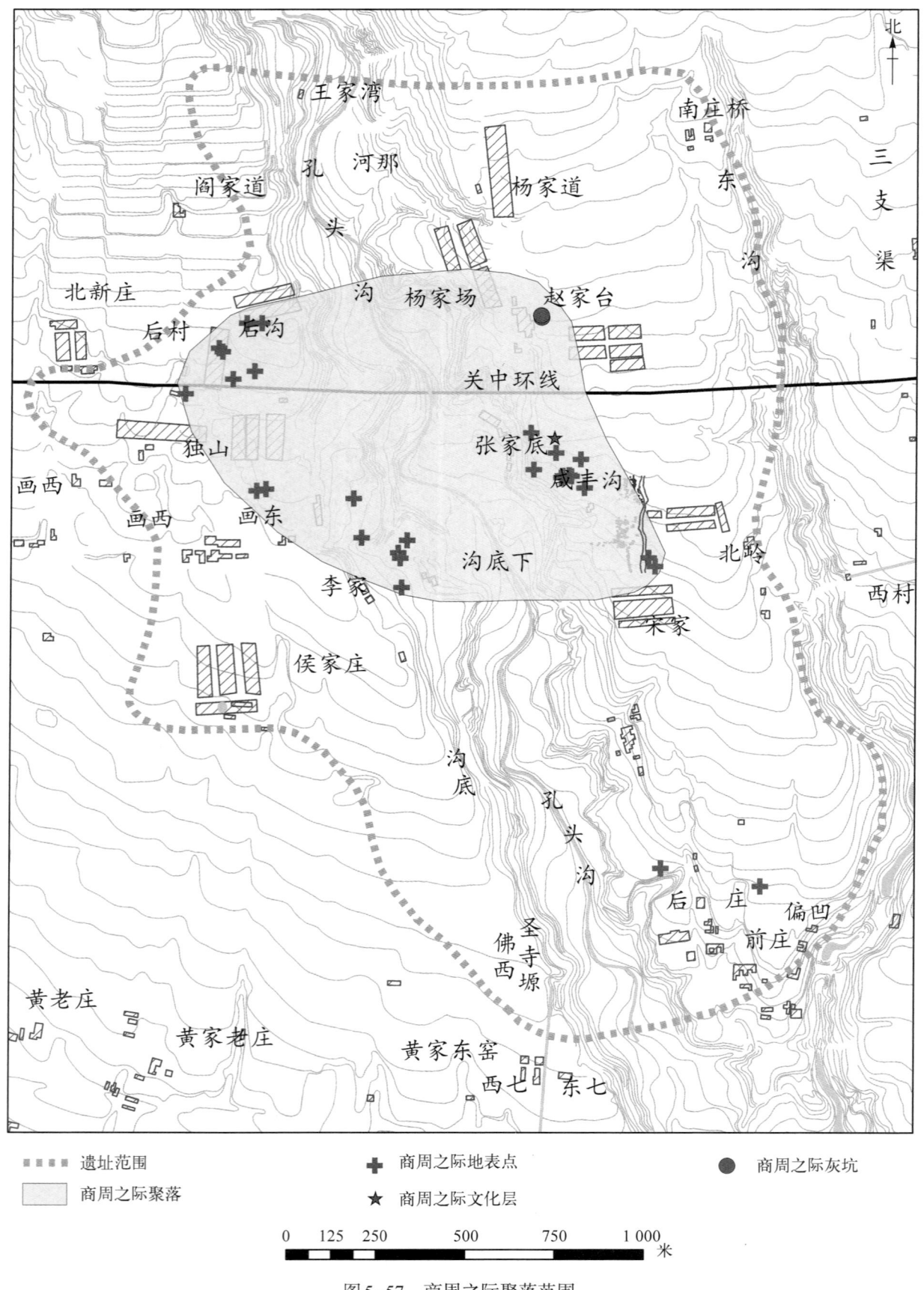

图5-57　商周之际聚落范围

化层均位于孔头沟东岸,但西岸也有较为密集的地表点,因此将其划分在同一个聚落中。

商周之际的2座灰坑和1处文化层都分布在先周文化采集点的密集区,文化层和先周时期的1座灰坑共处一地,或可证明商周之际的聚落是先周晚期聚落的延续,但是商周之际的聚落相对于先周晚期有西移的现象。

商周之际的聚落内采集点分布比较零散和单一,聚落内遗迹仅有灰坑、地表点等居址遗存,未发现手工业生产区域和墓地,功能区划和聚落结构目前难以划分。

西周文化时期聚落的范围即为整个遗址的范围,北至王家湾、南庄桥,南至西七、东七村,西至北新庄,东至赵家台东边沟,面积为4 162 904平方米(图5-58;彩版二九七)。

西周文化时期遗迹点数量较多,遍布整个遗址。在赵家台东沟外发现有3座墓葬,与整个聚落隔沟相望,其周围多为空白地带,故暂时不纳入聚落的范围中,但不排除二者属同一个聚落。

西周聚落中以西周时期和西周晚期的采集点最多,遍布于整个聚落。西周早期和西周中期的采集点主要分布于孔头沟的西侧,但沟东的墓地中也发现有西周早中期的遗存,证明西周早中期孔头沟两岸就联系在一起,聚落的主体范围与西周晚期接近。遗迹点扎堆集中、共处一地的现象自西周早期至晚期始终延续,宋家墓地、铸铜作坊等功能区的使用年代为西周早中期延续至西周晚期,证明孔头沟遗址自西周早期至晚期的聚落属于同一个。

西周早期采集点的分布范围与商周之际采集点的分布范围十分接近,主要都分布于遗址的北部,表明二者也应该是属于同一个聚落,人群没有发生变动。由此我们认为,孔头沟遗址商周时期的遗存应属同一个聚落,自先周晚期至西周晚期,虽然聚落的范围在不断扩大,但是人群没有发生变动。

西周聚落中,遗存的类型较为丰富和多样,为大致划分聚落的功能区和聚落结构提供了条件(图5-59;彩版二九二、二九三)。调查发现有陶窑等生产的遗存,还有宋家墓地等集中的墓葬区,发掘也发现有铸铜作坊、陶窑等生产遗存。依据这些遗存的分布范围,目前可以将孔沟头西周聚落划分出至少四个明确的功能区:第一是宋家墓地,通过调查、钻探和发掘确认宋家墓地是一处单纯的墓地,墓地边界清晰;第二是画图寺铸铜作坊,通过发掘确认为一处可以铸造容器的铸铜作坊遗址;第三是赵家台南制陶作坊,范围还不甚明确;第四是赵家台北制砖作坊,目前仅发现有一陶窑,或与赵家台南制陶作坊属于同一功能区。此外,孔头沟西还发现有陶窑2座,聚落内还散见有西周时期的墓葬,是否能够成为一个独立的功能区还需要继续研究。聚落内没有发现夯土基址等高等级的居址遗存,也未发现明确的框架型遗迹,如城墙、沟渠等,因此对功能区的划分只是初步方案,聚落结构的研究也不系统,需待日后的考古资料继续补充和完善。

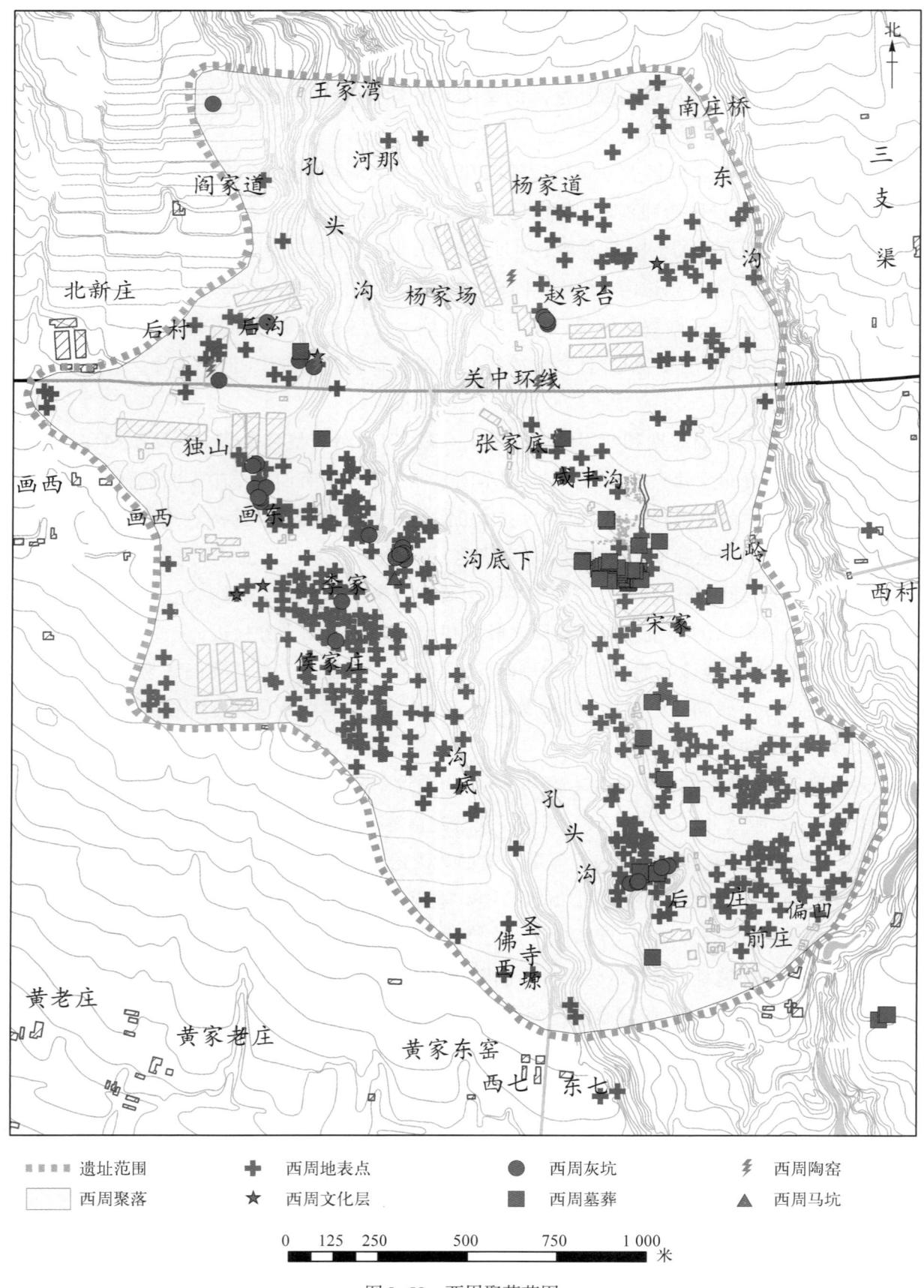

图5-58 西周聚落范围

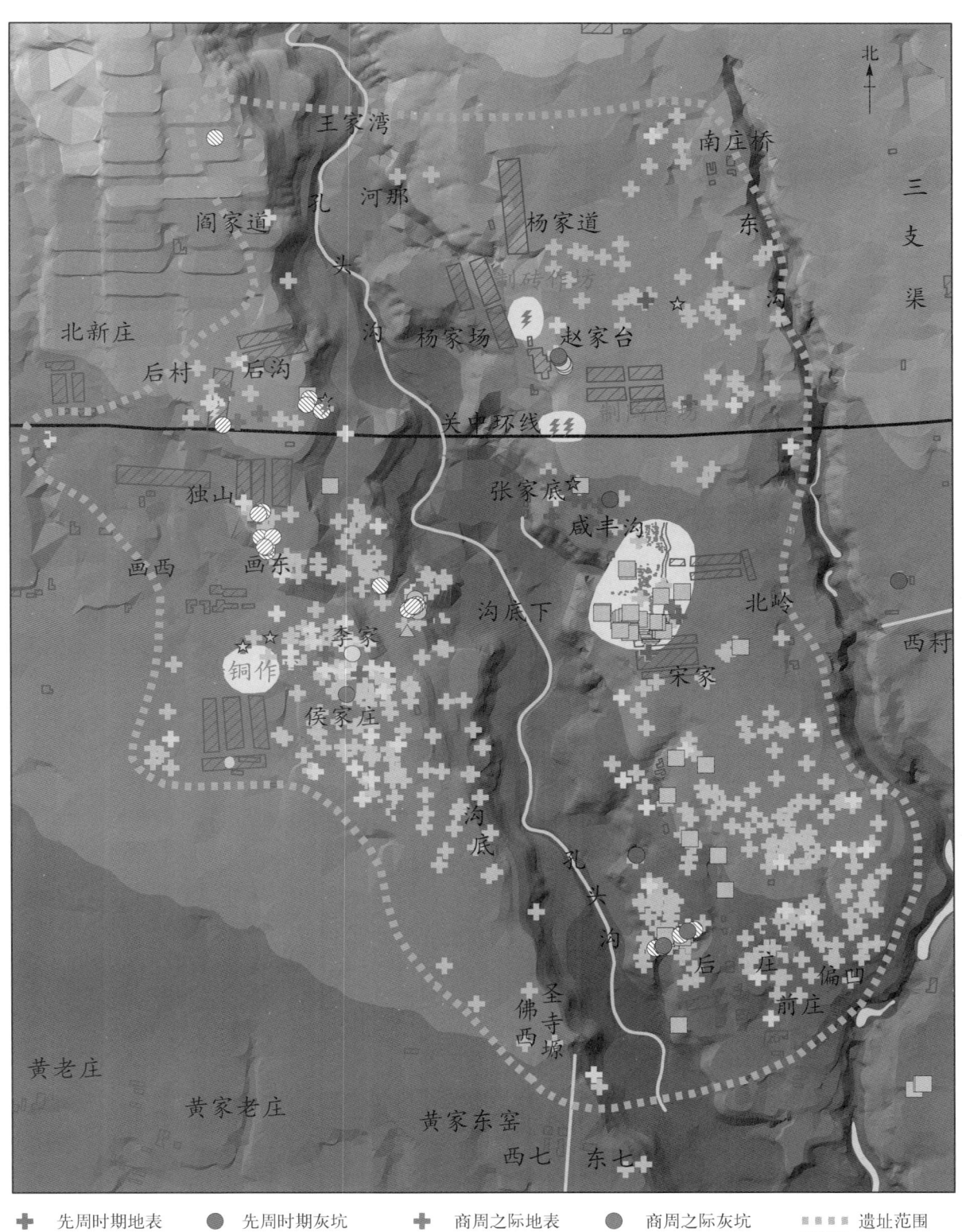

图5-59 商周时期聚落采集点及功能区

5.4　战国秦汉及以后文化遗存

5.4.1　采集点概况

1. 调查遗存分期

本次调查采集有一些年代为西周以后的陶片。由于数量较少,且没有共存关系,只能借助于周邻地区的分期成果对孔头沟遗址所获陶片进行分期。

通过比对可知一些陶片的年代相对明确。陶盆(甑)C378:223,腹部满饰绳纹,间以多道抹痕,见于战国时期,如西安南郊秦墓光华胶鞋厂陶盆M25:2[1]。汉代盆(甑)腹面一般为素面,与此不同。陶盆(甑)C378:225,直口,圆唇,沿面内缘厚,外缘薄,此种口沿特征见于西汉而少见于战国时期,如邰城汉墓SJM46:4[2]。

筒瓦C378:199,瓦面饰印痕较浅的直行绳纹,印痕模糊,背面密布小坑窝纹,为战国及秦时陶瓦的特点。除了C378:199,其余筒瓦形制大体相同,瓦面仅前端和后端有较窄的抹光带,其余部分均为绳纹,瓦沟内饰布纹。瓦面仅两端饰抹光带的特点出现于战国晚期,西汉时期流行,瓦沟内饰布纹多为西汉及以后,因此这些筒瓦年代应为西汉早中期[3]。筒瓦C201:85,瓦沟有间隔均匀的直行模具痕迹,有典型的东汉风格[4]。

陶瓮C378:232肩部戳印有陶文"河阳",据《汉书·地理志》[5]河阳县为西汉置,属河内郡,治在今河南孟县西,西晋废。可知陶瓮的绝对年代为两汉时期,戳印陶文以西汉最为流行,其年代应以西汉为是。

上述陶片年代集中于战国至西汉时期,个别可定至东汉,但年代明确的陶片较少,而年代不明的陶片多,因此我们不对这些陶片的年代强行区分,统一将其称为战国秦汉时期。除了这些年代明确的陶片外,剩余的陶片大致可分为两组,一组的陶质、陶色、纹饰等属性与战国秦汉时期相同,其年代也可最大限度推定为战国秦汉时期。另一组陶片的面貌明显晚于汉代,无法再细致区分,统一称为汉以后。

由于不能确定器物的式别特征,我们不对这批器物进行形制演变的类型学分析,仅用战国秦汉和汉以后两个时段描述其年代。但为叙述方便和条理化,在对调查遗物描述时,对陶片分

---

① 西安市文物保护考古所:《西安南郊秦墓》,陕西省人民出版社,2004年,第26页。
② 陕西省考古研究院、杨凌区文物管理所:《邰城汉墓》,上海古籍出版社,第46~47页。
③ 筒瓦的分期结果参看张晓磊:《关中秦汉砖瓦研究》,北京大学硕士学位论文,2011年。
④ 参看中国社会科学院考古研究所:《汉魏洛阳故城南郊礼制建筑遗址1962~1992年考古发掘报告》,文物出版社,2010年,第151~152、247~250页。
⑤ (汉)班固:《汉书·地理志》第六册,中华书局,1962年,第1554页。

类和分型,不分式,按照器类和器形展开描述。

2.采集点时空分布

调查共发现遗存209处,各期遗存分布的大致情况(表5-4)为:

表5-4 战国秦汉及以后采集点的属性表

时 代	地 表	灰 坑	墓 葬	陶 窑	夯土台	合 计
战国秦汉	112	2	9	2	0	125
汉以后	81	0	0	0	3	84
合 计	193	2	9	2	3	209

(1)战国秦汉

共发现遗存125处,其中地表112处,灰坑2处,墓葬9处,陶窑2座(图5-60)。

地表点C12、C13、C36、C41、C94、C113、C118、C179、C184、C191、C198、C199、C201、C205、C207、C208、C211、C214、C215、C224、C227、C232、C236、C237、C239、C244、C247、C252、C261、C262、C267、C274、C275、C282、C289、C292、C295、C296、C297、C303、C304、C312、C317、C320、C325、C326、C327、C330、C334、C339、C340、C342、C353、C354、C361、C378[①]、C381、C384、C386、C387、C388、C389、C392、C396、C399、C400、C401、C403、C405、C410、C416、C431、C433、C434、C437、C441、C443、C445、C448、C452、C463、C472、C490、C491、C495、C498、C499、C502、C507、C509、C510、C513、C514、C516、C517、C521、C522、C523、C626、C631、C638、C640、C642、C644、C645、C651、C652、C656、C659、C661、C663、C668。

灰坑2处,C424和C428。

陶窑2处,C594和C597。

墓葬9处,C526、C540、C589和C527、C528、C529、C530、C531、C534。

(2)汉以后

共发现遗存84处,地表点81处,夯土台3处(图5-61)。

地表点C37、C39、C43、C52、C54、C59、C67、C74、C78、C84、C88、C89、C93、C101、C104、C107、C128、C129、C133、C136、C139、C140、C141、C149、C151、C152、C154、C155、C157、C161、C166、C169、C174、C176、C179、C180、C184、C185、C187、C190、C195、C197、C198、C199、C200、C202、C207、C210、C229、C250、C252、C282、C285、C306、C390、C401、C420、

---

① 在地表点C378上采集有大量的战国秦汉遗物,如陶瓦、陶瓮等,不排除该采集点是一个大型遗迹,由于边界范围不明,暂将其属性归为地表点。

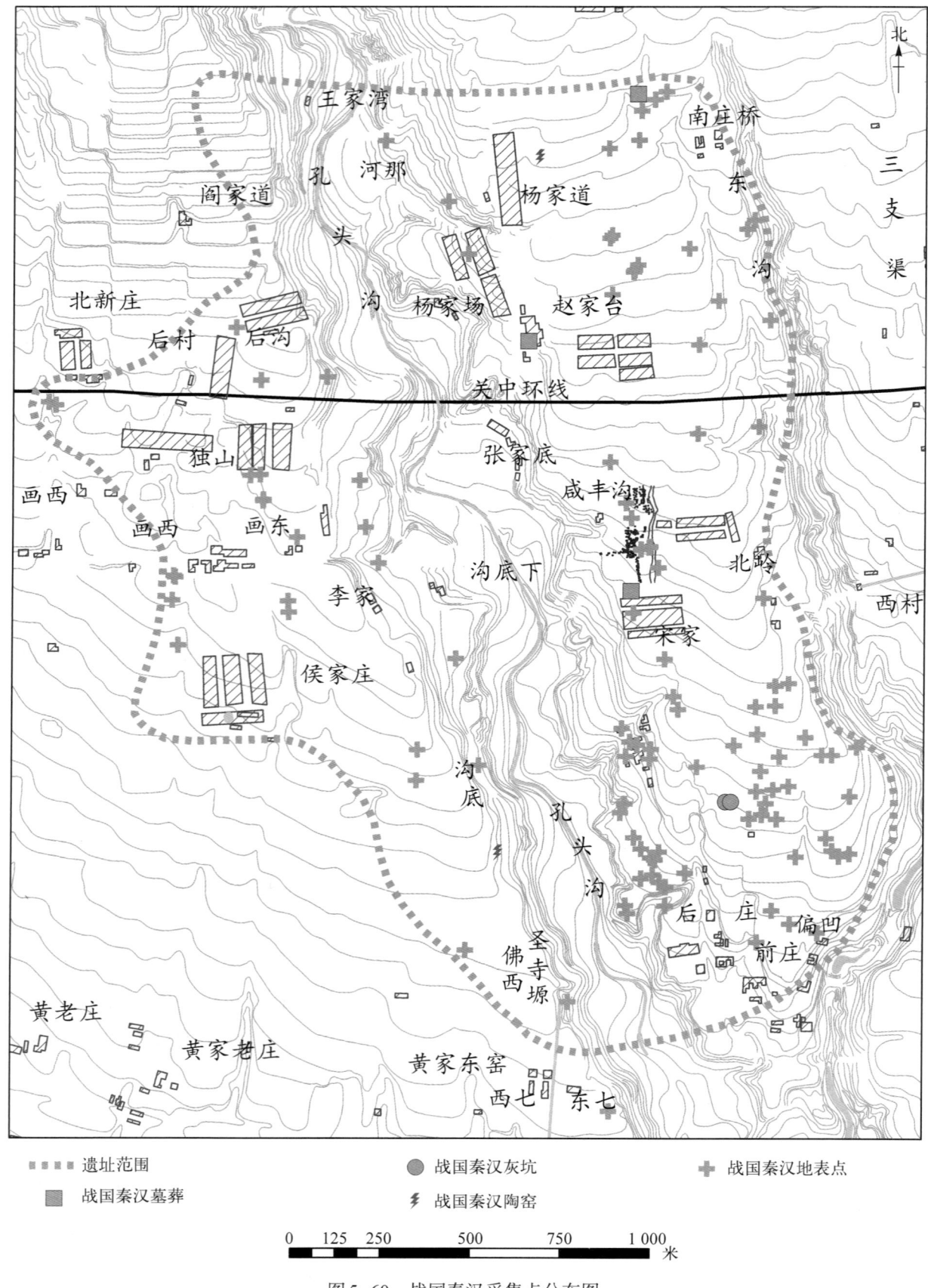

图5-60　战国秦汉采集点分布图

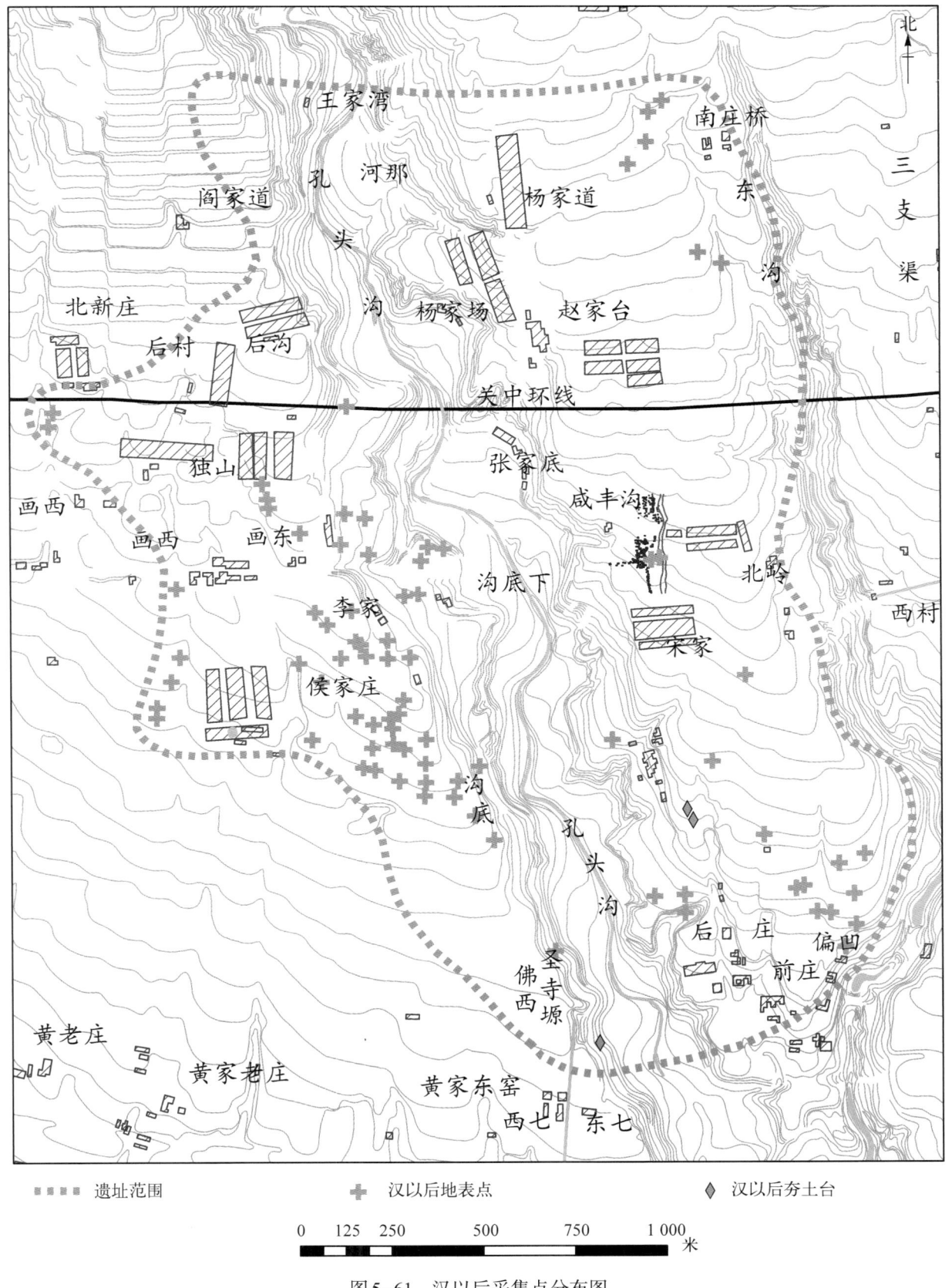

■■■■ 遗址范围　　　✚ 汉以后地表点　　　◆ 汉以后夯土台

0　　125　250　　　　500　　　　750　　　1 000
米

图5-61　汉以后采集点分布图

C425、C433、C447、C451、C473、C482、C484、C485、C493、C501、C508、C513、C514、C516、C522、C623、C633、C640、C659、C671、C679、C683、C684、C685。

夯土台3处，分别为C591、C592、C593。

（3）时代不明

文化层1处，时代不明，C615。

灰坑14处，时代不明，为C598、C602、C609、C611、C612、C613、C614、C616、C617、C618、C619、C621、C622、C695。

无遗物的地表点3处，C692、C693、C694。

5.4.2　调查遗迹及地层

1. 灰坑

C424，位于后庄村北（图5-11）。坑底有烧土面，剖面呈方形，坑底距地表1.2米，底宽1米。采集瓦片13件，均为筒瓦或板瓦。年代为战国秦汉时期。

C428，位于后庄村北（图5-11）。平面呈圆形，坑底距地表0.6米，口径0.5米。采集陶片15件，包括板瓦、筒瓦。年代为战国秦汉时期。

2. 墓葬

C526，位于赵家台西断崖上（图5-4）。剖面呈拱形，拱顶距地表2.3米，宽0.9、高1.8米。年代为战国秦汉时期（图5-62，2）。

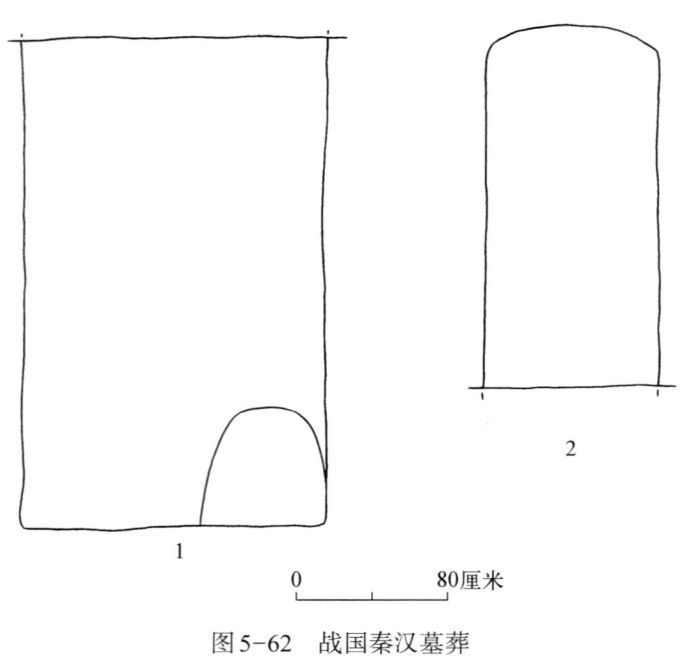

图5-62　战国秦汉墓葬

1. C589　2. C526

C589，位于距南庄桥村西北的土壤上（图5-4）。剖面呈长方形，开口距地表1.2米，宽1.6、深2.6米，发现盗洞一个。年代为战国秦汉时期（图5-62，1）。

C527，位于宋家村北、咸丰沟断崖上（图5-8）。剖面呈拱形，墓口距地表0.3米，可见宽度2.3、深3米。年代为战国秦汉时期。

C528，位于宋家村北、咸丰沟断崖上（图5-8）。剖面呈拱形，宽1.9、深1.2米。年代为战国秦汉时期。

C529，位于宋家村北、咸丰沟断崖上（图5-8）。剖面呈方形，方形内有拱形的堆积现象。墓口距地表1米，长2.5、深2.2米。年代为战国秦汉时期。

C530，位于宋家村北、咸丰沟断崖上（图5-8）。剖面呈方形，方形内有拱形的堆积现象。墓口距地表0.6米，墓口长1.7、深3米。年代为战国秦汉时期。

C531，位于宋家村北、咸丰沟断崖上（图5-8）。剖面呈方形，方形内有拱形的堆积现象。墓口距地表0.9米，墓口长2.1、深4.1米。年代为战国秦汉时期。

C534，位于后庄村西断崖上（图5-11）。洞室墓，剖面呈拱形，宽0.65、高0.36米。年代为战国秦汉时期。

C540，位于宋家村北（图5-9）。形制不明。年代为战国秦汉时期。

3. 陶窑

C594，位于沟底村南断面上（图5-10）。口距地表1.3米，口径1.2、深0.4米。年代为战国秦汉时期。

C597，位于杨家道村东断崖上（图5-4）。剖面略呈袋状梯形，口距地表1.7米，底径3.2、自深0.5～0.7米。采集瓦片2件。年代为战国秦汉时期。

4. 夯土台

C591，位于东七村北台地下断崖上（图5-11）。土质为五花土。年代为汉以后。

C592，位于后庄村西北（图5-11）。南北长约20米，厚0.6米。五花土，夯打密实。年代为汉以后。

C593，位于后庄村西北（图5-11）。南北长约10米，厚0.6米，宽度不详。密实度较差，和C592中间有约5米的空当。年代为汉以后。

5.4.3　调查遗物

本次采集的秦汉陶片主要有罐、瓮、盆瓯类器、鬲、甗、壶、灯，还有板瓦、筒瓦及瓦当。其中容器类的罐、瓮、盆瓯类器和建筑用的瓦类数量较多，瓮分敛口瓮和直口瓮，瓦有板瓦、筒瓦和瓦当。

罐　小口罐，均为口沿残片，泥质灰陶，平折沿，方唇，素面。依颈的高度可分为A、B、C

三型。

A型　颈极矮。标本C378：221，厚方唇，口内折棱下有圆缓的凸起，口径16.1、残高5.4厘米（图5-63，1）。

B型　颈略高，中部微束。本型口内折棱下有不甚明显的圆缓凸起。标本C289：139，唇面上部有一道凹槽，口径12、残高4.6厘米（图5-63，9）。标本C378：216，唇面上部有一道凹槽，口径14.1、残高5.6厘米（图5-63，8）。标本C378：222，唇面微鼓，上有一道弦纹，沿下有一道凹槽，口内折棱尖锐，有一道抹痕，口径12.2、残高3.7厘米（图5-63，7）。

C型　高直颈。标本C378：220，沿面微凹，厚方唇，口径16.3、残高8厘米（图5-63，5）。

瓮　均为口沿残片。泥质灰陶居多，厚方唇，依口部特征可分为敛口、直口两大类。

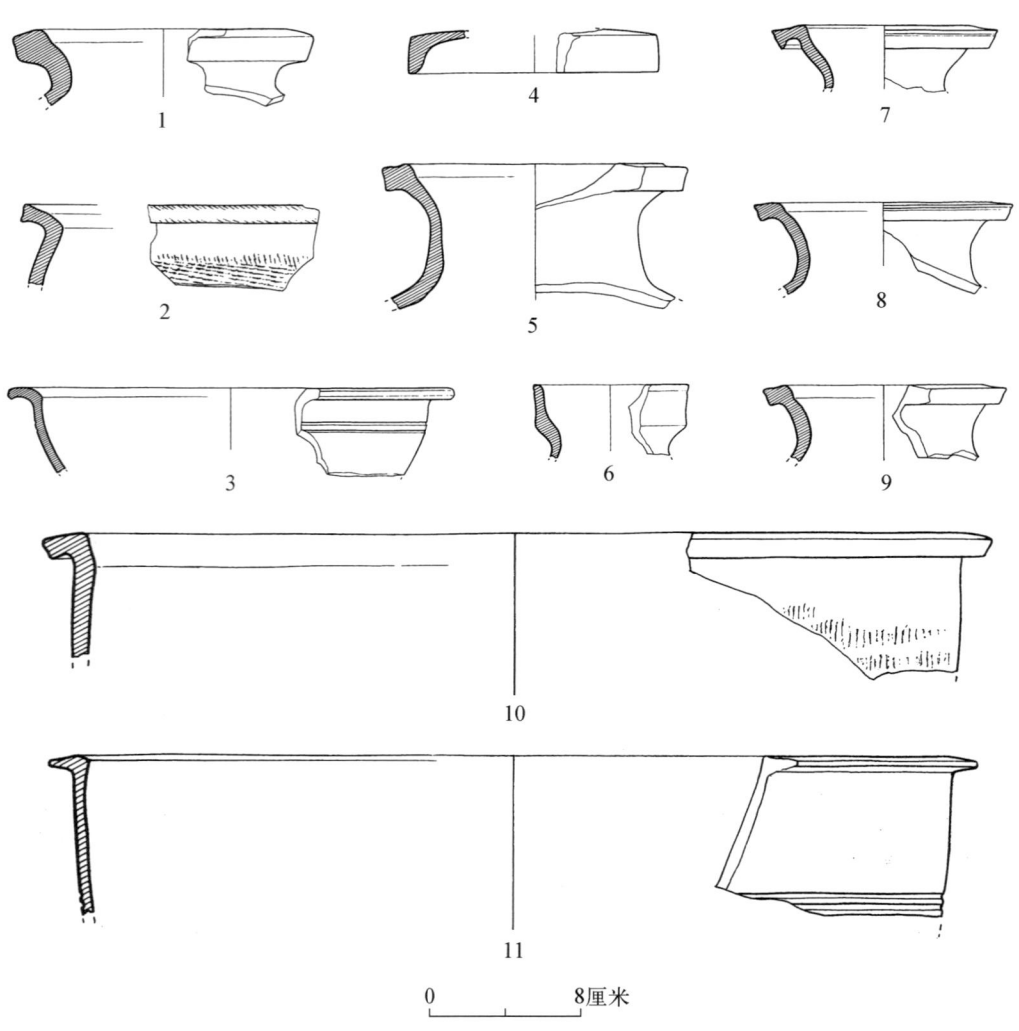

图5-63　战国秦汉陶罐、鬲、盆甑类器、器盖、壶

1、5、7、8、9. 罐（C378：221、C378：220、C378：222、C378：216、C289：139）　2. 鬲（C201：86）

3. C型盆甑类器（C378：227）　10、11. B型盆甑类器（C289：143、C378：225）　4. 器盖（C378：359）　6. 壶（C214：89）

敛口瓮 均为灰陶。口沿外附加宽薄泥条，肩圆鼓，形体特大。标本C378∶217，素面。口径41.6、残高4厘米（图5-66，2）。标本C378∶236，素面，唇面微鼓，残高7.6厘米（图5-66，3）。

直口瓮 依肩部特征可分为A、B两型。

A型 肩外展近平，素面。标本C378∶215，肩部圆鼓，口径26、残高5.1厘米。标本C378∶230，灰褐陶，唇面圆鼓，口径25.8、残高4.4厘米（图5-66，4）。标本C378∶232，灰陶，方唇，口部近外壁处可见一层红褐胎，唇内侧下卷形成一道圆鼓凸棱，颈部依稀有斜行绳纹，肩部近口处有阳文"河阳"戳印，口径25.2、残高4.8厘米（图5-64，8）。

B型 肩圆缓向下延展，部分肩部有纹饰。这种装饰手法常见于东汉时期的瓮类。标本C378∶231，灰陶，方唇，肩部微斜，饰间隔均匀的刻划纹，纹饰上端直下端右斜，连绵如水波状，残高5厘米（图5-64，6）。标本C378∶233，灰陶，方唇，素面，口径28.3、残高6.9厘米（图5-64，7）。标本C378∶234，唇面较窄，微鼓，肩部饰较短的篦纹，口径24.8、残高9.2厘米（图5-64，5）。标本C378∶235，灰褐陶，唇面微鼓，素面，口径24、残高5.6厘米（图5-64，2）。标本

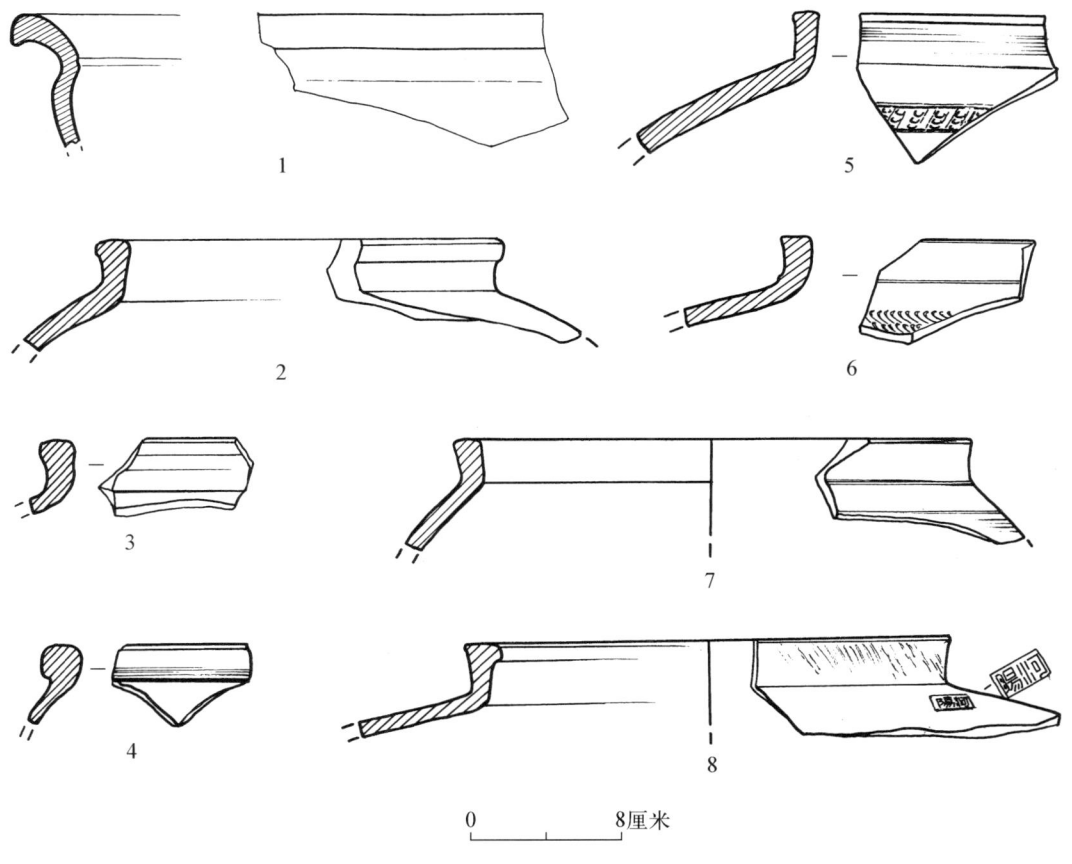

图5-64 战国秦汉陶盆、瓮

1. C型盆甑类器（C388∶266） 2、4、5、6、7. 直口B型瓮（C378∶235、C387∶264、C378∶234、C378∶231、C378∶233）
3. 瓮（C378∶229） 8. 直口A型瓮（C378∶232）

C387∶264,黑皮褐胎,唇面圆鼓外翻,素面,残高4厘米(图5-64,4)。

　　另有一件肩部残损过甚,不便分型。标本C378∶229,灰褐陶,唇面微鼓,素面,残高4.1厘米(图5-64,3)。

　　盆甑类器　均为口沿残片,底部情况不明,暂归为盆甑类器。泥质灰陶,依口沿及腹部特征分为A、B、C三型。

　　A型　宽斜折沿,腹壁较直,向内斜收。标本C289∶142,方圆唇,沿面微鼓,饰数道印痕极浅的旋纹,口内折棱微凸,上腹部饰两道印痕较深的宽旋纹。口径47.6、残高7.3厘米(图5-65,2)。标本C378∶223,方唇,唇下部尖锐凸起,沿内折棱凸起,沿面及内壁饰数道暗纹,沿下饰一道旋纹,旋纹下饰绳纹间以抹痕,除最上面纹饰带较宽外,其余宽度基本相同。残高13厘米(图5-65,3)。标本C378∶224,方圆唇,唇下部微圆鼓外凸,沿面饰数道印痕极浅的旋纹,间隔粗细不均,内壁饰数道暗纹,沿下饰道印痕极浅的旋纹。残高9.1厘米。标本C378∶226,圆唇,沿面微鼓,饰数道印痕极浅的旋纹,上腹部饰两道旋纹夹较短篦纹。口径44.7、残高5.5厘米(图5-65,1)。

　　B型　窄平折沿,腹壁较直,有外张趋势。标本C289∶143,直口,方唇,沿内折棱下微鼓,上腹饰不规则排列的间断直行绳纹,印痕较浅且被抹,残痕依稀可见,残高6.5厘米(图5-63,

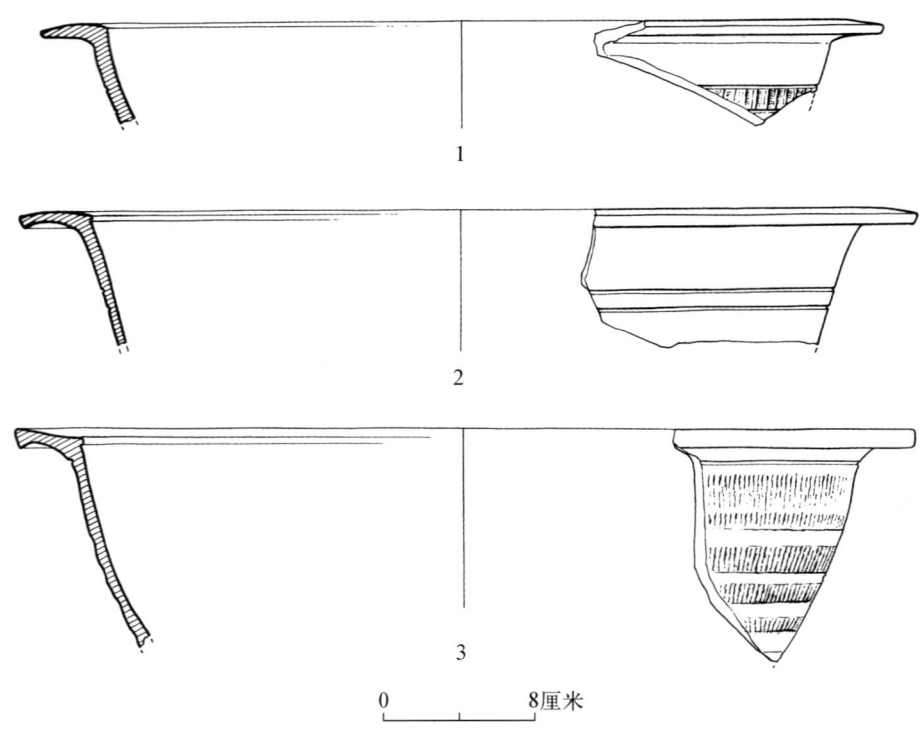

1

2

3

0　　　　　　8厘米

图5-65　战国秦汉陶盆甑类器

1、2、3. A型盆甑类器(C378∶226、C289∶142、C378∶223)

10）。标本C378：225，直口，圆唇，沿面内缘微起凸棱，上腹饰一道旋纹，印痕较浅。残高10.7厘米（图5-63，11）。

C型　卷沿，腹壁微弧，圆转内收。标本C378：227，圆唇微下卷，唇面有一道弦纹，上腹饰两道间隔较小的旋纹，下饰数道暗纹。口径28、残高5.4厘米（图5-63，3）。标本C388：266，方圆唇，唇面下部有一道凸棱，素面、残高5.3厘米（图5-64，1）。

鬲　标本C201：86，口沿残片。夹砂灰陶，卷沿近平，方唇，唇面微凹，绳纹被抹，腹部饰绳纹，模糊不清。残高4.4厘米（图5-63，2）。

甗　标本C378：228，口沿残片带腹部。泥质灰陶，侈口，卷沿，方圆唇，唇部加厚，腹部饰竖行绳纹，印痕较浅，下腹部两道间隔较宽的旋纹穿过绳纹。残高16.7厘米（图5-66，1）。

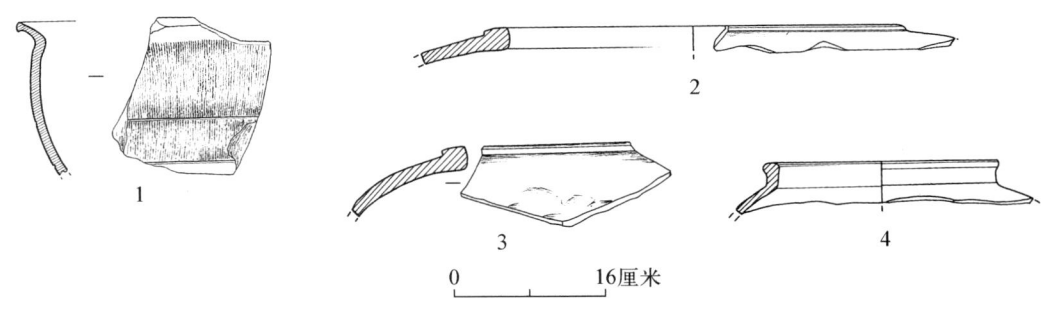

0　　　　　　　16厘米

图5-66　战国秦汉陶甗、陶瓮

1. 甗（C378：228）　2、3. 敛口瓮（C378：217、C378：236）　4. A型直口瓮（C378：230）

壶　标本C214：89，口沿残片。泥质灰陶，盘状口，圆唇，唇下微凹，素面。口径12.4、残高4.7厘米（图5-63，6）。

器盖　标本C378：359，残片。灰陶夹细砂，方唇。口径12.2、残高3.5厘米（图5-63，7）。

瓦　有板瓦和筒瓦两种。

板瓦　均为残片。泥质灰陶或灰褐陶，正面饰粗绳纹，依瓦身的弯曲程度可分为A、B两型。

A型　瓦身弯曲度较大，剖面呈弧形，依端头绳纹的有无可分为两亚型。

Aa型　端头有绳纹。标本C378：200，瓦面绳纹可分三段，近端处左斜，印痕模糊，中部微左斜，远端处为较细的直行绳纹，印痕较前两段深，背面布纹。残长29.8、宽21.6、厚1.8厘米（图5-67，8）。标本C378：214，瓦面近端处饰交叉绳纹，远端处饰直行绳纹，印痕较深，背面有水波状印痕。残长14.7、厚1.9厘米（图5-67，6）。标本C378：242，瓦面饰斜行绳纹，近端处饰直行绳纹，印痕较深，背面近端处饰斜行绳纹，远端处有几组水平方向的麻点纹。残长25.8、厚1.8厘米（图5-67，4）。标本C424：320，瓦面饰斜行绳纹，部分绳纹近直，纹饰较杂乱，背面素面。残长17.3、厚1.6厘米（图5-67，3）。标本C424：321，瓦面通体饰印痕较深的直行绳纹，背面有菱形方格纹。残长15.3、宽12、厚1.9厘米（图5-67，2）。标本C428：324，灰褐陶，瓦面饰直行绳纹,近端处饰斜行绳纹,背面素面。残长9.6、厚1.3厘米(图5-67,1)。

Ab型　端头无绳纹,背面布纹被抹。标本C378:244,灰褐陶,端头边沿圆鼓凸起,瓦面饰斜行绳纹间以抹痕,近端处绳纹被抹。残长11.4、厚1.8厘米(图5-67,5)。标本C424:319,瓦面饰直行绳纹,近端处绳纹被抹。残长16、宽17、厚1.8厘米(图5-67,7)。

B型　瓦身弯曲度较小,剖面近平,形体特大。标本C296:147,瓦面饰印痕较深的直行

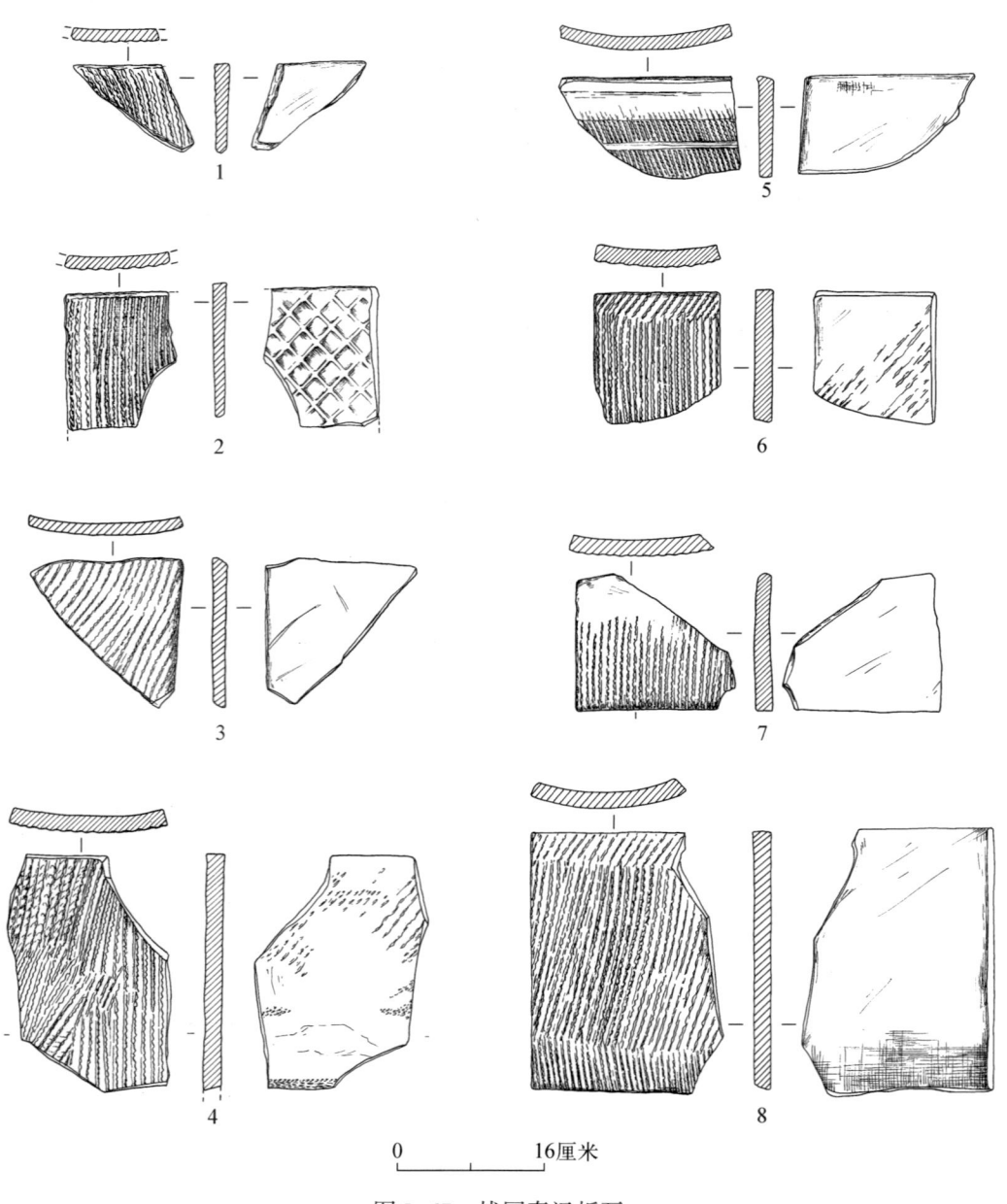

0　　　　　16厘米

图5-67　战国秦汉板瓦

1、2、3、4、6、8. Aa型板瓦(C428:324、C424:321、C424:320、C378:242、C378:214、C378:200)

5、7. Ab型板瓦(C378:244、C424:319)

绳纹,近端处饰斜行绳纹,背面近端部分饰水波状纹,其余部分为布纹。残长22.6、厚2厘米(图5-72,2)。

另有一些未包括端头的板瓦残片,依绳纹特征可分为A、B两型。

A型　绳纹较细,印痕比较规整。标本C289:140,灰陶,瓦面饰印痕较深的直行绳纹,背面布纹。残长14、厚1.4厘米(图5-68,4)。标本C378:201,灰褐陶,瓦面饰中粗绳纹,纹饰一

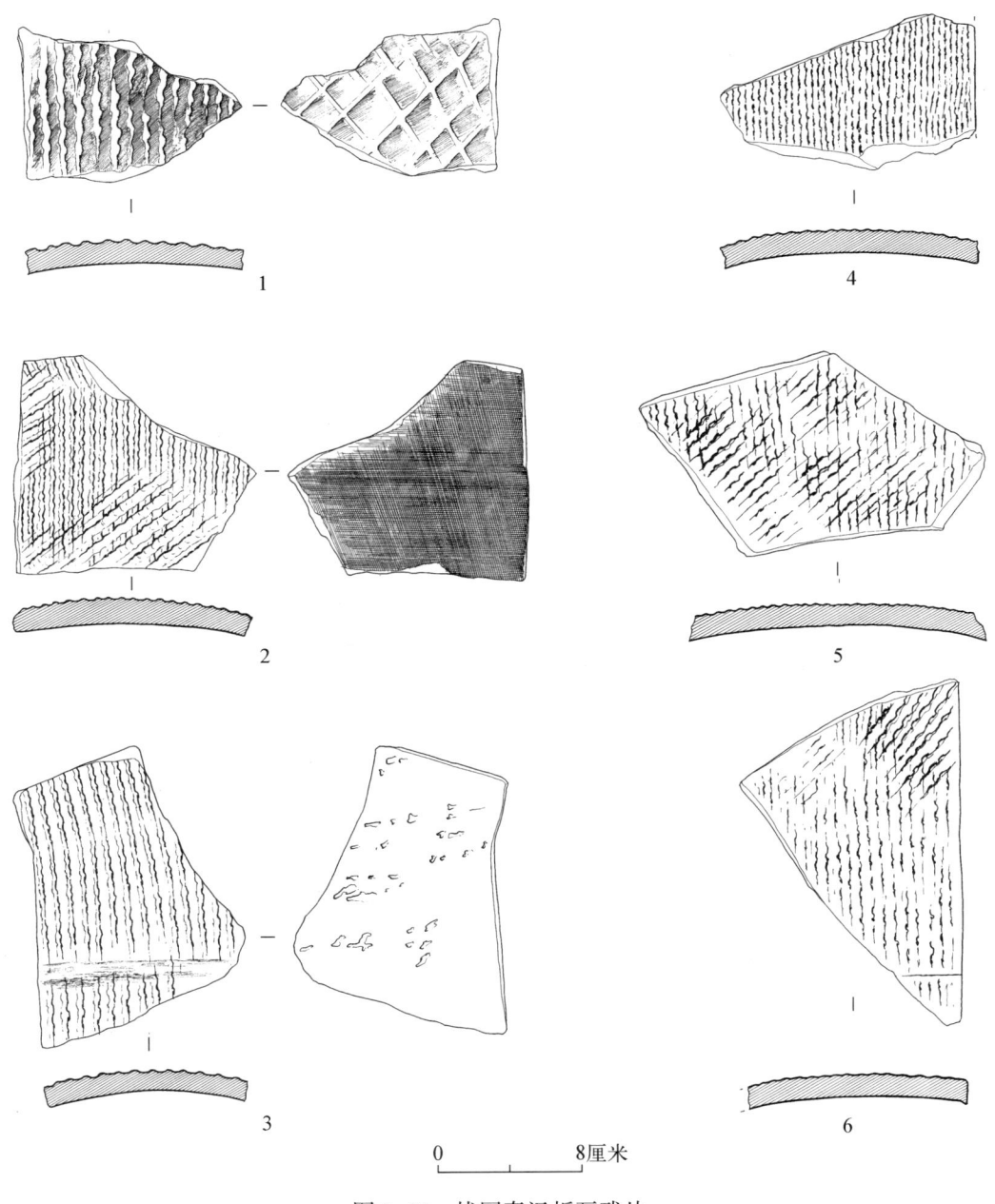

图5-68　战国秦汉板瓦残片

1. 板瓦残片B型(C424:318)　　2、3、4、5、6. 板瓦残片A型(C428:322、C424:317、C289:140、C378:213、C378:212)

端左斜，一端为直行，其中直行部分印痕较模糊，背面素面。残长26、厚1.8厘米（图5-72，1）。标本C378：212，瓦面一端饰斜行绳纹，一端饰直行绳纹，印痕较浅，背面素面。残长19.9、厚1.5厘米（图5-68，6）。标本C378：213，瓦面饰印痕较浅的交错绳纹，背面素面。残长11.8、厚1.6厘米（图5-68，5）。标本C389：267，瓦面饰印痕极浅的直行绳纹，纹理模糊，背面素面。残长5、厚1.6厘米。标本C424：316，灰褐陶，瓦面饰直行绳纹，有斜行绳纹呈片状间断分布其上，背面布纹。残长14.3、厚1.8厘米（图5-72，3）。标本C424：317，瓦面饰斜行绳纹，背面粗绳纹被抹。残长17.1、厚1.1厘米（图5-68，3）。标本C428：322，饰中粗绳纹，残片左上角及右下角绳纹左斜，余皆为直行，斜行绳纹较直行模糊，背面布纹。残长13.2、厚1.2厘米（图5-68，2）。

B型　绳纹粗大，印痕较凌乱。标本C378：243，灰褐陶，瓦面饰印痕较深的直行绳纹，背面布纹。残长15.2、厚1.6厘米（图5-72，4）。标本C424：318，瓦面饰印痕较深的直行绳纹，背面有菱形方格纹。残长12、厚1.4厘米（图5-68，1）。

筒瓦　均泥质，灰褐陶居多，少量灰陶，瓦面饰绳纹。均无当，瓦沟多有布纹痕迹，完整的筒瓦一端窄一端宽，窄端出唇以便套接。本次调查未采集到完整的标本，但有包含瓦端的残片，依瓦端宽窄分为两类。

筒瓦窄端　瓦身下折出唇，瓦面近唇底处为素面，余皆饰直行绳纹，依唇面形状可分为A、B两型。

A型　方唇。标本C289：141，唇较长，唇面绳纹被抹，残痕依稀可见，靠近唇底的素面带较窄，与绳纹相接处起脊，绳纹规整，颗粒清晰，印痕较深，瓦沟近端处附加一道宽薄泥条。残长15、残宽9、厚2.2厘米（图5-71，1）。标本C378：203，灰褐陶，唇较长，唇底较窄，瓦沟近端处附加一周较宽泥条，绳纹较细。残长12.4、残宽11.8、厚1.7厘米（图5-70，2）。标本C378：204，灰褐陶，唇底较宽，靠近唇底的素面带较宽，素面带与绳纹相接处起脊，绳纹规整，印痕较深。残长15、残宽12.5、厚2厘米（图5-70，5）。标本C378：205，灰褐陶，瓦沟近端处附加一周较宽泥条，绳纹较细，靠近唇底的素面带较窄。残长24.4、残宽13.2、厚2.1厘米（图5-69，3）。标本C378：206，灰陶，瓦面绳纹较粗，靠近唇底的素面带较窄，瓦沟近端处附加一道薄泥条。残长13.7、残宽10.6、厚1.7厘米（图5-70，1）。标本C378：207，灰褐陶，唇较短，唇底较窄，瓦面纹饰极其模糊，近似素面。残长11.6、残宽13.4、厚1.7厘米（图5-70，4）。标本C378：208，灰褐陶，靠近唇底的素面带较窄，与绳纹相接处起脊，瓦沟近端处附加一道薄泥条。残长22、残宽15、厚2.2厘米（图5-69，6）。标本C378：238，灰褐陶，唇较长，瓦面绳纹较细，靠近唇底的素面带较窄，瓦沟近端处附加一周较宽泥条。残长18.5、残宽12.8、厚2.6厘米（图5-70，6）。标本C378：239，灰褐陶，瓦面绳纹印痕较深，靠近唇底的素面带宽，瓦沟近端处附加一道宽泥条，残长16.7、残宽12、厚1.5厘米（图5-69，1）。标本C378：240，灰陶，唇较短，靠近唇底的素面带较宽，被抹绳纹残痕依稀可见，瓦面绳纹印痕较深，瓦沟近端处附加一道宽

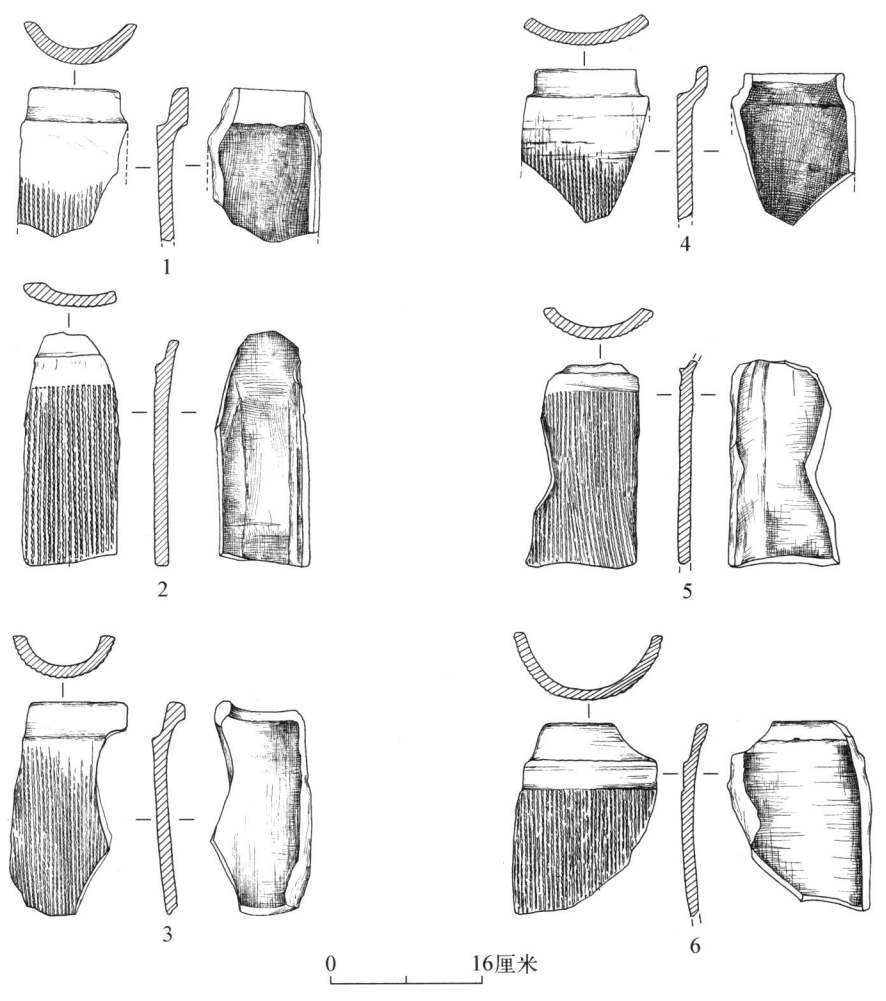

图 5-69　战国秦汉筒瓦窄端

1、3、4、6. Aa 型（C378：239、C378：205、C378：240、C378：208）　2、5. 窄端残损（C378：202、C378：210）

薄泥条。残长16.8、残宽13、厚1.4厘米（图5-69，4）。标本C378：241，灰陶，唇较短，唇底较窄，绳纹印痕极深，部分被抹，靠近唇底的素面带较宽，隐约可见未抹净的绳纹。残长20.6、残宽12.7、厚2.4厘米（图5-70，3）。

B型　圆唇。标本C201：85，灰陶，薄唇微上翘，靠近唇底的素面带较窄，瓦面直行绳纹较粗，印痕较浅，瓦沟有间隔均匀的直行模具痕迹，有典型的东汉风格。残长15.5、残宽11.5、厚3.1厘米（图5-71，9）。

另有两片瓦唇末端残损，不辨形状。标本C378：202，褐陶，靠近唇底的素面带较窄，瓦面直行绳纹较规整，颗粒清晰，印痕较深。残长24.2、残宽9.8、厚1.4厘米（图5-69，2）。标本C378：210，灰褐陶，靠近唇底的素面带较窄，瓦面直行绳纹印痕较深。残长22.5、残宽11.8、厚2.4厘米（图5-69，5）。

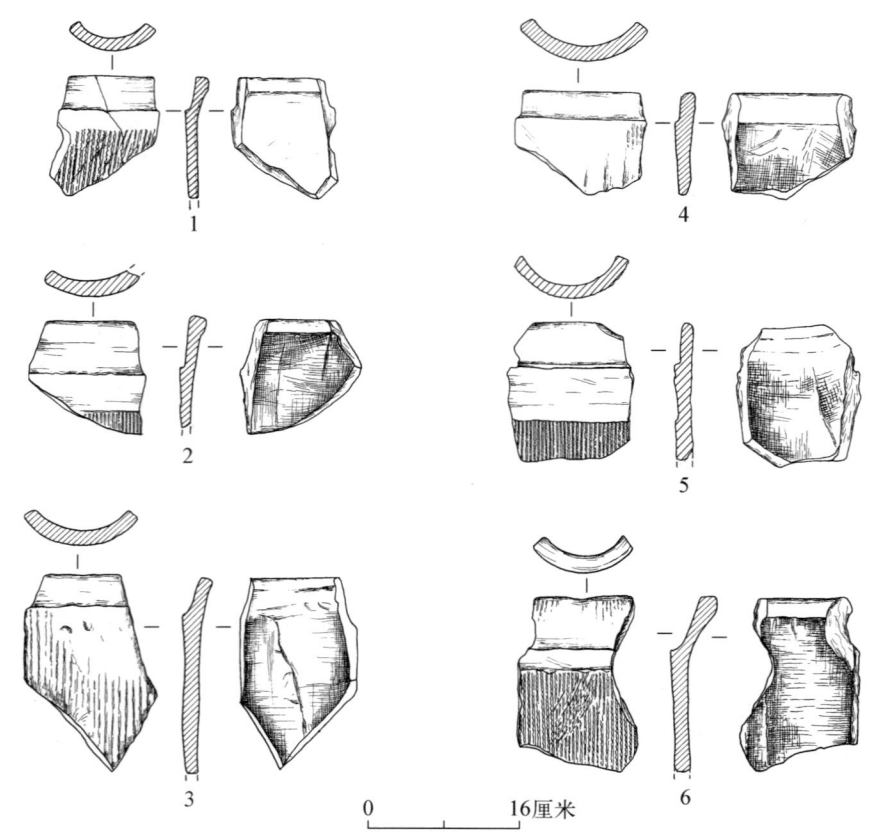

图5-70　战国秦汉筒瓦窄端

1、2、3、4、5、6.（C378：206、C378：203、C378：241、C378：207、C378：204、C378：238）

筒瓦宽端　端头截面为方形，依端头绳纹的有无可分为A、B两型。

A型　端头无绳纹。标本C215：90，灰褐陶，瓦面饰直行细绳纹，印痕较浅，纹理模糊。残长10.3、残宽7.6、厚1.9厘米（图5-71，8）。标本C296：146，灰褐陶，瓦面绳纹印痕较深，颗粒清晰，瓦沟近端部分向端头斜收呈楔形。残长19.8、残宽11.8、厚2厘米（图5-71，3）。标本C378：209，灰褐陶，瓦面饰直行中粗绳纹，印痕较深。残长21.8、残宽12.9、厚1.6厘米（图5-71，11）。标本C378：211，灰褐陶，瓦面绳纹较细，近端处无绳纹部分较窄，绳纹残痕依稀可见。残长23.6、残宽15.9、厚1.6厘米（图5-71，12）。标本C378：237，灰褐陶，瓦面绳纹印痕较深，近端处绳纹残痕依稀可见。残长15.8、残宽13.4、厚1.4厘米（图5-71，10）。标本C424：314，灰陶，瓦面绳纹较细，近端处绳纹残痕依稀可见。残长16.8、残宽14.5、厚1.2厘米（图5-71，4）。

B型　端头有绳纹。标本C656：412，灰褐陶，饰细绳纹，近端处绳纹左斜，其余部分为直行，其中间有竖直方向的抹痕，斜行绳纹印痕较直行模糊。瓦沟近端处有较宽的斜线痕迹，其余为布纹。残长19.9、残宽12.3、厚1.3厘米（图5-71，2）。

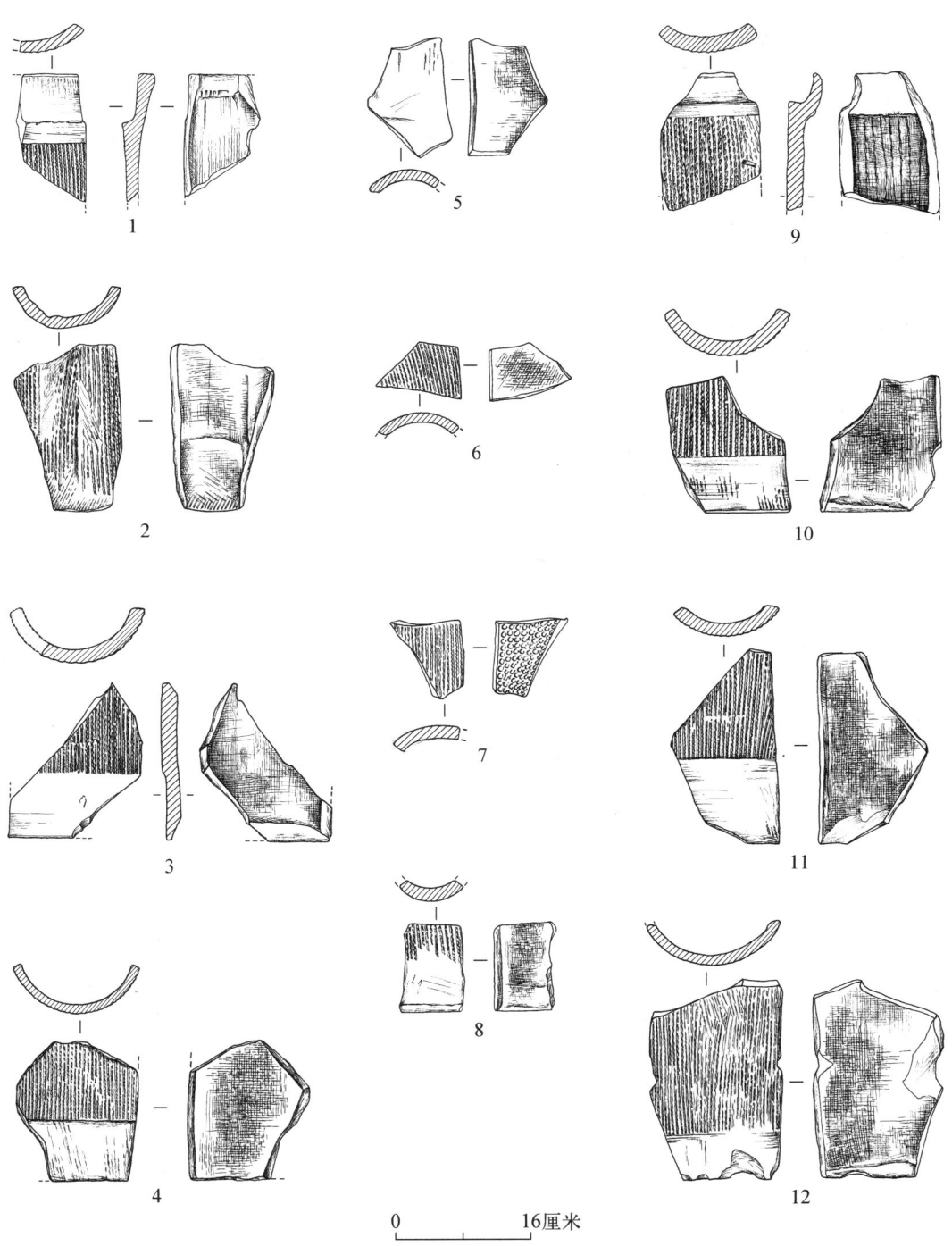

图5-71　战国秦汉筒瓦窄端、宽端和中部残片

1. 窄端A型（C289：141）　2. 宽端B型（C656：412）　3、4、8、10、11、12. 宽端A型（C296：146、C424：314、C215：90、C378：237、C378：209、C378：211）　9. 窄端B型（C201：85）　5、6、7. 中部残片（C428：323、C424：315、C378：199）

　　此外，还有一些筒瓦中部残片。标本C378：199，瓦中部残片，灰陶，瓦面饰印痕较浅的直行绳纹，印痕模糊，背面密布小坑窝纹。残长10.3、残宽7.6、厚1.9厘米（图5-71，7）。标本C424：315，灰陶，瓦面绳纹较细，印痕较深，纹理清晰。残长9.9、残宽6.5、厚1.1厘米（图5-71，6）。标本C428：323，灰褐陶，瓦面纹饰模糊难辨，近似素面，瓦背为布纹。残长13.8、残宽9.2、厚1.4厘米（图5-71，5）。

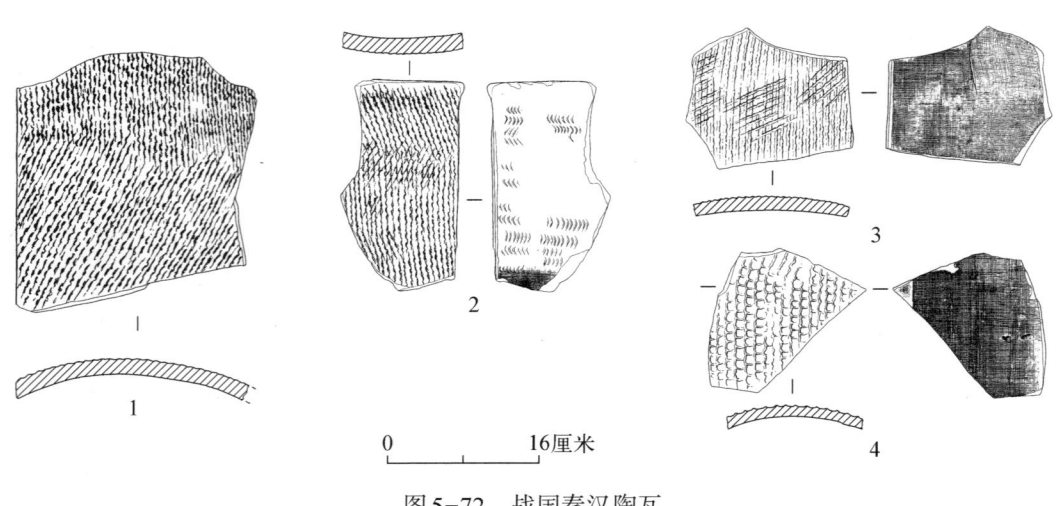

0　　　　　　　　16厘米

图5-72　战国秦汉陶瓦

1、3.板瓦残片A型（C378：201、C424：316）　2.板瓦B型（C296：147）　4.板瓦残片B型（C378：243）

　　瓦当　均为残片，汉代，泥质灰陶，不见边轮，当面饰卷云纹，云纹中部空隙处沿竖直方向点缀两个小乳钉，当背有泥条遗留。标本C378：218，残长8.5、残宽6.7、厚1.7厘米（图5-73，2）。标本C378：219，残长8.7、残宽5.4、厚1.5厘米（图5-73，1）。

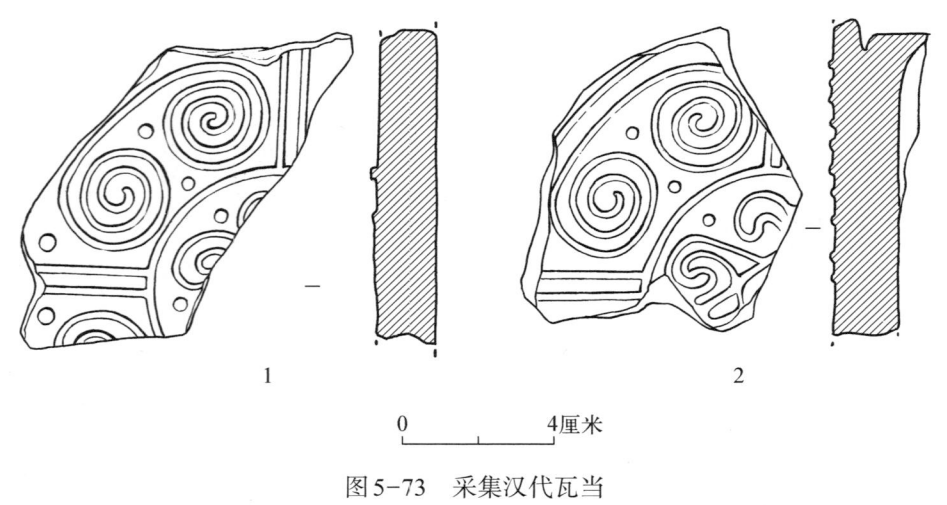

0　　　　　　　4厘米

图5-73　采集汉代瓦当

1.C378：219　　2.C378：218

5.4.4 聚落特征

战国秦汉及以后的聚落范围，基本延续了西周文化时期，没有明显的扩张和缩小，在该范围以外少见战国秦汉及以后的遗存。这表明孔头沟遗址在西周晚期之后经历了一个年代断层，直至战国时期才继续有人群居住，而且孔头沟遗址及周边邻近地区适宜居住的范围相对固定和有限，导致西周文化和战国秦汉及以后的人群选择了相同的生存区域。

战国秦汉及以后的遗存仍然遍布整个聚落，主要是地表点，遗迹点相对较少且分布比较零散，夯土台和灰坑多分布在聚落的南部，墓葬分布于聚落的北部。

战国秦汉及以后的聚落内发现有夯土台、灰坑、地表点等居址遗存，还有墓葬遗存，以及陶窑等生产遗存。墓葬、陶窑等分布都十分零散，没有成片聚集的现象，因此聚落内的功能区划还不甚明确。聚落内发现有夯土台3座，2座紧邻，其性质可能为宫殿建筑的基础，或可表明这一区域存在高等级人群的居住区。

综合上述调查资料可知，孔头沟遗址有三个时期的聚落，即仰韶文化时期、商周时期和战国秦汉及以后时期，商周时期遗存是孔头沟遗址的主体。

仰韶文化聚落主要分布在遗址的南部，尤其是东南部。即宋家村以南，前庄村、后庄村以北的区域。遗迹有灰坑和文化层，仅分布在这一区域。在宋家村以北，则零散有地表采集点，而不见遗迹点。聚落内没有明显的功能区划。自仰韶早期至仰韶晚期，聚落的范围和功能区划基本没有变动（图5-74）。

商周时期的聚落与孔头沟遗址的范围相同，实际上孔头沟遗址的范围也正是根据这些采集点，尤其是遗迹点而确定的。商周时期聚落的范围较仰韶文化时期明显扩大，聚落的重心也已较仰韶文化时期明显北移。仰韶文化时期聚落与商周时期聚落之间也有上千年的时间断层，可知二者不是同一个聚落。商周时期聚落并不是仰韶文化的聚落自然延续，换言之，先周时期的人群是突然迁徙到孔头沟遗址的（图5-75）。

商周时期的聚落自先周晚期开始逐渐扩大，西周早期基本定型。西周早期至西周晚期的聚落范围基本稳定，但聚落内遗迹密度有所增加。聚落内功能区划在先周、商周之际不甚明确，西周文化时期出现了几个稳定功能区，如赵家台制陶作坊区、画图寺铸铜作坊区、宋家墓地区等，具有明确的功能划分。

战国及以后的聚落范围延续了商周时期，基本没有变化（图5-76）。但是聚落内的功能区划则与商周时期明显不同，没有发现明显的墓地区，也无铸铜遗存，制陶作坊分布分散，而且商周时期聚落与战国及以后聚落之间同样有数百年的时间断层，证明二者也不是同一个聚落。战国及以后聚落中的人群也是突然迁徙到孔头沟遗址的。

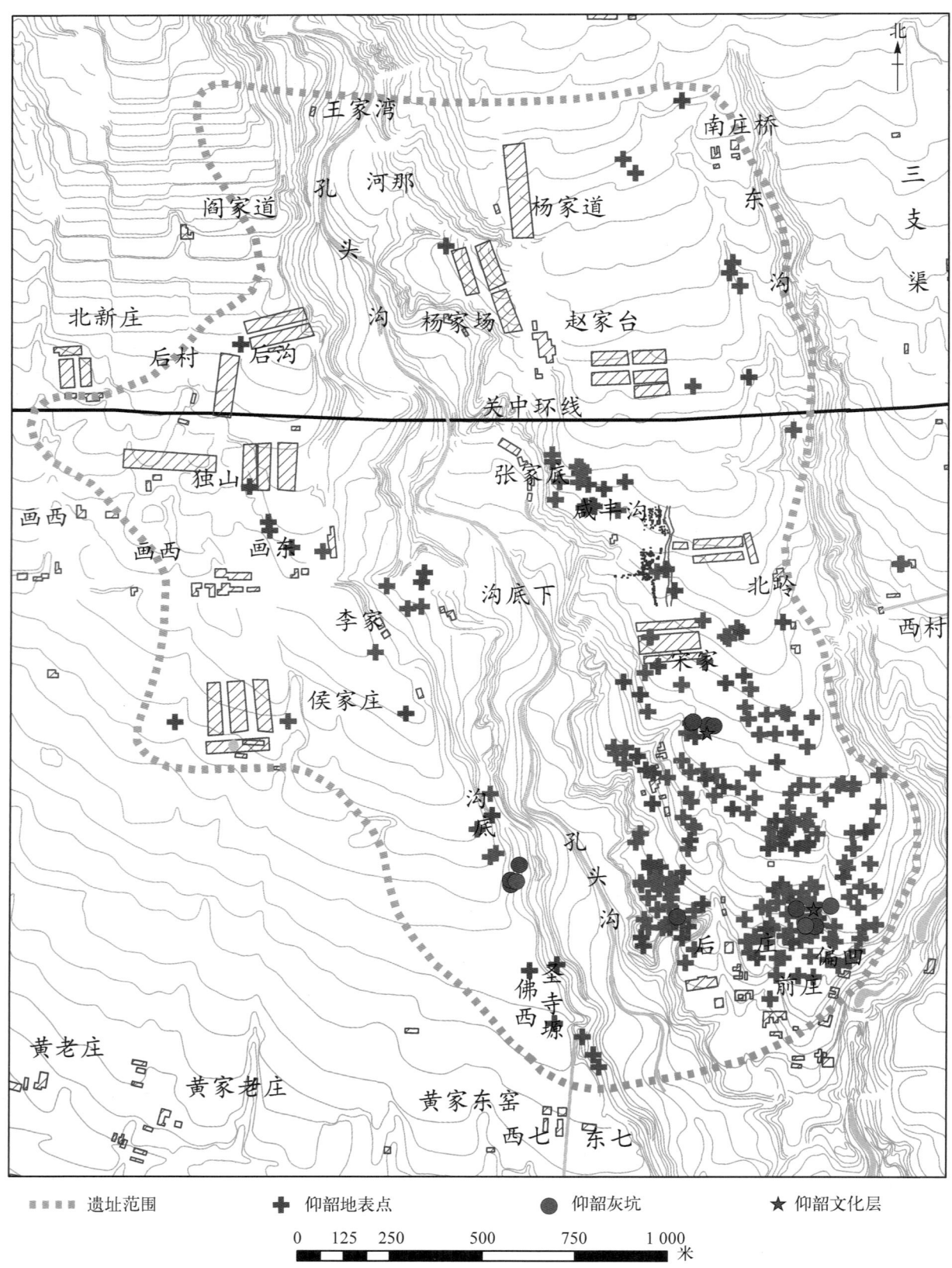

北

三支渠

王家湾

河那

孔头沟

阎家道

南庄桥

杨家道

东沟

赵家台

北新庄

后村

后沟

杨家场

关中环线

独山

张家底

咸丰沟

北岭

西村

画西

画西

画东

沟底下

宋家

李家

侯家庄

沟底

孔头沟

后庄

偏西

黄老庄

佛寺塬

前庄

黄家老庄

黄家东窑

西七

东七

▪▪▪▪ 遗址范围　　　✚ 仰韶地表点　　　● 仰韶灰坑　　　★ 仰韶文化层

0　125　250　　　500　　　750　　　1 000
米

图5-74　孔头沟遗址仰韶遗存分布示意图

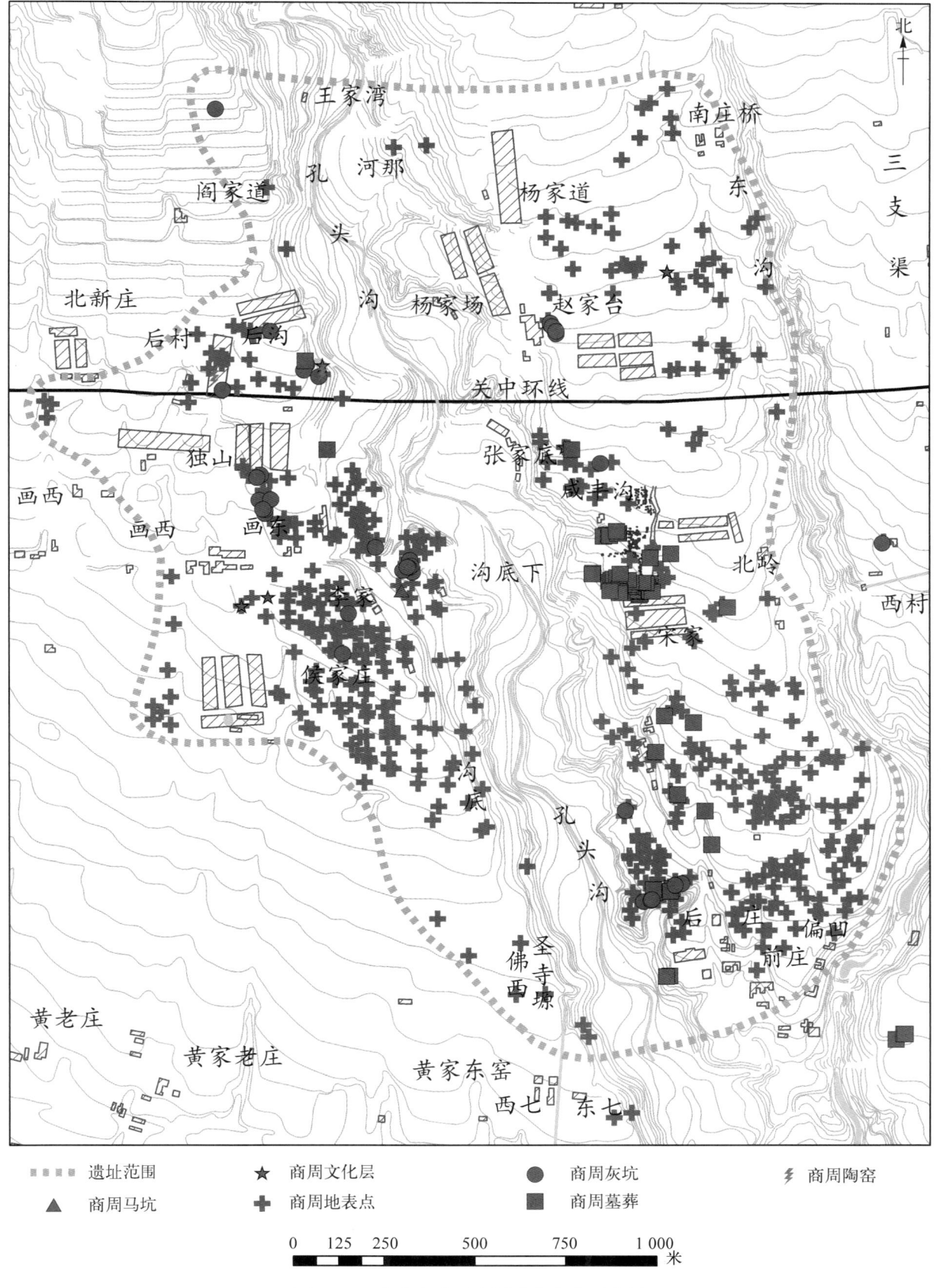

▪▪▪▪	遗址范围	★	商周文化层	●	商周灰坑	⚡	商周陶窑
▲	商周马坑	✚	商周地表点	■	商周墓葬		

```
0    125  250      500        750      1 000
                                         米
```

图5-75　孔头沟遗址商周遗存分布示意图

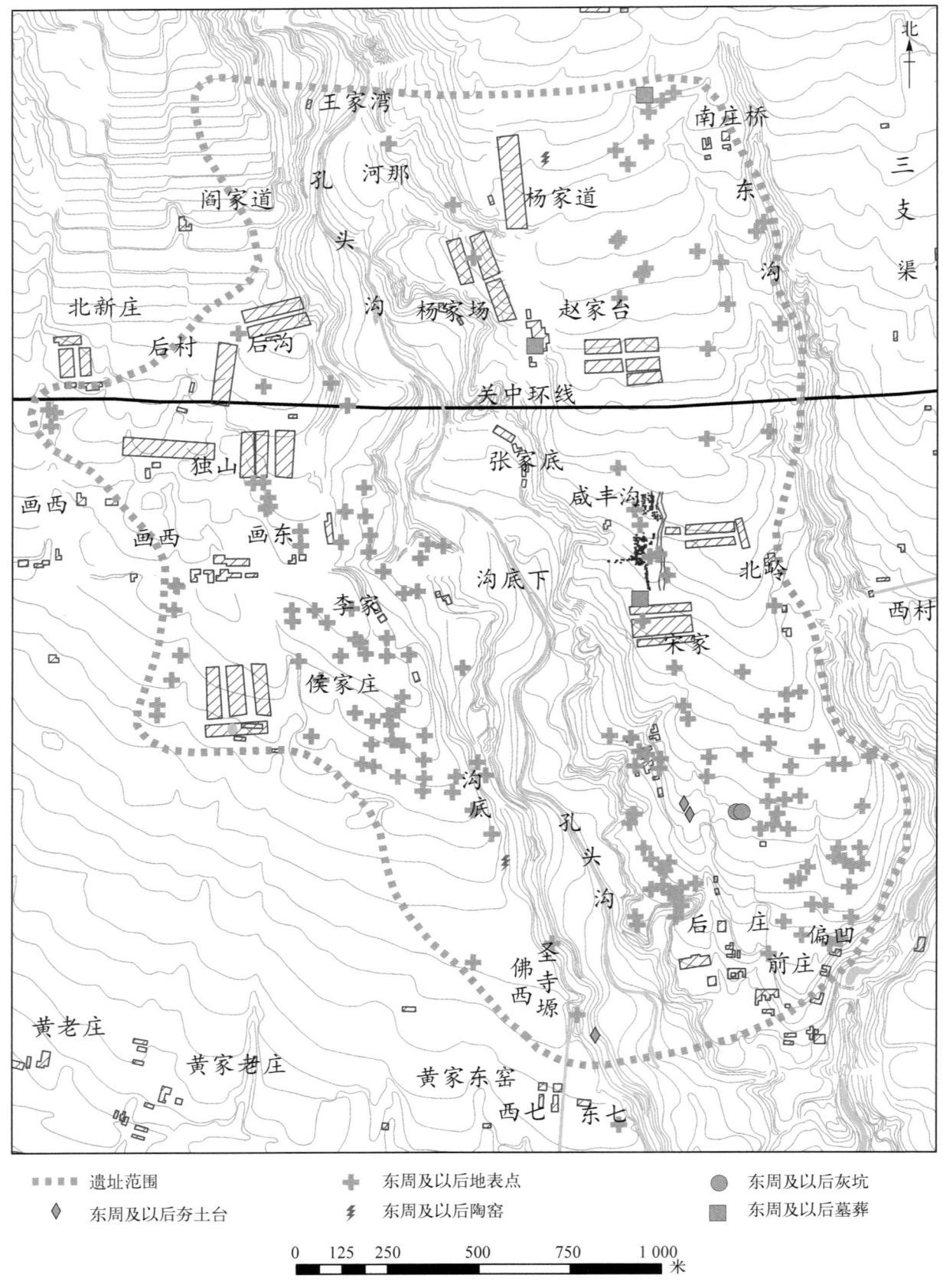

图 5-76 孔头沟遗址东周及以后遗存分布示意图

第六章　孔头沟商周聚落性质采邑说

聚落性质判定一直是三代考古中的一大难题。所谓三代的聚落性质，多指聚落的功用及其最高统治者的身份，可能与文献中记载的某地相对应。以往判断聚落性质的方法，主要依据聚落年代、聚落规模、文献记载之地望、出土文字等方面。本说是在采用以往研究方法的基础上，重点强调三点内容：一是区域聚落形态，二是聚落结构，三是社会结构与形态。

在缺乏古文献记载与出土文字资料的情况下，我们认为，根据聚落特征并与其他性质较为明确的聚落进行对比，是判断孔头沟遗址商周时期聚落性质的有效途径。位于孔头沟遗址之东的周原遗址一直被学界认为是古公亶父迁岐之地。西周时期的周原遗址是非姬姓高级贵族的云集之地[1]，亦被多数学者视为西周金文中周王常在的"周"地[2]，是西周中晚期的都邑[3]。位于孔头沟遗址之西的周公庙聚落被学界普遍认为是周公采邑[4]。三遗址相邻，均位于岐山之阳，其间不见同时期的大型聚落。三遗址商周时期聚落特征的对比，可大体判断孔头沟遗址商周时期聚落的性质，这是本报告判断孔头沟商周时期聚落的最根本方法。

具体从以下四个方面论述。

1. 聚落结构

（1）聚落形成过程的阶段划分

参照孔头沟遗址商周时期陶器分期标尺，结合调查、发掘与钻探所得遗存分布信息，可将孔头沟商周时期聚落的形成过程划分为五个阶段。

第一阶段：先周晚期，约略相当于文王迁丰前后。所见遗存的散布面积约为1.5平方千

---

① 曹玮：《周原的非姬姓家族与虢氏家族》，《周原遗址与西周铜器研究》，科学出版社，2004年。
② 如尹盛平《试论金文中的"周"》，《考古与文物丛刊》第3号，《陕西省考古学会第一届年会论文集》，1983年；宗德生：《试论西周金文中的"周"》，《南开学报》1985年第2期。
③ 尹盛平：《周原文化与西周文明》，江苏教育出版社，2005年，第247～264页。
④ 曹玮：《太王都邑与周公封邑》，《考古与文物》1993年第3期。种建荣：《周公庙遗址商周时期聚落与社会》，西北大学博士论文，2010年。

米①。在此范围内,这些遗存相对集中分布于三个区域,分别在沟东赵家台村周围(B4区、C3和C4区的北部)、后庄村周围(E4区北部、E5区西部)和沟西画图寺村周围(C3区西部、D2区北部)。其中赵家台村周围区的面积较其他两者大。三个区域间的距离相对较远,其间几未发现本阶段遗存。本阶段遗存多是一般灰坑及一般生活陶器,仅在赵家台发掘区(C4区西部中间)灰坑中出土有石刀、石刀半成品及砾石等物。

第二阶段:西周初期,或可早至商周之际。本阶段遗存散布范围略大于第一阶段,面积约为2.2平方千米。所见遗存除集中分布于第一阶段的三个集中分布区域外,在独山村周围(B2区的南部)新出现了一处相对集中的分布区。在这四个区域之间,还可零星见到本阶段遗存。在本阶段四个区域内,均可见到一般灰坑和一般生活陶器,其中在独山村发掘区(B2区关中环线上)和赵家台发掘区均发掘到本阶段的一般灰坑。以往发掘与本次调查发现,在赵家台村西北(B3区东北部)有多座集中分布的陶窑,其形制结构与一般陶窑不同,因在窑内废弃堆积中出土空心砖与条形砖,故判断这种陶窑可能系专门烧砖之用。在村西南及关中环线上(B4区的西南部),发现了数座商周遗址中常见烧制陶器的陶窑。在烧砖陶窑正南较远处赵家台发掘区的两座灰坑中,出土了空心砖等建筑材料。其中一坑内还出土了制造石刀的毛坯、半成品或废品等。在宋家村北(C4区南部边缘)发掘的数座小墓,多为本阶段遗存。

第三阶段:西周早期(偏晚阶段)。明确为本阶段的遗存,其散布面积约为2.6平方千米,较前一阶段有所扩大。整个聚落内,遗存分布的密度增大,明确属此期的调查采集点较前增加10%,以致第二阶段的四个遗存集中分布区在一些地方几乎连成一片。发掘所见本阶段的遗存甚少,仅在北岭村西(C4区中部偏南)发掘到1座该阶段的墓葬。调查所见明确属本阶段的遗迹仅为3座灰坑。在画图寺发掘区(D2区北部边缘中间)的一些晚期单位中发现了不少此期遗物。其余所见本阶段遗存均为地表采集的一般生活陶器。

第四阶段:西周中期。本阶段遗存散布面积约为3.1平方千米,聚落范围进一步扩大。明确为本阶段的调查遗存较少,但各处分布相对比较均匀。发掘所见本阶段遗存较多。在画图寺发掘区清理了20多座本阶段灰坑,部分灰坑内出土有铸铜陶范及铸铜工具。在赵家台发掘区所见属本阶段的灰坑仅1座。在北岭村西清理了10余座本阶段墓葬。在独山村发掘区发掘到数座灰坑,出土遗物均为一般生活陶器等。

第五阶段:西周晚期。本阶段遗存散布范围更为广泛,其面积约为4.1平方千米,基本等同于孔头沟商周时期聚落的总面积。所见本阶段遗存,遍布于整个聚落。在画图寺发掘区清理的近40座属本阶段的灰坑中,不少仍出土陶范、炉壁及制铜工具等遗物,另见有3座用于烘

---

① 本报告的聚落面积,均是读取于各相关遗址的"考古GIS系统"。虽然此种计算方法尚存在一些不足之处,用此法得到的聚落面积数,一般较以往方法所得结果数据较小,但更为准确。

烤陶范的窑。在北岭村西清理了数座本阶段的墓葬。两座带墓道的大墓的具体年代不明,从"中"字形大墓出土西周中期玉器看,其年代可能属西周中晚期。在独山村发掘区发掘到近10座一般灰坑。在赵家台发掘区不见本阶段遗存。在画图寺发掘区和独山村(C2区)均见到瓦。

西周时期遗存相对密集分布的大区域有两处,一处位于沟西聚落的中南部(C2、C3、D2及D3区),另一处位于沟东聚落的中南部(C4、D4、D5、E4及E5区)。聚落的重心似由商末周初时的北部,到西周时期转移至聚落的中南部。钻探与调查所见属西周时期的墓葬,绝大多数密布于北岭村西(C4区中南部),在后庄北边(E4区中部偏北)也发现了数座西周时期的墓葬。

概括而言,孔头沟遗址商周时期聚落发展演变的整体状况是:① 聚落面积逐步由小变大,聚落范围不断向外拓展。② 聚落内部的基本格局大致稳定,如墓葬一直分布于北岭村西区域。再如后一阶段聚落的拓展多是以前一阶段为中心。③ 新功能区的开辟,多是在以前聚落范围的边缘或外部,如开始于西周中期(或稍早)的铸铜作坊,就位于西周早期聚落的西部边缘。④ 聚落内部局部区域的功能发生过更替,如商周之际的烧砖陶窑废弃后,该区域变为一般生活区。据此,我们倾向性认为,孔头沟遗址商周时期聚落似在形成之初,可能已经统一布局规划。

(2)聚落功能区划分

在前文聚落形成过程分析的基础上,根据目前所见不同种类遗迹与遗物的分布状况,可知孔头沟遗址商周时期聚落至少有以下几类功能区:

墓地　墓葬主要发现于宋家村北、北岭村以西区域,我们称该区域为"宋家墓地"。在此调查发现墓葬67座,钻探发现墓葬165座。钻探得知墓地南北长约300米,东西宽约200米,总面积约6万平方米。根据钻探范围内墓葬数量估计,该墓地可能共有墓葬900座左右。

墓地与墓葬特征是:① 墓地内不见商周时期的任何居址遗存,该墓地应是一处单纯的墓地。② 发掘所见墓葬年代从商周之际延至西周晚期,墓地的年代由此可定。20世纪70年代中期,在宋家墓地出土了一件方格乳丁纹铜簋[1],年代应为先周晚期,从而表明该墓地的起始年代或可早至先周晚期。③ 按有无墓道与墓室面积可将所见墓葬墓分为五个等级。④ 墓葬分布十分密集,各类墓葬混杂分布,不存在各类墓葬的专属区域,即使在两座带墓道大墓中间亦分布着其他三类墓葬。⑤ 墓地内所见墓葬方向均为东西向,墓主头向东。不见殉人、殉牲,亦不见腰坑。

另外,在宋家村南和后庄村附近(D4、E4、F4和F5区)共发现9座墓葬,时代可能属西周时期,分布极其零散,似不是墓葬密集的墓地。

作坊　目前所见孔头沟遗址商周时期的作坊共有铸铜、制陶和制砖等三处。

---

① 国家文物局主编:《中国文物地图集·陕西分册》,西安地图出版社,1998年,第180页。

铸铜作坊　位于画图寺发掘区周围（D2区北部偏中）。根据钻探与调查结果估计该作坊的面积可能有5 000余平方米，发掘面积近300平方米，清理出灰坑、陶窑等遗迹，出土遗物除生活陶器外，还发现了大量陶范及与铸铜有关的遗物，如熔铜炉壁、砺石、伞状陶管等。

该作坊特征是：① 发掘单位的年代从西周中期到西周晚期，表明作坊的年代应为西周中期和晚期。另在这些西周中晚期单位中，尚见有西周早期的陶片与陶范，表明作坊的年代有可能早至西周早期。② 发现位于原位的陶窑，表明发掘区域应曾为作坊场所。③ 出土陶范有鼎、簋等礼器范，钟等乐器范，马镳、车辖等车马器范，刀等兵器范，所铸铜器种类齐全，表明该作坊并非生产单一器类的铸铜作坊。④ 一个值得注意的现象是，所见陶范有纹饰者极少，所见纹饰几乎皆为瓦纹和重环纹，与周原遗址李家铸铜作坊同期陶范相比，整体显得纹饰种类极为单调。

制陶作坊　位于赵家台村西南的关中环线及其两侧（B3区东部与B4区西部的关中环线两侧），所见数座陶窑并不紧邻，但分布相对集中。此处陶窑均由火膛、窑室、窑箅及操作坑等部分组成，据以往研究可知，这种窑是烧制日用生活陶器的陶窑①。发掘所见窑内废弃堆积的年代为西周初期，其他西周时期陶窑的具体年代不明。

制砖作坊　位于赵家台村西北，其西紧邻孔头沟（B3区东北部），与制陶作坊南北相距约300米。在此调查发现多座集中分布的陶窑。这些陶窑的形制结构明显与制陶作坊的陶窑不同，圆形窑室，无窑箅，均如1989年发掘的赵家台Y1，这种窑应是专门用于烧砖②。若此，集中分布此类陶窑的区域应是一处专门的制砖作坊。

发掘所见陶窑的年代均为西周初期或商周之际。西周早期偏晚阶段以后，这里所见灰坑内遗物已是一般生活陶器，不见空心砖等遗物。在孔头沟遗址范围内，所见空心砖均出于西周初期或商周之际的灰坑中。目前在关中西部地区所见空心砖的年代也多在商末周初。据上判断，孔头沟制砖作坊的年代很有可能仅局限在商周之际。

除上述三个明确的手工业作坊外，在赵家台发掘区的先周晚期与西周初期的一些灰坑内，还发现了为数不少的制作石刀的遗物，如石刀毛坯、半成品或废品等。目前尚不能判定这一区域是否存在着一个制石作坊。另在画图寺发掘区，发现一些有经锯割的骨料，目前亦不能判断这里或其附近是否存在一个制骨作坊。不过，这些遗物表明，孔头沟商周时期聚落的至少一部分石器与骨器，应系本聚落制作。

居址　由于未曾进行大规模考古发掘与大范围考古钻探，故在孔头沟遗址既未发现大型夯土建筑基址，也未发现一般低级房址。目前所见居址遗迹均是一般灰坑，其内包含物也多以

① 张明东：《黄河流域先秦陶窑研究》，《古代文明》第3卷，文物出版社，2004年。
② 陕西省考古研究所宝鸡工作站、宝鸡市考古工作队：《陕西岐山赵家台遗址试掘简报》，《考古与文物》1994年第2期。

生活陶器为主。据周公庙遗址发现可知,空心砖仅使用于高等级建筑。因此,孔头沟遗址制砖作坊,以及远离作坊的赵家台发掘区内出土的空心砖,表明孔头沟遗址内肯定存在等级较高的大型夯土建筑,且这些建筑始建于西周初期或商周之际。

概括而言,从商周之际开始至西周晚期,聚落内有一处大型公共墓地。商周之际为建造大型宫殿而设立的制砖作坊,在西周早期偏晚阶段以后便废弃了。与大型建筑同时存在的当然还有普通的房屋。从先周晚期起,聚落所用的石刀是由本聚落制造。从商周之际开始,制陶作坊已经存在。最晚从西周中期起,铸铜作坊开始出现,并延续使用到西周晚期。西周中、晚期时,聚落的部分骨器当由本聚落制造,但是否有专门的制骨作坊尚不清楚。

2. 区域聚落形态

(1) 聚落起止年代

周原遗址商时期遗存第1段的年代,大体与殷墟文化一期相当或稍早[1],此后一直延续至西周晚期。周公庙遗址商时期聚落开始于先周晚期,其第1段相当于周原遗址商文化分期的第6a段,亦与沣西H18年代相当或略早[2],西周中期以后的遗存极为罕见。孔头沟遗址商时期聚落的第1段同于周公庙遗址的第1段,聚落延续至西周晚期。

孔头沟遗址商周时期聚落的开始年代,与周原遗址有别,而同于周公庙遗址,说明孔头沟商时期聚落的形成背景有可能同于周公庙聚落。在周原地区,其他考古工作开展较多、已确认的商周时期大型聚落,如眉县杨家村、凤翔劝读、水沟、宝鸡蒋家庙等遗址的起始年代也均为先周晚期。这些遗址规模相近,都是周原地区规模仅次于都邑周原遗址的大型聚落。这些聚落的同时出现,应有着相似的社会背景。

一般认为采邑制度约产生于灭商前的文王时代[3]。郑玄《诗谱·周南召南谱》曰:“文王受命,作邑于丰,乃分岐邦周、召之地,为周公旦、召公奭之采地。”表明文王已将周原地区的土地分赐子弟。先周晚期多处大型聚落的同时出现,可能正反映着分封采邑的史实。这些遗址中的周公庙遗址、杨家村遗址已分别确认为周公采邑与单氏采邑。

(2) 聚落规模

从西周时期的区域聚落形态看,周原聚落是周原地区独一无二的超大型聚落,面积达33平方千米,是关中西部地区最大的、其他聚落无可比拟的都邑性聚落。周原地区其他聚落大致可分为三个等级:

第一等级聚落面积为180万～400万平方米。此类聚落中有考古工作较多、聚落面积准

① 雷兴山:《周原遗址商时期考古学文化分期研究》,《古代文明》第6卷,文物出版社,2007年。有关周原、周公庙和孔头沟三遗址商时期遗存的分期标尺,均依此文,以下不再详细说明。

② 中国社会科学院考古研究所丰镐工作队:《1997年沣西发掘报告》,《考古学报》2000年第2期。

③ 张天恩:《论西周采邑制度的有关问题》,《考古与文物》2008年第2期。

确、性质确定者如为周公采邑的周公庙遗址。孔头沟聚落面积属于这一等级。

第二等级聚落面积为100万～170万平方米。此类聚落中部分性质确定,如可能是召公家族小宗采邑的五郡聚落[①],作为弢氏封地的纸坊头聚落[②]。

第三等级聚落面积为100万平方米以下。此类聚落以往考古工作极少,对其聚落规模和性质的认识远远不够。

历时性比较看,周原遗址先周晚期聚落面积约为10平方千米,西周早期聚落面积急剧增大,约为15平方千米,西周中期聚落面积进一步扩大至约27平方千米,并相对稳定发展至西周晚期[③]。周公庙遗址先周晚期的聚落面积仅有近2平方千米,孔头沟同时期聚落面积约为1.5平方千米。周公庙遗址西周初期或商周之际的面积增至2～3平方千米,而孔头沟遗址同时期聚落面积约为2.2～2.6平方千米。周公庙遗址西周时期各阶段的聚落面积大致相当,约为4.5平方千米,而孔头沟遗址西周时期的聚落面积不断增大,由西周中期的3平方千米多,增至西周晚期的4平方千米稍多。

可见,孔头沟遗址商周时期的聚落面积远远小于周原遗址的同期遗存,虽略小于周公庙遗址同时期的聚落面积,但在西周中晚期时,两者的聚落面积大体相当。由此表明,孔头沟遗址商周时期聚落在大周原地区聚落形态中的等级,与周原遗址差异较大,而近同于周公庙遗址。

（3）聚落地理位置

先周晚期,周原地区初步形成"两横八纵带"的区域聚落形态。聚落主要分布在漳河、渭河沿岸,这一形态可称谓"两横";也集中分布在漆水河、七星河、孔头沟、大殿沟、川口河、西沟河、千河、金陵河等南北向河流沿岸,这一形态可称谓"八纵"。西周时期聚落数量激增,但仍延续着依水聚居的"两横八纵带"形态。

其中不同等级聚落的地理位置存在着一些规律性现象:

其一,第一等级聚落的分布形态为"两条横带"。"第一条横带"沿岐山山前台塬,间隔约10千米,孔头沟聚落与周公庙聚落均处于这一横带。"第二条横带"沿渭河旁台塬边缘分布,包括茹家庄、戴家湾等聚落。

其二,各纵带内聚落形态为"一大(第一等级)带多小(第三等级),大者居上游"。各纵带内第一等级聚落一般只有1处,多位于河流上游,另有多处第三等级聚落,多分布在河流的中下游。在"孔头沟纵带"内,作为第一等级聚落的孔头沟聚落位于孔头沟(河)上游,第三等级聚

① 种建荣、杨晓芳:《浅谈扶风五郡出土"珊生尊"的器形及相关问题》,《文博》2010年第6期。
② 宝鸡市博物馆:《宝鸡弢国墓地》,文物出版社,1988年。
③ 《周原地区商周时期的聚落与社会研究》课题组:《聚邑成都　两系一体——周原遗址商周时期聚落与社会研究》,国家社会科学基金重大项目结项成果,2020年,第58页。

落多位于其下游沿岸，未见第二等级聚落。与之相类，在"大殿沟纵带"内，作为第一等级聚落的周公庙聚落位于大殿沟（河）的上游。

（4）商末周初的考古学文化变迁现象

孔头沟遗址先周晚期第1、2段及西周初期的期别年代与考古学文化面貌，分别与周原遗址先周晚期第6a、6b段及西周初期相同，又与周公庙遗址第一期第1、2段及西周初期分别相同。这种考古学文化变迁现象完全相同的状况，进一步表明孔头沟遗址商周时期聚落，可能与周公庙同期聚落的形成背景或性质变化状况类同。

3. 社会结构与形态

（1）族群构成

宋家墓地是孔头沟遗址内现知的唯一一处墓地，属孔头沟聚落的公共墓地。该墓地虽未完全揭露，但为尽可能地了解其全貌，针对性地发掘了其中不同规模、不同区域的墓葬。因此，宋家墓地的族群构成，可在很大程度上反映孔头沟聚落的族群构成。

根据西周墓葬的族属特征可知，宋家墓地的族群构成较单纯，不同等级、性别墓葬的族属特征普遍相同。墓葬无腰坑、殉人、殉牲，普遍随葬周系陶器组合，为东西向东首，其族属可能是非姬姓的西土族群。

孔头沟较单纯的族群结构，与都邑性质的周原、丰镐遗址截然不同。后者都邑聚落的族群构成复杂，均由周系族群与为数不少的商系族群共同构成。周原遗址内的西周墓地，从族群构成的角度可分为三种：一是较单纯的周系族群墓地，如贺家西墓地。二是较单纯的商系族群墓地，如齐家北制玦作坊、庄李铸铜作坊、云塘制骨作坊的墓葬。三是商周两系族群混合的墓地，如黄堆与姚家墓地。

孔头沟这种单纯的族群结构，与周公庙聚落相同，也是关中地区非都邑性大型聚落的常见形态之一。周公庙遗址内发现7处墓地，共包含墓葬900余座，这些墓葬几乎都是南北向，发掘了其中包括四墓道大墓在内、不同等级的墓葬200余座，年代贯穿聚落始终，均不见腰坑，普遍随葬周系陶器组合，属较单纯的周系族群。唯独居址区零散分布的墓葬中有极个别设腰坑，随葬陶豆、盆、罐等器类，其族属可能为商系族群。但此类墓所占比例极低，与周系族群墓葬相比几乎可忽略不计[①]。

所以，较单纯的族群结构，可能是西周王畿地区贵族采邑的一大特征。采邑聚落中，不同等级贵族、平民与采邑主墓葬的族属特征相同，又表明采邑内的人群很可能是以被赐采之人本族为主。需要说明，这里所说的族，是指从考古遗存所能辨识出的族系，其含义究竟是血缘关系较近的同宗家族，还是较为广义的族群概念还不能确定。

---

① 种建荣：《周公庙遗址商周时期聚落与社会》，西北大学博士学位论文，2010年，第57～80、155～158页。

（2）人群等级构成

孔头沟聚落的人群等级结构，可基于宋家墓地的材料进行讨论。根据墓室面积与有无墓道，结合西周墓葬等级划分的一般规律，可将墓葬分为五个等级。第一等级为2座带墓道大墓M9、M10，墓主应为西周中期偏晚与西周晚期偏早时期的聚落统治者。第二等级为无墓道的M15，其墓口面积与带墓道大墓相当，年代为西周早期偏早，在现知的西周早期无墓道墓葬中罕见如此规模者，其身份可能与带墓道大墓的墓主相当或相近。第三等级为较高等级贵族。第四等级为低级贵族或平民。第五等级为平民。

墓地结构研究显示出，等级身份是决定墓地规划的重要因素。聚落人群在各种身份认同中，尤为注重等级尊卑之别，等级次序被相对严格遵循并有意长期维持。表现在：① 墓葬按等级分区而葬。就整个墓地而言，北、中、南三大区等级有别，等级较高的第一至三等级墓葬仅分布于中区，而北区、南区分别以第四、五等级墓葬为主。即使是在带墓道大墓所在的中Ⅱ、中Ⅲ两小区内，大墓两侧的墓葬亦大体按等级分区埋葬。② 等级与方位对应，大墓之葬居中，以尊卑为左右。带墓道大墓所在的中Ⅱ区、中Ⅲ区内，都是大墓M9、M10居前居中，其右侧墓区等级稍次，左侧墓区等级最低。就整个墓地而言，中区等级最高，其右侧的北区等级稍次，左侧的南区等级最低。可见，该墓地不同层级的墓区，都一致遵循大墓居中、右尊左卑的墓位排列。

最高等级墓主的身份，亦即聚落最高统治者的身份，在一定程度上可以代表聚落的级别。周原遗址内已在6处墓地中发现11座带墓道大墓。在周公庙遗址陵坡墓地共发现22座带墓道大墓，其中具四条和三条墓道的大墓尚不见于其他西周时期遗址中，这可能与周公家族享"天子之礼乐"有关。孔头沟发现了带两条墓道和带一条墓道的大墓各一座，其级别虽低于周公家族，但已与诸侯国国君或王室重臣的地位相当。

大型建筑也具有指示聚落等级的意义。周原遗址大型夯土建筑基址数量，远远超过周公庙和孔头沟遗址。在周公庙钻探发现的大型夯土单体建筑甚少。目前在孔头沟遗址尚未发现明确的大型夯土建筑基址，仅发现与大型建筑相关的建材——空心砖、条形砖和瓦等。孔头沟与周公庙两聚落的空心砖形制特点与年代特征相同，或可表明两聚落同有建造年代相近、建筑规格相若的大型建筑。

（3）人口规模

墓葬数量具有指示聚落人口规模的意义。周原遗址的墓地特征是墓地数量多，墓地规模小，既见有"居葬合一"的墓地，即同一时期同一人群的墓葬与居址混杂一处，也见有不包含同时期居址遗存的单纯墓地。周原商周聚落已发现的墓地至少有30余处，已发掘的墓葬逾千座，聚落内的实际墓葬总数应远远超过发掘墓葬数。孔头沟聚落目前仅发现墓地1处，是不见居址遗存的单纯墓地，估算墓葬总数量可能为900座。周公庙聚落发现墓地7处，墓葬总数为900余座,多系单纯的墓地。

由此可知,周原聚落的人口众多,与孔头沟、周公庙两聚落明显有别。相对而言,孔头沟聚落与周公庙聚落的墓地特征近同,两者墓葬数量几乎相同,说明两聚落的人口规模可能相近。

(4)手工业经济

周原遗址西周时期手工业作坊的种类多、数量多,目前共确认62处手工业遗存地点,其中上规模的手工业作坊有31处。包括铸铜作坊、玉石器作坊、制骨作坊、角器作坊、制陶作坊、蚌器(含漆木器)作坊等,一般同类作坊并非一处。依据现有材料,按照手工业遗存的数量多少、分布程度、产品类型、产品流向等,将周原遗址手工业遗存初步分为大型作坊、小型作坊和家庭手工业三种形态。其中大型作坊内出土有"王"字陶文,可能是周王室直接控制的手工业作坊,小型作坊散布于各功能区内,可能为不同贵族家族所有。

周公庙遗址目前见到的作坊遗存仅有铸铜与制陶作坊各一处,年代均在商末周初。从所见玉石器废品或制石工具看,周公庙遗址可能有制石作坊。孔头沟遗址只见铸铜、制砖和制陶作坊各一处,产于本聚落的部分石器与骨器是否为作坊式生产尚难肯定。

从手工业作坊的种类与数量看,孔头沟与周公庙遗址基本相同,而与周原遗址相差较大。孔头沟与周公庙遗址内的各类作坊均只有一处,且规模不大,似乎表明这些作坊可能为全聚落所有和所用。两者的作坊种类基本相同,可能反映了两聚落相似但又各自独立的经济体系。

综上所述,在分析孔头沟聚落结构的基础上,综合对比区域聚落形态、社会结构与形态的各个方面,我们认为孔头沟商周聚落与周原遗址同期聚落特征差异甚大,两者的性质应有较大差别。

相对而言,孔头沟商周聚落与周公庙商周聚落的形成年代与形成背景相同,各阶段聚落面积(或规模)相若,聚落人口近同,由墓地反映出聚落族群构成的单一性,聚落的统治者皆为诸侯国国君级上下的高级贵族,两聚落手工业作坊种类与数量基本相同,两者的经济体系非常相似且又各自独立。总之,在能反映聚落性质的上述诸方面,两聚落特征基本相同。因此可以认为,两者在大周原地区商周时期聚落形态中的等级,应该是相同或近同的。既然周公庙遗址商周时期聚落的性质为采邑,那么,孔头沟遗址商周时期聚落的性质亦应为采邑。

但需指出的是:① 周公旦在西周初期的地位可谓"一人之下,万人之上",孔头沟商周时期聚落"采邑主"的地位自然要较周公低,这也许就是孔头沟聚落某些方面的规格略低于周公庙的原因。但因孔头沟聚落"采邑主"及其族群的族属并非姬姓,其聚落等级又近同于周公庙遗址,因此可言,孔头沟聚落应不是周公采邑的附属。② 目前仅能确定周公庙遗址先周文化第2段遗存属周公采邑,尚无第1段遗存即为周公采邑的过硬证据。孔头沟遗址先周时期遗存的规模较小,其性质是否为采邑亦尚需进一步讨论,但可以肯定的是,西周时期孔头沟遗址的性质应为采邑。

4. 文字证据

要进一步判断孔头沟采邑的主人，就需要利用遗址出土的文字证据。孔头沟出土的文字资料极为有限，不过采邑主墓葬M10出土的尚爵（M10：234）铭文，可为相关讨论提供线索。

尚爵铸铭："尚乍彙（郭）公宝尊彝。"铭中包含人名"尚"与"彙（郭）公"，后者很可能为尚的父辈。

尚爵铭文中的"彙（郭）公"一名，见于北宋熙宁年间出土于陕西扶风的姬寏母豆[①]与1992年陕西扶风巨良海家村窖藏出土的师盍钟[②]。

姬寏母豆铸铭："姬寏母乍（作）大（太）公、彙（郭）公、□公、鲁中（仲）、𧴪白（伯）、孝公、静公豆，用祈眉寿，永命多福，永宝用。"

师盍钟铸铭："师盍曰：乍（作）朕皇且（祖）大（太）公、彙（郭）公、耟公、鲁中（仲）、宪白（伯）、孝公，朕烈考静［公］宝鯀钟……"

两器年代均为西周晚期，所祀的七代祖先世系基本相同，为同一家族世系。如果尚爵铭文中的"彙（郭）公"与师盍钟世系中的"彙（郭）公"为同一人，那么后者的家族世系或可为判断孔头沟采邑主的族氏提供依据。

需要注意的是，利用尚爵与师盍钟世系来判断孔头沟商周聚落的性质存在几个问题。

问题一，尚爵是孔头沟采邑主的随葬品，但是否就是墓主或其家族所作之器？

尚爵的年代，根据器形与纹饰特征可知约为西周早期偏晚，但出土该器的墓葬M10年代为西周晚期偏早。可见，尚爵作器年代远早于墓葬下葬年代与墓主人生活年代，该器必然非墓主生前所作。因此，尚爵究竟是墓主家传之器，还是通过赗赙等方式得于他族，并不明确。从尚爵纹饰复杂、制作较精致的特点来看，作器者等级应不低，不排除为M10墓主家族之器。但尚爵若非墓主家族之器，那么"尚"与"彙（郭）公"就与孔头沟采邑主无直接关联，我们就不能用该器来判断孔头沟聚落所属族氏。

问题二，师盍钟世系属哪一家族？

该世系多被认为是齐太公后裔的一支，主要依据有二。其一，"姬寏母"为姬姓女子，字寏母，姬寏母与师盍所祀先祖相同，所以两人为夫妻或母子关系[③]。根据周代同姓不婚的原则，

---

① 《商周青铜器铭文暨图像集成》第13卷，第417页，第06159号。

② 《商周青铜器铭文暨图像集成》第27卷，第281页，第15266号。

③ 认为姬寏母与师盍两人为夫妻关系者如：李学勤：《论西周王朝中的齐太公后裔》，《烟台大学学报（哲学社会科学版）》2010年第4期，李先生后来修正观点，认为是母子关系；耿超：《浅议姬寏母豆与师盍钟作器者关系》，《考古与文物》2011年第1期。认为两人为母子关系者如：辛怡华：《扶风海家西周爬龙窖藏与太公望家族》，《考古与文物》2016年第1期；高婧聪：《师盍钟、姬寏母豆铭文所见人物关系与族属——兼论西周国家建构模式》，《管子学刊》2019年第1期；李学勤：《金文与西周文献合证》，清华大学出版社，2023年，第1015页。

师盉家族应非姬姓。其二,世系中的"太公"为齐太公。宋代吕大临《考古图》卷五最早著录姬寏母豆,并引蔡博士语"然知为齐豆无疑",称该器为"齐豆",最早将"太公"与《史记·齐太公世家》世系比对,认为是齐太公。李学勤先生从之,并进一步认为师盉钟世系中的第二代"鄷(郭)公"为太公次子,留于畿内王朝,继承太师职位①。辛怡华、高婧聪等学者观点与此相同②。

也有学者对该世系所属家族有不同意见,认为属陈国③、曹国④、虢氏⑤、墉氏⑥等。

问题三,尚爵铭文中的"鄷(郭)公"与师盉钟世系中"鄷(郭)公"是否为同一人?

辛怡华先生认为是同一人⑦。我们认为存在是同一人的可能,但这种可能性是建立在诸多前提的基础上。(1)年代方面。如果师盉钟世系为齐太公家族世系,那么两位郭公的生活年代大体相同。因为尚爵年代为西周早期偏晚,其长辈郭公的年代不晚于此,这大致与齐太公之子的郭公相当。(2)族属与等级方面。如果尚爵为M10墓主家族之器,则M10的墓葬特征可用于判断尚爵中的郭公身份。族属上,M10的族属是非姬姓的西土族群,这与齐太公家族为西土异姓的族属身份相符⑧。等级上,孔头沟西周中晚期的采邑主墓葬(M9、M10)为带墓道大墓,与诸侯国国君或王室重臣的地位相当,师盉钟世系中的郭公作为齐太公爵位继承者,等级应与之相若。

问题四,若前述三个问题得到确认,尚爵与师盉钟世系中的"鄷(郭)公"为同一人,师盉钟世系中的"太公"为齐太公,那么尚爵的作器者"尚"就为太公孙辈。众所周知,太公名望,字尚父,在文献中作"师尚父""吕尚"等⑨。那么太公与其孙(郭公之子)名字均名尚,竟然祖孙同名字,我们将祖(辈)孙(辈)同名、同字现象称之为"祖孙同名"现象。

祖孙同名的命名方式在周代是否可行,对此问题前人早有质疑。《左传》僖公三十三年记载观师崤之战有"王孙满",清代梁履绳《左通补释》云:"穆王名满,其六世孙何得亦名满?"杨

① 李学勤:《论西周王朝中的齐太公后裔》,《烟台大学学报(哲学社会科学版)》2010年第4期。李学勤:《金文与西周文献合证》,清华大学出版社,2023年,第1016页。

② 辛怡华:《岐山孔头沟遗址族属及相关问题》,《西部考古》第17辑,科学出版社,2019年。高婧聪:《师盉钟、姬寏母豆铭文所见人物关系与族属——兼论西周国家建构模式》,《管子学刊》2019年第1期。

③ 吴其昌:《金文氏族谱》,上海商务印书馆,1936年。

④ 刘雨:《师盉钟和姬寏母豆》,《古文字研究》第26辑,中华书局,2006年。刘雨:《两周曹国铜器考》,《中原文物》2008年第2期。

⑤ 黄锦前:《岐山孔头沟出土尚爵与虢氏家族的有关人物及史事》,《宝鸡文理学院学报(社会科学版)》2021年第3期。

⑥ 张垚、左勇:《论西周金文中的墉氏家族》,《出土文献》2024年第1期。

⑦ 辛怡华:《岐山孔头沟遗址族属及相关问题》,《西部考古》第17辑,科学出版社,2019年。

⑧ 不过,山东高青陈庄M18的墓主,根据出土铜器铭文被普遍认为是齐太公后裔,该墓为南北向北首,与孔头沟的墓向不同。山东省文物考古研究所:《山东高青县陈庄西周遗存发掘简报》,《考古》2011年第2期。

⑨ 如《诗经·大雅·大明》曰:"惟师尚父,时惟鹰扬,凉彼武王。"《史记·齐太公世家》曰:"太公望吕尚者,东海上人……本姓姜氏,从其封姓,故曰吕尚。"西周金文中,齐太公之名"尚"是否也写作"尚",还不明确。

伯峻《春秋左传注》援引此句,并质疑"则未必可信"[1]。清代王梓材已指出周代人名存在"名之祖孙相袭"现象[2],祖孙可以同名。受此启发,下文在王梓材所列资料的基础上,对文献中的周代祖孙同名现象进行梳理。

文献所见周代祖孙同名情况

同名形式	祖名与生活年代		孙名与生活年代		祖孙关系	姓
直系完全同名	周先公公非辟方	先周	周孝王辟方	西周	12世孙	姬
	周武王发	商末周初	郑穆公之子公子发	春秋	15世孙	姬
	周穆王满	西周	周定王大夫王孙满	春秋	至少5世孙	姬
	鲁公伯禽	西周	柳下惠展禽	春秋	9世孙	姬
	鲁武公敖	西周	鲁桓公之孙公孙敖	春秋	5世孙	姬
	齐太公吕牙	商末周初	齐灵公之太子牙	春秋	15世孙	姜
	赵先祖季胜	商末周初	赵平原君赵胜	战国	31世孙	嬴
	蔡文侯申	春秋	蔡昭侯申	春秋	4世孙	姬
直系部分同名	周厉王胡	西周	周釐王胡齐	春秋	7世孙	姬
	郑武公掘突	春秋	郑厉公突	春秋	2世孙	姬
	杞桓公姑容	春秋	杞文公益姑	春秋	1世孙(子)	姒
	莒渠丘公朱	春秋	莒犁比公买朱鉏	春秋	1世孙(子)	己
旁系完全同名	周武王发	商末周初	卫献公之孙公叔发	春秋	19世孙	姬
	宋微子启	商末周初	宋元公曾孙启	战国	20世孙	子
	卫靖伯后裔石恶	春秋	卫襄公恶	春秋	不明	姬
	楚共王右司马王子申	春秋	楚平王之子王子申	春秋	2世孙	芈
旁系部分同名	晋惠公夷吾	春秋	晋昭公夷	春秋	2世孙	姬
			晋灵公夷皋	春秋	6世孙	
部分同名	莒子兹舆期	西周	莒兹平公期	春秋	不明	己
			莒犁比公太子展舆	春秋		
			莒共公庚舆	春秋		

说明:表中"祖孙关系"指同名的孙辈是其祖辈的第几世孙。

---

[1] 杨伯峻:《春秋左传注(修订本)》,中华书局,1995年,第494页。下引此书,版本均同。
[2] (汉)宋衷注,(清)秦嘉谟等辑:《世本八种》,商务印书馆,1957年。王梓材一说,由北京大学考古文博学院博士生管文韬告知。

　　文献之外，周代金文中也见有祖孙同名的例子。《金文人名汇编》中记录有两位楚王子申[①]。其一见于清代著录的王子申盏，作器者为楚国王子申，年代为春秋晚期[②]。阮元认为此王子申是《左传》记载的楚平王庶长子，字子西[③]，此说被广为采纳。另一位王子申见于1973年江苏无锡前洲出土的三件楚郍陵君器，其中铜鉴有铭"郍陵君王子申"，年代为战国晚期[④]。此王子申被认为是楚幽王之子或弟[⑤]，或是楚顷襄王之弟春申君黄歇[⑥]。可见王子申盏与郍陵君鉴中的两位楚王子均名申，同为楚公族，但年代早晚有别，属旁系完全同名。此外，前文已列出《左传》记载楚共王时期还有一位楚王子申，亦与金文中的两位楚王子同名。

　　关于祖孙同名的原因，文献并无记载。值得注意的是，周代命名制度中，有孙以祖父之字为氏、子以父之字为氏的做法。前者出自《公羊传》与《左传》隐公八年杜注，杜注云："公孙之子以王父字为氏。"杨伯峻说："诸侯之子称公子，公子之子称公孙，公孙之子不可再称公孙，乃以其祖父之字为氏，如郑公子去疾，郑穆公之子，字子良，其子为公孙辄，其孙良霄即以良为氏，良霄之子为良止是也。又有以父之字为族者，如卫之子叔、公孟，宋之后石氏是也。"[⑦]杨希枚、李衡眉等学者再举多例，认为这是春秋时期常见的两种命氏方式[⑧]。

　　子孙以父祖之字为氏，与本报告所谓的祖孙同名显然有别，前者得氏，后者得名。但两者也有内在的相似之处，均是一族后裔在命名方式上沿袭父祖之名。其共同之处还有两点需要说明：其一，孙以祖父之字为氏，在西周时期也已出现。1890年周原任家窖藏出土的仲义父诸器铭末缀以"华"字，就是以克之祖师华父（见大克鼎）之字为氏[⑨]。其二，孙所得之氏并不限于其祖父，亦可是相隔多代的远祖。如孔子之孔氏，并非直接从其祖父而来，而是从其六世祖孔父嘉的字而来[⑩]。这与祖孙同名现象中，同名祖孙相隔有近有远是一致的。

　　李玄伯、张光直、李衡眉都认为孙以王父之字为氏是昭穆制度的反映[⑪]。文献中也常见周代祖孙有着身份的传承，如祖孙同昭穆，父子异昭穆。再如《礼记·曲礼》云："君子抱孙不抱子。

① 吴镇烽：《金文人名汇编（修订本）》，中华书局，2006年，第37页。
②《商周青铜器铭文暨图像集成》第13卷，第332页，第06071号。
③ 阮元：《积古斋钟鼎彝器款识》，《金文文献集成》第10册，卷7，线装书局，2005年，第26页。
④《商周青铜器铭文暨图像集成》第26卷，第418页，第15065号。
⑤ 李学勤：《从新出铜器看长江下游文化的发展》，《文物》1980年第8期。
⑥ 何琳仪：《楚郍陵君三器考辨》，《江汉考古》1984年第1期。
⑦《春秋左传注（修订本）》，第61、62页。
⑧ 杨希枚：《论久被忽略的〈左传〉诸侯以字为谥之制》，《中国史研究》1987年第4期。李衡眉：《从婚姻的视角看春秋时期两种连名模式的实质》，《东岳论丛》1992年第6期。
⑨ 朱凤瀚：《商周家族形态研究（增订本）》，天津古籍出版社，2004年，第341页。
⑩ 李衡眉：《从婚姻的视角看春秋时期两种连名模式的实质》，《东岳论丛》1992年第6期。
⑪ 李玄伯：《中国古代社会新研》，开明书店，1949年，第37～41页。张光直：《中国青铜时代》，生活·读书·新知三联书店，1983年，第165页。李衡眉：《从婚姻的视角看春秋时期两种连名模式的实质》，《东岳论丛》1992年第6期。李衡眉：《昭穆制度与宗法制度关系论略》，《历史研究》1996年第2期。

此言孙可以为王父尸,子不可以为父尸。"《礼记·曾子问》云:"孔子曰:祭成丧者必有尸,尸必以孙。""尸"指祭祀时扮成受祭者的人,要求用受祭者之孙来充当。因此,祖孙同名可能也反映着一种身份的传承,这是否与昭穆制度等社会制度相关,值得在今后研究中给予关注。

因此,祖孙同名很可能是周代金文与文献中存在的一种现象,可能是当时的一种命名方式。东周时期文献多,所见祖孙同名之例相应较多,可以推测西周时期的祖孙同名也应存在,只是由于文献很少,故目前所见较少。祖孙同名现象,提示我们在研究两周金文同名现象时,除了注意同名人物的区分,也应考察同名人物是否可能有祖孙联系。

综上所述,在周原地区商周时期聚落形态中,孔头沟遗址的等级,低于周原遗址,而与周公庙遗址近同。至少在西周时期,孔头沟遗址的性质为某一非姬姓高级贵族的采邑。若据极为有限的文字资料进一步推测,作为采邑主的M10墓主可能为齐太公之子郭公一支的后代,孔头沟商周聚落有可能为齐太公后裔的采邑,当然这种认识存在诸多假设的前提与不确定性。

孔头沟商周聚落性质采邑说的提出,有以下两方面的意义:

其一,有助于大周原地区商周时期聚落形态的研究。

深入开展大周原地区商周时期聚落形态研究,是考古学探索西周王朝形成过程及其社会组织结构的必由之路。孔头沟遗址的考古工作方法及其商周时期聚落性质的初步分析,则为探讨大周原地区其他商周时期聚落的性质,提供了可资借鉴的田野工作方法和较为明确的参照标准。

近年来,周公庙考古队在周原遗址以西地区,发现了孔头沟、周公庙、劝读、水沟等大型商周时期聚落。这些聚落规模相若,文化内涵近同,均坐落于岐山之阳,每个聚落间大约相距10千米。周公庙遗址和孔头沟遗址商周时期聚落乃采邑性质的判断,使我们对劝读与水沟遗址的聚落等级与功能有了更深入的认识,从而加深了对大周原地区岐山之阳一带商周时期聚落形态的理解。

其二,有助于商周时期周人"采邑"制度的研究。

由于文献记载的简约或缺失,考古资料匮乏,以往有关西周采邑制度的历史文献研究与考古学研究均较为薄弱,取得的部分认识也存在诸多分歧[①]。在大周原地区可能存在着诸多采邑,是研究周人采邑制度的重要之地。孔头沟遗址以及周公庙遗址商周时期聚落采邑性质的认定,使我们对商代和西周时期周人采邑的内涵有了初步明确的认识,这将促进对周人采邑制度的深入研究。

---

① 相关成果,如侯志义:《采邑考》,西北大学出版社,1989年;吕文郁:《周代的采邑制度(增订版)》,社会科学文献出版社,2006年;李春利:《两周时期采邑制度的演变》,中国社会科学出版社,2016年;张天恩:《考古发现的西周采邑略析》,《姜炎文化与和谐社会研究学术研讨会论文集》,三秦出版社,2007年;张天恩:《论西周采邑制度的有关问题》,《考古与文物》2008年第2期。

附　表

附表一　画图寺铸铜作坊发掘灰坑登记表

序号	遗迹编号	所在探方	形　状		底部	尺寸（单位：米）			层　位　关　系	分期年代	铸铜遗物	备注
			口部	坑壁		口　部		自深				
						长	宽					
1	HH1	HT1	椭圆形	弧壁	锅底状	2.93	2.59	0.8	②层下	西周中期偏晚	陶范、炉壁、圆锥体中空器	
2	HH2	HT2	近椭圆形	不规则	锅底状	2.45	2.06	0.4	②层下，打破HH11、HH12、HH16	西周晚期偏晚	陶范、炉壁	
3	HH3	HT2	不规则半圆形	斜坡状	锅底状	2.73	2.26	0.5～0.73	②层下，打破HY2、HH25	西周晚期偏晚	陶范、炉壁、铜鱼	
4	HH4	HT4	半圆形	较直	平底	2.51	1.77	0.26	②层下，被HY1打破，打破HH5、HH8	西周晚期	陶范	
5	HH5	HT4	不规则	斜坡状	凹凸不平	3.24	2	0.42	②层下，被HY1、HH4打破，打破HH5	西周晚期	陶范、炉壁、陶管	
6	HH6	HT5	不规则	北壁袋状，南壁较斜直	凹凸不平	0.86～3.72	3.29	0.65	②层下，打破HH10、HH14、HH15	西周晚期偏晚	陶范、炉壁、铜锥、陶管	
7	HH7	HT6	近长条形	缓坡状	锅底状	4.04	2	0.54	②层下，打破HH21、HH22、HH29	西周中期偏晚	残铜块	
8	HH8	HT4	半椭圆形	斜坡状	锅底状	1.88	2.16	0.63	②层下，被HH4、HH5打破	西周晚期	陶范、炉壁	
9	HH9	HT5	半椭圆形	南壁较直，北壁缓坡状	凹凸不平	1.44	0.77	0.35	②层下，被HH6、HH10、HH15打破，打破HH17	西周晚期偏早		

续 表

序号	遗迹编号	所在探方	形 状			尺寸（单位：米）			层 位 关 系	分期年代	铸铜遗物	备注
			口部	坑壁	底部	口 部		自深				
						长	宽					
10	HH10	HT5	椭圆形	斜坡状	锅底状	3.36	2.14	0.54	②层下，被HH6打破，打破HH14、HH15、HH17、HH18	西周晚期偏早	陶范、炉壁	
11	HH11	HT2	不规则圆形	未发掘完毕，不明	锅底状	5.09	4.42	0.54	②层下，被HH2打破，打破HH12、HH13、HH33、HH44、HH56	西周晚期偏晚	陶范、炉壁、铜块、铜渣、陶管	
12	HH12	HT2	不规则圆形	缓坡状	近平	1.63	1.57	0.19	②层下，被HH2、HH11打破，打破HH13、HH16	西周中期偏晚	陶范、炉壁	
13	HH13	HT2	不规则圆形	斜坡状	锅底状	3.66	3.25	0.57	②层下，被HH11、HH12打破	西周中期偏早	陶范、炉壁	
14	HH14	HT5	半圆形	较直	锅底状	1.11	0.64	0.69	②层下，被HH6、HH10打破，打破HH18	不晚于西周晚期偏早	陶范、炉壁	
15	HH15	HT5	不规则椭圆形	南壁较北壁陡直	锅底状	1.78	1.4	1.21	②层下，被HH6、HH10打破，打破HH9	西周晚期偏早		
16	HH16	HT2	近半椭圆形	缓坡状	锅底状	0.77	0.56	0.23	②层下，被HH12打破	不晚于西周中期偏晚		
17	HH17	HT5	不规则圆形	较直	锅底状	1.23	1.13	0.54	②层下，被HH6、HH9、HH10打破，打破HH18	西周晚期偏早	陶范、铜渣	
18	HH18	HT5	不规则圆形	较直	较平	1.37	1.07	0.17	②层下，被HH6、HH10、HH14、HH17打破	不晚于西周晚期偏早		
19	HH19	HT7	不规则椭圆形	缓坡状	锅底状	2.65	1.8	0.62	②层下，打破HH23、HH26	西周晚期	陶范、炉壁	

续表

序号	遗迹编号	所在探方	形状			尺寸（单位：米）			层位关系	分期年代	铸铜遗物	备注
			口部	坑壁	底部	口部		自深				
						长	宽					
20	HH20	HT8	不规则圆形	斜坡状	锅底状	2.44	2.2	0.47	被HH42打破，打破HH28	西周中期偏晚	陶范、炉壁、铜块、陶管	
21	HH21	HT6	不规则方形	南壁向内倾斜	锅底状	2.01	2.01	0.67	被HH7打破，打破HH29、HH30	西周中期偏晚		
22	HH22	HT6	半椭圆形	斜坡状	锅底状	1.19	0.85	0.67	②层下，被HH7打破，打破HH24、HH29	西周中期偏晚	陶范、铜渣	
23	HH23	HT7	不规则条形	直壁	凹凸不平	3	2.14	0.61	②层下，被HH19打破，打破HH26	西周晚期偏早	陶范	
24	HH24	HT6	长条形	较陡直	锅底状	2.01	0.71	0.43	②层下，被HH7、HH22打破，打破HH30	西周中期偏早		
25	HH25	HT3	不规则长方形	略内斜	南高北低	2.47	1.32	0.64	②层下，被HH3打破，打破HH33	西周晚期偏晚	陶范、炉壁	
26	HH26	HT7	椭圆形	斜坡状	锅底状	1.09	1.09	0.51	②层下，被HH23打破	不晚于西周晚期偏早	陶范	
27	HH28	HT8	不规则椭圆形	斜坡状	锅底状	3.58	2.06	0.5	②层下，被HH20打破，打破HH31	西周中期偏晚	陶范、炉壁、陶管	
28	HH29	HT6	不规则条形	较陡直	锅底状	2.01	0.4~1.18	1.11	②层下，被HH7、HH21、HH22打破，打破HH30	西周中期		
29	HH30	HT6	不规则长条形	袋状	较平	3.05	0.35	1	②层下，被HH21、HH24、HH29打破	西周中期偏早	陶范、炉壁、铜渣	
30	HH31	HT8	不规则	斜坡状	锅底状	4.09	2.5	0.84	②层下，被HH28打破，打破HH32	西周中期偏晚	陶范、炉壁、铜块、铜渣	
31	HH32	HT8	不规则半椭圆形	较陡直	较平	2.98	2.91	1.47	②层下，被HH20、HH31打破	西周中期偏晚	陶范、铜锥	

续　表

序号	遗迹编号	所在探方	形状			尺寸（单位：米）			层位关系	分期年代	铸铜遗物	备注
			口部	坑壁	底部	口部		自深				
						长	宽					
32	HH33	HT2	不规则	斜坡状	平底	2.63	2.4	0.49	②层下，被HH11、HH25、HH57打破	西周晚期偏早	陶范	
33	HH34	HT9	不规则	斜壁	近锅底状	3.05	2.3	0.51	③层下，打破HH35、HH62	西周晚期偏晚	陶范、铜块	
34	HH35	HT9	长条形	缓坡状	锅底状	2.29	1.29	0.82	③层下，被HH34打破，打破HH59	西周晚期偏晚	陶范、炉壁	
35	HH36	HT9	不规则圆形	缓坡状	凹凸不平	4.73	3.46	0.61	③层下，被HH34、HH35、HH37打破，打破HH38	西周晚期偏晚	陶范、炉壁	
36	HH37	HT9	不规则椭圆形	西壁较陡直，东壁斜坡状	东高西低	2.48	1.45	0.41	③层下，打破HH36、HH38	西周晚期偏早	陶范、炉壁、陶管	
37	HH38	HT9	长条形	除东壁较陡直，壁呈缓坡状	锅底状	10.2	3.49	1.77	③层下，被HH36、HH37、HH50、HH60、HH62打破	西周晚期偏晚	陶范、炉壁、铜块、铜渣、陶管	
38	HH39	HT10	近圆形	斜坡状	锅底状	2.62	2.44	0.48~0.6	②层下，打破HH40、HH41	西周晚期偏早	陶范、炉壁	
39	HH40	HT10	长方形	较直	凹凸不平	2.23	1.41~1.75	0.4~0.61	②层下，被HH39打破	西周晚期	陶范	
40	HH41	HT10	不规则圆形	缓坡状	锅底状	1.41	1.15	0.3~0.43	②层下，被HH39打破	西周晚期	陶范	
41	HH42	HT8	不规则圆形	斜坡状	较平	2.15	1.86	0.29	②层下，被HH43打破，打破HH20	西周中期偏晚	陶范、铜渣	
42	HH43	HT8	不规则	斜坡状	较平	2.22	0.66	0.35	②层下，打破HH42	不早于西周中期偏晚	陶范	

续表

序号	遗迹编号	所在探方	形状			尺寸（单位：米）			层位关系	分期年代	铸铜遗物	备注
			口部	坑壁	底部	口部		自深				
						长	宽					
43	HH44	HT2	不规则椭圆形	斜坡状	较平	1.52	1.31	0.31	被HH11打破，打破HH56	西周晚期偏晚		
44	HH45	HT12	不规则椭圆形	斜坡状	锅底状	3.45	1.99	0.46	②层下，被HH55打破，打破HH46、HH47、HH48、HH49	西周晚期偏早	陶范	
45	HH46	HT12	不规则半椭圆形	斜坡状	凹凸不平	3.55	2.83	0.73	②层下，被HH45打破，打破HH47	西周晚期偏早	陶范	
46	HH47	HT12	不规则椭圆形	南壁倾斜	锅底状	3.88	1.45	0.72	②层下，被HH45、HH46打破	不晚于西周晚期偏早		
47	HH48	HT12	不规则圆形	斜坡状	较平	1.51	1.49	0.27	②层下，被HH45打破	西周晚期偏早	陶范，炉壁	
48	HH49	HT12	半圆形	斜坡状	锅底状	0.63	0.35	0.38	②层下，被HH45打破	西周晚期偏早	陶范	
49	HH50	HT11	不规则圆形	斜坡状	锅底状	2.83	2.1	0.88	②层下，打破HH38、HH51	西周晚期偏晚		
50	HH51	HT11	扇形	斜坡状	凹凸不平	2.19	2.19	0.93	②层下，被HH50打破，打破HH53	西周晚期偏早	陶范	
51	HH53	HT11	不规则扇形	斜坡状	凹凸不平	1.37	1.21	0.25	②层下，被HH51打破	不晚于西周晚期偏早		
52	HH54		不规则半椭圆形	斜坡状	锅底状	1.64	1.28	0.43		西周晚期偏早	陶范	
53	HH55	HT12	不规则椭圆形	斜坡状	锅底状	3.05	2.8	0.9	②层下，打破HH45	西周晚期偏晚	陶范，炉壁	

续　表

序号	遗迹编号	所在探方	形状			尺寸(单位：米)			层位关系	分期年代	铸铜遗物	备注
			口部	坑壁	底部	口部 长	口部 宽	自深				
54	HH56	HT2	不规则方形	陡坡状	近平	3.63	2.74	0.77	②层下，被HH44打破，打破HH57	西周晚期偏晚	陶范	
55	HH57	HT2	长条形	较直	南高北低缓坡状	3.1	1.19	1.1	②层下，被HH44、HH56打破，打破HH33	西周晚期偏早	陶范、炉壁	
56	HH58	HT13	不规则圆形	斜坡状	锅底状	2.5	2.23	0.63	②层下，打破HH61	西周晚期偏晚	陶范	
57	HH59	HT9	不规则椭圆形	斜坡状	凹凸不平	2.59	1.95	0.66	③层下，被HH35、HH37打破，打破HH64	西周晚期偏晚	陶范、铜片	
58	HH60	HT9	不规则方形	陡坡状	凹凸不平	2.37	1.73	0.51	②层下，打破HH38、HH63	西周晚期偏早	陶范、炉壁、铜渣	
59	HH61	HT13	长条形	斜壁	北高南低缓坡状	3	1.54	1.06	②层下，被HH58打破	西周中期偏晚	陶范、炉壁	
60	HH62	HT9	不规则椭圆形	斜坡状	锅底状	2.9	1.74	0.63	③层下，被HH34打破，打破HH38	西周晚期	陶范	
61	HH63	HT9	不规则椭圆形	斜坡状	锅底状	2.97	2.26	1.04	②层下，被HH60、HH66打破，打破HH65	西周晚期偏早	陶范、炉壁、陶管	
62	HH64	HT9	不规则长方形	陡坡状	锅底状	1.43	0.8	0.67	③层下，被H59打破	西周晚期偏晚	陶范、炉壁	
63	HH65	HT9	不规则圆形	较直	较平	2.32	1.98	1.41~1.7	②层下，被HH63、HH66打破	西周中期偏晚	陶范、炉壁、铜块、铜渣	
64	HH66	HT9	长方形	东壁竖直，略倾斜	凹凸不平	2.46	1.37	0.84	②层下，打破HH63、HH65	西周晚期偏早		

附表二　画图寺铸铜作坊发掘陶窑登记表

序号	遗迹编号	所在探方	残存部位	形　制	特殊迹象	层位关系	分期年代	备注
1	HY1	HT4	部分窑室	四分之一圆形，口部东西残长2.01、南北残宽0.69、深0.32米。	窑壁一周有厚约0.16米的红烧土，其上有厚约0.02米的烧结面。	②层下，打破HH4、HH5、HH8	西周晚期	
2	HY2	HT3	操作坑、火门、窑室、烟囱	操作坑呈不规则椭圆形；火门为敞口，八字形，外大内小，外宽0.3～0.52、高0.2～0.34、内宽0.4、高0.32米；窑室平面呈圆形，口小底大，口径0.74、底径0.84米；烟囱平面为椭圆形，口部南北长0.37、东西宽0.32、深0.46米。	操作坑南部有一层被踩踏过的活动面。火门底和壁均为烧结面，有工具痕迹。窑室底和壁均为烧结面，亦有工具痕。烟囱和窑室相接处有一不规则圆形坑，低于窑室底和烟囱底；剖面呈锅底状，斜壁；南边高于北边约0.04米。	被HH3、HH11打破	西周晚期偏晚	

附表三　画图寺铸铜作坊出土陶范、炉壁数量与重量登记表

遗　迹	陶范数量（块）	陶范重量（千克）	炉壁数量（块）	炉壁重量（千克）
HH1	1 856	45.550	1 374	26.800
HH2	87	1.525	133	5.400
HH3	78	2.175	152	3.750
HH4	25	1.000	0	0
HH5	22	1.275	25	2.150
HH6	27	0.725	28	5.000
HH7	0	0	0	0
HH8	37	0.525	10	0.450
HH9	0	0	0	0
HH10	64	1.775	13	0.450
HH11	2 272	47.700	2 928	97.750
HH12	24	0.500	86	3.850
HH13	91	2.175	5	0.650
HH14	12	0.220	10	0.450

遗　迹	陶范数量（块）	陶范重量（千克）	炉壁数量（块）	炉壁重量（千克）
HH15	0	0	0	0
HH16	0	0	0	0
HH17	14	0.400	0	0
HH18	0	0	0	0
HH19	75	2.000	39	0.750
HH20	278	5.525	143	6.700
HH21	0	0	0	0
HH22	1	0.050	0	0
HH23	12	0.330	0	0
HH24	0	0	0	0
HH25	11	0.250	9	0.300
HH26	6	0.250	0	0
HH28	116	2.280	12	0.120
HH29	0	0	0	0
HH30	53	1.450	11	0.700
HH31	207	4.875	13	0.500
HH32	3	0.100	0	0
HH33	5	0.250	0	0
HH34	11	0.350	0	0
HH35	39	1.200	6	0.300
HH36	64	2.350	15	0.550
HH37	251	5.250	79	2.350
HH38	1 291	26.580	360	8.650
HH39	221	4.000	10	0.200
HH40	2	0.040	0	0
HH41	0	0	0	0
HH42	41	0.650	0	0
HH43	2	0.030	0	0
HH44	0	0	0	0

续　表

遗　迹	陶范数量（块）	陶范重量（千克）	炉壁数量（块）	炉壁重量（千克）
HH45	9	0.150	0	0
HH46	3	0.110	0	0
HH47	0	0	0	0
HH48	4	0.200	6	0.500
HH49	2	0.050	0	0
HH50	0	0	0	0
HH51	11	0.300	0	0
HH53	0	0	0	0
HH54	17	0.510	0	0
HH55	15	0.450	10	0.100
HH56	32	0.900	0	0
HH57	13	0.650	28	2.100
HH58	12	0.690	0	0
HH59	131	3.150	0	0
HH60	44	1.400	13	0.450
HH61	82	2.300	18	1.050
HH62	4	0.250	0	0
HH63	79	1.850	22	1.800
HH64	48	1.350	8	0.350
HH65	26	0.700	14	1.050
HH66	0	0	0	0
HY1	1	0.005	26	3.000
HY2	16	0.525	335	17.500
HT5	5	0.250	0	0
HT7	15	0.300	1	0.030
HT9	182	3.100	5	0.350
HT11	10	0.100	0	0
总计	8 059	182.645	5 947	196.100

附表四　赵家台居址发掘灰坑登记表

序号	遗迹编号	所在探方	形状			尺寸（单位：米）			层位关系	分期年代	备注
			口部	坑壁	底部	口部		自深			
						长	宽				
1	ZH1	ZT1	圆形	坡壁	锅底状	3.1	2.9	1.4	打破ZH2	先周晚期第二段	
2	ZH2	ZT1	半圆形	坡壁	平底	4.82	2.9	0.56	被ZH1打破	先周晚期第二段	
3	ZH3	ZT3	不规则	坡壁	锅底状	1.95	1.3	0.2	②层下，打破ZH4	西周早期偏早	
4	ZH4	ZT3	半圆形	坡壁	平底	3.4	0.58	0.48	②层下，被ZH3、ZH10打破	西周早期偏早	
5	ZH5	ZT6	圆形	直壁	平底	4.16	1.42	0.42	②层下，被ZH13打破	不晚于西周中期	
6	ZH6	ZT8	不明	坡壁	锅底状	1.3	0.4	0.58	②层下	西周早期偏早	
7	ZH7	ZT8	椭圆形	坡壁	平底	1.88	0.98	0.4	②层下，打破ZH8、ZH9	不早于西周早期偏早	
8	ZH8	ZT8	半圆形	坡壁	锅底状	1.65	0.78	0.42	②层下，被ZH7打破，打破ZH9	西周早期偏早	
9	ZH9	ZT8	半圆形	直壁	台阶状	2.68	1.3	2	②层下，被ZH7、ZH8打破	西周早期偏早	半地穴房址
10	ZH10	ZT2	不明	坡壁	西高东低	3.17	0.98	0.67	②层下，打破ZH11	西周早期偏早	
11	ZH11	ZT2	不规则长条形	坡壁	近平	2.5	0.4	0.3	②层下，被ZH10打破	西周早期偏早	
12	ZH13	ZT6	不明	坡壁	锅底状	2.9	2.8	0.8	②层下，打破ZH5	西周中期	
13	ZH14	ZT7	圆形	西北与东南部坡壁，中部近直	近平	2.92	2.2	1.26	③层下	先周晚期第一段	
14	ZH15	ZT5	椭圆形	台阶式坡壁	平底	5.1	2.6	2	③层下，被近代墓打破	先周晚期第一段	
15	ZH16	—	圆角长方形	直壁	平底	2	0.42	1.12	——	先周晚期第一段	
16	ZH17	ZT4	近圆形	坡壁	锅底状	2.2	——	0.59	①层下	先周晚期第二段	

附表五　独山居址发掘灰坑登记表

序号	遗迹编号	所在探方	形　状			尺寸（单位：米）			层位关系	分期年代	备注
			口部	坑壁	底部	口部		自深			
						长	宽				
1	DH1	DT2	椭圆形	坡壁	东高西低	2.71	0.8	0.8	被DH2打破	西周中期偏晚	
2	DH2	DT2	不规则圆形	坡壁	北高南低	2.45	2.33	0.6	打破DH1	不早于西周中期偏晚	
3	DH4	DT3	圆形	坡壁	锅底状	2.56	3	0.42	②层下，打破DH16和DH17	西周早期偏晚	半地穴房址
4	DH7	DT1	不明	坡壁	较平	0.74	0.64	0.46	②层下，打破DH9与DH10	西周晚期	
5	DH9	DT1	圆形	坡壁	较平	2.22	2.98	0.98	②层下，被DH7打破，打破DH10、DH11与DH28	西周晚期偏早	
6	DH10	DT1	椭圆形或圆形	坡壁	锅底状	2.4	1.2	0.8	②层下，被DH7、DH9打破，打破DH11与DH28	西周中晚期	
7	DH11	DT1	圆形	坡壁	锅底状	3.4	2.74	0.8	被DH9、DH10打破，打破DH28	西周早期偏晚	
8	DH13	DT4	不明	坡壁	近平	2.08	0.8	0.55	③层下，打破DH14、DH22、DH23	不早于西周中期偏晚	
9	DH14	DT4	椭圆形或圆形	坡壁	近平	3.36	3.3	1.04	③层下，被DH13打破，打破DH21、DH22、DH23	西周中期偏晚	
10	DH16	DT3	半圆形	坡壁	较平	5.3	1.46	1.1	②层下，被DH4、DH19打破，打破DH17	先周晚期	
11	DH17	DT3	半圆形	坡壁	锅底状	4.61	1.5	1.62	被DH4与DH16打破	先周晚期	
12	DH19	DT3	不明	坡壁	锅底状	0.6	0.6	0.28	②层下，打破DH16	不早于西周早期偏早	
13	DH21	DT4	圆形	坡壁	平底	2.95	1.54	1.5	③层下，被DH14打破，打破DH23	西周中期偏早	

续　表

序号	遗迹编号	所在探方	形　状			尺寸（单位：米）			层 位 关 系	分 期 年 代	备注
			口部	坑壁	底部	口部（长）	口部（宽）	自深			
14	DH22	DT4	不明	大部为坡壁，西南部为袋状壁	近平	3.6	1.6	0.59	③层下，被DH13、DH14、DH23打破	不晚于西周中期偏早	
15	DH23	DT4	不规则椭圆形	袋状壁	近平	2.1	1.7	0.88	③层下，被DH13、DH14、DH21打破，同时打破DH22	西周中期偏早	
16	DH26	DT5	椭圆形	坡壁	凹凸不平	1.9	1.6	1.36	②层下，被近现代坑打破	西周早期偏晚	
17	DH28	DT1	不明	坡壁	锅底状	3.6	3.2	0.8	被DH9、DH10、DH11打破	西周早期偏晚	

附表六　宋家墓地发掘中小型墓葬登记表

墓号	年代	墓向（度）	墓圹尺寸（单位：米）			葬具	葬式	墓主	随葬品	备注
			墓口（长×宽）	墓底（长×宽）	自深					
M1	西周早期偏早	77	1.53×0.77	1.53×0.77	0.55	一棺	仰身直肢	未成年	陶鬲1	被盗
M2	西周早期偏晚	74	2.33×（1.01~1.07）	2.33×（1.01~1.07）	1.6	一棺一椁	仰身直肢	30岁左右，女	陶鬲1、罐1	被盗
M3	西周早期早期	88	1.82×0.9	1.85×0.92	1.34	一棺	仰身直肢	25~30岁，女	陶鬲1、罐1	被盗
M4	西周早期偏早	66	2×0.8	2×0.8	0.98	一棺	仰身直肢	女	陶罐1	被盗
M5	西周	74	2.06×（0.84~0.92）	2.09×（0.96~1）	0.85	一棺	仰身直肢	女	无	被盗

续　表

墓号	年代	墓向(度)	墓圹尺寸(单位：米)			葬具	葬式	墓主	随葬品	备注
			墓口(长×宽)	墓底(长×宽)	自深					
M6	西周早期偏早	74	2.1×0.93	2.5×(1.12~1.22)	2.4	一棺一椁	仰身直肢	40~45岁,女	陶鬲2	被盗
M7	西周	84	2.07×1	2.07×1	0.95	一棺	仰身直肢	45岁左右,女	无	被盗
M8	西周早期偏早	74	2.4×(1.21~1.3)	2.67×(1.4~1.47)	2.41	一棺一椁	仰身直肢	18岁左右,女	陶鬲1,漆器1	被盗
M11	西周晚期偏早	80	(4.1~4.14)×(2.58~2.84)	4.9×3.38	8.4	一棺一椁	不明	共2人：40岁以上,女。50岁以上,女。	铜盘残片2、车軎1、泡1、器钮1、残铜片1、玉柄形器1、蚕1、石戈1、石器1、原始瓷片1、陶鬲5、带盖罐1、瓮1、簋2、豆9、带盖三足瓿2、器盖1、蚌泡40、鱼5、蚌饰4、海贝32、毛蚶6	被盗
M13	西周中期偏早	87	3×1.8	3×1.8	4.2	一棺一椁	不明	不明	陶鬲1	被盗
M14	西周晚期偏早	78	3.1×2.06	3.6×2.5	5.8	一棺一椁	不明	不明	玉圭1、陶鬲3、陶罐1、海贝1	被盗
M15	西周早期偏早	82	6×4.74	5.8×4.2	5.8	一棺一椁	不明	不明40~45岁,女;成年,男	铜戈4、锡(？)2、辂1、軏1、辖2、衡末饰2、蚼脚2、銮铃2、弓形器1、銮铃丸1、踵饰1、铜片5、玉钺1、原始瓷盉1、陶鬲1、蚌泡1、柄形器附饰1、环1、柄形器附饰1、铜铰1、海贝240、文蛤1、象牙饰63	被盗
M16	西周中期偏早	78	4×2.8	4.3×(3~3.2)	8	一棺一椁	不明	不明	铜鼎(？)1、戈1、我1、剑1、锡1、铃1、鱼6、铜饰1、玉弓1、柄形器附饰1、珊瑚化石权杖头1、砺石1、蚌泡4、蚌饰2、毛蚶2	被盗

续表

墓号	年代	墓向(度)	墓扩尺寸(单位:米) 墓口(长×宽)	墓底(长×宽)	自深	葬具	葬式	墓主	随葬品	备注
M18	西周晚期偏晚	80	3×1.65	3×1.65	6.5	一棺一椁	不明	不明	铜片若干，玉玦1，陶鬲1，罐1	被盗
M19	西周晚期偏晚	85	2.25×1.1	2.35×1.1	1.4	一棺	仰身直肢	45岁左右，女	陶鬲1，罐1	
M21	西周中期偏晚	78	2.5×1	2.55×1.05	1.65	一棺	仰身直肢	50岁左右，女	铜鱼2，陶鬲1，蚌鱼2	被盗
M22	西周	80	2.47×1.3	2.55×1.38	2.1	一棺一椁	仰身直肢	未成年	无	被盗
M24	西周	75	2.7×1.37	2.7×1.37	1.63	不明		不明	陶三足瓮1	被盗
M25	西周中期偏早	80	4.46×3.45	3.9×3.13	6.4	一棺一椁	不明	不明	铜戈14，盾饰（？）2、锡2、车軎8、车辖1、辔形舆饰1、轭箍6、轭脚4、辕8、衡中饰1、衡末饰2、銮铃2、带扣5、管状络饰5、泡169、铃7、镜1、鱼15、锥1、圆环1、兽面饰1、铜饰1、铜块1、玉璜1、玉黄12、玉蝉1、玉环1、方形玉饰1、玛瑙管1、石磬残块2、原始瓷豆1、陶鬲1、蚌泡10、鱼13、海贝13、龟甲1、文蛤1、野猪牙1、毛蚶4	被盗
M26	西周早期偏晚	82	4.5×3.1	5×3.4	7.44	一棺二椁	不明	不明	铜銮铃1、泡18、带扣2、鱼59，玉璜1、鱼2、勺2、犀首1、原始瓷豆4、瓷片3、陶鬲1、骨饰6、蚌泡1、蚌泡6、鱼28、柱1、海贝1、海贝129、毛蚶356、仲螺263、龟甲5	被盗

附表七　孔头沟遗址调查采集点登记表

序号	采集点号	GPS点号	所在分区号	图号	北坐标（单位：米）	东坐标（单位：米）	高程（单位：米）	遗迹性质	陶片总量	标本数量	陶器器类	标本号	时　代
1	C1	06QHD0614B001	B2	图5-3	36 472 313	3 815 019	841	陶窑	4	1	盆1	1	西周晚期
2	C2	06QHD0614H001	A2	图5-3	36 472 512	3 815 388	749	地表	1	0			西周时期
3	C3	06QHD0615H011	B2	图5-3	36 472 345	3 815 074	745	地表	3	0			商周之际
4	C4	06QHD0615H010	B2	图5-3	36 472 334	3 815 062	744	地表	4	0			西周晚期、西周时期
5	C5	06QHD0615H007	B2	图5-3	36 472 298	3 815 048	741	地表	1	0			西周晚期
6	C6	06QHD0615E008	B2	图5-3	36 472 242	3 814 952	745	地表	44	5	鬲4、瓶1	2~5、9	商周之际、西周中期、西周时期
7	C7	06QHD0615E004	B2	图5-3	36 472 563	3 815 070	732	墓葬	1	0			西周时期
8	C8	06QHD0615E005	B2	图5-3	36 472 567	3 815 060	741	灰坑	2	0			西周时期
9	C9	06QHD0615I002	B2	图5-3	36 472 335	3 814 987	733	灰坑	3	1	鬲1	6	西周晚期
10	C10	06QHD0615I009	B2	图5-3	36 472 375	3 814 995	744	地表	1	0			商周之际
11	C11	06QHD0615E003	B2	图5-3	36 472 559	3 815 043	741	灰坑	1	0			西周时期
12	C12	06QHD0615I005	B2	图5-3	36 472 435	3 815 018	734	地表	4	0			商周之际、战国秦汉
13	C13	06QHD0615H003	B2	图5-3	36 472 619	3 815 027	728	地表	1	0			战国秦汉
14	C14	06QHD0615H012	B2	图5-3	36 472 267	3 815 145	746	地表	5	0			西周时期
15	C15	06QHD0615H002	B2	图5-3	36 472 490	3 815 003	729	地表	4	0			西周时期
16	C16	06QHD0615E001	A2	图5-3	36 472 315	3 815 785	789	灰坑	3	0			西周时期
17	C17	06QHD0615H009	B2	图5-3	36 472 335	3 815 084	744	地表	7	0			商周之际、西周时期
18	C18	06QHD0615H008	B2	图5-3	36 472 320	3 815 078	741	地表	4	0			西周时期
19	C19	06QHD0615H005	B2	图5-3	36 472 455	3 815 156	754	地表	3	0			商周之际
20	C20	06QHD0615E002	B2	图5-3	36 472 394	3 815 158	735	地表	11	2	瓦2	7~8	西周晚期

续　表

序号	采集点号	GPS点号	所在分区号	图号	北坐标（单位：米）	东坐标（单位：米）	高程（单位：米）	遗迹性质	陶片总量	标本数量	陶器器类	标本号	时　代
21	C21	06QHD0615I003	B2	图5-3	36 472 413	3 815 156	735	地表	1	0			商周之际
22	C22	06QHD0615I007	B2	图5-3	36 472 422	3 815 141	744	地表	2	0			西周时期
23	C23	06QHD0615I006	B2	图5-3	36 472 410	3 815 074	730	地表	5	0			西周时期
24	C24	06QHD0617E027	C2	图5-7	36 472 693	3 814 760	715	地表	9	0			西周时期
25	C25	06QHD0617E024	C3	图5-7	36 472 752	3 814 706	715	地表	11	1	瓦1	10	西周晚期、西周时期
26	C26	06QHD0617E015	C3	图5-7	36 472 728	3 814 570	710	地表	15	0			西周时期
27	C27	06QHD0617E023	C2	图5-7	36 472 683	3 814 694	715	地表	12	0			西周时期
28	C28	06QHD0617H031	C3	图5-7	36 472 756	3 814 539	721	灰坑	5	0			西周时期
29	C29	06QHD0615I004	B2	图5-3	36 472 530	3 814 992	729	地表	1	0			西周时期
30	C30	06QHD0615E006	B2	图5-3	36 472 468	3 815 154	742	灰坑	1	1	盆1	11	西周中期
31	C31	06QHD0615I010	B2	图5-3	36 472 249	3 815 007	741	地表	5	0			西周时期
32	C32	06QHD0615I011	B2	图5-3	36 472 305	3 815 092	744	地表	2	0			西周时期
33	C33	06QHD0617E021	C2	图5-7	36 472 693	3 814 635	726	地表	12	0			西周时期
34	C34	06QHD0617I032	B2	图5-3	36 472 600	3 815 025	730	灰坑	1	1	鬲1	12	西周时期
35	C35	06QHD0617I029	B2	图5-3	36 472 610	3 815 058	717	文化层	3	0			西周时期
36	C36	06QHD0617E019	C3	图5-7	36 472 727	3 814 595	714	地表	26	0			西周时期、战国秦汉
37	C37	06QHD0617H029	C2	图5-7	36 472 714	3 814 649	727	地表	3	1	罐1	13	商周之际、西周时期、汉以后
38	C38	06QHD0617E025	C2	图5-7	36 472 705	3 814 724	716	地表	6	0			西周时期
39	C39	06QHD0617I026	C2	图5-7	36 472 452	3 814 678	717	地表	11	0			西周时期、汉以后
40	C40	06QHD0617I027	C3	图5-7	36 472 760	3 814 560	710	地表	3	0			西周时期

续 表

序号	采集点号	GPS点号	所在分区号	图号	北坐标（单位：米）	东坐标（单位：米）	高程（单位：米）	遗迹性质	陶片总量	标本数量	陶器器类	标本号	时 代
41	C41	06QHD0617E026	C2	图5-7	36 472 710	3 814 730	715	地表	7	0			西周时期,战国秦汉
42	C42	06QHD0617H025	C2	图5-7	36 472 705	3 814 616	709	地表	6	0			西周时期
43	C43	06QHD0617E022	C2	图5-7	36 472 659	3 814 662	715	地表	20	1	圈足1	14	西周时期,汉以后
44	C44	06QHD0617H027	C2	图5-7	36 472 722	3 814 645	728	地表	8	0			西周时期
45	C45	06QHD0617I031	B2	图5-3	36 472 610	3 815 032	731	地表	9	0			西周时期
46	C46	06QHD0617H024	C3	图5-7	36 472 752	3 814 618	709	地表	4	0			西周时期
47	C47	06QHD0617I030	B2	图5-3	36 472 611	3 815 036	731	陶窑	2	0			西周时期
48	C48	06QHD0617E016	C2	图5-7	36 472 656	3 814 572	715	地表	10	0			西周时期
49	C49	06QHD0617H026	C2	图5-7	36 472 713	3 814 610	709	地表	3	0			西周时期
50	C50	06QHD0617I028	C2	图5-7	36 472 721	3 814 574	712	地表	4	0			西周时期
51	C51	06QHD0617E017	C2	图5-7	36 472 705	3 814 601	691	地表	3	0			西周时期
52	C52	06QHD0617E014	C2	图5-7	36 472 723	3 814 547	700	地表	6	0			西周时期,汉以后
53	C53	06QHD0617E018	C2	图5-7	36 472 708	3 814 529	714	地表	14	0			西周时期
54	C54	06QHD0617E020	C2	图5-7	36 472 647	3 814 575	722	地表	23	1	罐1	15	西周时期
55	C55	06QHD0617H028	C2	图5-7	36 472 714	3 814 642	727	地表	7	0			西周时期
56	C56	06QHD0618H039	C3	图5-7	36 472 853	3 814 487	709	灰坑	10	1	豆1	16	西周晚期
57	C57	06QHD0618H040	C3	图5-7	36 472 840	3 814 493	709	地表	50	3	不知名器1,鬲1,甑1	17~19	商周之际,西周早期,西周中期
58	C58	06QHD0618E028	C2	图5-7	36 472 645	3 814 719	711	地表	1	0			西周时期
59	C59	06QHD0618I038	C3	图5-7	36 472 884	3 814 568	709	地表	3	0			西周时期,汉以后
60	C60	06QHD0618H037	C3	图5-7	36 472 846	3 814 477	710	灰坑	7	1	罐1	20	西周时期

续 表

序号	采集点号	GPS点号	所在分区号	图号	北坐标(单位：米)	东坐标(单位：米)	高程(单位：米)	遗迹性质	陶片总量	标本数量	陶器器类	标本号	时代
61	C61	06QHD0618I037	C3	图5-7	36 472 882	3 814 572	710	地表	8	0			西周时期
62	C62	06QHD0618H041	C3	图5-7	36 472 850	3 814 503	709	灰坑	6	0			西周时期
63	C63	06QHD0618I035	C3	图5-7	36 472 842	3 814 568	708	地表	2	1	盆1	21	先周晚期
64	C64	06QHD0618I036	C3	图5-7	36 472 875	3 814 559	710	地表	4	0			西周时期
65	C65	06QHD0618H042	C3	图5-7	36 472 857	3 814 503	701	地表	17	1	钵1	22	仰韶晚期、西周时期
66	C66	06QHD0618H043	C3	图5-7	36 472 844	3 814 507	699	地表	6	0			西周时期
67	C67	06QHD0618I034	C3	图5-7	36 472 865	3 814 529	707	地表	34	1	罐1	380	仰韶晚期、商周之际、西周时期、汉以后
68	C68	06QHD0618I033	C2	图5-7	36 472 633	3 814 565	711	地表	6	0			西周时期
69	C69	06QHD0618H036	C3	图5-7	36 472 831	3 814 473	710	灰坑	11	1	罐1	23	西周晚期
70	C70	06QHD0618E029	C3	图5-7	36 472 844	3 814 524	702	地表	3	1	鬲1	24	西周早期、西周时期
71	C71	06QHD0618H038	C3	图5-7	36 472 847	3 814 482	709	灰坑	5	1	鬲1	25	西周晚期
72	C72	06QHD0618I039	C3	图5-7	36 472 928	3 814 550	707	地表	3	0			西周时期
73	C73	06QHD0618H035	C3	图5-7	36 472 843	3 814 483	713	灰坑	4	2	盆1、三足瓮1	26～27	西周晚期
74	C74	06QHD0618E031	C3	图5-7	36 472 927	3 814 563	705	地表	12	0			西周时期、汉以后
75	C75	06QHD0618E030	C3	图5-7	36 472 892	3 814 524	703	地表	2	0			西周时期
76	C76	06QHD0619E034	C3	图5-7	36 472 850	3 814 392	711	地表	6	0			商周之际、西周时期
77	C77	06QHD0619E032	C3	图5-7	36 472 921	3 814 442	719	地表	13	0			西周时期
78	C78	06QHD0619E033	C3	图5-7	36 472 820	3 814 429	707	地表	7	0			仰韶时期、西周时期、汉以后

续　表

序号	采集点号	GPS点号	所在分区号	图号	北坐标（单位：米）	东坐标（单位：米）	高程（单位：米）	遗迹性质	陶片总量	标本数量	陶器器类	标本号	时　代
79	C79	06QHD0619H048	D3	图5-7	36 472 932	3 814 359	699	地表	3	0			西周时期
80	C80	06QHD0619H047	D3	图5-7	36 472 917	3 814 364	695	地表	2	0			西周时期
81	C81	06QHD0619E035	D3	图5-7	36 472 867	3 814 337	704	地表	3	0			西周时期
82	C82	06QHD0619H044	C3	图5-7	36 472 857	3 814 479	739	地表	5	0			西周时期
83	C83	06QHD0619H046	C3	图5-7	36 472 910	3 814 427	708	地表	38	2	瓦1、盆1	28~29	先周晚期，西周晚期，西周时期
84	C84	06QHD0619H045	C3	图5-7	36 472 857	3 814 435	704	地表	15	1	罐1	30	仰韶时期，西周时期，汉以后
85	C85	06QHD0619H055	D3	图5-7	36 472 896	3 814 116	716	地表	10	0			西周时期
86	C86	06QHD0619H054	D3	图5-7	36 472 994	3 814 010	714	地表	13	0			西周时期
87	C87	06QHD0619E036	D3	图5-7	36 472 933	3 814 214	722	地表	4	0			西周时期
88	C88	06QHD0619E039	D3	图5-7	36 472 816	3 814 132	742	地表	33	1	钵1	31	仰韶晚期，西周时期，汉以后
89	C89	06QHD0619H053	E4	图5-11	36 473 227	3 813 429	705	地表	4	1	罐1	32	仰韶晚期，仰韶时期，汉以后
90	C90	06QHD0619H051	D3	图5-7	36 473 030	3 814 083	705	地表	2	0			西周时期
91	C91	06QHD0619H052	E3	图5-10	36 473 172	3 813 628	696	地表	6	0			西周时期
92	C92	06QHD0619E037	E3	图5-10	36 473 153	3 813 412	719	地表	8	1	盆1	33	仰韶晚期，西周时期
93	C93	06QHD0619E038	E3	图5-10	36 473 061	3 813 739	713	地表	17	0			仰韶时期，西周时期，汉以后
94	C94	06QHD0619H049	D3	图5-7	36 472 980	3 814 217	726	地表	5	0			西周时期，战国秦汉
95	C95	06QHD0619H050	D3	图5-7	36 473 005	3 814 133	703	地表	7	0			西周时期
96	C96	06QHD0620E052	D2	图5-7	36 472 516	3 814 324	727	地表	12	0			西周早期，西周中期

续表

序号	采集点号	GPS点号	所在分区号	图号	北坐标(单位:米)	东坐标(单位:米)	高程(单位:米)	遗迹性质	陶片总量	标本数量	陶器器类	标本号	时代
97	C97	06QHD0620B004	C2	图5-7	36 472 624	3 814 402	724	地表	31	1	圈足1	35	西周时期
98	C98	06QHD0620E049	C2	图5-7	36 472 721	3 814 377	723	地表	16	2	鬲1、甗1	36～37	西周早期、西周中期
99	C99	06QHD0620E050	D2	图5-7	36 472 723	3 814 374	723	地表	20	0			西周时期
100	C100	06QHD0620B001	C2	图5-7	36 472 662	3 814 436	729	地表	17	0			西周早期、西周时期
101	C101	06QHD0620B005	C2	图5-7	36 472 676	3 814 386	723	地表	14	1	甗1	38	西周早期、西周晚期、西周时期、汉以后
102	C102	06QHD0620E043	C2	图5-7	36 472 478	3 814 462	728	地表	30	3	豆1、钵1、罐1	39～41	西周早期、西周晚期、西周时期
103	C103	06QHD0620E046	C2	图5-7	36 472 652	3 814 375	752	地表	9	1	罐1	42	西周晚期、西周时期
104	C104	06QHD0620B006	C2	图5-7	36 472 576	3 814 381	724	地表	49	1	鬲1	43	西周早期、西周时期、汉以后
105	C105	06QHD0620E041	C2	图5-7	36 472 583	3 814 473	730	地表	2	0			西周时期
106	C106	06QHD0620E045	C2	图5-7	36 472 689	3 814 374	724	地表	4	0			西周时期
107	C107	06QHD0620B009	D2	图5-7	36 472 609	3 814 346	725	地表	45	2	瓮1、圈足1	44～45	先周晚期、西周时期、汉以后
108	C108	06QHD0620E044	C2	图5-7	36 472 460	3 814 395	720	文化层	7	0			西周时期
109	C109	06QHD0620E040	C2	图5-7	36 472 624	3 814 426	722	地表	4	0			西周时期
110	C110	06QHD0620B010	D2	图5-7	36 472 681	3 814 347	727	灰坑	99	6	簋1、鬲4、盆1	46～51	西周早期、西周时期
111	C111	06QHD0620E048	C2	图5-7	36 472 561	3 814 377	728	地表	8	0			西周时期
112	C112	06QHD0620B002	C2	图5-7	36 472 572	3 814 415	729	地表	19	0			西周早期

续 表

序号	采集点号	GPS点号	所在分区号	图号	北坐标（单位：米）	东坐标（单位：米）	高程（单位：米）	遗迹性质	陶片总量	标本数量	陶器器类	标本号	时 代
113	C113	06QHD0620B007	C2	图5-7	36 472 513	3 814 382	723	地表	17	0			西周时期、战国秦汉
114	C114	06QHD0620B003	C2	图5-7	36 472 517	3 814 401	726	地表	37	0			西周时期
115	C115	06QHD0620E047	C2	图5-7	36 472 599	3 814 376	725	地表	7	1	罐1	53	西周时期
116	C116	06QHD0620E042	C2	图5-7	36 472 551	3 814 422	729	地表	6	0			西周时期
117	C117	06QHD0620E051	D2	图5-7	36 472 671	3 814 321	725	地表	16	0			西周时期
118	C118	06QHD0620B008	D2	图5-7	36 472 515	3 814 350	724	地表	45	3	罐2、瓿1	54～56	西周早期、西周时期、战国秦汉
119	C119	06QHD0623E055	D2	图5-7	36 472 639	3 814 309	724	地表	10	0			西周时期
120	C120	06QHD0623E066	D3	图5-7	36 472 765	3 814 242	723	地表	7	1	瓮1	57	西周早期、西周时期
121	C121	06QHD0623E054	D2	图5-7	36 472 583	3 814 303	725	地表	2	0			西周时期
122	C122	06QHD0623E053	D2	图5-7	36 472 550	3 814 322	743	地表	3	0			西周时期
123	C123	06QHD0623E058	D3	图5-7	36 472 835	3 814 262	724	地表	10	2	盆1、罐1	58～59	西周时期
124	C124	06QHD0623E068	D3	图5-7	36 472 782	3 814 181	724	地表	3	0			西周时期
125	C125	06QHD0623E064	D2	图5-7	36 472 673	3 814 224	722	地表	13	0			西周时期
126	C126	06QHD0623E067	D3	图5-7	36 472 841	3 814 248	724	地表	4	0			西周时期
127	C127	06QHD0623E057	D3	图5-7	36 472 775	3 814 272	727	地表	13	0			西周时期
128	C128	06QHD0623E060	D2	图5-7	36 472 715	3 814 257	721	地表	15	1	石器1	60	西周时期、汉以后
129	C129	06QHD0623E059	D3	图5-7	36 472 774	3 814 251	725	地表	25	0			西周中期、汉以后
130	C130	06QHD0623E056	D3	图5-7	36 472 733	3 814 307	725	地表	6	1	瓿1	61	仰韶时期、西周早期、西周中期
131	C131	06QHD0624B001	D2	图5-7	36 472 387	3 814 369	732	文化层	12	5	瓦3、罔1、罐1	62～66	西周晚期

续　表

序号	采集点号	GPS点号	所在分区号	图号	北坐标（单位：米）	东坐标（单位：米）	高程（单位：米）	遗迹性质	陶片总量	标本数量	陶器器类	标本号	时代
132	C132	06QHD0624E087	D3	图5-7	36 472 792	3 813 907	716	地表	9	0			西周时期
133	C133	06QHD0624H087	D3	图5-7	36 472 731	3 813 997	711	地表	27	1	鬲1	67	西周早期,西周时期,汉以后
134	C134	06QHD0624H094	D3	图5-7	36 472 792	3 813 902	713	地表	12	0			西周时期
135	C135	06QHD0624E078	D2	图5-7	36 472 660	3 814 065	718	地表	18	0			西周时期
136	C136	06QHD0624H096	D3	图5-7	36 472 817	3 813 993	715	地表	26	0			西周时期,汉以后
137	C137	06QHD0624H081	D2	图5-7	36 472 689	3 814 143	722	地表	7	0			西周时期
138	C138	06QHD0624E084	D3	图5-7	36 472 731	3 814 053	721	地表	14	1	罐1	68	西周时期
139	C139	06QHD0624H092	D3	图5-7	36 472 788	3 814 009	718	地表	17	0			西周时期,汉以后
140	C140	06QHD0624H098	D3	图5-7	36 472 803	3 814 093	716	地表	14	0			西周早期,西周时期,汉以后
141	C141	06QHD0624E089	D3	图5-7	36 472 786	3 814 052	716	地表	6	0			西周时期,汉以后
142	C142	06QHD0624H089	D3	图5-7	36 472 730	3 814 116	720	地表	14	0			西周晚期,西周时期
143	C143	06QHD0624E071	D2	图5-7	36 472 579	3 814 152	705	地表	12	0			西周时期
144	C144	06QHD0624E083	D2	图5-7	36 472 703	3 814 148	722	地表	21	1	罐1	69	西周时期
145	C145	06QHD0624H090	D3	图5-7	36 472 732	3 814 144	724	地表	21	0			西周时期
146	C146	06QHD0624H086	D3	图5-7	36 472 732	3 813 957	715	地表	11	0			西周时期
147	C147	06QHD0624E073	D2	图5-7	36 472 601	3 814 084	714	地表	12	0			西周时期
148	C148	06QHD0624E081	D2	图5-7	36 472 713	3 813 992	722	地表	20	0			西周时期
149	C149	06QHD0624E085	D3	图5-7	36 472 738	3 813 933	718	地表	26	1	圆陶片1	70	西周时期,汉以后
150	C150	06QHD0624E074	D2	图5-7	36 472 549	3 814 062	717	地表	20	0			西周时期

续 表

序号	采集点号	GPS点号	所在分区号	图号	北坐标（单位：米）	东坐标（单位：米）	高程（单位：米）	遗迹性质	陶片总量	标本数量	陶器器类	标本号	时代
151	C151	06QHD0624H095	D3	图5-7	36 472 804	3 813 903	714	地表	24	1	篮1	71	西周中期、西周时期,汉以后
152	C152	06QHD0624H082	D2	图5-7	36 472 686	3 814 086	719	地表	18	0			西周时期,汉以后
153	C153	06QHD0624H093	D3	图5-7	36 472 793	3 813 945	724	地表	15	0			西周时期
154	C154	06QHD0624H073	D2	图5-7	36 472 593	3 814 183	709	地表	19	0			西周时期,汉以后
155	C155	06QHD0624H091	D3	图5-7	36 472 778	3 814 079	709	地表	17	0			西周时期,汉以后
156	C156	06QHD0624H084	D2	图5-7	36 472 689	3 813 972	714	地表	18	1	盆1	72	西周中期、西周时期
157	C157	06QHD0624E075	D2	图5-7	36 472 567	3 814 020	714	地表	35	0			西周时期,汉以后
158	C158	06QHD0624H085	D3	图5-7	36 472 739	3 813 922	712	地表	34	0			西周中期、西周时期
159	C159	06QHD0624E086	E3	图5-10	36 472 725	3 813 865	715	地表	11	1	盆1	73	西周中期、西周时期
160	C160	06QHD0624H083	D2	图5-7	36 472 686	3 814 027	712	地表	15	0			西周早期、西周中期、西周晚期
161	C161	06QHD0624E079	B2	图5-3	36 472 665	3 814 963	713	地表	25	0			西周晚期、西周时期,汉以后
162	C162	06QHD0624H076	D2	图5-7	36 472 654	3 814 086	708	地表	13	0			西周时期
163	C163	06QHD0624H074	D2	图5-7	36 472 644	3 814 156	708	地表	32	0			西周时期
164	C164	06QHD0624H077	D2	图5-7	36 472 580	3 814 017	708	地表	10	0			西周晚期、西周时期
165	C165	06QHD0624H097	D3	图5-7	36 472 802	3 814 020	716	地表	20	0			西周时期
166	C166	06QHD0624H088	D3	图5-7	36 472 734	3 814 063	721	地表	9	0			西周时期,汉以后
167	C167	06QHD0624E070	D2	图5-7	36 472 484	3 814 119	715	地表	5	0			西周时期
168	C168	06QHD0624E072	D2	图5-7	36 472 590	3 814 125	717	地表	12	0			西周时期
169	C169	06QHD0624H078	D2	图5-7	36 472 532	3 814 237	701	地表	26	0			西周时期,汉以后

续　表

序号	采集点号	GPS点号	所在分区号	图号	北坐标（单位：米）	东坐标（单位：米）	高程（单位：米）	遗迹性质	陶片总量	标本数量	陶器器类	标本号	时　代
170	C170	06QHD0624E088	D3	图5-7	36 472 788	3 813 993	716	地表	10	0			西周时期
171	C171	06QHD0624H075	D2	图5-7	36 472 581	3 814 129	710	地表	14	0			西周时期
172	C172	06QHD0624H080	C2	图5-7	36 472 416	3 814 392	706	地表	5	0			西周时期
173	C173	06QHD0624H079	D2	图5-7	36 472 455	3 814 338	723	地表	5	0			西周时期
174	C174	06QHD0624E080	D2	图5-7	36 472 706	3 813 940	713	地表	29	1	瓯1	74	西周早期，西周时期，汉以后
175	C175	06QHD0624E082	D2	图5-7	36 472 724	3 814 081	726	地表	16	0			西周时期
176	C176	06QHD0628H118	E3	图5-10	36 473 010	3 813 807	711	地表	32	0			仰韶时期，西周时期，汉以后
177	C177	06QHD0628H119	E3	图5-10	36 473 050	3 813 846	713	地表	16	1	钵1	75	仰韶晚期，仰韶时期，西周时期
178	C178	06QHD0628H108	D3	图5-7	36 472 919	3 814 018	711	地表	11	0			西周时期
179	C179	06QHD0628H100	D3	图5-7	36 472 875	3 813 952	712	地表	26	0			西周时期，战国秦汉，汉以后
180	C180	06QHD0628H120	E3	图5-10	36 472 953	3 813 858	714	地表	4	0			西周时期，汉以后
181	C181	06QHD0628H117	E3	图5-10	36 472 929	3 813 798	708	地表	12	0			西周时期
182	C182	06QHD0628H116	E3	图5-10	36 472 912	3 813 759	715	地表	27	0			西周时期
183	C183	06QHD0628H115	E3	图5-13	36 473 046	3 813 729	722	地表	10	1	小口尖底瓶1	76	仰韶中期，仰韶时期，西周时期
184	C184	06QHD0628H102	E3	图5-10	36 472 872	3 813 862	709	地表	18	0			西周时期，战国秦汉，汉以后
185	C185	06QHD0628H101	D3	图5-7	36 472 876	3 813 899	711	地表	16	0			西周时期，汉以后
186	C186	06QHD0628H109	E3	图5-10	36 473 124	3 813 706	704	灰坑	1	1	罐1	77	仰韶晚期

续表

序号	采集点号	GPS点号	所在分区号	图号	北坐标(单位:米)	东坐标(单位:米)	高程(单位:米)	遗迹性质	陶片总量	标本数量	陶器类	标本号	时代
187	C187	06QHD0628H103	D3	图5-7	36 472 963	3 813 903	711	地表	14	0			西周时期,汉以后
188	C188	06QHD0628H113	E3	图5-10	36 473 116	3 813 659	709	灰坑	6	0			仰韶中期
189	C189	06QHD0628H112	E3	图5-10	36 473 102	3 813 650	710	灰坑	3	0			仰韶晚期
190	C190	06QHD0624H099	D3	图5-7	36 472 877	3 814 021	716	地表	23	0			西周时期,汉以后
191	C191	06QHD0628H104	D3	图5-12	36 473 045	3 813 907	709	地表	6	1	钵1	78	仰韶早期,战国秦汉
192	C192	06QHD0628H107	D3	图5-7	36 473 000	3 814 010	710	地表	15	0			西周时期
193	C193	06QHD0628H105	D3	图5-7	36 472 970	3 813 920	713	地表	14	0			西周时期
194	C194	06QHD0628H110	E3	图5-10	36 473 101	3 813 663	702	灰坑	2	1	小口尖底瓶1	79	仰韶晚期
195	C195	06QHD0628H106	D3	图5-7	36 473 023	3 813 945	712	地表	14	0			西周时期,汉以后
196	C196	06QHD0629I087	D1	图5-6	36 472 201	3 814 317	716	地表	14	0			西周时期
197	C197	06QHD0629I094	B1	图5-3	36 471 853	3 814 908	727	地表	36	4	甑1、罐2、鬲1	80~83	西周中期,西周晚期,西周时期,汉以后
198	C198	06QHD0629I095	B1	图5-3	36 471 865	3 814 947	727	地表	35	1	盆1	84	西周晚期,西周时期,战国秦汉,汉以后
199	C199	06QHD0629I092	C1	图5-6	36 472 199	3 814 451	723	地表	18	0			战国秦汉,汉以后
200	C200	06QHD0629I082	D1	图5-6	36 472 144	3 814 082	715	地表	8	0			西周时期,汉以后
201	C201	06QHD0629I096	B1	图5-3	36 471 846	3 814 955	737	地表	3	2	瓦1、鬲1	85~86	西周中期,战国秦汉
202	C202	06QHD0629I084	D1	图5-6	36 472 145	3 814 111	714	地表	14	0			汉以后
203	C203	06QHD0629I083	D1	图5-6	36 472 144	3 814 044	711	地表	15	0			西周时期
204	C204	06QHD0629I077	D1	图5-6	36 472 192	3 814 028	755	地表	5	0			西周时期
205	C205	06QHD0629I091	C1	图5-6	36 472 191	3 814 384	721	地表	10	0			战国秦汉

续　表

序号	采集点号	GPS点号	所在分区号	图号	北坐标（单位：米）	东坐标（单位：米）	高程（单位：米）	遗迹性质	陶片总量	标本数量	陶器器类	标本号	时代
206	C206	06QHD0629I080	D1	图5-6	36 472 166	3 814 065	717	地表	5	0			西周时期
207	C207	06QHD0629I086	D1	图5-6	36 472 208	3 814 255	714	地表	8	0			战国秦汉、汉以后
208	C208	06QHD0629I093	C1	图5-6	36 472 195	3 814 455	722	地表	17	1	鬲1	87	西周中期、西周晚期、西周时期、战国秦汉
209	C209	06QHD0629I078	D1	图5-6	36 472 192	3 814 108	737	地表	6	0			仰韶晚期、西周晚期
210	C210	06QHD0629I089	D1	图5-6	36 472 184	3 814 185	715	地表	12	0			西周时期、汉以后
211	C211	06QHD0630H129	E3	图5-10	36 473 011	3 813 376	694	地表	15	0			西周时期、战国秦汉
212	C212	06QHD0628H122	F4	图5-11	36 473 459	3 812 931	697	地表	7	0			西周时期
213	C213	06QHD0630H125	F4	图5-11	36 473 326	3 813 179	698	地表	31	1	鬲1	88	仰韶时期、西周晚期、西周时期
214	C214	06QHD0628H121	F4	图5-11	36 473 411	3 812 917	744	地表	21	1	壶1	89	西周时期、战国秦汉
215	C215	06QHD0630H126	F4	图5-11	36 473 296	3 813 229	693	地表	2	1	瓦1	90	战国秦汉
216	C216	06QHD0630H127	F3	图5-10	36 473 221	3 813 266	689	地表	9	1	罐1	91	仰韶时期、西周时期
217	C217	06QHD0630H128	F3	图5-10	36 473 141	3 813 265	699	地表	10	0			西周时期
218	C218	06QHD0628H123	F4	图5-11	36 473 341	3 813 145	693	地表	46	1	圆陶片1	92	仰韶时期、西周时期
219	C219	06QHD0630H130	E3	图5-10	36 472 925	3 813 481	695	地表	8	0			西周时期
220	C220	06QHD0706H144	A4	图5-4	36 473 572	3 815 399	756	地表	17	0			西周时期
221	C221	06QHD0706H145	A4	图5-4	36 473 656	3 815 444	746	地表	3	0			西周早期
222	C222	06QHD0706H146	B4	图5-4	36 473 659	3 815 347	749	地表	6	0			西周时期
223	C223	06QHD0706H147	B4	图5-4	36 473 666	3 815 288	746	地表	9	0			西周时期
224	C224	06QZ0705I098	A4	图5-4	36 473 400	3 815 683	746	地表	7	0			仰韶时期、战国秦汉

续表

序号	采集点号	GPS点号	所在分区号	图号	北坐标（单位：米）	东坐标（单位：米）	高程（单位：米）	遗迹性质	陶片总量	标本数量	陶器器类	标本号	时代
225	C225	06QZ07051I103	A3	图5-4	36 472 806	3 815 678	745	地表	3	0			西周时期
226	C226	06QZ07051I101	A3	图5-4	36 472 896	3 815 684	716	地表	6	0			西周时期
227	C227	06QZ07051I102	A3	图5-4	36 472 779	3 815 705	742	地表	2	0			战国秦汉
228	C229	06QZ0705E094	A4	图5-4	36 473 433	3 815 644	747	地表	17	0			仰韶时期,西周时期,汉以后
229	C230	06QZ0706B002	B4	图5-4	36 473 300	3 815 333	761	地表	7	0			西周时期
230	C231	06QZ0706I108	B4	图5-4	36 473 436	3 815 348	751	地表	6	0			西周时期
231	C232	06QZ0706I104	A3	图5-4	36 472 954	3 815 531	754	地表	6	0			战国秦汉
232	C233	06QZ0706E103	A4	图5-4	36 473 225	3 815 481	758	地表	5	1	不明器1	93	西周时期
233	C234	06QZ0706E107	B4	图5-4	36 473 558	3 815 326	750	文化层	6	0			西周时期
234	C235	06QZ0706I105	A4	图5-4	36 473 405	3 815 490	754	地表	4	0			西周时期
235	C236	06QZ0706I109	B4	图5-4	36 473 469	3 815 329	751	地表	5	0			西周时期,战国秦汉
236	C237	06QZ0706I106	A4	图5-4	36 473 409	3 815 435	730	地表	3	0			西周时期,战国秦汉
237	C238	06QZ0706B001	A4	图5-4	36 473 266	3 815 391	763	地表	19	0			西周时期
238	C239	06QZ0706B003	B4	图5-4	36 473 410	3 815 264	758	地表	26	0			西周时期,战国秦汉
239	C240	06QZ0706E101	A4	图5-4	36 473 285	3 815 470	752	地表	18	0			西周时期
240	C241	06QZ0706E100	A4	图5-4	36 473 309	3 815 464	756	地表	2	0			西周时期
241	C242	06QZ0706B005	B4	图5-4	36 473 591	3 815 280	752	地表	16	0			西周时期
242	C243	06QZ0706B004	B4	图5-4	36 473 585	3 815 301	751	地表	7	0			西周时期
243	C244	06QZ0706I107	A4	图5-4	36 473 403	3 815 426	755	地表	3	0			战国秦汉

续表

序号	采集点号	GPS点号	所在分区号	图号	北坐标（单位：米）	东坐标（单位：米）	高程（单位：米）	遗迹性质	陶片总量	标本数量	陶器器类	标本号	时代
244	C245	06QZ0706E099	A4	图5-4	36 473 358	3 815 454	735	地表	1	0			西周时期
245	C246	06QZ0706E102	A4	图5-4	36 473 225	3 815 422	755	地表	7	0			西周时期
246	C247	06QZ0707I121	B4	图5-4	36 473 706	3 815 246	742	地表	7	0			西周时期,战国秦汉
247	C248	06QZ0707B001	A4	图5-4	36 473 696	3 815 394	757	地表	8	0			仰韶时期
248	C249	06QZ0707I120	B4	图5-4	36 473 639	3 815 312	745	地表	8	0			西周时期
249	C250	06QZ0707B002	B4	图5-4	36 473 687	3 815 365	753	地表	20	0			仰韶时期,西周时期,汉以后
250	C251	06QZ0707B003	B4	图5-4	36 473 716	3 815 329	752	地表	14	0			仰韶时期,西周晚期,西周时期
251	C252	06QZ0707I118	A4	图5-4	36 473 623	3 815 396	747	地表	3	0			战国秦汉,汉以后
252	C253	06QZ0710B001	D4	图5-8	36 473 588	3 814 106	725	灰坑	34	3	罐3	94~96	仰韶晚期
253	C254	06QZ0711I122	B4	图5-4	36 473 712	3 815 099	741	地表	5	0			西周时期
254	C255	06QZ0711I125	B4	图5-4	36 473 562	3 814 878	744	地表	12	0			西周时期
255	C256	06QZ0711I123	B4	图5-4	36 473 589	3 815 049	712	地表	20	0			仰韶时期,先周晚期,西周时期
256	C257	06QZ0711I124	B4	图5-4	36 473 714	3 815 117	739	地表	7	0			西周时期
257	C258	06QZ0711E113	B4	图5-4	36 473 567	3 815 044	735	地表	7	0			西周时期
258	C259	06QZ0711E112	B4	图5-4	36 473 643	3 815 049	741	地表	15	0			西周时期
259	C260	06QZ0711E115	B5	图5-5	36 473 812	3 815 089	740	地表	1	0			西周时期
260	C261	06QZ0711E117	B5	图5-5	36 473 819	3 814 885	734	地表	8	0			战国秦汉
261	C262	06QZ0711E116	B4	图5-4	36 473 652	3 815 120	739	地表	9	0			西周时期,战国秦汉
262	C263	06QZ0711E114	B4	图5-4	36 473 709	3 815 042	742	地表	11	0			西周晚期,西周时期

续 表

序号	采集点号	GPS点号	所在分区号	图号	北坐标（单位：米）	东坐标（单位：米）	高程（单位：米）	遗迹性质	陶片总量	标本数量	陶器器类	标本号	时代
263	C264	06QZ0712I132	C4	图5-8	36 473 349	3 814 763	726	地表	78	4	鬲1、罐1、器盖1、石器1	97～98、388～389	仰韶晚期,仰韶时期,先周晚期,商周之际,西周时期
264	C265	06QZ0712I134	C4	图5-8	36 473 280	3 814 782	737	地表	210	16	钵1、盆3、小口尖底瓶1、罐2、瓮1、器盖1、鬲4、鬶1、瓮2	99～111、385～387	仰韶早期,仰韶中期,仰韶晚期,先周晚期,商周之际,西周时期
265	C266	06QZ0712E127	C4	图5-8	36 473 283	3 814 808	734	地表	8	1	钵1	112	仰韶晚期
266	C267	06QZ0712I128	C4	图5-8	36 473 451	3 814 665	733	地表	4	0			西周时期,战国秦汉
267	C268	06QZ0712I131	C4	图5-8	36 473 387	3 814 703	732	地表	8	0			仰韶时期,西周时期
268	C269	06QZ0712I133	C4	图5-7	36 473 306	3 814 776	731	地表	16	5	鬲1、瓶3、盆1	113～114、382～384	仰韶晚期,先周晚期
269	C270	06QZ0712E132	C3	图5-8	36 473 218	3 814 733	725	地表	75	2	盆1、罐1	115～116	仰韶中期,仰韶晚期,先周晚期,商周之际
270	C271	06QZ0712I135	C4	图5-8	36 473 229	3 814 784	736	地表	80	1	瓮1	117	仰韶中期,仰韶晚期,西周早期,西周时期
271	C272	06QZ0712E131	C4	图5-8	36 473 295	3 814 710	729	地表	70	5	盆1、罐1、鬲1、瓶1、石铲1	118～122	仰韶晚期,先周晚期,商周之际,西周时期

续 表

序号	采集点号	GPS点号	所在分区号	图号	北坐标（单位：米）	东坐标（单位：米）	高程（单位：米）	遗迹性质	陶片总量	标本数量	陶器器类	标本号	时　代
272	C273	06QZ0712I130	C4	图5-8	36 473 360	3 814 680	729	地表	14	2	鬲1、罐1	123~124	先周晚期、商周之际
273	C274	06QZ0712I127	C4	图5-8	36 473 466	3 814 622	733	地表	2	0			战国秦汉
274	C275	06QZ0712I129	C4	图5-8	36 473 406	3 814 783	737	地表	12	0			仰韶晚期、西周时期、战国秦汉
275	C276	06QZ0712E128	C4	图5-8	36 473 317	3 814 717	738	地表	69	2	瓿2	125~126	仰韶时期、先周晚期、商周之际
276	C277	06QZ0712E125	C4	图5-13	36 473 286	3 814 825	737	地表	12	2	钵1、小口尖底瓶1	127~128	仰韶中期、西周时期
277	C278	06QZ0712E129	C4	图5-8	36 473 323	3 814 714	732	地表	111	7	鬲1、盆1、瓮1、瓿2、石铲1、罐1	129~133、149、263	仰韶晚期、先周晚期、商周之际、西周时期
278	C279	06QZ0712E130	C4	图5-8	36 473 299	3 814 715	730	地表	79	4	钵1、瓿3	134~137	仰韶中期、仰韶晚期、先周晚期、商周之际、西周时期
279	C280	06QZ0712E133	C4	图5-8	36 473 455	3 814 503	720	地表	8	0			西周时期
280	C281	06QZ0712E134	C4	图5-9	36 473 426	3 814 420	713	地表	8	1	圆陶片1	138	西周时期
281	C282	06QZ0715E138	D4	图5-8	36 473 493	3 814 532	735	地表	7	0			仰韶时期、战国秦汉、汉以后
282	C283	06QZ0715E166	D4	图5-8	36 473 623	3 814 279	725	地表	28	0			仰韶时期、西周时期
283	C284	06QZ0715I154	C4	图5-8	36 473 618	3 814 396	723	地表	4	0			仰韶时期
284	C285	06QZ0715I158	D5	图5-12	36 473 747	3 814 203	721	地表	20	0			仰韶早期、仰韶晚期、仰韶时期、汉以后

续表

序号	采集点号	GPS点号	所在分区号	图号	北坐标（单位：米）	东坐标（单位：米）	高程（单位：米）	遗迹性质	陶片总量	标本数量	陶器器类	标本号	时代
285	C286	06QZ0715I157	D4	图5-8	36 473 680	3 814 220	727	地表	18	0			仰韶晚期
286	C287	06QZ0715I155	D4	图5-8	36 473 710	3 814 375	726	地表	18	0			仰韶时期、西周时期
287	C288	06QZ0715E165	D4	图5-8	36 473 721	3 814 364	724	地表	9	0			仰韶晚期、仰韶时期
288	C289	06QZ0715E169	D5	图5-8	36 473 867	3 814 136	721	地表	7	5	罐1、盆甑类2、瓦2	139~143	战国秦汉
289	C290	06QZ0715E136	C4	图5-8	36 473 559	3 814 454	727	地表	15	0			先周晚期、商周之际
290	C291	06QZ0715E168	D5	图5-8	36 473 805	3 814 180	717	地表	3	0			西周时期
291	C292	06QZ0715E137	C4	图5-8	36 473 541	3 814 479	727	地表	6	1	甑1	144	仰韶晚期、商周之际、西周时期、战国秦汉
292	C293	06QZ0715E135	C4	图5-8	36 473 546	3 814 443	723	地表	19	0			西周时期
293	C294	06QZ0715I156	D5	图5-8	36 473 729	3 814 241	721	地表	24	1	陶环1	145	仰韶晚期、仰韶时期
294	C295	06QZ0715I160	C5	图5-8	36 473 834	3 814 391	714	地表	65	0			仰韶晚期、西周时期、战国秦汉
295	C296	06QZ0715E170	D5	图5-8	36 473 869	3 814 137	721	地表	2	0	瓦2	146~147	战国秦汉
296	C297	06QZ0717E176	D4	图5-8	36 473 473	3 814 348	708	地表	11	0			仰韶时期、西周时期、战国秦汉
297	C298	06QZ0717E171	D4	图5-8	36 473 470	3 814 138	707	地表	12	0			仰韶时期、西周时期
298	C299	06QZ0717E175	D4	图5-8	36 473 497	3 814 267	700	地表	10	0			仰韶晚期、西周时期
299	C300	06QZ0717E172	D4	图5-8	36 473 449	3 814 188	709	地表	9	0			仰韶晚期、西周时期
300	C301	06QZ0717E170	D4	图5-8	36 473 688	3 814 345	719	地表	8	0			仰韶时期、西周时期
301	C302	06QZ0717E174	D4	图5-8	36 473 462	3 814 249	715	地表	30	0			仰韶时期、西周时期

续　表

序号	采集点号	GPS点号	所在分区号	图号	北坐标（单位：米）	东坐标（单位：米）	高程（单位：米）	遗迹性质	陶片总量	标本数量	陶器类	标本号	时代
302	C303	06QZ0717E173	D4	图5-8	36 473 560	3 814 216	713	地表	16	0			仰韶时期、战国秦汉
303	C304	06QZ0718E193	D5	图5-8	36 473 952	3 813 988	724	地表	6	0			西周时期、战国秦汉
304	C305	06QZ0718E182	D5	图5-8	36 473 733	3 814 151	711	地表	30	0			仰韶时期、西周时期
305	C306	06QZ0718E194	D4	图5-8	36 473 656	3 813 958	708	地表	33	0			仰韶时期、西周时期、汉以后
306	C307	06QZ0718E196	D4	图5-8	36 473 676	3 813 928	709	地表	22	0			仰韶晚期、西周时期
307	C308	06QZ0718H003	D4	图5-8	36 473 632	3 814 099	718	灰坑	22	2	盆1、钵1	148、150	仰韶晚期
308	C309	06QZ0718H009	E4	图5-11	36 473 596	3 813 811	697	地表	30	0			仰韶时期、西周时期
309	C310	06QZ0718E183	D5	图5-12	36 473 846	3 814 131	713	地表	28	1	钵1	151	仰韶早期、仰韶中期、西周时期
310	C311	06QZ0718E188	D5	图5-8	36 473 772	3 814 073	717	地表	11	0			仰韶时期
311	C312	06QZ0718I175	D5	图5-8	36 473 754	3 813 965	709	地表	29	0			仰韶时期、西周时期、战国秦汉
312	C313	06QZ0718I176	D4	图5-8	36 473 714	3 813 925	710	地表	23	0			仰韶时期、西周时期
313	C314	06QZ0718E185	D5	图5-8	36 473 835	3 814 136	716	地表	48	0			仰韶时期、西周时期
314	C315	06QZ0718E191	D5	图5-8	36 473 913	3 814 121	711	地表	38	0			仰韶时期、西周时期
315	C316	06QZ0718E195	D4	图5-8	36 473 627	3 813 949	714	地表	7	0			仰韶晚期、西周时期
316	C317	06QZ0718I169	C3	图5-7	36 472 763	3 814 492	724	地表	57	0			仰韶时期、西周时期、战国秦汉
317	C318	06QZ0718E190	D5	图5-8	36 473 742	3 814 117	712	地表	42	0			仰韶时期、西周时期
318	C319	06QZ0718E192	D5	图5-8	36 473 901	3 814 039	724	地表	9	0			仰韶时期、西周时期
319	C320	06QZ0718E184	D5	图5-8	36 473 868	3 814 078	723	地表	5	0			仰韶时期、战国秦汉

续　表

序号	采集点号	GPS点号	所在分区号	图号	北坐标（单位：米）	东坐标（单位：米）	高程（单位：米）	遗迹性质	陶片总量	标本数量	陶器器类	标本号	时　代
320	C321	06QZ0718E181	D2	图5-7	36 472 498	3 814 110	724	地表	20	0			仰韶中期、仰韶晚期、西周时期
321	C322	06QZ0718H004	D4	图5-8	36 473 630	3 814 078	711	文化层	10	0			仰韶晚期
322	C323	06QZ0718E187	D5	图5-8	36 473 791	3 814 129	718	地表	6	0			仰韶时期、西周时期
323	C324	06QZ0718I174	D4	图5-8	36 473 620	3 813 973	712	地表	22	0			仰韶时期、西周时期
324	C325	06QZ0718E197	D4	图5-8	36 473 651	3 813 902	709	地表	36	0			仰韶时期、西周时期、战国秦汉
325	C326	06QZ0718E189	D2	图5-7	36 473 598	3 814 067	717	地表	9	0			仰韶晚期、西周时期、战国秦汉
326	C327	06QZ0718E186	D5	图5-8	36 473 814	3 814 075	714	地表	11	0			仰韶时期、西周时期、战国秦汉
327	C328	06QZ0718H002	D4	图5-8	36 473 648	3 814 097	751	灰坑	14	1	罐1	152	仰韶晚期
328	C329	06QZ0719I182	D5	图5-8	36 473 857	3 813 908	712	地表	23	0			仰韶时期、西周时期
329	C330	06QZ0719I180	D5	图5-8	36 473 998	3 813 937	718	地表	10	0			仰韶时期、西周时期、战国秦汉
330	C331	06QZ0719I188	E5	图5-11	36 473 849	3 813 870	710	地表	10	0			仰韶时期、西周时期
331	C332	06QZ0719I195	E5	图5-11	36 473 810	3 813 782	710	地表	9	0			仰韶时期、西周时期
332	C333	06QZ0719E199	D5	图5-8	36 473 916	3 813 931	723	地表	47	0			仰韶时期、西周时期
333	C334	06QZ0719I190	E5	图5-11	36 473 863	3 813 836	710	地表	24	0			仰韶时期、西周时期、战国秦汉
334	C335	06QZ0719E204	E5	图5-11	36 473 788	3 813 866	714	地表	5	0			西周时期
335	C336	06QZ0719E201	D5	图5-8	36 473 985	3 813 930	715	地表	11	0			仰韶时期、西周时期

续表

序号	采集点号	GPS点号	所在分区号	图号	北坐标（单位：米）	东坐标（单位：米）	高程（单位：米）	遗迹性质	陶片总量	标本数量	陶器器类	标本号	时代
336	C337	06QZ0719E210	E5	图5-11	36 473 900	3 813 819	712	地表	12	0			仰韶时期、西周时期
337	C338	06QZ0719E203	D5	图5-8	36 473 952	3 813 891	709	地表	14	0			仰韶时期、西周时期
338	C339	06QZ0719I183	D5	图5-8	36 473 828	3 813 890	709	地表	8	0			西周时期、战国秦汉
339	C340	06QZ0719I192	E5	图5-11	36 473 843	3 813 796	712	地表	9	0			仰韶晚期、西周时期、战国秦汉
340	C341	06QZ0719E205	E4	图5-11	36 473 700	3 813 864	708	地表	31	1	钵1	153	仰韶晚期、仰韶时期、西周时期
341	C342	06QZ0719I179	D5	图5-8	36 473 880	3 813 932	721	地表	27	0			仰韶时期、西周时期、战国秦汉
342	C343	06QZ0719E198	D4	图5-8	36 473 575	3 814 077	712	地表	19	1	鬲1	154	仰韶晚期、西周晚期、西周时期
343	C344	06QZ0719I191	E5	图5-11	36 473 859	3 813 827	716	地表	11	0			仰韶时期、西周时期
344	C345	06QZ0719E208	E5	图5-11	36 473 813	3 813 820	709	地表	19	0			西周时期
345	C346	06QZ0719I193	E5	图5-11	36 473 929	3 813 794	709	地表	23	0			仰韶时期、西周时期
346	C347	06QZ0719I194	E5	图5-11	36 473 905	3 813 769	711	地表	15	0			仰韶时期、西周时期
347	C348	06QZ0719I181	D5	图5-8	36 474 023	3 813 920	712	地表	13	0			仰韶时期、西周时期
348	C349	06QZ0719E212	E5	图5-11	36 473 800	3 813 809	711	地表	13	0			仰韶时期、西周时期
349	C350	06QZ0719I189	E5	图5-11	36 473 741	3 813 852	708	地表	5	0			仰韶时期、西周时期
350	C351	06QZ0719E209	E5	图5-11	36 473 897	3 813 827	710	地表	38	0			仰韶时期、西周时期
351	C352	06QZ0719E202	D5	图5-8	36 473 759	3 813 895	691	地表	11	0			仰韶时期、西周时期
352	C353	06QZ0719E207	E5	图5-11	36 473 817	3 813 831	710	地表	10	1	钵1	155	仰韶晚期、战国秦汉
353	C354	06QZ0719E206	E5	图5-11	36 473 906	3 813 846	707	地表	23	0			仰韶时期、西周时期、战国秦汉

续表

序号	采集点号	GPS点号	所在分区号	图号	北坐标（单位：米）	东坐标（单位：米）	高程（单位：米）	遗迹性质	陶片总量	标本数量	陶器器类	标本号	时代
354	C355	06QZ0719E211	E5	图5-11	36 473 849	3 813 805	712	地表	13	0			仰韶时期、西周时期
355	C356	06QZ0720E214	D4	图5-8	36 473 562	3 814 001	710	地表	8	0			仰韶时期
356	C357	06QZ0720E215	D4	图5-8	36 473 574	3 813 908	705	地表	30	0			仰韶时期、西周时期
357	C358	06QZ0720E216	E4	图5-11	36 473 566	3 813 840	704	地表	18	0			仰韶时期、西周时期
358	C359	06QZ0720I198	D4	图5-8	36 473 585	3 813 969	708	地表	32	0			仰韶时期
359	C360	06QZ0720E219	E4	图5-11	36 473 593	3 813 817	704	地表	20	0			仰韶时期、西周时期
360	C361	06QZ0720I199	D4	图5-8	36 473 585	3 814 105	721	地表	29	0			仰韶时期、西周时期、战国秦汉
361	C362	06QZ0720I197	D4	图5-8	36 473 588	3 813 884	706	地表	20	0			仰韶早期、仰韶时期、西周时期
362	C363	06QZ0720E217	E4	图5-11	36 473 585	3 813 776	702	地表	27	0			仰韶晚期、西周时期
363	C364	06QZ0720E218	E4	图5-11	36 473 580	3 813 752	698	地表	23	0			仰韶晚期、西周时期
364	C365	06QZ0724E222	B4	图5-4	36 473 238	3 815 173	746	灰坑	36	7	鬲1、罐3、豆1、瓮1、空心砖1	156～161、374	商周之际
365	C366	06QZ0724I205	C4	图5-8	36 473 292	3 814 814	729	地表	12	2	钵1、鬲1	162、167	仰韶中期、仰韶晚期、仰韶时期、西周时期
366	C367	06QZ0724E227	B4	图5-4	36 473 249	3 815 161	757	灰坑	8	2	鬲1、三足瓮1	163～164	西周早期
367	C368	06QZ0724I207	B4	图5-4	36 473 253	3 815 148	749	灰坑	25	4	罐1、瓶2、鬲1	165～166、168～169	西周晚期

续　表

序号	采集点号	GPS点号	所在分区号	图号	北坐标（单位：米）	东坐标（单位：米）	高程（单位：米）	遗迹性质	陶片总量	标本数量	陶器器类	标本号	时代
368	C369	06QZ0724E226	B4	图5-4	36 473 231	3 815 187	751	地表	22	6	三足瓮1、鬲2、尊1、罐2	170~175	西周早期、西周中期、西周时期
369	C370	06QZ0724E220	C4	图5-8	36 473 375	3 814 780	730	灰坑	15	2	瓮1、罐1	176~177	先周晚期
370	C371	06QZ0724E228	B4	图5-4	36 473 248	3 815 161	749	灰坑	3	2	鬲1、罐1	178~179	西周早期
371	C372	06QZ0724E223	B4	图5-4	36 473 242	3 815 169	746	灰坑	4	1	鬲1	180	西周晚期
372	C373	06QZ0724I201	C3	图5-7	36 473 209	3 814 859	730	地表	37	2	小口尖底瓶1、陶环1	181~182	仰韶中期、仰韶晚期、仰韶时期、西周时期
373	C374	06QZ0724I206	B4	图5-4	36 473 253	3 815 155	749	灰坑	18	2	罐2	183~184	西周晚期
374	C375	06QZ0724I200	C3	图5-7	36 473 210	3 814 840	731	地表	67	2	鬲1、罐1	185~186	仰韶晚期、商周之际
375	C376	06QZ0724E224	B4	图5-4	36 473 237	3 815 179	746	灰坑	30	6	罐2、鬲2、纺轮1、空心砖1	187~192	商周之际
376	C377	06QZ0724E221	C4	图5-8	36 473 276	3 814 826	731	文化层	20	6	甑2、鬲2、罐2	193~198	商周之际
377	C378	06QZ0725H018	D5	图5-8	36 473 905	3 814 144	715	地表	49	47	瓦24、罐4、瓮10、盆5、甑5、瓶1、器盖1、瓦当2	199~244、359	西周晚期、战国秦汉

续表

序号	采集点号	GPS点号	所在分区号	图号	北坐标（单位：米）	东坐标（单位：米）	高程（单位：米）	遗迹性质	陶片总量	标本数量	陶器器类	标本号	时代
378	C379	06QZ0725I214	D4	图5-8	36 473 407	3 813 993	704	地表	56	37	钵5、盆4、小口尖底瓶12、瓮2、器盖1、石环1、陶环3、壶1、豆1	245~259、390~411	仰韶中期、仰韶晚期、仰韶时期、西周晚期、西周时期
379	C380	06QZ0725E233	D4	图5-8	36 473 378	3 814 038	694	地表	39	2	钵1、瓮1	260~261	仰韶早期、仰韶时期、西周时期
380	C381	06QZ0725I210	D4	图5-8	36 473 454	3 813 933	691	地表	4	0			战国秦汉
381	C382	06QZ0725E234	D4	图5-8	36 473 404	3 814 224	705	地表	23	0			仰韶晚期、西周早期
382	C383	06QZ0725I208	D4	图5-8	36 473 483	3 813 879	687	地表	12	0			仰韶晚期、仰韶时期
383	C384	06QZ0725E229	D4	图5-8	36 473 523	3 813 954	707	地表	6	0			仰韶中期、战国秦汉
384	C385	06QZ0725E230	D4	图5-8	36 473 470	3 813 916	694	地表	1	1	甑1	262	西周晚期
385	C386	06QZ0725I209	D4	图5-8	36 473 520	3 813 926	692	地表	5	0			西周时期、战国秦汉
386	C387	06QZ0725I212	D4	图5-8	36 473 485	3 813 966	691	地表	32	1	瓮1	264	仰韶晚期、战国秦汉
387	C388	06QZ0725E231	D4	图5-8	36 473 465	3 813 975	695	地表	16	1	盆甑1	266	仰韶晚期、西周时期、战国秦汉
388	C389	06QZ0725I213	D4	图5-8	36 473 442	3 814 013	699	地表	36	2	瓮1、瓦1	267~268	仰韶晚期、战国秦汉
389	C390	06QZ0725I215	D4	图5-8	36 473 384	3 814 020	705	地表	61	2	小口尖底瓶1、瓮1	270~271	仰韶中期、仰韶晚期、汉以后
390	C391	06QZ0725E232	D4	图5-8	36 473 410	3 814 037	703	地表	93	5	小口尖底瓶2、钵1、罐1、陶环1	272~276	仰韶中期、仰韶晚期、仰韶时期

续　表

序号	采集点号	GPS 点号	所在分区号	图号	北坐标（单位：米）	东坐标（单位：米）	高程（单位：米）	遗迹性质	陶片总量	标本数量	陶器类	标本号	时　代
391	C392	06QZ0726I224	E4	图 5-11	36 473 547	3 813 657	687	地表	14	0			仰韶晚期、西周同时期、战国秦汉
392	C393	06QZ0726E238	E4	图 5-11	36 473 476	3 813 714	698	地表	18	0			仰韶晚期、西周同时期
393	C394	06QZ0726E245	E4	图 5-11	36 473 560	3 813 564	676	灰坑	2	1	陶范 1	277	西周时期
394	C395	06QZ0726E244	E4	图 5-11	36 473 579	3 813 575	668	灰坑	10	4	鬲 2、甗 1、瓮 1	278～281	西周中期
395	C396	06QZ0726E240	E4	图 5-11	36 473 498	3 813 666	688	地表	13	0			仰韶晚期、西周同时期、战国秦汉
396	C397	06QZ0726I223	E4	图 5-11	36 473 502	3 813 639	689	地表	6	0			仰韶中期、西周同时期
397	C398	06QZ0726E241	E4	图 5-11	36 473 455	3 813 650	690	地表	12	1	盆 1	282	仰韶中期、西周同时期
398	C399	06QZ0726E239	E4	图 5-11	36 473 477	3 813 699	694	地表	10	2	罐 1、鬲 1	283～284	仰韶晚期、西周晚期、战国秦汉
399	C400	06QZ0726I225	E4	图 5-11	36 473 536	3 813 634	687	地表	42	1	钵 1	285	仰韶中期、仰韶晚期、西周同时期、战国秦汉
400	C401	06QZ0726I232	E4	图 5-11	36 473 498	3 813 582	691	地表	71	2	钵 1、罐 1	287～288	仰韶晚期、西周同时期、战国秦汉、汉以后
401	C402	06QZ0726I227	E4	图 5-11	36 473 535	3 813 613	692	地表	37	4	瓮 1、钵 1、盆 1、罐 1	289～292	仰韶中期、仰韶晚期、西周同时期
402	C403	06QZ0726E247	E4	图 5-11	36 473 566	3 813 558	681	地表	59	9	钵 3、盆 1、陶铃 1、灶 1、高 1、小口尖底瓶 1、罐 1	294～302	仰韶中期、仰韶晚期、先周晚期、西周晚期、战国秦汉

续 表

序号	采集点号	GPS点号	所在分区号	图号	北坐标（单位:米）	东坐标（单位:米）	高程（单位:米）	遗迹性质	陶片总量	标本数量	陶器器类	标本号	时代
403	C404	06QZ0726I217	E4	图5-11	36 473 442	3 813 785	692	灰坑	13	2	鬲1、盆1	303~304	先周晚期
404	C405	06QZ0726I216	E4	图5-11	36 473 451	3 813 795	691	地表	54	1	鬲1	305	仰韶中期、先周晚期、西周时期、战国秦汉
405	C406	06QZ0726I235	E4	图5-11	36 473 514	3 813 535	687	灰坑	5	0			西周中期
406	C407	06QZ0726I222	E4	图5-11	36 473 453	3 813 657	682	地表	13	0			仰韶中期、西周时期
407	C408	06QZ0726I234	E4	图5-11	36 473 492	3 813 529	686	灰坑	4	0			西周时期
408	C409	06QZ0726I233	E4	图5-11	36 473 463	3 813 555	684	地表	32	0			仰韶时期、西周时期
409	C410	06QZ0726E235	E4	图5-11	36 473 439	3 813 770	718	地表	22	0			仰韶时期、西周时期、战国秦汉
410	C411	06QZ0726I226	E4	图5-11	36 473 473	3 813 614	687	地表	32	0			仰韶中期、西周时期
411	C412	06QZ0726E250	E4	图5-11	36 473 597	3 813 579	687	灰坑	3	0			西周时期
412	C413	06QZ0726I243	E4	图5-11	36 473 534	3 813 667	689	地表	24	1	钵1	306	仰韶中期、仰韶晚期、西周时期
413	C414	06QZ0726I221	E4	图5-11	36 473 493	3 813 670	689	地表	18	2	盆1、钵1	307~308	仰韶中期、仰韶晚期、西周时期
414	C415	06QZ0726I246	E4	图5-11	36 473 551	3 813 562	679	灰坑	8	1	盆1	309	仰韶晚期
415	C416	06QZ0726I228	E4	图5-11	36 473 524	3 813 640	693	地表	45	1	小口尖底瓶1	310	仰韶中期、仰韶晚期、西周时期、战国秦汉
416	C417	06QZ0726I219	E4	图5-11	36 473 505	3 813 701	697	地表	4	1	小口尖底瓶1	311	仰韶晚期、西周时期
417	C418	06QZ0726E242	E4	图5-11	36 473 491	3 813 652	687	地表	13	0			仰韶中期、西周时期

续　表

序号	采集点号	GPS点号	所在分区号	图号	北坐标（单位：米）	东坐标（单位：米）	高程（单位：米）	遗迹性质	陶片总量	标本数量	陶器器类	标本号	时　代
418	C419	06QZ0726I220	E4	图5-11	36 473 566	3 813 685	720	地表	4	1	罐1	312	仰韶晚期、仰韶时期
419	C420	06QZ0727E265	E5	图5-11	36 473 904	3 813 611	697	地表	42	0			仰韶中期、西周早期、西周时期、汉以后
420	C421	06QZ0727I255	E5	图5-11	36 473 842	3 813 631	696	地表	22	1	鬲1	313	仰韶中期、西周晚期
421	C422	06QZ0727E260	E5	图5-11	36 473 911	3 813 653	704	地表	32	0			仰韶中期、西周时期
422	C423	06QZ0727E261	E5	图5-11	36 473 888	3 813 629	701	地表	12	0			仰韶中期、西周时期
423	C424	06QZ0727I251	E5	图5-11	36 473 731	3 813 801	702	灰坑	13	13	瓦13	314~321	战国秦汉
424	C425	06QZ0727E266	E5	图5-11	36 473 883	3 813 603	700	地表	27	0			仰韶中期、西周时期、汉以后
425	C426	06QZ0727E257	E5	图5-11	36 473 822	3 813 602	699	地表	28	0			仰韶中期、西周时期
426	C427	06QZ0727E267	E5	图5-11	36 473 780	3 813 590	702	地表	27	0			仰韶中期、西周时期
427	C428	06QZ0727I252	E5	图5-11	36 473 746	3 813 801	704	灰坑	15	3	瓦3	322~324	战国秦汉
428	C429	06QZ0727E253	E4	图5-11	36 473 512	3 813 532	662	灰坑	15	0			西周时期
429	C430	06QZ0727E263	E5	图5-11	36 473 814	3 813 636	697	地表	10	0			仰韶晚期
430	C431	06QZ0727E259	E5	图5-11	36 473 927	3 813 643	710	地表	29	0			仰韶中期、仰韶晚期、西周时期、战国秦汉
431	C432	06QZ0727E262	E5	图5-11	36 473 855	3 813 628	699	地表	3	0			仰韶时期、西周时期
432	C433	06QZ0727E258	E5	图5-11	36 473 797	3 813 753	707	地表	88	0			仰韶晚期、西周时期、战国秦汉、汉以后

续 表

序号	采集点号	GPS点号	所在分区号	图号	北坐标（单位：米）	东坐标（单位：米）	高程（单位：米）	遗迹性质	陶片总量	标本数量	陶器器类	标本号	时代
433	C434	06QZ0727I240	E4	图5-11	36 473 461	3 813 482	681	地表	139	0			仰韶晚期、西周时期、战国秦汉
434	C435	06QZ0727E256	E5	图5-11	36 473 902	3 813 769	706	地表	6	0			仰韶晚期、西周时期
435	C436	06QZ0727I243	E4	图5-11	36 473 574	3 813 434	694	地表	17	0			仰韶时期、西周时期
436	C437	06QZ0727I250	E5	图5-11	36 473 832	3 813 765	706	地表	15	0			仰韶晚期、西周晚期、战国秦汉
437	C438	06QZ0727I242	E4	图5-11	36 473 602	3 813 442	690	地表	2	0			西周时期
438	C439	06QZ0727I256	E5	图5-11	36 473 921	3 813 596	692	地表	10	0			仰韶晚期、西周时期
439	C440	06QZ0727E264	E5	图5-11	36 473 861	3 813 606	698	地表	14	0			仰韶晚期、西周时期
440	C441	06QZ0727I237	E4	图5-11	36 473 549	3 813 571	685	地表	19	0			仰韶晚期、战国秦汉
441	C442	06QZ0727I254	E5	图5-11	36 473 833	3 813 652	700	地表	6	0			仰韶晚期
442	C443	06QZ0727I244	E4	图5-11	36 473 565	3 813 504	689	地表	54	0			仰韶晚期、西周时期
443	C444	06QZ0727I247	E4	图5-11	36 473 532	3 813 533	668	地表	46	1	小口尖底瓶1	327	仰韶晚期、西周时期、战国秦汉
444	C445	06QZ0727I239	E4	图5-11	36 473 455	3 813 505	684	地表	56	0			仰韶晚期、西周时期、战国秦汉
445	C446	06QZ0727I249	E5	图5-11	36 473 903	3 813 762	706	地表	13	0			仰韶晚期
446	C447	06QZ0727I236	E4	图5-11	36 473 580	3 813 586	682	地表	10	0			西周晚期、西周时期、汉以后
447	C448	06QZ0727E257	E5	图5-11	36 473 873	3 813 752	705	地表	15	0			仰韶晚期、西周时期、战国秦汉
448	C449	06QZ0727I238	E4	图5-11	36 473 474	3 813 533	682	地表	15	1	小口尖底瓶1	328	仰韶中期、仰韶晚期、西周时期

续　表

序号	采集点号	GPS 点号	所在分区号	图号	北坐标（单位：米）	东坐标（单位：米）	高程（单位：米）	遗迹性质	陶片总量	标本数量	陶器器类	标本号	时　代
449	C450	06QZ0727I241	E4	图5-11	36 473 598	3 813 472	690	地表	10	0			仰韶时期、西周时期
450	C451	06QZ0727I245	E4	图5-11	36 473 581	3 813 536	677	地表	63	1	钵1	329	仰韶晚期、西周时期、汉以后
451	C452	06QZ0727I246	E4	图5-11	36 473 620	3 813 597	686	地表	72	1	钵1	330	仰韶晚期、西周时期、战国秦汉
452	C453	06QZ0728E268	E5	图5-11	36 473 799	3 813 584	696	地表	77	4	盆2、平底瓶1、罐1	331～333、336	仰韶中期、仰韶晚期、先周晚期
453	C454	06QZ0728E278	E5	图5-11	36 473 850	3 813 569	700	地表	22	0			仰韶中期、仰韶时期、西周时期
454	C455	06QZ0728E283	E5	图5-11	36 473 768	3 813 448	688	地表	12	0			仰韶晚期、西周晚期
455	C456	06QZ0728E272	E5	图5-11	36 473 806	3 813 538	693	地表	10	0			仰韶时期
456	C457	06QZ0728E270	E5	图5-11	36 473 857	3 813 524	689	地表	15	2	盆1、鬲1	334～335	仰韶中期、仰韶时期、商周之际、西周早期
457	C458	06QZ0728E271	E5	图5-11	36 473 885	3 813 497	694	地表	11	0			仰韶时期、西周时期
458	C459	06QZ0728E269	E5	图5-11	36 473 843	3 813 510	692	地表	22	1	罐1	337	仰韶中期、仰韶时期、西周时期
459	C460	06QZ0728E258	E5	图5-12	36 473 873	3 813 584	699	灰坑	11	2	盆1、瓮1	338～339	仰韶晚期
460	C461	06QZ0728E275	E5	图5-11	36 473 966	3 813 502	695	地表	5	1	钵1	340	仰韶早期、仰韶时期、西周周早期
461	C462	06QZ0728E287	F5	图5-11	36 473 803	3 813 334	688	地表	10	0			仰韶时期、西周早期

续 表

序号	采集点号	GPS点号	所在分区号	图号	北坐标（单位：米）	东坐标（单位：米）	高程（单位：米）	遗迹性质	陶片总量	标本数量	陶器器类	标本号	时代
462	C463	06QZ0728E288	E5	图5-11	36 473 820	3 813 400	686	地表	8	1	小口尖底瓶1	341	仰韶中期、仰韶时期、西周时期、战国秦汉
463	C464	06QZ0728I263	E5	图5-11	36 473 734	3 813 555	715	地表	12	0			仰韶时期、西周时期
464	C465	06QZ0728E289	E5	图5-11	36 473 823	3 813 447	690	地表	29	0			仰韶时期、西周时期
465	C466	06QZ0728E273	E5	图5-11	36 473 914	3 813 510	696	地表	15	3	盆1、罐1、陶环1	342～344	仰韶中期、仰韶时期
466	C467	06QZ0728I261	E5	图5-12	36 473 925	3 813 536	703	灰坑	13	2	小口尖底瓶1、盆1	345～346	仰韶晚期
467	C468	06QZ0728E281	E5	图5-11	36 473 809	3 813 530	658	地表	13	0			仰韶时期、西周时期
468	C469	06QZ0728E285	E5	图5-11	36 473 739	3 813 494	684	地表	16	1	小口尖底瓶1	347	仰韶中期、仰韶晚期、仰韶时期、西周时期
469	C470	06QZ0728E277	E5	图5-11	36 473 881	3 813 564	700	地表	13	0			仰韶中期、仰韶晚期、仰韶时期
470	C471	06QZ0728E284	E5	图5-11	36 473 748	3 813 463	687	地表	27	0			仰韶时期、西周时期
471	C472	06QZ0728E291	E5	图5-11	36 473 861	3 813 491	692	地表	10	1	纺轮1	348	仰韶晚期、仰韶时期、战国秦汉
472	C473	06QZ0728E274	E5	图5-11	36 473 940	3 813 539	693	地表	11	0			仰韶时期、西周时期、汉以后
473	C474	06QZ0728I259	E5	图5-11	36 473 920	3 813 584	699	文化层	11	3	瓮2、盆1	350～352	仰韶晚期
474	C475	06QZ0728E292	E5	图5-11	36 473 879	3 813 398	692	地表	21	0			仰韶中期、仰韶时期、西周时期

续　表

序号	采集点号	GPS点号	所在分区号	图号	北坐标（单位：米）	东坐标（单位：米）	高程（单位：米）	遗迹性质	陶片总量	标本数量	陶器器类	标本号	时代
475	C476	06QZ0728E282	E5	图5-11	36 473 793	3 813 493	689	地表	3	0			仰韶时期
476	C477	06QZ0728E280	E5	图5-11	36 473 791	3 813 529	691	地表	14	0			仰韶晚期、仰韶时期、西周时期
477	C478	06QZ0728E290	E5	图5-11	36 473 838	3 813 448	688	地表	12	0			仰韶时期、西周时期
478	C479	06QZ0728E286	E5	图5-11	36 473 762	3 813 508	689	地表	7	1	盆1	349	仰韶中期、仰韶时期、西周时期
479	C480	06QZ0728E276	E5	图5-11	36 473 920	3 813 564	702	地表	19	2	盆2	353～354	仰韶中期、仰韶时期、西周时期
480	C481	06QZ0728I268	E5	图5-11	36 473 898	3 813 538	696	灰坑	1	0			仰韶中期
481	C482	06QZ0729I265	E5	图5-11	36 474 017	3 813 440	691	地表	19	0			仰韶时期、西周时期、汉以后
482	C483	06QZ0729E298	E5	图5-11	36 474 088	3 813 541	697	地表	34	1	罐1	355	仰韶中期、仰韶晚期、西周时期
483	C484	06QZ0729I278	E5	图5-11	36 474 000	3 813 672	702	地表	20	0			仰韶晚期、西周时期、汉以后
484	C485	06QZ0729I267	E5	图5-11	36 474 046	3 813 503	692	地表	17	0			仰韶中期、西周时期、汉以后
485	C486	06QZ0729I277	E5	图5-11	36 474 060	3 813 676	707	地表	6	0			西周时期
486	C487	06QZ0729E295	E5	图5-11	36 473 960	3 813 443	692	地表	9	0			仰韶时期
487	C488	06QZ0729I266	E5	图5-11	36 473 979	3 813 494	695	地表	17	0			仰韶中期、西周时期
488	C489	06QZ0729E297	E5	图5-11	36 474 038	3 813 467	691	地表	11	0			仰韶时期
489	C490	06QZ0729I264	E5	图5-11	36 473 911	3 813 452	693	地表	38	0			仰韶中期、西周时期、战国秦汉

续表

序号	采集点号	GPS点号	所在分区号	图号	北坐标（单位：米）	东坐标（单位：米）	高程（单位：米）	遗迹性质	陶片总量	标本数量	陶器器类	标本号	时代
490	C491	06QZ0729I276	E5	图5-11	36 474 076	3 813 652	701	地表	14	0			战国秦汉
491	C492	06QZ0729I273	E5	图5-11	36 474 084	3 813 633	700	地表	26	0			仰韶中期,西周时期
492	C493	06QZ0729I271	E5	图5-11	36 474 041	3 813 588	696	地表	8	0			仰韶时期,西周时期,汉以后
493	C494	06QZ0729I270	E5	图5-11	36 474 019	3 813 572	702	地表	12	0			西周时期
494	C495	06QZ0729I274	E5	图5-11	36 474 047	3 813 645	706	地表	63	0			仰韶中期,西周时期,战国秦汉
495	C496	06QZ0729I272	E5	图5-11	36 474 017	3 813 617	702	地表	24	0			仰韶时期,西周时期
496	C497	06QZ0729I268	E5	图5-11	36 474 057	3 813 535	696	地表	51	0			仰韶早期,仰韶中期,西周时期
497	C498	06QZ0729E294	E5	图5-11	36 473 988	3 813 427	690	地表	13	0			仰韶中期,战国秦汉
498	C499	06QZ0729I275	E5	图5-11	36 474 028	3 813 661	706	地表	16	0			战国秦汉
499	C500	06QZ0729E293	E5	图5-11	36 473 920	3 813 395	693	地表	10	0			仰韶时期
500	C501	06QZ0729E299	E5	图5-11	36 473 977	3 813 536	693	地表	8	0			仰韶中期,西周时期,汉以后
501	C502	06QZ0730I287	E5	图5-11	36 474 076	3 813 817	709	地表	39	0			仰韶时期,西周时期,战国秦汉
502	C503	06QZ0730I283	E5	图5-11	36 474 026	3 813 753	706	地表	26	0			仰韶时期,西周时期
503	C504	06QZ0730I281	E5	图5-11	36 474 004	3 813 714	704	地表	21	0			仰韶时期
504	C505	06QZ0730E304	E5	图5-11	36 474 106	3 813 739	714	地表	21	0			西周时期
505	C506	06QZ0730E303	E5	图5-11	36 474 072	3 813 710	703	地表	10	0			仰韶时期,西周时期
506	C507	06QZ0730E308	D5	图5-8	36 474 095	3 813 960	711	地表	71	0			仰韶时期,西周时期,战国秦汉

续表

序号	采集点号	GPS点号	所在分区号	图号	北坐标（单位：米）	东坐标（单位：米）	高程（单位：米）	遗迹性质	陶片总量	标本数量	陶器类	标本号	时代
507	C508	06QZ07301280	E5	图5-11	36 474 070	3 813 699	704	地表	20	0			西周时期,汉以后
508	C509	06QZ07301288	D5	图5-8	36 474 026	3 813 937	711	地表	26	1	鬲1	356	仰韶时期,西周早期,战国秦汉
509	C510	06QZ07301279	E5	图5-11	36 474 011	3 813 697	699	地表	10	0			仰韶时期,西周时期,战国秦汉
510	C511	06QZ07301285	E5	图5-11	36 474 024	3 813 797	708	地表	53	0			仰韶时期,西周时期
511	C512	06QZ0730E307	E5	图5-11	36 474 093	3 813 871	705	地表	56	0			仰韶时期,西周时期
512	C513	06QZ07311288	A4	图5-4	36 473 483	3 815 707	764	地表	14	0			西周时期,战国秦汉,汉以后
513	C514	06QZ07311291	A4	图5-4	36 473 527	3 815 823	758	地表	11	0			战国秦汉,汉以后
514	C515	06QZ07311E311	A4	图5-4	36 473 574	3 815 720	753	地表	8	0			西周时期
515	C516	06QZ07311293	A4	图5-4	36 473 490	3 815 791	761	地表	18	0			西周晚期,战国秦汉,汉以后
516	C517	06QZ07311290	A4	图5-4	36 473 558	3 815 846	756	地表	22	1	玉环1	357	仰韶晚期,仰韶时期,西周时期,战国秦汉
517	C518	06QZ07311289	A4	图5-4	36 473 568	3 815 763	761	地表	3	0			西周时期
518	C519	06QZ07311292	A4	图5-4	36 473 511	3 815 805	762	地表	12	0			西周时期
519	C520	06QZ0801E316	B5	图5-5	36 473 829	3 815 283	749	地表	4	0			西周时期
520	C521	06QZ0810E317	B5	图5-5	36 473 849	3 815 190	744	地表	7	0			战国秦汉
521	C522	06QZ0801E314	A5	图5-5	36 473 805	3 815 478	748	地表	27	0			西周时期,战国秦汉,汉以后
522	C523	06QZ0801E315	A5	图5-5	36 473 784	3 815 452	752	地表	9	0			西周时期,战国秦汉

续表

序号	采集点号	GPS点号	所在分区号	图号	北坐标（单位：米）	东坐标（单位：米）	高程（单位：米）	遗迹性质	陶片总量	标本数量	陶器器类	标本号	时代
523	C524	06QZ07301286	E5	图5-11	36 473 987	3 813 800	705	地表	30	1	豆1		西周晚期
524	C525	06QHD0617H032	C2	图5-7	36 472 623	3 814 818	707	墓葬	0	0		358	西周时期
525	C526	06QHD0701H132	B3	图5-4	36 473 178	3 815 130	724	墓葬	0	0			战国秦汉
526	C527	06QZ0711E119	C4	图5-8	36 473 392	3 814 576	736	墓葬	0	0			战国秦汉
527	C528	06QZ0711E120	C4	图5-8	36 473 383	3 814 571	734	墓葬	0	0			战国秦汉
528	C529	06QZ0711E121	C4	图5-8	36 473 397	3 814 576	733	墓葬	0	0			战国秦汉
529	C530	06QZ0711E122	C4	图5-8	36 473 400	3 814 573	732	墓葬	0	0			战国秦汉
530	C531	06QZ0711E123	C4	图5-8	36 473 425	3 814 580	720	墓葬	0	0			战国秦汉
531	C532	06QZ0711E124	C4	图5-8	36 473 422	3 814 580	720	墓葬	0	0			西周时期
532	C533	06QZ0712E126	C4	图5-8	36 473 296	3 814 819	730	墓葬	0	0			西周时期
533	C534	06QZ0713I138	F4	图5-11	36 473 564	3 813 318	669	墓葬	0	0			战国秦汉
534	C535	06QZ0713I136	F4	图5-11	36 473 555	3 813 316	690	墓葬	0	0			西周时期
535	C536	06QZ0715E140	C4	图5-9	36 473 398	3 814 441	718	墓葬	0	0			西周时期
536	C537	06QZ0715E141	C4	图5-9	36 473 404	3 814 446	720	墓葬	0	0			西周时期
537	C538	06QZ0715E142	C4	图5-9	36 473 410	3 814 450	720	墓葬	0	0			西周时期
538	C539	06QZ0715E143	C4	图5-9	36 473 420	3 814 454	720	墓葬	0	0			西周时期
539	C540	06QZ0715E144	C4	图5-9	36 473 466	3 814 411	720	墓葬	0	0			战国秦汉
540	C541	06QZ0715E145	C4	图5-9	36 473 469	3 814 410	719	墓葬	0	0			西周时期
541	C542	06QZ0715E146	C4	图5-9	36 473 471	3 814 407	719	墓葬	0	0			西周时期
542	C543	06QZ0715E147	C4	图5-9	36 473 484	3 814 403	721	墓葬	0	0			西周时期

续表

序号	采集点号	GPS点号	所在分区号	图号	北坐标（单位：米）	东坐标（单位：米）	高程（单位：米）	遗迹性质	陶片总量	标本数量	陶器器类	标本号	时代
543	C544	06QZ0715E148	C4	图5-9	36 473 481	3 814 400	720	墓葬	0	0			西周时期
544	C545	06QZ0715E149	C4	图5-9	36 473 483	3 814 404	721	墓葬	0	0			西周时期
545	C546	06QZ0715E150	C4	图5-9	36 473 482	3 814 409	720	墓葬	0	0			西周时期
546	C547	06QZ0715E151	C4	图5-9	36 473 481	3 814 411	719	墓葬	0	0			西周时期
547	C548	06QZ0715E152	C4	图5-9	36 473 479	3 814 411	720	墓葬	0	0			西周时期
548	C549	06QZ0715E153	C4	图5-9	36 473 478	3 814 414	719	墓葬	0	0			西周时期
549	C550	06QZ0715E154	C4	图5-9	36 473 476	3 814 425	720	墓葬	0	0			西周时期
550	C551	06QZ0715E155	C4	图5-9	36 473 497	3 814 427	701	墓葬	0	0			西周时期
551	C552	06QZ0715E156	C4	图5-9	36 473 511	3 814 437	701	墓葬	0	0			西周时期
552	C553	06QZ0715E157	C4	图5-9	36 473 504	3 814 427	713	墓葬	0	0			西周时期
553	C554	06QZ0715E158	C4	图5-9	36 473 503	3 814 423	718	墓葬	0	0			西周时期
554	C555	06QZ0715E159	C4	图5-9	36 473 508	3 814 417	718	墓葬	0	0			西周时期
555	C556	06QZ0715E160	C4	图5-9	36 473 509	3 814 413	718	墓葬	0	0			西周时期
556	C557	06QZ0715E161	C4	图5-9	36 473 510	3 814 413	721	墓葬	0	0			西周时期
557	C558	06QZ0715E162	C4	图5-9	36 473 517	3 814 411	720	墓葬	0	0			西周时期
558	C559	06QZ0715E163	C4	图5-8	36 473 511	3 814 510	724	墓葬	0	0			西周时期
559	C560	06QZ0715E164	C4	图5-8	36 473 568	3 814 522	727	墓葬	0	0			西周时期
560	C561	06QZ0715E177	D4	图5-8	36 473 724	3 814 365	724	墓葬	0	0			西周时期
561	C562	06QZ0715E167	D4	图5-8	36 473 633	3 814 269	728	地表	2	0			西周时期
562	C563	06QZ07151152	C4	图5-9	36 473 500	3 814 436	724	墓葬	0	0			西周时期

续表

序号	采集点号	GPS点号	所在分区号	图号	北坐标（单位：米）	东坐标（单位：米）	高程（单位：米）	遗迹性质	陶片总量	标本数量	陶器器类	标本号	时代
563	C564	06QZ07151I151	C4	图5-9	36 473 491	3 814 438	723	墓葬	0	0			西周时期
564	C565	06QZ07151I150	C4	图5-9	36 473 455	3 814 432	722	墓葬	0	0			西周时期
565	C566	06QZ07151I149	C4	图5-9	36 473 458	3 814 439	722	墓葬	0	0			西周时期
566	C567	06QZ07151I148	C4	图5-9	36 473 451	3 814 446	725	墓葬	0	0			西周时期
567	C568	06QZ07151I147	C4	图5-9	36 473 426	3 814 421	722	墓葬	0	0			西周时期
568	C569	06QZ07151I146	C4	图5-9	36 473 427	3 814 414	722	墓葬	0	0			西周时期
569	C570	06QZ07151I145	C4	图5-9	36 473 428	3 814 412	721	墓葬	0	0			西周时期
570	C571	06QZ07151I144	C4	图5-9	36 473 429	3 814 464	717	墓葬	0	0			西周时期
571	C572	06QZ07151I143	C4	图5-9	36 473 405	3 814 416	717	墓葬	0	0			西周时期
572	C573	06QZ07151I138	C4	图5-9	36 473 427	3 814 407	720	墓葬	0	0			西周时期
573	C574	06QZ07151I142	C4	图5-9	36 473 401	3 814 413	719	墓葬	0	0			西周时期
574	C575	06QZ07151I141	C4	图5-8	36 473 354	3 814 467	719	墓葬	0	0			西周时期
575	C576	06QZ07151I140	C4	图5-8	36 473 352	3 814 463	721	墓葬	0	0			西周时期
576	C577	06QZ07151I139	D4	图5-8	36 473 550	3 814 054	720	墓葬	0	0			西周时期
577	C578	06QZ0718H005	D4	图5-8	36 473 630	3 814 035	706	墓葬	0	0			西周时期
578	C579	06QZ0718H006	E4	图5-11	36 473 662	3 813 784	696	墓葬	0	0			西周时期
579	C580	06QZ0718H007	E4	图5-11	36 473 680	3 813 688	684	墓葬	4	1	石圭1	436	西周时期
580	C581	06QZ0718H008	E4	图5-11	36 473 586	3 813 830	705	墓葬	0	0			西周时期
581	C582	06QZ0726E251	E4	图5-11	36 473 571	3 813 566	688	墓葬	0	0			西周时期
582	C583	06QZ0726E252	E4	图5-11	36 473 522	3 813 555	688	墓葬	0	0			西周时期

续 表

序号	采集点号	GPS点号	所在分区号	图号	北坐标（单位：米）	东坐标（单位：米）	高程（单位：米）	遗迹性质	陶片总量	标本数量	陶器器类	标本号	时代
583	C584	06QZ0726I230	E4	图5-11	36 473 519	3 813 562	687	墓葬	0	0			西周时期
584	C585	06QZ0727E254	D4	图5-8	36 473 526	3 813 950	674	墓葬	0	0			西周时期
585	C586	06QZ0729I269	F5	图5-11	36 474 187	3 813 138	692	墓葬	0	0			西周时期
586	C587	06QZ0729E300	F5	图5-11	36 474 208	3 813 153	694	墓葬	0	0			西周时期
587	C588	06QZ0729E301	F5	图5-11	36 474 212	3 813 153	692	墓葬	0	0			西周时期
588	C589	06QZ0731E312	A4	图5-4	36 473 479	3 815 839	765	墓葬	0	0			战国秦汉
589	C590	06QHD0618H033	C3	图5-7	36 472 828	3 814 414	754	马坑	0	0			西周时期
590	C591	06QHD0630H124	F4	图5-11	36 473 346	3 813 171	692	夯土台	0	0			汉以后
591	C592	06QZ0718H011	E4	图5-11	36 473 587	3 813 825	697	夯土台	0	0			汉以后
592	C593	06QZ0718H012	E4	图5-11	36 473 603	3 813 794	699	夯土台	0	0			汉以后
593	C594	06QHD0628H111	E3	图5-10	36 473 099	3 813 655	704	陶窑	0	0			战国秦汉
594	C595	06QHD0701H133	B3	图5-4	36 473 152	3 815 279	726	陶窑	0	0			西周时期
595	C596	06QHD0701H131	B4	图5-4	36 473 265	3 814 979	729	陶窑	0	0			西周时期
596	C597	06QHD0705H134	A3	图5-4	36 473 207	3 815 657	761	陶窑	2	0			战国秦汉
597	C598	06QHD0615H006	B2	图5-3	36 472 333	3 815 003	780	灰坑	0	0			不明
598	C599	06QHD0616H014	C2	图5-7	36 472 468	3 814 676	731	灰坑	24	4	罐1、瓮1、鬲1、盆1	362～363、367～368	西周晚期

续表

序号	采集点号	GPS点号	所在分区号	图号	北坐标(单位:米)	东坐标(单位:米)	高程(单位:米)	遗迹性质	陶片总量	标本数量	陶器器类	标本号	时代
599	C600	06QHD0616H017	C2	图5-7	36 472 430	3 814 739	727	灰坑	18	3	瓿1、豆1、鬲1	364~366	西周晚期
600	C601	06QHD0616H018	C2	图5-7	36 472 440	3 814 746	727	灰坑	4	0			西周时期
601	C602	06QHD0616H019	C2	图5-7	36 472 448	3 814 756	729	灰坑	0	0			不明
602	C603	06QHD0616I018	C2	图5-7	36 472 452	3 814 635	761	灰坑	2	1	圆陶片1	369	西周时期
603	C604	06QHD0616I019	C2	图5-7	36 472 452	3 814 646	723	灰坑	1	0			西周时期
604	C605	06QHD0616I020	C2	图5-7	36 472 446	3 814 648	721	灰坑	8	0			西周晚期
605	C606	06QHD0616I021	C2	图5-7	36 472 436	3 814 674	724	灰坑	8	0			西周时期
606	C607	06QHD0618H034	C3	图5-7	36 472 468	3 814 468	754	灰坑	1	0			西周时期
607	C608	06QHD0623H066	D2	图5-7	36 472 857	3 814 233	718	灰坑	5	1	鬲1	430	西周中期
608	C609	06QHD0628H114	E3	图5-10	36 472 665	3 813 655	709	灰坑	0	0			不明
609	C610	06QZ0710B002	D4	图5-12	36 473 116	3 814 109	721	灰坑	15	1	钵1	381	仰韶晚期
610	C611	06QHD0712H152	C4	图5-8	36 473 592	3 814 825	732	灰坑	0	0			不明
611	C612	06QHD0712H153	C4	图5-8	36 473 354	3 814 781	732	灰坑	0	0			不明
612	C613	06QHD0712H154	C4	图5-8	36 473 406	3 814 823	735	灰坑	0	0			不明
613	C614	06QZ0715I153	C4	图5-8	36 473 323	3 814 402	724	灰坑	0	0			不明
614	C615	06QZ0724E017	B4	图5-4	36 473 606	3 815 121	737	文化层	0	0			不明
615	C616	06QZ0724E225	B4	图5-4	36 473 349	3 815 182	749	灰坑	0	0			不明
616	C617	06QZ0726E248	E4	图5-11	36 473 233	3 813 579	687	灰坑	0	0			不明
617	C618	06QZ0726E253	E4	图5-11	36 473 585	3 813 555	678	灰坑	0	0			不明

续表

序号	采集点号	GPS点号	所在分区号	图号	北坐标（单位：米）	东坐标（单位：米）	高程（单位：米）	遗迹性质	陶片总量	标本数量	陶器器类	标本号	时代
618	C619	06QZ0726E249	E4	图5-11	36 473 591	3 813 578	685	灰坑	0	0			不明
619	C620	06QZ0729J260	E5	图5-11	36 473 966	3 813 592	700	灰坑	15	0			仰韶时期
620	C621	06QZ0729E302	E5	图5-11	36 473 973	3 813 570	699	灰坑	0	0			不明
621	C622	06QHD0615I001	B2	图5-3	36 472 284	3 814 951	723	灰坑	0	0			不明
622	C623	06QHD0616I023	C2	图5-7	36 472 448	3 814 703	729	地表	8	0			西周时期,汉以后
623	C624	06QHD0616E009	C2	图5-7	36 472 465	3 814 621	771	地表	5	0			西周时期
624	C625	06QHD0616E010	C2	图5-7	36 472 590	3 814 589	725	地表	27				仰韶中期,仰韶晚期,西周时期
625	C626	06QHD0616I014	C2	图5-7	36 472 537	3 814 566	730	地表	5	0			西周时期,战国秦汉
626	C627	06QHD0616H015	C2	图5-7	36 472 443	3 814 680	727	地表	2	0			西周时期
627	C628	06QHD0616E011	C2	图5-7	36 472 506	3 814 600	729	地表	8	0			仰韶晚期,西周时期
628	C629	06QHD0616I017	C2	图5-7	36 472 505	3 814 622	729	地表	3	0			西周时期
629	C630	06QHD0616I012	C2	图5-7	36 472 497	3 814 586	735	地表	6	0			西周时期
630	C631	06QHD0616I022	C2	图5-7	36 472 442	3 814 671	722	地表	23	1	甗1	360	仰韶晚期,商周之际,西周早期,西周时期,战国秦汉
631	C632	06QHD0616I013	C2	图5-7	36 472 493	3 814 569	723	地表	6	1	甑1	361	西周早期,西周时期
632	C633	06QHD0616I015	C2	图5-7	36 472 536	3 814 607	727	地表	11	0			西周时期,汉以后
633	C634	06QHD0616I025	C2	图5-7	36 472 516	3 814 738	739	地表	1	0			西周时期
634	C635	06QHD0616I016	C2	图5-7	36 472 590	3 814 610	726	地表	5	0			西周时期
635	C636	06QHD0616E012	C2	图5-7	36 472 444	3 814 671	727	地表	3	0			西周时期

续 表

序号	采集点号	GPS点号	所在分区号	图号	北坐标（单位:米）	东坐标（单位:米）	高程（单位:米）	遗迹性质	陶片总量	标本数量	陶器器类	标本号	时代
636	C637	06QHD0616I024	C2	图5-7	36 472 466	3 814 730	726	地表	4	0			西周时期
637	C638	06QHD0616H016	C2	图5-7	36 472 443	3 814 675	723	地表	7	0			西周时期,战国秦汉
638	C639	06QHD0616E013	C2	图5-7	36 472 448	3 814 669	728	地表	6	0			西周时期
639	C640	06QHD0616H020	C2	图5-7	36 472 434	3 814 746	725	地表	4	0			西周时期,战国秦汉,汉以后
640	C641	06QHD0616H022	C2	图5-7	36 472 391	3 814 771	723	地表	9	2	罐1、钵1	370~371	仰韶晚期,西周晚期,西周时期
641	C642	06QHD0616H021	C2	图5-7	36 472 407	3 814 744	723	地表	6	0			西周时期,战国秦汉
642	C643	06QZ07301282	E5	图5-11	36 474 028	3 813 754	705	地表	14	0			仰韶时期,西周时期
643	C644	06QZ07261231	E4	图5-11	36 473 530	3 813 592	687	地表	55	2	钵2	372~373	仰韶中期,仰韶晚期,仰韶时期,西周时期,战国秦汉
644	C645	06QZ07181171	D5	图5-8	36 473 819	3 813 997	714	地表	35	0			仰韶晚期,仰韶时期,西周时期,战国时期
645	C646	06QZ07301284	E5	图5-11	36 474 060	3 813 799	708	地表	55	0			仰韶晚期,仰韶时期,西周晚期,西周时期
646	C647	06QHD0711H148	B5	图5-5	36 473 740	3 815 074	741	地表	9	1	石刀1	375	仰韶晚期,西周时期
647	C648	06QHD0711H149	C4	图5-8	36 473 631	3 814 835	736	地表	4	0			西周时期
648	C649	06QHD0617H030	C3	图5-7	36 472 737	3 814 536	719	地表	16	4	瓮1、器盖1、甑1、盆1	376~379	商周之际,西周晚期,西周时期
649	C650	06QHD0706H141	A3	图5-4	36 472 921	3 815 441	725	地表	2	0			仰韶时期

续　表

序号	采集点号	GPS点号	所在分区号	图号	北坐标（单位：米）	东坐标（单位：米）	高程（单位：米）	遗迹性质	陶片总量	标本数量	陶器器类	标本号	时　代
650	C651	06QHD0711H150	C4	图5-8	36 473 649	3 814 865	740	地表	8	0			西周时期,战国秦汉
651	C652	06QHD0615E007	B2	图5-3	36 472 366	3 815 169	709	地表	14	0			仰韶晚期,西周时期,战国秦汉
652	C653	06QHD0706H142	B4	图5-4	36 473 405	3 815 328	745	地表	5	0			西周时期
653	C654	06QHD0706H143	B4	图5-4	36 473 447	3 815 343	756	地表	4	0			西周时期
654	C655	06QZ0712H153	C5	图5-8	36 474 150	3 814 552	720	灰坑	64	3	鬲1,罐2	413～415	先周晚期
655	C656	06QHD0706H134	A3	图5-4	36 473 010	3 815 380	735	地表	4	1	瓦1	412	战国秦汉
656	C657	06QZ0712H156	C5	图5-8	36 474 154	3 814 554	718	地表	9	4	石铲1,瓶1,盆1,瓮1	416～419	仰韶中期,仰韶晚期,先周晚期,西周时期
657	C658	06QZ0717E178	D4	图5-8	36 473 477	3 814 350	722	地表	15	3	盆2,罐1	420～422	仰韶中期,仰韶晚期,先周晚期
658	C659	06QZ0726I236	C4	图5-8	36 473 516	3 814 537	687	地表	21	0			仰韶晚期,战国秦汉,汉以后
659	C660	06QZ0724H017	B4	图5-4	36 473 235	3 815 264	718	地表	9	4	瓶1,罐1,鬲1,尊1	423～426	西周早期,西周时期
660	C661	06QZ0706I116	B4	图5-4	36 473 481	3 815 349	753	地表	10	0			西周时期,战国秦汉
661	C662	06QZ0728I260	E5	图5-11	36 473 933	3 813 559	701	地表	14	1	罐1	427	仰韶晚期,仰韶时期
662	C663	06QZ0726I237	C4	图5-8	36 473 518	3 814 539	688	地表	49	0			仰韶晚期,仰韶时期,西周时期,战国秦汉

续 表

序号	采集点号	GPS点号	所在分区号	图号	北坐标(单位:米)	东坐标(单位:米)	高程(单位:米)	遗迹性质	陶片总量	标本数量	陶器器类	标本号	时代
663	C664	06QZ0712H155	C5	图5-8	36 474 154	3 814 556	719	地表	12	0			西周时期
664	C665	06QZ0726I229	E4	图5-11	36 473 521	3 813 541	690	地表	56	0			仰韶时期,西周时期
665	C666	06QZ0717E162	D4	图5-8	36 473 679	3 814 351	717	地表	34	0			仰韶时期,西周时期
666	C667	06QZ0719I159	B5	图5-5	36 473 861	3 814 927	719	地表	26	0			仰韶时期,西周晚期
667	C668	06QZ0706I113	B4	图5-4	36 473 472	3 815 334	752	地表	39	0			先周晚期,西周时期,战国秦汉
668	C669	06QHD0614I001	A2	图5-3	36 472 457	3 815 563	759	地表	5	2	三足瓮1,瓶1	428~429	西周早期,西周时期
669	C670	06QHD0623E065	D3	图5-7	36 472 732	3 814 232	723	地表	4	1	圆陶片1	431	西周时期
670	C671	06QHD0623E063	D2	图5-7	36 472 646	3 814 252	723	地表	31	0			西周时期,汉以后
671	C672	06QHD0623H059	D2	图5-7	36 472 652	3 814 298	722	地表	24	1	鬲1	432	西周早期,西周时期
672	C673	06QHD0623H068	D2	图5-7	36 472 633	3 814 241	722	地表	12	0			西周时期
673	C674	06QHD0623H070	D3	图5-7	36 472 836	3 814 214	715	地表	14	0			西周时期
674	C675	06QHD0623H056	D2	图5-7	36 472 567	3 814 307	744	地表	11	1	罐1	433	西周中期,西周时期
675	C676	06QHD0623H064	D2	图5-7	36 472 657	3 814 281	721	地表	34	0			西周时期
676	C677	06QHD0623H057	D2	图5-7	36 472 569	3 814 306	725	地表	5	0			西周时期
677	C678	06QHD0623H062	D3	图5-7	36 472 748	3 814 283	719	地表	8	0			西周时期
678	C679	06QHD0623H063	D2	图5-7	36 472 700	3 814 290	718	地表	39	0			先周晚期,西周晚期,西周时期,汉以后
679	C680	06QHD0623H065	D2	图5-7	36 472 599	3 814 281	725	地表	22	0			西周时期

续 表

序号	采集点号	GPS点号	所在分区号	图号	北坐标（单位：米）	东坐标（单位：米）	高程（单位：米）	遗迹性质	陶片总量	标本数量	陶器器类	标本号	时　代
680	C681	06QHD0623E062	D2	图5-7	36 472 631	3 814 244	723	地表	12	0			西周时期
681	C682	06QHD0623H071	D3	图5-7	36 472 777	3 814 207	713	地表	7	0			西周时期
682	C683	06QHD0623H061	D3	图5-7	36 472 774	3 814 302	725	地表	31	1	瓶1	434	西周早期,西周时期,汉以后
683	C684	06QHD0623H060	D2	图5-7	36 472 687	3 814 299	723	地表	22	0			西周早期,西周时期,汉以后
684	C685	06QHD0623H069	D3	图5-7	36 472 834	3 814 254	719	地表	38	0			西周时期,汉以后
685	C686	06QHD0623H058	D2	图5-7	36 472 607	3 814 302	722	地表	32	1	鬲1	435	西周早期,西周时期
686	C687	06QHD0623H067	D2	图5-7	36 472 699	3 814 229	717	地表	54	0			西周时期
687	C688	06QHD0623E061	D2	图5-7	36 472 659	3 814 228	726	地表	5	0			西周时期
688	C689	06QHD0623H072	D2	图5-7	36 472 724	3 814 206	717	地表	34	0			西周时期
689	C690	06QZ07291261	E5	图5-11	36 473 925	3 813 536	703	灰坑	13	0			仰韶时期
690	C691	06QZ07281262	E5	图5-11	36 473 899	3 813 537	696	灰坑	1	0			仰韶时期
691	C692	06QHD0615H004	B2	图5-3	36 472 452	3 815 112	733	地表	1	0			西周时期
692	C693	06QHD0712H156	C4	图5-8	36 473 311	3 814 750	730	地表	1	0			不明
693	C694	06QHD0712H155	C4	图5-8	36 473 414	3 814 774	731	地表	1	0			不明
694	C695	06QZ1215E048	E4	图5-11	36 473 437	3 813 780	682	灰坑	0	0			不明
695	C696	06QZ1215E046	C4	图5-8	36 473 419	3 814 586	730	墓葬	0	0			西周时期
696	C697	06QZ1215E047	B3	图5-4	36 473 227	3 814 977	697	陶窑	0	0			西周时期
697	C698	不明	E4	图5-11	36 473 566	3 813 558	681	墓葬	0	0			西周时期

附录　实验室检测研究报告

附录一　画图寺作坊出土铸铜遗物检测与研究报告[①]

周文丽（中国科学院自然科学史研究所）

本文对孔头沟出土的铜块和铜渣进行金相组织观察和电子探针及能谱分析，研究合金配比和熔炼技术等情况；并利用 X 射线荧光、X 射线衍射、偏光显微镜、扫描电子显微镜及能谱分析等方法，研究孔头沟出土陶范的原料。

1. 取样情况和分析方法

1.1　取样情况

孔头沟遗址发现了较多与铸铜有关的铜块、铜渣和陶范等遗物。铜块有的是铜器残块，有的是熔炼、浇铸过程的中间产物，通常呈无规则形状，有的则带有浇口铜和扉边铜的特点。铸铜遗址中铜块通常很难判断属于何种性质，但这些铜块或作为铸铜原料（铜锭、重熔废料），或是铸铜产物（中间产物、铸造的器物、浇口铜和扉边铜等），对其分析可以获知铸铜作坊金属料和合金配制等信息。铸铜遗址还出土了较多铜渣和炉壁，有的炉壁上沾有铜渣，对这些铜渣的研究能进一步揭示铸铜作坊合金熔炼技术。铸铜遗址还出土了一些陶范，有范、芯和模。

本文选取孔头沟遗址出土的 10 件铜块、9 件铜渣、6 件陶范共计 25 件样品进行取样分析，详见表 1、表 2。

[①] 本文据周文丽硕士论文修改。参见周文丽：《周原地区西周时期铸铜遗物初步研究》，北京大学硕士学位论文，2008 年。

表1 孔头沟铜块和铜渣取样表

样品类型	实验编号	样品编号	分 期	取样部位、形貌
铜块	ZJT10	06QHH7：4	西周中期	残铜块,厚0.8厘米
	ZJT11	06QHH11：75	西周晚期	铜块
	ZJT14-1	06QHH20：61	西周中期	不规则铜块
	ZJT14-2	06QHH20：62	西周中期	铜片,厚1～2毫米
	ZJT15	06QHH30：18	西周中期	铜片,4×1毫米
	ZJT16-2	06QHH31：56	西周中期	小铜块
	ZJT17	06QHH34：1	西周晚期	不规则铜块,较大
	ZJT19-1	06QHH38：230	西周晚期	铜块
	ZJT21-1	06QHH59：26	西周晚期	炉壁附着铜块
	ZJT21-2	06QHH59：27	西周晚期	铜片,厚约2毫米
	ZJT23-1	06QHH65：35	西周中期	铜片,厚约1毫米
铜渣	ZJT6	06QHH22：4	西周中期	铜渣
	ZJT7-3	06QHH65：34	西周中期	铜渣
	ZJT12	06QHH11：74	西周晚期	铜渣
	ZJT16-1	06QHH31：55	西周中期	铜渣
	ZJT19-2	06QHH38：231	西周晚期	铜渣
	ZJT20	06QHH42：12	西周中期	黑色铜渣
	ZJT22	06QHH60：28	西周晚期	黑色铜渣
	ZJT23-2	06QHH65：36	西周中期	铜渣
	ZJT34	06QHH65：1	西周中期	炉壁附着渣

表2 孔头沟陶范取样表

实验室编号	样品原编号	时代	样 品 描 述	分析项目
ZJT26	06QHH11	西周晚期	范面平整,表面灰色,中间灰黄,背面黄色。质地较疏松,有细小孔洞。厚1～1.5厘米。	XRF XRD
ZJT27	06QHH38	西周晚期	范面凸起,范呈灰色,范背发黑。范料均匀,质地坚硬,有细小的白色颗粒。厚约1.5～2厘米。	XRF XRD 偏光
ZJT29 面料	06QHH38③	西周晚期	范面凸起,呈灰色,质地坚硬。范背灰黄色,夹粗砂。厚约2.5厘米。	XRF

续　表

实验室编号	样品原编号	时代	样　品　描　述	分析项目
ZJT30 面料	06QHH39	西周晚期	范面略内凹，青黄色，厚0.5～1厘米。背料含有小石子，厚1～2厘米。	XRF
ZJT31	06QHT9③	西周晚期	两个垂直范面，表面灰色，范面有一薄薄的黄色层，背面黄色，范料均匀，质地疏松。厚约1～2厘米。	XRF
ZJT32-2	06QHH64	西周晚期	两个垂直范面，厚约3厘米，一面范面有1厘米左右灰色层，其他部分发黑，灰色和黑色层分界明显。	XRF

1.2　分析方法

（1）铜块和铜渣

切割所取样品的一部分，用粗金相砂纸磨平待观察的断面，用酚醛树脂镶嵌样品。依次用粒度从大到小的金相砂纸进行磨样，相邻两次的磨样方向互相垂直。最后用金相抛光机抛光，用三氧化二铬悬浮液作为抛光剂。

本实验所用的金相显微镜是北京大学考古文博学院科技考古实验室 LEICA DM4000M 型金相显微镜，先在金相显微镜下观察夹杂物和铅的分布情况，在偏光下观察锈蚀情况，然后经喷碳处理后，用扫描电子显微镜、电子探针进行观察并用附带 X 射线能谱仪测定样品合金成分、夹杂物等成分。最后轻抛去喷碳层，用三氯化铁盐酸酒精溶液侵蚀（下文简称"侵蚀"），在金相显微镜下观察金相组织并拍摄金相组织照片。

本实验样品成分分析用北京大学地球与空间学院造山带与地壳演化教育部重点实验室 JXA-8100 型电子探针及 INCA-400 型能谱仪测定（EPMA-EDX），分析条件为加速电压15千伏，束流$1×10^{-8}$安培。对样品的合金成分分析采用面扫描的方式，为了准确反映样品合金成分，一般选择保存情况最好的部位用较大的放大倍率进行面扫描，并在不同部位进行1～3次面扫描，多次面扫描结果的平均值能较好地代表样品的合金成分。另外，对样品中的硫化物夹杂及其他特殊相进行点扫描，部分较大相使用微区面扫描方式以获得较为准确的成分。

合金类型的区别通常采取2%为标准，铜块或铜渣中的铜颗粒中锡、铅等元素的含量大于2%者，就认为其为合金元素，以此划分合金类型，小于2%的元素作为杂质元素，通常不是有意加入的。部分铜器和铜块锈蚀，导致铜流失、锡富集，使得所测的锡含量偏高。用 EPMA-EDX 分析的样品成分含氧，氧含量的高低可以大体指示锈蚀严重程度。

铜渣样品的制样方法、分析方法和条件基本与铜器和铜块相同。在金相显微镜下观察铜渣中的金属块和金属颗粒的大小、分布情况，对较大金属块进行侵蚀观察金相组织。在扫描电镜和电子探针下对铜渣中的主要物相进行观察，拍摄背散射电子像，用能谱对铜渣基体进行面扫描，对主要物相做面扫描或点扫描。

（2）陶范

a. 体视显微镜观察

除了肉眼观察外，还对部分陶范样品进行了体视显微镜观察，所用仪器为北京大学考古文博学院LEICA MZ16型体视显微镜。观察了部分陶范的断面，有的为自然断面，有的断面经过砂纸打磨。

b. X射线荧光光谱分析（XRF）

从所分析陶范上取少量样品，将样品表面与土壤接触层刮除，放入玛瑙研钵中研磨成细小颗粒，放入德国FRITCSH公司生产的pulverisette 7微型行星式高能球磨机中细磨成粉末（转速400转/分钟，时间15分钟），使用玛瑙研磨罐和研磨球。经过球磨的粉末样品粒度在200目以下。将磨制好的粉末样品倒入牛皮纸样品袋，放入烘干箱在105℃下烘干4小时，以去除吸附水。

测定烧失量（Loss on ignition，缩写为LOI）：a. 将清扫干净的空瓷坩埚放入电阻炉中，温度调到980℃。打开电阻炉电源开关。b. 当温度达到980℃后，继续烘20分钟。然后关闭电阻炉电源开关。取出坩埚放入保干器中，冷却。c. 称量并记录空坩埚重量（W_1）。放入样品1克左右，记录称量结果（W_2）。d. 将放入样品的坩埚放入电阻炉中，打开电源开关，在980℃下烘30分钟，取出放入干燥器中冷却。e. 将坩埚从干燥器中取出称量并记录结果（W_3）。f. 烧失量计算公式：LOI%＝（W_2－W_3）/（W_2－W_1）×100%。烧失量除了包括化合水外，还包括碳酸盐的分解和有机物的挥发等所引起的质量烧减[1]。

样品采用玻璃熔片法制备，所用熔剂为XRF专用熔剂（四硼酸锂、偏硼酸锂和氟化锂混合熔剂）。制备方法为：在铂金坩埚中准确称取4.000 0 ± 0.000 3克熔剂，再称取0.400 0 ± 0.000 3克陶范样品，用玻璃棒搅拌混匀，加入3～4滴饱和溴化铵溶液，在高频熔融机中熔样，熔样温度为1 150℃。样品冷却后，将熔片铂金坩埚中倒出，放入塑料袋保存，取放熔片时不能污染测量表面。

所用仪器为北京大学地球与空间学院造山带与地壳演化教育部重点实验室ARL ADVANT XP＋扫描型波长色散X射线荧光光谱仪，高频X射线发生器及75微米超薄端窗X光管，最大激发功率为4.2千瓦，最大激发电压70千伏，最大激发电流140毫安。分析方法采用标准曲线法，标准样品为一系列地质标样。

c. X射线衍射分析（XRD）

选取孔头沟范2件、陶器1件和炉壁1件进行X射线衍射分析，以获得样品的矿物组成。经过烧失量测量的1件范（ZJT27h）也进行了X射线衍射分析。

将样品研磨成粉末，将粉末按入铝槽中。所用仪器为北京大学微构分析测试中心日本理学电机公司的D/max-rA 12千瓦旋转阳极X射线衍射仪，实验条件为：阳极为Cu靶，管压40千

---

① 李家驹主编：《陶瓷工艺学》，中国轻工业出版社，2001年，第26页。

伏,管流100毫安,起始角3°,终止角70°,步宽0.02°,扫描速度8°/分钟。

d. 偏光显微镜

选取孔头沟范2件、陶器1件进行岩相鉴定。

将样品制成薄片,由北京大学地球与空间学院造山带与地壳演化教育部重点实验室样品制备磨片室制备。岩相鉴定由河北廊坊市诚信地质公司张清华鉴定。鉴定所用仪器为重庆奥特光学仪器厂的BK-POL偏光显微镜,拍照所用仪器为OLYMPUS BH2-UMA型光学显微镜及E-330型外接相机。

2. 铜块分析结果

本文对孔头沟遗址10件铜块样品进行合金成分分析和显微组织观察。

2.1　合金成分

10件铜块的成分分析结果列于表3。分析结果表明:孔头沟10件铜块中7件为锡青铜,2件为纯铜(ZJT17和ZJT21-1),1件为含铁较高的粗铜(ZJT10),这些样品不含铅或铅含量很低。锡青铜含锡集中在10%～14%之间,ZJT14-1和ZJT14-2由于锈蚀锡含量偏高。

表3　铜块的EPMA-EDX分析结果

实验编号	样品编号	平均成分(Wt%)						合金类型	夹杂物
		Cu	Sn	Pb	Fe	S	O		
ZJT10	06QHH7:4	89.8	0.8		6.8	0.8	1.7	Cu	AB富铁相
ZJT11	06QHH11:75	80.1	12.8		0.8	0.2	5.3	Cu-Sn	A
ZJT14-1	06QHH20:61	80.3	**8.0**		0.7	0.6	8.1	Cu-Sn	A
ZJT14-2	06QHH20:62	71.5	**16.5**		0.5	0.4	10.5	Cu-Sn	A
ZJT15	06QHH30:18	81.6	10.8	1.6	1.0		4.5	Cu-Sn	A
ZJT17	06QHH34:1	96.4			1.5	1.0	1.1	Cu	B含Se
ZJT19-1	06QHH38:230	82.6	13.9	0.4		0.2	2.9	Cu-Sn	
ZJT21-1	06QHH59:26	96.5		1.3			2.1	Cu	
ZJT21-2	06QHH59:27	85.2	9.2		0.6	0.6	4.0	Cu-Sn	A
ZJT23-1	06QHH65:35	88.0	10.4				1.6	Cu-Sn	B

注:1. 部分样品由于锈蚀较为严重,该样品所测的锡含量偏高,用粗体表示。

2. 夹杂物指硫化物,其中"A"指硫化亚铜Cu_2S(不含铁或铁含量低于2%),"B"指铜铁硫化物Cu-Fe-S(铁含量高于2%),"含Se"指硫化物中含硒Se。

2.2 显微组织

10件铜块的金相组织观察结果见表4。

表4 铜块的金相组织观察结果

实验编号	样品编号	形貌	金相组织	制作工艺	图
ZJT10	06QHH7：4	残铜块，厚约0.8厘米	α固溶体等轴晶，有大量硫化物夹杂和富铁相。该铜块形状不规则，周围有铜渣，铜渣之间有一层硫化物，渣里也有较多硫化物。	铸造	图2；彩版三○一，4 图4；彩版三○一，6
ZJT11	06QHH11：75	铜块	α固溶体树枝晶偏析不明显，晶间腐蚀，大部分晶粒趋于等轴晶体，少量(α+δ)共析体且锈蚀，较多细小的硫化物夹杂。	铸造后受热	
ZJT14-1	06QHH20：61	不规则铜块	α固溶体树枝晶偏析，树枝晶粗大，晶间锈蚀，硫化物夹杂聚集。	铸造	
ZJT14-2	06QHH20：62	铜片	α固溶体树枝晶偏析，较多(α+δ)共析体且锈蚀，局部晶间存在铅，较多细小的硫化物夹杂。	铸造	
ZJT15	06QHH30：18	铜片，4毫米×1毫米	α固溶体树枝晶偏析不明显，少量(α+δ)共析体。	铸造后受热	
ZJT17	06QHH34：1	不规则铜块，较大	α固溶体等轴晶，少量细小铅颗粒，较多粒状硫化物夹杂。局部晶间含锡并锈蚀，该处硫化物夹杂为菊花状。	铸造	图3；彩版三○一，5
ZJT19-1	06QHH38：230	铜块	α固溶体树枝晶偏析，树枝晶细小，较多(α+δ)共析体，局部共析体先蚀，有较多细小的硫化物夹杂。	铸造	
ZJT21-1	06QHH59：26	炉壁附着铜块	α固溶体，晶间存在(Cu+Cu₂O)共晶，少量细小铅颗粒。	铸造	图1；彩版三○一，3
ZJT21-2	06QHH59：27	铜片，厚约2毫米	α固溶体树枝晶偏析，晶间锈蚀，存在较多硫化物夹杂。	铸造	
ZJT23-1	06QHH65：55	铜片，厚约1毫米	α固溶体树枝晶偏析，少量(α+δ)共析体且锈蚀，细小硫化物夹杂。	铸造后受热	

从金相组织观察结果看，10件铜块样品有少量红铜铸造组织，大部分为青铜铸造组织和铸造后受热组织，少量样品经过了热、冷加工，夹杂物以硫化物为主。

（1）红铜铸造组织

3件铜块为红铜铸造组织。粗铜ZJT10和纯铜ZJT17为α等轴晶，局部晶间含锡。ZJT21-1为炉壁表面附着的红铜块（图1），α固溶体晶间存在较多(Cu+Cu₂O)共晶（图2～图4）。

（2）青铜铸造组织

3件铜块（ZJT14-2、ZJT19-1、ZJT21-2）的组织为α固溶体树枝晶和(α+δ)共析体，α固溶

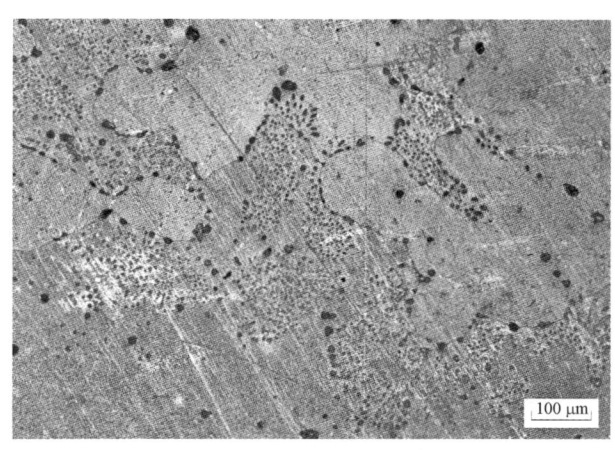

图1　ZJT21-1金相照片,侵蚀,(Cu+Cu₂O)共晶组织

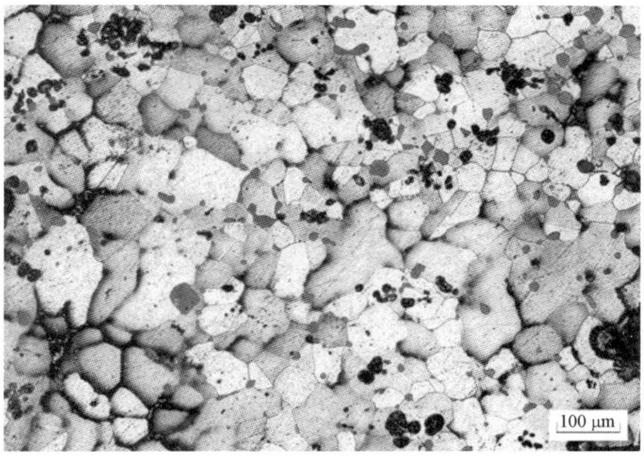

图2　ZJT10金相照片,侵蚀,α等轴晶

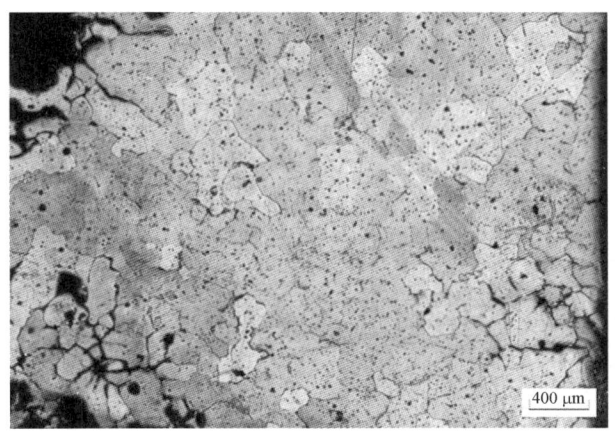

图3　ZJT17金相照片,侵蚀,α等轴晶

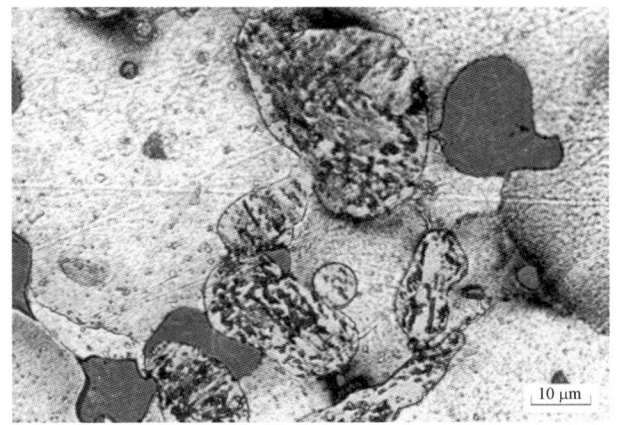

图4　ZJT10金相照片,侵蚀,富铁相和硫化物夹杂

体树枝晶较为粗大,(α+δ)共析体较多连成网状。

（3）青铜铸后受热组织

3件铜块（ZJT11、ZJT15、ZJT23-1）含锡量在10%～13%,α固溶体树枝晶体偏析不明显,共析体很少或基本不存在,可能铸造后经过加热,导致(α+δ)共析体部分熔解。

（4）夹杂物形态

铜块样品中夹杂物以硫化物夹杂为主,有硫化亚铜和铜铁硫化物两种,一般较为细小,分布在晶间。孔头沟铜块ZJT17中的硫化物含硒。粗铜ZJT10有大量富铁相存在（图4）。

3. 铜渣分析结果

本文对孔头沟遗址9件铜渣样品进行了分析,通过对铜渣中主要物相的观察和分析,发现大部分铜渣为典型的熔炼渣,有少量高铁渣较为特殊。根据铜渣中铜、锡、铅等元素的存在形式及其他特征,确定了铜渣的性质,总结如表5。

表5　铜渣分析结果总结表

实验编号	样品原编号	时代	外貌	Cu	Sn	Pb	硅酸盐基体	其他物相	性质
ZJT6	06QHH22：4	中期	黑色铜渣	含少量铁的红铜颗粒	—	—	高铁	浮氏体，含少量镁和钙的铁橄榄石	高铁渣
ZJT7-3	06QHH65：34	中期	炉壁附着渣，渣相玻璃化，呈绿、红、蓝色	红铜颗粒（局部氧化）；树枝状雏晶、铜氧化物小圆颗粒	长条形SnO₂	—	高铁	未熔融的SiO₂针状晶	Cu–Sn熔化渣
ZJT12	06QHH11：74	晚期	炉壁烧结层，夹杂有2毫米的大铜颗粒（A处），局部附有黑色渣（B处）	A处夹杂大铜颗粒为低锡青铜，周围有小铜颗粒及氧化亚铜；B处有高锡青铜颗粒	少量长条SnO₂	—	B处高钙、铁	B处大量浮氏体和少量铁橄榄石	Cu–Sn熔化渣
ZJT16-1	06QHH31：55	中期	附有铜块的铜渣	红铜块	条状SnO₂	铅氧化物			Cu–Sn–Pb熔化渣
ZJT19-2	06QHH38：231	中期	红黑色，有纹理	基体为铜氧化物	大量细小SnO₂	—	铜氧化物		Cu–Sn熔化渣
ZJT20	06QHH42：12	晚期	黑色铜渣，玻璃化	冰铜颗粒	—	—	高铁	大块块铁橄榄石少量浮氏体	高铁渣
ZJT22	06QHH60：28	晚期	黑色铜渣	较多细小的红铜颗粒和含少量铁的Cu₂S颗粒	—	—	高铁	较多石英和铁橄榄石	高铁渣
ZJT23-2	06QHH65：36	中期	砖红色，局部绿色，有层状结构	红铜颗粒，高锡青铜颗粒	较多针状、散晶状SnO₂	—	锈蚀的锡青铜		Cu–Sn熔化渣
ZJT34	06QHH65：1	中期	炉壁附着渣，局部红色	红铜块、红铜颗粒；树枝状雏晶；铜氧化物小圆颗粒	较多SnO₂	—			Cu–Sn熔化渣

3.1 熔炼渣分析结果

（1）含铜物相

a. 红铜颗粒和红铜块

部分铜渣样品中存在较多红铜颗粒，如ZJT7-3、ZJT23-2、ZJT34。ZJT7-3局部有大量红铜颗粒星散分布，红铜颗粒大小不一，最大的颗粒直径约为80微米，有的红铜颗粒部分氧化（图5；彩版三〇二，1）。ZJT34类似ZJT7-3，最大的红铜颗粒直径约100微米。ZJT23-2红铜颗粒则较为细小（图6；彩版三〇二，2）。

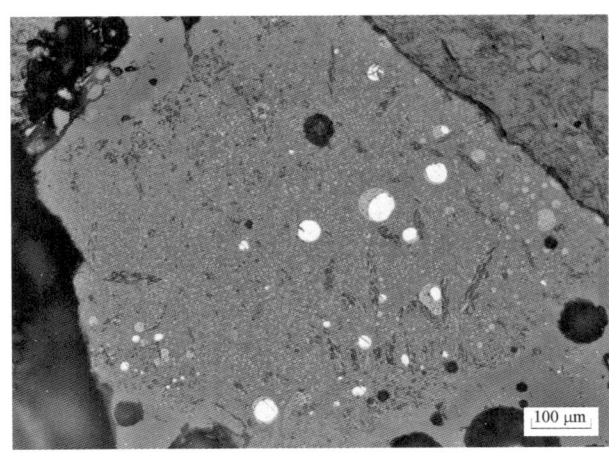
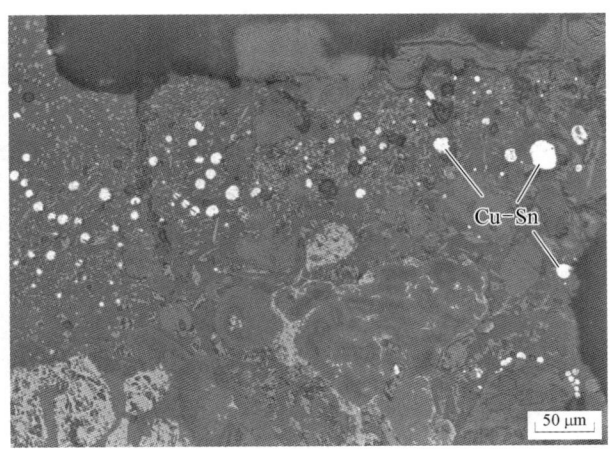

图5 ZJT7-3金相照片，较多红铜颗粒，有的颗粒部分氧化

图6 ZJT23-2金相照片，上方较多红铜颗粒（右侧较大颗粒为锡青铜颗粒），下方为锈蚀青铜

包含不规则形状红铜块的样品有ZJT16、ZJT34等，铜块周围氧化，并与渣融合在一起。炉壁ZJT16表面存在较大的红铜块，有较多Cu_2O颗粒。ZJT34也有较多不规则形状纯铜块（图7；彩版三〇二，3），在不规则纯铜块附近还存在较多纯铜颗粒，推测这些纯铜颗粒就自红铜块。

b. 合金颗粒和合金铜块

ZJT12夹裹着两颗较大的圆形颗粒，较大的一颗直径达2毫米（图8），为锡青铜颗粒，锡含量为2.3%，局部锈蚀，较小颗粒直径约为0.5毫米。此外其局部还存在较多高锡青铜颗粒，锡含量在33%～40%（由于锈蚀，锡含量偏高），其中有两颗较大的高锡青铜颗粒（图9）。金相组织观结果显示，图中

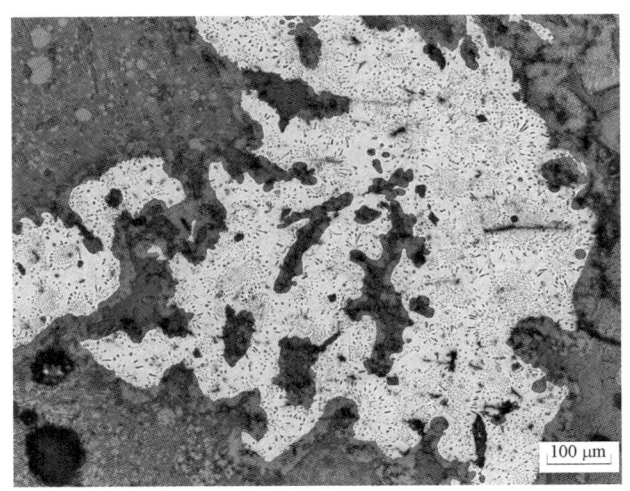

图7 ZJT34金相照片，红铜块，$(Cu+Cu_2O)$共晶组织

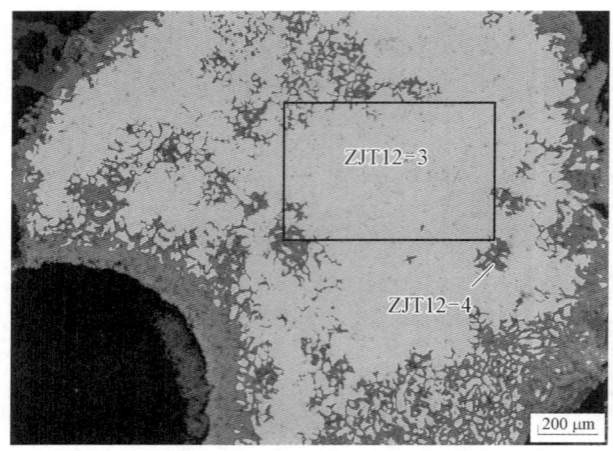

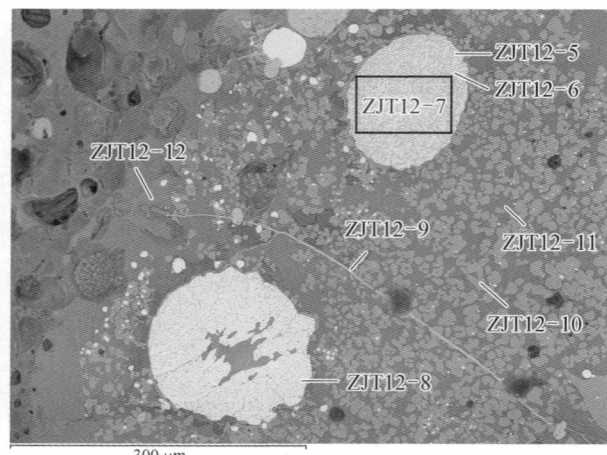

图8　ZJT12金相照片,渣中夹杂较大的低锡青铜颗粒（面3）,含锡2.3%,局部锈蚀（点4）

图9　ZJT12背散射电子像,高锡青铜颗粒。左下颗粒含锡32.7%（点8）,右上颗粒含锡40.0%,其中亮相含锡33.2%（点5）,灰相含锡45.4%、氧34.2%,为锈蚀相

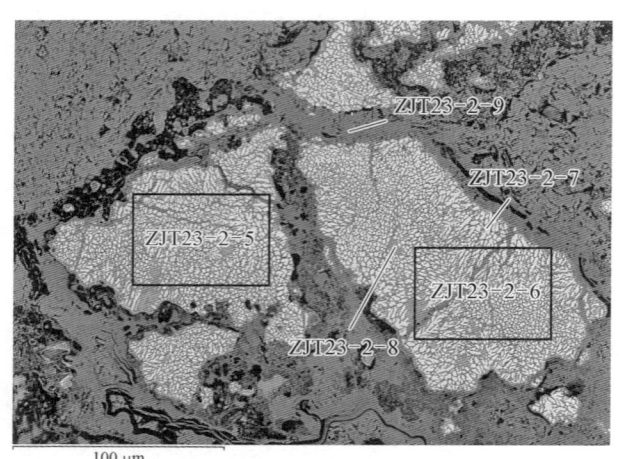

图10　ZJT23-2背散射电子像,左侧含锡40.0%,氧20.3%。右侧含锡39.8%,氧21.1%

左下颗粒基本均为δ相,含锡可能在32.6%左右。右上颗粒亮相为呈现星花状的δ相,灰相为锈蚀相,是（α+δ）共析体,其锡含量应在27%以上。

ZJT23-2也发现有较多高锡青铜颗粒,锡含量在26%～44%。有的颗粒呈单一的δ相,有的颗粒呈δ+（α+δ）组织,从金相组织上看,这些颗粒的（α+δ）共析体锈蚀（图10）。

c. 铜氧化物和铜硅酸盐

铜渣中还存在较多的铜氧化物、铜硅酸盐,有的铜渣以铜氧化物为基体,如ZJT19-2（图11）。

在玻璃化程度较高的铜渣中,铜氧化物或呈细小的树枝状雏晶,或呈环状和球状,ZJT7-3（图12、图13）和ZJT34（图14；彩版三〇二,4）有这类物相。以ZJT7-3为例,基体中有大量树枝状雏晶,在偏光下呈红色或黄色（可能是与SnO_2并存引起的）,由于树枝状雏晶非常细小,电子探针能谱点扫描的结果掺杂入基体成分,初步推断其为氧化亚铜Cu_2O晶体；还有大量细小的环状颗粒,在偏光下呈红色,从成分上看也是Cu_2O,有的环状颗粒内部含铁。另外,这类铜渣中还存在纳米级的颗粒,偏光下呈红色和黄色,并有流动现象。这些细小的物相形成原因有待深入研究。

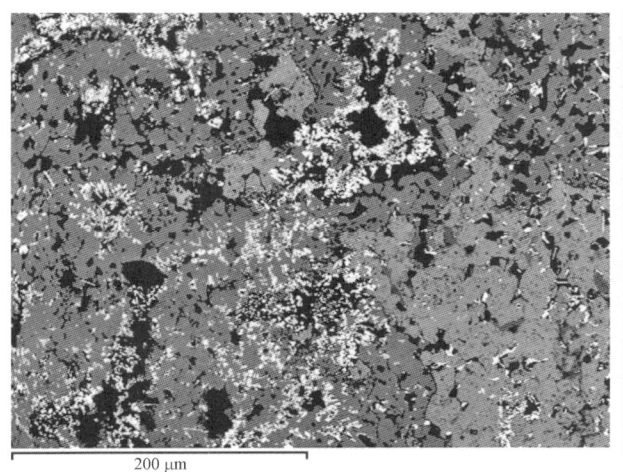

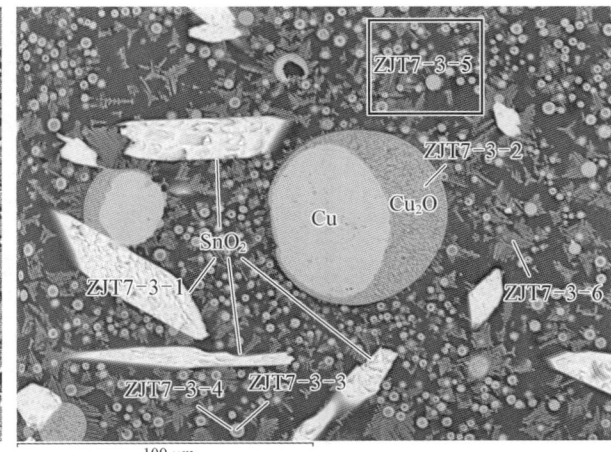

图 11　ZJT19-2 背散射电子像,灰色基体为铜氧化物,
颜色越深,含氧量越多,右侧浅灰色相为 Cu_2O,
亮点为 SnO_2 晶体

图 12　ZJT7-3 背散射电子像,富钙硅酸盐基体(面 5)
上分布有红铜颗粒,外侧局部氧化(点 2),分布
有长条形和四方形的 SnO_2 晶体,小圆颗粒(外
圈点 3—Cu_2O,中心点 3—铜铁氧化为主),雏晶
(点 6—可能是铜氧化物)

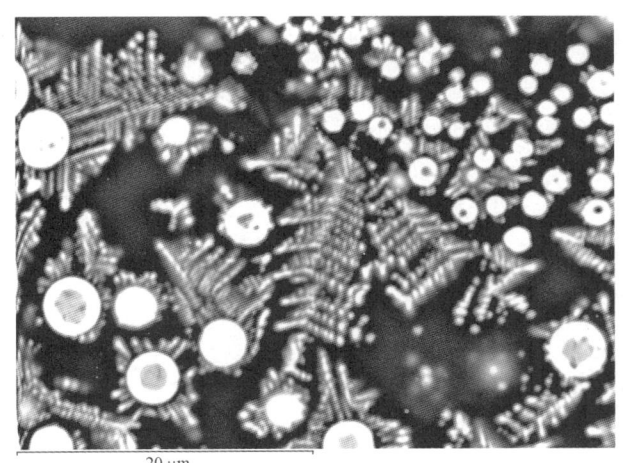

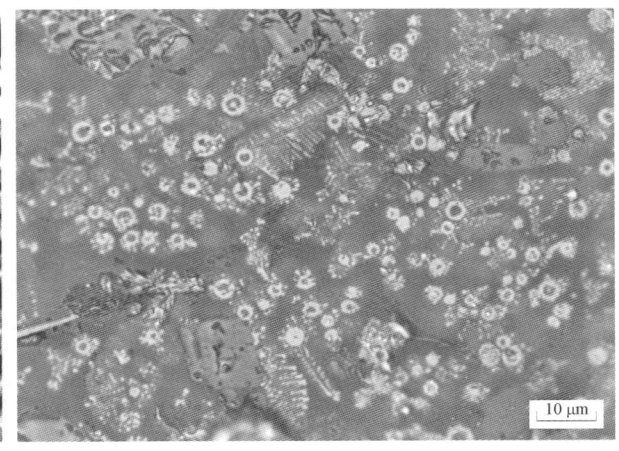

图 13　ZJT7-3 背散射电子像,上图局部放大图

图 14　ZJT34 金相照片

　　d. 锈蚀的锡青铜

　　有些铜渣中含炉壁的复杂硅酸盐成分较少,而以锈蚀的锡青铜为基体,存在较多红铜、锡青铜颗粒和 SnO_2 晶体。这种锈蚀的锡青铜为锡青铜矿化形成的孔雀石和赤铜矿等锈蚀产物,有的还残留有树枝状伪晶,或残留($\alpha+\delta$)共析体中的 δ 相,可以据此判断原为铸造锡青铜,如ZJT23-2(图 15;彩版三〇一,1)。

　　(2)含锡物相

　　除了含锡的合金颗粒和锈蚀的锡青铜外,锡在铜渣中通常都以二氧化锡 SnO_2 晶体存在。

　　铜渣中的 SnO_2 晶体多聚集在一起,与铜颗粒或铜氧化物并存,其形态多为长条状、针状,

图15　ZJT23-2背散射电子像，残留（α+δ）共析体中的δ相

或呈方形、菱形等形态，如ZJT7-3（图16）、ZJT16、ZJT23。有的SnO$_2$晶体呈骸晶[①]形态，即晶体中央出现孔洞，ZJT19-2的SnO$_2$骸晶非常细小，不到10微米。此外，有的样品中SnO$_2$晶体棱角不分明，如ZJT34（图17）。

（3）含铅物相

熔炼渣中出现少量含铅物相，ZJT16存在少量铅氧化物。

3.2　高铁渣分析结果

除熔炼渣外，还有3件高铁渣，EPMA-EDX测得的平均成分见表6。

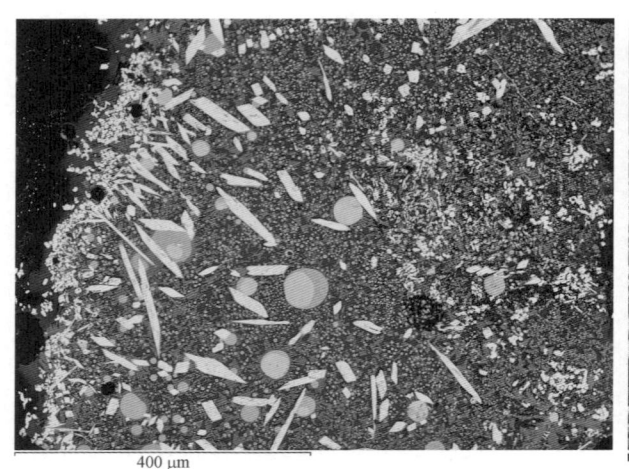

图16　ZJT7-3背散射电子像，条状SnO$_2$晶体

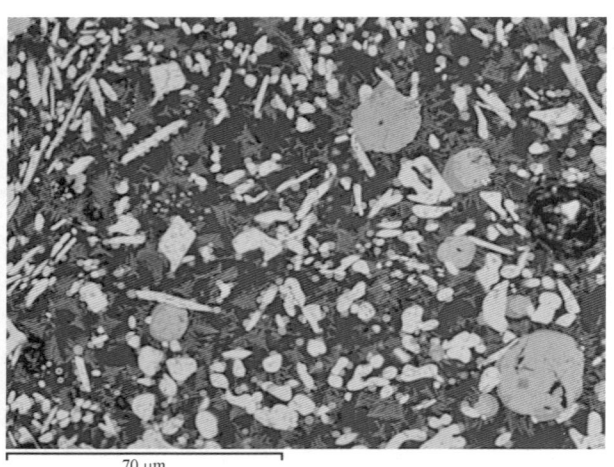

图17　ZJT34背散射电子像，SnO$_2$晶体棱角不分明

表6　高铁渣的平均成分

样品	面扫平均成分（Wt%）									
	O	Fe	Si	Ca	Al	Mg	K	P	S	Cu
ZJT6	32.0	52.1	9.5	3.8	1.3	0.6	0.5		0.3	
	32.0	51.7	9.9	3.7	1.6	0.6	0.5			

[①] 骸晶是晶体在生长过程中受温度和黏度的影响，晶体的形态和生长方式发生改变，晶体中央生长慢，甚至完全不生长，而形成骸晶。

续　表

样品	面扫平均成分（Wt%）									
	O	Fe	Si	Ca	Al	Mg	K	P	S	Cu
ZJT20	38.7	40.5	11.2	2.4	1.5	0.6	0.4		2.7	2.2
	37.4	41.5	12.4	0.6	1.3	0.5	0.6	0.3	1.9	3.6
ZJT22	39.6	28.7	16.5	6.8	4.9	0.9	1.3	1.0	0.3	
	42.1	25.2	21.9	1.9	6.0	0.6	1.7	0.7		

　　ZJT6和ZJT22可能是精炼渣。ZJT6呈黑色，平均含铁约52%，存在大量块状铁橄榄石和浮氏体，有少量红铜颗粒（图18）。ZJT22平均含铁约27%，有较多条状、块状橄榄石，局部有较多SiO₂颗粒存在，有红铜颗粒和含少量铁的硫化亚铜颗粒，有的铜颗粒周围包有一圈硫化亚铁。高铁渣还附有一小块含铁的锡青铜，该锡青铜基体已完全锈蚀，还存在硫化亚铜颗粒和富铁相，锡青铜与高铁渣接合处存在有害锈层（图21～图25）。这2件铜渣从成分和物相上看类似于冶炼渣，但该遗址发现的这类铜渣很少，且没有发现炼铜有关矿石、炼炉等遗存，我们推测它们更可能是重熔高铁铜块产生的精炼渣。

　　孔头沟发现的粗铜样品ZJT10为判断ZJT6和ZJT22的性质提供了佐证。该粗铜含铁约6.8%，金相组织为α固溶体等轴晶，存在较多富铁相和硫化物夹杂。该粗铜周围存在高铁渣，铁硅酸盐基体中存在较多浮氏体，还有一些含少量铁的铜氧化物和红铜块（图26）。粗铜和铜渣之间有一层硫化物，铜渣中也存在硫化物（图27；彩版三○二，6）。表明该粗铜正处在熔化精

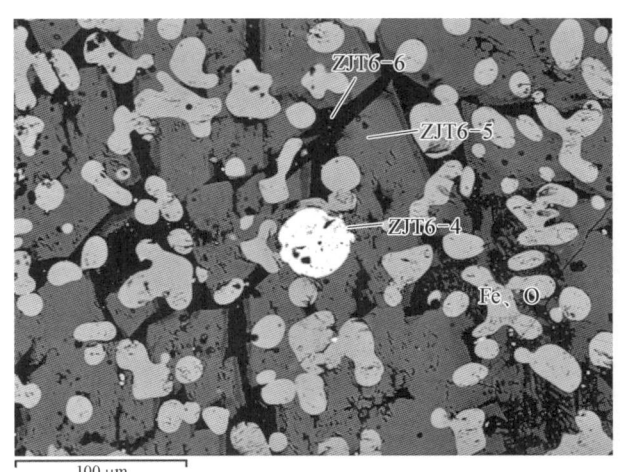

图18　ZJT6背散射电子像

金属颗粒为红铜颗粒（含铁1.2%、硫1.5%、氧1.5%，点4），灰色相为浮氏体，深灰色块状为铁橄榄石（点5），黑色基体为高铁硅酸盐基体（点6）

图19　ZJT20背散射电子像

下面颗粒亮相含铜54.5%、铁17.9%、硫27.6%（点2），灰相为硫化亚铁（点3），大块铁橄榄石（点5）和少量浮氏体

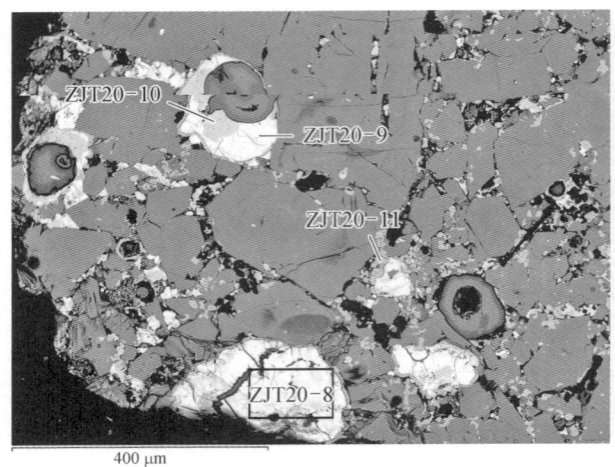

图20　ZJT20背散射电子像

下面颗粒含铜50.0%、铁17.6%、硫24.0%、氧7.6%（面8），上面颗粒亮相含铜58.7%、铁12.5%、硫25.0%和氧3.8%（点9），灰相为硫化亚铁（点10），大块铁橄榄石和少量浮氏体（点11）

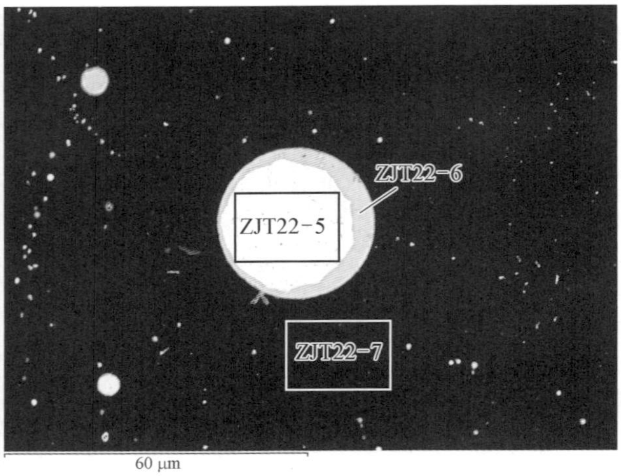

图21　ZJT22背散射电子像

铜颗粒含铁2.2%（面5），周围一圈含少量铁的硫化亚铜（点6），基体为铁硅酸盐（面7）

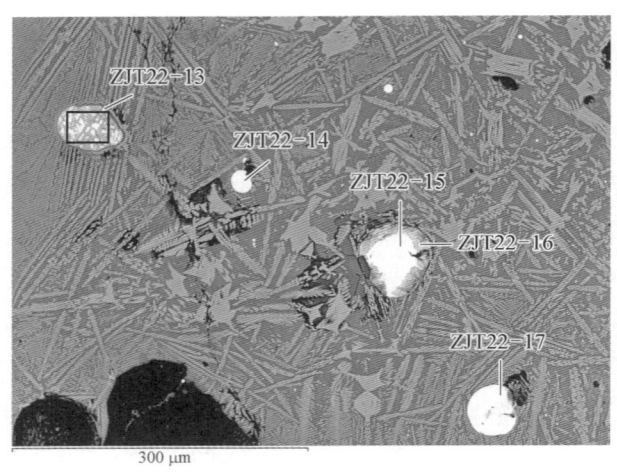

图22　ZJT22背散射电子像

4个含少量铁的硫化亚铜颗粒，从左到右分别为a（面13），b（点14），c（点15），d（点17），颗粒a内部氧化，颗粒c外圈氧化

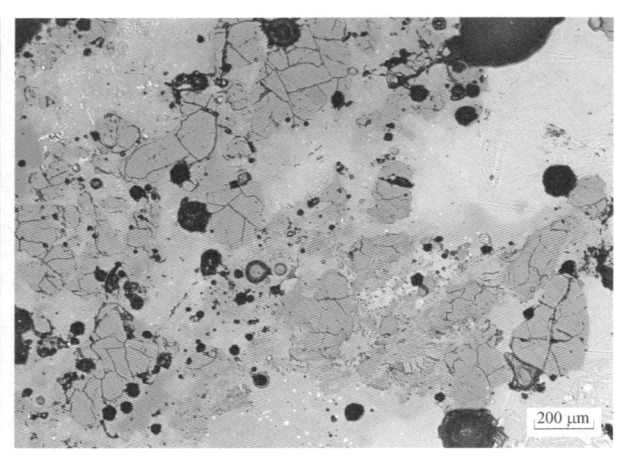

图23　ZJT22金相照片

较多SiO$_2$颗粒

炼过程中，富铁相氧化造渣，密度比铜液小的硫化物夹杂上浮到铜液和铜渣界面，部分进入铜渣[1]。高铁渣中的硫化物有的包在铜颗粒外面，有的单独存在，由此推测高铁渣中的硫化物来自粗铜中的硫化物夹杂。也就是说，粗铜重熔时在一定的氧化气氛下富铁相将被氧化，形成浮氏

① Strathmore R. B. Cooke and Bruce V. Nielsen, 1978. 12 Slags and Other Metallurgical Products. In *Excavations at Nichoria in Southwest Greece Site, Environs and Techniques Volume I*, edited by George Rapp, Jr and S.E.Aschenbrenner. Minneapolis: The University of Minnesota Press, p.192.

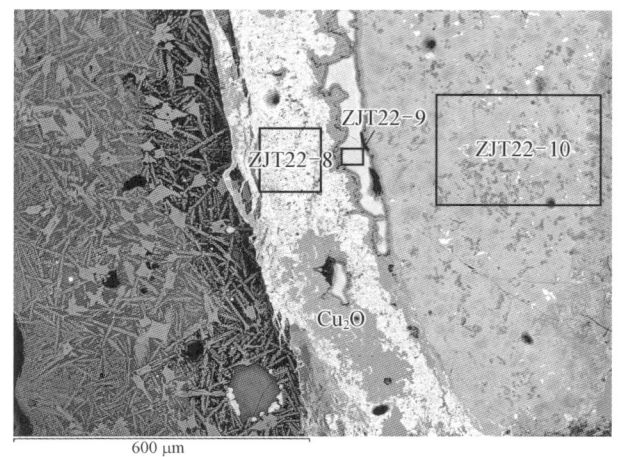

图 24　ZJT22 背散射电子像

左侧为高铁渣，右侧为锡青铜（面 10），中间为含有氯氧化锈层：靠近青铜的为氯化亚铜（面 9），外层为含氯氧化物（面 8）和氧化亚铜

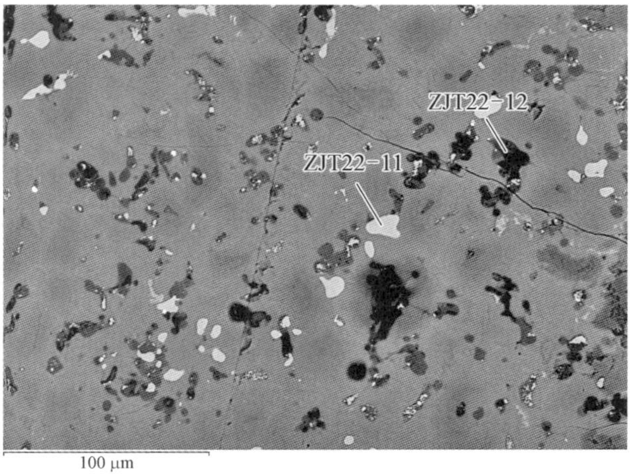

图 25　ZJT22 背散射电子像

上图右侧放大图，锡青铜中硫化亚铜（点 11）和富铁相（点 12）

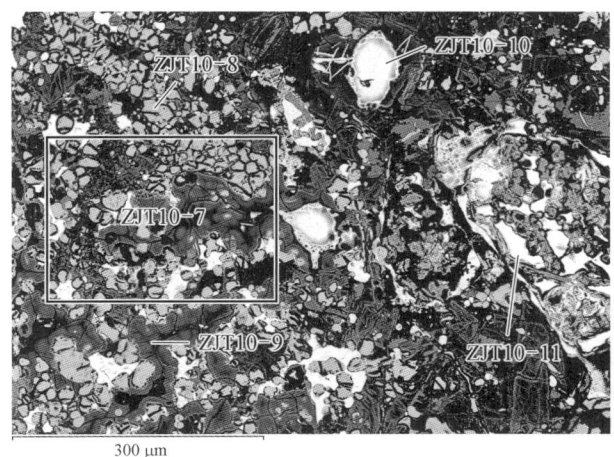

图 26　ZJT10 背散射电子像

铜渣中铁硅酸盐基体中（点 9）有浮氏体（点 8），有铜氧化物（点 10，含铁 1.5%）和红铜块（点 11，含铁 3.4%）

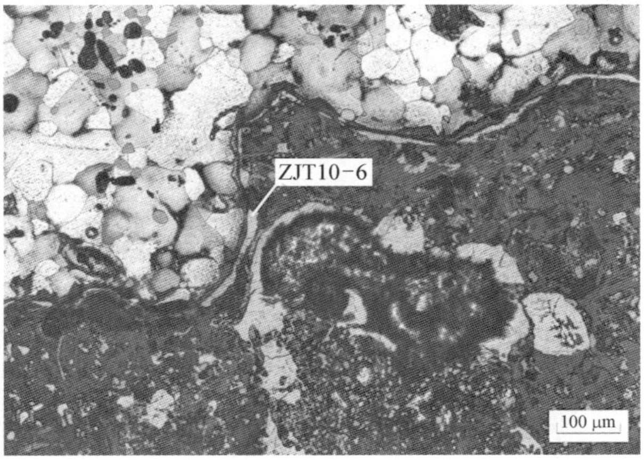

图 27　ZJT10 金相照片

ZJT10 粗铜外圈的硫化物（点 6，铜 63.3%、铁 12.2%、硫 19.1%、氧 5.3%），下面黑色部分为铜渣

体，浮氏体与来自炉壁或人为造渣加入的石英反应生成铁橄榄石。粗铜中硫化物可能氧化，也可能裹入渣中，有的包裹在铜颗粒周围。ZJT6 和 ZJT22 就是这样形成的精炼渣。

需要指出的是，ZJT22 上附着锈蚀锡青铜，可能是粗铜重熔后，高铁渣漂浮在铜液表面，未将渣去除就加入锡料，铜和锡合金化后就形成了锡青铜块。由于精炼未完全，锡青铜中还有少量富铁相。

ZJT20 呈黑色，玻璃化，平均含铁约 41%，密布块状铁橄榄石，存在少量细小的浮氏体，有较多冰铜颗粒，有的冰铜颗粒还有硫化亚铁相（图 19、图 20）。该样品存在较多冰铜颗粒，为典型的冰铜渣，表明使用了"硫化铜矿—冰铜—铜"的火法炼铜技术。但在铸铜作坊存在冶炼活动是值得怀疑的,也许冰铜是与粗铜一起带到铸铜作坊的。

　　根据铜冶金学,在过高还原气氛、较低冶炼温度下冶炼高品位冰铜会生成铜铁合金[1](类似ZJT10)。该铜铁合金和冰铜、铜渣分层,降到炉底,而冰铜在中间,铜渣浮在表面。若冰铜和铜铁合金被一起运到铸铜作坊,铜铁合金在重熔时能产生类似ZJT6、ZJT22的精炼渣,而冰铜在一定的氧化气氛下再炼,就会生成冰铜渣。ZJT20可能是低品位冰铜富集冶炼的铜渣,在性质上仍属冰铜渣。这只是一种可能,因为铜铁合金的产生除了是这种情况下熔炼冰铜产生的,在高冶炼温度、强还原气氛下,氧化铜矿或硫化铜矿死焙烧后直接还原也会形成。

4. 陶范分析结果

本文分析的陶范样品有孔头陶范6件,以及孔头沟陶器1件、炉壁1件。

4.1　形貌观察

从肉眼观察和体视觉显微镜观察可知,部分孔头沟范有面料和背料之分,面料通常质地细腻、均匀,背料质地粗糙,夹杂有砂砾[2]。陶范断面的孔洞较多,且孔洞有沿范面方向拉长的趋势,而且近范面处质地较为致密,孔洞较少。

4.2　化学组成

XRF分析结果见表7。结果表明,孔头沟陶范的化学组成很集中,SiO_2含量在71%～72%,Al_2O_3含量在12%左右,Fe_2O_3、CaO、MgO、K_2O、Na_2O、MnO、TiO_2、P_2O_5等含量变化不大。陶

表7　样品XRF分析结果(Wt%)

样品编号	名称	SiO_2	Al_2O_3	Fe_2O_3	CaO	MgO	K_2O	Na_2O	MnO	TiO_2	P_2O_5	LOI	总量
ZJT-26	范	70.94	11.80	3.68	2.90	1.58	2.09	1.88	0.070	0.717	0.214	3.93	99.80
ZJT-27	范	71.72	12.64	4.13	2.95	1.56	2.26	1.83	0.088	0.773	0.209	1.63	99.80
ZJT-29	范	71.65	12.21	3.94	2.94	1.37	2.09	1.76	0.094	0.750	0.265	2.74	99.80
ZJT-30	范	71.62	12.22	3.45	2.92	1.46	2.14	1.77	0.077	0.736	0.332	3.05	99.79
ZJT-31	范	71.06	12.28	3.79	3.07	1.51	2.03	1.79	0.073	0.739	0.168	3.29	99.80
ZJT32-2	范	71.97	12.08	3.45	2.39	1.29	2.15	1.96	0.071	0.672	0.299	3.46	99.79
ZJT-36	陶器	64.95	15.48	6.00	2.11	1.58	2.72	1.11	0.097	0.801	0.121	4.81	99.78
ZJT-35	炉壁	67.31	14.72	5.59	2.22	1.50	2.65	1.48	0.096	0.771	0.277	3.18	99.80

---

[1] 杨巍:《寿王坟古铜矿冶遗址调查研究》,北京科技大学硕士学位论文,2007年。
[2] 对有面背料之分的陶范样品,所做的各项分析针对面料进行。

范的烧失量（LOI）变化较大，在1%～4%之间。与陶器、炉壁相比，范的 SiO_2 含量高、Al_2O_3 和 Fe_2O_3 含量低，有着不同的化学组成。

4.3　矿物组成

XRD分析结果见表8。范的主要物相为石英、斜长石、钾长石、角闪石、白云母、方解石，以及白云石、赤铁矿、绿泥石和蒙脱石等。经过980℃烧失量测量的样品ZJT27h方解石消失（图28）。方解石的主要成分为 $CaCO_3$，加热至850℃左右开始分解，放出 CO_2。

表8　样品XRD分析结果

样品编号	样　品	X衍射分析结果
ZJT26	范	石英、斜长石、钾长石、角闪石、白云母、方解石、白云石、绿泥石、蒙脱石
ZJT27	范	石英、斜长石、钾长石、角闪石、白云母、方解石
ZJT27h	范	石英、斜长石、钾长石、角闪石、白云母、赤铁矿
ZJT36	陶器	石英、斜长石、钾长石、白云母、蒙脱石
ZJT35	炉壁	石英、斜长石、钾长石、角闪石、白云母、方解石

注：h表示该样品经过烧失量测量。

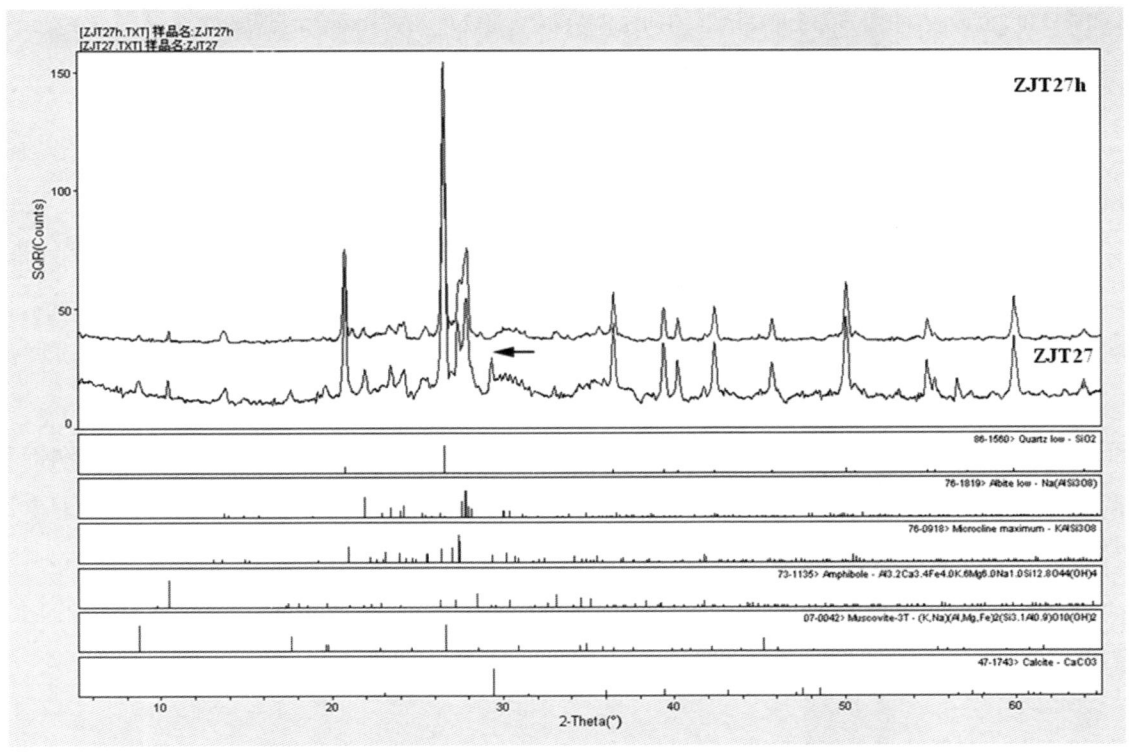

图28　ZJT27h和ZJT27的XRD谱图（箭头所指为方解石主峰d＝3.03）

4.4 岩相鉴定

岩相鉴定结果表明,大部分陶范质地类似于粗粉砂岩,碎屑分选性较好,主要由粒径为0.03～0.06毫米的粗粉砂组成,还有少量细砂、细粉砂和泥质。构成细砂和粉砂的主要矿物为石英、长石、云母,有的还存在磁铁矿、褐铁矿等。大部分陶范的碎屑磨圆度较差,多为棱角状、次棱角状。陶范存在较多孔隙,常充填有碳酸盐、褐铁矿、蛋白石、玉髓等矿物。

通过对样品中各粒径碎屑含量的目估(表9),发现两件范的碎屑分选性较好,都是以粗粉砂为主,如ZJT27粗粉砂较多、细砂较少,而ZJT31的粗粉砂较少、细砂较多。推测范的原料是经过分选的黄土,去除了粒度较大的砂和砾,以粗粉砂为主。

表9 样品粒度分布表(%)

样品编号	样品	砾	砂			粉 砂		胶结物
			粗砂	中粒砂	细砂	粗粉砂	细粉砂	
		＞2毫米	2～0.5毫米	0.5～0.25毫米	0.25～0.06毫米	0.06～0.03毫米	0.03～0.004毫米	
ZJT27	范				15	80		5
ZJT31	范				30	67		3
ZJT36	陶器				15	65	15	5

注:1. 碎屑粒级划分标准根据《中华人民共和国国家标准 岩石分类和命名方案 沉积岩岩石分类和命名方案》[①]。
2. 粗粉砂和细粉砂的含量并未完全单独给出,有的样品将两者含量合并,有的样品只给出粗粉砂。

5. 结论

本文通过对孔头沟遗址出土铜块、铜渣和陶范等冶铸遗物的实验研究,初步揭示出该铸铜遗址的合金熔炼和陶范制作技术的特点,得出的主要结论如下:

(1)从孔头沟3件红铜块来看,铸铜所用的铜料有纯铜和粗铜。从铜块的合金成分来看,孔头沟铜块都以锡青铜为主,锡含量较为稳定,个别铜块含有少量铅。通过对铜块的显微组织观察发现,大部分铜块的组织为典型的铸造组织或铸造后经过加热的组织。有的铜块样品有受热迹象,或是与熔铜、合金化和浇铸等过程有关,或是无意受热造成的。

(2)通过对孔头沟遗址铜块和铜渣的分析,我们判断出孔头沟铸铜所用铜料有纯铜锭和粗铜锭,锡料和铅料为金属锡、铅的可能性较大,废料被回收重熔。在孔头沟遗址发现了少量重熔粗铜产生的精炼渣,表明孔头沟存在将粗铜锭精炼的过程。

(3)孔头沟陶范以粗粉砂为主,制范所用原料为黄土,并经过精选。孔头沟陶范的化学成分稳定,表现出技术的成熟。

---

① 国家质量技术监督局:《中华人民共和国国家标准GB/T 17412.2—1998岩石分类和命名方案 沉积岩岩石分类和命名方案》,1998年,第3页。

附录二 画图寺作坊、赵家台与独山居址出土动物遗存研究报告

侯彦峰（河南省文物考古研究院）

艾 倩（武汉大学历史学院）

刘一婷（武汉大学历史学院）

孔头沟遗址，坐落于陕西省岐山县县城以东约8.5千米处，恰好位于著名的周原遗址与周公庙遗址之间，与两者分别相距约11千米和8千米。该遗址横跨孔头沟两岸，总面积约3.75平方千米，文化内涵以先周和西周时期遗存为主，是周原地区一处大型商周时期的聚落。

画图寺（QH）铸铜作坊、赵家台（QZ）和独山（QD）普通居址[1]为孔头沟遗址的3个考古发掘地点，均有动物骨骼出土，本研究也将按发掘地点分别介绍其出土动物骨骼的情况。在考古发掘过程中，考古人员对各单位出土的动物骨骼进行了认真收集，收集方法为全面手工拣选，未筛选。

动物骨骼鉴定过程中，主要以现生动物骨骼标本为参照，其次还参考了《动物骨骼鉴定图谱》[2]图谱。骨骼测量按照《考古遗址出土动物骨骼测量指南》[3]一书进行。在进行鉴定分析时，研究人员秉持着严谨的态度，对收集到的每一块骨头实施了详尽的检视、精确的数量统计与称重。对于完整性较高、特征鲜明且易于辨识的骨头，鉴定至属或种一级。面对那些可辨识骨骼部位，但残损严重、属的特征相对模糊的骨骼，则鉴定至科一级，以确保分类结果的准确性。值得注意的是，在面对诸如四肢骨、中轴骨及头部骨骼等无明显特异性鉴定标志的哺乳动物骨骼碎片时，采用了骨壁厚度、形态特征、尺寸比例等多维度进行综合判断，将其进一步细分为大型、中型及小型哺乳动物三个类别。对于那些因种种原因导致难以明确归入已知分类群的骨骼碎片，研究人员秉持着实事求是的精神，将其标记为"不可鉴定"，并进行了统计与称重工作，确保研究数据的完整性与客观性。

本报告采用可鉴定标本数（NISP＝Number of Identified Specimens）和最小个体数（MNI＝Minimum Number of Individuals）以及骨骼部位发现率（Recovery Rate）对动物骨骼进行量化统计。统计发现率的骨骼部位包括角、保留牙齿的上颌骨、下颌骨、肱骨、桡骨、尺骨、掌骨、髋

---

① 种建荣、郭士嘉、雷兴山：《陕西岐山孔头沟遗址铸铜作坊发掘简报》，《南方文物》2019年第3期。

② ［英］伊丽莎白·施密德著，李天元译：《动物骨骼图谱》，中国地质大学出版社，1992年。

③ ［德］安格拉·冯登德里施著，马萧林、侯彦峰译：《考古遗址出土动物骨骼测量指南》，科学出版社，2007年。

臼、股骨、胫骨、跖骨、跟骨、距骨、指/趾骨,其中长骨分别统计近端和远端,其具体计算方法为:最小骨骼部位数/期望值。期望值是指期望在遗址中发现该部位的数量,一般用该种动物的最小个体数乘以一个个体含有此种骨骼部位的数量来获得期望值[①]。此外,为了深入探究动物骨骼在发掘区域内不同堆积单元中的空间分布特征,本研究将分析动物骨骼选定堆积单元内的具体分布情况,并着重考察猪、牛、羊等主要家畜种类在这些堆积单元中的数量占比。尽管详细的测量数据未在本文主体部分展开讨论,但为确保研究的完整性,所有相关数据已作为附录附于文末,供读者参考与进一步分析。

　　建构动物死亡年龄结构,通常根据动物的牙齿萌出顺序与牙齿磨损级别以及长骨骨骺的愈合情况,按照牙齿萌出和磨损判断的年龄更为精细,骨骺愈合判断的年龄较宽泛。牙齿磨蚀状况记录,猪、牛采用Grant的记录方法[②],羊则采用Payne的记录方法[③],与具体年龄的对应则参考Silver[④]、Hongo&Meadow[⑤]、Zeder[⑥]的相关研究。

　　本研究将从自然、动物和人工作用的角度考察骨骼表面的痕迹。风化作为自然条件是对骨骼保存状态产生显著影响的因素之一,其程度的准确评估对于理解环境变迁、埋藏信息有重要意义,在整理过程中参照Behrensmeyer[⑦]的界定,对骨骼表面的风化程度进行了记录。埋藏环境中的植物根系也会对骨骼产生侵蚀作用,主要表现为在骨表留下植物根系痕迹。动物作用主要是指肉食动物对骨骼的啃咬、踩踏和吞食造成的破坏,以及啮齿动物对骨骼的啃咬。人工作用包括有意识与无意识在骨骼上留下的痕迹。有意识痕迹一般包括屠宰、肢解、备食、宗教活动以及骨器加工等过程留下的痕迹。

　　本次分析的动物骨骼合计3 208件,重52 351.8克,其中可鉴定标本1 282件,重36 522.7

[①] ［英］伊丽莎白·瑞兹、伊丽莎白·维恩著,中国社会科学院考古研究所译:《动物考古学》,科学出版社,2013年,第177～182页。

[②] Grant A., 1982. The Use of Tooth Wear as a Guide to the Domestic Animals. In *Ageing and Sexing Animal Bones from Archaeological Sites*, edited by Wilson B., Grigson C. and Payne S. Oxford: British Archaeological Reports British Series 109, pp.91-108.

[③] Payne S., 1987. Reference Codes for Wear States in the Mandibular Cheek Teeth of Sheep and Goats. *Journal of Archaeological Science* 14: 609-614.

[④] Silver I. A., 1969. The Ageing of Domestic Animals. In *Science in Archaeology: A Survey of Progress and Research*, edited by Brothwell D. and Higgs E. London: Thames and Hudson, pp.283-302.

[⑤] Hongo, H. and Meadow R. H., 2000. Faunal Remains from Prepottery Neolithic Levels at Çayönü, Southeastern Turkey: A Preliminary Report Focusing on Pigs (Sus sp.). In *Archaeozoology of the Near East IV,* edited by Mashkour M. et al. Groningen: ARC Publications, pp.122-140.

[⑥] Zeder M. A., 2001. A Metrical Analysis of a Collection of Modern Goats (Caprahircus aegargus and C. h. hircus) from Iran and Iraq: Implications for the Study of Caprine Domestication. In *Journal of Archaeological Science*, 28(1): 61-79.

[⑦] Behrensmeyer, A. K., 1978. Taphonomic and Ecological Information from Bone Weathering. *Paleobiology* 4(2)150-162.

克。遗址内动物群组成为哺乳纲、鸟纲、鱼纲、瓣鳃纲。可鉴定的哺乳动物有猪（*Sus scrofa domesticus*）（彩版三〇三，7）、狗（*Canis familiaris*）（彩版三〇四，1、2）、牛（*Bos taurus*）（彩版三〇三，1、2）、绵羊（*Ovis*）（彩版三〇四，5）、山羊（*Capra*）（彩版三〇四，3、4、6）、马（*Equus*）（彩版三〇三，3、4）、鹿（*Cervus* sp.）（彩版三〇三，5、6）、草兔（*Lepus capensis*）（彩版三〇五，1）、鼢鼠（*Myospalax fontanieri cansus*）（彩版三〇五，6）、仓鼠（*Cricetulus* sp.）（彩版三〇五，7）、松鼠（*Sciurus* sp.）（彩版三〇五，8）、竹鼠（*Rhizomys sinenisis*），共计14种。可鉴定的鸟类有鸡（*Gallus gallus domesticus*）（彩版三〇五，3）、鸨（*Otis* sp.）（彩版三〇五，2）。另有少量骨器和加工骨（彩版三〇七）未纳入动物骨骼数据分析范畴，其中，常见形态的骨器7件，难以命名的骨器5件，加工骨1件，将在报告中的人工痕迹部分进行简要介绍。

表1　孔头沟遗址地点动物分类

脊索动物门 Phylum Chordata
哺乳纲 Mammalia
偶蹄目 Artiodactyla
猪科 Suidae
猪属 *Sus*
家猪 *Sus scrofa domesticus*
牛科 Bovidae
牛属 *Bos*
牛 *Bos taurus*
盘羊属/山羊属 Ovis/Capra
绵羊 *Ovis*
山羊 *Capra*
鹿科 Cervidae
鹿属 *Cervus*
梅花鹿 *Cervus nippon*
马鹿 *Cervus elaphus*
奇蹄目 Perissodactyla
马科 Equidae
马属 *Equus*
马 *Equus*
食肉目 Canivora
犬科 Canidae
犬属 *Canis*
犬 *Canis familiaris*
兔形目 Lagomorpha
兔科 Leporidae
兔属 *Lepus*
草兔 *Lepus capensis*
啮齿目 Rodentia
仓鼠科 Circetidae
仓鼠属 Cricetulus
仓鼠 *Cricetulus* sp.
鼢鼠属 Myospalax

> 鼢鼠 *Myospalax fontanieri cansus*
> 竹鼠科 Rhizomyidae
> 　竹鼠属 *Rhizomys*
> 　　中华竹鼠 *Rhizomys sinenisis*
> 松鼠科 Sciuridae
> 　松鼠属 *Sciurus*
> 　　松鼠 *Sciurus* sp.
> 鸟纲 Aves
> 　鸡行目 Calliformes
> 　　雉科 Phasianidae
> 　　　雉属 *Phasianus*
> 　　　　鸡 *Gallus gallus domesticus*
> 　鹤形目 Gruiformes
> 　　鸨科 Otididae
> 　　　鸨属 *Otis*
> 　　　　鸨 *Otis* sp.
> 鱼纲 Pisces
> 软体动物门 Mollusca
> 　瓣鳃纲 Lamellibranchia
> 　　真瓣鳃目 Euamellibranchia
> 　　　蚌科 Unionidae

1. 画图寺铸铜作坊

1.1 动物群

　　画图寺铸铜作坊发掘总面积约294.08平方米，出土动物骨骼合计2 149件，重30 257.3克，其中可鉴定标本706件，重19 322.9克。该地点内动物群组成为哺乳纲、鸟纲、鱼纲、瓣鳃纲。其中哺乳纲种类居多，在动物骨骼中占据了相当大的比例。此外，还发现了少量的蚌类（Unionidae）和鱼类（Pisces）遗存，但残损严重，未鉴定至种属。可鉴定的种属包括猪（*Sus scrofa domesticus*）、狗（*Canis familiaris*）、牛（*Bos taurus*）、绵羊（*Ovis*）、山羊（*Capra*）、马（*Equus*）、草兔（*Lepus capensis*）、鹿（*Cervus* sp.）、仓鼠（*Cricetulus* sp.）、鼢鼠（*Myospalax fontanieri cansus*）、竹鼠（*Rhizomys sinenisis*）、松鼠（*Sciurus* sp.）、鸡（*Gallus gallus domesticus*），共计13种。可鉴定标本数约占总标本数的32.9%，可鉴定标本的重量约占总重量的63.9%。出土动物骨骼年代包括西周中期、西周晚期和西周不明时段。

　　画图寺出土动物骨骼在各遗迹单位分布的数量见表2，西周中期和西周晚期哺乳动物可鉴定标本数、最小个体数及比例见表3，西周（不明时段）哺乳动物可鉴定标本数、最小个体数及比例见表4，西周各时期哺乳动物不可鉴定骨骼数量见表5，西周不同时期非哺乳动物数量见表6。

表2　画图寺出土动物骨骼在各遗迹单位分布的数量（件）

时代	单位	猪	犬	马	羊	牛	中型牛科	梅花鹿	马鹿	中型鹿	小型鹿	鹿	兔	仓鼠	鼢鼠	竹鼠	松鼠	啮齿类	鸟	鸡	蚌	鱼	合计
西周中期	06QHH1	11	3		2	4						5									1		26
西周中期	06QHH12		3		1																		4
西周中期	06QHH13	6	3		2	2						1									1		15
西周中期	06QHH20	10										1											11
西周中期	06QHH24	1			1																		2
西周中期	06QHH28	8			2	1													1				12
西周中期	06QHH29		1		1	2																	4
西周中期	06QHH30	8				1						1											10
西周中期	06QHH31	19	1	2	5	5			1		1	1							2		2	1	40
西周中期	06QHH32	6	3	2	3	10																	24
西周中期	06QHH42	1																	1				2
西周中期	06QHH61	4	4	3	1																		12
西周中期	06QHH65	9	11	7	13	3					1		4								7	1	56
西周晚期	06QHH2①	4	2		3	1								6					4				20
西周晚期	06QHH3	13	8	3	22	13														1			60
西周晚期	06QHH4					1																	1
西周晚期	06QHH5	1				2																	3
西周晚期	06QHH6	4	2	2	2	1					1							1			1		14
西周晚期	06QHH8			1		3																	4
西周晚期	06QHH9①	3	1		3	9															4		20

续表

时代	单位	猪	犬	马	羊	牛	中型牛科	梅花鹿	马鹿	中型鹿	小型鹿	鹿	兔	仓鼠	鼢鼠	竹鼠	松鼠	啮齿类	鸟	鸡	蚌	鱼	合计
西周晚期	06QHH10	1				3																	4
西周晚期	06QHH10②	1				1																	2
西周晚期	06QHH11	7	9	2	3	7															1		29
西周晚期	06QHH17				1	3																	4
西周晚期	06QHH19	1	3		3	6							1						2				16
西周晚期	06QHH23				1	5							1										7
西周晚期	06QHH33				1	1																	2
西周晚期	06QHH34	1		1		2																	4
西周晚期	06QHH35	2	1	1		5																	9
西周晚期	06QHH36	8		4	6	8																	26
西周晚期	06QHH37				1	1																	2
西周晚期	06QHH38	8	5		4	7					1	2											27
西周晚期	06QHH38①	3	1	1	3	7						1									3		19
西周晚期	06QHH38②	5	1	2	3	4					1				3		3	2	1				25
西周晚期	06QHH38③		1		3	3															1		8
西周晚期	06QHH40	1		1		1						1	1			1		1					7
西周晚期	06QHH44				1																		1
西周晚期	06QHH45	1	3		3	3						1									1		12
西周晚期	06QHH46	1	3	9		4																	17
西周晚期	06QHH48	1	2	1	1																		5

续 表

时代	单位	猪	犬	马	羊	牛	中型牛科	梅花鹿	马鹿	中型鹿	小型鹿	鹿	兔	仓鼠	鼢鼠	竹鼠	松鼠	啮齿类	鸟	鸡	蚌	鱼	合计
西周晚期	06QHH50	4	2	1	1	3																	11
西周晚期	06QHH51					7																	7
西周晚期	06QHH54					1																	1
西周晚期	06QHH55	14	3	2	7	14		3															43
西周晚期	06QHH56	5			5	3																	13
西周晚期	06QHH57	4	2	1	1	3																	11
西周晚期	06QHH58	13	3	4	2	4	1				1												28
西周晚期	06QHH59	3	1	1		2																	7
西周晚期	06QHH60	1			3	2																	6
西周晚期	06QHH60②			1																			1
西周晚期	06QHH63	6		1	1	4				1													13
西周晚期	06QHH64	1				1						1											3
西周晚期	06QHH66																				2		2
西周晚期	06QHY1																						0
西周晚期	06QHY2					2																	2
西周	06QHH14	1				2														1			4
西周	06QHH47		1		1	1																	3
西周	06QHT9③	4		6	2	3					1												16
西周	06QHT9③采集	4	1	1																			6
	合计	209	84	60	118	181	1	3	1	1	7	15	7	6	3	1	3	4	11	2	24	2	743

表3 画图寺西周中期和西周晚期哺乳动物可鉴定骨骼数量统计

种属	西周中期				西周晚期			
	NISP	NISP%	MNI	MNI%	NISP	NISP%	MNI	MNI%
猪	83	41.29%	5	23.81%	117	24.63%	9	20.45%
狗	29	14.43%	3	14.29%	53	11.16%	5	11.36%
牛	28	13.93%	2	9.52%	147	30.95%	6	13.64%
中型牛科	0	0.00%	0	0.00%	1	0.21%	1	2.27%
羊	31	15.42%	6	28.57%	84	17.68%	11	25.00%
马	14	6.97%	1	4.76%	39	8.21%	2	4.55%
草兔	4	1.99%	1	4.76%	0	0.00%	0	0.00%
兔	0	0.00%	0	0.00%	3	0.63%	1	2.27%
仓鼠	0	0.00%	0	0.00%	6	1.26%	1	2.27%
鼢鼠	0	0.00%	0	0.00%	3	0.63%	1	2.27%
竹鼠	0	0.00%	0	0.00%	1	0.21%	1	2.27%
松鼠	0	0.00%	0	0.00%	3	0.63%	1	2.27%
啮齿类	0	0.00%	0	0.00%	4	0.84%	1	2.27%
马鹿	1	0.50%	1	4.76%	0	0.00%	0	0.00%
梅花鹿	0	0.00%	0	0.00%	3	0.63%	1	2.27%
小型鹿	2	1.00%	1	4.76%	4	0.84%	2	4.55%
鹿	7	3.48%	1	4.76%	4	0.84%	1	2.27%
鹿角	2	1.00%	—	—	3	0.63%	—	—
总数	201	100.00%	21	100.00%	475	100.00%	44	100.00%

表4 画图寺西周(不明时段)哺乳动物可鉴定骨骼数量统计

种 属	NISP	NISP%	MNI	MNI%
猪	9	32.14%	1	12.50%
狗	2	7.14%	1	12.50%
牛	6	21.43%	1	12.50%
羊	3	10.71%	2	25.00%
马	7	25.00%	2	25.00%

续　表

种　属	NISP	NISP%	MNI	MNI%
小型鹿	1	3.57%	1	12.50%
总数	28	100.00%	8	100.00%

表5　画图寺西周各时期哺乳动物不可鉴定骨骼数量统计

种　属	西周中期	西周晚期	西周（不明时段）
小型哺乳动物	7	10	0
中小型哺乳动物	4	5	0
中型哺乳动物	162	356	6
大型哺乳动物	98	274	14
哺乳动物	0	79	1
不可鉴	109	277	4
总数	380	1001	25

表6　画图寺西周不同时期非哺乳动物数量统计

种属	西周中期				西周晚期				西周（不明时段）			
	NISP	NISP%	MNI	MNI%	NISP	NISP%	MNI	MNI%	NISP	NISP%	MNI	MNI%
鱼类	2	11.76%	1	16.67%	0	0.00%	0	0.00%	0	0.00%	0	0.00%
蚌类	11	64.71%	4	66.67%	13	61.90%	9	81.82%	0	0.00%	0	0.00%
鸡	0	0.00%	0	0.00%	1	4.76%	1	9.09%	1	100.00%	1	100.00%
鸟类	4	23.53%	1	16.67%	7	33.33%	1	9.09%	0	0.00%	0	0.00%
总数	17	100.00%	6	100.00%	21	100.00%	11	100.00%	1	100.00%	1	100.00%

猪、狗、牛和羊[①]等家养动物骨骼数量占比较高，而其中羊和猪的占比明显高于其他动物。西周中期猪的可鉴定标本数占比最高，而羊的最小个体数占比最高。到了西周晚期，牛的数量上升，占比超过猪和羊，但最小个体数仍低于二者。鹿、兔、鸟等野生动物的数量占比很低。不可鉴定骨骼中以中型（可能是猪和羊的骨骼）和大型哺乳动物（可能是牛的骨骼）的碎片为主，与可鉴定标本数的结果基本一致。

---

① 在统计时，对山羊和绵羊未作区分，均统计为羊。

（1）软体动物

画图寺地点出土24件蚌，其中16件蚌壳，8件蚌壳碎片，鉴定特征不明显，未能鉴定至属种。

（2）哺乳纲

a. 家猪（*Sus scrofa domesticus*）

在分析的59个堆积单位中，42个单位出土有猪骨，西周中期和晚期均有发现，可鉴定标本数209件，最小个体数15[①]。

b. 羊（*Ovis /Capra*）

在西周中期和晚期的37个单位中均有发现有羊骨，可鉴定标本数118件，最小个体数19。出土的羊骨既有山羊也有绵羊。

c. 牛（*Bos taurus*）

48个单位出土有牛骨，西周中期和晚期均有发现，可鉴定标本数181件，根据形态判断可能都为黄牛，最小个体数9。

d. 马（*Equus*）

25个单位出土有马骨，西周中期和晚期均有发现，其中可鉴定标本数4，最小个体数5。

e. 鹿科（*Cervidae*）

在分析的59个堆积单位中，16个单位出土鹿骨，其中包含马鹿、梅花鹿和未鉴定出种属的中型鹿科、小型鹿科，西周中期和晚期均有发现，其中可鉴定标本数15，最小个体数8。

f. 狗（*Canis familiaris*）

可鉴定标本数24，最小个体数9，分布于29个单位。

g. 兔（*Lepus* sp.）

在分析的59个堆积单位中，4个出土兔骨，西周中期和晚期均有发现，可鉴定标本数7件，其中草兔4件，未鉴定种属的兔3件，最小个体数2。

h. 仓鼠（*Cricetulus* sp.）

仅06QHH2①中出土有仓鼠骨骼，年代为西周晚期，可鉴定标本数6件，部位为2件下颌骨和4件肢骨碎片，最小个体数1。

i. 鼢鼠（*Myospalax fontanieri cansus*）

仅06QHH38②中出土有鼢鼠骨骼，年代为西周晚期，可鉴定标本数3件，部位为2件下颌骨和1件头骨，最小个体数1。

j. 竹鼠（*Rhizomys sinenisis*）

可鉴定标本数1，为上颌游离门齿，出自06QHH40，年代为西周晚期。

---

① 最小个体数先按分期进行统计，再累加得出。

k. 松鼠（*Sciurus* sp.）

西周晚期06QHH38②出土了3件松鼠的骨头，2件下颌骨和1件上颌骨，最小个体数1。

此外，还出土了1件中型牛科动物掌骨，4件未能鉴定至种属的啮齿类动物骨骼。

（3）鱼纲

出土鱼骨2件，其中尾骨1件，鳃盖1件。

（4）鸟纲

鸡（*Gallus gallus domesticus*）

2个单位出土有鸡骨，可鉴定标本数2，部位均为尺骨，最小个体数2。

此外，还出土有11件鸟类长骨或长骨碎片，未鉴定种属。

1.2　年龄结构

表7为画图寺猪的死亡年龄分布状况，西周中期、西周不明时段的标本数量少，其结果不具有统计学意义，从整体情况看，12～18个月龄死亡的猪占比较高，未发现仔猪。

表7　画图寺猪的年龄结构

年龄阶段	西周中期				西周晚期				西周（不明时段）			
	左	右	合计	比例	左	右	合计	比例	左	右	合计	比例
I（0～4月）	—	—	—	—	—	—	—	—	—	—	—	—
II（4～6月）	2	—	2	33%	3	2	6[①]	40%	—	—	—	—
III（6～12月）	—	—	—	—	—	—	—	—	—	—	—	—
IV（12～18月）	1	1	2	33%	2	6	8	53%	1	1	2	100%
V（18～24月）	—	1	1	17%	—	—	1	7%	—	—	—	—
VI（24～36月）	1	—	1	17%	—	—	—	—	—	—	—	—
VII（36月＋）	—	—	—	—	—	—	—	—	—	—	—	—
合计	4	2	6	100%	6	8	15	100%	1	1	2	100%

表8为画图寺羊的死亡年龄分布状况，结果显示西周中期羊的死亡年龄集中在0.5～3岁，而西周晚期则集中在3～6岁，少数分布在0.5～2岁和6～8岁。西周晚期的羊，死亡年龄结构偏大可能与次级产品开发有关。

表9列举了画图寺马的死亡年龄分布状况，结果显示马均为成年个体，但年龄较为分散，5～13岁各个阶段均有分布，推测马匹功能主要为役用，淘汰的马匹再进行肉食消费。

① 还有部分个体未能鉴定出左右，也计入合计，因此合计数量可能大于左侧和右侧之和。

表8　画图寺羊的年龄结构

年龄阶段	西 周 中 期				西 周 晚 期			
	左	右	合计	比例	左	右	合计	比例
I（0～2月）	—	—	—	—	—	—	—	—
II（2～6月）	—	—	—	—	—	—	—	—
III（6～12月）	1	1	2	33%	1	—	1	7%
IV（1～2岁）	—	1	1	17%	—	2	2	14%
II/III/IV	—	1	1	17%	—	—	—	—
V（2～3岁）	—	2	2	33%	—	—	—	—
VI（3～4岁）	—	—	—	—	2	—	2	14%
V/VI（2～4岁）	—	—	—	—	—	1	1	7%
VI/VII（3～6岁）	—	—	—	—	2	1	3	21%
IV/V/VI（1～4岁）	—	—	—	—	1	—	1	7%
V/VI/VII（2～6岁）	—	—	—	—	—	2	2	14%
VII（4～6岁）	—	—	—	—	—	—	—	—
VIII（6～8岁）	—	—	—	—	2	—	2	14%
IX（8～10岁）	—	—	—	—	—	—	—	—
合计	1	5	6	100%	8	6	14	100%

表9　画图寺马的年龄结构

年　龄	西 周 晚 期				
	左	右	左+右	合计	比例
5～5.5岁	4	—	—	4	27%
5～6岁	—	—	1	1	7%
6～7岁	—	1	—	1	7%
7～8岁	1	1	—	2	13%
8～10岁	2	—	—	2	13%
9～10岁	—	1	—	1	7%
10～12岁	1	—	—	1	7%
10～13岁	2	1	—	3	20%
合计	10	4	1	15	100%

表10和表11列举了画图寺狗和牛的死亡年龄分布状况,但由于狗和牛的年龄较分散且样本量较少,仅作参考。

表10　画图寺狗年龄结构

年　龄　阶　段	西　周　中　期				西　周　晚　期			
	左	右	合计	比例	左	右	合计	比例
磨蚀B级(6～10或15个月)	—	—	—	—	1	—	1	100%
磨蚀C级(6～10或15个月)	—	1	1	50%	—	—	—	—
磨蚀E级(15～48个月)	—	1	1	50%	—	—	—	—
合计	0	2	2	100%	1	0	1	100%

表11　画图寺牛年龄结构

年　龄	西　周　中　期				西　周　晚　期			
	左	右	合计	比例	左	右	合计	比例
大于18月	—	1	1	100%	1	—	1	50%
大于40月	—	—	—	—	1	—	1	50%
合计	0	1	1	100%	2	0	2	100%

1.3　骨表痕迹

（1）自然作用

画图寺地点发现有风化痕迹的动物骨骼88件,占出土骨骼的4.1%,风化作用对该地点动物骨骼的影响较小。风化的部位较为分散,上颌骨、下颌骨、长骨、肋骨、盆骨、掌跖骨、指/趾骨均有发现,其中长骨39件,占比最大。仅发现1件牛盆骨上有植物根系痕迹,表明植物根系作用对该地点动物骨骼的影响很小。

（2）动物作用

画图寺地点有10件骨骼发现动物啮咬痕,其中9件为啮齿动物啮咬痕,部位包括牛、羊和狗的长骨近远端,羊的肩胛骨远端和鸟的肢骨碎片。余下1件为中型哺乳动物长骨,骨表发现动物啮咬痕。

（3）人工作用

该处出土的一些动物骨骼表面留有明显的人工痕迹,包括砍痕、切割痕(彩版三〇六,2、4)、锯痕(彩版三〇六,3、5)、磨痕以及削痕。砍痕,有砍痕的骨骼包括1件猪掌骨,1件猪肩胛骨,1件牛寰椎,1件牛肱骨远端关节面有数条2～3厘米长的砍痕相互交错,1件羊胫骨远端,

1件羊颞骨发现砍痕，1件羊寰椎腹结节和关节面侧有多道砍痕，1件羊桡骨近端外侧骨干经多次砍砸形成4道长3毫米左右的砍砸痕，1件羊跖骨中段骨干经多次砍砸，形成3道长5毫米左右的砍砸痕。除砍痕之外，1件牛尺腕骨发现切割痕，1件牛掌骨近端、1件牛肩胛骨、1件中型哺乳动物尺骨、3件不可鉴长骨发现锯痕，1件中型哺乳动物肩胛骨和1件不可鉴骨骼上发现磨痕，1件长骨发现削痕。

遗址出土的动物骨骼中有59件骨头被火烧过的痕迹（彩版三〇六，7）。火烧部位有颌骨、肩胛骨远端、肱骨远端、桡骨远端、胫骨近端、跟骨、椎骨等，主要为牛、羊、猪的骨骼。从火烧的部位和程度看大部分烧骨碎片可能是由于废弃后靠近火源造成的。

遗址出土的动物骨骼中76件有铜锈浸染的痕迹。部位有下颌骨、肱骨远端、尺骨远端、盆骨、胫骨近端、肋骨、椎骨等，主要为牛、羊和猪的骨骼，但也包括少量兔、鸟和鸡的骨骼。其他两地点的骨骼并未发现骨骼上有铜锈浸染的痕迹，这与画图寺地点的遗址属性有关。

1.4　骨骼部位发现率

画图寺出土不同年代猪、牛、羊的骨骼发现率见图1～4。从统计结果可以看出，猪、牛和羊的骨骼发现率存在一定共性，如下颌骨的发现率均较高。但也存在一定差异，如羊各个部位的骨骼发现率均低于猪和牛，牛的寰椎发现率高于猪和羊。从历时性上看，牛在西周晚期各个部位均有一定的发现率，且明显高于西周中期。而猪肢骨的发现率在西周晚期则有一定程度下降。一方面，这种情况与骨骼的破碎度密切相关，例如肩胛骨、盆骨及肱骨、股骨等带肉多的骨

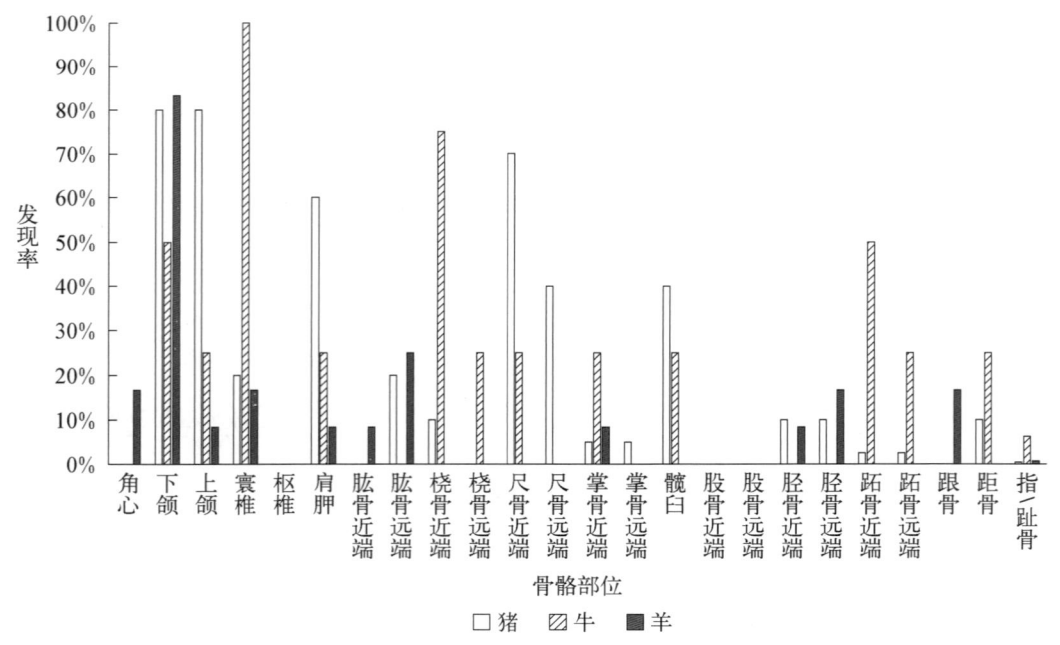

图1　画图寺西周中期动物骨骼发现率

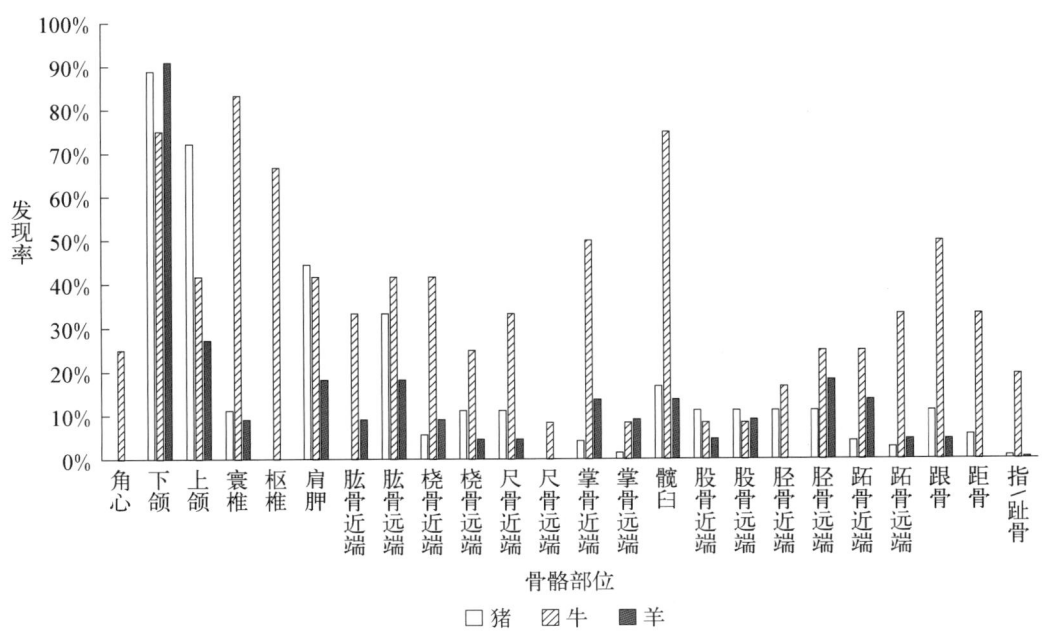

图2　画图寺西周晚期动物骨骼发现率

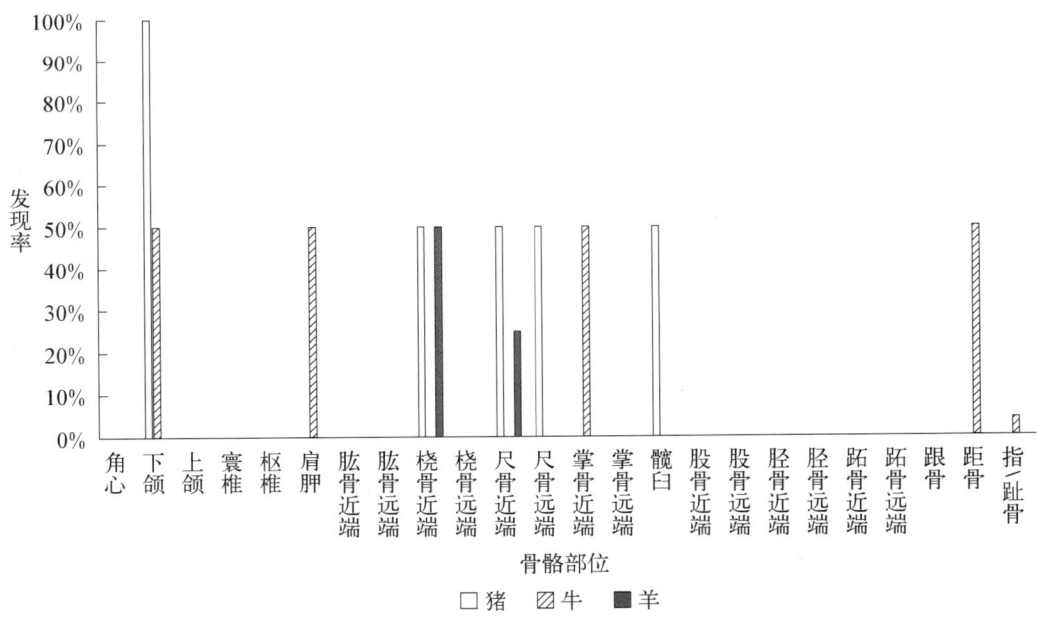

图3　画图寺西周（不明时段）动物骨骼发现率

骼严重破碎,从而造成鉴定率大大下降,而下颌骨的破碎度相对较轻,有更高的可鉴定率;另一方面,可能与骨骼收集方法及骨骼尺寸大小有关,例如牛的掌/跖骨较大便于收集,而猪、羊的掌/跖骨在收集过程中容易被忽略掉。在不可鉴定的骨骼中,有相当大的部分是肩胛骨、盆骨及长骨的碎片,与这部分骨骼的发现率较低相对应。

1.5　骨骼的空间分布

统计表中的堆积单位按照年代进行排序,未出土可鉴定动物骨骼的Y1未进行统计,其中HH1、HH12、HH13、HH20、HH24、HH28、HH29、HH30、HH31、HH32、HH42、HH61和HH65为西周中期,HH2①、HH3、HH4、HH5、HH6、HH8、HH9①、HH10、HH10②、HH11、HH17、HH19、HH23、HH33、HH34、HH35、HH36、HH37、HH38、HH38①、HH38②、HH38③、HH40、HH44、HH45、HH46、HH48、HH50、HH51、HH54、HH55、HH56、HH57、HH58、HH59、HH60、HH60②、HH63、HH64、HH66和HY2为西周晚期,HH14、HH47、HT9③和HT9③采集的年代为西周未分段。图4显示,在出土可鉴定动物骨骼的58个堆积单位中,HH65和HH3出土动物骨骼数量最多,均超过50件。动物骨骼的可鉴定标本数明显多于其他单位,其余均不超过40件。11个单位出土骨骼数量在20～40件之间,其余均少于20件。图5显示,部分堆积单位中存在猪、牛、羊不共存的现象,这可能是由于单个堆积中出土动物骨骼数量太少,仅包含1个种属的骨骼。三者共存的堆积单位中,比例总体较为均匀。

2. 赵家台居址区

2.1　动物群

赵家台居址区发掘总面积约104.5平方米,出土动物骨骼合计482件,重7 708.4克,其中可鉴定标本219件,重6 007.2克。该地点的动物群组成为哺乳纲和鸟纲,但鸟纲未鉴定出种属。可鉴定的种属有猪(*Sus scrofa domesticus*)、狗(*Canis familiaris*)、牛(*Bos taurus*)、绵羊(*Ovis*)、山羊(*Capra*)、马(*Equus*)、鹿(*Cervus* sp.),共计7种。可鉴定标本数约占总标本数的45.4%,可鉴定标本的重量约占总重量的77.9%。出土动物骨骼年代包括先周时期、西周早期、西周中期和西周不明时段。

赵家台出土动物骨骼在各堆积单位分布的数量见表12。各时期哺乳动物骨骼的可鉴定标本数、最小个体数可鉴定标本数和最小个体数的统计见表13～表15,不可鉴定骨骼的数量统计见表16。非哺乳动物骨骼的数量统计见表17。

从先周到西周时期,猪和羊的比例一直较高,但西周相较于先周时期,狗、牛和鹿的比例显著提高。西周早期羊和猪占比较大,中期则变为猪和狗占比较大,但由于样本数量较少,可能存在偏差。不可鉴定骨骼中以中型(可能是猪和羊的骨骼)和大型哺乳动物(可能是牛的骨骼)的碎片为主,与可鉴定标本的统计结果较为一致。

(1)哺乳纲

a. 家猪(*Sus scrofa domesticus*)

在分析的14个堆积单位中,11个单位出土猪骨,先周时期、西周早期和西周中期均有发现,其中可鉴定标本数52件,最小个体数8。

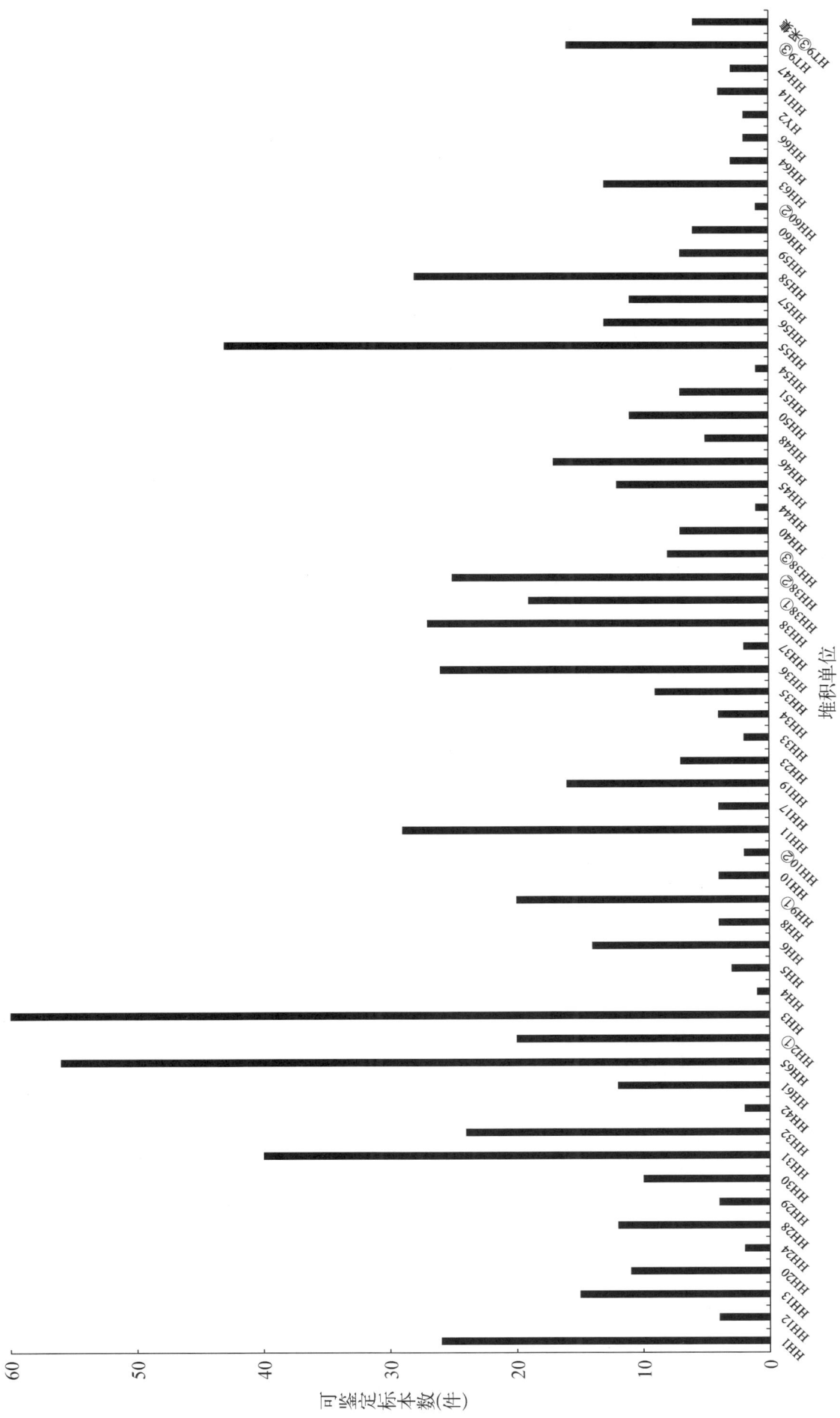

图 4　画图寺动物骨骼在堆积单位中的数量分布

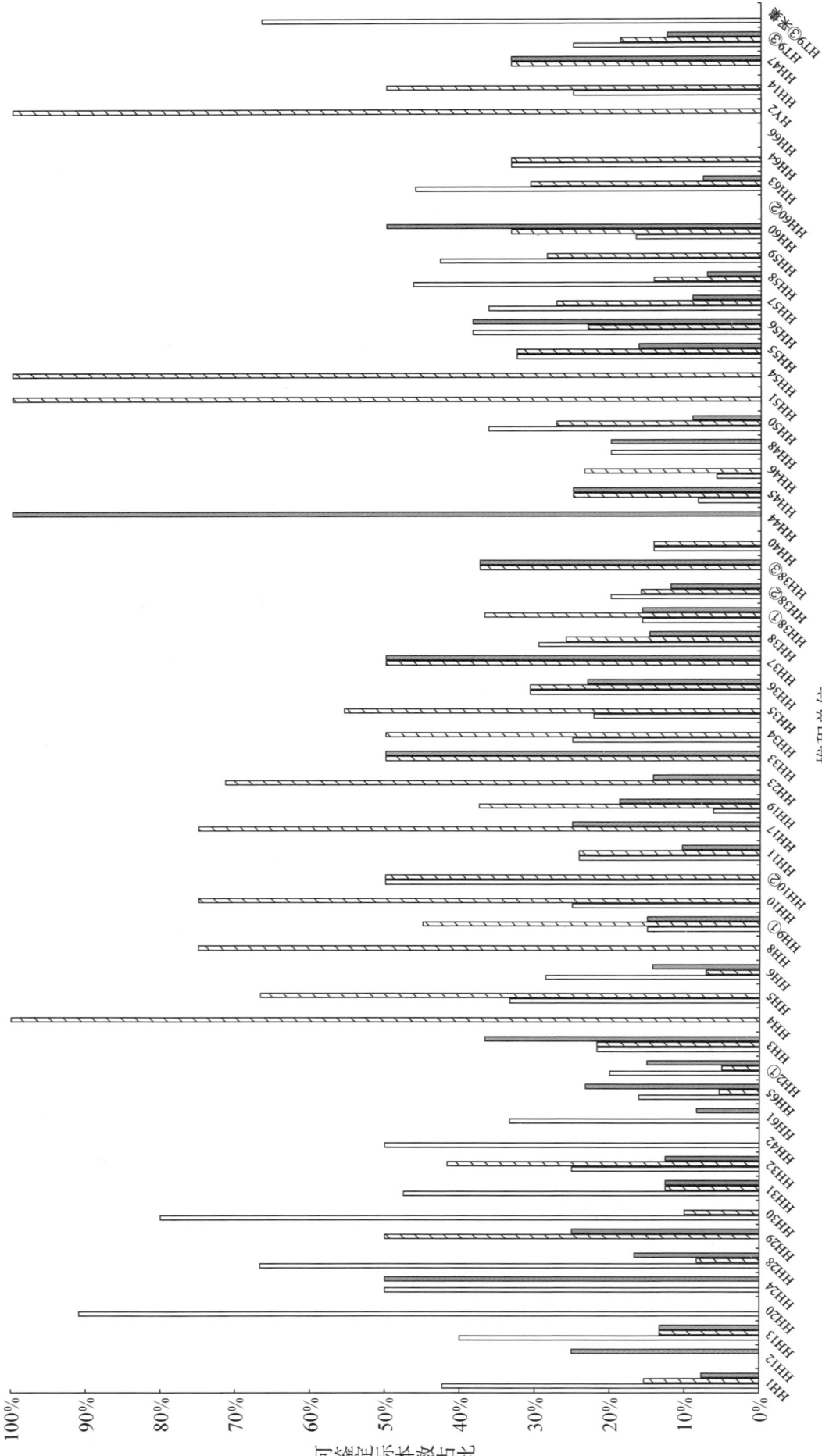

图 5　画图寺猪、牛、羊骨骼在堆积单位中的分布比例

表12　赵家台出土动物骨骼在各遗迹单位分布的数量（件）

时代	单　位	猪	狗	马	羊	牛	梅花鹿	小型鹿	鹿	犬科	鸟类	合计
先周	06QZH14	10		1	31	1						43
先周	06QZH15①	2			3	2			2			9
先周	06QZH15②	1			1				1			3
先周	06QZH15③	2						1				3
先周	06QZH15④	1							1			2
先周	06QZH17	5	1	1	4	1			1			13
西周早期	06QZH4①					1			1			2
西周早期	06QZH8	4	1		3	2		1				11
西周早期	06QZH9②	11	5	1	23	12		2	17			71
西周早期	06QZH9③	1	1	1	4	1			4		1	13
西周早期	06QZH10					1	1					2
西周早期	06QZH11	4			5	1						10
西周中期	06QZH13	11	11	4	3	2				1		32
西周	06QZH7				5	1						6
	合计	52	19	8	82	25	1	4	27	1	1	220

表13　赵家台先周时期和西周早期哺乳动物可鉴定骨骼数量统计

种属	先　周				西　周　早　期			
	NISP	NISP%	MNI	MNI%	NISP	NISP%	MNI	MNI%
猪	21	28.77%	4	28.57%	20	18.52%	2	13.33%
狗	1	1.37%	1	7.14%	7	6.48%	1	6.67%
牛	4	5.48%	1	7.14%	18	16.67%	1	6.67%
羊	39	53.42%	5	35.71%	35	32.41%	6	40.00%
马	2	2.74%	1	7.14%	2	1.85%	1	6.67%
梅花鹿	0	0.00%	0	0.00%	1	0.93%	1	6.67%
小型鹿	1	1.37%	1	7.14%	3	2.78%	1	6.67%
鹿	4	5.48%	1	7.14%	22	20.37%	2	13.33%
鹿角	1	1.37%	—	—	0	0.00%	—	—
总数	73	100%	14	100%	108	100.00%	15	100.00%

表14　赵家台西周中期哺乳动物可鉴定骨骼数量统计

种　属	NISP	NISP%	MNI	MNI%
猪	11	34.38%	2	25.00%
狗	11	34.38%	2	25.00%
牛	2	6.25%	1	12.50%
羊	3	9.38%	1	12.50%
马	4	12.50%	1	12.50%
犬科	1	3.13%	1	12.50%
总数	32	100%	8	100%

表15　赵家台西周（不明时段）哺乳动物可鉴定骨骼数量统计

种　属	NISP	NISP%	MNI	MNI%
牛	1	16.67%	1	50.00%
羊	5	83.33%	1	50.00%
总数	6	100%	2	100%

表16　赵家台先周及西周各时期不可鉴定骨骼数量统计

种　属	先　周	西周早期	西周中期
中型哺乳动物	23	96	49
大型哺乳动物	5	23	18
不可鉴	11	13	24
总数	39	132	91

表17　赵家台非哺乳动物骨骼数量统计

种　属	西　周　早　期			
	NISP	NISP%	MNI	MNI%
鸟	1	100.00%	1	100.00%
总数	1	100.00%	1	100.00%

b. 羊（*Ovis /Capra*）

10个单位出土羊骨，先周时期、西周早期和西周中期均有发现，可鉴定标本数82件，最小个体数10。出土的羊骨骼中包括山羊和绵羊。06QZH14出土大量羊骨骼，占出土总数的近二分之一，可能与整羊埋葬的特殊现象有关，但因个体年龄较小，骨骼保存情况较差，部分骨骼破碎或缺失（彩版三〇八，2）。

c. 牛（*Bos taurus*）

11个单位出土有牛骨，先周时期、西周早期和西周中期均有发现，其中可鉴定标本数25件，其中1件跗骨远端可鉴定为黄牛，最小个体数4。

d. 马（*Equus*）

5个单位出土有马骨，先周时期、西周早期和西周中期均有发现，其中可鉴定标本数8件，最小个体数3。

e. 鹿科（*Cervidae*）

10个单位出土有鹿骨，其中包含梅花鹿和未鉴定出种属的鹿，先周时期、西周早期和西周中期均有发现，其中可鉴定标本数32件，最小个体数6。

f. 狗（*Canis familiaris*）

5个单位出土有狗骨，先周时期、西周早期和西周中期均有发现，其中可鉴定标本数19件，最小个体数4。

此外，赵家台还出土1件犬科动物骨骼。

（2）鸟纲

06QZH9③出土1件鸟长骨，年代为西周早期。

2.2　年龄结构

由于家畜长骨较少，这里仅据数量相对较多的上下颌骨对猪和羊的死亡年龄进行了分析。

表18为赵家台猪的年龄分布状况，结果显示猪的死亡年龄都不超过三岁，先周时期4～12个月占绝对主体，西周中期则集中于18～36个月。

表18　赵家台猪的年龄结构

年龄阶段	先　　周				西　周　中　期			
	左	右	合计	比例	左	右	合计	比例
I（0～4月）	—	—	—	—	—	—	—	—
II（4～6月）	1	1	2	40%	—	—	—	—
III（6～12月）	—	1	1	20%	—	—	—	—

续　表

年龄阶段	先　周				西　周　中　期			
	左	右	合计	比例	左	右	合计	比例
IV（12～18月）	1	1	2	40%	—	—	—	—
V（18～24月）	—	—	—	—	1	—	1	50%
VI（24～36月）	—	—	—	—	1	—	1	50%
VII（36月＋）	—	—	—	—	—	—	—	—
合计	2	3	5	100%	2	0	2	100%

表19为赵家台羊的年龄分布状况，结果显示在所有时期，羊的死亡年龄均小于6岁。其中先周时期集中在2～12个月，西周中期集中在0.5～6岁且1～2岁阶段死亡数量最多，但均以未成年个体为主。西周中期和晚期数据量极少。

表19　赵家台羊的年龄结构

年龄阶段	先　周				西周早期				西周中期				西周（不明时段）			
	左	右	合计	比例	左	右	合计	比例	左	右	合计	比例	左	右	合计	比例
I（0～2月）	—	—	—	—	—	—	—	—	—	—	—	—	—	—	—	—
II（2～6月）	1	1	2	40%	—	—	—	—	—	1	1	100%	—	—	—	—
I/II	—	1	1	20%	—	—	—	—	—	—	—	—	—	—	—	—
III（6～12月）	—	1	1	20%	1	1	2	18%	—	—	—	—	—	—	—	—
IV（1～2岁）	—	—	—	—	2	3	5	45%	—	—	—	—	—	—	—	—
V（2～3岁）	1	—	1	20%	1	—	1	9%	—	—	—	—	—	—	—	—
VI（3～4岁）	—	—	—	—	1	1	2	18%	—	—	—	—	—	—	—	—
VII（4～6岁）	—	—	—	—	1	—	1	9%	—	—	—	—	1	—	1	100%
VIII（6～8岁）	—	—	—	—	—	—	—	—	—	—	—	—	—	—	—	—
IX（8～10岁）	—	—	—	—	—	—	—	—	—	—	—	—	—	—	—	—
合计	2	3	5	100%	6	5	11	100%	0	1	1	100%	1	0	1	100%

表20为赵家台马的年龄分布状况，结果显示马年龄信息较少，死亡年龄为8～10岁，马匹功能为役用，淘汰的马匹再进行肉食消费。

表20　赵家台马的年龄结构

年　龄	西　周　中　期			
	左	右	合　计	比　例
8～10岁	2	2	4	100%
合　计	2	2	4	100%

2.3　骨表痕迹

（1）自然作用

赵家台地点动物骨骼未发现风化痕迹，表明风化作用对该地点动物骨骼的影响很小。西周早期有1件中型哺乳动物长骨碎片上发现植物根系痕迹，表明腐蚀作用对该地点动物骨骼的影响很小。

（2）动物作用

赵家台先周时期有1件胫骨近端发现啮齿动物啃咬痕。

（3）人工作用

赵家台地点1件牛盆骨上发现划痕，1件牛跖骨远端发现砍痕，1件中型哺乳动物的长骨碎片上发现砸痕，可能是屠宰过程中留下的痕迹。37件动物骨骼上发现烧痕，年代集中在西周早期，占赵家台骨骼总数的7.68%。火烧部位包括下颌骨、肱骨远端、桡骨近端、掌骨近端、盆骨、股骨远端、跖骨近端等，其中可鉴定种属包括猪、狗和羊，其余为大型哺乳动物和中型哺乳动物的长骨碎片和肋骨碎片。

2.4　骨骼部位发现率

不同年代猪、牛、羊的骨骼发现率见图6～8。猪、羊下颌骨的发现率整体较高，其他各个部位也均有一定发现，牛的情况稍有不同。从历时性分析，先周和西周中期，牛仅有1～2个部位有发现，西周早期发现的部位则较多，包括上颌、寰椎、肱骨、桡骨、髋臼、胫骨、跟骨，这可能与样本量有关。羊的肢骨发现率在西周早期有一定程度的下降，而猪的肢骨发现率在西周早期则有一定程度的升高。

值得注意的是，牛的下颌以及掌/跖骨较大且密度较高，不会因肉食消费导致破碎严重，二者的发现率应较高，但是在先周和西周早期却均未发现。一方面，这可能与骨器制作有关，发掘区内未见有制骨相关的半成品和废料，推测发掘区内可能没有制骨地点，因此存在骨骼被集中送往其他区域进行加工的可能性。另一方面，牛可能存在外部供给，下颌、掌/跖骨这些肉量不多的部位并未运送至赵家台。

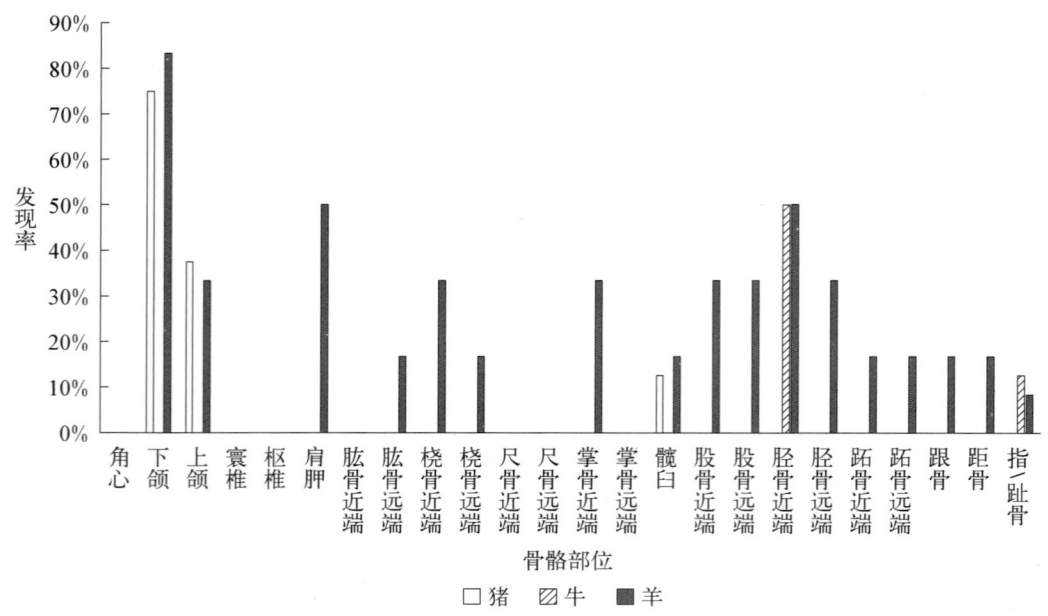

图6 赵家台先周时期动物骨骼发现率

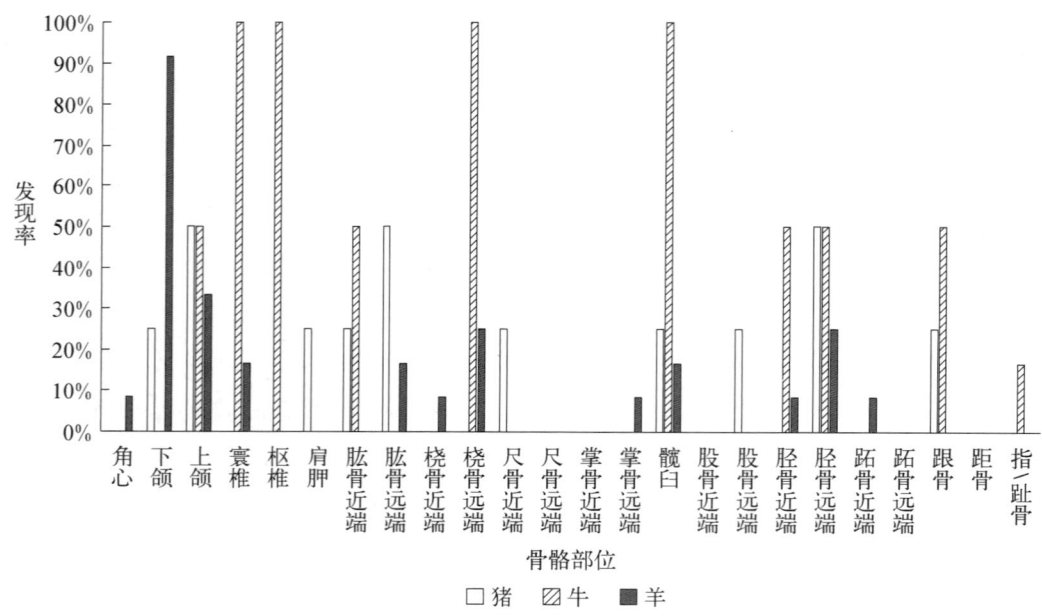

图7 赵家台西周早期动物骨骼发现率

2.5 骨骼的空间分布

统计表中的遗迹单位按照年代进行排序,其中ZH14、ZH15①、ZH15②、ZH15③、ZH15④、ZH17的年代为先周时期,ZH4①、ZH8、ZH9②、ZH9③、ZH10、ZH11为西周早期,ZH13为西周

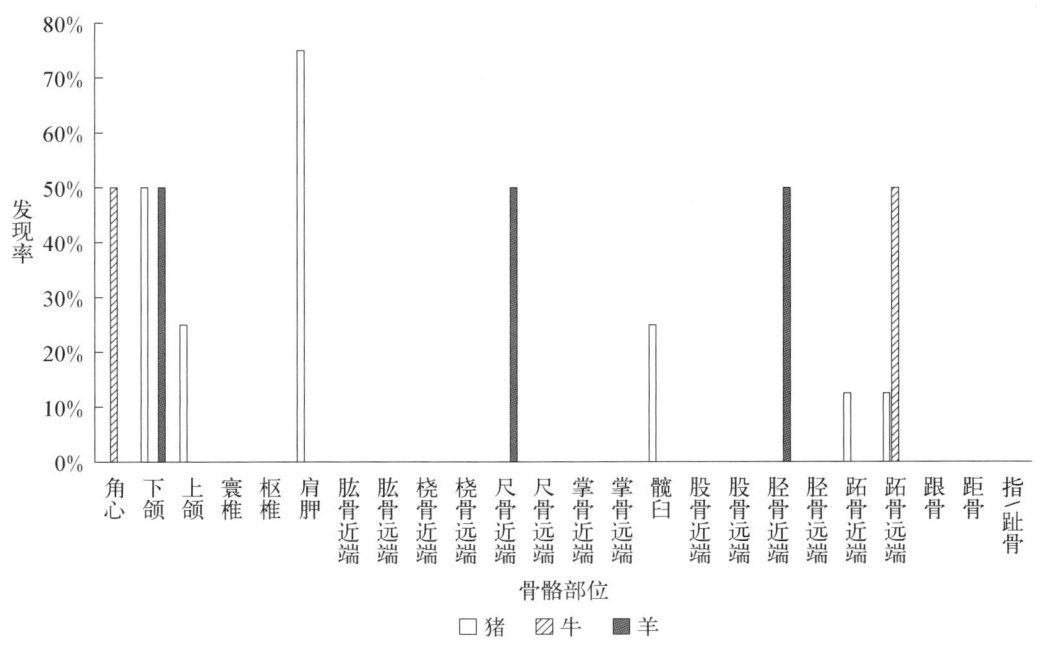

图8 赵家台西周中期动物骨骼发现率

中期,ZH7为西周(未分段)。图9显示,在14个堆积单位中,ZH9②中动物骨骼的可鉴定标本数明显较多,其余均不超过50件。图10显示,部分堆积单位中存在猪、牛、羊不共存的现象,三者所占比例整体为羊＞猪＞牛。

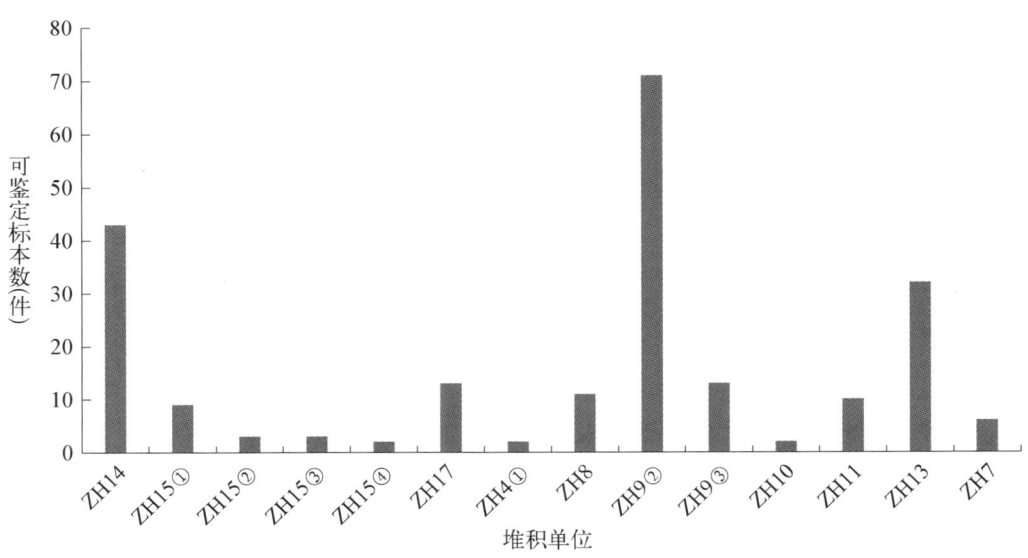

图9 赵家台动物骨骼在堆积单位中的数量分布

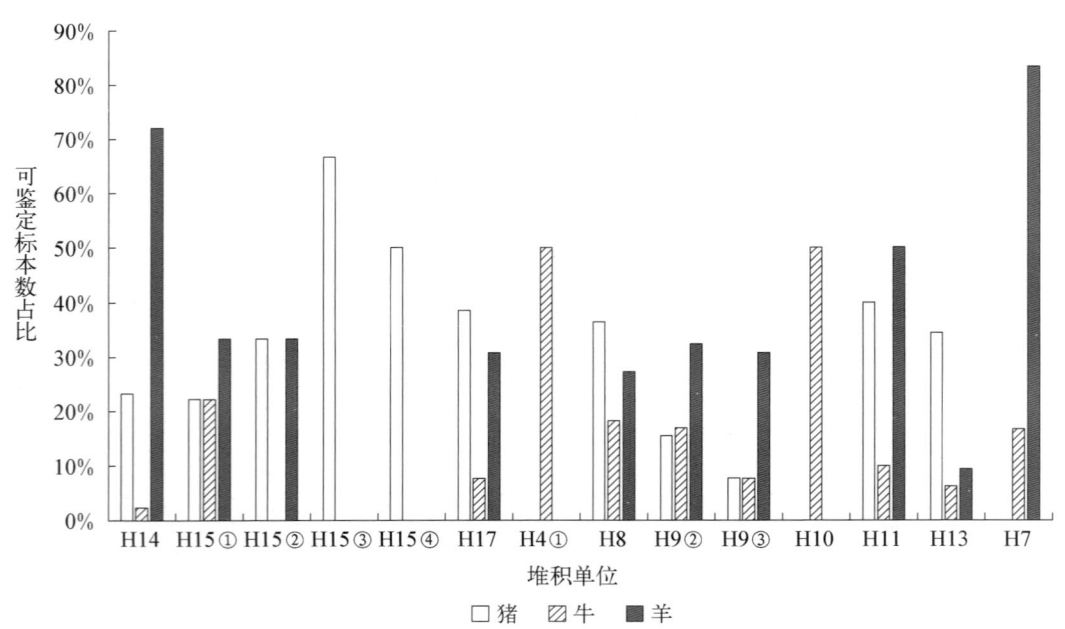

图10　赵家台猪、牛、羊骨骼在堆积单位中的分布比例

3. 独山居址区

3.1 动物群

独山居址区发掘总面积约53.4平方米,出土动物骨骼合计577件,重14 386.2克,其中可鉴定标本319件,重10 925.2克(表21)。可鉴定标本数约占总标本数的54.9%,可鉴定标本的重量约占总重量的75.5%。出土动物骨骼年代包括先周时期、西周早期、西周中期、西周中晚期、西周晚期和西周不明时段。

遗址内可鉴定的动物群组成为哺乳纲、鸟纲和瓣鳃纲。其中哺乳纲种类居多,在可鉴定动物骨骼中占较大比例。可鉴定的种属有猪(*Sus scrofa domesticus*)、狗(*Canis familiaris*)、牛(*Bos taurus*)、绵羊(*Ovis*)、山羊(*Capra*)、马(*Equus*)、兔(*Lepus* sp.)、鹿(*Cervus* sp.)、鸡(*Gallus gallus domesticus*)、鸨(*Otis* sp.)、蚌类(Unionidae),共计11种。先周和西周早期哺乳动物可鉴定标本数、最小个体数及比例见表22,西周中期和西周晚期哺乳动物可鉴定标本数、最小个体数及比例见表23,西周(不明时段)哺乳动物可鉴定标本数、最小个体数及比例见表24,先周及西周各时期不可鉴定骨骼数量见表25,西周非哺乳动物数量见表26。

猪、牛、羊、狗等家养动物骨骼占比较高,鹿、兔类野生动物则占比较低。仅有DH16的年代为先周时期,但其出土动物骨骼占独山地点的一半以上。先周时期,羊的比例极高,这与DH16③埋葬1只较完整山羊的特殊现象有关。西周时期,羊的比例不足20%,牛成为主体,猪的比例也有所提升。不可鉴定骨骼中以中型(可能是猪和羊的骨骼)和大型哺乳动物(可能是牛的骨骼）的碎片为主,与可鉴定标本的统计结果较为一致。非哺乳动物发现鸡、鸦和蚌,数量极少,年代集中在西周晚期。

表21　独山出土动物骨骼在各遗迹单位分布的数量(件)

时代	单位	猪	狗	马	羊	牛	牛科	梅花鹿	小型鹿	鹿	兔	鸡	鸦	蚌	合计
先周	06QDH16③	7	7	1	142	5	1	3	1	4					171
西周早期	06QDH4	2			3	8				1					14
西周早期	06QDH11		1	2	2	6				2	1				14
西周早期	06QDH28	4	2	1	3	6									16
西周中期	06QDH1①	1	2			2									5
西周中期	06QDH1②					5									5
西周中期	06QDH1④					2									2
西周中期	06QDH14②		4			5				1					10
西周中期	06QDH21④	2			2	9									13
西周中期	06QDH21⑤	2				2									4
西周中期	06QDH23②					3									3
西周中晚期	06QDH10					1		2							3
西周晚期	06QDH9②	2	3		5	14		1				1	1	1	28
西周	06QDH26	16	2		8	2						2		1	31
	合计	36	21	4	165	70	1	6	1	8	1	3	1	2	319

表22　独山先周和西周早期哺乳动物可鉴定骨骼数量统计

种属	先周				西周早期			
	NISP	NISP%	MNI	MNI%	NISP	NISP%	MNI	MNI%
猪	7	4.09%	1	9.09%	6	13.64%	1	11.11%
狗	7	4.09%	1	9.09%	3	6.82%	1	11.11%
牛	5	2.92%	1	9.09%	20	45.45%	3	33.33%
牛科	1	0.58%	1	9.09%	0	0.00%	0	0.00%
羊	142	83.04%	3	27.27%	8	18.18%	1	11.11%
马	1	0.58%	1	9.09%	3	6.82%	1	11.11%

种　属	先　周				西 周 早 期			
	NISP	NISP%	MNI	MNI%	NISP	NISP%	MNI	MNI%
兔	0	0.00%	0	0.00%	1	2.27%	1	11.11%
梅花鹿	3	1.75%	1	9.09%	0	0.00%	0	0.00%
小型鹿	1	0.58%	1	9.09%	0	0.00%	0	0.00%
鹿	1	0.58%	1	9.09%	1	2.27%	1	11.11%
鹿角	3	1.75%	—	—	2	4.55%	—	—
总数	171	100.00%	11	100.00%	44	100.00%	9	100.00%

表23　独山居址区西周中期和西周晚期哺乳动物可鉴定骨骼数量统计

种　属	西 周 中 期				西 周 晚 期			
	NISP	NISP%	MNI	MNI%	NISP	NISP%	MNI	MNI%
猪	5	11.90%	2	22.22%	2	8.00%	2	33.33%
狗	6	14.29%	2	22.22%	3	12.00%	1	16.67%
牛	28	66.67%	3	33.33%	14	56.00%	1	16.67%
羊	2	4.76%	1	11.11%	5	20.00%	1	16.67%
梅花鹿	0	0.00%	0	0.00%	1	4.00%	1	16.67%
鹿	1	2.38%	1	11.11%	0	0.00%	0	0.00%
总数	42	100.00%	9	100.00%	25	100.00%	6	100.00%

表24　独山居址区西周（不明时段）哺乳动物可鉴定骨骼数量统计

种　属	NISP	NISP%	MNI	MNI%
猪	16	51.61%	2	22.22%
狗	2	6.45%	2	22.22%
牛	3	9.68%	2	22.22%
羊	8	25.81%	2	22.22%
梅花鹿	2	6.45%	1	11.11%
总数	31	100.00%	9	100.00%

表25　独山居址区先周及西周各时期不可鉴定骨骼数量统计

种　属	先　周	西周早期	西周中期	西周晚期	西周(不明时段)
小型哺乳动物	8	0	0	1	0
中型哺乳动物	7	21	9	7	29
大型哺乳动物	7	25	21	19	30
不可鉴	1	29	17	5	11
总数	23	75	47	32	70

表26　独山居址区西周非哺乳动物数量统计

种　属	西　周			
	NISP	NISP%	MNI	MNI%
鸡	3	50.00%	2	40.00%
鸨	1	16.67%	1	20.00%
蚌类	2	33.33%	2	40.00%
总数	6	100.00%	5	100.00%

（1）软体动物

独山地点出土2件蚌,鉴定特征不明显,未能鉴定至属种。

（2）哺乳纲

a. 家猪(*Sus scrofa domesticus*)

在分析的14个堆积单位中,8个出土有猪骨,先周时期、西周早期和西周中期均有发现,其中可鉴定标本数36件,最小个体数8。

b. 羊(*Ovis /Capra*)

7个单位出土有羊骨,先周时期、西周早期和西周中期均有发现,其中可鉴定标本数165件,最小个体数8。出土的羊骨既有山羊也有绵羊。

c. 牛(*Bos taurus*)

14个单位出土有牛骨,先周时期、西周早期和西周中期均有发现,其中可鉴定标本数70件,其中5件角心可鉴定为黄牛(彩版三〇八,1),最小个体数10。

d. 马(*Equus*)

3个单位出土有马骨,先周时期、西周早期和西周中期均有发现,其中可鉴定标本数4件,最小个体数2。

e. 鹿科（Cervidae）

6个单位出土有鹿骨，其中包含梅花鹿和未鉴定出种属的鹿，集中在先周时期和西周晚期，其中可鉴定标本数15件，最小个体数7。

f. 狗（*Canis familiaris*）

7个单位出土有狗骨，先周时期、西周早期和西周中期均有发现，其中可鉴定标本数21件，最小个体数7。

g. 兔（*Lepus* sp.）

1个单位出土有兔骨，年代为西周早期，可鉴定标本数1件，最小个体数1。

（3）鸟纲

a. 鸡（*Gallus gallus domesticus*）

2个单位出土有鸡骨，年代为西周晚期和西周（不明时段），可鉴定标本数3件，最小个体数2。

b. 鸨（*Otis* sp.）

06QDH9②出土1件鸨的胫跗骨，年代为西周晚期。

3.2 年龄结构

报告根据数量较多的牛和羊的上、下颌骨，对其死亡年龄进行了分析。

表27为独山牛的死亡年龄分布状况，因其较为分散且样本数量较少难以发现规律。总体来看，大于40个月的个体较多，可能为役用或者用于繁殖的个体。另外，西周中期的H21出土有5件较为完整的牛角心，可参考Armitage的研究对其进行年龄判断[①]，其中1件牛角为7～10岁，3件牛角为3～7岁，1件为2～3岁，与牙齿判断结果较为一致。

表27　独山牛的年龄结构

年龄阶段	西周早期				西周中期				西周晚期			
	左	右	合计	比例	左	右	合计	比例	左	右	合计	比例
大于18月	—	1	1	50%	—	1	1	50%	—	—	—	—
大于40月	—	—	—	—	—	—	—	—	1	1	2	100%
50月	—	1	1	50%	—	—	—	—	—	—	—	—
大于50月	—	—	—	—	—	1	1	50%	—	—	—	—
合计	0	2	2	100%	0	2	2	100%	1	1	2	100%

---

① Armitage, P. L. 1982. A System for Ageing and Sexing the Horn-cores of Cattle from British Post-Medieval Sites. In *Ageing and Sexing Animal Bones from Archaeological Sites*, edited by B. Wilson, C. Grigson and S. Payne. Oxford: British Archaeological Reports, British Series 109: 37-55.

表28为独山羊的年龄分布状况,先周时期6～8岁占比最大,可能与次级产品开发有关。西周时期,2～3岁和4～6岁个体各占一半,但样本量偏少,仅供参考。

表28　独山羊的年龄结构

年龄阶段	先　周				西周（不明时段）			
	左	右	合计	比例	左	右	合计	比例
I（0～2月）	—	—	—	—	—	—	—	—
II（2～6月）	—	—	—	—	—	—	—	—
III（6～12月）	—	—	—	—	—	—	—	—
IV（1～2岁）	—	1	1	20%	—	—	—	—
V（2～3岁）	—	—	—	—	1	—	1	50%
VI（3～4岁）	—	—	—	—	—	—	—	—
VII（4～6岁）	—	—	—	—	—	1	1	50%
VI/VII（3～6岁）	—	1	1	20%	—	—	—	—
VIII（6～8岁）	1	2	3	60%	—	—	—	—
IX（8～10岁）	—	—	—	—	—	—	—	—
合计	1	4	5	100%	1	1	2	100%

3.3　骨表痕迹

（1）自然作用

3件骨骼发现有风化痕迹,表明风化作用对该地点动物骨骼的影响很小。先周时期有1件梅花鹿的肱骨远端发现植物根系痕迹,表明腐蚀作用对该地点动物骨骼的影响很小。

（2）动物作用

8件骨骼发现动物啃咬痕,其中5件为啮齿动物啃咬痕,其余3件无法具体判断。啃咬痕主要集中在猪和羊的长骨中段和近远端关节上,羊的盆骨和跟骨上也有少量发现。

（3）人工作用

1件牛肩胛骨远端、1件牛下颌、1件梅花鹿肱骨远端发现砍痕,可能是在肢解过程中留下的痕迹。另有2件牛角心发现砍痕,推测为砍下牛角时造成。1件不可鉴骨骼表面有烧痕。

3.4　骨骼部位发现率

不同年代猪、牛、羊的骨骼发现率见图11～15。猪仅有几个部位有较高的发现率,在50%左右,下颌和髋臼在各个时期都存有一定的发现率,但尺骨、股骨、胫骨则仅在西周中晚期有发现。羊在先周时期各个部位的发现率极高,这应与先周时期DH16③整羊埋藏的特殊现象有关,进入西周时期,羊的掌跖骨发现率较高,上颌、胫骨、距骨也有一定的发现率。牛在先周时期仅有肱骨和胫骨被发现,西周时期发现的骨骼部位则明显增加,其中西周中期角心的发现率特别高,超过80%,这可能是因为DH21④集中出土有5个较为完整的牛角心;西周晚期多个部位发现率很高,可能与出土骨骼数量较少导致最小个体数较少有关。

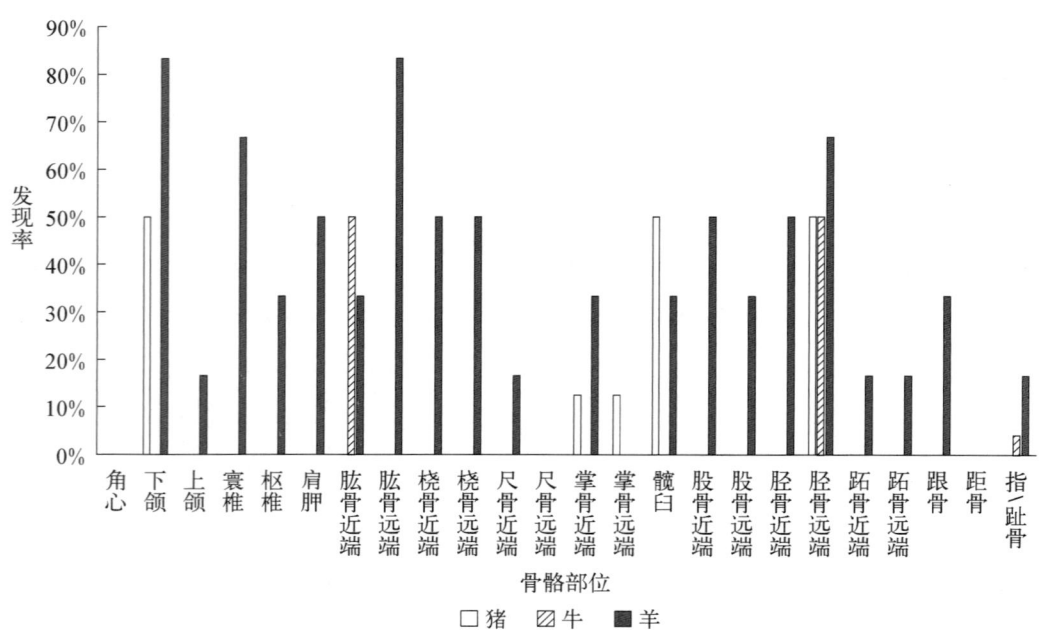

图11　独山先周时期动物骨骼部位发现率

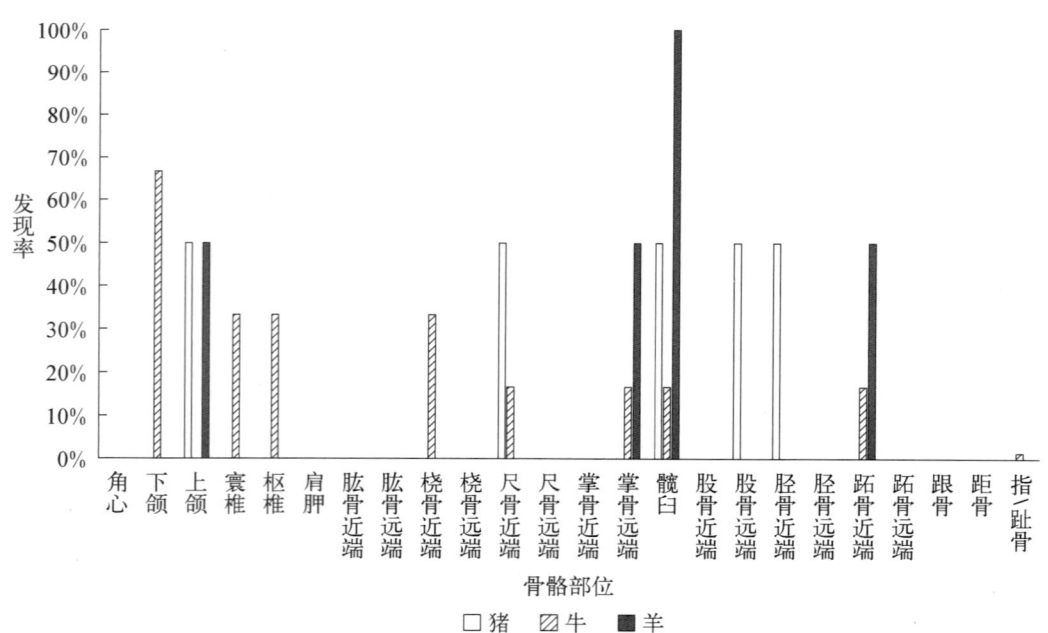

图12　独山西周早期动物骨骼部位发现率

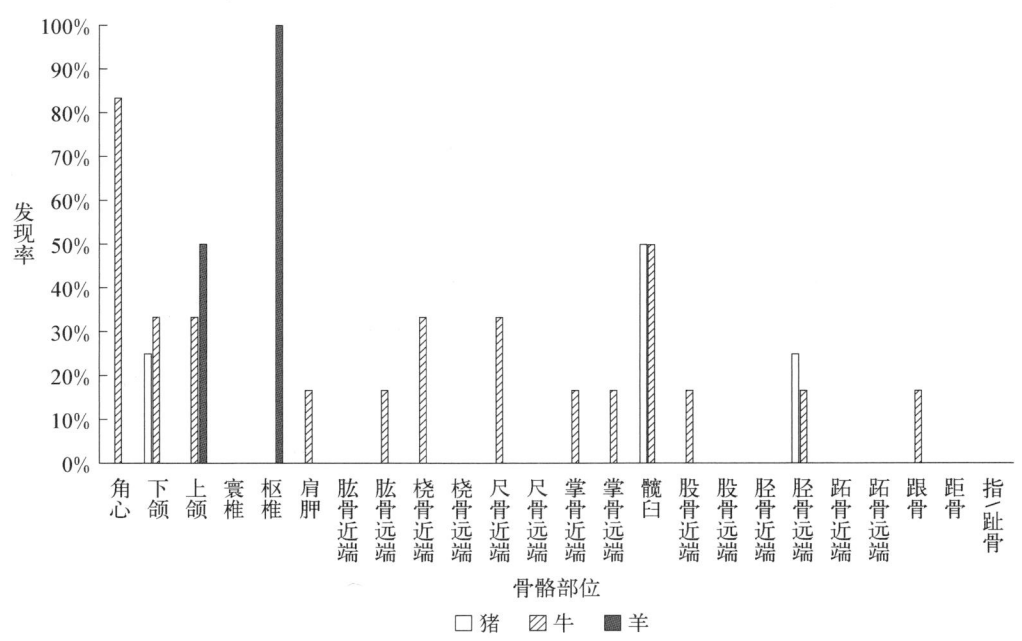

图 13　独山西周中期动物骨骼部位发现率

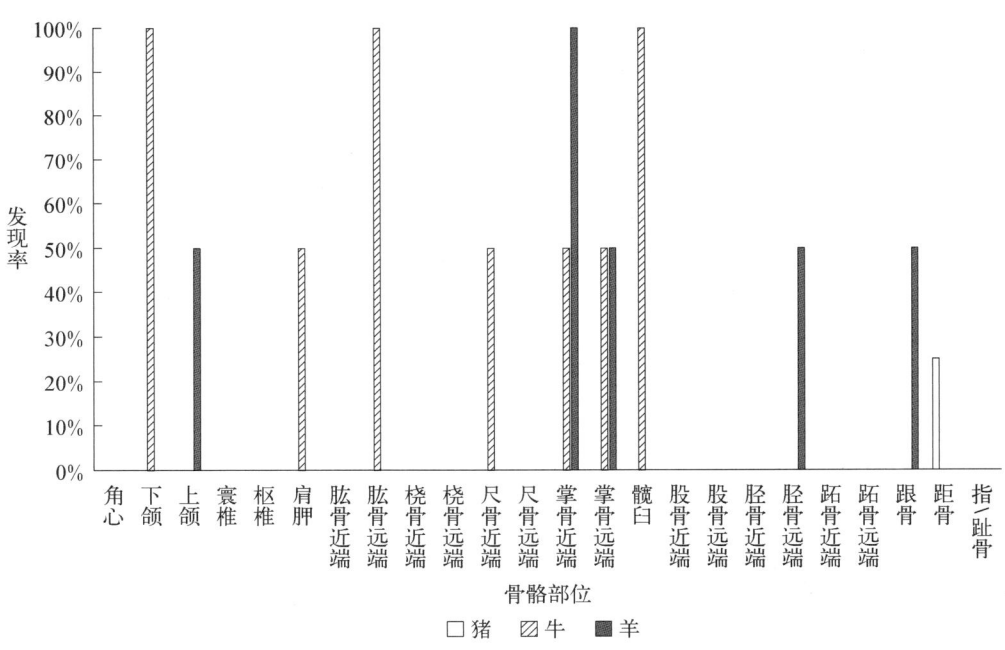

图 14　独山西周晚期动物骨骼部位发现率

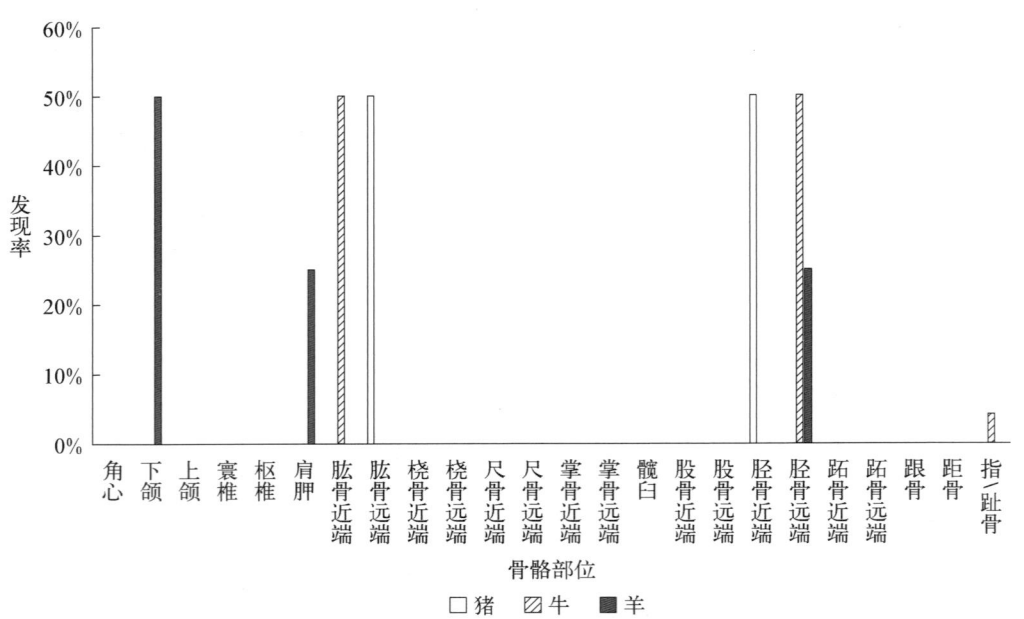

图15　独山西周（不明时段）动物骨骼部位发现率

3.5　骨骼的空间分布

统计图中的堆积单位按照年代进行排序，其中DH16③为先周时期，DH4、DH11、DH28为西周早期，DH1①、DH1②、DH1④、DH14②、DH21④、DH21⑤、DH23②的年代为西周中期，DH10的年代为西周中晚期，DH9②的年代为西周晚期，DH26的年代为西周。图16显示，在14个堆积单位中，DH16③中动物骨骼的可鉴定标本数明显多于其他单位，其余均不超过40件。图17显示，部分堆积单位中存在猪、牛、羊不共存的现象，这可能是由于单个堆积中出土动物骨

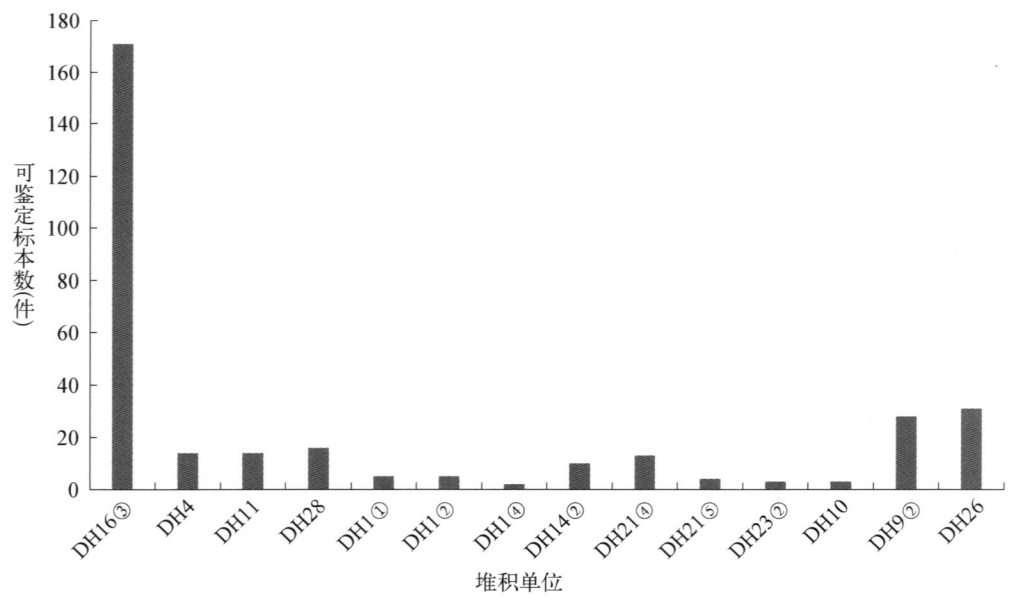

图16　独山动物骨骼在堆积单位中的数量分布

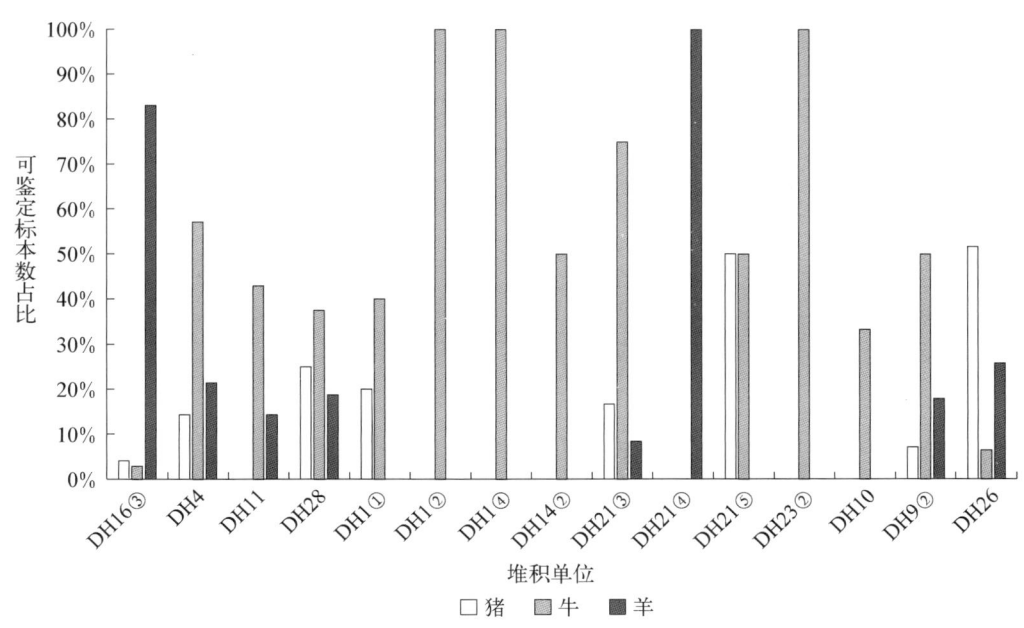

图17　独山猪、牛、羊骨骼在堆积单位中的分布比例

骼数量太少,仅包含1个种属的骨骼,例如DH1②、DH1④和DH23②仅出土牛的骨骼,DH21④仅出土羊的骨骼。三者共存的堆积单位中,牛比例较高的情况出现较多,而出土数量最多的DH16③中羊的比例最大,这与整羊埋藏的特殊现象有关。

4. 结语

　　根据上述分析可知,猪、羊、牛家畜均是孔头沟遗址三个地点主要的利用对象,狗也占一定比例,而野生动物所占比例很小,只是肉食消费的补充。从年龄结构看,猪多数比较年轻,是典型的以肉食消费为主要目的的利用模式;羊的部分个体年龄较大,可能存在开发次级产品的现象;牛的不少个体在40个月龄甚至50个月龄以上,不排除有畜力开发的可能。牛、羊、猪等家畜的骨骼部位发现率分析显示,这些动物的各部位骨骼在遗址中都比较普遍,没有明显的部位选择。从动物骨骼的空间分布看,除了个别堆积单位中的骨骼比较集中外,绝大多数单位的骨骼数量较少。值得注意的是,三个地点在利用动物种属上各有侧重,如画图寺铸铜作坊的猪骨比例较高,赵家台居址区羊的占比较高,独山居址区则是牛的占比较高,这些差异可能与不同地点的性质和功能有关。

　　(参与本报告编写的人员有:河南省考古研究院侯彦峰研究员,武汉大学教师刘一婷、研究生艾倩,湖北大学本科生李旭阳。动物骨骼鉴定工作由侯彦峰完成,其中啮齿类动物的鉴定得到王运辅先生的指导,研究报告由艾倩、刘一婷、侯彦峰共同执笔,照片拍摄和彩版制作由艾倩和李旭阳完成。)

（单位：毫米）

附表 1　猪的上颌牙齿测量数据

年代	单位	鉴定号	种属	骨骼	左右	牙齿磨蚀	M1长	M1前宽	M1后宽	M2长	M2前宽	M2后宽	M3长	M3宽
西周中期	06QHH1	4	猪	上颌	左	M1（e~f）+M2（c~d）+M3（1/2）	14.18	12.94	13.71	17.38	15.64	10.41	30.44	16.74
西周中期	06QHH1	5	猪	上颌	左	M1（c~d）	14.53	13.35	14.13					
西周中期	06QHH1	6	猪	上颌	右	M1（b~c）M2（a）	12.37	12.18	12.81	18.32	14.72	12.87		
西周中期	06QHH28	1	猪	上颌	右					20.25	16.36	16.4	26.52	15.78
西周中期	06QHH30	2	猪	上颌	左		15.53	11.9	13.01	20.04	14.63	14.52		
西周中期	06QHH31	12	猪	上颌	左		14.04	13.69	15.27	18.36	14.82	16.79	26.87	17.02
西周中期	06QHH31	13	猪	上颌	右		16.24	12	13.11	21.11	15.57	15.41		
西周中期	06QHH61	3	猪	上颌	右		16.76	11.98	12.72	19.46	14.23	13.98		
西周中期	06QHH65	2	猪	上颌	左	M2（e~f）				15.66	8.71	9.66		
西周晚期	06QHH35	1	猪	上游 M1/M2	左	M1/M2（1/2）	13.62	11.34	10.14					
西周晚期	06QHH36	20	猪	上颌	左	M1（d~e）+M2（b~c）	17.06	12.47	12.84	21.41	13.84	14.57		
西周晚期	06QHH38①	10	猪	上颌	左		15.21	13.22	13.89	20.6	15.47	15.66		
西周晚期	06QHH55	33	猪	上游 M2	右					23.84	17.77	17.33		
西周晚期	06QHH58	5	猪	上颌	左	M1（b~c）	10.87	9.69						
西周晚期	06QHH59	2	猪	上颌	左	M1（c）+M2（a~b）	14.42	14.02	14.19	18.91	17.73	17.61		
西周晚期	06QHH63	1	猪	上颌	左	M2（c~d）+M3（a~b）				17.02	16.08	16.18	28.06	15.95
先周	06QZH14	7	猪	上颌	左		15.44	13.49	14.87	20.5	16.87	15.8	27.87	17.61

续　表

（单位：毫米）

年代	单位	鉴定号	种属	左右	骨骼	牙齿磨蚀	M1长	M1前宽	M1后宽	M2长	M2前宽	M2后宽	M3长	M3宽
先周	06QZH17	10	猪	左	上颌		17.39	12.97	13.22					
西周早期	06QZH8	8	猪	右	上颌		16.04	12.65	13.71					

附表2　牛的上颌牙齿测量数据

（单位：毫米）

年代	单位	鉴定号	种属	骨骼	左右	牙齿磨蚀	M1长	M1前宽	M1后宽	M2长	M2前宽	M2后宽	M3长	M3宽
西周晚期	06QHH9①	2	牛	上游M2	左					27.62	25.59			
西周晚期	06QHH10	3	牛	上游M3	右								29.36	17.45
西周早期	06QZH8	4	牛	上游M3	左								31.69	22.7
西周早期	06QDH4	4	牛	上颌	左		22.95	23.35						

附表3　羊的上颌牙齿测量数据

（单位：毫米）

年代	单位	鉴定号	种属	骨骼	左右	牙齿磨蚀	M1长	M1前宽	M1后宽	M2长	M2前宽	M2后宽	M3长	M3宽
西周晚期	06QHH3	49	羊	上游M1	右		14.83	14.19						
西周晚期	06QHH3	50	羊	上游M2	右					17.17	13.68			
西周晚期	06QHH38③	3	羊	上颌	右		10.38	10.01		14.58	10.19		16.6	9.8
西周晚期	06QHH38③	4	羊	上颌	左	M2（16）	10.59	4.74		14.67	9.74		16.68	9.73
西周晚期	06QHH56	8	羊	上游M2	左					16.87	10.92			
西周早期	06QZH11	5	羊	上颌	右		13.32	11.3		16.07	11.34		16.94	9.99
西周早期	06QZH11	8	羊	上颌	左		13.35	10.94		16.16	10.97		17.53	10.9
西周早期	06QDH4	11	羊	上颌	右		13.4	12.03		17.42	12.91		16.89	11.95
西周早期	06QDH16③	1-36	羊	上颌	右		14	12.24		17.51	12.43		21.42	12.45

（单位：毫米）

附表4　马的上颌牙齿测量数据

年代	单位	鉴定号	种属	骨骼	左右	P2(dp2)长	P2(dp2)宽	P3(dp3)长	P3(dp3)宽	P4(dp4)长	P4(dp4)宽	M1长	M1宽	M2长	M2宽	M3长	M3宽	备注
西周晚期	06QHH11	1	马	上颌	左	36.48	23.75	30.86	26.06	28.72	25.53	26.38	26.43	27.21	24.61	24.11	18.05	M1齿冠高68.69，M2齿冠高76.74
西周晚期	06QHH46	2	马	上游M1	左							26.76	26.16					齿冠高68.21
西周晚期	06QHH46	3	马	上游M2	左									26.51	24.54			齿冠高75.31
西周晚期	06QHH46	4	马	上游P4	左					28.31	25.83							齿冠高78.87
西周晚期	06QHH60②	3	马	上游M2	右									28.09	27.14			齿冠高70.14
西周中期	06QZH13	8	马	上游P4	右					25.65	27.49							齿冠高46.36
西周中期	06QZH13	9	马	上游P3	右			27.13	27.49									齿冠高41.25
西周中期	06QZH13	10	马	上游M2	左									23.96	25.53			齿冠高42.36
西周中期	06QZH13	11	马	上游M1	左							23.66	27.74					齿冠高34.22
西周早期	06QDH11	9	马	上游M3	左											22.39	18.42	

附表 5　鹿的上颌牙齿测量数据

（单位：毫米）

年代	单位	鉴定号	种属	骨骼	左右	M1长	M1前宽	M1后宽	M2长	M2前宽	M2后宽	M3长	M3宽
西周晚期	06QHH38②	12	小型鹿	上颌	右	8.54	9.38		9.93	7.95			
西周晚期	06QHH58	14	小型鹿	上颌	右	14.35	12.14						

附表 6　猪的下颌牙齿测量数据

（单位：毫米）

年代	单位	鉴定号	种属	骨骼	左右	性别	牙齿磨蚀	P4(dp4)长	P4(dp4)宽	M1长	M1前宽	M1后宽	M2长	M2前宽	M2后宽	M3长	M3宽
西周中期	06QHH1	1	猪	下颌	左		P4(a~b)+M1(c~d)+M2(a~b)			15.98	10.19	10.93	20.51	13.44	13.96		
西周中期	06QHH1	2	猪	下颌	右		P4(a)+M1(c~d)+M2(a~b)			13.92	9.65	10.21	17.64	12.13	12.83		
西周中期	06QHH1	3	猪	下颌	右		P4(f~g)+M1(e~f)+M2(b~c)+M3(b~c)			13.51	9.17	10.13	16.72	12.69	13.08		14.69
西周中期	06QHH42	1	猪	下颌M3	左		M3(d)										
西周中期	06QHH65	1	猪	下颌	左		dp4(d~e)+M1(V)	17.58	7.69	15.08	8.4	9.56					
西周中期	06QHH65	4	猪	下颌	左		dp4(e)+M1(a)+M2(C)			15.1	9.37	10.11					
西周晚期	06QHH2①	1	猪	下颌	右		M1(f)+M2(b)+M3(V)			15.96	9.84	10.52	19.73	13.39	14.43	29.09	14.34
西周晚期	06QHH3	12	猪	下颌	右		M1(d)+M2(b)			15.59	9.42	10.22	20.3	11.7	11.91		

续　表

年代	单位	鉴定号	种属	骨骼	左右	性别	牙齿磨蚀	P4(dp4)长	P4(dp4)宽	M1长	M1前宽	M1后宽	M2长	M2前宽	M2后宽	M3长	M3宽
西周晚期	06QHH3	38	猪	下颌	左		M1(a)			16.87	9.61	11.3					
西周晚期	06QHH11	18	猪	下颌	左		dp4(a)+M1(E)										
西周晚期	06QHH11	19	猪	下颌	右		dp4(a)+M1(1)			16.07	9.25	9.06					
西周晚期	06QHH38	1	猪	下颌	右		M1(c)+M2(c)+M3(1/2)			14.72	10.77	10.59	21.36	13.52	13.5		
西周晚期	06QHH38②	14	猪	下颌	左		dp4(c~d)	17.34	7.15								
西周晚期	06QHH38②	15	猪	下游M1			M1(b~c)			14.34	7.81	8.3					
西周晚期	06QHH50	9	猪	下颌	右		M1(d)+M2(c)+M3(V)			16.04		10.95	19.97	13.04			
西周晚期	06QHH55	8	猪	下颌	左		dp4(f)+M1(b)+M2(C)			14.88	9.37	9.42					
西周晚期	06QHH55	9	猪	下颌	右		dp4(d)+M1(b)			16.65	9.35	9.92					
西周晚期	06QHH57	2	猪	下颌	左	雌	P4(b)+M1(e)+M2(c)			16.87	9.56	10.43	19.34	11.95	12.61		
西周晚期	06QHH58	11	猪	下颌	右		P4(b~c)+M1(e)+M2(a~b)+M3未萌出					10.38	16.44	11.36	12.51		
西周晚期	06QHH59	1	猪	下颌	左		P4(e~f)+M1(c~d)			14.16	10.61	10.7					
西周	06QHT9③ 采集	3	猪	下游M3	右		M3(V)										
西周	06QHT9③ 采集	4	猪	下颌	左		P4(a~b)										

续　表

（单位：毫米）

年代	单位	鉴定号	种属	骨骼	左右	性别	牙齿磨蚀	P4(dp4)长	P4(dp4)宽	M1长	M1前宽	M1后宽	M2长	M2前宽	M2后宽	M3长	M3宽
西周中期	06QZH13	2	猪	下颌	左	雌	P4(e)+M1(j)+M2(f)			15.63	11.36	11.7	20.05	14.11	14.17		
西周中期	06QZH13	5	猪	下颌	左		P4(e)+M1(g)+M2(f)			16.45	10.57	11.51	22.32	14.67	14.73		
先周	06QZH14	8	猪	下颌	右		dp4(j)+M1(e)+M2(1/2)			15.65	9.59	9.92					
先周	06QZH15①	2	猪	下颌	左		dp4(d)+M1(a)			16.74	9.93	10.04					
先周	06QZH15②	2	猪	下颌	右		M1(d)+M2(c)+M3(V)			44.77	9.85	11.17	20.26	12.65	13.59		
先周	06QZH15④	1	猪	下颌	左		M1(d)+M2(c)			16.17	11.4	11.93	21.21	14.3	14.81		
先周	06QZH17	4	猪	下颌	右		dp4(d)+M1(V)										

附表 7　牛的下颌牙齿测量数据

年代	单位	鉴定号	种属	骨骼	左右	性别	牙齿磨蚀	M1长	M1前宽	M1后宽	M2长	M2前宽	M2后宽	M3长	M3宽
西周中期	06QHH31	12	牛	下游M2	右		M2(f)				31.76	14.22			
西周晚期	06QHH11	15	牛	下游M3	左		M3(j)							19.86	14.21
西周晚期	06QHH35	5	牛	下游M1/M2	右		M1/M2(g)	30.31	14.14						
西周晚期	06QHH45	7	牛	下游M2	左		M2(h)				32.57	14.39			
西周早期	06QDH11	8	牛	下颌	右		P4(f)+M1(f)+M2(g)+M3(j)	22.32	15.56		27.8	16.2			15.42

续表

年代	单位	鉴定号	种属	骨骼	左右	性别	牙齿磨蚀	M1长	M1前宽	M1后宽	M2长	M2前宽	M2后宽	M3长	M3宽
西周早期	06QDH28	5	牛	下游M2	右		M2（g）				27.35	14.96			
西周早期	06QDH28	6	牛	下游M2	右						25.9	15.74			
西周中期	06QDH1②	1	牛	下颌			P4（h）+M1（g）	22.98	16.63						
西周中期	06QDH14②	2	牛	下颌	右	雌	M2（g）				27.82	15.03			14.18
西周晚期	06QDH9②	1	牛	下游M3	右		M3（f）							39.23	15.38
西周晚期	06QDH9②	2	牛	下颌	左		M2（g）+M3（f）				30.56	15.28		41.7	13.61

附表8　羊的下颌牙齿测量数据

（单位：毫米）

年代	单位	鉴定号	种属	骨骼	左右	牙齿磨蚀	M1长	M1前宽	M1后宽	M2长	M2前宽	M2后宽	M3长	M3宽
西周中期	06QHH12	4	羊	下颌	右	P4（16）+M1（17）+M2（17）+M3（1/2）	12.31	7.73		16.76	8.48			
西周中期	06QHH61	11	羊	下颌	左	dp4（19）+M1（14）+M2（E）	14.88	7.16						
西周中期	06QHH65	3	羊	下颌	右	dp4（19）								
西周中期	06QHH65	5	羊	下颌	右	P4（e~f）+M1（g~h）+M2（f~g）+M3（c~d）	13.69	7.72		16.81	8.55		18.81	7.23
西周中期	06QHH65	6	羊	下颌	右	dp4（20）+M1（17）+M2（2）	15.48	8.06						
西周中期	06QHH65	6	羊	下游M1	右	M1（c~d）	15.43	7.25						
西周晚期	06QHH3	17	羊	下颌	右	dp4（20）+M1（16）	14.34	7.1						
西周晚期	06QHH3	51	羊	下游M1	左		17.91	8.48						

续 表

年代	单位	鉴定号	种属	骨骼	左右	牙齿磨蚀	M1长	M1前宽	M1后宽	M2长	M2前宽	M2后宽	M3长	M3宽
西周晚期	06QHH3	53	羊	下游M3	左	M3(15)							26.55	8.95
西周晚期	06QHH9①	4	羊	下颌	右	P4(17)+M1(19)+M2(16)	11.92	8.57		16.56	9.28			
西周晚期	06QHH33	2	羊	下颌	左	M1(17)+M2(14)	14.79	8.22		17.81	8.63			
西周晚期	06QHH36	21	羊	下颌	左	P4(1)+M1(m)+M2(k)+M3(g)	11.8	8.31		13.27	9.4		23.89	9.98
西周晚期	06QHH38	6	羊	下颌	左	dp4(19)+M1(10)	15.03	6.74						
西周晚期	06QHH38①	12	羊	下颌	左	P4(20)+M1(17)+M2(16)+M3(16)	12.34	7.62		14.51	7.67		22.46	7.71
西周晚期	06QHH38②	13	羊	下颌	右	M2(f)+M3(E)				16.93	6.86			
西周晚期	06QHH45	10	羊	下颌	左	M1(25)+M2(20)	9.58	8.03		14.25	9.62			
西周晚期	06QHH45	11	羊	下颌	左	M2(16)+M3(15)				15.96	8.39		8.08	
西周晚期	06QHH55	30	羊	下游M3	右	M3(12)								
西周晚期	06QHH55	31	羊	下游M2	右	M2(17)								
西周晚期	06QHH56	7	羊	下颌	左	P4(20)+M1(19)+M2(17)+M3(c~d)	12.02	8.05		12.06	9.49			
西周晚期	06QHH57	5	羊	下颌	右	M2(17)								
西周晚期	06QHH58	15	羊	下游M1/M2	右	M1/M2(c~d)	18.06	7.37						
先周	06QZH14	11	羊	下颌		dp4(12)+M1(E)								

续表

年代	单位	鉴定号	种属	骨骼	左右	牙齿磨蚀	M1长	M1前宽	M1后宽	M2长	M2前宽	M2后宽	M3长	M3宽
先周	06QZH14	12	羊	下颌	右	dp4（12）+M1（1/2）								
先周	06QZH15①	3	羊	下颌	右	dp4（17）+M1（16）+M2（C）	16.86	7.07						
先周	06QZH17	3	羊	下颌	右	dp4（11）+M1（V）								
先周	06QZH17	5	羊	下颌	左	P4（11）								
西周早期	06QZH11	6	羊	下颌	右	M1（17）+M2（17）+M3（16）	12.37	8.14		15.68	8.68		21.96	8.15
西周早期	06QZH11	7	羊	下颌	左	P4（17）+M1（17）+M2（17）+M3（16）	11.951	8.17		15.26	8.23		23.43	7.69
西周早期	06QZH8	2	羊	下颌	右	dp4（20）+M1（16）+M2（E）	17.51	7.64						
西周早期	06QZH8	3	羊	下颌	左	dp4（25）+M1（17）+M2（16）	14.69	8.91		17.78	9.7			
西周早期	06QZH9②	30	羊	下颌		dp4（19）+M1（16）+M2（13）	16.9	8.53		18.47	8.63			
西周早期	06QZH9②	31	羊	下颌		P4（20）+M1（19）+M2（17）+M3（17）	12.76	8.32		15.28	9.33		24.35	9.15
西周早期	06QZH9②	32	羊	下颌		M1（17）+M2（1/2）+M3（C）	15.35	8.18						
西周早期	06QZH9②	33	羊	下颌	右	M1（14）+M2（V）	15.74	7.04						
西周早期	06QZH9②	34	羊	下颌		M1（17）+M2（12）+M3（C）	15.39	8.51		19.38	8.21			
西周早期	06QZH9②	35	羊	下颌	右	M1（16）	17.11	7.89						
西周早期	06QZH9③	8	羊	下颌		M1（16）+M2（V）	15.27	7.11	29.54					
西周中期	06QZH13	29	羊	下颌	右	dp4（12）+M1（8）	16.5	6.68						
西周	06QZH7	1	羊	下颌	左	P4（25）+M1（19）+M2（17）	11.71	9.08		14.01	9.27			
西周早期	06QDH16③	28	羊	下颌	左	M1（19）	12.27	8.73						

续　表

（单位：毫米）

年代	单位	鉴定号	种属	骨骼	左右	牙齿磨蚀	M1长	M1前宽	M1后宽	M2长	M2前宽	M2后宽	M3长	M3宽
西周早期	06QDH16③	29	羊	下颌	右	P4（20）+M1（22）+M2（19）+M3（17）	11.85	8.52		15.1	9.78		25.78	10.3
西周早期	06QDH16③	30	羊	下颌	右	dp4（20）+M1（17）+M2（E）	16.82	8.01						
西周早期	06QDH16③	49	羊	下游M3	左	P4（17）+M1（17）+M2（17）+M3（16）								
西周早期	06QDH16③	1-1	羊	下颌	右	P4（25）+M1（22）+M2（18）+M3（17）	11.23	8.07		15.45	9.91		24.76	9.59
西周早期	06QDH16③	1-2	羊	下颌	左	P4（25）+M1（25）+M2（18）+M3（17）	11.71	8.33		15.15	9.54		23.72	10.12
西周	06QDH26	20	羊	下颌	左	M2（17）+M3（10）				12.82	7.93		23.64	8.58
西周	06QDH26	21	羊	下颌	右	P4（25）+M1（22）+M2（17）+M3（17）	11.12	7.82		13.93	8.24			8.46

附表9　马的下颌牙齿测量数据

（单位：毫米）

年代	单位	鉴定号	种属	骨骼	左右	性别	P3（dp3）长	P3（dp3）宽	P4（dp4）长	P4（dp4）宽	M1长	M1宽	M2长	M2宽	备注
西周晚期	06QHH38①	15	马	下游P4	左				26.13	15.92					齿冠高51.32
西周晚期	06QHH48	3	马	下游P4	右				27.68	14.52					
西周晚期	06QHH50	11	马	下游P4	左				26.34	19.73					齿冠高48.78
西周晚期	06QHH55	29	马	下游P3	右		30.72	18.81							

续　表

年代	单位	鉴定号	种属	骨骼	左右	性别	P3(dp3)长	P3(dp3)宽	P4(dp4)长	P4(dp4)宽	M1长	M1宽	M2长	M2宽	备注
西周晚期	06QHH58	34-1	马	下游P3	左		25.59	17.07							齿冠高52.61
西周晚期	06QHH58	34-2	马	下游P3	右		25.42	16.99							齿冠高52.88
西周	06QHT9③采集	11	马	下游M1	左						24.26	15.96			齿冠高46.07
西周	06QHT9③	16-1	马	下游P4	右				27.08	20.29					齿冠高53.18
西周	06QHT9③	16-2	马	下游P3	左		29.16	19.74							齿冠高37.72
西周	06QHT9③	16-3	马	下游M1	左								25.44	17.54	齿冠高40.87
西周	06QHT9③	16-4	马	下游M2	右								26.44	13.51	嚼面向近中面倾斜

附表 10　狗的下颌牙齿测量数据

（单位：毫米）

年代	单位	鉴定号	种属	骨骼	左右	性别	牙齿磨蚀	M1长	M1前宽	M1后宽	M2长	M2前宽	M2后宽	M3长	M3宽
西周中期	06QHH65	3	狗	下颌	右		E（15～48个月）				9.44	6.54			
西周中期	06QHH65	4	狗	下颌	右		C（6～10或15个月）								
西周晚期	06QHH59	3	狗	下颌	左		B（6～10或15个月）				7.63	5.71			

附表 11　啮齿类的下颌牙齿测量数据

（单位：毫米）

年代	单位	鉴定号	种属	骨骼	左右	P4（dp4）长	P4（dp4）宽	M1长	M1前宽	M1后宽	M2长	M2前宽	M2后宽	M3长	M3宽	备注
西周晚期	06QHH2①	18	仓鼠	下颌	右			2.19	1.34		2.01	1.56				
西周晚期	06QHH2①	19	仓鼠	下颌	左						1.94	1.59				
西周晚期	06QHH38②	24	鼢鼠	下颌	左			3.82	2.14		3.45	2.21				门齿宽2.17
西周晚期	06QHH38②	25	鼢鼠	下颌	右											门齿宽2.08
西周晚期	06QHH38②	28	松鼠	下颌	左	2.14	2.42	1.78	2.57		2.49	2.91		3.62	2.82	
西周晚期	06QHH38②	29	松鼠	下颌	右	3.67	2.99	1.75	2.78		2.31	3.01		3.67	2.99	

附表 12　猪寰椎测量数据

（单位：毫米）

年代	单位	鉴定号	种属	骨骼	愈合	GL	GB	BFcr	BFcd	PL	H	HFcr	HFcd
西周晚期	06QHH11	20	猪	寰椎				48.39	55.23		45.13		

附表 13　牛寰椎测量数据

（单位：毫米）

年代	单位	鉴定号	种属	骨骼	愈合	GL	GB	BFcr	BFcd	H
西周早期	06QDH4	1	牛	寰椎		87.74	132.54	96.06	106.52	73.17

附表 14　羊寰椎测量数据

（单位：毫米）

年代	单位	鉴定号	种属	骨骼	愈合	GL	GB	BFcr	BFcd	GLF	H
西周早期	06QDH16③	1-33	羊	寰椎		47.91	59.33	44.89	42.42	43.12	33.94

附表 15　羊枢椎测量数据

（单位：毫米）

年代	单位	鉴定号	种属	骨骼	愈合	BFcr	BFcd	LCDe	LAPa	H
西周早期	06QDH16③	1-34	羊	枢椎		40.54	22.72	61.03	44.72	40.7

附表16　猪胸椎、腰椎测量数据

（单位：毫米）

年代	单位	鉴定号	种属	骨骼	GL	GB	BFcr	BFcd	PL	H	HFcr	HFcd
西周中期	06QHH65	13	猪	胸椎			29.25	26.95	20.23		13.65	13.35
西周晚期	06QHH36	33	猪	胸椎			27.85	22.85	22.29		12.6	14.16
西周晚期	06QHH58	28	猪	腰椎			26.95	23.73	26.23		15.74	15.45

附表17　羊腰椎测量数据

（单位：毫米）

年代	单位	鉴定号	种属	骨骼	GL	GB	BFcr	BFcd	PL	H	HFcr	HFcd
西周晚期	06QHH36	34	羊	腰椎			20.07	19.63	28.25	43.47	16.77	13.29

附表18　马腰椎测量数据

（单位：毫米）

年代	单位	鉴定号	种属	骨骼	愈合	GL	GB	BFcr	BFcd	GLF	H
西周晚期	06QHH36	5	马	腰椎				48.12	35.86		

附表19　猪肩胛骨测量数据

（单位：毫米）

年代	单位	鉴定号	种属	骨骼	左右	愈合	SLC	GLP	LG	BG
西周中期	06QHH28	2	猪	肩胛骨远端	左		22.13			
西周中期	06QHH32	14	猪	肩胛骨远端	右		20.89	30.84	25.21	22.14
西周晚期	06QHH57	4	猪	肩胛骨远端	左		23.55	33.26		21.64
西周晚期	06QHH58	13	猪	肩胛骨远端	右		23.55	32.28		22.27
西周晚期	06QHH60	3	猪	肩胛骨远端	右		22.53		28.19	
西周中期	06QZH13	13	猪	肩胛骨远端	左		18.44			
西周中期	06QZH13	14	猪	肩胛骨远端	右		21.74		39.08	21.14
西周中期	06QZH13	24	猪	肩胛骨远端	左	UF	11.99			

附表20　牛肩胛骨测量数据

（单位：毫米）

年代	单位	鉴定号	种属	骨骼	左右	愈合	SLC	GLP	LG	BG
西周中期	06QDH21④	1	牛	肩胛骨远端	左		44.28		50.64	40.58
西周晚期	06QDH9②	4	牛	肩胛骨远端	右				56.8	45.59

附表21　羊肩胛骨测量数据

（单位：毫米）

年代	单位	鉴定号	种属	骨骼	左右	愈合	SLC	GLP	LG	BG
西周晚期	06QHH3	1	羊	肩胛骨	右		17.71	33.11	26.16	20.38
先周	06QZH17	1	羊	肩胛骨	右	UF	15.33			18.18
西周早期	06QDH16③	1-3	羊	肩胛骨	右		19.16	32.86	25.84	20.63
西周早期	06QDH16③	1-4	羊	肩胛骨	左		17.63	32.13	25.61	19.24
西周	06QDH26	18	羊	肩胛骨远端	右		16.57			

附表22　狗肩胛骨测量数据

（单位：毫米）

年代	单位	鉴定号	种属	骨骼	左右	愈合	SLC	GLP	LG	BG
西周中期	06QZH13	12	狗	肩胛骨	右	F	22.52	26.58		15.81

附表23　草兔肩胛骨测量数据

（单位：毫米）

年代	单位	鉴定号	种属	骨骼	左右	愈合	SLC	GLP	LG	BG
西周中期	06QHH65	20	草兔	肩胛骨远端	右	F	5.85	10.39	9.13	9.83

附表 24　猪肱骨测量数据

（单位：毫米）

年代	单位	鉴定号	种属	骨骼	左右	愈合	GL	GLC	Bp	Dp	Bd	Dd	BT	SD
西周中期	06QHH1	3	猪	肱骨远端	左						36.33			
西周晚期	06QHH55	4	猪	肱骨远端	左						34			
西周晚期	06QHH58	2	猪	肱骨	左									
西周早期	06QZH11	1	猪	肱骨远端	右						32.24		33.75	14.81

附表 25　牛肱骨测量数据

（单位：毫米）

年代	单位	鉴定号	种属	骨骼	左右	愈合	GL	GLC	Bp	Dp	Bd	Dd	BT	SD
西周早期	06QZH8	1	牛	肱骨近端	左	愈合中			101.7					

附表 26　羊肱骨测量数据

（单位：毫米）

年代	单位	鉴定号	种属	骨骼	左右	愈合	GL	GLC	Bp	Dp	Bd	Dd	BT	SD
西周晚期	06QHH50	3	羊	肱骨远端	右						28.71		26.35	
西周晚期	06QHH60	7	羊	肱骨远端	右						33.03		32.13	
西周早期	06QZH9②	20	羊	肱骨远端	左						32.72		30.21	15.92
西周早期	06QZH9②	21	羊	肱骨远端	右						33.77		33.68	
西周早期	06QDH16③	4	羊	肱骨远端	右						32.74		30.39	
西周早期	06QDH16③	5	羊	肱骨远端	右								29.28	
西周早期	06QDH16③	6	羊	肱骨远端	左						33.12		29.28	15.13
西周早期	06QDH16③	1-5	羊	肱骨	右	近端愈合中	147.46	132.72	46.01		30.41		29.81	13.99
西周早期	06QDH16③	1-6	羊	肱骨	左		146.28	133.26	46.15		31.14		29.74	14.02

附表27 马肱骨测量数据

（单位：毫米）

年代	单位	鉴定号	种属	骨骼	左右	愈合	GL	GLC	Bp	Dp	Bd	Dd	BT	SD
先周	06QZH14	1	马	肱骨远端	右								70.05	

附表28 鹿肱骨测量数据

（单位：毫米）

年代	单位	鉴定号	种属	骨骼	左右	愈合	GL	GLC	Bp	Dp	Bd	Dd	BT	SD
西周早期	06QDH16③	2	梅花鹿	肱骨远端	右				44.08		50.08			

附表29 狗肱骨测量数据

（单位：毫米）

年代	单位	鉴定号	种属	骨骼	左右	愈合	GL	GLC	Bp	Dp	Bd	Dd	BT	SD
西周晚期	06QHH9①	8	狗	肱骨远端	左				30.34					
西周晚期	06QHH35	3	狗	肱骨	左						27.31			
西周早期	06QDH16③	14	狗	肱骨远端	左						31.93		19.95	

附表30 兔肱骨测量数据

（单位：毫米）

年代	单位	鉴定号	种属	骨骼	左右	愈合	GL	GLC	Bp	Dp	Bd	Dd	BT	SD
西周早期	06QDH11	12	兔	肱骨远端	右						9.37			

附表31 猪桡骨测量数据

（单位：毫米）

年代	单位	鉴定号	种属	骨骼	左右	愈合	GL	Bp	Dp	Bd	Dd	SD
西周中期	06QHH31	5	猪	桡骨近端	右			22.77				
西周晚期	06QHH36	19	猪	桡骨近端	右					23.53		
西周晚期	06QHH58	3	猪	桡骨近端	左			23.09				
西周	06QHT9③	7	猪	桡骨近端	左			21.73				13.01

附表 32　牛桡骨测量数据

（单位：毫米）

年代	单位	鉴定号	种属	骨骼	左右	愈合	GL	Bp	Dp	Bd	Dd	SD
西周中期	06QHH32	7	牛	桡骨近端	右			86.89				
西周晚期	06QHH19	7	牛	桡骨近端	左		44.11	33.78		28.4		28.31
西周晚期	06QHH35	6	牛	桡骨近端	右			85.27				
西周中期	06QDH21⑤	1	牛	桡骨近端	左			85.04				42.58

附表 33　羊桡骨测量数据

（单位：毫米）

年代	单位	鉴定号	种属	骨骼	左右	愈合	GL	Bp	Dp	Bd	Dd	SD
西周晚期	06QHH3	46	羊	桡骨近端	左					28.55		
西周晚期	06QHH58	16	羊	桡骨近端	左			31.51				
西周	06QHT9③	12	羊	桡骨近端	左			26.19				
西周早期	06QZH9②	58	羊	桡骨近端	左					28.75		
西周早期	06QDH16③	7	羊	桡骨	右	远端 UF		31.08				
西周早期	06QDH16③	1-7	羊	桡骨	左		152.62	32.26		29.93		15.17
西周早期	06QDH16③	1-8	羊	桡骨	右		153.65	32.07		28.1		14.85

附表 34　鹿桡骨测量数据

（单位：毫米）

年代	单位	鉴定号	种属	骨骼	左右	愈合	GL	Bp	Dp	Bd	Dd	SD
西周中期	06QDH14②	8	鹿	桡骨近端	左			39.27				

附表35　狗桡骨测量数据

（单位：毫米）

年代	单位	鉴定号	种属	骨骼	左右	愈合	GL	Bp	Dp	Bd	Dd	SD
西周中期	06QHH32	20	狗	桡骨远端	左					19.62		
西周晚期	06QHH45	2	狗	桡骨近端	左			15.51				
西周中期	06QZH13	22	狗	桡骨远端	左			19.58				
西周晚期	06QDH9②	16	狗	桡骨	右		143.2	17.63		22.5		11.97

附表36　猪尺骨测量数据

（单位：毫米）

年代	单位	鉴定号	种属	骨骼	左右	愈合	GL	DPA	SDO	BPC
西周中期	06QHH31	1	猪	尺骨近端	左	UF		37.21	25.11	
西周晚期	06QHH3	39	猪	尺骨近端	左			36.39	27.89	
西周晚期	06QHH58	12	猪	尺骨近端	左			30.83	22.43	18.22
西周	06QHT9③	8	猪	股骨中段	右					15.67

附表37　牛尺骨测量数据

（单位：毫米）

年代	单位	鉴定号	种属	骨骼	左右	愈合	GL	DPA	SDO	BPC
西周晚期	06QHH35	7	牛	尺骨近端	右				55.28	46.95
西周晚期	06QHH38②	5	牛	尺骨	右					

附表38　狗尺骨测量数据

（单位：毫米）

年代	单位	鉴定号	种属	骨骼	左右	愈合	GL	DPA	SDO	BPC
西周中期	06QHH61	9	狗	尺骨近端	左			22.02	19.73	
西周早期	06QDH16③	15	狗	尺骨近端	右			20.78	18.75	22.51

附表39　猪盆骨测量数据

（单位：毫米）

年代	单位	鉴定号	种属	骨骼	左右	愈合	LA	LAR	SH	SB
西周中期	06QHH30	6	猪	盆骨	右			27.75		
西周晚期	06QHH34	4	猪	盆骨髋臼+髂骨	左				19.97	11.73
西周	06QHT9③采集	1	猪	盆骨髋臼	右			26.25		
西周早期	06QZH9②	24	猪	盆骨				27.87		
西周中期	06QZH13	26	猪	盆骨				28.64		

附表40　牛盆骨测量数据

（单位：毫米）

年代	单位	鉴定号	种属	骨骼	左右	愈合	LA	LAR	SH	SB	Bd	雌雄长
西周晚期	06QHH38②	1	牛	盆骨	右		68.36	51.75				
西周晚期	06QHH38②	1	牛	盆骨髋臼	左		66.45					
西周早期	06QZH10	1	牛	盆骨	右	F	77.92	65.8			39.73	20.95

附表41　羊盆骨测量数据

（单位：毫米）

年代	单位	鉴定号	种属	骨骼	左右	愈合	GL	LA	LAR	SH	SB	Bd	雌雄长
西周晚期	06QHH3	3	羊	盆骨	左					13.44	9.34		
西周早期	06QDH16③	1-31	羊	盆骨	右		180	27.64				10	
西周早期	06QDH16③	1-32	羊	盆骨	左						10.09		

附表42　马盆骨测量数据

（单位：毫米）

年代	单位	鉴定号	种属	骨骼	左右	愈合	GL	LA	LAR	SH	SB	Bd	雌雄长
西周晚期	06QHH11	2	马	盆骨	右				59.44				
西周晚期	06QHH38②	2	马	盆骨髋臼	右					44.14	24.5		

附表 43　狗盆骨测量数据

（单位：毫米）

年代	单位	鉴定号	种属	骨骼	左右	愈合	性别	LA	LAR	SH	SB	Bd	雌雄长
西周中期	06QHH65	16	狗	盆骨	左			26.48					
西周早期	06QZH9③	7	狗	盆骨	左				19.44				
西周中期	06QZH13	27	狗	盆骨	左				22.56				
西周中期	06QZH13	28	狗	盆骨	左				16.84				

附表 44　猪股骨测量数据

（单位：毫米）

年代	单位	鉴定号	种属	骨骼	左右	愈合	GL	Bp	Dp	DC	Bd	Dd	SD
西周晚期	06QHH10	4	猪	股骨远端	左						40.34		
西周	06QHT9③	14	猪	股骨中段	右								13.48

附表 45　羊股骨测量数据

（单位：毫米）

年代	单位	鉴定号	种属	骨骼	左右	愈合	GL	Bp	Dp	DC	Bd	Dd	SD
西周早期	06QDH16③	1-11	羊	股骨	左		173	43.14			38.41		10.09
西周早期	06QDH16③	1-12	羊	股骨	右		140.23	21.14			24.27		11.2

附表 46　兔股骨测量数据

（单位：毫米）

年代	单位	鉴定号	种属	骨骼	左右	愈合	GL	Bp	Dp	DC	Bd	Dd	SD
西周晚期	06QHH23	7	兔	股骨	右		101.37		7.85	23.37	15.25		8.31

附表 47　牛髌骨测量数据

（单位：毫米）

年代	单位	鉴定号	种属	骨骼	左右	GL	GB
西周晚期	06QHH36	13	牛	髌骨	左	61.82	51.25

附表48　猪胫骨测量数据

（单位：毫米）

年代	单位	鉴定号	种属	骨骼	左右	愈合	GL	Bp	Dp	Bd	Dd	SD
西周早期	06QZH11	2	猪	胫骨远端	右					28.34		
西周晚期	06QHH3	40	猪	胫骨远端	左					24.5		

附表49　牛胫骨测量数据

（单位：毫米）

年代	单位	鉴定号	种属	骨骼	左右	愈合	GL	Bp	Dp	Bd	Dd	SD
西周早期	06QZH9②	2	牛	胫骨近端	左	愈合中		94.02				
西周早期	06QZH9②	3	牛	胫骨远端	右					60.52		
西周早期	06QDH16③	1	牛	胫骨远端	右	UF				60.94		

附表50　羊胫骨测量数据

（单位：毫米）

年代	单位	鉴定号	种属	骨骼	左右	愈合	GL	Bp	Dp	Bd	Dd	SD
西周中期	06QHH29	2	羊	胫骨近端+骨干	左					28.61		15.74
西周中期	06QHH65	5	羊	胫骨远端	左					27.88		
西周晚期	06QHH3	47	羊	胫骨远端	左					26.18		
西周晚期	06QHH11	29	羊	胫骨远端	右			24.56				
西周晚期	06QHH19	1	羊	胫骨近端	右					25.38		
先周	06QZH17	11	羊	胫骨远端	右			44.76				
西周早期	06QZH9②	18	羊	胫骨远端	右					29.71		
西周早期	06QDH16③	1-9	羊	胫骨	左	近端愈合中	208	40.59		25.09		14.4
西周早期	06QDH16③	1-10	羊	胫骨	右	近端愈合中	107	39.29		25.21		13.6
西周早期	06QDH16③	4	羊	胫骨远端	右					26.91		

附表 51　马胫骨测量数据

（单位：毫米）

年代	单位	鉴定号	种属	骨骼	左右	愈合	GL	Bp	Dp	Bd	Dd	SD
西周晚期	06QHH55	12	马	胫骨远端	左			72.52				

附表 52　鹿胫骨测量数据

（单位：毫米）

年代	单位	鉴定号	种属	骨骼	左右	愈合	GL	Bp	Dp	Bd	Dd	SD
西周中期	06QHH30	7	鹿	胫骨远端	右					40.99		
西周晚期	06QHH38	11	鹿	胫骨远端	右					38.54		
西周晚期	06QHH55	6-3	梅花鹿	胫骨远端	左					43.35		
西周早期	06QZH4①	2	鹿	胫骨远端	右					36.16		

附表 53　狗胫骨测量数据

（单位：毫米）

年代	单位	鉴定号	种属	骨骼	左右	愈合	GL	Bp	Dp	Bd	Dd	SD
西周中期	06QHH32	15	狗	胫骨近端	左			30.21				
西周中期	06QHH61	7	狗	胫骨远端	右					22.88		
西周中期	06QHH65	9	狗	胫骨远端	左					22.26		
西周晚期	06QHH58	17	狗	胫骨远端	左					22.48		
西周早期	06QDH16③	3	狗	胫骨远端	右					21.38		

附表 54　兔胫骨测量数据

（单位：毫米）

年代	单位	鉴定号	种属	骨骼	左右	愈合	GL	Bp	Dp	Bd	Dd	SD
西周晚期	06QHH19	8	兔	胫骨远端	右			12.78		22.48	7.93	

附表 55　啮齿类胫骨测量数据

（单位：毫米）

年代	单位	鉴定号	种属	骨骼	左右	GL	愈合	Bp	Dp	Bd	Dd	SD
西周晚期	06QHH40	3	啮齿类	胫骨	左					6.82		

附表 56　猪跟骨测量数据

（单位：毫米）

年代	单位	鉴定号	种属	骨骼	左右	愈合	GL	GB
西周晚期	06QHH6	5	猪	跟骨	左			20.5
西周早期	06QZH9②	25	猪	跟骨	右	远端 UF	22.2	23.97

附表 57　牛跟骨测量数据

（单位：毫米）

年代	单位	鉴定号	种属	骨骼	左右	愈合	GL	GB
西周晚期	06QHH36	10	牛	跟骨	右		130.96	44.97
西周晚期	06QHH54	1	牛	跟骨	左			43.64(+)
西周早期	06QZH9③	6	牛	跟骨近端	左			42.48
西周中期	06QDH1④	1	牛	跟骨	左		129.66	37.98

附表 58　羊跟骨测量数据

（单位：毫米）

年代	单位	鉴定号	种属	骨骼	左右	愈合	GL	GB
西周晚期	06QHH36	3	羊	跟骨	左		63.31	20.09(+)
西周早期	06QDH16③	1-26	羊	跟骨	左		57.1	19.02
西周晚期	06QDH9②	15	羊	跟骨	左		61.09	19.09

附表 59　狗跟骨测量数据

（单位：毫米）

年代	单位	鉴定号	种属	骨骼	左右	愈合	GL	GB
西周晚期	06QHH58	18	狗	跟骨	左		44.85	18.22
西周早期	06QZH8	6	狗	跟骨	左		41.93	16.38

附表 60　猪距骨测量数据

（单位：毫米）

年代	单位	鉴定号	种属	骨骼	左右	GLl	GLm	DI	DM	Bd	Dd
西周中期	06QHH31	11	猪	距骨	右	35.55	33.36	18.3	20.61	20.66	

附表 61　牛距骨测量数据

（单位：毫米）

年代	单位	鉴定号	种属	骨骼	左右	GLl	GLm	DI	DM	Bd	Dd
西周中期	06QHH29	3	牛	距骨	左	72.36(+)		41.41			
西周晚期	06QHH36	11	牛	距骨	右	70.85	66.49	40.08	37.14	47.64	
西周晚期	06QHH57	6	牛	距骨	左	67.39	61.48	38.23	37.62	41.18	
西周	06QHT9③	2	牛	距骨	左	65.01	62.15	36.77	33.4	41.62	

附表 62　鹿距骨测量数据

（单位：毫米）

年代	单位	鉴定号	种属	骨骼	左右	GLl	GLm	DI	DM	Bd	Dd
西周晚期	06QHH55	6-2	梅花鹿	距骨	左	47.16	43.65	25	26.07	27.58	
先周	06QZH15①	8	鹿	距骨	右	48.08	64.05	26.31	27.16	27.67	

附表63　猪掌/跖骨测量数据

（单位：毫米）

年代	单位	鉴定号	种属	骨骼	左右	愈合	GL	Bp	Dp	Bd	Dd	SD
西周晚期	06QHH6	8	猪	第4掌骨近端	右			4.47				
西周晚期	06QHH11	21	猪	第3跖骨近端	左			14.12				
西周晚期	06QHH56	3	猪	第3跖骨	左			12.6				

附表64　牛掌/跖骨测量数据

（单位：毫米）

年代	单位	鉴定号	种属	骨骼	左右	愈合	GL	Bp	Dp	Bd	Dd	SD
西周中期	06QHH32	8	牛	掌骨近端	右			66.55				
西周晚期	06QHH10	1	牛	掌骨近端	左			69.25				38.83
西周晚期	06QHH10	2	牛	跖骨近端	左			47.11				
西周晚期	06QHH33	1	牛	跖骨近端	左					56.45		
西周晚期	06QHH34	2	牛	掌骨近端	左			65.23	37.31			
西周中期	06QZH13	7	黄牛	跖骨近端	右					53.38		
西周早期	06QDH4	6	牛	掌骨远端	右					70.25		
西周中期	06QDH14②	4	牛	掌骨	左		184.94	62.14		67.17		38.48
西周晚期	06QDH9②	10	牛	掌骨	右			58.25				36.84

附表65　羊掌/跖骨测量数据

（单位：毫米）

年代	单位	鉴定号	种属	骨骼	左右	愈合	GL	Bp	Dp	Bd	Dd	SD	DD
西周中期	06QHH24	1	羊	掌骨近端	左			23.66					
西周晚期	06QHH3	44	羊	跖骨近端	右			21.2					
西周晚期	06QHH9①	11	羊	掌骨近端	右			28.55					
西周晚期	06QHH36	23	羊	掌骨								17.02	10.54

续　表

年代	单位	鉴定号	种属	骨骼	左右	愈合	GL	Bp	Dp	Bd	Dd	SD	DD
西周晚期	06QHH56	11	羊	掌骨	右			20.9				13.7	
西周	06QHT9③	13	羊	跖骨中段								12.39	
先周	06QZH14	6-9	羊	掌骨近端	左			21.78					
先周	06QZH14	9	羊	掌骨近端	左			22.32					
西周早期	06QZH9②	15	羊	掌骨远端		UF				25.53			
西周早期	06QDH4	10	羊	掌骨近端	左					25.93			
西周早期	06QDH11	5	羊	跖骨近端	右			24.11					
西周早期	06QDH16③	10	羊	掌骨近端	右			22.73					
西周早期	06QDH16③	11	羊	掌骨近端	左			25.22					
西周早期	06QDH16③	1-13	羊	跖骨	左				21.23		17.77		

（单位：毫米）

附表 66　马掌/跖骨测量数据

年代	单位	鉴定号	种属	骨骼	左右	愈合	GL	Bp	Dp	Bd	Dd	SD
西周中期	06QHH31	4	马	掌骨近端	左			47.85	29.85			
西周中期	06QHH65	8-1	马	跖骨远端	左					45.62		
西周晚期	06QHH36	17	马	掌骨远端	左						36.75	

（单位：毫米）

附表 67　鹿掌/跖骨测量数据

年代	单位	鉴定号	种属	骨骼	左右	愈合	GL	Bp	Dp	Bd	Dd	SD
西周早期	06QZH9②	8	鹿	掌骨近端	左			28.58				
西周早期	06QZH9②	9	鹿	掌骨远端	右			22.53				
西周早期	06QZH9②	10	鹿	掌骨近端	右			24.73				

续表

年代	单位	鉴定号	种属	骨骼	左右	愈合	GL	Bp	Dp	Bd	Dd	SD
西周早期	06QZH9②	11	鹿	跖骨近端	左			21.35				
西周早期	06QZH9②	12	鹿	跖骨近端	左			20.2				
西周早期	06QZH9②	13	鹿	掌骨远端	左					34.7		
西周早期	06QZH9②	14	鹿	掌骨远端	右					31.8		
西周早期	06QZH9③	2	鹿	跖骨	右		110.16	31.37		35.37		19.73
西周早期	06QZH9③	3	鹿	跖骨近端	右			27.13				
西周早期	06QDH16③	3	鹿	掌骨远端	右					35.26		
西周早期	06QDH16③	12	小型鹿	掌骨近端	左			23.59				

（单位：毫米）

附表 68　狗掌/跖骨测量数据

年代	单位	鉴定号	种属	骨骼	左右	愈合	GL	Bp	Dp	Bd	Dd	SD
西周中期	06QHH65	18	狗	第2跖骨	右		58.32			7.18		
西周晚期	06QHH3	66	狗	第5掌骨	左		51.97					
西周晚期	06QHH58	32	狗	第3跖骨	右		63.45			8.36		
西周早期	06QZH9②	64	狗	第4掌骨	右		57.1	6.64		6.83		
西周晚期	06QDH9②	25	狗	第4跖骨	右			9.73				

（单位：毫米）

附表 69　草兔掌/跖骨测量数据

年代	单位	鉴定号	种属	骨骼	左右	愈合	GL	Bp	Dp	Bd	Dd	SD
西周中期	06QHH65	19-1	草兔	第3跖骨	左	F	45.68					
西周中期	06QHH65	19-2	草兔	第2跖骨	左	F	44.63					

附表 70　猪第 1 指/趾骨测量数据

（单位：毫米）

年代	单位	鉴定号	种属	骨骼	愈合	GL	Glpe	Bp	Dp	SD	Bd	BFd	Dd
西周中期	06QHH13	16	猪	第 1 指/趾骨	愈合中	30.87		14.23		12.22	13.46		
西周晚期	06QHH3	24	猪	第 1 指/趾骨		29.3		13.31		11.1	12.18		

附表 71　牛第 1 指/趾骨测量数据

（单位：毫米）

年代	单位	鉴定号	种属	骨骼	左右	愈合	GL	Glpe	Bp	Dp	SD	Bd	BFd	Dd
西周中期	06QHH31	14	牛	第 1 指/趾骨							28.01	30.22		
西周晚期	06QHH3	5	牛	第 1 指/趾骨							26.26	29.1		
西周晚期	06QHH3	6	牛	第 1 指/趾骨							27.39	31.18		
西周晚期	06QHH3	34	牛	第 1 指/趾骨							24.85	28.25		
西周晚期	06QHH3	35	牛	第 1 指/趾骨近端					29.96					
西周晚期	06QHH8	3	牛	第 1 指/趾骨	右			61.09						
西周晚期	06QHH34	1	牛	第 1 指/趾骨	左						26.84			
西周晚期	06QHH38①	3	牛	第 1 指/趾骨			61.39		29.5		25.45	24.89		
西周晚期	06QHH38①	4	牛	第 1 指/趾骨			52.79		28.65		24.01	24.18		
西周	06QHH47	3	牛	第 1 指/趾骨近端					35.95					
先周	06QZH15①	5	牛	第 1 指/趾骨			58.08		31.51		28.83	30.91		
西周早期	06QZH9②	47	牛	第 1 指/趾骨			57.37		28.77		23.81	25.47		
西周早期	06QZH9②	48	牛	第 1 指/趾骨			55.72		29.48		25.49	27.69		

附表72　羊第1指/趾骨测量数据

（单位：毫米）

年代	单位	鉴定号	种属	骨骼	左右	愈合	GL	Glpe	Bp	Dp	SD	Bd	BFd	Dd
西周晚期	06QHH55	22	羊	第1指骨	左			37.33	13.27		11.57	12.85		
西周早期	06QDH16③	1-14	羊	第1趾骨	左外		34.85	35.15	11.62			10.53		9.04
西周早期	06QDH16③	1-15	羊	第1趾骨	左内		34.99	35.91	12.24			11.05		9.59
西周早期	06QDH16③	1-20	羊	第1指骨			35.08	35.13	13.41		10.28	12.23		
西周早期	06QDH16③	1-21	羊	第1指骨			34.43	34.96	12.79		10.16	12.1		
西周早期	06QDH16③	1-22	羊	第1指骨			35.27	35.39	13		10.45	12.27		

附表73　马第1指/趾骨测量数据

（单位：毫米）

年代	单位	鉴定号	种属	骨骼	左右	愈合	GL	Glpe	Bp	BFp	Dp	SD	Bd	BFd	Dd
西周中期	06QHH32	6	马	第1指/趾骨	左		77.24		52.57	49.06	31.88	31.76	41.98		
西周中期	06QHH65	8-2	马	第1趾骨	左		82		51.26	47.09	34.32	31.63	40.57	38.66	
西周晚期	06QHH34	3	马	第1指/趾骨	左		86.33		50.86	41.56	33.41	31.94	45.47	44.02	
西周晚期	06QHH40	1	马	第1指/趾骨	右		83.42			36.61		32.49	44.2	41.82	
西周晚期	06QHH46	11	马	第1指骨	左								43.03		
西周晚期	06QHH63	2	马	第1指/趾骨			79.03			47.24	33.31	33.68			
先周	06QZH17	2	马	第1指骨	左		79.29						46.48	43.85	

附表74　鹿第1指/趾骨测量数据

（单位：毫米）

年代	单位	鉴定号	种属	骨骼	左右	愈合	GL	Glpe	Bp	Dp	SD	Bd	BFd	Dd
西周早期	06QZH9②	46	鹿	第1指/趾骨			50.8		11.48		13.65	14.49		

附表75　牛第2指/趾骨测量数据 （单位：毫米）

年代	单位	鉴定号	种属	骨骼	左右	愈合	GL	Glpe	Bp	Dp	SD	Bd	BFd	Dd
西周中期	06QHH32	22	牛	第2指/趾骨					32.56					
西周中期	06QHH32	22	牛	第2指/趾骨					32.56					
西周晚期	06QHH3	7	牛	第2指/趾骨			39.14				26.31	33.92		
西周晚期	06QHH9①	12	牛	第2指骨					30.56		24.75	24.59		
西周晚期	06QHH23	5	牛	第2指/趾骨			44.4		36.63		25.72	27.13		
西周晚期	06QHH35	8	牛	第2指/趾骨	右		40.95		33.69		25.79			
西周晚期	06QHH38①	6	牛	第2指/趾骨			36.14		26.25		21.25	20.18		
西周晚期	06QHH51	7	牛	第2指/趾骨			45.67		34.09		26.72	25.66		
西周晚期	06QHH55	7	牛	第2指骨				43.48	32.11		25.22	25.76		
西周早期	06QDH28	3	牛	第2指/趾骨			44.09		34.75		27.11	30.31		

附表76　羊第2指/趾骨测量数据 （单位：毫米）

年代	单位	鉴定号	种属	骨骼	左右	愈合	GL	Glpe	Bp	Dp	SD	Bd	BFd	Dd
西周早期	06QDH16③	1-16	羊	第2趾骨	左内		24.14	22.37	12.72			9.81		9.09
西周早期	06QDH16③	1-17	羊	第2趾骨	左外		24.67	22.31	12.51			9.92		9.54
西周早期	06QDH16③	1-23	羊	第2指/趾骨			23.85	22.21	12.92		9.18	9.9		
西周早期	06QDH16③	1-30	羊	第2指/趾骨	右		23.6	21.44			9.5	9.46		

附表77　马第2指/趾骨测量数据 （单位：毫米）

年代	单位	鉴定号	种属	骨骼	左右	愈合	GL	Glpe	Bp	BFp	Dp	SD	Bd	BFd	Dd
西周中期	06QHH65	8-3	马	第2趾骨	左		48.53		48.36	43.05	32.17	39.05	41.41		
西周中期	06QHH65	10	马	第2指/趾骨			45.76						44.81	39.81	25.24

续　表

（单位：毫米）

年代	单位	鉴定号	种属	骨骼	左右	愈合	GL	Glpe	Bp	BFp	Dp	SD	Bd	BFd	Dd
西周晚期	06QHH46	6	马	第2指骨	右		45.63		49.99	45.97	31.08	45.15	48.71		
西周晚期	06QHH46	7	马	第2指骨	左								49.57		

附表78　鹿第2指/趾骨测量数据

（单位：毫米）

年代	单位	鉴定号	种属	骨骼	左右	愈合	GL	Glpe	Bp	BFp	Dp	SD	Bd	BFd	Dd
西周中期	06QHH13	20	鹿	第2指/趾骨			39.05		16.31			12.3	12.7		
先周	06QZH15④	2	鹿	第2指/趾骨			39.57		15.8				12.4		
西周早期	06QDH11	11	鹿	第2指/趾骨			43.27		19.53			15.29	15.73		

附表79　牛第3指/趾骨测量数据

（单位：毫米）

年代	单位	鉴定号	种属	骨骼	愈合	Ld	DLS	MBS
西周晚期	06QHH3	8	牛	第3指/趾骨		57.55	69.01	24.72
西周晚期	06QHH3	9	牛	第3指/趾骨		56.92	75.77	27.32
西周晚期	06QHH3	10	牛	第3指/趾骨			67.02	27.87
西周晚期	06QHH3	11	牛	第3指/趾骨		57.67	75.7	25.86
西周晚期	06QHH36	14	牛	第3指/趾骨	左	53.65	64.85	24.93
先周	06QZH15①	6	牛	第3指/趾骨		48.75	58.84	20.7

附表80　羊第3指/趾骨测量数据

（单位：毫米）

年代	单位	鉴定号	种属	骨骼	左右	愈合	Ld	DLS	MBS
西周早期	06QDH16③	1-18	羊	第3趾骨	左外		23.56	31.34	6.29
西周早期	06QDH16③	1-19	羊	第3趾骨	左内		23.85	31.68	6.39
西周早期	06QDH16③	1-24	羊	第3指/趾骨			23.39	30.81	5.58

附表81 马第3指/趾骨测量数据

（单位：毫米）

年代	单位	鉴定号	种属	骨骼	左右	愈合	GL	Glpe	Bp	Dp	SD	Bd	Dd
西周中期	06QHH65	8-4	马	第3趾骨	左						12.32	21.59	

附表82 牛腕骨测量数据

（单位：毫米）

年代	单位	鉴定号	种属	骨骼	左右	愈合	GL	GB
西周中期	06QHH1	4	牛	第23腕骨	右			33.01
西周早期	06QDH16③	2	牛	第23腕骨	右			29.54

附表83 马腕骨测量数据

（单位：毫米）

年代	单位	鉴定号	种属	骨骼	左右	愈合	GL	GB
西周	06QHT9③	17	马	第3腕骨	右			42.67

附表84 牛跗骨测量数据

（单位：毫米）

年代	单位	鉴定号	种属	骨骼	左右	愈合	GL	GB
西周晚期	06QHH9①	3	牛	中央跗骨	右			53
西周晚期	06QHH58	20	牛	中央跗骨+第4跗骨	左			56.13
西周	06QHT9③	5	牛	中央跗骨+第4跗骨	右			53.95

附表85 羊跗骨测量数据

（单位：毫米）

年代	单位	鉴定号	种属	骨骼	左右	愈合	GL	GB
西周早期	06QDH16③	1-25	羊	中央跗骨+第4跗骨	左			23.08

附表 86　鹿蹠骨测量数据

（单位：毫米）

年代	单位	鉴定号	种属	骨骼	左右	愈合	GL	GB
西周晚期	06QHH55	6-1	梅花鹿	中央蹠骨+第4蹠骨	左			36.67

附表 87　牛角心测量数据

（单位：毫米）

年代	单位	鉴定号	种属	骨骼	左右	44	45	46	47
西周中期	06QDH21④	2-1	黄牛	角心	左	262.36	91.15	70.36	360
西周中期	06QDH21④	2-2	牛	角心	右	244	87.34	70.51	369
西周中期	06QDH21④	3	黄牛	角心	右	210	75.16	65.43	
西周中期	06QDH21④	4	黄牛	角心	左	232	80.16	72.17	
西周中期	06QDH21④	5	黄牛	角心	左	268	94	76	

附录三　宋家墓地出土铜器检测与研究报告[①]

刘思然（北京科技大学科技史与文化遗产研究院）

陈建立（北京大学中国考古学研究中心）

种建荣（陕西省考古研究院）

雷兴山（北京大学中国考古学研究中心）

本报告通过孔头沟遗址宋家墓地出土青铜器的金相与化学分析，对其工艺与材料特征进行研究。

1. 样品描述

本研究选取宋家墓地出土的46件青铜器残片进行分析[②]。所有样品中，车马器及小件铜饰物较多，共23件，兵器工具类7件，容器残片4件。

2. 分析方法与结果

对所取样品首先进行拍照记录，之后使用金刚石带锯切割下小块样品，用电木粉进行镶样。根据金相实验规程首先对所镶样品进行抛光，后使用3%三氯化铁-盐酸酒精溶液进行侵蚀，显露晶粒间界、夹杂物以及晶粒中的孪晶、滑移线等组织，利用北京大学考古文博学院Leica DM4000显微镜拍摄记录金相显微结构。选取锈蚀程度较低的26件宋家墓地样品进行电子探针分析检测。利用伦敦大学学院沃夫森科技考古实验室的JXA-8100 superprobe电子探针波谱仪对每个样品中未锈蚀的8～10个区域进行成分分析，加速电压20 kV，束流5×10^{-8}A。对样品所有区域分析的结果取平均获得样品的主次量元素含量。使用MBH31X B5，32X PB10，32X SN6，33X GM29四个标样检验电子探针分析结果的准确性，结果显示对含量在0.05%以上的元素分析相对误差在10%以内，因此本研究中以0.05%作为仪器检出限。金相及化学分析的详细结果见附表1和附表2。

26件经电子探针分析的样品合金成分总体较为稳定，大部分样品的锡含量在5%～17%区间内，可为铜器提供良好的机械性能。不同类型器物的锡含量无显著差异，车马饰物、兵器

---

① 刘思然、陈建立、种建荣、雷兴山：《周原孔头沟遗址宋家墓地铜器的科学分析与研究》，《南方文物》2017年第2期。

② 由于取样工作在系统地资料整理开始之前进行，个别样品编号可能与报告不一致，但所属单位无误。

工具以及容器的平均锡含量均在12%～13%之间。样品的铅含量波动较大,19件器物的铅含量低于1%,3件器物的铅含量在1%～4%之间,另有4件车马器及饰物(M10∶08,M10∶021,M10∶076,M25∶30)的铅含量超过4%。值得注意的是本次分析的4件容器样品铅含量都在2%以下,其中3件在1%以下,按传统分类方法不属于铅锡青铜[①]。

金相观察显示,除2件样品完全锈蚀外,其余的44件样品均为锡青铜或铅锡青铜。32件器物判断为铸造成型未经铸后加工,3件样品经过铸后加工,9件器物为热锻成型[②]。

23件车马器与饰物中除1件完全锈蚀外,15件为铸造成型未经加工,8件为热锻成型。值得注意的是,8件热锻器物全部出自等级较高的墓葬M10,其中除1件铜车饰(M10∶30)外,其余全部为前文提到的铜片饰。两件铜片饰(M10∶074,M10∶093)的等轴晶孪晶组织上还存在大量滑移线,显示其在热锻后又经冷锻加工或修整(图1)。

图1　左:M10∶073铜片饰金相照片,α等轴晶晶粒及孪晶组织,少量未完全均匀化的(α+δ)共析体,为典型热锻组织,Sn含量15.90 wt%。右:M10∶093铜片饰金相照片,α等轴晶晶粒及孪晶组织,晶粒内部可见大量滑移线,为热锻+冷锻组织,Sn含量10.49 wt%。

7件兵器工具类器物中,5件为铸造成型未经加工,仅M25出土的两件铜戈(M25∶25,M25∶27)显示铸后受热组织,但未经加工。此外,1件铜我(M16∶3)和1件铜短剑(M16∶4)样品虽为铸造成型,但边缘部分均有明显冷热加工痕迹,金相组织存在大量滑移线和孪晶组织,铜短剑(M16∶4)基体靠近边缘位置的树枝晶存在明显变形(图2)。

4件容器样品中,3件为铸造成型未经加工,1件容器残片(M10∶083)显示铸后受热组织,但未经机械加工,可能为使用或埋藏过程中受热(图3)。2件铜镜样品均为铸造成型,锈蚀较为严重,其中样品M25∶15铅含量较高,金相组织显示为铜铅合金。5件器形不明的样品多为铸

① 目前学界对于铅锡青铜与锡青铜的分界并无统一认识,以1%、2%、3%或4%作为界线者均见于已发表文献。本文中暂时采用2%作为分界标准。

② 由于通过金相分析无法准确区分冷锻-退火与热锻组织,因此本文中的热锻是此两种工艺的统称。

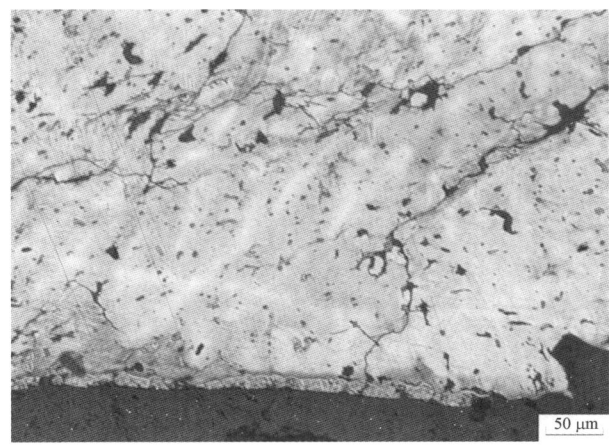

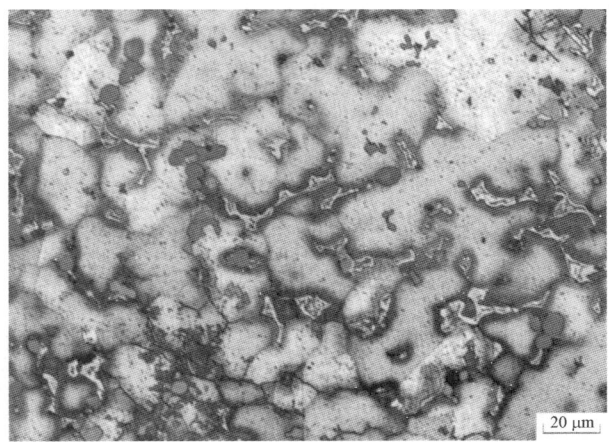

图2 M16：4铜短剑金相照片，样品中间基体部位为α树枝晶组织，边缘树枝晶晶粒变形，并出现大量滑移线，样品可能在铸后经过冷加工；表面存在镀锡层。

图3 M10：083容器残片金相照片，α树枝晶组织受热后部分均匀化，晶粒间有大量未完全均匀化的（α+δ）共析体及硫化物夹杂。

造成型，部分铸后受热，样品M18：85呈片状，金相分析显示为典型热锻组织。

本次分析工作中还发现1件青铜短剑（M16：4）和1件不明器形铜片（M18：85）经表面镀锡处理。青铜短剑镀锡层厚度约为18 μm，显微组织主要为（α+δ）共析体，工艺判断为热镀锡。不明器形铜片为单面镀锡，无镀锡层的一面锈蚀较为严重。镀层平直，厚度约25 μm。主要物相为δ相及少量（α+δ）共析体，扫描电镜能谱分析未发现残留汞元素，镀层与基体界限清晰无扩散现象，因此推测使用了热镀锡工艺（图4）。周原地区此前已多次发现西周时期镀锡器物，器形多为车马饰品及兵器，经分析均使用了热镀锡工艺，镀层厚度基本在15～29 μm之间，镀锡层中均有大量δ相，显示其镀锡工艺具有相似性[1]。

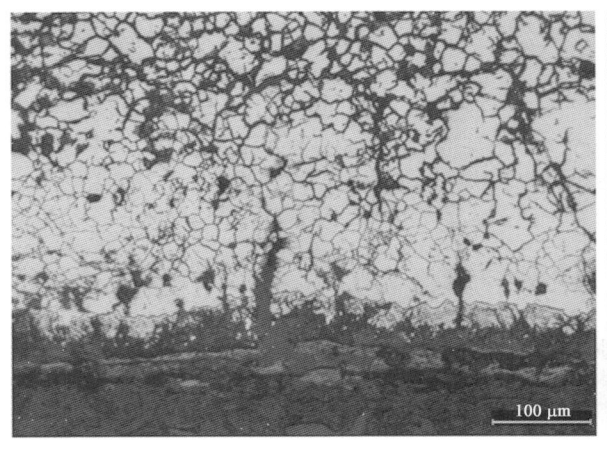

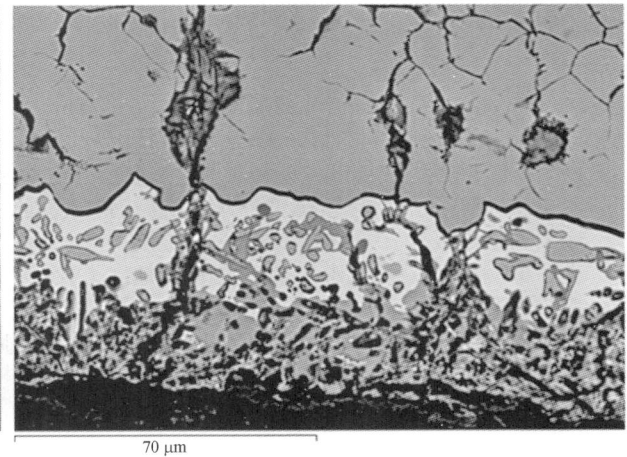

图4 M18：85铜片样品镀锡层金相与扫描电镜背散射电子照片

[1] 陈建立、张周瑜、种建荣、雷兴山：《西周时期周原地区出土镀锡技术及文化意义》，《南方文物》2016年第1期。

3. 讨论

宋家墓地26件经过电子探针分析铜器的整体特征为锡青铜较多,含铅1%以上的器物不足40%,含铅2%以上的器物仅7件,占整体的27%,且多为车马器和饰物,5件容器残片的铅含量都在2%以下。周文丽分析的10件孔头沟铸铜遗址铜块样品也全部为锡青铜,与宋家墓地铜器显示了相似的趋势[①]。

其他西周时期墓葬中,沣西张家坡西周早期墓葬中经分析的31件兵器工具、容器及小件车马饰品基本全部为铅锡青铜,其中兵器工具的铅含量大多在2%～8%之间,而容器则超过10%[②]。宝鸡强国墓地出土162件青铜器的化学成分经过定量分析,大部分为铜锡铅合金,铅含量1%以下者19件,1%～2%者共5件,大部分容器的铅含量在2%以上[③]。三门峡虢国墓地34件青铜样品中只有1件镞和1件戈的铅含量在1%以下,而其余包括全部礼容器在内的器物铅含量均在3%以上[④]。琉璃河西周墓33件铜器样品中22件铅含量超过2%,而10件铅含量低于2%的器物中9件为兵器,1件不明器形铜块[⑤]。叶家山西周墓地M65的42件青铜样品中仅8件铅含量在1%以下,2件在1%～2%之间[⑥]。15件礼容器样品中只有1件铅含量在1%以下,其余全部高于2%。晋侯墓地130件经过分析的青铜器中铅含量低于1%的43件,1%～2%的27件,2%～3%的11件,其中99件礼容器中37件铅含量低于2%,22件低于1%[⑦]。晋侯墓地低铅青铜器的数量虽然较多,但在器物群中所占比例仍然较低。洛阳北窑西周墓93件铜器的分析结果显示其中43件铅含量不足1%,12件器物的铅含量在1%和2%之间,这些器物大部分为兵器工具或车马饰品,其容器的铅含量有待进一步研究[⑧]。山西绛县横水墓地59件经分析的铜器中铅含量低于1%的26件,1%～2%的9件,其中38件礼容器中14件铅含量在1%以下,1%～2%的7件,低铅礼容器比例较大[⑨]。牛津大学马克·波拉德等人曾撰文讨论公元前第一千纪欧亚大陆青铜器的合金成分问题,并认为此时期欧亚大陆东端存在两种合金体系,分别以草原地区青

① Zhou Wenli, Chen Jianli, Lei Xinghsan, et al.. Three Western Zhou bronze foundry sites in the Zhouyuan area, Shaanxi province, China. *Metals and Civilization*. Archetype Publications, 2009: 62-72.

② 杨军昌:《陕西关中地区先周和西周早期铜器的技术分析与比较研究》,北京科技大学博士论文,2002年。

③ 苏荣誉、胡智生、卢连成、陈玉云、陈依慰:《强国墓地青铜器铸造工艺考察和金属器物检测》,见《宝鸡强国墓地》,文物出版社,1988年,第630～636页。

④ 李秀辉、韩汝玢、孙建国、王斌:《虢国墓地出土青铜器材质分析》,见《三门峡虢国墓》,文物出版社,1999年,第539～551页。

⑤ 张利洁、孙淑云、殷玮璋、赵福生:《北京琉璃河燕国墓地出土铜器的成分和金相研究》,《文物》2005年第6期。

⑥ 郁永彬、常怀颖、黄凤春、李玲、梅建军、陈建立:《随州叶家山西周墓地M65出土铜器的金相实验研究》,《江汉考古》2014年第5期。

⑦ 杨颖亮:《晋侯墓地出土青铜器的合金成分、显微结构和铅同位素比值研究》,北京大学硕士论文,2005年。

⑧ 北京钢铁学院中国冶金史编写组、北京建筑材料科学研究院陶瓷科学研究所:《洛阳北窑西周墓青铜器与原始瓷分析》,见《洛阳北窑西周墓》,文物出版社,1999年,第374页。何堂坤:《中国古代金属冶炼和加工工程技术史》,山西教育出版社,2009年。

⑨ 宋建忠、南普恒:《绛县横水西周墓地青铜器科技研究》,科学出版社,2012年。

铜器为代表的非合金化青铜体系和以中国中原地区及半月形文化传播带为代表的铅含量大于1%（大部分在4%以上）的青铜合金体系[①]。目前看来,在这一大视野下的整体趋势中似乎还有一些特殊遗址值得进行专门考察。例如宋家墓地铜器铅含量整体偏低,其合金成分与其他西周时期青铜器的规律不符。对于这一现象的进一步探索则需要继续补充大量数据,特别应考虑每个器物内部因密度偏析造成的铅含量差异,选取一件器物的多个不同位置进行检测。

宋家墓地不同类型青铜器均以铸造成型为主,另有少部分铜器呈现铸后受热组织,可能与这些器物的使用或埋藏过程有关。2件兵器工具类器物在铸造成型后边沿部位经过热锻后再冷锻加工,应是有意识地对其刃部进行处理以获得更好的使用性能。此工艺在西周时期兵器及工具加工中多有发现,4件周原李家铸铜遗址出土小件铜锥和铜刀均经过铸后热加工,沣西张家坡西周早期墓葬出土的5件铜戈均经过冷热加工处理。叶家山M65出土1件铜戈的边缘就经过锻打处理,北京房山琉璃河西周墓葬出土的5件铜戈、1件铜戟和1件铜刀也经锻打加工。由此可见,西周时期开始冷热锻打工艺已经较为广泛地运用于青铜兵器与工具的铸后加工。而且工匠应已较为熟练地掌握了在锻打过程中不断通过加热保温,降低材料的硬度,恢复其延展性,使其更容易进行加工。然而西周时期将锻打工艺直接运用于器物成型的案例较少,仅发现陕西宝鸡石鼓山出土青铜铠甲为热锻成型[②],甘肃崇信于家湾西周墓出土4件热锻成型的铜盆型器,其中2件还经过冷加工处理[③]。本次分析的9件薄壁铜器为热锻成型,其中7件为铜片饰,还有1件铜车饰和1件不明器形的铜片。这是目前所知数量较大的一批西周时期锻打成型铜器。

经电子探针分析的7件热锻铜器材质与其他铸造铜器存在差异。其平均锡含量为15%,而铅含量大多在1%以下,只有1件器物(M10∶30)的铅含量在1%～2%之间。而铸造器物中仅礼容器残片铅含量均在2%以下,其余如车马器、饰物与兵器工具中均有一定比例铅含量在2%以上(图5)。

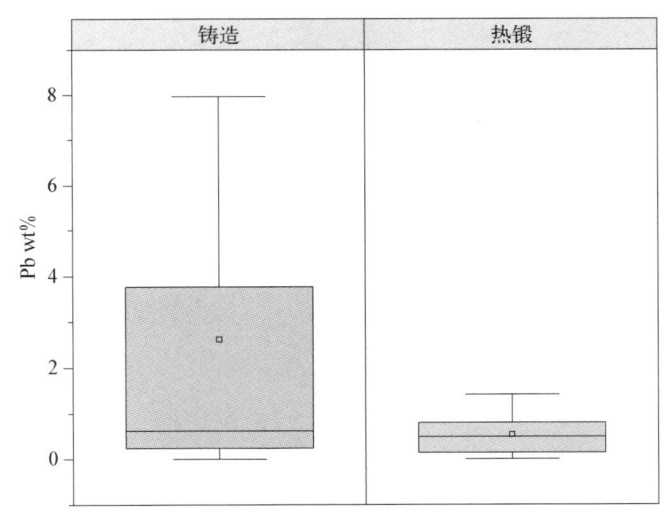

图5 宋家墓地热锻器物与铸造器物铅含量对比

① 马克·波拉德、彼得·布睿、彼得·荷马、徐幼刚、刘睿良、杰西卡·罗森:《牛津研究体系在中国古代有铜器研究中的应用》,《考古》2017年第1期。
② 陈坤龙、梅建军、邵安定、刘军社、郝明科:《陕西宝鸡石鼓山新出西周铜甲的初步科学分析》,《文物》2015年第4期。
③ 张治国、马清林:《甘肃崇信于家湾西周墓出土青铜器的金相与成分分析》,《文物保护与考古科学》2008年第1期。

在铅锡合金中一定量的铅可增加铜液的流动性,提高其充型能力,因此有助于铸造器形较小、器壁偏薄的车马饰物。然而当铅含量过高时,铅颗粒会逐渐长大割裂青铜基体,使其抗拉强度大大下降[1]。根据W.T.Chase绘制的青铜成分与机械性能三元图,当青铜锡含量接近10%而铅含量很低时,其抗拉强度与延伸率均较高,而当铅含量超过5%后此两项指标均有明显下降[2]。由此可见,选择铅含量很低的锡青铜作为原材料可以保证器物在锻打和使用过程中不致因拉伸过大而产生结构损伤。

宋家墓地热锻铜器的另一个特点是其金相组织中少见或基本不见硫化物夹杂。反观铸造铜器,其金相显微组织中常见大量球状或簇状分布的硫化物夹杂,夹杂物的直径可达20 μm左右(图6)。扫描电镜能谱分析显示其成分为$Cu_{2-x}S$,部分夹杂物含有10%～15%Fe。与铅颗粒相似,青铜器中的硫化物夹杂也会割裂青铜基体,造成其机械强度下降。对两组铜器的硫和铁含量进行考察可以发现,所有热锻器物的硫含量均低于0.2%而铁含量低于0.4%,铸造器物中则有较大比例硫铁含量分别在0.2%与0.4%以上,部分器物的铁含量甚至超过1%(图7)。由于铁和硫在青铜溶液中的溶解度很小,因此当两者含量过高时就会与青铜溶液分相,冷却后则成为夹杂物。

青铜器中硫化物夹杂的主要来源是铜矿石中的硫化物,当炼炉还原性气氛较强时,矿石和脉石中的铁也会被还原进入夹杂物中。周原地区发现的西周铜料大多杂质含量较高。杨军昌曾分析扶风召陈和召李村发现的2件铜锭,其中召李铜锭铁、硫含量均达到0.6%,召陈铜锭晶

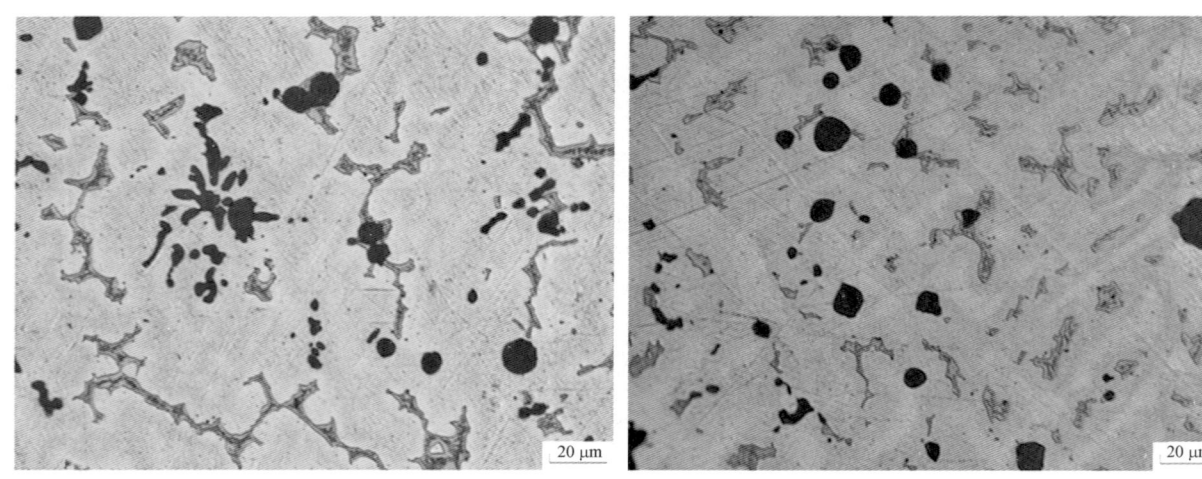

图6　宋家墓地出土铸造成型青铜器中含有的大量硫化物夹杂

① 孙淑云、韩汝玢、李秀辉:《中国古代金属材料显微组织图谱·有色金属卷》,科学出版社,2011年,第71页。

② Chase, T and Ziebold, T.O. 1978. Ternary representations of ancient Chinese bronze composition. *Archaeological Chemistry II*, Advance in Chemistry Series 171. American Chemistry Society. Washington, D.C.

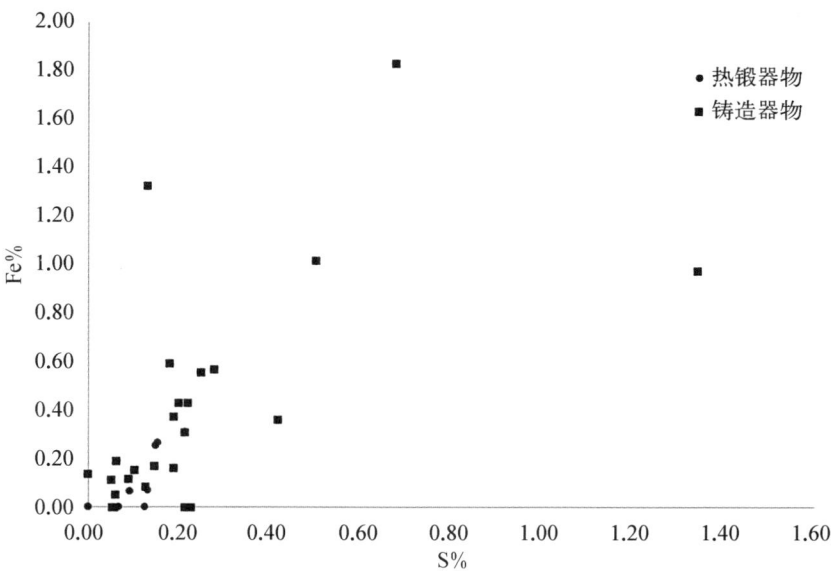

图7　宋家墓地出土热锻器物与铸造铜器S、Fe含量对比。
铸造器物的S、Fe含量整体高于热锻器物。

粒间夹杂有含铁硫化物颗粒。周文丽对周原地区包括孔头沟在内的几处铸铜遗址出土的铜块与铜渣进行了研究。分析结果显示铜块的铁、硫含量较高，大量样品中两元素的含量在1%以上。对铜器进行锻打可使夹杂物破碎或拉长，但无法彻底去除器物中的铅、铁和硫。例如，淮阴高庄战国墓出土7件热锻器物的金相组织中仍分布有大量铅颗粒与夹杂物[1]。要获得更加纯净材的铜料需要对其进行有意识的火法精炼处理[2]。孔头沟铸铜遗址发现3件铁含量超过20%的高铁熔炼渣，渣内铜颗粒中铁与硫的含量均在1%以上，是火法精炼粗铜的副产物。

　　将孔头沟铸铜作坊铜块样品与宋家墓地铜器样品绘入同一散点图中可以发现，铜块样品的硫、铁含量最高，其次为铸造器物，最后为热锻器物（图8）。可以认为，随着精炼过程的进行，粗铜块样品首先到达铸造铜器所需纯度，之后随着精炼时间的延长，粗铜中的硫、铁含量会继续下降最终达到锻造所需纯度。值得注意的是，R. Tylecote认为通过火法精炼可以快速地将粗铜中的铁含量降低至0.5%左右，但要继续降低铁含量则较为困难[3]。虽然J. Merkel通过向敞开式的熔铜坩埚中快速鼓风，并延长精炼时间，成功将粗铜的铁含量降低至0.014%[4]，但P. Craddock通过对西亚、埃及以及欧洲古代铜器铁含量的统计分析认为一般粗铜精炼后的铁含量也在0.3%

① 孙淑云、王金潮、田建花、刘建华：《淮阴高庄战国墓出土铜器的分析研究》，《考古》2009年第2期。
② Craddock, P. T. 1995. Early Metal Mining and Production, Edinburg: University of Edinburg Press.
③ Tylecote, R. F. and Boydell, P. F. 1978. Experiments on copper smelting. In Rothenberg, B., Tylecote, R. F. and Boydell, P. J. (eds), *Chalcolithic copper smelting*, London: Institute for Archaeometallurgical Studies.
④ Merkel, J. F. 1983. Summary of experimental results for Late Bronze Age copper smelting and refining. *MASCA Journal*, 2(6), 173-176.

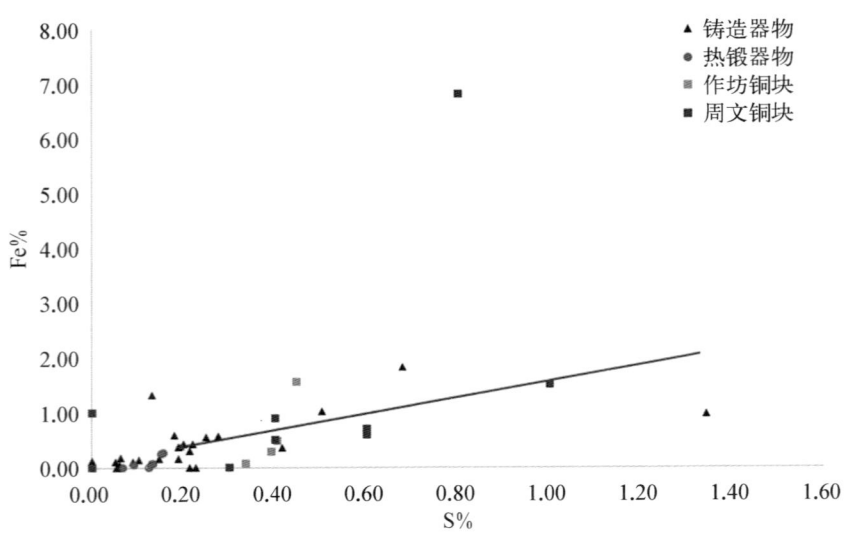

图 8　宋家墓地热锻铜器、铸造铜器、孔头沟铸铜作坊铜块的 S、Fe 含量对比。
铜块的 S、Fe 含量整体高于铸造器物,热锻器物的 S、Fe 含量最低。

左右,因为其对铜器锻打的影响已经较小[1]。本研究中分析的热锻器物铁含量均在 0.3% 以下,且部分器物的铁含量已经低于 0.05%,很可能经历了较长时间、有意识地火法精炼提纯。

宋家墓地热锻铜器与铸造铜器、铸铜遗址铜块间的对比研究表明,工匠已经较为熟悉制作热锻铜器的材料要求,并可在铜料准备阶段就有意识地做出选择。作为对比,甘肃崇信于家湾 4 件铜盆型器中有 3 件铅含量超过 2%,2 件超过 5%,宝鸡石鼓山铜甲片铅含量较低,但显微照片中可见大量因加工变形拉长的硫化物夹杂。几处遗址在热锻铜器选料上的差异值得进一步关注。下一步需通过模拟实验检验这种材料上的差异对于锻打操作会产生何种影响,进一步探讨此种材料选择背后的技术与社会因素。

4. 结语

综上所述,宋家墓地青铜器生产工艺与材料选择均具有鲜明特点。首先,这批青铜器中低铅青铜比例较高,且所有礼容器铅含量均在 2% 以下,与西周时期青铜器合金普遍规律存在一定偏差。第二,宋家墓地发现多件热锻成型铜片,其铅含量和硫化物夹杂数量明显低于铸造器物。第三,宋家墓地发现 2 件表面热镀锡器物。目前中国境内的镀锡铜器集中出现于从东北至西南的半月形文化传播带中,而其中年代可早至西周时期的器物集中出现于以周原为中心的西北地区,在其他地区西周铜器中较为少见。下一步应结合宋家墓地人群的文化属性,探索其冶金技术特色的形成原因。

---

[1] Craddock, P. T. and Meeks, N. D. 1987. Iron in ancient copper. *Archaeometry* 29(2), 187−204.

附表1　宋家墓地铜器样品的金相组织描述

序号	样品编号	器物	金 相 组 织	制作工艺
71013	M10∶08	节约	α固溶体树枝晶,少量(α+δ)共析体,大量铅颗粒。部分固溶体腐蚀。较多Cu-Fe-S夹杂。	铸造
71014	M10∶021	泡	α固溶体树枝晶,大量(α+δ)共析体连接成网,铅颗粒弥散分布。大量夹杂物。	铸造
71015	M10∶025	球形饰	严重锈蚀,组织无法辨认。	
71016	M10∶032	铜块	严重锈蚀,组织无法辨认。	
71017	M10∶074	片饰	α等轴晶和孪晶,较多滑移线。较多夹杂物排列成线,存在变形,为锻造证据。	热锻后再冷锻
71018	M10∶078	片饰	严重锈蚀,通过残余部分判断为α等轴晶,晶间有少量(α+δ)共析体。	热锻组织
71019	M10∶081	片饰	α等轴晶和孪晶,少量滑移线。夹杂物极少。	热锻组织
71020	M10∶092	片饰	α等轴晶和孪晶。部分晶粒内点状锈蚀。夹杂物弥散分布。	热锻组织
71021	M10∶t3	车軎	α固溶体树枝晶,少量(α+δ)共析体,大量铅颗粒及大量夹杂物弥散分布,均沿加工方向变形。	铸造后冷锻
71022	M10∶t5	车軎	α固溶体树枝晶,(α+δ)共析体弥散分布。共析体先蚀。大量夹杂物弥散分布。	铸造
71023	M10∶t8	车軎	α固溶体树枝晶,(α+δ)共析体岛屿状分布。共析体先蚀,有自由铜沉积。含有大量夹杂物。	铸造
71024	M10∶t21	軛肢	α等轴晶和孪晶。存在少量铸造孔洞。加杂物弥散分布。含有很少量铅颗粒。	热锻组织
71025	M10∶t23-3	軓	α固溶体树枝晶,(α+δ)共析体岛屿状分布。共析体先蚀,有自由铜沉积。存在较多颗粒状夹杂物。	铸造
71026-1	M10∶t30	軛肢	α等轴晶和孪晶,极少(α+δ)共析体。夹杂物较多,弥散分布。含有少量铅颗粒。	热锻组织
71026-2	M10∶t30	軛肢	α固溶体树枝晶,大量(α+δ)共析体连接成网。少量夹杂物弥散分布。	铸造
71027	M10∶073	片饰	α等轴晶和孪晶,(α+δ)共析体颗粒状弥散分布。颗粒状夹杂物弥散分布。	热锻组织
71028	M10∶076	管状络饰	α固溶体树枝晶,大量(α+δ)共析体连接成网。共析体先蚀。少量夹杂物弥散分布。	铸造
71029	M10∶083	簋盖	α等轴晶,等轴晶晶粒内存在偏析现象。晶间(α+δ)共析体网状分布。共析体先蚀。存在大量颗粒状夹杂物。	铸造后受热

续 表

序号	样品编号	器物	金 相 组 织	制作工艺
71030	M10：093	片饰	α等轴晶和孪晶，存在大量滑移线，(α+δ)共析体分解完全。样品边沿晶粒内存在大量颗粒状腐蚀。少量夹杂物弥散分布。	热锻后冷锻
71031	M10：162	长圆管	α固溶体树枝晶，(α+δ)共析体岛屿状弥散分布。α固溶体和(α+δ)共析体均有部分腐蚀。较多量颗粒状夹杂物。	铸造
71032	M10：163	铜条	α固溶体树枝晶，(α+δ)共析体岛屿状弥散分布。共析体先，有自由铜沉积，边界处α相锈蚀严重。较多颗粒状夹杂物。	铸造
71033	M11：06	不明	α等轴晶，等轴晶晶粒内存在一定程度偏析。晶间(α+δ)共析体网状分布。基体内部共析体基本全部腐蚀，边沿存在少量未腐蚀共析体。颗粒状夹杂物与铅颗粒弥散分布。	铸造后受热
71034	M11：t1	车軎	α固溶体树枝晶，(α+δ)共析体连接成网。共析体轻微腐蚀。少量夹杂物弥散分布。	铸造
71035	M11：37	铜片	α固溶体树枝晶，(α+δ)共析体连接成网。共析体基本全部腐蚀，有自由铜沉积。较多量夹杂物弥散分布。	铸造
71036	M11：38	铜盘残片	α固溶体树枝晶，(α+δ)共析体连接成网。共析体严重腐蚀。有自由铜沉积。夹杂物量少。	铸造
71037	M11：39	铜盘残片	α固溶体树枝晶，(α+δ)共析体连接成网。共析体严重腐蚀。有自由铜沉积。颗粒状夹杂物与铅颗粒弥散分布。	铸造
71038	M11：39	垫片	α固溶体树枝晶，大量(α+δ)共析体连接成网。	铸造
71039	M16：01	戈	α固溶体树枝晶，(α+δ)共析体岛屿状弥散分布。共析体完全腐蚀。大量铅颗粒和夹杂物弥散分布。	铸造
71040	M16：01	戈	α固溶体树枝晶，(α+δ)共析体岛屿状弥散分布。共析体完全腐蚀。大量铅颗粒和夹杂物弥散分布。	铸造
71041	M16：06	铜饰	α固溶体树枝晶，(α+δ)共析体岛屿状弥散分布。共析体完全腐蚀。大量铅颗粒弥散分布。夹杂物少。	铸造
71042	M16：015	鼎残片	α等轴晶，等轴晶晶粒内存在一定程度偏析。晶间(α+δ)共析体网状分布。共析体完全腐蚀，部分等轴晶晶粒中有线状腐蚀带。夹杂物多，弥散分布。	铸造后受热
71043	M16：3	我残片	α等轴晶，局部孪晶组织明显。晶间(α+δ)共析体颗粒状弥散分布。共析体部分腐蚀。	局部热锻组织

序号	样品编号	器物	金　相　组　织	制作工艺
71044	M16：4	剑	α固溶体树枝晶，（α+δ）共析体岛屿状弥散分布。样品边沿有受热及受力迹象，可能是使用造成的。表面分布一层共析体体，为样品镀锡证据。	铸造
71045	M25：15	镜	本样品基本为铜铅合金，α固溶体树枝晶，圆点状偏析结构。金属基体部分腐蚀。铅含量高，锡含量较低。夹杂物少。	铸造
71046	M16：04	錫	α固溶体树枝晶，（α+δ）共析体岛屿状弥散分布。共析体先蚀。较多量铅颗粒弥散分布。夹杂物极少。	铸造
71047	M25：20	戈	严重锈蚀，判断为α固溶体树枝晶。	铸造
71048	M25：23	戈	α固溶体树枝晶，（α+δ）共析体岛屿状弥散分布。共析体先蚀。铅颗粒和夹杂物弥散分布。固溶体有一定变形，可能存在锻打。	铸造后冷锻
71049	M25：25	戈	α等轴晶，晶粒内部存在偏析。共析体基本全部腐蚀，α相部分腐蚀。较多铅颗粒和较多量夹杂物弥散分布。	铸造后受热
71050	M25：27	戈	α等轴晶，晶粒内部存在偏析。共析体基本全部腐蚀，α相部分腐蚀。大量铅颗粒弥散分布。基本无夹杂物。	铸造后受热
71051	M25：30	泡	α固溶体树枝晶，（α+δ）共析体岛屿状弥散分布。大量铅颗粒弥散分布，部分铅颗粒尺寸很大。少量夹杂物弥散分布。	铸造
71052	M25：33	镜	α固溶体树枝晶，（α+δ）共析体连接成网。样品严重腐蚀。	铸造
71053	M25：42	銮	α固溶体树枝晶，（α+δ）共析体岛屿状弥散分布。样品严重腐蚀。	铸造
71054	M25：49	铃	α固溶体树枝晶，（α+δ）共析体岛屿状弥散分布。共析体腐蚀殆尽，α相也有严重腐蚀。铅颗和大量夹杂物粒弥散分布。	铸造
71055	M25：50	铃	样品严重腐蚀，只能判断出为树枝晶基体。	铸造
71056	M25：79、90	鱼2件	α固溶体树枝晶，（α+δ）共析体网状分布。共析体先蚀。少量夹杂物弥散分布。	铸造
71068	M18：04	铜片	α固溶体树枝晶，（α+δ）共析体连接成网。共析体修饰严重。	铸造
71069	M18：04	铜片	α等轴晶和孪晶。晶间锈蚀严重。边沿锈蚀分层。	热锻组织

附表2 宋家墓地铜器及孔头沟铸铜遗址铜块电子探针波谱分析结果。bdl代表低于仪器检出限

实验室编号	器类	出土编号	O	Ni	Cu	As	Fe	Cl	Ag	Sn	Bi	S	Sb	Pb
71013	铜节约	M10：08	0.28	bdl	83.88	0.62	0.08	0.35	0.05	6.29	bdl	0.13	0.06	7.97
71014	铜管状络饰	M10：02	0.29	bdl	74.26	bdl	0.43	bdl	bdl	20.42	bdl	0.20	bdl	4.85
71017	片饰	M10：074	bdl	bdl	87.46	bdl	0.25	bdl	bdl	12.07	bdl	0.15	bdl	0.10
71018	片饰	M10：078	1.24	bdl	80.28	bdl	bdl	bdl	bdl	17.66	bdl	bdl	bdl	0.17
71019	片饰	M10：081	bdl	0.05	84.03	bdl	bdl	bdl	0.06	14.53	bdl	bdl	bdl	bdl
71020	片饰	M10：092	0.16	bdl	85.06	0.14	0.07	bdl	0.07	13.38	bdl	0.09	0.16	0.56
71021	车軎	M10：t3	0.08	bdl	87.20	0.09	0.16	bdl	bdl	10.94	0.10	0.19	bdl	0.88
71022	车軎	M10：t5	0.67	bdl	82.56	bdl	0.97	bdl	0.06	12.94	0.67	1.34	bdl	0.12
71024	片饰	M10：21	bdl	bdl	85.24	0.10	0.07	bdl	bdl	13.58	0.06	0.13	bdl	0.89
71025	軏	M10：t23-3	0.80	bdl	84.09	bdl	1.01	bdl	bdl	11.67	bdl	0.50	bdl	0.26
71026-1	轭肢	M10：t30	0.11	bdl	83.77	0.13	0.26	bdl	bdl	13.96	bdl	0.16	bdl	1.41
71026-2	轭肢	M10：t30	0.47	bdl	81.77	0.06	0.31	bdl	bdl	16.69	bdl	0.21	bdl	bdl
71027	片饰	M10：073	bdl	bdl	83.50	0.05	bdl	bdl	bdl	15.90	0.09	0.13	bdl	0.70
71028	管状络饰	M10：076	0.07	bdl	81.58	0.28	bdl	bdl	0.08	14.42	bdl	0.06	bdl	3.77
71029	容器残片	M10：083	bdl	bdl	83.97	0.20	1.83	bdl	bdl	11.94	bdl	0.68	bdl	0.99
71030	片饰	M10：093	0.08	bdl	89.10	0.11	bdl	bdl	bdl	10.49	bdl	0.07	bdl	0.41
71031	长圆管	M10：162	0.05	bdl	89.44	bdl	0.36	bdl	bdl	9.62	0.19	0.42	bdl	0.17
71032	铜条	M10：163	0.40	bdl	89.54	bdl	bdl	bdl	bdl	9.31	bdl	0.21	bdl	0.24
71034	车軎	M11：t1	bdl	bdl	83.86	0.07	0.15	bdl	bdl	15.71	bdl	0.10	bdl	0.30
71036	容器残片	M11：38	1.87	0.06	76.97	0.44	0.57	0.18	0.07	16.20	0.10	0.28	bdl	1.93
71037	容器残片	M11：39	0.22	0.05	82.23	0.48	0.56	bdl	0.07	14.89	0.13	0.25	bdl	0.65
71038	容器垫片	M11：39	bdl	bdl	81.17	0.24	0.37	bdl	bdl	17.17	bdl	0.19	bdl	0.10
71041	铜饰	M16：06	1.18	bdl	77.30	0.12	0.19	bdl	0.07	11.28	bdl	0.06	bdl	10.40
71043	铜我	M16：3	0.30	bdl	80.92	bdl	bdl	bdl	bdl	17.08	bdl	0.05	bdl	0.37
71051	铜泡	M25：30	1.23	bdl	70.58	0.07	0.12	bdl	bdl	12.95	bdl	0.09	bdl	13.57
71068	铜饰	M18：04	bdl	bdl	83.14	0.30	1.33	bdl	bdl	13.84	bdl	0.13	bdl	0.58

附录四　宋家墓地出土人骨鉴定与研究报告

李　楠(国家文物局考古研究中心)

何嘉宁(北京大学考古文博学院)

吴小红(北京大学考古文博学院)

杨颖亮(北京大学考古文博学院)

李成伟(中国计量科学研究院医学计量中心)

2008年,我们对孔头沟遗址所出人骨进行了现场观察和初步鉴定。2017年11月,开始系统的人骨整理工作及稳定同位素采样,随后在北京大学考古文博学院科技考古实验室内完成测试分析。2022年8月,配合报告撰写对人骨数据进行核对并补充了一些背景信息。现将研究情况报告如下。

1. 保存状况与性别年龄

此次鉴定的人骨均来自孔头沟遗址东部的宋家墓地,共计17例。由于墓地被盗严重,人骨保存状况很差,多数个体只保留颅骨、髋骨残片及长骨骨干部分。这些人骨出土于15座墓葬内,其中13座墓葬内只有一例个体,M11、M15分别出土了两例个体的骨骼残片,说明墓内人骨可能存在因盗扰而混杂的情况。

鉴定人骨时主要依据邵象清[①]、吴汝康等[②]总结的有关人骨两性间差异及年龄变化规律。就性别而言,当骨骼保存良好、性别特征显著时直接记为"男"或"女";当骨骼保存一般、性别特征不明显或不同部位性别特征不一致时记为"男?"或"女?",表示"疑似男性"或"疑似女性";当骨骼保存很差或个体过于年幼尚未显示出性别特征时记为"?",表示"性别不明"。就年龄而言,当骨骼保存良好、年龄特征显著时,直接用数字范围表示死亡时所处年龄区间,如20~25岁;当骨骼保存一般、年龄特征不明显时采用阶段性的年龄分期,如青年期(15~23岁);当骨骼保存很差只可判断出是否成年时,记录为成年或未成年。

从鉴定结果(表1)来看,此次宋家墓地有15例人骨可鉴定出性别。其中,男性(包含疑似)3例、女性(包含疑似)12例,女性显著多于男性,两性性别比严重失衡。这些个体中两例属于未成年,其余死亡时均已成年,年龄从青年期一直延续到老年期,集中在40~50岁的中年期。

---

① 邵象清:《人体测量手册》,上海辞书出版社,1985年,第34~56页。

② 吴汝康、吴新智、张振标:《人体测量方法》,科学出版社,1984年,第11~25页。

表 1　孔头沟遗址宋家墓地出土人骨性别、年龄鉴定结果

单位号	性别	年龄（岁）
06QSM1	?	3～8
06QSM2	女	30±
06QSM3	女	25～30
06QSM4	女	成年
06QSM5	女?	青年?
06QSM6	女	40～45
06QSM7	女	45±
06QSM8	女	18±
07QSM9	男	50±
07QSM10	男	35～40
07QSM11-个体1	女?	40+
07QSM11-个体2	女?	50+
07QSM15盗洞-个体1	女	40～45
07QSM15盗洞-个体2	男?	成年
07QSM19	女	45±
07QSM21	女	50±
07QSM22	?	未成年

2. 颅骨与肢骨的观察测量

颅骨仅06QSM3、07QSM9两例保存较为完整，可供观察和测量。其中，06QSM3为青年期女性，07QSM9为老年期男性。由于样本量过少，无法开展颅骨形态学分析，仅将非测量特征的观察结果及主要测量项目的数据列表如下（表2、表3）。

表 2　孔头沟遗址宋家墓地出土颅骨的非测量特征

项　　目	单位号	特征	项　　目	单位号	特征
颅形	M3	椭圆形	枕外隆凸	M3	稍显
	M9	卵圆形		M9	稍显
眉弓突度	M3	微显	眶形	M3	—
	M9	稍显		M9	斜方形

续　表

项　　目		单位号	特征	项　　目		单位号	特征
眉弓范围		M3	无	鼻根点凹陷		M3	—
		M9	不及一半			M9	浅
额中缝		M3	无	鼻骨类型		M3	—
		M9	无			M9	中窄型
矢状缝	前囟段	M3	微波型	鼻前棘		M3	—
		M9	微波型			M9	Broca Ⅱ级
	顶段	M3	锯齿型	梨状孔	形状	M3	—
		M9	锯齿型			M9	梨形
	顶孔段	M3	深波型		下缘	M3	—
		M9	锯齿型			M9	锐型
	人字点段	M3	复杂型	犬齿窝		M3	—
		M9	复杂型			M9	中等
冠状缝	前囟段	M3	微波型	顶孔		M3	单孔
		M9	微波型			M9	无
	复杂形段	M3	复杂型	翼区		M3	—
		M9	微波型			M9	顶蝶式
	颞窝段	M3	微波型	腭圆枕		M3	—
		M9	微波型			M9	无
人字缝	人字点段	M3	复杂型	腭形		M3	—
		M9	复杂型			M9	抛物线型
	中段	M3	复杂型	颏形		M3	圆形
		M9	锯齿型			M9	方形
	星点段	M3	深波型	颏孔		M3	左P4位，右不明
		M9	深波型			M9	均P3P4位
乳突		M3	小	下颌角区		M3	外翻
		M9	中			M9	直型

注：—表示该项无法观察，特征不明。

表3　孔头沟遗址宋家墓地出土颅骨的主要测量项目

单位：mm（长度）；°（角度）；%（指数）

马丁号	项目	单位号		马丁号	项目	单位号	
		M3	M9			M3	M9
1	颅长（g-op）	173.0	186.0	50	眶间宽（mf-mf）	—	23.7
8	颅宽（eu-eu）	132.0	148.0	46	中面宽（zm-zm）	—	96.2
17	颅高（ba-b）	—	137.0	11	耳点间宽（au-au）	113.0	128.0
9	最小额宽（ft-ft）	92.2	97.9	7	枕骨大孔长（ba-o）	—	37.9
45	颧宽（zy-zy）	—	—	16	枕骨大孔宽	—	28.5
23	颅周长（g-op-g）	492.0	540.0	72	总面角（n-pr∠FH）	—	86.0
24	颅横弧（po-b-po）	306.0	316.0	73	鼻面角（n-ns-∠FH）	—	89.0
48	上面高（n-pr）	—	69.0	74	齿槽面角（ns-pr-∠FH）	—	85.0
	上面高（n-sd）	—	75.0		额侧角（n-m-∠FH）	—	75.0
25	颅矢弧（arc n-o）	365.0	375.0		额侧角（g-m-∠FH）	—	69.0
26	额矢弧（arc n-b）	124.0	129.0		前囟角（g-b-∠FH）	—	38.0
27	顶矢弧（arc b-l）	115.0	119.0	77	鼻颧角（fmo-n-fmo）	143.1	148.8
28	枕矢弧（arc l-o）	130.0	123.0		颧上颌角（zm-ss-zm）	—	126.6
29	额矢弦（chord n-b）	106.0	115.0	75	鼻根点角（ba-n-pr）	—	61.6
30	顶矢弦（chord b-l）	105.6	110.0		上齿槽角（n-pr-ba）	—	77.2
31	枕矢弦（chord l-o）	100.4	100.0	8：1	颅指数	76.3	79.6
5	颅基底长（enba-n）	92.0	102.0	17：1	颅长高指数	—	73.7
40	面基底长（enba-pr）	—	92.0	17：8	颅宽高指数	—	92.6
54	鼻宽（nasal breadth）	—	25.7	54：55	鼻指数	—	45.6
55	鼻高（n-ns）	—	56.3	52：51	眶指数（mf-ek）左	—	74.5
51	眶宽（mf-ek）左	—	44.3		眶指数（mf-ek）右	—	79.4
	眶宽（mf-ek）右	—	43.7	52：51a	眶指数（d-ek）左	—	79.1
51a	眶宽（d-ek）左	—	41.7		眶指数（d-ek）右	—	87.8
	眶宽（d-ek）右	—	39.5	9：08	额宽指数	69.8	66.1
52	眶高左	—	33	40：5	面突指数	—	90.2
	眶高右	—	34.7	48：46	中面指数（pr）	—	78.0
43	两眶外宽（fmt-fmt）	101.2	107.4		中面指数（sd）	—	71.7
43（1）	两眶内宽（fmo-fmo）	92.5	99.1	16：07	枕骨大孔指数	—	75.2

注：—表示该项无法测量，数值缺失。

　　肢骨仅06QSM2、06QSM8、07QSM19三例保存较好,可进行测量。这三例个体均为成年女性,肢骨测量数据如下(表4)。

表4　孔头沟遗址宋家墓地出土肢骨的主要测量项目

单位：mm(长度); %(指数)

项　　　目	单　位　号					
	06QSM2		06QSM8		07QSM19	
	左侧	右侧	左侧	右侧	左侧	右侧
肱骨全长	—	—	—	—	—	—
肱骨体中部最大径	—	—	18.7	19.1	19.6	—
肱骨体中部最小径	—	—	13.5	15.3	16.0	—
肱骨体最小周长	—	—	49.0	50.0	59.0	—
肱骨干横断面指数	—	—	72.9	80.1	81.6	—
肱骨粗壮指数	—	—	—	—	20.8	—
尺骨最大长	—	—	—	—	224.0	—
尺骨生理长	—	—	—	—	198.0	—
桡骨最大长	—	—	—	210.0	205.0	—
桡骨生理长	—	—	—	205.0	192.0	—
股骨最大长	412.0	415.0	420.0	410.0	413.0	415.0
股骨生理长	404.0	402.0	413.0	404.0	405.0	405.0
股骨体长	—	322.0	350.0	342.0	338.0	—
股骨体上部横径	29.2	29.4	30.7	29.7	33.1	34.2
股骨体上部矢径	23.1	24.5	20.0	20.1	23.1	22.7
股骨体中部横径	23.8	25.0	22.8	23.6	29.0	28.7
股骨体中部矢径	26.0	26.8	24.9	24.6	24.7	25.3
股骨体中部周长	81.0	83.0	77.0	74.0	84.0	83.0
股骨体下部最小矢径	27.6	29.2	26.4	25.7	29.1	28.2
股骨体下部横径	32.9	36.2	33.9	33.1	36.1	34.9
股骨头横径	—	—	37.4	39.3	41.4	39.7
股骨头纵径	41.7	40.5	38.4	40.4	41.1	39.7
股骨长厚指数	20.0	20.6	18.6	18.3	20.7	20.5

续　表

项　目	单　位　号					
	06QSM2		06QSM8		07QSM19	
	左侧	右侧	左侧	右侧	左侧	右侧
股骨粗壮指数	11.6	12.3	10.4	10.8	12.9	12.7
股骨扁平指数	97.1	98.0	87.7	85.2	79.7	79.1
股骨嵴指数	109.2	107.2	109.2	104.2	85.2	88.2
胫骨最大长	345.0	344.0	335.0	—	—	340.0
胫骨生理长	—	322.0	314.8	311.2	321.0	322.0
胫骨全长	—	342.0	334.0	—	—	330.0
胫骨内侧髁踝长	—	344.0	332.0	—	—	336.0
胫骨中部最大径	27.6	28.6	27.1	28.6	30.1	27.7
胫骨中部横径	20.7	20.2	19.4	21.6	22.8	21.6
胫骨滋养孔处矢径	32.4	32.7	29.1	30.9	31.8	30.6
胫骨滋养孔处横径	25.9	25.2	21.5	22.6	22.4	23.6
胫骨体最小周长	90.0	90.0	78.0	83.0	86.0	85.0
胫骨指数	82.0	78.0	75.0	80.0	78.0	77.0
胫骨长厚指数	—	22.8	22.5	—	—	23.3
胫骨中部横断面指数	75.0	70.6	71.6	75.5	75.7	78.0
胫股指数	—	80.1	76.2	77.0	79.3	79.5

注：—表示该项无法测量，数值缺失。

　　根据肢骨长度与身高间的比例关系，我们对个体身高进行推算。考虑到股骨对身高的贡献最大且这三例个体的股骨保存状况较好，本文以股骨最大长推算身高，所用公式有：

　　1. 张继宗推算中国汉族女性身高的公式[1]（记为公式A）：

　　身高 = 左侧股骨最大长（mm）× 2.671 + 483.913（mm）

　　身高 = 右侧股骨最大长（mm）× 2.752 + 459.290（mm）

　　2. 推算黄种女性身高的公式[2]（记为公式B）：

　　身高 = 股骨最大长（cm）× 3.71 + 5（cm）

---

[1] 张继宗：《中国汉族女性长骨推断身高的研究》，《人类学学报》2001年第4期。
[2] 陈世贤：《法医骨学》，群众出版社，1980年，第227页。

将06QSM2、06QSM8、07QSM19两侧股骨最大长代入不同公式可得身高推算结果（表5）。06QSM2身高为158.41～159.29 cm，06QSM8身高为158.97～159.67 cm，07QSM19身高为158.59～159.42 cm。无论采用哪种推算公式，这三例个体的身高都十分接近，在158～160 cm之间。

表5 孔沟头遗址宋家墓地女性的身高推算结果（cm）

公式	单 位 号								
	06QSM2			06QSM8			07QSM19		
	左侧	右侧	平均	左侧	右侧	平均	左侧	右侧	平均
公式A	158.44	160.14	159.29	160.57	158.76	159.67	158.70	160.14	159.42
公式B	157.85	158.97	158.41	160.82	157.11	158.97	158.22	158.97	158.59

3. 病理现象

由于宋家墓地出土人骨的保存状况很差，我们观察到的骨骼病理现象很少，主要有龋齿、退行性病变和骨髓炎三种。

3.1 龋齿

龋齿是在以细菌为主的多种因素影响下，牙体硬组织发生慢性进行性破坏的一种疾病，病理改变涉及牙釉质、牙本质和牙骨质。作为一种最常见的口腔疾病，龋齿多发于齿冠和齿根部位，主要表现为牙齿表面有模糊的斑点或形成孔洞。

我们在4例个体的7颗牙齿上观察到不同程度的龋齿。其中，06QSM3的右下M3殆面深龋。07QSM9左上M1仅剩残根，右上M1近残冠，上P牙颈部浅龋。07QSM19右下P1殆面浅龋，右下P2仅剩残根。07QSM21的右上M1深龋。

3.2 脊柱退行性病变

脊柱退行性病变是脊柱受压的结果，涉及椎体、椎间盘、关节突关节、韧带结构和肌肉组织。其中，椎间盘退变对整个脊柱影响最为重要，会导致椎间隙变窄，椎体前后纵韧带及纤维环张力减弱，椎体间稳定性降低。此时，椎体周缘会增生唇形骨赘，以扩大接触面积增加稳定性。

孔头沟遗址宋家墓地出土椎骨数量很少且残损严重。07QSM19腰椎可见轻至中度退行性病变，椎体边缘增生唇形骨赘，可确诊为脊柱退行性病变，其余个体因保存状况太差无法判断。

3.3　骨髓炎

骨髓炎是一种由微生物感染引起的伴有骨组织破坏的急性或慢性炎症。骨髓炎早期以破坏和坏死为主,骨皮质内层坏死后形成死骨片,骨膜反应生成新骨称为"包壳",包裹着感染骨和坏死骨。之后,包壳出现缺损形成骨瘘和窦道,引流脓液。古病理中一般以骨骼上出现窦道或在死骨外围生成骨包壳出现作为诊断骨髓炎的证据。

我们在宋家墓地人骨中发现了一例骨髓炎病例,即06QSM2。该个体为30岁左右的女性,左侧胫骨下端残损,右侧胫骨基本完整(图1,1)。两侧胫骨上部骨质明显肥大,有数个大小、深浅不一的近圆形窦道,骨皮质表面可见骨膜反应形成的新生骨,有密集的针尖状孔隙(图1,2、3)。右侧胫骨下部也见类似症状,但不如上部显著(图1,3)。

为了了解06QSM2两侧胫骨髓腔的内部情况,我们委托中国计量科学研究院医学计量中心拍摄X光DR影像,所用仪器为德国YXLON-450 kV光机,参数为管电压70 kV、管电流2.35 mA。从不同窗宽窗位下的DR影像(图2)来看,该个体的两侧胫骨中上段骨皮质增厚、密

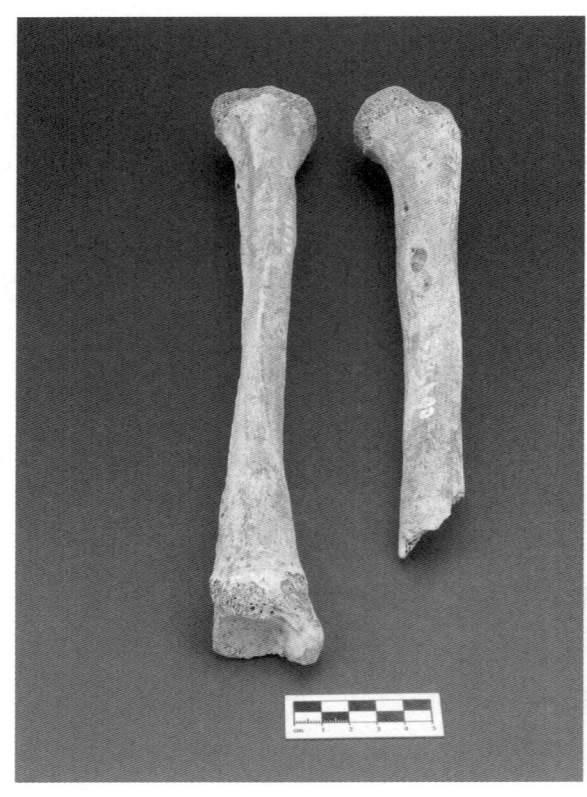

2

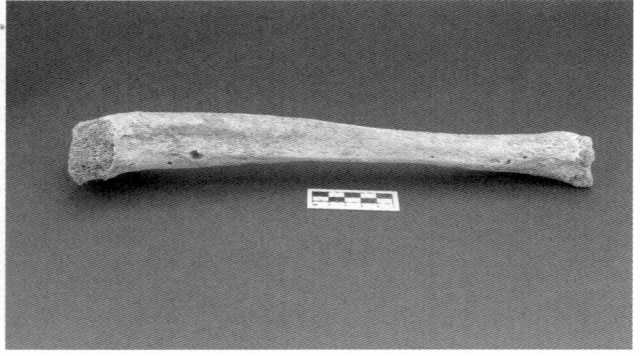

3

1

图1　孔头沟遗址宋家墓地06QSM2出土两侧胫骨骨髓炎

1.两侧胫骨　2.左侧胫骨内侧面上部　3.右侧胫骨外侧面

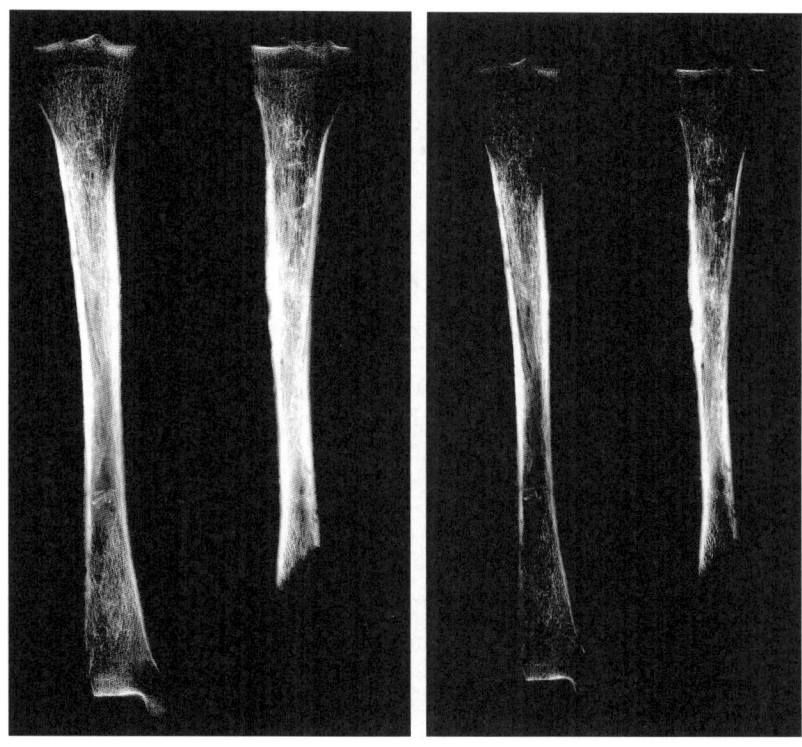

图2　孔头沟遗址宋家墓地06QSM2出土两侧胫骨的DR影像

度增高,内外侧有虫蚀样改变;骨松质内可见斑片状骨质破坏区;髓腔变窄并有大小不等的死骨片。从窦道和死骨片的数量及大小来看,该个体的骨髓炎已发展到非常严重的程度。

4. 稳定同位素分析

为了解宋家墓地人群生前的饮食结构与营养状况,我们对保存较好的06QSM2、06QSM8、07QSM9、07QSM19四例个体进行了C、N稳定同位素分析。在此之前,凌雪曾对06QSM3墓主进行过C、N稳定同位素分析[①]。Christina Cheung等人曾对疑似宋家墓地的06QSM2、07QSM9墓主进行过C、N、S元素稳定同位素分析[②]。

4.1　骨胶原制备与样品测试

首先,选取约0.5 g的骨样去除表面污染物,粉碎为小块清洗后浸入0.5 mol/L的HCl溶液

---

① 凌雪将06QSM3认定为"周公庙遗址人骨样品",但从单位号及备注"宋家墓地"来看,该单位应属于孔头沟遗址宋家墓地而非周公庙遗址。参见凌雪:《秦人食谱研究》,西北大学博士学位论文,2010年,第103页。

② 原文中单位号分别为08QSM2、08QSM9,归为周原遗址,但经核对应属于孔头沟遗址宋家墓地。参见 Cheung C, Jing Z, Tang J, et al. Social dynamics in early Bronze Age China: A multi-isotope approach. *Journal of Archaeological Science: Reports*, 2017, 16: 90−101.

中，期间溶液呈近中性时更换新的酸液。数天后待样本漂浮或呈半透明状态时，洗至中性后加入1%NaOH溶液，静置约20分钟后洗至中性。再用0.5 mol/L的HCl溶液浸泡20分钟后，洗至中性。转移骨样至锥形瓶中，加入15 ml的去离子水并用1 mol/L的HCl溶液调整至pH值在2～3之间，以90℃高温水解。将水解后溶液离心，取上清液冷冻干燥，收集明胶化的骨胶原，称重并计算骨胶原提取率（骨胶原重量/骨样重量）。

样品测试在北京大学考古文博学院科技考古实验室中进行。使用Vario PYRO cube元素分析仪测量碳氮含量及碳氮比，使用IsoPrime100稳定同位素质谱仪测量碳氮稳定同位素比值。校正所用的国际标准样品为IAEA600和USGS41。C、N稳定同位素比值分别以相对VPDB的$\delta^{13}C$值和相对N_2（气态）的$\delta^{15}N$值表示，仪器重复测量的误差分别为±0.15‰和±0.20‰。测试所得数据见表6。

表6　孔头沟遗址宋家墓地出土人骨的稳定同位素测试数据

样品编号	单位号	取样部位	骨胶原提取率(%)	C(%)	N(%)	C/N	$\delta^{13}C$(‰)	$\delta^{15}N$(‰)
BA180890	06QSM8	桡骨	6.32	39.58	14.58	3.17	−8.46	9.39
BA180893	07QSM19	尺骨	11.51	24.90	9.23	3.15	−10.31	7.35
BA180894	07QSM9	肱骨	16.37	41.42	15.43	3.13	−10.24	11.10
BA181081	06QSM2	胫骨	5.95	19.58	7.55	3.03	−8.55	7.59

4.2　污染样品的鉴别

此次所有样品都成功提取出骨胶原，骨胶原提取率在6.32%～16.37%之间，平均值为10.04%。这与现代样品中骨胶原含量（约20%）相比有较大差距，说明宋家墓地人骨在埋藏过程中发生了不同程度的降解。参考Ambrose[①]、DeNiro[②]等人的研究，当骨胶原提取率为0.5%～22%，骨胶原中C含量为15.3%～47.0%、N含量为5.5%～17.3%，C/N摩尔比在2.9～3.6范围内可视为未污染样品。据此，此次所测四例样品都未被污染，可用作后续分析。

4.3　数据分析

以宋家墓地人骨样品的$\delta^{13}C$、$\delta^{15}N$值做散点图可得图3。从表6、图3可知，宋家墓地人骨

---

① Ambrose S. H. Preparation and characterization of bone and tooth collagen for isotopic analysis. *Journal of Archaeological Science*, 1990(17): 431−451.

② DeNiro M. J. Postmortem preservation and alteration of in vivo bone collagen isotope ratios in relation to palaeodietary reconstruction. *Nature*, 1985, 317: 806−813.

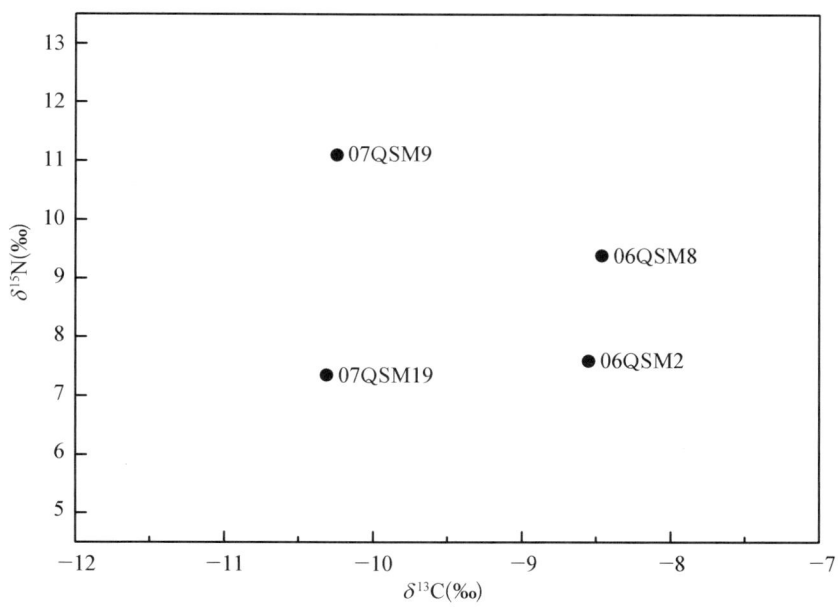

图3　孔头沟遗址宋家墓地出土人骨的δ^{13}C、δ^{15}N值散点图

δ^{13}C值分布比较集中,范围为−8.46‰～−10.31‰,平均值为−9.39‰。这说明宋家墓地西周先民的日常植物性食物以C_4类为主并包含少量C_3类。根据相邻周原遗址的植物浮选结果,该地区龙山时代已实行多种谷物种植制度,先周时期以粟、黍为主并有较多的小麦和大豆[1]。因此,孔沟头遗址宋家墓地人群日常食用的C_4类应为粟、黍类农作物,少量C_3类可能是小麦、大豆或野生植物。

与此不同的是,宋家墓地不同个体间的δ^{15}N值差异较大(图3),范围为7.35‰～11.10‰,平均值为8.86‰(表6)。其中,07QSM19和06QSM2两例个体δ^{15}N值最低,在7.5‰左右,说明日常食物中几乎不含动物蛋白;06QSM8个体的δ^{15}N值高于9‰,说明生前摄入了一定的动物蛋白;而07QSM9个体的δ^{15}N值高达11.1‰,说明生前摄入了丰富的动物蛋白,其来源除各类家畜外可能还有营养级更高的奶制品或淡水鱼类等。

从这四例人骨样品的δ^{13}C、δ^{15}N值来看,孔沟头遗址西周居民的饮食结构与社会等级密切相关,高级贵族的营养状况明显优于普通平民。07QSM9为单墓道大墓,虽被盗扰严重但仍残存许多随葬品,包括青铜器、玉石器、骨角器、蚌贝器等,墓主身份应与诸侯国君或王室重臣地位相当[2]。而其余三例人骨所在墓葬均为长方形竖穴土坑墓,墓室面积不足4平方米,随葬品仅有1～2件陶器,身份属于普通平民。与普通平民相比,07QSM9墓主的δ^{13}C值较低而δ^{15}N值很

---

① 周原考古队:《周原遗址(王家嘴地点)尝试性浮选的结果及初步分析》,《文物》2004年第10期。
② 陕西省考古研究院、北京大学考古文博学院:《陕西岐山县孔头沟遗址西周墓葬M9的发掘》,《考古》2022年第4期。

高,说明其生前食物除粟、黍等作物外还包含较多 C$_3$ 类植物,肉类及其他高蛋白食物的摄入量也更多,在食物多样性及营养性方面都更加优越。

5. 结语

孔头沟遗址宋家墓地 2006～2008 年发掘出土人骨共 17 例,保存状况较差。其中,15 例个体可鉴定性别,男性(包含疑似)3 例、女性(包含疑似)12 例,女性显著多于男性。17 例个体中除 2 例属于未成年外其余均已成年,死亡年龄集中在 40～50 岁的中年期。

我们对保存较好的 2 例个体的颅骨及 3 例个体的肢骨进行了观察和测量,并根据股骨最大长对 06QSM2、06QSM8、07QSM19 三例女性个体的身高进行推算。结果显示,这三例个体的身高非常接近,在 158～160 cm 之间。人骨所见病理现象有龋齿、椎骨退行性病变及骨髓炎。从 X 光 DR 影像来看,06QSM2 两侧胫骨的骨髓炎非常严重。

我们对 4 例人骨样品进行了 C、N 稳定同位素测试。数据显示,孔头沟遗址西周居民日常的植物性食物以 C$_4$ 类(粟、黍等)为主并含有少量 C$_3$ 类,δ^{15}N 值高低与社会等级密切相关。07QSM9 墓主作为高级贵族,δ^{15}N 值显著高于普通平民,摄入的肉类及其他高蛋白食物更多,营养状况更好。

附录五　宋家墓地人骨碳十四年代测定报告

闫　欣(国家文物局考古研究中心与北京大学考古文博学院
　　　考古年代学联合实验室,国家文物局考古研究中心)

林怡娴(国家文物局考古研究中心与北京大学考古文博学院
　　　考古年代学联合实验室,北京大学考古文博学院)

潘　岩(国家文物局考古研究中心与北京大学考古文博学院
　　　考古年代学联合实验室,北京大学考古文博学院)

吴小红(国家文物局考古研究中心与北京大学考古文博学院
　　　考古年代学联合实验室,北京大学考古文博学院)

　　根据孔头沟遗址宋家墓地出土陶器类型分期,从西周早、中、晚期墓葬保存状况较好的人骨中选取样本进行碳十四年代测定。本次共从8座墓葬中各选取了1件人骨样品,最终得到8个碳十四年代数据。测年样本出土背景、墓葬分期与体质人类学鉴定见表1。

表1　孔头沟遗址宋家墓地碳十四测年样本

分期	出土单位	样品原编号	测年材料	性别	年龄	采样部位
一期(西周早期)	M1	06QSM1	人骨	?	3～8岁	肱骨
	M3	06QSM3	人骨	女	25～30岁	肱骨
	M4	06QSM4	人骨	女	成年	腓骨
	M8	06QSM8	人骨	女	18±	尺骨
	M15	07QSM15-个体2	人骨	男?	成年	肋骨
二期(西周中期)	M9	07QSM9	人骨	男	50±	下颌
三期(西周晚期)	M10	07QSM10	人骨	男	35～40	肱骨
	M19	07QSM19	人骨	女	45±	腓骨

　　在国家文物局考古研究中心与北京大学考古文博学院考古年代学联合实验室完成了样品前处理、纯化和石墨制备,在北京大学重离子物理研究所加速器质谱实验室完成了碳十四测量。实验流程[①]如下:首先机械清除人骨样本表面污染物,破碎后用0.5 mol/L HCl溶液处

————————

① WW/T 0043-2012碳十四年代测定骨质样品的处理方法。

理1～2天,直到所有骨骼矿物完全溶解。用超纯水清洗,直至pH=7。再用1% NaOH溶液处理20分钟,用超纯水清洗,至pH=7。再用0.5 mol/L HCl处理20分钟,除去碱溶液处理过程中从空气吸收的CO_2,用超纯水清洗,使溶液pH=3。将不溶于酸的组分与pH=3的HCl溶液置于80℃保温20小时,使其中的骨胶原水解为明胶,过滤,取清液冷冻干燥,得到明胶。称取3～4 mg处理好的明胶放入预先处理过的石英管中,与预先处理过的氧化铜一起真空密封,后置于900℃高温燃烧。将石英管中生成的气体在真空系统上进行纯化,得到纯净的CO_2,在预先活化的铁粉的催化作用下与H_2反应,得到石墨。用加速器质谱测量石墨中的碳14含量,经过数据处理后,得出样品的碳十四年代(BP),再根据IntCal 20校正曲线[1],利用OxCal软件[2]进行校正,得出样品的日历年代。测年结果见表2。

表2   孔头沟遗址宋家墓地人骨碳十四年代数据表

实验室编号	样品原编号	碳十四年代（BP）	日 历 年 代	
			1σ（68.3%）	2σ（95.4%）
BA221341	06QSM1	2 815 ± 20	998BC（68.3%）930BC	1042BC（0.4%）1039BC 1015BC（95.0%）906BC
BA221342	06QSM3	2 815 ± 20	998BC（68.3%）930BC	1042BC（0.4%）1039BC 1015BC（95.0%）906BC
BA221343	06QSM4	2 850 ± 25	1050BC（58.3%）976BC 952BC（10.0%）935BC	1110BC（95.4%）926BC
BA221344	06QSM8	2 780 ± 25	982BC（68.3%）898BC	1006BC（78.9%）892BC 880BC（16.5%）836BC
BA221345	07QSM9	2 770 ± 20	970BC（8.5%）956BC 932BC（41.3%）896BC 871BC（18.4%）843BC	984BC（95.4%）834BC
BA221346	07QSM10	2 715 ± 20	898BC（37.1%）866BC 848BC（31.2%）822BC	904BC（95.4%）814BC
BA221347	07QSM15-个体2	2 820 ± 25	1006BC（68.3%）930BC	1047BC（5.0%）1027BC 1021BC（90.4%）906BC
BA221348	07QSM19	2 730 ± 20	898BC（8.1%）891BC 882BC（60.1%）833BC	914BC（95.4%）820BC

---

① Reimer, P., Austin, W., Bard, E., Bayliss, A., Blackwell, P., Bronk Ramsey, C., Butzin, M., Cheng, H., Edwards, R., Friedrich, M., Grootes, P., Guilderson, T., Hajdas, I., Heaton, T., Hogg, A., Hughen, K., Kromer, B., Manning, S., Muscheler, R., Palmer, J., Pearson, C., van der Plicht, J., Reimer, R., Richards, D., Scott, E., Southon, J., Turney, C., Wacker, L., Adolphi, F., Büntgen, U., Capano, M., Fahrni, S., Fogtmann-Schulz, A., Friedrich, R., Köhler, P., Kudsk, S., Miyake, F., Olsen, J., Reinig, F., Sakamoto, M., Sookdeo, A., & Talamo, S. (2020). The IntCal20 Northern Hemisphere radiocarbon age calibration curve (0–55 cal kBP). *Radiocarbon, 62*.
② Christopher Bronk Ramsey (2021), https://c14.arch.ox.ac.uk/oxcalhelp/hlp_contents.html.

　　校正后的数据见图1（彩版三〇九，1）。孔头沟遗址宋家墓地共分为三期，将所有数据根据墓葬分期进行了排列，校正结果如图1，1所示。一期的五个墓葬的数据（M1、M3、M4、M8、M15）一致性较高，在95%的置信度下通过卡方检验（χ^2 test：df=4 T=4.0（5% 9.5）），平均日历年代95.4%的置信区间为1010 BC到920 BC，平均年龄的中位数为965 BC（图1，2）。二期只有一个墓葬数据（M9），日历年代95.4%的置信区间为980 BC到830 BC，中位数为912 BC。三期的两个墓葬数据（M10、M19）一致性较高，在95%的置信度下通过卡方检验（χ^2 test：df=1 T=1.0（5% 3.8）），平均日历年代95.4%的置信区间为900 BC到820 BC，平均年龄的中位数为864 BC（图1，3）。

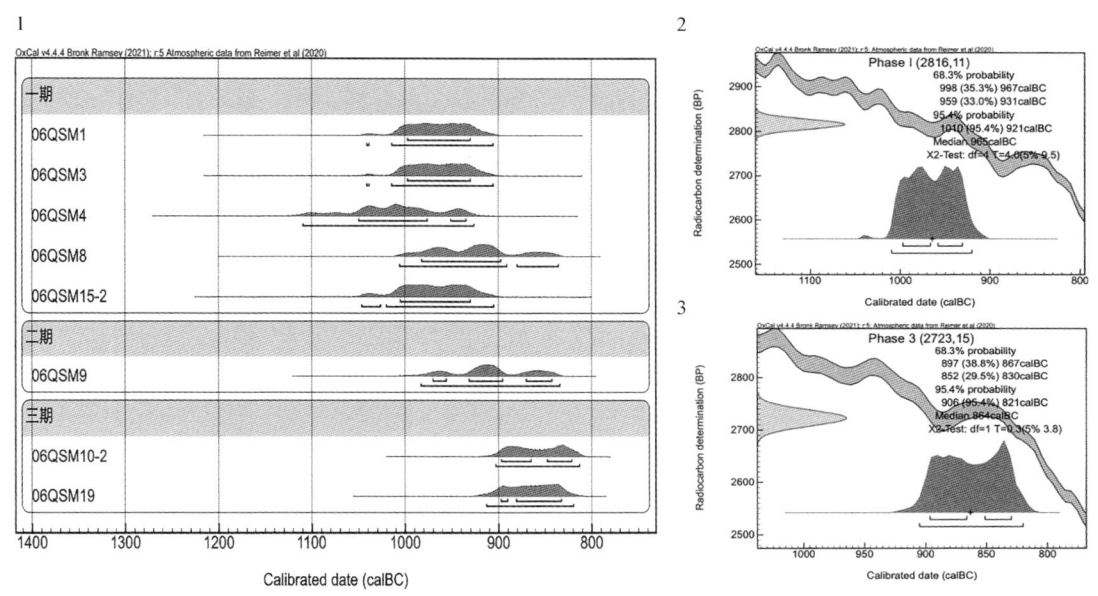

图1　孔头沟遗址宋家墓地出土人骨碳十四年代校正结果

　　总之，孔头沟遗址宋家墓地的人骨碳十四年代测定结果显示，其数据的早晚关系与墓地分期一致。每一期的不同墓葬日历年代结果一致性较高，且不同分期之间的早晚关系较为明确。其中M8测量的平均值较年轻，但在一个标准差内仍与一期其他墓葬数据在统计学上一致。从未经校正的碳十四年代数据来看，孔头沟遗址宋家墓地三期（M10、M19，西周晚期偏早）的平均碳十四年代为2 723±15年（图1，3），与已发表数据对比，与琉璃河墓地西周晚期偏早阶段年代相当（M1045，ZK5822，碳十四年代2 713±37年BP），与天马曲村西周中期偏晚阶段年代相当（Ⅳ H402，SA98020，碳十四年代2 711±45年BP；SA98021，碳十四年代2 743±62年BP）[1]。或许说明不同地区西周时期考古学文化发展进度同频且略有早晚。

---

[1]　夏商周断代工程专家组：《夏商周断代工程1996—2000年阶段成果报告：简本》，世界图书出版公司北京公司，2000年。

附录六　宋家墓地马坑出土马骨鉴定与研究报告[①]

刘一婷(武汉大学历史学院,武汉大学长江文明考古研究院)

谢紫晨(武汉大学历史学院)

王　洋(武汉大学历史学院,陕西省考古研究院)

种建荣(陕西省考古研究院)

雷兴山(首都师范大学历史学院)

孔头沟遗址宋家墓地3座马坑均未遭盗扰,马骨保存较好,基本按照个体进行了收集,共出土14匹马,为全面的动物考古学研究提供了良好的基础。本文将从性别、年龄、肩高、骨骼异常等方面对这些马骨进行分析,并结合以往发表的马坑材料及考古背景,对周原地区西周墓地葬马制度进行初步探讨。

1. 材料与鉴定

1.1　马坑概况

孔头沟遗址宋家墓地发掘的三座马坑编号为M12、M20、M23,马坑具体情况如下:

(1)M12葬马2匹,骨架保存基本完整,自北向南编号为马1和马2,两具马骨摆放整齐,均头向东,马2部分肢体叠压于马1上,推测为死后埋葬。

(2)M20葬马2匹,骨架保存基本完整,自北向南编号为马1和马2,两马头向不一,马身相互叠压,肢骨交错,作挣扎状,推测将活马直接推入坑中埋葬。

(3)M23葬马10匹,编号为马1~马10。室内整理时发现还有少量未能对应编号的马牙与肢骨,另编为马a~马d,但从最小个体数看仍是10匹马,故马a~马d应属于有编号的10匹马。马骨头向不一,马身相互叠压,肢骨交错,部分马作挣扎状。在靠近坑壁处发现可能为捆绑马匹所用的绳索,推测为活马直接推入坑中埋葬。

1.2　鉴定结果

马骨的鉴定参考了《动物骨骼图谱》[②],测量参考了《考古遗址出土动物骨骼测量指南》[③],

① 刘一婷、谢紫晨、王洋、种建荣、雷兴山:《陕西岐山孔头沟遗址马坑出土马骨的鉴定与研究》,《南方文物》2022年第6期。

② [瑞士]伊丽莎白·施密德著,李天元译:《动物骨骼图谱》,中国地质大学出版社,1992年。

③ [德]安格拉·冯登德里施著,马萧林、侯彦峰译:《考古遗址出土动物骨骼测量指南》,科学出版社,2007年。

现将鉴定结果公布如下。

（1）性别鉴定

马的性别一般根据犬齿的有无、大小以及盆骨形态来判断。孔头沟遗址中，马盆骨的保存状况不好，因此主要依据犬齿的有无及大小进行判断，雄性犬齿发育，而雌性无犬齿或者极小。

M12马1、M20马1、M20马2、M23马1、M23马2、M23马3、M23马4、M23马a均有犬齿，为雄性个体。M12马2门齿、颊齿保存较好，不见犬齿，但无法确定是保存收集问题还是确无犬齿。其他个体情况不明。

（2）年龄判断

马匹年龄的鉴定主要依据马切齿的萌出及磨蚀情况以及骨骼的愈合情况，牙齿的萌出和磨损状况能比较准确反映马的年龄，特别是下切齿在生长磨灭中的变化易于观察，一般将其作为判断年龄的主要依据[①]。参考《马体解剖图谱》，对存有下切齿的马匹进行了年龄判断（表1）。

表1 宋家墓地马匹的年龄判断

马坑	马匹	年 龄 鉴 别 特 征	年龄判断
M12	马2	下切齿i3呈圆三角形，齿坎痕为小圆形，即将消失	13岁
M20	马1	下切齿i1呈三角形，齿坎痕已消失；i2呈圆三角形，齿坎痕已消失；i3呈不正椭圆形，齿坎痕刚刚消失。上切齿I1齿坎痕未磨灭	15岁
	马2	切齿I2呈不正椭圆形，黑窝呈长椭圆形	5岁
M23	马2	下切齿i1呈三角形，齿坎痕已消失；i2呈圆角梯形，齿坎痕已消失；i3呈圆三角形，齿坎痕刚刚消失。上切齿I1齿坎痕未磨灭	15岁
	马3	下切齿i1呈梯形，黑窝消失，齿坎痕为长条形；i2呈梯形，黑窝消失，齿坎痕为椭圆形；i3呈斜三角形，黑窝明显，中等磨蚀，骨骺均已愈合	7岁
	马4	下切齿i1呈梯形，齿坎痕为长条形，黑窝正在消失	6岁
	马6	骨骺均已愈合	大于3.5岁
	马7	骨骺均已愈合	大于3.5岁
	马8	骨骺均已愈合	大于3.5岁
	马a	下切齿i1呈三角形，齿坎痕已消失；i2呈圆角梯形，齿坎痕已消失；i3呈圆三角形，齿坎痕刚刚消失。上切齿i1齿坎痕未磨灭	15岁
	马d	骨骺均已愈合	大于3.5岁

---

① 中国人民解放军兽医大学：《马体解剖图谱》，吉林人民出版社，1979年，第212～221页。

但是部分马匹仅存臼齿,给马匹年龄的判断带来了困难。Levine提出过西欧上更新世马骨的齿冠高度与年龄对应标准[1],根据这一标准,我们对仅存有臼齿的个体进行判断,判断结果如表2:

表2 宋家墓地马齿冠高度(单位:毫米)与年龄判断

测量部位		M12马1	M23马1	M23马5	M23马b	M23马c
齿冠高(毫米)	上颌P2	17.41	48.44	—	—	56.27
	上颌P3	26.41	68.31	61.14	74.03	83.12
	上颌P4	23.27	76.22	66.74	83.88	78.88
	上颌M1	14.76	67.34	56.07	76.84	72.56
	上颌M2	20.36	77.63	—	84.45	
	上颌M3	23.38	70.74	—	—	—
	下颌p2	12.56	—	—	49.41	—
	下颌p3	11.95	—	57.96	—	—
	下颌p4	21.25	—	—	—	—
	下颌m1	—	—	56.64	71.25	—
	下颌m2	27.47	—	61.51	77.71	—
	下颌m3	28.74	—	—	—	—
	年龄判断	15岁	5.5岁	7岁	4.5岁	4.5岁

(3)形态特征

经过与现代家马骨骼的形态对比,孔头沟马骨的形态与现代家马接近。

为保证数据的完整性,下文按照马的个体对主要的测量数据进行公布[2]。刘羽阳曾对商周时期的甘肃马家塬、毛家坪、陕西枣树沟脑、新疆东黑沟、河南安阳殷墟等5处遗址出土的100余匹马骨进行测量,总结出中国商周时期家马的尺寸范围[3]。孔头沟的绝大多数马牙齿和肢骨处于这一范围内,且属于家马里较大的尺寸,个别测量数据大于这一范围(表3～表6)。

---

[1] Levine M., *Archaeo-zoological analysis of some Upper Pleistocene horse bone assemblages in Western Europe*. Cambridge: University of Cambridge, 1979: 348–349.

[2] 由于版面限制,选择左侧数据进行公布,如无左侧,则选择右侧。

[3] 刘羽阳:《先秦时期家马研究》,中国社会科学院研究生院博士学位论文,2013年。

表3 孔头沟遗址马匹与中国古代家马上颌颊齿的比较 （单位：毫米）

测量部位	P2		P3		P4		M1		M2		M3	
	长	宽	长	宽	长	宽	长	宽	长	宽	长	宽
M12 马 1	36.68	21.53	28.41	26.12	26.61	27.36	22.31	27.83	23.91	26.39	29.23	24.26
M12 马 2	39.41	29.06	29.29	28.62	27.07	30.56	23.41	28.37	23.63	27.74	30.06	24.8
M20 马 1	36.92	25.42	27.05	26.15	25.18	26.87	21.65	25.72	27.34	26.88	31.79	23.77
M20 马 2	38.63	27.66	30.34	28.67	27.53	30.27	23.38	28.72	24.55	25.05	28.66	23.86
M23 马 1	37.59	23.98	29.34	26.95	27.56	26.79	26.09	27.09	—	—	24.34	20.34
M23 马 3	35.62	21.61	28.98	28.22	27.89	27.45	24.76	26.54	26.06	25.97	27.92	21.98
M23 马 4	—	—	28.93	27.18	27.35	26.09	24.94	25.42	25.78	25.31	23.97	20.05
M23 马 5	—	—	29.32	26.19	27.22	25.59	24.37	25.03	—	—	27.15	21.82
M23 马 a	35.62	21.61	26.07	25.86	26.37	26.68	20.65	24.76	21.28	24.83	27.43	23.15
M23 马 b	—	—	33.18	28.42	30.11	28.29	27.86	28.35	28.37	26.67	—	—
M23 马 c	37.97	26.06	27.69	26.04	28.81	26.04	26.41	26.32	—	—	26.44	20.95
中国古代家马	26.72 ~ 42.80	19.53 ~ 27.18	24.70 ~ 33.99	21.73 ~ 29.05	22.83 ~ 33.32	19.64 ~ 29.93	19.90 ~ 33.21	20.80 ~ 28.04	21.00 ~ 32.68	21.12 ~ 27.16	22.24 ~ 33.85	18.37 ~ 25.98

表4 孔头沟遗址马匹与中国古代家马下颌颊齿的比较 （单位：毫米）

测量部位	p2		p3		p4		m1		m2		m3	
	长	宽	长	宽	长	宽	长	宽	长	宽	长	宽
M12 马 1	32.41	16.67	27.33	19.19	25.46	21.03	22.02	19.57	24.03	18.24	31.43	16.13
M12 马 2	34.75	16.81	28.36	19.23	27.67	19.31	25.69	18.57	24.25	17.96	31.89	15.43
M20 马 1	30.15	16.79	26.68	18.48	24.46	18.1	21.87	16.28	26.3	16.01	29.18	14.41
M20 马 2	—	—	30.71	18.98	—	—	25.11	17.89	26.99	17.24	—	—
M23 马 1	—	—	—	—	—	—	—	—	—	—	28.53	12.81
M23 马 3	34.71	15.91	28.58	19.09	28.14	18.53	24.98	17.21	24.89	15.29	31.18	13.43
M23 马 4	32.75	16.55	—	—	—	—	25.92	16.89	26.73	15.94	27.75	12.52
M23 马 5	—	—	27.46	17.63	—	—	23.93	16.54	24.43	15.6	—	—
M23 马 a	32.35	14.29	25.18	16.69	24.87	18.19	21.59	16.82	22.67	15.76	31.41	12.77
M23 马 b	34.87	16.42	30.75	20.1	30.96	18.77	27.27	17.94	27.55	16.64	26.93	13.84
中国古代家马	27.15 ~ 37.52	12.32 ~ 16.65	22.90 ~ 32.89	12.30 ~ 18.66	21.68 ~ 30.80	12.66 ~ 18.59	17.87 ~ 35.81	9.83 ~ 17.18	21.01 ~ 32.69	9.81 ~ 16.39	25.11 ~ 35.56	10.44 ~ 14.86

表5　孔头沟遗址马匹前肢骨主要测量数据　　　　　　　　　　　　（单位：毫米）

测量部位	肩胛		肱骨			桡骨			尺骨		掌骨		
	GLP	BG	GL	Bp	Bd	GL	Bp	Bd	DPA	BPC	GL	Bp	Bd
M12马1	—	—	—	—	—	314.17	77.27	69.72	58.76	—	217.46	45.25	46.35
M12马2	91.32	45.86	279.37	88.07	76.5	332.67	81.59	72.18	56.66	40.09	224.81	49.11	48.61
M20马1	89.04	45.27	302.72	90.95	79.7	352.60	78.43	72.2	58.61	36.47	238.07	50.05	49.85
M20马2	93.42	46.51	293.97	90.05	77.7	—	78.71	70.44	58.13	42.46	217.99	48.56	46.77
M23马1	—	—	—	—	—	—	—	—	—	—	—	—	50.61
M23马3	—	—	—	—	—	—	—	—	—	—	212.58	50.26	49.02
M23马4	—	—	—	—	—	—	—	—	—	—	229.91	50.96	49.37
中国古代家马	73.96 ~ 93.41	41.28 ~ 54.74	272.6 ~ 309.25	79.62 ~ 92.71	63.54 ~ 86.26	319.00 ~ 341.45	74.01 ~ 83.99	60.35 ~ 78.03	57.29 ~ 64.44	36.54 ~ 48.46	216.00 ~ 237.26	39.17 ~ 53.96	47.49 ~ 53.96

表6　孔头沟遗址马匹后肢骨主要测量数据　　　　　　　　　　　　（单位：毫米）

测量部位	股骨		胫骨			距骨			跟骨		距骨
	GL	Bd	GL	Bp	Bd	GL	Bp	Bd	GL	GB	GLI
M12马1	—	—	325.01	—	67.25	—	—	—	—	—	—
M12马2	383.06	90.34	335.07	90.79	73.19	269.86	49.92	48.76	105.78	51.96	57.44
M20马1	—	—	366.56	—	75.12	278.89	51.25	48.94	—	—	58.02
M20马2	389.77	88.63	314.61	87.55	69.02	261.97	48.12	46.67	108.19	51.08	57.61
M23马1	397.22	86.67	—	—	—	259.69	51.55	51.28	111.76	50.81	60.71
M23马2	—	—	—	—	—	269.59	49.07	48.13	—	—	—
M23马3	—	—	—	—	—	268.33	45.84	49.32	111.27	—	58.12
M23马4	—	—	—	—	—	—	50.95	49.62	115.53	55.38	60.77
M23马5	—	—	—	—	—	—	—	—	—	—	63.03
M23马6	—	97.32	—	103.04	—	—	—	—	—	—	62.42
M23马7	—	96.41	360.46	—	—	272.98	—	52.46	116.27	53.22	—
M23马8	—	—	369.33	—	75.87	—	—	—	112.64	54.46	—
M23马d	—	—	—	—	73.99	279.33	50.21	49.46	—	—	—
中国古代家马	359.00 ~ 400.00	84.6 ~ 93.77	332.00 ~ 369.81	69.63 ~ 96.97	61.40 ~ 76.75	256.00 ~ 280.39	47.49 ~ 53.72	46.05 ~ 52.92	—	—	—

（4）肩高复原

马匹的肩高是指马的鬐甲顶点到足部的高度，一般有两种方法来复原古代马匹的肩高。一是现场直接测量，二是根据骨骼测量值通过公式来复原。本文使用日本学者林田重幸和山内中平总结的公式来进行计算[1]。

出土的马骨常常不能完整保存，但仅根据单一部位复原肩高可能并不准确。因为根据不同部位复原的肩高，所得数值往往存在较大差异。本文选取了孔头沟宋家墓地、周原姚家墓地马坑M10共六匹肢骨保存较为完整的马，根据不同肢骨推算其肩高（图1；彩版三〇九，2），发现同一匹马的不同肢骨推算出的肩高差异很大，最大相差17厘米之多。为了减少这种误差，我们将所有保存完整肢骨推算的肩高平均值作为马匹的肩高。

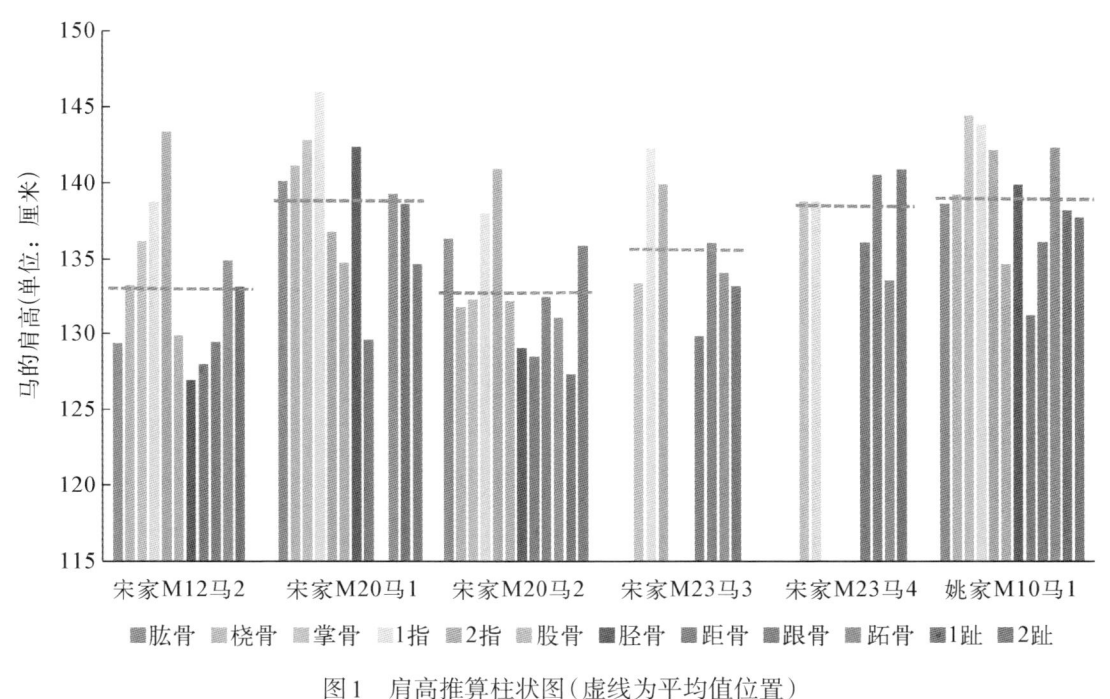

图1　肩高推算柱状图（虚线为平均值位置）

依据上述方法，孔头沟马坑中各匹马的平均肩高如表7。

（5）骨骼异常观察

孔头沟遗址马坑的部分马牙与马骨存在异常。牙齿的异常包括龋齿、磨灭不平、齿折，脊椎、肢骨等则发现有骨质增生、融合等异常现象。

---

[1] ［日］林田重幸、山内忠平：《馬における骨長より体高の推定法》，鹿児島大学農学部学術報告第6号，第146～156页。

表 7　宋家墓地马匹根据肢骨复原的肩高

（单位：厘米）

编号	肱骨	桡骨	掌骨	1指	2指	股骨	胫骨	距骨	跟骨	跖骨	1趾	2趾	平均值
M12 马 1	—	124.94	131.97	136.16	144.12	—	122.18	—	—	—	—	—	131.87
M12 马 2	129.40	133.27	136.18	138.80	143.37	129.88	126.98	128.04	129.46	134.92	133.16	—	133.04
M20 马 1	140.14	141.15	142.85	146.05	136.82	134.77	142.38	129.59	—	139.32	138.67	134.72	138.77
M20 马 2	136.37	131.77	132.29	138.06	141.01	132.19	129.10	128.50	132.50	131.06	127.38	135.96	133.02
M23 马 1	—	—	—	—	—	—	—	136.02	136.66	129.94	140.8	139.42	136.57
M23 马 2	—	—	—	—	—	—	—	—	—	134.79	131.61	134.37	133.59
M23 马 3	—	—	133.45	142.35	139.98	—	—	129.85	136.11	134.17	133.25	—	135.59
M23 马 4	—	—	138.89	138.88	—	—	—	136.15	140.59	133.66	140.99	—	138.19
M23 马 7	—	—	—	—	—	—	137.86	140.58	141.31	136.44	145.59	143.38	140.86
M23 马 8	—	—	—	—	—	—	141.26	139.47	137.62	142.47	142.94	—	140.75
M23 马 d	—	—	—	—	—	—	—	—	—	139.53	—	—	139.53

a. 龋齿

M12马1上颌前臼齿，M20马1上颌前臼齿和第1、2臼齿有龋齿（图2），M23马a上颌左侧P4和右侧M2均为龋齿。龋齿可能与摄入淀粉含量较高食物有关。

b. 磨灭不正

M20马1左侧牙齿磨灭不正，下颌p2～m3的咀嚼面为波状，与右侧正常下颌形成明显对比（图3）。此种症状常见于大于6岁的马，老马尤其严重。

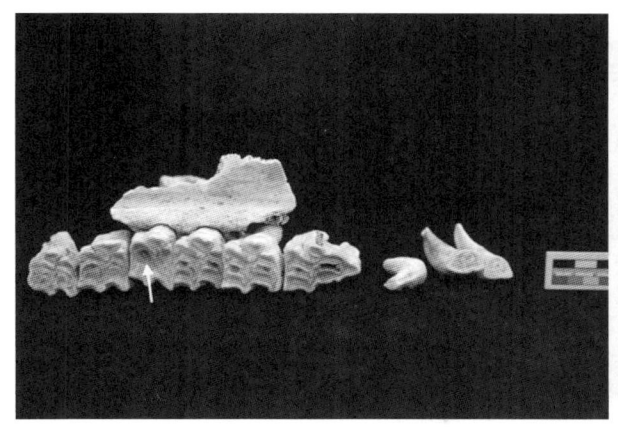

图2　M20马1左侧上颌牙齿

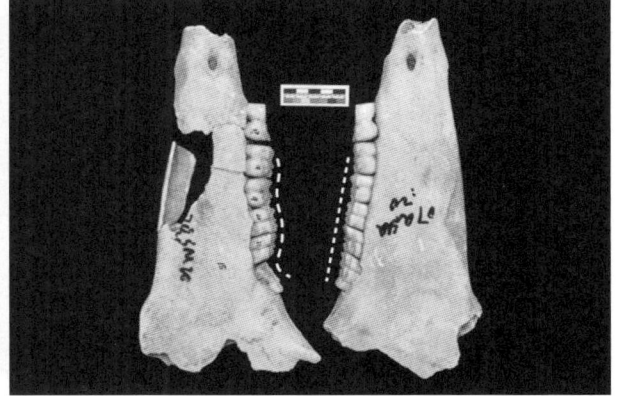

图3　M20马1左右侧下颌牙齿对比图

c. 齿折

M23马3右侧上颌和下颌的P4发生齿折，齿根向舌侧近中面弯曲，其中上颌P4出现裂缝，下颌p4出现骨赘，并且弯折成Z形（图4），其对应的下颌骨部分膨大（图5）。

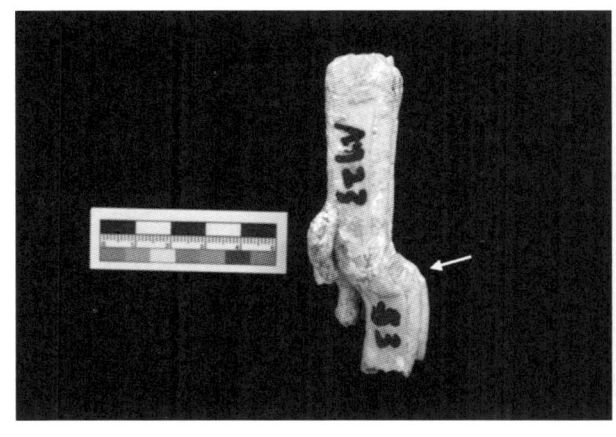

图4　M23马3右下颌P4

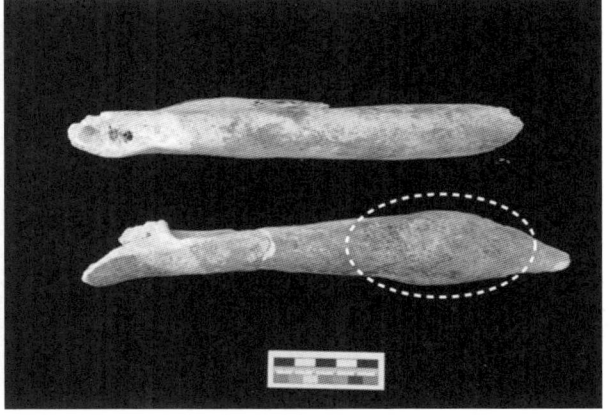

图5　M23马3左右侧下颌骨对比图

这种异常可能由非化脓性的齿槽骨膜炎所导致。此炎症会造成马匹暂时性的采食障碍，咀嚼异常，继而转为慢性。继发骨膜炎时，齿根部骨质增生而形成骨赘，齿根与齿槽完全粘连，同时,还易引发自发性的齿折。这种病症多发生在下颌p4和m1[1]。

　　d. 脊椎异常

　　大多数的脊椎保存并不好,在保存较好的个体上,未见有明显的异常,骨质增生等并不明显。仅在M20马1胸椎前段发现有棘突变形,几近水平(图6),或是重力压迫所致。

　　e. 骨质增生

　　骨质增生发生在掌骨、跖骨、指骨,如M12马1左侧第一指骨外腹侧边缘中部有骨质增生(图7),M12马2左侧掌骨远端关节上方内背侧边缘有骨质增生。这应该是由骨膜炎所引起的骨膜反应,其中趾骨骨膜炎常见于马,前肢比后肢多发。病因与肢势不正、负重不均衡、关节面发育不良等有关[2]。

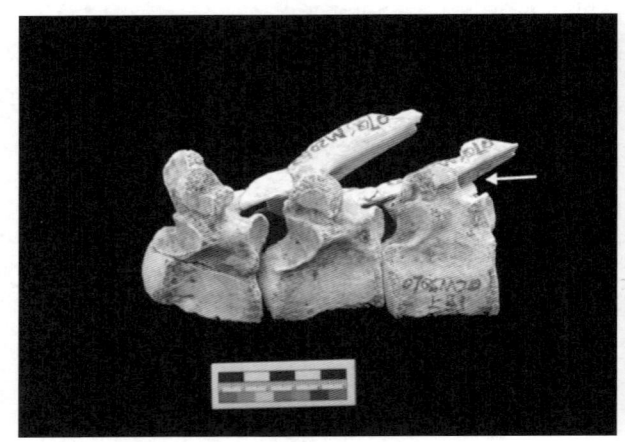
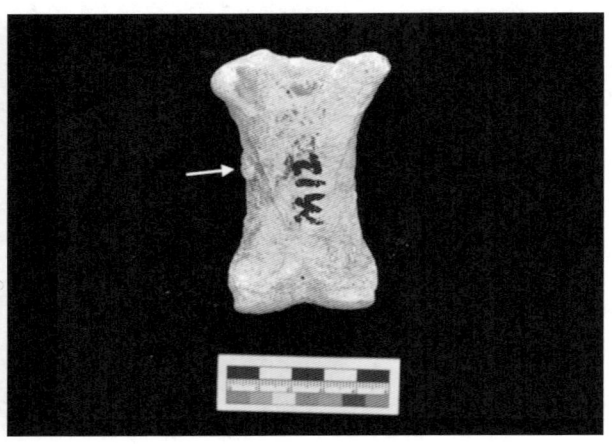

图6　M20马1胸椎　　　　　　　　　图7　M12马2左侧第一指骨

　　f. 骨壁凸起

　　M23马2右侧跖骨外侧有两处鼓包,可能发生过脓肿(图8)。

　　g. 骨骼融合

　　M23马3的左侧第3跗骨与第4跗骨融合(图9)。这可能是由跗骨关节炎所引起,它常发生在跗跖关节和远端跗间关节,在第3跗骨近端背侧缘周围常有关节旁新骨生长,骨间腔变窄,骨发生硬化和溶解。这可能会造成马后肢慢性跛行。这种病症的出现与负重和承受压力有关[3]。

① 李广编:《门诊兽医手册》,中国农业出版社,2007年,第230页。汪世昌、陈家璞:《家畜外科学》,中国农业出版社,2000年,第113~114页。
② 汪世昌、陈家璞:《家畜外科学》,中国农业出版社,2000年,第195~197页。
③ 汪世昌、陈家璞:《家畜外科学》,中国农业出版社,2000年,第230~234页。

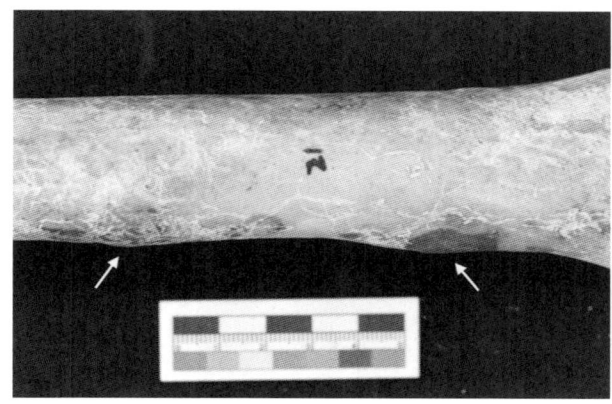

图 8　M23 马 1 右侧跗骨　　　　　　　　　图 9　M23 马 3 左侧第 3 跗骨与第 4 跗骨

h. 盆骨异常

M20 马 2 盆骨髂骨颈收缩明显,髋臼外缘变形,同时还有轻微的骨质增生。

i. 小结

掌跖骨、趾骨的骨质增生、跗骨的融合、胸椎和盆骨的形态异常可能与负重、承受压力有关,暗示这些马匹承受了一定的服役压力。除 M20 马 2、M23 马 3 之外,其他马匹年纪都较大,这些异常也可能属于退行性的病变。牙齿的异常可能导致进食障碍,跗骨的融合有可能造成跛行,其他异常对马匹的服役则不会造成实质性的影响。

2. 讨论

基于上述鉴定结果与以往发表的马坑材料,下文从马的年龄和体格两个方面初步探讨周原地区西周墓地中的葬马制度[①]。周原地区已发掘多座西周墓地中的马坑,其中经科学鉴定且发表材料的有周原遗址姚家墓地 M10,该坑葬马 24 匹[②]。所以,下文主要讨论孔头沟宋家与周原姚家这两处墓地的 4 座马坑。4 座马坑在数量上虽不甚丰富,但所属遗址性质包括西周都城与高级贵族采邑,年代涵盖西周各个时期,其葬马的规律性现象当具有较强的代表性。

2.1　葬马年龄的选择与搭配

文献中不同年龄的马有专门的名称[③],古人对它们的使用也有差异,所以年龄是研究周代葬马制度的重要内容。

---

① 西周马坑的性质并不单纯,有墓葬的祔葬马坑、遗址中的祭祀坑等,对其葬马制度的研究也不可一概而论,本文仅讨论葬于墓地中的马坑。

② 陕西省考古研究院等:《周原遗址东部边缘——2012 年度田野考古报告》,上海古籍出版社,2018 年,第 319～328 页。

③《周礼·夏官·廋人》:"教駣攻驹",郑玄注:"马三岁曰駣,二岁曰驹。"

（1）马的年龄阶段划分

马的寿命可达30岁左右，但马可供人类使役的时间是有限的。马在幼年阶段（0～4岁）一般不服役，因为马4岁左右才达到生理成年，过早服役对马匹有损伤。岳麓秦简《金布律》也有记载，"禁毋敢以牡马、牝马高五尺五寸以上，而齿未盈至四以下，服车及狠（垦）田、为人就（僦）载"①，可见秦代马匹不足四岁是不能服役的。马进入老年阶段后，体力会明显衰退，则无法继续服役。《唐六典》记载马在十四岁"生副"退役②。现代马匹的退役年龄也在15岁左右，故本文以14～15岁作为马匹退役年限的区分。

综上，根据服役与否，马匹年龄可分为三个阶段：不服役的幼年阶段（0～4岁），服役的青壮年阶段（4～14岁）以及退役的老年阶段（14岁以上）。

（2）葬马年龄

周原与孔头沟的4座马坑大小不一，葬马数量有2匹、10匹、24匹之别，但葬马的年龄却表现出诸多共同特点（表8）：

表8　周原地区西周马坑葬马年龄的"老配壮"

马　坑	马匹数	服役期		退役之际	
		年龄	马匹数	年龄	马匹数
周原姚家M10	24	4～10岁	21	14岁	1
孔头沟宋家M23	10	4.5～7岁	6	15岁	2
孔头沟宋家M12	2	13岁	1	15岁	1
孔头沟宋家M20	2	5.5岁	1	15岁	1

其一，均为成年个体，既不见4岁以下的幼马，也不见超过15岁难以服役的老年马。葬马年龄仅选择在服役期至退役之际。

其二，每个坑内的马都由两个年龄层构成，一是处于服役期的青壮年马，为4～13岁，二是14～15岁处于退役之际的老马。

其三，每个马坑中，每一年龄层内的年龄分布较均匀，而两个年龄层之间存在明显空档，表明年龄层的差异是古人有意为之。如葬马数量较多的周原姚家M10，可知年龄的22匹马中，第一年龄层为4～10岁（21匹），年龄分布在4、6、6.5、8、8.5、9、9.5、10岁，第二年龄层为14岁（1匹），其间相差4岁。再如孔头沟宋家M23，第一年龄层为4.5～7岁（6匹），年龄分布在4.5、5.5、6、7岁，第二年龄层为15岁（2匹），其间相差8岁。

---

① 陈松长主编：《岳麓书院藏秦简》（肆），上海辞书出版社，2015年，第110页。
② 龚留柱：《秦汉时期军马的牧养和征集》，《史学月刊》1987年第6期。

其四，当坑内葬马数量多于2匹时，均以第一年龄层的马为主，第二年龄层的马往往仅有1或2匹。

从上述四点可知，周原地区的西周马坑在葬马年龄上应存在规制。一是仅选择服役期至退役之际的成年马。二是葬马存在有意的年龄搭配，以退役之际的老马配以正值服役期的壮马，成"老配壮"之制。这种搭配，似是古人将老马识途与年轻力壮这两种自然属性的有意结合，其背后的原因还有待进一步讨论。

周原地区之外，已发表的西周墓地马坑鉴定报告很少[1]，所以周原地区的葬马年龄规制是否是西周社会的通则，还不明确。从其他性质的西周马坑看，葬马年龄与之既有差异又有共通之处。陕西淳化枣树沟脑遗址K1葬马4匹，其中幼年3匹（1～3岁），老年1匹（15～18岁）[2]。扶风案板遗址祭祀坑K1葬马5匹，其中年龄明确者4匹，有幼年1匹（2.5岁），青壮年2匹（4～5岁），老年1匹（18～20岁）[3]。这些坑所埋的马都有幼年个体，这与周原地区墓地的马坑不同，但马坑中不同年龄层搭配的现象，却是共同存在的。

2.2　体格与等级

马的体格包括身高和健壮程度两个方面，它们是古人衡量马匹的重要标准。文献中不乏对马匹身高的记载，甚至根据身高为马定名，如《周礼·夏官·庾人》："八尺以上为龙，七尺以上为騋，六尺以上为马"。这表明身高越高，马匹质量越好。《齐民要术》所载相马之法要"先除三羸五驽"，羸弱乏力的马匹就属于劣马，可见马匹健壮程度也是相马中的重要指标。

周原地区的四个马坑规模有别，姚家M10、宋家M23规模较大，分别葬马24匹和10匹，而宋家M12、M20为小型马坑，均仅葬马2匹。马坑规模是考察葬马差异的背景之一。

（1）肩高

商周时期马的肩高存在较大差异，即使在一个聚落中，马匹肩高也有明显差别。如宋家墓地马匹肩高最高者140.86厘米，最低者131.87厘米，相差9厘米。在分析的4个马坑中，马匹肩高与马坑葬马数量相关，马坑葬马越多，其马匹肩高越高。表现有二：

其一，单就马匹而言，最高肩高者达143.58厘米，见于葬马数量最多的姚家M10[4]；最低肩

---

[1]《崇信于家湾周墓》报告对该墓地的6座马坑葬马年龄进行了总体概述，但未介绍每个坑与每匹马的年龄。见甘肃省文物考古研究所：《崇信于家湾周墓》，文物出版社，2009年，第116～123页。

[2] 该坑平面形状为不规则圆形，设置于居址中，而本文讨论的马坑平面为较规整的方形或长方形，设置于墓地中，故两类马坑的性质应不相同。见李悦等：《陕西淳化枣树沟脑遗址马坑出土马骨研究》，《西北大学学报（自然科学版）》2014年第2期。

[3] 坑内除马外，还埋有牛、猪、狗及人，部分动物经肢解，故该坑被认为是祭祀坑。见钱耀鹏等：《扶风案板遗址西周2007K1动物遗存鉴定与分析》，《西部考古》2016年第10期。

[4] 如前所述，肩高的推算有多种方法，即使是按照公式复原，也有不同的公式，将不同的方法所得肩高数据进行直接比对并不科学。因此，本文对姚家墓地M10马匹也采取了计算平均值的计算方法。

高者为131.87厘米,见于葬马数量最少的宋家M12。

　　其二,就马坑而言,马坑葬马数量越多,马匹的平均肩高越高。葬马数量最多的姚家M10马匹平均肩高最高,为139.87厘米;宋家M23马匹次之,平均肩高为137.87厘米,葬马数量最少的宋家M12、M20的马匹则最低,平均肩高分别为132.46、135.89厘米(图10)。

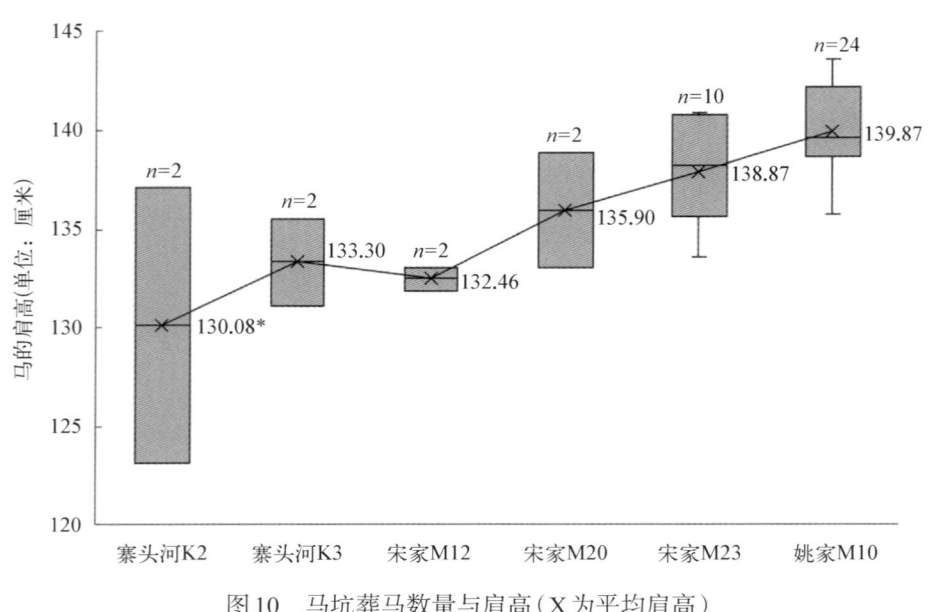

图10　马坑葬马数量与肩高(X为平均肩高)

　　可再举一例陕西发现的东周马坑比较,黄陵寨头河墓地发掘两座小型马坑(K2、K3),均葬马2匹,平均肩高分别为130.18、133.20厘米[1]。这与宋家的小型马坑M12、M20肩高接近,而低于宋家M23、姚家M10这两个大型马坑[2]。

　　(2)健壮程度

　　马骨的粗壮程度可以反映马匹的健壮程度。目前一般用骨骼的宽度、厚度以及长宽比来代表骨骼的粗壮程度[3]。本文选取了肢骨中保存最好的左侧掌骨作为分析对象(表9)。

　　在骨骼的宽度上,本文比较了掌骨的近端宽(Bp)、远端宽(Bd)、骨干最小宽(Sd)。四个马坑的平均数据显示,姚家M10数值最大,其次为宋家M23,宋家M12、M20最小。各坑数值的差异与葬马数量多寡相对应。

① 陕西考古研究院、延安市文物研究所、黄陵县旅游文化局:《寨头河——陕西黄陵战国戎人墓地考古发掘报告》,上海古籍出版社,2018年,第176~178页。

② 周本雄先生认为晚商至东周时期,马匹的肩高整体上是逐渐增加的,刘羽阳进一步提出晚商至西周时期马的身高增加不明显,至东周时期马的肩高开始提升。寨头河马坑虽为战国时期,但其身高仍旧低于西周时期的大型马坑。见周本雄:《武威雷台东汉铜奔马三题》,《考古》1988年第5期。刘羽阳:《先秦时期家马研究》,中国社会科学院研究生院博士学位论文,2013年,第171~187页。

③ Meadow R., *Faunal Remains and Urbanism at Harappa, in Harappa Excavations 1986–1990*, Wisconsin: Prehistory Press, 1991: 89–106.

表9　马左侧掌骨尺寸数据的比对　　　　　　　　　　（单位：毫米）

左侧掌骨	宋家M12	宋家M20	宋家M23	姚家M10
Bp	47.18	47.18	51.12	53.30
Bd	47.48	48.31	49.67	51.85
Sd	30.48	32.31	34.97	35.71
GL	221.14	228.03	229.00	235.11
Bp/GL	0.213 3	0.216 5	0.223 3	0.222 2
Bd/GL	0.214 7	0.212 0	0.222 9	0.219 8
Sd/GL	0.137 8	0.141 7	0.147 5	0.151 9

　　一般来说，骨骼越长，骨骼也越宽。为了排除长度的影响，本文还比较了掌骨的长宽比（Bp/GL、Bd/GL、Sd/GL），比值越大，则表明骨骼越粗壮。宋家M23、姚家M10的三个比值均大于宋家M12、M20。跖骨的数据分析也是同样的结果。

　　无论是掌骨宽度还是长宽比都显示出，宋家M23和姚家M10马匹骨骼的粗壮程度明显高于宋家M12和M20。这种差异正与马坑的葬马数量相关。

　　综上所述，马匹的体格与马坑内葬马数量明显相关，坑内葬马数量越多，马匹越高、越健壮。可见，葬马时古人对马匹的体格是有所选择的。

　　墓地中的马坑有所属主墓或墓区[1]，大量考古发现表明，主墓或墓区等级越高，马坑葬马数量就越多。如天马曲村遗址中，北赵M8晋侯墓的马坑葬马105匹，而曲村邦墓区的马坑M6359、M5160仅葬马2匹[2]。

　　本文讨论的4座马坑所属主墓不明，但所属墓区的等级较明确。姚家M10位于墓地中等级较高的北区，该区主要埋葬墓口面积6平方米以上的贵族墓葬，规模最大者达18平方米。宋家墓地中，葬马数量最多的M23位于墓地中部的贵族墓分布区，该坑周围的M15、M26、M16、M25墓室面积都在10平方米以上。而葬马数量最少的M20分布于墓地北部的平民墓区，其周围墓葬的墓口面积都在2～5平方米[3]。可见这4座马坑葬马数量的多寡应与等级有关。

　　那么，马匹体格与马坑葬马数量的关系，其实就是与等级相关。马坑等级越高、葬马数量

①　王洋：《西周车马坑为墓区标界说》，《古代文明研究通讯》，2017年。

②　山西省考古研究所、北京大学考古文博学院：《山西北赵晋侯墓地一号车马坑发掘简报》，《文物》2010年第2期。北京大学考古学系商周组、山西省考古研究所：《天马—曲村（1980—1989）》，科学出版社，2000年，第933～935页。

③　种建荣、王洋、雷兴山：《孔头沟遗址西周墓地结构管窥》，《古代文明》第16卷，上海古籍出版社，2022年，第68～78页。

越多,所选葬马的体格也越好。这应与埋葬者所掌握的资源有关,高等级人群掌握了更多更好的资源,有能力挑选出高且健壮的马匹。

3. 结语

本文从性别、年龄、肩高、骨骼异常等方面对孔头沟遗址宋家墓地的3座马坑出土马骨进行了鉴定和分析,为西周马坑与家马的研究提供了新资料。这些马匹均为成年的雄性个体,肩高的变化范围为131.87～140.86厘米,并发现有龋齿、掌跖骨和趾骨的骨质增生、跗骨的融合、胸椎和盆骨的变形等异常现象,表明这些马匹承受了一定的服役压力。

结合以往发表的材料,本文还对周原地区西周马坑的葬马制度进行了初步探讨。主要认识有二:其一,马坑葬马年龄存在规制。仅选择服役期至退役之际的成年马,且存在有意的年龄搭配,以15岁左右退役之际的老马配以正值服役期的青壮年马,成"老配壮"之制。其二,葬马体格与马坑等级相关,马坑等级越高、葬马数量越多,则所葬马匹越高、越健壮,这应与高等级人群掌握着更好的马匹资源有关。

附表　宋家墓地出土马骨数据登记表

马坑	马匹编号	骨骼	左右	现存状况	测量数据（单位：毫米）
M12	马1	上颌 C	左	1	
M12	马1	上颌 P2	左	1	长×宽=36.68×21.53,齿冠高=17.41,LP=9.35
M12	马1	上颌 P3	左	1	长×宽=28.41×26.12,齿冠高=26.41,LP=10.86
M12	马1	上颌 P4	左	1	长×宽=26.61×27.36,齿冠高=23.27,LP=10.59
M12	马1	上颌 M1	左	1	长×宽=22.31×27.83,齿冠高=14.76,LP=10.32
M12	马1	上颌 M2	左	1	长×宽=23.91×26.39,齿冠高=20.36,LP=10.82
M12	马1	上颌 M3	左	1	长×宽=29.23×24.26,齿冠高=23.38,LP=14.45
M12	马1	上颌 P2	右	1	长×宽=37.43×22.24,齿冠高=23.54,LP=9.01
M12	马1	上颌 P3	右	1	长×宽=27.39×26.33,齿冠高=28.74,LP=10.34
M12	马1	上颌 P4	右	1	长×宽=27.13×26.79,齿冠高=24.41,LP=10.41
M12	马1	上颌 M1	右	1	长×宽=22.67×28.41,齿冠高=18.21,LP=10.19
M12	马1	上颌 M2	右	1	长×宽=24.07×26.78,齿冠高=22.71,LP=11.18
M12	马1	下颌 C	左	1	
M12	马1	下颌 P2	左	1	长×宽=32.41×16.67,齿冠高=12.56,LDB=14.71,LF=6.06

续　表

马坑	马匹编号	骨骼	左右	现存状况	测量数据（单位：毫米）
M12	马1	下颌P3	左	1	长×宽＝27.33×19.19,齿冠高＝11.95,LDB＝16.36,LF＝4.42
M12	马1	下颌M2	左	1	长×宽＝24.03×18.24,齿冠高＝27.47,LDB＝12.62,LF＝6.95
M12	马1	下颌M3	左	1	长×宽＝31.43×16.13,齿冠高＝28.74,LDB＝12.74,LF＝8.82
M12	马1	下颌P2	右	1	长×宽＝31.91×16.96,齿冠高＝13.61,LDB＝14.54,LF＝5.48
M12	马1	下颌P3	右	1	长×宽＝27.90×19.75,齿冠高＝12.67,LDB＝16.49,LF＝5.79
M12	马1	下颌P4	右	1	长×宽＝25.46×21.03,齿冠高＝21.25,LDB＝16.43,LF＝5.99
M12	马1	下颌M1	右	1	长×宽＝22.02×19.57,齿冠高＝28.4,LDB＝13.23,LF＝5.95
M12	马1	颈椎		3/4～1	PL＝75.36,GLPa＝90.01,BFcr＝32.29,HFcd＝35.51
M12	马1	颈椎		3/4～1	PL＝60.41,BPacd＝76.57,BFcr＝28.68,HFcr＝30.14
M12	马1	颈椎3		3/4～1	PL＝80.82,BPacd＝52.27,BFcr＝31.59,BFcd＝42.07,HFcr＝26.89,HFcd＝27.64
M12	马1	颈椎4		3/4～1	PL＝83.65,GLPa＝100.45,Bpacr＝73.73,H＝75.97
M12	马1	胸椎1		3/4～1	PL＝44.53,BFcr＝30.06,HFcd＝23.32
M12	马1	腰椎		3/4～1	PL＝44.34,BFcr＝38.28
M12	马1	肱骨	左	3/4～1	SD＝32.04,BT＝70.44
M12	马1	桡骨	左	微残	GL＝314.17,PL＝303.61,Ll＝301.64,Bp＝77.27,BFp＝71.85,DP＝42.21,DFp＝35.84,SD＝33.19,Bd＝69.72,BFd＝60.22,Dd＝38.64,DFd＝32.85
M12	马1	尺骨	左	1	DPA＝58.76
M12	马1	桡骨＋尺骨	左	1	GL＝387.11,GLl＝382.24
M12	马1	掌骨	左	微残	GL＝217.46,GLl＝214.88,Ll＝212.01,Bp＝45.25,Dp＝28.56,SD＝29.57,Bd＝46.35,Dd＝33.89
M12	马1	第1指骨	左	1	GL＝83.66,Bp＝52.77,BFp＝49.77,Dp＝33.76,SD＝32.78,Bd＝44.96,BFd＝42.13,Dd＝21.13
M12	马1	第2指骨	左	1	GL＝47.95,Bp＝46.66,Dp＝29.29,SD＝39.97,Bd＝34.43
M12	马1	桡骨	右	1	Ll＝301.38,Dp＝42.01,SD＝33.32,BFd＝60.15,DFd＝31.97
M12	马1	掌骨	右	1	GL＝216.33,GLl＝214.34,Ll＝211.20,Bp＝44.57,Dp＝28.61,SD＝29.99,DD＝20.24,Bd＝46.35,Dd＝33.77
M12	马1	第1指骨	右	1	GL＝83.73,Bp＝53.43,BFp＝49.93,Dp＝33.41,SD＝33.57,Bd＝45.46,BFd＝42.31,Dd＝20.84

马坑	马匹编号	骨骼	左右	现存状况	测量数据（单位：毫米）
M12	马1	第2指骨	右	1	GL＝47.56,Bp＝49.39,Dp＝30.51,SD＝39.96,Bd＝36.89
M12	马1	盆骨	左	1/2～3/4	SH＝37.12,SB＝27.81,LA＝63.73,LAR＝58.90
M12	马1	股骨	左	3/4～1	SD＝35.77
M12	马1	胫骨	左	1	GL＝325.01,Ll＝299.82,SD＝36.19,Bd＝67.25,Dd＝41.97
M12	马1	盆骨	右	3/4～1	SH＝38.32,SB＝25.14,LA＝65.56,LAR＝61.35
M12	马1	股骨	右	3/4～1	SD＝36.38,Bd＝81.34,Dd＝113.62
M12	马1	胫骨	右	1	Ll＝298.43,Bp＝84.59,Dp＝82.86,SD＝36.43
M12	马2	头骨		＜1/4	34＝74.59,36＝33.87,37＝30.96
M12	马2	头骨碎		1	
M12	马2	上颌I1	左	1	
M12	马2	上颌I2	左	1	
M12	马2	上颌I3	左	1	
M12	马2	上颌P2	左	1	长×宽＝39.41×29.06,齿冠高＝38.55,LP＝9.68
M12	马2	上颌P3	左	1	长×宽＝29.29×28.62,齿冠高＝43.29,LP＝12.32
M12	马2	上颌P4	左	1	长×宽＝27.07×30.56,齿冠高＝42.22,LP＝14.31
M12	马2	上颌M1	左	1	长×宽＝23.41×28.37,齿冠高＝38.31,LP＝13.39
M12	马2	上颌M2	左	1	长×宽＝23.63×27.74,齿冠高＝43.71,LP＝15.61
M12	马2	上颌M3	左	1	长×宽＝30.06×24.80,齿冠高＝44.73,LP＝16.82
M12	马2	上颌P2	右	1	长×宽＝40.80×29.51,齿冠高＝36.21,LP＝8.79
M12	马2	上颌P3	右	1	长×宽＝29.13×28.52,齿冠高＝42.39,LP＝11.52
M12	马2	上颌P4	右	1	长×宽＝27.53×30.27,齿冠高＝41.25,LP＝13.34
M12	马2	上颌M1	右	1	长×宽＝23.38×28.72,齿冠高＝38.37,LP＝12.98
M12	马2	上颌M2	右	1	长×宽＝24.51×27.72,齿冠高＝43.93,LP＝15.56
M12	马2	上颌M3	右	1	长×宽＝29.39×24.34,齿冠高＝44.71,LP＝15.72
M12	马2	下颌I3	左	1	
M12	马2	下颌P2	左	1	长×宽＝34.75×16.81,齿冠高＝22.08,LDB＝14.65,LF＝14.08
M12	马2	下颌P3	左	1	长×宽＝28.36×19.23,齿冠高＝35.98,LDB＝17.69,LF＝13.04
M12	马2	下颌P4	左	1	长×宽＝27.67×19.31,齿冠高＝42.33,LDB＝16.04,LF＝10.66

马坑	马匹编号	骨骼	左右	现存状况	测量数据（单位：毫米）
M12	马2	下颌M1	左	1	长×宽=25.69×18.57,齿冠高=39.49,LDB=13.82,LF=8.33
M12	马2	下颌M2	左	1	长×宽=24.25×17.96,齿冠高=44.24,LDB=12.81,LF=8.91
M12	马2	下颌M3	左	1	长×宽=31.89×15.43,齿冠高=50.51,LDB=12.57,LF=9.73
M12	马2	下颌	左	3/4～1	5=285.66,6a=173.99,8=93.74,20=201.67,21=220.36
M12	马2	下颌P2	右	1	长×宽=34.55×17.34,齿冠高=21.83,LDB=14.22,LF=14.19
M12	马2	下颌P3	右	1	长×宽=29.18×19.55,齿冠高=32.89,LDB=17.29,LF=12.12
M12	马2	下颌P4	右	1	长×宽=27.85×20.50,齿冠高=42.30,LDB=16.03,LF=10.66
M12	马2	下颌M1	右	1	长×宽=25.23×18.56,齿冠高=38.85,LDB=14.15,LF=7.99
M12	马2	下颌M2	右	1	长×宽=23.85×17.20,齿冠高=43.69,LDB=13.03,LF=8.51
M12	马2	下颌M3	右	1	长×宽=31.15×15.57,齿冠高=50.68,LDB=12.82,LF=9.17
M12	马2	下颌	右	<1/4	20=202.97,21=220.66
M12	马2	下颌碎		1	
M12	马2	寰椎		1	BFcr=92.61,H=69.59,GLF=83.87
M12	马2	枢椎		1/4～1/2	BFcr=85.44
M12	马2	颈椎3		3/4～1	PL=87.15,GLPa=104.18,BFcr=31.78,HFcr=33.11,HFcd=41.42
M12	马2	颈椎5/颈椎6		3/4～1	PL=59.53,GLPa=81.67,BPacd=52.56,HFcr=35.26,HFcd=37.93
M12	马2	胸椎1		1	BPtr=89.91,GLPa=68.09,Bpacr=83.56,BFcr=56.70,BFcd=52.05,HFcr=32.98
M12	马2	胸椎2		1/2～3/4	PL=42.14,BFcr=58.95,HFcr=30.52,HFcd=28.82
M12	马2	胸椎		1/2～3/4	PL=36.11,BFcr=51.07,BFcd=54.88,HFcr=27.61,HFcd=21.63
M12	马2	胸椎		1/2～3/4	PL=40.22,BFcr=57.45,BFcd=57.55,HFcr=29.14,HFcd=30.63
M12	马2	胸椎		1/2～3/4	BPtr=70.21,BFcr=53.78,BFcd=57.94
M12	马2	胸椎		<1/4	PL=38.24,BFcd=49.36,HFcr=31.25,HFcd=30.64
M12	马2	胸椎		<1/4	PL=39.72,BFcd=47.17,HFcr=30.26,HFcd=30.79
M12	马2	胸椎		<1/4	PL=39.71,BPtr=68.47,BFcr=46.12,BFcd=52.84,HFcr=28.71,HFcd=29.24
M12	马2	胸椎		<1/4	PL=38.66,BFcd=51.06,HFcr=30.64,HFcd=31.52
M12	马2	胸椎		<1/4	PL=37.27,BPtr=66.29,BFcr=44.11,BFcd=48.85,HFcd=30.04

马坑	马匹编号	骨骼	左右	现存状况	测量数据（单位：毫米）
M12	马2	胸椎		＜1/4	PL=37.98,BFcd=45.88,HFcr=29.25,HFcd=31.46
M12	马2	胸椎		＜1/4	PL=41.77,BFcd=52.52,HFcr=30.18,HFcd=31.49
M12	马2	胸椎		＜1/4	PL=40.36,HFcr=30.90,HFcd=30.57
M12	马2	腰椎1		1/4～1/2	PL=39.58,BFcr=35.75,HFcr=32.67,HFcd=34.48
M12	马2	腰椎2		1/4～1/2	BFcr=34.33,BFcd=44.85,HFcr=37.63,HFcd=38.22
M12	马2	腰椎3		1/4～1/2	PL=44.57,BFcr=35.88,BFcd=40.95,HFcr=33.25
M12	马2	腰椎4		1/4～1/2	BFcr=40.23,BFcd=43.94,HFcr=36.6,HFcd=33.67
M12	马2	腰椎5		1/4～1/2	PL=48.15,BFcr=40.07,BFcd=43.49,HFcr=33.61
M12	马2	腰椎6		1/4～1/2	PL=45.19,BFcd=52.83,HFcr=28.47,HFcd=23.17
M12	马2	胸骨		1	
M12	马2	肩胛	左	1/2～3/4	GLP=91.32,LG=57.09,BG=45.86
M12	马2	肱骨	左	微残	GL=279.37,GLl=275.62,GLC=258.01,Bp=88.07,Dp=91.99,SD=32.8,Bd=76.51,BT=72.93,Dd=73.73
M12	马2	桡骨	左	＜1/4	Bd=70.77,BFd=63.63,Dd=41.54,DFd=33.19
M12	马2	掌骨	左	1	GL=224.81,GLl=222.92,Ll=217.95,Bp=49.11,Dp=31.39,SD=31.38,DD=21.65,Bd=48.61,Dd=33.33
M12	马2	第1指骨	左	1	GL=85.03,Bp=54.60,BFp=51.57,Dp=34.76,SD=32.92,Bd=46.16,BFd=41.58,Dd=22.72
M12	马2	第2指骨	左	1	GL=47.53,Bp=50.45,BFp=47.72,Dp=29.28,SD=42.32,Bd=44.04,Dd=23.79
M12	马2	肱骨	右	3/4～1	SD=32.92
M12	马2	桡骨	右	1	GL=332.67,PL=316.15,Ll=315.79,Bp=81.59,BFp=73.62,Dp=44.94,DFp=35.64,SD=35.49,Bd=72.18,BFd=62.72,Dd=41.6,DFd=32.96
M12	马2	尺骨	右	1	DPA=56.66,SDO=44.25,BPC=40.09
M12	马2	桡骨+尺骨	右	1	GL=399.54,GLl=395.95
M12	马2	掌骨	右	1	GL=226.06,GLl=221.78,Ll=217.94,Bp=48.08,Dp=32.44,SD=31.09,DD=21.80,Bd=47.86
M12	马2	第1指骨	右	1	GL=85.48,Bp=54.21,BFp=52.48,SD=31.49,BFd=41.71,Dd=21.85

马坑	马匹编号	骨骼	左右	现存状况	测量数据（单位：毫米）
M12	马2	第2指骨	右	1	GL＝46.28，Bp＝50.41，BFp＝46.74，Dp＝27.51，SD＝42.25，Bd＝47.23，Dd＝24.56
M12	马2	盆骨	右	1/2～3/4	SH＝38.78，SB＝26.62
M12	马2	股骨	左	微残	GL＝383.06，GLC＝347.08，SD＝35.12，Bd＝90.34，Dd＝115.54
M12	马2	胫骨	左	1	GL＝335.07，Ll＝306.99，Bp＝90.79，SD＝37.72，Bd＝73.19，Dd＝42.97
M12	马2	跟骨	左	1	GL＝105.78，GB＝51.96
M12	马2	距骨	左	1	LmT＝58.57，BFd＝52.18，GH＝57.44，GB＝62.11
M12	马2	中央跗骨	左	1	GB＝51.04
M12	马2	第3跗骨	左	1/2～3/4	
M12	马2	跖骨	左	1	GL＝269.86，GLl＝266.08，Ll＝261.44，Bp＝49.92，Dp＝38.47，SD＝29.43，DD＝24.22，Bd＝48.76，Dd＝34.24
M12	马2	第1趾骨	左	1	GL＝80.69，Bp＝54.77，BFp＝50.99，Dp＝36.02，SD＝30.89，Bd＝43.59，BFd＝40.11
M12	马2	股骨	右	3/4～1	SD＝35.11
M12	马2	胫骨	右	3/4～1	SD＝37.45，Bd＝73.53，Dd＝43.25
M12	马2	跖骨	右	1	GL＝268.22，GLl＝265.45，Ll＝262.26，Bp＝49.72，Dp＝37.95，SD＝29.33，DD＝24.29，Bd＝48.74
M12	马2	第1趾骨	右	1	GL＝79.35，Bp＝53.16，BFp＝51.04，Dp＝35.21，SD＝30.93，Bd＝43.74，BFd＝40.55，Bd＝22.75
M20	马1	上颌齿列	右	＜1/4	22a＝153.91，23a＝68.13，24a＝83.49
M20	马1	上颌齿列	左	＜1/4	23a＝71.16，24a＝84.76
M20	马1	上颌I1	左	1	
M20	马1	上颌I2	左	1	
M20	马1	上颌I3	左	1	
M20	马1	上颌C	左	1	GB＝12.39，GD＝13.46，GL＝39.72
M20	马1	上颌P2	左	1	长×宽＝36.92×25.42，齿冠高＝22.37，LP＝8.04
M20	马1	上颌P3	左	1	长×宽＝27.05×26.15，齿冠高＝20.28，LP＝9.35
M20	马1	上颌P4	左	1	长×宽＝25.18×26.87，LP＝10.35
M20	马1	上颌M1	左	1	长×宽＝＿＿＿×26.26，齿冠高＝14.31，LP＝9.43

续　表

马坑	马匹编号	骨骼	左右	现存状况	测量数据（单位：毫米）
M20	马1	上颌M2	左	1	长×宽＝24.55×25.05，齿冠高＝21.33，LP＝11.49
M20	马1	上颌M3	左	1	长×宽＝31.79×23.77，齿冠高＝27.14，LP＝12.44
M20	马1	上颌I1	右	1	
M20	马1	上颌I2	右	1	
M20	马1	上颌I3	右	1	
M20	马1	上颌C	右	1	GB＝12.02，GD＝13.48，GL＝36.30
M20	马1	上颌P2	右	1	长×宽＝36.24×24.04，齿冠高＝20.46，LP＝8.12
M20	马1	上颌P3	右	1	长×宽＝27.24×25.67，LP＝9.41
M20	马1	上颌P4	右	1	长×宽＝24.87×26.78，LP＝10.12
M20	马1	上颌M1	右	1	长×宽＝21.65×25.72，齿冠高＝15.22，LP＝9.64
M20	马1	上颌M2	右	1	长×宽＝22.15×24.75，齿冠高＝19.43，LP＝10.61
M20	马1	上颌M3	右	1	长×宽＝30.81×22.92，齿冠高＝19.37，LP＝11.85
M20	马1	下颌I1	左	1	
M20	马1	下颌I2	左	1	
M20	马1	下颌C	左	1	GB＝9.61，GD＝13.56，GL＝48.65
M20	马1	下颌P2	左	1	长×宽＝30.15×16.79，齿冠高＝11.52，LDB＝13.79，LF＝9.68
M20	马1	下颌P3	左	1	长×宽＝26.68×18.48，齿冠高＝15.68，LDB＝16.46，LF＝6.67
M20	马1	下颌P4	左	1	长×宽＝24.46×18.10，LDB＝15.49，LF＝6.77
M20	马1	下颌M1	左	1	长×宽＝21.87×16.28，LDB＝11.95，LF＝5.49
M20	马1	下颌M2	左	1	长×宽＝26.30×16.01，齿冠高＝23.65，LDB＝13.41，LF＝6.56
M20	马1	下颌M3	左	1	长×宽＝29.18×14.41
M20	马1	下颌	左	3/4～1	6＝160.52，6a＝152.73，7＝74.62，7a＝72.59，8＝83.49，8a＝80.86
M20	马1	下颌I1	右	1	
M20	马1	下颌I2	右	1	
M20	马1	下颌I3	右	1	
M20	马1	下颌C	右	1	GB＝10.72，GD＝13.32，GL＝47.86
M20	马1	下颌P2	右	1	长×宽＝30.16×16.03，齿冠高＝11.68，LDB＝13.97，LF＝10.04
M20	马1	下颌P3	右	1	长×宽＝25.36×17.53，齿冠高＝15.57，LDB＝15.94，LF＝5.78

续 表

马坑	马匹编号	骨骼	左右	现存状况	测量数据（单位：毫米）
M20	马1	下颌P4	右	1	长 × 宽 = 23.73 × 17.75，LDB = 15.11，LF = 6.35
M20	马1	下颌M1	右	1	长 × 宽 = 25.32 × 17.46，齿冠高 = 15.03，LF = 4.37
M20	马1	下颌M2	右	1	长 × 宽 = 24.20 × 15.29，齿冠高 = 18.98，LDB = 13.63，LF = 5.69
M20	马1	下颌M3	右	1	长 × 宽 = 33.26 × 14.46，齿冠高 = 21.57，LDB = 13.86，LF = 7.85
M20	马1	下颌	右	3/4～1	6 = 159.04，6a = 152.02，7 = 77.67，7a = 74.90，8 = 80.56，8a = 77.86
M20	马1	寰椎		1/4～1/2	
M20	马1	枢椎		1/4～1/2	
M20	马1	颈椎4		1/4～1/2	HFcd = 45.93
M20	马1	颈椎6		3/4～1	BFcr = 34.65，BFcd = 58.16
M20	马1	颈椎7		3/4～1	PL = 48.24，Bpacr = 75.76，BFcr = 33.77，HFcr = 36.23
M20	马1	胸椎2		1/4～1/2	PL = 43.72，BFcr = 63.98，BFcd = 58.40
M20	马1	胸椎3		1/4～1/2	BFcr = 63.44，BFcd = 59.57，HFcr = 30.72
M20	马1	胸椎4		3/4～1	PL = 42.19，BPtr = 70.79，BFcr = 56.62，BFcd = 53.48，HFcr = 31.42，HFcd = 32.05
M20	马1	胸椎16		1/4～1/2	PL = 41.49，HFcr = 31.61，HFcd = 32.01，H = 111.76
M20	马1	胸椎18		1/4～1/2	PL = 43.09，BPtr = 59.85，HFcr = 30.26，HFcd = 33.59，H = 110.88
M20	马1	胸椎		3/4～1	PL = 39.39，BPtr = 68.17，BFcr = 50.44，BFcd = 54.44，HFcr = 30.61，HFcd = 30.84
M20	马1	胸椎		1/4～1/2	PL = 37.87，BPtr = 68.33，BFcd = 51.16，HFcr = 30.21，HFcd = 31.56
M20	马1	胸椎		3/4～1	PL = 41.19，BPtr = 69.43，BFcr = 53.73，BFcd = 55.05，HFcr = 29.77，HFcd = 31.35
M20	马1	胸椎		＜1/4	PL = 37.65，HFcr = 30.73，HFcd = 33.01
M20	马1	胸椎		＜1/4	PL = 39.67，BPtr = 70.33，BFcd = 48.79，HFcr = 31.24，HFcd = 32.62
M20	马1	胸椎		＜1/4	PL = 37.65，BPtr = 67.63，BFcd = 51.03，HFcr = 29.52，HFcd = 31.42
M20	马1	胸椎		1/4～1/2	PL = 37.58，BFcr = 38.48，HFcr = 30.23，HFcd = 32.98
M20	马1	胸椎		＜1/4	PL = 37.25，BPtr = 70.71，BFcr = 42.71，HFcr = 29.12，HFcd = 31.72
M20	马1	胸椎		＜1/4	PL = 40.07，BFcr = 41.89，BFcd = 50.55，HFcr = 31.25，HFcd = 32.64
M20	马1	胸椎		＜1/4	PL = 39.93，BFcr = 38.12，BFcd = 51.28，HFcr = 30.71，HFcd = 31.69
M20	马1	胸椎		＜1/4	PL = 40.37，BFcr = 43.95，BFcd = 50.69，HFcr = 31.82，HFcd = 32.92

马坑	马匹编号	骨骼	左右	现存状况	测量数据（单位：毫米）
M20	马1	腰椎2		＜1/4	BFcr＝43.78，BFcd＝46.66，HFcr＝41.88，HFcd＝39.55
M20	马1	腰椎3		＜1/4	BFcr＝42.48，BFcd＝43.79，HFcr＝39.18，HFcd＝37.65
M20	马1	腰椎4		＜1/4	BFcr＝41.30，BFcd＝47.76，HFcr＝35.17，HFcd＝36.13
M20	马1	腰椎5		＜1/4	BFcr＝43.39，BFcd＝51.53，HFcr＝36.31，HFcd＝31.21
M20	马1	腰椎6		1/2～3/4	PL＝41.50，BFcr＝48.52，BFcd＝53.02，HFcr＝24.43，HFcd＝23.21
M20	马1	荐椎		1/2～3/4	BFcr＝47.30，HFcr＝20.21
M20	马1	肩胛	左	1/2～3/4	SLC＝59.21，GLP＝89.04，LG＝55.62，BG＝45.27
M20	马1	肱骨	左	1	GL＝302.72，GLl＝294.93，GLC＝277.28，Bp＝90.95，Dp＝95.28，SD＝33.21，Bd＝79.67，BT＝72.79，Dd＝79.64
M20	马1	桡骨	左	1	GL＝352.60，PL＝338.93，Ll＝339.17，Bp＝78.43，BFp＝73.71，Dp＝43.52，DFp＝37.74，SD＝36.74，Bd＝72.20，BFd＝63.66，Dd＝42.47，DFd＝35.28
M20	马1	尺骨	左	1	DPA＝58.61，SDO＝43.19，BPC＝36.47
M20	马1	桡骨＋尺骨	左	1	GL＝439.15，GLl＝434.05
M20	马1	掌骨	左	1	GL＝238.07，GLl＝234.98，Ll＝228.65，Bp＝50.05，Dp＝31.66，SD＝33.77，DD＝20.86，Bd＝49.85，Dd＝33.96
M20	马1	第3腕骨	左	1	GB＝41.95，GD＝40.06，GL＝19.66
M20	马1	副腕骨	左	1	GB＝17.64，GD＝44.82，GL＝36.76
M20	马1	第4掌骨	左	1/4～1/2	Bp＝15.33，Dp＝18.61
M20	马1	第1指骨	左	1	GL＝90.36，Bp＝54.23，BFp＝50.84，Dp＝33.84，SD＝33.87，Bd＝48.11，BFd＝43.88，Dd＝24.76
M20	马1	第2指骨	左	1	GL＝44.61，Bp＝51.31，BFp＝47.76，Dp＝30.97，SD＝46.23，Bd＝49.49，Dd＝26.19
M20	马1	第3指骨	左	微残	GB＝78.56，LF＝28.52，BF＝50.64，Ld＝38.99
M20	马1	肩胛	右	1/2～3/4	SLC＝58.96，GLP＝89.38，BG＝46.23
M20	马1	肱骨	右	3/4～1	SD＝32.49，Bd＝79.06，BT＝72.52，Dd＝79.64
M20	马1	桡骨	右	1/2～3/4	Bp＝78.71，BFp＝74.93，Dp＝43.18，DFp＝37.38，SD＝36.06
M20	马1	尺骨	右	1	DPA＝58.74，SDO＝41.73，BPC＝36.36
M20	马1	第1指骨	右	1	GL＝89.60，Bp＝52.91，BFp＝51.19，Dp＝34.04，SD＝34.15，Bd＝47.07，BFd＝44.52，Dd＝24.51

马坑	马匹编号	骨骼	左右	现存状况	测量数据（单位：毫米）
M20	马1	第2指骨	右	1	GL＝44.91，Bp＝51.35，BFp＝48.14，Dp＝31.12，SD＝46.13，Bd＝49.49，Dd＝26.04
M20	马1	第3指骨	右	微残	LF＝29.12，BF＝49.56，HP＝34.55
M20	马1	盆骨	左	3/4～1	SH＝38.55，SB＝22.57，LA＝66.47，LAR＝59.29
M20	马1	股骨	左	3/4～1	GLl＝374.48，SD＝38.76，DC＝53.42，Bd＝87.35，Dd＝114.35
M20	马1	胫骨	左	1	GL＝372.39，Ll＝340.86，Dp＝82.21，SD＝38.42，Bd＝75.02，Dd＝41.92
M20	马1	距骨	左	1	LmT＝59.42，BFd＝52.19，GH＝58.02，GB＝61.46
M20	马1	中央跗骨	左	1	GB＝47.91，GD＝42.94，GL＝12.73
M20	马1	第3跗骨	左	1	GB＝46.83，GD＝40.95，GL＝12.64
M20	马1	跖骨	左	1	GL＝278.89，GLl＝276.7，Ll＝271.02，Bp＝51.25，Dp＝39.01，SD＝31.96，DD＝24.32，Bd＝48.94，Dd＝35.97
M20	马1	第1趾骨	左	1	GL＝84.12，Bp＝52.48，Dp＝36.28，SD＝33.13，Bd＝46.15，BFd＝41.44，Dd＝23.65
M20	马1	第2趾骨	左	1	GL＝46.11，Bp＝50.44，BFp＝43.92，Dp＝30.32，SD＝43.13
M20	马1	第3趾骨	左	1	LF＝27.95，BF＝40.15
M20	马1	股骨	右	3/4～1	GL＝397.22，GLl＝375.98，Dp＝78.65，Bd＝86.67，Dd＝114.82
M20	马1	胫骨	右	微残	GL＝366.56，SD＝37.79，Bd＝75.12，Dd＝41.68
M20	马1	距骨	右	1	BFd＝49.17，GH＝58.61，GB＝61.59
M20	马1	中央跗骨	右	1	GB＝47.89，GD＝42.38，GL＝12.65
M20	马1	跖骨	右	微残	GL＝278.14，GLl＝275.07，Ll＝270.34，Bp＝50.78，Dp＝40.77，SD＝31.72，Bd＝49.27，Dd＝36.82
M20	马1	第1趾骨	右	1	GL＝84.36，Bp＝53.35，SD＝33.27，Bd＝47.83，BFd＝42.17，Dd＝24.34
M20	马1	第2趾骨	右	1	GL＝46.43，Bp＝51.36，BFp＝43.43，Dp＝31.07，SD＝43.06，Bd＝44.45，Dd＝25.72
M20	马1	第3趾骨	右	1	LF＝27.38，BF＝39.39，HP＝25.01
M20	马1	近籽骨	左（内）	1	GB＝26.04，GD＝19.71，GL＝27.65
M20	马1	近籽骨	左（外）	1	GB＝25.35，GD＝19.46，GL＝28.17

续　表

马坑	马匹编号	骨骼	左右	现存状况	测量数据（单位：毫米）
M20	马2	上颌P2	右	1	长×宽=38.63×27.66,齿冠高=58.39,LP=10.15
M20	马2	上颌P3	右	1	长×宽=30.34×28.67,齿冠高=72.41,LP=12.48
M20	马2	上颌M2	右	1	长×宽=27.34×26.88,齿冠高=80.91,LP=14.36
M20	马2	上颌M3	右	1	长×宽=28.66×23.86,齿冠高=77.24,LP=14.68
M20	马2	下颌M1	左	1	长×宽=25.11×17.89,齿冠高=68.47,LDB=14.41,LF=11.19
M20	马2	下颌M2	左	1	长×宽=26.99×17.24,齿冠高=76.67,LDB=13.72,LF=11.49
M20	马2	下颌I2	右	1	
M20	马2	下颌P3	右	1	长×宽=30.71×18.98,齿冠高=68.98,LDB=16.12,LF=13.66
M20	马2	肩胛	左	1/2～3/4	SLC=56.08,GLP=93.42,LG=56.27,BG=46.51
M20	马2	肱骨	左	3/4～1	Dp=99.67,SD=28.54,BT=72.40,Dd=73.94
M20	马2	桡骨	左	1	PL=313.76,Ll=318.91,Bp=78.71,BFp=73.56,Dp=42.63,DFp=36.89,SD=33.99,Bd=70.44,BFd=61.57,Dd=43.49,DFd=33.48
M20	马2	尺骨	左	1	DPA=58.13,SDO=43.90,BPC=42.46
M20	马2	桡骨+尺骨	左	1	GL=404.97,GLl=402.23
M20	马2	桡腕骨	左	1	GB=26.73,GD=41.76,GL=24.67
M20	马2	第3腕骨	左	1	GB=42.27,GD=40.19,GL=18.41
M20	马2	副腕骨	左	1	GB=17.89,GD=44.87,GL=36.43
M20	马2	掌骨	左	1	GL=217.99,CLl=214.79,Ll=210.25,Bp=48.56,Dp=33.54,SD=30.85,DD=19.65,Bd=46.77,Dd=36.53
M20	马2	第2掌骨	左	1/4～1/2	Bp=14.52,Dp=23.46
M20	马2	第1指骨	左	1	GL=84.63,BFp=47.85,Dp=32.85,SD=32.54,Bd=46.68,BFd=43.12
M20	马2	第2指骨	左	1	GL=46.35,Bp=50.26,BFp=45.36,Dp=29.68,SD=43.25,Bd=48.16,Dd=24.29
M20	马2	肩胛	右	1/2～3/4	GLP=92.59,LG=55.69
M20	马2	肱骨	右	1	GL=293.97,GLl=283.79,GLC=271.69,Bp=90.05,Dp=100.45,SD=28.72,Bd=77.65,BT=72.45
M20	马2	桡骨	右	1	GL=329.18,PL=314.07,Ll=319.39,Bp=79.2,BFp=73.87,Dp=42.91,DFp=37.38,SD=33.75,Bd=70.34,BFd=62.13,DFd=33.72

续 表

马坑	马匹编号	骨骼	左右	现存状况	测量数据（单位：毫米）
M20	马2	尺骨	右	1	DPA＝59.33，BPC＝42.33
M20	马2	桡骨＋尺骨	右	1	GL＝403.95，GLl＝402.17
M20	马2	桡腕骨	右	1	GB＝26.56，GD＝41.65，GL＝25.47
M20	马2	中间腕骨	右	1	GB＝28.05，GL＝24.38
M20	马2	尺腕骨	右	1	GB＝19.48，GD＝27.46，GL＝26.43
M20	马2	第3腕骨	右	1	GB＝42.26，GD＝39.71，GL＝18.53
M20	马2	掌骨	右	1	GL＝218.01，GLl＝214.18，Ll＝209.15，Bp＝48.54，Dp＝34.22，SD＝31.13，DD＝20.64，Bd＝47.51
M20	马2	第1指骨	右	1	GL＝83.87，Bp＝53.47，BFp＝48.15，Dp＝33.52，SD＝32.76，Bd＝45.85，BFd＝42.58，Dd＝23.18
M20	马2	第2指骨	右	1	GL＝46.79，Bp＝49.82，BFp＝44.89，Dp＝29.84，SD＝42.81，Bd＝45.58，Dd＝24.21
M20	马2	第3指骨	右	1/2～3/4	
M20	马2	盆骨	左	3/4～1	SH＝34.27，SB＝22.72，LA＝65.96，LAR＝62.92，LFo＝62.28
M20	马2	盆骨	右	3/4～1	SH＝34.82，SB＝22.25
M20	马2	股骨	左	3/4～1	GLC＝348.74，SD＝34.17，Bd＝88.63，Dd＝111.54
M20	马2	胫骨	左	1	GL＝339.72，Ll＝314.61，Bp＝87.55，SD＝33.65，Bd＝69.02，Dd＝42.76
M20	马2	跗骨	左	1	GL＝261.97，GLl＝258.49，Ll＝254.95，Bp＝48.12，Dp＝41.48，SD＝26.64，DD＝23.33，Bd＝46.67
M20	马2	第1趾骨	左	1	GL＝77.51，Bp＝53.88，BFp＝49.95，Dp＝34.82，SD＝31.34，Bd＝41.77，Dd＝23.05
M20	马2	第2趾骨	左	1	GL＝46.62，Bp＝48.44，BFp＝42.23，Dp＝29.14，SD＝39.25，Bd＝42.31，Dd＝23.27
M20	马2	跟骨	左	1	GB＝51.08，GL＝108.19
M20	马2	距骨	左	1	LmT＝58.49，BFd＝49.75，GH＝57.61，GB＝62.23
M20	马2	中央跗骨	左	1	GB＝46.29，GL1＝1.87
M20	马2	第4跖骨	左	1/4～1/2	GL＝81.3，Bp＝18.11，Dp＝24.56
M20	马2	股骨	右	3/4～1	GL＝389.77，GLC＝348.21，SD＝34.15，DC＝53.53
M20	马2	胫骨	右	1	GL＝339.56，Ll＝315.45，Dp＝74.49，SD＝34.06，Bd＝70.86，Dd＝42.38

马坑	马匹编号	骨骼	左右	现存状况	测量数据（单位：毫米）
M20	马2	距骨	右	1	GL=260.59,SD=26.51,DD=22.74,Bd=46.62
M20	马2	第1趾骨	右	1	GL=77.57,Bp=53.64,BFp=48.71,Dp=36.38,SD=31.04,Bd=42.84,Dd=23.17
M20	马2	第2趾骨	右	1	GL=46.85,Bp=49.02,BFp=44.71,Dp=29.29,SD=39.60,Bd=41.61
M20	马2	跟骨	右	微残	GB=50.73,GL=107.93
M20	马2	距骨	右	1	LmT=58.06,BFd=49.91,GH=57.69,GB=62.84
M20	马2	中央跗骨	右	1	GB=46.12,GD=39.06,GLl=11.14
M20	马2	第3跗骨	右	1	GB=47.34,GD=41.94,GLl=11.97
M20	马2	远籽骨	右	1	GB=46.33
M23	马1	上颌P2	右	1	长×宽=37.59×23.98,齿冠高=48.44,LP=9.51
M23	马1	上颌P3	右	1	长×宽=29.34×26.95,齿冠高=68.31,LP=14.18
M23	马1	上颌P4	右	1	长×宽=27.56×26.79,齿冠高=76.22,LP=13.81
M23	马1	上颌M1	右	1	长×宽=26.09×27.09,齿冠高=67.34,LP=13.96
M23	马1	上颌M2	右	1	长×宽=26.38×25.45,齿冠高=77.63,LP=14.74
M23	马1	上颌M3	右	1	长×宽=24.34×20.34,齿冠高=70.74,LP=12.76
M23	马1	下颌M3	右	1	长×宽=28.53×12.81,LDB=12.15
M23	马1	桡骨	左	3/4~1	SD=41.23
M23	马1	掌骨	左	1/4~1/2	DD=23.99,Bd=50.61,Dd=39.62
M23	马1	第1指骨	左	3/4~1	Bp=54.95,BFp=50.77,Dp=37.67,SD=37.19
M23	马1	桡骨	右	<1/4	
M23	马1	股骨	左	1/4~1/2	
M23	马1	胫骨	左	1/2~3/4	SD=40.42,Bd=73.03,Dd=45.57
M23	马1	跟骨	左	1	GB=50.81,GL=111.76
M23	马1	距骨	左	1	LmT=60.08,BFd=51.08,GH=60.71,GB=61.62
M23	马1	跖骨	左	1	GL=259.69,GLl=259.74,Ll=254.57,Bp=51.55,Dp=45.13,SD=31.63,DD=24.97,Bd=51.28,Dd=37.18
M23	马1	第1趾骨	左	1	GL=85.59,Bp=54.69,BFp=52.47,Dp=36.89,SD=33.74,Bd=46.36,BFd=43.37,Dd=23.79

马坑	马匹编号	骨骼	左右	现存状况	测量数据（单位：毫米）
M23	马1	第2趾骨	左	微残	GL＝48.16，Dp＝32.32，SD＝43.59，Bd＝45.84，Dd＝24.64
M23	马1	第3趾骨	左	微残	BF＝42.42，HP＝24.45
M23	马1	股骨	右	1/2～3/4	SD＝38.06
M23	马1	胫骨	右	3/4～1	SD＝40.71
M23	马1	跟骨	右	微残	GB＝51.02
M23	马1	距骨	右	1	LmT＝59.72，BFd＝50.18，GH＝60.86，GB＝61.54
M23	马1	跖骨	右	1	GL＝260.34，GLl＝259.85，Ll＝254.13，Bp＝50.67，Dp＝47.18，SD＝31.68，DD＝24.98，Bd＝49.46，Dd＝37.11
M23	马1	第1趾骨	右	1	GL＝84.87，Bp＝54.39，BFp＝52.31，Dp＝37.69，SD＝34.02，Bd＝45.67，BFd＝43.62，Dd＝24.04
M23	马2	上颌C	左	1	GB＝11.36，GD＝13.54，GL＝47.23
M23	马2	上颌I1	左	1	
M23	马2	上颌I3	左	1	
M23	马2	上颌I1	右	1	
M23	马2	下颌C	左	1	GD＝13.37
M23	马2	下颌I2	左	1	
M23	马2	下颌I3	左	1	
M23	马2	下颌C	右	1	GB＝10.45，GD＝13.53
M23	马2	下颌I1	右	1	
M23	马2	下颌I2	右	1	
M23	马2	下颌I3	右	1	
M23	马2	肱骨	左	1/2～3/4	
M23	马2	桡骨	左	3/4～1	BFd＝62.21，Dd＝44.34，DFd＝34.95
M23	马2	肱骨	右	1/2～3/4	SD＝34.21
M23	马2	桡骨	右	3/4～1	Bd＝75.63，DFd＝34.59
M23	马2	跖骨	左	1	GL＝269.59，Ll＝262.32，Bp＝49.07，SD＝29.62，DD＝24.07，Bd＝48.13
M23	马2	第1趾骨	左	1	GL＝79.80，Bp＝54.04，BFp＝49.34，Dp＝37.02，SD＝32.93，Bd＝43.26，BFd＝40.14，Dd＝23.11

马坑	马匹编号	骨骼	左右	现存状况	测量数据（单位：毫米）
M23	马2	第2趾骨	左	1	GL＝45.97，Bp＝51.33，BFp＝42.92，Dp＝31.42，SD＝41.31，Bd＝44.49，Dd＝25.38
M23	马2	胫骨	右	3/4～1	Ll＝328.77，Bd＝70.12，Dd＝43.68
M23	马2	跖骨	右	1	GL＝270.83，GLl＝268.52，Ll＝263.84，Bp＝48.47，Dp＝46.35，SD＝29.68，DD＝23.81，Bd＝47.68，Dd＝36.13
M23	马2	第1趾骨	右	1	GL＝80.34，Bp＝54.06，BFp＝51.07，Dp＝36.81，SD＝32.89，Bd＝43.96，BFd＝40.07，Dd＝22.43
M23	马2	第2趾骨	右	1	GL＝45.27，Bp＝51.61，BFp＝44.85，Dp＝30.72，SD＝40.38，Bd＝44.92，Dd＝24.31
M23	马3	上颌I2	左	1	
M23	马3	上颌I3	左	1	
M23	马3	上颌C	左	1	GB＝11.31，GD＝12.33
M23	马3	上颌P2	左	1	长×宽＝35.62×21.61，齿冠高＝46.14，LP＝8.51
M23	马3	上颌P3	左	1	长×宽＝28.98×28.22，齿冠高＝61.21，LP＝13.47
M23	马3	上颌P4	左	1	长×宽＝27.89×27.45，LP＝13.83
M23	马3	上颌M1	左	1	长×宽＝24.76×26.54，齿冠高＝59.39，LP＝12.45
M23	马3	上颌M2	左	1	长×宽＝26.06×25.97，齿冠高＝69.75，LP＝14.08
M23	马3	上颌M3	左	1	长×宽＝27.92×21.98，齿冠高＝66.65，LP＝14.69
M23	马3	上颌I1	右	1	
M23	马3	上颌I2	右	1	
M23	马3	上颌I3	右	1	
M23	马3	上颌P2	右	1	长×宽＝38.21×24.61，齿冠高＝45.15，LP＝8.88
M23	马3	上颌P3	右	1	长×宽＝30.56×26.97，齿冠高＝60.82，LP＝13.58
M23	马3	上颌P4	右	1	长×宽＝27.95×26.11，齿冠高＝73.54，LP＝14.03
M23	马3	上颌M1	右	1	长×宽＝24.92×26.62，齿冠高＝59.52，LP＝12.93
M23	马3	上颌M2	右	1	长×宽＝26.07×25.21，齿冠高＝70.42，LP＝13.89
M23	马3	上颌M3	右	1	长×宽＝28.29×18.34，LP＝14.52
M23	马3	下颌I1	左	1	
M23	马3	下颌I2	左	1	

续　表

马坑	马匹编号	骨骼	左右	现存状况	测量数据（单位：毫米）
M23	马3	下颌I3	左	1	
M23	马3	下颌C	左	1	GB＝10.68，GD＝11.73
M23	马3	下颌P2	左	1	长×宽＝34.71×15.91，LDB＝13.95，LF＝15.61
M23	马3	下颌P3	左	1	长×宽＝28.06×18.62，齿冠高＝61.53，LDB＝16.54，LF＝13.78
M23	马3	下颌P4	左	1	长×宽＝28.14×18.53，齿冠高＝78.62，LDB＝15.42，LF＝13.04
M23	马3	下颌M1	左	1	长×宽＝24.98×17.21，齿冠高＝63.41，LDB＝13.65，LF＝10.49
M23	马3	下颌M2	左	1	长×宽＝26.71×＿＿＿＿，齿冠高＝70.67，LDB＝12.66，LF＝11.55
M23	马3	下颌M3	左	1	长×宽＝30.77×＿＿＿＿，齿冠高＝67.32，LDB＝11.68，LF＝12.12
M23	马3	下颌	左	1/2～3/4	8＝94.06，8a＝89.69
M23	马3	下颌I1	右	1	
M23	马3	下颌P2	右	1	长×宽＝34.97×15.93，齿冠高＝42.64，LDB＝14.71，LF＝15.78
M23	马3	下颌P3	右	1	长×宽＝28.58×19.09，齿冠高＝61.74，LDB＝16.61，LF＝14.66
M23	马3	下颌P4	右	1	长×宽＝29.53×18.29，LDB＝14.86，LF＝13.63
M23	马3	下颌M2	右	1	长×宽＝24.89×15.29，LDB＝12.83，LF＝11.34
M23	马3	下颌M3	右	1	长×宽＝31.18×13.43，齿冠高＝64.85，LDB＝12.21，LF＝11.94
M23	马3	下颌	右	1/4～1/2	
M23	马3	C碎		1	
M23	马3	肩胛	左	1/4～1/2	
M23	马3	肱骨	左	＜1/4	
M23	马3	桡骨	左	＜1/4	
M23	马3	掌骨	左	1	GL＝219.96，GLl＝216.94，Ll＝212.58，Bp＝50.26，Dp＝33.07，SD＝32.45，DD＝20.45，Bd＝49.02，Dd＝35.15
M23	马3	第1指骨	左	1	GL＝87.21，Bp＝51.89，BFp＝46.75，Dp＝33.37，SD＝35.14，Bd＝45.99，BFd＝44.84，Dd＝24.07
M23	马3	第2指骨	左	1	GL＝45.89，Bp＝51.82，BFp＝48.18，Dp＝30.34，SD＝46.77，Bd＝52.67，Dd＝25.18
M23	马3	肩胛	右	＜1/4	LG＝57.89
M23	马3	肱骨	右	3/4～1	GLC＝275.81，Dp＝101.96，SD＝36.84，Bd＝78.62，BT＝77.17，Dd＝76.24

马坑	马匹编号	骨骼	左右	现存状况	测量数据（单位：毫米）
M23	马3	股骨	左	＜1/4	
M23	马3	胫骨	左	3/4～1	SD=41.55, Dd=44.67
M23	马3	距骨	左	3/4～1	LmT=58.42
M23	马3	中央跗骨＋第4跗骨	左	1	GB=62.79
M23	马3	跖骨	左	1	GL=268.33, DD=26.13, Dd=36.84
M23	马3	股骨	右	＜1/4	
M23	马3	胫骨	右	3/4～1	SD=41.38, Dd=43.31
M23	马3	距骨	右	1	LmT=58.87, BFd=49.78, GH=58.12, GB=55.96
M23	马3	跟骨	右	微残	GL=111.27
M23	马3	中央跗骨	右	1	GB=48.64, GD=42.52, GL=13.37
M23	马3	跖骨	右	1	GL=268.35, GL1=268.07, Ll=263.24, Bp=45.84, Dp=41.17, SD=31.13, DD=26.36, Bd=49.32, Dd=35.87
M23	马3	第1趾骨	右	1	GL=80.74, Bp=51.76, BFp=47.46, Dp=35.12, SD=34.08
M23	马4	上颌P3	左	1	长×宽=28.93×27.18, 齿冠高=62.08, LP=11.39
M23	马4	上颌P4	左	1	长×宽=27.35×26.09, 齿冠高=68.79, LP=12.24
M23	马4	上颌M1	左	1	长×宽=24.94×25.42, 齿冠高=59.13, LP=11.98
M23	马4	上颌M2	左	1	长×宽=25.78×25.31, 齿冠高=67.04, LP=13.49
M23	马4	上颌M3	左	1	长×宽=23.97×20.05, 齿冠高=63.56, LP=10.99
M23	马4	上颌P3	右	1	长×宽=29.65×27.85, 齿冠高=62.04, LP=11.63
M23	马4	上颌P4	右	1	长×宽=27.38×25.87, 齿冠高=67.60, LP=12.06
M23	马4	上颌M2	右	1	长×宽=25.57×25.32, 齿冠高=66.57, LP=12.99
M23	马4	下颌P2	左	1	长×宽=32.75×16.55, LDB=15.26
M23	马4	下颌P3	左	1	长×宽=28.35×19.37, LDB=14.96, LF=13.65
M23	马4	下颌M1	左	1	长×宽=25.92×16.89, 齿冠高=63.31, LDB=14.79, LF=9.91
M23	马4	下颌M2	左	1	长×宽=26.73×15.94, LDB=13.45, LF=10.77
M23	马4	下颌M3	左	1	长×宽=27.75×12.52, LDB=11.77, LF=8.82
M23	马4	下颌I1	右	1	
M23	马4	下颌P3	右	1	长×宽=28.84×19.43, 齿冠高=74.98, LDB=15.03, LF=14.12

续　表

马坑	马匹编号	骨骼	左右	现存状况	测量数据（单位：毫米）
M23	马4	下颌M1	右	1	长×宽＝26.05×16.84，齿冠高＝62.53，LDB＝14.78，LF＝10.01
M23	马4	下颌M2	右	1	长×宽＝26.44×15.79，齿冠高＝65.72，LDB＝13.62，LF＝10.72
M23	马4	尺腕骨	左	1	GB＝17.38，GD＝27.59，GL＝26.98
M23	马4	第3腕骨	左	1	GB＝43.56，GD＝38.23，GL＝19.72
M23	马4	掌骨	左	1	GL＝229.91，GLl＝225.66，Ll＝218.94，Bp＝50.96，Dp＝32.87，SD＝34.92，DD＝20.97，Bd＝49.37，Dd＝35.11
M23	马4	第4掌骨	左	1/4～1/2	Bp＝13.36，Dp＝17.32
M23	马4	第1指骨	左	微残	GL＝85.07，Dp＝34.35，SD＝33.52，Bd＝47.64，BFd＝43.42，Dd＝23.80
M23	马4	尺骨	右	1/2～3/4	
M23	马4	掌骨	右	1	GL＝228.82，GLl＝225.82，Ll＝218.99，Bp＝50.92，SD＝34.67，DD＝20.43，Bd＝50.22，Dd＝35.22
M23	马4	第1指骨	右	1	GL＝85.01，Bp＝56.41，BFp＝50.91，Dp＝34.71，SD＝33.50，Bd＝46.68，BFd＝43.27，Dd＝23.44
M23	马4	胫骨	左	1/2～3/4	Dd＝44.95
M23	马4	跟骨	左	3/4～1	
M23	马4	距骨	左	1	LmT＝61.23，BFd＝52.52，GH＝60.77，GB＝64.08
M23	马4	跖骨	左	1	GLl＝263.56，Ll＝258.72，Bp＝50.95，Dp＝46.37，SD＝31.58，DD＝26.08，Bd＝49.62
M23	马4	中央跗骨	左	1	GB＝51.91，GD＝44.85，GL＝14.46
M23	马4	第4跖骨	左	1/2～3/4	Bp＝18.43，Dp＝25.98
M23	马4	第1趾骨	左	1	GL＝85.72，Bp＝55.25，BFp＝51.07，Dp＝38.24，SD＝32.68，Bd＝47.15，BFd＝43.16，Dd＝24.89
M23	马4	胫骨	右	3/4～1	Ll＝324.23，Dd＝45.25
M23	马4	跟骨	右	微残	GB＝55.38，GL＝115.53
M23	马4	距骨	右	1	LmT＝60.91，BFd＝52.98，GH＝60.41，GB＝63.84
M23	马4	跖骨	右	1	GL＝267.29，GLl＝264.23，Ll＝257.91，Bp＝51.10，Dp＝47.44，SD＝31.35，DD＝26.03，Bd＝49.62，Dd＝39.47
M23	马4	中央跗骨	右	1	GB＝51.07，GD＝44.46，GL＝14.28
M23	马4	第4跖骨	右	1/2～3/4	Bp＝17.96，Dp＝26.22
M23	马4	第2跖骨	右	1/4～1/2	Bp＝15.97，Dp＝21.62

马坑	马匹编号	骨骼	左右	现存状况	测量数据（单位：毫米）
M23	马4	第1趾骨	右	1	GL=85.77，Bp=55.48，BFp=51.87，Dp=37.91，SD=33.63，Bd=46.85，BFd=43.45，Dd=25.01
M23	马5	上颌P3	右	1	长×宽=29.32×26.19，齿冠高61.14
M23	马5	上颌P4	右	1	长×宽=27.22×25.59，齿冠高=66.74，LP=11.97
M23	马5	上颌M1	右	1	长×宽=24.37×25.03，齿冠高=56.07，LP=12.22
M23	马5	上颌M3	右	1	长×宽=27.15×21.82，齿冠高=63.88，LP=13.08
M23	马5	下颌P3	左	1	长×宽=27.46×17.63，齿冠高=57.96，LDB=16.83，LF=13.59
M23	马5	下颌P3	右	1	长×宽=28.43×20.40，齿冠高=57.67，LDB=17.12，LF=13.43
M23	马5	下颌M1	右	1	长×宽=23.93×16.54，齿冠高=56.64，LDB=14.21，LF=7.44
M23	马5	下颌M2	右	1	长×宽=24.43×15.6，齿冠高=61.51，LDB=12.95，LF=8.56
M23	马6	胫骨	左	3/4～1	Bp=103.04
M23	马6	股骨	右	1/2～3/4	Bd=97.32，Dd=125.44
M23	马7	股骨	左	1/4～1/2	Bd=96.41，Dd=119.49
M23	马7	胫骨	左	3/4～1	GL=360.46，SD=45.46，Dd=49.14
M23	马7	跟骨	左	1	GB=53.22，GL=116.27
M23	马7	距骨	左	微残	BFd=56.34，GH=63.03，GB=67.94
M23	马7	中央跗骨	左	1	GB=55.96，GD=45.04，GL=14.47
M23	马7	跖骨	左	微残	GL=272.98，Dp=49.14，SD=34.85，DD=28.78，Bd=52.46，Dd=41.14
M23	马7	第1趾骨	左	1	GL=89.32，Bp=58.32，BFp=52.21，Dp=40.16，SD=36.21，Bd=47.81，BFd=44.97，Dd=26.25
M23	马7	第2趾骨	左	1	GL=50.24，Bp=55.72，BFp=47.74，Dp=34.97，SD=48.24，Bd=50.96，Dd=28.01
M23	马7	第3趾骨	左	微残	LF=26.78，BF=43.38，HP=30.64
M23	马7	股骨	右	＜1/4	
M23	马7	胫骨	右	1/2～3/4	
M23	马7	第1趾骨	右	1	Bp=59.49，BFp=53.74，Dp=39.76，SD=36.05，Bd=50.35，BFd=44.68，Dd=26.50
M23	马7	第2趾骨	右	1	GL=51.01，Bp=56.64，BFp=47.91，Dp=34.86，SD=47.02，Bd=50.42，Dd=27.42
M23	马7	跖骨	右	1	GL=275.59，GLl=270.79，Ll=267.49，Bp=53.28，Dp=46.09，SD=35.06，DD=28.79，Bd=53.71，Dd=39.87

马坑	马匹编号	骨骼	左右	现存状况	测量数据（单位：毫米）
M23	马8	盆骨	左	＜1/4	
M23	马8	股骨	左	3/4～1	SD＝37.38
M23	马8	胫骨	左	3/4～1	GL＝369.33，Ll＝331.33，Dp＝72.78，SD＝39.38，Bd＝75.87，Dd＝46.25
M23	马8	距骨	左	1	BFd＝52.18，GH＝62.42，GB＝65.09
M23	马8	跖骨	左	3/4～1	Bp＝51.69，Dp＝44.76，SD＝32.15
M23	马8	股骨	右	1/2～3/4	SD＝38.54，DC＝59.73
M23	马8	胫骨	右	3/4～1	SD＝40.26，Bd＝75.91
M23	马8	跟骨	右	1	GB＝54.46，GL＝112.64
M23	马8	距骨	右	1	LmT＝63.15，BFd＝51.56，GH＝59.16，GB＝64.13
M23	马8	跖骨	右	1	GL＝285.37，GLl＝282.56，Ll＝278.06，Bp＝51.89，Dp＝43.93，SD＝32.72，DD＝26.84，Bd＝48.71
M23	马8	第1趾骨	右	1	GL＝87.17，Bp＝54.54，BFp＝51.04，Dp＝36.85，SD＝36.06，Bd＝47.51，BFd＝44.74，Dd＝23.97
M23	马a	上颌I1	左	1	
M23	马a	上颌I2	左	1	
M23	马a	上颌I3	左	1	
M23	马a	上颌C	左	1	GB＝9.59，GD＝10.52，GL＝45.48
M23	马a	上颌P2	左	1	长×宽＝35.62×21.61，齿冠高＝18.03，LP＝8.57
M23	马a	上颌P3	左	1	长×宽＝26.07×25.86，齿冠高＝24.74，LP＝10.49
M23	马a	上颌P4	左	1	长×宽＝26.37×26.68，齿冠高＝20.18，LP＝12.56
M23	马a	上颌M1	左	1	长×宽＝20.65×24.76，齿冠高＝15.35，LP＝10.88
M23	马a	上颌M2	左	1	长×宽＝21.28×24.83，齿冠高＝17.38，LP＝12.73
M23	马a	上颌M3	左	1	长×宽＝27.43×23.15，齿冠高＝19.12，LP＝13.82
M23	马a	上颌I1	右	1	
M23	马a	上颌I2	右	1	
M23	马a	上颌I3	右	1	
M23	马a	上颌C	右	1	GB＝9.80，GD＝10.52，GL＝44.11
M23	马a	上颌P2	右	1	长×宽＝36.86×21.90，齿冠高＝18.94，LP＝8.34
M23	马a	上颌P3	右	1	长×宽＝26.04×24.23，齿冠高＝22.53，LP＝10.71

马坑	马匹编号	骨骼	左右	现存状况	测量数据（单位：毫米）
M23	马a	上颌P4	右	1	长×宽＝25.26×25.84，LP＝12.62
M23	马a	上颌M1	右	1	长×宽＝20.96×23.81，LP＝10.77
M23	马a	上颌M2	右	1	长×宽＝20.89×24.87，LP＝13.09
M23	马a	上颌M3	右	1	长×宽＝27.71×23.33，齿冠高＝20.58，LP＝13.43
M23	马a	上颌	右	1	22a＝152.44，23a＝67.64，24a＝84.78
M23	马a	下颌I1	左	1	
M23	马a	下颌I2	左	1	
M23	马a	下颌I3	左	1	
M23	马a	下颌C	左	1	GB＝8.77，GD＝11.16，GL＝50.94
M23	马a	下颌P2	左	1	长×宽＝32.35×14.29，齿冠高＝13.05，LDB＝13.93，LF＝12.97
M23	马a	下颌P3	左	1	长×宽＝25.18×16.69，齿冠高＝16.01，LDB＝17.93，LF＝7.93
M23	马a	下颌P4	左	1	长×宽＝24.87×18.19，齿冠高＝24.94，LDB＝16.39，LF＝8.64
M23	马a	下颌M1	左	1	长×宽＝21.59×16.82，齿冠高＝19.63，LDB＝12.89，LF＝5.47
M23	马a	下颌M2	左	1	长×宽＝22.67×15.76，齿冠高＝20.07，LDB＝12.83，LF＝6.21
M23	马a	下颌M3	左	1	长×宽＝31.41×12.77，LDB＝12.97，LF＝7.38
M23	马a	下颌	左	1	3＝129.41，5＝288.01，6＝162.64，6a＝155.28，7＝85.08，7a＝80.77，8＝74.92，8a＝73.54，20＝220.76，21＝239.1，22a＝99.59，22b＝74.35，22c＝49.46
M23	马a	下颌I1	右	1	
M23	马a	下颌I2	右	1	
M23	马a	下颌I3	右	1	
M23	马a	下颌C	右	1	GB＝8.56，GD＝10.93，GL＝49.01
M23	马a	下颌P2	右	1	长×宽＝31.96×15.12，齿冠高＝12.77，LDB＝13.66，LF＝11.66
M23	马a	下颌P3	右	1	长×宽＝28.14×18.31，齿冠高＝13.78，LDB＝17.05，LF＝9.51
M23	马a	下颌P4	右	1	长×宽＝25.19×17.28，LDB＝16.86，LF＝8.53
M23	马a	下颌M1	右	1	长×宽＝21.46×16.54，齿冠高＝22.46，LDB＝13.08，LF＝5.71
M23	马a	下颌M2	右	1	长×宽＝21.85×15.04，齿冠高＝20.85，LDB＝12.84，LF＝6.19
M23	马a	下颌M3	右	1	长×宽＝30.77×13.86，LDB＝12.27，LF＝7.29
M23	马a	下颌	右	1	3＝130.24，5＝284.96，6＝159.82，6a＝154.61，7＝77.01，7a＝72.66，8＝84.71，8a＝81.23，20＝226.35，21＝243.59，22a＝99.01，22b＝65.39，22c＝55.94

续　表

马坑	马匹编号	骨骼	左右	现存状况	测量数据（单位：毫米）
M23	马b	上颌P3	左	1	长×宽＝33.18×28.42，齿冠高＝74.03，LP＝11.71
M23	马b	上颌P4	左	1	长×宽＝30.11×28.29，齿冠高＝83.88，LP＝12.27
M23	马b	上颌M1	左	1	长×宽＝27.86×28.35，齿冠高＝76.84，LP＝11.89
M23	马b	上颌M2	左	1	长×宽＝28.37×26.67，齿冠高＝84.45，LP＝12.67
M23	马b	下颌P2	左	1	长×宽＝34.87×16.42，齿冠高＝49.55，LDB＝14.82，LF＝17.14
M23	马b	下颌P3	左	1	长×宽＝30.75×20.1，LDB＝16.19，LF＝15.42
M23	马b	下颌P4	左	1	长×宽＝30.96×18.77，LDB＝14.24，LF＝13.66
M23	马b	下颌M1	左	1	长×宽＝27.27×17.94，齿冠高＝71.25，LDB＝14.85，LF＝9.97
M23	马b	下颌M2	左	1	长×宽＝27.55×16.64，LDB＝13.77，LF＝10.48
M23	马b	下颌P2	右	1	长×宽＝34.43×16.91，齿冠高＝49.26，LDB＝14.72，LF＝16.74
M23	马b	下颌P3	右	1	长×宽＝30.46×19.34，LDB＝16.39，LF＝16.07
M23	马b	下颌P4	右	1	长×宽＝30.34×19.03，LDB＝14.48，LF＝14.23
M23	马b	下颌M2	右	1	长×宽＝28.08×16.75，齿冠高＝77.71，LDB＝13.79，LF＝10.83
M23	马b	下颌M3	右	1	长×宽＝26.93×13.84，LDB＝11.69，LF＝9.46
M23	马c	上颌P4	左	1	长×宽＝28.81×26.04，齿冠高＝78.43，LP＝13.81
M23	马c	上颌M1	左	1	长×宽＝26.41×26.32，齿冠高＝72.56，LP＝13.46
M23	马c	上颌P2	右	1	长×宽＝37.97×26.06，齿冠高＝56.27，LP＝8.65
M23	马c	上颌P3	右	1	长×宽＝27.69×26.04，齿冠高＝83.12，LP＝14.02
M23	马c	上颌P4	右	1	长×宽＝28.09×25.67，齿冠高＝79.33，LP＝13.49
M23	马c	上颌M3	右	1	长×宽＝26.44×20.95，齿冠高＝13.36
M23	马d	股骨	左	＜1/4	
M23	马d	胫骨	左	3/4～1	SD＝41.53，Bd＝73.99，Dd＝45.73
M23	马d	跖骨	左	1	GL＝279.33，GL1＝278.53，L1＝273.49，Bp＝50.21，Dp＝44.51，SD＝33.41，DD＝26.66，Bd＝49.46，Dd＝37.65
M23	马d	第1趾骨	左	3/4～1	Bp＝56.07，BFp＝50.83，Dp＝37.8，SD＝36.99
M23	马d	股骨	右	1/4～1/2	
M23	马d	胫骨	右	1/2～3/4	
M23	马d	跖骨	右	3/4～1	SD＝33.27

附录七　宋家墓地出土木材鉴定与研究报告

杨　凡（国家文物局考古研究中心）

贾　茵（孔子博物馆）

对M9、M10两座墓葬出土车马器里残存的木材进行采集和鉴定，以期进一步探讨车马器用材特点。

1. 研究方法

分别从M9和M10出土车马器的不同部位采集木材样品共7份（表1）。实验在山东大学植物考古实验室进行，首先对每份样品挑选出可鉴定的部分，筛去浮土，用锡箔纸包裹，在型号为NBD-M1200-20TI的马弗炉中进行炭化，炭化温度为300℃，炭化时间为2小时。随后将炭化的木炭样品按横、径、弦三个方向切出三个切面，使用具有反射光源、明暗场以及物镜放大倍数为5～100倍的Nikon Ci-L金相显微镜进行观察，结合现代炭化木材图谱和《中国木材志》[①]对树种木材特征的描述进行种属鉴定，然后黏在铝质样品台上，表面镀金后，在Phenom XL扫描电子显微镜下进行拍照。

2. 鉴定结果

此次鉴定的7块炭化样品，一块因保存状态极差无法鉴定；两块样品保存状况一般，部分变形仅能鉴定为阔叶树种；除此之外，鉴定出两块槭属（*Acer sp.*），一块榆属（*Ulmus sp.*）和一块柳属（*Salix sp.*）（表1）。

表1　木材鉴定结果表

遗迹单位	M10：t40	M9：22	M10：93	M9：23	M10：95-1	M10D2：052	M9：24
样品来源	铜管状车饰	车饰	軏首	车軎	衡内饰	车軎	车軎
种属	榆属	槭属	柳属	阔叶树	阔叶树	槭属	无法鉴定

柳属（图1～3）的显微结构特征为：生长轮明显，为散孔材，单管孔为主，少数呈短径列复管孔（2～4个）。射线组织异形单列，螺纹加厚缺如，单穿孔，射线-导管间纹孔式为单纹孔。

① 成俊卿、杨家驹、刘鹏：《中国木材志》，中国林业出版社，1992年。

仅见单列射线,高1～10个细胞。

　　槭属(图4～6)的显微结构特征为:生长轮不明显,散孔材,通常为单管孔,少数呈短径列复管孔(2～3个)。射线组织为同形单列,具螺纹加厚,单穿孔。单列射线高3～10个细胞,多列射线多宽2～4列,高5～30个细胞。

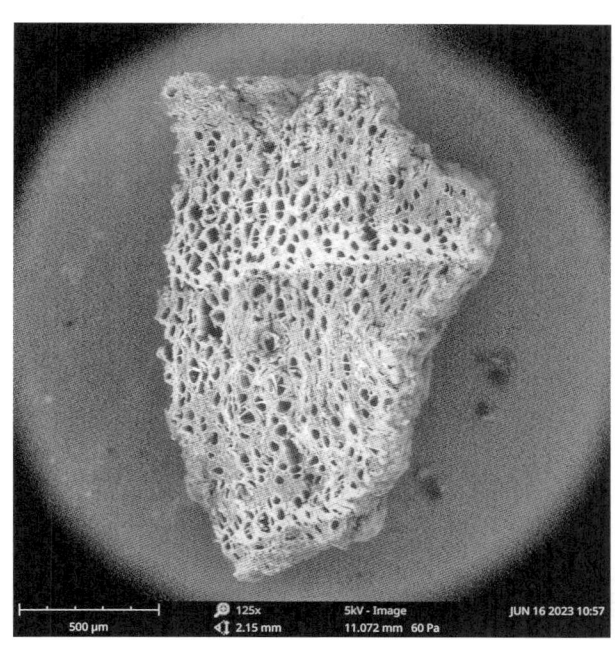

图1　柳属横切面

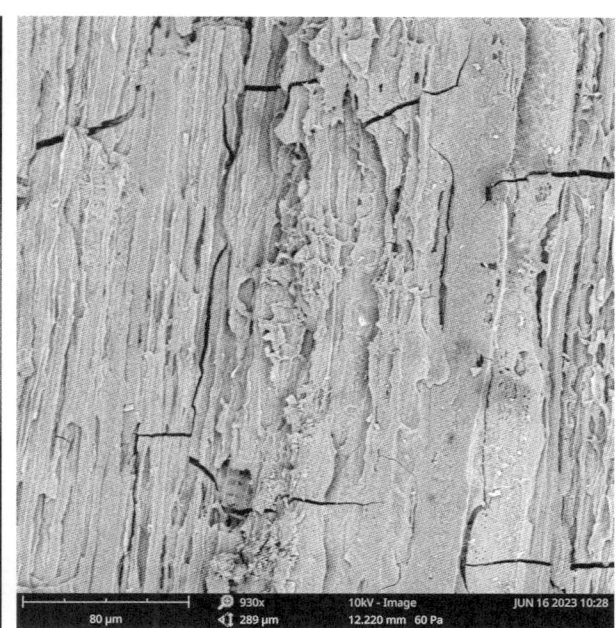

图2　柳属径切面

图3　柳属弦切面

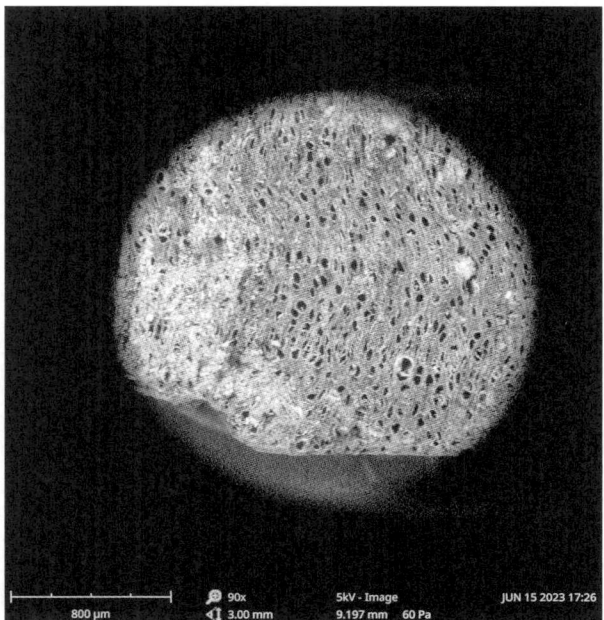

图4　槭属横切面

　　榆属（图7～10）的显微结构特征为：生长轮明显，环孔材，具侵填体，通常呈管孔团，少数呈径列复管孔及单管孔。射线组织多为同形单列及多列，螺纹加厚见于小导管壁上，单穿孔。单列射线甚少，多列射线多宽2～6列，高10～40个细胞。

图5　槭属径切面

图6　槭属弦切面

图7　榆属横切面

图8　榆属径切面

图9 榆属弦切面

图10 榆属径切面

3. 木材的选择与利用

M10∶t40铜管状车饰用材为榆属,M9∶22车饰和M10∶052车害用材均为槭属,M10∶93轭首处用材为柳属。榆属(*Ulmus*),乔木,稀灌木,遍布全国,且以长江流域以北较多。榆属木材坚重,硬度适中,力学强度较高,有光泽,具花纹,韧性强,耐磨损,弯挠性能良好[1];可用作车轮部件、农具柄、工具柄及房屋建筑各部构件,是较为理想的车马器用材。梁带村芮国墓地出土的车马器以及秦始皇陵兵马俑一号坑出土二号车车辕也都取材榆属[2]。槭属(*Acer*)乔木或灌木,落叶或常绿,广泛分布于自西南至东北的整个森林地带,尤以长江流域及其以南地区的种类集中。槭树木材坚硬耐磨,材质细密,供农具、枕木、高档家具、室内装饰和建筑用材,亦是乐器、雕刻、工艺品、纺织业木梭和纱管的特用材[3]。柳属(*Salix*),乔木或匍匐状、垫状、直立灌木,各省区均产。本属木材轻柔,主供小板材、小木器、矿柱材、民用建筑材、农具材和薪炭材用[4]。榆属、槭属和柳属均为制作器具的理想木材。

---

① 中国科学院中国植物志编委会:《中国植物志》第22卷,科学出版社,1998年。
② 赵泾峰、冯德君、吕智荣:《韩城梁带村芮国M502墓葬出土木材研究》,《西北林学院学报》2012年第1期。冯德君、赵泾峰、常君成等:《韩城梁带村芮国M28墓葬出土木材研究》,《西北林学院学报》2012年第5期。秦始皇帝陵博物院:《秦始皇帝陵一号兵马俑陪葬坑发掘报告(2009~2011年)》,文物出版社,2018年。
③ 中国科学院中国植物志编委会:《中国植物志》第46卷,科学出版社,1981年。
④ 中国科学院中国植物志编委会:《中国植物志》第20(2)卷,科学出版社,1981年。

车马器的木材配件在使用过程中经常磨损,因此选择质地较为坚硬、耐高磨损的木材方能满足制作马车的需求。孔头沟墓地出土的车马器用榆属、槭属和柳属等木材制作,这些木材都具有耐磨等特征,符合车马器的用材要求。

4. 结论

对陕西岐山县孔头沟遗址墓葬中随葬车马器所残留木材的鉴定和初步分析,确定了这些木材的树种为槭属、柳属和榆属,为进一步探讨当时先民对木材的认识与利用、马车制作等手工业发展等提供了新的证据。

后　记

岁月不居,时节如流。

岐山孔头沟遗址的田野考古工作,是"大周原考古"计划的一部分。项目领队为陕西省考古研究院王占奎研究员,现场执行负责为种建荣研究员,北京大学考古文博学院教授雷兴山亦经常莅临工地指导发掘。自2006年项目实施以来,在经历了十八年艰苦的发掘、漫长的整理、细致的甄别和无数次的翻阅之后,《岐山孔头沟》一书终于付梓出版。这是全体参与人员集体智慧的结晶与共同的劳动成果,也是团队与个人成长的历史见证。

回首十八年的心路历程,既有对耐心的考验,也有对毅力的挑战。在艰巨而繁琐的整理过程中,很多人参与其间,有老师,有学生,还有技工师傅。从分类整理到编号登记,从绘图照相到分析研究,每个人都是考古工作中不可或缺的一环。这漫长而不易的过程也培养锻炼了青年人才,他们在这里磨砺了意志,锤炼了技能,从青涩走向成熟,从懵懂走向睿智,从初出茅庐走向独当一面。在长期的共同合作与集思广益中,团队之间、个人之间结下了深厚友谊,这也是此次发掘与整理之路上最宝贵的财富。

本报告是种建荣研究员、雷兴山教授和武汉大学王洋副教授共同主导完成的。主编为种建荣,副主编为雷兴山、王洋。各章节的撰写由全体作者分工协作执笔完成,大致分工如下:

第一章,由雷兴山、种建荣、王洋执笔。

第二章,2.1部分由雷兴山、郭士嘉、种建荣执笔;2.2的铸铜遗物部分由郭士嘉、林永昌、李永迪、陈建立执笔,非铸铜遗物部分由郭士嘉、雷兴山、种建荣、刘一婷执笔。2.3.1部分由郭士嘉、种建荣、雷兴山完成;2.3.2部分由周文丽、陈建立执笔;2.3.3部分由郭士嘉、种建荣、雷兴山执笔。

第三章,3.1部分由种建荣、雷兴山、张敏、王洋、张雅雅执笔;3.2部分由种建荣、雷兴山、张敏、王洋、王昱霖执笔;3.3部分由种建荣、雷兴山执笔。

第四章,4.1与4.2部分由王洋、种建荣、雷兴山执笔;4.3部分由王洋、王昱霖、杨磊执笔;4.4部分由王洋、王昱霖、陈钢、赵艺蓬执笔;4.5部分由刘一婷执笔;4.6部分由王洋、种建荣、雷兴山执笔。

第五章由雷兴山、种建荣、张敏、赵海晨、王洋执笔。

第六章由种建荣、雷兴山、王洋执笔。

报告中的遗迹照、工作照与器物照由陕西省文物保护研究院王保平等完成；器物图由董红卫、刘军幸绘制；画图寺作坊出土铸铜遗物的检测，由中国科学院自然科学史研究所周文丽、郑州大学郭士嘉完成；画图寺、赵家台与独山居址出土动物骨骼的鉴定，由河南省文物考古研究院侯彦峰、马萧林等完成；宋家墓地出土铜器的检测，由北京科技大学刘思然、北京大学陈建立完成；宋家墓地出土人骨的鉴定，由北京大学何嘉宁、国家文物局考古研究中心李楠等完成；宋家墓地人骨碳十四年代测定，由国家文物局考古研究中心闫欣等完成；宋家墓地马坑出土马骨的鉴定，由武汉大学刘一婷与研究生谢紫晨完成；宋家墓地出土木材的鉴定，由国家文物局考古研究中心杨凡、孔子博物馆贾茵完成。英文摘要由王洋、王昱霖完成。

在本报告成书出版之际，我们衷心感谢在田野考古工作、资料整理与报告编写期间给予我们支持、鼓励的所有单位、领导、专家及工作人员。感谢国家文物局、陕西省文物局、宝鸡市文物局、岐山县政府对考古工作的关心与支持；感谢陕西省考古研究院、北京大学考古文博学院的领导、同事及朋友们的信任与指引；感谢来自北京大学、武汉大学、中央民族大学、西北大学、陕西师范大学、湖南大学、安徽大学等高校参与田野考古实习的同学们的认真与负责；感谢考古队全体队员的同心协力与辛勤付出；感谢上海古籍出版社吴长青、宋佳、刘婷的审阅与帮助。

自谓良不才，涓尘愧所守。囿于编者的知识水平与阅历见识，报告中尚存诸多不足与瑕疵，期待来自学界的批评与指正。

编 者
2024 年 11 月
于终南大道陕西考古博物馆

Abstract

From March 2006 to May 2008, in order to cooperate with the construction of the Guanzhong Ring Road, according to the plan of "Archaeology of the Great Zhouyuan Area", the Shaanxi Provincial Institute of Cultural Relics and Archaeology and the School of Archaeology and Museology, Peking University carried out a large-scale detailed investigation, drilling and targeted excavation of the Kongtougou site in Qishan County, Shaanxi Province. This is another large-scale field archaeological work on the large settlements from Shang to Zhou dynasty in the Zhouyuan area following the archaeology of the Zhougongmiao site in Qishan.

This report is a report on the field archaeological work at the Kongtugou site from 2006 to 2008, which mainly includes the excavation of the bronze casting workshop at the Huatusi, the Zhaojiatai settlement area and the Dushan settlement area, the drilling and excavation of the Songjia Cemetery, as well as the archaeological survey of the Kongtugou site and other harvests and research insights, and the results of the laboratory testing and analysis of the relevant relics are also included in this report.

Chapter 1 is the preface. It begins with an introduction to the location and naming of the Kongtougou site, the background to the work, and then goes on to describe the objectives, the philosophy and methodology of the work, the history of the work, and the style of preparation of this report.

The second chapter is about the excavation of the bronzer casting workshop in Huatusi. This chapter is divided into two parts, the overview and the detailed description to introduce the excavation harvest of the bronze casting workshop in Huatusi, and finally summarize the understanding of the remains of the workshop. The excavation area of Huatusi cleared 64 ash pits in the middle and late Western Zhou Dynasty, all of which belonged to the accumulation of waste remains from the bronze casting workshop, and two pottery kilns related to the production of clay molds were also found. Huatusi bronze casting workshop unearthed bronze casting relics, including the mold, core print, model, clay core, furnace wall, ceramic pipe, slag and so on. In terms of production processes, the excavation area of Huatusi bronze casting workshop is a "casting area", only engaged in the production activities of melting bronze, pouring, defanning (and possibly post-casting repair), rather than a "mold making area". From the product structure, this workshop is mainly containers, musical instruments, but also carriages or tools. Based on the inscription cores found in Huatusi, it is suggested that there was a method of making Western Zhou inscriptions, namely, "the method of making inscriptions by forming clay strip and inscribing technique". By analyzing the structure of the workshop, it is believed that there is a combination of the remains of the "fish-scale ash pits group" in this workshop.

Chapter 3 deals with the excavation of the Zhaojiatai and Dushan residences. The excavation areas of Zhaojiatai and Dushan are located on the east and west sides of Kongtougou, and they are two separate settlement areas. This chapter is also divided into two parts: a general introduction and a detailed description to introduce the excavation results of the residential sites, and finally summarizes the relevant understanding of the remains of the residential sites. The piles in the excavation areas of Zhaojiatai and Dushan are all dominated by settlement remains, and 33 ash pits of the late Proto-Zhou to early Western Zhou periods were cleared, most of which were ordinary garbage pits, and one of which may have been a semi-digested cave house site. The excavated relics mainly consisted of fragments of ceramic containers, as well as other small ceramic pieces, stone tools, bone tools, mussel tools, bronze tools and so on. The remains of the late Shang and early Zhou dynasties are relatively rich and can be divided into three sections, of which the second section corresponds to the period before and after King Wen moved to Feng to the time of the Shang and Zhou dynasties, and the third section belongs to the early Western Zhou Dynasty, while the age of the first section may be earlier than that of the second section, but it is very close to that of the first section. The cultural landscape of the first three sections was gradually developed and evolved in an unbroken line, and these discoveries will help to further explore the culture of the Proto-Zhou.

Chapter 4 is about the drilling and excavation of Songjia Cemetery. Songjia Cemetery is one of the main focuses of the field work at the Kongtougou site. This chapter firstly introduces the overview of the cemetery and the drilling of the burials, and then it is divided into two parts, namely, the overview and the sub-analysis to introduce the harvests of the excavation of the burials and horse pits, and finally it summarizes the relevant understanding of the remains of the cemetery. The total area of the cemetery is about 60,000 square meters, where 67 burials were found in the survey and 158 burials were found in the drilling, and it is estimated that the cemetery may have a total of about 900 burials according to the number of burials within the drilling area. The date of the cemetery extends from the early early Western Zhou Dynasty to the late Western Zhou Dynasty. Twenty-two of the tombs and three horse pits were excavated, including one double-track tomb (M10) and one single-track tomb (M9).

Although they were seriously robbed, the bronze containers were almost looted, and the excavated burial goods were mostly carriages and horse carriages and car parts. Among them, the number of buried wheels, bronze plaque-shaped girth ornaments, and carriage enclosure ornaments in M10, and the number of buried car balances and bronze Yue (軏) in M9 are the largest in known Western Zhou tombs. Combined with these new discoveries, the discussion focuses on the identification of the Western Zhou bronze plate-shaped girth ornaments and carriage squab panels as well as the institution of using, and proposes the criteria for the identification of the bronze plate-shaped girth ornaments, and concludes that the carriage squab panels are the "Jin Dian Bi" (金簟弼) in the Western Zhou inscriptions. The tombs in Songjia Cemetery could be divided into 5 levels. There are three prominent features of the cemetery morphology. Firstly, people from the same clan group were buried in the same grave block. Secondly, large and small tombs from the same period were buried together. Lastly, the highest-ranking tomb is in the center, while the lower-ranking tombs are spread out on either side of it.

Chapter 5 is the investigation of the site's settlement structure. This chapter introduces the investigation area of the Kongtougou site, the remains, cultural layers and relics found in the investigation, on the basis of which the characteristics of the settlement and the process of change are preliminarily analyzed. There are three periods of settlements in the Kongtougou site, namely, the Yangshao culture period, the Shang and Zhou periods, and the Warring States, Qin and Han periods and later, and the remains of the Shang and Zhou periods are the main body of the Kongtougou site and the Shang and Zhou settlements do not belong to the same settlement as the Yangshao period settlements and the Warring States and later settlements.

The final chapter proposes that the nature of the Kongtougou settlements from late Shang to Western Zhou is said to be a fiefdom. The present chapter argued the nature of Kongtougou settlements on four aspects, including settlement structure, regional settlement pattern, social structure and pattern, and textual evidence. It is considered that the Kongtougou settlements was the fiefdom belongs to an elite non-Ji (姬) noble family in high ranking.

陕西省考古研究院田野考古报告 第100号

岐山孔头沟

四

陕西省考古研究院
北京大学考古文博学院　编 著

上海古籍出版社

1. 孔头沟遗址远眺（自北向南）

2. 孔头沟遗址远眺（自南向北）

孔头沟遗址远景

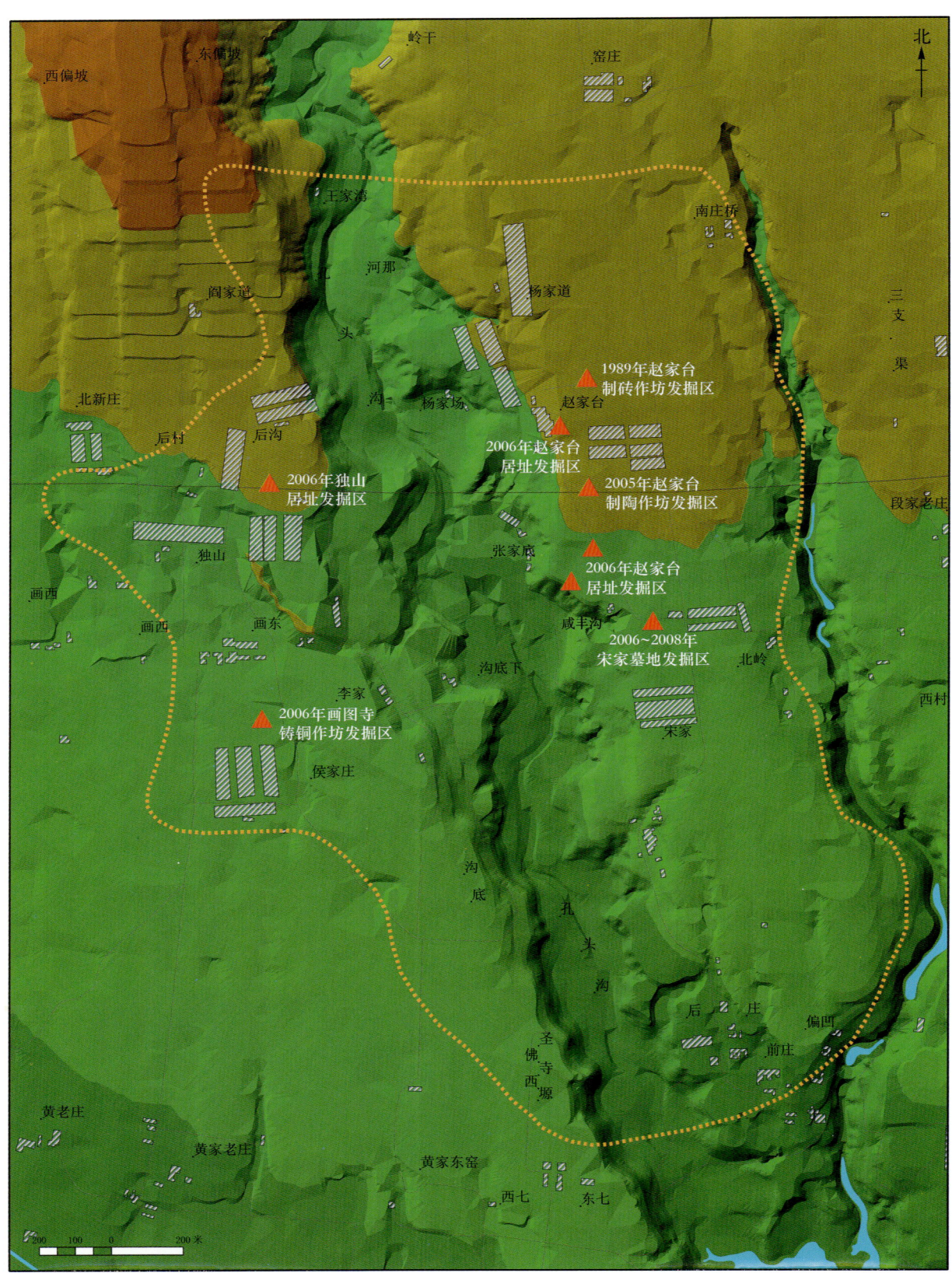

北

西偏坡　　东偏坡　　　岭干　　　　窑庄

王家洼

河那　　　　　　南庄桥

闫家道　　头　　　　　杨家道

北新庄　　沟　　杨家场　　　赵家台　　1989年赵家台
　　　后村　　后沟　　　　　　　　　　　制砖作坊发掘区
　　　　　　　　　　　　　　　　　　2006年赵家台
　　　　　2006年独山　　　　　　　居址发掘区
　　　　　居址发掘区　　　　　　　　　2005年赵家台
　　　　　　　　　　　　　　　　　　制陶作坊发掘区　　　段家老庄

画西　　　　　　　　　张家底　　2006年赵家台
　　画西　　独山　　　　　　　　居址发掘区
　　　画东　　　　　　　咸丰沟
　　　　　　　　　　　　　　　　　　2006~2008年　　北岭
　　　　　　　沟底下　　　　宋家墓地发掘区　　　　　　西村
　　　　　李家
　　　　　2006年画图寺
　　　　　铸铜作坊发掘区　　　　　　　宋家
　　　　　侯家庄

三支渠

孔头沟

沟底

后庄　偏凹
　前庄

黄老庄　　　　　　　　　　　圣寺西塬
　　　黄家老庄　　　　　佛西
　　　　　　黄家东窑
　　　　　　　　西七　东七

200　100　0　200米

孔头沟遗址范围图

墓葬清理现场

1. M9发掘现场

2. M10墓道车轮清理

墓葬清理现场

1. M10墓道发掘清理

2. M10墓道及墓室车轮

3. M13发掘清理

4. M21发掘清理

墓葬清理现场

1. 清理M11棺椁底板

2. 商定田野发掘方案
（2007年5月摄于岐山县宋家村考古队租住民房）

墓葬清理与发掘方案讨论

1. 商定报告提纲
（2019年7月摄于扶风县召陈村周原考古队，由右至左为：雷兴山、种建荣、王洋）

2. 报告排图与文字核对
（2022年7月摄于岐山县贺家村周原田野考古中心）

整理阶段工作照

1. HY2窑室内烧土堆积

2. HY2火门（自南向北）

画图寺铸铜作坊烧土堆积及火门

1. HY2 火门与窑室（自南向北）

2. HY2 烟囱与窑室（自北向南）

3. HH51 瓮棺葬

画图寺铸铜作坊遗迹

1. HH65

2. 龙纹模 H36：21

3. 车辖模 HH6：21

画图寺铸铜作坊遗迹与陶范

1. 车軎模 HH31：51

2. 垂鳞绹索纹模 HH36：22

3. 垂鳞纹模 HH38：96

4. 勾连雷纹外范 HH11：68

5. 垂鳞纹模 HH11：73

6. 十字形节约模 HH39：33

画图寺铸铜作坊出土陶范

1. 绹索纹模 HH42：10

2. 鼎足外范 HH1：1

3. 不明器范 HH1：25

4. 管形器外范 HH11：42

5. 波带云纹管形器外范 HH11：58

6. 重环纹外范 HH35：14

画图寺铸铜作坊出土陶范

1. 钟外范 HH37：18

2. 铜饰外范 HH38：110

3. 钟外范 HH38：200

4. 铜泡外范 HH38：136

5. 垂鳞纹长方扁形节约外范 HH38：80

6. 瓦纹簋器身外范 HH38：107

画图寺铸铜作坊出土陶范

1. 瓦纹窃曲纹外范 HH54：7

2. 窃曲纹方座外范 HH60：17

3. 带浇道长方形芯头 HH11：36

4. 鼎足泥芯 HH5：7

5. 銮铃柄内芯 HH1：60

画图寺铸铜作坊出土陶范

画图寺铸铜作坊出土带铭文内芯（HH48：6）

1. 回炉泥芯 HH13：33

2. 不明内芯 HH13：29

3. 陶管 HH20：30

4. 陶管 HH63：16

5. 陶管 HH28：21

画图寺铸铜作坊出土遗物

1. 陶小口罐 HH30：2

2. 陶器盖 HH10：7

3. 圆陶片 HH36：3

4. 石刀 HH38：18

5. 铜鱼 HH3：1

画图寺铸铜作坊出土遗物

1. 铜镞 HH20：12

2. 铜锥 HH56：11

3. 骨笄 HH40：1

4. 石镰 HH38：7

5. 蚌刀 HH20：1

画图寺铸铜作坊出土遗物

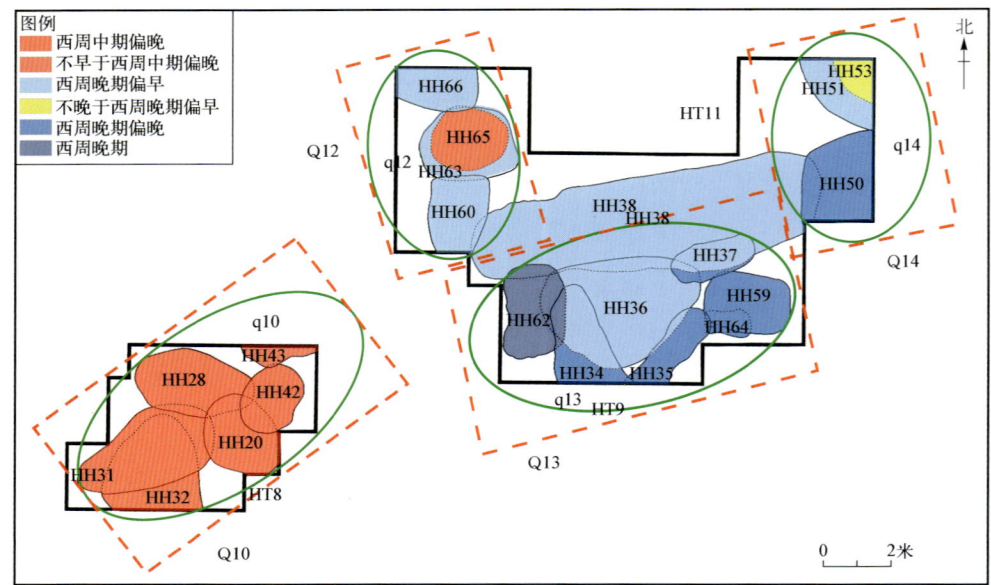

1. 画图寺铸铜作坊"鱼鳞状灰坑群"与分区

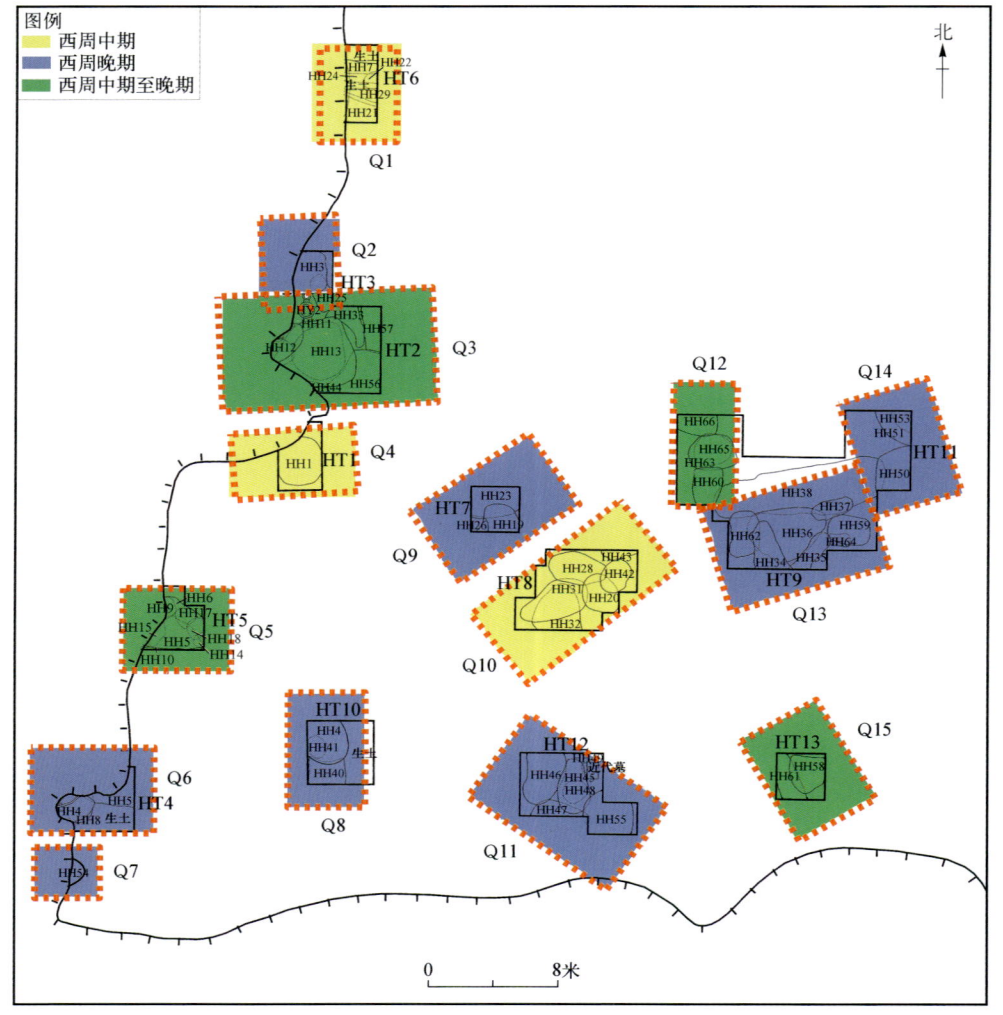

2. 画图寺铸铜作坊分区年代示意图

画图寺铸铜作坊分区图

1. 联裆鬲 ZH9：25

2. 敛口小罐 ZH15：40

3. 权形器 ZH9：131

4. 陶垫 ZH9：135

5. 算形器 ZH9：136

6. 陶纺轮 ZH1：54

赵家台居址出土陶器

1. 刻纹陶罐腹片 ZH9：134

2. 石铲 ZH1：57

3. 石锤 ZH13：22

4. 陶盂 DH17：3

5. 陶联裆鬲 DH23：1

赵家台与独山居址出土遗物

1. 有孔石锤 DH16：2

2. 骨镞 DH9：5

3. 骨牌形饰 DH9：9

4. 蚌刀 DH9：7

5. 骨锥 DH9：3

6. 骨锥 DH16：1

独山居址出土遗物

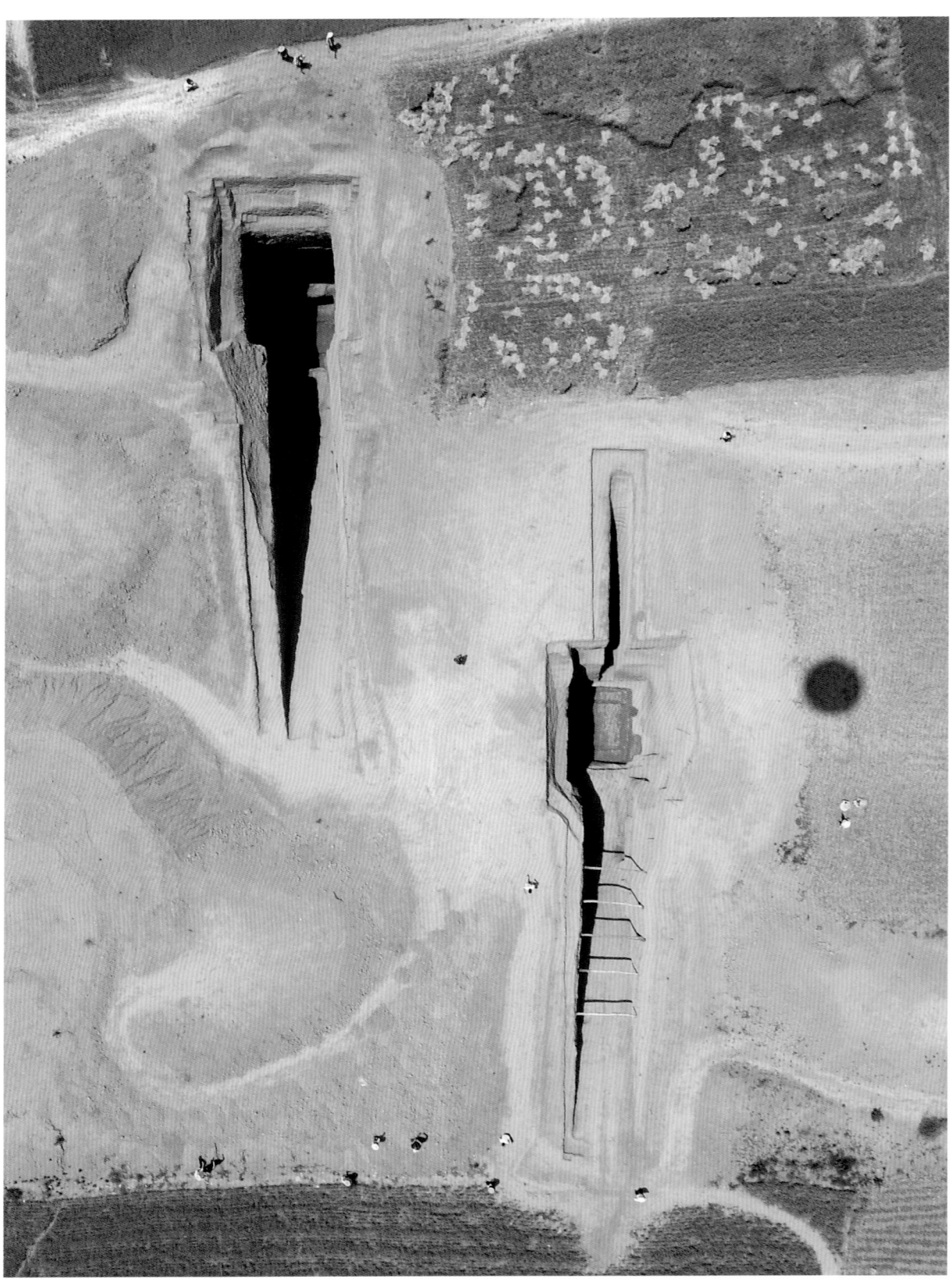

宋家墓地 M9 与 M10

宋家墓地 M10 墓葬全景（自西向东）

1. 墓室（自北向南）

2. 墓室车轮（自南向北）

宋家墓地M10随葬车轮

1. 墓室（自东向西）

2. 东墓道北壁车轮

宋家墓地M10随葬车轮

1. 东墓道南壁车轮

2. 东墓道南壁轮18、轮17、轮16（从左至右）

宋家墓地M10随葬车轮

1. 墓室轮 31 木毂及铜毂饰 t25

2. 墓室轮 30 木毂及铜毂饰 t6

宋家墓地 M10 器物出土情况

1. 墓道葬车遗迹

2. 车舆、车轴痕迹

宋家墓地 M10 葬车

1. 车器、车辆木痕出土情况

2. 铜锛、轭肢、车辆木痕出土情况

宋家墓地 M10 东墓道器物出土情况

1. 漆鼓

2. 局部纹饰

宋家墓地M10墓室东北角出土漆鼓

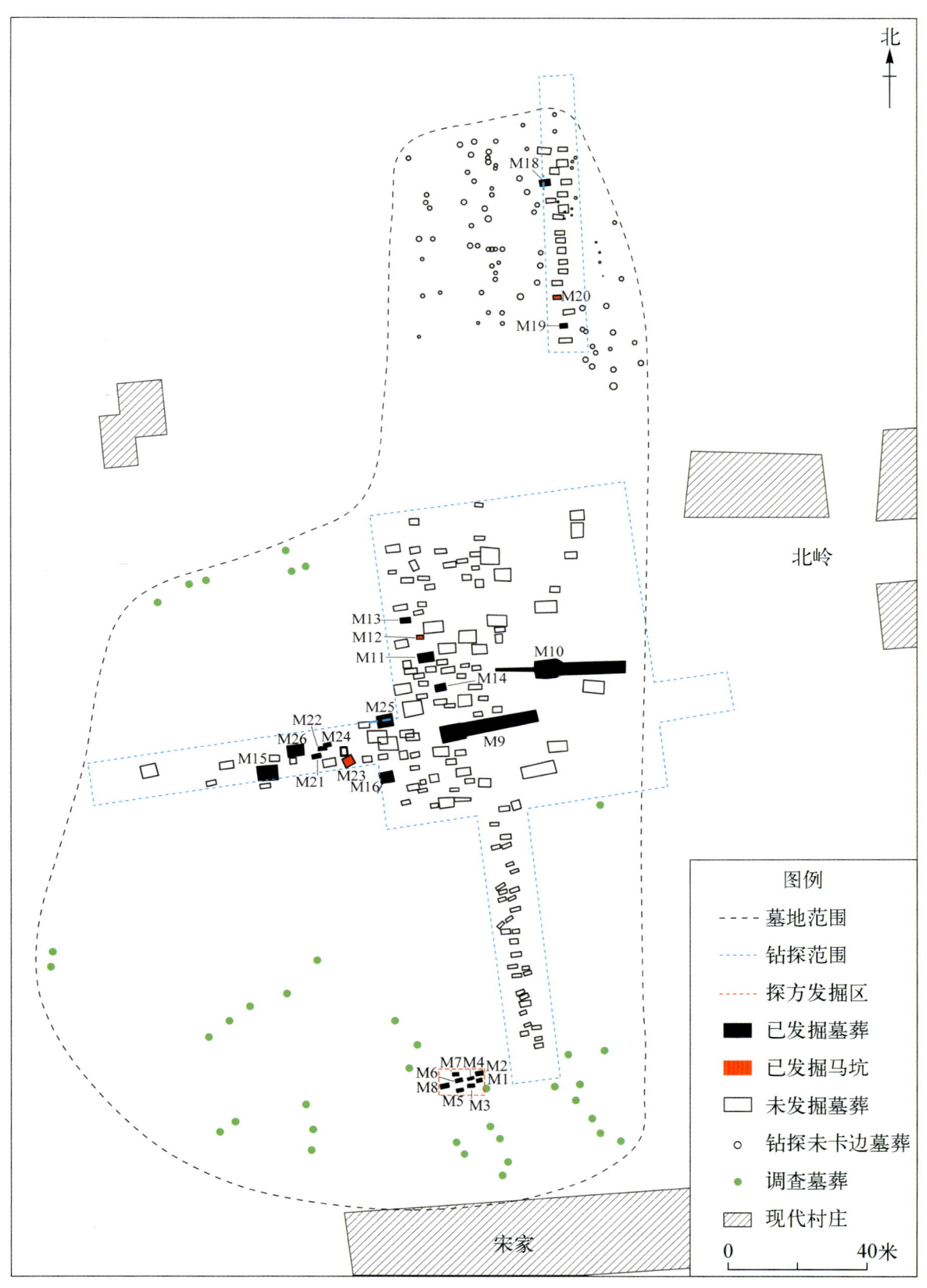

北

北岭

宋家

图例

- 墓地范围
- 钻探范围
- 探方发掘区
- 已发掘墓葬
- 已发掘马坑
- 未发掘墓葬
- 钻探未卡边墓葬
- 调查墓葬
- 现代村庄

0   40米

宋家墓地遗迹平面分布图

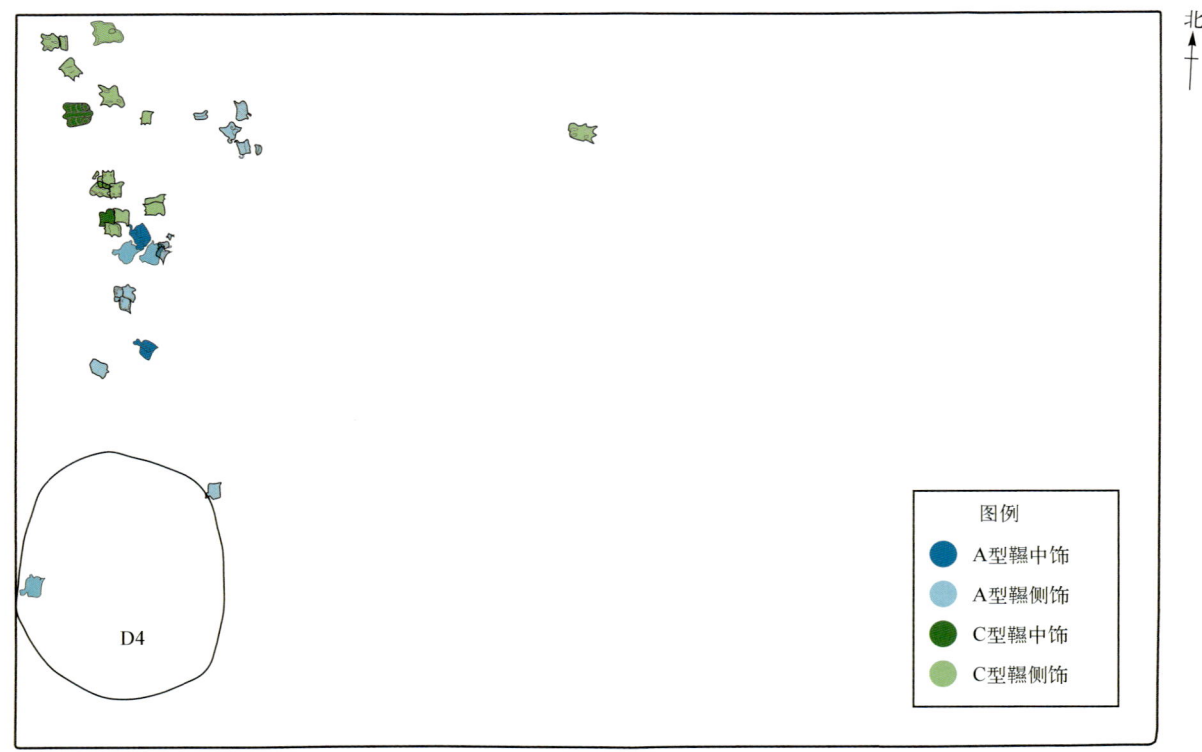

北

图例

● A型鞦中饰
● A型鞦侧饰
● C型鞦中饰
● C型鞦侧饰

D4

1. 第1至3层出土鞦饰

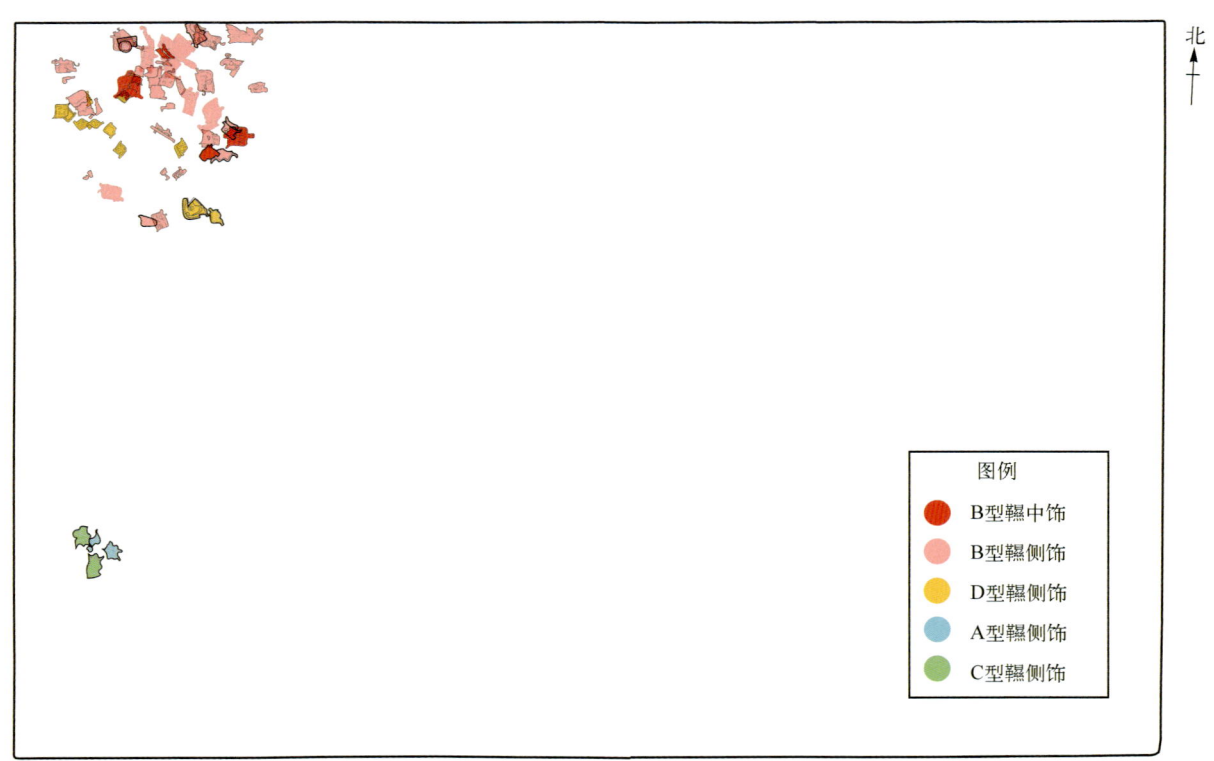

北

图例

● B型鞦中饰
● B型鞦侧饰
● D型鞦侧饰
● A型鞦侧饰
● C型鞦侧饰

2. 第4至5层出土鞦饰

宋家墓地M10棺椁之间出土铜鞦饰分布图

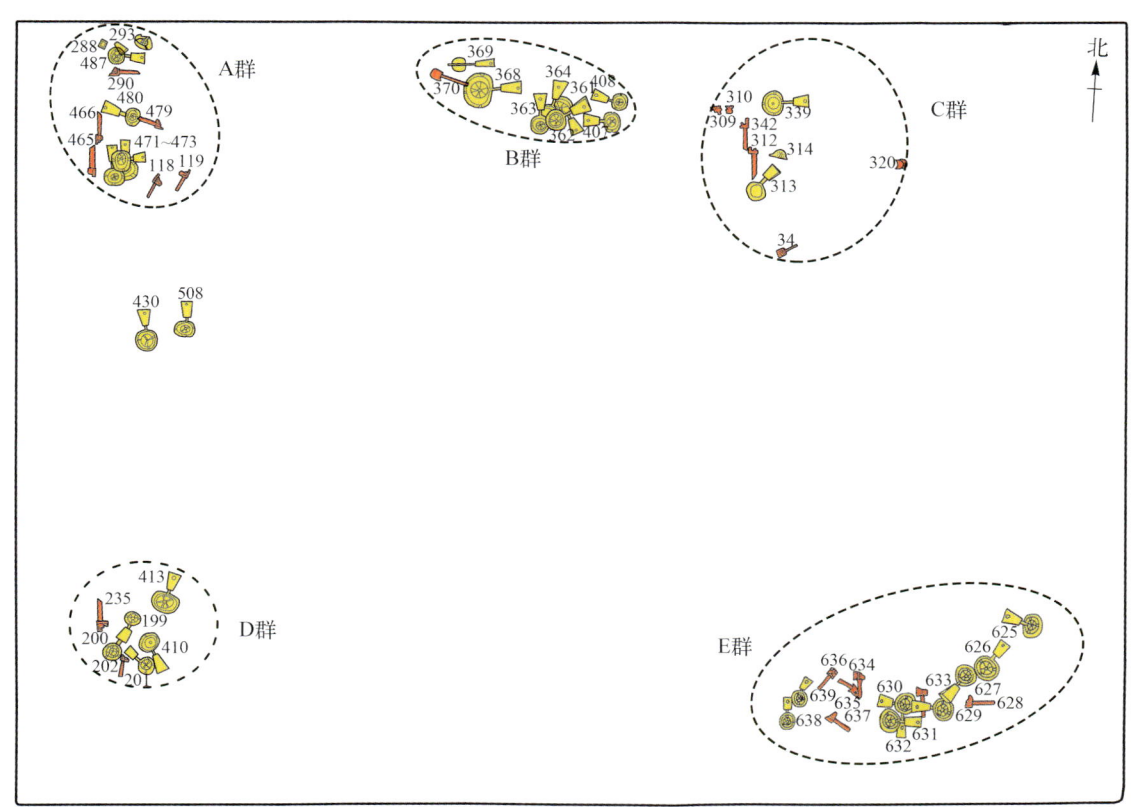

1. 出土銮铃、车辖分布图

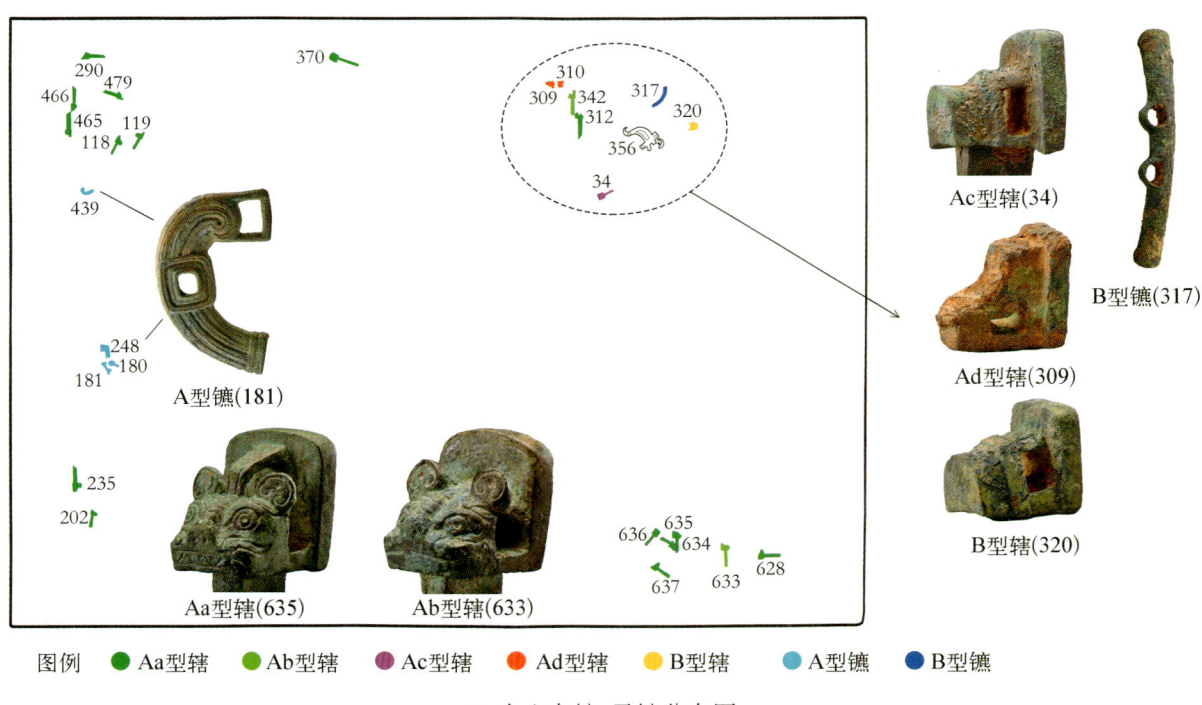

2. 出土车辖、马镳分布图

宋家墓地M10棺椁之间出土铜车马器分布图

1. M10：28

2. M10：083

3. M10：28

宋家墓地M10出土铜簋盖

宋家墓地M10出土铜尚爵（M10：23）

宋家墓地M10出土铜尚爵（M10：23）

宋家墓地M10出土铜尚爵（M10：23）

宋家墓地 M10 出土册觶（M10：360）

宋家墓地M10出土册觯（M10∶360）

1. A 型（M10：t6-1）

2. A 型（M10：t39）

3. B 型（M10：t34-1）

4. C 型（M10：t33-1）

5. D 型（M10：t23-1）

6. E 型（M10：t46-3）

宋家墓地 M10 出土铜軑

1. 軎A型（M10：t25-2）

2. 軎B型（M10：t4-2）

3. 軎B型（M10：t33-2）

4. 軎C型（M10：t46-2）

5. 軨A型（M10：t46-1）

6. 軨B型（M10：t6-3）

宋家墓地M10出土铜毂饰

1. 轮39毂饰
軝（t46-3） 軎（t46-2） 軹（t46-1）

2. A型车軎（M10：t2）

宋家墓地M10出土铜车器

1. M10：t17

2. M10：t15

宋家墓地M10出土B型铜车軎

1. M10：t43

2. M10：t45

宋家墓地M10出土C型铜车軎

宋家墓地 M10 出土 D 型铜车軎（M10∶t35）

1. M10：t3

2. M10：041

宋家墓地 M10 出土 E 型铜车軎

宋家墓地 M10 出土 E 型铜车軎（M10∶t5）

宋家墓地 M10 出土 E 型铜车害（M10：t48）

1. M10：096

2. M10：097

宋家墓地M10出土E型铜车軎

1. M10：t8

2. M10：t9

宋家墓地M10出土E型铜车軎

1. E型（M10：t32）

2. F型（M10：t44）

宋家墓地M10出土铜车軎

1. M10：t37

2. M10：053

宋家墓地M10出土F型铜车軎

1. M10：477-1

2. M10：477-2

宋家墓地M10出土F型铜车軎

宋家墓地 M10 出土 G 型铜车軎（M10：t10）

1. B 型（M10：t17、t15）

2. C 型（M10：t43、t45）

3. F 型（M10：477-1、447-2）

宋家墓地 M10 出土铜车軎组合

1. M10：118

2. M10：119

宋家墓地 M10 出土 Aa 型车辖

1. M10：202

2. M10：235

宋家墓地M10出土Aa型车辖

1. M10：290

2. M10：312

宋家墓地 M10 出土 Aa 型车辖

1. M10：370

2. M10：466

宋家墓地M10出土Aa型车辖

1. M10：479

2. M10：628

宋家墓地 M10 出土 Aa 型铜车辖

1. M10：634

2. M10：637

宋家墓地 M10 出土 Aa 型铜车辖

1. M10：635

2. M10：636

宋家墓地 M10 出土 Aa 型铜车辖

1. M10：342

2. M10：633

宋家墓地M10出土Ab型铜车辖

1. Aa型（M10：635）

2. Ab型（M10：633）

宋家墓地M10出土铜车辖局部

1. Ac型（M10：34）

2. Ad型（M10：057）

宋家墓地M10出土铜车辖

1. 车辖 Ad 型（M10：310）

2. 车辖 B 型（M10：320）

3. 曲衡饰（M10：96）

4. 衡末饰（M10：291）

5. 軎（M10：t36）

6. 軎（M10：t41）

宋家墓地 M10 出土铜车器

1. 軏（M10：t36、t41）

2. 衡内饰（M10：095-2、095-1）

宋家墓地M10出土铜车器

1. A型（M10：048）

2. A型（M10：085）

3. A型（M10：t38）

4. A型（M10：292、120）

5. B型（M10：049）

6. B型（M10：t26）

宋家墓地M10出土铜轭脚

1. M10∶199

2. M10∶200

3. M10∶288

4. M10∶313

宋家墓地 M10 出土 A 型铜銮铃

1. M10：293（正面、背面）

2. M10：314

3. M10：361

宋家墓地M10出土A型铜銮铃

1. M10：364

2. M10：407

3. M10：410（正面、背面）

宋家墓地M10出土A型铜銮铃

1. M10：408

2. M10：413

3. M10：430（正面、背面）

宋家墓地 M10 出土 A 型铜銮铃

1. M10：201（正面、背面）

2. M10：362（正面、背面）

宋家墓地M10出土A型铜銮铃

1. M10：363（正面、背面）

2. M10：368（正面、背面）

宋家墓地 M10 出土 A 型铜銮铃

1. M10：369（正面、背面）

2. M10：625（正面、背面）

宋家墓地 M10 出土 A 型铜銮铃

1. M10：626（正面、背面）

2. M10：627（正面、背面）

宋家墓地M10出土A型铜銮铃

1. M10：629（正面、背面）

2. M10：630

3. M10：631

宋家墓地 M10 出土 A 型铜銮铃

1. A型（M10∶632）

2. A型（M10∶638）

3. B型（M10∶339）

宋家墓地M10出土铜銮铃

1. M10：471（正面、背面）

2. M10：472（正面、背面）

宋家墓地 M10 出土 B 型铜銮铃

1. M10：480（正面、背面）

2. M10：487（正面、背面）

宋家墓地M10出土B型铜銮铃

1. M10：476-1

2. M10：476-2

宋家墓地M10出土铜舆栏饰

1. 管状车饰（M10：t40）

2. 干首饰（M10：356）

宋家墓地 M10 出土铜器

1. 三角形器（M10：365）　　　　　　2. 三角形器（M10：449）

3. 甲类车舆围板饰（M10：324-1-2）（正面、背面）

4. 甲类车舆围板饰（M10：324-1-3）（正面、背面）

宋家墓地 M10 出土铜器

宋家墓地M10出土甲类车舆围板铜饰（M10：324-1-1正面）

宋家墓地M10出土甲类车舆围板铜饰（M10：324-1-1背面）

宋家墓地M10出土乙类A型车舆围板铜饰（M10：323-3-1正面、背面）

1. M10：323-3-2（正面、背面）

2. M10：323-3-3（正面、背面）

宋家墓地M10出土乙类B型车舆围板铜饰

宋家墓地M10出土乙类C型车舆围板铜饰（M10：502-1-1正面、背面）

宋家墓地M10出土乙类D型车舆围板铜饰（M10：323-3-6正面、背面）

宋家墓地M10出土乙类车舆围板铜饰（M10：323-3-5正面、背面）

宋家墓地M10出土乙类车舆围板铜饰（M10∶502-4-3正面、背面）

宋家墓地M10出土乙类车舆围板铜饰（M10∶502-5-1正面、背面）

1. 马镳 A 型 M10：181

2. 马衔 M10：180

3. 马衔 M10：439-1

4. 马镳马衔 M10：248、180、181

5. 马镳马衔 M10：439-2、439-1、439-3

宋家墓地 M10 出土铜马器

宋家墓地M10出土A型铜轙中饰（M10：4）

宋家墓地M10出土A型铜鞥中饰（M10：27）

宋家墓地 M10 出土 B 型铜轙中饰（M10：536 正面、背面）

宋家墓地 M10 出土 B 型铜轙中饰（M10：478 正面、背面）

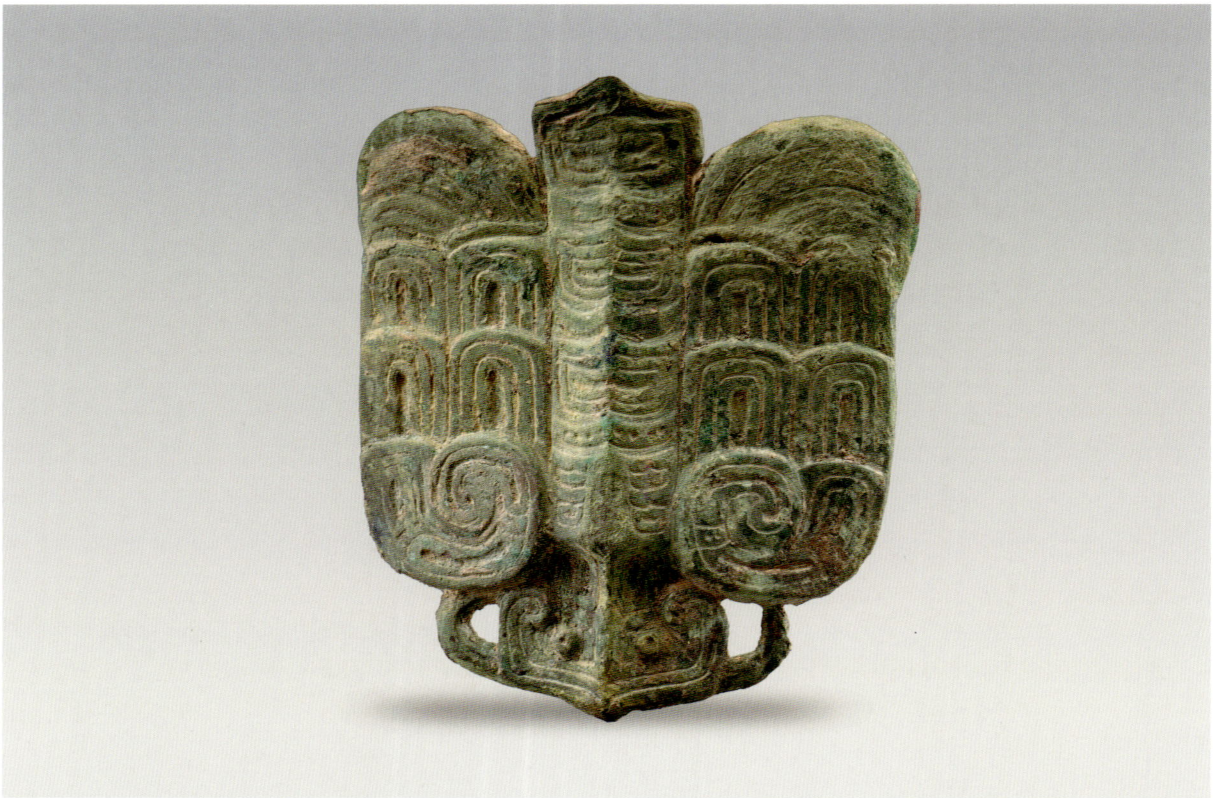

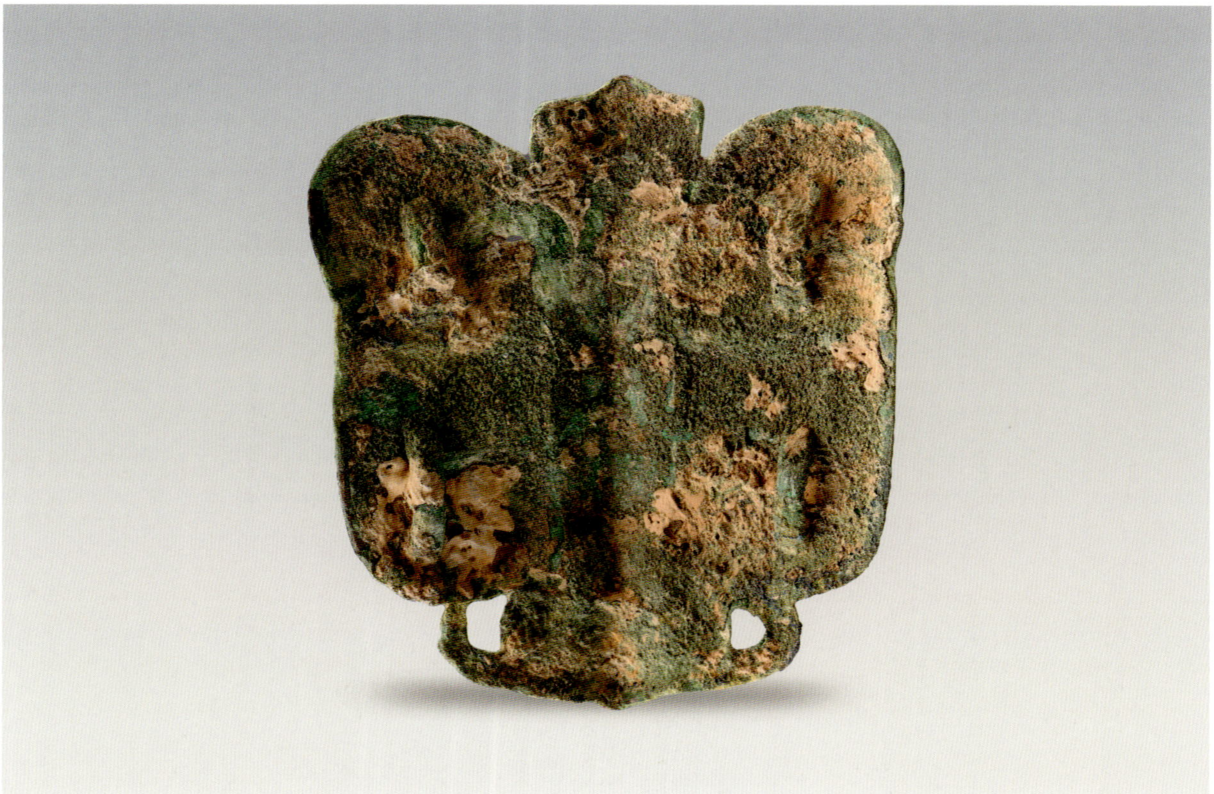

宋家墓地M10出土C型铜鞴中饰（M10：282正面、背面）

宋家墓地 M10 出土 C 型铜鑣中饰（M10：127 正面、背面）

宋家墓地M10出土A型铜轙侧饰（M10：266正面、背面）

1. M10：265

2. M10：300

宋家墓地M10出土A型铜轙侧饰

1. M10∶419

2. M10∶86

宋家墓地M10出土Ａ型铜鞣侧饰

1. M10：90

2. M10：98

宋家墓地M10出土Ａ型铜辔侧饰

1. M10：500

2. M10：416-1

宋家墓地M10出土A型铜韅侧饰

1. M10：5

2. M10：7

宋家墓地M10出土A型铜镳侧饰

1. M10：058

2. M10：174

宋家墓地M10出土Ａ型铜镳侧饰

1. M10：275

2. M10：416-2

宋家墓地M10出土A型铜轙侧饰

1. M10：86

2. M10：265

3. M10：90

4. M10：300

5. M10：98

6. M10：419

宋家墓地M10出土Ａ型铜軎侧饰

1. M10：5

2. M10：7

3. M10：058

4. M10：174

5. M10：275

6. M10：416-2

宋家墓地M10出土A型铜軜侧饰

宋家墓地 M10 出土 B 型铜鐴侧饰（M10：489 正面、背面）

1. M10：468

2. M10：495

宋家墓地M10出土B型铜轙侧饰

1. M10：516

2. M10：464

宋家墓地 M10 出土 B 型铜辖侧饰

1. M10：469

2. M10：470-2

宋家墓地M10出土B型铜軜侧饰

1. M10∶494

2. M10∶493-4

宋家墓地M10出土B型铜鞥侧饰

1. M10：490-2

2. M10：540-2

宋家墓地M10出土B型铜鞲侧饰

1. M10：498

2. M10：511

宋家墓地M10出土B型铜轙侧饰

1. M10：547

2. M10：644-4

宋家墓地M10出土B型铜𬳶侧饰

1. M10：561-3、M10：595-1

2. M10：603

宋家墓地M10出土B型铜鞋侧饰

1. M10：468

2. M10：495

3. M10：516

4. M10：464

5. M10：469

6. M10：470-2

宋家墓地M10出土B型铜鞴侧饰

1. M10：494

2. M10：493-4

3. M10：490-2

4. M10：540-2

5. M10：498

6. M10：511

宋家墓地M10出土B型铜軜侧饰

宋家墓地 M10 出土 C 型铜鐈侧饰（M10：125 正面、背面）

1. M10：3

2. M10：123

宋家墓地M10出土C型铜轙侧饰

1. M10：130

2. M10：137

宋家墓地M10出土C型铜辖侧饰

1. M10：138

2. M10：281

宋家墓地M10出土C型铜轙侧饰

1. M10：418

2. M10：116

宋家墓地M10出土C型铜轙侧饰

1. M10：124

2. M10：126

宋家墓地M10出土C型铜轙侧饰

1. M10：128

2. M10：129

宋家墓地M10出土C型铜镳侧饰

1. M10∶283

2. M10∶284

宋家墓地M10出土C型铜鞴侧饰

1. M10：285

2. M10：305

宋家墓地M10出土C型铜鞙侧饰

1. M10：417

2. M10：3

3. M10：123

4. M10：130

5. M10：137

宋家墓地M10出土C型铜辔侧饰

1. M10∶138

2. M10∶281

3. M10∶418

4. M10∶116

5. M10∶124

6. M10∶126

宋家墓地M10出土C型铜轙侧饰

1. M10：128

2. M10：129

3. M10：283

4. M10：284

5. M10：285

6. M10：417

宋家墓地M10出土C型铜辔侧饰

宋家墓地M10出土D型铜鞢侧饰（M10：561-2正面、背面）

1. M10：448

2. M10：450

宋家墓地M10出土D型铜軥侧饰

1. M10：562-2

2. M10：585

宋家墓地M10出土D型铜轙侧饰

1. M10：591

2. M10：571-1

宋家墓地M10出土D型铜轙侧饰

1. M10：533-1

2. M10：557

宋家墓地M10出土D型铜軎侧饰

1. M10：562-1

2. M10：571-2

宋家墓地M10出土D型铜鞻侧饰

1. M10：533-1

2. M10：557

3. M10：562-1

4. M10：562-2

5. M10：571-1

6. M10：571-2

宋家墓地M10出土D型铜鞥侧饰

1. M10:448

2. M10:450

3. M10:591

4. M10:585

5. M10:91

6. M10:102

宋家墓地M10出土D型铜饰

1. A型 M10∶402

2. A型 M10∶467

3. A型 M10∶488

4. A型 M10∶616

5. B型 M10∶373

6. B型 M10∶403

宋家墓地M10出土铜游环

1. B 型 M10：434

2. B 型 M10：619

3. C 型 M10：447

4. C 型 M10：483

5. D 型 M10：423

6. D 型 M10：428

宋家墓地 M10 出土铜游环

1. M10：39

2. M10：107

3. M10：239

4. M10：412

5. M10：059

6. M10：065

宋家墓地 M10 出土铜圆环

1. M10：572-2

2. M10：610

3. M10：652

4. M10：061-1

5. M10：36

6. M10：108

宋家墓地M10出土铜方环

1. Aa 型 M10：062

2. Ab 型 M10：071

3. Ac 型 M10：535（正面、背面）

4. Ac 型 M10：601（正面、背面）

宋家墓地 M10 出土铜节约

1. Ba型 M10：443-1

2. Ba型 M10：443-2

3. Bb型 M10：522（正面、背面）

4. Bc型 M10：054（正面、背面）

宋家墓地M10出土铜节约

1. 节约 Be 型 M10：194

2. 节约 D 型 M10：337　　　　　　　　　3. 节约 D 型 M10：278

4. 带扣 A 型 M10：69　　　　　　　　　5. 带扣 B 型 M10：250

宋家墓地 M10 出土铜器

1. Aa 型 M10：6（正面、背面）

2. Ab 型 M10：056（正面、背面）

3. Ab 型 M10：23（正面、背面）

宋家墓地 M10 出土铜泡

1. Ac型 M10:26（正面、背面）

2. Ba型 M10:16（正面、背面）

3. Bb型 M10:06（正面、背面）

宋家墓地M10出土铜泡

1. M10：03（正面、背面）

2. M10：021-1（正面、背面）

3. M10：035（正面、背面）

宋家墓地M10出土C型铜泡

1. A 型 M10：233

2. A 型 M10：553（正面、背面）

3. B 型 M10：161　　　　　　4. C 型 M10：034

宋家墓地M10出土铜管状络饰

1. M10：131

2. M10：274

3. M10：277

4. M10：405

宋家墓地M10出土铜长圆管

1. M10：8

2. M10：113

3. M10：346

4. M10：441

宋家墓地M10出土铜"Y"形管

1. M10：21

2. M10：446

3. M10：486

4. M10：582

宋家墓地M10出土铜工形管

宋家墓地M10出土Ａ型铜马胄（M10：323-1-1正面）

宋家墓地M10出土Ａ型铜马胄（M10：323-1-1背面）

宋家墓地 M10 出土 A 型铜马胄（M10：323-1-2 正面）

宋家墓地 M10 出土Ａ型铜马胄（M10：323-1-2背面）

宋家墓地M10出土铜戈（M10：429）

1. 锛 M10：t18

2. 锛 M10：t19

3. 铃 A 型 M10：176

4. 铃 B 型 M10：507

宋家墓地 M10 出土铜器

1. M10：437

2. M10：438

3. M10：485

4. M10：594

宋家墓地M10出土C型铜铃

1. D型 M10∶404

2. D型 M10∶509

3. D型 M10∶558

4. E型 M10∶289

宋家墓地 M10 出土铜铃

1. 鱼 B 型 M10 : 457-1

2. 鱼 B 型 M10 : 457-2

3. 鱼 B 型 M10 : 622

4. 鱼 C 型 M10 : 523

5. 鱼 C 型 M10 : 570-1

6. 鱼 C 型 M10 : 624

7. 鱼 C 型 M10 : 600-4

8. 小腰 M10 : 371

宋家墓地 M10 出土铜器

1. M10：111

2. M10：154

3. M10：257

4. M10：299

5. M10：350

6. M10：366

宋家墓地M10出土铜小腰

1. M10：324-2-2

2. M10：324-2-3

3. M10：324-2-5

宋家墓地M10出土铜翣

1. 铜翣 M10∶324-2-4

2. 铜翣 M10∶324-2-12

3. 玉璜 M10∶1

4. 玉璜 M10∶151

5. 玉璜 M10∶30

6. 玉璧 M10∶73

宋家墓地 M10 出土铜翣及玉器

1. M10：294

2. M10：367

宋家墓地M10出土玉戈

1. 玉管 M10 : 653-1、653-2

2. 玉串珠 M10 : 514

3. 玉鳞形饰 M10 : 83

4. 玉牌饰 M10 : t1（背面）

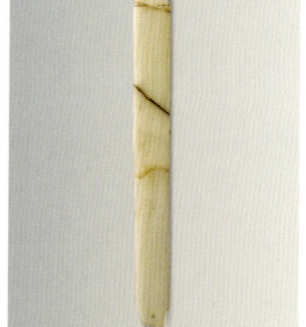

5. 玉柄形器 M10 : 374

宋家墓地 M10 出土玉器

1. M10：378

2. M10：377

3. M10：398

4. M10：087-2

5. M10：375

6. M10：396

宋家墓地M10出土玉覆面饰件

1. 玉覆面饰件 M10：395

2. 玉覆面饰件 M10：394-2

3. 玉扉 M10：393-1

4. 玉扉 M10：400-1

5. 玉扉 M10：654-1

6. 玉扉 M10：654-2

宋家墓地 M10 出土玉器

1. M10 : 050

2. M10 : 094

宋家墓地M10出土石磬

1. A 型 M10∶58

2. A 型 M10∶499-1

3. B 型 M10∶388

4. B 型 M10∶251

5. C 型 M10∶10（正面、背面）

宋家墓地 M10 出土石泡

1. 兽面石饰 M10：25

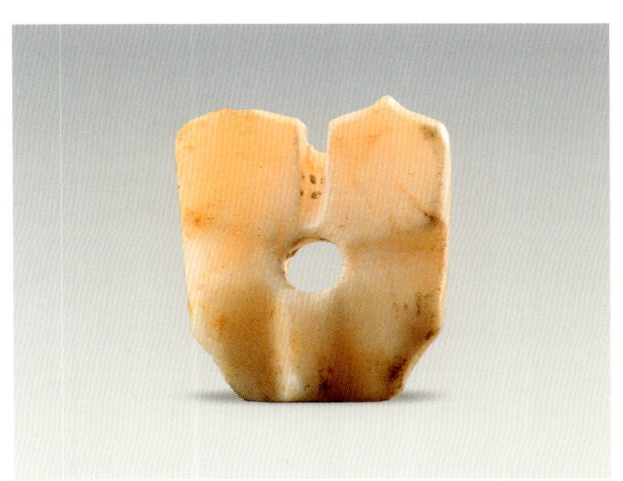

2. 兽面石饰 M10：207

3. 石饰 M10：590-1

宋家墓地 M10 出土石器

1. 煤精石饰 M10：613

2. 蚌鱼 M10：61-1

3. 蚌泡 A 型 M10：017-3

4. 蚌泡 C 型 M10：103

5. 蚌泡 C 型 M10：017-4

6. 蚌泡 C 型 M10：42

宋家墓地 M10 出土遗物

1. 蚌泡 E 型 M10：024

2. 蚌泡 E 型 M10：187

3. 蚌泡 F 型 M10：042

4. 兽面蚌饰 M10：040

宋家墓地 M10 出土蚌器

1. M10：420-1

2. M10：420-2

3. M10：420-3

宋家墓地 M10 出土兽面蚌饰

1. 毛蚶 M10：246

2. 毛蚶 M10：267

3. 海贝 M10：527-1

4. 海贝 M10：527-2

宋家墓地 M10 出土毛蚶及海贝

1. 蚌小腰 M10：135

2. 骨小腰 M10：75

3. 骨小腰 M10：347

4. 骨小腰 M10：389

5. 骨小腰 M10：256

6. 骨小腰 M10：336

宋家墓地 M10 出土蚌、骨器

1. 骨小腰 M10 : 341

2. 骨小腰 M10 : 349

3. 骨小腰 M10 : 351

4. 骨小腰 M10 : 618

5. 角节约 M10 : 65

6. 角节约 M10 : 091

宋家墓地M10出土遗物

1. 墓室全景（自东向西）

2. 西壁二层台上方席痕

宋家墓地 M9 墓室

1. 墓室南壁彩绘铜片（M9：1）

2. 二层台南侧海贝

宋家墓地M9器物出土情况

1. 二层台西侧海贝

2. 二层台西南角海贝

宋家墓地 M9 出土海贝

宋家墓地M9葬车

1. 2号车衡

2. 3号车衡

宋家墓地 M9 随葬车衡

宋家墓地 M9 出土 4 号车衡

宋家墓地 M9 出土 4 号车衡局部

1. 軏 31-1　衡内饰 31-2　轙 31-3　轭 31-4

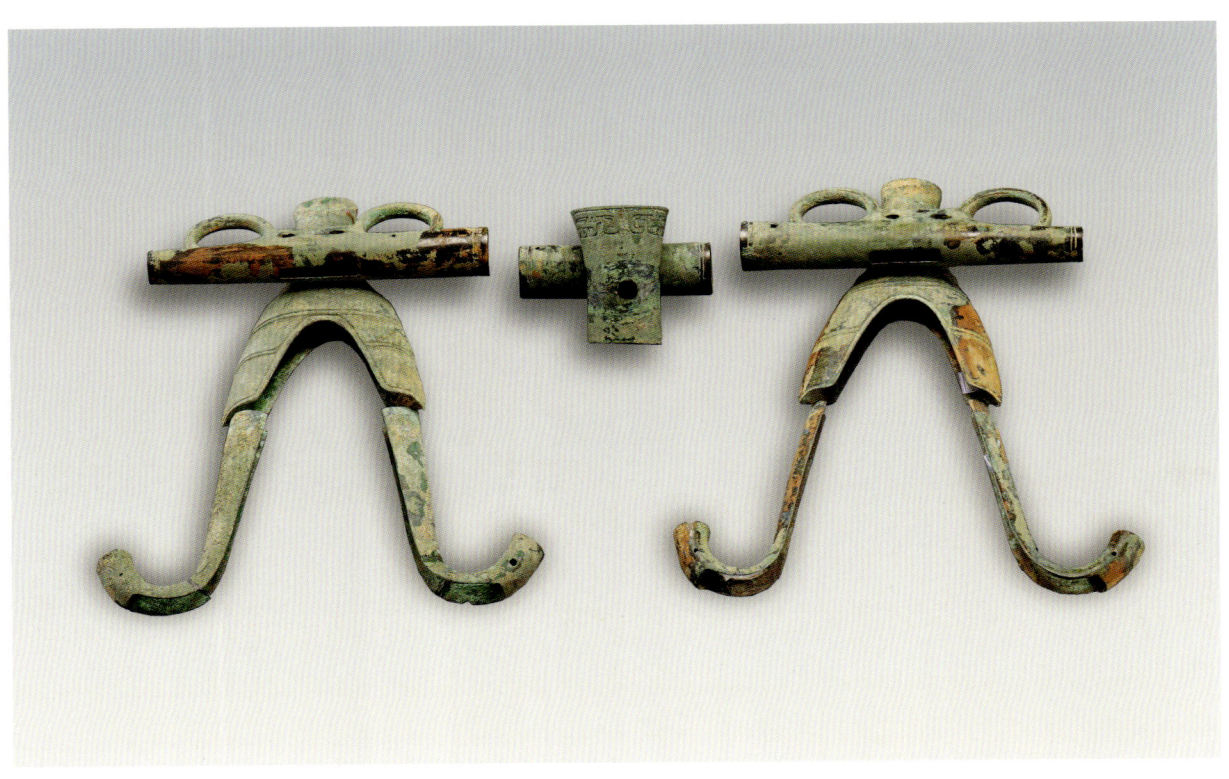

2. 轭 32-2、32-6　轙 32-5、32-1　軏 32-3　衡中饰 32-4

宋家墓地M9出土1号及2号车衡铜饰

1. 轙33-1、33-6　　轭33-2、33-7　　衡内饰33-3、33-5　　軏33-4

2. 轭34-3、34-7　　轙34-2、34-6　　軏34-4　　衡中饰34-5　　衡末饰34-1、34-8

宋家墓地M9出土3号及4号车衡铜饰

1. 圈足 M9：07

2. 容器残片 M9：069-2

3. 輨 B 型 M9：40-1

4. 輨 D 型 M9：44-1

5. 軝 B 型 M9：40-2

6. 軝 Bb 型 M9：40-3

宋家墓地 M9 出土铜器

1. 轮 8
辖 40-1　軎 40-2　軝 40-3

2. 轮 22
辖 30-1　軎 30-2　軝 30-3

宋家墓地M9出土铜毂饰

1. 车軎M9∶23

2. 车軎M9∶24

3. 车軎M9∶23、24

4. 车軎内朽木M9∶23

5. 衡中饰M9∶32-4

6. 衡中饰M9∶34-5

宋家墓地M9出土铜车器

1. 衡内饰 M9：31-2

2. 衡内饰 M9：33-5

3. 衡内饰 M9：33-3

4. 衡内饰 M9：33-3、33-5

5. 轙 M9：31-3

6. 轙 M9：33-6

宋家墓地 M9 出土铜车器

1. M9：33−1

2. M9：34−6

3. M9：34−2

宋家墓地M9出土铜辖

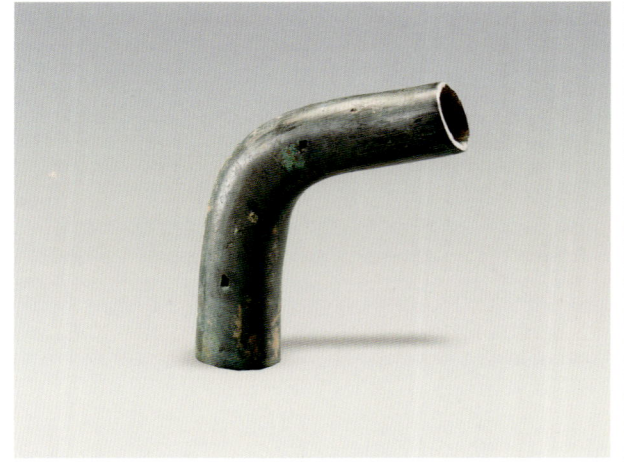

1. 曲衡饰 M9：36-1

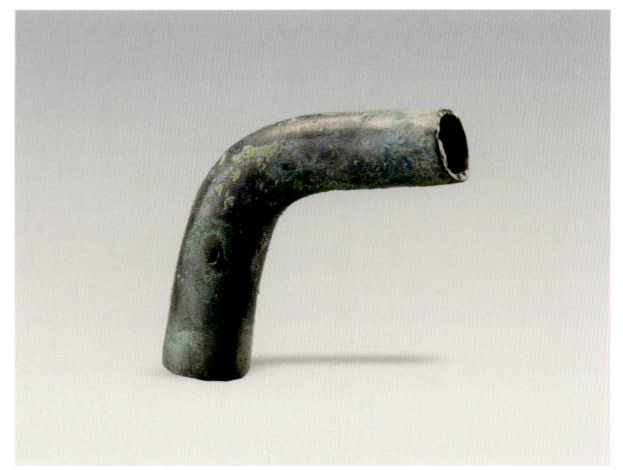

2. 曲衡饰 M9：45-1

3. 衡末饰 B 型 M9：36-2

4. 曲衡饰、衡末饰 M9：36-1、36-2

5. 衡末饰 A 型 M9：34-8

宋家墓地 M9 出土铜衡饰

宋家墓地 M9 出土 A 型铜轭（M9∶32-6）

1. M9：31-4

2. M9：32-2

3. M9：33-2

4. M9：33-7

宋家墓地M9出土A型铜轭

1. M9：34-3-1

2. M9：34-7-1

3. M9：34-3-2

4. M9：34-7-2

5. M9：34-3-1、34-3-2、34-3-3

6. M9：34-7-1、34-7-2、34-7-3

宋家墓地 M9 出土 B 型铜軎

1. 輿栏饰 M9：22

2. 軎 M9：32-3

宋家墓地M9出土铜车器

宋家墓地M9出土A型铜軏（M9：32-3）

宋家墓地M9出土B型铜軧（M9：31-1）

宋家墓地M9出土B型铜軎（M9∶31-1）

宋家墓地M9出土B型铜轪（M9：31-1）

宋家墓地 M9 出土 B 型铜軏（M9：31-1）

宋家墓地 M9 出土 B 型铜軎（M9：33-4）

宋家墓地 M9 出土 B 型铜軎（M9：33-4）

宋家墓地 M9 出土 B 型铜軎（M9：33-4）

宋家墓地 M9 出土 B 型铜軏（M9：33-4）

宋家墓地M9出土B型铜軑（M9：34-4）

宋家墓地 M9 出土 B 型铜軑（ M9：34-4 ）

宋家墓地 M9 出土 B 型铜軎（M9：34-4）

宋家墓地 M9 出土 B 型铜軎（M9：34-4）

宋家墓地 M9 出土铜軎（M9：34-4、31-1、33-4、32-3）

1. A 型 M9：0100-2

2. A 型 M9：21

3. A 型 M9：0100-1

4. B 型 M9：13

5. B 型 M9：14

6. B 型 M9：15

宋家墓地M9出土铜辖形舆饰

1. 节约 M9：071

2. 铜泡 A 型 M9：086　　　　3. 管状络饰 M9：017-1

4. 镞 M9：088　　　　5. 铜鱼 M9：013-1-1

宋家墓地 M9 出土铜器

1. 铃 M9：4

2. 铃 M9：077

3. 铜饰 M9：085

4. 铜片 M9：45-2

宋家墓地 M9 出土铜器

宋家墓地M9出土彩绘铜片（M9：1-1）

宋家墓地 M9 出土彩绘铜片（M9：1-1）

宋家墓地M9出土彩绘铜片（M9：1-2）

1. 玉戈 M9：05-4

2. 玉戈 M9：05-5

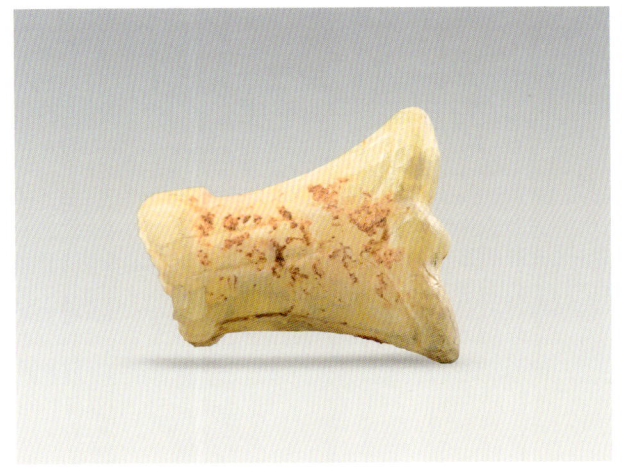

3. 玉饰 M9：016-5

4. 单体柄形器 M9：016-2

5. 玉圭 M9：05-2

宋家墓地 M9 出土玉器

宋家墓地 M9 出土石磬（M9：036）

宋家墓地 M9 出土石磬（M9：097）

宋家墓地M9出土石磬（M9：035-2）

宋家墓地M9出土石磬（M9：035-1）

1. 原始瓷豆 M9：024

2. 陶联裆鬲 M9：0101

3. 海贝 A 型 M9：5

4. 蚌鱼 M9：010-1

5. 蚌鱼 M9：094

宋家墓地 M9 出土遗物

1. A 型 M9：8

2. A 型 M9：018-4-1

3. B 型 M9：037-1-1

4. C 型 M9：10-1

5. D 型 M9：010-5-1

6. D 型 M9：037-8-1

宋家墓地 M9 出土蚌泡

1. D型 M9：010-5-2

2. D型 M9：037-8-3

3. E型 M9：018-6

4. E型 M9：037-4

5. F型 M9：018-1-1

6. F型 M9：050

宋家墓地M9出土蚌泡

1. M9：10-2-1

2. M9：10-2-2

3. M9：010-2-2

4. M9：037-2

5. M9：037-3

6. M9：037-5

宋家墓地M9出土蚌饰

1. M9：037-6

2. M9：037-7

3. M9：018-5

4. M9：095-1

5. M9：095-2

6. M9：095-3

宋家墓地 M9 出土蚌饰

1. 蚌饰 M9∶095−4

2. 蚌饰 M9∶095−5

3. 骨小腰 M9∶08−2

4. 骨小腰 M9∶08−3

5. 骨小腰 M9∶08−1

6. 骨小腰 M9∶023

宋家墓地 M9 出土遗物

1. 角镰 M9：032

2. 角镰 M9：076

3. 龟甲 M9：074

4. 象牙雕片 M9：078-2

5. 象牙雕片 M9：078-3

宋家墓地 M9 出土遗物

1. M9：046-2

2. M9：046-1

3. M9：078-1

宋家墓地 M9 出土象牙雕片

1. 联裆鬲 M2∶1

2. 联裆鬲 M3∶1

3. 小口圆肩罐 M3∶01

4. M3随葬陶器组合∶M3∶1、01

5. 联裆鬲 M8∶1

宋家墓地出土陶器

1. 墓室

2. 棺椁结构

宋家墓地 M11

1. 椁盖板

2. 椁底板与垫木痕

宋家墓地 M11 棺椁

1. 铜盘 M11：39

2. 铜盘 M11：38

3. 车軎 M11：t1

宋家墓地 M11 出土铜器

1. 带盖三足瓮 M11：030、028

2. 三足瓮盖 M11：030

3. 带盖三足瓮 M11：031、027

4. 三足翁盖 M11：031

5. 带盖瓦楞纹簋 M11：033、029

6. 三足瓮 M11：027

宋家墓地 M11 出土陶器

1. M11：017

2. M11：018

3. M11：019

4. M11：021

5. M11：020

6. M11：022

宋家墓地 M11 出土陶豆

1. 陶豆 M11：023

2. 陶豆 M11：024

3. 瓦楞纹簋盖 M11：034

4. 蚌饰 M11：31

5. 玉柄形器 M11：32

6. 石戈 M11：33

宋家墓地 M11 出土遗物

1. M13

2. M14

宋家墓地M13及M14墓室

1. M14 椁底板、垫木痕迹

2. 联裆鬲 M14：02

3. 联裆鬲 M14：04

4. 玉圭 M14：01

5. 联裆鬲 M13：01

宋家墓地出土遗物

1. 墓室

2. 葬具痕迹

宋家墓地 M15

1. 椁盖板痕迹

2. 椁侧板痕迹

宋家墓地 M15 棺椁遗迹

宋家墓地M15出土铜毂饰（M15：t4、t6、t11）

1. 戈 M15：2

2. 辖 M15：t2

3. 辖 M15：t5

宋家墓地 M15 出土铜器

1. M15 : t2

2. M15 : t5

宋家墓地M15出土铜辖

1. 衡末饰 M15：015

2. 衡末饰 M15：t12

3. 銮铃 M15：t7

4. 踵饰 M15：t3

5. 踵饰 M15：t3

宋家墓地 M15 出土铜车器

1. A型 M15：1

2. A型 M15：4

3. 二层台东南角 M15：4出土情况

4. A型 M15：4

5. C型 M15：02

宋家墓地 M15出土铜泡

1. 铜泡 D 型 M15：t1（正面、背面）

2. 弓形器 M15：047

3. 玉钺 M15：023

4. 玉环 M15：020

5. 文蛤 M15：041

宋家墓地 M15 出土遗物

1. 玉柄形器 M15：024

2. 陶联裆鬲 M15：3

3. 蚌泡 A 型 M15：030

4. 蚌泡 B 型 M15：09

5. 象牙饰 M15：07-1

宋家墓地 M15 出土遗物

1. 鼎 M16：015

2. 鼎 M16：015

3. 剑 M16：4

宋家墓地M16出土铜器

1. 剑 M16：4

2. 戈 M16：01

3. 我 M16：3

宋家墓地 M16 出土铜兵器

1. 铜鱼A型 M16：1-1

2. 铜鱼A型 M16：1-2

3. 铜鱼B型 M16：1-4

4. 铜鱼B型 M16：1-6

5. 铃 M16：2

6. 砺石 M16：05

宋家墓地M16出土遗物

宋家墓地 M16 出土玉鸟(M16∶07)

1. M16 : 03

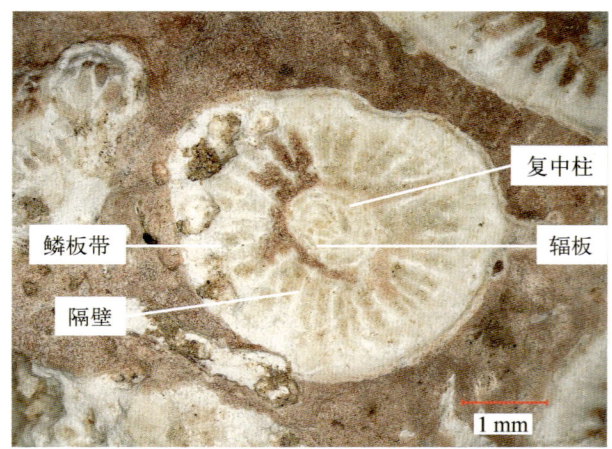

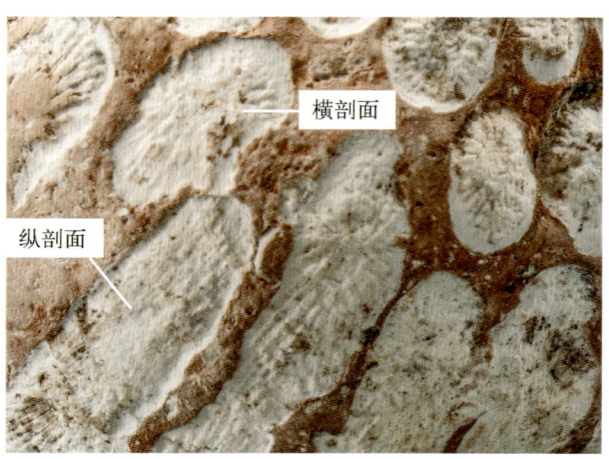

2. 珊瑚个体的纵剖面与横剖面

3. 珊瑚个体横剖面结构

宋家墓地M16出土珊瑚化石权杖头

1. 蚌饰 M16：012

2. 陶联裆鬲 M18：01

3. 小口圆肩罐 M18：02

4. M18随葬陶器组合 M18：01、02

5. 玉玦 M18：03

宋家墓地出土遗物

1. M19墓室

2. 陶联裆鬲 M19：1

3. 陶绳纹小罐 M19：2

4. M19随葬陶器组合 M19：1、2

5. 陶联裆鬲 M21：05

宋家墓地出土遗物

1. 铜鱼 M21：03

2. 铜鱼 M21：04

3. 蚌鱼 M21：01

4. 蚌鱼 M21：02

宋家墓地 M21 出土遗物

1. M22 墓室

2. M25 墓室

宋家墓地 M22 及 M25

1. 西北角席痕

2. 椁盖板铜戈（M25：23）及木柲

3. M25：23

4. M25：20

5. M25：t29

宋家墓地 M25 椁室遗迹及铜戈

宋家墓地 M25 椁盖板西北角出土器物

宋家墓地 M25 出土盾饰（M25：22 正面）

1. M25：t12

2. M25：t17

宋家墓地M25出土C型铜车軎

1. A 型 M25：t18、t19

2. B 型 M25：t26、t27

3. C 型 M25：t17、t12

宋家墓地 M25 出土铜车軎

1. 车辖 M25：54

2. 2号车衡

轭箍 t1+t2　衡中饰 t3　軥 t4+t5；t6+t7　轭脚 t13+t14；t15+t16

3. 轭箍及木痕　　　　4. 填土2号车衡铜车軥、轭箍出土情况

宋家墓地 M25 出土铜车器

1. A型 M25：t1、t2

2. B型 M25：t8、t9

3. B型 M25：t8

4. C型 M25：t25

5. D型 M25：29

宋家墓地 M25 出土铜轭箍

1. 衡中饰 M25：t3

2. 輨形舆饰 M25：t21

3. 軛脚 M25：t13、t14

4. 軛脚 M25：t15、t16

5. 轙 A 型 M25：t10

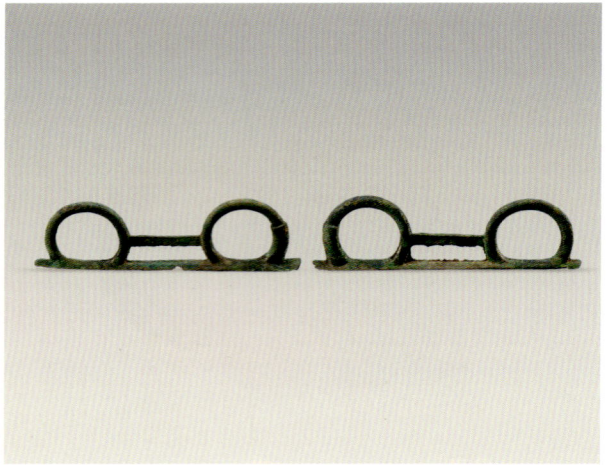

6. 轙 A 型 M25：t10、t11

宋家墓地 M25 出土铜车器

1. 轙 B 型 M25：t4、t5

2. 轙 B 型 M25：t6、t7

3. 轙 B 型 M25：t23

4. 轙 B 型 M25：t24

5. 带扣 A 型 M25：35

6. 铜鱼 M25D1：021

宋家墓地 M25 出土铜器

1. M25：t28

2. M25：t30

3. M25：t30、t28

宋家墓地M25出土铜衡末饰

1. 泡 Aa 型 M25：10（正面、背面）

2. 泡 Ab 型 M25：30-2（正面、背面）

3. 铃 M25：26　　　　　　　　　　　4. 铃 M25：51

宋家墓地 M25 出土铜器

1. M25：16

2. M25：19

3. M25：33

宋家墓地 M25 出土铜镜

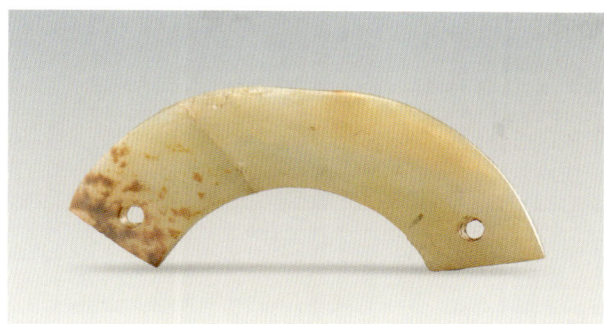

1. 玉璜 M25D1：03

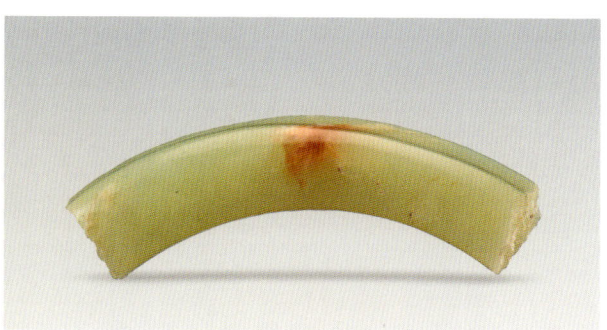

2. 玉环 M25D1：01

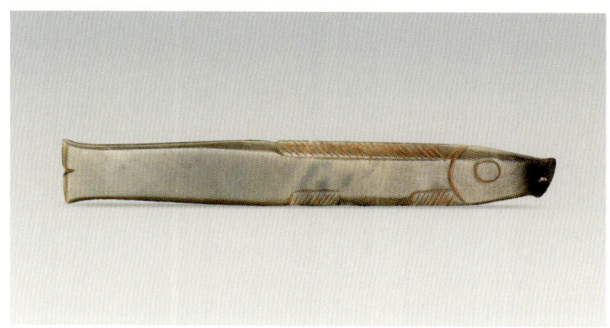

3. 玉鱼 A 型 M25：56

4. 玉鱼 A 型 M25：55

5. 玉鱼 B 型 M25D2：019

6. 玉鱼 C 型 M25D1：043

宋家墓地 M25 出土玉器

1. 玉蝉 M25D1：05

2. 玛瑙管 M25D1：07

3. 陶联裆鬲 M25D2：011

4. 石磬 M25D2：014

5. 毛蚶 M25D1：010

6. 文蛤 M25D1：020

宋家墓地 M25 出土遗物

1. 墓室

2. 椁盖板

宋家墓地 M26 墓室及椁盖板

1. 棺底板

2. 銮铃 M26∶12（正面、背面）

宋家墓地M26椁底板及铜器

1. 铜泡A型 M26：18-1、18-2

2. 铜泡C型 M26：18-3

3. 铜泡B型 M26：18-18

4. 玉璜 M26：027

5. 玉鱼 M26：9

6. 玉鸟 M26：10

宋家墓地M26出土遗物

宋家墓地M26出土玉鱼（M26：025）

宋家墓地 M26 出土玉鸟（M26：11）

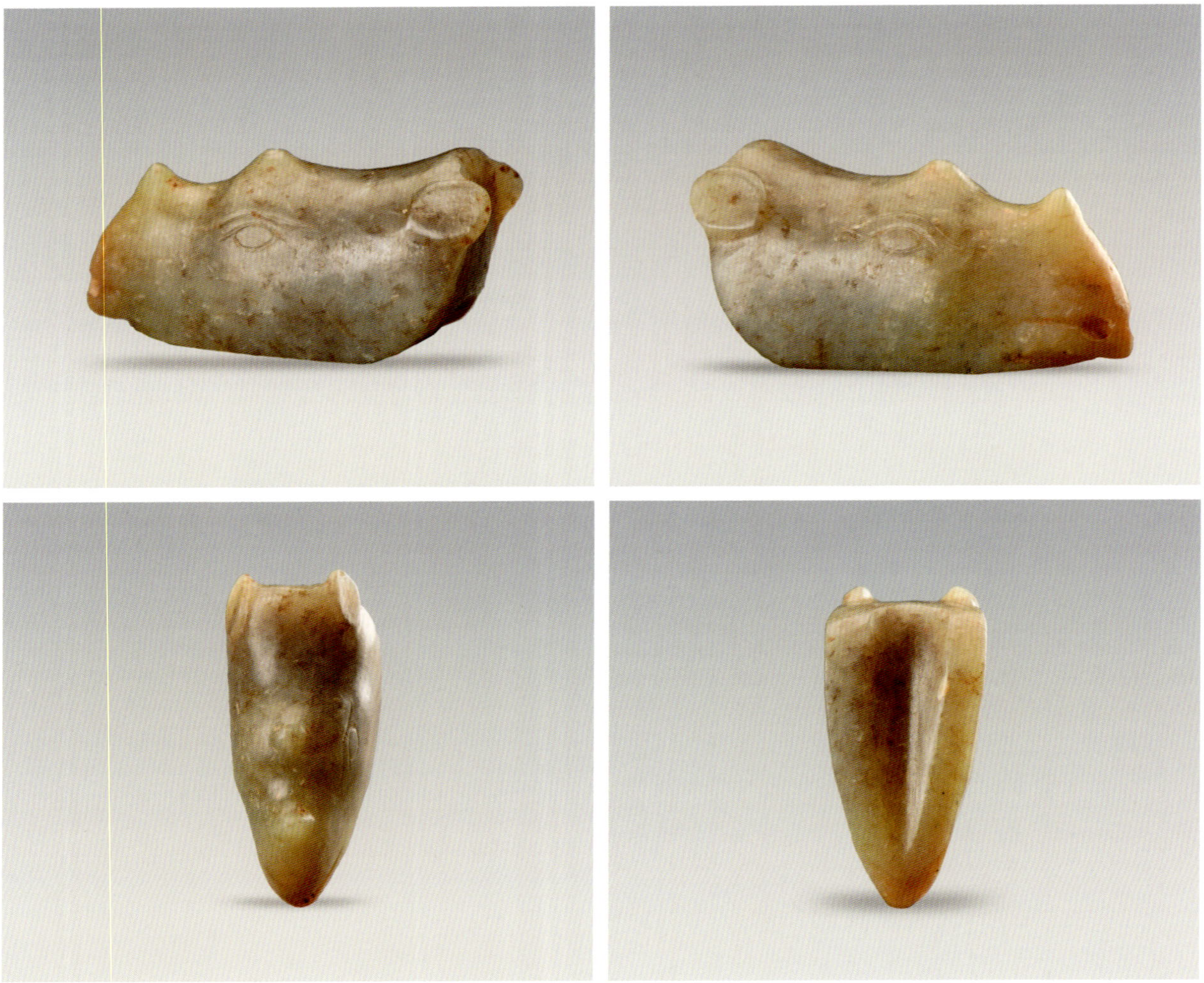

1. 玉犀首 M26：026

2. 陶联裆鬲 M26：02

3. 瓷豆 M26：03-2

宋家墓地 M26 出土遗物

1. 毛蚶 M26：19

2. 钟螺 M26：20-2

宋家墓地 M26 出土遗物

1. M12

2. M20

宋家墓地马坑

1. .M20

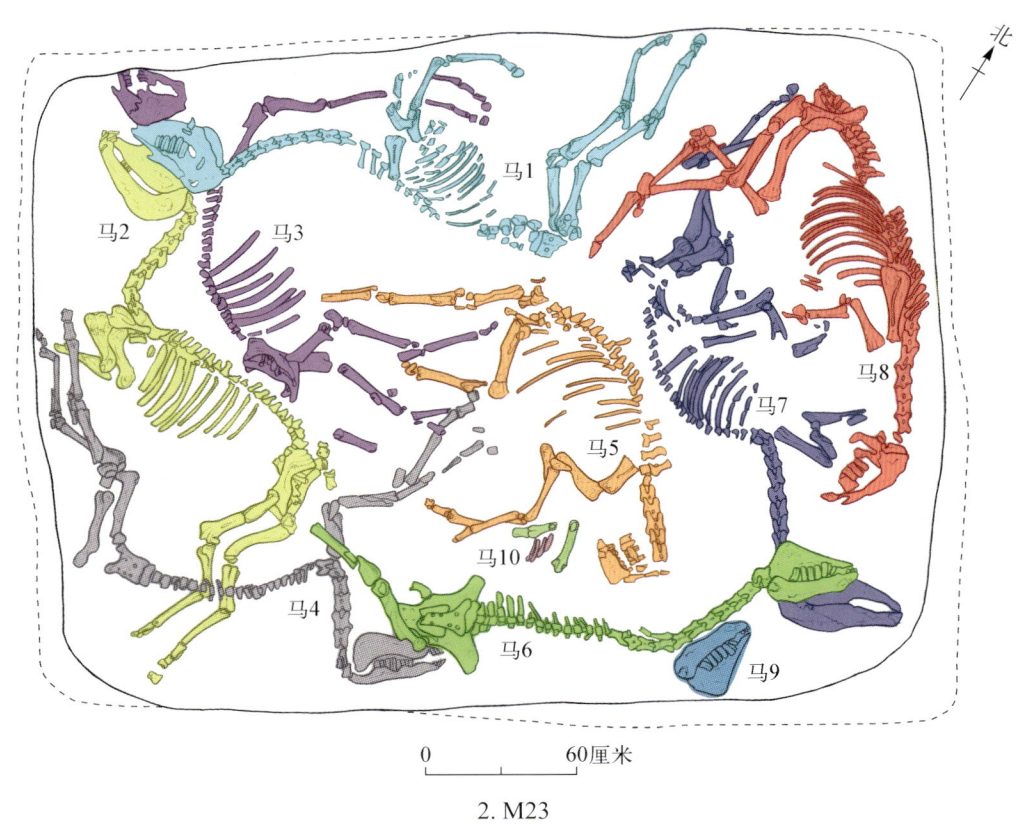

北

0   60厘米

2. M23

宋家墓地马坑

宋家墓地马坑 M23

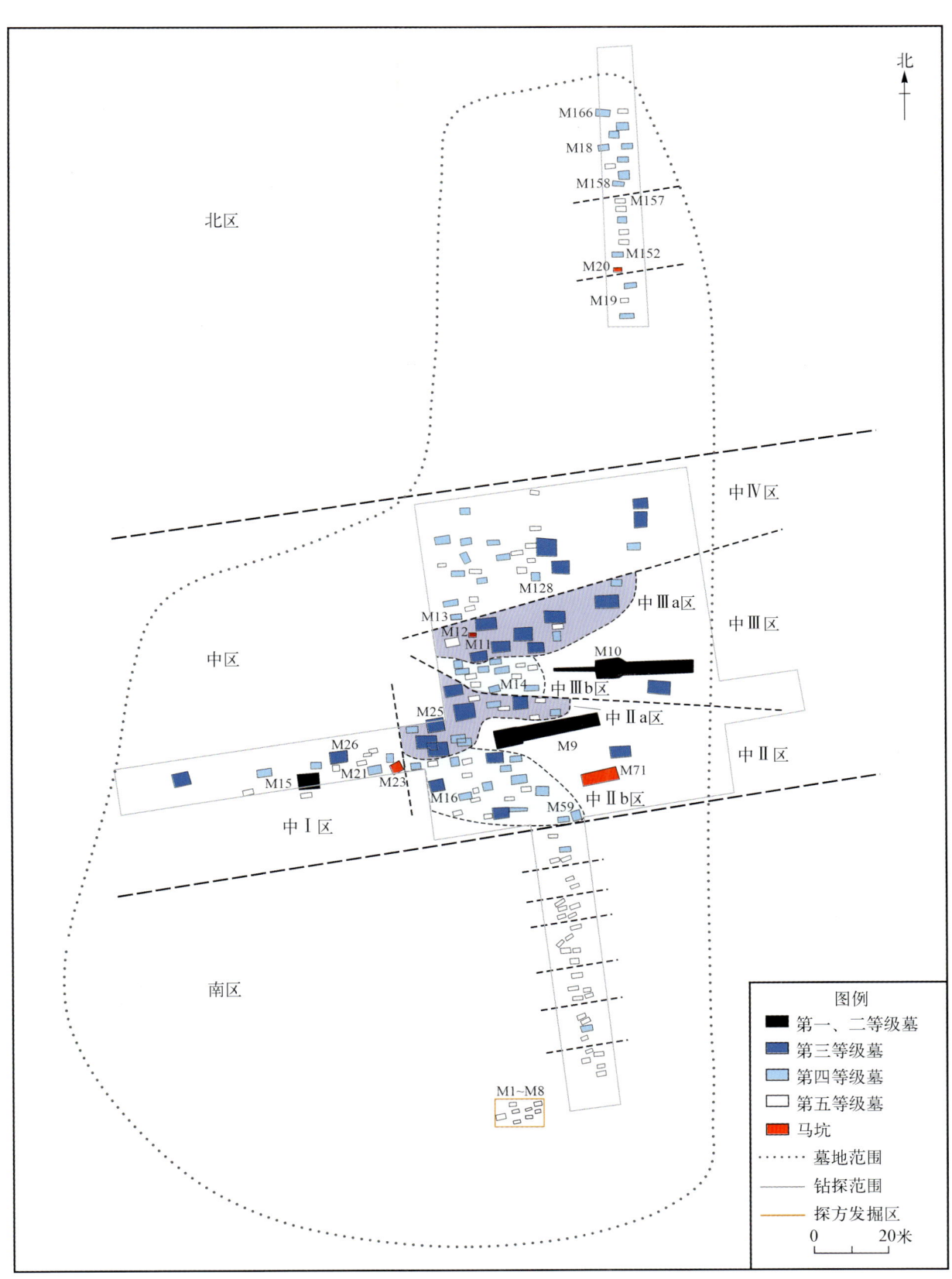

宋家墓地分区图

	甲类(轙中饰)	乙类(轙侧饰)
A 型	1. M10∶27	2. M10∶266 3. M10∶5
B 型	4. M10∶536 5. M10∶478	6. M10∶540-2
C 型	7. M10∶127	8. M10∶123
D 型		9. M10∶561-2

宋家墓地 M10 出土轙饰

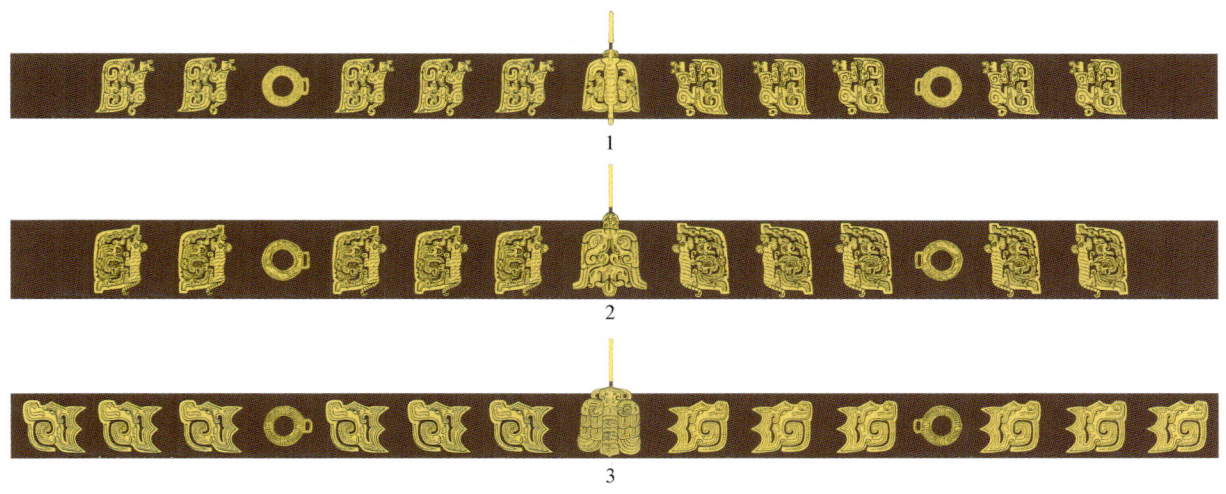

1. 成套鞶饰复原图

	孔头沟铜器	周原庄李陶范	器范相合
第一组	 1. M10:305	 2. H3:114、135	 3. H3:114、135与M10:305
第二组	 4. M10:3	 5. H3:120	 6. H3:120与M10:3
第三组	 7. M10:123	 8. H3:129	 9. H3:129与M10:123

2. 宋家墓地 M10 与周原庄李铸铜作坊 H3 出土鞶侧饰"器范相合"

宋家墓地 M10 出土鞶饰

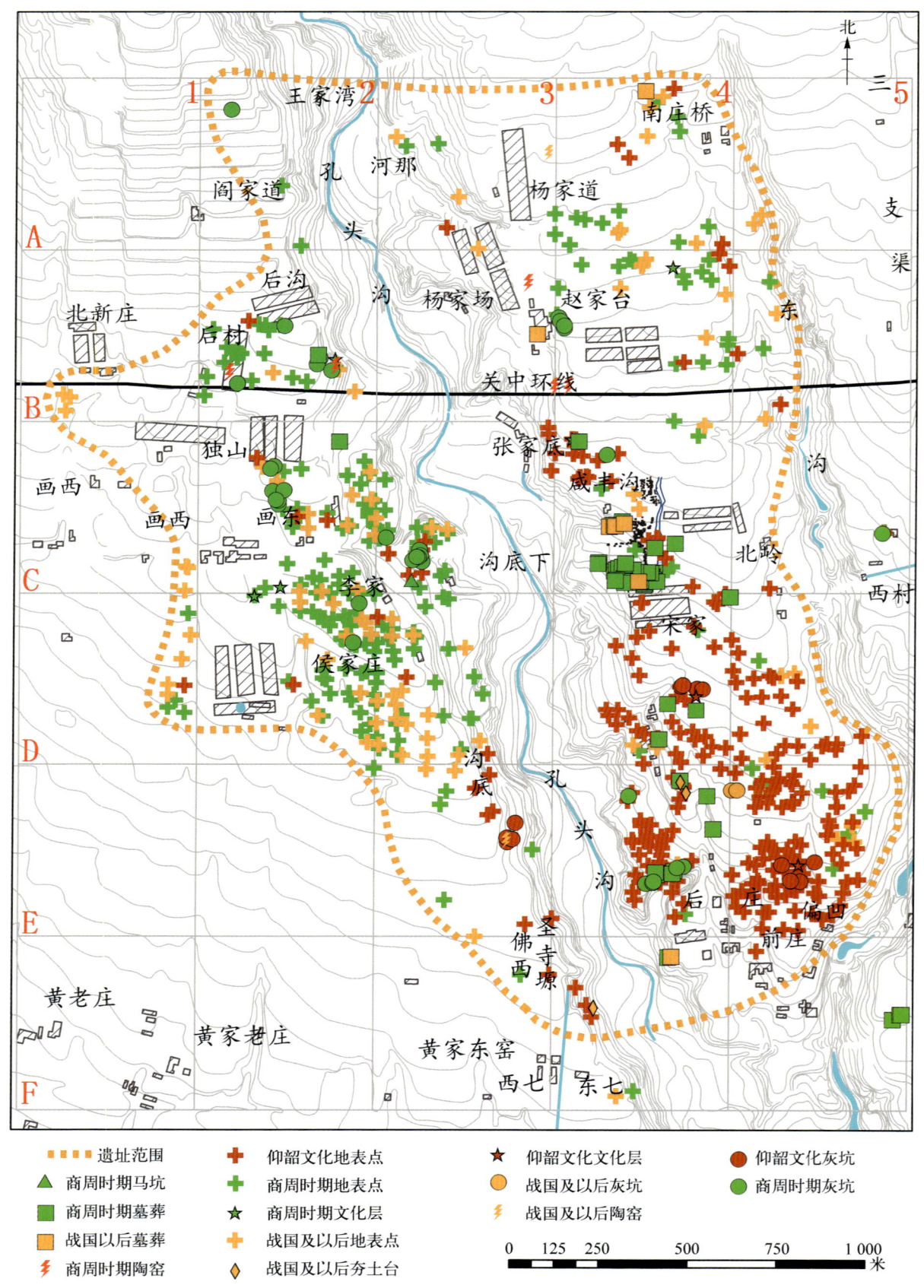

孔头沟遗址不同时期遗存分布示意图

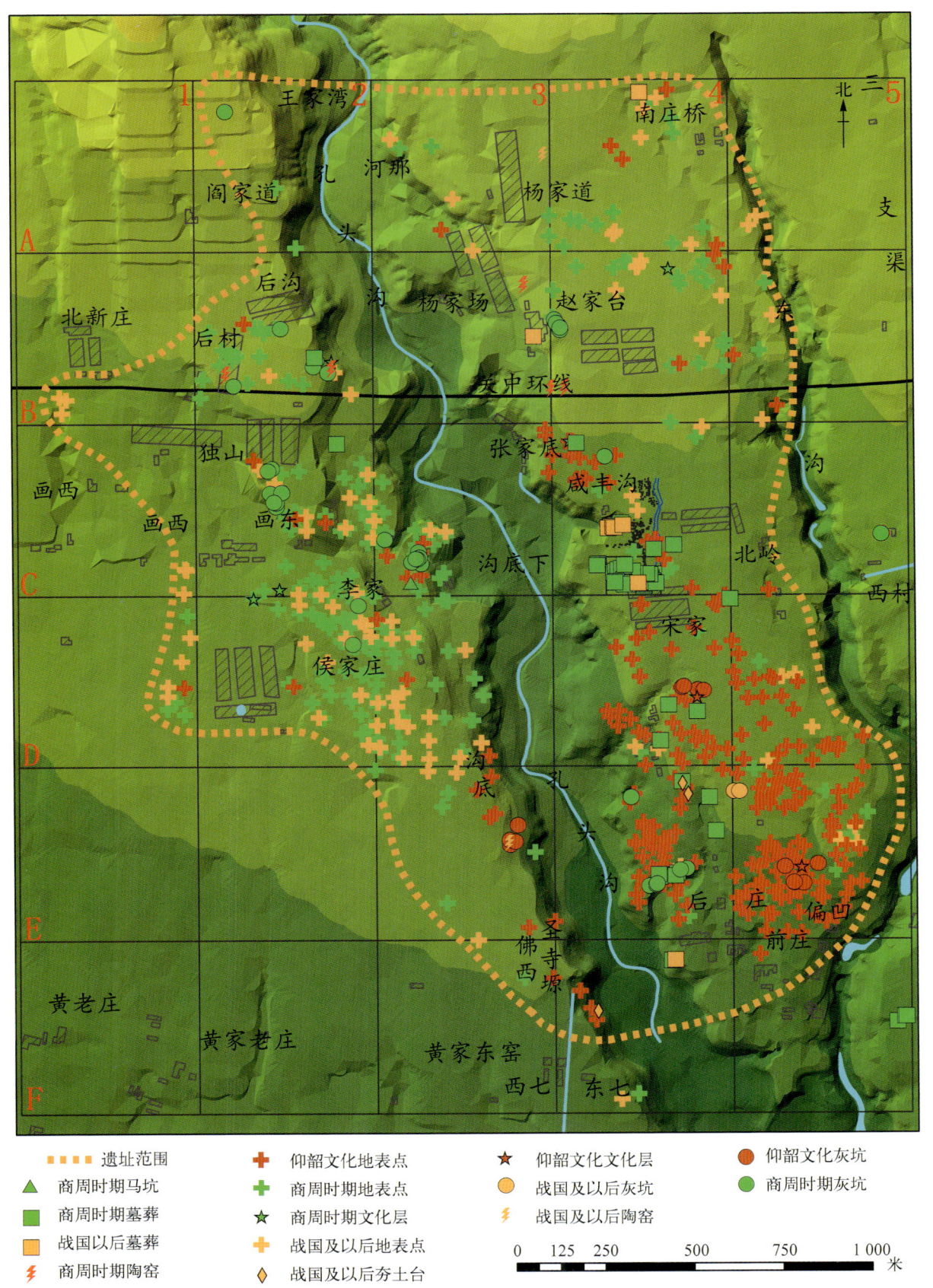

孔头沟遗址不同时期遗存分布示意图

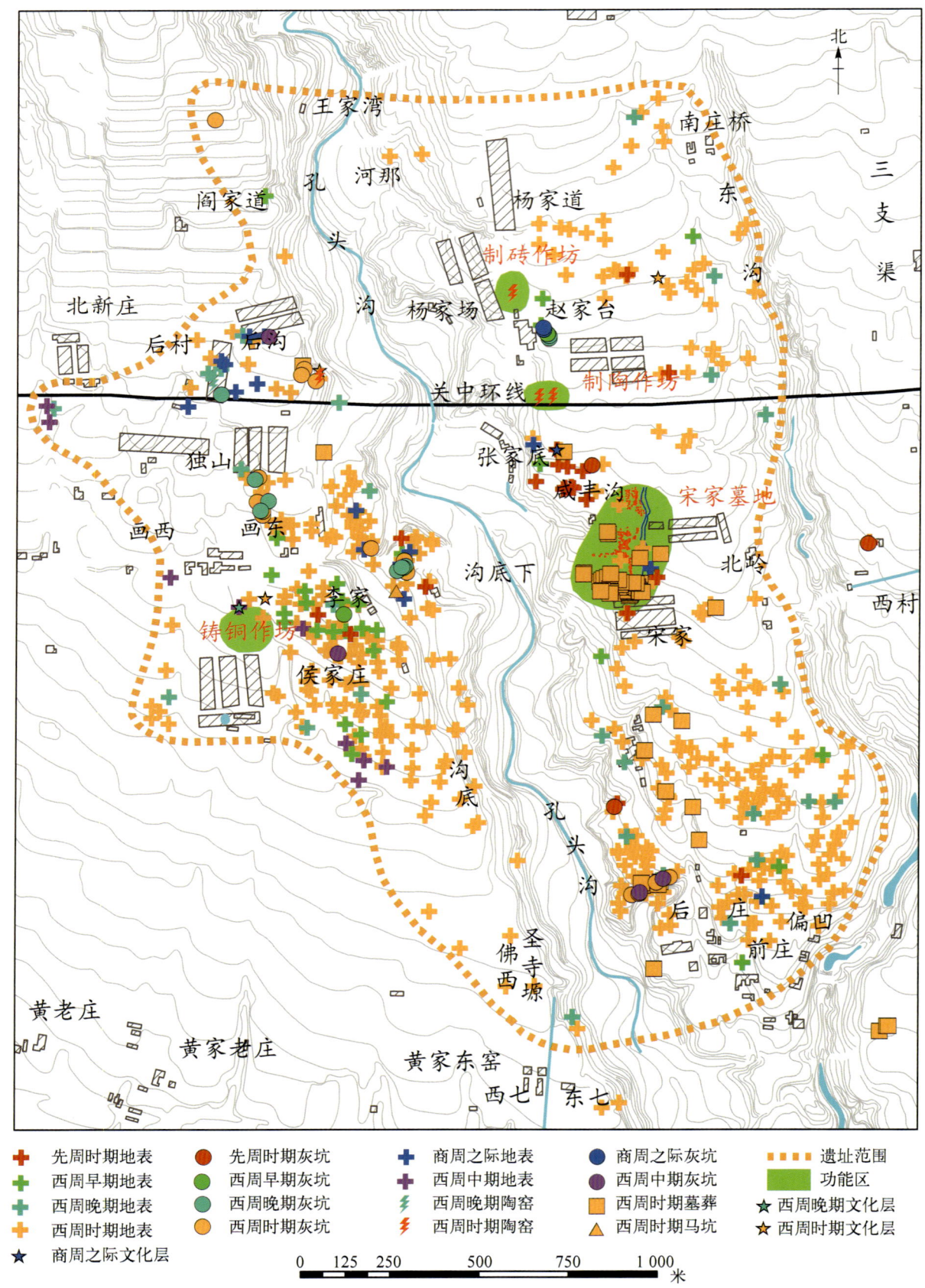

商周时期聚落采集点及功能区

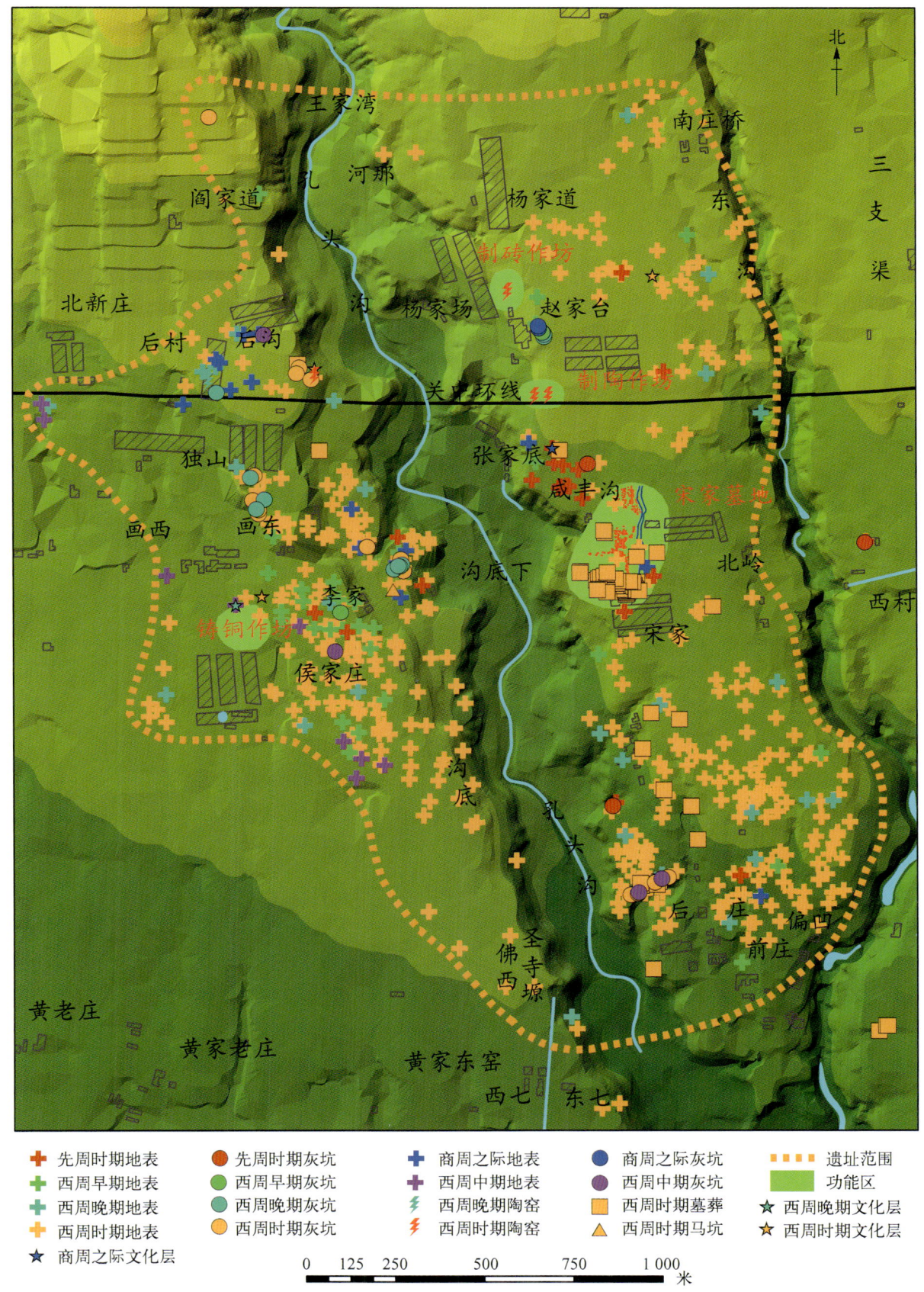

商周时期聚落采集点及功能区

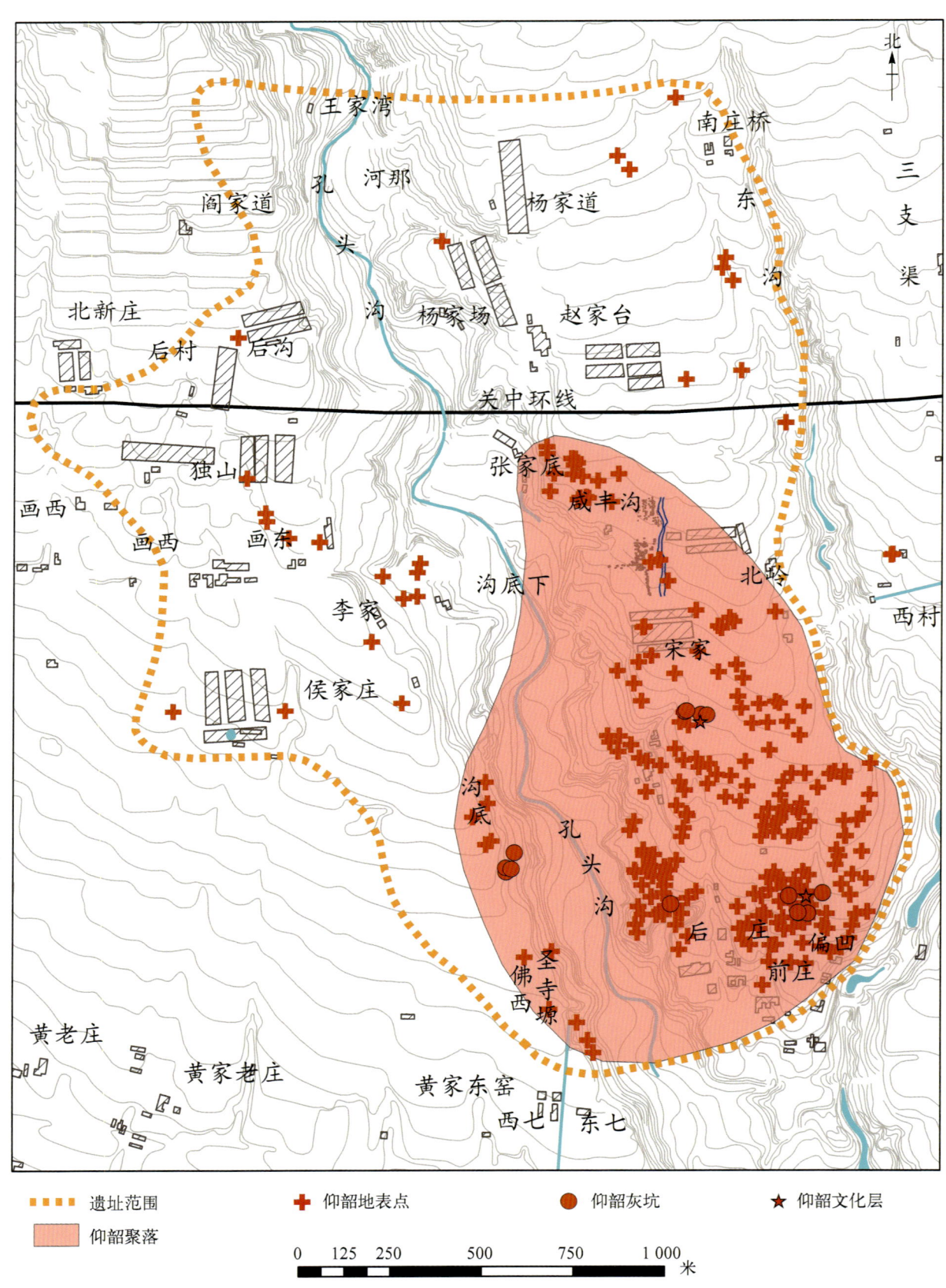

仰韶文化的聚落范围

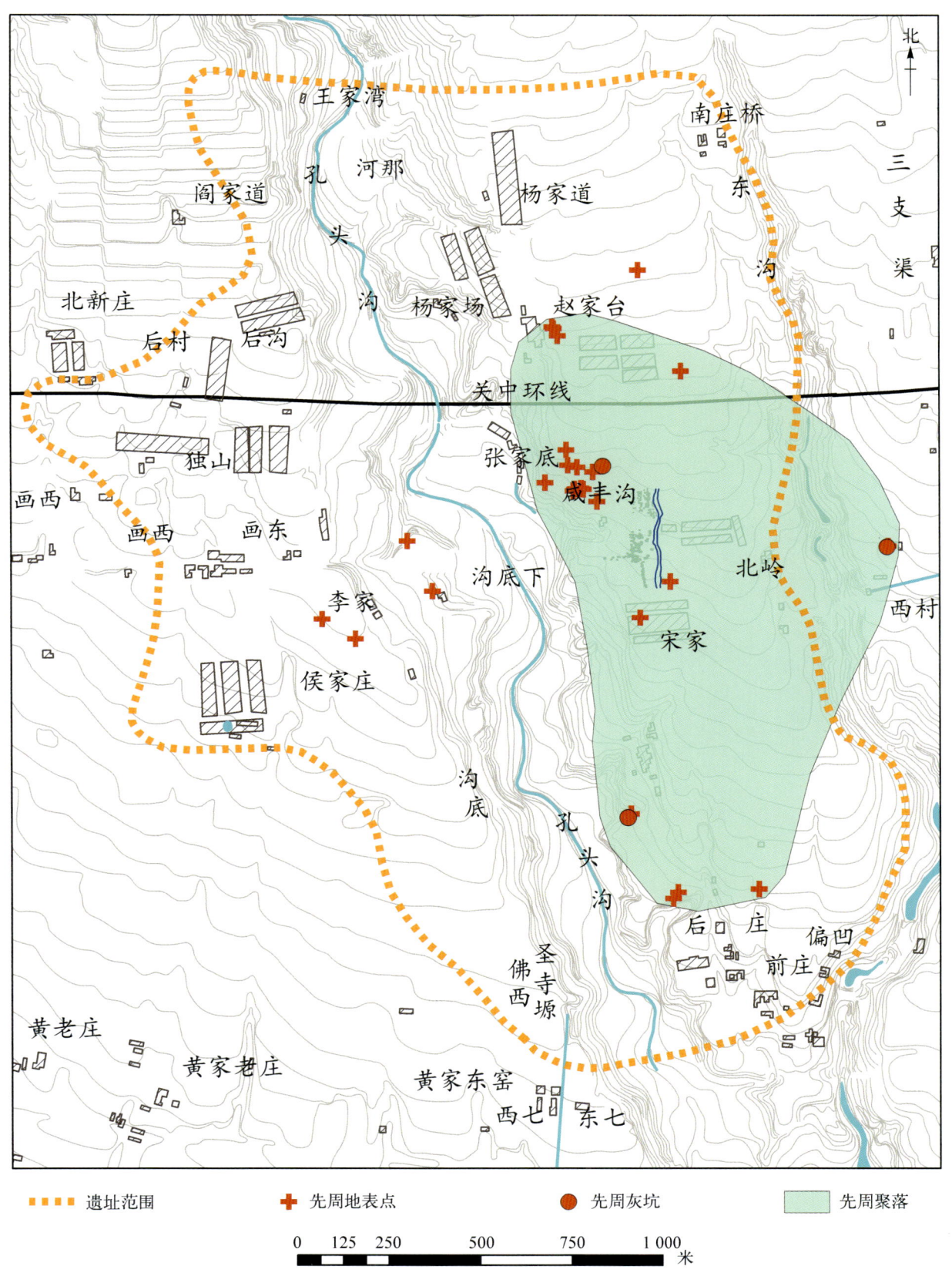

王家湾

河那

杨家道

南庄桥

三支渠

阎家道

孔头沟

东沟

北新庄

后村

后沟

杨家场

赵家台

关中环线

独山

张家底

咸丰沟

画西

画东

北岭

西村

画西

李家

沟底下

宋家

侯家庄

沟底

孔头沟

圣寺塬

佛西塬

后庄

前庄

偏凹

黄老庄

黄家老庄

黄家东窑

西七

东七

北

▪▪▪ 遗址范围	✚ 先周地表点	● 先周灰坑	▓ 先周聚落

0 125 250   500   750   1 000
米

先周时期聚落范围

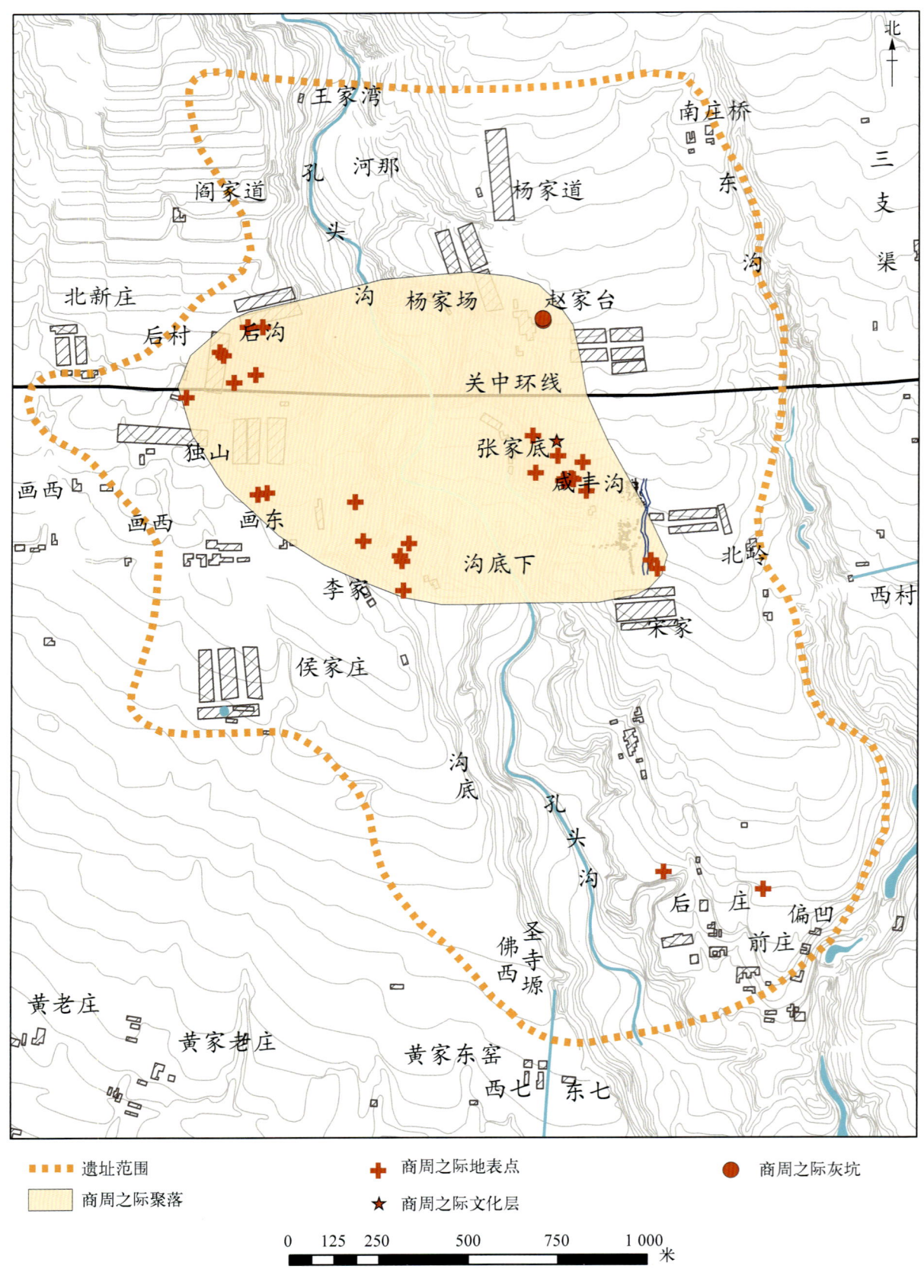

图例：

- ▪▪▪ 遗址范围
- ＋ 商周之际地表点
- ● 商周之际灰坑
- 商周之际聚落
- ★ 商周之际文化层

0 125 250 500 750 1 000
米

商周之际聚落范围

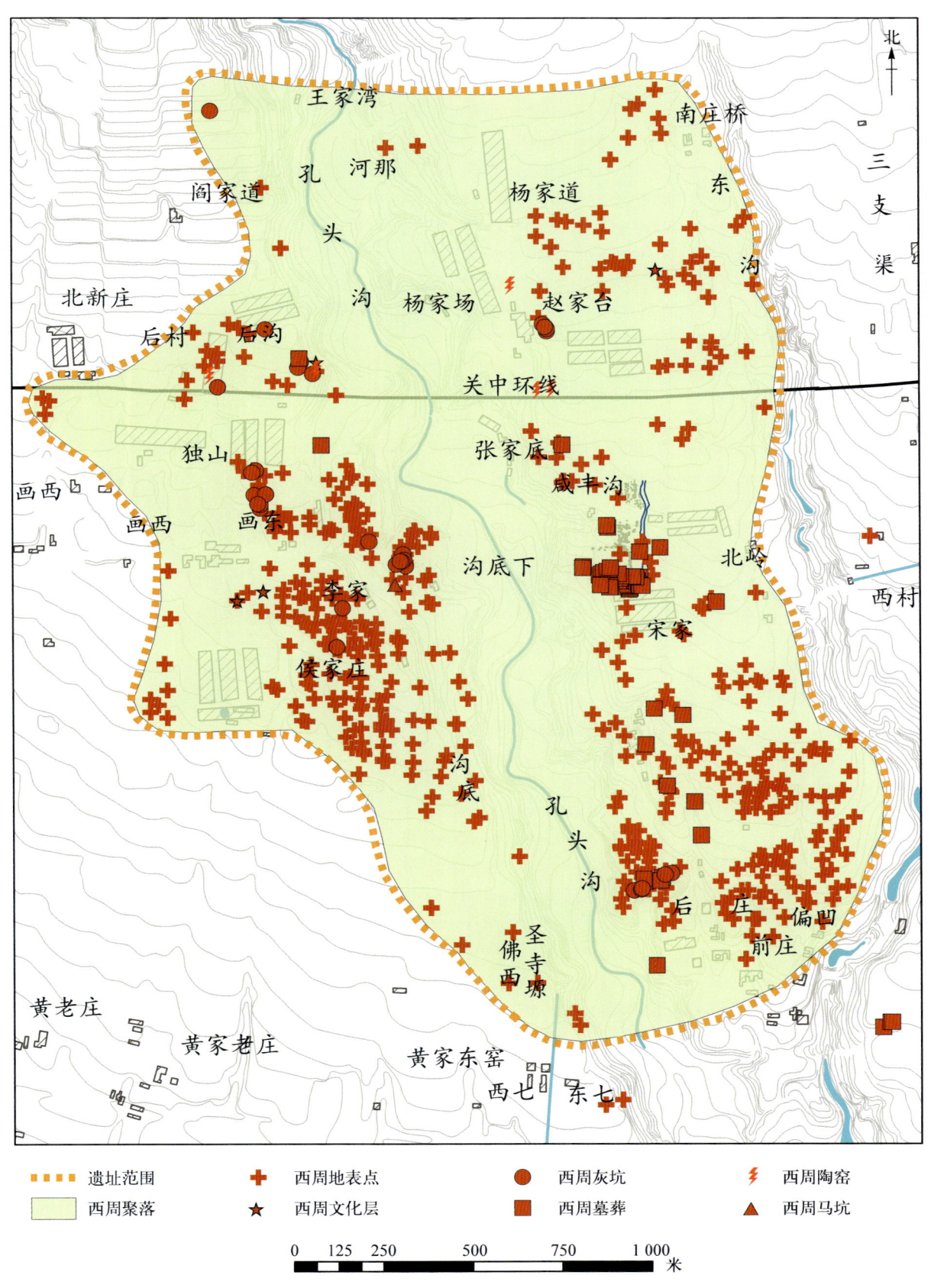

北新庄　北　三支渠

王家湾　南庄桥
孔头　河那　杨家道
阎家道　东
北新庄　沟
后村　后沟　杨家场　赵家台
关中环线
独山　张家底
画西　咸丰沟
画西　画东　北岭　西村
沟底下
李家　宋家
侯家庄
沟底
黄老庄　孔头沟　后　庄　偏凹
黄家老庄　前庄
佛寺塬
黄家东窑　圣寺塬
西七　东七

图例		
▪▪▪ 遗址范围	✚ 西周地表点	● 西周灰坑	⚡ 西周陶窑
西周聚落	★ 西周文化层	■ 西周墓葬	▲ 西周马坑

0　125　250　500　750　1 000
米

西周时期聚落范围

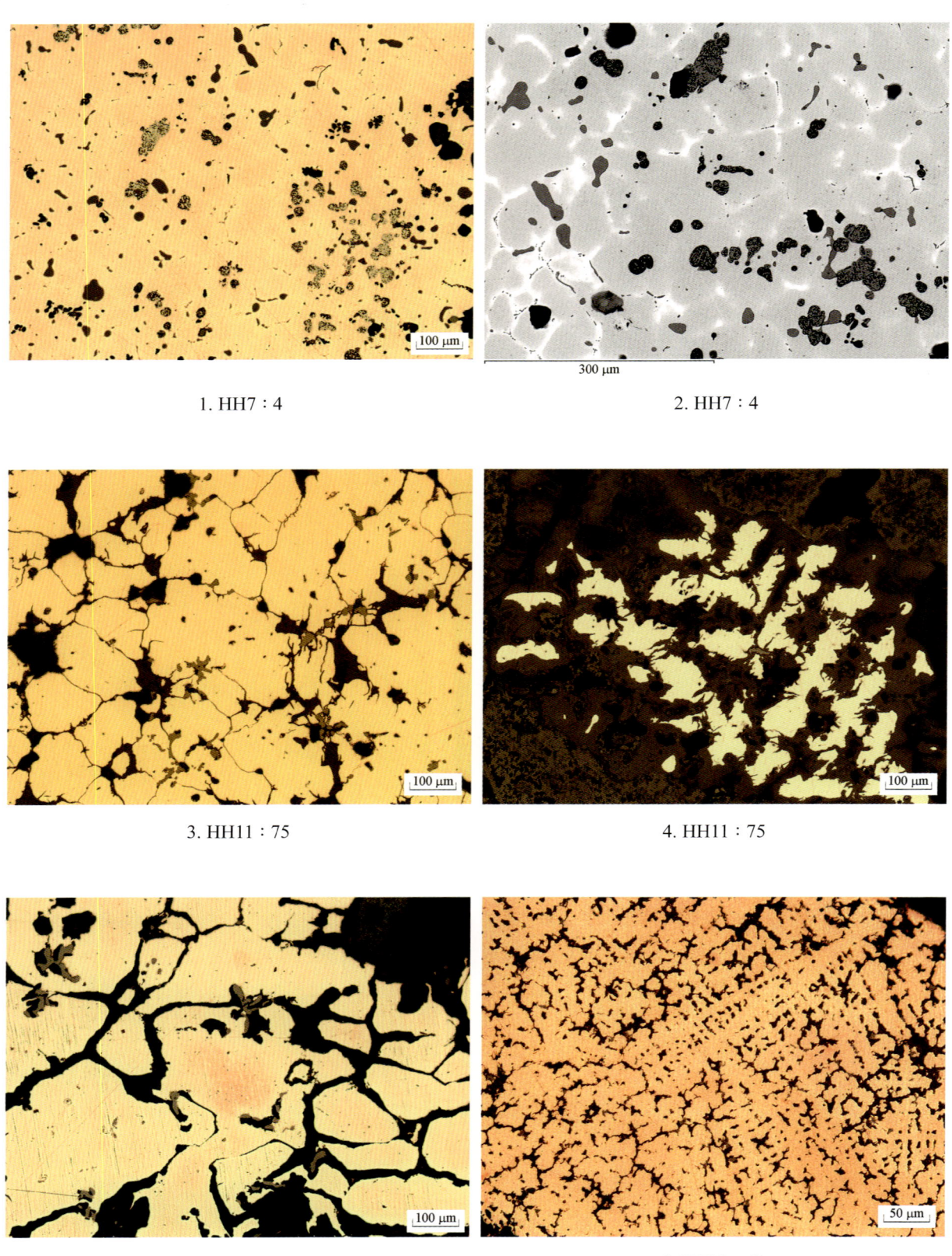

1. HH7∶4

2. HH7∶4

3. HH11∶75

4. HH11∶75

5. HH20∶61

6. HH20∶62

画图寺作坊出土铸铜遗物的金相组织

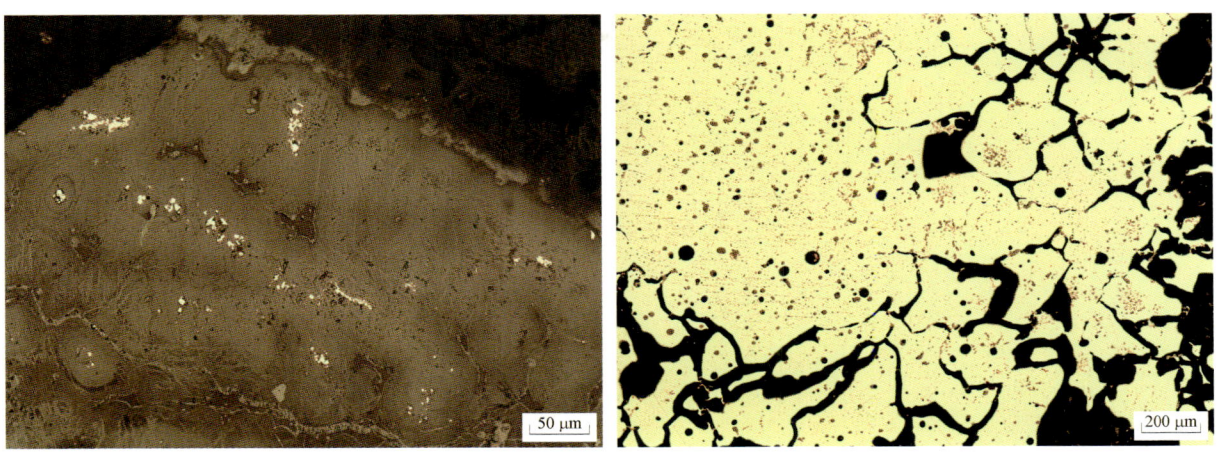

1. HH31：56

2. HH34：1

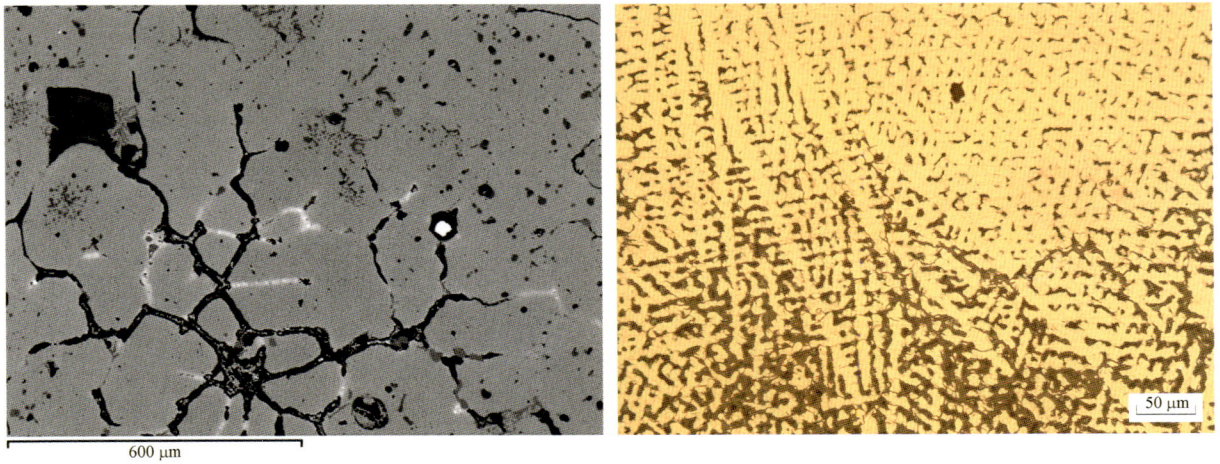

3. HH34：1

4. HH38：230

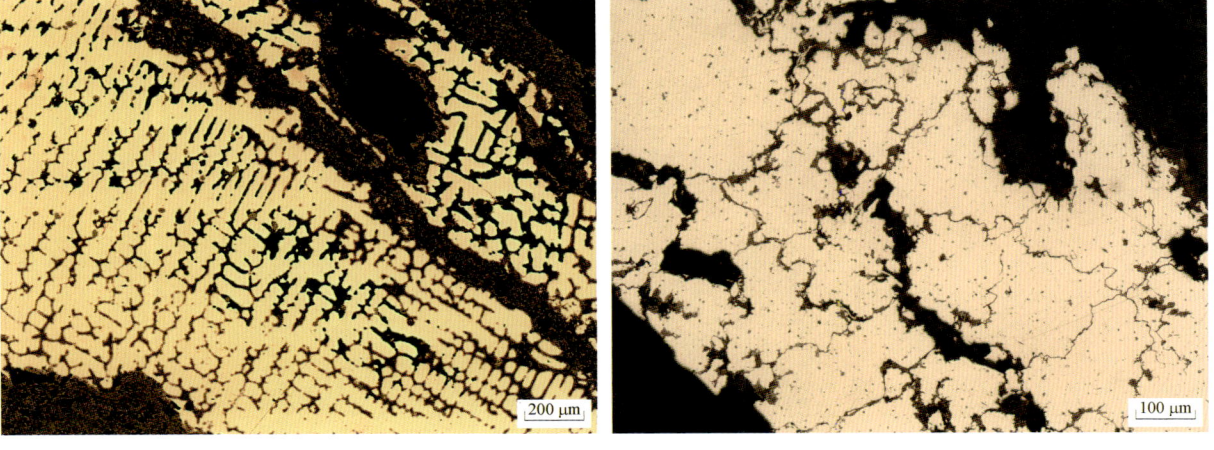

5. HH59：27

6. HH65：35

画图寺作坊出土铸铜遗物的金相组织

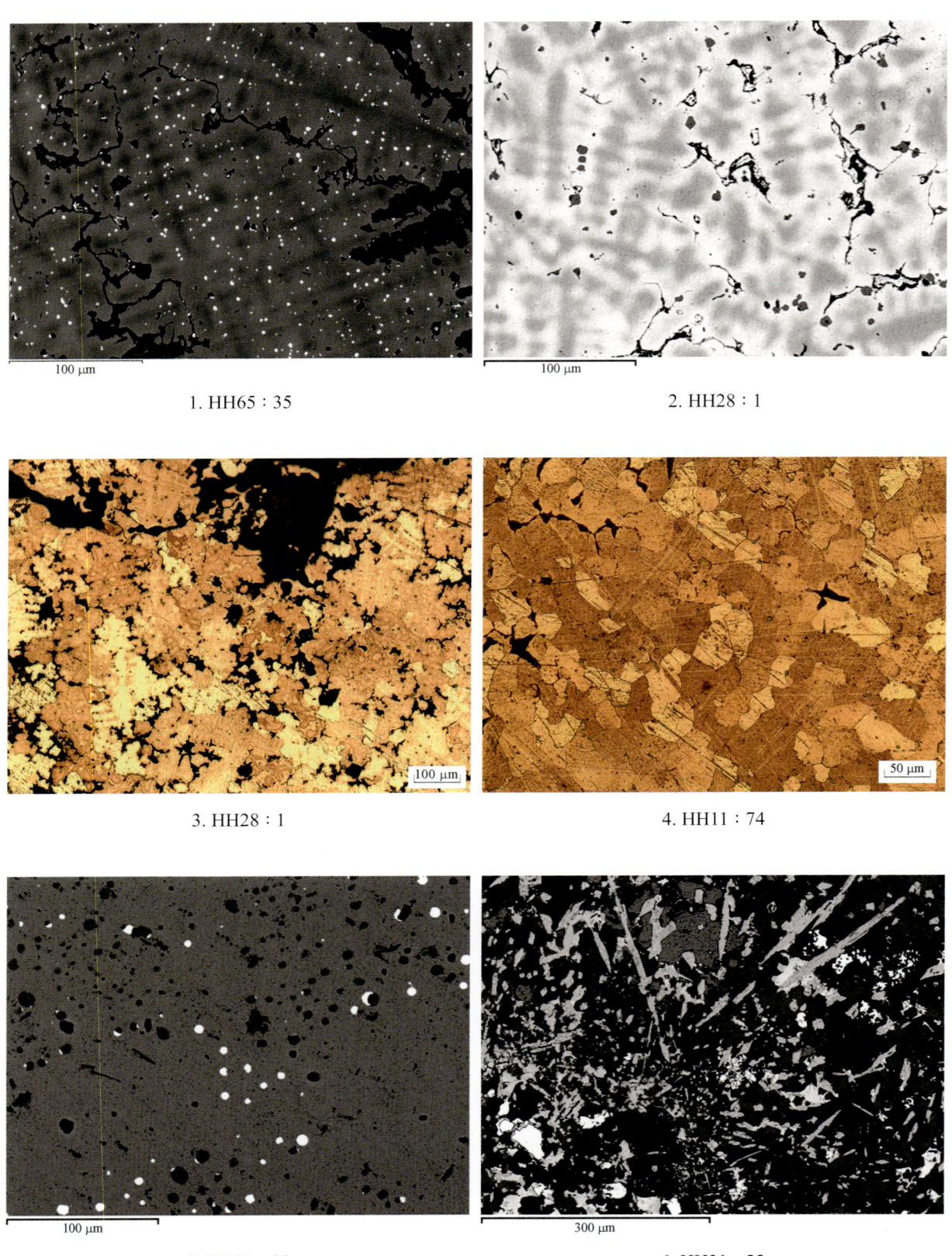

1. HH65∶35

2. HH28∶1

3. HH28∶1

4. HH11∶74

5. HH31∶55

6. HH31∶55

画图寺作坊出土铸铜遗物的金相组织

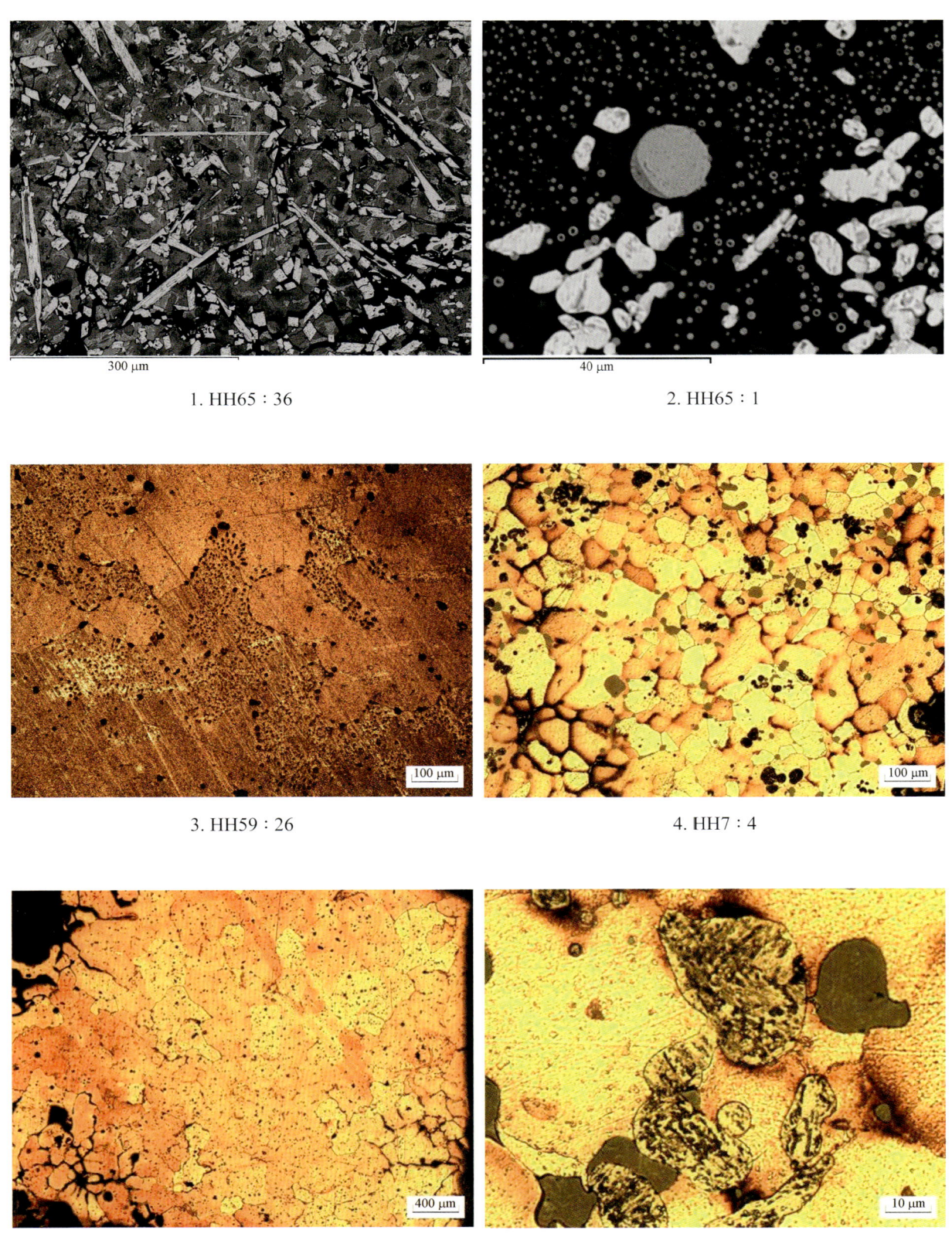

1. HH65：36

2. HH65：1

3. HH59：26

4. HH7：4

5. HH34：1

6. HH7：4

画图寺作坊出土铸铜遗物的金相组织

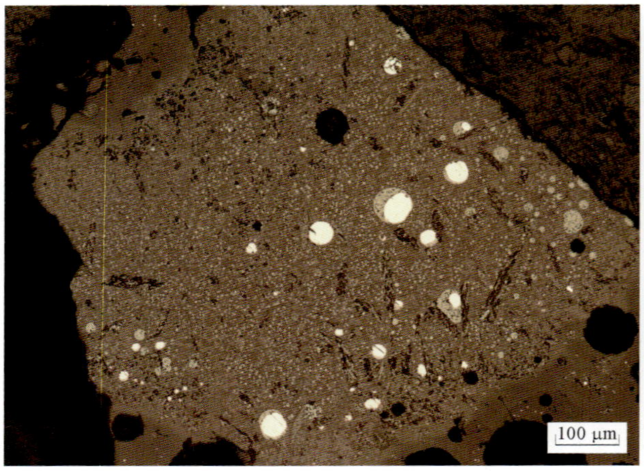

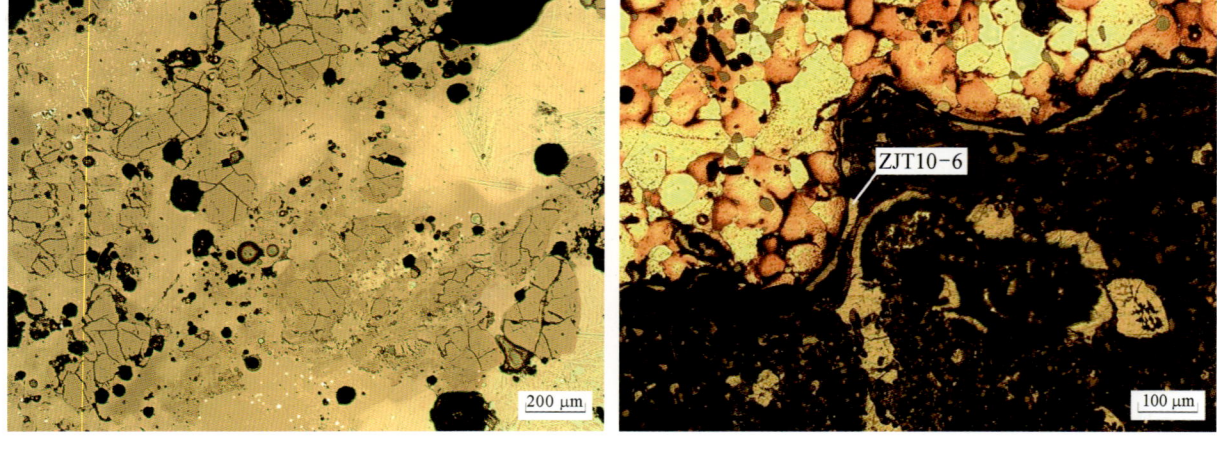

1. HH65：34

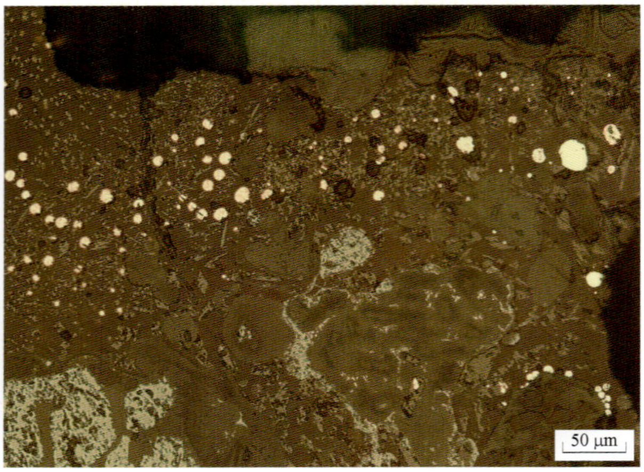

2. HH65：36

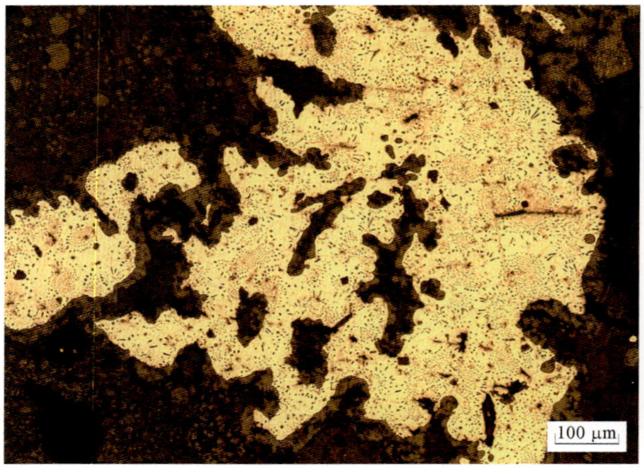

3. HH65：1

4. HH65：1

5. HH60：28

ZJT10-6

6. HH7：4

画图寺作坊出土铸铜遗物的金相组织

牛、马、猪、鹿骨骼

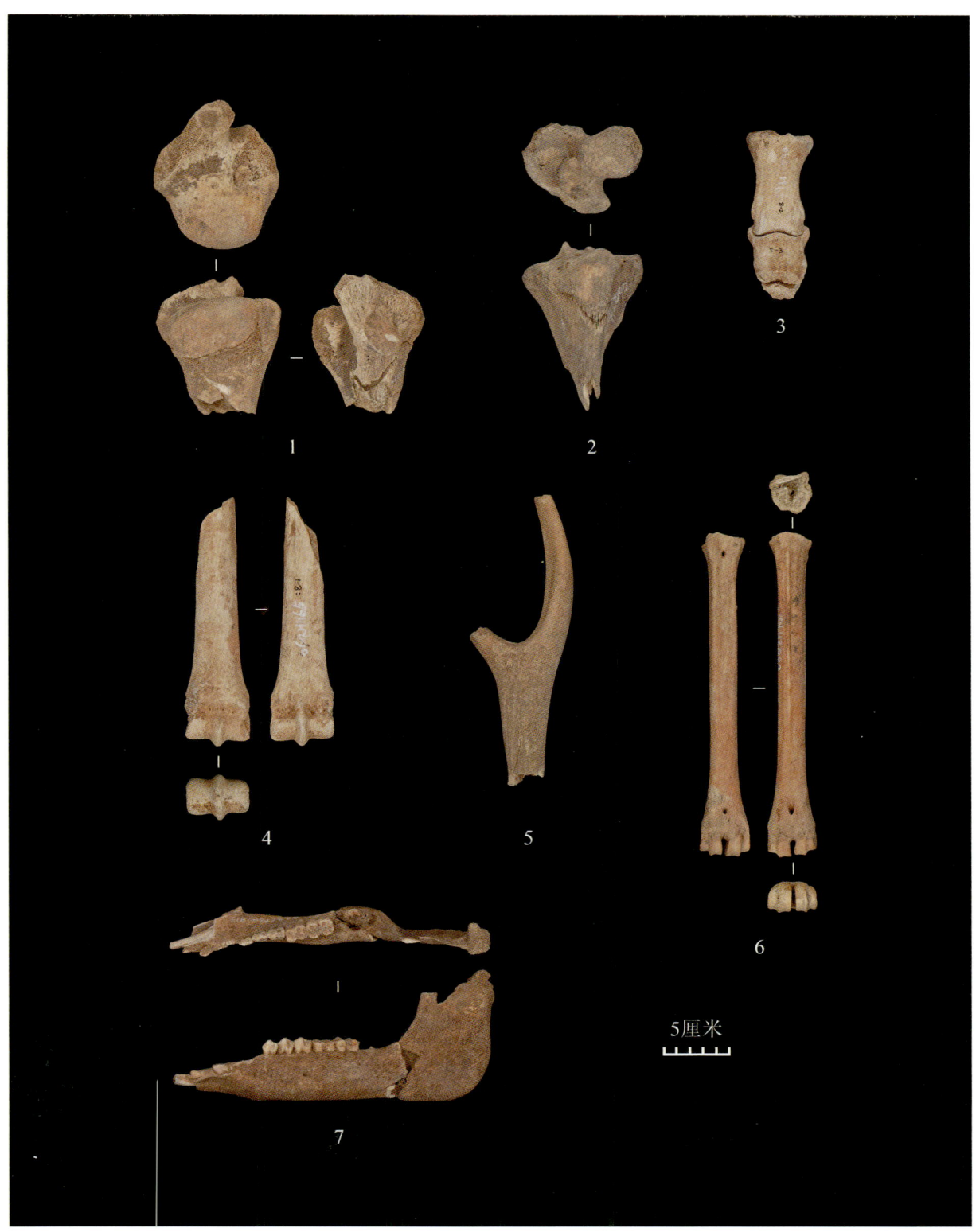

1. 牛肱骨（ZH8：#1）　2. 牛胫骨（ZH9②：#2）　3. 马第1、2、3趾骨（HH65：#8-2、#8-3、#8-4）　4. 马跖骨（HH65：#8-1）　5. 梅花鹿鹿角（DH10：#1）　6. 中小鹿跖骨（ZH9③：#2）　7. 猪下颌骨（ZH13：#2）

牛、马、猪、鹿骨骼

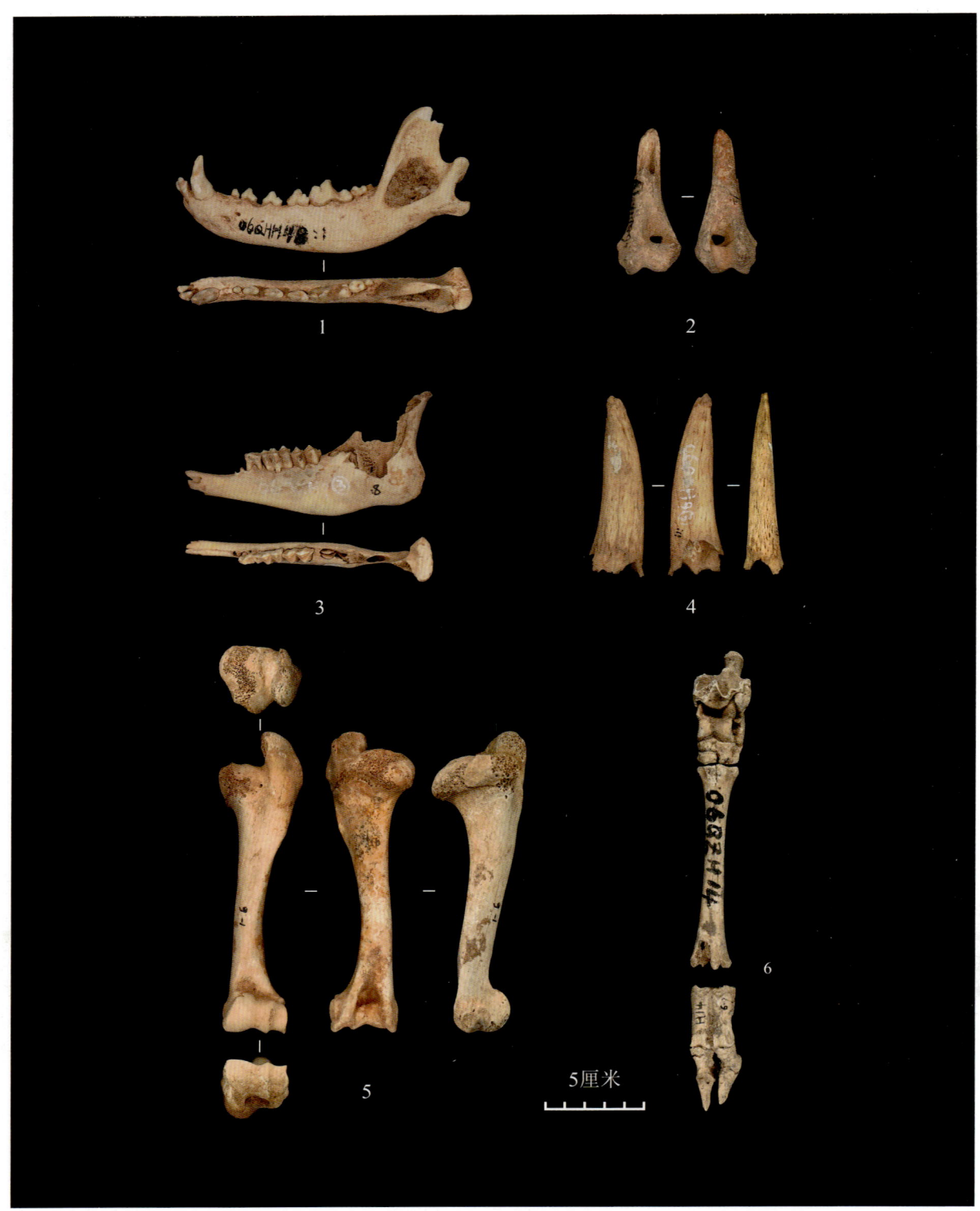

1. 狗下颌骨（HH48：#1）　2. 狗肱骨（DH16③：#14）　3. 山羊下颌骨（ZH9③：#8）
4. 山羊角心（ZH9③：#11）　5. 绵羊肱骨（DH16③：#1-6）　6. 山羊跟骨＋踝骨＋
距骨＋中央跗骨＋第2、3跗骨＋跖骨＋第1、2、3趾骨（ZH14：#6-6、#6-7）

狗、羊骨骼

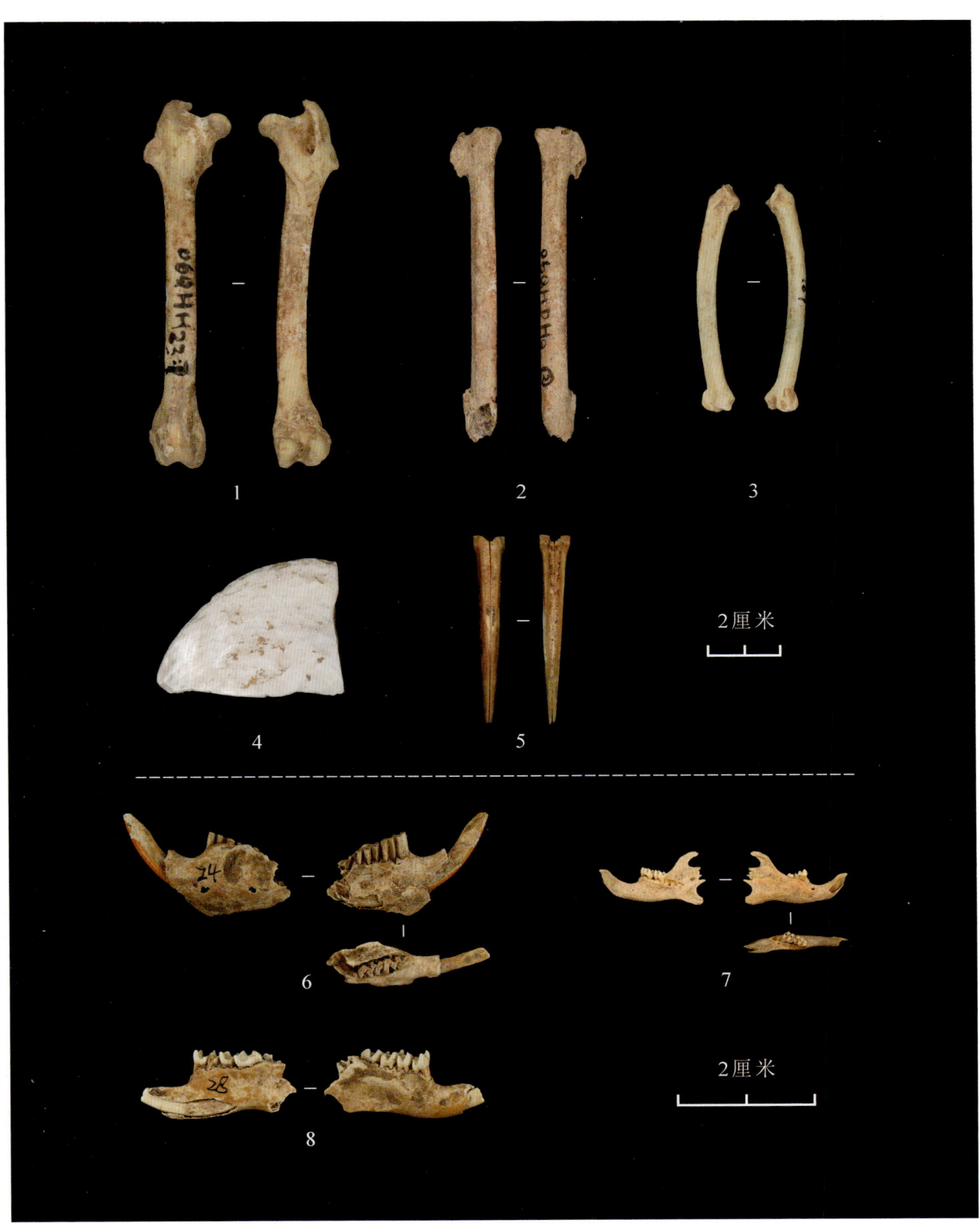

1. 兔股骨（HH23：#7）　2. 鸨胫跗骨（DH9②：#33）　3. 鸡尺骨（HH3：#67）　4. 蚌壳（HH65：#25）
5. 鱼尾骨（HH65：#41）　6. 鼢鼠下颌骨（HH38②：#24）　7. 仓鼠下颌骨（HH2①：#19）
8. 松鼠下颌骨（HH38②：#28）

小型哺乳动物、鸟类、蚌、鱼、啮齿动物骨骼

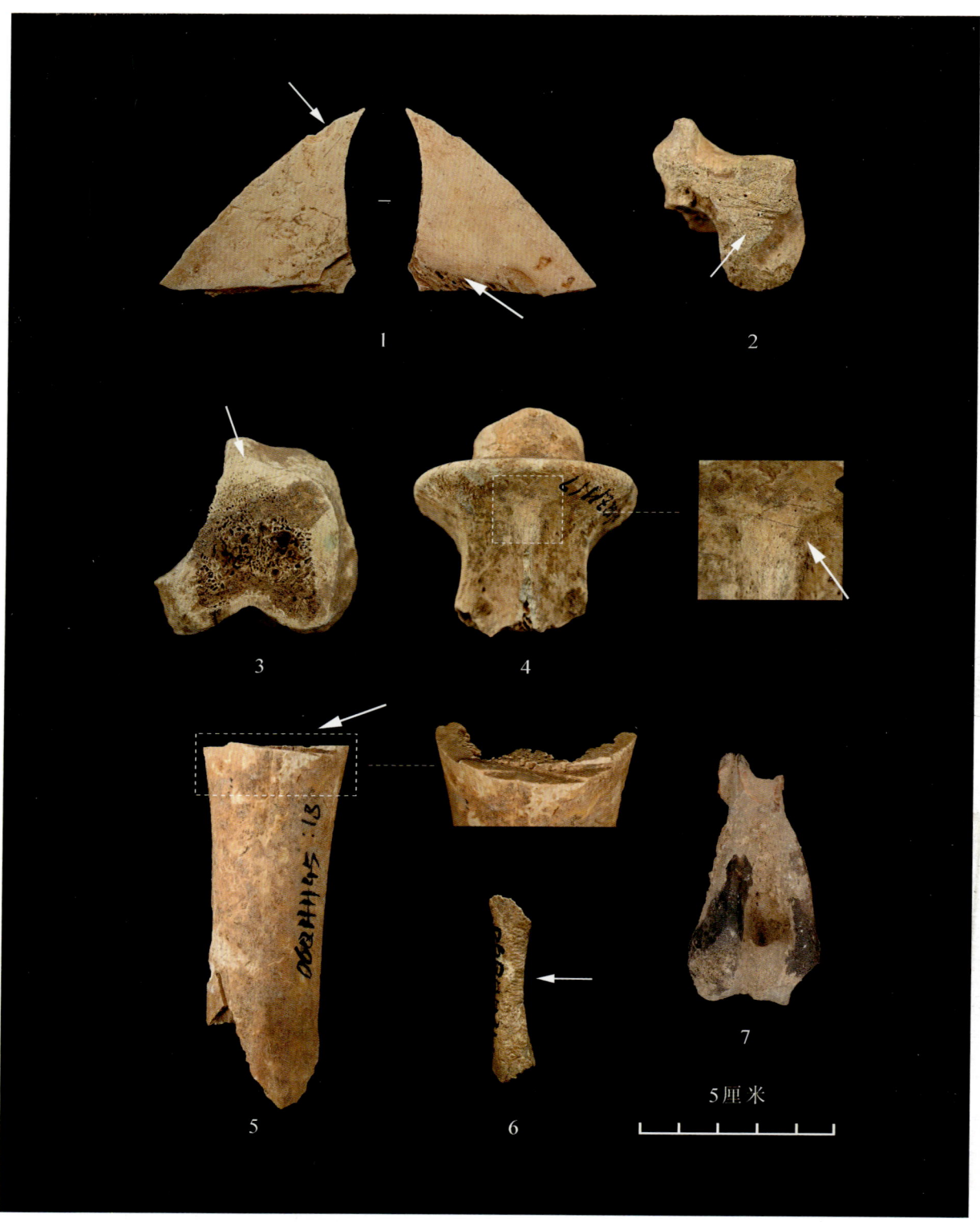

1. 中型哺乳动物肩胛骨：打磨、钻孔（ZDH16③：#8）　2. 牛桡腕骨：切割痕（HH31：#9）
3. 牛跖骨：锯痕（HH38②：#6）　4. 鹿枢椎：切割痕（ZH17：#15）　5. 牛掌骨：锯痕（HH45：#18）
6. 中小型哺乳动物肢骨：啮齿动物啃咬痕（HH31：#32）　7. 猪肱骨：烧痕（ZH11：#1）

动物骨骼的人工痕迹

5厘米

1. 骨铲半成品（HH32：#30）　　2. 骨铲（HH42：#3）　　3. 骨铲（DH16③：#38）　　4. 骨铲（DH11：#22）
5. 骨镞（HH14：#5）　　6. 骨刀（DH11：#23）　　7. 骨锥半成品（HH55：#44）　　8. 骨匕（ZH9②：#80）

骨器与加工骨

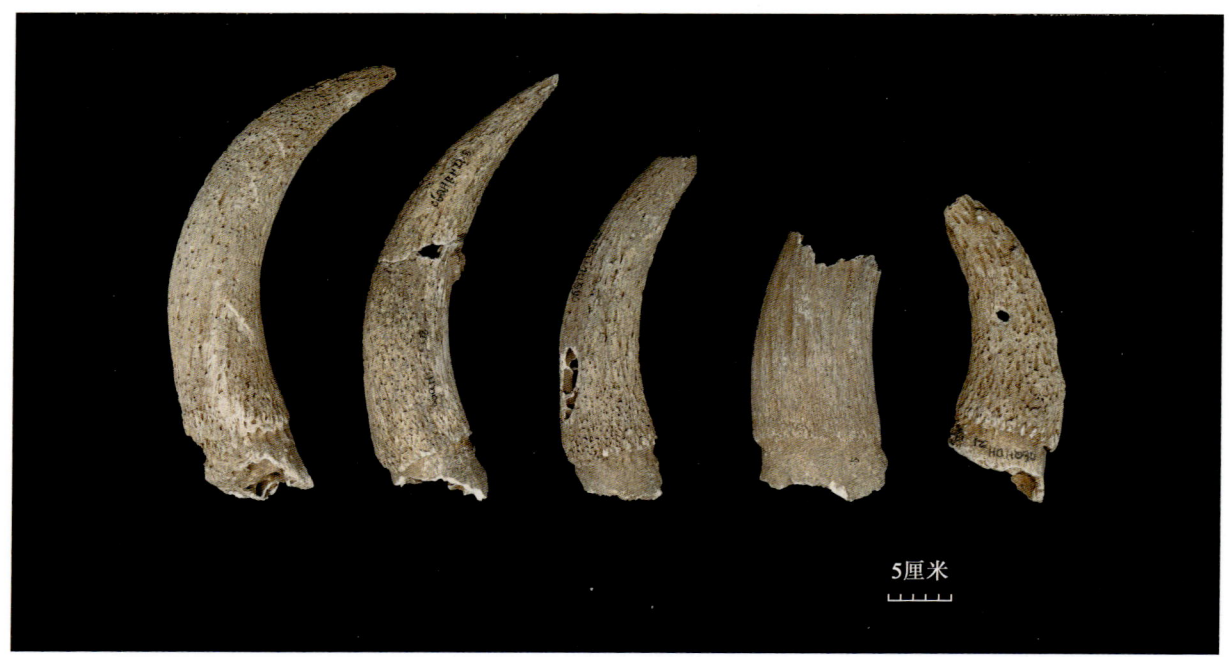

1. DH21④出土牛角心

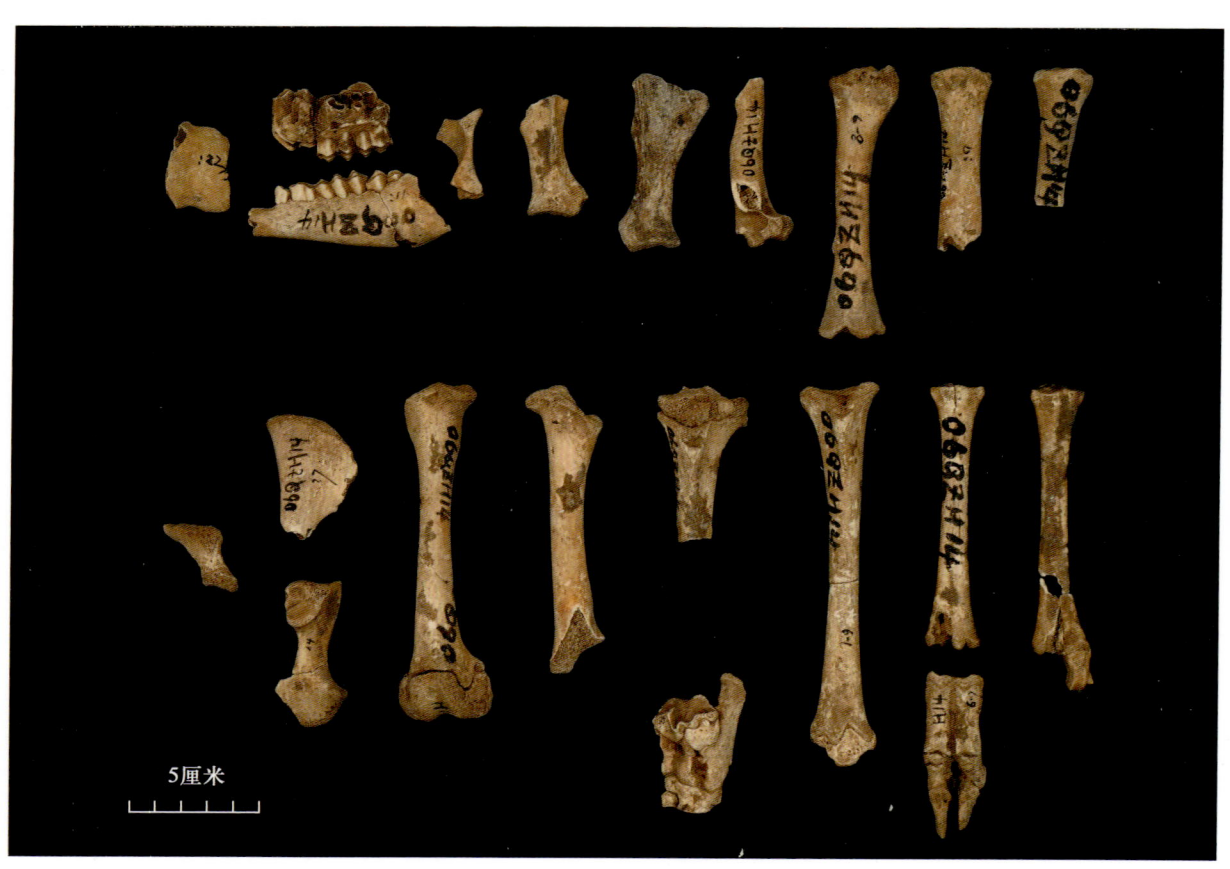

2. ZH14埋葬的整羊骨骼

特殊动物遗存

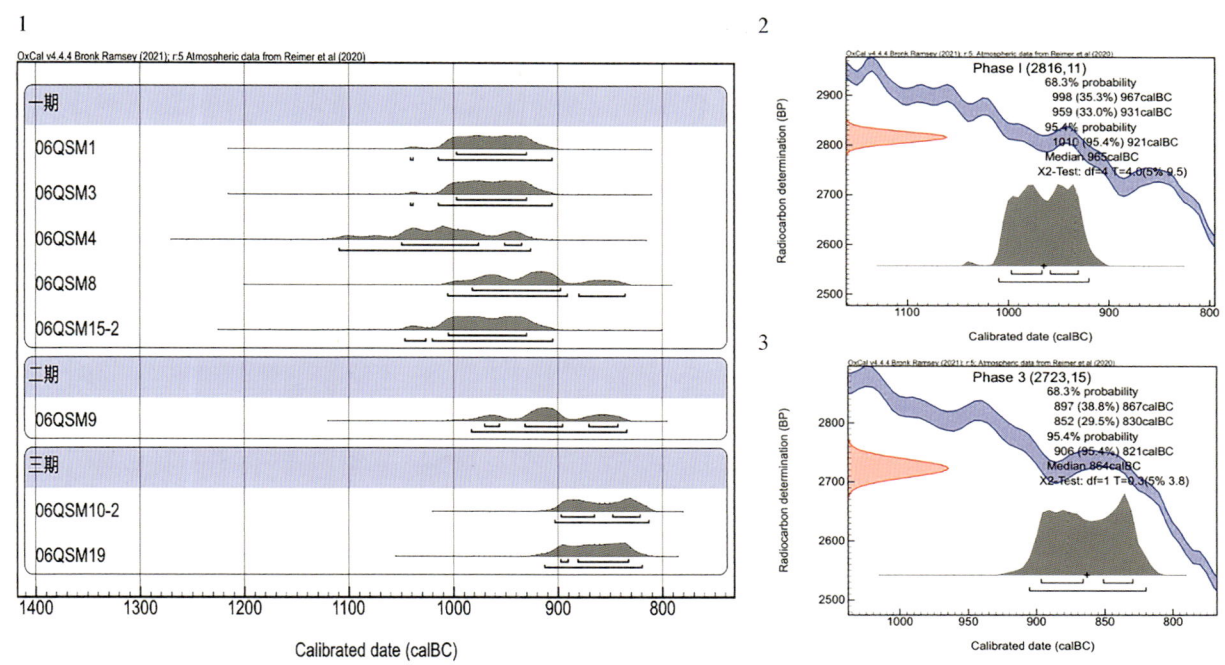

1. 人骨碳十四年代校正结果

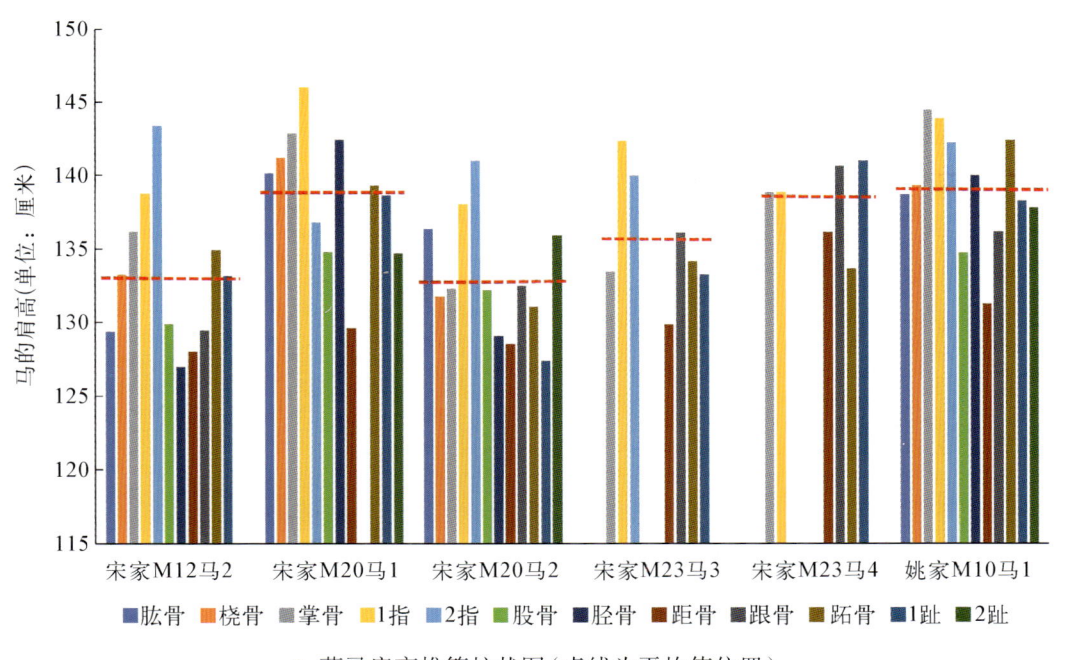

2. 葬马肩高推算柱状图（虚线为平均值位置）

宋家墓地出土人骨碳十四年代测定与葬马肩高推算